TRAITÉ ÉLÉMENTAIRE

DE

DROIT CIVIL

CONFORME AU PROGRAMME OFFICIEL DES FACULTÉS DE DROIT

PAR

MARCEL PLANIOL

PROFESSEUR DE DROIT CIVIL A LA FACULTÉ DE DROIT DE PARIS

DEUXIÈME ÉDITION

TOME DEUXIÈME

Les preuves

Théorie générale des obligations

Les contrats

Privilèges et hypothèques

PARIS

LIBRAIRIE COTILLON

F. PICHON, SUCCESSEUR, ÉDITEUR

Librairo du Conseil d'État et de la Société de législation comparée.

24, rue Soufflot, 24

1902

TRAITÉ ÉLÉMENTAIRE

DE

DROIT CIVIL

TOME DEUXIÈME

Chaque exemplaire doit porter la griffe de l'auteur et celle de l'éditeur.

CHARTRES. — IMP. DURAND, RUE FULBERT.

TRAITÉ ÉLÉMENTAIRE

DE

DROIT CIVIL

CONFORME AU PROGRAMME OFFICIEL DES FACULTÉS DE DROIT

PAR

MARCEL PLANIOL

PROFESSEUR DE DROIT CIVIL A LA FACULTÉ DE DROIT DE PARIS

DEUXIÈME ÉDITION

TOME DEUXIÈME

Les preuves

Théorie générale des obligations

Les contrats

Privilèges et hypothèques

PARIS

LIBRAIRIE COTILLON

F. PICHON, SUCCESSEUR, ÉDITEUR

Librairie du Conseil d'État et de la Société de législation comparée.

24, rue Soufflot, 24

1902

PLAN DE L'OUVRAGE

seconde édition en 8 vol. a été entreprise en 1898.

GIRARD. *Manuel de droit romain*, 3e édit., 1901.

GUILLOUARD. Traités divers sur la *vente*, le *louage*, le *nantissement*, les *privilèges et hypothèques*, etc., faisant suite au grand ouvrage laissé incomplet par M. Demolombe.

HUC. *Commentaire du Code civil*, 14 vol. parus de 1892 à 1901.

HUC et ORSIER. *Code civil italien*. Traduction et commentaire, 2 vol., 1868.

LAROMBIÈRE. *Théorie et pratique des obligations*. Paris, 1858. Nouvelle édition en 7 vol., 1885.

LAURENT. *Principes du droit civil français* (ouvrage belge). 33 vol. in-8°. Un supplément a commencé à paraître en 1895.

LAURENT. *Avant-projet de revision du Code civil*, 6 vol. in-4°. Bruxelles, 1882-1885.

LAURIÈRE (EUSÈBE DE). *Textes des coutumes de la prévôté et vicomté de Paris*. Paris, 1778, 3 vol. in-12.

LOCRÉ. *Législation civile, commerciale et criminelle de la France*. Recueil des discussions et travaux préparatoires de nos Codes, 31 vol. in-8°, Paris, 1829-1832.

LOYSEL (ANTOINE). *Institutes coutumières*. Première édition en 1646. Annoté par Eusèbe de Laurière en 1710. Réimpressions en 1758, 1774 et 1783. Nouvelle édition par Dupin et Laboulaye. Paris, 1846, 2 vol. in-12.

LYON-CAEN et RENAULT. *Traité de droit commercial*. La première édition, parue en 1884, sous le titre de *Précis*, n'avait que 2 vol. Une troisième édition, en 10 vol., est en cours de publication (t. Ier, 1898).

MAYNZ. *Cours de droit romain* (ouvrage belge), 5e édit. Bruxelles et Paris, 1891, 3 vol. in-4°.

MERLIN. *Répertoire universel et raisonné de jurisprudence*, 4e édit., 1812 à 1826, 17 vol. in-4°.

MERLIN. *Questions de droit* (recueil alphabétique des — qui se présentent le plus fréquemment devant les tribunaux). Quatre éditions de 1810 à 1830.

PANDECTES FRANÇAISES. Recueil périodique d'arrêts, fondé en 1886 et actuellement dirigé par MM. Weiss et Louis Lucas.

POTHIER. *Œuvres*, annotées par M. Bugnet, 2e édit., Paris, 1861-1862.

SALEILLES. *Théorie générale de l'obligation d'après le projet de Code civil allemand*, 1890 : 2e édit. augmentée de notes nombreuses, 1901.

SIMONET. *Traité élémentaire de droit public et administratif*, 3e édit., 1899.

SIREY. *Recueil général des lois et des arrêts*. 1 vol. in-4° par an.

THÉZARD. *Du nantissement, des privilèges et hypothèques*, 1880.

VIOLLET (PAUL). *Histoire du droit civil français*, 2e édit., 1893.

WEISS (ANDRÉ). *Traité théorique et pratique de droit international privé*. En cours de publication. Le premier volume a paru en 1892.

ABRÉVIATIONS

A. C. . . Ancienne coutume. Rédaction d'une coutume qui a été ensuite réformée. (Voy. N. C.)
Al. . . . Alinéa.
Ann. étr. . *Annuaire de législation étrangère*, publié par la Société de législation comparée. Voy. t. Ier, no 132.
Arg. art. . Argument tiré de l'article.
Cass. . . Arrêt de la Cour de cassation.
Cbn.. . . Combinés.
C. . . . Code.
C. civ. . . Code civil. Cette abréviation se rapporte toujours au Code civil français ; les codes étrangers sont toujours indiqués d'une manière spéciale.
C. com.. . Code de commerce.
C. I. crim.. Code d'instruction criminelle.
Comp. . . Comparez.
C. pén.. . Code pénal.
C. proc. civ. Code de procédure civile.
D. . . . Dalloz. Recueil périodique d'arrêts. Cette abréviation : D. 78. 1. 89, signifie : Dalloz, année 1878, première partie, p. 89. Voy. t. Ier, no 115.
Décl. . . Déclaration du roi.
Décr. . . Décret.
Dig. . . . *Digeste*. Recueil de droit romain fait par l'ordre de Justinien au VIe siècle. Les citations se font ainsi : *Dig.* liv. X, tit. 1, fr. 2, § 3. Les lettres fr. désignent les différents fragments ; le premier § de chacun d'eux, qui ne porte pas de numéro, s'appelle *principium* et se désigne par les lettres pr.
L. . . . Loi.
N. C. . . Nouvelle coutume (dernière rédaction d'une coutume).
P. . . . *Pandectes françaises*. Recueil périodique d'arrêts. Voy. t. Ier, no 115.
Répert. . . *Répertoire alphabétique* de Dalloz. Voy. t. Ier, no 121.
S. . . . Sirey. Recueil d'arrêts. Voy. t. Ier, no 115. Pour le mode de citation, voy. ci-dessus, D.
S. chr. . . *Sirey chronologique*. Réimpression des premières années de Sirey jusqu'à 1830, dans laquelle les arrêts importants ont seuls été conservés et mis par ordre chronologique.
Suppl. . . *Supplément* du Répertoire de Dalloz. Voy. t. Ier, no 121.
T. . . . Tome.
T. A. C. . *Très ancienne coutume*. Rédaction primitive d'une coutume qui, comme celle de Bretagne, en a eu trois successives.
Vo. . . . (Verbo) au mot.

OBSERVATIONS

Tout article cité sans indication spéciale est un article du Code civil.

L'astérisque simple * indique un passage à étudier spécialement en vue de l'examen.

Le double astérisque ** indique les points les plus importants.

Pothier est toujours cité d'après l'édition Bugnet ; Loysel, d'après l'édition Dupin et Laboulaye ; le Digeste, d'après l'édition Mommsen.

PREMIÈRE PARTIE

LES PREUVES[1]

GÉNÉRALITÉS

CHAPITRE PREMIER

NOTIONS PRÉLIMINAIRES

1. Bibliographie. — Bonnier, *Traité des preuves en matière civile et commerciale*, 5e édit., revue par M. Larnaude, 1888, in-8. — Bentham, *Preuves judiciaires*, 1830, 2 vol. in-8. — Gabriel, *Essai sur la nature des preuves*, revu par Solon, 1845.

** **2. Définition.** — On appelle « preuves » les divers *procédés* employés pour convaincre le juge.

C'est le sens que Domat donnait à ce mot quand il définissait la preuve « tout ce qui persuade l'esprit d'une vérité ». — Le même mot désigne aussi le *résultat* obtenu dans la recherche de la vérité, abstraction faite des *moyens* employés pour y parvenir : quand la réalité d'un fait est devenue certaine, on dit que *sa preuve est faite*.

3. Importance des preuves. — Un droit n'est rien sans la preuve de l'acte juridique ou du fait matériel d'où il dérive. Dès que cet acte ou ce fait est contesté, on a besoin de le prouver pour convaincre le juge de l'existence du droit, faute de quoi on ne peut en obtenir le respect. C'est donc la preuve qui seule vivifie le droit et le rend utile. De là la grande importance de cette matière.

4. Caractère mixte de cette théorie. — La théorie des preuves confine d'un côté au droit civil proprement dit, de l'autre à la procédure. C'est en effet pendant le procès que les preuves sont ordinairement mises en œuvre ; c'est donc la procédure qui en règle l'*administration*, c'est-à-dire les formes dans lesquelles les preuves doivent être fournies. Néanmoins leur théorie appartient également au droit civil pour une triple raison :

[1] Il a déjà été dit (t. I, n° 350) que la théorie des preuves, présentée *sous sa forme générale* (c'est-à-dire abstraction faite de ses diverses applications aux différents droits ou faits qu'il s'agit de prouver), est une des *théories préliminaires* que les étudiants en droit devraient connaître avant d'aborder l'étude d'aucune matière spéciale. Ne voulant pas m'écarter, sur un point aussi grave, du programme officiel, qui place les preuves en seconde année, je me suis abstenu d'en exposer la théorie dans le premier volume; je la mets du moins en tête du second afin de lui donner sa place logique dans la mesure du possible.

1° Il arrive souvent que les preuves sont fournies dans les relations civiles ordinaires, alors qu'il n'y a aucun litige ; leur production n'a pas nécessairement le caractère contentieux, et ne suppose pas toujours une action et une procédure.

2° Certaines preuves sont préparées d'avance, par pure précaution et sans qu'on sache s'il y aura jamais un litige rendant leur production nécessaire. Celles-là sont ce qu'on appelle des *preuves préconstituées*. Leur *confection*, ainsi que la détermination de *leur degré de force*, appartiennent au droit civil.

3° La question de savoir quels modes de preuves sont permis dans tel ou tel cas est une question de fond, et non de procédure, car elle se lie intimement à la nature de l'acte et à la façon dont il est fait. C'est donc le droit civil, et non la procédure, qui doit la régler.

5. Vice de méthode dans le Code civil. — La matière des preuves est loin d'être heureusement traitée dans le Code Napoléon. Les principes généraux sont formulés à propos de la preuve des contrats, dans les art. 1315 à 1369, et là les règles générales sont mélangées à des règles de preuve qui sont spéciales aux obligations[1]. Il y a lieu de dégager les principes généraux, en laissant à chaque matière (filiation, mariage, contrats, propriété, hypothèques, etc.) ce qui lui est particulier.

***6. Différents objets de la preuve.** — Trois sortes de choses peuvent être débattues en justice : la *règle légale*, un *fait matériel*, un *acte juridique*.

Preuve des règles du droit. — En principe la règle de droit applicable à la cause n'a pas besoin d'être démontrée. On connaît le fameux avertissement qui a jadis, dit-on, interrompu plus d'une plaidoirie : « Avocat, passez au fait ; la cour sait le droit. »

Cependant la question de droit peut être discutée, et l'avocat a le devoir de démontrer l'existence de la règle juridique, favorable à son client, dans trois cas :

1° S'il s'agit d'un *point de droit controversé*, sur lequel l'opinion de la jurisprudence n'est pas encore faite ; ce qui a été dit plus haut à propos de l'interprétation des lois suffira sur ce point.

2° S'il s'agit d'un *usage*, dans les cas où l'usage fait loi. Il se peut que l'usage invoqué ne soit pas de notoriété publique et que les faits allégués comme constituant cet usage aient besoin d'être prouvés devant le juge. On retombe alors dans une autre hypothèse, puisqu'il s'agit de prouver des faits ou des actes juridiques[2].

3° S'il s'agit de l'existence d'une *loi étrangère* inconnue dans le pays où se déroule le procès[3]. Dans les temps modernes, les moyens d'information se multiplient et rendent de plus en plus rares les difficultés sur l'existence des lois étrangères. Le juge doit la constater par lui-même, comme pour les lois françaises.

Preuve des faits matériels et des actes juridiques. — Ordinairement, quand on parle de preuve en matière judiciaire, il s'agit de prouver un *fait matériel* ou un *acte juridique*. C'est d'eux seuls qu'il va être question désormais.

[1] Les auteurs du Code ont été mal inspirés par Pothier, leur guide ordinaire : Pothier, qui n'a pas écrit un ouvrage d'ensemble sur le droit civil, traitait de la preuve à propos des obligations ; les auteurs du Code ont fait comme lui, de sorte qu'ils semblent n'avoir rien dit de la preuve des faits purs et simples ni de la preuve des droits réels. Domat eût été sur ce point un guide meilleur et plus logique (*Loix civiles*, liv. III, tit. VI).

[2] L'ancienne procédure des *enquêtes par turbes* ou *tourbes*, *inquestæ per turbas*, servait au moyen âge à constater l'existence d'une coutume non écrite. Une turbe se composait de dix ou douze personnes comptant pour un témoin, d'où leur nom. Il en fallait deux pour établir l'existence de la coutume (Loysel, *Institutes coutumières*, n° 782). Elles furent abolies par l'ordonnance d'avril 1667 (Isambert, t. XVIII, p. 123).

[3] On cite, à ce propos, l'anecdote suivante : un avocat français, plaidant en Angleterre sur des droits féodaux relatifs à des domaines situés en Alsace, fut obligé d'attester à la cour, par son affirmation personnelle, l'existence des décrets du 4 août 1789, qui ont aboli la féodalité en France (Greenlaaf, cité par Bonnier, *Traité des preuves*, p. 2, note 1).

La question de savoir si la chose à prouver est un fait matériel ou un acte juridique a une grande importance au point de vue de la preuve.

En règle générale, les *faits matériels* peuvent être prouvés par *tous les moyens possibles*, parce qu'on ne peut pas obliger les gens à s'en procurer une preuve écrite régulière ; le plus souvent cette constatation par écrit d'un simple fait serait impossible[1]. Aussi il est permis de prouver ces faits même par témoins ou par simples indices[2]. Ce n'est que dans des *cas très rares* que la loi, à raison de leur incertitude naturelle et dans la crainte de la subornation des témoins, écarte certains modes de preuves pour les faits purs et simples. Ainsi, l'enfant n'est pas admis à prouver sa filiation par témoins, à moins qu'il n'existe déjà en sa faveur un commencement de preuve, que la loi détermine différemment, selon qu'il se prétend enfant légitime ou enfant naturel (art. 323, al. 2, et 341, al. 3).

Au contraire, les *actes juridiques* sont en général soumis au régime des *preuves préconstituées* (voyez ci-dessus n° 4-2°). Leurs auteurs doivent s'en ménager une preuve établie d'avance, qui est ordinairement un *écrit*. Par conséquent, les témoins et les présomptions sont écartés en principe dans les procès qui portent sur des conventions ou d'autres actes juridiques. Quant à dire dans quels cas tel ou tel mode de preuve pourra être admis, c'est une question qui varie selon la nature de l'acte et qui par suite ne doit pas prendre place dans la théorie générale des preuves.

7. Preuve des propositions négatives. — On entend répéter assez souvent qu'une proposition négative n'est pas susceptible de preuve. C'est une erreur. Toute proposition négative comporte une proposition affirmative qui lui fait antithèse, et réciproquement, de sorte que *l'allégation négative d'un plaideur peut toujours se ramener à un fait positif facile à prouver*. Exemple : On conteste à quelqu'un sa qualité de Français. Sous cette forme, la proposition est difficile à démontrer ; mais si cette personne n'est pas française, c'est qu'elle a acquis une autre nationalité ou qu'elle a perdu la nationalité française sans en avoir acquis aucune : de toute façon, il y a un fait positif (naturalisation à l'étranger ou déchéance de la qualité de Français), qu'il est possible de prouver directement.

Il existe cependant des propositions dont la preuve est impossible : ce sont celles qui ont un *caractère indéfini*. Une proposition indéfinie n'est pas susceptible d'une preuve complète, qu'elle soit affirmative ou négative. Dire : je n'ai jamais rencontré telle personne, ou dire : je l'ai rencontrée tous les jours de ma vie, c'est dire deux choses absolument indémontrables[3].

[1] On voit cependant dans la pratique les particuliers faire constater certains faits par des huissiers ou des commissaires de police qui en dressent procès-verbal (flagrant délit d'adultère ; irrégularités dans un service public, etc.). Ce n'est qu'un moyen de se procurer une preuve plus facile ou plus sûre que des témoins ou des indices.

[2] Ceci n'est dit nulle part en termes généraux dans nos lois civiles, mais c'est une nécessité pratique. La loi y fait quelquefois allusion. Ainsi les derniers mots de l'art. 1353 permettent de prouver dans tous les cas par témoins ou par présomptions les faits de *fraude* ou de *dol* à raison desquels un acte est attaqué. C'est que la fraude ou le dol sont de simples faits matériels. Comp. Cass., 4 nov. 1857, D. 57. 1. 441 ; Cass., 14 juin 1869, D. 73. 1. 158 ; Cass., 27 juill. 1874. D. 76. 1. 104.

[3] Cocceius disait que la négative indéfinie ne peut pas se prouver « non quia negativa, sed quia indefinita », et il ajoutait : « nec affirmativa potest [probari] » (*De directa probatione negativæ*, Dissertation publiée en 1698). Comp. Bonnier, *op. cit.*, n°s 38 à 42.

***8. Distinction du droit et de sa preuve.** — L'absence de preuve reste sans influence directe sur le droit lui-même. L'acte juridique non prouvé n'en existe pas moins, bien que l'effet en soit paralysé. Comme le disait le jurisconsulte Paul : « Non jus deficit, sed probatio » (*Digeste*, liv. XXVI, tit. 2, fr. 30). Cette distinction entre le droit et sa preuve est surtout intéressante à faire quand le moyen de preuve était un *écrit*, soumis lui-même à des règles de forme et qui peut être nul. La nullité alors n'atteint que l'écrit destiné à servir de preuve, et l'acte juridique qu'il aurait établi pourra souvent être démontré par d'autres moyens ; il produira tous ses effets, si l'on peut y parvenir. « Fiunt scripturæ ut per eas probari possit quod actum est ; sine his autem valet quod actum est, si aliunde habeat probationem. »

CHAPITRE II

DES DIFFÉRENTS MODES DE PREUVE

§ 1. — *Énumération et analyse.*

***9. Les trois procédés de conviction.** — Un juge peut se faire une conviction de trois manières différentes : 1° *il constate par lui-même un fait matériel ;* 2° *il arrive à la vérité par le raisonnement,* en partant des faits qui sont connus ; 3° *il s'en rapporte à l'attestation d'une autre personne,* qui lui affirme la vérité.

A. — Constatations matérielles.

10. Objets mobiliers. — S'il s'agit de constatations à faire sur des objets mobiliers, ceux-ci peuvent être apportés devant le juge, présentés à l'audience. On en voit fréquemment figurer dans les affaires criminelles sous le nom de *pièces à conviction.*

En matière civile, les documents dont on se sert peuvent être produits à l'audience et mis sous les yeux des juges.

11. Immeubles. — S'il y a lieu de vérifier l'état d'un immeuble, le juge doit s'y transporter lui-même. En matière civile, il existe pour cela des formes particulières réglées par le Code de procédure : *visite des lieux* (art. 41 et 43), pour les juges de paix ; *descentes sur les lieux* (art. 295-301), pour les tribunaux d'arrondissement[1].

Ces visites sont souvent nécessaires dans les questions de *servitudes*, de *bornage* entre deux propriétaires voisins, de *dommages* entre locataires et propriétaires, etc.

B. — Conviction par raisonnement.

****12. Terminologie.** — Lorsque la vérité ne peut pas être constatée directement par le juge, il lui est encore possible d'arriver à la découvrir par le raisonnement, en établissant *un rapport entre certains faits connus et le fait*

[1] La loi cherche à restreindre l'emploi de cette forme, qui est coûteuse, et qui peut être économiquement remplacée par un rapport d'expert. Sous l'ancien régime, les magistrats avaient une tendance à abuser des descentes sur les lieux, parce qu'elles leur rapportaient des vacations avantageuses. On y avait mis un frein par une disposition de l'ordonnance de 1667 (tit. XXI, art. 1er), que Lamoignon trouvait offensante pour les magistrats.

contesté[1]. C'est à peu près ce que dit, en termes moins précis, l'art. 1349. Depuis un temps immémorial, on appelle *preuve par présomptions* cette façon d'arriver à la découverte de la vérité par le raisonnement ; on verra plus loin (nos 13 et 14) comment s'explique cette dénomination, qui est peu en rapport avec le procédé qu'elle qualifie. Les faits connus, d'où l'on déduit l'existence du fait inconnu, s'appellent des *indices*.

C'était le nom qu'on leur donnait en droit romain (DIOCLÉTIEN, au *Code*, *De rei vindicatione*, loi 19), et dans notre ancien droit (MERLIN, *Répertoire*, v° *Indices*), et il se retrouve encore dans l'art. 323 C. civ. : « les présomptions ou indices », et sous la plume des auteurs modernes (BONNIER, *Traité des preuves*, nos 808, 815, 817, etc.). Comme la preuve résulte alors de circonstances de fait, les Anglais l'appellent « preuve muette », « preuve circonstancielle » (BENTHAM, *Traité des preuves judiciaires*, trad. Dumont ; WILLS, *Circumstantial evidence*), par opposition à la preuve littérale et à la preuve testimoniale.

*13. **Inconvénients de ce mode de preuve.** — La démonstration d'un fait au moyen d'indices *présente plus de difficultés que la preuve au moyen d'écrits ou de témoignages*. Dans l'immense majorité des cas, la sincérité des écrits ou des témoins n'est pas contestée ; le juge s'en rapporte à eux : pour celui qui les emploie, nul effort n'est à faire, tandis que la preuve qui repose sur des indices exige un travail intellectuel souvent très grand et qui varie avec les espèces ; les opinions peuvent différer sur les conséquences à tirer des indices que l'on possède, et le plaideur n'est pas sûr de convaincre le juge.

Là gît la raison de la préférence qu'on donne aux écrits et aux témoins ; ils se chargent eux-mêmes de produire la conviction du juge. Aussi les appelle-t-on *preuves directes*, par opposition à la preuve fournie par le raisonnement appuyé sur des indices, à laquelle on évite volontairement de donner le nom de *preuve*, en se servant du mot *présomption*. Ce langage est très ancien. Pothier considérait l'écrit et le témoignage comme des preuves véritables, parce qu'ils « font foi directement et par eux-mêmes » de la chose contestée, tandis que la présomption (ou preuve par indices) exige un raisonnement pour tirer une conséquence d'un fait à un autre (POTHIER, *Obligations*, nos 806 et 839)[2].

[1] On répète communément que le procédé intellectuel appelé « preuve par présomption » est une *induction*. Si l'on prend le mot dans son sens large, oui, le raisonnement de l'avocat ou du juge est une induction, puisqu'il *infère une chose d'une autre* (LITTRÉ, v° *Induction*, n° 2). Mais le mot induction a en logique un sens plus précis : la *méthode inductive* est celle qui s'élève du particulier au général ; c'est par elle, en s'appuyant sur l'observation et sur l'expérience, qu'on a découvert les lois de la nature d'après l'étude des phénomènes. Mais le raisonnement judiciaire appelé « présomption » n'a rien de commun avec cette méthode ; il suppose au contraire l'emploi de la *méthode déductive* ou *syllogistique*, qui descend d'une proposition générale à une conséquence particulière, car il suppose admise une idée ou une vérité d'observation, dont il fait l'application au cas particulier ou *espèce* qu'il s'agit de juger. M. Bonnier maintient cependant qu'il s'agit d'une induction (*op. cit.*, nos 10 à 15).

[2] L'antithèse qu'on établit ainsi entre la preuve par écrit ou par témoins et la preuve par indices est plus apparente que réelle. Le raisonnement du juge existe aussi bien dans un cas que dans l'autre : la vérité du fait contesté est toujours *une vérité tirée d'un autre fait connu*. Seulement, au cas où le mode de preuve est un écrit ou un témoignage, le raisonnement est *si rapide* qu'il passe *inaperçu*. Le juge se dit qu'ordinairement les énonciations des écrits et les déclarations des témoins sont exactes ; il en conclut qu'elles le sont dans l'espèce. Il n'y a donc entre les preuves directes et les présomptions qu'une différence de degré dans la difficulté qu'on éprouve à convaincre le juge. La distinction faite pour cette raison entre les deux modes de preuve s'évanouit ainsi quand on l'examine de près. On a parfois cherché à la rétablir par un autre procédé en faisant remarquer que, dans les moyens appelés *preuves*, le fait connu, d'où l'on tire la vérité, a spécialement pour objet d'établir l'existence d'un autre fait, tandis que la présomption a pour base un fait qui n'était pas destiné à produire ce résultat (DEMANTE, *Cours analytique*, t. V, n° 326. Comp. COLMET DE SANTERRE, *ibid.*, n° 326 *bis*). L'observation est juste le plus souvent, mais non toujours, car l'*aveu* est

** **14. Deux espèces de présomptions.** — En règle générale, les magistrats sont libres de choisir, pour les admettre ou pour les rejeter, les indices d'où se tire la preuve du fait inconnu. On dit alors qu'il y a *présomption de fait* ou *présomption de l'homme* ; tout dépend de l'habileté des avocats et de l'état d'esprit des juges.

Aux présomptions de fait on oppose les *présomptions légales*. Il arrive, dans certains cas exceptionnels, que la loi fait elle-même le raisonnement qui d'habitude est l'œuvre du juge. Elle tient pour prouvé le fait inconnu à raison d'une circonstance déterminée par elle et qu'on suppose notoire ou démontrée dans l'espèce. Il y a alors « présomption légale ».

Exemple : Ordinairement le créancier garde précieusement le titre qui constate sa créance ; quand il le remet au débiteur c'est qu'il n'en a plus besoin, soit qu'il ait été payé, soit qu'il renonce à demander son paiement. Aussi la loi présume-t-elle, quand le titre a été remis au débiteur, que la créance est éteinte (art. 1282 et suiv.). Voilà une présomption légale, dans laquelle le fait inconnu (l'extinction de la dette) est tenu pour vrai à raison de l'existence d'un autre fait (l'abandon du titre par le créancier).

Les présomptions légales sont plus dangereuses que les présomptions de l'homme, parce qu'elles reposent sur un simple calcul de probabilités. On présume que les faits se sont passés dans l'affaire d'une manière déterminée, parce qu'ils se passent ordinairement de cette façon. Mais comme cette présomption est établie à l'avance, sans aucun examen des espèces particulières auxquelles elle est appliquée, il reste toujours un nombre plus ou moins grand de chances pour qu'elle tombe à faux. Cujas disait : « Præsumptio sumitur ex eo quod plerumque fit » ; on peut donc toujours craindre de se trouver en face d'un cas exceptionnel : ce qui arrive « plerumque » n'arrive pas « semper ».

L'*utilité* des présomptions légales varie selon le degré d'importance que la loi y attache (Voir plus loin, n°s 45 et 52).

** **15. Caractère strict des présomptions légales.** — Les présomptions légales sont rares. Il y en a des exemples dans les art. 312, 653, 911, al. 2, 1100, 1283, 1284, 1402, 1908, 2230, etc. — En tout cas *il n'y a pas de présomption légale sans texte* et les textes qui les établissent sont *d'interprétation stricte*. On doit se garder de les étendre, soit pour identité de motifs, soit même pour des raisons plus fortes, aux cas non prévus par la loi.

C. — Attestation de la vérité par autrui.

16. Cas où il est nécessaire de recourir à ce mode de preuve. — Lorsque le fait contesté n'a pas laissé de traces matérielles, il est impossible au juge de s'en convaincre par lui-même, soit par une vérification directe, soit au moyen d'indices. Il en est de même si les traces matérielles du fait ne peuvent pas être appréciées par le juge en personne. Dans ces deux cas le juge est bien *obligé de s'en rapporter à l'affirmation d'une ou de plusieurs autres personnes* qui viendront lui attester la vérité.

* **17. Classification.** — Les personnes, dont les déclarations peuvent faire foi aux yeux du juge, se rangent en trois catégories : *témoins*, *experts*, *parties*. Les attestations des parties se subdivisent en *aveux* et en *serments* ; et il faut y ajouter les indications contenues dans les *livres des commerçants*.

une preuve du même ordre que le témoignage, et ordinairement il n'est pas « destiné à établir la vérité du fait », puisqu'il est involontaire.

1° Témoignage.

* **18. Définition du témoin.** — Le témoin est une personne qui s'est trouvée présente, soit par hasard, soit à la requête des parties, à l'accomplissement de l'acte ou du fait contesté, et qui peut, par suite, en certifier au juge l'existence, la manière, ou les résultats. La déclaration du témoin porte donc *sur des faits dont il a personnellement connaissance*. C'est par là que la preuve testimoniale proprement dite diffère de la *preuve par commune renommée*, prohibée en principe et permise dans certains cas exceptionnels (art. 1415, 1442 et 1504). Dans la preuve par commune renommée, les déclarants déposent sur des faits qu'ils connaissent seulement *par ouï-dire*. Voyez t. I, p. 573, note 1.

* **19. Témoignages oraux et témoignages écrits.** — En général les déclarations des témoins sont *orales*; nous verrons cependant que dans les *actes authentiques* se trouvent certifiés des faits dont le rédacteur de l'acte a été témoin et dont il garantit l'exactitude. Le témoignage peut donc prendre une *forme écrite*.

Quand elles sont orales, les déclarations des témoins se font à l'aide de deux procédures différentes. Tantôt elles sont fournies *à l'audience même* : c'est ce qu'on appelle *l'audition des témoins* en matière criminelle, *l'enquête sommaire* en matière civile (art. 34-40 et 404-407 C. proc. civ.). Tantôt leur audition se fait *hors de l'audience*, dans le cabinet d'un juge commissaire, et leurs déclarations sont reçues par écrit dans un procès-verbal dressé par le greffier et signé des témoins (C. proc. civ., art. 252-294). C'est la forme ordinaire de *l'enquête*.

2° Expertise.

20. Cas où il y a lieu à expertise. — Les constatations matérielles supposent parfois des connaissances techniques que les magistrats ne possèdent pas. En ce cas, les vérifications sont faites non par le juge personnellement, mais par un ou plusieurs délégués spéciaux appelés *experts*. Certains articles du Code rendent l'expertise obligatoire (art. 1678, 1747, etc. C. civ.); en outre l'esprit de la loi veut que le juge y ait recours toutes les fois qu'il a besoin d'être éclairé par des gens plus compétents que lui.

21. Comparaison de l'expert et du témoin. — L'expertise ressemble au *témoignage*, puisque le juge s'en rapporte aux déclarations qui lui sont faites par une personne en laquelle il a confiance. Il y a cependant une *différence essentielle* entre la preuve testimoniale et l'expertise. Le témoignage est la reconstitution du passé, d'un acte ou d'un fait qui a eu lieu autrefois : les témoins donnent *leurs souvenirs*, et le nombre des témoins est nécessairement *limité* par les circonstances. L'expertise, au contraire, porte sur des *faits présents* : au moment où le juge charge l'expert de vérifier l'état d'un cadavre, d'une blessure, d'un objet quelconque, c'est l'état actuel seul que l'expert peut examiner; par suite les experts peuvent être aussi *nombreux* qu'on voudra, et ils donneront, non pas des souvenirs, mais un *avis* fondé sur des données techniques. Le rôle de l'expert se rapproche donc beaucoup plus de celui du juge que de celui des témoins.

3° Aveu.

**** 22. Définition.** — Dans un sens large il y a « aveu »[1] toutes les fois que *l'une des parties reconnaît elle-même comme exacte l'allégation dirigée contre elle par son adversaire*. L'aveu ne peut porter que sur un fait[2].

C'est par une erreur de classification certaine que le Code français place l'aveu parmi les *présomptions*. C'est un mode de preuve qui ne suppose aucun raisonnement personnel chez le juge et qui rentre dans la catégorie des preuves consistant en attestations de vérité faites devant le juge. — Un arrêt parle de la « force de présomption légale attachée à l'aveu judiciaire » (Cass., 9 janv. 1889, D. 90. 1. 25, S. 1. 118).

23. Aveu exprès et aveu tacite. — Ordinairement l'aveu suppose une *déclaration*; il est donc *exprès*. Le silence gardé par la partie, sur les faits allégués par l'autre, ne constitue pas un aveu, du moins en général, mais il y a des exceptions.

Ainsi, dans la procédure de l'interrogatoire sur faits et articles, dont il est parlé plus loin (n° 26), le refus de répondre ou de comparaître peut être tenu pour un aveu (art. 330 C. proc. civ.). De même le refus de prêter serment équivaut à un aveu (art. 1361). Il y a donc certains cas d'*aveux tacites*.

Quand l'aveu est exprès, il peut se faire *oralement* ou *par écrit*.

***24. Écrits distingués des aveux proprement dits.** — A un autre point de vue, il y a lieu de distinguer deux espèces d'aveux. Les uns sont donnés en pleine connaissance de cause et avec réflexion, pour servir de *preuves préconstituées* (ci-dessus n° 4-2°). C'est dans cette catégorie que rentrent tous les actes signés par les parties, tant publics que privés : la signature de chacune d'elles vaut aveu pour toute la partie de l'acte qui lui est défavorable. Cependant on n'applique pas le nom d'aveux à ces aveux écrits d'avance[3]; l'emploi de l'écriture, qui en est la forme, a pris une prépondérance au moins apparente sur le fond des choses, sur leur nature; et on les appelle des *actes*, des *écrits*, des *billets*, etc. Ces écrits font plus loin l'objet d'un chapitre spécial (ci-dessous nos 55 et suiv.). Le nom d'aveu se trouve ainsi *réservé aux déclarations accidentelles, faites après coup*, par lesquelles une partie laisse échapper la reconnaissance du fait ou de l'acte qu'on lui oppose.

25. Aveu judiciaire et aveu extrajudiciaire. — L'aveu, ainsi entendu, est de deux sortes : *judiciaire* ou *extrajudiciaire*.

a. — *Aveu judiciaire.*

***26. Ses caractères.** — L'*aveu judiciaire* est celui qui est fait pendant l'instance et en présence du juge.

Il résulte de cette définition une double condition pour que l'aveu soit considéré comme judiciaire.

1 On disait jadis *confession* (POTHIER, *Obligations*, nos 830 et suiv.). C'était le mot latin : *confessio, confiteri*.

2 L'aveu ne peut pas servir à fixer la règle de droit applicable à la décision de la cause. Ainsi, quand un des plaideurs reconnaît que le procès doit être jugé d'après les dispositions d'une loi étrangère; c'est une opinion, ce n'est pas un aveu. Le tribunal reste libre de statuer dans un autre sens; la déclaration d'un plaideur sur ce point ne peut pas lier le pouvoir judiciaire, qui seul est chargé d'appliquer la loi.

3 Pothier, qui voyait nettement le rapport intime qui existe entre la preuve préconstituée et l'aveu, explique pourquoi il en traite séparément (*Obligations*, n° 834).

1° Il doit être fait *pendant l'instance.* — Par suite l'aveu fait devant le juge de paix, pendant le *préliminaire de conciliation* (art. 48 C. proc. civ. et suiv.), n'est pas un aveu judiciaire : l'instance n'est pas encore commencée ; le juge de paix siège comme conciliateur et non comme juge. Voyez en sens contraire, AUBRY et RAU, § 751, note 9. Il en est de même de l'aveu fait *pendant une instance précédente*, fût-ce entre les mêmes parties. On ne peut le considérer que comme un aveu extrajudiciaire, parce qu'il n'a pas eu lieu dans le procès pour lequel on l'invoque ; l'aveu judiciaire doit avoir lieu dans l'instance même (Cass., 9 janv. 1889, D. 90. 1. 125, S. 89. 1. 118 ; 25 janv. 1893, D. 93. 1. 82, S. 93. 1. 244).

2° L'aveu doit être fait *en présence du juge.* — Par conséquent on ne peut pas considérer comme établis par un aveu judiciaire des faits reconnus par la partie pendant l'instance, mais dans des documents étrangers au procès, par exemple dans une lettre missive, ou dans une requête adressée à l'autorité administrative. Au contraire, l'aveu fait devant un arbitre est un aveu judiciaire, parce que l'arbitre remplace le juge et examine le procès.

L'aveu judiciaire peut être *oral* ou *écrit* ; il peut se trouver, par exemple, dans des documents versés au procès par la partie ou dans une des pièces de la procédure.

L'aveu judiciaire n'est pas toujours fortuit et spontané ; il peut être provoqué par l'adversaire au moyen d'une procédure spéciale, appelée *interrogatoire sur faits et articles* (art. 324-326 C. proc. civ.).

27. Capacité et pouvoir en matière d'aveu. — L'aveu est un acte nuisible à celui qui le fait ; il entraîne presque toujours la perte du procès. C'est pourquoi quand il émane d'un *incapable* [mineur, interdit, femme mariée non autorisée], il est sans force, parce que celui qui l'a fait ne peut pas, selon la formule antique, rendre sa condition pire. C'est pourquoi il est encore sans force quand il est fait par un autre que l'intéressé lui-même, à moins qu'il n'ait eu lieu en vertu d'un *pouvoir* spécial : ainsi l'aveu fait par un mandataire ne lie pas le mandant, s'il n'y a eu charge expresse de le faire (comp. art. 1988) ; ainsi encore l'aveu du tuteur ne peut nuire au pupille, parce que le tuteur n'a reçu de mission que dans l'intérêt de l'incapable[1].

Il y a des représentants qui sont censés avoir reçu en principe le pouvoir de reconnaître par leur aveu les faits contraires à la partie qu'ils représentent : ce sont les *huissiers* et les *avoués*, chargés d'instrumenter pour le compte de leurs clients. Cependant le client n'est pas lié d'une façon absolue par l'aveu de son avoué ; il peut en faire tomber l'effet par une procédure spéciale appelée *désaveu* (art. 352 à 362 C. proc. civ.).

Mais cette exception ne concerne pas les *avocats*, qui sont non les *représentants*, mais simplement les *conseils* de leurs clients. L'aveu de l'avocat n'est donc pas opposable à la partie. Il acquiert indirectement cette force, lorsque l'avoué est présent et ne le rectifie pas. Par son silence, l'avoué est considéré comme s'appropriant les paroles de l'avocat, et l'effet de l'aveu ne peut plus être détruit que par un désaveu dirigé contre l'avoué.

** **28. Irrévocabilité de l'aveu.** — L'aveu tire de lui-même et de lui seul sa force probante. C'est la reconnaissance d'un fait ; on la tient pour vraie, parce qu'elle est contraire aux intérêts de celui qui la fait. Par conséquent *il n'a pas besoin d'être accepté par la partie adverse* ; la preuve qui en résulte est acquise aussitôt qu'il a eu lieu ; en d'autres termes, l'aveu est irrévocable[2].

[1] Cependant l'aveu du tuteur fait foi s'il porte sur des faits de gestion qui lui sont personnels, car il est fait alors par l'intéressé lui-même ; mais le pupille a un recours contre le tuteur.

[2] La solution inverse a parfois prévalu (Aix, 28 nov. 1888, S. 89. 2. 145). Elle se fonde sur l'art. 403 C. proc. civ., d'après lequel le *désistement* ne devient définitif qu'autant qu'il a été accepté, et sur l'art. 1211, al. 3, C. civ., qui donne la même solution pour la *renonciation à la solidarité*. Ce sont là de fausses analogies : ces deux articles

Cependant, si la partie qui bénéficie de l'aveu n'a pas besoin de l'accepter pour le rendre définitif, elle agira prudemment en demandant au juge, en présence duquel l'aveu a été fait, de lui en *donner acte*. C'est une précaution que les praticiens omettent rarement, mais qui sert seulement à conserver une *preuve écrite* de l'aveu, pour éviter toute erreur de mémoire et toute dénégation à l'avenir.

29. Rectification de l'aveu. — Malgré son caractère irrévocable, l'aveu peut être *rectifié*, lorsqu'il est le résultat d'une erreur. La loi dit qu'alors il peut être « révoqué » (art. 1356, al. 4); mais on va voir que c'est bien plutôt de rectification qu'il s'agit. Celui qui, après avoir reconnu un fait comme vrai, s'aperçoit qu'il s'est trompé, a le droit de revenir sur son aveu à la charge de démontrer son erreur. « Non fatetur qui errat », disait Ulpien (DIGESTE, *De confessis*, liv. XLII, tit. 2, fr. 2); sa déclaration étant reconnue inexacte ne peut pas faire foi. Mais l'art. 1356 ajoute une restriction : il faut que l'erreur soit une *erreur de fait*. L'erreur de droit ne peut être une cause de rectification d'un aveu; Ulpien faisait la même réserve : « Nisi jus ignoravit ». L'aveu est utilisé pour établir la vérité des faits; si son auteur se trompe sur un point de droit, qui l'empêche d'apercevoir les conséquences fâcheuses qu'aura son aveu, tant pis pour lui; son erreur, étant purement doctrinale, n'affaiblit en rien l'autorité de ses déclarations sur le fait contesté.

b. — *Aveu extrajudiciaire.*

30. Silence presque complet des textes. — Le Code ne s'en est occupé que pour trancher une question de preuve : l'allégation d'un aveu extrajudiciaire purement oral ne peut être prouvée par témoins toutes les fois que l'objet de la demande ne pourrait pas être directement établi par la preuve testimoniale (art. 1355). On a conclu de ce silence des textes que les juges jouissaient ici d'une plus grande liberté, soit pour apprécier la force probante de l'aveu, ou son indivisibilité ; soit pour en admettre plus facilement la rétractation (AUBRY et RAU, § 751, notes 41 et 42). Cette différence serait peu raisonnable, car les règles établies pour l'aveu judiciaire sont, selon le propre avis de MM. Aubry et Rau, « puisées dans la nature même des choses et communes, au point de vue de la raison, aux deux espèces d'aveux ».

4° Serment [1].

***31. Son caractère exceptionnel.** — En principe les dires des parties sont suspects, lorsqu'elles affirment *un fait à leur avantage*; le juge n'y doit point ajouter foi. Cependant, quand il n'y a pas d'autre moyen de faire cesser l'incertitude et qu'il existe des raisons sérieuses de croire que la partie dit la vérité, on peut s'en rapporter à elle. Mais alors l'affirmation de la vérité par la partie prend une *forme solennelle*, destinée à empêcher autant que possible le mensonge. Cette forme est celle du *serment* [2].

règlent des *actes juridiques*, qui produisent des *effets nouveaux* ; on comprend que la loi ait voulu leur donner un caractère synallagmatique par l'acceptation de l'autre partie. Mais ce même caractère perd toute espèce de sens quand on l'attribue à un *mode de preuve* qui est la pure recherche de la vérité, la *simple constatation de ce qui est*.

[1] L'observation faite ci-dessus (n° 22) pour l'aveu s'applique également au serment; c'est à tort que la loi française le place parmi les présomptions.

[2] Le serment est « un acte à la fois civil et religieux par lequel une personne prend Dieu à témoin de la vérité d'un fait ou de la sincérité d'une promesse et l'invoque comme vengeur du parjure » (AUBRY et RAU, t. VIII, § 752. — Comp. POTHIER, *Obligations*, n° 103). Le caractère religieux du serment suppose donc chez celui qui le prête la croyance à la Divinité. Des difficultés se sont élevées quelquefois devant les tribunaux de la part de témoins ou de plaideurs qui refusaient de prêter serment sous cette forme. Diverses propositions ont été faites pour modifier la formule du serment ; elles n'ont encore abouti qu'à un rapport proposant un serment purement civil (*Jour-*

32. Distinction des deux espèces de serment. — Le serment est de deux sortes, selon l'emploi qui en est fait. Tantôt c'est *l'une des parties* qui, faute de preuves, *défère* le serment à son adversaire; alors le serment s'appelle *décisoire*, parce qu'il tranche le procès à lui seul; sa fausseté ne peut être prouvée (art. 1358-1365)[1]. Tantôt c'est le *juge* qui défère d'office le serment à l'une des deux parties. La loi ne lui permet de le faire que pour compléter une preuve qui lui paraît insuffisante. Le serment ne peut être déféré par le juge ni quand la demande est pleinement justifiée ni quand elle est totalement dénuée de preuves; au premier cas la demande doit être admise; au second cas, elle doit être rejetée purement et simplement (art. 1367). Pour cette raison, le serment déféré d'office par le juge s'appelle serment *supplétif* ou *supplétoire*, parce qu'il sert simplement à compléter une preuve. Du reste le juge est libre de le déférer à celui des deux plaideurs qui lui inspire le plus de confiance.

33. Leurs caractères respectifs. — Le serment supplétif est, par sa nature, tout différent du serment décisoire. Celui-ci repose sur une *convention* intervenue entre les parties : l'une d'elles propose à l'autre de s'en rapporter à sa parole, donnée sous serment. Le serment supplétif n'est pas une convention ; c'est une *mesure d'instruction* ordonnée par le juge et qui sert à préparer le jugement.

De là plusieurs conséquences importantes qui constituent autant de différences entre les deux espèces de serments :

1° Le serment déféré d'office par le juge à l'une des parties ne peut pas être *référé* par elle à l'autre (art. 1368), tandis que le plaideur auquel son adversaire défère le serment peut refuser de le prêter lui-même et le *référer* (art. 1361 à 1364).

2° Le tribunal qui a ordonné la prestation d'un serment supplétif n'est pas lié, et peut rapporter le jugement interlocutoire qui l'a déféré à l'un des plaideurs. Comp. art. 1364.

3° Le serment supplétif, même prêté, n'est pas une preuve absolue qui rende nécessaire une solution conforme. On admet que le juge n'est pas lié par lui et peut statuer en sens contraire[2]; pour la même raison, le juge d'appel n'est pas lié par le serment supplétif prêté en première instance et peut réformer le jugement, sans que la fausseté du serment ait été démontrée. Le serment dit « décisoire » décide le jugement; de là son nom (art. 1357-1°).

4° On admet de même que l'art. 1361 ne s'applique pas au serment supplétif et que le refus de le prêter n'entraîne pas nécessairement la perte du procès.

34. Cas particulier de serment supplétif. — L'art. 1369 mentionne un genre particulier de serment supplétif : il s'agit du cas où le principe de la demande est fondé, par où *le montant de la condamnation à prononcer n'est pas déterminé* et où le juge n'a pas lui-même les moyens d'en faire l'évaluation. La loi lui permet de faire déterminer le chiffre par le demandeur, sauf à lui fixer un maximum. Ce genre de serment supplétif a ceci de particulier qu'il ne peut être déféré qu'au demandeur.

5° Livres des commerçants.

35. Leur nature comme preuves. — On peut considérer comme un mode de

nal officiel, Doc. parlem., Chambre, 1889, session extraord., p. 219; 1890, p. 1389). Mais un serment laïque, d'où est exclue l'invocation d'un Dieu vengeur, perd toute signification ; c'est un non-sens. Le premier projet de Cambacérès, sous la Convention, était plus logique ; il supprimait le serment. Le projet de l'an VIII l'appelait « affirmation judiciaire » ; le nom de serment fut rétabli pendant la discussion. La formule du serment est traditionnelle ; elle se trouve rappelée seulement dans l'art. 311 C. instr. crim. — Le Code italien a gardé sur le rite du serment le même silence que le Code Napoléon.

[1] La délation du serment par l'une des parties à l'autre est une véritable *convention*, et à ce titre elle doit trouver place parmi les contrats spéciaux. Voyez ci-dessous, n° 2306.

[2] Aubry et Rau, t. VIII, § 767, texte 4°, et notes 16 à 20. — Ceci me semble fort contestable : l'art. 1366 dit que le juge peut déférer le serment à l'une des parties « pour en faire dépendre la décision de la cause ». Qu'est-ce à dire, sinon que le juge est lié par le serment ?

preuve appartenant à la même famille que le serment, les énonciations contenues dans *les livres des commerçants*, qui font preuve en justice quand ils sont *régulièrement tenus* (C. com., art. 12). Les règles de forme auxquelles ces livres sont soumis en garantissent l'exactitude, elles leur donnent une autorité comparable à celle que le serment procure, par sa solennité, à l'attestation orale du demandeur. La loi fait d'ailleurs une distinction : les livres d'un commerçant font preuve contre lui au profit des tiers, mais il n'en peut tirer aucune preuve contre les personnes non marchandes, pour les fournitures qui y sont portées. Voyez à cet égard les dispositions des art. 1329 et 1330.

§ 2. — *Autorité des divers modes de preuve.*

36. Difficulté d'arriver à la certitude. — Les procédés employés pour établir un fait en justice n'aboutissent pas toujours à créer la *certitude* dans l'esprit du juge ; très souvent le juge se détermine sur une *simple probabilité*, et c'est ce qui explique les erreurs judiciaires, tout aussi fréquentes peut-être en matière civile qu'en matière criminelle, bien qu'elles y soient moins retentissantes. La certitude est même rarement acquise. La *preuve* proprement dite, directe et absolue, n'existe presque jamais ; le plus souvent le point contesté est non pas *démontré*, mais simplement rendu *vraisemblable*, à un degré plus ou moins fort. La *vérité judiciaire* est donc loin de posséder la certitude complète qui s'attache aux solutions des sciences physiques ou mathématiques. Les témoins peuvent mentir, l'écrit peut être faux, les indices matériels peuvent être trompeurs ou mal compris ; on est néanmoins obligé de s'en contenter, parce que la solution des procès est une nécessité sociale, et qu'il n'y a pas moyen humainement de faire mieux.

** **37. Des commencements de preuve.** — Il arrive assez souvent que l'un des plaideurs n'a à son service qu'une preuve insuffisante, qui rend sa prétention vraisemblable, mais qui n'est pas de nature à convaincre entièrement le juge et à assurer le gain du procès. Il y a alors ce qu'on appelle un *commencement de preuve*. L'existence de ces commencements de preuve a une grande importance :

1° Quand la loi exige une preuve par écrit, l'écrit qui contient un commencement de preuve *rend admissible la preuve par témoins et la preuve par présomptions*, qui viendront *compléter* la démonstration commencée par l'écrit (art. 1347. — Comp. art. 324 et 341).

2° En toute hypothèse, c'est-à-dire quel que soit le mode de preuve employé, la preuve commencée peut être complétée par le *serment supplétif*[1].

* **38. Valeur propre des différents modes de preuve.** — Les différents procédés admis par la loi comme modes de preuve n'ont pas tous la même valeur ; il y a lieu de faire des différences dans le degré de confiance qu'on peut leur accorder. Passons-les rapidement en revue sous cet aspect.

1° Aveu. — L'aveu, émis par un plaideur, contrairement à ses propres intérêts, supprime en général toute espèce de doute : il fait *pleine foi*, dit l'article 1356, al. 2, contre la partie qui l'a fait. Aussi nos anciens auteurs l'appelaient-ils *probatio probatissima*. Cependant il y a des restrictions à faire. Dans certains cas un plaideur est intéressé à avouer des faits qui, considérés en eux-mêmes, lui sont défavorables, afin d'obtenir un

[1] Le commencement de preuve que vient compléter le serment doit être fourni conformément à la loi. C'est-à-dire que si on se trouve dans une hypothèse où la preuve complète aurait dû être faite par écrit, le commencement de preuve devra nécessairement se trouver dans un écrit ; le juge ne serait pas autorisé à considérer comme tel la déclaration d'un témoin, puisqu'il ne peut pas légalement en entendre.

avantage plus grand. Il en est ainsi dans les *demandes en séparation de biens* : là le mari pourrait s'entendre parfois avec sa femme pour obtenir la séparation de façon à frustrer ses créanciers ; aussi son aveu est exclu ; il ne fait pas preuve des faits sur lesquels la femme fonde sa demande en séparation (art. 870 C. proc. civ.). On sait aussi qu'en matière criminelle l'aveu, souvent arraché par les tortures de la mise au secret ou par la fatigue et la complication des interrogatoires, n'est pas à lui seul une preuve parfaite de la culpabilité, qui doit être établie par d'autres moyens. On a vu enfin des criminels déjà condamnés pour d'autres faits se charger de crimes imaginaires pour retarder leur transportation.

2° Serment. — Le serment prêté par un plaideur en sa propre faveur est souvent suspect, surtout devant les juridictions inférieures ; il est rare que celui à qui on le défère refuse de le prêter. Cependant la loi veut qu'on lui accorde une créance absolue.

3° Écrits et témoignages. — Ces deux modes de preuves, qui sont les plus usuels, sont ordinairement les plus véridiques. Sans doute, un faux ou un mensonge peut avoir été commis et n'être pas découvert, le juge peut être trompé ; mais c'est là heureusement une exception, et dans la pratique on peut se contenter de l'attestation des témoins ou des écrits qui sont produits.

4° Expertise. — La même observation convient à l'expertise : les experts sont faillibles, mais leurs connaissances spéciales étant supérieures à celles des juges, leur intervention est encore une garantie.

5° Indices et présomptions. — Ce genre de preuve est frappé dans la pratique d'une sorte de dépréciation, non seulement à cause de la difficulté qu'il présente souvent pour son établissement (voyez ci-dessus n° 13), mais aussi à cause du peu de sécurité qu'il donne. Les preuves directes, dit-on, font naître « une certitude morale », tandis que la conviction que la présomption communique à l'esprit est moins forte ; elle engendre une simple probabilité. C'est même pour cela qu'on lui donne habituellement ce nom de présomption qui semble exclure l'idée de preuve : « Il n'y a pas de preuves, entend-on dire souvent à propos d'un fait contesté ; il n'y a que des présomptions. » Cette espèce de suspicion n'est pas toujours fondée. La preuve « par présomptions », c'est-à-dire tirée d'indices matériels, est parfois plus sûre que celle qui résulte des témoignages et des écrits. On a rarement à craindre pour ces indices le danger de la falsification toujours à redouter pour les écrits, ni celui de la partialité ou de la vénalité comme pour les témoins. « Facts cannot lie », les faits ne peuvent pas mentir, dit un axiome de la jurisprudence anglaise[1]. Mais s'ils ne mentent pas, ils peuvent être mal compris ; la conséquence qu'on en tire peut être fausse ; le vice réside alors non dans l'indice lui-même, mais dans le raisonnement du juge. Quand la relation entre le fait connu qui sert d'indice et le fait inconnu qu'on veut établir est étroite et directe, la preuve peut acquérir le caractère de l'*évidence* : il y a, par exemple, des crimes qui, bien que commis sans témoins, ne sont pas *niables* ; les charges, comme on dit, sont « accablantes » pour l'accusé. Mais souvent le rapport entre l'indice et le fait contesté est plus lointain. C'est alors qu'on peut vraiment parler de « présomptions ». Souvent la preuve échafaudée sur ces indices est un édifice fragile, péniblement élevé ; il en résulte une simple probabilité, et le doute subsiste[2]. Chaque indice isolé a peu de force ; leur réunion et leur concordance les rendent probants[3]. Ce sont les espèces de ce genre qui ont valu à la preuve par présomptions sa réputation d'infériorité.

[1] Cependant les faits peuvent avoir été *truqués*. Dans certaines circonstances exceptionnelles, des indices matériels faux ont été préparés pour donner le change et tromper le juge. Cela peut se concevoir dans les recherches de filiation et quelques autres affaires, mais cela est certainement plus rare que le mensonge écrit ou oral.

[2] Les anciens faisaient nettement cette distinction dans la force probante des indices, qu'ils appelaient *signa* : « Alia sunt quæ necessaria sunt, quæ Græci vocant τεκμήρια ; alia non necessaria, quæ σημεῖα. Priora illa sunt quæ aliter habere se non possunt... » (Quintilien, *Instit. orat.*, v. 19).

[3] « Sunt signa non necessaria, quæ etiamsi ad tollendam dubitationem sola non sufficiunt, tamen adjuncta cæteris plurimum valent » (Quintilien, *ibid.*).

*** 39. Liberté d'appréciation laissée au juge.** — En général, les lois modernes ne déterminent pas elles-mêmes l'effet probatoire du moyen de preuve fourni. La question de savoir si la vérité peut être considérée comme établie par la discussion des preuves est abandonnée à l'appréciation du juge. La loi détermine seulement deux points : 1° *l'admissibilité de la preuve,* c'est-à-dire les cas dans lesquels tel ou tel mode de preuve est recevable, et s'il peut être reçu avec ou sans conditions préalables[1] ; 2° la *forme de la preuve,* c'est-à-dire la manière dont elle peut être préconstituée, ou bien la procédure à l'aide de laquelle la preuve qui n'est pas préconstituée peut être produite en justice.

Il n'en a pas toujours été de même. Autrefois on a pratiqué le système dit des *preuves légales,* dans lequel *la valeur des preuves est déterminée d'avance par la loi.* C'est ainsi que la déclaration d'un témoin unique ne faisait pas preuve : « Testis unus, testis nullus », disait-on. Il en fallait au moins deux. Ce système, pratiqué jusqu'à la Révolution (POTHIER, *Procédure civile,* n° 186 ; *Obligations,* n° 817), nous venait du droit romain[2]. Il avait cela de vicieux que le juge était souvent obligé de statuer contrairement à sa conviction. Nos magistrats modernes ont donc une liberté plus grande, pour se former une opinion, que celle qui appartenait au juge dans l'ancien droit.

40. Cas où la force des preuves est déterminée par la loi. — Malgré la liberté d'appréciation laissée au juge, il reste quelques traces de l'ancien système des preuves légales. En plus d'une occasion, la loi détermine elle-même la force relative de deux preuves différentes lorsqu'elles se trouvent en conflit. Ainsi, en cas de contradiction entre une preuve par écrit et une preuve testimoniale, la loi impose au juge le choix à faire : c'est l'écrit qui doit l'emporter, la preuve testimoniale n'est pas recevable contre l'écrit, et si par hasard elle se trouvait acquise, elle est sans force (art. 1341). De même, au cas de serment, l'attestation de la partie ne peut pas être arguée de fausseté (art. 1363). Voilà donc deux cas dans lesquels le juge pourra être contraint de statuer contrairement à sa conviction intime, puisqu'il n'est pas autorisé à tenir compte de la preuve inverse. Il en est de même, en cas de présomption légale, quand la loi présume quelque chose et n'autorise pas la preuve contraire.

Même dans le cas où les magistrats sont libres de choisir et d'apprécier les indices capables de servir de preuves, la loi semble vouloir guider leur opinion. L'appréciation de la valeur probante des indices est abandonnée à « leurs lumières et à leur prudence » (art. 1353) ; cependant la loi ajoute qu'ils ne doivent admettre que des présomptions « graves, précises et concordantes » (*Ibid.*). En exigeant des présomptions *concordantes,* il semble que la loi défende de se contenter d'une circonstance *unique* pour prouver un

[1] C'est ainsi que, très souvent, la preuve par témoins n'est recevable qu'autant qu'il existe un *commencement de preuve,* lequel résulte ordinairement d'un écrit (art. 323, 341, 1347).

[2] « Simili modo sanximus ut unius testimonium nemo judicium in quacumque causa facile patiatur admitti. Et nunc manifeste sancimus ut unius omnino testis responsio non audiatur, etiamsi præclaræ curiæ honore præfulgeat » (Constit. de Constantin, 334. — *Code de Justinien,* liv. IV, tit. 20, loi 9).

fait, et qu'elle fasse ici aux présomptions l'application d'une règle analogue à celle qui s'appliquait jadis aux témoignages : « Testis unus, testis nullus. » Cependant il est certain que l'ancien système des *preuves légales*, dont la force et la valeur étaient déterminées d'avance par la loi, a été abandonné aussi bien en matière civile qu'en matière criminelle[1], et qu'un seul indice peut être suffisant. La disposition de l'article 1353 n'est qu'un conseil de prudence, qui s'explique par certains abus qui s'étaient produits dans l'ancien droit[2].

41. Condition générale pour la force probante d'un moyen quelconque. — Quel que soit le moyen de preuve employé, il doit toujours être *fourni dans l'instruction du procès et selon les formes légales*. Il faut qu'il puisse être discuté et contrôlé. Par conséquent le juge n'est pas autorisé à tenir compte de ce qu'il a pu voir ou apprendre personnellement, en dehors de la procédure ; il aura beau s'être convaincu de la vérité par ces moyens extrajudiciaires, il ne doit tenir compte que des preuves apportées par les parties et selon les formes réglées par la loi (Cass., 8 juillet 1885, D. 85. 1. 480, S. 86. 1. 204).

§ 3. — *De la production des preuves.*

42. Division. — La production des preuves devant la justice est considérée tantôt comme un *droit*, tantôt comme une *charge*. Le plaideur considère le fait de fournir la preuve comme un droit quand il a en mains des moyens de preuve plus ou moins sûrs et faciles ; il considérera ce même fait comme une charge, si la contradiction qui existe entre ses affirmations et celles de son adversaire rend l'affaire obscure et l'opinion du juge douteuse. Au premier cas, il *proposera* lui-même de faire la preuve ; au second cas, il *déclinera* cet office et le rejettera sur son adversaire. Examinons ces deux points de vue[3].

A. — Du droit à la preuve.

1° Principe.

43. Possibilité de prouver les faits pertinents. — Le principe est qu'un plaideur a toujours le droit de prouver ce qu'il allègue en sa faveur, actes juridiques ou faits purs et simples.

Une condition toutefois est nécessaire : il faut que les points sur lesquels il demande à faire sa preuve soient *pertinents*, c'est-à-dire tels qu'en les supposant prouvés ils justifient, en tout ou en partie, sa demande ou sa réponse. S'ils sont étrangers au litige ou indifférents pour sa solution, on n'en a que faire. Il ne servirait à rien de constater des faits ou des actes qui ne seraient pas de nature à entraîner la conviction du juge. « Frustra probatur quod non relevat[4]. » On voit une application de cette règle dans le Code de

[1] « La loi ne demande pas compte aux jurés des moyens par lesquels ils se sont convaincus... La loi ne leur dit point : Vous ne regarderez pas comme suffisamment établie toute preuve qui ne sera pas formée... de tant de témoins ou de tant d'indices ; elle ne leur fait que cette seule question : « Avez-vous une intime conviction ? » (Instruction du 21 octobre 1791, reproduite dans l'art. 342 du Code d'instruction criminelle).

[2] Voyez l'exemple que donne M. Bonnier (n° 814) d'un arrêt du Parlement de Paris adjugeant à la ville d'Auxerre, sur des présomptions vagues, une maison bâtie par l'évêque.

[3] La production des preuves fait naître encore deux autres ordres de questions : 1° Tel mode de preuve est-il irrecevable à raison de la nature de l'objet à prouver ? 2° De quelle manière doit se faire sa production ? — La première série de questions dépend de considérations spéciales à chaque matière et ne doit pas trouver place dans une théorie générale. Les questions de la seconde série sont de pure procédure.

[4] Cet adage est tiré de la loi 21, au Code de Justinien, *De Probationibus*, IV, 19.

procédure civile à propos des faits sur lesquels une enquête est demandée ; il faut que ces faits soient « concluants » pour être admis à l'enquête (art. 254 C. proc. civ.).

2° Exceptions.

** **44. Suppression du droit à la preuve.** — Deux raisons différentes font que la loi interdit parfois la preuve de certains faits :

1° *Lorsque la révélation du fait serait un scandale trop fâcheux pour la morale publique.*

C'est pour cette raison qu'en matière pénale l'*inceste* est un crime impuni. C'est pour cette raison encore qu'en *matière de diffamation*, la preuve de la vérité des faits est interdite lorsqu'ils concernent la vie privée de la personne diffamée ; la personne poursuivie comme diffamateur ne peut pas se défendre en démontrant qu'elle a dit la vérité.

Dans les matières civiles il existe une interdiction du même genre fondée sur le même motif. La *filiation adultérine* et *incestueuse* ne peut être ni recherchée en justice ni reconnue volontairement.

2° *Lorsque la vérité du fait resterait incertaine,* soit que les moyens de preuve n'aient par eux-mêmes qu'une valeur vague et trompeuse, soit que l'on ait à redouter la subornation des témoins ou la falsification des preuves.

C'est pour ce motif que la loi interdit la recherche en justice de la *paternité naturelle simple* (art. 340), alors qu'elle en autorise la reconnaissance volontaire. Ce n'est pas pour éviter un scandale, c'est parce que la recherche judiciaire de cette paternité aboutirait souvent à une erreur.

On en trouve encore toute une série d'exemples dans les *présomptions légales*, lorsque la loi ne se contente pas de présumer la vérité d'un fait sur certains indices, mais interdit en outre la preuve contraire, comme pour la présomption de paternité légitime. Dans ces cas-là, le fait est non seulement *présumé*, mais *tenu définitivement pour vrai*. On peut donc dire qu'il y a alors quelque chose de plus qu'une présomption légale : il y a à la fois *dispense de preuve* pour l'une des parties et *interdiction de preuve* pour l'autre [1].

Quelques notions spéciales sont nécessaires sur cette interdiction de preuve qui accompagne certaines présomptions légales et qui les rend *irréfragables*. Voyez les numéros suivants.

3° Présomptions légales irréfragables.

** **45. Leur caractère exceptionnel.** — Cette force extraordinaire, attachée à certaines présomptions légales qui ne comportent pas la preuve contraire, est évidemment une exception au principe signalé plus haut (n° 43). Elle a lieu seulement dans *deux séries d'hypothèses,* aussi peu

[1] Pour exprimer la distinction entre les deux espèces de présomptions légales, selon qu'elles admettent ou non la preuve contraire, on a coutume d'employer des expressions qui nous viennent de l'ancienne pratique judiciaire et qui sont intraduisibles. On appelle présomptions *juris tantum* celles qui peuvent être détruites par la preuve contraire, présomptions *juris et de jure* celles qui ne peuvent pas l'être. On ferait bien de laisser tomber dans l'oubli ces qualifications baroques. Pourquoi ne pas dire *présomptions simples* et *présomptions irréfragables?* Ce serait plus clair et plus français. D'après Jean Menochius (professeur italien, 1532-1607) la présomption s'appelle « præsumptio juris » quand elle est établie par la loi, et « de jure », parce que « super tali præsumptione lex inducit firmum jus » (*De Præsumptionibus,* lib. 1. quæst. 3).

nombreuses l'une que l'autre. Voici en quels termes on les trouve énoncées dans l'art. 1352 : « Nulle preuve n'est admise contre la présomption de la loi, lorsque, sur le fondement de cette présomption, la loi *annule certains actes* ou *dénie l'action en justice.* »

Cette énumération est *limitative,* car la suppression pour l'un des plaideurs du droit de prouver ce qu'il allègue est éminemment contraire au droit commun. Voyez l'art. 252 C. proc. civ.

** **46. Petit nombre de ces présomptions.** — Les cas dans lesquels on rencontre des présomptions irréfragables, rentrant dans l'une ou dans l'autre des deux hypothèses prévues par l'art. 1352, sont très peu nombreux :

1° Présomptions entraînant l'annulation d'un acte. — On en voit des exemples dans les art. 911 et 1100, et on peut en rapprocher l'art. 918, dans lequel, sans annuler à proprement parler l'acte prévu par elle, la loi en méconnaît la nature et la transforme, par un acte d'autorité presque toujours contraire à l'intention des parties.

2° Présomptions entraînant un refus d'action. — Les présomptions sur le fondement desquelles la loi dénie l'action en justice sont encore plus rares. On peut citer la *prescription,* que beaucoup d'auteurs considèrent comme une présomption d'acquisition ou de paiement, en vertu de laquelle la loi retire l'action en justice au créancier ou à l'ancien propriétaire. Telle est aussi la présomption de vérité qui s'attache aux jugements et qui constitue l'*autorité de la chose jugée* (art. 1351) ; cette présomption empêche de renouveler le procès en exerçant à nouveau l'action ; elle est donc indestructible.

* **47. Admissibilité exceptionnelle de la preuve contraire.** — Par dérogation à la règle de l'art. 1352, il arrive parfois que la loi, tout en déniant l'action en justice sur le fondement d'une présomption, réserve l'effet de la preuve contraire. On rentre alors dans le droit commun, et la présomption n'est pas doublée d'une interdiction de preuve adressée à l'adversaire.

Il y en a un exemple dans les articles 1282-1284. La remise matérielle du titre d'une créance fait présumer l'abandon de la créance même ; par conséquent l'action en justice est déniée au créancier contre le débiteur. Il la recouvre cependant s'il peut fournir la preuve contraire que la loi lui réserve, et démontrer que la remise du titre a eu lieu pour une autre raison.

48. Réserve de l'aveu et du serment. — Enfin, même lorsque la preuve contraire n'a pas été expressément réservée par la loi, il reste encore une ressource pour la personne à laquelle on oppose une présomption légale tendant à annuler un acte fait en sa faveur ou à lui dénier l'action en justice. L'article 1352 lui réserve, en tous cas, l'effet de l'*aveu* et du *serment* [décisoire]. C'est-à-dire que la partie, à laquelle la présomption légale est opposée, peut néanmoins déférer le serment à son adversaire ou le faire interroger sur faits et articles pour obtenir de lui un aveu. C'est donc seulement l'usage des preuves normales [écrits, témoins, indices] qui lui est refusé (Cass., 13 janvier 1875, D. 75. 1. 117, S. 75. 1. 244). La possibilité d'user du serment ou de l'aveu pour faire tomber la présomption légale se comprend, malgré la suppression des autres preuves :

ce sera, en effet, la personne même protégée par la loi qui renoncera à la présomption en la faisant tomber par son aveu exprès ou tacite [1].

B. — Charge de la preuve [2].

*** 49. Importance de la question.** — Il est très important pour la pratique de savoir lequel des deux adversaires doit le premier fournir la preuve de ce qu'il allègue. En effet, lorsque la preuve n'est pas faite par la personne qui devait la fournir, le juge doit statuer *contrairement à sa prétention*. Il arrive ainsi qu'un grand nombre de plaideurs perdent leur procès, quoiqu'ils aient le bon droit pour eux au fond, parce qu'ils sont incapables d'en apporter la preuve. Devant les tribunaux, c'est même chose de n'avoir point de droit ou de n'en avoir point de preuves.

Ce point est d'autant plus important à régler que la preuve à fournir pour déterminer conviction du juge et le gain du procès est souvent difficile ; les faits sont obscurs ; les nuances à observer sont nombreuses et délicates ; les modes de preuve auxquels on peut recourir sont rares, douteux ou contradictoires. Aussi est-ce avec raison qu'on appelle *fardeau de la preuve* l'obligation imposée à l'un des plaideurs de fournir la preuve. En ce genre de lutte il est périlleux d'attaquer, puisque celui qui attaque succombe souvent par le vice de ses propres armes, sans que son adversaire ait rien à faire pour se défendre.

50. Distinction à faire. — Pour la détermination de la partie qui doit faire la preuve, il y a deux hypothèses différentes à examiner : d'une part, la *situation normale*, dans laquelle le fardeau de la preuve est réparti d'après les principes généraux ; de l'autre, les *cas exceptionnels*, dans lesquels la charge de la preuve est renversée par une disposition particulière de la loi.

**** 51. Principe répartissant le fardeau de la preuve.** — Une vieille règle, aussi juste que simple, veut que celui qui allègue un fait *contraire à la situation acquise de l'adversaire* soit tenu d'établir la vérité de ce fait [3].

Il résulte de là d'abord que lorsqu'une personne exerce une action pour obtenir quelque chose qu'elle n'a pas, soit un paiement si elle se prétend créancière, soit la livraison d'un objet ou la jouissance d'un bien dont elle n'a pas la possession, cette personne est tenue d'établir soit sa créance, soit son droit réel sur la chose. C'est ce qu'exprime le vieil adage : « Onus probandi incumbit actori. » Quand le demandeur a fourni sa preuve, il a gain de cause, à moins que le défendeur n'ait à faire valoir contre lui une *exception* ou un *moyen de défense au fond*, auquel cas il doit à son tour en

[1] Cette personne est libre de renoncer à la présomption qui la protège, quand cette présomption est établie dans son intérêt, mais non quand elle est fondée sur des motifs d'ordre public. Aussi l'aveu et le serment restent inefficaces contre la présomption de vérité attachée à la chose jugée.

[2] Ce point a été traité sommairement dans le t. I (1re édit., n° 338 ; 2e édit., n° 357) ; il est utile d'y revenir, de même que sur la nature des présomptions légales (1re édit., nos 339-341 ; 2e édit., nos 358-360), afin de présenter ici d'une manière complète la théorie des preuves.

[3] C'est à peu de chose près la formule à laquelle arrive M. Bonnier (*Traité des preuves*, n° 36).

établir l'existence. La charge de la preuve passe alors au défendeur, comme l'indique cet autre adage : « Reus in exceptione fit actor. » A son tour le demandeur peut avoir à faire valoir une *réplique,* qui ruine le moyen de défense ; le défendeur y répondra peut-être, et le fardeau de la preuve passe ainsi de l'un à l'autre, pour toutes leurs réponses réciproques. Pour exprimer cet effet à l'aide d'une formule qui soit applicable à tour de rôle aux deux parties, on généralise souvent l'adage précité en disant : « Onus probandi incumbit *ei qui dicit.* » Comp. art. 1315.

** **52. Renversement de la preuve par l'effet des présomptions légales.** — Parfois la loi renverse l'ordre naturel et, prenant en considération certaines circonstances déterminées, elle dispense de toute preuve celui qui réclame un droit contre autrui ou qui oppose un moyen de défense : en pareil cas, *le plaideur n'a rien à prouver,* si ce n'est qu'il se trouve dans le cas prévu par la loi, et ordinairement cette circonstance résulte de faits évidents qui ne sont pas contestés. On dit alors qu'il existe une « présomption légale » en sa faveur.

* **53. Véritable nature des présomptions légales.** — La nature des présomptions légales est souvent méconnue. On les rapproche des *présomptions simples,* qui sont établies par les parties elles-mêmes, et, comme conséquence de ce rapprochement, on voit en elles des *modes de preuves.* C'est ce qu'a fait le Code Napoléon, qui traite des présomptions légales dans les art. 1350 à 1352, c'est-à-dire entre la preuve par témoins et la preuve par présomptions. Le point de vue qui ressort de ce classement est tout à fait faux : la présomption légale n'est pas un mode de preuve, c'est une *dispense de preuve.*

La loi intervient, par une sorte de partialité plus ou moins justifiée, pour intervertir les rôles dans le procès qui s'engage ; elle *déplace le fardeau de la preuve.* Le plus souvent elle décide ainsi parce que le fait qu'il s'agit de prouver est tout à la fois conforme à la situation normale et difficile à établir d'une façon directe pour chaque cas déterminé. En voici un exemple caractéristique : la loi présume que l'enfant né d'une femme mariée pendant le mariage a pour père le mari ; cela veut dire que cet enfant n'a à prouver que deux choses : 1° que sa mère était mariée ; 2° que sa naissance ou sa conception a eu lieu pendant le mariage ; il n'a pas besoin d'établir qu'il a pour père le mari de sa mère. C'est à celui qui prétend qu'il est adultérin à le démontrer. L'enfant d'une femme mariée bénéficie d'une présomption légale, puisqu'il n'a pas à prouver un des faits qu'il allègue ; il est dispensé de cette preuve et considéré comme légitime jusqu'à preuve contraire. Tel est le véritable rôle des présomptions légales. Il est, du reste, clairement avoué dans l'art. 1352, al. 1 : « La présomption légale *dispense de toute preuve* celui au profit duquel elle existe. »

* **54. Indivisibilité de l'aveu empêchant le renversement de la preuve.** — L'aveu fait par un des plaideurs pourrait avoir pour effet de déplacer la charge de la preuve. Voici comment : le plaideur qui fait un aveu se borne rarement à reconnaître le fait allégué contre lui sans modifications ni additions. Très souvent sa déclaration ne concorde pas avec celle de son adversaire. Parfois il modifie la nature du fait par une condition ou une restriction ; par exemple il reconnaît avoir emprunté la somme qu'on lui réclame, mais sans intérêts : c'est l'*aveu qualifié.* D'autres fois il ajoute au fait primitif

un autre fait ; par exemple il reconnaît avoir emprunté l'argent, mais il prétend s'être libéré par un paiement ou par une compensation : c'est l'*aveu complexe*. Si son adversaire pouvait décomposer cet aveu, prendre ce qui lui est favorable et rejeter ce qui lui est contraire, il se déchargerait du fardeau de la preuve : affranchi par l'aveu de l'obligation de prouver le fait principal, il obligerait l'auteur de l'aveu à prouver le fait accessoire, de sorte que la position des parties, relativement à la preuve, serait intervertie.

Ce résultat a paru choquant à nos anciens auteurs, qui, trompés par la simplicité de la preuve faite sous forme d'aveu, répétaient volontiers que l'aveu n'était pas une preuve, mais dispensait de preuve celui au profit duquel il était fait[1]. Ils ont alors imaginé le principe de l'*indivisibilité de l'aveu*. Celui qui bénéficie d'un aveu doit le prendre tel qu'il est, en bloc, sans pouvoir choisir ce qui lui est favorable et rejeter le reste. « Observez, disait Pothier, que lorsque je n'ai d'autre preuve que votre confession, je ne puis la diviser » (n° 832). Le Code dit de même que l'aveu ne peut être divisé (art. 1356, al. 3)[2].

[1] Comp. POTHIER : « La confession fait foi et dispense l'autre partie de faire la preuve » (*Obligations*, n° 831).

[2] Bien que le principe d'indivisibilité de l'aveu soit écrit en termes très généraux dans la loi, il est de tradition qu'il comporte une *restriction grave en cas d'aveu complexe*. L'aveu complexe reste indivisible, toutes les fois que le fait nouveau allégué par l'auteur de l'aveu se trouve dans un *rapport naturel* avec le fait principal faisant l'objet de l'aveu. Par exemple si le débiteur, en reconnaissant sa dette, prétend l'avoir *payée*, il y aura indivisibilité entre les deux faits. Mais l'aveu complexe cesse d'être indivisible si le fait nouveau est *étranger au fait primitif* et n'est venu le modifier que par accident. L'exemple traditionnel que l'on en donne est celui du débiteur qui avoue sa dette et se prétend *libéré par compensation*, au moyen d'une autre créance née à son profit contre son créancier. En pareil cas, le second fait compris dans l'aveu n'étant pas la suite naturelle du premier, l'aveu complexe pourra être divisé ; on tiendra pour avéré le fait primitif et non le second. Il y a sur ces questions relatives à l'indivisibilité de l'aveu diverses difficultés qu'il serait trop long d'examiner ici. Voyez AUBRY et RAU, § 751, notes 26 à 30 ; BONNIER, n° 356. Le principe d'indivisibilité n'empêche pas l'adversaire, quand il a d'autres moyens de preuve, d'établir la fausseté de la modification ou de l'addition que l'auteur de l'aveu a mélangée à la vérité. On exagérerait les effets de l'indivisibilité, et on en méconnaîtrait la raison d'être, si on empêchait l'adversaire de le rectifier par les différents procédés dont la loi autorise l'usage. En d'autres termes, l'aveu indivisible fait foi de tout son contenu, mais seulement *jusqu'à preuve contraire*. Cette preuve sera fournie contre l'aveu par les mêmes moyens qui auraient pu servir à prouver directement le fait principal (Comp. AUBRY et RAU, § 751, note 36).

RÈGLES SPÉCIALES A LA PREUVE PAR ÉCRIT

CHAPITRE PREMIER

DES ÉCRITS DESTINÉS A SERVIR DE PREUVE

* **55. Utilité de ces écrits.** — Plus les rapports sociaux sont compliqués, plus sont grandes les chances d'erreur de mémoire ou de corruption, qui rendent la preuve testimoniale insuffisante et dangereuse. Les actes importants de la vie, actes juridiques ou faits matériels, d'où dépendent nos droits et nos charges, ne peuvent être laissés à la merci des souvenirs plus ou moins fidèles et sincères de ceux qui en ont été les témoins. L'utilité des *preuves écrites préconstituées* n'est plus discutée, et depuis plusieurs siècles leur confection est entrée dans les mœurs de tous les peuples civilisés.

L'écriture est ordinairement le procédé employé pour préparer une preuve en vue de l'avenir. Cependant nous verrons, à propos des contrats, que certaines fournitures peuvent être constatées par un autre procédé très simple, les *tailles* (art. 1331). Sauf ce cas unique, la preuve préconstituée est toujours une preuve littérale.

* **56. Terminologie.** — Les écrits dressés pour servir de preuves ne portent point de nom spécial en français. On les appelle tantôt *actes,* tantôt *titres* ; mais ces deux expressions sont amphibologiques et s'appliquent tour à tour à l'acte juridique constaté par l'écriture et à sa preuve écrite considérée en elle-même.

Voyez des exemples de cette amphibologie dans les art. 196, 690, 778, 1338, etc. Sur le double sens des mots « acte » et « titre », voyez t. I, 1re édit., nos 244 et 971; 2e édit., nos 264 et 904. Notre vieille langue avait le mot *instrument*[1], du latin *instrumentum,* qui avait le mérite d'éviter toute confusion entre le fait prouvé et son moyen de preuve; mais le mot s'est perdu ; il n'est resté que le verbe *instrumenter*, qui désigne la fonction du notaire, et le qualificatif *instrumentaires,* qu'on applique aux témoins qui peuvent remplacer le second notaire pour assister à la confection de l'acte. Le verbe « instrumenter » est employé dans l'art. 1317.

§ 1. — *Actes privés.*

** **57. Définition.** — L'acte privé est celui qu'une personne dresse pour son propre compte, *en sa qualité de simple particulier.*

[1] On trouve « instrument » employé en ce sens dans Bossuet, Boileau, Saint-Simon et Voltaire. Voyez les exemples que donne LITTRÉ, v° Instrument, n° 5.

A. — Formes des actes privés.

*58. **Liberté habituelle des formes.** — En règle générale la loi n'impose aucune forme déterminée aux actes privés. Les parties (ou l'auteur de l'acte, s'il est seul) rédigent leur écrit comme bon leur semble. Elles ne sont pas tenues d'employer la langue française ; elles peuvent se servir d'une langue étrangère, ou même d'un langage conventionnel dont elles possèdent la clef. Elles peuvent faire rédiger le corps de l'acte par un tiers, se bornant à le signer.

Elles peuvent même constater leurs conventions au moyen de l'imprimerie, de la lithographie, de la photographie; *la signature seule a besoin d'être manuscrite.* Un grand nombre d'actes (polices d'assurances, engagements de location, quittances et factures) sont ainsi faits sur des formules imprimées dont on remplit les blancs. Les renvois en marge n'ont pas besoin d'être signés ou paraphés ; les mots surchargés ou mis en interligne ne sont pas nuls.

59. **Formalités communes à tous les actes. — Il existe cependant quelques règles de forme à observer pour la confection d'un écrit privé. Ces formalités sont au nombre de deux : la *signature* et la *date*.

60. **Nécessité de la signature. — Actuellement, le seul élément qui soit nécessaire, d'une manière générale, pour la confection d'un écrit probatoire privé, c'est la *signature* de l'auteur de l'acte, s'il n'y en a qu'un seul, ou celles des parties, si l'acte a plusieurs auteurs. De là le nom qu'on donne habituellement aux actes de ce genre : on les appelle des *actes sous seings privés*. La signature communique à l'acte sa force probante ; un écrit dépourvu de signature ne peut même pas valoir, en matière civile, comme commencement de preuve par écrit (Bourges, 21 nov. 1871, D. 72. 2. 146).

61. **Son origine.** — La signature, employée comme moyen de communiquer à un écrit sa force probante, n'est pas très ancienne dans notre droit. Pendant tout le moyen âge, les actes n'étaient pas signés, mais revêtus d'un sceau ; ceci tenait à ce que les clercs seuls savaient écrire. Peu à peu le sceau a été remplacé par la signature, qui rend la fraude plus difficile[1].

*62. **En quoi elle consiste.** — La signature n'est pas nécessairement la reproduction des noms que la personne porte d'après son état civil[2] ; il suffit que ce soit *la forme habituelle* dont la personne se sert pour signer[3]. Mais les personnes qui ne savent ou ne peuvent écrire ne peuvent pas remplacer la signature par une croix ou par un autre signe, ni par l'apposition d'un sceau. La signature doit être apposée à la fin de l'acte (Riom, 19 mars 1894, D. 95. 2. 340), mais il n'est pas nécessaire de signer ni de parapher les additions et les renvois mis en marge (Lyon, 11 juillet 1894, D. 96. 2. 32).

[1] Dumoulin admettait encore au XVIe siècle que l'acte scellé pouvait valoir sans signature (*De fiefs*, § 8, nos 13 et 14). Il paraît que cet usage s'était conservé dans le Luxembourg et en Toscane jusqu'à la fin du XVIIIe siècle ; c'est la conquête française qui l'a fait disparaître (Bonnier, n° 664).

[2] Le *Code Michaud*, de 1629, ordonnait de signer du vrai nom de famille et non d'un nom de seigneurie, à peine de nullité (art. 211), mais cette disposition n'était pas observée par les Parlements.

[3] Il a été jugé que le testament d'un évêque est valable, quoiqu'il soit signé seulement des initiales de ses prénoms et du nom de son évêché (Bourges, 19 août 1824). — La difficulté s'était présentée dans l'ancien droit pour le testament de Massillon.

***63. Validité des blancs-seings.** — La signature peut être donnée d'avance. Elle constitue alors un *blanc-seing*, parce que le papier qui porte la signature reste en blanc, jusqu'à ce que l'écrit qu'il doit contenir soit rédigé. Ordinairement le blanc de l'acte est rempli par un autre que le signataire; c'est donc une marque de grande confiance et c'est souvent une grande imprudence que de donner un blanc-seing. La validité des blancs-seings a été discutée dans notre ancienne jurisprudence jusqu'à la fin (MERLIN, *Répertoire*, v° Blanc-seing). Aujourd'hui le doute n'est plus possible; l'art. 407 C. pén. punit celui qui abuse du blanc-seing, ce qui suppose que l'acte faux oblige son signataire jusqu'à la découverte de la fraude[1].

****64. De la date.** — La loi n'exige pas en principe que les actes sous seings privés soient *datés*. Il n'y a d'exception que pour un petit nombre d'actes[2]. Mais, en fait, la date est un *élément indispensable*, et on ne manque jamais de l'insérer, que par oubli ou maladresse. En effet cette indication est utile en beaucoup de cas; et sa constatation peut même être nécessaire. Par exemple, si un changement survient dans la capacité du signataire, c'est de la date que dépend la validité de l'acte, qui sera nul s'il a été signé en temps d'incapacité.

65. Formalités exceptionnelles. — Il existe des règles particulières pour les actes qui constatent des *contrats synallagmatiques* (art. 1325) et pour ceux qui contiennent un *engagement unilatéral* de payer une *somme d'argent ou d'autres choses déterminées par leur quantité* (art. 1326-1327). Elles seront étudiées à propos de la preuve des conventions et des obligations. Disons seulement que, malgré leur caractère exceptionnel, elles sont si étendues qu'elles comprennent en fait la plupart des actes privés.

66. Formalités fiscales. — Outre les formalités auxquelles ils sont assujettis par le droit civil, les actes privés donnent lieu à des formalités établies par la législation financière, et qui ont pour but principal de créer des ressources au Trésor public. Ces formalités fiscales sont au nombre de deux : le *timbre* et l'*enregistrement*. Elles ont ceci de particulier que leur omission est sans influence sur la validité ou l'efficacité de l'écrit; elles sont simplement sanctionnées par des *amendes*, et jamais par des *nullités*. Toutefois on verra qu'à un certain point de vue (pour la fixation de la date), l'enregistrement a une grande utilité pratique, et que l'omission de cette formalité réagit fortement sur l'efficacité juridique de l'écrit non enregistré (ci-dessous n° 78).

B. — Force probante des actes privés.

***67. Distinction.** — Il y a deux questions à résoudre : 1° L'acte qui est représenté émane-t-il véritablement de la personne dont il porte la signature ? 2° Les énonciations qui y sont contenues sont-elles exactes ? Si on répond négativement à la première question l'acte sera *faux*; si c'est la seconde qui reçoit une réponse négative, l'acte sera *mensonger*. On va voir qu'à ces deux points de vue la force probante de l'acte privé est faible.

1° Vérification de l'origine de l'acte.

****68. Possibilité de dénier l'écriture ou la signature.** —

[1] Le Code pénal fait de l'abus de blanc-seing une variété de l'abus de confiance. Classification vicieuse. Il ne peut y avoir là qu'une variété atténuée du faux, tandis que l'abus de confiance véritable est une variété du vol.

[2] Le seul pour lequel le Code civil exige la date est le testament olographe (art. 970), mais des lois spéciales ont ajouté la lettre de change, le billet à ordre, les connaissements, les warrants, les chèques et les polices d'assurances.

L'acte privé, quand il est produit comme preuve, ne présente en lui-même *aucune garantie de sa provenance* : point de précautions pour empêcher la confection d'un acte faux ; point de signes extérieurs pour faire reconnaître l'acte vrai. Il n'y a donc aucune raison pour présumer à première vue que la signature émane réellement de la personne dont elle donne le nom.

De là la règle suivante, qui est capitale en cette matière ; la personne à laquelle on oppose un acte privé peut se borner à le méconnaître : elle *dénie* sa signature ou son écriture, si l'acte est présenté comme émanant d'elle-même ; elle se borne à déclarer qu'elle *ne reconnaît pas* la signature ou l'écriture de son auteur, si l'acte est opposé à un héritier ou autre ayant cause de son prétendu signataire (art. 1323). Cette simple déclaration suffit pour enlever provisoirement à l'acte méconnu toute sa force probante ; c'est alors à l'adversaire, qui veut se prévaloir de l'écrit, à en établir la sincérité (art. 1324). La sincérité de l'acte est vérifiée à l'aide d'une procédure spéciale appelée *vérification d'écritures* (art. 193 et suiv. C. proc. civ.).

D'après un édit de décembre 1684, la vérification d'écriture était une procédure préalable, nécessaire pour la production de l'acte privé comme preuve ; elle n'a plus ce caractère ; l'acte peut être produit sans ce préliminaire obligé et la vérification d'écriture ne devient nécessaire que si l'acte est dénié.

* **69. Reconnaissance de l'acte.** — Si la partie à laquelle on l'oppose ne proteste pas, son silence est interprété comme une reconnaissance et l'acte est *tenu pour reconnu*.

Si l'acte est *reconnu* expressément ou tacitement par la personne à laquelle on l'oppose, ou si, après avoir été dénié, il est ensuite *judiciairement reconnu* par l'effet de la procédure en vérification, il obtient alors toute la force probante dont il est susceptible, et qu'il s'agit maintenant de déterminer.

2° Valeur probante des énonciations de l'acte.

** **70. Foi due à l'acte.** — En principe, l'acte privé, quand il a été reconnu volontairement ou judiciairement, *fait pleine foi de son contenu*. L'art. 1322 dit qu'il a alors « la même foi que l'acte authentique ». On tient donc pour vraie l'existence du fait ou de l'acte qu'il constate, avec tout le détail de ses circonstances, si c'est un fait, ou de ses clauses et conditions, si c'est un acte juridique. Cependant cette preuve peut être détruite, car il n'est pas sûr que l'acte rapporte fidèlement la vérité.

** **71. Preuve contraire.** — De quelle manière la partie à laquelle on oppose un acte privé pourra-t-elle faire tomber la preuve qui en résulte ? La loi ne s'explique pas sur ce point, qui doit être résolu, d'après la tradition et les principes généraux, au moyen d'une distinction.

1° Si la partie prétend que l'acte, primitivement exact, a été ensuite falsifié dans sa teneur au moyen de grattages ou de surcharges, elle n'a pas d'autre ressource que la voie périlleuse de l'*inscription de faux*, dont il sera parlé plus loin[1] (nos 83 et suiv.).

2° Prétend-elle que l'acte n'a subi aucune altération matérielle, mais qu'il a été dès l'origine mensonger? Elle soutient en ce cas qu'il y a eu *déguisement* ou *simulation* (ci-dessous nos 1188 et suiv.). En principe elle n'est admise à démontrer ce déguisement ou cette simulation que par écrit, parce qu'il lui était possible de s'en procurer une preuve littérale au moyen d'une *contre-lettre* (ci-dessous n° 1205). Toutefois, si l'altération de la vérité avait eu pour but une fraude à la loi, la preuve par témoins devrait être admise, conformément à la disposition finale de l'art. 1353[2].

Il est donc possible de détruire l'autorité des écritures privées sans s'inscrire en faux et par la simple production de preuves contraires plus ou moins faciles. C'est ce qu'on exprime en disant qu'un acte sous seings privés fait foi de son contenu *seulement jusqu'à preuve contraire.*

3° Règles spéciales pour la date des actes privés.

* **72. Distinction.** — Parmi les énonciations que contiennent les actes privés, il en est une qui est soumise à des règles particulières pour sa force probante : c'est l'indication de la *date*. Pour en déterminer la valeur, il faut distinguer entre les *parties* et les *tiers*.

** **73. Foi due à la date à l'égard des parties.** — L'acte, une fois reconnu ou vérifié, fait *foi de sa date* par lui-même à l'égard des parties. Mais cette énonciation n'a pas plus de valeur que les autres, c'est-à-dire qu'elle est tenue pour vraie *seulement jusqu'à preuve contraire.*

La loi ne s'est nulle part expliquée sur ce point; on admet néanmoins que chacune des parties peut démontrer la fausseté de la date apparente par tous les moyens possibles, même par témoins ou par simples présomptions. En effet, l'une des parties ne peut avoir d'intérêt à critiquer la date de l'acte que lorsque la fausse date a servi à commettre une fraude. Par exemple, il s'agit d'un mineur qui a *postdaté* l'acte pour faire croire qu'il l'a signé en temps de majorité; ou, inversement, d'une femme mariée qui a *antidaté* l'acte, pour faire croire qu'elle l'a signé avant son mariage. On peut donc employer ici le même raisonnement que pour les énonciations contenues dans le corps de l'acte et appliquer la disposition finale de l'art. 1353, qui autorise toutes les preuves en cas de fraude.

Il faut comprendre parmi les parties les personnes *représentées* par les signataires de l'acte. Celles-ci sont réputées parties à l'acte par application des règles sur la représentation juridique (t. I, 1re édit., nos 279 et suiv., 2e édit., nos 298 et suiv.). La Cour de cassation a donc bien jugé en décidant que l'acte souscrit par un mandataire fait foi par lui-même de sa date contre le mandant (Cass., 7 mars 1893, D. 93. 1. 255, S. 93. 1. 291).

** **74. Incertitude de la date à l'égard des tiers.** — A l'égard des tiers, l'indication de la date contenue dans un acte privé n'a *aucune valeur*

[1] Ceci suppose que l'acte a été déjà reconnu volontairement ou vérifié en justice. La façon dont l'inscription de faux peut devenir nécessaire contre un acte privé sera expliquée à propos de cette procédure (Ci-dessous n° 86).

[2] Il y a sur ce point de sérieuses difficultés; voyez AUBRY et RAU, t. VIII, § 765, note 28. — A propos des obligations, je reviendrai plus en détail sur les contre-lettres et sur l'admission de la preuve par témoins. Il ne s'agit ici que de formuler sommairement les principes pour en faire des applications aux actes de l'état civil, aux transmissions de propriété, etc.

probante. L'acte ne leur est pas opposable, tant que la date n'en est pas devenue certaine par l'un des moyens déterminés par la loi.

L'art. 1328 s'exprime sur ce point en termes particulièrement énergiques : « Les actes sous seings privés *n'ont de date contre les tiers* que du jour où, etc... ». C'est dire que l'indication de la date faite par les parties est dépourvue de toute force, tant que rien n'est venu la corroborer. Cette restriction grave apportée à la force probante des actes privés se justifie par la grande facilité et le grand danger des fraudes. Rien de plus aisé que de donner à un acte une date fausse ; rien de plus difficile pour les tiers que de prouver cette fraude[1].

*** 75. Personnes protégées par l'art. 1328.** — La loi appelle « tiers » les personnes qui peuvent rejeter l'acte sans discussion quand on le leur oppose, en se fondant uniquement sur le défaut de certitude de sa date. Or on a déjà vu (t. I, 1re édit., nos 277 et suiv., 2e édit., nos 296 et suiv.) que les actes juridiques ne produisent pas d'effets à l'égard des tiers, ni pour ni contre. Puisque l'opération ne leur sera jamais opposable, qu'importe donc aux « tiers » que l'écrit qui la constate porte une date vraie ou fausse? Il n'y a aucun besoin de les protéger contre une fraude qui ne les atteint pas.

Mais le mot « tiers » dans l'art. 1328 ne désigne pas ceux que Dumoulin appelait « penitus extranei », c'est-à-dire ceux qui n'ont jamais eu de rapports juridiques avec les parties. Il s'agit nécessairement de personnes auxquelles l'acte serait opposable et pourrait nuire, si la date en était certaine. Ces personnes ne sont pas difficiles à découvrir : ce sont les *ayants cause particuliers* des parties. On a déjà vu (t. I, 1re édit., n° 286; 2e édit., n° 305) qu'ils ont tour à tour la qualité d'*ayant cause* et celle de *tiers*, selon l'époque où l'on se place. Ayant reçu quelque chose de leur auteur, ils subissent naturellement l'effet des actes par lesquels celui-ci a modifié le droit qu'il leur a transmis, mais à une condition : *c'est que la modification soit antérieure à la transmission*. A partir du moment où ils ont traité avec leur auteur, ils deviennent des tiers pour lui; celui-ci ne peut plus rien contre eux. Par là la question de date prend à leur égard une importance capitale : c'est d'elle que dépend l'*efficacité de l'acte contre eux*. Voilà les personnes que la fraude peut atteindre par la mention d'une fausse date; c'est pour elles seules que le danger existe; c'est d'elles que la loi a voulu parler.

**** 76. Situation des ayants cause universels.** — Pour les ayants cause universels, la question de date est indifférente : si ce sont des *successeurs*, ils recueillent évidemment toutes les obligations contractées par

[1] On a vu cependant réussir, dans certaines affaires, ce qu'on a appelé « le coup du filigrane ». Les marques ou dessins imprimés dans le papier timbré sont parfois changés. On peut donc démontrer qu'un acte porte une date fausse, quand le papier sur lequel il est écrit porte un filigrane qui n'a été mis en circulation qu'à une époque postérieure.

leur auteur, quelle qu'en soit la date; ils sont liés par l'acte comme les parties primitives. Si ce sont des *créanciers chirographaires,* comme ils n'ont aucun droit propre qui fasse d'eux des tiers, ils subissent l'effet de tous les actes accomplis par le débiteur sur son patrimoine (sauf le cas de fraude), et les écrits privés qui constatent ses opérations font foi de leur date contre eux aussi bien que contre le débiteur lui-même, auteur ou partie à l'acte (Cass., 29 oct. 1890, D. 91. 1. 475. Jurisprudence constante).

77. Observation. — Cette disposition de l'art. 1328, qui protège les ayants cause particuliers contre des actes à date fausse ou suspecte, est une des règles les plus importantes du droit; c'est la sauvegarde indispensable de la bonne foi dans les conventions. Cependant son utilité a été considérablement diminuée dans le droit moderne par d'autres dispositions qui dans certains cas ont protégé les ayants cause particuliers au moyen de formalités nouvelles, telles que la transcription.

** **78. Moyen pratique de donner date certaine à l'acte.** — Le soupçon de fraude, qui frappe la mention de la date dans un acte privé et qui lui enlève sa valeur, serait d'une sévérité excessive, si la loi ne mettait à la disposition des parties un moyen commode et sûr de rendre certaine la date de leurs actes. Ce moyen, c'est l'*enregistrement.* En faisant enregistrer l'écrit dressé par elles, les parties obtiennent une constatation officielle de sa date. Les employés de l'enregistrement inscrivent à la suite de l'acte ou en marge une mention qui porte quittance des droits perçus et donne la date du jour où cette formalité a été remplie. L'acte enregistré acquiert donc *date certaine du jour de son enregistrement.* De là l'utilité qu'il y a à le faire enregistrer le jour même, s'il y a urgence, et en tous cas dans un bref délai.

* **79. Autres causes rendant certaine la date d'un acte.** — L'enregistrement n'est pas le seul procédé qui puisse communiquer la certitude de date à un acte. Il y a deux autres cas où la date d'un acte privé devient certaine, d'après l'art. 1328 :

1° C'est d'abord *quand sa substance est constatée dans un acte authentique,* par exemple dans un procès-verbal de scellés ou d'inventaire, où l'on décrit les titres et papiers d'affaires. La loi veut que la *substance* de l'acte soit relatée. Il ne suffirait donc pas d'une simple mention; il faut une certaine analyse de ses clauses et dispositions qui rende impossible toute confusion. Comme l'acte authentique fait pleine foi de sa date par lui-même, il communique cette certitude à l'acte privé qu'il mentionne. L'existence de celui-ci devient donc certaine, mais seulement à compter de la date authentique où il en est parlé et sans rétroactivité.

2° La seconde cause qui rend certaine la date d'un acte est *la mort de son signataire ou de l'un de ceux qui l'ont souscrit.*

Peu importe en quelle qualité la personne qui décède avait signé l'acte ; ce peut être un simple témoin. Si le mot « souscrire » qui se lit dans l'art. 1328 pouvait laisser quelque doute, ce doute tomberait devant l'art. 1410 qui parle de la mort d'un des « signataires » de l'acte.

Ainsi trois événements, dont l'un est voulu [l'enregistrement] et les deux autres accidentels [la relation dans un acte authentique et la mort d'un des signataires] peuvent rendre la date de l'acte certaine à compter du jour où ils se produisent. Ces événements sont les seuls qui puissent avoir ce résultat; la liste de la loi est *limitative,* puisque ce sont des *exceptions* que la fin de l'art. 1328 apporte à la règle formulée dans le commencement de ce texte.

On pourrait en concevoir d'autres qui donneraient la même certitude ; le plus usuel est le timbre de la poste apposé sur un document expédié comme papier d'affaires. On a cité encore le cas où une personne aurait perdu l'usage de ses deux mains, par une paralysie ou une double amputation. Aucun de ces faits ne peut être pris en considération.

§ 2. — *Des actes authentiques.*

A. — De l'authenticité.

** **80. Définition.** — L'acte authentique[1] est celui qui est *reçu par un officier public,* dans les lieux et dans les cas où la loi lui permet d'instrumenter et avec les formalités requises. Comp. art. 1317.

** **81. Variétés d'actes authentiques.** — Les officiers publics qui peuvent rédiger des actes authentiques sont très nombreux ; citons les *notaires,* les *huissiers,* les *greffiers,* les *officiers de l'état civil,* et tous les agents de la police judiciaire ayant le droit de dresser des *procès-verbaux.*

82. Conditions de l'authenticité. — L'acte n'est authentique qu'à la condition d'être reçu par un officier public *compétent* et *capable* d'instrumenter (art. 1318)[2].

Incompétence. — Différentes causes, qu'il serait trop long d'étudier ici, peuvent rendre l'officier public incompétent. Le cas principal est celui où un notaire instrumente *hors de son ressort.* Sur le ressort des notaires, voyez ci-dessous n° 136.

Incapacité. — L'incapacité pourrait résulter de l'absence des conditions d'aptitude exigées pour l'exercice de la fonction, par exemple la qualité de Français ; mais, malgré les termes généraux de l'art. 1318, on admet que ce genre d'incapacité n'enlèverait pas à l'acte son caractère d'authenticité. Ainsi l'art. 68 de la loi du 25 ventôse an XI, qui énumère limitativement les cas de nullité des actes notariés, ne mentionne pas l'absence des conditions de capacité exigées des notaires par l'art. 35. Il en résulte que l'acte reçu par un étranger, qui aurait été par erreur nommé notaire en France, n'en serait pas moins valable comme acte authentique.

Quels sont donc les cas où l'acte authentique sera nul comme tel par l'incapacité de celui qui l'a reçu ? On en peut citer deux séries d'exemples :

[1] Αὐθεντικός, qui fait autorité, de Αὐθεντία, autorité, Αὐθέντης, qui se fait fort, qui se porte garant.

[2] En Roumanie, on suit un autre système : les juges de paix donnent l'authenticité aux actes des particuliers, à l'exception des testaments qui sont exclusivement de la compétence des tribunaux. Voyez les lois du 27 juin 1886, sur l'authenticité des actes, *Annuaire étranger,* t. XVI, p. 681 ; comp. Alexandresco, p. 141.

1° *Les cas où l'officier public a été suspendu, destitué ou remplacé.* Il redevient alors un simple particulier, et tous les actes passés par lui après la notification de la décision qui lui enlève sa qualité ne sont pas authentiques (L. 25 ventôse an XI, art. 52).

2° *Les cas où la loi défend spécialement à l'officier public d'instrumenter dans un cas déterminé.* Telle est la défense faite aux notaires de recevoir des actes pour eux-mêmes, ou pour leurs parents ou alliés jusqu'à un certain degré (L. 25 ventôse an XI, art. 8 et 10).

B. — De l'inscription de faux.

* **83. Définition et origine.** — On appelle « inscription de faux » une *procédure particulière qui sert à constater l'existence d'un faux en écriture.*

Son nom lui vient d'une formalité usitée dans notre ancienne jurisprudence, par imitation de la procédure criminelle des Romains, et conservée jusque dans notre droit moderne : la partie privée, qui entame cette procédure, doit *s'inscrire en faux* au greffe [1]. Cette formalité initiale donne son nom à l'ensemble de la procédure.

* **84. Distinction du faux principal et du faux incident civil.** — La constatation du faux peut avoir lieu *au criminel* (art. 448-468 C. instr. crim.). L'action est exercée par le ministère public, la partie privée pouvant seulement déposer une *plainte.* On dit alors qu'il y a *faux principal.*

Elle peut aussi se faire au *civil* (art. 214 et suiv. C. proc. civ.). On l'appelle alors *faux incident civil,* parce que la procédure de l'inscription se greffe habituellement, à titre d'incident, sur une instance déjà engagée [2]. L'action tendant à la constatation du faux est en ce cas exercée par une partie privée.

85. Périls de cette procédure. — La procédure de l'inscription de faux est *exceptionnellement difficile à mener à bien.* Afin de décourager des soupçons conçus à la légère, on y a multiplié comme à plaisir les causes d'échec et de nullité ; trois jugements successifs doivent être rendus au profit du plaideur qui s'y est engagé. Enfin, s'il succombe, on lui inflige une *amende de trois cents francs au moins,* et il peut en outre être condamné à des dommages-intérêts au profit de la partie adverse.

86. Emploi de l'inscription de faux contre les actes privés. — La fonction normale de l'inscription de faux est de s'attaquer aux actes authentiques ; en général elle est inutile contre les actes sous seings privés. En effet, de deux choses l'une : ou bien c'est l'écriture même qui est suspecte, comme venant de la main d'un faussaire ; ou bien, cette écriture étant reconnue pour être celle du signataire, on accuse seulement la sincérité de la rédaction de l'acte. Au premier cas, il suffit de dénier l'écriture ; au second cas, on apportera la preuve de la simulation ou du déguisement, conformément à ce qui a été dit ci-dessus (n° 71). Point n'est besoin de l'inscription de faux. Cependant il ne faudrait pas croire que cette procédure soit impossible contre un acte privé. Il se peut d'abord que la partie menacée par ce faux écrit prenne les devants et s'inscrive en faux contre lui [3]. On peut aussi supposer que l'acte a déjà fait l'objet d'une vérification d'écritures et qu'il a été tenu pour vrai : cette vérification ne fait pas obstacle à ce que la partie, contre

[1] Sur l'inutilité actuelle de cette formalité et sur ses origines, voyez BONNIER, *Preuves,* n° 610.

[2] Ces appellations ne sont pas très heureuses. Pour la critique qu'on peut en faire, voyez BONNIER, nos 608-609.

[3] Sur la possibilité de s'inscrire en faux contre un acte en prenant la voie d'une action principale exercée au civil, voyez BONNIER, n° 609.

laquelle la pièce a été reconnue sincère, en remette de nouveau la sincérité en question par la voie de l'inscription de faux (Cass., 22 mars 1869, D. 69. 1. 448).

Ces espèces sont sans doute exceptionnelles; et l'inscription de faux contre un acte privé est, dans la pratique, d'une grande rareté, étant presque toujours inutile. Cependant il est bon de noter qu'elle est possible contre toute espèce d'actes (Comp. art. 214 C. proc. civ.). Il en était déjà ainsi dans notre ancien droit (Ord. de juillet 1737, tit. II, art. 1er).

C. — Valeur probante des actes authentiques.

** **87. Dédoublement de la question.** — Il faut distinguer pour eux deux questions analogues à celles qui ont déjà été étudiées à propos des actes privés : 1° L'acte émane-t-il réellement de l'officier public dont il porte la signature? 2° Contient-il un exposé fidèle du fait ou de l'acte juridique qu'il a pour objet de constater? A ce double point de vue l'acte authentique a une valeur probante bien plus grande que celle de l'acte privé.

* **88. Présomption d'authenticité.** — La personne qui produit un acte authentique, régulier en apparence, n'a pas à en prouver l'authenticité. L'acte se présente *accompagné de signes extérieurs difficiles à imiter* : timbres et cachets de diverses sortes, les uns à l'encre, les autres imprimés à sec en relief; signature et paraphe d'un officier public dont l'écriture est connue et peut être aisément contrôlée. Ces signes extérieurs d'authenticité suffisent. Comme le disait Dumoulin en parlant de ce genre d'écrits : « Scripta publica probant se ipsa ». Par suite l'acte public, dont l'apparence est régulière, jouit d'une *présomption d'authenticité*, qui renverse sur ce point le fardeau de la preuve : si l'attribution de l'acte à son auteur apparent est contestée, celui qui le présente n'a rien à démontrer; c'est à l'adversaire, qui nie l'authenticité, à démontrer la fausseté de l'acte, et il ne peut faire cette preuve que par la voie périlleuse de l'inscription de faux (ci-dessus nos 83 à 85). Voilà un premier et considérable avantage de l'acte public sur l'acte privé.

Mais ceci suppose que l'acte a au moins une *apparence régulière*. Si des signes extérieurs, des vices matériels, soit dans la forme, soit dans le texte, dénonçaient la fausseté de l'acte d'une manière si évidente que sa simple inspection suffit pour s'en convaincre, le tribunal serait autorisé à déclarer l'acte faux et à le rejeter comme tel, sans inscription de faux régulière.

** **89. Valeur variable des énonciations de l'acte.** — Quelle est la force probante du contenu de l'acte authentique? Cette force n'est pas toujours la même; elle *varie selon la personne* de qui émane l'affirmation écrite dans l'acte.

1° Énonciations provenant du rédacteur de l'acte.

* **90. Leur force exceptionnelle.** — Quand le fait énoncé dans l'acte est *affirmé par l'officier public* qui en a été le rédacteur, comme

ayant été *accompli par lui-même* ou comme s'étant *passé en sa présence*[1], son énonciation fait foi *jusqu'à inscription de faux*[2] (Cass., 18 févr. 1889, S. 89. 1. 161). La raison en est que la sincérité de l'officier public est garantie : 1° par les conditions préalables à sa nomination, qui assurent aux fonctions dont il est chargé un recrutement aussi bon que possible, et 2° par les conséquences terribles qu'aurait pour lui un faux commis dans ses fonctions : perte de sa place ou de sa charge et condamnation aux travaux forcés à perpétuité. L'officier public qui rédige un acte authentique est donc un *témoin privilégié,* dont l'attestation a aux yeux de la loi une valeur exceptionnelle.

Là réside le *second avantage de l'acte public,* et il importe d'en bien comprendre la nature : c'est que, si l'on accuse l'officier public qui en a été le rédacteur d'avoir commis un mensonge écrit, on n'est pas admis à le démontrer indirectement en établissant la vérité du fait contraire aux énonciations de l'acte ; la loi veut que la fausseté de l'acte soit directement démontrée au moyen de la procédure spéciale qu'elle a organisée à cet effet, l'inscription de faux.

91. Cas où l'inscription de faux n'est pas nécessaire. — Il est bien entendu que les déclarations de l'officier public n'ont cette valeur particulière qu'autant qu'il les fait *conformément à sa mission.* S'il mentionne dans l'acte, comme l'ayant connu par lui-même, un fait qu'il n'est pas chargé de constater, son attestation sur ce point n'a pas plus de valeur que celle d'un témoin ordinaire et l'inscription de faux ne sera pas nécessaire pour l'attaquer, parce que, en dehors de sa mission spéciale, l'officier public n'est plus qu'un simple particulier. Tel est le cas du notaire qui affirme dans la rédaction d'un testament que le testateur est sain d'esprit (Cass., 27 févr. 1821). L'application de cette observation aux actes de l'état civil soulève des difficultés particulières.

L'inscription de faux cesse encore d'être nécessaire toutes les fois que l'exactitude du fait rapporté dans l'acte peut être contestée *sans que la sincérité du rédacteur soit mise en doute.* Par exemple, un notaire constate dans un acte de vente que le prix a été versé en sa présence au vendeur ; le fait de la numération des espèces est tenu pour vrai jusqu'à inscription de faux, mais cette numération a pu être *simulée par les parties* ; le vendeur avait peut-être remis lui-même à l'acheteur, avant d'entrer chez le notaire, l'argent destiné à figurer le prix. Cette simulation pourra être établie sans inscription de faux, parce que ce n'est pas la déclaration du notaire qui est combattue (Paris, 15 nov. 1892, D. 93. 2. 291. — Comp. Cass., 22 nov. 1869, D. 70. 1. 273 ; 13 juill. 1874, D. 75. 1. 106).

2° Énonciations provenant des parties.

**** 92. Pourquoi leur force est moindre.** — Pour les énonciations

[1] L'indication des faits, dont l'officier public rédacteur de l'acte se porte garant était donnée en termes très clairs par Dumoulin : « Cujus notitiam habet propriis sensibus » (Sur la coutume de Paris, tit. I, § VIII, n° 64). Pothier est beaucoup moins précis (*Obligations*, n° 735), et c'est malheureusement sur lui que l'art. 1319 a été copié : aussi est-il tout à fait insuffisant. L'art. 1317 du Code italien est beaucoup mieux rédigé, mais on n'en peut pas dire autant du Code espagnol (art. 1218).

[2] Ceci n'est pas dit expressément dans la loi d'une manière générale. L'art. 1319 se borne à dire que l'acte *fait pleine foi* ; mais l'al. 2 de cet article montre indirectement que le moyen d'enlever à l'acte authentique sa force probante est la procédure civile ou criminelle du faux, et l'art. 45 le dit en propres termes dans une application particulière concernant les actes de l'état civil.

qui sont l'œuvre des parties, et que l'officier public n'a fait que recueillir d'après leurs déclarations, l'*inscription de faux n'est pas nécessaire*. Une seule chose est vraie jusqu'à inscription de faux, c'est que la déclaration a été faite devant l'officier public telle qu'elle est rapportée par lui, car son altération constituerait un faux de la part du rédacteur de l'acte. Mais cette déclaration en elle-même était-elle sincère? Rien ne le garantit. Par conséquent, si ces déclarations peuvent être prises provisoirement comme l'expression de la vérité, du moins on n'aura pas besoin, pour les faire tomber, de prendre la voie périlleuse de l'inscription de faux, et elles n'auront pas plus de force que si elles étaient contenues dans un acte privé. Elles sont donc tenues pour vraies seulement jusqu'à preuve contraire (Cass., 6 déc. 1888, S. 90. 1. 81)[1].

* **93. Pourquoi l'acte authentique fait par lui-même foi de sa date.** — Par suite des distinctions qui viennent d'être faites, il y a une mention qui dans l'acte authentique est tenue pour vraie jusqu'à inscription de faux : c'est la date. L'indication de la date est l'*œuvre de l'officier public lui-même* ; il la constate et la donne sous sa propre responsabilité. Il est donc tout simple que cette mention fasse foi jusqu'à inscription de faux. Aussi dit-on que les actes publics ont *date certaine* par eux-mêmes ; ils n'ont pas besoin pour cela d'être enregistrés, encore que les actes des notaires soient nécessairement soumis à l'enregistrement pour d'autres raisons.

§ 3. — *Règles communes aux actes authentiques et aux actes privés.*

A. — Des simples énonciations.

94. Distinction du dispositif de l'acte et des simples énonciations. — Les mentions contenues dans un acte authentique ou privé peuvent se ranger en deux catégories. Les unes font l'objet même de cet acte ; leur insertion dans l'écrit est la raison d'être de sa confection, parce qu'elles forment l'analyse du fait matériel ou de l'acte juridique dont l'écrit doit fournir la preuve. L'écrit a donc pour but de les contenir, si bien que, si elles y sont omises, l'écrit sera incomplet, leur preuve normale manquera, et ces éléments de l'acte ou du fait ne pourront plus être établis que difficilement. L'ensemble de ces énonciations constitue ce que Pothier appelle le *dispositif de l'acte* (*Obligations*, n° 736). L'art. 1320 dit dans le même sens, et à deux reprises, « la disposition ».

A côté de ces mentions, qui doivent nécessairement figurer dans l'écrit comme faisant partie de son objet, il en est d'autres qui ne s'y trouvent que d'une manière purement accidentelle. Ce sont des faits ou des actes antérieurs qu'on rappelle incidemment ; on pourrait les omettre ou les retrancher sans que l'écrit perde quelque chose de son utilité propre. On appelle ces mentions étrangères à l'objet de l'acte de *simples énonciations* (art. 1320. Comp. Pothier, *Obligations*, nos 738 et suiv.).

95. Valeur probante des simples énonciations. — On leur applique une distinction formulée dans l'art. 1320. Si ce qui est exprimé en termes énonciatifs a *un rapport direct avec la disposition*, son insertion dans l'acte a dû attirer l'attention des parties intéressées : si elles ont laissé passer cette énonciation sans protester, c'est que le

[1] On voit que la loi, dans l'art. 1319, s'exprime d'une manière fort incomplète, quand, pour définir la valeur probante de l'acte authentique, elle se borne à dire qu'il fait « pleine foi » de son contenu. Il eût fallu faire des distinctions que la loi a passées sous silence ; le degré de force probante accordé à l'acte n'est pas toujours le même. La jurisprudence emploie souvent le même langage confus (Cass., 14 janv. 1885, D. 85. 1. 64, S. 86. 1. 13).

fait est vrai. Aussi la loi accorde à ce genre d'énonciations incidentes la même valeur probante qu'à celles qui font partie du dispositif. Par exemple, deux personnes dressent un acte pour constater l'existence d'une créance au profit de l'une contre l'autre : voilà l'objet de l'acte, son dispositif ; on y mentionne, en outre, que les intérêts de cette créance ont été régulièrement payés jusqu'à ce jour : voilà une mention purement énonciative, car ces paiements ont dû être constatés par des actes spéciaux, appelés *quittances*, remis au débiteur ; l'acte de reconnaissance de la dette, qui va être remis au créancier, n'a pas pour but de les constater ; néanmoins le fait ainsi mentionné, étant en rapport direct avec l'objet de l'acte, sera tenu pour vrai.

Si, au contraire, l'énonciation est *étrangère à la disposition*, elle ne pourra servir que d'un commencement de preuve (art. 1320). Le fait énoncé n'est donc pas prouvé par l'acte ; il est seulement rendu *vraisemblable*, ce qui aura pour effet de rendre admissibles tous les compléments de preuve autorisés par la loi : témoins, présomptions, serment supplétif.

Cette distinction est conforme aux solutions données par Pothier (*Obligations*, nos 736 et 737), qui lui-même les empruntait à Dumoulin.

Les juges du fait apprécient souverainement s'il y a ou non rapport direct entre l'énonciation incidente et le dispositif (Cass., 4 mars 1834).

B. — Force probante des actes contre les tiers.

96. Silence de la loi. — La loi n'a réglé la valeur probante des actes, tant public que privés, qu'à l'égard des parties et de leurs ayants cause ; elle n'a rien dit de la force probante qu'ils peuvent avoir contre les tiers (penitus extranei). Dans une certaine mesure, son silence s'explique parce que les actes juridiques ne produisent pas d'effets contre les tiers ; on n'a donc pas à se préoccuper de la valeur probante contre ces mêmes tiers des écrits qui les constatent. Cependant la question se pose parfois dans la pratique, et nos anciens auteurs l'avaient prévue, au moins en partie.

97. Cas où la preuve d'un acte est utile contre un tiers. — Pothier citait l'exemple d'un receveur chargé de percevoir les profits féodaux dans la censive d'un seigneur ; le seigneur pouvait, en représentant l'acte de vente d'un héritage, demander compte à son receveur des profits qu'il avait dû percevoir sur cette vente, à laquelle pourtant le receveur était totalement étranger (*Obligations*, n° 738).

En droit moderne on peut concevoir d'autres espèces. Une personne est en possession d'un immeuble qu'elle a acheté d'un autre que le vrai propriétaire ; elle peut arriver à la propriété par une prescription abrégée, parce qu'elle a un juste titre ; elle opposera donc son titre d'achat au propriétaire véritable, bien que celui-ci soit étranger à l'acte.

98. Valeur des preuves écrites opposées aux tiers. — Dumoulin avait prévu la question à propos des actes authentiques ; il décidait que l'écrit public prouve contre les tiers *rem ipsam*, c'est-à-dire le fait même, la réalité de l'acte juridique intervenu ; mais il ne prouve jamais à leur égard les autres faits qui y sont énoncés[1]. Pothier enseignait la même doctrine (*Obligations*, nos 738-740).

Les auteurs anciens ne prévoyaient pas qu'un écrit privé pourrait jouer le même rôle. Ceci est pourtant possible avec le système de l'enregistrement. L'acte dont la date est devenue certaine peut être opposé aux tiers et servir de juste titre pour l'usucapion (AUBRY et RAU, t. II, § 218, texte et note 17). Un acte privé suffit donc pour prouver, même contre un tiers, le fait accompli, la *res ipsa*. Sur la possibilité d'opposer un contrat aux tiers pour établir la nature des relations que ce contrat a créées entre les parties, voyez Cass., 27 juin 1892, D. 92. 1. 379, S. 92. 1. 447.

[1] Il précisait les cas où l'acte peut être utile contre un tiers : c'est quand on veut s'en faire un titre pour l'usucapion ou pour la perception des fruits « quia quod ad hæc et alia instrumentum extraneis præjudicat », et il décidait que les déclarations de l'officier public doivent être tenues pour vraies à l'égard de tout le monde : « publicum instrumentum erga omnes est æque publicum » (*In consuet. paris.*, § 8, glose I, nos 8-10).

C. — Titres au porteur.

99. Bibliographie. — ALB. WAHL, *Traité théorique et pratique des titres au porteur* (Prix Rossi), Paris, 1891, 2 vol. 8°. — BRUNNER, *Le titre au porteur français du moyen âge* (traduction), dans la *Revue historique de droit*, 1886, t. X, p. 11 et 139. — Bibliographie développée dans WAHL, t. I, p. ix-xlvii.

** **100. Définition.** — En général l'écrit destiné à fournir la preuve d'un droit donne le nom de la personne qui est titulaire de ce droit : c'est à cette condition-là seulement que l'écrit peut rendre le service auquel il est destiné. Cependant on peut trouver avantage à *passer sous silence le nom de la personne titulaire du droit* : on obtient ainsi un titre qui peut être utilisé par quiconque le possédera ; son *porteur* en sera en même temps *bénéficiaire*. Aussi dit-on qu'un pareil titre est « au porteur ». Tout titre qui n'est pas au porteur est nécessairement nominatif[1].

101. Origine. — Les titres au porteur étaient déjà usités dans l'antiquité, sous diverses formes, en plusieurs pays, Grèce, Judée, Carthage (WAHL, n°s 16 à 19), mais le droit romain paraît les avoir ignorés à peu près complètement. L'usage moderne remonte seulement au moyen âge. La clause « au porteur » s'est dégagée lentement de clauses analogues qui l'annonçaient et la préparaient sans lui être absolument équivalentes[2]. On la trouve sous la forme parfaite dès 962 en Italie et seulement en 1282 en France (WAHL, n°s 109 et 112). Depuis cette époque l'usage s'en est répandu de plus en plus. Aujourd'hui les valeurs au porteur, dans tous les pays civilisés, représentent une portion considérable de la richesse publique.

** **102. Caractères distinctifs.** — La forme au porteur entraîne avec elle des conséquences remarquables. Le droit constaté par le titre se confond avec l'écrit qui en est la preuve ; il y est pour ainsi dire *incorporé*.

De là une facilité très grande pour l'aliénation du droit : il suffit de remettre le titre à la personne à laquelle on veut transférer le droit pour l'en rendre titulaire. Le droit constaté par un titre au porteur s'aliène donc par *une simple remise matérielle*, comme s'il s'agissait d'une pièce de monnaie. De là aussi, en revanche, un danger très grand, en cas de perte du titre ou en cas de vol : celui qui le trouve peut se l'approprier aisément, et de même le voleur ; l'un et l'autre en seront présumés légitimes propriétaires et pourront se gérer comme titulaires du droit. Sur le cas de perte d'un titre au porteur, voyez t. I, 1re éd., n° 1197 et *Additions*, n° 10, 2e éd., n°s 1141-1142 et ci-dessous n°s 468 à 472.

[1] En droit commercial et même en droit civil il existe une classification tripartite, en *titres au porteur*, *titres nominatifs* et *titres à ordre*. Ces derniers ne sont en réalité qu'une variété des titres nominatifs, puisqu'ils désignent leur titulaire.

[2] Telles sont les clauses « cui tu isto cautum in manu emiseris », qu'on trouve à Salerne en 822, ou « tibi vel cui istum breve vice vestra in manu paruerit », qu'on trouve dès 821 (WAHL, t. I, p. 52 et suiv.). Toutes ces clauses paraissent provenir de l'ancienne pratique romaine de l'« adjectus solutionis gratia », par l'intermédiaire de la clause dite « ad exigendum », dans laquelle on laissait indéterminé provisoirement le nom de la personne chargée de recevoir et de poursuivre le paiement à la place du créancier. EXEMPLES : « Aut cui hanc cautionem dederitis exigendam » (MARCULF, II, 25) ; « Aut cautionem istas dederis ad exagendum » (*Formulæ Andegavenses*, n°s 37 et 59).

103. Droits auxquels peut s'appliquer le titre au porteur. — Cette forme exceptionnelle peut être donnée aussi bien à des titres constatant des *droits de propriété* parts ou actions dans des sociétés, récépissés des magasins généraux (L. 28 mai 1858, art. 2 et 3), qu'à des titres constatant des *droits de créances*, bien que ce soit originairement pour des droits de créance qu'elle ait été inventée.

D. — Forme des actes en cas de conflit de lois.

104. Loi régissant la forme de l'acte. — Les actes écrits, tant publics que privés, sont soumis à la double règle de temps et de lieu qui a déjà été expliquée dans le tome 1er, à propos des actes juridiques.

1° Pour la confection des actes probatoires (*instrumenta*) on doit suivre certaines formes extérieures plus ou moins compliquées. S'il se produit un changement par l'abrogation d'une loi, l'acte fait sous l'empire de la loi ancienne conserve sa valeur probante sous le régime de la loi nouvelle (*Tempus regit actum*). Comp. t. I, 1re édit., n° 224, 2e édit., n° 244.

2° S'il y a divergence entre la loi nationale des parties et la loi du lieu où l'acte est rédigé, on applique en principe cette dernière. La règle « Locus regit actum » gouverne les actes instrumentaires aussi bien que les actes juridiques[1]. Comp. t. I, 1re édit., nos 168-4°, 176 et 268 ; 2e édit., nos 186-4°, 194 et 287.

105. Caractère facultatif de l'emploi des formes étrangères. — On admet en général que la règle « Locus regit actum » est facultative et que *l'étranger*, quand il en a le moyen, *peut se conformer à sa loi nationale* pour la forme des actes qui doivent produire leur effet dans son pays d'origine. Cela lui est surtout facile quand il s'agit d'actes sous seings privés, qu'il rédige lui-même.

CHAPITRE II

DES ÉCRITS ADMIS EXCEPTIONNELLEMENT COMME PREUVES

106. Énumération. — On peut dans certaines circonstances utiliser comme preuves des écritures qui ne rentrent dans aucune des catégories précédentes et qui ne sont pas normalement employées à cet usage : ce sont les *lettres missives*, les *papiers et livres domestiques*, les *copies d'actes*, les *actes récognitifs*. Il y a lieu de dire ensuite quelques mots des *titres anciens*.

A. — Lettres missives.

107. Silence des textes à leur égard. — Nos anciens auteurs, Pothier entre autres, ne s'occupaient pas des lettres missives comme moyen de preuve. Les correspondances privées étaient rares ; elles ont pris au XIXe siècle un développement énorme, et sont devenues un moyen de preuve très usité. Mais la loi a fait comme Pothier : elle a gardé sur elles le silence, et toutes les questions ont dû être résolues par les tribunaux.

[1] Il y a eu quelques doutes pour la rédaction des actes privés que la personne intéressée rédige elle-même ; on a pensé qu'il était aussi facile de se conformer aux prescriptions de la loi française (art. 1322 et suiv.) quand on se trouve à l'étranger que quand on se trouve en France (AUBRY et RAU, t. I, p. 111). Cet avis n'a pas prévalu. Le Français peut ignorer la loi française et ne pas trouver à l'étranger de renseignements faciles sur ses dispositions, tandis que tous les praticiens lui indiqueront les règles de la loi locale.

108. Degré de force probante des lettres missives. — On a dit que l'appréciation en était abandonnée aux lumières et à la prudence des juges, qui pouvaient à volonté considérer la lettre produite devant eux comme une preuve complète, l'admettre comme simple commencement de preuve, ou la rejeter comme dénuée de toute force (AUBRY et RAU, t. VIII, § 760, texte et notes 19 et 20). — Cette opinion ne semble pas fondée. La lettre missive est une des formes de l'aveu extrajudiciaire. Or la loi ne s'est occupée de ce genre d'aveu que pour exclure ou limiter la preuve testimoniale, quand il est fait oralement (art. 1355). L'emploi de l'écriture sous la forme de lettre dispense de la preuve testimoniale. Donc il faut admettre que la lettre missive, dont l'écriture est reconnue, fait pleine foi contre celui qui l'a signée de tout ce qui s'y trouve avoué à son désavantage. Seulement le contenu de la lettre peut laisser dans l'incertitude ou passer sous silence une partie des faits ou des conventions en discussion, de façon que la lettre ne suffise pas à en prouver l'existence d'une manière complète ; elle ne servira alors que comme commencement de preuve par écrit. Mais il ne faut pas confondre ces deux points de vue : le *degré de créance* dû à la lettre, la *quantité de renseignements* qu'elle contient : la lettre peut se réduire au rôle de simple commencement de preuve, bien que faisant pleine foi des choses qui y sont avouées par son signataire.

Ajoutons que la lettre ne fait pas foi de sa date par elle-même, si ce n'est contre son signataire, et contre ses créanciers et ayants cause à titre universel. A l'égard des tiers, ce qui comprend les ayants cause particuliers, elle n'acquiert date certaine que par l'un des trois procédés énumérés dans l'article 1328 ; le timbre de la poste ne peut pas les remplacer. Tout ceci n'est que l'application du droit commun. Voyez ci-dessus nos 72 à 79.

109. Personnes admises à utiliser la lettre comme preuve. — L'emploi de ce genre de preuve n'est pas indistinctement permis à tous les intéressés, à cause du *caractère confidentiel* qui appartient habituellement à la correspondance privée. En principe *le destinataire seul est autorisé à se servir de la lettre* comme moyen de preuve ; il peut le faire quand il y a intérêt, pour y puiser un titre de créance ou de libération, ou à tout autre point de vue, par exemple dans les questions de diffamation, de séparation de corps ou de divorce.

L'emploi de la lettre par un tiers est beaucoup plus difficile à régler, parce qu'il faudrait entrer dans l'examen des questions de détail. Disons seulement qu'en principe l'inviolabilité du secret des correspondances privées s'oppose à ce qu'un tiers fasse usage de la lettre contrairement à la volonté de son expéditeur ; le consentement du destinataire ne suffit pas à lever cet obstacle. Par exception deux raisons peuvent autoriser un tiers à employer la lettre comme moyen de preuve : 1° si cette lettre était, dans la pensée de son auteur, destinée à servir de titre ; elle prend alors la nature d'un acte instrumentaire, ce qui lui enlève son caractère confidentiel ; 2° si le tiers qui veut en faire usage possède un droit de puissance ou d'autorité sur la personne de l'expéditeur ou du destinataire ; on voit des exemples de ce genre dans les lettres interceptées par un mari qui s'en sert comme de preuves dans une instance en désaveu, en divorce ou en séparation.

B. — Livres et papiers domestiques.

110. Rareté de leur emploi comme preuves. — Cette catégorie comprend toutes les écritures qu'une personne fait, soit sur des feuilles volantes, soit sur des registres, pour conserver le souvenir de ses propres opérations, recettes, dépenses, paiements, etc., ainsi que des événements qui l'intéressent. La production en justice de ces différents documents ne peut jamais être ordonnée par le juge ; elle est purement volontaire[1]. Ceci leur enlève déjà presque tout leur intérêt. En outre, *ces documents ne peuvent jamais*

[1] *Nemo contra se edere tenetur.* Il en est autrement pour les commerçants qui peuvent être contraints à représenter leurs livres (art. 15 à 17 C. com.); mais ces dispositions sont spéciales au commerce, et ne peuvent être appliquées en matière civile. Voyez cependant l'opinion de Toullier et de Duranton, réfutée par AUBRY et RAU (t. VIII, § 758, texte et note 16).

faire foi au profit de leur auteur (art. 1331, al. 1). On ne se crée pas de titres à soi-même. Et ils ne peuvent servir de preuve *contre lui* que *dans quelques cas exceptionnels*, qui seront expliqués chacun à sa place (art. 46, 324 et 1331, al. 2).

C. — Copies.

111. Définition. — Une *copie* est la reproduction littérale par l'écriture d'un acte écrit préexistant, qu'on appelle *l'original*. La copie diffère de l'original, non seulement par sa postériorité, mais aussi par l'absence des signatures qui y sont simplement *transcrites* par le copiste, sans y être *apposées* par les parties. Un acte peut être fait en plusieurs exemplaires originaux : ceux-ci diffèrent des copies en ce que tous sont contemporains et signés par les parties et par le rédacteur de l'acte.

Pothier s'était occupé longuement de la force probante des copies (*Obligations*, nos 765 à 775) et les auteurs du Code lui ont emprunté leurs décisions.

112. Copies d'actes privés. — Les seules copies qui puissent avoir une certaine force probante sont celles des actes authentiques ; la copie d'un acte sous seing privé *ne fait jamais foi*, parce que rien n'assure que l'acte original n'était pas faux.

113. Copies des actes authentiques. — Il y a pour elles de nombreuses distinctions à faire.

A. — L'ORIGINAL EXISTE ENCORE. — La copie n'a aucune force probante qui lui soit propre ; la production de l'original peut toujours être exigée (art. 1334). Cependant, en fait, la copie fait fonction de preuve et on s'en contente, tant que sa fidélité n'est pas suspectée ; elle a alors une valeur provisoire, parce qu'on la considère comme conforme à l'original. Il existe une exception à cette règle, pour les extraits de l'état civil (t. I, 1re édit., no 535 ; 2e édit., no 552).

B. — L'ORIGINAL EST PERDU. — Les copies qui existent peuvent le remplacer, mais selon diverses distinctions :

a) *Copies faisant preuve complète* (art. 1335). — Ce sont : 1o les grosses et premières expéditions ; 2o les copies tirées par l'autorité du magistrat, parties présentes ou dûment appelées ; 3o les copies tirées en présence des parties ou de leur consentement réciproque ; 4o les copies anciennes tirées, même sans l'autorité du magistrat et hors la présence des parties, par l'officier public dépositaire de l'original. On considère ces copies comme anciennes quand elles ont trente ans de date.

b) *Copies servant de commencement de preuve* (art. 1335-2o et 3o). — Ce sont : 1o les copies indiquées au 4o de l'alinéa précédent lorsqu'elles ont moins de trente ans de date ; 2o les copies tirées par d'autres que le dépositaire de l'original, quelle que soit leur ancienneté.

c) *Copies ne pouvant être utilisées qu'à titre de renseignements.* — Ce sont les copies de copies (art. 1335-4o).

114. Cas où une copie de copie peut servir de preuve. — Le premier de ces cas est indiqué dans l'article 1336 (Comp. POTHIER, *Obligations*, nos 772-773). Il s'agit de la *transcription* d'un acte authentique sur les registres du conservateur des hypothèques. Cette transcription n'est qu'une copie de copie, car ce qui est présenté au conservateur est une expédition et non l'original. La loi lui reconnaît cependant la valeur d'un *commencement de preuve par écrit*, mais sous certaines réserves qui en rendent l'usage à peu près impossible. Il faut : 1o que toutes les minutes du notaire de l'année où l'acte a été fait soient perdues, ou que l'on prouve que la perte de la minute de cet acte est due à un accident particulier ; 2o qu'il subsiste un répertoire en règle du notaire constatant que l'acte a été fait à la même date. — La loi veut, en outre, que les témoins, s'ils existent encore, soient entendus.

Une seconde exception est réglée par l'article 844 C. proc. civ. ; mais en ce cas la copie de copie obtient une force probante complète et remplace l'original.

D. — Actes récognitifs.

115. Définition. — L'acte « récognitif », appelé aussi « titre nouvel », *est celui* *qui contient la reconnaissance d'un droit antérieur*, déjà constaté par un autre écrit appelé *acte primordial*. L'acte récognitif n'est pas une simple copie : il porte comme un original la signature des personnes contre lesquelles il peut servir. La confection d'un acte récognitif peut être utile pour interrompre la prescription ; c'est un point de vue dont nous n'avons pas à nous occuper ici. Elle sert aussi à faciliter ou à assurer la preuve, quand le titre primordial est perdu ou exposé à des chances de perte.

116. Valeur probante de l'acte récognitif. — Nos anciens auteurs distinguaient deux espèces d'actes récognitifs, d'après leur force probante :

1° Ceux dans lesquels la *teneur de l'acte primordial se trouvait relatée* et qu'on appelait « reconnaissances ex certa scientia » ou « in forma speciali ». Ces reconnaissances équivalaient au titre primordial et dispensaient le créancier de le reproduire, quand il était perdu (Pothier, *Obligations*, n° 777).

2° Les reconnaissances, dites « in forma communi », dans lesquelles la teneur du titre primordial n'était point rapportée. Celles-ci n'étaient pas admises comme preuve, et le créancier n'était point dispensé de produire le titre primordial ; elles ne servaient qu'à interrompre la prescription (*Ibid.*).

Cette distinction, que Pothier empruntait à Dumoulin, a passé dans le Code civil : l'acte récognitif ne dispense de la représentation du titre primordial qu'autant que sa teneur y est spécialement relatée (art. 1337). Cette disposition est fortement critiquée par les auteurs modernes. Ils font remarquer que Dumoulin a mal à propos généralisé une ancienne règle provenant du droit canonique et propre aux bénéfices. L'acte récognitif, du moment où il indique les éléments essentiels de l'obligation, est un *aveu écrit*, et comme tel il devrait servir comme preuve complète de la dette.

D'ailleurs, le Code a également conservé une autre règle de l'ancien droit, qui atténue l'effet de cette distinction : lorsqu'il existe *plusieurs reconnaissances conformes*, qu'elles sont soutenues de la possession, et que l'une d'elles a au moins trente ans de date, le créancier peut être dispensé de représenter le titre primordial (art. 1337, al. 3).

117. Concours de l'acte primordial et de l'acte récognitif. — Le créancier n'est dispensé de produire l'acte primordial que sous une condition, c'est qu'il soit *perdu*. S'il est établi que cet acte existe encore, le débiteur peut exiger qu'il soit produit. Quand les deux titres sont ainsi fournis, leur *comparaison* peut faire apparaître entre eux une différence : il est possible qu'il y ait quelque chose, en plus ou en moins, dans l'acte récognitif. En pareil cas, c'est le titre primordial qui l'emporte. L'article 1337 le dit formellement ; ce que l'acte récognitif contient de plus ou de différent n'a aucun effet. C'est le maintien de l'ancien adage : *Recognitio nil dat novi*.

Cependant, si les parties avaient manifesté l'intention formelle d'apporter un changement, il faudrait bien donner effet à leur volonté, mais ce ne serait plus un acte récognitif ; on se trouverait en présence, pour toute la partie modifiée, d'un véritable titre primordial, créant un état nouveau ; l'acte récognitif pur doit se borner à constater ce qui est. L'acte contenant une innovation serait, selon les expressions de Dumoulin, *non tantum probatorius, sed etiam dispositorius*.

118. Observation. — La matière des actes récognitifs avait de l'importance dans l'ancien droit, alors que les rentes, charges et redevances perpétuelles étaient nombreuses. Depuis la Révolution, ces charges perpétuelles ayant disparu, la matière a perdu tout son intérêt.

E. — Titres anciens.

119. Différence entre l'ancien droit et le nouveau. — Avant le Code Napoléon, on accordait une certaine créance aux actes et titres anciens. Dumoulin voulait qu'on ajoutât foi aux écritures privées déposées depuis longtemps dans des archives publiques, au moins sous certaines conditions[1]. Pothier admettait de même comme preuve,

[1] Dumoulin, *In consuet. Parisiens.* § 8, gl. I, n° 26. Comp. les observations de M. Bugnet dans son édition de Pothier, *Obligations*, n° 750, note 2. — Sur la maxime : « In antiquis enuntiativa probant », voyez Bonnier, n° 510.

quand ils étaient anciens, les *papiers terriers et censiers*, ou registres *cueillerets*, dans lesquels les seigneurs de censives enregistraient les redevances qui leur étaient payées annuellement (*Obligations*, n° 731). *Le Code n'a pas reproduit ces décisions.* Par conséquent la seule antiquité d'un document ne peut pas lui conférer une force probante qu'il n'avait pas à l'origine *d'après sa nature intrinsèque*. Ceci est très logique. Les solutions contraires, données par nos anciens auteurs, n'étaient que des décisions de faveur, fondées sur des considérations pratiques. Signalons, cependant, les articles 1335 et 1337, qui attribuent une force particulière, l'un aux actes récognitifs, l'autre aux copies de copies, à raison de leur ancienneté.

CHAPITRE III

DU TIMBRE ET DE L'ENREGISTREMENT

§ 1. — *Du timbre.*

120. Définition et origine. — Le timbre est un impôt d'un genre particulier, créé au XVIIe siècle, qui est perçu à l'occasion de la confection de certaines écritures. Sur l'origine du timbre, voir A.-G. Boucher d'Argis, *Variétés historiques*, Paris, 1756, t. II, p. 247 ; Giry, *Manuel de diplomatique*, p. 849. Son mode primitif de perception supposait l'emploi d'un papier spécial, fabriqué et marqué par l'État, appelé *papier timbré*, et vendu aux consommateurs à un prix de beaucoup supérieur à sa valeur réelle. Le papier non timbré s'appelle *papier libre*, expression qui se trouve dans les articles 77, 470 et 1394 C. civ.

Sous la Révolution on imagina le *visa pour timbre*, qui permet de percevoir l'impôt en laissant aux particuliers le choix du papier. Cette innovation a conduit à la création du *timbre mobile*, appelé à un grand avenir, et bien connu de tout le monde sous la forme du timbre fiscal de dix centimes, qu'on appose sur les quittances à partir de dix francs.

121. Actes soumis au timbre et sanction. — La loi du 13 brumaire an VII assujettit au droit de timbre « les actes entre particuliers » et, d'une façon plus précise, « tous actes et écritures... soit publics, soit privés, devant ou pouvant faire titre ou être produits pour obligation, décharge, justification, demande ou défense » (art. 12, §§ 10 et 11). La formalité du timbre s'applique donc à la plupart des actes sous seings privés. L'amende, qui lui sert de sanction, a été portée de 5 à 50 francs par la loi du 2 juillet 1862, article 22. En outre, les rares écritures privées dispensées de la formalité du timbre ne peuvent pas être *produites en justice* avant d'avoir été soumises au timbre extraordinaire ou au visa pour timbre, à peine d'une amende de 6 fr. 25, décimes compris (L. 13 brumaire an VII, art. 30, cbn. L. 16 juin 1824). Ces dispositions s'appliquent notamment aux *lettres missives* et aux *factures non acquittées*.

La législation du timbre est extrêmement compliquée. Voyez ce mot dans la *Jurisprudence générale* de Dalloz et dans son *Supplément*.

§ 2. — *De l'enregistrement.*

122. Définition et origine. — L'enregistrement est une formalité qui consiste à *mentionner* les actes juridiques *sur des registres publics, sans en reproduire entièrement la teneur*. C'est par là que la formalité de l'enregistrement se distingue de la *transcription* qui est une copie entière de l'acte. La loi organique de l'enregistrement est celle du 22 frimaire an VII (12 décembre 1798), qui a complété et refondu une loi antérieure, des 5-19 décembre 1790. La loi du 22 frimaire an VII est toujours en vigueur, et elle a subi des surcharges et des retouches nombreuses[1].

La formalité moderne de l'enregistrement a son origine dans l'institution du *contrôle*, créé par des édits de juin 1581 et de mars 1673, qui ordonnèrent l'enregistrement de tous actes et contrats extrajudiciaires, afin de procurer des ressources au Trésor.

123. Caractères et utilité. — L'enregistrement a un *double caractère*. D'après l'objet principal de son institution, il est un *instrument fiscal*, destiné à remplir le Trésor[2]. D'autre part, l'enregistrement produit des *effets utiles pour le droit civil* : il procure à l'acte une certaine publicité ; et surtout il offre le procédé le plus simple et le plus pratique pour rendre certaine la date des actes privés. Toutefois l'enregistrement d'un acte ne peut pas en prouver l'existence ; il ne peut même pas servir de commencement de preuve par écrit (Dalloz, *Répert.*, v° Enregistrement, n° 68) : tant qu'on n'a pas l'original en main, on peut craindre que l'acte qui a été présenté à l'enregistrement ne soit faux.

124. Droits fixes et droits proportionnels. — Les droits perçus pour l'enregistrement sont de deux sortes : des *droits fixes*, qui ne varient pas selon l'importance des valeurs mentionnées dans l'acte, et des *droits proportionnels*, qui varient en raison de ces valeurs (L. 22 frimaire an VII, art. 2). La loi du 28 février 1872 avait créé une nouvelle classe de droits : les *droits gradués*. Les droits gradués étaient des droits fixes qui conservaient leurs anciennes règles de perception, mais qui avaient cessé d'être invariables. Ils ont été supprimés par la loi du budget du 28 avril 1893, article 19, qui les a remplacés par des droits proportionnels. Voyez à leur sujet l'*Instruction* du 15 mai 1893, n° 2838 (D. 1893. 4. 85, en note).

125. Droits d'acte et droits de mutation. — A un autre point de vue, on distingue les droits d'acte et les droits de mutation. Le droit d'acte est *subordonné à la condition qu'un écrit constatant la convention* soit présenté au receveur ; le droit de mutation est dû, *indépendamment de tout écrit*, par cela seul qu'un droit de propriété, ou une valeur quelconque, est passé d'une main dans une autre. Cette distinction, bien que fondée sur les dispositions mêmes de la loi de frimaire an VII, a été quelquefois critiquée ; elle est admise par la grande majorité de la doctrine, par l'administration et par la jurisprudence (Dalloz, *Suppl.*, v° Enregistrement, n° 61).

126. Actes soumis à l'enregistrement. — Les actes publics sont en général soumis obligatoirement à l'enregistrement dans un délai fixé par la loi. La sanction est quelquefois la nullité (pour les actes des huissiers) ; le plus souvent l'acte non enregistré reste valable, mais l'officier public en faute paie une amende et un double droit.

Pour les actes privés, il faut distinguer : ceux qui constatent des conventions donnant ouverture à un droit de mutation doivent être enregistrés dans de certains délais[3]. La sanction n'est jamais la nullité ; c'est ordinairement un double droit. Quand un acte privé n'est pas soumis obligatoirement à l'enregistrement, la perception des droits ne devient possible que si les parties le présentent volontairement au receveur pour lui conférer date certaine. Toutefois l'enregistrement devient obligatoire indirectement, si l'acte sous seings privés est mentionné dans un acte authentique ou s'il en est fait usage en justice.

[1] M. Fournier de Flaix dit que la loi de frimaire est « l'un des instruments fiscaux les plus redoutables qui soient sortis du cerveau humain, résumé incomparable de toutes les conceptions de l'ancien régime et de toutes les aspirations de la Révolution. Elle a une précision merveilleuse dans la connaissance pratique des affaires... telle qu'à un siècle de distance, malgré des transformations extraordinaires, ce chef-d'œuvre de la fiscalité suffit encore » (*Nouveau Dictionnaire d'Economie politique*, de Léon Say et Chailley, t. II, p. 1017).

[2] En l'an IX, les droits d'enregistrement proprement dits donnaient 78 millions ; en 1869, ils montaient à près de 338 millions, et en 1888 ils dépassaient 455 millions. Dans ces chiffres ne sont pas compris les droits de timbre, de greffe et d'hypothèque qui sont également perçus par l'administration de l'enregistrement.

[3] Voyez spécialement pour les locations, la loi du 23 août 1871, art. 11 et 14 ; pour les actes de société, les ventes de fonds de commerce, les partages, la loi du 28 février 1872.

127. Rôle de l'administration. — Pour obtenir des contribuables l'énorme rendement de l'impôt dont elle est chargée, l'administration a été armée de pouvoirs redoutables[1]. Elle surveille et vérifie toute l'activité économique du pays. Toute convention étant une source de taxes, une lutte perpétuelle est engagée entre l'administration et les particuliers, secondés par l'habileté des légistes les plus exercés. L'administration épie dans les actes qui lui sont soumis les occasions de percevoir un droit ; les particuliers cherchent à cacher avec soin la nature vraie de leurs conventions pour échapper aux droits proportionnels ou pour bénéficier du tarif le moins élevé.

La perception des droits d'enregistrement est une des missions les plus délicates qu'on puisse avoir à remplir dans l'ordre civil. Il y a bien peu de règles d'enregistrement proprement dit ; toutes les questions que les receveurs ont à résoudre sont des questions de droit civil : quelle est la nature exacte de la convention ? que signifie telle clause ? cache-t-elle autre chose que son sens apparent ? Sa nature une fois découverte, le tarif du droit applicable est facile à déterminer.

Les recours des contribuables sont examinés par l'administration elle-même, puis par les tribunaux civils ; il n'y a pas d'appel, mais un recours est possible devant la Cour de cassation[2].

128. Effets indirects fâcheux. — L'élévation excessive des tarifs, rendus encore plus lourds par la surcharge des décimes, amène à un point de vue général des résultats extrêmement fâcheux. D'abord les particuliers sont portés à éviter le plus possible l'emploi du notaire, parce que les actes notariés sont nécessairement présentés à l'enregistrement, et il résulte de cette abstention systématique que beaucoup d'actes sont mal rédigés. Ensuite, même quand on dresse un acte public, les réticences et les obscurités, dont les parties s'enveloppent volontairement pour échapper au fisc, deviennent plus tard pour elles-mêmes des sources intarissables de procès.

129. Bibliographie. — DEMANTE, *Principes de l'enregistrement*, 4e édit., 1888-1889, 2 vol. 8°. — DALLOZ et VERGÉ, *Code de l'enregistrement, du timbre*, etc., 1878, in-4°. — GARNIER, *Répertoire général et raisonné de l'enregistrement*, 7e édit., 1890-1892, 6 vol. in-4°. — *Dictionnaire des droits d'enregistrement, de timbre*, etc., par les rédacteurs du « Journal de l'enregistrement et des domaines », 3e édit., 1874-1895, 8 vol. in-4°. — NAQUET, *Traité théorique et pratique des droits d'enregistrement*, 1881, 3 vol. 8°. — F. et FR. LEFEBVRE, *Manuel théorique et pratique du surnuméraire de l'enregistrement*, 1890 ; nouv. édit., 1894-1896, 2 vol. 8°. — *Tarifs* publiés par NAQUET, 2e édit., 1890 ; LANSEL, 9e édit., 1893.

CHAPITRE IV

DES NOTAIRES ET DES ACTES NOTARIÉS

AVIS AUX ÉTUDIANTS. — Par une singulière lacune des programmes officiels, les étudiants en droit font toutes leurs études sans avoir à s'occuper des notaires ni des actes

[1] « Dans aucun Etat, dit M. Fournier de Flaix, il n'existe une administration fiscale aussi puissante... Elle caractérise essentiellement l'organisation fiscale de la France » (*Nouv. Diction. d'Econ. polit.*, t. II, 1020).

[2] M. Fournier de Flaix estime que le contribuable est désarmé devant l'administration, qui le juge à huis clos et l'exécute en silence ; les moyens de contrainte et les voies d'exécution sont simples, rapides, terribles. Il réclame le rétablissement de l'appel, et trouve que la Cour de cassation se montre trop souvent passive, parce qu'elle tient grand compte des besoins de l'Etat et des garanties que donne la capacité des administrateurs. Bien des réformes seraient à faire. Selon lui, l'impôt est trop lourd (*loc. cit.*, p. 1021). — Ajoutons que, malgré la vigilance et les ressources de l'administration, le fisc est victime de fraudes nombreuses.

qu'ils dressent. En revanche, on leur apprend longuement comment sont tenus les registres de l'état civil, avec lesquels ils n'auront que rarement l'occasion de faire connaissance. Le notariat est mêlé d'une manière si intime à la vie civile des particuliers, le notaire préside si souvent à la rédaction de leurs actes et de leurs contrats et à la direction de leurs affaires pécuniaires, qu'il m'a paru indispensable d'indiquer ici tout au moins les points essentiels. Tout ce chapitre (nos 130 à 154) est donc en dehors de l'examen; mais on fera bien de le parcourir et on aura bien des fois l'occasion de s'y référer pour comprendre ce qui sera dit, dans toutes les parties de ce livre, sur l'intervention des notaires et sur les actes qu'ils rédigent.

§ 1. — *Généralités sur le notariat.*

130. Définition. — Les notaires sont des *officiers publics chargés de rédiger les actes auxquels les particuliers veulent conférer l'authenticité*. Ils sont chargés, en outre, d'en *conserver les originaux* et d'en *délivrer des copies*. Comp. L. 25 ventôse an XI, art. 1er. — Les notaires sont institués à vie. Pour les incompatibilités, voyez la loi précitée, art. 7.

La loi de ventôse appelle les notaires des « fonctionnaires publics ». Cela est vrai, car les notaires tiennent de l'État le pouvoir de donner l'authenticité à leurs actes et de délivrer des titres exécutoires. Cependant, on ne les assimile pas aux autres fonctionnaires dépositaires de la puissance publique, au point de vue des lois sur la presse, pour les diffamations dirigées contre eux (Cass., 23 mai 1862, D. 62. 1. 392; Cass., 15 juin 1883, D. 84. 1. 91, S. 84. 1. 256; Cass., 21 juin 1884, D. 86. 1. 48, S. 86. 1. 239).

131. Bibliographie. — Il existe un grand nombre d'ouvrages relatifs au notariat; leur énumération remplit 9 à 10 colonnes du catalogue Marchal. Voir aussi *Catalogue de la bibliothèque de la Chambre des notaires de Paris*, Chaix, 1894.

Traités et Formulaires. — Rolland de Villargues, *Répertoire de la jurisprudence du notariat*, 9 vol. 8°, 1840-1845. — Lansel et Didio, *Encyclopédie du notariat*, 22 vol., 1879-1893. — Clerc, Dalloz et Vergé, *Formulaire général du notariat*, suivi du *Code des notaires expliqué* et d'un *Traité de la responsabilité des notaires*, 8e édit., 1896-1899, 2 vol. 8°. — Amiaud, *Traité formulaire général du notariat*, 5 vol. 8°, 1894-1895. — Rutgeerts et Amiaud, *Commentaire de la loi du 25 ventôse an XI*, Bruxelles et Paris, 3 vol. 8°, 1884. — André, *Nouveau formulaire général alphabétique du notariat*, 2e édit., 1887, 2 vol. 8°. — Defrénois, *Traité pratique et formulaire général du notariat*, 7e édit., 1896, 5 vol. 8°. — Defrénois, *Formules inédites*, 1896.

Ouvrages divers sur le Notariat. — Delacourtie et Robert, *Traité pratique de la discipline des notaires*, 1892. — A. Lefebvre, *Traité de la discipline notariale*, 1876, 2 vol. 8°. — Aubertin, *Des honoraires et frais d'actes des notaires*, 1885. — Bauby, *Traité théorique et pratique de la responsabilité civile des notaires*, 1894. — Eloy, *De la responsabilité des notaires*, 1873, 2 vol. 8°. — H. Lefrançois, *De la responsabilité civile des notaires*, thèse, Paris, 1901. — Boucher d'Argis et Sorel, *Taxe en matière civile*, 3e édit., Paris, 1882. — Michot, *Origines du notariat*, 2 vol. 1878. — Alb. Amiaud, *Recherches bibliographiques sur le notariat français*, Paris, 1881, in-12. — Amiaud, *Études sur le notariat français*, 1879.

Publications périodiques. — *Journal des notaires et des avocats*, t. 1er paru en 1808; 129 vol. en 1898. — *Revue du notariat et de l'enregistrement*, paraissant depuis 1861. — Defrénois, *Répertoire général du notariat de France et d'Algérie*, divisé en deux séries: *Jurisprudence et pratique*, 1 vol. par an; *Législation et formules*, 1 vol. tous les cinq ans; t. 1er paru en 1881.

132. Législation actuelle. — Le notariat a été réorganisé par la loi du 25 ventôse an XI, qui est toujours en vigueur; mais certaines règles importantes pour la rédaction des actes notariés ont été établies par la loi du 21 juin 1843 (Voyez ci-dessous n° 143). Il existe, en outre, quelques textes secondaires.

133. Importance des actes notariés. — L'acte notarié est pour les opérations des particuliers la forme habituelle de l'authenticité, si bien que dans la pratique *acte authentique* et *acte notarié* sont souvent pris comme synonymes, quoiqu'il y ait en réalité beaucoup d'actes authentiques autres que ceux des notaires. La loi n'exige que rarement l'intervention des notaires ; mais en fait presque toutes les conventions importantes sont constatées par eux.

134. Origine du notariat. — Le notariat moderne a son origine au moyen âge [1]. Les *notarii* étaient des espèces de greffiers attachés aux diverses juridictions laïques et ecclésiastiques, dont ils rédigeaient les actes. Ils constataient également les conventions des particuliers lorsqu'elles étaient reconnues devant la justice [2]. La rédaction de ces contrats « en la court [3] » n'était qu'une application des idées romaines sur la *confessio in jure*. Peu à peu les notaires prirent l'habitude de rédiger eux-mêmes ces actes hors la présence du juge, mais toujours en son nom.

Cette origine du notariat explique les formules qu'on lit dans les anciens actes notariés portant que les parties sont « comparues devant le notaire *comme en droit* ou *en jugement* » et, dans la fin des actes, que les parties « ont été de leur propre consentement *jugées et condamnées à accomplir et entretenir* tout ce qui est contenu au contrat » [4]. C'est encore cette origine historique du notariat qui explique la force exécutoire de ses actes (ci-dessous, n° 192). On peut donc dire que, par la façon dont il a pris naissance, le notariat n'est qu'un rameau du pouvoir judiciaire, qui s'en est détaché pour exercer par une sorte de délégation partielle une des applications les plus importantes de la juridiction gracieuse.

Pendant longtemps la charge de conserver les actes fut confiée à un officier spécial appelé *tabellion*, distinct du notaire. Les offices de tabellions et gardes-notes ne furent réunis à ceux des notaires que par un édit de 1597.

La multiplicité des notaires a été un des fléaux de l'ancienne organisation judiciaire de la France. A côté des notaires royaux, toutes les juridictions seigneuriales avaient leurs notaires spéciaux. Enfin, il y avait des notaires épiscopaux, impériaux et apostoliques qui pullulaient dans les pays de droit écrit et s'étaient répandus même dans les pays coutumiers ; tous exerçaient leurs fonctions avec âpreté et en vertu d'une investiture souvent douteuse ; depuis le XIVe siècle les ordonnances tendirent à en limiter le nombre [5].

Les anciennes charges de notaires furent supprimées par la Constituante qui établit l'unité du notariat (L. 26 sept.-6 oct. 1791).

135. Le notariat à l'étranger. — Le notariat est si ancien chez nous et l'usage des actes notariés est tellement entré dans nos habitudes qu'il nous semble devoir être une institution universelle. Or il en est bien éloigné. Dans des pays tout voisins de nous, comme l'Angleterre et l'Allemagne, les notaires n'ont reçu que des attributions très

[1] Il y eut quelque chose d'analogue dans les derniers siècles de l'Empire romain. Sur les *tabelliones* de cette époque, voyez MAYNZ, t. I, § 34, note 19. — Le mot *notarius* désignait dans l'antiquité un scribe se servant d'abréviations, *notæ*.

[2] « Tous gentil home et home de poeste poent fere reconnissances de lor convenances par devant lor segneurs, dessoz qu'il sunt couquant et levant ou par devant le sovrain. » (BEAUMANOIR, *Coutumes de Beauvoisis*, t. II, chap. XXXV, n° 18.)

[3] C'est l'expression qu'on employait dans l'Ouest (*Très ancienne coutume de Bretagne*, passim). Beaumanoir appelle « lettre de baillie » l'écrit rédigé en cette forme et délivré aux parties. Le plus ancien exemple connu est de 1232, dans le cartulaire de Cormery. Les juridictions laïques n'avaient fait que suivre un exemple qui leur avait été donné par les officialités. Voyez GIRY, *Manuel de diplomatique*, p. 841. Comp. ESMEIN, *Les contrats dans le très ancien droit français*, passim.

[4] LOYSEAU, *Traité des offices*, liv. II, chap. V, § 49 à 51. Comp. GIRY, *op. cit.*, p. 849 et suiv. Exemple : « Sachez que par davant nous en dreit personaument establiz N... N... de lor grez et pas pourforciez recognurent eux aveir vendu... » « As quelx choses tenir et acomplir nous icex venders presenz et consentanx en cez escripz nous condempnon. » (Acte de 1295, Archives d'Ille-et-Vilaine.)

[5] Pour plus de détails sur l'organisation ancienne du notariat, sur ses vices et ses abus, voir au *Manuel de diplomatique*, de M. GIRY, spécialement p. 825-854.

incomplètes[1]. Dans beaucoup de pays, et surtout en Angleterre, les actes importants sont revêtus de l'authenticité par les tribunaux, au moyen de formalités accomplies devant les juges.

Le notariat, avec l'importance que nous lui connaissons, est donc une institution essentiellement française.

136. Ressort des notaires. — La compétence des notaires est *territoriale*. A ce point de vue il faut distinguer trois catégories de notaires : ceux qui exercent leurs fonctions dans une ville où siège une cour d'appel peuvent instrumenter dans tout le ressort de cette cour ; ceux qui exercent auprès d'un tribunal civil de première instance instrumentent dans l'arrondissement ; les notaires des autres communes ont pour ressort le canton (L. 25 ventôse an XI, art. 5)[2]. Cette correspondance entre le notariat et l'organisation judiciaire n'a d'autre motif que les précédents historiques ; on a adapté à la nouvelle organisation judiciaire de la France l'ancien principe, d'après lequel on était notaire de telle juridiction. Cela n'a plus aujourd'hui de raison d'être.

137. Statistique. — En 1896 on comptait en France 8 910 notaires, contre plus de 10 000 en 1791. Sur ce nombre il y avait 7 115 notaires cantonaux, 1 390 de seconde classe (arrondissement) et 405 notaires de cours d'appel, dont 114 à Paris.

Un projet a été déposé au Sénat, le 27 octobre 1896, par M. Darlan, garde des sceaux, pour diminuer le nombre des études de 3e classe. Il y en a 2 311 qui rapportent moins de 5 000 francs brut, dont 219 rapportent moins de 1 000 francs. Depuis 1876, 300 offices ont déjà été supprimés ; le gouvernement voudrait réduire les notaires de campagne à un par canton, en modifiant l'art. 31 de la loi de ventôse qui en exige deux.

138. Monopole des notaires. — Les notaires jouissent d'un monopole pour la constatation authentique des actes et des conventions faits par les particuliers. Aucun autre officier public ne peut leur faire concurrence. Cependant une convention privée peut se trouver accidentellement constatée d'une manière authentique par le *procès-verbal d'un greffier* quand elle a été avouée par les parties devant le juge. Il en est de même quand les deux adversaires se mettent d'accord devant le *juge de paix*, lors du *préliminaire de conciliation* ; un procès-verbal est dressé qui constate leur arrangement.

139. Action solidaire contre les parties. — La jurisprudence reconnaît d'une manière générale au profit des notaires, *pour le recouvrement de leurs frais et honoraires*, une action solidaire contre toutes les parties qui ont figuré dans l'acte dressé par eux. Si celui qui paie ces frais ne les a pas à sa charge d'après les principes généraux ou d'après la convention, il a son recours, tel que de droit, contre les autres.

Pour le décider ainsi, la jurisprudence se fonde sur l'art 2002, qui rend les mandants débiteurs solidaires envers le mandataire pour tout ce qui peut lui être dû, à raison de l'exécution du mandat (Cass., 23 et 29 oct. 1889, D. 90. 1. 390, S. 89. 1. 472 ; Cass., 17 juin 1890, D. 91. 1. 272, S. 90. 1. 416). Cette jurisprudence est combattue par quelques auteurs, qui contestent que le notaire soit mandataire des parties.

140. Fonctions officieuses des notaires. — La loi de ventôse ne donne qu'une idée très incomplète du rôle réel des notaires. Ils ne sont pas seulement des *rédacteurs d'actes*, des espèces de scribes officiels; ils ont pris tout naturellement une fonction très importante, celle de *conseillers officieux des familles*. On les consulte, on suit leurs

[1] Sur le notariat dans les différents pays de l'Allemagne, où son organisation est loin d'être uniforme, voyez Dubarle. *Code d'organisation judiciaire allemand*, passim, et la note de M. Larnaude dans Bonnier, *Preuves*, p. 401. Spécialement pour l'Alsace-Lorraine, voir la loi du 26 décembre 1873, *Annuaire étranger*, t. III, p. 588 ; voir aussi Lobstein, *Manuel et histoire du notariat en Alsace*, Strasbourg, 1844. Pour l'Angleterre, voyez Glasson, *Histoire du droit... de l'Angleterre*, t. VI, p. 642 et suiv. ; Bonnier, *Preuves*, n° 464. Pour la Russie et l'Espagne, voyez Amiaud, dans le *Bulletin* de la Société de législation comparée, 1873, p. 409 et suiv. En Italie une loi du 17 septembre 1875 a codifié et unifié les lois sur le notariat (*Annuaire étranger*, 1876).

[2] Sur le droit des notaires d'instrumenter dans leur ressort hors du lieu de leur résidence et sur la règle qui les empêche de s'ouvrir une véritable étude sur un autre point en concurrence avec un collègue, voyez Douai, 9 mars 1897, D. 99. 2. 267 et la note.

avis, sur les questions de famille et d'argent ; mariages, successions, partages, placements de fonds, achats et ventes de maisons et de terres, etc., tout cela leur est familier, connu, et leur opinion a forcément un grand poids.

De là à une autre fonction, celle de *banquiers* et d'*agents d'affaires*, il n'y avait qu'un pas. Les notaires acceptaient souvent de devenir dépositaires de sommes considérables appartenant à leurs clients. Ceux-ci, ayant confiance dans leur notaire, lui laissaient parfois indéfiniment ces fonds, le chargeaient de les placer, de les faire fructifier. Beaucoup de personnes avaient ainsi une partie de leur fortune chez leur notaire, qui leur en servait les intérêts, et souvent le client ne savait même pas quel emploi était fait de ses fonds. Il en résulta pour les notaires d'abord un surcroît de responsabilité, mais aussi et surtout des tentations et des occasions de détournements. Leurs opérations commençaient par être simplement risquées, aventureuses ; elles finissaient facilement par être frauduleuses.

A de certaines époques on a vu de nombreux notaires, souvent par séries, passer en cour d'assises ou prendre la fuite en laissant un déficit considérable[1]. Le gouvernement a été obligé d'intervenir pour réagir contre ces dangers et pour préserver contre les suspicions du public une institution essentiellement utile et qui jouit d'une considération justement méritée. Une ordonnance du 4 janvier 1843 et un décret du 30 janvier 1890, complété par deux textes accessoires (décret du 2 février 1890 ; arrêté ministériel du 15 février 1890) ont limité sévèrement les opérations des notaires concernant le *maniement des fonds* appartenant à leurs clients. Il est inutile d'entrer ici dans le détail ; voici seulement les points essentiels : en 1843, on leur a interdit les opérations de banque et de courtage, toutes les spéculations sur les immeubles, et d'une façon générale toutes les opérations où ils seraient intéressés personnellement, par eux-mêmes ou par des prête-noms. En 1890 on est allé plus loin : on leur a défendu de recevoir les fonds à charge d'en servir l'intérêt et de les employer, même temporairement, à un usage non indiqué par leurs clients ; enfin, on leur a interdit de conserver pendant plus de six mois les sommes qu'ils détiennent à un titre quelconque ; au bout des six mois, si l'argent n'est pas remis à qui de droit, il doit être versé à la Caisse des dépôts et consignations. La comptabilité des notaires a été en même temps réorganisée et réglementée. Voir Marc Michaud, *La Réforme du notariat*, dans la *Réforme sociale*, du 1er mai 1890, p. 521.

Même ainsi réduit, le ministère des notaires est encore une des plus importantes fonctions de la société civile. Il exige, pour être bien rempli, une probité et une délicatesse au-dessus du soupçon, une grande expérience des affaires et une connaissance parfaite du droit[2].

§ 2. — *Des actes notariés.*

A. — Originaux.

141. Minutes et brevets. — Les actes originaux dressés par les notaires sont de deux sortes : les *minutes* et les *brevets*. La minute reste déposée chez le notaire, qui ne doit pas s'en dessaisir en principe, car il est responsable de sa conservation[3]. Le brevet est remis aux parties. Cette dernière forme ne s'emploie que pour un petit nombre d'actes peu importants, comme les procurations, les actes de notoriété, les quittances de loyer et fermages, etc. (L. 25 ventôse an XI, art. 20).

142. Par qui l'acte est reçu. — Les actes notariés doivent être tous reçus par deux

[1] Le nombre des déconfitures s'est élevé en 1884 à 58, en 1885 à 54, en 1886 à 52, en 1887 à 75. En 1889 il est monté à 103 ; le chiffre des pertes a atteint jusqu'à 30 millions par an. On constate depuis lors une amélioration : 24 krachs seulement en 1895.

[2] « La différence est grande entre le notaire de l'an XI, simple rédacteur des actes..., et le notaire d'aujourd'hui, dont la sphère d'action s'est démesurément agrandie, qui s'est fait le conseil privé et incessant des parties, l'arbitre de leurs différends, le négociateur de leurs intérêts » (Rapport du garde des sceaux au Président de la République, 30 janvier 1890).

[3] Sur les cas dans lesquels un notaire peut se dessaisir d'une de ses minutes, et sur les précautions à prendre, voyez l'art. 22 de la loi de ventôse.

notaires (L. 25 ventôse, art. 9). De là la formule habituelle : « Devant M[e]... et son collègue, notaires à Paris... » L'un est le *notaire-rédacteur*; l'autre est *notaire en second*. Le second notaire peut être remplacé par deux témoins spéciaux, remplissant des conditions déterminées par la loi : être Français, savoir signer, et avoir leur domicile dans la commune (*Ibid.*). Ces témoins s'appellent *témoins instrumentaires*.

143. Loi de 1843. — La loi de ventôse exigeait la *présence réelle* du second notaire, ou des témoins instrumentaires. Mais une pratique irrégulière s'était introduite dans toute la France : le notaire-rédacteur recevait seul l'acte, et l'envoyait ensuite « à la signature » chez son collègue ou chez les témoins. Mais la Cour de cassation jugea par deux arrêts, les 25 janvier et 16 novembre 1841, que tous ces actes irréguliers étaient *nuls*. Il fallut pourvoir d'urgence à une situation qui bouleversait tous les intérêts. Ce fut l'objet de la loi du 21 juin 1843, qui valida les actes reçus en cette forme avant sa promulgation et limita pour l'avenir à un petit nombre d'actes la nécessité de la présence réelle du second notaire ou des témoins instrumentaires [1]. Ces *actes exceptionnels* sont : les donations entre vifs, les donations entre époux pendant le mariage, les révocations de donations ou de testaments, les reconnaissances d'enfants naturels, et les procurations données pour passer l'un de ces actes.

144. Formalités à observer pour la rédaction des actes. — Les actes des notaires doivent être rédigés *sur papier timbré*, et même sur un papier spécial qui leur est délivré par l'Administration. Ils doivent être *rédigés en français*; cette prescription remonte au XVIe siècle [2]; auparavant les actes publics se faisaient en latin. La loi du 2 thermidor an II a renouvelé la règle, en y attachant pour sanction la peine de six mois de prison et la destitution contre tout fonctionnaire ou officier public qui recevrait un acte rédigé dans une langue étrangère [3].

L'acte doit être écrit *sans blanc ni intervalle, sans mots surchargés ni interlignes*; les blancs sont interdits à peine d'amende ; les surcharges et les additions entre les lignes sont tenues pour nulles. Si on veut faire des additions ou des corrections, il faut les faire en marge ou à la fin de l'acte et les approuver. Les *mots raturés* doivent être comptés et approuvés (L. 25 ventôse an XI, art. 15 et 16).

L'acte doit être *signé* par le notaire, les parties et les témoins, *après lecture faite*. Anciennement l'acte notarié n'avait pas besoin d'être signé par les parties [4]; c'est le chancelier de L'Hospital, qui exigea leurs signatures par l'ordonnance de janvier 1560 pour éviter des fraudes nombreuses qui se commettaient. Et non seulement les parties signent l'acte, mais le notaire est *garant de leur identité* : il ne doit faire signer que des personnes connues de lui, et, s'il ne les connaît pas, il doit se faire certifier leur identité par des témoins spéciaux appelés *témoins certificateurs* (L. 25 ventôse, an XI, art. 11). Par conséquent la signature des parties est tenue pour vraie jusqu'à inscription de faux (Cass., 12 janv. 1887, D. 87. 1. 206). Si l'une des parties déclare ne pouvoir ou ne savoir signer, mention de sa déclaration doit être faite dans l'acte, avec indication de la cause qui l'empêche de signer.

145. Qualités des témoins. — D'après la loi de ventôse (art. 9 et 11), les témoins, tant instrumentaires que certificateurs, devaient être du sexe masculin. Une loi du 7 décembre 1897, modifiant le texte de ces deux articles, a permis aux femmes de servir de témoins dans les actes notariés, sous la seule condition d'être majeures [5]. Plusieurs législa-

[1] Très souvent même, en fait, ce n'est pas le notaire-rédacteur qui lit l'acte aux parties et le leur fait signer ; c'est son premier clerc.

[2] Ord. de Villers-Cotterets de 1539, art. 3 ; Ord. de 1563, art. 35; Code Michaud, de 1629, art. 17.

[3] Y a-t-il, en outre, nullité ? La question est douteuse. Des textes anciens (édit de 1683, arrêt du conseil de 1685, déclaration du 24 mars 1754) prononçaient la nullité. La loi du 2 thermidor an II n'en parle pas. La Cour de cassation a rendu deux arrêts en sens opposés (4 août 1859, D. 59. 1. 453 ; 22 janv. 1879, D. 79. 3. 219).

[4] Primitivement même il était scellé et non signé. L'usage de la signature par le notaire s'introduisit au XIVe siècle (GIRY, *Manuel de diplomatique*, p. 848).

[5] La rédaction adoptée en 1897 a fait disparaître la condition d'être Français qu'exi-

tions étrangères nous avaient déjà précédés dans cette voie : en Italie, une loi du 9 déc. 1877 a abrogé toutes les dispositions qui interdisaient aux femmes d'être témoins dans les actes publics et privés. Toutefois, d'après la loi française de 1897, le mari et la femme ne peuvent servir ensemble de témoins dans le même acte.

146. Enregistrement. — Les actes notariés doivent être enregistrés dans un délai de dix ou de quinze jours, selon que le notaire réside ou non dans la commune où le bureau d'enregistrement est établi (L. 22 frimaire an VII, art. 20). L'acte ayant date certaine par lui-même (ci-dessus n° 93), l'enregistrement ne lui est pas utile à cet égard, comme il l'est pour les actes privés. Cependant, cette formalité est évidemment de nature à empêcher les notaires de commettre des antidates. L'acte non enregistré dans le délai prescrit n'en est pas moins valable comme acte authentique (Bastia, 26 déc. 1849, D. 50. 2. 71).

147. Valeur des actes notariés frappés de nullité. — Il arrive parfois que l'acte notarié est frappé de nullité, de façon qu'il ne peut pas valoir comme acte authentique. Cette nullité de l'écrit entraîne-t-elle la nullité de l'acte juridique lui-même ? Il faut distinguer. Lorsqu'il s'agissait d'un acte solennel, tel qu'une donation ou un contrat de mariage, pour lequel la forme authentique était une condition essentielle d'existence, *tout est nul*, l'acte juridique aussi bien que l'écrit. Mais ces actes-là sont exceptionnels.

Dans la plupart des cas l'acte notarié n'est qu'un moyen de constater l'opération, qui aurait tout aussi bien pu se faire sans lui. C'est le cas, par exemple, pour les baux et les ventes. Par suite, *la nullité de la preuve écrite*, que les parties avaient voulu se ménager sous la forme notariée, *n'atteint pas la convention elle-même* ; celle-ci subsiste et pourra être prouvée par d'autres moyens.

Mais alors une autre question se pose : les parties ne peuvent-elles pas utiliser comme preuve cet écrit signé d'elles, qui contient tout au long leurs conventions ? S'il ne peut pas valoir comme écrit authentique, ne vaut-il pas tout au moins *comme écriture privée ?*

Une vieille opinion, déjà admise au XVIe siècle par Dumoulin et par Boiceau[1], autorise l'emploi à titre d'écriture privée de l'acte authentique nul comme tel. Elle a été maintenue dans le droit moderne (L. 25 ventôse an XI, art. 68 ; C. civ. art. 1318)[2]. L'art. 1318 vise trois cas de nullité : l'incompétence du notaire, son incapacité, un défaut de forme ; et le texte décide que l'acte « vaut comme écriture privée, s'il a été signé des parties ».

La loi n'exige donc que la signature des parties. Cependant, d'après un arrêt de la cour de Riom, du 13 juin 1855, il est nécessaire que l'acte porte aussi la signature du notaire. Cette décision ajoute quelque chose à la loi ; le texte ne distingue pas selon la nature de l'irrégularité qui empêche l'acte de valoir comme acte authentique. On peut même remarquer que l'art. 68 de la loi de ventôse renvoie formellement à l'art. 14, où se trouve écrite l'obligation de la signature pour le notaire et les témoins ; par conséquent l'absence de la signature du notaire est un des cas de nullité qui n'empêchent pas l'acte notarié nul de servir de preuve écrite à titre privé. L'acte notarié nul, étant réduit à l'état d'écriture privée, ne fait pas foi de sa date par lui-même ; il n'acquiert date certaine que s'il a été enregistré et à compter du jour où il l'a été.

148. Examen d'une objection. — Au XVIe siècle, au moment où s'est établie la jurisprudence favorable qui permet d'utiliser comme écriture privée l'acte authentique frappé de nullité, elle ne rencontra aucun obstacle, parce que les actes privés n'étaient assujettis à aucune formalité particulière. Mais plus tard on introduisit pour eux des règles nouvelles : si plusieurs parties s'obligent les unes envers les autres, l'acte doit être fait en autant d'originaux qu'il y a de parties ayant un intérêt distinct (art. 1325) ; si une seule

geait la loi de ventôse. Cependant il est peu probable qu'on ait voulu dispenser les témoins des actes notariés de posséder cette qualité, car la loi n'a été faite qu'en faveur des femmes.

[1] DUMOULIN, ad leg. I, § 2, Dig., *De verborum obligatione*, § 34 ; BOICEAU, *Preuve par témoins*, liv. II, chap. IV. — Cette décision favorable s'inspirait d'une solution analogue reçue en droit romain, sur la question : « An inutilis acceptilatio utile habeat pactum » (*Digeste, De acceptilatione*, fr. 8, pr.).

[2] Comp. C. civ. italien, art. 1316 ; C. civ. espagnol, art. 1223.

personne s'oblige, l'acte doit être écrit en entier de la main du signataire : sinon, il doit porter, avant la signature, une mention spéciale d'approbation écrite par le signataire (art. 1326). Ces formalités ne sont jamais remplies pour les actes notariés, toujours dressés en un seul exemplaire original, et que les parties signent purement et simplement, sans mention d'approbation. On admet néanmoins que l'inobservation des formalités prescrites par les art. 1325 et 1326 n'empêche pas l'acte notarié nul de servir de preuve comme écrit privé. Décider autrement, ce serait rendre complètement inutile la faveur accordée par l'art. 1318 aux parties ; en effet celles-ci, qui avaient voulu faire un acte notarié, n'auront jamais observé des formalités qui ne leur étaient pas imposées. On peut ajouter que l'art. 1318 n'exige rien de plus que la signature des parties. Et ceci se comprend : la présence du notaire et la conservation de l'acte parmi ses minutes sont des garanties suffisantes contre les fraudes et les dangers que les formalités particulières des art. 1325 et 1326 ont pour but de prévenir : l'acte leur a été lu avant d'être signé par elles et il n'y a pas à craindre qu'il disparaisse (Cass., 8 mai 1827, D. 27. 1. 235, S. chr. 8. 1. 593).

Ce raisonnement ne s'applique pas, au moins pour le danger de la suppression de l'acte, au cas où le notaire a délivré en brevet un acte qu'il aurait dû garder en minute. Néanmoins il est admis que, même alors, l'acte qui porte la signature des parties vaut comme écriture privée (Bonnier, n° 491).

B. — Copies.

149. Des copies délivrées par les notaires. — Ces copies sont de deux sortes : les *expéditions* et les *grosses*. Les unes et les autres sont des copies complètes de l'acte ; elles doivent être délivrées par le notaire possesseur de la minute et signées de lui. Mais il y a, entre elles, plusieurs différences.

L'expédition est une copie pure et simple de l'acte. La grosse contient, en outre, la *formule exécutoire* (L. 25 ventôse an XI, art. 25). La formule exécutoire est une sorte de commandement adressé aux huissiers et à la force publique ; elle seule permet de recourir aux voies d'exécution, aux *saisies*, et d'une manière plus générale d'employer la force pour obtenir justice. Il n'y a que deux sortes d'actes qui puissent être revêtus de cette formule et qui, par conséquent, soient des *titres exécutoires* ; ce sont les *grosses des jugements* et les *grosses des actes notariés*. C'est là un des grands avantages de l'acte notarié : le créancier possède un titre exécutoire qui le dispense d'obtenir un jugement de condamnation contre son débiteur. — Ces actes s'appellent « grosses » parce qu'ils sont *grossoyés* (écrits en lettres de grande taille), par opposition aux « minutes », pour lesquelles on se sert de l'écriture ordinaire.

Le nombre des expéditions n'est pas limité ; les notaires peuvent en faire autant qu'on leur en demande, tandis qu'ils ne doivent délivrer qu'une seule grosse pour chaque acte reçu par eux. Ils s'en font donner reçu pour éviter des réclamations. Il n'en peut être délivré une seconde qu'en vertu d'une ordonnance du président du tribunal civil, laquelle doit demeurer annexée à la minute (L. 25 ventôse an XI, art. 26).

Les grosses ne peuvent être délivrées qu'aux parties qui ont la qualité de créanciers contre les autres. Les expéditions peuvent l'être à toutes les personnes intéressées dans l'acte et à leurs ayants cause ; les tiers peuvent même en obtenir en vertu d'une ordonnance du président du tribunal civil (L. 25 ventôse an XI, art. 23).

150. Légalisation. — Les actes notariés sont soumis à la formalité de la *légalisation* (L. 25 ventôse an XI, art. 28), lorsqu'il doit en être fait usage dans un département autre que celui où le notaire exerce ses fonctions, ou, si c'est un notaire de cour d'appel, dans le ressort d'une autre cour.

La légalisation est l'attestation de l'authenticité d'une signature par un officier ou fonctionnaire public. Pour les actes notariés, la législation est donnée par le président du tribunal civil de l'arrondissement. Ce magistrat atteste donc que la signature du notaire, mise au bas de l'acte qu'on lui présente, est bien exacte. Cette formalité est une garantie de plus : hors du département ou hors du ressort de la cour, la signature du notaire n'est pas réputée connue.

§ 3. — *Responsabilité des notaires.*

151. Triple forme de responsabilité. — La responsabilité des notaires est triple : *pénale, disciplinaire* et *civile*. Les deux premières ont un caractère répressif ; elles entraînent l'application au notaire reconnu coupable, soit des peines de droit commun, soit de mesures disciplinaires. Il ne peut être question ici ni des unes ni des autres. Mais la responsabilité pécuniaire des notaires, se traduisant par des dommages et intérêts pour la partie lésée [1], appartient naturellement au droit civil.

Pour déterminer cette responsabilité civile, il faut *distinguer selon la nature des fonctions* que le notaire remplissait quand il a commis la faute qu'on lui reproche.

152. Responsabilité du notaire comme rédacteur d'actes. — En sa qualité d'officier public chargé de la rédaction des actes privés, *le notaire bénéficie de règles spéciales* qui allègent considérablement sa responsabilité, telle qu'elle serait si on lui faisait l'application des principes généraux. Le droit commun est représenté par les art. 1382 et 1383 C. civ. d'après lesquels toute faute, si légère qu'elle soit, oblige son auteur à la réparer. Appliqué au notariat, ce principe en rendrait le fonctionnement à peu près impossible ; à chaque instant une faute minime risquerait d'entraîner pour le notaire la perte de sa fortune. Aussi, dans notre ancien droit, la jurisprudence se montrait-elle très bienveillante pour les notaires ; elle les exonérait fréquemment de toute responsabilité [2]. L'art. 68 de la loi de ventôse énumère un certain nombre de cas de nullité pouvant entraîner l'allocation de dommages et intérêts, « s'il y a lieu ». La jurisprudence interprète cet article comme rendant *simplement possible* l'allocation d'une indemnité pour les parties ; le notaire qui a commis la nullité n'est donc pas nécessairement responsable envers la partie lésée ; les tribunaux ont le pouvoir soit d'excuser le notaire, soit de restreindre la quotité de la somme due à titre d'indemnité [3]. La jurisprudence admet, en outre, que la publication du Code n'a pas modifié sur ce point la situation du notariat ; les articles 1382 et 1383 ont le caractère d'une législation générale, qui a laissé intact le système spécial établi par la loi de ventôse, en vertu du principe : « Generalia specialibus non derogant. » La loi de ventôse a réglé la responsabilité des notaires par un texte formel. La loi des 26 septembre-6 octobre 1791 s'était abstenue de le faire afin de maintenir les solutions anciennes (Rapport de Frochot, séance du 15 septembre 1791, *Moniteur* du 17, p. 1080).

L'art. 68 de la loi de ventôse est loin d'avoir tout prévu. La responsabilité des notaires est souvent en jeu pour d'autres fautes commises par eux dans la rédaction des actes,

[1] Signalons en passant une règle, qui n'est que l'application des principes généraux ; ces dommages et intérêts ne sont dus par le notaire qu'autant que la faute qu'il a commise a causé préjudice à quelqu'un. — Ajoutons qu'ils sont garantis par le *cautionnement* exigé des notaires en vertu de l'art. 33 de la loi du 25 ventôse an XI.

[2] Cette jurisprudence était d'autant plus remarquable qu'une déclaration du 29 septembre 1722 rendait formellement les notaires responsables envers les parties de toutes les nullités de leurs actes. On avait fini par admettre qu'ils seraient responsables des nullités prononcées pour violation des ordonnances, et non quand ils auraient contrevenu aux dispositions du droit et des coutumes (Ferrière, *La science parfaite des notaires*, t. I, p. 17). Et encore on les dispensait souvent de toute responsabilité, même au premier cas (arrêt du 12 mai 1755, dans Julien, *Eléments de jurisprudence*, p. 209 ; arrêt du 5 septembre 1758, dans Denizart, v° *Nullité*, n° 32).

[3] Cass., 27 nov. 1837, D. 37. 1. 465 ; Nancy, 2 févr. 1838, D. 38. 2. 26 ; Cass., 27 mars 1839, D. 39. 1. 111. Ces arrêts ont fixé la jurisprudence. — La jurisprudence moderne présente le même caractère que l'ancienne ; son interprétation de la loi est systématiquement favorable aux notaires. Les mots « s'il y a lieu », insérés dans l'art. 68 de la loi de ventôse, ne peuvent avoir d'autre sens que celui-ci : « s'il y a eu un préjudice subi par les parties ». Comp. art. 1143, 1147, 1397 ; c'est la formule usuelle. Jamais ils n'ont voulu dire : « si cela plaît aux juges ». On doit donc voir dans la jurisprudence de 1837 un cas remarquable de survivance des traditions judiciaires à travers les changements de législation.

notamment pour *avoir omis de vérifier l'identité des parties* (art. 11 de la loi de ventôse) ou pour vice de forme d'un testament (art. 971 et suiv. du Code civil). On admet que même pour ces cas, qui ne sont pas compris dans l'art. 68, le notaire bénéficie de la même atténuation de responsabilité.

153. Autres cas de responsabilité. — Restent les fautes commises par les notaires, hors de la rédaction et de la conservation des actes, dans l'accomplissement des diverses missions volontaires et purement officieuses dont ils se chargent dans la pratique. Comme *conseils*, comme *mandataires*, comme *dépositaires de deniers ou de titres*, les notaires sont régis par le droit commun ; il n'existe pour eux aucune disposition spéciale.

154. Renvoi. — La responsabilité des notaires est une très grosse matière, dont le détail se diversifie sans cesse dans les applications qu'elle reçoit (Voyez DALLOZ, *Répert.* et *Suppl.*, v° Responsabilité). Les principes seuls pouvaient être indiqués ici. C'est surtout en matière de placements hypothécaires que cette responsabilité se trouve engagée ; nous en dirons quelques mots à propos des constitutions d'hypothèques (n°s 2764 et suiv.).

DEUXIÈME PARTIE

LES OBLIGATIONS

155. Bibliographie. — POTHIER, *Obligations*, 1761, 2 vol. in-12, édit. Bugnet, t. III, réédité par M. Masson, 1883. — LAROMBIÈRE, *Théorie pratique des obligations*, Paris, 1858. Nouv. édit. en 7 vol., 1885. — BAUDRY-LACANTINERIE et BARDE, *Des obligations*, t. I, 1897. — SALEILLES, *Théorie générale de l'obligation d'après le projet du Code civil allemand*, 1890. — BUFNOIR, *Propriété et contrats*, 1900. — WEISS et FRENELET, *Obligations*, 2 vol. in-4°, 1893 (Extrait des *Pandectes françaises*).

GÉNÉRALITÉS

** **156. Définition.** — La définition usuelle de l'obligation est celle-ci : *un lien de droit par lequel une personne est astreinte envers une autre à faire ou à ne pas faire quelque chose.* Cette définition est empruntée aux « Institutes » de Justinien : « Obligatio est juris vinculum, quo necessitate adstringimur alicujus solvendæ rei, secundum nostræ civitatis jura » (Liv. III, tit. XIII, pr.). Le Code français n'a pas défini l'obligation ; il en indique seulement l'objet dans sa définition du contrat, en disant que la personne qui s'oblige est tenue à donner, à faire ou à ne pas faire quelque chose (art. 1101). Sur l'objet des obligations, voyez ci-dessous n° 159.

** **157. Analyse.** — La notion de l'obligation a déjà été analysée sommairement dans le t. Ier (1re édit., n°s 755 et suiv.; 2e édit., n°s 719 et suiv.), et opposée au droit réel sous le nom de *droit de créance.* Rappelons qu'elle consiste en un *rapport juridique* entre deux personnes, dont l'une est le *créancier* et l'autre le *débiteur*. Le rapport entier s'appelle *obligation*; considéré spécialement du côté passif, il prend le nom de *dette* ; du côté actif, le nom de *créance*. Mais le mot « obligation » est souvent pris dans un sens restreint, comme synonyme de « dette ». Comp. t. Ier, 1re édit., n°s 759 *a* et 759 *b* ; 2e édit., n°s 723 et 724.

A signaler un terme démodé : le mot « dettes actives » désignant les créances. On en voit un exemple dans l'art. 536.

158. Sens spéciaux du mot « obligation ». — Dans la pratique le mot « obligation » reçoit deux applications spéciales. On appelle ainsi :

1° Certains *titres de Bourse ou valeurs mobilières* : obligations de chemins de fer, de la ville de Paris, etc., qui représentent des emprunts faits au public par des sociétés ou par des villes ou départements. On dira par exemple qu'on a des « obligations » dans son portefeuille.

2° Les *prêts d'argent sur hypothèque*, qui se font dans les études de notaires. L'opération dans son ensemble s'appelle une « obligation », et c'est ce nom qu'on inscrit comme titre sur la chemise de l'acte.

Dans ces deux cas le mot est pris avec un sens un peu détourné de son sens originaire ; car il désigne en même temps le droit du créancier et l'acte écrit qui lui sert de titre.

* **159. De l'objet des obligations.** — On appelle « objet » de l'obligation *la chose qui peut être exigée du débiteur par le créancier*. Cet objet peut être un *fait positif*, comme l'exécution d'un travail ou un versement d'argent : on l'appelle alors « prestation » ; ce peut être aussi un *fait négatif*, c'est-à-dire une abstention.

Parmi les obligations qui ont pour objet une prestation positive, on fait une sous-distinction : on met à part celles qui ont pour objet *une translation de propriété*, et on les appelle *obligations de donner*, en prenant le mot « donner » dans le sens du mot latin « dare » ; on sait que ce mot signifiait « transférer la propriété », et non pas « faire une libéralité », ce qu'on exprimait par le mot « donare ». Les obligations positives, qui ne sont pas des obligations de donner, s'appellent *obligations de faire*.

Quant aux obligations négatives, elles portent toutes indistinctement le nom *d'obligations de ne pas faire*. Comp. t. I, 1re édit., nos 756 et 757 ; 2e édit., nos 720 et 721.

Il y a donc en tout trois objets possibles pour les obligations : *donner, faire* et *ne pas faire*. Comp. l'art. 1101. Cette division tripartite a été introduite parce que les règles applicables à ces diverses espèces d'obligations varient, spécialement quand il s'agit de leur exécution. On a déjà vu (t. I, 1re édit., nos 1348 et 1365 ; 2e édit., nos 1290 et 1305) que l'obligation de donner est réputée exécutée instantanément, aussitôt qu'elle est née. On verra plus loin que les obligations de faire ou de ne pas faire se gouvernent sur bien des points par des règles qui leur sont propres.

160. Évolution historique de la théorie des obligations. — On répète à l'envi que les obligations représentent la partie immuable du droit ; il semble que leurs règles principales soient des vérités universelles et éternelles, comme celles de la géométrie et de l'arithmétique. C'est une illusion. Sans doute cette matière est moins soumise que les autres aux contre-coups des révolutions politiques ; elle n'y échappe cependant pas entièrement, bien que ses transformations soient plus lentes.

Les écrivains français modernes ont été trompés par cette circonstance que dans l'espace des XVIe, XVIIe et XVIIIe siècles la théorie des obligations a été *reconstruite*, à l'aide de matériaux romains, par Dumoulin, d'Argentré, Domat et Pothier. Grâce à ce travail de restauration, le droit leur a paru avoir une continuité, qui est fausse historiquement : pendant tout le moyen âge la France coutumière a pratiqué, en matière de contrats et d'obligations, un système original, de source germanique, qui avait comme étouffé l'ancien droit romain. Même de nos jours, après la restauration des traditions romaines, le système du Code Napoléon ne ressemble guère à ce qu'étaient les obligations et les contrats dans les « Institutes » de Gaius et de Justinien, et déjà depuis 1804 on sent se produire un nouveau mouvement que la publication du Code allemand ne peut qu'activer. Bien des théories neuves se font jour. Voyez surtout l'ouvrage de M. Saleilles. Elles ne réussissent pas toutes à s'introduire dans la doctrine ; mais le seul fait de leur production montre que cette partie du droit est loin d'avoir une immobilité absolue.

D'un autre côté, la matière des obligations subit aussi l'effet des différences de races et de milieu et elle reflète, comme le reste du droit, quoique dans une moindre mesure, la diversité d'idées qui règne entre les nations.

161. Méthode à suivre. — Dans le Code civil français (titre III du troisième livre) les règles générales des *obligations* sont présentées comme un simple accessoire de la théorie des *contrats* ; ces règles occupent les art. 1134 à 1303. C'est le plan qu'avait suivi Pothier dans son « Traité des obligations » et il est emprunté aux Institutes de Gaius et de Justinien. Les auteurs modernes suivent volontiers une méthode plus logique qui consiste à faire une théorie à part pour les obligations *considérées en elles-mêmes* ; ils étudient donc d'abord les *effets* que les obligations produisent, ainsi que leurs *modes de transmission* et *d'extinction* ; et c'est seulement après avoir donné ainsi la notion complète de l'obligation, prise isolément, qu'ils passent aux *sources* d'où les obligations dérivent ; parmi ces sources figure en première ligne le *contrat*, qui est la plus importante, mais qui n'est pas la seule, car les obligations dérivent aussi des *délits* et de plusieurs autres sources.

Dans le Code civil allemand, on a suivi cette marche méthodique : les règles générales des contrats y forment une simple section (art. 305 à 361) de la théorie des obligations. C'est l'inverse de la conception traditionnelle reproduite par le Code français. Dans la loi fédérale suisse de 1881, les règles générales des contrats viennent en tête (art. 1 à 49), mais comme partie intégrante de la matière des obligations dont les contrats sont la source principale, avec les actes illicites (*Annuaire étranger*, t. XI, p. 518 et suiv.).

EFFETS DES OBLIGATIONS

OBSERVATIONS PRÉLIMINAIRES

162. Plan. — Il convient d'étudier d'abord les *effets normaux* de l'obligation, en supposant un rapport obligatoire de la forme la plus simple (un seul créancier, un seul débiteur, un seul objet dû) et en excluant toute circonstance capable d'en modifier les conséquences. Nous verrons ensuite les complications qui peuvent affecter les obligations (*modalités, pluralité des personnes, pluralité d'objets*) ; après quoi il ne restera plus à étudier que leurs *modes d'extinction*.

* **163. Confusion à éviter.** — Les *effets des obligations* ont été confondus par le Code français *avec les effets des conventions* ; les art. 1101 à 1233 s'occupent pêle-mêle des uns et des autres. Ces deux choses sont cependant bien distinctes. Le contrat a pour effet de faire naître, de modifier, de transférer ou d'éteindre des obligations et, à l'occasion, des droits réels. L'effet de l'obligation est tout autre chose. Pour le comprendre, il faut connaître les différents droits qui appartiennent au créancier *en vertu de son titre* : leur ensemble constitue l'état de nécessité ou de contrainte où se trouve le débiteur et que l'on appelle proprement « obligation ».

** **164. Droits du créancier.** — Les droits inhérents à la qualité de créancier sont au nombre de trois :

1° Le droit d'exiger, dans la mesure du possible, l'*exécution forcée* ;

2° Le droit d'obtenir une *indemnité en argent,* connue sous le nom de *dommages-intérêts,* en cas d'inexécution ou de retard dans l'exécution ;

3° Le droit d'exercer certaines actions destinées à conserver intact le patrimoine du débiteur, considéré comme gage du créancier.

* **165. Cas où les droits du créancier sont diminués.** — Les droits qui viennent d'être indiqués appartiennent en principe à tout créancier. C'est la situation normale qui résulte de l'existence d'une obligation ; mais à côté des obligations parfaites, munies de tous leurs effets légaux, et qu'on appelle pour cette raison *obligations civiles,* le droit français reconnaît l'existence d'autres obligations, dont la force est loin d'être pleine et entière ; celles-ci portent le nom d'*obligations naturelles,* qui nous vient du droit romain.

Il sera parlé plus loin des obligations naturelles, dans un chapitre spécial (ci-dessous nos 337 à 346) ; pour le moment les règles qui vont être exposées sont celles des obligations ordinaires, celles dont la force légale est complète.

CHAPITRE PREMIER

DE L'EXÉCUTION FORCÉE

§ 1. — *Nécessité légale d'exécuter l'obligation.*

* **166. Effets de cette nécessité.** — Le débiteur doit exécuter son obligation à l'époque et de la manière convenues. S'il tarde à le faire, il se trouve, sous certaines conditions, *en demeure*, et cet état de demeure entraîne pour lui diverses conséquences. En outre, s'il persiste dans son refus d'exécuter, la loi donne au créancier le droit et les moyens d'en exiger l'accomplissement : à défaut d'exécution volontaire, le créancier peut s'adresser à la justice, qui constatera son droit ; après quoi l'État mettra la force sociale à sa disposition pour lui procurer l'exécution effective. C'est *l'exécution forcée*.

A. — De la demeure.

** **167. Définition de la demeure.** — La *demeure* (mora) est le nom que prend le retard du débiteur quand la loi en tient compte pour apprécier sa responsabilité. Tout *retard* dans l'exécution n'est pas nécessairement une *demeure*, au sens juridique du mot. Il se peut que le débiteur soit en retard, que l'exécution de son obligation devrait être une chose déjà faite, alors qu'elle ne l'est pas encore, et que cependant il n'y ait pas « demeure ».

** **168. Comment se produit la demeure.** — La règle est que la mise en demeure du débiteur *ne s'opère pas de plein droit par la seule arrivée du terme* : l'obligation a beau devenir exigible, le débiteur n'est pas en demeure, quelque long que soit le temps déjà écoulé. Il faut que le créancier ait adressé au débiteur un acte lui dénonçant son désir d'obtenir l'exécution de l'obligation (art. 1139). C'est donc le créancier qui, en principe, met le débiteur en demeure, et non l'arrivée du terme. De là le brocard : « Dies non interpellat pro homine. »

Le motif de cette exigence est une interprétation de volonté. Les affaires ne se traitent pas toujours avec une rigueur absolue. Tant que le créancier garde le silence, on peut croire que le retard qui se produit ne lui cause aucun préjudice et qu'il autorise tacitement le débiteur à attendre.

** **169. Actes opérant la mise en demeure.** — Il y a un acte qui a spécialement pour objet de mettre le débiteur en demeure ; c'est la *sommation*, qui est un exploit d'huissier et qui peut être faite par tout créancier.

Mais l'effet de mise en demeure attaché à la sommation se produit, en outre, à la suite de deux autres actes :

1° Le *commandement*. Le commandement est une sommation particulière, qui ne peut être faite *qu'en vertu d'un titre exécutoire* et qui est le préliminaire obligé de la saisie ;

2° La *demande en justice*, c'est-à-dire l'exercice de l'action.

Ces deux actes sont plus menaçants encore pour le débiteur que la simple sommation, qui n'est le commencement d'aucune procédure et après laquelle le créancier peut rester inactif. On conçoit donc que la loi leur fasse produire, à plus forte raison, la mise en demeure du débiteur. C'est à eux qu'il est fait allusion dans l'art. 1139, où la loi parle de la sommation « ou d'un autre acte équivalent ».

En matière commerciale, la mise en demeure peut se faire par une simple lettre missive, par un télégramme, et même verbalement. L'usage du commerce a dérogé au droit commun, sur ce point, comme sur beaucoup d'autres. — Il existe un arrêt de la Chambre des requêtes, du 5 déc. 1883, qui a autorisé les juges du fond à admettre, comme suffisante en matière civile, une interpellation faite par lettre missive (D. 84. 1. 130) ; mais cette décision est discutable et contestée (Huc, t. VII, n° 117).

***170. Cas où la demeure a lieu sans sommation.** — La règle qui vient d'être expliquée comporte diverses exceptions. En mainte circonstance, la mise en demeure résulte de la simple arrivée du terme, sans qu'il soit nécessaire d'adresser aucune sommation au débiteur. Ces exceptions résultent tantôt d'une *convention* et tantôt de la *loi*.

1° Exceptions conventionnelles. — On peut d'abord convenir que le débiteur sera en demeure par le seul fait que le terme à lui accordé sera expiré sans qu'il ait exécuté son obligation. Cette convention est parfaitement licite.

Elle peut même être *tacite*, et résulter des circonstances. Il y a là une question d'interprétation de volonté. En voici un exemple prévu par le Code civil, qui déclare le débiteur en demeure « lorsque la chose qu'il s'était obligé de donner ou de faire ne pouvait être donnée ou faite que dans un certain temps qu'il a laissé passer » (art. 1146). Voyez encore l'art. 1657, pour le cas où l'acheteur des denrées, tenu de les enlever dans un certain délai, ne les retire pas dans le temps convenu ; on peut dire que ce texte interprète la convention et en exprime une clause qu'elle contient tacitement.

2° Exceptions légales. — D'autres fois, c'est la loi elle-même qui, de plein droit, et sans qu'aucune convention soit intervenue entre les parties, considère le débiteur comme étant en demeure. Ainsi le voleur est de plein droit en demeure de restituer la chose volée (art. 1302, al. 4). La loi traite de même celui qui a reçu, de mauvaise foi, une chose qu'il savait ne pas lui être due (art. 1378 et 1379).

171. Effets de la demeure. — La demeure du débiteur produit un double résultat : 1° elle *fait courir contre lui les dommages-intérêts dits moratoires*, qui représentent le préjudice causé au créancier par le retard apporté à l'exécution de l'obligation ; 2° elle *met les risques de la chose à la charge du débiteur*. Ces deux effets seront expliqués l'un à propos des dommages-intérêts, l'autre à propos de la question des risques.

B. — De la possibilité d'obtenir l'exécution forcée.

***172. Du refus légitime d'exécution.** — Dans certains cas cependant le débiteur est autorisé à refuser d'exécuter son obligation. Cela suppose que sa dette est née d'un *contrat synallagmatique*, en vertu duquel son créancier est de son côté tenu d'une obligation qu'il n'exécute pas : on ne peut pas exiger de lui ce qu'il a promis, sans lui offrir ce qui lui est dû. Le même droit appartient réciproquement à chacune des parties. Son étude trouvera mieux sa place à propos des contrats synallagmatiques, car il s'agit d'une conséquence particulière à ces contrats, et non pas d'une règle générale commune à toutes les obligations. Voyez ci-dessous n° 949-2°. Si j'en parle à cette place, c'est que le Code civil allemand a énoncé la règle dans son art. 273, au milieu des principes les plus généraux des obligations, et que son exemple a paru bon à suivre à divers auteurs (Huc, t. VII, n°s 167 et suiv.; comp. LEBRET, *Revue critique*, 1896, p. 131).

** **173. Cas où l'exécution forcée est possible.** — Il n'est pas toujours possible de donner une satisfaction effective au créancier en lui procurant l'exécution réelle de son droit au moyen d'une contrainte exercée contre le débiteur. Pour savoir dans quels cas cette exécution effective et forcée est ou n'est pas possible, il faut distinguer selon la nature variable de l'*objet* des différentes obligations. Passons en revue leurs diverses catégories.

1° OBLIGATIONS DE SOMMES D'ARGENT. — Ce sont celles dont l'exécution forcée est la plus facile; on y arrive au moyen de différentes espèces de *saisies*, qui ont principalement pour but de transformer en argent liquide l'actif en nature du débiteur, ou de distribuer aux créanciers les sommes qu'il possède en espèces ou qui lui sont dues par des tiers.

2° OBLIGATIONS DE DONNER UN CORPS CERTAIN. — Presque toujours, dans le droit français moderne, la personne à laquelle son débiteur a promis de donner une chose, c'est-à-dire de lui en transférer la propriété (ci-dessus n° 159) se trouve investie de cette propriété par le seul effet de la convention, ce qui fait que l'obligation de donner se ramène à une *obligation de livrer*. Voyez la catégorie suivante.

3° OBLIGATIONS DE LIVRER. — Il faut entendre par là toutes les obligations ayant pour objet la simple *remise matérielle* ou *livraison* d'une chose dont la propriété appartient déjà à celui qui la réclame. Des obligations de ce genre naissent des ventes, des prêts à usage, des dépôts, des mandats, etc., à la suite desquels la remise de la chose vendue, prêtée, déposée, confiée, etc., se trouve due. En pareil cas, le créancier de la chose a toujours le droit de s'en faire mettre en possession « manu militari », et la loi a organisé à cet effet différentes procédures. Voyez la saisie-revendication, qui s'applique aux meubles (art. 826 et suiv., C. proc. civ.).

4° OBLIGATIONS DE FAIRE. — Lorsque l'obligation a pour objet un *travail* ou un *ouvrage*, c'est-à-dire un acte ou une série d'actes, et que le débiteur refuse de les accomplir, l'exécution forcée est impossible : « Nemo præcise cogi potest ad factum », dit un vieil adage[1]. La raison en est que l'exécution

[1] L'origine de cette règle est très ancienne. Bartole la formulait ainsi : « Quando est in obligatione rem dari, quis præcise compellitur ; in obligationibus autem facti quis non præcise compellitur, sed liberatur solvendo interesse » (Sur la loi 1, *De act. empti*). On en trouve même la première trace dans le *Digeste* : « In pecuniam numeratam con-

obtenue par force serait presque toujours défectueuse et surtout qu'elle exigerait l'emploi de moyens violents contraires à la liberté individuelle. Chacun est donc libre de refuser l'exécution de ses obligations, sauf les conséquences pécuniaires que ce refus peut avoir pour lui. Il était, en effet, inutile de se livrer à une contrainte *contre la personne* du débiteur, alors qu'il est facile de donner *en argent* une satisfaction équivalente au créancier. Aussi dit-on que toute obligation de faire *se résout en dommages et intérêts,* au cas d'inexécution par le débiteur. C'est un grand principe qui se trouve écrit dans l'art. 1142.

Cependant le créancier peut parfois obtenir l'exécution réelle du fait ou du travail promis : il le fait exécuter *par un tiers* aux dépens du débiteur (art. 1144). Ce n'est pas alors le débiteur lui-même qui accomplit la prestation ; il se borne à en payer les frais, de sorte que l'obligation de faire se résout encore pour lui en obligation de somme d'argent, comme au cas de dommages-intérêts ; la différence est que le créancier obtient l'exécution effective de la prestation. — Il est bien évident que ce procédé n'est susceptible d'emploi que pour les obligations qui sont de nature à être exécutées par un autre que le débiteur. Toutes les fois que la considération de la personne qui a contracté l'obligation est entrée en ligne de compte, cette substitution d'une autre personne au débiteur primitif pour l'exécution du fait n'est plus possible, par exemple, s'il s'agit d'un portrait ou de toute autre œuvre supposant une habileté exceptionnelle. Ces obligations sont contractées « intuitu personæ » et, par conséquent, l'identité de la personne qui les exécute n'est pas indifférente.

5° Obligations de ne pas faire. — Pour celles-ci la loi établit le même principe que pour les obligations de faire : quand le débiteur manque à son obligation, cette contravention ne donne lieu qu'à une indemnité en argent. Pour lui, comme pour celui qui était tenu de faire quelque chose et qui ne l'a pas fait, l'obligation se résout encore en *dommages et intérêts* ; l'art. 1142 est commun aux deux espèces d'obligations.

Cependant, ici encore, l'exécution effective et forcée peut parfois être obtenue, et plus souvent peut-être que pour les obligations de faire. Exemples : Si c'est un travail qui a été fait en contravention à une obligation de ne pas bâtir, le créancier pourra en obtenir la démolition aux dépens du débiteur, c'est ce que dit l'art. 1143. De même si c'est un commerce qui a été entrepris, malgré une promesse contraire (engagement qui se prend souvent dans les ventes de fonds de commerce pour garantir l'acquéreur contre la concurrence du vendeur), les tribunaux pourront ordonner la fermeture du magasin.

**** 174. Formes diverses de l'exécution forcée.** — Quand il s'agit d'obtenir l'exécution effective de l'obligation primitive, on peut recourir, selon les cas, à deux sortes de procédés : une *voie de contrainte contre la personne* ou *contrainte par corps,* une *exécution sur les biens.*

demnatur sicut evenit in omnibus faciendi obligationibus » (Celsus, *Dig.*, liv. XLII, tit. 1, fr. 13, § 1). La formule actuelle de la maxime se trouve dans Antoine Favre, président du sénat de Savoie, mort en 1624 : « Nemo præcise potest cogi ad factum, quia sine vi et impressione id fieri non potest, ideoque in obligationibus faciendi succedit prestatio ejus quod interest » (*Rationalia,* Genève, 1626 ; sur la loi 6, § 2, liv. VIII, tit. 5). Seulement la distinction entre l'obligation de faire et l'obligation de donner n'a pas toujours été entendue de la même manière à toutes les époques. Voyez sur ce point Pothier, *Obligations,* n° 158. Voyez aussi la thèse de M. Ern. Massin, sur l'*Exécution forcée,* Paris, 1893.

La jurisprudence française met même à la disposition du créancier un troisième mode qui est en quelque sorte la combinaison des deux premiers : on saisit les biens dans le but de décider le débiteur à exécuter lui-même son obligation ; on agit sur sa volonté par la menace d'une perte pécuniaire considérable. C'est le *système des astreintes,* dont nous dirons quelques mots après avoir étudié les deux autres formes de l'exécution forcée.

§ 2. — *Contrainte contre la personne.*

* **175. Caractère de la contrainte par corps.** — Cette forme d'exécution forcée n'a jamais eu chez nous le caractère qui lui a appartenu jadis, dans le droit romain primitif, alors que le débiteur insolvable était réduit en esclavage et pouvait être tué ou vendu. Dès le temps de l'Empire romain, l'exécution sur la personne n'était plus qu'*une voie de contrainte*, c'est-à-dire un moyen indirect de vaincre la mauvaise volonté d'un débiteur récalcitrant, qui pouvait payer et ne le voulait pas : on l'emprisonnait, dans l'espoir que le désir de recouvrer sa liberté le déciderait à payer. C'est toujours de cette façon que la contrainte par corps a été pratiquée en France.

176. Ses règles principales. — La contrainte par corps, qui était régie par les articles 2059 à 2070, a subsisté jusqu'en 1867. Toujours permise en matière commerciale, elle n'avait lieu en matière civile que dans certains cas exceptionnels énumérés par la loi (art. 2059 à 2062), et il était défendu aux juges de la prononcer pour d'autres causes (art. 2063). De plus, elle n'était possible que contre les majeurs et pour les dettes dépassant 300 francs (art. 2064 et 2065). Mais la souscription d'une lettre de change était un moyen facile de s'y soumettre, car ce genre de titre a nécessairement le caractère commercial, ce qui donnait au créancier la faculté de contraindre par corps son débiteur. Il avait même fallu un texte spécial pour retirer aux femmes la possibilité de se rendre contraignables par corps par un moyen aussi simple : tel est le sens de l'art. 113 C. com., qui déclare qu'à l'égard des femmes les lettres de change valent comme simples promesses, c'est-à-dire n'entraînent pas la contrainte par corps. Dans les cas où elle était autorisée par la loi, la contrainte par corps ne pouvait être exercée qu'en vertu d'un jugement.

* **177. Sa suppression presque complète.** — L'emprisonnement des débiteurs était devenu un sujet constant de plaintes et de railleries ; les caricaturistes du temps de Louis-Philippe ont rendu célèbre la prison pour dettes de Paris qui était située à Clichy. La loi du 22 juillet 1867 a supprimé la contrainte par corps dans toutes les matières civiles et commerciales, et ne l'a laissée subsister qu'en matière pénale, pour le paiement des amendes et des indemnités (L. 22 juillet 1867) et pour le recouvrement des frais de justice (L. 19 décembre 1871).

178. De la cession de biens. — Le débiteur avait un moyen d'échapper à la contrainte par corps : c'était la *cession de biens* (art. 1265 à 1270), institution empruntée au droit romain. Le débiteur insolvable cessait d'être contraignable en faisant abandon de ses biens à ses créanciers en paiement de ce qu'il leur devait.

La cession de biens était *volontaire* ou *judiciaire.* La première était abandonnée à la convention des parties, *quant à ses conditions et à ses effets* ; tout dépendait donc des stipulations du contrat passé entre le débiteur et ses créanciers (voyez l'art. 1267). La seconde était appelée « judiciaire » parce qu'elle se faisait en justice (art. 1268). C'était un bénéfice accordé par la loi au débiteur *malheureux et de bonne foi*, c'est-à-dire à celui qui se trouvait sans sa faute hors d'état de payer ses dettes. Les créanciers ne pouvaient pas, en principe, refuser l'abandon qui leur était consenti ; ils n'acquéraient pas la propriété des biens abandonnés, mais seulement le droit de les faire vendre et d'en percevoir les fruits jusqu'à la vente (art. 1269). La vente avait lieu, non pas avec les formalités compliquées et onéreuses de la saisie, mais dans les formes plus simples des ventes de biens de mineurs. Le débiteur ne se trouvait libéré que jusqu'à concurrence de la valeur des biens abandonnés; le seul avantage qu'il y trouvait était d'avoir « la liberté de sa personne » (art. 1268), c'est-à-dire d'éviter l'emprisonnement.

La cession de biens est devenue à peu près *sans objet*, depuis la loi du 22 juillet 1867. Les individus frappés de condamnations pénales sont les seuls contre lesquels la loi a maintenu la contrainte par corps; mais ces condamnés remplissent rarement les conditions exigées par le Code civil pour être admis au bénéfice de la cession de biens: être *malheureux* et *de bonne foi*. Il faudrait supposer une condamnation à payer une indemnité élevée, capable d'amener la ruine du débiteur et prononcée à raison d'un délit *non intentionnel*, tel que l'homicide par imprudence, pour trouver à la cession de biens une application encore possible dans l'état actuel de notre droit.

§ 3. — *Exécution sur les biens.*

A. — Généralités.

****179. Son importance.** — L'exécution sur les biens est depuis longtemps la forme normale et principale de l'exécution forcée. Depuis 1867, c'est à peu près le seul mode en usage en France.

****180. Son principe.** — L'idée que la personne qui s'oblige donne action à son créancier sur tous ses biens est très ancienne. Elle s'est introduite d'assez bonne heure en droit romain, et s'est toujours conservée depuis lors, comme le prouve l'ancien adage : « Qui s'oblige oblige le sien » ; elle est exprimée formellement dans l'art. 2092 ; « Quiconque s'est obligé personnellement est tenu de remplir son engagement sur tous ses biens mobiliers et immobiliers, présents et à venir. »

Cet article fondamental, qui détermine l'effet des obligations sur le patrimoine, a été relégué dans notre Code civil dans la matière des hypothèques. Comme ils ne se sont nulle part occupés des obligations en faisant abstraction de leurs sources, les auteurs de la loi ne lui ont pas trouvé d'autre place. Il est cependant visible qu'il appartient à la théorie générale des obligations.

On peut adresser à la rédaction de l'art. 2092 une légère critique. La loi dit : « Quiconque *s'est* obligé... » Ce langage ne convient qu'aux obligations qui ont été volontairement contractées, comme le sont celles qui dérivent d'une convention. Et cependant la règle ainsi formulée est également vraie pour toutes les obligations personnelles, quelle qu'en soit la source. Il eût donc mieux valu dire : « Quiconque *est* obligé... »

Pour indiquer la règle écrite dans l'article 2092, on se sert souvent d'une autre formule, mais qui est équivalente à celle de la loi. On dit que *chaque créancier jouit d'un droit de gage général sur le patrimoine de son débiteur*. Il n'y a pas ici, en vérité, un droit réel de *gage* ; on ne veut pas dire que tous les créanciers sont des gagistes ; on veut seulement exprimer cette idée, que tous les biens d'un débiteur répondent de l'exécution de ses obligations. Le mot « gage » n'est donc pas pris ici dans son sens précis et technique.

B. — Biens servant de gage aux créanciers.

1° Règles du droit commun.

**181. Généralité du gage. — En principe tous les biens du débiteur répondent de ses obligations, et cela n'est pas vrai seulement des *biens présents*, c'est-à-dire de ceux que le débiteur possède au moment où sa dette prend naissance; le même droit appartient à son créancier sur ses *biens à venir*, c'est-à-dire ceux qu'il acquerra par la suite; ses biens à venir pourront être saisis à mesure qu'ils entreront dans son patrimoine.

Il n'y a pas, en principe, de différence à faire entre les *meubles* et les *immeubles*. Tous sont également soumis aux poursuites des créanciers, et ceux-ci choisissent à leur gré les biens qu'ils veulent saisir. Voyez cependant ce qui est dit ci-dessous au n° 198, pour le cas où le débiteur est mineur.

D'autres dérogations, fondées sur d'autres motifs, sont indiquées dans les art. 2209 et 2210; mais la disposition de l'art. 2210 a été modifiée par une loi des 14-24 nov. 1808. Voyez ces textes.

182. Ancienne exception relative aux immeubles. — La règle qui soumet l'ensemble des biens à l'action des créanciers, et qui est d'origine romaine, a subi au moyen âge, dans certaines provinces, diverses modifications sous l'empire des idées germaniques. On concentra en quelque sorte sur les meubles la charge des dettes personnelles, qui en général étaient faibles; et les immeubles s'en trouvèrent soit complètement affranchis, soit tenus seulement d'une manière subsidiaire (LOYSEL, *Institutes coutumières*, n° 329; P. VIOLLET, *Précis*, p. 618. Comp. ESMEIN, *Les contrats dans le très ancien droit français*, p. 177). « Meubles sont le siège des dettes », disait-on pour exprimer cet état du droit, qui s'atténua peu à peu. La règle contraire se trouve définitivement établie par les termes formels de l'art. 2092.

*183. **Cas où le débiteur est incapable d'aliéner.** — Le droit de gage sur le patrimoine du débiteur, tel qu'il est défini par l'art. 2092, est l'*effet inévitable* de l'existence d'une obligation personnelle. D'où cette conséquence qu'il n'est pas nécessaire, pour l'acquérir, de traiter avec un débiteur *capable d'aliéner*; il suffit qu'il soit *capable de s'obliger*. Ainsi la femme mariée et séparée de biens a une capacité suffisante pour contracter seule diverses espèces d'obligations, mais elle ne peut valablement aliéner ses biens sans y être autorisée par son mari ou par justice: quand elle a contracté dans les limites de sa capacité, ses créanciers peuvent saisir tous ses biens, même ses immeubles, et les faire vendre, bien qu'elle-même soit personnellement incapable d'en consentir la vente.

*184. **Biens insaisissables.** — Malgré la généralité des termes de l'art. 2092, il n'est pas vrai que tous les biens du débiteur répondent également de ses obligations. Il y a un assez grand nombre de biens *insaisissables*, que le débiteur peut conserver sans payer ses dettes. Ces biens sont de deux sortes.

1° Pour les uns, l'insaisissabilité est fondée sur une idée d'*humanité*; la loi déclare insaisissables les objets nécessaires à la vie du débiteur; les lui enlever serait l'exposer à mourir de faim, ou tout au moins le réduire à la mendicité.

De ce nombre sont les choses énumérées dans l'art. 592 C. proc. civ.: les vêtements, les lits, les outils et instruments de travail, quelques animaux (une vache, ou trois brebis, ou deux chèvres, au choix du saisi). Il faut y ranger encore les pensions alimentaires (art. 581

C. proc. civ.), les pensions de retraite civiles (L. 9 juin 1853, art. 6) et militaires (L. 11 avril 1831, art. 28; L. 18 avril 1831, art. 30); les salaires des ouvriers et gens de service (L. 12 janv. 1895), qui sont insaisissables en tout ou en partie. Il en est de même des droits d'usage et d'habitation (arg. art. 631 et 634), qui sont ordinairement destinés à donner un asile à d'anciens serviteurs ou à des personnes pauvres.

2° D'autres fois l'insaisissabilité est le résultat d'une pensée égoïste de la part de l'État. Ainsi les *traitements* des fonctionnaires publics et employés civils, à quelque somme qu'ils s'élèvent, ne sont saisissables que pour un cinquième, un quart ou un tiers, selon une gradation déterminée par la loi (L. 21 ventôse an IX). C'est un avantage destiné à assurer le recrutement du personnel et le fonctionnement des services. Ainsi encore les *rentes sur l'État* ont été soustraites à la saisie des créanciers par les lois du 8 nivôse an VI, art. 4, pour le capital, et du 22 floréal an VII, art. 7, pour les arrérages.

Cette faveur exorbitante accordée aux capitaux placés en rentes sur l'État a été établie pour favoriser le crédit du gouvernement, à un moment où il venait de faire une banqueroute (L. 9 vendémiaire an VII) : on avait supprimé les deux tiers de la Dette, en n'inscrivant sur le nouveau Grand Livre de la Dette publique que le « tiers consolidé » ; on voulut au moins compenser pour les porteurs de rente cette perte considérable en leur faisant un avantage pour ce qui leur restait. — Depuis lors toutes les rentes nouvelles émises par l'État ont été déclarées « insaisissables conformément aux dispositions des lois du 8 nivôse an VI et du 22 floréal an VII » (voyez notamment L. 17 janvier 1894, art. 3); mais la nature et la portée de cette *insaisissabilité des rentes* a soulevé de longues controverses. Voyez le n° suivant.

Sauf ces exceptions, tous les biens du débiteur sont exposés à la saisie, même les portraits et souvenirs de famille (Paris, 3 mars 1896, D. 97. 2. 54).

185. Difficulté spéciale aux rentes sur l'État. — Il semble bien qu'en l'an VI on ait eu l'intention d'établir une insaisissabilité véritable et complète. Dans l'exposé des motifs il est dit formellement que les créanciers seront « privés pour l'avenir de toute espèce de droit, saisie ou opposition, soit sur le capital, soit sur les arrérages. Ils n'auront plus à compter sur cette ressource pour le paiement de leurs créances » ; ils devront « régler à l'avenir leurs transactions en conséquence et se ménager d'autres sûretés ». Pendant longtemps la jurisprudence considéra les rentes sur l'État comme étant entièrement insaisissables, et c'est encore l'opinion que soutient M. Glasson (D. 94. 1. 497).

Voici quelques-unes des conséquences les plus remarquables auxquelles on arrivait dans ce système :

1° Du vivant du débiteur. — Les créanciers ne pouvaient pas obtenir que les rentes appartenant à leur débiteur fussent vendues, pour s'en distribuer le prix, alors même que les titres eussent pu, en fait, être mis à leur disposition. — L'application la plus remarquable de cette règle se rencontrait au cas de *faillite* : le syndic ne pouvait s'emparer des titres de rente appartenant au failli pour les vendre au profit des créanciers ; le *dessaisissement général*, qui frappe le failli (art. 443 C. com.), et qui met tous ses biens sous la garde du syndic, n'atteignait donc pas cette partie de l'actif.

2° Après la mort du débiteur. — Les créanciers ne pouvaient ni empêcher l'héritier de faire opérer à son nom le *transfert* des rentes laissées par le défunt, ni s'opposer à l'exécution d'un *legs particulier* portant sur ces rentes ; les rentes léguées devaient être transférées au légataire sans opposition possible de la part des créanciers.

En d'autres termes, en leur qualité de biens insaisissables, les rentes sur l'État ne figuraient pas dans le gage des créanciers, bien qu'elles fussent un élément d'actif considérable dans le patrimoine du débiteur. — Un homme pouvait ainsi vivre à l'aise sous les yeux de ses créanciers et se trouver à l'abri de toutes poursuites, comme s'il eût été insolvable. On protestait vainement contre ces solutions immorales et, en fait, on possédait dans la contrainte par corps un moyen de s'y soustraire dans beaucoup de cas. Mais quand la contrainte par corps eut été supprimée en 1867 (ci-dessus n° 177) les scandales devinrent tels que la jurisprudence se vit forcée de réagir. Elle a peu à peu abandonné la plupart de ses solutions anciennes, en donnant une autre interprétation de l'insaisissabilité des rentes. D'après la jurisprudence nouvelle, en déclarant les rentes insaisissables, le législateur a voulu simplement débarrasser la comptabilité du Trésor des oppositions des créanciers qu'il aurait fallu recevoir dans les bureaux, si on leur avait permis de saisir les rentes. C'est, en effet, tout ce que disent les lois précitées : « A l'avenir, *il ne sera plus reçu d'opposition* sur le tiers conservé de la Dette publique (L. 8 nivôse an VI)... au paiement des arrérages » (L. 22 floréal an VII). Les oppositions des créanciers n'étant plus admises, les opérations de transfert et le paiement des arrérages sont singulièrement facilités. Mais une fois que cet intérêt, qui est d'ordre administratif et financier, a reçu satisfaction, il n'y a plus de raison pour empêcher les principes du droit privé de s'appliquer aux rentes, dans la mesure du possible. La jurisprudence a donc peu à peu admis les solutions contraires à celles qu'elle admettait jadis (voyez notamment Cass., 2 juill. 1894, D. 94. 1. 497, P. 94. 1. 281, S. 95. 1. 5). Ainsi les rentes françaises sont redevenues le gage des créanciers des rentiers, et peuvent être réalisées à leur profit, toutes les fois que la chose est possible sans opposition entre les mains des agents du Trésor. Cependant la jurisprudence n'est pas encore bien fixée; il se produit parfois des hésitations, des mouvements de recul (Paris, 19 déc. 1895, P. 96. 2. 280; Trib. civ. Seine, 23 et 30 janv. 1897, D. 97. 2. 17. Comp. Trib. civ. Seine, 27 nov. 1896, P. 97. 2. 185).

2° Créanciers à gage restreint.

****186. Condition d'existence du droit de gage général.** — La loi énonce une condition pour que le créancier possède sur le patrimoine du débiteur le droit qu'elle définit : il faut que le débiteur se soit obligé « personnellement » envers lui. L'*exécution* sur les biens est en effet, au point de vue logique, la suite et la conséquence de l'*obligation* qui pèse sur la personne : si le *patrimoine* est obligé, c'est que la *personne* l'est elle-même; de plus, au point de vue historique, l'exécution sur la personne a précédé l'exécution sur les biens, qui s'est substituée à elle.

Il faut donc que le débiteur ait *obligé sa personne*. A vrai dire, c'est la situation générale : la grande majorité des débiteurs sont tenus de cette façon ; ils s'obligent personnellement et, par conséquent, leurs créanciers ont action sur la totalité de leurs biens. Il y a cependant des exceptions, dont il importe de dire ici quelques mots.

****187. Cause restreignant l'action du créancier.** — Un débiteur peut se trouver *tenu d'une dette uniquement sur un ou plusieurs biens déterminés*, tandis que l'ensemble de son patrimoine échappe à l'action du créancier. Ceci a lieu lorsque le débiteur, sans être tenu « personnellement » à la dette, est propriétaire d'un objet sur lequel le créancier possède un véritable droit de *gage* ou une *hypothèque*. La personne du débiteur n'étant pas obligée, son patrimoine ne sert pas de gage général au créancier; l'action de celui-ci est, pour ainsi dire, *localisée* sur un objet. Ceci tient à ce que son action est une *action réelle*, née du droit réel de gage ou d'hypothèque, et non pas une action personnelle, née d'un engagement du débiteur.

***188. Conséquence.** — Dans cette situation particulière, le débiteur cesse d'être exposé à l'action du créancier dès qu'il cesse d'être propriétaire de l'objet grevé de gage ou d'hypothèque. Ceci lui donne la faculté de se soustraire à volonté aux poursuites en abandonnant la chose au créancier; c'est le droit de *déguerpissement*, dont on faisait un fréquent usage dans l'ancien droit, et qui est devenu beaucoup plus rare à l'époque moderne, sous le nom de *délaissement*. Voyez les art. 2618 et 2172.

***189. Exemples pratiques.** — La situation qui vient d'être décrite est celle des *acquéreurs* d'immeubles grevés précédemment d'hypothèque, quand ils sont personnellement étrangers à la dette. Elle se retrouve dans la personne des *cautions réelles* : on appelle ainsi ceux qui, sans s'engager personnellement pour la dette d'autrui, ont constitué au profit du créancier une hypothèque ou un gage sur un de leurs biens.

***190. Dénominations.** — Très souvent, pour indiquer la situation de ces débiteurs à obligation restreinte, on dit qu'ils sont *tenus propter rem*, voulant exprimer par là qu'ils ne sont tenus qu'à raison de la détention d'une chose sur laquelle le créancier possède un droit réel. Il vaudrait mieux dire qu'*ils ne sont pas débiteurs du tout* : leur personne n'est pas tenue, et l'action qui est donnée contre eux est de même nature que la revendication, qui est ouverte contre tout *détenteur* de la chose, abstraction faite de toute dette personnelle. En réalité nous ne sommes plus ici dans le domaine des *obligations* : ces prétendues dettes localisées ne sont que des *charges réelles*. Comp. t. I, 1re édit., nos 1073, 1949 et 2003; 2e édit., nos 1000, 1889 et 1944.

C. — Formes de l'exécution sur les biens.

***191. Variété des saisies.** — Dire que l'obligation s'exécute sur les biens du débiteur signifie que ses biens sont vendus à la requête des créanciers et transformés en argent : le prix payé par les acquéreurs est distribué aux créanciers, quand il y en a plusieurs, selon des règles qui seront indiquées plus tard. La procédure à suivre pour la vente des biens s'appelle *saisie* ; celle qui est destinée à la répartition de l'argent s'appelle *ordre* (art. 749 et suiv. C. proc. civ.), quand il s'agit de biens hypothéqués ou grevés de privilèges, et *distribution par contribution* dans les autres cas (art. 656 et suiv. C. proc. civ.).

Les formes de la saisie varient selon la nature des biens qu'il s'agit d'exécuter. Pour les immeubles, on suit les formes de la *saisie immobilière* (art. 673 et suiv. C. proc. civ. et ci-dessous nos 194 et suiv.), la plus longue et la plus coûteuse de toutes. Pour les meubles corporels on emploie la *saisie-exécution* (art. 583 et suiv. C. proc. civ.) et quelques saisies spéciales, comme la *saisie-brandon* qui sert pour les fruits pendants par racines.

Quelquefois la procédure ordinaire de la saisie est inutile. En effet, elle est destinée à transformer en argent liquide l'actif du débiteur, c'est-à-dire à le vendre ; or il y a des cas où cette transformation est toute faite d'avance ; c'est lorsque l'actif consiste en *créances de sommes d'argent*, qui sont dues au débiteur par des tiers. Il suffit alors d'empêcher le débiteur de toucher son argent : on y arrive en faisant, entre les mains du tiers qui le lui doit, une *saisie-arrêt* ou *opposition* (art. 557 et suiv. C. proc. civ.). Le tiers qui a reçu cette opposition ne peut plus se libérer qu'en versant les fonds au créancier poursuivant, jusqu'à concurrence de ce qui lui est dû, après que ce dernier a fait valider sa saisie.

***192. Condition nécessaire pour l'exécution sur les biens.** — Les biens du débiteur ne peuvent être saisis et exécutés par le créancier qu'autant que celui-ci est porteur d'un *titre exécutoire* (art. 2213 ; art. 551 C. proc. civ.). On appelle ainsi un acte écrit terminé par un mandement du chef de l'État aux officiers de justice et aux agents de la force publique d'avoir à prêter main-forte pour l'exécution du contenu de l'acte (art. 545 C. proc. civ.). La formule de ce mandement a été réglée à nouveau par un décret du 28 septembre 1871. Cette formule exécutoire ne peut être apposée que sur deux sortes d'actes : les grosses des *jugements* et les grosses des *actes notariés*. Ces copies sont appelées « grosses » parce qu'elles sont *grossoyées*, c'est-à-dire écrites en écriture de grande dimension.

Il résulte de là que le créancier qui n'a qu'un titre sous seings privés est obligé d'intenter une action contre son débiteur, pour *prendre jugement* contre lui, avant de recourir aux voies d'exécution ; c'est le seul moyen qu'il ait de se procurer un titre exécutoire.

Toutefois la saisie-arrêt, ou opposition, faite entre les mains d'un débiteur du débiteur, peut être faite sans titre exécutoire (art. 557 et 558 C. proc. civ.). Ceci tient à ce qu'il s'agit alors simplement de s'opposer à la remise des sommes et effets qui sont dus au débiteur par un tiers, et non de procéder à la vente d'un de ses biens. D'ailleurs, dans la huitaine de la saisie-arrêt, l'affaire doit être portée devant le tribunal pour la *déclaration de validité*, ce qui fait que la justice est toujours appelée à intervenir.

Il y a un créancier qui n'a pas besoin de se faire délivrer de titre exécutoire : c'est l'État. Les *contraintes administratives*, espèces de mandements délivrés par les diverses administrations financières, sont exécutoires par elles-mêmes (Simonet, n°s 569 et 2018). — Une délibération du Conseil d'État, du 5 février 1826, a décidé également que les décisions des conseils de préfecture étaient dispensées de l'intitulé ordinaire et de la formule finale des actes exécutoires.

***193. Poursuites individuelles et collectives.** — En général, le droit de poursuivre le débiteur et d'exercer contre lui les voies d'exécution forcée appartient isolément à chaque créancier ; chacun agit pour son intérêt et quand il veut. Cependant, quand une saisie est déjà pratiquée par l'un d'eux, les autres peuvent se joindre à lui et profiter des poursuites commencées (voyez, pour la *jonction* de deux saisies immobilières, les art. 719 et suiv. C. proc. civ. ; pour la survenance de nouvelles oppositions en cas de saisie-arrêt, les art. 575 et suiv. C. proc. civ. et l'art. 609 du même Code réglant les droits des créanciers autres que le saisissant en cas de saisie du mobilier). Mais tout cela n'est encore que l'exercice du *droit de poursuite individuel*. En général, les créanciers d'un même débiteur ne sont pas associés dans une procédure commune, organisée dans l'intérêt de tous, comme l'était l'ancienne *bonorum venditio* du droit prétorien. Notre droit commercial a seul conservé cette pratique ; la liquidation du patrimoine d'un commerçant est générale et elle se fait au moyen de la procédure de la *faillite*. En droit civil on ne trouve plus que de faibles vestiges de l'ancienne pratique romaine : ils se rencontrent au cas où une personne que l'on soupçonne d'être insolvable vient à mourir et où ses héritiers acceptent sa succession sous *bénéfice d'inventaire* ; encore faut-il, pour qu'il y ait alors des mesures prises dans l'intérêt collectif des créanciers, que l'un d'eux ait soin d'adresser une opposition à l'héritier bénéficiaire (art. 808). Comp. ci-dessous, n° 217.

D. — Règles spéciales à la saisie immobilière.

1° Observations préliminaires.

194. Nom de cette procédure. — Le Code civil (art. 2204-2217) l'appelle « expropriation forcée ». Cette dénomination n'est plus guère en usage et elle a le tort de créer une confusion entre la procédure de la saisie et l'expropriation pour cause d'utilité publique, qui n'a rien de commun avec elle ; mais c'était la qualification de la saisie à l'époque où le Code a été rédigé. Une loi du 11 brumaire an VII (1er novembre 1798)[1] qualifiait ainsi la poursuite du créancier ; elle intitulait son chapitre Ier : « De l'expropriation forcée », parce que la vente des biens s'opérait alors sans qu'un acte spécial de saisie vînt mettre les biens à vendre sous la main de justice ; un simple commandement fait par le créancier et des affiches destinées à avertir le public étaient les seules formalités

[1] Il ne faut pas confondre cette loi avec une autre loi du même jour, beaucoup plus importante, qui avait organisé le régime hypothécaire. Ce sont deux textes distincts.

à remplir avant de procéder à la vente. Quelques années plus tard, le Code de procédure civile réglementa à nouveau cette voie d'exécution et lui donna le nom qu'elle porte actuellement.

195. Sa réglementation par le Code civil. — Nous jugeons aujourd'hui que les règles sur la saisie immobilière qui sont dans le Code civil y sont un peu déplacées : elles seraient bien mieux à leur place dans le Code de procédure. Les rédacteurs du Code n'ont fait sur ce point que suivre l'exemple des auteurs des lois de messidor et de brumaire qui avaient réglé en même temps le régime hypothécaire et l'expropriation forcée. C'est que le droit de poursuite du créancier hypothécaire, quand il se réalise sous cette forme, est quelque chose de spécial qui n'appartient qu'à lui, et qui ne se confond pas avec le droit qu'a tout créancier de recourir aux voies d'exécution ; c'est seulement dans les temps modernes que la réalisation du gage hypothécaire a revêtu les formes des voies d'exécution ordinaire. Ceci sera plus longuement expliqué à propos des hypothèques.

2° Biens immobiliers susceptibles de saisie.

***196. Liste.** — L'art. 2204 indique comme susceptibles de saisie :

1° Les *immeubles par nature* (terrains, bâtiments, etc.), avec leurs *accessoires réputés immeubles* (immeubles par destination), lorsqu'ils appartiennent en propriété au débiteur (art. 2204). Ce n'est, du reste, qu'à cette condition que les accessoires mobiliers d'un fonds sont réputés immeubles (voyez t. I, 1re édit., nos 819 et 820 ; 2e édit., nos 794 et 795) ;

2° *L'usufruit des mêmes biens.*

Il faut y ajouter :

3° *L'emphytéose,* droit de jouissance particulier non prévu par le Code ;

4° Les *servitudes prédiales,* qui sont nécessairement comprises dans la saisie du fonds dominant, dont elles forment des accessoires inséparables.

On verra que cette liste des biens immobiliers saisissables est la même que celle des biens susceptibles d'hypothèque (ci-dessous nos 2722 à 2730).

197. Impossibilité de saisir les parts indivises. — Lorsque la propriété qu'il s'agit de saisir est dans l'indivision, les créanciers personnels de l'un des indivisaires ne peuvent pas saisir et mettre en vente la part indivise qui appartient à leur débiteur (art. 2205). Ceci tient à ce que l'adjudication ne se ferait pas ou se ferait dans de très mauvaises conditions, parce que l'adjudicataire, qui se trouverait dans l'indivision avec les autres copropriétaires, pourrait toujours craindre qu'un partage ne vînt lui enlever sa part dans l'immeuble : si l'immeuble entier était mis au lot d'un autre que lui, il serait réputé n'y avoir jamais eu de droit, et son acquisition serait sans objet. Pour saisir ce qui appartient à leur débiteur au cas d'indivision, les créanciers sont donc *obligés d'attendre le résultat du partage* ; ils saisiront alors ce qui sera mis dans le lot de leur débiteur. Au besoin, si le partage tarde à se faire, ils pourront le provoquer du chef de leur débiteur (art. 1166) ; en tout cas, ils ont le droit d'y *intervenir* pour surveiller leurs intérêts (art. 882).

L'art. 2205 appelle plusieurs observations :

1° Il ne prévoit que l'indivision provenant d'une *succession ouverte au profit de plusieurs cohéritiers*; mais il y a lieu de généraliser sa disposition et de l'appliquer, *quelle que soit la source de l'indivision.*

2° Il ne prohibe la saisie d'une part indivise qu'autant qu'il s'agit d'*immeubles*, parce qu'il a été écrit à propos des hypothèques, qui à cette époque ne portaient que sur des immeubles; mais il y aurait même raison de l'appliquer aux *parts indivises de meubles*. Dans la pratique on s'abstient tout au moins de procéder à la mise en vente avant le partage (Cass., 29 mars 1887, D. 87. 1. 454, S. 87. 1. 125).

3° La loi ne défend la mise en vente que d'*une part indivise* saisie isolément sur l'un des propriétaires. Il n'y a aucune raison pour empêcher la vente d'un immeuble indivis sur la poursuite de quelqu'un qui se trouve être en même temps créancier de tous les indivisaires: c'est ce qui arrive, dans l'hypothèse prévue par la loi, pour *les créanciers de la succession* recueillie par plusieurs cohéritiers. Ces créanciers ont pour gage la totalité de l'immeuble; ils le mettront donc en vente en totalité, et l'acquéreur n'aura pas à redouter les éventualités du partage. Aussi l'art. 2204 suppose-t-il que la saisie est faite par les créanciers *personnels* de l'un des cohéritiers, et c'est celle-là seule qu'il défend.

198. Règle particulière aux mineurs et aux interdits. — Si le débiteur est mineur ou interdit, la loi veut que le créancier commence par *discuter le mobilier avant de mettre en vente les immeubles* (art. 2206). La loi étend cette règle au mineur *même émancipé*.

C'est une conséquence de la vieille préférence que notre ancien droit accordait aux immeubles; ils représentent la partie principale, le fonds stable des fortunes; on doit donc chercher à les conserver le plus possible. Cette manière de voir est quelque peu abandonnée aujourd'hui, au point que beaucoup de gens préfèrent les valeurs mobilières aux immeubles. Mais l'ordre indiqué par l'art. 2206 a une autre raison qui a toujours sa valeur: c'est que la saisie du mobilier est plus rapide et moins coûteuse que celle des immeubles et qu'il vaut mieux commencer par elle. Toutefois cette dernière raison n'est bonne qu'autant que le mobilier est suffisant pour désintéresser le créancier; sans cela, il faudra toujours en arriver à la saisie des immeubles, et il y aura doubles frais.

La sanction de cette règle ne peut être que la nullité de la saisie.

Elle souffre d'ailleurs exception et la saisie peut avoir lieu, aux termes de l'art. 2207: 1° Lorsque l'immeuble est indivis entre un majeur et un mineur ou un interdit et que la dette leur est commune; 2° quand le débiteur est frappé d'interdiction au cours d'une poursuite commencée auparavant.

199. Immeubles non hypothéqués au créancier. — Lorsque la poursuite est exercée par un créancier qui a hypothèque seulement sur quelques-uns des immeubles du débiteur, la loi veut qu'il poursuive d'abord la vente de ceux qui lui sont hypothéqués, et ne lui permet de saisir les autres qu'en cas d'insuffisance des premiers (art. 2209). Il n'y a pas de bien bonne raison pour justifier cette disposition impérative, si ce n'est qu'elle est conforme à l'intérêt véritable du créancier, et peut-être aussi à une sorte de convention tacite intervenue en ce sens entre les parties. — La loi réserve, du reste, au débiteur le droit de demander que tous ses immeubles, hypothéqués ou non, soient vendus ensemble (art. 2211).

200. Cas où le débiteur a des biens dans plusieurs arrondissements. — La saisie étant portée devant le tribunal civil, chaque procédure ne peut comprendre que les biens situés dans le ressort, c'est-à-dire dans l'arrondissement. Lorsque le débiteur possède des biens dans plusieurs arrondissements, le Code civil voulait que les différentes saisies se fissent *successivement* (art. 2210). On en devine la raison: peut-être la première suffira-t-elle à désintéresser le créancier ; il est inutile de doubler ou de tripler les frais. Une loi du 14 novembre 1808 a dérogé à cette règle en permettant de poursuivre les différentes saisies *simultanément*, lorsque la valeur des biens est insuffisante pour désintéresser les créanciers inscrits. Pour la façon dont se vérifie cette valeur et pour le détail des formalités à remplir, voyez le texte de cette loi.

Le Code civil autorise lui-même une autre exception, pour le cas où les biens situés dans des arrondissements différents font partie d'une même exploitation : le débiteur peut demander qu'ils soient vendus ensemble (art. 2211).

201. Moyen d'éviter la saisie. — Le débiteur peut empêcher la saisie s'il prouve, *par baux authentiques*, que le revenu *net et libre* de ses immeubles, pendant *une année*, suffit pour éteindre entièrement la dette en capital, intérêts et frais, et s'il en offre la *délégation au créancier* (art. 2212). L'ordre de suspendre la poursuite est donné par le tribunal ; mais la procédure est reprise s'il survient quelque obstacle au paiement (même art.).

3° Formes de la saisie.

202. Compétence. — Le tribunal compétent est celui dans le ressort duquel le bien saisi se trouve situé. Prévoyant le cas où le même immeuble se composerait de parcelles situées dans des ressorts différents, l'art. 2210, al. 2, donne compétence à celui dans le ressort duquel se trouve le chef-lieu de l'exploitation ou, à défaut de chef-lieu, la partie principale des biens, d'après leur revenu cadastral.

203. Formalité préalable et délai de la saisie. — Cette saisie doit être précédée d'un *commandement* fait au débiteur (art. 2217 C. civ. ; art. 673 C. proc. civ.)[1]. Le commandement est un exploit d'huissier d'un genre particulier, dont l'art. 673 précité indique le contenu et qui ne peut être fait qu'en vertu d'un titre exécutoire. La saisie n'est possible que *trente jours* au plus tôt après le commandement (art. 674 C. proc. civ.).

204. Péremption du commandement. — L'effet du commandement n'est pas indéfini. La loi veut que la saisie soit pratiquée avant que le commandement ait 90 jours de date, ce qui fait qu'en tenant compte des 30 jours pendant lesquels la saisie n'est pas possible, le créancier n'a réellement qu'un intervalle de 60 jours pour y procéder. — S'il laisse passer plus de 90 jours sans saisir, il est obligé de réitérer son commandement et d'attendre encore 30 jours avant de faire la saisie (art. 674 C. proc. civ.).

*** 205. Transcription de la saisie.** — Le *procès-verbal de saisie*, qui est l'acte par lequel l'huissier saisit l'immeuble, doit être *transcrit* (art. 678 C. proc. civ.). Cette transcription se fait au bureau des hypothèques.

*** 206. Dessaisissement du propriétaire.** — A partir de la transcription de la saisie, le propriétaire de l'immeuble se trouve *dessaisi* de l'administration de son bien et ne peut plus en *disposer* au préjudice de ses créanciers.

L'effet de ce dessaisissement doit être étudié à trois points de vue différents : 1° pour les *perceptions de fruits* ; 2° pour les *baux nouveaux* ; 3° pour les *actes d'aliénation*.

Perception des fruits. — Le saisi ne peut plus percevoir pour son compte les fruits et revenus de son immeuble, ou, s'il continue à les toucher, c'est en qualité de *séquestre judiciaire* (art. 681 C. proc. civ.) et il en est comptable envers les créanciers. Ceux-ci peuvent même demander qu'il soit dépossédé et qu'un autre séquestre soit nommé à sa place. — Les fruits perçus à compter de la transcription de la saisie sont *immobilisés* pour être distribués en même temps que le prix principal et de la même manière (art. 682 et 685 C. proc. civ.).

Baux nouveaux. — Le saisi perd le droit de faire des baux nouveaux ; ce droit lui est enlevé *dès le jour du commandement*, et les baux qui n'ont pas acquis date certaine avant cette époque ne sont pas opposables aux créanciers (art. 684 C. proc. civ.).

[1] Ce n'est pas la seule saisie qui exige l'envoi préalable d'un commandement ; il en est de même de la saisie des meubles (art. 583 et 584, C. proc. civ.), mais non de la saisie-arrêt, pour laquelle le commandement serait inutile et même impossible le plus souvent.

ALIÉNATIONS. — Toute aliénation, et, d'une façon plus générale, tout acte de disposition, est nul par rapport au créancier saisissant s'il a été fait *depuis la transcription du procès-verbal de saisie* (art. 686 C. proc. civ.). Cette nullité a lieu de plein droit : « sans qu'il soit besoin de la faire prononcer », dit la loi. — Jusqu'à la transcription de la saisie, les tiers doivent croire que le saisi a conservé intact le droit de disposition qui lui appartient en qualité de propriétaire de l'immeuble. Peut-être la loi se montre-t-elle trop peu soucieuse de protéger le créancier contre les fraudes, en laissant au débiteur la faculté d'aliéner jusqu'à la transcription du procès-verbal de saisie. On dit bien que les créanciers auront la ressource de prouver la fraude, mais cela ne leur est pas toujours facile. Il eût été préférable de faire remonter l'inaliénabilité de l'immeuble saisi jusqu'au jour du commandement, en obligeant le créancier à faire transcrire cet acte.

§ 4. — *Système des astreintes.*

207. Bibliographie. — MASSIN, *De l'exécution forcée des obligations de faire ou de ne pas faire*, thèse, Paris, 1893. — CROISSANT, *Les astreintes*, thèse, Paris, 1898. — DORVILLE, *De l'intérêt moral dans les obligations*, thèse, Paris, 1901, p. 206 et suiv. — CHAUSSE, *De l'intérêt d'affection*, *Revue critique*, 1895, t. XXIV, p. 446 et suiv.

***208. Définition.** — On appelle « astreinte » une *condamnation pécuniaire*, prononcée *à raison de tant par jour de retard*, et destinée à obtenir du débiteur l'exécution d'une obligation de faire par la menace d'une peine considérable, susceptible de grossir indéfiniment. Ce qui caractérise l'astreinte est donc l'*exagération du chiffre de l'indemnité*, qui n'est pas du tout la représentation du préjudice causé au créancier par l'effet du retard, et qui ne suppose même pas l'existence de ce préjudice. La somme ainsi fixée est une véritable *peine*, mais qui est prononcée *à titre comminatoire* et pour le cas seulement où le débiteur n'exécuterait pas son obligation, dans un certain délai qui lui est fixé par le tribunal.

En somme, la jurisprudence française a organisé là, en dehors des prévisions de la loi, un moyen nouveau et très énergique de vaincre la résistance d'un débiteur tenu d'une obligation de faire.

209. Origine. — L'habitude de prononcer des condamnations purement *comminatoires*, pour obliger une partie à obéir à une injonction de la justice, avec faculté de l'en décharger lorsqu'elle avait obéi à cette injonction, est probablement très ancienne. Elle n'a attiré l'attention qu'au commencement du XIXe siècle, parce qu'on se demanda si cette faculté de revenir ainsi sur une décision antérieure n'était pas contraire à l'autorité de la chose jugée. Voyez les exemples de 1809, 1811, etc., dans DALLOZ, *Répert.*, vo Chose jugée, nos 384 et suiv. Ce n'est qu'à une époque beaucoup plus récente que sa validité a été mise en doute pour des raisons empruntées à la théorie des dommages-intérêts.

Primitivement cette condamnation comminatoire avait fréquemment pour objet une somme fixée en bloc, par un seul chiffre. Peu à peu, les tribunaux prirent l'habitude de fixer l'astreinte à tant par jour. Le premier exemple que l'on cite est un jugement du tribunal de Gray, du 25 mars 1811, qui condamna un sieur R... à faire une rétractation publique à peine de 3 francs par jour de retard (cité par DORVILLE, p. 209). En 1824, on considéra comme purement comminatoire un jugement du tribunal de Metz qui avait ordonné une restitution de pièces à peine de 10 francs par jour de retard : le débiteur, qui avait fini par les livrer, aurait eu à payer plus de 11 000 francs pour son retard, somme qui fut réduite à 400 francs (Cass., 28 déc. 1824, D. 25. 1. 41, S. 25. 1. 165, S. chr. 7. 1. 604).

En 1834, on admit que la condamnation à tant par jour de retard pouvait être prononcée, alors même qu'aucun préjudice ne pouvait résulter du retard dans l'exécution (Cass., 29 janv. 1834, S. 34. 1. 129, D. 34. 1. 81). Dès lors le principe du système était trouvé, et il ne restait plus qu'à en développer les applications pratiques (Cass., 22 nov. 1841, D. 42. 1. 29, S. 42. 1. 170 ; Cass., 26 juill. 1854, D. 54. 1. 297, S. 55. 1. 33). La jurisprudence ne s'est jamais démentie depuis lors (Cass., 7 nov. 1888, D. 89. 1. 259, S. 90. 1. 457 ; Cass., 23 nov. 1889, D. 91. 1. 31).

***210. Controverses doctrinales.** — Cette jurisprudence est trop bien établie pour qu'on puisse la renverser ou même l'ébranler. Elle a pour elle l'utilité incontestable des résultats pratiques qu'elle obtient par un procédé absolument simple, et aussi cette considération de bon sens qu'elle ne peut nuire au débiteur qu'au cas où celui-ci montrerait une obstination impardonnable en refusant d'exécuter une sentence définitive. Néanmoins elle est combattue énergiquement par tous les auteurs comme arbitraire et illégale (Demolombe, t. XXIV, n° 494 ; Aubry et Rau, t. IV, § 299, p. 41 ; Laurent, t. XVI, n° 301 ; Huc, t. VII, n°s 136 et 145). Il est certain que ce procédé n'a pas été prévu par la loi, et qu'il est indirectement contraire à l'art. 1149, aux termes duquel les dommages-intérêts alloués au créancier ne peuvent être que la représentation exacte d'un préjudice réel et démontré. A cela la jurisprudence répond que la loi civile n'a pas prohibé l'emploi de mesures comminatoires ; seul l'art. 1029 C. proc. civ. les exclut, mais il est spécial aux amendes de procédure ; en matière civile, les tribunaux ne sont donc pas obligés de prononcer des condamnations fermes et irrévocables [1]. Mais les arrêts n'ont jamais avoué clairement que leur procédé n'était qu'une voie de contrainte indirecte et ils allèguent toujours la nécessité d'accorder une indemnité au créancier qui souffre d'un retard injustifié.

211. Difficultés pratiques. — D'ailleurs le système de la jurisprudence fait naître dans la pratique des questions qui ne sont pas toujours faciles à résoudre. On se demande souvent, quand une condamnation à tant par jour de retard est intervenue, si elle a été prononcée d'une manière définitive et irrévocable, à titre de dommages-intérêts, ou si elle n'est que provisoire et comminatoire, à titre d'astreinte. La Cour de cassation admet que les juges du fait ont un pouvoir absolu pour interpréter, par un nouvel arrêt, le caractère de la condamnation primitive, s'il est douteux (Cass., 7 nov. 1888, D. 89. 1. 259, S. 90. 1. 457 ; Cass., 20 mars 1889, D. 89. 1. 382, S. 92. 1. 565). Cette difficulté n'est pas inhérente au système : il dépend des premiers juges de préciser la nature de la condamnation qu'ils entendent prononcer.

Une autre question s'est élevée pour savoir quel devait être le point de départ de l'astreinte au cas d'appel. S'il s'agissait d'une véritable indemnité représentative d'un préjudice réel, il faudrait décider que les dommages-intérêts courent du jour fixé par le tribunal, au cas où son jugement est ensuite confirmé en appel. Mais comme l'astreinte est une voie de contrainte, une sorte de peine destinée à assurer l'exécution d'une obligation principale, il vaut mieux admettre qu'elle sera due seulement en vertu de l'arrêt confirmatif, parce que

[1] Une autre objection, qui est sérieuse, vient de la règle générale d'après laquelle, quand les juges sont appelés à accorder des dommages-intérêts à raison d'un retard, ils doivent observer les mêmes principes d'estimation que s'il s'agissait d'une inexécution définitive, c'est-à-dire tenir compte à la fois de la *perte éprouvée* et du *gain manqué*, sans rien de plus.

l'exécution du jugement a été suspendue par l'appel. M. Huc (t. VII, nº 146) cite en ce sens deux jugements belges : Arlon, 9 févr. 1882 ; Liège, 13 févr. 1884.

212. Jurisprudence belge. — En Belgique, la Cour de cassation a paru incliner dans le sens de la doctrine française (Cass. belge, 19 janv. 1882, *Pasicrisie*, 82. 1, 36) ; mais elle s'est depuis nettement prononcée en faveur de la validité des astreintes (23 juin 1887, D. 88. 1. 213).

§ 5. — *De la déconfiture.*

***213. Son lien avec les voies d'exécution.** — Si bien organisées qu'elles soient, les voies d'exécution ne peuvent donner satisfaction aux créanciers qu'autant que le débiteur a des biens suffisants pour répondre de ses dettes. S'il est au-dessous de ses affaires ou, comme l'on dit, *en déconfiture*, les créanciers ne seront pas payés ou ne le seront qu'en partie. Il y a donc lieu de s'occuper ici de cette situation particulière.

214. Silence de la loi. — Le Code civil n'a nulle part ni défini ni réglementé la déconfiture ; on la trouve seulement mentionnée dans quelques articles (art. 1446, 1613, 1865, 2003).

***215. Définition.** — M. Larombière en a donné une notion qui est aujourd'hui abandonnée (t. II, art. 1188, nº 4). On s'en tient, en général, à l'idée beaucoup plus simple qu'en fournit la Coutume de Paris : « Le cas de la déconfiture est *quand les biens du débiteur*, tant meubles qu'immeubles, *ne suffisent pas aux créanciers apparens* » (art. 180). Comp. Aubry et Rau, t. IV, § 303, texte et note 12. La déconfiture est une situation *spéciale aux non commerçants* ; pour les commerçants, elle est remplacée par la faillite, que le Code civil nomme ordinairement à côté d'elle.

***216. Signes de déconfiture.** — La déconfiture n'est point l'objet d'une procédure spéciale comme la faillite, qui donne lieu à un *jugement déclaratif de faillite*, rendu par le tribunal de commerce. Aucun acte particulier n'a la vertu de prouver la déconfiture ; elle ne résulte nécessairement ni d'une saisie, ni d'un procès-verbal de carence, ni de l'ouverture d'une distribution par contribution. Cependant son existence n'est presque jamais douteuse ; elle est ordinairement notoire et avouée ; en théorie, l'incertitude règne sur les signes caractéristiques de la déconfiture ; en fait, sa constatation ne donne pas lieu à des difficultés bien grandes.

***217. Effets de la déconfiture.** — La déconfiture produit des effets multiples. Nulle part la loi ne les a rapprochés, si ce n'est dans le régime appliqué aux *successions bénéficiaires*, qui forme, il est vrai, l'hypothèse la plus pratique de déconfiture, mais qui n'est pas la seule. Nous retrouverons plus tard, à propos des successions, cette réglementation de la *déconfiture d'une personne décédée*.

Quant à la *déconfiture d'une personne vivante*, on peut lui assigner les effets suivants :

1º Elle donne lieu à l'ouverture de la procédure de *distribution par contribution*, qui a lieu, d'après le Code de procédure, « quand les sommes arrêtées ou le prix des ventes ne suffisent pas à payer les créanciers » (art. 656 C. proc. civ.). Comp. Cout. de Paris, art. 180 in fine.

2º Elle entraîne *déchéance du terme* ; les dettes d'une personne en déconfiture deviennent exigibles, bien qu'un terme lui eût été précédemment accordé (arg. art. 1188 et 1913).

3º La *déconfiture du mari* autorise *les créanciers de la femme* à agir comme si la séparation de biens était prononcée (art. 1446).

4º La déconfiture de l'*acheteur* autorise le vendeur à refuser la livraison de la chose vendue à terme (art. 1613).

5º La déconfiture *met fin au mandat* (art. 2003) et à la *société* (art. 1865).

218. Bibliographie. — Ern. Pannier, *Des conséquences juridiques de la déconfiture*, thèse, Paris, 1875. — André Dupin, *De la faillite civile, Nécessité de son organisation*, thèse, Grenoble, 1900. — Léon Adam, *Revue critique*, janvier 1901, p. 57.

§ 6. — *Du Homestead.*

219. Notion sommaire. — Les poursuites exercées contre les débiteurs insolvables ont paru trop dures dans certains pays. En France même on a déclaré certains biens insaisissables pour des raisons d'humanité, mais tous sont des objets *mobiliers* ; si le débiteur est propriétaire de la maison qu'il habite, cette maison est vendue et le débiteur, à peu près dépouillé de tout, est contraint de chercher un nouveau gîte. Aux États-Unis, des lois ont été faites pour protéger le domicile du chef de famille ou *foyer domestique* (*homestead*) contre les poursuites des créanciers, sous certaines conditions[1]. Le propriétaire qui veut placer sa maison sous ce régime fait une déclaration devant l'autorité publique déterminée par la loi. L'exemption de poursuites qui en résulte se produit sans effet rétroactif ; les créanciers antérieurs conservent le droit de saisir et diverses autres exceptions sont apportées à l'insaisissabilité ainsi établie.

Le système du *homestead* (ce mot s'applique actuellement aussi bien à la législation établie pour protéger le débiteur qu'à sa maison elle-même) est resté longtemps ignoré en France. Depuis quelques années bien des efforts ont été tentés pour en propager la connaissance et pour préparer l'opinion, si c'est possible, à l'établissement d'un régime analogue.

220. Bibliographie. — L. Donnat, article « Homestead », dans le *Nouveau Dictionnaire d'économie politique*, de Léon Say et Chailley. — Joliot, *Bulletin de la Société de législation comparée*, t. VII, 1878, p. 27. — L. Corniquet, *L'insaisissabilité du foyer de famille aux États-Unis*, thèse, Paris, 1894. — *Enquête sur l'application des lois de succession* (publication de la Société d'économie sociale), 2e série, fascicule 5.

CHAPITRE II

DES DOMMAGES-INTÉRÊTS

****221. Définition.** — Si le débiteur n'exécute pas son obligation quand et comme il le devrait, le créancier a le droit d'obtenir *une somme d'argent équivalente à l'avantage que lui eût procuré l'exécution effective et exacte de l'obligation*, et qui par suite l'indemnise du préjudice que lui cause son inexécution. Cette indemnité s'appelle *dommages-intérêts*.

****222. Distinction.** — Il y a deux sortes de dommages-intérêts. Tantôt ils sont dus parce que l'obligation reste *définitivement inexécutée*, et ils remplacent alors l'exécution que le créancier aurait obtenue de gré ou de force ; tantôt ils supposent que le débiteur a finalement exécuté son obligation, de lui-même ou par contrainte, mais *après un retard* plus ou moins long et dommageable au créancier : ils représentent alors la répara-

[1] L'exemple a été donné en 1839 par le Texas. Depuis lors le *homestead* s'est propagé à peu près dans tous les Etats de l'Union.

tion du préjudice causé par le retard. Au premier cas les dommages-intérêts sont dits *compensatoires* ; au second cas, on les appelle *moratoires*. Ils suivent en général les mêmes règles ; il n'y a de différences que 1° pour la *mise en demeure préalable*, qui n'est pas toujours exigée pour les intérêts compensatoires, et 2° pour la possibilité de *cumuler l'indemnité avec l'exécution effective* de l'obligation qui n'a lieu que pour les intérêts moratoires. Ces différences seront indiquées plus loin.

223. Plan à suivre. — Les règles qui gouvernent l'allocation des dommages-intérêts, tant moratoires que compensatoires, ne sont pas les mêmes dans tous les cas ; il y a d'une part *le droit commun*, qui s'applique à toutes les obligations en général, quelle que soit la nature de leur objet ; d'autre part, il existe des *règles spéciales pour les dettes d'argent*.

§ 1. — *Règles du droit commun.*

A. — Caractère de l'indemnité.

***224. L'indemnité est pécuniaire.** — Les dommages-intérêts accordés au créancier sont toujours *fixés en argent*. C'est une vieille règle qui n'est pas exprimée par le Code civil, mais qui s'y trouve sous-entendue. Les juges ne pourraient pas donner un autre objet que de l'argent à leur condamnation [1].

Il suit de là que le défaut de paiement d'une *somme d'argent* ne donne pas lieu à une allocation de dommages-intérêts compensatoires : comme l'objet primitif de la dette est déjà de l'argent, le chiffre du préjudice que souffre le créancier est tout fixé d'avance ; sa perte est égale à la somme qui lui était due. La fixation de dommages-intérêts à raison de l'inexécution ne se comprend donc que pour les *obligations de faire ou de ne pas faire* et pour les *obligations de donner* qui ont pour objet autre chose que de l'argent. Les dettes d'argent ne peuvent donner lieu qu'aux intérêts moratoires dont il est parlé dans le paragraphe 2 de ce chapitre [2].

B. — Conditions d'exigibilité.

225. Énumération. — Pour qu'il y ait lieu d'allouer des dommages-intérêts à raison de l'inexécution ou du retard dans l'exécution de l'obligation, il faut d'une manière générale que les deux conditions suivantes soient réunies :

[1] Sur les *rétractations* ou *réparations d'honneur* qu'imposaient jadis les tribunaux en matière d'injures, voyez la table générale du *Sirey*, v° Injures.

[2] La décision de l'art. 2028, relative à la caution, n'est pas contraire à ce qui est dit au texte. La caution obtient des dommages-intérêts au delà de ce qu'elle a payé au créancier, parce qu'elle a pu subir dans ses propres affaires un dommage supérieur à cette somme (AUBRY et RAU, t. IV, § 427, note 13), mais il ne s'agit pas là d'un *créancier* réclamant des dommages-intérêts à raison du non-paiement de *sa créance*, car ce n'est pas à elle que la somme était due par le débiteur.

1° Qu'un *dommage* ait été causé au créancier ;

2° Que l'inexécution soit *imputable au débiteur*.

En outre, *mais d'une manière moins constante,* il faut que le débiteur ait été *mis en demeure*. — Sur la nature et les formes de la mise en demeure, voyez ci-dessus n°s 168 et suiv.

Commençons par cette dernière condition, qui dans l'ordre logique se présente la première, lorsqu'elle est nécessaire ; elle fait l'office d'une question préalable avant tout examen des deux autres conditions.

1° De la mise en demeure.

226. Sa nécessité pour les intérêts moratoires. — Tant qu'il ne s'agit de réclamer au débiteur que de simples intérêts moratoires, la mise en demeure préalable est une *condition indispensable* pour que le créancier puisse obtenir une indemnité. Jusque-là, le débiteur, qui n'a reçu aucune réclamation de son créancier, a pu croire que celui-ci n'avait pas besoin d'une exécution immédiate. Son silence vaut, à cet égard, *prorogation tacite du terme*. C'est seulement quand le créancier met son débiteur en demeure, que l'intérêt à raison du retard commence à courir. C'est l'effet direct de la maxime : « *Dies non interpellat pro homine* .»

227. Controverse relative aux dommages-intérêts compensatoires. — Des dissentiments s'élèvent sur la nécessité d'une mise en demeure, lorsqu'il s'agit au contraire de réclamer du débiteur une indemnité à raison d'une inexécution définitive. La plupart des auteurs décident que cette mise en demeure préalable est inutile (Larombière, sur l'art. 1147, n° 3 ; Demolombe, t. XXIV, n° 510 ; Laurent, t. XVI, n°s 151 et 152). On établit ainsi une différence fondamentale entre les dommages-intérêts compensatoires et les dommages-intérêts moratoires. Après avoir pendant quelque temps admis cette distinction (Cass., 15 déc. 1880, D. 81. 1. 37, S. 81. 1. 170), la jurisprudence l'a condamnée en termes formels (Cass., 11 janv. 1892, D. 92. 1. 257, S. 92. 1. 117). De fait, l'art. 1146 statue en termes généraux : « Les dommages-intérêts ne sont dus que lorsque le débiteur est en demeure de remplir son obligation. »

Ces solutions contradictoires semblent devoir se résoudre à l'aide de la distinction suivante :

1° Impossibilité fortuite d'exécuter. — En ce cas le débiteur est libéré, à moins que les cas fortuits ne fussent à sa charge au moment où est survenu l'obstacle qui l'empêche d'exécuter son obligation (ci-dessous n° 233). Quand ils n'y sont pas de plein droit ou par la convention, le créancier, qui les supporte, a un moyen de s'en décharger : c'est de *mettre le débiteur en demeure*. La mise en demeure apparaît donc en ce cas comme une condition nécessaire pour l'allocation des dommages-intérêts, non pas à cause de l'art.

1146 C. civ., mais à cause de l'art. 1302 et de la théorie des risques : elle met les risques à la charge du débiteur.

2° INEXÉCUTION DUE A UNE FAUTE. — En ce cas il est certain, malgré la généralité des termes de l'art. 1146, que la mise en demeure n'est plus nécessaire. Mais pourquoi ? C'est qu'il y a ici un autre principe qui intervient, une autre cause génératrice d'obligation, la *faute du débiteur*. La faute suffit à engendrer l'obligation de payer une indemnité : la mise en demeure, qui se ferait nécessairement *après la faute commise*, c'est-à-dire après la naissance de l'obligation qui en dérive pour le débiteur, serait une formalité sans utilité et sans but. La loi elle-même le suppose dans l'art. 1145, où elle prévoit la *contravention à une obligation de ne pas faire* : les dommages-intérêts sont dus, sans mise en demeure, par le seul fait de la contravention. Or cette contravention est une *faute*, et la même règle est nécessairement applicable, pour la même raison, aux fautes commises par contravention à une obligation de faire ou de donner.

En somme, la question de savoir si la mise en demeure est nécessaire *dépend de la nature du fait qui a empêché l'exécution de l'obligation*[1].

2° Existence d'un dommage.

****228. Nécessité d'un dommage.** — Cette première condition est d'évidence. Le créancier ne peut obtenir d'indemnité que s'il est démontré que l'inexécution ou le retard dans l'exécution de l'obligation lui a causé un dommage. Sans cela, de quoi se plaindrait-il ? Sans intérêt, pas d'action. C'est pour cette raison que l'art. 1147 dit que « le débiteur est condamné, *s'il y a lieu*... » Il se peut, en effet, que l'exécution réelle n'eût procuré aucun avantage au créancier. On cite comme exemple le cas du notaire qui omet de faire inscrire l'hypothèque de son client ; il échappe à toute responsabilité, s'il peut établir que l'hypothèque non inscrite était primée par d'autres qui absorbaient la totalité du prix de l'immeuble, de sorte que son client, même inscrit, n'eût rien obtenu du tout.

Quant au cas de simple retard, il arrive très souvent que le créancier n'en éprouve aucun dommage appréciable. Si ce dommage existe, et cela dépend des circonstances, réparation en est due au créancier.

[1] Un doute peut s'élever sur la question de savoir si l'inexécution de l'obligation n'a pas été *acceptée par le créancier* et tolérée par lui, ce qui lui enlèverait le droit de réclamer plus tard une indemnité. En pareil cas une mise en demeure adressée au débiteur, afin de constater authentiquement son refus d'exécution, pourra être utile pour éviter toute contestation. Ainsi il a été jugé qu'un ingénieur qui avait cessé son service ne pouvait être condamné à des dommages-intérêts envers la société qui l'employait, parce qu'aucune sommation ne lui avait été adressée pour le mettre en demeure de continuer ses fonctions (Cass., 14 janv. 1862, D. 62. 1. 91). Mais alors la sommation est la *preuve* de la faute du débiteur ; elle intervient simplement pour établir l'existence d'une des conditions auxquelles est subordonnée l'allocation des dommages-intérêts ; elle n'en est pas par elle-même une condition distincte des autres.

229. Preuve du dommage. — C'est le créancier qui doit prouver l'existence du dommage. Il n'y a d'exception que pour les obligations de sommes d'argent dont il sera parlé plus loin (ci-dessous, n° 265).

3° Inexécution ou retard imputable au débiteur.

****230. Cas où il y a responsabilité du débiteur.** — La réalisation d'un dommage ne suffit pas; il faut que l'inexécution ou le retard soit *imputable* au débiteur. Cette imputabilité cesse s'il y a *cas fortuit* ou *force majeure,* auquel cas le débiteur, qui a été empêché de donner ou de faire ce qu'il avait promis, n'est tenu d'aucuns dommages-intérêts (art. 1147 et 1148)[1].

En dehors du cas fortuit et de la force majeure, il reste toutes les causes d'inexécution imputables au débiteur; on les groupe sous deux noms : la *faute* et le *dol.* Il y a faute, quand le débiteur a simplement commis une imprudence ou une maladresse; il y a dol, quand il est de mauvaise foi et s'est volontairement soustrait à l'exécution de sa dette.

a. — *Du cas fortuit et de la force majeure.*

**** 231. Définitions.** — Les expressions « cas fortuit » et « force majeure » comprennent toutes les causes d'inexécution non imputables au débiteur. La première s'emploie plus spécialement à propos des *événements naturels,* tels qu'une inondation, une épidémie, une tempête, un tremblement de terre, etc. La seconde désigne les *actes des tiers,* qui peuvent empêcher le débiteur d'exécuter son obligation, tels qu'une invasion, un blocus, un commandement ou une défense de l'autorité légitime ou de la loi. La différence de nature qui sépare ces deux espèces de faits n'a *aucune importance juridique* : les cas fortuits, comme les forces majeures, exemptent le débiteur de toute responsabilité, parce que l'obstacle qui a empêché ou retardé l'exécution « provient d'une *cause étrangère* qui ne peut lui être imputée ». Cette formule unique, qui se lit dans l'art. 1147, comprend les deux sortes d'obstacles que l'art. 1148 qualifie en termes différents « cas fortuit et force majeure »[2].

Les causes qui engagent la responsabilité du débiteur ou l'exonèrent, sont les mêmes, qu'il s'agisse d'une inexécution définitive ou d'un simple retard. Les événements fortuits et les forces majeures peuvent produire tout aussi bien un simple retard qu'une impossibilité définitive d'exécuter. Ainsi des

[1] Quand il s'agit d'une chose qui appartenait déjà antérieurement à celui qui la réclame, le droit du créancier se borne à obtenir une indemnité. Si c'était une chose nouvellement acquise par lui, à titre d'achat, par exemple, il aurait en outre le droit de faire *résoudre le contrat,* toujours avec dommages-intérêts, au cas où les détériorations subies par la chose seraient considérables (art. 1182, al. 4, et art. 1245). Mais ceci concerne la résolution des contrats et non la théorie des dommages-intérêts.

[2] On pourrait employer autrement ces deux expressions, et parler de *cas fortuit* pour désigner l'origine externe, non imputable au débiteur, de l'obstacle qui empêche l'exécution, et de *force majeure* pour exprimer la nature insurmontable de cet obstacle. De la sorte ces deux expressions pourraient convenir au même fait, envisagé tantôt dans son origine et tantôt dans son résultat.

vents contraires, le brouillard ou le verglas retardent la marche d'un navire, d'un train ou d'une voiture ; un blocus ou une grève empêchent pour un temps l'exécution d'un marché de charbons ou d'autres marchandises, etc.

232. Conditions de l'irresponsabilité. — Pour que l'événement naturel ou l'acte d'un tiers, dont le débiteur se prévaut, ait pour effet de l'exempter de toute responsabilité, il faut naturellement qu'il ait été de nature à constituer un obstacle *actuel* et *insurmontable*. L'obstacle, qui n'existe qu'à l'état de simple possibilité, est un *danger*, une *éventualité*, c'est-à-dire une cause insuffisante pour arrêter l'exécution[1]. De même l'obstacle qui aurait pu être tourné ou écarté au prix de quelques efforts ou d'un sacrifice d'argent, ne dispense pas le débiteur d'exécuter son obligation : sa dette est devenue plus onéreuse pour lui, mais non impossible. Ainsi la hausse de prix d'une marchandise ou la hausse des frets n'empêche pas la livraison ; elle met seulement le débiteur en perte. Comparez un cas où une saisie pratiquée par un créancier du vendeur avait empêché la livraison d'une récolte de liège (Cass., 11 juillet 1899, D. 1900. 1. 374) ; l'obstacle pouvait être levé.

***233. Responsabilité exceptionnelle des cas fortuits.** — En règle générale, le débiteur ne répond pas des cas fortuits ni de la force majeure ; ces obstacles proviennent « d'une cause étrangère qui ne peut lui être imputée », dit l'art. 1147, et à l'impossible nul n'est tenu. Par suite, quel que soit le préjudice éprouvé par le créancier, le débiteur n'a rien à lui payer.

Cependant les cas fortuits restent à la charge du débiteur, qui se trouve alors obligé d'indemniser le créancier, dans deux cas :

1° S'il s'en est chargé par une *convention spéciale*, laquelle peut être expresse ou tacite.

2° S'il est *en demeure*. C'est ainsi que, dans l'obligation de donner, la chose est aux risques du débiteur dès qu'il est en demeure (art. 1138). Nous aurons à revenir sur ce point à propos de l'art. 1302 et de l'extinction de l'obligation par la perte de la chose due.

b. — *Responsabilité à raison du dol.*

****234. Simplicité de la règle.** — Le débiteur coupable de dol est *toujours responsable du préjudice qu'il cause*. Le dol est plus grave que toutes les fautes, et il était impossible d'exonérer en aucun cas le débiteur qui s'en rend coupable. « Malitiis non est indulgendum », dit un ancien adage (*Digeste*, liv. VI, tit. 1, fr. 38).

c. — *Responsabilité à raison des fautes.*

***235. Nécessité d'une appréciation de la faute.** — Si le dol est nettement caractérisé par l'*intention* de son auteur, — intention qu'on suppose démontrée et certaine, — la détermination de la faute suppose au contraire une *question d'appréciation* fort délicate. Tel accident, qui a rendu l'exécution de l'obligation impossible ou qui l'a retardée, aurait pu être évité par une conduite plus habile, par une prévoyance plus grande ;

[1] Voyez cependant Cass., 3 déc. 1890, D. 92. 1. 127, et les observations sur cet arrêt dans la *Revue critique*, 1893, p. 203.

mais la faute commise a pu être très minime. Faut-il en faire peser les conséquences sur le débiteur ou l'en exempter?

La détermination du degré de faute à partir duquel commence la responsabilité du débiteur, a soulevé pendant des siècles de grandes controverses. C'est ce qu'on appelle la *théorie de la prestation des fautes*; mais l'intérêt de ces controverses est tout doctrinal; il disparaît presque entièrement dans la pratique, pour une raison qui sera indiquée plus loin (n° 240).

**236. Ancienne théorie des fautes. — La plupart des anciens auteurs, qui ont écrit avant le Code civil, distinguaient trois degrés de fautes :

1° La *faute lourde*, qui consistait en une négligence grossière, telle que les hommes les moins soigneux n'en commettent pas pour leurs propres affaires[1];

2° La *faute légère*, qui s'appréciait d'après le soin que le commun des hommes apporte ordinairement à ses affaires;

3° La *faute très légère*, qui existait par cela seul qu'elle aurait pu être évitée par une personne très vigilante et très attentive.

C'était la doctrine de tous les commentateurs du droit romain depuis Accurse et Alciat, et elle était encore enseignée par Pothier (*Traité des obligations*, n° 142). On s'imaginait l'avoir trouvée dans les textes du Digeste, qui emploient en effet en différents endroits les expressions : « culpa lata, culpa levis, culpa levissima ». Elle fut attaquée dès 1764 par Le Brun, avocat au Parlement de Paris, qui démontra que cette variété d'appellations ne correspondait pas à une classification réelle des fautes[2]. En dehors de la « culpa lata » qu'ils assimilaient au dol, les jurisconsultes romains ne connaissaient en matière de contrats qu'une seule espèce de faute, qu'ils appelaient habituellement « culpa levis[3] », et qu'ils appréciaient en général en se réglant sur la façon dont un propriétaire soigneux administre ses affaires, c'est-à-dire d'après un type abstrait, d'où le nom de *culpa levis in abstracto*, qui a été inventé par les interprètes et ne se trouve pas dans les textes. Mais, par faveur pour certains débiteurs, ils admettaient l'irresponsabilité des fautes, s'il était prouvé que le débiteur n'eût pas apporté une plus grande diligence pour ses propres affaires : la faute s'appréciait alors *in concreto*, selon le langage des commentateurs, c'est-à-dire d'après le degré d'intelligence du débiteur considéré en lui-même.

Quoi qu'il en soit de l'erreur d'interprétation commise relativement aux textes romains, cette *division tripartite des fautes* devint la doctrine courante de l'ancien droit français, et voici de quelle manière on l'appliquait. Le débiteur répondait seulement de sa faute lourde, quand le contrat avait été fait dans l'intérêt du créancier uniquement; il répondait même de sa faute légère, s'il était lui-même intéressé dans l'affaire en même temps que le créancier; enfin il répondait même de la faute très légère, si le contrat avait été fait uniquement dans son intérêt et non dans celui du créancier.

*** 237. Système du Code Napoléon.** — Cette théorie ingénieuse et factice, déjà battue en brèche dans l'ancien droit, a été abandonnée par le Code. Cela résulte à la fois des travaux préparatoires (Exposé des motifs, de Bigot du Préameneu; Rapport au Tribunat, de Favart de Langlade) et de la manière dont est rédigé l'art. 1137, al. 1er. D'après ce texte le débiteur

[1] Les textes anciens définissaient la faute lourde (*culpa lata* ou *latior*, *magna negligentia*) de la façon suivante : « Id est non intelligere quod omnes intelligunt. » (*Dig.*, liv. L, tit. 16, fr. 213, § 2, et fr. 223, princ.).

[2] L'opuscule de Le Brun sur *la prestation des fautes* a été réimprimé par M. Bugnet dans son édition de Pothier (t. II, p. 503). Pothier persista dans son opinion; voyez sa réponse à Le Brun (*ibid.*, p. 497).

[3] L'expression « culpa levissima » ne se rencontre qu'une seule fois dans les textes, et c'est en dehors des contrats, à propos de ce genre de délits qu'on appelle la *faute aquilienne* : « In lege Aquilia et culpa levissima venit » (*Dig.*, liv. XLIV, tit. 9, fr. 2).

est tenu d'apporter à l'exécution de son obligation « tous les soins d'un bon père de famille, *soit que la convention n'ait pour objet que l'utilité de l'une des parties, soit qu'elle ait pour objet leur utilité commune* ». En d'autres termes, la loi moderne reprend l'ancienne notion romaine de la *culpa levis in abstracto*, et condamne la subdivision en faute lourde, faute légère et faute très légère introduite par les commentateurs, ainsi que l'application qu'on en faisait aux différentes classes de contrats.

L'art. 1137 est relatif à une espèce particulière d'obligations, l'obligation de donner; mais il énonce à cette occasion un principe général, dont la loi a fait ailleurs de nombreuses applications. Voyez l'art. 450 pour le tuteur, l'art. 601 pour l'usufruitier, l'art. 627 pour l'usager, l'art. 1728 pour le locataire, l'art. 1806 pour le preneur d'un cheptel (troupeau), l'art. 1962 pour le séquestre, l'art. 1880 pour l'emprunteur. Voyez aussi les art. 1624 et 2080 qui rappellent les principes généraux pour la vente et le gage.

* **238. Restrictions diverses.** — Cependant les auteurs du Code, tout en simplifiant la théorie des fautes, n'ont pas appliqué leur principe d'une manière rigide. L'art. 1137 lui-même, après avoir formulé la règle, annonce d'une manière vague l'existence de dérogations particulières, faites pour certains contrats par les textes qui leur sont propres. En effet, il existe quelques articles qui atténuent la responsabilité des fautes pour les hypothèses qu'ils prévoient. Ainsi l'art. 804 dit que l'*héritier bénéficiaire* ne répond que de ses *fautes graves*; l'art. 1374 permet aux juges de modérer la condamnation qu'ils prononcent contre un *gérant d'affaires* à raison de ses fautes; les art. 1927 et 1928 pour le *dépositaire*, l'art. 1992 pour le *mandataire non salarié* contiennent des dispositions analogues. Le trait commun à toutes ces hypothèses est que le débiteur rend un service gratuit au créancier : il s'occupe des affaires d'autrui sans toucher de salaire. Là est la raison de la faveur dont il bénéficie. Ainsi la loi est revenue dans une moindre mesure, et sous des formes différentes, à une nouvelle subdivision des fautes. L'art. 1927 notamment rétablit pour le dépositaire l'ancienne appréciation de la faute « in concreto », en lui demandant de garder la chose déposée avec le même soin qu'il garde les siennes.

***239. Résumé.** — Le changement produit par le Code civil consiste donc en deux choses. En premier lieu, on n'a plus à rechercher si les deux parties sont intéressées dans le contrat ; ou si une seule l'est, et qui elle est : dans tout contrat, et même dans toute obligation, quelle qu'en soit la source, le débiteur est tenu d'apporter à l'exécution de la dette les soins d'un bon père de famille, selon la formule de l'art. 1137, à moins qu'il n'existe un texte particulier atténuant sa responsabilité. En second lieu, le débiteur ne répond jamais de sa *faute très légère* : ce n'est qu'en matière de *délits* qu'une faute quelconque peut faire naître l'obligation de réparer le dommage causé (art. 1382)[1]. Cette différence sera expliquée plus loin.

* **240. Jurisprudence.** — Toutes les difficultés relatives à la prestation des fautes sont plutôt doctrinales que pratiques. Devant les tribunaux, c'est toujours une question de fait qui se pose. La loi et les auteurs ne peuvent donner que des formules générales, en distinguant les fautes légères et les fautes graves; mais dans un procès la difficulté se présente autrement : la négligence qu'on reproche au débiteur, et dont la nature est

[1] On a voulu cependant trouver un exemple de faute très légère dans l'art. 1882, pour le prêt à usage. Mais justement l'art. 1880 n'oblige l'emprunteur à apporter à la garde de la chose que les soins d'un bon père de famille. La disposition de l'art. 1882 doit s'expliquer par cette raison que l'emprunteur est tenu de sauver la chose prêtée, même au prix d'un sacrifice de sa part.

essentiellement variable et souvent très complexe, constitue-t-elle une faute légère ou une faute grave? C'est là une question d'appréciation et de sentiment, qui laisse à peu près entière la liberté des juges. Voilà pourquoi il n'existe pour ainsi dire pas de jurisprudence sur cette question que les auteurs ont discutée avec tant de passion.

***241. De la question de preuve.** — On dit ordinairement que la faute du débiteur *se présume* et que c'est à lui de prouver le cas fortuit s'il veut échapper à une condamnation. Il est très vrai que la preuve du cas fortuit est à la charge du débiteur et que le créancier obtient condamnation contre lui, sans avoir à prouver la faute, mais ce résultat n'est nullement l'effet d'une présomption de faute existant contre le débiteur. Il n'y a ici que l'application des *règles normales de la preuve* : quand le créancier a prouvé *l'existence de sa créance,* c'est au débiteur, qui se prétend empêché par un cas fortuit d'exécuter son obligation, à faire la preuve de cette circonstance, qui vaut pour lui *libération*; sinon, il sera condamné. Nous reviendrons sur ce sujet à propos de l'art. 1302 et de l'extinction des obligations.

d. — *Modifications conventionnelles des règles légales.*

242. Nécessité d'une distinction. — Peut-on déroger par des conventions particulières aux règles qui déterminent la responsabilité du débiteur? La question comporte des *réponses diverses*, selon qu'il s'agit des cas fortuits, des simples fautes ou du dol.

***243. Conventions relatives aux cas fortuits.** — Pour les cas fortuits ou de force majeure, on a déjà vu (n° 233) que le débiteur peut les prendre à sa charge en vertu d'une convention particulière. Cette convention est licite. Le débiteur joue alors le rôle d'*assureur* au profit du créancier, qui se trouve ainsi déchargé des risques.

***244. Conventions relatives au dol.** — Pour le *dol*, il n'y a encore aucun doute, mais la solution est inverse. Une convention qui dispenserait le débiteur de supporter les conséquences du dol qu'il pourra commettre dans l'exécution de son obligation serait contraire à la bonne foi, et nulle comme telle.

***245. Conventions relatives aux fautes.** — Pour ces dernières, une difficulté s'est produite. On admet en principe que le débiteur peut, par une clause formelle de la convention, s'exonérer des conséquences de ses fautes (Dalloz, *Répert.*, v° Obligation, n° 686). Mais il a été jugé que cette clause d'exonération n'est pas valable pour la *faute lourde* (Cass., 15 mars 1876, D. 76. 1. 449, S. 76. 1. 337). En effet, celle-ci est traditionnellement assimilée au dol : « Culpa lata dolus est » (*Dig.*, *De verborum significatione*, liv. L, tit. 16, fr. 226)[1], et par suite on doit en être responsable d'une manière tout aussi absolue. C'est le principe qu'a soutenu M. Labbé dans sa note du *Sirey*, sous l'arrêt précité, en donnant une portée générale à la règle que la Cour de cassation avait formulée d'une manière incidente, à propos d'un contrat d'assurance. Toutefois, cette assimilation de la faute lourde et du dol a été quelquefois contestée (Sainctelette, *Responsabilité et garantie*, n° 11).

C. — Evaluation des dommages-intérêts.

***246. Distinction.** — La fixation du chiffre de l'indemnité accordée à titre de dommages-intérêts se fait de deux manières :

1° *par le tribunal*, après l'inexécution constatée;

2° *par les parties elles-mêmes*, d'avance, au moyen d'une *clause pénale* insérée dans leur convention.

[1] D'autres textes disent de même : « Lata culpa dolo comparabitur » (*Dig.*, liv. XI, tit. 6, fr. 1, § 1) ; « Magnam negligentiam placuit in doli crimen cadere » (*Dig.*, liv. XLIV, tit. 7, fr. 1, § 5).

1° Évaluation de l'indemnité par la justice.

247. Double élément du dommage. — L'indemnité doit représenter aussi exactement que possible le dommage réel subi par le créancier. Ce dommage peut se composer de deux éléments distincts, qui sont ainsi rappelés dans l'art. 1149 : d'une part, le *perte faite,* c'est-à-dire l'appauvrissement subi par le patrimoine du créancier ; d'autre part, le *gain manqué.* La distinction était déjà faite par les Romains [1] et il est d'usage d'appeler le premier de ces deux éléments *damnum emergens,* et le second *lucrum cessans.* Par exemple, si un chanteur engagé pour un concert manque à sa parole, de façon que le concert ne puisse avoir lieu, l'artiste devra indemniser l'entrepreneur de spectacles avec lequel il avait traité : 1° des déboursés déjà faits pour les préparatifs du concert (location d'une salle, affiches et insertions dans les journaux, etc.) ; 2° du bénéfice net qui serait resté à l' « impresario » après le concert, tel que ce bénéfice pourra être estimé. Comp. Cass., 3 janv. 1893, D. 93. 1. 223.

On prétend que c'est à ce double élément que fait allusion l'expression double *dommages* et *intérêts* : le dommage serait le « damnum emergens » et l'intérêt le « lucrum cessans ». Il est certain que cette opinion est déjà ancienne chez nos jurisconsultes. On peut remarquer aussi que l'art. 1229 emploie cette expression pour désigner non pas l'indemnité payée par le débiteur, mais le préjudice subi par le créancier. Cependant, quand on remonte aux vieux exemples de l'ancienne langue, on voit que ces deux mots étaient d'abord synonymes et s'employaient indifféremment l'un pour l'autre et isolément ; leur réunion est l'effet d'un pléonasme, chose fréquente dans le style des notaires. Voyez les exemples que donne LITTRÉ, v° Intérêt ; voyez aussi ce mot dans le *Dictionnaire* de GODEFROY.

L'indemnité ne doit rien comprendre de plus. Tout ce qui serait accordé au delà constituerait un bénéfice illégal pour le créancier.

248. Limitation des dommages dont le débiteur est responsable. — L'inexécution d'une obligation a des effets variables. Le préjudice que subit le créancier est rarement simple et unique : le défaut de parole de son débiteur a ordinairement pour lui des conséquences multiples, les unes prochaines, les autres éloignées, les unes minimes, les autres énormes. Faudra-t-il tenir compte de tous ces dommages, conséquences plus ou moins certaines de l'inexécution de la dette ? Le droit français possède sur ce point une tradition déjà longue, qui a pour origine une interprétation peu exacte des textes romains [2] et qui se trouve consacrée dans les art. 1150 et 1151. D'après cette tradition, le débiteur bénéficie de diverses atténuations et n'a presque jamais à supporter la responsabilité de toute la série des dommages qui ont suivi l'inexécution de sa dette. On fait à cet égard deux distinctions, expliquées dans les numéros suivants.

[1] « Quantum mihi abest, quantumque lucrari potui » (*Dig.,* liv. XLVI, tit. 8, fr. 13).
[2] Sur l'état du droit avant le Code civil, voir POTHIER, *Obligations,* n°s 160 à 168 ; sur les véritables solutions romaines, voir MAYNZ, t. II, § 175.

*** 249. Distinction des dommages directs et indirects.** — L'art. 1151 porte que les dommages ne doivent jamais comprendre que « ce qui est *une suite immédiate et directe* de l'inexécution de la convention ». Il en est ainsi même lorsque le débiteur a commis un dol (même art.). Cette disposition est empruntée à Pothier, d'après lequel le débiteur, même coupable de dol, n'est pas tenu des dommages qui ne sont pas la suite *nécessaire* de ses actes et qui peuvent avoir d'autres causes (*Obligations*, n° 167). Il en donnait comme exemple le cas d'un marchand qui a vendu sciemment une vache malade ; la contagion a été communiquée aux bœufs de l'acheteur et l'a empêché de cultiver ses terres. Le vendeur devra certainement l'indemniser du prix des bestiaux morts par l'effet de la contagion : mais non des dommages résultant du défaut de culture, qui ne sont qu'une suite éloignée et indirecte de son dol ; les terres n'étant pas cultivées, l'acheteur s'est trouvé privé de son revenu ; il n'a pas pu payer ses créanciers ; ceux-ci ont saisi ses biens, etc... On peut développer à volonté la série des conséquences. Tous ces événements ne sont pas la suite *nécessaire* de la vente d'une vache malade ; ils auraient pu être évités : l'acheteur pouvait louer ses terres ou se procurer d'autres animaux pour faire ses labours.

La distinction ainsi faite est absolument juste au fond : le débiteur ne doit supporter que ce qui est réellement la conséquence de l'inexécution de son obligation, et c'est là une question de fait, à résoudre d'après les circonstances. Mais peut-être la formule employée par la loi manque-t-elle un peu de précision et de clarté[1].

*** 250. Distinction des dommages prévus et imprévus.** — En ne tenant compte que de ce qui a été la suite véritable de l'inexécution, on peut trouver encore deux sortes de dommages : les uns sont *naturels et ordinaires*, de sorte qu'ils ont pu être prévus par le débiteur ; les autres sont *exceptionnels*, de sorte que le débiteur n'a pas pu les prévoir. Il est juste que le débiteur supporte, *en toute hypothèse*, les dommages qu'il a « *prévus ou pu prévoir* lors du contrat » (art. 1150).

Quant aux *dommages imprévus*, fallait-il lui en faire supporter les conséquences ? La loi fait ici une distinction : si le débiteur est *exempt de dol*, il n'en répond pas ; mais s'il y a eu dol de sa part, il doit la réparation de tous les dommages, même imprévus, à quelque somme qu'ils puissent monter (même art., arg. *a contrario*).

La question de savoir si les dommages survenus ont été ou ont pu être prévus lors de

[1] La distinction des dommages directs et des dommages indirects, qui n'est pas spéciale au droit français, a bien montré tout ce qu'elle contenait d'obscurités dans l'affaire de l'*Alabama*, qui a failli amener une guerre entre les Etats-Unis et l'Angleterre. Des corsaires avaient été construits dans les ports anglais et livrés aux Etats du Sud pendant la guerre de sécession ; ils avaient causé des pertes immenses au commerce des Etats-Unis du Nord. Vainqueurs, ceux-ci réclamèrent à l'Angleterre une indemnité considérable et produisirent une liste interminable de dommages tant directs qu'indirects. Sur les difficultés que les *claims indirects* soulevèrent en 1871-1872 devant le tribunal arbitral chargé de régler le différend, voir MAYNZ, t. II, p. 29, en note.

la conclusion du contrat, est une difficulté de fait, pour laquelle on ne peut donner aucune règle générale. Les tribunaux la résolvent d'après les circonstances. Les transports par chemins de fer en fournissent des exemples remarquables; une malle s'égare; elle contient des objets d'une valeur exceptionnelle, par exemple les manuscrits d'un opéra sur lequel l'auteur comptait beaucoup. En pareil cas les tribunaux modèrent l'indemnité, en se réglant sur la valeur habituelle des bagages que les voyageurs transportent avec eux.

251. Système du Code allemand. — Le nouveau Code civil allemand s'est écarté des principes traditionnels. Il abandonne toutes les distinctions françaises entre les dommages prévus et imprévus, directs et indirects, et consacre, d'une manière absolue, le principe de la *réparation intégrale* : « Celui qui est tenu à des dommages-intérêts doit rétablir l'état des choses qui aurait existé si la circonstance obligeant à indemnité n'était pas survenue » (art. 249). Comp. HINDENBURG, *La théorie des dommages-intérêts*, dans la *Revue critique*, janvier 1901, t. XXX, p. 26.

252. Réparation du dommage moral. — L'inexécution d'une obligation peut causer un préjudice non matériel, une lésion extrapatrimoniale, qui n'atteint pas les biens pécuniaires. La réparation en est-elle due? La jurisprudence semble faire une distinction.

1° En matière de *délits*, elle accorde sans difficultés une réparation pécuniaire pour le préjudice moral, quand il paraît sérieux et réel. Voyez l'intéressante analyse des jurisprudences française et belge, faite par M. DORVILLE, dans sa thèse *De l'intérêt moral dans les obligations*. Paris, 1901, p. 90 à 116.

2° En matière de *contrats*, la jurisprudence passe pour donner une solution contraire. Presque tous les auteurs proclament à l'envi que l'inexécution d'une obligation contractuelle ne donne pas lieu à des dommages-intérêts lorsqu'il n'en résulte qu'un préjudice moral (LAURENT, t. XVI, n° 281 ; BAUDRY-LACANTINERIE et BARDE, *Obligations*, t. I, p. 276). On cite un arrêt (Paris, 27 mars 1873, S. 74. 1. 477) qui a en effet refusé une indemnité pour la non-restitution de portraits de famille sans valeur appréciable. Cependant on obtient tous les jours de nos tribunaux la réparation pécuniaire de préjudices non matériels dans les matières les plus diverses. Voyez notamment Paris, 4 juillet 1865, D. 65. 2. 201, S. 65. 2. 233; Paris, 2 décembre 1897, D. 98. 2. 465, S. ; Trib. com. Toulouse, 1er juillet 1889, D. 91. 3. 39; Trib. civ., Lyon 30 juillet 1898, *La Loi*, 10 novembre 1898; Trib. com. Saint-Étienne, 22 février 1899, *La Loi*, 4 février 1899). Cette jurisprudence trouve surtout l'occasion de s'appliquer dans les ruptures de promesses de mariage (Bourges, 7 novembre 1900, *Gazette des tribunaux*, 29 nov. 1900). On pourrait donc hardiment renverser le principe et dire que la jurisprudence française tient compte, et avec grande raison, de l'intérêt moral du créancier et du préjudice immatériel qu'il peut éprouver. Comp. CHAUSSE, *De l'intérêt d'affection*, *Revue critique*, 1895, t. XXXIV, p. 436 ; DORVILLE, thèse précitée, sur *l'intérêt moral dans les obligations*.

2° Fixation de l'indemnité par clause pénale (art. 1152 et 1226 à 1231).

**** 253. Définition.** — Très souvent les parties prévoient l'inexécution de l'obligation ou son exécution tardive, et elles fixent elles-mêmes, et d'avance, le montant de l'indemnité qui devra être payée le cas échéant[1]. Cette fixation se fait au moyen d'une convention particulière qu'on appelle *clause pénale* ; elle est ordinairement insérée dans l'acte principal, mais elle serait également valable si elle était faite après lui, par acte séparé. La clause pénale est donc une *liquidation conventionnelle des dommages-intérêts*, qui

[1] Quand la clause pénale est convenue en vue d'une exécution tardive, elle est ordinairement fixée à raison de tant par jour de retard.

est faite *à forfait*, puisqu'on ne sait pas d'avance quel sera le dommage réel.

Le nom de « clause pénale » nous vient du droit romain où l'emploi de la « stipulatio pœnæ » était fréquent. Le mot « pœna » désignait la somme à payer au cas d'inexécution d'une promesse principale.

*** 254. Utilité des clauses pénales.** — Les clauses pénales ont un *double but*. Le plus communément, elles servent *à supprimer toute difficulté sur l'évaluation des dommages* subis par le créancier et sur le montant de l'indemnité qui lui est dûe; elles évitent un *procès*, ou tout au moins une *expertise*.

En outre, dans certains cas exceptionnels, la clause pénale peut servir à *donner une action à une personne qui, sans elle, n'en posséderait pas*. Cela se voit dans les *promesses et stipulations pour autrui*. Celui qui promet le fait d'autrui ne s'engage à rien personnellement et par conséquent aucun lien obligatoire ne peut se former contre lui : il en sera autrement si on ajoute à la convention une clause pénale ; il se trouvera obligé de payer la peine si le tiers désigné dans l'acte n'accomplit pas le fait qu'on attend de lui. A l'inverse, celui qui stipule pour autrui n'acquiert point d'action contre le promettant, à qui il ne peut rien réclamer, faute d'intérêt personnel ; l'adjonction d'une clause pénale, stipulée à son profit, fera naître cet intérêt et lui donnera une action, de sorte que, si le promettant n'accomplit pas au profit du tiers désigné le fait convenu, il sera obligé de payer la peine au stipulant.

Tels sont les services que rendent les clauses pénales dans le droit moderne. Ils sont sensiblement différents de ceux qu'en tiraient les jurisconsultes romains. De leur temps, ce procédé servait surtout à garantir le paiement d'une somme d'argent pour l'inexécution d'une promesse principale, dans les cas assez nombreux où celle-ci n'était pas obligatoire « jure civili ». C'est sans doute un souvenir de cet état du droit qui a fait dire aux rédacteurs du Code, dans l'art. 1226, que la clause pénale sert *à assurer l'exécution d'une convention*. Cette idée a cessé d'être exacte dans le droit moderne, où toutes les conventions sont obligatoires par elles seules et où l'exécution des conventions licites est *toujours assurée* par la loi elle-même.

Le Code décide d'ailleurs que si l'obligation principale est nulle, la clause pénale est également atteinte de nullité, par voie de conséquence (art. 1227). Cela allait de soi ; il eût été trop facile de tourner les prohibitions de la loi par une clause pénale, si le sort de celle-ci eût été indépendant de la légalité de l'obligation principale.

255. Conditions d'exigibilité de la peine. — La somme qui fait l'objet de la clause pénale remplace les dommages-intérêts qui auraient été alloués par le juge ; elle devient donc *exigible dans les mêmes cas*, et se trouve par suite soumise aux mêmes conditions. Ainsi le débiteur n'est tenu de la payer qu'au cas où il pourrait être condamné à des dommages-intérêts judiciaires à raison d'une *faute* ou d'un *dol* de sa part, ou comme ayant les *cas fortuits* à sa charge.

Mais il n'y a pas lieu de rechercher si le créancier souffre ou non un *dommage* par suite de l'inexécution de l'obligation. La convention faite à forfait a justement pour but de supprimer tout examen de ce genre. La clause pénale est due (et c'est là un de ses grands avantages), dès que le débiteur est responsable de l'inexécution. Il n'est donc pas tout à fait exact de dire, comme le fait l'art. 1229, que la clause pénale est la « compensation des dommages que souffre le créancier », ce qui semble subordonner son exigibilité à l'existence d'un dommage, car la somme est promise *à forfait*, c'est-à-dire d'une manière ferme, pour le cas d'inexécution.

***256. Rôle du juge.** — Hors le cas d'exécution partielle, où la diminution de la somme promise est conforme à l'intention des parties, *les tribunaux ne peuvent pas modifier le taux des dommages-intérêts fixés conventionnellement*. La clause pénale fait la loi des parties, grâce à son caractère forfaitaire. Il n'y a donc pas lieu de vérifier si cette somme représente exactement la perte subie ; les juges ne pourraient pas attribuer une somme moindre ou plus forte (art. 1152 et 1231). Le droit moderne s'écarte ici de la tradition. Pothier autorisait le créancier à réclamer un supplément d'indemnité, si la somme convenue n'était pas suffisante pour couvrir ses dommages ; il est vrai qu'il conseillait aux juges de ne pas admettre trop facilement la réclamation du créancier (*Obligations*, n° 342).

Tel est le principe. On verra que la loi du 27 décembre 1890 y a apporté une dérogation remarquable pour la fixation conventionnelle des dommages-intérêts en matière de résiliation de louage de travail : comme il est défendu aux parties de *renoncer* au droit de demander une indemnité (art. 1780, al. 5), les juges ont nécessairement le pouvoir de vérifier si l'indemnité stipulée est sérieuse et n'équivaut pas à une renonciation. Sans cela, la loi serait aisément tournée par la fixation d'une indemnité dérisoire, d'un franc, par exemple. Mais quand la somme convenue paraît sérieuse, la règle commune reprend son empire et les juges n'ont point le droit de la modifier (Trib. com. Seine, 9 sept. 1892, D. 93. 2. 545 et la note).

D. — Du cumul de l'indemnité avec l'exécution effective.

1° Dommages-intérêts compensatoires.

257. Absence de cumul. — Au cas d'inexécution définitive, l'indemnité en argent étant la compensation du dommage éprouvé par le créancier par suite de l'inexécution de l'obligation, il est clair que cette indemnité *ne peut jamais se cumuler* avec l'exécution effective. Comp. art. 1229.

258. Conséquence. — Par suite, s'il y a eu une *exécution partielle* utile pour le créancier, la condamnation aux dommages-intérêts ne peut être prononcée qu'en tenant compte de l'avantage qu'il a retiré de l'exécution incomplète, et cet avantage doit être déduit du montant de l'indemnité qui aurait été due en cas d'inexécution totale.

259. L'obligation ne devient pas alternative. — La possibilité d'obtenir une indemnité à la place de la chose due ne rend pas l'obligation *alternative* au choix du créancier, et celui-ci ne peut pas demander à son gré ou la prestation en nature ou de l'argent. Une seule chose est due : c'est le fait ou la prestation qui sert d'objet à l'obligation, et le débiteur peut toujours se libérer en l'exécutant. La substitution d'une indemnité à l'objet réel de la dette n'est donc qu'un pis aller, qui suppose le fait préalable d'une inexécution définitive et constatée.

260. Exception apparente au cas d'inexécution d'une obligation accessoire. — Il arrive parfois que l'inexécution porte sur une obligation accessoire, et qu'elle ne cause ainsi au créancier qu'un dommage partiel. Par exemple, le débiteur est tenu de *livrer un corps certain*, une chose qu'il a vendue, ou bien un objet qu'on lui a prêté ou qui a été déposé entre ses mains. Cette obligation principale entraîne pour lui une obligation secondaire, celle de *veiller à la conservation de la chose* (art. 1136). Qu'il manque à cette dernière obligation et que la chose qu'il garde subisse par sa faute une *détérioration* : il en sera responsable, et le créancier, en acceptant la livraison de la chose détériorée, pourra lui demander des dommages-intérêts dans la mesure du préjudice qui lui a été causé (art. 1182, al. 4, 1245, 1884, 1933, etc.)[1].

On remarquera que, dans ce cas, les dommages-intérêts compensatoires semblent *se cumuler* avec l'exécution de l'obligation, mais ce n'est qu'une apparence. Le débiteur avait deux obligations : livrer la chose et la conserver intacte ; il a exécuté la première, mais non la seconde. L'indemnité a donc bien le caractère *compensatoire* et ne se cumule pas avec l'obligation spéciale à laquelle elle correspond.

2° Dommages-intérêts moratoires.

***261. Existence du cumul.** — Les dommages-intérêts moratoires ont pour caractère essentiel de *se cumuler nécessairement avec l'exécution effective de l'obligation*, puisqu'ils représentent le préjudice résultant du retard, préjudice qui n'est pas effacé par l'exécution ultérieure de l'obligation. C'est par là surtout que ces intérêts se distinguent des intérêts compensatoires.

262. Conséquence. — Si l'obligation reste finalement inexécutée, après avoir subi des retards prolongés et dommageables par eux-mêmes, les intérêts moratoires peuvent se cumuler avec les intérêts compensatoires, puisque ceux-ci représentent uniquement le bénéfice que le créancier aurait retiré de l'exécution effective (Cass., 11 mai 1898, D. 99. 1. 310).

3° Clauses pénales.

***263. Application des mêmes règles.** — Lorsque l'évaluation, au lieu d'être judiciaire, est faite par les parties au moyen d'une clause pénale, les mêmes règles s'appliquent. Ainsi quand il s'agit d'une inexécution définitive, la peine est nécessairement subordonnée à la condition « si l'obligation n'est pas exécutée ». Le créancier ne peut donc pas réclamer à la fois le principal et la peine (art. 1229, al. 2).

Peine et exécution étant inconciliables, il en résulte que s'il y a eu *exécution partielle* la peine n'est pas due tout entière, en supposant, bien entendu, que cette exécution partielle est de quelque utilité pour le créancier. Il y a lieu alors de faire une *ventilation* pour savoir dans quelle mesure la portion exécutée dispense le débiteur de payer la peine, celle-ci devant simplement compenser la portion non exécutée (art. 1231).

Il en est autrement si la peine a été stipulée pour le cas de simple retard. Elle se cumule alors, soit avec l'obligation effective, quand le créancier finit par l'obtenir, soit avec les dommages-intérêts, judiciaires ou conventionnels, qui sont dus à raison de l'inexécution définitive.

§ 2. — *Règles spéciales aux obligations de sommes d'argent.*

(Art. 1153).

***264. Énumération de leurs particularités.** — On a déjà vu (n° 233) que les obligations qui ont pour objet de l'argent ne peuvent donner lieu à des dommages-intérêts *compensatoires*. Quant aux intérêts *moratoires*, ils sont au contraire possibles en matière de dettes d'argent, mais ils sont soumis à des *règles exceptionnelles* sur trois points, savoir : 1° pour l'existence du dommage ; 2° pour l'évaluation judiciaire de l'indemnité ; 3° pour la liberté des évaluations conventionnelles.

Il y avait naguère encore une quatrième particularité pour les formes de la mise en demeure, mais elle a été supprimée par la loi du 7 avril 1900 (ci-dessous nos 274-277).

1° Règle concernant la réalisation d'un dommage.

*** 265. Dispense de preuve accordée au créancier.** — Le créancier d'une somme d'argent qui réclame une indemnité à raison d'un retard dans le paiement n'a pas besoin de prouver que ce retard lui a causé un préjudice : il a droit d'obtenir des intérêts moratoires « sans qu'il soit tenu de justifier d'aucune perte », dit l'art. 1153, al. 2. Comp. Cass., 10 juillet 1895, D. 96. 1. 119, S. 95. 1. 312.

La raison en est que celui qui compte sur son argent pour un jour donné souffre toujours un préjudice quand il attend son paiement. L'argent étant une chose frugifère, d'un placement facile, le créancier est toujours frustré au moins du revenu de son capital. De là l'adage : « Qui tardius solvit, minus solvit ».

2° Règle concernant l'évaluation judiciaire de l'indemnité.

**** 266. Caractère forfaitaire de l'indemnité.** — D'après le droit commun, le taux des dommages-intérêts moratoires varie selon l'étendue des pertes que le retard de l'exécution a causées au créancier (ci-dessus, n° 247). Il y a exception à cette règle pour les dettes d'argent : l'indemnité est toujours *fixée à un chiffre invariable*. Cette seconde dérogation au droit commun est la conséquence de la première. Puisque l'indemnité est indépendante de l'existence prouvée d'un dommage, son chiffre doit de même être indépendant de l'étendue de ce dommage. Cette disposition est ainsi formulée dans l'art. 1153, dont elle forme l'objet principal : « Les dommages-intérêts résultant du retard dans l'exécution ne consistent jamais que dans *la condamnation aux intérêts fixés par la loi.* »

*** 267. Son taux.** — A l'époque où le Code a été fait, l'intérêt légal de l'argent était fixé par l'usage à 5 p. 100 en matière civile et à 6 p. 100 en matière commerciale. Ces chiffres ont été peu de temps après consacrés expressément par une loi du 3 septembre 1807, mais ils ont été abaissés d'une unité par la loi du 7 avril 1900, qui les a fixés à 4 p. 100 en matière civile et à 5 p. 100 en matière commerciale. — En Allemagne c'est également à 4 p. 100 qu'est fixé l'intérêt moratoire (C. civ. allemand, art. 288).

*** 268. Avantages et motifs.** — Cette taxation de l'indemnité moratoire à un chiffre fixe, en matière de dettes d'argent, offre un grand avantage. La nature et l'étendue des dommages qu'a pu éprouver le créancier, par suite du retard de son débiteur, seraient fort difficiles à déterminer. Avec une évaluation fixe, toute incertitude disparaît. D'autre part, le chiffre adopté n'est pas absolument arbitraire : si le créancier avait réellement besoin d'avoir immédiatement cette somme à sa disposition, il pouvait se la procurer en l'empruntant à un tiers au taux légal, et par conséquent le préjudice qui résulte pour lui du défaut de paiement est justement égal à ce taux.

***269. Exceptions.** — L'art. 1153, après avoir décidé comme une règle générale pour les obligations de sommes d'argent, que le créancier ne pourrait jamais réclamer, à titre d'intérêts moratoires, une indemnité supérieure à l'intérêt légal de la somme due, annonce lui-même des exceptions. Il y en a, en effet, quelques-unes.

1° En matière commerciale. — Il y avait déjà dans le Code de commerce de 1807 quelques exceptions, principalement en matière de change (art. 177 à 186). Aujourd'hui la liberté de l'intérêt est entière pour les affaires de commerce (ci-dessous, n° 273). Par suite, une indemnité supérieure au taux légal peut être convenue dans tous les cas.

2° En matière civile. — Les exceptions sont ici peu nombreuses. L'art. 1123 en indique une dans la matière du *cautionnement* (art. 2028. al. 3) ; il y en a une autre dans la matière des *sociétés* (art. 1846). Ces deux exceptions seront expliquées à leur place.

***270. Cause rendant possible un supplément d'indemnité.** — En dehors même des exceptions qui viennent d'être énoncées, il arrive quelquefois qu'un créancier de somme d'argent obtient *une indemnité supérieure à l'intérêt légal.* Cela était déjà admis par la jurisprudence sous l'empire des textes primitifs du Code ; cela est maintenant dit dans la loi d'une manière expresse, mais il faut bien se rendre compte que la dérogation à la règle n'est qu'apparente.

Jurisprudence antérieure a 1900. — Si le créancier a subi par la faute de son débiteur un préjudice *autre que celui qui résulte du retard* apporté au paiement, il a naturellement le droit d'en obtenir la réparation, en sus des intérêts moratoires courus à son profit par l'effet du retard. Il y a alors deux espèces de préjudices, ayant *deux causes distinctes* : l'un donne lieu à l'application de l'art. 1153, l'autre à celle de l'art. 1382. En ce sens, Cass., 1er févr. 1864, D. 64. 1. 135, S. 64. 1. 62 ; Cass., 29 juin 1896, D. 96 1. 124 ; Cass., 3 mai 1897, S. 97. 1. 319. Cette jurisprudence était parfaitement compatible avec l'art. 1153, puisqu'elle ne tendait nullement à accorder, *à raison du retard dans le paiement,* une indemnité supérieure à l'intérêt légal.

Texte actuel. — Quand on a voté la loi du 7 avril 1900, il n'y avait qu'une chose à faire : c'était de ne point s'occuper de cette jurisprudence, qui aurait été maintenue après comme avant, puisqu'elle repose sur un principe étranger à l'art. 1153. Néanmoins on a cru utile de la sanctionner par un texte exprès. On a donc ajouté à l'art. 1153 un alinéa ainsi conçu : « Le créancier, auquel son débiteur en retard a causé *par sa mauvaise foi* un préjudice *indépendant de ce retard,* peut obtenir des dommages-intérêts moratoires distincts des intérêts de la créance». Et le rapport de M. Labiche au Sénat explique qu'on a voulu par là maintenir le système de la jurisprudence[1]. Cependant la formule adoptée par le législateur est sensiblement différente de celle qu'avaient employée les arrêts : elle n'admet l'indemnité supplémentaire qu'autant qu'il y a « mauvaise foi » du débiteur : or les arrêts appliquaient l'art. 1382, et admettaient la possibilité d'une indemnité supérieure au taux légal par cela seul qu'il y avait « faute » ; et c'est seulement en fait qu'ils constataient que le débiteur était coupable, non pas d'une simple faute, mais d'agissements malicieux et d'actes de mauvaise foi. La Cour de cassation considérera-t-elle que l'expression restrictive, employée par la loi du 7 avril 1900, apporte une dérogation au principe général de l'art. 1382 ? Nous espérons que non ; il serait grave d'exonérer un débiteur en faute des conséquences de ses actes, par cela seul qu'il n'a pas agi de mauvaise foi, et l'intention des auteurs de la loi de maintenir la jurisprudence antérieure à 1900 a été trop clairement affirmée dans le rapport de M. Labiche pour pouvoir être mise en doute.

271. Comparaison avec les lois suisse et allemande. — Il importe de se rendre compte de l'écart qui existe entre le système consacré par la loi nouvelle et le sys-

[1] *Officiel,* Documents parlementaires, Sénat, 1899, p. 387, annexe n° 156. — Il est dit dans ce rapport que cette addition a été faite sur la demande spéciale de plusieurs cours, notamment celles de Rouen et de Douai.

tème des lois suisse et allemande. La loi fédérale suisse de 1881, sur les obligations, décide que, lorsque le débiteur est en faute, il est tenu de réparer entièrement le dommage causé au créancier, même lorsque ce dommage est supérieur aux intérêts moratoires (art. 221). Il en est de même en Allemagne ; après avoir fixé pour les cas ordinaires l'intérêt moratoire à 4 pour 100 par an, le Code civil allemand ajoute : « La demande de dommages-intérêts plus étendus n'est pas exclue » (art. 288).

En Allemagne et en Suisse, le créancier est autorisé à réclamer une indemnité supplémentaire *à raison du seul retard*, tandis que, d'après la loi française, le supplément d'indemnité n'est possible qu'à la condition qu'il existe une cause de préjudice *indépendante du retard*. Le texte actuel est formel sur ce point, et en cela il est conforme à la jurisprudence antérieure. Cependant on a jugé inutile d'autoriser les tribunaux à élever à l'occasion l'indemnité au-dessus de l'intérêt légal (Rapport de M. Labiche, p. 11). C'est l'effet évident d'une méprise : le système français n'équivaut nullement au système allemand et suisse.

3° Règle concernant la fixation conventionnelle de l'indemnité.

272. Limitation établie en 1807. — Au temps du Code civil, la fixation de l'intérêt conventionnel était libre ; on pouvait donc convenir qu'en cas de retard le débiteur paierait à son créancier un intérêt supérieur au taux légal. Quand la loi dit : « l'indemnité ne consiste jamais que dans l'intérêt fixé par la loi », c'est une règle qu'elle établit pour le juge, mais qui laisse entière la liberté des parties dans leurs conventions.

La législation changea peu de temps après la promulgation du Code. La loi du 3 septembre 1807 vint interdire aux particuliers de stipuler, dans les prêts d'argent, un intérêt supérieur à 5 p. 100 en matière civile, à 6 p. 100 en matière commerciale. Il en résulta indirectement que l'intérêt moratoire ne pouvait plus désormais être fixé à un taux supérieur. Sans cela, la disposition restrictive de la loi serait vite devenue lettre morte : le prêteur eût remis l'argent pour un terme très court, huit jours, par exemple, avec un intérêt modéré, mais en stipulant que, faute de paiement au bout de ce délai, l'emprunteur lui devrait 8 ou 10 p. 100 à titre d'intérêts moratoires.

273. Situation actuelle. — Depuis 1807, la législation relative au taux de l'intérêt a subi un double changement.

1° Matières commerciales. — Vivement attaqué par les économistes dans l'intérêt même des emprunteurs, le système restrictif de la liberté des conventions a été partiellement abandonné. La loi du 12 janvier 1886 a rendu *libre* le taux de l'intérêt *dans le prêt commercial*. Il en résulte que les particuliers peuvent stipuler un intérêt moratoire supérieur à 6 p. 100.

2° Matières civiles. — En ces matières, la loi du 7 avril 1900 a abaissé le taux de l'*intérêt légal* à 4 p. 100, mais elle n'a statué que pour les intérêts qui sont alloués par les juges ou par la loi *en dehors de toute convention*, et il a été expressément indiqué dans les rapports que l'on ne réduisait pas le taux de l'intérêt conventionnel. En d'autres termes, on a modifié la tarification établie par l'art. 2 de la loi de 1807, et non celle de l'art. 1er. Il en résulte que les particuliers restent libres, même aujourd'hui, de convenir qu'en cas de retard l'intérêt moratoire sera de 5 p. 100 : ils usent simplement de la faculté que leur laisse l'art. 1er, non abrogé, de la loi de 1807.

4° Règle concernant la forme de la mise en demeure.

a. — *Système du Code civil.*

274. Exception au droit commun. — Le Code avait établi en cette matière une dérogation remarquable au droit commun. En général, une simple *sommation* suffit pour mettre le débiteur en demeure, c'est-à-dire pour le rendre responsable des pertes que son retard pourra désormais causer au créancier (ci-dessus, n° 169). Pour les dettes d'argent, il existait une règle différente : les intérêts moratoires ne commençaient à courir que *du jour de la demande en justice* (art. 1153 ancien)[1]. C'était une innovation du Code Napoléon, car dans l'ancien droit on n'appliquait aux dettes d'argent aucune règle exceptionnelle, et cette innovation n'a jamais pu être justifiée par des raisons sérieuses.

275. Cas où les intérêts couraient sans demande en justice. — Le Code avait apporté des exceptions si nombreuses au principe formulé par lui qu'on se demandait, du moins en matière civile, dans quels cas l'art. 1153 pouvait bien recevoir son application. Les principales sources de créances pécuniaires étaient soustraites, par des textes spéciaux, à la nécessité d'une demande en justice. Ces exceptions étaient de deux sortes : 1° dans quelques cas, la loi se contentait d'une *simple sommation* pour faire courir l'intérêt moratoire (art. 474, al. 2; art. 1936 ; art. 1652, al. 4; art. 1996); 2° dans d'autres cas la dérogation était plus complète encore et l'intérêt courait *de plein droit,* sans qu'il fût même besoin de sommation. Sur ces derniers cas, voyez ci-dessous, n° 276.

b. — *Réforme du 7 avril 1900.*

** **276. Retour au droit commun.** — La loi du 7 avril 1900, en même temps qu'elle a abaissé le taux légal de l'intérêt à 4 p. 100, a fait disparaître l'anomalie injustifiée qu'avait introduite l'art. 1153. D'après le texte nouveau, modifié par elle, la demande en justice n'est plus nécessaire, la *simple sommation suffit* : elle constitue le débiteur en demeure et fait courir les intérêts moratoires pour les dettes de sommes d'argent, comme pour les autres. Et quoiqu'on n'ait pas touché aux textes spéciaux, qui pouvaient rappeler le principe, il est bien certain que cette loi a la valeur d'un changement général, qui modifie la forme de la mise en demeure dans tous les cas où la demande en justice était exigée par application du texte primitif. Partout où il est question de « demande en justice » à propos du cours des intérêts moratoires, il faut lire maintenant « sommation »[2].

[1] L'ancien art. 1153 avait fait naître une difficulté grave qui n'a plus d'intérêt aujourd'hui. On se demandait s'il fallait former une *demande spéciale* pour les intérêts, ou si la *demande du principal* faite sans mention des intérêts moratoires suffisait pour les faire courir. La Cour de cassation décidait que les intérêts couraient par le seul effet de la demande du principal sans qu'il y eût besoin de les réclamer spécialement (Cass., 17 janv. 1893, D. 93. 1. 537, S. 94. 1. 113, et les renvois).

[2] Toutefois il faut remarquer que la réforme a été faite en faveur des *débiteurs*

Bien entendu, tous les textes anciens qui faisaient courir les intérêts de plein droit dans beaucoup de cas, subsistent et constituent des exceptions à la nouvelle règle comme à l'ancienne.

Voyez l'article 474, al. 1er, pour le reliquat dû par le tuteur; l'art. 1652 pour le prix de vente d'une chose frugifère ; l'art. 2001 pour les avances faites par un mandataire, dont le remboursement lui est dû par le mandat ; les art. 1440 et 1570 pour les intérêts de la dot ; l'art. 1473 pour les sommes dues à la communauté par les époux ou réciproquement ; l'art. 1846 pour les dettes des associés envers la société ; l'art. 856 pour les rapports à succession ; l'art. 1378 pour le paiement de l'indu reçu de mauvaise foi, l'art. 2028 pour le recours de la caution. Voyez aussi les art. 456 et 1996 pour des sommes qui auraient dû être employées au profit d'une personne et ne l'ont pas été.

277. Importance minime de la réforme. — Le changement a l'air considérable ; en réalité il est à peu près nul, tout au moins en matière civile. Tant d'exceptions avaient été admises par des textes spéciaux que l'on ne trouvait pour ainsi dire plus de contrats, en matière civile tout au moins, qui restassent soumis à l'art. 1153[1]. On n'en peut signaler qu'un seul, pour lequel aucun texte n'avait statué : c'était le prêt à intérêt ; mais pour ce contrat l'intérêt court en vertu de la convention, sans qu'il y ait besoin de mettre le débiteur en demeure. Ce n'était guère qu'en droit commercial qu'on rencontrait des conventions non prévues ni définies par les lois, et qui, ne bénéficiant d'aucune dérogation expresse, se trouvaient soumises à la nécessité d'une demande en justice pour l'intérêt moratoire (Cass., 24 févr. 1891, D. 91. 5. 313, S. 91. 1. 120 ; Cass., 28 avril 1891, D. 91. 1. 357, S. 91. 1. 216). La réforme intéresse donc beaucoup plus les matières commerciales que les contrats civils.

De plus, le bénéfice qu'elle procure est assez mince : une sommation coûte presque aussi cher qu'un exploit d'ajournement, et, si la sommation n'est pas suivie de paiement, il faut plus tard lancer l'assignation, ce qui fait deux actes successifs au lieu d'un seul.

CHAPITRE III

CONSERVATION DU PATRIMOINE DU DÉBITEUR

** **278. Exposé général.** — Une créance n'est qu'un titre sans valeur quand le débiteur est ruiné. Tous les droits reconnus au créancier pour obtenir soit l'exécution forcée, soit une indemnité, ne lui serviraient à rien, si on ne lui donnait en outre, quand l'occasion s'en présente, les moyens de conserver dans le patrimoine de son débiteur les valeurs qui forment son gage. Dans ce but, la loi lui permet d'employer différents procédés.

auxquels on réclame le paiement d'*une somme d'argent*. Elle ne concerne pas les *détenteurs de biens en nature*, poursuivis par une action réelle, telle que la revendication et auxquels on réclame la restitution de *fruits* perçus par eux. Ainsi le possesseur du bien d'autrui, actionné en revendication, ne doit les fruits que du jour de la demande, tout au moins quand il est de bonne foi (art. 549). De même, le donataire atteint par l'action en réduction ne doit les fruits de l'immeuble reçu par lui qu'à partir du jour de la demande, si cette demande est formée plus d'un an après l'ouverture de la succession (art. 928). Les textes de ce genre ne sont pas touchés par la loi nouvelle.

[1] Je parle ici des *dettes de capitaux*. Pour les obligations qui ont pour objet de *simples revenus*, comme des loyers ou des intérêts, la réforme de 1900 trouvera au contraire de nombreuses occasions de s'appliquer en matière civile.

Les uns sont de pures *mesures conservatoires*[1]. Ainsi, après le *décès* ou après la *faillite* de son débiteur, le créancier a le droit de faire apposer les *scellés*, et confectionner un *inventaire*, pour éviter des détournements de titres et d'objets mobiliers. Si son débiteur est appelé à prendre part à un *partage*, le créancier a le *droit d'intervention* : il s'opposera à ce que le partage ait lieu hors de sa présence, de façon à pouvoir surveiller ses intérêts et empêcher une collusion frauduleuse entre les copartageants (art. 882). De même, quand le débiteur est engagé dans un *procès*, le créancier a le droit d'y *intervenir*, toujours pour empêcher une entente frauduleuse dirigée contre lui. Voyez l'art. 618, pour les créanciers de l'usufruitier, quand le nu propriétaire demande contre lui la déchéance de son droit; l'art. 1447 pour les créanciers du mari, quand la femme demande la séparation de biens. Ces textes ne font que réglementer dans deux cas particuliers, l'application d'un principe général. — Nous laisserons de côté ces divers agissements du créancier, qui n'intéressent que la procédure, et non le droit civil.

Les autres protections accordées aux créanciers ont un caractère plus grave. Celui qui y a recours ne se borne pas à surveiller les actes de son débiteur ou à vérifier l'état de ses biens ; il *agit* par lui-même : il joue un rôle actif et cherche à obtenir un résultat qui ne se produirait pas sans son initiative. Les droits ou actions de ce genre qui lui sont ouverts sont au nombre de trois :

1° Le *droit d'exercer les actions de leur débiteur*, quand celui-ci ne le fait pas lui-même (art. 1166).

2° L'*action Paulienne* ou *révocatoire*, par laquelle les créanciers font tomber les actes frauduleux dirigés contre eux (art. 1167).

3° La *séparation des patrimoines*. Après le décès du débiteur, la loi permet aux créanciers du défunt d'exclure un héritier insolvable, dont les créanciers particuliers viendraient se faire payer en concurrence avec eux sur la succession, qui est leur gage propre (art. 878 et suiv.).

279. Renvoi. — La séparation des patrimoines est une institution spéciale aux successions ; elle rentre tout naturellement dans cette matière, qui fait partie des programmes de troisième année. Nous ne nous en occuperons pas à cette place. Au contraire les deux articles 1166 et 1167 appartiennent à la théorie générale des obligations et doivent être expliqués ici.

[1] Le créancier est encore autorisé à prendre d'autres mesures conservatoires que celle dont il est parlé au texte. Exemples : le créancier fait inscrire son hypothèque ; il interrompt la prescription : il demande un « titre nouvel » dans l'hypothèse prévue par l'art. 2263, etc. — Ces diverses précautions ont bien en elles-mêmes un caractère purement conservatoire, mais elles diffèrent profondément des autres par leur *objet* ; elles servent à *conserver la créance elle-même*, et par suite on peut les considérer comme un simple mode d'exercice du droit principal du créancier, tandis que *la conservation du patrimoine du débiteur* forme véritablement l'objet d'un droit distinct qui est l'auxiliaire de la créance et c'est de ce droit spécial que nous nous occupons.

§ 1. — *Exercice des actions du débiteur par ses créanciers.*

(Art. 1166).

A. — Généralités.

*** 280. Explication théorique du droit des créanciers.** — Le droit de gage général de l'art. 2092, qui est la conséquence nécessaire de l'existence d'une créance (ci-dessus n° 180), serait exposé à trop de causes de perte ou de diminution, si le débiteur pouvait impunément laisser dépérir son patrimoine. Par incurie, par négligence, il laisserait sa ruine s'accomplir, ou tout au moins il accepterait un appauvrissement croissant, qui en définitive retombera moins sur lui que sur ses créanciers, alors qu'il suffirait d'un peu d'activité pour empêcher ce dépérissement de son patrimoine. Les créanciers sont donc autorisés à exercer de son chef les actions qui lui appartiennent, afin d'éviter la perte qui les menace. Le droit d'agir, que la loi leur reconnaît dans l'art. 1166, est ainsi *la conséquence du droit de gage* qu'elle leur donne dans l'art. 2092 : il en est la garantie et la sanction [1].

281. Origine historique. — La façon dont cette faculté s'est introduite dans notre droit n'est pas connue. Pothier en parle, en maint passage, comme d'une institution couramment admise (*Obligations*, n° 440 ; *Vente*, n° 371 ; *Mandat*, n° 83, etc.), mais sans jamais donner de raisons sur ce sujet. — On trouve dans Basnage une explication un peu superficielle : sous l'art. 345 de la coutume de Normandie, cet auteur dit que les créanciers « agissent en vertu de cette *subrogation naturelle* que tous peuvent exercer sur les biens de leur débiteur ».

*** 282. Nature du droit des créanciers.** — Il importe d'être bien fixé dès l'abord sur la nature du droit reconnu aux créanciers. La portée vraie de l'article est déterminée par la considération qui en a été l'idée-mère. Il ne leur est pas permis de se substituer à leur débiteur pour l'administration de ses biens, s'ils trouvent qu'il les exploite mal, qu'il donne à bail à un prix trop bas, qu'il cultive dans de mauvaises conditions, etc. Ce serait entraver trop gravement la liberté naturelle de l'homme et placer le débiteur sous la tutelle d'autrui. Le droit réglé par l'art. 1166 est plus limité : il s'agit uniquement de la possibilité d'*exercer les actions* du débiteur. Le texte dit « droits et actions » ; les deux mots sont ici pris comme synonymes, c'est un pléonasme qui se trouve déjà dans Pothier.

La seule chose permise aux créanciers est donc une *poursuite* dirigée par eux *contre un tiers* en exerçant, *sous la forme d'une action*, un droit appar-

[1] La jurisprudence semble croire parfois que l'art. 1166 autorise autre chose que l'exercice des *actions* et qu'il permet aux créanciers de faire, aux nom et lieu de leur débiteur, des *actes juridiques*. Ainsi des créanciers voulaient *hypothéquer* les biens d'une femme mariée qui était leur débitrice (Aix, 3 janv. 1883, D. 83. 2. 206). Leur prétention a été rejetée, mais pour un motif secondaire ; on aurait dû leur objecter qu'ils demandaient *autre chose* que ce que permet l'art. 1166. — Voyez aussi Douai, 13 nov. 1852, D. 56. 2. 21, S. 55. 2. 203.

tenant à leur débiteur. On suppose que le débiteur aurait une action à exercer (une créance à recouvrer, un bien à revendiquer, un rapport à succession ou une réduction à demander contre un donataire, une indemnité à obtenir pour un préjudice subi, etc...); on suppose, en outre, que cette action est en danger de se perdre, soit par l'effet de la prescription, soit par la déconfiture prochaine de celui qui en est tenu, et que le débiteur, muni de cette action, ne l'exerce pas et va la laisser périr : ses créanciers agiront à sa place et exerceront son droit *de son chef*.

283. Division de la matière. — L'exercice des actions du débiteur par ses créanciers soulève trois questions : 1° quelles actions peuvent y donner lieu ? 2° sous quelles conditions les créanciers peuvent-ils les intenter ? 3° dans quelle forme ? 4° quels en sont les effets ? Le Code civil a traité cette matière d'une façon tout à fait insuffisante. Il a énoncé le principe en un seul article et sans entrer dans aucun détail. Son silence tient probablement à l'absence de documents antérieurs et à la brièveté des indications données par Pothier. Il en est résulté beaucoup d'incertitudes, surtout pour les deux dernières des questions sus-indiquées.

B. — Actions susceptibles d'être exercées par les créanciers.

** **284. Énoncé d'une distinction par la loi.** — Toutes les actions du débiteur ne sont pas également susceptibles d'être exercées par les créanciers. L'art. 1166 fait une exception pour les actions *exclusivement attachées à la personne*. Cette façon de s'exprimer ne nous apprend rien, car quand on dit qu'une action est « attachée à la personne » [du débiteur], c'est justement pour dire que ses créanciers ne sont pas autorisés à l'exercer à sa place. En parlant ainsi, la loi nous indique donc ce qui a lieu pour les actions comprises dans l'exception, elle ne fournit pas le moyen de les reconnaître ; le texte nous donne le *résultat* de la distinction à faire, et non son *criterium*. Le raisonnement et la tradition suppléent ici au silence de la loi. Les actions dont on refuse l'exercice aux créanciers, et qui par suite sont « attachées à la personne », sont de deux sortes, savoir : 1° *toutes les actions extrapatrimoniales;* 2° *certaines actions comprises dans le patrimoine*.

* **285. Actions extrapatrimoniales.** — D'après les notions générales déjà exposées (ci-dessus n° 280), le droit des créanciers dérive pour eux de leur droit de gage sur le patrimoine du débiteur. Par suite, toutes les *actions extrapatrimoniales*, c'est-à-dire celles qui garantissent l'*état des personnes*, ne sont pas sujettes à la mainmise des créanciers. A vrai dire, il n'y a même pas besoin de faire pour elles une exception ; par leur nature même elles sont en dehors de l'application d'une règle qui n'est faite que pour les actions ayant un *objet pécuniaire*. Parmi elles citons l'action en désaveu d'un enfant adultérin, l'action en nullité de mariage, les demandes en divorce et en séparation de corps, les actions en réclamation ou en contestation de filiation.

* **286. Actions patrimoniales.** — C'est pour elles que l'art. 1166 a

statué ; elles peuvent en général être exercées par les créanciers. Toutefois on admet que certaines actions, bien que patrimoniales par leur objet pécuniaire, échappent à l'intervention des créanciers et restent *attachées à la personne*. Ces actions exceptionnelles sont :

1° Celles qui garantissent les *biens insaisissables* (pensions, rentes, etc.). Si ces biens sont « dans le patrimoine », ils ne sont pas « dans le gage » des créanciers. Ceux-ci n'auraient donc aucun intérêt à les exercer.

2° Celles dont l'exercice suppose l'*appréciation d'un intérêt moral*. Telles sont les demandes en séparation de biens, la révocation d'une donation pour ingratitude, la demande en réparation d'injure, etc. Ces actions ont un objet pécuniaire, elles font entrer une valeur dans le patrimoine du débiteur, mais celui qui les possède ne se détermine à agir qu'après avoir examiné et pesé des motifs d'un autre ordre. Ainsi la femme peut vouloir sacrifier ses biens par affection pour son mari et partager sa mauvaise fortune, plutôt que de demander la séparation de biens ; le donateur peut pardonner au donataire ingrat, etc. Les créanciers, que cet intérêt moral ne touche pas directement, ne verraient jamais que leur propre intérêt, qui est d'être payés ; ils agiraient toujours sans tenir compte de l'autre côté de l'affaire. Voilà pourquoi la loi, qui veut ménager les intérêts moraux que ces actions risquent de compromettre, en réserve l'exercice au débiteur seul.

On a quelquefois soutenu que l'*action en nullité pour incapacité* (art. 225 et 1125) ne pouvait pas être exercée par les créanciers, parce que certains textes semblent la considérer comme un droit personnel à l'incapable (art. 1208, 2012, 2036). Ces textes s'expliquent par d'autres raisons : l'action ne doit profiter qu'à la partie incapable et ne peut pas appartenir aux personnes capables qui ont traité avec elle ou en même temps qu'elle ; mais si l'action est ainsi refusée aux *autres parties*, il n'y a aucune raison pour en dénier l'exercice aux créanciers de la partie qui la possède, car elle a un but exclusivement pécuniaire.

C. — Conditions requises pour l'exercice de l'action.

* **287. Énumération.** — Ces conditions sont au nombre de trois : Il faut 1° que le créancier ait intérêt à agir ; 2° que sa créance soit échue ; 3° que le débiteur n'agisse pas lui-même.

1° Intérêt du créancier. — Le créancier ne peut agir que s'il y a intérêt ; sans cela sa demande doit être écartée comme inutile et vexatoire. Le défaut d'intérêt peut lui être opposé par le tiers qu'il poursuit. Ainsi on a refusé à un créancier le droit de surenchérir à la place de son débiteur, pour cette raison que ce débiteur était notoirement solvable et que le paiement du créancier n'était nullement compromis par le défaut de surenchère (Cass., 13 janv. 1873, D. 73. 1. 151, S. 73. 1. 145).

2° Exigibilité de la créance. — Un créancier, dont le droit est encore suspendu par un terme ou par une condition, n'est pas autorisé à agir au nom de son débiteur. Ceci tient à ce que l'exercice de l'action est plus qu'un acte conservatoire ordinaire. Si ce n'est pas encore une voie d'exécution véritable, c'est tout au moins une immixtion dans les affaires du débiteur qui prépare et facilite l'emploi des voies d'exécution et la réalisation du gage. L'opinion qui refuse le bénéfice de l'art. 1166 aux créanciers à terme ou conditionnels est aujourd'hui incontestée (Cass., 26 juill. 1854, D. 54. 1. 303; LABBÉ, *Revue critique*, 1856, t. IX, p. 218 ; DALLOZ, *Suppl.*, v° Obligations, n° 296).

3° INACTION DU DÉBITEUR. — Il est enfin nécessaire que le débiteur *néglige* d'agir lui-même. S'il fait déjà valoir son droit devant la justice, les créanciers peuvent intervenir dans l'instance; ils n'ont pas le droit d'en former une nouvelle (Orléans, 16 août 1882, D. 84. 2. 36. Voyez cependant Cass., 29 juill. 1867, D. 68. 1. 35, S. 67. 1. 403). La question de savoir si l'inaction du débiteur a besoin d'être constatée par une *mise en demeure* est controversée dans la doctrine; dans la pratique cette question disparaît grâce à l'habitude qu'on a de faire mettre le débiteur en cause (ci-dessous n° 290).

288. Condition inutile. — Il n'est pas nécessaire que le créancier soit pourvu d'un *titre exécutoire*. C'est aujourd'hui l'opinion générale, et c'est en ce sens que se prononce la jurisprudence (Cass., 1er juin 1858, D. 58. 1. 236; S. 59. 1. 417; Dijon, 26 janv. 1870, D. 71. 2. 46). En usant du droit que lui confère l'art. 1166, le créancier n'emploie pas, à proprement parler, une voie d'exécution; il demande seulement à faire constater judiciairement l'état exact du patrimoine de son débiteur, et des droits qui lui appartiennent. Ce n'est qu'ensuite qu'il appliquera à ce patrimoine les voies d'exécution proprement dites.

D. — Forme de l'action exercée par le créancier.

***289. Inutilité d'une subrogation judiciaire.** — Divers auteurs ont soutenu, soit d'une façon absolue, soit sous certaines distinctions, que le créancier était obligé de se faire subroger par la justice pour exercer l'action du débiteur (AUBRY et RAU, t. IV, § 312, p. 118 et suiv.). C'était la tradition ; les créanciers obtenaient une sorte de *mandat judiciaire*, à défaut duquel leur mainmise sur l'action de leur débiteur aurait été une voie de fait. On voit encore un souvenir de cet ancien usage dans l'art. 788, où il est dit que les créanciers « peuvent se faire autoriser en justice » à accepter une succession échue à leur débiteur. — Mais la majorité des auteurs pense aujourd'hui que l'on ne peut exiger cette formalité dans le silence de la loi, et c'est aussi ce que décide une jurisprudence constante (Cass., 26 juillet 1854, D. 54. 1. 303 ; Cass., 24 févr. 1869, D. 70. 1. 64). — Les tribunaux sont partis de cette idée que leur mission n'est pas d'accorder des autorisations à qui leur en demande, et qu'ils ne peuvent en donner qu'en vertu d'un texte formel. Ajoutons que la forme nouvelle dans laquelle ces actions sont intentées dans la pratique supplée largement à l'ancienne formalité de la subrogation judiciaire (voyez le n° suivant).

***290. Mise en cause du débiteur.** — A la rigueur, le créancier pourrait exercer l'action de son débiteur en agissant seul, et sans que celui-ci figurât dans l'instance. C'était ainsi que les choses se passaient jadis ; mais l'usage moderne est de faire mettre le débiteur en cause, de telle sorte qu'il soit lié à la procédure de l'action intentée en son nom. Cette formalité, que la loi n'impose pas, est en fait d'une *extrême utilité* : elle seule permet de donner à la décision qui interviendra *force de chose jugée* à l'égard du débiteur, titulaire réel du droit exercé par ses créanciers. Faute d'avoir pris cette précaution, on se heurterait aux difficultés les plus graves pour déterminer l'*effet de l'action* exercée par les créanciers. Si le créancier demandeur négligeait de mettre le débiteur en cause, le tiers défendeur, qui est encore plus intéressé que lui à ce que le procès soit définitivement jugé, aurait le droit de l'exiger.

E. — Effet de l'action.

291. Exceptions opposables au créancier. — Le créancier n'exerce pas son droit propre, mais bien celui de son débiteur. Il n'est, pour le tiers qu'il poursuit, qu'un adversaire apparent ; c'est toujours son débiteur qui est le véritable maître du droit exercé. Il en résulte que le créancier qui intente l'action est soumis à toutes les exceptions qui auraient pu être opposées au débiteur lui-même.

Cela va de soi pour les exceptions dont la cause est antérieure à l'exercice de l'action ; il y a eu quelques difficultés pour celles qui prennent naissance plus tard. Par exemple si le débiteur, postérieurement à l'action intentée par ses créanciers, transige avec le tiers poursuivi par eux, cette transaction est-elle opposable aux créanciers ? Certains auteurs pensent que le créancier poursuivant doit être assimilé à un créancier saisissant : quand il prend en main le droit de son débiteur, l'effet d'une saisie se produit et ce droit ne peut plus être aliéné à son détriment (Labbé, *Revue critique*, t. IX, p. 221 ; Demolombe, t. II, n° 119). Mais la Cour de cassation s'est prononcée en sens contraire, et sa solution est approuvée par plusieurs auteurs (Laurent, t. XVI, n°s 402 et suiv. ; Larombière, art. 1166, n° 32). L'action du créancier n'est pas une saisie ; donc elle n'enlève pas au débiteur la libre disposition de ses droits, et ses actes sont opposables à ses créanciers sous la seule condition d'avoir été faits sans fraude. Donc, dans l'hypothèse indiquée, la transaction consentie par le débiteur doit arrêter les poursuites (Cass., 18 févr. 1862, D. 62. 1. 248, S. 62. 1. 415).

292. Montant de la condamnation. — Le créancier est-il obligé de limiter sa demande au montant de ce qui lui est dû à lui-même, quand la somme due par le tiers poursuivi est supérieure ? Sur ce point encore les avis sont partagés. La vérité paraît être dans le système proposé par Laurent (t. XVI, n° 406) : le créancier n'exerce pas sa propre action ; le chiffre de sa créance est indifférent ; c'est le *droit de son débiteur* qu'il exerce, droit qui est *indivisible* dans les rapports du tiers avec le débiteur. Le créancier a donc le droit de *conclure à une condamnation totale*, quel que soit le chiffre de sa propre créance. — Mais l'intérêt de la controverse est pratiquement nul, parce que le créancier ne peut pas refuser le paiement de sa propre créance, quand le tiers le lui offre (art. 1236) ; en usant de ce moyen, le tiers poursuivi désintéresse le créancier et fait tomber la poursuite pour une somme moindre que le montant de sa propre dette.

293. Autorité de la chose jugée. — Le jugement obtenu par le créancier, qu'il soit favorable ou contraire, a-t-il autorité de la chose jugée à l'égard du débiteur, véritable titulaire du droit ? L'affirmative ne fait doute pour personne quand le débiteur a été mis en cause, et là est la grande utilité de cette mesure, à tel point que quelques auteurs la jugent nécessaire pour la validité de la procédure (Demolombe, t. II, n° 107). Mais, quand cette précaution n'a pas été prise, on ne sait quelle solution donner : les uns veulent qu'il n'y ait jamais chose jugée à l'égard du débiteur, parce que son créancier n'est pas son représentant (Aubry et Rau, § 312, note 18) ; les autres admettent, au contraire, que le jugement est toujours opposable ou profitable au débiteur (Colmet de Santerre, t. V, n° 81 *bis*) ; d'autres, enfin, distinguent selon que le jugement a été ou non favorable au créancier (LAURENT, t. XVI, nº 408). C'est la première de ces trois opinions qui me paraît la plus sûre ; il n'y a pas de jurisprudence sur la question.

****294. Bénéfice de l'action.** — Quand le créancier gagne son procès contre le tiers poursuivi par lui, à qui profite la valeur qui fait l'objet de la condamnation ? Nous touchons ici à l'un des points essentiels de toute cette théorie. On ne doit jamais perdre de vue que l'objet de la condamnation est *un bien qui fait partie du patrimoine du débiteur* et n'appartient nullement au créancier poursuivant : c'est un immeuble qui a été revendiqué, une somme due dont le recouvrement a été poursuivi, etc. ; cela rentre dans le patrimoine du débiteur.

Il se produit alors une conséquence remarquable : la valeur obtenue par un créancier diligent ne lui est pas attribuée à l'exclusion des autres ; *elle tombe dans le gage commun à tous*. Le poursuivant est donc obligé d'en partager le profit avec les autres ; il subit leur concours, et même il est primé par eux s'ils sont privilégiés, à moins qu'il n'ait lui-même une cause de préférence. Bien entendu, ce concours des autres créanciers n'a lieu qu'autant qu'ils montrent eux-mêmes une certaine diligence et qu'ils se présentent en temps utile ; sinon le poursuivant, étant seul en cause, garde pour lui la valeur obtenue, tout au moins jusqu'à concurrence de ses droits. Le plus souvent les autres créanciers s'empresseront d'intervenir et réclameront la distribution par contribution.

****295. Utilité des actions directes.** — Tel est l'effet inévitable de l'exercice d'une action par les créanciers de son titulaire. Le créancier poursuivant aurait donc grand intérêt à posséder, *de son propre chef*, une *action directe* contre le débiteur de son débiteur, au lieu d'en être réduit à prendre la *voie oblique* que lui ouvre l'art. 1166[1]. Cette action directe lui conférerait le grand avantage de conserver pour lui le montant entier de la condamnation : le droit d'agir lui appartenant personnellement, la valeur obtenue tomberait dans son patrimoine sans que les autres créanciers y pussent rien prétendre. En somme, ce serait pour lui l'équivalent pratique d'un privilège puisque cela lui permettrait de se faire payer à l'exclusion des autres.

L'action directe existe dans quelques cas particuliers, qui seront étudiés chacun à sa place (art. 1753, pour le propriétaire contre le sous-locataire ; art. 1798, pour les ouvriers d'un entrepreneur contre le maître ; art. 1994, pour le mandant contre la personne que le mandataire s'est substituée. — Comp. dans la procédure la « distraction des dépens » que l'avoué peut faire prononcer à son profit, art. 133 C. proc. civ.).

[1] Dans la pratique on désigne fréquemment sous le nom d'*actions obliques*, les actions exercées par les créanciers du chef de leur débiteur, par opposition aux actions directes dont il est parlé au texte. Ce langage se comprend, puisque les créanciers *passent*, en quelque sorte, *par le patrimoine de leur débiteur* pour atteindre le tiers, quand ils agissent en vertu de l'art. 1166.

§ 2. — *Révocation des actes frauduleux.*

(Action Paulienne. Art. 1167.)

A. — Généralités.

****296. Principe théorique et définition de l'action.** — Il y a quelque chose de pis pour les créanciers que l'incurie du débiteur : c'est sa mauvaise foi. Un débiteur chargé de dettes, qui se sent menacé de poursuites imminentes, est naturellement tenté de soustraire son actif à ses créanciers. Il a pour cela tant de moyens ! Il peut s'entendre avec un tiers, qui sera censé avoir acquis son bien par achat ou par donation, et qui reconnaîtra, par un acte secret, qu'il n'est pas le propriétaire véritable ; il peut transformer ses valeurs apparentes, trop faciles à saisir, et les remplacer par de l'argent comptant ou des valeurs mobilières faciles à cacher ; il peut même, par pure méchanceté et sans profit pour lui-même, consentir des actes qui enrichissent ses parents ou ses amis en l'appauvrissant. D'ailleurs les relations d'affaires qui existent entre les hommes, et qui sont infiniment variées, offrent mille occasions de frauder les créanciers, sous des formes qui ne peuvent être ni prévues, ni déterminées d'avance.

La loi, qui doit toujours chercher à faire régner la bonne foi, ne pouvait pas tolérer ces opérations frauduleuses. Toutes les fois qu'il est possible de les surprendre, elle ouvre aux créanciers une action spéciale qui leur permet d'éviter les conséquences de la fraude. Cette action, qui porte les noms d' « action Paulienne » ou d' « action révocatoire »[1], peut être définie : *une action donnée aux créanciers pour obtenir la révocation des actes accomplis par leur débiteur en fraude de leurs droits.*

297. Origine historique. — L'action donnée aux créanciers remonte au droit romain. Elle est une création du droit prétorien, et elle porte encore le nom du préteur Paulus qui l'a introduite, et qui est d'ailleurs complètement inconnu. Elle existait probablement déjà au temps de Cicéron. Cette action présentait dans la procédure romaine un caractère remarquable, qu'elle a perdu : c'était une *poursuite collective*, intentée au nom de la masse des créanciers par une sorte d'administrateur ou de syndic, le « curator bonorum vendendorum », et son résultat profitait nécessairement à la masse. L'action était exercée, après la vente générale des biens du débiteur, quand la somme ainsi obtenue était insuffisante pour désintéresser tous les créanciers. Cette forme collective de la poursuite a disparu, et l'action Paulienne est devenue une *action individuelle*, dont l'exercice appartient isolément à chaque créancier.

298. Brièveté des textes et persistance des traditions romaines. — L'action Paulienne s'est toujours conservée dans notre ancien droit, mais nos anciens auteurs ne s'arrêtaient pas à examiner cette action en détail ni à en construire la théorie[2] ;

[1] Le mot « révocatoire » nous vient des jurisconsultes romains qui employaient spécialement le verbe « revocare » à propos de l'action Paulienne, « per quam quæ in fraudem creditorum alienata sunt *revocantur* » (*Digeste*, liv. XXII, tit. 1, fr. 38, § 4).

[2] Il n'y a guère d'exception à faire que pour DOMAT (*Loix civiles*, liv. II, tit. X), qui est le plus synthétique de nos anciens jurisconsultes, et qui construisait d'ailleurs son œuvre avec des matériaux romains.

ils en parlaient toutes les fois qu'ils en rencontraient l'occasion, en se référant aux lois romaines. Voyez, par exemple, POTHIER, *Obligations*, n° 153 ; *Vente*, n° 320 ; *Communauté*, n° 394 ; etc.

Les rédacteurs du Code, ne trouvant pas dans leur guide ordinaire une théorie toute faite, se sont bornés à énoncer le principe dans l'art. 1167, sans donner de solution précise sur aucun point. Cet article, *qui est un des plus importants et des plus pratiques du Code*, équivaut à une *simple mention* de l'action : la loi nous avertit que l'action Paulienne existe toujours ; elle ne nous en donne point la réglementation. Pour toutes les questions que cette action soulève, nous en sommes donc réduits à la tradition, c'est-à-dire presque uniquement aux textes romains. L'action Paulienne nous offre ainsi un *exemple remarquable de conservation* dans les institutions juridiques, et de toutes celles qui fonctionnent de nos jours c'est peut-être elle qui s'est le mieux maintenue à travers les siècles.

299. Loi allemande. — En Allemagne, il existe une réglementation détaillée de l'action Paulienne, mais elle ne se trouve pas dans le Code civil. Elle a fait l'objet d'une loi spéciale (Loi d'Empire du 21 juillet 1879, *Annuaire étranger*, t. IX, p. 92). Cette loi se rattache aux « lois de justice » votées en 1877.

B. — Actes susceptibles d'être révoqués.

****300. Formule de la règle.** — Les seuls actes qui puissent donner lieu, le cas échéant, à une révocation sur la demande des créanciers, sont ceux par lesquels *le débiteur s'est appauvri* ; s'il a simplement *négligé de s'enrichir*, l'action Paulienne ne s'ouvre pas au profit des créanciers.

***301. Raison d'être et origine de la règle.** — Cette règle essentielle dérive de la nature même de l'action Paulienne, qui est une action *révocatoire*. Elle a pour but de replacer les créanciers dans la situation où ils se trouvaient avant l'acte frauduleux ; par conséquent, elle peut servir à reconstituer un patrimoine appauvri, mais non à l'augmenter. Les Romains avaient très nettement dégagé ce principe et refusaient l'action quand le débiteur avait frauduleusement négligé de s'enrichir, par exemple, en omettant de faire *adition* pour recueillir une hérédité : « Pertinet edictum ad deminuentes patrimonium suum, non ad eos qui id agunt ne locupletentur » (ULPIEN, au *Digeste*, liv. XLII, tit. 8, fr. 6, princ.).

302. Controverse sur sa persistance. — Cette règle n'a jamais été modifiée ni par voie d'ordonnance, ni par la jurisprudence. Donc on doit la considérer comme existant encore, et il n'y a d'ailleurs aucune raison de l'abandonner. Cependant son maintien dans notre droit a été quelquefois contesté. On a soutenu que le Code civil avait généralisé l'action Paulienne et l'avait étendue même aux simples acquisitions manquées, parce que l'art. 1167 accorde l'action contre tous les actes du débiteur sans rappeler la distinction romaine (AUBRY et RAU, § 313, p. 334 ; DEMOLOMBE, t. XXV, nos 164 à 166). — Il suffit, pour écarter cet argument, de remarquer que l'art. 1167 n'a formulé *aucune* des règles de l'action Paulienne et se borne à en consacrer l'existence. On doit donc l'interpréter comme un simple renvoi à la jurisprudence antérieure.

303. Application aux offres de donation. — Par application de la règle, si un débiteur insolvable refuse d'accepter une *donation entre vifs* qui lui est offerte, même sans aucune charge ni condition, son refus ne peut pas être critiqué. Ses créanciers n'ont rien perdu, à proprement parler ; leur débiteur est resté aussi riche qu'il l'était auparavant.

***304. Modification apparente en matière de successions.** — L'exemple principal d'actes échappant pour cette raison à l'action Paulienne était fourni en droit romain par la matière des successions, mais cet exemple ne peut plus être donné en droit français : le *refus d'une succession* échue fait naître chez nous l'action Paulienne (art. 788). C'est l'effet d'une transformation dans la manière dont s'opèrent les *transmissions par décès*. Chez les Romains, la succession ouverte au profit d'un héritier (heres extraneus) ne lui appartenait pas encore ; il fallait qu'il prît la peine de l'acquérir en faisant « adition » ; donc, quand il omettait d'accomplir cet acte nécessaire pour l'acquisition de la succession, on ne le considérait point comme ayant aliéné : « Qui occasione adquirendi non utitur, non intelligitur alienare, veluti qui hereditatem omittit » (*Digeste*, liv. L, tit. 16, fr. 28).

En droit français la translation de propriété s'opère de plein droit par le seul effet de l'ouverture de la succession ; l'héritier qui renonce se dépouille donc d'un droit *déjà acquis* ; par suite, sa renonciation donne lieu à l'action révocatoire. — L'extension de l'action Paulienne à cette hypothèse, où le droit romain la refusait, ne doit donc pas s'expliquer par un changement survenu dans la théorie de cette action : ses principes sont restés les mêmes ; ce sont les règles des successions qui ont changé[1].

Ce qui vient d'être dit pour la répudiation d'une succession s'applique également à la *répudiation d'un legs*, car le légataire, de même que l'héritier, acquiert le bénéfice du legs par le seul effet de la loi.

****305. Généralité d'application de l'action.** — Tout acte qui a pour résultat l'appauvrissement du débiteur peut donner lieu à l'action révocatoire. Le plus souvent, l'action est dirigée contre une *aliénation* (vente, donation, etc.), par laquelle le débiteur a cherché à faire disparaître son actif. Comme ce genre de fraude est fréquent en fait, qu'il est, en outre, commode à prendre comme exemple pour expliquer les règles de l'action, c'est en général sur lui qu'on raisonne ; mais il faut se garder de croire que l'action Paulienne ne sert que contre les aliénations frauduleuses. On doit, au contraire, généraliser : *un acte juridique quelconque*, s'il est frauduleux, peut être attaqué par cette voie, sauf l'exception unique qui va être indiquée.

***306. Exception pour les paiements.** — Un débiteur, se sachant insolvable et à la veille d'être exproprié de ses biens, veut favoriser l'un de ses créanciers et le paie intégralement. Ce paiement est nuisible aux autres créanciers ; si la somme versée est un peu forte, elle peut réduire considérablement le dividende des créanciers non payés ; néanmoins il est *valable*. C'est une vieille solution, déjà admise en droit romain. Le créancier qui a été payé n'a rien à rendre parce qu'il n'a touché que ce qui lui était dû : « Sibi vigilavit, suum recepit », disaient les jurisconsultes anciens (*Digeste*, liv. XLII, tit. 7 [8], fr. 6, § 7) ; il a donc un juste titre suffisant pour garder l'argent.

***307. Solution différente en droit commercial.** — Telle est la règle originaire, conservée en droit civil, mais le droit commercial suit une règle différente. On a imaginé ce qu'on appelle le *report d'ouverture de la faillite* qui permet d'atteindre les paiements antérieurs à la déclaration de faillite et de forcer les créanciers qui ont touché

[1] Il est remarquable que Pothier semble avoir cru à un changement dans la théorie de l'action révocatoire, qui aurait été « étendue » par le droit français (*Successions*, éd. Bugnet, p. 123-124). Mais il se rectifie lui-même dans un autre passage (*Communauté*, n° 394).

à restituer à la masse ce qu'ils ont reçu (art. 446 et 447 C. com.). Ces articles sont spéciaux à la faillite, qui elle-même est propre aux commerçants.

308. Sort des engagements nouveaux. — Le débiteur est libre de contracter de nouvelles dettes, et les engagements qu'il prend sont valables en principe, bien que l'adjonction de nouveaux créanciers ait pour effet d'empirer la condition des anciens. Ulpien le disait déjà : « Licet alicui, adjiciendo sibi creditorem, creditoris sui facere deteriorem conditionem. » L'acte est valable, alors même que le créancier nouveau connaîtrait l'insolvabilité du débiteur. — Mais ceci suppose que la constitution de la nouvelle créance ne s'accompagne pas d'une entente frauduleuse, destinée à soustraire une partie de l'actif aux créanciers. Si, par exemple, le débiteur se concerte avec son nouveau créancier pour partager avec lui la somme que celui-ci pourra toucher, il y a là une sorte de simulation, qui permet au débiteur de conserver frauduleusement une partie de son actif saisissable. Cet acte-là est évidemment annulable, mais c'est qu'il s'agit d'autre chose que de la constitution pure et simple d'une nouvelle dette.

C. — Conditions nécessaires pour la révocation de l'acte.

****309. Énumération.** — Quand un acte est, *par sa nature*, susceptible de donner lieu à l'action Paulienne, il suffit, en droit commun, de *deux circonstances* pour que l'action prenne naissance :

1° L'acte doit avoir causé un *préjudice* aux créanciers ;

2° Ce préjudice doit avoir été *connu* par le débiteur. C'est cette dernière circonstance qui constitue la *fraude*.

— Tel est le droit commun. Dans deux cas particuliers, la loi exige une condition de plus : il faut que les créanciers aient pris soin de faire *opposition* à l'acte du débiteur, avant son accomplissement (ci-dessous, n° 314).

1° Du préjudice subi par les créanciers.

****310. En quoi consiste le préjudice.** — Ce préjudice est la cause déterminante de l'action. Il consiste en ce que l'acte accompli par le débiteur a *amené* l'insolvabilité du débiteur ou *augmenté* une insolvabilité préexistante. Par conséquent, pour que l'action Paulienne soit possible, il est nécessaire que l'acte ait porté sur une valeur saisissable par les créanciers et comprise dans leur gage.

A ce point de vue, il y a *concordance*, entre les deux art. 1166 et 1167 : si le droit aliéné par le débiteur était exclusivement attaché à sa personne, son sacrifice n'a pas nui aux créanciers et il ne peut être question de le révoquer. Les deux articles assurent aux créanciers la conservation des mêmes valeurs, l'un contre la *négligence*, l'autre contre la *fraude*.

311. Preuve du préjudice. — Cette preuve apparaît comme une condition de l'exercice de l'action révocatoire. Elle sera facile à fournir si les créanciers ont déjà *discuté*, c'est-à-dire fait saisir et vendre les biens du débiteur ; si le prix n'a pas été suffisant pour les désintéresser tous, le préjudice est non seulement démontré, mais réalisé. Mais la discussion préalable du débiteur n'est pas toujours nécessaire : il se peut que son insolvabilité soit notoire, et que le caractère dommageable de l'acte soit déjà certain. Les Romains, qui ne connaissaient l'action Paulienne que comme une suite de la vente des biens, supposaient le préjudice déjà réalisé, *eventus damni* : « Ita demum revocatur, si eventum fraus habuit » (*Dig.*, liv. XLII, tit. 8, fr. 10, § 1).

2° De la fraude.

**312. En quoi consiste la fraude. — Il ne faut pas confondre la *fraude contre les créanciers,* réprimée par l'action Paulienne, avec le *dol dans les contrats,* défini par l'art. 1116. Le dol se compose de manœuvres qui agissent sur l'esprit de la victime, en produisant une erreur : on la trompe pour déterminer son consentement, son adhésion à un acte nouveau. La fraude de l'art. 1167 se pratique en l'absence de la victime et indépendamment de ce qu'elle peut penser ou dire; elle réside tout entière dans l'esprit de son auteur qui cherche *à se soustraire aux conséquences d'un acte antérieur.*

La fraude consiste ici dans la connaissance que le débiteur avait du tort qu'il allait causer à ses créanciers : il a su ce qu'il faisait, et il l'a voulu. Et même, d'après une tradition certaine, il n'est pas nécessaire que l'acte du débiteur ait été inspiré par l'*intention de nuire* ; il suffit qu'il ait été fait *sciemment.* Le débiteur qui s'appauvrit volontairement, à un moment où il connaît l'état de ses affaires, manque à la bonne foi qui doit présider à sa conduite, et commet une fraude par cela seul. Telle est, pour l'action Paulienne, la condition que l'on appelle traditionnellement le « consilium fraudis ».

*313. **Controverse pour les simples renonciations.** — La condition de fraude, telle qu'elle vient d'être définie, est exigée en termes absolus par l'art. 1167. Elle doit donc être toujours remplie, quelle que soit la nature de l'acte, même pour les aliénations gratuites, pour les donations : le débiteur, qui agit de bonne foi et se croit solvable, conserve la libre disposition de ses biens.

Il y a cependant une controverse pour les actes qui constituent de simples renonciations. Quelques auteurs soutiennent que la condition de fraude n'est pas nécessaire pour elles et que l'existence du préjudice suffit, le débiteur eût-il agi de bonne foi. Ils s'appuient sur la rédaction de deux articles du Code, qui, visant des espèces particulières de renonciations, ne font pas mention de la fraude pour leur annulation. Ainsi l'art. 788 permet aux créanciers de faire annuler la renonciation à succession, quand l'héritier l'a faite « *au préjudice* de leurs droits ». Même rédaction dans l'art. 622 pour la renonciation à un usufruit. Cette particularité a paru d'autant plus probante que le mot « fraude » figurait dans la rédaction primitive de ces deux articles (projet de l'an VIII). Cette modification n'est-elle pas l'indice d'une règle exceptionnelle, établie pour des actes essentiellement dangereux, par lesquels le débiteur se dépouille sans rien recevoir en échange ? Cependant l'opinion la plus générale est que le Code n'a apporté aucun changement aux règles traditionnelles. Le mot « fraude » a été éliminé des art. 622 et 788 pour réserver la question, parce que ces textes ont été votés avant l'art. 1167. Mais, arrivés au titre « des Obligations », les auteurs du Code ont évité d'établir une distinction à cet égard ; et leur intention sur ce point est certaine, car, rencontrant plus loin une autre espèce de renonciation, la renonciation faite par la femme à la communauté de biens, qui est toute semblable à la renonciation à succession, ils exigent positivement la fraude (art. 1464). Le système de la loi serait contradictoire si on appliquait à ces deux espèces de renonciations des règles inverses l'une de l'autre, car il n'y a aucun motif de les traiter différemment. En tout cas, si on voulait prendre au pied de la lettre le texte des art. 622 et 788, il faudrait les interpréter *restrictivement* parce qu'ils seraient des exceptions au principe ordinaire. On devrait donc éviter de les étendre à des renonciations ou autres actes unilatéraux différents de ceux qu'ils prévoient.

Il y a un autre texte qu'on a fait quelquefois intervenir dans ce débat parce qu'il se contente, lui aussi, d'un préjudice pour considérer une renonciation comme nulle : c'est l'art. 1053. Mais cet article, qui règle les effets d'une *substitution*, est étranger à la matière des obligations ; il concerne des *propriétaires*, qui doivent recueillir les biens substitués, après le décès de leur propriétaire actuel, et non pas des créanciers. Dans l'hypothèse spéciale qu'il prévoit, il n'y avait pas lieu d'exiger la fraude.

3° Condition supplémentaire pour certains actes.

314. Partages de succession et de communauté. — L'art. 1167 annonce, en termes assez obscurs, qu'il existe des règles particulières pour l'action Paulienne, dans la matière des *successions* et dans celle du *contrat de mariage* ; le texte ne précise pas d'ailleurs sur quel point portent les dérogations.

L'exception qui concerne les successions est facile à découvrir ; elle se trouve dans l'art. 882. Quand une succession vient à échoir au débiteur, si ces créanciers veulent se réserver le droit d'attaquer pour cause de fraude le *partage* que leur débiteur va faire avec ses cohéritiers, ils sont tenus de faire *opposition* à ce que le partage ait lieu hors de leur présence. S'ils négligent cette précaution, il ne leur est pas permis d'attaquer le partage une fois consommé.

L'exception concernant le contrat de mariage est de même nature. Elle a été un peu plus difficile à reconnaître, mais on s'accorde aujourd'hui pour la trouver dans l'art. 1476, qui déclare applicables au partage de la communauté entre mari et femme les règles établies pour le partage des successions. On en a conclu que l'action Paulienne était subordonnée à la même condition d'une opposition préalable, faute de quoi le partage de la communauté sera inattaquable (Cass., 17 nov. 1890, D. 91. 1. 25, S. 94. 1. 399).

315. Partages de sociétés. — L'exception annoncée dans l'art. 1167, et qui consiste dans l'exigence d'une condition supplémentaire pour l'exercice de l'action, est spéciale aux partages de succession ou de communauté. Les art. 888 et 1476 sont des textes d'exception, qui doivent être interprétés restrictivement, et par suite on ne peut objecter aux créanciers le défaut d'opposition de leur part lorsque l'acte qu'ils attaquent est un *partage de société*. Voyez l'arrêt de 1890 précité.

D. — A qui appartient l'action Paulienne.

1° Personnes qui en sont munies ou privées.

***316. Créanciers postérieurs à l'acte frauduleux.** — Dans l'état normal des choses, le créancier qui attaque un acte de son débiteur doit prouver que *le titre de sa créance est antérieur à l'acte incriminé*. En effet, s'il n'a traité que plus tard avec le débiteur, quel grief peut-il bien avoir ? Il n'a pas dû compter sur une valeur précédemment sortie des mains du débiteur ; il a traité avec un homme déjà appauvri et l'a pris comme tel.

On a discuté la question de savoir si l'antériorité de la créance doit être établie par un acte ayant *date certaine*, conformément à l'art. 1328. La jurisprudence juge que cela n'est pas nécessaire parce que les motifs qui ont fait exiger la date certaine n'existent pas dans l'espèce (Bourges, 18 juill. 1892, D. 92. 2. 609, S. 93. 2. 210 et les renvois. — Voyez cependant Paris, 16 mars 1893, D. 93. 2. 280).

Les créanciers *postérieurs* à l'acte frauduleux ne sont donc pas admis à l'attaquer. Mais ce droit leur appartiendrait par exception, si la fraude avait été spécialement dirigée contre eux. On en a vu des exemples dans la pratique : certains débiteurs commettent des fraudes contre leurs *créanciers futurs*, en s'arrangeant de façon à leur retirer d'avance le gage sur lequel ceux-ci compteront en traitant avec eux (Cass., 5 janv. 1891, D. 91. 1. 331, S. 91. 1. 147; Paris, 21 juin 1893, D. 93. 2. 470).

317. Créanciers à terme ou sous condition. — Les créanciers dont le droit est encore suspendu par un terme ou par une condition sont-ils autorisés à intenter l'action? La question est controversée et elle est délicate. Beaucoup d'auteurs accordent l'action aux créanciers à terme et la refusent aux créanciers sous condition. Peut-être est-il plus sûr de la refuser aux deux catégories : l'action Paulienne suppose que le créancier en arrive à employer les voies d'exécution et qu'il a déjà discuté les biens de son débiteur, toutes choses qui sont également impossibles à des créanciers dont le droit n'est pas exigible.

318. Légataires. — L'action est ouverte aux *créanciers*. Parmi eux, on doit ranger les *légataires* du défunt qui deviennent *créanciers* de l'héritier par l'effet de l'acceptation. Les légataires sont donc autorisés à faire annuler la renonciation de l'héritier, en vertu de l'art. 788, s'il est prouvé qu'elle a été faite en fraude de leurs droits (Dijon, 24 juill. 1885, D. 86. 2. 217, S. 87. 2. 227).

2° En quelle qualité elle leur est donnée.

***319. L'action est propre aux créanciers.** — L'action Paulienne est une action qui appartient en propre aux créanciers. Par là s'explique la différence de rédaction qu'on remarque entre l'art. 1166 et l'art. 1167. Ces deux articles accordent aux créanciers des droits qui sont l'un et l'autre des conséquences de leur droit de gage général sur le patrimoine du débiteur; il y a donc une certaine relation entre eux, puisqu'ils ont chacun un rapport étroit avec l'art. 2092 ; mais une différence importante les sépare : d'après l'art. 1166, le créancier poursuivant intente une action qui appartient à son débiteur, il agit *du chef de celui-ci* et se présente comme étant son ayant cause ; d'après l'art. 1167, le créancier agit « en son nom personnel », comme le dit la loi, il exerce une action qui lui appartient *en son nom propre*, en sa qualité de créancier lésé. Le principe des deux actions n'est donc pas le même ; l'une est *directe* et figure dans le patrimoine du créancier ; l'autre est *oblique* et figure dans le patrimoine du débiteur.

Ce qui vient d'être dit a besoin, pour être bien compris, d'être rapproché des principes ordinaires. On sait que, d'une manière générale, les créanciers sont traités comme étant, par rapport à leur débiteur, des *ayants cause* et non des *tiers* : les actes que le débiteur fait sur son patrimoine, qui est leur gage, leur sont *opposables*. Ainsi, quand un bien est vendu, il *sort* du patrimoine du débiteur; il *sort* en même temps du gage des créanciers et est perdu pour eux (à moins qu'ils n'aient une hypothèque leur donnant le *droit de suite*). Les créanciers sont obligés de subir les effets de tous ces actes : c'est la suite de leur qualité d'ayants cause, n'ayant point de droits distincts de ceux du débiteur. Comp. t. Ier, 1re édit., n° 284, 2e édit., n° 303. On exprime habituellement ce résultat en disant que *le débiteur représente ses créanciers*. Mais tout ceci n'est vrai que sous une condition : il faut que le débiteur *agisse de bonne foi*. S'il commet une fraude, s'il cherche à faire disparaître son actif pour éviter de payer ses dettes, sa conduite fait naître, au profit du créancier, une action nouvelle, distincte de la première, car la fraude est un *délit civil* et comme telle elle a la force de produire une obligation, qui a pour objet la réparation du préjudice causé. Le créancier, armé dès lors d'une action spéciale, cesse de subir l'effet de l'acte frauduleux. Aussi dit on que le débiteur qui agit par fraude *cesse de représenter ses créanciers*, langage un peu énigmatique, qui désigne simplement la possibilité pour les créanciers de se soustraire aux effets d'un acte déterminé[1].

E. — Contre qui est donnée l'action Paulienne.

***320. Disparition de l'action contre le débiteur.** — Le droit romain donnait exceptionnellement l'action Paulienne contre le *defraudator* ou *decoctor*, c'est-à-dire contre le débiteur lui-même. Mais cet emploi de l'action, qui même en droit romain n'avait pas grand intérêt, n'en aurait plus aucun aujourd'hui, et il a entièrement disparu. L'action Paulienne est *toujours donnée contre un tiers*, c'est-à-dire contre la personne qui a bénéficié de l'acte frauduleux.

****321. Distinction à faire dans la situation des tiers.** — Considérons d'abord la première personne en ligne, celle qui a traité directement avec le débiteur. Pour savoir si l'action Paulienne peut réussir contre elle, il faut distinguer selon qu'elle est un *acquéreur à titre onéreux* ou un *acquéreur à titre gratuit*.

****322. Ayant cause à titre onéreux.** — Lorsque le tiers poursuivi a traité à titre onéreux avec le débiteur (c'est par exemple un *acheteur*, un *échangiste*, etc.), le créancier ne peut triompher contre lui qu'à la condition d'établir qu'il a été *complice de la fraude* commise par le débiteur. Si ce tiers n'a pas connu le caractère frauduleux de l'acte, il est à l'abri de toute poursuite. Comp. Dijon, 19 déc. 1897, D. 1900. 2. 364.

****323. Ayant cause à titre gratuit.** — Si le tiers a traité avec le débiteur à titre gratuit (par exemple un *donataire*), la condition de complicité n'est pas nécessaire : le créancier obtiendra la révocation de l'acte sans avoir besoin de prouver que son adversaire a été « conscius fraudis » ; même de bonne foi, celui-ci succombera.

***324. Origine et motifs de la différence.** — Cette différence entre les deux espèces d'ayants cause est traditionnelle; elle était déjà faite par les Romains (*Digeste*, liv. XLII, tit. 8, fr. 6, §§ 8 et 11)[2] et elle a toujours été conservée par notre jurispru-

[1] On présente communément, sous une forme toute différente, la naissance de l'action Paulienne. Les créanciers, dit-on, ont témoigné une confiance entière au débiteur ; ils ont cru en lui et *suivi sa foi*. C'est l'expression romaine : « fidem secuti sunt ». Donc ils n'ont pas ratifié d'avance les actes de mauvaise foi et le débiteur ne pourra pas les leur opposer : « Représente-t-on celui que l'on trahit ? », dit un auteur. Cette explication est tout à fait insuffisante, parce qu'elle fait reposer l'action Paulienne sur une base trop étroite ; elle ne convient en effet qu'aux créanciers qui ont acquis leur droit par un acte volontaire de leur part, tel qu'un contrat. C'est la majorité sans doute, mais non la totalité des créanciers. Pour ceux qui le sont devenus sans l'avoir voulu, l'explication donnée est impossible ; donc elle est fausse, puisque l'action Paulienne appartient à tous les créanciers sans distinction. L'action ne se peut fonder que sur la combinaison des deux principes suivants : 1° le droit de gage que la loi accorde à tout créancier, en vertu de son titre et quelle qu'en soit la source, sur le patrimoine du débiteur ; 2° la force obligatoire de tout acte délictueux, c'est-à-dire contraire au droit d'autrui. Il n'y a donc pas lieu de rechercher dans quelle mesure le créancier a pu croire que son débiteur était un honnête homme.

[2] La différence entre les deux espèces d'acquéreurs n'est cependant pas une des règles primitives de l'action Paulienne. Le Préteur avait d'abord établi une règle absolue : le tiers devait avoir été *conscius fraudis*. L'édit portait : « cum eo qui fraudem non ignoraverit... actionem dabo » (*Dig.*, liv. XLII, tit. 8, fr. 1, princ.). C'est plus tard qu'on donna aussi l'action contre les acquéreurs à titre gratuit, même quand ils avaient

dence[1]. Elle se justifie par cette raison que la situation du tiers poursuivi est plus ou moins digne d'intérêt : s'il a acquis à titre onéreux la valeur qu'il détient, il en a fourni l'équivalent; la lui enlever serait l'appauvrir, car il n'aurait de recours que contre un débiteur absolument dénué de ressources; tandis que l'acquéreur à titre gratuit, tel qu'un donataire, se retrouvera, après l'exercice de l'action Paulienne, aussi riche qu'il était avant l'acte frauduleux, qui a été pour lui un *pur gain*. Les Romains disaient de lui : « Certat de lucro captando », tandis que les acquéreurs à titre onéreux « certant de damno vitando ». Tel est à peu près le langage d'Ulpien dans la loi 6, § 11, précitée.

*** 325. Situation des sous-acquéreurs.** — Il arrive fréquemment que le bien indûment aliéné par le débiteur a déjà circulé et se trouve aux mains d'un sous-acquéreur quand les créanciers intentent leur action. Sous quelles conditions cette action peut-elle triompher contre les sous-acquéreurs? Il faut faire une distinction. Si l'acquéreur primitif est à l'abri de toute poursuite, comme ayant acquis la chose à titre onéreux et de bonne foi, le bien est valablement sorti du patrimoine du débiteur et on n'a pas à rechercher ce qu'il est devenu. Les sous-acquéreurs se trouvent donc eux-mêmes à l'abri; ils sont couverts par l'acquéreur primitif. Supposons maintenant que l'action soit ouverte aux créanciers contre le premier acquéreur, mais que celui-ci ait transmis la chose à un autre; l'action est-elle recevable contre le sous-acquéreur et sous quelles conditions? Si nous avions affaire à une action en nullité ordinaire, le sous-acquéreur serait nécessairement évincé quand l'acquéreur primitif (qui est son *auteur*) est tenu de restituer, et les conditions dans lesquelles ce sous-acquéreur a reçu le bien ne seraient pas prises en considération; son droit tomberait par voie de conséquence, en vertu de la règle « Resoluto jure dantis resolvitur jus accipientis ». — Ce n'est pas ce qui a lieu. Dirigée contre un sous-acquéreur, l'action Paulienne triomphe ou échoue selon les mêmes règles que s'il s'agissait de l'acquéreur primitif, ayant cause immédiat du débiteur : on devra donc distinguer suivant que le détenteur actuel de la valeur réclamée par les créanciers l'a acquise à titre gratuit ou à titre onéreux, et dans ce dernier cas s'il a été complice de la fraude. C'est en ce sens que l'opinion générale s'est fixée en France, ainsi que la jurisprudence (Orléans, 10 févr. 1876, D. 77. 2. 113, S. 76. 2. 321; Dijon, 31 juill. 1878, S. 79. 2. 21. Voy. aussi Pau, 2 avril 1879, D. 81. 2. 73, S. 82. 2. 145). Mais l'opinion contraire a été soutenue avec une grande force à l'étranger par Laurent (t. XVI, n° 465 et suiv.), et elle a triomphé devant la Haute Cour de Hollande (28 mars 1884, S. 85. 4. 9).

F. — Effets de l'action Paulienne.

326. Plan à suivre. — La façon de comprendre les effets de l'action Paulienne varie selon l'idée qu'on se fait de la *nature* de l'action. Il faut donc se fixer d'abord sur ce point capital avant d'étudier les effets particuliers qu'elle produit pour les diverses personnes qu'elle intéresse.

1° Détermination du caractère de l'action.

***327. L'action Paulienne est une action en nullité.** — L'action Paulienne a pour but de procurer aux créanciers la réparation du préjudice que leur a causé la fraude commise contre eux par le débiteur. Tel est le *but pratique* de l'action; voyons par quel *procédé juridique* on y arrive. Au début, l'action Paulienne a été une action pénale née « ex delicto », qui tendait à une condamnation *pécuniaire* égale au préjudice causé, mais une restitution *en nature* était fréquemment obtenue, grâce au caractère

ignoré la fraude, et contre eux elle prenait un autre caractère : c'était une simple « actio in factum » limitée à leur enrichissement.

[1] Elle se retrouve en outre consacrée par les art. 446 et 447 C. com. en matière de faillite.

arbitraire de l'action. On permettait donc aux créanciers de rentrer en *possession effective* du bien frauduleusement aliéné. Ainsi se justifie le langage des textes : « revocando ea quæ... alienata sunt « (*Dig.*, liv. XLII, tit. 7, fr. 1, § 1). Les formes de la procédure romaine se sont perdues, mais le résultat est resté : l'action Paulienne, de nos jours encore, tend en principe à faire avoir une restitution en nature, et c'est ce qui lui a fait maintenir le nom d'*action révocatoire* ; le créancier qui l'exerce n'est pas assimilé aux autres créanciers du tiers poursuivi par lui ; on verra l'importance de cette idée en étudiant les effets de l'action. L'action Paulienne est ainsi entrée dans la famille des *actions en nullité*.

Tel était déjà le langage de Pothier qui parle, selon les cas, de faire « rescinder » une aliénation, de « déclarer nulle » une acceptation de succession, etc. Le Code civil dit que les créanciers peuvent « attaquer » l'acte frauduleux, et ce mot est celui que le Code emploie le plus volontiers, quand il s'agit d'une annulation à demander (art. 180 à 185 ; art. 191 ; art. 1115 ; art. 1125 ; art. 2052 ; etc.). D'ailleurs l'art. 243 (ancien 271) porte expressément « sera déclarée nulle », à propos d'une application particulière de l'action Paulienne. La loi allemande porte de même que « les actes d'un débiteur peuvent être attaqués dans l'intérêt d'un créancier et *déclarés nuls* à son égard ». Cette façon de comprendre la nature et le but de l'action Paulienne est devenue universelle.

Mais la nullité qui résulte de l'action Paulienne n'est pas une nullité comme les autres ; l'acte frauduleux n'est annulé que *dans l'intérêt du créancier fraudé* et reste debout avec toutes ses conséquences à l'égard de toutes autres personnes ; aussi vaut-il mieux se servir, pour la désigner, de l'expression « action révocatoire », qui indique une action d'une nature spéciale.

Les effets bornés de l'action Paulienne la séparent si nettement des autres actions en nullité que ce nom lui a été parfois refusé. On a pu soutenir qu'elle était « une simple action personnelle *en réparation du préjudice causé* » et non pas une action en nullité (Huc, t. VII, n°s 217 et 229). J'avais moi-même jadis développé cette idée (*Revue critique*, 1882, t. XI, p. 494), mais un nouvel examen de la théorie me l'a fait abandonner. En considérant l'action Paulienne comme une simple action en indemnité, il est impossible d'expliquer l'un de ses effets les plus intéressants : la préférence qu'elle assure au créancier demandeur sur les autres créanciers du tiers (ci-dessous n° 330-2°). — Voyez aussi, sur le caractère spécial de la nullité qui résulte de l'action Paulienne, M. Esmein, *Sirey*, 85. 4. 9.

***328. Caractère personnel de l'action.** — On a beaucoup discuté jadis la question de savoir si l'action Paulienne était réelle ou personnelle en droit romain, à cause d'un passage des Institutes de Justinien (liv. IV, tit. 6, § 6), qui emploie à son sujet un terme propre aux actions réelles (eam rem petere). Il est reconnu aujourd'hui qu'il s'agit, dans ce passage, d'une « restitutio in integrum ob dolum » et non de l'action Paulienne ; on permet aux créanciers d'exercer la revendication qui est rendue à leur débiteur « rescissa alienatione ». — Le même doute pourrait naître en droit français, parce qu'on voit l'action Paulienne dirigée, à la façon d'une revendication, contre des tiers qui détiennent des valeurs sorties du patrimoine du débiteur. Ce serait une erreur (Voyez cependant Amiens, 16 mars 1839, S. 40. 2. 10). Il n'y a d'actions réelles que celles qui garantissent les droits réels, tels que la propriété, les servitudes, les hypothèques, et ici il n'y a rien de semblable : l'action Paulienne est une *action personnelle* qui naît d'un *fait illicite* : elle tend à réparer le préjudice subi par le créancier. Elle rentre donc dans la famille des actions délictuelles. La nullité, qui en est la conséquence, n'est qu'un moyen de donner au créancier la réparation à laquelle il a droit sous sa forme la plus directe et la plus simple. La Cour de cassation a jadis jugé que l'action Paulienne était une *action mixte* (Cass., 27 déc. 1843, S. 44. 1. 122).

2° Analyse des effets de l'action.

329. Énumération. — Tous sont dominés par deux considérations essentielles, tirées du but de l'action : 1° le créancier obtient la *révocation* de l'acte frauduleux ; 2° cette révocation est *partielle* et prononcée seulement dans son intérêt. De là découlent les conséquences suivantes, qui forment deux séries distinctes.

***330. Effets produits par la révocation.** — 1° Le créancier a le droit de *saisir* entre les mains du tiers le bien aliéné par son débiteur, comme s'il était encore entre les mains de ce dernier ; la sortie de ce bien du patrimoine qui lui servait de gage cesse d'être pour lui un obstacle.

2° Les *créanciers personnels du tiers acquéreur* ne peuvent pas venir en concours avec le créancier poursuivant sur les biens et valeurs restitués à celui-ci, puisqu'elles sont censées être restées dans le patrimoine de l'aliénateur. — Toutefois, si le bien aliéné ne se retrouvait pas en nature en la possession du tiers ; si c'était, par exemple, une somme d'argent qui lui aurait été indûment versée, ou une dette dont il aurait obtenu la remise, le créancier poursuivant, n'ayant à réclamer aucun corps certain, se trouverait réduit au rôle d'un créancier de somme d'argent et obligé, comme tel, de subir le concours des autres créanciers.

***331. Effets du caractère limité de la révocation.** — 1° La valeur restituée *ne rentre pas dans le patrimoine de l'aliénateur* et ne redevient pas le gage commun de tous ses créanciers ; elle ne peut être distribuée qu'au créancier poursuivant et à ceux qui se sont associés à ses poursuites ayant souffert comme lui de la fraude.

On justifie ordinairement cette solution à l'aide de l'*autorité relative de la chose jugée* : le jugement de révocation ne profite qu'à ceux qui l'ont obtenu. Mais on n'a même pas besoin de ce principe, car le but restreint qu'on se propose n'autorise nécessairement qu'un effet limité. La véritable raison est que la révocation n'a de raison d'être qu'en faveur des créanciers lésés. Du reste l'autorité relative des jugements ne suffirait pas à expliquer pourquoi l'effet de la révocation est *partiel, même à l'égard du créancier poursuivant*, quand il est seul. L'effet tout relatif de la révocation est une des différences les plus fortes qui séparent la pratique française de l'ancien droit romain, d'après lequel la valeur restituée par le tiers revenait dans le patrimoine du débiteur et profitait à tous ses créanciers indistinctement.

2° La révocation n'est prononcée que *dans la mesure du préjudice subi par le créancier poursuivant*. Par conséquent, si ce préjudice est moindre que la valeur du bien réclamé, le tiers est autorisé à *le garder en désintéressant le créancier*. Celui-ci ne peut refuser le paiement que lui offre le tiers, et une fois payé il n'a plus rien à prétendre contre lui.

3° L'acte frauduleux n'est pas réputé détruit *dans les rapports du tiers avec le débiteur* ; à leur égard, l'acte doit produire tous ses effets. Par conséquent, s'il reste un excédent de valeur libre après le désintéressement du créancier, cet excédent doit rester au tiers acquéreur ; par conséquent encore, un recours en garantie s'ouvre au profit de ce tiers contre le débiteur pour toute la valeur dont il a été privé par la poursuite du créancier, plus les frais et pertes accessoires. Il a en définitive payé la dette d'autrui et ne retire pas le profit de l'acte qu'il avait fait. — Malheureusement ce recours lui est absolument inutile dans la pratique, puisqu'il lui est donné contre un homme entièrement ruiné. Comp. Cass., 2 mai 1899, D. 1900. 1. 217.

On se demande quelle est la *nature de ce recours* : a-t-il pour base une *éviction* ou seulement *le fait d'avoir payé la dette d'autrui* ? Les règles ne seraient pas les mêmes dans les deux cas. Je juge inutile d'entrer dans cette controverse, à raison de la stérilité constante de ce recours. La solution qui me paraît préférable est qu'il y a lieu à la fois aux deux espèces de recours, comme dans le cas où l'acquéreur d'un bien hypothéqué est obligé de payer la dette : il a un recours en garantie contre son auteur, et une action en remboursement contre le débiteur qu'il a libéré à ses dépens, et ces deux personnes peuvent n'en faire qu'une ou être distinctes; cette dernière hypothèse arrivera pour la Paulienne, si le tiers poursuivi est un sous-acquéreur : il aura pour garant l'acquéreur primitif, et aura en outre son recours contre le débiteur.

Sur tous ces points il n'y a pas de jurisprudence, si ce n'est l'arrêt du 2 mai 1899 précité. Voyez le relevé des opinions doctrinales dans Aubry et Rau, § 313, notes 38 et suiv.

G. — Durée de l'action.

* **332. Prescription trentenaire.** — Le Code n'a pas déterminé, par une disposition particulière, la durée de l'action, et de son silence est née une controverse. Quelle prescription appliquer ? On ne peut admettre, comme le voulait Toullier, qu'à défaut de texte l'action Paulienne aurait une durée indéfinie. La plus longue durée possible qu'on puisse lui assigner est celle de *trente ans* (art. 2262), et c'est en effet l'opinion générale.

333. Inapplicabilité de l'art. 1304. — Il y a eu, cependant, quelque difficulté à cause de l'art. 1304, aux termes duquel les actions en nullité s'éteignent au bout de dix ans, à moins que leur durée ne soit réduite à un moindre temps par la loi. Dans l'opinion commune, qui veut que la Paulienne soit une action en nullité, on s'est trouvé un peu embarrassé pour écarter la prescription décennale, et on en avait cependant le désir, parce que traditionnellement l'action donnée pour réprimer la fraude durait trente ans. On y a réussi, en faisant remarquer que l'art. 1304 est un article exceptionnel et qu'il concerne uniquement les actions en nullité dirigées contre une convention par les personnes qui y ont été parties. Or l'acte attaqué par l'action Paulienne peut être autre chose qu'une convention et, en tout cas, le créancier qui agit n'y a pas été *partie*. L'action échappe ainsi à la prescription abrégée établie par cet article.

334. Inapplicabilité de la prescription de dix à vingt ans. — Le tiers pourrait-il opposer à l'action Paulienne la prescription de dix à vingt ans, s'il était donataire de bonne foi ? Il faut répondre négativement. La prescription de dix à vingt ans ne sert qu'à acquérir la propriété et elle n'éteint que les *actions réelles*. Or la Paulienne a le caractère d'une *action personnelle*.

H. — L'action Paulienne en dehors du droit civil.

335. Actes frauduleux d'un failli. — Les art. 446 et 447 C. com. établissent différents cas de nullité qui ne sont pas autre chose que l'application du principe de l'action Paulienne aux opérations commerciales ; mais ici l'action revêt un caractère particulier de *sévérité*. Les actes les plus suspects sont annulés d'office par la loi ; les autres peuvent l'être par le juge, si le tiers qui a traité avec le failli avait connaissance de la cessation des paiements ; et il est à remarquer que ces nullités atteignent même les *paiements* que le droit civil laisse en dehors de l'action Paulienne (ci-dessus nos 306 et 308). — Ajoutons que le droit commercial a conservé la forme collective que la Paulienne avait en droit romain et que cette action exercée par le syndic au nom de tous les créanciers fait rentrer les valeurs dans la masse au profit de tous.

336. Jugements obtenus par fraude. — Il se peut que l'acte entaché de fraude, et d'où résulte un préjudice pour les créanciers, soit un jugement. Le débiteur peut se laisser condamner par connivence avec l'autre plaideur. Contre les jugements, aucune *action en nullité* n'est possible ; on les attaque par d'autres moyens, qu'on appelle *voies de recours* ; les plus usuelles sont l'appel, l'opposition, le pourvoi en cassation. Si le jugement a été obtenu par fraude, la loi ouvre aux créanciers une voie de recours spéciale, qu'on appelle la *tierce-opposition* (art. 474 et suiv. C. proc. civ.)[1]. L'action Paulienne n'est donc pas *supprimée* ici purement et simplement ; elle est *remplacée* par une voie équivalente, mais qui porte un autre nom et dont les règles sont différentes.

De droit commun la tierce-opposition dure *trente ans* ; elle est réduite à *un an* par l'art. 873 C. proc. civ. dans l'hypothèse prévue par l'art. 1447 C. civ.

CHAPITRE IV

DES OBLIGATIONS NATURELLES

***337. Leur nature.** — L'obligation naturelle ne doit pas être confondue avec les simples *devoirs moraux*, que la loi ne sanctionne pas; elle constitue *une véritable obligation juridique*, produisant des *effets légaux*, seulement ces effets sont moindres que ceux des obligations ordinaires, dites *civiles*, auxquelles est réservée la plénitude de la force obligatoire. Voyez ci-dessus no 164.

338. Silence de la loi. — Les lois françaises ne contiennent aucune réglementation générale des obligations naturelles, ni pour en déterminer les effets, ni pour en fixer le nombre. Elles en reconnaissent cependant l'existence, puisque le Code les mentionne dans l'art. 1235, en indiquant un de leurs effets.

***339. Définition.** — Les obligations naturelles se distinguent des obligations civiles, en ce que le créancier naturel n'a *aucun moyen de contrainte contre son débiteur*; il ne peut espérer son paiement que de la libre volonté de celui-ci ; toutes les voies d'exécution, directes ou indirectes, lui sont absolument refusées. L'obligation naturelle peut donc être définie : *une obligation reconnue par la loi, mais seulement au cas où le débiteur consent à l'exécuter*. Son caractère propre est l'*absence de contrainte*.

***340. Effets utiles des obligations naturelles.** — Les obligations naturelles, quoique dénuées de la contrainte ordinaire qui caractérise les obligations, sont cependant des obligations ayant une *valeur juridique*, de véritables dettes susceptibles de produire des effets légaux. Elles peuvent en effet, *si le débiteur le veut*, servir de base à un *paiement*. C'est le seul point réglé par la loi (art. 1235). C'est par là qu'elles diffèrent des *simples devoirs moraux* : celui qui acquitte une obligation naturelle fait un *paiement*; il se libère d'une dette ; celui qui agit par devoir, par exemple en faisant la charité, fait une *donation*.

La possibilité de donner lieu à un paiement entraîne, pour les obligations naturelles, quelques autres conséquences : elles peuvent être garanties par une *sûreté*, consentie soit par le débiteur, soit par un tiers (cautionnement, gage, ou hypothèque) ; elles peuvent

[1] La tierce-opposition a un autre emploi et peut servir contre des jugements qui n'ont aucun caractère frauduleux, mais alors elle n'a plus rien de commun avec la Paulienne.

être *novées* ; mais elles ne peuvent pas être opposées en *compensation*. Pour elles, la compensation, qui n'est qu'un mode de règlement, doit être purement volontaire. Nous reviendrons sur ces différents points à propos du paiement, du cautionnement, de l'hypothèque, de la novation, de la compensation.

341. Rareté des obligations naturelles. — Parmi les obligations, celles qui existent avec leur force pleine, à l'état d'obligations civiles, forment l'immense majorité ; l'obligation naturelle n'est qu'une exception.

Nos lois n'ont reconnu nulle part l'existence d'une obligation naturelle particulière[1] ; c'est donc l'interprétation judiciaire et surtout l'interprétation doctrinale qui ont eu à déterminer les cas d'obligations naturelles. Or la question se présente bien rarement en jurisprudence, et les auteurs sont encore loin de s'être mis d'accord sur ce sujet.

342. Principaux cas. — On peut ranger ces obligations en deux groupes : les unes sont des *obligations civiles dégénérées*, qui ont perdu leur sanction normale, le droit d'agir en justice ; les autres ont été *réduites dès leur naissance* à l'état de simples obligations naturelles.

A la première série appartiennent : les dettes prescrites ; certaines dettes annulées ou paralysées par une présomption de libération ; les obligations du failli concordataire pour lesquelles il a obtenu une remise ; les anciennes rentes féodales supprimées sans indemnité. Dans la seconde série rentrent : les contrats solennels ou les testaments nuls pour vice de forme ; les dettes de jeu et de pari, sauf controverse. — Reprenons quelques-uns de ces différents cas.

343. Obligations annulées. — Il y a lieu d'établir parmi elles certaines distinctions.

1° Les *incapables* qui font annuler leurs engagements restent tenus d'une obligation naturelle, quand ils ont contracté en pleine possession de leur intelligence. Il en est ainsi du mineur, déjà en âge de raison, qui s'oblige sans le consentement de son père ou de son tuteur ; du prodigue et de la femme mariée qui contractent sans l'autorisation du conseil judiciaire ou du mari ; d'un interdit qui contracte seul, dans un intervalle lucide.

2° L'annulation d'un engagement pour *vice du consentement* (dol, erreur, violence, lésion) semble bien ne laisser subsister *aucune obligation naturelle*, puisqu'elle enlève à l'acte sa base même, la volonté de celui qui s'était obligé.

3° Aucune obligation naturelle ne peut être admise dans les cas où la loi annule un engagement comme *contraire à la morale ou aux bonnes mœurs*. Il est en effet impossible d'admettre que la loi consente à laisser se produire, même partiellement, les effets d'un pareil acte. Ici la destruction juridique de l'acte est fondée sur un motif absolu qui ne comporte pas de tempérament : le droit naturel et le droit civil sont d'accord pour rejeter ces obligations.

344. Obligations paralysées par une exception péremptoire. — Au contraire, lorsque la suppression de l'obligation est fondée sur des *motifs généraux* qui peuvent se trouver *faux dans un cas déterminé*, il est possible d'admettre l'existence d'une obligation naturelle. Il en est ainsi de toutes les exceptions péremptoires tirées des preuves ou de la procédure, qui sont destinées à procurer la tranquillité et la sécurité des intérêts privés : ainsi la *chose jugée*, le *serment décisoire*, la *prescription*, fournissent des moyens de défense auxquels il doit être permis de renoncer, lorsqu'ils paraissent en fait mal fondés. Toutefois la survie de la dette, à l'état d'obligation, est fortement discutée dans tous ces cas.

345. Obligations nulles dès l'origine. — La jurisprudence a eu à s'occuper de quelques hypothèses qui rentrent dans cet ordre d'idées : il s'agissait de l'*exécution volontaire par les héritiers de dispositions de dernière volonté nulles en la forme*, comme contenues dans un testament irrégulier ou même comme ayant été faites verbalement. Elle a admis l'existence de l'obligation naturelle (Aix, 21 juin 1875, D. 77. 2.

[1] Cependant on peut en découvrir une, admise implicitement, par l'art. 1906, qui refuse l'action en répétition à un emprunteur pour les intérêts qui ont été payés sans avoir été stipulés. Voyez ci-dessous, n° 2073, en note.

125; Cass., 20 nov. 1876, D. 78. 1. 376; Toulouse, 5 avril 1892, D. 92. 2. 568). Il n'y a aucun inconvénient à reconnaître ici l'obligation naturelle, puisque le débiteur est toujours libre de ne pas renoncer à la protection que la loi lui accorde en paralysant l'action du créancier.

346. Différences entre le droit romain et le droit français. — La théorie des obligations naturelles est certainement une survivance des traditions romaines, et notre droit est encore dominé en cette matière par les souvenirs de ses origines. Cependant les différences profondes qui séparent les deux législations se font sentir en plus d'un point.

1° D'abord les *sources* des obligations naturelles ne sont pas les mêmes. Le droit romain contenait diverses institutions qui ont disparu et qui produisaient fréquemment des obligations naturelles (l'esclavage, pour les contrats faits par l'esclave; la constitution de la famille, qui empêchait la formation d'obligations civiles entre membres d'une même maison; la « capitis deminutio », qui laissait subsister les dettes à l'état d'obligations naturelles). La différence est plus grande encore, si l'on pense, comme c'est l'opinion dominante en France, que le *simple pacte* faisait naître une obligation naturelle; mais cette solution est contestée (GIRARD, 3e édit., p. 636, note 5).

2° En second lieu, les *effets* de l'obligation naturelle ne sont pas réglés de la même manière. Le droit français paraît bien admettre que ces effets sont *toujours identiques*, tandis que le droit romain faisait produire des *effets variables* aux diverses catégories d'obligations naturelles. Les points extrêmes, qui servaient de limites communes à toutes leurs variétés, étaient: 1° le refus constant du droit d'*agir* en justice; 2° la concession constante d'une exception permettant de conserver ce qui avait été payé.

3° Une autre différence, peut-être plus grave encore, se remarque dans les effets de l'obligation naturelle, entre le droit romain et le droit français. Dans notre loi, l'*acquittement d'une obligation naturelle est toujours volontaire* de la part du débiteur. Le droit romain trouvait le moyen de procurer au créancier le bénéfice d'une exécution forcée dans deux cas :

a) Si le débiteur avait acquitté sa dette par erreur, se croyant tenu *civiliter*, on lui refusait la *condictio indebiti* : il y avait bien eu erreur, mais l'autre condition de l'action, l'*indebitum*, faisait défaut. Chez nous, le paiement n'est maintenu que quand il a eu lieu en connaissance de cause (art. 1235).

b) Le droit romain donnait parfois une *exception* au créancier naturel pour lui permettre d'opposer sa créance en compensation (*Dig.*, liv. XVI, tit. 2, fr. 6). Cela équivalait, pour le créancier, à un moyen indirect d'exécution forcée, car le débiteur naturel, qui se voit opposer sa dette en compensation quand il agit comme créancier, se libère malgré lui. Pareille chose est impossible en droit français.

MODALITÉS DES OBLIGATIONS

347. Transition. — Les effets décrits dans les chapitres précédents sont ceux des obligations *pures et simples*, c'est-à-dire qu'ils se produisent dans l'état normal, quand l'obligation n'est suspendue par aucune *modalité* (terme ou condition). La nature intrinsèque du terme et celle de la condition ont déjà été expliquées dans le t. Ier (1re édit., nos 289 à 306 ; 2e édit., nos 307 à 325) ; il n'y a donc lieu d'étudier ici que les effets spéciaux que ces modalités produisent sur les obligations.

CHAPITRE PREMIER

OBLIGATIONS A TERME

****348. Distinction du terme de droit et du terme de grâce.** — En matière d'obligations, on distingue deux espèces de terme, selon l'origine d'où il dérive. Quand le terme est établi *par la convention* ou *par la loi,* on l'appelle « terme de droit » ; quand il est concédé au débiteur par le tribunal, on l'appelle « terme [ou délai] de grâce ».— Ces deux espèces de terme diffèrent entre elles non seulement par leur *source,* mais aussi par leurs *effets* et par leurs *causes de déchéance.*

§ 1. — *Du terme de droit.*

*** 349. Établissement du terme.** — Terme conventionnel. — Le terme de droit est en général établi *par la convention.* Ordinairement la convention d'où dérive le terme est *expresse*, et il y a pour cela une bonne raison : c'est qu'il est important d'en fixer la durée par un chiffre ou par une date. Cependant le terme conventionnel peut être *tacite* : cela arrive lorsque l'obligation est de telle nature qu'elle ne peut pas être exécutée immédiatement, soit à cause de la distance, soit parce qu'elle suppose l'accomplissement d'un travail ; la durée du terme est alors déterminée par l'usage, ou par les juges d'après les circonstances.

Terme légal. — Le terme de droit peut aussi être établi par la loi, mais les textes qui donnent ainsi des termes fixes, pour l'exécution de certaines obligations, sont rares.

On peut citer comme exemples les délais de trois et de six mois accordés au tuteur pour placer les fonds libres de son pupille ou pour convertir les valeurs au porteur en titres nominatifs (C. civ., art. 455 ; L. 27 février 1880, art. 3 et 5) ; le délai d'un an accordé dans certains cas au mari pour la restitution de la dot (art. 1565). En 1870-1871, divers décrets accordèrent aux habitants du département de la Seine des délais pour le paiement de leurs loyers.

** **350. En faveur de qui le terme est établi.** — En général, le terme est établi *en faveur du débiteur* ; c'est un délai qu'on lui donne pour l'exécution de son obligation. Mais il arrive assez fréquemment que le terme est convenu *dans l'intérêt des deux parties* à la fois, et même, dans quelques cas, il arrive que le terme est convenu *dans l'intérêt exclusif du créancier,* par exemple, dans le dépôt : en effet, la garde de la chose est un service rendu au déposant, et elle doit se prolonger aussi longtemps qu'il en a besoin.

** **351. Effet du terme.** — Le terme suspensif[1] n'influe pas sur l'*existence* de l'obligation ; il en retarde seulement l'*exécution.* De là deux points à signaler : 1° l'effet que le terme produit, en retardant l'exécution ; 2° l'effet que l'obligation produit, en existant malgré le terme.

A. — Effets du terme sur l'obligation.

352. Énumération.— L'effet du terme se manifeste de trois manières : 1° par l'*inexigibilité*, 2° par l'*imprescriptibilité*, et 3° par l'*impossibilité de se libérer*.

* **353. Inexigibilité.** — La créance à terme n'est pas *exigible* immédiatement. Ce retard dans l'exécution est l'effet caractéristique du terme, le plus fréquent et le plus connu, parce que le terme est ordinairement établi dans l'intérêt du débiteur. Le terme ainsi considéré se présente sous la forme d'une *exception* accordée au débiteur, et qui empêche le créancier de lui réclamer son paiement tant que le terme n'est pas échu. C'était en se plaçant à ce point de vue que Pothier définissait le terme « un délai accordé au débiteur pour s'acquitter de son obligation ».

* **354. Imprescriptibilité.** — Le défaut d'exigibilité de la dette entraîne comme conséquence l'*imprescriptibilité de la créance* (art. 2257, al. 3). La prescription extinctive n'a lieu que contre un créancier négligent, qui pourrait agir et qui ne le fait pas. Or, le créancier à terme en est empêché par la loi elle-même : il est donc nécessaire de suspendre la prescription jusqu'à l'arrivée du terme.

355. Obstacle à la libération volontaire. — Quand le terme est établi dans l'intérêt du créancier, il produit un autre effet parfaitement distinct des deux précédents : il empêche le débiteur de se libérer volontairement avant échéance, contre le gré du créancier. Ce n'est plus alors la *poursuite du créancier*, qui est empêchée par lui ; c'est l'*offre du débiteur*, c'est-à-dire le paiement ou exécution volontaire de la dette.

[1] C'est le seul dont il puisse être question ici, puisque le terme extinctif doit être étudié parmi les *modes d'extinction* des obligations.

B. — Effets de l'obligation pendant la durée du terme[1].

356. Validité de l'exécution volontaire. — L'obligation existe malgré le terme en cours; elle produit donc sans retard tous les effets qu'elle entraîne, sauf la possibilité immédiate d'une exécution forcée. Il ne s'agit plus ici d'un effet du terme, mais bien des *effets de l'obligation non empêchés par le terme*. Le principal de ces effets est la *validité de l'exécution volontaire*, quand elle intervient. S'il s'agit d'une dette d'argent, par exemple, le paiement fait avant terme est valable, et ce qui a été payé ne peut être répété (art. 1186). D'après le droit commun, celui qui paye ce qu'il ne devait pas a, en principe et sous certaines conditions, le droit d'exercer une action en répétition, appelée traditionnellement de son nom latin « condictio indebiti ». Dans le cas d'une dette payée avant terme, *cette répétition n'est jamais admise*, parce que la première de ses conditions fait défaut : il n'y a pas « indebitum », le débiteur a payé ce qu'il *devait*. On n'a donc pas à s'enquérir si le paiement fait trop tôt a été fait sciemment ou par erreur ; eût-il ignoré l'existence du terme, le débiteur ne se trouverait toujours pas dans le cas prévu par l'art. 1377, car il était réellement débiteur.

On voit par là combien est faux le dicton populaire : « Qui a terme ne doit rien. » Cette formule donne une idée trop énergique des effets du terme ; il faut se dire, au contraire, que le débiteur à terme *doit* réellement, quoiqu'il puisse refuser de payer avant terme.

357. Question subsidiaire. — On s'est demandé si le débiteur qui a payé par erreur son créancier avant le terme, croyant sa dette échue, ne pourrait pas répéter tout au moins l'*interusurium*, représentant la jouissance de la chose payée depuis le jour du paiement jusqu'au jour de l'échéance. En pure équité, cette répétition devrait être admise : il y a là une valeur appréciable en argent, qui a été payée *sans être due et par erreur* : les conditions ordinaires de la « condictio indebiti » sont réalisées. Cependant le débiteur n'a *aucune répétition* à exercer ; le créancier garde le bénéfice du paiement anticipé qu'il a reçu. L'art. 1186 est interprété comme refusant l'action d'une manière absolue. On fait remarquer : 1° que cet article serait inutile s'il s'appliquait seulement à la répétition du capital, pour lequel la répétition n'était pas recevable d'après le droit commun, puisque le capital était *dû* ; 2° qu'il y avait une bonne raison pour empêcher la répétition de l'interusurium. En effet, le montant de la somme à restituer aurait été fort difficile à fixer toutes les fois que l'obligation avait pour objet autre chose que de l'argent : si la jouissance d'un capital en numéraire peut être estimée d'après le taux de l'intérêt, comment aurait-on évalué l'avantage procuré au créancier par l'accomplissement d'un fait ou la livraison d'une chose en nature, marchandise ou objet de consommation ? C'eût été, dit-on, provoquer des procès pour une chose bien minime.

C. — Comment l'obligation à terme devient exigible.

*** 358. Divers modes d'exigibilité.** — L'obligation devient *exigible* à l'expiration normale du terme ; on dit alors qu'elle est *échue* et les choses se passent désormais comme au cas d'obligation pure et simple.

L'exigibilité de l'obligation peut se produire plus tôt, soit part l'effet

[1] Pour étudier les effets de l'obligation à terme, je suivrai l'usage universellement admis, qui est de supposer un terme établi dans l'intérêt du débiteur.

d'une *renonciation* au bénéfice du terme, soit par l'effet d'une *déchéance*, et ceci demande quelques explications.

1° De la renonciation au bénéfice du terme.

*** 359. Comment se fait la renonciation.** — La personne qui bénéficie du terme peut y *renoncer*, et par suite *offrir* ou *demander* l'exécution immédiate. Si le terme est établi dans l'intérêt d'une seule des deux parties, la renonciation est *unilatérale* et résulte de la seule volonté de cette partie. Si le terme profite à toutes deux, sa suppression nécessite l'accord de leurs volontés et elle se fera sous la forme d'une *convention* qui effacera la clause relative au terme.

*** 360. Qui peut renoncer au terme.** — D'après ce qui précède, il importe grandement de savoir en faveur de qui le terme a été établi. Ordinairement les conventions sont muettes sur ce point. Pour trancher les difficultés qui se présentent, la loi institue une *présomption* : le terme est présumé stipulé *en faveur du débiteur seul* (art. 1187). C'est la doctrine traditionnelle du droit français ; elle a été acceptée dans la plupart des législations. Cependant le Code civil autrichien de 1810 déclare le bénéfice du terme commun aux deux parties (art. 1413).

361. Cas où le terme est établi en faveur du créancier. — L'art. 1187 prévoit que le terme peut avoir été stipulé par exception dans l'intérêt du créancier. Cela résultera, dit ce texte, « de la *stipulation* ou des *circonstances* ». Je suis convaincu que, par cette double expression, la loi a voulu prévoir les dérogations *expresses* ou *tacites* résultant de la volonté des parties : la dérogation sera expresse, quand elle résultera de la « stipulation », c'est-à-dire d'une clause insérée dans le contrat ; elle sera tacite, quand on pourra l'induire d'une circonstance, qui révèlera la pensée des contractants. Mais ce n'est pas ainsi qu'on entend le texte en général. On donne au mot « stipulation » deux sens en même temps, et on admet que la dérogation peut résulter soit des *termes*, soit de la *nature* du contrat (Aubry et Rau, t. IV, p. 90). Cette façon d'interpréter l'art. 1187 revient à ajouter une exception de plus à celles qui sont signalées par la loi, et le résultat pratique est important : il permet d'écarter pour certains contrats la présomption établie par le Code et de décider pour eux l'inverse *à raison de leur nature* : quoique l'intention des parties ne soit révélée ni par une clause expresse du contrat ni par les circonstances, le bénéfice du terme sera considéré comme commun aux deux parties et le débiteur ne pourra pas y renoncer à lui seul. La question se pose principalement à propos du *prêt à intérêt*, où elle a une importance énorme pour la conversion des emprunts faits par les grandes sociétés et les villes (voir ci-dessous, n° 2088).

La jurisprudence française a résolu la question d'une manière spéciale pour le prêt à intérêt, et assez habilement pour ne pas trancher la difficulté de principe que soulève l'interprétation de l'art. 1187 (Nancy, 10 juill. 1882, D. 83. 2. 165, S. 83. 2. 237 ; Cass., 21 avril 1896, D. 96. 1. 484, S. 97. 1. 481). Ces arrêts ne décident pas du tout que le prêt à intérêt échappe *par sa nature* à la présomption de la loi, mais seulement que les juges du fait peuvent admettre, *d'après les circonstances*, que le bénéfice du terme a été rendu commun aux deux parties. — En Suisse, la Cour fédérale s'est montrée plus hardie : elle a jugé qu'un texte rédigé comme notre article 1187 (il s'agissait de l'art. 1070 du Code civil Valaisan), permettait d'admettre des exceptions tirées de la nature même du contrat (1er mars 1890, S. 91. 4. 1, D. 92. 2. 169). Mais voyez la note du *Dalloz* sous cet arrêt. Pour la jurisprudence belge, qui ramène la difficulté à une question de fait, voyez Gand, 16 juin 1900 et Bruxelles, 26 déc. 1900, D. 1901, et les renvois. Comp. Lyon-Caen et Renault, *Traité*, 3e édit., t. II, n° 579.

Pour le dépôt, il existe un texte, l'art. 1944, d'après lequel le terme est considéré comme stipulé dans le seul intérêt du créancier [le déposant] : la loi lui permet de réclamer la chose déposée, même avant l'expiration du terme convenu.

2° De la déchéance du terme.

**** 362. Définition.** — Il y a déchéance du terme, quand le débiteur s'en trouve privé contre sa volonté. Les déchéances n'ont lieu que pour le terme qui profite au débiteur ; il n'en existe point contre le créancier.

Les causes de déchéance sont au nombre de deux : 1° la faillite ou la déconfiture ; 2° la diminution des sûretés.

a. — *Faillite ou déconfiture.*

*** 363. Effet de la faillite.** — Le débiteur ne peut plus réclamer le bénéfice du terme lorsqu'il a fait faillite (art. 1188 C. civ. et 444 C. com.). La déclaration de faillite entraîne *de plein droit* l'exigibilité immédiate des dettes à terme, et cet effet se produit, non pas au moment où le commerçant cesse ses paiements, mais *à la date du jugement* du tribunal de commerce qui prononce sa faillite. Ce point, que la rédaction du Code civil pouvait laisser douteux, est nettement résolu par le Code de commerce.

Cet effet, attaché à la faillite, est fondé sur la nécessité de procéder en une seule fois, et le plus vite possible, à la liquidation et au règlement du passif.

364. Liquidation judiciaire. — La liquidation judiciaire produit le même effet (L. 4 mars 1889, art. 8, al. 1). La liquidation judiciaire est un moyen de régler le passif d'un commerçant comme s'il était failli, tout en évitant de déclarer sa faillite.

*** 365. Déconfiture des non-commerçants.** — La déconfiture (ci-dessus nos 213 à 217) est omise dans l'art. 1188, un des rares textes où se présentait l'occasion de la citer à côté de la faillite. Il y a en effet même raison de retirer au débiteur le bénéfice du terme, que ce soit un commerçant qu'on déclare failli, ou un non-commerçant dont les biens sont vendus à la requête de ses créanciers. Tous les auteurs admettent la déchéance du terme, malgré le silence de la loi, et la jurisprudence l'applique (Cass., 30 mars 1892, D. 92. 1. 281, S. 92. 1. 481). Il y aurait eu une raison de douter : c'est que les déchéances sont de droit strict et ne s'étendent pas d'un cas à un autre, mais la loi elle-même a levé le doute en assimilant expressément la déconfiture à la faillite, pour leur faire produire également la déchéance du terme dans un cas particulier (art. 1913).

366. Question relative à la déconfiture. — La déconfiture entraîne-t-elle de plein droit la déchéance du terme ? Ou bien faut-il que cette déchéance soit prononcée en justice ? Jusqu'à ces dernières années, la question ne paraît pas avoir été agitée parmi les auteurs. Tous s'exprimaient comme si l'exigibilité immédiate des créances à terme était une suite naturelle de l'insolvabilité du débiteur et comme si elle se produisait de plein droit. La tradition est en ce sens : Pothier ne fait aucune mention d'une demande spéciale à former dans ce but (*Obligations*, nos 234 et 235). Cependant la Cour de cassation a jugé que *cette déchéance ne se produit pas de plein droit* et qu'*elle doit être demandée en justice* (30 mars 1892, précité)[1].

[1] Cette décision, tout à fait inattendue, a été inspirée par le désir d'éviter la *compensation*, quand le créancier de la dette à terme est de son côté débiteur de son débiteur. La compensation n'est pas possible tant que le terme subsiste; le jour où le

b. — *Diminution des sûretés.*

***367. De quelles sûretés il s'agit.** — Le débiteur est encore déchu du bénéfice du terme « lorsqu'il a, par son fait, diminué les sûretés données par le contrat à son créancier » (art. 1188).

Ce texte, assez peu explicite, suppose que le créancier possède, en vertu du contrat, des *sûretés particulières* qui n'existent pas pour tout créancier. Tels seraient un gage ou une hypothèque. Par conséquent, la déchéance est inapplicable quand le créancier a pour sûreté *le patrimoine entier du débiteur,* soit comme créancier chirographaire, soit même comme créancier privilégié sur l'ensemble des biens, en vertu de l'art. 2101. On ne peut songer en effet à restreindre, d'une manière universelle, le droit du débiteur de disposer de ses biens. Il doit donc s'agir de garanties particulières accordées au créancier. C'est là ce qu'il eût été important d'écrire dans le texte, à la place des mots « données par le contrat », qui semblent en restreindre inutilement l'application. En effet, il n'est pas nécessaire que la sûreté dont il s'agit ait été, à proprement parler, *constituée par le contrat.*

Ainsi le vendeur, créancier du prix, acquiert de plein droit un privilège sur la chose vendue. Personne ne doute qu'il puisse à l'occasion invoquer l'art. 1188, bien que cette sûreté soit *légale* et n'ait pas une origine conventionnelle. On dit bien que le privilège du vendeur lui est accordé par la loi en vertu d'une convention sous-entendue, qu'il était jadis d'usage de faire, et que sa sûreté dérive ainsi d'une *convention tacite* : toujours est-il que cette convention ne se fait plus depuis un temps immémorial et que c'est la loi qui, d'office, attribue un privilège au vendeur.

368. En quoi consiste leur diminution. — Étant donnée une sûreté de ce genre, le terme est perdu quand le débiteur la *diminue.* Il sera considéré comme l'ayant diminuée, s'il a matériellement amoindri la valeur de la chose qui sert de gage spécial au créancier : il démolit des constructions grevées d'hypothèque; il coupe une futaie qui représentait un capital, c'est-à-dire qu'il y opère une coupe non conforme à l'aménagement de la forêt.

La jurisprudence assimile au cas de diminution le *refus de constituer les sûretés promises.* On peut dire qu'il y a une raison a fortiori pour admettre la déchéance du terme, puisqu'il y a *suppression totale,* et non pas seulement diminution des sûretés sur lesquelles le créancier avait le droit de compter.

débiteur à terme devient insolvable, la compensation s'opérera immédiatement, si on admet que le bénéfice du terme lui est enlevé de plein droit. Or ce résultat dépasserait de beaucoup le but qu'on veut atteindre en attachant la déchéance du terme à l'état de déconfiture. Que se propose-t-on ? Uniquement ceci : autoriser le créancier à terme à se présenter, comme si sa créance était échue, pour prendre part aux distributions de deniers. Si la déchéance a lieu de plein droit, le créancier se trouvera non seulement admis aux distributions, mais réglé immédiatement et intégralement par l'effet de la compensation. C'est là surtout ce qu'on paraît avoir cherché à empêcher (voyez la note dans D. 92. 1. 281).

§ 2. — *Du terme de grâce.*

** **369. Définition.** — Le terme ou délai de grâce est un moyen de tempérer les rigueurs d'un créancier impitoyable contre un débiteur gêné et de donne volonté : quand la dette est échue, ou qu'il n'y a jamais eu de terme ni légal ni conventionnel, les *juges* peuvent accorder un délai au débiteur en considération de sa position (art. 1244). Cette faculté, concédée aux tribunaux, est exorbitante du droit commun ; elle viole la loi des contrats. Aussi l'art. 1244 recommande-t-il aux juges d'user de leur pouvoir « avec une grande réserve ».

370. A quel moment le tribunal peut accorder le délai de grâce. — Le délai de grâce ne peut être accordé au débiteur que par le jugement qui statue sur la contestation (art. 122 C. proc. civ.). Une fois que le tribunal a rendu le jugement par lequel le débiteur est condamné à payer, il ne peut plus être accordé de délai de grâce, ni par ce tribunal, puisqu'il est dessaisi de l'affaire et ne peut plus modifier sa décision, ni par un autre tribunal, parce que celui-ci ne pourrait pas corriger la décision du premier, en dehors des voies de recours qui suivent la hiérarchie judiciaire.

371. Cas où le délai de grâce est impossible. — Quelques textes suppriment, pour des cas particuliers, le pouvoir concédé aux juges par l'art. 1244. Le paiement d'une *lettre de change* ou d'un *billet à ordre* ne peut pas être retardé par un délai de grâce (art. 157 et 187 C. com.). Les *emprunteurs du Crédit foncier* n'ont droit à aucun délai de grâce (Décr. 28 février 1852, art. 26). Mais il n'est pas permis aux particuliers de *convenir* que le débiteur n'aura pas le droit d'obtenir un délai de la justice. Cette convention annulerait vite l'effet de l'art. 1244, car elle deviendrait de style. D'ailleurs, la disposition de cet article est fondée sur un motif d'ordre public, et les conventions privées n'y peuvent déroger (art. 6).

L'existence d'un *titre exécutoire* entre les mains du créancier ne s'oppose nullement à la concession d'un terme de grâce. Ainsi, si le créancier est porteur d'un acte notarié, son débiteur pourra néanmoins obtenir un délai du tribunal. Le texte le décide implicitement, en disant que le tribunal peut « surseoir à l'exécution des poursuites » : cela suppose bien que le créancier a un titre lui permettant de recourir aux voies d'exécution. La doctrine est pourtant divisée sur la question, mais la jurisprudence est ferme en notre sens (Cass., 8 nov. 1892, D. 93. 1. 33).

* **372. Effets du délai de grâce.** — Le terme accordé par les juges ne produit pas tout à fait les mêmes effets que le terme de droit. On verra qu'à la différence de ce dernier, il ne met point obstacle à la *compensation* (art. 1292). Cette disposition sera expliquée à propos de la compensation.

373. Déchéance du terme de grâce. — Le terme de grâce diffère encore du terme de droit par ses causes de déchéance qui sont *plus nombreuses*. A la faillite, à la déconfiture et à la diminution des sûretés, l'art. 124 C. proc. civ. ajoute l'*état de contumace*, *l'emprisonnement* (il s'agit ici de la contrainte par corps ou prison pour dettes, et non de l'emprisonnement pénal) et enfin la circonstance que *les biens du débiteur sont saisis par d'autres créanciers*.

CHAPITRE II

OBLIGATIONS CONDITIONNELLES

** **374. Rappel des principes.** — Rappelons la définition de la condition suspensive : c'est un événement *futur*, d'une *réalisation incertaine*, suspend la naissance d'un droit (voyez t. I, 1re édit., nos 297 et 300 ; 2e édit. nos 316 et 319). Cette modalité peut être appliquée aux obligations, et nous avons à étudier successivement les effets que la condition encore pendante produit sur l'obligation et ceux qu'entraîne la défaillance ou la réalisation de la condition.

§ 1. — *Effets de la condition pendante.*

***375. Aperçu général.** — La condition est une modalité plus énergique que le terme, puisqu'elle suspend la formation même du droit. Tant que la condition est encore pendante, on peut dire que l'obligation qu'elle suspend *n'existe pas*[1] ; on a seulement l'espoir de la voir naître un jour. C'était ce que disaient les anciens : « Nihil adhuc debetur, sed spes est debitum iri. » Par conséquent *aucun des effets propres aux obligations ne doit se produire.* Toutefois, le futur créancier possède déjà quelque chose dont il faut tenir compte : cet *espoir* qu'il a, de devenir un jour créancier, est protégé par la loi et comporte à divers égards une réglementation juridique.

A. — Suspension des effets de l'obligation.

*** 376. Refus de l'action au créancier.** — Le créancier ne peut pas agir ; le lien obligatoire n'existant pas encore, il ne peut rien exiger d'une personne qui ne lui doit rien ; il n'est pas même certain que cette personne devienne jamais son débiteur.

****377. Répétition en cas de paiement anticipé.** — L'obligation conditionnelle, qui ne peut pas donner lieu à une *exécution forcée,* ne comporte pas davantage une *exécution volontaire.* Et cela pour la même raison : tout paiement suppose une dette, et il n'y a pas encore de dette. Par conséquent, si le paiement a eu lieu en fait, le débiteur pourra en répéter le montant contre le créancier, conformément au droit commun, c'est-à-dire en supposant qu'il ait payé par erreur, ignorant l'existence de la condition ou la croyant réalisée : il a en effet payé l'*indu.*

378. Non-déplacement des risques. — On verra que la vente fait passer les *risques* à la charge de l'acheteur, ce qui veut dire que l'acheteur reste débiteur du prix quand la chose vendue vient à périr avant de lui être livrée, bien qu'il ne retire alors aucun avantage du contrat (art. 1138). Mais cet effet de la vente suppose que le contrat

[1] On dit souvent que le créancier conditionnel a déjà un *droit* avant la réalisation de la condition. C'est une affirmation inexacte, qui a été provoquée par l'emploi anticipé des mots « créancier, débiteur, créance, dette », appliqués aux parties en vue de la réalisation de la condition. C'est ainsi que les art. 1179 et 1180 parlent du « droit » et même des « droits » du créancier ; mais il s'agit là de ses *droits futurs,* qui n'existent encore qu'à l'état d'*éventualités,* et quand on parle du « *créancier* sous condition » on veut dire « celui qui *deviendra* créancier, *si* la condition se réalise ». C'est donc se laisser tromper par les mots que d'affirmer l'existence *actuelle* d'un droit *avant* la réalisation de la condition.

est pur et simple. Si les obligations des parties sont suspendues par une condition, l'effet indiqué ne se produit pas : les risques restent à la charge du vendeur, qui ne pourra pas réclamer le prix, si la chose vendue périt avant la réalisation de la condition (art. 1182, al. 1).

***379. Retard de la prescription.** — La prescription extinctive ne court pas contre une créance suspendue par une condition (art. 2257, al. 1). La prescription suppose en effet que le créancier peut agir et n'agit pas. Elle ne commencera donc à courir que le jour où la condition sera réalisée.

B. — Protection légale des créances conditionnelles.

***380. Actes conservatoires.** — Aux termes de l'art. 1180, le créancier peut, avant que la condition soit accomplie, « exercer tous les actes conservatoires de son droit ».

La formule employée dépasse un peu la pensée de la loi, car on a vu que le créancier sous condition suspensive ne peut pas exercer les actions de son débiteur conformément à l'art. 1166 (ci-dessus nos 280 et suiv.). Il n'est donc pas exact de dire qu'il peut faire *tous* les actes conservatoires ; on cherche même ceux qu'il peut faire. On cite l'*inscription* de l'hypothèque qui garantit sa créance, la *demande en vérification d'écriture*, la *production de son titre* dans une procédure d'ordre, de distribution ou de faillite, et la demande d'une *collocation éventuelle* pour les distributions de deniers.

***381. Transmissibilité.** — La simple chance de voir la créance naître par la réalisation de la condition forme *une sorte de droit*, ou si l'on veut est *une espérance* susceptible de se transformer un jour en un véritable droit. Aussi la traite-t-on comme transmissible. Si le créancier conditionnel décède avant l'accomplissement de la condition, celle-ci pourra se réaliser utilement au profit de ses héritiers ou autres successeurs (art. 1179).

Il faut toutefois faire exception pour les créances conditionnelles qui ont pour source une *disposition testamentaire* (legs). Le bénéfice du legs est personnel au légataire, comme l'affection qui l'a inspiré. Il en résulte que si le légataire meurt avant la réalisation de la condition, le droit au legs ne s'ouvre pas en la personne de ses héritiers (art. 1040).

382. Observation. — Cette protection légale de la créance conditionnelle ne suppose nullement l'existence d'un « droit » au profit des créanciers. La loi protège ici un intérêt à naître, par prudence et en prévision de l'avenir ; et la transmission s'explique, car l'idée de transmissibilité s'applique à bien d'autres choses qu'à des droits.

§ 2. — *Effets de la condition réalisée.*

****383. Rétroactivité des conditions.** — D'après le droit français, la condition réalisée est *rétroactive* (T. I, 1re édit., nos 297 et 298 ; 2e édit., nos 316 et 317). Comment applique-t-on cette rétroactivité aux obligations et quels effets produit-elle ? L'idée générale est que l'obligation sera réputée avoir pris naissance au jour du contrat, et non pas seulement au jour de la réalisation de la condition.

384. Inapplicabilité des lois nouvelles. — Si une loi nouvelle est survenue dans l'intervalle entre la convention et la réalisation de la condition, elle ne régira pas l'obligation, qui restera soumise à l'ancienne loi, comme si elle avait été pure et simple dès le début. — On a quelquefois expliqué ce résultat d'une autre manière, en disant que si la loi nouvelle est inapplicable, c'est que le créancier conditionnel a déjà un *droit* au moment où elle entre en vigueur, et que le principe de la non-rétroactivité des lois suffit à l'écarter. L'explication est mauvaise : le créancier conditionnel n'a pas encore de droits et si sa créance est plus tard régie par une loi abrogée, c'est l'effet de la fiction de rétroactivité des conditions et non pas de l'existence anticipée d'un droit à son profit.

385. Date de l'hypothèque. — Si la créance suspendue par une condition était garantie par une hypothèque, l'hypothèque prendra rang du jour jusqu'auquel rétroagit la condition, et non pas seulement du jour où elle s'est réalisée ; bien entendu ce résultat ne se produit que si l'inscription a été prise par avance ou si le créancier était dispensé de s'inscrire. Mais quand le créancier est en règle avec le principe de publicité des hypothèques, il est tout naturel que la garantie hypothécaire prenne date au même jour que la créance dont elle est l'accessoire.

***386. Validité du paiement anticipé.** — Une fois la condition réalisée, ce qui avait été payé par erreur et qui pouvait être répété, prend rétroactivement le caractère d'un paiement, et le créancier est désormais à l'abri de toute répétition.

387. Autres effets. — Presque tous les auteurs étudient ici, comme une conséquence de la *rétroactivité des obligations* conditionnelles, une série d'effets qui appartiennent à la *théorie des droits réels*. Ils supposent « une obligation de donner un corps certain », et s'occupent alors de régler le sort des actes d'*aliénation* et d'*administration*, ainsi que des *perceptions de fruits*, faites par l'une ou l'autre des parties durant la condition pendante. Ces questions sont fort importantes, mais elles ne concernent pas la théorie des obligations : on doit s'en occuper en étudiant l'*effet des conditions sur les droits réels* : il s'agit en réalité de déterminer la situation d'un propriétaire sous condition suspensive ou sous condition résolutoire. Voyez ce qui en est dit dans le t. Ier, 1re édit., nos 1050 à 1065 ; 2e édit., nos 977 à 992.

§ 3. — *Effets de la condition défaillie.*

****388. Inexistence de l'obligation.** — La défaillance de la condition a un effet très simple : *elle empêche l'obligation de prendre naissance*. Les parties sont dans la même situation que si elles n'avaient pas contracté. Par conséquent, si quelques prestations ont déjà été faites en prévision de la réalisation de la condition, elles donnent lieu à restitution.

Toutefois, la condition défaillie est *réputée réalisée*, lorsque c'est le débiteur qui, par son fait, en a empêché l'accomplissement (art. 1178). Le fait du débiteur, même exempt de fraude, cause au créancier un préjudice dont réparation est due, et la réparation la plus complète qu'on puisse offrir au créancier est l'exécution de l'obligation, comme si la condition s'était accomplie.

TRANSMISSIBILITÉ DES OBLIGATIONS

CHAPITRE UNIQUE

§ 1. — *Transmissions par décès.*

** **389. Ancienneté de ces transmissions.** — Les obligations d'une personne ne s'éteignent pas à sa mort, sauf dans quelques cas exceptionnels. Elles passent à ses *héritiers,* qui sont tenus de ses dettes à sa place et de la même manière qu'elle, sauf la division héréditaire du patrimoine et sauf l'effet du bénéfice d'inventaire. Il en est de même des créances, qui passent aux héritiers du créancier.

Cette transmission des obligations à la charge des héritiers remonte à une antiquité assez reculée. Néanmoins on peut soupçonner que le principe primitif a été l'intransmissibilité absolue des obligations, que l'on considérait alors comme un lien étroitement personnel. Le fait a été constaté pour l'ancien droit germanique (Heusler, *Institutionen des deutschen Privatrechts,* t. II, p. 536 et 541), et pour l'ancien droit romain (Esmein, *Les débiteurs privés de sépulture,* dans les *Mélanges d'archéologie et d'histoire,* publiés par l'École française de Rome, 1885, p. 221 et suiv.; et dans *Mélanges d'histoire du droit,* p. 243; Esmein, *Courtes études,* dans la *Revue historique de droit,* 1887, t. XI, p. 48; Cuq, *Le testament per æs et libram,* même Revue, 1886, t. X, p. 533 et suiv.).

§ 2. — *Transmissions entre vifs.*

***390. Intransmissibilité primitive des obligations.** — Le droit français, continuateur des traditions romaines, n'a pas encore entièrement admis l'idée d'une transmission de l'obligation *entre vifs.*

La vieille conception romaine est celle-ci: l'obligation est un rapport juridique entre deux personnes, et on ne peut changer aucun des termes du rapport sans le détruire lui-même; si la personne du débiteur ou celle du créancier est changée, l'obligation primitive est éteinte; il peut bien s'en former une nouvelle à sa place, avec le nouveau créancier ou le nouveau débiteur, mais ce ne sera pas la même. La transmission de la dette ou de la créance par décès est fondée sur l'idée d'une *continuation de la personne du défunt* par l'héritier, ce qui fait que le rapport subsiste. Cette continuation de la personne est impossible dans les transmissions entre vifs.

A. — Transmission des créances.

***391. Origine romaine de la cession de créance.** — Partis du principe de l'obligation purement personnelle, les anciens s'acheminèrent peu à peu vers l'idée d'une *transmissibilité de la créance*. S'ils n'ont jamais admis théoriquement la possibilité pour un créancier de céder son droit à un tiers, ils avaient tout au moins, dans la *procuratio in rem suam*, un moyen pratique de réaliser ce résultat. S'ils n'avaient pas le mot, ils avaient la chose, et cela est si vrai que notre *cession de créance* moderne n'est pas autre chose que l'ancienne « procuration in rem suam », sous un autre nom ; elle en a gardé même les formes, car les formalités prescrites par l'art. 1690 sont d'origine romaine [1].

B. — Transmission des dettes.

392. Bibliographie. — SALEILLES, *De la cession des dettes*, dans les *Annales de droit commercial*, 1890 (tirage à part). — SALEILLES, *Théorie de l'obligation d'après le projet de Code civil allemand*, Paris, 1890, nos 81 et 105 et suiv. — Eug. GAUDEMET, *Étude sur le transport de dette à titre particulier*, Thèse, Dijon, 1898. — COVIELLO, *De la successione ne' debiti a titolo particolare*, dans *Archivio giuridico*, t. LVI et LVII, 1896-1897. — DELBRÜCK, *Die Uebernahme fremder Schulden nach gemeinem und preussichem Rechte*, Berlin, 1853. — Pour les autres travaux publiés en Allemagne, qui sont assez nombreux, voir les renseignements bibliographiques donnés par M. Gaudemet dans sa thèse.

***393. Intransmissibilité traditionnelle des dettes.** — Dans toutes les législations dérivées du droit romain, l'élément passif du rapport obligatoire est encore de nos jours considéré comme *intransmissible entre vifs*. Nous n'avons pas, à proprement parler, de *cession de dette* ou de *succession à la dette d'autrui*, s'opérant à titre particulier et permettant à une personne de prendre la place d'une autre en qualité de débiteur, sans détruire le rapport obligatoire primitivement existant. Tout ce qu'il est possible de faire, c'est seulement une *novation par changement de débiteur* : on éteint l'ancienne dette, et on la remplace par une nouvelle, toute semblable, si ce n'est que la personne du débiteur a changé.

394. Théorie allemande du transport de dette. — Le droit allemand ne s'en est pas tenu aux notions anciennes. De même que les législations latines sont arrivées à concevoir la transmissibilité des créances, de même en Allemagne on a créé et l'on pratique la *transmissibilité de la dette* ; c'est-à-dire qu'on admet la possibilité de remplacer par une autre la personne du débiteur primitif, sans détruire le rapport obligatoire qui reste le même : les personnes passent, se remplacent, font fonction l'une de l'autre ; l'obligation demeure, inchangée.

[1] Il est même curieux qu'à la veille du Code civil, Pothier explique encore le transport de créance par le mécanisme romain : « C'est la même créance qui passe du cédant au cessionnaire, *lequel même n'est, à proprement parler, que le procurator in rem suam* du créancier qui la lui a cédée » (*Obligations*, n° 605).

Une pareille décision ne peut se comprendre que si on modifie la notion traditionnelle de l'obligation : pour les Romains l'obligation est un *rapport juridique entre deux personnes nominativement désignées* : un tel rapport ne peut se maintenir quand l'un de ces deux termes change. Pour les modernes l'obligation peut être *isolée* des personnes qui la subissent ou en profitent, et considérée *objectivement* dans son contenu : son essence, c'est son *objet*, c'est-à-dire la nature de la prestation due, la façon dont elle doit être accomplie, la somme d'efforts qu'elle demande[1]. Peu importe au créancier la personne qui lui donnera satisfaction ; peu importe au débiteur la personne de celui qui en profitera ; du moins on peut concevoir qu'à chacun d'eux la personne de l'autre soit indifférente, et en fait elle l'est souvent. Dès lors si la mutation des personnes est conforme à l'intention des parties, il n'y a aucune raison pour ne pas l'admettre, et cela aussi bien du côté passif que du côté actif. Le droit français s'est donc arrêté à mi-chemin quand il a admis la cessibilité des créances, sans admettre la cessibilité des dettes.

Histoire de l'idée nouvelle. — La possibilité d'une transmission passive de l'obligation n'est qu'une extension de l'idée de la cession de créance, et sur ce point encore, comme jadis à Rome pour la cession de créance, c'est la pratique qui a forcé la main à la théorie, et qui l'a poussée en avant. Les praticiens allemands rencontraient en plusieurs hypothèses la nécessité d'un changement de débiteur sans extinction et renouvellement de la dette. Les principales de ces hypothèses sont 1° l'*aliénation d'un patrimoine entier*, qui peut se faire soit à titre de vente d'hérédité, soit comme aliénation générale des biens à fonds perdu et moyennant une rente viagère ; 2° l'*aliénation d'un immeuble hypothéqué*, faite avec charge pour l'acquéreur de désintéresser les créanciers hypothécaires au moyen du paiement du prix. Il fallait dans tous ces cas rendre une nouvelle personne débitrice des dettes d'une autre personne encore vivante. On employait à cet effet tantôt un mandat de payer, tantôt l'établissement d'une dette corréale ; mais aucun de ces procédés ne remplissait exactement le but, le premier comme ne donnant pas d'action directe au créancier contre le nouveau débiteur, le second comme ne libérant pas le débiteur primitif. Il fallait arriver à l'idée d'une *succession à la dette*, s'opérant entre vifs et à titre particulier, sans modification du rapport obligatoire existant. Ce fut alors que la doctrine intervint pour fournir à la pratique les éléments de la construction juridique nouvelle dont on avait besoin. Delbrück en développa le mécanisme dans son traité : *Die Uebernahme fremder Schulden* (1853). De longues controverses s'engagèrent alors en Allemagne ; il est inutile de les résumer ici ; on en trouvera l'exposé dans la thèse de M. Gaudemet, pages 19 et suivantes. Après quarante ans de polémiques, elles ont abouti au système actuellement consacré par le Code civil allemand.

État des législations allemandes. — Les premiers linéaments de l'idée moderne se trouvent dans le *vieux droit prussien* (Allgemeine Landrecht, I, 14, § 399 et suiv.). Ces dispositions ont influencé dans une certaine mesure le *Code autrichien* (art. 1345 et 1400 et suiv.). Mais depuis lors et jusqu'au projet de Code civil allemand[1], la cession de dette avait été en quelque sorte ignorée par les législateurs. Ni le *Code civil français*,

[1] Dans cette conception moderne, on en arrive à fausser complètement la notion de l'obligation. Par sa nature indestructible, l'obligation est un *lien* entre deux personnes : c'est le *débiteur* qui *doit* au *créancier*. On en arrive à écrire aujourd'hui que « c'est le patrimoine qui doit au patrimoine », et que « le créancier et le débiteur ne sont plus que les représentants juridiques de leurs biens » (Gaudemet, thèse, p. 30-31). J'ai la plus haute estime pour la thèse de M. Gaudemet, que je considère comme un travail excellent ; mais ce passage me paraît contenir une *exagération de langage* d'autant plus regrettable qu'elle est *inutile*. Je puis concevoir la permutation des personnes dans un rapport juridique, sans aller jusqu'à dire que la personne représente ses biens, et que c'est son patrimoine qui est débiteur ; je n'ai pas besoin, pour cela, de cesser de voir dans l'obligation un rapport juridique entre deux personnes ; il suffit d'admettre la substitution d'une personne à une autre, et de dire avec Salpius que la personnalité du débiteur est indifférente, ce qui rend la dette impersonnelle : « Der Inhalt eines obligatorischen Rechts ist ebenso unpersönlich wie der des Eigenthums » (Salpius, *Novation und Delegation*, 1884, p. 348). Le droit de propriété lui-même ne peut pas se concevoir autrement que comme un rapport juridique entre les personnes (voyez t. I, 1re édit., n° 763 ; 2e édit., n° 727.)

ni tous les codes qui en sont dérivés, ni le *Code fédéral suisse* des obligations n'ont songé à la succession à la dette d'autrui. Le *Code allemand* est le premier qui ait admis ouvertement la transmission de dette et qui l'ait réglementée. Il l'a fait dans ses articles 414 et suivants. — Pour plus de détails sur l'état particulier des diverses législations allemandes, voyez SALEILLES, *Théorie de l'obligation*, n° 83.

EFFETS DE LA SUCCESSION A LA DETTE D'APRÈS LA LOI ALLEMANDE. — Celui qui prend à sa charge la dette d'autrui (Uebernehmer), qu'on pourrait appeler en français le *preneur de dette* ou le *subrogé à la dette*, se trouve lié de la même façon que l'ancien et en vertu de la même cause juridique : ce n'est pas une obligation nouvelle qu'il a contractée, c'est une obligation préexistante qui lui est transmise. Il en résulte qu'il peut opposer au créancier les mêmes exceptions que le débiteur primitif, bien que ces exceptions résultent de rapports juridiques auxquels lui-même était d'abord étranger (art. 417). Toutefois le Code allemand n'accorde pas au nouveau débiteur le droit d'opposer la compensation à raison d'une créance appartenant à l'ancien : ceci tient à ce que la compensation ne s'opère pas en Allemagne de la même manière qu'en France.

L'idée d'une transmission de la dette d'une personne à une autre aurait dû conduire, ce semble, au maintien de tous ses accessoires (cautionnements, gages, hypothèques, etc.), qui devraient survivre au changement de débiteur, comme ils survivent au changement de créancier dans la cession de créance. Ce n'est pourtant pas ce qu'a fait le Code allemand, qui décide que les cautions sont libérées, que le gage est éteint et que le créancier est censé renoncer à son hypothèque (art. 418). Cependant la loi permet le maintien de ces diverses garanties, si la caution ou le propriétaire du bien engagé acquiesce à l'opération (*Ibid.*).

395. Analyse doctrinale de la cession de dette. — Dans sa thèse précitée, M. Gaudemet a formulé très clairement ce qu'il appelle « le problème législatif du transport de dette » (p. 26). A l'état parfait, la cession de dette doit : 1° *libérer l'ancien débiteur* ; 2° opérer *la succession à titre particulier* à la dette ; 3° se réaliser par *la convention des deux débiteurs successifs*, sous la réserve de l'adhésion du créancier. — La libération de l'ancien débiteur soulève une difficulté capitale : elle ne peut se faire sans la volonté du créancier ; toute la question est de savoir sous quelle forme le créancier interviendra dans l'opération. Selon la théorie commune, la seule qui soit conciliable avec les principes traditionnels du droit, la volonté du créancier joue le rôle principal ; la cession de dette se réalise seulement par son intervention ; jusque-là elle n'existe qu'à l'état de projet, sous la forme d'une offre collective, à lui faite par les deux débiteurs, de prendre l'un et de libérer l'autre. Le Code allemand (art. 415, al. 1er) s'est montré plus hardi : le rôle du créancier est réduit à son minimum, la convention existe par l'accord des deux débiteurs et l'adhésion du créancier a seulement pour effet de lui rendre l'opération opposable. M. Gaudemet reconnaît lui-même qu' « on ne trouve pas facilement la justification théorique » d'une pareille solution (p. 12). — Quant à la *succession à la dette* s'opérant *à titre particulier*, on entend par là la substitution d'une personne à une autre comme débiteur dans un rapport obligatoire préexistant, sans que ce changement de sujet passif affecte le rapport lui-même, et l'avantage qu'on y trouve est tout à la fois la *permanence des accessoires* (garanties du créancier) et la *persistance des exceptions* (GAUDEMET, p. 16-17).

396. Son utilité pratique. — Ainsi comprise, la cession de dette est l'antithèse parfaite de la cession de créance, à tel point qu'elle rend à peu de chose près les mêmes services qu'elle. Supposons Primus créancier de Secundus pour 20 000 francs, et Secundus créancier de Tertius pour pareille somme; la situation peut se trouver simplifiée par l'élimination de Secundus, au moyen d'un double procédé : 1° Primus peut accepter la *cession de la créance* de Secundus contre Tertius ; 2° il peut accepter la *cession à Tertius de la dette* de Secundus envers lui. Dans un cas comme dans l'autre il ne reste plus qu'un seul créancier et un seul débiteur, et Secundus se trouve à la fois libéré comme débiteur et désintéressé comme créancier. Mais alors, dira-t-on, où est l'utilité de la cession de dette et ne fait-elle pas purement et simplement double emploi avec la cession de créance, toutes deux faisant le même office ? Pas tout à fait, et voici la différence : s'il y a eu cession de créance, Primus sera réputé *avoir acquis la créance de Secundus contre Tertius* ; s'il y a eu cession de dette, il sera réputé avoir *conservé la sienne propre,* et il y aura eu simple changement de débiteur. Or ces deux créances peuvent provenir de sources différentes, prêt, vente, etc., et n'avoir ni les mêmes caractères, ni les mêmes garanties, ni la même durée. Il n'est donc pas indifférent de savoir si la créance unique qui survit à l'opération est celle de Primus ou celle de Secundus. Néanmoins cet intérêt n'est pas considérable, et on comprend que les législations anciennes et modernes se soient, pendant de longs siècles, passé de la cession de dette en se contentant de la cession de créance.

397. Cas de succession admis en droit français. — On trouve déjà dans nos lois un cas particulier de succession à la dette d'autrui qui ressemble à la « Schuldübernahme » du droit allemand, bien qu'il soit loin d'en avoir les caractères et les effets. Il s'agit de l'acquéreur d'un immeuble habité ou exploité par des locataires : la loi lui impose, en principe, l'obligation d'entretenir les baux faits par l'ancien propriétaire (art. 1743). Voilà donc une personne qui se trouve liée par des contrats qu'elle n'a pas passés; on la considère comme *subrogée* aux obligations du vendeur, et cette subrogation s'opère de plein droit, par le seul fait de la vente : les parties ne pourraient même pas l'éviter. C'est évidemment un cas de succession à la dette d'autrui, s'opérant entre vifs et à titre particulier.

Il y a toutefois une grave différence; la « Schuldübernahme » allemande libère le débiteur primitif; la subrogation à la dette d'autrui établie par l'article 1743 oblige l'acquéreur de l'immeuble, sans dégager le vendeur de ses obligations envers les locataires.

398. Possibilité en France d'une transmission conventionnelle des dettes. — Nos lois ignorent la transmission passive des obligations s'opérant par acte entre vifs. Serait-il permis aux particuliers de faire une convention produisant exactement les mêmes effets que la « Schuldübernahme » allemande ? On peut l'affirmer, au nom de la liberté des conventions [1]. Il faut cependant écarter toute raison d'en douter. La théorie

[1] « Aucun article du Code ne s'y oppose. On ne peut citer l'art. 1278, qui se place dans un cas de novation : nous serions ici en dehors de toute hypothèse de novation. On ne peut donc objecter qu'une chose : la conception théorique que les auteurs du Code civil se sont faite de l'obligation ; mais cette conception nous lie-t-elle ? Non, il est toujours permis à la science d'introduire un principe nouveau et à la pratique de l'accepter, lorsque ce principe ne doit modifier aucune des solutions de la loi écrite

allemande, qui admet la transmission de la dette, est construite de telle sorte que ses *résultats pratiques* sont *exactement les mêmes* que ceux de la théorie française, qui ne connaît pas cette opération. Ceci sera expliqué en détail à propos de la novation.

et doit aboutir seulement à en combler les lacunes » (SALEILLES, *Obligation*, p. 72, note 2; 2e édit., p. 74, note 3). C'est aussi l'opinion de M. Gaudemet, qui montre en même temps comment les procédés classiques que le droit français met à la disposition des parties (délégation et stipulation pour autrui) ne réalisent pas exactement, selon lui, ce qu'on se propose (Thèse précitée, p. 46, 354 et 537). Laurent considérait, au contraire, le tranport de dette comme illégal et impossible (T. XXV, n° 211).

MODES D'EXTINCTION DES OBLIGATIONS

399. Énumération. — L'art. 1234 énumère les modes d'extinction des obligations, mais son énumération n'est pas complète. Au lieu de sept qu'indique la loi, on peut en trouver treize, divisibles en trois groupes.

A. — Dans certains cas, l'obligation s'éteint parce que le créancier a reçu satisfaction sous une forme ou sous une autre. Les modes d'extinction de cette catégorie sont au nombre de six : 1° le *paiement*; 2° la *dation en paiement*; 3° la *novation* ; 4° la *compensation* ; 5° la *confusion* ; 6° le *terme extinctif*.

B. — Il y a trois causes qui éteignent l'obligation sans que le créancier ait été désintéressé en aucune façon. Ce sont : 1° la *remise de dette*; 2° l'*impossibilité d'exécuter*; 3° la *prescription*.

C. — Enfin d'autres modes font tomber l'obligation *en s'attaquant au contrat lui-même:* le débiteur est libéré parce que le contrat d'où dérivait sa dette est lui-même détruit ou effacé. Ces modes sont : 1° l'*annulation* du titre de créancier ; 2° la *résolution* de ce titre ; 3° la *résiliation* du contrat ; 4° sa *révocation*.

La logique la plus élémentaire exige que ces quatre derniers faits soient retirés de la théorie générale des obligations considérées indépendamment de leurs sources, pour être rattachés à la *théorie des contrats*. Ce n'est pas ce qu'a fait la loi, qui traite de la nullité et de la résolution à propos des obligations en général.

CHAPITRE PREMIER

DU PAIEMENT

****400. Définition.** — Le paiement est *l'exécution effective de l'obligation,* la prestation de la chose ou du fait qui était dû. Payer, dans la langue du droit, ce n'est donc pas seulement faire un versement en espèces ; c'est exécuter son obligation, quel qu'en soit l'objet [1].

[1] On peut remarquer que, si le mot français qui désigne l'exécution des obligations a actuellement un sens trop étroit, il ne l'avait pas à l'origine. *Payer* vient de *pacare*,

Le paiement est le mode normal d'extinction des obligations : c'est pour s'éteindre de cette manière qu'elles sont créées.

« Tout paiement suppose une dette », dit l'art. 1235. Cela peut avoir deux sens. Cela veut dire d'abord, comme la loi l'explique dans la suite du texte, que le paiement n'est valable qu'autant qu'il y avait une dette à éteindre et que, si cette dette n'existait pas, ce qui a été payé sans être dû est sujet à répétition. Mais cela peut signifier encore que le fait du paiement fait présumer l'existence de la dette, et que c'est au débiteur, quand il veut répéter ce qu'il a payé, à prouver que rien n'était dû. Les deux interprétations sont également vraies. — La répétition de ce qui a été payé sans être dû fait l'objet d'une action spéciale, qui n'est autre que l'ancienne *condictio indebiti* des Romains (ci-dessous n°s 836 et suiv.), et l'obligation de restituer qui pèse sur le créancier est *quasi-contractuelle*.

§ 1. — *Du paiement pur et simple.*

A. — Par qui le paiement peut être fait.

****401. Personnes admises à faire le paiement.** — En principe *toute personne* peut payer le créancier (art. 1236). Ainsi peuvent payer :

Le *débiteur* d'abord ; c'est à lui que le soin de payer revient en première ligne.

Un *coobligé,* qui s'est engagé avec lui ou pour lui, comme un codébiteur solidaire, une caution.

Un *tiers intéressé* à l'extinction de la dette, comme le détenteur d'un immeuble hypothéqué, qui peut être poursuivi par l'action réelle bien qu'il ne soit pas personnellement tenu de la dette.

Enfin *une personne quelconque,* ni obligée, ni intéressée, et même agissant sans mandat.

Quelle que soit la personne qui le paie, le créancier est obligé d'accepter le paiement, excepté pour certaines obligations de faire, dans lesquelles le créancier a un intérêt appréciable à ce que l'obligation soit exécutée par le débiteur lui-même (art. 1237). Ceci a lieu lorsque le talent ou l'aptitude spéciale du débiteur a été une considération déterminante, par exemple s'il s'agit de la confection d'une œuvre d'art, ou même d'un travail industriel qui exige une habileté professionnelle particulière.

402. Conditions à remplir pour payer valablement. — S'il est vrai que toute personne est autorisée à faire le paiement, du moins faut-il que cette personne réunisse certaines conditions, sans lesquelles le paiement ne serait pas valable. Presque toutes ces conditions sont exigées d'une manière générale de toute personne qui veut payer. Une seule, dont l'existence est d'ailleurs fort douteuse, est spéciale au tiers qui vient offrir le paiement sans y être intéressé.

***403. Conditions générales.** — D'après l'art. 1238, pour payer vala-

apaiser, et signifiait jadis : donner satisfaction au créancier de façon à faire taire toute réclamation de sa part. Dans l'ancienne langue « payer » était souvent employé avec le sens général d'*apaiser* (Voyez les exemples que donnent Littré et Godefroy). — En latin les mots *solvere, solutio,* avaient un sens encore plus large, puisqu'ils pouvaient s'appliquer à tout fait qui *déliait* le débiteur, que son créancier eût reçu ou non satisfaction.

blement il faut être : 1° *propriétaire de la chose* qu'on donne en paiement ; 2° *capable de l'aliéner*. — Ce texte suppose donc une *obligation de donner* ; il est sans utilité pour les obligations de faire. Même pour les obligations de donner, il s'appliquera rarement, à cause du principe français sur le transfert de la propriété par le simple consentement : ce n'est pas le paiement qui transfère la propriété de la chose, c'est la convention. Donc si le débiteur n'est pas propriétaire ou s'il est incapable, ce n'est pas le paiement, c'est la convention qui sera nulle. Pour que l'art. 1238 puisse s'appliquer, il faut supposer une convention de donner qui n'a pas transféré la propriété, par exemple une vente de choses déterminées seulement dans leur genre.

1° Première condition[1].

404. Nullité du paiement. — Si le débiteur donne en paiement une chose dont il n'est pas propriétaire, le paiement est nul, car le débiteur devait transférer la propriété au créancier, et il ne l'a pas fait. La nullité du paiement peut être invoquée :

1° *Par le créancier*. Le paiement n'étant pas libératoire, la créance subsiste et l'action peut encore être exercée par le créancier, à la condition de restituer la chose reçue.

2° *Par le débiteur*. Ceci veut dire que le débiteur a le droit de *répéter* la chose qu'il a donnée, à la condition d'offrir à la place un second paiement qui soit valable.

405. Action en répétition du débiteur. — L'existence de cette action en répétition au profit du débiteur n'est pas douteuse, puisque l'al. 2 de l'art. 1238 la supprime dans un cas particulier. Mais sa nature est difficile à préciser. Ce n'est pas une revendication, puisque la chose, par hypothèse, n'appartient pas au débiteur qui l'a livrée ; ce n'est pas non plus une répétition de l'indu. C'est donc une action d'un genre particulier, fondée sans doute sur cette idée que le créancier n'a qu'un intérêt minime à conserver la chose reçue, puisqu'on ne la lui enlève que pour lui en donner une autre répondant mieux à son droit, tandis que le débiteur a un intérêt considérable à reprendre la chose qu'il a donnée par erreur pour être en mesure de la restituer à qui de droit. On ne pouvait d'ailleurs laisser le débiteur exposé à l'action du créancier sans lui permettre de régler sa dette immédiatement d'une manière définitive. — On dit souvent que la maxime ordinaire : « Qui doit garantir ne peut évincer » subit ici une dérogation en faveur du débiteur : il serait responsable de l'éviction subie par le créancier, auquel il a livré la chose d'autrui, et néanmoins il est autorisé à la lui reprendre lui-même. — C'est une erreur : le débiteur *n'évince* pas le créancier ; il substitue une chose à une autre et cette substitution a pour effet de consolider la situation du créancier, tandis que l'éviction que la maxime précitée a pour but d'empêcher, quand elle émane du garant, c'est l'éviction pure et simple, celle qui s'accomplit sans compensation.

L'action en répétition accordée au débiteur *s'éteint* quand le paiement a eu pour objet une somme d'argent ou une autre chose qui se consomme par l'usage, et que le créancier l'a *consommée de bonne foi* (art. 1238, al. 2). Le motif n'est pas la règle : « Extinctæ res vindicari non possunt », puisque la répétition exercée par le débiteur n'est pas une revendication. C'est tout simplement que la restitution due par le créancier devrait alors se faire en argent et que le débiteur, tenu de livrer une chose d'égale valeur, n'a plus d'intérêt à exercer son action.

406. Action en revendication du propriétaire. — Il y a lieu de régler les rapports des parties avec le vrai propriétaire, question dont la loi ne s'est pas occupée. Le propriétaire conserve le droit de *revendiquer* sa chose, aussi bien contre le créancier qui la possède actuellement que contre le débiteur. Cependant il faut tenir compte de

[1] Toutes les règles concernant l'hypothèse où le débiteur n'est pas propriétaire de la chose qu'il donne en paiement n'ont qu'un intérêt théorique dans notre droit.

l'art. 2279 qui paralysera souvent la revendication du propriétaire, quand il s'agira de *meubles corporels*.

Lorsque le créancier est protégé contre la revendication du véritable propriétaire, soit par une prescription, soit par l'art. 2279, conserve-t-il encore le droit de poursuivre le débiteur en se prévalant de la nullité du paiement ? On l'admet en général, parce qu'il peut répugner à la conscience du propriétaire d'invoquer contre autrui les principes de la prescription ou le fait de sa possession. Mais, sauf ce scrupule, il n'a pas d'intérêt pratique à former une nouvelle demande de paiement.

2° Deuxième condition.

407. Effet de l'incapacité. — Si le débiteur a donné une chose dont il était bien propriétaire, mais qu'il était incapable d'aliéner, *le paiement est annulable*, mais l'action en nullité ne pourra être exercée, conformément aux principes généraux, que *par l'incapable seul* (art. 1125). Encore faudra-t-il qu'il ait quelque intérêt à réclamer cette chose, qu'il sera obligé de remplacer immédiatement par une autre de même valeur. Cet intérêt, on ne le voit pas pratiquement, s'il a réellement payé ce qu'il devait. On a cité le cas où un incapable tenu de donner une chose de moyenne valeur en aurait livré une de qualité supérieure ; sans doute alors il aurait l'action en répétition, mais il aurait payé *plus* qu'il ne devait.

408. Extinction de l'action de l'incapable. — Si le créancier a consommé de bonne foi la chose que l'incapable lui a payée, l'action en répétition n'est plus possible. Il n'y a pour cela aucune bonne raison, mais l'al. 2 de l'art. 1238 est formel. — D'ailleurs tout cela n'a pas d'intérêt pratique.

3° Troisième condition.

409. Règle spéciale au tiers non intéressé. — L'art. 1236 formule à l'égard du tiers non intéressé qui veut payer la dette une exigence particulière : il faut « qu'il ne soit pas *subrogé aux droits du créancier* ». Cela peut s'expliquer de deux manières. On peut dire d'abord que l'opération ne serait pas considérée comme un paiement, si le tiers se faisait subroger, mais plutôt comme un achat de la créance. Cette explication paraît bien traduire la pensée de la loi, et elle a été donnée par Bigot du Préameneu. Cependant la cession de créance et la subrogation sont des opérations également licites, et il doit être permis aux parties de choisir entre elles. On ne voit pas pourquoi la loi les forcerait à faire une cession de créance, si elles désirent faire une subrogation. — Aussi a-t-on proposé une autre explication : l'art. 1236 signifierait que le tiers peut bien forcer le créancier à recevoir le paiement, mais à la condition qu'il n'exige pas de lui la subrogation. Ceci est rigoureusement exact, mais pour comprendre ainsi le texte, il faut lui faire subir une légère retouche et le lire comme s'il y avait : « pourvu qu'il ne demande pas à être subrogé. » Cependant c'est ainsi que Jaubert, rapporteur du Tribunat, comprenait l'art. 1236.

B. — A qui le paiement doit être fait.

****410. Énumération.** — Le paiement peut être fait : 1° au *créancier* ; 2° au *représentant du créancier* ; 3° au *créancier du créancier* ; 4° au *possesseur de la créance*. Comp. art. 1139.

1° Paiement fait au créancier.

***411. Qui est créancier.** — Ce n'est pas toujours le créancier primitif ; ce peut être un *héritier*, un *légataire* ou même, du vivant du créancier, un *cessionnaire de la créance*, saisi conformément à l'art. 1690.

***412. Capacité pour recevoir le paiement.** — Le créancier n'a pas toujours la capacité nécessaire pour recevoir le paiement et pour donner au débiteur une quittance valable et libératoire. Ainsi, un *mineur émancipé* peut recevoir seul et valablement ses revenus, mais non ses capitaux ; pour ceux-ci il lui faut l'assistance de son curateur (art. 481 et 482). Une *femme mariée* n'a pas, en général, capacité pour recevoir ce qui lui est dû ; c'est son mari qui a qualité pour toucher en son nom et donner quittance.

Le paiement fait à un créancier *incapable* n'est pas valable et ne libère pas le débiteur, qui reste exposé à l'action de son créancier et obligé de le payer de nouveau : « Qui paie mal paie deux fois », dit un adage. Cependant le débiteur peut échapper, en tout ou en partie, à cette nécessité en prouvant que le paiement qu'il a fait a tourné à l'avantage de l'incapable (art. 1241). Autrement celui-ci s'enrichirait injustement aux dépens de son débiteur.

2° Paiement fait au mandataire du créancier.

413. Diverses sortes de mandats. — Le mandat qui permet de recevoir le paiement au nom du créancier peut être de plusieurs sortes.

Mandat légal. — Tel est celui du tuteur, qui administre les biens d'un mineur ou d'un interdit (art. 450), ou celui de l'envoyé en possession des biens d'un absent, investi du droit de recouvrer les créances (arg. art. 124 et 135).

Mandat judiciaire. — Tel est celui du curateur nommé à un absent, par application de l'article 112, ou celui de l'administrateur provisoire nommé pendant la procédure de l'interdiction (art. 497).

Mandat conventionnel. — Le mandat conventionnel peut être *exprès* ou *tacite*. On admet qu'un mandat donné en termes généraux pour l'administration des biens comprend le pouvoir de toucher les sommes qui viennent à échéance, bien qu'il ne permette pas de disposer ou d'aliéner (art. 1988). — Pour donner mandat de toucher en son nom, le créancier doit naturellement être capable de toucher lui-même.

414. Exemples de mandats tacites. — Huissiers. — L'huissier est considéré comme ayant reçu pouvoir pour toucher au nom du créancier quand on lui remet *un titre exécutoire* avec ordre de faire le commandement et la saisie qu'il autorise, ou quand il s'agit d'un *effet à ordre* non payé et pour lequel il faut dresser protêt. Si le débiteur s'est procuré les fonds, il peut payer entre les mains de l'huissier.

Notaires. — Très souvent il est dit, dans les actes notariés qui constatent une obligation de somme d'argent, que le paiement sera fait « en l'étude du notaire ». Cette clause indique le *lieu du paiement*, mais non la personne qui doit le recevoir ; elle ne vaut pas mandat pour le notaire (Cass., 10 décembre 1889, D. 91. 1. 136, S. 90. 1. 244). Il en est de même de la clause d'*élection de domicile* en l'étude du notaire, qui est l'équivalent de la précédente (Cass., 25 janvier 1893, S. 94. 1. 186). Plus d'une fois il est arrivé que le client, qui avait cru se libérer régulièrement entre les mains du notaire, a été obligé de faire un nouveau paiement après la déconfiture de ce dernier. Cependant les juges du fait pourraient reconnaître, d'après les circonstances ou l'ensemble de l'acte, que l'intention des parties a été d'attribuer au notaire un mandat tacite à l'effet de recevoir le paiement (Cass., 22 novembre 1876, D. 77. 1. 150, S. 77. 1. 65).

3° Paiement fait au créancier du créancier.

415. Hypothèse. — Un créancier du créancier peut pratiquer une *saisie-arrêt* contre le débiteur, et obtenir un jugement ordonnant à ce dernier de payer entre ses mains (*jugement de main-vidange*). Voir ci-dessous, nos 456 et suivants.

4° Paiement au possesseur de la créance.

416. Définition. — Le possesseur de la créance est, non pas celui qui possède le titre écrit constatant la créance, mais bien le *créancier putatif*, celui qui passe aux yeux de tous pour être créancier, et qui ne l'est pas. Cette situation se trouve réalisée dans l'hypothèse de l'*héritier apparent*. On appelle ainsi la personne qui, en fait, a recueilli une succession, parce qu'au moment de son ouverture on ignorait l'existence d'un successible plus proche en degré ; celui-ci se présente ensuite et évince celui qui n'était héritier qu'en apparence, en exerçant contre lui la pétition d'hérédité. Le possesseur évincé de la succession a passé plus ou moins longtemps pour être le véritable héritier ; il a eu en fait le moyen de contraindre les débiteurs du défunt à payer entre ses mains. La loi décide que ces paiements sont libératoires, sous la seule condition d'avoir été faits de bonne foi (art. 1240). Ils font l'objet d'un article spécial dans les restitutions dont le possesseur de l'hérédité est tenu envers le réclamant, mais ce dernier n'a aucune action contre les débiteurs.

Le droit commercial en fournit un autre exemple. Le tiers porteur d'un *effet* en vertu d'un *endossement faux* peut recevoir le paiement, et le débiteur est libéré, pourvu qu'il ait payé *de bonne foi* et *à l'échéance* (art. 145 C. com.).

5° Paiement fait à un tiers sans qualité.

417. Circonstances qui rendent le paiement valable. — Fait à toute autre personne, le paiement est nul, parce que celui qui le reçoit n'a pas qualité pour donner quittance. Par exception, le paiement fait à un tiers sans qualité devient libératoire dans deux cas :

1° *Si le créancier le ratifie.* — La ratification, quand elle intervient, produit un effet rétroactif équivalent à un mandat.

2° *Si le créancier en a tiré profit.* — L'argent remis au tiers a pu parvenir ensuite au créancier, ou servir à éteindre une dette dont il était tenu.

Ces deux exceptions, qui se justifient d'elles-mêmes, sont prévues par l'art. 1239, al. 2.

C. — Quelle chose doit être payée.

***418. Détermination de l'objet du paiement.** — Le paiement doit avoir pour objet la chose même qui était *l'objet de l'obligation*. Le créancier a le droit de l'exiger, et le débiteur ne peut pas le forcer à accepter une autre chose ou un autre fait à la place, même si ce qu'il offre a une valeur plus grande (art. 1243).

***419. Dettes d'argent.** — Si l'obligation a pour objet de l'argent, le débiteur doit l'acquitter en fournissant la somme due d'après la valeur nominale des monnaies au jour du paiement, et non d'après la valeur qu'avaient les monnaies au jour où l'obligation a été contractée. Avec un régime monétaire fixe, comme celui que nous avons depuis l'adoption du système métrique, cette règle n'a pas grande application. Mais supposons qu'il survienne une altération des monnaies et que le titre de la pièce d'or, qui contient actuellement 900 millièmes de métal fin, soit abaissé à 850 millièmes. Le débiteur qui avait promis 100 francs avant la modification se libérera valablement en remettant à son créancier cinq nouvelles pièces d'or de 20 francs, bien qu'elles contiennent un vingtième de métal pur en moins que les anciennes. La loi a formulé cette règle à propos du prêt d'argent, dans l'article 1895 : « L'obligation... n'est toujours que de la somme numérique énoncée au contrat. »

Ceci ne tient pas, comme le disait Pothier (*Prêt de consomption*, n° 36), à ce que le débiteur est moins riche au jour du paiement, parce que, quand la valeur des monnaies baisse, le prix des marchandises hausse ; mais bien à ce que la valeur de la monnaie est fixée par la loi et que sa puissance d'achat ou de libération ne dépend pas des conventions privées.

***420. Monnaies reçues dans les paiements.** — La France possède deux sortes de monnaie, l'une d'or, qui comprend toutes les variétés de pièces d'or, de 5 à 100 francs, et l'autre d'argent, qui n'est plus représentée que par une seule espèce, la pièce de 5 francs en argent. Ces deux sortes de monnaie sont reçues *indéfiniment* dans les paiements et ont *une force libératoire égale*. Ainsi celui qui a emprunté 1 000 francs versés en or, peut se libérer en rendant 200 pièces d'argent de 5 francs. Il rendra en réalité beaucoup moins qu'il n'avait reçu, car la baisse de l'argent depuis vingt ou trente ans a fait perdre aux pièces de monnaie une grande partie de leur valeur. En février 1900, l'argent en barre valait 218 à 219 francs le kilogramme, ce qui faisait une perte de 530 à 540 pour 1 000, et la pièce de 5 francs ne valait plus sur le marché de ce métal que 2 fr. 35. Malgré cette dépréciation énorme, la monnaie d'argent a conservé en France le même pouvoir légal d'achat ou de libération que la monnaie d'or (Comp. Cauwès, *Cours*, n° 546).

421. Monnaies de billon. — On appelle *billon* toutes les monnaies dont la valeur légale est supérieure à la valeur vénale du métal qui les compose. Les seules monnaies de billon du système métrique étaient les *monnaies de cuivre*, frappées avec un métal sans grande valeur ; on employait un flan d'un poids trop faible, afin de rendre la monnaie de cuivre plus légère et plus maniable. Depuis la formation de l'*Union latine*[1], on a billonné les monnaies d'argent inférieures à la pièce de 5 francs, celles qu'on appelle les *monnaies divisionnaires* ; à cette époque on exportait de France une grande quantité de monnaies, qu'on expédiait aux Indes où elles étaient transformées roupies ; afin d'empêcher leur exportation, la loi du 14 juillet 1866 a abaissé leur titre de 900 millièmes de fin à 835 millièmes[2]. Pour elles, le caractère de billon tient donc à la présence d'un métal d'alliage plus abondant que dans la pièce de 5 francs.

Les monnaies de billon, ayant une valeur inférieure à la monnaie véritable, ne peuvent pas être employées indéfiniment comme elle dans les paiements ; elles servent *seulement comme appoint*. Il existe une limite au-dessus de laquelle le créancier a le droit de les refuser. Cette limite est fixée pour les monnaies de cuivre à 4 fr. 99 (appoint de la pièce de 5 francs) par le décret du 18 août 1810, et pour les monnaies divisionnaires d'argent à 50 francs (L. 14 juillet 1866, art. 5 ; Convention monétaire du 6 novembre 1885, art. 6). Toutefois les *caisses publiques* sont obligées de les recevoir sans limitation de quantité (mêmes textes).

***422. Paiement en effets.** — Un créancier, à qui il est dû de l'argent, ne peut pas être obligé de se contenter d'*effets de commerce*, de *billets* ou d'*obligations* souscrites par d'autres personnes, encore que ce soit l'usage dans le commerce de remettre des effets de ce genre à titre de paiement, et sauf encaissement par le créancier qui les reçoit.

***423. Billets de banque.** — La Banque de France est la seule banque qui soit autorisée à émettre des *billets de banque*, sorte d'effets payables à vue et au porteur, et circulant entre les particuliers à la place de la monnaie. Ces billets ont l'avantage de faciliter les paiements et les transports de sommes importantes : ils ont une très grande valeur avec un poids insignifiant. Les billets de la Banque de France peuvent être employés dans les paiements *à la place de l'or et de l'argent*, et cela quelle que soit la somme à payer. Le créancier n'a pas le droit de les refuser, et toutes les conventions contraires sont nulles, la loi qui donne *cours légal* au billet de banque étant d'ordre public. On rencontre de ces conventions dans les actes privés ; souvent on fait prendre au débiteur, faute de mieux, un « engagement d'honneur » de payer en espèces métalliques, et non en billets.

Il faut avoir soin de distinguer, à propos du billet de banque, le *cours légal* du *cours forcé*. On dit que les billets ont « cours légal » parce qu'ils font l'office de monnaie et doivent être reçus obligatoirement par les caisses publiques et les particuliers, à la place d'or ou d'argent ; on dit qu'ils ont « cours forcé » quand la Banque est dispensée

[1] Convention monétaire du 23 décembre 1865 entre la Belgique, l'Italie, la Suisse et la France. La Grèce y a accédé ensuite.

[2] Il y avait eu antérieurement une loi du 25 mai 1864 relative aux pièces de 0,20 et 0,50 centimes. Voyez aussi l'article de M. Arnauné, dans le *Dictionnaire d'économie politique* de Léon Say (t. II, p. 1137).

de rembourser à tout porteur la valeur de ses billets en espèces métalliques. Le cours forcé n'est utile qu'en temps de crise ; il a été établi temporairement en 1848 et en 1870, pour empêcher la faillite de la Banque : on craignait que le public ne se précipitât à ses guichets pour demander le remboursement des billets en espèces. Mais, en temps normal, tout porteur d'un billet de banque peut obtenir de l'or ou de l'argent en échange et sur première présentation, *à vue*. Quant au cours légal, établi par l'article 1er de la loi du 12 août 1870, il subsiste encore ; il n'a pas été touché par la loi budgétaire du 3 août 1875 (art. 28), laquelle a aboli le cours forcé établi par l'article 2 de la loi de 1870 (Cass., 28 décembre 1887, D. 88. 1. 217, S. 88. 1. 205).

424. Monnaies étrangères. — Les monnaies émises par les États étrangers n'ont pas *cours légal* en France. Toutes, sans exception, peuvent donc être refusées dans les paiements (Trib. Seine, 6 juillet 1894, D. 95. 2. 91). En fait, un grand nombre de monnaies étrangères circulent en France et sont reçues sans difficultés par les particuliers parce qu'ils savent que les caisses publiques les acceptent. Ce sont d'abord les monnaies des États faisant partie de l'Union latine (Belgique, Suisse, Italie et Grèce), plus un grand nombre de pièces d'or de diverses provenances, russes, roumaines, autrichiennes, etc., frappées sur les bases du système métrique.

Une convention spéciale peut toujours imposer au débiteur l'obligation de se libérer en une monnaie étrangère déterminée, quelle qu'elle soit. La convention est valable, car la monnaie est une marchandise comme les autres, qui peut toujours faire l'objet d'une promesse licite. Voyez toutefois le décret du 22 juillet 1894, sur les monnaies italiennes.

425. Dettes de corps certains. — Lorsque la chose due est un corps certain, le débiteur doit en opérer la remise dans l'état où cette chose se trouve lors du paiement ; en principe, il répond uniquement des pertes ou détériorations arrivées par sa faute ; et il ne répond de celles qui seraient arrivées par cas fortuit qu'après sa mise en demeure (art. 1245).

426. Dettes de genres. — Quand la chose due n'est pas déterminée individuellement, le débiteur se libérera en remettant des choses du genre convenu et de valeur moyenne : il n'est pas tenu de les donner de la meilleure qualité possible, et il ne peut pas les offrir de la plus mauvaise (art. 1246).

D. — Quand, où, et aux frais de qui doit se faire le paiement.

***427. Époque du paiement.** — Le paiement d'une obligation doit avoir lieu *immédiatement*, sauf l'effet dilatoire du *terme suspensif*, lequel peut être exprès ou tacite. Sur le terme, voyez ci-dessus, nos 348 et suiv.

***428. Lieu du paiement.** — Aux termes de l'article 1247, le paiement doit être fait en principe au lieu *indiqué par la convention*. A défaut de convention particulière, la loi fait une distinction : si la dette a pour objet *un corps certain*, la remise doit s'effectuer au lieu où était la chose lors du contrat ; si c'est un *genre* qui est dû ou un *fait*, le paiement doit être fait au domicile du débiteur.

Quand la dette est payable d'après la loi au domicile du débiteur, cela doit s'entendre de son *domicile actuel*, du lieu où il demeure au moment du paiement, et non de son ancien domicile, qu'il avait à l'époque du contrat (Cass., 9 juill. 1895, S. 95. 1. 336).

429. Conventions sur le lieu du paiement. — Un acte porte que le paiement sera fait « au domicile du créancier ». S'agit-il de son domicile *présent*, lors du contrat, ou du domicile *futur*, qu'il pourra avoir acquis depuis ce moment et avant le paiement ? C'est là une simple question d'interprétation de volonté. En principe cela doit s'entendre du domicile *qu'il aura* lors du paiement, car quel intérêt pourrait avoir un créancier à se rendre à son ancien domicile pour s'y faire payer ? Cependant il est possible que les parties aient voulu fixer le lieu du paiement d'une manière invariable.

430. Modifications postérieures au contrat. — Les compagnies d'assurances contre l'incendie ont soulevé, à cette occasion, de nombreuses difficultés. Elles stipulent habituellement dans leurs polices que les primes seront payées en leurs bureaux : on dit alors que la prime est *portable*. La police ajoute que, faute d'avoir payé sa prime à l'époque convenue, l'assuré sera déchu du bénéfice de l'assurance, de plein droit et sans mise en demeure. En fait, elles font encaisser leurs primes par des employés *au domicile des assurés*, et souvent en retard. Ceux-ci prétendaient, en cas de sinistre, que cette pratique des compagnies transformait la nature de la prime qui, de portable qu'elle était d'après le contrat, devenait *quérable* et devait être encaissée par les soins de l'assureur. Ils n'étaient donc pas déchus à raison du retard dans l'encaissement. La jurisprudence leur a donné gain de cause (Cass., 4 nov. 1891, S. 91. 1. 532 ; Paris, 2 mars 1893, D. 93. 2. 256).

431. Frais du paiement. — Les frais du paiement sont *à la charge du débiteur* (art. 1248). Ces frais comprennent principalement les frais de la quittance. Celle-ci peut avoir besoin d'être faite devant notaire, et quelquefois c'est la faute du créancier si une quittance notariée est nécessaire : par exemple, il ne sait pas écrire. Cela importe peu : c'est toujours le débiteur qui en fait les frais.

Par une suite de la même idée, la loi du 23 août 1871 (art. 23, al. 2) met à la charge du débiteur le coût du timbre de 10 centimes que cette même loi ordonne d'apposer sur la quittance, quand le paiement est supérieur à 10 francs.

Les actes accessoires que le paiement peut entraîner, comme une mainlevée d'hypothèque, sont aussi à la charge du débiteur.

E. — Indivisibilité du paiement.

****432. L'indivisibilité dans les textes du Code.** — En principe, toute obligation doit *s'exécuter en une seule fois* ; le débiteur ne peut pas forcer le créancier à recevoir un paiement partiel contre son gré (art. 1244). Le même principe est énoncé en termes différents par l'art. 1220 : « L'obligation qui est susceptible de division doit être exécutée entre le créancier et le débiteur *comme si elle était indivisible*. » La divisibilité n'a donc d'application que pour la transmission de la créance ou de la dette aux héritiers du créancier ou du débiteur primitifs : il se produit alors entre les héritiers un fractionnement qui n'a pas lieu quand l'obligation est indivisible.

433. Motifs de l'indivisibilité. — Pothier en donnait cette raison « qu'on a intérêt à recevoir tout à la fois une grosse somme avec laquelle on fait ses affaires, plutôt que plusieurs petites sommes en différents temps dont l'emploi est difficile, et qui se dépensent imperceptiblement à mesure qu'on les reçoit ». D'ailleurs le contrat n'a pas donné au créancier un droit partiel et fragmenté, mais une créance unique, sur l'exécution totale de laquelle il doit pouvoir compter.

434. Applications. — S'il est dû *un capital* et *des intérêts*, le créancier peut refuser le paiement du capital quand le débiteur ne lui offre pas en même temps les intérêts : ceux-ci sont l'*accessoire* de sa créance et doivent être traités comme le capital lui-même (Pau, 3 mars 1890, D. 91. 2. 117.)

Au contraire, s'il s'agit d'une dette fractionnée en *annuités*, chacune de ces annuités fait l'objet d'une dette distincte et peut être acquittée séparément. Ceci tient à ce que la loi n'établit pas de lien entre les différentes dettes d'un même débiteur, mais seulement l'indivisibilité de chaque dette.

***435. Exceptions.** — Le principe de l'indivisibilité du paiement souffre des exceptions assez nombreuses, qui se produisent pour les cinq causes suivantes :

Convention. — Une clause du contrat peut accorder au débiteur la faculté de se libérer par fractions.

Succession. — Lorsque plusieurs héritiers ont succédé au débiteur unique, la dette se partage entre eux, dans les proportions de leurs parts héréditaires (art. 1220), à moins que son objet ne soit indivisible ou que l'indivisibilité n'ait été stipulée.

Compensation. — Quand le débiteur acquiert contre son créancier une créance moindre que sa dette, la compensation, qui s'opère de plein droit, éteint en partie la créance primitive ; le créancier ne peut plus réclamer à son débiteur que l'excédent non compensé (art. 1289 et 1290) : la compensation produit donc l'effet d'un paiement partiel.

Bénéfice de division. — Quand le débiteur a fourni plusieurs cautions, le créancier a, en principe, le droit de demander le total à chacune d'elles : mais la caution poursuivie peut lui opposer le bénéfice de division (art. 2026), qui force le créancier à diviser son action entre toutes celles qui sont solvables et à recevoir, par suite, de chacune d'elles un paiement partiel.

Jugement. — Lorsque le tribunal accorde au débiteur, à raison de sa situation malheureuse, un *délai de grâce* (ci-dessus nos 369 à 373), il ne se borne pas toujours à retarder le paiement ; il peut encore, pour faciliter au débiteur l'acquittement de sa dette, échelonner les versements et obliger le créancier à recevoir son paiement *par acomptes successifs*.

Ceci n'est pas dit expressément dans l'art. 1244 ; aussi a-t-on jadis contesté cette faculté au juge (notamment Duranton). Mais personne n'en doute plus aujourd'hui. D'abord le rapprochement des deux alinéas de l'art. 1244 prouve que le second déroge au premier (argument du mot « Néanmoins » qui commence l'al. 2). Or quelle est la règle établie par l'art. 1er ? C'est que le débiteur ne peut forcer le créancier à recevoir un paiement partiel ; cela fixe le sens de l'exception établie par l'al. 2. De plus, l'al. 2 permet au juge d'accorder « des délais modérés » : ce pluriel n'a de raison d'être que s'il s'agit de termes successifs impliquant la division du paiement (Cass., 20 déc. 1842, S. 43. 1. 223).

F. — De la preuve du paiement.

***436. Exclusion de la preuve testimoniale.** — D'une manière générale, la preuve du paiement est soumise aux règles établies par la loi pour la preuve des conventions. Si ces règles ont dans nos codes un caractère général, qui dépasse le domaine des conventions, c'est surtout parce qu'elles sont applicables en outre au paiement.

Par suite, le paiement ne pourra pas être prouvé par témoins quand la somme payée dépassera 150 francs ; s'il ne veut pas être réduit au procédé fort incertain de l'aveu et du serment, le débiteur devra donc se faire donner par le créancier *une preuve écrite*. L'écrit, spécialement dressé pour constater un paiement, s'appelle *quittance* ou *reçu*.

***437. Date certaine des quittances.** — En général, les actes sous seings privés ne font pas par eux-mêmes foi de leur date : ils n'ont date certaine contre les tiers qu'autant qu'ils ont été enregistrés ou relatés dans un acte authentique, ou après la mort d'un de leurs signataires (art. 1328). Par une remarquable dérogation à cette règle, *les quittances ont date certaine par elles-mêmes*, à l'égal des actes authentiques, sans qu'il soit besoin de les faire enregistrer. On admet cela sans textes, pour des raisons d'utilité pratique : ce serait imposer une gêne énorme aux particuliers que de les obliger à prendre cette précaution pour de simples quittances. Voyez les citations dans Dalloz, *Suppl.*, vo Obligations, no 1606.

Toutefois, la jurisprudence n'autorise pas le débiteur à opposer au cessionnaire d'une créance les paiements qu'il prétend avoir faits au créancier primitif, si ces paiements ne sont pas constatés par des actes ayant date certaine (Cass., 23 août 1841, D. 41. 1. 339, S. 41. 1. 757; Bordeaux, 21 mars 1846, D. 49. 2. 108, S. 46. 2. 545. — Voyez cependant Limoges, 17 août 1841, D. 43. 2. 32, S. 42. 2. 313; et spécialement pour les quittances de fermages, Besançon, 15 févr. 1827, S. 27. 2. 138, S. chr. 8. 2. 334).

438. Preuve par les registres domestiques. — Un autre mode de preuve, qui s'emploie rarement, mais qui justement trouve une de ses applications en matière de paiements, ce sont les registres et papiers domestiques des parties. Il est de règle que ces écritures ne font pas preuve *au profit de celui qui les tient*, parce qu'on ne se crée pas de titres à soi-même; par conséquent, si les livres et comptes *du débiteur* mentionnent les paiements faits par lui, ces énonciations, bien qu'elles puissent avoir aux yeux du juge une très grande valeur morale, ne font pas preuve légale des paiements effectués. Mais les registres d'une personne peuvent quelquefois servir de preuve *contre elle*, et c'est ce que la loi admet dans l'art. 1331 pour les paiements : ceux-ci peuvent être prouvés à l'aide des énonciations contenues dans les propres écritures *du créancier*.

439. Preuve par une mention inscrite sur le titre. — L'art. 1332 prévoit un dernier mode de preuve, analogue au précédent. Parfois le créancier, qui conserve le titre de sa créance, y mentionne pour mémoire les paiements partiels déjà faits par le débiteur. La loi décide que ces mentions font foi, quand elles sont inscrites par le créancier, soit sur le titre qu'il a en sa possession, soit sur le double du titre ou sur une précédente quittance que possède le débiteur, et cela quoique ces mentions ne soient ni signées ni datées. Il est évident, en effet, qu'un créancier ne s'amuse pas à écrire de pareilles choses sur son titre, ou sur les papiers du débiteur, quand il n'a rien reçu.

Le Code fédéral suisse des obligations (art. 102) permet au débiteur qui fait un paiement partiel d'exiger, non seulement la quittance, mais en outre l'inscription de ce paiement sur le titre que conserve le créancier. C'est une précaution utile, car la quittance peut s'égarer.

***440. Libération par la remise du titre.** — Très souvent aussi, le créancier veut procurer au débiteur une sécurité plus complète que celle qui résulte pour lui d'une simple quittance sur feuille volante, laquelle peut se perdre, brûler, etc. Pour cela, il détruit son titre en présence du débiteur, ou il le lui remet. Le créancier, démuni de sa preuve normale, n'est plus à redouter pour le débiteur. Mais ce procédé ne peut naturellement s'employer qu'après un paiement *intégral*, et encore en supposant que le créancier n'a pas un intérêt à conserver le titre; il refusera de s'en dessaisir si cet acte constate, en même temps que la créance payée, d'autres droits à son profit.

L'art. 102 du Code fédéral suisse permet au débiteur d'exiger la remise du titre si le créancier n'en a plus besoin.

G. — De l'imputation des paiements.

441. Position de la question. — Si un débiteur est tenu envers la même personne de *plusieurs dettes* ayant pour objet *des choses de même nature*, par exemple de l'argent, et s'il verse au créancier une somme insuffisante pour éteindre toutes ces dettes, on doit se demander sur laquelle le versement fait sera *imputé*, c'est-à-dire déterminer la dette qui devra être considérée comme éteinte de préférence aux autres.

L'imputation peut être faite 1° *par le débiteur*, 2° *par le créancier*, 3° *par la loi*.

442. Imputation par le débiteur. — C'est au débiteur que la loi accorde en première ligne le droit de faire l'imputation : il est libre, lorsqu'il paie, de déclarer quelle dette il entend acquitter (art. 1253). Toutefois sa liberté souffre une *triple limite* :

1° Il ne peut imputer son versement sur une *dette non encore échue*, contre le gré du créancier, si le terme a été stipulé en faveur de ce dernier.

2° Il ne peut imputer le paiement sur une dette dont le montant est *supérieur à la somme versée*, puisqu'il ne peut obliger le créancier à recevoir un paiement partiel.

3° Si la dette est productive d'intérêts, le paiement effectué doit être imputé *d'abord sur les intérêts*; l'excédent seul peut servir à amortir le capital (art. 1254).

443. Imputation faite par le créancier. — Quand le débiteur ne propose aucune imputation spéciale, le créancier est libre de désigner la dette à l'extinction de laquelle le paiement est affecté (art. 1255). Ordinairement le créancier exprime son choix *dans la quittance* qu'il remet au débiteur. L'imputation ainsi faite est considérée comme le *résultat d'une entente* entre créancier et débiteur : le débiteur l'accepte, puisqu'il n'en a pas proposé d'autre. Il est donc lié par les termes de la quittance. Cependant la loi lui permet de réclamer « s'il y a eu dol ou surprise de la part du créancier ». Il n'est pas nécessaire que le débiteur prouve un *dol* caractérisé par des manœuvres destinées à le tromper; la simple *surprise*, c'est-à-dire une imputation qui lui est défavorable, et qu'on ne lui a pas annoncée, l'autorise à refuser la quittance dans les termes où elle lui est proposée.

444. Imputation légale. — Quand aucune imputation n'a été faite, ni par le débiteur ni par le créancier, il est encore possible de déterminer la dette qui s'est trouvée éteinte par le paiement. La loi formule à cet égard des règles particulières dans l'art. 1256.

S'il y a des *dettes échues* et d'autres qui ne le sont pas, l'imputation doit se faire d'abord sur ces dernières.

Parmi les dettes échues, on devra choisir d'abord celles qui sont *les plus onéreuses* pour le débiteur, par exemple celles qui sont productives d'intérêts, et, parmi ces dernières, celles qui sont accompagnées d'hypothèques grevant les biens du débiteur. Les juges du fait décident souverainement quelle est celle que le débiteur avait le plus d'intérêt à acquitter (Cass., 23 juill. 1884, D. 84. 1. 459, S. 85. 1. 365).

Entre dettes également onéreuses, la loi veut qu'on éteigne d'abord *la plus ancienne*, ce qui doit s'entendre de la date à laquelle la dette est née, et non pas du jour où elle est devenue exigible.

Enfin entre dettes également échues, également onéreuses et également anciennes, l'imputation se fait *proportionnellement* sur elles toutes.

445. Imputation spéciale au cas de cautionnement partiel d'une dette. — Supposons qu'un créancier ait obtenu un cautionnement limité à une somme déterminée et que le montant de la dette s'élève à un chiffre supérieur à celui que garantit la caution. Le débiteur fait un paiement insuffisant pour éteindre la totalité de sa dette. Quelques auteurs proposent de décider, d'après les principes formulés dans l'art. 1256, que le paiement devra être imputé de préférence sur la partie de la dette garantie par la caution; ils en donnent pour raison qu'en décidant ainsi on libère le débiteur envers deux personnes à la fois, son créancier et la caution qui aurait un recours à exercer contre lui, si elle était obligée de payer à sa place, tandis qu'en imputant la somme payée sur la partie non cautionnée de la dette, le débiteur reste éventuellement tenu envers la caution : il y a donc une partie de la dette qui est plus onéreuse que l'autre pour le débiteur. — Mais la jurisprudence est depuis longtemps fixée en sens contraire (Cass., 12 janv. 1857, D. 57. 1. 278), et je crois que c'est avec raison. L'art. 1256 supplée seulement au silence des parties. Si on peut trouver dans leurs conventions une cause de préférence différente, il est naturel de sous-entendre une imputation tacite qui empêche les règles légales de s'appliquer. Or le créancier, qui n'a obtenu qu'un cautionnement partiel, a nécessairement le désir de conserver cette garantie jusqu'à l'extinction complète de la dette. Du moins le jugement ou l'arrêt qui interprète ainsi l'intention des parties échappe à la censure de la Cour de cassation (Cass., 2 juin 1890, D. 91. 1. 404).

H. — Des offres réelles et de la consignation[1].

446. But de cette procédure. — On voit parfois le créancier refuser de recevoir ce que le débiteur lui offre pour se libérer, et ce n'est pas toujours par caprice qu'il le fait : il peut y avoir désaccord entre eux, soit sur l'objet, soit sur le mode ou l'époque du paiement. Cependant il était impossible de laisser le débiteur à la merci d'un refus du créancier, qui soulève peut-être une contestation mal fondée. Quand l'échéance est arrivée

[1] Il est permis d'être bref sur cette matière, qui appartient beaucoup plus à la procédure qu'au droit civil.

et que le débiteur a les moyens de se libérer, il doit pouvoir se débarrasser de l'objet dû : on verra ensuite si la prestation qu'il a faite est libératoire.

La loi met donc à la disposition du débiteur une procédure spéciale, celle de l'offre et de la consignation, qui lui permet de triompher de la mauvaise volonté du créancier. Le débiteur commence par *offrir* au créancier l'objet dû, et, après constatation de son refus, il le *consigne* dans un endroit déterminé. La loi décide que, par cette offre réelle, suivie d'une consignation régulière, le débiteur est libéré comme si le créancier avait accepté le paiement (art. 1257).

447. Conditions de validité. — La validité des offres suppose toujours que toutes les conditions nécessaires pour le paiement sont réunies (art. 1258). Cette règle n'a pas besoin d'être justifiée.

448. Forme des offres pour les dettes d'argent. — Le débiteur doit faire présenter la somme due à son créancier *par un officier ministériel* (huissier ou notaire). L'offre doit être faite *au lieu indiqué pour le paiement*; s'il n'y a pas eu de convention spéciale sur ce point, c'est *au domicile du créancier*. L'offre est donc toujours *portable*, tandis que le paiement d'une somme d'argent est en principe *quérable*.

449. Consignation. — Si le créancier accepte la somme offerte, l'huissier ou le notaire lui remet les fonds et en retire quittance. S'il refuse, la somme est ensuite consignée par le débiteur. La *consignation* est *un dépôt* qui se fait à un établissement spécial, la Caisse des dépôts et consignations, créée par la loi du 28 avril 1816 (art. 110 et 111). Cette caisse est établie à Paris. Dans les départements, elle est représentée par les trésoriers-payeurs généraux qui résident au chef-lieu, et par les receveurs particuliers des finances dans les chefs-lieux d'arrondissement. La consignation n'a pas besoin d'être autorisée par justice, mais elle doit être précédée d'une sommation adressée au créancier pour le prévenir du jour, de l'heure et du lieu où elle se fera (art. 1259).

450. Effets de la consignation. — Ces effets sont très clairement énoncés dans l'al. 2 de l'art. 1257. La consignation, régulièrement faite, *tient lieu de paiement*. Elle libère le débiteur, arrête le cours des intérêts (ceux qui ont couru jusqu'au jour de la consignation doivent être déposés en même temps que le capital), et met la chose ou la somme consignée aux risques du créancier. Ces effets se produisent à compter seulement du jour de la consignation et non du jour des offres. L'art. 1257, al. 2, dit que: « les offres réelles, suivies de consignation, libèrent le débiteur ». Ce qui a fait croire à quelques auteurs que l'effet libératoire était attaché *rétroactivement* à l'offre sous la condition que la consignation soit ensuite effectuée. La fin de l'al. 2 de l'art. 1257 (qui parle des risques) et le 2° de l'art. 1259 (qui parle du cours des intérêts), montrent clairement que l'effet en vue duquel toute cette procédure est instituée se produit seulement au moment de la consignation, et non à dater des offres. La Caisse des dépôts et consignations sert un intérêt pour les sommes déposées, d'après un taux fixé par la loi, à compter du 61e jour depuis le versement.

451. Retrait de la consignation. — Le débiteur conserve le droit de reprendre la somme consignée, tant que la consignation n'a pas été acceptée par le créancier ou qu'elle n'a pas été déclarée bonne et valable par un jugement passé en force de chose jugée. S'il use de ce droit, l'effet libératoire de la consignation ne se produit pas : les codébiteurs ou les cautions ne sont pas libérés (art. 1261). Mais si le débiteur se fait autoriser par le créancier à retirer sa consignation après qu'elle a été acceptée ou déclarée valable, les coobligés du débiteur, qui s'étaient trouvés régulièrement libérés, conservent le bénéfice de cette libération, qui est pour eux un droit acquis (art. 1262). La loi ajoute que le créancier, qui autorise le débiteur à retirer sa consignation déjà acceptée ou déclarée valable, ne peut plus exercer, au détriment des tiers, le privilège ou l'hypothèque qui était primitivement attaché à sa créance et qui a été éteint par la consignation comme par un paiement (art. 1263).

Un avis du Conseil d'État, du 16 mai 1810, oblige le receveur de la caisse où la consignation a été faite à restituer au débiteur la somme consignée quand il la réclame, sur la seule présentation de son récépissé, à moins qu'il n'ait reçu l'acceptation du créancier ou l'opposition d'une autre personne, dûment notifiée.

452. Règle spéciale aux effets négociables. — Si la créance est constatée par un titre au porteur ou à ordre, le débiteur ignore qui en est porteur au jour de l'échéance. Il ne saurait donc pas à qui faire son offre. Aussi l'en dispense-t-on. Si le porteur ne se présente pas dans les trois jours de l'échéance, le débiteur peut consigner directement, sans offre préalable, et la consignation se fait aux mains du receveur de l'enregistrement (L. 6 thermidor an III, en note sous l'art. 6 C. com.). Pour un autre cas où le débiteur consigne sans offres préalable, voyez l'art. 777 C. proc. civ.

453. Dettes de corps certains. — Pour les obligations de ce genre, la loi ne maintient pas la nécessité de faire des offres réelles aux créanciers. Souvent même le débiteur ne pourrait pas les faire, quand il s'agit de choses qui ne peuvent pas être déplacées. L'offre est remplacée par une sommation adressée au créancier de venir prendre livraison (art. 1264). Si le créancier ne se présente pas et que le débiteur ait besoin du lieu dans lequel la chose est placée, celui-ci peut obtenir de la justice la permission de la mettre en dépôt dans quelque autre lieu (même art). L'offre est ainsi remplacée par une sommation, et la consignation est facultative pour le débiteur. La loi ne détermine pas quand se produit l'effet libératoire. J'estime que ce doit être au jour fixé par la sommation pour l'enlèvement de la chose.

454. Autres obligations. — Pour les obligations qui n'ont pour objet ni de l'argent ni un corps certain, il y a controverse relativement à la procédure à suivre, parce que la loi n'en a pas parlé. En général, on leur applique les mêmes règles qu'aux obligations de corps certains.

455. Frais. — Les frais de cette procédure sont à la charge du créancier (art. 1260). La loi y met cette condition toute naturelle : que les offres soient valables. On peut en ajouter une autre, qui résulte implicitement de l'art. 1257 : c'est que les offres réelles aient été *précédées d'une offre amiable refusée par le créancier*. Si le débiteur mettait en mouvement un huissier ou un notaire pour aller faire des offres à son créancier, sans avoir essuyé ce refus préalable, et que le créancier acceptât à première réquisition l'offre à lui faite, les frais de cette formalité resteraient naturellement à la charge du débiteur.

I. — Des oppositions au paiement.

1° Généralités.

****456. Définition.** — Le débiteur n'est pas toujours libre de se libérer entre les mains de son créancier. Il peut en être empêché, surtout quand il s'agit de dettes d'argent, par l'effet d'une *opposition*. On appelle ainsi un acte d'huissier[1] signifié au débiteur au nom d'un tiers, pour lui faire défense de payer hors la présence ou sans le consentement de ce tiers. Le débiteur, qui a reçu l'opposition, est obligé de s'abstenir de payer, et s'il passait outre, il s'exposerait à payer deux fois.

***457. Cas où s'emploient les oppositions.** — L'opposition à paiement trouve dans notre droit trois applications. Elle peut être faite : 1° *par un autre créancier du même débiteur* ; 2° *par un créancier du créancier* ; 3° *par un créancier qui a égaré son titre.*

Le premier cas se rencontre en matière de *successions*, quand l'héritier n'a accepté que *sous bénéfice d'inventaire*. Ce bénéfice limite le gage des créanciers héréditaires,

[1] Régulièrement toute opposition devrait se faire par acte d'huissier ; mais la jurisprudence moderne, désirant améliorer le régime des successions bénéficiaires, admet que l'opposition faite à un héritier qui a accepté sous bénéfice d'inventaire peut avoir lieu sous une forme quelconque ; il suffit que l'héritier soit averti de l'intention du créancier (Cass., 4 juill. 1892, D. 92. 1. 481, S. 96. 1. 502.) Nous reviendrons sur ce point dans le t. III, à propos des successions.

qui ne peuvent plus se faire payer que sur les biens laissés par le défunt ; les biens personnels de l'héritier sont à l'abri de leurs poursuites. Du moins la loi veut-elle que l'actif héréditaire soit tout entier affecté au paiement des créanciers du défunt et, pour éviter que les premiers arrivés n'absorbent tout cet actif sans rien laisser aux autres, la loi permet à chacun d'eux de faire *opposition* entre les mains de l'héritier. Dès que celui-ci a reçu une opposition, il perd le droit de payer librement les créanciers qui se présentent. Une procédure de *distribution par contribution* doit être organisée pour payer à chaque créancier le dividende qui lui revient dans la déconfiture du débiteur commun (art. 808-809).

Le second cas d'opposition est ce qu'on appelle la *saisie-arrêt*. La créance que le débiteur s'apprêtait à payer figure comme élément d'actif dans le patrimoine de son créancier, et, comme telle, elle sert de gage aux créanciers de celui-ci. Les créanciers du créancier peuvent donc saisir la créance, comme ils saisiraient tout autre élément de son patrimoine ; seulement, à raison de la nature toute spéciale du droit de créance, la saisie prend ici une forme particulière ; elle débute par une *opposition* adressée au débiteur pour lui défendre de payer sans le consentement des créanciers de son créancier. Cette opposition *empêche le paiement*, d'où le nom de *saisie-arrêt*, qui désigne toute cette procédure de saisie (art. 557 et suiv. C. proc. civ.).

Le troisième cas se rencontre à propos des titres au porteur perdus ou volés.

458. Renvoi. — Nous ne nous occuperons pas ici de l'opposition faite par un créancier direct du débiteur ; c'est un cas particulier dont l'étude rentre dans la matière du bénéfice d'inventaire. Le cas des titres au porteur fait l'objet d'une section spéciale (ci-dessous nos 468 et suiv.). Mais nous devons nous arrêter sur l'hypothèse d'une saisie-arrêt, qui est d'une application générale, et qui peut en toute circonstance mettre obstacle au paiement.

2° Saisie-arrêt.

*** 459. Analyse de l'hypothèse.** — Une saisie-arrêt suppose en présence trois personnes : 1° le créancier qui fait opposition et qu'on appelle le *saisissant* ou l'*opposant* ; 2° le débiteur qui reçoit l'opposition et qu'on appelle le *tiers-saisi*, parce qu'il est un tiers par rapport à l'opposant, dont il n'est pas le débiteur direct ; 3° le créancier intermédiaire, qui est tout à la fois débiteur du saisissant et créancier du tiers-saisi, et qu'on appelle le *saisi*, parce que c'est lui qui est propriétaire de la valeur saisie par le créancier poursuivant. — La créance du saisi contre le tiers-saisi s'appelle *créance saisie-arrêtée*.

***460. Obstacle au paiement par l'effet de la saisie.** — La *procédure* de la saisie-arrêt est réglée par le Code de procédure civile (art. 557 et suiv.). Son *effet* est déterminé par le Code civil (art. 1242). A partir du moment où l'opposition est signifiée au tiers-saisi, celui-ci *ne peut plus payer entre les mains du saisi au préjudice de l'opposant*. Si le tiers-saisi passe outre et paie son créancier [le saisi] au mépris de l'opposition, ce paiement, valable entre les parties, est non avenu à l'égard de l'opposant. Par suite celui-ci peut : 1° forcer le tiers-saisi à payer *une seconde fois* entre ses mains, dans la mesure où le paiement irrégulier lui a porté préjudice ; 2° exercer contre les créanciers personnels du tiers-saisi les *privilèges, hypothèques* et autres garanties qui appartenaient au saisi ; ces garanties subsistent, malgré le paiement effectué, puisque la créance saisie-arrêtée est réputée non payée.

Naturellement le tiers-saisi, qui est ainsi obligé de payer deux fois, a un recours contre son créancier [le saisi] pour tout ce qu'il a payé en trop. En effet, quand il a payé le créancier saisissant, il a libéré le saisi dans une certaine mesure ; c'est donc ce dernier qui se trouve *enrichi* par le second paiement qu'a fait son débiteur, et c'est contre lui que doit être exercée l'action en répétition (art. 1242).

461. Des saisies-arrêts de complaisance. — Le tiers-saisi, qui reçoit une opposition, en profite indirectement : la saisie-arrêt entraîne des lenteurs ; le paiement est remis à plus tard, et voilà un débiteur, peut-être embarrassé de faire son paiement, qui bénéficie d'un délai inattendu. Aussi voit-on parfois les personnes gênées se faire adresser, par un tiers complaisant, une saisie-arrêt pour une créance minime ou même pour une créance imaginaire. Le vrai créancier (le saisi) se trouve ainsi empêché de recevoir son paiement et arrêté par un terme que son débiteur s'octroie à lui-même frauduleusement. Il y a un moyen d'enlever aux auteurs de cette petite machination le profit qu'ils en espèrent : c'est de *forcer le tiers-saisi à consigner*. Le saisi et ses créanciers sérieux y ont intérêt, car pendant la procédure le tiers-saisi peut devenir tout à fait insolvable. Ils auront donc le droit d'obtenir la consignation *immédiate* de la somme ou de la chose saisie ; si le tiers-saisi ne la consigne pas, il s'expose à une saisie-exécution.

***462. Comment le tiers-saisi paie valablement.** — Si le débiteur qui a reçu l'opposition veut se libérer régulièrement, il doit attendre que la procédure de la saisie-arrêt suive son cours ; elle se terminera par un jugement qui ordonnera au tiers-saisi de payer entre les mains du saisissant ce qu'il devait au saisi (jugement de main-vidange) : et, s'il y a plusieurs saisissants, la procédure de distribution par contribution fixera le dividende qui revient à chacun d'eux dans la créance saisie-arrêtée.

***463. Indisponibilité de la créance saisie.** — Quand une créance est frappée de saisie-arrêt, elle devient *indisponible* par rapport au saisissant. Ce second effet de l'opposition est la garantie et la sanction du premier : l'indisponibilité de la créance rend *plus sûr* son paiement au profit du saisissant. Cette indisponibilité produit les conséquences suivantes :

1° Le saisi ne peut plus disposer de la créance saisie soit par une *cession*, soit par une *novation*, soit par une *remise* consentie à son débiteur. — C'est un effet analogue à celui qui se produit dans toute voie d'exécution ; la valeur saisie est mise sous la main de la justice, et son propriétaire ne peut plus en disposer au préjudice des créanciers poursuivants. Voyez spécialement, pour la saisie immobilière, les art. 683, 684 et 686 C. proc. civ.

2° La créance saisie-arrêtée ne peut plus *s'éteindre par compensation*. Si le tiers-saisi acquiert, postérieurement à l'opposition, une créance contre le saisi, en toute autre hypothèse il serait libéré, au moins en partie, par l'effet de la compensation ; mais ici la compensation est impossible à cause de la saisie.

***464. Concours de plusieurs saisissants.** — Quand un débiteur ne paie pas ses créanciers, il est rare qu'un acte de poursuite exercé par l'un d'eux reste isolé ; en général, les saisies s'abattent par séries sur les mauvais payeurs. Qu'advient-il quand plusieurs oppositions sont adressées l'une après l'autre au tiers-saisi ? *Dans l'ancien droit,* en l'absence de toute cause particulière de préférence entre les créanciers, on admettait que l'*ordre des saisies déterminait l'ordre des paiements* à faire entre eux ; le premier arrêtant était préféré au second, le second au troisième, et ainsi des autres (POTHIER, *Procédure civile,* nos 508 et suiv.). C'était ce qu'on appelait le *privilège du premier saisissant.*

Dans notre droit moderne, ce privilège a disparu ; la priorité dans la saisie ne confère plus aucune cause de préférence. La créance saisie-arrêtée reste le *gage commun* de tous les créanciers du saisi, et son montant doit être partagé *au marc le franc* entre tous ceux qui se présenteront en temps utile pour prendre part aux distributions, sauf l'effet des privilèges que quelques-uns d'entre eux peuvent avoir à faire valoir contre les autres. Cette égalité de traitement pour tous les créanciers reçoit une double application :

1° Si le débiteur commun est mis en *faillite* ou en liquidation judiciaire, celui ou ceux des créanciers qui ont déjà pratiqué une saisie-arrêt sur une créance lui appartenant ne possèdent aucun avantage sur les autres ; la valeur de cette créance tombe dans la masse active pour être distribuée entre tous les créanciers, comme si aucune saisie n'était intervenue. — Sur ce point, le droit moderne est d'accord avec l'ancien qui faisait cesser le privilège du premier saisissant au cas de déconfiture du débiteur (POTHIER, *op. cit.,* n° 513).

2° Si une ou plusieurs *nouvelles oppositions* sont faites après la première, le premier saisissant *subit le concours de tous les autres,* à moins qu'il n'ait pour une autre cause un privilège à leur opposer ; il peut même les voir passer entièrement avant lui, si ce sont les derniers venus qui sont privilégiés.

***465. Dessaisissement du tiers par la signification du jugement de validité.** — Malgré le désir de la loi de maintenir l'égalité entre les créanciers, en dehors des causes de préférence établies ou autorisées par elle, il faut bien que cette situation ait un terme et qu'un moment vienne où la somme qui a fait l'objet de la saisie soit définitivement attribuée au saisissant ; on ne peut pas laisser indéfiniment la porte ouverte aux retardataires. Leur forclusion se produirait nécessairement le jour où le tiers-saisi aurait payé, par ordre de justice, entre les mains du saisissant ; ce jour-là tout serait consommé. Mais, d'après la jurisprudence, la *forclusion des retardataires* se produit plus tôt. Au cours de la procédure de saisie-arrêt, il intervient un jugement constatant que la saisie pratiquée est bonne et valable : on l'appelle *jugement de validité*[1]. Ce jugement a pour effet de *dessaisir* le créancier saisi de la créance arrêtée ; il en opère *attribution et transport au saisissant* (Cass., 2 juill. 1890, D. 91. 1. 196; S. 90. 1. 433 ; Cass., 17 févr. 1892, D. 93. 1. 26, S. 92. 1. 207 ; Cass., 27 juin 1892, D. 93. 1. 25, S. 92. 1. 519). Toutefois, ce n'est pas le jugement lui-même qui opère ce dessaisissement, mais seulement sa *signification* au tiers-saisi (mêmes arrêts). La distribution par contribution des sommes arrêtées ne peut plus avoir lieu qu'entre le saisissant et ceux qui ont pratiqué des saisies avant la signification du jugement, à l'exclusion des créanciers qui n'ont formé aucune saisie, ou qui n'ont agi qu'après le dessaisissement du débiteur commun.

Cette jurisprudence est fréquemment critiquée en doctrine, sous prétexte que les tribunaux n'ont pas le droit d'opérer des transports de créances d'une personne à une autre, en dehors d'un texte qui les y autorise. Mais n'est-ce pas justement le cas ? Et le tribunal n'est-il pas appelé à donner au saisissant un titre qui lui permette de se faire payer par le débiteur de son débiteur ? En tout cas, la jurisprudence, en exigeant la signification du jugement de validité au tiers-saisi, applique très correctement, par analogie, la disposition de l'art. 1690 sur le mode de transport des créances et la façon d'en saisir le cessionnaire à l'égard des tiers.

***466. Étendue de l'indisponibilité.** — Il arrive fréquemment que la créance saisie-arrêtée est supérieure à la créance du saisissant : il est dû à celui-ci 1 000 francs seulement, et il a saisi-arrêté une créance de 5 000 francs appartenant à son débiteur contre un tiers. Le tiers-saisi est-il obligé de conserver par devers lui la totalité des 5 000 francs qu'il doit à son créancier ? Ne pourrait-il pas lui remettre la différence entre la *cause de la saisie,* qui est une simple créance de 1 000 francs, et ce qu'il doit lui-même, soit dans l'espèce 4 000 francs ? On formule ainsi cette question : l'indisponibilité qui résulte de la saisie-arrêt est-elle *totale ou partielle* pour la créance saisie-arrêtée ? Il semblerait raisonnable de limiter cette indisponibilité au montant des causes de la saisie, en ménageant, bien entendu, un léger excédent pour couvrir les frais, et de permettre au débiteur de payer le surplus et au saisi de le toucher. Mais cette opération serait très dangereuse, à cause des nouvelles oppositions qui peuvent survenir de la part d'autres créanciers du saisi, lesquels ont le droit de concourir avec le premier saisissant (ci-dessus n° 464). L'excédent qui paraît libre au début, quand il n'y a encore qu'une seule opposition, peut rapidement devenir insuffisant, quelque considérable qu'il soit, car on ignore toujours ce qui peut être dû à d'autres créanciers. En continuant à raisonner sur les chiffres indiqués plus haut, supposons de nouvelles oppositions pour 4 000 francs.

[1] C'est le même que celui dont il est parlé plus haut (n° 415) sous le nom de *jugement de main-vidange* ; on lui donne les deux noms, selon qu'on le considère comme validant la saisie ou comme ordonnant au débiteur de se libérer entre les mains du saisissant.

Si le tiers-saisi avait déjà payé à ce moment les 4 000 francs qui excédaient les causes de la première opposition, on voit ce qui arriverait. Sur les 1 000 francs conservés par lui, qu'il faudrait partager entre des créanciers à qui il en est dû au total 5 000, le premier saisissant n'obtiendrait que 200 francs, alors qu'il aurait été payé intégralement si le tiers-saisi s'était abstenu de faire aucun paiement. Il serait donc en perte de 800 francs par l'imprudence du tiers, qui en serait responsable envers lui.

La conclusion est qu'il faut considérer la créance saisie comme rendue indisponible *pour le tout*, quelque grande que soit la différence entre la somme due par le tiers et celle qui est due au saisissant.

467. Caractère relatif de l'indisponibilité. — L'indisponibilité totale de la créance saisie arrêtée est en même temps *relative*, ce qui signifie qu'elle ne peut être invoquée que par le premier créancier saisissant. Ceux qui surviennent après le paiement partiel fait par le tiers-saisi ne trouvent plus à saisir entre ses mains qu'une créance réduite d'autant; ils n'ont donc pu saisir à leur profit que la somme de 1 000 francs dans l'exemple que nous avons pris, et leurs droits seront réglés en conséquence. Le premier saisissant seul pourra soutenir qu'il avait rendu indisponible à son profit une somme de 5 000 francs, qui aurait suffi à le payer, même malgré la survenance des autres oppositions, si le débiteur avait eu la prudence de la conserver.

K. — Paiement des titres au porteur perdus ou volés.

468. Danger de la situation. — Un grave obstacle surgit quelquefois, qui empêche le créancier de demander et de recevoir son paiement : c'est lorsque la créance était constatée par un titre au porteur qui se trouve volé ou égaré[1]. Le débiteur, qui est ordinairement une ville ou une société, peut légitimement refuser le paiement au créancier non muni de son titre parce qu'il a à craindre que le porteur du titre se présente et exige un second paiement. Jusqu'en 1872, la situation était à peu près sans remède pour le créancier dépossédé de son titre; mais la loi du 15 juin 1872[2] a organisé en sa faveur un moyen d'obtenir son paiement, malgré la perte de son titre. Les règles varient selon les différents cas qui se présentent; mais, dans tous les cas, la base du système établi en 1872 est une *opposition* adressée à l'établissement débiteur par le créancier dont le titre a été égaré ou volé.

469. Paiement des revenus. — Deux cas sont à distinguer; le créancier a perdu *son titre lui-même*, ou seulement des *coupons au porteur détaché du titre*.

Au premier cas, le créancier obtient le paiement des intérêts ou dividendes *un an* après son opposition, pourvu que dans cet intervalle il y ait eu au moins *deux termes mis en distribution* (L. 15 juin 1872, art. 3). Ce paiement n'a lieu, du reste, qu'en vertu d'une autorisation donnée par le président du tribunal et moyennant l'engagement d'une caution ou le dépôt d'un nantissement suffisant (même loi, art. 3, 4 et 6). Au bout de deux ans, la caution est déchargée ou le nantissement est restitué. — Si le créancier ne peut ou ne veut fournir la garantie exigée de lui, il a le droit de demander que les sommes échues ou à échoir soient déposées à la Caisse des dépôts et consignations, d'où il pourra les retirer deux ans plus tard (art. 4). — Si le président lui refuse l'autorisation dont il est parlé en l'art. 3, il y a lieu à appel devant le tribunal civil (art. 7). — Enfin, quand deux ans se sont écoulés depuis l'autorisation, sans que l'opposition ait été contredite, le créancier peut toucher librement les intérêts ou dividendes à échoir, au fur et à mesure de leur exigibilité (art. 4, *in fine*).

[1] Sur les titres au porteur, voyez t. I. 1re édit., p. 432, note 1; 2e édit., n° 1141.

[2] Sur cette loi et sur le *Bulletin des oppositions*, créé pour son fonctionnement, voyez t. I, 1re édit., *Additions*, n° 10; 2e édit., n° 1142.

Au second cas, le créancier qui n'a perdu que des coupons détachés de son titre peut les toucher trois ans après l'échéance et l'opposition, sans être tenu de se pourvoir d'autorisation (art. 8).

470. Remboursement du capital. — Si le capital des titres frappés d'opposition est devenu exigible, l'opposant peut se faire autoriser par le président du tribunal à en toucher le montant, toujours à la charge de fournir une caution ou un nantissement (art. 5). S'il le préfère, il peut en demander le dépôt à la Caisse des consignations. Lorsqu'il s'est écoulé dix ans depuis l'époque de l'exigibilité, et cinq ans au moins depuis l'autorisation sans que l'opposition ait été contredite, la caution est déchargée, et, s'il y a eu dépôt, l'opposant peut retirer de la Caisse les sommes qui y ont été déposées (*Ibid.*).

471. Libération de l'établissement débiteur. — Les paiements faits dans les conditions sus-indiquées libèrent l'établissement débiteur envers tout tiers porteur qui se présenterait ultérieurement. Le tiers porteur, au préjudice duquel lesdits paiements auraient été faits, conserve seulement une action personnelle contre l'opposant au cas où celui-ci aurait formé son opposition sans cause (même loi, art. 9).

472. Conflit entre le créancier et le tiers porteur. — Il se peut que le tiers porteur se présente avant que le créancier ait obtenu son paiement. Dans ce conflit, la loi prescrit à l'établissement débiteur de retenir provisoirement les titres frappés d'opposition et d'avertir l'opposant de leur présentation par le tiers. Tout reste alors suspendu jusqu'à ce que la justice ait prononcé entre l'opposant et le tiers porteur (même loi, art. 10). — Dans la pratique, la loi du 15 juin 1872 donne lieu à des abus, à cause de la facilité trop grande qu'elle laisse au premier venu de mettre opposition sur des titres qui ne lui ont jamais appartenu. C'est un moyen d'exploiter le propriétaire légitime des titres en se faisant payer par lui pour donner mainlevée. Sur ce sujet, voir HUBERT-VALLEROUX, *La loi sur les titres perdus*, dans l'*Économiste français*, du 9 octobre 1897.

§ 2. — *Du paiement avec subrogation.*

***473. Paiement du créancier sans libération du débiteur.** — Normalement, l'effet du paiement est d'éteindre l'obligation, mais ce résultat ne se produit pas toujours. Deux cas sont à considérer :

1° PAIEMENT FAIT PAR LE VÉRITABLE DÉBITEUR. — C'est lui qui doit définitivement supporter le poids de la dette. Si c'est lui qui paie, tout est fini : l'obligation est éteinte, et non seulement le créancier payé n'est plus créancier, mais le débiteur est libéré.

2° PAIEMENT FAIT PAR UNE AUTRE PERSONNE. — La personne qui paie à la place du débiteur véritable peut être soit un coobligé du débiteur, soit un tiers entièrement étranger à la dette. Par l'effet de ce paiement le créancier a bien cessé d'être créancier du débiteur : il est payé, il ne peut plus rien réclamer ; mais *le débiteur n'est presque jamais libéré*. Presque toujours, il n'a fait que changer de créancier et se trouve tenu envers celui qui a payé à sa place et qui a droit au remboursement de ses déboursés.

474. Cas où le tiers n'a pas de recours. — Celui qui a payé la dette d'autrui a, en principe, un recours contre le débiteur qu'il a libéré. Il n'y a d'exception à cette règle que dans le cas très rare où le paiement a été fait « animo donandi », c'est-à-dire si le tiers qui paie veut faire une libéralité au débiteur en le délivrant de son obligation. Dans ce cas, et conformément à son intention, la loi ne lui donne aucun recours.

****475. Double action servant à l'exercice du recours.** — 1° Le seul fait du paiement pour le compte d'autrui fait naître en la personne de celui qui l'a fait une action spéciale, qui est l'*action de mandat* ou l'*action de gestion d'affaires,* selon que le tiers a payé sur l'invitation du débiteur ou qu'il a agi spontanément, pour le débarrasser d'un créancier menaçant. On pourrait aussi supposer que, sans payer directement le créancier, le tiers a remis les fonds au débiteur pour faire le paiement, auquel cas il a fait un *prêt d'argent,* et c'est l'action née de ce contrat qui lui appartient. — Cette action est personnelle au tiers payeur ; elle prend naissance directement dans son patrimoine, et elle est purement *chirographaire.* Le tiers se trouve donc exposé pour son recours contre le débiteur à tous les risques d'insolvabilité possibles.

2° Outre son action personnelle, le tiers peut acquérir *la propre action du créancier qu'il désintéresse.* Ce transfert à son profit des droits et actions que le créancier possédait se fait au moyen d'une opération spéciale, qui s'appelle la *subrogation* [1]. Subrogé dans les droits du créancier, le tiers sera admis à exercer contre le débiteur l'action primitive qui existait contre celui-ci, et avec elle *toutes les garanties accessoires* dont elle était accompagnée, privilèges, hypothèques, etc.

**** 476. Avantages de la subrogation.** — D'après ce qui vient d'être dit, la subrogation est avantageuse *au subrogé* dont elle assure le remboursement, beaucoup mieux que l'action chirographaire née en sa personne du fait du paiement. Elle est avantageuse *au créancier,* parce qu'elle peut décider un tiers à payer la dette à un moment où le débiteur serait hors d'état de l'acquitter ; elle est avantageuse *au débiteur,* qui n'a peut-être pas les fonds nécessaires pour se libérer et que le changement de créancier débarrasse de poursuites imminentes.

D'un autre côté, cette combinaison, si avantageuse à toutes les parties, *ne nuit pas aux tiers.* Les tiers qu'elle touche sont : 1° les autres créanciers du débiteur ; 2° les détenteurs d'immeubles hypothéqués à sa dette ; 3° ses cautions. Pour toutes ces personnes, la situation n'est en rien changée par la subrogation ; le montant de la dette reste le même, ses garanties (cautionnement et hypothèque) ne sont pas plus lourdes. Il n'y a de modifié que le nom du créancier. Aussi peut-on dire que la subrogation est vue par la loi avec une véritable faveur.

[1] *Subroger* signifie « mettre à la place de ». On remarquera qu'il s'agit ici de subroger *une personne à une autre personne.* A côté de cette subrogation de personnes, on trouve dans notre droit des *subrogations de choses,* par l'effet desquelles un bien prend la place d'un autre bien et est soumis aux mêmes règles. On en voit des exemples dans le régime matrimonial (art. 1434 et suiv.) pour le remploi des propres des époux, et dans l'art. 747, à propos du droit de retour successoral pour les biens donnés par un ascendant. La nature véritable de cette subrogation réelle, ses conditions, ses caractères, sont restés longtemps incertains ou méconnus. La théorie en paraît enfin élucidée par des travaux récents. Voyez PLANIOL, note dans *Dalloz,* sous Cass. 29 avril 1901, D. 1901 ; voyez aussi DEMOGUE, *Revue critique,* 1901, t. XXX, p. 236, et SALEILLES, note dans *Sirey,* 94. 2. 195. Pour l'état antérieur de la doctrine, voyez FLACH, *De la subrogation réelle,* Paris, 1870 (extrait de la *Revue historique,* 1868), et AUBRY et RAU, 4e édit., t. VI, p. 235, paru en 1873.

***477. Définition.** — Nous pouvons maintenant définir l'opération entière. Le paiement avec subrogation est un paiement *non libératoire pour le débiteur,* parce qu'il n'est pas fait par lui, et la subrogation qui l'accompagne est une institution juridique en vertu de laquelle la créance payée par le tiers *subsiste à son profit* et lui est *transmise avec tous ses accessoires,* bien qu'elle soit considérée comme éteinte par rapport au créancier.

A. — Cas où le paiement est accompagné de subrogation.

****478. Division de ces cas.** — La subrogation n'a pas lieu toujours au profit du tiers qui paie : il faut, ou bien que la subrogation lui soit volontairement consentie *par une convention* ; ou bien qu'il se trouve dans un des cas déterminés dans les textes, où la subrogation est accordée de plein droit *par la loi.* La subrogation est donc tantôt *conventionnelle,* et tantôt *légale* (art. 1249).

La subrogation conventionnelle, à son tour, se subdivise : elle est consentie en principe *par le créancier* qui reçoit son paiement ; mais elle peut l'être aussi *par le débiteur.* Cela fait donc en tout trois causes de subrogation : 1° la volonté du créancier ; 2° la volonté du débiteur ; 3° la volonté de la loi.

1° Subrogation consentie par le créancier.

***479. Cas où elle est possible.** — Elle est *toujours possible.* Le créancier, en recevant son paiement d'une personne autre que le débiteur, peut toujours lui accorder la subrogation pour assurer son recours, comme aussi il est libre de la lui refuser. — Toute personne ayant qualité ou pouvoir pour toucher au nom du créancier a le même droit que lui. Ainsi l'huissier chargé du recouvrement d'une créance peut l'accorder comme mandataire du créancier.

***480. Conditions.** — Les conditions à remplir pour la conférer valablement au tiers payeur sont au nombre de deux seulement ; elle doit être : 1° expresse ; 2° faite en même temps que le paiement (art. 1250-1°).

1° La subrogation doit d'abord être *expresse.* Malgré l'habitude du droit moderne de ne pas exiger de termes sacramentels pour exprimer une volonté, on fera bien d'employer les mots « subroger » ou « subrogation », car il n'en existe pas d'autres dans la langue, qui puissent leur servir d'équivalents. A leur place on ne pourrait employer qu'une périphrase, telle que « céder » ou « transmettre ses actions », et, malheureusement, toutes les formules de ce genre laisseraient planer le doute sur l'intention des parties : on pourrait se demander si elles ont entendu faire un paiement avec subrogation, ou une cession de créance, conventions également possibles, mais dont les effets et les conditions d'efficacité ne sont pas semblables.

2° La subrogation doit être consentie, au plus tard, *au moment même où le créancier reçoit son paiement.* Une fois ce paiement effectué, il serait impossible au créancier de transmettre au tiers une action qu'il n'a plus, qui a été éteinte définitivement par le paiement reçu. Rien ne saurait plus la faire revivre. Mais il importe, à ce point de vue, de bien distinguer la *convention de subrogation* de sa *preuve* : la première seule a besoin d'être contemporaine du paiement ; la confection de la seconde peut être postérieure, s'il est reconnu que la subrogation avait été la condition même du versement (Pau, 7 déc. 1891, D. 93. 2. 91).

481. Preuve de la subrogation. — La subrogation est une convention entre le créancier et la personne qui le paie. Elle est soumise au droit commun pour sa preuve. La loi n'exige pas un acte notarié ; on peut donc la constater au moyen d'un *écrit sous seings privés.* Le plus souvent, elle est mentionnée *dans la quittance même* que le tiers retire du créancier en le payant. Au-dessous de 150 francs, la mention expresse dans la quittance ne serait même pas nécessaire. Mais, en l'absence d'un écrit, le subrogé pourra échouer devant les difficultés de la preuve (Liège, 24 févr. 1887, D. 88. 2. 34).

482. Étendue. — La subrogation, étant l'œuvre exclusive de la volonté du créancier, peut être, à son gré, *totale* ou *partielle.* Tout en accordant la subrogation au tiers qui le paie pour les hypothèques grevant des biens restés aux mains du débiteur, le créancier pourrait la lui refuser contre les tiers détenteurs d'immeubles hypothéqués ou contre les cautions.

483. Utilité de l'enregistrement. — De droit commun, les quittances sous seings privés ont date certaine par elles-mêmes, mais la quittance subrogative n'est pas une quittance ordinaire. Outre le paiement, elle constate une convention, et cette convention a besoin d'être enregistrée pour être opposable aux tiers. Faute d'avoir pris cette précaution, le tiers subrogé pourrait se trouver dans l'impossibilité d'opposer la subrogation à un nouveau subrogé, à un cessionnaire de la créance, ou à un créancier saisissant. En ce sens, AUBRY et RAU, t. IV, § 321, texte et note 8 ; LAURENT, t. XVIII, n° 32 ; en sens contraire, DEMOLOMBE, t. XXVII, n°s 380 et 381. — En tout cas, il a été jugé que le débiteur et ses ayants cause n'étaient pas fondés à opposer au subrogé le défaut de date certaine de la quittance subrogatoire (Cass., 8 août 1877, DALLOZ, *Suppl.*, t. XI, p. 249, note 1).

2° Subrogation consentie par le débiteur.

*** 484. Étrangeté de cette subrogation.** — La loi permet au débiteur, quand il emprunte de l'argent pour payer sa dette, de consentir lui-même la subrogation au profit de son prêteur. Il y a là quelque chose d'étrange : le débiteur dispose à son gré d'un bien [la créance] qui ne lui appartient pas ; il la prend en quelque sorte dans le patrimoine de son ancien créancier pour la transmettre au nouveau. C'est un acte tellement anormal qu'il est impossible d'en fournir *aucune justification théorique* ; il ne peut s'expliquer que par des raisons impérieuses d'utilité pratique.

*** 485. Origine historique.** — Sous l'ancien droit, comme le prêt à intérêt était prohibé, les capitalistes plaçaient leur argent au moyen de *rentes constituées.* Au temps des guerres de religion, le taux des rentes avait été fixé *au denier douze*, c'est-à-dire que l'intérêt annuel était le douzième du capital, soit 8 1/3 pour 100 (édit de 1576). Pendant le règne d'Henri IV, la paix ramena la prospérité et le taux des rentes s'abaissa : un édit de 1601 le fixa au *denier seize* (6 1/4 pour 100). Les débiteurs, qui avaient contracté sous l'empire de l'édit de 1576, cherchaient donc à faire de nouveaux emprunts au denier seize pour rembourser leurs anciens créanciers, et diminuer leurs charges. La différence était sensible : un peu plus de 2 pour 100. Mais les capitalistes à qui ils demandaient des fonds voulaient des garanties, et la plupart des débiteurs, obérés et grevés d'hypothèques successives, ne pouvaient pas leur en donner de nouvelles qui fussent efficaces : il aurait fallu transmettre aux nouveaux créanciers les hypothèques des anciens qui, étant vieilles, avaient un rang excellent. Mais les premiers prêteurs, qui connaissaient cette situation et qui tenaient à conserver leurs rentes au denier douze, refusaient de consentir la subrogation, parce que, une fois remboursés, il ne leur aurait plus été possible de trouver un nouveau placement qu'au taux réduit par l'édit de 1601. Un grand nombre de débiteurs, et les plus intéressants, se trouvaient donc, par la mauvaise volonté de leurs créanciers, dans l'impossibilité de profiter de l'amélioration survenue dans les conditions économiques du pays. Le Gouvernement les tira d'embarras en leur permettant de consentir eux-mêmes la subrogation que leurs créanciers s'obstinaient à refuser. Ce fut l'objet d'un édit du mois de mai 1609. Le Parlement de Paris rendit plus tard sur la même matière un arrêt de règlement, du 6 juillet 1690. Telle est l'origine de cette subrogation contraire à tous les principes, qui cependant n'a jamais été mise en question depuis qu'elle a été inventée, mais qui ne fait plus guère que l'office d'un épouvantail, destiné à empêcher le créancier de refuser la subrogation quand on la lui demande.

* **486. Formes.** — A raison de son caractère exceptionnel et des fraudes qu'elle rend possibles, la subrogation consentie par le débiteur a été soumise à des *règles de forme rigoureuses*, qui ne sont pas nécessaires quand la subrogation est consentie par le créancier. D'après l'art. 1250-2° il faut :

1° Que le *prêt* consenti au débiteur par le subrogé et le *remboursement* du créancier au moyen des fonds empruntés soient *tous deux constatés par acte authentique* ;

2° Qu'une *double déclaration* soit faite, la première dans l'acte d'emprunt pour indiquer la destination des fonds empruntés, la seconde dans la quittance pour établir que le paiement est fait au moyen de ces mêmes fonds.

* **487. Utilité de ces formalités.** — Il était nécessaire d'établir la destination et l'origine des deniers d'une manière certaine, par des actes dont la date ne fût pas suspecte, pour prévenir la fraude que voici. Un débiteur dont les biens sont chargés d'hypothèques au delà de leur valeur paie le premier créancier en date, qui aurait peut-être absorbé le prix entier de ses immeubles sans rien laisser aux autres. Après ce paiement, les créanciers subséquents sont montés en rang et ont désormais la certitude d'être payés. Plus tard, le débiteur a besoin d'argent ; il veut en emprunter et ne peut en trouver, faute d'avoir à offrir à son prêteur une hypothèque venant en rang utile. Il a alors l'idée de ressusciter l'hypothèque de son premier créancier, désintéressé antérieurement, et de la transmettre à son nouveau prêteur au moyen d'un acte antidaté. Il en aurait le moyen, si on se contentait d'un acte sous seings privés ; l'authenticité et la double déclaration exigée par la loi l'en empêchent.

488. Observations. — I. La loi suppose que les deux opérations (l'emprunt fait au tiers et le paiement fait au créancier) ont lieu *séparément* ; rien n'empêche de les réunir, et alors *un seul et même acte notarié* les constatera toutes les deux. Cela suffira, pourvu que la double déclaration y soit faite sur l'origine et sur la destination des deniers.

II. On remarquera que l'art. 1250-2° n'exige pas que l'acte contienne *une déclaration expresse de subrogation* ; il se contente en effet, dans l'acte d'emprunt, d'une déclaration « que la somme a été empruntée pour faire le paiement », et dans la quittance, « que le paiement a été fait des deniers fournis à cet effet par le nouveau créancier (art. 1250-2°). A la différence de la subrogation consentie par le créancier, celle qui est consentie par le débiteur peut donc être *tacite* : elle résulte suffisamment de l'ensemble des déclarations faites par les parties, qui n'ont d'autre raison d'être que de la réaliser.

489. Résistance du créancier. — La subrogation consentie par le débiteur s'opère sans la volonté du créancier, et même malgré lui. Les textes de 1609 et de 1690 le disaient expressément, et l'art. 1250-2° le répète après eux. Si le créancier refusait de signer la quittance faisant mention de l'origine des deniers, sa mauvaise volonté ne l'avancerait à rien : le débiteur lui ferait des offres réelles et consignerait la somme ; le reçu délivré par la Caisse des dépôts et consignations mentionnerait cette origine des fonds, et la subrogation serait acquise.

490. Rareté de cette subrogation. — Il est très rare que le débiteur soit obligé de recourir à ce moyen. Le créancier, sachant qu'un refus de sa part n'empêcherait pas la subrogation de s'opérer, la consent lui-même. Du reste, les circonstances qui ont fait établir cette subrogation au XVIIe siècle ne sont pas de nature à se présenter de nos jours.

3° Subrogation légale.

****491. Ses motifs.** — Dans des cas assez nombreux, celui qui paie la dette d'autrui n'a pas besoin de se faire subroger conventionnellement, parce que la loi le subroge de plein droit dans l'action du créancier. Ces cas sont énumérés dans l'article 1251. Tous reposent sur l'idée d'une convention sous-entendue. On peut les expliquer ainsi : dans certaines circonstances, la personne qui paie pour autrui y est *légalement contrainte,* ou bien il existe un *intérêt considérable,* soit pour elle, soit pour le débiteur, à ce qu'elle paie à la place de celui-ci. La loi désire donc que ce paiement pour autrui se fasse, et, pour le faciliter, elle sous-entend la subrogation ; il serait *injuste* que le créancier la refusât ; on dispense donc le débiteur de la lui demander et on la lui octroie *d'office.*

***492. Origine.** — Notre subrogation légale dérive du droit romain. Dans des circonstances très variées, les jurisconsultes anciens admettaient que la personne désintéressée par une autre était tenue de lui céder son action. Voyez l'énumération de ces *cessions nécessaires* dans MAYNZ, t. II, § 186, note 1. Si le créancier tenu de céder son action s'y refusait, la personne à laquelle il réclamait son paiement pouvait lui opposer l'*exceptio cedendarum actionum,* moyen indirect, mais très énergique, pour obtenir la cession. Dans certains cas même, où il eût été impossible ou difficile de réaliser cette cession, on la supposait faite, et à l'aide de cette fiction on donnait à l'intéressé une action utile « quasi ex jure cesso ». Le plus ancien exemple connu se trouve dans un rescrit d'Antonin le Pieux, qui permit à l'acheteur d'une hérédité d'agir contre les débiteurs du défunt sans en avoir reçu le mandat du vendeur, celui-ci étant mort avant d'avoir investi l'acheteur de ses actions (*Dig.*, liv. II, tit. 14, fr. 16, princ.).

PREMIER CAS : *Subrogation accordée à celui qui paie un créancier préférable.*

***493. Hypothèse prévue et motifs de la subrogation.** — On suppose un créancier pressé d'obtenir son paiement, et qui veut saisir dans un moment défavorable, où les biens du débiteur se vendront mal, à cause d'une crise politique ou économique, ou pour toute autre raison. Ce créancier sera tenté d'agir quand même, s'il a un privilège ou une hypothèque en bon rang, et que sa créance soit notablement inférieure à la valeur des biens qui lui servent de gage : la perte à subir ne sera pas pour lui ; elle retombera sur ceux qui le suivent. Voilà pourquoi la loi permet à ceux-ci de désintéresser de leurs deniers ce créancier intraitable et, pour qu'ils puissent le faire en toute sécurité, elle subroge dans ses droits ceux qui le paieront (art. 1251-1°). Cela fait, on attendra patiemment que la situation s'améliore, et on aura ainsi évité, sans inconvénient pour personne, un grand dommage pour quelques-uns.

***494. Créanciers qui en profitent.** — Le bénéfice de cette subrogation est accordé, sans distinction, aux simples *créanciers chirographaires* aussi bien qu'aux créanciers hypothécaires de rang inférieur ; la loi n'exige, en effet, que deux choses : 1° que celui qui paie soit lui-même *créancier* du débiteur ; 2° que le créancier qu'il paye lui soit *préférable*[1] (Caen, 26 nov. 1870, D. 73. 2. 181, S. 71. 2. 263). Aucune autre condition n'est requise (Cass., 22 nov. 1893, D. 94. 1. 153).

495. Hypothèse non prévue. — Un créancier préférable à un autre peut être amené à payer ce dernier avec son propre argent, pour se débarrasser peut-être de contestations et de difficultés qu'il prévoit. La loi ne le subroge pas de plein droit ; elle suppose, en effet, que celui qui paie est *primé* par celui qui est payé, et nous ne pouvons pas suppléer à son silence. Beaucoup d'auteurs prétendent qu'il y a là une lacune regrettable dans la loi ; il faut cependant reconnaître qu'en pareil cas l'*intérêt est bien moindre* pour celui qui paie. Quel danger court-il ? Aucun[2]. On en est réduit à dire qu'en diminuant le nombre des créanciers on facilite le règlement de l'*ordre* (procédure employée pour distribuer les fonds entre les créanciers hypothécaires), et qu'on rend plus aisé à conclure un *ordre amiable*, qui dispensera des frais de l'ordre judiciaire.

SECOND CAS : *Subrogation accordée à l'acheteur d'un immeuble hypothéqué.*

***496. Hypothèse prévue.** — Une personne *achète* un immeuble grevé de privilèges ou d'hypothèques. Elle pourrait payer son prix entre les mains de son vendeur ; mais cela l'exposerait aux poursuites des créanciers hypothécaires, si ceux-ci n'étaient pas ensuite payés par leur débiteur. L'acheteur verse donc les fonds *directement aux créanciers hypothécaires*, dans l'ordre de préférence établi entre eux. Ce paiement libère l'acheteur envers le vendeur, car il éteint des dettes dont celui-ci était tenu : c'est comme si l'argent avait passé par les mains du vendeur pour arriver ensuite aux créanciers. De plus, la loi décide que l'acheteur est subrogé dans tous les droits des créanciers hypothécaires ou privilégiés qu'il a payés (art. 1251-2°).

Le texte parle d'un héritage « hypothéqué ». Mais le mot « hypothèque » comprend ici le *privilège*, car le privilège immobilier n'est qu'une variété de l'hypothèque.

En revanche, la subrogation établie par cet alinéa n'intéresse que les acquéreurs d'immeubles. En matière mobilière, l'hypothèque n'existe pas,

[1] La loi dit : « préférable *à raison de ses privilèges et hypothèques* ». On a quelquefois conclu de là que, si le créancier désintéressé était un créancier *antichrésiste*, la subrogation ne s'opérerait pas au profit du créancier qui le paierait, parce que l'antichrèse n'est ni un privilège ni une hypothèque. C'est interpréter le texte d'une façon bien étroite : l'antichrèse est un *nantissement*, et on peut la considérer comme l'engagement des revenus. C'est donc une garantie accessoire d'une créance, et de plus elle crée indirectement un droit de préférence à raison du droit de rétention qu'elle entraîne ; il n'y a donc aucune raison pour refuser en ce cas le bénéfice de la subrogation au tiers payeur.

[2] Il pourrait cependant arriver que le premier et le deuxième créanciers ne fussent pas d'accord sur l'opportunité d'une vente, car la valeur des immeubles n'est pas déterminée par une cote, comme celle des denrées ou des valeurs de Bourse, et on ne sait jamais ce que donnera une adjudication. Si le premier créancier en rang craint de ne pas voir le montant de sa créance atteint par les enchères, tandis que le second pense qu'on trouvera un assez bon prix pour que lui-même ait chance d'obtenir quelque chose, le droit de payer ce dernier avec subrogation lui serait utile. Mais il est évident qu'il obtiendra facilement de l'autre une subrogation conventionnelle.

et le droit de suite très réduit qui appartient aux gagistes ne peut pas créer de conflits entre plusieurs créanciers privilégiés sur le même meuble, de façon qu'il soit utile de subroger l'acheteur dans les droits de l'un d'eux.

497. Inutilité de ce texte. — La disposition de l'art. 1251-2° est d'ailleurs *inutile* ; le cas qu'elle vise est un cas particulier qui rentre dans la règle générale établie par le 3° du même article (ci-dessous n° 499).

***498. Utilité de la subrogation pour l'acheteur.** — A quoi peut servir la subrogation à cet acquéreur d'immeuble ? Subrogé aux droits des créanciers hypothécaires, il a désormais *hypothèque sur son propre bien* ; situation bizarre, et dont on n'aperçoit pas la raison d'être à première vue. Mais l'utilité de cette hypothèque au profit du propriétaire de l'immeuble apparaît si l'on suppose que le prix versé par lui n'a pas suffi à désintéresser tous les créanciers inscrits, et qu'il reste un reliquat dû aux derniers en rang. Ceux-ci, n'étant pas payés, peuvent encore saisir et faire vendre l'immeuble. Supposons que le bien soit, sur leurs poursuites, adjugé à un tiers. L'acheteur, dépouillé alors de sa propriété, aura droit au remboursement du prix qu'il avait payé, et, pour l'obtenir, il se présentera à la procédure d'ordre comme subrogé aux droits des créanciers désintéressés par lui, qui étaient les premiers en rang, et il rentrera ainsi dans ses déboursés ; on prélèvera ce qui lui est dû sur le prix d'adjudication, et l'excédent seulement, s'il y en a, reviendra aux créanciers hypothécaires postérieurs. — Cette simple perspective suffit ordinairement à tenir en respect les créanciers hypothécaires non payés : ils n'auront d'intérêt à entamer des poursuites et à faire des frais que s'ils espèrent obtenir par l'adjudication un prix notablement supérieur à celui qu'a payé le propriétaire actuel.

Du reste, ce cas de subrogation, qui a été jadis d'une nécessité absolue (avant l'invention de la purge), n'est plus susceptible que d'applications fort rares. Les acquéreurs d'immeubles ont à leur disposition un moyen bien préférable pour se prémunir contre toute poursuite ultérieure de la part des créanciers hypothécaires : c'est de procéder à la purge, qui fera disparaître même les hypothèques des créanciers non payés.

TROISIÈME CAS : *Subrogation accordée à ceux qui sont tenus avec d'autres ou pour d'autres.*

****499. Importance de cette disposition.** — Le 3° de l'art. 1251, qui accorde la subrogation à toute personne qui acquitte une dette dont elle était *tenue avec d'autres* ou *pour d'autres*, est une disposition d'une portée pratique considérable, susceptible d'applications très nombreuses et qui rend des services constants. La loi, en effet, donne ici une formule générale, qui dépasse de beaucoup en étendue les trois autres dispositions du même article, lesquelles ne visent que des cas particuliers.

**** 500. Son origine.** — Le Code civil n'a fait que simplifier une situation qui était acquise en fait avant lui, bien que le principe théorique fût contraire. Au temps de Pothier, les personnes que vise l'art. 1251-3° n'étaient pas subrogées de plein droit au créancier payé par elles ; elles avaient seulement le droit de *requérir* la subrogation au moment du paiement ; elles opposaient à leur créancier l'ancienne exception « cedendarum actionum », et si le créancier ne consentait pas à les subroger, on tenait la subrogation pour faite. « Autrefois, dit Pothier, lorsqu'il la refusait, il fallait l'assigner pour la faire prononcer sur son refus ; mais, *selon la jurisprudence présente*, il suffit que la subrogation ait été requise par la quittance pour que la loi suppléo de plein droit au refus injuste du créancier de l'accorder » (*Coutume d'Orléans*, introd. au titre Des arrêts, n° 76). — Le Code s'est borné à supprimer la nécessité d'une demande formelle de subrogation, qui n'était qu'une formalité inutile et qu'il a sous-entendue.

** **501. Personnes bénéficiant de cette disposition.** — Sont tenus *avec d'autres* :

1° Les *codébiteurs solidaires* ;

2° Les *codébiteurs* d'une obligation *indivisible* ;

3° Les différentes *cautions d'une même dette,* dans leurs rapports entre elles : chacune d'elles, en payant le tout, paie sa propre dette en même temps que celle des autres.

Sont tenus *pour d'autres* :

1° La *caution,* dans ses rapports avec le débiteur ;

2° La *caution réelle* (propriétaire qui a hypothéqué son immeuble à la dette d'autrui sans s'obliger lui-même) ;

3° Le *tiers acquéreur d'un immeuble hypothéqué,* qui paie les créanciers inscrits sur le bien qu'il a acquis. On suppose que ce tiers n'est pas obligé personnellement à la dette, ni comme débiteur principal, ni comme caution, et qu'il n'a pas lui-même constitué l'hypothèque. Peu importe son titre d'acquisition, achat, donation, échange, legs, etc.

* **502. Différence à faire entre elles.** — Il y a une distinction à faire entre ces personnes quant à l'étendue de la subrogation qui leur est accordée. Ceux qui ont payé étant tenus *pour d'autres* sont nécessairement subrogés pour le total de ce qu'ils ont déboursé, car rien ne doit rester à leur charge. Ceux qui étaient tenus *avec d'autres* font confusion sur eux-mêmes pour la partie de la dette dont ils sont tenus en leur nom personnel, et n'ont de recours à exercer contre leurs codébiteurs que pour le surplus ; la subrogation dont ils profitent est donc partielle. Quant à déterminer d'une façon plus précise dans quelle mesure ils pourront agir contre chacun de leurs coobligés par l'effet de la subrogation, c'est un point qui ne fait pas partie de la théorie générale de la subrogation et dont il faut renvoyer l'étude aux diverses matières spéciales, solidarité, cautionnement, etc.

QUATRIÈME CAS : *Subrogation accordée à l'héritier bénéficiaire.*

* **503. Motifs et conditions.** — L'héritier bénéficiaire est chargé de liquider la succession qu'il a recueillie et de payer les créanciers jusqu'à épuisement de l'actif. Comme son patrimoine personnel est à l'abri des poursuites des créanciers héréditaires par l'effet de son bénéfice, il ne peut être obligé de les payer qu'*avec des deniers provenant de la succession,* par exemple à l'aide du prix des biens déjà vendus, ou des sommes qu'on a trou-

vées en espèces chez le défunt. Mais les créanciers hypothécaires, sûrs d'être payés, pourront être pressés de toucher leur argent et se montreront menaçants : pour éviter des ventes à un moment inopportun, et peut-être aussi pour diminuer les frais de la liquidation, la loi encourage l'héritier bénéficiaire à payer *de ses deniers* les créanciers héréditaires quand ils ont de bonnes garanties ; à cet effet, elle le subroge dans leurs hypothèques (art. 1251-4°). L'héritier sera ainsi sûr de rentrer dans ses déboursés, et la liquidation de la succession pourra se faire dans de bonnes conditions et à moins de frais.

La subrogation accordée par la loi à l'héritier bénéficiaire ne profite qu'à lui. Le *curateur d'une succession vacante*, qui paierait de ses deniers les créanciers de la succession, ne serait donc pas subrogé de plein droit dans leurs actions et hypothèques. — Même pour l'héritier bénéficiaire, la subrogation n'a pas toujours lieu. Il faut que le paiement fait par lui soit *régulier*. S'il avait payé au créancier au mépris d'une opposition faite par une autre, il ne serait pas subrogé (Cass., 4 juillet 1892, D. 92. 1. 481).

CINQUIÈME ET SIXIÈME CAS.

504. Leur introduction par des lois spéciales. — Aux différents cas indiqués dans l'article 1251, il faut en ajouter deux autres :

1° Celui qui paie *par intervention* une lettre de change ou un billet à ordre est subrogé aux droits du porteur (art. 159 et 187 C. com.) ;

2° Les *officiers publics* qui font l'avance des droits d'enregistrement à la place de leurs clients pour les actes passés par eux ou devant eux sont subrogés aux droits de la régie (L. 22 frimaire an VII, art. 29 et 30).

B. — Effets de la subrogation.

** **505. Unité de la subrogation.** — Qu'elle soit conventionnelle ou légale, la subrogation produit *toujours les mêmes effets*. Il ne faut donc pas dire qu'il y a *deux espèces de subrogation*, il n'y a de variées que les *causes* qui la produisent et non les *effets* qu'elle engendre.

** **506. Effet translatif de la subrogation.** — Dans son ensemble l'opération est une *transmission de la créance* : le débiteur a maintenant un créancier nouveau, le subrogé, à la place de l'ancien.

La subrogation fait acquérir au subrogé *tous les droits* du créancier payé, non pas seulement les droits accessoires (privilège, hypothèque, cautionnement, etc.), mais la *créance elle-même*, le droit principal auquel ces diverses garanties sont attachées.

507. Ancienne controverse. — La transmission de la créance a été contestée autrefois, parce qu'on avait méconnu le caractère double de l'opération, et que l'on ne voulait voir en elle qu'un *paiement* : on prétendait que l'opération avait seulement pour but de transmettre au subrogé les garanties accessoires qui appartenaient à l'ancien créancier, lesquelles se trouvaient désormais attachées au recours personnel du tiers contre le débiteur. Cette opinion est aujourd'hui entièrement abandonnée. Elle est contraire : 1° *à la tradition*, car Pothier disait formellement que la créance acquittée est réputée *subsister* en faveur de celui qui a été subrogé (*Obligations*, n° 522) ; 2° *aux travaux préparatoires*, au cours desquels l'opinion traditionnelle a été seule énoncée ; 3° *aux textes du Code*, qui disent tous que le subrogé acquiert « tous les droits » du créancier (art. 874, 1249, 1250, 2029) ; s'il acquiert « tous les droits » de celui-ci, il acquiert évidemment la créance, qui est le principal d'entre eux. On n'en doute plus dans la pratique (Riom, 17 janvier 1889, D. 91. 1. 313, S. 94. 1. 411 ; Orléans, 6 novembre 1891, D. 93. 2. 33 ; Cass., 22 novembre 1893, D. 94. 1. 153, S. 94. 1. 337 ; Cass., 25 juin 1895, D. 95. 1. 486, S. 99. 1. 491).

508. Intérêt de la controverse. — Si le subrogé acquiert la créance elle-même, et non pas seulement ses accessoires, il pourra profiter de certains avantages attachés à cette créance même et distincts de ses garanties. Ainsi, si la dette payée était *commerciale*, il pourra poursuivre le débiteur devant les tribunaux de commerce, ce qu'il ne pourrait pas faire sans cela, car la créance née en sa personne (recours contre le débiteur par l'action de mandat ou de gestion d'affaire) est civile. Ainsi encore si le créancier possédait un *titre exécutoire*, le subrogé pourra s'en servir contre le débiteur, tandis que son action personnelle en est dépourvue, et il aurait besoin d'un jugement pour employer les voies d'exécution.

509. Transmission possible d'une seconde action. — Ce n'est pas seulement la créance, avec ses garanties, c'est-à-dire l'action en paiement, qui passe au subrogé ; celui-ci peut acquérir, en outre, une autre action du créancier, qui lui passe également par l'effet de la subrogation. Cela arrive lorsque la créance payée était née d'une *vente* ou d'un contrat analogue qui fait naître le *droit de résolution*, en cas de défaut de paiement. Le tiers subrogé dans les droits du vendeur obtiendra l'*action en résolution*, en même temps que l'action privilégiée en paiement du prix, et, s'il l'exerce pour faire résoudre la vente, il acquerra ainsi la propriété d'une chose qui, antérieurement, n'était pas à lui (Cass., 28 février et 22 octobre 1894, D. 96. 1. 585, S. 95. 1. 321).

*** 510. Personnes contre lesquelles la subrogation est accordée.** — Dans les art. 1250 et 1252, la loi mentionne *le* ou *les débiteurs* et les *cautions* ; le subrogé aura donc action contre tous les débiteurs, s'il en existe plusieurs, ou contre les cautions. En outre, si la dette remboursée par le tiers se trouve garantie par une hypothèque sur un immeuble passé en mains tierces, il n'est pas douteux que le subrogé a action même *contre le tiers détenteur,* grâce au droit de suite de l'hypothèque. Pothier le disait formellement (*Cout. d'Orléans,* Introd. au tit. XX, n° 80 *in fine*) ; le Code a oublié de le dire.

Cependant de graves questions s'élèvent pour savoir si la caution doit être subrogée contre le tiers détenteur, ou le tiers détenteur contre la caution ; elles ne peuvent être examinées qu'à propos du cautionnement. Voyez ci-dessous n° 2367.

*** 511. Limitations apportées à l'effet translatif de la subrogation.** — A un double point de vue, le subrogé obtient un droit moins étendu que celui qui appartenait à l'ancien créancier.

1° Limite au montant des sommes déboursées. — La subrogation n'est instituée que pour assurer le recours du subrogé et lui permettre de *rentrer dans ses fonds.* Par conséquent, s'il a obtenu une *remise partielle* du créancier, et que celui-ci lui ait délivré une quittance totale avec subrogation, sans être entièrement payé, le débiteur se libérera envers lui par la remise d'une somme égale à celle qui a été réellement versée au créancier. Ce sera donc le débiteur, et non le subrogé, qui profitera de la remise.

2° Division du recours contre les coobligés. — Quand le subrogé était lui-même tenu de la dette et que la subrogation lui est accordée contre ses coobligés, ses effets se trouvent modifiés par les règles propres à la solidarité et à l'indivisibilité. Tandis que le créancier primitif aurait pu poursuivre chacun des obligés pour le tout, le subrogé devra diviser son recours contre eux, et ne pourra demander à chacun d'eux que la part qu'il doit supporter en définitive dans la dette. Il aura donc moins de droits que l'ancien créancier, étant privé du droit d'agir « in solidum ». Ceci sera expliqué à propos de la solidarité.

***512. Utilité du recours personnel du subrogé.** — Les avantages pratiques considérables attachés à la subrogation (exercice des hypothèques et privilèges, action contre les cautions) ne doivent pas faire croire que le recours que le tiers payeur possède de son propre chef (ci-dessus n° 475-1°) soit pour lui sans utilité. Si la dette acquittée par lui n'était *pas productive d'intérêts* la subrogation ne lui permettra pas de réclamer au débiteur les intérêts de ses déboursés, tandis qu'il aura ce droit en exerçant l'action de mandat ou de gestion d'affaires qu'il possède de son propre chef (art. 2001). On verra, en outre, que son action personnelle lui permet de *concourir,* s'il y a lieu, *avec le subrogeant,* tandis que l'action qu'il obtient par la subrogation ne lui confère jamais ce droit, à moins qu'il ne se le fasse accorder par une convention spéciale (ci-dessous n° 515).

513. Absence de garantie. — Le subrogeant cède sa créance au subrogé. Néanmoins il n'est pas tenu envers lui à aucune garantie, au cas où il serait plus tard reconnu que la créance payée n'existait pas. On ne le traite donc pas comme un cédant ordinaire, garant en principe de l'existence de la créance cédée (art. 1693). Le motif est que le créancier qui reçoit son paiement ne cherche pas à spéculer en vendant son droit ; il demande simplement ce qui lui est dû ; le transfert de la créance au tiers payeur à titre de subrogation doit donc se faire *sans créer à la charge du créancier une obligation,* telle que la garantie, qui n'existerait pas si le paiement avait été fait par le véritable débiteur.

514. Répétition au cas d'inexistence de la créance. — Si la créance payée n'existait pas, le créancier ne serait pas autorisé à conserver les fonds qu'il a touchés du tiers ; il en devrait la restitution, mais l'action ouverte contre lui serait l'action en répétition de l'indu, et non l'action en garantie. Or il y a des différences notables entre ces deux actions : celui qui a touché l'indu n'est tenu en principe que de rendre *la somme qu'il a reçue,* il ne doit les *intérêts* et les *frais* qu'autant qu'il était de mauvaise foi (art. 1378 et 1380) ; celui qui est tenu de l'obligation de garantie doit rendre en toute hypothèse la victime de l'éviction complètement indemne.

***515. Conflit du subrogé avec le subrogeant en cas de paiement partiel.** — Lorsque le créancier n'a reçu du subrogé qu'un paiement partiel, la créance se trouve divisée entre eux ; le créancier primitif reste créancier pour la portion non payée ; le subrogé l'est devenu dans la mesure du paiement qu'il a fait. *Rationnellement leurs droits sont égaux,* puisqu'ils dérivent du même titre, et sont les deux fractions d'un même droit. Il en résulte que si le débiteur est insolvable ou si l'immeuble hypothéqué ne suffit pas à les désintéresser tous les deux entièrement, ils devraient *venir en concours* et recevoir une somme proportionnelle à ce qui leur est dû. Or il n'en est jamais ainsi.

D'après une jurisprudence qui remonte au moins à 1712 (arrêt du 6 mai, *Journal des audiences,* de Dufresne, t. VI, I, p. 245), le créancier primitif ou subrogeant est en ce cas toujours *préféré au subrogé* ; il passe avant ce dernier et le subrogé n'a droit qu'à ce qui peut rester libre après qu'il a été désintéressé. Du temps de Pothier cet usage était

« constant » (*De l'hypothèque*, n° 153), et le Code civil a consacré expressément ce droit de préférence accordé au subrogeant contre le subrogé (art. 1252).

516. Motifs de la loi. — Quelle en est la raison ? Les auteurs modernes l'expliquent en disant que le paiement avec subrogation est une opération à double face, tantôt paiement et tantôt cession de la créance, et que ses effets sont mélangés, la créance étant considérée tantôt comme éteinte et tantôt comme déplacée. C'est encore là une de ces explications inventées après coup, dont sont coutumiers les praticiens qui ignorent l'histoire. Prise dans son ensemble, l'opération est une *cession* d'un genre particulier, et si on lui attribue un caractère double, on ne réussit qu'à brouiller les idées. La préférence donnée au subrogeant s'explique le plus simplement du monde par une convention sous-entendue. Pothier, placé tout près de l'origine de cette règle, le dit formellement : « Le créancier qui est payé des deniers d'un autre n'est obligé de le subroger qu'autant que la subrogation ne pourra lui préjudicier ; et par conséquent, en subrogeant aux hypothèques de sa créance... *il est censé se réserver une préférence* pour ce qui lui reste dû » (*De l'hypothèque*, n° 153). Il avait paru équitable de n'imposer la subrogation qu'avec ce tempérament. La nature contractuelle de cette réserve se révèle encore dans l'adage qui exprimait la règle : « Nemo contra se subrogasse censetur. » L'article 1252 n'est donc pas autre chose qu'une interprétation de volonté.

517. Conventions contraires. — Du reste, dans la pratique on rencontre fréquemment la *convention inverse*, au moins quand le subrogé paie volontairement et n'est ni un débiteur personnel comme une caution, ni un tiers détenteur d'immeuble que le créancier pourrait contraindre au paiement. Quand le paiement est offert spontanément au créancier, c'est le subrogé qui dicte la loi du contrat ; il fait ses conditions et stipule ordinairement, non pas même qu'il concourra avec le subrogeant, mais bien *qu'il passera avant lui*, de sorte qu'une convention particulière renverse la présomption de volonté établie par l'article 1252. Même dans les autres cas, on déroge souvent à la règle légale et le créancier accorde au subrogé le droit de concourir avec lui.

518. Limite d'application de l'article 1252. — La priorité accordée au subrogeant par la loi ne concerne d'ailleurs que *les effets de la subrogation*, et spécialement l'usage des privilèges ou hypothèques attachés à la créance. Le subrogé ne pourra donc pas concourir avec le subrogeant dans la collocation qui lui est accordée sur l'immeuble hypothéqué : ce serait utiliser contre ce dernier la subrogation, et l'art. 1252 s'y oppose. Mais là s'arrête l'effet de cet article, et nul obstacle n'empêche le subrogé de concourir avec le subrogeant, ou même de le primer, dans les deux hypothèses suivantes :

1° Le créancier a plusieurs hypothèques sur les biens du débiteur, garantissant des créances diverses. L'une d'elles lui est payée partiellement par un tiers qui se fait subroger dans ses droits. Supposons que cette créance soit justement celle qui est garantie par l'*hypothèque la plus ancienne*, première en ligne. Après que le créancier aura obtenu collocation au premier rang pour le restant de sa créance, le subrogé prendra le surplus en vertu de la subrogation qui lui a transféré en partie cette première hypothèque, et le créancier ne pourra pas prétendre passer avant lui *pour les autres créances* qu'il possède contre le même débiteur et dont les hypothèques ne viennent pas en rang utile (Cass., 12 mars 1889, D. 90. 1. 207, S. 89. 1. 176).

2° Si le bien hypothéqué est insuffisant pour le remboursement intégral de la créance, le subrogeant se présente pour se faire payer le surplus *comme créancier chirographaire* ; le subrogé pourra concourir avec lui, parce qu'il n'a plus besoin pour cela d'invoquer l'effet de la subrogation : il a *de son chef* une action personnelle en recours contre le débiteur, action chirographaire comme l'autre. Il y a alors deux créanciers égaux en droit, dont les créances sont indépendantes l'une de l'autre et doivent être traitées avec égalité. Le tiers payeur a donc le droit de concourir avec le créancier qu'il a payé parce qu'il se présente en faisant abstraction de sa qualité de subrogé. Il en est de même pour le total de la dette lorsque le subrogeant n'avait aucune hypothèque.

Il y a un cas où le concours du subrogé et du subrogeant s'établit d'une manière régulière : c'est quand la dette était *garantie par une caution* ; l'obligation de la caution est en général purement chirographaire, et le subrogé peut concourir avec le subrogeant, parce que son recours personnel lui est ouvert non seulement contre le débiteur principal, mais aussi contre la caution qu'il a libérée en partie en payant à sa place.

519. Conflit entre plusieurs subrogés. — Si le créancier a reçu des paiements partiels en différents temps de différentes personnes, tous les subrogés concourront entre eux et seront colloqués sans qu'on ait égard à la priorité des uns ou à la postériorité des autres (Lyon, 12 févr. 1890, D. 91. 2. 247). En effet, ils ne viennent pas de leur chef, mais tous sont subrogés aux droits du créancier qu'ils ont désintéressé et leur titre à tous est le même. Par suite, si le créancier primitif est demeuré quelque temps créancier pour un restant de la dette après une ou plusieurs subrogations, en recevant le paiement de ce reliquat il ne cède pas au dernier subrogé le droit de préférence qui lui appartenait personnellement (Comp. POTHIER, *op. cit.*, nos 152 et 154).

C. — Comparaison de la subrogation avec la cession de créance.

***520. Énumération des différences.** — La subrogation ressemble au *transport-cession* réglé par les art. 1689 et suiv. Il y a cependant, entre ces deux opérations, un certain nombre de *différences remarquables*. Voici, rapidement énumérées, les différences principales :

1° La cession de créance est une opération volontaire qui suppose toujours le *consentement du créancier* ; la subrogation a souvent lieu en fait, et elle est toujours possible en droit, *sans ce consentement*.

2° Le cessionnaire de la créance n'a *pas d'action de son chef* contre le débiteur ; il n'a qu'une seule action, celle qui lui a été transmise par la cession. — Le subrogé a toujours, indépendamment de la subrogation, une action personnelle de mandat ou de gestion d'affaire pour recourir contre le débiteur.

3° Les *formes* de l'opération ne sont pas les mêmes. La subrogation peut se faire par une *simple mention dans la quittance*, quand elle n'a pas lieu de plein droit ; elle n'a jamais besoin d'être notifiée au débiteur. Le cessionnaire d'une créance n'en est investi à l'égard des tiers que par une *signification* faite au débiteur ou par son *acceptation* dans un acte authentique (art. 1690). Faute d'avoir rempli l'une ou l'autre de ces formalités, la cession qu'il a obtenue n'est pas opposable aux tiers.

De là la conséquence suivante : si le créancier, au moment où il cède sa créance, avait déjà reçu antérieurement d'un tiers son paiement et lui avait délivré une quittance subrogative, cette subrogation, bien que secrète, serait néanmoins opposable au cessionnaire, puisqu'elle n'est pas assujettie à une formalité analogue à celles de l'art. 1690 ; tandis que, s'il avait devant lui un premier cessionnaire, l'acquéreur de la créance pourrait lui opposer le défaut de signification ou d'acceptation.

4° La cession de créance oblige le cédant à en garantir au moins l'existence (art. 1693). On a déjà vu que la subrogation ne fait naître aucune obligation de garantie.

5° Au cas de *remise partielle* consentie par le créancier, le subrogé ne peut réclamer au débiteur que le montant de ce qu'il a réellement versé au créancier (ci-dessus n° 511-1°). La raison en est que celui qui paie la dette d'autrui rend un *office d'ami*, soit qu'il eût été libre de ne pas faire ce paiement, soit qu'il se fût précédemment engagé à le faire. Il suffit donc, pour remplir la commune intention des parties, de le couvrir contre toute chance de perte ; il n'est pas nécessaire qu'il réalise un gain. Au contraire, celui qui achète une créance est un *spéculateur* : s'il se fait consentir une cession moyennant un prix inférieur au montant réel de la créance, c'est qu'il entend profiter de son recouvrement intégral, au cas où il y réussirait. C'est donc lui, et non le débiteur, qui doit bénéficier de la différence[1].

[1] Cela est vrai en général, mais il y a exception pour les *créances litigieuses*, dont

521. Leur origine. — Toutes ces différences sont incontestées en droit moderne : elles sont la suite logique de l'idée de subrogation et tiennent un compte très exact des nuances qui séparent les deux situations. Elles n'en sont pas moins un *phénomène nouveau*, car notre subrogation n'est justement à son origine qu'une *cession forcée*, imposée au créancier. On trouve donc là un remarquable exemple du développement historique des institutions juridiques et de la force interne des idées et des situations[1].

CHAPITRE II

DE LA DATION EN PAIEMENT

** **522. Définition.** — Il y a dation en paiement lorsque le débiteur remet en paiement à son créancier *une chose autre que celle qui était due en vertu de l'obligation*. Par exemple, il devait de l'argent, il se libère en livrant des marchandises ou en transférant au créancier la propriété d'un immeuble. Ce mode de libération ne peut être employé que *du consentement du créancier*, puisque celui-ci peut exiger exactement ce qui lui est dû.

** **523. Effets.** — La dation en paiement éteint la dette directement, comme l'eût fait le paiement proprement dit. Le créancier consent à être payé par équivalent.

On doit bien se garder d'expliquer l'opération par l'idée d'une *novation* sous-entendue par laquelle le créancier aurait renoncé à son ancienne créance et l'aurait remplacée par une créance nouvelle, ayant pour objet la chose qu'on lui remet. La novation a pour trait caractéristique la création d'une *obligation nouvelle* qui prend la place de l'ancienne. En cas de dation en paiement, le créancier doit être considéré comme n'ayant jamais eu qu'*une seule créance*, la première. Et ceci n'est pas une querelle de mots. On en voit apparaître l'intérêt si on suppose que la chose donnée en paiement n'appartenait pas au débiteur et que le créancier en est plus tard évincé par le vrai propriétaire. Avec l'idée de novation, on devrait le considérer comme créancier de la chose qui vient de lui être enlevée, tandis qu'en réalité il est *resté créancier en vertu de son titre primitif*; c'est son ancienne action qui sera exercée par lui ; les privilèges et hypothèques qui la garantissaient ne sont pas éteints, la dation a manqué son effet extinctif, parce que cet effet était subordonné à l'acquisition par le créancier de la chose qu'on lui remettait. L'effet

la loi autorise le *retrait à prix coûtant* quand elles ont été achetées (art. 1699) afin de décourager la spéculation sur les créances difficiles à recouvrer.

[1] Je considère comme tout à fait fausse l'opinion moderne, d'après laquelle le paiement avec subrogation serait un véritable paiement, éteignant la créance, et la subrogation qui l'accompagne une simple fiction. Cette conception semble avoir pour point de départ quelques paroles de Pothier (*Cout. d'Orléans*, introd. au tit. XX, n° 67). Bugnet s'élevait déjà contre elle, dans ses notes sur ce passage (t. I, p. 661). Le langage des Romains était beaucoup plus exact : « Vendere nomen debitoris videtur », disaient-ils en parlant du créancier qui cédait son action. Et là est la vérité ; le paiement avec subrogation est une *cession d'action*, qui a ses formes et ses effets propres, parce qu'elle se produit dans des circonstances particulières ; il n'y a de *fiction* en elle que lorsqu'elle est légale, parce qu'on tient la cession pour faite et qu'on se passe du consentement du créancier. Toutes les différences qui existent entre la cession de l'art. 1689 et la subrogation de l'art. 1249 s'expliquent par la différence des situations.

de la dation en paiement a toujours été ainsi entendu dans notre ancien droit : « Si le paiement, *ou ce qui devoit en tenir lieu*, n'avoit point d'effet, l'hypothèque revivroit avec la créance, comme si le créancier avoit pris en paiement... un fonds... dont il fût évincé » (Domat, *Loix civiles*, liv. III, tit. I, sect. VII, art. 6. — Comp. Pothier, *Obligations*, n° 406). On ne peut pas soutenir que le Code ait abandonné cette tradition, puisqu'il n'a absolument rien dit sur la nature de la dation en paiement; il l'a implicitement considérée, ainsi que le faisaient tous nos anciens auteurs, comme une simple dérogation conventionnelle à la règle qui oblige le débiteur à fournir exactement ce qu'il a promis (art. 1243). L'idée d'un rapprochement entre la dation en paiement et la novation par changement d'objet, admise aujourd'hui par beaucoup d'auteurs (Aubry et Rau, § 292, 1° et § 324, 5°), est toute moderne et entièrement étrangère au Code civil.

524. Disposition exceptionnelle pour les cautions. — Par dérogation à la règle qui vient d'être expliquée, la loi décide que les cautions sont définitivement libérées, alors même que le créancier serait plus tard évincé de la chose qu'il avait reçue en paiement (art. 2038). Cette disposition a paru à quelques-uns prouver d'une manière décisive que l'éviction de la chose donnée en paiement ne fait pas revivre l'ancienne obligation (Aubry et Rau, § 292, note 4). C'est une méprise causée par l'habitude d'interpréter le Code par le pur raisonnement et sans tenir compte de l'histoire. L'art. 2038 n'est que la consécration législative d'une jurisprudence exceptionnelle, relative aux seules cautions, qui est exposée tout au long dans Pothier. Cet auteur explique que l'engagement des cautions devrait être maintenu, d'après les principes, puisque l'obligation principale subsiste, faute d'un paiement valable, et un arrêt du parlement de Grenoble, rapporté par Basset (IV, 22, 5), l'avait jugé ainsi. Mais Pothier admet que le créancier évincé n'est pas recevable à agir contre la caution, si le débiteur est devenu insolvable dans l'intervalle entre la dation en paiement et l'éviction. Il en donne pour raison que la caution souffrirait un préjudice de l'arrangement survenu entre le créancier et le débiteur, car la caution n'aurait été exposée à aucun recours si le créancier s'était fait payer en argent, comme il le pouvait exiger, pendant que le débiteur était solvable (Pothier, *Obligations*, n° 406)[1]. C'est évidemment de ce passage de Pothier que la disposition de l'art. 2038 a été tirée, car elle est placée dans le Code, comme dans l'ouvrage de Pothier, à propos des modes d'extinction du cautionnement. C'est donc un « jus tralaticium », dont le sens n'a pas changé.

525. Choix appartenant au créancier. — Dans la théorie française, le créancier qui consent à recevoir autre chose que ce qui lui est dû, a le choix entre *deux procédés* : il peut accepter une *dation en paiement*, ayant pour but d'éteindre directement la créance primitive par la prestation d'une chose qui n'a jamais fait l'objet de l'obligation; il peut aussi faire une *novation par changement d'objet*, c'est-à-dire substituer à l'ancienne créance une seconde obligation ayant un objet différent. Les effets réalisés varieront selon qu'il aura pris l'une ou l'autre voie.

Le Code allemand a supprimé ce choix. Il assimile la novation par changement d'objet et la dation en paiement (art. 365). Voyez les explications que donne à cet égard M. Saleilles, *Théorie de l'obligation*, p. 37, 2e édit., p. 39.

***526. De la garantie en matière de dation en paiement.** — Selon la plupart des auteurs, l'offre de donner à un créancier une chose en nature en paiement de ce qui lui est dû implique, de la part du débiteur, l'intention de *garantir* le créancier contre une éviction possible, au cas où il serait reconnu plus tard que le débiteur n'était pas propriétaire de la chose qu'il livre. L'éviction survenant, le créancier pourrait donc agir contre le débiteur par une véritable action en garantie, comme celle qui appartiendrait à un acheteur évincé. Cette théorie n'est pas irrationnelle en elle-même, car l'obligation de garantie n'est pas spéciale à la vente, et elle se retrouve en principe dans tout transfert de propriété accompli à titre onéreux, et même parfois dans les transferts à titre gratuit.

[1] Pothier dit que la solution qu'il donne avait été consacrée par des *arrêts* rapportés par Basnage, dans son *Traité des hypothèques* (partie II, chap. VII). C'est une erreur de citation : dans le passage indiqué, Basnage s'appuie sur l'opinion de « docteurs » et non sur des arrêts.

Mais ici la théorie de la garantie ne fait-elle pas double emploi avec la règle d'après laquelle, quand la dation est non avenue, le créancier conserve son action primitive? Il semble qu'à cela devrait se borner l'effet de l'éviction : il y a un créancier qui n'a pas été payé, et rien de plus. — En tout cas, si on accorde au créancier les deux actions (son action primitive et l'action en garantie), il ne pourra pas les exercer toutes les deux cumulativement et devra choisir entre elles. C'était ce que disait Pothier, qui faisait remarquer, en outre, que l'action en garantie était plus avantageuse, parce qu'elle permettait au créancier d'obtenir des dommages-intérêts au delà de la valeur de la chose (*Vente*, n° 604). Comp. les observations de M. Bugnet, en note sous ce n°.

*** 527. Similitude pratique de la dation en paiement et de la vente.** — La dation en paiement ressemble beaucoup à une vente. Les choses se passent comme si le débiteur vendait son bien à son créancier pour un prix égal au montant de sa dette : le créancier devient propriétaire du bien, et la dette s'éteint par compensation avec le prix, sans déplacement d'argent de part ni d'autre. Le résultat pratique est donc le même, soit qu'il y ait eu vente suivie de compensation, soit qu'il y ait eu dation en paiement, et l'on conçoit que les deux opérations aient été confondues depuis longtemps : « Dare in solutum est vendere » (*Code*, liv. VIII, tit. 44, l. 4). Comp. Pothier, *Vente*, n° 600. — Dans le Code civil même, le législateur, après avoir prohibé dans l'art. 1595 la *vente* entre époux, présente comme permises, à titre d'exceptions à cette règle, des opérations qui sont, non pas des ventes, mais des *dations en paiement* (voyez ci-dessous n°s 1436 à 1445).

528. Différences possibles. — Cependant la dation en paiement et la vente par le débiteur avec compensation de la dette et du prix ne sont pas deux opérations de tous points semblables. Pothier signalait trois différences; une seule subsiste dans le droit actuel. Cette différence unique a lieu lorsque la dette, pour l'extinction de laquelle la convention a été faite, n'existait pas. S'il y a eu vente, le transfert de propriété n'en subsiste pas moins, mais le prix devient exigible, n'ayant pas été réglé par compensation. S'il y a eu dation en paiement, cette dation se trouve sans cause, et c'est la chose même qui peut être répétée. La découverte de l'absence de dette à éteindre donne donc lieu à l'action en paiement d'une somme d'argent dans un cas, à l'action en restitution de la chose dans l'autre.

A côté de cette différence, Pothier en signalait deux autres ;

1° La vente est un contrat consensuel, la dation en paiement un contrat réel qui ne s'opère que par la remise de la chose et même par le transfert de la propriété. — Actuellement, toutes deux sont consensuelles ; la convention de donner est translative de propriété, à quelque titre que le transfert s'opère.

2° Quand le débiteur qui a livré la chose n'en est pas propriétaire, le créancier peut recourir contre lui aussitôt qu'il s'en aperçoit, et avant même d'avoir été troublé, parce que la convention de dation en paiement oblige le débiteur à transférer la propriété. Au contraire, si la convention est une vente, aucun recours n'est ouvert au créancier tant qu'il n'a pas encore souffert un trouble de la part du véritable propriétaire, parce que la vente, dans la théorie romaine conservée jusqu'à la Révolution, n'oblige pas le vendeur à transférer la propriété. — Cette différence encore a disparu puisque le Code déclare nulle la vente de la chose d'autrui (art. 1599), ce qui permet à l'acheteur d'agir contre son vendeur même avant d'avoir été inquiété.

CHAPITRE III

DE LA NOVATION

§ 1. — *Généralités.*

** **529. Définition.** — La novation est l'extinction d'une obligation par la création d'une obligation nouvelle, destinée à la remplacer. Comparez la définition de Gaius : « Nova nascitur obligatio, et prima tollitur translata in posteriorem » (III, 176).

530. Son rôle moderne. — Le rôle de la novation, qui a été considérable à l'époque romaine, paraît près de finir dans les temps modernes. Tout au moins on pourrait cesser de la considérer comme une institution juridique distincte. En effet, quand la novation intervient entre les mêmes personnes, le créancier et le débiteur de l'obligation nouvelle étant les mêmes, la novation n'est qu'*un cas de dation en paiement*, avec cette particularité que la chose donnée en paiement est *une obligation nouvelle*.

Quand la novation se fait par changement de personne, et qu'un nouveau créancier ou un nouveau débiteur vient prendre la place de l'ancien, un résultat tout semblable pourrait s'obtenir par voie de *transfert de créance* ou de *transfert de dette*. La novation disparaît ainsi, non pas pour devenir impossible, mais pour se scinder et rentrer dans d'autres cadres en prenant des noms différents.

531. La novation dans le Code allemand. — Cette espèce de démembrement de la novation, qui lui fait perdre son nom sans la supprimer, est chose accomplie dans le Code allemand. L'art. 364, al. 2, fait rentrer la *novation subjective* (sans changement de personnes) dans la théorie de la dation en paiement, dont elle n'est qu'une simple variété. La novation par changement de débiteur (*novation objective*)[1] a été débaptisée et est devenue la *reprise de dette* ou succession à la dette, « Schuldübernahme » (art. 414-419); quant à l'autre cas de novation objective (par changement de créancier), le Code allemand l'ignore entièrement et ne s'occupe que de la *cession de créance* (art. 398 à 411). — Malgré ces apparences, le système allemand se rapproche singulièrement du système français dans ses résultats pratiques.

§ 2. — *Conditions de la novation.*

* **532. Énumération.** — Toute novation suppose :

1° L'existence d'une dette à éteindre;

2° La création d'une dette nouvelle ;

3° Une différence entre les deux obligations successives;

4° La volonté d'éteindre la première ;

5° La capacité de disposer de la créance.

A. — Première condition : Existence d'une dette à éteindre.

* **533. Dettes inexistantes ou nulles.** — Si la première dette n'existe pas, *l'opé-*

[1] Il est à remarquer que MM. Aubry et Rau (t. IV, § 324-1°) employaient les mots « novation subjective, novation objective » dans un sens précisément inverse de celui que leur donne M. Meulenaere dans sa traduction du Code allemand (sous les art. 364 et 414).

ration manque d'objet, et la nouvelle obligation ne se forme pas, parce que la condition à laquelle était subordonnée le consentement de l'obligé (l'extinction d'une dette) est irréalisable.

On doit décider de même si la dette à éteindre est atteinte d'une *nullité absolue*, qui la prive radicalement de tout effet légal. Pareille obligation doit être considérée comme n'existant pas, et comme ne pouvant servir de base à une novation.

***534. Obligations naturelles.** — L'existence d'une simple obligation naturelle *suffit pour la novation*: une dette de ce genre pouvant être acquittée volontairement peut de même être reconnue et novée.

***535. Obligations annulables.** — Que décider si l'obligation qu'il s'agit d'éteindre était frappée d'une *nullité relative* ouvrant l'action à l'obligé seul et pouvant tomber sur sa demande ? En principe, il faut décider que l'obligation nouvelle, résultant de la novation, est *elle-même annulable*, parce que la cause de nullité (par exemple l'incapacité de l'obligé) subsiste encore, ou parce que la cause de nullité était ignorée des parties (un dol ou une erreur non encore découverts), et que le consentement donné à la nouvelle obligation est lui-même *vicié* par l'incapacité ou par une erreur. — Cependant, si la novation a lieu *en temps de capacité et en pleine connaissance de cause*, on devra interpréter cet engagement nouveau du débiteur comme une *renonciation tacite* à son action en nullité, et sa nouvelle obligation sera valable; il aurait pu payer; il a pu tout aussi bien s'obliger à nouveau. L'obligation annulable devient alors la base solide d'une novation parce qu'elle se trouve *implicitement confirmée*.

***536. Obligations conditionnelles.** — Si l'obligation primitive était susceptible de disparaître par la défaillance d'une condition suspensive ou par la réalisation d'une condition résolutoire, *la novation elle-même est conditionnelle*. La nouvelle obligation se formera si la condition qui suspendait la première se réalise, ou si la condition résolutoire dont elle était affectée vient à défaillir. Au cas contraire, la première dette sera réputée n'avoir jamais existé, et dès lors il ne peut être question de novation. Cependant tout ici encore dépend de l'intention des parties. Il est possible que le débiteur ait voulu remplacer sa dette conditionnelle, dont l'existence était incertaine et aléatoire, par une obligation ferme. S'il l'a voulu, il l'a pu. Cela revient à effacer la condition dont la première dette était affectée. Le débiteur empire alors sa situation, il consent un sacrifice, qui peut être pur et simple, ou compensé par une diminution du montant de la dette.

B. — Deuxième condition : Création d'une obligation nouvelle.

***537. Nécessité d'une nouvelle obligation.** — Le créancier n'a point entendu renoncer à son droit gratuitement. L'extinction de sa créance est subordonnée à la création d'une dette nouvelle. Donc si celle-ci ne prend pas naissance, *la novation n'a pas lieu*, et la créance qu'on voulait éteindre subsiste. Il en est ainsi si la nouvelle obligation est frappée d'une *nullité radicale* ou absolue. De même si la nouvelle obligation dépend d'une *condition suspensive*, la novation ne se produit que quand la condition se réalise.

***538. Cas où la nouvelle obligation est résoluble ou annulable.** — Il se peut que la nouvelle créance naisse, mais soit menacée de disparaître, soit par l'effet d'une condition résolutoire, soit par l'exercice d'une action en nullité. L'obligation, pour être résoluble ou annulable, n'en existe pas moins et produit tous ses effets; la novation s'opère donc. Seulement, si l'action en nullité est exercée ou si la condition résolutoire se réalise, l'obligation nouvelle est anéantie rétroactivement. La novation sera donc tenue pour non avenue, et l'ancienne créance sera traitée comme n'ayant jamais été éteinte.

Cependant il peut résulter des circonstances, ou des termes mêmes de la convention, que l'intention du créancier a été de substituer à son obligation primitive, ferme et valable, cette obligation fragile et de s'en contenter. Alors sa volonté devrait être respectée, et sa renonciation à l'ancienne créance vaudrait d'une manière définitive, malgré l'annulation ou la résolution de l'obligation nouvelle.

C. — Troisième condition : Une différence entre les deux obligations.

539. Nécessité d'un changement. — Une différence entre les deux obligations est nécessaire pour constituer la novation : si la première obligation reproduit en tous points l'ancienne, il n'y a rien de changé, rien de nouveau ; or « novatio a novo nomen accepit ». L'acte nouveau ne pourrait valoir que comme reconnaissance de dette.

*** 540. Changements possibles.** — Le changement peut porter sur l'un des *éléments constitutifs* de la dette.

1° Changement de créancier. — Pierre stipule de Jacques ce que Jacques devait à Paul. Jacques a changé de créancier : il doit désormais à Pierre et non plus à Paul.

La novation par changement de créancier ressemble beaucoup à la cession de créance ; elle en diffère principalement en deux points : 1° elle suppose nécessairement le *consentement du débiteur*, puisque ce débiteur contracte un nouvel engagement, tandis que, pour céder sa créance, le créancier n'a que faire de ce consentement ; 2° elle s'opère sans qu'on ait à remplir l'une des *formalités* prescrites par l'art. 1690 (signification ou acceptation). Cass., 23 nov. 1898, D. 99. 1. 21, et les renvois.

2° Changement de débiteur. — Pierre promet à Paul ce que Jacques lui devait : Paul a changé de débiteur, il est créancier de Pierre et non plus de Jacques. Le créancier décharge donc son ancien débiteur en acceptant le nouveau à sa place.

Cette substitution d'un débiteur à un autre peut se faire sans le consentement du débiteur ancien. La loi le dit formellement dans l'art. 1274, et cette règle n'est que la conséquence des principes admis en matière de paiement : un tiers peut payer à la place du débiteur, et même malgré lui (art. 1236, al. 2). S'il est permis de libérer le débiteur par un paiement, on peut le faire de même par une novation. Ce point était déjà admis en droit romain (*Dig.*, liv. XLVI, tit. 2, fr. 8, § 5). Pour marquer la différence entre les cas, selon que le nouveau débiteur s'engage avec ou sans le consentement de l'ancien, nous avons conservé les expressions romaines : on dit qu'il y a *délégation*, quand l'ancien débiteur a invité lui-même le nouveau à s'obliger à sa place, et *expromission*, quand celui-ci s'est obligé spontanément.

3° Changement d'objet. — Pierre stipule de Jacques 1 000 francs à la place de marchandises ou d'un travail que Jacques lui devait. En ce cas, le créancier et le débiteur restent les mêmes ; il n'y a de changé que l'objet de la dette. Celle-ci est cependant novée. La substitution d'une rente viagère à un capital légué vaut de même novation (Riom, 12 déc. 1883, D. 85. 2. 101).

4° Changement de cause. — Jacques doit à Pierre 2 500 francs comme fermier ou locataire. Ne pouvant payer, il se fait prêter cette somme par son propriétaire pour deux ans, avec intérêts. Il y a novation : sa dette comme locataire a disparu ; c'est maintenant en qualité d'emprunteur qu'il est tenu.

541. Changement dans les modalités. — La modification qui entraîne la novation pourrait-elle aussi porter sur *une simple modalité*, terme ou condition ? Quand les parties, l'objet et la cause restent les mêmes, l'élément nouveau, que la novation exige, peut-elle être soit l'*addition*, soit la *suppression* d'un *terme* ou d'une *condition*? J'estime qu'on doit répondre à cette question par une distinction : *a*) La concession d'un terme au débiteur par le créancier, ou la renonciation par le débiteur au terme qui lui avait été précédemment accordé, peuvent se faire l'une et l'autre sans entraîner novation, parce que le terme ne concerne que l'*exécution* de l'obligation, et non sa *constitution* ; ce n'est pas une nouvelle dette, un nouveau rapport de droit qui s'établit, c'est l'ancien qui reçoit son accomplissement un peu plus tôt ou un peu plus tard. *b*) Au contraire, le changement qui consiste à supprimer ou à ajouter une condition affecte l'*existence même* de la créance : on ne peut pas dire que ce soit le même rapport qui subsiste, puisque la nouvelle obligation existera peut-être dans des circonstances où l'ancienne aurait disparu, et réciproquement.

542. Changements dans les sûretés accessoires. — Il n'y a pas novation quand le créancier se fait donner par le débiteur une sûreté nouvelle (hypothèque, gage, cautionnement), ou quand il renonce à une sûreté de ce genre qu'il s'était fait accorder d'abord. Il y a alors simple extinction d'un *droit réel* ou d'une *action contre une autre personne*; mais l'action principale du créancier contre le débiteur reste intacte. Celui-ci n'est pas libéré, et sa dette n'est pas modifiée (Cass., 8 nov. 1875, D. 76. 1. 438, S. 76. 1. 102).

D. — Quatrième condition : L'intention de nover.

***543. Nécessité de cette intention.** — L'intention de nover est indispensable, parce qu'une dette nouvelle peut toujours être créée à côté d'une ancienne. Si donc le créancier n'a pas consenti à perdre sa première action, les deux obligations subsisteront côte à côte : il y aura bien création d'une dette, mais sans l'extinction corrélative d'une autre dette.

Ainsi la simple indication d'une personne qui doit toucher à la place du créancier n'entraîne pas novation (art. 1277, al. 2). La personne ainsi désignée n'est qu'un *mandataire*, qui reçoit le pouvoir de toucher pour le compte d'autrui (Cass., 11 janvier 1893, S. 94. 1. 12). — Ainsi encore un nouveau débiteur peut s'engager à côté de l'ancien sans le remplacer ; au lieu d'une délégation ou d'une expromission, il peut y avoir *cautionnement* ou d'autres opérations encore (Cass., 21 juin 1876, D. 77. 1. 437 ; Cass., 28 mars 1877, D. 77. 1. 501).

***544. Preuve de l'intention de nover.** — « La novation ne se présume point », dit l'art. 1273. Les juges ne doivent donc pas l'admettre facilement, et dans le doute ils devront plutôt admettre la coexistence de l'obligation ancienne à côté de la nouvelle.

Cependant la volonté d'opérer la novation n'a pas besoin d'être manifestée sous une forme spéciale. Il suffit, dit encore l'art. 1273, que cette intention « *ressorte clairement de l'acte* ». En général, on entend le mot « acte », qui figure dans ce texte, comme désignant l'opération faite, et non l'écrit qui la constate. Il en résulte que l'intention de nover n'a pas besoin d'être *expressément* déclarée par écrit ; elle peut être *tacite* et s'induire de la nature des conventions faites et de circonstances extérieures ou de faits matériels (Cass., 19 nov. 1888, D. 89. 5. 327, S. 89. 1. 72 ; Limoges, 21 janv. 1889, D. 90. 2. 11. — Comp. Besançon, 11 janv. 1883, D. 83. 2. 211, S. sous cass., 85. 1. 113).

Quant aux *modes de preuve* qui seront recevables au cas où elle ne serait pas établie par écrit, il faut s'en référer au droit commun, puisque nous ne trouvons aucune règle spéciale. La preuve testimoniale et les simples présomptions ne seront donc reçues qu'en matière n'excédant pas 150 francs, ou s'il existe un commencement de preuve par écrit[1].

[1] Il ne faudrait pas s'imaginer que la loi proscrit absolument les présomptions en disant que la novation « ne se présume pas ». Ce serait jouer sur le sens des mots. Cette phrase signifie que la novation n'est reconnue qu'à la condition d'être prouvée, mais cela ne modifie en rien les moyens de preuve du droit commun. Voyez l'art. 1116, al. 2.

La Cour de cassation reconnaît que les juges du fait sont souverains pour décider si l'intention de nover existe et que leur interprétation de la volonté des parties sur ce point échappe à son contrôle (Cass., 25 févr. 1885, D. 85. 1. 281, S. 85. 1. 493; Cass., 20 févr. 1894, S. 94. 1. 185).

545. Cas du créancier réglé en billets. — La pratique fournit des exemples nombreux d'une opération particulière qu'on a cherché jadis à traiter comme une novation. Une personne est débitrice envers une autre d'une somme qu'elle ne peut payer immédiatement; elle *règle en billets*, c'est-à-dire qu'elle souscrit à son créancier des billets, souvent des billets à ordre, que celui-ci peut négocier, et qui sont payables à des échéances plus ou moins éloignées. Y a-t-il là une novation? Non, ce serait contraire à l'intention des parties, qui ont entendu non pas nover l'obligation, mais employer un procédé particulier de règlement. Il en résulte notamment que le *privilège du vendeur*, attaché à la première créance, si c'était un prix de vente, est conservé[1]. La jurisprudence a décidé de même que la souscription de ces billets *n'arrêtait pas le cours des intérêts*, qui pouvaient courir de plein droit au profit de la créance primitive (Cass., 5 août 1878, D. 79. 1. 71, S. 79. 1. 301).

E. — Cinquième condition : Capacité des parties.

546. Capacité exigée. — Il ne suffit pas, pour faire une novation, que le créancier ait la capacité de recevoir son paiement, et le débiteur la capacité de payer. La loi exige la *capacité de contracter* (art. 1272), ce qui n'est pas très explicite. Mais on peut facilement préciser davantage : le débiteur doit être capable de s'obliger, puisqu'il contracte une nouvelle obligation, et le créancier doit être capable de disposer de sa créance, puisqu'il renonce à son droit primitif.

§ 3. — *Effets de la novation.*

***547. Dualité d'effets.** — L'effet de la novation est double : *elle éteint une créance*, et *elle en fait naître une autre*. C'est un acte unique qui réalise ce double résultat. L'un de ces deux effets ne peut donc pas être obtenu sans l'autre; il y a entre eux une sorte de solidarité, de sorte que rien n'est fait si l'un des deux résultats est manqué pour une cause quelconque : on ne nove une dette que pour la remplacer par une autre, et on ne crée celle-ci que pour la substituer à l'autre. Ainsi le veut la nature de l'opération.

***548. Extinction de la dette ancienne.** — L'effet extinctif de la novation est comparable à celui du paiement. L'obligation novée disparaît avec tous ses accessoires ; l'*hypothèque* ou le *privilège* qui la garantissait est perdu ; les *cautions* sont libérées par la novation faite avec le débiteur principal; les *codébiteurs solidaires* le sont également, quand le créancier fait novation avec l'un d'eux seulement (art. 1278 et 1281).

549. Création de la dette nouvelle. — L'obligation nouvelle qui

[1] C'est l'opinion générale. Cependant il me paraîtrait bien difficile de maintenir le privilège du vendeur et l'action en résolution dans l'hypothèse suivante : beaucoup de notaires de campagne, en rédigeant un acte de vente, font souscrire des billets à l'acheteur, et insèrent dans l'acte une quittance du prix pure et simple. Le prix étant quittancé, le privilège ne sera pas inscrit et les tiers seront avertis de son extinction par les registres de la transcription. Il est dès lors impossible de le faire revivre contre eux.

sort de la novation pour être substituée à l'ancienne est en principe une créance *nue*, purement chirographaire. Ainsi la novation fait perdre au vendeur et au bailleur le privilège qui leur appartient à ce titre (Cass., 9 déc. 1891, D. 92. 1. 68).

***550. Conservation conventionnelle des garanties primitives.** — Les parties ne pourraient-elles pas conserver les garanties diverses de l'obligation primitive, pour les rattacher à la créance nouvelle? La loi le leur permet, mais sous certaines distinctions que le Code a empruntées à Pothier.

1° Cautions. — Les cautions, que la novation va libérer, avaient consenti à s'engager pour une dette déterminée; comme on change cette dette, il faut obtenir à nouveau leur consentement, car c'est en définitive un nouveau cautionnement qu'on leur demande. Le créancier ne conservera donc d'action contre elles que si elles accèdent à la nouvelle obligation. Si le créancier a subordonné la novation à l'engagement des cautions et que celles-ci s'y refusent, la novation ne s'accomplit pas (art. 1281 *in fine*).

2° Solidarité. — Les codébiteurs solidaires jouent les uns par rapport aux autres un rôle analogue à celui des cautions. Aussi la loi leur applique-t-elle la même règle qu'aux cautions au cas où le créancier, en faisant novation avec l'un d'eux, exigerait l'accession des autres : si ceux-ci refusent d'adhérer au nouvel arrangement, l'ancienne obligation subsiste (art. 1281).

3° Privilèges et hypothèques. — Ces sûretés réelles peuvent être conservées par le créancier, mais *seulement avec le consentement du propriétaire des biens sur lesquels ils sont assis*. Telle était la formule de Pothier, et tel est encore, quoi qu'on en ait dit, le système du Code[1].

L'art. 1279 donne une décision qu'on eût aisément suppléée : quand la novation s'opère par changement de débiteur, les privilèges et hypothèques primitifs de la créance ne peuvent point passer sur les biens du nouvel obligé. Les sûretés réelles ne se déplacent pas d'un bien à un autre, même dans le patrimoine d'une même personne, à plus forte raison d'un patrimoine à un autre. Mais en pareil cas le créancier peut faire deux choses : 1° avec le consentement de l'ancien débiteur, se réserver son ancienne hypothèque; 2° avec le consentement du nouveau, s'en faire donner une autre sur ses biens. Chacune de ces deux hypothèques aura sa date et son rang.

§ 4. — *De la délégation.*

A. — Ses règles et ses effets.

***551. Définition.** — La délégation est l'acte par lequel une première

[1] Il est bien vrai que l'art. 1278 semble accorder au créancier, en termes absolus, la faculté de se réserver, sans le consentement de personne, les privilèges et hypothèques de son ancienne créance; mais ce texte suppose le cas ordinaire, celui où le créancier n'a de pareilles garanties que sur des biens appartenant au débiteur, avec lequel il fait novation : alors la réserve imposée par le créancier est acceptée par le propriétaire des biens grevés. Le Code n'a pas pour cela abandonné l'idée de Pothier; il n'a pas autorisé le créancier à se passer du consentement du propriétaire des biens hypothéqués, quand ce propriétaire est un autre que le débiteur avec qui il traite. Nous en avons la preuve certaine dans l'art. 1280, aux termes duquel « lorsque la novation s'opère entre le créancier et l'un des débiteurs solidaires, les privilèges et hypothèques de l'ancienne créance ne peuvent être réservés que sur les biens de celui qui contracte la nouvelle dette ». Les autres débiteurs, propriétaires de biens grevés d'hypothèques, ont donc un droit acquis à profiter de la libération de leurs biens résultant de la novation qui s'opère, et si ces hypothèques sont maintenues, ce ne peut être que de leur consentement. Ce texte ne peut s'expliquer que par le maintien du système de Pothier, et montre la portée restreinte qu'il faut donner à l'art. 1278.

personne en prie une autre d'accepter comme débiteur une troisième personne qui consent à s'engager envers elle.

La première personne, celle qui prend l'initiative de l'opération, s'appelle le *déléguant*; la seconde, celle qui devient créancière, est le *délégataire*; la troisième, celle qui devient débitrice, est le *délégué*.

***552. Utilité de la délégation.** — Le plus souvent le déléguant est *débiteur du délégataire* et *créancier du délégué*, et la délégation est pour lui un moyen de se libérer de son obligation envers le délégataire. Il lui cède son débiteur, qui paiera à sa place. Par suite, quand l'opération est accomplie, deux obligations se sont éteintes: celle du déléguant envers le délégataire, celle du délégué envers le déléguant. A leur place une obligation unique est née, celle du délégué envers le délégataire. Nous supposons, pour plus de simplicité, que les deux créances primitives avaient pour objet des sommes égales. Si le délégué devait moins d'argent au déléguant que celui-ci n'en doit au délégataire, le même résultat se produirait encore, mais dans de moindres limites, et jusqu'à concurrence seulement de la dette primitive du délégué.

Mais la délégation n'intervient pas toujours dans les conditions qui viennent d'être indiquées. Il est possible que l'une des deux dettes primitives, ou même toutes les deux fassent défaut, et alors la délégation ne fait plus l'office de paiement; elle sert à réaliser soit des *libéralités*, soit des *prêts d'argent*. Exemple: Une personne veut faire une donation à une autre, mais, n'ayant pas actuellement d'argent disponible, elle est obligée d'en emprunter à une troisième. Celui qui veut faire la libéralité pourra se contenter de prier le prêteur de s'engager directement envers le donataire. Les hypothèses de ce genre sont rares; presque toujours la délégation éteint deux obligations préexistantes, qu'elle sert à régler par la création d'une troisième. On pourrait même supposer une filière plus longue, et, au lieu de trois personnes, en mettre en présence quatre ou davantage: le délégataire, au lieu de recevoir lui-même l'engagement du délégué, pourrait lui indiquer une autre personne envers laquelle il s'obligerait, comme le suppose la définition romaine: « Delegare est vice sua alium reum dare creditori, *vel cui jusserit* » (*Dig.*, liv. XLVI, tit. II, fr. 11).

***553. Confusion à éviter.** — L'emploi ordinaire qui se fait de la délégation, entre personnes qui sont déjà créancières et débitrices les unes des autres, fait qu'on confond souvent *la délégation* avec *la novation*. C'est une erreur que Pothier n'a pas su éviter; il définit, en effet, la délégation: « Une *espèce de novation*, par laquelle l'ancien débiteur, pour s'acquitter envers son créancier, lui donne une tierce personne, etc... » (*Obligations*, n° 600). La délégation n'est pas la novation; c'est *une convention spéciale analogue au mandat*[1], qui intervient entre le déléguant et le délégataire, pour réaliser différents effets juridiques. Ce mandat a pour objet le fait de stipuler quelque chose de la personne déléguée. Quant à la novation, qui peut résulter de cette stipulation, elle n'est qu'*une conséquence possible, nullement nécessaire*; de l'opération. Elle suppose d'abord que les parties étaient liées entre elles par des obligations antérieures, et secondement qu'elles ont eu l'intention de les éteindre pour ne laisser subsister que l'obligation nouvelle. Or l'une ou l'autre de ces deux conditions peut faire défaut: il y aura encore délégation, *mais sans novation*.

[1] Les Romains appelaient « jussum » l'acte du déléguant invitant le délégataire à stipuler du délégué, et ils considéraient ce *jussum* comme adressé au délégué: « Si debitorem meum tibi promittere jusserim » (*Dig.*, liv. XII, tit. I, fr. 32; liv. XXXIX, tit. V. fr. 21, § 1). Nous pouvons employer la traduction directe et nous servir du mot *ordre*, fréquemment employé en droit pour les invitations d'agir, adressées à une personne (billets dits *à ordre; ordres* d'achat ou de vente en bourse, etc.). — Les Romains rapprochaient le « jussum » du « mandatum », sans les confondre cependant: « Si duo jusserunt, quia similes sunt *duobus mandantibus*... » (*Dig.*, liv. XV, tit. IV, fr. 5, § 1); « Etiam si *non mandante neque jubente* domino... » (*Code*, liv. IV, tit. XXVI, loi 3). — Pour les différences qui séparaient ces deux choses en droit romain, voyez P. Gide, *De la novation*, p. 458 à 476; mais ses observations ne pourraient pas être transposées du droit ancien dans le droit moderne.

***554. Délégation parfaite et délégation imparfaite.** — Le créancier, qui accepte de son débiteur un nouveau débiteur au moyen d'une délégation, perd-il, par cela seul, son action contre son débiteur primitif, auteur de la délégation? Cela dépend de *l'intention des parties* : elles ont pu faire une novation éteignant l'ancienne dette, ou seulement une opération analogue au cautionnement ou à la solidarité, donnant au créancier un second débiteur à côté du premier[1]. Au premier cas, on dit que la délégation est *parfaite*, parce qu'elle fait table rase du passé, elle supprime les obligations qui pouvaient exister antérieurement entre les parties, quel qu'en fût le nombre, et met à leur place une obligation unique. Il y a, au contraire, *délégation imparfaite* quand les obligations antérieures subsistent à côté de la nouvelle. La délégation parfaite est donc celle qui se produit avec un effet novatoire, qui manque à la délégation imparfaite.

555. Preuve de l'intention des parties. — Beaucoup d'auteurs (Demolombe, t. V, n° 313; Aubry et Rau, § 324, note 42; Laurent, t. XVIII, n° 317; Dalloz, *Répertoire*, v° Obligations, n° 2485. — En sens contraire, Colmet de Santerre, t. V, n° 223 *bis*, § 5) pensent que la preuve de cette intention en la personne du créancier qui accepte la délégation a été soustraite aux règles du droit commun par l'art. 1275. Cet article dispose que « la délégation [faite par un débiteur à son créancier] n'opère point de novation, si le créancier n'a *expressément déclaré* qu'il entendait décharger son débiteur qui a fait la délégation ». On prétend que dans cette hypothèse la loi a entendu exiger une déclaration faite en termes exprès, et que la volonté de nover ne pourrait pas se manifester tacitement et résulter des circonstances. L'art. 1275, spécial au cas d'une novation sur délégation, dérogerait ainsi à l'art. 1273, qui se contente, en toute autre hypothèse, d'une « volonté résultant clairement de l'acte ». Je ne crois pas que tel soit le sens de la loi. Ces deux articles ont été empruntés à Pothier (*Obligations*, n°s 594 et 600), d'après lequel la jurisprudence française ne s'attachait pas à la lettre à la loi de Justinien, qui exigeait une déclaration expresse pour admettre l' « animus novandi » (*Code, De novationibus*, liv. VIII, tit. 41, loi 28). « Il suffit, dit-il, que de quelque manière que ce soit, la volonté de nover paraisse si évidente qu'elle ne puisse être révoquée en doute ». Après avoir dit cela, il ajoute que « il n'y aura pas délégation et Pierre ne sera pas déchargé envers moi, si je n'ai pas, par quelque acte, *déclaré formellement* que je déchargeais Pierre ». C'est de là que l'art. 1275 a été tiré : pourquoi veut-on donner à ces mots un sens contraire à celui qu'ils avaient pour Pothier, et quel avantage voit-on à empêcher les juges d'admettre une novation qui ressortirait manifestement de l'acte, par cela seul qu'on aurait omis de l'énoncer en termes formels? — Du reste la jurisprudence ne s'attache pas à cette interprétation doctrinale trop étroite, et admet volontiers une manifestation implicite de la volonté de nover (Cass., 12 déc. 1866, D. 67. 1. 433; Angers, 20 févr. 1879, D. 81. 2. 109. — Comp. Rapport de M. Cotelle sur l'arrêt du 4 janvier 1888, D. 88. 1. 37).

556. Risques de l'insolvabilité du délégué. — Si le délégué ne peut pas payer le délégataire, qui souffrira de son insolvabilité? Est-ce le déléguant? Est-ce le délégataire? On ne peut répondre à cette question que par des distinctions.

1° Si le délégataire n'a pas déchargé son débiteur primitif (le déléguant), il est hors de doute qu'il a conservé son action contre lui et que, si le délégué ne paie pas, le déléguant sera obligé de s'acquitter lui-même de sa dette. C'est en cela que la délégation imparfaite ressemble à la solidarité et au cautionnement : le créancier qui la reçoit obtient *deux débiteurs au lieu d'un*. Dans cette hypothèse, le déléguant n'est libéré envers le délégataire que lors du paiement effectif de la dette par le délégué.

2° Si le délégataire a consenti à décharger son débiteur primitif, auteur de la délégation, une *sous-distinction* a lieu :

a) L'insolvabilité du délégué est-elle *antérieure à la délégation* et déjà établie par un état de faillite ouverte ou de déconfiture? L'art. 1276 autorise alors le délégataire à recourir

[1] On voit que la délégation imparfaite pourrait fonctionner dans notre droit comme une troisième sorte de sûreté personnelle, à côté de la solidarité et du cautionnement.

contre le déléguant et lui rend de plein droit son action contre lui. Il est, en effet, naturel de supposer qu'il y a eu erreur de sa part ou dol de la part du déléguant, et que la libération de l'ancien débiteur n'eût point été consentie, si l'état de faillite ou de déconfiture du nouveau avait été connu. Le débiteur a été présenté comme solvable, et le déléguant l'a accepté comme tel.

b) L'insolvabilité du délégué est-elle *postérieure à la délégation*? Alors elle est à la charge du délégataire (art. 1276). C'est le risque normal que court tout créancier. — Cependant il est permis au délégataire de prévoir ce risque et de s'y soustraire, en se réservant, *par une clause expresse*, son recours contre son ancien débiteur, pour le cas où le nouveau ne pourrait pas le payer (même art.).

557. Nature du recours du délégataire. — Quelle est l'action qui appartient alors au délégataire contre le déléguant? L'art. 1276 l'appelle un *recours*. Cette qualification a fait penser à quelques-uns qu'il s'agissait d'un recours analogue à l'action en garantie et fondé sur le dommage que lui cause la délégation d'un insolvable. Mais ce même texte permet au créancier de faire la *réserve* expresse de ce recours. Ce mot démontre que la loi entend laisser au créancier son action primitive, car on ne se « réserve » que ce qu'on possède déjà. La situation doit donc être comprise ainsi : le créancier décharge son débiteur, mais cette décharge est *conditionnelle* et subordonnée au paiement effectif de la dette par le délégué.

Conventionnelle ou légale, la réserve faite au profit du délégataire a toujours le même effet : elle lui permet d'agir contre son premier débiteur par son ancienne action à laquelle il avait renoncé. L'intérêt de cette remarque est que le créancier pourra se prévaloir des *garanties réelles ou personnelles attachées à sa créance*, tandis que le recours à titre de garantie ne lui donnerait qu'une action chirographaire.

B. — Rapprochement de la délégation imparfaite et de la stipulation pour autrui.

558. Pratique moderne. — Dans la doctrine, la théorie de la délégation est construite comme si le délégataire stipulait du délégué, sur l'invitation du déléguant. C'était ainsi que les choses se passaient à l'époque romaine : *une stipulation précédée d'un mandat* (*Dig.*, liv. XLVI, tit. 2, fr. 11). Mais dans la pratique française la forme de l'opération est parfois modifiée : il arrive très souvent que la stipulation est faite non plus *par le délégataire*, mais *par le déléguant*; c'est le déléguant lui-même qui fait promettre au délégué de payer à sa place entre les mains du délégataire, et ce dernier, trouvant la stipulation toute faite à son profit, n'a plus qu'à l'*accepter*. C'est, par exemple, le vendeur d'un immeuble hypothéqué qui délègue son prix à ses créanciers hypothécaires, l'acheteur devant se libérer entre leurs mains. Mise sous cette forme, l'opération se fait par voie de *stipulation pour autrui*.

559. Origine et avantages de ce procédé. — Cette pratique moderne est plus avantageuse que le système romain. Le résultat qu'on cherche dans la délégation imparfaite est de faire acquérir au délégataire une action personnelle et directe contre le délégué, sans libérer le déléguant. Or le but est atteint plus vite par la stipulation pour autrui que par le procédé romain d'une stipulation faite par le déléguant. En effet, la stipulation pour autrui fait acquérir un droit au tiers *immédiatement* (ci-dessous nos 1209 et suiv.), tandis que si le déléguant se borne à inviter le délégué à aller s'obliger personnellement envers le délégataire, l'action directe de ce dernier ne prendra naissance que *lors de la stipulation faite par lui*, qui est nécessairement postérieure à l'invitation formulée par le déléguant. La réalisation de la délégation est donc plus tardive. Aussi peut-on prévoir que l'ancienne forme de la délégation imparfaite (stipulation par le délégataire, sans libération du déléguant) est condamnée à disparaître devant l'emploi, chaque jour mieux compris, des stipulations pour autrui.

560. Rôle de l'acceptation par le délégataire. — Sous une forme ou sous une autre, il faut toujours que le délégataire donne son consentement. Seulement, s'il y a eu stipulation faite à son profit par le déléguant, il suffira qu'il *accepte*, selon les règles de la stipulation pour autrui, et cette acceptation servira, non à lui faire acquérir l'action directe contre le délégué, mais à la consolider et à rendre *irrévocable* le bénéfice de la stipulation faite pour lui par un autre.

561. Hésitations de la jurisprudence. — Cependant la jurisprudence semble encore hésiter à entrer dans cette voie et à reconnaître franchement la réalisation des délégations au moyen de la stipulation pour autrui (Angers, 20 févr. 1879, D. 81. 2. 109; Cass., 12 juill. 1881, D. 81. 1. 439, S. 83. 1. 409; Cass., 9 janv. 1882, D. 82. 1. 66, S. 82. 1. 360). Elle a même, par une décision formelle, rejeté une conséquence directe de ce procédé dans un cas où l'emploi de la stipulation pour autrui ne paraissait pourtant pas douteux (Cass., 8 févr. 1888, D. 88. 1. 372, S. 90. 1. 85)[1]. En revanche, en d'autres circonstances, la jurisprudence a vu plus clair[2].

CHAPITRE IV

DE LA COMPENSATION

562. Définition. — Lorsque deux personnes se doivent mutuellement des objets semblables, il n'est pas nécessaire que chacune d'elles paie à l'autre ce qu'elle lui doit : il est plus simple de les considérer comme *libérées toutes deux jusqu'à concurrence de la plus faible des deux dettes,* de sorte que l'excédent de la plus forte reste seul pour faire l'objet d'une exécution effective (art. 1289). On peut donc définir la compensation *un mode d'extinction spécial aux obligations réciproques, qui dispense mutuellement les deux débiteurs de l'exécution effective.*

563. Origine. — Malgré la grande utilité qu'elle présente, la compensation s'est introduite assez tard en droit romain. D'abord connue dans deux cas particuliers, pour la *deductio* imposée à l'*argentarius* et au *bonorum emptor*, elle a été généralisée au moyen d'une exception de dol opposée au créancier ou sous-entendue dans la formule. Ce fut l'œuvre d'un rescrit de Marc-Aurèle (*Institutes*, liv. IV, tit. 6, § 30).

***564. Importance pratique.** — La compensation joue un rôle considérable dans le monde; elle dispense de maniements de fonds et d'envois d'argent qui, sans elle, causeraient des retards et des frais incalculables. Les principales applications s'en font dans

[1] Il s'agissait d'une vente d'immeuble, faite avec cette clause que le prix serait payé aux créanciers du vendeur. Celui-ci était mort avant que les créanciers n'eussent accepté la délégation faite à leur profit. Si l'on avait appliqué les règles de la stipulation pour autrui, la créance du prix aurait été considérée comme sortie du patrimoine du vendeur et transmise à ses créanciers, et l'administration n'aurait pu réclamer de ce chef à ses héritiers le droit de mutation. Mais la Cour de cassation a jugé que la Régie pouvait percevoir le droit sur le prix, comme si la créance appartenait encore à la succession du vendeur.

[2] Ainsi la Cour de cassation applique depuis longtemps l'art. 1121, et non l'art. 1275, aux stipulations que font entre eux les héritiers, lors d'un partage de succession, pour mettre à la charge de l'un d'eux le total d'une dette qui s'est divisée entre eux tous par l'effet de la dévolution héréditaire (Cass., 12 févr. 1829, S. chr., 9. 1. 231). Par cet arrangement le créancier héréditaire acquiert une action pour le total contre l'héritier qui s'est chargé à lui seul de le payer, sans perdre pour cela son action fractionnée contre les autres. Il y a donc ici délégation imparfaite réalisée au moyen d'une stipulation pour autrui. On peut suivre ainsi dans nos recueils d'arrêts, comme le dit M. Lambert, le mouvement qui enlève la vie à l'art. 1275 pour la reporter sur l'art. 1121 (Thèse, Paris, 1893, n° 210).

le commerce de banque, où fonctionnent les *Chambres de compensation*, organisées sur le modèle de la *Clearing House* de Londres : là les banquiers, détenteurs de toutes sortes d'effets de commerce arrivés à échéance, les règlent entre eux par compensation, sans un centime de numéraire. On sait aussi qu'en économie politique on a remarqué depuis longtemps que les *échanges internationaux* se règlent en grande majorité par voie de compensation, et que les sorties d'or ou d'argent destinées à les payer sont relativement rares et faibles.

565. Distinction de trois sortes de compensation. — Le droit français en reconnaît trois variétés : la compensation peut être *légale*, *conventionnelle* ou *judiciaire*.

§ 1. — *De la compensation légale.*

566. Définition. — La compensation est légale quand elle s'opère en vertu de la loi et dans les conditions fixées par elle. C'est la seule dont le Code se soit occupé.

A. — Conditions de la compensation légale.

****567. Énumération.** — Cinq conditions, dont trois seulement ont été indiquées par la loi (art. 1291), sont nécessaires : 1° la *réciprocité d'obligations* ; 2° la *fongibilité* de leurs objets ; 3° l'état *liquide* des deux dettes ; 4° l'*exigibilité* de la créance opposée en compensation ; 5° la *saisissabilité* du droit éteint par la compensation.

1° Réciprocité d'obligations.

568. Silence de la loi. — Cette première condition n'est pas exprimée dans l'art. 1291 ; elle résulte implicitement de la définition de la compensation.

569. Cas où la réciprocité fait défaut. — La condition de réciprocité manque quand une personne, débitrice d'une société douée de personnalité, est créancière de l'un des associés : la personne qui lui doit quelque chose (l'associé considéré individuellement) n'est pas la même que celle à qui elle doit (la société, groupe personnifié)[1]. Elle manque encore lorsque l'une des deux dettes est née postérieurement à la cession de la première, pourvu que cette cession soit devenue définitive par l'accomplissement des formalités prescrites par l'art. 1690 : la créance cédée ne figurait plus dans le patrimoine du cédant, au moment où la seconde créance est née ; la compensation est donc impossible.

570. Compensation en cas de cautionnement et de solidarité. — Lorsqu'il y a plusieurs débiteurs (un débiteur principal et une caution, ou bien des codébiteurs solidaires), la question de savoir si l'un d'eux peut opposer en compensation au créancier ce que celui-ci doit à un autre de ses débiteurs, soulève plusieurs difficultés. La loi s'en occupe dans l'art. 1294. Il sera temps d'en traiter à propos du cautionnement et de la solidarité, les difficultés tenant bien plus aux règles de ces deux matières qu'à celles de la compensation.

[1] Le droit administratif fournit un exemple analogue assez curieux. Bien que l'État forme une personne morale unique, ses divers services, caisses ou régies, sont indépendants les uns des autres et ont leur comptabilité propre. On les traite dans une certaine mesure comme des personnes distinctes. Par suite, pour qu'il puisse y avoir lieu à compensation entre un particulier et l'Etat, il faut que la dette opposée en compensation soit *payable par la même régie* qui réclame un paiement à son profit (Cass., 12 janv. 1841, D. 41, 1. 7 ; Cass., 27 nov. 1872, D, 73. 1. 203). — Les départements et les communes sont soumis aux règles du droit commun (Cons. d'Etat, 10 janv. 1890, D. 92. 3. 39).

2° Fongibilité des choses dues.

***571. Sa nature et son motif.** — Il faut que chaque créancier puisse se contenter pour son paiement de ce qu'il devait lui-même à l'autre. Ainsi la fongibilité de chacun des deux objets pris séparément ne suffirait pas; on ne peut pas compenser une denrée avec une autre; il faut que les deux choses dues soient *fongibles entre elles*. Exemples : les deux dettes ont pour objet *de l'argent*, ce qui est le cas de compensation le plus pratique; ou bien elles ont pour objet l'une et l'autre du *vin de même provenance et de même qualité*. L'art. 1291, al. 1, exige donc avec raison « des choses fongibles *de la même espèce* ». Le motif de cette condition est qu'un créancier ne peut pas être obligé à recevoir autre chose que ce qui lui est dû.

3° État liquide des deux dettes.

***572. Pourquoi les dettes non liquides ne sont pas compensables.** — Une dette est liquide quand son objet est déterminé, « quum certum est quantum debeatur ». Les dettes qui ne peuvent pas être *exprimées par un chiffre,* qui ont besoin d'une vérification ou estimation, ne sont pas liquides. Ainsi le *reliquat d'un compte de tutelle* non encore apuré; les *créances contre un failli* qui sont réduites à un dividende dont le montant sera fixé après la réalisation de l'actif, ne peuvent pas être opposées en compensation. C'est Justinien qui a établi cette règle (*Code*, liv. IV, tit. 31, loi 14). La compensation est impossible pour les dettes non liquides parce que le paiement l'est lui-même; on ne sait pas encore ce qui est dû.

4° Exigibilité.

***573. Pourquoi l'exigibilité est nécessaire.** — Pour que le débiteur poursuivi puisse opposer une créance en compensation, il faut que, comme créancier, il soit en droit d'en *exiger actuellement* le paiement.

Le mot « exigibilité » prend ici un sens un peu différent de celui qu'il a d'ordinaire : il ne suffit pas qu'il y ait absence de terme ou de condition; il faut que le créancier possède pleinement la faculté légale d'exiger son paiement. Ainsi le débiteur ne peut pas opposer en compensation à son créancier une *obligation naturelle* dont ce dernier serait tenu envers lui, parce qu'il ne pourrait pas le contraindre à acquitter cette obligation et que la compensation est en somme un paiement forcé. Ainsi encore la *dette conditionnelle*, dont la condition suspensive n'est pas encore réalisée, et la *dette non échue*, dont le terme suspensif n'est pas expiré, ne peuvent ni l'une ni l'autre servir à opérer une compensation : elles ne sont pas exigibles.

574. Règle spéciale pour le terme de grâce. — Cependant l'art. 1292 fait exception pour la dette suspendue par un simple *terme de grâce* : le terme de grâce ne met pas obstacle à la compensation. Quelle en est la raison? C'est que le terme de grâce est accordé par la justice au débiteur qui est hors d'état d'acquitter immédiatement sa dette, parce qu'il n'a pas d'actif réalisable sur-le-champ. Or quand il a lui-même une créance à faire valoir contre son créancier, il a un moyen très simple de se libérer de sa dette : c'est de subir la compensation pour ce qui lui est dû à lui-même. Le terme de grâce perd donc sa raison d'être, quand le débiteur se trouve dans la situation prévue par les art. 1289 et 1291.

575. Effet des oppositions à paiement. — La compensation peut se trouver empêchée par l'effet d'une saisie-arrêt ou opposition. Le débiteur qui a reçu une opposition du créancier de son créancier ne peut plus payer que sur l'ordre du juge et avec la procédure de distribution par contribution. Tout règlement volontaire étant interdit, la compensation est impossible. Par suite si le débiteur de la somme saisie-arrêtée devient, depuis qu'il a reçu l'opposition, créancier de son créancier, il ne pourra pas plus opposer la compensation au saisissant, qu'il ne pourrait lui opposer un paiement effectif fait au mépris de l'opposition[1]. Cette conséquence de l'effet prohibitif des oppositions à paiement résulterait suffisamment des principes et des définitions ; mais la loi l'a prévue et énoncée expressément dans l'art. 1298.

576. Effet de la faillite. — Un résultat analogue se produit en matière de faillite. La faillite rend exigibles les dettes à terme du failli, mais leur extinction par compensation n'en est pas moins empêchée, car aucun paiement n'est alors possible au profit d'un créancier et au détriment des autres. La loi veut maintenir la balance égale entre tous ceux pour lesquels il n'existe aucune cause de préférence. La compensation est un double paiement abrégé : c'est un moyen de simplification ; mais elle ne doit pas amener de modification dans la situation relative des créanciers, ce qui arriverait, si l'un d'eux était réputé payé en entier.

577. Cas où l'une des deux dettes est le prix d'achat d'un immeuble hypothéqué. — Lorsqu'une personne, qui est créancière d'une autre à un titre quelconque pour une somme déterminée, achète à son débiteur un immeuble grevé d'hypothèques, sa dette du prix d'achat ne s'éteint pas par compensation avec sa créance, malgré la réciprocité d'obligations qui existe désormais entre les deux parties. Quelle en est la raison? On dit parfois que l'art. 1298 s'y oppose, parce que les créanciers hypothécaires ont *un droit acquis sur le prix*. C'est une mauvaise explication. Si la compensation s'opérait, elle ne nuirait en rien aux créanciers hypothécaires ; l'acheteur se trouverait libéré envers son vendeur de sa *dette personnelle*, comme il le serait par un paiement ; mais il resterait *tenu hypothécairement*, et les créanciers, n'étant pas payés, conserveraient le droit de saisir l'immeuble entre ses mains. Ce n'est donc pas leur intérêt qui empêche la compensation. L'obstacle doit être cherché bien plutôt en la personne de l'acheteur. C'est lui qui, menacé d'éviction par les créanciers, a le droit de *retenir* son prix pour désintéresser les créanciers hypothécaires (art. 1653); et c'est parce que le vendeur n'a pas le droit d'exiger le paiement immédiat du prix en laissant subsister les hypothèques que la compensation ne s'opère pas. On peut dire que jusqu'à concurrence du passif inscrit, le prix n'est pas *exigible par le vendeur*.

5° Saisissabilité.

578. Effet de l'insaisissabilité de l'une des créances. — Certaines créances, considérées comme valeurs actives d'un patrimoine, sont *insaisissables*, c'est-à-dire que les créanciers de la personne qui les possède ne peuvent pas se faire payer en s'emparant de ces valeurs. Telles sont notamment la plupart des *pensions alimentaires*. Supposons donc que le débiteur de la pension devienne créancier du pensionné ; il ne pourra pas, quand on lui réclamera le paiement de la rente ou pension alimentaire, opposer en compensation la créance qui lui appartient à lui-même. S'il le faisait, il se paierait en réalité sur la pension de son débiteur ; il obtiendrait donc par la compensation un résultat que la loi veut éviter ; ce qui est insaisissable ne sert pas de gage aux créanciers, et une voie détournée comme la compensation ne leur permet pas d'obtenir ce que ne leur donnerait pas une poursuite directe.

La compensation, n'étant qu'un procédé abrégé de paiement, n'est donc pas possible

[1] Sur un cas où la seconde créance existait déjà avant l'opposition, mais où elle était suspendue par un terme, ce qui empêchait la compensation de s'être déjà produite, voyez Cass., 30 mars 1892, D. 92. 1. 281, S. 92. 1. 481.

contre les droits qui, considérés comme valeurs actives, sont insaisissables et ne peuvent pas servir à payer les créanciers. — La loi ne le dit pas d'une manière générale ; elle se borne, dans l'art. 1293-3°, à excepter de la compensation les aliments déclarés insaisissables. Par le raisonnement on découvre la cause qui rend ici la compensation impossible, et cette cause est de telle nature qu'elle a la valeur d'un principe général, et non pas d'une simple exception.

6° Conditions inutiles à remplir.

579. Énumération. — Aucune autre condition n'est requise pour que la compensation légale s'opère. Ainsi il n'est pas besoin :

1° Que le créancier et le débiteur soient *capables de faire ou de recevoir le paiement*. La compensation est un mode de règlement qui dispense du paiement. C'est une simple question de compte à régler ; on n'a nul besoin pour cela de la capacité des intéressés. On verra que la compensation s'opère *même à leur insu* (ci-dessous n° 586).

2° Que les deux obligations soient *payables au même endroit*. Toutefois, si la différence des lieux de paiement causait préjudice à l'un des créanciers, obligé de transporter à ses frais l'argent ou la chose due dans la localité où il aurait dû recevoir son paiement, on devra lui tenir compte des frais de ce transport, qui ne doivent pas rester à sa charge (art. 1296). Ceci s'appliquera notamment aux différences résultant du cours du change.

B. — Créances exceptionnellement non compensables.

580. Ancienneté et inutilité de ces exceptions. — Ces exceptions, dont les plus anciennes remontent au droit romain (*Code*, liv. IV, tit. 31, loi 14 ; liv. IV, tit. 34, loi 11) et se trouvent conservées par l'art. 1293[1], ont toutes pour motif le désir d'assurer leur paiement à certains créanciers. On verra, en les étudiant de près, que leur portée réelle est peu de chose : presque toujours dans le cas dont parle la loi, la compensation est impossible d'après les principes généraux, sans qu'on ait besoin de recourir à l'exception.

581. Action née d'une spoliation. — « L'action en restitution d'une chose dont le propriétaire a été injustement dépouillé », dit l'art. 1293-1°. C'est l'application de la maxime établie par le droit canonique : « Spoliatus ante omnia restituatur » (P. Viollet, *Précis*, 2e édit., p. 582). — La plupart du temps, la compensation sera impossible à la suite d'une spoliation, d'après les seuls principes généraux et sans qu'il y ait besoin d'appliquer cette règle exceptionnelle. En effet, le spoliateur se sera fréquemment emparé d'un ou plusieurs *corps certains*, choses qui ne peuvent point entrer en compensation, puisque la compensation n'est faite que pour les dettes de quantités. D'autre part, quand il aura consommé ou détruit la chose, fruit de la spoliation, il sera bien débiteur d'une somme d'argent ; mais cette somme ne sera pas *liquide*, ce qui sera un autre obstacle à la compensation. Il faut donc supposer des circonstances exceptionnelles, telles que le vol d'une somme d'argent déterminée, pour que l'art. 1293-1° puisse avoir un effet utile.

582. Action en restitution d'un dépôt. — Cette exception, établie par l'art. 1293-2°, fait naître une difficulté du même genre que la précédente. Le dépositaire est un débiteur de corps certain, et les principes généraux lui enlèvent le bénéfice de la compensation. Donc il n'était pas besoin d'établir ici une exception, qui semble sans objet.

On peut cependant lui trouver une application, au cas de *dépôt irrégulier*, comme les dépôts de fonds que reçoivent les banquiers : le banquier dispose à son gré de l'argent reçu ; il est seulement débiteur d'une somme égale, c'est-à-dire d'une quantité. En ce cas donc la compensation serait possible si l'art. 1293-2° ne s'y opposait pas.

583. Action en restitution d'un prêt à usage. — Même difficulté pour le commodat ou prêt à usage que pour le dépôt : le commodataire est, lui aussi, un débiteur de corps certain. Il y a toutefois cette différence qu'aucune des nombreuses explications

[1] La prétendue exception aux principes signalée par le 3° de cet article n'est, en réalité, que l'application d'une règle générale et a déjà été étudiée ci-dessus, n° 578.

qui ont été proposées pour le commodat n'a pu être démontrée. Les rédacteurs de la loi ont oublié que l'emprunteur à usage est, en toute hypothèse, un débiteur de corps certain, auquel la compensation serait nécessairement refusée. Leur disposition est un souvenir du droit romain, où la compensation, qui était soumise à d'autres règles, aurait pu être opposée par un commodataire. Pothier n'avait pas commis cette erreur et ne parlait que du dépôt (*Obligations*, n° 625).

584. Contributions dues à l'État. — Une règle du droit public veut que rien ne puisse être opposé à l'État en compensation des contributions qui lui sont dues. L'État doit être toujours considéré comme solvable ; si les contribuables ont des créances à faire valoir contre lui, qu'ils en poursuivent le recouvrement par toutes les voies de droit, mais qu'ils payent leurs impôts d'abord. Voyez cependant la loi du 14 avril 1819 qui permet au propriétaire d'une inscription de rente d'en compenser les arrérages avec les contributions directes (art. 13).

585. Fournitures faites par les patrons aux ouvriers. — Cette dernière exception est de création récente (L. 12 janvier 1895, art. 4). La loi défend d'opposer en compensation à l'*ouvrier* qui réclame *le paiement de son salaire*, les sommes qu'il peut devoir à son patron *pour fournitures diverses*, sauf quelques fournitures d'outils ou de matériaux dans les conditions indiquées par ce texte. Cette disposition a été prise pour supprimer l'abus que voici. Certains patrons établissaient, à côté de leur usine, un économat ou magasin de vente d'objets de consommation (aliments, vêtements, chauffage, etc.), où l'ouvrier était moralement tenu de se pourvoir. Le jour de la paie venu, on faisait compensation entre le salaire de l'ouvrier et ses achats de fournitures ; souvent l'ouvrier ne touchait rien et se trouvait même débiteur d'un reliquat envers son patron. On a vu des patrons gagner plus d'argent avec leur économat qu'avec leur usine, pendant que leurs ouvriers, qui avaient besoin d'argent, en étaient réduits à prendre à l'économat des objets dont ils n'avaient que faire pour les revendre à vil prix et se procurer quelques sous. C'est ce procédé, appelé *truck system* (système du troc ou de l'échange) que la loi de 1895 a condamné. Le salaire doit être payé en argent, et cette règle fait partie de toute une série de mesures prises pour protéger le salaire des ouvriers.

C. — Effets de la compensation légale.

****586. Sa réalisation de plein droit.** — L'effet attribué à la compensation dans le droit français est très clairement défini dans l'art. 1290 : « La compensation s'opère *de plein droit, par la seule force de la loi*... les deux dettes s'éteignent réciproquement, *à l'instant où elles se trouvent exister à la fois* jusqu'à concurrence de leurs quotités respectives. » Ces derniers mots seuls pourraient être corrigés; il eût mieux valu dire : *jusqu'à concurrence de la plus faible des deux dettes.* La compensation s'opérant par la seule force de la loi n'a pas besoin d'être *voulue* ni même *connue* des parties : elle s'opère « même à leur insu », dit l'art. 1290.

***587. Nécessité de l'opposer en justice.** — Cependant, quand un débiteur se trouve libéré par compensation, il a besoin d'invoquer en justice ce moyen de défense, sans quoi les juges le condamneraient à payer après avoir vérifié l'existence de la créance réclamée. La compensation s'opère donc de plein droit, mais les juges ne suppléent pas d'office, dans le silence de l'intéressé, le moyen de défense qu'elle procure.

****588. Extinction des deux dettes.** — La compensation équivaut *à un double paiement*; elle éteint donc les deux dettes, jusqu'à concurrence de la plus faible. Les deux dettes s'éteignent avec tous leurs accessoires, *hypothèques, cautionnements,* etc. Les *intérêts* qu'elles produisaient cessent de courir.

S'il existe plusieurs dettes de l'une des personnes envers l'autre, on suit les règles de l'imputation des paiements pour déterminer celle qui s'est trouvée éteinte par compensation (art. 1297).

589. Système allemand. — D'après le Code civil allemand, les deux dettes compensables ne s'éteignent pas de plein droit et à l'insu des parties, parce que la compensation vaut paiement, et qu'il ne peut y avoir de paiement sans la volonté et à l'insu de celui qui paie. La compensation s'opère par *une déclaration* adressée par l'une des parties à l'autre (art. 388). Cette déclaration unilatérale peut se produire avant toute poursuite, et par conséquent ce n'est pas un retour pur et simple à l'ancienne « exceptio doli » de la procédure romaine. Sauf cette formalité, qui suppose l'intervention de la volonté de l'une des parties, la compensation allemande ressemble à la nôtre, car les deux dettes sont réputées éteintes depuis le moment où elles ont été compensables (art. 389). Il y a donc une *rétroactivité* attachée à la déclaration de la partie, qui en reporte fictivement les effets à l'époque où ils se produisent réellement d'après la loi française.

*** 590. Origine du système français.** — Le système français sur la compensation de plein droit a pour origine une fausse interprétation d'un texte romain. On sait que la compensation fut introduite dans la procédure romaine au moyen de l'exception de dol. D'après le rescrit de Marc-Aurèle, elle fonctionnait *exceptionis ope*. Justinien décida qu'elle aurait lieu « ipso jure ». Qu'a-t-il entendu par cette formule qu'il a introduite dans différents textes des Institutes, du Digeste et du Code ? Beaucoup d'auteurs anciens, entre autres Cujas, Domat et Pothier, ont cru qu'il avait voulu rendre la compensation légale, et que l'extinction des deux dettes s'opérait par le seul effet de la loi, sans la volonté et à l'insu même des parties. Cette interprétation a été longtemps dominante et c'est elle qui nous a donné la compensation de plein droit, établie par l'art. 1290. — Cependant elle est aujourd'hui abandonnée. De nombreux textes prouvent que, même dans le droit de Justinien, la compensation ne s'opère pas de plein droit et qu'elle a besoin d'être opposée par le débiteur. Que signifient donc les mots « ipso jure » employés dans les compilations de Justinien pour en indiquer l'effet ? Une quantité de systèmes ont été proposés. (Voyez-en l'énumération dans Appleton, *Histoire de la compensation en droit romain*, p. 423-482.) Peu importe le bon : il est sûr que le système français repose sur une fausse interprétation ; le reste est une pure question de droit romain.

D. — De la renonciation à la compensation.

591. Renonciation à la compensation acquise. — Le débiteur, libéré par la compensation, peut y renoncer et payer sa dette. En ce cas, il recouvre la créance qu'il avait lui-même précédemment ; il a donc le droit d'exiger ce qui lui était dû, comme si cette créance n'avait pas été éteinte par la compensation. Mais la loi ne lui permet plus d'exercer *au préjudice des tiers* les privilèges et hypothèques qu'il avait précédemment (art. 1299). Il ne peut pas revenir sur une situation acquise en lésant les intérêts d'autrui.

Cependant, s'il a eu *une juste cause* pour ignorer l'existence de sa créance, la loi le restitue en quelque sorte contre son erreur en lui rendant les garanties qui y étaient attachées (même art. *in fine*). Il en serait ainsi si cette créance provenait d'une *succession ouverte* à son profit et à son insu, peu de temps avant le paiement qu'il a fait. La perte des privilèges et hypothèques, dont parle le commencement de cet article, suppose donc que le paiement a été fait par le débiteur *en connaissance de cause*.

592. Autre cas de renonciation tacite. — Si le débiteur renonce tacitement au bénéfice de la compensation *en payant sa dette*, il peut de même y renoncer *en s'engageant à la payer*. C'est ce qui arrive dans le cas de *cession de créance*, quand il accepte purement et simplement la cession (art. 1295, al. 1). Il s'engage alors à payer entre les mains du cessionnaire, et renonce tacitement au bénéfice de la compensation qui pouvait lui être déjà acquise dans ses rapports avec le cédant, à moins qu'il ne fasse ses réserves à ce sujet. Nous reviendrons sur ce point à propos de la cession de créance.

593. Renonciation anticipée à la compensation. — Il est permis de renoncer d'avance au bénéfice de la compensation légale. Aucun texte ne prohibe ces renonciations comme le fait l'art. 2220 pour les renonciations anticipées à la prescription. La compensation est une institution de pur intérêt privé, et la convention qui l'écarterait ne tomberait pas sous le coup de l'art. 6. Mais quel avantage les parties pourraient-elles trouver à faire une pareille convention?

§ 2. — *De la compensation facultative.*

594. Définition et utilité. — La compensation facultative est celle qui s'opère *par la volonté des parties*, quand l'une d'elles lève un obstacle résultant des dispositions de la loi. Une des conditions manque pour la compensation légale : par exemple, l'une des deux dettes n'est pas liquide, ou bien elle est suspendue par un terme, ou bien encore il s'agit d'une créance née d'un dépôt : si les parties sont d'accord pour accepter en compensation la dette non liquide, ou si celle qui y avait droit renonce au bénéfice du terme, ou enfin si le déposant consent à être réglé par compensation, leur volonté doit être respectée et la compensation s'opérera (Cass., 25 nov. 1891, D. 92. 1. 296).

595. Effets. — La compensation facultative, étant l'œuvre de la volonté des parties, ne peut naturellement exister et produire ses effets qu'à dater du jour où elle a été consentie. Elle n'est douée d'aucune rétroactivité.

596. Cas particulier. — La loi nous offre elle-même un exemple de compensation facultative. L'art. 1291, al. 2, porte que « les prestations en *grains* ou *denrées*, non contestées, et *dont le prix est réglé par les mercuriales*[1], peuvent se compenser avec des sommes liquides et exigibles ». Cette disposition, contraire à ce qu'enseignait Pothier (*Obligations*, n° 626), ne figurait pas dans le projet de l'an VIII et a été ajoutée sans qu'on sache pourquoi. Elle est loin d'être heureuse, car elle est manifestement contraire à la volonté des parties. Elle paraît d'ailleurs être restée sans portée pratique. Au fond, il s'agit ici uniquement d'un cas de compensation facultative. En effet, le texte ne dit pas que les dettes de grains ou de denrées *se compensent*, mais bien qu'elles *peuvent se compenser* avec les dettes d'argent. Tout dépend donc de la volonté des parties, et la compensation ne s'opère pas ici à leur insu, ni contre leur gré. Autrement il serait impossible d'acheter du grain, la dette du vendeur devant se compenser, aussitôt née ou exigible, avec celle de l'acheteur.

§ 3. — *De la compensation judiciaire.*

597. Définition. — Il y a compensation judiciaire lorsqu'un défendeur, poursuivi pour l'exécution d'une dette, forme de son côté une *demande reconventionnelle* contre le demandeur, et que la créance ainsi opposée par lui à la demande primitive formée par son adversaire ne réunit pas toutes les conditions voulues pour la compensation légale. Il se peut, par exemple, que la créance qui fait l'objet de la demande reconventionnelle ne soit *pas liquide* ; elle résulte, si on veut, d'un dommage causé par le demandeur au défendeur, dommage qu'il faut évaluer pour fixer le chiffre de l'indemnité due. Mais le juge, saisi de la demande, peut faire cette évaluation, et par le même jugement il fixera le montant des dommages-intérêts et opérera la compensation. Le défendeur primitif sera donc condamné simplement à payer l'excédent de sa propre dette ; il se peut même que ce soit lui qui obtienne une condamnation pour la différence, si l'indemnité qui lui est due dépasse ce qu'il doit au demandeur.

[1] Les mercuriales sont des registres tenus par les autorités municipales dans les localités où se tiennent les marchés. Elles ne *règlent* pas les prix, mais *constatent* seulement les prix établis par les libres conventions des acheteurs et des vendeurs.

CHAPITRE V

DE LA CONFUSION

598. Définition. — La confusion est la réunion sur la même tête des deux qualités de créancier et de débiteur (art. 1300). Ces deux qualités sont incompatibles, car on ne peut pas être créancier de soi-même ; la dette est réputée éteinte. L'art. 1300 contient une erreur de rédaction en disant que la confusion éteint « les deux créances ». Cela est vrai dans la compensation ; mais, dans l'hypothèse de la confusion, il n'y a qu'une seule créance à éteindre.

599. Causes de confusion. — La confusion se produit, en général, *par l'effet des successions* : le créancier succède au débiteur, ou réciproquement, soit en vertu de la loi, soit en vertu d'un testament. Mais le même résultat pourrait se produire à la suite d'une *acquisition entre vifs* de la créance.

600. Obstacle résultant du bénéfice d'inventaire. — Lorsque l'héritier n'accepte la succession que sous bénéfice d'inventaire, on le considère, par une fiction, comme ayant deux patrimoines distincts, chacun avec ses charges et ses droits. L'acceptation bénéficiaire entraîne donc une séparation des patrimoines qui empêche la confusion de se produire.

601. Effet de la confusion. — La confusion n'éteint la créance que parce que son exécution est désormais impossible. Les Romains disaient qu'elle avait plutôt pour effet de libérer le débiteur que d'éteindre l'obligation (*Dig.*, liv. LXVI, tit. 1, fr. 71). La nuance est bien subtile, si tant est qu'elle soit réelle.

Les auteurs rattachent à ce caractère particulier les deux conséquences suivantes :

1° La créance éteinte par confusion compte dans la succession du défunt pour *le calcul de la réserve*. Par exemple si un fils unique, qui devait 50 000 francs à son père, lui succède, on tiendra compte de cette somme pour estimer l'actif et pour savoir si les libéralités faites par le père ont dépassé la quotité disponible.

2° L'héritier doit comprendre dans sa *déclaration de succession* les créances que le défunt avait contre lui, bien qu'elles soient éteintes par confusion.

Ces deux résultats s'expliquent de la manière la plus simple : c'est que la confusion est nécessairement *postérieure à la dévolution héréditaire*, dont elle est un effet ; par conséquent, au moment où la succession s'est ouverte, les créances qui allaient s'éteindre par confusion figuraient encore dans son actif, et leur extinction même a été un enrichissement procuré par la succession à l'héritier qui était débiteur. Point n'est besoin de se perdre là-dessus dans des subtilités incompréhensibles sur l'effet de la confusion : comment concevoir que le débiteur soit *libéré*, sans que l'obligation soit *éteinte* ?

602. Cessation de la confusion. — La confusion peut cesser, lorsque la cause qui l'a produite disparaît. En ce cas la dette éteinte par confusion reparaît-elle ? Cela dépend des circonstances. Si la cause de confusion est *anéantie rétroactivement*, la confusion est réputée ne s'être jamais produite, et la dette qu'elle avait éteinte est réputée avoir toujours existé. Il en est ainsi lorsque l'acceptation de la succession est *annulée* pour vice du consentement ou pour incapacité. Au contraire, lorsque la cause faisant cesser la confusion est un fait nouveau, qui se produit sans effet rétroactif, par exemple la *vente de l'hérédité* par l'héritier qui l'avait acceptée, la dette reste définitivement éteinte. Ainsi le débiteur qui, après avoir succédé à son créancier, vend ses droits héréditaires, reste libéré. A l'inverse, si c'est le créancier qui a succédé au débiteur, sa créance reste éteinte malgré la vente. Cependant la loi, interprétant la volonté des parties, décide que l'acheteur de l'hérédité doit « faire raison », c'est-à-dire tenir compte au vendeur de tout ce dont celui-ci « était créancier » (art. 1698), sauf stipulation contraire. La façon même dont la loi parle de cette créance, au passé, montre bien qu'elle la considère comme n'existant plus.

CHAPITRE VI

DU TERME EXTINCTIF

603. Définition et application. — L'obligation peut être accompagnée d'un terme extinctif, qui y met fin au moment voulu. L'emploi d'un pareil mode d'extinction ne se comprend que pour les obligations qui ont pour objet une *prestation prolongée* ou une *série de prestations successives*. L'objet dû ayant alors une *durée*, l'arrivée du terme met fin à cette durée et libère le débiteur de l'obligation de continuer cette prestation à l'avenir. Comme exemples de ces *obligations temporaires*, on peut citer le *louage de services* ou *louage de travail* fait pour un temps déterminé, et la *rente viagère*.

Le terme extinctif diffère de la prescription en ce qu'il ne suppose ni l'abstention du débiteur, ni l'inaction du créancier. Il est plutôt la mesure qui détermine le moment où l'obligation née du contrat devra être considérée comme entièrement accomplie.

CHAPITRE VII

DE LA REMISE DE DETTE

***604. Définition.** — La remise de dette est *la renonciaton du créancier à ses droits*. Par sa nature, cette renonciation est *volontaire* : elle suppose que le créancier a su ce qu'il faisait, et qu'il l'a voulu. Cependant, par l'effet des règles propres aux *contrats collectifs*, dans lesquels la volonté individuelle peut être suppléée par la volonté d'une majorité, une remise de dette se trouve quelquefois consentie contre la volonté du créancier. C'est ce qui arrive dans le *concordat* accordé à un failli (ci-dessous n° 945-1°).

***605. Nature conventionnelle de la remise.** — La remise de dette n'est pas un acte unilatéral. Tant que sa volonté est isolée, le créancier ne peut faire qu'une chose : s'abstenir de poursuivre son débiteur et attendre que le temps de la prescription soit écoulé. L'extinction anticipée de la dette suppose une *entente* entre le créancier et le débiteur : c'est un acte conventionnel, qui se fait par l'accord de leurs volontés. Il en résulte que la déclaration faite par le créancier, qu'il entend remettre la dette, est une simple manifestation non obligatoire pour lui et qui peut être retirée tant qu'elle n'a pas été acceptée.

Le Code allemand (art. 397) exprime formellement ce caractère conventionnel de la remise de dette qui, dit-il, se fait « par contrat ».

606. Son caractère onéreux ou gratuit. — La remise de dette peut se faire à *titre onéreux* ou *à titre gratuit*. C'est à tort qu'on affirme qu'elle constitue toujours une libéralité. Le créancier est évidemment libre de ne consentir à libérer son débiteur que moyennant un équivalent, et nous en avons dans notre droit deux exemples : la *novation*[1] et la *transaction*. Dans la novation, l'équivalent obtenu par le créancier est la

[1] Les anciens faisaient de la novation *un acte unique et indivisible*, accompli par stipulation et produisant en même temps deux effets, à la fois destructeur et créateur d'obligations ; nous l'avons *dédoublée*, et l'extinction de l'obligation primitive ne s'opère plus que par l'effet d'une véritable remise de dette, qu'on peut isoler et même supprimer : cela devient visible dans la *délégation*, puisque le créancier a la faculté soit de conserver son ancien débiteur, soit de le libérer : la remise de dette est donc ici

création d'une nouvelle obligation à la charge du même débiteur ou de toute autre personne; dans la transaction, ce peut être un avantage d'une nature quelconque, tel que la renonciation à un droit que l'autre partie prétendait avoir sur sa personne ou sur ses biens[1].

Cependant, en fait, quand on parle de la remise de dette, on entend en général parler de la remise pure et simple, par laquelle le créancier consent le sacrifice de sa créance sans en être dédommagé, c'est-à-dire de la remise gratuite.

§ 1. — *Forme de la remise de dette.*

***607. Règles générales.** — La remise de dette a cessé d'être un acte solennel; on n'a plus besoin d'employer le formalisme de l'ancienne « acceptilatio » romaine : le « pactum de non petendo », libre dans ses formes, a seul survécu et a absorbé la remise verbale et solennelle.

La remise de dette peut être *expresse* ou *tacite*[2]. La remise expresse peut être *verbale*, mais le débiteur se heurtera alors aux difficultés de la preuve. La *remise tacite* peut résulter de tout fait qui implique chez le créancier la volonté de renoncer à sa créance. Les faits d'où s'induit cette intention du créancier se prouvent, en principe, conformément au droit commun.

***608. Exemption des formes de la donation.** — Bien que la remise de dette constitue souvent une libéralité, elle est dispensée, quand elle est faite entre vifs, des formes solennelles établies pour les donations, et dont la principale est la rédaction d'un acte notarié (art. 931). Il ne sera donc pas nécessaire d'aller chez le notaire: *une simple quittance sous seings privés suffira.*

Cette facilité donnée aux parties est l'effet d'une règle générale qui nous vient du droit romain : au temps où la donation n'était pas considérée comme un contrat distinct des autres, elle pouvait s'accomplir en empruntant les formes d'un autre acte juridique : on faisait une donation en faisant à autrui une mancipation ou une tradition sans rien exiger en retour; ou bien on s'engageait envers lui par stipulation; ou encore, si on était son créancier, on le libérait par une acceptilation. La donation n'avait donc point de formes à elle propres; elle se présentait et elle était valable sous des formes d'emprunt. De cet état du droit, il nous reste quelque chose: bien que la donation soit désormais un contrat et qu'elle puisse revêtir des formes qui ne sont qu'à elle (celles des art. 931 à 941), elle continue à pouvoir se faire sous les formes d'autres actes juridiques, et notamment au moyen d'une remise de dette.

un élément distinct dans l'opération totale, et, quand elle s'accomplit, elle a lieu à titre onéreux.

[1] Notre remise de dette n'est pas autre chose que l'ancienne *acceptilatio* romaine, confondue avec le *pactum de non petendo.* Or le caractère gratuit ou onéreux de ces actes dépendait, non de leur nature, mais des circonstances et des faits qui les avaient provoqués; ils pouvaient intervenir aussi bien après une satisfaction donnée au créancier que gratuitement. Il n'y a pas de raison pour qu'il en soit autrement dans notre droit français.

[2] Généralement, quand elle est expresse, elle se fait sous la forme d'une *quittance,* que le créancier remet au débiteur sans avoir rien reçu de lui; il y a alors une *simulation* : les parties supposent un paiement qui n'a pas eu lieu. Mais rien n'empêche de faire la remise *ouvertement,* en déclarant que le créancier renonce à exiger son paiement et libère son débiteur.

609. Remise par testament. — Si la remise est faite *par testament*, elle est nécessairement soumise aux formes testamentaires; mais, ces formes une fois remplies pour le testament qui la contient, elle n'est soumise en elle-même à aucune règle particulière. Le créancier qui fait un legs particulier à son débiteur ne doit pas être considéré pour cela comme lui faisant remise de sa dette (Bordeaux, 10 janv. 1893, D. 93. 2. 132).

§ 2. — *Preuve de la remise de dette.*

610. Règle ordinaire. — La remise de la dette est un acte juridique qui est soumis, en principe, aux règles générales pour ses modes de preuve. Elle devra donc être *prouvée par écrit* au-dessus de 150 francs. Mais la loi, prévoyant l'emploi d'un procédé assez fréquent dans la pratique, établit souvent une *présomption légale*, qui dispense le débiteur de prouver le fait de la remise de dette, dont il se prévaut. Voyez le numéro suivant.

***611. Présomption légale spéciale à la remise de dette.** — Le cas particulier, où la loi établit une *présomption de remise de dette*, se présente lorsque le créancier a *rendu volontairement au débiteur le titre* qui constate sa créance (art. 1282 et 1283).

Le Code a, sans grande utilité, érigé en présomptions légales de simples présomptions de fait que Pothier signalait comme usuelles (*Obligations*, n° 608). La loi n'a réussi qu'à compliquer une matière en elle-même très simple et qui ne devrait être qu'une question de fait, à résoudre par les juges.

***612. Faits auxquels est attachée la présomption de remise.** — La loi n'en indique que deux : la remise du *titre sous seings privés* (art. 1282) et la remise de la *grosse* quand la créance est constatée par acte authentique (art. 1283). Mais il faut assimiler à la remise d'un acte sous seings privés celle du *brevet* de la créance, car l'acte notarié rédigé en brevet n'est constaté, comme l'acte privé, qu'en un original unique, remis au créancier. Le livrer au débiteur, c'est donc, de la part de celui-ci, se démunir de toute preuve aussi bien que s'il s'agissait d'un original sous signatures privées.

Ces faits sont les seuls d'où résulte la présomption de remise de dette. Ainsi la remise d'une *expédition* ordinaire n'a pas le même effet que celle de la grosse : cela résulte des termes limitatifs de l'art. 1283, et de la différence entre ces deux espèces de titres; le créancier, qui se défait volontairement de la grosse, n'en obtiendra pas une seconde, tandis que son notaire lui délivrera autant d'expéditions qu'il en voudra. De même la remise de la *chose donnée en nantissement* ne fait pas présumer la remise de la dette (art. 1287) : la situation est simple; le créancier, qui se défait de son gage, reste créancier; il a seulement cessé d'être gagiste.

613. Application de l'art. 1283 aux notaires. — Un notaire remet à son client la grosse d'un acte passé devant lui; cette remise fait-elle présumer le paiement des frais et honoraires dus au notaire à raison de cet acte? La Cour de cassation juge depuis longtemps l'affirmative, mais la jurisprudence des Cours d'appel est encore divisée (Cass., 26 janv. 1858, D. 58. 1. 160, S. 58. 1. 527; Cass., 14 mai 1888, D. 88. 1. 487, S. 89. 1. 12; Alger, 30 mai 1888, et Bordeaux, 8 mars 1889, D. 91. 2. 1, S. 91. 2. 158). La solution affirmative constitue certainement une *extension*, et non une application directe de la présomption écrite dans l'art. 1283. La loi dit bien que la remise d'une grosse fait présumer la libération du débiteur, mais il faut voir de quel titre elle entend parler. Ce ne peut être que *le titre constatant la dette qu'on se propose d'éteindre* de cette façon. Il ne peut y avoir le moindre doute à cet égard (Voyez la note de M. Cohendy, D. 91. 2. 1). Or la grosse remise par le notaire n'a nullement pour objet de constater la créance du notaire, mais uniquement celle du client contre un tiers. — Sans doute les juges pourraient bien tirer une présomption simple du fait de la remise de la grosse, mais cette présomption ne pourrait tenir lieu de preuve qu'en matière n'excédant pas 150 francs.

***614. Effet de la présomption.** — La remise volontaire du titre fait présumer la *libération* du débiteur, mais ne précise en rien la *nature du mode d'extinction* de sa dette. Souvent le créancier abandonne son titre après avoir été payé ou après avoir reçu une autre satisfaction équivalente à paiement. Il abandonne son titre, au lieu de rédiger une quittance expresse. On ne peut donc pas présumer d'une manière absolue qu'il y a eu remise gratuite de la dette. Aussi la loi ne l'a-t-elle pas fait : dans l'art. 1282, elle emploie le mot « libération », qui est une expression générique ; dans l'art. 1283, elle présume « la remise ou le paiement ». Le seul point acquis, grâce à la présomption de la loi, c'est l'extinction de la dette ; il reste à déterminer le mode particulier qui l'a éteinte.

Sur ce point les articles 1282 et 1288 ne contiennent aucune indication ; aucun d'eux n'a dérogé aux principes généraux, qui par suite doivent seuls s'appliquer. On doit partir de cette idée que la nature du mode d'extinction est *inconnue*. Quand une partie aura intérêt à attribuer l'extinction de la dette à un mode particulier, c'est donc elle qui devra en faire la preuve. Exemples : 1° Le débiteur auquel le créancier a remis le titre avait des codébiteurs solidaires, contre lesquels il veut recourir pour leur faire supporter leur part de dette ; il a donc intérêt à établir que le titre lui a été remis à la suite d'un paiement, car c'est le fait seul du paiement qui lui ouvre ce recours. La possession du titre sera insuffisante à cet effet : elle le protège contre l'action du créancier ; elle ne lui ouvre pas l'action récursoire contre ses codébiteurs. 2° Le créancier, qui a fait remise gratuite à son débiteur pour lui faire une donation, veut révoquer cette donation pour ingratitude ou pour survenance d'enfant : ce sera à lui d'établir que la remise du titre lui a servi à réaliser une donation. Dans ces deux cas, la preuve qu'on demandera à la partie ne sera pas facile, et cela montre que le procédé qui consiste à libérer un débiteur par simple remise du titre est *mauvais en pratique*, sauf pour le cas de *paiement* d'une dette due *par une personne unique*.

615. Admissibilité de la preuve contraire. — La loi présume, quand le créancier s'est démuni de son titre, qu'il a fait remise de la dette ; mais elle peut se tromper. Le créancier est-il recevable à prouver qu'il a eu, en fait, une autre intention ? *Les textes distinguent* :

a) S'il s'agit d'un *titre sous seings privés* (ou d'un *brevet*), aucune preuve contraire n'est recevable (1282). La loi n'admet pas qu'elle ait pu se tromper : le créancier, qui abandonne la seule preuve commode de son droit, n'a pas pu avoir d'autre intention que celle qu'on lui suppose. S'il s'en défait, c'est qu'il n'en a plus besoin. Le refus de la preuve contraire résulte ici du seul silence de l'art. 1282 : ce texte décide que la remise du titre *fait preuve* de la libération, et ne réserve pas la preuve contraire. Cette réserve aurait été nécessaire pour en maintenir le bénéfice au créancier, car, aux termes de l'art. 1352, nulle preuve n'est recevable contre une présomption sur le fondement de laquelle la loi *dénie l'action en justice*, comme c'est ici le cas, à moins qu'elle ne l'ait expressément autorisée.

b) Si c'est la *grosse d'un acte authentique* que le créancier a remise à son débiteur, la loi l'autorise à combattre la présomption de libération par la preuve contraire (art. 1283). C'est que la remise de la grosse peut recevoir *plusieurs interprétations* : le créancier s'en est peut-être dessaisi parce qu'il n'en avait plus besoin, étant payé ou ayant renoncé à sa créance ; mais il a pu le faire aussi avec une autre intention, par exemple pour tranquilliser son débiteur qui redoutait des poursuites de sa part. La grosse donnée, le créancier n'est pas démuni de toute preuve : la minute subsiste encore, et il pourra s'en faire délivrer une expédition quand il en aura besoin.

***616. Preuve de la remise du titre.** — Quand le créancier a remis le titre à son débiteur, la loi tire de ce fait une présomption de libération. Mais il faut d'abord établir *le fait de la remise volontaire du titre*, sur lequel la loi échafaude sa présomption. Ce fait n'a pas besoin d'être prouvé par écrit ; ce n'est pas un acte juridique, mais *un fait pur et simple*, dont la preuve est recevable par tous moyens, même par simples indices ou présomptions de l'homme. Or, par cela seul que le débiteur est en possession du titre, qui devrait se trouver entre les mains du créancier, il y a lieu de présumer que c'est celui-ci qui le lui a remis. Mais cette présomption, simplement admise par le juge sur un indice matériel, souffre toujours la preuve contraire, et le créancier a toujours le droit d'établir que le titre est arrivé en la possession de son débiteur par un autre moyen, par exemple à la suite d'une perte fortuite ou d'un vol, ou par toute autre cause, par exemple si le créancier a confié le titre au débiteur pour y faire certaines vérifications, ou s'il le lui a livré par erreur, mêlé à d'autres titres. Il y a donc lieu de distinguer ici *deux présomptions successives*; l'une est tirée par le juge du fait de la possession du titre par le débiteur, et elle prouve la remise volontaire du titre par le créancier; l'autre est tirée par la loi de ce dernier fait, tenu pour vrai, et elle sert à prouver la libération du débiteur.

Les juges du fait apprécient souverainement si la remise du titre a été volontaire ou non (Cass., 11 févr. 1873, D. 73. 1. 477, S. 73. 1. 160; Cass., 20 oct. 1890, D. 91. 1. 263, S. 90. 1. 524).

§ 3. — *Effet de la remise de dette.*

617. Extinction de la créance. — La remise de dette produit un effet libératoire complet : qu'elle soit accordée gratuitement ou en échange d'un avantage quelconque, elle éteint la dette avec tous ses accessoires.

Pour le cas où il y a soit plusieurs débiteurs solidaires, soit plusieurs cautions, il se présente quelques difficultés (art. 1284-1285 et 1287-1288) qui trouveront mieux leur place à propos de la solidarité et du cautionnement.

618. Modifications conventionnelles. — Rien n'empêche le créancier, quand il consent la remise, de la faire *partielle* ou d'en subordonner l'effet à une *condition.* Mais ceci suppose une remise expresse, la remise tacite est nécessairement totale et pure et simple, au moins quand elle résulte de l'abandon du titre.

619. Effet de la remise gratuite. — Quand la remise se fait à titre gratuit, elle constitue une libéralité. Elle est alors *soumise à toutes les règles de fond des donations* : elle sera *réductible* si elle entame la réserve des héritiers du créancier; elle sera *révocable* dans les cas où une donation le serait (ingratitude du donataire, survenance d'enfant); elle sera *rapportable* si le débiteur était l'héritier présomptif du créancier et qu'il vienne plus tard en concours avec d'autres parents pour recueillir sa succession.

CHAPITRE VIII

DE L'IMPOSSIBILITÉ D'EXÉCUTER

***620. Pourquoi l'obligation s'éteint.** — Lorsque l'exécution d'une obligation est devenue impossible, le débiteur est libéré. C'est l'effet de la maxime bien connue : *A l'impossible nul n'est tenu*; « Impossibilium nulla obligatio ». L'obligation n'aurait pas pu se former si l'impossibilité avait existé dès le début ; cette impossibilité survient plus tard : l'obligation s'éteint.

** **621. Formes diverses de l'impossibilité d'exécuter.** — L'obstacle qui rend impossible l'exécution d'une obligation varie *suivant la nature de l'objet dû.*

1° Obligations de corps certains. — Si la dette a pour objet la livraison d'une chose déterminée, l'impossibilité peut résulter d'une cause qui est propre à ce genre de dettes : *la perte de la chose*. La chose une fois détruite, il est clair que sa livraison ou sa restitution est devenue impossible.

Comme ce cas est le plus pratique de tous et qu'il est le seul que la loi ait prévu (art. 1302), on donne ordinairement à cette cause d'extinction des obligations le nom de « perte de la chose due », comme le fait la loi elle-même dans l'intitulé de la section VI. C'est une dénomination trop étroite, ainsi que le prouve l'analyse à laquelle nous nous livrons ici. La perte de la chose peut d'ailleurs se produire sous la forme d'une *destruction matérielle*, sous la forme d'une *disparition complète* (chose perdue de façon qu'on en ignore absolument l'existence, dit l'art. 1302), ou enfin sous la forme d'une *mise hors du commerce*, par expropriation par exemple.

2° Obligations de genres. — Si la dette avait pour objet un genre, la perte de la chose due est moins facile à concevoir. Qu'un exemplaire de ce genre périsse, ou cent, ou mille, il en restera toujours, et il sera encore possible de s'en procurer ou d'en faire refaire d'autres. Aussi dit-on que les genres ne périssent pas : *Genera non pereunt.*

Cependant on pourrait concevoir la mise complète de tout un genre de produits hors du commerce par l'établissement d'un *monopole*, comme ceux qui existent pour les allumettes, les tabacs, les poudres. On cite aussi à ce sujet le décret du 27 avril 1848, qui a aboli l'esclavage dans les colonies françaises et qui a fait disparaître d'un seul coup un genre de propriétés qui pouvait auparavant faire l'objet de ventes et de louages valables.

3° Obligation de faire. — Pour les obligations de faire, l'impossibilité d'exécuter revêt d'autres formes, qui varient selon la nature du fait promis. On n'en peut point donner de définition générale, mais il est aisé de comprendre qu'il se présentera souvent telle circonstance qui rendra l'exécution de l'obligation impossible. Ce sera une question de fait de savoir si l'obligation est réellement devenue inexécutable.

* **622. Effet de la faute du débiteur.** — Quand l'exécution de l'obligation est devenue impossible, on doit toujours considérer l'obligation comme *éteinte*, puisque son exécution ne peut plus être poursuivie ; la demander serait chose vaine. Mais cela ne veut pas dire que le débiteur soit *toujours libéré* : sa libération n'a lieu qu'autant que l'obstacle qui l'empêche d'exécuter sa dette est survenu *sans sa faute*. Si c'est un événement fortuit, dont il n'est pas responsable, son créancier n'a plus rien à lui réclamer. Mais, si l'obstacle est dû à une faute de sa part ou si la chose due a péri par sa faute, son obligation n'a fait que *changer d'objet* : il était tenu auparavant d'accomplir son obligation, il est maintenant tenu d'indemniser le créancier de tout le préjudice que lui cause l'inexécution de l'obligation,

inexécution dont il est responsable ; il était tenu précédemment en vertu d'une cause quelconque, contrat, legs, quasi-contrat, texte de loi, etc. ; il est désormais tenu *en vertu de sa faute*, cause uniforme d'obligation dans tous les cas de ce genre qui se présentent.

623. Assimilation du fait à la faute. — Quelques textes relatifs à la libération du débiteur par la perte de la chose sont rédigés de façon à jeter un doute sur la nature des actes dont le débiteur est responsable. Tandis que les art. 1302 et 1303 parlent uniquement de la « faute » du débiteur, deux autres articles du Code assimilent le « fait » à la faute. L'art. 1042, parlant d'une chose léguée, dit que le légataire perd le bénéfice du legs « si elle [la chose léguée] a péri *sans le fait et la faute* de l'héritier ». L'art. 1245, prévoyant le cas où le corps certain qui fait l'objet de l'obligation a subi des détériorations, dit que le débiteur n'en est point responsable « si elles ne proviennent pas *de son fait ou de sa faute* ». Comp. l'art. 1933 : « Détériorations survenues *par son fait.* » Comment le débiteur sera-t-il responsable d'une perte ou détérioration ayant pour cause *un fait exempt de faute*? Le fait du débiteur qui détruit ou détériore la chose n'est-il pas toujours une faute puisque, étant tenu de la livrer ou de la restituer, il est implicitement obligé de veiller à sa conservation et d'en prendre soin (art. 1136)? Cependant il n'est pas impossible de concevoir un fait du débiteur qui ne constituerait pas une faute, et dont il serait néanmoins responsable. Pothier nous en donne un exemple. Un héritier trouve dans la succession une chose qui a été léguée par le défunt dans un testament dont il ignore l'existence, et il la détruit. Il n'est pas libéré, car l'impossibilité d'exécuter ne dérive ni d'un cas fortuit, ni d'une force majeure, elle a une cause imputable au débiteur, bien que celui-ci ne soit pas en faute. Le légataire aura donc le droit de recevoir en argent l'équivalent de la chose léguée (Pothier, *Obligations*, n° 661). Le texte ancien qui a suggéré cet exemple à Pothier raisonnait sur l'hypothèse d'un esclave légué par un codicille encore inconnu et qui a été affranchi par l'héritier avant la découverte de ce codicille (*Dig.*, liv. XLV, tit. 1, fr. 91, § 2).

Du reste, la double expression employée par la loi a aussi un autre sens : le mot « fait » désigne un *acte positif*, un dommage causé directement par le débiteur, par maladresse ou volontairement ; le mot « faute » désigne plus spécialement les *omissions* ou *faits négatifs* d'incurie, de négligence, d'imprévoyance, etc., par lesquels il a pu indirectement causer le dommage. La loi a voulu viser dans ces textes la « culpa in omittendo » aussi bien que la « culpa in committendo ». Les dispositions des art. 1042 et 1245 sont empruntées à Pothier (*Obligations*, n°s 544, 661 et 662) et là leur sens apparaît clairement : Pothier estime en effet que la perte de la chose arrive « non précisément par le fait du débiteur, mais par sa faute » quand « il n'a pas eu le soin qu'il devait en avoir » (n° 662).

***624. Preuve du cas fortuit.** — Le débiteur qui se prétend libéré par la perte fortuite de la chose ou par toute cause fortuite qui rend impossible l'exécution, est tenu d'en faire la preuve (art. 1302, al. 3). Cette décision n'est qu'une application très correcte des principes généraux sur les preuves. Le créancier, en prouvant que l'obligation s'est formée à son profit, a fait toute la preuve que l'on pouvait lui demander. Maintenant le débiteur se prétend libéré : c'est à lui de prouver le fait qui lui a procuré sa libération (art. 1315, al. 2). Or, dans l'hypothèse dont nous nous occupons, cette libération ne peut venir que du *caractère fortuit* de la cause qui a rendu impossible toute exécution de l'obligation.

Si le créancier prétend à son tour que le cas fortuit a été précédé de quelque faute du débiteur, sans laquelle la perte ne serait pas arrivée, c'est à lui de prouver cette faute (art. 1807 et 1808 et arg. de ces art.).

***625. Effet de la demeure du débiteur.** — D'après ce qui vient d'être dit, les *cas fortuits* ne sont pas à la charge du débiteur : la perte est pour le créancier, puisque le débiteur est libéré comme s'il avait exécuté réellement sa dette ou comme si le créancier lui en avait fait remise. Mais cette règle ne s'applique que dans l'état normal, et son effet est contrarié par une règle contraire lorsque le débiteur est *en demeure*. Sur la définition de la demeure, voyez ci-dessus n° 167.

La demeure a d'abord pour effet d'obliger le débiteur à payer à son créancier des dommages-intérêts dits « moratoires », qui se cumulent avec l'exécution effective de l'obligation ; elle a, en outre, cet autre effet de *mettre les cas fortuits à la charge du débiteur*, c'est-à-dire que si la chose due périt ou si l'exécution utile de l'obligation devient impossible, le débiteur est tenu d'indemniser le créancier, *encore qu'il n'y ait aucune faute de sa part*. C'est ce que suppose l'art. 1302, qui ne déclare l'obligation éteinte qu'autant que la chose périt sans la faute du débiteur « et avant qu'il soit en demeure ».

La mise en demeure du débiteur laisse donc à sa charge les cas fortuits. Toutefois le débiteur pourra se décharger de cette responsabilité en prouvant que la chose eût également péri chez le créancier si elle lui avait été livrée à temps (art. 1302). Cela se comprend, car le retard du débiteur n'a causé aucun dommage au créancier ; il serait injuste de faire retomber sur lui la perte. Et cependant, même alors, le créancier aura encore une chance de se faire indemniser par le débiteur en demeure ; il y aura droit s'il réussit à prouver qu'il aurait revendu la chose avant qu'elle n'eût péri, et que par là la perte serait retombée sur une troisième personne : l'acheteur. Il y a donc avant tout une question de fait à examiner : la demeure du débiteur a-t-elle causé un préjudice au créancier ; est-ce elle qui a amené la perte de la chose, et, au cas où cette chose aurait péri même après sa livraison, la perte eût-elle été encore pour le créancier? Le débiteur ne peut être condamné à rien s'il est prouvé que l'exécution de l'obligation en temps voulu n'eût pas empêché le créancier de subir la perte.

626. Exception relative au voleur. — L'art. 1302 contient, dans son dernier alinéa, une décision très dure contre les voleurs : « De quelque manière que la chose volée ait péri ou ait été perdue, sa perte ne dispense pas celui qui l'a soustraite de la restitution du prix. » D'après le sens que lui donne Pothier, à qui elle a été empruntée (*Obligations*, n° 664), cette règle signifie que « l'on n'entre point [à l'égard du voleur] dans la discussion de savoir si la chose serait également périe chez le créancier ». Le voleur répond donc de tous les cas fortuits sans distinction, même de ceux qui eussent également fait périr la chose entre les mains de son propriétaire. Cette décision, qui fait en quelque sorte du voleur un assureur malgré lui, a paru si contraire aux principes, que quelques auteurs en ont douté. Son sens est cependant historiquement certain.

***627. Mise conventionnelle des cas fortuits à la charge du débiteur.** — Alors même que le débiteur n'est ni en faute ni en demeure, il peut se trouver obligé d'indemniser le créancier du défaut d'exécution de l'obligation s'il s'est *chargé des cas fortuits par une clause spéciale*. Cette convention fait du débiteur un véritable *assureur* pour le créancier. Elle est licite, et l'art. 1302, al. 2, la prévoit.

628. Cession des actions nées de la perte de la chose. — L'art. 1303 veut que le débiteur qui ne répond pas des cas fortuits cède tout au moins à son créancier les *droits ou actions en indemnité* qu'il peut avoir par rapport à la chose périe, quand il n'est pas en faute. Cette disposition n'est qu'un écho attardé du droit romain, un phénomène de survivance historique. D'après les principes anciens, l'obligation de donner une chose n'en transférait pas la propriété. Si la chose vendue venait à être volée ou détruite par un tiers entre les mains du vendeur avant la tradition, c'était en la personne du vendeur que naissait l'action en réparation du préjudice causé, la « condictio furtiva », par exemple. On comprend donc que le vendeur fût alors obligé de céder son action à l'acheteur : ne pouvant lui livrer la chose, il lui donnait au moins le moyen de se faire indemniser. Mais, dans notre droit moderne, la propriété étant *transférée de plein droit* par le seul effet de la convention, c'est en la personne du créancier, devenu propriétaire de la chose, que ces mêmes actions prennent naissance ; le débiteur n'a donc rien à lui céder. Les rédacteurs de la loi avaient perdu de vue le système moderne du transfert de la propriété lorsqu'ils ont puisé dans le n° 670 du *Traité des Obligations* de Pothier la substance de l'art. 1303. — Les commentateurs, qui sont par métier obligés de tout prévoir, ont cependant trouvé à cette disposition surannée une application possible. Il lui reste en effet un tout petit domaine, dans les cas infiniment rares où une obligation de donner un corps certain aurait été contractée avec une convention spéciale reculant à plus tard le transfert de la propriété. On aurait ainsi un débiteur d'une chose déterminée et qui en serait encore propriétaire. Mais pareille convention se voit-elle dans la pratique ? Du reste, en cette hypothèse, la seule action qui prendrait naissance en la personne du débiteur de la chose serait l'action en revendication contre le voleur, et l'action en réparation du préjudice causé, en cas de destruction de la chose, naîtrait directement en la personne du créancier, car c'est à lui que cette destruction cause un dommage.

629. Restitution des débris de la chose. — S'il reste quelques débris de la chose périe, le débiteur est naturellement tenu de les livrer au créancier. C'est ce que Pothier établissait en détail, contre certains textes romains qui paraissaient contraires (*Obligations*, n° 669). Dans le droit nouveau, il y en a une raison de plus : le créancier d'un corps certain en est propriétaire, et il peut dire : « Meum est quod ex re mea superest » (*Dig.*, liv. VI, tit. 1, fr. 49, § 1). Pothier appliquait cette règle au cuir des animaux morts, hypothèse empruntée aux textes anciens, mais qui n'est qu'un exemple, et qui n'a rien de limitatif.

CHAPITRE IX

DE LA PRESCRIPTION

**** 630. Son motif et son rôle.** — Lorsque le créancier reste trop longtemps sans agir, la loi lui enlève son action. Le motif qui a fait introduire la prescription extinctive est le désir d'empêcher des procès difficiles à juger. Dans un intérêt d'ordre et de paix sociale, il importe de liquider l'arriéré et d'éviter des contestations sur des contrats ou sur des faits dont les titres sont perdus et la mémoire effacée. Les raisons d'être de la prescription, en matière de créances, sont donc à peu près les mêmes qu'en matière de propriété ; seulement son rôle y est différent : tandis qu'en matière de droits réels, la prescription est tour à tour *extinctive* et *acquisitive,* en matière de créances elle ne fonctionne jamais que comme *cause d'extinction*.

Il est sans doute possible que la prescription s'accomplisse sans que le créancier ait reçu satisfaction et sans qu'il ait eu l'intention de faire remise de la dette : elle aboutit alors à une véritable spoliation. Mais ici, comme en matière de propriété, le système de la prescription se justifie par la nécessité de mettre un terme aux actions ; pour que l'équité soit respectée, il suffit que la loi donne au créancier un délai assez long pour agir, et le délai de trente ans, qui forme le droit commun et que peuvent encore allonger presque indéfiniment les causes de suspension et d'interruption, paraît bien donner toute satisfaction à l'équité. En fait, les rares hypothèses où la prescription amène des résultats choquants ne peuvent pas soutenir la comparaison avec les cas, en bien plus grand nombre, où elle consolide et abrite des situations régulières et parfaitement justes.

631. Mode de calcul. — Les règles à suivre pour le calcul du temps de la prescription sont les mêmes pour les deux sortes de prescription. Voyez les art. 2260 et 2261[1]. Rappelons brièvement que la prescription se compte par jours et non par heures ; que le jour où se produit l'événement qui lui sert de point de départ (dies a quo) n'est pas compris dans le délai, et, enfin, que la prescription n'est réputée accomplie qu'autant que le dernier jour du délai est passé. Comp. t. I, 1re édit., nos 1465 et 1474-1476 ; 2e édit., nos 1405 et 1415-1417.

§ 1. — *Durée de la prescription libératoire.*

A. — Délais légaux.

632. Multiplicité des textes. — La prescription libératoire ne suppose pas autre chose que l'inaction prolongée du créancier. Quelle en est la durée? Le Code ne répond qu'imparfaitement à cette question, par les décisions qu'il donne au titre « De la prescription », car un grand nombre de prescriptions particulières ont été établies soit par le Code lui-même dans d'autres parties, soit par des lois spéciales.

1° Prescription trentenaire.

****633. Droit commun.** — La durée extrême de la prescription pour les actions personnelles, comme pour les actions réelles, est de trente ans (art. 2262). Toutefois il faut tenir compte des causes d'interruption et surtout des causes de suspension, qui, dans la pratique, allongent considérablement ce délai. Mais, sauf cette circonstance, ce délai est le *maximum*. Aucun texte n'a établi une prescription plus longue pour aucune action.

634. Son origine. — Rappelons que, dans le droit romain primitif, les actions étaient *perpétuelles*, sauf un petit nombre qui étaient temporaires. Le débiteur ne pouvait donc pas se défendre en invoquant l'inaction de son créancier, quelque longue qu'elle eût été. Ce fut seulement sous le règne de Théodose II, en l'an 424, qu'une constitution impériale établit un moyen de défense contre les actions perpétuelles, la *præscriptio triginta annorum* (*Code théodosien*, liv. IV, tit. 14, loi 1 ; *Code de Justinien*, liv. VII, tit. 39, loi 3).

***635. Actions imprescriptibles.** — Contrairement à ce qui vient d'être dit, certaines actions paraissent échapper à toute prescription et se perpétuer indéfiniment. On cite en ce genre l'*action en partage*, par laquelle une personne demande à sortir d'indivision (t. I, 1re édit., n° 1216 et p. 872, note 2 ; 2e édit., n° 1149 et p. 796, note 1) ; l'*action en bornage*, par laquelle un propriétaire demande à son voisin de fixer la limite commune de leurs héritages (t. I, 1re édit., n° 1077 ; 2e édit., n° 1004) ; l'*action en réclama-*

[1] Au temps de la confection du Code civil, la prescription se calculait d'après le calendrier républicain. Le Sénatus-consulte du 22 fructidor an XIII rétablit le calendrier grégorien à partir du 1er janvier 1806. En conséquence, dans la seconde édition du Code civil (1807), les art. 2260 et 2261 furent remaniés et mis dans leur état actuel.

tion d'un passage en cas d'enclave (t. I, 1re édit., nos 1879 et suiv. ; 2e édit., nos 1817 et suiv.) ; l'action *en acquisition de la mitoyenneté d'un mur de séparation* (t. I, 1re édit., n° 1235 ; 2e édit., n° 1168). Ces actions, en effet, ne s'éteignent par aucun laps de temps ; mais ce n'est pas l'effet d'une imprescriptibilité véritable, analogue à celle des anciennes actions romaines. Leur durée indéfinie tient à ce que *leur cause se renouvelle tous les jours* : elles ne sont jamais prescrites parce que, à quelque époque que l'on se place, on est toujours au lendemain du fait qui leur donne naissance. Quelle est la cause de l'action en partage ? C'est l'état d'indivision. Cet état se prolonge, et tant qu'il dure il crée, tous les jours, le principe de l'action. Quelle est la cause de l'action en bornage ? C'est la contiguïté des deux héritages et l'incertitude de leurs limites. Tous les jours où cet état dure, l'action renaît. On pourrait faire le même raisonnement pour toutes les hypothèses de ce genre. Ce sont plutôt des actions *incessamment renouvelées* que des actions qui, une fois nées, seraient véritablement imprescriptibles. — Ajoutons que toutes ont plutôt le caractère de *facultés légales* attachées à la propriété, que celui d'actions véritables accordées pour faire valoir en justice un droit réel ou un droit de créance contesté par autrui.

2° Prescription décennale.

****636. Cas où elle a lieu.** — Il existe pour quelques actions une prescription de dix ans, sur laquelle le titre « De la prescription » ne contient qu'une seule disposition, l'art. 2270 ; les autres textes doivent être cherchés ailleurs. Ces actions sont les suivantes :

1° Les *actions en nullité ou en rescision* d'un contrat, intentées par l'une des parties contre l'autre (art. 1304) ;

2° L'*action du mineur contre son ex-tuteur,* relative aux faits de la tutelle (art. 475) ;

3° L'*action en responsabilité contre un architecte ou un entrepreneur,* à raison des vices de la construction (art. 1792 et 2270) ;

4° L'*action civile,* en réparation du dommage causé par un fait qualifié *crime* (art. 2 et 637 C. Inst. crim.) ;

5° L'action en *réclamation de droits de succession,* en cas de défaut de déclaration (L. 18 mai 1850, art. 11). Antérieurement cette action se prescrivait par cinq ans (L. 22 frimaire an VII, art. 61-3°).

3° Prescription de cinq ans.

***637. Son importance.** — Un grand nombre d'actions sont soumises à cette prescription de cinq ans, dont l'importance pratique est considérable et l'application quotidienne (art. 2277). Aux termes d'une formule générale qui termine cet article, ces créances sont toutes celles qui sont « payables *par années* ou à des termes périodiques plus courts ». Toutefois on verra plus loin qu'il existe des prescriptions encore plus rapides pour certaines créances périodiques.

***638. Son origine et ses progrès.** — Elle paraît avoir été établie par l'ordonnance de Louis XII, de juin 1510 (art. 71), qui contient d'assez nombreuses dispositions réglementaires sur la prescription, et qui a notamment établi la prescription décennale pour les actions en rescision. Au début, la prescription de cinq ans ne fut appliquée qu'aux arrérages des rentes constituées, et on en resta là pendant près de trois siècles. Le décret du 20 août 1792 l'appliqua aux rentes foncières; le décret du 24 août 1793 l'étendit aux rentes viagères dues par l'État; l'art. 2277 du Code civil lui donna une portée beaucoup plus large, en l'appliquant à *tous les revenus payables par années ou à des intervalles périodiques plus courts*. Enfin, différents autres textes lui ont encore trouvé des applications diverses. La disposition générale de l'art. 2277 s'applique donc à toutes les dettes périodiques, sauf celles qui sont soumises par des textes spéciaux à des prescriptions encore plus rapides, telles que les dettes de fournitures et de salaires prévues par les art. 2271 et 2272. Le Code civil a réalisé un progrès que Michel de Marilhac avait inutilement tenté dans son ordonnance de 1629, qui tomba sous l'opposition implacable des gens de justice.

639. Énumération. — Les créances qui se prescrivent par cinq ans sont les suivantes :

1° Les *loyers et fermages de biens immeubles* (art. 2277). Il y a toutefois exception pour les locations en garni, qui se prescrivent par six mois (art. 2271).

La prescription atteint non seulement la dette principale du loyer ou du fermage, mais aussi les obligations accessoires du locataire ou du fermier, pourvu qu'elles soient périodiques, comme le remboursement de l'impôt foncier ou les prestations en nature, volailles, grains, etc., qu'exigent certains propriétaires.

2° Les *intérêts des capitaux* (art. 2277). La loi ne parle que des intérêts « des sommes prêtées », mais cette expression est trop étroite ; la formule générale qui termine l'art. 2277 englobe nécessairement les intérêts d'un capital dû à un titre quelconque, par exemple ceux d'un prix de vente [1] ou d'une soulte d'échange, d'une indemnité, etc. Il n'importe que ces intérêts soient conventionnels ou moratoires [2], qu'ils soient dus en vertu d'un jugement ou d'un texte de loi. Tous ces intérêts, quelle qu'en soit l'origine, sont dus *au plus tard* annuellement.

Une des applications pratiques les plus importantes s'en fait aux *coupons* des obligations émises par les villes, les départements ou les grandes compagnies et sociétés, que beaucoup d'obligataires négligent d'aller toucher régulièrement. L'application stricte de

[1] et [2] Il y a eu anciennement quelques incertitudes pour savoir si on appliquerait la prescription de cinq ans à certaines catégories d'intérêts, et notamment aux *intérêts du prix de vente d'une chose frugifère* et aux *intérêts moratoires*. Les premiers paraissaient être la compensation des fruits que perçoit l'acheteur et qu'il garde en totalité ; il semblait donc injuste qu'il eût à la fois les fruits en nature et l'intérêt du capital ; les seconds semblaient se confondre avec le capital et ne pas être exigibles isolément. Pour ces deux catégories d'intérêts, la jurisprudence inclina d'abord à admettre une exception à la règle de l'art. 2277 ; puis elle se décida à leur appliquer la prescription quinquennale. Il est certain, en effet, qu'il s'agit d'intérêts *exigibles par années* et rentrant par suite dans la formule générale de l'art. 2277. Voyez les arrêts cités par Aubry et Rau, § 774, notes 21 et 24.

l'art. 2277 constitue pour elles un bénéfice appréciable, peu en harmonie avec les motifs qui ont fait établir cette courte prescription.

Les intérêts ne se prescrivent par cinq ans qu'autant qu'ils sont réclamés *par le créancier au débiteur*. Si ces intérêts avaient été payés en l'acquit du débiteur par un tiers, par un mandataire ou un gérant d'affaires, ils auraient pris un autre caractère entre les mains de ce nouveau créancier qui a droit de se les faire rembourser par le débiteur : c'est désormais un *capital* qui est dû, car c'est un capital qu'a déboursé le tiers payeur. La prescription de son recours contre le débiteur ne s'accomplira donc que par trente ans.

3° Les *arrérages des rentes, perpétuelles ou viagères* (art. 2277). C'est pour eux que l'on a commencé à établir la prescription quinquennale.

4° Les *arrérages des pensions alimentaires* (art. 2277). Nommés inutilement dans la loi, car ces pensions ne sont au fond que des rentes viagères.

5° Les *traitements des fonctionnaires*. Non nommés dans l'art. 2277, mais compris dans la formule générale dont s'est servie la loi : « tout ce qui est payable par années ».

6° Les *salaires des commis et employés payés au mois*.

Ce genre de créances n'a nulle part été prévu d'une manière spéciale par les textes relatifs à la prescription. La jurisprudence reconnaît que les prescriptions de six mois et d'un an établies par les art. 2271 et 2272, pour les ouvriers et domestiques, ne lui sont pas applicables (Grenoble, 29 nov. 1861, D. 62. 5. 202 ; Paris, 6 juillet 1887, D. 88. 2. 124). Par conséquent les salaires des commis rentrent dans la formule générale de l'art. 2277 et se prescrivent par cinq ans.

7° L'action en *restitution des pièces confiées à un juge ou à un avoué* (art. 2276). Ils en sont déchargés cinq ans après le jugement du procès.

S'il était prouvé que ces pièces fussent encore entre leurs mains, ils ne pourraient pas se dispenser de les rendre en invoquant la prescription, car ils sont *détenteurs précaires* et ne peuvent en prescrire la propriété par quelque laps de temps que ce soit. L'art. 2276 éteint donc simplement l'*action en responsabilité* au cas où les pièces auraient été égarées ou détruites.

8° L'action en garantie d'un *partage* dans le cas particulier prévu par l'art. 886 (Insolvabilité du débiteur d'une rente). En toute autre hypothèse l'action dure trente ans.

9° Les créances nées d'un *bail à métairie* ou *colonage partiaire* (L. 18 juillet 1889, art. 12).

Avant 1889, il pouvait y avoir doute sur l'applicabilité de la prescription quinquennale, car ces créances ne sont pas à proprement parler des fermages, mais bien plutôt des règlements de comptes entre associés. La loi de 1889 a établi la prescription de cinq ans, mais avec un *système spécial* : ce n'est pas chaque règlement de compte annuel qui se prescrit de cette manière, c'est seulement le règlement final, et les cinq ans courent *à dater de la sortie du colon*. De plus, cette prescription ne porte pas seulement sur les fruits et sommes qui ont pour le propriétaire le caractère de revenus, mais sur *toute créance née du bail* et la disposition de la loi est réciproque.

10° Les *actions contre les associés dans les sociétés commerciales* se prescrivent en général par cinq ans à partir de la dissolution de la société (art. 64 C. com.). Cette disposition soulève diverses difficultés qui ne peuvent être examinées ici.

11° Les actions relatives aux *lettres de change* et *billets à ordre* souscrits par des commerçants (art. 189 C. com.).

12° Les actions dérivant d'un *contrat à la grosse* ou d'une *assurance maritime* (art. 432 C. com.).

13° Les *distributions de dividendes* faites aux actionnaires dans les sociétés commerciales. Ces bénéfices ont le caractère de revenus annuels, et la jurisprudence leur applique sans hésitation la prescription quinquennale.

14° L'action des *notaires* en paiement des sommes dues pour les actes de leur ministère (L. 5 août 1881, art. 1er).

15° L'action des *avoués* en paiement de leurs frais et salaires pour les affaires non terminées et dont ils continuent à s'occuper (art. 2273). Comp. ci-dessous n° 642-3°.

16° Les *dettes de l'État*. La prescription de cinq ans a été établie comme règle générale pour les engagements de l'État par la loi du 29 janvier 1831, art. 3 (rapporté en note dans les *Codes Tripier* sous l'art. 2277). La prescription court à partir de l'ouverture de l'exercice auquel ces dettes appartiennent. On donne un an de plus aux créanciers domiciliés hors d'Europe.

17° Les *demandes de pensions* (L. 9 juin 1853, art. 2).

18° L'action du Trésor en *recouvrement de la taxe sur le revenu des valeurs mobilières* (L. 26 juillet 1893, art. 21).

19° L'action en paiement des *droits de succession*, à raison de *l'omission* d'objets ou valeurs dans la déclaration faite par le redevable (L. 22 frimaire an VII, art. 61-2°; L. 18 mai 1850, art. 11). Comp. ci-dessous n° 636-5°.

4° Prescription de trois ans.

640. Cas jadis unique. — Cette prescription s'applique à l'action civile née d'un fait puni de *peines correctionnelles*, c'est-à-dire d'un *délit* au sens propre (art. 2 et 638 C. instr. crim.).

641. Cas nouveau. — Un nouveau cas de prescription de trois ans a été établi par la loi du 4 avril 1898 pour la réclamation des objets ou valeurs égarées dans le service des postes. Auparavant la prescription était de cinq ans (L. 15 juillet 1882).

5° Prescription de deux ans.

642. Énumération. — On rencontre cette prescription dans quelques hypothèses seulement. Se prescrivent par deux ans :

1° L'action *en rescision pour lésion d'une vente d'immeubles* (art. 1676);

2° L'action des *médecins, chirurgiens, dentistes, sages-femmes, et pharmaciens*, pour leurs visites, opérations et médicaments (art. 2272 in fine, modifié par la loi du 30 novembre 1892). Auparavant ces personnes n'avaient qu'un an pour réclamer ce qui leur est dû.

C'est une des nombreuses petites faveurs que la loi de 1892 sur l'exercice de la médecine a accordées aux médecins. Ils réclamaient même le droit d'agir pendant cinq ans.

La loi de 1892 n'a pas tranché la question de savoir si la prescription de l'art. 2272, aujourd'hui portée à deux ans, s'applique à l'action des *vétérinaires*. La Cour de cassation se prononce pour l'affirmative (Cass., 11 juin 1884, D. 85. 1. 208, S. 85. 1. 313). La Cour juge, au contraire, que la prescription de deux ans ne s'applique pas aux fournitures de *médicaments* et d'*appareils* faites *par les médecins* (Cass., 19 juin 1882. D. 83. 1. 255, S. 84. 1. 21). C'est peut-être pousser un peu loin le système d'interprétation restrictive, qu'on applique à ces courtes prescriptions parce qu'elles dérogent au droit commun. Ne s'agit-il pas toujours de sommes dues au médecin en cette qualité? et ces fournitures n'ont-elles pas un caractère accessoire par rapport à sa créance d'honoraires?

3° L'action des *avoués pour le paiement de leurs frais et salaires* (art. 2273). Cette prescription n'a lieu qu'après le jugement du procès, ce qui doit s'entendre du jugement *définitif*, celui qui termine l'affaire devant la juridiction près de laquelle l'avoué exerce ses fonctions; un jugement *avant faire droit* (jugements préparatoires, provisoires ou interlocutoires) ne ferait pas courir cette prescription. — La prescription de deux ans court aussi à compter de la *conciliation des parties*, qui met fin au litige, ou à partir de la *révocation de l'avoué*, qui met fin à son mandat (art. 2273). La jurisprudence assimile à la révocation toutes les autres causes qui peuvent empêcher l'avoué de terminer l'affaire, savoir : sa mort, sa destitution ou la suppression de son office. — On a déjà vu que pour les affaires non terminées on donne à l'avoué un délai plus long : cinq ans (ci-dessus n° 639-15°).

Les prescriptions de deux ou de cinq ans n'éteignent que l'action qui appartient à l'avoué en son nom personnel contre son propre client, et non celle qu'il exerce contre l'adversaire de son client quand il a obtenu la distraction des dépens. On le considère alors comme agissant au moyen d'une action qui appartient à son client et qui dure trente ans (Cass., 16 juillet 1890, D. 91. 1. 32, S. 90. 1. 436).

4° Les demandes en *restitution de pièces* dirigées contre des *huissiers* (art. 2276, al. 2). On remarquera que ce même texte donne cinq ans au lieu de deux pour exercer la même action contre un juge ou un avoué.

5° Les demandes en *restitution d'honoraires* indûment perçus par un notaire (même art.).

6° L'action en *indemnité* des propriétaires ou autres ayants droit, pour *occupation temporaire* en matière de travaux publics (L. 29 décembre 1892, art. 17).

7° L'action de l'*Administration* pour le recouvrement des *droits et amendes* établis par la loi du 28 avril 1893, art. 31 à 33.

6° Prescription d'un an.

643. Énumération. — Se prescrivent par un an :

1° L'action des *huissiers* en paiement de leur *salaire* (art. 2272). La Cour de cassation juge que l'expression « salaire » comprend ici les *frais* de timbre et d'enregistrement que l'huissier débourse pour l'accomplissement des actes de son ministère, mais non les *avances* que l'huissier peut faire volontairement pour le compte de son client, à titre de mandataire spécial, par exemple les frais qu'il a faits pour lever un jugement ou inscrire une hypothèque ; comme tout autre mandataire, l'avoué a trente ans pour réclamer les sommes qui lui sont dues à ce titre (Cass., 25 févr. 1884, D. 84. 1. 400, S. 84. 1. 188).

L'art. 2272 ne règle que les rapports de l'huissier avec son client. Dans la pratique, beaucoup d'actes sont faits par les huissiers, non pas sur une demande directe du client, mais par l'intermédiaire de l'avoué, qui se fait payer les honoraires de l'huissier en même temps que les siens, sauf à régler ensuite avec lui. La jurisprudence décide avec raison que l'action de l'huissier contre l'avoué est, en pareil cas, une action de mandat ordinaire soumise à la prescription de trente ans.

2° L'action en *paiement d'une fourniture de marchandises faite par un marchand à un particulier non marchand* (art. 2272). La fourniture resterait donc soumise au droit commun (prescription de trente ans) dans trois cas : *a*) si elle était faite par une personne non commerçante ; *b*) si, étant faite par un commerçant, elle ne se rapportait pas à son commerce : c'est, par exemple, un marchand de bois ou un mercier, qui a vendu le vin provenant d'une vigne dont il est propriétaire ; *c*) si elle a été faite à un commerçant, pour les besoins de son commerce, par exemple une fourniture de denrées livrées à un épicier pour être revendues par lui. — En résumé, la prescription d'un an pour les créances de fournitures suppose que l'opération a eu tout à la fois le *caractère commercial* pour le créancier, et le *caractère civil* pour le débiteur. Par suite, la prescription sera d'un an pour les achats de vivres ou de vêtements qu'un commerçant a faits pour son usage personnel, car il ne les a pas faits en qualité de commerçant. Cette complication tient à ce que la prescription d'un an a été établie dans notre ancien droit *contre les marchands par les juridictions civiles*, et qu'elle n'avait pas été admise par les *juridictions consulaires*. Il y en avait un arrêt jadis célèbre du 12 juillet 1672, rapporté au *Journal du Palais* (Pothier, *Obligations*, n° 712).

3° L'action des maîtres pour les *prix de pension ou d'apprentissage de leurs élèves ou apprentis* (art. 2272). Cette disposition ne concerne pas les maîtres de pension dont les pensionnaires ne sont pas en même temps les élèves, et prennent simplement chez eux le logement et la nourriture. Pour ces derniers la prescription est de six mois (ci-dessous n° 644-2°).

4° L'action des *domestiques* pour le paiement de leurs *salaires* (art. 2272). Les domestiques sont ceux qui sont attachés au service de la maison. Les employés d'un ordre plus relevé, tels que les intendants, secrétaires, bibliothécaires, clercs et précepteurs, ont cinq ans pour réclamer leurs gages ou salaires.

5° L'*action civile*, en réparation du préjudice causé par une contravention de simple police (art. 2 et 640 C. inst. crim.).

7° Prescription de six mois.

644. Énumération. — Se prescrivent par six mois, d'après l'art. 2271 :

1° L'action des *maîtres et instituteurs*, pour les leçons qu'ils donnent *au mois*. Si les leçons étaient données à tant par trimestre ou par année, la seule prescription applicable serait la prescription de cinq ans, établie par l'art. 2277 pour tout ce qui est payable à l'année ou à des intervalles plus courts. La loi n'a pas prévu les leçons données *au cachet* : l'art. 2271 n'étant pas applicable, il ne peut y avoir d'autre prescription que celle de cinq ans, en vertu de l'art. 2277, ce qui établit une discordance sans raison.

2° L'action des *hôteliers et traiteurs*, à raison du logement et de la nourriture qu'ils fournissent. On peut douter s'il faut faire rentrer dans cette catégorie les chefs d'industrie ou d'entreprise qui logent et nourrissent tout ou partie de leurs employés : ils font l'office de traiteurs et d'hôteliers, sans en exercer la profession. En tout cas, il est certain que la prescription de six mois n'est pas applicable aux dépenses faites chez les marchands de vin, cabaretiers et cafetiers, même d'une manière habituelle, pour des consommations autres que les repas : ces dépenses ne rentrent pas dans les frais de nourriture et de logement prévus par l'article 2271 ; ce sont des fournitures faites par des commerçants à des particuliers non marchands, et, comme telles, elles ne se prescrivent que par un an (art. 2272).

3° L'action des *ouvriers et gens de travail* pour le paiement de leurs *journées, fournitures et salaires*. Cette disposition ne concerne pas les *entrepreneurs* (Cass., 19 juillet 1882, Dalloz, *Suppl.*, v° Prescription civile, n° 570, note 1 ; Cass., 4 juin 1889, D. 89. 1. 344, S. 89. 1. 145). Comme l'entrepreneur n'est pas davantage un « marchand », soumis à la prescription annale par l'art. 2272, il en résulte que pour lui la prescription est de trente ans. Par suite, l'intérêt pratique est très grand, au point de vue de la prescription, de savoir si on a affaire à un ouvrier ou artisan, ou bien à un entrepreneur, puisque de trente ans on tombe à six mois. Malheureusement la jurisprudence n'est pas fixée sur la manière de faire la distinction. Certains arrêts s'attachent uniquement à la *nature du contrat* et n'admettent la prescription de trente ans qu'autant qu'il s'agit d'un travail fait « à l'entreprise », c'est-à-dire moyennant un prix fixé à forfait, conformément à l'art. 1799. Sont soumis par suite à la prescription de six mois les maîtres ou patrons, encore qu'ils prennent la qualité d'entrepreneur et qu'ils emploient des ouvriers, pour tous les travaux faits par eux sans marché à forfait (Paris, 14 juin 1884 et 4 mars 1885 ; Dalloz, *Suppl.*, v° Prescription civile, n° 571, en notes ; Amiens, 27 oct. 1886, D. 87. 2. 156). Mais la Cour de cassation donne une autre solution ; elle décide que la qualité d'entrepreneur est une question de fait, que les juges du fond apprécient souverainement, et que l'entrepreneur de profession ne perd pas cette qualité pour avoir fait accidentellement soit des ouvrages sans importance, soit des travaux sans prix fixé d'avance (Cass., 19 juillet 1882, précité ; Cass., 13 juillet 1885, D. 86. 1. 308, S. 85. 1. 431 ; Cass., 7 janvier 1887, D. 87. 1. 332, S. 87. 1. 268). Cette jurisprudence paraît seule exacte, car l'article 2271 tout entier s'attache à la *qualité des personnes*, et non à la nature du contrat, pour établir la prescription de six mois.

4° L'action en réparation du *dommage causé aux récoltes par le gibier* (L. 19 avril 1901).

8° Prescription de trois mois.

645. Cas d'application. — Cette prescription est fort rare. Elle a lieu seulement pour les actions civiles en réparation :

1° De *délits forestiers* (art. 185 C. for.) ;

2° De *délits de chasse* (L. 3 mai 1844, art. 29) ;

3° De *délits de presse* (L. 29 juillet 1881, art. 65).

9° Prescription d'un mois.

646. Cas d'application. — Cette courte prescription a lieu seulement pour les actions civiles en réparation de *délits ruraux* et de *délits de pêche* (L. 28 octobre 1791, tit. 1, sect. 8, art. 8 ; L. 15 avril 1829, art. 62).

Observation critique.

647. Vices du système français. — Notre système français de prescriptions est trop compliqué ; au cours des siècles, il s'est chargé de variétés et de ramifications trop nombreuses, qui ne peuvent être qu'une cause d'erreurs et de surprises. On le simplifierait utilement si on ramenait toutes les petites prescriptions (inférieures à dix ans) à deux types : la prescription de cinq ans pour les revenus et prestations périodiques, et une prescription uniforme de deux ans pour toutes les petites créances qu'il est d'usage d'acquitter rapidement. C'est à peu près ce qu'a fait le Code allemand (art. 196 et 197), sauf qu'il a adopté un délai de quatre ans au lieu de cinq.

B. — Fixation conventionnelle de la durée de la prescription.

648. Validité des clauses restrictives. — On rencontre assez souvent dans la pratique, et surtout dans les *polices d'assurances*, une convention particulière fixant la durée de la prescription à un temps plus court que celui qui est établi par la loi. Rationnellement, ces conventions ne devraient pas être admises : l'organisation de la prescription est chose d'intérêt général, sur laquelle les conventions privées ne devraient pas avoir de prise. Cependant une jurisprudence déjà ancienne reconnaît la validité de ces clauses (Cass., 1er févr. 1853, D. 53. 1. 77 ; Cass., 25 oct. 1893, S. 94. 1. 361 ; Cass., 26 oct. 1896, D. 97. 1. 5 ; Cass , 2 févr. 1898, D. 98. 1. 561), et la plupart des auteurs modernes approuvent ses décisions, trouvant que cela n'a rien de contraire à l'ordre public [1].

649. Nullité des clauses extensives. — Pourrait-on à l'inverse *prolonger* la durée de la prescription et se réserver, comme créancier, le droit d'agir pendant plus d'années ou de mois que n'en donne la loi ? L'opinion générale est ici plus conforme aux vrais principes ; on décide que ces prolongations conventionnelles de la prescription sont nulles, comme équivalant à une *renonciation anticipée*. Si on les autorisait, on verrait rapidement s'introduire des prescriptions de cinquante et de cent ans, de mille ans peut-être. Les conventions privées supprimeraient en fait la prescription. Voyez cependant Nancy, 16 nov. 1889, S. 91. 2. 161.

[1] C'est une opinion difficile à soutenir, car que deviendrait la prescription si tous les débiteurs se mettaient à exiger la même clause que les puissantes compagnies d'assurances ont su insérer à leur profit dans leurs polices : elles stipulent, en général, que l'action en indemnité devra être introduite dans le délai d'un an à compter du sinistre. En fait, l'égalité est rompue entre les particuliers : ceux qui sont assez forts pour faire la loi du contrat stipulent des prescriptions rapides pour leurs propres engagements et les imposent à l'autre partie, sans lui accorder le bénéfice de la réciprocité. Voyez d'ailleurs, sur les fraudes que ces conventions facilitent, Paris, 2 déc. 1898, D. 99. 2. 299.

§ 2. — *Point de départ de la prescription extinctive.*

* **650. Règle générale.** — La prescription extinctive commence à courir *aussitôt que l'action est ouverte,* ou, comme le disait Pothier, « du jour que le créancier a pu intenter sa demande ». Elle ne peut pas commencer plus tôt, parce que le temps donné pour la prescription doit être *un temps utile pour l'exercice de l'action,* et qu'on ne peut pas reprocher au créancier de n'avoir pas agi à une époque où il n'en avait pas encore le droit. Autrement, il pourrait arriver que le droit fût perdu avant d'avoir pu être exercé, ce qui serait aussi injuste qu'absurde.

* **651. Actions suspendues par une condition.** — Quand l'action dépend d'une *condition suspensive,* la prescription ne court point jusqu'à ce que la condition arrive (art. 2257, al. 1). Solution traditionnelle (Pothier, n° 680). Mais la cause qui retarde la prescription n'existe pas dans les obligations soumises à une condition résolutoire, dont l'exécution peut être demandée immédiatement. Pour celles-ci, l'action serait prescrite si le temps de la prescription s'achevait avant l'accomplissement de la condition résolutoire.

L'action en garantie, dont parle l'art. 2257, al. 2, n'est qu'une action conditionnelle : l'éviction est la condition qui donne ouverture au recours exercé contre le garant. Il était donc inutile d'en parler séparément : elle rentre dans la règle générale. Il y a quelques doutes pour déterminer le moment précis où l'action en garantie commence à se prescrire : est-ce le *trouble* causé, ou l'*éviction* consommée? Mais la question ne peut pas être examinée ici.

652. Droits éventuels. — On appelle « droits éventuels » des droits qui sont accordés aux héritiers présomptifs d'une personne sous la double condition qu'ils lui survivront et recueilleront sa succession. Au fond, ce sont des droits de réalisation incertaine comme les droits conditionnels, mais qui en diffèrent sur deux points : 1° ils n'autorisent pas à prendre des mesures conservatoires avant leur ouverture ; 2° jusqu'à cette ouverture, ils ne sont pas transmissibles aux héritiers de celui qui les a. Ces particularités tiennent à leur nature de droits successoraux. Telles sont les actions en *réduction,* en *rapport,* en *nullité,* en *révocation* accordées aux héritiers d'une personne contre les *legs,* les *donations,* les *partages d'ascendants,* les *institutions contractuelles* faits par le défunt. Ces actions, étant subordonnées au décès d'une personne, ne commencent à se prescrire qu'à compter du jour où ce décès a lieu.

* **653. Actions suspendues par un terme.** — Il y a même raison pour suspendre la prescription jusqu'à l'arrivée du terme ; c'est ce qu'a fait la loi (art. 2257, al. 3). Jusque-là le créancier ne peut pas agir pour réclamer son paiement : sa créance n'est point *exigible.*

L'effet suspensif que le terme exerce sur la prescription appartient aussi bien au *terme tacite* qu'au terme exprès. Or la difficulté est grande de savoir en fait quand il y a terme tacite, et cette question est de nature à jeter dans beaucoup de cas un doute réel sur le point de départ de la prescription.

654. Créances divisées en plusieurs fractions. — Quand une somme est payable par fractions à différents termes, la prescription court séparément contre chaque partie de la dette, à compter du jour où elle est venue à échéance. Cette règle s'applique : 1° aux *capitaux*, dont le remboursement a été échelonné par annuités ou par fractions, pour en faciliter le paiement au débiteur ; 2° aux *revenus* (intérêts, loyers, fermages, arrérages, etc.) payables par termes ; 3° aux *gages* et *salaires*, payables à la fin de l'année ou à diverses époques de l'année.

655. Ouvrages ou fournitures multiples. — Les créances des *marchands*, à raison des fournitures qu'ils font et celles des *artisans* ou *entrepreneurs* à raison des travaux qu'ils exécutent, se divisent en réalité en autant de petites créances qu'il y a eu de fournitures ou de travaux. Par suite elles sont prescriptibles séparément, du jour où chaque fourniture a été faite, où chaque ouvrage a été achevé, et la continuation de nouvelles fournitures ou de nouveaux travaux n'empêche pas la prescription de courir pour les précédents (art. 2274). Solution traditionnelle : les ordonnances de 1510 et de 1673, ainsi que la Coutume de Paris, s'en expliquaient formellement (POTHIER, *Obligations*, n° 714).

656. Difficultés pour les médecins. — Il y a eu, de tout temps, des difficultés à l'égard des médecins, chirurgiens et autres qui donnent leurs soins par *séries de visites*. La rémunération étant fixée à tant par visite, et non à forfait pour l'ensemble du traitement, il semble que le médecin acquiert, comme le marchand pour ses fournitures, autant de créances qu'il a fait de visites. Or ceci n'a jamais été admis : il est reconnu, au moins depuis le XVIIIe siècle, que la prescription court contre le médecin seulement du jour où il a terminé sa série de visites ; elle aura donc pour point de départ, selon les cas, la guérison du malade, sa mort, le départ ou le renvoi du médecin (POTHIER, *Obligations*, n° 715). Jurisprudence constante ; voyez Chambéry, 28 févr. 1873, D. 73. 2. 153.

Mais, ce point admis, il reste deux questions à résoudre :

1° *Comment expliquer la règle appliquée aux médecins ?* Les uns disaient (et je crois que c'est la vérité) que la créance du médecin constitue réellement *une créance unique*, parce qu'on l'a appelé pour traiter un malade, ce qui ne peut pas se faire en un seul jour ; c'est une entreprise qui se prolonge, et la rétribution à tant par visite n'est qu'un mode de calcul pour la fixation des honoraires du médecin, comme le serait la rétribution d'un transport à tant par kilomètre parcouru. D'autres, se fondant sur ce que le médecin devient réellement créancier à la suite de chaque visite, préfèrent dire qu'il y a concession d'un *terme tacite*, fixé par l'usage, jusqu'à la fin du traitement. Cette explication paraît moins bonne que la précédente, car elle consiste à présumer un usage qui n'a jamais été démontré, et l'autre système a pour lui la tradition historique et l'autorité de Pothier (n° 715 précité).

2° *Comment traiter les maladies chroniques qui se divisent en plusieurs périodes ?* D'après l'opinion générale, chaque série de visites fait naître une créance distincte et la prescription commence à courir à chaque interruption des soins donnés au malade (Caen, 21 avril 1868, D. 71. 2. 180). Au cas où la maladie se prolongerait indéfiniment et sans interruption, la règle se trouve en défaut. Quelques auteurs font alors courir la prescription à compter de chaque visite (TOULLIER, t. VII, p. 493 ; TROPLONG, *Prescription*, n° 949). En sens contraire, Trib. de Besançon, 14 août 1866, D. 71. 3. 101.

657. Système exceptionnel pour le métayage. — On a déjà vu (n° 639-9°) que la loi du 18 juillet 1889 (art. 12) a établi un point de départ tout à fait insolite pour les obligations nées d'un métayage ou colonage partiaire. Ces obligations sont soumises à une prescription assez rapide qui ne dure que cinq ans, mais qui commence à courir seulement *à la sortie du colon.*

§ 3. — *Interruption de la prescription extinctive.*

658. Renvoi. — On a déjà vu, à propos de la prescription acquisitive, ce que c'est qu'une interruption de la prescription et quel en est l'effet ordinaire (t. I, 1re édit., nos 1508 et suiv. ; 2e édit., nos 1449 et suiv.). Nous n'avons ici qu'à étudier les *causes* qui interrompent la prescription extinctive en ce qu'elles ont de particulier, et ensuite à indiquer une règle exceptionnelle concernant leurs *effets*.

A. — Causes d'interruption.

659. Observation préalable. — La prescription extinctive des créances, étant fondée uniquement sur l'inaction du créancier, ne comporte pas les *causes d'interruption naturelle* qui résultent pour la prescription acquisitive de la perte de la possession. Il n'existe, pour elle, que des *causes d'interruption civile*.

1° Citation en justice.

* **660. Renvoi.** — Aux termes de l'art. 2244, la citation en justice interrompt la prescription. On trouvera dans le t. I, 1re édit., nos 1517 à 1522 ; 2e édit., nos 1458 à 1463), les développements concernant cette première cause d'interruption ; les règles sont les mêmes pour les deux espèces de prescriptions.

Si la demande est rejetée, l'interruption est considérée comme non avenue (art. 2247). Il est presque aussi difficile de trouver une application à cette disposition pour la prescription extinctive que pour l'usucapion (t. I, 1re édit., no 1523 ; 2e édit., no 1464). En effet, si la demande est rejetée, il est jugé que le débiteur ne doit rien au prétendu créancier, et dès lors celui-ci ne pourra plus renouveler son action. A quoi bon dire que la prescription du droit n'a pas été interrompue, puisque le droit est perdu ? On peut cependant supposer qu'une action indivisible a été exercée par un seul des créanciers qui a échoué ; l'exception tirée de la chose jugée n'est pas opposable aux autres qui n'ont pas été représentés par lui. Il est donc utile de savoir que le temps déjà couru reste utile pour arrêter leur action.

2° Commandement.

* **661. Définition.** — Le commandement est un acte d'huissier qui ordonne au débiteur d'exécuter son obligation, en lui déclarant que, faute par lui de le faire, on emploiera contre lui les voies de droit. Le commandement ne peut se faire qu'en vertu d'un *titre exécutoire* (grosse d'un jugement ou d'un acte notarié) et il est le préliminaire de la saisie mobilière ou immobilière. Comp. ci-dessus nos 192 et 203.

662. Effet interruptif. — Le commandement est une interpellation plus énergique que la simple *sommation,* laquelle peut se faire sans titre exécutoire, et n'est pas, comme lui, le début d'une saisie. Aussi comprend-on la différence que la loi fait entre ces deux actes : le commandement interrompt la prescription (art. 2244), la sommation n'a pas cet effet ; elle peut seulement mettre le débiteur en demeure et, dans certains cas, faire courir contre lui les intérêts moratoires (ci-dessus no 169).

Le commandement interrompt la prescription alors même que la saisie n'aurait pas lieu ; l'art. 2244 lui attribue cet effet d'une manière propre.

3° Saisie.

663. Généralité et utilité de la règle. — Toutes les saisies interrompent la prescription, pourvu qu'elles soient régulièrement signifiées au débiteur. A quoi sert-il de décider que la saisie interrompt la prescription, puisque le commandement qui l'a précédée a déjà eu cet effet? A cela on peut répondre que certaines saisies (la saisie-foraine, la saisie-gagerie et la saisie-revendication) se font *sans commandement préalable*. Il était donc utile de leur reconnaître l'effet interruptif. Même pour les saisies qui sont précédées d'un commandement, il y a encore à cela une certaine utilité, à savoir que l'interruption aura été *renouvelée* à une époque nécessairement plus récente que la date du commandement, et par conséquent l'achèvement de la prescription, qui avait recommencé à courir après le commandement, se trouve retardé à nouveau.

Toute saisie interrompt la prescription, y compris la *saisie-arrêt* ou opposition (Cass., 25 mars 1864, D. 24. 1. 367, S. 75. 1. 86), et l'effet interruptif de cette saisie se produit non seulement pour la créance du saisissant, mais même pour la créance saisie-arrêtée (Toulouse, 18 déc. 1874, S. 75. 2. 109; Besançon, 28 avril 1875, D. 78. 2. 74).

664. Durée de l'interruption résultant de la saisie. — A la différence du commandement, qui est un acte isolé, la saisie est une procédure qui se prolonge. Aussi admet-on que l'effet interruptif se renouvelle à chaque acte de la procédure et que la prescription recommence seulement à courir soit du jour où la procédure est abandonnée, soit du jour où elle est terminée par la clôture de l'ordre ou de la distribution par contribution.

4° Reconnaissance de la dette.

*** 665. Notion générale.** — La reconnaissance de la dette par le débiteur interrompt la prescription (art. 2248). Cette reconnaissance n'est soumise à aucune condition de forme particulière. Elle peut avoir lieu *par écrit* ou *verbalement*; elle peut même n'être que *tacite*; tantôt elle a la forme d'une *convention*, tantôt elle résulte d'une *déclaration unilatérale*, émanée du débiteur.

666. Des actes récognitifs. — Quelquefois la reconnaissance de la dette donne lieu à la confection d'un écrit spécial qu'on appelle *acte récognitif* (art. 1337) ou *titre nouvel* (art. 2263), par opposition au *titre primordial*, rédigé à l'époque de la naissance du droit.

667. Leur utilité. — La confection d'un acte récognitif a une double utilité : 1° il sert à remplacer le titre primitif quand celui-ci a péri ou quand on redoute sa perte; 2° c'est un moyen d'interrompre la prescription.

Le titre récognitif peut être dressé pour constater l'existence d'un droit réel; on en voit des exemples, spécialement en matière de *servitudes* (voyez l'art. 695). Il sert aussi parfois à constituer un possesseur en état de précarité et à l'empêcher de prescrire, en lui faisant reconnaître qu'il possède pour un autre (art. 2228). Mais c'est surtout à propos des obligations qu'il en était question dans l'ancien Droit et que le Code s'en est occupé.

668. Caractère de l'acte récognitif. — Le caractère essentiel de l'acte récognitif est d'être la *reproduction* de l'acte primitif. Non pas qu'il soit nécessaire de le copier mot à mot; mais on doit tout au moins en conserver la substance, sans retranchements ni additions. C'est simplement un nouvel exemplaire de leur titre que les parties veulent se procurer. Par là le titre récognitif se distingue de l'acte qui constate une novation en changeant quelque chose à l'ancienne obligation. Le titre nouveau, qui relate une novation, est ce que Dumoulin appelait un « titulus dispositorius » ; le véritable titre récognitif (simplex titulus novus) est purement « declaratorius seu probatorius, nec aliquid de novo inducit circa substantiam obligationis » (DUMOULIN).

669. Valeur probante. — Sur la valeur probante des actes récognitifs et sur la distinction faite par nos anciens auteurs et que le Code civil a conservée, voyez ci-dessus n° 117.

670. Effet interruptif de l'acte récognitif. — L'acte récognitif n'est pas seulement un moyen de preuve : il est aussi une manière d'interrompre la prescription. C'est à ce point de vue que l'envisage l'art. 2263.

671. Son emploi en matière de rentes. — Le créancier d'une *rente perpétuelle ou viagère* ne peut pas faire autre chose, pour exercer son droit, que se faire payer régulièrement les arrérages. S'il s'abstient de les toucher pendant trente ans, son droit est perdu. Il est donc pour lui de la plus haute importance de prouver qu'il a régulièrement perçu les termes de sa rente : c'est pour lui le seul moyen d'échapper à la prescription. Or ce fait est constaté par des *quittances*, qui sont remises au débiteur ; le créancier ne les a pas, et le débiteur pourrait refuser de les montrer au bout d'un certain temps, et prétendre que la rente a cessé d'être payée depuis plus de trente ans et qu'elle est prescrite. Pour éviter ce résultat, on permet au crédirentier d'exiger un titre nouvel au bout de vingt-huit ans et aux frais du débiteur (art. 2263). Le créancier jouit donc d'un délai de deux ans pour obtenir ce titre, qui contient la reconnaissance de son droit et qui le met à l'abri de la prescription pour une nouvelle période de trente ans. Quand ce titre aura lui-même vingt-huit ans de date, le créancier pourra en exiger un autre, et ainsi de suite, de sorte que de renouvellement en renouvellement il évitera indéfiniment la prescription [1].

B. — Effets de l'interruption.

1° Effet ordinaire.

* **672. Renvoi.** — En règle générale, l'effet des actes qui interrompent la prescription extinctive est *conforme à la notion ordinaire de l'interruption :* le temps antérieurement couru ne compte pas ; il est perdu pour le calcul de la prescription, mais celle-ci *recommence immédiatement à courir,* et sa nature ni sa durée ne sont pas changées ; c'est la même prescription qui reprend *avec un nouveau point de départ.* Comp. t. I, 1re édit., n° 1508;

[1] Cette précaution avait jadis un très grand intérêt à cause du grand nombre de rentes perpétuelles qui existaient dans notre ancien droit entre particuliers. Sous l'empire du Code, elle n'est plus susceptible que de bien rares applications, les rentes constituées ou foncières ayant presque entièrement disparu des conventions privées. Toutefois, comme le texte ne distingue pas entre les rentes perpétuelles et les rentes viagères, l'art. 2263 pourrait profiter au créancier d'une rente viagère qui vivrait plus de trente ans depuis la création de sa rente. Quant aux rentes émises par l'État français, les titres qui les constatent ne peuvent servir à la perception des coupons que pendant un nombre limité d'années et sont forcément renouvelés de temps à autre. — Il est à remarquer que l'art. 2263 est une invention du Code ; Pothier s'était borné à dire que, les quittances restant aux mains du débiteur, le créancier n'avait pas à sa disposition de preuve pour établir que les arrérages lui avaient été régulièrement servis, à moins qu'il n'eût la précaution de retirer une contre-quittance ou de faire dresser une quittance notariée, dont il reste minute (*Obligations*, n° 695). Le Code a donc établi cette disposition juste au moment où son utilité pratique allait presque se perdre. Rien n'empêche, d'ailleurs, le créancier d'une créance quelconque, fût-ce un capital exigible en une seule fois, d'obtenir de son débiteur une reconnaissance de dette pour éviter la prescription. Il a un moyen bien simple de l'y contraindre : c'est de le menacer d'exiger immédiatement son paiement, s'il ne reconnaît pas la dette. Ce droit d'exiger le capital manque justement au créancier d'une rente, et c'est là ce qui rend utile pour lui la disposition de l'art. 2263.

2e édit., n° 1449. Mais l'art. 2274 apporte à cette règle une *dérogation remarquable* pour certaines prescriptions. Voyez les nos 673 et suiv.

2° Système exceptionnel pour les petites prescriptions.

* **673. Ses motifs et son origine historique.** — L'art. 2274 est une disposition traditionnelle, dont le sens est certain, mais ne peut se comprendre qu'à l'aide de l'histoire. Quand on a établi, sous Louis XII, les courtes prescriptions de six mois et d'un an contre les ouvriers, domestiques et marchands (ord. de juin 1510, art. 67 et 68), on s'est réglé sur le cours ordinaire des choses : pour ces sortes de créances, le paiement est exigé, sinon toujours au comptant, du moins à bref délai, et de plus les débiteurs n'ont pas toujours (et surtout n'avaient pas à cette époque) l'habitude d'en exiger une quittance écrite. Ce sont des dettes courantes, qui sont promptement réglées, et dont il ne reste pas trace. C'est là-dessus qu'on a fondé la présomption de paiement dans un délai aussi bref. Aussi, dès le début, l'ordonnance de 1610 déclara cette présomption *inapplicable,* s'il y avait eu, dans les six mois ou dans l'année, un acte écrit impliquant le défaut de paiement.

674. Actes empêchant les courtes prescriptions. — Les actes qui produisent cet effet sont énoncés en ces termes dans l'art. 68 de l'ordonnance : « Arresté de compte, cédule, obligation, interpellation ou sommation judiciaire. » Ces mêmes expressions, conservées dans la rédaction de la Coutume de Paris de 1580 (art. 126 et 127) et dans l'ordonnance de mars 1673 (tit. Ier, art. 9), se sont transmises jusqu'au Code civil, qui les reproduit encore (art. 2274).

L'*arrêté de compte* est une reconnaissance de la dette signée par le débiteur, soit au bas d'un mémoire détaillant les fournitures, soit sur le livre-journal du marchand (Pothier, *Obligations*, n° 710). La *cédule* est un acte sous seings privés, l'*obligation* un acte notarié, dressés l'un et l'autre pour constater la dette. L'*interpellation* ou *sommation judiciaire* est ce que le Code appelle une « citation en justice non périmée ». Comp. Pothier, n° 711.

* **675. Interversion de la prescription.** — Quand le défaut de paiement est ainsi établi par un titre indiscutable, la courte prescription est mise de côté. *Elle n'a pas lieu,* disait Pothier, et dès lors on rentre dans le droit commun : la créance peut être réclamée *pendant trente ans* (Pothier, art. 710). Bien que l'art. 2274 ne s'explique pas formellement sur ce point, il ne peut pas avoir d'autre sens, n'étant que la reproduction du droit antérieur. On remarquera d'ailleurs que les textes anciens étaient rédigés de la même manière : ils établissaient la prescription de six mois ou d'un an, sauf pour le cas où la dette avait été soit reconnue volontairement, soit réclamée en justice auparavant : « si n'est qu'il y eust arresté de compte... », disait l'ordonnance de 1510.

Le système traditionnel du droit français en cette matière peut se résumer ainsi : la créance est *prescriptible par deux délais différents*, l'un très court, si rien ne se passe pendant sa durée qui infirme la présomption légale de paiement; l'autre très long, s'il y a reconnaissance ou poursuite avant l'expiration du premier. On peut donc dire qu'en pareil cas l'acte interruptif ne se borne pas à interrompre le cours de la prescription, il produit en même temps une véritable *interversion* dans la nature de la prescription. La prescription est intervertie, puisque celle qui court après l'acte interruptif n'est pas celle qui courait auparavant.

676. Prescriptions soumises à ce régime. — Rappelons que les prescriptions soumises à ce régime exceptionnel sont uniquement celles qui sont prévues par les articles 2271, 2272 et 2273.

§ 4. — *Suspension de la prescription.*

** **677. Définition et effets.** — La *définition* et les *effets* de la suspension de prescription ont déjà été étudiés à propos de l'usucapion (t. I, 1re édit., nos 1530 et suiv.; 2e édit., no 1471). Les règles sont les mêmes.

* **678. Causes.** — Les *causes* de suspension sont également en grande majorité communes aux deux espèces de prescription; il n'y a de spéciale à la prescription libératoire que celle qui est indiquée au no 679 ci-dessous. Rappelons brièvement que la prescription est suspendue : 1° au profit des *mineurs et interdits* (art. 2252), sauf dans les cas exceptionnels indiqués ci-dessous au no 682[1]; 2° au profit des *époux* dans leurs rapports entre eux; 3° au profit des *femmes mariées*, mais seulement dans les cas déterminés par les art. 2255 et 2256, car elle court en principe contre elles d'après l'art. 2254. Rappelons aussi que la jurisprudence considère la maxime : « Contra non valentem agere non currit præscriptio » comme étant toujours en vigueur, ce qui lui permet de reconnaître certaines causes de suspension non prévues par la loi (t. I, 1er édit., nos 1545 à 1547; 2e édit., nos 1486 à 1488).

679. Cause de suspension propre à l'héritier bénéficiaire. — La loi établit une cause de suspension spéciale à la prescription libératoire dans l'art. 2258. Il s'agit du cas où une succession a été acceptée sous bénéfice d'inventaire. Ce bénéfice empêche l'héritier de confondre ses biens avec ceux de la succession (art. 802-1°); il se produit une séparation de patrimoines qui fait que l'héritier reste créancier de la succession, quand il l'était du défunt, bien que la masse active de l'hérédité soit désormais à lui. Or l'effet du bénéfice ne s'arrête pas là : la créance de l'héritier n'est pas seulement soustraite à l'effet de la confusion, elle devient *imprescriptible*. Pourquoi cela? Pothier en donnait la raison, qui est des plus simples : c'est que l'héritier ne peut agir contre lui-même (*Obligations*, no 680). On a fait remarquer que cette raison est fausse, puisque l'art. 996 C. proc. civ. organise pour l'héritier un moyen d'agir contre la succession, et par conséquent d'interrompre la prescription. Mais le Code de procédure n'existait pas encore quand le Code civil a été fait, et il est peu probable que les auteurs de l'art. 2258 aient eu dans l'esprit un autre motif que celui de Pothier.

1 Nous ferons observer ici à nouveau (t. I, 1re édit., no 1540; 2e édit., no 1481) que la suspension de prescription au profit des mineurs et interdits *régulièrement pourvus de tuteurs* paraît constituer pour eux une protection excessive. La prescription est fondée sur des considérations d'intérêt général, devant lesquelles doit s'effacer l'intérêt privé du mineur ou de l'interdit. Il devrait suffire à celui-ci d'avoir son recours contre son tuteur. La suspension de prescription n'a de raison d'être qu'au profit des mineurs non pourvus : à ceux-ci on pourrait faire l'application de la règle « Contra non valentem agere non currit præscriptio ».

La cause de suspension dont profite l'héritier ne lui est accordée que pour les créances qu'il a *contre la succession*. Il en résulte que s'il a des cohéritiers qui ont accepté la succession purement et simplement, la prescription n'est pas suspendue pour les parts de la dette dont ceux-ci sont personnellement tenus envers lui; la loi, en effet, n'a pas suspendu la prescription *contre les autres héritiers*, mais seulement « contre la succession », c'est-à-dire contre la part échue à l'héritier bénéficiaire lui-même. La raison donnée par Pothier n'existe pas à l'égard des autres héritiers : rien n'empêche l'héritier bénéficiaire de les poursuivre pour leurs parts.

680. Critique d'une opinion doctrinale. — L'art. 2257 présente comme une suspension de la prescription l'effet des modalités de la créance, terme suspensif ou condition suspensive, qui retardent la prescription (comp. art. 2252 à 2254). La plupart des auteurs modernes considèrent comme inexacte la manière de voir du législateur. Pour eux, le cours de la prescription n'est pas seulement *suspendu*, ce qui supposerait qu'elle a commencé à courir ; c'est son *point de départ* qui est retardé. Théoriquement cela est exact. Mais quel intérêt pratique y a-t-il à faire cette distinction ? C'est ce qu'on ne nous dit pas. En fait, les causes de suspension sont justement fondées sur le même principe que le retard initial apporté par l'art. 2257 au cours de la prescription : l'*impossibilité d'agir*. On peut, d'ailleurs, affirmer que l'utilité pratique de la distinction doctrinale faite entre l'art. 2257, d'une part, et les art. 2252-2254, de l'autre, est nulle *en matière d'obligations*. Elle n'a d'importance que *pour la prescription des droits réels* (t. I, 1re édit., no 1533-2o ; 2e édit., no 1474-2o).

681. Cours de la prescription contre les successions bénéficiaires, vacantes et non encore acceptées. — La cause de suspension établie par l'art. 2258 au profit de l'héritier bénéficiaire est la seule qui existe en matière de successions. Par suite, la prescription continue à courir :

1o *Contre la succession bénéficiaire* au profit de l'héritier qui ne l'a acceptée que sous bénéfice d'inventaire. Nous supposons que c'est le défunt qui était créancier de son héritier. C'est la situation inverse de celle qu'a prévue l'art. 2258. La prescription court, par cela seul que la loi ne l'a pas suspendue (arg. art. 2251). Mais le résultat pratique est absolument le même que s'il y avait ici une cause de suspension au profit de la succession. En effet, l'héritier bénéficiaire est *administrateur* de la succession (art. 803), et il est *responsable* de ses fautes envers les créanciers (art. 804). Par conséquent, il est chargé d'interrompre les prescriptions en cours, et s'il laisse se prescrire une dette dont il était personnellement tenu envers la succession, il cessera bien d'en être tenu comme débiteur, mais il devra indemniser les créanciers de la succession de la faute qu'il aura commise comme administrateur.

Il paiera donc la même somme à un autre titre. A quoi sert-il alors de dire que la prescription a couru à son profit ? Voici l'intérêt de cette nuance, et il est grand : l'ancienne obligation a disparu ; elle est éteinte avec ses garanties ; les cautions, s'il y en a, sont libérées ; une nouvelle obligation existe, qui est née d'une faute, dont l'héritier seul est responsable, et pour elle une seconde prescription commence à compter du jour où la faute a été consommée, qui est le jour où la première dette s'est trouvée prescrite.

Cette observation doit être généralisée et appliquée à tous ceux qui seraient responsables, comme administrateurs, d'une prescription dont ils seraient appelés à profiter comme débiteurs. On en fait l'application notamment aux maires qui doivent de l'argent aux communes qu'ils administrent.

2o Contre la *succession vacante*, bien qu'elle ne soit pas pourvue de curateur (art. 2258, al. 2).

3o Contre la *succession non encore acceptée*, pendant les trois mois pour faire inventaire, et les quarante jours pour délibérer (art. 2259).

682. Cours des petites prescriptions contre les mineurs et interdits. — Aux termes de l'art. 2278 les *petites prescriptions*, de cinq ans et au-dessous, établies par les art. 2271 à 2277, courent même contre les mineurs et les interdits. Par conséquent, la suspension de prescription dont ces incapables bénéficient n'a lieu que pour les grandes prescriptions de dix et de trente ans. La disposition de l'art. 2278 n'est pas de droit nouveau; il en était déjà de même dans l'ancien droit (POTHIER, *Obligations*, n° 717; *Constitution de rente*, n° 139).

683. Motifs. — Pourquoi la loi, qui protège d'ordinaire les mineurs et les interdits, fait-elle ici courir contre eux la prescription et surtout une prescription aussi rapide? Il y en a *plusieurs motifs* qui varient selon la nature des prescriptions :

1° Les petites prescriptions sont plutôt des *présomptions de paiement* que des prescriptions; elles ne sont pas la peine d'une négligence commise par le créancier, négligence qui pourrait être pardonnée à un mineur, mais bien une présomption légale tirée de ce fait qu'on n'attend pas d'ordinaire aussi longtemps pour se faire payer ces sortes de dettes. Or cette présomption milite aussi bien à l'égard des mineurs qu'à l'égard des majeurs. — C'est le raisonnement de Pothier; je le donne pour ce qu'il vaut. La loi aurait pu prévoir que le tuteur serait plus négligent pour les affaires de son pupille que pour les siennes propres.

2° Les prescriptions établies par les art. 2271 et 2272 sont prononcées contre des gens qui exercent une certaine profession : domestiques, ouvriers, marchands, etc. Or c'est un principe que le mineur artisan ou commerçant est traité comme un majeur pour le fait de son commerce ou de sa profession. Il n'est pas restituable contre les contrats qu'il fait en cette qualité (art. 1308); il est donc logique de faire courir la prescription contre lui, comme contre un majeur, pour l'action qui naît de ces contrats. — Ce raisonnement, déjà donné par Pothier, a été reproduit par Bigot du Préameneu dans l' « Exposé des motifs »; mais il ne s'applique qu'à quelques-unes des petites prescriptions et non à toutes.

3° Pour la prescription quinquennale de l'art. 2277, établie pour les revenus de toutes sortes, il existe un autre motif que nous fait connaître Pothier. Cette prescription était d'abord spéciale aux arrérages des rentes constituées, genre de contrat qui était vu avec défaveur (l'Ordonnance de 1510 le traite d'*odieux*), et on avait voulu empêcher l'accumulation des arrérages par une considération d'humanité et d'ordre public. Or cette considération était également puissante, quelle que fût la qualité du créancier. Aussi reconnaissait-on que la prescription de cinq ans était opposable à tous, même aux incapables, aux corps et communautés, à l'Église, etc. (POTHIER, *Constitution de rente*, n° 139). Pour les mineurs cela avait été jugé dès 1548, et on n'est jamais revenu sur cette jurisprudence. Seul Pothier (*Ibid*, n° 140) a essayé de soutenir que la prescription de cinq ans n'était pas opposable à un mineur, quand il était destitué de tout recours, soit par l'insolvabilité de son tuteur, soit par l'absence de toute tutelle organisée; mais il reconnaissait lui-même que cette opinion « souffrait difficulté ». En tout cas, de nos jours, il est impossible de la proposer à nouveau, en présence de la tradition contraire et de la généralité du texte[1].

§ 5. — *Effets de la prescription.*

* **684. Notion générale.** — La prescription accomplie fournit au débiteur contre le créancier une *exception péremptoire*, c'est-à-dire un moyen

[1] La prescription quinquennale de l'art. 2277 est donc assimilée à celles qu'on appelle traditionnellement les petites prescriptions (celles des art. 2271 à 2273), *au point de vue des causes de suspension* : comme elles, elle court contre les mineurs; mais c'est une assimilation fortuite, puisque les motifs sont tout à fait différents. On verra plus loin que, *relativement à ses effets*, la prescription quinquennale diffère des petites prescriptions et est assimilée aux grandes prescriptions de trente et de dix ans. Voyez ci-dessous, n° 698.

de défense au fond, qui lui permet d'écarter la demande et de ne point payer.

La prescription n'opère pas de plein droit. Elle doit être *opposée par le débiteur*, qui n'est libéré qu'autant qu'il juge bon de se servir de ce moyen de défense. De plus, elle laisse parfois *survivre au profit du créancier* certains moyens d'obtenir son paiement.

On tire de là une conséquence remarquable : c'est que si le débiteur renonce au bénéfice de la prescription et paie volontairement sa dette, l'acte est un *paiement*, et non une donation.

A. — Usage de l'exception tirée de la prescription.

*** 685. Impossibilité pour le juge de l'opposer d'office.** — La loi défend au juge de suppléer d'office au moyen tiré de la prescription (art. 2223). Alors même que le temps serait écoulé, le juge doit condamner le débiteur si celui-ci ne se prévaut pas de la prescription. Il y a donc là un moyen de défense qui ne ressemble pas aux autres.

*** 686. Cas exceptionnels.** — Dans certains procès, cependant, la prescription est opposée, malgré le silence du débiteur. Ceci a lieu dans deux sortes de cas :

1° *En matière pénale*, la prescription étant établie principalement dans un intérêt public, le juge devrait suppléer d'office au moyen tiré de la prescription, si par extraordinaire le prévenu ou accusé ne l'opposait pas. Et il devrait le faire même pour l'*action civile*, car elle est solidaire de la poursuite exercée au nom du public, et les deux actions s'éteignent en même temps (art. 2 C. instr. crim.). Toutefois, si cette solution est certaine quand l'action civile est intentée en même temps que l'action publique devant les tribunaux répressifs, elle ne l'est pas quand l'action civile est exercée séparément devant les tribunaux civils. Il y a sur cette question deux arrêts contradictoires de la Cour de cassation, l'un de la Chambre des requêtes pour l'affirmative (16 déc. 1889, D. 91. 5. 410, S. 91. 1. 108), l'autre, de la Chambre civile pour la négative (5 janv. 1892, D. 92. 1. 45, S. 92. 1. 88).

2° Dans toutes les causes où figure un *absent* ou un *incapable*, le ministère public doit prendre connaissance de l'affaire et donner ses conclusions. On dit que la cause est « sujette à communication » (art. 83 C. proc. civ.). Le ministère public doit alors opposer la prescription, s'il y a lieu, car il doit défendre l'absent ou l'incapable, et ceux-ci auraient une voie de recours spéciale, la requête civile, s'ils n'avaient pas été valablement défendus.

*** 687. Moment jusqu'auquel la prescription peut être opposée.** — La prescription peut être opposée en *tout état de cause,* même en instance d'appel, tant que la cause n'est pas « entendue », c'est-à-dire jusqu'à ce que le président ait clos les débats. On peut donc s'en servir, comme d'une dernière ressource, après qu'on a exposé d'autres arguments, pourvu toutefois qu'on n'y ait pas renoncé (art. 2224).

Cependant la prescription ne pourrait pas être opposée pour la première fois devant la Cour de cassation, parce qu'elle constitue *un moyen nouveau,* et qu'aucun moyen nouveau ne peut être présenté devant cette juridiction.

*** 688. Qui peut opposer la prescription.** — L'art. 2225 reconnaît le droit d'opposer la prescription non seulement au débiteur lui-même, mais *à toute personne ayant intérêt.* En première ligne parmi ces personnes, il faut placer les *codébiteurs solidaires* et les *cautions* : si le débiteur renonce à la prescription, il ne peut priver que lui de ce moyen de défense, et, par suite, ses cautions pourront refuser de payer le créancier, et ses codébiteurs lui opposeront à lui-même la prescription, quand il voudra exercer son recours contre eux.

Parmi les personnes ayant intérêt, il faut placer aussi les autres *créanciers* du débiteur, que la loi nomme spécialement dans l'art. 2225. Leur intérêt est facile à comprendre : il s'agit pour eux d'écarter un créancier qui les prime ou qui diminuera leur dividende en venant en concours avec eux. Par exemple, si dans une procédure d'ordre il se trouve qu'un des premiers en rang parmi les créanciers hypothécaires ait laissé prescrire sa créance, les créanciers postérieurs lui opposeront la prescription si le débiteur néglige de le faire.

* **689. Controverses relatives au droit des créanciers.** — Le droit des créanciers d'opposer la prescription, du chef de leur débiteur, a donné lieu à une controverse qui a déjà été exposée à propos de la prescription acquisitive, puisque le texte est le même pour les deux espèces de prescriptions. Il suffira d'en rappeler ici sommairement le sujet. On se demande si l'art. 2225 est l'application de l'art. 1166, qui permet aux créanciers d'exercer, du chef de leur débiteur, les droits qui lui appartiennent, quand celui-ci néglige de le faire ; ou bien, s'il n'est pas plutôt une application du principe de l'*action Paulienne* (art. 1167), qui permet aux créanciers d'attaquer les actes faits par leur débiteur en fraude de leurs droits? Dans cette dernière opinion, on se divise : les uns veulent que l'art. 2225 vise un cas soumis en tout aux règles de l'action Paulienne, et exigent en conséquence que les créanciers fassent la preuve d'une *intention frauduleuse* chez leur débiteur ; les autres se contentent du *simple préjudice*, par dérogation aux règles générales. C'est en faveur de cette opinion que la jurisprudence s'est prononcée dans les rares affaires où elle a eu l'occasion de statuer. Pour l'étude de la question, voyez t. Ier, 1re édit., nos 1566 et 1567 ; 2e édit., nos 1507 et 1508.

B. — Effet normal de l'exception de prescription.

* **690. Libération du débiteur.** — Le Code nous présente la prescription *comme un moyen de se libérer* (art. 2219). Il avait déjà dit plus haut (art. 1234) que, par l'effet de la prescription, *les obligations s'éteignent*. Le débiteur est donc *libéré*, et, ainsi qu'on le verra plus loin en étudiant les cas exceptionnels où il en est autrement, le créancier n'a en général aucun moyen d'échapper à la déchéance qui le frappe.

Mais ceci est le résultat pratique ; il ne suffit pas de le constater, il faut encore l'expliquer. *Pourquoi le créancier perd-il son action?* La plupart des auteurs modernes se bornent à admettre la prescription parmi les causes d'extinction, sans en chercher plus long. On n'a jamais rien dit de plus juste à cet égard que ce qu'a écrit Pothier. Il place la prescription à côté de l'exception tirée de la *chose jugée* et de celle du *serment décisoire* du débiteur qui a juré ne rien devoir, dans la catégorie des *fins de non-recevoir* (*Obligations*, 3e partie, chap. VII). Les fins de non-recevoir sont, dit-il, « certaines causes qui empêchent le créancier d'être écouté en justice pour exiger sa créance » (no 676). Le juge n'a pas à rechercher ni les faits qui auraient pu donner naissance à la créance, ni ceux qui auraient pu l'éteindre : le *laps de temps*, dans les conditions déterminées par la loi, suffit pour faire écarter la demande. Telle a été historiquement la conception première de la prescription extinctive quand Théodose II l'a introduite, et elle est encore vraie aujourd'hui, malgré les différences de forme et de procédure ; c'est l'*action* qui s'éteint, comme le dit l'art. 2262 : la loi qui sanctionnait la créance par le droit d'agir en justice retire ce droit au créancier.

691. Discussions sur la nature de la prescription. — Quelques auteurs, entre autres Aubry et Rau et Mourlon, critiquent la définition légale. D'après eux, la prescription ne serait pas une cause particulière d'extinction des obligations, mais la *présomption légale de l'existence d'une autre cause.* Cette opinion ne doit pas être admise. Si la prescription n'était que la présomption légale d'une cause de libération, le créancier pourrait déférer le serment à son débiteur ou obtenir de lui un aveu, et il ferait tomber par là l'effet de la prescription, conformément à l'art. 1352 qui réserve l'effet du serment et de l'aveu même contre les présomptions sur le fondement desquelles la loi dénie l'action en justice, ce qui est justement le cas pour les créances prescrites. Or ce moyen de combattre la prescription est certainement impossible : le débiteur peut avouer impunément qu'il n'a pas payé et qu'aucune autre cause n'a éteint sa dette ; il aura néanmoins le droit d'opposer la prescription. C'est ce que prouvent les exceptions faites par l'art. 2275 pour certaines hypothèses particulières. La prescription est donc bien réellement une cause d'extinction des obligations distincte des autres et, en particulier, indépendante de tout paiement (Cass., 11 déc. 1883, D. 85. 1. 30, S. 84. 1. 335).

*** 692. Survie d'une obligation naturelle.** — Quand elle a été opposée, la prescription a pour résultat de paralyser l'action du créancier. Éteint-elle complètement son droit ? Non, au moins dans l'opinion générale ; elle laisse subsister une obligation naturelle. On ne peut guère fournir la démonstration rigoureuse de la survivance, à ce degré inférieur, de l'obligation prescrite. Tout ce qu'on peut dire, c'est que les motifs sur lesquels repose la prescription reçoivent une satisfaction suffisante quand le droit d'action est retiré au créancier[1]. Si le débiteur ne s'est pas réellement libéré, il reste tenu en conscience d'acquitter sa dette, et il n'y a aucune raison pour ne pas reconnaître à ce reste d'obligation les caractères d'une obligation naturelle. Si le débiteur se ravise, après un jugement qui l'a déclaré quitte comme ayant prescrit, et acquitte sa dette, on méconnaîtrait inutilement l'intention des parties en faisant de cet acte une donation au lieu d'un paiement. S'il y a paiement, il y a une obligation naturelle, et cette obligation peut être non seulement *acquittée*, mais *novée* et *cautionnée*.

C. — Ressource accordée au créancier contre certaines prescriptions.

*** 693. Possibilité de déférer le serment au débiteur.** — L'art. 2275 apporte une restriction remarquable aux effets ordinaires de la prescription : dans quelques cas, qui seront déterminés plus loin, il autorise le créancier à *déférer le serment* à son adversaire pour savoir si la dette est payée. Ainsi il ne suffit pas au débiteur d'opposer l'exception tirée de la prescription : il doit, en outre, si le créancier l'exige, prêter un serment, et, s'il s'y refuse, il sera condamné malgré la prescription accomplie.

694. Distinction à faire pour la formule du serment. — Le serment que le créancier peut exiger n'est pas toujours prêté dans les mêmes termes. S'il s'adresse *au débiteur lui-même*, il peut lui demander de jurer « que la chose a été réellement payée » (art. 2275). Si le serment est déféré à la *veuve*, ou aux *héritiers* du débiteur, ou aux *tuteurs* de ces derniers, quand ils sont mineurs, le créancier peut seulement leur demander de jurer qu'« ils ne savent pas que la chose soit due » (*Ibid.*). C'est ce qu'on appelle le ser-

[1] On pourrait encore reproduire ici le langage de Pothier : « Les fins de non-recevoir [parmi lesquelles il range la prescription] *n'éteignent pas la créance*, mais elles la rendent *inefficace* en rendant le créancier non recevable à intenter l'action qui en naît » (*Obligations*, n° 677). — M. Bugnet dit en note sous ce passage : « Cette idée est purement romaine, et il n'est pas bien sûr que la loi française ait envisagé la prescription sous ce point de vue. » Il est possible que les auteurs du Code, qui étaient des praticiens plutôt que des théoriciens comme Pothier, aient perdu de vue cette idée, mais cela ne l'empêche pas d'être historiquement et rationnellement vraie.

ment de crédulité. Cette différence de forme tient à ce que le débiteur seul est interrogé sur un fait qui lui est personnel ; les autres personnes peuvent réellement ignorer si le paiement a eu lieu. C'est une disposition traditionnelle (Ord. de 1673, tit. I, art. 10 ; *Coutume d'Orléans*, art. 265 ; POTHIER, *Obligations*, nos 718 à 720).

695. Assimilation de l'aveu au serment. — L'art. 2275 ne prévoit qu'un seul moyen pour le créancier d'échapper à l'effet de la prescription : la délation de serment. Il y en a pourtant un second, que la jurisprudence assimile au serment : c'est l'*aveu* du débiteur, reconnaissant que sa dette existe encore. Si donc le créancier possède un aveu de ce genre, fait par écrit, ou même oral et prouvé par témoins, si la dette ne dépasse pas 150 francs, il n'aura pas besoin de déférer le serment à son adversaire, et il obtiendra sa condamnation. La raison en est que la *délation du serment* a pour but d'amener le débiteur à reconnaître indirectement sa dette ; on lui arrache un *aveu tacite* par la crainte du parjure. Si on possède d'avance cet aveu, la délation de serment est inutile.

La jurisprudence admet même qu'un aveu tacite suffit et que cet aveu tacite peut résulter de cette circonstance que le débiteur a commencé par employer un moyen de défense incompatible avec le paiement. Il a, par exemple, invoqué la *compensation* ; s'il est ensuite reconnu que son créancier ne lui devait rien, il se trouve avoir avoué lui-même sa dette (Cass., 31 oct. 1894, S. 95. 1. 29).

696. Exclusion de tout autre moyen de preuve. — Hors l'effet de l'aveu et du serment, le créancier ne peut combattre la prescription par aucun moyen de preuve. C'est l'application inévitable de l'art. 1352, al. 2, qui interdit toute preuve contraire contre les présomptions sur le fondement desquelles la loi dénie l'action en justice. En conséquence, les juges ne peuvent s'appuyer sur aucune circonstance, autre que l'aveu ou le refus de prêter le serment, pour en tirer la conclusion que la dette n'a pas été acquittée (Cass., 22 avril 1891, D. 91. 1. 416, S. 91. 1. 208 ; Cass., 4 nov. 1891, D. 92. 1. 316, S. 91. 1. 519).

On reconnaît même que le demandeur n'a pas le droit de provoquer l'aveu du débiteur en demandant sa comparution personnelle ou un interrogatoire sur faits et articles. La seule ressource que la loi lui laisse est la délation du serment, et l'existence d'un aveu n'est admise que comme une circonstance qui rend inutile la délation du serment. Le demandeur ne pourra donc utiliser qu'un *aveu préexistant* (Voyez les arrêts précités et d'autres plus anciens indiqués dans DALLOZ, *Suppl.*, v° Prescription civile, n° 594).

697. Origine et motifs de l'art. 2275. — La disposition exceptionnelle de l'article 2275 n'est pas une innovation du Code. Elle était dans la tradition du droit français. De tout temps les ordonnances et les coutumes qui établissaient les courtes prescriptions d'un an et de six mois ont été comprises ainsi (Ord. juin 1510, art. 68 ; ord. 1673, tit. I, art. 7 et 8 ; *Cout. de Paris*, art. 125 à 127 ; *Cout. d'Orléans*, art. 265). On y voyait plutôt une *présomption de paiement* qu'une véritable prescription (POTHIER, *Obligations*, nos 718, 723 et 727). Tel étant leur « unique fondement », on autorisait le créancier à déférer le serment à son débiteur : par là, disait Pothier, elles diffèrent de toutes les autres prescriptions qui, bien que fondées, elles aussi, sur une présomption de paiement, constituent en même temps *une véritable peine* pour les créanciers négligents (POTHIER, *op. cit.*, nos 679 et 688). Le Code n'a donc fait que maintenir le droit antérieur.

*** 698. Prescriptions auxquelles s'applique l'art. 2275.** — L'art. 2275 ne s'applique *qu'aux courtes prescriptions établies par les art.* 2271, 2272 et 2273. La place qu'il occupe, à la suite de ces articles, et la façon dont il est rédigé : « Ceux auxquels *ces* prescriptions seront opposées peuvent déférer le serment... », ne laissent aucun doute sur ce point.

Il n'y a donc pas lieu de l'appliquer aux diverses prescriptions, de trois ans et au-dessous, établies par des lois spéciales (ci-dessus nos 640 et suiv.). Du reste, dans la plupart de ces cas, l'action éteinte ne consiste pas à réclamer un paiement en argent, et c'est sur une présomption de paiement rapide, conforme aux habitudes de la vie ordinaire, qu'est fondé l'art. 2275.

Il n'y a pas lieu non plus à délation de serment quand il s'agit de la *prescription quinquennale* établie par l'art. 2277 pour les intérêts, arrérages, loyers et autres revenus périodiques (Cass., 5 août 1878, D. 79. 1. 71, S. 79. 1. 301; Cass., 11 déc. 1883, D. 85. 1. 30, S. 84. 1. 335). Cette prescription de cinq ans n'est pas seulement une présomption de paiement, comme celle des art. 2271-2273 : c'est une *vraie prescription libératoire*, contre laquelle il n'existe aucun remède. La preuve en est : 1° dans la place qu'occupe l'art. 2277, après l'art. 2275, ce qui l'empêche d'être compris dans le renvoi que fait ce dernier article à ceux qui le précèdent; 2° dans ce fait qu'avant la Révolution la prescription de cinq ans était traitée à cet égard comme les grandes prescriptions, et non comme les petites (Pothier, *Obligations*, n° 727; *Constitution de rente*, n° 133). Son fondement non plus n'est pas le même que celui des petites prescriptions. L'ordonnance de 1510, qui l'avait établie contre les créanciers de rentes constituées, ne se fondait pas sur une présomption de paiement de l'arriéré au delà de cinq ans, mais bien sur le désir d'empêcher la ruine du débiteur par l'accumulation des arrérages, et de punir la négligence du créancier qui lui paraissait odieuse et capable de réduire le débiteur à la mendicité. Sur ce principe il fut jugé par arrêt du 23 juillet 1712 (*Journal des Audiences*, t. VI) que le créancier n'était pas admis à déférer le serment au débiteur pour le surplus d'arriéré au delà des cinq ans.

D. — Des renonciations à la prescription libératoire.

699. Renvoi. — La règle est la même que pour la prescription acquisitive; c'est un seul et même texte qui statue sur les deux sortes de prescriptions; on peut renoncer à une prescription *acquise*; on ne peut pas renoncer *d'avance* au bénéfice de la prescription (art. 2220). Voyez ce qui a été dit des renonciations à prescription dans le t. I, à propos de l'usucapion; il suffira ici de quelques brèves observations.

700. Renonciation au cours de la prescription. — On peut renoncer à une *prescription en cours*: la renonciation vaut alors pour le passé. C'est la *reconnaissance de la dette*, qui est une forme d'interruption de la prescription.

701. Renonciation tacite. — La renonciation à la prescription n'a pas besoin d'être expresse; elle peut n'être que tacite : elle s'induit alors de tout fait qui implique l'intention de ne pas s'en servir. Mais celui qui a commencé par opposer d'autres moyens de défense n'est pas présumé, par cela seul, avoir renoncé à la prescription. C'est ainsi qu'on l'a vu opposer, la veille d'un arrêt, dans une affaire qui avait duré vingt-sept ans.

702. Capacité. — Pour renoncer à la prescription extinctive, il faut être *capable* de s'obliger, ou *pouvoir* obliger autrui. Par conséquent, les administrateurs du bien d'autrui qui n'ont pas d'autre charge que d'administrer, ne pouvant obliger celui dont ils font les affaires, ne peuvent renoncer à la prescription acquise. Le *tuteur* peut, il est vrai, obliger le mineur avec l'autorisation du conseil de famille et l'homologation du tribunal; mais sa responsabilité serait engagée s'il n'opposait pas la prescription, car il doit administrer au mieux des intérêts du pupille. Cependant les administrateurs ayant pouvoir pour payer la dette, et en particulier le tuteur, peuvent empêcher la prescription de s'accomplir, soit en payant volontairement, soit en donnant au créancier une reconnaissance de la dette.

703. Action Paulienne. — Si la renonciation est faite en fraude des droits des créanciers, elle peut être annulée par application de l'art. 1167. On a déjà vu que la jurisprudence n'exige même pas en pareil cas la preuve spéciale de la fraude (T. Ier, 1re édit., n° 1566; 2e édit., n° 1507).

APPENDICE

DES DÉLAIS PRÉFIX

704. Leur caractère. — Il ne faut pas confondre avec les prescriptions, les simples *délais préfix*. La prescription *éteint une obligation* ; le délai préfix est donné par la loi *pour accomplir un acte déterminé*, qui ne peut être fait que dans le délai fixé, de sorte qu'en cas de retard l'intéressé est forclos, et ne peut plus faire utilement l'acte d'où dépendait la conservation de son droit ou la protection de ses intérêts. Le délai préfix diffère donc de la prescription par son but.

Les délais préfix diffèrent encore de la prescription en ce qu'ils ne sont pas susceptibles d'être *allongés ni par une cause de suspension ni par un acte interruptif.* Ils courent donc contre tout le monde et s'accomplissent fatalement à l'heure dite. La seule prorogation dont ils soient susceptibles est ce qu'on appelle le *délai de distance* quand l'intéressé réside au loin (art. 73 et 445 C. proc. civ.).

705. Exemples de délais préfix. — Les délais de ce genre sont très nombreux dans la procédure ; nous citerons seulement les délais donnés pour l'exercice des voies de recours, appel, opposition, pourvoi en cassation.

Dans le droit civil on en trouve également un assez grand nombre. Citons comme tels à titre d'exemples :

1° Les délais donnés pour la *célébration du mariage* après les publications (art. 65).

2° Le délai de deux mois, donné pour la *transcription d'un jugement de divorce* (art. 252).

3° Les différents délais donnés pour les *inscriptions hypothécaires*, soit pour la conservation du rang (art. 2109 et 2111 ; L. 23 mars 1855, art. 8), soit pour la conservation du droit hypothécaire lui-même (art. 2194-2195 ; L. 23 mars 1855, art. 6).

4° Le délai conventionnel du *réméré*, lequel ne doit pas dépasser cinq ans (art. 1660).

5° Le délai d'un an accordé pour demander la *taxe* contre un notaire qui réclame des honoraires exagérés ou suspects d'exagération (L. 5 août 1881, art. 2).

706. Actions en justice enfermées dans des délais préfix. — On reconnaît, en outre, le même caractère à certains délais qui ressemblent de plus près à des prescriptions, parce qu'ils éteignent des *actions en justice*, analogues à celles qui sanctionnent les obligations. Parfois même il s'agit de véritables rapports obligatoires existant entre particuliers. Le premier délai préfix qu'on doive citer en ce genre est celui de l'art. 1674, établi pour l'action en *rescision d'une vente d'immeuble pour cause de lésion*. Cette action a une durée de deux ans, et le délai court contre tout le monde, même contre les absents et les incapables. Le texte est formel, mais c'est le seul cas où il y ait un texte.

Par analogie, on donne la même décision pour quelques autres actions enfermées également dans des délais assez brefs. Telles sont : les actions en *nullité de mariage* prévues par les articles 180-183 ; l'action en *désaveu de paternité* (art. 316) ; l'action contre le *vendeur d'immeuble* pour *défaut de contenance* (art. 1622) ; l'action en *révocation d'une donation* pour cause *d'ingratitude* (art. 957) ; les actions en garantie pour vice rédhibitoire dans les *ventes d'animaux* (art. 1648 ; L. 2 août 1884, art. 5 et 6).

OBLIGATIONS A OBJETS MULTIPLES

CHAPITRE UNIQUE

§ 1. — *Obligations ordinaires.*

707. Absence de particularités. — Si la même personne doit à une autre plusieurs choses, *de façon qu'elle ne puisse se libérer qu'en les fournissant toutes*, il peut y avoir, selon les cas, *plusieurs obligations* distinctes ayant un objet différent, ou bien *une obligation unique* ayant pour objet une *universalité*. Ainsi un testateur lègue un objet d'art et une somme de 5 000 francs à un ami : le légataire est tenu, en réalité, de deux obligations différentes, et il peut se faire qu'il soit libéré de l'une, tout en restant tenu de l'autre. Si, au contraire, le legs porte sur une collection d'objets d'art que possédait le défunt, il y a une obligation unique ayant pour objet un groupe de choses. Dans les deux cas aucune dérogation aux règles ordinaires ne se produit : l'objet dû se ramène toujours à l'unité, la collection (ou tout autre groupe de choses) étant considérée comme une universalité, qui doit être livrée en une seule fois.

§ 2. — *Obligations alternatives.*

* **708. Définition.** — L'obligation alternative est *celle qui a pour objet deux ou plusieurs prestations qui sont dues de telle sorte que le débiteur se libère entièrement en exécutant une seule d'entre elles.*

L'art. 1189 suppose que ce sont des *choses* qui font l'objet de l'obligation alternative ; mais ce peut tout aussi bien être deux *faits*, ou *une chose et un fait*. De plus, si le chiffre de deux est habituel en ces sortes d'obligations, rien n'empêche d'en mettre trois ou davantage (art. 1196).

* **709. Du choix.** — Le choix à faire appartient au débiteur, s'il n'a pas été expressément accordé au créancier (art. 1190). Application de la règle de l'art. 1162, d'après laquelle le doute s'interprète en faveur du débiteur.

Le débiteur peut choisir l'une ou l'autre des choses dues, mais il ne peut forcer le créancier à recevoir une partie de l'une et une partie de l'autre (art. 1191).

Si l'une des deux choses comprises dans l'alternative n'est pas susceptible d'être l'objet[1] d'une obligation, l'alternative est supprimée et l'obligation n'a plus qu'un objet unique (art. 1192).

710. Des risques. — La loi a traité avec un certain luxe de détails la question des risques dans les obligations alternatives (art. 1193-1195). Voyez ces textes, qui sont dépourvus d'utilité pratique ; on pourrait les supprimer sans inconvénients.

[1] La loi dit à tort « sujet ». Ce sont les *personnes* qui sont les *sujets* des obligations ; les *choses* en sont les *objets*.

§ 3. — *Obligations facultatives.*

* **711. Définition.** — L'obligation est *facultative,* lorsque le débiteur doit *une prestation unique,* mais *avec faculté de se libérer en accomplissant une autre prestation déterminée à la place de celle qui est due.*

Le Code civil ne s'est pas occupé des obligations facultatives ; elles offrent, cependant, un intérêt pratique qui manque totalement aux obligations alternatives, auxquelles il a consacré huit articles. — Les textes romains sont, au contraire, assez nombreux sur ces questions.

712. Comparaison avec l'obligation alternative. — L'obligation facultative n'a, en réalité, qu'un seul objet. Ce qui peut être fourni à la place de l'objet dû n'est qu'un *moyen de libération,* et non l'exécution directe de l'obligation. Les Romains disaient que cette chose n'était pas « in obligatione », mais seulement « in *facultate* solutionis ». C'est de là que Delvincourt a tiré l'expression d' « obligation facultative », qui a fait fortune, car elle est commode pour désigner cette sorte d'obligations. Dans l'obligation alternative, au contraire, tous les objets compris dans l'obligation sont également dus ; tous sont, comme disaient les anciens, « in obligatione » ; mais chacun d'eux n'y figure que sous la condition d'être choisi lors de l'exécution.

De cette différence spécifique résultent les différences suivantes :

1° Le caractère *mobilier ou immobilier* de la créance se détermine dans l'obligation alternative par la nature de la prestation qui sera fournie ; dans l'obligation facultative, par la nature de la prestation qui lui sert véritablement d'objet, sans qu'il y ait à se préoccuper de la chose qui est « in facultate solutionis ».

2° Si le créancier forme une *demande en justice,* au cas où l'obligation est alternative, il doit demander l'une ou l'autre des choses dues, afin de laisser le choix au débiteur, à moins qu'il ne possède lui-même le droit de choisir, auquel cas il doit demander celle qu'il préfère. Si l'obligation est facultative, il ne peut jamais demander que l'objet de la prestation due, et le tribunal ne peut condamner le défendeur qu'à fournir cet objet. C'est ensuite au débiteur à user, s'il le juge à propos, de la faculté qu'il a de se libérer par une autre prestation (Douai, 21 mars 1891, D. 92. 2. 549).

3° Si l'une des choses comprises dans l'obligation alternative est *illicite* ou *impossible* l'obligation subsiste pour les autres, avec cette seule différence que le choix est diminué ou supprimé. Le même fait survenant pour l'obligation facultative éteint toute l'obligation si c'est la chose due qui est illicite ou impossible ; la prestation facultative n'est pas due pour elle-même ; elle n'était qu'un moyen de se dispenser de l'autre prestation.

4° Même différence entre les deux espèces d'obligations au point de vue des *risques* : la perte fortuite, ou l'impossibilité d'exécuter la chose due, libère entièrement le débiteur, si l'obligation était facultative ; elle restreint seulement son choix, si l'obligation était alternative (art. 1193, al. 1). Pour que le cas fortuit le libère en ce cas entièrement, il faut qu'il tombe à la fois sur tous les objets dus (art. 1195).

713. Exemples pratiques. — Les *testateurs* aiment assez, en imposant des legs à leurs héritiers, leur donner un moyen de se libérer, s'ils le préfèrent, sous une autre forme. L'*action en rescision* d'un partage ou d'une vente d'immeubles offre également un exemple d'obligation facultative : au cas où la demande est admise, le défendeur peut échapper à l'obligation de restituer l'immeuble qu'il détient ou de subir un nouveau partage, s'il paie au demandeur une indemnité qui fasse disparaître la lésion (art. 891 et 1681). Il a donc la faculté de substituer une indemnité à la restitution dont il est tenu. — Dans l'hypothèse prévue par l'art. 2131, le débiteur peut également échapper au remboursement immédiat de sa dette, en fournissant un *supplément d'hypothèque*. Autre exemple en droit commercial, dans la matière des *lettres de change* : dans l'hypothèse prévue par l'art. 120 C. com. (refus d'acceptation d'une lettre de change), le tireur et les endosseurs sont obligés de fournir caution au porteur de l'effet, afin de lui en assurer le paiement le jour de l'échéance ; mais ils peuvent aussi, si cela leur est plus commode, offrir immédiatement le remboursement de tout ce qui lui est dû.

PLURALITÉ DE CRÉANCIERS OU DE DÉBITEURS

* **714. Fréquence du fait.** — L'obligation peut exister, soit au profit de plusieurs créanciers, soit à la charge de plusieurs débiteurs, et cette *pluralité de personnes,* d'un côté ou de l'autre, ou même des deux côtés à la fois, est un fait *extrêmement fréquent.* Aussi l'art. 1101 l'a-t-il prévu dans la définition même de l'obligation en disant qu' « une ou plusieurs personnes s'obligent envers une ou plusieurs autres ». Tantôt la pluralité de débiteurs ou de créanciers se rencontre *dès le début*; l'obligation s'est formée par le concours de volontés multiples. Tantôt c'est un fait *postérieur* qui l'a amenée : à un créancier ou à un débiteur unique ont succédé plusieurs personnes qui ont pris son rôle, ordinairement à la suite de son décès.

CHAPITRE PREMIER

DES OBLIGATIONS CONJOINTES

715. Principe. — Lorsqu'il y a plusieurs créanciers ou plusieurs débiteurs, la règle est que *la dette ou la créance se partage en autant de fractions qu'il y a de débiteurs ou de créanciers.*

Ce principe, formulé expressément par le Code allemand (art. 120), n'est écrit nulle part d'une manière générale dans nos lois. Il résulte indirectement de l'art. 1202, d'après lequel la solidarité est un fait exceptionnel, et il en est fait une application dans l'art. 1220.

716. Terminologie. — L'expression « obligations *conjointes* », dont on se sert pour désigner cette situation, est assez mal choisie : le mot « conjoint » désigne naturellement des choses ou des personnes qui sont unies ou liées ensemble, et ici il sert, au contraire, à désigner un état de morcellement et de séparation ; il semble donc que le mot « obligations disjointes » eût mieux convenu. Ce langage singulier peut même avoir des inconvénients pratiques, pour les gens qui ne seraient pas informés du sens des mots. Un créancier, qui a stipulé de deux débiteurs qu'ils répondront « conjointement » de la dette, pourra se trouver surpris d'apprendre qu'ils sont en réalité ses débiteurs disjoints.

Le terme en usage peut s'expliquer de la façon suivante : l'obligation est *contractée conjointement* au profit de plusieurs créanciers ou à la charge de plusieurs débiteurs; mais si aucune cause particulière ne vient l'y soustraire, elle est soumise à la règle générale qui veut que les créances et les dettes se divisent de plein droit. La conjonction se rencontre, non dans l'obligation une fois formée, mais dans la cause qui la produit.

717. Origine du principe. — La règle de la division des créances et des dettes était déjà le droit commun à l'époque romaine. Voyez, pour la division de l'obligation au moment de sa formation, *Digeste*, liv. XLV, tit. 2, fr. 11, § 1-2, et pour sa division au décès du créancier ou du débiteur, *Code*, liv. XIII, tit. 31, loi 1, 2. Pour le maintien traditionnel de ce principe, voir DOMAT, *Loix civiles*, liv. III, tit. 3, sect. 1, § 2.

*** 718. Mode de division.** — En principe, la division de l'obligation contractée conjointement se fait *par têtes*, c'est-à-dire *par parts égales*. Ainsi quand deux personnes achètent une chose conjointement, chacune d'elles ne doit que la moitié du prix. Cependant la *convention des parties* pourrait adopter un autre mode de répartition, et l'inégalité des parts peut être aussi grande qu'on voudra. Cette convention peut être expresse ou tacite.

Au cas où il y avait d'abord un créancier ou un débiteur unique, auquel plusieurs héritiers ont succédé, la division de la créance ou de la dette s'opère entre eux sur une base particulière : elle se fait *dans la proportion de leurs parts héréditaires* (art. 1220).

*** 719. Effets de la division des obligations.** — Une fois fractionnée, la créance ou la dette a perdu toute trace de son unité primitive, en admettant qu'elle ait commencé par être unique ; à plus forte raison, si elle naît divisée : il existe autant de petites créances ou de petites dettes qu'il y a de personnes, et chacune d'elles a un sort indépendant de celui des autres. *Chaque débiteur* n'est tenu de payer que *sa part*; *chaque créancier* ne peut exiger que *sa part*. Si l'un des débiteurs devient *insolvable*, la perte est pour le créancier ; les autres débiteurs n'en sont point grevés. Si l'un d'eux est mis en *demeure*, lui seul subit les effets de la demeure, qui ne s'étend pas aux autres. Si la *prescription est interrompue ou suspendue* pour l'un des créanciers ou contre l'un des débiteurs, celui-là seul en souffre ou en profite ; et la prescription continue à courir pour ou contre les autres.

720. Exceptions à la règle. — Si la règle commune est la division des obligations contractées conjointement ou transmises par succession à plusieurs, cette division peut être empêchée par deux causes différentes : la *solidarité* et l'*indivisibilité*, qui ne dérivent pas des mêmes causes et ne produisent pas les mêmes effets. Voyez les deux chapitres suivants.

721. Critique de l'art. 1221. — L'art. 1221 énumère en outre cinq cas dans lesquels il y aurait, pour des raisons diverses, exception à la règle de la division des obligations, en dehors des cas de solidarité et d'indivisibilité. Sur ce nombre, il y en a trois, prévus aux nos 2, 4 et 5 du texte, qui sont de *véritables cas d'indivisibilité* et que nous retrouverons plus loin. Les deux autres (dette hypothécaire et obligation alternative) ne contiennent qu'*en apparence* des exceptions à la règle de la division des obligations, de sorte qu'il ne reste rien de l'énumération contenue dans cet article.

1° DETTE HYPOTHÉCAIRE. — Il est parfaitement vrai que, lorsqu'un créancier possède une hypothèque, son action lui est ouverte pour le tout contre tout héritier de son débiteur qui possède l'immeuble hypothéqué ou une fraction de cet immeuble. Mais il n'y a là aucune dérogation à la règle : ce qui est indivisible, c'est le *droit réel d'hypothèque* ; mais la dette, considérée comme obligation personnelle, se divise très régulièrement entre les héritiers : chacun d'eux est tenu *personnellement pour sa part* et hypothécairement pour le tout, comme le dit l'art. 873. Or on ne doit pas oublier que l'action hypothécaire est une action *réelle*; son indivisibilité n'est donc pas contraire à l'art. 1220, qui concerne les *obligations*.

2° Obligation alternative. — Lorsque le débiteur doit deux choses différentes sous une alternative, ses héritiers doivent s'entendre pour offrir la même chose au créancier ; l'un ne peut pas se libérer en offrant sa part dans l'une des deux choses, tandis que l'autre choisirait sa part dans l'autre chose. Mais il n'y a là encore aucune dérogation à la règle de la division des obligations : ce qui est indivisible, c'est *le choix* à faire entre les deux choses ; quant à l'obligation en elle-même, elle sera divisible ou indivisible, selon la nature de la chose qui sera choisie. Les auteurs du Code ont été ici induits en erreur par une classification défectueuse de Pothier (*Obligations*, n° 312), dont la responsabilité première remonte à Dumoulin (*Extricatio labyrinthi dividui et individui*, II, 124).

CHAPITRE II

DE LA SOLIDARITÉ

GÉNÉRALITÉS

** **722. Définition générale.** — La solidarité est une manière d'être spéciale, une *modalité* des obligations, *qui s'oppose à leur division entre créanciers* (solidarité active) *ou entre débiteurs* (solidarité passive), et qui n'a d'autre cause qu'une *décision arbitraire* des parties ou de la loi. Son étude est un des points les plus importants de la théorie des obligations.

* **723. Origine historique.** — Notre solidarité moderne dérive principalement d'une institution romaine qui n'avait pas reçu de nom particulier dans l'antiquité et que les commentateurs ont pris l'habitude d'appeler la *corréalité* ; on la désignait jadis à l'aide de périphrases : « Fiunt duo rei stipulandi [seu promittendi] » (*Digeste*, liv. 45, tit. 2). Les règles de détail se sont considérablement modifiées, mais la physionomie générale est restée la même et la filiation historique de l'une à l'autre est certaine. Qu'on lise Domat et tous nos anciens auteurs : ils citent les textes relatifs aux « duo rei » et n'emploient pas d'autres matériaux pour bâtir leur théorie. Nous avons aussi emprunté aux anciens leur principe de la responsabilité « in solidum », qui est une variété de la solidarité. Mais, sauf peut-être pour les pays du Midi où le droit romain s'est conservé sans interruption, la théorie de la solidarité paraît être une *restauration* des idées anciennes, introduite dans la pratique sous l'influence de l'enseignement du droit romain.

724. Étymologie. — Le mot « solidaire » a été forgé par les auteurs modernes ; il ne paraît pas remonter au delà du XVIIIe siècle. Il vient du latin *solidum*, qui exprime l'idée de totalité, chose entière, non partagée. De la langue juridique, le mot « solidaire » a passé dans la langue littéraire, avec le sens de « lié, qui suit le même sort ». Les plus anciens exemples qu'en cite Littré sont empruntés à Voltaire et à Diderot. Quant au mot « solidarité », il est plus récent encore, et apparaît avec le Code civil. Domat et Pothier disaient « solidité ».

§ 1. — *Solidarité entre créanciers.*

725. Sa rareté. — La solidarité active est *sans application aucune en matière civile* ; il paraît cependant qu'on en voit des exemples en matière commerciale. En effet, le seul résultat utile qu'elle produise, la possibilité pour chacun des créanciers de demander au débiteur le total de la dette, peut être obtenu *à l'aide d'un mandat*, avec une égale simplicité, et même d'une manière plus avantageuse, car la solidarité entre créanciers offre divers dangers qu'on évite avec le mandat. Aussi peut-on la considérer comme une *institution morte*, et il suffira d'indiquer sommairement les règles que le Code a formulées pour elle.

726. Ses sources. — Elle peut être créée par une convention ou par un testament ; la loi ne l'établit jamais de plein droit.

727. Son but. — Le but principal qu'on pourrait se proposer en établissant la solidarité active est de donner à chaque créancier le droit d'exiger le total de la dette. Mais par le paiement du total fait à un seul créancier le débiteur est libéré envers tous, car il ne doit payer qu'une fois (art. 1197).

728. A qui doit être fait le paiement. — Tant que le débiteur n'est pas poursuivi, il peut choisir celui des créanciers à qui il veut offrir le paiement. Dès qu'il est touché par une demande émanée de l'un d'eux, il ne peut plus payer aux mains des autres (art. 1198, al. 1). La loi française est formelle ; le Code allemand maintient au contraire au débiteur le droit de payer entre les mains d'un créancier autre que le poursuivant (art. 428).

729. Relations entre les créanciers. — Il ne faut pas considérer chaque créancier solidaire comme étant seul maître de la créance et comme ayant le droit d'en disposer pour le tout. En réalité, la créance ne lui appartient que pour une part, et quant à l'excédent, s'il lui est permis de le toucher, c'est uniquement parce qu'il en a reçu le *pouvoir* des autres. Chacun d'eux est chargé de conserver et de recouvrer la créance commune, mais il ne peut rien faire qui empire la situation des autres. De là une double série de conséquences.

A. — De ce que chaque créancier a reçu pouvoir des autres pour la conservation de la créance commune, il résulte :

1° Que chacun d'eux peut *toucher le total* et donner quittance au débiteur ;

2° Que si l'un d'eux met le débiteur en *demeure*, les effets de la demeure se produisent au profit de tous les créanciers ;

3° Que si l'un d'eux fait courir les *intérêts moratoires*, ces intérêts courent pour tous ;

4° Que s'il *interrompt la prescription*, il l'interrompt au profit de tous (art. 1199).

Mais cette règle est spéciale à l'interruption de prescription, qui suppose l'intervention active du créancier. S'il s'agissait d'une suspension de prescription, pour cause de *minorité* par exemple, l'effet en serait restreint à celui des créanciers qui serait mineur.

B. — De ce que chaque créancier n'a reçu des autres qu'un pouvoir limité il résulte :

1° Qu'aucun d'eux ne peut faire *novation* ou *remise* de la dette entière sans le consentement des autres ; malgré la novation ou la remise, la créance solidaire reste intacte pour la part des autres créanciers ; son effet ne porte que sur la part de celui qui l'a consentie (art. 1198, al. 2) ;

2° Que si le créancier a déféré le *serment* au débiteur et si celui-ci a juré qu'il ne devait rien, ce serment n'est pas opposable aux autres (art. 1365, al. 2). Le débiteur n'est libéré que pour la part du créancier qui le lui a déféré.

Quant à l'effet du *jugement* obtenu sur les poursuites d'un seul des créanciers, il semble que, s'il est favorable à la demande, il devrait profiter à tous ; mais que, s'il est contraire, il ne peut pas nuire aux créanciers qui n'ont pas figuré dans l'instance. Toutefois ce point est controversé.

730. Partage entre créanciers. — Quand l'un des créanciers a touché le total, il ne peut pas tout garder pour lui ; il doit répartir la somme entre tous, en proportion de leurs parts dans la créance commune, et, si ces parts ne sont pas déterminées, la répartition se fait par parts égales.

731. Dangers de la solidarité active. — L'inconvénient capital de ce genre de solidarité est qu'elle met tous les créanciers à la merci de chacun d'eux, puisque chacun peut à l'échéance toucher le total et se l'approprier ou le dissiper. Il vaut bien mieux rester créanciers séparés et ne pas courir le risque de l'insolvabilité du premier qui touchera. Il est toujours temps de donner un mandat si on en a besoin.

§ 2. — *Solidarité entre débiteurs.*

732. Son importance pratique. — Autant la solidarité entre créanciers est une chose inutile et ignorée de la pratique, autant la solidarité entre débiteurs est fréquente, et féconde en applications et en intérêts.

A. — Sources de la solidarité passive.

* **733. Énumération.** — La solidarité entre débiteurs a deux sources : 1° *la volonté de l'homme* ; 2° *la loi* (art. 1202).

1° Solidarité établie par les particuliers.

* **734. Modes d'établissement.** — Le titre qui rend les codébiteurs solidaires est ordinairement une *convention*, le contrat même par lequel ils se sont obligés. Mais la solidarité peut aussi être établie par un *testament* entre les codébiteurs d'un legs.

735. Présomption contraire à la solidarité. — La solidarité est une exception au droit commun ; la règle est la division de la dette entre ceux qui s'obligent conjointement. Aussi l'art. 1202 dit-il que « la solidarité *ne se présume pas* ». Cela veut dire que, dans le doute, on ne décidera pas que les débiteurs sont solidaires ; ce n'est pas leur condition normale.

* **736. De la stipulation de solidarité.** — La solidarité ne se présumant pas, elle a besoin d'être *stipulée*. L'art. 1202 dit que cette stipulation doit être *expresse*. Cela est vrai *en matière civile*, car *en matière commerciale* l'usage sous-entend la stipulation de solidarité (Lyon-Caen et Renault, *Précis*, n° 597 ; *Traité*, t. III, n° 38. — Contra Boistel, n° 435). La réserve contenue dans l'art. 1107, in fine, permet de valider cet usage. Comp. C. com. italien, art. 40.

Cependant, si la stipulation de solidarité doit être expresse, il n'est pas nécessaire d'employer, comme un terme sacramentel, le mot de « solidarité » ; l'intention de l'établir pourrait résulter des clauses de l'acte. Il suffit que la volonté des parties ne soit pas douteuse.

737. Preuve de la solidarité. — La convention de solidarité reste soumise pour sa preuve aux règles du droit commun. Il faudra donc un *écrit* au-dessus de 150 francs ; mais si l'écrit n'en fournit qu'une preuve incomplète, ce commencement de preuve donnera ouverture aux *témoignages* et aux *présomptions*. Cela n'est pas contraire à la disposition de l'art. 1202, qui dit que la solidarité ne se *présume* pas : ces mots signifient que la solidarité a besoin d'être prouvée par celui qui l'invoque, mais ils ne dérogent en rien aux règles générales des preuves.

2° Solidarité établie par la loi.

* **738. Énumération.** — La solidarité est dite *légale* lorsqu'elle existe de plein droit, en vertu d'une disposition de loi. Ces cas sont assez nombreux. Sont de plein droit débiteurs solidaires :

1° La *femme remariée et son second mari* ayant de fait ou de droit la cotutelle des enfants du premier lit (art. 395-396).

2° Les *exécuteurs testamentaires* (art. 1033).

3° L'*époux survivant et le subrogé-tuteur des enfants mineurs* dans l'hypothèse prévue par l'art. 1442 (défaut d'inventaire après la dissolution de la communauté).

4° Les *coemprunteurs d'une même chose* (art. 1887), pour sa restitution.

5° Les *comandants envers le mandataire* (art. 2002).

6° Les *associés en nom collectif* (art. 22 C. com.), pour les dettes de la société.

7° Les *cosignataires d'une lettre de change* (art. 140 C. com.), ou d'un billet à ordre (art. 187 C. com.).

8° Les *coauteurs et complices d'un même crime ou d'un même délit* (art. 55 C. pén.) pour le paiement des amendes, des restitutions, des dommages-intérêts et des frais.

Un certain nombre de lois spéciales établissent également la solidarité à propos des contraventions et délits qu'elles prévoient. Il en est ainsi notamment en matière de *chasse*, de *douanes*, d'*impôts indirects*, de *délits forestiers*. Ce ne sont pas des cas nouveaux de solidarité, mais bien des applications particulières du principe général écrit dans l'art. 55 C. pén. La solidarité établie par l'art. 55 n'existe qu'après la condamnation, car le texte dit : « Les individus *condamnés* pour un même crime ou un même délit... » Toutefois cette remarque n'a qu'une importance relative, à cause de la jurisprudence spéciale sur la responsabilité solidaire des délits et des quasi-délits (ci-dessous n°s 900 et suiv.). L'art. 55 est contraire au principe de la personnalité des peines, en tant qu'il établit la solidarité en matière d'*amendes*, car l'amende est une peine, et l'on fait ainsi acquitter par l'un la peine de l'autre.

9° Les *propriétaires de chèvres conduites en commun*, pour les dommages qu'elles causent (L. 4 avril 1889, art. 3). — Cette dernière disposition n'est qu'une application particulière d'une jurisprudence plus générale qui sera expliquée plus loin (n°s 900 et suiv.).

10° Les *cohéritiers pour le paiement des droits de mutation* (L. 22 frimaire an VII, art. 32).

739. Cas supprimé. — Un onzième cas avait été établi par le Code civil (art. 1734) entre les *locataires d'une maison incendiée*. Il a été supprimé par la loi du 5 janvier 1883.

740. Situation spéciale des cautions. — Soit dans leurs rapports avec le débiteur, soit dans leurs rapports entre elles, les cautions sont dans une situation qui était originairement la solidarité, mais qui a été atténuée dans un cas par le bénéfice de discussion, dans l'autre par le bénéfice de division, de sorte que la plupart des effets de la solidarité ont disparu. Néanmoins il en reste encore le résultat fondamental, la possibilité au moins théorique de demander le total à chaque caution et de poursuivre les cautions avant le débiteur principal : deux points qu'on ne saurait expliquer sans l'existence ancienne d'un lien de solidarité entre tous ces codébiteurs.

B. — Caractères propres de l'obligation solidaire.

** **741. Unité d'objet et pluralité de liens.** — Le trait caractéristique de l'obligation solidaire est que *tous les codébiteurs s'obligent à la* *même chose* : « eadem res, eadem pecunia », disent les textes anciens. Cette identité d'objet n'empêche pas l'obligation solidaire de former, entre le créancier et les débiteurs, *plusieurs liens obligatoires distincts*. Le créancier a devant lui plusieurs débiteurs, qui tous lui doivent la même chose ; mais l'obligation de chacun d'eux est, dans une certaine mesure, indépendante de celle des autres.

*** 742. Indépendance relative des obligations des codébiteurs.** — L'obligation de chaque débiteur forme une obligation distincte, comme le montrent les conséquences suivantes :

1° La question de savoir si l'engagement est *valable* doit être examinée pour chaque débiteur séparément. L'obligation de l'un peut être annulable pour cause de dol ou de minorité, sans que cela porte atteinte à la validité de l'engagement des autres.

2° L'engagement de l'un des débiteurs peut être affecté d'un *terme* ou d'une *condition*, alors que celui des autres est pur et simple (art. 1201). Les modalités qui affectent leurs engagements ne sont donc pas nécessairement communes à tous.

3° L'un d'eux peut être *affranchi de l'obligation* sans que les autres le soient. Chaque obligation peut donc s'éteindre séparément, au moins par certains modes (voir ci-dessous nos 765-766).

*** 743. Divisibilité de l'obligation solidaire.** — La solidarité ne rend point l'obligation indivisible (art. 1219). Quoique solidaire, celle-ci comporte encore la division qui résulte de la *transmission des obligations par succession*. En d'autres termes, la solidarité empêche la division de la dette au moment de sa formation ; elle ne met aucun obstacle à sa division par l'effet d'événements ultérieurs.

Les héritiers d'une personne décédée ne sont *point solidaires entre eux*. A eux tous ils représentent le défunt, mais chacun ne le représente que pour une part. Si le créancier veut obtenir contre eux les mêmes avantages qu'il aurait obtenus en agissant contre le défunt (paiement total, interruption de prescription, cours des intérêts, etc.), il devra agir contre eux tous à la fois. Si, par exemple, le défunt a laissé deux enfants, le créancier ne pourra demander à chacun d'eux que la moitié de la dette ; en le poursuivant, il n'aura interrompu la prescription que pour cette moitié, etc. Chacun d'eux n'est, en effet, tenu de l'obligation solidaire que pour sa part héréditaire. Mais la solidarité subsiste dans cette mesure entre les héritiers du débiteur décédé et les codébiteurs survivants. Donc, en poursuivant l'un de ces derniers, le créancier interrompra la prescription et fera courir les intérêts contre tous les héritiers du défunt.

Cette décision est traditionnelle (Pothier, *Obligations*, n° 287). Elle est implicitement consacrée par l'art. 1220, d'après lequel l'obligation qui est « susceptible de division » se partage entre les héritiers du débiteur, et l'une de ses principales conséquences se trouve rappelée dans l'art. 2249. Elle est certainement contraire à l'intention des parties et au résultat que l'on se propose en établissant la solidarité. On verra, à propos de l'indivisibilité, comment on peut la corriger dans la pratique (ci-dessous n° 803-3°).

744. Exception en matière de domaines congéables. — On sait que cette tenure, spéciale aux trois départements bas-bretons (Morbihan, Côtes-du-Nord et Finistère), a été conservée par la loi des 7 juin-6 août 1791, qui est toujours en vigueur (Sirey, *Lois annotées*, t. Ier, p. 115). Aux termes de l'art. 3 de cette loi, les héritiers du domanier (tenancier) peuvent partager entre eux les édifices et superfices qui leur appartiennent, mais ils restent toujours *tenus solidairement de la redevance* (Comp. Baudouin de Maison Blanche, *Institutes convenancières*, n° 253; Aulanier, n° 192. — Rennes, 25 janvier 1866 et 5 mars 1868, *Bull. de la Cour de Rennes*, t. III, p. 46 et 346). Cette solidarité qui persiste entre les héritiers est un cas unique dans notre droit, et un reste de l'ancienne solidarité qui existait toujours entre héritiers d'après la coutume de Bretagne.

C. — Effets de la solidarité dans les rapports du créancier avec les débiteurs.

***745. Division.** — La solidarité produit deux sortes d'effets : l'un, qui est son résultat principal, celui qu'on recherche en l'établissant, est d'empêcher la division de la dette et d'*obliger chaque débiteur au total*, comme s'il était seul; les autres sont des *conséquences secondaires*, qui se sont développées au cours des siècles, et qu'on explique aujourd'hui par l'idée d'une représentation réciproque des codébiteurs les uns par les autres.

1° Effet principal : obligation au total.

**** 746. Sa conséquence directe.** — Chaque débiteur étant tenu pour le tout, il en résulte que la poursuite du créancier est *régulièrement intentée* quand il demande à l'un d'eux la *totalité* de la somme ou de la prestation quelconque qui fait l'objet de l'obligation (art. 1203).

Le débiteur poursuivi ne peut pas opposer au créancier le *bénéfice de division*, qui a été inventé pour les cautions et qui oblige le créancier à diviser entre elles ses poursuites. Le Code s'en est expliqué formellement dans l'art. 1203, parce que sous notre ancien droit on avait essayé à plusieurs reprises d'étendre le bénéfice de division aux codébiteurs solidaires[1]. Ce serait enlever à la solidarité sa conséquence la plus directe.

***747. Possibilité de poursuivre tous les débiteurs successivement.** — Après avoir poursuivi l'un, sans obtenir tout ce qui lui est dû, le créancier peut encore poursuivre les autres *jusqu'à parfait paiement*. Le paiement seul les libère (art. 1204).

Il en était autrement dans l'ancien droit romain, où le créancier qui avait « duo reos

[1] Voyez notamment Domat : « Quoiqu'il ait été convenu que l'obligation serait solidaire, elle se divise et le créancier ne peut s'adresser à un seul pour tous ; mais, avant que de demander aux uns les portions des autres, il doit les discuter chacun pour la sienne, et il pourra recouvrer ensuite les portions de ceux qui n'auront pas pu payer sur ceux qui resteront » (*Loix civiles*, liv. III, tit. III, sect. I, § 3). Domat considérait donc la nov. 99, dont le sens a été discuté parmi les auteurs modernes (Girard, p. 721, note 2), comme ayant une portée générale et comme ayant accordé le bénéfice de division aux *correi*. Mais il reconnaissait en même temps que les codébiteurs solidaires avaient le droit de renoncer à ce bénéfice, et que cette clause de renonciation était extrêmement fréquente dans la pratique (*loc. cit.*). C'est sans doute cet usage qui a abrogé chez nous l'autorité de la Novelle. Du temps de Pothier, on considérait le droit comme fixé dans le sens du refus de ce bénéfice aux codébiteurs solidaires (Pothier, *Obligations*, n° 270).

promittendi » ne pouvait exercer son action qu'une seule fois; mais l'effet extinctif de la « litis contestatio », déjà fortement atténué dans la pratique, fut entièrement supprimé sous Justinien. Depuis cette époque, la liberté du créancier de poursuivre successivement tous ses débiteurs, tant qu'il n'est pas payé, n'a jamais été remise en question.

748. Liberté du choix du créancier. — Le créancier a toujours le droit de poursuivre celui des débiteurs qu'il lui plaît de choisir. Tous sont sur la même ligne en leur qualité de débiteurs principaux (art. 1203).

***749. Règlement du créancier par un seul des débiteurs.** — Chaque codébiteur peut offrir au créancier le *paiement total* de la dette, et libérer ainsi tous les autres, sauf l'effet du *recours* dont il sera parlé plus loin. Le paiement pouvant en principe être fait par toute personne, ceci n'a rien de particulier à la solidarité; mais il est d'autres modes d'extinction qui demandent quelques explications.

1° COMPENSATION. — Chaque débiteur doit le total; cette circonstance permet à celui qui est poursuivi d'opposer au créancier la *compensation pour le total*, s'il est lui-même créancier du créancier pour une somme suffisante. Quand il compense la dette avec ce qui lui est dû, c'est comme s'il payait effectivement; tous les autres sont libérés. On verra cependant que l'art. 1294 ne permet pas au codébiteur poursuivi d'opposer en compensation ce que le créancier doit aux autres.

2° NOVATION. — Le codébiteur solidaire, qui pourrait libérer tous les autres en faisant une dation en paiement, les libère également en s'obligeant seul à leur place envers le créancier (art. 1281, al. 1). Le codébiteur qui fait novation ne peut pas à lui seul engager les autres dans une nouvelle dette sans leur consentement, et, si le créancier n'exige pas l'adhésion de tous à la nouvelle dette, il est réputé se contenter de l'engagement isolé qu'il a obtenu de l'un d'eux, et les autres sont libérés comme par l'effet d'un paiement.

3° SERMENT. — Si le créancier défère le serment à l'un des codébiteurs solidaires et que celui-ci jure que rien n'est dû, ce serment profite aux autres (art. 1365, al. 4). Cette solution est traditionnelle, et Pothier l'explique en assimilant, comme le faisaient déjà les jurisconsultes romains, le serment au paiement (*Obligations*, n° 918). En prêtant le serment qu'on lui demande, le codébiteur éteint toute l'action du créancier.

4° REMISE DE LA DETTE. — L'un des débiteurs solidaires peut également obtenir du créancier la *remise totale de la dette*, auquel cas tous ses codébiteurs solidaires sont libérés. La loi applique cette règle au cas de *remise tacite*, résultant de la remise soit du titre original sous signature privée, soit de la grosse du titre authentique (art. 1284).

Il est possible aussi que le créancier veuille faire une *remise partielle*, profitant seulement à l'un des codébiteurs solidaires. En ce cas, la dette n'est éteinte que pour la part du codébiteur qui a obtenu sa décharge, et le créancier peut encore répéter la dette contre les autres, déduction faite de la part de celui auquel il a fait la remise (art. 1285). Mais cette remise partielle doit être clairement exprimée; il faut que le créancier réserve formellement ses droits contre les autres débiteurs; sinon, la décharge qu'il donne serait interprétée comme valant libération pour tous (même art.).

2° Effets secondaires de la solidarité.

a. — *Leur principe.*

****750. Représentation des codébiteurs les uns par les autres.** — La solidarité produit, dans les rapports du créancier avec les débiteurs, quelques *effets secondaires*, qui ne peuvent s'expliquer par la simple obligation de chacun au tout. Il est nécessaire de faire intervenir une autre idée, celle d'une *représentation réciproque* entre codébiteurs, qui fait que l'acte accompli par l'un ou contre l'un est réputé fait par ou contre les autres, à l'égard desquels il produit son effet comme s'il était fait par eux.

751. Origine de l'idée de représentation. — Dumoulin avait clairement vu que la seule idée d'une obligation contractée pour le tout par chaque débiteur ne permettait pas d'expliquer les effets propres de la solidarité, ceux par lesquels elle se distingue de la simple indivisibilité : « Ut ergo constituantur duo vel plures correi debendi, non sufficit... ut singuli in solidum teneantur, ut in individuis » (*Extricatio Labyrinthi dividui et individui*, 3e part., n° 156). Mais tout ce qu'il avait trouvé, c'était de dire que chaque « correus » n'était pas seulement tenu *ad totum*, mais qu'il l'était *totaliter*. C'est la huitième des « decem claves » qu'il donne au n° 112 pour résoudre les difficultés de l'indivisibilité, et il essaie de l'expliquer en disant que chacun doit s'obliger à la prestation de la chose aussi complètement que s'il était seul, « singulorum fidem in solidum contemplatam ». (N° 156. — Comp. POTHIER, *Obligations*, n° 262.) Toutes ces explications étaient loin d'être claires et elles sont restées sans influence sur le développement de la jurisprudence française. Les auteurs anciens rattachaient tous les effets de la solidarité à l'unité d'objet (POTHIER, nos 270 et suiv.). Les rédacteurs du Code ont tiré de Pothier tous leurs articles relatifs aux obligations solidaires, sauf un point sur lequel ils ont donné une solution opposée. Ce sont les auteurs modernes qui ont trouvé commode, pour justifier certains effets de la solidarité, de supposer qu'il existe entre les codébiteurs un *mandat tacite* particulier, grâce auquel ils se représentent les uns les autres (TOULLIER, t. VI, 631 ; DURANTON, t. XI, n° 217 ; BUGNET, *Œuvres de Pothier*, t. II, p. 127, note 1 ; AUBRY et RAU, t. IV, p. 28 et 30). Toutefois cette idée de représentation dans le cas de solidarité n'était pas une nouveauté absolue ; on la trouve déjà émise dans le rapport de Favart, à propos des effets de la solidarité entre créanciers (FENET, t. XIII, p. 330).

***752. Progrès et effets de l'idée de représentation.** — Cette idée de mandat, érigée en principe par les auteurs, a pénétré peu à peu dans la jurisprudence, et tous les arrêts s'en inspirent actuellement. La Cour de cassation a même cassé un arrêt de la Cour de Paris parce qu'il lui a paru contraire à ce principe (Cass., 16 déc. 1891, D. 92. 1. 177, P. 92. 1. 211, S. 93. 1. 81). L'idée de représentation, introduite dans la théorie de la solidarité, a engendré certaines conséquences que le Code n'avait pas prévues et qui ont été admises par les arrêts modernes (ci-dessous n° 760). Toutefois comme elle est apparue tardivement, les divers articles du Code ne sont pas toujours en parfaite harmonie ; certains points ont été réglés par des dispositions formelles de la loi positive avant que le principe eût trouvé sa formule définitive.

753. Tentative de réaction. — Quelques auteurs modernes, ne trouvant le principe énoncé ni dans les anciens ouvrages, ni dans les travaux préparatoires du Code, ont pensé que c'était là une « imagination » des interprètes, dénuée de tout fondement et bonne à rejeter (HUC, t. VII, n° 318). Il n'y a cependant aucune raison de le faire : l'explication *théorique* d'une institution juridique peut apparaître après coup et quand l'œuvre est construite. Si l'idée est conforme aux conséquences, si elle explique les solutions données par la loi positive, pourquoi ne pas l'accepter ?

Une objection plus spéciale est faite : il est, dit-on, contraire à la réalité de supposer que tous ceux qui sont tenus solidairement se sont donné réciproquement un mandat ; il est possible qu'ils n'aient pas traité ensemble avec le créancier et qu'ils ne se connaissent même pas (ceci était vrai surtout pour les colocataires d'une maison qui étaient jadis solidairement responsables de l'incendie). — L'observation est juste, mais elle porte seulement sur le mot : on n'a point besoin de sous-entendre un *mandat*, qui serait un contrat spécial entre les codébiteurs ; on peut les considérer comme *constitués d'office par la loi représentants les uns des autres*. La représentation juridique d'une personne par une autre peut exister en dehors de tout contrat ; le mandat n'est qu'un des moyens de la créer, il n'est pas le seul.

*754. **Étendue limitée du pouvoir de représentation.** — La doctrine moderne n'a pas été embarrassée pour définir le « mandat » qu'elle suppose entre les codébiteurs solidaires. Elle a emprunté purement et simplement une formule imaginée au XVIe siècle par Dumoulin pour concilier deux lois romaines (voyez ci-dessous n° 757) et elle n'a même pas eu la peine d'aller la chercher jusque-là, car elle l'a trouvée reproduite dans Pothier (n° 273). Les codébiteurs sont censés se donner réciproquement mandat (nous dirons : sont constitués représentants les uns des autres) « *ad conservandam vel perpetuandam obligationem, non autem ad augendam* »[1].

755. **Comparaison avec le droit romain.** — Le droit romain avait eu l'idée d'une certaine communauté d'intérêts entre les codébiteurs solidaires. Les textes nous parlent tantôt de *correi socii* et tantôt de *correi non socii* ; mais la société des codébiteurs romains ne ressemble pas au lien que le droit français reconnaît entre eux. Elle en diffère sur deux points essentiels : 1° la société des correi romains reposait *sur la nature de leurs relations avant l'obligation contractée par eux*, tandis que la représentation mutuelle de nos codébiteurs *dérive de la solidarité* elle-même ; elle en est une conséquence, si bien qu'elle ne fait jamais défaut, tandis qu'on connaissait en droit romain des « correi non socii ». 2° les jurisconsultes anciens ne se servaient de l'idée de société que pour déterminer *la nature du recours* ouvert au codébiteur qui a payé contre les autres (action pro socio ou familiæ erciscundæ), tandis que notre représentation mutuelle des codébiteurs produit ses effets *dans leurs rapports avec le créancier*.

b. — *Énumération.*

756. **Effets antérieurs au Code civil. — Les auteurs modernes rattachent à l'idée de mandat certains effets secondaires de la solidarité qui ont été admis de tout temps et dont nos anciens auteurs n'avaient réussi à fournir aucune explication satisfaisante. Ces effets sont relatifs à l'*interruption de prescription*, à la *mise en demeure* et à la *faute* de l'un des débiteurs.

1° Interruption de prescription. — L'interruption résultant contre l'un

[1] Ni Pothier ni Dumoulin n'ont jamais appliqué cette formule à un mandat, auquel aucun d'eux n'a pensé; ils s'en servaient seulement pour déterminer les effets de la demeure ou de la faute. On verra d'ailleurs qu'autant elle se justifie avec l'application restreinte qu'on en faisait jadis, autant elle s'explique peu avec l'extension qu'on lui a donnée. Conçoit-on des débiteurs qui se donnent mandat à l'effet d'*entretenir* leur obligation ? Aussi, dans son arrêt précité de 1891, la Cour de cassation a-t-elle apporté à cette formule une légère correction en disant : « Le mandat que les débiteurs sont réputés se donner entre eux, s'il leur permet d'*améliorer* la condition de tous, n'a pas pour effet de pouvoir nuire à la condition d'aucun d'eux. » Il vaudrait mieux reconnaître franchement qu'il n'y a pas de véritable mandat entre les codébiteurs; mais que, *dans l'intérêt du créancier* et *pour la conservation des droits qu'il tient du contrat*, les codébiteurs se représentent les uns les autres, de telle sorte que le créancier obtienne en agissant contre l'un le même effet que par des poursuites exercées contre tous. Ainsi défini, ce pouvoir est nécessairement limité : il ne permet pas à l'un des codébiteurs d'empirer volontairement et par son seul fait la condition des autres.

des codébiteurs solidaires d'une poursuite exercée par le créancier se produit en même temps contre les autres codébiteurs (art. 1206).

Cet effet de la solidarité a été établi par Justinien (*Code*, liv. VIII, tit. 39 [40], loi 5), qui l'a fondé sur une simple considération d'utilité pratique, et Pothier l'explique d'une manière pénible (n° 272).

Ce que l'article 1206 dit de l'interpellation (citation en justice, etc.) a été étendu par l'article 2249 à la *reconnaissance de la dette* faite volontairement par l'un des débiteurs, ce qui accuse encore davantage le pouvoir de représentation mutuelle qui leur est reconnu.

2° Mise en demeure. — Si l'un des codébiteurs est mis en demeure par le créancier, la demeure produit son effet à l'égard de tous (art. 1205). Rappelons que cet effet consiste à mettre les risques à la charge du débiteur. Par suite, si la chose due vient à périr par cas fortuit après la mise en demeure de l'un des débiteurs, tous sont *solidairement responsables de la valeur de la chose*, parce qu'ils sont tous réputés en demeure. Comment la sommation adressée à l'un d'eux produirait-elle effet pour les autres s'il n'y avait au fond une idée de représentation?

3° Faute. — Si l'un deux commet une faute qui entraîne la perte de la chose, tous sont solidairement tenus d'en payer la valeur au créancier (art. 1205). La faute de l'un est donc considérée comme la faute de l'autre.

***757. Particularité relative à la faute et à la demeure.** — D'après l'art. 1205, ceux des débiteurs qui ne sont ni en faute ni en demeure ne sont point tenus des dommages-intérêts que leur codébiteur en faute ou en demeure peut devoir au créancier *outre la valeur de la chose due*; ils sont seulement obligés de payer au créancier le montant primitif de l'obligation. Ce qu'on exprime en disant que la faute de l'un nuit aux autres *ad conservandam obligationem, non etiam ad augendam*[1].

758. Exception résultant d'une clause pénale. — La distinction entre l'*æstimatio rei* et le *damnum* pour déterminer la responsabilité des codébiteurs solidaires n'a pas été toujours respectée. On verra, au n° suivant, que le Code civil l'a abandonnée en

[1] L'art. 1205 reproduit, d'après Pothier (n° 273). une distinction aussi subtile que bizarre qui a été imaginée jadis par Dumoulin pour concilier deux lois romaines. Au titre « De duobus reis » se trouve un texte disant, à propos des « correi promittendi » : *Alterius factum alteri nocet* (*Digeste*, liv. XLV, tit. 2, fr. 18). Au titre « De usuris », il est dit au contraire : *Alterius mora alteri non nocet* (*Digeste*, liv. XXII, tit. 1, fr. 32, § 4). La vérité est que les deux choses, la faute et la demeure, n'étaient pas traitées de la même manière ; les Romains faisaient ici une distinction, et la demeure produisait un effet purement personnel au débiteur qui s'y trouvait mis. Mais Dumoulin, partant de l'idée que la faute et la demeure devaient être traitées de la même manière, a cherché une conciliation et il a inventé de dire que la faute ou la demeure de l'un nuirait aux autres, en ce sens que tous seraient obligés de payer la valeur de la chose, et néanmoins ne leur nuirait pas à un autre point de vue, parce que celui-là seul qui se trouverait en faute ou en demeure serait obligé, s'il y a lieu, de payer des dommages et intérêts au créancier outre la valeur de la chose. « Ita ut insons non consequatur lucrum ex culpa vel mora consortis, sed etiam ne consequatur damnum », et il concluait ainsi : « Culpa nocet consorti... conservando, non autem augendo obligationem » (*Extricatio labyrinthi dividui et individui*, 3° part., n° 126). Tous les auteurs qui ont suivi ont adopté aveuglément son interprétation, qui finalement a passé dans le Code par l'intermédiaire de Pothier.

ce qui concerne les *intérêts moratoires*. Déjà, dans l'ancien droit, on ne l'appliquait pas au cas où les dommages-intérêts avaient été *liquidés conventionnellement par une clause pénale* ; l'indemnité fixée était due *pour le tout* par tous les codébiteurs, même par ceux qui n'étaient pas en faute. Cette solution est *traditionnelle* ; on l'admet encore aujourd'hui, bien qu'elle ne s'appuie sur aucun texte. La clause pénale forme une convention accessoire, subordonnée à l'inexécution de la première, et la somme fixée est due solidairement, de la même façon que l'objet primitif de la dette, dès que la condition se réalise, c'est-à-dire quand l'obligation reste inexécutée.

***759. Effet introduit par le Code civil.** — Le Code a attribué à la solidarité un effet nouveau qu'elle ne produisait pas dans l'ancien droit.

La *demande d'intérêts* formée contre l'un des codébiteurs les fait courir contre tous (art. 1207)[1]. Pothier décidait justement le contraire (n° 273), par application de l'idée de Dumoulin qu'il n'y a que celui qui est en demeure qui soit tenu des dommages dus à raison de son retard. Les rédacteurs du Code ont donc ici abandonné une solution traditionnelle et n'ont pas pris la peine de nous dire pourquoi ; le texte, qui ne figurait pas dans le projet de l'an VIII, a été introduit dans le texte soumis plus tard au Conseil d'État (Fenet, t. XIII, p. 19)[2].

***760. Effets nouveaux admis par la jurisprudence depuis le Code.** — Lorsque l'idée d'une représentation réciproque des débiteurs se fut dégagée, elle a conduit à admettre des effets nouveaux pour la solidarité, et peut-être que son rôle n'est pas encore fini. La jurisprudence a déjà donné les solutions suivantes :

1° Si le créancier poursuit l'un des coobligés, le *jugement* rendu à sa requête est *opposable à tous*, même à ceux qui n'ont pas figuré au procès. L'opinion contraire a longtemps prévalu dans la jurisprudence, et elle compte encore beaucoup de partisans dans la doctrine (Aubry et Rau, t. IV, § 298 ter, et t. VIII, § 769, note 52 ; Laurent, t. XX, n° 120 ; Colmet de Santerre, t. V, n° 328 bis, § 24). Mais la jurisprudence actuelle décide que la chose jugée pour ou contre l'un des débiteurs solidaires est opposable aux autres, sauf à ceux qui auraient une exception personnelle à opposer à la demande, et pourvu aussi que le jugement ne soit pas le résultat d'une collusion frauduleuse entre le créancier et le débiteur poursuivi et n'aggrave en rien l'obligation (Cass., 28 décembre 1881, D. 82. 1. 377, S. 83. 1. 465 ; Cass., 1er décembre 1885, D. 86. 1. 251, S. 86. 1. 55).

2° Si tous les codébiteurs solidaires ont été mis en cause par le créancier qui a obtenu contre eux tous un jugement de condamnation, l'*appel interjeté par l'un d'eux profite aux autres* et couvre la déchéance qu'ils encourent par un appel formé après les dé-

[1] Dans le système primitif du Code, il fallait une *demande en justice* pour faire courir les intérêts moratoires de dettes d'argent. Depuis la loi du 7 avril 1900, une simple *sommation* suffit. La forme a donc changé, mais l'effet attaché à la solidarité est resté le même : les intérêts courent contre tous les débiteurs du moment où ils courent contre l'un d'eux.

[2] Les auteurs modernes se sont ingéniés à expliquer que cette solution était conforme à l'idée d'un mandat donné « ad conservandam, sed non ad augendam obligationem » : ils disent que le cours des intérêts n'augmente pas la charge des autres codébiteurs, car si celui d'entre eux qui a été poursuivi le premier avait payé aussitôt le créancier, les intérêts courraient à son profit ; dès lors, qu'importe à ses codébiteurs de payer ces intérêts à lui ou au créancier ? Si cette charge leur semble trop onéreuse, ils ont un moyen d'y mettre un terme : qu'ils payent eux-mêmes le créancier, puisque la dette est échue. — Explication très ingénieuse, mais à laquelle les auteurs du Code n'ont certainement pas songé. Ils ont voulu tout simplement augmenter les avantages de la solidarité en permettant au créancier d'obtenir par une poursuite unique le même résultat que par des actions multipliées.

lais (Cass., 30 août 1852, D. 52. 1. 276 ; Cass., 10 novembre 1890, D. 92. 1. 8, S. 91. 1. 241)[1].

761. Règle relative aux transactions. — La transaction est un contrat par lequel deux parties mettent fin à un litige, en se faisant des concessions réciproques. Si l'un des codébiteurs transige seul avec le créancier, la transaction ne lie point les autres et ne peut être opposée par eux au créancier (art. 2051)[2]. Toute idée de représentation se trouve ainsi écartée[3].

762. Comparaison du système français et du système allemand. — On a vu combien la solidarité est devenue riche en effets dans le système français ; leur liste s'est allongée au cours des âges. Le système allemand est tout différent ; le nouveau Code civil s'est montré d'une sobriété peut-être excessive. Son article 424 exclut tous les effets secondaires que nous admettons en France, concernant les suites de la *faute* et celles de la *demeure*, l'*interruption* et la *suspension* de prescription, l'*autorité de la chose jugée*. Tous ces faits n'ont d'effet que pour ou contre le débiteur solidaire du chef duquel ils surviennent, à moins que le contraire ne résulte de la convention. Le Code allemand ne considère comme communs à tous les codébiteurs que les modes d'extinction qui consistent dans l'exécution de l'obligation ou dans une satisfaction équivalente procurée au créancier : paiement, dation en paiement, consignation, compensation (art. 422). Par contre, il fait produire à la solidarité un effet défavorable au créancier : quand il est en demeure de recevoir son paiement envers l'un des débiteurs solidaires, il est réputé y être aussi envers les autres (art. 423). Les deux Codes sont donc en cette matière à l'opposé l'un de l'autre, mais leur divergence n'est absolue que pour les cas de solidarité légale : car, en France comme en Allemagne, toutes les fois que les parties établissent la solidarité par convention, elles sont libres d'en modifier les effets. Les codébiteurs allemands pourraient donc se donner mutuellement un pouvoir de représentation réciproque qui produirait les effets du système français, et à l'inverse des débiteurs soumis à notre Code civil pourraient restreindre les effets de la solidarité dans la mesure qu'il leur plairait.

D. — Exceptions opposables au créancier.

***763. Sens du mot « exceptions ».** — Il ne s'agit pas ici d'exceptions proprement dites, c'est-à-dire de simples *exceptions dilatoires*, mais bien d'*exceptions péremptoires*, qui sont de véritables *moyens de défense au fond*. Si on leur donne le nom d'exceptions, c'est pour se conformer au langage que le Code a employé dans l'art. 1208[4].

[1] Pour rester d'accord avec cette dernière décision, la jurisprudence devrait décider que, lorsque les codébiteurs solidaires ont obtenu un jugement contre le créancier, la *signification* de ce jugement, faite par un seul d'entre eux, fait courir le délai d'appel à l'égard de tous. Le débiteur diligent, agissant dans l'intérêt commun, relèverait les autres des effets de leur incurie. La Cour de cassation a cependant admis que le créancier avait encore pu interjeter valablement appel à l'égard des autres, après l'expiration du délai de deux mois, compté à partir de la signification qui lui avait été faite. Seulement l'arrêt obtenu par lui sur cet appel n'est opposable qu'à ceux qui avaient omis de lui signifier le jugement et laisse intacte la décision primitive à l'égard de celui qui avait fait courir le délai d'appel (Cass., 16 déc. 1891, S. 93. 1. 81).

[2] Cet article n'a point statué spécialement pour les obligations solidaires : il vise d'une manière générale tous les cas où plusieurs personnes sont « intéressées » dans une même affaire, mais ce peut être un droit réel, aussi bien qu'une créance ou une dette.

[3] L'art. 2051 n'a pas été emprunté à Pothier, qui n'a point traité de la transaction. Il est pour partie (en tant qu'il défend aux autres codébiteurs de profiter d'une transaction avantageuse conclue par l'un d'eux) dans un désaccord complet avec les art. 1281, 1284, 1285 et 1365, relatifs à la novation, à la remise de dette et au serment, d'après lesquels l'acte de l'un profite aux autres, quand il peut leur être avantageux. — Il est d'ailleurs permis à celui des codébiteurs solidaires qui obtient cette transaction du créancier de stipuler qu'elle bénéficiera à tous, par application de l'art. 1121.

[4] Cet article est très confus et son explication présente de grosses difficultés ; beaucoup d'auteurs le tiennent même pour inutile, car il ne donne point de solutions pré-

***764. Exceptions communes.** — Les exceptions communes sont celles qui peuvent être opposées au créancier par tous les codébiteurs. Telles sont :

1° Les *causes de nullité* qui affectent à la fois l'engagement de tous. Ce peut être une nullité absolue, tirée par exemple du caractère illicite de l'objet, ou de l'absence des formes solennelles qui étaient requises. Ce peut être aussi une nullité relative, s'il y a eu un dol ou une violence pratiquée contre eux tous ou une erreur commise par tous.

2° Les *modalités* communes à tous leurs engagements. Si tous se sont obligés à terme ou sous condition, et si le terme n'est pas encore échu ou si la condition est encore en suspens, il est clair que le créancier ne peut en poursuivre aucun.

3° Les *causes d'extinction* qui ont éteint à la fois la dette de tous, par exemple, un paiement fait par l'un d'eux ou une novation, une remise générale de la dette, la compensation opposée au créancier par l'un d'eux, la perte fortuite de la chose, la prescription, la réalisation d'une condition résolutoire.

***765. Exceptions personnelles.** — Les exceptions sont *personnelles* quand elles appartiennent à un seul des codébiteurs ou à quelques-uns, mais non à tous. Telles sont :

1° Les *causes d'annulabilité* (violence, dol, erreur, incapacité) spéciales à l'un d'eux ou à quelques-uns ;

2° Les *modalités* (terme non échu, condition encore pendante) qui n'affectent pas l'engagement de tous ;

3° Les *causes d'extinction*, qui se sont produites pour un seul d'entre eux, par exemple, une remise à lui faite pour sa part.

***766. Effet variable des exceptions personnelles.** — Le débiteur qui possède une exception personnelle peut l'opposer pour le tout au créancier : il est protégé par elle et il ne doit rien. Mais les autres ne peuvent-ils pas invoquer cette exception de son chef et s'en servir pour partie? EXEMPLE : Trois débiteurs doivent solidairement 30 000 francs ; l'un d'eux est exonéré par une exception qui lui est personnelle ; les autres peuvent-ils faire réduire à 20 000 francs le montant de leur obligation, diminuée désormais de toute la part du débiteur libéré ? On ne peut pas répondre d'une manière absolue : il y a des cas où la libération de l'un d'eux profite aux autres pour sa part, et des cas où elle ne leur sert en rien et où ils supportent à eux seuls tout le fardeau de la dette. C'est à cette différence que l'art. 1208, al. 2, fait allusion en parlant d'exceptions qui sont *purement personnelles* à l'un des codébiteurs.

EXCEPTIONS PERSONNELLES PROFITANT EN PARTIE AUX AUTRES DÉBITEURS. — Quand l'un des débiteurs est libéré personnellement sans que l'obligation ait été exécutée, la dette se trouve parfois *réduite du montant de sa part*. C'est ce qui a lieu :

1° Au cas de *remise de dette* consentie spécialement à l'un d'eux. S'il en était autrement, cette remise ne profiterait même pas à celui qui l'a obtenue, car les autres, restant obligés de payer sa part, auraient recours contre lui pour se la faire rembourser. Pour que la remise produise tout son effet, il est donc nécessaire qu'elle puisse être invoquée par les autres dans la mesure où elle a été faite.

2° Au cas de *confusion*. Si le créancier succède à l'un des codébiteurs, la créance solidaire s'éteint pour partie ; si le créancier pouvait encore poursuivre les autres pour le tout, celui qui le paierait aurait recours contre lui pour une part, puisqu'il représente l'un des débiteurs : il est donc bien plus simple que cette part soit déduite lors de l'exercice de l'action. Mais il n'y a aucune raison pour que les autres n'acquittent pas la leur. C'est ce que décident les art. 1209 et 1301, al. 3.

EXCEPTIONS PUREMENT PERSONNELLES. — Ce sont les plus nombreuses. Elles comprennent d'abord *toutes les modalités* et *toutes les causes d'annulabilité* propres à l'un des débiteurs, et, en outre, *quelques causes d'extinction*. Quand l'engagement

cises et se borne à énoncer une classification des exceptions opposables au créancier, les unes étant *communes* à tous les codébiteurs, les autres *personnelles* à l'un d'eux, avec des subdivisions dans ces deux classes. Mais le Code ne nous apprend pas quelles exceptions sont communes ou personnelles, et c'était là ce qu'il eût été important de dire.

de l'un des codébiteurs est spécialement affecté d'un terme ou d'une condition, il est évident que l'effet en est opposable aux autres codébiteurs aussi bien qu'aux créanciers. De même, si son engagement est vicié par son incapacité ou par un vice du consentement, il a le droit de se faire restituer contre l'acte aussi bien dans ses rapports avec les autres débiteurs que dans ses rapports avec le créancier. Dans un cas comme dans l'autre, il se trouve finalement qu'il y a un codébiteur de moins pour supporter le fardeau de la dette, mais le montant de celle-ci n'est pas diminué, chacun des autres s'étant obligé pour le total.

Quelques textes particuliers établissent la même règle pour certains modes d'extinction. Ainsi, d'après l'art. 1294, l'exception tirée de la *compensation* est *purement personnelle* à celui des débiteurs qui se trouve être en même temps créancier du créancier : elle ne peut pas être opposée par les autres, pas même pour la part de celui qui pourrait la faire valoir. Cette décision est contraire non seulement aux règles de la solidarité, mais aussi et surtout aux règles de la compensation, qui, d'après la loi française, produit son effet de plein droit[1]. Son motif est que l'on a voulu empêcher une sorte d'inquisition dans les affaires d'autrui : il eût fallu que le débiteur poursuivi par le créancier fît vérifier, dans les livres ou dans les titres de son codébiteur, si la créance opposée en compensation existe bien réellement et quel en est le chiffre. — Ce motif n'existe plus si le créancier a commencé par poursuivre précisément celui dont il était lui-même débiteur, et si la compensation lui a été opposée : c'est alors comme s'il avait été payé, et l'exception tirée de la compensation, *une fois opposée* par celui qui la possède, devient *commune à tous*.

Une autre décision analogue résulte de l'art. 545 C. com. La *remise résultant d'un concordat* ne profite pas aux coobligés du failli. Le créancier conserve donc, après le concordat, le droit de poursuivre les autres débiteurs pour le tout. La raison de cette règle se tire du caractère particulier de la remise concordataire : ce n'est pas une remise volontaire faite en faveur de la personne : c'est l'effet d'une *insolvabilité*, qui ne permet pas d'obtenir davantage; or la perte résultant de l'insolvabilité de l'un des codébiteurs solidaires est supportée par les autres.

E. — Rapports des codébiteurs solidaires entre eux.

****767. Division de la dette.** — Si chaque débiteur est tenu du total dans ses rapports avec le créancier, cela n'empêche pas la dette commune de se répartir entre tous. L'art. 1213 dit que « l'obligation contractée solidairement *se divise de plein droit* entre les débiteurs, qui n'en sont tenus entre eux que *chacun pour sa part et portion* ».

Sur quelle base se fait cette division? Elle a lieu, en principe, *par parts égales*. C'est le mode de répartition qui doit être adopté toutes les fois qu'il n'y a aucune raison pour en choisir un autre. La loi présume que les parts de chacun dans l'affaire commune sont égales; en parlant de « portions », l'art. 1213 entend désigner des portions viriles, égales entre elles.

Mais la présomption de la loi est mise de côté dans deux cas :

1° Si l'acte indique *expressément* une répartition sur une autre base;

2° S'il est démontré que *l'intérêt des parties* dans l'affaire est *inégal*.

[1] L'art. 425 C. all. donne la même solution que notre art. 1294, mais en Allemagne elle se justifie mieux parce que la compensation n'y produit pas son effet de plein droit.

Au premier cas, on se conformera aux clauses de la convention ; au second, on évaluera la proportion relative des parts d'intérêts.

*768. **Cas où l'un des débiteurs est totalement exonéré.** — L'inégalité des parts à supporter dans la dette commune peut être très grande. Il se peut même, en poussant les choses à l'extrême et en prenant l'hypothèse la plus simple, que sur deux débiteurs l'un ne doive rien supporter dans la dette, qui sera entièrement acquittée par l'autre.

L'art. 1216 a prévu cette situation et dit qu'en pareil cas la dette doit être entièrement supportée par celui que l'affaire concernait, et que les autres sont traités par rapport à lui *comme ses cautions*. Ils en ont fait l'office en s'engageant pour le total dans l'intérêt d'autrui. Cependant cette assimilation à la caution du débiteur solidaire non intéressé dans la dette n'est vraie que dans les rapports des codébiteurs entre eux : « par rapport à lui », dit l'article 1216, et non dans leurs rapports avec le créancier. C'est, en effet, une tout autre chose de s'obliger comme codébiteur solidaire ou comme caution ; la caution jouit, dans ses rapports avec le créancier, de divers bénéfices qui sont refusés au débiteur solidaire.

769. **Recours du codébiteur qui a payé. — Puisque la dette se divise entre les débiteurs et que chacun d'eux n'en doit supporter définitivement qu'une part, celui qui a payé au delà de sa part a un *recours* à exercer contre les autres pour tout l'excédent.

Ce recours s'exerce par une *double action* :

1° L'action de *mandat* ou de *gestion d'affaires*, simple action chirographaire, née en personne du codébiteur qui a fait le paiement.

Il y a lieu à l'action de mandat lorsque les débiteurs se sont engagés solidairement par un acte volontaire de leur part et licite ; on doit supposer qu'ils se sont réciproquement donné le mandat d'acquitter la dette commune. Il y a lieu à l'action de gestion d'affaires dans tous les autres cas. Que ce soit l'une ou l'autre, les règles sont les mêmes.

2° L'action du créancier, transmise au débiteur par l'effet de la *subrogation légale* (art. 1251-3°). Le codébiteur qui a payé peut donc utiliser pour son recours les diverses garanties, hypothèques ou autres, attachées à l'action du créancier (ci-dessus n° 506).

En général, il aura avantage à se présenter comme subrogé, à cause des *garanties spéciales* que le créancier possédait et dont il profitera, tandis que son action de mandat est chirographaire. Toutefois, si la dette n'était *pas productive d'intérêts*, la subrogation ne lui permettra de réclamer l'intérêt de ses déboursés qu'à compter du jour de la sommation (art. 1153 modifié en 1900), tandis qu'en se servant de son action de mandat ou de gestion d'affaires il les obtiendra à dater du paiement qu'il a fait : les intérêts courent de plein droit au profit du mandataire (art. 2001).

*770. **Division du recours.** — Qu'il agisse de son chef ou comme subrogé, le débiteur qui a payé ne peut réclamer à chacun de ses codébiteurs que la part que chacun d'eux doit définitivement supporter, sa *part contributoire* (art. 1214, al. 1).

Cette division du recours se comprendrait sans peine si le subrogé agissait uniquement comme mandataire ou gérant d'affaires. En effet, il n'a fait l'affaire des autres débiteurs que dans la mesure où chacun d'eux se trouvait tenu de contribuer à la dette commune ; il ne peut donc demander à ce titre rien de plus. Mais, comme le codébiteur qui a payé possède en même temps l'action qui appartenait au créancier et que les autres sont tenus solidairement de cette action, il semble qu'il devrait pouvoir, en se présentant comme subrogé, forcer l'un d'entre eux, à son choix, de lui rembourser tout ce qui excède sa propre part dans l'obligation, sauf à celui-là à recourir à son tour contre un autre, et ainsi de suite jusqu'au dernier. On a voulu éviter, non pas tout à fait un « circuit d'actions », comme le dit Pothier (car un circuit suppose un retour au point de départ), mais tout au moins une *série de recours successifs*, qui pourraient être fort longs, si les débiteurs sont nombreux. Pour simplifier, on force le premier débiteur poursuivi par le créancier à diviser son recours, de façon à faire lui-même, et du premier coup, la répartition définitive de la dette. De là cette légère atteinte aux effets naturels de la subrogation, qui ici ne fait pas acquérir au subrogé exactement tous les droits que possédait le créancier désintéressé par lui : le créancier aurait pu poursuivre solidairement les autres codébiteurs ; son subrogé ne le peut pas.

***771. Répartition des parts d'insolvables.** — Lorsqu'il y a un ou plusieurs insolvables parmi les codébiteurs, la perte à subir par suite de ces insolvabilités se répartit entre les autres « par contribution », dit l'art. 1214, al. 2, c'est-à-dire *en proportion de la part que chacun d'eux doit supporter dans la dette*. C'est l'effet de l'espèce de société que la solidarité établit entre les codébiteurs[1].

F. — De la cessation de la solidarité.

***772. Pacte de remise.** — La solidarité peut cesser par l'effet d'un pacte spécial consenti par le créancier. Ce pacte de remise de la solidarité ne doit pas être confondu avec la remise de la dette : en renonçant à la solidarité, le créancier ne diminue en rien le montant de sa créance, il consent seulement à sa division, et il perd les avantages spéciaux attachés au caractère solidaire de la dette.

Sur les cas où le créancier voudrait faire remise non pas seulement de la solidarité, mais de la dette elle-même, soit pour la totalité, soit seulement pour la part de l'un des codébiteurs, voyez les dispositions des art. 1284 et 1285.

773. Remise générale. — La remise de la solidarité peut être générale et s'adresser à tous les codébiteurs. Alors la dette se divise entre tous, comme si la solidarité n'avait jamais été stipulée.

774. Remise individuelle. — Le créancier peut aussi n'accorder la remise de la solidarité qu'à l'un ou à quelques-uns de ses débiteurs. Désormais il ne peut plus poursuivre celui ou ceux à qui il a fait cette remise que pour leur part. Quant aux autres, il peut encore les poursuivre *solidairement*, mais *déduction faite de la part* de ceux qui ont obtenu remise de la solidarité (art. 1210). Cette solution, contraire à celle que donnait Pothier, est critiquée par quelques auteurs, qui préféreraient maintenir au créancier l'action au total contre ceux qui n'ont pas bénéficié de la remise.

775. Responsabilité des parts d'insolvables. — Après une remise individuelle de solidarité, si l'un des codébiteurs non bénéficiaires de la remise devient insolvable, la perte à subir par suite de cette insolvabilité se répartit contributoirement entre tous, y compris celui ou ceux qui ont été précédemment déchargés de la solidarité par le créancier (art. 1215). Cette décision se justifie par cette raison que le créancier ne peut pas aggraver la charge de certains débiteurs par une remise consentie à d'autres.

[1] Sur une difficulté particulière qui s'est présentée dans un cas où le créancier avait accepté un *paiement partiel* en déchargeant entièrement le codébiteur qui le lui faisait et où il avait accordé ensuite une *remise* aux autres, voyez Cass., 24 juill. 1895, D. 96. 1. 177.

776. Remise tacite. — La remise de solidarité est d'ordinaire l'objet d'un pacte exprès. Elle peut aussi être tacite, et la loi l'induit des circonstances suivantes :

1° Lorsque le créancier, en recevant le *paiement* de la part de l'un des codébiteurs, lui donne une quittance portant expressément « *pour sa part* » (art. 1211, al. 2). Le créancier pourrait cependant conserver le bénéfice de la solidarité, au moyen d'une réserve expresse insérée dans cette quittance (art. 1211, al. 1).

2° Lorsque le créancier *poursuit* l'un des débiteurs « pour sa part », si celui-ci a acquiescé à la demande ou s'il est intervenu un jugement de condamnation (art. 1211, al. 3). Le seul fait de la poursuite divisée n'implique donc pas remise immédiate, et le créancier pourrait en corriger l'effet, jusqu'à l'*acquiescement* ou jusqu'au *jugement.*

3° Lorsque, pendant dix ans consécutifs, le créancier a *touché divisément les intérêts ou arrérages* pour la part de l'un des débiteurs, sans réserver ses droits pour l'avenir (art. 1212).

G. — De la solidarité imparfaite.

***777. Exposé de la question.** — On a parfois soutenu qu'il existe deux espèces de solidarité, l'une *parfaite*, c'est-à-dire produisant tous les effets énumérés ci-dessus, et l'autre *imparfaite*, qui permettrait seulement au créancier de demander le total à chaque débiteur, mais n'entraînerait pas les effets secondaires de la vraie solidarité. Cette idée a été développée principalement par Mourlon et par Aubry et Rau (t. IV, § 298 ter, texte et notes 5 à 8)[1]. On a cherché à lui donner une base en rappelant que les effets secondaires de la solidarité supposent l'existence d'un *mandat tacite* entre les codébiteurs. Or, dit on, il est souvent impossible d'admettre l'existence de ce mandat, soit parce que les codébiteurs ne se connaissaient pas et ne se sont pas concertés pour s'obliger, soit parce que l'objet de leur obligation a un caractère illicite qui rendrait nul tout mandat donné à cet effet. Dans tous ces cas-là, on ne peut pas considérer les codébiteurs comme se représentant les uns les autres, et par suite les effets secondaires de la solidarité doivent disparaître.

Le cas principal dans lequel on appliquait en droit civil cette doctrine de la solidarité imparfaite est aujourd'hui supprimé : c'était la solidarité des colocataires d'une maison responsables de l'incendie (art. 1734 ancien). On voyait également une solidarité imparfaite dans l'hypothèse de l'art. 55 C. pén.

***778. Échec de cette doctrine.** — La doctrine des deux espèces de solidarité a succombé[2]. On lui a reproché d'abord de *manquer d'appui dans les textes* ; partout où la loi parle de la solidarité, elle la suppose toujours homogène et n'en connaît qu'une. La distinction qu'on prétendait faire était donc purement arbitraire et aurait constitué une innovation par rapport à notre tradition juridique. — En second lieu, *son point de départ était faux* : ce n'est point d'un mandat à l'effet de contracter la dette que résultent les effets secondaires, mais bien d'une sorte de communauté d'intérêts qu'établit entre eux la solidarité une fois créée : or cette espèce d'association des codébiteurs solidaires peut exister quelle que soit la source de la dette. On peut encore remarquer que les partisans de la solidarité imparfaite n'ont jamais pu se mettre d'accord sur la liste des cas où le mandat tacite devrait être écarté.

***779. Restriction légale des effets de la solidarité dans un cas particulier.** — Si la doctrine de la solidarité imparfaite est fausse comme idée générale, il y a cependant un cas particulier où une disposition de la loi positive vient restreindre les

[1] Une idée analogue avait été proposée jadis par Dumoulin (*Extric. Labyr.*, 3e part., nos 153-155) pour un cas particulier (débiteurs d'un legs chargés conjointement de son exécution). Il disait que ces codébiteurs étaient tenus « in solidum » et n'étaient pas de véritables « correi », mais son opinion n'avait pas été admise (POTHIER, *Obligations*, n° 269).

[2] Ainsi M. DEMOLOMBE proclame qu'« il n'y a qu'une seule espèce de solidarité, celle que la loi elle-même reconnaît et en dehors de laquelle il n'en existe aucune » (t. XXVI, n° 287). Comp. COLMET DE SANTERRE, t. V, n° 135 bis, §§ 2 et 3.

effets normaux de la solidarité. En matière commerciale, les cosignataires d'une *lettre de change* ou d'un *billet à ordre* doivent être tous *assignés* par le porteur en cas de non-paiement ; celui-ci perdrait son recours contre ceux qu'il aurait négligé de citer (art. 165 et suiv. C. com., cbn. art. 189 C. com.). On peut dire, si l'on veut, qu'il y a en ce cas une solidarité *imparfaite*, puisque l'effet collectif attribué par l'art. 1206 à l'interruption de prescription se trouve supprimé (Toulouse, 17 déc. 1892, D. 93. 2. 313). Mais cette solidarité imparfaite n'a rien de commun avec les idées de Dumoulin ou de Mourlon : elle résulte des usages spéciaux au commerce et du désir de libérer rapidement ceux qui ont signé un effet à ordre.

Les auteurs signalent un second cas analogue, celui de la responsabilité solidaire des délits et quasi-délits civils, mais je crois qu'il faut l'entendre autrement (voyez ci-dessous nos 900 à 905).

CHAPITRE IV

DE L'INDIVISIBILITÉ

780. Difficulté de cette matière. — La théorie des obligations indivisibles s'est acquis depuis le XVIe siècle une grande réputation d'obscurité. Dumoulin a écrit sur elle tout un traité, qu'il a intitulé *Extricatio labyrinthi dividui et individui*, et pour conduire le lecteur à travers ce labyrinthe il a imaginé *dix clefs* et *trois fils* : « decem claves et tria veluti Thesei fila ». Il dit de sa matière : « Non fuit, nec adhuc est, in universo juris oceano turbulentior, profundior ac periculosior pelagus hoc dividuorum et individuorum tractatu » (*Extricatio*, 1re partie, n° 1)[1]. Dans l'édition de ses *Œuvres complètes*, de 1681, l'*Extricatio* se trouve au t. III, p. 89. C'est à ce traité spécial que se réfèrent les citations contenues aux nos 781 à 804 ci-dessous.

* **781. Définition.** — Il n'y a qu'*une seule espèce d'indivisibilité*, ainsi que Dumoulin l'a répété en maint passage, contre l'avis universel : « Contra communem et adhuc usque omnium sententiam... individuitas stricte una est » (II, 210. — Comp. 207). La raison est donnée par Dumoulin lui-même, c'est qu'il est impossible de trouver deux définitions de l'indivisibilité : « prout unicam habet definitionem » (*Ibid.*)[2]. En effet, l'obligation est indivisible *quand il est impossible au débiteur de l'exécuter pour partie*, elle est divisible au cas contraire : « Toties ergo obligatio... dividua est, quoties debitum pro parte præstari potest » (II, 201). — C'est donc de la

[1] Il faut ajouter, pour être juste, que ces difficultés sont nées en grande partie par la faute des jurisconsultes antérieurs à Dumoulin (Voyez leurs opinions rapportées par lui, III, 35 à 49), et aussi de ceux qui sont venus après lui et qui ont parfois fort mal traduit les idées capitales de son livre. Je fais ici surtout allusion à Pothier, sur la foi duquel on prête à notre grand jurisconsulte du XVIe siècle un langage qui n'est pas le sien. Tous les auteurs modernes disent que Dumoulin reconnaissait trois espèces d'indivisibilité, l'une qui avait lieu *contractu*, la seconde *obligatione* et la troisième *solutione tantum*. Il est bien vrai que Dumoulin a employé ces expressions, mais, si l'on s'était donné la peine d'étudier son ouvrage, on aurait vu que cette division était pour lui secondaire et n'avait trait qu'aux effets de l'indivisibilité, « effectum et executionem respiciens » (III, 57) ; sa conception principale reposait sur une autre base, et l'ensemble forme une construction à la fois claire et solide.

[2] Dumoulin est cependant obligé de reconnaître que si l'indivisibilité est unique, comme idée abstraite, on peut reconnaître des différences dans ses effets, qui sont susceptibles de plus ou de moins : « Una est..., tametsi quædam reperiatur *intensior* alia... » (III, 218). Comp. II, 75 : « Plus vel minus, et in hoc... gradus sunt ».

nature de l'*objet* que dépend la divisibilité ou l'indivisibilité de l'obligation : le caractère indivisible n'appartient à l'obligation que par voie de conséquence.

§ 1er. — *Des causes de l'indivisibilité.*

*782. **Classification.** — La cause qui rend l'obligation indivisible n'est pas toujours la même. A ce point de vue, on peut dire, en combinant les idées de Dumoulin (II, 201) avec celles d'Alciat[1], que l'indivisibilité dérive tantôt de la nature de l'objet dû (ex natura), tantôt de l'intention des parties (ex voluntate). On obtient ainsi une *indivisibilité réelle* ou *naturelle*, et à côté d'elle une *indivisibilité accidentelle* ou *conventionnelle*[2].

A. — Indivisibilité naturelle.

783. Subdivision. — Depuis Dumoulin, on distingue deux variétés d'indivisibilité naturelle, selon que l'objet dû est indivisible d'une manière *absolue* : « semper et omni respectu individua » (III, 57), « absolute omnique respectu » ou *relative* (III, 75) « ut [res] debita est ».

* **784. Indivisibilité absolue.** — Celle-ci se rencontre lorsque l'objet de l'obligation est indivisible sous quelque aspect qu'on l'envisage, de telle sorte qu'il ne peut jamais être dû sans que l'obligation soit indivisible : « ubi impossibile est dationem aut factum, vel momento temporis, scindi in partes » (II, 270). Aussi Dumoulin donne-t-il à cette première variété de l'indivisibilité naturelle le nom très expressif d' « *individuitas necessaria* » (III, 57. — Comp. II, 220). Les choses qui ne peuvent jamais être prestées pour partie sont rares ; Dumoulin raisonne perpétuellement sur un exemple unique : l'obligation de constituer une *servitude prédiale*[3]. On peut ajouter certaines obligations de faire ou de ne pas faire : s'abstenir de troubler le possesseur d'une chose, livrer un cheval[4].

[1] « Alciatus breviorem aliam divisionem composuit, dicens quod stipulationes individuæ quædam sunt ex necessitate... quædam ex voluntate... » (III, 40). Dumoulin rejette cette classification parce qu'il lui semble impossible de préciser ce que c'est que l'indivisibilité conventionnelle : « Cum voluntatum hominum nulla certa regula dari possit » (*ibid.*), mais cela est si bien possible que lui-même définit plus loin sous le nom de « individuitas accidentalis » l'indivisibilité qui ne découle pas de la nature des choses et résulte de la seule intention des parties (III, 40).

[2] C'est là, au fond, la pensée de Dumoulin ; il adopte une division « *bimembris*, ex naturali et accidentali facta », et il subdivise ensuite la première branche (III, 57). Si donc il emploie ailleurs une division tripartite, c'est pour simplifier, ainsi qu'il le dit lui-même : « Malui brevioris et commodioris methodi gratia tertiam quasi speciem distinctam facere » (*ibid.*).

[3] Il y a un autre droit réel indivisible, l'*hypothèque*, mais son indivisibilité n'est pas de même nature que celle de la servitude, et il en résulte que l'obligation de constituer une hypothèque n'est pas indivisible. Ainsi, quand le promettant meurt avant de l'avoir constituée, son obligation se divise entre ses héritiers et chacun d'eux pourra hypothéquer séparément sa part indivise.

[4] Je parle ici du fait *matériel* de la *remise* ou *délivrance* du cheval, qui est due à

***785. Indivisibilité relative.** — Celle-ci a lieu lorsque la chose, considérée dans sa forme naturelle, est indivisible, encore qu'on puisse concevoir qu'elle s'exécute successivement et par fractions : « Quando, licet non habeat necessario partes simul, sed successive, tamen ante implementum non dicitur vera pars rei, quæ nondum est » (DUMOULIN, III, 270).

Le meilleur exemple, celui sur lequel ont raisonné Dumoulin et Pothier, est l'obligation de *construire une maison*. On peut comprendre que le travail soit promis pour parties ; un maçon peut s'engager à faire les murs, un charpentier à faire les cloisons, les planchers et la toiture, etc., et même le travail s'exécute nécessairement par portions successives. Néanmoins ce qui a été promis, c'est une maison, un tout organique, et, comme le dit Pothier : « la forme et qualité de maison ne pouvant résulter que de la consommation de l'ouvrage, il s'ensuit que l'obligation ne peut s'accomplir que par la construction de la maison entière » (*Obligations*, n° 292).

786. Textes du Code. — L'indivisibilité absolue ou nécessaire est prévue par l'art. 1217 : « L'obligation est... indivisible [quand] elle a pour objet une chose qui dans sa livraison ou un fait qui dans l'exécution n'est pas susceptible de division soit matérielle, soit intellectuelle »[1]. Quant à l'indivisibilité simplement relative, voici comment l'art. 1218 la définit : « L'obligation est indivisible, quoique la chose ou le fait qui en est l'objet soit divisible par sa nature, *si le rapport sous lequel elle est considérée dans l'obligation* ne la rend pas susceptible d'exécution partielle »[2].

B. — Indivisibilité conventionnelle.

***787. Définition.** — L'indivisibilité est conventionnelle lorsque la chose qui fait l'objet de l'obligation est à *tous égards divisible*, mais que *les parties ont voulu que l'obligation fût exécutée comme si elle était indivisible*. Comparez Dumoulin : « Quando obligatio de se suique natura

l'acheteur, au prêteur, au déposant, etc. S'il s'agissait de l'obligation de *transférer la propriété* du cheval, elle serait au contraire divisible (ci-dessous, n° 786, en note). Il est du reste assez curieux que l'obligation de restituer un corps certain n'ait pas été considérée comme ayant un objet indivisible ni par Pothier, ni par le Code civil. Pothier présente ce cas comme constituant une simple *modification* des effets des obligations (*Obligations*, n°s 320 et 303, cbn. n° 300). Le Code civil en a fait une *exception* à la division des obligations (art. 1221-2°). En quoi peut bien consister une exception à la division de plein droit des obligations, si ce n'est en ce que l'obligation est *indivisible ?*

[1] Ces dernières expressions, empruntées à Pothier (*Obligations*, n° 288), ne sont pas très claires. Pothier faisait remarquer qu'un cheval n'est pas susceptible de division matérielle ; on ne peut pas, sans le tuer, le couper en parties réelles et divisées, mais il est susceptible d'une division intellectuelle parce qu'il peut appartenir à plusieurs personnes pour des parts indivises. D'où il résulte que celui qui doit un cheval pour partie peut s'acquitter de son obligation en remettant au créancier sa part indivise de propriété. Comparez Ulpien : « Qui Stichum debet, parte Stichi data, in reliquam partem tenetur » (*Digeste*, liv. XLVI, tit. II, fr. 9, § 1). L'observation de Pothier repose sur une méprise : ce n'est pas le *cheval* qui fait l'objet de l'obligation, c'est la *dation du cheval*. Or l'obligation de *donner* est toujours divisible, parce que la propriété est toujours susceptible de division. Il n'y a d'exception que pour les constitutions de servitudes.

[2] Ce langage est copié dans Pothier : « En bref... [est indivisible] l'obligation d'une chose qui, considérée sous le respect sous lequel elle fait l'objet de l'obligation, n'est pas susceptible de parties » (*Obligations*, n° 293). Dumoulin n'avait rien dit de semblable ; la conception a fléchi, et le langage s'est altéré.

dividua est, sed... est... contracta *cum certa circumstancia individua...* » (III, 59). Cette phrase un peu obscure s'expliquera plus loin (voyez n° 825 ci-dessous).

L'indivisibilité conventionnelle est présentée dans le Code civil comme une simple exception aux effets de la division des obligations (art. 1221-4° et 5°). C'était ce qu'avait déjà fait Pothier (*Obligations*, nos 313 à 315).

788. Dénominations diverses. — Alciat disait que cette indivisibilité provenait « ex voluntate ». Dumoulin l'appelle « accidentalis » (III, 59); il en parle ailleurs sous le nom d' « individuitas *imposititia* » (III, 58), ce qui se rapproche du langage d'Alciat.

Pothier, mêlant les classifications dont s'était servi Dumoulin, l'appelait *individuité solutione tantum* (*Obligations*, n° 294). Certains auteurs modernes disent « indivisibilité de paiement ».

***789. Conventions expresses.** — La convention des parties qui rend l'obligation indivisible peut d'abord se faire par une clause expresse. Il y en a de très fréquents exemples dans la pratique. On stipule que les codébiteurs « s'obligent *solidairement et indivisiblement* », de façon à cumuler, au profit du créancier, les avantages des deux théories (nos 803-804). La formule est devenue de style dans les actes notariés.

Le Code lui-même a prévu cette convention expresse d'indivisibilité lorsqu'il dit, dans l'art. 1221-4°, que l'obligation est indivisible « lorsque l'un des héritiers est chargé seul *par le titre* de l'exécution de l'obligation ». Le titre dont il est ici question n'est pas le testament, mais bien le contrat productif de l'obligation. Il n'y a pas alors, comme on l'a prétendu, de convention sur une succession future, mais une simple stipulation d'indivisibilité conventionnelle.

Enfin, les *actions* et les *obligations* des compagnies de chemins de fer et autres sociétés commerciales sont des *coupures indivisibles* du capital social ou du capital emprunté. Ceux qui possèdent ces valeurs mobilières ne peuvent donc pas les fractionner, et chaque titre forme une unité qui ne peut être divisée dans un partage.

790. Conventions tacites. — L'indivisibilité peut résulter indirectement d'une circonstance particulière, non pas « ex natura vel forma ipsius rei,... sed... adjectione alterius circumstantiæ individuitatis » (Dumoulin, III, 58). La principale de ces circonstances est le *but*, la *fin* que se proposent les parties, lorsqu'une chose divisible est promise pour en exécuter une autre qui est indivisible, par exemple si on lègue 1 000 livres à quelqu'un pour construire une maison (Dumoulin, II, 201).

Pothier s'est exprimé sur ce genre de conventions d'une manière assez embarrassée (*Obligations*, n° 294). De là la rédaction défectueuse de l'art. 1221-5° : « Lorsqu'il résulte soit de la nature de l'engagement, soit de la chose qui en fait l'objet, soit de la fin qu'on s'est proposée dans le contrat, que l'intention des contractants a été que la dette ne pût s'acquitter partiellement. » C'est l'indivisibilité accidentelle de Dumoulin qui est prévue ici sous une forme malheureuse, car des trois moyens que la loi indique pour la reconnaître le dernier seul est exact : le premier (nature du contrat) n'a aucune application possible ; le second (nature de la chose qui fait l'objet de l'obligation) est une pure inadvertance, car, si la chose due est indivisible par sa propre nature, on retombe dans l'indivisibilité naturelle, prévue par les art. 1217 et 1218 : « naturaliter talis est, nec indiget auxilio pacti » (Dumoulin, III, 60).

§ 2. — *Effets de l'indivisibilité.*

A. — Effets au cas de pluralité de débiteurs.

****791. Nécessité de payer le total.** — L'objet dû n'étant pas susceptible de prestation partielle, les codébiteurs doivent nécessairement exécuter l'obligation en une seule fois et pour le tout. Par suite, chacun d'eux en est tenu et peut être poursuivi pour le total. L'art. 1222 applique cette conséquence à ceux qui ont contracté originairement la dette indivisible, et l'art. 1223 à ceux qui ont succédé ensemble comme héritiers au débiteur unique primitif.

* **792. Interruption de la prescription.** — Si le créancier interrompt la prescription contre l'un des débiteurs, la prescription se trouve nécessairement interrompue contre tous (art. 2249, al. 2). Cette solution est traditionnelle (Pothier, *Obligations*, n° 697).

* **793. Mise en cause des codébiteurs.** — Le créancier a le droit de former son action simultanément contre tous les débiteurs à la fois, mais souvent il se bornera à assigner un seul d'entre eux. Celui qu'il poursuit jouit d'une *exception dilatoire* pour faire mettre en cause ses codébiteurs qui lui servent de *garants,* chacun pour sa part (art. 175 C. proc. civ.).

L'art. 1225 (texte emprunté à Pothier, *Obligations*, n° 330) n'accordait de délai au débiteur poursuivi qu'autant que l'obligation était de nature à être exécutée par les autres aussi bien que par lui-même. Le Code de procédure la lui donne sans distinction. Du reste, le but du débiteur qui oppose l'exception dilatoire n'est pas le même dans les deux cas : le Code civil suppose que le débiteur poursuivi met en cause ses codébiteurs pour les faire condamner tous par un seul et même jugement à exécuter conjointement l'obligation. Le Code de procédure lui donne l'exception dilatoire même quand il veut simplement faire statuer sur son recours contre eux, au cas où il serait condamné à exécuter seul l'obligation.

* **794. Recours du codébiteur qui a payé.** — Si un seul des codébiteurs a payé la dette entière à ses frais, il a recours contre les autres, de façon que chacun en supporte définitivement sa part[1].

795. Effet des clauses pénales. — Lorsque l'obligation indivisible est sanctionnée par une clause pénale, son inexécution rend la peine exigible en totalité contre celui qui est en faute, pour partie contre les autres. Voyez les art. 1232 et 1233.

B. — Effets au cas de pluralité de créanciers.

* **796. Distinction.** — Seule l'*indivisibilité réelle* met obstacle à la division de la créance quand il y a plusieurs créanciers, soit dès le moment du contrat, soit plus tard, à la suite du décès du créancier originaire. — L'indivisibilité *conventionnelle* n'empêche que la division de la dette et non celle de la créance ; elle produit ses effets *passive,* comme disait Dumoulin, *sed non active.*

La raison est tirée de la volonté des parties, qui n'ont aucun intérêt à empêcher la

[1] Dumoulin distinguait à ce point de vue 1° le *vinculum*, « seu vis ipsa vel essentia obligationis », et 2° le *commodum vel incommodum,* qui était pour lui « effectus qui præstationem sequitur, scilicet utilitas ex parte creditoris, onus vel diminutio patrimonii ex parte debitoris » (II, 197-199). Cela correspond à ce que nous appelons aujourd'hui 1° l'*obligation à la dette,* qui règle les rapports de créancier à débiteurs, et 2° la *contribution à la dette,* qui règle les rapports entre codébiteurs, pour la répartition finale du fardeau de la dette.

division de la créance ; l'indivisibilité des créances, au point de vue actif, n'a pas plus de raison d'être que la solidarité active : elle n'apporterait avec elle aucun avantage et serait pleine de dangers. Un créancier aime toujours mieux être seul pourvu de l'action qui garantit son droit, toutes les fois que la nature de la chose due ne s'y oppose pas.

797. Effets de l'indivisibilité entre créanciers. — Ils sont réglés par l'art. 1224. Pour comprendre cette disposition, il faut se reporter à ce que disait Dumoulin quand il distinguait dans l'obligation deux choses : le *vinculum* et le *commodum*. Le « vinculum » est indivisible; donc chaque créancier a le droit d'intenter l'action pour le tout et *d'exiger en totalité* l'exécution de l'obligation; le « commodum » au contraire se partage entre tous les créanciers, et par suite aucun d'eux ne peut faire *remise* de toute la dette ou accepter de l'argent à la place de la chose. Si l'un d'eux faisait cette remise ou acceptait cette dation en paiement, le débiteur resterait tenu envers les autres, sous déduction de la part de celui qui aurait traité avec lui. C'est ce que décide le second alinéa de l'art. 1225 (comp. DUMOULIN, II, 211, *in fine*).

Entre créanciers, l'indivisibilité produit encore une autre conséquence : elle rend commun à tous l'effet des causes d'interruption ou de suspension de prescription qui n'existent qu'au profit d'un seul. Argument d'analogie tiré des art. 709 et 710, qui font l'application aux droits réels de l'ancienne règle : « In individuis minor relevat majorem. »

C. — Classement des effets de l'indivisibilité[1].

***798. Division tripartite des effets de l'indivisibilité.** — Dumoulin disait que l'indivisibilité se produisait tantôt *contractu*, tantôt *obligatione*, tantôt *solutione* (III, 75 ; III, 57-58). Que signifient ces expressions ? Dans nos manuels modernes, elles ont un aspect sybillin, qui déroute les étudiants. L'idée de Dumoulin est cependant bien simple.

1° Il y a indivisibilité *contractu*, quand l'objet de l'obligation est indivisible d'une manière absolue, de sorte qu'il est impossible de le faire figurer dans un contrat quelconque sans que l'obligation soit indivisible : « quæ non possunt pro parte in obligationem deduci. » L'indivisibilité « necessaria » produit seule cet effet.

2° Il y a indivisibilité *obligatione*, quoiqu'on puisse concevoir que la chose soit divisée et fasse l'objet de contrats séparés (comme les différentes parties d'une maison à construire, maçonnerie, menuiserie, couverture, etc.), lorsque la chose a été stipulée en bloc pour former l'objet indivisible du contrat : « Individua obligatione [sunt] quæ in contractum quidem divisim seu pro parte deduci possunt, sed semel in obligationem deducta nequeunt pro parte præstari. »

3° Il y a indivisibilité *solutione* quand la chose n'est pas indivisible comme objet d'obligation, mais que son *paiement* seul a été rendu indivisible ; en ce cas l'obligation elle-même reste divisible. C'est une simple « individuitas solutionis.... quæ supponit obli-

[1] Depuis Pothier, la théorie de l'indivisibilité est inutilement obscurcie, parce qu'on a transposé, pour l'appliquer à l'indivisibilité elle-même, une division que Dumoulin avait faite pour classer les *effets* de l'indivisibilité. Il avait bien pris soin de prévenir ses lecteurs : « Hæc non est divisio in species, ut imperiti putant, sed methodica distinctio ad secundum ubi *plus aut minus* sit individuitatis » (III, 75). Il disait ailleurs que sa première division (exposée ci-dessus nos 782 et suiv.) concernait le fond des « choses : substantiam ipsam concernens », tandis que la seconde n'avait trait qu'aux « effets : Secunda magis effectum... respiciens » (III, 57). Les « jure periti » s'y sont cependant trompés, tout aussi bien que les « imperiti ».

gationem esse dividuam ; si enim obligatio esset individua, solutionis individuitas veniret in consequentiam, et non per se » (II, 241).

799. Hiérarchie des trois degrés d'indivisibilité. — Ces trois effets de l'indivisibilité se superposent ; on en trouve « plus vel minus, et in hoc tres quasi status vel gradus sunt », de sorte que l'existence du degré supérieur implique toujours le degré inférieur : « Et sic data individuitate primi gradus, id est contrahendi, non est ulterius de reliquis inquirendum : quia quæcumque sunt individua contractu, multo magis individua sunt obligatione et solutione » (III, 75 ; cf. III, 57). Tout ce qui est indivisible *contractu* l'est nécessairement *obligatione* et *solutione* ; tout ce qui est indivisible *obligatione* l'est nécessairement *solutione*.

800. Vice de la théorie de Dumoulin. — Cette construction si savante a un défaut : la distinction entre l'*individuitas contractu* et l'*individuitas obligatione* n'a aucun intérêt pratique. On pouvait distinguer ces deux sortes d'indivisibilité au point de vue de leurs *sources*, mais, quand elles existent, leurs *effets* sont les mêmes. Il n'y a de différence vraie qu'entre les deux premières catégories de Dumoulin, d'une part, et la troisième, d'autre part.

D. — Parallèle de l'indivisibilité et de la solidarité.

***801. Ressemblance dans les effets.** — Toutes deux se ressemblent par leur effet capital, qui est de s'opposer à la division de l'obligation. Chaque débiteur est *tenu du total*, au lieu d'être tenu seulement d'une part[1]. Mais des différences assez nombreuses les séparent sur d'autres points.

***802. Différence de cause.** — La *cause* n'est pas la même. La solidarité est une sorte de *garantie pour le créancier* (alterna fidejussio), soit qu'il la stipule lui-même, soit que la loi la lui accorde d'office. L'indivisibilité est un *simple obstacle naturel* qui empêche la division de la dette, mais qui surgit en fait et qui n'a *pas de but*. Il en résulte que la solidarité est toujours *arbitraire* et dérive de la volonté des parties ou de la loi, tandis que l'indivisibilité est fondée sur la *nature des choses*. L'indivisibilité dite « accidentelle » ou « conventionnelle » ne devrait pas exister ; elle est destinée à compléter les effets insuffisants de la solidarité ; si celle-ci s'opposait à la division de la dette entre les héritiers du débiteur primitif, l'indivisibilité conventionnelle n'aurait pas de raison d'être.

***803. Différence de force.** — La *force* avec laquelle chacune d'elles s'oppose à la division de la créance ou de la dette n'est pas égale. Ceci se remarque à trois points de vue différents :

1° Ainsi l'indivisibilité cesse lorsque l'objet de l'obligation se transforme pour une raison quelconque en *dommages-intérêts* : c'était la *nature de l'objet dû* qui empêchait la division de s'opérer ; quand l'objet dû devient de l'argent, comme rien n'est plus divisible, l'*obligation se partage* entre toutes les parties, activement et passivement (Cass., 14 juin 1887, D. 88. 1. 19). Au contraire, la solidarité met *pour le total* à la charge de chacun des débiteurs l'obligation de payer soit la valeur de la chose périe (art. 1205, al. 1),

[1] Quelques auteurs ont voulu établir à ce point de vue même une différence entre la solidarité et l'indivisibilité : ils prétendent que chaque codébiteur d'une dette indivisible *ne doit que sa part*, tout en étant obligé au tout, tandis que chaque codébiteur solidaire est obligé au tout et *doit le tout*. J'avoue que ces expressions ne me paraissent présenter aucun sens appréciable. Comment peut-on ne « devoir » qu'une part quand on est « obligé » au tout ? Il serait facile de renverser l'ordre des deux verbes et de dire que, dans l'obligation indivisible, chaque débiteur n'est « obligé » que pour sa part, tout en « devant » le tout : cela présenterait tout juste autant de signification. Il faut reconnaître hardiment qu'il n'y a qu'une seule manière d'empêcher la division d'une obligation : c'est de faire qu'elle ne se divise pas, c'est-à-dire que chaque débiteur en soit tenu pour le tout. Appelez cela solidarité ou indivisibilité, d'après les causes diverses qui amènent ce résultat, ou d'après les différences qui existent dans les conséquences secondaires, toujours est-il que le résultat principal est le même dans les deux cas.

soit les dommages-intérêts supplémentaires qui peuvent être dus en vertu d'une clause pénale. On sait cependant qu'à défaut de clause pénale, les dommages et intérêts qui dépassent la valeur de la chose ne sont dus que par le débiteur qui était en faute ou en demeure (art. 1205, al. 2, et ci-dessus nos 225 et 231-233).

2° La solidarité n'empêche pas la dette de se diviser *entre les héritiers du créancier*. On a vu plus haut que les parties n'avaient aucun intérêt à établir la solidarité au point de vue actif. Au contraire, l'indivisibilité, étant un obstacle de fait, aveugle et sans but, s'oppose aussi bien au partage du côté actif que du côté passif : un des créanciers ne pourrait pas demander au débiteur une exécution partielle, puisque celui-ci ne pourrait le satisfaire qu'à l'aide d'une exécution totale. — On a vu qu'il en est autrement pour l'indivisibilité conventionnelle, laquelle ne s'oppose pas au partage de la créance (ci-dessus n° 796); ceci tient à ce que cette espèce arbitraire d'indivisibilité (*impositita*, comme disait Dumoulin), n'est qu'un complément conventionnel de la solidarité.

3° L'indivisibilité empêche la division de la dette au point de vue passif *entre les héritiers du débiteur*, tandis que la solidarité laisse alors la division se faire. Mais, ainsi qu'on l'a vu, cette dernière différence n'a pas de raison d'être ; elle est contraire à l'intention des parties, qui la corrigent en stipulant l'indivisibilité passive. Voyez ci-dessus n° 789.

***804. Différence d'étendue.** — Les *effets secondaires* de la solidarité ne se produisent pas au cas d'indivisibilité, à l'exception d'un seul : l'*interruption ou la suspension de la prescription* (art. 2249, al. 2). Tous les autres restent propres à la solidarité : ainsi le créancier d'une dette indivisible ne peut faire courir les intérêts contre tous les débiteurs, ou les mettre tous en demeure, que par des poursuites dirigées contre eux tous à la fois. Cette différence tient à ce que les effets de l'indivisibilité, n'étant pas *voulus*, ne se produisent que dans la mesure où ils sont inévitables, tandis que ceux de la solidarité sont recherchés dans l'intérêt du créancier et ont été développés dans le sens de la plus grande utilité possible.

SOURCES DES OBLIGATIONS

CHAPITRE PREMIER

GÉNÉRALITÉS

** **805. Définition.** — On appelle « source » d'une obligation *le fait qui l'a produite*. Ainsi on dit que l'obligation a pour source un contrat, quand elle résulte d'une vente, d'un prêt, d'un louage, etc.; on dit que sa source est un délit, quand elle provient d'un fait illicite et dommageable.

§ 1. — *Classification.*

806. Division principale. — Il est difficile de donner une classification raisonnée des sources des obligations. On aperçoit tout d'abord une distinction principale, qui tient une grande place dans le Code civil : certaines obligations naissent d'une *convention*, c'est-à-dire d'un accord entre le débiteur et le créancier, accord appelé « contrat »; ce sont les *obligations conventionnelles*. Il en est d'autres qui n'ont pas pour origine une convention : ce sont les *obligations non conventionnelles*.

A ces deux grandes catégories le Code a consacré deux titres différents : il traite des obligations conventionnelles dans le titre III du livre III (art. 1101 à 1369); le titre IV est consacré aux « engagements qui se forment sans convention » (art. 1370 à 1386). Mais, si la première catégorie forme un groupe homogène, ayant pour source unique le *contrat*, la seconde est un groupe composite ayant des sources diverses, qu'il s'agit maintenant de distinguer.

** **807. Sources des obligations non conventionnelles.** — Dans le système du Code, ces obligations proviennent de quatre sources différentes :

1° Quasi-contrats. — La classe des quasi-contrats comprend les faits *purement volontaires* de l'homme qui ne sont pas illicites et qui ne consistent pas en un accord de volontés constitutif d'un contrat.

2° Délit. — Le délit est *tout fait illicite qui cause à autrui un dommage et qui est accompli avec intention de nuire*.

3° Faute ou quasi-délit. — Le quasi-délit est, comme le délit, un fait *illicite* et *dommageable*; il en diffère par l'*absence de l'intention de nuire*.

4° LA LOI. — On donne la loi comme source à toutes les obligations non conventionnelles qui ne se rattachent à aucune des trois sources précédentes. Les Romains disaient de même, de certaines obligations, qu'elles naissaient *lege*.

** **808. Origine de cette classification.** — L'antithèse du *contrat* et du *délit* existait déjà en droit romain. Les jurisconsultes anciens traitaient de manière fort diverse les obligations, selon qu'elles provenaient de l'une ou de l'autre de ces sources. Cette division s'est traditionnellement perpétuée jusqu'à nous, mais elle a perdu, comme on le verra, une grande partie de son utilité.

Pour les variétés appelées *quasi-contrat* et *quasi-délit*, la notion est encore d'origine ancienne, bien que le mot ne soit pas latin. Le droit romain reconnaissait l'existence d'un certain nombre d'obligations dérivées de faits qui n'étaient ni des contrats, ni des délits, mais il ne donnait aucun nom particulier à ces sources exceptionnelles. Gaius, par exemple, se contente de dire qu'il y a des obligations qui naissent « ex variis causarum figuris ». Ces causes d'obligations, autres que les contrats et les délits, n'étaient donc *ni classées ni nommées*. Quant aux obligations qui en dérivaient, on les traitait tantôt *comme si elles étaient nées d'un contrat*, tantôt *comme si elles étaient nées d'un délit*, selon que le fait qui leur avait donné naissance était *licite* ou *illicite*. On eut ainsi des obligations nées *quasi ex contractu* ou *quasi ex delicto*. — Ce n'est que beaucoup plus tard, et à une époque très rapprochée de nous, que l'on prit l'habitude de tirer de là une expression contractée en forme de substantif : quasi-contrat, quasi-délit.

809. Son introduction récente. — La division des sources d'obligations en quatre classes symétriques deux à deux : contrats et délits, quasi-contrats et quasi-délits, est dans notre droit de formation récente. On ne la trouve pas dans Dumoulin et dans B. d'Argentré, ni même dans Laurière et dans Domat. Elle paraît s'être formée au XVIIIe siècle, et la première trace que j'en connaisse est dans le *Traité des Obligations* de POTHIER paru en 1761 (n°s 113 et 116. — Comp. POULLAIN DU PARC, *Principes*, édit. de 1768, t. IV, p. 295, n° 3). Elle s'y trouve déjà exposée d'une manière complète et sous la même forme que dans le Code civil, ce qui me ferait croire qu'elle est l'œuvre personnelle de Pothier. En 1770, Bourjon l'employait, mais sans bien la comprendre, car il traite comme quasi-contractuelles certaines obligations qui dérivent d'un véritable contrat, comme celle du voyageur envers l'hôtelier pour les dépenses qu'il a faites dans l'hôtel (*Droit commun de la France*, t. II, p. 499).

§ 2. — *Des contrats.*

810. Renvoi. — A raison de leur importance et de la longueur des explications qu'ils exigent, les *contrats* feront l'objet d'une étude spéciale formant à elle seule toute une partie de ce volume (ci-dessous, n°s 943 à 1352.)

§ 3. — *Des quasi-contrats.*

** **811. Caractères distinctifs.** — Le quasi-contrat, défini au n° 807 ci-dessus, est un fait *volontaire* de l'homme, et par là l'obligation quasi-contractuelle diffère de l'obligation purement légale, qui s'impose aux gens indépendamment de leur volonté. D'autre part, ce fait diffère du contrat en ce qu'il *exclut, par essence, l'accord de volontés* qui constitue le contrat. Cette absence de toute entente entre le débiteur et le créancier est évidente dans certains quasi-contrats, qui sont l'œuvre d'une seule personne, comme la gestion d'affaires. Elle se rencontre aussi chez ceux qui supposent le concours de deux personnes, comme le paiement de l'indu : même en ce cas, il n'existe chez les deux parties en présence *aucune volonté de faire naître l'obligation quasi-contractuelle.* Enfin le fait appelé « quasi-contrat » est nécessairement *licite,* et par là il se distingue des délits et des quasi-délits.

* **812. Effets.** — D'après l'art. 1371, les quasi-contrats pourraient, comme les contrats, produire tantôt *un simple engagement unilatéral,* et tantôt *un engagement réciproque des deux parties.* Ce dernier résultat est impossible, étant donnée la définition que la loi a placée dans l'art. 1370 : le quasi-contrat est un fait *personnel à celui qui se trouve obligé.* Chaque fait ne peut donc obliger que son auteur. Si la loi a parlé d'engagements synallagmatiques, c'est qu'elle a pensé à la *gestion d'affaires,* à la suite de laquelle le maître et le gérant sont tous deux obligés l'un envers l'autre. Mais l'obligation du gérant (de continuer sa gestion) est seule née de son fait, qui constitue le quasi-contrat ; l'obligation du maître résulte soit de l'*enrichissement* que lui a procuré la gestion (auquel cas elle est légale), soit de la *ratification* qu'il a donnée aux actes de son gérant (auquel cas elle est volontaire de sa part).

* **813. Énumération.** — Les quasi-contrats sont peu nombreux. Il n'en existe pas de liste limitative, et il n'y aurait aucun intérêt à dresser cette liste. Ceux qu'on rencontre le plus souvent sont :

1° La *gestion d'affaires.* A cause de ses affinités avec le mandat, la gestion d'affaires sera étudiée en même temps que ce contrat. Il y a grand avantage à les rapprocher.

2° Le *paiement de l'indû.* Il sera étudié plus loin (n°s 835 à 861).

3° L'*acceptation d'une hérédité.* Ce fait oblige l'héritier ou le légataire universel envers les *légataires* de la succession. Le successeur se trouve également tenu envers les *créanciers,* mais à leur égard il ne fait que continuer la personne du défunt, et son obligation a la même cause que celle de son auteur : elle peut, selon les cas, dériver d'un contrat, d'un délit ou d'une source quelconque d'obligation, tandis qu'on ne peut expliquer que par l'idée d'un quasi-contrat l'obligation de l'héritier envers les légataires : pour ceux-ci, il n'y a pas de transmission d'obligations préexistantes, mais création d'obligations nouvelles.

C'est à tort, selon moi, qu'on range en outre parmi les quasi-contrats l'*enrichissement sans cause*. Voyez ci-dessus nos 932 à 938.

De ces divers quasi-contrats les deux premiers seuls sont *prévus par le Code* (art. 1372-1375 et art. 1376-1381).

§ 4. — *Des délits.*

814. Silence des textes. — Le Code civil n'a défini nulle part ce qu'il entendait par « délits ». Il les a mentionnés trois fois : 1° dans l'art. 1310 ; 2° dans l'art. 1370 ; 3° dans l'intitulé du chapitre II du titre « Des engagements qui se forment sans convention ». Là, sous la rubrique : « délits et quasi-délits », il s'occupe de la responsabilité qui en résulte ; mais de définition, nous n'en trouvons aucune.

A. — Règles du droit civil.

** **815. Notion actuelle.** — La définition du délit a beaucoup changé depuis l'antiquité. Pour les anciens, le délit (je ne parle ici que des *delicta privata*) était un fait illicite, générateur d'obligations, qui avait pour caractère distinctif d'être *prévu par une loi spéciale*, en comprenant sous le nom de loi les dispositions des édits des magistrats. Les délits répondant à cette définition étaient très nombreux : les principaux étaient le *furtum*, le *damnum injuria datum*, la *metus*, le *dolus*, la *fraus creditorum*, l'*injuria*. Pour les jurisconsultes français, le délit est *tout fait illicite qui cause à autrui un dommage*, quand il est *commis avec intention de nuire*. Les caractères propres du délit sont donc tirés de sa nature intrinsèque, et non de la législation qui le réprime. Il en résulte 1° que nous considérons comme des délits des faits auxquels les Romains ne donnaient pas ce nom, et 2° que nous rejetons de la classe des délits le dommage causé par simple faute, que les anciens y faisaient figurer.

816. Terminologie. — Pothier appelait « dol ou malignité » ce que nous appelons aujourd'hui « intention de nuire » (*Obligations*, n° 116). Le mot « malignité » n'a rien de technique et n'est plus usité, mais son sens était clair : la malignité est la volonté de faire le mal. — Quant au mot « dol », on doit éviter de s'en servir à propos des délits, parce qu'il trouve ailleurs, dans la matière des contrats, une occasion de s'employer où il est indispensable ; le *dol* est le genre de fraude qui consiste à déterminer une personne à contracter en la trompant. Comp. ci-dessous n° 1069.

* **817. Répression du délit.** — Sur ce point encore le droit a beaucoup changé depuis l'époque romaine. Anciennement le délit était frappé d'une véritable *peine civile*, une sorte *d'amende*, qui était ordinairement du double et quelquefois du quadruple du dommage causé, et qui était touchée par la victime du délit, pour laquelle elle constituait ainsi un bénéfice, quand l'auteur du fait était en état de s'acquitter. Dans notre droit, les conséquences du délit n'ont plus rien de pénal : il en résulte seulement une

action en indemnité, dont l'étendue se mesure exactement sur le préjudice subi ; la créance née *ex delicto* ne va pas au delà.

Sur la réparation du dommage causé par un délit, voyez plus loin ce qui est dit de la faute et de la responsabilité solidaire de ses auteurs (ci-dessous nos 878 et 900).

B. — Relations du droit civil et du droit pénal.

** **818. Deux conceptions différentes du délit.** — Le droit civil n'envisage les délits que *comme faits productifs d'obligations.* Le droit pénal s'occupe aussi des délits, mais seulement pour en assurer la *répression* au moyen du système des *peines.* La différence de point de vue entre ces deux branches de la législation fait que leurs définitions du délit ne concordent pas, un seul trait commun les réunit : c'est que, en droit civil comme en droit pénal, un délit est toujours *illicite.* Mais les deux autres caractères auxquels le droit civil reconnaît le délit (fait *dommageable* et *intentionnel*) ne sont pas constants en droit pénal. Voyez les nos suivants.

***819. Absence de délit civil dans certains délits du droit pénal.** — Un fait peut être un délit, au point de vue de la répression, *sans être dommageable,* ou *sans être intentionnel.* Exemples : 1° *La tentative d'assassinat,* quand elle manque complètement son effet, n'est pas dommageable : un coup de feu tiré sans que la personne visée soit atteinte ; 2° *L'homicide par imprudence* n'est pas intentionnel. Il en est de même d'un grand nombre de *contraventions de police,* dans lesquelles le simple fait est puni, abstraction faite de l'intention de l'agent. Voilà donc deux catégories de faits qui sont des *délits criminels* sans être des *délits civils.*

Toutefois la différence entre le droit civil et le droit criminel est moins grande qu'elle le paraît. Elle n'est réelle que pour les *actes non dommageables,* comme les tentatives manquées ou les contraventions de police : la loi civile, qui ne tient compte que des *dommages réalisés,* n'intervient pas, tandis que la loi pénale, qui a la charge de l'ordre social, se préoccupe du simple *dommage possible* et prononce des peines. Mais, quand il y a *dommage causé par un fait non intentionnel,* les deux lois concordent : l'une punit le fait à titre de délit, l'autre exige la réparation du dommage à titre de faute ou de quasi-délit : la différence n'est alors que dans les mots et les qualifications.

***820. Délits civils non réprimés par le droit pénal.** — En sens inverse, un fait peut fort bien constituer un délit civil sans être un délit criminel. Il suffit pour cela que, étant dommageable et illicite, il ne soit *frappé d'aucune peine* par les lois répressives. Tels sont le *dol dans les contrats* [1],

[1] Des actes dolosifs peuvent constituer le délit spécial appelé *escroquerie* (C. pén. art. 405), mais ce que la loi punit alors, ce n'est pas le contrat obtenu par fraude, c'est l'*atteinte à la propriété d'autrui.* L'escroquerie est, comme l'abus de confiance, un délit de la famille du vol, et tous trois se sont partagé le domaine de l'ancien *furtum* romain : le vol consiste à *prendre* (soustraction, dit l'art. 379 C. pén.) le bien d'autrui ; l'escroquerie à se le *faire remettre* frauduleusement ; l'abus de confiance à le *détourner* ou à le *dissiper,* quand on en a reçu la possession par un acte licite, tel que le mandat ou le dépôt.

l'*ingratitude du donataire* puni d'une sorte de peine civile par la révocation de la donation (art. 955), le *recel* d'effets dépendant d'une succession (art. 792 et 801), le *stellionat* (art. 2059).

821. Coïncidence ordinaire des deux législations. — Malgré cela, la plupart des délits civils sont en même temps des délits criminels : tels sont tous les attentats contre les personnes (homicides volontaires de toute nature, coups et blessures volontaires, injures et diffamation), les vols, escroqueries et autres délits analogues, l'incendie volontaire, etc.

822. Influence du droit criminel sur le droit civil. — Il est très important de savoir si un fait qualifié délit par la loi civile est en même temps puni par la loi pénale, car alors la question de répression prend le pas sur la question civile de l'indemnité pécuniaire due à la victime. Voici les conséquences principales de cette prépondérance du côté criminel de l'affaire.

1° L'action en indemnité, qui ne se prescrit que par trente ans quand le délit a un caractère purement civil (art. 2262), se prescrit par *un temps beaucoup plus court* quand il est frappé d'une peine : la prescription est de dix ans, si le fait est qualifié *crime*; de trois ans, si c'est un *délit correctionnel* ; d'un an, si c'est une *contravention de police* ; et elle est même parfois plus courte encore : trois mois en cas de *diffamation* (L. 29 juillet 1881, art. 65). La loi ayant établi, pour des raisons majeures, une prescription rapide contre l'*action publique* (qui tend à l'application de la peine et qui est exercée par le ministère public), on n'a pas voulu que le fait criminel puisse être encore discuté et prouvé pour une simple question pécuniaire, à une époque où le ministère public ne pourrait plus agir. Voilà pourquoi la loi a *solidarisé* l'action civile avec l'action publique au point de vue de la prescription, et déclare qu'elles se prescrivent ensemble (art. 2, al. 3, C. instr. crim.).

2° Quand l'action publique est exercée devant le tribunal répressif, le tribunal civil, saisi de l'action civile en dommages-intérêts, doit surseoir avant de statuer et attendre la décision qui sera rendue au criminel. Ce qu'on exprime en disant : *le criminel tient le civil en état.*

3° Quand l'action publique a déjà été exercée au moment où la demande d'indemnité est portée devant lui, le tribunal civil doit tenir pour vrai ce qui a été jugé au criminel : *la chose jugée au criminel fait autorité au civil.*

Cependant l'*acquittement* du prévenu ou de l'accusé par le tribunal répressif ne fait pas obstacle à ce qu'il soit reconnu au civil comme auteur du fait dommageable, et comme tel condamné à payer une indemnité. En effet l'acquittement dont il a bénéficié peut s'expliquer de deux façons : ou bien parce que ce n'est pas lui qui est l'auteur du fait, ou bien parce que, l'acte lui étant imputable, il se trouve qu'aucune peine ne lui est applicable. Dans ce dernier cas le fait perd bien son caractère criminel, mais rien ne s'oppose à ce qu'on le traite comme un délit civil pur et simple. Voyez-en un exemple célèbre dans l'affaire du meurtre de Victor Noir par le prince Pierre Bonaparte, en janvier 1870 (Haute-Cour de Tours, 27 mars 1870, D. 71. 2. 79, S. 71. 2. 180).

4° Quand le juge répressif est saisi de l'action publique, la personne lésée par le délit peut porter son action en indemnité devant lui, c'est ce qu'on appelle *se constituer partie civile*. L'action civile peut être jugée par le tribunal de répression, parce qu'elle est considérée comme accessoire à l'action publique ; le juge étant compétent pour cette dernière, est compétent aussi pour l'autre.

Il peut même arriver que l'action civile résultant d'un délit criminel ne puisse pas être exercée séparément de l'action publique et que la connaissance en soit réservée aux tribunaux de répression. Ceci a lieu pour certains cas de diffamation (L. 29 juillet 1881, art. 46).

§ 5. — *Des quasi-délits.*

** **823. Définition.**— Le quasi-délit est tout *fait illicite,* causant à autrui un *dommage,* mais *sans intention de nuire* (TREILHARD, *Exposé des motifs,* dans FENET, t. XIII, p. 467 ; AUBRY et RAU, t. IV, § 446 ; Cass., 24 déc. 1860, D. 61. 1. 373, S. 61. 1. 983 ; Cass., 29 juill. 1869, D. 71. 1. 237, S. 70. 1. 11)[1].

824. Fausses formules dans la jurisprudence. — Quand on songe à quel point la notion du quasi-délit est certaine, on est tout étonné de voir dans la jurisprudence, et jusque dans les arrêts les plus récents, des formules d'une inexactitude évidente, se ramenant toutes à cette affirmation que le quasi-délit n'existe que là où se trouve une intention dolosive. Voyez notamment Chambéry, 11 août 1868, D. 69. 2. 13 ; Lyon, 19 mai 1886, S. 88. 2. 134 ; Agen, 20 déc. 1893, D. 94. 2. 92, S. 94. 2. 250 ; Paris, 21 avril 1896, D. 98. 1. 306. Mais il faut remarquer qu'un pareil langage se rencontre uniquement dans des arrêts relatifs à la *responsabilité de la femme dotale sur ses biens dotaux,* et là il y a peut-être une raison d'établir une distinction entre la faute ordinaire, simple imprudence, et la faute grossière, assimilable à un dol ; mais on pouvait le faire sans méconnaître et fausser une notion courante des mieux établies.

***825. Dénomination usuelle du quasi-délit.** — Dans la langue du droit, on a pris l'habitude d'appeler *faute* ce que Pothier et le Code appellent « quasi-délit », c'est-à-dire l'*acte dommageable non intentionnel,* par opposition au délit, qui suppose l'intention de nuire.

826. Comparaison avec les formules romaines. — Quel que soit le sens du mot « quasi-délit », il ne répond plus du tout à l'emploi qu'en faisaient les jurisconsultes romains : pour eux, le *delictum* était un fait illicite spécialement défini et réprimé par la loi, comme le *furtum* et la *rapina,* ou par les préteurs, comme le *dolus* et la *fraus creditorum.* Ils disaient que l'obligation naissait *quasi ex delicto,* seulement pour quatre cas particuliers. Voyez GIRARD, *Précis,* v° Obligations quasi-délictuelles. Il a été impossible aux commentateurs modernes de découvrir la raison qui a empêché Gaius et Justinien de ranger ces quatre cas parmi les *delicta.*

Un *double rapprochement* montrera à quel point la classification ancienne diffère de la nôtre. Les Romains traitaient comme un délit *la simple faute de la loi Aquilia,* dont nous faisons le quasi-délit moderne, et à l'inverse ils considéraient comme tenu simplement « quasi ex delicto » le juge qui avait *fait le procès sien,* alors même qu'il avait rendu *sciemment* la sentence injuste : nous dirions aujourd'hui que ce juge commet un délit.

***827. Inutilité de la distinction du délit et du quasi-délit.** — Quand on y réfléchit, on ne voit pas quel intérêt il y a à maintenir ces deux catégories de sources d'obligations à l'état distinct : toutes deux sont des faits illicites, toutes deux obligent de la même manière leur auteur à réparer le dommage qu'il a causé. Il semble donc que la distinction devrait disparaître, n'étant fondée sur aucune différence pratique. C'est déjà chose faite en *Allemagne,* où le nouveau Code civil confond sous le nom d'*actes illicites* tout ce que nous appelons délits ou quasi-délits (art. 823 et suiv.).

La seule application pratique qu'on puisse trouver à la distinction française est la juris-

[1] Comp. POTHIER, *Obligations,* n° 116. — On doit donc considérer comme fausse l'idée que Poullain du Parc se faisait du quasi-délit : « Le quasi-délit est une faute commise sans dol et qui approche beaucoup du délit, *delicto similis et finitima.* Ainsi c'est une faute grossière, *lata culpa quæ dolo æquiparatur* » (*Principes du droit français,* t. VIII, p. 107).

prudence signalée ci-dessus au n° 824. Sur la possibilité d'établir une différence, dans l'étendue de la responsabilité entre l'auteur d'un délit et l'auteur d'un quasi-délit, voyez J. DE HAENE, dans la *Flandre judiciaire*, du 10 avril 1901.

D'autre part le Code français confond le délit et le quasi-délit sous le nom générique de « faute », dans les art. 1382 et 1383, et il leur applique le même régime, sans aucune distinction entre eux [1] ; il résulte en effet de la rubrique sous laquelle ces articles sont placés que c'est bien des délits et des quasi-délits qu'il y est question.

828. Renvoi. — Afin de ne pas retarder, par des explications un peu longues, l'exposé général des sources des obligations, je renvoie plus loin le détail des règles relatives aux quasi-délits. Voyez l'étude *de la faute*, ci-dessous nos 862 et suiv.

§ 6. — *Des obligations légales.*

** **829. Obligations considérées comme naissant de la loi.** — D'après la tradition, on rattache à cette cause toutes les obligations qui ne rentrent dans aucune des autres catégories. Le Code civil (art. 1370, al. 3) nous cite comme exemples d'*obligations purement légales* :

1° Celles qui naissent *entre propriétaires voisins* (t. I, 1re édit., nos 1070 et suiv. ; 2e édit., nos 997 et suiv.).

2° L'obligation des *tuteurs* et autres *administrateurs* qui ne peuvent refuser la fonction qui leur est déférée.

Il en existe un grand nombre d'autres. Sans sortir du droit civil, on peut citer l'*obligation d'éducation* qui pèse sur les parents envers leurs enfants ; la *dette alimentaire* qui existe entre certaines personnes unies par un lien de parenté ou d'alliance (art. 205-207) ; enfin et surtout l'action en restitution accordée contre toute personne qui se trouve *enrichie sans cause aux dépens d'autrui*. Voyez cependant ci-dessous n° 937.

On peut encore citer l'*obligation du secret*, connue sous le nom de *secret professionnel*, imposée à un grand nombre de personnes pour les choses qu'elles ont connues dans l'exercice de leur fonction ou profession. Cette obligation du secret est particulièrement intéressante pour les *médecins*, pour lesquels beaucoup de difficultés s'élèvent en pratique ; à leur égard le secret tend à devenir de plus en plus absolu. Voyez la note du *Dalloz*, sous Cass., 1er mai 1899, D. 99. 1. 585. Comp. Cass., 13 juill. 1897, D. 1900. 1. 43.

830. Observation. — A proprement parler, aucune obligation ne naît de la volonté *seule* de la loi, ou du moins cette volonté n'est jamais *arbitraire et capricieuse*. Quand le législateur crée une obligation, il y a toujours en la personne du débiteur, ou dans ses biens, une *circonstance de fait* qui justifie et rend nécessaire l'existence de cette obligation. Il semble donc que ces obligations devraient rentrer, selon la nature de la circonstance qui en provoque la création, dans la catégorie des quasi-contrats ou des quasi-délits. Voici pourquoi on ne le fait pas : le quasi-délit ou la faute sont toujours des *actes de l'homme* ou, comme le dit la loi, des *faits personnels* à celui qui s'oblige. L'obligation dite « légale » ne suppose aucun fait de ce genre : elle résulte d'un *fait naturel* [2], indépendant de la volonté de l'obligé. — L'observation a son importance, parce qu'elle montre que ces obligations sont *indépendantes de la capacité du débiteur* et grèvent même les incapables.

[1] On a quelquefois pensé que la distinction du délit et du quasi-délit se trouvait marquée dans le Code civil, l'article 1382 visant les délits et l'article 1383 les quasi-délits (BUGNET sur Pothier, t. I, p. 57, note 2). A mon sens, l'article 1382 est commun aux deux catégories et l'article 1383 doit recevoir une autre explication. Voyez ci-dessous n° 866.

[2] Domat a fort bien mis en relief cette idée. Pour lui, les obligations que nous appelons « légales » naissent « de l'ordre divin » (*Loix civiles*, liv. II, préliminaires). Comp. POTHIER, *Obligations*, nos 113 à 123. La distinction ainsi marquée par lui est très nettement faite dans l'article 1370, al. 2.

§ 7. — *De la volonté unilatérale comme source d'obligations.*

831. Origine et but de la théorie. — Une théorie nouvelle [1], qui nous est venue d'Allemagne [2], tend à créer une nouvelle source d'obligations : une déclaration unilatérale de volonté pourrait être considérée comme liant par elle-même celui qui l'a faite, indépendamment de toute acceptation par une autre personne. C'est ce qu'on appelle la *volonté unilatérale* (SALEILLES, *Théorie de l'obligation*, nos 138 et 141 et suiv. ; RENÉ WORMS, *De la volonté unilatérale*, thèse, Paris, 1891).

En France, l'idée nouvelle a été présentée comme ayant l'avenir pour elle. Elle serait conforme à l'évolution entière du droit qui cherche à assurer de plus en plus l'*efficacité juridique de la volonté*, et le progrès qui lui est réservé consisterait à voir dans la volonté unilatérale la *source unique* de toutes les obligations créées par les particuliers. Tout contrat serait dissocié en deux actes distincts, et chaque partie s'obligerait par un acte unique de sa propre volonté.

832. Réfutation. — La théorie nouvelle se produit entourée de toutes sortes de réserves et d'atténuations. Voyez la conclusion de M. R. Worms, p. 197 et suiv. Cette timidité est incompatible avec la nature même de l'idée, qui, si elle était exacte, serait une vérité suprême et irrésistible, ayant en elle une force suffisante pour supplanter immédiatement tout autre système. — C'est son point de départ même qu'il faut rejeter. On dit : « La volonté individuelle est souveraine sur celui qui l'émet ; donc l'engagement pris par une personne, sous la forme d'une simple déclaration de volonté de sa part, doit posséder l'efficacité juridique de l'obligation. » Mais tout aussitôt on est obligé de reconnaître que tant que cette volonté unilatérale n'en a pas rencontré une seconde qui vient se joindre à elle, le lien obligatoire ne peut pas se former ; on avoue que cette « exigence » ne pourra jamais être supprimée (WORMS, p. 198), parce que la volonté individuelle, souveraine sur elle-même, est « sans effet à l'égard des tiers » et que « nul ne peut devenir créancier sans sa volonté ». — Il ne reste donc, comme source possible d'obligations volontaires, que l'entente entre le créancier et le débiteur, c'est-à-dire le contrat.

833. Applications. — Les applications qu'on prétend faire de la volonté unilatérale comme source productive d'obligations dans l'état actuel de la législation française sont assez restreintes : elles concernent les *stipulations pour autrui*, les *titres à ordre ou au porteur*, les *offres* diverses (offres de récompense, offres de contracter)

834. Loi allemande. — En Allemagne, le Code civil n'a pas admis d'une façon absolue la possibilité de s'engager soi-même par un simple acte de volonté, mais il fait produire un effet obligatoire aux déclarations unilatérales dans certains cas déterminés, notamment dans les offres de contracter adressées à un tiers (art. 130 et 145) et dans les offres de récompense (art. 657).

CHAPITRE II

DU PAIEMENT DE L'INDU

**** 835. Définition.** — Tout paiement suppose une dette (ci-dessus

[1] J'ai déjà fait une courte allusion à cette théorie (t. I, 1re édit., p. 103, note ; 2e édit., p. 109, note). Il est utile d'y revenir ici, car c'est surtout pour la création des obligations qu'elle a été présentée.

[2] SIEGEL, *Das Versprechen als Verpflichtungsgrund*, Vienne, 1874 ; STOBBE, dans la *Zeitschrift für Rechtsgeschichte*, t. XIII. — Comp. C. civ. all., art. 130 et suiv., art. 145 et suiv.

n° 400). Par conséquent, toutes les fois qu'un paiement est fait, on doit sous-entendre, dans l'esprit des deux parties en présence, une sorte de convention tacite en vertu de laquelle le créancier qui le reçoit s'engage à le rendre s'il vient à être démontré que l'obligation payée n'existait pas. En d'autres termes, la dation faite à titre de paiement est subordonnée à cette condition, que la dette existe. Ainsi se justifie la règle que *ce qui a été payé sans être dû est sujet à répétition.*

Le quasi-contrat du paiement de l'indu est ainsi rapproché de la forme du contrat autant qu'un acte juridique peut l'être sans être lui-même un contrat. On est presque autorisé à dire qu'il y a là un *contrat tacite.*

** **836. Action en répétition.** — L'action qui est donnée à cette occasion s'appelle action *en répétition de l'indu ;* pour abréger, on l'appelle souvent de son nom romain la *condictio indebiti,* qui n'est pas toujours absolument exact.

§ 1. — *Cas où il y a lieu à répétition.*

837. Division. — La répétition suppose toujours que ce qui a été payé n'était pas dû, mais pour déterminer d'une manière précise les conditions sous lesquelles la répétition pourra être exercée, il y a lieu de distinguer trois cas : 1° il n'existait aucune espèce d'obligation entre celui qui a payé et celui qui a reçu ; 2° le paiement a été fait en vue d'une obligation actuelle qui a depuis cessé d'exister, ou en vue d'une obligation future qui ne s'est pas réalisée ; 3° l'obligation payée avait une cause illicite ou immorale.

A. — Cas où il y a absence complète d'obligation.

***838. Ses différentes formes.** — Cette première hypothèse peut se présenter sous diverses formes :

1° Il n'y a jamais eu d'obligation : la personne qui a payé ne devait rien, et il n'était rien dû à celle qui a reçu. Par exemple, une femme, héritière de son mari, paie un billet qu'elle croit signé du mari alors que la signature est fausse (Cass., 19 janv. 1886, D. 86. 1. 88, S. 86. 1. 200).

2° Le débiteur d'une dette réellement existante la paie à une personne autre que son créancier. Cette hypothèse et la précédente sont toutes deux visées par l'art. 1376, qui suppose que celui qui a été payé n'était pas créancier.

3° Le créancier reçoit son paiement d'un autre que de son débiteur. Hypothèse visée dans l'art. 1377. — Dans ce cas, comme dans le précédent, bien qu'il y ait réellement une dette, on peut dire qu'il n'existe *aucune obligation* entre celui qui a reçu et celui qui a payé.

***839. Cas où la dette payée était une obligation naturelle.** — L'absence d'obligation ne s'entend pas en droit français de la même manière qu'en droit romain. Au cas où l'obligation payée a le caractère d'une obligation naturelle, la répétition est admise quand l'autre condition, celle d'un paiement fait par erreur, se trouve remplie. L'existence d'une obligation naturelle ne fait pas obstacle à l'action en répétition, parce que la loi française veut que les obligations naturelles soient *volontairement* acquittées (art. 1235), et le paiement n'est pas volontaire quand le débiteur s'est exécuté, se croyant civilement tenu. Comp. ci-dessus nos 340 et 346-3°. — En droit romain un des principaux effets attribués aux obligations naturelles, ou du moins à beaucoup d'entre elles, était au contraire de servir de base à un paiement et de le rendre valable en faisant obstacle à la « condictio indebiti ». Ce qui était dû « naturaliter » n'était pas « indebitum » (*Dig.*, liv. XII, tit. 6, fr. 12, princ.).

****840. Condition de la répétition.** — L'absence d'obligation ne suffit pas pour autoriser la répétition. *Il faut que le paiement ait été fait par erreur.* Cette condition est traditionnelle ; elle est exprimée dans l'art. 1377 et sous-entendue dans les art. 1235 et 1376. Les textes du Code sont donc incomplets, mais la jurisprudence est solidement fixée dans le sens du maintien de la tradition. Il y a erreur lorsque celui qui fait le paiement croit qu'il aurait pu y être contraint par celui que le reçoit, soit qu'il se croie débiteur quand il ne l'est pas, soit qu'il croie sa dette civile quand elle est naturelle, soit qu'il croie la condition réalisée quand elle ne l'est pas encore. — Celui qui paie *sciemment* ce qu'il ne doit pas est donc privé de l'action en répétition, et le versement fait par lui se qualifie différemment selon les cas : il y a *donation* si rien n'est dû au créancier ; *paiement* si la chose lui était due naturellement, et peut-être *paiement pour autrui* si c'est un tiers qui est débiteur (Cass., 11 mars 1885, D. 85. 1. 147, S. 86. 1. 49).

Aucune autre condition n'est exigée. Peu importe, pour l'ouverture de l'action, que celui qui a touché ait su ou ait ignoré qu'il recevait l'indu (art. 1376). Cette distinction ne concerne que les *effets* de l'action.

841. Cas douteux. — Un cas particulier où l'*existence de l'erreur* donnait lieu à controverse se présentait assez souvent avant 1893. Une compagnie procède à l'amortissement de ses actions ou de ses obligations ; un des titres désignés par le sort n'est pas présenté au remboursement, et la compagnie continue à servir au porteur ses intérêts ou ses dividendes. Plus tard l'erreur est reconnue, et la compagnie rembourse le capital de l'action ou de l'obligation. Peut-elle réclamer, comme les ayant payés par erreur, les intérêts ou les dividendes perçus depuis le tirage ? Les tribunaux lui accordaient l'action en répétition. Cette jurisprudence était très critiquée, car il était difficile d'admettre que la compagnie qui tient à jour le tableau des obligations ou actions sorties au tirage fût dans l'erreur et de bonne foi ; elle avait tout au moins commis une faute, et il était dur de priver le porteur du revenu d'un capital dont la compagnie avait conservé en fait la jouissance. La loi du 1er août 1893, en ajoutant un art. 70 à la loi du 24 juillet 1867, a donné satisfaction aux nombreuses réclamations que cette jurisprudence avait suscitées en refusant aux compagnies la répétition de ces intérêts ou dividendes.

B. — Cas où il y a disparition ou non réalisation de la dette.

***842. Formes de l'hypothèse.** — Cette hypothèse est celle dans laquelle les Romains donnaient la *condictio sine causa* ou la *condictio causa data causa non secuta*. Elle a lieu lorsque la dette, existante au moment où le paiement a été fait, est plus tard *résolue* ou *annulée*, ou bien lorsque la dette conditionnelle ou éventuelle en vue de laquelle le paiement a été fait ne prend pas naissance. Cette double hypothèse est prévue dans le Code civil, non par les art. 1376 et suiv., mais par les art. 1131 et 1133.

***843. Condition de l'action.** — On continue bien à exiger la condition de l'*indu* : le demandeur en répétition devra bien prouver que sa dette a été résolue ou annulée, ou que la dette future ne s'est pas formée, mais *on n'exige pas la condition d'erreur*, et on ne pouvait pas l'exiger. Il y a un fait autre que le paiement, à savoir l'annulation, la résolution ou la défaillance d'une condition, qui rend nécessaire le rétablissement des choses dans l'état où elles se trouveraient si la convention n'avait pas été faite.

844. Paiement du prix d'une vente nulle ou résolue. — Un cas intéressant dans lequel le doute portait sur le caractère indu du paiement a attiré l'attention dans la pratique. Un immeuble hypothéqué est saisi et vendu aux enchères ; l'acheteur paie son prix entre les mains des créanciers hypothécaires ; après quoi, il est évincé par un tiers qui se fait reconnaître comme vrai propriétaire de l'immeuble. L'adjudicataire peut-il réclamer comme indu ce qu'il a payé aux créanciers ? On lui reconnaît aujourd'hui cette action, mais on l'a longtemps discutée. On lui objectait deux choses : 1° D'après le droit romain, le créancier qui faisait vendre son gage n'était pas responsable de l'éviction, et l'acquéreur dépossédé n'avait pas même contre lui la « condictio indebiti ». 2° Les choses doivent se passer comme si l'acquéreur avait payé le prix à son vendeur et que celui-ci s'en fût servi pour désintéresser les créanciers. Or, dans ce cas, l'acquéreur n'aurait certainement pas d'action en répétition contre ces derniers. — Ces arguments étaient peu concluants. En effet notre droit coutumier avait abandonné la solution romaine et donnait la répétition de l'indu à l'acquéreur évincé (POTHIER, *Procédure civile*, n° 636). La *tradition historique* est donc en faveur de la solution qui a prévalu. On ajoute une autre raison, qui me paraît moins bonne, et l'on prétend que toutes les conditions de l'action sont ici réunies, alors qu'elles ne l'étaient pas en droit romain. Le droit romain, dit-on, considérait la vente de la chose d'autrui comme *valable* ; le droit français la déclare *nulle* (art. 1599). L'acquéreur évincé n'est donc plus, d'après nos lois, *débiteur* du prix et par conséquent il a versé son prix aux créanciers, *il a payé ce qu'il ne devait pas*. Cet argument serait tout à fait probant, si l'art. 1599 annulait la vente de la chose d'autrui *faite de bonne foi*. On verra qu'il y a de fortes raisons pour penser que l'annulation porte seulement sur la vente de la chose d'autrui faite de mauvaise foi par le vendeur.

Un autre point de vue encore est à examiner. Lorsque la vente annulée a été poursuivie à la requête des créanciers du débiteur, qui avaient saisi et fait vendre son bien, on peut se demander si, outre l'action en répétition de l'indu, l'adjudicataire n'a pas contre eux une *action en garantie*. Mais on doit reconnaître que les créanciers poursuivants ne sont pas eux-mêmes *vendeurs* : la saisie est une *vente forcée*, ils forcent leur débiteur à vendre son bien pour les payer ; c'est donc le saisi qui est *seul vendeur et seul garant*, et contre les créanciers l'acquéreur est réduit à son action en répétition. (Cass., 31 janv. 1893, D. 94. 1. 325.)

C. — Cas où l'obligation était illicite ou immorale.

** **845. Conditions de la répétition.** — Quand l'obligation avait une cause illicite ou immorale, il y a lieu à l'action que les Romains appelaient *condictio ob turpem vel injustam causam*. En pareil cas on n'exige pas la condition d'erreur pour accorder la répétition : alors même que le débiteur aurait connu la nullité de sa dette au moment où il l'a payée, on l'autorise à agir.

* **846. Question spéciale.** — Mais ici se pose une question plus grave : Ne convient-il pas de refuser la répétition pour d'autres raisons ? Il faut dédoubler la question.

Si la cause de l'obligation n'est illicite que *de la part du créancier*, tout le monde accorde la répétition au débiteur, parce que le refus de l'action équivaudrait à *donner effet à un acte illicite*, contrairement à l'art. 1131. Dans ces conditions, celui qui a reçu le paiement ne pourra donc pas en conserver le bénéfice. On applique notamment cette règle aux sommes stipulées par le cédant d'un office ministériel, au delà du prix ostensible, et promises par une contre-lettre (Cass., 18 mars 1896, D. 95. 1. 346).

Mais si la cause du paiement est *illicite du côté des deux parties à la fois*, la répétition devient impossible dans l'opinion commune. On applique alors l'adage « In pari causa turpitudinis, melior causa possidentis » (AUBRY et RAU, § 442 *bis*, note 8). Cette opinion faiblement motivée « sur la dignité de la magistrature », a été vivement attaquée par quelques auteurs, principalement par Demolombe (t. XXXI, n°s 434 et suiv.) qui fait remarquer que l'adage que l'on cite comme argument n'est écrit nulle part dans nos lois, et que la combinaison des art. 1131 et 1235 impose la répétition : en effet, l'obligation étant nulle, puisque sa cause est illicite, ne doit produire aucun effet, et ce serait lui en donner un que de maintenir le paiement. La jurisprudence semble entrer dans cette voie (Cass., 11 févr. 1884, D. 85. 1. 99, S. 84. 1. 265 ; Cass., 25 janv. 1887, D. 87. 1. 465 et la note, S. 87. 1. 224).

§ 2. — *Objet de la restitution.*

A. — Paiements faits en argent.

847. Restitution du principal. — Si la chose payée était de l'*argent* ou une *autre chose fongible*, celui qui a reçu est obligé de rendre la même somme, ou la même quantité d'objets de même qualité. La réception de l'indu produit à cet égard le même effet qu'un versement à titre de prêt : comme le « mutuum » romain, il rend propriétaire, à charge de restituer l'équivalent.

848. Intérêts. — Celui qui a reçu doit-il en outre les *intérêts* ? La loi distingue : non, s'il a été de bonne foi, c'est-à-dire s'il se croyait créancier au jour du paiement ; oui, s'il était de mauvaise foi, et il les doit alors à compter du jour où il a reçu (art. 1378).

B. — Livraisons de corps certains.

849. Restitution de la chose. — Si ce qui a été payé était un corps certain, meuble ou immeuble, celui qui l'a reçu en doit la *restitution en nature* (art. 1379).

850. Remboursement des impenses. — S'il a fait des dépenses à l'occasion de la chose, pendant qu'elle était en sa possession, la loi lui donne toujours droit à une indemnité, même s'il l'a reçue de mauvaise foi (art. 1381). Le texte ne précise pas dans quelle mesure l'indemnité est due ; il porte seulement qu'il doit être « tenu compte » des dépenses ; le droit commun s'appliquera donc et la somme due sera, pour les *impenses nécessaires*, la totalité des déboursés ; pour les *impenses utiles*, le montant de la plus-value ou la somme dépensée, au choix de l'autre partie, d'après l'art. 555. Quant aux *impenses voluptuaires*, la loi n'en parle pas : elles ne donnent pas lieu à une indemnité et celui qui les a faites peut seulement reprendre ce qui peut être enlevé sans détérioration.

851. Restitution des fruits. — Si la chose est frugifère, les fruits perçus appartiennent à celui qui l'a reçue, s'il était de bonne foi. Il en doit la restitution dès le début, au cas de mauvaise foi, ou du jour où sa bonne foi a cessé (art. 1378).

852. Pertes et détériorations. — Celui qui a reçu la chose est toujours responsable lorsqu'elle a péri ou qu'elle a été détériorée *par sa faute*. La loi le déclare en outre « garant de sa perte *par cas fortuit* », lorsqu'il l'a reçue sachant qu'elle ne lui était pas due (art. 1379). Disposition remarquable, analogue à celle que donne pour le *voleur* l'art. 1302, al. 4 : si la réception de l'indu faite de mauvaise foi n'est pas une « soustraction » capable de constituer un vol au point de vue pénal, c'est du moins un acte qui y ressemble fort et qui mérite d'être traité de même au point de vue civil. — On a voulu introduire ici les distinctions que fait l'al. 2 de l'art. 1302 pour le débiteur en demeure, mais l'art. 1379 n'en comporte aucune.

853. Cas où la chose a été aliénée. — La loi a prévu l'hypothèse où celui qui a reçu la chose indue l'aurait aliénée avant d'être actionné en répétition. S'il y a eu *bonne foi* de la part de celui qui a reçu et vendu la chose, la loi l'oblige seulement à restituer *le prix* qu'il en a retiré (art. 1380). Le texte ne dit pas ce qui se passera au cas de mauvaise foi, mais cela résulte indirectement de sa décision : c'est que l'aliénateur devra rembourser au demandeur *la valeur vraie* de la chose, tandis que s'il avait été de bonne foi, il serait quitte en restituant le prix reçu par lui, même inférieur à cette valeur.

854. Revendication contre les tiers. — Le Code civil, conformément à la tradition représentée par les textes romains et par Pothier, n'a réglé que les rapports des deux parties qui ont figuré dans le paiement. Il considère le paiement de l'indu comme faisant naître *uniquement* une *action personnelle* en restitution, action qui est nécessairement dirigée contre celui qui a touché. Il ne s'est pas préoccupé des relations entre l'auteur du paiement et les tiers acquéreurs de la chose. — Dans le droit traditionnel, ces relations n'existent pas, parce que la dation d'une chose à titre de paiement est un acte translatif de propriété, qui n'est pas nul pour être fait sans cause ; il subsiste donc comme tel et il ne peut être question que d'une *condictio* ou répétition par voie d'action personnelle. Mais cette solution, vraie depuis tant de siècles, a cessé de l'être par l'effet du changement des idées sur le mode de transfert de la propriété : depuis que la tradition a disparu et que la convention transfère par elle-même la propriété, tous les auteurs admettent que le paiement manque son effet quand il est *indu* : il est alors *sans cause*, et l'art. 1131, aux termes duquel la convention [le texte porte : l'obligation] sans cause ne produit aucun effet, lui est appliqué par analogie (Huc, t. VII, n° 400 et les auteurs cités par lui). Il y aurait fort à dire sur cette invasion de la théorie de la cause dans la matière des transferts de propriété, mais prenons comme bonne l'opinion reçue. On admet donc que l'auteur du paiement a une *action en revendication* contre les tiers auxquels sa chose a été transmise, sauf l'effet de la maxime « En fait de meubles, possession vaut titre », qui protège les acquéreurs de bonne foi d'un meuble corporel.

855. Action récursoire en garantie. — Cette revendication exercée contre le sous-acquéreur ouvrira parfois, mais non toujours, une action récursoire en garantie contre l'aliénateur, c'est-à-dire le créancier qui avait reçu la chose à titre de paiement ; le recours en garantie cesse notamment, du moins en principe, quand l'aliénation est faite *à titre gratuit*. Dans les cas où cette action récursoire a lieu, il a fallu se préoccuper de la mettre d'accord avec les textes du Code civil, et voici ce qu'on a trouvé : le créancier de mauvaise foi, qui avait reçu la chose sachant qu'elle ne lui était pas due, sera obligé de subir ce recours complètement ; mais le créancier de bonne foi, qui, d'après l'art. 1380, n'est obligé que dans la mesure du prix qu'il a reçu, se retournera contre l'auteur du paiement : il l'obligera de lui rembourser tout ce qu'il aura payé au tiers évincé en plus du prix qu'il en avait reçu, en lui disant : « Dans mes rapports avec vous, je ne suis tenu que dans cette limite, à raison de ma bonne foi, et vous ne pouvez pas par votre fait m'imposer une charge plus lourde. » — Théorie ingénieuse, mais tout à fait en dehors du Code, lequel semble bien s'en être tenu purement et simplement au système de la « condictio », action personnelle, tel que l'exposait Pothier.

C. — Cas où le paiement a été fait à un incapable.

856. Nécessité d'une distinction. — Les règles générales établies par la loi sont formulées dans l'hypothèse où celui qui a reçu le paiement indu était capable de s'obliger. Dans quelle mesure se trouvent-elles modifiées par son incapacité ? Cela dépend du principe sur lequel se trouvera fondée l'action en restitution.

* **857. L'incapable est de bonne foi.** — Si le paiement a été *reçu de*

bonne foi, l'obligation de restituer naît d'un *quasi-contrat* (ci-dessus nos 807-1° et 811). La place qu'occupent les art. 1376 et suiv. le prouve, et c'est toujours ainsi que la chose a été comprise. Or un incapable ne peut pas plus s'obliger par son propre fait quasi-contractuellement qu'il ne peut le faire conventionnellement (Aubry et Rau, § 441, note 1, et § 442, note 8). Toutefois, comme nul ne doit s'enrichir sans cause aux dépens d'autrui (ci-dessus nos 811 et suiv.), la loi ouvre contre lui une sorte de « condictio ex lege » pour l'obliger à restituer ce qu'il a reçu, *dans la mesure où le paiement lui a profité*. — L'incapable se trouve alors valablement obligé parce que la cause de l'obligation n'est pas un acte volontaire de sa part, mais un fait matériel (son enrichissement) pris en considération par la loi.

Dans les art. 1376 et suiv., il n'est pas question de cette obligation de restituer le profit retiré du paiement, mais les principes généraux suffisent à l'établir, et la loi en a parlé ailleurs dans un cas particulier. L'art. 1312 prévoit le cas où un incapable (mineur, interdit ou femme mariée) obtient l'annulation d'un contrat, et il le dispense de restituer ce qui a été touché par lui en vertu de ce contrat, pendant la minorité, l'interdiction ou le mariage, à moins que cela n'ait tourné à son profit.

Il est d'ailleurs possible que *la totalité de ce qui a été payé* ait profité à l'incapable, et que l'autre partie ne perde rien. Mais dans ce cas l'obligation de l'incapable ne dérive pas du quasi-contrat de paiement de l'indu, mais bien de la loi et du principe relatif à l'enrichissement sans cause. On en a vu un exemple dans lequel les juges, après avoir annulé un emprunt contracté pour le compte d'un mineur sans l'observation des formalités prescrites, avaient néanmoins condamné ce même mineur à restituer la somme entière, parce qu'elle avait tourné à son profit (Cass., 23 févr. 1891, D. 92. 1. 29).

* **858. L'incapable est de mauvaise foi.** — Si le paiement a été reçu de mauvaise foi, sa réception constitue un acte illicite, un véritable *délit*. Il y a véritablement dol à encaisser comme créancier une somme qu'on sait n'être pas due. Or l'incapacité juridique n'est pas faite pour conférer une sorte d'impunité aux actes illicites. L'art. 1310 le dit pour le *mineur*, mais la règle est générale et s'applique à *tous les incapables*. Ainsi le paiement reçu de mauvaise foi par l'incapable pourra être répété contre lui sans qu'on ait à rechercher s'il en a profité.

859. Preuve à fournir. — Le demandeur en restitution doit prouver l'enrichissement de l'incapable quand celui-ci est de bonne foi. L'art. 1312 le dit formellement : « à moins *qu'il ne soit prouvé* que ce qui a été payé a tourné à leur profit ». — Si l'incapable a touché sciemment l'indu, c'est de même le demandeur qui doit faire la preuve de sa mauvaise foi, puisque telle est *la condition de l'action*.

§ 3. — *Exceptions opposables à la répétition.*

860. Application du droit commun. — L'action en répétition de l'indu est soumise aux causes d'extinction du droit commun, notamment pour la *prescription* : elle dure trente ans (art. 2262).

861. Fin de non-recevoir spéciale. — L'art. 1377 établit en outre une fin de non-recevoir propre à cette action. Lorsque le créancier a reçu de bonne foi son paiement d'un autre que son débiteur, l'action en répétition n'est pas possible contre lui, *s'il a supprimé son titre*. Se croyant régulièrement payé, il n'avait pas d'intérêt à conserver un titre désormais inutile. Si l'on autorisait contre lui la répétition, il pourrait se trouver ensuite dans l'impossibilité de faire la preuve de sa créance contre son véritable débiteur et de se faire payer par lui. La loi l'autorise donc à conserver ce qu'il a reçu et oblige le tiers payeur à recourir comme il le pourra contre le débiteur.

La loi n'a prévu que la suppression matérielle du titre ; il est possible aussi que le créancier payé ait laissé s'accomplir la prescription au profit du véritable débiteur. Pour lui le résultat est le même, car il a perdu tout moyen de se faire payer par celui qui lui devait réellement, et il reste exposé plus ou moins longtemps à l'action en répétition de l'indu, laquelle ne se prescrit que par trente ans à compter du paiement et est nécessairement plus récente que sa propre action. Il y a donc même raison de décider et de le protéger par la fin de non-recevoir établie par l'art. 1377. Aussi est-ce l'opinion générale, bien qu'il y ait quelque doute à concevoir à cause du caractère exceptionnel de cet article. La jurisprudence paraît également incliner vers une interprétation extensive de l'art. 1377 (Caen, 20 mars 1891, D. 92. 2. 177, S. 92. 2. 204). En tout cas il faut que le créancier qui a supprimé son titre ou laissé prescrire son action ait été de bonne foi. La loi établit en sa faveur une disposition toute d'équité : on ne veut pas qu'il ait à souffrir d'une erreur commise par un autre. Mais sa mauvaise foi renverserait les rôles, et ce serait lui alors qui devrait être sacrifié, et non le tiers qui a payé ce qu'il croyait devoir personnellement.

CHAPITRE III

DE LA FAUTE

862. Bibliographie. — Rud. von Ihering, *De la faute en droit privé*, fragment historique, trad. O. de Meulenaere, Paris, 1888. — Sourdat, *Traité général de la responsabilité*, 4e édit., 2 vol., 1887. — Lefebvre, *Responsabilité délictuelle et contractuelle*, dans la *Revue critique*, 1886, p. 485. — J. de Haene, *Une théorie nouvelle de la responsabilité*, *Flandre judiciaire*, 10 avril 1901. — Notes de jurisprudence : Labbé, S. 71. 1. 9 et 89. 4. 1 ; Chavegrin, S. 96. 2. 225 ; Planiol, D. 96. 2. 457 ; Esmein, S. 97. 1. 17 et 98. 1. 65 ; Saleilles, D. 97. 1. 433 ; Dupuich, D. 97. 1. 537. — Thèses : Deschamps, *Le dol et la faute des incapables*, Paris, 1889 ; Fromageot, *De la faute comme source de la responsabilité*, Paris, 1891 ; Grandmoulin, *De l'unité de la responsabilité*, Rennes, 1892. — Voir aussi les ouvrages, notes et articles indiqués ci-dessous à propos de la responsabilité des accidents dans le *Louage du travail*, nos 1816 et suiv.

§ 1. — *Notion générale de la faute.*

** **863. Définition.** — La faute est *un manquement à une obligation préexistante,* dont la loi ordonne la réparation quand il a causé un *dommage à autrui*. L'idée de faute, prise en elle-même, est donc extrêmement simple, et elle est dans une *relation nécessaire avec l'idée d'obligation* : une personne ne peut pas être en faute, si elle n'était tenue de rien avant l'acte qu'on lui reproche. Comp. Aubry et Rau, t. IV, § 444, note 1 ; Demolombe, t. XXXI, n° 479. La question de savoir si l'agent a commis la faute avec ou sans intention de nuire est indifférente. Voyez ci-dessus n° 827.

Toute cette théorie est à faire d'après les principes et d'après la jurisprudence. Les textes, tout à fait insuffisants, ne nous donnent à peu près aucun secours.

A la différence du Code allemand qui a développé la théorie des fautes dans des articles nombreux, notre Code ne contient sur ce sujet que des dispositions trop sommaires et trop vagues. Elles se réduisent aux deux articles 1382 et 1383. Le premier ne donne pas une définition, même défectueuse de la faute, dont il prononce à peine le nom d'une manière incidente; il se place surtout au point de vue du résultat matériel de la faute, le dommage causé : « Tout fait quelconque de l'homme qui cause à autrui un dommage oblige celui *par la faute duquel* il est arrivé à le réparer. » L'expression « tout fait quelconque » pour qualifier la faute est beaucoup trop vague; celle-ci n'est pas, à beaucoup près, un fait *quelconque*, mais bien un fait parfaitement déterminé par son caractère *illégitime*. Or cette idée capitale ne figure même pas dans le texte français. Le Code allemand dit au contraire avec précision : « celui qui lèse *illégalement*... une autre personne... » (art. 823). La loi Aquilia supposait également un « damnum *injuria* datum », c'est-à-dire le *damnum quod non jure fit*. Comp. Code fédéral suisse : « Quiconque lèse sans droit... » (art 50). Quand ils ont parlé d'un « fait quelconque », les auteurs du Code étaient préoccupés du désir d'assurer la répression des fautes sous quelque forme qu'elles se présentent; ils songeaient à la variété naturelle des faits qui constituent des fautes, et voulaient généraliser le système de la loi Aquilia qui ne réprimait que trois catégories de faits déterminés. C'est ce que prouvent les travaux préparatoires : « Cette disposition embrasse dans sa vaste latitude tous les genres de dommages... depuis l'homicide jusqu'à la légère blessure, depuis l'incendie d'un édifice jusqu'à la rupture d'un meuble chétif » (FENET, t. XIII, p. 488).

A. — Obligations dont la violation constitue la faute.

* **864. Nature variable de l'obligation.** — L'obligation violée par l'acte appelé « faute » peut être indifféremment une *obligation légale* ou une *obligation conventionnelle*. Les unes comme les autres donnent à la faute l'occasion de se produire[1], mais leur différence d'origine reste sans influence sur la nature de la faute. C'est un point très important, et qui est presque universellement mal compris; c'est à lui que se rattache la doctrine des deux fautes (faute contractuelle et faute délictuelle), qui fait l'objet du paragraphe suivant (n°s 873 à 877).

* **865. Indétermination des obligations légales.** — On se fait assez facilement une idée sommaire du nombre et de l'objet des obligations conventionnelles : les types des principaux contrats sont fixés depuis longtemps; même pour les contrats de création nouvelle, comme l'assurance, il y a déjà des règles établies et connues. Il n'en est pas de même des obligations légales. On dit à tout moment qu'une personne est tenue de ses fautes « en vertu de l'art. 1382 ». Cela est vrai dans un certain sens, car

[1] C'est ce qui fait que dans les ouvrages de droit on rencontre l'idée de faute à deux places différentes : d'abord à propos des *contrats*, quand il s'agit de régler les dommages et intérêts dus au créancier quand le débiteur n'exécute pas son obligation (art. 1142 à 1151); ensuite à propos de l'article 1382, où la faute apparaît, sous le nom de *quasi-délit*, comme une source productive d'obligations. Généralement, c'est à cette dernière occasion qu'on cherche à définir la faute, et on en donne alors une définition insuffisante parce qu'on est préoccupé d'une seule de ses variétés.

c'est cet article qui oblige l'auteur de la faute à en réparer les conséquences. Mais ce texte n'a que *la valeur d'une sanction*. Il est pour les obligations légales ce qu'est l'art. 1142 pour les obligations conventionnelles : il en garantit l'exécution, en réprimant toute contravention par la nécessité d'indemniser celui qui en souffre ; par lui-même il ne contient aucune obligation particulière. L'important serait donc de dresser le tableau des obligations légales dont l'art. 1382 est la garantie, mais ce travail n'a jamais été entrepris. Aucun jurisconsulte n'a catalogué les obligations dont les hommes sont tenus de plein droit et en l'absence de tout contrat, à l'état *d'obligations juridiques,* opposables aux *simples devoirs moraux* dont la loi ne tient pas compte. Ce travail n'est pourtant pas infaisable. Il existe déjà à l'état d'ébauche dans les décisions de la Cour de cassation. Cette Cour reconnaît bien aux juges du fait un pouvoir d'appréciation souveraine pour constater l'existence des faits qui constituent la faute (Cass., 21 déc. 1868, D. 69. 1. 173; Cass., 17 juill. 1872, D. 73. 1. 87, S. 72. 1. 337; Cass., 27 mars 1889, D. 89. 1. 231 ; Cass., 20 janv. 1891, D. 91. 1. 153). Mais elle se réserve un droit de contrôle pour apprécier l'existence d'une obligation antérieure capable de donner au fait le caractère d'une faute (Cass., 5 janv. 1872, D. 72. 1. 161 ; Cass., 15 avril 1873, D. 73. 1. 262, S. 73. 1. 174 ; Cass., 28 janv. 1879, D. 79. 1. 161). En parcourant ces arrêts, on dresserait une liste déjà riche d'obligations légales donnant lieu à des contraventions connues sous le nom de *fautes*.

B. — Actes constitutifs de la faute.

** **866. Faute par omission et faute par commission.** — La faute peut être un *acte positif,* comme le fait de blesser par imprudence une personne, ou un *acte négatif,* comme le fait de ne pas prévenir un propriétaire de l'usurpation qu'un tiers commet sur ses biens, ou encore l'omission d'une formalité légale qu'on était tenu d'accomplir dans un certain délai. Les anciens distinguaient déjà la *culpa in omittendo* et la *culpa in committendo,* et cette distinction se trouve rappelée dans l'art. 1383 : « Chacun est responsable du dommage qu'il a causé non seulement *par son fait,* mais encore *par sa négligence ou par son imprudence.* »

Elle n'a aucune importance. En effet, il est toujours nécessaire que le fait ou l'abstention, qu'on reproche à une personne comme une faute, soit *contraire à une obligation antérieure* de s'abstenir, si elle a accompli un fait positif, ou d'agir, si elle s'est abstenue. L'art. 1383 revient donc tout simplement à dire que la faute peut consister aussi bien dans une contravention à une *obligation de faire* que dans une contravention à une *obligation de ne pas faire* (Comp. Demolombe, t. XXXI, n° 479). Était-ce bien la peine de faire un article exprès pour nous l'apprendre ?

C. — Du dommage causé par la faute.

** **867. De l'existence d'un dommage.** — Le droit n'est pas comme la morale, qui envisage la faute en elle-même et abstraction faite de ses résultats : un législateur n'a souci que de l'ordre social, et il ne doit intervenir que si l'ordre est troublé. Il en résulte que la faute n'existe *juridiquement* que par ses résultats, c'est-à-dire par le *dommage* qu'elle a pu causer. Le droit n'a point à tenir compte d'une faute qui n'aurait produit aucun dommage (Cass., 14 janv. 1862, D. 62. 1. 91 ; Cass., 17 févr. 1874, D. 74. 1. 360). Néanmoins on ne doit pas faire entrer l'idée de dommage dans la définition de la faute, car le dommage n'en est qu'une conséquence possible, mais nullement nécessaire : *si un acte constitue une faute, ce n'est pas parce qu'il est dommageable, c'est parce qu'il est contraire au droit.* Le dommage est seulement la *condition* pour que la faute soit *réprimée* par le droit.

* **868. De la nature du dommage.** — En matière de faute, la nature du dommage causé importe peu. Ce peut être un dommage *purement moral* ; la loi en tient compte dès qu'il est réel et vérifié. Le meilleur exemple en est fourni par l'allocation d'indemnités pécuniaires à la suite de *diffamations*. Comp. Cass., 7 juin 1893, S. 95. 1. 413.

La jurisprudence a fait de la même idée une application intéressante aux accidents de chemin de fer ou autres : les parents des victimes peuvent obtenir une indemnité à raison de leurs affections et de la douleur qu'a pu leur causer la mort d'un père ou d'un enfant (Angers, 12 juill. 1872, D. 72. 5. 386 ; Bordeaux, 30 nov. 1881, DALLOZ, *Suppl.*, t. XV, p. 521, note 3, S. 82. 2. 183).

On ne distingue pas non plus si le dommage matériel est causé aux *biens* ou au *corps* : des blessures, un homicide par imprudence, donnent lieu à indemnité. Comp. art. 847 C. civ. all. — En droit romain, on considérait au contraire la lésion corporelle comme n'étant pas susceptible d'une réparation en argent, « cum liberum corpus æstimationem non recipiat » (MAYNZ, t. II, p. 26, note 1).

** **869. Relation entre le dommage et la faute.** — Une des plus grandes difficultés que présentent dans la pratique les questions de responsabilité à raison d'une faute est la démonstration du *rapport de cause à effet* entre la faute commise par une personne et le préjudice subi par une autre. Les circonstances de fait, qui sont presque toujours complexes, rendent parfois très difficile l'appréciation de ce lien ; et cependant il est bien impossible de condamner quelqu'un à des dommages-intérêts tant qu'il n'est pas prouvé que c'est lui qui a, *par sa faute*, causé le dommage.

Les décisions qui ne constatent pas suffisamment cette relation sont cassées. (Cass., 14 mars 1892, D. 92. 1. 343, S. 92. 1. 523 ; Cass., 6 févr. 1894, D. 94. 1. 192, S. 94. 1. 309.) La vérification à faire est une question de fait. Voyez-en des exemples énumérés dans DALLOZ, *Suppl.*, v° Responsabilité, nos 191-192.

D. — Incompatibilité de la faute et du droit.

** **870. Irresponsabilité des actes licites.** — Puisque la faute est un acte *contraire au droit* (illicite), il en résulte une conséquence importante : si j'ai le droit de faire un acte déterminé, je ne suis pas en faute pour l'avoir accompli; et si j'ai le droit de m'en abstenir, je ne suis pas en faute pour l'avoir omis. Par suite, je ne dois rien à personne, quelque préjudice que mon action ou mon abstention ait pu causer à autrui.

C'est un point que les jurisconsultes romains avaient affirmé avec la plus grande netteté : GAIUS : « Nullus videtur dolo facere, qui suo jure utitur » (*Digeste*, liv. L, tit. 17, fr. 55). PAUL : « Nemo damnum facit, nisi qui id fecit quod facere jus non habet » (*Ibid.*, fr. 151). On en concluait notamment que celui qui bouche les fenêtres de son voisin en construisant sur son terrain ne s'expose en principe à aucune réclamation : « Cum eo qui tollendo obscurat vicini ædes quibus non serviat, nulla est actio » (ULPIEN, *Digeste*, liv. VIII, tit. 2, fr. 9). Même solution à propos d'une source coupée par des travaux qu'un propriétaire fait faire dans son terrain (*Digeste*, liv. XXXIX, tit. 2, fr. 26). Ces exemples sont toujours vrais.

* **871. Usage abusif des droits.** — Les jurisconsultes et les législateurs modernes ont au contraire une tendance à considérer l'*usage d'un droit* comme pouvant devenir un *abus*, et par suite constituer une faute. On parle volontiers de l'*usage abusif* d'un droit, comme si ces deux mots avaient un sens clair et certain. Mais il ne faut pas en être dupe : *le droit cesse où l'abus commence*, et il ne peut pas y avoir « usage abusif » d'un droit quelconque, parce qu'un même acte ne peut pas être *tout à la fois conforme et contraire au droit.*

Ce qui a provoqué un pareil langage, c'est que la plupart des droits ne sont pas absolus; ils ont au contraire des *limites*, au delà desquelles leur titulaire perd la faculté d'agir et doit être considéré comme étant *sans droit*. Il peut donc y avoir *abus* dans la conduite des hommes, non pas quand ils *exercent* leurs droits, mais bien quand ils les *dépassent*. Au fond, il y a donc ici une idée juste; sa formule seule est inexacte [1].

872. Exemples principaux. — Les questions ouvrières ont fourni dans ces dernières années deux occasions remarquables pour appliquer l'idée nouvelle de l'usage abusif d'un droit. On peut en outre indiquer quelques exemples plus anciens.

1° RENVOI D'OUVRIERS OU D'EMPLOYÉS. — La législation antérieure à 1890 accordait à chacune des deux parties un droit absolu de résilier le contrat par sa seule volonté ; la loi du 27 décembre 1890, complétant l'art. 1780 C. civ., est venue décider que des dommages et intérêts pourraient « néanmoins » être dus, sans dire dans quels cas ni pour quelle cause. A-t-elle restreint par là le droit de résiliation qui appartenait aux parties? N'est-il plus permis de se donner congé, entre patrons et salariés, que lorsqu'il existe un motif légitime? C'est une question qui sera examinée à sa place, à propos du louage de travail. Nous la signalons ici seulement pour montrer comment elle a donné occasion de dire que le patron qui renvoie son employé ou ouvrier sans motifs fait un usage abusif de son droit de congé. En tout cas, il faut remarquer dès maintenant que s'il peut y avoir faute ou abus dans l'exercice de ce droit, c'est *qu'il n'est plus absolu*.

2° GRÈVES. — Les ouvriers ou employés des particuliers ont le droit de se mettre en grève. Mais ce droit n'est pas sans limites : d'une part, la loi du 25 mai 1864, qui a rendu

[1] La thèse de M. Jocelyn Ferrand, sur la *Résiliation du louage de services* (Paris, novembre 1897) en contient la meilleure des preuves : les exemples qu'il donne pour montrer qu'une personne peut violer le droit d'autrui en usant de son propre droit supposent tous que le droit dont il a été fait usage n'était pas absolu et avait des limites (p. 222 et suiv.). — On peut voir aussi une note assez obscure de M. de Meulenaere dans sa traduction du Code allemand, sous l'article 826.

la grève licite en elle-même [1], continue à réprimer les *actes de violences*, voies de fait, menaces et manœuvres frauduleuses, dont les grèves s'accompagnent trop souvent (art. 414 et 415 C. pén.); d'autre part, la grève n'est qu'un *moyen* qui peut servir à bien des choses et dont le caractère moral dépend du *but* que se proposent les grévistes. Veulent-ils obtenir un salaire plus élevé ou une réduction des heures de travail? Leur grève est licite. Cherchent-ils à faire renvoyer un ouvrier non syndiqué? Leur grève est illicite, parce qu'elle porte atteinte à la liberté d'autrui. Une grève peut donc devenir illicite, soit par son mode d'action, soit par son but. Ici l'*abus* est possible, parce que le droit est *limité* et que les grévistes peuvent faire en fait une chose qui leur est défendue en droit. — Sur l'emploi abusif de la grève, voyez Cass., 22 juin 1882, aff. Joost et syndicat de Jallieu, D. 92. 1. 449; Lyon, 2 mars 1894, aff. Oberlé et syndicat d'Oullins, D. 94. 2. 305. Comp. Trib. civ. Seine, 4 juill. 1895, à propos d'une mise à l'index non suivie de grève, D. 95. 2. 312 [2].

3° Exercice des actions en justice. — Une jurisprudence constante décide que celui qui fait un procès, soit comme demandeur, soit comme défendeur, peut être condamné à des dommages-intérêts envers l'autre partie, s'il a agi par pure malice ou de mauvaise foi, ou même par suite d'une erreur grossière (Cass., 3 juill. 1895, D. 95. 1. 511, S. 95. 1. 344, Cass., 16 janv. 1899, D. 99. 1. 135). C'est que le droit de saisir la justice n'est pas absolu : il n'est ouvert aux particuliers que pour la défense de leurs droits et de leurs intérêts légitimes, et non dans un but de dilettantisme ou de malignité; il est donc subordonné à l'existence d'un intérêt sérieux. Comp. Cass., 22 déc. 1897, D. 99. 1. 85, et les renvois.

4° Exercice du droit de propriété. — Un propriétaire foncier n'a pas le droit de se livrer à une occupation quelconque sur sa propriété : il y a beaucoup de métiers ou d'industries qui sont gênants pour les voisins et qui lui sont interdits en principe. Ces établissements ont été classés par un décret du 25 octobre 1810 comme dangereux, insalubres ou incommodes. Ils ne peuvent être ouverts qu'avec une autorisation administrative. Il suffit de lire le décret de 1810 pour se convaincre que le gouvernement impérial avait voulu réglementer entièrement la création de ces établissements et transférer aux conseils de préfecture la connaissance des réclamations et oppositions des voisins, de telle sorte que, dans la pensée des auteurs du décret, un établissement ouvert après enquête et autorisé ne devait être exposé à aucune réclamation. Néanmoins la Cour de cassation a cru possible de décider : 1° que les voisins pouvaient exercer un recours même contre un établissement *autorisé*; 2° que ce recours était de la compétence des tribunaux ordinaires (19 juillet 1826, deux arrêts). Ses décisions sont aussi peu motivées que possible. On peut lire dans le recueil de Sirey la note par laquelle on a essayé de les justifier (S. chr. 8. 396). On dit que l'autorisation administrative n'a pour but que de sauvegarder les intérêts généraux et que c'est aux tribunaux ordinaires à veiller sur les intérêts particuliers. Je demanderai quelle sorte d'intérêts protège ici l'administration, par son enquête et son intervention, si ce n'est celui des voisins. Mieux vaut avouer que la Cour a trouvé trop peu de garanties dans le décret de 1810 pour la propriété privée et qu'elle a voulu lui en

[1] Depuis 1791 les réunions et conciliabules entre gens de métier étaient interdits (L. 14-17 juin 1791; L. 22 germinal an XI), et le Code pénal de 1810 les punissait, sous le nom de *coalitions*, de peines correctionnelles (art. 414-416). Le délit de coalition a été supprimé en 1864 et remplacé par celui d'*atteinte à la liberté du travail*. Il est donc permis de se mettre en grève, à la condition de respecter chez autrui le droit de travailler.

[2] La question d'abus d'un droit s'est présentée à nouveau à propos des grèves et sous une forme encore plus délicate lors de la grève de la verrerie Rességuier, dans laquelle était intervenu M. Jaurès. La Cour de cassation a jugé que *les tiers* avaient le droit d'*intervenir dans les grèves*, mais sous les mêmes conditions que les intéressés eux-mêmes, c'est-à-dire en s'abstenant des violences et fraudes réprimées par l'art. 414, C. pén. Or les juges du fait avaient souverainement constaté l'existence de menaces et de manœuvres frauduleuses dans les actes des tiers intervenant, ce qui fait qu'une condamnation a été prononcée contre eux au profit de M. Rességuier (Cass., 29 juin 1897, D. 97. 1. 537, S. 98. 1. 17).

donner davantage. Ne pouvant ordonner la fermeture de l'établissement, ce qui eût été empiéter sur les attributions de l'administration, elle alloue des dommages et intérêts. Cette jurisprudence méconnaît certainement la maxime : « Qui jure suo utitur neminem lædit. » Néanmoins elle a toujours été maintenue depuis 1826, et elle est aujourd'hui au-dessus de toute attaque.

872 *bis*. **Loi allemande.** — Dans son art. 226, le Code civil allemand dit en termes généraux : « L'exercice d'un droit n'est pas permis lorsqu'il ne peut avoir d'autre but que de causer à autrui un dommage ». Cet article est la généralisation d'une disposition particulière, qui avait été introduite par le Bundesrath dans le troisième projet (art. 887) et qui concernait uniquement l'exercice du droit de propriété. On a étendu la règle à tous les droits : l'intention de nuire étant nécessairement illicite par elle-même, rend illicite l'usage d'un droit quelconque, quand elle en devient le but. Cette règle, satisfaisante à première vue par sa tendance morale, deviendra probablement d'une application difficile, si elle ne reste pas lettre morte. En effet, pour que l'usage du droit soit condamnable comme *antisocial*, il faut qu'il n'ait ***aucun autre but*** que la réalisation d'un dommage pour autrui ; dès que l'auteur de l'acte peut en percevoir lui-même un profit personnel, sa conduite devient licite, sans quoi tout usage d'un droit quelconque devient impossible ; le commerce, la concurrence vitale, le progrès social, le développement de l'énergie humaine sont à ce prix. Mais alors le juge est obligé de scruter les consciences, de connaître et de peser les motifs ; le côté psychologique devient dominant. Il est à craindre que la législation civile n'entreprenne là une œuvre au-dessus de ses forces. Les craintes qu'on a déjà manifestées sur la valeur d'un pareil criterium pour déterminer l'abus du droit paraissent pleinement justifiées. Voyez la longue et intéressante note ajoutée par M. SALEILLES, à la seconde édition de sa *Théorie générale de l'obligation* (octobre 1901), p. 370-373.

§ 2. — *De la distinction de la faute contractuelle et de la faute délictuelle.*

** **873. Exposé de l'opinion commune.** — Une idée qui a régné en souveraine sur toute la doctrine française depuis plus de cinquante ans est la distinction de la *faute délictuelle* et de la *faute contractuelle,* et les auteurs des plus récents s'y attachent encore (HUC, t. VII, n° 95 ; CAPITANT, p. 309 et suiv.). Qu'entend-on par ces mots ? La faute contractuelle est celle qui se commet à l'occasion de l'exécution d'un contrat. Elle consiste à violer une *obligation conventionnelle.*

Quant à la faute délictuelle, la plupart des auteurs en donnent une idée très fausse en disant qu'elle est « un fait productif d'obligations qui se produit entre personnes *juridiquement étrangères l'une à l'autre* ». Ainsi une différence essentielle séparerait ces deux espèces de fautes : la faute contractuelle supposerait la préexistence d'une obligation dont elle serait l'*inexécution*, tandis que la faute délictuelle supposerait l'*absence d'obligation* et aurait pour résultat de la *créer.*

* **874. Intérêts de la distinction.** — Dans l'opinion commune, les deux espèces de fautes se distingueraient l'une de l'autre à peu près à tous points de vue :

1° Elles ne seraient pas *appréciées* de la même manière : quand il s'agit de savoir si tel fait déterminé constitue ou non une faute, on serait plus sévère pour la faute délictuelle que pour l'autre;

2° Elles ne seraient pas *prouvées* de la même manière; la faute contractuelle serait présumée; la faute délictuelle ne le serait pas;

3° Elles ne seraient pas *réprimées* ou réparées de la même manière : l'indemnité serait plus complète en cas de faute délictuelle qu'en cas de faute contractuelle.

On verra plus loin ce qu'il faut penser de ces différences.

875. Applications. — Accidents du travail. — La doctrine de la dualité des fautes a principalement servi, de 1880 à 1898, pour essayer de résoudre les questions que soulèvent de nos jours les accidents du travail industriel. Sur l'emploi qui en a été fait à cette occasion, voyez ci-dessous n° 1856.

Accidents de chemins de fer. — Une autre application, également très controversée, est faite aux accidents de personnes qui se produisent sur les voies ferrées. La jurisprudence n'est pas fixée sur le point de savoir s'il y a *faute contractuelle* ou *faute délictuelle* de la part de la Compagnie, et par conséquent si le voyageur doit ou non faire la preuve d'une faute à sa charge pour obtenir une indemnité. A la Cour de Paris il y a même un dissentiment bien prononcé entre les différentes chambres (Paris, 23 et 27 juill. 1894, D. 95. 2. 63, deux arrêts en sens contraire. Voyez aussi la note dans D. 99. 2. 316). Toutefois beaucoup d'arrêts, tout en admettant que l'art. 1382 est seul applicable et que c'est au voyageur à prouver la faute de la Compagnie, se montrent très faciles pour admettre l'existence de cette faute. Ainsi on en voit qui décident que l'accident qui est dû à un déraillement est de plein droit imputable à la Compagnie (Rouen, 3 déc. 1898, D. 99. 2. 316, S. 99. 2. 197). Cela revient à dire qu'en cas de déraillement, il y a présomption de faute, parce que les déraillements arrivent d'ordinaire par suite de la négligence d'un agent ou de son inexpérience, ou d'un défaut de surveillance.

****876. Réfutation.** — La différence qu'on prétend établir entre les deux espèces de fautes manque entièrement de base; ce n'est qu'une sorte d'illusion résultant d'un examen superficiel : l'une et l'autre faute créent également une obligation, celle de réparer par une indemnité le dommage causé; l'une et l'autre supposent également *l'existence d'une obligation antérieure*; l'une et l'autre consistent également en un fait qui est *la violation de cette obligation*. Seulement, dans ce qu'on est convenu d'appeler la faute délictuelle, l'obligation violée est une *obligation légale*, ayant ordinairement pour objet un fait négatif, une abstention.

****877. Unité de la faute.** — L'idée d'un dualisme en matière de faute est si bien entrée dans les esprits qu'un auteur récent a écrit que la distinction de la faute délictuelle et de la faute contractuelle n'est « pas sérieusement contestable » (Huc, t. VIII, n° 424). Il faut s'entendre : si l'on veut parler d'une distinction à faire dans la pratique entre les obligations contractuelles et les obligations légales, peut-être trouvera-t-on quelque disposition de la loi positive qui donne un intérêt à cette distinction; mais, si l'on prétend établir une différence spécifique entre les fautes au point de vue rationnel et doctrinal, la distinction communément admise n'est pas seulement contestable; elle n'a ni sens ni raison d'être.

La doctrine de l'unité de faute a été défendue jusqu'à présent par d'assez mauvais arguments. Les uns ont dit : Il n'y a qu'une espèce de faute, parce que *le contrat est assimilable à une loi.* « Il nous paraît impossible de concevoir que l'inexécution du contrat, *loi particulière*, soit autre chose qu'enfreindre les dispositions de la loi, contrat général implicitement accepté par les parties » (Lefebvre, *op. cit.*, p. 485 et s.). De là cette conclusion que la faute est *toujours délictuelle.* D'autres ont, au contraire, *assimilé la loi à un contrat*, parce qu'elle résulte d'un consentement donné par les citoyens, soit directement, soit par l'intermédiaire de leurs représentants. Le droit dérive donc d'une convention, et l'obligation légale a sa source dans un contrat (Grandmoulin, p. 5). Toute démonstration de ce genre est également vicieuse, parce qu'il est absolument inutile, pour la théorie de la *faute*, d'assimiler entre elles toutes les obligations dont les hommes sont tenus. Peu importent leurs variétés : *la nature de l'obligation violée reste sans influence sur la faute.* C'est ce que prouve d'abord l'impossibilité de donner de celle-ci une définition double ; c'est ce que vérifie ensuite l'examen des règles de détail auxquelles la faute est soumise.

§ 3. — *De la responsabilité des fautes.*

** **878. Principe.** — La faute, considérée comme cause d'obligations, suppose que son auteur est *moralement responsable* de ses actes. Par conséquent, celui qui est dépourvu de l'intelligence nécessaire pour comprendre ce qu'il fait, comme un fou ou un enfant en bas âge, ne peut se trouver obligé par suite d'une faute. Il en est de même de la personne qui a agi sous l'empire d'une force étrangère insurmontable, ou d'une autorité supérieure. Ni l'un ni l'autre n'ont commis une *faute.* Dans les premiers exemples, c'est la *raison* qui fait défaut ; dans les derniers, c'est la *liberté.* Dans aucun de ces cas, l'auteur du dommage n'en est responsable. Tel était l'avis de Pothier (*Obligations*, n° 118) [1]. Mais ce principe traditionnel, issu de la philosophie gréco-romaine, qui fait reposer la responsabilité des fautes sur l'idée d'*imputabilité*, est actuellement battu en brèche, surtout en Allemagne, par une théorie nouvelle qui voudrait lui substituer le simple principe de *causalité.* Voyez à cet égard Saleilles, *Théorie générale de l'obligation*, 2e édit., p. 376, note 1. Comp. Alfred Naquet, l'*Humanité et la patrie*, p. 154. Orlando, *Saggio di una nuova teoria sul fondamento della responsabilità civile*, Palerme, 1894.

L'art. 827 C. civ. all. a prévu spécialement les cas de ce genre, en faisant une excep-

[1] Pourquoi n'admettrait-on pas la responsabilité pécuniaire de personnes moralement irresponsables? Une personne est prise d'aliénation subite ; elle cause à une autre un grave dommage, la blesse ou la tue ; n'est-il pas choquant de voir qu'il n'y a aucun recours ouvert à la victime, alors peut-être que celle-ci est pauvre, tandis que l'auteur du dommage est dans l'opulence ? On peut se trouver obligé « quasi ex contractu » *sans aucun acte volontaire* ; pourquoi ne peut-on pas s'obliger de même « quasi ex delicto » ? Le *Code allemand* (art. 829) admet en pareil cas le principe d'une indemnité, dans les limites où l'auteur du dommage peut la payer sans être lui-même privé des ressources dont il a besoin. — En *Belgique*, on n'a pas voulu accorder au juge le pouvoir d'allouer une indemnité au cas d'irresponsabilité de l'auteur du dommage (Commission belge, *Projet*, p. 620, n° 15). Il y a cependant là une idée qui mérite considération. M. de Meulenaere reproche aux auteurs du Code allemand d'avoir cédé à des motifs de politique sociale (en note, sous l'art. 829).

tion nécessaire pour celui qui s'est mis par sa faute en état d'ivresse ; il a commis une faute initiale, qui a été la cause de tout ce qui a suivi. Comp. POTHIER, *Ibid.*, n° 119.

879. Responsabilité des mineurs. — Aux termes de l'art. 1310, le mineur « n'est *point restituable* contre les obligations résultant de ses délits ou quasi-délits ». Il est donc valablement tenu de réparer ses fautes, comme un majeur, dès qu'il a l'âge de raison.

Cette disposition remonte au droit romain qui refusait déjà la restitution en entier au mineur coupable d'un délit : « Placet in delictis minoribus non subveniri » (*Digeste*, liv. IV, tit. 4, fr. 9, § 2). « Malitia supplet ætatem », dit un autre texte (*Code*, liv. II, tit. 43, l. 3). La pleine responsabilité des mineurs, à raison de leurs délits et quasi-délits, est conforme à l'équité et à la nature : la notion du bien et du mal précède chez l'homme la maturité d'esprit et l'expérience, qui sont nécessaires pour les affaires. Ce texte s'applique surtout quand il y a *dol* de la part du mineur (voyez par exemple Cass., 15 nov. 1898, D. 99. 1. 439, S. 99. 1. 225) ; mais il est général.

Pour l'application de l'art. 1310, il y a lieu de faire une double observation :

1° En droit pénal, la pleine responsabilité des faits criminels ne commence qu'à partir de *seize ans accomplis*. Au-dessous de cet âge, le mineur ne peut être condamné qu'autant qu'il est spécialement constaté qu'il a agi *avec discernement* (art. 66 et 67 C. pén.). Il n'est pas possible de transporter ces règles dans le droit civil ; le juge doit rechercher en fait si le mineur a agi en sachant et en comprenant ce qu'il faisait.

2° Au cas où le mineur auteur du dommage n'en serait par rendu *personnellement responsable*, la victime ne serait pas pour cela dépourvue de tout recours : il lui restera, au moins dans la plupart des cas, une *action en responsabilité* contre la personne qui avait la garde du mineur (art. 1384 et ci-dessous n° 927).

880. Loi allemande. — Le Code allemand a réglé par une disposition spéciale (art. 828) la responsabilité *civile* des mineurs à raison de leurs fautes. Jusqu'à sept ans accomplis l'enfant n'est pas responsable du dommage qu'il cause à autrui. De sept à dix-huit ans, il n'est reconnu responsable d'un acte dommageable qu'autant qu'il a le discernement nécessaire pour comprendre les suites de ses actions. Comp. SALEILLES, *Obligation*, n° 319.

881. Responsabilité des personnes morales[1]. — La loi ne faisant aucune distinction, les personnes morales, telles que l'État, les communes et les administrations publiques, sont responsables des dommages qu'elles causent aussi bien que les particuliers (Cass., 16 avril 1883, D. 84. 1. 301, S. 85. 1. 487). Toutefois cette responsabilité, en matière politique et administrative, donne lieu, surtout pour l'État, à de nombreuses difficultés qui sortent du cadre de cet ouvrage. On admet, en général, que la responsabilité de l'État n'est pas régie absolument par le Code civil ; elle a ses règles spéciales, parce qu'il faut tenir compte des diverses fonctions que l'État remplit. Voyez DALLOZ, *Suppl.*, t. XV, p. 534 à 555.

Sur la législation allemande, voyez SALEILLES, *Théorie de l'obligation*, n° 320.

[1] L'idée d'une *responsabilité* pour les *personnes morales* se concilie de la façon la plus simple avec la théorie qui a été exposée dans le t. I, et d'après laquelle ces prétendues personnes ne sont que des masses de biens possédées collectivement. Elle signifie que les agents qui administrent ces patrimoines collectifs engagent la masse par leurs fautes aussi bien que par leurs actes juridiques, quand ils agissent en ladite qualité. Cependant une opinion très accréditée à l'heure actuelle veut que les groupements de personnes soient doués, par le seul fait de leur existence, d'une *volonté* distincte de celle de leurs membres, à tel point que les personnes morales seraient capables d'encourir une responsabilité pénale. Voyez sur ce sujet la thèse d'ailleurs très remarquable de M. ACHILLE MESTRE (*Les personnes morales et le problème de leur responsabilité pénale*, Paris, 1899). Du moment où l'on ne croit pas à l'existence d'une « âme collective », tout ce que l'on dira n'est qu'une confusion entre la *volition*, phénomène nécessairement individuel, d'ordre psychologique, et la *décision d'une assemblée*, acte nécessairement collectif, d'ordre administratif ou social.

*882. **Des clauses d'irresponsabilité.** — En matière contractuelle, la jurisprudence admet la validité des clauses d'irresponsabilité, sauf pour le dol et la faute lourde. Ces clauses sont, au contraire, considérées comme *toujours nulles* en matière de délits, parce que les devoirs légaux que sanctionne l'art. 1382 sont d'ordre public (Dalloz, *Suppl.*, v° Responsabilité, n° 273).

Il est vrai qu'un contrat d'assurance est valable pour couvrir la responsabilité des fautes délictuelles (assurances du propriétaire contre le recours des voisins en cas d'incendie, du patron contre l'action des ouvriers en cas d'accidents, etc.). D'où l'on a quelquefois tiré cette objection : puisque la personne responsable peut se couvrir par un contrat avec un tiers, pourquoi ne pourrait-elle pas s'exonérer du risque par une convention faite directement avec la victime possible de ses fautes ? Il n'y a aucune similitude entre les deux conventions : l'assurance, loin de détruire la responsabilité envers la personne lésée, en suppose l'existence et en garantit le fonctionnement, tandis que la clause d'irresponsabilité supprimerait toute action et laisserait la victime du dommage sans aucun recours, tout en provoquant l'imprudence et la négligence d'une personne devenue irresponsable.

§ 4. — *Du degré de gravité des fautes.*

883. **Opinion commune. — Dans l'opinion commune on prétend trouver, à ce point de vue, une *différence entre la faute contractuelle et la faute délictuelle.* Les auteurs qui croient à la dualité des fautes disent qu'en matière contractuelle la faute n'est prise en considération qu'autant qu'elle présente *un certain caractère de gravité,* tandis qu'en matière délictuelle toute distinction disparaît, et l'on doit tenir compte *même de la faute la plus légère.* Et ils citent à ce propos un texte du *Digeste* : « In lege Aquilia et culpa levissima venit » (liv. XLIV, tit. 9, fr. 2).

La jurisprudence se sert de l'idée courante pour motiver ses arrêts ; elle dit, par exemple, que la règle d'après laquelle toute faute quelconque oblige son auteur ne s'applique qu'en matière de délits et de quasi-délits, et ne concerne pas les fautes qui peuvent être commises dans l'exécution d'une convention (Cass., 21 janv. 1890, D. 91. 1. 380).

884. **Réfutation. — Cette différence n'est cependant qu'apparente. On confond l'*étendue de l'obligation* avec la *gravité de la faute.* L'art. 1137, qui détermine la responsabilité du débiteur en matière de contrats, règle une *question d'obligation,* et non une *question de faute* : il détermine l'étendue des soins que le débiteur est tenu d'apporter à l'exécution de ses promesses[1] ; mais, dans la limite où l'obligation existe, on peut dire que toute contravention à cette obligation constituera une faute, quelque légère qu'elle soit, et sans distinguer si l'obligation est conventionnelle ou légale. Il s'agit donc de savoir, non pas dans quelle mesure le débiteur a manqué à son obligation, mais bien *dans quelle mesure il se trouvait lié* et quelle somme de diligence il était tenu de fournir.

[1] Le texte est si clair qu'on peut s'étonner qu'il n'ait pas été compris de cette manière ; « Cette *obligation* [de veiller à la conservation de la chose] est *plus ou moins étendue* relativement à certains contrats... » C'est donc l'obligation qui varie en étendue et non la faute en gravité.

Cette façon de formuler la question avait déjà été entrevue en France par de rares auteurs qui n'en ont pas tiré tout le parti possible (Larombière, sur l'art. 1137, n° 15). Elle a été enfin développée par MM. Saleilles (*Obligation*, n° 15) et Grandmoulin (Thèse, p. 49-53). Comp. C. civ. all., art. 276.

*** 885. Explication de la différence entre les deux catégories d'obligations.** — Il reste à expliquer pourquoi les obligations légales sont plus étroites que les obligations conventionnelles. Cela vient de la nature différente de leur *objet*. Quand la loi impose une obligation à tous les hommes d'une manière générale, il s'agit ordinairement d'une *obligation purement négative* : elle nous commande, par exemple, de ne pas porter atteinte à la vie, au corps, à la liberté, à la propriété ou aux autres droits d'une personne quelconque ; l'objet de notre obligation est ainsi une abstention pure et simple ; or, si peu qu'on agisse contrairement à cette obligation, il y a contravention et faute. Toute obligation de s'abstenir est *nécessairement absolue*. — Au contraire, presque toutes les obligations conventionnelles ont un *objet positif* : ce sont des obligations de faire. Or celles-ci sont *nécessairement susceptibles de plus ou de moins* : l'étendue variable de l'obligation du débiteur lui donne des occasions plus ou moins faciles de commettre des fautes.

**** 886. Conclusion.** — La distinction des obligations contractuelles et légales est donc sans influence sur la façon dont doit être appréciée la gravité des fautes. Ce n'est pas la *source* de l'obligation qu'il faut considérer, mais seulement *la nature et l'étendue de son objet*. On ne doit pas se demander si le débiteur est tenu de la faute très légère, mais bien plutôt s'il était tenu d'accomplir une prestation positive, susceptible de degrés, ou de se renfermer d'une manière absolue dans une abstention pure et simple [1].

§ 5. — *De la preuve des fautes.*

**** 887. Opinion commune.** — L'opinion courante établit, au point de vue de la preuve, une autre distinction entre la faute contractuelle et la faute délictuelle, et pour la plupart des auteurs cette différence forme le point essentiel de toute la théorie.

En matière de *contrats*, la faute serait *présumée* ; le créancier n'aurait rien à prouver, sauf le contrat d'où est née sa créance : cette preuve une fois fournie, le débiteur serait *réputé en faute*, par cela seul que l'obligation n'a pas été exécutée ou l'a été d'une manière insuffisante, et par suite le débiteur sera condamné à des dommages-intérêts, sans que le créancier ait à prouver la faute d'une manière spéciale.

En matière de *délits* ou de *quasi-délits*, la faute *ne se présume pas* ; la personne qui a souffert un dommage par la faute d'autrui n'en obtien-

1 Ainsi doit s'expliquer la sévérité croissante qu'a montrée la jurisprudence, avant 1898, pour apprécier l'existence d'une faute du patron en matière d'accidents industriels. Elle en arrivait à rendre le patron responsable sans faute appréciable ; c'est qu'on le considérait comme tenu d'une obligation *positive* : prendre des précautions de nature à empêcher les accidents, et l'on se montrait de plus en plus exigeant à cet égard. Il importait peu que cette obligation du patron fût contractuelle ou légale : le même progrès de la jurisprudence était évidemment possible dans les deux cas. Sur ce mouvement de jurisprudence, voyez Saleilles, D. 97. 1. 435 et 436.

dra la réparation qu'à la condition de *fournir la preuve de la faute* (Huc, t. VIII, nos 424 et 428; Saleilles, n° 333). Comp. Bastia, 16 juin 1890, D. 91. 2. 324.

***888. Réfutation.** — L'opinion commune ne peut fournir *aucune explication* de la différence qu'elle signale entre la violation d'une obligation conventionnelle (faute contractuelle) et la violation d'une obligation légale (faute délictuelle). Il n'y a en effet aucune raison pour traiter d'une manière si différente deux débiteurs, qu'on peut supposer tenus d'obligations semblables par leur objet, l'un en vertu de la loi, l'autre en vertu d'une convention. Ce serait un caprice sans motifs, une absurdité législative.

889. Véritable distinction à faire. — Aussi la différence n'est pas là. Elle réside encore dans la *nature de l'objet des obligations*.

A. — Quand le débiteur est tenu d'une *obligation positive de donner ou de faire,* le créancier a le droit d'en obtenir l'exécution dès qu'il prouve l'existence de sa créance. Cette preuve faite, le débiteur doit être condamné, à moins qu'il ne prouve l'existence en sa faveur d'un fait libératoire. Comme on suppose que l'obligation n'a pas été remplie, le débiteur ne peut être libéré que s'il y a une *impossibilité fortuite d'exécution.* La preuve du cas fortuit, comme de tout autre fait libératoire, est à la charge du débiteur, par application de la maxime: « Reus excipiendo fit actor » (ci-dessus n° 51). C'est le *jeu normal des règles sur la preuve,* et il n'y a là *aucune présomption de faute.* La présomption légale consiste essentiellement dans une dispense de preuve accordée à celui qui était tenu de prouver quelque chose: or un créancier n'est jamais tenu de prouver les causes qui ont pu libérer son débiteur[1]; on n'avait donc pas à l'en dispenser.

B. — Lorsque le débiteur est tenu d'une *obligation négative,* le créancier n'a rien à lui réclamer, tant que le fait de la contravention à l'obligation n'est pas établi. Voilà pourquoi la charge de la preuve pèse ici sur le créancier: c'est que la preuve du fait contraventionnel est la *condition nécessaire de toute condamnation contre le débiteur*; en l'absence de ce fait, le créancier ne peut exiger de lui aucune dation ni aucun fait positif, tandis que le créancier d'une obligation de faire peut en demander l'exécution *en vertu de son titre.*

[1] Il est à remarquer d'ailleurs que les auteurs les plus récents cherchent à éviter l'expression « présomption de faute », comme s'ils comprenaient toute l'inexactitude d'un pareil langage. Ils disent que l'inexécution d'une obligation contractuelle constitue une faute déjà *réalisée* et *toute prouvée* (Sauzet, *Revue critique*, 1883, p. 613, note 2; 1885, p. 177; Saleilles, *Obligation,* p. 390, note 1, p. 394, 2e édit., p. 433, note 1, p. 437; Huc, t. VIII, p. 562). Cette façon de parler n'est pas plus exacte que l'autre; car l'inexécution d'une obligation conventionnelle peut être due à d'autres causes qu'à une faute du débiteur, et tant que la nature de cette cause n'est pas connue, on ne peut pas affirmer que le débiteur est en faute, à moins qu'on ne présume la faute.

La différence qu'on signale entre deux catégories d'obligations dans le fardeau de la preuve existe donc bien réellement ; mais on a tort de la faire *d'après la nature contractuelle ou légale* des obligations : elle tient à la *nature positive ou négative de leur objet.*

Cela est si vrai que la preuve d'une faute du débiteur est exigée du créancier, même en matière contractuelle, toutes les fois que l'obligation est de ne pas faire. L'art. 1145 porte, en effet : « Si l'obligation est de ne pas faire, celui qui y contrevient doit les dommages et intérêts par le seul fait de la contravention. » Cet article a pour but de dispenser le créancier de la mise en demeure préalable, que l'art. 1146 exige pour les obligations de faire ; mais il en résulte également que « le fait de la contravention » doit être établi par le créancier ; et du reste, quand même ce texte n'existerait pas, le raisonnement suffirait à le démontrer.

§ 6. — *Effets de la faute.*

***890. Création d'une obligation nouvelle.** — Quand la faute est dommageable, elle produit à la charge de son auteur une obligation d'indemniser la victime. Cette obligation est, en matière civile, *la sanction nécessaire de tous les droits,* puisque la faute est, par définition, la *lésion d'un droit*[1].

Cette formule est équivalente à celle qui a été donnée plus haut : le dommage causé à autrui n'est une faute, au point de vue juridique, qu'autant qu'il a été *causé sans droit.* La faute est donc *un fait productif d'obligations*[2]. Le contrat et la faute sont, parmi les actes volontaires de l'homme, les deux sources principales de ses obligations. Dans nos conceptions modernes, la faute a pris la place du « delictum » romain. L'obligation créée par la faute dérive, en effet, d'un acte illicite, *ex delicto.*

***891. Distinction de l'obligation née de la faute et de l'obligation antérieure à la faute.** — L'obligation née de la faute a pour objet la réparation du dommage causé. Cette obligation est *entièrement distincte* de l'obligation antérieure dont la faute a été la violation : ces deux obligations n'ont *ni la même cause, ni le même objet.* L'obligation pouvait avoir une source quelconque : être conventionnelle, quasi-contractuelle ou légale ; elle pouvait avoir un objet quelconque : une dation, un fait, une abstention. — L'obligation née de la faute a toujours pour cause une lésion injuste et pour objet la réparation (ordinairement pécuniaire) de cette lésion.

***892. A qui appartient l'action en indemnité.** — Toute personne lésée par la faute a le droit d'être indemnisée. Il doit donc y avoir en prin-

1 Violation d'une obligation, ou lésion d'un droit sont synonymes ; c'est le même fait envisagé des deux côtés opposés : si je viole mon obligation, je viole le droit de celui envers qui j'étais tenu.

2 Outre la création de l'obligation d'indemniser, l'acte illicite fait naître parfois d'autres actions. Ainsi la tentative d'homicide commise par une femme sur son mari ouvre en même temps à celui-ci une action en séparation de corps ou en divorce ; les deux actions sont distinctes, si bien que l'acquittement de la femme au criminel n'empêche pas le mari de demander le divorce pour sévices (Paris, 20 octobre 1886, D. 88. 2. 101). A l'inverse, on doit admettre que tous les faits qui sont des causes de divorce ou de séparation de corps ouvrent en même temps, en leur qualité d'actes illicites, des actions en indemnité fondées sur l'article 1382 (Montpellier, 10 novembre 1897, D. 98. 2. 15). Cependant, la pratique ne paraît guère jusqu'ici avoir aperçu ce côté de la question.

cipe autant d'indemnités distinctes qu'il y a de personnes lésées; toutefois cela n'est pas toujours nécessaire.

Ainsi supposons l'incendie d'une maison par la faute de quelqu'un. Cet incendie nuit au *propriétaire*, aux *locataires*, peut-être à un *usufruitier*, souvent aussi à des *créanciers privilégiés ou hypothécaires*. Les locataires auront certainement droit à une indemnité distincte de celle qui est accordée au propriétaire. Pour l'usufruitier on peut, si l'on veut, lui attribuer une indemnité spéciale, mais il est plus commode d'employer le procédé adopté en cas d'expropriation pour cause d'utilité publique : une seule indemnité est allouée, sur laquelle l'usufruitier et le propriétaire exercent leurs droits respectifs, au lieu de les exercer sur la chose (L. 3 mai 1841, art. 39, al. 2).

Pour les *créanciers gagistes, privilégiés ou hypothécaires*, qui souffrent un préjudice par la perte de leur gage, on peut suivre une loi analogue : en leur déléguant la somme fixée comme indemnité au propriétaire de la chose, on libère ce propriétaire, qui se trouve être leur débiteur. C'est la meilleure manière de donner satisfaction à tous. La loi du 19 février 1889, art. 3, al. 1er, a employé ce système pour les indemnités dues au propriétaire d'une maison incendiée, soit en vertu de l'art. 1734 par ses propres locataires, soit en vertu de l'art. 1384 par le propriétaire de la maison voisine qui a communiqué le feu à la sienne.

***893. Prescription de l'action.** — L'obligation née d'une faute ne commence à exister que le jour où cette faute est commise. En résulte-t-il que la prescription ne commence à courir contre elle que de ce même jour? Oui, si l'obligation violée était une obligation de ne pas faire, car les obligations de ce genre n'ouvrent pas d'action au créancier tant qu'elles ne sont pas violées; jusque-là, le créancier ne pourrait réclamer aucune prestation positive.

Au contraire, si l'obligation antérieure à la faute était une *obligation positive* de donner ou de faire, l'indemnité ne peut être réclamée que *subsidiairement* et au cas où l'exécution de l'obligation primitive serait elle-même demandée en temps utile. Dès que l'obligation primitive est prescrite, il se trouve que la faute du débiteur n'a causé aucun dommage au créancier : en effet, le débiteur a bien, par sa faute, rendu impossible l'exécution de sa première obligation, mais cette impossibilité n'a pas nui au créancier, puisque celui-ci a perdu, par l'effet de la prescription, le droit de réclamer ce qui lui était dû.

***894. Durée de la prescription.** — Quand l'obligation violée était de ne pas faire, l'action en indemnité est l'action unique que possède le créancier, et elle dure trente ans (art. 2262), sauf l'effet des règles du droit pénal déjà signalées, qui en réduisent considérablement la durée quand le fait *dommageable* est *punissable* (ci-dessus n° 822-1°).

***895. Mode de réparation de la faute.** — Ordinairement la réparation du préjudice causé se fait *en argent*. Mais rien n'empêche le juge d'ordonner, selon les cas, une réparation d'un autre genre, qui sera plus adéquate à la nature du dommage, pourvu que cette réparation ne consiste pas en un fait humiliant ou pénible, attentatoire à la liberté individuelle, comme les « amendes honorables » qu'imposaient les anciennes justices.

Des réparations de fait sont fréquemment ordonnées en matière de diffamation (*insertions dans les journaux*) et en matière de vol ou de détournement (*restitution des choses soustraites*).

On peut noter aussi la disposition du Code allemand qui, pour le cas où le dommage consiste dans une diminution de la capacité de travailler ou dans une augmentation des besoins, ordonne aux juges d'accorder une *rente en argent* (art. 843). Ce procédé s'emploie quelquefois en France, sans être obligatoire.

896. Étendue de la réparation. — La loi n'a pas fixé de règles pour la réparation des dommages causés en l'absence d'un contrat. L'art. 1382 se borne à dire que celui qui a causé le dommage est tenu de « *le réparer* », sans préciser dans quelle mesure cette réparation est due[1]. La doctrine et la jurisprudence françaises admettent que l'auteur d'un dommage injuste doit toujours réparer l'*intégralité du dommage* qu'il a causé.

On écarte donc pour la faute délictuelle le système de réparation graduée établi par les art. 1150 et 1151 pour la faute dans les contrats. Ces articles distinguent selon que l'auteur du dommage est coupable de dol ou de simple négligence ; au dernier cas, on atténue sa responsabilité en la limitant aux dommages qui ont pu être prévus lors du contrat. Cette atténuation s'explique traditionnellement par cette idée que le débiteur, en contractant, a dû calculer les dommages qu'il risquait de causer par l'inexécution de son engagement, et qu'on ne peut pas raisonnablement lui demander davantage et exiger de lui une indemnité énorme qui n'est pas entrée dans ses prévisions (Pothier, *Obligations*, nos 160 et 164 ; Dalloz, *Suppl.*, v° Responsabilité, n° 266).

*** 897. Conséquence.** — L'exclusion de l'art. 1150 en matière de délits et de quasi-délits introduit *une différence*, la seule qui soit *réelle*, entre les deux espèces de fautes : *l'étendue de la réparation accordée à la victime du dommage n'est pas la même.* Toutefois, cette différence disparaît presque dans la pratique, à cause du pouvoir souverain qu'ont les juges du fait pour évaluer le montant des dommages.

La différence que fait la doctrine française entre les deux espèces de fautes n'est peut-être pas bien fondée. S'il est juste d'accorder, en matière contractuelle, une atténuation de responsabilité aux personnes qui ont agi sans intention de nuire, il y a même raison de le faire pour les fautes commises en l'absence de tout contrat[2].

898. Système du Code allemand. — Le nouveau Code allemand s'écarte sur ce

[1] Signalons un texte spécial, tout à fait exceptionnel, et qui fixe l'indemnité *au double du dommage* (L. sur les mines, 27 juillet 1880, art. 43). On rencontre dans le droit administratif d'autres indemnités fixées au double en matière de travaux publics, mais celles-là ne sont pas dues à la suite d'une faute.

[2] En ce sens, Ihering a proposé d'adopter le « principe d'équilibre entre la *culpabilité* et la *réparation* » (*De la faute*, p. 61). Le degré de culpabilité plus ou moins grand ferait varier la réparation, qui serait plus ou moins complète. Ce système de gradation est emprunté au droit romain (*Code*, liv. VII, tit. 47, loi unique). Le principe était l'obligation de réparer l'*intégralité du dommage* ; la limitation aux dommages prévus, une atténuation du principe, qui avait paru trop dur pour les débiteurs exempts de dol. Si cette idée était admise, elle créerait une différence pratique entre le délit et le quasi-délit, ce qui manque absolument dans l'opinion commune, puisque ces deux sources d'obligations ont des résultats identiques, tandis que la distinction du dol et de la faute établirait entre leurs effets une sorte de hiérarchie. M. J. de Haene, juge à Courtrai, a émis l'idée que, dans le quasi-délit, les causes du dommage sont toujours plus ou moins mélangées de *culpa* et de *casus*, et que cet élément étranger doit amener une atténuation de la responsabilité pour l'auteur du quasi-délit, ce qui ferait disparaître la dernière différence entre les deux espèces de fautes (*Flandre judiciaire*, 10 avril 1901).

point des traditions romaines, et établit comme un principe absolu *la réparation de l'intégralité du dommage*, sans faire de distinction entre le cas de dol et le cas de faute : « celui qui *à dessein ou par négligence*... lèse... une autre personne... » (art. 823). Voyez aussi art. 276, cbn. art. 249-253. C'est un système rigoureux, qui fait disparaître l'atténuation dont bénéficient chez nous les débiteurs exempts de dol ; mais il ne traite pas différemment la faute contractuelle et la faute délictuelle.

899. Cas où la victime du dommage est également en faute. — Il arrive fréquemment que celui qui souffre un dommage par la faute d'autrui n'est pas lui-même exempt de toute faute : il a concouru à l'accident et en partage la responsabilité avec autrui. Il y a ce qu'on appelle en pratique *faute commune*. Cette communauté de faute atténue la responsabilité de l'auteur principal du dommage, qui ne doit alors qu'une réparation partielle. Des arrêts nombreux font l'application de cette règle aux accidents de voiture, aux abordages en mer ou en rivière, etc. (DALLOZ, *Suppl.*, v° Responsabilité, nos 271 à 274). Sur une application inexacte du principe de la communauté de faute, qui a été faite par la jurisprudence au bris de glaces de luxe fermant les devantures des magasins, voyez *ibid.*, n° 275.

§ 7. — *Responsabilité solidaire des coauteurs du dommage.*

***900. Origines du principe.** — Une très ancienne jurisprudence admet que toutes les personnes qui ont concouru à un même délit ou quasi-délit sont solidairement obligées de le réparer. Cette jurisprudence a son origine dans les principes romains relatifs au dol et à la violence (*Digeste*, liv. IV, tit. 2, fr. 15 ; tit. 3, fr. 17). Si plusieurs commettaient le délit, tous étaient tenus de l'indemnité pour le total, parce que la responsabilité de l'un n'est pas diminuée par le tort des autres ; mais, si un seul indemnisait la personne lésée, tous les autres étaient libérés, parce qu'il n'y avait plus de dommage à réparer (GÉRARDIN, *Nouv. Revue historique*, 1885, p. 444). Cette règle a toujours été conservée dans notre ancien droit (BEAUMANOIR, chap. XXX, n° 78 ; *Très anc. coutume de Bretagne*, édit. Planiol, p. 111 et 302 ; POTHIER, *Obligations*, n° 268). On doit regarder l'art. 55 C. pén., qui établit la solidarité entre coauteurs d'un même crime ou délit (ci-dessus n° 738-8°), comme une application du principe traditionnel, et il est bien vraisemblable que l'omission de ce principe dans le Code civil est le résultat d'une inadvertance : on aura pensé que, puisqu'il s'agissait de délits, cela concernait la législation pénale.

** **901. Conservation du principe par la jurisprudence.** — L'art. 55 C. pén., seul texte qui parle de solidarité à propos des délits, est *trop étroit* : il ne concerne que les faits *prévus par la loi pénale*, et il suppose leurs auteurs *déjà condamnés*. Il laisse donc en dehors de ses prévisions : 1° tous les délits ou quasi-délits purement civils ; 2° les faits punis par la loi répressive pour lesquels la condamnation pénale est devenue impossible ou n'est pas encore prononcée. Néanmoins la jurisprudence n'a jamais hésité à maintenir la solidarité dans tous les cas (Metz, 22 juin 1815, et Cass., 3 juillet 1817, S. chr. 5. 1. 342 ; autres arrêts de 1825 à 1840, dans S., *Tables générales*, v° Solidarité, n° 34 ; voyez aussi les arrêts plus récents cités ci-dessous).

A l'objection tirée de l'art. 1202, qui dit que la solidarité ne se présume point, la jurisprudence répond que cette règle n'est écrite que pour les *conventions* et ne concerne point la solidarité légale (Cass., 11 juill. 1826, S. chr. 8. 1. 388). A ceux qui lui objectent que la solidarité légale ne peut résulter que d'un texte de loi, elle répond qu'elle applique par analogie l'art. 55 C. pén. (Cass., 15 janv. 1878, D. 78. 1. 152, S. 78. 1. 293 ; Cass.,

5 mars 1894, D. 95. 2. 329). Malgré le silence du Code civil, on doit donc considérer le maintien de la règle romaine comme un principe constant de notre *droit coutumier* actuel. Toutefois une remarquable évolution se produit dans la jurisprudence sur la nature de l'institution juridique qui permet au créancier de demander le total à chacun des débiteurs : les uns y voient un cas de *solidarité*, les autres un simple cas d'*indivisibilité*.

902. Système de la solidarité pure. — Un certain nombre d'arrêts se bornent à appliquer ici les principes de la solidarité. Ils étendent purement et simplement la disposition de l'art. 55 C. pén. aux cas non prévus par ce texte. Un arrêt a même décidé que toutes les suites de la solidarité parfaite doivent s'appliquer ici et que l'appel formé par l'un des débiteurs contre le jugement qui les a condamnés solidairement profite aux autres (Caen, 5 mars 1894, D. 95. 2. 329). Mais ce n'est pas la tendance dominante de la jurisprudence.

903. Système de l'indivisibilité. — La plupart des arrêts fondent la condamnation au total sur cette considération que le *fait dommageable est indivisible* et qu'il est impossible d'en répartir la responsabilité entre ses auteurs. On est donc obligé de condamner chacun d'eux pour le tout. On revient ainsi au principe romain de la simple condamnation *in solidum*.

Cette qualification nouvelle apparaît déjà très nette dans des arrêts qui datent de 1852 (Cass., 10 avril 1852, D. 52. 5. 483; Cass., 20 juill. 1852, D. 52. 1. 248) et elle s'est toujours maintenue depuis lors (Cass., 11 juill. 1892, D. 94. 1. 513 et 561, S. 92. 1. 505 et 508). Si chaque participant au délit est condamné au total, c'est qu'il peut être considéré comme ayant à lui seul causé le dommage tout entier. De là une double conséquence : 1° la condamnation au total ne résulte pas d'une application des art. 1200 et suiv. ou de l'art. 55 C. pén., mais bien de l'art. 1382, et c'est pour violation de cet article 1382, que devrait être cassée toute décision qui fractionnerait la condamnation (Cass., 29 déc. 1852, D. 53. 1. 49) ; 2° lorsqu'il est possible de distinguer la part de chaque auteur dans le dommage causé, une condamnation solidaire ne peut pas être prononcée si le fait n'est pas réprimé par la loi pénale, et l'indemnité doit être accordée au demandeur contre chacun d'eux pour des parts distinctes (Nîmes, 30 avril 1895, D. 95. 2. 335. Comp. Cass , 31 janv. 1899, D. 99. 1. 300, S. 1900. 1. 492). Ce dernier résultat est contraire à celui qu'on obtiendrait par l'application de l'art. 55 C. pén., qui ne distingue pas suivant que le dommage est ou non divisible.

904. Recours entre les coauteurs du délit. — Un arrêt a décidé que les organisateurs d'une fraude n'ont pas de recours les uns contre les autres, et que si l'un d'eux vient à supporter une perte par l'échec de leur entreprise, cette perte reste en totalité à sa charge (Poitiers, 22 févr. 1897, D. sous Cass., 99. 1. 138). Mais cette solution ne paraît pas exacte : le recours est recevable entre coauteurs d'un fait délictueux, même en matière pénale. Voyez la note de M. Sarrut sous Cass., 14 nov. 1898, D. 99. 1. 65.

905. Dispositions de la loi allemande. — Le Code allemand a établi par des articles exprès la solidarité entre les coauteurs d'un même acte illicite (art. 830 et 840). Quand l'action illicite a plusieurs auteurs qui ont agi en commun, chacun est responsable du dommage causé. Il en est de même, en dehors de l'action commune, lorsqu'il est impossible de discerner lequel a causé le dommage par son fait. Les instigateurs et les complices sont assimilés aux auteurs et tous sont responsables solidairement de l'indemnité.

§ 8. — *Des présomptions de faute.*

*** 906. Énumération.** — Dans certains cas déterminés, au lieu d'obliger la personne lésée à faire la preuve d'une faute commise par l'auteur du dommage, la loi établit une *présomption de faute*, qui la dispense de faire cette preuve. Ces présomptions ont lieu pour la responsabilité : 1° *du fait d'autrui* ; 2° du dommage causé *par les animaux* ; 3° du dommage causé *par un bâtiment*. — A propos de ces deux dernières, que nous réunirons en une section unique, nous aurons à examiner d'une façon générale la *responsabilité du fait des choses.*

A. — Responsabilité du fait d'autrui.

** **907. Principe de cette responsabilité.** — Chacun ne doit répondre que du dommage qu'il a causé par son propre fait : la faute, comme le mérite, est *personnelle*. Néanmoins le Code civil, dans l'art. 1384, déclare un certain nombre de personnes responsables du fait d'autrui. Y a-t-il là une dérogation au principe, et ces personnes se trouvent-elles réellement tenues d'un dommage arrivé sans leur faute ? On l'a cru parfois, mais c'est une erreur certaine. Les personnes responsables du fait d'autrui sont *réellement et personnellement en faute,* et leur faute consiste soit à avoir mal choisi leurs préposés, soit à avoir mal surveillé les personnes qui étaient sous leur garde. Il n'y a donc à leur égard aucune dérogation au principe essentiel en matière de faute, et l'art. 1384, qui les concerne, n'est au fond qu'une application spéciale du principe de la responsabilité personnelle des fautes, écrit dans l'art. 1382.

* **908. Caractère exceptionnel de l'art. 1384.** — Il y a pourtant quelque chose d'exceptionnel dans l'art. 1384 : c'est la *présomption de faute* qu'il établit contre les personnes qu'il énumère. Par suite, ce texte doit recevoir une *interprétation stricte,* comme tous ceux qui contiennent des présomptions légales. On verra cependant que la jurisprudence a admis pour lui quelques extensions.

* **909. Caractère purement civil de la responsabilité.** — La personne responsable du fait d'autrui ne peut jamais être condamnée qu'à la réparation pécuniaire du dommage, et non à une peine proprement dite. C'est un point certain. Aussi dit-on qu'elle est *civilement* responsable pour autrui, afin d'exclure l'idée de toute responsabilité pénale.

Ceux qui pensent que ces personnes sont vraiment responsables pour autrui sont obligés de faire appel au principe de la personnalité des peines pour expliquer ce résultat. Pour nous, il se justifie d'une manière plus directe : la personne civilement responsable pour autrui est tenue à raison d'une faute personnelle qu'elle a commise, mais, comme elle n'est l'auteur d'aucun fait délictueux, il n'y a pas lieu de lui appliquer une peine.

* **910. Énumération.** — Les personnes responsables du fait d'autrui en vertu d'une présomption légale de faute sont les suivantes :

1° Père et mère. — C'est le père d'abord qui est responsable ; la mère l'est seulement à son défaut, quand le père est mort (seul cas prévu par la loi), et par assimilation quand il est fou ou en état d'absence. Les père et mère sont responsables du dommage causé *par leurs enfants mineurs* [1]. — On ne distingue pas si l'enfant mineur est émancipé ou non. Les parents ont eu tort d'émanciper un enfant trop jeune.

[1] Par conséquent, pas de responsabilité si l'enfant est déjà majeur, fût-il fou. Mais en ce cas les parents pourraient être responsables s'il était prouvé qu'ils ont commis une faute en ne le faisant pas enfermer (Chambéry, 29 octobre 1889, D. 90. 2. 302, S 91. 2. 10). La différence est que la faute des parents n'est plus présumée.

Cependant, si l'émancipation résulte du *mariage* de l'enfant, on admet que la responsabilité du père ou de la mère cesse, parce que l'enfant est devenu à son tour chef de famille ; ou, si c'est une fille, parce qu'elle est passée désormais sous l'autorité de son mari.

Mais il faut que l'enfant *habite chez son père ou chez sa mère* : « habitant avec eux », dit l'art. 1384.

Par conséquent, plus de responsabilité si l'enfant habite régulièrement au dehors soit comme *interne*, dans un établissement d'instruction, soit comme *apprenti* ou comme *domestique*. La responsabilité des parents est alors remplacée par celle des personnes qui ont la charge de surveiller l'enfant (Montpellier, 12 févr. 1887, D. 88. 2. 19, S. 88. 2. 167 ; Douai, 14 févr. 1894, D. 95. 2. 381, S. 94. 2. 161). Au contraire, la responsabilité des parents subsisterait pleine et entière, s'ils le laissaient résider seul hors de chez eux ou vagabonder.

Elle est supprimée, sans être remplacée par aucune autre, quand le mineur quitte ses parents pour faire son *service militaire*.

2° Tuteurs. — Le *tuteur* a été omis par l'art. 1384.

Il y aurait cependant quelques raisons pour le rendre responsable des actes de son pupille, toutes les fois du moins qu'il a la garde de celui-ci ; car il remplace les père et mère. Jadis on l'assimilait à cet égard aux père et mère (Pothier, *Obligations*, n° 121), et cette opinion a d'abord prévalu pour l'interprétation du Code, mais elle a été plus tard combattue par Demolombe, Colmet de Santerre et Laurent. L'argument d'analogie a paru insuffisant pour étendre une présomption légale, et l'on peut actuellement prévoir le triomphe définitif d'une interprétation restrictive (Note sous Cass., 22 juill. 1891, D. 92. 1. 5). Il restera cependant quelques lois spéciales qui ont consacré formellement la responsabilité du tuteur en matière de délits ruraux, forestiers, de pêche et de chasse.

3° Instituteurs. — D'après le Code civil, les instituteurs répondent des dommages causés par leurs élèves, et cette disposition était applicable aux membres de l'enseignement public, aussi bien qu'aux instituteurs libres. Mais une loi du 20 juillet 1899 est venue rompre l'égalité et établir au profit des premiers un traitement de faveur. Nous devons donc désormais distinguer entre ces deux catégories.

a) *Instituteurs publics*. — Un alinéa nouveau, ajouté à l'art. 1384, porte : « La responsabilité civile de l'État est substituée à celle des membres de l'enseignement public. » Cette loi a été provoquée par l'excessive rigueur des décisions de la jurisprudence[1], et par les transformations et le développement de l'enseignement public en France : l'instituteur public ne peut choisir ni son local, ni son personnel, ni ses élèves ; tant qu'il y a des places vacantes, il est obligé d'accueillir les enfants qu'on lui amène. Il était donc juste d'atténuer pour lui la rigueur de la loi.

D'ailleurs il a été bien convenu, dans la discussion de la loi, qu'on déchargeait seulement les instituteurs publics de la présomption de faute établie contre eux par l'art. 1384, mais qu'on les laissait soumis à la responsabilité de leurs fautes, en vertu des art. 1382 et 1383, quand elles pourraient être prouvées (Déclaration de M. Thézard, rapporteur, à la séance du 21 mars 1899, D. 99. 4. 87, note 1). D'autre part, la victime n'est pas privée de son recours : il y a substitution, et non suppression de responsabilité. Enfin, pour éviter toute objection, on n'a même pas voulu changer la compétence : l'État se trouvant substitué à l'instituteur, l'affaire aurait dû aller devant le Conseil de préfecture, mais l'art. 2 décide qu'elle restera soumise aux tribunaux de l'ordre judiciaire (tribunaux d'arrondissement ou justices de paix, selon le cas).

[1] Voyez entre autres la lamentable histoire de M. Leblanc, directeur de l'école de Fontenay-sous-Bois, qui devint fou à la suite d'une condamnation imméritée prononcée contre lui : en 1891, un enfant avait été tué dans son école d'un coup de pied au ventre (D. 99. 4. 86, note, al. 1).

b) *Instituteurs privés.* — Ceux-ci sont restés sous l'empire de la règle ancienne : il y a donc toujours contre eux présomption de faute au cas où un de leurs élèves commet un acte dommageable. Cette responsabilité de l'instituteur s'étend même aux simples externes, pendant le temps qu'ils lui sont confiés. Le mot « instituteur » est, du reste, très général et comprend les personnes qui se chargent de l'éducation des enfants en les prenant chez eux. — Pour les directeurs d'asiles d'aliénés, voyez Agen, 16 mars 1872, D. 72. 2. 153.

4° Artisans. — Les artisans répondent du dommage causé par leurs *apprentis* (art. 1384. al. 4). L'idée est la même que pour les instituteurs : la loi présume un défaut de surveillance.

5° Maitres et commettants. — Les maîtres et commettants répondent du dommage causé par leurs *domestiques* et *employés* (art. 1384, al. 3). Pour cette dernière catégorie le motif change : ce n'est plus d'un défaut de surveillance qu'il s'agit, mais d'un choix fait à la légère et sans renseignements suffisants.

Cette disposition est très générale. Ainsi le *concierge* d'une maison est considéré comme un préposé du propriétaire, et celui-ci est responsable de son fait (Cass., 22 juill. 1891, D. 92. 1. 335, S. 92. 1. 569). D'un autre côté l'*État*, les *communes* et les *administrations publiques* sont des *commettants* et, comme tels, civilement responsables des actes de leurs agents [1]. Nombreuses applications (Dalloz, *Suppl.*, v° Responsabilité, n°s 809 à 883). Difficultés sur la question de principe et sur la compétence (*Ibid.*, n°s 806-808).

Néanmoins, il y a des *limites* à l'application de ce texte. D'abord, il faut que l'auteur du dommage soit vraiment le *préposé* de la personne qu'on veut rendre civilement responsable. Ainsi l'ouvrier auquel un propriétaire demande d'exécuter un travail, comme de creuser un puits, de réparer une toiture, etc., n'est pas son subordonné; c'est un travailleur indépendant qui agit sous sa propre responsabilité; par suite, le propriétaire n'est pas responsable des blessures que cet ouvrier a pu causer par son imprudence (Cass., 27 mai 1868, D. 68. 1. 403). Le principe est certain; mais on rencontre dans la pratique des espèces douteuses en fait, par exemple quand il s'agit d'un bûcheron employé à nettoyer une forêt (Cass. crim., 10 nov. 1859, D. 60. 1. 49). Le moyen de distinguer se trouve dans l'indépendance plus ou moins grande du travailleur vis-à-vis de celui qui l'emploie.

En second lieu, il faut que l'acte dommageable soit commis par le préposé *dans l'exercice de la fonction à laquelle on l'emploie*. L'art. 1384, al. 3, est formel sur ce point. Ainsi, les maîtres ne sont pas responsables des fautes ou des délits commis par leurs domestiques en dehors de leur service (Cass., 3 mars 1884, D. 85. 1. 63, S. 85. 1. 215. — Voyez cependant Paris, 9 mars 1893, D. 93. 2. 296) [2]. Dans le même sens, il a été jugé que les notaires ne sont pas responsables des détournements de fonds commis par leurs clercs, parce que la réception des dépôts d'argent ne rentre pas dans les fonctions des clercs (Bordeaux, 12 janvier 1881, *Journal des notaires*, n° 22645).

*** 911. Preuve contraire.** — Les personnes ainsi responsables du fait d'autrui, parce que la loi suppose qu'elles ont elles-mêmes commis une faute, sont-elles admises à combattre cette présomption ? Il faut distinguer : Si elles sont tenues, comme les parents et instituteurs, à raison d'un *défaut*

[1] Il a été jugé que la ville, propriétaire d'un collège, n'est pas responsable des délits et quasi-délits des élèves, parce qu'elle n'a que la gérance économique et non la direction de l'établissement (Paris, 16 février 1880, D. 81. 2. 81).

[2] Un patron a même été déclaré responsable d'un *crime* (!) commis par un ouvrier sur ses chantiers (Douai, 1er juillet 1896, D. 99. 2. 155).

de surveillance, on leur permet de démontrer qu'en fait il n'y a point de faute de leur part et qu'il leur a été impossible d'empêcher ce qui s'est passé (art. 1384, al. final). Mais, s'il s'agit d'un *commettant* (maître ou patron), qui est responsable à raison du *mauvais choix* qu'il a fait de son préposé, *aucune excuse n'est admise*.

Cela résulte du silence que garde, à l'égard des maîtres et commettants, l'alinéa final de l'art. 1384, qui ne réserve la preuve contraire qu'aux père et mère, aux instituteurs, et aux artisans. Cette distinction est d'ailleurs conforme à la tradition. Pothier faisait remarquer que les maîtres sont responsables des délits commis par leurs domestiques et ouvriers, même en leur absence, « ce qui a été établi, dit-il, afin de rendre les maîtres attentifs à ne se servir que de bons domestiques » (*Obligations*, n° 121). Il est possible que cela fournisse une solution commode pour certains procès; ce n'en est pas moins une disposition draconienne, que de rendre une personne responsable de la faute d'une autre, sans qu'elle-même soit en faute. De plus, il y a ici quelque chose de contraire au principe de l'indépendance réciproque des citoyens.

912. Action récursoire. — La personne qui se trouve ainsi rendue responsable pour une autre possède une action en recours contre le véritable auteur du dommage, qui pourra lui servir si celui-ci est solvable et s'il a une intelligence suffisante pour être lui-même responsable de ses actes (Cass., 24 févr. 1886, D. 87. 1. 31, S. 86. 1. 460).

913. Responsabilité des communes. — Un système de responsabilité, tout à fait comparable à celui de l'art. 1384, est appliqué aux communes à raison des dommages causés sur leur territoire par des *attroupements séditieux*. La cause de cette responsabilité est que l'obligation de maintenir l'ordre incombe à l'autorité municipale. La commune est déchargée de toute responsabilité : 1° si elle prouve qu'elle a pris toutes les mesures qui étaient en son pouvoir pour empêcher les désordres et pour en faire connaître les auteurs; 2° si la municipalité n'a pas à sa disposition la police locale et la force armée, comme cela arrive à Paris et à Lyon; 3° s'il s'agit de faits de guerre. Le texte primitif, qui était la loi du 10 vendémiaire an IV, a été remplacé par l'art. 106 de la loi municipale du 5 avril 1884.

914. Cas spéciaux de responsabilité. — Deux lois ont établi des cas de responsabilité pour autrui, dans lesquels la faute commise par la personne responsable n'a aucun rapport avec le fait dommageable qu'on l'oblige à réparer.

1° Les *aubergistes* ou *hôteliers* sont responsables des *délits de droit pénal* commis par les voyageurs descendus chez eux pendant plus de vingt-quatre heures et dont ils ont négligé d'inscrire les noms, profession et domicile sur leur registre (art. 73 C. pén.).

2° Les *gardes champêtres* sont responsables des dommages causés aux champs, lorsqu'ils négligent de faire un rapport sur le délit dans les vingt-quatre heures (L. 6 oct. 1791, tit. I, sect. VII, art. 7).

B. — Responsabilité du fait des choses.

915. Division. — Les règles qui gouvernent ce genre de responsabilité doivent être étudiées séparément sous quatre rubriques, selon la nature des choses qui ont causé le dommage : 1° choses dont on a la garde; 2° animaux; 3° bâtiments; 4° autres choses inanimées.

1° Choses dont on a la garde.

* **916. Simple mention dans l'art. 1384.** — A la fin de l'al. 1er de l'art. 1384, se trouve un petit membre de phrase qui est resté à peu près inaperçu pendant près d'un siècle. Il y est dit qu'on est responsable du dommage causé « par le fait... des choses que l'on a sous sa garde ». On

comprend pourquoi cette idée a été énoncée à cette place : la loi s'occupe, dans l'art. 1384, des *personnes* qui sont sous la *surveillance* ou sous la *direction* d'une autre (enfants, élèves, domestiques, préposés, etc.) ; elle a pensé en même temps aux *choses* qui sont *sous la garde* de quelqu'un. Mais, après avoir ainsi énoncé le principe, elle n'en a rien dit de plus : elle n'a rien prévu et rien réglé, si ce n'est, dans les art. 1385 et 1386, deux cas exceptionnels dans lesquels la responsabilité subsiste, alors même que la chose (un animal ou un bâtiment) ne serait pas placée, à proprement parler, sous la garde de la personne responsable au moment précis où elle cause un dommage.

917. Origine et sens de cette disposition. — D'où vient donc cette disposition si brève et quel en est le sens? Les travaux préparatoires ne nous apprennent rien; les art. 1382 à 1386 ont été votés presque sans discussion et le membre de phrase sur lequel nous raisonnons figurait déjà dans le projet de l'an VIII. D'autre part, on ne retrouve rien de semblable dans les auteurs antérieurs au Code : ni Domat, ni Pothier, ni Argou, ni Poullain du Parc ne paraissent s'être arrêtés à cette idée. Que conclure de là, sinon que cette partie de l'art. 1384 présentait pour ses auteurs un sens extrêmement simple et tout naturel ? Une personne a la garde d'une chose, susceptible de causer un dommage; elle commet une négligence, elle se relâche de sa surveillance et le dommage arrive. Sa responsabilité se trouve engagée. Il y a *symétrie parfaite* entre les deux ordres de faits visés par l'art. 1384 : garde de choses, garde de personnes subordonnées. Ainsi le *principe de la responsabilité* établie par cet article est *l'idée de garde ou de direction* pour les choses comme pour les personnes. On doit admettre aussi que pour le gardien d'une chose, comme pour le gardien d'une personne, la faute est *présumée,* dès que le fait de la garde est établi et que le dommage est survenu pendant cette garde [1].

2° Animaux domestiques.

***918. Sens de l'art. 1385.** — Les animaux domestiques sont, en général, sous la garde de quelqu'un qui s'en sert ou qui les surveille. Par conséquent, ils rentrent dans la disposition générale par laquelle se termine l'al. 1er de l'art. 1384 : ce sont des *choses* dont une personne a *la garde*, et cette personne est responsable du dommage causé par ces animaux, en sa qualité de gardienne ; on présume qu'elle a mal rempli son obligation.

Si l'art. 1385 ne signifiait rien de plus, il serait inutile, car il serait la reproduction pure et simple du principe général de l'art. 1384, al. 1. Mais la loi nous dit autre chose : la responsabilité du possesseur ou gardien *n'est pas limitée au temps où l'animal est sous sa garde* ; elle dure encore même quand l'animal est *égaré* ou s'est *échappé*. Là est la raison d'être de l'art. 1385 : il affirme, pour un cas où on aurait pu en douter, le maintien de la responsabilité établie par l'art. 1384, lorsqu'il s'agit d'animaux.

[1] Je considère comme une erreur certaine un arrêt de la Cour de Bruxelles qui a décidé le contraire (Bruxelles, 16 avril 1894, S. 95. 4. 20).

***919. Personnes tenues du dommage.** — La responsabilité établie par l'art. 1385 ne pèse pas nécessairement, comme on le dit parfois, sur le *propriétaire* de l'animal : ce n'est pas en sa qualité de propriétaire qu'il en est responsable. D'autres que lui en sont également tenus. La loi les désigne en ces termes, qui sont intentionnellement vagues : « le propriétaire de l'animal *ou celui qui s'en sert...* ». Cela comprend l'usufruitier, le fermier, l'emprunteur, le locataire de l'animal [1], mais non le préposé du propriétaire, tel qu'un cocher ou un pâtre qui ne se sert pas de l'animal pour son compte. Cocher ou pâtre sont bien responsables envers leur maître des fautes qu'ils peuvent commettre dans la garde de l'animal, mais le maître à son tour est civilement responsable envers les tiers en sa qualité de *commettant*, par application des autres alinéas du même art. 1384. La règle ne s'applique pas non plus aux aubergistes pour les chevaux qu'ils reçoivent dans leur écurie (Alger, 18 janvier 1899, D. 1901. 2. 14).

920. Force de la présomption de faute. — La faute commise par le propriétaire ou le détenteur de l'animal n'a pas besoin d'être prouvée ; elle est *présumée par la loi*, qui le déclare de plein droit responsable du dommage.

Mais cette présomption admet la *preuve contraire*. La personne responsable du dommage échappe à toute condamnation en prouvant que l'accident a eu pour cause soit *une faute de la victime*, soit un *cas fortuit ou de force majeure*.

Cela n'est contesté par personne, mais de graves difficultés se sont élevées sur la façon dont doit être administrée la preuve tendant à exonérer le propriétaire ou le détenteur de sa responsabilité. Faut-il qu'il prouve directement le fait étranger (faute de la victime ou cas fortuit) qui a été la cause du dommage ? Ou bien lui suffit-il de prouver qu'il avait pris toutes les précautions usitées dans les circonstances où l'animal s'est trouvé placé, auquel cas on est indirectement forcé d'admettre le cas fortuit ou la faute d'un tiers, puisque la personne poursuivie est exempte de faute ? Plusieurs auteurs rejettent ce dernier procédé, qui est évidemment le plus facile, et ils exigent rigoureusement la preuve précise d'une cause non imputable au propriétaire de l'animal (AUBRY et RAU, § 448, note 10 ; DEMOLOMBE, t. XXXI, n° 654), et l'on prête même à la jurisprudence une tendance à se ranger à cet avis (DALLOZ, *Suppl.*, v° Responsabilité, n° 926). Cette interprétation de la jurisprudence est inexacte. La Cour de cassation a seulement décidé que l'art. 1385 n'était pas une pure application de l'art. 1382, qu'il contenait de plus une présomption de faute, et que par suite le propriétaire ne pouvait pas être exempté de toute responsabilité par cela seul que sa faute n'était pas suffisamment établie (Cass., 27 oct. 1885, D. 86. 1. 207, S. 86. 1. 33 ; Cass., 8 janv. 1894, D. 94. 1. 403, S. 94. 1. 184). Mais elle n'a pas dit de quelle manière, directe ou indirecte, devait être fournie la preuve du cas fortuit, et il n'est guère probable qu'elle accepte la décision qu'on lui prête, elle se mettrait en contradiction avec la solution qu'elle donne à propos des locataires responsables de l'incendie de la maison qu'ils habitent. Comp. les observations présentées dans DALLOZ, *loc. cit.*, n° 927.

921. Animaux régis par l'art. 1385. — L'art. 1385 est fait en principe pour les animaux domestiques, tels que les chevaux, chiens, volailles, bestiaux, etc. Il s'applique, aussi, à tous autres animaux qui sont un *objet de propriété*, quelque usage qu'on en fasse, comme les *animaux féroces d'une ménagerie*, et même à ceux qui vivent dans leur état de liberté naturelle, comme les *abeilles d'un rucher* et les *lapins d'une garenne*. Les lapins d'une garenne appartiennent en effet au propriétaire du bois, même quand il n'est pas clos et l'art. 526 les déclare immeubles par destination. Le propriétaire de la garenne est responsable des dégâts commis par ses lapins sans qu'il soit besoin d'articuler contre lui aucune faute (Cass., 29 oct. 1889, D. 90. 1. 432, S. 90. 1. 53).

[1] Sur différents cas qui se sont présentés en pratique, voyez Paris, 13 janvier 1892, D. 92. 2. 141, S. 92. 2. 200; Dijon, 10 décembre 1896, D. 97. 2. 454. La responsabilité du propriétaire cesse encore lorsque l'accident causé par l'animal est arrivé précisément à la personne qui en avait la garde et la direction en qualité d'employé ou d'ouvrier (Grenoble, 11 mai 1898, D. 99. 2. 235. — Comp. Cass., 14 mai 1900, D. 1900. 1. 272), S. 1900. 1. 453.

922. Animaux sauvages. — Le propriétaire d'un terrain sur lequel vivent des animaux sauvages n'est pas responsable des dégâts que ces animaux peuvent causer dans les cultures voisines, car il n'est pas propriétaire du gibier qui vit sur ses terres. Cependant, si ce propriétaire, pour se procurer le plaisir de la chasse, a favorisé le développement d'animaux nuisibles, tels que des sangliers, ou même s'il a refusé à ceux qui en souffrent la permission de les détruire, il commet une faute qui engage sa responsabilité en vertu de l'art. 1382. Ici plus de présomption, mais la preuve de la faute sera ordinairement facile. Voyez sur une espèce de ce genre, Cass., 6 mars 1893, D. 93. 1. 416, S. 93. 1. 232. Sur la question des *dégâts causés par les lapins d'un bois aux cultures du voisinage*, les arrêts sont nombreux et leurs solutions sont assez confuses. En général, le propriétaire du bois est condamné ; on le considère comme étant en faute par cela seul que les lapins se sont multipliés en nombre excessif et qu'il a pris des mesures insuffisantes pour les détruire (Cass., 21 oct. 1895, D. 96. 1. 123; S. 96. 1. 12 ; Cass., 11 mai 1896, D. 96. 1. 464 ; Cass., 12 mai 1897, D. 97. 1. 517, S. 97. 1. 320 ; Cass., 4 janv. 1899, D. 1900. 1. 24 ; Cass., 1er mai 1899, D. 1900. 1. 549). Très rares sont les cas dans lesquels la condamnation a été évitée (Cass., 15 juin 1895, D. 95. 1. 506, S. 95. 1. 352 ; Cass., 2 févr. 1898, S. 98. 1. 184 ; Cass., 27 déc. 1898, D. 99. 1. 383).

Une loi du 19 avril 1901 donne compétence aux *juges de paix* pour statuer sans appel jusqu'à 300 francs, et établit une *prescription de six mois* à compter du jour des dégâts.

923. Dispositions spéciales du Code rural [1]. — Pour le cas spécial où le dommage est causé par des volailles ou des pigeons, voyez les art. 4 et 7 de la loi du 4 avril 1889, qui accordent en outre aux voisins le droit de tuer ces animaux sous certaines conditions. L'art. 1 de la même loi règle le cas où les animaux qui ont fait le dommage n'ont pas de gardien connu.

3° Bâtiments.

*** 924. Portée restreinte du texte.** — L'art. 1386 contient une disposition toute particulière : « Le propriétaire d'un bâtiment est responsable du dommage causé par sa ruine, lorsqu'elle est arrivée par une suite du défaut d'entretien ou par le vice de sa construction. » Cet article a une portée très restreinte [2]. On remarquera d'abord qu'il parle uniquement des *bâtiments*, et on sait par la tradition quel est le sens de ce mot : il s'agit des maisons et autres constructions (DOMAT, liv. II, tit. VIII, sect. 3).

*** 925. Conditions de la condamnation.** — L'art. 1386 n'établit *aucune présomption de faute*. En effet, la responsabilité du propriétaire n'est engagée qu'autant qu'il y a eu *défaut d'entretien* ou *vice de construction*, et naturellement c'est au demandeur en indemnité qu'il appartient de prouver l'un ou l'autre de ces deux faits, qui forment *la condition de sa demande*. L'un de ces deux faits étant prouvé, le propriétaire du bâtiment

[1] Les règles relatives aux dégâts causés par les animaux domestiques étaient fort nombreuses dans nos anciennes coutumes et très curieuses. Voyez spécialement sur ce point la *Très ancienne coutume de Bretagne*. Comp. POTHIER, édit. Bugnet, t. I, p. 195 et suiv.

[2] Une application curieuse de cette responsabilité a été faite à l'État, à l'occasion de l'incendie de l'Opéra-Comique en 1887 : en sa qualité de propriétaire du théâtre n'ayant pas pris de précautions suffisantes pour assurer la sécurité des spectateurs, l'État a été condamné à payer 100 000 francs à des mineurs qui avaient perdu leur père dans l'incendie (Paris, 21 juin 1898, D. 99. 2. 289). Autre application à un département, à la suite de l'écroulement d'un édifice départemental, dans lequel se donnait une fête publique (Pau, 6 janvier 1898, D. 1900. 2. 265).

est *nécessairement condamné,* sans pouvoir se disculper en alléguant qu'il ignorait le mauvais état de sa chose et qu'il n'a pas été en son pouvoir d'en empêcher la ruine. De son côté, la victime de l'accident, qui prouve l'existence d'un vice de construction, n'est pas tenue d'établir que ce vice provient d'une faute du propriétaire (Cass., 19 avril 1887, D. 88. 1. 27, S. 87. 1. 217).

926. Origine de cette disposition. — Notre art. 1386 a son origine dans la *cautio damni infecti* qu'exigeait le Préteur, bien que sa décision soit sensiblement différente de la vieille institution romaine. D'après le droit romain primitif, aucune obligation particulière ne pouvait naître du droit de propriété. Le propriétaire d'un bâtiment qui causait un dommage en s'écroulant sur les voisins n'était tenu à rien de plus qu'à abandonner les décombres. Le prêteur intervint et força le propriétaire dont le bâtiment menaçait ruine à prendre par voie de stipulation l'engagement de réparer le dommage, s'il venait à se produire. Notre droit a supprimé, ici comme en bien d'autres matières, la nécessité d'un engagement spécial et considère le propriétaire comme tenu en cette seule qualité. — Du même coup, comme on tient le propriétaire pour obligé de plein droit, on a abandonné l'ancien système de « missio in possessionem », qui n'était qu'un moyen de contrainte employé par le Préteur pour lui arracher une promesse obligatoire. Domat en faisait déjà la remarque. Mais dans l'ancien droit on permettait encore aux voisins de forcer le propriétaire du bâtiment en ruine à le réparer, et sur son refus on les autorisait à procéder eux-mêmes, et à ses frais, à la reconstruction ou réparation. Le Code ne parle plus de cette ressource et il paraît bien résulter des travaux préparatoires que l'on a gardé le silence parce qu'on voulait retirer ce droit aux voisins.

4° Choses diverses.

*** 927. Position de la question.** — Le propriétaire d'une chose autre qu'un animal ou un bâtiment est-il responsable, *en sa qualité de propriétaire et abstraction faite de toute idée de faute,* des dommages que sa chose peut causer à autrui? Si on répond par l'affirmative, la propriété ne sera plus un pur profit; elle imposera à son titulaire un *risque* permanent, l'obligation de réparer le dommage qu'une chose peut causer. De plus, les dispositions spéciales, établies pour les animaux et les bâtiments par les art. 1385 et 1386, deviendront à peu près inutiles, car elles seront largement débordées par le principe nouveau. Il n'en restera plus guère que la présomption de faute établie par l'art. 1385 contre celui qui « se sert » d'un animal, sans en être propriétaire.

*** 928. Les précédents.** — L'idée d'une responsabilité encourue de plein droit par le propriétaire d'une chose, sans qu'on puisse relever ni même présumer contre lui la moindre faute, paraît étrangère à l'ancien droit français. Tous nos anciens auteurs, Domat en tête, supposent toujours que le propriétaire a commis une faute en laissant son bâtiment en mauvais état, et ils ne soupçonnent pas qu'une autre chose qu'un bâtiment puisse causer à quelqu'un un dommage [1]. Notre ancien droit était, en cela, conforme à l'esprit du droit romain (ci-dessus n°s 924 et 926).

[1] Je signalerai, comme un indice des plus vieilles traditions du droit français, l'art.

* **929. Les textes du Code.** — Le Code civil n'a établi nulle part cette responsabilité purement *réelle*; il maintient l'ancien principe de la nécessité d'une faute prouvée ou tout au moins présumée [1], mais on peut dire qu'il contient *en germe* l'idée nouvelle. Ainsi quand il déclare le propriétaire d'un bâtiment responsable de sa chute s'il y avait un *vice de construction*, il admet une responsabilité indépendante de l'idée de faute. Sans doute ce vice peut tenir à une faute du propriétaire, qui a voulu faire bâtir trop économiquement ou sur un plan défectueux; mais il peut aussi être imputable uniquement à l'architecte ou à l'entrepreneur employé à la construction, et la loi ne fait aucune distinction. Domat ne tenait pas le même langage et ne parlait que d'un bâtiment en mauvais état que son propriétaire négligeait de réparer.

* **930. La doctrine moderne.** — L'idée d'une responsabilité générale imposée à tout propriétaire en cette seule qualité, pour les dégâts commis par sa chose, a été plusieurs fois émise par les auteurs modernes [2]. Demolombe par exemple, a soutenu d'une façon absolue, que « chacun est responsable des défauts inhérents à sa chose » (t. XXXI, n°s 638 et 656). Il est vrai que, pour lui, cette décision s'appuie simplement sur *une présomption de faute*, car il raisonne ainsi : le propriétaire de la chose peut s'en défaire; s'il la conserve, il doit veiller à ce qu'elle ne cause pas de dommage à un tiers; et, si un dommage arrive, c'est le propriétaire qui doit supporter la perte, plutôt que le tiers auquel on n'a rien à reprocher.

Ce raisonnement est singulier; il suppose qu'on a *nécessairement* quelque chose à « reprocher » au propriétaire de la chose, et cela revient presque à dire que c'est une faute d'être propriétaire. D'ailleurs, il ne faut voir dans ce passage de Demolombe qu'une *opinion de transition*, et quelques auteurs plus récents qui ont écrit sur la question ne prennent pas tant de ménagements : ils soutiennent franchement que la responsabilité du dommage causé par la chose est une suite nécessaire du droit de propriété (Saleilles, *Les accidents du travail et la responsabilité civile*, Paris, 1897, et note dans D. 97. 1. 433; Josserand, *De la responsabilité du fait des*

177 de la *Très ancienne coutume de Bretagne*, aux termes duquel les choses « qui n'ont vie », comme moulins et autres choses, lorsqu'elles causent un dommage, n'engagent la responsabilité du propriétaire qu'autant qu'il y a eu faute de sa part, « par le deffaut de celui à qui les choses seraient ».

[1] C'est ainsi que sa doctrine était interprétée devant le Corps législatif par le tribun Tarrible : « Le dommage, pour qu'il soit sujet à réparation, doit être l'effet d'une faute ou d'une imprudence de la part de quelqu'un. S'il ne peut être attribué à cette cause, il n'est plus que l'ouvrage du sort, dont chacun doit supporter les chances » (Fenet, t. XIII, p. 488). Et c'est aussi ce que prouve l'article 1891, relatif au dépôt; le prêteur n'est pas responsable de plein droit des vices de sa chose; il faut qu'il ait été de mauvaise foi.

[2] On la trouve même formulée dans un rapport fait au Tribunat par Bertrand de Greuille, où il est dit que, « en thèse générale, rien de ce qui appartient à quelqu'un ne peut nuire impunément à un autre » (Fenet, t. XIII, p. 477). Cette assertion était certainement contraire aux principes admis à cette époque; on n'y peut voir qu'une généralisation faite à la légère.

choses inanimées, Paris, 1897, et note dans D. 1900. 2. 289)[1]. — Ce serait l'abandon du principe traditionnel. Ce peut être là une idée défendable en législation, bien qu'elle soit très hardie et tende en réalité à déplacer l'effet des cas fortuits [2]; mais on peut affirmer qu'elle est *incompatible avec les textes actuels* du Code ; les art. 1385 et 1386 sont évidemment limitatifs et excluent toute généralisation.

* **931. Jurisprudence.** — Les arrêts se contentent d'appliquer les textes du Code en se montrant plus ou moins faciles pour admettre l'existence d'un vice de construction ou d'un défaut d'entretien; ils ont aussi assimilé aux *bâtiments,* les *machines* installées à l'intérieur, quand elles en font partie intégrante ou qu'elles ont le caractère d'immeubles par destination (Cass., 19 avril 1887, D. 88. 1. 27, S. 87. 1. 217).

Mais ils ont, en général, refusé d'étendre la disposition de l'art. 1386 aux choses mobilières et notamment à l'outillage industriel [3]. Cependant, un arrêt de la Chambre civile du 16 juin 1896 (D. 97. 1. 433, S. 97. 1. 17) a semblé un moment donner raison à la théorie nouvelle [4], et on s'en est emparé pour en faire le terme final d'une « évolution » de la jurisprudence, mais cette interprétation s'est trouvée en défaut, car peu de temps après la

[1] En soutenant cette idée nouvelle, ces auteurs poursuivaient un but particulier : ils visaient, non pas tous les propriétaires en général, mais les patrons propriétaires de l'outillage industriel, qui cause des accidents dont les ouvriers sont victimes; ils cherchaient à faire pénétrer dans notre droit, sans réforme législative, l'équivalent du *risque professionnel.* Voyez ce qui sera dit de ce risque à propos du louage de travail.

[2] A ce point de vue signalons les observations très justes de M. Labbé, dans une note du *Sirey* (71. 1. 9), où se trouve développée et maintenue la solution traditionnelle du droit français.

[3] Ainsi un arrêt de la Chambre civile a jugé que l'explosion d'une machine à vapeur ne peut donner lieu à une condamnation contre le propriétaire de la machine qu'autant que l'existence d'une faute qui lui soit légalement imputable est prouvée par le demandeur (Cass., 19 juillet 1870, D. 70. 1. 361, S. 71. 1. 9). Comp. pour les accidents causés par les vélocipédistes, Cass., 12 juin 1899, D. 1901, 1. 40.

[4] La chaudière d'un remorqueur avait fait explosion en Loire, près de Nantes, et le mécanicien avait été tué. Il fut constaté que l'accident avait eu pour cause un défaut de soudure dans un tube de la chaudière, c'est-à-dire un vice de construction. La veuve de la victime ayant demandé une indemnité aux propriétaires du remorqueur, entrepreneurs de dragages à Paris, la Cour d'appel lui donna gain de cause en se fondant sur l'article 1386. C'était une fausse application de la loi puisqu'il est certain que ce texte concerne seulement les bâtiments immobiliers. La Chambre civile a néanmoins rejeté le pourvoi, en déclarant qu'à défaut de l'article 1386, l'article 1384 justifiait suffisamment la décision. Son argumentation repose sur une confusion entre la disposition de l'al. 1er de l'article 1384, qui parle des choses qu'on a sous sa garde, et celle de l'article 1386 qui parle de l'écroulement d'une construction. L'article 1384 ne connaît qu'une cause de responsabilité : la garde de la chose; l'article 1386 en connaît une autre : le mauvais état d'un bâtiment. Il est impossible que les deux articles se rencontrent sur le même terrain, et on ne sait auquel des deux la Chambre civile a entendu rattacher sa décision, car elle parle à la fois de la garde de la chose et d'un vice de construction. Cette confusion enlève à son arrêt toute autorité scientifique. La même confusion se remarque dans un arrêt de la Cour de Dijon (26 décembre 1895, S. 96. 2. 48), rendu à propos de l'explosion d'une locomobile, mais la décision de cet arrêt se justifie en fait parce qu'il était constaté que le propriétaire de la machine connaissait son vice de construction et n'avait rien fait pour y remédier. Voyez aussi Grenoble (10 février 1892, S. 93. 2. 205), déclarant une ville responsable du dommage causé par la chute d'un arbre sur une promenade publique : ici on pouvait, à la rigueur, soutenir que les arbres de la promenade se trouvaient dans l'intérêt des passants « sous la garde » de la commune.

Chambre des requêtes refusait de suivre l'opinion de la Chambre civile, et dans une affaire toute semblable (explosion à bord d'un vapeur de la Compagnie transatlantique), décidait que lorsque la cause d'un accident est inconnue, il rentre dans la catégorie des accidents fortuits qui ne peuvent engager aucune responsabilité (Cass., 30 mars 1897, D. 97. 1. 441, S. 98. 1. 65). Jusqu'à ce qu'une réforme législative l'ait inscrite en termes généraux dans nos lois, la responsabilité du propriétaire à raison de son seul titre reste donc confinée dans l'hypothèse unique du vice de construction d'un bâtiment, prévue par l'art. 1386[1], car le risque professionnel imposé aux patrons en 1898 est fondé sur l'idée d'*entreprise* et non sur l'idée de propriété. Hors des cas prévus par la loi, le principe subsiste : pas de responsabilité sans faute. Sur ce principe traditionnel, voyez Cass., 19 juill. 1870, D. 70. 1.361, S. 71. 1. 9.

CHAPITRE IV

DE L'ENRICHISSEMENT SANS CAUSE

932. Observation. — Pour me conformer à l'usage général, j'appelle cette source d'obligation l'*enrichissement sans cause*, mais il est bien entendu, une fois pour toutes, que c'est là une formule abrégée et que son expression complète serait : enrichissement sans cause *aux dépens d'autrui*. L'enrichissement obtenu *sine alterius detrimento* ne peut être le principe d'aucune action.

** **933. Établissement du principe.** — La théorie de l'enrichissement sans cause est, comme celle de la faute, susceptible de recevoir son application dans une foule de cas, qu'il est impossible de prévoir d'avance. Le Code français n'a pas formulé, sur cette matière, de principes généraux ; il s'est borné à régler quelques-unes de ses applications les plus pratiques, comme la *construction sur le terrain d'autrui* (art. 555), et les *récompenses entre époux* (art. 1433 et 1437)[2].

Nos jurisconsultes ne paraissent pas, en général, avoir fait une bien large place à l'hypothèse d'un enrichissement sans cause. MM. Aubry et Rau sont les premiers qui l'aient traitée d'une manière générale et systématique (1re édit., t. IV, § 576) ; ils en ont progressivement amélioré l'exposé (t. VI, § 578-4°). Néanmoins il n'est pas douteux que le principe subsiste dans notre

[1] Voyez en ce sens les notes de M. Esmein, dans *Sirey*, 97. 1. 17 et 98. 1. 65.

[2] Voyez aussi les articles 570, 571, 861, 862, 1241, 1312, 1673, 1864 et 1912, qui tous ordonnent des restitutions ou autorisent des rétentions fondées sur l'idée d'un enrichissement sans cause. D'autres fois, la loi exclut l'application du principe pour des raisons diverses. Voyez l'article 585 qui fait profiter l'usufruitier ou le nu propriétaire d'une récolte préparée par l'autre partie, et l'article 599 qui refuse toute indemnité à l'usufruitier pour les améliorations qu'il a faites sur le fonds.

droit, comme une règle nécessaire d'équité : « Jure naturæ æquum est neminem cum alterius detrimento et injuria fieri locupletiorem. » (*Digeste*, liv. L, tit. 17, fr. 206). Il en est de la restitution d'un enrichissement sans cause comme de la répression du dol : c'est une de ces rares règles de droit naturel, qui dominent dans les lois, alors même que le législateur n'a pas pris spécialement le soin de les formuler [1].

934. Disposition du Code allemand. — Le Code allemand contient à cet égard un texte de principe : « Celui qui, par une prestation ou de toute autre façon, obtient quelque chose sans cause juridique aux dépens d'une autre personne, est obligé à restitution envers cette personne » (art. 812). Le texte ajoute qu'il en est de même si la cause de la prestation, qui existait à l'origine, disparaît ultérieurement, ou si la cause future et prévue ne se réalise pas.

*** 935. Nom de l'action.** — Ne trouvant pas d'appellation convenable dans le droit français, on est allé chercher en droit romain le nom de l'action *de in rem verso*, et c'est ainsi qu'on appelle, dans la jurisprudence et dans la doctrine, l'action donnée pour répéter l'enrichissement sans cause.

Cette dénomination n'a pas d'inconvénients pratiques ; aucune confusion n'est à craindre puisqu'aucune action moderne ne porte spécialement ce nom. Mais l'emploi qui en est fait ne rappelle que très imparfaitement le droit romain, car l'ancienne action « de in rem verso » n'existait pas d'une manière distincte et n'était qu'un des chefs de condamnation de l'action « De peculio », qui, comme le disaient les *Institutes*, « una est actio, tamen duas habet condemnationes » (IV, 7, 4 b). C'était donc quelque chose d'exceptionnel, localisé dans un cas tout spécial. Si on voulait prendre une appellation ayant une valeur générale, on eût mieux fait de se servir de l'expression « condictio sine causa ». Abstraction faite de cette inexactitude dans l'emprunt fait au droit romain, l'expression « in rem versum » est commode pour désigner l'enrichissement sans cause, si tant est qu'on ait besoin pour cela de parler latin.

936. Conditions d'exercice. — Un premier point, purement négatif, est acquis : l'action « de in rem verso », dérivant d'un principe d'équité et n'étant pas réglementée par la loi, ne peut être soumise à *aucune condition déterminée*, empruntée à une autre matière, comme la gestion d'affaires ou le paiement de l'indu (Cass., 15 juin 1892, D. 92. 1. 596, S. 93. 1. 281) [2].

Cependant est-il vrai d'affirmer, comme le fait cet arrêt, qu' « il suffit que le demandeur [2] établisse qu'il a procuré à autrui un avantage par un sacrifice ou par un fait personnel » ? Pas tout à fait. Il faut que la personne enrichie ait reçu de l'autre une valeur qui soit entrée dans son patrimoine ; qu'il y ait une *transmission de valeur* d'un patrimoine à l'autre. On ne se contenterait donc pas d'un avantage obtenu *indirectement* par une personne à la suite de travaux ou d'opérations juridiques faites par l'autre (Cass., 31 juill. 1895, D. 95. 1. 391, S. 96. 1. 397 ; Cass., 18 oct. 1897, D. 99. 1. 105 ; Douai, 9

[1] Personne ne conteste l'existence du principe général, d'après lequel il n'est pas permis de s'enrichir sans cause aux dépens d'autrui ; mais on a parfois cherché à rattacher l'action qui en découle aux règles de la gestion d'affaire ; on a voulu y voir une action de gestion d'affaires anormale, donnée à titre auxiliaireet par extension de l'autre (LAROMBIÈRE, sous l'art. 1375, n°s 14 et suiv. ; DEMOLOMBE, t. XXXI, n° 49 ; LAURENT, t. XX, n°s 334 et 337). J'estime que ce rattachement est tout à fait inutile, et que l'action qui est donnée contre le maître dont l'affaire a été gérée d'une manière profitable, n'est elle-même qu'une application particulière du principe relatif à l'enrichissement sans cause.

[2] Il s'agissait d'un fermier dont le bail avait été résilié et qui avait fait des dépenses pour préparer une récolte qu'il n'eut pas le temps de faire.

avril 1900, D. 1901. 2, 1, et la note de M. Poncet)[1]. Il faut de plus que cet enrichissement ait été obtenu *sans juste cause*. Comp. LABBÉ, dans *Sirey*, 93. 1. 281 et la note du *Dalloz*, 99. 1. 105.

*** 937. Caractère illicite de l'enrichissement sans cause.** — Il semble bien que les auteurs français considèrent l'action « de in rem verso » comme une action *quasi-contractuelle*. Cependant, que l'on réfléchisse à une chose : si l'enrichissement obtenu sans cause aux dépens d'autrui doit être restitué, c'est qu'*il n'est pas permis* de le conserver, et l'on se convaincra que cette action est bien réellement *quasi-délictuelle* [2].

*** 938. Obligation des incapables.** — L'enrichissement sans cause résultant du fait d'un tiers, l'obligation de restitution prend naissance à la charge de la personne enrichie, quelle que soit sa condition juridique : on ne lui demande ni volonté, ni capacité.

La plupart des auteurs font, cependant, exception pour la femme mariée et pensent que l'action « de in rem verso » ne pourrait pas être exercée sur ses biens dotaux inaliénables (AUBRY et RAU, t. V, § 538, note 31 ; GUILLOUARD, *Contrat de mariage*, t. IV, n° 1734).

CHAPITRE V

DU STELLIONAT

939. Définition. — Le *stellionat* est un genre particulier de dol qui consiste soit à vendre ou à hypothéquer un immeuble dont on sait n'être pas propriétaire, soit à présenter comme libre un bien hypothéqué, ou à déclarer des hypothèques moindres que celles dont ce bien est chargé (art. 2059). La chose et le mot sont empruntés au droit romain.

940. Intérêt et forme de sa répression. — Il était jadis d'une extrême importance de réprimer ce genre de fraudes, à une époque où les tiers n'avaient aucun moyen sûr de se renseigner sur l'origine des propriétés ni sur leur situation hypothécaire, et où ils étaient obligés de s'en rapporter à la bonne foi de celui qui était ou passait pour être le propriétaire. L'organisation d'un régime de publicité, par la transcription des aliénations et l'inscription des hypothèques, a rendu le stellionat infiniment moins dangereux, puisque les tiers ont à leur disposition des moyens d'information. Néanmoins le Code avait maintenu le stellionat comme *délit civil spécial*, et l'intérêt qu'il y avait à le constater était que l'individu coupable de stellionat était *contraignable par corps* (art. 2059). Cette disposition avait survécu même à la loi de 1855 qui, en rétablissant la transcription, avait encore atténué les dangers du stellionat. L'abolition de la contrainte par corps par la loi du 22 juillet 1867 a enlevé son principal intérêt à l'existence du stel-

[1] La Cour de cassation a même poussé très loin cette idée d'une transmission directe de valeurs. Voyez-en un exemple, qui ne peut être expliqué ici, dans Cass., 11 juillet 1889, D. 89. 1. 393, S. 90. 1. 97.

[2] La conception contraire paraît tenir uniquement à cette circonstance, que l'on a emprunté le nom d'une action romaine qui se rattachait à la gestion du pécule et, par conséquent, à des actes contractuels.

lionat, comme délit civil. Aujourd'hui cette fraude peut encore se commettre; mais elle n'est plus qu'un dol comme les autres, qui n'a plus sa sanction d'autrefois.

941. État actuel du droit. — Cependant il reste dans le Code de commerce une disposition exceptionnelle qui attache encore un certain intérêt à l'existence du stellionat. D'après l'art. 540 C. com., le *failli* qui est stellionataire ne peut être déclaré *excusable*, conformément à l'art. 538. — Quant à l'art. 905 C. proc. civ., qu'on cite souvent comme créant un intérêt à constater le stellionat, j'estime qu'il n'en a plus aucun : cet article refuse aux stellionataires le bénéfice de la cession des biens; mais justement la cession de biens servait à éviter la contrainte par corps, laquelle n'existe plus en matière civile.

942. Cas assimilé au stellionat. — L'art. 2136 répute stellionataires les maris et tuteurs, qui n'ayant pas fait inscrire l'hypothèque légale dont leurs biens sont grevés, laissent des tiers prendre des inscriptions sur ces immeubles sans les prévenir de l'existence de cette hypothèque — Un pareil texte est d'interprétation stricte, et par suite le mari ou le tuteur n'est pas stellionataire, s'il a, non pas *laissé prendre des inscriptions*, mais *vendu* son immeuble. On a voulu trouver une raison à cette différence ; il n'y en a pas d'autre que la rédaction incomplète de la loi. Mais le stellionat a aujourd'hui si peu d'importance que cela ne vaut pas la peine de s'y arrêter.

TROISIÈME PARTIE

LES CONTRATS

THÉORIE GÉNÉRALE

PRÉLIMINAIRES

** **943. Définition.** — *Une convention est l'accord de deux ou plusieurs personnes sur un objet d'intérêt juridique* (AUBRY ET RAU), et le contrat est une espèce particulière de convention, dont le caractère propre est d'être *productif d'obligations.*

Il y a d'autres conventions qui éteignent ou modifient une obligation préexistante ; en général, on ne leur applique pas le nom de contrats. Ainsi une remise de dette est une convention, ce n'est pas un contrat. Tel était le langage de Pothier (*Obligations*, n° 3) ; il a été reproduit par le Code civil (art. 1101), et il est très exact [1].

On dit que le contrat peut aussi avoir pour objet la translation d'un droit (AUBRY et RAU), mais ce n'est qu'une apparence : la translation du droit est *la conséquence de la création de l'obligation de donner*, laquelle se trouve exécutée aussitôt que créée (t. I, 1re édit., nos 1346 à 1364 ; 2e édit., nos 1288 à 1306) et les contrats ne sont *translatifs* que parce qu'ils sont *obligatoires*.

** **944. Nécessité du consentement.** — Le consentement des parties, c'est-à-dire l'accord des volontés, est l'*élément essentiel de tout contrat.* Il doit toujours exister, alors même qu'il ne suffirait pas à lui seul pour former le contrat et que cette formation exigerait le concours d'un autre élément (ci-dessous, n° 963).

Cet accord doit être *complet*, c'est-à-dire porter sur tout ce qui fait l'objet du contrat : si l'un des contractants élève des objections contre une clause particulière, le contrat ne se formera que lorsqu'il se sera décidé à accepter cette clause. L'accord des volontés doit de plus être *unanime*, c'est-à-dire que tous les intéressés doivent consentir au contrat. Si quelques-uns s'y refusent, ceux-là demeurent en dehors du contrat, étrangers aux charges qu'il a créées, privés des droits qu'il a fait naître. Leur situation reste ce qu'elle était avant le contrat. Toutefois, cette dernière règle souffre quelques expressions remarquables dans les *contrats collectifs* (voyez le n° suivant).

945. Contrats collectifs. — Dans certains cas, dont le nombre tend à augmenter, le contrat qu'il s'agit de faire présente un *intérêt collectif.* Il touche des personnes parfois très nombreuses, et il est fort utile, quelquefois même nécessaire, qu'il se fasse. Si l'on devait respecter la règle commune et attendre le bon vouloir de tous les intéressés, rien ne se ferait : on rencontrerait toujours quelques récalcitrants, qui feraient tout échouer

[1] Il a été quelquefois critiqué, mais à tort, car il permet de s'exprimer avec plus de précision. Il n'y a, d'ailleurs, aucune erreur ou confusion à appeler le contrat une *convention* (art. 1108, 1127-1128, etc.), puisqu'il en est une, ni par suite à appeler *obligations conventionnelles* (intitulé du livre III) les obligations qui dérivent des contrats.

par leur refus. De là pour ces contrats collectifs une règle spéciale : *la volonté de la majorité fait loi* ; les opposants sont liés par un contrat auquel ils n'ont pas adhéré. Le contrat se forme donc par une volonté collective qui remplace ici la somme de toutes les volontés individuelles. Seulement, comme c'est toujours une mesure grave que cette décision autoritaire qui oblige des gens malgré eux, la loi doit exiger une majorité sérieuse et ne pas se contenter d'une différence minime, qui indique que les intéressés sont partagés entre deux opinions en groupes presque égaux. On en trouve trois exemples :

1° Concordat en matière de faillite ou de liquidation judiciaire (art. 507 C. com. ; L. 4 mars 1889, art. 15-1°). — Le concordat, qui consiste ordinairement à faire une remise plus ou moins forte au failli sur son passif, se vote par une majorité de la *moitié* des créanciers *plus un*, représentant les *deux tiers* au moins du passif vérifié. Le Code de commerce exigeait la moitié plus un en nombre et les *trois quarts* en somme ; la quotité a été abaissée aux deux tiers en 1889, pour faciliter les concordats. — Les créanciers opposants subissent la réduction consentie par la majorité ainsi formée.

2° Associations syndicales (L. 21 juin 1865, art. 12 ; L. 22 déc. 1888, art. 5). — Ces associations sont fondées entre propriétaires fonciers intéressés à des travaux d'utilité commune dont la loi a donné l'énumération. L'unanimité des propriétaires n'est pas nécessaire pour la formation de l'association : la loi se contente de la majorité des intéressés, c'est-à-dire la moitié plus un, représentant les deux tiers au moins de la superficie des terrains ou des deux tiers des intéressés représentant plus de la moitié des terrains. Pour certains travaux, la majorité nécessaire est un peu plus élevée : on exige les trois quarts au lieu des deux tiers (L. 22 déc. 1888, art. 5, al. 2). — Un système analogue a été adopté pour la formation des syndicats destinés à combattre le phylloxera (L. 15 déc. 1888, art. 5).

3° Contrats passés par les pouvoirs électifs. — C'est encore sur ce principe de la prépondérance de la majorité qu'est fondé tout le système électif en matière politique : la majorité des votants confère à l'élu un pouvoir, mandat ou délégation, comme on voudra l'appeler, en vertu duquel les actes de l'élu lieront même la minorité qui ne l'a pas choisi, qu'il s'agisse de l'œuvre législative ou de simples actes administratifs. On verra plus loin, à propos des *contrats d'utilité publique*, l'importance de cette idée de mandat ou de délégation placée à la source de tout pouvoir sorti de l'élection : une volonté collective s'exprime à la majorité des voix, et la décision prise lie même ceux qui ne l'ont pas consentie.

946. Observation. — Il ne s'agit ici que d'étudier le contrat d'une façon abstraite et générale, indépendamment de la variété des divers contrats et de leurs objets particuliers. Les règles propres aux *contrats spéciaux* (vente, louage, etc.) viendront plus loin. Pour le moment, nous avons à faire la *théorie générale du contrat*. De plus, les contrats n'ont pas toujours pour objet les droits pécuniaires compris dans le patrimoine. Il en est deux, le *mariage* et *l'adoption*, qui contribuent à l'organisation de la famille. Ceux-ci ont leurs règles propres, leurs formes, leurs effets à part. Nous ne nous occupons ici que des contrats passés sur des valeurs ou des faits ayant un intérêt pécuniaire.

CHAPITRE PREMIER

CLASSIFICATION DES CONTRATS

947. Énumération. — Il y a plusieurs manières de classer les contrats, selon qu'on s'attache à tel ou tel de leurs caractères. Le Code civil français, dans les art. 1102 à 1107, énonce quelques-unes de ces classifications, mais non pas toutes. On peut distinguer : 1° les contrats *synallagmatiques* et les contrats *unilatéraux*; 2° les contrats *à titre onéreux,* et les contrats *à titre gratuit*; 3° les contrats *commutatifs* et les contrats *aléatoires.*

Quelques autres classifications ont été proposées et sont plus ou moins employées; il faut ou les éliminer complètement, ou les envisager autrement. Elles font l'objet d'un quatrième paragraphe, à la suite des trois précédentes.

§ 1. — *Contrats synallagmatiques et contrats unilatéraux.*

** **948. Définition.** — Un contrat est « synallagmatique » lorsque *les deux contractants s'obligent réciproquement l'un envers l'autre* (art. 1102); il est « unilatéral » lorsqu'*une ou plusieurs personnes sont obligées envers une ou plusieurs autres,* sans que de la part de ces dernières il y ait engagement (art. 1103).

Le mot « unilatéral » s'emploie aussi dans un autre sens qu'il ne faut pas confondre avec celui-ci. Un acte juridique est dit « unilatéral » lorsqu'il est l'œuvre d'une volonté unique. Ainsi une offre de donation, la répudiation ou l'acceptation d'une succession ou d'un legs, la confection d'un testament sont des actes unilatéraux, parce qu'ils émanent d'une personne agissant seule. En ce sens l'*acte unilatéral* s'oppose au *contrat,* qui est un accord de volontés. Un contrat est donc toujours un acte bilatéral, quand on songe au nombre de volontés nécessaire pour le produire, et quand on parle de contrats unilatéraux, on emploie le mot dans un autre sens : on songe alors, non plus à sa formation, mais à ses effets.

* **949. Intérêt de cette distinction.** — En droit romain, le caractère synallagmatique d'un contrat produisait une conséquence remarquable : les actions qui en naissaient étaient des « actiones bonæ fidei », tandis que les contrats unilatéraux (stipulation, mutuum, etc.) engendraient l'action de droit strict, la « condictio ». Cet intérêt a disparu avec la législation et la procédure romaines, mais il a été remplacé par d'autres.

1° La *question des risques,* résolue dans l'art. 1138, ne s'élève qu'à propos des contrats synallagmatiques, car elle suppose l'existence de deux personnes obligées l'une envers l'autre par le même acte. Voyez ci-dessous, n°s 1334-1352.

2° L'exception *non adimpleti contractus* n'a lieu que dans les contrats synallagmatiques. Elle suppose que l'une des parties vient réclamer à l'autre l'exécution de son engagement, sans offrir elle-même ce qu'elle doit : cette partie se verra repousser par l'exception sus-mentionnée.

Nulle part dans nos lois il n'est fait allusion à l'exception « non adimpleti contractus »[1]

[1] Le nom que nous lui donnons est d'origine romaine, bien qu'il ne se trouve pas littéralement dans les textes : ce sont les commentateurs qui l'ont forgé en s'inspirant de la formule dans laquelle était rédigée l'exception elle-même : « nisi ea, quæ placita sint, adimplere paratus sit » (*Code, De Pactis,* livre III, tit. 2, loi 21). — En Allemagne on l'appelle « Die Einrede des nicht erfüllten Vertrages ». Voir sur ce sujet Saleilles, *Annales de droit commercial,* années 1892 et 1893.

et la jurisprudence paraît l'ignorer (Cass., 1er déc. 1897, D. 98. 1. 289); elle existe cependant d'une manière très certaine, et on peut la tirer, par un argument a fortiori, de l'art. 1184, qui établit le droit de résolution : si j'ai le droit de répéter ce que j'ai déjà livré, au cas où l'autre partie n'exécute pas sa promesse, à plus forte raison ai-je le droit de refuser de remplir mon obligation. — En droit romain on arrivait à ce résultat au moyen d'une exception de dol ou d'une exception rédigée *in factum*, qui était sous-entendue dans les contrats de bonne foi.

Malgré le silence de nos textes nous pouvons donc formuler cette règle : *Dans tout rapport synallagmatique, chacune des deux parties ne peut exiger la prestation qui lui est due que si elle offre elle-même d'exécuter son obligation.* C'est ce qu'on appelle en Allemagne l'« exécution trait pour trait » (*Erfüllung Zug um Zug*). Voyez les art. 273, al. 1, et 320 à 322 C. civ. all. Les contrats synallagmatiques doivent donc, dans la rigueur du droit, être exécutés, selon notre expression populaire, « donnant, donnant ».

3° L'*action en résolution*, dont le principe est écrit dans l'art. 1184, est encore une théorie propre aux contrats synallagmatiques et qui suppose l'existence d'obligations réciproques. Sur cette action, voyez nos 1307 et suiv. Elle n'existe pas en principe dans les contrats unilatéraux.

Cependant lorsque le contrat unilatéral est fait à titre onéreux, comme un prêt à intérêt ou une rente constituée, on comprend que le débiteur perde le bénéfice du contrat et soit obligé de restituer immédiatement le capital emprunté, s'il n'en sert pas régulièrement les intérêts ou arrérages. L'art. 1912 le dit pour la rente constituée. Il peut y avoir quelque doute pour le prêt, parce que la résolution du contrat se réduit pour l'emprunteur à une déchéance du terme, et que l'art. 1188 ne prévoit pas le défaut de paiement des intérêts comme une cause qui rende la dette immédiatement exigible ; en tout cas, il est loisible aux parties de stipuler expressément la résolution pour ce motif. Comp. Amiens, 28 janv. 1892, D. 93. 2. 158.

4° Quand le contrat est *constaté par acte sous seings privés*, la rédaction de l'écrit destiné à servir de preuve est soumise à des règles différentes selon la nature du contrat : la formalité de *l'original multiple* (art. 1325) n'est nécessaire que pour les contrats synallagmatiques ; tandis que la mention du « bon pour... » ou « approuvé... » (art. 1326) ne concerne que les contrats unilatéraux. Cette différence a une importance moindre que les précédentes, car elle intéresse seulement la *preuve* du contrat, et la violation des art. 1325 et 1326 laisse intacte la *validité* de la convention.

*** 950. Caractère unilatéral des contrats synallagmatiques imparfaits.** — Certains contrats paraissent *tour à tour unilatéraux ou synallagmatiques*, selon le moment auquel on les envisage. Lors de leur formation, ils n'engendrent d'obligations qu'à la charge d'une seule des deux parties ; plus tard, une obligation naît à la charge de l'autre partie, de sorte que le contrat, unilatéral à l'origine, prend ensuite le caractère synallagmatique. Tels sont le *dépôt*, le *commodat*, le *gage*. Au moment où le déposant confie sa chose au dépositaire, où le débiteur livre le gage à son créancier, où le commodataire reçoit la chose qu'on lui prête, une seule obligation se forme, celle du dépositaire, de l'emprunteur ou du gagiste qui doit conserver la chose reçue ; mais que ces personnes fassent des dépenses pour l'exécution de leur obligation, l'autre partie sera obligée de les indemniser. Néanmoins le contrat reste unilatéral.

Le vrai contrat synallagmatique est celui qui crée par lui-même et *en vertu du consentement actuel des parties,* des obligations réciproques. Or dans les contrats dits « synallagmatiques imparfaits », la seconde obligation, celle qui crée un rapport double entre les parties, ne naît pas du contrat ; elle dérive d'un *fait accidentel,* postérieur, et indépendant de la convention : la dépense faite dans l'intérêt de la chose d'autrui ou le préjudice souffert par l'effet de cette chose, et ce fait aurait créé une action en remboursement ou en indemnité, même s'il s'était produit entre personnes non liées par un contrat. Il y a bien alors deux obligations réciproques, mais une seule d'entre elles a le contrat pour source.

Dans le droit romain on traitait ces contrats comme synallagmatiques, et les actions qu'ils produisaient (actiones mandati, depositi, pigneratitia) étaient de bonne foi. Toutefois, pour distinguer des véritables contrats synallagmatiques ceux dans lesquels la seconde obligation n'existe pas immédiatement et peut même ne pas se former du tout, les anciens commentateurs avaient inventé la dénomination de *contrats synallagmatiques imparfaits.* On réservait le titre de « contrats synallagmatiques parfaits » à ceux qui engendrent des obligations réciproques dès le moment de leur formation. Les auteurs modernes ont abandonné cette expression, et la plupart rangent sans hésiter ces prétendus contrats synallagmatiques parmi les contrats unilatéraux.

§ 2. — *Contrats à titre onéreux et contrats à titre gratuit*[1].

** **951. Définition.** — Le contrat est à titre onéreux lorsque *chacune des parties reçoit quelque chose de l'autre,* soit sous la forme d'une dation immédiate, soit sous la forme d'une promesse pour l'avenir ; il est à titre gratuit lorsqu'*une seule des deux parties procure à l'autre un avantage sans rien recevoir en échange.* Le contrat à titre gratuit s'appelle aussi « contrat de bienfaisance » (art. 1105).

Sont des contrats à titre onéreux : la *vente,* le *louage,* l'*échange,* le *prêt à intérêt,* etc. Sont des contrats à titre gratuit : la *donation,* qui en est le principal exemple, mais non le seul ; le *commodat* ou prêt à usage, le *dépôt* et le *mandat.* Toutefois, ces deux derniers contrats peuvent devenir onéreux : il y a des dépositaires et des mandataires *salariés,* auquel cas chacune des deux parties retire un avantage du contrat. La gratuité est donc la nature habituelle du dépôt et du mandat, mais elle n'est pas de leur essence.

952. Critique des définitions légales. — La définition que donne l'art. 1105

[1] Je me conforme ici au langage usuel, qui n'est pas très correct. Une acquisition se fait *à titre onéreux* ou *gratuit,* selon que l'acquéreur fournit ou non la valeur de ce qu'il reçoit; mais on a tort de dire qu'un contrat est *à titre* onéreux, car un contrat n'a pas de titre : c'est lui-même qui sert de titre à l'acquisition.

pour le contrat de bienfaisance est exacte ; mais celle du contrat onéreux, dans l'art. 1106, ne l'est pas ; la loi le définit : « celui qui *assujettit* chacune des parties à donner ou à faire quelque chose ». C'est la définition du contrat synallagmatique que le législateur répète là sans s'en apercevoir ; mais cela ne donne point l'idée du contrat onéreux, car il n'y a pas concordance parfaite entre les deux classes de contrats. Sans doute, tout contrat synallagmatique est nécessairement à titre onéreux : quand il y a réciprocité dans les obligations produites, il y a aussi, et par cela seul, réciprocité dans les avantages procurés par le contrat ; mais *le caractère onéreux peut également appartenir à un contrat unilatéral*. Il suffit, pour le comprendre, de considérer ce qui se passe dans le *prêt à intérêt* : le contrat se forme par la remise de l'argent ; il ne peut faire naître aucune obligation à la charge du prêteur, qui a déjà fait tout ce qu'on peut lui demander ; il n'y a d'obligé que l'emprunteur. C'est un contrat unilatéral, et cependant il est à titre onéreux puisque chaque partie donne et reçoit quelque chose ; aucune d'elles ne retire du contrat un avantage gratuit.

953. Intérêts de la distinction. — Les contrats à titre onéreux et les contrats à titre gratuit sont traités différemment à plusieurs points de vue.

1° Droits de mutation. — Les droits fiscaux sont perçus à un taux plus élevé sur les contrats à titre gratuit que sur les autres.

2° Responsabilité des fautes. — La loi se montre ordinairement plus indulgente pour celui qui rend à un autre un service gratuit que s'il s'agissait d'une faute commise dans l'exécution d'un contrat procurant un avantage aux deux parties.

3° Erreur sur la personne. — La considération de la personne détermine une donation ; elle est, en général, indifférente pour les ventes et les échanges. Aussi la nullité est-elle plus facilement prononcée pour cette cause dans les contrats gratuits que dans les contrats onéreux.

4° Action Paulienne. — L'action Paulienne est plus facilement admise contre un acte à titre gratuit que contre un acte à titre onéreux.

5° Conditions illicites. — Les clauses ou conditions illicites entraînent la nullité des contrats onéreux : elles sont réputées non écrites dans les donations.

6° Caractère commercial. — Le commerce, étant essentiellement une spéculation, ne se fait jamais gratuitement. La gratuité d'un contrat l'empêche donc de posséder par lui-même la nature commerciale.

§ 3. — *Contrats commutatifs et contrats aléatoires.*

***954. Définition.** — Cette distinction n'est qu'une subdivision des contrats à titre onéreux. Un contrat onéreux est « commutatif », lorsque *l'étendue des prestations que se doivent les parties est immédiatement certaine* et que chacune d'elles peut apprécier immédiatement le bénéfice ou la perte que lui cause le contrat ; il est « aléatoire » quand *la prestation due par l'une des parties dépend d'un événement incertain* qui rend impossible cette évaluation jusqu'à sa réalisation.

Les définitions que donne l'art. 1104 et qui sont conçues en termes différents sont loin d'être bonnes.

***955. Rareté des contrats aléatoires.** — La plupart des contrats onéreux sont commutatifs ; les contrats aléatoires sont en petit nombre. On peut citer, comme exemples, la *vente à rente viagère* et le *contrat d'assurance*.

956. Leurs variétés. — Le caractère aléatoire d'un contrat peut être plus ou moins grand. Tantôt l'événement incertain joue le rôle d'une *condition suspensive*, qui empêche toute prestation de la part de l'une des parties, de telle sorte que si la condition ne se réalise pas, cette partie n'aura rien fourni du tout en vertu du contrat :

c'est le cas de l'assureur, si le sinistre n'arrive pas. Tantôt ce même événement incertain joue le rôle d'un *terme extinctif*, qui mettra fin aux prestations dues par l'une des parties, de sorte qu'il fait varier l'étendue de l'obligation sans jamais la supprimer entièrement : c'est le cas de l'acheteur à rente viagère, qui paiera la chose plus ou moins cher selon que le vendeur vivra plus ou moins longtemps, mais qui ne l'aura jamais pour rien.

* **957. Réciprocité des chances de gain ou de perte.** — Dans l'art. 1964, le Code suppose que le caractère aléatoire d'une convention peut exister *pour l'une ou quelques-unes seulement des parties*, sans atteindre les autres. C'est une erreur. Quand un contrat est aléatoire, il l'est nécessairement *pour toutes les personnes qui y ont pris part*. La chance de gain ou de perte, qui résulte de ce que l'une des parties fournira peut-être beaucoup, peut-être peu ou même rien, existe nécessairement pour ceux qui ont traité avec elle aussi bien que pour elle-même : si sa prestation est faible ou nulle (c'est-à-dire si le créancier de la rente meurt tôt ou si le sinistre ne se réalise pas), l'autre partie perdra : le vendeur aura aliéné sa maison pour quelques trimestres de sa rente : l'assuré aura payé inutilement les primes. Au cas contraire, le vendeur vivant vieux ou l'assuré subissant un sinistre toucheront de fortes sommes en vertu du contrat. Ce qui est gain pour l'un est perte pour l'autre ; il est donc impossible que le contrat soit aléatoire pour l'une des parties sans l'être pour l'autre. Du reste, l'art. 1104 ne contient pas la même inadvertance que l'art. 1964.

958. Intérêts de la distinction. — Cette distinction ne présente guère d'intérêt que pour *l'action en rescision pour lésion*. Celle-ci est parfois permise contre un contrat commutatif ; elle ne l'est jamais contre un contrat aléatoire, les chances de perte étant essentielles dans ce genre de contrats et compensées par les chances de gain (Cass., 31 déc. 1855, D. 56. 1. 19, S. 56. 1. 314). Mais pour que la rescision soit ainsi impossible, il faut que le contrat soit réellement aléatoire. Sur la possibilité d'agir en rescision contre une vente à rente viagère, voyez Cass., 15 juin 1895, D. 1900. 1. 489.

§ 4. — *Classifications à éliminer.*

959. Contrats principaux et contrats accessoires. — Les contrats *principaux* sont ceux qui existent à l'état isolé, et les contrats *accessoires* ceux qui ne peuvent exister qu'en se rattachant à un contrat principal. La plupart des contrats sont des contrats principaux ; le cautionnement et la constitution d'une hypothèque sont des contrats accessoires. — Cette distinction est mal à propos appliquée aux contrats : ce qui est accessoire dans le cautionnement ou la création d'hypothèque, ce n'est pas le contrat, c'est l'obligation de la caution ou le droit réel d'hypothèque qui est l'accessoire de la créance garantie.

960. Contrats consensuels, réels et solennels. — Cette division des contrats a une grande importance, mais elle a trait au *mode de formation* des contrats et non à leur *nature* : ce n'est donc pas le lieu de s'en occuper ici. Voyez ci-dessous n°s 962 et suiv.

961. Contrats d'utilité publique et contrats d'utilité privée. — Une classification nouvelle des contrats a été proposée en 1888 par M. Sainctelette (*Revue de Droit international*, t. XX, p. 425 et suiv.). La distinction n'est pas bien nette. L'auteur semble considérer comme rentrant dans la théorie des contrats d'utilité publique :

1° *Le mandat conféré par les électeurs à l'élu.* — Sans doute cette institution politique ne peut pas être régie par les mêmes principes que le contrat de droit privé appelé « mandat », mais c'est que le nom seul leur est commun, et que, s'il entre dans le mandat politique une certaine idée de *représentation* de plusieurs personnes par une autre, l'objet n'est pas du tout le même. La seule différence d'objet explique la différence des deux actes ainsi qualifiés, abstraction faite de leur caractère privé ou public.

2° *Les contrats passés par les diverses administrations dans l'intérêt de leurs administrés.* — Comme exemple, M. Sainctelette cite les conventions faites par les autorités municipales lors de la *concession* d'un service public monopolisé (distribution d'eau, de gaz, d'électricité, etc.). Ces concessions contiennent ordinairement des stipulations particulières faites par l'administration dans l'intérêt privé des habitants, futurs abonnés de la compagnie concessionnaire : la ville fixe les *conditions d'exploitation*, et spécialement le *tarif*. — C'est surtout en vue de ces contrats que M. Sainctelette a imaginé sa distinction : elle n'a d'autre but que de les soustraire à certaines règles du droit civil dont on juge l'application gênante. Voilà pourquoi on tient tant à nous donner, à côté des conventions ordinaires qui règlent les affaires d'utilité privée, une classe de contrats privilégiés exempts de ces règles, ou tout au moins de quelques-unes des règles du droit civil. Celle qu'on veut surtout écarter est la maxime écrite dans l'art. 1119 qui défend de stipuler pour autrui. Là est la vraie raison (on pourrait dire la seule) de cette classification nouvelle des contrats. Empressons-nous d'ajouter que toute cette théorie est *vaine*, que le danger qu'on redoute est *chimérique* et que l'art. 1119, en dépit de son apparence prohibitive, ne gêne pas plus l'administration que les particuliers. Sur les stipulations pour autrui, voyez ci-dessous nos 1209 et suiv.

CHAPITRE II

MODES DE FORMATION DES CONTRATS

962. État de la législation. — La façon dont se forme le lien obligatoire au moyen du contrat est un des points fondamentaux du droit, et cependant le Code français ne contient aucune disposition de principe sur cet objet. C'est une de ses parties les plus faibles au point de vue théorique ; heureusement l'insuffisance des textes ne jette aucune obscurité sur les règles essentielles et n'a fait naître que des controverses de détail. On comparera utilement à cette pauvreté doctrinale des textes français les importantes dispositions placées dans le *Code allemand* en tête du titre des contrats (art. 145-156), et celles du *Code fédéral suisse des Obligations*, de 1881, art. 1 à 49 (*Annuaire étranger*, t. XI, p. 520 et suiv.).

**** 963. Division.** — En règle générale, *le consentement des parties suffit pour former le contrat*, c'est-à-dire que les obligations naissent dès que les parties se sont mises d'accord. Les contrats qui se forment ainsi s'appellent *contrats consensuels*. Par exception, certains contrats exigent, outre le consentement, un autre élément : tantôt une *formalité*, auquel cas le contrat est dit *solennel* ; tantôt une *prestation*, auquel cas le contrat est dit *réel*.

§ 1. — *Formation des contrats consensuels.*

A. — Origine et développement du principe[1].

*** 964. État primitif du droit.** — Nous sommes si habitués à voir les

[1] On fera bien de lire les remarquables études de M. Esmein, sur *les contrats dans le très ancien droit français*, Paris, 1883, ainsi que les observations de M. Viollet, sur la façon dont les contrats sont devenus consensuels (*Précis*, 2e édit., p. 594-602).

conventions se conclure sans formes extérieures et acquérir force obligatoire par elles-mêmes que nous avons quelque peine à nous représenter un état de législation différent. Cependant, le principe moderne de l'engagement du débiteur par le seul effet de la volonté est une nouveauté relative dans l'histoire du droit, et pendant de longs siècles on a considéré la volonté humaine comme impuissante à engendrer par elle-même l'obligation juridique.

* **965. Système romain.** — En droit romain, le mode normal pour s'obliger était la *stipulation*, qui supposait d'abord l'emploi de formules consacrées, et qui exigea toujours, au moins théoriquement, une interrogation et une réponse faites par deux personnes en présence l'une de l'autre. Le droit romain connaissait bien déjà des *contrats consensuels*, dans lesquels la volonté productrice d'obligations n'avait pas besoin de s'envelopper de formes extérieures déterminées, mais c'était pour quelques contrats spéciaux et peu nombreux, comme la vente, la société, le mandat, que cette facilité avait été admise. Le principe restait toujours la nécessité d'une stipulation. Faute d'y avoir recours, les parties ne faisaient qu'un *pacte* et non un *contrat*, c'est-à-dire que leur convention n'engendrait pas d'action et restait presque entièrement dénuée de valeur juridique. Cette distinction du pacte et du contrat a traversé tout le droit romain, survivant même aux formes antiques de la stipulation.

Ce n'est donc pas du droit romain qu'a pu nous venir le principe du contrat consensuel. Les transformations de la stipulation nous auraient amenés au système du *contrat littéral*. En effet, les anciens ne se bornaient pas à employer la stipulation pour s'obliger ; ils avaient soin en outre de rédiger un écrit (*cautio*), qui leur servait de preuve et à la fin duquel on mentionnait que la stipulation avait été faite : « stipulatione interposita [ou subnixa] ». Ce n'était souvent qu'un mensonge écrit ; les paroles de la stipulation n'avaient pas été réellement prononcées, mais cela suffisait pour en faire preuve. Les scribes du haut moyen âge continuèrent d'ajouter cette formule à leurs actes, bien qu'ils n'en comprissent plus le sens et l'utilité. La pratique était ainsi arrivée à confondre le contrat avec sa preuve et à attacher la force obligatoire à l'écriture [1].

966. Système germanique. — Est-ce donc l'influence germanique qui nous a apporté le principe moderne ? Pas davantage. Les coutumes des Germains étaient une législation archaïque, beaucoup moins avancée dans son développement que le droit romain, et dominée, surtout en cette matière, par le *symbolisme*. Le droit germanique possédait une manière de s'obliger qui lui était propre. Celui qui s'engageait tenait à la main une baguette (*festuca*) ou un autre objet mobilier sans valeur (*wadium* ou *wadia*), qu'il remettait au stipulant comme gage de sa promesse [2]. Ce procédé symbolique porte des noms différents ; on dit « fidem facere, adhramire, achramire ». Il s'est conservé fort tard dans le moyen âge, où l'on voit qu'un grand nombre de contrats se concluaient au moyen d'un symbole.

Toutes ces formes de contracter s'accumulèrent dans notre pratique : on eut le *contrat par l'écriture* (*per cartam*), le *contrat réel* (formé *re*), le *contrat symbolique* et le *contrat par le serment*. Ce dernier, dont on trouve déjà la trace dans les temps les plus anciens, a surtout été développé par le droit canonique, parce qu'il donnait com-

[1] Ce système de contrat littéral est établi par une foule de textes anciens. Exemple: « Venditio facta per scripturam plenam habeat firmitatem » (*Lex Visigothorum antiqua*, V, 4, § 3). — L'équivalence de l'écrit et de la stipulation était déjà admise par les jurisconsultes classiques. Exemples dans deux passages de Paul (*Dig.*, liv. XLV, tit. I, fr. 134, § 2 ; *Sententiæ*, V, 7, § 2).

[2] Comme le remarque M. Esmein (p. 70, note 1), la promesse faite au moyen du « wadium » ne peut pas être assimilée à un *contrat réel* : d'abord le wadium, n'ayant point de valeur, n'a pas le caractère d'une prestation accomplie ; c'est un pur symbole. De plus, il est donné par le futur débiteur, tandis que dans le contrat réel la prestation est fournie par celui qui va devenir créancier.

pétence aux officialités : on donnait sa « foy » en « jurant sur sainz », c'est-à-dire sur les livres saints, sur les Évangiles. Mais rien de tout cela n'était encore le contrat consensuel.

***967. Origine coutumière du principe nouveau.** — Au milieu du XIIIe siècle encore, quand les vieilles formes germaniques tendent à disparaître, le procédé usuel, pour donner force à une convention, est l'emploi du *serment*. Mais déjà on rencontre à côté de lui un procédé plus simple : les jurisconsultes de ce temps, Pierre de Fontaines, Beaumanoir, admettent que la simple « convenance », c'est-à-dire l'accord des volontés, est obligatoire. Ils fondent leur opinion sur quelques textes latins disant que les pactes doivent être respectés, même quand ce sont des « nuda pacta ». Mais, tandis que le droit prétorien n'avait accordé aux pactes qu'une protection bien incomplète, au moyen d'une simple exception, nos jurisconsultes, élargissant le sens de ses dispositions, donnèrent aux « convenances » une protection parfaite, avec le droit d'action, comme s'il y avait eu stipulation [1]. Selon la remarque de M. Esmein, le droit romain nous a ainsi donné ce qu'il ne possédait pas lui-même. Il est probable que cette adoption du droit romain a été un moyen de régulariser une pratique déjà reçue, la justification scientifique de ce qui se faisait déjà plutôt que la cause initiale de l'évolution.

***968. Son triomphe rapide.** — Quoi qu'il en soit, une fois entré dans notre droit, ce principe nouveau n'en devait plus sortir et il y a produit une transformation profonde : le *pacte* antique, le simple accord des volontés, nu, sans formes extérieures, y a pris la place du *contrat*, mode déterminé et réglementé, seul admis jusque-là comme productif d'obligations. Le nouveau principe formulé par Beaumanoir : « Toutes convenances sont à tenir » est si bien entré dans l'esprit de notre droit, l'a si bien pénétré et transformé, que les auteurs du Code n'ont même pas aperçu la nécessité de le rappeler et qu'ils l'ont partout sous-entendu [2].

B. — Formes du consentement.

****969. Ce que c'est que le consentement.** — Le consentement est le *concours* des volontés des parties, qui s'entendent sur tous les points du contrat et y donnent leur adhésion. C'est donc une erreur de rédaction, de la part des auteurs du Code, que d'avoir réduit le consentement à la volonté « de celui qui s'oblige » (art. 1108). Même dans les contrats unilatéraux, comme la donation, où une seule des parties s'oblige envers l'autre, le *consentement*, c'est-à-dire l'accord de volontés, est nécessaire : la volonté du donataire, qui ne s'oblige à rien, y est tout aussi indispensable que celle du donateur qui s'oblige seul.

***970. Absence de formes légales.** — Le propre du contrat consensuel est d'être *dénué de forme*. Entendez par là : de formalités extérieures

[1] Ainsi au commencement du titre « De Pactis » au Digeste, on lit : « Quid enim tam congruum fidei humanæ quam ea quæ inter eos placuerunt servare ? » — P. de Fontaines traduit : « Bien doit l'en garder ce où en covenance, car la loi escrite dit qu'il n'est nule riens [chose] tant soit convenable à humaine foy fors de garder ce où en covenance » (*Conseil à un ami*, XV, 1). Dans ce texte, les mots « où en covenance » signifient *sur quoi on se met d'accord*.

[2] Les textes qui portent qu'une convention est *parfaite par le seul consentement des parties* (art. 938, 1138, 1583) ont trait, non pas à la *formation* du lien obligatoire par la seule volonté, mais bien à l'*exécution* de la convention et signifient que le *transfert de la propriété* s'opère chez nous par simple consentement (voyez t. Ier, 1re édit., n°s 1346 à 1370 ; 2e édit., n°s 1288 à 1306). Ce qui le prouve bien, c'est que l'art. 938 applique cette formule à la *donation entre vifs*, qui est justement un contrat solennel, pour la formation duquel le consentement des parties ne suffit pas.

imposées par la loi. Le consentement des parties peut donc se manifester d'une manière quelconque. Encore faut-il que la volonté de contracter revête une forme particulière, permettant d'en connaître l'existence. Pour étudier les formes que cette volonté peut prendre, on doit décomposer la formation du contrat en deux actes successifs. Il y a nécessairement une des parties qui prend les devants et manifeste sa volonté la première ; une personne propose à une autre de traiter sur des bases déterminées : c'est *l'offre* ou *pollicitation*. Celle-ci agrée la proposition qui lui est faite, elle y consent : c'est *l'acceptation*, et voilà le contrat conclu.

971. Forme de l'offre. — L'offre ne se comprend guère que sous une forme *expresse*. On peut employer la parole ou l'écriture ; mais il faut habituellement une *expression* de la pensée, en l'absence de laquelle rien ne permettrait de la saisir. Le mode choisi pour formuler l'offre peut être fort sommaire. Ainsi les étiquettes portant seulement le prix d'un objet exposé dans un magasin destiné à la vente constituent une *offre de vendre* la marchandise pour le prix marqué, et le premier passant venu qui consent à payer ce prix peut exiger la livraison.

Dans quelques cas exceptionnels, un simple fait peut valoir offre de contracter. Celui qui fait stationner des *voitures publiques* dans les rues et places d'une ville est censé les offrir au public au prix du tarif. Par conséquent, l'acte du voyageur qui s'introduit dans la voiture en offrant de payer le prix est la conclusion d'un contrat et non une voie de fait (Justice de paix de Paris, 14e arr., 5 janvier 1882, D. 82. 3. 110). Mais les individus qui stationnent dans des endroits où l'on vient selon l'usage engager des domestiques ou des ouvriers, ne font d'offre précise à personne, et se réservent pleine liberté pour choisir la partie avec laquelle ils traiteront. S'il en est autrement pour le stationnement des voitures destinées au transport des voyageurs, c'est que toutes les conditions du contrat sont déterminées par les règlements et que la considération des personnes est indifférente. Le fait du *locataire* qui reste en possession des lieux loués après l'expiration de son bail est considéré comme une *offre tacite* de renouveler le bail aux mêmes conditions, et, si le bailleur y consent, il y a *tacite reconduction* (art. 1738 et 1759).

Il résulte des exemples ci-dessus donnés qu'il n'est pas nécessaire que l'offre soit faite *à une personne déterminée*. Tous les jours, des offres sont faites *au public* par voie d'affiches, de prospectus distribués dans les rues, d'insertions dans les journaux, etc. Ces offres sont valables et peuvent être acceptées par n'importe qui.

***972. Formes de l'acceptation.** — L'acceptation peut revêtir, comme l'offre, une forme *verbale* ou *écrite* ; elle peut aussi, et plus fréquemment que l'offre, *être tacite* et s'induire de certains faits qui impliquent chez leur auteur l'intention d'accepter la proposition qui lui a été faite. Les circonstances révélant l'acceptation non exprimée varient. Exemple : l'exécution du mandat par le mandataire prouve qu'il l'a accepté (art. 1985, al. 2).

***973. Rôle de l'écriture.** — Il arrive très souvent, surtout dans les contrats dont l'objet a une grande valeur, que le consentement des parties est *constaté par écrit*. L'écriture n'est pas la manifestation du consentement, qui la plupart du temps s'est déjà produit auparavant sous la forme verbale. Si on rédige un écrit, c'est uniquement pour se réserver une *preuve* facile de la convention. Mais le *moyen de preuve* ne doit pas être confondu avec le *mode de formation* du contrat. Le contrat existe indépendamment de sa preuve écrite et avant elle ; peut-être même réussira-t-on à le prouver *sans se servir de l'écrit*.

Il en est ainsi même pour certains contrats pour lesquels la loi dit qu'ils ne se font ou ne s'établissent que « par écrit » (art. 2044 pour la transaction ; art. 2085 pour l'antichrèse). Elle entend simplement par là exclure la preuve testimoniale, et, à défaut d'écrit, il reste encore aux parties d'autres moyens de preuve, comme l'aveu et le serment. N'en eussent-elles aucun, il faudrait encore dire que le contrat s'est formé et existe malgré l'absence d'écrit, car il ne faut jamais confondre l'inexistence d'un droit avec son défaut de preuve.

974. Subordination exceptionnelle du contrat à la rédaction de l'écrit. — Il arrive parfois que les parties conviennent de passer un écrit pour constater leur convention. On devra rechercher alors si leur intention a été de subordonner la conclusion définitive du contrat à la rédaction de l'écrit. Si cette intention est constatée, elle sera respectée, et chacune des parties pourra se dédire, tant qu'elle n'aura pas donné sa signature. Mais la convention ne devient pas pour cela un contrat solennel : la signature de l'acte vaut non comme solennité extrinsèque, mais comme manifestation de l'adhésion définitive du signataire. — Le Code allemand présume, en cas de doute, que le contrat n'est pas conclu tant que l'acte n'a pas été dressé (art. 154). Nous n'avons pas, en France, de présomption semblable, et dans la pratique on devra, jusqu'à preuve du contraire, considérer la rédaction de l'écrit comme la simple constatation d'un accord antérieur déjà parfait sans lui.

C. — Moment où se forme le contrat.

***975. Règle.** — L'acceptation est nécessairement *postérieure* à l'offre, ne serait-ce que de quelques instants ; elle peut suivre l'offre immédiatement ou quelquefois se faire attendre longtemps. Dès que l'intervalle est appréciable, *le moment de la formation du contrat est celui où l'acceptation s'est produite,* et non celui où l'offre a été faite.

On ne doit donc pas considérer l'offre comme une volonté de former le contrat, émise sous la *condition rétroactive* de l'acceptation. L'acceptation est un fait qui ne peut pas rétroagir ; c'est seulement à compter du moment où elle a existé qu'à pu se produire la *jonction* des volontés nécessaire pour former le contrat.

976. Cas particuliers. — La règle est simple ; il y a cependant des difficultés dans trois cas particuliers : 1° lorsque l'offre a été acceptée après un intervalle ; 2° lorsque le contrat se forme par correspondance ; 3° lorsque le contrat se compose de décisions successives.

1° Cas où l'acceptation est séparée de l'offre par un intervalle.

***977. Durée de l'offre.** — Il faut voir si l'offre a *persisté* jusqu'à l'acceptation pour vérifier si les deux volontés se sont rencontrées et si le contrat a pu se former.

En principe, l'offre dure indéfiniment, jusqu'à ce qu'elle soit *retirée*. Elle peut, en outre, devenir *caduque* avant d'avoir été retirée, par le prédécès de l'offrant ou par son incapacité.

***978. Du retrait de l'offre.** — Le retrait d'une offre peut se faire de deux façons différentes : tantôt c'est un *acte postérieur* à l'offre qui vient la détruire ; tantôt l'offre est *temporaire*, et son retrait est annoncé d'avance. Sur ce dernier cas, voyez le n° suivant.

Le retrait par acte postérieur doit se faire d'une manière *expresse*; celui qui a reçu l'offre doit être informé de son retrait. Sans cela l'offre est réputée (en France) durer indéfiniment.

Le *Code allemand*, plus conforme peut-être aux habitudes modernes que la jurisprudence française, impose aux particuliers l'acceptation rapide des offres. Faite à une personne présente, l'offre doit être acceptée *immédiatement* (art. 147). La même règle s'applique aux offres faites par téléphone. Faite par d'autres moyens de correspondance, l'offre tombe dès que le temps suffisant pour faire parvenir une réponse dans des circonstances normales est passé (même art.). — Mais ce Code ajoute avec raison que l'acceptation tardive d'une offre vaut comme offre nouvelle (art. 150).

979. Fixation d'un délai. — Souvent l'offre est faite *à terme*. Son auteur fixe lui-même pour l'acceptation un délai, au delà duquel il n'entend pas être obligé d'attendre une réponse. L'offre est alors réputée non avenue si elle n'a pas été acceptée dans le délai fixé (Bordeaux, 29 janv. 1892, D. 92. 2. 390). — Cette fixation d'un délai n'a pas besoin d'être expresse; elle peut être tacite et résulter des circonstances. Ceci corrige en fait les inconvénients du principe de la persistance indéfinie des offres (Cass., 28 févr. 1870, D. 71. 1. 61, S. 70. 1. 296).

***980. Caducité de l'offre.** — Outre la faculté de retirer l'offre dans les conditions susindiquées, la jurisprudence admet que l'offre tombe de plein droit si elle n'a pas été acceptée *avant le décès de son auteur* (Cass., 21 avril 1891, S. 95. 1. 398). Elle tire un argument de l'art. 932, qui ne vise que les offres de donation. Ainsi l'offre est considérée comme *personnelle* à celui qui l'a faite ; elle devient *caduque* par son décès et ses héritiers ne seraient pas liés par une acceptation ultérieure.

Les auteurs donnent la même solution pour le cas où l'offrant vient à être frappé d'une *incapacité* de fait ou de droit qui l'empêche d'avoir une volonté juridiquement efficace.

En Allemagne, le Code civil (art. 130, al. 2) considère la mort de l'offrant ou la perte de sa capacité comme indifférente : l'acceptation peut encore intervenir utilement si le délai n'est pas écoulé.

***981. Force obligatoire de l'offre accompagnée d'un délai.** — Lorsqu'aucun délai n'a été fixé, ni expressément ni tacitement, l'offre non encore acceptée peut être *retirée à tout moment* : aucun lien obligatoire ne s'est encore formé ; la volonté de l'offrant reste libre. Mais l'offre, accompagnée expressément ou tacitement d'un délai, ne peut pas être retirée impunément par celui qui l'a faite ; on considère l'offrant comme tenu, pourvu que l'acceptation se produise dans le délai fixé. Sur ce point, il y a deux questions à examiner.

982. Obligation de l'offrant. — Supposons que l'offrant s'est rétracté avant que son offre ait été acceptée, et que l'acceptation se produit après la rétractation, mais avant l'expiration du délai. L'acceptant sera-t-il réduit au droit de demander des dommages-intérêts à raison des préjudices exceptionnels qu'a pu lui causer le marché manqué, par exemple s'il a déjà fait quelques dépenses en vue de son exécution, ou si c'est un marchand à qui on avait proposé d'acheter sa marchandise et qui a manqué une autre occasion de la vendre avantageusement ? La tradition française paraît bien borner à cela l'effet de l'obligation qui pèse sur l'offrant (Pothier, *Vente*, n° 32). Mais on propose aujourd'hui d'aller plus loin : l'offrant serait *tenu de maintenir son offre pendant tout le délai*, de sorte que sa rétractation survenue avant le terme fixé serait *inopérante* ; la volonté première serait considérée comme subsistant encore, et l'acceptation faite dans le délai opérerait la conclusion du contrat. Dans ce système, la partie qui avait reçu l'offre a le droit d'exiger l'exécution entière du contrat, notamment la livraison des marchandises (R. WORMS, *Volonté unilatérale*, p. 177). Si elle ne l'obtient pas, on la traite comme au cas où le contrat, réellement formé, serait resté ensuite sans exécution.

983. Source de cette obligation. — D'où vient cette obligation particulière de l'offrant qui est antérieure à la formation du contrat? La plupart des auteurs français semblent s'en tenir à une idée vague, à cette « règle d'équité », comme disait Pothier, « que nul ne doit souffrir du fait d'un autre » (*Vente*, n° 32). Sous l'empire du Code civil, on fonde sur l'art. 1382 l'obligation de réparer le préjudice causé. Mais cet article n'oblige à réparer que le dommage causé *sans droit*, de sorte que ce texte n'explique pas pourquoi l'offrant qui se rétracte avant le terme est tenu d'indemniser l'autre partie; il faut trouver la raison particulière pour laquelle l'offrant n'a pas *le droit de se rétracter*. M. Demolombe a proposé une explication. L'offre contient deux choses : une proposition principale qui a pour objet le marché à conclure; une proposition secondaire, qui accorde un délai pour réfléchir. La personne à laquelle l'offre est faite n'a aucune raison de ne pas accepter cette dernière proposition, qui n'a rien que d'avantageux pour elle, puisqu'en l'acceptant elle ne s'engage à rien et conserve le droit de rejeter la proposition principale. On doit donc présumer son acceptation en ce qui concerne l'offre du délai pour réfléchir, ou, ce qui revient au même, admettre pour cette offre une acceptation *tacite* et *immédiate* (DEMOLOMBE, t. XXIV, n°s 64 et 65). — Cette manière de voir a l'avantage d'expliquer la naissance de l'obligation de l'offrant, sans modifier les principes traditionnels, et on admet en droit bien des suppositions et présomptions moins vraisemblables[1].

984. De la notification de l'acceptation. — Il est nécessaire pour la formation du contrat que l'acceptation émise hors la présence de l'offrant lui soit signifiée. Qu'importe que l'acceptation ait été émise, si l'offrant n'en sait rien? L'offre est une *question* qui appelle une *réponse*; or la réponse n'existe que quand elle est *connue* de celui qui la demande. Sans doute le pollicitant peut désigner un mandataire, par exemple un notaire, pour en recevoir communication à sa place (Cass., 2 févr. 1885, D. 85. 1. 293). C'est alors comme s'il l'avait reçue lui-même; il n'y a pas suppression de la notification : il y a emploi d'un procédé spécial pour la recevoir. D'une façon ou d'une autre, il faut que l'acceptation arrive à la connaissance de l'offrant. On peut en ce sens tirer argument de l'art. 932, qui fait une application particulière de cette règle à l'acceptation d'une donation : quand l'acceptation est donnée après coup par acte séparé, le donateur n'est lié que du moment où cet acte lui a été notifié; jusque-là il peut valablement disposer de la chose offerte.

Au contraire, le Code allemand, bien qu'il suppose, lui aussi, en principe, que l'acceptation de l'offre doit être déclarée à l'offrant, dispense l'acceptant de cette formalité quand elle n'est pas dans l'usage ou que l'offrant y a renoncé (art. 151). En pareil cas, le contrat se parfait dès le moment de l'émission de l'acceptation.

2° Cas où le contrat se forme par correspondance.

***985. Indication de l'hypothèse.** — Nous avons jusqu'à présent supposé pour la formation du contrat que les deux parties se trouvaient en présence réelle l'une de l'autre au moment de l'offre et au moment de l'acceptation. Mais elles peuvent être *éloignées* et traiter *par correspondance*,

[1] Cette analyse est critiquée par quelques auteurs qui rejettent comme inutile l'hypothèse d'un contrat spécial et tacite pour la fixation du délai et qui font découler l'obligation (pour l'offrant de maintenir son offre jusqu'au terme fixé par lui) de son offre seule, considérée comme une déclaration de volonté unilatérale obligatoire par elle-même. Le principe nouveau d'une obligation créée par une volonté unique a été examiné et combattu ci-dessus (n°s 831-834), ce qui nous dispense d'insister ici à nouveau.

ce qui comprend l'envoi d'un messager, d'une lettre missive ou d'un télégramme [1]. Ce fait peut se produire soit seulement lors de l'offre, soit seulement lors de l'acceptation, soit aux deux moments à la fois.

Quand les deux parties ne sont pas en présence l'une de l'autre, il s'écoule nécessairement un temps plus ou moins long entre le moment où la volonté de contracter est *émise* par chacune des parties et le moment où cette volonté est *connue* de l'autre : cet intervalle est employé à la *transmission* de la volonté. La question s'élève alors de savoir à quel moment la volonté ainsi déclarée produit son effet. Est-ce celui de son émission ? Est-ce celui de sa réception ?

Cette question se pose aussi bien pour l'envoi d'une offre que pour l'envoi d'une acceptation ; cependant les auteurs français ne l'étudient guère qu'à propos de cette dernière, parce qu'elle présente une importance plus considérable puisqu'il s'agit de la conclusion finale du contrat.

***986. Règle.** — La majorité des auteurs et des arrêts décide que la volonté transmise au loin produit son effet seulement *lorsqu'elle parvient à la connaissance du destinataire.* C'est du moins ce qui résulte implicitement des solutions positives qu'on donne sur les différents points signalés ci-dessous. Le Code allemand contient à cet égard la règle généralisée et formulée en termes abstraits : « La déclaration de volonté qui doit être faite vis-à-vis d'un autre produit effet du moment où elle lui parvient, lorsqu'elle a lieu en son absence » (art. 130 C. civ. all.).

***987. Conséquences.** — 1° Chacune des deux parties, le pollicitant qui vient d'envoyer l'offre, l'acceptant qui vient d'envoyer son acceptation, reste libre de se rétracter tant que sa volonté n'est pas arrivée à la connaissance de l'autre.

Par exemple, ayant envoyé un messager, il peut faire courir après lui et l'arrêter en route ; ayant expédié une lettre par la poste, il peut télégraphier pour se dédire ou même expédier une seconde lettre devant arriver à destination en même temps que la première et l'annuler.

2° Au cas où aucun délai n'avait été fixé, le pollicitant peut retirer son offre pendant le temps que l'acceptation émise sera en route pour venir à lui : le contrat n'étant pas encore formé, sa volonté reste libre.

3° Si un délai avait été fixé pour l'acceptation, celle-ci sera considérée comme tardive, lorsque la lettre qui la contient est remise au destinataire après l'expiration du délai, encore qu'elle ait été expédiée auparavant.

Cette solution doit être donnée alors même que l'arrivée tardive de la lettre serait due à une circonstance imprévue, accident de chemin de fer ou erreur de la poste, et que l'expédition aurait été faite en temps utile. — Le Code allemand contient à cet égard une

[1] Il ne faut pas ajouter à ces divers moyens de communication l'emploi du téléphone. Avec le téléphone, les parties conversent entre elles malgré la distance comme elles le feraient si elles étaient réunies. La discussion du contrat est donc *immédiate* et ne s'accompagne pas des intervalles qu'amènent les autres moyens de communication.

disposition équitable : au cas de retard imprévu dans l'arrivée du courrier, le pollicitant est tenu d'en aviser l'acceptant ; s'il néglige de le faire, l'acceptation est valable malgré son arrivée tardive (art. 130).

3° Cas où le contrat se forme par décisions successives.

988. Nature de la difficulté. — Quand une convention est compliquée, les parties peuvent tomber d'accord successivement sur les différents points qui la composent ; le concours de leurs volontés s'établit alors en plusieurs fois. Peut-être se considèrent-elles déjà comme ayant traité ensemble dès que les points essentiels sont fixés et quoiqu'il reste encore des détails à régler. A quel moment précis se forme le contrat ?

989. Lois étrangères. — Le Code allemand exige que les parties se soient mises d'accord *sur tous les points* pour considérer le contrat, en cas de doute, comme conclu (art. 154). Les Codes saxon (art. 827) et autrichien (art. 885) traitent, au contraire, comme obligatoire l'accord (punktation) fixant les *points essentiels*, tandis que le règlement du reste a été renvoyé à une convention ultérieure. Comp. Code fédéral suisse, art. 2 : « A défaut d'accord sur les points secondaires, le juge les règle en tenant compte de la nature de l'affaire. »

990. Silence de la loi. — Comme nous n'avons pas de disposition sur cette difficulté, elle doit se résoudre d'après l'intention des parties. Ont-elles entendu se lier dès que certains points ont été réglés ? Telle est la question que doit se poser le juge. Mais il faut toujours qu'il ne reste à fixer aucun des éléments essentiels de la convention, et, s'il s'agit d'une clause secondaire, qu'il soit certain que les parties auraient traité quand même, quelle qu'en fût la solution.

§ 2. — *Formation des contrats non consensuels.*

991. Division. — Tous les contrats ne sont pas consensuels.

Pour deux catégories de contrats, le consentement des parties ne suffit pas : il faut un autre élément pour leur formation. Ce sont les *contrats solennels* et les *contrats réels.*

A. — Contrats solennels.

** **992. Définition.** — Un contrat est dit « solennel » quand la volonté des parties, *exprimée sans formes extérieures déterminées,* ne suffit pas à le conclure, la loi exigeant une *formalité* particulière en l'absence de laquelle le consentement n'a point d'efficacité juridique.

** **993. Énumération.** — Ces contrats sont très peu nombreux. Mettons à part le *mariage* et l'*adoption,* qui sont des contrats constitutifs de la famille [1]. Parmi les contrats pécuniaires, cinq sont solennels : 1° le *contrat de mariage,* qui règle les intérêts pécuniaires des époux (art. 1394) ; 2° la *donation* (art. 931) ; 3° la *constitution d'hypothèque* (art. 2127) ; 4° la *subrogation dans l'hypothèque légale de la femme mariée* (L. 23 mars 1855, art. 9) ; 5° la *subrogation dans les droits d'un créancier quand elle est consentie par le débiteur* (art. 1250-2°).

Je ne crois pas qu'il faille ajouter à cette liste le bail à domaine congéable, qui depuis 1791 ne s'établit que par écrit (L. 6 août 1791, art. 14). Je crois que cette disposition

[1] Pour le mariage, le caractère solennel est une production du droit moderne, et principalement de la loi civile. Dans la pure théorie de l'Eglise, le prêtre bénit l'union des époux ; mais c'est leur consentement qui forme le mariage. Le mariage a donc été pendant de longs siècles un contrat non solennel.

doit s'expliquer de la même manière que celles du Code civil relatives à la transaction (art. 2044) et à l'antichrèse (art. 2085) : elle règle, selon moi, une simple question de preuve et ne fait pas de la *baillée à convenant* un acte solennel, puisque l'écrit exigé par la loi peut être privé aussi bien qu'authentique[1]. Comp. ci-dessous n° 1116.

*** 994. En quoi consiste la solennité.** — Dans tous les contrats solennels, la formalité exigée par la loi est la même : c'est la *confection d'un acte notarié* [2].

Il est utile de remarquer que les contrats solennels du droit moderne n'ont rien de commun avec ceux de l'antiquité romaine ou germanique : il ne s'agit plus d'un symbolisme destiné à révéler l'existence du consentement. L'intervention du notaire est une simple mesure de prudence servant à prémunir tantôt les contractants et tantôt les tiers, soit contre les dangers inhérents à l'acte, soit contre les fraudes possibles de la part des parties. C'est une garantie de régularité et de sincérité. La loi n'avait pas d'autre moyen d'en assurer le respect que d'annuler l'acte fait sous une autre forme.

B. — Contrats réels.

**** 995. Définition.** — Dans certains cas, la nature des choses exige pour la formation du contrat un élément autre que le consentement. Il en est ainsi dans le *commodat* (prêt à usage), dans le *prêt à intérêt* (prêt de consommation), et généralement dans tous les contrats qui ont pour objet de faire naître l'*action en restitution d'une valeur fournie*. Il est clair que cette obligation ne peut prendre naissance, et par conséquent que le contrat ne peut se former, que *par la fourniture de la valeur à restituer*. Tant que cette prestation n'a pas eu lieu, le futur débiteur ne peut pas être obligé à rendre quoi que ce soit, quand bien même les parties seraient d'accord pour faire le contrat. C'est donc la *res præstita* qui vaut formation du contrat, et on dit alors que le contrat se forme *re*. Telle était déjà la terminologie romaine (Gaius, III, 90-91).

***996. Observation.** — Il faut bien prendre garde que, dans le droit moderne, la formation *re* des contrats n'a plus tout à fait la même fonction que dans l'antiquité. Les jurisconsultes anciens se servaient de ce procédé pour donner force à des conventions que nous considérons comme parfaitement valables par elles-mêmes, indépendamment de tout acte d'exécution : ainsi l'*échange* et toute la famille des *contrats innommés* (do ut facias, facio ut des, etc.), qui étaient *réels* en droit romain, sont *consensuels* en droit français : la convention d'échange est obligatoire de la même manière que la convention de vente. Nous n'avons gardé ce procédé que dans les hypothèses où son emploi est indispensable, parce que l'obligation à faire naître à la charge de l'une des parties a précisément pour objet la restitution d'une chose *que l'autre lui fournit* ; la définition même du contrat suppose que cette fourniture a été faite[3].

---

[1] « Tout bail... sera désormais rédigé par écrit » (art. 14). Comp. Paul Henry, *Une vieille coutume bretonne*, Rennes, 1894, p. 40-41 ; Guillouard, *Louage*, n° 643. — Voyez aussi Rennes, 22 mai 1813, cité par Dalloz, *Répert.*, v° Louage à domaine congéable, n° 9 ; mais dans cette affaire il s'agissait probablement d'un convenant antérieur à la loi de 1791.

[2] Seul le bail à domaine congéable, si on le considère comme un contrat solennel, fait exception : l'écrit peut être fait sous seings privés.

[3] Dans le prêt, c'est l'obligation de l'emprunteur qui se forme *re* ; celle du prêteur peut se former *consensu* : la promesse de prêter une chose est parfaitement obligatoire par elle seule, mais il n'y a pas encore *prêt*.

CHAPITRE III

DE L'OBJET DES CONTRATS

997. Observation. — A proprement parler, un contrat n'a pas d'*objet*, ou du moins on ne peut lui en attribuer un qu'à l'aide d'une ellipse : le contrat est un acte juridique qui a des *effets*, et ces effets consistent dans la production de *diverses obligations* ; ce sont ces obligations qui ont un *objet*, et c'est par une sorte d'abréviation qu'on attribue directement cet objet au contrat lui-même[1]. Ainsi, quand on parle de l'objet d'un contrat, on entend parler de la *chose* ou du *fait* sur lequel s'entendent les parties et qui fait, comme le dit l'art. 1108, « la matière de l'engagement ».

** **998. Définition.** — L'objet d'une obligation est *ce que doit le débiteur*. Pour employer le procédé scolastique d'Oudot, c'est la réponse à cette question : « Quid debetur » ? — Toute obligation a pour objet *un fait* qu'une personne peut exiger d'une autre ; mais ce fait peut présenter des caractères différents, selon les cas.

** **999. Classification.** — Le fait qui est l'objet d'une obligation peut être *positif* ou *négatif*. Au premier cas, il prend le nom de *prestation* ; au second cas, celui d'*abstention*.

Les faits, tant positifs que négatifs, considérés comme objets des obligations, suivent en général des règles communes ; cependant, on a depuis longtemps pris l'habitude de mettre à part, sous le nom de *dations*, un certain genre de faits, ceux qui consistent dans la création ou la translation d'un droit réel (propriété ou autre). En France, l'obligation qui a pour objet une dation se sépare de toutes les autres, parce qu'elle est devenue un *mode d'acquérir* : la translation de propriété ou la création du droit réel se confond avec l'obligation de donner. On a vu, en effet, que le consentement sert à la fois à créer l'obligation et à transférer ou à créer le droit réel (t. I, 1re édit., n° 1348 ; 2e édit., n° 1390). Nous opposerons donc désormais les *obligations de donner* à toutes les obligations que l'on appelle *obligations de faire* ou *de ne pas faire*[2].

Poussant plus loin l'opposition entre les deux espèces d'obligations qui viennent d'être indiquées, on a coutume de dire que l'obligation de *donner* a pour objet une *chose*, tandis que toutes les autres ont pour objet un *fait*. Au fond, cela n'est pas vrai : l'obligation de donner elle-même a pour objet un fait à accomplir par le débiteur, à savoir la *da-*

[1] C'est pour cela que la loi parle tantôt de l'objet des contrats (art. 1126 à 1128) et tantôt de l'objet des obligations (art. 1129-1130). Il n'y a aucune possibilité d'attribuer au contrat un objet distinct de l'objet des obligations qu'il fait naître et on peut sans inconvénient employer le langage elliptique de la loi.

[2] La division tripartite, exposée au texte, n'est pas la même que celle qu'on rencontre fréquemment dans les textes anciens : *dare, præstare, facere*, qui ne comprend que les obligations positives, et dans laquelle la « præstatio », opposée à la « datio », désigne la mise d'une chose à la disposition d'autrui sans transfert de propriété. — Du reste, le langage des jurisconsultes romains n'a jamais été bien fixé. Voyez les exemples rapportés par MAYNZ, § 169, notes 3 à 9.

tion ou transfert de la propriété, qui est un acte juridique; c'est cet acte qui est véritablement l'objet de l'obligation; quant à la chose (meuble ou animal, maison ou terre), sur laquelle il s'exerce, elle n'en est en réalité que la matière ou l'occasion. Si donc on donne la chose pour objet direct à l'obligation, c'est par une sorte d'ellipse, en sous-entendant la nature de l'acte juridique (transfert de propriété ou création d'un droit réel) à accomplir sur cette chose. — Sous cette réserve, nous ferons comme tout le monde, et nous parlerons désormais des « choses » qui sont l'objet des obligations de donner et des « faits » qui sont l'objet des autres obligations [1].

***1000. Caractères que doit réunir l'objet.** — L'objet d'une obligation doit être 1° *déterminé*; 2° *possible*; 3° *licite*; 4° *personnel au débiteur.*

A. — De la détermination de l'objet.

1001. Des objets entièrement indéterminés. — Le lien obligatoire ne se forme pas quand l'objet de l'obligation n'est pas déterminé.

Si l'indétermination porte sur la *nature* de l'objet, on ne sait quelle chose ou quel fait peut être réclamé au débiteur. Celui qui aurait promis « un animal » n'aurait en réalité rien promis du tout, puisqu'il pourrait se libérer en fournissant à son créancier un insecte insignifiant. — Si l'indétermination porte sur la *quotité*, la chose étant déterminée dans son espèce, le débiteur pourrait encore se libérer en offrant au créancier une prestation dérisoire : s'il a promis du blé ou du vin, sans rien préciser, son obligation pourrait se réduire à une goutte de vin ou à un grain de blé, c'est-à-dire qu'elle serait nulle et la créance vaine.

**** 1002. Des objets déterminés dans leur genre.** — Il suffit, pour la validité de l'obligation, que la chose qui en fait l'objet soit déterminée dans son *genre* et dans sa *quantité,* sans l'être dans son individu.

La plupart des ventes de marchandises, surtout dans le commerce de gros, sont dans ce cas; les bois de sapin, les charbons, les cafés, etc., se vendent de la sorte : la provenance qui indique la nature et la qualité; la quantité, fixée par un chiffre, sont seules indiquées. C'est seulement lors de l'expédition ou de la livraison que l'objet de la vente se trouve individuellement désigné. On dit qu'une pareille obligation a pour objet un *genre* (genus). Le droit emploie le mot « genre » dans le sens étroit que les sciences naturelles donnent au mot « espèce ».

**** 1003. Des corps certains.** — D'autres fois la chose qui fait l'objet de l'obligation est *individuellement désignée*; ce n'est pas tel ou tel représentant du même genre, ayant la même valeur : c'est un objet particulier, le cheval ou le chapeau que j'ai choisi, et non un autre. On dit alors que l'obligation a pour objet *un corps certain*. Les jurisconsultes anciens disaient que la chose était déterminée « in specie », par opposition à celles qui l'étaient « in genere ».

***1004. Différences entre les obligations de corps certains et celles de genres.** — Il y a lieu de distinguer ces deux sortes d'obligations à plusieurs points de vue. La promesse d'un genre n'est pas translative de propriété, parce que, dit-on, « les genres n'appartiennent à personne », c'est à-dire que nul n'est propriétaire d'un genre entier et que ce n'est pas le genre en totalité qui a fait l'objet de l'obligation, mais seulement un seul de ses représentants non encore déterminé. — D'autre part, la dette d'un

1 On remarquera que l'art. 1126 emploie le mot « chose » dans un sens plus large, qui comprend à la fois la *res* et le *factum* : la loi nous parle, en effet, d'une « chose » que le débiteur s'engage à *donner*, ou à *faire*, ou à *ne pas faire*; la distinction, supprimée dans le substantif, reparaît dans les verbes qui le suivent.

corps certain s'éteint par la perte de l'objet : une dette de genre ne s'éteint pas de la même façon ; il faudrait supposer, ce qui est à peu près impossible, l'extinction entière de tous les objets de ce genre sans en excepter un seul, et l'impossibilité de les remplacer. Aussi dit-on : « Genera non pereunt. »

1005. Des objets déterminables. — Quoique les parties aient omis d'indiquer d'une façon précise l'objet de leur convention, il arrive parfois que celle-ci soit valable, lorsque leur omission peut être réparée d'après les circonstances ou d'après d'autres clauses de l'acte ; si l'objet n'est pas encore *déterminé*, il est tout au moins *déterminable*. Par exemple, une fourniture de charbon pour la consommation d'une machine pourra être appréciée d'après la nature de cette machine et la façon dont on la fait marcher. Certaines fournitures pourront se régler après coup d'après la consommation qui en sera faite : par exemple, le nombre de bouteilles qui seront consommées dans un lunch ou dans un banquet.

B. — De la possibilité de l'objet.

* **1006. Des faits impossibles.** — « A l'impossible nul n'est tenu », dit un proverbe qui s'impose même au législateur. L'impossibilité qui annule les obligations conventionnelles doit être une impossibilité *absolue* et *insurmontable*, et non cette impossibilité relative qui dériverait d'une incapacité ou d'un défaut propre à l'obligé : si une personne s'engage à faire une chose faisable, mais dont elle n'est pas capable, son obligation n'en est pas moins valable, bien qu'il lui soit impossible de tenir son engagement, et elle sera tenue de payer des dommages-intérêts.

1007. De l'impossibilité dans les obligations de donner. — Si l'objet de l'obligation est une chose que le débiteur a promis de donner ou de grever d'un droit réel, l'impossibilité absolue d'exécuter la promesse ne peut tenir qu'à l'inexistence de la chose, car l'acte juridique promis est en lui-même toujours aisé à accomplir.

L'inexistence de la chose ne crée d'impossibilité que dans deux cas :

1° Il s'agissait d'un *corps certain* qui a péri. On suppose que la *perte* de l'objet est *antérieure* à la convention. Ainsi l'art. 1601 dit que la vente est nulle quand la chose était déjà périe, à l'insu des parties, au moment de la vente. Si la perte était postérieure à la formation de l'obligation, celle-ci se serait valablement formée, et il n'y aurait plus qu'à déterminer l'effet de cette perte sur l'obligation préexistante (libération du débiteur et question des risques). — On suppose, de plus, que la perte est totale : si la chose subsiste encore en partie, l'obligation a un objet et peut se former ; mais il faut alors déterminer l'effet de la perte partielle. Voyez l'option que l'al. 2 de l'art. 1601 offre alors à l'acheteur.

2° Il s'agit d'une chose déterminée seulement *dans son genre*. L'impossibilité de l'objet ne résulte pas de son inexistence *actuelle*, car on vend tous les jours des objets qui ne sont pas encore fabriqués, mais seulement de l'*impossibilité d'en produire*.

L'impossibilité relative, purement personnelle à l'obligé, qui résulterait de ce qu'il n'est pas le propriétaire de la chose et n'en peut pas disposer, n'altérerait en rien la validité de son engagement. Voyez, cependant, ce qui est dit de la vente de la chose d'autrui, que la loi considère comme nulle (art. 1599).

** **1008. Des choses futures.** — Une chose future, à la seule condition d'être possible, peut faire l'objet d'une convention (art. 1130, al. 1er). L'effet de celle-ci est alors subordonné à la naissance ou à la production de cette chose; si la chose espérée n'arrive jamais à l'existence, l'obligation manquera d'objet et ne se formera pas.

Les ventes commerciales sont fréquemment des ventes de choses futures : il en est ainsi surtout des *commandes* adressées à des *fabricants* qui, au moment où ils les acceptent, n'ont pas, en général, les produits qu'ils s'engagent à livrer dans un délai donné, et souvent même n'ont pas encore les matières premières nécessaires pour les fabriquer.

C. — De la licéité de l'objet.

1° Généralités.

** **1009. Motif de la loi.** — La loi ne peut tenir aucun compte d'une convention qui a pour objet un fait qu'elle défend : l'objet *illicite* ne peut pas donner lieu à une obligation *valable*. On doit considérer comme illicite non seulement ce qui est contraire à un texte de loi, mais aussi ce qui est *immoral* (art. 6). Comp. t. I, 1re édit., n° 274 ; 2e édit., n° 293.

Ce n'est pas qu'on doive considérer l'exécution d'une pareille obligation comme impossible, ainsi que le disait Papinien [1] ; mais, bien au contraire, parce que la loi doit tout prévoir afin d'empêcher ce dont elle ne veut pas. Le motif qui fait exiger ce troisième caractère dans l'objet des obligations conventionnelles est donc la volonté du législateur, et non plus la nature des choses, comme pour les deux précédents.

Applications. — Les principaux exemples de contrats annulés comme ayant un objet illicite ou immoral sont : 1° le *courtage matrimonial*, dont il sera parlé dans le t. III ; 2° les *conventions relatives aux maisons de tolérance*, pour lesquelles la jurisprudence a souvent montré une rigueur excessive. Voyez Trib. Seine, 5 février 1867, D. 67. 3. 61, S. 67. 2. 328 ; Caen, 29 juill. 1874, D. 75. 2. 127, S. 75. 2. 298 ; Paris, 14 décembre 1889, D. 90. 2. 189 ; Alger, 15 novembre 1893, D. 94. 2. 528. — En pareille matière la jurisprudence parle indifféremment d'*objet* ou de *cause* illicite. Comparez les arrêts cités au n° 1085, à propos des donations entre concubins. Une autre application intéressante de la même idée se faisait au *contrat de claque* ; la jurisprudence annulait la convention passée entre un directeur de théâtre et un entrepreneur de succès dramatiques (Lyon, 25 mars 1873, D. 73. 2. 68, S. 73. 2. 179). Mais cette jurisprudence déjà vieille (Paris, 3 juin 1839) paraît abandonnée aujourd'hui. Nous sommes trop habitués aux procédés de la réclame moderne pour condamner aussi sévèrement un contrat aussi inoffensif. La Cour de Paris en a admis la validité (Paris, 5 avril 1900, *Gazette des Tribunaux*, 14 avril 1900).

* **1010. Des choses hors du commerce.** — L'art. 1128 nous prévient qu' « il n'y a que les choses qui sont *dans le commerce* qui puissent être l'objet des conventions ». L'expression « dans le commerce » ne fait pas allusion à ce qu'on appelle le « commerce » dans le langage juridique moderne : le commerce, qui fait l'objet du droit commercial, est la spéculation sur les meubles de toute nature, matières premières et produits fabriqués, que les commerçants achètent dans l'espérance de les revendre plus

[1] « Quæ facta lædunt pietatem, existimationem, verecundiam nostram,.. nec facere nos posse credendum est » (*Digeste*, liv. XXVIII, tit. 7, fr. 15). C'est une parole de moraliste, mais combien éloignée de la réalité !

cher qu'ils ne les ont payés. Dans l'art. 1128 ce mot a un sens différent, plus large et voisin du latin « commercium » ; il désigne la possibilité pour une chose de servir d'objet à un acte juridique. De telle sorte que lorsque la loi nous dit que les choses qui sont dans le commerce sont les seules qui puissent faire l'objet des conventions, elle ne nous apprend rien puisque, si elles sont dans le commerce, c'est justement parce qu'elles peuvent servir de matière aux contrats.

***1011. Énumération.** — En principe, toutes les choses sont dans le commerce. Celles qui sont soustraites aux conventions des particuliers sont des *exceptions*. On peut citer comme telles :

1° L'*état* et la *capacité des personnes*, qui échappent, en général, à toute modification conventionnelle. Voyez cependant t. I, 1re édit., n° 273-1° ; 2e édit., n° 292-1°.

2° Les *biens du domaine public*, qui sont inaliénables ;

3° Certains biens des particuliers, dont la loi désire empêcher l'aliénation ; par exemple, les *biens dotaux* de la femme mariée sous le régime dotal ;

4° Certains produits ou objets dangereux, dont le trafic est interdit ou étroitement surveillé : *substances vénéneuses* (L. 19 juill. 1845) ; *animaux atteints de maladies contagieuses* (L. 21 juillet 1881, art. 13. Comp. Cass., 20 juillet 1892, D. 93. 1. 20) ;

5° Les *successions futures*, qui demandent quelques explications. Voyez les nos suivants.

2° Prohibition des pactes sur successions futures.

***1012. Textes.** — La loi ne permet pas que les particuliers fassent des conventions sur des successions non encore ouvertes. Le principe général est formulé dans l'art. 1130 qui interdit toutes sortes de « *stipulations* », et appliqué spécialement à la *vente* par l'art. 1600 et à la *renonciation* par l'art. 791.

***1013. Motifs.** — La suspicion qui s'élève contre les pactes sur successions futures est très ancienne ; elle en avait déjà amené la prohibition presque complète en droit romain (*Code*, liv. II, tit. 3, loi 30). On les considère comme *immoraux* parce qu'il semble que les parties spéculent sur la mort d'une personne vivante, qui est ordinairement un de leurs parents, et, en outre, comme *dangereux*, soit parce que les parties se rendent difficilement compte de l'effet que leur convention pourra avoir un jour, soit parce qu'elle peut faire naître dans leur esprit la pensée d'un crime pour en hâter l'effet.

***1014. Aggravation de la prohibition par le Code.** — Notre *ancien droit*, tout en conservant la prohibition romaine, avait admis de nombreux *tempéraments* dans l'intérêt des familles et surtout sous l'empire de préoccupations nobiliaires ; ainsi on faisait renoncer les filles à la succession de leurs parents pour grossir la part de leurs frères et surtout celle de l'aîné.

Le Code a établi une prohibition plus sévère et cela de deux façons différentes :

1° D'abord il n'admet plus que dans de rares hypothèses des conventions portant sur la succession d'une personne encore vivante. Voyez les art. 918, 1075 et suiv., 1082 et suiv. — La loi du 25 mars 1896 a fait disparaître une autre exception qui résultait de l'art. 761 ancien.

2° Il a *aggravé la sévérité* de la règle. Avant lui on pouvait faire valablement des pactes sur une succession future en obtenant le *consentement de la personne* de la succession de laquelle il s'agissait. C'était la décision donnée par Justinien dans la loi 30 au Code précitée. Le Code civil annule le pacte même approuvé par cette personne (art. 1130). Toute ressource est donc enlevée aux parties[1].

[1] Cette sévérité de la loi moderne est critiquée avec assez de raison : dans beaucoup de cas il serait avantageux de pouvoir prendre des arrangements en vue de l'ouverture plus ou moins prochaine d'une succession ; le danger qu'on redoute est souvent chimérique et on a fait remarquer que la loi autorise des conventions capables de faire

1015. Sanction. — La nature des motifs sur lesquels se fonde la prohibition des actes sur successions futures est telle que la nullité qui la sanctionne est d'*ordre public* ; c'est une *nullité absolue*, qui peut être demandée ou opposée par tous les intéressés.

1016. Limite de la prohibition. — La prohibition contenue dans l'art. 1130 n'atteint que les conventions ayant véritablement pour objet la succession future et les droits que les parties auront à faire valoir dans cette succession. On ne doit pas considérer comme nulle une convention dont l'exécution est suspendue jusqu'à la mort d'une personne, si elle a pour objet autre chose que sa succession. Telle est la promesse d'une dot payable à la mort du promettant : il y a ici un engagement ferme, qui fait naître une créance dont l'exigibilité seule est suspendue jusqu'à la mort du débiteur ; elle deviendra exigible contre sa succession, mais elle n'est pas pour cela un droit compris dans la succession et qu'on puisse faire valoir à titre d'héritier. La personne dotée n'est pas un *héritier*, mais bien un *créancier* du constituant.

D. — Personnalité du fait promis.

1° Inefficacité de la promesse du fait d'autrui.

** **1017. Motifs de la règle.** — Le fait qui est l'objet de l'obligation doit être *personnel au débiteur*. Pourquoi cela ? C'est l'effet d'un état naturel, que la loi se borne à reconnaître : *l'indépendance respective des particuliers* les uns à l'égard des autres. Il s'agit de faire naître une obligation à la charge d'une personne par l'effet d'un consentement donné à une convention : il est tout naturel que ce consentement soit, comme le dit l'art. 1108, celui « de la partie qui s'oblige ». Nul ne peut donc se trouver obligé par contrat sans l'avoir voulu, sauf les fous et les enfants dont le consentement est *suppléé* par celui de leur représentant légal. Voilà pourquoi la personne qui promet quelque chose à une autre ne peut promettre que *son fait personnel* ; elle doit, comme disaient les Romains, « promittere *de se* ».

* **1018. Conséquence.** — Si une personne a promis *le fait d'autrui*, son engagement ne vaut rien ; il est frappé d'une *inefficacité absolue* : le stipulant ne peut rien réclamer au promettant, puisque celui-ci ne s'est engagé personnellement à rien ; il ne peut rien réclamer au tiers, puisque celui-ci n'a rien promis et n'a donné à personne mandat de promettre en son nom.

* **1019. Formule de la règle dans le Code.** — Le principe de la personnalité de l'objet des obligations se trouve formulé en termes un peu énigmatiques dans l'art. 1119 : « *On ne peut s'engager en son propre nom que pour soi-même.* » Il eût mieux valu dire « promettre » que « s'engager », car celui qui promet le fait d'autrui n'a pas l'intention de s'engager lui-même.

Les mots « en son propre nom » font allusion au cas où le promettant agirait « au nom d'autrui », c'est-à-dire comme *représentant* d'une autre personne, à titre de *man-*

naître des projets tout aussi coupables : par exemple, l'achat d'une maison moyennant une rente viagère reposant sur la tête du vendeur ; l'acheteur a intérêt à ce que le vendeur meure le plus tôt possible. De plus, la convention sur succession future peut très bien ne créer pour les parties aucun intérêt à la mort prochaine du futur « de cujus ». Telle serait la convention par laquelle les héritiers présomptifs d'une personne s'engagent à considérer comme inexistant tout testament qui avantagerait l'un d'eux. Une telle convention tombe cependant sous la prohibition de la loi, qui ne distingue pas (Cass., 13 mai 1884, D. 84. 1. 468, S. 84. 1. 336).

dataire, de *tuteur*, etc. Dans ce cas la règle de l'art. 1119 ne s'appliquerait pas : celui qui parle au nom d'autrui a reçu le *pouvoir* d'obliger celui qu'il représente, et la promesse faite par lui est aussi efficace que si elle avait été faite par le représenté en personne. La formule exacte à employer serait donc celle-ci : « Chacun ne peut promettre que son propre fait ; on peut cependant promettre le fait d'autrui, quand on est muni à cet effet d'un pouvoir conventionnel ou légal. »

2° Promesse de porte-fort.

** **1020. Définition.** — On dit qu'une personne se porte fort pour une autre quand elle promet que la personne dont elle parle consentira comme elle à la convention qu'elle passe. On dit en pratique que le porte-fort s'oblige à *rapporter la signature* d'un autre. Quel est au juste l'objet de l'engagement ? Le porte-fort s'oblige à faire tout ce qu'il faudra pour obtenir la signature promise ; son obligation a donc un objet qui lui est *personnel* : ce sont les efforts, les démarches, au besoin les sacrifices d'argent qu'il devra faire pour déterminer la personne indiquée à donner son consentement. Il est donc tenu d'une *obligation de faire* ; s'il réussit à obtenir le consentement d'autrui, il est *libéré* ; s'il n'y réussit pas, il manque à son obligation et doit payer les dommages-intérêts[1]. En tout cela, rien de contraire au principe.

1021. Rédaction défectueuse de la loi. — La loi nous présente, dans l'art. 1120, la convention de porte-fort comme une exception à la règle qui vient d'être exposée : « *Néanmoins*, on peut se porter fort pour un tiers en promettant le fait de celui-ci... ». Cette façon de présenter les choses est inexacte : celui qui se porte fort pour un autre ne promet nullement le fait d'autrui ; il promet *son propre fait* et s'engage personnellement sans engager autrui ; il y a donc là une application pure et simple de la règle, et non pas une exception.

* **1022. Utilité de la convention de porte-fort.** — Ce genre de convention se rencontre fréquemment dans la pratique. Mais il est rare qu'elle fonctionne isolément, comme faisant à elle seule l'objet de la convention des parties. Presque toujours elle est la clause accessoire d'une opération qui intéresse plusieurs personnes, telle qu'*un partage de succession*. Si parmi les intéressés il se trouve un *absent* ou un *incapable*, le partage sera néanmoins faisable avec l'intervention d'un tiers qui se portera fort envers les autres pour la personne hors d'état de donner son consentement. Plus simplement, on peut supposer que ces cohéritiers, pendant l'indivision qui règne entre eux, veulent vendre un bien dépendant de la succession. Les parties majeures et présentes vendront à elles seules, en se portant fort pour l'incapable ou pour l'absent. L'acheteur aura comme garantie leur responsabilité (ordinairement solidaire) pour le cas où le cohéritier qui n'a pas figuré au contrat ne consentirait pas plus tard à le ratifier.

* **1023. Comparaison du porte-fort avec la caution.** — La caution est encore,

[1] Lorsque la promesse a été faite au nom d'un aliéné enfermé dans une maison de santé, l'exécution en est ajournée à l'époque indéterminée où l'aliéné aura recouvré la raison et la capacité de contracter ; jusque-là aucune action ne peut être formée contre le porte-fort (Limoges, 22 juillet 1896, D. 99. 2. 93, S. 99. 2. 262).

comme le porte-fort, une personne qui s'engage *pour autrui*. Il y a toutefois entre eux une *différence caractéristique*. Le porte fort promet seulement que le tiers, dont il se croit sûr, *consentira à s'engager*, à prendre pour lui le contrat qui a été fait, à « ratifier » ou à « tenir l'engagement », comme dit l'art. 1120. Le porte-fort est donc libéré dès que cet engagement a été pris par le tiers : il n'est pas *garant de son exécution*. La caution, au contraire, se présente pour quelqu'un qui consent immédiatement à s'obliger, ou même qui l'est déjà, et elle garantit au créancier l'*exécution* de la dette. Elle s'engage à payer la dette d'autrui, si le débiteur ne satisfait pas lui-même à son obligation. Son engagement commence donc quand finit celui du porte-fort. Il est clair qu'une même personne peut consentir à jouer successivement les deux rôles et s'engager pour autrui, d'abord comme porte-fort, ensuite comme caution. C'est une question d'interprétation de volonté; mais même en ce cas les deux obligations doivent rester distinctes en sa personne.

1024. Question d'interprétation. — Faut-il sous-entendre la convention de porte-fort dans tout contrat par lequel une personne a promis le fait d'autrui? Ce serait, semble-t-il, conforme à l'art. 1157, qui veut qu'on donne autant que possible un sens utile aux conventions qui sont susceptibles d'en avoir deux. N'est-ce pas ici le cas? Ne vaut-il pas mieux rendre l'engagement efficace, au lieu de le laisser stérile comme constituant une promesse pure et simple du fait d'autrui? C'est, avant tout, une question d'interprétation de volonté : peut-on induire des circonstances que le promettant a entendu se porter fort pour un autre? Alors, rien de mieux; mais, dans le doute, on devrait plutôt interpréter la clause en faveur du débiteur, car le créancier ne prouve pas que ce débiteur ait *voulu* s'engager envers lui.

1025. Disposition de la loi suisse. — Le Code fédéral de 1881 dispose que « celui qui promet le fait d'un tiers est tenu à des dommages et intérêts en cas d'inexécution de la part de ce tiers » (art. 127). C'est sous-entendre la convention de porte-fort dans toute promesse pour autrui. Naturellement cette présomption de volonté devrait céder devant une manifestation de volonté contraire.

CHAPITRE IV

DE LA CAUSE DANS LES CONTRATS

§ 1. — *Les textes du Code.*

** **1026. Le principe.** — D'après le Code civil, toute obligation doit avoir une « cause », et cette cause est indispensable à sa « validité ». La règle est formulée dans l'art. 1108-4°, qui exige « une *cause licite dans l'obligation* »[1].

[1] L'art. 1108 a été fait pour énumérer les conditions *essentielles pour la validité des conventions*. Il en indique quatre : le consentement, la capacité des parties, l'objet et la cause. On a de tout temps fait remarquer que cette énumération est aussi incohérente qu'inutile. Le consentement n'est pas une *condition* de validité, c'est le *contrat lui-même*. Ce qui est une condition de validité, c'est bien plutôt l'*absence de vices* dans le consentement et, quand il y a lieu, l'*emploi d'une forme solennelle*. L'objet est un élément intrinsèque compris dans la définition même du contrat. La cause est absolument inutile à considérer. Seule la capacité des parties est véritablement une « condition de validité » de l'acte qu'elles font.

* **1027. La sanction.** — Un peu plus loin, en passant en revue les diverses conditions énumérées par l'art. 1108, les auteurs du Code déclarent *nul* tout contrat dont la cause est *inexistante, fausse* ou *illicite* (art. 1131). L'art 1133 détermine ce qu'il faut entendre par cause illicite : à ce point de vue, ce qui est contraire aux bonnes mœurs ou à l'ordre public est assimilé à ce qui est contraire à la loi[1].

1028. Obscurité des travaux préparatoires. — Les discussions du Conseil d'État, les exposés de motifs et les discours ne fournissent aucun éclaircissement sérieux. Toutes les idées émises sur la cause sont obscures et confuses. Voyez surtout ce qu'en ont dit Bigot du Préameneu (*Exposé de motifs*, Locré, t. XII, p. 139, n° 29 ; Fenet, t. XIII, p. 228) et Portalis (séance du 20 nivôse an XII, Locré, t. XIV, p. 77-78, n° 1). Ils semblent s'être référés à une conception reçue par tout le monde de leur temps et qui n'avait pas encore soulevé de difficultés. Nous sommes donc réduits à rechercher dans le passé les origines et le développement de la théorie de la cause.

§ 2. — *Origine de la théorie de la cause.*

1029. Sa création par Domat. — Domat a été le créateur de la théorie de la cause[2]. Avant lui, Dumoulin et B. d'Argentré l'ignorent entièrement, et les coutumiers plus anciens qui parlent quelquefois de la cause prennent ce mot dans un tout autre sens[3].

***1030. Analyse des idées de Domat.** — Du premier coup, la théorie de la cause est fondée, avec les *trois idées essentielles* dont elle se compose encore aujourd'hui :

1° Dans les *contrats synallagmatiques*, l'obligation de chacune des deux parties a pour cause *l'engagement pris par l'autre*. Chacun des deux obligés aurait refusé de s'engager si l'autre n'avait pas pris de son côté un engagement envers lui. Les deux obligations se soutiennent mutuellement et se servent, comme le dit Domat, de « fondement » l'une à l'autre.

[1] La même section contient encore un autre article, l'art. 1132, qui décide que l'*écrit* fait preuve suffisante de l'obligation, bien qu'il n'en mentionne pas la cause. Cette disposition ayant trait à la *preuve* des contrats, nous la laisserons de côté provisoirement.

[2] Le passage de ses « *Loix civiles* » où Domat expose ses idées mérite d'être rapporté en entier : « Dans ces trois sortes de conventions [les contrats synallagmatiques, que Domat a rangés en trois catégories dans le n° précédent] il se fait un commerce où rien n'est gratuit, et *l'engagement de l'un est le fondement de celui de l'autre*. Et dans les conventions même où un seul paroit obligé, comme dans le prêt d'argent, l'obligation de celui qui emprunte a été précédée, de la part de l'autre, de ce qu'il devoit donner pour former la convention. Ainsi l'obligation qui se forme dans ces sortes de conventions au profit de l'un des contractans, *a toujours sa cause de la part de l'autre*, et l'obligation seroit nulle si dans la vérité elle étoit sans cause. — Dans les donations... l'engagement de celui qui donne a son fondement sur quelque motif raisonnable et juste, comme un service rendu, ou quelque autre mérite du donataire, ou le seul plaisir de faire du bien. Et *ce motif tient lieu de cause*, de la part de celui qui reçoit et ne donne rien » (Liv. I, tit. I, sect. I, n°s 5 et 6).

[3] Beaumanoir dit : « Toutes convenences sont à tenir... exceptées les convenences qui sont fetes *par malveses causes* » (chap. 34, n° 2). Mais les exemples qu'il donne prouvent qu'il entend par « cause » l'objet de la convention ; celle-ci est nulle quand elle a un *objet* illicite, comme un larcin, un meurtre, un faux témoignage ; c'est ce qu'il appelle ailleurs une « convenence qui est fete contre bones meurs » (*Ibid.*, n° 24). — La *Très ancienne coutume de Bretagne* (chap. 320) fait de même : elle exige que l'obligation ait une cause « resonnable et honeste », et les exemples qu'elle donne d'obligations nulles sont le meurtre, la fornicacion, et autres « mallefaçons », c'est-à-dire encore des *objets* illicites.

2° Dans les *contrats réels*, comme le prêt, où il n'y a qu'une seule obligation, cette obligation prend naissance par la remise de la chose. C'est *la prestation faite* par l'une des parties à l'autre qui « forme » l'obligation, qui en est le « fondement » ou la « cause ».

3° Dans les *contrats gratuits*, où il n'y a ni réciprocité d'obligations, ni prestation antérieure, la « cause » de l'obligation du donateur ne peut être cherchée que dans les *motifs* de l'intention libérale, c'est-à-dire dans la raison déterminante qui a poussé l'auteur de la donation à la consentir. C'est ce qu'a fait Domat, et il est impossible de trouver autre chose qui puisse servir de cause à la promesse de donner.

1031. Origine romaine des idées de Domat. — Domat a puisé dans le droit romain les éléments de sa théorie de la cause, et il indique lui-même en notes les textes dont il s'est servi. Nous allons voir que, sauf un point, il leur a fait subir une véritable déformation. Commençons par le point le plus facile :

1° Pour les *donations*, les jurisconsultes anciens appelaient déjà « causa » le motif que le donateur avait eu de donner. Exemples : « Non sine causa obveniunt [donationes], sed ob meritum aliquod » (ULPIEN, *Digeste*, liv. XVII, tit. 2, fr. 9). « Causa donandi » (*Ibid.*, liv. XXXIX, tit. 5, fr.). Domat n'a fait que reproduire littéralement ce langage; son innovation consiste à attacher une importance décisive à la cause de la donation, alors que les anciens ne lui en accordaient aucune.

2° Pour les *contrats réels*, Domat ne suit plus le langage des textes anciens. Les Romains appelaient « res » ce que Domat appelle « cause » : « Re contrahitur obligatio », disait Gaius. Domat a été amené à donner le nom de cause au *fait générateur* de l'obligation, par une habitude des commentateurs qui appelaient « causa » la *source* d'où naît une obligation, et il faut reconnaître que cette façon de parler est autorisée par quelques textes anciens, mais qui sont très rares[1].

3° Quant aux *contrats synallagmatiques*, la conception de Domat est beaucoup plus neuve : il emprunte son idée à la théorie des « condictiones sine causa ». L'existence d'une « causa » réelle et licite était exigée par les Romains, non pas pour la formation des *obligations*, mais pour la *conservation d'un bien ou d'une valeur*. En l'absence de cette « causa », on donnait une « condictio » pour répéter la valeur fournie, *l'enrichissement*. Domat a donc transporté dans la théorie des contrats une idée qui ne s'était appliquée jusque-là qu'aux faits de possession et à l'acquisition des choses. Jamais les anciens ne s'étaient demandé si une obligation avait besoin d'une « causa » pour naître ; ils admettaient la formation du lien obligatoire par cela seul qu'il s'était produit un fait générateur d'obligations, tel que les paroles de la stipulation, la « res præstita » des contrats réels ou le consentement dans les contrats consensuels[2].

*** 1032. Conservation des idées de Domat par le Code.** — Depuis Domat, la théorie de la cause n'a pas changé. POTHIER, notamment, n'a fait que reproduire les idées de son devancier : « Tout engagement doit avoir une cause honnête. Si la cause n'existe pas, si elle est fausse ou si elle blesse les bonnes mœurs, l'engagement est nul

[1] Il est question une fois de « causa civilis » (*Digeste*, liv. XV, tit. 1, fr. 49, § 2), une autre fois de « causa naturalis » (Liv. II, tit. 2, fr. 3, § 7). Ces expressions ne désignent rien autre chose que le *fait générateur* de l'obligation, ce que nous appelons sa *source*, et cette source se trouve ici qualifiée de naturelle ou de civile, selon la nature de l'obligation qu'elle fait naître et qui est civile dans un cas et naturelle dans l'autre. Un autre exemple du même emploi se trouve dans Gaius, quand, après avoir énuméré les contrats et les délits comme source d'obligations il ajoute qu'il en est d'autres qui naissent « ex variis *causarum* figuris ».

[2] Ils admettaient bien qu'une obligation pouvait s'être formée sans cause, comme le prouvent les textes suivants d'ULPIEN : « Qui promisit sine causa, condicere quantitatem non potest, quam non dedit, sed ipsam obligationem », et de JULIEN : « Qui sine causa obligantur, incerti condictione consequi possunt ut liberentur » (*Digeste*, liv. XII, tit. 7, fr. 1 et 3). Mais ces décisions ne sont que l'application de leur principe sur la répétition de l'enrichissement sans cause : l'obligation créée est considérée comme une valeur active sujette à restitution : elle *existe* donc, bien qu'elle n'ait pas de *cause*.

ainsi que le contrat qui le renferme » (*Obligations*, nos 42 et 43). Quant à la définition de la cause, voici comment Pothier résume le passage des « *Loix civiles* » rapporté plus haut : « Dans les contrats intéressés, la cause de l'engagement de l'une des parties est ce que l'autre partie lui *donne* ou *s'engage de lui donner*... Dans les contrats de bienfaisance, la *libéralité* que l'une des parties veut exercer envers l'autre est une cause suffisante de l'engagement. » — Il est certain que les articles du Code ont été inspirés par ces passages de Pothier, et qu'ils remontent ainsi par son intermédiaire jusqu'à Domat.

§ 3. — *L'opinion actuelle.*

** **1033. Les auteurs modernes.** — Bien que tous les auteurs français, depuis Merlin et Toullier, aient beaucoup raisonné sur la cause, ils n'ont *rien renouvelé*, et les seules notions claires sont encore aujourd'hui celles qu'avait fournies Domat : 1° dans les contrats synallagmatiques, la cause de l'obligation de chacune des parties est l'*obligation de l'autre* ; 2° dans les contrats réels, c'est la *prestation effectuée* à titre de dépôt, de gage, de prêt, etc. ; 3° dans les donations, on ne peut pas trouver d'autre cause à l'engagement que le *motif de l'intention libérale*. Voyez cependant ce qui est dit ci-dessous au n° 1039-3°, en note.

* **1034. Distinction de la cause du contrat et de la cause de l'obligation.** — Longtemps on ne s'était préoccupé que de la cause de l'obligation ; mais, comme il règne une certaine confusion dans les textes entre le contrat et l'obligation, les auteurs les plus récents se sont mis à rechercher également la cause du contrat et à la distinguer de celle de l'obligation[1]. Un exemple fera saisir la distinction. Le dépositaire est tenu de restituer. Pourquoi cela ? Parce qu'il a reçu quelque chose en dépôt : c'est là *cause de son obligation*. Maintenant pourquoi a-t-il consenti à recevoir le dépôt ? Ceci est une autre affaire : il l'a fait pour rendre service à un ami ou pour toucher un salaire (comme dans les vestiaires et dans les magasins généraux) ; là est le *motif du contrat*.

Pour compléter cette antithèse, on fait remarquer que la cause d'une obligation née d'un contrat déterminé est toujours la même, quelles que soient les personnes : l'acheteur est obligé de payer le prix parce que le vendeur lui a promis ou transféré la propriété de la chose ; l'emprunteur est obligé de rendre, parce qu'il a reçu l'argent. Au contraire, le motif du contrat varie selon les circonstances : l'un achète pour placer ses capitaux et louer la maison, l'autre pour l'habiter lui-même, un troisième pour la démolir ; l'un emprunte pour payer un créancier, l'autre pour faire un voyage, le troisième pour bâtir ou pour entreprendre un commerce, etc. On tient à cette distinction entre la cause de l'obligation et les motifs du contrat parce que, quand la cause est fausse, le contrat est nul (art. 1131), tandis que l'erreur sur le motif est indifférente pour la validité du contrat (art. 1110).

* **1035. Vaine recherche d'une définition générale.** — Domat avait indiqué clairement ce qu'il entendait par « cause » pour trois catégories de contrats ; il avait donné trois règles différentes pour trouver la cause, mais pas de formule unique les résumant toutes trois. Les auteurs modernes ont beaucoup travaillé pour trouver une *définition générale* de la cause qui comprît les trois formules de Domat. Leurs efforts ont été

[1] Selon MM. Aubry et Rau, la *cause de l'obligation* serait « la considération qui porte une partie à s'engager », tandis que le *motif du contrat* est « le mobile qui la détermine à contracter » (§ 345, note 2). Selon MM. Demante et Colmet de Santerre, la « cause déterminante de l'obligation » ne doit pas être confondue avec la « cause impulsive du contrat » (t. V, n° 46).

vains; on en verra plus loin la raison, qui est la multiplicité de notions comprises sous le nom de cause; à ce qui est *hétérogène*, il est impossible de donner une définition unique[1].

1036. Le « Cur debetur » d'Oudot. — Au plus fort des obscurités qui enveloppaient cette théorie, un professeur de Paris, M. Oudot, crut avoir trouvé, pour les résoudre, un moyen qui a longtemps passé pour satisfaisant. « Demandez-vous, disait-il, *pourquoi* l'obligation a été contractée; la réponse à cette question sera la *cause* »[2]. Ce procédé purement scolastique a fait son temps : il ne suffit pas de se poser la question « Cur debetur? »; car, pour y répondre, il faudrait savoir ce que c'est que la cause et en quoi la cause diffère du motif.

§ 4. — *Critique de la théorie de la cause*[3].

***1037. Ses vices fondamentaux.** — La théorie de la cause, telle que la doctrine française l'a construite, a un double défaut : 1° elle est *fausse,* au moins dans deux cas sur trois ; 2° elle est *inutile*.

***1038. Fausseté de la notion de cause.** — Passons en revue ses trois applications.

1° CONTRATS SYNALLAGMATIQUES. — Deux personnes s'obligent l'une envers l'autre, par exemple un acheteur et un vendeur. Faut-il dire que l'obligation de l'une est la « cause » de l'obligation de l'autre? Il y a à cela une *impossibilité logique* : les deux obligations, dérivant du même contrat, naissent *en même temps* : il est donc impossible que chacune d'elles soit la

[1] Voici, du reste, les *formules principales* qui ont été proposées comme définitions de la cause : elle serait le « motif juridiquement suffisant » (AUBRY et RAU, § 345, texte et note 4), ou « le but immédiat et direct que le débiteur se propose d'atteindre en s'obligeant » (COLMET DE SANTERRE, t. V, § 46 bis, I). Je ne me charge pas d'expliquer en quoi ces formules expriment une idée différente de celle qu'avait donnée TOULLIER : « La cause est le motif déterminant du contrat », définition que tout le monde rejette comme fausse.

[2] Cité par Mourlon. — C'était déjà le langage de Toullier : « Par la cause d'une obligation ou d'un contrat, le Code entend... le *pourquoi* elle a été faite » (t. VI, n° 166). Comp. LAROMBIÈRE, art. 1131, n° 2.

[3] La première critique sérieuse dont elle a été l'objet se trouve dans un article publié en 1826 par ERNST, professeur à l'Université de Liège (*La cause est-elle une condition essentielle pour la validité des conventions ?* dans la *Bibliothèque du jurisconsulte et du publiciste*, 1826, t. I, p. 250-264. Réimprimé en appendice dans la thèse de M. Timbal, citée plus loin). A propos de la revision du Code civil, qu'on projetait alors dans son pays, Ernst demandait qu'on supprimât toute cette théorie de la cause, comme entièrement inutile et comme étant une source d'erreurs et de confusions. Vivement combattue en Belgique, son opinion reçut un meilleur accueil en Hollande (voyez les dissertations de Van de Poll et Van Wulfften-Palthe, de 1835, indiquées dans la Bibliographie qui accompagne la thèse de M. Timbal); puis, elle tomba dans l'oubli jusqu'au jour où LAURENT déclara que « la théorie du Code sur la cause n'est pas juridique... » et que « la loi a tort de distinguer la cause de l'objet et d'en faire une quatrième condition essentielle pour la validité des contrats » (t. XVI, n° 111). En France, où l'opinion de Ernst avait passé complètement inaperçue, l'apparition de l'ouvrage de Laurent a été le signal des attaques. Pendant longtemps les critiques ne se sont fait jour que sous la forme de thèses de doctorat soutenues devant diverses Facultés (ÉMILE ART JR, Paris, 1878; J.-B. BRISSAUD, Bordeaux, 1879; TIMBAL, Toulouse, 1882; SÉFÉRIADÈS, Paris, 1897), et dans lesquelles la théorie de la cause était plus ou moins hardiment combattue. Voyez aussi GAULY, *Essai d'une définition de la cause*, dans *Revue critique*, 1886, p. 44; BARTIN, *Théorie des conditions impossibles et illicites*, Paris, 1887, et TARBOURIECH, *De la cause dans les libéralités*, Paris, 1894. Enfin l'opinion nouvelle a trouvé accueil dans un livre de pratique, le commentaire de M. Huc (t. VI et VII, publiés en 1894).

cause de l'autre, car un effet et sa cause ne peuvent pas être exactement contemporains. Dans l'opinion commune, on crée *un cercle vicieux* : si chacune des deux obligations est l'*effet* de l'existence de l'autre, aucune d'elles ne peut prendre naissance. Ce phénomène de production mutuelle est incompréhensible ; donc l'idée est fausse. Comp. Huc, t. VII, n° 77.

2° Contrats réels. — On dit : l'obligation de l'emprunteur, du dépositaire, du gagiste, a pour cause la prestation qu'il a reçue. On ne s'aperçoit pas que ce qu'on appelle ici « cause de l'obligation » n'est autre chose que *le contrat lui-même*. Il n'y a pas de contrat en dehors de cette prestation : le contrat réel est celui qui oblige à restituer une chose reçue ; c'est donc la réception de cette chose qui « forme » le contrat, comme disait Domat ; ce fait est mieux qu'une cause : c'est le contrat lui-même. Si on peut l'appeler « causa obligationis », c'est en prenant le mot « causa » dans le sens de *source productive d'obligation*, qui est un sens tout à fait différent de celui que lui donnent les modernes dans la théorie de la cause. Dire que la prestation reçue est la cause de l'obligation dans les contrats réels est donc *jouer sur le double sens* du mot « cause » [1].

3° Libéralités. — Sur ce point, les auteurs modernes tendent à s'écarter des idées de Domat, mais pour s'égarer plus encore. Domat voyait la cause d'une libéralité dans le motif qui l'a inspirée. Nos auteurs les plus récents, voulant distinguer la cause et le motif (ci-dessus n° 1034), n'ont plus trouvé en fait de cause d'une donation que la *volonté de donner*, considérée d'une manière abstraite et indépendamment des motifs qui l'ont fait naître [2]. Cette conception m'a toujours paru vide de sens (Comp. *Revue critique*, 1888, p. 708-709.) Qu'est-ce qu'une volonté dépourvue de motif ?

Seul peut-être parmi les auteurs modernes, Laurent a reconnu que la cause d'une donation n'était autre que son motif (t. XI, n° 506) [3].

1039. Inutilité de la notion de cause. — D'après le Code civil, l'intérêt qu'il y a à rechercher la cause des obligations conventionnelles est que le contrat est nul : 1° quand il est *sans cause* ou, ce qui revient au même, quand sa cause est *fausse* ; 2° quand la cause est *illicite*. — On va voir qu'en toute hypothèse on peut se passer de la notion de cause.

1° Contrats synallagmatiques. — Chaque fois que la cause manquera, on pourra tout aussi bien annuler le contrat *pour défaut d'objet* que pour défaut de cause ; chaque fois que la cause sera illicite, le contrat sera également nul

[1] Cette confusion est très visible dans les développements que donne M. Colmet de Santerre (t. V, § 46 bis, 1).

[2] Voyez l'analyse détaillée de cette opinion moderne dans la thèse de M. Sefériadès, Paris, 1897, p. 149-160.

[3] On lui a reproché son opinion comme une « confusion » commise par lui entre deux choses que tout jurisconsulte sait distinguer : « Cela étonne chez un maître tel que Laurent » dit M. Huc (t. VI, n° 39). — Pourtant l'opinion de Laurent est la seule qui soit historiquement vraie et logiquement exacte.

comme ayant un *objet illicite*. Ainsi la vente d'une chose qui n'existe pas est certainement nulle faute d'objet, et il est facile d'arriver à sa nullité complète en décomposant l'opération, comme le font les auteurs « causalistes » qui disent : « L'obligation du vendeur est nulle faute d'objet ; l'obligation de l'acheteur est nulle faute de cause parce que l'obligation du vendeur qui devait lui en servir n'a pas pris naissance ». Nous dirons : l'obligation de l'acheteur était subordonnée à la *condition* que le vendeur s'obligerait envers lui ; cette obligation n'existant pas, la condition de la sienne est *défaillie*, si bien que les engagements des deux parties s'écroulent en même temps. — On peut faire un raisonnement analogue pour le cas où l'une des deux obligations a un objet illicite. Comp. ci-dessus, n° 949-2°.

2° Contrats réels. — L'absence de cause n'est autre chose que l'absence de contrat. Si le dépôt n'a pas été fait, si l'argent promis n'a pas été réellement versé, il n'y a pas d'obligation possible pour le prétendu dépositaire ou emprunteur, car, n'ayant rien reçu, il n'a rien à rendre. Son obligation est donc inexistante parce que le contrat n'a pas été fait. Point n'est besoin de se mettre en peine de l'*idée de causalité*.

3° Libéralités. — C'est pour elles seules que la jurisprudence a pu trouver un emploi utile à la théorie de la cause : elle s'en sert pour annuler les donations ou les legs dont le *motif* est illicite ou immoral [1]. Il suffirait donc, pour rendre l'idée de cause tout à fait inutile dans la matière des obligations, et pour débarrasser notre droit de toutes les difficultés qu'elle a fait naître, de décider que les libéralités sont nulles quand leur motif est contraire aux lois ou aux bonnes mœurs [2]. Ce point admis, toute mention de la cause pourrait être effacée de nos lois : aucune de leurs dispositions ne serait compromise.

§ 5. — *Législations étrangères.*

1040. Codes conservant la théorie de la cause. — Les Codes déjà un peu anciens, comme le *Code italien*, qui date de 1865, ont reproduit les solutions du Code français sur la cause (art. 1119 à 1122 C. civ. ital.). Le *Code espagnol*, beaucoup plus récent (1889), a conservé également notre système (art. 1275 à 1277) ; on y a seulement

[1] Les cas de nullité d'une donation pour cause illicite forment trois grandes séries : l'une concerne les *enfants illégitimes* (t. III, 1re édit., nos 2945 et 2959) ; l'autre les *concubins* (t. III, nos 2943 *ter*) ; la troisième les *conditions illicites* (t. III, nos 3034 et suiv.).

[2] Il est singulier que les partisans les plus modernes de l'idée de cause en proclament eux-mêmes la complète inutilité en matière de dispositions à titre gratuit, c'est-à-dire dans le seul cas où elle est pratiquement utile. Ceci tient à ce qu'ils ont abandonné l'idée première de Domat, qui voyait la cause d'une donation dans son motif : pour eux, la cause de la libéralité réside uniquement dans un acte abstrait de la volonté, dans une intention de bienfaisance envers autrui, qui ne peut être ni illicite ni immorale. Il est donc inutile de décider que la donation est nulle quand elle n'a pas une cause licite (Laborde, *Revue générale de droit*, 1881, p. 402, note 3 ; Bartin, *Conditions impossibles*, p. 369-370).

inséré un art. 1274 qui donne la définition légale de la cause. Cet article est ainsi conçu : « Dans les contrats à titre onéreux, on qualifie de cause pour chaque partie contractante la prestation ou la promesse d'une chose ou d'un service faite par l'autre partie ; dans les contrats rémunératoires, le service ou le bienfait qu'on récompense ; et dans les contrats de pure bienfaisance, la simple libéralité du bienfaiteur. »

1041. Codes ne parlant plus de la cause. — Le *Code fédéral suisse des obligations* a complètement abandonné la nécessité d'une cause réelle et licite pour les obligations ; il se contente de dire (art. 17) que leur objet ne doit être ni impossible, ni illicite, ni contraire aux bonnes mœurs. De la cause, il n'est point fait mention. — Mais ce Code maintient la nécessité d'une juste cause pour tout *enrichissement* obtenu, ce qui est une idée toute différente. Faute de cause, l'enrichissement peut être répété (art. 70 et suiv.). C'est un retour pur et simple à la « condictio sine causa » primitive, qui était une conception vraie et solide.

Le *Code civil allemand* règle la question de la même manière. Il n'est point fait allusion à la nécessité d'une cause pour les obligations, mais l'enrichissement sans cause peut être répété (art. 817).

Il paraît qu'on songe en Belgique à imiter ce double exemple.

§ 6. — *De la promesse abstraite ou du billet non causé.*

***1042. Hypothèse prévue.** — On suppose qu'une personne réclame d'une autre l'exécution d'une obligation (ordinairement le paiement d'une somme d'argent), et présente un billet signé du débiteur et portant *reconnaissance de sa dette*, mais *sans indication de cause*. L'écrit porte par exemple : « Je reconnais devoir à M... 1000 francs », ou bien : « Je promets de payer à M... 1000 francs », sans dire pourquoi. Cette somme est-elle un prix de vente ? Est-ce un prêt, ou une donation, ou autre chose encore ? On ne le sait pas. En pareil cas la preuve écrite est incomplète. Or celui qui se prétend créancier doit démontrer l'*existence* d'une obligation, et, pour faire cette preuve, il doit établir le *fait particulier* qui a engendré l'obligation. Par exemple, s'il se prétend créancier en vertu d'un contrat, il faut qu'il dise quel genre de contrat est intervenu et quand il a été fait.

***1043. Solution de la loi.** — Il existe dans le Code civil une disposition qui, en ce cas, dispense le créancier de faire cette preuve. C'est l'art. 1132 ainsi conçu : « La convention n'en est pas moins valable, bien que la cause n'en soit pas exprimée. » Ce texte est mal rédigé ; il faut sous-entendre à la fin des mots : « dans l'écrit qui le constate », car la loi entend parler plutôt de la *preuve* de la convention que de sa validité. Malgré la défectuosité de sa formule, le sens de la loi est clair ; elle signifie que celui qui s'est reconnu débiteur sera considéré comme régulièrement obligé, bien que le billet qu'il a signé ne mentionne pas la cause de son obligation.

1044. Explication. — Au fond il y a un raisonnement implicite dans cet article, raisonnement qui aboutit à la création d'une *présomption légale* : de ce qu'une personne, dont l'écriture n'est pas contestée, s'est reconnue débitrice, la loi conclut que son obligation avait une *cause réelle*, et elle dispense le créancier de prouver l'existence de cette cause. Celui qui se présente porteur d'un pareil billet ne fait qu'une preuve incomplète, puisqu'il ne prouve pas la source d'où son droit dérive. Néanmoins la loi tient sa preuve pour faite, parce que l'écrit qu'il produit est un *aveu* du débiteur. Le sens de l'art. 1132, interprété au moyen d'une présomption légale sur l'existence d'une cause réelle et licite, bien que non exprimée, se trouve très nettement établi dans un arrêt de la Chambre des requêtes que l'on peut considérer comme mettant fin à la controverse que cet article 1132 avait autrefois soulevée (Cass., 28 oct. 1885, D. 86. 1. 69, S. 86. 1. 200 ; adde Trib. de Charolles, 30 nov. 1893, D. 94. 2. 126). Sur les opinions précédemment émises voyez DALLOZ, *Répert.*, v° Obligations, n° 517 et suiv., *Suppl.*, n° 150.

1045. Preuve contraire. — La présomption de la loi peut être inexacte de deux façons :

1° L'obligation peut avoir une *cause fausse*. Le débiteur s'imaginait devoir quelque chose alors qu'il ne devait rien ; en ce cas, sa reconnaissance est entachée d'*erreur*[1], et il pourra refuser d'exécuter sa promesse en prouvant que sa dette n'a jamais existé ou qu'elle était éteinte.

2° L'obligation peut avoir une *cause illicite*. Si la convention en suite de laquelle le billet a été signé était prohibée par la loi, le débiteur pourra encore refuser de s'exécuter en prouvant la cause de nullité.

1046. La promesse abstraite en Allemagne. — La jurisprudence allemande n'a pas admis sans controverses la validité du billet non causé. Il semblait à beaucoup d'auteurs que l'abandon de la *stipulation*, contrat formaliste, qui créait l'obligation par l'effet des paroles employées, devait avoir pour conséquence la nécessité de justifier d'une cause réelle d'obligation : la disparition de toute formule solennelle obligerait les parties à indiquer la nature du contrat qu'elles ont voulu conclure. Comme résultat, la *promesse abstraite*, c'est-à-dire le billet non causé, ne faisait pas une preuve suffisante de l'obligation. Cependant la validité d'une promesse dégagée de sa cause avait été reconnue (Sur ces controverses, voyez SALEILLES, *Théorie de l'obligation*, nos 259 à 265). Le Code civil allemand a consacré cette jurisprudence, tout en exigeant que la promesse soit constatée par écrit : « Pour la validité d'un contrat, par lequel une prestation est promise de telle manière que la promesse devienne elle-même la cause de l'obligation, la promesse doit être constatée par écrit, à moins qu'une autre forme ne soit prescrite. » (art. 780).

Le Code civil allemand va ici plus loin que le droit français : il attribue à l'écrit (ou plutôt à la promesse constatée par l'écrit) la force obligatoire qu'avait en droit romain la stipulation : aux termes de l'art. 780, c'est cette promesse qui est « la *cause* de l'obligation ». Sa pensée est précisée par l'art. 781 qui traite à part, sous le nom de *reconnaissance de dette*, de l'écrit par lequel on constate une obligation née d'une cause antérieure.

CHAPITRE V

DU CONSENTEMENT ET DE SES VICES

** **1047. Importance du consentement.** — Dans tout contrat, même dans les contrats solennels ou réels, c'est le consentement des parties qui fait la *substance* de l'acte. Que le consentement soit seul, ou qu'il soit accompagné d'un autre élément (formalité ou prestation), il doit toujours 1° *exister*, 2° réunir certaines *qualités* d'intelligence et de liberté, en l'absence desquelles on le considère comme *vicié*. Si le consentement est absolument détruit par une cause quelconque, le contrat n'a aucune existence ; il n'y a rien de fait, ce qui existe n'est qu'une vaine apparence, un pur fait : l'acte juridique est *inexistant*. — Si le consentement a été

[1] Il est nécessaire de supposer une erreur de sa part, car s'il a signé le billet sachant qu'il ne devait rien, son acte ne peut s'interpréter que par l'intention de faire une *libéralité*. La seule question qui s'élève alors est de savoir si la libéralité faite sous cette forme est *valable*, mais ce n'est plus une question de *preuve* et nous n'avons pas à nous en occuper ici.

réellement donné, mais sous l'influence d'une cause qui lui enlève sa liberté, il est *vicié* ; l'acte juridique existe, mais il est *annulable*.

1048. Renvoi. — Nous n'avons à revenir ici ni sur la distinction des *nullités absolues* et des *nullités relatives*, ni sur l'énumération des *vices du consentement* (erreur, dol et violence). On devra se reporter aux explications générales données dans le t. I, 1re édit., nos 251 à 264 ; 2e édit., nos 271 à 284. Il ne reste à étudier que les *règles spéciales* au cas où l'acte juridique vicié est un contrat.

§ 1. — *De l'erreur dans les contrats.*

***1049. Classification.** — L'erreur commise par l'un des contractants peut présenter *trois degrés de gravité* selon lesquels *ses effets varient* : tantôt elle empêche la formation du contrat, tantôt elle le rend simplement annulable, tantôt elle est sans influence sur lui.

A. — Erreurs rendant le contrat inexistant.

1050. Silence des textes. — Le Code ne s'est pas occupé des erreurs absolument destructives du consentement dans les contrats. Il traite seulement de celles qui empêchent le consentement donné d'être valable. Malgré son silence, aucune difficulté ne s'élève : deux sortes d'erreurs seulement empêchent la formation même du contrat.

****1051. Erreur sur la nature de la convention.** — Une partie propose à l'autre de prendre livraison d'une chose et lui en fait la remise, mais l'une croit qu'il s'agit d'une donation, quand l'autre a l'intention de faire un simple prêt ou un dépôt. Il n'y a pas de contrat, parce que les deux parties ont voulu des choses différentes. Leurs volontés ne se sont pas rencontrées et aucun *accord* ne s'est formé.

****1052. Erreur sur l'identité de l'objet.** — Il s'agit, par exemple, de la vente d'un cheval, mais, tandis que le vendeur voulait se défaire de tel cheval qu'il a actuellement dans son écurie, l'acheteur voulait en avoir un autre. Il n'y a pas de consentement, puisqu'il n'y a pas d'accord. C'est un *malentendu*, ce n'est pas un contrat. Il y a *absence de consentement*.

B. — Erreurs rendant le contrat annulable.

****1053. Erreur sur la substance de l'objet.** — L'erreur « sur la substance » (art. 1110, al. 1er) est une erreur *sur les qualités* de la chose qui fait l'objet du contrat. On considère comme substantielle la qualité que la partie a eue principalement en vue lorsqu'elle a donné son consentement, celle sans laquelle elle n'aurait pas contracté. La question de savoir si une qualité est substantielle est une *question de fait*, qui ne peut se résoudre que par l'appréciation de circonstances qui varient à l'infini selon la nature de l'objet.

Exemple théorique. — On cite toujours (d'après Pothier) le cas de la personne qui veut acheter des flambeaux d'argent et à qui on vend des flambeaux de cuivre argenté. Il y a évidemment ici erreur sur la qualité essentielle de la chose parce que c'est la nature du métal employé qui a décidé l'achat. Mais il ne faudrait pas croire que toute erreur sur la substance *matérielle* de la chose soit une erreur « sur la substance », dans le sens de l'art. 1110. Ainsi il peut très bien se faire que la vente de flambeaux de cuivre, que l'acheteur croyait en argent, ne soit pas annulable, si la considération de la matière a été secondaire : peut-être l'acheteur n'attachait-il de prix à ces flambeaux qu'à raison de leur antiquité, ou parce qu'ils avaient appartenu à un personnage célèbre ; si leur antiquité ou leur provenance est démontrée, la vente vaudra. A l'inverse, il peut y avoir erreur sur la substance, dans le sens de l'art. 1110, sans qu'on se soit trompé sur la matière dont l'objet est fait. Si les flambeaux vendus sont bien en argent, mais de fabrication récente, la vente pourra être annulée si l'acheteur tenait surtout à ce qu'ils fussent « du temps » auquel ils semblent appartenir par leur style. On peut dire la même chose pour tout objet qui est présenté comme antique et qui ne l'est pas. Il y a alors erreur sur une qualité substantielle (Cass., 26 oct. 1886, D. 87. 1. 105, S. 87. 1. 153).

Exemples pratiques. — La pratique offre de ce genre d'erreurs des exemples beaucoup moins simples. Ainsi sont nulles pour erreur sur la substance : la vente de *titres amortis*, si l'acheteur croyait faire un placement durable et ignorait que les titres qu'on lui vendait étaient déjà appelés au remboursement par le tirage au sort (Paris, 19 juill. 1890, D. 92. 2. 257, S. 91. 5. 81) ; l'*engagement d'une caution*, qui comptait pour se faire rembourser sur l'existence d'une hypothèque, s'il est démontré ensuite que cette hypothèque était nulle (Cass., 30 juill. 1894, D. 95. 1. 340) ; la vente d'une *nue propriété*, si l'usufruitier est mort avant la vente à l'insu du vendeur, qui aurait conservé son bien s'il avait été instruit du décès ; la vente d'un *terrain destiné à la construction d'une école*, s'il est ensuite reconnu que ce terrain présenté comme suffisant par le vendeur n'a pas la contenance exigée par l'administration pour autoriser l'ouverture de l'école (Orléans, 18 janv. 1895, D. 95. 2. 417).

** **1054. Erreur sur la personne.** — En général, l'erreur sur la personne est indifférente dans les contrats. Qu'importe à un marchand de vendre ses produits à Pierre plutôt qu'à Paul ? Il considère le profit, le prix de la vente, et non la personne de l'acheteur. Il en est de même pour les opérations les plus importantes, pour la vente d'immeubles par exemple.

Par exception, certains contrats sont faits *en considération de la personne* (intuitu personæ). Ce sont : 1° les contrats inspirés par une *bienveillance particulière* qui n'existe que pour un individu déterminé. C'est le cas surtout pour la donation, qui est provoquée par un sentiment d'affection tout personnel. Si le donateur se trompe sur l'identité de la personne qu'il gratifie, son consentement est vicié et le contrat est annulable ; 2° les contrats déterminés par *le talent ou les aptitudes spéciales d'une personne* : la commande d'un tableau à un peintre, la fondation d'une société[1], le mandat. Dans tous ces contrats, l'identité de la personne n'est pas indifférente ; c'est telle personne qui inspire confiance, et non une autre.

* **1055. Erreur sur la valeur de la chose.** — Ce genre d'erreur produit ce qu'on appelle une *lésion*. Or, aux termes de l'art. 1118, la lésion n'est une cause de nullité que *dans certains contrats* (vente d'immeubles, art. 1674 ; partage, art. 887) ou *pour certaines personnes* (qui sont les *mineurs*). Hors de là, la lésion, quelque grande qu'elle soit, laisse le contrat intact. C'est le risque naturel des opérations que font les particuliers. Ce principe se trouve répété dans l'art 1313 : « Les majeurs ne sont restitués pour cause de lésion que dans les cas et sous les conditions spéciale-

[1] Pourvu qu'il ne s'agisse pas de *sociétés de capitaux*, comme celles qui sont *montées par actions*, dans lesquelles on ne considère que l'apport en argent et non la personne qui le verse.

ment exprimés dans le présent Code. » L'erreur sur la valeur de la chose n'est donc qu'accidentellement une cause de nullité.

C. — Erreurs indifférentes pour la validité du contrat.

***1056. Erreur sur les qualités non substantielles.** — Une qualité est non substantielle lorsque son absence n'aurait pas empêché le contrat de se faire, si elle avait été connue des parties. L'appréciation est ici encore une question de fait. Voyez ci-dessus n° 1053.

***1057. Erreur sur la personne.** — L'erreur sur la personne n'a aucune influence sur la validité du contrat, à moins qu'elle n'ait été la cause déterminante du consentement. On a déjà vu qu'elle n'acquérait cette importance que dans un petit nombre de contrats. Voyez ci-dessus n° 1054.

***1058. Erreur sur la valeur de la chose.** — Ce genre d'erreur n'est pas admis en principe comme cause de nullité, sauf les cas où la loi autorise la rescision pour lésion (art. 1118). Voyez t. I, 1re édit. n° 265 ; 2e édit., n° 284.

***1059. Erreur sur les motifs du contrat.** — Le *motif* du contrat est la raison d'utilité ou d'agrément qui porte chaque partie à se défaire de sa chose ou à en acquérir une nouvelle. Tel est le cas d'un propriétaire qui vend sa maison ou sa voiture parce qu'il se croit obligé de quitter le pays : si le motif qui le décidait à partir se trouve faux, les ventes qu'il a pu faire n'en sont pas moins valables (Comp. Cass., 1er mars 1853, D. 53. 1. 134 ; Cass., 26 mai 1891, D. 91. 1. 352, S. 91. 1. 248).

§ 2. — *Du dol.*

****1060. Définition.** — On appelle « dol » *toute tromperie commise dans la conclusion des actes juridiques*. Pour bien comprendre la théorie du dol, il faut distinguer deux choses : 1° les *moyens* de tromperie employés par l'auteur du dol ; 2° le *résultat* obtenu par lui.

Le dol n'entraîne au plus qu'un simple *vice du consentement* ; il ne le détruit jamais entièrement. Sur la distinction du *dol principal* et du *dol incident,* voyez t. I, 1re édit., n° 264 ; 2e édit., n° 282, et ci-dessous nos 1063 et 1067.

****1061. Faits constitutifs du dol.** — D'après l'art. 1116 C. civ., le dol supposerait l'emploi de « manœuvres », c'est-à-dire des artifices, des ruses plus ou moins habiles ou grossières, mais comprenant toujours des *actes* combinés en vue de la tromperie. Du moins, le Code n'emploie pas d'autre mot pour qualifier le dol. Cependant tous les civilistes admettent qu'un *simple mensonge,* c'est-à-dire une tromperie *purement verbale,* sans aucune manœuvre qui l'accompagne, suffit à constituer le dol quand il réussit à tromper sa victime [1] — On doit même décider que la *simple réti-*

[1] M. Demolombe se contentait d' « affirmations mensongères » (t. XXIV, n° 172).

cence est un dol quand elle est faite frauduleusement pour tromper quelqu'un ; mais il n'y a « réticence » que dans les cas où la loi impose à une personne l'obligation de parler [1] ; hors de là, le silence reste permis et ne peut pas être qualifié de « réticence ».

1062. Comparaison du droit civil et du droit pénal. — On constate à cet égard, dans la définition des moyens de tromperie constitutifs du dol, une divergence remarquable entre le droit civil et le droit pénal ; d'après notre droit pénal, le simple mensonge ne constitue pas, en général du moins, un moyen d'*escroquerie* (l'escroquerie consiste à s'emparer d'une chose qu'on se fait remettre par dol). Cette différence entre les deux jurisprudences est d'autant plus remarquable que la loi pénale se sert exactement à propos de l'escroquerie du même mot « manœuvres » que la loi civile emploie à propos du dol [2].

*** 1063. Conditions de la nullité pour cause de dol.** — Le dol n'entraîne l'annulation du contrat qu'à une double condition.

1° Il faut que le dol ait été la *cause déterminante du contrat*. C'est ce que dit l'art. 1116, en exigeant qu'il soit évident que la partie victime du dol « n'aurait pas contracté » sans les manœuvres pratiquées contre elle. C'est là une pure question de fait, que les Tribunaux et les Cours d'appel apprécient souverainement (Cass., 13 janv. 1885, S. 85. I. 302).

Quand le dol a ce caractère, on l'appelle *dol principal* ; les anciens auteurs disaient *dolus dans causam contractui*. Ordinairement ce genre de dol se commet avant le contrat ; c'est lui qui fait naître dans l'esprit de sa victime l'idée de contracter. Mais il peut également être commis au cours des négociations ; par exemple, une des parties empêche l'autre de découvrir un fait qui la déciderait à abandonner le projet de contrat s'il était connu d'elle.

2° Le dol doit avoir été commis *par l'une des parties contre l'autre* (art. 1116). La validité du contrat est intacte quand le dol est l'œuvre d'un tiers. Cette distinction est traditionnelle et nous vient du droit romain.

Historiquement, elle s'explique de la façon suivante : la répression du dol par le préteur au moyen de l' « actio de dolo » et de l' « exceptio doli » était organisée uniquement contre celui qui s'en rendait coupable et qui était désigné dans la formule : « Si nihil in ea re dolo malo Auli-Agerii factum sit neque fiat. » Notre nullité pour cause de dol, qui se produit, elle aussi, tantôt sous forme d'action et tantôt sous forme d'exception, est dérivée de là : l'annulation du contrat est le procédé employé pour donner à la

MM. Aubry et Rau veulent tout au moins des « affirmations précises présentant un caractère exceptionnel de tromperie », sans quoi le simple mensonge verbal ne leur paraît pas suffisant pour constituer le dol (t. IV, § 343 bis, p. 302).

[1] Cette obligation de parler est quelquefois imposée par la loi. Ainsi, d'après les art. 1641 à 1648 C. civ., le vendeur est obligé de déclarer les vices cachés dont il a connaissance. — Le contrat d'assurance est également entaché de réticence lorsque l'une des parties ne fait pas connaître à l'autre les renseignements qu'elle possède et qui modifient ou suppriment le risque.

[2] Sur la différence qui existe à ce point de vue entre le dol du droit civil et l'escroquerie du droit pénal, voir Marcel Planiol, *Dol civil et dol criminel*, dans la *Revue critique*, 1893, p. 545 et 649. — Le simple mensonge, non accompagné de manœuvres frauduleuses, ne suffit à constituer l'escroquerie que dans deux cas : quand l'escroc prend un faux nom ou une fausse qualité pour tromper sa victime (art. 405 pén.). En toute autre hypothèse, l'escroquerie suppose l'emploi de « manœuvres ». Tel est le droit pénal français. Dans certains pays, on est plus rigoureux ; ainsi le *Code pénal néerlandais*, qui est récent et bien fait, punit comme escroquerie toute « combinaison de mensonges » (art. 326).

victime du dol la meilleure des réparations possibles, celle qui correspond le mieux à la nature du préjudice causé. Ainsi dérivée des sources romaines, la nullité moderne fonctionne uniquement contre la personne coupable de dol. Si l'auteur du dol est un tiers, la partie trompée est réduite contre ce tiers à une action en dommages-intérêts, et le contrat reste debout. — *Théoriquement*, on justifie le maintien de la solution antique de la façon suivante : l'annulation du contrat, quand le dol émane d'un tiers, serait injuste parce qu'elle en ferait porter la peine à un innocent, la partie exempte de dol. Ce raisonnement est peu concluant : de toute façon, il y a un innocent qui souffre du dol, et on peut l'en indemniser en lui ouvrant une action en indemnité contre le coupable.

On assimile à la partie coupable de dol celle qui, sans le commettre elle-même, s'est rendue *complice du dol pratiqué par un tiers*. La complicité dans le dol commis entraîne l'annulation du contrat. Il est même admis que cette complicité ne suppose pas une participation active aux manœuvres dolosives : le simple silence suffit pour la constituer. Se rendra donc coupable de dol la partie qui, connaissant les manœuvres d'un tiers contre l'autre contractant, négligerait de les dévoiler (DALLOZ, *Répert.*, v° Obligations, n° 215).

***1064. Cas où le dol d'un tiers entraîne nullité.** — Le dol n'est pris en considération par la loi qu'à raison de l'erreur qu'il engendre dans l'esprit de sa victime. Donc celle-ci pourra presque toujours se prévaloir de l'erreur où elle est tombée pour attaquer le contrat sans avoir besoin de démontrer le dol. De là une conséquence remarquable : si l'erreur causée par le dol eût été de nature à entraîner la nullité du contrat, au cas où elle eût été fortuite, elle l'entraînera également, même si le dol a été commis par un tiers. On peut, en effet, faire abstraction de la cause de l'erreur, et dès lors l'erreur commise par la victime du dol équivaut pour l'autre partie à une erreur fortuite.

***1065. Rôle propre du dol.** — Le dol, considéré comme vice du consentement, semble faire *double emploi avec l'erreur*, et même il reçoit une application moins large qu'elle puisqu'il suppose la culpabilité de l'une des parties, fait qui peut ne pas se produire. Cependant, on trouve à la circonstance du dol une *double utilité* :

1° Dans les cas où une erreur fortuite eût suffi à entraîner la nullité du contrat, la partie trompée par l'autre n'a souvent d'autre moyen de prouver son erreur que de démontrer les manœuvres pratiquées contre elle. C'est là une *pure utilité de fait*, mais qui n'est pas à dédaigner : les faits dolosifs, ayant toujours une matérialité extérieure, sont autrement faciles à établir qu'une pensée, une croyance ou une intention souvent secrète, que rien n'a manifestée au dehors.

2° *Il y a un genre d'erreurs qui n'entraîne pas la nullité quand l'erreur est fortuite, et qui l'entraîne quand elle est le résultat d'un dol* ; c'est *l'erreur sur le motif du contrat*. Si le motif qui a déterminé la partie à contracter a été l'œuvre dolosive de l'autre contractant, la définition même du dol conduit à l'annulation ; sans le dol, la partie n'aurait pas contracté. Ici la théorie du dol dépasse celle de l'erreur et constitue *une protection plus large* pour la victime.

Ajoutons que l'erreur fortuite de l'une des parties peut bien imposer à l'autre la résolution du contrat, mais ne l'expose à aucune demande en dommages-intérêts, tandis que, s'il y a eu dol, l'auteur du dol peut être condamné à payer, en outre, une indemnité à la partie qui a été trompée.

1066. Opinion à rejeter. — Beaucoup d'auteurs disent que le dol entraînerait encore l'annulation du contrat s'il avait consisté à tromper la partie *sur une qualité non substantielle* de la chose. Il est pourtant visible qu'ici l'annulation pour dol dépasserait le but, puisqu'il résulte de la définition des qualités non substantielles (ci-dessus n° 1056) que la partie aurait traité, même si elle avait connu la vérité. Dès lors, à quoi bon annuler le contrat ? En pareille occasion, le dol ne peut produire qu'une modification partielle de la convention, égale à l'étendue du préjudice qu'il a causé.

***1067. Effet du dol incident.** — Lorsque le dol n'a pas eu pour effet de déterminer la partie à contracter, on l'appelle « dol incident », « dolus incidens in contractu », et il n'y a pas de nullité. Ceci ne veut pas dire que l'existence d'un dol incident soit une chose insignifiante en droit. Sans entraîner la conclusion du contrat, il a pu déterminer la partie à accepter des *conditions plus onéreuses*. C'est, par exemple, un vendeur d'immeubles qui a produit des baux simulés pour faire monter plus haut le prix de sa maison. Ses manœuvres ont causé un préjudice à l'acheteur, et il y a lieu à une *indemnité* qui se traduira par un abaissement ou une restitution partielle du prix, selon qu'il sera encore dû ou déjà payé.

1068. De la preuve du dol. — L'art. 1116 porte que « le dol *ne se présume point* et doit être prouvé ». D'autre part, l'article 1353 autorise tous les moyens de preuve pour établir le dol, même les simples *présomptions*. Ces deux dispositions ne sont nullement en contradiction. En disant que le dol « ne se présume pas » l'article 1116 veut simplement en laisser la preuve à la charge du demandeur en nullité ; en disant que le dol peut être établi « par présomptions », l'article 1353 autorise un genre de preuve particulier, celle qui se tire d'*indices matériels*, tels que les démarches compromettantes faites par l'auteur du dol, ou les traces matérielles qui ont pu se marquer sur l'objet vendu.

1069. Distinction du dol et de la fraude. — D'après ce qui a été dit sur la nature et l'objet du dol, il est évident que le dol ne peut se commettre qu'en vue d'un acte juridique qui n'est pas encore accompli ; il est donc *antérieur*, ne fût-ce que d'un instant, à l'acte qu'il vicie. Une fois cet acte achevé, il ne peut plus être question de *dol* proprement dit, mais seulement de *fraude* contre un droit acquis (ordinairement fraude contre un créancier). Ainsi les art. 1150 et 1151 C. civ., qui parlent du « dol » commis par le débiteur au cas d'inexécution de l'obligation, emploient un langage peu exact : il est trop tard alors pour commettre un dol, il ne peut plus être question que de fraude. Comp. Planiol, *Revue critique*, 1893, p. 350.

§ 3. — *De la violence.*

****1070. Définition.** — La violence est *le fait d'inspirer à une personne la crainte d'un mal considérable pour elle ou pour l'un de ses proches* (art. 1112 et 1113). La violence, ou plutôt la *crainte* qu'elle engendre (*metus*), est un vice du consentement qui ouvre l'action en nullité (art. 1109). Comp. t. I, 1re édit., nos 259 et 260 ; 2e édit., nos 277 et 278.

A. — Caractères de la violence[1].

1071. Nécessité des règles légales sur la violence. — On se trouve souvent amené à consentir, sous l'empire de raisons diverses, des actes qu'on aurait préféré ne pas faire. Combien d'actes sont accomplis à la suite de sollicitations ou de démarches pressantes ! Combien de débiteurs ou d'aliénateurs qui regrettent ensuite ce qu'ils ont fait et seraient tentés de se prétendre violentés, si la loi ne précisait pas ce qu'est la violence véritable[2] !

1072. Énumération. — Les caractères que doit réunir un acte de violence pour vicier le consentement sont au nombre de trois :

1° La violence doit être *de nature à faire impression sur une personne raisonnable* (art. 1112). Le Code français tempère ici la formule romaine, qui ne voyait de violence que dans les actes capables d'ébranler les plus fermes courages : « Qui in hominem constantissimum cadat. » Et ce n'est pas tout : la loi veut qu'on ait « égard à l'*âge*, au *sexe* et à la *condition* des personnes » (même art., al. 2).

Ces tempéraments détruisent le principe, puisqu'au lieu d'apprécier la violence d'après l'impression qu'elle aurait faite, d'une manière abstraite, sur une personne raisonnable, on l'apprécie d'une manière concrète d'après son effet sur un enfant ou un vieillard, sur une femme, sur un humble ou un ignorant.

2° La violence doit faire naître la *crainte d'un mal considérable.*

C'est le cas de répéter avec les anciens : « De minimis non curat prætor. » Il est d'ailleurs indifférent que le malheur redouté doive atteindre la *personne* ou les *biens* : ainsi une menace d'incendie constitue une violence tout aussi bien qu'une menace de mort.

3° Il faut que la menace soit *dirigée contre la personne même qui en est effrayée ou tout au moins contre l'un de ses proches.*

La loi n'exige pas d'une façon absolue que la personne qui a donné son consentement sous l'empire de la violence soit identiquement la même que celle qui a été menacée, et cela se justifie aisément : chacun peut craindre non seulement pour soi, mais pour ses proches. Aussi l'art. 1113 considère la volonté comme viciée, même quand la menace était faite contre le *conjoint*, un *ascendant* ou un *descendant* de la personne qui en a été effrayée.

La liste donnée par la loi est généralement considérée comme *limitative.* On ne devrait donc pas prendre en considération la menace dirigée contre un frère ou un autre parent collatéral. Mais, sous les noms d'ascendants et de descendants, on doit comprendre les *parents naturels* aussi bien que les *parents légitimes.*

1073. Condition inutile à remplir. — La loi ne se borne pas à dire que le mal dont la victime de la violence a été menacée doit être considérable ; elle ajoute qu'il doit aussi être « présent » (art. 1112). C'est une inexactitude de Pothier (*Obligations*, n° 25), maladroitement reproduite par les rédacteurs de la loi. Ulpien disait d'une manière très juste « metum præsentem » (*Digeste*, liv. IV, tit. 2, fr. 9). Ce qui doit être *pré-*

[1] C'est à propos des contrats, dans les art. 1112 à 1114, que le Code civil a déterminé les caractères que doit réunir la violence pour être prise en considération par la loi ; mais les règles établies par ces articles doivent être généralisées et étendues à tous les actes juridiques.

[2] On peut voir, dans cet ordre d'idées, une décision intéressante de la Cour de Bastia (6 août 1892, D. 93. 2. 359) ; un patron, menacé de la faillite, avait obtenu de ses employés des subsides pécuniaires, par la crainte d'une révocation ; l'engagement des employés a été annulé.

sent, c'est la crainte inspirée ; mais le mal redouté est nécessairement *futur*, et plus ou moins éloigné. Par exemple, la phrase : « Je mettrai le feu à la maison » est une menace bien caractérisée.

***1074. Formes licites de contrainte.** — La contrainte exercée par une personne sur une autre pour la déterminer à faire un acte juridique ne constitue pas toujours une « violence » au sens légal du mot. Il est notamment deux sortes de contrainte permises, l'une d'après les textes, l'autre d'après les principes généraux et la tradition.

1° *Crainte révérentielle des ascendants* (art. 1114). La loi entend par là l'autorité morale que les parents et grands-parents exercent sur leurs descendants ; souvent leurs volontés s'imposent à ceux qui sont sous cette autorité.

Ainsi, quand une personne se décide à consentir un acte juridique dans la crainte de déplaire à ses ascendants ou à l'un d'eux, elle ne pourra pas l'attaquer comme entaché de violence pour cette seule raison. Mais, aux termes mêmes de l'art. 1114, la contrainte résultant de la crainte révérentielle de l'ascendant n'est ainsi tolérée qu'autant qu'elle est « seule », et qu'il n'y a pas eu « violence exercée ». Si des faits d'autre nature viennent s'y joindre, la nullité pourra donc être demandée. La loi n'autorise pas l'ascendant à commettre des actes de violence caractérisés ; elle refuse simplement d'assimiler à la violence proprement dite la pression morale qu'il exerce.

La loi montre ici une grande tolérance pour l'abus d'influence que peuvent commettre certains ascendants indélicats. Elle compte sur l'affection naturelle des parents ; mais, si l'expérience prouve que cette confiance est presque toujours justifiée, il y a malheureusement des exceptions[1]. Le remède est dans la liberté d'appréciation laissée aux tribunaux, qui peuvent se montrer plus sévères dès qu'il y a eu menaces de la part de l'ascendant.

2° *Emploi des formes légales de contrainte.* — Un créancier porteur d'un titre exécutoire peut vouloir procéder à la saisie des biens de son débiteur, et sous cette menace le débiteur se décidera peut-être à lui donner une garantie, telle qu'une hypothèque, qui le désarmera pour un temps et arrêtera les poursuites. La garantie concédée dans de pareilles circonstances ne peut pas être retirée au créancier sous prétexte qu'elle a été obtenue par violence (Cass., 25 févr. 1879, D. 79. 1. 158, S. 79. 1. 273). En poursuivant son débiteur, le créancier ne fait qu'user de son droit, et la loi ne doit réprimer que la violence *illégale*, celle qui est « adversus bonos mores », comme disait Pothier (*Obligations*, n° 26).

Toutefois il se pourrait, dans certaines circonstances exceptionnelles, que l'emploi d'une voie de droit, régulière en apparence, constituât une manœuvre injuste, exercée sans autre motif que le désir d'obtenir un avantage illégal ; la nullité pourrait alors être prononcée. Exemple intéressant : Cass. 19 févr. 1879, D. 79. 1. 445, S. 80. 1. 62.

B. — Cas où la violence n'est pas l'œuvre de la partie.

***1075. Violence commise par un tiers.** — Aux termes de l'art.

[1] On cite le cas d'une mère qui profita de ce que sa fille était enceinte pour lui arracher son consentement à un contrat désavantageux, en la menaçant de l'abandonner pendant les douleurs de l'accouchement.

1111, « la violence... est une cause de nullité, encore qu'elle ait été exercée *par un tiers autre que celui au profit duquel la convention a été faite* ». Il y a là une différence caractéristique entre la violence et le dol : ce dernier n'est considéré comme un vice du consentement qu'autant qu'il a été pratiqué *par l'une des parties contre l'autre* (art. 1116).

Cette différence est *traditionnelle*; elle était déjà admise en droit romain [1]. Les jurisconsultes anciens (Ulpien) la justifiaient en disant qu'on ne pouvait pas exiger de la victime de la violence qu'elle en désignât l'auteur, parce que souvent elle ignorait son nom : « Metus habet in se ignorantiam. » Les jurisconsultes modernes ajoutent que les auteurs d'actes de violence sont presque toujours des gens sans ressources, et que le recours ouvert contre eux seuls (quand la violence est l'œuvre d'un tiers) serait illusoire, étant dirigé contre un insolvable. On se trouve ainsi obligé de résoudre le contrat, quelque soit le coupable.

On a beaucoup discuté sur la valeur théorique de cette distinction entre le dol et la violence. Voyez les opinions de Grotius, Puffendorf et autres examinées par Pothier (*Obligations*, nos 22 à 24). Puisque le droit moderne considère le consentement lui-même comme ayant été vicié et ne s'en tient plus à l'idée d'une obligation d'indemniser, contractée par l'auteur du dol ou de la violence, ne pourrait-on pas dire que cette différence n'a plus de raison d'être, et que le consentement, étant atteint d'un vice intime, ne peut produire d'effets indestructibles envers personne, même au cas de simple dol ?

1076. Violence résultant d'un péril fortuit. — Les anciens admettaient que celui qui se voyait tomber aux mains de l'ennemi ou des brigands pouvait valablement promettre à une autre personne une somme énorme, pour obtenir son assistance et conserver ou recouvrer sa liberté. D'autre part, celui qui venait au secours de la personne en danger leur paraissait recevoir un *salaire* : « Ego enim operæ meæ mercedem accepisse videor » (Pomponius, cité par Ulpien, *Digeste*, liv. IV, tit. 2, fr. 9, § 1). Il avait donc un juste titre pour recevoir quelque chose. D'autre part, le chiffre de la somme ne pouvait être contesté, à cause de l'importance du service rendu : « quia contemplationem salutis certo modo æstimari non placuit » (Paul, *Sententiæ*, liv. V, tit. 11, § 6).

Mais le droit moderne tend à abandonner cette solution. Pothier décidait déjà que, s'il y avait eu *excès*, dans la somme promise, l'obligation pourrait être réduite au montant de la juste récompense du service rendu (*Obligations*, n° 24), et la Cour de cassation a admis ce tempérament dans une circonstance remarquable (Cass., 27 avril 1887, D. 88. 1. 263, S. 87. 1. 372) [2].

Sur cette hypothèse, nous ferons une *double observation* :

1° Elle ne se présente plus sous la forme antique d'un captif de guerre ou d'actes de brigandage. Les espèces modernes se rencontrent dans la navigation maritime sous la forme d'assistance prêtée à un *navire en danger*. Les capitaines de quelques nationalités exigent volontiers des sommes énormes pour prix de leur assistance, qui équivaut ainsi à une véritable spoliation : c'est justement sur ce cas qu'a statué l'arrêt de 1887 cité ci-dessus.

1. L'action était « in rem scripta ». — « In hac actione non quæritur utrum is qui convenitur an alius vim fecit ». — Cependant il est probable que l'action « quod metus causa » a été créée d'abord contre l'auteur de la violence, et que son extension aux tiers qui en ont profité sans y avoir coopéré a été l'œuvre de la jurisprudence (Girard, *Manuel*, p. 404, note 1).

2. Cette décision a été parfois critiquée. On a prétendu qu'elle était contraire au texte de la loi, qui exige que le consentement ait été « extorqué » par violence ; or, dit-on, celui qui obtient l'engagement réputé excessif n'a rien fait pour « extorquer » le consentement. — C'est une erreur d'analyse : celui qui profite du péril où se trouve autrui pour obtenir une rémunération abusive ne se rend-il pas coupable d'un fait constitutif de la violence, en menaçant la personne en péril de l'y laisser succomber, alors qu'il a le pouvoir de l'en retirer ? Il y a bien ici juste application de la loi, puisqu'on n'exige pas de la personne qui profite de la crainte éprouvée par l'autre qu'elle en soit elle-même l'auteur.

2° Le péril d'où naît la crainte qui vicie le consentement n'est pas l'œuvre d'un tiers, d'une personne quelconque. C'est un danger physique, causé par une force de la nature ; il a donc une *origine purement matérielle* et *non humaine*.

CHAPITRE VI

DE LA CAPACITÉ DE CONTRACTER

****1077. Sa nécessité.** — La capacité est l'*aptitude d'une personne à faire un acte juridique valable* (voyez t. Ier). Si cette aptitude fait défaut, l'acte juridique sera annulable, alors même qu'il réunirait toutes les autres conditions nécessaires, de fond ou de forme. Il est donc très important de savoir quelles personnes sont capables de contracter, puisqu'il y a là une *condition de validité* indépendante des autres.

****1078. Règle générale.** — « *Toute personne* peut contracter si elle n'en est pas *déclarée incapable* par la loi « (art. 1123). La capacité de contracter est donc la règle, la *situation normale* des personnes ; l'incapacité n'est qu'une *exception,* et cette exception ne peut être admise qu'en vertu d'un texte, pour les personnes « déclarées » incapables.

***1079. Deux espèces d'incapacités.** — L'incapacité de contracter est d'étendue variable. Certaines personnes sont frappées d'une *incapacité générale,* qui les empêche de faire valablement un contrat quelconque, sauf les exceptions admises par la loi ; d'autres ne sont atteintes que d'une *incapacité partielle,* qui les empêche de faire un ou plusieurs contrats déterminés.

§ 1. — *Incapacités générales de contracter.*

1080. Énumération. — Les personnes frappées de l'incapacité générale de contracter sont les *mineurs non émancipés,* les *interdits* et les *femmes mariées non séparées*[1].

[1] Il ne faut pas assimiler les *faillis* aux incapables. Le commerçant en état de faillite ne peut faire aucun contrat au préjudice de ses créanciers; mais c'est l'effet du *dessaisissement* qui le frappe (art. 443, C. com.), et non d'une *incapacité personnelle,* et voici la différence. Le contrat fait par le commerçant après sa faillite n'est pas *annulable* : il est seulement *non opposable aux créanciers,* c'est-à-dire que le créancier nouveau, qui tient ses droits du contrat fait pendant la faillite, ne pourra avoir aucune action sur les biens actuels du failli ; il ne pourra pas concourir avec les autres créanciers, et son contrat ne recevra aucune exécution qui puisse nuire à ceux-ci. Mais, après la clôture de la faillite, l'effet du dessaisissement cesse, et si le commerçant acquiert de nouveaux biens, le créancier dont nous parlons aura le droit de les saisir, puisque son titre n'est pas nul. Le dessaisissement qui résulte de la faillite est donc une *indisponibilité des biens* plutôt qu'une incapacité de la personne. Cependant, il n'est pas rare d'entendre dire que les faillis sont des incapables et c'est une idée qui se retrouve dans certains arrêts (Rennes, 15 avril 1893, D. 93. 2. 263).

A. — Mineurs non émancipés.

1081. Renvoi. — Le *motif* et la *durée* de l'incapacité des mineurs ont déjà été expliqués (t. I, 1re édit., nos 424-425 ; 2e édit., nos 455 et 456).

***1082. Étendue de l'incapacité.** — Considérée spécialement au point de vue des contrats, l'incapacité des mineurs est *générale*[1]. Le mineur non émancipé ne peut faire valablement qu'une seule espèce de contrats, les dépôts et retraits de fonds dans les caisses d'épargne (LL. 9 avril 1881 et 20 juillet 1895). L'incapacité de contracter existe aussi pour les *mineurs émancipés*, mais elle n'est plus générale: l'émancipation fait acquérir au mineur une capacité assez étendue : elle le rend habile à faire seul tous les actes d'administration (art. 481), au nombre desquels se trouve un contrat important, le *bail d'immeubles* (voyez t. I).

Le mineur émancipé peut même jouir d'une capacité plus grande encore : lorsqu'il a été *autorisé à faire le commerce*, il est *réputé majeur* pour tous les actes relatifs à son commerce (art. 1308 C. civ. ; art. 2 C. com.). Le mineur commerçant cesse donc d'être un incapable dans la sphère de ses affaires commerciales (sauf la restriction portée dans l'art. 6 C. com. pour les aliénations d'immeubles).

****1083. Nature de l'incapacité des mineurs.** — Un mineur n'est pas, à proprement parler, *incapable de contracter*; il est plutôt *incapable de se léser par ses contrats*. En effet, l'action en nullité qui lui est ouverte est, en principe, subordonnée à l'existence d'une lésion (voyez t. I, 1re édit. no 446; 2e édit., no 2101). Ce n'est que par exception que le mineur peut obtenir l'annulation de ses contrats sans avoir à prouver qu'il a été lésé. Il faut faire à cet égard une grande distinction parmi les actes du mineur : les uns sont *nuls pour défaut de forme*, les autres sont seulement *rescindables pour lésion*. Voyez les nos 1084 et 1085.

Cette distinction n'est nulle part énoncée par la loi, avec l'importance qui lui appartient; on la trouve seulement indiquée d'une manière incidente à la fin de l'art. 1311 : « Soit que cet engagement [souscrit en minorité] fût nul en sa forme, soit qu'il fût seulement sujet à restitution. » Aussi a-t-il fallu de longues controverses pour élaborer la théorie de l'incapacité personnelle du mineur.

***1084. Actes nuls en la forme.** — Ce sont ceux que le tuteur lui-même n'aurait pu faire valablement sans observer certaines formalités, dont la plus usuelle est l'*autorisation du conseil de famille*, et, pour les actes les plus graves, une formalité supplémentaire : l'*homologation du tribunal* (voyez t. I, 1re édit., no 2763; 2e édit., no 2287). Quand le tuteur remplit ces formalités, l'acte est valable *comme s'il avait été fait par un majeur*. Les art. 466 et 1309 le disent pour des cas particuliers ; l'art. 1314 le répète d'une manière générale. Quand les formalités sont omises, l'acte n'est pas valable.

[1] Le mineur non émancipé a capacité pour un certain nombre d'autres actes juridiques, mais qui ne sont pas des contrats, tels que le testament, la reconnaissance d'enfant naturel, l'engagement militaire, etc. (t. I, no 427).

On en conclut que si le mineur a fait seul un de ces actes, par exemple une aliénation d'immeubles, un emprunt, une constitution d'hypothèque, il en obtiendra l'annulation sur la simple constatation de ce fait : que l'acte a été accompli par lui, *en temps de minorité* et *sans les formes légales*.

Mais on ne considère pas comme une « formalité », au sens des art. 1311 et 1314, la *simple intervention du tuteur* (pour le mineur non émancipé) *ou du curateur* (pour le mineur émancipé). On verra, en étudiant la tutelle et la curatelle, qu'il y a un assez grand nombre d'actes qui peuvent être faits par le tuteur agissant seul ou par l'émancipé sur le simple avis conforme de son curateur (t. I, 1re édit., nos 2632-2634 et 2825-2834 ; 2e édit., nos 2367-2369 et 2563-2572). Cette représentation ou cette assistance de l'incapable par la personne spécialement chargée de le protéger n'est pas rangée au nombre des « formalités » proprement dites[1]. Il en résulte que si le mineur a fait seul un acte de cette catégorie (par exemple un bail fait par un mineur en tutelle), l'acte n'est pas nul pour défaut de forme ; il est seulement rescindable pour lésion.

***1085. Actes rescindables pour lésion.** — Ce sont ceux qui, n'étant pas astreints à l'observation des formalités spéciales, telles que l'autorisation du conseil de famille et l'homologation du tribunal, *excèdent cependant la capacité personnelle du mineur*. Pour le mineur non émancipé, cette catégorie comprend tous les actes que le tuteur peut faire seul et qui se réduisent presque aujourd'hui aux actes d'administration ; pour le mineur émancipé, elle est représentée également par une catégorie très limitée (t. I, 1re édit., nos 2825 à 2834 ; 2e édit., nos 2563 à 2572.

On voit par ces indications sommaires que les actes dont la rescision ne peut être prononcée à la demande du mineur que sur la preuve d'une lésion subie par lui sont, en somme, peu nombreux : ils sont pris d'une part entre les actes « qui n'excèdent pas sa capacité » et qui sont pleinement valables, et d'autre part les actes qui exigeaient des formalités particulières et qui sont nuls pour vice de forme. L'art. 1305 est donc conçu en termes beaucoup trop généraux, puisqu'il semble toujours exiger la preuve d'une lésion

[1] Dans la tutelle romaine, où la fonction normale du tuteur était de prêter solennellement son « auctoritas » au pupille, on pouvait considérer l'acte accompli par l'impubère comme irrégulier en la forme. Mais nous n'avons plus dans notre droit d'*auctoritas tutoris*. La protection accordée au mineur consiste dans l'intervention de son tuteur qui le remplace et le représente. Quand l'acte est fait par le mineur hors de la présence et sans le consentement de son tuteur, peut-on dire qu'il est *dénué de forme?* Non, mais il est *fait par une personne autre que celle qui aurait dû le faire*. La conséquence est qu'il sera annulable si cette personne est *incapable* de le faire ; il ne peut pas y avoir pour lui d'autre cause d'invalidité. Or la sanction de l'incapacité personnelle du mineur est déterminée par l'art. 1305, qui se borne à établir la rescision pour lésion. Cette interprétation est conforme à l'adage traditionnel : « Minor restituitur non tanquam minor, sed tanquam læsus », et elle est confirmée par ce passage de l'Exposé des motifs de Bigot du Préameneu : « On peut contracter avec les mineurs, mais, s'ils sont lésés, on est censé avoir abusé de leur âge. Leur capacité cesse pour tout acte qui leur est préjudiciable... Le résultat de leur incapacité est de ne pouvoir être lésés et non de ne pouvoir contracter ». — Il résulte de là que la catégorie des actes nuls pour vice de forme, indépendamment de toute lésion, est une création du droit moderne.

pour l'annulation des actes des mineurs. On doit en restreindre la portée pour faire place à la nullité pour défaut de formes.

***1086. Effet du vice de forme.** — Le vice de forme dont il est question ici ne doit pas être confondu avec le défaut de forme d'un acte solennel. Les formes requises en matière de tutelle ou de curatelle sont de simples *formalités de protection pour un incapable*, et non des solennités intrinsèques de l'acte. Il en résulte que leur omission n'entraîne pas l'*inexistence* de l'acte, mais seulement son *annulabilité*. L'irrégularité fait naître au profit de l'incapable (seule partie que la loi cherche à garantir) une action en nullité, qui est refusée aux autres personnes parties dans l'acte, et qui est soumise à toutes les règles déjà exposées pour les nullités relatives. S'il s'agissait d'un acte solennel irrégulier en la forme, ce vice pourrait être opposé par toute personne intéressée et ne serait pas susceptible de se couvrir par une confirmation ou par une prescription.

***1087. Règles spéciales au cas de lésion.** — Quand il s'agit de majeurs, la lésion est écartée tout à fait dans la plupart des contrats, et quand elle est admise comme cause de rescision il faut qu'elle atteigne un chiffre considérable: plus des sept douzièmes de la valeur dans la vente d'immeuble, *plus du quart* dans le partage. — Pour les mineurs, la règle est différente sur ces deux points : 1° la lésion est prise en considération « contre toutes sortes de conventions » ; 2° la loi n'a fixé *aucun chiffre*. Les magistrats apprécient si la perte subie par le mineur vaut la peine de prononcer la nullité. Naturellement ils s'en abstiendront, si elle est insignifiante, selon l'ancienne règle : « De minimis non curat prætor. »

Une seule condition est exigée : il faut que la lésion soit l'*effet du contrat*; par exemple, le mineur a vendu un meuble trop bon marché; ou on lui a remis l'argent et il l'a dissipé. Si la lésion avait une *cause accidentelle*, indépendante de l'acte, et telle qu'elle eût pu atteindre même un majeur (par exemple, un accident fortuit survenu à l'objet qu'il avait acheté), le mineur n'est pas restituable ; il n'y a pas lésion résultant de l'acte. C'est ce que nous dit l'art. 1306 en mettant à part les « événements casuels et imprévus. »

***1088. Des déclarations de majorité faites par les mineurs.** — La protection très énergique, que la loi accorde aux mineurs dès qu'ils sont lésés par leurs contrats, fait que les tiers sont fort peu empressés à contracter avec eux sans exiger tout l'appareil des formalités légales, toujours onéreuses, longues et difficiles à remplir. Pour s'en passer, beaucoup de mineurs, surtout à l'approche de leur majorité, se présentent *comme étant majeurs*. Ce moyen, qui s'employait déjà sous l'ancien droit, a été prévu et réglé par le Code. Deux cas sont à distinguer :

1° *Le mineur s'est borné à affirmer sa majorité.* La loi décide que cette simple déclaration de sa part ne fait pas obstacle à sa restitution (art. 1307). Sans doute la personne qui a contracté de bonne foi avec lui pourra se trouver surprise ; mais elle est en faute : en traitant avec une personne toute jeune, elle devait se méfier et exiger la production de son acte de naissance, car il est facile de se tromper quand on juge l'âge des gens sur leur mine. De plus, si on avait admis que cette simple affirmation suffirait à priver le mineur du droit de se faire restituer, elle serait vite devenue de style dans les contrats, et tout l'appareil protecteur de la minorité se serait trouvé inutile.

2° *Le mineur a commis des manœuvres dolosives pour faire croire à sa majorité.* Par exemple, il a produit des papiers falsifiés ou qui s'appliquaient à un autre que lui. Cette hypothèse n'est pas prévue par l'art. 1307, mais sa solution en résulte implicitement, et la combinaison de ce texte avec l'art. 1310 nous l'impose : le *dol* est un *délit civil*. Or le mineur est légalement tenu à raison du dol commis par lui (art. 1310). Le mineur serait obligé de réparer le préjudice que l'annulation du contrat causerait à l'autre partie ; il est bien plus simple qu'il s'abstienne de causer ce préjudice.

B. — Interdits.

1089. Renvoi. — Sur l'*aliénation mentale* et sur l'*interdiction* et l'*internement* qui en sont les conséquences, voyez t. I, 1re édit., nos 422, 2846 et suiv. ; 2e édit., nos 2584 et suiv.

****1090. Aliénés interdits.** — Une fois interdit, l'aliéné est frappé d'une *incapacité de droit* fort différente de l'*incapacité de fait,* qui existait auparavant par suite de son état d'esprit. N'ayant pas la possession de son intelligence, il était hors d'état d'émettre une volonté sérieuse dont la loi pût tenir compte ; mais cette destruction de sa capacité naturelle n'avait lieu que *pendant ses moments de folie.* Si l'aliéné avait, comme cela arrive parfois, des *intervalles lucides,* il était parfaitement capable de donner, dans ces moments-là, un consentement sérieux et de faire des actes valables. De là un grand danger pratique : quand l'acte d'un aliéné ne porte pas en lui-même la marque de la folie, on éprouve la plus grande difficulté à savoir s'il a été fait ou non dans un intervalle lucide, et par suite s'il est valable. C'est cette difficulté que l'interdiction fait disparaître *en supprimant la capacité durant les intervalles de lucidité.* L'acte fait depuis le prononcé de l'interdiction jusqu'à sa mainlevée est réputé l'œuvre d'un incapable et annulable comme tel sur la demande de l'interdit, de ses représentants ou de ses successeurs. Comp. t. I, 1re édit., nos 2890 et 2893 ; 2e édit., nos 2630 et 2633.

Bien entendu, il ne s'agit ici que d'une *incapacité de protection,* et par suite la nullité qui en dérive est purement *relative* (art. 502 à 504).

****1091. Aliénés internés.** — Les familles se dispensent souvent de demander l'interdiction de l'aliéné et le font entrer, conformément à une loi du 30 juin 1838, dans un établissement public ou privé d'aliénés (hospice ou maison de santé). Les aliénés ainsi enfermés ne sont pas interdits. Néanmoins la loi organise pour eux diverses mesures de protection qui font partie du programme de la troisième année (voyez t. I, 1re édit., nos 2932 à 2943 ; 2e édit., nos 2673 à 2683), et quant à leur *capacité personnelle,* elle *les assimile à des interdits* pendant tout le temps de leur internement (L. 30 juin 1838, art. 39). Voyez t. I, 1re édit., nos 2905 et 2906 ; 2e édit., nos 2645 et 2646.

Ici encore nous trouvons une cause de *nullité relative,* dérivant d'une incapacité et *semblable à celle qui frappe les actes d'un interdit* (sauf un détail relatif à l'action en nullité et qui sera indiqué plus loin).

***1092. Condamnés en état d'interdiction légale.** — L'interdiction légale est une peine accessoire, qui frappe les individus condamnés *pour crime* à une peine *privative de liberté* (travaux forcés, réclusion, détention). La loi les considère comme incapables d'accomplir valablement des actes juridiques ; on les met en tutelle, comme des mineurs ou des fous (art. 29 C. pén.) et cet état d'incapacité dure tout le temps qu'ils subissent leur peine (art. 30 C. pén.). — Le *condamné légalement interdit* ressemble donc à un *aliéné interdit.* Mais il y a une *grosse différence* ; le motif de l'incapacité n'est pas le même : l'interdiction du condamné est une mesure de protection sociale ; ce n'est pas lui qu'on veut protéger, et la conséquence est que les actes de cet incapable ne sont pas seulement annulables dans son intérêt et sur sa demande ; ils sont frappés d'une *nullité absolue* qui peut être demandée par tout intéressé. Sur l'interdiction légale, voyez la table du t. 1er.

C. — Femmes mariées.

***1093. Variations dans leur incapacité.** — La capacité de la femme mariée varie selon la situation dans laquelle elle se trouve. Son incapacité, en effet, n'est pas *naturelle* et *inhérente à son sexe* (voyez ce qui a été dit de l'incapacité des femmes à raison de leur sexe, t. I, 1re édit., nos 430-434 ; 2e édit., nos 461-465) ; elle est *une conséquence du mariage* et des pouvoirs que le mari acquiert sur elle, sous le nom de *puissance maritale*.

Il en résulte d'abord que la *femme non mariée* (fille, veuve ou divorcée) est pleinement capable. De plus, comme les droits que le mari possède dans le mariage varient selon le contrat qu'il a fait et le régime sous lequel vivent les époux, le *degré d'incapacité* de la femme mariée varie, lui aussi, d'un ménage à l'autre. Mais ces degrés divers tiennent intimement à l'organisation des régimes matrimoniaux et ne peuvent être expliqués ici (voyez t. III). Nous dirons sommairement qu'en principe l'incapacité de contracter est *générale* pour la femme qui ne peut faire seule aucun contrat valable ; mais que la femme qui se trouve *séparée de biens*, soit par son contrat de mariage, soit en vertu d'un jugement, jouit d'une *demi-capacité*, analogue à celle du mineur émancipé, qui lui permet de faire seule les *actes d'administration* (art. 1449). En outre, une loi du 6 février 1893, modifiant l'art. 311 C. civ., a donné aux femmes *séparées de corps* une capacité pleine et entière, égale à celle des femmes non mariées.

1094. Mode d'habilitation et sanction. — Le moyen qui permet aux femmes mariées de faire des contrats valables est l'*autorisation du mari* ou, à défaut, l'*autorisation de justice*. Pour plus de détails, voyez le t. III. La sanction de l'incapacité de la femme est une *simple annulabilité* (nullité relative) pour les actes qu'elle a faits sans autorisation.

D. — Ancienne incapacité des époux.

1095. Sa formule. — Notre ancien droit interdisait en principe tout contrat entre époux. Dumoulin est très catégorique : « Nullum contractum, etiam reciprocum, facere possunt » (sur l'art. 156, *Cout. de Paris*, n° 5). Pothier parle de même d'une interdiction générale, comprenant « les différentes espèces de contrats qui interviendraient entre eux pendant leur mariage » (*Donations entre mari et femme*, n° 78). La *Coutume de Normandie* disait : « Gens mariés ne se peuvent céder, donner ou transporter l'un à l'autre quelque chose que ce soit, *ni faire contrats* » (chap. xv, art. 410). Et la *Coutume du Nivernais* : « Gens mariés, constant leur mariage, ne peuvent *contracter* au profit l'un de l'autre » (chap. xxiii, art. 27).

1096. Son motif. — Cette prohibition de tout contrat entre époux était elle-même la conséquence d'une autre prohibition. Le droit coutumier français avait interdit les *donations entre époux* autres que le don mutuel. Il était donc nécessaire d'interdire également tous les contrats qui auraient pu permettre à l'un d'eux d'avantager l'autre, sans réciprocité. Cette règle était admise même dans les coutumes qui ne s'en étaient pas expliquées.

1097. Ses limites. — Le motif de l'incapacité de contracter établie contre les époux en détermine l'étendue. D'abord la nullité n'atteint, comme le dit très clairement Pothier, que les contrats « par lesquels ils *transporteraient l'un à l'autre quelque chose de leurs biens* » (n° 78 précité). La Coutume de Normandie disait de même qu'il était défendu aux époux de faire contrats « par lesquels les biens de l'un viennent à l'autre ». Il était, en effet, inutile d'interdire les contrats qui, en raison même de leur nature, ne pouvaient pas servir à réaliser une donation.

Même pour les contrats qui opéraient un transfert de propriété de l'un à l'autre, et qui par suite auraient pu leur permettre de s'avantager, il avait fallu admettre des exceptions. Il y a des cas où le contrat est nécessaire et où la *cause de l'acquisition* est connue : tout soupçon de donation étant alors écarté, le contrat était permis. C'est à cela que Dumoulin fait allusion en disant : « Nullum contractum facere possunt, *nisi ex necessitate* » (*Loc. cit.*).

1098. État actuel du droit. — Le droit nouveau a entièrement changé le principe en matière de *donations entre époux* : au lieu de les prohiber, il les permet (art. 1096). Par suite, la raison de l'ancienne prohibition de contracter a disparu. Cependant il est possible de trouver encore des motifs qui rendent dangereux entre les époux les contrats à titre onéreux susceptibles de conférer à l'un d'eux un avantage. 1° La donation entre époux est *essentiellement révocable*. Si on autorise tous les contrats entre époux, il leur sera facile de se faire des donations déguisées, et, la preuve du déguisement étant plus tard très difficile à fournir, la faculté de révocation, que la loi tient beaucoup à réserver à l'époux donateur, se trouvera indirectement supprimée. 2° Les donations entre époux ne sont permises que jusqu'à concurrence d'une certaine quotité, dite *quotité disponible*, lorsque le disposant a des héritiers à réserve. Les contrats à titre onéreux permettront aux époux de se faire des libéralités dépassant la quotité disponible, et dont il sera impossible d'obtenir la réduction parce qu'on ne pourra pas prouver le fait du déguisement.

Néanmoins le Code ne s'est nulle part expliqué d'une manière générale sur la capacité ou l'incapacité des époux de contracter entre eux. Il a seulement maintenu l'ancienne prohibition en ce qui concerne la *vente* (art 1595). Ce silence a fait naître une controverse sur la question de principe, et l'on s'est demandé *quels contrats onéreux sont permis entre époux*.

***1099. Solution admise.** — En général, on résout cette question dans le sens de la *liberté* et l'on décide que les contrats à titre onéreux entre époux sont permis, à l'exception de ceux qu'une disposition spéciale est venue leur interdire. Voici comment l'on raisonne :

1° Toute personne peut contracter, à moins que la loi ne l'en ait déclarée incapable (art. 1123). Or il n'existe aucun texte établissant l'incapacité générale des époux.

2° L'art. 1099 implique la validité des contrats onéreux entre époux, puisqu'il les annule quand ils contiennent une donation déguisée. Si le contrat onéreux était nul par lui-même, il serait bien inutile de le déclarer nul dans ce cas particulier.

3° Divers textes supposent des *arrangements*, des *traités*, en un mot des contrats divers intervenant valablement entre mari et femme. Tels sont : l'art. 1435 qui parle du *remploi*[1] offert par le mari et accepté par la femme ; l'art. 1451, qui autorise les époux à rétablir la communauté après une séparation de corps ou de biens ; l'art. 1577, qui parle d'un *mandat* donné par la femme au mari ; l'art. 1431, qui permet à la femme de servir de *caution* à son mari, etc.

1100. Observation. — Nous sommes beaucoup moins éloignés de l'ancien droit qu'on le pourrait croire. En effet, l'incapacité des époux de contracter entre eux *n'a jamais été absolue* ; un grand nombre de contrats leur étaient jadis permis. Tous les textes du Code que l'on cite comme autorisant diverses conventions entre époux reproduisent des solutions anciennes. — D'autre part, même sous l'empire du Code, il y a plusieurs contrats qui leur sont interdits : telle est en premier lieu la *vente* (art. 1595) ; tel est aussi, par voie de conséquence, l'*échange*. Or la vente et l'échange sont les deux contrats principaux que les anciens auteurs interdisaient aux époux. La jurisprudence moderne y ajoute, pour des raisons spéciales, le *contrat de société*. De telle sorte qu'on ne peut peut-être pas citer un seul contrat important qui ait été jadis interdit aux époux et qui leur soit aujourd'hui permis.

1101. Renvoi. — Nous ne pouvons examiner ici que la question générale. Pour plu-

[1] Le remploi est une opération qui consiste à acheter un immeuble ou des valeurs mobilières pour placer un capital en argent provenant ordinairement de la vente d'un bien propre à la femme, dont le prix lui a été payé.

sieurs contrats en particulier, il y a des règles spéciales à expliquer ou des difficultés de détail à résoudre. Voyez notamment ce qui sera dit pour les cas où le contrat fait entre époux est une *vente* (nos 1436-1445), une *dation en paiement* (no 527), un *échange* (no 1659), un *mandat* (no 2240 bis), une *société* (no 1937), un *cautionnement* (no 2326 bis).

§ 2. — *Incapacités partielles.*

1102. Renvoi. — Les incapacités partielles les plus remarquables sont celles qui atteignent la *femme séparée de biens*, le *mineur émancipé*, et les *personnes pourvues d'un conseil judiciaire*. Elles ne peuvent être expliquées ici. Pour la femme séparée, voyez le t. III. Pour le mineur émancipé et les personnes pourvues d'un conseil judiciaire, voyez le t. I. On peut encore considérer comme une incapacité partielle ce qui subsiste de l'*incapacité de contracter établie entre époux* par l'ancien droit (ci-dessus, nos 1108 à 1101). De même, il y a au fond incapacité partielle dans les cas où la loi interdit à certaines personnes de vendre et d'acheter certains biens (art. 1596 et 1597).

CHAPITRE VII

DE LA PREUVE DES CONTRATS

***1103. Division.** — Les contrats sont assujettis pour leurs modes de preuve à un certain nombre de règles qui leur sont propres. D'abord *la loi exclut en principe la preuve testimoniale et les présomptions* : elle veut que les contrats soient autant que possible *constatés par écrit*. En second lieu, quand un écrit existe, elle lui accorde une *confiance toute particulière* et ne permet pas facilement d'en ébranler l'autorité. Enfin, elle prend différentes mesures pour éviter des *fraudes dans la confection des écrits* destinés à servir de preuves pour les contrats. Nous allons examiner successivement ces trois points.

§ 1er. — *Exclusion de la preuve testimoniale.*

1104. Avis. — Pour abréger, et pour éviter des redites, je parlerai seulement de l'exclusion de la preuve par témoins, bien que la prohibition de la loi porte sur la preuve par présomptions tout aussi bien que sur la preuve testimoniale. L'art. 1353 décide, en effet, que la preuve au moyen de simples présomptions est possible, « seulement dans les cas où la loi permet la preuve par témoins ». Et à l'inverse, dans tous les cas où la loi admet la preuve testimoniale en matière de contrats, soit seule, soit pour corroborer une preuve écrite incomplète, elle autorise également la *preuve par présomptions* (art. 1353).

A. — Le principe.

***1105. Origine du principe moderne.** — Bien qu'on eût de très bonne heure reconnu les inconvénients de la preuve orale et le danger du faux témoignage [1], il ne semble pas qu'on ait jamais, avant le XVIe siècle,

[1] « Testium facilitatem, per quos multa veritati contraria perpetrantur... » (*Code*, liv. IV, tit. 20, loi 18).

exclu d'une manière générale la preuve par témoins en matière de contrats. On s'était contenté d'exiger la *pluralité* des témoignages, deux au moins pour faire preuve, afin de rendre moins facile la subornation des témoins[1]. Pendant tout le cours du moyen âge, l'expérience prouva que cette précaution était insuffisante; la facilité avec laquelle on se procurait des témoins en les payant était notoire. Pour qu'il fût possible de remédier utilement au mal, il fallut que la découverte de l'imprimerie répandît la connaissance de l'écriture et de la lecture, et que la fabrication croissante du papier fournît la matière première à meilleur marché que le parchemin. Au XVIe siècle, la réforme était mûre, et en février 1566 l'*ordonnance de Moulins* (art. 54) ordonna qu'il serait passé acte, devant notaires ou sous seings privés entre les parties, pour « toutes choses excedans la somme ou valeur de cent livres pour une fois payer ».

Le « Code civil » de Colbert (ordonnance sur la procédure de 1667) conserva la règle (tit. XX, art. 2) et la fit entrer définitivement dans notre droit. L'art. 1341 n'est que la reproduction presque littérale de ce dernier texte. Il a seulement porté à 150 francs la valeur maxima des choses pour lesquelles on pourrait se passer d'écrit.

***1106. Motifs de la règle.** — D'après la doctrine, l'art. 1341 aurait pour motif principal le désir de *supprimer des procès,* en désarmant les créanciers qui ne se seraient pas munis, dès l'origine, d'une preuve écrite. — Il est douteux que telle soit la véritable pensée de la loi, bien que l'ordonnance de 1566 fasse mention de la « multiplication de faits... mis en jugement » et de l' « involution de procès » : c'est là le langage prolixe familier aux vieux textes.

D'après la jurisprudence actuelle, le seul motif de la règle serait le *danger de la subornation des témoins.* Or ce danger menace uniquement le défendeur contre lequel on voudrait invoquer les déclarations de gens suspects. La discussion a son importance, car si on rattache la règle, comme le fait la doctrine, à un motif d'intérêt général, il en résulte que les particuliers n'y peuvent pas déroger par leurs conventions ; elle est d'ordre public. Si, au contraire, on n'y voit que l'intérêt privé du plaideur que la loi veut protéger contre le danger de témoignages achetés à prix d'argent, la preuve par témoins peut être admise si la partie intéressée y donne son consentement, et le juge n'est plus obligé de la rejeter d'office, pour un motif d'ordre supérieur. C'est en ce sens que paraît se fixer la jurisprudence française (Cass., 1er juin 1893, D. 93. 1. 445, S. 93. 1. 285). En sens contraire, Trib. de Luxembourg, 23 mars 1892, S. 93. 4. 23.

1107. Cas où la preuve écrite est exigée. — Pour que la règle de l'art. 1341 soit applicable, il faut trois conditions : l'une concerne la *nature de l'acte* ; la seconde, la *valeur de la chose* qui en fait l'objet ; la troisième, le *caractère civil de l'affaire.*

1° Nature de l'acte.

*** 1108. Silence voulu de la loi.** — Le texte ne détermine nullement les actes soumis à la preuve écrite : « Il sera passé acte *de toutes choses...* », et cette tournure vague, qui vient de l'ordonnance de 1566, a été conservée exprès. Le projet présenté au Conseil d'État portait : « Il sera passé acte

[1] La règle exigeant la pluralité des témoins était déjà établie en droit romain (*Digeste,* liv. XXII, tit. 5, fr. 12).

de toutes conventions sur choses... » (FENET, t. XIII, p. 41). On a modifié cette rédaction pour laisser à la disposition un sens plus général.

***1109. Détermination des actes régis par l'art. 1341.** — La règle a été établie pour les *conventions*. Cela est prouvé surabondamment par les motifs qui l'ont fait introduire et par le contexte de l'art. 54 de l'ordonnance de Moulins, d'où est dérivé l'art. 1341 actuel. Sa portée dépasse le cercle des *contrats* proprement dits, productifs d'obligations; elle régit aussi tous les actes ou conventions qui se réfèrent à des obligations préexistantes, et dont les principaux sont le *paiement*, qui est constaté par une *quittance*, le *don manuel* (t. III, n° 2503), et la *confirmation d'un acte annulable*, qui est constatée par un *acte confirmatif* (art. 1338).

Toutefois, pour ces derniers, la règle est moins absolue. Ainsi la *remise de dette* ne suppose pas nécessairement la rédaction d'un écrit; elle peut être tacite et résulter d'un certain nombre de faits que la loi détermine (art. 1282-1286). La *confirmation* elle-même peut quelquefois se prouver sans écrit: la loi admet un cas de confirmation tacite qui résulte de l'exécution volontaire de l'acte annulable.

De plus, cette disposition est applicable aux seuls *actes juridiques*, tels qu'une vente, une transaction, un paiement; elle est entièrement étrangère aux *faits purs et simples*, tels qu'un accident, une blessure, un incendie, etc., *alors même que ces faits seraient productifs ou extinctifs d'une obligation*. Les faits purs et simples peuvent toujours être prouvés par témoins ou par indices (Cass., 2 mai 1892, D. 93. 1. 316, S. 92. 1. 304)[1]. On ne pouvait songer à obliger ceux qui en souffrent ou en profitent à s'en ménager une preuve écrite.

En somme, on peut dire que la règle est faite pour les *actes juridiques* passés *entre vifs* et présentant *un intérêt pécuniaire*. Le testament suit, pour sa preuve, des règles qui lui sont propres; il en est de même des contrats ou actes relatifs à la famille (mariage, divorce, adoption, émancipation, reconnaissance d'enfant naturel).

2° Valeur de la chose.

****1110. Dispense d'écrit pour les petites affaires.** — Quand

[1] Rappelons que, la possession étant un fait, tous les éléments qui la constituent sont toujours susceptibles de se prouver d'une manière quelconque: tel serait le fait d'avoir cultivé une terre et d'en avoir fait la récolte; d'avoir habité, réparé ou démoli une maison; d'avoir passé sur le terrain d'autrui, à pied, en voiture ou avec des troupeaux, etc. En serait-il encore de même si un élément juridique se mêlait aux faits de possession? Par exemple une personne prétend avoir possédé une terre par l'intermédiaire d'un fermier: faudra-t-il qu'elle établisse le bail par écrit? La plupart des auteurs l'admettent parce que le bail est un acte juridique. Cependant j'ai quelques doutes: il ne s'agit pas d'établir le bail *en tant que contrat* et pour lui faire produire ses effets juridiques contre l'une ou l'autre des parties signataires; le bail n'est ici qu'un *fait de possession*, et de même que son existence pourrait être prouvée par des tiers sans le secours de l'écrit, pourquoi ne pourrait-il pas être démontré d'une façon quelconque quand il s'agit de l'opposer à un tiers? L'art. 1341 est une règle exceptionnelle qui s'inspire d'un motif spécial, la protection des parties en cause dans une convention; il doit rester étranger aux relations des parties avec les tiers.

un acte est *par sa nature* astreint à une constatation écrite, il faut encore *que les choses qui en font l'objet aient une certaine valeur* pour que la loi oblige les parties à prendre cette précaution.

Au-dessous d'un certain chiffre, la rédaction d'un écrit serait une gêne sensible, une cause de frais pour les illettrés, et d'autre part, quand la valeur est minime, la subornation des témoins n'est pas à redouter.

1111. Variations du taux minimum. — Le taux minimum au-dessous duquel on est dispensé de l'écrit, avait été fixé à 100 livres au XVIe siècle, ce qui était à cette époque une somme assez considérable. Le Code civil l'a élevé à 150 francs, ce qui est loin, avec l'abaissement de la valeur de la monnaie, d'équivaloir au taux primitif.

Le droit moderne est donc plus exigeant que l'ancien droit : il oblige les particuliers à dresser un écrit dans un grand nombre d'opérations qui autrefois en auraient été dispensées. C'est l'effet des phénomènes économiques, qui ont beaucoup marché pendant que le chiffre inscrit dans la loi restait à peu près invariable. Cependant cette exigence involontaire du Code n'a pas d'inconvénients parce que, grâce aux progrès de l'instruction, il est infiniment plus facile qu'autrefois de se procurer un écrit : la plupart du temps, les parties le dressent elles-mêmes, et sans frais ou avec une dépense insignifiante de papier timbré, tandis qu'autrefois presque tout le monde était obligé de s'adresser aux notaires.

1112. Renvoi. — La manière de calculer si la valeur en litige est au-dessus ou au-dessous de 150 francs donne lieu à nombre de difficultés qui retarderaient ici la marche de nos explications; elles feront l'objet d'un paragraphe spécial (ci-dessous n°s 1126 et suiv.).

3° Caractère civil de l'affaire.

*** 1113. Règle spéciale du droit commercial.** — L'art. 1341, al. 2, fait lui-même une réserve en annonçant que ses dispositions ne s'appliquent pas au *commerce*, pour lequel il existe des règles différentes.

Le commerce bénéficie, sur ce point, d'une dispense traditionnelle : il n'est pas soumis à la règle établie par l'ordonnance de Moulins, et les opérations commerciales peuvent *se prouver d'une manière quelconque*. Cette règle importante n'est pas exprimée d'une manière générale dans notre Code de commerce qui est, ainsi qu'on le sait, une œuvre législative fort inférieure. Elle se trouve seulement énoncée incidemment dans l'art. 109 C. com., à propos des achats et ventes qui sont, il est vrai, l'opération commerciale par excellence et de beaucoup la plus fréquente. Il est dit, dans ce texte, que la preuve testimoniale est recevable « dans les cas où le juge croira l'admettre ». La réception n'est donc pas de droit; mais dans la pratique on en use en fait de la façon la plus large et sans limitation de sommes, pour les affaires les plus importantes. C'est une conséquence de la rapidité avec laquelle se traitent les opérations commerciales.

1114. Exceptions. — Le droit commercial a lui-même apporté des exceptions à sa propre règle. Certains contrats commerciaux ne se prouvent que par écrit. Ce sont : la vente d'un navire (art. 195 C. com.), l'engagement des gens de l'équipage (art. 250 C. com.), l'affrètement (art. 273 C. com.), le prêt à la grosse aventure (art. 311 C. com.), et l'assurance maritime (art. 332 C. com.). Presque toujours ces opérations portent sur des sommes considérables; mais l'écrit est exigé, quelque faible que soit la valeur en jeu. Les articles précités du Code de commerce n'établissent aucune limite inférieure, comme le fait l'art. 1341. Un écrit est également nécessaire pour les sociétés commerciales (L. 24 juill. 1867).

B. — Les exceptions.

1115. Distinction. — La règle contenue dans l'art. 1341 comporte deux sortes d'exceptions : tantôt l'écrit est exigé, même au-dessous de 150 francs ; tantôt la preuve par témoins est recevable, même au-dessus de cette somme.

1° Actes dont la preuve par écrit est exigée pour toutes valeurs.

* **1116. Énumération.** — Ces actes sont peu nombreux. On cite comme tels : le *bail* (art. 1715-1716), la *transaction* (art. 2044), l'*antichrèse* (art. 2085), le *bail à domaine congéable* (L. 6 août 1791, art. 14). Il faut y ajouter les actes solennels comme la *donation*, le *contrat de mariage*, la *constitution d'hypothèque*, pour lesquels la solennité exigée consiste justement dans la rédaction d'un écrit (acte notarié). Ces derniers actes sont donc toujours accompagnés de leur preuve écrite.

Il y a, cependant, une différence entre les deux espèces d'actes : pour les actes solennels l'écrit est *nécessaire à l'existence même de l'acte* ; sans lui, l'acte est non avenu ; pour les autres, l'écrit est *un moyen d'exclure la preuve testimoniale*, mais l'acte existe sans lui et peut encore se prouver par d'autres moyens de preuve, savoir l'aveu et le serment.

2° Cas où la preuve par témoins est recevable pour toutes valeurs.

** **1117. Énumération.** — La preuve testimoniale est recevable au-dessus de 150 francs, et sans limitation de sommes ou de valeurs, dans trois cas qui sont indiqués dans les art. 1347 et 1348 :

1° S'il a été *impossible de se procurer une preuve écrite* de l'acte qu'on demande à établir ; 2° si la preuve écrite qu'on s'était ménagée *a péri par cas fortuit* ; 3° s'il existe *un commencement de preuve par écrit*. Dans les deux premiers cas, la preuve testimoniale remplace *entièrement* la preuve écrite ; dans le troisième, elle sert seulement à la *compléter*.

a. — *Impossibilité de préparer une preuve écrite.*

* **1118. Motif de l'exception.** — En ordonnant aux parties de se procurer une preuve écrite de leurs actes, la loi suppose manifestement qu'elles en ont le moyen. De là une exception nécessaire à l'injonction qui leur est adressée, au cas où cette précaution ne pouvait pas être prise ; on ne doit pas demander aux gens l'impossible.

1119. Espèces où cette impossibilité se rencontre. — Il faut que l'acte soit accompli dans des circonstances telles que les parties n'aient pas le loisir d'en dresser un écrit. Les exemples pratiques sont les suivants :

1° Le *dépôt nécessaire* (art. 1348, n° 2). On appelle ainsi le dépôt de choses qu'on veut sauver d'un péril (inondation, incendie, pillage, etc.), dans un moment de trouble et de tumulte.

2° Les obligations contractées *en cas d'accidents imprévus* (art. 1348, n° 3). Il faut que l'accident imprévu ait causé un trouble sérieux et que l'obligation contractée ait un grand caractère d'urgence, pour que la preuve en soit recevable sans écrit ; la loi n'a rien précisé, les juges apprécient. Les auteurs citent comme exemple un prêt d'argent fait à un ami pendant la déroute d'une armée.

3° Le *dépôt de bagages* fait par les voyageurs dans l'hôtellerie où ils logent (art. 1348-2°). Ici la dérogation à la règle paraît moins nécessaire. En fait, le dépôt de bagages ou d'objets divers (cannes, manteaux, etc.) est de plus en plus constaté par un écrit ou un numéro dans les monuments publics, dans les gares, dans les théâtres, etc. Même dans les hôtels beaucoup d'objets de valeur sont spécialement confiés au chef de l'établissement qui en donne un reçu. Mais ce n'est pas l'usage pour les bagages ordinaires qui bénéficient d'une exception immémoriale et dont la remise est assimilée au dépôt nécessaire.

1120. Nécessité de l'écrit dans le dépôt volontaire. — On appelle ainsi le dépôt effectué hors des deux cas prévus dans le n° précédent. La loi a pris la peine de mentionner expressément le dépôt volontaire dans l'art. 1341 pour le soumettre à la règle, alors qu'il eût suffi de ne pas le comprendre dans les exceptions établies par l'art. 1348. La mention spéciale dont ce contrat a été l'objet s'explique historiquement. Cujas avait proposé de dispenser le déposant de l'obligation de se procurer une preuve écrite, parce qu'il y aurait pour lui une impossibilité morale de l'obtenir. Le dépositaire lui rend un service d'ami; il serait blessant de lui montrer qu'on se défie de lui en lui demandant une reconnaissance écrite au dépôt. — Ce point de vue n'a pas été admis par l'ordonnance de 1667, qui a expressément soumis le dépôt volontaire à la règle; le Code civil l'a dit également sans grande utilité, personne n'ayant plus le scrupule qu'avait eu Cujas.

***1121. Exceptions apparentes pour les quasi-contrats, les délits et les quasi-délits.** — Les auteurs du Code civil ont jugé utile d'indiquer expressément, dans l'art. 1348, comme n'étant pas soumis à la nécessité d'une preuve écrite :

1° Les *délits* et les *quasi-délits*. Ici l'exception est purement apparente : les actes délictueux sont des *faits purs* et *simples*, pour lesquels la règle n'a pas été établie, puisqu'elle concerne seulement les opérations ayant un caractère juridique.

2° Les *quasi-contrats*. Pour ceux-ci l'exception n'existe même pas, et il faut dire qu'en principe celui qui se prévaut d'un quasi-contrat pour se présenter comme créancier doit en fournir la preuve écrite. Par exemple, celui qui a géré les affaires d'autrui, pour lesquelles il a fait des déboursés, doit produire des écrits (quittances, marchés de travaux, etc.) établissant les sommes qu'il a dépensées ou les obligations qu'il a personnellement contractées. Il n'y a aucune raison de le dispenser de l'observation de la règle. Quant au *maître* de l'affaire, c'est-à-dire à celui dont les intérêts ont été gérés par un autre en son absence, il est nécessairement autorisé à faire la preuve par témoins de la gestion entreprise par autrui, s'il a quelque créance à faire valoir contre le gérant. Mais c'est que, par rapport à lui, l'intervention d'autrui dans ses affaires est un fait pur et simple, auquel la règle de l'art. 1341 est inapplicable par sa nature.

b. — *Perte de la preuve écrite.*

***1122. Motif.** — On suppose, comme le dit expressément la loi, que la perte du titre résulte d'un *cas fortuit* ou d'une *force majeure*. Ce cas est visé dans le 4° de l'art. 1348. Il était de toute nécessité d'admettre ici la preuve testimoniale, parce que la partie subit une impossibilité qui, bien que postérieure à l'acte, a pour elle le même effet que l'impossibilité contemporaine de l'acte qui l'empêche de se procurer un écrit. Elle s'en était munie et s'en trouve *privée sans sa faute*.

1123. Preuve à fournir. — La personne qui veut bénéficier de cette exception doit préalablement prouver trois choses : 1° qu'elle s'était pourvue d'un écrit, conformément à la loi ; 2° que cette preuve a péri ; 3° que la perte a une cause fortuite. Après quoi, elle sera admise à prouver par témoins le contrat ou l'acte d'où dérive sa créance.

c. — *Écrit valant commencement de preuve.*

**** 1124. Définition du commencement de preuve par écrit.** — L'art. 1347 appelle ainsi « tout acte par écrit qui est émané de celui contre lequel la demande est formée, ou de celui qu'il représente, et qui rend vraisemblable le fait allégué ». Cette définition indique tous les éléments que doit réunir une pièce écrite pour valoir commencement de preuve.

1° Il faut un acte *écrit*. La loi n'exige pas que cet acte ait été dressé spécialement afin de servir de preuve. Ainsi une *lettre missive*, qui n'est pas à proprement parler un acte instrumentaire, peut servir de commencement de preuve. C'est une solution traditionnelle, sur laquelle il n'y a aucune raison de revenir.

2° Cet écrit doit *émaner de la partie* à laquelle on l'oppose, ou de ceux qu'elle représente, par exemple ses *auteurs* (ceux dont elle est l'ayant cause), ou encore de ceux par qui elle a été représentée, par exemple son *mandataire*, son *tuteur*, etc.

Un écrit doit être considéré comme émanant d'une personne, non seulement lorsqu'il a été écrit *par elle*, mais lorsqu'il l'a été pour elle et en sa présence, ou de son consentement. Ainsi le procès verbal d'un interrogatoire sur faits et articles, bien qu'écrit par le greffier, contient par écrit les déclarations de la partie. Ainsi encore un acte authentique que la partie n'a pas signé parce qu'elle ne savait ou ne pouvait pas le faire. Ces actes lui seront opposables comme s'ils émanaient d'elle-même (Cass., 3 nov. 1891, D. 92. 1. 463; Besançon, 29 juin 1892, D. 93. 2. 555).

3° Il faut que l'écrit, sans faire preuve complète du droit allégué, auquel cas aucun supplément de preuve ne serait nécessaire, en rende l'*existence vraisemblable*.

Cette condition est une question de fait, qui est appréciée souverainement par les juges du fond (Cass , 9 juill. 1890, D. 91. 1. 381, S. 92. 1. 557; Cass., 13 juin 1895, D. 95. 1. 372).

*** 1125. Motif de l'admission de la preuve testimoniale.** — Quand il existe un commencement de preuve par écrit, ce qu'on demande au témoignage n'est qu'un supplément de preuve; les témoins ne sont plus seuls à attester la vérité. En pareil cas, le danger de la preuve testimoniale est en grande partie supprimé, puisque la conviction du juge est déjà à moitié faite, et qu'elle s'appuie sur un document qui ne peut pas mentir; les deux modes de preuve employés se prêtent alors un mutuel appui : le témoignage complète l'écriture, et celle-ci, de son côté, rend moins suspecte la parole du témoin.

C. — Mode d'évaluation de l'objet du litige.

1° Moment auquel il faut se placer.

*** 1126. Choix du jour où l'acte est passé.** — Pour savoir si la chose excède 150 francs, il faut se placer *au moment où la convention est faite*, et non au moment où la preuve en est demandée. Ceci ressort de la façon dont le législateur s'est exprimé pour formuler la règle : la loi ne dit pas au *juge* d'écarter la preuve testimoniale pour tout *litige* dont la valeur dépasse 150 francs; elle enjoint aux *parties* de *dresser acte* pour toute affaire excédant cette somme. Sans doute la règle a été établie dans la crainte d'une subornation de témoins, et c'est seulement au moment du procès qu'on pourra savoir si le litige vaut la peine d'acheter des consciences ; mais il faut répondre à cela qu'il s'agit d'organiser un système de *preuves préconstituées*, qui dispensera plus tard de recourir au témoignage ; naturellement, pour en apprécier l'opportunité, on ne pouvait se placer qu'au moment où l'opération est conclue, sans attendre l'heure des litiges qu'elle pourra faire naître.

1127. Conséquences. — De ce principe que, pour admettre ou rejeter la preuve testimoniale, il faut apprécier l'objet du litige au moment où l'acte juridique a été fait, nous tirerons une double conséquence :

1° Si *au moment de l'acte* la chose avait une valeur *inférieure* à 150 francs, la preuve testimoniale serait recevable, alors même qu'au moment du litige elle aurait acquis une valeur supérieure. Pour pousser les choses à l'extrême, on peut supposer le dépôt d'une obligation de 100 francs ou d'un bon de l'Exposition de 1900 qui dans un tirage au sort gagne un gros lot, de 100, 200 ou 500 mille francs. Le dépôt ayant pu se faire sans écrit, la restitution pourra encore en être demandée après le tirage sur une simple preuve par témoins.

2° Si, *au moment de l'acte*, la chose avait une valeur *supérieure* à 150 francs, la preuve par témoins ne devrait pas être admise, alors même que le litige porterait sur une somme inférieure. Ainsi, un prêt de 300 francs a été fait sans écrit ; l'emprunteur, après en avoir remboursé 200, s'avise de nier sa dette. Son prêteur, n'ayant point retiré de lui une reconnaissance écrite, ne sera pas reçu à faire sa preuve par témoins, bien qu'on plaide pour 100 francs seulement. C'est ce que l'art. 1344 appelle une somme qui est « déclarée être le restant d'une créance plus forte ». On peut faire une autre hypothèse : une somme de 300 francs avait été prêtée sans écrit ; le prêteur meurt, laissant trois enfants, entre lesquels sa créance se partage de plein droit (art. 1220). Chacun de ses héritiers n'est donc créancier que de 100 francs, et cependant aucun d'eux ne sera admis à prouver le fait du prêt par témoins, parce qu'au moment où il a été consenti il s'agissait d'une chose excédant le taux de 150 francs. C'est ce que l'art. 1344 appelle une créance « faisant partie » d'une créance plus forte.

2° Éléments dont il faut tenir compte.

1128. Accessoires à ajouter au principal. — Pour estimer la valeur de la chose, on doit tenir compte des prestations accessoires qui sont dues en vertu du contrat, et notamment des *intérêts*, qui viennent s'ajouter au *capital*, de façon à faire grossir le chiffre de la demande au-dessus de 150 francs. Soit un prêt de 140 francs avec intérêts à 5 pour 100, ce qui fait 7 francs par an. Si le créancier attend deux ans avant de poursuivre, son emprunteur lui devra 154 francs, et la preuve testimoniale ne sera pas recevable (art. 1342)[1].

1129. Abaissement du chiffre de la demande. — « Celui qui a formé une demande excédant 150 francs ne peut plus être admis à la preuve testimoniale, même en restreignant sa demande primitive » (art. 1343). Cette décision est de toute évidence, si la réduction du chiffre de la demande est purement arbitraire : on ne peut y voir qu'une

[1] Cette décision de la loi est injustifiable. Elle est en contradiction avec le principe tacitement établi par l'art. 1341, qui veut qu'on se place au moment où l'affaire se traite pour apprécier si son objet vaut ou non plus de 150 francs. Elle conduit, d'ailleurs, à une conséquence injuste. Supposons une obligation de faire, dont l'objet vaille tout près de 150 francs. Si le créancier a pris soin de stipuler, au moyen d'une clause pénale, des dommages-intérêts pour le cas de retard, on lui refusera la faculté de faire la preuve par témoins dès que le chiffre fatal sera dépassé, tandis qu'on le lui permettrait s'il n'avait pas pris cette précaution et s'il réclamait des dommages-intérêts à raison du retard. On essaie vainement de justifier cette différence en disant que le retard du débiteur constitue un fait pur et simple dont le créancier n'a pas pu se ménager la preuve écrite. Mais est-ce que la clause pénale modifie la nature du retard ? Elle ne change pas la *source* du droit du créancier en ce qui concerne les dommages-intérêts. Ceux-ci dérivent toujours de la *faute* du débiteur qui n'a pas exécuté à temps son obligation ; la stipulation d'une clause pénale change seulement *le mode d'évaluation de l'indemnité*, et non *sa cause*. La solution devrait donc être favorable au créancier dans les deux cas.

tactique pour éluder la disposition de la loi, et il était nécessaire de la déjouer. Mais la preuve testimoniale devrait, au contraire, être admise, s'il était démontré que c'est par suite d'une erreur que le chiffre primitif de la demande avait été porté au-dessus de 150 francs.

3° Cas où il y a pluralité de créances.

1130. Sévérité de la loi française. — Le droit français, dans la suspicion qui l'anime contre la preuve testimoniale, est allé plus loin que la stricte application de la règle formulée par lui. Il veut, en principe, qu'on additionne toutes les créances que le créancier peut avoir contre son débiteur, et il a établi à cet effet deux règles supplémentaires contenues dans les art. 1345 et 1346, qui reproduisent deux dispositions de l'ordonnance de 1667.

1131. Cumul des demandes dans une instance unique. — Si dans une même instance une partie fait plusieurs demandes, qui jointes ensemble excèdent la somme de 150 francs et qu'il n'y en ait point de titre écrit, la preuve n'en sera pas reçue par témoins, encore que la partie allègue que ces créances proviennent de différentes causes et qu'elles se soient formées en différents temps (art. 1345). Ainsi celui qui, déjà créancier d'une personne pour 100 francs à raison de la vente d'un objet, consent à cette même personne un prêt de 60 francs, doit demander une reconnaissance écrite du prêt ; sans cela, il ne serait admis à prouver par témoins ni la vente ni le prêt, bien qu'aucune de ses deux créances, prise séparément, n'atteigne 150 francs. La sanction est rigoureuse, mais il est facile d'y échapper en se munissant d'un écrit, dès qu'une opération nouvelle, faite avec la même personne, fait monter le total des créances à plus de 150 francs. D'ailleurs, le motif de cette règle ne peut plus être uniquement la crainte de la subornation des témoins, puisqu'il s'agit toujours de petites affaires ; il s'y mêle une autre idée : le désir d'éviter la multiplicité des petits procès, qui a été en grande partie le but de la réformation de la procédure opérée en 1667.

Pour donner une satisfaction nécessaire à l'équité, l'art. 1345 fait exception pour le cas où les petites créances dont il parle procèdent, par succession ou autrement, de *diverses personnes*. Il faut donc supposer que c'est la même personne qui est devenue plusieurs fois créancière du même débiteur par des opérations successives.

1132. Formation des demandes par instances séparées. — Après avoir établi la règle qui vient d'être expliquée, le législateur a dû prévoir qu'on chercherait à la tourner *en séparant les demandes* et en les présentant l'une après l'autre devant la justice. Pour éviter une fraude aussi facile à commettre, il a organisé une sanction rigoureuse : toutes les demandes qui ne sont pas entièrement justifiées par écrit doivent être *formées par le même exploit* ; sinon, celles dont il n'y aurait point de preuve écrite et qui seraient formées plus tard, *ne seront pas reçues* (art. 1346)[1]. Ici la loi est encore plus sévère que dans l'article précédent, car elle ne se borne pas à priver le créancier de la facilité de faire sa preuve par témoins, c'est sa créance même, son droit d'action qu'elle lui enlève. En disant que l'action ne sera pas reçue, la loi entend qu'elle doit être rejetée d'office, sans examiner si elle est ou non fondée ; c'est une déchéance absolue qu'elle édicte. On en conclut avec raison que le créancier ne pourrait pas offrir de faire sa preuve par l'aveu ou par le serment.

1133. Conséquences de l'art. 1346. — Ces conséquences sont très graves :

1° La réunion des diverses demandes dans le même exploit est obligatoire, *alors même*

[1] La disposition de l'article 1346 dépasse de beaucoup la théorie des preuves en matière de contrats. Il ne s'agit pas seulement de savoir de quelle manière un créancier sera admis à prouver son droit ; il s'agit de la direction entière de la procédure. On veut forcer le demandeur à réunir toutes ses demandes en une seule, afin d'éviter la *multiplicité des procès* ; ceci ne concerne plus seulement la matière des preuves. Les procès-verbaux de l'ordonnance de 1667 ne laissent aucun doute sur la pensée de ses rédacteurs : ils ont voulu diminuer le nombre des affaires jugées sur enquête. Aussi peut-on s'étonner de trouver dans le Code civil une pareille disposition qui est de pure procédure.

que leur montant total resterait inférieur à 150 francs. Comme on l'a vu, ce n'est plus le danger des faux témoignages qui inspire ici la loi, c'est le désir de diminuer le nombre des procès. Cela était surtout utile à faire pour ces petites contestations.

2° Il en est de même au cas où les créances *proviennent de diverses personnes*, et se trouvent réunies dans les mêmes mains par suite de succession, de legs, de donation ou autrement. S'il eût été inique d'obliger alors le créancier à faire sa preuve par écrit, on peut tout au moins l'obliger à former en même temps toutes ses demandes.

3° Il en est de même, enfin, au cas où, chaque créance étant supérieure à 150 francs, la preuve par témoins en est néanmoins recevable par application des articles 1347 et 1348[1]. Le motif est toujours le même : diminuer le nombre des procès jugés sur enquête.

1134. Exceptions. — Par exception à la règle de l'article 1346, sont dispensées de la demande commune : 1° les créances *nées* depuis le jour où la demande a été formée pour les autres ; 2° celles qui n'étaient pas encore *exigibles* à cette époque, car on ne saurait reprocher à un créancier de n'avoir pas agi quand il n'en avait pas encore le droit.

§ 2. — *Crédit accordé à la preuve écrite.*

** **1135. Prohibition de la preuve offerte outre ou contre un écrit.** — Supposons un écrit dressé pour constater une convention, et dont la véracité n'est pas mise en question par une plainte en faux ; *la foi qui lui est due ne peut pas être ébranlée par des témoignagnes oraux,* contraires à ses énonciations. Son contenu ne peut donc être complété ou corrigé que par le témoignage d'un autre écrit, régulier comme lui et opposable aux mêmes personnes.

1° Les précédents.

1136. Origine et développement de la règle. — Il ne suffisait pas d'avoir interdit la preuve par témoins des conventions dont l'objet a une valeur élevée. On a prévu dès le début (dans l'ordonnance de Moulins) que les parties présentant un écrit dressé à l'occasion de leur convention soutiendraient que cette pièce est mal rédigée et ne dit pas tout, et offriraient d'établir par témoins une clause supplémentaire, omise par le rédacteur de l'acte, et qui viendrait en compléter ou en modifier le contenu. Voici ce qu'avait dit sur ce point l'ordonnance de 1566 : «... de toutes choses..... seront passez contrats, par lesquels contrats seulement sera faite et receue toute preuve esdictes matières, sans recevoir aucune preuve par témoins oultre le contenu au contrat, ne sur ce qui seroit allegué avoir esté dict ou convenu avant iceluy, lors et depuis. » Conçue dans ces termes, la disposition de l'ordonnance était simplement la suite et la conséquence de la prohibition de la preuve testimoniale en matière de contrats : on n'était pas admis à prouver l'*existence* du contrat par témoins *à défaut d'écrit* ; on ne l'était pas davantage à en prouver

[1] Il y a eu une légère difficulté pour les créances dont il existe un commencement de preuve par écrit, à cause de la phrase par laquelle débute l'article 1347. Ce texte déclare déroger « aux règles ci-dessus », ce qui semble comprendre l'article 1346 comme les autres. Mais on a constaté que l'article 1346 n'existait pas dans le projet du Code ; il y a été inséré au cours de la discussion ; la phrase initiale de l'article 1347, qui était parfaitement exacte quand elle se référait seulement aux articles 1341 à 1345, a cessé de l'être par l'effet de l'intercalation d'un nouvel article ; on ne s'en est pas aperçu et on ne l'a pas corrigée. Du reste, l'argument tiré de la combinaison des textes dans leur état définitif ne peut pas prévaloir contre la décision formelle et absolue de l'article 1346, aux termes duquel les demandes doivent être formulées dans le même exploit, toutes les fois que la preuve n'en est pas établie *entièrement par écrit*. Donc on doit réunir aux autres même celles pour lesquelles il existe un commencement de preuve écrite.

par ce moyen *une partie*, en présence d'un *écrit incomplet*. L'ordonnance appliquait donc à la partie la même règle qu'au tout. C'était logique et c'était simple.

Depuis 1667, la portée de cette règle a changé. Elle a été appliquée *même au cas où il s'agit d'une somme ou valeur moindre de* 100 *livres*, aujourd'hui 150 francs (Ord. avril 1667, tit. XX, art. 2; art. 1341, al. 1er, ligne dernière). Ce n'est donc plus une simple sanction de la règle qui exige l'écrit au-dessus d'un certain taux; c'est un principe différent: une ***préférence absolue*** donnée à la preuve écrite sur le témoignage, quand ces deux moyens de preuve se trouvent en conflit[1].

1137. État antérieur du droit. — En donnant ainsi la préférence à l'écrit sur le témoignage, le droit français moderne suit une maxime opposée à celle qu'il avait adoptée jadis. A une époque où l'art de l'écriture était rare et où les faux étaient faciles, en l'absence de toutes signatures ayant un caractère personnel, les écrits présentés en justice étaient, pour le moins, aussi suspects que les témoignages. C'était d'ailleurs une vieille opinion, consignée dans plus d'un texte de l'époque romaine, que les faits attestés par le témoignage des vivants étaient plus dignes de foi que le témoignage mort de l'écriture[2]. Aussi disait-on volontiers: *Témoins passent lettres*[3]. — Mais cette préférence donnée à la preuve orale ne résista pas aux progrès de l'instruction et de l'écriture, et dès le XVIe siècle on renversait la maxime pour dire: *Lettres passent témoins*. Voyez sur le changement de maxime, LOYSEL, *Institutes coutumières*, nos 774 et les renvois.

2° Analyse de la règle.

1138. Preuve des faits antérieurs ou contemporains de l'acte. — Le texte primitif (ord. de Moulins) défendait seulement de prouver quelque chose par témoins *outre* l'écrit; l'ordonnance de 1667, suivie en cela par le Code civil, défend en plus de prouver *contre* l'écrit.

Prouver *outre* l'acte, c'est ajouter quelque chose à ses énonciations. Par exemple, un prêt a été fait et l'écrit qui le constate ne fait pas mention des intérêts: le prêteur ne pourra pas prouver par témoins qu'il lui en a été promis. Autre exemple: un bail porte que le fermier a promis un fermage en argent, sans parler de prestations accessoires; le propriétaire ne pourra pas prouver par témoins que son fermier lui doit, en outre, six chapons par an.

Prouver *contre* l'acte, ce serait établir par témoins qu'une de ses clauses est inexacte. Par exemple, l'acte porte que la somme prêtée est de 100 francs; on ne pourrait pas prétendre que le prêt était de 120 francs et en offrir la preuve par témoins; de même, si on soutenait, à propos d'une vente, que le prix de la chose dont l'acte porte quittance n'a pas été réellement payé, et que la prétendue vente est au fond une donation déguisée.

Celui qui veut prouver outre l'acte prétend que l'acte est *incomplet*; celui qui veut prouver contre l'acte prétend qu'il est *simulé*. — Sur la simulation, voyez ci-dessous, nos 1185-1208.

1139. Preuve des faits postérieurs à l'acte. — L'art. 1341, conforme au texte des deux ordonnances qui l'ont précédé, contient un membre de phrase qui semble ajouter quelque chose aux décisions précédentes. Après avoir dit qu'on ne peut rien

[1] Il est resté une trace matérielle de l'origine de cette seconde règle: elle se trouve confondue avec l'autre dans l'article 1341, et présentée à sa suite et dans la même phrase, comme dans l'article 54 de l'ordonnance de Moulins, au temps où elle n'en était que la sanction.

[2] « Ea quæ viva dicuntur voce et cum jurejurando, hæc digniora fide quam scripturam ipsam... » (JUSTINIEN, novelle 73, chap. 3). — Cependant il existe des textes romains, en bien plus grand nombre, qui donnent la préférence à la preuve écrite sur le témoignage (PAUL, V, 15, 4; Comp. CICÉRON, *De republica*, I, 38). D'après les BASILIQUES (XXI, 1, 25) et HARMENOPOULOS (1, 6, 57) la loi 1re au Code, De testibus (IV, 20) aurait même défendu de produire un témoignage contre une preuve écrite.

[3] Voyez les textes cités par M. ESMEIN. *Les contrats dans le très ancien droit français*, p. 212.

prouver par témoins ni outre ni contre le contenu aux actes, le texte continue ainsi : « ni sur ce qui serait allégué avoir été dit *avant*, *lors* ou *depuis* ». Faut-il voir dans ces derniers mots une simple redondance ou bien peut-on leur trouver quelque application ? Tout le monde reconnaît qu'en ce qui concerne les points discutés par les parties au moment du contrat ou antérieurement, cette phrase ne peut avoir aucune utilité propre : on retombe nécessairement dans la preuve offerte contre un acte *incomplet* ou *simulé*.

Quant aux faits qui seraient intervenus *depuis* la rédaction de l'acte, on distingue : les faits qui constituent simplement des *modes d'extinction* de l'obligation (paiement, remise de dette, compensation) pourront être prouvés par témoins si l'intérêt en litige ne dépasse pas 150 francs. L'allégation d'un paiement ou d'un autre mode d'extinction ne contredit en rien les énonciations de l'écrit ; c'est un fait nouveau et distinct, qui doit être régi à part par les principes généraux de la théorie des preuves. Mais s'il s'agit d'une *convention postérieure* qui serait venue modifier sur un point de détail l'arrangement constaté par l'écrit (*convention additionnelle*), ou le remplacer entièrement par un autre (*novation*), la plupart des auteurs pensent que l'art. 1341 oblige les parties à constater également par écrit cette seconde convention faite depuis l'acte, alors même qu'il s'agirait d'une valeur inférieure à 150 francs. — Cette opinion a le défaut d'aboutir sinon à une contradiction, tout au moins à une distinction arbitraire : la convention additionnelle ou la novation est, elle aussi, et au même titre que le paiement ou la remise de dette, un fait nouveau, distinct de la convention constatée dans l'acte ; il est illogique de donner deux règles différentes, l'une pour la remise de dette, l'autre pour la novation[1].

Au XVIIIe siècle, on refusait la preuve testimoniale de tout fait, même d'un paiement, relatif à une dette dont il y avait acte par écrit ; on supposait que le débiteur, ayant donné une preuve écrite de son obligation, aurait soin, lors du paiement, de se faire remettre ce titre ou demander une quittance (POTHIER, *Obligations*, n° 793). Il est vrai que Pothier trouvait que c'était « une mauvaise interprétation » donnée à l'ordonnance, et qu'il proposait d'admettre la preuve testimoniale du paiement. Son avis a entraîné l'opinion moderne.

1140. Exception relative au commerce. — La seconde disposition de l'article 1341, qui interdit la preuve par témoins outre ou contre le contenu d'un acte, est, comme la première (ci-dessus n° 1113), *spéciale au droit civil* : la réserve écrite à la fin de cet article en faveur du commerce est commune aux deux règles. Par suite, quand il s'agit d'affaires commerciales, on peut compléter ou corriger les énonciations d'un écrit à l'aide de la preuve testimoniale. Cette seconde faveur est beaucoup plus difficile à justifier que la première ; cependant, elle résulte nécessairement de la généralité des termes employés par la loi, tant dans l'art. 1341, al. 2, que dans l'art. 109 C. com. C'est une facilité de plus accordée aux commerçants qui ont l'habitude de rédiger leurs écrits d'une manière brève et souvent incomplète, en se référant aux usages ou à des conventions précédentes.

§ 3. — *Mesures contre la fraude.*

1141. Existence de règles spéciales à la preuve des contrats. — Les actes sous seings privés sont, en principe, dressés par les particuliers comme bon leur semble. Il n'existe pour leur rédaction *aucune règle particulière de forme*, si ce n'est la nécessité de la *signature* qui est l'essence même de l'acte, la marque à laquelle se reconnaît l'adhésion définitive des parties. Il n'y a pas non plus de *formalités extrinsè-*

[1] Pour éviter cette inconséquence, M. Colmet de Santerre (t. V, n° 315 bis, §§ XIX à XXI) enseigne qu'en parlant de ce qui a été *dit* depuis l'acte le Code a voulu parler de simples « dires » échangés entre les parties et ayant trait à leur convention primitive et au sens qu'il faut lui donner. Ainsi le législateur n'aurait pas entendu soumettre à la rédaction par écrit les conventions nouvelles faites en matière inférieure à 150 francs, et se référant à une opération primitive constatée par l'écriture.

ques à remplir, si ce n'est leur *enregistrement* quand on veut leur donner date certaine contre les tiers. Ces deux points (signature et enregistrement) sont d'ailleurs des règles générales, communes à tous les actes sous seings privés constatant un acte juridique quelconque et, comme tels, ils ont été exposés dans le tome Ier. Mais il existe, en outre, des *règles spéciales* aux actes privés constatant des *conventions*, et qui par suite doivent être étudiées ici.

Ces règles concernent, d'une part, les *conventions synallagmatiques* ; de l'autre, les *conventions unilatérales*.

A. — Formalité du double pour les actes synallagmatiques.

***1142. Formule de la règle.** — D'après l'art. 1325, les actes sous signatures privées qui constatent des conventions synallagmatiques doivent être faits *en autant d'originaux qu'il y a de parties ayant un intérêt distinct*. Comme les parties sont ordinairement au nombre de deux, l'acte est dressé en double exemplaire ; de là le nom qu'on donne habituellement à cette formalité : on l'appelle le « double écrit » ou le « double original » ; mais il arrive souvent qu'on est obligé de dresser l'acte en triple, en quadruple original, ou même à un chiffre encore plus élevé. Chaque exemplaire doit être *signé par toutes les parties*. C'est donc un « original », comme le texte le dit, et non une copie.

1143. Origine de cette formalité. — La nécessité de dresser des exemplaires multiples pour les contrats qui créent des intérêts opposés n'est pas d'institution ancienne. C'est le Parlement de Paris qui a introduit cette formalité par une série d'arrêts, dont le plus ancien remonte seulement au mois d'août 1736 [1].

***1144. Motif de la règle.** — La pluralité d'exemplaires est nécessaire pour donner la *sécurité* aux parties et pour maintenir l'*égalité* entre elles au point de vue de la preuve. Si l'une d'elles n'avait pas en main l'arme dont elle a besoin, elle serait à la discrétion de l'autre : celle-ci pourrait, en détruisant la preuve du contrat, ou simplement en s'abstenant de la produire, échapper à son engagement, si elle le jugeait trop onéreux pour elle ; toutes les chances seraient de son côté et elle userait ou non, selon les circonstances, de la preuve qu'elle serait seule à posséder. L'unique manière de déjouer ces fraudes est de forcer toutes les parties à se munir mutuellement de la preuve dont elles ont besoin. La nature de ce motif montre que la règle est d'*ordre public* et que les parties n'y pourraient pas déroger en convenant qu'un seul exemplaire suffira pour tout le monde.

Le danger qui vient d'être signalé n'existe pas quand la convention est constatée par un *acte authentique*. Le notaire, qui est dépositaire de l'exemplaire unique, en est responsable envers tous les intéressés. Voilà pourquoi la mesure ordonnée par l'art. 1325 est une précaution spéciale aux actes sous seings privés. Pour la même raison elle ne s'applique pas non plus aux *contrats judiciaires*, qui sont valablement reçus par le juge sous sa seule signature (ci-dessous n° 1163).

***1145. Nombre des originaux.** — La loi n'exige pas que l'on dresse autant d'exemplaires qu'il y a de personnes figurant dans le contrat, mais seulement de *parties ayant un intérêt distinct*. Il eût été mieux de dire un intérêt *opposé*. Tous ceux qui ont dans l'affaire un intérêt *commun* peuvent se contenter d'un exemplaire *unique*. La loi le dit expressément (art. 1325, al. 2).

[1] La pratique avait depuis longtemps inventé ce procédé. Déjà au moyen âge on écrivait fréquemment en double ou en triple sur une même feuille de parchemin ; chaque copie était séparée de l'autre par une marge blanche, sur laquelle on écrivait en gros caractères le mot *chirographum*, ou bien une devise, une invocation, ou tout simplement les premières lettres de l'alphabet. On séparait ensuite l'acte par une coupure faite au travers de cette inscription et chaque partie en prenait une moitié : c'était la *charte-partie* (divisée). Souvent la coupure se faisait en dents de scie ou ondulée : d'où le nom d'*endenture, d'acte dentelé*. L'innovation du XVIIIe siècle n'a donc consisté qu'à rendre cette pratique obligatoire.

Un exemple montrera la distinction à faire. Trois personnes sont propriétaires par indivis d'une terre : si elles se la partagent en prenant chacune un lot, il faudra dresser l'acte de partage en triple exemplaire ; mais si elles la vendent à un tiers avant tout partage, deux exemplaires suffiront : un pour l'acheteur, et l'autre pour les trois vendeurs parce qu'ils ont tous trois un intérêt identique dans l'opération.

1146. Cas où la pluralité d'originaux est exigée. — L'art. 1325 vise les actes sous seings privés contenant des *conventions synallagmatiques*. Ceci a besoin d'être bien compris. On ne doit pas s'attacher *à la nature du contrat*, considéré d'une manière abstraite et théorique, mais bien à la coexistence d'obligations actuelles et réciproques, créées par la convention. Les deux choses ne sont pas synonymes, comme on va le voir par un double exemple. La vente est un contrat synallagmatique ; mais si, au moment où l'écrit est rédigé, l'acheteur a déjà payé son prix en entier, et que le vendeur n'a plus rien à lui réclamer, il n'y a plus en fait qu'*une seule des deux parties* d'obligée, le vendeur, tenu de livrer la chose et d'en garantir la possession à l'acheteur. *Un seul exemplaire* suffira donc (Bordeaux, 1er avril 1889, D. 90. 2. 15). En sens inverse, le prêt d'argent est un contrat unilatéral, qui n'oblige que l'emprunteur ; mais si celui-ci remet au prêteur un objet en gage, il fait avec lui un second contrat unilatéral, le nantissement, qui n'oblige que le gagiste, détenteur de la chose d'autrui. Or les deux obligations qui dérivent de ce double contrat existent en sens inverse l'une de l'autre : celui qui devient créancier en vertu du prêt devient débiteur en vertu du nantissement. On devra donc dresser en double l'acte qui constate l'opération (Cass., 8 mars 1887, D. 87. 1. 264, S. 90. 1. 257). Il peut donc y avoir réciprocité d'obligations à la suite de contrats unilatéraux, ou obligation unique à la suite d'un contrat synallagmatique de sa nature.

Quant aux contrats dits « synallagmatiques imparfaits », nous leur avons refusé le caractère synallagmatique ; nous devons donc sans hésitation les dispenser de la formalité du double. Mais les auteurs mêmes qui les considèrent comme synallagmatiques les en dispensent de même, parce que la seconde obligation est simplement éventuelle et qu'à l'époque où l'écrit est passé la convention n'a encore créé qu'une seule obligation.

1147. Ancienne sanction de la formalité du double. — Dans l'ancien droit, la sanction établie par la jurisprudence des Parlements était sévère : c'était la *nullité complète de la convention*. Cette simple irrégularité dans la forme de l'écrit privait l'acte au fond de toute espèce d'effets, alors même que son existence aurait pu être prouvée autrement et qu'elle aurait été avouée par les parties. C'était évidemment dépasser la mesure. Puisqu'il s'agit d'une simple règle relative à la confection des preuves préconstituées, il suffisait d'annuler l'*écrit en tant que preuve* et de priver les parties de l'usage de cet écrit, vicié par une irrégularité de pure forme.

***1148. Sanction actuelle.** — Pour atténuer la sévérité de la loi, la jurisprudence moderne a profité de ce fait que, dans l'art. 1325, l'acte sous seings privés est seul visé, et non la convention qu'il constate[1]. C'est lui seul qui est déclaré n'être pas valable quand il n'est pas conforme aux prescriptions de la loi (Cass., 21 juin 1870, D. 71. 1. 294 ; Amiens, 23 juill. 1874, D. 76. 2. 201, S. 75. 2. 333). Les parties ne pourront donc pas s'en servir pour établir l'existence de leur contrat ; mais celui-ci subsiste, quoique privé de sa preuve écrite, et il pourra être établi par d'autres moyens, savoir *par l'aveu* de la partie adverse, *par le serment*, *par témoins* et *par présomptions*, s'il s'agit d'une valeur ne dépassant pas 150 francs, ou même au-dessus de cette somme s'il existe un commencement de preuve par écrit. Mais ici s'élève une question qui mérite d'être examinée à part.

1149. Rôle de l'écrit irrégulier comme commencement de preuve. — Quand l'écrit n'a pas été fait en double, il serait logique de refuser toute valeur probante

[1] Il est peu probable que les auteurs du Code aient prévu ce changement. L'opinion ancienne, qui annulait le contrat pour la simple irrégularité de sa preuve, se trouve exposée dans le Rapport au Tribunat et dans l'exposé des motifs (Fenet, t. XIII, p. 293 et 382), et M. Demolombe l'a défendue avec conviction (t. XXIX, nos 426-433) ; mais son opinion n'a pas prévalu.

à un acte non conforme aux prescriptions de la loi. Si on permet de s'en servir comme commencement de preuve, on lui restitue partiellement cette valeur; on introduit une distinction inconnue de la loi et contraire à son motif, qui est de maintenir l'égalité entre les parties: l'une d'elles sera mieux armée que l'autre. Néanmoins la doctrine et la pratique admettent que si l'écrit condamné par l'art. 1325 ne fait pas preuve complète, il n'est pas néanmoins dénué de tout effet. On lui applique une règle analogue à celle de l'art. 1318, aux termes duquel l'acte authentique, nul en la forme, peut valoir comme acte sous seings privés, s'il est signé des parties. On l'utilise donc comme commencement de preuve par écrit, et il est dès lors facile de le compléter par des témoignages ou des présomptions (Liège, 5 mars 1879, *Pasicrisie*, 79. 2. 267; Paris, 3 déc. 1892, D. 93. 2. 71, S. 93. 2. 71; Besançon, 1er févr. 1893, D. 93. 2. 590).

1150. Moyen de rédiger valablement l'acte privé en un seul exemplaire. — La pratique offre aux parties un moyen de se dispenser de la confection des originaux multiples, qui devraient parfois être dressées en grand nombre: elles n'ont qu'à *déposer l'original unique signé par elles entre les mains d'un tiers*, choisi d'un commun accord, et qui sera chargé de le conserver dans l'intérêt d'elles toutes. On obtient par ce procédé l'égalité de situation que la loi a voulu assurer aux parties: la forme est différente, mais le résultat est le même[1]. Si la personne choisie pour conserver l'acte est un notaire, il suffit que l'original lui ait été officieusement remis; il n'est pas nécessaire qu'il ait dressé acte du dépôt (Cass., 10 déc. 1884, D. 85. 1. 66, S. 85. 1. 166; Paris, 3 déc. 1892, S. 93. 2. 71).

***1151. Emploi comme acte sous seings privés d'un acte authentique nul.** — Lorsqu'un acte authentique est nul, soit par l'*incompétence* ou l'*incapacité* de l'officier, soit *par vice de forme*, il vaut néanmoins « comme écriture privée », pourvu qu'il soit signé des parties. Ceci s'applique surtout à l'acte notarié. Naturellement l'acte notarié, qui est toujours un original unique, ne satisfera pas à la règle de l'art. 1325. Au XVIe siècle, quand s'est introduite la jurisprudence qui permet d'utiliser comme écriture privée l'acte authentique frappé de nullité, elle ne rencontra aucun obstacle parce que les actes privés, même quand ils contenaient des conventions synallagmatiques, étaient valablement rédigés en un exemplaire unique. Plus tard, lorsqu'on établit l'obligation d'originaux multiples, on n'eut pas besoin de revenir sur la solution acquise, parce que l'acte authentique nul, restant déposé parmi les minutes du notaire, ne présente pas le danger qu'on a voulu prévenir en multipliant les originaux.

***1152. De la mention du double.** — La loi ne se borne pas à exiger que les parties dressent des originaux multiples, quand elles ont des intérêts distincts. Elle veut, en outre, que chaque original porte « la mention du nombre des originaux qui ont été faits » (art. 1325, al. 3). De là la mention usuelle: « Fait double [ou fait triple] à Paris, le ... ». La mention que l'acte a été fait en autant d'originaux qu'il y avait de parties intéressées satisfait au vœu de la loi (Trib. de Langres, 15 mars 1900, D. 1900. 2. 422). Voyez cependant les auteurs cités dans DALLOZ, *Suppl.*, v° Obligations, n° 1664.

Cette mention est fort utile. Elle fournit le moyen le plus simple, et qui est souvent le seul, d'établir que la loi a été observée et que les originaux multiples ont réellement été dressés. Si l'acte gardait le silence sur ce point, l'une des parties n'aurait qu'à supprimer son propre original, pour mettre l'autre dans l'embarras en frappant d'invalidité l'écrit que celle-ci possède.

Dans l'opinion la plus générale, la formalité de la mention est requise à peine de nullité, tout aussi bien que la confection même des originaux multiples. Ceci est contesté par quelques auteurs, sous prétexte que la loi ne prononce pas expressément la nullité quand cette mention a été omise; mais comme elle n'établit aucune autre sanction, il faudrait dire que son exigence est vaine sur ce point et qu'on ne risque rien à négliger ladite for-

[1] L'emploi de ce procédé n'est pas nouveau. Beaumanoir le recommandait déjà: « Quant lettres sont faites d'iretages... ou d'aucuns marciés qui toucent à pluriex personnes, ele doit estre mise en sauve main, en tele maniere que celui qui en ara mestier le puisse avoir à son besoing » (*Cout. de Beauvoisis*, édit. Beugnot, XXXV, 16; édit. Salmon, n° 1090).

malité. Il n'en résultera qu'une difficulté de fait quand on voudra ensuite démontrer l'existence réelle des originaux multiples, et qu'on aura omis de le dire dans l'acte. — D'ailleurs, la loi sous-entend si bien que l'acte muet sur le nombre des originaux est nul comme preuve qu'elle indique elle-même un cas particulier dans lequel ce vice se trouvera couvert, et ne pourra être opposé par l'une des parties à l'autre (voyez le nº suivant, 1º).

1153. Comment se couvre la nullité résultant du défaut de mention. — Quand les originaux ont été réellement faits doubles, triples, etc., le vice résultant du défaut de mention est moins grave que si l'acte avait été dressé en simple. Aussi peut-il se couvrir dans deux cas :

1º Lorsque *l'une des parties a exécuté la convention* en ce qui la concerne (art. 1325, al. 4). Le fait de l'exécution volontaire est la meilleure des preuves de la conclusion du contrat.

2º Lorsque *les originaux* doubles, triples, etc., *sont représentés*. Ceci n'est pas dit dans la loi, mais quelle certitude plus grande pourrait-on avoir de leur rédaction ? Le fait ici étant patent, on est dispensé de le prouver (Cass., 13 juin 1883, D. 83. 1. 38).

B. — Formalité du « Bon pour » dans les promesses unilatérales.

***1154. Nature de la formalité.** — L'acte sous seings privés, qui constate une promesse unilatérale, est naturellement valable avec un seul exemplaire ; néanmoins il existe encore pour lui une règle particulière pour le cas où il ne serait pas *écrit en entier de la main du débiteur*. — Lorsque le corps de l'acte est d'une autre main, le débiteur doit, avant de signer, *exprimer d'une façon précise l'objet de son obligation*. Cette mention doit s'inscrire immédiatement au-dessus de la signature ; elle doit être en entier *de la main du signataire*, et le montant de la somme ou de la quantité due doit être indiqué *en toutes lettres* et non en chiffres (art. 1326). Ordinairement cette mention de la somme débute par les mots : « Bon pour... » ou « Approuvé pour... ». De là vient le nom donné en général à cette formalité qu'on appelle : *la formalité du « Bon pour »* ou de l'*Approuvé*.

***1155. Son motif.** — Cette formalité a pour raison d'être le désir d'éviter des *abus de blanc seing*, et différentes fraudes équivalentes. Un créancier peu scrupuleux peut se faire remettre par un débiteur trop confiant un acte signé *en blanc*, qu'il remplit ensuite à sa guise en exagérant le chiffre de la dette. D'autres moyens encore le conduiraient au même résultat, soit qu'au moyen d'un grattage ou d'un lavage il modifie les chiffres qui expriment le montant de la dette dans le corps de l'acte, soit qu'il rédige l'acte lui-même en y écrivant un chiffre faux et exprime le chiffre réel dans la lecture qu'il en fait au débiteur pour le faire signer : si celui-ci n'a pas la précaution de vérifier de ses yeux ce qu'il y a d'écrit dans l'acte, sa bonne foi se trouvera surprise. — On évite toutes ces fraudes en obligeant le débiteur à écrire lui-même le chiffre de sa dette, et à l'écrire en toutes lettres.

1156. Son origine. — La formalité du « bon pour » n'a pas été inventée par les auteurs du Code. Les fraudes contre lesquelles elle est dirigée se commettaient déjà dans l'ancien droit, et une déclaration royale du 30 juillet 1730 institua le remède en obligeant le débiteur à approuver de sa main la partie essentielle de l'écrit rédigé par un autre. Une seconde déclaration, du 22 septembre 1733, vint en tempérer l'application.

1157. Obligations soumises à la formalité du « bon pour ». — La règle n'est faite que pour les *obligations unilatérales*. Donc les actes constatant des conventions synallagmatiques en sont dispensées (Cass., 3 mai 1886, D. 87. 1. 16, S. 86. 1. 351 ; Cass., 8 mars 1887, D. 87. 1. 264, S. 90. 1. 257). A la vérité, les mêmes fraudes peuvent s'y commettre au détriment d'une des parties ; mais le danger pratique est bien moindre, parce que chacune d'elles ayant en main un exemplaire du contrat pourrait s'apercevoir du faux, tandis que dans les promesses unilatérales le créancier emporte le billet pour le produire seulement à l'échéance, qui est parfois éloignée ; le débiteur ne le revoit plus, circonstance qui facilite le succès de la fraude.

1° Obligations de quantités. — Toutes les conventions unilatérales ne sont même pas soumises à l'art. 1326. Il faut que la dette ait pour objet *une somme d'argent* ou *une chose appréciable*. Cette dernière expression, peu claire par elle-même, désigne non pas toute chose appréciable *en argent*, mais seulement des *quantités* de choses qui s'estiment *au poids, au nombre* ou *à la mesure*. On a dit quelquefois que le Code avait ici élargi la disposition des anciennes déclarations royales, qui n'auraient exigé le « bon pour » que pour les « billets sous seings privés causés pour valeur en argent ». C'est une erreur : la déclaration de 1730 mentionne formellement les promesses de « marchandises, denrées ou autres effets ». Et, en effet, la fraude peut s'y donner tout aussi facilement carrière, les obligations de quantités s'exprimant par un chiffre comme les dettes d'argent et, par suite, pouvant donner lieu aux mêmes surprises.

2° Obligations de corps certains. — Malgré l'extension donnée dès le début à la formalité du « bon pour », il reste encore un certain nombre d'obligations unilatérales qui n'y sont pas soumises : ce sont toutes celles qui ont pour objet *un corps certain*.

3° Obligations indéterminées. — L'art. 1326 s'applique-t il aux obligations de quantité dont le chiffre est encore *indéterminé* au moment où l'écrit est passé? La doctrine décide, en général, négativement parce que, d'après le texte, le chiffre qui exprime la quantité due doit être écrit dans la mention d'approbation et qu'il est impossible d'en fixer aucun tant que subsiste cet état d'indétermination. Mais cette considération, qui paraît cependant décisive, n'a pas touché la jurisprudence. Ainsi, il a été jugé que la caution qui garantit le paiement des pertes d'une société, dont le total est encore inconnu, doit néanmoins en indiquer le chiffre dans le « bon pour » de son engagement (Cass., 16 févr. 1892, D. 92. 1. 248, S. 93. 1. 409).

1158. Cas où il y a plusieurs débiteurs. — Du moment où l'acte a le caractère unilatéral et ne produit d'obligations que d'un seul côté, peu importe la *pluralité des débiteurs* : avec un seul écrit, les mêmes fraudes sont possibles, qu'il y ait un seul débiteur ou qu'il y en ait cent[1]. Quand plusieurs personnes signent l'original unique du billet qui constate leur engagement commun, chacune d'elles doit faire précéder sa signature du « bon pour », comme si elles s'engageaient par des écrits séparés.

1159. Personnes dispensées[2]. — Ne sont pas soumises à la formalité du « bon pour » les personnes dont l'énumération suit :

1° Marchands. — Nous dirions aujourd'hui les *commerçants*. Le motif de l'exception qui les concerne paraît bien être tout simplement la rapidité et la facilité des opérations commerciales. C'est le seul que donne la déclaration de 1733 : la formalité nouvelle était difficile à observer pour eux.

La façon dont le Code s'y est pris pour énoncer l'exception relative au commerce a fait naître une controverse. « Lorsque l'acte *émane de marchands...* », dit le texte. Beaucoup d'auteurs modernes en ont conclu que la loi accorde aux commerçants, à raison de

[1] A ce point de vue, l'article 1326 est rédigé d'une manière insuffisante : il vise, en effet, le cas où « *une seule partie* s'engage envers l'autre... ». Il faut entendre ces mots aussi bien de plusieurs personnes que d'une seule, et appliquer l'article au billet signé de plusieurs débiteurs qui se sont engagés solidairement ou non. Il y a donc une certaine correspondance entre l'article 1325 et l'article 1326 : dès qu'un seul original suffit aux termes du premier, la formalité du « bon pour » devient nécessaire en vertu du second.

[2] Quand on établit, en 1730, la formalité nouvelle, on en fit d'abord une règle absolue : la première déclaration royale ne faisait d'exception pour personne. Il est probable que cette règle nouvelle, qui se heurtait à l'incurie générale, parut impossible à observer en pratique dans toute sa rigueur, car, trois ans après, une seconde déclaration (22 février 1733) vint y apporter des *exceptions* considérables pour en faciliter l'application et sauver au moins le principe. On dispensait de l'observation de la règle « les *actes nécessaires au commerce* ou faits par des gens *occupés aux arts et métiers ou à la culture des terres* ». Ces exceptions ont été conservées par le Code (art. 1326, al. 2), mais la rédaction de 1804 est moins bonne et moins précise que celle de 1733. Le texte ancien faisait deux espèces d'exceptions : l'une était tirée de *la nature de l'acte* (actes nécessaires au commerce); l'autre, de *la qualité des personnes* (artisans et paysans). Le Code a modifié la formule, et d'une façon qui l'a rendue moins claire.

leur profession, une dispense absolue, même pour leurs opérations non commerciales, et, comme il faut toujours trouver un motif aux solutions qu'on croit être celles de la loi, ils en ont inventé un nouveau, inconnu des rédacteurs de la déclaration de 1733 : ils disent que l'habitude des affaires donne aux commerçants une expérience qui les rend plus circonspects et moins faciles à tromper que les autres personnes. — En lui-même, ce motif est sans valeur ; il serait bien plus vrai de dire que le commerce vit avant tout de bonne foi et de confiance, et que les commerçants font tous les jours des actes qui seraient des imprudences dans leurs affaires civiles. De plus, il est fort douteux qu'en abrégeant la formule de la déclaration de 1733 les auteurs du Code aient entendu modifier sur ce point le système suivi avant eux ; ils ont effacé par inadvertance une différence de rédaction qui était certainement voulue[1]. Enfin, s'il y a quelque doute, l'alinéa final de l'art. 1326, qui déroge à la règle, doit s'interpréter dans le sens le plus étroit.

2° Artisans, laboureurs, vignerons, gens de journée et de service. — Cette seconde exception ne peut pas se justifier de la même manière que la précédente. Le motif qui l'a fait admettre en 1733 est certainement l'impossibilité d'obtenir cette mention de la part de gens qui étaient à cette époque entièrement *illettrés* et capables, tout au plus, de tracer les lettres de leur nom. La seconde déclaration royale constate, en effet, qu'il était « impossible » d'observer la première à la lettre. Le motif est beaucoup moins impérieux aujourd'hui : avec les progrès de l'instruction primaire, le nombre des personnes qui savent signer, sans savoir écrire, a beaucoup diminué, et tend toujours à décroître.

On pourrait, sans inconvénient, *réformer* sur ce point l'art. 1326 *en effaçant cette seconde exception* ; il y aurait même grand avantage à le faire, car elle enlève à l'art. 1326 la plus grande partie de son utilité. En effet, les personnes auxquelles elle s'applique sont en nombre immense, elles forment la majorité de la nation, et ce sont justement celles qui auraient le plus grand besoin d'être protégées contre la fraude, étant, sinon illettrées comme jadis, du moins fort peu expérimentées en affaires.

1160. Sanction de la règle. — Les anciennes déclarations portaient expressément que les billets et promesses non conformes à leurs prescriptions seraient « nuls » ou « de nul effet et valeur ». Le Code ne s'explique pas sur la nature de la sanction ; il dit seulement : l'acte « doit » être écrit de la main du signataire, ou « il faut » un bon ou approuvé, sans dire ce qui arrivera si on ne s'est pas conformé à son texte. Certains auteurs en concluent que la sanction n'est plus la nullité : elle ne peut cependant pas être autre chose. Les parties ont voulu se ménager une preuve écrite ; mais leur écrit, étant imparfait, est nul comme tel. A ce point de vue, il faut traiter l'écrit qui constate une convention unilatérale et qui n'est pas conforme à l'art. 1326, de la même manière que l'écrit constatant une convention synallagmatique et non conforme à l'art. 1325. La nullité tombe donc *uniquement sur la preuve irrégulière*, et non sur la promesse que l'acte devait servir à prouver. L'obligation pourra, par suite, être prouvée par tous autres moyens, aveu, serment, témoignages ou présomptions, d'après les règles du droit commun, et même on pourra employer, *comme commencement de preuve par écrit*, le billet irrégulier, et le compléter à l'aide de témoignages ou de simples présomptions ou par la délation du serment supplétoire. C'est un point qui ne fait plus aucun doute (Cass., 30 nov. 1891, D. 93. 1. 285, S. 92. 1. 78).

1161. Désaccord entre le corps de l'acte et le « bon pour ». — Lorsque la somme indiquée dans le « bon pour » n'est pas la même que celle du corps de l'acte, l'obligation est présumée être de la moindre des deux sommes (art. 1327). Cette disposition a été empruntée, non aux textes anciens qui ne la contenaient pas, mais au *Traité des Obligations* de Pothier (nos 745 et 746). Elle n'est que l'application à un cas particulier d'une règle générale écrite dans l'art. 1162 : le doute s'interprète toujours en faveur du débiteur.

[1] Ce qui prouve bien l'équivalence entre le Code civil et la déclaration de 1733, c'est que la formule actuelle a été empruntée à Pothier (*Obligations*, n° 744) qui la donnait justement pour expliquer le texte de 1733.

§ 4. — *Modes exceptionnels de constatation des contrats.*

1162. Des tailles. — L'*écriture* est la forme usuelle des preuves préconstituées, de sorte que *preuve littérale* et *preuve préconstituée* peuvent être considérées comme synonymes. Cependant la loi admet un mode de preuve préconstituée autre que l'écriture, c'est l'emploi des *tailles* (art. 1333). Les tailles sont employées dans certaines régions par les fournisseurs d'objets usuels, toujours identiques, tels que le pain nécessaire à la consommation quotidienne d'un ménage. Les tailles se composent de deux fragments de bois, provenant d'un morceau unique, fendu en long. L'un d'eux, qui garde le nom de *taille*, reste aux mains du fournisseur; l'autre, appelé *échantillon*, est conservé par le client. A chaque fourniture on rapproche la taille de l'échantillon, et on fait sur les deux ensemble une entaille transversale appelée *coche*. Le nombre des coches prouve le nombre des fournitures quand les coches de la taille se rapportent à celles de l'échantillon. Ce procédé, un peu primitif, se restreint de plus en plus dans l'usage avec les progrès de l'instruction primaire. Sauf ce cas unique, la preuve préconstituée est une preuve littérale.

1163. Des contrats judiciaires. — Cette matière tient une assez grande place dans la pratique; les arrêts sont nombreux (voyez DALLOZ, *Suppl.*, H. V°); elle est cependant restée à peu près inaperçue dans la doctrine. Au fond il s'agit, non pas d'une variété particulière de contrats, car leur nombre n'est pas limité, mais d'un *simple mode de preuve* d'une convention qui se conclut devant la justice au cours d'un procès. Peu importe l'objet de cette convention; peu importe aussi la forme dans laquelle le consentement est donné. L'adhésion d'une partie à la proposition faite par l'autre peut être tacite. Voyez en des exemples divers dans Caen, 3 août 1848, D. 50. 2. 157; Cass., 30 nov. 1863, D. 64. 1. 216, S. 64. 1. 128; Cass., 23 août 1881, D. 82. 1. 302, S. 82. 1. 344). Mais il est nécessaire que le juge *donne acte* de ce consentement (Cass., 5 juill. 1869, D. 71. 1. 316, S. 69. 1. 452; Cass., 21 mars 1882, D. 83. 1. 214). La nécessité de ce *donné acte solennel* est le trait constitutif du contrat judiciaire, qui fait de lui un mode particulier de constatation des conventions (voyez ci-dessus n° 1143). Voyez cependant Gand, 29 juill. 1876, *Pasicrisie belge*, 76. 2. 330.

CHAPITRE VIII

EFFET DES CONTRATS

1164. Observation préliminaire. — Dans le Code civil, l'effet des contrats est présenté *en même temps que l'effet des obligations* (art. 1134 et suiv.). Les deux choses sont cependant bien distinctes[1] : le contrat fait naître une ou plusieurs obligations; c'est son seul effet, et ces obligations, à leur tour, produisent des effets qui ont déjà été étudiés plus haut (n°s 162 à 277) et qui ne dépendent pas de leur nature contractuelle ou légale.

Nous n'avons à étudier ici que l'*effet propre du contrat*, considéré comme fait productif d'obligations. Tout ce qu'il y a à dire à ce point de vue tient dans deux idées principales : sa *force obligatoire*, sa *relativité*. Nous y joindrons quelques explications sur l'*interprétation des contrats*.

[1] Pothier les distinguait très nettement (*Obligations*, n°s 85 et suivants et n°s 141 et suiv.).

§ 1. — *Force obligatoire du contrat.*

*** 1165. Degré de cette force.** — Le Code civil exprime très énergiquement la force du contrat en disant que « les conventions *tiennent lieu de loi* à ceux qui les ont faites » (art. 1134).

Cela veut dire que l'observation du contrat s'impose aux parties comme celle des lois, et que l'une d'elles ne peut pas s'y soustraire sans la volonté de l'autre. Comp. ULPIEN : « Hoc servabitur quod initio convenit; legem enim contractus dedit » (*Digeste*, liv. L, tit. 17, fr. 23, et DOMAT, *Loix civiles*, liv. I, tit. I, sect. 2, n° 7). Mais cela ne signifie pas que le contrat soit une *loi* à proprement parler et que sa mauvaise interprétation par les juges puisse *donner ouverture* à cassation. Sur le pouvoir des juges du fait quand il s'agit d'interpréter un contrat, voyez ci-dessous, nos 1183 et 1184.

Du reste, il y a une condition pour que les contrats aient cette force obligatoire : il faut qu'ils soient « légalement formés » (art. 1134). La loi ne peut prêter son appui à une convention qu'elle défend et qui est *illicite*. Sur le degré de liberté laissé aux particuliers pour leurs contrats et pour les actes juridiques en général, voyez t. I, nos 261 et suiv.

***1166. Révocation par les parties.** — Tout en déterminant la force de la convention, la loi permet cependant aux parties de la modifier ou même de la révoquer entièrement, mais seulement « de leur consentement mutuel » (art. 1134). Le consentement détruit le contrat, de même qu'il avait suffi à le former. C'est l'application de l'ancienne règle : « Quæ certo jure contrahuntur, contrario jure pereunt. »

Les effets de cette révocation doivent être bien compris. Elle suffit à *libérer le débiteur de ses obligations encore existantes*, c'est-à-dire non exécutées; mais elle est *sans force pour revenir sur le passé* et pour effacer des faits déjà accomplis, et ceci amène diverses conséquences :

1° Si le contrat a produit le transfert d'un droit, tel que la propriété, l'acquéreur de ce droit a pu, dans l'intervalle entre le contrat et sa révocation, conférer des droits à des tiers, par exemple des *hypothèques* ou des *servitudes* sur l'immeuble qui lui avait été vendu, échangé ou donné ; *ces droits acquis subsistent au profit des tiers,* parce que le nouveau contrat qui détruit le premier est pour eux « res inter alios acta ».

2° *En droit fiscal,* les deux contrats sont considérés comme des opérations indépendantes, dont chacune donne lieu à la perception des droits qui s'y appliquent. Non seulement *les droits perçus lors du premier contrat ne sont pas restitués* lors de sa révocation, mais cette révocation elle-même donne lieu à un nouveau droit. Ceci a de l'importance s'il s'agit d'un transfert de propriété : il faudra payer un *double droit de mutation.*

3° S'il y a eu *transfert de propriété immobilière,* la convention révocatoire, qui la fait revenir à l'aliénateur, est elle-même soumise à la *publicité par voie de transcription,* comme l'a été la première : il s'agit d'un second transfert de propriété s'accomplissant en sens inverse.

En somme, on voit que la *révocation conventionnelle* d'un contrat n'a *pas du tout l'effet rétroactif* qui se produit quand il est *annulé* ou *résolu.*

1167. Application du contrat par le juge. — Non seulement la partie ne peut pas révoquer le contrat par sa seule volonté, mais elle ne peut pas en obtenir la révocation ni même la simple modification par le juge, s'il n'y a pas quelque cause d'annulation ou de résolution prévue par la loi (art. 1134). Voyez-en une curieuse application pour une redevance d'arrosage, qui avait été fixée à 3 sols au XVIe siècle, chiffre devenu beaucoup trop faible pour l'entretien du canal d'irrigation et que les juges avaient illégalement relevé à 60 centimes (Cass., 6 mars 1876, D. 76. 1. 193).

Néanmoins il n'est pas rare de voir les tribunaux profiter des circonstances de fait pour modifier les clauses d'un contrat sous prétexte de les interpréter (ci-dessous n° 1184).

1168. Cas exceptionnels. — Par dérogation à ces règles, il y a quelques contrats que la volonté d'un seul peut rompre soit à tout moment, soit à des intervalles fixes : tels sont : la *société*, quand elle a été contractée pour une durée indéfinie ; le *mandat* ; le *louage*, quand il a été contracté par périodes ou sans limitation de durée.

En sens inverse les contrats relatifs à la famille (mariage, contrat de mariage et adoption) ne peuvent pas être modifiés même par le consentement mutuel des parties.

§ 2. — *Relativité des contrats.*

1169. Division. — Pothier[1] avait énoncé en fort bons termes la double règle qui limite l'effet d'un contrat à la fois *quant aux choses* et *quant aux personnes* : « Une convention n'a d'effet qu'à l'égard des choses qui ont fait l'objet de la convention, et seulement entre les parties contractantes » (*Obligations*, n° 85). Le Code a séparé les deux points (art. 1135 et 1165), et il n'a traité le premier que d'une manière incomplète.

A. — Relativité quant aux choses.

1170. Absence de difficultés pratiques. — Comme le disait encore Pothier, une convention ne peut avoir d'effet que sur ce que les parties ont voulu. Cela est d'évidence, et l'application de cette règle ne soulève guère de difficultés pour les *contrats*. Il en est autrement pour les *jugements*, qui sont soumis à une règle analogue (Voyez t. I).

1171. Détermination de l'étendue du contrat. — Dans la pratique, les difficultés viennent, non pas de ce qu'on étend les contrats au delà de leur objet véritable, mais bien plutôt de ce que *les parties n'ont pas été assez explicites dans l'énoncé de leurs conventions* et qu'il y a dans l'acte des choses sous-entendues. A cet égard la loi pose une règle spéciale : « Les conventions obligent non seulement à ce qui y est exprimé, mais encore à toutes les suites que l'équité, l'usage ou la loi donnent à l'obligation d'après sa nature » (art. 1135). Comp. art. 1160 et ci-dessous n° 1181-3°. Le droit romain donnait déjà une solution semblable pour les actions de bonne foi : « Ea quæ sunt moris et consuetudinis in bonæ fidei judiciis debent venire » (*Digeste*, liv. XXI, tit. 1, fr. 20).

B. — Relativité quant aux personnes.

** **1172. Limitation aux parties des effets du contrat.** — « Les

[1] Il suivait en cela une règle formulée par Paul à propos des pactes (*Digeste*, liv. II, tit. 14, fr. 27, § 4).

conventions n'ont d'effet *qu'à l'égard des parties contractantes* », dit l'art. 1165. Rappelons d'abord que l'on doit considérer comme parties dans un contrat non seulement les personnes qui ont été *présentes* à sa conclusion et qui lui ont donné leur adhésion par elles-mêmes, mais aussi celles qui y ont été *représentées* par une personne agissant en leur nom (mandataire, tuteur, etc.)[1].

Le principe est donc la *limitation aux parties des effets du contrat* : ces effets se produisent pour ou contre les parties, et non pour ou contre les *tiers*, en prenant ce mot dans son sens le plus large. Les tiers ne peuvent ni souffrir ni profiter d'un contrat qui n'a pas été fait par eux ni pour eux. C'est ce qu'exprime un vieil adage : « Res inter alios acta, aliis neque nocere neque prodesse potest. »

* **1173. Extension aux ayants cause des parties.** — Cependant, à côté des parties, il faut placer un certain nombre de personnes qui subissent l'effet du contrat ou qui en profitent, comme les parties elles-mêmes, parce qu'elles sont leurs *ayants cause*.

Il y a lieu d'envisager séparément la situation ainsi faite aux *créanciers chirographaires*, aux *successeurs universels* et aux *successeurs particuliers*.

1° Créanciers chirographaires.

** **1174. Leur situation normale.** — En leur qualité d'ayants cause universels de leur débiteur (t. I, 1re édit., n° 284 ; 2e édit., n° 303), les créanciers chirographaires ressentent tous les effets des conventions faites par lui. Le débiteur acquiert-il un droit nouveau ? améliore-t-il son actif ? Ses créanciers en profitent, leur gage s'accroît. A-t-il consenti une aliénation ? Ses créanciers en souffrent par l'amoindrissement de leur gage. A-t-il contracté de nouvelles dettes ? Ils en souffrent encore par l'amoindrissement du dividende qu'ils obtiendront. La convention produit donc ses effets pour les créanciers tout autant que pour les parties contractantes : toutes les fluctuations bonnes ou mauvaises que subit le patrimoine du débiteur agissent sur le gage des créanciers, nécessairement et de la même manière, puisque les deux choses n'en font qu'une. — C'est par une application directe de cette idée que la loi permet aux créanciers d'exercer les droits et actions du débiteur de son chef et à sa place (art. 1166 et ci-dessus nos 280 et suiv.).

* **1175. Règle exceptionnelle au cas de fraude.** — Par exception, lorsque l'acte du débiteur est accompli en fraude des droits de ses créanciers, ceux-ci cessent d'en subir l'effet : ils acquièrent un droit propre,

[1] L'effet relatif des actes juridiques a déjà été indiqué dans le t. I (1re édit., nos 277-286 ; 2e édit., nos 296-305), ainsi que les notions de *tiers*, d'*ayant cause* et de *représentation*. C'est là qu'il faut aller en chercher les définitions ; nous n'avons plus qu'à appliquer ces idées aux *contrats*.

qui est *l'action révocatoire* ou *action Paulienne* (voyez ci-dessus, n°s 296 à 336)[1].

2° Successeurs universels.

**** 1176. Leur situation normale.** — Les successeurs universels, recueillant le patrimoine entier de leur auteur, se trouvent, en principe, dans la même situation que lui : ils succèdent à la fois à ses obligations et à ses créances. L'effet d'un contrat passé par une personne décédée est donc le même pour ses héritiers ou autres successeurs universels que pour le défunt. Cette transmission héréditaire des créances et des dettes, qui était un des principes fondamentaux des successions romaines, ne s'est jamais perdue depuis (art. 724, 873, 1009, 1012). Au cas où le défunt laisse plusieurs successeurs, le bénéfice ou la charge se partage entre eux, en proportion de leurs parts héréditaires (art. 1220). L'art 1122, placé au titre « Des Obligations », ne fait que rappeler la règle, qu'il énonce d'ailleurs en termes insuffisants « en disant qu'on est censé *stipuler* pour soi et ses héritiers ». Il eût fallu ajouter « ou promettre », car le verbe « stipuler » ne peut s'entendre correctement que du rôle du créancier dans le contrat : lui seul *stipule* ; le débiteur *promet*.

1177. Cas exceptionnels. — Par dérogation à la règle, il est possible que l'effet du contrat ne se prolonge pas au delà de la vie de la partie et que ses successeurs ne soient pas dans la même situation qu'elle. Le changement qui s'opère à son décès peut être plus ou moins complet : tantôt il y a extinction du droit ou de la charge, tantôt il y a simple modification.

1° Créances et dettes viagères. — Les héritiers et autres successeurs universels ne succèdent pas à la créance ou à l'obligation qu'avait le défunt, lorsque celle-ci était *viagère*.

Comme exemples de *créances* qui ne passent pas aux héritiers, on peut citer les *pensions de retraite* et les *rentes viagères*, qui meurent avec leur titulaire.

Les exemples analogues se tirent, pour les *dettes* ou *obligations passives*, des contrats faits en considération de la personne qui s'engage : ainsi le *louage d'ouvrage* et le *contrat d'entreprise* (art. 1795), la *société* (art. 1865-3°), le *mandat* (art. 2003, al. 3) sont dissous par la mort de l'ouvrier ou du domestique, de l'entrepreneur, de l'un des associés, ou du mandataire. Le contrat avait été fait eu égard aux qualités personnelles du débiteur ; il serait contraire à l'intention des parties de le maintenir pour ou contre ses héritiers.

2° Modifications secondaires. — Parfois le droit ou la charge créés par le contrat survivent au décès des parties primitives, mais modifiés. Exemple : Le débiteur a pu se ménager un *terme* de son vivant et en priver ses héritiers, de façon que si l'obligation n'est pas devenue exigible pendant sa vie, le paiement en pourra être demandé immédiatement à ses héritiers.

3° Successeurs particuliers.

**** 1178. Non-transmission des créances et des dettes.** —

[1] On exprime quelquefois ces notions sous une autre forme, en disant que le débiteur « représente » en principe ses créanciers, mais qu'il cesse de les « représenter » quand il agit de mauvaise foi. Cette façon de parler est moins claire et moins juste : elle introduit l'idée de représentation dans un endroit où elle n'a que faire, et où tout dépend des relations qui s'établissent entre auteur et ayants cause.

Les successeurs particuliers ne sont pas héritiers de leur auteur, ni assimilables à des héritiers. Par conséquent, les contrats qu'a pu faire leur auteur, comme créancier ou comme débiteur, leur sont en principe indifférents ; la créance ou la dette reste *attachée à la personne* qui l'a contractée ou stipulée, et ne passe pas à son ayant cause particulier, à moins qu'il y ait eu à cet égard une *convention spéciale* entre les parties. Ainsi un donateur peut obliger son donataire à payer tout ou partie de ses dettes (art. 945).

Cette convention est sous-entendue par la loi dans un cas remarquable : l'acquéreur d'un immeuble loué ou affermé est obligé d'entretenir le bail consenti par l'aliénateur (art. 1743) ; il est subrogé, d'office et sans convention spéciale, aux droits et aux obligations nés du bail.

** **1179. Effet des conventions relatives au droit transmis.** — Cependant le successeur particulier est bien, dans une certaine mesure, l'ayant cause de son auteur : il a acquis de lui un droit, la *propriété* d'un immeuble, une *créance* qui lui a été cédée. Or ce droit lui a été transmis *dans l'état où il se trouvait lors de l'aliénation* : l'aliénateur n'a pu, en cédant son bien, porter atteinte aux droits qu'il avait précédemment conférés à des tiers sur la chose aliénée. De là cette règle : Toute convention par laquelle l'aliénateur a amoindri ou modifié son droit sur la chose, antérieurement à l'aliénation, est opposable à l'acquéreur de cette chose, sous la réserve des conditions de publicité par voie d'inscription, de transcription ou autrement, quand la loi l'exige. Mais on voit que cet effet des conventions qui atteint l'ayant cause particulier n'est pas en réalité relatif aux *obligations* : l'acheteur d'un bien n'est pas subrogé comme *débiteur* à son auteur ; il recueille seulement comme *propriétaire* un droit déjà amoindri ou modifié. La règle concerne donc bien plus la théorie des droits réels que celle des contrats, et la preuve en est que l'acquéreur subirait de même l'effet des actes de son auteur qui auraient fait naître des droits réels d'une autre source que d'un contrat, par exemple l'hypothèque légale d'un mineur ou d'un interdit dont il a été le tuteur.

Une comparaison fera bien sentir cette différence. Un propriétaire fait un marché avec un journalier pour bêcher ou labourer ses vignes ou ses terres ; par un autre acte, il cède un droit de passage à un voisin. Puis il vend son bien. Sauf convention spéciale, l'acheteur ne sera pas forcé d'entretenir le marché relatif à la culture des terres, mais il sera forcé de respecter le droit de passage (en supposant la transcription faite). Pourquoi cette différence ? C'est que pour le journalier il y a simple *créance*, tandis que pour le voisin il y a *droit réel*, servitude.

1180. Applications diverses. — Dans quelques cas particuliers, la distinction apparaît moins nette ; elle existe cependant toujours. Un créancier qui avait demandé à son débiteur une caution cède sa créance *sans parler du cautionnement*. Le cessionnaire pourra néanmoins poursuivre la caution comme l'aurait fait le cédant : il semble qu'il se prévaut alors d'un *simple contrat* fait par son auteur et qui n'a fait naître qu'un droit de créance. Mais on doit considérer que la créance cédée a été l'objet d'une aliénation, à titre de valeur comprise dans le patrimoine, comme s'il s'était agi de la propriété d'un bien corporel. On peut dire que le cédant a vendu *son droit de propriété sur la créance*. Or la créance, en tant que chose vendue, a dû être transmise au cessionnaire *avec tous ses accessoires*, sauf convention contraire : l'action née du cautionnement est donc réputée comprise dans la cession au même titre que la créance principale. C'est de la même manière que, lorsqu'on vend une maison ou une terre, on est réputé vendre, en même temps que la propriété, les servitudes actives qui y sont attachées, alors même qu'on n'en dirait rien. C'est l'application de la règle : « Accessorium sequitur principale. »

Autre exemple. Une personne qui possède un domaine composé de diverses pièces de terre fait une *transaction* par laquelle elle reconnaît à ses voisins la propriété de quelques pièces contestées ou quelque droit de servitude douteux, en même temps qu'elle obtient la reconnaissance de son droit discuté sur d'autres points. Après quoi elle vend ce domaine. La transaction est un *contrat* ; et néanmoins l'acheteur du domaine pourra se la voir opposer par les voisins pour les droits qui leur ont été reconnus, en même temps qu'il pourra la faire valoir sur les points où elle lui est profitable. Mais pourquoi ? C'est que la transaction est *déclarative de propriété* ; c'est elle qui détermine l'étendue des droits que le propriétaire possède sur sa chose. Il en est d'elle comme du partage, qui lui aussi est déclaratif : elle sert de titre au propriétaire.

§ 3. — *Interprétation des contrats.*

1181. Analyse des textes. — Les auteurs du Code ont jugé utile de formuler en articles de loi un certain nombre de principes qu'on aurait pu sans inconvénients laisser subsister à l'état de règles doctrinales. Voyez les art. 1156 à 1164. Toutes ces décisions ont été copiées dans Pothier (*Obligations*, n°s 91 et suiv.), et c'est là qu'on en trouvera encore le meilleur commentaire. Elles ne soulèvent aucune difficulté et sont de peu d'usage dans la pratique : il suffira d'analyser les principaux de ces textes.

Termes impropres. — On doit rechercher la commune intention des parties plutôt que de s'arrêter au sens littéral des termes.

On rattache à cette règle le pouvoir que se reconnaissent les tribunaux de rectifier le *nom* donné à un contrat, lorsque les clauses qui le composent indiquent une erreur dans la qualification qu'on lui a donnée (Cass., 22 févr. 1887, D. 87. 1. 500, S. 88. 1. 87 ; Cass., 15 févr. 1893, S. 94. 1. 149). — Une application intéressante de ces rectifications est faite aux testaments dans lesquels le legs est assez souvent qualifié « don » (Douai, 10 mai 1854, S. 54. 2. 435 ; Rennes, 22 juin 1881, D. 81. 2. 238, S. 84. 2. 18).

Clauses douteuses. — La loi formule à leur égard plusieurs règles :

1° On doit d'abord les interpréter par ce qui est d'usage dans le lieu où le contrat est passé (art. 1159).

2° Ce qui est susceptible de deux sens doit être pris dans celui qui convient le plus à la matière du contrat (art. 1158).

3° S'il y en a deux qui conviennent également, on doit choisir celui avec lequel le contrat est susceptible de produire quelque effet, plutôt que celui avec lequel il n'en produirait pas (art. 1157). Ulpien donnait déjà une règle analogue pour l'interprétation des stipulations (*Digeste*, liv. XLV, tit. 1, fr. 80). On a tiré de là l'adage : *Actus interpretandus est potius ut valeat quam ut pereat.*

4° Enfin, dans le doute la convention s'interprète contre celui qui a stipulé et en faveur de celui qui a contracté l'obligation.

Énonciations incomplètes. — On doit suppléer dans le contrat les clauses qui y sont d'usage, quoiqu'elles n'y soient pas exprimées (art. 1160). La loi avait déjà dit quelque chose de semblable dans l'art. 1135 ; un contrat oblige à toutes les suites qu'il comporte d'après l'équité ou l'usage. — A ce point de vue, l'usage du lieu où le contrat s'est formé est seul à consulter et non celui de localités plus ou moins éloignées (Cass., 9 août 1887, S. 87. 1. 416).

1182. Liberté d'investigation des juges. — Aucun texte n'oblige les juges à se renfermer dans l'examen de l'acte écrit pour en apprécier le sens ; ils peuvent donc rechercher l'intention des parties soit dans d'autres écrits, soit dans les circonstances de la cause (Cass., 16 juin 1884, D. 85. 1. 161, S. 86. 1. 407; Cass., 3 juill. 1889, D. 90. 1. 249).

1183. Pouvoir des juges du fait. — D'après la jurisprudence actuelle de la Cour de cassation, *les juges du fait interprètent souverainement les conventions* qui leur sont soumises[1]. Les arrêts en ce sens sont nombreux; un grand nombre de pourvois sont rejetés parce que la Cour de cassation estime que les juges de fond ont seuls ce droit d'interprétation (Cass., 30 avril 1890, D. 91. 1. 367; Cass., 15 févr. 1898, D. 98. 1. 429, S. 98. 1. 272). Voyez toutefois le n° suivant.

1184. Contrôle de la Cour de cassation. — Bien qu'elle n'ait jamais abandonné depuis 1808 le principe d'après lequel l'erreur des juges sur l'interprétation d'un contrat n'est qu'un simple mal jugé qui ne donne pas ouverture à cassation, la Cour suprême a établi une jurisprudence qui est presque un retour à son point de départ. Elle admet qu'une décision judiciaire peut être cassée *quand elle dénature le sens d'une clause claire et précise*, de façon à en modifier les effets ou à lui refuser ses effets légaux (Cass., 20 déc. 1887, D. 89. 1. 76; Cass., 29 nov. 1892, D. 93. 1. 85, S. 93. 1. 70; Cass., 18 déc. 1893, D. 94. 1. 263, S. 96. 1. 134)[2].

Pour échapper au contrôle de la Cour de cassation, les tribunaux prétendent souvent trouver dans les circonstances extérieures des raisons pour modifier l'effet naturel des clauses les plus claires (voyez, par exemple, Cass., 11 mars 1890, D. 90. 1. 357, S. 91. 1. 11). Du moins, faut-il qu'ils allèguent un fait précis ; il ne suffit pas d'affirmer que le sens apparent de la clause doit être modifié « eu égard aux circonstances dans lesquelles elle est intervenue » (Paris, 3 mai 1884, arrêt cassé, D. 89. 1. 415). Comme le dit très bien M. Huc (t. VII, n° 88), « ce sont là des formules banales, qui en réalité ne correspondent à rien » ; elles permettraient aux tribunaux de modifier à leur gré les conventions des parties. En définitive, comme le dit M. Charmont (*Revue critique*, 1894, p. 78), puisque la Cour de cassation se déclare juge du point de savoir si la convention est claire ou si elle ne l'est pas, si elle a été ou non dénaturée par le juge du fait, il est certain qu'elle se réserve le dernier mot. « Mais peut-il en être autrement ? Est-ce que l'expérience n'a pas prouvé depuis longtemps que la distinction du fait et du droit n'est qu'une abstraction et qu'en réalité on ne les sépare jamais ? » (CHARMONT, *loc. cit.*).

CHAPITRE IX

DE LA SIMULATION

1185. Bibliographie. — VARAMBON, *Actes simulés ou frauduleux*, *Revue pratique*, t. III. — ET. BARTIN. *Des contre-lettres*, thèse, Paris, 1885. — PLANIOL, *Revue critique*, 1886, p. 622. — FOURCADE, *De la simulation*, thèse, Nancy, 1887. — ANT.

[1] Sa jurisprudence a varié. Elle admettait d'abord qu'un arrêt peut être cassé pour mauvaise interprétation d'un contrat aussi bien que d'une loi (voyez la décision citée dans DALLOZ, *Répert.*, v° Cassation, n° 1569, et notamment 1er ventôse an X). Merlin la fit changer d'opinion (Cass., 2 février 1808, D. 6. 1. 198, S. 8. 1. 183, S. chr. 5. 1. 94), pour une raison purement extérieure et qui a disparu depuis (CHÉNON, *De la cassation*, Paris, 1882, p. 157).

[2] En matière d'enregistrement, le contrôle de la Cour de cassation est plus sévère encore ; elle apprécie l'*intention des parties*, et modifie souvent l'interprétation que lui ont donnée les premiers juges. Il y a en ce sens une tradition très ancienne (MERLIN, *Répertoire*, v° Enregistrement, n° 14). Comp. Cass., 29 juillet 1890, D. 91. 1. 54, S. 91. 1. 183.

COSTE, *Du prête-nom*, thèse, Paris, 1891. — PAUL GLASSON, *De la simulation*, thèse, Paris, 1897.

§ 1er. — *Notion de la simulation.*

***1186. Définition.** — Il y a simulation lorsque deux ou plusieurs personnes font *une convention apparente, dont les effets sont ou modifiés ou totalement supprimés par une autre convention, contemporaine de la première et destinée à rester secrète.* Cette définition suppose donc qu'il y a identité de parties et d'objet entre l'acte ostensible et l'acte secret. L'acte secret qui modifie ou contredit l'acte ostensible s'appelle *contre-lettre*.

Disons tout de suite qu'il n'y a pas simulation :

1° *Lorsque le second acte exprime une convention nouvelle*, postérieure à la première. Si, par exemple, un louage de choses ou un louage de services a d'abord été contracté pour un prix accepté par les deux parties comme sérieux et définitif, et qu'elles reconnaissent ensuite qu'il est trop bas ou trop élevé, elles pourront faire une seconde convention pour modifier le loyer ou le salaire, en plus ou en moins, sans que ce changement constitue une simulation.

2° *Lorsque l'acte modificatif est annoncé par le premier*. Il en est ainsi de ce qu'on appelle la *déclaration de command* : un acquéreur se réserve parfois la faculté d'indiquer plus tard, dans un délai déterminé, le nom de la personne pour laquelle il fait cette acquisition (L. 22 frimaire an VII, art. 68, § 1, n° 24). En pareil cas, comme le second acte n'est pas destiné à rester secret, il n'y a pas de simulation.

***1187. Distinction de la simulation et du dol.** — Le dol ressemble à la simulation, en ce qu'il cache, lui aussi, une pensée secrète sous une apparence trompeuse : « Aliud simulatur, aliud agitur », disait Servius dans sa définition du dol (*Digeste*, liv. IV, tit. 3, fr. 1, § 2). Cependant la différence est aisée à faire : le dol est dirigé *contre l'une des parties seulement*, soit par l'autre partie, soit par un tiers ; la simulation est une *entente entre les parties contre les tiers*. Le dol a pour but d'obtenir le consentement de l'une des parties en la trompant ; dans la simulation les parties donnent leur consentement en pleine connaissance de cause et tous les contractants sont au courant de ce qui se trame.

***1188. Les trois espèces de simulation.** — 1° L'acte simulé peut n'exister qu'en apparence et ne recouvrir aucun acte réel. Par exemple, un débiteur qui veut soustraire son actif aux poursuites de ses créanciers simule une aliénation : il se dépouille en apparence au moyen d'un simulacre de vente, qui dans la pensée des deux parties ne doit produire aucun effet, si ce n'est d'empêcher la saisie du bien vendu par les créanciers du vendeur. On a alors un *acte fictif*.

2° Les parties ont réellement accompli un acte, mais elles en ont caché la véritable nature sous une forme empruntée. Par exemple, l'une d'elles fait à l'autre une donation, et elles présentent cette donation comme étant une vente, pour laquelle le vendeur donne quittance du prix sans l'avoir réellement touché. On dit alors que l'acte est *déguisé*[1].

[1] La fiction diffère du déguisement : l'acte simulé ne produit aucun effet entre les

Quand on parle d'actes déguisés, on ne pense en général qu'à cette hypothèse d'une donation faite sous la forme d'une vente ; mais il y en a une autre encore plus pratique : c'est celle du *billet* (ou promesse de payer) émis avec l'indication d'une *fausse cause*. Par exemple, un *usurier* se fait remettre par ses emprunteurs des billets dans lesquels l'obligation du débiteur est indiquée comme provenant d'un *achat* : « valeur reçue en marchandises ». Ou bien c'est un donateur qui veut cacher la libéralité qu'il fait et signe un billet en la motivant sur un *prêt* qu'il n'a jamais reçu du donataire.

3° Les parties font une opération réelle et elles n'en cachent nullement la nature ; seulement elles veulent *tenir secret le nom du véritable bénéficiaire*. La simulation consiste alors à désigner à sa place un bénéficiaire apparent qui est présenté comme étant l'acheteur, le donataire, etc., tandis qu'en réalité l'acte ne le concerne pas du tout. Il y a en ce cas *interposition de personnes* ou emploi d'un *prête-nom*.

1189. Leur différence. — Ces trois formes de simulation ont des rôles très différents. L'acte fictif sert à faire croire à l'existence d'une opération qui n'a jamais été faite ; l'acte par personne interposée sert, au contraire, à empêcher les tiers de soupçonner l'existence d'une convention que le véritable bénéficiaire, resté occulte, a réellement accomplie ; quant au déguisement de l'acte, il sert seulement à faire prendre le change sur la nature de l'opération.

***1190. Caractère ordinairement frauduleux de la simulation.** — On peut concevoir une simulation ayant un *motif avouable* ; une personne peut avoir des raisons de cacher aux tiers la véritable nature de ses opérations et l'état de ses affaires, sans avoir l'intention de tromper personne, mais cela est rare. Ordinairement l'un des auteurs au moins de l'acte simulé se propose de tromper quelqu'un, et la simulation est *un moyen de fraude* [1].

§ 2. — *Effets de la simulation.*

***1191. La simulation n'est pas une cause de nullité.** — Ce principe est définitivement reconnu par la doctrine (Demolombe, t. XXIV,

parties, ce n'est qu'un simulacre qui ne cache rien de réel, l'opération est entièrement fictive ; l'acte déguisé est un acte réel, qui s'est accompli sous une forme d'emprunt, mais qui n'en existe pas moins, et qui doit produire tous ses effets propres, dès que sa vraie nature est reconnue. Il y a donc grand intérêt à distinguer ces deux formes de simulation, bien que d'excellents auteurs les aient confondues (Aubry et Rau, t. I, § 35).

[1] Souvent c'est contre le *fisc* que la simulation est dirigée : on veut le frustrer des droits qu'il aurait perçus si la vraie nature de l'acte lui avait été connue : ainsi on fera une donation sous la forme d'une vente, parce que cela permet de se passer du notaire et que les droits de mutation sont moins élevés pour les acquisitions à titre onéreux que pour les acquisitions à titre gratuit ; ou bien on porte dans l'acte un prix inférieur au prix réel, et on se fait payer la différence en signant l'acte ou même d'avance. D'autres fois, c'est un *tiers* qu'on lèse en lui cachant la vérité : un *créancier* qui va se trouver arrêté dans ses poursuites par une aliénation fictive consentie au profit d'un prête-nom ; un *héritier réservataire*, qui ne pourrait pas faire réduire une donation parce qu'on l'aura travestie en vente, etc. Souvent aussi c'est une simple *fraude à la loi* : on veut *éviter une nullité*, qui serait encourue si l'acte était fait sous sa forme vraie ; on essaie d'y échapper en le cachant. Tantôt on cache le nom du vrai bénéficiaire de l'acte parce qu'il est *incapable* d'y figurer ostensiblement : c'est, par exemple, un *notaire* qui, contrairement à la défense de la loi, reçoit un acte dans lequel il est *personnellement intéressé* et y fait figurer un prête-nom à sa place ; c'est un père qui fait une donation à son *enfant adultérin* par l'intermédiaire d'une personne interposée, etc. Tantôt on cache la vraie nature de l'acte, parce qu'il est *prohibé* : ceci se rencontre surtout pour le *prêt usuraire*, qui se cache sous des formes multiples qu'il serait trop long d'examiner ici et qui seront étudiées à leur place.

n° 370; Aubry et Rau, t. I, § 35; Larombière, sur l'art. 1132, n° 8; Colmet de Santerre, t. V, n° 47 bis) et par la jurisprudence (Cass., 13 août 1806, S. 6. 2. 961; Cass., 9 nov. 1891, D. 92 1. 151. S. 94. 1. 78). Il résulte implicitement d'un texte du Code civil, l'art. 1321, qui admet qu'une convention occulte, modifiant une convention apparente, produit ses effets entre les parties.

Il en est ainsi, même dans les cas nombreux où la simulation sert à commettre une fraude, en empêchant les tiers de découvrir la cause de nullité : on a, par exemple, employé une personne interposée parce que l'acte aurait été visiblement nul si le nom de son véritable bénéficiaire avait été révélé. Dans tous les cas de ce genre, bien que la simulation soit frauduleuse, ce n'est pas elle qui est la cause de la nullité. Si l'acte se trouve nul, ce n'est pas parce qu'il est simulé, c'est parce qu'il existe une raison particulière de l'annuler. Ainsi, dans les exemples donnés au n° 1190, en note, la donation faite au fils adultérin, l'achat fait par le notaire, sont nuls à raison de l'incapacité du donataire ou de l'acheteur, et non à raison de la simulation.

1192. Cas où la simulation annule l'opération. — Ces cas sont en petit nombre, et encore n'y en a-t-il que deux qui soient certains ; les autres sont fort discutables ou complètement abandonnés.

Contre-lettres dans les cessions d'offices. — Les titulaires d'offices auxquels l'art. 91 de la loi du 28 avril 1816 a accordé le *droit de présentation* sont souvent tentés, quand ils vendent leurs charges, d'exiger une contre-lettre de leur successeur : à côté du *traité ostensible*, qui doit être soumis à l'approbation de l'administration pour la nomination du nouveau titulaire, on signe un *traité secret* qui en modifie les conditions, ordinairement pour élever le prix de cession. Jusqu'en 1841, on avait admis que les conventions tenues secrètes restaient valables entre les parties (Grenoble, 16 déc. 1837 ; Toulouse, 22 févr. 1840). Mais un arrêt de la Chambre des requêtes, du 7 juillet 1841, décida que ces conventions étaient absolument nulles. Il fut suivi d'une série d'arrêts dans le même sens, de 1841 à 1849, et personne aujourd'hui ne conteste plus cette solution. Toute clause qui n'est pas portée dans le traité ostensible est frappée d'une nullité d'ordre public, comme n'ayant pas été approuvée par le gouvernement : la convention préparée par les parties n'existe et n'a de valeur que par cette approbation. Il suit de là que, si la contre-lettre contenait une élévation du prix, tout ce qui a été payé en sus du prix ostensible peut être répété (Cass., 13 juill. 1885, D. 86. 1. 263 ; Cass., 22 mai 1889, D. 89. 1. 471, S. 89. 1. 452 ; Cass., 18 mars 1895, D. 95. 1. 346, S. 96. 1. 11).

Contre-lettres dans les contrats de mariage. — Cet emploi des contre-lettres ne peut plus se présenter que dans un seul cas : Quelquefois les futurs époux, après avoir fait approuver leur contrat de mariage par leurs parents, en modifient les clauses par une convention additionnelle, signée d'eux seuls. Cette contre-lettre est destinée à *surprendre le consentement des parents*, qui l'eussent refusé s'ils avaient connu le traité secret ; elle est annulée par l'art. 1396, al. 2.

Autrefois les *officiers des armées de terre et de mer*, qui voulaient se marier, étaient astreints à justifier que leur future leur apportait un revenu de 1 200 francs au moins et non viager (Décr. 17 décembre 1843, circ. du 3 avril 1875). Souvent des fraudes étaient commises contre l'administration : un tiers complaisant prêtait à la future des valeurs qui lui permettaient de simuler un apport suffisant, et une contre-lettre assurait à ce tiers la restitution des valeurs après la célébration du mariage. Sur la possibilité de faire annuler les contre-lettres, voyez Limoges, 13 juill. 1878, D. 79. 2. 181. Mais les textes anciens ont été abrogés en 1899 et 1900. Voyez le t. III.

Fausses déclarations faites a l'enregistrement. — Beaucoup de fraudes se commettent contre le Trésor dans un grand nombre de contrats et principalement dans les ventes, où les particuliers déclarent un prix inférieur au prix réel pour diminuer le montant des droits qu'ils auront à payer ; l'indication du prix réel est contenue dans une contre-lettre. — La loi sur l'enregistrement du 22 frimaire an VII s'était préoccupée de ces fraudes et avait déclaré nulle et de nul effet « toute contre-lettre... qui aurait pour objet une augmentation du prix stipulé dans un acte précédemment enregistré » (art. 40). L'acheteur pouvait donc refuser de payer le supplément de prix porté dans l'acte occulte. Aussi beaucoup de personnes prirent-elles l'habitude (qui subsiste encore) de se faire payer d'avance ce supplément sans en donner quittance, ce qui simplifie tout.

Quand parut le Code civil, cet art. 40 de la loi de frimaire fut considéré comme abrogé par l'art. 1321, qui donne effet aux contre-lettres « entre les parties contractantes » (Toullier, t. VIII, n° 266). Merlin, toutefois, avait soutenu que l'art. 1321 n'était pas incompatible avec la disposition de la loi de frimaire et n'en avait pas entraîné l'abrogation tacite; son opinion faisait même de grands progrès dans la doctrine quand l'Assemblée nationale lui donna tort, en discutant la loi du 23 août 1871. L'administration de l'enregistrement proposait de revenir au système de la loi de frimaire en déclarant nulle toute contre-lettre faite en fraude du fisc; mais, malgré l'avantage financier que cette sévérité aurait procuré au Trésor en forçant un grand nombre de personnes à faire des déclarations exactes, l'Assemblée considéra comme immoral de délier les particuliers, dans un intérêt fiscal, des engagements librement consentis par eux, et elle se contenta d'écrire dans la loi (art. 12) *une simple amende* en cas de dissimulation d'un prix de vente ou d'une soulte d'échange ou de partage. Depuis 1871, le système de Merlin se trouve donc législativement condamné, et personne ne conteste plus l'abrogation implicite de l'art. 40 de la loi de frimaire par l'art. 1321 (Dalloz, *Suppl.*, v° Obligations, n° 1411, et les autorités citées).

§ 3. — *Effets de l'acte ostensible et de l'acte secret.*

***1193. Division.** — Toute simulation suppose le concours de deux conventions contradictoires auxquelles il est impossible de faire produire effet cumulativement à l'égard de la même personne. Il faut donc choisir entre elles et s'en tenir soit à l'acte ostensible, soit à l'acte secret, en écartant l'un des deux. Pour faire ce choix, il importe de distinguer les rapports de chacune des parties avec l'autre et ceux des parties avec les tiers.

A. — Rapports des parties entre elles.

***1194. Stérilité de l'acte ostensible et efficacité de l'acte secret.** — Dans la pensée des parties, l'acte ostensible n'a aucune valeur; ce n'est pas lui qui doit régler leurs relations; il doit donc rester sans effets. Par conséquent, aucune d'elles n'en peut tirer avantage contre l'autre. C'est la convention secrète qui est seule efficace, à la condition toutefois que la preuve en pourra être fournie selon les règles indiquées plus loin.

B. — Rapports des parties avec les tiers.

***1195. Définition des tiers.** — Quelles personnes doivent être considérées ici comme des tiers? Naturellement ce ne sont point les tiers entièrement étrangers aux parties; ce ne sont pas même ceux qui ont acquis d'elles des droits réels antérieurement à la double convention constitutive de la simulation : ceux-là sont suffisamment protégés par le droit commun; occulte ou avouée, toute convention nouvelle des parties est sans effet à leur égard (art. 1165). Nous devons encore éliminer de la catégorie des tiers les successeurs à titre universel des parties, qui sont tenus des mêmes obligations que leurs auteurs et placés exactement dans la même situation que les parties. Les tiers dont nous avons à nous occuper ne peuvent donc être que de deux sortes :

1° Les *acquéreurs de droits réels* ayant traité avec les parties *postérieurement à l'acte simulé* ;

2° Les *créanciers chirographaires* des parties.

Ordinairement cette sorte de créanciers reste dans la catégorie des *ayants cause* et est traitée comme le débiteur lui-même, et non comme les tiers (ci-dessus n° 1174). Il en est ainsi notamment en matière de *transcription* (L. 23 mars 1855, art. 3), et *pour la date des actes sous seings privés* (art. 1328) : un acte non enregistré fait foi de sa date par lui-même contre les créanciers chirographaires de son signataire, et si ces créanciers prétendent que la date est fausse, ils sont obligés d'en fournir la preuve [ce qu'ils peuvent faire d'ailleurs par tous les moyens possibles] ; ils ne peuvent pas s'attribuer la qualité de tiers pour invoquer l'art. 1328 et rejeter cet acte purement et simplement. Au contraire, *en matière de contre-lettres*, les créanciers chirographaires sont rangés parmi les tiers. La loi ne le dit pas ; mais la jurisprudence l'admet (Cass., 8 mars 1893, D. 93. 1. 243, S. 93. 1. 193), et cela n'est contesté par personne : il était nécessaire de protéger contre la simulation tous ceux qui peuvent avoir à en souffrir. — On voit combien le sens du mot « tiers » est différent dans les deux art. 1321 et 1328, pourtant assez voisins l'un de l'autre, puisque dans le premier il comprend les créanciers chirographaires et non dans le second.

***1196. Double situation des tiers au cas de simulation.** — Les tiers placés en face d'un acte entaché de simulation peuvent avoir des intérêts opposés. Les uns connaissent l'existence de l'acte secret et auraient intérêt à en faire la preuve, parce que la *situation apparente* créée par l'acte ostensible leur est *préjudiciable*. Les autres ont traité avec les parties en se fondant sur les apparences de l'acte ostensible, et ils ont ainsi intérêt à rejeter la contre-lettre pour maintenir cette situation apparente qui leur est *profitable*. Ces derniers sont les seuls dont la loi ait prévu et réglé la situation ; nous allons d'abord nous occuper d'eux.

1197. Tiers auxquels la convention secrète n'est pas opposable. — L'acte ostensible, étant seul connu des tiers, crée une situation apparente, sur laquelle doivent pouvoir compter toutes les personnes qui traitent de bonne foi avec les parties ; l'acte tenu secret ne doit donc pas leur être opposé. L'art. 1321 le dit formellement : « Les contre-lettres ne peuvent avoir leur effet qu'entre les parties contractantes ; elles n'ont point d'effet *contre les tiers.* » Ainsi, toutes les fois que la production de la convention secrète produirait un résultat *défavorable* aux tiers, on n'en tiendra pas compte ; *l'acte ostensible sera seul exécuté.* Cette règle s'appliquera à ceux qui ont traité de bonne foi avec un prête-nom, par exemple à un prêteur qui se sera fait accorder une hypothèque par l'acquéreur sur l'immeuble qui a fait l'objet d'une aliénation simulée.

La protection que l'art. 1321 accorde aux tiers, en refusant tout effet contre eux à la convention secrète, se trouve souvent inutile parce qu'elle fait double emploi avec deux autres institutions protectrices des intérêts des tiers. Ces deux institutions sont : 1° la *transcription*; 2° la maxime : « En fait de meubles possession vaut titre. » Ainsi supposons que la simulation ait porté sur une aliénation d'immeuble, qui a été transcrite, mais qui se trouve purement fictive en vertu d'une contre-lettre secrète : les tiers qui acquerront du propriétaire apparent, inscrit sur les registres, soit la propriété, soit un autre droit réel, et qui se mettront en règle avec la loi sur la transcription, seront couverts par la loi du 23 mars 1855, sans avoir besoin d'invoquer l'art. 1321 : l'acte non transcrit ne leur est pas opposable. — Il en serait de même par l'effet de la simple possession, si la simulation avait pour objet un *meuble corporel* transmis à un tiers de bonne foi par l'une des parties : l'art. 2279 couvrirait l'acquéreur ou le gagiste, rendant ainsi inutile l'art. 1321.

1198. Tiers auxquels la convention ostensible n'est pas opposable. — La loi dit que la convention secrète ne produit pas d'effets « contre » les tiers : elle ne peut donc pas leur nuire ; mais il y a une situation que la loi n'a pas prévue. Le tiers qui se présente peut être celui-là même contre lequel la machination a été ourdie : l'acte ostensible, si on s'arrête à lui, lui est nuisible ; il aurait intérêt à écarter ce simulacre d'acte, que les parties ont placé devant lui pour lui masquer la vérité, et à faire apparaître la convention secrète pour lui appliquer les règles auxquelles les parties ont voulu la soustraire en la lui cachant. Toutes les fois qu'il en sera ainsi on devra suivre une *règle inverse* de celle que la loi a établie dans l'art. 1321 : ce sera l'acte apparent qui ne produira pas d'effets contre le tiers ; cet acte sera mis de côté, et on envisagera uniquement l'acte secret en lui faisant produire ses effets propres, s'il est capable d'en avoir.

On appliquera cette règle aux créanciers d'un débiteur qui a consenti une aliénation fictive au profit d'un prête-nom, ou qui a porté dans l'acte ostensible un prix inférieur au prix réel ; aux héritiers réservataires dont on aura cherché à empêcher l'action en cachant la donation excessive sous la forme d'une vente, etc. : les créanciers saisiront le bien qui appartient encore à leur débiteur, ou réclameront le supplément de prix ; le réservataire demandera la réduction de la donation, le tout en s'appuyant sur la convention occulte.

1199. Conflit entre les deux catégories de tiers. — Il est possible qu'à la suite d'un même acte entaché de simulation les deux catégories de tiers dont nous venons de parler se trouvent en conflit. C'est, par exemple, une aliénation fictive faite au profit d'un prête-nom : les créanciers de l'aliénateur veulent le saisir, bien qu'ils prétendent appartenir encore à leur débiteur ; les créanciers de l'acquéreur veulent conserver les hypothèques qu'ils possèdent du chef de leur débiteur sur un bien qui lui appartient en apparence. Auxquels donner la préférence? *A ceux qui sont les ayants cause du propriétaire apparent.* Ce n'est pas parce qu'ils ont pour eux le texte de l'art. 1321, car les autres, ceux qui sont les ayants cause de l'aliénateur, ont pour eux un principe tout aussi certain qu'un texte ; la raison est la *nécessité d'assurer la sécurité des relations sociales* : ils ont traité en se fondant sur un état apparent qu'ils devaient prendre pour vrai ; protection leur est due. On peut ajouter qu'ils ont sur les autres l'avantage de la possession : « In pari causa melior causa possidentis » (Voyez en sens divers LAURENT, t. XVI, n° 499 ; HUC, t. VII, n° 232 ; Orléans, 10 févr. 1876, D. 77. 2. 113, S. 76. 2. 321. Comp. Caen, 17 mai 1873, S. 74. 2. 46).

***1200. Effets de l'acte secret.** — En résumé, sauf dans l'hypothèse où l'acte ostensible est maintenu dans l'intérêt des tiers, par application de l'art. 1321, ce n'est jamais lui qui produit d'effets ; il ne peut y avoir d'effets produits que ceux qui dérivent de l'acte secret ; ils dépendront donc :

1° de la *validité* ; 2° de la *nature* de cet acte. Deux cas peuvent se présenter :

1° L'ACTE SECRET EST NUL. — Si l'acte secret eût été frappé de nullité, au cas où il aurait été fait au grand jour, la simulation ne le sauvera pas. La simulation est impuissante à rendre valable ce qui est nul, sans quoi toutes les nullités seraient inutilement prononcées par la loi ; elle ne peut faire qu'une chose : empêcher la vérité d'être connue ; mais, dès qu'elle est déjouée, il faut appliquer à l'acte tenu secret (le seul que les parties aient réellement voulu faire) les mêmes règles que s'il avait été accompli ouvertement.

2° L'ACTE SECRET EST VALABLE. — La simulation étant reconnue, si aucune cause de nullité n'atteint l'acte secret, celui-ci est capable de produire ses effets ; mais alors tous ceux qui se produiront seront conformes à sa *nature vraie*.

Par exemple, dans le système de la jurisprudence sur les donations déguisées, la prétendue vente étant reconnue pour être une libéralité, on verra se dérouler tous les effets d'une donation : le soi-disant acheteur sera traité comme donataire, sera soumis au *rapport* s'il succède au donateur, à la *réduction* en cas d'atteinte à la réserve, à la *révocation* pour ingratitude ou pour survenance d'enfants, etc.

§ 4. — *De l'action en déclaration de simulation.*

***1201. Définition.** — Il est nécessaire que les *tiers* auxquels les parties opposent l'acte apparent aient le droit de démontrer que cet acte n'est qu'un vain simulacre, et de mettre à nu la convention vraie que les parties ont tenue secrète. C'est ce qu'on appelle l'*action en déclaration de simulation*[1]. Sans elle on arriverait à faire produire des effets sérieux à une convention qui n'a pas été réellement consentie, c'est-à-dire à tirer quelque chose du néant.

1202. Personnes munies de l'action. — L'action en déclaration de simulation est ouverte *aux tiers* désignés ci-dessus au n° 1195 et qui sont les *ayants cause à titre particulier* des parties, et leurs *créanciers* : c'est leur qualité d'ayants cause qui leur crée un intérêt à démasquer la simulation et qui justifie leur action ; sans cette qualité, ils n'auraient ni motif ni droit d'agir.

***1203. Comparaison avec l'action Paulienne.** — Lorsque la demande en déclaration de simulation est formée par un créancier contre une aliénation consentie par son débiteur, qu'il prétend être purement fictive, elle ressemble beaucoup à l'action Paulienne : dans les deux cas, c'est un créancier qui veut se faire payer sur un bien aliéné par son débiteur. Il y a cependant de graves différences entre les deux cas. L'action Paulienne s'attaque à une *véritable aliénation*, qui a réellement dépouillé le débiteur de son droit et qui serait valable si ce débiteur n'était pas insolvable. La demande en déclaration de

[1] Le nom d'action est assez impropre. Celui qui discute la valeur d'un acte simulé qu'on lui oppose n'intente en cela aucune action distincte de son droit principal, de celui qu'il exerce comme créancier réclamant son paiement ou comme titulaire d'un droit réel. Il y a *débat sur la valeur d'une preuve* qui arrête son action plutôt qu'exercice d'une action spéciale.

simulation est dirigée contre une aliénation *purement apparente*, qui n'a d'autre but que de soustraire le bien aux poursuites des créanciers. Les créanciers demandent, non pas à faire *révoquer* à leur profit une aliénation sérieuse, mais bien à faire *constater* que le bien n'a pas été réellement aliéné et qu'il appartient encore à leur débiteur. Ils appuient leur demande, non sur l'art. 1167, mais sur l'art. 2092, aux termes duquel *tous les biens du débiteur* répondent de ses dettes.

De cette différence primordiale résulte une série de conséquences qui constituent autant de différences secondaires :

1° Les créanciers n'ont pas besoin de prouver que la simulation a été faite *pour leur faire fraude*, comme ils devraient le faire s'ils agissaient par l'action Paulienne. Il suffit qu'ils établissent le préjudice : du moment où les autres biens de leur débiteur ne suffisent pas à les payer, ils ont le droit de saisir ce bien qui lui appartient réellement encore, quoique mis aux mains d'un prête-nom, quel que soit le motif qui a poussé le débiteur à cacher ainsi sa qualité de propriétaire (Cass., 25 juill. 1864, S. 64. 1. 452, Dalloz, *Suppl.*, v° Obligations, n° 377 ; Cass., 31 juill. 1872, D. 73. 1. 340).

2° Les créanciers *même postérieurs* à l'aliénation simulée auront le droit d'apporter la preuve de son caractère fictif. C'est la conséquence de la même idée : le créancier soutient simplement que son débiteur est propriétaire du bien qu'il désigne ; peu importe, par suite, que l'aliénation fictive soit antérieure à sa créance[1].

3° L'art. 882 refuse aux *créanciers d'un copartageant* le droit d'attaquer le partage comme frauduleux s'ils ont négligé de s'opposer à ce qu'il y fût procédé hors de leur présence : mais ce que la loi leur enlève ainsi, c'est uniquement l'action Paulienne dirigée contre un partage réellement effectué. S'ils sont en état de prouver que l'acte de partage est *fictif* et que les parties n'y ont procédé qu'en apparence, ils auront encore le droit de faire tomber comme simulé ce semblant de partage (Cass., 17 nov. 1890, D. 91. 1. 25 ; Bourges, 18 juill. 1892, D. 92. 2. 609, S. 93. 2. 210).

4° L'action Paulienne est une *action personnelle*, qui peut atteindre *même un sous-acquéreur*, soit parce qu'il a été complice de la fraude quand il est acquéreur à titre onéreux, soit parce qu'il s'enrichirait aux dépens des créanciers fraudés, quand il est acquéreur à titre gratuit ; le donataire perdra le bien donné, malgré sa bonne foi. *La déclaration de simulation ne rejaillit jamais contre les tiers de bonne foi* ; l'acte ostensible est seul tenu pour réel à leur égard et les droits qu'ils ont acquis en traitant loyalement avec le propriétaire apparent sont maintenus ; les sous-acquéreurs de mauvaise foi peuvent seuls souffrir de l'annulation de l'acte simulé. Ainsi il a été jugé que l'annulation d'une vente pour simulation laisse subsister l'hypothèque consentie par l'acquéreur au profit de prêteurs de bonne foi (Orléans, 10 févr. 1876, D. 77. 2. 113, S. 76. 2. 321. Comp. Dalloz, *Suppl.*, v° Obligations, n° 379).

§ 5. — *Preuve de la simulation.*

A. — Preuve par l'une des parties contre l'autre.

***1204. Nécessité d'une preuve écrite.** — Entre les parties, la simulation est une *entente*, une convention. Par conséquent, dès que l'intérêt en jeu dépasse 150 francs, l'entente secrète, d'ou résulte la simulation, ne peut être établie que par écrit, par application de la première disposition

[1] Quelques arrêts déjà anciens n'ont pas fait de distinction, à ce point de vue, entre l'action Paulienne et la demande en déclaration de simulation (voyez notamment Nîmes, 18 décembre 1849, D. 52. 2. 122, S. 50. 2. 164) ; mais la jurisprudence la plus récente accorde parfaitement le droit d'attaquer l'acte fictif même aux créanciers dont le titre est postérieur en date (Lyon, 27 juin 1874, D. 77. 2. 199).

de l'art. 1341 (Cass., 10 juill. 1899, D. 99. 1. 368; Cass., 31 janv. 1900, D. 1900. 1. 80). Ce n'est pas tout : si la convention ostensible a été elle-même *constatée par écrit*, la convention secrète qui l'annule ou la modifie doit être elle-même constatée par écrit, même au-dessous de cette valeur, par application de la seconde disposition de l'art. 1341.

Il y a donc grand intérêt à distinguer la simulation du dol. Quand une convention est entachée de dol, la partie qui en a été la victime est reçue à en faire la preuve par tous les moyens possibles, tandis qu'on lui demandera toujours un écrit comme preuve de la simulation. Ceci tient à ce que le dol est *un pur fait*, tandis que la simulation est *une convention*.

* **1205. Des contres-lettres.** — L'écrit destiné à constater la convention secrète, et d'où résultera la preuve de la simulation de l'acte ostensible, s'appelle *contre-lettre* [1].

La partie, munie d'un second écrit, qui détruit ou modifie la teneur du premier, sera à l'aise pour établir la simulation : la force probante des deux moyens de preuve étant égale, la vérité ressortira de leur comparaison.

1206. Billets contenant indication d'une fausse cause. — Souvent l'obligation est constatée par un billet qui lui assigne une fausse cause ; par exemple, elle est donnée comme provenant d'un achat, alors qu'il s'agit d'un prêt, ou comme provenant d'un prêt alors qu'il s'agit d'une donation (ci-dessus n° 1188). Si le débiteur a intérêt à rétablir la vérité, sera-t-il admis à prouver qu'il y a eu non pas achat, mais prêt ; non pas emprunt, mais donation? On le lui permet (Dijon, 22 mars 1900, D. 1901, 2. 45 et les renvois), mais la preuve qu'il doit faire pour démontrer que le billet est mensonger, *ne peut être fournie par témoins* ; une preuve écrite s'élève contre lui ; il ne peut la faire tomber que par une autre preuve écrite, conformément à l'art. 1341 qui interdit l'emploi de la preuve testimoniale contre ce qui est contenu dans les actes (ci-dessus, n° 1138). C'est seulement en matière commerciale que la fausseté de la cause énoncée dans le billet pourra être établie par témoins ou par présomptions (Cass., 30 mai 1883, D. 84. 1. 292, S. 84. 1. 154).

Supposons la fausseté de la cause démontrée par le débiteur. C'est alors au créancier, s'il veut obtenir son paiement, à prouver que l'obligation a une autre cause, tenue occulte, mais réelle et licite. S'il ne fait pas cette preuve, sa demande devra être considérée comme non justifiée, puisque l'autorité qui s'attachait à l'écrit présenté par lui a été détruite par la démonstration de son caractère mensonger. Nous ne sommes plus ici dans l'hypothèse prévue par l'art. 1132, où l'écrit est muet sur la cause : on peut présumer l'existence d'une cause obligatoire en présence d'un écrit incomplet ; mais quel crédit accorder à une pièce convaincue de fausseté ? (Cass., 12 mai 1885, D. 86. 1. 175, S. 85. 1. 440 ; Cass., 9 nov. 1891, D. 92. 1. 151, S. 94. 1. 78).

B. — Preuve par les tiers contre les parties.

* **1207. Liberté de la preuve.** — Quand c'est un tiers qui offre de

[1] Ce mot vient de l'ancienne langue, qui appelait « lettre » ce que nous appelons « acte ». On disait « bailler lettres » pour « donner une reconnaissance écrite ». Les « vidimus » débutaient ainsi : « Nous avons vu une lettre non cancellée, etc..., » ou en latin : « unas litteras non cancellatas ». La contre-lettre est donc l'écrit qui en contredit une autre. — On remarquera que le Code civil applique le nom de « contre-lettre » non seulement à l'écrit tenu secret, mais aussi à la convention secrète que cet acte constate. Cette confusion est visible dans l'article 1321, où la loi parle des *effets* de la contre-lettre, ce qui ne peut convenir qu'à un acte juridique et non à un écrit.

prouver le caractère simulé d'un acte qu'on lui oppose, *tout moyen de preuve lui est ouvert*. A son égard, la simulation est un *fait*, dont on ne saurait songer à lui demander la preuve écrite. Le tiers, en présence d'un acte simulé, est dans la même situation que la partie victime d'un dol; il demande à établir un fait qui s'est passé sans lui et hors de lui, et qui lui est nuisible[1].

1208. Observation. — On n'a pas à se préoccuper du cas où la preuve de la simulation serait offerte par l'une des parties contre un tiers: *aucune preuve* de la simulation n'est ici recevable, pas même la preuve écrite résultant de la contre-lettre. L'art. 1321 est formel : « Les contre-lettres... n'ont point d'effet contre les tiers. » Il n'y a pas lieu de prouver contre les tiers une convention qui, fût-elle avouée et reconnue par eux, resterait *dépourvue d'effets* à leur égard.

CHAPITRE X

DES STIPULATIONS POUR AUTRUI

1209. Bibliographie. — R. SALEILLES, *Théorie de l'obligation*, nos 245 à 258. — GAREIS, *Die Verträge zu Gunsten Dritter*, Würzburg, 1873. — TARTUFARI, *Dei contratti a favore di terzi*. — Thèses sur la *stipulation pour autrui*, ED. LAMBERT, Paris, 1893; EDM. CHAMPEAU, Paris, 1893. — Notes de jurisprudence : CRÉPON, S. 88. 1. 121; LABBÉ, S. 77. 1. 393, S. 81. 1. 145, S. 81. 1. 5; voyez aussi LABBÉ, *Revue pratique*, 1889, p. 314. — Voyez aussi PINCHON, *Revue critique*, 1900, t. XXIX, p. 612.

***1210. Objet de ce chapitre.** — Il arrive assez souvent que deux personnes, contractant ensemble, veulent que leur convention produise effet au profit d'un tiers qu'elles désignent. Nous supposons qu'aucune d'elles n'a reçu mandat à l'effet de stipuler au nom du tiers; ce n'est pas un contrat fait *au nom d'autrui par un représentant*, tel qu'un tuteur ou un mandataire; c'est un contrat fait *en faveur d'autrui par une personne dépourvue de pouvoir*. C'est ce *contrat pour un tiers* dont nous avons à examiner les conditions, la nature et les effets.

1211. Les textes. — Le Code civil s'est occupé de ce contrat dans deux articles : l'art. 1119, qui pose en principe que chaque contractant ne peut stipuler que pour lui-même, et l'art. 1121, qui apporte à cette règle des exceptions tellement considérables qu'elles la détruisent presque complètement, surtout avec l'interprétation très large que reçoit aujourd'hui cet article. On peut noter encore l'art. 1165, qui, après avoir formulé le principe de la relativité des contrats, rappelle qu'un contrat peut *profiter aux tiers* dans le cas prévu par l'art 1121; c'est un simple renvoi.

Remarquons que la loi a mêlé ensemble dans l'art. 1119 la *promesse pour autrui* et la *stipulation pour autrui*, qui sont choses fort différentes par leur nature, et qui sont traitées de deux manières opposées, la première étant toujours sans effet contre le tiers, la seconde lui profitant presque toujours. La question des promesses pour autrui a déjà été traitée à propos de l'objet des obligations et de son caractère essentiellement personnel au débiteur (ci-dessus nos 1017-1019); nous n'y reviendrons pas.

§ 1. — *Résumé historique.*

****1212. La règle romaine.** — Le droit actuel a pour point de départ une règle

[1] Ceci ne peut être contesté. Pothier faisait déjà remarquer que la défense de la preuve testimoniale contre et outre le contenu aux actes ne regarde que les parties, qui doivent s'imputer de ne s'être pas fait donner une contre-lettre, mais qu'elle ne concerne pas les tiers qui demandent à prouver une fraude dirigée contre eux (*Obligations*, n° 800).

romaine : « Nemo alteri stipulari potest », empruntée en propres termes aux textes anciens (*Digeste*, liv. XLV, tit. 1, fr. 38, § 17 ; *Inst.*, III, XIX, 19). Cette règle signifiait que le contrat fait par une personne ne pouvait pas *faire acquérir l'action à une autre*. Elle n'était pas spéciale à la stipulation ; elle s'appliquait à tous les contrats et aux pactes : « Neque stipulari, neque emere, vendere, contrahere, ut alter suo nomine recte agat, possumus » (*Digeste*, liv. XLIV, tit. 7, fr. 11) ; « Nec paciscendo nec stipulando quisquam alteri cavere potest » (*Ibid.*, liv. L, tit. 17, fr. 73, § 4). — Ce n'était d'ailleurs que l'application d'une règle générale, d'après laquelle nul ne pouvait acquérir un droit par l'intermédiaire d'une personne non soumise à sa puissance (per extraneam personam).

***1213. Tempéraments apportés à la règle.** — Les jurisconsultes anciens et les constitutions impériales donnèrent successivement un certain nombre de décisions qui réduisirent de beaucoup la portée de la règle. Tantôt c'était un simple *palliatif*, qui laissait subsister le principe : telle fut la pratique de l'*adjectus solutionis gratia*, tiers mentionné dans la stipulation (mihi aut Titio dari), qui avait qualité pour recevoir le paiement, sans obtenir pour cela le droit d'exercer l'action née du contrat. Tantôt c'était une *exception ouverte* : le tiers acquérait l'action par l'effet d'une convention à laquelle il n'avait été ni partie ni représenté. Deux exceptions de ce genre avaient été admises, l'une pour les *donations sub modo*[1], l'autre pour la *restitution de la dot* ; le tiers désigné comme bénéficiaire du « modus », ou comme devant recevoir la dot à défaut du constituant, avait le droit d'agir en justice. Les anciens prétendaient respecter le principe en ne donnant en pareil cas qu'une *actio utilis* (Constitution de Dioclétien, *Code*, liv. VIII, tit. 55, loi 3. — PAUL, *Digeste*, liv. XXIV, tit. 3, fr. 45) ; mais la différence qui séparait l'action utile de l'action directe finit par s'effacer.

***1214. Ancienne jurisprudence française.** — Malgré ces exceptions et ces palliatifs, l'impossibilité de faire acquérir une action à un tiers par l'effet d'une stipulation ou d'un autre contrat était un principe demeuré debout et inscrit dans les compilations de Justinien, rappelé même dans les textes qui y dérogeaient pour des cas particuliers. Le droit français la conserva et en fit l'objet d'un de ses adages, mais il élargit singulièrement le cercle des exceptions que comportait la règle. Ce travail s'est accompli par un *double procédé* :

1° On a écarté, comme une *pure subtilité*, le refus d'action opposé à l' « adjectus solutionis gratia », alors qu'on lui reconnaissait qualité pour recevoir le paiement. Par suite, quand un créancier, en stipulant pour lui-même, dit que le paiement pourra être fait à un tiers, la personne qu'il désigne aura comme lui le droit d'agir (CHARONDAS, *Pandectes*, liv. II, chap. 25. Comp. Le même, *Réponses du droit françois*, liv. X, rép. 46, où il cite deux arrêts, l'un de février 1536, l'autre de mars 1542).

2° Quelques glossateurs italiens, principalement Bartole (XIVe s.), et l'Espagnol Covarruvias (XVIe s.) *généralisèrent la solution particulière* que le droit impérial avait déjà donnée pour les *donationes sub modo*. Le fondement sur lequel on accordait l'action au tiers, bénéficiaire du modus, était la *donation* reçue par le donataire : il leur parut qu'on pouvait étendre cette décision à tous les cas où il y avait une *dation* faite à un titre quelconque. Ce résultat demeura acquis pour nos anciens auteurs (POTHIER, *Obligations*, n° 71).

De la sorte, la stipulation pour autrui devenait valable et faisait naître l'action en la personne du tiers désigné, toutes les fois qu'elle trouvait dans l'opération faite par les parties une base assez solide pour s'y appuyer, et cette base existe dès qu'il y a une *dation* ou une *promesse* faite par l'une des parties à l'autre. La maxime « Nemo alteri stipulari potest » est depuis lors réduite à si peu de chose qu'elle n'a plus guère de portée pratique ; elle signifie simplement que la stipulation pour autrui est nulle quand elle fait à elle seule l'objet du contrat, sans qu'aucune des parties ait rien promis ou donné à l'autre.

[1] On appelle *modus* une charge imposée au donataire, accessoirement à la donation qu'on lui fait. Le « modus » peut être stipulé au profit du donateur lui-même ou au profit d'un tiers.

***1215. Le Code civil.** — Trouvant cette théorie bien assise, les rédacteurs du Code civil se sont contentés de la reproduire dans deux articles qui leur ont paru exprimer les solutions reçues : « On ne peut, en général, stipuler en son propre nom[1] que pour soi-même » (art. 1119) ; « [Néanmoins] on peut... stipuler au profit d'un tiers lorsque telle est la condition d'une stipulation que l'on fait pour soi-même ou d'une donation que l'on fait à un autre » (art. 1121).

***1216. Jurisprudence moderne.** — Pendant un demi-siècle environ, la question sommeilla ; presque toutes les anciennes applications de la stipulation pour autrui avaient disparu dans le changement général de nos institutions et de nos mœurs[2] ; les nouvelles n'étaient pas encore découvertes. Les tables des recueils d'arrêts montrent que celles-ci n'ont guère commencé à se produire que vers 1860 (Lyon, 2 juin 1863, D. 63. 2. 119)[3]. Nos tribunaux se sont montrés, en toute cette matière, animés d'un esprit très large et très progressif. La stipulation pour autrui est devenue un instrument juridique de premier ordre ; elle a servi déjà ou servira encore à faire fonctionner des institutions ou à réaliser des opérations qui seraient impossibles ou, tout au moins, plus difficiles avec tous les autres principes du droit.

Les plus intéressantes sont l'*assurance sur la vie*, quand le capital est stipulé au profit d'un tiers ; l'*assurance contre les accidents* ou assurance collective, faite par un patron au profit de ses ouvriers ; les *fondations*, libéralités faites par des particuliers à des villes ou à des établissements doués de personnalité pour assurer certains services d'assistance, d'enseignement ou autres ; enfin, en dehors des affaires privées, les *contrats passés par l'Administration* contiennent souvent des stipulations au profit des tiers : tantôt c'est dans le cahier des charges dressé pour l'adjudication de travaux publics qu'on trouve des stipulations au profit des ouvriers (Poitiers, 20 juin 1889, D. 90. 2. 159) ; tantôt c'est dans un marché passé par une ville avec une Compagnie d'éclairage que des stipulations sont insérées au profit des habitants, futurs abonnés de la Compagnie (Cass. belge, 21 juill. 1888, S. 89. 4. 1), etc. Voyez les développements donnés sur ce genre d'applications de la stipulation pour autrui par M. LAMBERT, Thèse, nos 302 à 325[4].

Élargie et assouplie par la jurisprudence moderne, la stipulation pour autrui a un champ d'action de plus en plus vaste, dont il est impossible de fixer les limites[5].

[1] Ces mots s'expliquent de la même façon que dans les promesses pour autrui (ci-dessus n° 1019).

[2] La principale se rencontrait dans les substitutions. Voyez l'art. 11 de l'ordonnance de février 1731 sur les donations.

[3] Auparavant on ne trouve guère la stipulation pour autrui que dans les hypothèses classiques d'une charge imposée à un donataire, telle que le service d'une rente viagère (Grenoble, 9 août 1843, D. 45. 2. 86 ; Paris, 27 décembre 1853, D. 54. 1. 350, S. 54. 1. 84), ou dans quelques hypothèses analogues (Cass., 27 février 1856, D. 56. 1. 146).

[4] On peut se demander si les stipulations faites par une administration, municipale ou autre, dans l'intérêt des habitants sont réellement des stipulations pour autrui. L'autorité qui stipule est chargée de veiller aux intérêts communs ; ordinairement elle a reçu ses pouvoirs d'une élection et, par conséquent, elle tient de la population un *mandat direct* donné sous la forme collective (ci-dessus n° 945). Par conséquent, les actes qu'elle fait dans l'intérêt individuel des habitants, considérés comme futurs abonnés de la Compagnie concessionnaire d'un service public, sont réellement les actes d'un *mandataire* ; ils sont accomplis en vertu d'un pouvoir implicite, mais réel et antérieur ; il n'y a donc pas ici une véritable stipulation pour autrui qui suppose une personne agissant sans mandat. La conséquence est que toute idée de ratification est inutile. — Comparez ce que dit M. Sainctelette (*Revue de droit international*, 1888, p. 432-435), qui a fort bien vu que pour le gouvernant le gouverné n'était pas « autrui ».

[5] Il lui arrive aussi parfois de perdre du terrain. C'est ainsi qu'une de ses applications les plus intéressantes est devenue inutile en 1898. Il s'agit des dérivations de sources et de rivières nécessaires pour alimenter les villes d'eaux potables. Pendant longtemps le Conseil d'État ne trouvait pas d'autre moyen d'assurer une indemnité aux usiniers et aux riverains lésés par la dérivation, que de faire prendre à ce sujet un engagement spécial par la Ville qui faisait le travail (Note 4 dans D. 87. 3. 59). Le Conseil d'État s'est décidé peu à peu à reconnaître à ces dérivations le caractère de travaux publics et, tirant une conséquence de cette idée, il juge main-

§ 2. — *Nature juridique de la stipulation pour autrui.*

1217. Difficulté de la question. — Quelle est la nature de l'opération par laquelle deux personnes contractant ensemble peuvent faire acquérir un droit à une troisième? Sur quel principe du droit, sur quelle notion élémentaire peut-on fonder le résultat obtenu? Bien des systèmes ont été proposés, sur lesquels l'accord n'est pas encore fait; nous ne nous arrèterons qu'aux principaux, nous bornant pour les autres à des renvois[1].

A. — Théorie de l'offre.

* **1218. Analyse sommaire.** — Cette première façon de comprendre la stipulation pour autrui est très simple : le stipulant *offre* au tiers la stipulation qu'il a faite en sa faveur. Cette offre a besoin d'être *acceptée* pour que l'engagement du promettant devienne ferme. L'acceptation une fois faite *rétroagit* au jour du contrat, et le tiers devient alors le *créancier personnel* du promettant.

1219. Son développement en jurisprudence et en doctrine. — Tel est le système qui se dégage de l'ensemble des arrêts, principalement de ceux qui ont été rendus en matière d'assurances sur la vie (Paris, 5 avril 1867, D. 67. 2. 221, S 67. 2. 249; Caen, 14 mars 1876, D. 79. 2. 131, S. 77. 2. 332; Cass., 7 févr. 1877, D. 77. 1. 337, S. 77. 1. 393; Amiens, 19 déc. 1877, D. 78. 2. 224, S. 78. 2. 13). Toutefois, après avoir servi de base à la jurisprudence française, il a été fortement retouché par les arrêts les plus récents. Voyez notamment un arrêt (Cass., 8 févr. 1888, D. 88. 1. 193-201, S. 88. 1. 29), qui déclare que la stipulation pour autrui n'est pas soumise aux principes généraux qui régissent la formation des contrats par l'acceptation d'une offre.

La théorie de l'offre a été adoptée par un grand nombre d'auteurs français, notamment par Larombière (sur l'art. 1121) et Demolombe (t. XXIV, n°s 248 à 255). Elle a surtout été développée avec une rigueur extrême par Laurent (t. XV, n° 559), qui l'a maintenue d'une manière exclusive jusqu'en 1878, dans la troisième édition de ses *Principes*, à un moment où l'insuffisance de cette explication était devenue évidente.

* **1220. Critique.** — Le reproche capital qu'on peut faire à cette théorie est de *faire, du tiers bénéficiaire de la stipulation, un ayant cause du stipulant pour le droit qui lui est attribué.* Les choses se passent comme si le stipulant s'était fait d'abord promettre la chose ou le fait par le promettant et offrait ensuite au tiers de se substituer à lui comme créancier. La créance ainsi produite *passe donc d'abord par le patrimoine du stipulant* avant d'arriver au tiers, ce qui entraîne un résultat absolument inadmissible au cas où le stipulant tombe en *faillite* : le bénéfice de la stipulation figure dans son patrimoine, et le tiers auquel elle devait profiter exclusivement, n'est qu'un créancier comme les autres, qui n'obtient que son dividende. C'est là l'obstacle sur lequel cette théorie a échoué à propos des assurances sur la vie contractées au profit d'un tiers : il fallait à tout prix rendre le bé-

tenant que les particuliers ont droit à une indemnité, indépendamment de tout engagement pris par la Ville (Conseil d'Etat, 5 mai 1893, D. 94. 3. 49; 9 août 1893, D. 94. 3. 72).

[1] Système de M. Boistel : obligation facultative quant à la désignation du créancier (D. 89. 2. 128 et 153). — Système de M. René Worms : obligation immédiate du promettant, par l'effet de sa seule volonté (Thèse, Paris, 1891, p. 114 et s.). Opinion adoptée par M. Champeau, dans sa thèse citée au n° 1209.

néficiaire de l'assurance *créancier direct de la compagnie*, sans laisser la créance du capital assuré séjourner, même un instant, dans le patrimoine du preneur de la police.

On peut encore lui reprocher divers inconvénients secondaires, notamment celui-ci : l'offre faite par le stipulant *tombe nécessairement par sa mort*, les héritiers ne succédant pas aux pollicitations de leur auteur (ci-dessus, n° 980). C'est encore là un résultat tout à fait contraire à l'intention des parties et aux besoins de la pratique. Il est de toute nécessité que l'offre puisse être acceptée par le tiers après la mort du stipulant.

1221. Variante de la théorie de l'offre. — Dans l'opinion commune, l'offre est faite au tiers *par le stipulant*; c'est lui qui, après avoir reçu l'engagement du promettant propose au tiers de le prendre pour lui. Il sert ainsi d'intermédiaire entre les deux personnes qui doivent finalement se trouver créancier et débiteur directs l'une de l'autre. M. Thaller (D. 88. 2. 1) a proposé une explication nouvelle : l'offre serait faite *par le promettant* au tiers. Dans ce système, la personne interposée entre eux deux disparaît, et le droit prend naissance directement en la personne du tiers[1].

B. — Théorie de la gestion d'affaires.

** **1222. Analyse et origine.** — Une autre explication dont l'origine, est beaucoup plus ancienne, puisqu'on la trouve déjà indiquée dans Pothier (*Obligations*, n° 59), a été développée par M. Labbé (*Ratification des actes d'un gérant d'affaires*, p. 55, et dans *Sirey*, 77. 1. 393 et 88. 2. 49) et par Demolombe (t. XXIV, n° 236 et suiv.). C'était aussi l'opinion de Bugnet (notes sur Pothier, n° 54, note 1 ; n° 55, note 2 ; n° 60, note 3), et de Toullier (t. VI, n° 155).

Celui qui stipule en faveur d'autrui, sans en avoir reçu le mandat, est un *gérant d'affaires*, car il fait pour le compte du tiers une opération qu'il aurait pu faire en qualité de mandataire, s'il en avait eu préalablement le pouvoir. L'adhésion que le tiers donne plus tard au contrat est une *ratification*, qui le rend définitif[2]. Cette ratification peut être postérieure à la mort du stipulant, et même elle peut être faite par les héritiers du tiers.

1223. Insuccès pratique. — Cette idée d'une gestion d'affaires, qui a recueilli un assez grand nombre d'adhésions dans la doctrine, n'a pas réussi à pénétrer dans les arrêts : la jurisprudence s'en tient à son idée d'offre, dont elle tempère peu à peu les inconvénients.

* **1224. Critiques doctrinales.** — En doctrine même, beaucoup de critiques ont été formulées contre elle (Levillain, dans Dalloz, 79. 2. 25; thèses précitées de MM. Lambert et Champeau, etc.). On lui a principalement reproché : 1° de ne pas *rentrer dans le cadre de la gestion d'affaires*, telle qu'elle est prévue par les art. 1372 à 1375; 2° de rendre *irrévocable* le droit du tiers dès le début, alors que l'art. 1121 admet

[1] Le vice de ce système est que l'offre faite au bénéficiaire *n'est pas immédiate*. M. Thaller n'a construit sa théorie que pour les assurances sur la vie, et suppose que la Compagnie (qui joue le rôle de promettant) s'engage simplement à offrir le capital au tiers, *lors du décès du stipulant* (l'assuré). Le droit du tiers ne prend naissance qu'à ce moment. Jusque-là un seul droit existe, celui du stipulant ou de ses héritiers qui peuvent contraindre la Compagnie à s'exécuter, ou sinon répéter les primes versées par eux.

[2] La gestion d'affaires ne produit tous ses effets qu'après que l'absent, dont l'affaire a été gérée par autrui, sans mandat de sa part, a *ratifié* tout ce qui a été fait. Ses effets sont alors les mêmes que s'il y avait eu mandat : « Ratificatio mandato æquiparatur ».

que le bénéfice de la stipulation faite en sa faveur peut lui être retiré par les contractants, tant qu'il n'a pas été acceptée; 3° d'être *contraire à la volonté des parties.*

*** 1225. Réfutation des critiques.** — 1° Il est inexact de dire que la stipulation pour autrui ne présente pas les caractères de la gestion d'affaires. Il y a deux façons de gérer l'affaire d'autrui. L'une consiste à prendre soin, en l'absence de l'intéressé, d'un bien *déjà entré dans son patrimoine*; c'est celle qui est prévue et réglée par les art. 1372 et suiv., où la loi applique le nom de « propriétaire » à la personne dont l'affaire a été gérée. L'autre consiste à *passer un contrat* pour le compte d'autrui sans en avoir reçu le mandat; elle est prévue d'une manière générale par l'art. 1121 et on en trouve une application particulière dans l'art. 1998, où la loi suppose qu'un mandataire a dépassé ses pouvoirs: tout ce qu'il a fait au delà n'oblige pas son mandant, mais celui-ci peut « ratifier »; un acte juridique fait sans mandat peut donc constituer une gestion d'affaires[1]. Quel motif rationnel y a-t-il pour refuser de voir une gestion d'affaires dans le fait de celui qui, prenant en mains les intérêts d'un tiers sans en avoir été prié, stipule quelque chose à son profit? Aucun. Ainsi que l'a fort bien dit M. Labbé, *la gestion d'affaires consiste à faire sans mandat ce que pourrait faire un mandataire*[2].

2° On dit encore que la théorie de la gestion d'affaires rend le droit du tiers irrévocable dès le début; mais on verra, en étudiant les effets du contrat, que la révocabilité se concilie aisément avec l'idée de gestion d'affaires. Voyez ci-dessous, n° 1247.

3° La gestion d'affaires, dit-on, produit un effet incompatible avec le but que poursuivent les parties dans la stipulation pour autrui: quand le maître ratifie les actes de son gérant, la personne de celui-ci s'efface, comme le ferait celle d'un mandataire, et, s'il y a eu des prestations fournies par le gérant sur son patrimoine, tout lui doit être remboursé par le maître dont l'affaire a été gérée. Il n'en est pas de même de celui qui a stipulé pour autrui; le contrat continue à produire des effets en sa personne, et, s'il fournit quelque chose au promettant, c'est à son compte et sans espoir de remboursement. Ce stipulant joue donc un rôle *actif* et *personnel* dans le contrat; ce n'est pas un gérant d'affaires. — Il y a dans ce raisonnement une méprise. Non, sans doute, la personnalité du stipulant ne s'effacera pas, et le contrat subsistera à son profit ou à sa charge *pour tout ce qui le concerne personnellement.* Mais on verra que les effets de la convention totale sont complexes et qu'il faut distinguer les relations du promettant avec le tiers, d'une part, avec le stipulant, de l'autre. Cette distinction faite, on a la possibilité de traiter le stipulant comme un simple gérant d'affaires du tiers *pour ce qui concerne la stipulation faite au profit de ce tiers*, qui n'est pas à elle seule tout le contrat.

C. — Théorie de la création directe de l'action.

*** 1226. Son insuffisance.** — On ne peut pas se contenter de dire que l'art. 1121 contient une *simple exception* à la règle générale d'après laquelle les contrats ne profitent pas aux tiers, et que, par dérogation à cette règle, le contrat crée au profit du tiers *un droit direct,* comme ceux qu'il fait naître pour les parties. C'est *constater* un résultat, alors qu'il s'agit de l'*expliquer.* Les partisans du droit direct au profit du tiers, qui rejettent à la

[1] C'est ce qu'a reconnu le législateur belge: quand l'assurance est « contractée pour compte d'autrui... sans mandat..., les effets en sont réglés par les dispositions relatives à la gestion d'affaires » (L. belge, 11 juin 1874, art. 5; *Ann. étr.*, t. IV, p. 422).

[2] A propos d'un passage de Pothier, où cet auteur déclare nulle une convention isolée faite au nom de Jacques par une personne sans intérêt personnel dans l'affaire, M. Bugnet posait déjà la question: « Pourquoi ne pas dire que par le fait même de cette convention j'ai géré les affaires de Jacques? » (Note sous le n° 60 du *Traité des Obligations.*)

fois l'idée d'offre et l'idée de gestion d'affaires, se trouvent bon gré mal gré obligés d'admettre la théorie de l'engagement unilatéral. En effet, puisque le stipulant n'a rien stipulé pour lui-même, une seule personne jusqu'à présent a parlé : c'est le promettant, qui a consenti à se lier ; si on admet l'existence immédiate du droit du tiers, avant que ce futur créancier ait manifesté sa volonté, il y a bel et bien entre lui et son débiteur engagement par volonté unilatérale [1].

§ 3. — *Cas où la stipulation est utile.*

** **1227. Formule de la loi.** — D'après l'art. 1121, la stipulation pour autrui n'est valable que dans deux cas, quand elle est la *condition* : 1° d'une autre *stipulation* que le stipulant a faite en même temps pour son propre compte ; 2° d'une *donation* faite par le stipulant au promettant. — Ce texte détermine d'une manière fort étroite les applications de la stipulation pour autrui ; mais ses termes sont, comme on l'a dit, « involontairement restrictifs ».

* **1228. Premier cas.** — La stipulation principale sur laquelle vient se greffer la stipulation pour autrui consiste ordinairement en un *contrat synallagmatique*. Par exemple, le vendeur d'un immeuble stipule que l'acheteur acquittera désormais à sa place une rente foncière due à un précédent propriétaire : cette stipulation donne une action directe au créancier de la rente contre le nouvel acquéreur (Cass., 27 févr. 1856, D. 56. 1. 246). On pourrait faire une hypothèse analogue et plus moderne, avec le remboursement des prêts consentis par le Crédit foncier : chaque fois qu'un immeuble grevé d'un emprunt est vendu, le vendeur impose à son successeur le service des annuités, de façon qu'il ne puisse plus être inquiété de ce chef [2].

Par l'application littérale du texte, la stipulation pour autrui serait valable quand même elle accompagnerait une simple *stipulation unilatérale*, le promettant s'engageant à faire quelque chose *à la fois au profit du stipulant et au profit d'un tiers*. Il est permis de stipuler en même temps pour soi et pour un autre.

* **1229. Deuxième cas.** — Le second cas ne soulève pas de difficulté particulière : c'est la vieille hypothèse de la donation *sub modo*.

C'est le procédé qui sert à la pratique moderne des *fondations*, libéralités faites à l'État, aux départements, aux communes, aux établissements publics ou d'utilité publique, avec affectation spéciale des fonds, déterminée par le donateur ou testateur

[1] M. Saleilles pense que l'engagement du promettant envers le tiers est *contractuel*, parce qu'il naît d'un contrat fait avec le stipulant (*Théorie générale de l'obligation*, n° 247). Il y a bien contrat entre le stipulant et le promettant, mais non entre le promettant et le tiers, et c'est la relation juridique de ces deux personnes qu'il faut expliquer.

[2] Cette stipulation est faite plutôt dans l'intérêt du vendeur que dans l'intérêt du Crédit foncier : avec son hypothèque, le Crédit foncier est suffisamment armé contre le nouveau propriétaire du bien vendu ; c'est le vendeur qui a besoin d'être assuré que le service des annuités (dont il est personnellement tenu) sera fait régulièrement par l'acquéreur.

(œuvres d'assistance, d'enseignement, etc.). La matière des fondations sera expliquée dans le t. III.

*** 1230. Cas additionnels.** — Il est impossible de s'arrêter là et il faut admettre, en outre, la validité de la stipulation pour autrui : 1° lorsqu'elle est la condition d'une *dation* que le stipulant fait au promettant, à un autre titre que celui de donation ; 2° lorsqu'elle est la condition d'une *simple promesse* faite par le stipulant lui-même au promettant.

Comment établir que ces deux hypothèses, non prévues littéralement par l'art. 1121, y sont implicitement comprises? On peut d'abord remarquer qu'il n'y a aucune raison pour distinguer entre la donation proprement dite et la dation non gratuite, et cela est si vrai que la loi elle-même n'a pas fait cette distinction : d'après l'art. 1973, une personne peut remettre un capital à une autre en stipulant, comme condition de cette dation, une rente viagère au profit d'un tiers. Or le capital ne représente pas une libéralité pour la personne qui s'engage à servir la rente ; elle le reçoit à titre onéreux. La stipulation pour autrui est donc valable, l'art. 1973 en fait foi, même quand elle s'appuie sur une dation qui n'est pas une donation.

Voilà notre premier point prouvé. Mais, une fois arrivés là, nous devons admettre que la *dation* elle-même n'est pas nécessaire et qu'une *simple promesse* suffit : c'était le droit romain qui faisait dépendre la force obligatoire d'une convention synallagmatique du fait de son exécution par l'une des parties ; c'est par ce moyen qu'il a développé la théorie des contrats innommés, qui se formaient « re » ; mais sous une législation où règne le principe de l'engagement par le seul consentement, la simple promesse de faire ou de donner doit avoir la même valeur pour former un contrat que la dation déjà effectuée.

Tout le monde est d'accord pour donner, à ce point de vue, une large portée à l'art. 1121, et pour reconnaître qu'une interprétation étroite rendrait impossibles un grand nombre de contrats dont la nécessité pratique est évidente, et cela pour respecter des différences sans importance juridique. La jurisprudence a suivi la même voie ; c'est ainsi qu'elle admet la validité de toute assurance contractée au profit d'un tiers, bien que ce contrat ne rentre pas dans les prévisions littérales de l'art. 1121, puisqu'il n'y a ni donation faite à la Compagnie, ni stipulation au bénéfice du preneur de la police.

*** 1231. Cas où la stipulation pour autrui n'est pas valable.** — Même ainsi élargi, l'art. 1121 ne détruit pas entièrement la règle prohibitive de l'art. 1119 ; la stipulation pour autrui n'est pas permise d'une manière absolue : il faut qu'elle s'appuie sur quelque chose ; elle ne peut être que la *charge* (modus), ou la *condition* d'une convention principale produisant ses effets entre les parties et lui servant de base ou de support. Notre loi n'admet donc pas la validité de la stipulation pour autrui *à l'état isolé,* lorsque l'intérêt du tiers en est l'objet unique.

Pour reprendre le vieil exemple donné par Pothier (n° 70) : Je stipule de vous que vous ferez présent d'un livre à Jacques ; je ne stipule rien pour moi-même et je n'ai (par hypothèse) aucun intérêt personnel à l'accomplissement de votre promesse : la stipulation n'est pas valable, dit Pothier, et c'est ce que décide implicitement l'art. 1121 ; il suffit de lire le texte et de connaître l'état du droit antérieur pour en être convaincu.

[1] On a parfois fait une objection ; on a dit : « La clause pénale est une stipulation *accessoire* qui suppose l'existence d'une stipulation principale *valable*. Or ici la stipulation principale est celle qui est faite au profit du tiers ; elle est nulle et ne peut pas servir de base à l'autre ». — C'est intervertir arbitrairement le rôle respectif des deux stipulations : la stipulation de peine fait ici l'office d'une stipulation *principale*, et la promesse faite au tiers n'en est que la *condition*.

* **1232. Moyen de la valider.** — Ce moyen, très simple, consiste à joindre une clause pénale à la stipulation pour autrui. Le stipulant dira : « Me promettez-vous telle somme si vous ne faites pas pour Jacques ce que vous vous engagez à faire ? » Alors même qu'il n'y aurait rien de plus dans le contrat, cette stipulation est valable, car elle n'a rien d'illicite dans son objet et elle est faite par le stipulant pour son propre compte. Nous rentrons dès lors dans les prévisions littérales du texte : la stipulation faite au profit du tiers est la *condition* d'une autre stipulation que le stipulant a faite pour lui-même : par suite, l'action naît au profit du tiers[1].

1233. Comparaison avec le droit romain. — L'artifice n'est pas nouveau. Les anciens pratiquaient déjà cet emploi de la « pœna » (*Institutes de Justinien*, liv. III, tit. 19, n° 19). Il y a toutefois une *différence considérable dans les effets de cette stipulation* entre le droit romain et le droit français. Pour les Romains, une seule chose était due, la « pœna », et elle l'était sous condition, de sorte que la prestation convenue au profit du tiers, lorsqu'elle s'effectuait, faisait défaillir la condition de la stipulation.

Dans notre droit, non seulement le stipulant peut réclamer le montant de la peine au cas où la prestation au profit du tiers ne s'effectuerait pas ; mais le tiers lui-même acquiert une action pour réclamer l'objet qu'on a stipulé pour lui. Les termes absolument précis de l'art. 1121 ne laissent sur ce point aucune place au doute.

* **1234. Résultats.** — Actuellement la maxime : « On ne peut pas stipuler pour autrui » n'est plus qu'*une formule morte et vide de sens,* et son maintien dans les lois doit être considéré comme un phénomène de *survivance historique.* La formule qui exprime les solutions admises est le contraire de ce que dit la loi : *le contrat pour autrui est valable et produit une action au profit du tiers en toute hypothèse,* tantôt par l'application de l'art. 1121, tantôt par assimilation avec les hypothèses que ce texte prévoit, tantôt enfin par l'artifice de la stipulation pénale.

§ 4. — *Du bénéficiaire de la stipulation.*

* **1235. Distinction.** — Trois hypothèses sont possibles : 1° le tiers bénéficiaire de la stipulation est une personne *individuellement désignée et actuellement vivante* ; 2° la stipulation est faite au profit de personnes vivantes, mais *indéterminées* ; 3° elle est faite au profit de *personnes futures*.

Le cas où le bénéficiaire est déterminé et vivant ne peut souffrir aucune difficulté. La personne désignée est apte à profiter du contrat sous les seules conditions résultant du droit commun et pourvu qu'elle soit capable de *recevoir à titre gratuit*, si la promesse obtenue en sa faveur par le stipulant constitue une libéralité à son égard (Voyez n° 1266). Tout ceci n'est que l'application des principes généraux ; il y a, au contraire, des doutes pour les deux autres hypothèses, et surtout pour la troisième.

A. — Personnes indéterminées.

* **1236. Possibilité théorique.** — Peut-on stipuler au profit de personnes indéterminées ? Oui, à la condition que les bénéficiaires de la stipulation, actuellement indéterminés, soient *déterminables au jour où la convention doit recevoir effet à leur profit.* Ce qui peut mettre obstacle à

l'efficacité d'une stipulation pour autrui, ce n'est donc pas à proprement parler la simple *indétermination actuelle* de ses bénéficiaires, si l'on possède un moyen de les reconnaître quand il le faudra ; c'est leur indétermination *future*, devant persister d'une manière indéfinie, autrement dit leur *indéterminabilité*.

La possibilité d'imposer à un légataire une charge au profit de personnes indéterminées, mais déterminables, est admise couramment pour les *libéralités testamentaires* (Amiens, 26 févr. 1879, S. 81. 2. 138). Pourquoi en serait-il autrement dans les libéralités entre vifs, et d'une manière plus générale dans les stipulations pour autrui ?

1237. Applications. — La jurisprudence a admis dans différentes hypothèses la stipulation au profit de personnes indéterminées. Les principaux exemples sont :

1° L'*assurance contractée « pour le compte de qui il appartiendra »*, qui est assez fréquente, tant en matière d'assurances terrestres qu'en matière d'assurances maritimes. Il est reconnu que cette assurance oblige l'assureur, non seulement envers le propriétaire présent, mais envers les propriétaires futurs de la chose assurée (Amiens, 10 juin 1887, D. 89. 2. 181 ; Cass., 5 mars 1888, D. 88. 1. 365, S. 88. 1. 315).

2° Les *clauses insérées en faveur des ouvriers dans les cahiers des charges d'adjudication de travaux publics*. L'indétermination présente ici ce caractère particulier que le bénéficiaire n'est pas une personne unique, mais un *groupe*, qui se formera plus tard et dont la composition est essentiellement variable. Néanmoins la stipulation au profit des ouvriers et employés de l'entrepreneur est valable (Poitiers, 20 juin 1889, D. 90. 2. 159).

3° Les *fondations au profit des pauvres*, faites par l'intermédiaire d'une ville ou de toute autre personne morale, *par acte entre vifs*.

***1238. Restriction.** — Cependant, il est impossible d'admettre l'indétermination absolue des bénéficiaires de la stipulation. Dans les hypothèses précédentes, les tiers appelés à en profiter remplissent une condition qui ne dépend pas de celui qui traite en leur nom : ce sont les pauvres d'une commune, les ouvriers employés à un travail, les propriétaires successifs d'un bien. Si le stipulant entend se réserver le droit de désigner lui-même plus tard ceux qui en bénéficieront, en réalité, il s'approprie le bénéfice du contrat, et la créance ainsi créée reste dans son patrimoine tant qu'il n'en a pas disposé. En d'autres termes, il n'y a pas là une stipulation pour autrui faisant acquérir la créance directement à un tiers (Cass., 15 déc. 1873, D. 74. 1. 113, S. 74. 1. 199 ; Cass., 15 juill. 1875, D. 76. 1.232, S. 77. 1.26 ; Cass., 20 déc. 1876, D. 77. 1. 504, S. 77. 1. 119).

B. — Personnes futures.

* **1239. Position de la question.** — Tout contrat suppose l'existence de deux personnes actuellement vivantes et concourant à sa formation. Le système de la représentation dans les actes juridiques permet à une personne de figurer dans le contrat comme représentant d'un enfant simplement conçu ; mais peut-on aller au delà ? Faut-il autoriser des contrats au profit de *personnes futures*, c'est-à-dire qui ne sont pas encore conçues ?

La question se présente sous deux formes différentes : à propos des *donations*, et à propos des *stipulations pour autrui*.

***1240. Solution appliquée aux donations.** — L'hypothèse sera examinée dans le t. III ; nous n'en dirons ici que quelques mots. Après avoir longtemps admis la possibilité de faire des donations à des personnes futures, notre droit a fini par les déclarer impossibles (Ord. de Villers-Cotterets, août 1539, art. 133 ; Ord. de février 1731, art. 5), sauf dans un cas unique et en faveur du mariage, quand il s'agit de donations aux enfants à naître des futurs époux. Cette exception a été conservée par le Code civil (art. 1082 et suiv.), en même temps que la prohibition qui forme le droit commun (art. 906, al. 1).

*** 1241. Solution contraire au cas de stipulation pour autrui.** — Nos anciens auteurs ont toujours fait la distinction entre la donation directement adressée à une personne future, et la simple clause insérée en sa faveur dans une donation faite à une personne vivante. Ceux mêmes qui, comme Hotman, condamnaient le plus vivement la donation directe, reconnaissaient la validité des stipulations indirectes contenues dans un acte passé entre vivants. Ils s'appuyaient sur les textes romains, qui validaient le « modus » imposé au donataire sans distinguer si le bénéficiaire du « modus » était déjà conçu ou non[1].

*** 1242. Justification théorique.** — On peut comprendre la formation d'un droit au profit d'une personne qui n'existe pas encore, au moyen d'un contrat passé entre personnes vivantes. Dans la stipulation pour autrui, le droit du tiers prend naissance *avant qu'il ait donné son consentement*. Puisque l'on n'a pas besoin de lui pour créer ce droit, pourquoi exiger qu'il soit déjà vivant ? On se passera aussi bien de son existence que de sa volonté.

On objecte que l'on ne peut pas comprendre la formation d'un droit qui n'aurait pas de titulaire *actuel*. A qui appartiendrait-il ? A personne. Donc ce serait un droit inexistant. — A cela il faut répondre qu'il n'y a nulle nécessité à ce que les actes juridiques produisent leur effet *immédiatement*.

On en a un exemple bien remarquable dans la *vente d'une chose future* : cette vente est valable, bien qu'elle ne puisse produire aucun effet actuel ; elle n'en produira même jamais si la chose future n'est pas fabriquée ou créée. Le rapprochement entre la stipulation d'une chose future et la stipulation au profit d'une personne future est très ancien[2] et il est très probant. On peut attendre aussi bien le *sujet* du droit que son *objet*. L'acte qui contient la stipulation pour autrui se suffit à lui-même puisqu'il réunit les volontés de deux personnes actuellement vivantes ; en ce qui concerne la stipulation au profit d'un tiers non encore conçu, l'effet en est *différé* : le droit acquis au tiers commencera à exister à son profit le jour de sa naissance, en vertu d'un contrat à la formation duquel il n'avait pas besoin d'être partie.

*** 1243. Nécessité pratique.** — Du reste, il n'y a plus à hésiter sur la légitimité de cette solution. Elle est devenue une nécessité pratique absolue, avec l'emploi des *con-*

[1] « In illis legum locis... non agitur de donatione facta directe a donatore in nondum natum, sed de pacto in alterius donationis conventione inito » (HOTMAN, *Disputationes*, Donationes, chap. VII, n° 26).

[2] Il était déjà fait par Ranchin, professeur à Montpellier, mort en 1583 : « Sicuti spes rei quæ speratur facit valere stipulationem, ita spes personæ quæ speratur facit valere talem donationem » (Sur la question 267 de Gui Pape).

trats collectifs faits par une personne qui se porte mandataire ou gérant d'affaires pour un groupe indéterminé d'autres personnes. Il est de toute nécessité que la stipulation faite par cette personne unique au nom d'une foule d'autres puisse profiter à celles-ci *indéfiniment*, non pas seulement à celles qui étaient déjà vivantes lors du contrat fait à leur profit, mais à tous ceux qui se trouveront à l'avenir dans les conditions voulues pour en profiter, alors même qu'ils seraient nés depuis. Comme exemples de ces stipulations collectives nous citerons d'une part, dans les affaires administratives, les *contrats dits « d'utilité publique »*, tels que ceux qui sont passés par une administration municipale pour les habitants d'une commune, dans les concessions de services d'eau, de gaz, d'électricité, etc. ; d'autre part, dans les affaires purement privées, les *assurances collectives contre les accidents*, signées par les patrons au profit de leurs ouvriers, et les contrats fixant les *conditions du travail* passés par les *syndicats ouvriers* avec les patrons, notamment à la suite d'une grève.

* **1244. Jurisprudence actuelle.** — La jurisprudence française est viciée sur ce point par une *contradiction manifeste* : en matière de *fondations*, elle admet la possibilité de faire figurer, comme bénéficiaires de la charge, même des personnes non encore conçues à l'époque de la donation ou du décès du testateur, et quelque grand que soit l'intervalle qui les sépare de cette époque [1] ; en matière d'*assurances sur la vie*, elle rejette d'une manière absolue cette même possibilité (Paris, 1er août 1879, S. 80. 2.249 ; Nîmes, 25 févr. 1880, D. 80. 2. 181, S. 80. 2.327 ; Amiens, 29 déc. 1886, D. 88. 1.169. — Voyez aussi Cass., 7 févr. 1877, D. 77. 1.337) [2].

La question ne s'est pas encore posée en matière d'assurances contre les accidents ni à propos des contrats faits par les syndicats, et elle ne se posera peut-être pas de sitôt, parce que ces contrats se renouvellent de temps en temps et n'ont pas en général une durée très longue.

§ 5. — *De la révocation de la stipulation.*

** **1245. Décision de la loi.** — L'art. 1121 admet implicitement que

[1] Cette jurisprudence s'est affirmée au profit des établissements non encore reconnus d'utilité publique et appelés à profiter indirectement d'une libéralité adressée à une ville. Les arrêts ont distingué entre le *legs* et la *charge* : le legs ne peut être fait qu'à une personne civile déjà existante, la charge peut être imposée à cette dernière en faveur d'un établissement non encore doué de personnalité (Caen, 12 novembre 1869, D. 69. 2. 225, S. 70. 2. 145 ; Cass., 21 juin 1870, D. 71. 1. 97, S. 70. 1. 367 ; Cass., 8 avril 1874, D. 76. 1. 225, S. 74. 1. 258). La même règle est applicable aux personnes non encore conçues.

[2] Si la jurisprudence n'est pas d'accord avec elle-même, c'est qu'elle procède au jour le jour et prend les questions qui lui sont présentées dans l'état où les études doctrinales les ont amenées. Or, pour les fondations, dont la pratique est fort ancienne, elle était guidée par la théorie immémoriale des donations avec charge, qu'elle s'est bornée à conserver sans changement. Pour les assurances sur la vie, contrat tout moderne, elle n'avait pas le soutien de la tradition. Elle n'avait même pas soupçonné tout d'abord la difficulté, et ses premiers arrêts validèrent des assurances au profit d'enfants à naître, sans que la question de nullité ait été soulevée ; le jour où l'on invoqua contre ces bénéficiaires de l'assurance l'article 906, al. 1, l'argument parut irrésistible et les tribunaux annulèrent les stipulations faites à leur profit. On ne se mit pas en peine, à ce moment, de rechercher l'origine historique et la portée de l'article 906, 1° : on lui attribua une valeur absolue. Un peu d'histoire eût évité cette contradiction, car les deux séries d'arrêts rapportées au texte et à la note ci-dessus sont à peu près contemporaines ; tout au moins elles se font suite. On peut espérer que la jurisprudence changera quand elle aura reconnu le lien qui réunit les deux questions si intimement qu'elles n'en font qu'une.

les parties peuvent révoquer le droit conféré par elles au tiers, tant que celui-ci n'a pas déclaré vouloir en profiter.

1246. Historique. — A l'origine, la stipulation pour autrui paraît bien avoir été irrévocable. Les premières tentatives pour lui enlever ce caractère remontent à Bartole (Sur la loi « Qui Roma », § Flavius) et à Paul de Castre (Sur la loi « Aristo », *De Donationibus*, 18). Au temps de Covarruvias († 1577), l'irrévocabilité absolue du droit du tiers, dès le contrat formé, avait encore de nombreux partisans, et Covarruvias lui-même hésite à se prononcer ; la discussion a continué en France jusqu'au XVIIIe siècle. Pothier, qui raisonnait sur l'espèce d'une donation, acte irrévocable de sa nature, se décidait pour l'irrévocabilité (*Obligations*, n° 73) et ce principe avait triomphé dans l'ordonnance d'août 1747 sur les substitutions (art. 11 et 12)[1]. La rédaction du Code civil a donc été une revanche pour les partisans de la faculté de révocation.

* **1247. Fondement théorique.** — Il semble qu'un droit ne puisse pas se perdre par la volonté d'un autre que celui à qui il appartient. Or tout le monde aujourd'hui admet l'existence du droit du tiers immédiatement à partir du contrat et avant toute déclaration de sa part. Il s'agit donc d'expliquer comment un droit *acquis* à une personne est susceptible de lui être enlevé par la volonté d'autrui. L'explication qu'on en donne est que *la volonté des parties*, ayant créé ce droit au profit d'un tiers, *a pu le faire naître avec tels caractères qu'il leur a plu de lui donner*. Elles ont donc pu, si cela leur a paru utile, créer ce droit *à l'état révocable*. — C'est la thèse de la toute-puissance de la volonté pour la création des droits conventionnels.

La formule (sinon l'idée) était déjà donnée par Covarruvias : « Ubi jus acquisitum est tertio irrevocabiliter... auferri sine ejus voluntate nullo pacto potest ; sed si revocabiliter acquisitum fuerit... poterit ab eo tolli. »

Jadis, on justifiait autrement le droit de révoquer : l'engagement pris par le promettant envers le tiers est contracté par le concours de sa volonté avec celle du stipulant seul ; par conséquent, il peut se résoudre par un consentement contraire des mêmes parties conformément à la règle : « Jura eodem modo dissolvi quo colligata sunt » (Opinions de Bartole, Duarez, Grotius, Ricard, résumées par Pothier, *Obligations*, n° 73).

***1248. A qui appartient le droit de révocation.** — En cette matière, tout est dominé par l'intention des parties, exprimée ou tacite. *En principe*, le droit de révocation appartient *au stipulant seul* : c'est lui qui a pris l'initiative de cette stipulation ; lui qui s'intéresse au tiers, et qui agit pour lui. Toutefois il est possible (et on en voit des exemples dans la pratique) que le promettant soit également intéressé au maintien du droit du tiers : s'il a, par exemple, des rapports personnels avec le tiers, autres que ceux qui dérivent du contrat. L'hypothèse la plus simple est celle d'une rente viagère créée comme charge d'une donation au profit d'un parent commun du donateur et du donataire. Voyez, pour une autre hypothèse, Grenoble, 6 avril 1881, D. 82. 2. 9, S. 82. 2. 137. Dans les cas de ce genre, le droit du tiers ne peut tomber que par l'effet d'une *entente entre les deux parties*.

1249. Qui profite de la révocation. — Il est impossible de formuler une règle générale pour dire à qui doit revenir le bénéfice de la stipulation révoquée. On devra rechercher l'intention des parties : il est possible que la charge imposée au promettant soit

[1] Sur les avis donnés par le Parlement pour la rédaction de cette ordonnance, voyez Lambert, Thèse, n° 74.

effacée purement et simplement ; il est possible que l'avantage en revienne au stipulant. En tout cas, la position du promettant ne peut pas s'en trouver aggravée.

1250. Droit des héritiers des parties. — On décide en général que le droit de révocation se transmet par succession aux héritiers du stipulant et, à l'occasion, à ceux du promettant, conformément à l'art. 1122. Comp. Cass., 27 févr. 1884, D. 84. 1. 389, S. 86. 1. 422. C'est créer un danger considérable pour le sort du contrat : les héritiers seront ordinairement moins disposés que le défunt à le maintenir au profit du tiers, auquel ils ne s'intéressent peut-être pas du tout. Ce danger est surtout à craindre dans l'assurance sur la vie au profit d'un tiers : en révoquant, s'il en est temps encore, l'attribution de l'assurance faite au profit du tiers les héritiers conserveront le capital pour eux. Aussi quelques auteurs proposent-ils de considérer le droit de révocation comme personnel au stipulant, de façon à rendre la stipulation irrévocable au plus tard à sa mort. Il serait tout au moins nécessaire de donner cette solution, dans le silence du contrat, pour tous les cas où la stipulation faite au profit d'un tiers revêt à son égard le caractère d'une libéralité. Mais la jurisprudence ne semble pas disposée à entrer dans cette voie, car un arrêt a reconnu le droit de révocation aux héritiers du stipulant (Douai, 10 déc. 1895, D. 96. 2. 417, S. 98. 2. 243)[1].

§ 6. — *De la ratification de la stipulation par le tiers.*

***1251. Nature de l'acceptation du tiers.** — La plupart des auteurs français disent que la stipulation pour autrui a besoin d'être « acceptée » par le tiers pour devenir définitive (voyez notamment DEMOLOMBE, t. XXIV, n°s 249 à 258). Ce langage, provoqué par l'idée d'une *offre* au tiers, a beaucoup contribué à son tour à répandre cette notion, mais il n'est pas celui de la loi ; le texte porte simplement : « Si le tiers a déclaré vouloir en profiter » (art. 1121)[2].

En réalité, il ne s'agit pas d'une *convention nouvelle* à former par l'*acceptation d'une pollicitation* : le droit du tiers ne dérive pas d'un contrat fait par lui avec le promettant ; il n'y a pas deux contrats successifs, mais un seul, celui qui a été conclu entre le promettant et le stipulant. C'est de ce contrat que naît directement l'action ouverte au tiers, et tout ce qu'on lui demande, c'est de *ratifier* l'acte qui a été fait à son intention par une personne qui n'était point son mandataire. L'acte du tiers, que l'on qualifie à tort d' « acceptation », n'est donc pas autre chose que la *ratification d'une gestion d'affaires* : voilà pourquoi les auteurs anciens, français ou romains, ne lui ont jamais demandé de déclaration expresse.

[1] La jurisprudence a cependant décidé que le droit de révocation était *personnel au stipulant*, en ce sens qu'il ne pouvait pas être exercé à sa place par le syndic de sa faillite (Paris, 10 mars 1896, D. 96, 2. 465, S. 98. 2. 245).

[2] Il n'est pas davantage question d'une *acceptation* à faire par le tiers dans les auteurs antérieurs au Code ; Pothier ne subordonne son droit à aucune condition de ce genre. On ne la trouve pas non plus dans les textes nombreux du droit romain, qui valident des stipulations pour autrui ; tous supposent que le tiers peut agir contre le promettant, sans avoir ajouté son consentement au contrat, ni au moment de sa formation ni plus tard. « Jurisconsultes et empereurs ne se préoccupaient, dit fort bien M. Champeau, que du résultat pratique, sans chercher à le justifier ou à le rattacher aux principes anciens ; ils donnent une action, en nous avertissant que c'est une simple action utile, accordée contre les règles ordinaires du droit. » La nécessité d'une acceptation, si c'en était une, serait donc de création moderne.

La ratification peut se faire *tacitement* : par cela seul que le tiers agit en vertu du contrat fait pour lui et en réclame l'exécution, il est réputé le ratifier[1].

1252. Conséquences pratiques. — Plusieurs conséquences importantes se tirent de cette idée que l'adhésion du tiers est la ratification d'une gestion d'affaires, et non l'acceptation d'une offre :

1° *Il importe peu que le tiers ait été capable de contracter au moment où le contrat a été fait à son profit* : un gérant d'affaires, de même qu'un mandataire, peut *représenter un incapable*. Il suffit que la ratification intervienne ensuite en temps de capacité ou dans les formes voulues pour le lier, si son incapacité n'a pas cessé.

2° *Le droit du tiers est réputé prendre naissance à son profit au moment même où le contrat se forme entre le stipulant et le promettant*, sous la seule condition de sa ratification ultérieure (Cass., 16 janv. 1888, D. 88. 1. 77, S. 88. 1. 121 ; Cass., 8 févr. 1888, D. 88. 1. 193, S. 88. 1. 121). Ce résultat ne se produit pas si on traite l'opération comme une offre de contracter faite au tiers par le promettant : une offre n'est pas une convention à elle toute seule, la convention n'existe que du jour où le bénéficiaire de l'offre l'a acceptée ; de plus, l'acceptation d'une offre ne peut pas être rétroactive puisqu'elle est un des éléments constitutifs du contrat. Avec la théorie de l'offre on est forcé de reconnaître la formation de deux contrats successifs, l'un entre le promettant et le stipulant, l'autre entre le promettant et le tiers.

3° *La ratification par le tiers peut intervenir après la mort du stipulant.* C'était un résultat important à obtenir ; il le fallait surtout dans l'assurance sur la vie au profit d'un tiers ; presque toujours le tiers bénéficiaire de l'assurance ne manifeste sa volonté d'en profiter qu'après la mort de l'assuré. Une jurisprudence bien établie l'a consacré (Cass., 22 juin 1859, D. 59. 1. 385, S. 61. 1. 151 ; Cass., 8 févr. 1888, D. 88. 1. 193, S. 88. 1. 129 ; Cass., 22 juin 1891, D. 92. 1. 205, S. 92. 1. 177). Elle serait de même possible *après la mort du promettant*, si celui-ci avait laissé des héritiers tenus de ses obligations.

4° *La ratification peut encore être faite par les héritiers du tiers*, s'il est mort avant toute révocation de son droit (Cass., 8 févr. 1888 précité ; Bordeaux, 18 févr. 1891, S. 92. 2. 89).

Ces deux dernières solutions sont encore incompatibles avec la théorie de l'offre, puisque les héritiers d'une personne ne succèdent ni aux offres qu'elle a faites ni aux pollicitations qu'elle a reçues.

1253. Utilité d'une ratification expresse. — A quoi sert la déclaration expresse à laquelle l'art. 1121 fait allusion ? Uniquement à *mettre un terme à la faculté de révocation*, que l'on reconnaît aux parties. Ce droit de révoquer la stipulation faite au profit du tiers cesse dès que celui-ci l'a ratifiée et l'a rendue définitive : le tiers a donc intérêt à consolider son droit au plus tôt au moyen d'une ratification expresse, en déclarant qu'il veut en profiter.

§ 7. — *Rapports juridiques nés du contrat.*

1254. Division. — Le contrat en faveur d'un tiers est une opération complexe, qui crée *trois relations juridiques distinctes* : 1° entre le stipulant et le promettant ; 2° entre le promettant et le tiers ; 3° entre le stipulant et le tiers. Aussi ne faut-il pas s'étonner que son analyse soit plus compliquée que celle du contrat ordinaire, dont les effets se renferment entre les parties et leurs ayants cause[2].

[1] Pour le cas particulier où le stipulant se trouve être le représentant légal d'un incapable au nom duquel il a stipulé, voyez Besançon, 11 novembre 1898, D. 99, 2. 81.

[2] M. Levillain reproche à M. Labbé de créer des complications par son idée de

A. — Rapports du stipulant et du promettant.

1255. Questions à éliminer. — Si on ne veut pas s'égarer dans l'étude de l'opération, il faut laisser de côté tout ce qui concerne *les prestations que les deux auteurs du contrat ont pu se promettre l'un à l'autre* : tout cela reste régi par le droit commun. Par exemple, si une stipulation de rente viagère faite en faveur d'autrui a été greffée sur un contrat de *donation* ou de *vente*, le vendeur ou le donateur aura le droit d'exiger l'exécution de toutes les obligations que le contrat a pu imposer à son profit à l'autre partie. Les effets habituels du contrat ne sont pas modifiés par cette circonstance qu'il est accompagné d'une stipulation en faveur d'un tiers : les obligations réciproques des parties devront être remplies comme si elles étaient isolées, comme si le stipulant était seul à bénéficier du contrat.

1256. Question à résoudre. — Nous n'avons donc à envisager dans les relations du promettant et du stipulant que la *seule stipulation en faveur du tiers,* et la seule question à se poser est celle-ci : le stipulant a-t-il un moyen de contraindre le promettant à accomplir sa promesse ?

* **1257. Action en répétition.** — Il est bien certain que, si le stipulant a lui-même remis une valeur au promettant, à la condition que ce dernier ferait quelque chose pour un tiers, le stipulant pourra répéter la valeur donnée par lui. Cette action en répétition ressemble à la « condictio ob rem dati, re non secuta » du droit romain : elle est fondée sur le même principe, et dans beaucoup de cas elle sanctionnera assez énergiquement le contrat. Le promettant s'exécutera souvent plutôt que de restituer les choses reçues par lui.

** **1258. Action tendant à l'exécution du contrat.** — La promesse pour autrui est-elle sanctionnée par une action tendant à sa réalisation ? *Cette action existe toujours, seulement elle appartient au tiers* ; nous la retrouverons plus loin. Il s'agit seulement ici de savoir si, *outre le tiers,* le stipulant lui-même n'est pas muni d'une action semblable.

En principe, non. Que réclamerait-il ? Il n'a pas stipulé l'objet dû pour lui-même ; le promettant ne lui doit donc rien en vertu de la promesse faite au profit du tiers. Cependant, il se pourrait que le stipulant eût intérêt à l'exécution de la promesse. Par exemple, il a stipulé qu'on prêterait de l'argent à son mandataire, qu'on fournirait des matériaux ou des outils à ses ouvriers, etc. Étant alors *personnellement intéressé à l'exécution de la promesse,* il a le droit d'agir contre le promettant pour l'y contraindre[1].

Toutefois, au cas de refus d'exécution, le stipulant n'obtiendra que la réparation du

gestion d'affaires (D. 79. 2. 25). Le reproche ne me paraît pas fondé. Ces complications ne sont pas artificielles ; elles dérivent de la nature de l'opération, et on ne peut arriver à la simplicité qu'en omettant de résoudre les questions qui se posent.

[1] Les jurisconsultes romains admettaient déjà en pareil cas la validité de la stipulation et la naissance d'une action au profit du stipulant : « Ait Marcellus stipulationem valere in specie hujusmodi..... interest enim stipulatoris fieri quod stipulatus est. — Constat habere eum utilem [ex locato] actionem. — Si quis ergo [alii] stipulatus fuerit, cum sua interesset ei dari, in ea causa erit ut valeat stipulatio » (*Digeste*, liv. XLV, tit. 1, fr. 38, §§ 20 à 22).

préjudice que lui cause, *à lui*, l'inexécution de la promesse, et ce préjudice peut être fort différent de celui qu'éprouve le tiers ; il sera le plus souvent beaucoup moindre.

On doit même reconnaître, comme le faisait Pothier (*Obligations*, n° 58), qu'il n'y a pas réellement stipulation pour autrui quand le stipulant se préoccupe d'assurer son propre avantage : s'il avait un intérêt personnel et appréciable en argent à ce que le promettant fît ce qu'il lui demandait, il a stipulé *pour lui* en même temps que *pour un autre*.

* **1259. Action naissant de la stipulation de peine.** — Il est possible, enfin, que le stipulant ait une troisième action, s'il a pris soin de garantir l'exécution de la promesse faite au tiers par une stipulation de peine à son profit. — Au cas d'inexécution, la somme promise sera certainement due au stipulant, mais il n'y a rien là qui soit l'effet d'une stipulation pour autrui. Ainsi qu'on l'a déjà vu, la « pœna » est l'objet d'une *stipulation principale* faite au profit personnel du stipulant, et la promesse en faveur du tiers n'intervient que comme une *condition* qui rendra exigible la stipulation de peine, au cas d'inexécution. Voyez la note sous le n° 1232 ci-dessus.

B. — Relations du promettant avec le tiers.

** **1260. Créance directe du tiers contre le promettant.** — Le tiers bénéficiaire de la stipulation possède contre le promettant une action à l'effet d'obtenir l'exécution de la promesse, *comme s'il avait stipulé lui-même*. Cette action prend directement naissance dans son patrimoine ; toute idée de transmission du stipulant au tiers doit être écartée comme contraire à la volonté des parties et aux besoins de la pratique. Le tiers a toujours été de ce chef *seul créancier du promettant*, de la même manière que s'il avait été *représenté*. C'est à cela que sert l'idée de gestion d'affaires ; elle seule permet d'expliquer ce résultat.

* **1261. Époque où naît la créance du tiers.** — On admet que la créance du tiers naît *immédiatement* à son profit, par l'effet du contrat auquel il n'a pas été partie, et que, quand il refuse de ratifier, il se dépouille d'un droit déjà acquis (Cass., 16 janv. 1888, D. 88. 1. 77. S. 88. 1. 121 ; Cass., 8 février 1888, D. 88. 1. 193, S. 88. 1. 121 ; Cass., 9 mars 1896, D. 96. 1. 391). On ne croit pas pouvoir expliquer autrement la transmissibilité de sa créance à ses héritiers, quand il meurt avant d'avoir ratifié. Voyez ci-dessus nos 1252, 2° et 4°.

Cette idée de la création immédiate du droit du tiers a eu son utilité pour combattre la théorie de l'offre et faire acquérir au tiers un droit direct contre le promettant. Mais est-elle bien nécessaire ? Il suffit de considérer que la ratification par le maître produit, dans la gestion d'affaires, un *effet rétroactif* qui fait remonter l'acquisition du droit au moment même où le contrat a été passé. Le résultat pratique est le même qu'en supposant l'acquisition immédiate du droit, et son explication a en plus le mérite d'être conforme aux principes ordinaires.

Dans tout système, si on admet la stipulation au profit de personnes futures, l'acquisition du droit ne peut être antérieure à leur naissance.

De plus, le droit du tiers étant l'*œuvre exclusive de la volonté des contractants*, il est ce que les parties ont voulu qu'il fût : de même qu'elles peuvent le créer à l'état de droit révocable, ou l'entourer de conditions et de restrictions diverses, de même elles peuvent *en retarder la naissance* jusqu'à l'époque qu'il leur plaît de lui assigner. — Toutefois cette idée ne paraît pas encore pleinement admise par la jurisprudence. Voyez

Douai, 6 déc. 1886, D. 88. 2. 140, S. 88. 2. 97; Caen, 3 janv. 1888, D. 89. 2. 129, S. 88. 2. 97.

* **1262. Refus de l'action en résolution.** — Si le tiers ne peut obtenir l'exécution de la promesse faite à son profit, il a le droit de se faire payer des dommages-intérêts par le promettant. Mais il n'a pas le droit d'exercer contre celui-ci l'action en résolution. Cette action appartient au stipulant seul, et la résolution ne pourrait profiter qu'à lui seul ; on ne voit pas en quoi la résolution pourrait être utile au tiers qui n'a rien fourni.

Il n'y a même pas lieu de l'autoriser à exercer cette action du chef du stipulant, par application de l'art. 1166, car le tiers n'est pas devenu créancier du stipulant, mais uniquement du promettant.

1263. Du privilège du vendeur. — Il est une autre garantie accordée au stipulant qui ne peut pas davantage profiter au tiers : c'est le privilège du vendeur. La loi accorde ce privilège à *celui qui a mis la chose vendue dans le patrimoine de l'acheteur*, condition qui n'est évidemment pas remplie par le tiers. Donc, quand la stipulation pour autrui se greffe sur une vente, le tiers, n'étant pas vendeur, ne peut pas bénéficier du privilège. Toutefois la question est controversée. En notre sens : Demolombe, t. XXIV, n° 256 ; Laurent, t. XV, n° 569. — En sens contraire : Aubry et Rau, t. VI, § 343 *ter*, note 30.

1264. Exceptions opposables au tiers par le promettant. — Le promettant peut refuser d'exécuter sa promesse envers le tiers en lui opposant les exceptions suivantes :

1° Incapacité personnelle. — Si le promettant ne s'est pas régulièrement obligé, à raison d'une incapacité dont il était frappé, son engagement est annulable aussi bien contre le tiers que contre le stipulant.

2° Vices du consentement. — Le contrat sera également annulable s'il y a eu *erreur* ou *violence*, mais non s'il y a eu *dol*, ce dernier ne produisant d'effet que contre l'auteur du dol.

3° Vices de forme du contrat. — Le contrat qui contient la stipulation pour autrui n'a pu obliger le promettant si c'est une donation entre vifs qui n'a pas été faite par acte notarié (art. 931).

4° Nullités. — Tel serait le cas où la stipulation pour autrui serait comprise dans un pacte sur succession future.

5° Défaut d'exécution des obligations du stipulant. — Si le stipulant n'a pas accompli ses propres obligations envers le promettant, celui-ci est délié de son engagement envers le tiers. Ce point est sujet à controverse. Certains auteurs pensent que le tiers n'étant point tenu des obligations du stipulant, ni garant de leur exécution, ne doit point souffrir de leur inexécution. Néanmoins il est conforme à la volonté vraisemblable des parties de présumer que le promettant ne s'est obligé envers le tiers qu'en considération des engagements qu'on prenait envers lui.

C. — Relations du tiers avec le stipulant.

** **1265. Absence d'obligation.** — Deux points sont d'abord certains : le stipulant n'a pas eu l'intention de s'obliger envers le tiers, et il n'a pas pu obliger le tiers envers lui-même. *Aucun rapport obligatoire* ne se forme donc entre le stipulant et le tiers par l'effet du contrat.

Cependant la stipulation pour autrui produit des *effets juridiques* entre le stipulant et le tiers, effets qui dépendent à la fois *de la volonté des parties et de leur situation antérieure*. Exemples dans Cass., 22 févr. 1893,

D. 93. 1. 401; Cass., 21 oct. 1896, D, 97. 1. 454. Deux hypothèses sont à distinguer selon que le tiers reçoit : 1° à titre gratuit, ou 2° à titre onéreux.

* **1266. Le tiers reçoit à titre gratuit.** — Si aucun rapport antérieur ne justifie la prestation qui lui est destinée, le tiers recueillera gratuitement le bénéfice de la stipulation faite à son profit. Le tiers est alors un *donataire du stipulant.*

On devra lui appliquer toutes les règles des donations entre vifs, tant pour la *capacité* de donner ou de recevoir que pour le *rapport à succession*, s'il est un jour héritier du stipulant[1], ou pour la *réduction*, si le stipulant a des héritiers à réserve et que la donation faite par lui au tiers dépasse la quotité disponible (Cass., 8 févr. 1888, D. 88. 1. 193, S. 88. 1. 121).

Par exception au principe qui vient d'être indiqué, la stipulation au profit d'un tiers, bien que constituant une libéralité, *n'est pas soumise aux règles de forme établies pour les donations*. Elle sera donc valable bien que le contrat principal soit constaté par un acte sous seings privés (art. 1973). La donation est ici un accessoire qui suit le sort du principal.

* **1267. Le tiers reçoit à titre onéreux.** — Si le tiers était *créancier du stipulant* avant la stipulation, le versement que lui fera le promettant en exécution du contrat *vaudra comme paiement* et libérera le stipulant jusqu'à due concurrence.

Au cas où les parties se seraient trompées et où le stipulant ne devrait rien au tiers, le fait du paiement ferait naître au profit du stipulant contre le tiers *l'action en répétition de l'indu.*

§ 8. — *Législations étrangères.*

1268. Loi suisse. — Le Code fédéral de 1881 accorde en toute hypothèse (car le texte ne fait aucune distinction) une action tendant à « exiger l'exécution au profit du tiers » à quiconque, agissant en son propre nom, a stipulé quelque chose pour autrui (art. 128).

Le tiers ou ses ayants droit peuvent aussi réclamer personnellement l'exécution, si telle a été l'intention des parties. Dans ce cas, si le tiers déclare au débiteur vouloir user de son droit, il ne dépend plus du créancier de libérer le débiteur (même art., al. 2).

1269. Code allemand. — Le Code civil allemand contient sur les contrats au profit d'un tiers tout un ensemble de dispositions (art. 328 à 335). Ces textes consacrent avec toutes ses conséquences la validité des pactes en faveur d'autrui, qui est devenue une nécessité pour la pratique moderne. La plupart tranchent des doutes que pourrait faire naître le silence du contrat. A noter l'al. 2 de l'art. 328, qui veut qu'on recherche *d'après les circonstances* et spécialement *d'après le but du contrat* : 1° si le tiers doit acquérir le droit d'agir contre le promettant ; 2° si ce droit doit naître à son profit immédiatement ou seulement sous certaines conditions ; 3° s'il est permis aux contractants de supprimer ou de modifier le droit du tiers sans son assentiment, — tout en réservant aux parties le droit de régler ces différents points par une disposition particulière.

[1] Le rapport à succession et la réduction soulèvent souvent une difficulté parce que le tiers [donataire] n'a pas reçu exactement ce que le stipulant [donateur] a déboursé. Cela se voit surtout dans les assurances sur la vie au profit d'un tiers : le stipulant a versé les *primes*, dont le chiffre est variable et peut être très faible, et la Compagnie verse au tiers le capital de l'assurance dont le chiffre est fixe et peut être très élevé. Nous ne pouvons ici que signaler la difficulté ; son examen viendra dans le t. III.

La loi s'explique sur les exceptions opposables au tiers par le promettant : ce sont celles qui sont « tirées du contrat » (art. 334).

Enfin elle maintient, sauf expression de volonté contraire, le droit pour le stipulant d'exiger l'exécution de la promesse, même quand ce droit a été conféré au tiers (art, 335). Il existe deux actions concurrentes tendant au même but [1].

CHAPITRE XI

DE LA DISSOLUTION DES CONTRATS

*** **1270. Classification.** — Les causes qui mettent fin aux contrats opèrent de deux manières différentes : 1° tantôt le contrat est *détruit rétroactivement*; les effets qu'il avait produits dans le passé sont effacés, et les choses doivent être remises dans le même état que si le contrat n'avait jamais été fait ; 2° tantôt le contrat est détruit *pour l'avenir seulement* : il cesse de produire de nouveaux effets, mais ceux qu'il avait déjà produits dans le passé subsistent.

Les causes rétroactives sont au nombre de deux : l'*annulation,* qui a lieu en vertu de la loi, et la *résolution,* qui s'opère par la volonté des parties lorsqu'elles n'ont donné au contrat qu'un consentement conditionnel.

Les causes qui mettent fin aux contrats sans rétroactivité sont également au nombre de deux : la *révocation* et la *résiliation*. Ces dernières ne s'appliquent qu'à quelques contrats particuliers.

§ 1. — *De l'annulation.*

* **1271. Observation préliminaire.** — Comment comprendre que la *nullité* soit pour un contrat une cause de *dissolution* ? Ce qui est nul n'existe pas, et ne peut finir ni être détruit. Rationnellement, la nullité devrait empêcher l'acte juridique de produire ses effets dès le début : « Qui contra legem agit nihil agit », disaient les anciens, et, si rien n'est fait, il n'y a rien à dissoudre. Cependant, par une bizarrerie qui a une origine historique (t. I, 1re édit., n° 309 ; 2e édit., n° 328), toutes les législations dérivées du droit romain admettent à côté de la nullité véritable, qui prive l'acte de tout effet dès le premier moment, une simple *annulabilité,* qui peut le détruire après

[1] M. Sainctelette a parfaitement montré la nécessité d'accorder l'action en exécution au stipulant, lorsque c'est une administration publique, telle que l'autorité municipale, qui a inséré des clauses profitables aux habitants dans l'acte de concession d'une exploitation monopolisée (*Revue de Droit international,* 1888, p. 442).

l'avoir laissé produire ses effets pendant plus ou moins longtemps. Le contrat n'est pas nul immédiatement ; c'est plus tard, quand l'*action en nullité* est dirigée contre lui, qu'il tombe sous le coup d'une *sentence d'annulation*, si l'action triomphe.

Rappelons que l'action en nullité des législations modernes a pour origine la *restitutio in integrum* prétorienne, à l'aide de laquelle le Préteur faisait tomber un acte valable « jure civili ».

Voyez dans le t. I (1re édit., nos 317 à 324 ; 2e édit., nos 326 à 335) la distinction des *nullités absolues* et des *nullités relatives*. Les causes de nullité relative peuvent seules être considérées comme des causes de dissolution des contrats, et c'est d'elles seules qu'il va désormais être question.

A. — Distinction de l'action en nullité et de l'action en rescision.

* **1272. Origine de cette distinction.** — Elle vient de notre ancien droit coutumier. Les nullités relatives avaient jadis *deux sources* : les unes étaient fondées sur le *texte des ordonnances ou des coutumes* ; les autres provenaient du *droit romain*. Comme le droit romain n'avait pas force de loi dans nos pays de coutume, on admettait en général que les nullités qui se fondaient exclusivement sur les textes du « Corpus juris civilis » ne pouvaient pas être invoquées de plein droit devant les tribunaux ; il fallait obtenir du prince des *lettres* spéciales rescindant le contrat. Tel était le sens de la règle : « Voies de nullité n'ont lieu en France. ».

On explique ordinairement cette obligation imposée aux particuliers comme si elle était un effet de la rédaction des coutumes, qui aurait enlevé toute force aux dispositions non reproduites dans les nouveaux textes. Elle paraît bien plutôt se rattacher à des idées toutes différentes et avoir eu pour cause les efforts des légistes pour affranchir la royauté française de la suprématie prétendue par le Saint-Empire [1].

La distinction était faite dès la première moitié du XVIe siècle, puisque Imbert et Gui Coquille en parlent comme d'une règle établie depuis longtemps. Toutes les fois que la nullité pouvait s'appuyer sur un texte d'ordonnance ou de coutume, le juge la prononçait en vertu de sa juridiction et de son office ordinaire, mais, quand la nullité dérivait des seuls textes romains, il fallait obtenir des *lettres royaux* pour autoriser la rescision du contrat [2].

1273. Cas et formes des lettres royaux. — Les cas principaux dans lesquels cette formalité était requise étaient le Velléien pour l'incapacité des femmes mariées

[1] Voici comment s'exprime Imbert, le plus ancien auteur à ma connaissance qui nous parle de la nécessité des lettres royaux : « Faut toujours recourir au benefice du prince en tout ce que les loix imperiales veulent estre fait par le seul benefice de droit, d'autant que les Roys de France ne sont aucunement subjets aux loix susdites non plus qu'à l'Empire..., par quoy il ne faut douter qu'un contrat estant nul de droit ne doive estre rescindé et déclaré nul par lettres du Prince » (*Enchiridion*, 1556, vo Contract). — On peut en rapprocher cette circonstance, qu'en Lorraine et en Bretagne, pays qui, au XVe siècle et au commencement du XVIe, échappaient à l'influence royale, on n'exigeait jamais de lettres royaux.

[2] GUI COQUILLE, trouvant dans la *coutume du Nivernais* (chap. 23, art. 26) un article qui interdit aux mineurs de vendre leurs immeubles sans décret de justice, en conclut que les juges de cette province peuvent déclarer l'aliénation nulle par le seul bénéfice de la coutume et sans qu'il soit besoin d'obtenir des lettres royaux, quoique, « selon l'usance commune » on prenne des lettres de rescision « es cas qui sont introduits par le Droit romain, pour ce que la loy romaine n'a force de loy en France ». Comp. LOYSEL, *Institutes coutumières*, n° 706 ; RAGUEAU, *Glossaire du droit français*, vo Nullité.

(voyez t. I, 1re édit., nos 431-432 ; 2e édit., nos 462 et 463), les aliénations d'immeubles appartenant à des mineurs, les ventes d'immeubles même faites par des majeurs avec une lésion d'outre-moitié, enfin les cas de dol, de violence et d'erreur (Ragueau et Gui Coquille, aux passages cités en note sous le no 1272 ci-dessus).

Les lettres royaux pour la rescision des contrats se délivraient dans les chancelleries des Parlements, moyennant finances et sans examen de l'affaire. Ce n'était qu'une formalité pour les particuliers et une petite ressource fiscale pour le roi.

1274. Caractères anciens de l'action en rescision. — On réservait le nom *d'action en rescision* aux cas où la nullité se fondait exclusivement sur des textes romains et où l'action ne s'intentait qu'après l'obtention des lettres de chancellerie et l'acquittement des droits fiscaux, et on appela *action en nullité* celle qui était ouverte de plein droit par les ordonnances ou les coutumes.

On établit pour ces deux espèces d'actions des *prescriptions différentes* : l'action en nullité se prescrivait par trente ans, l'action en rescision par dix ans [1].

***1275. Ce qu'est devenue l'ancienne différence.** — Cette distinction de l'action en nullité et de l'action en rescision qui a tenu une si grande place dans notre ancien droit (voyez Pothier, édit. Bugnet, *Tables*, vis Nullité et Rescision), est aujourd'hui *entièrement effacée.* Les lettres royaux ont été abolies par les art. 20 et et 21 de la loi des 7-11 septembre 1790 qui supprima les chancelleries. La promulgation du Code, en unifiant les sources du droit français, fit disparaître leur différence fondamentale : toutes deux dérivent aujourd'hui de la même loi. Enfin l'art. 1304 les a soumises à la même prescription ; toutes deux s'éteignent par dix ans.

Comme conséquence de ces changements, les auteurs du Code emploient indifféremment les deux expressions « action en nullité » ou « action en rescision » pour désigner ces deux actions désormais fondues en une seule. Voyez notamment les art. 1117, 1304 et 1338.

***1276. Terminologie moderne.** — Depuis le Code civil, une autre distinction s'est introduite, qui n'a rien de commun avec l'ancienne. Les auteurs modernes ont pris l'habitude de réserver le nom *d'action en rescision* pour les nullités *fondées sur une lésion.* Il se trouve en fait que dans les articles du Code l'action fondée sur la lésion n'est jamais qualifiée autrement (art. 887-892, 1305, 1674) ; ce n'est là sans doute qu'un effet du hasard, car les auteurs de la loi ont souvent manifesté l'intention de fondre en une seule les deux actions anciennes. Nous emploierons pour plus de brièveté la seule dénomination d'action en nullité.

B. — Effets de l'action en nullité.

****1277. Principe général.** — L'effet général de la nullité est fort simple : les choses doivent être remises dans le même état que si le contrat n'avait pas été fait [2]. La sentence d'annulation possède donc la même rétroactivité que celle qui prononce la résolution d'un contrat (ci-dessous no 1320). L'effet produit est le même, bien que la cause soit différente.

[1] La réduction de la prescription pour cette dernière est chose ancienne et remonte au xve siècle ; car une ordonnance de juin 1510 la rend applicable dans le ressort du Parlement de Toulouse, ce qui suppose qu'elle existait déjà ailleurs (Isambert, t. XI, p. 577).

[2] La loi n'a pas réglé les effets de la nullité, sauf sur un point particulier (art. 1312). Voyez au contraire C. civ. allemand, art. 142-144.

***1278. Application aux parties.** — Deux hypothèses doivent être prévues :

1° Si le contrat n'a encore reçu aucune exécution, les parties sont libérées ; leurs obligations s'éteignent et il n'y a plus ni créancier ni débiteur.

2° Si les parties ont déjà exécuté, en tout ou en partie, ce qu'elles s'étaient promis, elles sont tenues de se restituer mutuellement ce qu'elles ont reçu. L'exécution les avait libérées de leurs obligations ; l'annulation du contrat fait naître entre elles de nouvelles obligations.

Ces obligations doivent s'exécuter de la même manière que si elles naissaient d'un contrat, c'est-à-dire que chacune des parties ne peut exiger ce que l'autre lui doit qu'autant qu'elle offre de rendre elle-même ce qu'elle en a reçu. Comp. le Code allemand qui applique le système de l'exécution « trait pour trait » (art. 348)[1]. Voyez ci-dessus n° 949-2°.

***1279. Restriction en faveur des incapables.** — On ne pouvait appliquer aux incapables la règle qui oblige chaque partie à rendre tout ce qu'elle avait reçu en exécution du contrat annulé. En effet, l'incapable aura souvent dissipé les sommes ou valeurs qu'il aura touchées. C'est par exemple un mineur, qui a vendu son bien, et qui a gaspillé l'argent : s'il était obligé, pour reprendre le bien, de rendre une somme dont il n'a tiré aucun profit, la protection que la loi lui accorde serait illusoire.

De là la disposition de l'art. 1312 ; l'incapable qui demande l'annulation du contrat n'est obligé de restituer ce qu'il a touché *en temps d'incapacité* que *dans la mesure où il se trouve enrichi*[2].

Cette obligation naît pour lui, non pas du contrat, mais du principe que nul ne peut s'enrichir sans cause aux dépens d'autrui : c'est une obligation *quasi-contractuelle* (Voyez ci-dessus n° 937). La dérogation à la règle générale n'a lieu qu'autant que l'incapable se fait restituer *en cette qualité* (art. 1312). Ainsi, si la nullité était prononcée pour une autre cause (vice de consentement), le droit commun reprendrait son empire et la restitution intégrale serait due à la partie adverse.

Ce n'est pas l'incapable qui doit prouver que rien n'a tourné à son profit pour se dispenser de la restitution : c'est son adversaire qui doit établir l'existence d'un enrichissement, s'il veut en obtenir le remboursement. Solution analogue à celle que donne l'art. 1241 pour le paiement reçu par un incapable.

1280. Autre exception pour le possesseur de bonne foi. — Conformément aux principes généraux, l'acquéreur d'une chose frugifère conserve les fruits perçus par lui dans l'intervalle entre l'acquisition et la demande en nullité, s'il était de bonne foi, c'est-à-dire *s'il a ignoré les vices de son titre* (art. 549-550). Il ne restitue donc pas tout ce qu'il a perçu en vertu du *contrat*.

[1] Cet article vise le cas de *résiliation*, mais la règle qu'il formule est applicable, par identité de motifs, quelle que soit la cause qui dissolve le contrat.

[2] Il se peut pourtant que l'enrichissement réalisé par l'incapable soit égal au montant des sommes reçues et que le tiers qui a traité avec lui ne perde rien. On a vu condamner un mineur, qui avait fait un emprunt sans aucune formalité, à restituer toute la somme empruntée parce qu'il était reconnu qu'elle avait tourné tout entière à son profit (Cass., 23 févr. 1891, D. 92. 1. 29).

*1281. **Application aux tiers.** — La rétroactivité attachée à l'annulation la fait rejaillir contre les tiers, toutes les fois que le contrat a eu pour objet la translation d'un droit de propriété ou d'un autre droit réel. L'acquéreur étant réputé n'avoir jamais acquis, tous ceux à qui il a lui-même transporté son droit, ou qui ont acquis de son chef, par contrat ou autrement, un droit quelconque sur la chose, en sont eux-mêmes dépouillés. C'est la conséquence de la rétroactivité, quelle que soit la cause de dissolution (annulation ou résolution) : *Resoluto jure dantis, resolvitur jus accipientis.* Sur les résolutions de propriété ou de droits réels, voir t. I, 1re édit., nos 1050 et suiv. ; 2e édit., nos 977 et suiv.

C. — Prescription de l'action en nullité.

1° Sa durée et son point de départ.

1282. **Durée de la prescription. — L'action en nullité est bornée dans un temps moindre que les actions ordinaires. Celles-ci durent en général trente ans (art. 2262) : l'action en nullité ne peut jamais durer plus de *dix ans* (art. 1304). C'est son terme le plus long, et elle peut quelquefois durer moins. L'art. 1304 l'annonce lui-même, en disant : « Dans tous les cas où l'action... n'est pas limitée à un moindre temps par une loi particulière ». Il n'y a du reste qu'un seul cas où la durée de l'action soit réduite à moins de dix ans : c'est pour la *vente d'immeuble* attaquée pour cause de lésion ; l'action dure *deux ans* (art. 1676).

1283. **Point de départ. — L'acte annulable peut être attaqué aussitôt qu'il est fait ; l'action existe dès ce moment[2] ; par conséquent, elle doit commencer à se prescrire immédiatement, et l'on peut formuler ce principe, que la prescription court contre l'action en nullité *à compter du jour où l'acte est fait.* Mais l'art. 1304 y apporte de si *nombreuses dérogations* qu'il ne laisse, pour ainsi dire, plus de place à son application.

Il existe, en effet, *presque toujours* une raison pour suspendre le cours de la prescription : si la personne qui a le droit d'attaquer l'acte est capable, il se peut qu'elle ignore l'existence de l'action à son profit ou que la cause de nullité, en se prolongeant, l'empêche d'agir ; si elle est incapable, on ne peut pas lui donner le moyen de confirmer indirectement l'acte en laissant le délai de la prescription s'accomplir : tout le temps écoulé pendant qu'elle était incapable ne doit donc pas compter pour la prescription.

*1284. **Hypothèses particulières.** — Voici les diverses hypothèses exceptionnelles dans lesquelles le point de départ de la prescription est reculé :

[1] Il n'y a d'exception que pour les actes visés par l'art. 503, contre lesquels l'action est ouverte plus tard par le jugement d'interdiction (t. I, 1re édit., nos 2902-2904 ; 2e édit., nos 2642-2644.

1° Dol et erreur. — La prescription ne commence à courir que *du jour de la découverte* du dol ou de l'erreur (art. 1304, al. 2); jusque-là on ne peut pas reprocher à la partie trompée de n'avoir pas agi.

Au moment où elle se décide à intenter l'action, s'il s'est écoulé plus de dix ans depuis le jour du contrat, c'est à elle de prouver qu'elle n'a découvert le dol ou l'erreur que longtemps après, et quel jour elle s'en est aperçue. Elle peut, du reste, fournir cette preuve par tous les moyens possibles, puisque c'est un fait matériel.

2° Violence. — La prescription court *du jour où la violence a cessé* (art. 1304). Jusque-là la partie violentée n'est pas plus libre d'attaquer le contrat qu'elle ne l'a été de refuser d'y consentir. C'est l'effet de la règle « Contra non valentem agere, non currit præscriptio ».

3° Mineurs. — Le point de départ est le *jour de la majorité* (art. 1304). C'est le droit commun, la prescription ne court pas contre les mineurs (art. 2252). La prescription commencerait aussi à courir le *lendemain de la mort du mineur*. Voyez ce qui est dit à ce sujet pour l'interdit.

4° Interdits. — La prescription court *du jour de la mainlevée de l'interdiction* (art. 1304), parce que l'incapacité cesse alors. Cette hypothèse est rare ; ordinairement l'interdit meurt en état d'incapacité. La prescription commence alors à courir *du jour de la mort de l'interdit*, bien que la loi ne le dise pas, parce que l'incapacité a cessé.

Cette prescription pourra se trouver à nouveau suspendue au profit des héritiers de l'interdit, s'il existe en leur personne une cause particulière de suspension, par exemple s'ils sont mineurs ; mais ce sera alors l'effet de l'art. 2252.

Ces principes s'appliquent non seulement aux actes que l'interdit a passés pendant son interdiction, mais même à ceux qu'il a faits auparavant et qui peuvent quelquefois être annulés, dans les conditions prévues par l'art. 503 (Comp. Chambéry, 19 janv. 1886, D. 87. 2. 161, S. 88. 2. 16).

5° Aliénés internés. — Un grand nombre d'aliénés, au lieu d'être interdits, sont enfermés dans des établissements spéciaux (maisons de santé ou hospices). Leurs actes peuvent être attaqués au moyen d'une *action en nullité prescriptible par dix années*, conformément à l'art. 1304 ; mais le point de départ de la prescription est réglé différemment. La prescription ne court pour chaque acte fait pendant l'internement que *du jour où cet acte est venu à la connaissance de l'aliéné après sa sortie*, par une signification qui peut lui être faite ou autrement (L. 30 juin 1838, art. 39).

6° Prodigues ou faibles d'esprit. — Ces personnes sont dans un état de demi-interdiction et pourvues d'un *conseil judiciaire* (Voyez t. I). L'art. 1304 n'en a pas parlé. Quelques auteurs pensent que le droit commun devrait leur être appliqué et que la prescription devrait courir contre eux immédiatement, puisqu'ils sont libres d'agir. Mais la jurisprudence approuvée par la majorité de la doctrine, ne fait courir contre eux le délai de l'art. 1304 que *du jour où leur incapacité a cessé* (Cass., 8 avril 1891, D. 91. 1. 454, S. 91. 1. 149). Il y en a une raison décisive : c'est qu'il est impossible à un incapable de ratifier par son silence l'acte annulable qu'il a fait, tant que dure son incapacité.

7° Femmes mariées. — En principe, la prescription court contre les femmes mariées (art. 2254). Cependant les art. 2255 et 2256 établissent différentes causes de suspension, qui empêchent certaines actions de se prescrire pendant le mariage. L'art. 1304 établit une suspension analogue pour l'action en nullité : cette action ne commence à se prescrire qu'*à dater de la dissolution du mariage*[1]. Le motif est que la femme a fait l'acte en se cachant de son mari et sans son autorisation ; elle doit être considérée comme étant dans l'impossibilité morale d'agir en nullité, ce qui révélerait tout au mari.

On va plus loin : l'action ouverte contre l'acte d'une femme mariée non autorisée n'appartient pas à la femme seule : elle est ouverte en première ligne au profit de son mari (art. 225). Celui-ci est pleinement capable et libre d'agir : néanmoins on décide que la prescription ne court contre lui qu'à dater de la dissolution du mariage, parce que le texte ne distingue pas.

***1285. Actions restant soumises à la règle.** — Après qu'on en a retiré tous les cas exceptionnels, deux catégories seulement sont soumises à la règle formulée au n° 1283, savoir :

1° Les *actes entachés de lésion accomplis par des majeurs*. Le délai court du jour de l'acte. L'art. 1676 le dit formellement pour la vente d'immeubles ; la même règle est applicable au partage, et ces deux actes sont les seuls qu'un majeur puisse faire rescinder pour cette cause.

2° Les *actes d'aliénation irréguliers, passés par les départements, les communes et les établissements publics* qui sont considérés comme des mineurs (Cass., 12 janv. 1874, D. 74. 1. 161 ; Cass., 18 mai 1886, D. 87. 1. 121, S. 90. 1. 514 ; Cass., 23 févr. 1887, D. 87. 1. 177).

2° Ses conditions d'application.

***1286. Énumération.** — Le législateur n'a pas déterminé les limites d'application de l'art. 1304, qui est cependant un texte exceptionnel, dont le domaine doit être nettement circonscrit. Mais l'étude des solutions traditionnelles et l'analyse du texte même de la loi ont permis de dégager les conditions d'où dépend l'application de la prescription décennale. Ces conditions sont au nombre de trois et concernent : 1° la *nature de l'action* ; 2° la *nature de l'acte attaqué* ; 3° la *qualité de la personne qui agit*.

***1287. Actions régies par l'art. 1304.** — La prescription décen-

[1] La *séparation de corps* fait-elle courir la prescription de l'art. 1304 ? Il n'y avait aucune raison pour cela sous l'empire du Code civil ; la séparation de corps ne rendait à la femme qu'une capacité très limitée et ne lui donnait pas l'exercice de ses actions. Mais la loi du 6 février 1893, modifiant l'art. 311, a restitué à la femme séparée de corps le *plein exercice de sa capacité civile*, et il n'y a vraiment plus de raison pour suspendre une prescription au profit d'une personne qui est aussi capable que si elle était veuve ou divorcée. Cependant l'opinion générale paraît se fixer en ce sens que la loi de 1893 n'a pas touché à l'art. 1304 et que le point de départ de la prescription décennale est toujours la dissolution du mariage.

nale n'est établie que pour les *actions en nullité ou en rescision*, c'est-à-dire celles qui supposent l'existence d'un *vice* capable de faire annuler le contrat et *contemporain de sa formation*. Ces vices sont l'erreur, le dol, la violence, la lésion et l'incapacité. Toute action fondée sur une autre cause reste soumise à la *prescription trentenaire*.

Il en sera ainsi pour les actions suivantes :

1° L'*action en résolution pour inexécution des charges ou conditions*. Le contrat ne porte en lui-même aucun vice capable de le détruire : le principe de sa destruction se trouve dans un événement postérieur, son inaccomplissement par l'une des parties.

2° L'*action en révocation ou en réduction d'une donation* (art. 920 et 953), qui peut bien enlever en totalité le bénéfice du contrat au donataire, mais qui ne le détruit pas rétroactivement, à la façon des nullités et rescisions.

3° La *demande en résiliation de bail* pour perte partielle de la chose (art. 1722).

4° L'*action en répétition de l'indu* (art. 1377). Le paiement d'une dette inexistante n'est pas un acte nul : c'est un fait qui procure un enrichissement sans cause et qui est productif d'une obligation quasi-contractuelle. L'enrichissement qui en résulte fait l'objet d'une action qui ne ressemble en rien à une action en nullité.

***1288. Actes régis par l'art. 1304.** — Les anciennes ordonnances étaient conçues en termes fort généraux et gouvernaient « toutes rescisions de contrats *et autres actes* » (Ord. de 1510). L'art 1304 est beaucoup moins large ; il ne parle que de l'action en nullité des *conventions*. Il est vrai que dans la suite du texte la loi emploie le mot « actes », qui est général ; mais on peut soutenir qu'il est pris ici par référence à ce qui précède, et seulement dans des alinéas qui ont pour objet de fixer simplement le point de départ de la prescription, tandis que l'al. 1er, qui établit la disposition fondamentale, est spécial aux conventions. En tout cas, on a pris l'habitude de l'interpréter restrictivement à cet égard, et on ne l'applique pas aux actions en nullité dirigées contre des *actes unilatéraux*, tels que le testament, l'acceptation ou la répudiation des successions, le partage d'ascendant fait dans la forme testamentaire (Cass., 25 nov. 1857, D. 57. 1. 425). Mais il y a doute pour le partage d'ascendant fait par acte entre vifs. Voyez DALLOZ, *Suppl.*, v° Dispositions entre vifs, nos 1163 et suiv.

En matière de conventions, la disposition de l'art. 1304 ne gouverne pas celles qui sont *relatives à la famille*, telles que le mariage et l'adoption, pour lesquelles il existe des règles spéciales. Mais le groupe des *conventions d'intérêt pécuniaire* lui appartient tout entier, qu'elles aient pour objet de produire des obligations, comme les contrats proprement dits, ou de les éteindre, comme la novation, la remise de dette ou la compensation facultative.

Les simples règlements de comptes ne sont pas traités comme actes juridiques : lorsqu'ils contiennent des erreurs, l'*action en rectification* (art. 541, C. proc. civ.) n'est pas soumise à l'art. 1304 (Cass., 27 nov. 1876, C. 77. 1. 350, S. 78. 1. 36).

***1289. Personnes régies par l'art. 1304.** — Il est admis aujourd'hui sans contestation que la prescription décennale ne s'applique qu'aux *actions intentées par les parties elles-mêmes,* et non à celles qui peuvent compéter à des tiers. C'est principalement pour l'*action Paulienne* que la question s'est posée ; il est jugé depuis longtemps que cette action dure *trente ans* (Cass., 9 janvier 1865, D. 65. 1. 19, S. 65. 1. 65). Cela s'explique d'ailleurs par la nature particulière de cette action, qui a moins pour objet la nullité de l'acte que la réparation du préjudice causé aux créanciers par la fraude de leur débiteur.

3° Nature et effet de la prescription décennale.

****1290. Controverse sur sa nature.** — On s'est demandé si ce délai de dix ans était une *véritable prescription* ou un *simple délai préfix invariable*? L'intérêt de la question réside dans l'application des causes de suspension et d'interruption. Voici, par exemple, un mineur qui succède à un majeur, lequel avait dans son patrimoine une action en nullité régie par l'art. 1304. La prescription, qui courait contre le majeur, va-t-elle se trouver suspendue au profit du mineur? Oui, s'il s'agit d'une prescription véritable ; non, au cas contraire. La principale raison de douter était que, dans l'art. 1304, le mot « prescription » n'est pas prononcé. Mais il est à peu près unanimement admis aujourd'hui que les prescriptions inférieures à dix ans sont les seules qui ne peuvent être ni suspendues ni interrompues et courent contre tout le monde. Bien que le mot « prescription » ne se lise pas dans l'art. 1304, la chose s'y trouve.

Telle était la tradition du droit ancien, et le Code lui même la confirme indirectement dans l'art. 1676, qui réduit l'action à deux ans pour un cas particulier : ce texte décide que le délai de deux ans court même contre les mineurs et les interdits, disposition qui serait inutile si tel était le cas général pour les prescriptions de l'art. 1304. Par suite, la prescription décennale pourra être soit *interrompue*, soit *suspendue* (Cass., 18 nov. 1884, D. 85. 1. 101).

****1291. Controverse sur l'effet de la prescription.** — La prescription éteint l'*action* en nullité. Éteint-elle également l'*exception*? Celui qui ne pourrait plus attaquer l'acte comme demandeur peut-il encore se défendre quand on l'invoque contre lui, en opposant sa nullité? Voici comment la question se pose. Une convention est conclue par un mineur, qui peu de temps après devient majeur; dix ans s'écoulent, sans qu'elle soit suivie d'aucun effet: puis la partie capable en demande l'exécution. L'ex-incapable, qui ne pourrait plus attaquer le contrat *par voie d'action,* peut-il encore se défendre contre lui *par voie d'exception*?

Une jurisprudence constante considère l'exception comme *perpétuelle* et comme survivant par suite à l'extinction de l'action par prescription (Voyez les arrêts cités dans Dalloz, *Répert.*, v° Obligations, n°s 2938 et 2939 ; *Suppl.*, n°s 1319 et 1320 et notamment Toulouse, 9 juill. 1859, D. 59. 2. 201, S. 59. 2. 407)[1]. Notre jurisprudence a donc maintenu l'ancienne

[1] Malgré l'autorité de cette tradition et la fixité de la jurisprudence, la solution con-

maxime romaine : *Quæ temporalia sunt ad agendum, perpetua sunt ad excipiendum*.

Cette maxime avait cependant en droit romain *une raison d'être qui n'existe plus.* Prenons comme exemple l'action de dol. Cette action qui dura, suivant les époques, une année utile ou quatre ans continus, n'était ouverte qu'après l'exécution de l'acte et pour en effacer les effets. Au cas où l'acte n'avait point reçu d'exécution, la victime du dol était suffisamment protégée par l'exception de dol, qui était perpétuelle comme l'action née du contrat, à laquelle elle était opposée ; on ne lui donnait donc pas l'action de dol. Dans notre droit moderne, rien n'empêche la partie qui a été trompée de prendre les devants et d'agir en nullité avant toute exécution. Il dépend d'elle de faire annuler le contrat, quand cela lui plaît, et il semble inutile de l'armer d'une exception perpétuelle.

Néanmoins, *la jurisprudence a maintenu la perpétuité de l'exception* : il a paru juste que l'exception, arme défensive, fût conservée aussi longtemps que l'action née du contrat peut être utilisée comme arme offensive. Autrement on arrive à des résultats injustes : un interdit peut ignorer, ou ses héritiers encore mieux que lui, les actes qu'il a passés pendant sa folie. Que la partie qui a traité avec lui laisse passer dix ans en gardant le silence, et elle le peut aisément puisqu'elle a trente ans devant elle ; elle agira ensuite à coup sûr, à un moment où les héritiers de l'incapable ne pourront plus discuter la validité du contrat ni sous forme d'action ni sous forme d'exception. Le résultat est tellement choquant que les adversaires du système de la jurisprudence, eux-mêmes, ont cherché à l'éviter, sans pouvoir en trouver le moyen. D'autre part, la rédaction de l'art. 1304 confirme l'interprétation que les tribunaux en donnent, car il ne restreint que la durée de l'action, et cette formule étroite paraît bien avoir été choisie pour conserver la tradition historique et l'application de la maxime : « Quæ temporalia sunt... » (Comp. AUBRY et RAU, § 771, notes 1 à 6 ; DEMOLOMBE, t. XXIX, n°s 136 et suiv.).

1292. Combinaison avec la prescription trentenaire. — La prescription de trente ans peut-elle être appliquée aux actions en nullité, outre la prescription décennale ? Malgré sa brièveté relative, cette dernière risque de se faire attendre très longtemps parce qu'elle a un point de départ souvent tardif. Qu'il s'agisse, par exemple, d'un acte fait par une femme mariée au début de son mariage, ou par un interdit dans les premiers temps de son interdiction, l'un et l'autre peuvent vivre de longues années en état d'incapacité ; plus de trente ans s'écouleront peut-être avant la dissolution du mariage ou avant la mort de l'interdit. A défaut de la prescription décennale, qui n'est pas encore terminée, ni même peut-être commencée, la prescription trentenaire aura-t-elle éteint l'action ? Aubry et Rau l'ont soutenu (§ 339, note 42), en s'appuyant sur la généralité des termes de l'art. 2262 : « *Toutes actions*, tant réelles que personnelles, sont prescrites par trente ans... ». Il leur semble que ce texte serait violé si l'on pouvait encore agir en nullité contre une convention quarante ou cinquante ans après qu'elle a été faite (Comp. Paris, 22 juill. 1853, D. 55. 2. 155). Cette opinion n'a cependant pas prévalu :

traire est encore soutenue, et quelques auteurs ont entrepris de démontrer que l'exception doit périr en même temps que l'action (COLMET DE SANTERRE, t. V, n°s 265 bis, §§ 6 et 7 ; LAURENT, t. XIX, n°s 57 et suiv.). Leur argument principal est que la prescription décennale est fondée sur une *confirmation présumée* : celui qui avait le droit d'attaquer le contrat le confirme tacitement en laissant s'écouler le temps de la prescription (art. 1115). Or, si l'acte est considéré comme confirmé, il acquiert une pleine validité et il ne peut plus être question de l'annuler : il y a eu renonciation au droit d'en demander la nullité. Ce droit une fois éteint ne peut plus renaître par une simple éventualité de procédure ni dépendre du rôle que joueront les parties dans l'instance. L'argument a une grande force : on peut cependant y répondre. S'il est permis d'assimiler la prescription à une confirmation tacite, c'est uniquement au cas où la partie pourvue de l'action a *volontairement* laissé s'écouler le temps de la prescription ; mais comment comprendre que celui qui ignore le contrat ou le vice dont il est atteint, un héritier de la partie, par exemple, *confirme* l'acte par un silence qui n'est pas calculé ? La confirmation, même tacite, ne peut exister que s'il y a eu *intention prouvée* de renoncer à l'action en nullité.

l'art. 1304 établit pour une catégorie déterminée d'actions un système spécial qui se suffit à lui-même, et les causes qui retardent le cours de la prescription décennale doivent être considérées comme des causes de *suspension* applicables en même temps à la prescription trentenaire.

D. — Confirmation de l'acte annulable.

** **1293. Définition.** — L'action en nullité, non encore éteinte par la prescription décennale, peut *se perdre par une renonciation*. La personne munie de l'action en nullité ou en rescision est libre de renoncer au droit d'attaquer l'acte : on dit alors qu'elle le *confirme* [1] (art. 1311 et 1338).

1294. Les textes. — La loi s'est occupée de la confirmation dans l'art. 1338, rejeté sans raison au milieu de la théorie des preuves. Il faut y joindre les art. 1339 et 1340, relatifs à la confirmation des donations nulles pour vice de forme.

1° Conditions nécessaires pour la confirmation.

** **1295. Énumération.** — Pour que la confirmation soit possible, il faut deux choses :

1° La personne qui confirme l'acte doit avoir *une connaissance spéciale du vice qu'il s'agit de réparer*. La loi exige même que la nature de ce vice soit spécialement mentionnée dans l'acte dressé pour constater la confirmation, quand elle est expresse. Il ne suffirait donc pas que la personne qui confirme l'acte eût d'une manière vague l'intention de le purger des vices dont il est atteint, sans savoir s'il y en a un ou plusieurs, et desquels il s'agit.

2° La confirmation doit *intervenir à un moment tel qu'elle soit elle-même exempte du vice qui atteint l'acte à confirmer*. Cette condition concerne exclusivement les vices de *violence* et d'*incapacité*. Il est clair que, si la violence dure encore, ou l'incapacité, l'acte confirmatif sera lui-même l'œuvre d'une volonté non libre ou d'une personne non maîtresse de ses droits, et par suite ne saurait avoir pour effet de purger un vice qu'il porte en lui aussi bien que l'acte principal.

Cependant il a été jugé que l'incapable peut confirmer l'acte au moyen d'un testament fait pendant son incapacité, si la loi lui permet de disposer par testament des biens qui ont fait l'objet du contrat. Le cas s'est présenté pour une *femme mariée sous le régime dotal* : elle est incapable de disposer de ses immeubles dotaux par un acte entre vifs fait pendant le mariage, mais elle est capable de les léguer par testament, parce que le testament ne doit produire son effet qu'après la mort de la femme, c'est-à-dire à un moment où la dotalité n'existera plus. Une femme dotale peut donc confirmer par testament l'aliénation d'un bien compris dans sa dot, quand cette aliénation est irrégulière (Caen, 26 janv. 1888, D. 88. 2. 299, S. 89. 2. 171).

[1] On emploie souvent une autre expression beaucoup moins heureuse, en disant que l'acte est *ratifié*. Ce mot « ratification » désigne plus spécialement l'approbation donnée par le maître aux actes d'un gérant d'affaires ; il est commode d'avoir deux expressions différentes pour désigner deux choses qui ne sont point identiques. Nous ne parlerons donc désormais que de la *confirmation* des actes annulables, en réservant le nom de « ratification » à l'acte par lequel une personne prend pour son compte des opérations faites en son nom par quelqu'un qui n'en avait pas reçu le pouvoir.

***1296. Actes susceptibles de confirmation.** — D'après les principes exposés dans le tome Ier, les seuls actes susceptibles de confirmation sont ceux qui sont atteints d'une *simple nullité relative* ou *annulabilité*; les actes frappés de nullité absolue ne peuvent pas être confirmés. On verra cependant, à propos des donations (t. III), que, par une dérogation unique dans notre droit, l'art. 1340 admet la possibilité d'une confirmation pour la *donation nulle pour défaut de forme*, bien que la nullité en soit complète.

2° Formes de la confirmation.

***1297. Confirmation expresse.** — Celle-ci est soumise à certaines exigences. La loi veut qu'un écrit soit rédigé et que diverses mentions y soient insérées (art. 1338). On doit énoncer : 1° la *substance de l'obligation* (lisez : de l'acte à confirmer), c'est-à-dire les clauses principales qui permettront de reconnaître cet acte et de voir que la partie en avait le contenu bien présent à l'esprit ; 2° la *mention du motif de l'action en rescision*, c'est-à-dire la nature du vice qu'il s'agit de purger ; 3° l'*intention de réparer ce vice*, c'est-à-dire la volonté de renoncer à l'action en nullité qui en résultait.

Toutes ces conditions ne sont exigées que pour la *preuve* de la confirmation. Si l'on produisait un acte confirmatif non conforme aux indications de la loi, la confirmation ne serait pas *nulle*, comme semble le dire l'art. 1338 : cet article ne s'occupe que d'une question de preuve ; l'acte irrégulier ne serait pas valable *comme preuve littérale*, mais la confirmation en elle-même ne serait pas nulle et la preuve en pourrait être donnée d'autre façon. Il n'est point dérogé pour elle aux règles ordinaires, et par suite elle pourra être prouvée *par témoins*, si l'intérêt en litige ne dépasse pas 150 francs, et, même au-dessus de ce chiffre, un écrit non conforme aux prescriptions de l'art. 1338 pourra servir de *commencement de preuve par écrit* et rendre admissibles les présomptions et les témoignages.

Ajoutons que l'art. 1338 exige *un écrit*, mais non *un écrit authentique*. L'acte pourra donc être dressé *sous signatures privées*.

***1298. Confirmation tacite.** — La confirmation tacite résulte d'actes accomplis par la partie sans renonciation expresse à son action, mais qui impliquent chez elle cette intention. La forme habituelle de la confirmation tacite est l'*exécution volontaire de l'acte annulable, faite en temps de capacité et en pleine connaissance de cause* (art. 1338). Cette exécution ne se comprendrait pas si la partie conservait l'intention de se faire libérer de son obligation ; en se conformant à un acte qu'elle pourrait faire tomber, elle montre son intention de le tenir pour valable. Il n'est pas nécessaire que l'exécution de l'acte soit *totale* : une simple *exécution partielle* suffit pour révéler l'intention de confirmer.

Ce procédé de confirmation tacite n'est pas le seul : les juges seraient libres de reconnaître la même intention dans d'autres faits dont la nature dépendra des circonstances. C'est une question d'appréciation.

L'art. 1115 suppose qu'en laissant s'écouler le temps fixé par la loi pour la restitution, la partie a pu avoir l'intention de confirmer l'acte. Mais cela n'est pas nécessairement vrai, comme le pensent certains auteurs, qui voient toujours dans la prescription un cas de confirmation tacite : ils ont tort d'ériger en règle générale ce qui n'est qu'une simple *possibilité*. On ne doit pas considérer la simple expiration du délai de la prescription comme constituant toujours un cas de confirmation tacite. Il est possible que la partie qui se trouve proche du terme des dix ans l'attende dans une inaction intentionnelle, afin de procurer à l'acte une solidité parfaite. Mais on ne peut pas préjuger cette intention du seul fait de son abstention; il faut encore que sa volonté de confirmer l'acte, qui est l'essence de toute confirmation, puisse être *spécialement prouvée*. Si cette preuve est fournie, l'acte devra être considéré comme tacitement confirmé, et par suite sa nullité ne pourra pas plus tard être proposée sous forme d'exception, tandis que le simple écoulement du délai de dix ans, tout en éteignant l'action, laisse survivre cette exception (ci-dessus n° 1291).

***1299. Caractère unilatéral de la confirmation.** — Puisque la confirmation est une renonciation à l'action en nullité, on doit reconnaître en elle un *acte unilatéral* et non une convention. De là résultent deux conséquences : 1° elle est *définitive* sans avoir besoin d'être *acceptée* par la partie qui en bénéficie; aussitôt qu'elle est faite, celui de qui elle émane est lié et ne peut plus revenir sur son acte pour reprendre le droit d'agir.

2° L'acte qui la constate, quand il est fait sous seings privés, n'a pas besoin d'être rédigé en plusieurs originaux, comme le veut l'art. 1325 pour les conventions synallagmatiques : *un seul exemplaire suffit*, pourvu qu'il soit remis à l'autre partie.

3° Effet de la confirmation.

**** 1300. Validation de l'acte.**— L'effet qui se produit est fort simple à indiquer d'une manière générale : la confirmation fait *perdre l'action en nullité*, de sorte que l'acte annulable devient *inattaquable*, et cela d'une manière définitive, puisque la seule personne qui eût le droit de l'attaquer l'a perdu (art. 1338, al. 3)[1]. Comp. art. 1115.

On dit que cette validité se produit avec effet rétroactif; il n'y a nul besoin de faire intervenir ici l'idée de rétroactivité : l'acte annulable produisait déjà ses effets depuis l'origine, comme s'il avait été valable; seulement ces effets pouvaient être anéantis par un jugement d'annulation, et c'est ce jugement qui aurait eu un effet rétroactif, pour faire disparaître l'acte dans le passé; mais, du moment où on confirme l'acte, il n'y a qu'à tenir pour définitifs les effets déjà produits. Cela peut se faire sans la moindre rétroactivité.

***1301. Réserve du droit des tiers.**— L'art. 1338 dit que la confirmation a lieu « sans préjudice du droit des tiers ». Comment des *tiers* pourraient-ils avoir à souffrir de la confirmation ? Il faut supposer que ces tiers ont acquis des droits *incompatibles avec le maintien de l'acte annulable* ; par conséquent, ce sont des *ayants cause de la personne qui fait la confirmation*. En voici un exemple : un mineur a vendu un de ses immeubles pendant sa minorité. Devenu majeur, il constitue sur ce même immeuble une hypothèque au profit d'un de ses créanciers. En constituant cette hypothèque, il prend l'*engagement tacite* de faire annuler la vente, car l'hypothèque ne peut être valable que si la vente disparaît et si la propriété

[1] Quand l'acte annulable a été fait par une femme mariée non autorisée, l'action en nullité appartient à son mari en même temps qu'à elle. Il en résulte une difficulté pour le cas où la confirmation émane d'un seul des deux époux : cette confirmation produit-elle effet à l'égard de l'autre et lui enlève-t-elle son action en nullité ? Cette question ne peut être étudiée qu'à propos des effets du mariage et de la puissance maritale, qui font partie du programme de troisième année.

lui fait retour. Donc l'ex-mineur ne peut plus, en confirmant la vente, nuire aux droits consentis postérieurement par lui à son créancier hypothécaire : l'acheteur sera donc obligé de supporter cette hypothèque malgré la confirmation dont son titre a bénéficié.

Le raisonnement serait le même si nous supposions à l'inverse que l'acte, fait en temps d'incapacité, est une constitution d'hypothèque, et le second, fait en temps de majorité, une vente : l'acheteur ne serait pas obligé de subir les effets de l'hypothèque, qui à son égard doit être considérée comme annulée. Que si les deux actes sont tous deux des ventes, le second acquéreur évincera le premier; si ce sont deux constitutions d'hypothèques, le second créancier hypothécaire sera, contrairement aux règles ordinaires, préféré au plus ancien (Montpellier, 6 janv. 1866, D. 66. 2. 40, S. 66. 2. 280 ; Toulouse, 26 juin 1889, D. 91. 2. 65).

La loi réserve ainsi les droits de tous ceux qui ont traité à titre particulier avec la personne munie de l'action en nullité, à un moment où elle était capable et libre de disposer de ses droits. Ce sont ses *ayants cause particuliers*. En contractant avec eux, cette personne est censée s'engager à faire tomber dans leur intérêt l'acte antérieur, qui est annulable et dont le maintien est incompatible avec les nouveaux droits qu'elle leur confère en temps de pleine capacité. La confirmation de l'acte annulable ne peut donc se faire qu'en respectant leurs droits. Quant aux *ayants cause universels* et aux *créanciers chirographaires*, ils subissent sans réserve l'effet de la confirmation : les premiers, parce qu'ils sont subrogés à toutes les obligations de leur auteur, qu'ils remplacent absolument ; les seconds, parce qu'ils n'ont pas de droits distincts des siens et subissent l'effet de tous les actes de leur débiteur, tant qu'ils ne sont pas frauduleux.

§ 2. — *De la résolution des contrats.*

****1302. Définition.** — On dit qu'un contrat est « résolu » toutes les fois qu'il est *détruit rétroactivement par une cause autre qu'une nullité initiale*. Cette destruction rétroactive d'un contrat que la loi reconnaît comme valable ne peut avoir lieu qu'*en vertu d'une volonté expresse ou tacite des parties* ; il est impossible de lui attribuer une autre cause. La résolution suppose toujours que les parties ont donné au contrat un consentement conditionnel, retiré d'avance en vue d'une éventualité déterminée : cette éventualité réalisée, le contrat sera résolu.

1303. Deux modes de résolution. — La résolution d'un contrat peut s'opérer de deux façons : il est possible que, la cause de résolution se produisant, le contrat soit *résolu de plein droit* ; mais il peut se faire aussi que la résolution n'ait pas lieu de plein droit et qu'elle doive être *prononcée par jugement*. Au premier cas, on dit qu'il y a *condition résolutoire* ; au second cas, on parle d'*action en résolution*.

A. — Résolution des contrats par l'accomplissement d'une condition.

***1304. Condition pendante.** — L'insertion d'une condition résolutoire dans un contrat n'en suspend pas les effets : les obligations que le contrat doit engendrer prennent naissance et sont immédiatement exigibles. Tant que la condition résolutoire reste en suspens, le contrat est *considéré* *comme pur et simple*; un créancier sous condition résolutoire peut donc se faire payer (art. 1183, al. 2).

* **1305. Condition défaillie.** — Si la condition résolutoire vient à défaillir, le contrat et les effets qu'il a produits restent acquis et deviennent *définitifs*.

* **1306. Condition réalisée.** — Si la condition résolutoire se réalise, le contrat tombe et avec lui tous les effets qu'il avait produits. La condition résolutoire a donc une rétroactivité semblable à celle de la condition suspensive, quoique leurs effets soient inverses (art. 1183, al. 1er). Il en résulte que, si l'obligation a déjà été exécutée, il y a lieu à *restitution* de ce qui a été reçu (art. 1183, al. 2, *in fine*). Voyez t. I, 1re édit., n° 305; 2e édit., n° 324.

B. — Résolution des contrats par sentence du juge.

** **1307. Principe.** — Le principe est formulé de la manière la plus large dans l'art. 1184: *Un contrat synallagmatique devient résoluble dès que l'une des parties n'exécute pas son engagement.*

* **1308. Inconvénient de la terminologie usuelle.** — Généralement on appelle « condition résolutoire tacite » l'action en résolution réglée par l'art. 1184, et on donne à la condition résolutoire proprement dite, prévue par l'art. 1183, le nom de « condition résolutoire expresse ». Ces dénominations, provoquées par la façon dont la loi elle-même s'est exprimée, sont une cause de confusions. L'action en résolution peut avoir été expressément prévue et réglée par le contrat, auquel cas elle ne mérite plus d'être qualifiée de « tacite »; et à l'inverse la condition résolutoire dite « expresse » peut très bien n'être pas expressément stipulée, et résulter de la volonté tacite des parties: il en est ainsi du rapport à succession qui résout de plein droit la donation reçue par l'héritier, bien que le défunt n'ait rien dit: elle est censée soumise au rapport par cela seul qu'elle n'en est pas dispensée. — On fera donc bien de s'en tenir aux dénominations de « condition résolutoire » et d' « action en résolution », qu'on emploiera uniquement d'après la façon dont s'opérera la résolution, et sans rechercher ce qui aura été déclaré ou sous-entendu dans le contrat.

* **1309. Fondement rationnel.** — Rien n'est plus juste que cette règle: quand deux personnes s'engagent l'une envers l'autre, chacune d'elles ne donne en quelque sorte à l'acte qu'*un consentement conditionnel*; elle s'engage parce que l'autre s'engage aussi envers elle. La réciprocité des obligations entraîne nécessairement celle des prestations, et en vertu de cette idée on aboutit, d'un côté, au système de l'*exécution trait pour trait* ou de l'*exceptio non adimpleti contractus* (ci-dessus n° 949-2°); de l'autre, *au droit de demander la résolution*, quand il est trop tard pour opposer ladite exception parce que l'obligation est déjà exécutée. Cependant, comme beaucoup d'idées simples, cette conception du contrat synallagmatique n'est pas apparue tout de suite; elle est un point d'arrivée plutôt qu'un point de départ.

1310. Origine historique. — La résolution des contrats pour inexécution par l'une des parties n'est pas un fait primitif dans le développement des institutions. L'ancien droit romain ne la connaissait pas[1]. Elle est apparue pour la première fois *dans le contrat de vente*, où elle était l'objet d'un pacte spécial, appelé *lex commissoria*. Le vendeur et l'acheteur convenaient que la vente serait tenue pour non avenue, si le prix n'était pas payé dans le délai fixé : « ut res inempta sit, si ad diem pecunia soluta non sit » (*Digeste*, liv. XVIII, tit. 3, fr. 2). L'usage de ce pacte, si avantageux pour le vendeur, se répandit tellement que l'on finit par le sous-entendre. Nos anciens parlements n'exigeaient plus qu'on l'insérât dans les ventes; le vendeur non payé pouvait agir en résolution, quoiqu'il eût négligé cette précaution (POTHIER, *Obligations*, n° 672).

En outre, l'application du pacte commissoire fut généralisée : *on le sous-entendit dans tout contrat synallagmatique*. C'est ainsi qu'on est arrivé progressivement à la formule très générale que nous donne l'art. 1184.

1311. Législations étrangères. — Le principe de la résolution des contrats synallagmatiques pour inexécution par l'une des parties est aujourd'hui universellement admis (C. civ. all., art. 325-326 ; L. fédérale suisse, art. 122). Sur les théories allemandes en cette matière, voyez SALEILLES, *Annales de droit commercial*, années 1892 et 1893.

1° L'action en résolution en l'absence de conventions.

** **1312. Mode d'action de la résolution.** — L'art. 1184 est formel : en pareil cas, *le contrat n'est point résolu de plein droit* ; la partie envers laquelle l'engagement n'a point été exécuté a seulement la faculté d'en demander la résolution à la justice. Cette règle est traditionnelle et nous vient de l'ancien droit.

On peut s'en étonner, puisque la résolution a pour origine une convention expressément stipulée entre les parties, et que le Code se borne à déclarer cette convention sous-entendue : pourquoi donc la volonté des parties ne détruit-elle pas ici le contrat de plein droit, comme elle le ferait en toute autre hypothèse ? Ceci paraîtra plus extraordinaire encore, si l'on songe qu'en droit romain *la vente était résolue par la seule volonté du vendeur*, quand il déclarait vouloir user du pacte commissoire, et que le juge n'avait pas à la prononcer. C'est ce qui résulte des expressions énergiques dont se servaient les jurisconsultes anciens : « Emptio resolvi, emptio finita est, fundus est inemptus ».

La pratique française a abandonné ce principe et force le créancier non satisfait à s'adresser aux tribunaux pour faire résoudre le contrat. Pothier indique cette différence sans l'expliquer (*Vente*, n° 459). Elle a probablement pour origine cette circonstance qu'en droit romain le pacte commissoire agissait sur le *contrat de vente*, qu'il résolvait, mais non sur le *transport de propriété* qui en était la suite, et que le vendeur était obligé d'agir en justice par voie d'action personnelle (l'action *venditi* ou l'action *præscriptis verbis*) pour obtenir la restitution de son bien, quoique le contrat fût résolu de plein droit[2].

[1] Le créancier n'avait qu'un seul droit, celui d'exiger l'exécution du contrat ; on lui ouvrait dans ce but des voies d'exécution rigoureuses, mais si ces procédés ne suffisaient pas à lui donner satisfaction, le contrat subsistait, inexécuté, mais toujours obligatoire pour le créancier lui-même. On le protégeait seulement en lui permettant de repousser l'action de l'autre partie, tant que celle-ci n'offrait pas d'exécuter son engagement, et on lui donnait pour cela une *exceptio doli* ou une *exceptio in factum* appelée par les commentateurs « exceptio non adimpleti contractus » (ci-dessus n° 949-2°). En tout ceci, aucune idée de résolution du contrat.

[2] On explique parfois très mal la nécessité d'agir en justice pour obtenir la résolution du contrat. On prétend que, s'il en est ainsi, c'est que la résolution est une faveur accordée par la loi à la partie, qui doit être libre de n'en point user ; si la résolution s'opérait de plein droit, elle s'imposerait au créancier et le priverait de l'option que la loi lui laisse. C'est bien réellement se méprendre : rien n'empêcherait d'admettre, comme en droit romain, une résolution s'opérant sans jugement, sur une simple déclaration de volonté de la partie (Comp. Haute Cour des Pays-Bas, 14 déc. 1893, D. 95. 2. 362). En France même, ce résultat est souvent obtenu en vertu d'une convention spéciale.

*** 1313. Condition de la résolution.** — L'art. 1184, en établissant l'action en résolution, indique en ces termes la circonstance qui lui donnera ouverture : « pour le cas où l'une des parties *ne satisfera point à son engagement* ». La loi ne précise pas la nature de la cause qui l'en empêche : l'art. 1184 suppose-t-il le *mauvais vouloir* du débiteur ou tout autre événement qui lui soit *imputable*, ou bien prévoit-il même les *cas fortuits ou de force majeure* ? Le texte ne distingue pas, et la jurisprudence en conclut, avec la plupart des auteurs, qu'il y a lieu à l'action en résolution, quelle que soit la cause pour laquelle la partie adverse ne satisfait point à ses engagements (Cass., 3 août 1875, D. 75. 1. 409; Cass., 14 avril 1891. D. 91, 1. 329; Cass., 2 mai 1892, D. 93. 1. 501. — AUBRY et RAU, t. IV, § 302, texte et note 82 ; DEMOLOMBE, *Obligations,* t. II, n° 497 ; LAROMBIÈRE, sur l'art. 1184, n° 6).

Il est cependant certain que l'art. 1184 vise uniquement l'inexécution imputable à faute au débiteur. C'est ce que prouvent à la fois la tradition historique et le raisonnement. Tous les textes anciens supposent que la partie contre laquelle la résolution est demandée se trouve en faute, et que cette résolution serait impossible s'il y avait un obstacle indépendant de sa volonté (voyez pour la vente, SCÆVOLA, *Digeste*, liv. XVIII, tit. 3, fr. 6 et 8, et pour les contrats innommés la loi 10, *Code*, liv. IV, tit. 6). C'est toujours de cette manière que cette théorie a été comprise dans notre ancien droit (POTHIER, *Obligations*, n° 672). Enfin, il n'y a pas de raison pour imposer comme une peine à une partie la résolution d'un contrat, quand on n'a rien à lui reprocher. Comp. la note dans D. 91. 1. 329.

Le *Code allemand* est plus précis que le nôtre. Il suppose, pour accorder l'action en résolution, que l'exécution du contrat est devenue impossible par suite d'une circonstance dont la partie doit répondre (den er zu vertreten hat) (art. 325).

Ce n'est pas à dire, cependant, que le contrat subsistera après la survenance d'un obstacle fortuit qui rend impossible l'exécution par l'une des parties ; mais alors la question se pose dans des termes fort différents : c'est la *question des risques*, née de l'*impossibilité d'exécuter* (ci-dessous, n°s 1334 et suiv.).

***1314. A qui appartient l'action.** — L'action en résolution établie par l'art. 1184 n'est ouverte qu'à la partie qui est prête à exécuter son engagement ou qui l'a déjà exécuté. L'autre partie n'a pas le droit de faire résoudre le contrat [1]. — Quand il s'agit d'une condition résolutoire ordinaire, la résolution survenant, chaque partie peut s'en prévaloir : c'est qu'alors la résolution a *une cause fortuite,* tandis que, quand la résolution s'opère en vertu du pacte commissoire, la cause en est *imputable à faute* à l'une des parties. Il est donc naturel que cette partie en faute subisse la résolution par la volonté de l'autre, sans pouvoir la demander.

**** 1315. Option possible.** — La partie qui possède l'action en résolution n'en est pas réduite à ce seul moyen : elle a le choix de *faire résoudre*

[1] En droit romain le pacte commissoire ne produisait de même son effet qu'autant que le vendeur le voulait bien. « Ita accipitur inemptus esse fundus, si venditor inemptum eum esse velit, quia id venditoris causa cavetur » (POMPONIUS, *Digeste*, liv. XVIII, tit. 3, fr. 2). Il était naturel qu'un pacte fait dans l'intérêt du vendeur seul ne pût être invoqué que par lui.

le contrat, ou d'*en demander l'exécution,* si elle le préfère, en supposant que la faute du débiteur n'a pas rendu cette exécution impossible (art. 1184).

Le droit romain ne permettait pas au vendeur, qui avait d'abord opté pour la résolution du contrat, de changer d'avis et de réclamer ensuite le prix : « nec posse, si commissoriam elegit, postea variare » (PAPINIEN, *Digeste*, liv. XVIII, tit. 3, fr. 4, § 2). La raison en est évidente : suivant les principes romains, le contrat était résolu de plein droit par le défaut de paiement dans le délai fixé, sous la seule condition que le vendeur voulût user de ce pacte. Notre ancienne jurisprudence considérait de même cette option comme irrévocable bien qu'elle exigeât une sentence pour rendre la résolution définitive (POTHIER, *Vente*, n° 461). C'était tout à la fois rigoureux pour le vendeur et peu logique, bien que Pothier essaie d'en donner une justification. En droit moderne, on ne voit aucune bonne raison pour empêcher la partie, qui s'est d'abord prononcée pour la résolution du contrat, de changer ensuite ses conclusions et d'en poursuivre l'exécution, alors qu'on laisse au débiteur en faute le droit d'empêcher la résolution par une offre d'exécuter.

*1316. **Office du juge.** — Le juge, saisi d'une demande en résolution, n'est pas obligé de l'accorder immédiatement. L'art. 1184, al. 3, lui permet d'accorder un délai, « selon les circonstances ». C'est une application particulière du système du *délai de grâce,* établi par l'art. 1244 (ci dessus nos 369 et suiv.). Mais ce délai n'est *pas renouvelable* : quand le débiteur qui en a profité le laisse s'écouler sans donner satisfaction à son créancier, la résolution doit être nécessairement prononcée (arg. art. 1655 *in fine*).

En fait le jugement qui accorde le délai prononce lui-même la résolution pour le cas où l'obligation ne serait pas exécutée dans le temps indiqué. On évite ainsi au demandeur la nécessité de former une nouvelle demande pour obtenir la résolution.

*1317. **Dommages-intérêts.** — La résolution du contrat ne suffit pas pour désintéresser le demandeur. En reprenant ou en gardant ce qui faisait l'objet de son obligation, il obtiendra souvent moins que ne lui eût donné l'exécution effective du contrat, dont il attendait un bénéfice. Pour compenser le préjudice qu'il éprouve par ce *gain manqué,* il peut obtenir des dommages-intérêts arbitrés par le juge.

*1318. **Nécessité d'une mise en demeure.** — Est-il nécessaire que le débiteur ait été mis préalablement en demeure pour que le créancier puisse obtenir des dommages-intérêts ? L'art. 1146 exige cette mise en demeure d'une façon absolue, sans faire aucune distinction [1]. En 1857, M. Larombière proposa de distinguer entre les intérêts moratoires et les intérêts compensatoires, et de rejeter la nécessité d'une mise en demeure pour ces derniers, qui seraient dus de plein droit par le seul fait du défaut d'exécution (*Obligations,* art. 1147, n° 3). La jurisprudence semblait incliner vers cette solution (Cass., 29 nov. 1882, D. 83. 1. 376, S. 84. 1. 311); mais un nouvel arrêt est venu rendre à la mise en demeure la portée d'une *règle absolue,* comme mode de constatation de l'inexécution d'une obligation, préalable à toute demande de dommages-intérêts (Cass., 11 janv. 1892, D.

[1] Cet article énonce une exception, mais le cas qu'il vise suppose justement que le débiteur est mis en demeure de plein droit, par la seule expiration du délai.

92. 1. 257, S. 92. 1. 117). J'estime cependant qu'il y aurait lieu de faire une *distinction,* tout en admettant le principe : la mise en demeure me semble inutile *lorsque l'exécution de l'obligation est devenue impossible par une faute imputable au débiteur*. La nécessité de faire supporter au débiteur en faute les conséquences de ses actes rend évidemment inutile la formalité d'une mise en demeure qui n'aurait aucun but. A quoi bon demander l'exécution d'une obligation devenue inexécutable ? Et la faute ne crée-t-elle pas par elle-même l'obligation de réparer le dommage ? Comp. la note dans D. 92. 1. 257.

Hors ce cas, la mise en demeure est nécessaire non seulement pour l'obtention des dommages intérêts, mais même pour faire prononcer la résolution (Cass., 23 avril 1898, D. 98. 1. 507. Comp. Cass., 1re déc. 1887, D. 98. 1. 289). Voyez cependant Liège, 22 fév. 1871, *Pasicrisie*, 71. 2. 224.

** **1319. Moment où se produit la résolution.** — Notre droit a sur ce point un système particulier : la résolution étant l'œuvre du juge, et non de la volonté des parties, ne se produit qu'*au moment du jugement,* et même elle ne devient *définitive* que lorsque ce jugement a acquis l'autorité de la chose jugée ou qu'il a été confirmé en appel. De là une double conséquence : 1° le défendeur peut jusqu'au jugement *empêcher la résolution* par une offre d'exécuter son engagement; 2° il recouvre ce droit, *même après la sentence qui le condamne,* s'il exerce une voie de recours, telle que l'appel, qui remet tout en question.

Ces résultats sont logiques, étant donné le point de départ ; on peut se demander s'ils sont bien équitables. Est-il juste de déplacer ainsi l'option qui appartient naturellement au créancier, pour la faire passer au débiteur en faute ? — La loi fédérale suisse ne se prête pas à ces surprises et réserve au créancier seul le droit de se départir du contrat ou de s'y tenir (art. 122 et 123).

* **1320. Rétroactivité.** — La résolution prononcée par jugement *rétroagit* quand elle est acquise et ses effets remontent même au delà du jour de la demande : le contrat disparaît même dans le passé, comme par l'effet d'une condition résolutoire.

1321. Résolution au cas d'exécution partielle. — L'inexécution d'un contrat n'est pas toujours totale. Si la prestation est divisible, il se peut qu'elle ait déjà été exécutée en partie. Que devient alors le droit de résolution ? Si la prestation partielle déjà faite n'a pas d'utilité par elle-même pour le créancier, la question se présente dans les mêmes termes qu'au cas d'inexécution totale, et le créancier a le droit strict d'exiger la résolution ; on ne peut le forcer à conserver ce qu'il a reçu et à se contenter d'une indemnité pour le surplus (Comp. C. civ. all., art. 325). Mais, au cas où la prestation partielle est de nature à procurer un avantage sérieux au créancier, la pratique française reconnaît au juge un pouvoir discrétionnaire pour apprécier si la résolution doit être prononcée ; les juges peuvent, s'ils le jugent équitable, maintenir le contrat en accordant seulement une indemnité pour la portion de l'obligation non exécutée (Cass., 14 avril 1891, D. 91. 1. 329 ; Cass., 5 nov. 1895, D. 95. 1. 8). Les tribunaux usent surtout de ce droit quand ce qui reste à faire est de peu d'importance. La Cour de cassation n'admet d'ailleurs cette faculté pour les juges du fait qu'autant que le contrat ne contient pas une clause expresse de résolution (arrêts de 1891 et 1895 précités).

1322. Résolution au cas de perte partielle de la chose due. — Une hypothèse voisine de l'exécution partielle a été prévue par l'art. 1182, al. 4. Il s'agit d'une *dette de corps certain*, et du cas où la chose due est *détériorée par la faute du débiteur*. La loi donne alors au créancier le droit de faire résoudre le contrat. C'est l'application stricte du principe : le débiteur n'a pas rempli une de ses obligations, qui était de veiller à la conservation de la chose et d'en prendre soin ; la résolution du contrat s'ensuit tout naturellement et l'art. 1182 ne fait ici qu'appliquer la disposition plus générale de l'art. 1184 (Cass., 1er mars 1892, D. 92. 412, S. 92. 1. 487).

Mais l'art. 1182 ne s'en est pas tenu là : il accorde le même droit de résolution au créancier lorsque la cause de la détérioration est *purement fortuite* (al. 3). Ce cas de résolution est une innovation du Code, dont l'opportunité sera appréciée à propos de la question des risques (ci-dessous n° 1352).

2° Transformation conventionnelle de l'action en condition résolutoire.

*** 1323. Utilité d'une convention.** — En matière de résolution, notre jurisprudence traditionnelle est pleine de mansuétude envers le débiteur ; on dirait qu'on le ménage le plus possible pour ne prononcer la résolution qu'à la dernière extrémité. Tous ces tempéraments, qu'ignorait le droit romain, ne sont pas du goût des créanciers qui veulent, en général, un procédé de résolution plus sûr et plus expéditif. Ils en ont le moyen : il leur suffit de faire du défaut d'exécution dans le délai convenu une *condition résolutoire ordinaire* ; ils choisissent ce fait comme ils prendraient un événement quelconque pour en faire une condition. Dès lors, le contrat se résout automatiquement par le seul défaut d'exécution, sans que le juge ait à intervenir, sans qu'il ait le moyen de retarder ou d'empêcher la résolution par la concession d'un délai au débiteur.

***1324. Rédaction variable des clauses de résolution.** — La jurisprudence a appliqué à ces clauses expresses de résolution un système d'interprétation restrictive qui a forcé les créanciers à être de plus en plus nets dans leurs formules et impérieux dans leurs exigences. Voici la gradation qui s'est faite :

1° Si les parties se bornent à *stipuler la résolution* à défaut d'exécution, elles n'ajoutent rien aux dispositions de la loi, et leur convention fait double emploi avec l'art. 1184 ; la situation n'est donc pas modifiée.

2° Si on a ajouté que *la résolution aurait lieu de plein droit*, on a rendu par là inutile l'intervention du juge ; celui-ci peut bien, en cas de contestation, constater la résolution, mais il n'a pas à la prononcer, et il ne peut pas accorder de délai de grâce (Alger, 7 nov. 1892, D. 93. 2. 294).

La plupart des auteurs estiment qu'en pareil cas la résolution ne se produit pas nécessairement à l'expiration du délai, à cause de la règle ; « Dies non interpellat pro homine » ; il faudrait que le créancier prît soin de mettre en demeure son débiteur, en lui adressant une sommation ou un commandement (Aubry et Rau, § 302, t. IV, texte et note 85 ; Colmet de Santerre, t. V, n° 105 bis, § II ; Demolombe, t. XXV, n° 554). Mais la Cour de cassation a jugé que cette sommation n'était pas nécessaire (Cass., 29 nov. 1886, D. 87. 1. 388, S. 87. 1. 63). Voyez cependant ce qui est dit ci-dessous à propos de la vente, n° 1562. Dans la pratique, on rencontre les deux sortes de clauses : certains notaires font convenir à leurs clients que le contrat sera résolu de plein droit *et sans sommation*, ce qui supprime le doute soulevé par la doctrine; d'autres leur font dire dans l'acte que le contrat sera résolu de plein droit *après une simple sommation demeurée infructueuse*.

3° L'insertion d'une clause expresse sur la résolution de plein droit peut parfois soulever un doute : on pourrait y voir une *stipulation bilatérale*, ouvrant aux deux parties le droit de se prévaloir de la résolution. Cela serait injuste, car cela laisserait au débiteur en faute le droit de résoudre le contrat par sa seule volonté, sauf à s'exposer à des dommages-intérêts envers le créancier. Aussi prend-on soin ordinairement de préciser que le créancier seul aura le droit de faire résoudre le contrat, *si bon lui semble*. On revient par là au système romain, indiqué au n° 1368.

La clause complète devra donc être ainsi rédigée, en prenant la vente comme exemple : « La vente sera résolue de plein droit, si bon semble au vendeur, faute de paiement du prix dans le délai ci-dessus fixé, sans qu'il soit besoin de remplir aucune formalité judiciaire, autre qu'une simple sommation adressée à l'acheteur et demeurée sans effet », ou bien, si on le préfère : « par la seule expiration du délai et sans sommation ni autre formalité ».

§ 3. — *De la révocation.*

* **1325. Définition.** — Le mot *révocation* s'emploie proprement pour désigner les cas où une personne se voit enlever un avantage gratuit qu'elle tient d'un contrat.

* **1326. Cas d'application.** — La révocation n'a lieu qu'en vertu d'un texte de loi. Elle a presque toujours le caractère d'une sorte de *pénalité civile*, appliquée à une personne coupable d'une faute grave : révocation des donations et des legs pour ingratitude du donataire ou du légataire (art. 955 et 1046) ; révocation des avantages matrimoniaux (art. 299 et 1518). Parfois, cependant, elle est uniquement l'*effet d'une protection accordée à une autre personne*, soit l'auteur de la disposition révoquée : révocation d'une donation pour survenance d'enfant au donateur (art. 960), soit ses héritiers : réduction d'une libéralité excessive (art. 920).

1327. Effets. — De toute façon, les cas de révocation sont d'*interprétation stricte*, et la révocation se produit seulement *in futurum* : le contrat est réputé subsister dans le passé, mais celui ou ceux qui en bénéficiaient en sont privés pour l'avenir.

Aucune théorie d'ensemble ne peut être élaborée pour les causes de révocation ; chacune suit ses règles propres, qui seront expliquées à leurs places respectives.

§ 4. — *De la résiliation.*

* **1328. Définition.** — Le mot *résiliation* désigne tout acte par lequel les parties défont elles-mêmes le contrat qu'elles avaient fait.

Anciennement, la forme du verbe « résilier » était *résilir* (4ᵉ conjugaison) et le mot venait de « resilire », sauter hors de, se départir. Ce verbe gouvernait l'ablatif et l'on disait « résilir d'un contrat ». (GODEFROY, *Dictionnaire de l'ancienne langue française*, v° Résilir).

Toutefois, le mot ne s'emploie que pour les contrats qui obligent les parties à des *prestations prolongées* ou *répétées* et qui dureraient plus longtemps si une volonté contraire n'y mettait un terme. On peut citer comme exemple la résiliation d'un *bail*: le contrat disparaît comme cause productrice d'obligations, avant d'avoir atteint son terme normal.

A. — Résiliation expresse.

* **1329. Résiliation conventionnelle.** — La résiliation peut se faire par un accord spécial, postérieur à la conclusion du contrat. Le contrat résilié est alors détruit par une convention faite en sens inverse (mutuus dissensus).

* **1330. Résiliation unilatérale.** — Souvent la résiliation du contrat se fait par une simple déclaration de volonté unilatérale, émanée de l'une des parties.

Même alors, elle a pourtant un caractère conventionnel. La partie qui subit la résiliation doit être considérée comme y ayant donné d'avance son adhésion : elle a accordé à l'autre le droit de faire finir le contrat quand celle-ci la voudrait, et peut-être chaque partie jouissait-elle à cet égard d'un droit égal. C'est ce qui arrive dans le *louage d'immeubles* fait par périodes de trois, six, neuf ans : à la fin de chaque période, chaque partie jouit du droit de résiliation. De même, dans le *louage de travail* fait sans détermination de durée, le contrat peut cesser à tout moment par le congé que donne l'une des parties à l'autre (art. 1780). La résiliation du louage peut même se faire à d'autres époques que celles qui ont été convenues, lorsqu'il survient une cause exceptionnelle qui la justifie, comme la perte partielle de la chose (art. 1722).

* **1331. Effet.** — La résiliation ne produit d'effet que pour l'avenir ; elle laisse subsister tous les effets que le contrat avait produits dans le passé. Elle fait l'office d'un terme extinctif introduit après coup dans le contrat, mais d'un terme opérant de la même manière et en même temps sur les obligations des deux parties.

B. — Résiliation par la mort de l'une des parties.

* **1332. Rareté et exemples de cette cause de dissolution.** — En général, les contrats survivent à ceux qui les font et leurs effets actifs et passifs se transmettent aux héritiers (art. 1122). Par exception, certains contrats faits *en considération de la personne* du créancier ou du débiteur prennent fin par la mort de cette personne. Ces contrats sont fort peu nombreux. On peut citer :

1° Le *louage d'ouvrage*, qui finit par la mort de l'ouvrier ou employé (art. 1795) ;

2° Le contrat *d'entreprise*, qui finit par la mort de l'entrepreneur (art. 1795) ;

3° La *société* qui finit, sauf exception pour les sociétés dites « de capitaux », par la mort de l'un des associés (art. 1865-3°). On peut cependant convenir que la société continuera avec les héritiers de l'associé décédé (art. 1868) ;

4° Le *mandat*, qui s'éteint par la mort du mandant ou du mandataire (art. 2003).

1333. Sa nature. — La mort de l'une des parties doit être considérée comme *une variété de la résiliation*. C'est une cause de *résiliation tacite*, que la loi sous-entend. Elle suppose que les parties se sont réservé le droit de ne pas continuer le contrat avec les héritiers du contractant primitif, et cette volonté lui paraît si naturelle pour certains contrats qu'elle les fait finir de plein droit, sauf manifestation de volonté contraire.

La mort de l'une des parties n'est donc pas une cause de dissolution des contrats distincte des autres ; elle rentre dans la résiliation.

CHAPITRE XII

THÉORIE DES RISQUES

** **1334. Position de la question.** — La question des risques se formule ainsi : étant données deux obligations réciproques nées du même contrat, si l'une d'elles vient à s'éteindre parce qu'une cause fortuite en a rendu l'exécution impossible, l'autre partie reste-t-elle tenue d'exécuter son obligation ?

Cette question suppose donc une *réciprocité d'obligations qui n'existe que dans les contrats synallagmatiques*. Dans les contrats unilatéraux, la difficulté ne se présente pas parce qu'il n'y a qu'une seule obligation, et qu'il est certain que cette obligation unique se trouve éteinte par la perte fortuite de la chose ou par l'impossibilité fortuite d'exécuter. Ainsi, qu'on prenne un *dépôt* ou une *promesse de donation* : si la chose déposée ou promise vient à périr sans la faute de celui qui la doit, la perte sera certainement pour le déposant ou pour le donataire, c'est-à-dire pour le créancier. Le débiteur est libéré et tout est fini par là. Donc, dans tous les contrats de ce genre, point de question spéciale pour les risques ; rien que l'application pure et simple des principes ordinaires sur l'extinction des obligations.

Mais qu'on suppose une seconde obligation, existant en sens inverse à la charge du créancier de l'obligation éteinte, immédiatement la question des risques s'élève : si on décide que cette personne reste tenue de son obligation, dont l'exécution est encore possible, la perte sera pour elle, car elle fera ou donnera quelque chose sans rien recevoir en échange ; si on décide qu'elle est libérée, la perte sera pour l'autre partie. C'est cette *alternative* permettant de rejeter la perte sur l'un ou l'autre des deux contractants, que l'on nomme la question des risques, alternative qui n'existe pas dans le contrat unilatéral. Comp. SALEILLES, *Théorie de l'obligation,* n° 181.

* **1335. Existence d'une règle générale et d'une exception.** — La question des risques est résolue différemment selon la nature des contrats. Il y a une *règle générale* et une *règle exceptionnelle*, cette dernière n'étant applicable qu'à une catégorie déterminée d'hypothèses. Mais il s'est produit un renversement complet dans l'importance relative de ces deux règles : la règle exceptionnelle s'applique à la plupart des contrats qui ont pour objet *un corps certain*, et c'est presque toujours à leur occasion que la question des risques se présente dans la pratique. L'impossibilité d'exécuter est fort rare dans les autres hypothèses. Il en est résulté qu'on a pris pour une règle générale ce qui est en réalité une exception, parce que c'est à elle qu'on a presque toujours affaire. Mais on doit faire abstraction de l'importance statistique et du nombre des applications possibles pour s'attacher uniquement aux principes généraux du droit : la règle sera la solution conforme à ces principes, et ce qui leur est contraire ne peut être considéré que comme une dérogation, quelle qu'en soit la fréquence pratique.

§ 1. — *Règle de droit commun.*

** **1336. Formule de la règle.** — La règle applicable en général aux contrats synallagmatiques n'est écrite nulle part dans nos lois ; on en trouve seulement quelques applications éparses. On peut la formuler ainsi : *Lorsqu'un cas fortuit ou de force majeure rend impossible l'exécution de l'obligation de l'une des parties, l'obligation de l'autre s'éteint en même temps et nécessairement.*

* **1337. Ses motifs.** — Pour s'expliquer ce résultat, il faut songer que les deux obligations nées d'un contrat synallagmatique sont *solidaires l'une de l'autre*. On dit, dans le langage courant, dont l'inexactitude a été signalée plus haut (n° 1033), que ces deux obligations se servent mutuellement de cause ; il serait plus juste de dire que chacune d'elles est la *condition* de l'autre, et que ni l'une ni l'autre des parties n'entend se lier sans profit pour elle-même. Comp. ci-dessus n° 1039-1°.

C'est sur cette condition tacite, mise à chacun des engagements réciproques, qu'est fondée l'*action en résolution* quand l'une des parties n'exécute pas son obligation, alors qu'elle le pourrait. C'est sur cette même base que repose le principe en vertu duquel *le contrat se dissout de plein droit par l'extinction simultanée des obligations des deux parties,* quand son exécution par l'une d'elles est devenue impossible. Si l'obstacle avait existé antérieurement au contrat, il y aurait eu impossibilité absolue de le former et les deux obligations auraient été simultanément frappées d'une *nullité initiale* ; survenant plus tard, il détruit le contrat pour la même raison et entraîne simultanément l'extinction des obligations qu'il avait fait naître [1].

1338. Exemples dans les textes. — La loi applique cette règle à différents contrats. D'après l'art. 1722, si la chose louée est détruite par cas fortuit pendant la durée du bail, le bail est résilié de plein droit parce que l'obligation du preneur était subordonnée à l'obligation du bailleur de lui procurer la jouissance des lieux loués [2]. D'après l'art. 1790, l'ouvrier qui a reçu la matière d'une chose à fabriquer, pour laquelle il a fourni seulement son travail, n'a droit à aucun salaire, lorsque l'objet fabriqué périt avant d'avoir été livré, à moins que sa perte ne soit due au vice de la matière. D'après l'art. 1867, la société est dissoute lorsque l'un des associés avait promis d'apporter à la société la propriété d'une chose, et que la perte de cette chose survient avant que la mise en soit effectuée. — Ces trois textes, qui s'appliquent à des contrats fort divers, supposent bien l'existence d'un principe commun, d'où résulte l'extinction complète de toutes les

[1] Les jurisconsultes anciens avaient aperçu l'existence de ce principe : « Bona fides non patitur ut, cum emptor alicujus legis beneficio pecuniam rei venditæ debere desisset ante quam res ei tradatur, venditor tradere compelletur et re sua careret » (*Digeste*, liv. XIX, tit. I, fr. 50).

[2] On remarquera que dans cette hypothèse il y a *résiliation in futurum* et non *résolution rétroactive*, parce que jusqu'à la destruction de la chose le contrat de bail a été utilement exécuté. Il y a alors résolution pour inexécution partielle. Néanmoins je n'ai pas cru devoir séparer ce texte des deux autres, parce qu'il sert aussi bien qu'eux à démontrer l'existence de la règle générale d'après laquelle toutes les obligations des parties tombent quand l'exécution de l'une d'elles devient impossible, et à réduire par suite à l'état d'exception la règle qui gouverne la vente.

obligations produites par le contrat, même de celles dont l'exécution serait encore possible.

* **1339. Jurisprudence.** — La jurisprudence admet l'existence de ce principe. Elle l'a appliqué notamment à un contrat de complant passé pour la plantation d'une vigne en dix années, avec convention que le planteur deviendrait propriétaire de la moitié du terrain au bout des dix ans. Le phylloxera ayant détruit les plantations commencées depuis trois ans seulement et rendu impossible la continuation du travail, le contrat a été résilié (Cass., 14 avril 1891, D. 91. 1. 329).

Seulement la jurisprudence n'a pas dégagé la formule exacte du principe et elle le rattache, faute de mieux, à l'art. 1184. Cet article prévoit une autre hypothèse, celle d'une *inexécution volontaire*, imputable à la partie, à un moment où l'accomplissement de l'obligation serait encore matériellement possible (ci-dessus, n° 1313). En pareil cas, la loi ouvre une action à l'autre partie et elle autorise le juge à prononcer la résolution du contrat à titre de sanction ou de peine contre la partie en faute. Le juge jouit en même temps du droit de retarder sa sentence, en accordant un délai à la partie qui n'a pas encore exécuté son obligation. Rien de tout cela n'a lieu quand il survient un obstacle insurmontable à l'exécution du contrat : sa résolution a lieu de plein droit (art. 1722, 1790 et 1867 et arg. de ces art.). Point n'est besoin de s'adresser au juge et d'exercer une action pour obtenir de son autorité la résolution du contrat; il ne saurait non plus être question d'accorder un délai à la partie pour attendre une exécution qu'on sait dès maintenant être impossible.

§ 2. — *Règle exceptionnelle pour certains contrats.*

1340. Plan à suivre. — D'après la doctrine moderne, la règle des risques est renversée dans la vente et dans quelques contrats qui lui sont assimilés (DURANTON, t. X, n° 422 ; COLMET DE SANTERRE, t. V, n° 58 bis, § III; LAURENT, t. XVI, n° 209. — L'état actuel de l'opinion est résumé dans DALLOZ, *Suppl.*, v° Obligations, n° 201). Il est certain que l'opinion s'est égarée sur ce point et on verra plus loin pourquoi, mais il faut d'abord exposer l'opinion courante ; sa réfutation viendra ensuite.

A. — Opinion commune.

** **1341. Sens de l'exception.** — Si l'on appliquait à la vente la règle commune, *les risques seraient pour le vendeur*. En effet, quand la chose vendue vient à périr avant d'être livrée, il perdrait le droit d'en réclamer ou d'en conserver le prix, le contrat serait résolu, de sorte qu'en fin de compte le vendeur seul se trouverait *appauvri*, puisqu'il n'aurait plus ni la chose ni le prix, tandis que l'acheteur n'aurait rien déboursé.

Mais justement une exception traditionnelle est faite à ce principe pour le contrat de vente. On décide que *les risques sont pour l'acheteur* aussitôt que la vente est conclue. Ainsi, si on suppose une vente faite avec un délai pour la livraison de la chose, et si, *dans l'intervalle entre la vente et la tradition*, la chose vendue vient à périr accidentellement, le vendeur étant exempt de faute est libéré de son obligation de livrer ; mais le contrat est maintenu ; l'acheteur reste tenu de payer le prix et ne peut le répéter, s'il l'a déjà versé. Les risques sont donc *pour l'acheteur* : c'est lui qui supporte la perte, puisqu'il n'a pas la chose et qu'il en paie la valeur. Les Romains appelaient cela le *periculum rei venditæ* (*Institutes,* III, XXIII, 3 ; *Digeste,* liv. XVIII, tit. 6, fr. 8, princ.).

*** 1342. Origine et motifs.** — Cette règle était déjà admise en droit romain et paraît contemporaine de l'introduction de la vente comme contrat distinct. Elle est fort dure pour l'acheteur. Les Romains la justifiaient en la fondant sur une sorte de balance entre les bonnes et les mauvaises chances : si la chose avait augmenté de valeur depuis la vente, le vendeur ne pourrait pas prétendre à un supplément de prix ; l'acheteur bénéficierait de la plus-value qui se serait produite. C'est ce que les Romains appelaient le *commodum rei venditæ.* Voyez l'intitulé du tit. 6 du livre XVIII du *Digeste.* Puisque les bonnes chances sont pour l'acheteur, il faut, par une juste réciprocité, lui faire supporter les mauvaises.

Les jurisconsultes modernes ont essayé de trouver autre chose. Les uns ont dit que les contrats synallagmatiques se réduisent à un *échange de créances* entre les parties contractantes, et que ces deux obligations une fois formées doivent être indépendantes l'une de l'autre de façon que la destinée de chacune d'elles soit sans influence sur celle de l'autre. Idée fausse, qui ramènerait nos contrats synallagmatiques à la combinaison de deux stipulations unilatérales, sans aucun lien entre elles. — D'autres ont cherché à fonder la règle des risques en matière de vente sur l'*intention présumée des parties* : celui qui vend un objet susceptible de périr le vendrait précisément pour se défaire des risques ; s'il devait continuer à subir ces risques malgré la vente, ou bien il ne vendrait pas, ou bien il vendrait au comptant. Il est donc naturel d'interpréter la vente à terme comme mettant les risques à la charge de l'acheteur, qui subit la loi qu'on lui fait et devient ainsi, pour un temps, l'*assureur de son vendeur.*

*** 1343. Contrats soumis à la même règle que la vente.** — L'exception ainsi admise[1] n'est pas restée confinée dans la matière de la vente. Elle s'est tout d'abord étendue à l'*échange,* le jour où cette opération est devenue un véritable contrat (ACCARIAS, *Précis,* nos 647 *in fine* et 654, note dernière).

Si des doutes peuvent naître sur ce point pour le droit romain, grâce à la conservation de quelques textes appartenant à l'époque ancienne où les contrats innommés n'étaient pas encore admis, il n'en est pas de même en droit français, grâce à l'art. 1707 qui déclare applicables à l'échange toutes les règles de la vente, sauf celles qui sont incompatibles avec la nature spéciale de ce contrat.

L'art. 1138, interprété comme le veut la jurisprudence, est venu donner à cette règle une portée qu'elle n'avait jamais eue. Le Code civil a, en effet, transporté dans la théorie générale des obligations, pour l'appliquer à *toute obligation de donner un corps certain,* la règle des risques que tout le monde jusque-là présentait comme une règle spéciale du contrat de vente (DOMAT, *Loix civiles,* liv. I, tit. II, sect. 7 ; POTHIER, *Vente,* n° 307). Depuis lors, la règle possède sa formule générale, et son application à la vente, qui a été son point de départ historique, n'est plus qu'un cas particulier compris dans une règle plus large.

[1] Je ne suis pas le premier à présenter la règle des risques dans la vente, telle que la comprennent nos auteurs modernes, comme une exception, et à faire de l'extinction simultanée des deux obligations la règle générale des contrats synallagmatiques. Voyez ce que dit M. SALEILLES, *Théorie de l'obligation,* n° 183.

Aux termes de l'art. 1138, l'obligation de donner « *met la chose aux risques du créancier,* encore que la tradition n'en ait pas été faite ». — Outre la vente et l'échange, cette formule générale est applicable à la *donation avec charges* : le donataire qui s'est engagé à faire quelque chose, dans l'intérêt du donateur ou d'un tiers, se trouve obligé comme par un contrat synallagmatique, et l'obligation de donner qui incombe au donateur est incontestablement régie par l'art. 1138.

Mais l'art 1867 s'oppose à ce que la même solution soit donnée pour la *promesse d'apport à une société* (ci-dessous, n° 1983). Les termes de l'art. 1138, qui parle sans aucune exception des « obligations de donner », sont donc trop généraux, puisqu'il y en a au moins une qui lui échappe.

B. — Critique de l'interprétation moderne.

*** 1344. Erreur commise.** — La doctrine moderne repose sur une fausse interprétation de l'art. 1138. On a maintenu, en dépit du texte du Code, une solution ancienne que les auteurs de la loi nouvelle ont voulu abandonner.

***1345. Jurisprudence ancienne.** — Jusqu'au Code civil, notre jurisprudence avait conservé la règle romaine, d'après laquelle le risque commençait pour l'acheteur *dès le jour du contrat,* même quand la tradition ne devait se faire que plus tard. Le terme, qui retardait le déplacement de la propriété, ne retardait donc pas le déplacement des risques. « Periculum rei venditæ, disent les *Institutes,* STATIM ad emptorem pertinet, tametsi adhuc ea res emptori tradita non sit » (III, XXIII, 3). Nos auteurs ne disaient pas autre chose : « C'est un principe établi... qu'aussitôt que le contrat de vente est parfait, la chose vendue devient aux risques de l'acheteur, quoiqu'elle ne lui ait pas encore été livrée » (POTHIER, *Vente,* n° 307).

Cujas s'était d'abord mépris sur la solution romaine. Trompé par un texte d'Africain, qui est en effet assez embarrassant[1], il avait soutenu que la chose vendue n'était pas aux risques de l'acheteur ; plus tard, vaincu par l'évidence des textes, il reconnut qu'il s'était trompé. Voyez le résumé de ses variations d'opinion dans POTHIER, édit. Bugnet, t. III, p. 124.

1346. Opinion nouvelle. — Divers auteurs du XVIIe et du XVIIIe siècle, Puffendorf, Barbeyrac et autres, combattirent au nom du droit naturel la solution romaine qui mettait les risques à la charge de l'acheteur, et prétendirent que, d'après les vrais principes de l'équité, la chose vendue devrait rester *aux risques du vendeur, tant que celui-ci demeure propriétaire* (PUFFENDORF, *Droit de la nature et des gens,* t. V, chap. 5, § 3). Leur système se résuma et s'exprima dans la maxime « Res perit domino »[2].

[1] Ce texte est la loi 33 *Locati.* Sur les diverses explications qui en ont été présentées, voyez ACCARIAS, 4e édit., t. II, p. 302, note 2. Quel que soit le sens qu'on lui donne, il ne peut prévaloir contre vingt autres textes formels, et dont l'un est d'Africain luimême, car il n'énonce la question qu'incidemment et il n'est pas placé au siège de la matière.

[2] Cette maxime paraît avoir été créée plus anciennement et dans un autre but. D'après le droit germanique, la chose confiée à titre de prêt, de gage ou de dépôt, était aux risques du détenteur qui restait tenu malgré sa perte fortuite (PARDESSUS, *Notes sur la loi salique,* 1843, p. 265 et suiv.). Notre droit coutumier abandonna cette solution et les jurisconsultes cherchèrent un texte pour fonder leur opinion. Ils s'appuyèrent sur une constitution de Dioclétien (*Code,* liv. IV, tit. 24, loi 9), où il est dit que, si la chose donnée en gage vient à périr, elle périt pour le compte de son propriétaire, qui reste débiteur personnel envers le créancier gagiste : « Pignus in bonis debitoris manere, et ideo ipsi perire dubium non est. » C'est de là qu'a été tirée la formule « Res perit domino ». Mais on voit que, prise à son origine, elle ne tranche nullement la question des risques dans les contrats synallagmatiques, puisqu'elle vise ici une *obligation unilatérale de restituer,* et qu'elle signifie simplement que le débiteur du corps certain est libéré et que la perte est pour le propriétaire de la chose. En la transportant dans les contrats synallagmatiques, on lui a donné un sens différent pour l'appliquer à la théorie des risques.

* **1347. Sens de l'art. 1138.** — L'art. 1138 a-t-il conservé la solution traditionnelle, celle que donnait Pothier, ou bien a-t-il pris à son compte l'opinion des auteurs qui se plaçaient sur le terrain du droit naturel? Il suffit de le lire sans opinion préconçue pour s'apercevoir que la maxime « Res perit domino », qui avait exercé une grande influence sur les jurisconsultes des deux derniers siècles, dominait l'esprit des rédacteurs du Code et que c'est elle qui leur a inspiré leur décision. Comment n'être pas frappé de la rédaction singulière de l'art. 1138, où se trouvent réunies dans une seule phrase la question des risques et la question du transfert de propriété, rapprochement qui ne peut avoir été fait que pour leur donner à toutes deux une solution identique? Les risques passent au créancier de la chose au même moment où il en devient propriétaire. De plus, les rédacteurs du Code nous ont eux-mêmes donné en termes fort clairs le commentaire de cette disposition : « Le créancier est propriétaire aussitôt que l'instant où la livraison doit se faire est arrivé. Ce n'est plus alors un simple droit à la chose qu'a le créancier, c'est un droit de propriété. Si donc elle périt par force majeure ou par cas fortuit depuis l'époque où elle a dû être livrée, la perte est pour le créancier, *suivant la règle* : « *Res perit domino* » (Fenet, t. XIII, p. 230)[1].

Parmi les auteurs modernes, il en est très peu qui aient compris la réforme opérée par l'art. 1138 ou qui aient critiqué la solution que la question a reçue dans l'opinion dominante. On ne peut guère citer comme tels que MM. Larombière (sur l'art. 1138, n° 23) et Huc (t. VII, n°s 103 à 110).

* **1348. Rareté de l'intérêt pratique de la question.** — Cette question, si agitée dans la doctrine, se présente fort rarement en fait et ne paraît pas avoir jamais donné lieu à des décisions de jurisprudence. Son défaut d'intérêt pratique tient à ce que la propriété se trouve *transférée dès l'instant du contrat*, en vertu de ce même art. 1138. Les particuliers n'usent pour ainsi dire jamais de la faculté que la loi leur laisse de retarder par un terme le transfert de la propriété. Il ne se produit donc jamais, à la suite des ventes, d'*intervalle de temps* pendant lequel l'acheteur puisse supporter les risques *comme créancier*, sans être encore propriétaire de la chose.

1349. Législations étrangères. — Dans divers pays étrangers, la législation s'est prononcée en faveur de l'opinion proposée par Puffendorf. En *Angleterre* et en *Autriche*, c'est le vendeur qui supporte les risques tant qu'il est propriétaire. Le nouveau *Code civil allemand* a adopté le même principe : c'est seulement « la livraison de la chose vendue qui fait passer à l'acheteur les risques de la perte et de la détérioration fortuites » (art. 446). Ce principe paraît, du reste, conforme à l'ancien droit allemand (Windscheid, § 321, note 16).

Nous n'aurions pas besoin chez nous d'une réforme pour en arriver là : il suffirait de lire l'art. 1138 tel qu'il est écrit et de lui rendre le sens que ses auteurs lui ont donné. Selon nos auteurs les plus récents, le système allemand est le seul *rationnel* (Saleilles, *Théorie de l'obligation*, n° 182).

C. — Cas particuliers.

* **1350. Risques dans les obligations de donner conditionnelles.** — La règle spéciale à la vente et aux autres obligations de donner qui lui ont été assimilées suppose que la promesse est *ferme* ; si elle s'est trouvée *suspendue par une condition*, la règle change et on rentre dans le

[1] M. Bugnet, qui voyait le Code civil à travers l'œuvre de Pothier, n'a pas voulu reconnaître ce changement : il attribue l'opinion des auteurs du Code à une erreur; il les traite tous de « pauvres légistes et mauvais historiens », et s'étonne qu'on puisse occuper des fonctions aussi éminentes, qui exigent la connaissance du droit, et cependant en ignorer les éléments (*Œuvres de Pothier*, t. II, p. 71, note 1). On ne peut pas mieux montrer comment la doctrine moderne a refusé de se rendre à l'évidence pour conserver la solution traditionnelle.

droit commun[3]. C'est ce que décide l'art. 1182 : « Lorsque l'obligation a été contractée sous une condition suspensive, la chose qui fait la matière de la convention demeure aux risques du débiteur qui ne s'est obligé de la livrer que dans le cas de l'événement de la condition ». Ainsi une chose a été vendue sous condition ; elle périt par cas fortuit, alors que la condition est encore pendante ; puis, la condition se réalise. La vente ne se forme pas : le vendeur n'est tenu ni de livrer la chose ni de payer une indemnité ; mais, de son côté, *l'acheteur n'est pas tenu de payer le prix.* Pourquoi cela ? Comment se fait-il que la rétroactivité ordinaire des conditions ne fasse pas réputer la vente existante dès le jour où elle a été conclue, et à une époque où elle pouvait valablement se former, puisque la chose existait encore ? La réponse est simple : avant de faire rétroagir la vente, il faut voir *si elle peut encore se former* ; or, au moment où la condition se réalise, la vente est devenue *impossible faute d'objet.* Ce n'est pas la formation du contrat qui doit être une conséquence de la rétroactivité de la condition, c'est la rétroactivité de la condition qui suit la formation du contrat quand celle-ci est possible. Du reste, l'art. 1182 reproduit une solution traditionnelle de notre droit (POTHIER, *Obligations,* n° 219).

Il est certain, d'ailleurs, que si la perte d'une chose promise sous condition est due à *une faute du débiteur* (hypothèse que l'art. 1182 n'a pas prévue), le créancier conditionnel, qui se trouve privé par cette faute, du bénéfice qu'il espérait tirer du contrat, a le droit d'obtenir des *dommages-intérêts* ; la faute du débiteur empêche le contrat de se former, puisque la chose n'existe plus au jour de l'arrivée de la condition ; mais en même temps elle oblige son auteur à réparer le préjudice qu'il cause à l'autre partie.

***1351. Controverse pour le cas de condition résolutoire.** — Lorsqu'une chose a été vendue sous condition résolutoire, l'aliénateur en est propriétaire sous une condition suspensive inverse, car, si la condition résolutoire se réalise, la propriété vendue lui reviendra rétroactivement, et il sera obligé de restituer le prix qu'il avait reçu. Supposons que la chose périsse pendant que la condition est en suspens et que celle-ci se réalise ensuite. Il faut décider que la condition résolutoire ne se réalise pas utilement, puisque le retour de la propriété au vendeur est impossible ; par conséquent, l'acheteur n'a pas droit à la restitution du prix, ou, en d'autres termes, *la chose aliénée sous condition résolutoire est aux risques de l'acquéreur.* Il y a cependant quelques dissidences sur ce point. Voyez ci-dessous, n° 1532.

1352. Risques des pertes partielles. — Une autre question spéciale aux obligations de donner s'élève au cas de *pertes partielles* ou de *détériorations* subies par le corps certain qui fait l'objet de l'obligation. Quand ces détériorations sont dues à une *faute du débiteur,* c'est une question de responsabilité et de dommages-intérêts qui se pose, et elle a été traitée ci-dessus (n° 1322). Mais la question des risques s'élève quand ces détériorations ont une *cause fortuite.* On décidait jadis que la chose due sous condition devait être livrée dans l'état où elle se trouve lorsque cette condition se réalise et que le créancier supportait sans recours possible la diminution de valeur subie par la chose pourvu que cette diminution ne fût pas imputable au débiteur. C'était l'applica-

[3] Je dis que la règle change parce que je me place ici dans l'opinion reçue qui donne à l'art. 1138 une interprétation conforme à la solution traditionnelle : mais si l'on accepte l'explication que j'en ai donnée, on doit reconnaître que la règle est la même pour les deux catégories d'obligations et que le Code leur a fait à toutes deux l'application de la maxime *Res perit domino.*

tion de l'adage : « Quem sequuntur commoda, eumdem sequi debent et incommoda. » Il eût profité de l'augmentation de valeur ; il subissait la perte ; c'était logique et équitable (Pothier, *Obligations*, n° 219). Le Code civil a changé la solution : le créancier, en présence d'une détérioration fortuite, a le droit de *faire résoudre le contrat* (art. 1182, al. 3). Il est vrai que s'il se décide à accepter la chose, il doit la prendre dans l'état où elle se trouve et *sans diminution du prix* (*Ibid.*); mais le seul fait de lui accorder cette option fait retomber les risques sur le débiteur de la chose, car il est évident que le créancier ne manquera jamais d'user de son droit de résolution, si la détérioration est quelque peu importante. Aussi cette innovation du Code est-elle généralement critiquée, et l'on fait remarquer qu'il n'eût été que juste d'accorder au débiteur, comme compensation, le droit de faire résoudre le contrat, si la chose avait reçu une augmentation de valeur depuis qu'il a été conclu. Les auteurs du Code ont sans doute pensé que le créancier conditionnel d'un corps certain, qui n'a pas à sa charge le risque de la perte totale, ne devait pas non plus supporter le risque des pertes partielles, mais il n'y a point d'analogie entre les deux hypothèses.

Afin de restreindre dans les plus étroites limites possibles la disposition de l'art. 1182, al. 3, on peut décider qu'elle régit uniquement le cas de *perte partielle*, car le mot « détériorations », dont se sert la loi, semble bien faire antithèse à l'idée de perte totale, dont il est parlé dans l'alinéa précédent du même article. — Par conséquent, l'article ne serait pas applicable et le créancier conditionnel ne pourrait pas faire résoudre le contrat, si la chose n'avait pas été dégradée matériellement et avait subi une simple *dépréciation* par l'effet d'une crise politique ou économique.

La loi ne parle pas du risque des pertes partielles dans les obligations pures et simples ou à terme. Il n'y a pour elles aucune raison de déroger aux règles ordinaires : la perte partielle est supportée par celui qui supporterait la perte totale.

LA VENTE

CHAPITRE PREMIER

NOTIONS GÉNÉRALES

§ 1. — *Définition, caractères et formes de la vente.*

** **1353. Définition.** — La vente est un contrat par lequel une personne, qui est appelée vendeur, s'oblige à *transférer à une autre la propriété d'une chose,* tandis que l'autre, qui est l'acheteur, s'oblige à lui *en payer la valeur en argent.*

Cette définition donne l'idée de la vente moderne ; mais le Code Napoléon, qui reproduit les définitions traditionnelles, ne s'exprime pas du tout de cette façon. Il dit, dans l'art. 1582, que le vendeur « s'oblige à livrer la chose » et, dans l'art. 1603, « à la délivrer et à la garantir ». A lire ces textes, on se croirait encore à l'époque romaine, lorsque le vendeur ne s'obligeait pas à transférer la propriété : « Hactenus tenetur venditor, ut rem emptori habere liceat, non etiam ut ejus faciat » (*Digeste*, liv. XIX, tit. 1, fr. 30, § 1). — Néanmoins, bien que l'obligation de transférer la propriété ne soit pas écrite dans les textes, elle y est sous-entendue, comme le prouve la nullité de la vente de la chose d'autrui (art. 1599). Les auteurs du Code l'ont dit et répété maintes fois dans les travaux préparatoires, et ce principe domine toute la matière de la vente [1].

Le Code allemand fait figurer dans la définition de la vente les deux obligations conjointement, celle de livrer la chose et celle de procurer la propriété (art. 433). Il faut cependant choisir : il y a nécessairement une des deux obligations qui est secondaire et qui n'est pas la caractéristique du contrat. Avec le temps, l'objet propre de la vente a changé : c'était jadis la transmission d'une *chose* considérée dans sa réalité matérielle ; c'est maintenant le *transfert de la propriété* que les peuples, d'un commun accord, lui assignent

[1] Beaucoup d'auteurs modernes s'exagèrent la différence qui existe à ce point de vue entre la vente française et la vente romaine. Les Romains ne considéraient point le transfert de la propriété comme étranger à la nature de la vente et à son but. La preuve en est qu'ils refusaient de traiter comme une vente la convention faite avec clause que l'acheteur ne deviendrait pas propriétaire (LABÉON, *Digeste*, liv. XVIII, tit. 1, fr. 25, § 1). Les seules différences étaient : 1° que le transfert de propriété se produisait par une mancipation ou une tradition, et ne résultait pas du contrat ; 2° que la vente de la chose d'autrui, bien que manquant son but principal, n'était pas nulle comme contrat. — Voyez les observations critiques très justes dirigées à ce propos par M. HUC (t. X, n°s 3 et 4) contre la doctrine courante.

pour but. Si on définissait la vente : *la transmission à prix d'argent du droit de propriété*, on enlèverait bien des ambiguïtés.

** **1354. Caractère consensuel de la vente.** — La vente a toujours été un contrat consensuel ; elle l'était déjà en droit romain ; elle l'est encore en droit français. Elle existe donc, elle est *conclue et parfaite comme contrat* dès que les parties sont d'accord sur la chose et sur le prix (art. 1583). Il faut ajouter : et sur les autres conditions auxquelles elles ont pu subordonner leur consentement.

* **1355. Preuve de la vente.** — L'art. 1582, al. 2, dit que la vente peut être faite « par acte authentique ou sous seing privé ». Au lieu de *faite*, lisez *constatée*, car l'écrit n'est pas nécessaire à la validité du contrat ; il ne sert qu'à le prouver. Au point de vue de la preuve, la vente est soumise au droit commun, c'est-à-dire que l'écrit n'est exigé qu'au-dessus de 150 francs.

Le Code italien (art. 1314) place la vente au nombre des conventions qui doivent être faites par écrit, à peine de nullité. Comp. notre article 195 C. com. pour les ventes de navires.

On a plusieurs fois demandé que les *ventes d'immeubles* fussent faites *par acte notarié*. Il y aurait à cela plus d'un avantage : les titres de propriété seraient mieux rédigés, mieux conservés, plus faciles à retrouver et plus sûrement transcrits. Mais il se fait en France chaque année des milliers de ventes de petites parcelles, sans grande valeur, pour lesquelles les parties seraient fort gênées s'il fallait faire intervenir un notaire [1] ; dans les campagnes on n'a pas toujours un notaire dans son voisinage immédiat, et tel paysan, qui consent à signer l'acte aujourd'hui, se dédirait peut-être demain. De plus, l'acte notarié élèverait outre mesure les frais des petites ventes.

La loi du 23 mars 1855, qui a créé pour les acheteurs d'immeubles un intérêt pressant à faire transcrire leur titre d'acquisition, amène indirectement un résultat analogue : en fait, les ventes sont constatées par écrit, pour être transcrites ; seulement cet écrit n'est pas obligatoirement un acte notarié.

1356. Frais de la vente. — L'art. 1593 les met à la charge de l'acheteur, sauf l'effet des conventions contraires. Cela est vrai juridiquement, mais au point de vue économique, ils sont indirectement à la charge du vendeur, car, quand l'acheteur a déboursé 100 000 francs à titre de prix, plus 15 000 francs à titre de frais pour avoir une maison, il l'aurait payée aussi cher si les frais étaient moins élevés, et la différence eût été encaissée par le vendeur.

Les frais de vente comprennent les *frais d'acte*, nécessaires pour la rédaction d'un acte notarié ou tout simplement sur papier timbré, plus les droits perçus par l'État pour l'*enregistrement* et la *transcription*. Quant aux frais nécessités par la *purge des hypothèques*, on les fait en général supporter au vendeur, mais la convention des parties les met souvent à la charge de l'acheteur.

Pour diminuer les droits à payer, les parties dissimulent souvent une partie du prix de la vente. Cette fraude contre le Trésor est punie d'une amende égale au quart de la somme dissimulée et les parties sont tenues solidairement de cette amende (L. 23 août 1871, art. 12).

Sur le recours solidaire du notaire contre les parties pour le paiement des frais, voyez ci-dessus n° 139.

[1] M. Léon Clément a dit au Sénat, dans les discussions de la loi du 13 février 1889, qu'il se faisait annuellement en France plus de 80 000 ventes d'immeubles ne dépassant pas 200 francs.

D'après l'usage, le choix du notaire rédacteur de la vente appartient à l'acheteur. Il a été jugé qu'il en était ainsi même quand une clause du contrat mettait exceptionnellement les frais à la charge du vendeur (Paris, 22 févr. 1884, D. 85. 2. 173, S. 84. 2. 77).

***1357. Interprétation des actes de vente.** — Ordinairement, quand le sens d'une convention est douteux, on l'interprète « contre celui qui a stipulé et en faveur de celui qui a contracté l'obligation » (art. 1162). Si cette règle s'appliquait à la vente, les clauses douteuses s'interpréteraient tantôt en faveur du vendeur et tantôt en faveur de l'acheteur, puisque chacun d'eux joue tour à tour le rôle de promettant et le rôle de stipulant. Mais il existe pour la vente une règle exceptionnelle, d'après laquelle « tout pacte obscur ou ambigu s'interprète contre le vendeur » (art. 1602). Le vendeur est donc tenu, comme le dit ce même texte, « d'expliquer clairement ce à quoi il s'oblige ».

L'origine de cette règle est fort ancienne. On a de tout temps considéré que c'était le vendeur qui faisait la loi du contrat, qui en dictait les conditions. « Qui vend le pot, dit le mot », disait un ancien adage (LOYSEL, n° 402), et nos anciens auteurs en avaient emprunté l'idée aux jurisconsultes romains (LABÉON, cité par Paul, *Digeste*, liv. XVIII, tit. I, fr. 21). Elle se justifie parce que le vendeur ne se dessaisit de sa chose qu'autant qu'il le veut bien ; il est mieux à même que l'acheteur d'imposer sa volonté et, comme il connaît mieux que lui la chose qui fait l'objet du contrat, il règle à son gré l'étendue des obligations qu'il accepte.

Toutefois il convient d'apporter à la règle rigoureuse de l'art. 1602 un double tempérament :

1° Le juge n'y doit recourir qu'à la dernière limite, quand il désespère de découvrir le sens de la clause discutée, et après lui avoir vainement appliqué tous les moyens ordinaires d'interprétation.

2° L'art. 1602 doit être entièrement écarté et l'on doit revenir à la règle commune de l'art. 1162, toutes les fois que le doute porte non sur une clause faisant naturellement partie du contrat de vente, mais sur une stipulation exceptionnelle que l'acheteur y aurait fait insérer à son profit. L'observation en a été faite en termes fort obscurs par Grenier dans son discours au Tribunat (FENET, t. XIV, p. 194).

§ 2. — *Éléments essentiels de la vente.*

***1358. Énumération.** — La vente, comme tout contrat, exige d'abord le *consentement des parties*[1], sur lequel il y a lieu d'énoncer quelques règles particulières. En outre, il lui faut comme éléments essentiels *une chose* et *un prix*. Très souvent on y ajoute un élément qui n'est pas nécessaire : des *arrhes*. — Enfin, il existe un pacte spécial qui réserve à l'acheteur la faculté de se faire connaître après coup au moyen d'une *déclaration de command*.

A. — Modalités particulières du consentement dans la vente.

1359. Énumération. — Le consentement peut être retardé et subordonné à certaines conditions spéciales à la vente, par exemple dans la *vente à l'essai*, dans la *vente à goûter* et dans la *vente à mesurer*.

1° Vente à l'essai.

1360. Formation du contrat. — Cette vente est toujours *présumée faite sous une condition suspensive*, dit l'article 1588. La condition est que la chose sera es-

[1] On peut noter, cependant, qu'on se passe parfois du consentement réel du vendeur. Il y a des opérations qui sont régies à beaucoup d'égards par les règles de la vente, qui en produisent l'effet, et qui sont *forcées* : telles sont les *saisies* (saisie immobilière et saisie-exécution), et l'*expropriation pour cause d'utilité publique*.

sayée et que la vente ne deviendra définitive que si elle est reconnue apte au service auquel elle est destinée et remplissant les conditions requises. Cette condition suspend la formation de la vente, de sorte que, si l'essai est défavorable, la vente ne se forme pas.

Qui sera juge du résultat de l'essai ? Permet-on à l'acheteur de déclarer qu'il *n'agrée pas la chose*, ou faut-il que son défaut soit dûment constaté, au besoin par une expertise ? Cela dépend de l'intention des parties contractantes, que le juge du fait appréciera.

L'essai est *présumé par la loi* comme figurant dans le contrat à titre de *condition suspensive* ; mais les parties seraient parfaitement libres de faire une vente pure et simple, en convenant qu'elle sera *résolue* si l'essai n'est pas favorable. — Cette différence a de l'importance au point de vue des *risques* (ci-dessus nos 1350 et 1351).

2° Vente à goûter.

1361. Formation du contrat. — La faculté de dégustation est propre à certaines marchandises, comme le vin, l'huile et autre denrées. Tout dépend du goût de l'acheteur ; s'il déclare que la marchandise ne lui convient pas, rien n'est fait. Aussi l'art. 1587, plus énergique que l'art. 1588 relatif aux ventes à l'essai, déclare-t-il qu'*il n'y a point de vente*, tant que l'acheteur n'a pas goûté et agréé la marchandise. L'accord sur le prix et sur la chose ne suffit donc pas à former la vente : il faut en plus une acceptation spéciale de la marchandise par l'acheteur, et cette acceptation est entièrement libre de sa part.

1362. Cas d'application. — D'après l'art. 1587, cette faculté de dégustation existe *de plein droit* dans la vente de *vin*, d'*huile* et *autres choses* « que l'on est dans l'usage de goûter avant d'en faire l'achat ». Pour les marchandises non dénommées, c'est donc l'usage qui règle l'existence de ce droit pour l'acheteur. — D'ailleurs, dans les cas où il existe d'après la loi ou d'après l'usage, l'acheteur est toujours libre d'y renoncer, et il peut le faire soit expressément, soit tacitement. Les circonstances qui valent renonciation tacite à la faculté de dégustation donnent lieu dans la pratique à des incertitudes. On cite principalement comme recevant cette interprétation le fait de se faire expédier la marchandise, surtout quand l'expédition se fait à longue distance, et le fait d'acheter sur échantillons.

3° Vente à mesurer.

1363. Formation du contrat. — Souvent une marchandise est vendue à tant la mesure (par unité de nombre, de poids ou de quantité)[1]. Quel est l'effet d'une pareille vente et à quel moment opère-t-elle le déplacement de la propriété et des risques ? Le Code répond à cette question dans l'art. 1585 : *la vente devient parfaite seulement par le mesurage*. Jusque-là les risques restent au compte du vendeur ; la loi ne parle pas du transfert de la propriété, mais dans sa pensée les deux choses sont connexes. Comp. Paris, 19 juill. 1890, D. 92. 2. 257.

Il en est ainsi alors même que le mesurage serait nécessaire, non pour déterminer l'individualité de la chose vendue, mais seulement pour en fixer le prix : par exemple, je vends tout le blé qui est dans mon grenier à raison de 20 francs l'hectolitre. Il n'y a pas encore de vente, puisque le prix n'est pas connu. Si le blé vient à périr en totalité ou en partie avant le mesurage, la perte est pour le vendeur : quelle somme réclamerait-il à l'acheteur puisqu'on ne sait pas quelle quantité a péri ?

1364. Difficultés pratiques. — Sur cette dernière sorte de vente les auteurs se sont livrés à des controverses que la pratique ignore. Voyez-en l'exposé et la discussion dans Huc, t. X, nos 15 à 20. En fait, les difficultés portent bien plutôt sur la question

[1] A la vente de marchandises devant être comptées, mesurées ou pesées, les art. 1585 et 1586 opposent la *vente en bloc* qui, elle, est *parfaite immédiatement*. La vente en bloc suppose que le prix ne dépend pas du mesurage, mais est fixé d'avance et d'une manière *globale*.

de savoir si le mesurage a réellement eu lieu (Cass., 1er juill. 1889, D. 91. 1. 302), ou s'il a été fait contradictoirement et dans des conditions telles qu'il doive être accepté par l'acheteur (Cass., 11 août 1874, D. 76. 1. 476 ; Cass., 24 déc. 1875, S. 75. 1. 238).

1365. Effet de la convention avant la fixation du prix. — Bien que la vente des choses à mesurer n'existe pas encore tant que le mesurage n'a pas été fait, il y a néanmoins une convention obligatoire et dont elles ne peuvent pas se dédire librement. Le mesurage n'est qu'une opération matérielle qui déterminera l'objet vendu et son prix.

Par suite, l'acheteur peut demander la délivrance ou des dommages et intérêts au cas d'inexécution de l'engagement du vendeur (art. 1585). De même, quoique la loi ne le dise pas, le vendeur peut forcer l'acheteur à prendre livraison et à payer le prix.

B. — De la chose vendue.

1° De son existence et de sa désignation.

*** 1366. Nécessité d'un objet à vendre.** — La vente suppose l'existence d'une chose. « Nec emptio nec venditio esse potest, sine re quæ veneat ». Par suite, si la chose n'existe pas ou si elle a déjà péri avant la convention, la vente est nulle faute d'objet (art. 1601, al. 1). Si le prix a déjà été payé, il peut être répété.

1367. Option laissée à l'acheteur en cas de perte partielle. — Lorsque la chose qui fait l'objet de la vente n'a péri qu'en partie avant le contrat, la loi accorde une option à l'acheteur ; il peut, à son choix, *se désister du contrat ou le maintenir* (art. 1601, al. 2). Si l'acheteur consent à prendre la partie de la chose qui subsiste, le prix est *déterminé par ventilation*. Cela signifie qu'il faudra rechercher dans quelle proportion la chose a péri et diminuer le prix dans la même proportion : on n'a donc pas à se préoccuper de ce que vaut la partie conservée ; son prix est déterminé d'avance par la convention ; il n'y a qu'à calculer la part du prix qui est due. La loi ne faisant aucune distinction, cette option appartient à l'acheteur, quelque faible que soit la portion qui a péri.

**** 1368. Choses futures.** — Les choses futures peuvent être vendues, de même qu'elles peuvent faire l'objet de toute autre convention (ci-dessus n° 1008). Il n'y a d'exception que pour les *successions des personnes encore vivantes* (art. 1600). Ce texte répète pour la vente une prohibition que les art. 791 et 1130 ont déjà donnée pour toutes sortes de conventions sur successions futures.

En cas de vente d'une chose future, il faut distinguer si les parties ont voulu subordonner leur convention à la naissance ou à la fabrication de la chose, ou bien si elles ont entendu faire une convention aléatoire, l'acheteur devant payer le prix à tout événement (emptio spei).

1368 bis. **Désignation de la chose vendue.** — Lorsque la vente porte sur un immeuble situé dans une commune où le cadastre a été refait en vertu de la loi du 17 mars 1898, la parcelle vendue doit être obligatoirement *désignée d'après les données du cadastre*, sous peine d'une amende de 25 francs pour l'officier public rédacteur de l'acte, ou pour les parties si l'acte est fait sous seings privés.

2° Choses susceptibles d'être vendues.

**** 1369. Choses hors du commerce.** — D'après l'art. 1598, *tout ce qui est dans le commerce peut être vendu*. Cette formule n'apprend rien à celui qui la lit, car on dit qu'une chose est dans le commerce justement quand elle peut être vendue. La seule formule générale à donner serait à peu près celle-ci : chacun ne peut vendre que ce qui lui appartient ; mais il peut en principe vendre tout ce qui est à lui, sauf les exceptions établies par les lois, sauf aussi l'effet des prohibitions d'aliéner dans les cas où elles sont établies par des conventions.

1370. Ventes de clientèle. — Un *commerçant* vend sa clientèle en même temps que son fonds de commerce ; tout le monde admet que l'opération est une *vente* et qu'elle comprend l'*achalandage* en même temps que le fonds (Lyon-Caen et Renault, *Traité*, 3e édit., t. III, n° 245). Mais ceux qui ne sont pas commerçants et qui vivent de l'exercice d'une profession ayant une clientèle fixe peuvent-ils la vendre ? La question s'est posée principalement pour les *médecins* et les *architectes*, et la jurisprudence l'a résolue négativement. Voyez pour les médecins, Paris, 3 août 1894, D. 96. 2. 31 ; Riom, 13 mars 1894, S. 95. 2. 43 ; trib. Châteauroux, 25 juill. 1898, D. 99. 2. 255, et pour les architectes. Trib. de Nancy, 19 févr. 1895. D. 95. 2. 433 [1].

1371. Offices. — Les offices ne sont pas dans le commerce et ne peuvent pas se vendre ; mais on a déjà vu que la loi de finances du 28 avril 1816, art. 91, avait rétabli sous le nom de « droit de présentation » quelque chose d'analogue à la *finance* des anciens offices vénaux. Ce droit est dans le patrimoine du titulaire et peut être vendu. Voyez t. I.

1372. Droits incessibles. — Certains droits sont attachés à la personne de leur titulaire et ne peuvent être cédés à autrui, pas plus par vente qu'à tout autre titre. Tels sont les droits d'*usage* et d'*habitation* (art. 634) et le droit de *vaine pâture* (L. 9 juill. 1889, art. 10). Tels sont aussi les *coupons de retour* délivrés par les compagnies de chemins de fer. Les deux coupons du même billet, valables l'un pour l'aller, l'autre pour le retour, doivent être utilisés par la même personne, sous peine d'annulation du coupon de retour et de poursuites contre celui qui l'a cédé et contre celui qui s'en est servi, et même, le cas échéant, contre la personne qui leur a servi d'intermédiaire (L. 15 juill. 1845, art. 15 et 21). Ces dispositions s'appliquent également à la vente et à la cession gratuite (Paris, 7 mai 1890, D. 91. 2. 33, S. 90. 2. 171 ; Bordeaux, 11 mars 1891, S. 91. 2. 165).

1373. Prohibitions particulières. — Pour des motifs très variés des lois particulières ont établi, en outre, des prohibitions spéciales de vendre certaines choses. On peut citer en ce genre les objets suivants :

1° Remèdes secrets. — Vente interdite par la loi du 21 germinal an XI.

2° Gibier. — Vente interdite dans chaque département pendant le temps où la chasse y est prohibée (L. 3 mai 1844, art. 4).

3° Animaux atteints de maladies contagieuses. — La prohibition s'applique même à ceux qui sont simplement soupçonnés d'être atteints (L. 21 juill. 1881, art. 13 ; L. 31 juill. 1895).

— La loi du 6 messidor an III, qui défendait de vendre les *blés en vert*, a été abrogée par la loi du 9 juillet 1889, art. 14.

Rappelons, en outre, que certains objets ont été déclarés inaliénables par des lois particulières et que cette prohibition s'applique à la vente comme aux autres modes d'alié-

[1] La raison qu'en donnent les tribunaux est que pour ces professions la clientèle dépend d'une question de confiance toute personnelle et par suite intransmissible. Mais n'en est-il pas de même pour les commerçants, quoique dans une moindre mesure ? La question n'est pas là : il s'agit de savoir si la clientèle est un objet de propriété dont on puisse disposer, et on doit reconnaître qu'elle n'est rien de tel, même pour les commerçants. Tout ce que le vendeur peut faire, c'est de mettre son successeur à sa place, d'inviter sa clientèle à lui continuer sa confiance et de s'engager lui-même à ne pas exercer sa profession dans un certain rayon. Or, s'il y a avec cela des transmissions de droits (droit au bail et droit au nom commercial, ou aux brevets), la clientèle en elle-même ne fait l'objet que d'*obligations de faire*. La différence établie par les arrêts entre les diverses professions est donc vaine.

mation (L. 12 mai 1871, pour les objets pillés pendant la Commune ; L. 30 mars 1887, art. 11 et 13, pour les objets classés comme monuments historiques).

Enfin, il en est d'autres dont la vente est réservée à certaines personnes au moyen d'un *monopole* (poudres, tabacs, allumettes, produits pharmaceutiques).

C. — Du prix.

****1374. Définition.** — Le prix est la somme d'argent que l'acheteur s'oblige à donner en échange de la chose. Le prix doit nécessairement consister *en argent* ; la loi ne l'a pas dit, jugeant peut-être inutile de s'expliquer sur ce point, car il est certain, et c'est par là seulement que la vente se distingue de l'échange.

Le prix peut être soit un *capital* payable en un ou plusieurs termes, soit une *rente,* et cette rente peut être *perpétuelle* ou *viagère.*

1° Caractères du prix.

***1375. Énumération.** — Le prix doit réunir certains caractères pour que la vente puisse tenir. Il doit être : 1° déterminé ; 2° réel.

Il n'est pas nécessaire que le prix soit l'*équivalent exact* de la chose vendue ; il peut être inférieur ou supérieur à la valeur vraie : c'est la conséquence de la liberté économique des échanges. Voyez cependant ce qui est dit ci-dessous du *prix vil.*

***1376. De la détermination du prix.** — Il faut, d'abord, que le prix soit *déterminé.* Le prix doit être fixé par les parties elles-mêmes (art. 1591), et ordinairement c'est leur préoccupation principale dans une vente.

La fixation du prix est parfois chose difficile, et les parties conviennent de s'en rapporter pour son chiffre à l'appréciation d'une ou de plusieurs autres personnes qualifiées *arbitres* ou *experts.* Ce procédé est licite ; la loi l'a prévu dans l'art. 1592, mais il soulève plusieurs questions, dont quelques-unes sont assez délicates. Voyez ci-dessous nos 1383 à 1386.

1377. Limites à la liberté des parties. — En principe, les parties fixent librement le prix de la vente. Il y a eu cependant des exceptions remarquables, dans les *tarifications* admises assez souvent dans l'ancien droit pour diverses marchandises et dont l'exemple le plus remarquable se trouve dans les *lois du maximum,* rendues pendant la Révolution et qui ont si mal réussi. De nos jours, les municipalités ont fréquemment usé du droit que leur reconnaît la loi d'établir un tarif pour le pain et la viande.

L'exemple le plus important de ces restrictions à la liberté des parties se rencontre pour les *cessions d'offices ministériels.* Certaines charges sont très recherchées et atteignent des prix élevés. L'exagération du prix d'achat est dangereuse parce qu'elle incite le nouvel acquéreur à commettre des actes irréguliers pour augmenter le produit de son étude ou de sa charge. Aussi la chancellerie exerce-t-elle sur ce point une surveillance de plus en plus rigoureuse et elle refuse son approbation au traité, quand le prix de la cession lui paraît excessif. Pour surprendre son consentement, les parties dissimulent souvent une partie du prix au moyen d'une *contre-lettre* ; mais on a déjà vu que cette contre-lettre est nulle (ci-dessus, no 1192) et que ce qui a été payé pour l'exécuter peut être *répété.*

***1378. Nécessité de la fixation du prix.** — Il n'y a pas de vente tant qu'il n'y a pas de prix fixé.

On en a déjà vu ci-dessus un exemple dans les ventes qui se font au poids, au compte ou à la mesure ; la détermination du prix, seule, rend la vente parfaite. Voyez-en un autre exemple dans une vente de récoltes à venir faite d'après les prix des mercuriales (Cass., 7 janv. 1880, D. 80. 1. 129, S. 82. 1. 463).

***1379. Du prix fictif.** — Le prix doit être *réel*; on dit quelquefois dans le même sens, qu'il doit être *sérieux*. Cela veut dire qu'il doit être stipulé par le vendeur avec l'intention sérieuse de l'exiger. S'il est convenu entre les parties que le prix ne sera pas payé, il est alors *fictif*, et l'acte ne peut pas valoir comme vente, mais seulement comme donation, puisqu'il n'y a aucune prestation faisant la contre-partie du transfert de propriété. C'est comme si aucun prix n'avait été stipulé.

*** 1380. Du prix vil.** — On dit que le prix est *vil* lorsqu'il est tellement inférieur à la valeur réelle de la chose que le vendeur subit une perte hors de proportion avec les risques ordinaires des affaires. Cette différence entre le prix et la valeur de la chose constitue ce qu'on appelle une *lésion*. En principe, la vileté du prix reste sans influence sur la validité de la vente. Ce n'est qu'en cas de *vente d'immeuble* que la loi prend la lésion en considération : elle accorde alors une action en rescision au vendeur lorsque la lésion dépasse les *sept douzièmes* de la valeur vraie (art. 1674). Nous reviendrons plus tard sur cette hypothèse.

***1381. Du prix nul.** — Les auteurs du Code pensaient sans doute avoir statué d'une manière complète, dans l'art. 1674, sur les cas de nullité de la vente pour insuffisance du prix, mais des hypothèses spéciales se sont présentées, dans lesquelles les tribunaux ont dû annuler la vente pour absence de prix. Une personne vend un immeuble et stipule comme prix une *rente viagère inférieure aux revenus* de cet immeuble. L'acte est-il valable ? Un premier point est évident : c'est que cet acte n'est pas une vente, car l'acquéreur n'a en réalité rien à débourser ; c'est comme si on lui avait vendu à terme, pour le jour du décès du vendeur, sans exiger de lui aucun prix. Mais ne peut-il pas valoir comme donation ? La jurisprudence l'avait d'abord admis (Cass., 9 juillet 1879, D. 81. 1. 27, S. 81. 1. 205) ; elle paraît depuis lors pencher vers une appréciation plus sévère (Cass., 26 avril 1893, D. 93. 1. 359, S. 93. 1. 413 ; Cass., 28 oct. 1895, D. 96. 1. 36). Ces arrêts reconnaissent que les tribunaux peuvent annuler les ventes de ce genre comme manquant en réalité de prix : il n'y a ici ni prix fictif, ni prix vil ; il y a *prix nul*.

1382. Qui peut promettre ou payer le prix. — Il n'est pas nécessaire que le prix soit fourni par celui qui achète. L'acheteur devient propriétaire alors même que le prix serait payé à sa place par une autre personne (Alger, 6 mars 1882, S. 84. 2. 137 ; Cass., 1er déc. 1886, D. 87. 1. 81, S. 88. 1. 145). Mais il y a en pareil cas à régler les rapports existants entre l'acheteur et celui qui a payé le prix à sa place : ce peut être une donation, un prêt, un remboursement, etc.

2° Détermination du prix par un tiers.

1383. Nature de la mission confiée au tiers. — On a hésité pendant longtemps entre l'*arbitrage* et l'*expertise*. Mais l'arbitrage suppose un *litige* sur des droits déjà nés, et non une discussion sur une convention à faire ; de plus, l'arbitre est obligé de suivre certaines règles de procédure qui ne sont pas nécessaires ici. De son côté l'expert n'est appelé qu'à donner un *avis* que les parties ne seraient pas obligées de suivre, tandis que la fixation du prix sera obligatoire pour elles. Aussi divers arrêts tendaient-ils à voir en ce cas une convention mixte qui ne serait ni une pure expertise ni un arbitrage ordinaire (Pau, 24 déc. 1861, D. 62. 5. 336 ; Cass., 31 mars 1862, D. 62. 1. 242). Des arrêts plus récents traitent cette fonction comme un mandat (Bastia, 1er février

1892, D. 92. 1. 143, S. 92. 2. 201 ; Nancy, 24 avril 1884, D. *ibid.* en note). Il y a bien de ce côté encore quelque difficulté, car le rôle du mandataire est un simple pouvoir de *représentation*, et ici il s'agit d'avoir une volonté indépendante de celle des parties.

1384. A quel moment la vente est réputée conclue. — Rigoureusement, le contrat ne devrait exister qu'à partir du jour où l'arbitre a accompli sa mission. Jusque-là il ne peut y avoir vente, faute d'un prix. Cependant l'opinion générale fait remonter les effets de la vente au jour de la convention conclue par les parties, parce que la détermination du prix par l'arbitre ou l'expert est considérée comme une *condition* mise par les parties à leur engagement, condition qui rétroagit selon la règle commune. Il en résulte que le transfert de propriété est réputé accompli du jour de la convention et que les risques passent de ce même jour à la charge de l'acheteur.

1385. Effet de la fixation du prix. — Les choses se passent *comme si le prix avait été déterminé par les parties elles-mêmes*. La personne choisie par les parties a reçu pouvoir de toutes deux à cet effet, et toutes deux sont liées par sa décision, d'après les règles du mandat. Les juges ne pourraient donc pas modifier le chiffre adopté par l'arbitre (Bastia, 1er février 1892 précité). Il ne reste aux parties pour l'attaquer que les causes ordinaires, comme le dol ou la lésion de plus des sept douzièmes.

1386. Cas où le prix n'est pas fixé. — Qu'arrive-t-il si l'arbitre refuse de remplir sa mission, ou meurt avant de l'avoir fait, ou si les arbitres choisis, quand ils sont plusieurs, ne peuvent pas se mettre d'accord ? La loi a répondu dans l'art. 1592 : *il n'y a pas de vente.*

Une autre hypothèse, plus compliquée, est celle où les parties ont simplement convenu que le prix serait fixé « par experts », et où elles ne peuvent ultérieurement se mettre d'accord sur la désignation de ces experts. L'une d'elles ne peut-elle pas alors demander *au tribunal* de désigner lui-même l'expert ou les experts chargés de fixer le prix ? Dans l'opinion générale, qui triomphe également en jurisprudence, ce procédé est impossible : les tribunaux sont faits pour juger des litiges et non pour aider les particuliers à conclure des contrats ; on peut aussi tirer argument de l'art. 1006 C. proc. civ. (Dijon, 15 févr. 1893, D. 93. 2. 168, S. 94. 2. 144). Le prix ne pouvant pas être fixé, la vente sera donc non avenue, comme dans l'hypothèse précédente. — Mais alors s'élève une *question subsidiaire*. Si c'est *par la faute de l'une des parties* que la désignation des experts n'a pu avoir lieu, par exemple s'il était convenu que chacune en désignerait un et que l'une d'elles a refusé de désigner le sien, l'autre ne pourrait-elle pas lui demander des dommages-intérêts ? Il semble que oui, car il y avait tout au moins une convention innommée devant conduire à une vente, si chacune des parties faisait ce qu'elle avait promis. Cependant la Cour de Dijon a statué en sens contraire (15 déc. 1881, S. 82. 2. 238).

D. — Des arrhes.

1387. Définition. — On appelle *arrhes* une somme d'argent qu'une partie remet à l'autre au moment de la conclusion définitive du contrat.

1388. Origine. — Le mot arrhes vient du grec ἀρραβών (gage). D'après une définition donnée par Isidore de Séville (donnée dans le Dictionnaire latin de Freund, v° Arrha), l'arrhe était une sorte de nantissement qui servait de garantie pour l'exécution d'une vente ou de tout autre marché conclu par simple consentement.

1389. Effet des arrhes dans la vente [1]. — L'emploi des arrhes n'est nullement nécessaire, et l'usage d'en donner dans la vente tend à disparaître. Quand il en a été

[1] Dans l'art. 1590, la loi s'est occupée des arrhes à propos des *promesses de vente*, mais comme la promesse de vente est assimilée à la vente par le Code, il est certain que la disposition relative aux arrhes s'applique en toute hypothèse, qu'elles aient été données à propos d'une promesse de vente ou à propos d'une vente véritable.

remis, la situation des parties est réglée par l'art. 1590 : chacune d'elles est *libre de se dédire* de la vente en perdant une somme égale à la valeur des arrhes. Par conséquent, celui qui les a données perdra le droit de les réclamer ; celui qui les a reçues devra rendre à l'autre une somme double, car s'il se bornait à les restituer au simple, il ne perdrait rien. Ainsi la remise des arrhes s'est éloignée de son rôle originaire : créée pour assurer l'exécution du contrat, en empêchant chaque partie de se dédire impunément, elle est devenue au contraire *un moyen de dédit*, qui n'existe pas en principe dans une législation où le contrat consensuel est par lui même obligatoire.

1390. Distinction des arrhes et des acomptes. — Il arrive souvent que l'acheteur remet à son vendeur, au moment de la vente, une somme plus ou moins forte à valoir sur le prix. Il importe de distinguer ces acomptes des arrhes proprement dites, car l'acompte vient seulement s'imputer sur la somme à payer et diminuer la dette de l'acheteur, sans créer ni pour lui ni pour le vendeur la faculté de dédit qui résulte des arrhes. La distinction est une question de fait, dont la solution dépend des circonstances et de l'intention des parties.

E. — De la déclaration de command.

1391. Définition. — L'acheteur peut faire acheter à sa place par une autre personne, qui traitera la vente comme si l'affaire était pour elle et sans faire connaître au vendeur le nom du véritable acheteur. Ce nom ne sera révélé qu'après coup, par une déclaration spéciale que fera l'intermédiaire employé par lui. C'est ce qu'on appelle la *déclaration de command* ou *élection d'ami*, parce que la personne qui traite l'achat déclare qu'un ami lui a commandé d'acheter à sa place.

1392. Législation. — Le Code n'a pas prévu l'emploi de ce procédé, dont l'usage est fort ancien ; mais il a été réglé par d'autres textes qui sont toujours en vigueur (L. 22 frimaire an VII, art. 68, § 1, n° 24 ; art. 69, § 5, 4° ; § 7, 3° ; L. 28 avril 1816, art. 44-3°).

1393. Conditions. — Pour que la déclaration de command soit permise, il faut que l'acheteur apparent se soit expressément réservé par le contrat la faculté d'*élire command*. Il faut de plus qu'il use de cette faculté dans un délai très bref, fixé à vingt-quatre heures, à compter de l'adjudication ou de la vente, par les lois précitées.

1394. Utilité. — La réserve de la faculté d'élire command est nécessaire lorsqu'on veut acheter un bien sans se faire connaître, car l'emploi d'un mandat ordinaire ne remplirait pas du tout le désir de l'acheteur : un mandataire est obligé de faire connaître le nom de son mandant lorsqu'il fait une opération en vertu des pouvoirs qu'il en a reçus.

1395. Effets. — Quand l'acheteur apparent déclare command, sa personne s'efface comme celle d'un mandataire : la propriété est réputée acquise directement à son mandant ; il n'est dû qu'*un seul droit de mutation*, et l'*intermédiaire* employé n'est ni tenu personnellement des obligations dérivées du contrat, ni responsable de leur exécution par l'acheteur. Mais ceci suppose que la déclaration de command a été faite dans les vingt-quatre heures de l'opération et notifiée dans ce même délai à l'administration de l'enregistrement par acte public (L. 22 frimaire an VII). Toutefois cette loi n'a établi ce délai qu'au point de vue fiscal, et les parties pourraient se réserver un délai plus long : la déclaration du nom du command ou ami, faite après les vingt-quatre heures, mais dans le délai convenu, produirait ses effets au point de vue civil, quant au transfert de la propriété et aux obligations respectives des parties. La loi civile et la loi fiscale offrent parfois des désaccords de ce genre.

1396. Règle spéciale aux avoués. — Les avoués qui enchérissent dans les ventes d'immeubles faites devant le tribunal près duquel ils exercent leurs fonctions ont trois jours pour faire connaître le nom de leur client, qui est l'adjudicataire véritable (art. 707, C. proc. civ.). C'est un système particulier de déclaration de command qui résulte d'un texte spécial postérieur à la loi de frimaire ; à l'époque où cette loi a été faite, les avoués n'existaient pas. L'avoué surenchérisseur n'a pas besoin de faire une réserve formelle pour élire command ; c'est pour lui un droit, qui résulte de sa qualité même.

L'élection de command de l'avoué n'a pas besoin d'être dénoncée à l'enregistrement ; elle se fait par une déclaration au greffe.

En outre, l'adjudicataire déclaré par l'avoué jouit lui-même de la faculté d'élire command, mais seulement dans les termes du droit commun, c'est-à-dire dans les vingt-quatre heures de l'adjudication, et au cas où l'avoué lui a réservé ce droit par une déclaration expresse faite au moment de l'adjudication (Instruction de la régie, du 16 juillet 1813).

1397. Ventes commerciales pour acheteur à désigner. — Cette clause a dans les ventes de marchandises le même effet que la déclaration de command dans les ventes d'immeubles. Elle permet à celui qui a acheté de se substituer, dans un délai convenu, un autre acheteur pour le paiement du prix.

CHAPITRE II

DES PROMESSES DE VENTE

§ 1. — *Notion générale.*

** **1398. Définition.** — La promesse de vente est un contrat par lequel une personne s'engage à vendre à l'autre partie une chose, sans que celle-ci consente immédiatement à l'acheter.

* **1399. Importance pratique.** — Les promesses de vente sont extrêmement fréquentes dans la pratique, et elles rendent les plus grands services. Par exemple, une personne veut monter une entreprise industrielle, et n'a encore que des capitaux insuffisants. Au lieu d'acheter un terrain, ce qui immobiliserait ses fonds et constituerait une perte de plus si l'entreprise ne réussit pas, elle se contente de le prendre à bail, avec faculté d'y construire les hangars et autres bâtiments dont elle pourra avoir besoin. En outre, elle se fait promettre par son bailleur la vente du terrain, si elle se décide, un jour, à l'acheter et si elle en a les moyens. Elle a ainsi la certitude de devenir propriétaire de ce terrain et de pouvoir donner à son établissement un caractère définitif.

* **1400. Caractère unilatéral de la convention.** — La promesse de vente est *une convention essentiellement unilatérale*. Si celui qui se la fait donner consentait immédiatement à acheter, il n'y aurait pas promesse de vente, il y aurait vente parfaite et complète, et une vente qui produirait immédiatement ses effets. Ce serait un acte de vente mal qualifié ou mal rédigé, dans lequel les parties auraient dit : « Je promets de vendre... je promets d'acheter », au lieu de : « Je vends... j'achète... » On peut affirmer que cela ne se fait jamais en pratique[1] ; seule la promesse unilatérale est un

[1] Voyez cependant Cass., 26 mars 1884, D. 84. 1. 403, S. 86. 1. 341 ; Chambéry 31 janv. 1894, D. 95. 2. 347. Les contrats sur lesquels ces arrêts ont statué doivent être considérés comme un effet réflexe de la doctrine sur la pratique : tous les livres de droit parlant de promesses synallagmatiques de vendre et d'acheter, on s'est mis à en faire ; mais,

contrat usuel ; c'est donc bien mal à propos que tous les auteurs modernes se sont imaginé que l'art. 1589 réglait les effets de la *promesse synallagmatique* de vendre et d'acheter, et que le Code n'avait pas prévu les promesses unilatérales de vente. C'est le mot « consentement réciproque » qui les a trompés ; ce mot sera expliqué plus loin (n° 1407). Il est, au contraire, certain : 1° que les auteurs anciens ne s'occupaient que des promesses unilatérales, les seules que l'on rencontre en fait, avant comme après le Code civil (POTHIER, *Vente*, n°s 476 et suiv.) ; 2° que l'art. 1589 a été écrit pour trancher une controverse qui s'élevait uniquement à l'occasion de ces promesses unilatérales (POTHIER, *ibid.*, n° 479).

***1401. Sa nature spéciale.** — Prenons donc la promesse de vente comme une convention unilatérale. Il n'y a pas encore de vente, puisqu'il n'y a pas encore d'acheteur. Il y a une *obligation unique,* contractée par le propriétaire qui seul s'est obligé en promettant de vendre.

Cette promesse n'est pas une simple pollicitation, qui puisse être retirée à volonté par celui qui l'a faite. Elle constitue un engagement définitif, puisqu'il a été accepté par l'autre partie. C'est donc un *contrat spécial,* qui a sa nature et ses effets propres, et qui porte un nom : « la promesse de vente ». Ce n'est pas encore une vente, mais la vente se complétera peut-être un jour par l'adhésion de l'acheteur, si cela lui plait [1].

§ 2. — *Effets de la promesse de vente.*

A. — Avant l'adhésion de l'acheteur.

***1402. Absence de transfert de la propriété.** — Tant que la partie à laquelle la promesse de vente a été faite use du délai qui lui a été accordé et ne se prononce pas, il n'y a pas encore vente ; donc, point de transfert de propriété ; point de mise des risques à la charge de l'acheteur. Il y a seulement une *obligation personnelle* pour le promettant, tenu de maintenir son offre de vente en attendant le bon plaisir de l'autre partie.

***1403. Contravention à la promesse.** — Il est possible que le promettant contrevienne à son obligation, et qu'il vende la chose à un tiers : *ce tiers devient propriétaire.* Il en est ainsi nécessairement, parce que la promesse de vente ne crée aucun droit réel, mais *une simple obligation* ; il y a manquement à une obligation de faire, qui ne pourra plus être exécutée et qui se résoudra en dommages-intérêts.

du moment où les deux parties se lient de façon définitive tout de suite, il y a vente à terme pour l'une, achat à terme pour l'autre.

[1] Cette obligation conditionnelle n'est pas contraire à l'art. 1174, qui prohibe l'emploi des *conditions potestatives* dans les conventions. La condition prohibée comme potestative est celle qui fait dépendre l'obligation de la volonté ultérieure *du débiteur* : on ne s'oblige pas sérieusement quand on se réserve le droit de se dédire purement et simplement de son engagement. Mais dans la promesse de vente le promettant est lié d'une manière définitive, et c'est seulement *au profit du créancier* qu'il existe une condition potestative.

Les parties pourraient remédier à ce danger en constituant sur le terrain qui fait l'objet du contrat une *hypothèque* pour garantir les dommages-intérêts éventuellement dus à l'acheteur pour inexécution de la promesse.

B. — Après l'adhésion de l'acheteur.

***1404. Exécution normale.** — Si tout se passe d'une manière régulière et conforme à la convention primitive, le promettant, pour remplir sa promesse, doit *signer un acte de vente,* passer un contrat en bonne forme, le jour où le stipulant se décide à réaliser l'achat.

***1405. Défaut de rétroactivité.** — L'acheteur ne devient propriétaire que du jour où il donne son consentement. Par suite, il doit subir l'effet des droits réels établis par le vendeur dans l'intervalle, et même la vente ne peut se réaliser si la chose a été aliénée ; le tout sauf l'effet de l'hypothèque indiquée au n° 1403.

Il y aurait grand intérêt pour lui à être déclaré rétroactivement propriétaire depuis le jour de la promesse. Dans ce but, on a parfois présenté le promettant comme un *vendeur sous condition suspensive* ; il est vendeur, dit-on, « si l'autre partie consent à acheter ». L'acceptation de la vente par l'acheteur produit donc l'effet d'une condition qui se réalise, et l'achat s'opère avec effet rétroactif; c'est la conséquence naturelle de la condition (art. 1179). — Cette manière d'analyser l'opération est inexacte; il manque au contrat quelque chose de plus qu'une simple condition qui en suspendrait l'effet ; il lui manque *un de ses éléments essentiels,* le consentement de l'une des parties. On doit donc dire que le contrat n'est pas encore formé ; il se forme seulement quand le bénéficiaire de la promesse de vente se décide à acheter. Or un contrat ne peut pas produire d'effet avant d'être conclu.

***1406. Refus d'exécuter la promesse.** — Il peut arriver que celui qui a promis de vendre refuse, le jour venu, de passer le contrat. C'était jadis une grosse controverse que de savoir si l'acheteur avait le droit d'obtenir *la chose en nature,* ou s'il devait se contenter de *dommages-intérêts*. Pothier expose cette discussion tout au long (*Vente*, n° 479). La difficulté venait de ce que le promettant est tenu d'une obligation de faire : signer un contrat, et que nul ne peut être contraint par la force à faire quelque chose. Mais il nous apprend en même temps qu'on ne s'arrêtait point à cette objection dans la pratique, et qu'on suppléait à la rédaction du contrat par un jugement condamnant le promettant à signer la vente, et, faute par lui de le faire, ce jugement en tenait lieu. Cela est plus conforme, dit-il, « à la fidélité qui doit régner entre les hommes pour l'accomplissement de leurs promesses ».

Le Code a simplifié encore la situation : « La promesse de vente *vaut vente* », dit l'art. 1589. C'est donc cette promesse même, dès que le consentement de l'acheteur est venu s'y joindre, qui constitue le contrat de vente. Cette décision se justifie par cette considération que tous les éléments de la vente sont alors réunis, parce que l'on considère le consentement du vendeur comme n'ayant pas pu être valablement retiré.

Si en fait le promettant refuse de livrer la chose, il faudra bien, comme au temps de Pothier, recourir au tribunal et obtenir un jugement; mais les juges n'ont plus besoin de condamner le vendeur à passer un contrat comme autrefois; ils constateront simplement l'existence de la promesse de vente et du consentement de l'acheteur, et ordonneront sa mise en possession.

***1407. Pourquoi la loi parle de consentement réciproque à propos d'un acte unilatéral.** — L'art. 1589, seul texte qui s'occupe des promesses de vente, contient une expression qui a trompé les commentateurs. Il y est dit que la promesse vaut vente, « lorsqu'il y a consentement réciproque des deux parties sur la chose et sur le prix ». Ceci n'a point été écrit pour faire allusion à des promesses *bilatérales* de vendre et d'acheter, dont personne n'avait jamais eu l'idée avant que les commentateurs du Code les eussent inventées, mais bien pour répondre à quelques observations de Pothier. Cet auteur expliquait que les promesses de vente se font, en fait, dans des conditions fort différentes les unes des autres, et qu'on en voit dans lesquelles le prix n'est pas fixé d'avance; cela créait quelques difficultés que Pothier étudie dans les nos 481 et suiv. de son *Traité de la vente*. Les auteurs du Code ont sans doute voulu réserver ces hypothèses et n'attribuer à la promesse de vente l'effet de la vente qu'autant que les éléments essentiels du contrat, la chose et le prix, seraient bien déterminés par une entente ou consentement réciproque des parties.

1408. Délai d'acceptation. — Ordinairement les parties fixent un délai pour la réalisation de la vente, et le promettant se trouve libéré de plein droit à l'expiration du temps convenu, si l'autre partie ne s'est pas décidée à acheter. A défaut de ce délai, c'est une question de fait de savoir au bout de combien de temps les parties devront être considérées comme s'étant désistées tacitement de leur convention.

1409. Conditions de la vente. — Dans toute promesse de vente, il est prudent de fixer d'avance toutes les conditions de la vente, de façon qu'il n'y manque plus que le consentement de l'acheteur. C'est surtout pour la fixation du prix et son mode de paiement, au comptant, ou à terme, ou par fractions, que des difficultés risquent de s'élever plus tard (Voyez POTHIER, *Vente*, nos 481 à 487).

§ 3. — *Les promesses d'acheter.*

1410. Notion sommaire. — On peut concevoir la convention inverse de la promesse de vente : une promesse unilatérale d'acheter une chose pour un prix déterminé, faite à quelqu'un qui n'est pas encore décidé à vendre. Pothier l'avait prévue et en citait un exemple (*Vente*, n° 490). Il citait encore comme telles les enchères faites dans les licitations (n° 489), mais celles-ci sont de véritables achats, résolubles par l'effet d'une surenchère.

La promesse d'acheter est infiniment plus rare et moins utile que la promesse de vente; on n'en signale, pour ainsi dire, jamais dans la pratique. C'est une convention unilatérale, qui se gouverne par des règles toutes semblables à celles de la promesse de vente, bien qu'elles s'appliquent à une situation de fait inverse. Ainsi la vente n'a lieu qu'au jour où le propriétaire de la chose se décide à la vendre, et elle s'opère alors sans effet rétroactif.

CHAPITRE III

DES PERSONNES QUI PEUVENT VENDRE ET ACHETER

***1411. Aperçu général.** — D'après l'art. 1594, « tous ceux auxquels la loi ne l'interdit pas peuvent acheter ou vendre ». L'incapacité est donc l'exception. Outre les incapacités de droit commun (mineurs, interdits, etc.), qui sont générales et qui s'appliquent à la vente comme aux autres contrats, il existe des *incapacités spéciales à la vente*, qui s'adressent à des personnes capables et qui ont par suite la nature d'une *interdiction* ou d'une *prohibition* plutôt que d'une incapacité. Les unes sont des prohibitions simples soit d'acheter, soit de vendre; d'autres sont des prohibitions doubles, tant de vendre que d'acheter.

* **1412. Prohibitions de vendre.** — Les personnes auxquelles la loi interdit de vendre sont :

1° La *femme mariée sous le régime dotal,* qui ne peut pas vendre ses *biens dotaux* déclarés inaliénables. Cette prohibition ne peut être étudiée qu'à propos du contrat de mariage.

2° La *personne grevée de substitution* dans les cas où la substitution est permise (art. 1048 et suiv.). Cette hypothèse rentre dans l'étude des donations et testaments.

3° *Celui qui n'est pas propriétaire de la chose vendue.* Il y a alors *vente de la chose d'autrui.* Cette disposition, à cause de son importance, sera traitée à part. Voyez ci-dessous § 1.

On remarquera : 1° que dans ces trois cas la prohibition ne concerne pas seulement la vente, mais tous les modes d'aliénation ; 2° que ces hypothèses rentreraient tout aussi bien dans la catégorie des choses qui ne peuvent pas être vendues (ci-dessus n° 1373), que dans celle des personnes qui ne peuvent pas vendre.

* **1413. Prohibitions d'acheter.** — La loi en fait deux groupes, dont elle s'occupe dans les deux art. 1596 et 1597. En résumant les dispositions de ces deux textes, on peut grouper ainsi les personnes auxquelles il est interdit d'acheter :

1° *Les personnes chargées de vendre un bien pour le compte d'autrui.* Il leur est interdit de l'acheter pour leur compte.

2° *Certaines personnes chargées plus ou moins directement de l'administration de la justice.* Elles ne peuvent acheter des droits litigieux dans le ressort où elles exercent leurs fonctions.

Ces deux séries de cas font l'objet du § 2.

* **1414. Prohibitions doubles d'acheter et de vendre.** — Elles concernent :

1° *Le saisi.* — La personne dont le bien est saisi et mis en vente ne peut se porter adjudicataire, ni par elle-même (art. 711, C. proc. civ.), ni par l'intermédiaire d'un prête-nom (Cass., 29 juillet 1890, D. 91. 1. 200). En outre, aussitôt que la saisie est transcrite, le saisi ne peut plus disposer de son bien ; la vente qu'il en fait n'est pas opposable aux créanciers saisissants (art. 686 et 687 C. proc. civ.). — Ce cas appartient à la procédure.

2° *Les époux.* — La vente est interdite entre époux (art. 1595). Ce cas fait l'objet du § 3 ci-dessous.

§ 1. — *Vente de la chose d'autrui.*

****1415. Principe.** — Dans notre ancien droit, comme en droit romain une personne pouvait valablement vendre une chose sans en être propriétaire. La seule conséquence du défaut de propriété en la personne du vendeur était que l'acheteur pouvait être troublé ou évincé par le vrai propriétaire ; ce cas échéant, l'acheteur avait un recours contre le vendeur, mais jusque-là on ne lui donnait aucune action et la vente produisait entre eux tous ses effets.

D'après le Code civil, au contraire, *la vente d'une chose faite par un non-propriétaire est nulle,* sous le nom de « vente de la chose d'autrui » (art. 1599). Le résultat est que *l'acheteur peut agir immédiatement contre le vendeur,* quand il s'aperçoit du fait et avant d'avoir été troublé par qui que ce soit.

***1416. Motif de la nullité.** — Cette différence remarquable entre le droit moderne et le droit ancien tient au changement accompli dans la conception de la vente, dans sa nature et son but. La vente romaine était un *simple contrat,* productif d'obligations, et tout à fait *étranger au transfert de la propriété.* On pouvait donc vendre la chose d'autrui, puisque « vendre » signifiait simplement « contracter l'obligation de faire avoir la chose à l'acheteur ». Nos anciens auteurs avaient maintenu cette conception théorique de la vente, bien qu'on en fût déjà arrivé pratiquement à se passer de la tradition et à transférer la propriété par contrat. Depuis le Code civil, « vendre » signifie « aliéner » ; vendre son bien, c'est rendre l'acheteur propriétaire. On ne peut donc pas vendre une chose dont on n'a pas la propriété. La vente de la chose d'autrui est nulle dans notre droit pour la même raison qu'aurait pu l'être en droit romain la mancipation de la chose d'autrui.

C'est ainsi que la question a été exposée à maintes reprises dans les travaux préparatoires, par Portalis dans son Exposé des motifs, par Faure dans son Rapport au Tribunat, par Grenier dans un discours au Tribunat (FENET, t. XIV, p. 118, 157 et 192). On peut discuter sur la valeur rationnelle des motifs donnés par les auteurs du Code : la vente de la chose d'autrui leur a paru « une convention déraisonnable » (Portalis), « ridicule » (Tronchet), « contraire à la nature des choses et aux vues saines de la morale » (Grenier).

Toutefois les auteurs du Code ne se sont pas bornés à déclarer nul le transfert de propriété : c'eût été prendre une peine bien inutile, l'impossibilité de transférer la propriété quand on ne l'a pas est une chose évidente : « Nemo dat quod non habet. » Leur idée a été d'*annuler la vente comme contrat* ; ils ont voulu enlever toute force obligatoire à un pareil engagement, ils l'ont dit et répété, et le texte primitif portait : « Elle n'est point obligatoire. » Ces mots ont disparu après la communication officieuse du Tribunat, non pas pour changer le sens de l'article, mais pour l'abréger.

***1417. Sphère d'application de l'art. 1599.** — Il résulte jusqu'à l'évidence de la lecture des travaux préparatoires que les auteurs du Code ont entendu annuler seulement la vente de la chose d'autrui faite *sciemment* par le vendeur. Tous les motifs qu'ils ont donnés sont sans application au cas où il y a eu erreur de sa part sur son droit de propriété.

Néanmoins la doctrine est unanime à admettre que la vente est nulle, *même quand le vendeur est de bonne foi* (DALLOZ, *Suppl.*, v° Vente, n° 225).

* **1418. Cas où l'art. 1597 ne s'applique pas.** — La vente d'une chose dont le vendeur n'a pas la propriété est nulle parce qu'elle aurait dû opérer un transfert de propriété, et par suite être faite par le propriétaire. Ce motif d'annulation fait défaut dans deux cas :

1° Si la vente a pour objet *une chose déterminée seulement dans son genre*, comme une certaine quantité de marchandises. Les genres de choses n'appartiennent à personne. Alors la vente est valable et le transfert de propriété résulte d'un acte postérieur au contrat.

2° Si le vendeur s'est simplement *obligé à acheter la chose* pour en transférer la propriété à l'acheteur. Il y aurait alors une *obligation de faire* servant d'objet à un contrat innommé et non à une vente.

Ni dans un cas ni dans l'autre, on ne peut dire que le vendeur a vendu la chose d'autrui. La vente de la chose d'autrui, nulle aux termes de l'art. 1599, est donc uniquement la convention qui a pour but immédiat *le transfert de la propriété d'une chose déterminée appartenant à une personne autre que le vendeur.*

* **1419. Hypothèses pratiques.** — En matière immobilière les ventes du bien d'autrui sont de plus en plus rares de la part de vendeurs entièrement étrangers à la personne du vrai propriétaire. L'origine de la propriété vendue est ordinairement connue. Mais l'art. 1599 reçoit assez souvent son application à des ventes faites, par un *mari* sans le concours de sa femme, de biens appartenant en propre à celle-ci (Grenoble, 10 mai 1892, D. 92. 2. 518), ou par un *tuteur*, sans l'observation des formalités prescrites (Chambéry, 28 juill. 1884, D. 86. 2. 36). On voit aussi un propriétaire, qui ne possède qu'une *part indivise* de la chose, la vendre *en totalité*. En pareil cas, il y a vente de la chose d'autrui pour tout ce qui excède la part du vendeur ; la vente est donc valable pour cette part et nulle pour le surplus (Cass., 28 févr. 1894, D. 94. 1. 233). Voyez cependant Bordeaux, 1er déc. 1899, D. 1900. 2. 381. Il faut alors déterminer par une ventilation la part du prix qui reste due. L'acheteur aurait même le droit d'obtenir la nullité totale de son acquisition s'il pouvait démontrer qu'il se serait abstenu d'acheter s'il eût su que le vendeur n'était pas propriétaire de la chose entière (arg. art. 1636. Comp. Bruxelles, 3 janv. 1891, D. 91. 2. 358).

1420. Législations étrangères. — Plusieurs Codes étrangers ont admis le principe français de la nullité de la vente de la chose d'autrui (C. italien, art. 1459 ; C. néerlandais, art. 1507). En Allemagne la question est réglée tout autrement à cause de la différence établie entre le contrat et le transfert de propriété. Voyez sur ce point SALEILLES, *Théorie de l'Obligation*, nos 152 et 206.

* **1421. Sanction de la prohibition.** — L'art. 1599 le dit en termes très clairs : *la vente est nulle.*

Cette disposition n'a pas paru satisfaisante à beaucoup d'auteurs, qui trouvent que la sanction établie par la loi n'est pas en harmonie avec la situation. De quoi s'agit-il ? D'une personne qui avait promis de transférer la propriété d'une chose et qui ne peut pas le faire, parce qu'elle n'a pas cette propriété. Il y a donc *inexécution d'une obligation* contractée par l'une des parties ; la seule conséquence logique de ce fait serait la *résolution du contrat* prononcée sur la demande de l'acheteur, par application de l'art. 1184. Dans ce système, il serait certain que l'action appartient à l'acheteur seul. — Cette conception peut se défendre au point de vue rationnel ; mais il est impossible de l'adopter en l'état des textes, car ce serait substituer une idée toute différente à celle qui a certainement inspiré l'art. 1599. Il faudrait faire subir au texte une retouche : la loi ne dit pas que la vente est « résoluble », elle dit qu'elle est « nulle »[1]. Les auteurs de la loi n'ont pas songé que le jeu naturel des principes généraux conduisait à une solution suffisamment protectrice pour l'acheteur, et ils ne s'en sont pas contentés pour obtenir ce résultat; ils ont établi une disposition spéciale pour *prohiber* la vente et pour l'*annuler*.

** **1422. Caractère de la nullité.** — C'est donc bien une nullité véritable qui est édictée par l'art. 1599, et non une résolution. Mais quel genre de nullité est-ce là? Est-elle *absolue* ou *relative*? Il est bien probable que, dans la pensée des auteurs du Code, la nullité devait être absolue. La nullité relative est une exception, introduite pour protéger des incapables, ou ceux dont le consentement a été vicié; mais la règle est que les nullités sont absolues: ce que la loi défend ne peut avoir aucun effet. Or ici, la vente est annulée pour des raisons étrangères à la personne des contractants; leur personnalité est indifférente. On aurait donc dû décider, pour se conformer à l'esprit de la loi, que la nullité serait absolue.

Cependant ce n'est pas cette opinion qui a triomphé. La jurisprudence et la majorité des auteurs décident que la nullité est *relative* (Cass., 4 mars 1891, D. 91. 1. 313. — LAROMBIÈRE, sur l'art. 1188, n° 28; LAURENT, t. XXIV, n° 103). Cette opinion est fort ancienne; la jurisprudence de la Chambre civile remonte au moins à un arrêt du 23 janvier 1832.

L'interprétation de la doctrine et de la jurisprudence ont donc transformé complètement le sens de l'art. 1599: au lieu d'une nullité, frappant *comme une peine celui qui vend sciemment la chose d'autrui*, elle en a fait une mesure de protection pour l'acheteur, une sorte de *complément de la théorie de la garantie*.

* **1423. Avantages du système de la jurisprudence.** — La nullité relative, qui permet à la vente de produire tous ses effets tant qu'elle n'est pas annulée, explique à merveille pourquoi cette vente fait naître l'obligation de garantie à la charge du vendeur quand l'éviction est consommée, et pourquoi elle peut servir à l'acheteur de juste titre pour l'usucapion (art. 2265) ou pour l'acquisition des fruits (art. 549-550). Ces deux points seraient à peu près impossibles à justifier si la nullité était absolue: les solutions positives de la loi subsisteraient nécessairement, mais leur ensemble serait incohérent.

* **1424. De l'action en nullité.** — Si la nullité était absolue, la vente pourrait être attaquée par chacune des parties, par le vendeur aussi bien que par l'acheteur, et pendant trente ans. C'est le désir de refuser l'action en nullité au vendeur qui a fait repousser dans la pratique le système de la nullité absolue. On a voulu *réserver l'action à l'acheteur seul*. C'est assez logique: lui seul pourrait se plaindre de l'éviction, si elle s'était produite; l'action en nullité n'est qu'une sorte d'anticipation sur cette action. — Le Code italien s'est expliqué formellement sur ce point et a décidé que le vendeur ne pourrait jamais agir en nullité (art. 1459).

[1] Quelques auteurs proposent néanmoins de traduire le texte de cette façon (COLMET DE SANTERRE, t. VI, n° 28 bis, VI).

Une autre conséquence du système de la nullité relative est que l'action en nullité dure *dix ans* seulement (art. 1304). Les dix ans courent du jour où l'acheteur a appris que la chose n'appartenait pas au vendeur. L'acheteur qui a laissé prescrire son action en nullité aurait néanmoins droit à l'action en garantie s'il était plus tard évincé par le vrai propriétaire.

On en arrive ainsi à faire de l'absence du droit de propriété en la personne du vendeur une cause de nullité rentrant dans la catégorie des *erreurs substantielles*, soit sur la chose qui fait l'objet du contrat, soit sur la personne de l'autre contractant. C'est ainsi que tous les auteurs partisans de la nullité relative expliquent leur système ; mais ils oublient que le Code ne suppose pas l'erreur de l'acheteur et que la vente est nulle, même quand il a su qu'il traitait avec un non-propriétaire : cette circonstance l'empêche seulement de demander des dommages-intérêts.

1425. Observation. — Il est très difficile d'expliquer pourquoi le vendeur n'a pas l'action en nullité quand il a vendu, *se croyant propriétaire*, car il a commis une *erreur* suffisante pour justifier la rescision du contrat en sa faveur. Les raisons qu'en donnent les auteurs sont assez embarrassées. Ils supposent, par exemple, qu'en vendant la chose avec la persuasion qu'elle lui appartient, le vendeur contracte implicitement l'obligation d'en transférer plus tard la propriété à l'acheteur, si par hasard elle ne lui appartenait pas.

***1426. Des dommages-intérêts.** — L'art. 1599 contient une seconde disposition qui autorise l'acheteur à demander des dommages-intérêts « quand il a ignoré que la chose fût à autrui ». Ainsi il faut distinguer deux hypothèses :

1° Acheteur de mauvaise foi. — La nullité se produit sans autre conséquence : l'acheteur est dispensé de payer le prix, s'il n'a pas encore reçu la livraison ; quand la vente est déjà exécutée, il restitue la chose et réclame son prix, car il a payé l'indu, mais il n'obtient rien de plus.

2° Acheteur de bonne foi. — C'est alors que l'acheteur a droit, en outre, à des *dommages-intérêts,* calculés d'après les règles générales. Ces dommages et intérêts sont dus par le vendeur, soit en vertu d'une *faute* si le vendeur se croyait propriétaire, soit en vertu d'un *délit civil* s'il savait ne pas l'être, car en vendant sciemment la chose d'autrui il a commis le délit de *stellionat* (ci-dessus nos 939-942). Il n'est donc pas nécessaire que la vente ait été faite de mauvaise foi par le vendeur pour l'obliger à indemniser l'acheteur.

***1427. Rapports de l'acheteur avec le propriétaire de la chose.** — La loi ne s'est pas occupée de ce côté de la question, qui reste entièrement régi par les principes ordinaires. Le vrai propriétaire, étant étranger à la vente, qui est pour lui « res inter alios acta », conserve toute sa liberté et peut revendiquer, tant que l'acheteur n'a pas achevé son usucapion. Il y a pourtant deux cas où l'acheteur se trouve immédiatement protégé contre toute revendication, sans avoir besoin d'usucaper :

1° *S'il s'agit d'une chose mobilière corporelle*, qui n'a été ni perdue ni volée, et qu'il a achetée de bonne foi (art. 2279).

2° *Si la vente lui a été consentie par un héritier apparent*, quel qu'en soit l'objet. On appelle « héritier apparent » celui qui passe aux yeux de tous pour être le successeur d'une personne décédée, et qui ne l'est pas. La jurisprudence valide les ventes consenties par l'héritier apparent, ce qui ne signifie pas seulement que la vente est valable entre les parties par dérogation à l'art. 1599, mais qu'elle est translative de propriété et opposable au véritable propriétaire, contrairement à la maxime : « Nemo dat quod non habet ». Nous reviendrons sur ce point dans le t. III, à propos de la pétition d'hérédité.

*** 1428. Validation de la vente par un fait postérieur.** — Il se peut qu'un fait nouveau se produise qui fasse disparaître la cause de nullité. Pourquoi la vente est-elle nulle ? Parce que celui qui a vendu n'était pas propriétaire et ne pouvait pas disposer de la chose. Or il arrive parfois que *le vrai propriétaire ratifie la vente* ou que *le vendeur acquiert la propriété de la chose.* Quel est l'effet de ces événements ? A la rigueur, ils devraient rester sans influence sur le sort de la vente. En effet, les conditions de validité ou de nullité des contrats doivent s'apprécier *d'après leurs éléments constitutifs,* et ne peuvent pas être cherchées dans des faits étrangers. Si l'on pense que la nullité de la vente est absolue, il ne peut pas être question de ratification ou de validation par une cause postérieure. Si on considère cette nullité comme relative, la ratification est possible, mais elle ne peut émaner que de l'acheteur et elle suppose un acte volontaire de sa part. Lui seul a l'action en nullité ; lui seul peut y renoncer, et non pas le vendeur ni le véritable propriétaire.

Mais cette solution rigoureuse ne devait pas prévaloir en pratique. Dès que l'un ou l'autre de ces deux faits s'est produit, *l'acheteur n'a plus d'éviction à craindre* ; tout danger pour lui a disparu. Sur quel intérêt raisonnable se fonderait-il pour demander l'annulation d'une acquisition qu'il a désirée, qu'il a voulue, après que cette acquisition est devenue définitive pour lui ? Aussi la jurisprudence, qui ne vit pas d'abstractions, qui se forme au milieu de la réalité des affaires et des intérêts, considère-t-elle la nullité comme *couverte,* quand l'éviction n'est plus possible pour l'une des deux causes sus-indiquées. Voyez dans *Sirey,* sous Agen, 13 juin 1866, l'indication des arrêts anciens. *Adde* Cass., 4 mars 1891. D. 91. 1. 313 ; Nancy, 14 nov. 1894, D. 95. 2. 349.

La jurisprudence apporte toutefois à sa décision une *restriction.* Il faut que le fait nouveau, qui vient effacer la nullité, se produise avant que l'acheteur n'ait exercé son action, c'est-à-dire quand les choses sont encore entières. S'il a déjà formé sa demande en nullité, rien ne peut plus l'empêcher de l'obtenir, car l'affaire doit être jugée, quelle qu'en ait été la durée, comme si le jugement avait pu être rendu immédiatement (Cass., 30 déc. 1872, D. 73. 1. 437). Sur les critiques que quelques auteurs adressent à cette solution, voyez LAURENT, t. XXIV, nos 120 et suiv., et GUILLOUARD, t. I, no 186).

§ 2. — *Interdictions d'acheter.*

A. — Représentants chargés de vendre.

1429. Motif de la prohibition. — La personne qui est chargée de vendre un bien pour le compte d'autrui se trouverait placée entre son intérêt et son devoir si on lui permettait de l'acheter ; comme mandataire elle devrait chercher à lui faire atteindre le plus haut prix possible ; comme acheteur, elle serait intéressée à écarter les enchérisseurs afin de l'avoir à meilleur compte. Pour éviter tout soupçon et tout risque, la loi lui interdit de « se rendre adjudicataire » (art. 1596).

La nature de ce motif, ainsi que le texte de la loi, conduit à décider que s'il est interdit à ces personnes d'acheter *aux enchères*, il leur est permis de se faire consentir une *vente amiable* (Bordeaux, 5 avril 1894, S. 95. 2. 15).

1430. Personnes visées par la prohibition. — Ces personnes sont énumérées dans la loi. Ce sont : 1° Les *tuteurs* ; 2° les *mandataires chargés de vendre* ; 3° les *administrateurs des communes ou des établissements publics*.

Cette énumération est limitative. Ainsi l'interdiction qui frappe les tuteurs atteint bien tous ceux qui portent ce titre (tuteurs de mineurs ou d'interdits, sans distinguer si l'interdiction est légale ou judiciaire, cotuteurs, protuteurs), mais non les subrogés-tuteurs, ni les curateurs d'émancipés, ni les conseils judiciaires de prodigues ou de faibles d'esprit. Toutes ces personnes surveillent, donnent des avis, mais n'administrent pas et ne représentent pas l'incapable. Ainsi encore l'incapacité qui atteint les maires ne s'étend pas aux conseillers municipaux : ceux-ci peuvent acheter les biens que le maire de la commune met en vente, car le maire seul administre et représente la commune.

Quant aux mandataires, la loi ne parle que de ceux qui sont chargés de « vendre ». Donc ceux qui ont simplement pouvoir d'administrer sont libres d'acheter les biens qu'ils administrent, quand leur propriétaire les met en vente. L'avoué qui poursuit une saisie immobilière est assimilé à un mandataire chargé de vendre (art. 711 C. proc. civ., al. final ajouté en 1841).

1431. Exceptions. — Dans certains cas, le représentant chargé de vendre recouvre la liberté d'acheter.

Tuteurs. — Le *tuteur* peut se porter adjudicataire des biens du pupille ou de l'interdit quand il a dans l'affaire un intérêt personnel, ce qui arrive dans deux cas :

1° *Quand il est copropriétaire par indivis du bien mis en vente.* Ce cas se présente assez souvent, les tuteurs étant souvent parents et cohéritiers de la personne en tutelle.

2° *Quand le tuteur a une hypothèque sur le bien mis en vente.*

Dans ces deux cas, il serait injuste que les devoirs du tuteur eussent pour effet de paralyser les droits qui lui appartiennent comme copropriétaire ou comme créancier.

Héritiers bénéficiaires. — L'héritier qui accepte bénéficiairement est considéré comme un mandataire des créanciers, chargé de liquider la succession dans leur intérêt ; il peut néanmoins se rendre adjudicataire des biens qu'il met lui-même en vente (Alger, 16 déc. 1889, D. 90. 2. 106, S. 92. 2. 13). Cette exception est traditionnelle ; l'héritier, étant propriétaire des biens, a intérêt à les conserver ; d'ailleurs, les créanciers ne sont pas des incapables et peuvent surveiller la vente ou y procéder par eux-mêmes.

1432. Sanction. — La vente est frappée d'une *nullité relative*. Ordinairement, quand une nullité relative est établie par la loi, c'est l'incapable lui-même qui a le droit de la proposer. Mais ici les rôles sont renversés ; il s'agit d'une prohibition prononcée contre une personne dans l'intérêt d'une autre. C'est un tiers que la loi protège ; c'est à lui seul que l'action en nullité appartiendra. Comp. Cass., 20 nov. 1877, D. 77. 1. 497, S. 78. 1. 22.

B. — Personnes chargées de fonctions judiciaires.

1433. Énumération. — La loi énumère ces personnes dans l'art. 1597. Ce sont les *juges*, leurs *suppléants*, les *magistrats du parquet*, les *greffiers*, les *huissiers*, les *avoués*, les *avocats* [1] et les *notaires*. La qualification de « juges » comprend même les conseillers des Cours d'appel et de la Cour de cassation. Il n'y a aucun doute à cet

[1] Les avocats ne sont pas nommés dans l'article 1597, qui cite à leur place les *défenseurs officieux*. Ceci tient à ce que les barreaux ou ordres d'avocats avaient été supprimés en 1790 et remplacés par les défenseurs officieux. Le titre d'avocat fut rétabli après le vote du titre *De la vente*, par la loi du 22 ventôse au XII ; l'ordre ne fut reconstitué que par un décret du 14 décembre 1810.

égard, car ces titres n'existaient pas lors de la confection du Code. Toutes ces juridictions s'appelaient des tribunaux et leurs membres portaient indistinctement le nom de juges.

Nul doute non plus, que la prohibition de l'article ne comprenne les juridictions d'exception (tribunaux administratifs et commerciaux), aussi bien que les tribunaux civils.

1434. Objet et motif de la prohibition. — La loi interdit à ces personnes d'acheter les *droits litigieux* [1] qui sont de la compétence du tribunal dans le ressort duquel ils exercent leurs fonctions. L'étendue de l'interdiction varie ainsi selon le degré du tribunal ; pour un juge civil de première instance elle est limitée à un arrondissement ; pour un conseiller de cour d'appel, elle s'étend à tous les départements composant le ressort de la Cour ; pour les conseillers de Cassation, à la France entière et à ses colonies.

L'objet de l'interdiction en fait comprendre le motif : on redoute de la part de ces personnes un abus d'influence qui les rendrait trop dangereuses pour l'adversaire. Même si cet abus n'était pas réel, d'après le caractère de la personne, la crainte pourrait s'en répandre dans le public et on veut éviter tout soupçon injurieux pour l'administration de la justice.

1435. Sanction. — Appliquez ici ce qui a été dit du cas précédent au n° 1432.

§ 3. — *De la vente entre époux.*

** **1436. Caractère traditionnel de la prohibition.** — Le contrat de vente est prohibé entre époux, sauf dans les cas exceptionnels qui seront indiqués plus loin. La loi suppose cette prohibition établie, plutôt qu'elle ne l'édicte expressément, car l'art. 1595 a surtout pour but de déterminer les exceptions, et il débute en disant que la vente « *ne peut avoir lieu que dans les trois cas suivants* ». La prohibition de la vente entre époux est, en effet, une disposition traditionnelle (DUMOULIN, sur l'art. 156 A. C. Paris, n° 5 ; POTHIER, *Donations entre mari et femme*, n° 78).

***1437. Ses motifs.** — L'interdiction de la vente entre époux se justifiait aisément dans l'ancien droit, parce que les donations entre époux étaient défendues : il eût été trop facile aux époux de se faire des donations au moyen de ventes simulées. L'interdiction de la vente était donc la conséquence et la garantie de l'interdiction des donations. Mais le Code Napoléon a permis la donation entre époux ; l'interdiction de la vente a dès lors perdu son motif ancien, et cependant elle n'a pas disparu. Quelle peut bien être aujourd'hui sa raison ? Les auteurs en ont signalé trois : 1° si la donation est permise entre époux, elle est du moins essentiellement *révocable* : or la vente serait un moyen de se priver indirectement de la faculté de révocation, à cause de la difficulté que le donateur rencontrerait en fait, à prouver que la vente apparente cache une donation déguisée ; 2° cette même difficulté

[1] Bien que le contraire soit soutenu par quelques auteurs, je crois qu'il faut entendre ici l'expression « droits litigieux » dans le sens de l'article 1700, d'après lequel un droit n'est « litigieux », que quand le procès est commencé. La formule « procès, droits et actions litigieux », qu'on lit dans l'article 1597 est un pléonasme dont le sens est éclairci par la rédaction primitive qu'avait ce texte dans le projet de l'an VIII (FENET, t. II, p. 336).

de preuve leur permettrait de se faire des libéralités dépassant la *quotité disponible* ; 3° chacun d'eux pourrait *soustraire ses biens* à la poursuite de ses créanciers, en les faisant passer à son conjoint par une vente. — Tous ces motifs réunis ne valent pas l'ancien ; néanmoins la prohibition est maintenue par l'art. 1595.

A. — Le principe.

***1438. Sanction de la prohibition.** — Cette sanction est la *nullité de la vente,* nullité qui n'est pas prononcée expressément par le texte, mais qui en résulte nécessairement : « Le contrat de vente *ne peut avoir lieu...* ». Sur le sens de cette formule, voyez t. I, 1re édit., n° 318 ; 2e édit., n° 337.

***1439. Caractère de la nullité.** — Dans l'opinion générale, la nullité est purement relative. Elle est donc susceptible d'être confirmée après la dissolution du mariage, et elle donne lieu à une action en nullité qui dure dix ans (art. 1304), mais qui commence à se prescrire seulement quand le mariage est dissous, puisque la prescription ne court pas entre époux (art. 2253).

Cette opinion est contraire à celle qui était anciennement admise, car la nullité des donations entre époux (et par suite celle de la vente, qui en était la conséquence) était jadis absolue, à tel point que la tradition même ne dépouillait pas le donateur de la propriété et qu'on l'autorisait à revendiquer (POTHIER, *Donations entre mari et femme*, n° 50). Le changement dans le caractère de la nullité peut se justifier par l'adoucissement de la législation en matière de donations entre époux ; au lieu de les prohiber, la loi moderne les déclare seulement révocables.

***1440. A qui appartient l'action en nullité.** — Beaucoup d'auteurs n'accordent cette action qu'à l'époux vendeur, à ses héritiers, ou à ses créanciers (LAURENT, t. XXIV, n° 42 ; GUILLOUARD, t. I, n° 165), ce qui paraît raisonnable puisque les motifs de la nullité n'existent qu'à l'égard de ces personnes. Cependant il en est qui ouvrent l'action, même à l'époux acheteur et à ses ayants cause (AUBRY et RAU, § 351, note 31 ; HUC, t. X, n° 47).

Les créanciers, trouvant dans la loi une disposition spéciale qui annule la vente, n'ont pas besoin de prouver qu'on a voulu les frauder.

1441. Cas où la vente cache une donation. — Ce que la loi prohibe dans l'article 1595, ce qui est annulable en vertu de cet article, c'est la *vente* ; il faut donc supposer, pour appliquer ce qui vient d'être dit, que les parties ont voulu faire une vente réelle et sérieuse. Mais il peut être établi que la vente apparente est une *donation déguisée*. Alors la thèse change, bien que le résultat soit le même. Ce n'est plus l'art. 1595 qui s'applique, c'est l'art. 1099, aux termes duquel toute donation déguisée faite entre époux est nulle [1].

B. — Les exceptions.

***1442. Ce qu'elles sont.** — L'art. 1595, en se basant implicitement sur la prohibition traditionnelle, indique trois cas dans lesquels, d'après lui,

[1] L'article 1099 a donné lieu à une difficulté qui sera examinée en son lieu ; on s'accorde aujourd'hui à penser que la donation déguisée n'est pas seulement *réductible,* quand elle excède la quotité disponible, mais qu'elle est *nulle pour le tout.*

la vente est permise entre époux. Or il se trouve que toutes les hypothèses énumérées par lui à ce titre sont, non pas des *ventes,* mais des *dations en paiement.* Toutes supposent, en effet, que l'un des époux est *débiteur* de l'autre et cède à celui-ci un de ses biens pour le remplir de ses droits. Si la loi confond ainsi la vente et la dation en paiement, malgré la différence théorique qui sépare ces deux opérations, c'est que cette différence ne se rencontre que dans une hypothèse fort rare, et que les deux contrats peuvent fonctionner pratiquement l'un pour l'autre (ci-dessus, n° 527).

* **1443. Cas où la dation est possible.** — Ces cas sont énumérés dans l'art. 1595, qui contient des dispositions plus précises et plus complètes que celles que donnait Pothier, dont les explications sur ce point étaient tout à fait insuffisantes.

Après une séparation de biens judiciaire. — La séparation de biens entraîne après elle un règlement de comptes, qui toujours constitue l'un des époux débiteur de l'autre. Ce reliquat passif peut être soldé par une dation en paiement au lieu d'espèces. C'était le seul cas prévu par Pothier. La dation en paiement est permise alors *aussi bien de la part de la femme que de la part du mari,* car chacun d'eux peut être constitué débiteur par le compte.

Avant toute séparation. — Ici il faut distinguer :

1° *De la part du mari,* la dation est possible toutes les fois que la cession *a une cause légitime* (1595-2°).

La loi indique deux cas dans lesquels cette cause légitime existe : lorsqu'il s'agit de faire *emploi* de deniers propres à la femme, ou *remploi* du prix d'un de ses propres aliénés. Au lieu d'acheter un immeuble à un tiers pour servir de placement aux capitaux appartenant à sa femme, le mari, s'il est disposé à aliéner un de ses biens, peut le lui céder. Ces deux cas ne sont cités par la loi qu'à titre d'exemples, et non comme une énumération limitative. Mais cela ne veut pas dire que le mari puisse faire une dation à sa femme toutes les fois qu'il est débiteur, sans condition aucune. Il faut que sa dette envers elle soit *exigible* et susceptible de donner lieu immédiatement à une action contre lui.

Ainsi il n'est pas permis à un mari de céder un bien à sa femme à titre de *restitution de la dot,* parce que la dot ne doit être restituée qu'après la dissolution du mariage ; toute restitution anticipée est nulle : la dation manquerait ici de cause légitime (arrêts de Cassation nombreux et anciens, depuis 1839. Voyez Cass., 16 avril 1889, D. 89. 1. 375, S. 90. 1. 22 ; Lyon, 28 déc. 1897, D. 99. 2. 49). Pothier considérait également cette remise en paiement de la dot comme nulle (*op. cit.*, n° 38).

2° *De la part de la femme,* la dation en paiement est permise dans un *cas unique* : lorsque la *dot promise en argent* n'a pas été fournie au mari. La loi permet à la femme de se libérer par une dation en paiement (art. 1595-3°). C'est le seul cas où la loi autorise cette opération de la part de la femme, et encore y met-elle une condition : il faut que les époux soient mariés sous un *régime exclusif de la communauté* (régime dotal, régime sans communauté, séparation de biens).

Pourquoi n'avoir pas autorisé le même procédé de libération pour la femme qui doit une dot à son mari sous le régime de la communauté ? Le mari pourrait y avoir intérêt, car il deviendrait propriétaire du bien à lui cédé, au lieu d'en avoir simplement la jouissance. On ne voit à cela aucune bonne raison. Peut-être les rédacteurs de la loi ont-ils pensé que cette hypothèse ne pouvait pas se présenter. Elle est cependant possible, quand il y a un contrat de mariage contenant de la part de la femme la promesse de l'apport d'une dot qui n'a pas été réalisée.

1444. Précaution prise par la loi. — Même dans ces trois cas où la dation en paiement est permise entre époux, la loi craint encore que l'opération ne cache une libéralité. De là la disposition finale de l'art. 1595 qui réserve « le droit des héritiers, lorsqu'il y a avantage indirect ». Cela veut dire que les *héritiers réservataires* auront le droit de *réduction* lorsqu'ils pourront démontrer que l'immeuble cédé en paiement vaut plus que la créance qu'il s'agissait d'éteindre, et que cet avantage gratuit procuré à l'autre conjoint a entamé leur réserve. — Cette restriction en faveur des héritiers n'est, du reste, que l'application du droit commun et ne leur confère aucun droit spécial.

1445. Cas non compris dans les exceptions. — La loi n'ayant autorisé que des *dations en paiement*, la jurisprudence n'a pas le droit de déroger à la prohibition de la vente dans les cas où l'époux qui fait la dation n'est pas *débiteur* de l'autre. Il n'est pas permis de valider toute dation par cela seul qu'elle paraît n'être pas frauduleuse. Voici deux exemples qui montreront la limite que la jurisprudence s'est tracée pour l'application de l'art. 1595 et qu'elle observe rigoureusement :

1° Lorsqu'il s'agit de faire le *placement d'économies* faites par la femme sur les biens dont elle a la jouissance, comme les paraphernaux du régime dotal, le mari ne peut pas céder un de ses biens à sa femme, parce que l'opération serait une pure vente, et non une dation en paiement, le mari ne devant rien à sa femme.

2° Lorsqu'il s'agit de faire un *remploi* à la suite de l'aliénation d'un propre de la femme, la jurisprudence refuse de valider la cession d'un bien du mari à la femme si le remploi n'est pas *obligatoire* pour le mari. Quand le remploi est facultatif, il n'y a pas d'obligation pour lui, pas de dette à éteindre (Cass., 16 avril 1889, D. 89. 1. 60, S. 90. 1. 22; Douai, 20 juin 1894, D. 95. 2. 515). Voyez cependant Nancy, 18 févr. 1885, S. 86. 2. 87.

CHAPITRE IV

DES OBLIGATIONS DU VENDEUR

***1446. Énumération.** — On peut établir comme suit la liste des obligations du vendeur. Il doit :

1° Conserver la chose jusqu'à l'époque convenue pour la livraison ;

2° Faire la délivrance et la faire complète ;

3° Transférer la propriété de la chose à l'acheteur ;

4° Répondre des défauts cachés de la chose (garantie des vices) ;

5° S'abstenir de troubler l'acheteur dans sa possession (garantie du fait personnel) ;

6° Le protéger contre les troubles et évictions provenant d'un tiers, et, s'il n'y réussit pas, l'indemniser (garantie d'éviction) [1].

[1] Dans l'article 1625, l'obligation de garantie est présentée comme étant unique et comme ayant deux objets seulement : la possession paisible de la chose et l'absence de vices. L'obligation de garantir la paisible possession se dédouble à son tour en garantie du fait personnel et garantie contre le fait des tiers ou garantie d'éviction. En réalité, il y a là trois obligations distinctes, dont chacune a son objet propre, ses conditions et ses règles, et qui n'ont de commun que le nom vague de *garantie*. Le mot « garantie » sert, en droit, à des emplois très divers, et n'exprime guère qu'une idée de protection ou de responsabilité pour autrui. On dit, par exemple, que la caution garantit le créancier contre l'insolvabilité du débiteur et qu'à son tour le débiteur doit la garantir contre la poursuite du créancier.

Comparez l'art. 1603, dont les indications sont visiblement insuffisantes.

1447. Renvoi. — L'obligation de *transférer la propriété* n'est pas spéciale au vendeur ; elle se rencontre dans plusieurs autres contrats. De plus, son étude rentre dans la théorie des droits réels et de leur transfert, et elle a été expliquée dans le t. I. Rappelons seulement que, dans le droit français, cette obligation est réputée exécutée aussitôt qu'elle est formée, à moins qu'une circonstance exceptionnelle ne fasse obstacle au transfert immédiat de la propriété. L'article 1583 répète d'une manière spéciale pour la vente ce que les articles 711 et 1138 ont déjà dit d'une manière générale pour toutes les conventions ou obligations de donner. C'est probablement cette espèce d'exécution automatique qui a empêché les auteurs du Code de rappeler dans l'article 1603 l'obligation de transférer la propriété, dont ils avaient déjà réglé l'effet dans l'article 1583.

Aussi, dès que la vente est conclue, on n'a plus à s'occuper que des autres obligations du vendeur. Parmi celles-ci, il en est une dont on n'a presque rien à dire : c'est son obligation de *conserver la chose*. Elle est la conséquence naturelle de son obligation de livrer, et elle ne présente pour lui aucun caractère particulier. Il n'y a donc pas lieu de s'y arrêter longuement ; il suffira de quelques mots. Celui qui a aliéné une chose et qui n'en a pas encore effectué la livraison en est *débiteur*. Il doit donc veiller à sa conservation afin de pouvoir exécuter son obligation, et il est responsable des fautes qu'il peut commettre en sa qualité de gardien, d'après les termes du droit commun. En revanche, étant débiteur ordinairement d'un corps certain, il est libéré quand la chose vendue périt par cas fortuit.

Finalement il se trouve qu'en s'occupant uniquement de la délivrance et de la garantie, le législateur n'a commis aucune lacune et a fait tout ce qu'il avait à faire, et qu'il y a lieu seulement de compléter son énumération d'une manière théorique.

§ 1. — *De la délivrance.*

1448. Définition. — La délivrance est *la mise en possession de l'acheteur.*

L'art. 1604 en donne une définition fausse en disant qu'elle est le « transfert de la chose vendue en la *puissance* et possession de l'acheteur ». Le mot « puissance » est de trop. Les auteurs du Code ne se sont pas aperçus qu'en empruntant cette définition à Domat (*Loix civiles*, liv. I, tit. II, sect. 2, n° 5), ils définissaient la *tradition translative de propriété*, telle que la pratiquait le droit romain. Cela n'est pas douteux dans le livre de Domat. Pour rendre cette définition exacte, il faudrait supprimer le mot « puissance » et ne parler que de la possession, car la vente moderne française ne comporte plus de *tradition*, acte juridique, valant transfert de propriété, mais bien une simple *livraison*, acte matériel, n'ayant d'autre effet que de déplacer la possession.

La convention de donner est bien par elle-même translative de propriété ; mais, si elle peut transférer la propriété, qui est un droit, elle ne peut déplacer la possession, qui est un fait. L'acheteur devenu propriétaire n'a pas encore la chose à sa disposition ; il faut que l'aliénateur la lui livre. Comp. art. 1136.

A. — Règles générales de la délivrance.

1449. Observation. — Le Code a cru utile d'entrer en des détails assez longs (art. 1605 à 1615) sur les diverses questions relatives à la délivrance des choses vendues. La plupart de ces articles sont purement énonciatifs ou interprétatifs ; la convention ou l'usage y dérogent fréquemment, et ils n'ont pas en pratique une grande importance. L'intérêt doctrinal des questions qu'ils traitent est également faible ; aussi serons-nous très bref. Le seul point intéressant est le droit de rétention du vendeur (ci-dessous n°s 1535 et suiv.).

1450. Forme de la délivrance. — La délivrance est une opération matérielle qui peut se faire comme bon semble aux parties. Elles se contentent souvent de la remise des clefs ou de la remise des titres. Voyez les art. 1605 et 1606. Appliquez les règles du *transfert de la possession* (t. I, 1re édit., nos 939-942 et 1354-1357 ; 2e édit., nos 875 et 1296-1299).

1451. Lieu de la délivrance. — D'après l'art. 1609, la délivrance se fait, en principe, au lieu où se trouvait la chose au moment de la vente, mais on peut convenir d'un autre endroit. La chose vendue est donc *quérable* en principe ; l'acheteur doit venir la chercher : mais elle peut devenir *portable*, si les parties le veulent.

1452. Ce qui doit être délivré. — Le vendeur doit délivrer non seulement la *chose principale,* mais aussi les *fruits* qu'elle a produits depuis la vente (art. 1614, al. 2) et les *accessoires,* tels que les immeubles par destination (art. 1615).

L'acheteur a donc droit aux fruits, sans distinguer entre les fruits naturels et les fruits civils. S'il y a une récolte sur pied, il n'est pas obligé de rembourser au vendeur les frais qu'a coûtés sa préparation ; la loi suppose qu'on a tenu compte de la valeur des récoltes dans la fixation du prix. — Souvent les ventes contiennent des clauses spéciales relatives aux fruits ; le vendeur se réserve, par exemple, le droit d'en faire lui-même la récolte et ne s'engage à livrer que « récolte enlevée ».

La règle relative aux fruits s'applique-t-elle aux ventes sous condition suspensive ? La plupart des auteurs décident la question négativement ; jusqu'à la réalisation de la condition, les fruits doivent se compenser avec les intérêts du prix ; la loi n'a pensé qu'aux ventes pures et simples. — Cette opinion paraît conforme à l'intention des parties ; mais celles-ci feront bien, pour éviter toute difficulté, de s'en expliquer dans l'acte.

*** 1453. Obligation de conserver.** — L'obligation de livrer la chose emporte celle de la conserver, dit l'art. 1136, et cela ne doit pas s'entendre seulement du soin que le vendeur en doit prendre pour la protéger contre tout risque de perte ou de vol ; cela signifie, en outre, qu'il doit *s'abstenir lui-même d'y faire aucun changement* dans tout l'intervalle qui s'écoule entre la vente et la livraison de la chose. L'acheteur doit la recevoir dans l'état où elle se trouvait au moment du contrat, parce que c'est en considération de cet état qu'il a traité (Cass., 1er mars 1892, D. 92. 1. 412, S. 92. 1. 488).

Mais cela ne s'entend que des changements qui proviendraient du fait du vendeur. Ceux qui surviennent par une cause fortuite nuisent ou profitent à l'acheteur, qui n'en peut pas rendre le vendeur responsable, puisqu'il n'y a aucune faute de sa part, sauf l'effet des règles relatives aux *risques* dans les *ventes conditionnelles* (ci-dessous no 1532).

1454. Époque de la délivrance. — La délivrance doit se faire au jour indiqué par la convention ; si le contrat est muet sur ce point, l'acheteur peut exiger que la chose lui soit livrée sans délai. Le tout sauf l'effet du droit de rétention qui appartient au vendeur.

1455. Frais de la délivrance. — Les frais de la délivrance sont à la charge du vendeur (art. 1608). En général, ces frais sont nuls ou insignifiants, à moins qu'il n'y ait lieu à une opération de mesurage ou de pesage. Quant aux frais d'*enlèvement* (emballage, transport, chargement, droits de douane, etc.), l'art. 1608 les met à la charge de l'acheteur, sauf stipulation contraire.

*** 1456. Sanction de l'obligation de délivrance.** — Si le vendeur ne livre pas la chose, soit qu'il s'y refuse absolument, soit que le délai fixé pour la délivrance soit écoulé, l'acheteur a le droit de demander à son choix soit sa mise en possession effective, au besoin par la force publique, soit la résolution du contrat, avec dommages-intérêts à son profit, s'il y a lieu (art. 1610 et 1611). Ces deux articles ne sont que l'application du principe général écrit dans l'art. 1184. — Le tribunal pourrait, d'ailleurs, accorder un délai de grâce au vendeur, conformément à l'art. 1244.

B. — Erreurs d'évaluation dans les ventes d'immeubles.

1457. Ancienne cause de procès. — Le vendeur doit faire une délivrance *complète*, c'est-à-dire fournir à l'acheteur toute la quantité promise, lorsque la chose vendue est susceptible de plus ou de moins. Appliquons cette règle aux ventes d'immeubles. Quand la vente d'un terrain ou d'un domaine est faite sans indication de contenance, à raison de tant par mètre ou par hectare, il ne peut pas y avoir de difficultés : aucune contenance n'a été promise et le prix exact sera déterminé par le mesurage. Mais, si la vente indique la contenance du terrain, quelle doit être la conséquence d'une inexactitude dans cette indication ? Dans la pratique, cette hypothèse provoquait autrefois de nombreux litiges : quand la contenance réelle était plus forte que le chiffre indiqué, le vendeur voulait une augmentation de prix ; quand elle était plus faible, l'acheteur réclamait une diminution, etc. (POTHIER, *Vente*, nos 250 à 258). Le Code a voulu trancher ces controverses à l'aide des art. 1617 à 1622.

1458. Influence de l'erreur sur la fixation du prix. — Pour décider quand et comment le prix variera par suite d'une erreur d'évaluation, le Code fait une distinction.

1° VENTE A RAISON DE TANT LA MESURE. — En ce cas, toute différence en plus ou en moins, quelque minime qu'elle soit, donne lieu à une modification correspondante du prix (art. 1617 et 1618)[1]. Le prix fixé sera donc augmenté ou diminué, selon la nature de l'erreur et dans la proportion où cette erreur a été constatée. La loi a pensé que la partie essentielle de la convention était la fixation du prix par unité de mesure et que l'indication du prix total et celle de la contenance n'étaient que des énonciations, données sauf mesurage.

2° VENTE POUR UNE SOMME FIXE. — Quand le prix est fixé en bloc, sans indication d'un prix pour l'unité de mesure, l'excédent de contenance ou le déficit ne peuvent donner lieu à une modification du prix qu'autant que la différence constatée en plus ou en moins *atteint le vingtième* de la contenance indiquée au contrat (art. 1619). — Cette différence s'apprécie, dit la loi, « eu égard à la totalité ». Cela veut dire que, si l'immeuble vendu est un domaine composé de différentes pièces de terre, on doit compenser les déficits des unes avec les excédents des autres.

Pour le cas où le fonds se compose de pièces diverses de valeur inégale, dont la contenance particulière n'est pas indiquée, voyez Cass., 25 mars 1884, D. 84. 1. 321, S. 85. 1. 155.

1459. Possibilité de résoudre le contrat. — Les erreurs d'évaluation peuvent avoir un autre effet que la diminution ou l'augmentation du prix : elles peuvent entraîner la résolution du contrat *sur la demande de l'acheteur*. Dans quel cas l'acheteur a-t-il ce droit ? Il faut distinguer deux cas.

1° EXCÉDENT DE CONTENANCE. — Cet excédent peut être tel qu'il entraîne, d'après les règles ci-dessus indiquées, une élévation du prix si considérable que l'acheteur aurait refusé d'acheter la chose aussi cher. Il ne doit pas être obligé de débourser des sommes

[1] Cette solution n'est pas écrite expressément dans l'article 1618, qui vise le cas d'excédent de contenance. Mais elle est admise en doctrine pour maintenir la différence entre les deux espèces de ventes d'après le mode de fixation du prix (DALLOZ, *Suppl.*, v° Vente, n° 354).

trop fortes pour lui et qu'il n'a pas pu prévoir en contractant. Aussi la loi lui permet de demander la résolution dès que l'excédent atteint *le vingtième du prix primitif* (art. 1618 et 1620). L'acheteur peut même alors obtenir des dommages-intérêts, s'il éprouve un préjudice par la résolution de la vente (art. 1621).

2° Déficit. — En principe, le droit de demander la résolution est alors refusé à l'acheteur. Il peut seulement exiger un supplément de terrain, si la chose est possible, c'est-à-dire s'il en reste encore au vendeur : sinon il doit se contenter de la contenance réelle, en obtenant la diminution du prix d'après les règles ci-dessus indiquées. — Par exception, le droit de résolution est accordé à l'acheteur si le terrain est *insuffisant* pour remplir le but auquel il le destinait, si, par exemple, ce terrain devait être employé à la construction d'une usine, pour laquelle il faut une surface déterminée. Comp. Orléans, 18 janv. 1895, D. 95. 2. 417.

1460. Durée des actions. — La loi a établi une prescription rapide pour toutes les actions fondées sur une erreur de contenance, qu'elles existent au profit du vendeur pour un supplément de prix, ou au profit de l'acheteur pour une diminution du prix ou pour la résolution de la vente. Elles doivent être *intentées dans l'année*, à compter du jour du contrat (art. 1622). Ces sortes d'erreurs doivent être vite reconnues, et il importe de ne pas laisser l'exécution du contrat trop longtemps dans l'incertitude. Le délai de l'art. 1622 court contre toutes personnes, même contre les mineurs (analogie avec l'art. 1676).

1461. Conventions dérogatoires. — Les articles 1617 à 1622 s'appliquent rarement dans la pratique parce que les parties font presque toujours des stipulations contraires. Il y a une clause de style dans les contrats notariés par laquelle les parties *renoncent à toute action* fondée sur une différence de contenance en plus ou en moins, excédât-elle un vingtième, l'acheteur déclarant avoir visité la propriété et la bien connaître.

§ 2. — *Garantie des vices.*

*** 1462. Cause de cette garantie.** — Le vendeur doit procurer à l'acheteur une *possession utile*. Il répond donc des défauts cachés qui rendent la chose impropre à tout service ou qui diminuent considérablement son utilité (art. 1641); c'est ce qu'on appelle la *garantie des vices*.

La nature de ces vices varie selon la nature de la chose : c'est un vice de construction dans une maison, un défaut de qualité ou de solidité dans un objet mobilier, la perte de la faculté de germer dans des graines achetées pour semences, etc.

***1463. Conditions de la responsabilité du vendeur.** — Pour que le vendeur soit responsable des défauts de la chose vendue, la réunion de plusieurs conditions est nécessaire. Ces vices doivent être :

1° *Cachés.* — Le vendeur n'est pas tenu des vices apparents (art. 1642), c'est à l'acheteur à les voir; il ne peut y avoir de surprise que par l'effet d'une imprudence de l'acheteur.

2° *Inconnus de l'acheteur.* — Un vice caché peut avoir été, en fait, connu de l'acheteur, qui en ce cas est censé avoir renoncé à toute garantie de ce chef (arg. art. 1641 *in fine*).

3° *Nuisibles à l'utilité de la chose* (art. 1641). — Les défauts qui diminueraient seulement l'agrément de la chose ne sont pas pris en considération.

4° *Antérieurs à la vente,* tout au moins en germe et dans leur principe (Cass., 8 mars 1892, D. 92. 2. 204). A partir de la vente, la chose passe aux risques de l'acheteur.

Toutes ces conditions doivent être *prouvées par l'acheteur.*

Elles *suffisent* pour donner lieu à la garantie. Il n'est donc pas nécessaire que le vendeur ait *connu les vices.* Un vendeur de bonne foi, qui ignore le vice dont la chose est atteinte, en est néanmoins responsable (art. 1643).

***1464. Ventes donnant lieu à la garantie des vices.** — Cette garantie a lieu, en principe, dans toute espèce de vente. L'art. 1641 s'exprime en termes généraux : « la *chose* vendue », et en fait les actions en garantie à raison des vices s'intentent pour les choses les plus variées, corporelles ou incorporelles, terrains, machines, bicyclettes, offices, tableaux, charbons, denrées, etc.

Il n'y a pas lieu non plus de distinguer selon la forme de la vente. Cependant la loi fait exception pour les *ventes faites d'autorité de justice,* dans lesquelles cette garantie cesse (art. 1649). Cet article s'interprète d'une manière restrictive ; il ne s'applique pas à toutes les ventes faites « en justice », mais seulement à celles qui sont *ordonnées* par le tribunal et faites par son autorité. Telles sont les ventes sur saisie et les ventes de biens de mineurs ou d'interdits : pour ces sortes de ventes, on ne pourrait pas se passer du ministère de la justice. — Par conséquent, la garantie des vices a lieu dans les ventes *volontaires* qui sont faites par l'intermédiaire de la justice, à l'audience des criées. — Comp. l'art. 1684.

***1465. Effets de la garantie.** — L'acheteur a le choix entre deux procédés :

1° Il peut demander *la résolution de la vente* en exerçant l'*action rédhibitoire.* De là le nom de « vices rédhibitoires » que l'on donne habituellement aux vices cachés dont le vendeur est responsable. La vente étant résolue, l'acheteur restitue la chose si elle existe encore et se fait rendre le prix, s'il l'a déjà payé, ainsi que les frais de la vente (art. 1644). Si le vendeur était de mauvaise foi, l'acheteur pourrait en outre obtenir de lui des *dommages-intérêts,* auxquels échappe le vendeur de bonne foi (art. 1645-1646).

2° S'il se décide à garder la chose, il peut demander une *diminution de prix,* au moyen d'une action spéciale qu'on appelle encore de son nom romain *action estimatoire* ou *quanti minoris.* La portion du prix qui doit être restituée est arbitrée par experts (art. 1644).

1466. Durée des actions rédhibitoire et estimatoire. — Aux termes de l'article 1648, ces actions doivent être intentées « *dans un bref délai* », que la loi n'a pas fixé. Le juge a donc en principe un pouvoir arbitraire pour apprécier si l'acheteur est encore en temps utile pour agir (Cass., 27 juin 1887, D. 88. 1. 300, S. 87. 1. 316). Toutefois la loi veut qu'il se conforme aux usages locaux, lorsqu'il en existe (même art.).

Le point de départ, qui n'est pas fixé par la loi, est le jour de la livraison ou mise en possession réelle.

1467. Comparaison avec l'erreur sur la substance. — Cette décision exceptionnelle crée un intérêt assez grand à distinguer l'action rédhibitoire fondée sur un vice caché, et l'action en nullité pour cause d'erreur sur une qualité substantielle. La première ne dure qu'un laps de temps très court, la seconde dure dix ans (art. 1304). Si la loi n'accorde qu'un bref délai pour agir à raison d'un vice, c'est que ce vice n'a peut-être pas toujours existé et qu'il pourrait être *postérieur à la vente*, auquel cas le vendeur n'en doit point répondre, tandis que la qualité substantielle d'une chose ne change pas ; elle est *inhérente à sa nature*.

1468. Clauses de non-garantie. — Le vendeur peut stipuler qu'il ne sera pas garant des vices de la chose ; la loi lui permet de s'exonérer de cette responsabilité (art. 1643), mais à une condition, qui est d'*être de bonne foi*, c'est-à-dire d'ignorer les vices. Ceci résulte de la rédaction de l'art. 1643, qui ne permet que « dans ce cas » la clause de non-garantie. — Par suite, si l'acheteur pouvait prouver que son vendeur connaissait l'existence du vice au moment où il déclinait la garantie, il aurait néanmoins son recours contre lui : pareille précaution ne serait, de la part du vendeur, qu'un acte dolosif dont il n'est pas possible d'admettre l'efficacité.

1469. Règles spéciales aux ventes d'animaux. — Le système établi par le Code civil pour les vices rédhibitoires, avait donné lieu à des difficultés nombreuses pour les ventes et échanges d'animaux domestiques. Quels sont les vices qui rendent un animal impropre à tout service? Quels vices peuvent être considérés comme cachés? Dans quel délai doit-on agir? La jurisprudence était pleine de contradictions. Maquignons et paysans se trompaient à l'envi et l'esprit de chicane se donnait libre carrière. On demanda de toutes parts une réglementation spéciale, et la loi du 20 mai 1838 fut votée dans ce but. Elle a été remplacée par une loi du 2 août 1884 (fragment du Code rural), modifiée par la loi du 31 juillet 1895.

Cette législation spéciale n'est plus applicable qu'aux espèces chevaline (cheval, âne et mulet) et porcine ; l'espèce bovine et l'espèce ovine, qui étaient visées par la loi de 1838, ont été écartées par la loi de 1884, pour une raison qui sera indiquée plus loin (n° 1470). Il en résulte que pour ces deux espèces il n'existe pas de vices rédhibitoires d'après la loi ; l'existence d'un vice caché ne peut donner lieu à une action de la part de l'acheteur qu'autant que la garantie de ce vice lui a été promise par une convention spéciale, qui peut être expresse (Cass., 21 juill. 1891, D. 92. 1. 134, S. 94. 1. 393), ou tacite (Cass., 20 déc. 1887, D. 88. 1. 84, S. 90. 1. 263).

Les vices rédhibitoires sont limitativement énumérés par la loi (L. 1884, art. 2).

Cette loi a rétabli l'action estimatoire que la loi de 1838 avait supprimée dans les ventes d'animaux, mais elle a donné au vendeur le droit de l'écarter en offrant de reprendre l'animal et d'en restituer le prix (art. 3). Ni l'action rédhibitoire ni l'action estimatoire ne sont recevables pour les ventes dont le prix ne dépasse pas 100 francs.

Le délai pour l'exercice des actions est fixé en principe à neuf jours francs ; dans un cas particulier, il est porté à trente jours (L. 1884, art. 5).

1470. Animaux atteints de maladies contagieuses. — Lorsque la maladie dont l'animal est atteint est contagieuse, la législation devient plus sévère. Ce n'est plus un simple intérêt privé qu'il s'agit de protéger ; il y a lieu de prendre des mesures dans un intérêt général. Ces mesures font l'objet de la loi du 21 juillet 1881 sur la police sanitaire des animaux, modifiée elle aussi par la loi du 31 juillet 1895. L'art. 13, al. 1, de la loi de 1881 interdit « la vente ou la mise en vente d'animaux atteints ou *soupçonnés d'être atteints* de maladies contagieuses ». La Cour de cassation en concluait que ces animaux étaient mis hors du commerce et que leur vente était *nulle* en vertu d'une loi d'*ordre public*, même quand le vendeur était de bonne foi (Cass., 20 juillet 1892, D. 93. 1. 20, S. 92. 1. 393). Cette jurisprudence a été consacrée par la loi de 1895, qui a ajouté dans ce but une disposition spéciale à l'art. 13 précité. Le délai donné pour exercer l'action est fixé en principe à quarante-cinq jours.

Le système de la nullité absolue établi par les lois de 1884 et 1895 ne fait pas double emploi avec le système du Code civil ; les deux législations fonctionnent côte à côte, l'une pour les maladies contagieuses, l'autre pour les vices rédhibitoires qui n'ont pas ce caractère. C'est ce qui explique le silence gardé par la loi de 1884 sur les vices rédhibitoires des espèces bovine et ovine : ceux qui ont été conservés, comme la clavelée et la tuberculose, sont contagieux et régis, comme tels, par la loi de 1881. C'est par inadvertance qu'on a laissé subsister dans la loi de 1884 l'art. 11 qui fait allusion à la clavelée comme simple vice rédhibitoire pour l'espèce ovine.

§ 3. — *Garantie du fait personnel.*

** **1471. Son principe.** — Le vendeur, s'étant engagé par la vente à procurer la jouissance de la chose à l'acheteur et à lui en faire avoir la propriété, ne peut rien faire en contravention de cette obligation, soit en troublant l'acheteur, soit en essayant de lui enlever la chose.

* **1472. Des troubles.** — Tout trouble apporté par le vendeur au droit de jouissance de l'acheteur engage sa responsabilité. Il en est ainsi même de *simples troubles de fait,* qui ne donneraient lieu à aucun recours s'ils provenaient d'un tiers. Par exemple, le vendeur d'un fonds de commerce ne peut pas, en fondant une nouvelle maison dans le voisinage de celle qu'il a vendue, faire concurrence à son acheteur et lui enlever une partie de sa clientèle (Note de M. Lyon-Caen dans *Sirey,* 74. 1. 197; Paris, 7 janv. 1890, D. 90. 2. 290, S. 91. 2. 21; Paris, 3 août 1892, D. 93. 2. 95).

Les faits de ce genre varient beaucoup, et sont souvent difficiles à apprécier: ils donnent lieu à de nombreux procès. On cite encore l'exemple suivant: le propriétaire d'un moulin ne peut pas, après l'avoir vendu, solliciter une mesure administrative utile à des prairies qui lui appartiennent, mais qui aurait pour résultat de faire réduire, au détriment de l'acheteur du moulin, la hauteur d'eau dont il jouissait lui-même au moment de la vente (Cass., 8 janv. 1851, S. 51. 1. 106).

** **1473. Exception de garantie.** — Le vendeur qui est tenu, ainsi qu'on le verra plus loin, de garantir l'acheteur *contre l'éviction*[1] *venant d'un tiers,* ne peut pas l'évincer lui-même en exerçant contre lui une revendication ou toute autre action réelle. C'est ce qu'on exprime à l'aide du brocard: « Quem de evictione tenet actio, cumdem agentem repellit exceptio », ou en français: *Qui doit garantir ne peut évincer.*

Comment le vendeur peut-il se trouver, après la vente, muni de la revendication? Il faut supposer que la chose ne lui appartenait pas au moment où il l'a vendue, et que la propriété lui est arrivée plus tard, par un moyen quelconque, ou encore qu'il est mort en laissant pour successeur le vrai propriétaire de la chose. De cette façon, c'est désormais la même personne qui est propriétaire et tenue de l'obligation de garantie. Si elle s'avise d'exercer son action réelle contre l'acheteur, elle sera repoussée au moyen de l'*exception de garantie*, conformément au brocard précité.

Il ne faut pas confondre cette exception de garantie, qui est un *moyen de défense au fond* et qui met fin définitivement au procès, avec une autre exception de garantie, dont il est parlé au n° 1481, laquelle est une *simple exception dilatoire* (art. 175 C. proc. civ.).

1474. Indivisibilité de l'exception de garantie. — Supposons qu'à la suite d'une vente faite par une personne non propriétaire de la chose, le vrai propriétaire suc-

[1] Sur le sens du mot « éviction », voyez ci-dessous n° 1486.

cède au vendeur, mais seulement pour partie, pour un quart par exemple, parce qu'il est en concours avec d'autres héritiers. Ce propriétaire conserve-t-il le droit de revendiquer son bien pour les trois quarts? Ou bien l'exception de garantie sera-t-elle considérée comme indivisible et *opposable à son action pour le tout*?

L'indivisibilité est admise en cette matière par presque tous les auteurs, comme une sorte d'axiome. On dit: le vendeur est obligé de ne pas troubler l'acheteur ; c'est là une *obligation de ne pas faire* qui est indivisible, car dès qu'il le trouble, si peu que ce soit, quelque minime que soit l'objet de sa réclamation, il contrevient à son obligation et l'exception lui est opposable. Cette opinion rallie la presque unanimité de la doctrine (voyez les citations dans Dalloz, *Répert.*, v° Vente, n° 943, et *Suppl.*, n° 430) et elle est seule admise en jurisprudence (Cass., 14 déc. 1868, D. 69. 1. 222. — Comp. Cass., 8 nov. 1893, D. 94. 1. 417).

Est-il juste d'assimiler au *trouble de fait*, qui est indivisible, le *trouble de droit* ou éviction, qui est divisible? La revendication peut parfaitement s'intenter pour partie. Celui qui, étant propriétaire de la chose entière, n'a succédé que pour une part au garant, devrait pouvoir revendiquer pour le surplus. La solution qui a triomphé aboutit à lui faire subir inutilement, à lui qui est le vrai propriétaire, une éviction totale pour une cause partielle. On ne recule cependant pas devant cette solution extrême.

*** 1475. Caractère particulier de la garantie du fait personnel.** — La garantie du fait personnel, qui oblige le vendeur à respecter la possession de l'acheteur et sa libre jouissance de la chose, a ceci de particulier qu'elle est *toujours due*, alors même que la garantie d'éviction serait supprimée. Ainsi le *donateur* n'est pas garant, en principe, de l'éviction causée par un tiers ; mais il répond toujours de son fait personnel ; il ne peut ni troubler ni évincer l'acheteur. De même pour le *vendeur*, quand il a stipulé qu'il ne serait *pas garant* : cette convention l'exonère bien de la garantie du fait d'un tiers, mais non de la garantie de son propre fait ; il y aurait dol de sa part à se réserver le moyen de reprendre ce qu'il a vendu, ou d'empêcher l'acheteur d'en tirer tout le profit possible (art. 1626).

§ 4. — *De la garantie d'éviction.*

**** 1476. Son principe.** — Le Code civil présente encore la garantie d'éviction comme une conséquence de l'obligation que contracte le vendeur de procurer à l'acheteur la *possession paisible* (art. 1625). C'est le point de vue romain, et cela est conforme à l'ordre historique dans lequel se sont développées les obligations du vendeur. Mais, depuis que le transfert de la propriété est devenu l'objet essentiel de la vente, on pourrait sans inconvénient renverser l'ordre des termes et dire que la possession paisible procurée à l'acheteur est la conséquence du transfert de propriété qui lui est dû, de sorte que, si le trouble se produit, il vient simplement révéler le défaut d'exécution de l'obligation du vendeur.

Cette application particulière de la garantie est la plus importante, au point de vue théorique comme au point de vue pratique, et c'est d'elle qu'il s'agit d'ordinaire quand on parle, sans rien préciser, de « l'obligation de garantie ».

**** 1477. Ses deux chefs.** — On considère ordinairement cette obligation comme *double* ou comme ayant deux *chefs* ; le vendeur doit, en effet : 1° *défendre* l'acheteur contre le *trouble,* c'est-à-dire en faire cesser la cause ; 2° *indemniser* l'acheteur au cas où le trouble n'a pas pu être empêché, et où l'*éviction* est consommée.

Cependant, on ne peut pas présenter ces deux chefs de l'obligation de garantie comme des objets d'obligations distinctes. Pour être exact, on doit dire que l'obligation du vendeur a pour *objet unique* la protection de l'acheteur, et que, *en cas d'inexécution,* cette obligation se résout en dommages-intérêts comme toutes les obligations de faire.

A. — Du trouble [1].

1° Notion du trouble de droit.

***1478. Troubles donnant lieu à garantie.** — Le vendeur n'est pas responsable des simples troubles matériels, ou *troubles de fait,* même lorsqu'ils ont entraîné la dépossession de l'acheteur. Contre ces voies de fait, qui sont l'œuvre de personnes ne prétendant aucun droit sur la chose, l'acheteur trouve dans les lois une protection suffisante : c'est à lui de s'en défendre. Le vendeur ne répond que des *troubles de droit* [2], c'est-à-dire des menaces d'éviction résultant d'*actions* exercées contre l'acheteur par des tiers qui prétendent avoir un droit sur la chose (revendication, action confessoire d'usufruit ou de servitudes, action hypothécaire), ou d'*exceptions* fondées sur les mêmes droits et opposées à l'acheteur quand il veut exercer les actions qui résultent pour lui de l'achat qu'il a fait.

*** 1479. Moment où commence le trouble.** — La connaissance que l'acheteur aurait acquise de l'existence d'un droit au profit d'un tiers, susceptible de devenir pour lui une cause de trouble, ne suffit pas pour l'autoriser à agir immédiatement en garantie.

Il en est ainsi lorsqu'il découvre des inscriptions hypothécaires sur l'immeuble qu'il a acheté. Il doit attendre, avant d'agir contre son vendeur, qu'il soit troublé par les créanciers hypothécaires exerçant leur action réelle, c'est-à-dire qu'il ait reçu la sommation de payer ou de délaisser, qui est le premier acte de la procédure (Douai, 8 mai 1891, D. 92. 2. 541).

2° Défense de l'acheteur contre le trouble.

*** 1480. Appel en garantie.** — Lorsqu'il y a trouble de droit, l'acheteur se retourne contre son vendeur ; il l'appelle en cause et lui demande

[1] Il n'est question ici que du *trouble venant d'un tiers* ; le trouble causé par le vendeur fait l'objet d'une obligation distincte (ci-dessus n°s 1471 et suiv.).

[2] Cette distinction du trouble de fait et du trouble de droit ne se trouve pas dans les articles 1626 à 1640, qui règlent la garantie contre le fait des tiers : ces textes ne prévoient même pas le trouble et supposent, pour une raison qu'on verra plus loin, que l'éviction est consommée. La définition du trouble de fait et la limitation de la garantie au cas où il y a trouble de droit se trouvent, au contraire, écrites expressément à propos du louage dans les articles 1725 et 1726.

de venir le défendre. Ce recours s'exerce *sous la forme d'une action incidente,* puisqu'il y a déjà une première action engagée entre l'acheteur et le tiers qui le trouble : à cette première procédure, qui est l'action principale, vient s'ajouter la procédure de l'action en garantie de l'acheteur contre le vendeur.

De là le nom de *garantie incidente*, que l'on emploie lorsque les choses se passent comme il vient d'être dit. On verra plus loin que la demande en garantie peut aussi s'intenter sous la forme d'une action principale.

* **1481. Exception dilatoire.** — Pour lui permettre de faire venir son garant en cause, la loi donne à l'acheteur, quand il est poursuivi par un tiers, une *exception dilatoire* (art. 175 C. proc. civ.). On lui donne un délai pour assigner le vendeur, pendant lequel la procédure engagée contre lui reste en suspens. Ce délai est de huit jours, et il s'augmente d'un jour par cinq myriamètres, quand le vendeur doit être assigné au loin (L. 3 mai 1862).

Cette exception de garantie, purement dilatoire et *opposée à un tiers*, ne doit pas être confondue avec l'autre exception de garantie, qui est péremptoire et opposée au vendeur lui-même, quand il est l'auteur du trouble (ci-dessus n° 1473).

** **1482. Rôle du vendeur appelé en garantie.** — Quand il est ainsi atteint par le recours de l'acheteur, le vendeur doit remplir son obligation de garant. Celle-ci a pour objet une *défense utile* procurée à l'acheteur. Le vendeur doit produire ses titres et employer tous les moyens en son pouvoir soit pour décider le tiers à *renoncer* à son action, soit pour obtenir contre lui un *jugement* qui le déboute de ses prétentions et fasse ainsi *cesser le trouble.*

1483. Formes diverses de procédure. — Pendant que le vendeur remplit son obligation, l'acheteur a le choix entre divers partis. Il peut demander *sa mise hors de cause* et laisser le vendeur soutenir seul le procès ; il peut aussi, ce qui sera plus sage de sa part, *rester en cause*, tout en laissant le vendeur prendre sa défense, et se contenter de surveiller la façon dont il s'en acquitte. Ce sont là des questions de procédure qu'il suffit d'indiquer ici.

* **1484. Indivisibilité de l'obligation de défendre l'acheteur.** — L'obligation qui incombe au vendeur de défendre l'acheteur est indivisible. Il s'agit, en effet, de démontrer que la personne qui exerce une action est *sans droit pour agir* : cette preuve sera complètement fournie ou elle ne le sera pas. C'est un fait qui n'est pas susceptible de division matérielle ou intellectuelle (art. 1217). Donc il y a indivisibilité (Cass., 8 nov. 1893, D. 94. 1. 417).

On en conclut que si le vendeur est mort, laissant *plusieurs héritiers*, il suffit d'appeler l'un d'eux en cause pour lui demander de faire cette preuve. Il devra nécessairement la faire pour le tout.

1485. Irresponsabilité du vendeur après la cessation du trouble. — Quand le vendeur réussit à faire écarter la demande du tiers, peut-il être condamné à rembourser à l'acheteur les frais du procès ? On cite quelques anciens arrêts qui l'ont jugé ainsi, notamment une décision de la Cour de Grenoble du 3 janvier 1845. J'estime qu'il y aurait lieu de faire une distinction. Le vendeur ne peut pas empêcher les tiers de faire des procès mal fondés, et quand il a obtenu un jugement favorable pour l'acheteur, il a fait tout ce qu'il devait : il a réellement rempli toute son obligation. Les dépenses qu'a pu rendre nécessaires l'action du tiers ne sont point à sa charge. Pour qu'il en fût tenu, il faudrait que cette action eût réellement une cause sérieuse, antérieure à la vente, et que son échec ou son abandon fût dû à quelque autre fait, laissant place à la responsabilité du vendeur.

B. — De l'éviction.

1° Notion de l'éviction.

** **1486. Définition.** — Si le vendeur ne réussit pas à faire cesser le trouble, l'action suit son cours et aboutit à une *éviction*. Quand y a-t-il éviction ? L'éviction proprement dite est *la perte d'un droit par suite d'un jugement* : l'acheteur est condamné à délaisser au tiers qui l'a poursuivi tout ou partie de la chose qu'on lui avait vendue. Le mot « éviction » vient du latin *e-vincere, e-victus,* qui s'employaient pour désigner une défaite en justice.

1487. Cas assimilés à l'éviction. — A l'éviction proprement dite on assimile :

1° Le cas où *l'acheteur succombe en agissant lui-même contre un tiers,* qui détient la chose ou exerce en fait quelque droit sur elle ;

2° Le cas où, pour éviter un procès inutile, *il abandonne volontairement la chose,* quand le droit du propriétaire qui se présente pour la réclamer est évident ;

3° Le cas où, étant actionné par un créancier hypothécaire, *il conserve la chose en payant le créancier* ;

4° Le cas où *il conserve la chose à un autre titre que l'achat qu'il en avait fait,* par exemple comme ayant succédé au vrai propriétaire.

Dans aucun de ces cas, le vendeur n'a rempli son obligation de procurer à l'acheteur, *en vertu de la vente,* la propriété de la chose : ou bien l'acheteur l'a perdue, ou bien il la garde pour une autre cause.

* **1488. Évictions totales et évictions partielles.** — L'éviction peut être totale ou partielle.

Il y a *éviction totale* quand l'acheteur est obligé de *délaisser entièrement la chose,* soit à un propriétaire qui l'a revendiquée, soit à un créancier hypothécaire.

L'*éviction partielle* se produit de plusieurs manières :

1° Perte d'une partie de propriété. — L'éviction est partielle quand une partie seulement de la chose est enlevée à l'acheteur par l'effet d'une revendication ou d'une hypothèque. Cette éviction partielle de propriété peut porter sur une *part indivise* (une quote-part du droit) ou sur une *part divise* (une portion matérielle de la chose). La première peut se réaliser quand le vendeur de la chose n'était qu'un propriétaire par indivis, ayant un ou plusieurs cohéritiers ; la seconde peut avoir lieu pour des terrains divisés en parcelles, comme ceux d'une ferme ou d'une métairie.

2° PERTE D'UNE SERVITUDE ACTIVE. — Il y aura encore éviction partielle si l'acheteur est privé d'une servitude active, dont l'existence lui avait été affirmée lors de la vente et sur laquelle il croyait pouvoir compter. La servitude active est une qualité du fonds dominant qui en augmente la valeur ; c'est comme un prolongement de propriété s'étendant sur le fonds d'autrui.

3° DÉCOUVERTE D'UNE CHARGE NON DÉCLARÉE. — Toutes les fois que l'acheteur est obligé de subir une charge exceptionnelle sur la propriété, et dont l'existence n'avait pas été prévue par lui, il subit encore, sous une autre forme, une éviction partielle.

Dans la pratique, ce sont surtout les servitudes foncières qui sont des causes d'évictions partielles, mais l'éviction pourrait tout aussi bien résulter de la découverte d'un autre droit réel tel qu'un *usufruit* ou un *droit d'usage*.

Il n'est même pas nécessaire que le droit opposé à l'acheteur soit un droit réel : un simple *bail*, qui ne confère au preneur qu'un droit personnel, constitue une cause d'éviction donnant lieu à un recours en garantie, si le vendeur ne l'a pas déclaré à l'acheteur (Cass., 6 juin 1887, D. 88. 1. 216, S. 87. 1. 409), car celui-ci sera obligé d'en subir l'exécution, s'il a date certaine (art. 1743).

L'art. 1638 pourrait laisser quelques doutes sur cette extension générale de la notion d'éviction, car il ne parle que des servitudes ; mais l'art. 1626, qui est le texte de principe, parle en termes beaucoup plus compréhensifs « des *charges* prétendues sur l'objet vendu et non déclarées lors de la vente ».

2° Évictions dont le vendeur est garant.

** **1489. Distinction.** — Le vendeur n'est pas tenu indistinctement à garantie, quelles que soient la cause et les circonstances de l'éviction. Pour déterminer les cas où la garantie fonctionnera, il existe une règle générale qui s'applique à toutes les évictions ; il en est d'autres qui sont spéciales à une forme particulière d'éviction partielle.

** **1490. Règle générale.** — En principe, le vendeur ne répond que des *évictions ayant une cause antérieure à la vente,* parce qu'elles supposent *un défaut de droit en sa personne.* Il ne répond pas des évictions dont la cause est postérieure, parce qu'elles sont ou bien des cas fortuits ou bien la suite d'une faute commise par l'acheteur.

* **1491. Application.** — Presque toujours, quand l'éviction se produit, elle a une cause antérieure à la vente ; elle aurait été possible même au temps où le vendeur possédait encore la chose. Les causes d'éviction postérieures sont rares. On cite comme telles :

1° *Le fait du prince.* On appelle ainsi les actes arbitraires du pouvoir qui peuvent enlever la chose à l'acheteur. Par exemple, une confiscation ou un changement de législation. Le vendeur n'en est évidemment pas responsable ; c'est un cas fortuit.

2° *La prescription,* quand elle s'accomplit après la vente au profit d'un tiers. Peu importe qu'elle ait commencé avant si, au moment où la vente a eu lieu, le vendeur était encore propriétaire. L'éviction a pour cause l'achèvement de la prescription, qui est un fait postérieur à la vente. C'était à l'acheteur à réclamer le bien ; il aurait dû le revendiquer, et il y a faute de sa part.

On doit considérer comme ayant une cause antérieure à la vente l'éviction résultant d'une surenchère formée par un créancier hypothécaire (art. 2185). La surenchère est bien postérieure à la vente, mais elle n'est que le mode d'exercice du droit hypothécaire, et elle ne peut être formée que par un créancier régulièrement inscrit avant la transcription de la vente (Cass., 18 mars 1895, D. 95. 1. 505).

* **1492. Exceptions à la règle.** — Par exception, le vendeur répond quelquefois d'une éviction dont la cause est *postérieure à la vente.* Cela suppose toujours *une faute de sa part.* EXEMPLES :

1° PRESCRIPTION IMMINENTE AU MOMENT DE LA VENTE. — Quand la prescription, bien que postérieure à la vente, s'accomplit à un moment tellement rapproché du contrat que l'acheteur n'ait pas le temps de la connaître et de l'interrompre, le vendeur seul est en faute, et par suite il est responsable de cette cause d'éviction.

2° CAUSE D'ÉVICTION RÉSULTANT DU FAIT PERSONNEL DU VENDEUR. — Le vendeur répond encore de l'éviction si c'est par lui qu'un tiers a été mis après la vente en état d'évincer l'acheteur.

Une pareille combinaison peut surprendre au premier abord : comment un vendeur, après s'être dépouillé de tout droit sur la chose, peut il encore donner à autrui les moyens de l'enlever à son premier acquéreur ? Cela peut arriver de deux façons différentes, selon que la chose est un meuble ou un immeuble. Supposons la vente d'un *meuble corporel* non encore livré ; le vendeur le revend à une autre personne et la met en possession réelle ; ce second acheteur sera préféré au premier (art. 1141), mais celui-ci aura un recours en garantie contre le vendeur. Supposons maintenant la *vente d'un immeuble.* Jusqu'en 1855, on faisait l'hypothèse suivante : la première vente est un acte sous seings privés non enregistré, la seconde est faite devant notaire ou bien elle acquiert date certaine avant l'autre d'une façon quelconque (art. 1328) ; le second acheteur sera préféré au premier, dont le titre ne lui est pas opposable. Depuis le 1er janvier 1856, à cause de la loi sur la transcription, il faut modifier l'hypothèse et au défaut de date certaine substituer le défaut de transcription, mais le raisonnement est le même. A l'une comme à l'autre époque, le premier acheteur obligé de subir l'effet de la seconde vente pourra recourir contre le vendeur, car à l'égard de celui-ci il n'était pas obligé de faire transcrire ou enregistrer son titre.

* **1493. Règle spéciale aux servitudes.** — Parmi les servitudes qui grèvent le bien vendu, il en est que l'acheteur doit toujours supporter sans recours possible, parce qu'elles constituent la *situation normale de la propriété.* Ce sont les servitudes naturelles et légales.

Quant aux servitudes exceptionnelles provenant *du fait de l'homme,* qui sont le résultat d'actes ou de faits accomplis ou subis par les précédents propriétaires, elles donnent bien lieu à garantie, mais seulement quand elles ont été *ignorées de l'acheteur lors du contrat.*

Ceci résulte : 1° de l'art. 1626 qui limite la garantie aux charges « non déclarées lors de la vente » ; 2° de l'art. 1638, qui suppose qu'il s'agit d'une servitude « non apparente » et dont « il n'a pas été fait de déclaration ».

1494. Application. — Si la servitude est *apparente,* ou si, étant occulte, elle a été *annoncée à l'acheteur,* il n'a aucun recours. De quoi se plaindrait-il, s'il a acheté en pleine connaissance de cause ? De quoi se plaindrait-il encore, s'il n'a pas examiné le fonds par lui-même, ni vu les signes qui annoncent extérieurement la servitude ? Pour la même raison, et bien que la loi ne le dise pas, on doit refuser toute action en garantie à l'acheteur qui a eu *en fait,* et par un moyen quelconque, connaissance d'une servitude ou d'une charge non apparente, que le vendeur a omis de déclarer. Le vendeur n'avait pas à l'instruire d'une chose qu'il savait déjà, et ce serait une tromperie de sa part que de se plaindre ensuite de n'avoir pas été averti.

Il résulte de là que, pour éviter toute contestation et pour se décharger de toute responsabilité le vendeur doit *déclarer* avec soin dans l'acte *toutes les charges*, servitudes ou autres, qui existent sur le bien vendu sans être apparentes.

Cette obligation de déclarer les charges du bien vendu, qui n'est indiquée dans le Code civil que d'une manière incidente, était au contraire mise en pleine lumière et exposée méthodiquement par Pothier (*Vente*, nos 193 et 194). Il remarquait très clairement que le vendeur n'était pas obligé de déclarer : 1° les charges « de droit commun » ; 2° les servitudes « visibles » (apparentes).

***1495. Question sur la garantie des servitudes.** — L'art. 1638 suppose que l'acheteur n'a droit à garantie à raison d'une servitude qu'autant qu'il en a ignoré l'existence, puisque les seules servitudes qui donnent lieu à garantie sont celles qui sont tout à la fois non apparentes et non déclarées. Or, depuis 1856, l'acheteur a dans la *transcription* un moyen de connaître les servitudes existantes : celles qui ne seraient pas transcrites ne lui seraient pas opposables. Est-ce à dire qu'il n'ait plus droit à garantie de ce chef dans aucun cas et que l'art. 1638 soit devenu sans objet ? Nullement. Tout d'abord toutes les servitudes ne sont pas transcrites ; on ne transcrit que celles qui sont *constituées par convention entre vifs* ; toutes celles qui résultent d'un *testament*, d'une *prescription* ou de la *destination du père de famille* ne sont pas mentionnées dans les registres. Mais il faut aller plus loin : *même transcrite*, une servitude peut donner lieu à garantie quand elle a été ignorée de l'acheteur, c'est-à-dire quand elle est non apparente et non déclarée. Le système du Code civil est d'imposer au vendeur l'obligation de déclarer toutes les servitudes non apparentes, s'il ne veut pas s'exposer à un recours en garantie. Cette obligation n'a pas pu être diminuée par l'établissement de la transcription, qui n'a pas été établie dans l'intérêt du vendeur, mais bien dans l'intérêt de l'acheteur. S'il en était autrement, si la seule existence d'une mention de la servitude sur les registres suffisait pour enlever à l'acheteur son recours en garantie, il faudrait donner la même solution pour les hypothèques inscrites, qui sont aussi rendues publiques par un procédé analogue, et personne n'a jamais soutenu que le vendeur fût dispensé pour cette raison de garantir l'acheteur contre les créanciers hypothécaires.

C. — Du recours en garantie.

1° Personnes qui en sont tenues.

***1496. Contre qui il est ouvert.** — C'est la vente qui fait naître l'obligation de garantie ; le recours est donc donné contre le *vendeur*.

1497. Hypothèse de la vente sur saisie. — Il y a eu quelque doute pour savoir qui est vendeur dans les cas de *vente forcée* (vente sur saisie ou vente après faillite). En apparence, ce sont les créanciers qui ont poursuivi la vente (ou le syndic, qui est leur mandataire) ; il semble donc qu'ils soient vendeurs et, par suite, garants de l'adjudicataire. Cependant le *véritable vendeur* n'est autre que le *failli* ou le *saisi* : c'est lui dont le droit de vendre a été exercé ; les créanciers n'ont fait qu'user de leur droit de gage. L'expression dont on se sert pour désigner ces ventes est très juste : il y a *vente forcée* ; le débiteur est bien vendeur, seulement il ne vend pas volontairement. C'est de lui seul que l'adjudication est l'*ayant cause*, et c'est contre lui seul qu'il possède le recours en garantie.

Les créanciers qui ont poursuivi la vente ne sont donc pas soumis au recours en garantie ; mais ils n'échappent pas pour cela à toute action de la part de l'adjudicataire, au cas où celui-ci viendrait à être évincé. En effet, le plus souvent, le saisi ou le failli, vendeur malgré lui, sera insolvable, et le recours ouvert contre lui à l'adjudicataire sera illusoire. Celui-ci aurait donc grand intérêt à pouvoir atteindre les créanciers poursuivants. Il le pourra, non pas par l'action en garantie, mais par l'*action en répétition de l'indu*, au cas du moins où l'éviction sera totale et où la vente sera annulée comme vente de la chose d'autrui : ceux qui l'ont poursuivie et qui en ont touché le prix étaient bien créanciers, mais celui qui l'a payé n'en était pas débiteur ; il ne devait rien, puisque la vente était nulle (Lyon, 15 déc. 1841, D. 42. 2. 123, S. 42. 2. 168).

De plus, la *responsabilité du saisissant* pourrait se trouver engagée envers l'adjudicataire s'il avait commis quelque faute, par exemple en comprenant dans la saisie un bien n'appartenant pas à son débiteur, alors que celui-ci n'avait rien fait qui fît présumer qu'il en était propriétaire (Alger, 2 janv. 1883, S. 84. 2. 17).

* **1498. Recours contre les vendeurs antérieurs.** — Quand la chose a été vendue plusieurs fois successivement et que les précédents vendeurs sont connus, l'acheteur qui a subi l'éviction peut-il les atteindre ? Il y arrivera certainement par l'*action oblique* que lui ouvre l'art. 1166 ; il exercera, du chef de son vendeur immédiat, l'action en garantie contre le vendeur précédent, et il remontera ensuite, s'il en a besoin, de contrat en contrat jusqu'à ce qu'il trouve un répondant solvable. Celui-ci n'y perdra rien, car, s'il n'était pas inquiété par l'acheteur évincé, il le serait infailliblement par le propriétaire intermédiaire auquel il avait lui-même vendu la chose.

Mais l'acheteur, qui veut atteindre les précédents vendeurs, peut aussi agir, *omissio medio*, par une *action directe*.

On en pourrait douter parce qu'il n'a pas traité avec eux : ils n'ont pris aucun engagement envers lui. La raison de la lui accorder est que chaque vendeur est réputé vendre, en même temps que la chose, toutes les actions qui peuvent lui appartenir contre un tiers à raison de cette chose. L'action en garantie se transmet ainsi de main en main, en même temps que la chose elle-même (Cass., 12 nov. 1884, D. 85. 1. 357, S. 86. 1. 149 ; Bordeaux, 11 janvier 1888, D. 89. 2. 11, S. 91. 2. 5).

Outre l'avantage qui résulte de la simplification des procédures, cette action directe est avantageuse à un double point de vue pour l'acheteur victime d'une éviction :

1° Il évite l'*insolvabilité* du vendeur intermédiaire. S'il se présentait comme exerçant l'action du chef de son garant immédiat, par application de l'art. 1166, la somme qu'il obtiendrait par l'action en garantie tomberait dans le patrimoine de son garant, et il serait obligé de la partager avec les autres créanciers. Agissant directement et de son propre chef, il en garde le profit pour lui seul.

2° Il obtient un recours en garantie, *même dans le cas où il n'en possède pas contre son auteur immédiat*. Supposons que celui-ci soit un donateur ordinaire (lequel n'est pas garant de l'éviction), ou un vendeur ayant aliéné avec clause de non-garantie : celui-là n'est pas responsable de l'éviction, mais il a valablement transmis à autrui le recours qu'il possédait contre les précédents propriétaires.

* **1499. Divisibilité du recours après éviction.** — Quand le vendeur ne réussit pas à empêcher l'éviction, l'objet de son obligation change : il était tenu primitivement d'une obligation de faire, qui consistait à procurer à l'acheteur une défense utile et qui, comme telle, était indivisible. Il est désormais tenu d'*indemniser* l'acheteur évincé, ce qui est une obligation de donner de l'argent, chose parfaitement divisible. Aussi est-il universellement admis que cette obligation de réparer le préjudice causé par l'éviction se divise de plein droit, soit entre les héritiers du vendeur ; soit, comme créance, entre les héritiers de l'acheteur.

2° Formes du recours.

* **1500. Recours au cas de garantie incidente.** — Quand l'acheteur a eu soin d'appeler son vendeur en garantie aussitôt qu'il y a eu trouble et de l'obliger à soutenir le procès contre le tiers, la question de garantie peut être réglée immédiatement si l'éviction a lieu : le même jugement consommera l'éviction et fixera l'indemnité due par le garant. Les choses se passent ainsi dans l'hypothèse la plus fréquente et la plus simple, celle où le recours en garantie est exercé sous forme de *garantie incidente* (ci-dessus, n° 1480).

* **1501. Recours au cas de garantie principale.** — Si l'acheteur a défendu seul à l'action dirigée contre lui, une fois l'éviction consommée, il se retourne contre le vendeur pour lui demander une indemnité. En ce cas, la demande en garantie n'est plus liée à l'action primitive par laquelle l'acheteur s'est vu évincer; elle s'exerce sous la forme d'une action principale, qui fait l'objet d'une instance indépendante; on l'appelle alors *garantie principale*.

Ce dernier procédé a d'abord l'inconvénient de multiplier les procédures et de retarder la solution finale; mais il offre, de plus, un danger très grave pour l'acheteur. En se dispensant d'appeler son vendeur en cause, il assume la direction du débat contre le tiers, et il en porte toute la responsabilité. S'il succombe, le vendeur, actionné par lui en garantie, pourra lui répondre qu'il a perdu son procès par sa faute; le vendeur avait peut-être un moyen décisif de faire écarter la demande du tiers, en prouvant l'inanité de sa prétention. En ce cas le vendeur ne peut être rendu responsable de l'éviction, qui ne s'est réalisée que par l'imprudence de l'acheteur (art. 1640); mais naturellement il ne lui suffirait pas d'alléguer, d'une manière vague, qu'il avait des exceptions péremptoires à opposer à l'adversaire; il devrait les indiquer et en démontrer la valeur (Cass., 14 avril 1885, D. 85. 1. 401, S. 87. 1. 301).

D. — Fixation de l'indemnité.

* **1502. Son principe.** — Quand l'éviction a eu lieu et que le recours en garantie a été utilement exercé, il y a lieu de fixer l'indemnité due à l'acheteur. Cette indemnité est la réparation en argent du préjudice causé par l'inexécution d'une obligation de faire, celle de défendre l'acheteur, qui n'a pas été remplie; elle est donc une application du principe général sur les dommages-intérêts dus en vertu des obligations de faire non exécutées.

1° Indemnité au cas d'éviction totale.

** **1503. Double élément.** — Les restitutions imposées alors au vendeur ont un double objet : 1° le *prix* reçu par lui ; 2° des *dommages-intérêts* en sus du prix.

a. — *Restitution du prix.*

* **1504. Cause de cette restitution.** — Le vendeur doit toujours restituer le prix qu'il a touché (art. 1630). L'acheteur l'avait payé pour avoir la chose, et nous supposons que la chose lui est enlevée : le vendeur ne pourrait pas exiger le prix si l'éviction se produisait avant qu'il fût payé ; il ne peut donc pas le retenir quand elle survient après le paiement; l'ordre relatif dans lequel se passent ces deux faits ne doit pas modifier le droit du vendeur sur le prix. L'art. 1630 doit donc être considéré comme une conséquence du principe formulé dans l'art. 1184. Comp. POTHIER, *Vente*, nos 69 et 118.

Ordinairement, on justifie cette obligation de restituer le prix au moyen de l'art. 1599; la vente, dit-on, est nulle comme *vente de la chose d'autrui*, puisque l'acheteur a été totalement évincé; donc le prix a été *payé sans cause* et peut être répété par la « condictio indebiti ». Ce raisonnement peut être employé quand l'éviction résulte d'une revendication exercée par un tiers; mais on oublie que l'éviction totale peut aussi être l'effet d'une action hypothécaire, auquel cas l'art. 1599 est inapplicable, puisque la vente a eu pour objet une chose qui appartenait réellement au vendeur. Il importe donc de donner une raison autre que la nullité de la vente. D'ailleurs, la restitution du prix était due dans l'ancien droit, à une époque où l'on considérait la vente de la chose d'autrui comme valable; c'est Dumoulin qui l'a fait admettre, en prétendant la tirer des textes romains (*De eo quod interest*, nos 68 et suiv.)[1], et Pothier l'a reprise après lui en la développant longuement (*Vente*, nos 69 et 118). Or l'un et l'autre fondent l'obligation de restituer le prix sur les principes de la garantie, et non sur l'idée de la nullité de la vente, nullité qu'ils étaient fort éloignés de prononcer.

* **1505. Intégralité de la restitution.** — En principe, la restitution du prix doit être *intégrale*. L'art. 1630 le suppose et l'art. 1631 en tire la conséquence : si la chose *a diminué de valeur* depuis la vente, l'acheteur a néanmoins droit à la restitution du prix tout entier, de sorte que l'éviction peut tourner à son avantage ; au lieu d'un bien déprécié, il récupérera son argent et se trouvera plus riche.

Il en est ainsi sans distinguer si la détérioration de la chose est due à un accident de force majeure ou à une négligence de l'acheteur. L'art. 1631 le dit formellement. Sa décision, qui peut sembler rigoureuse pour le vendeur, se justifie par cette raison que l'acheteur pouvait considérer la chose comme sienne et n'avait nulle obligation de l'entretenir : « Qui rem alienam quasi suam neglexit nullius querelæ subjectus est. »

Le prix à restituer comprend, outre la somme principale payée par l'acheteur, les accessoires que l'on y ajoute quelquefois sous des noms divers, *épingles*, *pots-de-vin*, etc.

* **1506. Limite de la restitution du prix.** — Le prix dont la restitution est due est uniquement celui qui a été *payé par l'acheteur évincé*. Par conséquent, dans les cas où il exerce son recours contre un *précédent vendeur*, il ne peut jamais demander davantage, même si ce vendeur antérieur avait reçu de son acheteur *un prix plus élevé*. L'excédent ne peut être restitué qu'à l'acheteur intermédiaire qui avait payé ce prix plus fort.

1507. Sommes à déduire du prix. — Il peut y avoir lieu de faire certaines déductions sur le prix. Elles sont prévues par l'art. 1632, qui parle du cas où l'acheteur aurait *tiré profit des dégradations* par lui faites, par exemple en vendant les matériaux d'un corps de bâtiment démoli.

b. — *Des dommages-intérêts.*

** **1508. Éléments des dommages-intérêts.** — La restitution du prix ne procurerait à l'acheteur qu'une réparation incomplète de l'éviction. Celle-ci amène avec elle d'autres causes de perte, qu'on peut grouper sous les chefs suivants :

1° Frais et loyaux couts du contrat (art. 1630-4°). — Ces frais comprennent les honoraires du notaire ; les droits de timbre, d'enregistrement, de transcription, etc.

[1] Il est reconnu aujourd'hui que la théorie de Dumoulin est fausse comme interprétation du droit romain. Paul dit formellement que, si la chose a diminué de valeur depuis la vente, la perte est pour l'acheteur (*Digeste*, liv. XXI, tit. 2, fr. 70). Domat, qui interprétait les textes anciens avec moins de parti pris que Dumoulin, l'avait déjà reconnu (*Loix civiles*, liv. I, tit. 2, sect. 10, n° 15).

2° FRAIS DU PROCÈS (art. 1630-3°). — Ce procès a été doublé et les frais à restituer sont aussi bien ceux de l'instance *originaire* formée par le tiers et qui s'est terminée par l'éviction, que ceux du recours en garantie formé par l'acheteur. L'art. 1630 les met tous à la charge du garant.

3° FRUITS. — L'acheteur a pu être condamné à les restituer en même temps que la chose au tiers revendiquant (art. 1630-2°).

4° PLUS-VALUE. — On tiendra compte de la plus-value acquise par l'immeuble depuis la vente au delà du prix payé (art. 1630-4°). Les articles suivants précisent la nature de cet élément de l'indemnité que l'art. 1630 laisse dans le vague, et l'art. 1633 montre qu'il n'y a pas à distinguer selon la cause de cette plus-value, qui peut être fortuite et tenir par exemple à des travaux publics faits dans le voisinage, ouverture d'une rue, création d'un chemin de fer, etc., mais qui peut aussi provenir du fait de l'acheteur et résulter d'impenses faites par lui.

5° DÉPENSES VOLUPTUAIRES. — La restitution en est due dans un cas seulement (art. 1635). Voyez ci-dessous n° 1511.

*** 1509. Condition pour que l'acheteur ait droit à une indemnité.** — Il faut qu'il ait *acheté de bonne foi*. Les dommages et intérêts ne lui sont pas dus quand il était de mauvaise foi au moment de la vente, c'est-à-dire quand il a acheté connaissant la cause d'éviction.

Cela n'est pas dit dans les art. 1626 et suiv.; mais cela résulte de l'art. 1599 qui, après avoir déclaré nulle la vente de la chose d'autrui, ajoute qu'elle peut donner lieu à des dommages et intérêts « si l'acheteur a ignoré que la chose fût à autrui ». — Ce texte est spécial à la cause d'éviction qui tient au défaut de propriété en la personne du vendeur; il ne serait pas applicable au cas où l'éviction totale aurait pour cause l'existence d'une ou de plusieurs hypothèques sur le bien vendu : l'acquéreur a pu acheter en connaissant ces hypothèques et croire que son vendeur les ferait disparaître ou que les créanciers hypothécaires ne seraient pas amenés à exercer leurs droits contre lui. Il devrait donc, en tout cas, avoir droit à l'indemnité totale, telle que l'a réglée l'art. 1630, puisqu'il n'existe aucun texte analogue à l'art. 1599 qui en réduise l'étendue pour cette cause d'éviction (arg. art. 2178 cbn. 1625 et suiv.).

1510. Difficulté relative aux fruits. — Comment se fait-il que l'acheteur ait le droit de se faire rembourser par le vendeur la valeur des fruits qu'il a été obligé de restituer au revendiquant? S'il a été obligé de restituer ces fruits, c'est qu'il était de mauvaise foi, car, d'après l'art. 549, le possesseur de bonne foi fait les fruits siens et les garde pour lui. Or, quand le possesseur évincé est de mauvaise foi, il n'a pas droit aux dommages-intérêts de la part du vendeur. Il y a donc un conflit apparent entre l'art. 1630 et l'art. 1599. — Cette petite difficulté se résout de la manière suivante : la bonne foi qu'exige l'art. 1599 pour donner à l'acheteur le droit de réclamer des dommages-intérêts n'est nécessaire qu'*au moment de l'achat* : une fois la vente conclue, peu importe pour ce point ce que l'acheteur pourra apprendre ou penser plus tard. Au contraire, la bonne foi qu'exige l'art. 549 pour attribuer les fruits au possesseur de la chose est nécessaire *au moment de la perception*. Un acheteur qui était de bonne foi au jour du contrat, et qui a depuis appris qu'il n'était pas propriétaire de la chose, est donc obligé de rendre les fruits perçus depuis le jour où il a cessé d'être de bonne foi, et cependant il a le droit de s'en faire rembourser la valeur par son garant.

*** 1511. Effet de la mauvaise foi du vendeur.** — L'étendue des dommages et intérêts dus à l'acheteur *ne varie pas,* en principe, selon que le vendeur a été de bonne ou de mauvaise foi, car les art. 1633 et 1634 ne font *aucune distinction*.

Le vendeur de bonne foi paiera donc la totalité de la plus-value produite par les impenses de l'acheteur, ou même fortuite, quelque énorme qu'elle soit, et quand même il n'aurait pas pu la prévoir au jour du contrat, quand il a accepté de le garantir.

Cette solution est très rigoureuse pour le vendeur et elle est contraire au droit commun. On sait qu'en règle générale le débiteur qui ne remplit pas son obligation ne doit la réparation du dommage subi par son créancier que dans la limite de ce qu'il a pu prévoir en contractant, quand il a été de bonne foi; il n'est tenu de réparer le dommage qui dépasse ses prévisions qu'autant qu'il est coupable de *dol* (art. 1150). La règle habituelle se trouve ici écartée d'abord par le texte absolu des art. 1633 et 1634, et ensuite par l'art. 1639 qui ne renvoie au droit commun des contrats que « pour les *autres* questions auxquelles peuvent donner lieu les dommages et intérêts résultant pour l'acquéreur de l'inexécution de la vente ». Donc aucun emprunt au droit commun n'est permis pour les questions réglées au titre « De la vente ». Les règles établies en matière de garantie pour la fixation des dommages-intérêts ont ainsi la valeur d'un système spécial qui déroge aux règles générales.

Sur un point cependant le vendeur de mauvaise foi est traité plus durement que le vendeur de bonne foi : celui-ci n'est tenu de rendre que la plus-value acquise par la chose; le vendeur de mauvaise foi doit à l'acheteur le remboursement de *toutes ses impenses, même voluptuaires* (art. 1635). On sait que cette sorte de dépenses n'augmente point la valeur du fonds et que l'acheteur n'a jamais le droit de se les faire rembourser par le tiers qui revendique le bien, mais il peut s'en faire rendre le montant par le vendeur quand celui-ci est de mauvaise foi. Il en est de même pour les impenses utiles, relativement à l'excédent de la dépense sur la plus-value produite : le vendeur n'en est comptable envers l'acheteur que s'il a été de mauvaise foi.

*** 1512. Mode de remboursement des impenses utiles.** — Le vendeur qui a fait sur la chose des *impenses utiles,* qui en ont augmenté la valeur (constructions neuves, plantations, travaux de drainage, etc.), se trouve avoir devant lui *deux personnes tenues de l'en indemniser* sous des conditions et dans des proportions différentes. L'une est le *vendeur,* tenu d'indemniser l'acheteur en vertu des principes de la garantie; l'autre est le *tiers* qui l'a évincé et qui profite de la plus-value produite par les impenses de l'acheteur. Contre cette dernière personne, le recours de l'acheteur est fondé sur l'art. 555, si c'est le *propriétaire* de la chose, sur l'art. 2175, si c'est un *créancier hypothécaire*. L'acheteur qui améliore la chose par ses impenses possède donc une double action en indemnité contre deux personnes différentes.

De ces deux personnes, *le véritable débiteur de la plus-value est celui qui en profite*; c'est donc en définitive l'auteur de l'éviction qui doit indemniser l'acheteur de ce chef. Et cela à tel point que, si l'acheteur évincé négligeait de se faire payer par lui ce qu'il en doit obtenir, il ne pourrait pas ensuite se faire rendre cette somme par le vendeur.

Ainsi s'explique la tournure particulière de l'art. 1634, qui, à propos de la plus-value produite par les impenses de l'acheteur, dit que « le vendeur est tenu de rembourser ou *de faire rembourser à l'acquéreur par celui qui l'évince...* ». Le vendeur n'est donc ici qu'un répondant subsidiaire, une sorte de caution.

Toutefois les deux actions qui appartiennent ainsi à l'acheteur évincé ne sont pas soumises identiquement aux mêmes règles et ne donnent pas le même résultat. Celui qui évince l'acheteur s'acquitte envers lui en lui remboursant à son choix soit la plus-value, soit la dépense, quand elle est inférieure à la plus-value (art. 555 *in fine*), et naturellement il choisira *la plus faible des deux sommes*. Il suffit qu'il ne s'enrichisse pas aux dépens de l'acquéreur. Le vendeur, en sa qualité de garant, est tenu de faire davantage : il doit toujours *la totalité de la plus-value*, quand elle est supérieure à la dépense (art. 1633). En outre, quand il a vendu de mauvaise foi, mais dans ce cas-là seulement, il doit *la totalité de la dépense*, même supérieure à la plus-value, car l'art. 1635 oblige le vendeur de mauvaise foi à rembourser à l'acheteur toutes ses dépenses, même celles qui n'ont procuré aucune augmentation de valeur à la chose.

Le résultat de cette comparaison est que l'acheteur évincé sera souvent indemnisé de ses impenses par l'auteur de l'éviction d'une manière incomplète ; il pourra alors se retourner contre son vendeur pour obtenir de lui une indemnité plus forte, variable d'après les distinctions qui viennent d'être indiquées.

1513. Compensation des détériorations et des plus-values. — On a vu plus haut (n° 1504) que l'acheteur a droit à la restitution du prix en entier, alors même que la chose a diminué de valeur depuis la vente, fût-ce par sa faute. D'un autre côté, une indemnité lui est due s'il y a une plus-value. Détérioration et plus-value peuvent se rencontrer sur la même chose sans se confondre. Ainsi un bois a été détruit par un incendie ; une hausse est survenue dans le produit de certaines pièces de terre. L'acheteur ne peut pas faire évaluer la cause d'amélioration sans tenir compte de la dépréciation qui s'est produite d'un autre côté. La plus-value qui donne lieu à indemnité est ainsi définie par l'art. 1633 : « Si la chose *a augmenté de prix...* ». C'est donc *la valeur totale de la chose* qu'il faut considérer, balance faite des causes d'amélioration et de dépréciation partielles ; il se peut fort bien qu'en définitive la chose ne vaille pas plus qu'au jour de l'achat.

Remarquez néanmoins deux choses :

1° Cette règle ne s'applique pas dans les rapports de l'acheteur avec le tiers qui l'évince, quand la plus-value est due à des dépenses faites par l'acheteur : le tiers recevrait une chose dépréciée si les travaux n'avaient pas été exécutés ; il doit donc en tenir compte à l'acheteur, abstraction faite des détériorations fortuites que la chose a pu subir ; sinon, il s'enrichirait à ses dépens.

2° Le vendeur lui-même, quand il est de mauvaise foi, devra le remboursement des impenses, en vertu de l'art. 1635, alors même que la plus-value qu'elles ont produite se trouverait compensée par une dépréciation sur un autre point.

1514. Montant des dommages et intérêts dus par un précédent vendeur. — Le vendeur qui a indemnisé l'acheteur évincé peut se retourner contre son propre garant et lui demander le remboursement de tout ce qu'il a été obligé de payer sur le recours en garantie exercé contre lui par l'acheteur. Il arrivera souvent que ce précédent vendeur sera obligé de payer une indemnité supérieure au prix qu'il en avait retiré. Par exemple, il avait vendu la chose 20 000 francs ; son acquéreur l'a revendue 25 000 à l'acheteur qui a subi l'éviction, il lui a payé en plus 3 000 francs à titre de dommages-intérêts, et il y a eu 2 000 francs de frais. Le total se monte à 30 000 francs : c'est cette somme que le plus ancien vendeur doit payer au vendeur intermédiaire, car c'est à ce chiffre qu'est monté pour ce dernier, par contre-coup, le dommage résultant de l'éviction.

2° Indemnité au cas d'éviction partielle.

*** 1515. Possibilité de résilier.** — Quand l'éviction n'est que partielle, il y a une première question à examiner : la perte subie par l'acheteur est-elle assez grave pour que la vente doive être résolue ? La loi, en effet, autorise la résolution lorsque l'éviction est *de telle importance que l'acquéreur n'aurait pas acheté* s'il avait pu la prévoir. Elle le dit dans l'art. 1636 pour l'éviction partielle de propriété et le répète dans l'art. 1638 pour l'éviction des servitudes. La règle est donc générale et elle est conforme à l'intention des parties. L'importance que doit avoir la partie évincée relativement au tout et la question de savoir si l'acquéreur aurait acheté quand même sont des questions de fait à résoudre par les tribunaux en cas de difficulté.

On remarquera que la loi accorde moins facilement la résiliation à raison d'une éviction partielle (art. 1636 et 1638) qu'à raison d'une perte partielle de la chose survenue avant la conclusion du contrat, à l'insu des parties (art. 1601) : quand la perte est antérieure à la vente, la loi n'exige point, pour accorder le droit de résiliation à l'acheteur, qu'elle soit de telle conséquence qu'elle l'eût empêché d'acheter.

Pour justifier cette différence on fait remarquer que, lors de l'éviction, les choses ne sont plus entières, le contrat a déjà reçu son exécution, tandis que, dans l'hypothèse de l'art. 1601, il s'agit seulement de savoir si on doit l'exécuter. On comprend que la loi se soit montrée plus facile pour résoudre un contrat qui n'existe encore que sur le papier, que pour revenir sur une aliénation déjà matériellement consommée ; ceci est toujours plus grave, parce que l'acquéreur a pu conférer des droits à des tiers, et que l'annulation de son titre jette la perturbation dans un plus grand nombre d'intérêts.

* **1516. Effet de la résiliation.** — Si l'acheteur demande et obtient la résiliation, il restitue ce qui lui reste de la chose, et l'indemnité à laquelle il a droit est *calculée comme au cas d'éviction totale*.

* **1517. Indemnité au cas du maintien de la vente.** — Si l'éviction n'est pas assez forte pour entraîner la résolution de la vente, ou si l'acheteur ne la demande pas, la fixation de l'indemnité due à l'acheteur se fait selon des règles particulières ; le tarif n'est pas le même que pour l'éviction totale. L'acheteur reçoit une réparation calculée d'*après la perte réelle* que lui cause l'éviction ; on se règle donc sur la valeur qu'avait la chose au moment de l'éviction, et non pas sur la valeur de la partie évincée relativement au prix total (art. 1637).

Il résulte de là que, si la chose a diminué de valeur depuis la vente, la perte retombe en partie sur l'acheteur. En voici un exemple : un immeuble a été acheté 40 000 francs ; au moment de l'éviction, il n'en vaut plus que 30 000, et l'éviction en enlève la moitié à l'acheteur. Celui-ci recevra donc 15 000 francs seulement pour une portion de chose qui lui en avait coûté 20 000. — Ce résultat s'explique, dit-on, par le maintien de la vente : l'acheteur ne peut pas répéter une partie de son prix proportionnelle à la partie de la chose dont il est évincé parce que ce prix n'a pas été payé sans cause ; il ne peut réclamer que la réparation exacte du préjudice qu'il subit, et c'est justement là ce que lui accorde l'art. 1637 [1].

[1] Cette manière d'expliquer la différence qui existe entre l'article 1637 et l'article 1630 est la seule possible. Il n'en est pas moins vrai qu'il y a une véritable antinomie dans le système du Code. Au cas d'éviction partielle, on peut parfaitement soutenir que le prix se trouve partiellement sans cause aux mains du vendeur. Cela est surtout visible au cas d'éviction d'une part indivise ; aussi quelques auteurs proposent-ils de ne pas appliquer l'article 1637 à cette hypothèse, malgré la généralité de ses termes ; mais cela est également vrai dans toutes les évictions partielles. L'équité

E. — Modifications conventionnelles de la garantie.

***1518. Définition de la garantie de fait.** — On oppose souvent la *garantie de fait* à ce qu'on appelle la *garantie de droit*. La garantie de droit est la garantie telle qu'elle est réglée par la loi ; la garantie de fait est cette même garantie modifiée par la convention des parties.

Dans l'art. 1627, qui autorise les conventions particulières modifiant la garantie légale, la loi prévoit que les contractants voudront en *augmenter* l'effet : prévision inutile. Qu'est-ce que le vendeur pourrait bien ajouter à sa responsabilité ? Il prendrait peut-être à sa charge les cas fortuits futurs ; mais il serait vraiment bien bon de le faire [1]. En pratique on ne rencontre que des clauses *diminuant* l'étendue de la garantie.

***1519. Portée des restrictions admises.** — Le vendeur peut se contenter de *diminuer* l'étendue de la garantie, par exemple en s'exonérant de la responsabilité des servitudes occultes, dont il déclare ignorer l'existence, ou encore en déclinant toute garantie pour le cas où les créanciers ayant hypothèque sur l'immeuble vendu formeraient une surenchère et évinceraient l'acheteur.

Il peut même *supprimer entièrement* son obligation de garantie. L'art. 1627 prévoit et autorise cette stipulation. On peut donc dire que si la garantie est une suite *naturelle* de la vente, elle n'est pas de son *essence*, et peut disparaître sans dénaturer le contrat.

***1520. Effet des clauses de non-garantie.** — La stipulation de non-garantie ne libère pas le vendeur d'une manière absolue. ; les art. 1628 et 1629 maintiennent à sa charge une double obligation éventuelle, dont il lui est impossible de s'affranchir.

1° GARANTIE DU FAIT PERSONNEL. — Le vendeur reste tenu, nonobstant toute stipulation contraire, de l'éviction causée par un tiers, « lorsqu'elle résulte, dit la loi, d'un fait qui lui est personnel » (art. 1628).

L'éviction résultera d'un *fait personnel* au vendeur, lorsqu'elle aura pour cause une aliénation par lui consentie avant ou après la vente (car la loi ne fait aucune distinction); c'est lui-même qui a fourni à un tiers le moyen d'évincer l'acheteur. La stipulation par laquelle il chercherait à s'exonérer de cette garantie serait *entachée de dol* et la loi ne la tolère pas.

Cependant tous les auteurs admettent que la loi prohibe seulement la *clause générale* de non-garantie pour les causes d'éviction résultant d'un fait personnel. Mais il n'y aurait rien de contraire à la bonne foi dans la convention par laquelle le vendeur, après avoir

exigerait, au moins autant que la logique, que l'on réglât sur les mêmes principes l'indemnité due à l'acheteur évincé, quelle que soit l'étendue de l'éviction. L'antinomie qui se rencontre sur ce point dans le Code est d'autant plus extraordinaire qu'elle est contraire au système suivi par Pothier, d'après lequel l'acheteur avait toujours droit à la restitution d'une partie du prix proportionnelle à la part de chose dont il souffrait éviction (*Vente*, nos 139-143).

[1] On pourrait cependant stipuler utilement, pour le cas d'éviction partielle, la restitution proportionnelle du prix, si la chose avait diminué de valeur. — Quant à la formule usuelle, d'après laquelle « la vente est faite avec garantie de tous troubles et évictions quelconques », que l'on trouve dans beaucoup d'actes, elle n'ajoute rien à la garantie de droit parce qu'elle ne précise rien.

donné connaissance à l'acheteur, d'une manière précise, de la cause qui rend possible une éviction, déclinerait toute garantie de ce chef : l'acheteur sait à quoi il s'expose, et il accepte la situation (Dalloz, *Suppl.*, v° Vente, n° 414). Se conformant à cette doctrine, la jurisprudence en a conclu que l'acheteur n'a pas droit à garantie, par cela seul qu'il a acheté connaissant la cause d'éviction ; la convention de non-garantie est alors sous-entendue (Cass., 2 mai 1864, D. 65. 1. 181).

2° Restitution du prix. — La stipulation de non-garantie ne permet pas au vendeur de garder le prix quand l'acheteur a perdu la chose (art. 1629); elle le dispense seulement de payer des dommages-intérêts supplémentaires. La restitution du prix est due parce que l'acheteur l'avait payé pour acquérir la propriété de la chose ; ne l'ayant pas obtenue, le prix se trouve sans cause aux mains du vendeur.

Dans *deux cas* seulement le vendeur est autorisé à *retenir le prix*, malgré l'éviction :

a) Lorsque l'acquéreur *connaissait, lors de la vente, la cause d'éviction* (art. 1629). Il achète alors à ses périls et risques, comme dans le cas suivant.

b) Lorsqu'il a acheté « *à ses périls et risques* » (même art.). Cette stipulation est considérée comme rendant la vente *aléatoire* pour l'acheteur : il est censé avoir acheté une chance plutôt qu'un droit ferme, et il n'est pas téméraire de supposer que le prix a été fixé en conséquence à un chiffre très bas.

Dans tous les cas, pour que la clause de non-garantie profite au vendeur, il faut qu'il ait été de bonne foi en la stipulant (Nancy, 16 nov. 1889, S. 91. 2. 161).

CHAPITRE V

OBLIGATIONS DE L'ACHETEUR

1521. Énumération. — L'acheteur a trois obligations différentes : 1° prendre livraison de la chose ; 2° en payer le prix ; 3° supporter les frais de la vente. — Il n'y a rien à dire sur cette dernière, qui est ordinairement réglée par une convention spéciale ; mais nous aurons en outre à étudier, dans ce chapitre, les *garanties du vendeur non payé*.

§ 1. — *Obligation de prendre livraison.*

1522. Son objet. — Le vendeur a le droit d'être déchargé de la garde de la chose. Si c'est un immeuble, l'acheteur est tenu d'en *prendre possession* ; si c'est un objet mobilier, il doit non seulement *recevoir* la chose vendue, mais l'enlever, pour en débarrasser son vendeur.

1523. Époque de la livraison. — Le moment auquel l'acheteur doit prendre livraison de la chose est ordinairement fixé par la convention. A défaut de convention, l'usage des lieux établit parfois un délai particulier. Quand il n'y a ni convention, ni usage, la livraison doit se faire immédiatement, sauf à tenir compte du temps nécessaire à l'acheteur pour retirer la chose ou pour en prendre possession, selon sa situation et les circonstances.

1524. Sanctions ordinaires de l'obligation de l'acheteur. — Si l'acheteur est négligent ou refuse de prendre livraison, le vendeur est d'abord protégé par le *droit* *commun* : l'art. 1264 lui permet, après certaines formalités, de faire *enlever la chose* par autorité de justice pour la déposer dans quelque autre endroit, quand il a besoin du local qu'elle occupe ; l'art. 1184 lui permet aussi d'obtenir par jugement la *résolution de la vente* pour inexécution d'une obligation de l'autre partie.

1525. Sanction exceptionnelle. — Outre ces textes généraux, l'art. 1657 lui accorde une *protection spéciale* : il déclare, dans un cas particulier, la vente *résolue de plein droit*, sans sommation, pour défaut de retirement de la chose par l'acheteur dans le terme convenu. Cette sanction exceptionnelle s'applique seulement aux ventes de *denrées et effets mobiliers*. Elle suppose, en outre, qu'un délai particulier avait été fixé par la convention pour leur retirement (Cass., 17 déc. 1879, D. 80. 1. 133, S. 80. 1. 217).

Cette disposition est très avantageuse pour le vendeur, qui se trouve libéré de toute obligation sans avoir à exercer d'action en justice, et même sans avoir à remplir aucune formalité. Par le seul fait de l'expiration du délai, il recouvre sa liberté et peut disposer à nouveau de sa marchandise au profit d'une autre personne. — D'ailleurs, comme la loi veut lui faire une faveur et statue seulement « au profit du vendeur », la résolution de la vente ne se produit que s'il le veut bien, et, s'il préfère poursuivre l'exécution du contrat, qui lui était peut-être avantageux, il conserve la faculté d'y contraindre son acheteur, toujours lié envers lui.

Le motif qui a fait introduire dans la loi cette disposition exceptionnelle est la rapidité des opérations commerciales. Un vendeur de marchandises ne peut pas attendre indéfiniment le bon plaisir de l'acheteur ; il a besoin de ses locaux pour en recevoir d'autres ; de plus, pour les denrées, il y a cette raison spéciale qu'elles peuvent se perdre et se corrompre pendant le retard de l'acheteur. La résolution immédiate de la vente est donc fondée sur un *pacte tacite* (Comp. Pothier, *Obligations*, n° 672). — Ces considérations semblent surtout faites pour les *ventes commerciales*. Cependant, dans la discussion au Conseil d'État, il a été formellement convenu que l'art. 1657 ne serait point applicable aux affaires de commerce, et que toute équivoque serait levée par une insertion faite au procès-verbal (Déclaration de Cambacérès, Fenet, t. XIV, p. 32). Malgré cela, la jurisprudence décide que le texte ne distingue pas et elle applique sans hésitation aux affaires de commerce le principe de la résolution de plein droit (Cass., 11 juill. 1882, D. 83. 1. 304, S. 82. 1. 472 ; Douai, 6 nov. 1895, D. 96. 2. 112).

§ 2. — *De l'obligation de payer le prix.*

A. — Conditions ordinaires du paiement.

*** 1526. Époque et lieu du paiement.** — D'après l'art. 1650, le prix doit être payé au jour et au lieu réglés par la vente ; et d'après l'art. 1651, si rien n'a été réglé à cet égard lors du contrat, le paiement du prix doit se faire au même lieu et au même moment que la délivrance.

Il y a dans ce texte une double dérogation au droit commun :

1° *Le prix est portable.* L'acheteur doit le fournir au vendeur au lieu où se trouve la chose vendue, alors que, d'après la règle générale de l'art. 1247, le paiement doit être fait au domicile du débiteur, c'est-à-dire que les créances sont *quérables*.

2° *Le terme accordé au vendeur pour la délivrance profite indirectement à l'acheteur.* Dans les contrats synallagmatiques en général, quand l'obligation de l'une des parties est suspendue par un terme, cela n'empêche pas l'obligation de l'autre d'être immédiatement exigible. Il y a donc exception à cette règle en matière de vente.

Cette double dérogation est fondée sur une interprétation toute naturelle de l'intention des parties dans la vente : les choses vendues s'échangent contre un prix en argent, et le système primitif du *troc*, s'effectuant « donnant donnant », domine encore ce contrat ; on n'y déroge que dans la mesure indiquée par la volonté des contractants.

1526 bis. Vente à tempérament. — Dans la pratique on donne ce nom à une *vente à crédit*, dont le prix est stipulé *payable sous la forme de sommes minimes*, réparties *par fractions égales* et à *intervalles réguliers* sur un espace de temps assez long. Ce contrat est très usité dans le commerce ordinaire pour la vente de certains objets d'ameublement ou de travail (meubles, pianos, machines à coudre, etc.) et dans le commerce de banque, pour les valeurs à lots. Une convention de ce genre a l'avantage de mettre à la portée des plus petites bourses des objets ordinairement coûteux. Mais un certain nombre de maisons de banque en ont abusé pour exploiter l'espèce de fascination que les valeurs à lots exercent sur la partie la moins éclairée de la population, si bien qu'il a fallu faire une loi spéciale à cette hypothèse pour refréner et réglementer leur commerce (L. 12 mars 1900). Cette loi ne touche pas au commerce ordinaire, et est entièrement hors du domaine du droit civil. Le danger dans les ventes d'obligations à lots existait *pour l'acheteur* : il venait de ce que le banquier conservait les titres en sa possession, pour les livrer seulement après paiement complet, tandis que dans les ventes de meubles ou de machines, le danger existe *pour le vendeur*, et provient de ce que la chose vendue est livrée par lui dès le début, contre le versement du premier acompte. Beaucoup de marchands cherchent à se garantir contre ce danger en combinant un contrat de louage, qui leur laisse la propriété de l'objet vendu, avec une vente à terme ou une promesse de vente. La Cour de cassation a admis la validité de cette combinaison, dans un arrêt rendu en matière fiscale (Cass., 22 février 1887, D. 87. 1. 500, S. 88. 1. 87. Comp. Alger, 18 févr. 1888, S. 89. 2. 115 ; Lyon, 10 août 1888, S. 90. 2. 113). Mais tous les arrêts ne sont pas unanimes. Voyez Cass., 16 juin 1885, D. 86. 1. 237, S. 88. 1. 462 ; Bourges, 26 déc. 1887, S. 88. 2. 78. Comparez en sens divers, M. COLIN, *Revue Algérienne*, 1888, p. 416 ; GUILLOUARD, *Vente*, t. I, n° 65.; P. HARDOIN, *La vente à tempérament*, thèse, Paris, 1900.

1527. Intérêts du prix. — Habituellement, *le contrat de vente règle la question*, et décide si l'acheteur devra les intérêts de son prix, à quel taux et à partir de quel jour ils courront. Sur tous ces points la convention fait loi. — Les parties ne sont pas liées par la loi du 3 septembre 1807 sur le taux de l'intérêt en matière civile, qui fixe à 5 pour 100 le maximum de l'intérêt conventionnel : cette disposition restrictive ne régit que le *prêt d'argent* et les opérations qui peuvent le remplacer ; elle ne s'applique pas à la vente, et il est permis de stipuler un intérêt plus élevé (Dijon, 12 déc. 1894, D. 97. 2. 203 ; Paris, 20 janv. 1892, D. 93. 2. 205 ; Cass., 13 mars 1899, D. 1900. 1. 5). Voyez cependant les notes de M. BOISTEL, dans le *Dalloz*, sous ces trois arrêts.

Quand la convention est muette, l'acheteur ne doit les intérêts que si *la chose est frugifère* (art. 1652).

La loi les fait alors courir de plein droit, parce qu'elle sous-entend une convention à cet égard, convention qui est si naturelle que les parties n'ont pas pris la peine de l'exprimer : il est invraisemblable que le vendeur ait consenti à laisser à l'acheteur, pendant un délai qui peut être long, le double revenu de la chose vendue et du capital qui en représente le prix. — En ce cas les intérêts, n'étant pas déterminés par la convention, sont dus au taux légal de 4 pour 100 (L. 7 avril 1900). Quant au point de départ de leur cours, l'art. 1652 le fixe *au jour de la délivrance* : « Si la chose vendue et *livrée* produit des fruits ou autres revenus... ». Cela va de soi : il y a échange des revenus en même temps qu'échange des capitaux ; c'est donc seulement au jour où l'acheteur commence à percevoir les fruits de la chose qu'il doit les intérêts de son prix.

Pour les ventes de *choses non frugifères*, les intérêts ne courent pas de plein droit. Ceci paraît à beaucoup d'auteurs peu logique : si la chose ne produit pas de *fruits*, elle procure tout au moins une certaine *utilité* à l'acheteur ; à compter du jour où il est entré en possession, il en a l'usage et la jouissance. Pourquoi l'acheteur d'un tableau, qui l'emporte chez lui, qui en possède immédiatement tout l'agrément, ne doit-il pas immédiatement l'intérêt de son prix ? On peut répondre que ce n'est pas l'usage, que le prix est établi d'une manière ferme et ne peut pas grossir avec le temps, et que le vendeur *fait crédit* à l'acheteur.

Du reste, le vendeur d'une chose non frugifère n'est pas à la merci de son acheteur, même quand il a négligé, dans le contrat, de stipuler les intérêts du prix : la loi lui permet de les faire courir à son profit par *une simple sommation* (art. 1652). Cette disposition, qui dérogeait jadis au droit commun, y est maintenant conforme : la demande en justice n'est plus nécessaire (art. 1153). — Dans ces conditions, le système de la loi n'a vraiment pas d'inconvénients sérieux.

B. — Rétention du prix par l'acheteur.

* **1528. Causes de la rétention.** — L'acheteur est dispensé de payer son prix lorsqu'il est *déjà troublé* par l'exercice d'une action en revendication ou hypothécaire, ou même lorsqu'il a « *juste sujet de craindre d'être troublé* » (art. 1653). La loi lui accorde alors, à titre de sûreté, une sorte de droit de rétention sur le prix qu'il a encore en mains ; il peut le retenir provisoirement.

Sur ce texte il faut remarquer deux choses :

1° La loi suppose que l'éviction est *possible* ; elle est à craindre, mais elle n'est pas certaine. Si l'acheteur avait la *certitude* de n'être pas devenu propriétaire, il pourrait, en s'appuyant sur l'art. 1599, tel que l'interprète la jurisprudence, demander la *nullité* de la vente. Quand il n'a pas cette certitude, il lui est simplement permis de *différer le paiement du prix*.

2° Si le trouble n'est pas encore réalisé, il faut que l'acheteur ait des *motifs sérieux* de crainte : un « juste sujet », dit la loi. Par conséquent, la crainte d'un danger chimérique ne l'autoriserait pas à suspendre tout paiement. Il y a là une question de fait que les juges apprécient. Comme exemple, on peut citer le cas suivant : l'existence d'*inscriptions hypothécaires*, dont l'acheteur ignorait l'existence au moment du contrat, constitue un motif suffisant de refus de paiement (Cass., 19 mars 1884, D. 85. 1. 211, S. 86. 1. 204).

1529. Ressource laissée au vendeur. — Le vendeur a naturellement le droit d'exiger le paiement du prix lorsqu'il a réussi à faire disparaître la cause de trouble ; mais cela n'est pas nécessaire. La loi lui permet de l'obtenir, sous la seule condition de *donner caution* pour en garantir la restitution, le cas échéant (art. 1653).

En outre, le prix doit être payé, nonobstant toute menace de trouble, quelque sérieuse qu'elle soit, si l'éviction, en la supposant réalisée, ne doit pas entraîner la restitution du prix, c'est-à-dire si la vente a été faite aux risques et périls de l'acheteur. — Enfin, l'art. 1653 prévoit le cas où il aurait été convenu que, nonobstant le trouble, l'acheteur paierait ; cette convention devrait être respectée.

***1530. Impossibilité de répéter le prix déjà payé.** — Quand le trouble survient après que le prix a déjà été payé, l'acheteur n'en peut pas réclamer la restitution (Dijon, 15 févr. 1878, D. 78. 2. 147, S. 79. 2. 4). L'art. 1653 l'autorise seulement à le conserver ; la répétition ne lui est ouverte qu'en vertu de l'art. 1599, quand il peut prouver que le vendeur n'était pas propriétaire, ou de l'art. 1630, quand l'éviction totale est consommée.

C. — Question des risques.

1531. Renvoi. — La question de savoir si l'acheteur reste tenu de payer le prix *quand la chose a péri* avant de lui être livrée a été traitée à propos de la *théorie des risques*, qui est une question générale à résoudre dans son ensemble pour tous les contrats synallagmatiques (ci-dessus nos 1334-1352).

Le Code a réglé cette question dans l'art. 1138, et n'y est pas revenu dans le titre « De la vente ». Rappelons brièvement que, d'après l'opinion qui a prévalu pour l'interprétation de l'art. 1138, la vente met les risques à la charge de l'acheteur, dès qu'elle est conclue et indépendamment du transfert de la propriété, c'est-à-dire que l'acheteur reste tenu de payer le prix malgré la perte de la chose survenue depuis le contrat.

***1532. Les risques dans les ventes conditionnelles.** — L'art. 1138 n'a statué que pour les ventes pures et simples. Si le contrat de vente contient une condition, il faut distinguer :

1° Condition suspensive. — Les risques demeurent à la charge du vendeur, par application de l'art. 1182, al. 1. La règle des risques est donc *renversée* : le vendeur sera bien libéré de son obligation de livrer la chose, par l'effet de sa perte fortuite survenue avant la réalisation de la condition, mais il n'aura pas le droit de réclamer le prix (voyez ci-dessus, no 1350).

2° Condition résolutoire. — Nous n'avons plus de texte directement applicable : l'art. 1182 ne concerne que les conditions suspensives. La solution à donner alors à la question des risques est fort discutée, et la discussion a été obscurcie par une foule d'arguments étrangers au droit français. En général, on raisonne ainsi : le vendeur sous condition résolutoire n'est plus propriétaire ; la propriété est acquise à l'acheteur, mais il faut considérer le vendeur comme destiné à redevenir propriétaire par la réalisation d'une condition suspensive inverse de la condition résolutoire qui menace la propriété de l'acheteur ; par suite, il faut lui faire l'application de l'art. 1182 : les risques ne sont pas pour lui, mais pour l'acheteur. — On arrive encore à la même solution par un autre chemin, et plus simplement encore : la vente sous condition résolutoire est en réalité une vente pure et simple. Ce qui est conditionnel, c'est sa résolution. Donc on reste dans le droit commun, et les risques doivent être pour l'acheteur (Demolombe, t. XXV, nos 455 et suiv.)[1].

§ 3. — *Garanties du vendeur non payé.*

****1533. Leur raison d'être.** — Le vendeur a besoin d'être fortement armé. Il consent ordinairement à se dessaisir de la chose avant d'être payé,

[1] Toutes ces raisons ne sont pas décisives. On raisonne comme si la résolution de la vente était une revente conditionnelle, une seconde convention en sens inverse de la première, pour la formation de laquelle il faudrait que la chose existât encore au jour de l'arrivée de la condition. Or il s'agit simplement de *résoudre* une vente antérieure, et un contrat peut certainement être défait, par exemple, par une action en nullité, à un moment où son objet principal n'existe plus. Pourquoi donc la condition résolutoire, qui est destinée à remettre les choses dans l'état antérieur au contrat, ne s'accomplirait-elle pas utilement après la perte de la chose, précisément pour faire retomber le risque sur le vendeur ? Cette solution semblerait plus conforme à l'intention des parties qui ont voulu que la vente soit tenue pour non avenue, si la condition se réalise. Du reste, si telle est réellement leur volonté, elles n'ont qu'à le dire dans le contrat, et leur convention sera respectée.

et il courrait de grands risques si la loi ne venait pas à son secours par des moyens énergiques. En le protégeant, on rend service à l'acheteur lui-même, qui obtient plus facilement une *vente à crédit*.

1534. Énumération. — Les garanties que la loi accorde au vendeur tendent les unes à lui assurer le paiement du prix, les autres la conservation ou la reprise de sa chose, à défaut de paiement. Elles sont au nombre de quatre :

1° *Le droit de rétention;*

2° *Un privilège;*

3° *La revendication;*

4° *L'action en résolution.*

Ces quatre garanties existent rarement toutes ensemble. Le privilège et l'action en résolution sont seules de règle générale ; la rétention et la revendication sont soumises à des conditions qui en limitent considérablement l'emploi.

A. — Droit de rétention.

***1535. Ce que c'est.** — On appelle « droit de rétention » le droit de *refuser la délivrance de la chose* tant que l'acheteur n'en paie pas le prix. Sur la théorie générale du droit de rétention, qui existe dans beaucoup d'autres contrats que la vente, voyez ci-dessous nos 2514 à 2541. — Le fondement de ce droit, tout au moins dans les rapports obligatoires dérivant d'un contrat, n'est autre que la volonté même des parties : chacune d'elles n'a entendu se lier que sous la condition que l'autre exécuterait son engagement. Il repose donc sur le même principe que l'action en résolution de l'art. 1184. Ce droit s'exerce au moyen de l'exception *non adimpleti contractus* (ci-dessus n° 949-2°).

1° Le droit de rétention dans la vente sans terme.

***1536. Son existence constante.** — Si le vendeur n'a accordé aucun délai pour le paiement du prix, *le droit de rétention lui appartient toujours* (art. 1612). Il a, en effet, dû compter sur l'exécution immédiate et bilatérale du contrat. Il retiendra donc la chose, à titre de garantie, le contrat restant intact, et attendra que l'acheteur vienne lui offrir le prix.

2° Le droit de rétention dans la vente à terme.

***1537. Sa suppression.** — D'après l'art. 1613, le vendeur à terme ne peut pas retenir la chose : *il a implicitement renoncé à son droit de rétention en accordant un délai pour le paiement du prix,* tout en consentant à faire la délivrance immédiatement. Il doit donc se dessaisir de la chose et attendre l'arrivée du terme pour demander le prix : « Fidem emptoris secutus est. »

L'art. 1613 suppose un *terme conventionnel* accordé par le vendeur lui-même. Le *terme de grâce* de l'art. 1244, accordé par le juge, n'aurait pas le même effet : le vendeur ne peut pas être considéré comme ayant consenti à livrer sa chose sans recevoir l'argent, puisque ce terme est donné au débiteur sans sa volonté ; l'acheteur profitera donc du délai qui lui est octroyé, mais n'obtiendra la chose qu'à la condition d'en offrir le prix.

***1538. Cas exceptionnel.** — Après avoir refusé le droit de rétention au vendeur à terme, la loi le lui restitue dans un cas particulier où il se trouve en danger de *perdre à la fois la chose et le prix*: c'est lorsque son acheteur est tombé en *faillite* ou en *déconfiture* (art. 1613). Le vendeur n'a évidemment accordé un crédit à l'acheteur que parce qu'il espérait être payé à l'échéance, et intégralement. La faillite ou la déconfiture lui enlèvent cet espoir ; aussi la loi lui rend-elle son droit de rétention pour le garantir quand il en est temps encore, c'est-à-dire quand il n'a pas encore livré.

On rattache ordinairement cette restitution du droit de rétention au vendeur à la déchéance du terme que subit le débiteur failli ou déconfit (art. 1188). C'était le terme accordé pour le paiement du prix qui empêchait le vendeur de retenir la chose ; ce terme disparaissant, le droit de rétention reparaît. Il est bien vrai que toutes ces solutions s'enchaînent. Toutefois il faut remarquer que, d'après l'opinion dominante, la déchéance du terme n'a pas lieu de plein droit et doit être demandée en justice, tandis que le droit de rétention est nécessairement recouvré de plein droit.

1539. Limites de l'exception. — La faillite et la déconfiture ne produisent cet effet qu'autant qu'elles surviennent *depuis la vente*. Si elles étaient antérieures au contrat, et connues du vendeur, le bénéfice du terme, accordé ainsi en pleine connaissance de cause, resterait acquis à l'acheteur.

La faillite et la déconfiture sont *les seules causes* qui autorisent le vendeur à terme à retenir la chose. Une jurisprudence constante lui refuse la même faculté quand il existe simplement des *doutes*, si sérieux qu'ils puissent être, sur la solvabilité de l'acheteur.

***1540. Ressource laissée à l'acheteur.** — L'acheteur en faillite ou en déconfiture peut exiger la livraison de la chose immédiatement, *à la condition qu'il donne caution de payer au terme* (art. 1613). Le vendeur, étant garanti par l'engagement d'une personne solvable, doit s'en contenter, comme il l'avait fait pour l'engagement primitif de son acheteur.

3° Autres causes de rétention.

1541. Application du droit commun. — Le droit de rétention étant fondé sur les principes généraux qui régissent les contrats synallagmatiques peut être accordé pour l'inexécution de toute autre obligation imposée à l'acheteur. Par exemple, quand l'acheteur a promis de donner une sûreté particulière, caution, hypothèque ou autre, le vendeur peut refuser la délivrance, même dans la vente à terme, si cette garantie ne lui est pas fournie. C'est l'application exacte de l'exception « non adimpleti contractus ».

B. — Privilège.

***1542. Renvoi.** — Le vendeur est *privilégié* sur la chose vendue, c'est-à-dire qu'il est *payé, sur le prix de cette chose, par préférence à tous autres créanciers*. Nous mentionnons ici, pour mémoire seulement, le privilège du vendeur, qui doit être étudié dans la matière des *privilèges et hypothèques*, dont il fait partie (ci-dessous, n°s 2604-2621, pour le vendeur d'effets mobiliers ; n°s 2889-2904 et 3007-3014, pour le vendeur d'immeubles).

C. — Revendication.

***1541. Observation.** — Ce droit de revendication *n'est accordé qu'au vendeur* *d'objets mobiliers*. Il est établi par l'art. 2102-4°, à l'occasion du privilège spécial à ce vendeur. A raison de la place où il se trouve dans le Code civil, les auteurs ont l'habitude de s'en occuper seulement quand ils arrivent à l'étude des privilèges. Il y a cependant grand intérêt à l'en détacher pour le rapprocher des autres garanties du vendeur, et surtout du droit de rétention.

1° Ancien droit.

****1544. Ancienneté de la revendication des meubles non payés.** — La disposition actuelle de l'art. 2102-4°, al. 2, qui donne ce droit au vendeur, a son origine dans l'art. 176 de la *Coutume de Paris* (rédaction de 1580), qui était ainsi conçu : « Qui vend aucune chose mobiliaire sans jour et sans terme, espérant estre paié promptement, il peut sa chose poursuivre, en quelque lieu qu'elle soit transportée, pour estre paié du prix qu'il l'a vendue. »

Cet article de la Coutume n'était pas une nouveauté dans notre droit ; il reproduisait l'art. 194 de la rédaction de 1510, et on le retrouve, un siècle et demi auparavant, dans les *Décisions* de Me Jean Desmarès (✝ 1383) (Déc. n° 195) et dans l'art. CXLI des *Coutumes notoires* du Châtelet de Paris (textes publiés par Brodeau, à la suite de son Commentaire de la Coutume de Paris). Et cela remonte bien plus haut encore, puisque ce n'est pas autre chose qu'une règle de droit romain, conservée ou tout au moins reprise par la pratique française.

***1545. Son principe.** — L'origine de tous ces textes successifs est le § 41 des Institutes (II, 1) si souvent cité : « Venditæ vero res et traditæ non aliter emptori acquiruntur, quam si is pretium solverit... » D'après les principes anciens, la tradition d'une chose vendue n'était pas translative de propriété par elle-même ; elle le devenait seulement *quand le prix avait été payé*. Jusqu'au paiement, il était tout simple que le vendeur, *resté propriétaire*, eût la *revendication*.

Notre ancien droit n'a jamais connu d'autre règle. Dumoulin, Pothier et tous les autres faisaient au vendeur l'application du principe romain, et lui donnaient la revendication quand il avait vendu sans terme (Pothier, *Vente*, nos 318-324 ; *Procédure civile*, n° 488. — Comp. *Arrestez de Lamoignon*, Des actions personnelles et hypothécaires, n° XCV).

2° Droit actuel.

***1546. Difficulté née du Code civil.** — S'il était facile de comprendre autrefois l'existence de cette revendication au profit du vendeur, il est, au contraire, très difficile d'expliquer son maintien dans le droit moderne. Le Code a, en effet, abandonné le principe romain sur la tradition des choses vendues, en déclarant expressément dans l'art. 1583 que la propriété est acquise de droit à l'acheteur « *sans que le prix ait été payé* ». Le vendeur non payé n'est donc plus propriétaire. Comment se fait-il qu'il puisse encore revendiquer ?

L'al. 2 du 4° de l'art. 2102 a figuré dès le début dans le projet de Code ; on le lit déjà, en termes identiques à ceux du texte définitif, dans le projet élaboré en l'an VIII pour être soumis aux tribunaux; il a passé par toute la filière des discussions sans provoquer la moindre observation. C'est donc qu'il a paru aux rédacteurs de la loi la chose la plus simple du monde. Ceci ne peut se comprendre que d'une seule manière : on a maintenu ce qui existait déjà.

Personne ne s'est cependant avisé de soutenir que la règle ancienne était partiellement conservée, au profit du vendeur de meubles. Il y avait antinomie entre l'art. 2102 et l'art. 1583 ; on aurait pu en conclure que l'art. 2102 avait modifié ou restreint la règle formulée en termes trop généraux dans l'art. 1583 pour le transfert de la propriété avant tout paiement. Au lieu de cela, on a cherché des explications permettant de concilier la lettre de l'art. 2102 avec le principe de l'art. 1583, considéré comme absolu.

*** 1547. Explication de Duranton.** — Elle part de cette idée que le mot « revendication » a, dans le Code civil comme dans Pothier, son sens ordinaire de *revendication de propriété*. Mais comme le vendeur a été dépouillé de sa propriété par la vente, pour qu'il puisse exercer cette action il faut qu'il l'ait *recouvrée*, et cela ne peut se faire que par la *résolution de la vente*. Donc l'art. 2102, en parlant de la revendication du vendeur non payé, suppose qu'il a fait résoudre le contrat (DURANTON, t. XVI, n°s 204 et 380 ; t. XIX, n° 120).

Cette idée est entièrement abandonnée. Les conditions très étroites, dans lesquelles l'art. 2102 enferme la revendication du vendeur (ci-dessous n°s 1551 à 1555), s'appliquant au droit de résolution qui est une de ses principales garanties, aboutiraient à en supprimer entièrement l'usage dans une partie des ventes (ventes avec terme) et à le restreindre tellement dans les autres (délai de huit jours au lieu de trente ans) que ce droit n'existerait pour ainsi dire plus en matière mobilière. Ce serait toute une révolution dans la théorie de la vente, et il est impossible que les auteurs du Code aient eu l'idée de faire un pareil changement sans l'annoncer. — De plus, ce serait résoudre le contrat de vente sans nécessité, pour un retard temporaire, et contrairement à tous les précédents.

*** 1548. Explication de Bugnet.** — Une autre explication rallie aujourd'hui tous les suffrages. D'après Mourlon, l'idée première en a été fournie à son cours par **M. Bugnet**; elle a ensuite été exposée dans un concours par M. Vuatrin, et développée enfin par M. Valette (*Privilèges et hypothèques,* t. I, n° 90). Elle consiste à donner au mot « revendication » dans l'art. 2102 un sens tout particulier. Ce n'est pas de la véritable revendication, fondée sur le droit de propriété, qu'il s'agit là ; on ne considère pas le contrat comme résolu ; c'est toujours l'acheteur qui est propriétaire, conformément aux art. 1138 et 1583, et qui peut revendiquer. L'action ouverte au vendeur, sous le nom de revendication, est tout simplement un moyen de reprendre temporairement la chose pour exercer sur elle son droit de rétention. C'est une action d'un genre particulier, très éloignée de la revendication du propriétaire, et qu'on pourrait désigner du nom de *revendication du droit de rétention*. On constate, en effet, que la condition principale à laquelle est subordonnée l'action de l'art. 2102 est justement celle du droit de rétention, à savoir que la vente ait été faite sans terme : le vendeur aurait eu le droit de refuser la délivrance ; on lui permet de revenir sur le fait accompli en reprenant sa chose. Les parties se retrouvent dans le même état que si le vendeur avait usé de son droit dès le premier jour.

On ajoute qu'il n'est pas rare de voir en France le nom de revendication appliqué à des actions qui n'en ont pas réellement les caractères. Et dans l'art. 2102 lui-même il y en a un exemple : ce texte appelle « revendication » le droit qu'a le bailleur de saisir les meubles de son locataire ou de son fermier qui ont été déplacés sans son consentement.

***1549. Observations critiques.** — On tenterait vainement d'ébranler une opinion qui est aujourd'hui reçue et qui a l'avantage de donner satisfaction aux besoins de la pratique tout en expliquant à la lettre les diverses dispositions du Code. Cependant il est certain que cette conception, si ingénieuse comme explication théorique, est en fait et de tout point absolument étrangère aux auteurs du Code ; c'est une création faite après coup et non une interprétation exacte du système voté en 1804. On a pu employer le mot « revendication » à propos du bailleur, parce que ce bailleur est un gagiste, qui possède *une action réelle* pour rentrer en possession de son gage ; il s'agit là d'une « vindicatio pignoris », qui portait déjà ce nom dans l'usage avant le Code civil (POTHIER, *Procédure civile*, n° 521. — Comp. C. proc. civ., art. 826-831). Mais jamais personne n'avait eu l'idée que le droit de rétention (qui n'est qu'une simple *exception*) pût donner lieu à la revendication (qui est une *action*). Cette idée est contraire à toutes les traditions [1]. Elle est arbitraire et divinatoire, comme le dit M. Huc (t. VII, n° 173), et il est tout à fait impossible que les auteurs du Code l'aient eue [2]. — La seule explication raisonnable est l'idée d'une dérogation implicite à l'art. 1583, consistant dans le maintien de la propriété au profit du vendeur de meubles, tant qu'il n'est pas payé.

***1550. Effets de la revendication.** — Toute cette discussion ne concerne que l'explication théorique du mécanisme de la loi, et laisse intactes ses décisions positives. Quelle que soit la nature du droit qu'on donne au vendeur de meubles, ce droit existe et produit un résultat certain : le vendeur reprend la chose pour la retenir comme s'il ne l'avait jamais livrée, mais la vente subsiste, comme dans l'ancien droit.

****1551. Ses conditions.** — La revendication admise par l'art. 2102 au profit du vendeur de meubles est soumise à des conditions rigoureuses :

1° Elle n'a lieu que dans les *ventes faites sans terme* ;

2° Elle suppose que la chose est encore *dans le même état* ;

3° Elle suppose l'*acheteur encore en possession* ;

4° Elle doit être exercée dans un *bref délai* (huitaine).

Trois de ces conditions sur quatre viennent de l'ancien droit ; la troisième seule est de droit nouveau.

***1552. Première condition : vente au comptant.** — Cette première condition n'a pas besoin d'explications ; elle est traditionnelle, et nous vient en droite ligne du droit romain et du § 51 des *Institutes* précité : « Sed si is, qui vendidit, fidem emptoris secutus fuerit, dicendum est statim rem emptoris fieri. » Le vendeur à terme cessait d'être propriétaire en livrant la chose et ne pouvait plus revendiquer. Le Code civil se conforme donc sur ce point à une règle qui a toujours été admise.

[1] POMPONIUS : « Ex quibus causis retentionem quidem habemus, petitionem autem non habemus » (*Digeste*, liv. XII, tit. 6, fr. 51).

[2] On comprend qu'un propriétaire ou un gagiste *revendique* : il a un droit réel sur la chose, et en vertu de ce droit il réclame la *possession de la chose*. La revendication n'a pas d'autre but. On revendique donc les *choses* et non les *droits*. Or quel droit le vendeur a-t-il sur la chose en vertu de son droit de rétention ? Le droit de la retenir, quand il l'a encore en mains. Faire sortir de là une revendication, c'est tirer une *action* d'un *moyen de défense*.

*** 1553. Seconde condition : chose non changée.** — Le Code ne fait ici encore que reproduire une condition déjà exigée dans l'ancien droit.

La coutume, il est vrai, n'en parlait pas ; mais on appliquait la règle romaine « Extinctæ res vindicari non possunt » et on considérait la chose comme périe quand elle avait changé de forme, « comme si de la laine vendue on avait fait du drap, ou que le bois fût changé en ouvrage, parce que mutata forma res perimitur » (FERRIÈRE, *Compilation sur la Coutume de Paris*, art. 176, n° 19). Comp. LAMOIGNON, *Arrestez*, Actions personnelles, n° 94.

*** 1554. Troisième condition : chose restée en la possession de l'acheteur.** — Ici le Code innove : *il supprime le droit de suite*, qui jadis appartenait au vendeur. Anciennement, l'action pouvait être intentée par lui contre des tiers, *même contre des acquéreurs de bonne foi*.

Le texte de la Coutume n'était pas formel : « Il peut la chose poursuivre, en quelque lieu qu'elle soit transportée » ; cela paraît faire allusion à un simple déplacement matériel, et non à une sous-aliénation. Cependant si l'acheteur, avant d'avoir payé son prix, avait déjà revendu la chose à un tiers, le meuble pouvait être revendiqué contre ce tiers par le premier vendeur. Cela avait été jugé au Parlement de Paris par un arrêt de la 3e chambre des enquêtes, les autres consultées, le 24 juillet 1587 (et non 1584), cité par Charondas, Ferrière, et autres. On avait appliqué en cette question certains textes romains, indiqués par FERRIÈRE, *Compilation*, art. 176, n° 13.

A cette époque, le droit de suite en matière mobilière n'avait rien d'anormal ; la jurisprudence française admettait, conformément au droit romain, la revendication des meubles contre quiconque les possédait. Ce n'est que plus tard qu'on a réagi en établissant la maxime : « En fait de meubles, possession vaut titre. » Mais sous l'ancien régime cette maxime n'avait servi qu'à paralyser le droit de revendication du propriétaire dans les cas ordinaires. Pour le cas particulier de vente non suivie du paiement du prix, on avait maintenu jusqu'à la fin le bénéfice de la revendication au vendeur non payé, parce que cette action était pour lui la garantie de sa créance (POTHIER, sous art. 458 Cout. d'Orléans). Le Code civil seul a fait rentrer ce cas dans la règle commune et retiré le droit de suite au vendeur non payé comme au propriétaire dépossédé. Depuis 1804, le vendeur ne peut donc plus exercer sa revendication que *contre les créanciers de l'acheteur* et *non pas contre les sous-acquéreurs*.

*** 1555. Quatrième condition : exercice de l'action dans la huitaine.** — Il n'était pas question de ce délai de huitaine dans la Coutume de Paris, et cependant il nous vient de l'ancien droit[1].

Le Code a maintenu la tradition et s'est borné à donner un chiffre précis (huit jours) au délai utile de la revendication, que les anciens auteurs lais-

[1] La glose (sur la loi *Incivile*, 12, *de rei vindicatione*) décidait déjà que le vendeur ne pouvait plus revendiquer quand il avait fait crédit pendant dix jours, parce qu'on le considérait comme ayant accordé tacitement un terme, « quia fidem habuit de pretio » (Comp. LAURIÈRE, *Coul. de Paris*, t. II, p. 147). En France, cette règle qui obligeait le vendeur à revendiquer dans un court délai, sous peine de déchéance, paraît avoir été admise pour concilier deux arrêts de 1587 : l'un qui avait refusé le droit de suite à un tapissier, dont la marchandise livrée et non payée, avait été revendue par l'acheteur ; l'autre qui l'avait, au contraire, accordé à des marchands de vins en gros pour 32 demi-queues de vin d'Orléans que l'acheteur avait revendues à une débitante. On avait remarqué que le tapissier avait attendu longtemps avant de se décider à agir, tandis que les marchands de vin avaient exercé leur revendication tout de suite (FERRIÈRE, *Commentaire*, 1770, t. II, p. 383-384). Autre arrêt de 1605, donnant mainlevée d'une saisie faite par le vendeur trois semaines après la vente (FERRIÈRE, *Compilation*, art. 176, n° 13).

saient dans le vague. Le point de départ de ce délai est le jour de la livraison.

D. — Action en résolution.

* **1556. Rappel du principe.** — L'art. 1654 dit : « Si l'acheteur ne paie pas le prix, le vendeur peut demander la résolution de la vente. » Ce n'est qu'une application particulière du principe général de l'art. 1184 sur la résolution des contrats synallagmatiques pour inexécution par l'une des parties (ci-dessus nos 1307 et suiv.). Rappelons seulement que c'est dans la vente qu'a pris naissance cette action en résolution, qui n'existait primitivement dans aucun contrat; elle est résultée du pacte spécial appelé *lex commissoria*, qu'on a fini par sous-entendre.

** **1557. Choix laissé au vendeur.** — L'action en résolution appartient au vendeur, mais il n'est pas obligé d'y recourir. Il a le choix et peut, à son gré, agir en résolution ou poursuivre son paiement. Il lui est même permis de changer d'avis et d'essayer successivement des deux moyens. Par exemple, après avoir exercé des poursuites infructueuses contre son acheteur, il pourrait renoncer à obtenir son argent et se résoudre à demander la résolution.

1558. Cause de la résolution. — Le fait qui donne ouverture à l'action est le défaut de paiement du prix. Tant qu'une portion reste due, si faible qu'elle soit, on ne peut pas dire que le prix est *payé*, car le paiement entier est dû. Le vendeur a donc le droit d'exercer son action pour un *simple défaut partiel de paiement*.

1559. Ventes dans lesquelles a lieu l'action en résolution. — Cette action existe dans toutes les ventes, *mobilières* ou *immobilières*. L'opinion proposée jadis par Duranton pour expliquer la revendication de l'art. 2102 aurait eu pour effet de la faire disparaître dans beaucoup de ventes mobilières (ci-dessus, n° 1547. Comp. Delvincourt, XVI, 380); mais cette opinion a été rejetée : les art. 1184 et 1654 ne font aucune distinction.

Dans les *ventes faites en justice*, l'action prend une forme spéciale : la *revente sur folle enchère*. Le vendeur ne reprend pas la chose vendue ; il la remet en vente aux risques de l'adjudicataire déclaré *fol enchérisseur*, et celui-ci reste tenu de payer le surplus de son prix, si le prix obtenu dans la revente est inférieur au montant de l'adjudication primitive. Il y a revente forcée plutôt que résolution de la première vente (art. 733 et suiv. C. proc. civ. et spécialement art. 740).

* **1560. Cas où le prix est une rente.** — Quand le prix stipulé, au lieu d'être un capital exigible, consiste en une rente, la résolution n'est pas toujours possible.

Si la rente est *perpétuelle*, le vendeur est autorisé à agir en résolution pour défaut de paiement des arrérages (art. 1912), pourvu qu'il y ait au moins *deux années* entières impayées. Peu importe que la rente ait été constituée immédiatement ou ait été plus tard établie pour remplacer un prix d'abord fixé en capital.

Si la rente est *viagère*, les règles sont différentes. L'aliénation d'un bien à rente viagère est un *contrat aléatoire*, dans lequel chaque partie a des risques à courir. Quand le contrat a été exécuté pendant un certain temps, les choses ne sont plus entières, et la résolution du contrat ne remettrait pas les parties exactement dans l'état antérieur, puisqu'il y a déjà une partie des chances de courues. La résolution est donc impossible : le vendeur ne peut pas « demander... à rentrer dans le fonds aliéné » (art. 1978). On lui permet seulement de faire saisir et vendre les biens de l'acheteur et de faire placer, sur le produit de la vente, une somme suffisante pour lui assurer le service des arrérages (même art.).

Toutefois, si l'action en résolution n'existe pas de plein droit dans les aliénations à rente viagère, il n'est pas défendu au vendeur de se la réserver par une convention expresse, en précisant la quotité d'arriéré qui lui permettra d'agir.

1561. Comment s'opère la résolution. — On a déjà vu comment se produit la résolution d'un contrat synallagmatique non exécuté par l'une des parties (ci-dessus, n°s 1312-1320). Ces règles s'appliquent à la vente comme aux autres contrats. Les art. 1655 et 1656, propres à la vente, ne font qu'appliquer les principes généraux.

L'art. 1655 permet au juge d'accorder un délai de grâce, conformément à l'art. 1244, sauf dans le cas où le vendeur est en danger de perdre la chose et le prix. Ceci est à craindre surtout quand l'acheteur est insolvable et que la chose vendue est un meuble corporel : ce meuble peut être aliéné d'un moment à l'autre à un tiers de bonne foi, que le vendeur ne pourrait pas poursuivre.

*** 1562. Modifications conventionnelles.** — Les parties peuvent modifier les formes de la résolution et transformer l'action en justice que l'art. 1654 ouvre au vendeur en une véritable *condition résolutoire*. Les effets de leurs conventions sur ce point ont déjà été expliqués à propos de la résolution des contrats en général (ci-dessus, n°s 1323 et 1324). Notons seulement que l'art. 1656, spécial à la vente, en détermine lui-même la valeur. Si on s'est borné à convenir que la vente serait *résolue de plein droit*, faute de paiement dans le terme convenu, la résolution ne se produit pas immédiatement par le seul fait de l'expiration du délai ; l'acheteur conserve encore le droit de payer son prix, tant qu'il n'a pas été mis en demeure par une sommation, ce qui prouve que le contrat tient encore ; mais le juge ne peut pas lui accorder de délai. Du reste, il n'est pas défendu aux parties de convenir que la vente sera résolue de plein droit et *sans sommation*, ce qui retire à l'acheteur le droit de payer utilement après l'expiration du délai[1].

*** 1563. Indivisibilité de l'action.** — Lorsque le vendeur est mort, laissant plusieurs héritiers, chacun d'eux n'a droit qu'à une part du prix.

[1] On a dit, parfois, que la clause qui déclare la vente résolue sans sommation est dangereuse parce qu'elle met le contrat à la merci de l'acheteur quand il regrette de l'avoir conclu : il dépendrait de lui d'en amener la résolution en s'abstenant de payer le prix dans le délai. Mais ce n'est pas sous cette forme que la clause est conçue : il est dit que la vente sera résolue « *si bon semble au vendeur* ». C'est le système que la loi elle-même applique dans l'article 1657 (ci-dessus, n° 1525). On a dit aussi que l'acheteur, touché par la sommation du vendeur, devrait avoir encore un court délai, comme un jour ou deux : quand on lui demande de payer, il faut bien lui laisser le temps de le faire. Mais on ne fait pas attention que, d'après la convention des parties, l'acte signifié à l'acheteur est moins une *sommation de payer* qu'une *notification* de l'intention qu'a le vendeur d'user de son droit de résolution, dont la condition est dès maintenant remplie.

Rigoureusement, quand l'un d'eux n'est pas payé, il devrait pouvoir demander la résolution pour sa part, soit que les autres aient reçu le paiement de leur part, soit qu'ils restent dans l'inaction. Mais l'effet de l'action, si on l'autorisait à agir isolément, serait que ce demandeur en résolution se mettrait *dans l'indivision avec l'acheteur*, la vente n'étant résolue que pour partie. Ce résultat a paru inadmissible. Le pacte commissoire que la loi sous-entend dans les contrats est considéré comme *indivisible dans son exercice* : il faut que la vente soit résolue ou maintenue pour le tout. On en conclut que tous les intéressés doivent s'entendre et que, s'ils ne peuvent pas se mettre d'accord pour demander la résolution totale de la vente, l'action formée par l'un d'eux doit être rejetée.

On décide ainsi par analogie avec les art. 1670 et 1685 qui donnent une solution analogue pour les actions en réméré et en rescision pour lésion. Il serait plus exact de décider que la résolution totale sera prononcée sur la demande d'un seul des ayants droit, sauf aux autres à le désintéresser s'ils ne veulent pas rentrer en possession du bien vendu : c'est l'effet des droits indivisibles d'être forcément exercés pour le tout, et il est injuste de priver l'un des créanciers d'un droit qui lui appartient en vertu de la loi.

***1564. Effet de la résolution entre les parties.** — Les parties doivent se restituer mutuellement tout ce qu'elles ont reçu ou perçu en vertu du contrat. L'acheteur rend la chose, quand il a reçu la tradition ; il rend en même temps les *fruits* qu'il en a retirés. Le vendeur, de son côté, doit rembourser à l'acheteur tout ce que celui-ci a déjà versé à valoir sur le prix, avec les *intérêts* à compter du jour de chaque paiement.

En outre, il faut tenir compte des *améliorations* ou *détériorations* qui sont l'œuvre de l'acheteur. Le remboursement des impenses utiles est dû seulement jusqu'à concurrence de la plus-value qu'elles ont produite, et, au cas où la dépense réelle serait inférieure à la plus-value, l'acheteur n'aurait droit qu'à ses déboursés (Cass., 22 juin 1887, D. 87. 1. 305, S. 87. 1. 244).

Enfin le vendeur pourrait obtenir des *dommages-intérêts*, au delà des restitutions sus-indiquées (art. 1184).

***1565. Effet de la résolution contre les tiers.** — On demande souvent si l'action en résolution, est une *action réelle*. C'est mal poser la question. L'action en résolution étant fondée sur l'inexécution des obligations personnelles de l'acheteur, est nécessairement une *action personnelle*. On ne peut demander la résolution d'un contrat que contre la personne avec laquelle le contrat a été fait. Mais la *résolution*, en détruisant le contrat, détruit en même temps son effet translatif, et par là elle *réfléchit contre les tiers* ; la propriété de l'acheteur était résoluble, et il faut lui appliquer la règle : « Resoluto jure dantis, resolvitur jus accipientis. » La propriété fait donc retour au vendeur, qui est censé n'avoir jamais cessé d'être propriétaire et qui a désormais la *revendication*, action réelle celle-là, avec laquelle il peut atteindre les tiers.

Le vendeur ne peut agir contre un sous-acquéreur qu'après avoir obtenu la résolution contre l'acheteur la *revendication* suppose la *résolution* prononcée. Mais, pour que le jugement qui prononce la résolution soit opposable à un tiers, le vendeur doit avoir soin de le mettre en cause. C'est ce qui se passe le plus souvent : le vendeur exerce ses deux actions à la fois.

Est-ce à dire que le vendeur sera toujours sûr de reprendre sa chose? Non, il en est empêché dans deux cas :

1° Quand la chose vendue est un *meuble corporel*. Le vendeur ne peut revendiquer ni contre un tiers acheteur de bonne foi (art. 2279), ni contre un gagiste également de bonne foi (art. 2102-4°);

2° Quand la chose vendue est un *immeuble*, qui a été usucapé par un tiers de bonne foi, au moyen de la prescription de dix à vingt ans.

***1566. Publicité de la résolution.** — Dans le but de prévenir les tiers, qui pourraient à l'avenir traiter avec l'acheteur de l'immeuble, la loi du 23 mars 1855, art. 4, veut que le jugement qui prononce la résolution d'une vente d'immeuble soit, dans le mois à compter du jour où il a acquis l'autorité de la chose jugée, *mentionné en marge de la transcription* de la vente. Les tiers seront ainsi avertis que l'acheteur a cessé d'être propriétaire. Cette mention doit être faite sur les diligences de l'avoué qui a obtenu le jugement. Mais son omission n'est sanctionnée que par une amende de 100 francs infligée à l'avoué négligent.

Cette publicité fait défaut dans les cas où la résolution est conventionnelle et a lieu sans jugement.

*** 1567. Extinction de l'action en résolution.** — L'action en résolution s'éteint d'abord par les modes de droit commun. La *prescription* est pour elle de *trente ans* (art. 2262). La prescription décennale, établie par l'art. 1304 pour les actions en nullité ou en rescision, n'est pas applicable ici.

Avant même d'avoir été prescrite, elle peut s'éteindre soit par l'effet d'une *renonciation* faite par le vendeur, soit par l'effet d'une *usucapion* accomplie au profit d'un tiers possesseur.

La renonciation que fait le vendeur peut être expresse ou tacite. On voit, dans la pratique, des *renonciations tacites* se faire quand le vendeur intervient dans un acte fait par l'acheteur (aliénation, constitution d'une servitude ou d'une hypothèque) : l'acheteur n'a pas besoin de son concours pour disposer d'une chose qui est à lui; l'intervention du vendeur a pour but de rassurer le tiers contre l'exercice possible de l'action en résolution. — Il y a encore renonciation tacite dans le fait du vendeur qui saisit l'immeuble et le fait vendre aux enchères pour se faire payer sur le prix : il prend par là envers l'adjudicataire l'engagement tacite de ne pas l'inquiéter par une résolution.

Outre ces causes d'extinction, qui dérivent du droit commun, il en est d'autres qui sont propres à l'action en résolution. D'abord, *en droit commercial*, le vendeur est presque toujours privé de son action quand l'acheteur est *tombé en faillite* (art. 550 et 576 C. com.). Le vendeur perd son droit dès que les marchandises sont entrées dans les magasins du failli[1], et il n'a même plus son privilège, il n'est plus qu'un créancier chirographaire comme les autres. Deux autres causes d'extinction particulière aux ventes d'immeubles ont été établies en 1841 et en 1855. Voyez les numéros suivants.

***1568. Perte de l'action en cas de saisie immobilière.** — Dans notre ancien droit, le vendeur d'un immeuble qui n'avait pas été payé de son prix ne pouvait agir en résolution contre le propriétaire actuel du bien quand celui-ci l'avait acheté dans une vente sur saisie. On tenait pour maxime que *décret forcé nettoie toutes*

[1] Il est à remarquer que, dans ces deux textes, la loi interdit la « revendication » et ne parle pas de l'action en résolution. Néanmoins on admet que cette action elle-même est comprise dans la disposition de la loi. Sur cette difficulté, qui est propre au droit commercial, voir LYON-CAEN et RENAULT.

hypothèques et droits (Loysel, n° 904). Le « décret forcé », appelé aussi « subhastation », était la vente par autorité de justice, correspondante à notre saisie immobilière; il produisait ainsi un *effet général de purge*[1], qui atteignait même l'ancien propriétaire non payé de son prix.

Survint le Code de procédure civile. Il disait dans son art. 731 : « L'adjudication définitive ne transmet pas à l'adjudicataire d'autres droits à la propriété que ceux qu'avait le saisi. » Désormais l'adjudication sur saisie ne purgeait plus les droits réels établis sur l'immeuble (sauf les hypothèques, pour lesquelles la saisie a toujours valu purge). C'était l'abandon du principe de l'ancien droit et un retour aux idées romaines. Il en résultait qu'un précédent vendeur, non payé de son prix, pouvait librement intenter son action en résolution contre l'adjudicataire et lui enlever l'immeuble.

Mais la loi du 2 juin 1841 (art. 717, C. proc. civ., al. 2) a *rétabli, pour l'action en résolution, l'effet de purge attribué jadis au décret.* Quand le bien est saisi sur l'acheteur, il faut que le vendeur notifie son intention au greffe du tribunal devant lequel se poursuit la vente; s'il laisse l'adjudication se faire sans intervenir, son droit est perdu. Cette notification est l'équivalent des anciennes oppositions qui se faisaient au temps de Pothier. Voyez la note 1 ci-dessous.

Quel est le *motif* de ce retour en arrière? L'action en résolution, à cause du trouble qu'elle jette dans la propriété foncière, est aujourd'hui très critiquée et on cherche à en restreindre l'usage. D'ailleurs, la loi de 1841 a institué une garantie spéciale pour le vendeur : l'art. 692 C. proc. civ. veut qu'il soit averti et *mis en demeure*, par une *notification individuelle*, d'exercer son droit si bon lui semble; il n'y a donc pas de surprise possible. — Pour la façon dont le vendeur exerce alors son action en résolution, quand il se décide à agir, voyez les textes du Code de procédure.

Pour finir sur cette cause d'extinction, il faut faire *deux observations* :

1° L'effet extinctif organisé par la loi de 1841 n'est attribué qu'à la *vente sur saisie immobilière* et non aux autres ventes qui se font en justice.

2° Quand son action en résolution lui est enlevée, le vendeur *conserve son privilège* pourvu qu'il ait été rendu public avant la transcription du jugement d'adjudication. Les deux droits (résolution et privilège) sont indépendants. On verra qu'il en est autrement dans l'hypothèse prévue au numéro suivant.

***1569. Perte de l'action par l'extinction du privilège.** — Supposons qu'un immeuble, vendu une première fois, soit revendu par l'acheteur à un tiers sans que le prix de la première vente soit encore payé. Le sous-acquéreur fait transcrire son titre, et c'est lui qu'on veut protéger, le cas échéant, en enlevant au vendeur primitif son action en résolution. Ce vendeur est armé d'un double droit : le privilège sur l'immeuble (espèce d'hypothèque) et l'action en résolution. Jusqu'en 1856, il pouvait impunément laisser perdre son privilège, par exemple en ne renouvelant pas l'inscription qui le conserve (voyez ci-dessous, n° 3046-2°). Son action en résolution lui restait. Or, contre les tiers

[1] « L'héritage adjugé par décret est transféré à l'adjudicataire avec les seules charges exprimées par l'affiche. Le décret purge toutes les autres, et éteint tous les droits de propriété et autres droits réels » (Pothier, *Procédure civile*, art. 638 et suiv.). On ne faisait d'exception que pour les droits féodaux, les servitudes continues et apparentes, et les droits non encore ouverts dérivant d'une substitution ou d'un fidéicommis. — Les tiers qui voulaient conserver leurs droits sur l'immeuble devaient faire une *opposition* au greffe du bailliage ou de la sénéchaussée. Le nom de ces oppositions variait suivant leur but : Etait-ce un propriétaire qui voulait empêcher qu'on vendît sa chose sous le nom d'autrui ? il y avait *opposition à fin de distraire*. Etait-ce un tiers qui prétendait seulement avoir sur l'immeuble une servitude ou un autre droit réel ? il y avait *opposition à fin de charge*. Etait-ce enfin un créancier hypothécaire ? il y avait *opposition à fin de conserver*. A défaut de ces oppositions, le droit des tiers était éteint et l'immeuble passait libre à l'acquéreur. — Le motif qu'on donnait de tous ces résultats était le suivant : « Il est de l'intérêt public que ceux qui ont acquis des biens sous la foi de la justice ne puissent être inquiétés sous quelque prétexte que ce soit » (Héricourt, *Vente des immeubles par décret*, chap. VIII, 19). — Quelques rares provinces (Normandie, Artois, Bresse, Dauphiné, Béarn) rejetaient seules cet effet général de purge accordé aux « subhastations ».

acquéreurs, *les deux droits se valent* : qu'importe au possesseur de l'immeuble d'être évincé au moyen de la résolution ou au moyen du privilège? Le résultat est le même pour lui; le vendeur était donc sûr d'être payé ou de reprendre son bien. Il y avait là une *anomalie* : la publicité était nécessaire pour la conservation du privilège, mais l'action en résolution, tout aussi dangereuse pour les tiers, subsistait dans une clandestinité complète; rien n'avertissait si le prix anciennement dû avait été payé ou non. De là un grand *danger pour les tiers*: vainement ils étaient protégés contre le privilège non rendu public; l'action en résolution leur enlevait l'immeuble.

La loi du 23 mars 1855 sur la transcription a remédié à cet inconvénient. D'après son art. 7, *l'action résolutoire ne peut plus être exercée contre les tiers après l'extinction du privilège*. Cette loi a donc solidarisé l'action en résolution avec le privilège et la fait périr avec lui. Mais la réciproque n'est pas vraie : le vendeur peut perdre son action en résolution, quoique son privilège soit conservé. On en a vu plus haut un exemple : le privilège subsiste après la vente sur saisie. malgré l'extinction de l'action résolutoire.

1570. Cas d'application. — Quels sont exactement les cas dans lesquels s'applique l'art. 7 de la loi de 1855? Deux conditions sont nécessaires d'après ce texte: 1° il faut que le privilège soit *perdu* ; 2° que le vendeur se trouve en face *d'un tiers ayant acquis un droit réel.*

Ces deux conditions sont réunies dans l'hypothèse prévue par l'art. 6 de la même loi : la vente primitive, non transcrite, a été suivie d'une *revente régulièrement transcrite*; quarante-cinq jours se sont écoulés depuis la première vente, et le privilège du premier vendeur n'a pas encore été publié. Le vendeur a devant lui un tiers qui a acquis un droit réel (la propriété) et qui a rendu son titre public; son privilège est perdu et l'action en résolution est éteinte par voie de conséquence. Le vendeur est donc réduit à une action personnelle chirographaire contre son acheteur; le tiers acquéreur est à l'abri.

Il y a, au contraire, difficulté pour le cas de *faillite*[1].

La cause de déchéance établie par l'art. 7 de la loi de 1855 ne frappe que l'action en résolution « établie par l'art. 1654 du Code Napoléon », c'est-à-dire l'action en résolution pour défaut de paiement du prix. Donc, si le vendeur peut faire valoir une autre cause de résolution, si la vente avait imposé à l'acheteur quelque autre obligation non remplie par lui, l'action subsiste pour cette cause. Les déchéances sont de droit étroit et ne s'étendent pas d'un cas à un autre.

---

[1] Quand l'acheteur de l'immeuble est tombé en faillite avant que le vendeur ait rendu son privilège public, l'article 448 C. com. s'oppose à ce que le vendeur prenne désormais une inscription. D'un autre côté, la masse de la faillite acquiert sur les biens du failli une hypothèque légale qui doit être inscrite par les soins du syndic (art. 490 C. com.). Le vendeur a donc devant lui des tiers pourvus d'un droit réel. Il s'agit de savoir si l'autre condition est remplie, c'est-à-dire si l'on doit considérer le privilège comme entièrement *perdu* ou seulement comme *paralysé* dans l'intérêt de la masse chirographaire. La controverse sur ce point appartient au droit commercial, et la difficulté est délicate. La jurisprudence a varié. Pendant longtemps les cours d'appel ont décidé que la faillite n'avait pas pour effet d'anéantir complètement le privilège du vendeur, qui cessait seulement d'être opposable à la masse, mais qui gardait tout son effet soit contre le failli lui-même dans l'avenir, soit contre les tiers détenteurs; par suite, il n'y avait pas, comme l'exige l'article 7 de la loi de 1855, « *extinction* du privilège ». La Cour de cassation s'était ralliée à cette jurisprudence (Cass., 1er mai 1860, D. 60. 1. 236, S. 60. 1. 602), qui paraissait ainsi bien établie (Trib. Seine, 21 février 1891, *Journal des Conservateurs des hypothèques*, 1891, article 4170, p. 193), quand il s'est produit un revirement soudain (Cass., 24 mars 1891, D. 91. 1. 145, S. 91. 1. 209 ; Bordeaux, 30 novembre 1891, D. 93. 2. 207). D'après ces derniers arrêts, le vendeur qui a perdu le droit d'opposer son privilège à la masse de la faillite ne peut plus exercer son action en résolution au détriment de cette masse.

CHAPITRE VI

DE LA VENTE A RÉMÉRÉ

** **1571. Définition.** — On appelle « vente à réméré » le contrat par lequel le vendeur *se réserve le droit de reprendre la chose en restituant à l'acheteur le prix et les frais dans un délai convenu* (art. 1659). Le « réméré » est donc une *faculté de rachat*[1], comme la loi l'appelle, quoique ses effets soient bien différents de ceux que produirait une revente volontaire consentie par l'acheteur au vendeur (ci-dessous, n° 1582).

* **1572. Origine.** — L'usage des ventes a réméré est très ancien. Il nous vient du droit romain, où on les pratiquait à l'aide du *pactum de retro-vendendo* ; mais l'effet de ce pacte a beaucoup changé depuis lors. A l'époque romaine, le vendeur avait seulement le droit de forcer son acheteur à lui rendre la chose ; il n'était que *créancier*, et la propriété ne lui faisait pas retour de plein droit. Voyez toutefois, dans les traités de droit romain, les controverses auxquelles ont donné lieu les conventions résolutoires des ventes.

* **1573. Utilité.** — Ce genre de vente est surtout utile aux personnes qui ont besoin d'argent et qui veulent s'en procurer en vendant leurs biens, sans perdre toutefois l'espoir de les reprendre un jour. C'est une opération analogue à l'emprunt sur hypothèque, avec cette différence que ses éléments se présentent dans un ordre chronologique inverse : celui qui emprunte en hypothéquant son immeuble en retient provisoirement la propriété et ne la perdra que s'il est hors d'état de rembourser le prêt à l'échéance ; celui qui vend à réméré commence par aliéner et ne recouvrera sa propriété que s'il est en mesure de rembourser à l'échéance les fonds qu'il a touchés.

La vente à réméré est un mauvais système de crédit ; elle a rendu des services pendant de longs siècles, avant l'organisation des régimes hypothécaires modernes. De nos jours, elle n'a plus guère de raison d'être, et elle cache souvent des *contrats de prêts usuraires*, mais les dangers qu'elle présente à cause de l'emploi qui en est fait ne peuvent être étudiés qu'à propos du prêt d'argent et du gage (ci-dessous, n°s 2171 et 2460).

* **1574. Délai du réméré.** — Avant la Révolution, la faculté de rachat pouvait durer trente ans. Le Code civil a réduit le délai à cinq ans au plus (art. 1660), parce que le réméré est une condition résolutoire qui rend la propriété incertaine et qui ne saurait se prolonger sans de grands inconvénients. Les parties sont naturellement libres d'abréger la durée du réméré, mais elles ne peuvent le stipuler pour un terme excédant cinq années. La convention faite pour un temps plus long n'est pas nulle ; elle est *réductible* au délai légal (art. 1660, al. 2). C'est aussi ce délai qui s'applique quand les parties n'en ont fixé aucun.

[1] MM. AUBRY et RAU proposaient d'appeler le réméré « retrait conventionnel », parce qu'il présente beaucoup d'analogie avec les retraits et ne ressemble en rien à un *rachat*, qui serait une seconde vente conclue en sens inverse de la première ; mais l'expression traditionnelle s'est toujours maintenue ; elle était seule en usage au XVIIIe siècle (POTHIER, *Vente*, n°s 385 et suiv.). Cependant quelques jurisconsultes plus anciens, entre autres Tiraqueau, avaient reconnu la similitude du réméré et des retraits et lui en donnaient le nom.

Le juge ne peut accorder *aucune prorogation* (art. 1661). Le délai ne peut pas davantage être prorogé par une nouvelle convention de renouvellement[1].

Le délai court contre toute personne, même *contre les mineurs* (art. 1663). Ce texte suppose probablement que le mineur a succédé au vendeur primitif décédé, par le procédé de la vente à réméré, et ne paraît pas applicable directement aux biens de mineurs (arg. art. 457 et 459).

***1575. Droits de l'acheteur pendant le délai.** — En sa qualité d'acheteur, il est *propriétaire*. S'il a traité avec un simple possesseur, il peut prescrire contre le vrai propriétaire (art. 1665). Il peut purger l'immeuble des hypothèques qui le grèvent, et la purge par lui faite subsiste après l'exercice du réméré par le vendeur. Voyez ci-dessous, n° 3296.

1576. Personnes pouvant exercer le réméré. — La faculté de rachat n'est pas personnelle au vendeur. Il peut en *céder* le bénéfice à un tiers qui l'exercera à sa place. Ses *créanciers* peuvent exercer ce droit de son chef, conformément à l'art. 1166, sauf à se voir opposer le *bénéfice de discussion* autorisé par l'art. 1666[2].

Après la mort du vendeur, son droit passe à ses *héritiers* et le bénéfice du réméré se divise entre eux. Toutefois l'action est considérée comme *indivisible quant à son exercice*. L'art. 1670 permet, en effet, à l'acquéreur d'exiger que tous les héritiers de son vendeur soient mis en cause afin de s'entendre sur l'exercice du réméré pour que la reprise de l'héritage ait lieu en entier. S'ils ne peuvent se concilier, la demande doit être rejetée (Comp. Besançon, 20 févr. 1895, D. 95. 2. 486).

La même indivisibilité a lieu quand la vente à réméré a été faite conjointement par *plusieurs vendeurs* (art. 1668 et 1670 cbn.), à moins que la vente n'ait été faite séparément par chacun des copropriétaires *pour sa part*, auquel cas chaque portion peut être retirée séparément par celui qui l'a vendue (art. 1671).

***1577. Personnes contre lesquelles le réméré peut être exercé.** — Le réméré, étant une condition résolutoire de la propriété, suit la chose entre les mains de tous ses acquéreurs. Il peut donc être exercé non seulement contre un *second* acheteur, comme le dit l'art. 1664, mais contre tout acquéreur de la chose, quel que soit le nombre des ventes intermédiaires. Les tiers sont obligés de le subir, *quand même la faculté de rachat n'aurait pas été déclarée dans leur contrat* (art. 1664).

Cela n'est absolument vrai que pour les immeubles, car, en matière mobilière, il faut réserver l'application de l'art. 2279 qui protège l'acheteur d'un meuble corporel, au cas où il n'aurait pas eu connaissance de la faculté de réméré appartenant à un vendeur antérieur.

Le retrait peut naturellement s'opérer contre les *héritiers* de l'acheteur. L'art. 1672 détermine la quotité pour laquelle chacun d'eux est tenu de subir le réméré, selon que la chose est encore indivise entre eux, ou qu'elle a été partagée matériellement, ou qu'elle

[1] Cette convention serait obligatoire entre les parties, mais elle ne permettrait d'opérer qu'une revente, sans rétroactivité, et ne vaudrait pas résolution de la première vente.

[2] On a soutenu que ce texte prévoyait seulement l'action réelle exercée contre l'acheteur à réméré par les créanciers hypothécaires de son vendeur. S'il en était ainsi, il serait inutile, car il ne ferait que répéter une décision plus générale contenue dans l'art. 2170. Mais, comme il ne fait aucune distinction, il est certainement opposable aux créanciers chirographaires exerçant la faculté de réméré du chef de leur débiteur, et contre eux il a son utilité.

a été mise en entier dans le lot d'un seul. En toute hypothèse, le vendeur reprend la totalité de la chose.

1578. Objet du réméré. — Un cas particulier se présente, lorsque la chose vendue à réméré était *une part indivise dans un immeuble* et que l'acheteur s'est rendu adjudicataire de la totalité, sur une licitation provoquée contre lui par ses coindivisaires. Son vendeur ne peut pas se contenter de retirer sur lui la part qu'il lui avait vendue et lui laisser le reste : l'art. 1667 l'oblige à retirer le tout, si l'acheteur l'exige.

* **1579. Sommes à rembourser.** — Quand le vendeur veut user de son droit de réméré, il doit rembourser à l'acheteur les sommes indiquées dans l'art. 1673, savoir :

1° *Le prix principal.* Ce prix est celui qui a été payé par l'acheteur en exécution du contrat de vente.

Les parties pourraient convenir que le prix à restituer sera différent, inférieur ou supérieur au prix primitif, et leur convention serait valable en principe. Toutefois la clause qui obligerait le vendeur à rembourser une somme de beaucoup supérieure à celle qu'il avait touchée pourrait être annulée comme déguisant un *prêt usuraire*.

La loi ne parle pas des *intérêts* : donc ils ne sont pas dus. Ils se compensent avec les fruits perçus par l'acheteur, que celui-ci conserve.

2° *Les frais et loyaux coûts de la vente.*

3° *Les réparations nécessaires,* car le vendeur les aurait faites lui-même s'il avait conservé la possession intérimaire de sa chose.

4° *Les impenses utiles,* jusqu'à concurrence de la plus-value.

L'acheteur a par là un moyen indirect de paralyser l'exercice du réméré. Les propriétaires qui vendent leurs biens avec pacte de rachat sont ordinairement des personnes gênées. En construisant sur le terrain vendu pour des sommes importantes, l'acheteur peut mettre le vendeur dans l'impossibilité de fait d'user de son droit. Mais, si le vendeur réussit à prouver que les constructions élevées par l'acheteur ont été faites dans ce but et par calcul, il pourrait faire ordonner la remise des lieux dans leur ancien état, car nul ne peut supprimer par dol le droit d'autrui, et l'acheteur serait réduit à enlever ses constructions, si mieux il n'aime les laisser au vendeur pour un prix minime.

On doit observer que l'acheteur n'a droit ni au remboursement des *dépenses voluptuaires* (c'est le droit commun), sauf à lui à enlever tout ce qui peut être retiré sans détérioration — ni au remboursement des *dépenses d'entretien,* qui sont la charge des fruits qu'il a perçus et doivent à ce titre rester à son compte.

1580. Garantie de l'acheteur. — L'acheteur jouit du *droit de rétention,* qui lui assure le paiement de tout ce qui lui est dû (art. 1673). Ce texte n'est du reste qu'une application de l'exception « non adimpleti contractus » (ci-dessus, n° 949-2°).

* **1581. Effet de l'expiration du délai.** — Quand le délai s'achève sans que le vendeur ait usé de son droit de rachat, sa seule expiration suffit pour entraîner la déchéance du vendeur, de plein droit, sans sommation ni jugement. La faculté de réméré ne peut plus être exercée utilement. La condition résolutoire qui menaçait le droit de l'acquéreur s'est évanouie et il est désormais propriétaire irrévocable (art. 1662).

Le vendeur qui veut reprendre son bien peut s'adresser soit à celui qui en est *actuellement* propriétaire au moment où il veut user de son droit de rachat, soit à son acheteur originaire : on lui donne le choix, parce qu'il a une double action contre ces deux personnes (ci-dessus n° 1577). Mais, s'il adresse par erreur sa notification à *un possesseur intermédiaire* qui a déjà revendu la chose, celui-ci est sans qualité pour répondre à l'action intentée et la notification qui lui est faite est inopérante pour empêcher la déchéance (Cass., 17 févr. 1885, D. 85. 1. 255, S. 85. 1. 311).

** **1582. Effet de l'exercice du réméré.** — Quand le réméré est exercé en temps utile, il produit la *résolution rétroactive* du contrat de vente et du transfert de propriété qui en avait été la conséquence. Le vendeur est réputé n'avoir jamais cessé d'être propriétaire, et l'acheteur est réputé ne l'avoir jamais été. Par suite, les droits réels nés du chef de l'acheteur sont anéantis (art. 1673, al. 2). La loi maintient toutefois les baux faits sans fraude par l'acquéreur, que le vendeur est obligé de continuer.

Le retour de la propriété s'opérant par l'effet d'une condition résolutoire, le vendeur n'a pas de droit de mutation à payer ; il n'acquiert pas en vertu d'un titre nouveau. Mais le droit qu'avait payé l'acheteur ne lui est pas restitué (L. 22 frimaire an VII, art. 60). Comp. t. I, 1re édit., n° 1060 ; 2e édit., n° 987.

* **1583. Actes valant exercice du réméré.** — La déchéance complète et subite qui frappe le vendeur à l'expiration du délai donne un très grand intérêt à la question de savoir ce que le vendeur doit faire dans le délai qui lui est accordé pour être considéré comme ayant exercé son droit. Des difficultés nombreuses s'élèvent sur cette question, parce que le plus souvent le vendeur attend au dernier moment, et l'acheteur prétend qu'il s'y est pris trop tard. Que faut-il au juste qu'il fasse pour éviter la déchéance ?

L'art. 1662 ne précise rien : « Faute par le vendeur d'avoir *exercé son action* de réméré... ». Ce n'est pas d'une « action » qu'il s'agit ; le vendeur est tenu de faire un *remboursement*. Dans la doctrine, on admet en général que le paiement, ou tout au moins des *offres réelles*, sont nécessaires pour qu'il soit bien établi que le vendeur était en mesure d'opérer le rachat et que l'acheteur seul l'en a empêché. Mais la jurisprudence se montre beaucoup plus facile pour les vendeurs à réméré. Elle se contente d'une simple manifestation de volonté de leur part ; le vendeur signifie à l'acheteur, par acte extra-judiciaire, sa volonté d'user de son droit de rachat. Cela suffit, dit la Cour de cassation, parce qu'aucune disposition de loi ne prescrit au vendeur de faire dans le délai fixé soit un paiement effectif, soit des offres (Cass., 5 févr. 1856, D. 56. 1. 132, S. 56. 1. 671 ; Cass., 14 janv. 1873, D. 73. 1. 185, S. 73. 1. 134). Cette jurisprudence est approuvée par quelques auteurs (Laurent, t. XXIV, nos 398 et suiv. ; Guillouard, t. II, n° 664).

1584. Époque de la résolution. — Dans le système de la jurisprudence, il devient difficile de savoir *à quel moment s'opère la résolution de la vente*. Laurent (n° 400) enseigne que le contrat est résolu par la déclaration même de la volonté du vendeur, et qu'à partir de ce moment l'acheteur n'est plus qu'un possesseur précaire. La Cour de cassation (arrêt de 1873 précité) juge, au contraire, que l'exercice du réméré n'est consommé que par le remboursement effectué par le vendeur, et que jusque là la vente n'est point résolue. Cette solution paraît assez difficile à admettre, car elle aboutit à faire résoudre une vente plus de cinq ans après sa date, ce que la loi ne permet pas. Voyez toutefois un essai de justification de la jurisprudence par M. Guillouard (*op. cit.*, n° 665).

1585. Délai de remboursement. — Le système de la jurisprudence a un autre inconvénient : comme la notification faite dans le délai suffit à conserver le droit du vendeur, celui-ci a désormais devant lui un temps illimité pour exécuter utilement l'obligation que la loi lui impose de rembourser à l'acquéreur le prix et les accessoires. A cela les tribunaux remédient en fixant de leur autorité un délai dans lequel le vendeur doit exécuter son obligation à peine de déchéance. Toute cette combinaison est arbitraire et étrangère à la loi.

CHAPITRE VII

RESCISION DE LA VENTE POUR LÉSION

*** 1586. Rappel du principe.** — On a déjà vu que le droit français ne fait pas de la lésion une cause générale de rescision des conventions ; il l'admet seulement « pour certaines personnes », qui sont les mineurs, et « pour certains contrats », qui sont le partage et la vente d'immeubles (art. 1118). Voyez t. I, 1re édit., n° 265 ; 2e édit., n° 284.

*** 1587. Historique.** — La rescision de la vente pour lésion a été autorisée en droit romain par une constitution que Justinien attribue à Dioclétien (*Code de Justinien*, liv. XLIV, tit. 4, loi 2), mais qui est peut-être postérieure à cet empereur. La rescision était accordée pour *lésion d'outre moitié* (læsio enormis). Cette action fut introduite dans notre ancien droit au moyen âge sous l'influence des études romaines. La loi du 14 fructidor an III l'avait abolie : elle a été rétablie par une autre loi du 3 germinal an V. Fortement attaquée lors de la confection du Code, elle a été maintenue après une longue discussion sur les instances du premier Consul (Fenet, t. XIV, p. 45-62). Depuis lors, son principe est toujours discuté. Beaucoup de gens se demandent s'il est utile et s'il est juste d'accorder ainsi aux majeurs, maîtres de leurs droits, une protection qui fait d'eux des incapables.

*** 1588. Justification de la rescision.** — Laissons de côté ces discussions théoriques ; les motifs qui ont fait admettre la rescision par le législateur sont les suivants. Le propriétaire qui consent à vendre en subissant une lésion énorme doit être considéré comme ayant traité sous l'empire d'*une sorte de violence* ; il a vendu son bien presque pour rien parce qu'il avait un pressant besoin d'argent. Son consentement n'a pas été libre. Si le propriétaire veut donner son bien, qu'il emploie les formes des donations ; s'il veut le vendre, il faut qu'il en tire un prix à peu près suffisant ; s'il se contente d'un prix infime, c'est qu'il a été trompé ou forcé par le besoin. Tel était le raisonnement de Tronchet (Fenet, *ibid.*, p. 61). Il résulte de là que les auteurs du Code ont assimilé la lésion dans les ventes à un *vice du consentement*.

*** 1589. Ventes donnant lieu à rescision.** — Conformément à la tradition, la rescision n'est possible que pour les *ventes d'immeubles*. L'art. 1674 le dit expressément, en supposant que le vendeur est lésé « dans le prix d'un immeuble ». Et encore cette action n'est-elle pas admise en toute vente d'immeuble. Il faut excepter, en effet, deux sortes de ventes :

1° VENTES ALÉATOIRES. — Ce sont celles qui sont faites *moyennant une rente viagère*. Il y a une chance à courir pour les deux parties : la chose pourra coûter cher à l'acheteur, comme il pourra l'avoir pour peu d'argent ; cela dépend du temps que durera la rente. La possibilité d'une lésion est ici un des caractères du contrat, qui est valable à tout événement. Cela suppose toutefois que la rente stipulée est sensiblement supérieure aux revenus de l'immeuble, sans quoi la vente serait nulle, faute de prix (ci-dessus, n° 1381).

2° VENTES FAITES PAR AUTORITÉ DE JUSTICE (art. 1684). — Le motif de cette exception paraît être tiré des garanties qu'offre ce procédé de vente, qui comporte une grande publicité. « Le juste prix des choses, disait Pothier, est le prix qu'elles peuvent être vendues. » De plus, quand les enchères n'ont pas donné un résultat favorable, il y a un procédé spécial, la surenchère du sixième, qui permet de faire élever le prix d'adjudication (art. 708, C. proc. civ.). Annuler la vente pour procéder à une nouvelle adjudication augmenterait beaucoup les frais et ne donnerait probablement pas un résultat meilleur. L'art. 1684 reproduit une solution traditionnelle (POTHIER, *Vente*, n° 340).

Du reste, cette exception ne concerne pas toutes les ventes faites en justice, mais uniquement celles qui « d'après la loi, *ne peuvent être faites que* d'autorité de justice ». Telles sont les ventes sur saisie et les ventes de biens de mineurs ou d'interdits. Mais les ventes qui se font en justice sans que cela soit nécessaire, et qui pourraient tout aussi bien se faire à l'amiable, restent soumises au droit commun et sont rescindables pour lésion.

1590. Exclusion de la rescision en matière mobilière. — Ceci est encore une décision traditionnelle, et c'est l'effet du vieil adage : « Vilis mobilium possessio. » — On peut ajouter que la lésion est moins à craindre pour les objets mobiliers, parce qu'il est toujours possible de les transporter dans un endroit où ils trouveront des acheteurs. Dumoulin aurait voulu faire accepter la rescision pour les meubles précieux. Voyez là-dessus POTHIER, *Vente*, n° 339. Certaines Coutumes, comme celle d'Orléans (POTHIER, *ibid.*), avaient une disposition formelle en sens contraire.

Une difficulté se présente lorsque la chose vendue se compose à la fois de meubles et d'immeubles, par exemple une *maison meublée*. On devra pour apprécier la lésion faire une *ventilation* et déterminer la part du prix qui représente l'immeuble.

*** 1591. A qui appartient l'action.** — Le droit de demander la rescision n'est accordé qu'*au vendeur* ; il est refusé à l'acheteur (art. 1683).

L'acheteur cependant peut subir un préjudice par l'effet de la vente, s'il a acheté trop cher. Mais les motifs de l'action ne se retrouvent pas en sa personne : s'il a consenti à payer un prix si élevé, c'est qu'il pouvait le faire et qu'à ses yeux la chose valait l'argent.

**** 1592. Lésion donnant ouverture à l'action.** — Pour que la vente soit rescindable, il faut que la lésion subie par le vendeur soit énorme ; mais, pour supprimer toute difficulté, la loi en a *fixé le chiffre* : jadis il fallait que le prix fût inférieur à la moitié de la valeur vraie, auquel cas le vendeur subissait une lésion d'*outre-moitié*. Le Code civil, par une sorte de transaction entre partisans et adversaires de cette cause de rescision, en a encore élevé le chiffre : il faut qu'*elle dépasse les sept douzièmes du prix vrai* (art. 1674) ; par conséquent le prix doit se trouver inférieur aux cinq douzièmes de ce qu'il aurait dû être. — Cette élévation du chiffre de la lésion a rendu les rescisions encore plus rares ; on en voit cependant des exemples de temps à autre.

Pour apprécier la lésion, on doit rechercher quel était l'état matériel de l'immeuble au moment où il a été vendu, et se demander quelle en était alors la valeur. C'est *au moment de la vente* qu'il faut se placer pour faire cette estimation, et non au moment où la rescision est demandée (art. 1675).

*** 1593. Durée de l'action.** — La loi n'autorise la demande en rescision que dans un délai fort bref : *deux années* à partir de la vente (art. 1676, al. 1).

C'est une réduction considérable du délai traditionnel, qui était jadis de dix ans, comme dans toutes les actions rescisoires (Pothier, *Vente*, n° 347), délai qui existe encore dans notre droit actuel d'une manière générale (art. 1304). Il faut voir là une marque de plus des concessions que les partisans de la rescision ont dû consentir pour en faire accepter le principe : on l'a enfermée dans un délai très court.

De plus, on a décidé que ce délai courrait même contre les incapables [1] et les absents, et que la stipulation d'un droit de rachat ne le retarderait pas : les deux délais, celui du rachat et celui de la rescision, courront conjointement (art. 1676, al. 2 et 3)[2].

1594. Nullité des renonciations à l'action en rescision. — Il a fallu prévoir les clauses par lesquelles le vendeur renoncerait à attaquer la vente : l'acheteur d'un immeuble, qui le prend à très bas prix, sait fort bien à quoi il s'expose, et il sera souvent tenté de se couvrir contre l'action en rescision par une renonciation directe ou indirecte de son vendeur.

La loi annule la *renonciation directe* quand elle est contenue « dans le contrat » (art. 1674). Il en résulte que la renonciation faite *après le contrat* pourrait être déclarée valable.

Toutefois les juges auraient la faculté de l'annuler, comme entachée du même vice que le contrat lui-même, si le vendeur l'avait consentie étant encore sous l'empire du même pressant besoin d'argent qui lui a fait vendre son immeuble à vil prix. Ceci arriverait si la renonciation était signée par le vendeur avant qu'il eût touché le prix de la vente. C'est donc seulement *quand ce prix aura été payé* que le vendeur pourra être considéré comme ayant recouvré sa liberté et comme capable de renoncer à son action.

La *renonciation indirecte* résulterait de la clause par laquelle le vendeur déclarerait *faire donation* à l'acheteur de la portion de valeur qui excède le prix. Cette renonciation indirecte est nulle également (art. 1674).

Cependant il n'est pas interdit à un propriétaire, non pressé par des besoins d'argent,

[1] On sait que, d'une manière générale, les prescriptions inférieures à dix ans courent contre les mineurs et les interdits (art. 2278 et ci-dessus, n° 682).

[2] En principe, la voie du rachat est *plus sûre* pour le vendeur, car rien ne peut l'empêcher de reprendre son bien quand il use du pacte de réméré (ci-dessus, n° 1582), tandis que son action en rescision peut être écartée par un supplément de juste prix (art. 1681). Elle peut de plus être *plus durable*, car l'action en rescision ne dure que deux ans, tandis que le pacte de rachat peut être fait pour un délai de cinq ans. Mais elle est aussi *plus onéreuse*, car le vendeur qui use du pacte de rachat doit restituer à l'acheteur les frais et loyaux coûts du contrat, tandis que celui qui obtient la rescision de la vente n'est pas tenu de leur remboursement.

de faire donation de son bien, et comme la jurisprudence moderne admet la validité des donations déguisées sous la forme d'une vente, il serait possible de faire valider une vente consentie pour un prix inférieur aux cinq douzièmes de la valeur de la chose, s'il était établi que dès le début le vendeur a eu l'intention de faire une libéralité à l'acheteur et qu'il l'a librement consentie. La jurisprudence semble disposée à entrer dans cette voie (Amiens, 31 juill. 1894, D. 96. 2. 108), mais on s'éloignera ainsi de plus en plus des intentions annoncées par les auteurs du Code (ci-dessus, n° 1588).

1595. Preuve de la lésion. — La preuve de la lésion est entourée de diverses garanties qui sont destinées à empêcher la rescision d'être prononcée à la légère et à calmer les craintes des adversaires de cette action. Les juges ne doivent autoriser le demandeur à faire sa preuve que s'il articule des faits « assez vraisemblables et assez graves pour faire présumer la lésion » (art. 1677). Une telle présomption résulterait par exemple du prix que l'immeuble a obtenu dans une vente antérieure ou du chiffre des loyers et revenus qu'il donne.

Quand la lésion est ainsi rendue *vraisemblable*, le demandeur en rescision est autorisé à en faire la *preuve*. Cette preuve ne peut résulter que d'un *rapport de trois experts* (art. 1678), qui se prononcent à la majorité, en faisant connaître leurs dissidences, quand il y en a, mais sans indiquer de quel avis chaque expert a été (art. 1678, 1679 et 1680).

Les juges ne peuvent jamais se dispenser de l'expertise, même quand le fait de la lésion ressort de preuves littérales. Le Tribunat a fait supprimer une disposition du projet qui déclarait l'expertise inutile en ce cas.

Mais l'avis des experts ne lie pas les juges : ils sont obligés de les consulter, mais non d'accepter leur opinion (art. 323, C. proc. civ.). Comp. Cass., 1er juin 1892, S. 93. 1. 134.

***1596. Option laissée à l'acheteur.** — Une fois la lésion démontrée, l'acheteur peut encore empêcher la rescision d'être prononcée. L'art. 1681 lui en donne le moyen : il n'a qu'à payer au vendeur un *supplément de prix*. S'il prend ce parti, il conservera son immeuble. La somme que doit alors payer l'acheteur est la différence entre le prix qu'il a payé et le juste prix qu'a donné l'expertise, mais *diminué d'un dixième*.

Par exemple, il avait acheté pour 4 000 francs un immeuble qui est estimé en valoir 12 000 ; il devra payer la différence entre ces deux sommes, soit 8 000 francs, moins 1 200 francs, dixième de la valeur totale ; l'acheteur versera donc 6 800 francs à titre de supplément. Les 1 200 francs de différence représentent le *bénéfice licite* qu'on laisse à l'acheteur ; on n'a pas voulu le priver de tout l'avantage qu'il avait espéré retirer du contrat, en cherchant une bonne affaire.

L'art. 1682 ajoute, que si l'acheteur se décide à garder l'immeuble, il doit payer les *intérêts* du supplément de prix à compter du jour de la demande en rescision.

Il est bien évident que l'acheteur qui juge la rescision certaine, n'est pas obligé de laisser le procès suivre son cours, et qu'il peut prendre les devants et désarmer son vendeur en lui offrant le supplément de prix calculé comme l'indique la loi. Le vendeur n'obtiendrait rien de plus en suivant son action jusqu'au bout. Comp. art. 891, relatif à la rescision du partage.

***1597. Effet de la rescision.** — Quand la rescision est prononcée, la vente est *rétroactivement anéantie*. Toutes les indications déjà données à propos de la propriété résoluble (t. I, 1re édit., nos 1050-1065 ; 2e édit., nos 977-992) et spécialement pour le réméré et pour la résolution de la vente pour défaut de paiement du prix (ci-dessus, nos 1564, 1565 et 1582), notamment en ce qui concerne la nature des actions exercées par le vendeur et la résolution des droits conférés aux tiers par l'acheteur, s'appliquent ici.

Il faut toutefois signaler les particularités suivantes :

1° *L'acheteur n'a pas droit à la restitution des frais de son contrat.* Aucun texte analogue à l'art. 1673 (relatif au réméré) ne lui confère ce droit ; or, d'après les principes généraux, l'exercice des actions en nullité se fait aux risques et aux frais de la partie dont le titre est annulé. Du reste, il y a cette différence que la résolution résultant du réméré a une cause contractuelle, tandis que la vente qui a lésé le vendeur de plus des sept douzièmes est entachée d'une sorte de vice : l'acheteur a spéculé sur la détresse du vendeur.

2° La loi fait *compensation*, jusqu'au jour de la demande, entre les *fruits* de la chose que l'acheteur a perçus et les *intérêts du prix* que le vendeur avait en main. A compter de la demande, l'un doit l'intérêt et l'autre les fruits (art. 1682, al. 2 et 3). Cette disposition est facile à justifier : le vendeur ayant droit aux fruits du jour de la demande, il est naturel qu'on l'oblige à restituer l'intérêt du prix à compter du même jour. Mais la loi ajoute que le vendeur doit les intérêts du prix *depuis le jour du paiement*, « si l'acheteur n'a touché aucuns fruits » (art. 1682, al. 3). Ceci se comprend encore s'il s'agit d'une terre dont la vente est rescindée avant que l'acheteur ait eu le temps d'en percevoir aucune récolte : le vendeur qui la reprend n'aura subi aucune diminution de jouissance par l'effet de la vente. Mais, si la raison pour laquelle l'acheteur n'a pas perçu de fruits est que la chose n'est pas frugifère, la décision de la loi ne se justifie plus ; il y a eu vente d'une propriété d'agrément ; l'acheteur en aura eu la jouissance, peut-être pendant deux ans, et il aura droit à la restitution des intérêts de son argent depuis le jour où il a payé son prix. La loi lui donne ainsi à la fois la jouissance de la chose et la jouissance du prix.

3° Les *sous-acquéreurs de la chose*, atteints par l'effet de la rescision, ont la même faculté que l'acheteur primitif d'écarter le vendeur en lui payant le supplément de prix auquel il a droit (art. 1681, al. 2).

CHAPITRE VIII

DE LA LICITATION

****1598. Définition.** — On appelle « licitation » *la vente aux enchères d'un bien indivis.*

Tel n'était pas le sens primitif du mot. *Liciter* (du latin *liceri, liceor*) signifiait d'abord *vendre aux enchères* et pouvait s'appliquer à toute espèce de chose vendue de cette façon. L'usage en a peu à peu restreint l'emploi aux choses indivises, sans qu'il y eût pour cela aucune nécessité. Cette spécialisation du mot était déjà consommée du temps de Pothier (*Vente*, n° 515).

*** 1599. Utilité de la licitation.** — Quand deux ou plusieurs personnes possèdent un bien dans l'état d'indivision, l'issue ordinaire de cette situation provisoire est le *partage*. Mais le partage n'est pas toujours possible : les maisons, les établissements industriels et commerciaux, beaucoup de biens ruraux, ont une *sorte d'unité* qui les rend impartageables, d'une manière plus ou moins complète. L'un des copropriétaires pourrait bien prendre la chose en entier pour lui, en payant aux autres la valeur de leurs parts, mais il est possible qu'elle ne convienne à aucun d'eux, ou encore qu'ils ne puissent se mettre d'accord sur le prix.

Dans cette situation, il n'y a qu'une issue : c'est de mettre la chose aux enchères, de la *liciter* ; celui qui la voudra y mettra le prix ; si aucun d'eux n'en veut, il est possible qu'on trouve un tiers qui désire s'en rendre acquéreur.

On voit par là que la matière de la licitation serait beaucoup mieux placée dans la théorie du partage que dans la théorie de la vente. Le Code a suivi sur ce point le plan de Pothier[1].

* **1600. Formes de la vente.** — Si tous les copropriétaires sont majeurs et maîtres de leurs droits, ils règlent, comme bon leur semble, les conditions et les formes de la licitation. Ils peuvent par exemple choisir le notaire qui sera chargé de recevoir les enchères. Ils peuvent même se passer de notaire et liciter entre eux dans la forme qu'ils voudront.

La licitation se fait *en justice* dans deux cas : 1° quand les intéressés ne peuvent se mettre d'accord sur ses formes ; 2° quand il y a parmi eux un ou plusieurs mineurs ou interdits (art. 838). En ces deux cas, les formalités à suivre sont celles qui ont été établies par le Code de procédure civile pour les *ventes de biens de mineurs* (art. 1688 ; art. 972 et suiv.; 984 et suiv. C. proc. civ.). L'adjudication est reçue soit par un des juges du tribunal à l'*audience des criées,* soit par un *notaire commis* à cet effet (art. 954 C. proc. civ.).

* **1601. Personnes admises à enchérir.** — La licitation est considérée comme une opération du partage. Par conséquent, elle doit se faire uniquement *entre les copropriétaires du bien indivis.* C'est ce que disait Pothier et ce que suppose la loi. Cependant les *étrangers* sont admis à enchérir dans deux cas :

1° Quand l'un des copartageants le demande ;

2° Quand l'un d'eux est mineur (art. 1687). Dans ce dernier cas, l'admission des étrangers n'a pas besoin d'être demandée : elle est de droit.

** **1602. Effet de la licitation.** — L'effet de la licitation varie selon la qualité de la personne qui s'est rendue adjudicataire : si c'est un des copropriétaires de la chose, elle *vaut partage* ; si c'est un étranger, elle *vaut vente* (Caen, 1er mai 1899, D. 1900. 2. 49)[2]. Cette distinction résulte de l'art. 883, qui assimile dans le premier cas les effets de la licitation à ceux du partage.

Cette différence est très importante ; les résultats qui se produisent ne

[1] Dans la pratique, on a créé l'expression « Vente *sur* licitation », qui est tout à fait vicieuse ; le Code de procédure dit plus correctement « Vente *par* licitation » (art. 970), c'est-à-dire vente par le moyen d'enchères.

[2] Sur la jurisprudence antérieure à 1887 et sur les difficultés que cette solution présente, voyez la note de M. Loynes, D. 1900. 2. 49.

sont pas du tout les mêmes dans les deux cas, comme le montre la rapide énumération suivante :

1° La *transcription* est nécessaire, quand l'adjudicataire est un étranger, pour rendre son titre opposable aux tiers, puisqu'il est *acheteur* (Cass., 10 nov. 1891, D. 92. 1. 517, S. 92. 1. 103). Elle est inutile si c'est un des colicitants, car il n'acquiert rien ; son titre est *déclaratif* et non translatif de propriété (art. 883).

2° Les *droits réels* (hypothèques, servitudes, etc.), consentis par les copropriétaires ou nés de leur chef pendant l'indivision, subsistent à la charge du tiers adjudicataire, qui est leur ayant cause et les a tous pour auteurs ; ils disparaissent au contraire quand l'immeuble licité est adjugé à l'un des copropriétaires, à cause de l'*effet déclaratif du partage*. Celui-ci est l'ayant cause direct du propriétaire antérieur (ordinairement une personne décédée, à laquelle ils avaient tous succédé conjointement), et les autres sont censés n'avoir jamais eu de droits sur la chose indivise (art. 883).

3° Le prix d'adjudication de l'immeuble licité est garanti dans un cas par le *privilège du vendeur,* dans l'autre, par le *privilège du copartageant*, selon que la licitation vaut vente ou partage. Or ces deux privilèges sont soumis à des règles fort différentes pour leur mode de conservation.

4° La *rescision pour lésion* est soumise, selon la même distinction, tantôt à l'art. 891 (lésion de plus du quart, dans les partages), tantôt à l'art. 1674 (lésion de plus des sept douzièmes dans les ventes d'immeubles).

CHAPITRE IX

DU TRANSPORT DE CRÉANCE

§ 1. — *Généralités.*

****1603. Définition.** — Le transport de créance est la convention par laquelle un créancier cède volontairement ses droits contre le débiteur à un tiers qui devient créancier à sa place.

L'aliénateur prend le nom de *cédant*. L'acquéreur de la créance est le *cessionnaire*. Quant au débiteur contre lequel existe la créance qui fait l'objet du transport, on l'appelle le *cédé*.

1604. Synonymes. — Cette opération s'appelle tantôt *transport de créance*, tantôt *cession de créance*. On dit même parfois *transport-cession* tout court, étant sous-entendu qu'il s'agit d'une créance.

***1605. Caractère variable de l'opération.** — Le transport de créance a tantôt le caractère d'une *vente*, quand il se fait à prix d'argent, tantôt le caractère d'une *donation*, quand il est gratuit. Il peut même se faire à titre de dation en *paiement*. Il est clair qu'il sera soumis à des règles différentes dans chacun de ces trois cas, au moins sur certains points. La loi s'en est occupée en le considérant comme une vente; mais plusieurs des règles qu'elle pose sont générales, notamment les formalités à remplir pour rendre la cession opposable aux tiers.

* **1606. Origines du transport de créance.** — Notre transport de créance moderne est la transformation progressive d'une ancienne institution romaine: la *procuratio in rem suam*. Du reste, le changement qui a fait du simple mandat à l'effet d'agir en justice un procédé de transfert de la créance s'est accompli à l'époque impériale; il était déjà achevé avant Justinien, et nos praticiens n'ont rien inventé. Les Romains étaient partis de cette idée que les créances étaient inaccessibles, mais après l'établissement de la procédure formulaire ils admirent qu'on pouvait faire exercer l'action en justice par un « procurator ». En dispensant ce mandataire de rendre compte, on lui permettait de garder pour lui ce qu'il obtenait du débiteur; on faisait presque de lui un *cessionnaire de la créance*. L'opération était encore fragile et imparfaite de deux façons: 1° le mandat prenait fin par la mort du mandant; 2° jusqu'à la « litis contestatio » (exercice de l'action), la créance était réputée appartenir au mandant, qui pouvait en disposer et l'éteindre. On consolida d'abord le droit du cessionnaire en décidant qu'il pourrait encore agir par voie d'action utile après la mort du cédant. Plus tard une constitution impériale attribuée à Gordien (*Code*, liv. VIII, tit. 41, loi 3) donna au cessionnaire un moyen de se rendre maître de la créance cédée, avant tout acte d'exercice de l'action, par une signification adressée au débiteur, ou par une reconnaissance de la part de celui-ci, acceptant le cessionnaire comme créancier. Ce sont ces solutions romaines que notre pratique et nos anciens auteurs ont adoptées; nous n'avons rien fait de plus que d'abandonner l'idée de procuration pour lui substituer celle de cession.

* **1607. Utilité de la cession de créance.** — Cette opération, très fréquente dans la pratique, offre des intérêts multiples.

1° POUR LE CÉDANT. — Elle permet d'abord à un *créancier à terme*, qui ne pourrait rien réclamer à son débiteur, de toucher tout de suite le montant de sa créance en la vendant: il la réalise immédiatement, sous une faible déduction d'intérêts. Il peut encore *payer son propre créancier* en lui cédant ses droits contre son débiteur: la créance est une valeur qui peut se donner en paiement.

2° POUR LE CESSIONNAIRE. — Acheter une créance est souvent un moyen de *placer avantageusement son argent*. On peut acquérir une hypothèque en bon rang, qu'on n'obtiendrait pas par une constitution nouvelle; par exemple, en remboursant le vendeur d'un immeuble, celui qui cherche un placement pour ses fonds acquiert le privilège né de la vente.

* **1608. Créances pouvant faire l'objet d'un transport.** — Les formes du transport de créance s'appliquent uniquement aux *droits de créance* et non aux droits réels, pour lesquels il existe des procédés particuliers d'aliénation[1]. Les créances les plus variées peuvent faire l'objet

[1] La rubrique des art. 1689 et suiv. est mal rédigée: « Du transport des créances et

d'un transport. Ce ne sont donc pas seulement les créances de *sommes d'argent* qui sont cessibles par ce moyen ; il en est de même d'une créance quelconque, par exemple, du *droit au bail,* créance que le preneur possède en vertu du contrat de bail contre le bailleur et qui a pour objet le fait de lui maintenir la jouissance des lieux loués (Paris, 24 janv. 1873, D. 74. 2. 140, S. 85. 2. 335).

Par exception, certaines créances sont *incessibles*. Telles sont les pensions de retraite ou de réforme, civiles ou militaires ; les rentes viagères de la Caisse des retraites.

1609. Étendue de la cession. — La cession transmet au cessionnaire, non seulement la *créance* elle-même, c'est-à-dire l'action en paiement, mais tous les *accessoires* de la créance, et notamment le bénéfice du cautionnement, de l'hypothèque ou du privilège qui lui sert de garantie (art. 1692). Quant aux *intérêts* échus avant la convention, ce sera une question de fait de savoir s'ils ont été compris dans la cession.

Mais on ne doit pas considérer comme cédé en même temps que la créance le bénéfice de la *suspension de prescription* dont le cédant pouvait jouir comme mineur ou à un autre titre. La suspension est un bénéfice *inhérent à la personne du créancier*, et qui ne peut se céder. En sens inverse, le cessionnaire y aurait droit de son chef, s'il était lui-même mineur tandis que le cédant était majeur.

*** 1610. Exceptions opposables au cessionnaire.** — La créance passe au cessionnaire telle que le cédant la possédait. Par suite, les exceptions qui auraient été opposables au cédant et qui étaient acquises au débiteur avant la signification de la cession continuent à le protéger contre le cessionnaire, soit qu'elles diminuent seulement le montant de sa dette, soit qu'elles la suppriment entièrement.

Il en est ainsi des moyens de nullité, de rescision, de résolution, etc. Ainsi jugé pour l'exception née d'un dol commis par le cédant (Cass., 5 nov. 1889, D. 90. 1. 379, S. 91. 1. 407), Comp. Cass., 22 févr. 1893, D. 93. 1. 296, S. 93. 1. 144. — Toutefois, on verra que le cédé est parfois considéré comme ayant renoncé à opposer à son nouveau créancier les exceptions qu'il aurait pu faire valoir contre l'ancien (ci-dessous, n° 1626).

§ 2. — *Formes du transport.*

A. — Formes du droit commun.

**** 1611. Option entre deux formalités.** — D'après l'art. 1690, pour se « saisir » de la créance qui lui est vendue, le cessionnaire a le choix entre deux moyens : une *signification du transport* faite au cédé, ou son *acceptation,* c'est-à-dire un aveu écrit du débiteur constatant qu'il a con-

autres droits incorporels ». C'est « *choses* incorporelles » qu'il eût fallu dire, car il n'y a pas de *droits* corporels ; tous sont de pures conceptions de l'esprit. — De plus, cette rubrique est trop large, car, en dehors du transport des créances, la loi ne s'occupe dans ce chapitre que des *cessions d'hérédités*. Or il y a bien d'autres choses incorporelles que l'on peut céder (offices, brevets d'invention, fonds de commerce, droits réels de toute nature). Tout cela est en dehors du chapitre VIII.

naissance du transport. L'une ou l'autre de ces deux formalités suffit, et elles sont en principe équivalentes, sauf les différences qui seront signalées sur quelques points. Voyez ci-dessous n° 1626.

*** 1612. De la signification.** — Cette signification n'est pas une notification quelconque, par lettre ou verbale : c'est un *exploit d'huissier*, acte authentique et à date certaine, qui se donne, selon la règle commune, à personne ou à domicile.

La signification pourrait être faite à la requête du cédant, mais ordinairement c'est le cessionnaire qui en prend l'initiative, parce que lui seul a intérêt à la faire promptement.

L'art. 108 de la Coutume de Paris exigeait qu'il fût « baillé copie du transport », ce qui supposait que la cession de la créance avait été faite par écrit. L'art. 1690 n'a plus cette exigence ; il suffit donc de donner connaissance du fait du transport et de ses conditions essentielles (Cass., 6 août 1894, D. 95. 1. 33), ce qui permettrait à la rigueur de signifier une convention purement verbale, en la supposant d'ailleurs faite à titre onéreux, car une donation de créance ne peut se faire que par écrit.

*** 1613. De l'acceptation par le cédé.** — De tout temps il a été admis que la connaissance du transport, acquise par le cédé, suffisait pour le lier envers son nouveau créancier. La constitution de Gordien admettait, comme valant reconnaissance du transport, le paiement partiel fait au cessionnaire. Cependant les auteurs anciens ne parlaient pas de cette circonstance, ou bien peu (voyez Laurière, *Coutume de Paris,* sous l'art. 108) et le projet de l'an VIII n'y faisait aucune allusion. On exigeait la signification du transport, probablement pour couper court à toute difficulté sur la preuve. Les auteurs du Code, au cours de la discussion, crurent accorder aux parties une facilité en leur permettant de remplacer la signification par une acceptation volontaire donnée par le cédé *dans un acte authentique* (art. 1690). En fait, on n'a jamais recours à ce moyen, parce que l'acte notarié coûte plus cher qu'un exploit d'huissier [1]. Mais on rencontre assez souvent dans la pratique des *acceptations sous seings privés,* dont la valeur a été discutée. La Cour de cassation, remarquant que l'art. 1690 n'exige l'acte authentique que pour saisir le cessionnaire de la créance « à l'égard des tiers », a décidé qu'une acceptation sous une forme quelconque suffisait pour lier le cédé envers le cessionnaire et pour l'empêcher de contester plus tard l'existence du transport (Cass., 6 févr. 1878, D. 78. 1. 275, S. 78. 1. 168). Sous une législation qui admet l'efficacité des contrats purement consensuels, cette jurisprudence était inévitable : l'acceptation donnée par le cédé vaut de sa part *engagement de payer* entre les mains du cessionnaire, et cet engagement est valable. C'est tout ce que cherche le cessionnaire, et cela suffit pour donner plein effet au transport.

[1] On pourrait cependant s'en servir économiquement, au cas où la cession de la créance serait faite par-devant notaires, en faisant intervenir dans l'acte le cédé pour y donner son acceptation.

Par là le droit français se rapproche sensiblement du droit allemand dans ses résultats, bien que tous deux partent de conceptions théoriques opposées : la signification du transport n'est qu'un moyen de mettre le cédé de mauvaise foi, au cas où il agirait ensuite au mépris du transport. Sur le droit allemand, voyez ci-dessous n° 1616.

***1614. Rôle des formalités légales.** — La plupart des auteurs français considèrent les formalités de l'art. 1690 comme des *mesures de publicité* établies dans l'intérêt des tiers : ce système, inventé par Gordien au IIIe siècle, est traité par eux comme un précurseur de notre transcription moderne. On prend même soin, dans beaucoup de cours et de livres, de rapprocher les deux institutions et d'en faire la comparaison. Dans cette idée, on se pose deux questions :

1° Comment la loi a-t-elle pu considérer la signification *faite au cédé* comme un moyen suffisant pour *prévenir les tiers* ? Elle suppose évidemment que ceux qui auront besoin de connaître la cession iront s'en informer auprès du débiteur, transformé ainsi en agent de renseignements à l'usage du public. On est bien obligé d'avouer que « c'est là un mode de publicité assez imparfait ».

2° On se demande ensuite *quelles sont les personnes qui ont le droit d'opposer le défaut de publicité* ? Question étrange, et qui aurait beaucoup étonné Pothier, ainsi que les rédacteurs de la Coutume de Paris et ceux du Code civil ; ce qui est encore plus étrange, c'est que l'on autorise *tout le monde* à méconnaître le transport non signifié ou accepté, jusqu'aux simples créanciers chirographaires du cédant, jusqu'au cédé lui-même, qu'on range à ce point de vue parmi les tiers.

Ces questions disparaissent dès qu'on prend les formalités de l'art. 1690 pour ce qu'elles ont toujours été : un procédé établi dans l'intérêt exclusif du cessionnaire, pour le *saisir* définitivement de la créance qui lui est transmise, parce que le contrat de transport, simple mandat à l'origine, était incapable de la lui faire acquérir.

1615. Comparaison de Pothier. — A l'aide d'une autre comparaison, Pothier faisait beaucoup mieux comprendre la nature vraie des formes du transport. Le transport d'une créance, disait-il, tant que la signification n'en a pas été faite au débiteur, est *ce qu'est la vente d'une chose corporelle avant la tradition* : « de même que le vendeur d'une chose corporelle demeure, avant que la tradition ait été faite, possesseur et propriétaire de la chose qu'il a vendue ; de même, tant que le cessionnaire n'a point fait signifier le transport au débiteur, le cédant n'est point dessaisi de la créance qu'il a transportée » (*Vente*, n° 554). — L'un des termes de cette comparaison (la tradition des choses corporelles) n'est plus qu'un souvenir historique, mais la comparaison peut néanmoins servir encore pourvu que l'on modifie le temps du verbe et que l'on dise au passé : « ce qu'*était*, antérieurement au Code civil, la vente d'une chose corporelle non encore livrée. »

On verra que le cessionnaire ne peut retirer aucun profit du transport qu'après s'être « saisi » de la créance par l'accomplissement d'une formalité. Ce que disait l'art. 108 de la Coutume de Paris est encore vrai sous le Code civil : « Simple transport *ne saisit point.* »

1616. Systèmes étrangers. — Le Code allemand, comme le nôtre, a conservé le système romain, mais en le modifiant. La formalité de la « denuntiatio » ne sert plus à *saisir* le cessionnaire de la créance : l'art. 398 déclare formellement que « *par la conclusion du contrat*, le nouveau créancier *prend la place* du créancier antérieur ». Les formalités du transport n'ont plus qu'un but : elles constituent le débiteur en état de mauvaise foi et l'empêchent d'opposer au cessionnaire les actes de paiement ou de remise qu'il a pu faire depuis la cession soit avec le cédant, soit avec un cessionnaire ultérieur (art. 407 à 409). Mais la cession non signifiée ni acceptée n'en est pas moins réputée parfaite, même à l'égard des tiers. Pour les développements, voyez SALEILLES, *Théorie de l'obligation*, nos 86 à 93.

Le *Code espagnol* a adopté un système analogue : il ne parle même pas des formalités que le Code allemand a conservées et décide que la cession a effet contre les tiers du jour où sa date est certaine (art. 1526). Il ajoute toutefois que le débiteur qui, avant de connaître la cession, s'acquitte envers le créancier est libéré de toute obligation (art. 1527), ce qui fait reparaître l'utilité de la « denuntiatio » romaine.

Le *Code italien* a subi l'influence des idées françaises modernes, qui voient dans la dénonciation du transport un mode de publicité exigé dans l'intérêt des tiers (art. 1538 et 1539).

1617. Publicité par voie de transcription. — En *Belgique*, on a cherché à organiser un véritable système de publicité par voie de transcription pour les cessions de créances. La loi belge du 16 décembre 1851 exige la publicité pour les cessions de *créances hypothécaires*; il y a alors un bureau tout désigné pour y pourvoir : c'est celui de la situation de l'immeuble hypothéqué. Mais quand Laurent a voulu généraliser ce système, dans son *Avant-projet de revision du Code civil*, il s'est heurté à une difficulté insurmontable : l'impossibilité de déterminer l'endroit où se fera cette publicité. Il l'exigeait néanmoins et elle devait se faire au bureau du *domicile du débiteur*, comme si la créance s'y trouvait située. Mais le lieu du domicile est changeant, souvent douteux et parfois inconnu.

En *France*, nous avons une règle spéciale pour les *cessions de loyers non échus* : quand elles portent sur trois années de loyers, elles doivent être transcrites pour être opposables aux acquéreurs de l'immeuble et aux créanciers hypothécaires. Cette obligation, établie par la loi du 23 mars 1855 (art. 2-5°), est sanctionnée par l'application des principes relatifs à la transcription.

B. — Formes exceptionnelles.

*** 1618. Motif de ces exceptions.** — Les formes de transport établies par l'art. 1690 ne s'appliquent pas à toutes les créances. Elles représentent le droit commun, mais il y a à côté d'elles des formes spéciales de cession. Ces particularités tiennent, non à la nature intrinsèque de la créance, mais *à la forme du titre qui la constate*.

*** 1619. Énumération.** — Les titres de créances, qui se transfèrent par des moyens particuliers, sont les suivants :

1° TITRES AU PORTEUR. — Ils sont assimilés à des objets corporels. La créance se confond avec le titre et se transmet en même temps que lui, par une simple tradition de la main à la main.

2° TITRES NOMINATIFS. — Il existe pour eux un procédé spécial, dit *transfert*, qui se fait sur les livres de la personne débitrice (État, Ville, Compagnie, etc.). Pour les formes du transfert, voir t. I, 1re édit., p. 858, note 2; 2e édit., p. 781, note 2.

3° TITRES A ORDRE. — Les billets à ordre, lettres de change ou traites, et autres titres de ce genre se transmettent par *endossement*. L'endossement est une mention qui se met au dos du titre et qui est ainsi conçue : « Payez à l'ordre de M..., valeur reçue en espèces [*ou* en marchandises] », date et signature. L'endossement transfère la propriété du titre, à l'égard de tous, sans qu'il y ait besoin de signification ni d'acceptation.

*** 1620. Emploi de la clause à ordre dans les créances ordinaires.** — La forme du titre à ordre a été inventée pour les besoins du commerce, mais le titre à ordre s'emploie pour une créance quelconque. Le *billet à ordre* peut constater une *créance civile*. La pratique moderne est même allée plus loin, elle a introduit la clause à ordre dans les obligations civiles ordinaires *constatées par acte notarié* et la Cour de cassation a admis la validité de ce procédé, alors même que le titre ne réunirait pas les conditions du billet à ordre (Cass., 8 mai 1878, D. 78. 1. 241; Note de M. Beudant, S. 78. 1. 292; Cass., 7 mai 1879, D. 79. 1. 307, S. 79. 1. 421; Cass., 15 mars 1892, D. 93. 1. 309, S. 94. 1. 495).

§ 3. — *Translation de la créance.*

A. — Relations des parties entre elles.

*1621. **Effet de la convention.** — On considère le contrat de transport comme produisant son effet translatif entre les parties sans aucune formalité; le consentement suffit; on lui applique par analogie les art. 1138 et 1583, qui déclarent la vente « parfaite entre les parties » par le seul consentement.

1622. Délivrance. — L'art. 1689 dit que la délivrance de la créance s'opère par la remise du titre. Comp. art. 1607, qui appelle cette remise la « tradition » du droit cédé. A vrai dire, il n'y a pas délivrance de la créance, puisque la délivrance est un acte matériel qui ne peut s'accomplir sur une chose incorporelle comme un droit. Il serait plus exact de dire que la remise du titre est *une obligation accessoire* qui s'impose au cédant. C'est sous cette forme que le Code allemand la présente (art. 402).

B. — Relations des parties avec les tiers.

* 1623. **Deux époques à distinguer.** — Pour déterminer l'effet de la cession à l'égard des tiers, il y a lieu de distinguer deux périodes successives, l'une *antérieure* à la signification ou acceptation, l'autre *postérieure*. Jusqu'à l'acceptation ou à la signification, le cédant reste titulaire de la créance cédée et le cessionnaire n'est pas réputé créancier (art. 1690).

1624. **Inefficacité du transport non signifié. — L'idée que le cessionnaire n'est pas encore « saisi de la créance à l'égard des tiers » produit les conséquences suivantes :

1° Poursuites. — *Le cédant seul peut poursuivre le débiteur.* Celui-ci peut refuser de répondre à l'action introduite contre lui par le cessionnaire, tant que le transport ne lui a pas été régulièrement signifié (Cass., 1er mai 1889, D. 90. 1. 264). Cet inconvénient serait évité, si on admettait, comme cela a été proposé (Dalloz, *Suppl.*, v° Vente, n° 750), que l'assignation envoyée par le cessionnaire au cédé vaut signification du transport quand elle contient des indications suffisantes pour le lui faire connaître.

En suivant la même idée, on aurait dû décider que le cédant seul peut faire des *actes conservatoires* avant la signification, et que ceux qu'il fait profiteront plus tard au cessionnaire, mais que celui-ci n'a pas qualité pour les faire lui-même. On n'est pas allé jusque-là : on autorise le cessionnaire à prendre diverses mesures dans son propre intérêt. Il peut notamment renouveler l'inscription qui conserve l'hypothèque attachée à la créance cédée (Paris, 17 août 1877, D. 78. 2. 36) et pratiquer une saisie-arrêt entre les mains d'un débiteur du cédé (Cass., 1er mai 1889, D. 90. 1. 264). On paraît avoir été entraîné à ces solutions par une analogie lointaine entre la situation du cessionnaire et celle du créancier sous condition suspensive, auquel l'art. 1180 permet les actes conservatoires.

2° EXCEPTIONS. — *Le cédé peut encore acquérir, du chef du cédant, des exceptions opposables au cessionnaire.* Par exemple, le *paiement* fait entre les mains du cédant est libératoire pour le cédé (art. 1691). Par exemple, encore, l'exception de compensation profite au cédé, s'il devient créancier du cédant depuis le transport. La même chose a lieu pour les exceptions de toute nature, comme la remise de dette, la chose jugée, etc. Il y a de nombreuses décisions judiciaires en ce sens (Cass., 29 juin 1881, D. 82, 1. 33, S. 82. 1. 125).

3° ACTES DE DISPOSITION. — *Le cédant, resté titulaire de la créance, peut encore faire sur elle des actes de disposition.* Par exemple, il peut la *transporter à un second cessionnaire* ou la *donner en nantissement* à l'un de ses créanciers. Mais, naturellement, ce nouvel acte de disposition aura besoin d'être lui-même signifié au débiteur[1], faute de quoi il ne serait pas opposable au premier cessionnaire.

Ainsi, entre plusieurs personnes ayant successivement acquis du créancier des droits sur sa créance, la préférence se règle par les dates des significations (ou acceptations) : c'est le plus diligent qui l'emportera, quoique son titre soit plus récent de date que celui des autres. — C'est surtout cette combinaison entre actes successifs qui a fait naître l'idée d'un rapprochement avec le mécanisme de la transcription ; rapprochement purement fortuit, car la préférence est réglée de même entre acquéreurs successifs d'une chose dans les législations qui distinguent la tradition du contrat et réduisent celui-ci à son rôle romain, purement productif d'obligations, sans soumettre la tradition à aucune condition de publicité.

4° SAISIES. — *Les créanciers du cédant peuvent encore considérer la créance cédée comme n'étant pas sortie de son patrimoine.* Par suite, ils peuvent pratiquer sur elle des *saisies-arrêts* entre les mains du cédé.

Par suite encore, quand leur débiteur *tombe en faillite*, la créance fait partie de son actif et la signification ne peut même plus utilement se faire : le failli étant dessaisi de ses biens par le jugement déclaratif, il est désormais impossible pour le cessionnaire de se « saisir » de la créance au détriment des créanciers du cédant.

Ce qui vient d'être dit des créanciers s'applique *même aux créanciers chirographaires*. Les formalités du transport ne constituent pas un système spécial et restreint, comme la transcription, qui ne protège que certaines catégories de personnes déterminées. C'est une règle générale : la créance cédée reste dans le patrimoine du cédant jusqu'à la signification ou à l'acceptation du transport. Telle est la tradition du droit français (POTHIER, *Vente*, n° 556), et elle n'a jamais été ébranlée (Pau, 1er déc. 1891, D. 93. 2. 47 ; Cass., 24 déc. 1894, D. 95. 1. 206, S. 95. 1. 69). Le transport non signifié est une vente romaine non suivie de tradition.

**** 1625. Effet des formalités légales.** — Dès que le transport a

[1] On verra que le créancier qui se fait donner par son débiteur, à titre de nantissement, une créance contre un tiers, ne peut exercer sur cette créance son droit de gage qu'après avoir signifié le nantissement au débiteur de la créance reçue en garantie (art. 2075).

été signifié ou accepté, les conséquences inverses se produisent : le cessionnaire devient créancier et peut agir ; la créance étant entrée dans son patrimoine, *aucune exception postérieurement acquise* ne lui est opposable ; *aucun acte de disposition* ne peut plus être fait par le cédant ; *aucune saisie* n'est à craindre de la part des créanciers de celui-ci.

***1626. Effet particulier attaché à l'acceptation du débiteur.** — Les deux formalités de l'art. 1690 sont mises sur la même ligne : le cessionnaire peut employer l'une ou l'autre, à sa volonté ; il sera *également saisi à l'égard des tiers*. Il y a cependant une différence à signaler, qui résulte de l'art. 1295, placé dans la matière de la compensation. Si le cessionnaire signifie le transport, le cédé conserve le droit de lui opposer les exceptions de toute nature qu'il avait antérieurement acquises contre le cédant ; s'il se fait donner une acceptation du transport, fût-elle sous seings privés (l'art. 1295 ne fait aucune distinction), *le cédé perd le droit de lui opposer l'exception de compensation* ; il est censé y renoncer : en acceptant la cession, il s'engage envers le cessionnaire ; par conséquent, il se considère comme étant encore débiteur, non libéré par compensation.

Il y a donc là une *présomption légale,* qui ne souffre pas la preuve contraire, mais qui n'est attachée qu'à une acceptation donnée *purement et simplement* (art. 1295). Donc le cédé pourrait conserver le droit de se prévaloir de la compensation en faisant ses *réserves* : par exemple, il peut accepter la cession, sous réserve d'une compensation partielle déjà opérée à son profit.

D'ailleurs, l'effet de l'acceptation pure et simple n'a lieu que pour l'exception de compensation, la seule dont s'occupe l'art. 1295 ; le cédé conserverait donc ses exceptions de toute nature autre que celle-là, et il pourrait les opposer au cessionnaire, sauf le cas où quelque circonstance particulière indiquerait qu'il y a renoncé. Mais, pour l'appréciation de ces circonstances, les juges gardent une liberté absolue.

***1627. Danger d'une acceptation non authentique.** — Une différence existe dans la valeur de l'acceptation, selon qu'elle est donnée par le cédé dans un acte sous seing privé ou dans un acte authentique. L'art. 1690 exige l'authenticité de l'acceptation ; par conséquent, elle seule peut produire tous les effets attachés par la loi à cette formalité. L'acceptation sous seing privé a été admise par la jurisprudence, en vertu des principes généraux, comme un acte pouvant lier le cédé personnellement ; mais elle n'est *opposable qu'à lui seul.* Il résulte de là que si le cessionnaire s'est contenté d'une acceptation irrégulière en la forme, il jouira bien des avantages attachés au transport dans ses rapports avec le cédé : il écartera, par exemple, les exceptions acquises par ce dernier depuis son acceptation, et même l'exception antérieure de compensation, par application de l'art. 1295 ; mais il ne pourra pas *opposer le transport aux tiers.* Si donc le cédant a, depuis l'acceptation irrégulière du transport, cédé la créance à une autre personne ou s'il l'a donnée en nantissement à l'un de ses créanciers, ce nouveau cessionnaire ou ce créancier pourra méconnaître le transport, à la condition d'avoir lui-même régularisé son titre conformément aux art. 1690 et 2075 (Cass., 26 juill. 1880, D. 80. 1. 366, S. 82. 1. 356 ; Paris, 18 déc. 1884, D. 86. 2. 15).

***1628. Conflit du cessionnaire avec des créanciers saisissants.** — Des difficultés s'élèvent, pour savoir qui peut toucher l'argent, lorsque la créance cédée a été l'objet de saisie-arrêts de la part des créanciers du cédant, avant et après la signification du transport. Nous devons distinguer selon qu'il y a un seul saisissant ou plusieurs.

A. — Il y a un seul créancier saisissant. — Il faut rechercher si c'est la saisie ou la cession qui a été *signifiée la première*. Quand la saisie-arrêt est postérieure à la signification de la cession, le saisissant arrive trop tard et la saisie-arrêt est nulle : il a saisi ce qui n'appartenait plus à son débiteur. Quand la saisie est la première en date, elle est valable, et il y a lieu de régler la situation du cessionnaire. On y arrive à l'aide des règles suivantes :

1° La saisie-arrêt ne rend la créance *indisponible* que *jusqu'à concurrence des causes de la saisie*, c'est-à-dire de la somme due au saisissant. Par conséquent, s'il est dû au saisissant 9 000 francs, et que la créance saisie soit de 12 000 francs, il reste un excédent disponible de 3 000 francs qui aurait dû être payé au créancier primitif ; il a pu être cédé par lui et doit être payé à son cessionnaire.

2° La saisie-arrêt, qui se fait par exploit d'huissier, a besoin d'être validée par jugement et ce jugement doit être signifié au tiers-saisi (art. 563 C. proc. civ.). Or la jurisprudence admet que le jugement qui prononce la validité de la saisie opère, à compter du jour de sa signification, un *transport judiciaire de la créance* au profit du saisissant (Cass., 27 juin 1892, D. 93. 1. 25. Note de M. Glasson, S. 92. 1. 519). A partir de ce moment, la créance saisie par lui lui appartient comme si elle lui avait été cédée par le débiteur et qu'il eût signifié ce transport. Si donc le cessionnaire de la créance saisie signifie le transport après la signification du jugement de validité, il ne peut obtenir rien de plus que l'*excédent resté libre*.

Si, au contraire, ce cessionnaire se présente dans l'intervalle entre l'exploit de saisie-arrêt et le jugement de validité, il peut concourrir avec le saisissant. Il est admis, en effet, qu'une première saisie-arrêt, non encore validée par jugement, ne confère aucun privilège au premier saisissant contre ceux qui viendront après lui ; tous concourent[1]. D'autre part, la signification d'un transport, faite par le cessionnaire, vaut au moins comme opposition, puisque le cessionnaire de la créance est lui-même un créancier du cédant, ayant droit à délivrance et à garantie. Le conflit se règle alors comme s'il y avait eu *deux saisies-arrêts successives*, et la somme due par le tiers-saisi est *distribuée entre le cessionnaire et le saisissant dans la proportion de leurs droits respectifs*, c'est-à-dire qu'en reprenant les chiffres sus-indiqués l'un aura 9 vingt et unièmes et l'autre 12 vingt et unièmes.

B. — Il y a plusieurs saisissants. — Si les uns sont antérieurs, les autres postérieurs à la signification de la cession, l'hypothèse se complique, et elle devient certainement une des plus discutées qui existent dans la science du droit. Pour la résoudre, il ne s'est pas produit moins de quatorze systèmes ; quelques-uns même prétendent en avoir compté vingt et un ou vingt-deux ! Elle devrait cependant se régler de la façon la plus simple, parce que les saisies-arrêts postérieures à la signification du transport devraient être considérées comme nulles et non avenues. Elles sont arrivées trop tard, à un moment où il y avait déjà une cession consommée. Par conséquent, on devrait appliquer distributivement les solutions précédentes et ne pas tenir compte des saisies tardives. Il y a eu quelques arrêts en ce sens (Orléans, 11 juin 1859, S. 59. 2. 534). Mais le système qui a prévalu en jurisprudence admet les créanciers saisissants postérieurs à concourir avec les créanciers saisissants antérieurs, sur la somme attribuée à ceux-ci. De leur côté, les premiers saisissants n'ont aucun recours à exercer contre le cessionnaire, qui reste attributaire de toute la portion de créance qui n'a pas été rendue indisponible par leurs oppositions (Bourges, 24 nov. 1865, D. 66. 2. 117, S. 66. 2. 44 ; Cass., 25 août 1869, D. 69. 1. 456, S. 69. 1. 424 ; Trib. Dieppe, 16 juill. 1896, D. 99. 2. 489). Mais des difficultés surgissent parce que l'on considère le cessionnaire lui-même comme un créancier et la signification du transport comme valant opposition, ce qui lui permet de con-

[1] Le droit moderne a supprimé le privilège du premier saisissant qui reconnaissait l'art. 178 de la Coutume de Paris.

courir avec les autres créanciers sur la portion rendue indisponible (Trib. Rennes, 14 août 1891, D. 93. 2. 246). Elles ne peuvent être examinées ici. Pour plus de détails, voyez DALLOZ, *Répert.*, v° Saisie-arrêt, n°s 425 et suiv., *Suppl.*, n°s 147 et suiv.

§ 4. — *De la garantie dans la cession de créance.*

A. — Garantie de droit.

***1629. Objet de la garantie en cas de vente.** — Le vendeur d'une créance est *garant de plein droit,* comme tout vendeur. Mais cette garantie n'a pour objet que l'*existence de la créance* au temps du transport (art. 1693)[1]. Le cédant ne répond donc point de l'insolvabilité du débiteur (art. 1694) ; il est quitte par cela seul que la créance existait bien réellement à son profit au moment où il l'a cédée. Il n'est responsable que dans trois cas :

1° *S'il n'y a pas de créance du tout.* On peut même soutenir qu'en ce cas la vente est entièrement nulle faute d'objet et que l'action de l'acheteur est fondée sur l'art. 1382 et non sur l'art. 1693 ;

2° *Si la créance est paralysée par une exception,* telle que l'exception de dol ou la compensation ;

3° *Si la créance existe au profit d'un tiers.* En ce cas, il y a *vente de la chose d'autrui* et l'art. 1599 devient applicable.

La garantie ainsi déterminée porte sur l'existence des *sûretés* qui sont les accessoires de la créance aussi bien que sur la créance elle-même.

1630. Absence de garantie dans la cession gratuite. — Quant au *cédant à titre gratuit,* en sa qualité de donateur, il n'est tenu d'aucune garantie de droit et ne serait responsable qu'en cas de dol ou de faute grave.

B. — Garantie de fait.

***1631. Définition.** — La garantie telle qu'elle est réglée par la loi peut être modifiée par des conventions spéciales. C'est ce qu'on appelle la garantie de fait.

1632. Clauses restrictives. — On peut convenir que la vente de la créance est faite *sans garantie.* Cette clause, que la loi n'a pas prévue, est régie par le droit commun. Elle dispense donc le vendeur de payer les dommages et intérêts, au cas d'inexistence de la créance, mais non pas de restituer le prix, à moins qu'il n'en ait été spécialement dispensé. Voyez ci-dessus n° 1520.

***1633. Clauses extensives.** — Le cédant peut *garantir la solvabilité* du débiteur. Cette clause ne s'entend que de la *solvabilité actuelle,* et ne s'étend pas au temps à venir, à moins que les parties ne l'aient dit expressément (art. 1695). Très souvent l'acte porte que le cédant garantit même la *solvabilité future* du débiteur cédé.

***1634. Conditions du recours.** — Quand le cédant est garant de la solvabilité du cédé, le cessionnaire doit commencer par discuter les biens de celui-ci, afin de démontrer son insolvabilité. Mais il pourrait stipuler que la *saisie* sera inutile et qu'il suffira d'un simple *commandement* demeuré sans résultat.

[1] Cet article dit qu'il en est ainsi « quoique le transport soit fait *sans garantie* ». Entendez ainsi ces mots : « sans clause particulière relative à la garantie. » La suite des textes prouve que la loi n'a pas visé ici le cas où une clause expresse aurait supprimé la garantie.

***1635. Limite de la garantie.** — En toute hypothèse, le cédant ne sera jamais garant de la solvabilité du débiteur que *jusqu'à concurrence du prix* touché par lui pour la cession (art. 1694 *in fine*). Le cédant devra donc restituer le prix, les frais et autres accessoires, mais non la différence entre le prix de la cession et le montant nominal de la valeur cédée. Cet article est prohibitif de toute convention contraire, quoique ce point soit discuté. Il a été écrit en haine des usuriers, qui se seraient fait céder à vil prix des créances irrecouvrables, avec stipulation de garantie, pour recourir ensuite contre leur cédant et s'en faire payer par lui le montant total.

§ 5. — *Comparaison du transport avec la novation et la subrogation.*

***1636. Communauté d'origine.** — La novation par changement de créancier et le paiement avec subrogation ressemblent beaucoup à un transport de créances ; ils ont, en effet, avec lui une affinité originaire très étroite. La subrogation a commencé par être une *cession d'action* consentie volontairement par le créancier ou sous-entendue par la loi ; c'est même sous ce nom qu'elle a été longtemps connue (exceptio cedendarum actionum). Quant à la novation, elle a été le plus ancien mode de transfert pour les créances : les Romains utilisaient dans ce but l'effet novatoire de la «litis contestatio » : le « procurator in rem suam » devenait « dominus litis » dès qu'il y avait eu « lis contestata », et le mécanisme du transport de la créance réalisé par l'effet d'une signification au débiteur n'a été qu'un perfectionnement, qu'une simplification inventée par les praticiens pour assurer le droit du cessionnaire avant la « litis contestatio ». Ces trois opérations sont donc trois rameaux d'une même branche ; elles se sont différenciées peu à peu (voyez ci-dessus nos 492, 520 et 1606).

***1637. Caractères distinctifs de la novation.** — 1° La novation exige le *consentement du débiteur*, à qui on fait prendre un nouvel engagement. Dans la cession de créance, on se passe de son consentement ; il suffit de lui signifier le contrat fait entre son ancien et son nouveau créancier.

2° La novation n'entraîne *aucune garantie* : l'ancien créancier n'a rien vendu ni transmis. Mais, s'il a délégué son débiteur à son propre créancier à titre de dation en paiement et que ce prétendu débiteur fût déjà libéré, il se trouve qu'il n'a rien donné en réalité et reste tenu de son ancienne dette : la délégation qu'il a faite a manqué son but et ne l'a point libéré. Au contraire, le transport-cession comporte habituellement une certaine obligation de garantie.

3° La novation *éteint les sûretés* de la créance novée (hypothèques, cautionnement, etc.) ; la nouvelle créance naît nue, à moins qu'on ne les lui ait expressément transportées, dans les conditions où la loi le permet (art. 1278, 1280, 1281). — La cession de créance les conserve au contraire, et les fait passer de plein droit au cessionnaire.

***1638. Caractères distinctifs de la subrogation.** — 1° Le paiement avec subrogation opère le transfert de la créance au profit du subrogé sans qu'il y ait lieu de faire la *signification* prescrite par l'art. 1690 pour le transport-cession. Il suffit d'une *quittance subrogative* donnée par le créancier et ayant une date certaine (1250-1°).

2° La créance acquise par subrogation est destinée uniquement à faire *rentrer dans ses déboursés* le tiers subrogé qui a payé au nom du débiteur. Si ce tiers a obtenu d'un créancier qui désespérait de se faire payer, une subrogation totale pour une somme inférieure à la dette, il ne peut agir comme subrogé que jusqu'à concurrence de ce qu'il a réellement versé. — Au contraire, un cessionnaire qui a acheté la créance au rabais peut en réclamer le *montant entier* au débiteur.

3° Il n'y a *pas de garantie* à la suite d'un paiement avec subrogation. Si la dette qui a été payée n'existait pas, le subrogé n'a qu'une *action en répétition de l'indu* ; il n'a droit qu'au remboursement de ce que le subrogeant a reçu de lui, tandis que le cessionnaire, qui a l'action en garantie, obtient en outre ses frais d'achat et les frais de poursuites contre le cédé.

4° Si l'opération n'a porté que sur une partie de la créance, de sorte qu'elle se trouve désormais partagée entre le créancier primitif et le nouveau, et si nous supposons en outre que le débiteur est insolvable, le cessionnaire partiel *concourra avec le cédant*, car tous deux ont des droits égaux, tandis que le subrogé sera, en principe, *primé par le subrogeant* en vertu de l'art. 1252 (voyez ci-dessus n° 515).

5° La cession de créance ne peut être consentie que *par le créancier*, tandis que la subrogation peut l'être *par le débiteur* depuis l'édit de mai 1609 (ci-dessus n° 485).

Il est à remarquer qu'au XVIIIe siècle beaucoup d'auteurs confondaient encore le transport de créances et la subrogation. Voyez notamment POULLAIN DU PARC, *Principes*, t. VII, nos 105 et 106.

CHAPITRE X

DE LA CESSION DE DROITS SUCCESSIFS

***1639. Définition.** — La *cession de droits successifs* est la convention par laquelle une personne, appelée à recueillir une succession, cède à une autre tous les droits qu'elle peut avoir sur les biens du défunt, à la condition que le cessionnaire acquittera à sa place toutes les charges dont elle est tenue en qualité d'héritier.

Cette cession est une *vente*, quand elle est faite à prix d'argent ; une *donation*, quand elle est gratuite.

1640. Observations préliminaires. — Cette matière est en relation intime avec la théorie des successions, au milieu de laquelle les art. 1697-1699, qui s'occupent de la cession d'hérédité, seraient beaucoup mieux à leur place que dans le titre « De la vente ». Indiquons tout de suite quelques règles.

La cession de droits successifs n'est possible qu'*après l'ouverture de la succession* ; faite pour une succession *future*, elle serait nulle (art. 791, 1130 et 1600).

La cession de droits successifs donne lieu à un retrait spécial, le *retrait successoral* (art. 841), dont l'explication fait partie de la matière des successions.

Celui qui cède ses droits successifs accepte nécessairement la succession, puisqu'il ne peut en disposer qu'après l'avoir acquise.

Nous n'avons à étudier ici la cession de droits successifs que *comme vente* et pour en déterminer les *effets*.

***1641. Objet de la cession.** — La cession de droits successifs a pour objet une *universalité*, c'est-à-dire un ensemble de biens qui forment une masse, et non pas une série de biens individuellement déterminés. Ce caractère universel de la cession produit des effets remarquables, tant au point de vue du *mode de transfert* qu'au point de vue de la *garantie*.

1642. Translation de l'actif. — Par l'effet de la cession, tout l'actif héréditaire est transmis au cessionnaire. Si cet actif comprend des *créances*, il n'est point nécessaire d'avoir recours aux formalités prescrites par l'art. 1690 pour la vente de créances isolées, parce que la cession de droits successifs a pour objet une *universalité* (Cass., 6 juill. 1858, D. 58. 1. 414,

S. 59. 1. 247; Cass., 16 avril 1889, D. 90. 1. 260, S. 91. 1. 106)[1]. Toutefois, le cessionnaire a besoin de la *transcription* pour rendre son titre opposable aux tiers, s'il y a des immeubles dans la succession.

Le vendeur est tenu, en principe, de restituer à l'acheteur de l'hérédité les *fruits* qu'il a pu percevoir (art. 1697), ainsi que le *prix* des choses dépendant de la succession qu'il a aliénées (art. 1698), sauf à lui à se les réserver par le contrat.

1643. Choses exceptées de la cession. — La cession de la succession comprend en principe tout ce qui appartenait au défunt, mais le cédant peut se réserver telles choses qu'il lui plaira. Il n'est même pas besoin de réserve expresse pour les papiers de famille, titres de noblesse, diplômes, décorations et autres choses semblables, qui n'ont point d'intérêt pour le cessionnaire et sont, en général, dépourvues de valeur vénale. Toutefois, s'il s'agissait d'objets de valeur (tableaux de maîtres, ordres enrichis de brillants ou de pierreries, etc.), le cessionnaire pourrait en réclamer l'estimation, quand le contrat n'en a pas fait la réserve expresse.

***1644. Translation du passif.** — L'héritier ne peut se libérer envers les créanciers par la cession qu'il fait de ses droits à un tiers. Il reste donc personnellement tenu des dettes héréditaires; tout ce qu'il peut obtenir, c'est que le cessionnaire les paie à sa place, ou lui rembourse ce qu'il a été ou sera obligé de leur payer.

Quant au cessionnaire, les créanciers ne peuvent le poursuivre directement; il n'est pas devenu leur débiteur; mais ils peuvent l'atteindre par la voie oblique de l'art. 1166, comme créanciers du cédant, puisque celui-ci est de son côté créancier du cessionnaire qui s'est obligé envers lui à payer les dettes de la succession.

1645. Cessation de la confusion. — La cession de l'hérédité, en séparant à nouveau, dans la mesure du possible, les deux patrimoines que la dévolution héréditaire avait confondus, fait cesser la confusion. Par conséquent, si l'héritier était *créancier du défunt*, le cessionnaire doit « lui en faire raison », dit l'art. 1698, c'est-à-dire lui en tenir compte. En sens inverse, si l'héritier était *débiteur*, il est tenu de s'acquitter envers le cessionnaire. La loi n'a pas prévu cette hypothèse, mais elle est la conséquence nécessaire de ce qu'elle dit pour le cas inverse. On sait, d'ailleurs, que la confusion est plutôt un obstacle à l'exécution des obligations qu'une cause d'extinction définitive.

On pourrait faire les mêmes observations pour les *servitudes* existant à la charge d'un fonds du défunt au profit d'un fonds de l'héritier, ou inversement.

Les actes de cession contiennent presque toujours des stipulations sur les créances et les dettes existant au profit ou à la charge du cédant.

1646. Garantie due au cessionnaire. — Aux termes de l'art. 1696, le vendeur de droits successifs, qui n'en a spécifié aucun en détail, n'est tenu de garantir qu'une seule chose : *sa qualité d'héritier*.

Il résulte implicitement de ce texte que, si le cédant avait *indiqué spécialement certains objets* comme faisant partie de l'hérédité, il serait garant de l'éviction que pourrait subir l'acheteur pour un ou plusieurs de ces objets.

Telle est la *garantie de droit*, celle qui est due en l'absence de stipulations particu-

[1] Il y a eu toutefois quelques arrêts en sens contraire (notamment Rouen, 27 février 1885, D. 95. 1. 33, en sous-note, S. 86. 2. 127) et toutes les dissidences n'ont pas encore cessé dans la doctrine; quelques auteurs auraient même voulu que le cessionnaire fût obligé de signifier son acquisition aux cohéritiers du cédant (DALLOZ, *Suppl.*, v° Vente, n° 857).

lières et en vertu des textes de la loi. Les parties peuvent augmenter ou diminuer l'étendue de cette garantie. Les modifications qu'elles y apportent (ou *garantie de fait*) sont régies par l'art. 1630. Ainsi, lorsque la vente est déclarée faite « sans garantie », le vendeur est bien dispensé de payer à l'acheteur des dommages-intérêts, mais non de lui restituer le prix. Cependant la vente pourrait se conclure avec un caractère *aléatoire*, aux risques et périls de l'acheteur, le vendeur ne garantissant rien du tout, pas même sa qualité d'héritier : il cède sa prétention à l'hérédité, pour ce qu'elle vaut. Le prix lui resterait alors acquis au cas où le cessionnaire serait évincé ou succomberait dans sa pétition d'hérédité, pourvu que la cession eût été faite de bonne foi : si le vendeur savait parfaitement qu'il n'avait aucun droit sur la succession le jour où il la vendait, il y aurait dol de sa part et la cession serait annulable.

CHAPITRE XI

DU RETRAIT LITIGIEUX

§ 1. — *Des retraits en général.*

* **1647. Définition.** — On appelle « retrait » le droit accordé à certaines personnes de prendre pour elles un achat fait par une autre en se substituant à celle-ci comme acheteur. Le retrait ne résout pas le contrat ; il change seulement la personne de l'acheteur. Celui qui exerce un retrait s'appelle *retrayant* ; celui qui le subit est le *retrayé*. La théorie du retrait est donc, comme le remarque Pothier, une suite et un appendice de la théorie de la vente (édit. Bugnet, t. III, p. 259).

1648. Nombre. — Les retraits étaient nombreux dans notre ancien droit. Les principaux étaient le *retrait lignager* et le *retrait féodal*. Ces deux retraits ont disparu : le premier parce qu'il se rattachait à l'ancien système de successions aboli par la Révolution ; le second a sombré avec le régime féodal.

Mais le Code civil a conservé quelques retraits d'importance secondaire : le *retrait litigieux* (art. 1699), le *retrait successoral* (art. 841), le *retrait d'indivision* (art. 1408, al. 2). On a vu déjà (n° 1571, note) que le réméré pourrait être considéré comme un *retrait conventionnel* (Comp. POTHIER, *Retraits*, n° 531). — Signalons, en outre, un retrait spécial admis par le *Code espagnol* et qu'on pourrait souhaiter de voir introduire en France : il a lieu au profit des voisins des petites propriétés de moins de deux hectares, pour favoriser la formation de propriétés d'un seul tenant (art. 1523 C. civ. espagnol).

§ 2. — *Du retrait litigieux.*

* **1649. Définition.** — Un droit litigieux peut être vendu, que ce soit un droit de propriété, ou un autre droit réel, ou une créance. Mais l'acquéreur n'est pas sûr de conserver pour lui le bénéfice du marché. Le tiers contre lequel existe le droit litigieux (possesseur de l'immeuble, débiteur de la créance) peut exercer contre l'acquéreur un retrait particulier qui est le re-

trait litigieux : il sera *quitte*, dit la loi, en remboursant à l'acheteur du droit son prix d'achat, avec certains accessoires (art. 1699).

*** 1650. Motif.** — C'est un fait d'expérience, que les acheteurs de droits litigieux sont ordinairement des personnages suspects. Ils spéculent sur les procès, en achetant à bas prix des droits contestés, surtout des créances douteuses, et ils poursuivent impitoyablement les débiteurs ou autres personnes tenues de ces droits ou charges. C'est pour enrayer autant que possible ce genre de commerce que le retrait litigieux a été organisé. La valeur de ce motif est aujourd'hui discutée ; historiquement, il n'y en a jamais eu d'autre (POTHIER, *Vente*, n° 590).

1651. Origine. — Il a été introduit par deux textes anciens de l'époque impériale, les lois *Per diversas* et *Ab Anastasio* (*Code de Justinien*, liv. IV, tit. 35, lois 22 et 23).

*** 1652. Contrats donnant lieu au retrait.** — Le retrait n'est admis que *contre la vente*. Il n'y a pas de retrait contre une *aliénation à titre gratuit* : celui qui donne son bien choisit librement son donataire. Spécialement pour le retrait litigieux, son motif manque quand la créance a été donnée : on n'a pas à craindre de spéculation de la part de l'acquéreur.

C'était jadis une grosse question que de déterminer les contrats *équipollents à vente* parce que les parties cherchaient souvent à cacher leur opération sous une forme plus ou moins voisine de la vente pour éviter le retrait (POTHIER, *Retraits*, nos 79 à 120). Ces préoccupations ont à peu près disparu de la pratique depuis que les retraits ont diminué d'importance. Nous dirons seulement que l'échange, étant assimilé à la vente (art. 1707), donne lieu au retrait ; mais le remboursement à faire au retrayé aura pour objet, non pas la chose donnée par lui en échange de la créance (chose que le retrayant ne possède pas), mais la valeur de cette chose en argent.

1653. Définition du droit litigieux. — Pour que le retrait soit possible, il faut que le droit soit « litigieux ». Il y avait eu dans notre ancienne jurisprudence de graves difficultés pour savoir quand un droit avait ce caractère. L'art. 1701 les a supprimées en donnant une définition étroite, qui lie le juge et supprime tout arbitraire. Il faut :

1° Qu'il y ait *procès engagé*. Si l'on en est encore au préliminaire de conciliation, l'instance proprement dite n'est pas commencée, le droit n'est pas encore litigieux. Si le procès est terminé, le droit, qui était litigieux, a cessé de l'être.

2° Qu'il y ait *procès sur le fond du droit*. Si on n'a pas contesté l'existence du droit, si on a plaidé, par exemple, sur une question de procédure ou de compétence, le droit en lui-même n'est pas litigieux.

1654. Droits susceptibles d'être retrayés. — Le retrait litigieux s'exerce surtout à l'occasion de *créances*, mais il ne leur est pas spécial. L'art. 1699 s'exprime dans les termes les plus larges : « Celui contre lequel a été cédé un *droit litigieux*... » Cette expression peut s'appliquer même à des droits réels, à un usufruit par exemple, ou même à un droit de propriété litigieux. Toutefois il y a des difficultés pour le cas où il s'agit de la propriété : on se demande, dans certains cas, si le contrat constitue une vente d'immeuble ou une cession d'action (voyez Cass., 22 juill. 1851, D. 51. 1. 265, S. 51. 1. 567; Cass., 21 févr. 1887, D. 88. 1. 87, S. 90. 1. 318).

1655. Remboursement du retrayé. — L'art. 1699 énumère les éléments divers de la somme que doit payer le retrayant :

1° PRIX D'ACHAT. — Il y a souvent des fraudes. On surélève fictivement le prix réel pour empêcher le retrait de s'exercer. Si le retrayant peut prouver que le chiffre ostensible du prix a été majoré, il ne devra que le prix vrai.

Si le prix n'est pas encore payé, le retrayant s'engagera à le verser à la place du retrayé.

Si la créance litigieuse a été cédée en même temps que d'autres, qui n'ont pas ce caractère et pour un prix unique, le retrait pourra être exercé pour elle seule, et la part du prix qui lui est afférente sera déterminée par ventilation.

2° Intérêts du prix. — Ils sont dus à compter du jour où le retrayé a payé son prix d'achat.

3° Frais d'acte. — Le remboursement en est dû ; toutefois il y aurait diminution sur les droits proportionnels d'enregistrement, s'il y avait eu élévation fictive du prix ostensible ; le retrayant ne devrait supporter ces droits que d'après le montant du prix réel. Le retrayé n'a droit qu'au remboursement des « loyaux coûts ».

A ces éléments indiqués par la loi, il en faut ajouter un autre :

4° Frais du procès. — Souvent le cessionnaire du droit litigieux a déjà fait des frais en poursuivant celui qui exerce le retrait. On admet, bien que la loi n'en parle pas, que le remboursement de ces frais lui est dû, parce qu'il doit être rendu complètement indemne de tout ce qu'il a déboursé sans fraude. De plus, on peut dire que le retrayant, quand il se décide à user de son droit, se considère comme devant perdre le procès, sans quoi il continuerait à plaider ; or, s'il allait jusqu'au bout et se laissait condamner, il paierait les dépens (art. 130 C. proc. civ.).

*** 1656. Effet du retrait.** — Le retrayant se substitue à l'acheteur retrayé ; « il prend son marché pour lui », comme disait Pothier, et ce résultat se produit rétroactivement. Donc, tous les droits de l'acheteur primitif tombent par l'effet du retrait qu'il subit, et ceux de ses ayants cause par contre-coup. Ainsi, lorsque le droit cédé est une créance, le retrait rend sans objet la saisie-arrêt pratiquée sur cette créance par un créancier du retrayé ; lorsque c'était un immeuble, le retrait fait disparaître les hypothèques consenties par l'acheteur ou nées de son chef.

Cependant le retrait n'efface pas entièrement les effets du contrat pour le retrayé : il ne le libère pas de ses obligations. Le vendeur du droit litigieux conserve contre lui son action en paiement. Le retrayé pourra donc être contraint de payer son prix d'achat, sauf à se le faire rembourser par le retrayant. Solution traditionnelle (Pothier, *Retraits*, nos 300 et 427). Le motif est que le vendeur du droit n'est pas obligé d'accepter comme débiteur le retrayant, avec qui il n'a pas traité, à la place du retrayé, qu'il avait personnellement choisi.

1657. Cas exceptionnels où le retrait n'a pas lieu. — Dans certains cas, le retrait est impossible, parce que la cession faite au tiers s'explique par des motifs sérieux et légitimes, exclusifs de toute idée de spéculation. Ces cas sont ainsi indiqués dans l'art. 1701 :

1° Lorsque la cession est *faite à un cohéritier ou copropriétaire du droit cédé*. La cession a pour but de faciliter le partage d'une masse indivise.

2° Lorsqu'elle a été *faite à un créancier en paiement de ce qui lui est dû*.

3° Lorsqu'elle a été faite au *possesseur de l'héritage sujet au droit litigieux*. Cette disposition obscure, empruntée à Pothier (*Vente*, n° 593), vise le cas où le possesseur d'un bien hypothéqué redoute d'être évincé ; s'il a « un mauvais garant », c'est-à-dire si son vendeur est incapable de l'indemniser, et s'il veut conserver la possession, il achète à bas prix la créance hypothécaire, qu'on suppose litigieuse : son acquisition ayant une juste cause, ne donnera pas lieu au retrait de la part du débiteur.

L'ÉCHANGE

CHAPITRE UNIQUE

** **1658. Définition.** — « L'échange est un contrat par lequel les deux parties se donnent respectivement une chose pour une autre » (art. 1702). L'échange est, par rapport à la vente, le contrat primitif, d'où celle-ci est sortie le jour où l'homme a imaginé d'employer dans ses échanges un objet intermédiaire, qui servît de commune mesure aux choses échangées. Ce rôle, que remplit aujourd'hui la monnaie, a pu être rempli originairement par d'autres objets, tels que les têtes de menu bétail (*pecunia-pecus*). La vente n'est qu'une moitié de l'opération totale ; l'échange complet se décompose en deux opérations successives : on vend une chose et avec le prix on en achète une autre.

L'intermédiaire de la monnaie facilite l'échange des choses. Sur le rôle économique de la monnaie, voyez les traités d'économie politique. Pour l'économiste, vente et échange sont une seule et même chose ; ce n'est qu'au point de vue du droit que les deux contrats sont distincts.

** **1659. Application des règles de la vente.** — Puisque l'échange a été l'origine de la vente, il n'est pas étonnant que ces deux contrats suivent, *sur la plupart des points,* les mêmes règles. Cette assimilation est écrite dans l'art. 1707.

* **1660. Conséquences.** — Le Code civil a signalé les principales applications du principe contenu dans l'art. 1707.

1° L'échange *s'opère par le seul consentement* (art. 1703). Cette formule signifie d'abord que l'échange est devenu, comme la vente, un *contrat consensuel* et a cessé d'être un contrat réel comme il l'était en droit romain ; il n'est plus nécessaire que l'un des contractants ait exécuté le contrat en livrant sa chose pour que l'autre soit lié envers lui ; le *contrat* est formé par le seul consentement. Cela était déjà admis dans notre ancien droit (Pothier, *Vente,* n° 621). — La formule de l'art. 1703 signifie, en outre, que le *transfert de propriété* est considéré comme réalisé dès la formation du contrat et que chacun des coéchangistes devient propriétaire de la chose qui lui est promise et peut la revendiquer (art. 1583 et 1138). C'est peut-être pour indiquer ce changement que les rédacteurs du Code ont modifié la définition de l'échange qu'ils trouvaient dans Pothier et ont dit : « se donnent respectivement » au lieu de « s'obligent à se donner ». Comp. l'art. 1702 et le n° 617 de Pothier.

2° L'art. 1704 considère l'échange comme *nul* quand l'un des copermutants n'est pas propriétaire de la chose qu'il donne. Analogie avec l'art. 1599 sur la *vente de la chose d'autrui*.

3° Au cas d'éviction, le copermutant évincé peut « conclure à des dommages et intérêts ou répéter sa chose » (art. 1705). Il a donc le choix entre l'*action en garantie* et l'*action en résolution*.

*** 1661. Règles spéciales de l'échange.** — Cependant l'absence d'un prix en argent rend impossible l'application à l'échange de certaines règles établies pour la vente. Les différences entre les deux contrats tiennent toutes à cette circonstance, qu'il est impossible d'assigner des rôles différents aux deux parties et de dire que l'un est vendeur et l'autre acheteur.

1° La *rescision pour cause de lésion* n'a pas lieu en matière d'échange (art. 1706). Le motif fait défaut : on vend à vil prix pour se procurer de l'argent, quand on en a besoin ; un échange n'en procure pas. La pression morale, qui rend la vente rescindable, n'est donc pas à redouter en cas d'échange. Cependant il n'est pas douteux que l'un des coéchangistes peut être lésé, en fait, de plus des sept douzièmes ; sauf les cas de dol ou d'incapacité, il subit sans recours cette lésion, même quand il n'a pas eu l'intention de faire cadeau à l'autre de la différence.

2° L'art. 1593, qui met les frais de la vente à la charge de l'acheteur, est inapplicable à l'échange. Les deux parties doivent supporter les frais par moitié, sauf stipulation contraire.

3° Même observation pour l'art. 1602, qui veut qu'on interprète contre le vendeur les pactes obscurs ou ambigus. Le droit commun devra s'appliquer aux clauses d'un échange qui s'interpréteront toutes en faveur du débiteur et contre celui qui a stipulé.

4° Les droits à payer au fisc sont plus faibles pour l'échange que pour la vente (L. 28 avril 1816, art. 52 ; L. 21 juin 1875, art. 4 ; L. 3 novembre 1884).

***1662. Échange avec soulte.** — Il est rare que les deux choses échangées aient une valeur exactement égale ; il y a ordinairement entre elles une différence plus ou moins forte. Cette différence se règle au moyen d'une *soulte* [de *solutum*, paiement], c'est-à-dire d'une somme d'argent que paie le coéchangiste qui reçoit la chose la plus importante des deux. En principe, la présence d'une soulte en argent dans un contrat d'échange n'en altère pas la nature : le contrat dans son ensemble est *traité comme un échange*. Toutefois, si la soulte était si importante que la somme d'argent pût être considérée comme l'objet principal de l'obligation d'une des parties, le contrat devrait être *traité comme une vente* mal qualifiée et la prestation de la chose en nature donnée par le débiteur de la soulte ne serait qu'une dation en paiement pour une partie du prix.

Même quand le contrat reste un échange, le paiement de la soulte est garanti par le *privilège du vendeur*. C'est l'application de l'art. 1707.

LE LOUAGE

NOTIONS PRÉLIMINAIRES

** **1663. Définition générale.** — Le louage ou *location* est un contrat par lequel *une personne s'engage à fournir à une autre la jouissance temporaire d'une chose moyennant un prix proportionnel au temps.* Il est nécessaire de donner du louage une définition très large, parce que ce contrat a des applications multiples. Le prix du louage porte des noms variables selon les divers emplois du contrat, *loyer, fermage, salaires, gages,* etc.

** **1664. Éléments caractéristiques du louage.** — Trois choses caractérisent le louage.

1° Durée temporaire. — Quand une location est faite à perpétuité, elle constitue une *aliénation,* et non plus un louage. Qu'est-ce qu'un propriétaire qui a cédé *pour toujours* la jouissance de son bien, sinon un propriétaire qui a perdu une partie des attributs de son droit? Aussi les *locations perpétuelles* admises sous l'empire romain et pratiquées en France jusqu'à la Révolution, avaient-elles une tendance invincible à transformer le preneur en copropriétaire de la chose; elles opéraient ce qu'on a appelé la *décomposition* de la propriété en *domaine utile* et *domaine direct* (voyez t. I, 1re édit., nos 57 et 1021; 2e édit., nos 67 et 948). Le droit moderne n'admet plus que des *locations temporaires.*

2° Caractère onéreux. — La jouissance procurée à autrui n'est *pas gratuite.* C'est par là que le louage se distingue du prêt simple ou commodat. Il y a entre ces deux contrats la même différence qu'entre la donation et la vente : le commodat et le louage sont pour la jouissance temporaire des choses ce que sont la vente et la donation pour leur possession et jouissance à titre définitif.

3° Mode de fixation du prix. — Le prix du louage est *proportionnel au temps.* Plus la durée est longue, plus le total du prix s'accroît ; on le calcule *par unité de temps* : à l'heure, au jour, au mois, à l'année.

** **1665. Trois variétés de louage.** — Les règles du louage varient selon la nature de l'objet mis en location.

1° Louage de choses. — L'objet loué est une *chose matérielle,* un *bien,* qui peut être mobilier ou immobilier. Le prix de location s'appelle alors « loyer » ou « fermage ».

2° Louage de travail. — L'objet loué est l'activité ou *force de travail* que possède une personne. C'est le louage des ouvriers, employés et domestiques. Le prix prend alors le nom de « salaire », qui est générique, ou de « gages », que l'usage restreint au salaire des domestiques.

3° Louage des capitaux. — L'objet loué est un capital représenté par une somme d'argent. Le propriétaire de ce capital le met à la disposition d'autrui pour un temps, moyennant un prix proportionnel au temps et appelé « intérêt ». Bien que l'usage ne lui en donne pas le nom et que le Code civil, conforme en cela à notre tradition juridique, ne classe pas ce contrat parmi les louages, c'en est bien réellement un, et les économistes lui en attribuent volontiers la nature. Ce contrat s'est appelé successivement « mutuum » en droit romain, « usure » au moyen âge, « prêt à intérêt » de nos jours. Afin de ne pas dérouter le lecteur, j'en renvoie l'étude sous la rubrique « Du prêt » (ci-dessous n°s 2068 et suiv.).

CHAPITRE PREMIER

DU LOUAGE DE CHOSES

§ 1er. — *Généralités*

*** 1666. Choses susceptibles d'être louées.** — Le louage peut porter aussi bien sur des *meubles* que sur des *immeubles* (art. 1713).

1° Location des meubles. — On loue des chevaux et voitures pour promenades, des bicyclettes, des habits pour soirées, des travestissements, des bateaux de plaisance; les compagnies d'éclairage louent des appareils, des compteurs, etc.[1]. Le louage de meubles, malgré sa grande fréquence, ne soulève guère de difficultés. On lui applique les principales règles du louage, mais celles-ci sont établies surtout en vue des locations immobilières, et c'est uniquement du louage d'immeubles qu'il sera parlé désormais. Sur les locations mobilières, voyez Valéry, *Le louage des meubles*, 1895, et note dans *Dalloz,* 1901. 2. 321.

2° Location des immeubles. — Tous les immeubles par nature, terres, maisons, etc., sont susceptibles d'être loués. On peut même louer un seul

[1] Le louage, supposant que la chose doit être rendue à l'expiration du temps convenu, ne peut s'appliquer aux choses consomptibles par le premier usage, telles que les denrées. Cependant on peut concevoir une location pour ces sortes de choses, quand on les envisage comme devant être conservées et utilisées seulement « ad pompam et ostentationem », ce qui est une hypothèse difficilement réalisable.

des attributs de la propriété, détaché des autres. On peut louer le droit de se servir d'un puits, d'un four, etc.

L'application la plus remarquable de ce genre de louage s'est faite au *droit de chasse*. La constitution du droit de chasse à l'état de servitude réelle n'a pas été admise par la jurisprudence; sa création sous la forme d'une servitude personnelle, à titre d'usage, ne remplirait pas le but qu'on se propose : le droit serait fragile, étant viager, et ne pourrait être cédé à personne (voyez t. I, 1re édit., nos 1620 et 1901 ; 2e édit., nos 1560 et 1839). Le louage de la chasse répond beaucoup mieux aux besoins de la pratique. Et c'est sous cette forme qu'on trouve presque toujours le droit de chasse exercé quand il ne l'est pas par le propriétaire lui-même (Cass., 10 janv. 1893, D. 93. 1. 161 et la note). En le traitant comme ayant fait l'objet d'un bail, on lui applique l'art. 1743, qui le rend opposable à l'acquéreur du fonds.

Les droits immobiliers incessibles, comme l'*usage* et l'*habitation*, ne peuvent pas plus être loués que vendus. Mais les biens du domaine public, quoique inaliénables, peuvent faire l'objet de locations temporaires.

***1667. Terminologie.** — Dans le louage d'immeubles, le contrat prend spécialement le nom de *bail*[1]. Celui qui donne son bien en location est le *bailleur*, celui qui s'engage à en payer le loyer est le *preneur*.

Quant au prix du bail, son nom varie selon la nature de l'immeuble loué. Si c'est une maison, il s'appelle *loyer*, et *fermage* si c'est un bien rural[2]. De là sont dérivés des termes spéciaux pour désigner le preneur ; le preneur à bail d'une maison est un *locataire*[3], le preneur d'un bien rural est un *fermier*.

1668. Observation. — Les *baux à loyer* et les *baux à ferme* sont soumis en principe aux mêmes règles. Cependant il existe pour chacune de ces catégories quelques règles spéciales qui ne s'appliquent pas à l'autre. Sauf indication contraire, les règles qui vont être exposées sont *communes* aux deux sortes de baux, et ces règles communes sont de beaucoup les plus importantes; les règles propres, soit aux baux à loyer, soit aux baux à ferme seront indiquées comme telles, toutes les fois qu'elles se rencontreront.

***1669. Durée extrême des baux immobiliers.** — Le Code civil est muet sur la durée qu'on peut donner à un bail. Il ne fait qu'une allusion vague à l'existence d'une limite en disant que le louage des choses produit effet « pendant un certain temps » (art. 1709), mais il ne donne aucun chiffre. La règle à suivre en cette matière se trouve dans une loi des premières années de la Révolution, le décret des 18-29 déc. 1790, qui a interdit les locations perpétuelles[4] en assignant pour limite extrême à la

[1] Le mot *bail* vient du verbe *bailler*, qui est un vieux mot de la langue, ayant un sens vague, pour dire « donner, laisser ». Il s'employait aussi bien à propos d'actes d'aliénation définitive (bail à rente, bail à cens, etc.) que pour des simples locations temporaires. Depuis la Révolution, il s'est restreint dans l'usage au louage proprement dit et ne s'emploie plus pour des actes translatifs de propriété, si ce n'est pour le bail à domaine congéable, qui implique l'aliénation de la propriété superficiaire.

[2] Le mot *fermage*, de *firma*, désigne le prix des baux ruraux à loyer fixe par opposition aux *baux à partage de fruits*, dans lesquels le revenu du propriétaire est variable. Voyez ci-dessous nos 1778 et suiv.

[3] Le mot *locataire* s'employait pourtant dans l'Ouest de la France pour des biens ruraux dans le *bail à locatairie perpétuelle* (GARSONNET, *Locations perpétuelles*, p. 393).

[4] Les baux perpétuels ont joué un grand rôle dans l'histoire de l'Europe. Ils ont commencé avec l'emphytéose gréco-romaine, et ils ont pris dès les premiers temps du moyen âge un développement énorme. On peut dire qu'en France, ils ont couvert le

durée des baux, le chiffre de 99 ans et, pour les baux à vie, *trois générations* (art. Ier). Cette disposition est toujours en vigueur et doit être considérée comme un complément du Code civil sur ce point.

*** 1670. Capacité et pouvoir nécessaires pour le louage.** — Le bail est un *acte d'administration* ; il est même le type et le principal exemple de cette sorte d'actes. Par conséquent il n'est pas nécessaire, pour pouvoir le faire, d'avoir la capacité ou le pouvoir d'aliéner.

Ainsi, les personnes qui ont une demi-capacité, mineurs émancipés, prodigues, femmes séparées de biens, peuvent donner leurs biens à bail, car la loi leur permet d'administrer leur fortune.

De même, les simples administrateurs du bien d'autrui, maris, tuteurs, etc., ont qualité pour consentir des baux. C'est ainsi que le mari, administrateur de la dot de sa femme, peut même donner à bail les immeubles dotaux inaliénables : l'inaliénabilité est faite pour empêcher les actes de disposition, mais non l'administration de la dot.

Toutefois, si le bail est considéré comme un acte d'administration ordinaire, c'est à la condition qu'il n'engagera pas l'avenir pour un temps trop long. A ce point de vue, la loi a rangé les baux en *deux classes, selon leur durée*. Le bail qui dépasse neuf ans est considéré comme un acte grave, excédant la simple administration. Il est donc impossible de la part des personnes dont la capacité n'est pas entière ou des administrateurs qui n'ont pas pleins pouvoirs. Comp. t. I, 1re édit., nos 1039 et 1040 ; 2e édit., nos 966 et 967.

Mais cette distinction des deux sortes de baux n'est pas établie d'une manière générale par la loi ; elle résulte seulement de dispositions *éparses* : l'art. 481 pour le mineur émancipé, l'art. 1718 pour le tuteur, les art. 1419 et 1420 pour le mari, Comp. l'art. 595 relatif à l'usufruitier. Aucun texte semblable n'existe pour le prodigue ou le faible d'esprit, ni pour la femme séparée de biens. On en conclut très légitimement que les incapables de ces diverses catégories sont liés par les baux qu'ils ont pu consentir pour une durée excédant neuf années ; pour les personnes pourvues d'un conseil judiciaire, la preuve directe s'en tire des textes : la loi énumère limitativement les actes qu'il leur est défendu de faire seuls (art. 499 et 513), et le bail de neuf ans ne figure pas dans son énumération.

*** 1671. Caractère consensuel du louage.** — Le contrat de louage est *consensuel* ; l'écrit n'est donc pas nécessaire à son existence : « On peut louer par écrit ou verbalement », dit l'art. 1714. L'écriture est un *simple moyen de preuve*.

Pour la perception des droits d'enregistrement, les locations verbales sont assujetties à un système spécial de déclarations (L. 23 août 1871, art. 11 et 14).

*** 1672. Preuve du bail verbal.** — Les baux faits sans écrit, ou *locations verbales*, donnent lieu dans la pratique à de nombreuses difficultés. Les auteurs du Code ont cherché à les supprimer ou à les résoudre à

sol jusqu'à la Révolution. Ils sont étroitement mêlés à l'histoire du régime seigneurial et à l'organisation féodale à laquelle ils ont donné sa forme caractéristique. Pendant de longs siècles, le développement économique de la richesse a été lent ; la population n'était pas attirée comme aujourd'hui dans les grandes villes commerçantes et dans les pays neufs. Le paysan s'attachait à la terre, et, ne pouvant l'acheter, il la louait à perpétuité. La location perpétuelle a eu son utilité sociale ; elle a eu son ère historique. Puis elle est devenue une gêne, et on l'a supprimée, pour s'en tenir aux formes temporaires d'amodiation. A voir Garsonnet, *Histoire des locations perpétuelles* ; P. Viollet, *Histoire du droit civil français*, et les auteurs indiqués dans ces deux ouvrages.

l'aide de dispositions particulières. Quand le bail a été fait sans écrit, et que l'une des parties le nie, l'art. 1715 *défend d'en recevoir la preuve par témoins*, quelque modique que soit le prix et quoiqu'on allègue qu'il y a eu des arrhes données. Il y a donc là une sévérité exceptionnelle pour la preuve; la loi exclut le témoignage, et cette disposition est encore assez gênante dans la pratique, car il y a beaucoup de petites locations immobilières inférieures à 150 francs et faites à l'année, au trimestre ou au mois.

Interprétant cette disposition d'une manière rigoureuse, la jurisprudence décide que la preuve testimoniale n'est même pas recevable pour compléter un commencement de preuve par écrit (Cass., 19 févr. 1873, D. 74. 1. 265; S. 73. 1. 99; Cass., 28 juin 1892, D. 92. 1. 407, S. 92. 1. 417). La doctrine est divisée, mais se prononce en majorité en sens contraire. Voyez les indications dans DALLOZ, *Répert.*, v° Louage, n° 126; *Suppl.*, n° 74.

La prohibition de la preuve testimoniale écarte par voie de conséquence la preuve par indices ou *présomptions* (art. 1353), qui n'est recevable que dans les cas où la preuve testimoniale l'est également; mais elle ne s'étend ni au *serment* que l'art. 1715 réserve formellement[1], ni à l'*aveu* que le droit commun suffit à autoriser, puisque la loi ne le défend pas. La jurisprudence admet même que, pour provoquer cet aveu, le demandeur peut faire interroger son adversaire sur faits et articles (Cass., 26 janvier 1885, D. 85. 1. 234, S. 85. 1. 109). L'aveu extrajudiciaire ne pourrait être reçu comme preuve du louage qu'autant qu'il serait lui-même établi par écrit, s'il était contenu, par exemple, dans une lettre missive. Comp. LAURENT, t. XXV, n° 66.

On admet, en outre, que si l'écrit dressé primitivement pour constater le bail était ensuite détruit accidentellement, le louage pourrait être prouvé par tous les moyens : l'art. 1715 cesse alors d'être applicable parce qu'on n'est plus en présence d'un bail « fait sans écrit ».

Les mêmes règles s'appliquent aux *prorogations de bail* (Alger, 7 juin 1900, D. 1901. 2. 45).

1673. Preuve du prix d'un bail verbal non contesté. — Lorsque le bail verbal a reçu un commencement d'exécution, le litige ne peut plus naître entre les parties sur l'existence du bail, qui n'est pas douteuse; mais une contestation peut encore s'élever *sur le prix du loyer*. L'hypothèse est prévue et réglée par l'art. 1716. S'il y a une *quittance*, c'est-à-dire si un terme de loyer ou de fermage a déjà été payé, elle fera preuve du prix, car l'usage est que les termes soient égaux. S'il n'existe pas de quittance, la loi veut qu'on s'en rapporte à la *déclaration du bailleur, affirmée sous serment*. Afin de ne pas mettre le locataire à la merci de son bailleur, la loi lui réserve la faculté de demander une *expertise*, mais à la condition d'en supporter seul tous les frais si l'estimation excède le prix qu'il a déclaré.

Les décisions de l'art. 1716 dérogent de deux façons au droit commun : 1° la preuve par témoins est interdite pour le chiffre du loyer ou fermage, quelque minime que soit la valeur des lieux loués; 2° le juge ne peut pas déférer le serment au preneur, même quand il lui paraît plus digne de confiance que le bailleur. — L'utilité de ces deux dérogations est contestable.

L'*aveu* pourrait être admis dans les mêmes conditions que pour établir l'existence du

[1] Le serment, dont il est question ici, est le *serment décisoire* des art. 1358 et suiv., qui est déféré par le demandeur à son adversaire, et non le serment supplétoire, déféré d'office par le juge pour compléter un commencement de preuve (art. 1367). L'art. 1715 n'autorise, en effet, que le serment « déféré à la partie qui nie le bail »; or le serment supplétoire peut être déféré par le juge indifféremment à l'une ou à l'autre des parties. Toutefois ce point est controversé (voyez DALLOZ, *Suppl.*, v° Louage, n° 70).

bail. Le cas de perte de l'écrit primitivement rédigé entraînerait de même l'application de l'art. 1348-4°. Voyez ci-dessus n° 1672.

L'art. 1716 ne s'applique qu'au cas où l'exécution du bail n'est pas contestée : si le débat portait sur ce point, le bail lui-même serait mis en question et on retomberait dans le cas prévu par l'art. 1715. Il ne serait donc pas possible d'établir par témoins le fait même du commencement d'exécution (Cass., 17 janv. 1894, D. 94. 1. 127, S. 94. 1. 136).

1674. Preuve des autres conditions du bail. — La loi ne s'est occupée que des contestations portant *sur le prix* : d'autres peuvent surgir sur les autres conditions de la location et principalement *sur sa durée*. Comment la preuve sera-t-elle alors administrée? Quelques auteurs voudraient qu'on s'en référât au droit commun (Dalloz, *Répert.*, v° Louage, n° 140, *Suppl.*, n° 79 ; Laurent, t. XXV, n°s 83 et suiv.); mais la jurisprudence applique, pour la détermination de la durée du bail, les dispositions des art. 1736, 1758 et 1774 (Toulouse, 17 août 1882, D. 84. 2. 140) ; il y a des arrêts antérieurs et deux arrêts en sens contraire (Comp. Cass. belge, 13 mai 1878, Dalloz, *loc. cit.*, n° 79, note 2). On peut objecter à cette jurisprudence que les articles précités règlent la durée du bail dans les cas où les parties ont *omis* de la fixer, tandis que dans les cas de bail verbal on suppose qu'il existe une convention qui règle cette durée et dont il s'agit de faire preuve ; l'hypothèse n'est pas la même.

§ 2. — *Obligations du bailleur.*

** **1675. Son obligation principale.** — Le louage impose au bailleur des *obligations diverses* qui toutes se rattachent à un *principe unique* : le bailleur est tenu de *procurer au preneur la jouissance des lieux loués pendant la durée du bail.* Cette obligation, que l'art. 1719 énonce à la suite des autres, est leur base à toutes ; c'est elle qui est l'objet principal du contrat pour le preneur, le résultat qu'il se propose d'obtenir en louant la chose. Elle est pour le bailleur ce qu'est, pour le vendeur, l'obligation de transférer la propriété de la chose vendue.

Cette obligation est une *obligation de faire,* qui est *successive,* c'est-à-dire qui se prolonge pendant toute la durée du bail.

A. — Obligations secondaires.

***1676. Énumération des obligations du bailleur.** — Les obligations spéciales du bailleur, dérivées de son obligation générale de procurer la jouissance des lieux loués, sont les suivantes :

1° Délivrer l'immeuble au preneur (art. 1719-1°);

2° Le mettre en bon état au moment de l'entrée en jouissance (art. 1720, al. 1);

3° L'entretenir pendant la durée du bail (art. 1719-2° et 1720, al. 2);

4° S'abstenir de tout fait pouvant troubler le preneur;

5° Le garantir contre les troubles provenant d'un tiers;

6° Répondre des vices cachés.

Seules les questions de garantie demandent des explications développées.

1677. De la délivrance. — La délivrance doit se faire au jour fixé par le contrat ou par l'usage pour l'entrée en jouissance.

S'il y a eu une erreur de contenance dans les énonciations du bail, on applique par analogie les règles établies pour la vente dans les art. 1617 à 1623 (art. 1765). Ce texte, présenté comme une règle spéciale aux baux à ferme, s'appliquerait aussi, par analogie, au bail de terrains destinés à l'industrie.

1678. Mise des lieux en bon état. — Aux termes de l'art. 1720, al. 1, l'immeuble doit être délivré au preneur « en bon état de réparations *de toute espèce* ». Le preneur sera plus tard tenu de faire les menues réparations ou *réparations locatives* qui deviendront nécessaires pendant le cours du bail, mais le bailleur lui doit la chose en bon état; il devra donc faire réparer à ses frais, et avant la délivrance, toutes les dégradations, quelles qu'elles soient.

1679. Entretien de la chose pendant la durée du bail. — L'obligation d'entretenir la chose en état de servir à l'usage pour lequel elle a été louée, se perpétue pendant toute la durée du bail. Le bailleur a donc à sa charge les réparations dont la cause est postérieure à l'entrée en jouissance du preneur; mais pour celles-ci son obligation est moins étendue que pour les dégradations antérieures. La loi ne l'oblige pas à faire les petites réparations dites « locatives », qui sont à la charge du preneur (art. 1720, al. 2). Voyez ci-dessous, n° 1692.

En vertu de cette obligation, le bailleur doit notamment tenir les bâtiments loués *clos et couverts*.

B. — De la garantie en matière de bail.

1° Responsabilité du fait personnel.

1680. Obligation du bailleur. — Le bailleur ne peut rien faire qui diminue l'utilité ou l'agrément des lieux loués. Cette obligation, quoique toute passive, est très importante parce qu'elle paralyse dans une large mesure l'exercice de son droit de propriété. Cependant le Code civil ne l'a nulle part formulée d'une manière générale, à moins qu'on ne la considère comme comprise dans le 3° de l'art. 1719, qui parle de l'obligation de « faire jouir paisiblement le preneur »; mais ces termes semblent faire plutôt allusion à l'obligation de le garantir contre les troubles causés par des tiers. Le seul texte qui consacre explicitement cette obligation du bailleur est l'art. 1723, qui dit : « Le bailleur ne peut, pendant la durée du bail, modifier la forme de la chose louée. » Voyez-en une application dans Cass., 25 avril 1893, D. 93. 1. 287. Il ne pourrait même pas user du reste de sa propriété d'une manière nuisible à son locataire, par exemple en louant une autre boutique ou un autre appartement dans la même maison pour un usage tel que la jouissance du premier locataire en fût troublée (exemples divers signalés dans DALLOZ, *Suppl.*, v° Louage, n° 128).

1681. Exception pour les réparations urgentes. — Malgré le désir de la loi d'assurer la libre jouissance du preneur, il a bien fallu autoriser le propriétaire à faire faire, même pendant la durée du bail, les réparations nécessaires qui ne pourraient être différées jusqu'à la fin. Le preneur est obligé de les subir, quelque incommodité qu'elles lui causent, et quoiqu'il soit privé, pendant qu'elles se font, d'une partie de la chose louée (art. 1724).

Cette disposition exceptionnelle ne doit être appliquée qu'au cas *d'urgence*; il y a là une question de fait à vérifier. On ne doit donc pas permettre au propriétaire, qui prévoit le départ de son locataire, de faire faire n'importe quelles réparations avant sa sortie, afin de pouvoir relouer sa propriété immédiatement et sans perte de loyers.

De plus, l'obligation qu'on impose au locataire de supporter les réparations urgentes a une limite : elles ne doivent pas durer *plus de quarante jours* (même art.). Si elles se prolongent davantage, le preneur peut demander une *diminution de loyer* proportionnelle à la privation subie, mais la plupart des baux obligent le preneur à subir les réparations sans indemnité quelle qu'en soit la durée.

Enfin, si les réparations sont de telle nature qu'elles rendent *inhabitable* ce qui est nécessaire au logement du preneur et de sa famille, celui-ci peut faire résilier le bail (même art.). Cette partie du texte est applicable alors même que les travaux devraient durer moins de quarante jours.

2° Garantie contre les tiers.

1682. Voies de fait. — L'auteur du trouble est un *tiers* qui agit sans prétendre aucun droit : des maraudeurs volent ou détruisent des récoltes, des passants ou des voleurs causent des dégâts dans un magasin ou dans un appartement. Ce sont là de simples *voies de fait* dont le bailleur n'est pas responsable (art. 1725). Le preneur a les moyens de s'en défendre lui-même en demandant assistance à la police et à la justice. Comp. POTHIER. *Louage*, n° 81.

1683. Exercice d'un droit réel par un tiers. — C'est un tiers qui prétend exercer *sur la chose louée* un *droit réel* (propriété, usufruit, servitude). Ce tiers peut causer au preneur un simple *trouble matériel,* par exemple en envoyant des bestiaux à la pâture dans une prairie qu'il prétend lui appartenir, ou en exerçant une servitude de passage ; il peut aussi causer un *trouble de droit,* en exerçant une action (revendication, action confessoire) contre le preneur.

Dans ce dernier cas, l'action est mal intentée si elle est formée contre le preneur ; elle doit être dirigée contre le bailleur, qui seul a qualité pour défendre à une action « concernant la propriété du fonds » (art. 1726). Mais il est possible que l'action, dirigée contre le bailleur, triomphe : elle aboutit à une éviction, qui fait cesser l'exécution du bail ou qui diminue considérablement les avantages de la chose pour le preneur. De toute façon, cet exercice d'un droit sur le fonds autorise le preneur à demander une indemnité en argent, si le bail est résolu ; une diminution de loyer, s'il peut encore s'exécuter (même art.). Toutefois la loi met à ce recours du preneur une condition précise : il faut qu'il ait eu soin de *dénoncer le trouble au bailleur.* S'il a pris sur lui de se défendre seul, il le fait à ses risques et périls.

1684. Actes des colocataires. — C'est un *colocataire,* qui prétend exercer sur une autre partie de la chose un *droit personnel* né d'un bail. L'hypothèse n'a pas été prévue par la loi et la jurisprudence se montre très hésitante. Certains arrêts ont admis la responsabilité du bailleur, d'autres l'ont rejetée (DALLOZ, *Suppl.,* v° Louage, n° 149).

Il y aurait lieu de résoudre la question par une distinction : si le locataire, auteur du trouble, prétend avoir usé, conformément à son bail, de la partie de l'immeuble qui lui a été louée, si le trouble provient, par exemple, de l'exercice d'une industrie, du bruit qu'elle cause ou de l'établissement d'une marquise au-dessus d'un magasin qui gêne la vue des appartements, il a usé d'un droit, et le propriétaire seul est responsable ; celui-ci est tenu comme ayant contrevenu à sa propre obligation par un fait qui lui est personnel. Mais si le trouble provient d'une faute accidentelle d'un locataire, qui a laissé le service d'eau ouvert et inondé l'appartement inférieur, qui a secoué ses tapis par les fenêtres ou brûlé chez lui des matières qui ont produit une odeur ou une fumée incommode, le propriétaire n'en peut pas être rendu responsable : il n'existe contre lui aucun principe d'action ; il n'a contrevenu à aucune obligation née du bail, il n'a commis aucune faute, et d'autre part ses locataires ne sont ni ses préposés ni ses élèves : ce sont des citoyens indépendants, qui doivent seuls porter la responsabilité de leurs actes. Le principe de cette distinction se trouve énoncé dans un arrêt de la Chambre des requêtes (17 juin 1890, D. 91. 1. 324, S. 90. 1. 321), mais il n'a pas toujours été respecté (voyez notamment Cass., 16 nov. 1881, D. 82. 1. 121). Cet arrêt, dont l'autorité est combattue par l'arrêt plus récent de 1890, repose sur cette idée, fausse à mes yeux, que toutes les hypothèses possibles ont été prévues par les textes et qu'il faut appliquer ou l'art. 1725 ou l'art. 1726. La complexité des relations entre colocataires et propriétaires est une question moderne, qui a échappé aux auteurs du Code comme à Pothier.

1685. Actes des voisins. — Le trouble est causé par un tiers *qui use d'un droit ne portant pas sur la chose louée.* Si le locataire est incommodé par des actes ou des travaux accomplis par un tiers qui ne touche en rien à l'immeuble, le propriétaire n'en est certainement pas responsable. Le locataire qui souffrirait d'un *métier incommode ou insalubre* exercé dans son voisinage, trouve dans les règles du droit commun, en matière administrative aussi bien qu'en matière civile ou pénale, le moyen de faire cesser, s'il y a lieu, cette incommodité.

Toutefois, si les travaux exécutés par autrui modifiaient indirectement *l'état matériel des lieux loués*, il y aurait alors apparition d'un *vice* nouveau, dont le bailleur serait tenu à ce titre (ci-dessous n° 1687).

3° Garantie des vices.

1686. Nature des vices. — De même que le vendeur, le bailleur est responsable des vices cachés. Toutefois la loi ne le déclare tenu que de ceux qui *empêchent* l'usage de la chose (art. 1721, al. 1). Le sens de cette disposition nous est expliqué par Pothier : le bailleur ne répond pas de ceux qui rendent seulement l'usage moins commode (*Louage*, n° 110). Mais on est d'accord pour interpréter largement le texte et pour considérer comme *impossible* l'usage de la chose toutes les fois qu'il en doit résulter quelque inconvénient sérieux pour le preneur.

Applications pratiques : existence de punaises dans un appartement (Pau, 26 févr. 1894, D. 95. 2. 23, S. 94. 2. 59) ; cheminées qui fument au point de rendre la maison inhabitable (Bordeaux, 25 août 1870, D. 73. 2. 157 ; Amiens, 1er août 1888, S. 89. 2. 39) ; infiltrations souterraines d'eau (Paris, 6 mai 1891, Dalloz, *Suppl.*, v° Louage, n° 105, note 3) ; etc. Les exemples que donnait Pothier étaient déjà du même genre. Pour les *loges de théâtre*, souvent trop petites ou incommodes, voyez trib. de la Seine, 13 juin 1900 et 23 janvier 1901, D. 1901. 2. 391.

1687. Vices inconnus du bailleur. — Le bailleur répond des vices, *même quand il ne les aurait pas connus lors du bail* (art. 1721, al. 1) et il répond même de ceux dont la cause est *postérieure à la location*, parce que son obligation de procurer la jouissance est *successive* et se prolonge pendant toute la durée du bail. Les vices nouveaux, dont l'origine est inhérente à l'immeuble, sont rares, parce que l'état matériel des biens fonds ne se modifie guère, mais le vice postérieur au bail peut être *le résultat de travaux effectués par un tiers*, usant de son droit sur un terrain contigu à l'immeuble loué.

Cette hypothèse peut se réaliser de deux façons différentes : tantôt c'est un *propriétaire voisin*, qui bâtit sur son terrain et bouche un jour de souffrance qui éclairait une pièce de la maison louée ; tantôt c'est l'*exécution d'un travail public* qui change le niveau de la voie publique et rend incommode l'accès de la propriété riveraine. Le locataire subit un trouble : une partie de son logement est plongée dans l'obscurité ; sa porte d'entrée, quelquefois même sa boutique entière est encavée, difficile à atteindre, pénétrée d'humidité. Le propriétaire en est-il responsable ? La jurisprudence se prononce en général pour l'affirmative ; il serait trop long d'entrer ici dans l'examen détaillé des espèces ; voyez les arrêts indiqués ou rapportés dans Dalloz, *Suppl.*, v° Louage, n°s 155 et 156.

1688. Vices connus du preneur. — Le bailleur ne répond pas des vices que le preneur *a connus* ou *pu connaître* lors de la conclusion du bail, parce qu'ils étaient *apparents* ou *notoires*.

Cela n'est pas dit dans la loi, mais c'était une solution traditionnelle, et on l'admet en doctrine et en jurisprudence. Ainsi pas de garantie pour l'*humidité* des murs d'un bâtiment, s'il suffisait de les regarder pour s'en apercevoir (Lyon, 6 juin 1873, D. 74. 2. 108, S. 73. 2. 194 ; Paris, 3 juill. 1882, Dalloz, *Suppl.*, v° Louage, n° 108, S. 84. 2. 79), ni pour les *inondations* d'une rivière auxquelles tout le quartier est exposé (Paris, 29 janv. 1849, D. 49. 5. 272).

1689. Étendue de la responsabilité. — L'existence d'un vice peut entraîner soit la *résiliation du bail*, soit la *diminution du loyer*. Peut-elle, en outre, donner lieu à des *dommages-intérêts* au profit du preneur ? L'art. 1721, al. 2, répond à la question d'une manière absolue : « S'il résulte de ces vices... quelque perte pour le preneur, le bailleur est tenu de l'indemniser. »

On s'est demandé si cette disposition s'appliquerait au bailleur de bonne foi, qui aurait ignoré l'existence des vices. Il semblait équitable de s'en tenir alors à la réduction du loyer, sans indemnité supplémentaire. Mais la jurisprudence s'est fixée en sens contraire, ce qui constitue une extension du principe de la responsabilité du propriétaire, à raison des vices de son bâtiment, que l'art. 1386 établit d'une manière très étroite (Cass., 29 janv. 1872, D. 72. 1. 123, S. 73. 1. 221 ; Aix, 5 janv. 1877, D. 78. 2. 94, S. 78. 2. 167).

Il y aurait lieu, cependant, de réserver le cas où le vice de la chose est dû au fait d'un tiers survenu postérieurement au bail et résulte d'une construction contiguë ou d'un changement de niveau de la voie publique. Cet événement a pour les deux parties le caractère d'un *cas fortuit* : s'il doit entraîner la résiliation ou une réduction de loyer, d'après les principes qui régissent le louage, il n'y a en lui aucun principe d'obligation personnelle à la charge du bailleur, qui est totalement exempt de faute. Voyez les considérants très nets d'un arrêt de Rennes, du 2 juin 1864 (Dalloz, *Suppl.*, t. X, p. 166, note 2).

De plus, dans les cas où le bailleur est tenu de payer des dommages et intérêts, on devrait lui faire l'application de l'art. 1150, quand il est de bonne foi, et ne lui faire supporter que les dommages qu'il a prévus ou pu prévoir lors du contrat (Guillouard, t. I, n°s 119-125).

§ 3. — *Obligations du preneur.*

A. — Règles communes aux baux à ferme et aux baux à loyer.

*** 1690. Énumération.** — Le preneur a quatre obligations différentes, résultant de la nature du contrat, outre celles qu'une convention spéciale a pu lui imposer. Ces quatre obligations sont les suivantes :

1° Se servir de la chose conformément à la convention ;

2° En user en bon père de famille ;

3° Payer le prix du bail aux époques convenues ;

4° Restituer la chose à la fin du bail.

Les trois premières seules sont indiquées dans l'art. 1728.

*** 1691. Emploi conforme à la convention.** — Ordinairement le bail indique la destination de la chose. Si le bail est muet, la destination qu'elle devait recevoir doit être *déterminée d'après les circonstances*. L'art. 1728 le dit formellement. Par exemple, il sera souvent facile de reconnaître que la maison a été louée pour être habitée bourgeoisement et non pour y tenir un café ou une hôtellerie.

Quand l'usage spécial de la chose est ainsi déterminé, le preneur n'a pas le droit d'en changer la destination. Il ne peut pas établir un café, un restaurant ou un hôtel dans une maison qui a toujours été louée bourgeoisement (Bastia, 4 mai 1892, D. 92. 2. 446).

On lui refuse même le droit de changer l'industrie qu'il exploite dans les lieux loués, quand son bail précise la nature de la profession en vue de laquelle il a été fait (Grenoble, 8 mai 1882, D. 83. 2. 94, S. 84. 2. 123).

*** 1692. Usage en bon père de famille.** — Il ne faut pas confondre cette obligation avec la précédente. En disant que le preneur doit user de la chose « en bon père de famille », la loi veut dire qu'il doit *entretenir* la chose comme elle doit l'être et prendre pour sa *conservation* les mêmes précautions qu'un bon propriétaire prendrait pour la sienne. Par exemple, si c'est un cheval qui a été loué, le preneur devra éviter de le surmener, de lui faire faire des journées trop longues, ou traîner de trop lourds fardeaux ; il devra le panser et le nourrir convenablement. Si c'est une terre cultivée, il devra l'entretenir en bon état ; si c'est un vignoble, lui donner tous les soins que la vigne réclame, etc. Voyez le développement de cette idée dans l'art. 1766, spécial aux baux à ferme. Le preneur pourrait donc, tout en usant de la chose selon sa destination, en faire un emploi abusif et tel qu'il en compromette le bon état ou même l'existence.

C'est sur ce principe que repose l'obligation, pour le locataire d'une maison, de faire à ses frais les menues réparations, dites « locatives » justement parce qu'elles sont à sa charge. Ces réparations correspondent à l'usage même qu'il fait de la chose et sont ordinairement rendues nécessaires par un défaut de soin ou de surveillance. L'art. 1754 donne une énumération des réparations locatives, qui n'est point limitative et qui n'est plus au courant de l'état actuel des appartements. Voyez aussi les art. 1755 et 1756.

Cette obligation pourrait même avoir pour le preneur des suites plus graves : si le défaut d'entretien rendait nécessaires des réparations importantes, elles seraient à sa charge comme étant dues à une faute de sa part. Il en serait de même si la maison avait été dégradée par des tiers, pendant que le locataire l'avait abandonnée et laissée sans surveillance (Orléans, 14 juill. 1871, DALLOZ, *Suppl.*, t. X, p. 175, note 1. Comp. Paris, 5 avril 1873, D. 74. 5. 314).

Le preneur est tenu des dégradations ou des pertes qui arrivent par le fait des personnes de sa maison ou de ses sous-locataires (art. 1735).

1693. Paiement des loyers ou fermages. — Les *termes* de loyers ou de fermages doivent être payés aux époques fixées par le bail. Dans le silence de la convention, on s'en rapporte aux usages locaux. Il en est de même du lieu du paiement. Dans les villes, les propriétaires font le plus souvent toucher les termes au domicile du locataire; pour les biens ruraux, le fermier apporte ordinairement son fermage à son propriétaire.

La contribution des portes et fenêtres est à la charge du preneur (L. 4 frimaire an VII, art. 12). L'impôt foncier reste à la charge du bailleur; toutefois, la loi précitée (art. 147) en rend le locataire responsable à l'égard du fisc, sauf son recours contre le propriétaire.

1694. Décharge des fermages. — Par suite de règles propres aux biens ruraux, le cultivateur a le droit d'obtenir une remise partielle des fermages lorsque la récolte périt en entier ou tout au moins pour moitié. Toutefois ce droit cesse : 1° quand le fermier a été indemnisé par les récoltes des années précédentes ; 2° quand il se trouve l'être à la fin du bail, moment auquel il se fait une compensation de toutes les années de jouissance ; 3° quand il s'est chargé des cas fortuits par une clause du bail, ce qui se fait très souvent. Voyez le détail de la réglementation assez compliquée établie sur ce point par les art. 1769-1773. Comp. Alger, 13 déc. 1892, D. 94. 2. 407.

1695. Restitution de la chose. — A la fin du bail, le preneur doit restituer la chose louée; il est détenteur précaire de la chose d'autrui et tenu d'une double action : la revendication et une action personnelle née du louage.

Il n'est libéré de cette obligation que par une impossibilité de restituer survenue sans sa faute, c'est-à-dire quand la chose *a péri par un cas fortuit*. Lorsqu'il allègue un fait de ce genre, c'est à lui *d'établir le caractère fortuit de la cause de la perte*; le fait de la perte ne suffirait pas à le dispenser de son obligation, car cette perte peut être due à une faute de sa part (art. 1732).

C'est l'application de principes généraux déjà formulés (ci-dessus nos 620-629). Rappelons qu'il n'y a ici aucune présomption de faute contre le locataire, mais une simple application de la maxime « Reus in excipiendo fit actor ». Le locataire est un débiteur qui oppose à l'action dirigée contre lui un fait extinctif de son obligation : c'est à lui d'établir que ce fait possède bien toutes les qualités requises pour être libératoire.

La principale application de cette règle, qui met la preuve à la charge du locataire, a lieu dans le cas d'incendie de la maison louée, qui fait l'objet du paragraphe 5 ci-dessous, nos 1712 et suiv.

1696. Ancienne pratique. — Un locataire insolvable peut s'obstiner à ne pas déguerpir et rester dans les lieux loués. Jadis on avait imaginé un moyen plus expéditif qu'une procédure régulière : le propriétaire faisait enlever les portes et les fenêtres. Ce procédé, admis par la Coutume d'Amiens (art. 74), usité en Écosse (Walter Scott, *Gui Mannering*, ch. 8) et recommandé par Troplong (*Louage*, t. II, p. 240. — Comp. Minier, p. 291), est condamné par les tribunaux modernes comme *attentatoire au domicile*. On pourrait objecter que, pour avoir son domicile dans une maison, il faut avoir *le droit* de l'habiter, et qu'un locataire, dont le bail est fini et qui fait violence au propriétaire pour rester malgré lui dans sa maison, commet un *acte illégal*, une atteinte à la propriété, car il n'a pas plus de *titre* pour y être que le premier passant venu.

1697. Indemnité de plus-value au fermier sortant. — Une question actuellement très discutée est celle de savoir s'il convient d'accorder une indemnité au fermier, quand ses travaux ont amélioré la terre qui lui avait été louée. Elle a déjà donné lieu à de nombreuses propositions de lois qui ne peuvent être étudiées ici, et le fond de la question est fort délicat. Voyez sur ce sujet la thèse de M PAUL DELOFFRE, Paris, 1899, et les ouvrages cités par lui.

1698. Démolition des constructions. — Lorsque le preneur a élevé des constructions sans l'autorisation du bailleur, celui-ci a le droit d'en exiger la démolition conformément à l'art. 555 (Cass., 1er août 1899, D. 1900. 1. 350, Mais souvent le sort des constructions a été réglé d'avance par la convention des parties. Comp. t. I, 1re édit., nos 1590 et suiv.; 2e édit , nos 1531 et suiv.

B. — Obligation spéciale du preneur à loyer.

***1699. Apport d'un mobilier suffisant.** — D'après l'art. 1752, le locataire doit *garnir la maison de meubles suffisants pour répondre des loyers*. On verra que, comme garantie de sa créance de loyers, le bailleur est armé d'un *privilège* qui porte sur tout ce qui « garnit » les lieux loués (art. 2102-1°). La loi suppose qu'il a été convenu entre les parties que le locataire apporterait des meubles suffisants pour que le propriétaire soit garanti.

Il n'est pas nécessaire que le mobilier soit assez abondant ou assez riche pour assurer le paiement de la totalité des loyers jusqu'à la fin du bail ; peu de gens seraient capables de se procurer un logement dans ces conditions. Il y a là une question de mesure et d'usage ; il suffit que le propriétaire ait une garantie pour le terme en cours, et quelque peu d'arriéré au besoin.

Si le locataire ne satisfait pas à cette obligation, il peut être *expulsé*, dit l'art. 1752, à moins qu'il ne donne une autre sûreté, telle qu'une hypothèque ou une caution.

Le propriétaire peut s'opposer à l'enlèvement des meubles, qui s'opérerait sans son autorisation. Comp. Paris, 21 avril 1886, D. 87. 2. 52, S. 87. 2 203.

C — Obligations spéciales du fermier.

***1700. Engrangement des récoltes dans les lieux loués.** — La loi n'impose pas au fermier la même obligation qu'au locataire d'une maison, de remplir les lieux loués d'un mobilier suffisant pour assurer le paiement des fermages : ordinairement le mobilier personnel d'un cultivateur est peu de chose, et le prix du bail peut être élevé, car il représente une exploitation considérable. Cependant il n'est pas douteux que ce qui appartient au fermier répond du loyer, défalcation faite des objets insaisissables, comme les lits et les vêtements. Aussi la loi, afin d'augmenter les sûretés du bailleur, fait-elle un devoir au fermier d'engranger les récoltes dans les lieux à ce destinés d'après le bail (art. 1767) ; s'il les portait hors des lieux loués, le bailleur conserverait bien son privilège sur la récolte de l'année (art. 2102-1°), mais il courrait le risque de la voir disparaître trop facilement et il pourrait avoir à subir la priorité d'autres privilèges.

1701. Bestiaux et matériel d'exploitation. — Le fermier est tenu d'une obligation particulière : il doit garnir la ferme des *bestiaux et ustensiles nécessaires à son exploitation*, moins pour donner un gage de paiement à son propriétaire que pour assurer une bonne culture de la terre.

***1702. Avertissement au propriétaire en cas d'usurpation.** — L'art. 1768 oblige le preneur d'un bien rural à avertir le propriétaire des usurpations qui peuvent être commises sur le fonds par des tiers. L'avertissement doit être envoyé *dans le délai donné par la loi pour les assignations*, à peine de tous dommages-intérêts. Ces usurpations sont assez fréquentes dans les campagnes, et les propriétaires ont grand intérêt à en être avertis le plus tôt possible : on sait, en effet, qu'une *possession annale* donne le rôle de défendeur dans le procès, ce qui suffit souvent pour obtenir gain de cause, la preuve devenant fort difficile à faire quand l'état des lieux et des limites a été modifié.

1703. Obligations des fermiers entrants et sortants. — Les art. 1777 et

1778 déterminent pour eux quelques obligations réciproques destinées à faciliter le changement de fermiers, sans dommage pour l'un ou pour l'autre ni pour la terre. Voyez ces textes, qui sont souvent modifiés par l'usage des lieux ou par les clauses des baux.

1704. Du droit de chasse. — Quand une terre est louée à un fermier sans que le bail fasse mention du droit de chasse, à qui ce droit appartient-il? Depuis bien longtemps la jurisprudence décide que le bailleur conserve le droit de chasse, à moins de convention contraire (Cass., 4 juill. 1845, D. 45. 1. 351, S. 45. 1. 774). Elle n'a jamais varié depuis lors, et sa décision, qui est approuvée par la grande majorité des auteurs[1], est formellement consacrée dans le projet sur la chasse voté le 23 novembre 1886 par le Sénat.

La réserve du droit de chasse au profit du propriétaire fait naître un assez grand nombre de difficultés entre lui et le fermier, pour savoir dans quelles parties du terrain loué il peut pénétrer, quelles mesures il peut prendre pour assurer la protection du gibier, etc. Voyez DALLOZ, *Suppl.*, v° Chasse, n°s 131 et suiv.

D. — Époques d'exigibilité.

1705. Absence d'uniformité. — Les obligations du preneur sont exigibles à des époques diverses. La restitution de la chose ne peut lui être demandée qu'*après la cessation du bail*; le loyer ou fermage arrive à échéance *à certains jours fixes*; les deux obligations relatives à son mode de jouissance sont *permanentes*. Par suite, au cas d'abus ou de négligence grave, capable de compromettre ses intérêts, le bailleur est autorisé à agir immédiatement pour assurer l'exécution de ces dernières (Cass., 20 déc. 1858, D. 59 1. 136, S. 60. 1. 66).

Cependant l'obligation du preneur concernant les réparations locatives, bien qu'elle existe pendant toute la durée du bail, ne produit en général son effet qu'après son expiration et lors de la restitution de la chose. C'est alors que le bailleur peut se plaindre et réclamer les réparations, si elles n'ont pas été faites. Les art. 1730 et 1731 posent à cet égard deux règles destinées à éviter une foule de petits procès : s'il a été fait un *état des lieux*, la chose doit être rendue telle qu'elle a été livrée suivant cet état ; s'il n'en a pas été fait, le preneur est présumé l'avoir reçue en bon état et doit faire toutes les réparations locatives, à moins qu'il ne puisse prouver que la dégradation est antérieure à son entrée en jouissance.

E. — Sanctions.

***1706. Droit de résiliation.** — Si le preneur ne remplit pas ses obligations, le bailleur a le droit de demander la *résiliation* du bail et de l'expulser. Pour le défaut de paiement des loyers, c'est l'application de l'art. 1184, et le droit de résiliation offre ici une parfaite analogie avec l'action en résolution du vendeur non payé.

Pour les deux premières obligations, celles de jouir de la chose conformément au bail et d'en user en bon père de famille, il y a un texte spécial : l'art. 1729. Ce texte porte que le bailleur peut, *suivant les circonstances*, faire résilier le contrat. D'après cette rédaction de l'article, la résiliation n'est pas un *droit absolu* pour le bailleur, comme au cas de défaut de paiement de loyers ; le tribunal jouit du pouvoir de la lui refuser. C'est qu'ici il n'y a pas un fait simple comme le défaut de paiement d'une somme d'argent ; il y a une *appréciation de faits* toujours complexes et variables en degrés et en qualités Comp. Grenoble, 8 mai 1882, D. 83. 2. 94, S. 84. 2. 123.

D'autres textes encore, pour des cas spéciaux, établissent le droit d'*expulsion* ou de *résiliation* (art. 1752 et 1766).

Il a été jugé que le juge des référés est compétent pour ordonner l'expulsion du preneur au cas d'urgence ; par exemple, quand il exploite un hôtel meublé d'une manière scandaleuse (Paris, 8 févr. 1883, D. 84. 2. 32, S. 84. 2. 68).

[1] Voyez l'analyse des systèmes dissidents dans DALLOZ, *Suppl.*, v° Chasse, n°s 126 à 128.

§ 4. — *Nature du droit du preneur.*

*** 1707. Son caractère personnel.** — Le droit qui résulte, pour le preneur, de l'obligation contractée envers lui par le bailleur est *purement personnel* : c'est une *créance*, le bailleur est tenu envers lui d'une obligation de faire. Le preneur n'acquiert sur la chose louée *aucun droit réel*, comparable à celui de l'usufruitier[1] et opposable à tous. C'est la tradition la plus certaine du droit. Ni les jurisconsultes romains ni nos anciens auteurs n'ont jamais compris la chose autrement. Il suffit de parcourir le *Traité du Louage* de Pothier pour s'en convaincre.

*** 1708. Théorie du droit réel.** — M. Troplong émit, cependant, l'idée que le bail faisait naître un droit réel au profit du preneur (*Louage*, t. 1, n° 5; t. II, n° 473). Son opinion eut quelque écho dans la jurisprudence (arrêts divers, notamment de la Cour de Paris, de 1858 à 1863, indiqués dans DALLOZ, *Suppl.*, v° Louage, n° 282), et recruta quelques adhésions dans la doctrine (JOZON, *Revue pratique*, 1865, t. XX, p. 358). Mais elle fut condamnée par la Cour de cassation, pendant la présidence de Troplong (Cass., 6 mars 1861, D. 61. 1. 418, S. 61. 1. 713; Cass., 21 févr. 1865, D. 65. 1. 133, S. 65. 1. 113) et elle est aujourd'hui abandonnée. Elle est cependant intéressante à connaître, au moins dans ses grandes lignes et surtout dans ses conséquences, car la solution qu'on lui donnent aide et les arguments qu'on développe à comprendre beaucoup de choses.

*** 1709. Intérêts de la question.** — La controverse n'a pas autant d'intérêts pratiques qu'on serait tenté de lui en attribuer. Ainsi elle ne sert pas à régler l'*efficacité du bail contre un acquéreur de l'immeuble*, puisque la question est tranchée par l'art. 1743, qui devra toujours s'appliquer, quelque parti que l'on prenne. Ainsi encore, elle est inutile pour trancher le *conflit entre deux preneurs successifs* : le plus ancien en date, pourvu que son contrat ait date certaine, sera préféré à l'autre, car le bail qui a date certaine est opposable aux créanciers saisissants (art. 684 C. proc. civ.); or le second preneur est assimilable à un créancier saisissant. Ainsi, enfin, elle n'est d'aucune conséquence pour les *hypothèques* : fût-il reconnu que le droit du preneur est un droit réel immobilier, il ne serait pas susceptible d'être hypothéqué, puisque l'art. 2118 ne permet les constitutions d'hypothèques que sur la propriété et l'usufruit[2].

Les points sur lesquels la divergence se manifeste sont en petit nombre et d'importance secondaire :

1° *Nature mobilière ou immobilière du droit.* Si le preneur n'a qu'une créance, son droit est mobilier : toute obligation de faire, même relative à un immeuble, est mobilière. Il a, en outre, un droit sur les *fruits* qui lui sont cédés; mais les fruits d'une chose, considérés comme destinés à en être séparés, sont meubles : la vente d'une récolte sur pied est une vente mobilière; la saisie-brandon est une saisie mobilière; la loi du 5 juin 1851 donne compétence aux commissaires-priseurs comme aux notaires pour les ventes de fruits. Spécialement pour les baux, la loi du 22 frimaire an VII ne permet de percevoir que le droit de 2 pour 100, qui se perçoit en matière mobilière.

Si c'était un droit réel, il faudrait, tout en respectant ces décisions particulières de la

[1] Une comparaison étrange se fait souvent entre le *louage* et l'*usufruit* : le louage est un *contrat* et l'usufruit est un *droit réel* ; les comparer est impossible. C'est comme si on voulait établir un parallèle entre la propriété et la donation. Ce qu'on peut rapprocher, c'est uniquement le *droit de jouissance* du preneur et celui de l'usufruitier. Entre eux existent toutes les différences qui séparent le droit réel du droit de créance. En outre, l'usufruit est intransmissible par décès, tandis que les effets du bail survivent au preneur et se transmettent à ses héritiers.

[2] On verra, cependant, que cette considération n'a pas empêché la jurisprudence de permettre à l'emphytéote d'hypothéquer, parce qu'elle reconnaît l'emphytéose comme droit réel.

loi positive, reconnaître sa nature immobilière, et en tirer certaines conséquences, notamment pour la *composition de la communauté légale entre époux*, qui comprend les meubles antérieurs au mariage, et non les immeubles; pour les *pouvoirs du mari et du tuteur*, qui peuvent exercer les actions mobilières et non les actions immobilières; etc[1].

2° Si le preneur avait un droit réel sur la chose, il pourrait se défendre au moyen d'une sorte d'*action possessoire* contre les tiers qui le troublent. C'est ce qu'avait admis autrefois la Cour de Paris (8 juill. 1861, D. 61. 2. 198, S. 62. 2. 274). Inutile de dire que cette action possessoire n'existerait pas pour garantir un simple droit de créance.

3° Observation analogue pour la *compétence* : si le droit est purement personnel, le seul tribunal compétent est celui du domicile du défendeur. En ce sens, Lyon, 1er juill. 1881, D. 82. 2. 232, S. 83. 2. 212. Si le preneur avait un droit réel, il y aurait un second tribunal compétent : celui de la situation de l'immeuble[2].

4° Si c'est en vertu d'un droit réel que le bail est, en cas de vente, opposable au tiers acquéreur, il en résulte que celui-ci est seulement obligé de *laisser le preneur en possession*, sans être personnellement tenu d'aucune des obligations créées par le bail; il subit la présence du locataire, il n'est pas obligé de remplir personnellement les engagements qu'a pris le bailleur. Tel est l'effet ordinaire du droit réel : il s'impose à tous, mais d'une manière *purement passive*; l'acquéreur sera donc tenu « ut patiatur , non ut faciat ». — On verra au contraire que, dans l'opinion qui a triomphé, l'acquéreur de l'immeuble est entièrement subrogé aux obligations de son vendeur, et qu'il est tenu, de la même manière que lui, d'entretenir le bail et d'en remplir toutes les charges et conditions[3].

***1710. Discussion.** — L'argument principal que faisaient valoir les partisans du droit réel, était l'art. 1743, qui oblige l'acheteur de l'immeuble à entretenir le bail consenti par le précédent propriétaire. N'est-ce pas là la preuve que le preneur possède un droit réel sur la chose, puisqu'il la *suit* entre les mains des tiers ? On se servait aussi de l'art. 684 C. proc. civ., aux termes duquel le bail qui a date certaine avant le commandement par lequel débute une saisie est *opposable aux créanciers saisissants*. Le preneur a donc les deux avantages du droit réel : le droit de suite et le droit de préférence.

Mais on verra que ces dispositions s'expliquent par une clause sous-entendue qui oblige l'acquéreur à entretenir le bail (ci-dessous, n° 1742); elles étaient déjà admises, quoique avec moins d'étendue, dans l'ancien droit où l'on ne reconnaissait au preneur qu'une simple créance.

L'art. 1743 peut donc parfaitement s'expliquer dans la théorie du droit de créance; d'autre part, il y a dans le Code une disposition (art. 1727) qui est incompatible avec l'idée d'un droit réel. Lorsque le preneur est troublé par un tiers qui intente une action concernant la chose louée, la loi ne lui permet pas de défendre lui-même à l'action : « Il doit appeler le bailleur en garantie » et peut même se faire mettre hors de cause; s'il avait un droit réel sur la chose, il aurait qualité pour s'opposer lui-même à la prétention du demandeur, et le jugement rendu contre son bailleur ne lui serait opposable qu'à la condition qu'il eût lui-même figuré dans l'instance. La procédure imposée aux parties par l'art. 1727 démontre que le preneur n'est qu'un simple créancier du bailleur, sans droit propre sur la chose.

[1] Signalons, en passant, l'opinion de M. Colmet de Santerre, pour lequel le caractère mobilier ou immobilier du droit est tout à fait indépendant de la controverse sur sa *réalité*.

[2] Pour quelques-uns des partisans du droit réel, ces trois premiers intérêts n'existent pas, parce que le droit réel du preneur ne sert, selon eux, qu'à expliquer comment le bail est opposable à l'acquéreur de l'immeuble : ce droit réel serait un simple *accessoire du droit principal*, qui reste une créance contre le bailleur et il en suivrait, en général, les règles, sauf à y ajouter le droit de suite contre l'acquéreur. Ainsi entendue, la théorie du droit réel perd tout intérêt autre que celui qui est indiqué au 4° du n° 1709.

[3] Comme si cette matière était destinée à multiplier les dissidences, MM. Aubry et Rau, tout en admettant l'idée d'un droit purement personnel, donnent ici la même solution que si le droit était réel (§ 369, note 32).

On a voulu aussi tirer argument de la loi du 23 mars 1855, qui soumet les baux à la transcription quand ils ont plus de dix-huit ans. Or on sait que la transcription a été organisée pour les droits réels immobiliers. N'a-t-on point par là assimilé à ces droits celui du preneur ? Nullement. Les auteurs de cette loi ont proclamé eux-mêmes que, bien que les baux ne constituent aucun droit réel, ils imposent à la propriété une charge qui peut en diminuer la valeur (rapport de M. Debelleyme, D. 55. 4. 30, n° 27). De plus, comme ils ont également soumis à la transcription certaines cessions de loyers et même de simples quittances, on ne peut tirer de là aucune conséquence pour la réalité du droit du preneur. La nécessité de transcrire est la suite du caractère de ces différents actes qui sont *opposables à des tiers* ; il n'est pas nécessaire de supposer qu'il y ait en eux un droit réel.

Quant à l'art. 684 C. proc. civ., c'est une disposition traditionnelle, qui était déjà admise dans l'ancien droit, sans qu'on songeât pour cela à l'expliquer par l'existence d'un droit réel. On n'y voyait qu'un tempérament d'équité, destiné à donner au droit du preneur un peu plus de stabilité. On peut, d'ailleurs, l'expliquer aujourd'hui par une simple application du principe de l'art. 1743 : les créanciers qui saisissent et font vendre l'immeuble ne peuvent le transmettre à l'adjudicataire qu'avec la charge des baux comme l'aurait pu faire leur débiteur lui-même, s'il eût vendu à l'amiable.

***1711. Utilité de la création d'un droit réel.** — La théorie du droit réel a donc échoué devant la jurisprudence et la doctrine. Cependant, il y aurait un assez grand intérêt à reconnaître au preneur un droit réel. Il n'est pas douteux que le développement historique du droit nous pousse vers cette notion : le droit du preneur est devenu « opposable aux tiers » ; il est tout près de la réalité, dont c'est là le trait distinctif[1]. Quelques textes y résistent encore, l'art. 1727, la loi de 1851 sur les ventes de meubles, la loi de frimaire sur l'enregistrement. Il serait bien simple de les mettre d'accord avec l'idée de réalité, mais il faudrait pour cela une réforme législative.

L'avantage principal qu'on y trouverait serait de permettre au preneur d'un bien rural d'hypothéquer son droit. On pourrait, du reste, restreindre cette faculté aux baux d'une certaine durée. Sur cette utilité du droit réel, voyez GRANDEAU, *La production agricole* ; TOCILESCO, *l'Emphytéose*, thèse, Paris, 1883.

§ 5. — *Responsabilité des locataires d'une maison en cas d'incendie.*

*** 1712. Importance de la question.** — L'incendie des bâtiments d'habitation et d'exploitation provoque de graves difficultés entre locataires et propriétaires. Sous l'ancien droit, on connaissait déjà la question et on en parlait (POTHIER, *Louage*, n° 194) ; mais c'est surtout depuis le Code civil que les procès se sont multipliés. Une réforme législative a été faite, et de nouvelles controverses l'ont suivie. Le cas se présente fréquemment dans la pratique et il met souvent en jeu de gros intérêts. Mais souvent aussi le procès se déplace ; au lieu de s'engager entre le propriétaire et le locataire, il se fait entre leurs assureurs, la plupart des maisons donnant lieu à une double assurance : l'une pour la propriété au profit du bailleur, l'autre couvrant le locataire contre sa responsabilité.

[1] Peut-être conviendrait-il, en s'appuyant sur l'analyse du droit réel qui a été présentée dans le t. Ier, 1re édit., n° 763 ; 2e édit., n° 728, d'admettre qu'il n'existe pas de séparation absolument tranchée entre les droits réels et les droits de créance ; que tous les droits imaginables se ramenant toujours à des rapports obligatoires entre les hommes, il en est qui sont opposables à un nombre assez élevé de personnes sans l'être absolument à tout le monde. Cette catégorie comprendrait principalement le droit du preneur à bail et le droit de rétention.

Pour étudier cette matière, il faut prendre d'abord l'hypothèse simple : celle où la maison est occupée par un seul locataire. Des complications surgissent quand il y en a plusieurs.

A. — Locataire unique.

* **1713. Système suivi en pratique.** — On considère le propriétaire comme possédant contre son locataire une seule action dérivée du contrat de louage. Cette action est régie par l'art. 1733, d'après lequel le propriétaire dont la maison a été incendiée *n'a pas à prouver la faute du locataire*; c'est au contraire celui-ci, s'il veut s'exempter de toute responsabilité, qui doit prouver *que la chose a péri sans sa faute*. Or l'incendie n'est pas par lui-même et nécessairement un cas fortuit; il est même très fréquemment dû à une faute des personnes qui habitent la maison : « Incendia plerumque fiunt culpa inhabitantium » (*Digeste*, liv. I, tit. 15, fr. 3)[1]. Le preneur ne sera donc déchargé qu'à la condition de prouver qu'il est absolument exempt de faute : c'est un débiteur qui se prétend libéré et qui doit faire preuve de sa libération. Voyez la note T. P., dans D. 99. 2. 273.

Tout le monde voit dans cette dispense de preuve accordée au propriétaire l'effet d'une *présomption légale* de faute établie contre le locataire, et tel était déjà l'avis de nos anciens auteurs (POTHIER, *Louage*, n° 194). Denisart citait en ce sens un arrêt du 22 août 1743, et les arrêts modernes emploient volontiers le même langage (Cass., 22 oct. 1889, D. 90. 1. 122; Caen, 1er déc. 1892, D. 93. 2. 379, S. 93. 2. 152).

* **1714. Critique.** — On devrait considérer le propriétaire comme ayant deux actions : 1° une *action en restitution de la chose louée*, puisant son origine *dans le contrat de louage*; 2° une *action en réparation du dommage causé*, si l'incendie a été *allumé par la faute du locataire*.

Ces deux actions, si différentes *par leur origine*, différeraient également *par leur objet*. Par la première, le propriétaire ne pourrait réclamer à son locataire que *la restitution des lieux loués*, et, à défaut de cette restitution, *la valeur qu'ils avaient*; par la seconde, le propriétaire pourrait demander *la totalité du dommage subi par lui*, si la maison entière a été détruite ou si d'autres appartements que celui du locataire ont été atteints. — Cette dernière différence s'efface dans l'hypothèse d'un locataire unique jouissant de la maison entière; elle devient considérable quand le locataire responsable de l'incendie n'occupait qu'une partie de la maison.

Une troisième différence existe entre ces deux actions, *quant à la preuve*, si on consent jamais à les distinguer. Si le propriétaire veut obtenir la réparation complète du dommage qu'il a éprouvé au delà de la valeur des lieux loués, lorsque le locataire n'occupait qu'une partie de la maison, *il faut qu'il prouve le fait précis qui constitue la faute du locataire*. C'est la condition commune de tout créancier, qui fonde son action sur un délit : il est obligé de prouver le fait qui l'a rendu créancier, c'est-à dire l'acte illicite et imputable à autrui qui lui a causé le dommage dont il se plaint. Au contraire,

[1] Ce texte, à vrai dire, ne règle pas les rapports entre propriétaires et locataires; il concerne l'office du « præfectus vigilum » et s'occupe uniquement de la sécurité de la ville, menacée par la fréquence des incendies : il veut que le préfet des Vigiles fustige les habitants (propriétaires ou non) qui mettent le feu par maladresse, ou, en leur faisant grâce du bâton, leur adresse une admonestation sévère. Si donc sa remarque est juste comme observation de fait, elle n'est nullement une présomption légale contre le locataire.

si le propriétaire fonde son action sur le contrat de bail et réclame simplement la restitution des lieux loués, *il n'a pas à faire cette preuve* : c'est le preneur qui doit prouver que l'incendie n'est pas dû à une faute de sa part. D'après les principes généraux (art. 1732 et 1302), le preneur n'est pas libéré par la preuve de l'incendie, si l'origine fortuite du feu n'est pas établie. En mettant la preuve à la charge du locataire, l'art. 1733 n'établit nullement, quoi qu'on en dise, une présomption légale en faveur du propriétaire, pourvu qu'on l'applique uniquement à l'action contractuelle en restitution des lieux loués : c'est l'application des principes généraux.

* **1715. Étendue de la responsabilité du locataire.** — Le propriétaire doit être indemnisé non seulement de la valeur qu'avait la maison détruite, mais aussi de la perte des loyers dont il a été privé pendant la reconstruction ou la réparation de sa maison (Cass., 24 nov. 1879, D. 80. 1. 385, S. 1. 319). Le locataire coupable de faute est, en effet, tenu de toutes les suites de l'incendie.

1716. Objet de la réparation. — En toute hypothèse, le locataire ne doit être condamné qu'à *une indemnité* en argent ; le propriétaire ne peut le forcer à rebâtir sa maison.

* **1717. Faits justificatifs.** — L'art. 1733 se présente comme restreignant les causes justificatives que peut alléguer le preneur pour se soustraire à sa responsabilité, et beaucoup de personnes estiment qu'il restreint, en effet, ses moyens de justification. La loi dit : « Il répond de l'incendie, *à moins qu'il ne prouve...* ». Suit une énumération qui comprend trois numéros. La loi admet comme exemptant le preneur de toute responsabilité : 1° les cas *fortuits ou de force majeure* ; 2° les *vices de construction* [1] ; 3° la *communication du feu par une maison voisine*.

Cette énumération a l'air d'être *limitative*, et en réalité elle ne l'est pas. Le vice de construction ou la propagation de l'incendie venant d'une autre maison sont pour le locataire des *cas fortuits*, inutiles à indiquer spécialement, puisque le premier terme de l'énumération les comprend tous, sans limitation aucune. Comme tout ce qui n'est pas faute du locataire est cas fortuit, il s'ensuit que le locataire peut s'affranchir de toute responsabilité en établissant que l'incendie a eu *une cause quelconque, autre qu'une faute de sa part*.

Le preneur ne subit donc aucune restriction provenant d'une *limitation arbitraire des causes d'exonération qu'il peut invoquer*.

* **1718. Preuve du cas fortuit.** — De quelle manière le locataire doit-il faire sa preuve, lorsqu'il prétend que l'incendie a une cause fortuite ? Faut-il qu'il prouve directement la *nature spéciale du fait* qu'il allègue comme cas fortuit, ou bien suffit-il qu'il prouve l'*absence de faute*, d'où résulterait indirectement l'existence d'un cas fortuit de nature inconnue ? La jurisprudence a admis cette seconde interprétation, qui est évidemment

[1] Le vice de construction, cause de l'incendie, est ordinairement l'existence d'une poutre ou d'une solive placée près d'une cheminée et mal isolée, et qui prend feu.

la plus favorable au locataire, car dans la plupart des cas la cause spéciale de l'incendie ne peut pas être déterminée (Amiens, 6 janv. 1886, D. 87. 2. 152 ; Orléans, 4 déc. 1886, D. 88. 2. 63, S. 88. 2. 154. — Comp. Nancy, 21 mai 1873, Dalloz, *Suppl.*, t. X, p. 185, note 1 ; Douai, 28 mars 1901, D. 1901. 2. 233).

Cette solution se concilie avec le texte, car l'art. 1733 ne précise pas de quelle manière le cas fortuit doit être prouvé ; il suffit donc, pour dégager la responsabilité du preneur, que l'hypothèse d'un cas fortuit soit rendue *nécessaire* par les faits qu'il allègue (arrêts de Nancy et de Douai précités). D'ailleurs Pothier, à qui ce texte a été emprunté, admettait très certainement que le locataire s'acquittait en prouvant l'absence de faute. Enfin, la jurisprudence a été approuvée en termes formels dans les discussions législatives de la loi de 1883 (Rapport de M. Durand, *Journal officiel*, 21 février 1880, annexe n° 2263, p. 2027, col. 2 et 3).

Souvent le locataire allègue, comme cause justificative, qu'il n'était pas là au moment où le feu a pris ; en principe, son excuse est vaine. L'absence est une faute de sa part, car il a la garde de la chose et doit la surveiller. Cependant cette idée, un peu vieillie, ne saurait être appliquée sans ménagement aux habitations urbaines : beaucoup d'habitants ont coutume de s'absenter au moment des vacances, et l'immeuble reste sous la garde du concierge, qui est un préposé du propriétaire.

B. — Pluralité de locataires (Art. 1734).

***1719. Questions à examiner.** — Quand la maison incendiée était occupée par plusieurs locataires, deux questions s'élèvent : 1° Quels locataires sont responsables de l'incendie ? 2° Dans quelle mesure chacun d'eux l'est-il ?

*** 1720. Nombre des locataires responsables.** — En principe, *tous* sont responsables de l'incendie ; l'art. 1734 le dit formellement. Mais il existe pour eux un double moyen de s'exonérer :

1° Ils prouveront que le feu *a commencé chez l'un d'eux*, auquel cas celui-là seul en sera tenu ;

2° Quelques-uns prouveront que le feu *n'a pas commencé chez eux*, auquel cas ceux-là n'en seront pas tenus, et l'obligation d'indemniser le propriétaire incombera uniquement à ceux qui n'auront pas pu fournir la même preuve.

***1721. Ancienne solidarité des locataires.** — L'art. 1734 primitif (texte voté en 1804) donnait une solution très favorable aux propriétaires de maisons : il établissait la solidarité entre tous les locataires qui ne se faisaient pas mettre hors de cause comme non responsables : « S'il y a plusieurs locataires, tous sont *solidairement* responsables... », disait-il. Par là le Code avait consacré la jurisprudence des Parlements, que combattait Pothier[1]. L'art. 1734 établissait donc un cas de *solidarité légale*, et il était cité, par les auteurs qui admettent deux espèces de solidarité, comme un exemple de *solidarité imparfaite*. — Entre les locataires, l'indemnité se répartissait par tête, selon l'opinion commune.

Cette disposition de la loi était condamnée depuis longtemps ; elle avait déjà été combattue, lors de la préparation du Code, par le tribunal d'appel de Colmar, dont les observations très judicieuses ne furent pas écoutées. La responsabilité solidaire était trop lourde pour des locataires qui ne se connaissent pas et qui n'ont pas traité les uns avec les autres.

[1] Pothier n'admettait pas la responsabilité collective des locataires. Pour lui, celui-là seul était tenu, chez qui le feu avait commencé ; si on ne savait pas chez qui il avait pris, aucun d'eux n'était tenu (*Louage*, n° 194).

** **1722. Réforme de 1883.** — Une proposition de loi, déposée en 1878 par M. Viette, aboutit, après diverses transformations, à la loi du 5 janvier 1883, modifiant l'art. 1734. On a *supprimé la solidarité,* en disant : « Tous sont responsables de l'incendie, *proportionnellement à la valeur locative de la partie de l'immeuble qu'ils occupent.* » — Cette loi a donné lieu à de très graves difficultés : sa préparation s'est faite au milieu d'erreurs juridiques à grand'peine réfutées par M. Durand (Guillouard, *Louage,* nos 255-257), et qui se sont reproduites depuis pour son interprétation.

** **1723. Jurisprudence actuelle.** — Aussitôt après le vote de la loi de 1883, on s'est demandé dans quelle mesure les locataires responsables se trouvent obligés envers le propriétaire. Il peut y en avoir, en fait, un seul ou plusieurs ; cela ne change rien à la question. La Cour de cassation a décidé que la réforme avait porté uniquement sur l'al. 1. de l'art. 1734, qui établissait la solidarité ; désormais, l'obligation de réparer les suites de l'incendie se divise entre les colocataires de la maison ; mais on n'a pas modifié les deux derniers alinéas de l'article, qui ont toujours été entendus comme permettant au propriétaire d'obtenir une indemnité totale. Ils « *en* sont tenus », dit le texte. De quoi, sinon du dommage entier causé par le feu ? (Cass., 5 avril 1887, D. 87. 1. 329, S. 87. 1. 125 ; Cass., 4 juin 1889, D. 90. 1. 351, S. 89. 1. 477 ; Cass., 9 mai 1892, D. 92. 1. 607, S. 92. 1. 240)[1].

Il résulte de cette jurisprudence que chaque locataire peut être tenu d'indemniser le propriétaire bien au delà de la valeur de la partie de la maison qui lui était louée : il peut avoir à en payer la totalité, s'il reste seul responsable ; son unique espoir est d'avoir

[1] Il est à peu près certain que la jurisprudence n'interprète pas la loi conformément à la pensée de ses auteurs. Dans les débats des Chambres, deux systèmes s'étaient trouvés en présence : 1° se borner à briser la solidarité en laissant subsister la responsabilité du total des dommages pour ceux qui en seraient tenus, système adopté par la Chambre des députés et défendu dans le rapport de M. Durand ; 2° réduire la responsabilité de chaque locataire à la valeur de la partie de l'immeuble qu'il occupe, système adopté par le Sénat sur le rapport de M. Batbie. M. Batbie faisait remarquer fort justement que répartir entre les locataires responsables la totalité du dommage, c'était faire retomber sur les uns la part des autres et conserver ainsi un des effets de la solidarité qu'on se proposait de faire disparaître. D'autre part, il avait été reconnu à la Chambre, sur les observations de M. Durand, que l'obligation des locataires ne résultait pas d'une présomption de faute, mais bien d'une obligation contractuelle de restituer la chose. M. Batbie en concluait que chaque locataire ne pouvait être responsable que de la portion d'immeuble qui lui avait été confiée. Pour lui donner satisfaction, le Sénat supprima donc les mots : « Et les autres répondent du tout, ainsi qu'il est dit ci-dessus », qui terminaient l'article. Sur un nouveau rapport de M. Durand, qui constatait la divergence en termes très nets, la Chambre adopta cependant le texte rectifié par le Sénat afin de faire aboutir la réforme. — L'étude des discussions de la loi conduit donc à une solution très différente de celle qu'a donnée la jurisprudence. Rien ne prouve mieux la confusion perpétuelle commise par la jurisprudence entre les deux principes d'action distingués ci-dessus (n° 1714). M. Batbie lui-même s'était ravisé, et, peu de temps après la publication de la loi, il chercha à restituer au propriétaire le moyen d'obtenir facilement une indemnité totale, sans l'obliger à prouver la faute. Dans ce but, il imagina d'établir l'indivisibilité entre les deux actions, à l'aide du raisonnement suivant : le locataire, qui ne prouve pas le cas fortuit, est présumé en faute ; une faute présumée est tenue pour prouvée ; donc cela suffit pour autoriser contre lui une action au total fondée sur l'art. 1382 (*Revue critique,* 1884).

des compagnons d'infortune, tenus en même temps que lui, et qui supporteront une partie de l'indemnité. On arrivait déjà au même résultat avant 1883, à l'aide du recours qu'exerçait contre les autres celui d'entre eux qui était actionné par le propriétaire. La seule différence entre les deux systèmes est de ne plus forcer l'un des locataires à faire l'avance de l'indemnité pour les autres (ce qu'il pouvait déjà éviter en les faisant mettre en cause), et de ne pas mettre les parts des insolvables à la charge de ceux qui peuvent payer : la perte est maintenant pour le propriétaire.

La répartition, quand elle a lieu, se fait sur la base de la *valeur locative* des différents locaux occupés par les locataires conjointement responsables de l'incendie (art. 1734). On ne tient pas compte du prix des baux qui peuvent avoir été consentis à un chiffre trop bas.

* **1724. Cas où le propriétaire occupe une partie de la maison.** — Avant la loi de 1883, on décidait que le propriétaire qui habite lui-même une portion de la maison ne pouvait pas agir contre les locataires, parce qu'il était lui-même soumis à la présomption de faute, en sa qualité d'*habitant de la maison*. On ne lui permettrait de le faire qu'autant qu'il pouvait prouver que le feu n'avait pas commencé chez lui (Cass., 20 novembre 1855, D. 55. 1. 457, S. 56. 1. 103). La loi nouvelle n'a point changé cette solution, étant restée muette sur l'hypothèse, et la jurisprudence a maintenu sa décision antérieure (arrêts de Rennes, de Poitiers et de Toulouse en 1888 et 1889, D. 90. 2. 97 ; Grenoble, 19 déc. 1893, D. 94. 2. 471).

Dans la doctrine, il y a quelques hésitations, à cause d'un incident de la discussion de la loi : le Sénat a supprimé comme inutile un passage du projet qui visait spécialement le cas du propriétaire habitant sa maison. On a essayé de tirer de là un motif pour changer la solution (GUILLOUARD, t. I, n° 273). Mais la jurisprudence ne peut pas tenir compte pour opérer une réforme d'un texte abandonné par le législateur lui-même et qui n'a jamais été qu'un projet.

1725. Locaux vacants. — Quand il existe dans la maison un appartement vacant, dont le propriétaire détient les clefs pour le faire visiter, cette circonstance ne peut le faire assimiler à un locataire habitant lui-même la maison et ne l'empêche pas de se prévaloir des art. 1733 et 1734 (Cass., 20 oct. 1885, D. 86. 1. 374, S. 86. 1. 342 ; Orléans, 10 mai 1890, D. 91. 2. 230).

1726. Locaux communs. — Des difficultés spéciales s'élèvent quand il s'agit de locaux communs au propriétaire et à un locataire (Lyon, 18 janv. 1861, D. 61. 2. 182). Quant aux locaux communs à tous les locataires, mais qui ne sont confiés spécialement à aucun, comme l'*allée*, l'*escalier*, un *couloir ouvert* desservant plusieurs appartements, ils font naître une autre controverse. La solution la plus probable est que le propriétaire n'a aucun recours contre ses locataires quand il est certain que le feu a commencé dans ces parties communes de la maison : chaque locataire est en état de prouver que le feu n'a pas commencé chez lui. Le propriétaire n'aurait d'action que contre celui qui aurait été la cause de l'incendie par une faute connue et prouvée.

Du reste, il n'est pas douteux que les locataires n'ont aucune action spéciale contre le propriétaire habitant la maison, quand c'est chez lui que le feu a pris. Le propriétaire ne peut être tenu envers ses locataires que d'après les règles du droit commun, quand il est prouvé que l'incendie a été allumé par une faute de sa part (Riom, 30 mai 1881, D. 82. 2. 38).

C. — Effet de l'assurance du risque locatif.

* **1727. Attribution de l'indemnité au propriétaire.** — Les loca-

taires, tenus de l'incendie, dans les termes des art. 1733 et 1734, supportent ainsi un risque particulier qu'on appelle le *risque locatif*. Habituellement, ils se font assurer contre ce risque, en même temps qu'ils assurent leur mobilier pour leur propre compte.

Jusqu'en 1889, on se demandait à qui il fallait attribuer l'indemnité payée par l'assureur du risque locatif. A première vue, l'*assuré seul*, c'est-à-dire le locataire, avait le droit de la toucher, puisqu'il avait seul traité avec la compagnie : relativement à ce contrat, le propriétaire de l'immeuble incendié était un tiers auquel l'assureur du risque locatif ne devait rien. Mais, en fait, cette indemnité n'était pas destinée à rester aux mains du locataire ; elle servait à indemniser le propriétaire.

Bien mieux : ce n'était pas le fait même de l'incendie qui faisait naître pour le locataire le droit de toucher l'indemnité, mais seulement l'action exercée contre lui par le propriétaire ; cette action seule était la cause efficiente de la créance éventuelle du locataire contre son assureur. Il semblait donc plus logique et plus simple de reconnaître au propriétaire, soit une *action directe* contre l'assureur de son locataire, soit tout au moins *un droit de préférence* sur l'indemnité représentant le risque locatif, pour le protéger contre le concours des autres créanciers du locataire. Mais ni l'un ni l'autre de ces deux droits ne pouvait lui être reconnu dans l'état ancien des textes. *La somme payée par l'assureur tombait dans la caisse du locataire et devenait le gage commun de tous ses créanciers* (Cass., 31 déc. 1862, D. 63. 1. 423, S. 63. 1. 531 ; Paris, 21 août 1868, D. 68. 2. 236, S. 69. 2. 110).

De la sorte, le sinistre qui ruinait le propriétaire enrichissait les autres créanciers. C'était absurde et injuste[1]. Une loi du 19 février 1889 a modifié la situation. Son art. 3 décide que *l'assuré ne peut toucher l'indemnité qu'après avoir désintéressé le propriétaire*. Système nouveau et assez étrange : on ne donne au propriétaire ni action directe ni privilège véritable. Mais en faisant de son paiement intégral par le locataire la *condition* de l'action du locataire contre l'assureur, on lui procure l'équivalent pratique d'un privilège : il est sûr d'être payé avant les autres.

§ 6. — *Cessation du bail.*

1° Expiration du temps de la location.

* **1728. Fixation de la durée des baux.** — Sous la seule condition

[1] Le propriétaire pouvait bien s'entendre directement avec la compagnie d'assurance et lui offrir de se contenter d'une indemnité moindre, en disant : « Si vous n'y consentez pas, je poursuis mon locataire et vous allez être obligé de lui verser l'indemnité totale ». Les compagnies avaient intérêt à accepter ce marché, en faisant signer au propriétaire la remise du risque encouru par le locataire.

de ne pas dépasser la limite extrême fixée par la loi (99 ans ou trois générations), les parties sont libres de fixer la durée du bail comme bon leur semble. Ordinairement elles le divisent en périodes égales, de trois ans en général (baux de 3, 6, 9 ans et quelquefois plus).

Quand la durée du bail n'a pas été déterminée par les parties, la loi en règle la durée d'une manière différente pour les maisons et pour les biens ruraux. Le bail d'une maison fait sans terme fixe peut durer *indéfiniment*, sauf l'effet du congé dont il est parlé ci-après. Le bail d'un bien rural dans les mêmes conditions ne dure que le temps nécessaire pour que le preneur « recueille tous les fruits de l'héritage affermé » (art. 1774). Par suite, sa durée ordinaire sera d'*un an* ; toutefois, le bail d'une terre labourable, divisée par *soles* [1] ou *saisons* dure autant d'années qu'il y a de soles (même art.).

Sur une coutume singulière et abusive, observée dans quelques régions du Nord de la France, et qui tend à empêcher les propriétaires de relouer librement leurs terres après avoir congédié leur fermier, voyez LEFORT, *Le droit de marché*, Paris, 1892, et la thèse de M. FRANÇOIS DEBOUVRY, sur *Le « Mauvais gré »*, Paris, 1899, avec une bibliographie, p. 235 et suiv.

Les art. 1757 et 1758 déterminent la durée des baux pour les locations de mobiliers ou d'appartements meublés. Voyez ces textes.

1729. Langage de la loi. — Dans les art. 1736 à 1738, ainsi que dans les art. 1774-1776, la loi appelle *baux sans écrit* les locations dont la durée est indéterminée, et *baux écrits* ceux qui ont une durée fixe. C'est un langage singulier, puisque le fait de la rédaction d'un écrit est tout autre chose que la fixation d'une durée pour la location. Cependant, il s'explique par cette circonstance, que les parties qui prennent la peine de rédiger un écrit, ont soin, ordinairement, d'y fixer la durée du louage, tandis que les baux faits sans écrit sont habituellement faits pour une durée indéterminée.

Encore de nos jours, il en est ainsi à Paris, et dans quelques villes, pour ce qu'on appelle les « locations verbales », bien que presque toujours le preneur signe un « engagement » qui constate le prix de la location et les charges accessoires.

Les expressions « baux écrits et non écrits » n'ont donc pas exactement dans les articles précités le sens que la loi leur donne dans les art. 1714 et 1715, où elle se préoccupe non de la durée, mais de la preuve du bail.

1730. Fin du bail. — Quand le bail *a une durée déterminée*, soit par la convention des parties, soit par la loi, il prend fin *de plein droit au jour fixé*, sans que les parties aient besoin de se prévenir l'une l'autre auparavant (art. 1737 et 1775). — Quand il est *divisé par périodes*, chacune des deux parties (ou une seule, si le contrat a réservé ce droit à l'une d'elles) a le droit d'y mettre fin à l'expiration d'une des périodes autre que la dernière, à la condition de prévenir l'autre partie un certain temps d'avance par *un congé*. — Enfin, quand le bail a *une durée indéterminée* (ce qui ne peut se présenter que pour les baux de maisons à cause de l'art. 1774), chaque partie a toujours le droit d'y mettre fin, à la condition de prévenir l'autre par un *congé*, donné un certain temps d'avance, *conformément à l'usage des lieux* (art. 1736).

1731. Du congé. — Le congé est la *résiliation du louage par la volonté de l'une des parties*, en vertu d'un droit à elle conféré, soit par les stipulations du bail, soit par sa nature même dans les baux sans écrit ou locations verbales. Le congé n'a pas besoin d'être *accepté*, car c'est un acte unilatéral. L'acceptation qui s'en fait assez souvent dans la pratique ne sert que de moyen de preuve, pour établir que l'autre partie l'a réellement reçu.

Le congé doit être donné un certain temps d'avance, qui est fixé par l'usage ou par le

[1] L'assolement consiste à faire se succéder périodiquement, sur une même pièce de terre, des végétaux différents, pendant un nombre déterminé d'années : assolement triennal, etc.

contrat. Pour les locations importantes, ce délai est ordinairement de *six mois*, quelquefois *d'un an*. A Paris, pour les locations verbales d'appartements, il est de *trois mois*, et de six semaines (*demi-terme*) pour les petits logements.

Aucune forme n'est prescrite expressément pour le congé. Cependant il a été quelquefois jugé qu'un *écrit* était nécessaire pour prouver la résiliation, aussi bien que la conclusion du bail (Orléans, 8 janv. 1886, D. 87. 1. 447, S. 87. 1. 57). Mais voyez en sens contraire : Pau, 21 mars 1893, D. 93. 2. 304, S. 93. 2. 168. Souvent la partie qui reçoit le congé refusant d'en donner un reçu, l'autre le lui fait signifier *par huissier*, ce qui lui ménage une preuve indiscutable du fait même du congé et de la date à laquelle il a été donné.

1732. De la tacite reconduction. — Il arrive assez souvent qu'un locataire ou un fermier, dont le bail est fini, reste en possession des lieux loués, avec le consentement du propriétaire et sans qu'un nouveau contrat soit passé : il s'opère alors une nouvelle location tacite, ce qu'on appelle une *tacite reconduction,* d'après le mot latin « conductio », action de prendre à loyer.

La tacite reconduction est inutile dans les baux dits « sans écrit » ou à durée indéterminée : ceux-là continuent d'eux-mêmes indéfiniment, sans qu'il y ait besoin de les renouveler. Elle ne peut trouver son application que dans les baux à durée fixe, légale ou conventionnelle.

La tacite reconduction n'est pas un renouvellement du bail antérieur ; c'est une location nouvelle qui a des règles propres. Pour toutes les *conditions* du bail, et notamment pour le prix et les charges, il n'y a rien de changé, puisque les parties n'ont pas manifesté la volonté de modifier leurs conventions ; mais la *durée du bail n'est pas la même* : la tacite reconduction ne s'opère jamais pour la durée du bail primitif, mais seulement pour le temps réglé pour les locations faites sans écrit (art. 1738, 1759 et 1776). On devra donc appliquer les règles données au n° 1728.

La caution qui avait garanti le bail antérieur n'est pas garante de la tacite reconduction (art. 1740).

Enfin, chacune des parties peut empêcher la tacite reconduction de se produire en signifiant un congé à l'autre (art. 1739). Il ne faut pas confondre ce congé avec celui dont il est parlé au n° 1785 : il a pour but, non de mettre fin à un bail en cours, mais d'empêcher un nouveau bail de se former.

2° Perte de la chose.

1733. Principe.— L'obligation du bailleur est *successive,* elle se renouvelle tous les jours, et l'obligation du preneur de payer le prix convenu n'en est que la conséquence et la contre-partie. Le loyer cesse d'être dû quand, pour une raison quelconque, le bailleur ne peut plus procurer au preneur la jouissance de la chose. En d'autres termes, dans le contrat de louage, *les risques sont pour le bailleur.*

1734. Application. — Cette règle s'applique d'abord à *la perte matérielle de la chose* (art. 1722 et 1741). On suppose la *perte totale,* ou tout au moins une perte telle que ce qui reste ne puisse plus servir à l'usage en vue duquel le contrat a été fait. Il n'y a pas lieu de distinguer selon les diverses causes d'accidents ; l'art. 1722 ne parle que de la *perte fortuite* : sa disposition doit être généralisée. Le bail prendrait fin tout aussi bien par l'effet d'une destruction due à une faute de l'une des parties. Tout l'effet de cette circonstance serait d'engager la responsabilité de la partie en faute et de l'obliger à indemniser l'autre.

La résiliation a lieu *de plein droit* (art. 1722), parce que le contrat ne peut plus recevoir effet, faute d'objet.

1735. Cas particuliers. — On doit considérer comme une chose périe un *vignoble détruit par le phylloxera*. Ce n'est pas un terrain quelconque qui faisait l'objet du bail, mais une vigne, et la vigne n'existe plus (Cass., 11 févr. 1896, D. 96. 1. 239 ; contra Bordeaux, 16 avril 1886, S. 87. 2. 38).

Il en est de même de l'*expropriation pour cause d'utilité publique* : le bâtiment est démoli, le terrain est retiré du commerce ; la propriété privée qui faisait l'objet du louage a disparu. Le fermier ou le locataire reçoit une indemnité distincte de celle qui est attribuée au propriétaire (L. 3 mai 1841, art. 21 et 39).

On assimile à la perte matérielle de la chose le cas où l'immeuble est devenu impropre à l'usage auquel il était affecté, par suite de *travaux publics* exécutés dans le voisinage.

Enfin, une cause de résiliation analogue résulte parfois d'une décision de la *commission des logements insalubres* qui met les lieux loués en interdit par application de la loi du 13 avril 1850 (Paris, 23 juin 1885, S. 87. 2. 123, Dalloz, *Suppl.*, t. X, p. 168, note 1).

3° Résolution du droit de propriété du bailleur.

1736. Hypothèses diverses. — Par une autre application du principe énoncé ci-dessus (n° 1733), le bail cesse de recevoir son exécution quand le droit de propriété du bailleur lui est enlevé rétroactivement. Ceci arrive d'abord par l'effet des diverses causes de *nullité*, de *rescision* ou de *résolution* de son titre : ainsi, le bail consenti par l'acheteur d'un immeuble tombe quand la vente est résolue pour défaut de paiement du prix. Ceci arrive encore quand le bailleur était possesseur du bien d'autrui et qu'il est *évincé par une action en revendication*. Au contraire, les baux subsistent quand le propriétaire actuel de l'immeuble est évincé par un créancier hypothécaire d'un précédent possesseur exerçant son droit de suite (art. 2166) : pour les locataires, la poursuite du créancier hypothécaire est l'équivalent d'une saisie et leurs baux sont opposables à l'adjudicataire.

1737. Exceptions. — Par dérogation au principe sus-indiqué, la loi maintient parfois les baux malgré la résolution du titre de bailleur. L'exercice du *réméré* en offre un exemple (art. 1673 *in fine*). L'art. 595 maintient de même, après la cessation de l'usufruit, les baux passés par l'usufruitier.

4° Inexécution des obligations nées du bail.

1738. Application du droit commun. — Comme tout contrat synallagmatique, le louage est susceptible d'être résolu par application de l'art. 1184. Ce texte suffirait à lui seul. Mais la loi en a fait l'application au louage par un autre texte : l'art. 1741. En outre, elle a répété la même chose à propos de plusieurs obligations particulières du preneur ou du bailleur (art. 1729, 1752, 1766). Comp. ci-dessus, n° 1706.

1739. Indemnité due au bailleur. — Quand la résiliation est prononcée à la suite d'une faute du preneur, « celui-ci est tenu de *payer le prix du bail pendant le temps nécessaire à la relocation* » (art. 1760). Cela doit s'entendre uniquement du délai fixé par l'usage ou par la convention pour le congé à donner d'avance, ou, dans des cas exceptionnels, d'un temps à fixer par le juge, d'après les circonstances (Cass., 1er juill. 1851, D. 51. 1. 249, S. 51. 1. 481; Cass., 24 nov. 1879, D. 80. 1. 385). Le preneur expulsé n'est pas obligé de payer les loyers jusqu'au jour où la relocation sera effectivement opérée (Bordeaux, 19 mai 1849, D. 50. 2. 15).

L'indemnité est allouée à forfait et ne peut être ni diminuée ni remboursée si, après qu'elle a été fixée, le bailleur reloue l'immeuble avant l'expiration du temps pour lequel il est indemnisé (Comp. Guillouard, t. II, n° 159).

5° Effet de l'aliénation de l'immeuble.

1740. Solution romaine. — En droit romain, l'aliénation de l'immeuble par le bailleur mettait fin à l'exécution du bail. Ceci tenait à une application stricte du principe de l'intransmissibilité des obligations aux acquéreurs à titre particulier. La « locatio conductio », simple contrat, ne faisait naître au profit du preneur qu'une créance, et point de droit réel; le locataire n'acquérait sur la chose aucun « jus in re aliena », semblable à celui de l'usufruitier et opposable à tous. D'autre part, l'acheteur de l'immeuble n'est pas l'héritier du bailleur; il ne succède pas à ses obligations. Par suite, ce nouveau maître de la chose pouvait immédiatement expulser le preneur et prendre possession de son bien, sans se préoccuper des engagements pris envers lui par l'ancien propriétaire. Il n'était *nullement obligé d'entretenir le bail* et de laisser le locataire en possession. « Emptorem fundi necesse non est stare colono, cui prior dominus rem locaverit, nisi ea lege emit » (*Code*, liv. IV, tit. 65, loi 9). Les derniers mots font allusion à une clause usuelle des ventes, qui obligeait spécialement l'acheteur à respecter les baux en cours.

*** 1741. Progrès successifs.** — L'*ancien droit français* conserva le principe romain avec un *double correctif*: 1° l'acquéreur à titre gratuit fut complètement privé du droit d'expulser le preneur; 2° l'acquéreur à titre onéreux lui-même fut privé du droit d'expulsion immédiate et dut donner un délai au locataire.

Le *droit intermédiaire* (L. 28 sept.-6 oct. 1791) distinguait. Pour *les biens ruraux*, le droit d'expulser le preneur était réduit presque à rien : si le bail avait moins de six ans à courir, il devait être respecté en entier; s'il avait plus de six ans, il pouvait être méconnu par l'acheteur, à la condition que celui-ci prît l'engagement de cultiver lui-même. Pour les *maisons*, le droit antérieur subsista.

Enfin, le *Code civil* fit disparaître entièrement le droit d'expulsion : que l'aliénation soit faite à titre gratuit ou à titre onéreux, que le bien soit rural ou urbain, que le bail soit long ou court, « l'acquéreur ne peut expulser le fermier ou le locataire », pourvu que le bail ait date certaine avant l'aliénation (art. 1743). Sauf, toutefois, l'exception signalée au n° 1743 ci-dessous.

C'est cet art. 1743 qui a fourni leur principal argument à Troplong et aux autres partisans de la réalité du droit du preneur. On peut, cependant, l'expliquer par une simple généralisation de la clause déjà usitée en droit romain, qui obligeait l'acquéreur à exécuter les baux à la place du vendeur. Quand cette clause avait été insérée dans la vente, l'acheteur du fonds était personnellement tenu envers le locataire, comme le prouvent les mots « nisi ea lege emit » dans le texte ci-dessus rapporté. Or cette clause, étant devenue d'usage, a fini par être sous-entendue, ce qui est conforme à la nature des contrats de bonne foi (art. 1160). C'est donc une sorte d'*obligation légale* ou *tacite* imposée à l'acquéreur. Le droit romain l'admettait déjà pour les baux du fisc (*Digeste*, liv. XIX, tit. 14, fr. 50).

** **1742. État actuel du droit.** — Il résulte de l'art. 1743 que *la règle romaine se trouve actuellement renversée* : l'acquéreur est de plein droit subrogé aux obligations du bailleur et tenu d'entretenir le bail ; il ne conserve qu'exceptionnellement le droit d'expulser le preneur.

La condition de *date certaine* qu'exige l'art. 1743 n'est que l'application du droit commun : pour que le bail soit opposable à l'acquéreur, il faut qu'il soit authentique ou enregistré, ou qu'il ait acquis autrement une date certaine antérieure à la mutation de propriété, conformément à l'art. 1328.

Notre législation n'en est pas restée sur ce point à la disposition du Code civil : la date certaine prouve bien que l'acte n'est pas frauduleux et fait après coup ; mais un bail sérieux peut avoir une *durée excessive* et causer un préjudice à l'acquéreur qui ne s'attendait à trouver que des locations d'une durée normale. Pour éviter toute surprise, la loi du 23 mars 1855 a ordonné la *transcription* des baux de plus de dix-huit ans (art. 2-4°). Faute de transcription, le bail ne pourrait être opposé à l'acquéreur que pour 18 ans (art. 3, al. 2). Ainsi la loi, après avoir protégé le preneur, protège à son tour l'acquéreur de l'immeuble.

* **1743. Faculté exceptionnelle d'expulsion.** — Malgré le changement de législation signalé au n° 1741, il est permis aux particuliers de réserver à l'acquéreur de l'immeuble la faculté d'expulser le preneur.

Il faut d'abord, ce qui est tout naturel, que cette réserve ait été faite *dans le bail* (art. 1743). Si le bail avait conféré au preneur un droit ferme, il serait trop tard ensuite pour le rendre révocable par une clause insérée dans la vente, qui est « res inter alios acta » pour le preneur.

De plus, l'exercice de cette faculté est entouré de diverses restrictions et garanties, qui la rendent peu dangereuse pour le preneur et peu avantageuse pour l'acquéreur. Premièrement l'expulsion ne peut pas être immédiate ; l'acquéreur doit prévenir le locataire dans le *délai fixé par l'usage des lieux pour les congés*, et prévenir le fermier, si c'est un bien rural, au moins *un an d'avance* (art. 1748). Sauf stipulation contraire, l'acquéreur qui use de son droit d'expulsion est obligé de payer au preneur une indemnité assez élevée qui, lorsqu'il s'agit d'un bien rural, est le tiers du montant total des loyers restant à courir jusqu'à la fin du bail (art. 1746). Pour les maisons, la somme à verser est seulement égale au prix du loyer couru pendant le délai du congé (art. 1745). Pour les manufactures et usines, l'indemnité est réglée par experts (art. 1747).

Le preneur jouit du droit de rétention et ne peut être contraint de livrer les lieux qu'après avoir touché l'indemnité (art. 1749).

L'acheteur à réméré ne peut user de son droit d'expulsion tant qu'il n'est pas devenu propriétaire incommutable par l'expiration du délai (art. 1751).

6° Effet de la mort de l'une des parties.

***1744. Survie du bail.** — Contrairement à une opinion très répandue dans le public, le contrat de louage ne prend pas fin par la mort du bailleur, ni par celle du preneur ; leurs héritiers sont obligés comme eux (art. 1742). Cette disposition s'applique même aux locaux servant à l'habitation personnelle du défunt. Sur ce point, l'application au louage du principe écrit dans l'art. 1122 paraît dépasser la véritable intention des parties. Il devrait y avoir en ce cas une faculté exceptionnelle de résiliation.

7° Reprise conventionnelle des lieux par le bailleur.

1745. Suppression d'une règle ancienne. — Un texte romain (*Code*, liv. IV, tit. 65, loi 3) autorisait le bailleur à reprendre la maison louée, lorsqu'il en avait besoin pour l'habiter. Le Code civil lui a enlevé ce droit par l'art. 1761, tout en laissant aux parties la faculté de le rétablir au profit du bailleur *par une clause spéciale du bail* ; seulement si le propriétaire veut user de son droit, il est tenu de signifier un congé d'avance, à l'époque fixée par l'usage des lieux (art. 1762).

8° Résiliation par l'effet de la faillite.

1746. Système de la loi de 1872. — Avant 1872, la faillite ne portait aucune atteinte à la durée du bail ; le failli restait tenu de payer les loyers jusqu'à ce qu'il survînt une cause de cessation d'après le droit commun. La loi des 12-20 février 1872, modifiant l'art. 450 C. com., considère au contraire la faillite comme une *cause de résiliation*, et donne aux syndics un délai de huit jours pour faire savoir au propriétaire s'ils ont l'intention de continuer le bail. Il y a là une cause de cessation des baux toute particulière, propre aux locaux affectés au commerce, et d'où il résulte une *option* pour le locataire, représenté par le syndic. La résiliation est ainsi *purement arbitraire* de la part de l'une des parties.

§ 7. — *Des sous-locations et cessions de bail.*

*** 1747. État des textes.** — Ces deux opérations sont mentionnées, sans aucune explication, dans l'art. 1717. « Le preneur, dit la loi, a le droit de *sous-louer* et *même de céder son bail* à un autre... ». Mais qu'est-ce que la cession de bail ? Qu'est-ce que la sous-location ? La loi ne le dit pas ; elle règle seulement deux points particuliers, l'un dans l'art. 1717, l'autre dans l'art. 1753.

*** 1748. Théorie moderne.** — Les auteurs modernes, et les arrêts ne font que refléter les idées de la doctrine sur ce point, ont établi la distinction suivante entre ces deux contrats. La *sous-location est un louage*, c'est-à-dire une opération faite en sous-ordre, mais de même nature que la convention principale intervenue entre le bailleur et le premier preneur. La *cession de bail est un transport de créance* ; c'est la vente ou la donation du droit au bail, avec la condition d'en supporter les charges. Les deux opérations différeraient donc entre elles *par leur nature*. Partant de là, on s'est attaché à dresser le tableau des différences qui les séparent l'une de l'autre, car il est évident que deux actes juridiques aussi divers ne doivent pas produire des effets identiques.

La liste la plus complète de ces différences a été dressée par M. GUILLOUARD (*Louage*, t. I, nos 310-319). Les plus intéressantes sont les suivantes :

1° Les art. 1715-1716, qui règlent la preuve du contrat de louage, sont applicables à la sous-location (Paris, 3 déc. 1892, D. 93. 2. 71, S. 93. 2. 71), mais non à la cession de bail ;

2° Le sous-preneur peut exiger que la chose lui soit délivrée en bon état de réparations de toute espèce, conformément à l'art. 1720 ; le cessionnaire du bail n'a pas ce droit, puisque son contrat n'est pas un louage ; il doit prendre la chose dans l'état où elle est (art. 1614).

***1749. Cession et sous-location dans l'ancien droit.** — Si on se reporte aux auteurs anciens, on est étonné d'y trouver tout autre chose. Ces deux opérations étaient connues depuis longtemps ; il en est déjà question au XVIe siècle, dans la Coutume de Paris et dans les ouvrages de Gui Coquille, mais on leur donnait un autre sens. Elles différaient entre elles, non par leur nature, mais *par leur étendue* : la sous-location était le *sous-bail d'une partie* seulement des lieux loués ; c'était le fait d'un preneur qui, ayant un logement trop grand pour lui, en cédait une chambre à un tiers. La cession de bail était la *sous-location de la totalité* ; c'était le fait d'un preneur qui, n'ayant plus besoin des lieux loués, soit parce qu'il quitte le pays, soit parce qu'il prend un autre logement ou une autre ferme, met à sa place un second preneur chargé de payer le loyer en totalité.

Cette conception de la sous-location et de la cession de bail résulte de nombreux passages d'auteurs anciens [1] et elle explique pourquoi Pothier, qui résume fidèlement l'état du droit dans les derniers temps qui précédèrent le Code civil, n'emploie qu'un verbe unique pour qualifier les deux opérations : il ne se sert jamais que du mot *sous-bailler*, bien qu'il connaisse parfaitement ce que nous appelons la « cession de bail » (*Louage*, nos 280 à 284). C'est donc que, pour lui, les deux opérations n'en faisaient qu'une au point de vue juridique.

***1750. Langage du Code.** — La façon dont l'art. 1717 est rédigé prouve que les auteurs du Code ont pris les mots « cession de bail et sous-location » dans le même sens que Pothier, Ferrière, Brodeau, et tous les auteurs anciens : « Le preneur, dit ce texte, a la faculté de sous-louer *et même de céder son bail...* » Ce langage ne peut s'expliquer que par *une différence de gravité* entre les deux actes, et cette différence est très visible dans la doctrine ancienne, où la sous-location ne porte que sur une partie ordinairement peu importante des lieux loués : on sous-loue une chambre, un hangar, une remise, dont on n'a que faire ; céder son bail est bien plus grave : c'est quitter entièrement les lieux loués et se substituer (dans la mesure où la chose est possible) un autre locataire.

Avec la théorie moderne [2], la gradation si nettement marquée dans l'art. 1717 ne se comprend plus, puisque chacune des deux opérations peut être totale ou partielle. Les différences secondaires qu'on signale dans leurs effets juridiques, l'une étant une vente du bail, l'autre une location, n'établissent entre elles deux aucune hiérarchie.

[1] BRODEAU appelle « sous-locatifs » ceux « auxquels le principal locataire a fait bail de partie de la maison », et « cessionnaire du bail » celui à qui on a cédé « le droit entier du bail » (Sur l'art. 161 de la Coutume de Paris, n° 16 ; sur l'art. 162, nos 1 à 3). — Tel est aussi le langage de FERRIÈRE (*Corps et compilation... sur la Coutume de Paris*, t. II, art. 162, glose unique). Il résulte des développements assez longs qu'il donne que le « sous-locataire » était uniquement celui qui avait pris à bail une partie des lieux loués au « principal locataire » et que, d'autre part, il appelait « transférer son bail à un autre » le fait de sous-louer toute la maison. Rapprochez BOURJON, *Droit commun de la France*, t. II, liv. IV, sect. 5 et 6.

[2] La première trace d'un changement se trouve dans Merlin (*Répertoire*, v° Sous-location) : au début de son article, il attribue une nature différente aux deux contrats, alors qu'un peu plus loin il rappelle fort clairement la distinction ancienne.

***1751. Complications nées de la doctrine moderne.** — Les auteurs modernes admettent donc que, soit pour la totalité des lieux loués, soit pour une partie seulement, le preneur peut faire à son gré soit une vente de son droit au bail, soit une sous-location. Ils créent une source de difficultés absolument inutiles, car, en fait, les parties ne s'expliquent presque jamais sur la nature de la convention qu'elles ont voulu faire, elles ignorent même l'existence de la distinction, et il faut rechercher leur intention, qui est souvent fort douteuse. Il suffisait, pour donner satisfaction aux besoins de la pratique, de reconnaître que la sous-location totale est traitée sur certains points autrement que la sous-location partielle (ci-dessous, n° 1752).

Tout ce qu'on a écrit depuis cinquante ans sur cette distinction presque impalpable de la sous-location et de la cession du bail est erroné et chimérique. On invoque la liberté des conventions : les parties ne peuvent-elles pas faire à leur gré l'une ou l'autre, une vente ou une location? Je répondrai : quel intérêt y a-t-il à créer des catégories juridiques qui n'ont aucun but pratique, et qui n'ont d'autre effet que d'encombrer la science du droit et de susciter des procès? Comp. la note dans Dalloz, 92. 2. 521.

***1752. Liberté de sous-louer et clauses restrictives.** — En principe, le preneur a le droit de sous-louer ou de céder son bail (art. 1717), mais cette liberté peut lui être enlevée par une clause contraire.

Quel est l'effet de cette convention ? Il n'y aura point de doute sur son étendue s'il a été dit formellement que le preneur ne pourrait faire ni cession de bail ni sous-location sans le consentement du bailleur. Mais ordinairement les parties n'emploient qu'une seule des deux expressions (et cette habitude invétérée est une preuve de plus de l'unité réelle des deux conventions). On se demande alors si, l'une des deux étant défendue, l'autre reste permise. A mes yeux, il faudrait distinguer. L'interdiction de sous-louer devrait emporter à plus forte raison interdiction de céder le droit au bail, ce qui est une opération plus grave; mais l'interdiction de céder le bail laisserait au preneur la faculté de sous-louer, ce qui ne change pas en fait la personne du locataire principal. Mais la Cour de Paris (18 mars 1892, D. 92. 2. 521) a adopté une autre décision. Selon elle, l'interdiction doit *toujours s'interpréter restrictivement*[1] : par conséquent, l'interdiction de sous-louer n'emporte jamais l'interdiction de céder le bail, et inversement.

***1753. Effets de la sous-location ou de la cession pour le preneur primitif.** — Quelque opinion que l'on prenne de la nature de ces opérations, on reconnaît qu'elles ne changent rien, ni l'une ni l'autre,

[1] La raison qu'en donne l'arrêt, c'est que, d'après l'article 1717, cette clause est « toujours *de rigueur* », ce que la cour traduit : « d'interprétation stricte ». Ici encore, la jurisprudence fait fausse route, faute de renseignements historiques. Au temps de Pothier, on discutait pour savoir si la clause retirant au preneur la faculté de sous-louer donnait au bailleur le droit arbitraire et absolu de refuser le sous-locataire ou cessionnaire, ou si les juges ne pouvaient pas contrôler les motifs de son refus et lui forcer la main, au cas où il n'en donnerait pas de bonnes raisons. C'est une question qui se présente encore de nos jours (Paris, 6 janvier 1880, D. 81. 2. 80; Grenoble, 20 mai 1881, D. 82. 2. 24). Or Pothier (*Louage*, n° 283) constatait que cette clause ne s'exécutait pas toujours « à la rigueur » : le bailleur n'était pas « écouté à empêcher l'exécution du sous-bail », quand il n'y avait pas d'intérêt démontré. C'est pour enlever ce droit aux tribunaux que les mots : « Cette clause est toujours de rigueur » ont été insérés dans l'article 1717. On peut remarquer par là, une fois de plus, que le Code Napoléon était plus favorable aux propriétaires qu'aux locataires. Les temps ont bien changé.

aux relations établies par le bail primitif entre le bailleur et le preneur. Ainsi :

1° *Le preneur reste tenu du prix entier du bail* envers le bailleur et de toutes ses charges accessoires. Il n'a pas pu s'affranchir de ses obligations par une convention faite avec un tiers, à moins de s'en faire décharger par une concession expresse (Lyon, 30 juin 1887, D. 88. 2. 59, S. 89. 2. 180).

2° *Il est toujours responsable de l'incendie,* alors même que celui-ci proviendrait d'une faute ou même d'un acte criminel de son sous-locataire ou cessionnaire (Riom, 11 août 1891, D. 92. 2. 175).

Il ne peut demander aucune division de l'indemnité entre lui et le sous-locataire selon la portion que chacun d'eux occupe de la maison : cette division n'a été établie, en 1883 (art. 1734), qu'entre colocataires directs du bailleur. D'un autre côté, si la sous-location n'allège pas les obligations du preneur, elle peut aggraver ses responsabilités, car il répond des dégâts causés par la personne qu'il a introduite dans la maison (art. 1735).

*** 1754. Droits du bailleur primitif contre les sous-locataires ou cessionnaires.** — Au cas où le locataire principal ne paie pas exactement le loyer ou fermage dû au bailleur, celui-ci peut-il poursuivre le sous-locataire ou cessionnaire ? Presque tous les auteurs modernes répondent que le bailleur possède contre lui une *action directe*, bien qu'il soit resté étranger au contrat intervenu entre cette personne et le locataire primitif, qui y a joué le rôle de bailleur. Ils se fondent sur l'art. 1753, qui déclare le sous-locataire « tenu » envers le bailleur primitif, au moins dans une certaine mesure[1]. C'est aussi la solution admise par la plupart des arrêts et notamment par la Cour de cassation (8 nov. 1882, D. 83. 1. 305, S. 84. 1. 333 ; 13 janv. 1892, D. 92. 1. 509,

[1] Rationnellement, cette action directe ne devrait pas être admise : il n'y a aucun lien de droit entre le sous-locataire et le bailleur, pour qui la sous-location est « res inter alios acta » ; elle ne peut engendrer d'action à son profit. Le bailleur primitif ne peut atteindre le sous-locataire que par la voie oblique de l'article 1166. Quant à l'article 1753, il est très facile de l'expliquer, mais on ne peut le comprendre qu'avec un peu d'histoire. On remarquera d'abord que ce texte parle du *sous-locataire* (ce qui, en 1804, se disait pour une occupation partielle des lieux loués) et non du cessionnaire occupant la totalité. On remarquera ensuite qu'il prévoit la « saisie » du mobilier par le bailleur. Ceci dit, on va voir combien le texte est clair quand on remonte à son origine. Il était jadis admis sans difficulté que les meubles apportés par le cessionnaire répondaient de la totalité des loyers dus au bailleur, parce qu'il était l'unique occupant des lieux loués. On décidait, de plus, que les conventions faites entre lui et le cédant ne pouvaient pas modifier les droits du propriétaire sur le mobilier qui lui servait de gage en garnissant les lieux loués. La différence pouvant exister entre le prix du bail primitif et le prix que le cédant avait stipulé du cessionnaire était donc indifférente au propriétaire : on permettait toujours à celui-ci de saisir pour le loyer qui lui était dû, jamais pour plus, jamais pour moins. Mais cette règle avait paru trop dure, appliquée aux « sous-locatifs ». Ceux-ci étaient de petits locataires, pauvres gens en général, occupant une chambre ou deux, une mansarde. Ces petits locataires, qui ne payaient que de faibles loyers, devaient-ils voir leurs meubles saisis pour la totalité des sommes dues par le locataire principal ? Cela avait paru excessif, et en 1580, dans la seconde rédaction de la Coutume de Paris, on avait ajouté un article, qui prit le n° 162, pour restreindre le droit de saisie appartenant au propriétaire : « S'il y a des sous-locatifs, peuvent estre pris leurs biens pour led. loyer et charges du bail, et néanmoins leur seront rendus, payant le loyer pour leur occupation ». Cette disposition de la Coutume *ne supposait aucunement l'existence d'une action personnelle en paiement des loyers* ; on admettait simplement le *gage* du bailleur sur leur mobilier et son droit de le saisir par l'action réelle, parce qu'il garnissait les lieux loués. Le paiement de leur petit loyer n'était qu'un moyen de libérer à bon compte leur mobilier et de le soustraire à la saisie. L'article 1753 n'a pas d'autre sens : le sous-locataire n'est tenu, en cas de saisie, que jusqu'à concurrence de son propre loyer. Loin d'octroyer au bailleur une action directe contre lui, en dehors du droit commun, cet article est une *disposition restrictive*, qui limite le gage du bailleur.

S. 92. 1. 89). Il y a toutefois des arrêts en sens contraire (Lyon, 26 déc. 1882, D. 83. 2. 209, S. 84. 2. 121 ; Poitiers, 24 janv. 1889, D. 90. 2. 97, S. 89. 2. 182. Comp. Bordeaux, 22 déc. 1890, sous Cass., S. 92. 1. 433).

Le sous-locataire peut opposer au bailleur les paiements qu'il a faits au locataire principal, à moins qu'ils n'aient été faits par anticipation. On ne considère pas comme faits par anticipation les loyers payés d'avance par le sous-locataire, quand il y était obligé, soit par une stipulation de son bail, soit par l'usage des lieux (art. 1753).

1755. Extension donnée à l'action directe par la jurisprudence. — La jurisprudence ne s'est pas contentée de faire sortir de l'art. 1753 une action directe à laquelle les auteurs de la loi n'avaient certainement pas pensé. Une fois créée, elle l'a étendue. Alors que l'art. 1753 ne parle que du paiement des loyers, on autorise le bailleur à poursuivre directement le sous-preneur pour obtenir de lui l'*indemnité* que doit le preneur primitif, à raison d'un *incendie* des bâtiments loués (Cass., 13 janv. 1892, D. 92. 1. 509, S. 92. 1. 89).

§ 8. — *De quelques espèces particulières de baux.*

A. — Louage emphytéotique.

1756. Bibliographie. — Voyez t. I, 1re édit. n° 1987 ; 2e édit., n° 1927.

***1757. Maintien de l'emphytéose comme droit réel.** — On a déjà vu (t. I, 1re édit , nos 1990-1992 ; 2e édit., nos 1930-1932) qu'une jurisprudence inébranlable a maintenu dans notre droit moderne l'existence de l'emphytéose comme droit réel susceptible d'hypothèque. Nous avons à nous occuper ici du bail emphytéotique considéré comme contrat.

***1758. Son utilité.** — L'emphytéose a été originairement un contrat de défrichement et de mise en culture. Εμφυτεύειν signifie *planter*. Aujourd'hui encore c'est là son utilité propre. Un grand nombre de personnes morales, communes, hospices, etc., possèdent des terrains de peu de valeur et de grande étendue, dont il leur est possible de tirer profit en les affermant à long terme, pour un loyer modique, à la condition que le preneur y fera des travaux destinés à les améliorer. A la fin du bail, l'établissement qui concède ce terrain le retrouvera avec une valeur beaucoup plus considérable, et sans y avoir fait aucune mise de fonds. C'est une opération qui peut être fort avantageuse quand il ne s'agit pas de particuliers pressés de jouir de leurs revenus. Une grande partie des biens des hospices fait ainsi l'objet de baux emphytéotiques dans le nord de la France et en Belgique. A ce point de vue, l'emphytéose ressemble beaucoup au domaine congéable et au bail à complant, dont il est parlé plus loin (nos 1801 et suiv. et nos 1809 et suiv.).

L'opinion de J.-B. Say, qui considérait l'usage de l'emphytéose comme mauvais (*Économie politique*, t. II, p. 74), est aujourd'hui généralement abandonnée. Rossi en démontrait déjà la réelle utilité (*Revue Wolowski*, t. XI) et personne ne la conteste plus.

***1759. Origine de l'emphytéose française.** — L'emphytéose antique n'était usitée que dans la partie grecque de l'Empire. Quand parurent les constitutions de Zénon et de Justinien qui la réglementèrent, la Gaule était déjà soustraite à la domination impériale. Si donc les règles romaines de l'emphytéose ont été observées chez nous, cela n'a pu être l'effet que de la « réception » du droit romain qui s'y fit à partir du XIIIe siècle.

***1760. Caractères distinctifs du louage emphytéotique.**— Il importe de déterminer les caractères du louage emphytéotique, qui permettront de le distinguer du louage ordinaire. L'emphytéose se reconnaît d'abord à ce que le bail est fait *pour un temps plus long que la durée ordinaire des baux*. Toutefois un bail à long terme, allant jusqu'à la limite extrême de

99 ans; n'est pas nécessairement un louage emphytéotique et peut très bien n'être qu'un louage ordinaire. Les baux emphytéotiques, outre leur durée, exigent, d'après les arrêts, les conditions suivantes :

1° OBLIGATION D'AMÉLIORER LE TERRAIN LOUÉ. — L'amélioration peut consister, soit en constructions, soit en plantations, défrichements et autres travaux agricoles (Cass., 26 avril 1853, D. 53. 1. 145, S. 53. 1. 445).

L'emphytéote n'est pas tenu de plein droit de l'obligation de faire des améliorations sur le sol ; il ne peut y être astreint que par une clause spéciale du bail.

2° MODICITÉ DE LA REDEVANCE. — Le preneur emphytéotique doit trouver la compensation des charges qui lui sont imposées dans la modicité du loyer annuel qui lui est demandé. Si le prix du bail est en rapport avec le taux ordinaire des locations, et que la valeur des constructions doive lui être remboursée à sa sortie, on doit voir là un louage ordinaire et non une emphytéose (Cass., 24 août 1857, D. 57. 1. 326). Toutefois une autre décision de la Cour de cassation semble faire de la modicité de la redevance un caractére ordinaire, mais non essentiel de l'emphytéose (11 nov. 1861, D. 61. 1. 444, S. 62. 1. 91).

3° LIBERTÉ DE DISPOSITION ET DE JOUISSANCE. — La plupart des arrêts s'attachent surtout à ce caractère. C'est ainsi que les tribunaux ont refusé de voir des louages emphytéotiques dans des cas où la faculté de sous-louer est limitée et où il est interdit au preneur d'hypothéquer (Grenoble, 4 janv. 1860, et Cass., 6 mars 1861, D. 61. 1. 418, S. 61. 1. 713), tandis que la nature emphytéotique de l'acte était reconnue au cas contraire (Cass., 9 janv. 1854, D. 54. 1. 118, S. 54. 1. 531 ; Cass., 26 janv. 1864, D. 64. 1. 83, S. 64. 1. 91).

Tous ces traits, qu'on présente comme caractéristiques, ont une valeur déterminante assez faible. La dernière condition devrait plutôt être la conséquence du caractère emphytéotique, qu'un moyen de le reconnaître. Les deux premières ne sont nullement de l'essence de l'emphytéose et peuvent se rencontrer également dans le louage ordinaire. Le mieux est donc de traiter la question en fait et de s'en rapporter à l'intention des parties. Celles-ci feront bien, si elles veulent réellement établir une emphytéose, de le dire clairement, ce qui n'est point difficile.

1761. Projet en préparation. — Le titre V du futur *Code rural* contiendra une réglementation complète de l'emphytéose qui fera cesser beaucoup d'incertitudes sur les règles applicables à ce contrat. Ce projet, adopté par le Sénat le 28 février 1882 (*Journal officiel* des 25 et 28 janvier, 12 et 19 février, 1er mars 1882), a été transmis à la Chambre des députés, qui n'a pas eu depuis lors le loisir de s'en occuper.

***1762. Durée.** — La limite extrême de 99 ans ou trois générations, établie en 1790, existe toujours ; elle est maintenue par le projet précité.

Actuellement, il n'existe pas de limite inférieure qui soit obligatoire pour les parties ; l'usage est seulement de ne constituer les emphytéoses que pour un temps assez long. Le projet exige une durée de 18 ans au moins, au-dessous de laquelle le droit du preneur ne pourrait avoir le caractère emphytéotique ; le texte primitif, préparé par le gouvernement, exigeait même 30 ans, ce qui a paru excessif. Le délai de 18 ans est celui à partir duquel les baux ordinaires sont soumis à la transcription.

Le bail consenti pour trois générations ne s'éteint pas par le décès de l'aîné des enfants mâles de la troisième génération. Il prend fin seulement quand tous les membres de cette génération ont cessé d'exister (Angers, 21 août 1851, D. 52. 2. 17, S. 51. 2. 673).

1763. Preuve. — Le projet soumet le bail emphytéotique aux mêmes règles que les baux ordinaires. Les art. 1715 et 1716 lui seront donc applicables. Ils le sont même déjà puisque l'emphytéose est une espèce de louage et résulte d'un bail.

En pratique, les parties sont indirectement obligées de dresser un écrit, à cause de la transcription.

*** 1764. Transcription.** — Il est tout à fait singulier que dans la loi de 1855 les baux emphytéotiques ne soient pas nommés, puisqu'ils étaient déjà pratiqués et reconnus depuis longtemps comme valables ; mais la transcription les atteint nécessairement, car la loi ordonne de transcrire les baux de plus de 18 ans et l'emphytéose est ordinairement établie pour une durée supérieure à 18 ans.

1765. Du canon emphytéotique. — Par son origine et par sa nature l'emphytéose est incompatible avec l'idée de gratuité. La concession gratuite d'une terre n'est pas un louage, ni emphytéotique ni ordinaire. De là pour l'emphytéote l'obligation de payer une redevance annuelle appelée *canon*. Cette redevance peut consister en argent ou en une part de fruits.

Le canon emphytéotique est fixé à forfait et ne peut être diminué en cas de perte totale ou partielle des récoltes. Toutefois ce point est contesté par quelques auteurs, qui soutiennent que cette redevance ne diffère plus en rien du fermage (Laurent, t. VIII, n° 385).

1766. Baux et servitudes consentis par l'emphytéote. — L'emphytéote a le droit de *donner le bien à bail* au moyen de *contrats de louage*. Toutefois les baux qu'il consent prennent nécessairement fin au moment où finit son propre droit. Il est impossible d'étendre à l'emphytéote la disposition de l'art. 585, qui fait durer les baux consentis par l'usufruitier dans une certaine limite au delà de la durée de l'usufruit.

Il est également admis que l'emphytéote peut acquérir au profit du fonds des *servitudes actives* ou le grever par titre de *servitudes passives* ; mais ces servitudes n'existent que pendant le temps de la durée de son bail. Le projet s'en explique formellement pour supprimer quelques difficultés secondaires que fait naître ce pouvoir de l'emphytéote.

1767. Droit de chasse et de pêche. — Ils appartiennent à l'emphytéote.

1768. Constructions élevées par l'emphytéote. — Lorsque ces constructions sont élevées *en exécution d'une clause du bail* qui en impose l'obligation au preneur, elles doivent devenir la *propriété du bailleur* et lui rester à la sortie de l'emphytéote ; celui-ci ne peut donc pas les démolir. De plus, le propriétaire a le droit de les conserver, à l'expiration du bail, sans avoir à payer *aucune indemnité* (Douai, 8 févr. 1878, Dalloz, *Suppl.*, t. X, p. 276, note 1, S. 81. 2. 260).

On permet seulement à l'emphytéote d'*enlever* celles qu'il a faites *volontairement*, mais à la condition de ne pas dégrader l'héritage (Cass., 22 juin 1885, D. 86. 268, S. 88. 1. 130). Le projet du Sénat (art. 7) lui retire même ce droit et décide que les constructions resteront toujours au propriétaire.

Pendant la durée du bail, on considère les constructions comme étant la propriété de l'emphytéote. Par conséquent, si l'immeuble est *exproprié pour cause d'utilité publique,* le preneur a le droit de toucher intégralement l'indemnité afférente aux constructions (Cass., 22 juin 1885 précité).

1769. Limite du droit de jouissance de l'emphytéote. — L'emphytéote a sur le fonds un droit de jouissance plus étendu que celui d'un usufruitier ou d'un locataire ordinaire. Il peut entreprendre tous les travaux qu'il veut, transformer les anciens bâtiments, en construire de nouveaux, changer le mode de culture, etc. On ne lui défend qu'une seule chose, c'est de *diminuer la valeur du fonds.*

On reconnaît aussi qu'il ne peut pas ouvrir les minières et carrières sans le consentement du propriétaire.

Toutes les améliorations faites par lui restent au propriétaire à la fin du bail, *sans indemnité* : c'est là une des deux différences caractéristiques qui séparent l'emphytéose du domaine congéable. L'autre différence concerne la faculté du congément, qui n'existe pas dans les baux emphytéotiques.

1770. Cessibilité de l'emphytéose. — Le droit de l'emphytéote peut être transmis à ses héritiers et librement aliéné par lui de son vivant. On le traite donc, à ce dernier point de vue, comme un usufruitier, et non comme un locataire, auquel le propriétaire peut interdire de céder son droit (art. 1717), ou comme un métayer à qui la loi le défend d'office (art. 1763).

L'aliénation faite par l'emphytéote ne donne lieu à la perception d'aucun droit au profit du bailleur analogue à l'ancien *Laudemium.*

1771. Privilège du bailleur. — L'emphytéose résultant d'un contrat de louage, on reconnaît, en général, que le bailleur peut invoquer le privilège établi par l'art. 2102-1° pour la garantie du canon. Le projet voté par le Sénat le lui donne formellement. On s'est demandé, à ce sujet, comment le privilège au profit du bailleur pourrait fonctionner à côté de l'hypothèque établie par l'emphytéote. Les deux droits de préférence ne sauraient entrer en conflit, car ils n'ont pas le même objet: le privilège de l'art. 2102 porte sur les meubles du locataire et sur la récolte de l'année; l'hypothèque établie par l'emphytéote porte sur son droit réel d'emphytéose. Aucun conflit n'est possible.

1772. Effet de l'expropriation. — En cas d'expropriation pour cause d'utilité publique, la jurisprudence traite l'emphytéote comme un usufruitier : on fixe une indemnité unique pour lui et le propriétaire, et on lui en donne la jouissance jusqu'au jour où son droit aurait fini normalement (Cass., 12 mars 1845, D. 45. 1. 105). Ce procédé, très critiqué en doctrine, est condamné par le projet en préparation, qui veut qu'on attribue à l'emphytéote et au propriétaire deux indemnités distinctes.

1773. Tacite reconduction. — Elle n'est pas admise en matière d'emphytéose, à raison de la gravité exceptionnelle du bail. Le projet en préparation le dit formellement (art. 1er).

1774. Résiliation. — Le droit commun régit l'emphytéose, en ce qui concerne la résolution pour *inexécution d'une condition particulière* imposée par le contrat. Il en est de même de la résolution pour *abus de jouissance* ou détériorations graves causées par l'emphytéote.

Quant à la résolution pour *défaut de paiement de la redevance,* tout le monde en admet bien l'existence, mais on ne s'entend pas sur ses conditions d'exercice. Les uns veulent lui appliquer le droit commun des baux, d'où il résulterait que la résolution devrait être prononcée pour défaut de paiement d'un seul terme du canon. D'autres maintiennent une règle qui résulte de la tradition historique[1], d'après laquelle la résolution ne pourrait être demandée qu'après un délai de trois ans sans paiement. Le droit commun est, en effet, trop rigoureux pour résoudre un contrat d'une si longue durée et qui impose au début de fortes dépenses au preneur : la résolution pour simple retard d'un terme serait trop préjudiciable à l'exploitant et trop favorable au propriétaire. — Le projet voté par le Sénat fixe à deux années le chiffre de l'arriéré autorisant l'action en résolution.

1775. Impôts annuels. — Toutes les contributions ordinaires et extraordinaires sont à la charge de l'emphytéote. Toutefois une loi du 1er décembre 1790 (tit. II, art. 6) l'autorise à retenir sur la redevance qu'il paie au propriétaire une part de l'impôt, fixée d'abord au quart, puis au cinquième (avis du Conseil d'État du 4 janvier 1809, dans MERLIN, *Répertoire*, v° Contribution, § 5). La jurisprudence considère ces textes comme étant toujours en vigueur (DALLOZ, *Répert.*, v° Louage emphytéotique, n°s 21 et 39). Le projet met les contributions pour le tout à la charge de l'emphytéote et supprime la retenue du cinquième.

1776. Enregistrement. — Pendant longtemps, la Régie avait traité les baux emphytéotiques comme des baux à ferme ordinaires et perçu le droit de 0 fr. 20 pour 100 sur le montant des redevances. Vers 1834 elle se ravisa, et au lieu de tenir compte seulement de la durée, qui lui avait fait assimiler l'emphytéose aux baux à durée limitée, elle prétendit exiger le droit de transmission perçu sur les droits réels immobiliers, en se fondant sur la nature du droit du preneur à emphytéose. Les procès qui s'élevèrent alors donnèrent lieu à deux arrêts de cassation de la même date (1er avril 1840), qui donnèrent gain de cause à la Régie. Depuis lors, le droit de 5,50 pour 100 a toujours été perçu, soit sur la constitution, soit sur la transmission des emphytéoses. De nombreuses protestations se sont élevées contre cette jurisprudence (DEMANTE, *Enregistrement*, n° 362), mais elle est restée immuable.

Le Sénat a cependant reconnu la nécessité de modifier les principes qui président actuellement à la perception de cet impôt. Si on veut favoriser la pratique de l'emphytéose, il ne faut pas écraser les preneurs par des droits d'enregistrement excessifs. Après avoir décidé que le seul droit serait la taxe de 0 fr. 20, établie pour les baux ordinaires, le Sénat a cédé devant les réclamations des représentants de la Régie et adopté une transaction : le droit de 0 fr. 20 serait perçu lors de la constitution de l'emphytéose, mais les mutations ultérieures du droit réel une fois constitué, donneraient lieu au droit perçu sur les mutations de propriétés immobilières, avec un procédé spécial pour l'estimation de la valeur de l'emphytéose.

1777. Pays étrangers. — L'emphytéose gréco-romaine s'est répandue dans une partie de l'Europe, et les Codes de divers pays s'en sont occupés.

1° ITALIE. — L'emphytéose a été maintenue, après discussions, et le Code civil lui a consacré douze articles (art. 1556-1567). L'obligation d'améliorer est considérée comme inhérente au contrat. On permet à l'emphytéote d'hypothéquer et d'aliéner, mais non de constituer une sous-emphytéose. Une faculté exceptionnelle lui est accordée par l'art. 1564 : il peut racheter la propriété du fonds et la réunir à son droit, en payant une somme dont la loi détermine le mode de calcul.

2° BELGIQUE ET HOLLANDE. — Dans ces deux pays, le silence du Code Napoléon fit naître les mêmes incertitudes qu'en France sur l'existence de l'emphytéose. Elles y furent tranchées par une loi néerlandaise du 10 janvier 1824. Cette loi est encore en vigueur en Belgique, mais en Hollande elle a été remplacée par le Code de 1838. La durée minima est fixée à 27 ans; la durée maxima de 99 ans a été conservée. L'emphytéose a été soumise à la transcription par la loi belge du 16 décembre 1851. — Le Code civil hollandais n'a pas reproduit la limite extrême de 99 ans; il est cependant douteux qu'il permette des emphytéoses perpétuelles. Voyez ses art. 767-788.

3° ESPAGNE ET PORTUGAL. — L'emphytéose y a conservé plus qu'ailleurs sa physio-

[1] Elle avait été établie par Justinien (*Code*, liv. IV, tit. 66, loi 2).

nomie ancienne : elle peut être *perpétuelle* et confère au preneur le *domaine utile* du fonds. Voyez C. civ. Espagnol, art. 1605 et 1628-1631.

4° ROUMANIE. — L'emphytéose y était jadis pratiquée, mais le Code civil roumain de 1864, par son art. 1414, tout en maintenant les emphytéoses anciennes, a défendu d'en établir à l'avenir. M. Tocilesco, qui donne dans sa thèse de nombreux détails sur l'emphytéose roumaine, s'élève avec raison contre cette prohibition.

5° ALLEMAGNE. — En Prusse, l'emphytéose avait été réglée par le Code Frédéric de 1794 (art. 187 à 226). Le nouveau Code civil allemand (Loi d'introduction, art. 63) a maintenu le droit des États sur les baux héréditaires (Erbpachtrecht).

6° AUTRICHE. — Le Code autrichien de 1811 consacre quelques articles à l'emphytéose (art. 1123-1149). Ce Code distingue l'emphytéose du bail ordinaire, qui lui aussi peut être perpétuel, par la modicité de la redevance : le cens emphytéotique est purement récognitif du domaine direct, le fermage est proportionné au revenu réel des biens. — L'emphytéose autrichienne décompose la propriété en domaine direct et domaine utile.

B. — Métayage.

1778. Bibliographie. — MÉPLAIN, *Traité du bail à portion de fruits*, 1850. — LEROY, *Du colonage partiaire ou métayage d'après la loi du 18 juillet* 1889, in-12. — Thèses de doctorat : PASQUIER, pour le *Craonnais*, Paris, 1890 ; L. SAUZET, pour le *Limousin*, Paris, 1897 ; MARTIN-DESBOUDETS, pour le *Bourbonnais*, Paris, 1897.

* **1779. Définition.** — Le métayage est le contrat par lequel *le propriétaire d'une terre la donne à exploiter à un cultivateur sous la condition d'un partage de fruits*. Ce partage des produits se fait ordinairement par moitié, mais cela n'a rien d'obligatoire, et on peut adopter tout autre chiffre, réduire par exemple au tiers ou au quart la part du propriétaire.

Le métayage diffère donc du louage en ce que le propriétaire reçoit des produits en nature, d'une valeur variable selon les années, au lieu d'un loyer en argent et fixe.

1780. Terminologie. — Les mots « métairie », « métayer » viennent du latin *medietaria* et *medietarius*, qui désignaient la terre et le colon ; parce que le produit de l'exploitation se partageait ordinairement par moitiés. Comme le fait du partage par moitiés n'est pas constant, beaucoup de personnes préfèrent employer les expressions « bail à portion de fruits » et « colon partiaire ». Ce dernier nom vient aussi du droit romain : *colonus partiarius*. Mais nos mots français *métairie* et *métayage* ont perdu toute signification quant au chiffre et désignent plutôt un mode d'exploitation qu'une base de répartition. On peut donc les employer sans inconvénient, quelle que soit la part attribuée au propriétaire.

Ces mots ont même perdu dans la langue vulgaire tout sens précis, et il en est de même du mot *ferme*. Pour beaucoup de gens, une *ferme* ou une *métairie*, c'est la maison d'un paysan adonné à la culture. Pothier lui-même commet cette confusion et parle d'un propriétaire qui a *une métairie donnée à ferme* (*Cheptels*, n° 65). Le même emploi contradictoire des mots se remarque dans le Code civil (art. 1821).

1781. Origine du métayage. — Le métayage est extrêmement ancien. On le retrouve dans tous les temps et dans tous les pays où la terre est cultivée par une population sédentaire. Il est probablement plus ancien que le louage, qui suppose l'existence d'une monnaie assez abondante, répandue jusque dans les campagnes, et des échanges actifs. Le partage des fruits est un procédé tout à fait primitif.

1782. Sa valeur économique. — Cet antique contrat a été très décrié de nos jours, surtout par les économistes anglais. Mais un revirement s'est opéré en sa faveur dans l'opinion, et il a trouvé de zélés défenseurs en Italie et en France. On lui reproche de ne pas éveiller l'esprit d'initiative chez l'exploitant, qui n'est pas incité par l'appât du gain; mais il permet de développer progressivement l'habileté des classes rurales, en associant le propriétaire aux travaux de la terre, dont il peut prendre la direction. Il crée entre le propriétaire et le cultivateur une étroite communauté, et, quand la bonne foi préside à leurs relations, il concourt à établir la concorde entre les différentes classes. De plus, il assure, dans une large mesure, la stabilité des populations agricoles, et on cite des métairies qui sont cultivées depuis trois cents ans par les mêmes familles. Voyez le développement de ces idées dans Cauwès, *Cours d'économie politique*, t. I, nos 310-312.

1783. Statistique. — Le métayage avait perdu du terrain après 1860; il en a regagné une partie depuis 1880. En 1882, on a compté 350 000 métairies (405 000 en 1886), contre 750,000 fermes. Ce sont les départements de l'Ouest, du Centre et du Sud-Ouest qui fournissent la plus forte part dans le métayage.

*** 1784. Législation.** — Le métayage est un contrat simple, qui dépend presque entièrement d'usages locaux. En aucune autre matière, la force du droit coutumier n'est restée aussi grande. Les règles qu'on suit varient beaucoup d'une région à l'autre. Pendant longtemps, les textes sont restés à peu près muets à son sujet. Le Code civil ne lui avait consacré que deux articles (1763 et 1764), sans grande importance et réglant une question unique : la faculté de sous-louer. Ce silence n'avait qu'une cause : le silence des auteurs antérieurs; Pothier, entre autres, n'en avait rien dit. Cette lacune de la loi faisait naître des difficultés : quels étaient les droits du bailleur? qu'elles causes mettaient fin au contrat? quelle était la durée du bail sans écrit? et surtout quelle était la nature de la convention?

Une loi du 18 juillet 1889[1], qui formera le titre IV du *Code rural*, a statué sur ces questions et donné une réglementation du métayage aussi complète qu'on peut la souhaiter pour une matière où les conventions sont libres.

*** 1785. Ancienne controverse sur la nature du contrat.** — Avant 1889, on discutait vivement pour savoir si le métayage était un contrat de *louage* ou un contrat de *société*. D'une part, le métayage a bien toute l'apparence d'une société: l'un apporte son fonds, l'autre son travail, et on partage les bénéfices. Les Romains faisaient déjà ce rapprochement: « Alioquin colonus partiarius, quasi societatis jure, et damnum et lucrum cum domino fundi partitur » (Gaius, *Digeste*, liv. XIX, tit. 2, fr. 25). De l'autre, la loi française, imitant en cela le Digeste lui-même, traite du métayage à propos du louage, et lui donne le nom de *bail*[2]. Les opinions étaient fort partagées: la majorité des auteurs penchaient pour le louage (Aubry et Rau, § 371, texte et note 16; Colmet de Santerre, t. VII, nos 213 et 213 *bis*; Laurent, t. XXV, no 477; Guillouard, t. II, no 617). La jurisprudence était hésitante, et certains arrêts admettaient l'assimilation avec la société (Grenoble, 20 mars 1863, D 63. 5. 237; Cass., 21 oct. 1889, D. 90.

[1] Cette loi est maladroitement intitulée: « Loi sur le *colonat* partiaire ». Nos législateurs ne savaient pas que le mot « colonat » désigne en droit une condition sociale intermédiaire entre l'esclavage et la liberté, et disparue depuis les premiers temps du moyen âge. Il faut dire : *colonage* partiaire. La distinction se trouve faite dans tous les dictionnaires, Littré en tête.

[2] L'argument tiré du mot « bail » n'était guère probant, car *bail* ne signifie pas *louage* et peut s'employer pour tout contrat qui implique un transfert ou une cession faite à autrui. Ainsi le bail à rente et le bail à cens étaient des aliénations. Un bail à métairie pouvait donc parfaitement être la remise d'une terre à titre d'association.

1. 124); d'autres, plus nombreux, avec le louage (Cass., 8 févr. 1875, D. 75. 1. 169; Cass., 30 mai 1888, *France judiciaire*, 1888, 2. 343. — Comp. Cass., 28 juin 1892, D. 92. 1. 407, S. 92. 1. 417).

Une opinion intermédiaire, soutenue principalement par Marcadé (sur l'art. 1763), faisait du métayage un contrat innommé, intermédiaire entre le louage et la société.

*** 1786. Système du Code rural.** — L'intérêt de cette controverse était de savoir quelles règles il fallait appliquer au métayage dans le silence de la loi : devait-on suivre celles du louage ou celles de la société ? La loi de 1889 a essayé de mettre un terme aux incertitudes. Non pas qu'elle se soit prononcée sur la nature du contrat : le législateur a évité de le faire. L'art. 1er définit le métayage de façon à ne lui donner d'une manière absolue ni les caractères du louage, ni ceux de la société. C'est, dit ce texte, « le contrat par lequel le possesseur d'un héritage rural le remet pour un certain temps à un preneur qui s'engage à le cultiver sous la condition d'en partager les produits avec le bailleur ». C'est une définition conçue *in factum*, qui permet de reconnaître en fait les conventions méritant d'être appelées « métayages », mais qui ne détermine pas la nature juridique du contrat.

Il résulte cependant des déclarations faites par les rapporteurs de la Chambre et du Sénat que l'intention du législateur a été de faire du métayage un *contrat d'une nature mixte*, participant à la fois du louage et de la société, et suivant, selon les cas, les règles de l'une et de l'autre. Ce système, dangereux autrefois en ce qu'il laissait le juge dans l'incertitude, n'a pas d'inconvénients aujourd'hui que la loi règle les points principaux. Elle a notamment déterminé, dans ses art. 4, 7 et 13, les dispositions du louage applicables au métayage.

1787. Preuve du contrat. — La Cour de cassation a jugé qu'avant 1889 les règles établies pour la preuve du louage par les art. 1715 et 1716 étaient applicables au métayage (arrêt du 28 juin 1892 précité). Actuellement, comme la loi nouvelle a énuméré les dispositions du titre du louage applicables au métayage, et que les art. 1715-1716 n'y sont pas rappelés, on en conclut généralement dans la doctrine que le métayage est désormais soumis au droit commun en matière de preuves. Cependant une Cour s'est prononcée en sens contraire (Alger, 7 févr. 1895, D. 95. 2. 488).

1788. Partage des fruits. — L'art. 2 établit le partage par moitié, sauf convention ou usage contraire. C'était déjà le droit commun auparavant. D'ailleurs, la règle légale ne s'applique qu'autant qu'il n'y a ni convention particulière, ni usage local.

1789. Obligations du propriétaire. — La loi met à sa charge les *réparations*, à l'exception des réparations de menu entretien ou locatives, qui demeurent à la charge du colon, à moins qu'elles ne soient occasionnées par vétusté ou par force majeure, ou qu'il n'y ait une stipulation ou un usage contraire (art. 3).

Le même article mentionne encore les obligations de *délivrance* et de *garantie*.

L'*impôt foncier* doit être payé par le propriétaire, dans le silence de la loi. Mais la convention ou l'usage local le mettent parfois à la charge du métayer, tantôt pour moitié (Dordogne, Charentes), tantôt même pour le tout (Mayenne, Vendée).

1790. Droits du propriétaire. — L'art. 5 réserve les droits de *chasse* et de *pêche* au propriétaire.

Ce même texte lui accorde formellement un *droit de direction* sur l'ensemble de l'exploitation, que l'on admettait déjà auparavant, sauf quelques dissidences. Ce droit a pour objet, d'après le texte, la surveillance des travaux, d'une part, et, de l'autre, la direction générale de l'exploitation, soit pour le mode de culture, soit pour l'achat et la vente des bestiaux. Le métayer est ainsi le subordonné du propriétaire, à la différence du fermier, qui est une sorte d'entrepreneur indépendant et exploite la terre à ses risques et périls. Dans plusieurs régions, dans le Bourbonnais par exemple, cette subordination du métayer est tellement marquée en fait et dans les mœurs qu'on a pu soutenir que le métayer était un travailleur salarié (Thèse de M. Martin Desboudet).

1791. Obligations du métayer. — La loi a déterminé avec soin les diverses obligations du métayer, tantôt par des dispositions spéciales, tantôt sous forme de renvois au titre du louage. Elle l'astreint à *jouir de la chose en bon père de famille,* et le rend *responsable de l'incendie, des dégradations et des pertes* arrivées pendant la durée du bail, « à moins qu'il ne prouve qu'il a veillé à la garde et à la conservation de la chose en bon père de famille » (art. 4).

Ce texte tranche une des plus vives controverses qui s'agitaient sur cette matière. Certains auteurs refusaient d'appliquer l'art. 1733 au métayer et auraient voulu que le propriétaire fît spécialement la preuve d'une faute de sa part, conformément à l'art. 1382. La solution que la loi nouvelle a officiellement consacrée était déjà admise par la grande majorité des auteurs et des arrêts. On a vu, d'ailleurs, que l'art. 1733 est conforme aux principes généraux et ne contient aucune présomption exceptionnelle contre le locataire. Cependant, les auteurs de la loi de 1889 se sont absolument mépris sur ce point, et ont cru établir pour le métayage une disposition différente de l'art. 1733, auquel ils ont évité de renvoyer parce qu'ils le considéraient comme contraire au droit commun (rapport au Sénat, 7 février 1880, p. 18-19). Comp. Orléans, 13 août 1897, D. 99. 2. 292, S. 99. 2. 305.

Par suite de son obligation de veiller à la garde de la chose, le métayer est responsable des usurpations commises par des tiers, s'il n'en a pas averti le propriétaire (art. 4, renvoyant à l'art. 1768).

1792. Prestation colonique. — Outre la part de fruits à laquelle il a droit, le propriétaire stipule souvent de légères redevances en nature (beurre, œufs, volailles, etc.) et une somme d'argent appelée de différents noms : *prestation colonique, impôt, droits de cour, charges de culture,* etc.

L'habitude de stipuler cette prestation a été critiquée au Sénat et on en a demandé la suppression, parce que, disait-on, elle avait pour but de décharger le propriétaire de l'impôt foncier. Mais le rapporteur fit observer que cette clause n'avait rien d'illicite et qu'elle sert souvent à rétablir l'égalité entre les parties dans les régions où la culture exigeant peu de soins, le partage par moitié se ferait au détriment du propriétaire. On a aussi fait valoir que dans diverses provinces, en Bourbonnais notamment, la prestation colonique est traditionnellement considérée comme le loyer de certaines choses qui font partie du capital apporté par le propriétaire et servent exclusivement à l'usage du métayer (logement, jardin, bois de chauffage, etc.).

1793. Privilège du propriétaire. — L'art. 10 reconnait expressément au propriétaire le privilège du bailleur (art. 2102-1°) sur les meubles, effets, bestiaux et portion de fruits appartenant au colon, comme garantie du reliquat de son compte. Nul doute que ce privilège ne garantisse toutes les créances nées du bail, comme le dit l'art.

2102, et notamment la prestation colonique, les réparations locatives et le remboursement des avances faites au métayer en exécution du bail. Mais il ne s'étendrait pas aux sommes qui lui auraient été prêtées par une convention spéciale.

1794. Comptes d'exploitation. — Le métayage entraîne des comptes compliqués et fréquents entre les parties. Il est permis à chacune d'elles de demander un règlement annuel (art. 11). Le juge de paix est compétent pour statuer en cas de litige, à quelque somme que l'intérêt contesté puisse s'élever, sauf appel s'il y a lieu. Ceci constitue une extension considérable du rôle des juges de paix, auxquels la loi du 25 mai 1838, art. 3, n'attribue compétence, en matière de locations, que si le loyer annuel n'atteint pas 400 francs.

Ce n'est pas la seule dérogation au droit commun admise par l'art. 11. La preuve écrite n'est pas exigée pour les éléments du compte. Le juge peut admettre la preuve testimoniale, s'il le juge convenable, et même statuer « sur le vu des registres des parties ».

1795. Des risques. — La loi prévoit la *perte totale* des objets compris dans le bail (hypothèse à peu près irréalisable, en dehors du cas d'expropriation), pour dire que le bail est résilié de plein droit (art. 8). La *perte partielle* fait naître une faculté réciproque de résiliation, laquelle peut être prononcée « suivant les circonstances ».

Quant aux pertes de récoltes, elles ne donnent lieu à aucune indemnité: chacune des parties en supporte naturellement sa part.

1796. Sous-locations. — Les art. 1763 et 1764 interdisent au métayer de sous-louer ou de céder son bail, à moins que cette faculté ne lui ait été expressément consentie.

1797. Durée des baux. — Le plus souvent la durée est fixée par la convention ou par l'usage des lieux. Quand aucun terme n'est mis à sa durée, le métayage est régi par l'art. 1736 (L. 18 juillet 1889, art. 13). Par suite, il sera susceptible de durer indéfiniment, mais chaque partie peut donner congé à l'autre en se conformant à l'usage des lieux. Par ce renvoi à l'art. 1736, la loi écarte l'application des règles spéciales aux baux à ferme établies dans l'art. 1774 et, notamment, celle qui consiste à faire durer le bail des terres assolées autant d'années qu'il y a de soles.

1798. Résiliation en cas de vente. — Le métayage étant un mode d'exploitation qui ne convient pas à tout le monde, le propriétaire réserve souvent une faculté de résiliation au profit de l'acheteur, au cas où il viendrait à vendre sa propriété. L'art. 7 porte que cette faculté de résiliation ne peut être exercée qu'au moyen d'un congé donné suivant l'usage des lieux. Le métayer a droit, en outre, à une indemnité, à raison des impenses extraordinaires qu'il a pu faire, et cette indemnité doit représenter « le profit qu'il aurait pu en tirer pendant la durée de son bail ». Il y a là une différence avec le louage pour lequel, d'après l'art. 1746, l'indemnité est le tiers des loyers restant à courir (ci-dessus n° 1743).

Les art. 1749, 1750 et 1751 sont déclarés applicables au métayage.

1799. Effet de la mort des parties. — De tout temps, il a été reconnu que la mort du bailleur était indifférente. Aussi l'art. 6 dit-il qu'elle ne résout pas le bail. On discutait, au contraire, pour déterminer l'effet de la mort du métayer. Les uns voulaient appliquer purement et simplement l'art. 1872, d'après lequel le louage n'est résolu ni par la mort du bailleur ni par celle du preneur. D'autres pensaient que la mort du métayer devait entraîner la résolution du contrat, parce que celui-ci leur semblait fait en considération de sa personne. Ils s'appuyaient pour le démontrer, soit par analogie sur les règles de la société, soit spécialement sur les conditions d'un contrat dans lequel le cultivateur ne promet pas d'argent, comme dans le louage, mais seulement son travail, de sorte que la considération de son honnêteté et de son habileté joue un rôle décisif dans la préférence que le propriétaire lui accorde. Cette raison a paru convaincante au législateur qui, dans l'art. 6, déclare le métayage résolu par la mort du colon.

Quelques auteurs regrettent que ce système ait triomphé et auraient préféré voir adopter une solution anciennement proposée par Gui Coquille (Quest. 206) : maintien du bail au profit des héritiers du colon, sauf dans le cas où le métayer ne laisserait, à son décès, qu'une veuve et des enfants mineurs, incapables de continuer l'exploitation (Guillouard, t. II, n° 633, XXVIII).

L'art. 6 n'autorise pas l'expulsion immédiate des héritiers du métayer décédé. Ils ont le droit de rester en possession de l'héritage jusqu'à l'époque fixée par l'usage des lieux pour l'expiration des baux annuels.

En cas d'expulsion, les héritiers du colon ont droit à une indemnité pour impenses réglée comme il est dit au n° 1798 (art. 6 et 7 cbn).

1800. Prescription. — Une autre disposition très remarquable de la loi de 1889 est l'*institution d'une prescription quinquennale* pour toutes les actions qui naissent du métayage ; mais cette prescription ne court qu'à *compter du jour de la sortie du colon* (art. 12).

Cet article diffère sur deux points de l'art. 2277 qui établit une prescription de même durée pour les fermages : 1° le point de départ n'est pas le même ; c'est le jour final du bail et non pas le jour d'échéance de chaque terme de loyers ; 2° les actions nées du louage durent trente ans, à l'exception de la seule action en paiement des loyers ; en matière de métayage, la prescription de cinq ans est générale et s'applique à toute action, quel qu'en soit l'objet.

C. — Louage à domaine congéable.

1801. Bibliographie. — Baudouin de Maisonblanche, *Institutions convenancières*, Saint-Brieuc, 1776, 2 vol. in-12. — Aulanier, *Traité du domaine congéable*, Rennes, 1824. — Paul Henry, *Une vieille coutume bretonne*, Angers et Rennes, 1894 ; du même, *La loi bretonne du 23 novembre 1896* (8 févr. 1897), *Revue critique*, 1897. — Sur cette même loi voir Pinchon et Gourvil, *Domaines congéables*, Morlaix, 1897. — Comp. Denisse, *Revue critique*, 1893, t. XXII, p. 160, et Henry de Villeneuve, thèse, Paris, 1883.

1802. Origine. — Cette forme particulière de bail est pratiquée en Bretagne depuis un temps immémorial ; on en connaît des traces dès le XIIe siècle et elle paraît se rattacher à l'établissement des Bretons qui sont venus d'outre-mer dans la péninsule armoricaine au VIe siècle, chassés de leur île par les invasions saxonnes. Avant eux, le pays était purement gallo-romain.

1803. Zone. — Actuellement ce bail n'est usité que dans les trois départements bas-bretons (Finistère, Morbihan et Côtes-du-Nord), et encore il faut dépasser Vannes et Saint-Brieuc pour en trouver. Mais, quoiqu'on le pense généralement, le bail à domaine congéable n'est pas obligatoirement renfermé dans cette région étroite. Aucune de ses clauses n'est contraire au Code civil, et son emploi serait parfaitement régulier sur un point quelconque des territoires régis par la loi française. Ce qui s'oppose à son extension est donc uniquement une question de mœurs et de milieu. Quelques-uns de ses partisans rêvent même pour lui le plus brillant avenir et voudraient le voir pratiqué, comme instrument de défrichement et de colonisation, dans les pays nouvellement soumis à notre autorité.

1804. Législation. — Loin d'avoir été supprimé par les lois de la Révolution qui ont aboli les anciennes formes de *tenures*, le bail à domaine congéable a subsisté et fait même l'objet de toute une réglementation spéciale, contenue dans les lois des 7 juin-6 août 1791, et dans celle du 26 novembre 1896, qui a été promulguée seulement le 8 février 1897 [1].

1805. Analyse du contrat. — Pour comprendre le domaine congéable, il faut se reporter à la concession primitive et supposer la terre encore nue ou, du moins, dans son état naturel. Le propriétaire la concède au cultivateur moyennant une rente annuelle très légère, appelée *rente convenancière* [2], à laquelle s'ajoutent ordinairement des prestations en nature également minimes (blé, beurre, volailles, etc.). En outre, à chaque renouvellement des *baillées* dont il sera parlé plus loin, le cultivateur paie au propriétaire une sorte de pot-de-vin appelé *commission*.

Le bailleur conserve la propriété du fonds, et on l'appelle le *foncier*; mais le preneur devient propriétaire de tous les travaux qu'il exécute à la surface du sol, constructions, plantations, fossés, talus, puits, drainages, etc. Sa maison est à lui. Le foncier n'a que le sol nu, et les arbres qui croissent naturellement, et que pour cette raison on appelle « arbres fonciers ». C'est par allusion au droit de propriété du cultivateur sur les *édifices et superfices*, qu'on l'appelle le *domanier*. On lui donne aussi le nom de *colon*.

1806. Du congément et des baillées d'assurance. — Les droits des parties étant ainsi déterminés, ce qui caractérise le domaine congéable et ce qui lui a valu son nom, c'est le droit de *congément* qui appartient au foncier. Le propriétaire peut « congédier » le domanier et réunir la propriété des superfices à celle du fonds, à la charge d'en payer la valeur au domanier, sous le nom de *droits réparatoires* ou *droits convenanciers*.

Pour tranquilliser le domanier contre l'exercice du congément, le propriétaire lui consent des *baillées d'assurance*, indéfiniment renouvelables, pendant lesquelles il renonce à exercer son droit ; le congément ne peut plus avoir lieu qu'à l'expiration de la baillée en cours.

1807. De l'exponse. — Jusqu'à la Révolution, le colon n'avait pas le droit de requérir le congément. Il pouvait seulement, quand il trouvait la rente convenancière trop lourde, *faire exponse*, c'est-à-dire déguerpir : il s'affranchissait par là de ses charges, mais il perdait la valeur de ses droits réparatoires, que le foncier acquérait sans bourse délier. L'art. 11 de la loi de 1791 avait bien accordé aux domaniers le droit de provoquer le congément et de se faire rembourser la valeur des édifices et superfices; mais une clause, qui était devenue de style dans tous les baux à domaine congéable, enlevait aux domaniers cette faculté.

C'est contre cette situation que les cultivateurs protestèrent par des pétitions adressées aux Chambres en 1890 et 1892 et qui amenèrent le vote de la loi de 1896 (1897). Cette loi a accordé aux domaniers, au cas où ils auraient renoncé, eux ou leurs auteurs, au bénéfice de l'art. 11 de la loi de 1791, la faculté de se faire indemniser de leurs droits réparatoires, quand ils font exponse. Il y a une différence entre le système de 1791 et celui de 1896 : la loi de 1791 permettait au domanier d'obtenir une indemnité *comme au cas de congément*, c'est-à-dire *par le menu*, et en considérant la valeur des édifices et superfices en eux-mêmes et indépendamment de la plus-value qu'ils procurent au fonds ; on arrive ainsi à un chiffre très élevé. La loi de 1896 veut qu'on estime leur valeur en bloc,

[1] Il est arrivé à cette dernière loi une petite mésaventure : à la Chancellerie, on avait *oublié de la promulguer*. C'est ce qui explique le long intervalle qui sépare le dernier vote des Chambres de sa promulgation. Le délai d'un mois fixé par la loi constitutionnelle du 18 juillet 1875 (art. 7) a été largement dépassé.

[2] C'est-à-dire *conventionnelle*, du vieux mot *convenance* ou *convenant*, accord, contrat. Le bail à domaine congéable s'appelle aussi *bail à convenant* ou *convenant* tout court.

et en supposant le fonds d'abord recouvert, puis dépouillé de ses édifices et superfices : le domanier n'a droit qu'à la différence. De plus, la loi nouvelle donne au foncier un *délai d'un an* pour payer l'indemnité et *sans intérêts*.

1808. Rôle économique. — Tel est ce contrat remarquable qui favorise la mise en culture des terres pauvres; le paysan prend la terre à bail et n'a à payer annuellement qu'une somme minime. Il est incité à l'améliorer par la perspective de devenir propriétaire de tous ses travaux, avec la certitude (aujourd'hui absolue) d'en être indemnisé quand il abandonnera la terre, volontairement ou non. De son côté, le propriétaire trouve dans l'exercice répété du congément, le moyen d'élever son revenu à mesure que la puissance productive du sol augmente. C'est donc un contrat de défrichement ingénieusement agencé. — Il peut d'ailleurs s'appliquer même à des bâtiments isolés, à des habitations, et il y en a des exemples en Bretagne.

D. — Bail à complant.

1809. Bibliographie. — AUGUSTIN DELALANDE, *Rapport sur le bail à complant*, 1895 (Non mis dans le commerce. Sur ce rapport voyez BEUCHER, p. 148). — CAUWÈS, *Grande Encyclopédie*, v° Complant. — Thèses sur le bail à complant : EM. THÉBAUD, Caen, 1891 ; R. BEUCHER, Paris, 1899. — Voir aussi CHÉNON, *Les démembrements de la propriété foncière*, p. 76 à 81. — GLASSON, *Histoire du droit et des institutions de la France*, t. IV, p. 430 à 434. — Bibliographie plus complète dans la thèse précitée de M. Beucher.

1810. Notion sommaire. — Le bail à complant est, comme le domaine congéable et l'emphytéose, un contrat qui a survécu à l'abolition générale des anciennes tenures prononcée par l'Assemblée constituante[1]. Il est aujourd'hui confiné dans une étroite région : la partie de la Loire-Inférieure qui se trouve sur la rive gauche du fleuve et dans quelques cantons du Maine-et-Loire et de la Vendée.

C'est un genre de bail *spécial aux vignes*, qui sont très nombreuses dans cette région. Il présente les caractères suivants :

1° Il n'opère *aucun démembrement de la propriété* entre le preneur et le bailleur et constitue par suite un *simple louage*[2].

2° Le preneur est obligé de planter le terrain en vigne, quand ce n'est pas déjà fait[3]. De là le nom de bail à complant.

3° Il s'oblige à donner, chaque année, au bailleur une portion variable de la récolte, ordinairement le *quart*, quelquefois le tiers ou le quint. Cette redevance, appelée « devoir », a fait aussi donner au contrat le nom de *bail à devoir de tiers ou de quart*.

[1] L'origine du complant nantais n'est pas connue. Aussi loin qu'on peut le suivre dans le passé, il diffère profondément du complant des autres régions, qui impliquait un partage du sol entre le preneur et le bailleur. Le plus ancien acte que je connaisse date de 1397 et vient du prieuré du Pellerin, sur la Loire (Archives de la Loire-Inférieure).

[2] Il paraît en avoir été ainsi depuis une époque très reculée. Une délibération des Etats de Bretagne, du 11 novembre 1760, et une délibération de la paroisse de Saint-Julien-de-Concelles, de 1787, prouvent que le cultivateur n'était pas considéré comme propriétaire au XVIIIe siècle (Rapport Augustin Delalande, 1895, annexe VI). Cela est encore constaté par un acte de notoriété du tribunal civil de Nantes du 4 nivôse an VIII (25 décembre 1799), reproduit dans la thèse de M. Beucher, p. 212, et qui a servi à la rédaction d'un avis du Conseil d'Etat du 4 thermidor an VIII (SIREY, *Loix annotées*, t. I, p. 513). La question s'était posée alors parce que beaucoup de colons avaient la prétention de faire assimiler leur tenure à un bail à rente et de profiter par suite de la faculté de *rachat*, introduite par la Révolution, qui aurait libéré la terre en leur laissant la propriété entière de la vigne. Leur prétention fut rejetée parce qu'il fut reconnu que le bail à complant du pays nantais n'était pas translatif du domaine utile et que la propriété entière du sol restait au bailleur.

[3] La plupart des baux à complant portent sur des terrains déjà plantés de vignes ; cependant, on en voit qui ont pour but la création d'un nouveau vignoble (Exemple daté de 1898, dans la thèse de M. Beucher, p. 295).

4° Le bail en principe est *perpétuel*[1]. Cette clause, admise en fait, est contraire aux dispositions du droit moderne, et résulte d'un grand nombre de baux encore en cours d'exécution depuis un temps immémorial, ou dont les originaux remontent avant la Révolution. On trouve aussi des baux temporaires.

1811. Réforme de 1898. — Une habitude, qui ne paraît pas remonter au delà de la Révolution, a fait considérer les baux à complant comme prenant fin quand la vigne venait à périr (Trib. de Nantes, 16 juill. 1846). D'après une consultation donnée le 4 août 1838, par Me Laennec, « le *bail à complant finit avec le vieux plant* auquel le droit du preneur était attaché »[2]. Malgré cette règle, un cultivateur qui avait soin d'entretenir la vigne pouvait donner à son bail une quasi-perpétuité. Mais quand vint le phylloxera, il fallut arracher des vignobles entiers, et beaucoup de propriétaires émirent alors la prétention de reprendre leur terre pour en disposer à leur gré. La jurisprudence leur en reconnut le droit (Trib. de Nantes, 4 déc. 1893, S. 94. 2. 315; Cass., 11 fév. 1896, D. 96. 1. 239, S. 97. 1. 10). Après bien des luttes et bien des résistances, le gouvernement fit voter la loi du 8 mars 1898, qui autorise les colons à reconstituer les vignes détruites sans que le caractère ni la durée du bail soient modifiés. On leur accorde à cet effet un délai de quatre ans à compter de l'époque où leur vigne est détruite et on la considère comme détruite quand la moitié des ceps est devenue improductive. Pour les détails, voyez le texte.

E. — Du cheptel.

1812. Étymologie. — Le mot *cheptel*, qu'on prononce *chetel*[3], vient du mot latin *catallum*, qui désignait au moyen âge toute espèce de biens meubles et spécialement le bétail. Le cheptel est donc le bétail. C'est par extension seulement, et par un véritable abus qu'on donne ce nom au contrat dont le bétail est l'objet. On ne devrait pas dire « bail à cheptel » ou « louage à cheptel » comme le font la loi et les auteurs, pas plus qu'on ne dit « bail à maison » ou « bail à terres », puisque le cheptel est l'objet du bail.

1813. Division. — Le cheptel ou bétail peut faire l'objet de deux sortes de contrats : tantôt le troupeau est l'*objet unique* du contrat, tantôt il est l'*accessoire d'une terre* qui est prise à ferme ou à métayage. Le premier cas est régi par les art. 1804 à 1820, auxquels on peut joindre l'art. 1831 ; le second, par les art. 1821 à 1830.

1814. Observation. — La réglementation assez détaillée donnée par la loi sur ces différents contrats n'a aucune importance doctrinale. Nous nous bornerons à des *notions sommaires*. On trouvera de très longs développements sur cette matière dans le *Traité des cheptels* de POTHIER (édit. Bugnet, t. IV, p. 337-375). Voir aussi LA THAUMASSIÈRE, commentateur des Coutumes du Berry.

1815. Emploi du contrat. — On peut employer ces différents contrats pour des *animaux de race quelconque*, pourvu qu'ils soient « susceptibles de croît ou de profit pour l'agriculture ou le commerce » (art. 1802). Mais il faut qu'il s'agisse d'un *troupeau entier*, de ce que l'art. 1800 appelle « un fonds de bétail », et non de quelques bêtes isolées.

1° Cheptel faisant seul l'objet du contrat.

1816. Distinction. — Lorsque le bétail n'est pas l'accessoire d'un fonds de terre faisant en même temps que lui l'objet du contrat, il faut distinguer deux hypothèses :

[1] Il est assez curieux de voir la jurisprudence admettre actuellement des baux susceptibles de « se continuer tant que la chose louée existe et ne cesse pas d'être régulièrement cultivée » (Cass., 11 février 1896, D. 96. 1. 239, S. 97. 1. 10).

[2] Dans les anciens baux il était dit, en effet, que le bailleur reprendrait sa terre si le preneur laissait périr la vigne qu'il était chargé d'entretenir. C'était plutôt une sanction de son obligation qu'une cause naturelle d'extinction du bail.

[3] Le *p* paraît être d'introduction moderne et ajouté par imitation du mot *capitale*. Les formes anciennes du mot « cheptel », qui sont très variées, ne le comportent pas ; on écrivait : chatel, chaistel, chetel, catel, etc. Voyez GODEFROY, *Dictionnaire de l'ancienne langue française*, v° Chatel.

1° *Le bétail appartient en entier à l'une des parties*, que la loi appelle « le bailleur », l'autre étant « le preneur » (art. 1804). C'est le *cheptel simple ordinaire* (POTHIER, *Cheptels*, n° 1).

2° Le bétail est *fourni par moitié* par les deux contractants. C'est le *cheptel à moitié* (art. 1818). Comp. POTHIER, n°s 56 et suiv. — Déjà du temps de Pothier, on assurait que le cheptel à moitié n'était plus en usage; il en traitait néanmoins parce qu'il en était question dans les Coutumes du Berry et du Nivernais.

1817. Nature du contrat. — Le cheptel à moitié est certainement un *contrat de société* et la loi lui en donne le nom (art. 1818). La nature du cheptel simple est discutée (DALLOZ, *Répert.*, v° Louage à cheptel, n° 14; GUILLOUARD, t. II, n° 915). C'est, cependant, très certainement une société dans laquelle l'un fait un *apport en nature*, et l'autre un apport en industrie. Le bénéfice principal (le croît et la laine) se partage; mais le preneur profite seul du lait, du fumier et du travail des animaux. — Pour plus de détails voyez les textes.

2° Cheptel donné accessoirement à une terre.

1818. Distinction. — Deux hypothèses sont à distinguer, selon que le preneur de la terre est un *fermier* ou un *métayer*.

1819. Caractère accessoire du cheptel. — Le bétail fait alors l'objet d'un *bail accessoire*, soumis à des règles propres, mais qui suit le sort du bail de la terre *quant à la durée* : tous deux finissent en même temps. En outre la nature différente du louage ou du métayage influe dans une certaine mesure sur la condition du cheptel.

Le bétail étant attaché au fonds, dans les termes de l'art. 522, est immeuble par destination.

1820. Cheptel donné au fermier. — Le bailleur conserve la propriété du bétail (art. 1822), et néanmoins il n'en supporte pas les risques : la perte, même totale, est pour le fermier, sauf convention contraire (art. 1825). A la fin du bail, le fermier doit laisser un troupeau équivalant à celui qu'il a reçu ; s'il y manque quelques têtes, il doit en payer la valeur, et c'est seulement l'excédent qui lui appartient (art. 1826). De là le nom de *cheptel de fer* donné au bétail qui fait l'objet d'un tel contrat.

En revanche, le fermier a droit à tout le profit du troupeau, croît, laine, laitage, etc. Toutefois, il est tenu d'employer tout le fumier à l'exploitation de la terre et ne peut le vendre pour son profit personnel (art. 1824).

1821. Cheptel donné au métayer. — Celui-ci suit des règles un peu différentes du cheptel de fer. Le profit du troupeau se partage, au lieu d'appartenir en entier au cultivateur ; mais, d'un autre côté, celui-ci est affranchi de toute responsabilité en cas de perte totale par cas fortuit (art. 1827) ; il ne supporte que la perte partielle, à laquelle il doit faire face à l'aide du croît (arg. art. 1810 et 1830).

F. — Locations de chasses.

1822. Notions sommaires. — Le droit de chasse est susceptible d'être loué. En ce sens Cass., 10 janv. 1893, D. 93. 1. 101, S. 93. 1. 185[1]. Le bail du droit de chasse est soumis au droit commun, la loi n'ayant établi pour lui aucune règle particulière. Il en résulte un danger assez grave : un propriétaire louera difficilement deux fois de suite sa chose à des personnes différentes, à titre de bail à ferme ou de bail à loyer ; le premier preneur est mis en possession avec une notoriété de fait qui empêche cette fraude de se commettre aisément. Il n'en est pas de même du droit de chasse, que rien n'annonce extérieurement, et on a vu des propriétaires peu scrupuleux céder successivement leur droit de chasse à plusieurs personnes. Le premier locataire est préféré à tous les autres, pourvu

[1] Ce point est cependant contesté par M. Esmein, dans sa note du *Sirey*, sous cet arrêt. Mais la légalité du bail de la chasse résulte du décret du 25 prairial an XIII et de l'ordonnance du 24 juillet 1832, qui s'occupent de la mise à ferme du droit de chasse, le premier dans les bois communaux, la seconde dans les forêts de l'Etat.

que son bail ait date certaine; les locataires postérieurs sont réduits à un recours contre leur bailleur. La jurisprudence décide même, ce qui est quelque peu draconien, que le second locataire commet un délit, quand il chasse en vertu de son bail sur la terre louée précédemment à un autre, parce que l'excuse tirée de la bonne foi n'est pas admise en cette matière (Douai, 1er févr. 1898, D. 99. 2. 191). — En revanche le locataire d'une chasse ne peut pas poursuivre les délits qui se commettent sur la terre louée par lui tant que son bail n'a pas acquis date certaine (Cass., 16 juill. 1869, D. 69. 1. 535, S. 70. 1. 93). En sens contraire Angers, 27 janv. 1873, D. 73. 2. 51.

CHAPITRE II

DU LOUAGE DE TRAVAIL

§ 1. — *Généralités.*

1823. Bibliographie. — CORNIL, *Du louage de services ou contrat de travail*, 1895. — HUBERT-VALLEROUX, *Le contrat de travail*, 1895. — Voyez aussi les ouvrages généraux sur *La législation industrielle*, de MM. BRY (1896), DUFOURMANTELLE (1893), PIC (1894). — Les traités d'ensemble sont peu nombreux, mais les travaux spéciaux abondent sur les questions particulières que soulève ce contrat. Voyez ci-dessous pour les *salaires*, n° 1846 et suiv.; pour la *responsabilité des accidents*, et le *risque professionnel*, nos 1851, 1856 et 1860; pour la *résiliation*, n° 1883; pour les *règlements d'atelier*, n° 1834. — De nombreuses propositions de lois sont faites aux Chambres. Voyez les relevés publiés par l'*Office du travail*, spécialement dans son Bulletin de janvier 1901.

****1824. Définition.** — Le louage de travail est le contrat par lequel une personne s'engage à travailler pendant un temps pour une autre, moyennant un prix proportionnel au temps, appelé *salaire*. Comp. art. 1710.

***1825. Importance.** — Ce contrat, dédaigné jusqu'à nos jours par la presque totalité des jurisconsultes qui ne s'en occupent point, est cependant un des plus importants qui existent, car c'est par lui que vit la grande majorité des hommes.

***1826. Dénomination.** — On hésite encore sur le nom à appliquer à ce contrat. Ce sont surtout les économistes qui, se plaçant à un autre point de vue, se contentent de dénominations inutiles ou fausses au point de vue juridique. C'est ainsi qu'on voit bon nombre d'entre eux appeler le louage de travail « contrat de salaire » ou même « contrat de travail »[1]. Ces expressions ont sans doute une vertu cachée, car c'est d'elles qu'on se sert le plus volontiers dans le monde parlementaire. En droit, elles n'ont pas plus de raison d'être que les expressions symétriques « contrat de loyer » ou « contrat de maison », si on les appliquait au louage des choses. Il n'y a

[1] M. Hubert Valleroux a publié sous ce titre un mémoire couronné par la Faculté de droit de Paris (prix Rossi, 1894), qui s'était bien gardée d'employer une pareille expression.

qu'une seule expression qui ait une valeur scientifique : c'est celle de *louage de travail*. Les dénominations employées par le Code : « louage d'ouvrage » (art. 1708-1710), « louage d'ouvrage et d'industrie » (art. 1779 et suiv.), sont moins claires et moins précises.

Toutefois, on peut remarquer que l'expression « louage de services », qu'on a tirée de l'art. 1780, qui parle d' « engager ses services », tend à se répandre dans l'usage pour désigner le louage des domestiques, tandis que l'expression « louage de travail » resterait réservée aux ouvriers et employés, et il est de fait que la législation moderne établit des différences sur certains points entre ces deux applications du même contrat.

***1827. Nature du contrat.** — Ce contrat est bien un louage, comme on peut le montrer par une rapide analyse. La chose louée est la *force de travail* qui réside en chaque personne, et qui peut être utilisée par autrui, comme celle d'une machine ou d'un cheval. Cette force peut être *mise en location*, et c'est justement ce qui arrive dans ce contrat, où la rémunération du travail au moyen du salaire est *proportionnelle au temps* comme dans le louage de choses[1] ; la somme due s'obtient en multipliant l'unité du prix convenu par le nombre de mois, de jours ou d'heures qu'a duré le travail.

Telle est l'analyse juridique du contrat. Au point de vue économique, les choses se présentent sous un jour un peu différent. Les économistes disent volontiers que l'ouvrier est une espèce d'*associé* du patron, parce qu'il est son collaborateur dans l'œuvre de la production. Quelques-uns ont même émis l'opinion que le contrat passé entre le patron et l'ouvrier était une *société à forfait*. C'est une de ces formules qui séduisent à la condition qu'on n'y réfléchisse pas. L'idée de forfait est aussi incompatible avec l'idée de société que l'idée de gratuité avec celle de vente : « société à forfait » a autant de sens que « vente gratuite ». L'essence de la société est la communauté des risques et des gains : du moment où la part de l'un des collaborateurs est fixe, où il est assuré contre les chances de perte et privé des chances de gain, celui-là n'est pas un *associé*, c'est un *salarié*; il a fait non un contrat de société, mais un contrat de louage de travail. Les catégories juridiques ne correspondent pas toujours avec les catégories économiques : la même fonction économique peut s'accomplir à l'aide de contrats différents ; de même que des conditions économiques différentes s'accommodent fort bien, comme on le verra au numéro 1832, de contrats exactement identiques.

Le système de la *participation aux bénéfices* ne changerait même pas la nature du contrat. La part de bénéfices allouée à chaque ouvrier ou employé est un *supplément de salaires*, variable dans sa quotité, mais qui reste l'accessoire. L'élément principal de la rémunération du travail est toujours le salaire proportionnel au temps, dû à tout événement. La participation aux bénéfices n'est pas la seule forme perfectionnée du salaire ; l'industrie et le commerce emploient encore d'autres combinaisons, telles que le salaire avec primes, et le salaire progressif. Le contrat reste donc un louage, à la condition toutefois que la participation aux bénéfices soit pure et simple et laisse subsister un patron responsable, débiteur du salaire fixe. Si la maison s'organisait en véritable *association coopérative* où le salaire entier dépendrait des ventes, le contrat changerait de nature et deviendrait une *société*.

***1828. Silence presque complet du Code Napoléon.** — Le louage de travail est une des parties les plus défectueuses de notre législation civile ; il y a là un véritable « trou » dans le Code, et ce n'est pas la faute des rédacteurs de la loi. Nos anciens auteurs, Pothier en tête, ne s'occupaient pas du louage de travail ; ils n'en ont

[1] On verra plus loin les autres procédés qu'il est possible d'employer pour la rémunération du travail (ci-dessous nos 1897, 1900 et 1952).

déterminé ni la nature, ni les conditions, ni les effets, et il y a de cela deux raisons : 1° le droit romain ne pouvait leur servir de guide, n'ayant connu que le travail servile ; 2° sous l'ancienne monarchie, tout le travail industril était soumis soit au *régime corporatif* régi par les règlements intérieurs des corps de métiers, soit au régime des *manufactures privilégiées*, forme première de la grande industrie, régies par des ordonnances royales. Tout cela était considéré comme une *matière de police* beaucoup plus que de droit. Et les jurisconsultes, tels que Pothier, ne trouvaient, comme soumis aux principes juridiques, que le louage des domestiques, matière infertile et petite, surtout dans ce temps-là.

Les auteurs du Code ont fait comme Pothier : ils ont mentionné les ouvriers dans quelques textes (art. 1788-1790, art. 1798-1799) ; en réalité ils n'ont pas légiféré pour eux. Ils se sont contentés de résoudre quelques questions traditionnelles, empruntées aux textes romains, et qui naissent des relations entre un ouvrier et un consommateur : c'est un ouvrier horloger à qui un client a donné une montre à réparer ; c'est un foulon à qui on a donné du drap à teindre, etc. L'ouvrier joue là le rôle d'entrepreneur et non de salarié, ce ne sont pas des questions nées du louage du travail, des relations entre patron et salarié. Pour ces dernières le Code ne contenait qu'une courte section de deux articles (1780 et 1781), et bien qu'il lui eût donné pour titre : « Du louage des domestiques et ouvriers », il ne s'était guère préoccupé que des domestiques, comme le prouvent les mots « maître, gages » employés par lui.

De plus, le second de ces articles avait été abrogé sous le second Empire (L. 2 août 1868). Il ne restait que l'art. 1780, édictant une règle qu'on aurait facilement sous-entendue, à savoir qu'il n'est pas permis d'engager ses services pour sa vie entière, ce qui équivaudrait à se rendre esclave par convention.

Autant dire que le Code ne contenait rien sur le louage de travail. C'était une grosse et regrettable lacune, qui a été en partie comblée par les lois du 9 juillet 1889 (pour les ouvriers ruraux), du 27 décembre 1890 (pour les résiliations et congés), du 12 janvier 1895 (pour les salaires), et du 9 avril 1898 (pour la responsabilité des accidents). Comp. *Loi fédérale suisse* sur les obligations, de 1881, art. 337-351. Voyez la proposition de loi déposée par M. Paul Beauregard, le 28 février 1900 (*Journal officiel*, Documents parlementaires, n° 1466, p. 596).

***1829. La loi de germinal.** — On peut s'expliquer, dans une certaine mesure, le silence du Code sur les questions relatives au travail industriel, par l'existence d'une loi contemporaine de la préparation du Code civil, la loi du 22 germinal an XI (12 avril 1803, dans Sirey, *Lois annotées*, t. I, p. 630). Cette loi compte 21 articles, répartis en cinq titres ; elle est une espèce de charte que le Consulat avait donnée à l'industrie pour la relever de sa ruine [1], à une époque où l'on croyait la paix rétablie en Europe. La loi de germinal fut précédée d'une vaste enquête, ordonnée en 1801, dont les résultats sont résumés dans un rapport du 13 nivôse an X, adressé aux Consuls par Chaptal, ministre de l'intérieur. Dans les villes de fabrique, on se plaignait beaucoup de l'infidélité des ouvriers et de l'habitude, devenue universelle parmi eux, de violer les engagements relatifs au travail. Ces quelques détails montrent que les hommes du Consulat n'ont pas ignoré l'existence des ouvriers et que les questions ouvrières commençaient à se poser. Mais ils ont pensé que c'était, comme jadis, une affaire d'administration et de police, et qu'ils n'avaient pas à revenir, dans un Code civil, sur des points réglés par une loi administrative toute fraîche.

1829 *bis*. Législation belge. — Sur la loi belge du 10 mars 1900, relative au contrat de travail, voyez la thèse de M. Cailleux, Paris, 1900.

***1830. Discussions sur l'opportunité d'une réglementation.** — Le silence du Code a été interprété de bien des façons différentes. On a prétendu que ses rédacteurs l'avaient fait exprès, et qu'ils n'avaient pas oublié les ouvriers puisqu'ils les ont nommés

[1] La prospérité industrielle de la France, très grande sous Louis XVI, avait été entièrement détruite par la Révolution qui avait arrêté les affaires, terrorisé et ruiné les classes aisées, et envoyé aux armées les ouvriers désormais sans ouvrage.

dans une dizaine d'articles. S'ils n'ont pas établi de règles spéciales pour eux, c'est qu'ils voulaient les laisser sous l'empire du droit commun, conformément à l'esprit de la Révolution, qui avait fondé l'égalité des citoyens devant la loi et supprimé toute législation de classes. L'opinion contraire (voir notamment GLASSON, *Le Code civil et les ouvriers*) semble plus vraie : il y a eu non pas *oubli*, mais *lacune* du Code, parce que la plupart des questions qui se sont présentées n'étaient pas encore posées à cette époque. D'autre part, il y a un intérêt sérieux à légiférer sur la matière, parce que le droit commun ne suffit pas. La loi ne s'en est contentée pour aucun autre contrat ; tous ont des règles spéciales. Et spécialement pour le louage de travail, la preuve de l'insuffisance des règles générales se tire de ce fait que, chaque fois qu'une question nouvelle s'est présentée, on n'a pu s'entendre sur sa solution, alors qu'on s'entend aisément sur les principes généraux des contrats.

* **1831. Prétendues variétés du louage de travail.** — Si l'on s'en rapporte à la classification du Code, il existerait trois espèces de louage d'ouvrage (*lisez* : de travail) : 1° le *louage de services,* fait par les domestiques et les ouvriers ; 2° le *contrat de transport,* ou louage des voituriers ; 3° les *devis et marchés* (art. 1779).

Cette classification est absolument fausse. Les deux dernières variétés ne sont pas des louages, parce que la rémunération du travail, au lieu d'être proportionnelle au temps, y est *fixée à forfait.* Ce sont des contrats d'un autre genre, dont la nature est bien définie et dont le nom existe : des *contrats d'entreprise.* Nous y reviendrons plus loin (nos 1897 et suiv.).

Il n'y a donc qu'une seule espèce de louage de travail, celui qui est fait par des *domestiques,* par des *ouvriers* ou par des *employés,* catégories diverses de personnes qui vivent de ce contrat, et auxquelles on donne volontiers aujourd'hui un nom générique : les *salariés* [1].

* **1832. Identité juridique du louage des domestiques et du louage des ouvriers.** — La nature du contrat ne varie pas avec le rôle économique des personnes qui le font. Celui qui paie le salaire peut être un *producteur* industriel ou commerçant, qui fait travailler ses salariés en vue d'une production de richesses destinées à la vente ; mais il peut être aussi un *consommateur,* qui fait travailler pour se procurer à lui-même une utilité quelconque, dont il consomme le produit. Au premier cas, c'est un *patron*, et les salariés sont des *ouvriers* ou des *employés* ; au second cas, c'est un *maître,* et les salariés sont des *domestiques* : cocher, valet de chambre, cui-

[1] C'est dans cette situation que se trouvent ceux qu'on appelle les *agents commissionnés des chemins de fer.* Les compagnies emploient deux espèces d'agents : 1° les agents dits *commissionnés,* qui sont titulaires de leur poste et engagés à titre définitif ; ils forment la partie stable du personnel et sont payés à l'année ou au mois ; 2° les *agents en régie,* qui sont des surnuméraires, engagés et payés à la journée. La situation des agents commissionnés est meilleure à plusieurs égards. Quand il y a lieu de diminuer le personnel, les renvois portent d'abord sur les agents en régie ; quand il s'agit de les congédier, on donne certaines garanties aux agents commissionnés, tandis qu'un agent en régie peut être congédié sans contrôle par son chef de service immédiat. Mais, malgré cette solidité plus grande de l'engagement, le commissionnement de l'agent ne change pas la nature de son contrat, qui reste un louage de travail. C'est par méprise que dans les discussions de la loi du 27 décembre 1890 on a affirmé devant les Chambres que l'engagement des agents commissionnés « n'avait pas de nom dans la langue du droit ».

sinière, jardinier, etc. Le langage usuel distingue ces diverses catégories qui sont, en effet, différentes au point de vue social ; mais, au point de vue juridique, ces différences sont *sans influence sur la nature et les effets du contrat* : tous ces gens font indistinctement des louages de travail.

§ 2. — *Formation et preuve.*

* **1833. Caractère du contrat.** — Le louage de travail est un *contrat consensuel.*

1834. Rôle des règlements d'atelier. — Le louage de travail semble cependant prendre un autre caractère grâce à l'existence, dans beaucoup d'établissements, de ce qu'on appelle un *règlement d'atelier*. Ce règlement est élaboré par le patron seul ; il contient des dispositions diverses destinées à maintenir le bon ordre et à assurer la régularité et la bonne exécution du travail, choses toujours difficiles à obtenir dans un atelier un peu nombreux. Ordinairement il est affiché à l'intérieur des bâtiments ; souvent aussi il est imprimé sur un carnet qui est remis à l'ouvrier à son entrée. Ce règlement forme ce que les anciens appelaient la *lex contractus*, il contient les clauses du contrat, et l'ouvrier y adhère tacitement en acceptant le travail aux conditions qui lui sont offertes. Il n'y a rien là que l'application la plus simple et la plus naturelle des principes juridiques sur la formation des contrats consensuels (Cass., 2 févr. 1898, D. 98. 1. 326).

Cependant, la question des règlements d'atelier est un des points sur lesquels s'élèvent les plus vives protestations des ouvriers[1]. Ils reprochent au patron de se faire, de sa propre autorité, *législateur et juge* et de leur imposer des clauses léonines que l'ouvrier n'a ni les moyens ni le temps de discuter. Leurs plaintes sont en partie fondées ; des abus ont été commis, et l'intervention législative a été sollicitée. La difficulté est de donner satisfaction aux ouvriers, qui voudraient participer à la rédaction des règlements d'atelier par l'intermédiaire de leurs syndicats, tout en respectant la liberté nécessaire du patron, qui doit rester maître chez lui, si on ne veut pas compromettre l'existence même de l'industrie.

* **1835. Capacité des parties.** — Celle du patron se trouve indirectement régie par les règles du droit commercial sur la qualité de commerçant (art. 2 et 4 C. com.). Celle de l'ouvrier ou employé n'a été réglée par aucun texte. On devra donc appliquer le droit commun. Par conséquent, un *mineur émancipé*, une *femme séparée de corps*, qui sont maîtres de leurs personnes, peuvent s'engager comme salariés, tandis qu'un mineur non émancipé, une femme mariée non séparée de corps[2], fût-elle même *séparée de biens*, ont besoin d'être habilités pour faire ce contrat.

En fait, on se montre moins exigeant, et un grand nombre de mineurs s'engagent d'eux-mêmes comme domestiques et ouvriers ; on les considère comme autorisés, par cela seul qu'il n'y a pas protestation formelle de leurs parents.

* **1836. Age légal.** — Le travail industriel a fait l'objet de lois spéciales qui ont interdit d'employer dans les ateliers des enfants trop jeunes. La première en date est celle du 22 mars 1841, provoquée par la publication d'un rapport de M. Villermé, « sur l'état physique et moral des ouvriers employés dans les manufactures » (2 vol., Paris, 1840) ;

[1] Sur la loi belge du 15 juin 1896, voyez la thèse de M. Cailleux, *La législation belge sur les règlements d'atelier, avec un exposé de la question en France*, Paris, 1900.

[2] Des difficultés se sont élevées spécialement pour la femme mariée qui veut contracter un engagement théâtral. Ce point sera étudié dans le t. III, à propos du mariage.

cette loi avait fixé comme minimum l'âge de huit ans accomplis. Son système a été développé par la loi du 19 mai 1874, remplacée elle-même par celle du 2 novembre 1892, actuellement en vigueur. Cette loi a reporté l'âge d'admission dans les ateliers à treize ans, avec ce tempérament qu'un enfant âgé de douze ans peut être engagé quand il est porteur de son certificat d'études primaires, et que son aptitude physique est constatée par un certificat médical (art. 2).

*** 1837. Du placement.** — Ordinairement, le maître ou le patron qui cherche de la main-d'œuvre et le domestique ou l'ouvrier qui cherche du travail ne se connaissent pas. Pour faciliter la formation du contrat, c'est-à-dire le *placement* de l'ouvrier ou du domestique, on se sert d'*intermédiaires* qui centralisent les demandes et les offres de travail. Tels sont les *compagnonnages*, les *bureaux de placement* et les *Bourses du travail*. Aucune de ces institutions n'appartient au droit civil.

*** 1838. Forme collective du contrat.** — Les engagements relatifs au travail tendent à se former d'une manière collective, *par l'intermédiaire des syndicats*. Il arrive souvent qu'à la suite d'une grève, un groupe de patrons s'entend avec la population ouvrière par un contrat général qui fixe les conditions futures du travail, les prix, les heures d'entrée et de sortie, la durée de la journée, etc. Ces contrats sont faits habituellement par les représentants des syndicats patronaux et ouvriers, qui en discutent les termes. Ils sont *valables*, soit qu'on les considère comme conclus au nom des ouvriers, par leurs représentants munis de pouvoirs réguliers, soit qu'on préfère y voir des stipulations pour autrui. Mais ils soulèvent *une grosse question*, qui est de savoir *à qui appartient l'action en justice* au cas où, dans la suite, les patrons ne s'y conforment pas. La Cour de cassation a jugé que le syndicat ne peut puiser dans cette convention le principe d'une action en dommages-intérêts contre le patron, alors surtout qu'il est constaté qu'il n'a aucunement souffert de sa violation; l'action appartient donc exclusivement à chaque ouvrier individuellement (Aff. du syndicat de Chauffailles, 1er févr. 1893, D. 93. 1. 241). Comp. sur cette question la note sous Bordeaux, 4 juin 1897, D. 98. 2. 129. Sur ces contrats collectifs, voyez HUBERT VALLEROUX, dans l'*Économiste français*, du 13 avril 1901.

*** 1839. Preuve du contrat.** — Le Code civil avait établi pour la preuve du louage de travail une disposition exceptionnelle. En cas de contestation sur les trois points suivants : 1° quotité des gages ; 2° paiement des salaires échus ; 3° acomptes versés d'avance, le juge devait *croire le maître sur son affirmation* (art. 1781). C'était une sorte de suspicion contre la parole du salarié, qui avait quelque chose de blessant ; le juge n'aurait pas pu s'en rapporter à lui, alors même qu'il aurait paru mériter plus de confiance que le maître.

Ce texte a été abrogé par la loi du 2 août 1868, qui a rendu applicables les règles du droit commun ; mais voyez le résultat : en fait, on ne dresse presque jamais d'écrit pour constater les conditions du contrat. Partant, quand il s'agit de prouver l'existence même du louage et le chiffre des gages, la preuve par témoins est écartée presque toujours, parce que le chiffre total des salaires qui pourront être dus en vertu du contrat s'élève le plus souvent à plus de 150 francs. L'ouvrier ou employé, qui est alors demandeur, en est réduit à déférer le serment à son patron et on retombe dans une situation analogue à celle qui résultait de l'art. 1781. La seule différence est que le juge est libre de déférer le serment supplétoire à l'ouvrier, quand il existe un commencement de preuve.

Si, au contraire, le fait du contrat est établi ainsi que le chiffre des salaires, et que le maître prétende avoir payé les termes échus ou fait quelques avances, il sera obligé de le prouver et ne pourra le faire que par écrit, quand la somme dépassera 150 francs, ou bien il sera obligé de déférer le serment à son ouvrier sur le fait du paiement : la situation qui résultait de l'art. 1781 se trouve alors renversée [1].

§ 3. — *De la prestation du travail.*

1840. Variété d'application du contrat. — Le travail promis peut avoir une nature indéfiniment variée en fait ; il dépend des conventions et des besoins des parties. Cependant il fait l'objet d'une réglementation législative sur plusieurs points importants.

* **1841. Travaux pouvant faire l'objet d'un louage.** — Les actes qui sont l'exercice d'une profession dite *libérale* (artistique, littéraire, scientifique, etc.) peuvent-ils faire l'objet d'un louage ? Nombre d'auteurs se refusent à le croire. Il semble qu'il y ait un déshonneur à parler du louage à propos de ces professions. Tel qui rougirait d'accepter un salaire, touche très volontiers un « traitement » ou des « honoraires ». C'est un sentiment dû à l'éducation, mais qui n'a aucune valeur rationnelle. Le travail en lui-même est ce qui fait la dignité de la vie, parce qu'il suppose un effort de la volonté humaine et de la persévérance dans le caractère ; mais s'il est des occupations plus attachantes et plus agréables que d'autres, leur degré d'intérêt est loin de correspondre à leur importance relative au point de vue économique et social. Il y a de l'enfantillage à s'en tenir à la distinction des arts serviles et des professions libérales.

Quelquefois on prend la question à un autre point de vue, et on refuse le nom de louage à ces contrats parce qu'ils ne sauraient former d'engagements civilement obligatoires. Cela est vrai, mais c'est l'effet d'une *clause de dédit sous-entendue*. Si cette faculté de dédit était écartée par une convention particulière, la personne qui se serait engagée à travailler pendant un certain temps ou à une série d'ouvrages, pourrait parfaitement être condamnée à des dommages-intérêts, en cas de manque de parole, alors même qu'elle appartiendrait à une profession libérale. En ce sens, Paris, 4 juill. 1865, aff. Rosa Bonheur, D. 65. 2. 201, S. 65. 2. 233.

1842. Limitation de la journée. — En principe, celui qui loue son travail est libre de s'engager à travailler autant d'heures par jour qu'il se

[1] Il existait autrefois un écrit qui aurait pu servir de preuve du contrat, tout au moins pour les ouvriers : c'était le *livret*, que la loi de germinal avait rendu obligatoire. Mais cette pièce ne prouvait le contrat que plus tard, une fois que l'ouvrier avait quitté son patron ; il contenait seulement de brèves mentions, constatant en quelque sorte les états de service de l'ouvrier : entré tel jour, sorti tel jour, et la signature du patron. On aurait pu y mettre les autres conditions du contrat, notamment le taux du salaire ; on ne l'avait pas voulu, pour ne pas révéler aux concurrents les conditions faites par chaque patron à son personnel. Du reste, le livret tombait de plus en plus en désuétude, et il a été supprimé par la loi du 2 juillet 1890. Il était devenu odieux aux ouvriers, qui se sentaient placés par là sous la surveillance de l'administration, à cause des visas de police, qu'on exigeait à chaque déplacement.

sent capable de le faire. Cette liberté naturelle existe encore pour l'ouvrier indépendant qui travaille chez lui, et pour les domestiques. Mais elle a été restreinte pour les ouvriers proprement dits, par une loi du 9 septembre 1848, qui a fixé le maximum de la journée à douze heures de travail effectif [1].

Cette loi, qu'aucun fonctionnaire n'était spécialement chargé de faire observer, était absolument tombée en désuétude et oubliée des industriels eux-mêmes. De 1879 à 1883, différentes tentatives de la Chambre pour ramener la journée de travail à onze heures et même à dix heures furent rejetées par le Sénat. De guerre lasse, on en revint à la loi de 1848 et on chargea les inspecteurs du travail des enfants de veiller à son exécution (L. 2 nov. 1892, art. 17). Finalement, en mars 1900, les Chambres votèrent un projet qui réduira la journée de travail, dans un délai de quatre ans, d'abord à dix heures et demie, puis à dix heures (Loi 30-31 mars 1900, D. 1900. 4. 45).

1843. Réglementation du travail des mineurs et des femmes. -- Les femmes et les mineurs des deux sexes employés dans l'industrie sont soumis à une sorte de tutelle légale qu'on appelle la réglementation du travail : le genre de travail auquel on peut les occuper, le nombre de jours où ils peuvent travailler par semaine et le nombre d'heures qu'ils peuvent faire chaque jour ; tout cela est réglé minutieusement par la loi, au point de gêner l'industrie et le commerce et d'être une entrave pour bien des gens qui ne demanderaient pas mieux que d'accepter certains travaux ou de travailler plus souvent et plus longtemps. Pour les détails, voyez la loi du 2 novembre 1892, modifiée par la loi du 30 mars 1900. Un corps spécial de fonctionnaires, les *inspecteurs du travail des enfants*, est chargé d'assurer l'observation de toutes ces règles. Il faut reconnaître, d'ailleurs, que l'intervention du législateur a été provoquée et justifiée par des abus criants qu'ont révélés de nombreuses enquêtes industrielles, faites dans le cours de ce siècle, tant en France qu'à l'étranger. Voir sur ce sujet, Bry, *Législation industrielle*.

*** 1844. Absence de contrainte.** — Légalement le maître ou le patron n'a aucune voie de contrainte contre le domestique ou l'ouvrier qui refuse de travailler. En général, l'ouvrier ne contracte *aucun engagement ferme* ; il quitte le travail quand il veut, sauf l'effet du *délai de congé* dont il est parlé plus loin (n° 1884) ; de plus, quand il y a lieu de lui réclamer les dommages-intérêts, il est presque toujours insolvable.

Il y a un cas où le patron est directement lésé par le départ subit de l'ouvrier : c'est lorsqu'il lui a fait des *avances sur son salaire*. Le travail étant payé d'avance, s'il n'est pas fourni, le patron se trouve en perte. La législation du Consulat avait, en ce cas, accordé une garantie au patron (L. 22 germinal an XI, art. 12 ; cbn. art. 7, 8 et 9 de l'arrêté du 9 frimaire an XII sur les livrets). Voici quel en était le mécanisme : les avances de salaires étaient inscrites sur le livret, et aucun autre patron ne pouvait engager l'ouvrier débiteur, tant que l'ancien patron n'avait pas donné ce qu'on appelait le *congé d'acquit*, ce qu'il faisait en constatant sur le livret que l'ouvrier s'était acquitté envers lui [2]. Ce qu'il y avait d'extraordinaire dans ce système, c'est que, d'après l'arrêté de frimaire, l'ouvrier débiteur à raison d'avances était *obligé d'acquitter sa dette par son travail*. Cela était tout à fait contraire aux principes de la loi civile, d'après laquelle l'obligation de faire se

[1] Cette loi a été votée par l'Assemblée constituante pour abroger un décret du gouvernement provisoire publié le 2 mars, au lendemain du 24 février, et qui réduisait la journée de travail à dix heures à Paris, et à onze heures dans les départements.

[2] Pour comprendre comment ceci pouvait se faire, il faut savoir que le livret de l'ouvrier devait être remis à son patron, qui avait le droit de le retenir jusqu'à entière libération (droit de rétention du livret). L'institution du congé d'acquit n'était pas une invention du Consulat ; on le trouve déjà dans les Ordonnances royales du 2 janvier 1749 et du 12 septembre 1781, comme un « moyen propre à entretenir la subordination chez les ouvriers de fabrique ».

résout en dommages-intérêts (art. 1142). Ici elle s'exécutait en nature. Les patrons surent fort bien se servir de l'arme qu'on leur avait mise en mains[1]. On vit des dentellières, qui gagnaient 0 fr. 40 par jour, recevoir 300 francs d'avance, et se trouver ainsi dans l'impossibilité matérielle de quitter la fabrique. Dans certaines villes industrielles, c'était devenu un système et les avances faites aux ouvriers s'élevaient à plusieurs centaines de mille francs (Rapport fait en 1845 à la Chambre des pairs). Le système des congés d'acquit fut supprimé par la loi du 8 mai 1851, qui décida : 1° que le montant des avances inscrites ne pourrait dépasser 30 francs ; 2° que le patron ne pourrait plus refuser la restitution du livret pour ce motif.

* **1845. Système des amendes.** — Une autre question, qui se rattache à la prestation du travail, est celle des *amendes*, qui agite si fort la classe ouvrière. Quand l'ouvrier commet une faute contre le règlement (arrivée en retard, malfaçon, gaspillage, négligence quelconque), le patron lui inflige une amende de 0 fr. 50, 1 franc, 2 francs, etc., qu'il retient sur le salaire à la fin de la semaine ou de la quinzaine. — Les ouvriers s'en plaignent beaucoup, et il est certain qu'il y a eu des abus : les amendes s'accumulent parfois en trop grand nombre et le chiffre en est souvent excessif[2]. Ce que les ouvriers reprochent surtout au patron, c'est de conserver pour lui le montant des amendes, qui constitue presque toujours une somme appréciable, et ils espèrent obtenir une loi qui interdira le système des retenues ou qui, tout au moins, en affectera le produit d'une manière obligatoire à des œuvres d'assistance au profit des ouvriers. — Cependant, ce système d'amendes n'est qu'une application très licite et très régulière du principe de la *clause pénale*. Il y a inexécution partielle des engagements de l'ouvrier, ou mauvaise exécution, ce qui revient au même ; donc une clause pénale peut être stipulée. De plus, il est tout naturel que l'amende, comme toute clause pénale, appartienne au créancier, c'est-à-dire ici au patron. C'est le mot surtout qui choque les ouvriers, et si l'on fait une loi dans le sens où les ouvriers la demandent, on enlèvera aux patrons un droit qui appartient à toute personne, dans n'importe quel contrat.

§ 4. — *Du salaire.*

* **1846. Question préalable sur les obligations du patron.** — L'obligation de payer le salaire est-elle la seule que contracte le patron, et est-il quitte envers ses ouvriers ou employés en payant la somme convenue ? N'est-il pas tenu, en outre, de certaines autres obligations? On se pose la question pour deux devoirs particuliers : l'un, ayant pour objet d'assurer la sécurité des ouvriers ; l'autre, comprenant l'ensemble des institutions de patronage. Nous retrouverons le premier à propos de la responsabilité des accidents (ci-dessous n°s 1851 et suiv.). Disons quelques mots du second. Ce devoir existe bien, mais ne dérive pas du louage de travail. Il tient à la différence des conditions sociales : c'est le devoir des classes riches envers les personnes moins fortunées. D'une part, en effet, il est impossible d'y soumettre les patrons pauvres, qui ont peine à vivre et misèrent comme leurs ouvriers. De l'autre, il n'est pas excessif d'étendre le devoir

[1] Ce qu'il y a de plus bizarre est que cette dérogation extraordinaire à l'article 1142 n'a jamais été signalée tant qu'elle a duré ; elle n'est connue des auteurs qui écrivent sur le droit civil que depuis qu'elle est abrogée. Et, pourtant, elle seule explique un incident de la rédaction du Code. Il y avait dans le projet, au titre « Du louage », un article spécial rappelant la disposition de l'article 1142 : « Si l'individu qui a loué ses services n'exécute pas son engagement, il est condamné à des dommages-intérêts ; mais il ne peut être contraint personnellement à l'exécution » (FENET, t. XIV, p. 232, p. 275 et p. 288). Cet article disparut après avoir été voté (p. 303). Pourquoi cela ? On n'en trouve aucune raison dans les travaux préparatoires, et on ne peut l'expliquer que par un rapprochement de dates : l'arrêté de frimaire est du 1er décembre 1803 et la discussion sur le louage eut lieu en janvier-février 1804. On ne voulut pas revenir sur une mesure qui avait un caractère de police industrielle et semi-politique.

[2] On cite le cas d'une pauvre femme qui dut payer une amende de 10 francs pour être entrée à l'atelier avec des sabots, ce que le règlement défendait.

moral d'assistance aux gens riches, même quand ils ne sont pas des patrons. — Le salaire doit donc seul nous occuper comme étant *l'objet de l'obligation unique contractée par le patron dans le louage de travail.*

*** 1847. Fixation du salaire.** — Le taux du salaire est aujourd'hui fixé librement par les parties. Il n'existe aucune tarification obligatoire, comme en avaient établi certaines Ordonnances royales du XIVe siècle (*Ordonnances*, édit. du Louvre, t. II, p. 58, p. 351 ; t. III, p. 438, p. 489), ou les règlements des anciennes corporations. Ces anciens tarifs fixaient un maximum de salaire que l'ouvrier ne devait pas dépasser.

Aujourd'hui, beaucoup d'ouvriers demandent une réglementation en sens contraire, fixant un salaire minimum[1]. Les réclamations ne semblent pas près d'aboutir, mais il faut constater le *rôle prépondérant de la coutume* dans la fixation des salaires; elle établit les chiffres extrêmes que les conventions privées franchissent difficilement. C'est une force modératrice qui subit de lentes oscillations.

*** 1848. Capacité pour toucher le salaire.** — Peuvent seules toucher valablement le salaire qu'elles ont gagné les personnes *capables*. Par suite, l'argent dû à un ouvrier mineur non émancipé ou à une femme mariée non séparée de biens doit être versé au père ou au mari qui en a l'administration.

Il y a là un grave danger : le salaire de la femme ou de l'enfant peut être dissipé au cabaret, tandis que celui qui l'a gagné est privé du profit légitime de son travail. Aussi est-il question de modifier l'état du droit sur ce point et d'établir entre mari et femme une sorte de *séparation de plein droit* qui laisserait à la femme la libre disposition de son salaire[2]. Cela s'est déjà fait dans quelques pays (Angleterre, acte du 9 août 1870 ; Danemark, loi du 7 mai 1880). En France même, on a vu des patrons, renversant l'ordre naturel des choses, payer aux femmes les salaires gagnés par leurs maris. La pratique est souvent éloignée des principes légaux.

*** 1849. Saisie des salaires.** — Une loi du 12 janvier 1895 est venue protéger très énergiquement les salaires des ouvriers contre leurs créanciers en limitant, d'une manière étroite, la *saisie* d'une part, la *cession* de l'autre. Pour tout salaire inférieur à 2 000 francs par an, on a établi les règles suivantes :

1° La saisie n'est possible que *jusqu'à concurrence d'un dixième.*

2° Un autre dixième, qui ne se confond pas avec le précédent, est *cessible* de la part de l'ouvrier qui peut ainsi le déléguer à ses créanciers.

3° Un troisième dixième peut être *retenu par le patron*, à raison d'avances faites par lui.

[1] L'Eglise catholique n'hésite pas à faire du salaire minimum un devoir moral pour le patron (CLAUDIO JANNET, *Socialisme d'Etat*, p. 49). Cette obligation a été indiquée dans l'Encyclique de Léon XIII, *De conditione opificum*. Voyez, sur ce point, A. LEROY-BEAULIEU, dans la *Revue des Deux-Mondes*, 15 janvier 1892, p. 382.

[2] Il est à craindre qu'une réforme sur ce point n'aboutisse à aucun résultat pratique. En fait, on ne se conforme pas à la loi actuelle : le patron verse directement le salaire aux jeunes gens mineurs ou aux femmes mariées qu'il emploie. Les choses se passent donc déjà comme on voudrait le faire inscrire dans les textes. C'est ensuite, quand la femme ou l'enfant est rentré à la maison, que le père ou le mari s'empare de son salaire. Et quelle loi pourra jamais l'en empêcher?

En mettant les choses au pis, l'ouvrier est donc sûr de toucher les sept dixièmes de son salaire. Il est très efficacement protégé, mais qu'est devenu son crédit ? Il ne peut plus offrir de garantie sérieuse à ses créanciers [1]. Et cependant il est question d'établir pour les salaires une insaisissabilité plus complète. Voyez l'*Enquête* sur ce projet (Impr. nation., 1897) et Ed. Payen, *Le crédit des ouvriers*..., dans l'*Économiste français*, du 24 février 1900. On reproche surtout au système actuel l'exagération des frais, et la privation prolongée qui résulte pour l'ouvrier d'une saisie partielle de son salaire.

1850. Condamnation du truck system. — Cette même loi du 12 janvier 1895 a pris d'autres mesures destinées à empêcher certains trafics peu scrupuleux qui se pratiquaient aux dépens des ouvriers et qui sont connus sous le nom qu'ils ont reçu en Angleterre, leur pays d'origine : *Truck system*, c'est-à-dire *système du troc*. Certains patrons réussissaient à se dispenser de payer leurs ouvriers en argent. Ils joignaient à leur établissement un *économat*, espèce de bazar où se vendaient toutes les fournitures dont peut avoir besoin un ménage ouvrier, et où le personnel de la maison était forcé de s'approvisionner. Le jour de la paye, on retenait aux ouvriers le montant de leurs achats, et la plupart non seulement ne touchaient rien, mais restaient débiteurs envers l'économat. On a vu des patrons faire de plus beaux profits avec leur économat qu'avec leur industrie.

D'autres remettaient à leurs ouvriers, en guise de monnaie, des *bons* ou des *jetons*, avec lesquels ils s'approvisionnaient dans des magasins de la localité qui passaient des traités avec les patrons pour recevoir leurs paiements en bons ou en jetons. Ce dernier procédé a toujours été illégal. L'ouvrier a le droit absolu d'exiger son salaire en argent. Quant au procédé du troc ou de la compensation, il a été interdit par la loi du 12 janvier 1895, art. 4, qui empêche le patron d'opérer des retenues sur le salaire, à titre de compensation pour fournitures, si ce n'est dans des cas strictement déterminés par le texte et qui ne peuvent donner lieu à aucun abus (fournitures d'outils ou de matériaux).

§ 5. — *Responsabilité des accidents.*

1851. Bibliographie. — Lambert, *Les accidents du travail et l'assurance obligatoire*, Paris, 1895. — Tarbouriech, *La responsabilité des accidents dont les ouvriers sont victimes*... Paris, 1896. — Voyez aussi les articles de MM. Sainctelette et Sauzet, indiqués au n° 1909. — Saleilles, *Les accidents du travail et la responsabilité civile*, Paris, 1897.

** **1852. Gravité de la question à l'époque moderne.** — Celui qui a loué ses services ou son travail peut être victime d'un accident pendant qu'il l'exécute. Autrefois, ces accidents ne donnaient lieu à aucune question ; la victime en supportait les conséquences, aidée souvent par celui au service duquel elle s'était blessée, mais dont l'assistance était purement bénévole.

Avec les progrès du machinisme, les accidents qui arrivent aux ouvriers (*accidents industriels, accidents du travail*) sont devenus beaucoup plus nombreux et plus graves. Les ouvriers victimes de ces accidents (ou leurs

[1] Sur les inconvénients de la loi de 1895, voir E. Bender, dans les *Questions pratiques de législation ouvrière*, publiées par MM. Pic et Godart, n° 1, janvier 1900.

familles, quand ils ont été tués) accusent très souvent le patron de négligence et lui réclament une indemnité, prétendant que l'accident est arrivé par sa faute, parce qu'il a préféré économiser un peu d'argent, plutôt que de renouveler son matériel ou d'installer des appareils protecteurs pour assurer la sécurité des ouvriers. Ainsi s'est posée la question de savoir si le patron est responsable des accidents qui atteignent son personnel, et pourquoi il doit l'être.

Aux causes d'*accidents* proprement dits, il ne faut pas assimiler les causes de *maladies* : il n'y a pas seulement des industries *dangereuses* ; il y a des industries *insalubres*. La question juridique n'est pas la même dans les deux cas, et les maladies professionnelles n'entraînent aucune responsabilité pour le patron (D. 98. 4. 63, col. 1).

A. — Situation antérieure au 1er juin 1898.

** **1853. Jurisprudence française.** — Malgré les critiques qui leur sont adressées, malgré toutes les théories contraires émises dans la doctrine, nos tribunaux ont toujours appliqué en cette matière l'art. 1382. D'après les arrêts, l'ouvrier ne peut obtenir une indemnité qu'*à la charge de prouver la faute du patron*. S'il ne réussit pas à faire cette preuve, il n'obtient rien, car il se présente comme créancier en vertu d'un fait délictueux dont il doit établir l'existence par application des règles ordinaires sur la preuve (Paris, 29 mars 1883, D. 84. 2. 89 ; Cass., 2 déc. 1884, D. 85. 1. 223, S. 86. 1. 367 ; Rennes, 20 mars 1893, D. 93. 2. 526. Comp. conclusions de M. l'avocat général Sarrut, D. 97. 1. 439, et note de M. Lyon-Caen, dans S. 85. 1. 129).

Observation. — Cette jurisprudence a encore aujourd'hui son importance : elle doit être considérée comme représentant le *droit commun* en cette matière, et comme continuant à régir les situations non prévues par la loi de 1898, expliquée aux nos 1861 et suiv.

* **1854. Ses inconvénients.** — L'application des principes généraux mettait presque toujours l'ouvrier dans l'impossibilité d'obtenir une réparation pécuniaire de l'accident. La preuve qu'on lui demandait était impossible : il y a eu une explosion, un incendie, un écroulement, etc., qui a tout détruit ou tout bouleversé. Quand l'atelier et les appareils sont restés intacts, il lui faudrait des témoins, et les camarades n'osent pas parler ; ils ont peur d'être renvoyés ; les contremaîtres sont peut-être en faute et se taisent, de sorte que les trois quarts du temps la cause de l'accident reste inconnue. Les cas où la faute du patron peut être constatée ne dépassent pas 10 ou 15 pour 100 ; dans un nombre de cas à peu près égal, il y a faute reconnue de la part de l'ouvrier.

Cette difficulté de preuve n'était pas la seule que rencontrait l'ouvrier. Presque toujours le patron était assuré contre les risques d'accidents, et l'ouvrier avait pour adversaire la compagnie qui servait d'assureur à son patron. Celle-ci tergiversait et chicanait ; elle lassait l'ouvrier [1], et finalement celui-ci se contentait souvent d'une indemnité dérisoire à titre de transaction, ou bien, s'il s'entêtait à plaider, il n'obtenait condamnation que très longtemps après l'accident. C'était un exemple décourageant pour les autres, qui se montraient à l'avenir plus traitables que lui.

1855. Projets de réforme. — Cette situation fâcheuse de l'ouvrier attira de

[1] Chaque compagnie a un bureau du contentieux tout organisé, elle a des représentants attitrés ; un procès ne l'effraie pas.

bonne heure l'attention. Dès le mois de mai 1880, des propositions de loi furent déposées par MM. Martin Nadaud et Raspail, qui demandaient l'*établissement d'une présomption de faute contre le patron*, au moyen d'un alinéa nouveau ajouté à l'art. 1384. Cette présomption aurait eu pour effet *le renversement de la preuve* : pour éviter d'être condamné à des dommages-intérêts, la patron aurait dû prouver qu'il était exempt de faute. Le résultat pratique aurait été de faire supporter au patron tous les accidents dont la cause reste inconnue, c'est-à-dire ceux qui laissaient l'ouvrier sans recours.

Après de longues discussions, on finit par s'arrêter à une autre idée, plus franche et plus correcte : la création du *risque professionnel*, dont le mécanisme sera expliqué plus loin. Le principe en fut établi, dès le 11 février 1882, dans une proposition de M. Félix Faure.

***1856. Théorie de la responsabilité contractuelle du patron.** — En attendant une réforme, qui a été longue à voir le jour, la discussion doctrinale continuait sur la valeur du système adopté en jurisprudence. Nos tribunaux avaient-ils raison d'appliquer l'art. 1382 ? Ne pouvait-on pas admettre que la responsabilité du patron en matière d'accidents, au lieu d'être fondée sur une faute délictuelle, dérivait du louage lui-même et avait ainsi une origine *contractuelle* ? Cette opinion fut présentée en même temps par M. Sainctelette en Belgique (*Responsabilité et garantie*, 1884) et par M. Sauzet en France (*Responsabilité des patrons*, *Revue critique*, 1883).

D'après ces deux auteurs, qui arrivaient aux mêmes conclusions sans se connaître et sans s'être concertés, le patron n'est pas seulement tenu de payer le salaire ; il contracte en même temps une autre obligation : il doit livrer à l'ouvrier un matériel en bon état et prendre toutes les précautions reconnues utiles pour éviter les accidents [1]. Cette obligation, qui a pour objet la *sécurité de l'ouvrier*, naît, dit-on, du contrat. Donc le patron est en faute si, par incurie ou par un sordide esprit d'économie, il compromet la vie ou la santé de ses ouvriers. D'autre part, l'ouvrier n'a ni le temps ni la compétence nécessaires pour vérifier l'installation du chantier ou de l'atelier, ou l'état de l'outillage. Si un accident survient, le patron en est donc responsable en vertu du contrat.

Ce n'était pas pour une question de mots et pour le plaisir de baptiser autrement l'obligation du patron que MM. Sauzet et Sainctelette proposaient un changement de système. Ils avaient un but pratique, qui était d'arriver au *renversement de la preuve* qu'on projetait à cette époque d'obtenir par une présomption légale de faute établie contre le patron. Cette présomption leur semblait contraire au droit commun et difficilement admissible ; mais ils arrivaient au même résultat en proclamant le caractère contractuel de l'obligation du patron. L'ouvrier, créancier en vertu d'un contrat, n'avait pas de preuve à faire, son titre (le louage de travail) n'étant pas contesté ; c'était alors au patron, d'après les principes généraux, à prouver sa libération comme doit le faire tout débiteur ; à lui donc d'établir l'absence de faute, s'il voulait éviter une condamnation. M. Labbé s'était rallié à cette opinion (Notes dans *Sirey*, 85. 4. 25 ; 86. 2. 97).

***1857. Réfutation.** — L'obligation du patron d'assurer la sécurité des ouvriers ne dérive pas du contrat ; elle ne peut pas avoir une origine conventionnelle, parce que *c'est la loi elle-même qui la crée*, et que, lorsqu'une obligation est légale, elle ne devient pas contractuelle par cela seul que des particuliers l'expriment dans leur convention. Supposez qu'un même accident fasse deux sortes de victimes, un ouvrier et un tiers : c'est un volant qui éclate, traverse le mur et atteint un passant dans la rue ; une locomotive en manœuvre, qui écrase à la fois un employé du chemin de fer et un voyageur, etc. ; Dans toutes ces hypothèses, le patron est responsable *à raison du même fait* envers ses employés et envers ceux qui ne sont pas liés à lui par le contrat de louage de travail. C'est donc que son obligation existe indépendamment du contrat, qu'elle est *préexistante*. En effet, cette obligation n'est pas autre chose que le devoir général de ne pas compromettre la vie d'au-

[1] En fait, il existe des moyens préventifs très efficaces. L'attention des ingénieurs s'est portée de ce côté, et ils ont inventé beaucoup d'appareils protecteurs, avertisseurs, etc. Les industriels estiment qu'il y a encore économie à faire ces dépenses pour diminuer le nombre des accidents plutôt que d'avoir des indemnités à payer.

trui par négligence. Ce n'est pas le contrat qui oblige le patron à prendre des précautions pour ne pas tuer des *passants* ; le contrat n'a donc pas besoin de créer cette obligation au profit des *ouvriers*.

Il n'y a de *contractuelles* que les obligations exceptionnelles qui ne sont pas établies par la loi d'une façon générale pour tout le monde, et qui s'ajoutent à nos charges normales quand nous entravons notre liberté naturelle par des conventions particulières[1]. D'ailleurs, la controverse sur la nature délictuelle ou contractuelle de l'obligation du patron ne conduit nullement à trancher la question du fardeau de la preuve. On a déjà vu (ci-dessus, n° 1326) que la question de savoir si le fait qualifié faute doit être prouvé par celui qui s'en prétend victime, ou si la preuve de l'absence de faute doit, au contraire, être fournie par celui qui est l'auteur du dommage, ne dépend pas de l'origine *légale* ou *conventionnelle* de l'obligation en contravention de laquelle la faute a été commise, mais bien de la nature *positive* ou *négative* de l'objet de l'obligation.

1858. Jurisprudence belge. — Ce système de la responsabilité contractuelle n'a eu aucune influence sur la jurisprudence française. Voyez notamment l'arrêt de Rennes de 1893 cité au n° 1853. Mais il a eu un demi-succès en Belgique (Cass. belge, 8 janv. 1886, D. 86. 2. 153, S. 86. 4. 25 ; 28 mars 1889, S. 90. 4. 17, et les décisions de divers tribunaux belges indiquées en note). La Cour de cassation de Belgique *admet les prémices* : le patron prend, par le contrat même, l'engagement de veiller à la sécurité des ouvriers ; mais *elle en rejette les conclusions* : selon elle, les art. 1315, al. 1, et 1147 imposent à l'ouvrier l'obligation de prouver que le patron n'a pas rempli son engagement. De la sorte, l'ouvrier n'y gagne rien[2] (Comp. Cour sup. de justice de Luxembourg, 27 nov. 1884, D. 86. 2. 153 en note; S. 85. 4. 25, note de M. Labbé; Trib. fédéral suisse, 25 oct. 1893. S. 94. 4. 4).

***1859. Idée d'une responsabilité à raison des choses.** — On s'est emparé d'un arrêt de la Chambre civile (16 juin 1896, D. 97. 1. 433, S. 97. 1. 17) pour établir dans notre droit, avant toute réforme législative, le principe du risque professionnel. Voyez la note de M. Saleilles dans le *Dalloz*, sur l'arrêt précité. On déclarerait le patron responsable des accidents en qualité de *propriétaire* de la chose qui a blessé ou tué l'ouvrier.

Mais la Chambre des requêtes n'a pas adopté la manière de voir de la Chambre civile et a refusé d'admettre de plein droit la responsabilité du patron (Cass., 30 mars 1897, D. 97. 1. 441, S. 98. 1. 65). Comp. ci-dessus n° 922.

B. — Régime spécial du travail industriel.

1860. Bibliographie. — Adr. Sachet, *Traité théorique et pratique de la législation sur les accidents du travail*, Paris, 1899. — Ed. Serre. *Les accidents du travail*, commentaire de la loi du 9 avril 1898. — Porez, *Le risque professionnel*, thèse, Paris, 1901.

** **1861. Réforme de 1898.** — Les projets signalés au n° 1855 ont abouti à la loi du 9 avril 1898 (D. 98. 4. 49 ; Sirey, *Lois annotées*, 1895-1900), mise en vigueur seulement le 1er juillet 1899 et qui a introduit dans nos lois le principe nouveau qui met le *risque professionnel à la charge du patron*. On entend par « risque professionnel » les chances d'accidents inhérentes à un métier déterminé, indépendamment de toute faute. Il a paru juste de mettre ce risque à la charge du patron, au lieu de le laisser supporter à

[1] La question n'est plus entière. La loi du 12 juin 1893, sur l'hygiène et la sécurité des travailleurs, a établi d'office l'obligation de prendre les précautions utiles. Il y a donc un texte formel, qui exprime et précise une obligation dérivant déjà des principes généraux du droit.

[2] Il n'y a pas contradiction entre ces deux solutions. Voyez le n° précédent.

l'ouvrier, comme le faisait la jurisprudence ancienne : les tribunaux avaient beau s'ingénier pour trouver le patron en faute et donner un recours à l'ouvrier; le plus souvent celui-ci n'en avait pas. « Du moment où l'industrie entraîne des risques inévitables, disait M. Cheysson, l'ouvrier ne peut ni ne doit les supporter, aujourd'hui moins que jamais, en présence de l'outillage moderne et des forces qui l'actionnent..., de ces métaux en fusion, de ces appareils formidables, de ces forces irrésistibles dont le moindre attouchement est mortel. C'est au maître qu'appartient la machine qui tue et qui blesse. N'en doit-il pas répondre,... en faisant entrer le risque professionnel dans le prix de revient » ? (*Journal des Économistes*, 15 mars 1888). Le principe de la réforme était accepté d'avance dans le monde industriel.

*1862. **Accidents mis à la charge du patron.**— Une des grosses difficultés a été de savoir de quels accidents le patron serait déclaré responsable. Au début, il paraissait tout naturel de mettre seulement à sa charge les accidents fortuits ou dont la cause reste inconnue, en laissant l'ouvrier sans recours quand l'accident serait dû à une faute de sa part. Puis on trouva juste de faire également supporter au patron les accidents dus à une faute de l'ouvrier, tout au moins à une faute légère, parce que l'accoutumance finit par donner aux ouvriers travaillant auprès des appareils les plus dangereux une insouciance inévitable, qui leur est fatale. Finalement *on ne fit pas même exception pour les fautes lourdes de l'ouvrier*, si bien que le patron est responsable de tout accident, quelle qu'en soit la cause, excepté ceux qui auraient été causés *intentionnellement* par l'ouvrier (mort ou blessures volontaires), ou qui seraient l'effet d'*actes criminels* (art. 20). Le texte porte, en effet, en termes très généraux : « accidents survenus *par le fait du travail ou à l'occasion du travail* » (art. 1er).

La question de savoir si l'accident a pour cause le travail se présente en fait, sous des formes très diverses, dont beaucoup sont fort délicates à apprécier et ne peuvent être examinées ici. Voyez les exemples cités dans les discussions des Chambres (D. 98. 4. 57, nos 32-43), et l'étude de M. Sachet, nos 212 à 301.

*1863. **Industries soumises au risque professionnel**[1]. — On ne pouvait songer à faire du nouveau principe une règle absolue, inhérente à tout louage de travail. Le louage des domestiques reste complètement en dehors de la loi nouvelle. Il en est de même, en général, pour les employés de bureaux et de magasins dans le commerce ordinaire. La loi n'a été faite que pour certaines industries ou exploitations reconnues dangereuses; mais, au lieu d'établir quelques catégories particulières, dont le personnel aurait formé une sorte de *classe privilégiée* par rapport à la masse des

[1] Par la force des choses, l'expression « risque professionnel », créée d'abord pour désigner les *chances matérielles* d'accidents auxquelles sont exposés les ouvriers désignera désormais également le *risque imposé au patron* que la loi rend *pécuniairement responsable* des accidents qui se produisent.

employés et ouvriers, on a inséré dans la loi une *énumération très large* qui comprend à peu près toutes les *exploitations industrielles,* une portion notable des *entreprises commerciales,* et même une partie des *exploitations agricoles*. En voici un aperçu succinct :

Industrie du batiment. — Elle est comprise dans la loi, même quand il s'agit de petits patrons, n'employant pas de *machines* et n'ayant pas de *chantiers*.

Usines et manufactures. — Ces expressions comprennent certainement les *fabriques,* car ce mot s'emploie comme synonyme d'usine ou de manufacture. Il est douteux qu'il faille assimiler les simples *ateliers* de la petite industrie aux usines et manufactures ; le mot « ateliers » a été omis à dessein dans la loi, malgré l'affirmation contraire de M. Thévenet, rapporteur au Sénat (séance du 20 mars 1896). En l'absence de toute définition légale, la distinction sera souvent difficile à faire[1]. Voyez ce que dit à cet égard M. Sachet, n°s 98-99.

Chantiers. — Ce terme s'étend à tous les travaux exécutés en plein air, ou du moins en dehors de tout bâtiment spécialement construit pour abriter le personnel ou le matériel.

Entreprises de transport. — Sont compris dans cette catégorie non seulement les transports par chemins de fer, et les transports par bateaux de rivière et par navires de mer, ainsi que les entreprises de roulage et de camionnage, mais même les compagnies de tramways ou d'omnibus, et même les voitures de place.

Entreprises de chargement et déchargement. — Malgré la généralité de ces expressions, il résulte des débats qu'on a entendu viser uniquement le chargement et le déchargement des navires dans les ports.

Magasins publics. — Sont compris sous ce nom tous les magasins généraux, docks et entrepôts.

Mines, minières et carrières. — Ces termes comprennent évidemment les *ardoisières*. S'appliquent-ils aussi aux fendeurs d'ardoises qui travaillent à côté de la carrière? Les auteurs de la loi n'ont pu se mettre d'accord ; mais cela importe peu, car ces ouvriers travaillent dans un *chantier*.

Industries employant des matières explosives ou toxiques. — La loi s'applique, en outre, à toute exploitation ou partie d'exploitation où sont fabriquées ou mises en œuvre des substances explosibles ou toxiques. Ces dernières causent surtout des *maladies*, qui ne donnent pas lieu à l'application du risque ; mais elles peuvent aussi causer des *accidents* soudains et violents, et c'est pour cela qu'on les a mentionnées dans la loi (Déclaration de M. Léon Bourgeois, président de la commission, à la séance de la Chambre, du 28 octobre 1897).

Industries employant des moteurs mécaniques. — Enfin, par crainte d'avoir laissé échapper quelque chose, on a visé spécialement l'emploi, dans une exploitation quel-

[1] Elle se fait en pratique pour l'application de la législation fiscale sur les portes et fenêtres ; mais elle est alors établie arbitrairement par l'administration. La loi autrichienne a donné une définition légale de la fabrique ; elle exige une agglomération de vingt ouvriers au moins.

conque, de machines à vapeur ou électriques, ou autres, telles que celles qui sont mues par une chute d'eau. Mais, afin de comprendre dans cette disposition tous les moteurs possibles, actuels ou futurs, on lui a donné une forme détournée ne faisant d'exception que pour les machines mues par la force de l'homme ou des animaux.

* **1864. Application aux exploitations agricoles.** — Les ouvriers agricoles n'ont pas été appelés en principe à bénéficier des dispositions de la loi nouvelle; les chances d'accidents sont moins nombreuses pour eux que pour des ouvriers de l'industrie. Cependant, on a fait exception pour le cas où une industrie manufacturière (distillerie, sucrerie, etc.) est jointe à l'exploitation agricole, et aussi pour le cas où le travail agricole se fait à l'aide de machines à vapeur, batteuses, moissonneuses, etc. Les mots « mues par une force autre que celle des hommes ou des animaux » font allusion à l'emploi des machines agricoles ordinaires, mues par des chevaux ou à bras : on n'a pas voulu soumettre cet antique matériel de l'agriculture au risque nouveau.

Dans le système de la loi primitive, la responsabilité des accidents causés dans les exploitations agricoles devait peser sur le chef de l'exploitation, propriétaire, fermier ou métayer. Une loi du 30 juin 1899 est venue déplacer le risque et le reporter sur la personne qui exploite le moteur mécanique cause de l'accident. Cette personne peut être soit un particulier qui loue des machines à battre ou autres, soit un syndicat agricole. Le texte dit : « Est considéré comme exploitant, l'*individu* ou la *collectivité* qui dirige le moteur ou le fait diriger par ses préposés. »

1865. Application aux exploitations publiques. — Les ouvriers et employés des manufactures, usines et chantiers de l'État, des départements, des communes et des établissements publics sont traités comme ceux des entreprises privées.

1866. Exception relative aux marins. — Avant 1898, les marins possédaient une situation à part (art. 262 et suiv. C. com.). Une loi spéciale a créé pour eux une caisse de prévoyance contre les risques de leur profession (L. 21 avril 1898).

* **1867. Personnes ayant droit au bénéfice de la loi.** — On a voulu faire une loi *socialiste*, protégeant surtout les personnes peu fortunées. On a donc décidé, après bien des hésitations en sens divers, que la loi ne s'appliquerait pleinement qu'aux personnes *dont le salaire annuel ne dépasse pas 2 400 francs*. Pour le surplus, quand la victime gagne davantage, elle n'a droit qu'*au quart des rentes et indemnités* déterminées par la loi (art. 2, al. 2).

* **1868. Accidents donnant lieu à l'application de la loi.** — Il était impossible de faire fonctionner le risque professionnel pour les accidents de minime importance. Le minimum a été fixé par l'art. 1er : il faut qu'il en soit résulté une interruption du travail de *plus de quatre jours*. On a constaté que les simulations de blessures légères sont très fréquentes, et le contrôle en devient tout à fait impossible quand la prétendue victime déclare n'avoir besoin que d'un repos de trois ou quatre jours (Sachet, n° 465).

** **1869. Fixation des indemnités.** — Sur ce point on a rencontré une nouvelle difficulté. Du moment où on étendait jusqu'à l'extrême la responsabilité du patron, on ne pouvait l'obliger à payer aux victimes d'accidents des indemnités complètes : c'eût été écraser l'industrie sous une charge excessive. On a dû adopter un moyen terme, et pour pouvoir donner *toujours* à l'ouvrier blessé une indemnité pécuniaire, la lui donner *partielle*. Avec la loi nouvelle les ouvriers et employés ont donc tout à la fois *gagné et perdu* : ils ont gagné, en ce sens qu'ils obtiennent des secours *dans des cas où ils n'auraient rien eu autrefois* ; ils ont perdu, en ce sens qu'ils obtiennent *moins qu'autrefois* dans les cas où la faute du patron est prouvée.

Le taux des indemnités a été déterminé par l'art. 3 d'une manière fixe et par des procédés simples, de façon à éviter autant que possible les contestations, encore que ce tableau ou tarif soit compliqué, car il a fallu prévoir des situations assez diverses. Les distinctions faites sont les suivantes :

Incapacité permanente de travail. — Si elle est *absolue*, l'indemnité est une rente égale *aux deux tiers du salaire annuel*; si l'incapacité n'est que *partielle*, la rente est égale à *la moitié de la réduction que l'accident* fait subir au salaire. Sur les incapacités permanentes partielles, voyez D. 1900. 2. 81. 85. 117. 197.

Incapacité temporaire[1]. — L'indemnité est égale à *la moitié du salaire journalier*, mais seulement à compter du cinquième jour, puisqu'on ne tient pas compte des accidents n'entraînant pas une suspension de travail de plus de quatre jours.

Accident suivi de mort. — Une rente viagère peut être payée au conjoint survivant non divorcé ni séparé de corps ; aux enfants légitimes ou naturels âgés de moins de seize ans ; à défaut de conjoint et d'enfants, aux ascendants. Pour le taux et la réglementation du détail, voyez l'art. 3.

*** 1870. Influence de la faute lourde du patron ou de l'ouvrier.** — La tarification des indemnités établie par la loi se trouve modifiée par la faute lourde, soit du patron, soit de l'ouvrier, que la loi qualifie du nom nouveau de *faute inexcusable* (art. 20). Si c'est l'ouvrier qui est en faute, le tribunal peut *diminuer la pension* qui lui est due ; mais la loi ne dit pas dans quelle limite cette diminution est permise ; si c'est le patron, l'indemnité peut être *majorée*, sans pouvoir jamais dépasser la perte subie par l'ouvrier par la privation ou la réduction de son salaire.

*** 1871. Inapplicabilité du droit commun.** — Aux termes de l'art. 2, il est interdit aux ouvriers et employés appelés à bénéficier de la loi nouvelle de se prévaloir d'aucune autre disposition. Par conséquent, la victime ne pourrait pas fonder son action sur l'art. 1382, au cas où elle se sentirait en état de prouver la faute du patron, afin d'obtenir une indemnité complète. C'est la conséquence du caractère forfaitaire attribué aux indemnités dues en vertu de la loi nouvelle.

1872. Action contre les tiers. — Toutefois, le droit commun recevrait son application si l'accident avait pour auteur un tiers (autre que le patron et ses ouvriers ou

[1] Les législations allemande, autrichienne, anglaise et d'autres n'ont pas adopté cette distinction des incapacités temporaires et des incapacités permanentes. Les indemnités sont toujours calculées de la même manière, et elles consistent en pensions qui durent autant que l'invalidité causée par l'accident. Voyez à cet égard Sachet, n° 315-318 et 320.

préposés), et l'indemnité que la victime pourrait obtenir de ce tiers responsable viendrait en déduction de celle qui sera due par le patron. On autorise même ce dernier à agir directement contre le tiers, aux lieu et place de la victime ou de ses ayants droit, si ceux-ci négligent de le faire (art. 7).

* **1873. Organisation des assurances.** — Un pareil système n'aurait pas pu être organisé si les indemnités avaient dû rester à la charge des patrons : l'industrie française, qui a déjà tant de peine à lutter contre ses rivales, eût été écrasée sous le faix. Ce qui permet à la loi nouvelle de fonctionner, c'est l'existence de tout un système d'assurances dans l'examen duquel je ne puis entrer, car il sort en entier du domaine du droit civil (voyez SACHET, n°s 1119 à 1427). Sa préparation seule a donné lieu à une littérature considérable sur la matière. Voyez BRY, *Législation industrielle*, p. 102, et les auteurs qu'il cite.

* **1874. Nullité des conventions contraires à la loi.** — D'après l'art. 30, toutes les conventions contraires sont *nulles de plein droit*. Il était, en effet, à craindre que les ouvriers ne consentissent la renonciation à leurs droits éventuels, moyennant de faibles avantages présents. Mais une convention peut intervenir après l'accident, tout au moins quand il s'agit d'incapacités temporaires, qui ne donnent pas lieu à enquête et dont les juges de paix ne sont pas saisis d'office. — La loi elle-même autorise la substitution d'un versement en capital aux pensions qui ne sont pas supérieures à 100 francs.

1875. Procédure. — Une procédure simple et rapide a été organisée par la loi. Pour les contestations relatives aux frais funéraires, aux frais de maladie et aux indemnités temporaires, le *juge de paix* statue en dernier ressort, à quelque chiffre que la demande puisse s'élever (art. 15). Pour les autres cas, voyez l'art. 16 de la loi.

Tout accident donne lieu à une *déclaration*, qui est adressée au maire de la commune dans les formes et délais prévus par l'art. 11. Quand le certificat de médecin prévoit la mort ou une incapacité permanente de travail, les pièces sont transmises au *juge de paix* par les soins duquel il est procédé à une *enquête* (art. 12 et 13). Le défaut de déclaration donne lieu à une *amende* qui, au cas de récidive, peut monter à 300 francs (art. 14).

Pour les accidents survenus dans les manufactures de l'État ou dans l'exécution des travaux publics, on a renoncé à la compétence des tribunaux administratifs qui était auparavant admise sans raisons bien décisives (RICARD, rapport de 1892).

1876. Garanties. — Des garanties énergiques ont été accordées aux ouvriers et employés pour leur assurer le paiement des indemnités. Notons les suivantes :

PRIVILÈGE. — Pour les frais médicaux, pharmaceutiques et funéraires, ainsi que pour les indemnités allouées à raison d'une simple incapacité temporaire, la créance de la victime est garantie par un privilège inscrit au n° 6 de l'art. 2101 (art. 23 de la loi de 1898).

GARANTIE DE L'ÉTAT. — En cas d'incapacité permanente ou d'accidents suivis de mort, à défaut du chef d'entreprise ou d'une compagnie d'assurances, le paiement est garanti par la Caisse nationale des retraites pour la vieillesse (art. 24 et suiv.).

1877. Résultats. — Sur les premiers résultats de la loi de 1898, voyez l'*Économiste français*, des 4 et 11 mai 1901.

§ 6. — *Cessation du louage de travail.*

A. — Louage à durée déterminée.

* **1878. Son mode de fixation.** — Le louage peut avoir été fait pour un temps fixe de *deux manières différentes* : soit qu'on ait fixé sa durée par

un chiffre, six mois, un an, ou jusqu'à un jour à venir indiqué par sa date, soit qu'on l'ait contracté pour le temps que doit durer un travail déterminé, par exemple la construction d'une maison, d'un navire, etc. C'est à ce double mode de fixation que fait allusion l'art. 1780 en disant qu'on peut engager ses services *à temps* ou *pour une entreprise déterminée.*

* **1879. Impossibilité du congé.** — En de pareils louages, chaque partie est liée envers l'autre d'*une manière ferme.* Chacune doit exécuter le contrat jusqu'à l'expiration du temps convenu ou jusqu'à l'achèvement du travail ; auparavant, le contrat ne peut être résilié que d'un commun accord. Si l'une des parties refusait d'accomplir son engagement jusqu'au bout, il y aurait *inexécution d'une obligation de faire,* qui donnerait ouverture à l'action en dommages-intérêts conformément au droit commun (Paris, 1er févr. 1873, D. 73. 1. 166).

Cette fixité de l'engagement est gênante pour les deux parties, qui ne sont pas libres de mettre fin au contrat quand bon leur semble. Aussi n'est-ce presque jamais sous cette forme que se contractent aujourd'hui les engagements relatifs au travail.

1880. Interdiction des engagements à vie. — L'art. 1780 porte qu'on ne peut engager ses services que *pour un temps* ; le texte du projet ajoutait « *et non pour la vie* », ce qui complétait la pensée ; mais l'interdiction subsiste malgré la disparition de ces derniers mots, qui ont pu paraître inutiles. On n'a pas voulu qu'une personne pût aliéner sa liberté pour la vie entière.

La jurisprudence a, de temps à autre, l'occasion d'appliquer cet article. Quelques espèces délicates se présentent lorsqu'une personne s'engage à consacrer sa vie aux soins qu'exigent l'âge et l'état de maladie d'une autre personne (Lyon, 4 mai 1865, D. 66. 2. 165). Les auteurs proposent de valider cet engagement lorsque la personne qu'il s'agit de soigner est assez âgée ou assez malade pour que son décès puisse être considéré comme relativement prochain ; l'engagement des services cesse alors d'être perpétuel.

Celui qui fait annuler le contrat perpétuel ne doit aucuns dommages-intérêts (Lyon, arrêt précité).

La jurisprudence considère l'art. 1780 comme applicable à tout engagement de services même à un autre titre que le louage (Paris, 19 déc. 1866, D. 68. 2. 156).

1881. Disposition de la loi du 22 germinal an XI. — Cette loi va bien plus loin encore : elle défend aux ouvriers ordinaires (autres que les contremaîtres, surveillants, etc.) de s'engager pour plus d'un an (art. 15).

B. — Louage à durée indéterminée.

1882. Bibliographie. — JOCELYN FERRAND. *De la résiliation du louage de services à durée indéterminée,* Paris, 1897.

** **1883. Faculté de résiliation.** — L'immense majorité des travailleurs vit sous un régime de contrats à durée indéterminée. Ces contrats ressemblent pour le travail à ce que sont pour les choses les locations verbales ou baux sans écrit (ci-dessus n° 1730) : ils sont susceptibles de se prolonger indéfiniment et de durer une vie entière ; mais *ils ne se maintiennent que par une volonté mutuelle persistante,* parce que chacune des deux parties a le droit d'y mettre fin, quand il lui plaît, en donnant *congé* à l'autre. C'est donc une forme de contrat essentiellement fragile ; il est *résiliable à volonté*[1].

***1884. Usages établis dans le silence de la loi.** — Cette faculté réciproque de résiliation n'avait pas été organisée ni réglementée par le Code de 1804 qui, du reste, n'avait rien prévu ni rien dit sur ce genre de louage ; mais elle résulte nécessairement des principes, et elle a toujours été admise sans difficultés.

De plus, l'usage a réglé ses formes et ses conditions d'exercice, au moyen de l'institution d'un *délai de congé* analogue à celui qui existe pour les locations verbales d'appartements, mais beaucoup plus bref. Ce délai varie selon les professions et selon les localités : en général, il est de huitaine ou de quinzaine[2]. Le renvoi immédiat est possible lorsque la cause du congé est grave et urgente (Alger, 4 juin 1877, D. 78. 2. 16, S. 78. 2. 80) ; sinon, le maître ou le patron qui congédie, doit payer les salaires à courir pendant les huit ou les quinze jours du congé (Cass., 21 juill., 1873, D. 74. 1. 24, S. 73. 1. 470 ; Cass., 4 août 1879, D. 80. 1. 272, S. 80. 1. 35).

1885. Réclamations des employés de chemins de fer. — La population ouvrière a vécu sous ce régime, sans trop s'en plaindre, jusque vers 1870. Si le salarié avait une position fragile, qu'un caprice du patron pouvait briser, il trouvait du moins dans cette situation une indépendance absolue. Son départ volontaire était toujours possible, sans qu'il eût de motifs à donner.

Les premières plaintes vinrent des employés de chemins de fer. Ceux-ci étaient pourtant des privilégiés, presque des fonctionnaires, ayant devant eux une véritable carrière, avec de l'avancement à espérer et une retraite à la fin, mais, justement à cause de cela, il leur était pénible de perdre tant d'avantages par l'effet d'un renvoi[3], et ils auraient voulu obtenir des garanties contre un congé arbitraire. En 1872, ils adressèrent dans ce but une pétition aux Chambres, demandant à n'être renvoyés que pour justes motifs.

1886. Loi du 27 décembre 1890. — Ces pétitions ayant paru sérieuses, des propositions de loi furent faites en ce sens, et elles aboutirent, dix-huit ans plus tard, à la loi du 27 décembre 1890, qui a ajouté plusieurs alinéas à l'art. 1780. Seulement cette loi a changé de nature au cours des discussions : elle n'est pas spéciale aux employés de chemins de fer. Le Sénat a jugé utile de statuer d'une manière générale par une disposition de droit commun, au lieu de faire une loi de faveur pour une catégorie privilégiée d'employés. Pour mieux marquer ce caractère de la réforme, on a inséré le texte dans le Code civil.

***1887. Difficulté née de la rédaction de la loi.** — Le texte nouveau commence par rappeler le principe, qui est la faculté mutuelle de

[1] Il s'est produit, au cours du dernier siècle, un changement remarquable dans les habitudes de la population ouvrière. Avant la Révolution, sa grande masse était *stable et sédentaire*. Au XIXe siècle, elle est devenue *mobile*, se déplaçant fréquemment pour fuir le chômage ou pour chercher les hauts salaires. L'ouvrier a contracté ainsi des goûts nomades, créant ce que Le Play a appelé « l'instabilité des ateliers », qu'il considérait comme un fléau. Au commencement du siècle, le législateur a favorisé cette mobilité de la population ouvrière : la loi du 22 germinal an XI, qui n'a jamais été abrogée sur ce point, défend aux ouvriers de s'engager pour plus d'un an. Aujourd'hui, la manière de voir a bien changé, et on cherche par tous les moyens à favoriser la *permanence des engagements*, qui développe la vie de famille.

[2] Beaucoup de règlements d'atelier dérogent à ces usages par une clause expresse et établissent une faculté réciproque de départ ou de renvoi immédiat, sans délai de prévenance, du soir au lendemain, et même parfois à toute heure du jour : l'ouvrier qui part ou que l'on congédie n'a qu'à passer à la caisse pour y faire régler son compte.

[3] La perte la plus sensible était celle de leur *retraite*, pour laquelle ils avaient subi pendant de longues années une retenue sur leur salaire. En les renvoyant, à raison de fautes dans le service, la compagnie leur infligeait une véritable amende égale à la somme qu'il leur aurait fallu verser à une compagnie d'assurances pour se procurer dans leur vieillesse une rente viagère du même chiffre que la portion de retraite qui leur était déjà acquise.

résilier à toute époque. Il le formule en ces termes : « Le louage fait sans détermination de durée *peut toujours cesser* par la volonté d'une des parties contractantes. » Puis le texte ajoute : « Néanmoins cette résiliation *peut donner lieu à des dommages-intérêts.* »

Le législateur a omis de dire *quand et pour quelles causes* les dommages-intérêts seraient dus, et ce qu'il y a de plus grave, c'est qu'il n'y a pas là un oubli de sa part : il l'a fait exprès. On avait discuté la question dans les Chambres ; on avait proposé de dire : « quand le renvoi est fait sans justes motifs » ou bien : « lorsque le congé sera donné de mauvaise foi et à contre-temps », disposition imitée de l'art. 1869, relatif à la démission des associés dans une société. Toutes les formules proposées furent écartées pour des raisons diverses, et finalement le législateur s'abstint d'exprimer sa pensée en disant : « les juges apprécieront ». Détestable manière de légiférer, qui consiste à se débarrasser sur la jurisprudence de toutes les questions épineuses. Le premier devoir du législateur est de résoudre lui-même les questions de principe et de ne laisser au juge que l'application.

*** 1888. Interprétation de la loi par la jurisprudence.** — Aussitôt que la loi fut votée, les syndicats poussèrent un cri de triomphe : « Enfin on nous a rendu justice ! » La Cour de cassation leur a ôté leurs illusions.

Deux systèmes étaient en présence : l'un qui voyait dans la loi du 27 décembre 1890 une réforme des solutions antérieures, l'autre qui y trouvait simplement leur consécration. Le premier s'appuyait sur de bonnes raisons : la loi entière n'aurait aucune utilité si elle venait simplement confirmer la jurisprudence, et, quand on se décida à supprimer dans le texte toute indication sur les causes possibles d'indemnité, il fut dit formellement que cela ne diminuait en rien l'importance de la réforme ; que le renvoi devrait être désormais appuyé de motifs légitimes, et que c'était une innovation considérable (Déclaration faite au Sénat par M. Léon Renault, le 25 nov. 1890)[1]. Voyez le développement de cette opinion dans diverses notes du *Dalloz* (92. 2. 489 ; 93. 2. 377 et 545)[2]. Si ce système avait triomphé, le droit de résiliation arbitraire se serait trouvé supprimé et remplacé par un simple droit de résolution pour justes motifs, analogue à la résiliation du louage de choses, avec cette différence que la résolution du contrat s'opérerait par un congé amiable et non par une action en justice. Ainsi comprise, la loi du 27 décembre 1890 aurait eu des résultats pratiques déplorables : sous son apparence impartiale et bilatérale, elle aurait consacré une injustice, car le

1. *Journal officiel*, débats parlementaires, Sénat, p. 1074 et 1075. Voyez aussi *ibid.*, séance du 4 décembre 1890, p. 1131.

2. Voyez aussi en ce sens CORNIL, *Louage de services*, p. 335 ; POINCARÉ, *Rapport à la Chambre des députés*, séance du 22 décembre 1890.

principe de l'indemnité, toujours applicable contre le patron, n'aurait pas été susceptible de recevoir son application contre l'ouvrier ou le domestique.

La jurisprudence a évité ces conséquences en s'emparant de certaines déclarations faites dans les derniers jours des discussions, d'où il résulte que beaucoup de ceux qui ont voté la loi n'ont rien voulu changer (Amiens, 2 janv. 1892, D. 92. 2. 489; Cass., 21 nov. 1893, D. 94. 1. 237, avec le rapport de M. Letellier; Cass., 14 nov. 1894, D. 95. 1. 36, S. 95. 1. 260)[1]. Dès lors, on peut se demander à quoi sert cette « réforme », si pompeusement annoncée et entreprise, qui s'est faite *pour maintenir l'état antérieur du droit* ?

Quoi qu'il en soit, si l'on veut comprendre l'effet de la loi de 1890, il faut savoir ce qui se jugeait auparavant.

* **1889. Jurisprudence antérieure à 1890.** — Son premier arrêt avait alloué à un chef de chant de l'Opéra, congédié brusquement et sans motifs, une indemnité égale à une année de traitement, *en se fondant sur un usage particulier,* suivi à l'Opéra en pareil cas (Cass., 8 févr. 1859, D. 59. 1. 57, S. 59. 1. 102). Cette décision laissait intact le droit de résilier librement qui résultait des habitudes générales. Mais, en 1872, plusieurs cours d'appel (Chambéry, 8 juin; Amiens, 10 juin; Paris, 17 août) poussèrent plus loin et accordèrent des indemnités, *indépendamment de tout usage spécial,* quand le congé était donné d'une façon intempestive, brusquement et sans motifs suffisants. Cette jurisprudence ne fut pas approuvée par la Cour de cassation qui cassa régulièrement toutes les décisions de ce genre qui lui furent déférées, et finit par imposer sa manière de voir aux cours d'appel (5 févr. 1872, D. 73. 1. 63, S. 72. 1. 132; 5 août 1873, D. 74. 1. 65, S. 73. 1. 470; 10 mai 1875, D. 75 1. 98, S. 75. 1. 264; 4 août 1879, D. 80. 1. 272, S. 80. 1. 35; 2 mai 1881, D. 82. 1. 164, S. 82. 1. 304)[2]. D'après ces arrêts, dont la doctrine est très nette, le contractant qui résilie le louage ne saurait être passible de dommages-intérêts, même quand il donne congé sans motifs sérieux, parce qu'il ne fait qu'user de son droit.

* **1890. Jurisprudence actuelle.** — Malgré tout, il y a bien réellement quelque chose de changé dans la pratique. Jadis un maître ou un patron pouvait renvoyer son ouvrier ou son employé, sans avoir de compte à lui rendre et sans s'exposer à une demande d'indemnité; toute action de ce genre venait échouer devant l'objection catégorique tirée de la liberté

[1] Dans le même sens, Sauzet, dans *Annales de Droit commercial,* 1891, t. II, p. 62 et suiv.; Rau, conclusions dans D. 95. 1. 250, S. 95. 1. 313.

[2] Indications complémentaires dans Fuzier-Herman et Darras, *Code civil annoté,* art. 1780, n° 50. — Voir en outre dans cet ouvrage, sous le même article, un relevé très complet de la jurisprudence jusqu'en 1896, sur toutes les questions soulevées par la loi du 27 décembre 1780. Voyez aussi Dalloz, *Tables,* 1877-1887, V° Louage d'ouvrage, n° 4.

absolue des parties. Aujourd'hui il n'en est plus de même. Ces actions se multiplient, et le maître ou le patron n'échappe à une condamnation qu'*à la condition de prouver qu'il avait un motif sérieux pour rompre le contrat* (Cass., 28 juin 1893, D. 93. 1. 473, S. 95. 1. 260 ; Cass., 22 juill. 1896, D. 97. 1. 401 et la note). Comp. Trib. com. Toulouse, 9 juin 1899, D. 1900. 2. 367.

A la vérité, les tribunaux se montrent assez faciles pour admettre l'existence d'un motif sérieux (Douai, 11 mai 1892, D. 93. 2. 170, S. 94. 1. 193 ; Montpellier, 8 nov. 1892, D. 94. 2. 394 ; Rouen, 29 déc. 1894, D. 95. 2. 228, S. 95. 2. 212). La Cour de cassation reconnaît aux juges du fait un pouvoir souverain pour constater l'existence des motifs (Cass., 21 nov. 1893, D. 94. 1. 237, S. 95. 1. 166 ; Cass., 14 nov. 1894, D. 95. 1. 36, S. 95. 1. 260), pourvu toutefois qu'ils indiquent les circonstances d'où ils font résulter l'existence ou la non-existence d'une faute, pour que la Cour de cassation puisse exercer son contrôle (Cass., 20 mars 1895, D. 95. 1. 249, S. 95. 1. 313 ; Cass., 18 juill. 1899, D. 1900. 1. 485, S. 1900. 1. 508). De plus, c'est le réclamant qui doit établir l'abus dont il se plaint, et aucune indemnité ne lui est due quand cette justification n'est pas faite (Agen, 7 janv. 1895, D. 96. 2. 40, S. 95. 2. 213 ; Cass., 2 mars 1898, D. 98. 1. 329, S. 99. 1. 33 et la note de M. Appert. Voyez aussi Cass., 22 mai 1901, D. 1901. 1. 416.

Malgré tous ces tempéraments, l'employé congédié a, depuis 1890, *le droit de discuter les causes de son renvoi* [1]. Le changement qui s'est produit se reflète dans les considérants des arrêts, qui sont tout à fait significatifs : bien qu'ils n'accordent pour ainsi dire jamais d'indemnité, les tribunaux admettent en principe qu'elle est possible, et qu'il peut y avoir un *usage abusif* du droit de résiliation (voyez notamment les conclusions de M. l'avocat général Rau, D. 95. 1. 250). Un arrêt en a fait l'application à un ouvrier congédié pour absence pendant deux jours, alors qu'il était constaté que cette absence avait eu pour cause une maladie ; l'ouvrier obtint une indemnité de 33 fr. (Trib. com. Seine, 13 oct. 1896 ; Cass., 28 juill. 1897, D. 98. 1. 16. — Comp. Cass., 12 nov. 1900, D. 1901. 1. 23, S. 1901. 1. 221) [2]. Sur l'usage abusif des droits, voyez ci-dessus nos 871 et 872.

[1] Avant 1890, cela n'avait jamais lieu, le patron n'ayant pas à rendre compte de ses motifs. Voyez les arrêts cités au n° 1889 ci-dessus.

[2] Actuellement, l'état de la jurisprudence est assez confus. On continue bien à affirmer que le droit de résiliation est *absolu*, comme autrefois, et que la loi de 1890 n'a pas modifié le principe ancien ; on répète les paroles de M. Cuvinot, rapporteur du Sénat, qui a voulu simplement « compléter » et non pas « modifier » l'article 1780 ; mais il se trouve que le « complément » qu'on lui a ajouté est incompatible avec le principe. En effet, il n'y a de droit « absolu » que *celui qui n'expose* JAMAIS *son possesseur à la plainte d'un tiers pour en avoir fait usage* ; toutes les fois qu'une plainte pareille peut se produire avec succès, c'est que le droit dont il a été fait usage était *limité* et que *son exercice en a dépassé l'étendue*. Donc, si une indemnité est possible, c'est que le droit de résiliation n'est plus absolu comme il l'était avant 1890. C'est vainement qu'on a prétendu expliquer la possibilité d'une faute en la cherchant dans l'*intention* de la partie qui rompt le contrat, lorsqu'elle n'a aucun motif sérieux et agit uniquement pour nuire à autrui ; cette intention de nuire est vexatoire, intolérable, contraire au droit ; c'est elle qui constitue la faute (Sauzet, *Le nouvel article 1780, Annales de droit commercial*, 1891, nos 28 32). Quand un droit est absolu, celui qui s'en sert n'est comptable envers personne des motifs qui le font agir : je puis élever mon mur uniquement pour boucher la vue du voisin (Cass., 11 avril 1864, D. 64. 1. 219). En matière de louage, puisqu'il peut y avoir *responsabilité*, c'est qu'il y a *faute*, et il ne peut y avoir *faute* que quand il y a *absence de droit*. L'al. 3 de l'art.

1891. Conditions de formes du congé. — Avant comme après 1890, le congé, même motivé au fond, doit en général être entouré de certaines formes. D'abord, la partie qui résilie le contrat doit respecter le *délai d'usage* (ou conventionnel), entre la signification du congé et la cessation effective du travail (ci-dessus, n° 1884). D'autres conditions de forme peuvent être établies par la convention : ainsi il est de règle, dans certaines compagnies, qu'on ne renvoie un employé pour un genre de fautes déterminé, qu'après lui avoir adressé un ou même plusieurs avertissements ; l'inobservation de ces formalités rendrait le congé irrégulier en la forme (Pau, 9 janv. 1878, D. 79. 2. 180, S. 79. 2. 43).

C'est à des règles de ce genre que font allusion divers arrêts de la Cour de cassation en disant que les parties doivent se conformer « aux conditions expresses ou tacites du contrat ».

***1892. Confusion à éviter.** — La plupart des arrêts commettent une confusion regrettable entre deux causes d'indemnité. Ils confondent le *renvoi brusque*, c'est-à-dire sans observation du délai de congé ou sans avertissement préalable, avec le *renvoi injustifié*, c'est-à-dire qui n'est pas fondé sur un motif sérieux (Paris, 15 nov. 1892, D. 93. 2. 510 ; Cass., 28 juin 1893, D. 93. 1. 473, S. 95. 1. 260). Ce qui a facilité cette confusion, c'est qu'on emploie volontiers l'expression vague « renvoi abusif », qui convient également aux deux cas. Les deux causes d'indemnité sont cependant bien distinctes ; elles peuvent se rencontrer *réunies* ou *séparées* : un renvoi peut être régulier en la forme, avoir été fait avec observation du délai et de toutes autres conditions préalables, et cependant être dépourvu de motifs suffisants. A l'inverse, il peut avoir le meilleur motif du monde et être vicié dans sa forme par une irrégularité.

L'intérêt qu'il y a à distinguer ces deux causes d'indemnité est grand, car elles sont loin d'avoir la même importance : un renvoi trop brusque, mais motivé, autorise seulement le salarié à réclamer le prix des quelques journées qu'on lui a fait perdre. En cas de renvoi injustifié, il pourrait demander une indemnité beaucoup plus considérable, représentant le dommage qu'il éprouve par la perte d'une place avantageuse. Le *montant de la réparation n'est donc pas du tout le même dans les deux cas.* Comp. Dijon, 20 juin 1895 et trib. d'Alais, 20 mars 1895, D. 97. 2. 161.

Cette distinction, fort juste dans son principe, a été nettement admise par la Cour de cassation (21 nov. 1893, D. 94. 1. 237, S. 95. 1. 166).

***1893. Étendue de l'indemnité en cas de renvoi injustifié.** — A lire la loi de 1890, il semble que l'employé congédié doive parfois recevoir une indemnité considérable. Le texte veut, en effet, que l'on tienne compte de bien des choses : la *nature des services*, le *temps écoulé*, et surtout les *retenues et versements faits en vue d'une retraite*. Mais c'est là une satisfaction un peu platonique donnée aux ouvriers et qui, jusqu'ici du moins, n'a pas été suivie d'effet. Elle ne pourrait l'être, d'ailleurs, qu'en désorganisant toutes les caisses de retraites, telles qu'elles fonctionnent. En fait toutes les indemnités allouées aux *ouvriers* représentent au plus le

1780 corrige donc et limite la portée de l'al. 2, et à la place d'un *droit arbitraire de résiliation*, il n'y a plus qu'un *droit de résiliation pour justes motifs* ; sans cela les dommages-intérêts dont parle la loi ne seraient jamais dus. La logique et la force des choses poussent donc la jurisprudence à reconnaître, malgré elle, la portée d'une réforme qu'elle a d'abord niée.

salaire d'*une semaine ou deux*, et pour les *employés* le salaire d'*un ou deux mois*.

*** 1894. Nullité des renonciations anticipées à l'indemnité.** — Les auteurs de la loi de 1890 comptaient si bien que leur réforme fonctionnerait d'une manière sérieuse, qu'ils ont prévu que les patrons chercheraient en foule à s'y soustraire, et forceraient leur personnel à renoncer d'avance, par une clause expresse, au droit de demander une indemnité. Ils ont déclaré ces clauses nulles (art. 1780, al. 5). La jurisprudence a assez souvent l'occasion d'appliquer cette nullité (Cass., 9 juin 1896, D. 97. 1. 106, S. 96. 1. 400; etc.).

Il y a quelque incertitude sur la question de savoir dans quelle mesure les clauses de *fixation conventionnelle* de cette indemnité peuvent être respectées. Les tribunaux paraissent se réserver un pouvoir d'appréciation pour vérifier si le chiffre choisi est sérieux ou dérisoire (Trib. com. Seine, 9 sept. 1892, D. 93. 2. 545, S. 93. 2. 63. — Comp. D. 95. 1. 249). Il est d'ailleurs certain que la convention est pleinement valable lorsqu'elle vise le cas où la résiliation du contrat, loin d'être arbitraire, serait motivée par une cause légitime et ne donnerait pas lieu à indemnité en vertu de la loi (Cass., 15 févr. 1899, D. 99. 1. 367, S. 99. 1. 313).

*** 1895. Moyen d'échapper à toute indemnité.** — La loi laisse un moyen indirect aux patrons de se soustraire à toutes réclamations : c'est de déclarer qu'ils embauchent leur personnel pour un temps déterminé, seulement à la journée, à la semaine ou au mois. En effet, la loi nouvelle a statué uniquement sur les louages à *durée indéterminée*, auxquels une partie met fin par sa seule volonté. Mais, si l'on peut être répréhensible pour *rompre un contrat déjà existant*, on ne l'est jamais pour *refuser d'en conclure un nouveau*. Par conséquent, le patron qui dirait à son employé, le temps du louage écoulé : « Je ne vous engage pas à nouveau », ne serait passible d'aucuns dommages-intérêts. Ce procédé a été indiqué par M. Buffet dans les discussions du Sénat, et la Cour de cassation a reconnu que la loi de 1890 était inapplicable à cette hypothèse (Cass., 20 mars 1895, D. 95. 1. 249, S. 95. 1. 313).

1896. Difficultés spéciales aux journalistes. — La jurisprudence hésite encore sur l'application de la loi de 1890 aux rédacteurs de journaux. Voyez les arrêts cités en note sous Paris, 7 déc. 1899, D. 1900. 2. 167, S. 1900. 2. 7.

1896 *bis*. Loi du 19 juillet 1901. — Cette loi interdit de rompre le contrat de louage de travail lorsque l'employé ou ouvrier est appelé sous les drapeaux comme réserviste ou territorial pour une période d'instruction. En cas de renvoi, l'ouvrier ou employé a droit à une indemnité fixée conformément à l'art. 1780 C. civ. Toute stipulation contraire est nulle. Par son texte, cette loi est applicable aux patrons comme aux ouvriers, mais il est peu probable qu'elle puisse jamais leur servir, aucune voie de droit n'existant d'une manière utile contre un ouvrier qui veut s'en aller.

L'ENTREPRISE

CHAPITRE UNIQUE

§ 1. — *Caractères spécifiques du contrat.*

***1897. Définition.** — Le contrat d'entreprise est celui par lequel *une personne se charge d'accomplir pour une autre un travail déterminé, moyennant un prix calculé d'après l'importance du travail.*

***1898. Caractère distinctif.** — Un pareil contrat diffère du louage de travail en ce que la rémunération du travailleur est fixée *d'après l'importance de l'ouvrage,* au lieu d'être proportionnelle au temps qu'il y emploie.

Cette différence suffit pour faire de l'entreprise un contrat à part. C'est donc à tort que les législations modernes, suivant en cela les classifications défectueuses du droit romain, font de ce genre de marché un cas de louage. Ainsi fait le Code Napoléon : il en traite sous la même rubrique, dans les sections II et III (art. 1782 et 1799).

1899. Dénomination. — Le code n'a pas donné un nom unique à ce contrat. Il emploie le nom d'*entreprise* (art. 1711, 1794, 1798), et se sert du mot « entrepreneurs », qui en dérive (art. 1779, 1794, 1795, 1797, 1799). Mais ailleurs il lui applique les noms de *marché* et de *devis* (art. 1779 et rubrique de la section III), qui ne conviennent qu'à des subdivisions. Voyez ci-dessous, n° 1900.

Le mot « entreprise » est le seul qui ait une portée générale ; malheureusement, il éveille l'idée d'un *intermédiaire*, qui se charge du travail, mais pour le faire exécuter par des ouvriers et employés placés sous ses ordres, ce qui en restreint inutilement l'emploi : dans l'usage, l'*entrepreneur* apparaît comme étant nécessairement un patron (ci-dessous n° 1905) ou, tout au moins, un maître-ouvrier, comme dans le marchandage (ci-dessous n° 1929). Par une assimilation toute naturelle, on considère encore comme entrepreneur le simple ouvrier qui se charge d'un travail important qu'il exécutera à lui seul, comme la menuiserie d'une maison ou d'une portion de maison : comme le dit l'art. 1799, « il est entrepreneur dans la partie qu'il traite ».

Il faut même aller plus loin : le simple ouvrier qui traite non avec un client, mais avec un patron, pour exécuter *un travail à forfait* (salaire *à la tâche* ou *aux pièces*), fait un contrat qui a exactement la même nature que s'il exécutait ce travail pour le compte d'un client. Ainsi qu'on l'a déjà vu à propos des domestiques (ci-dessus n° 1832), le rôle économique de celui qui paie le travail est sans influence sur la nature juridique du contrat : celle-ci dépend exclusivement du mode adopté pour fixer la rémunération du travailleur ; il y a *louage de travail* quand cette rémunération est proportionnelle au temps, et *entreprise* quand cette rémunération est indépendante de la durée du travail.

*** 1900. Mode de fixation du prix.** — Le prix du travail doit être fixé d'après la nature et l'importance de l'ouvrage, et ne pas varier avec la durée de son exécution. Mais, tout en respectant cette condition caractéristique du contrat, on peut employer deux procédés différents.

1° MARCHÉS A FORFAIT. — Le prix peut être *fixé à forfait* [1], c'est-à-dire en bloc et estimé par un chiffre unique, qui ne devra pas être dépassé, quoi qu'il arrive. Le marché contient alors une véritable *clause d'assurance*, par laquelle le maître pour qui se fait l'ouvrage est garanti contre les chances d'évaluations insuffisantes dans le coût des travaux.

Beaucoup de propriétaires aiment à faire construire par ce procédé : l'architecte, ou l'entrepreneur, s'engage à livrer la maison pour le prix convenu, « clefs en mains », c'est-à-dire entièrement terminée. Le danger est que l'entrepreneur ne spécule sur l'ignorance du client et l'impossibilité où il est de vérifier le travail, en employant des matériaux de qualité inférieure, en économisant sur la bonne exécution des travaux, au détriment de la solidité ou de la durée.

2° MARCHÉS SUR DEVIS. — Le prix peut être établi *par un devis*, c'est-à-dire *sur de simples prévisions*, ce qui le laisse susceptible de varier, et surtout d'augmenter, par l'addition de détails nouveaux, de travaux supplémentaires. On peut dire que, dans ce cas encore, il y a marché à prix fait, mais *article par article*, et non plus en bloc : c'est chaque détail du travail qui a son prix particulier. Le prix total à payer dépendra de la quantité des travaux réellement effectués et ne pourra être connu qu'*après leur exécution* : il est fixé après coup et non d'avance comme dans le forfait.

Le marché *sur prix de série* n'est qu'une variante de ce dernier procédé, dans laquelle le tarif applicable à chaque article, au lieu d'être librement débattu par les parties ou d'après l'usage des lieux, est fixé officiellement par un tarif appelé *Série des prix de la ville de...* et considéré comme obligatoire, sauf convention contraire, dans l'industrie du bâtiment [2].

1901. Applications diverses. — Le contrat d'entreprise s'adapte aux travaux les plus variés, depuis les travaux matériels comme la confection d'un objet mobilier, ou l'exécution de constructions, de terrassements, etc., jusqu'au transport des personnes et des marchandises, et aux spectacles et fêtes publiques.

La loi n'a prévu et réglementé d'une manière spéciale que deux de ces genres d'entreprises : l'entreprise de transport (art. 1782-1785) et l'entreprise de construction de bâtiments (art. 1792 et 1794), et ses dispositions sur ces deux points sont fort incomplètes [3].

[1] Le verbe *forfaire* signifiait jadis « commettre un délit », *forisfacere* ; mais on le trouve de bonne heure, employé sans aucune idée défavorable, dans le sens d'*accomplir*.

[2] La série des prix a été instituée d'abord par la ville de Paris, pour servir de base à l'adjudication des travaux municipaux. Peu à peu elle s'est appliquée aux travaux des particuliers et elle a surtout servi à amener une hausse factice des salaires et un renchérissement du prix des constructions et par suite des loyers à Paris. Elle est dressée aujourd'hui par une société d'architectes.

[3] Il n'y a rien à dire ici de ceux que la loi appelle des « voituriers par terre et par

1902. Rapports de l'entreprise et de la vente. — Le contrat qui a pour objet *une chose future* n'est pas une vente, si cette chose doit être *produite par le travail* de celui qui la promet. La fonction normale de la vente est l'*aliénation d'une chose déjà existante*; s'il est admis que la vente peut avoir pour objet une chose future, c'est à la condition que cette chose existera un jour par l'effet d'un phénomène naturel ou du travail d'un tiers, comme les récoltes des champs ou les actions d'une société en formation, à la fondation de laquelle le vendeur reste étranger (Lyon, 18 mai 1854, D. 55. 2. 13; LAURENT, t. XXIV, n° 99). Si la création de la chose à livrer dépend du travail de celui qui la promet (ou d'ouvriers à ses ordres), le contrat n'a plus seulement pour objet l'aliénation d'une chose, mais bien *la rémunération à forfait d'un travail à effectuer*. Il forme donc une opération mixte, à la fois vente et entreprise.

Les auteurs du Code civil ont compris la question autrement. Pour eux, le contrat est *un pur louage* quand l'ouvrier ne fournit que son travail; c'est la *vente d'une chose une fois faite*, quand il fournit en même temps la matière[1]. C'est là une classification qui devrait être abandonnée.

La jurisprudence emploie le même langage. Selon les arrêts, *le contrat devient une vente* lorsque l'entrepreneur de la chose à faire en fournit la matière ou tout au moins la principale partie de la matière[2] (Rennes, 24 janv. 1870, D. 71. 2. 140; Cass., 22 juill. 1874, D. 75. 1. 303, S. 75. 1. 403; Gand, 16 janv. 1886, D. 87. 2. 157). Solution traditionnelle; telle était déjà l'opinion de Pothier (*Louage*, n° 394). La jurisprudence n'entend nullement appliquer au contrat toutes les règles de la vente, à l'exclusion de celles qui régissent les contrats relatifs au travail : elle veut seulement *obliger l'entrepreneur à la garantie*. Or on pouvait en arriver là sans dire que le contrat est une vente, la garantie étant une suite naturelle du transfert de propriété, même quand il s'opère à un autre titre que la vente.

cau », c'est-à-dire des entrepreneurs de transport. Cette opération appartient au droit commercial. Le Code se borne, d'ailleurs, à quelques dispositions générales sur leur responsabilité en cas de perte ou d'avaries (art. 1782-1784), et à des mesures de police (art. 1785-1786).

[1] Dans le projet de Code, l'article 1787 contenait deux alinéas qui le disaient formellement. Ils ont été supprimés, à la demande du Tribunat, comme énonçant plutôt une règle doctrinale qu'une disposition législative. Mais il est resté une trace de cette conception dans l'article 1711, qui porte que l'entreprise d'un ouvrage, moyennant un prix déterminé, est un louage « lorsque la matière est fournie par celui pour qui l'ouvrage se fait ». — Sur le transfert de la propriété dans les *ventes à livrer*, voyez t. Ier, 1re édit., n° 1368; 2e édit., n° 1310-2°.

[2] Il résulte de là que lorsqu'un entrepreneur se charge de construire une maison sur un terrain qui lui est livré par son client, la convention est (dans le système de la jurisprudence) un louage et non une vente, parce que le terrain est considéré comme la partie principale de la chose, le bâtiment n'en est que l'accessoire. Pour que l'opération fût une vente, il faudrait que l'entrepreneur fournît également le terrain.

§ 2. — *Règles propres à l'entreprise.*

A. — Droit commun.

1903. Insuffisance de la loi. — La réglementation du Code sur le contrat d'entreprise est tout à fait insuffisante. La loi emploie trois articles (1788-1790) à des questions de risques qui ne se présentent presque jamais en matière mobilière, et de grosses difficultés, que la pratique révèle, n'ont pas été aperçues. Telles sont la question de la garantie (ci-dessus, n° 1902), et celle de la prescription (ci-dessous n°s 1904 et suiv.).

1° Prescription de la créance du prix.

*** 1904. Système du Code.** — Le Code a établi une *prescription rapide* qui s'accomplit par *six mois*, pour les sommes dues aux « ouvriers et gens de travail » (art. 2271). On doit remarquer tout d'abord que cette prescription, fondée sur une présomption de paiement, est établie *contre une catégorie de personnes* parce qu'elles vivent au jour le jour et se font ordinairement payer sans retard, et non pas *contre une créance née d'un contrat déterminé*.

Il en résulte que la prescription de six mois aura lieu contre les ouvriers et gens de travail, même pour les salaires ou fournitures [1] qui leur sont dus en vertu d'un marché à prix fait, c'est-à-dire quand ils ont travaillé *aux pièces* ou *à la tâche*. Le plus humble ouvrier, au lieu de mettre son travail à location, à tant par heure ou par jour, peut se charger d'un ouvrage à prix fixe : peu importe la nature du contrat qu'il a fait ; la prescription de six mois lui sera opposable, à cause de sa qualité personnelle.

Au contraire, la prescription de six mois n'atteint pas les créances d'un *entrepreneur*, qui est un patron, qui spécule sur l'exécution d'un travail qu'il fait faire par autrui. Et comme aucune prescription spéciale n'a été fixée pour lui, il reste sous l'empire du droit commun et peut réclamer son paiement pendant *trente ans* (art. 2262).

Ainsi, en cette matière, la durée de la prescription est réglée *sur la qualité des personnes*, et non sur la nature du contrat.

*** 1905. De la qualité d'entrepreneur.** — On comprend dès lors le grand intérêt qu'il y a à posséder cette qualité qui rend la prescription soixante fois plus longue. Aussi plaide-t-on fréquemment sur la question de savoir si une personne a ou n'a pas la qualité d'entrepreneur.

L'usage réserve le nom d'entrepreneurs à ceux qui ont l'habitude de trai-

[1] L'art. 2271 vise formellement les « fournitures » faites par des ouvriers et gens de travail, ce qui prouve bien qu'il n'a pas eu en vue seulement le louage de travail, dans lequel l'ouvrier ne fournit que ses bras, mais bien aussi le marché pour la confection d'une chose, y compris la fourniture de la matière.

ter avec le public, à forfait ou sur devis, pour de gros travaux, spécialement dans l'industrie du bâtiment, qu'ils font exécuter par un personnel sous leurs ordres. Ceux-là sont des *patrons*, et non des ouvriers. Le Code s'est conformé à cet usage dans l'emploi qu'il a fait du mot « entrepreneur ». Voyez les art. 1792 et suiv. qui parlent des entrepreneurs à propos de la construction d'édifices ; l'art. 1797, qui fait allusion aux personnes employées par l'entrepreneur.

La qualité d'entrepreneur dépend donc d'abord de la profession, du genre habituel des travaux, plus encore que de la nature spéciale d'un contrat fait une fois par hasard[1]. Ainsi il a été jugé qu'un entrepreneur de profession ne perd pas sa qualité pour s'être chargé de menus ouvrages pour le compte d'un client, sans devis ni prix fait à l'avance (Cass., 19 juill. 1882, DALLOZ, *Suppl.*, t. XIII, p. 188, note 1, S. 83, 1. 156 ; Cass., 13 juill. 1885, D. 86. 1. 308, S. 85. 1. 431).

Cependant quelques arrêts ont refusé d'admettre cette « différence de classes » (laquelle pourtant est écrite dans la loi), et ont voulu attacher la prescription de trente ans aux seuls contrats faits à forfait. Ils ont, par suite, refusé la qualité d'entrepreneur à des gens qui la possédaient en fait et qui avaient exécuté des travaux s'élevant à des sommes considérables (Paris, 14 juin 1884, et 4 mars 1885, DALLOZ, *Suppl.*, t. XIII, p. 188, note 2, et p. 189, note 1, S. 85. 2. 198). Ce sont de véritables mal-jugés : la prescription de six mois ne doit s'appliquer qu'aux salaires d'ouvriers.

1906. Ouvriers jouant le rôle d'entrepreneurs. — Certains ouvriers du bâtiment, maçons, charpentiers, serruriers, font accidentellement un contrat à prix fait pour l'exécution d'un gros ouvrage ; faudra-t-il leur appliquer la prescription de six mois ou celle de trente ans ? L'art. 1799 dit qu'ils sont alors « *entrepreneurs pour la partie qu'ils traitent* ». Il est vrai que cette décision n'est exprimée que par rapport aux règles établies par les articles précédents (art. 1792-1797) : la loi les déclare simplement « astreints aux règles de la présente section ». Mais les qualités d'entrepreneur ou d'ouvrier sont indivisibles et incompatibles. Si on considère ces personnes comme devenant à l'occasion entrepreneurs, il serait injuste de ne pas les faire participer aux avantages que procure cette qualité, alors qu'ils en subissent les charges.

Cette qualité leur serait encore acquise, avec le bénéfice de la prescription trentenaire, alors même qu'ils auraient entrepris le travail *sur devis* et non à forfait. Il est vrai que l'art. 1799 ne les déclare entrepreneurs que quand ils ont passé un *marché à prix fait* ; mais ceci tient à ce que les règles qu'il voulait leur rendre applicables sont celles des art. 1792, 1793 et 1794, qui concernent exclusivement ce genre de marchés. L'art. 1799, qui reconnaît la qualité d'entrepreneurs à de simples ouvriers, est plutôt l'*énoncé d'un fait* qu'une règle juridique, et la façon étroite dont il s'exprime ne nous empêche pas de reconnaître le même fait comme vrai dans une autre hypothèse, celle du marché sur devis.

2° Causes particulières de résolution.

1907. Résiliation unilatérale du marché. — L'art. 1794 contient une disposition exceptionnelle : il permet au maître (celui a commandé l'ouvrage) de résilier, *par sa seule volonté*, le marché à forfait, *même quand l'ouvrage est déjà commencé*. Il est vrai qu'on l'oblige à dédommager l'en-

[1] La détermination de cette qualité est une question de fait, et les circonstances d'où elle résulte sont appréciées souverainement par les juges du fond.

trepreneur ; il doit lui rembourser : 1° *toutes ses dépenses* (pour la partie du travail déjà effectuée et pour les achats de matières ou d'outils qu'il a pu faire) et 2° *tout le gain* qu'il aurait pu réaliser s'il eût achevé son entreprise. L'entrepreneur ne peut donc pas se plaindre, la résiliation du marché ne lui fait rien perdre.

Ce droit de résiliation unilatérale n'en est pas moins *une faculté exceptionnelle* et il s'agit de savoir dans quels cas il peut exister. Si l'on s'en tient à l'enchaînement naturel des textes, on décidera que l'art. 1794 se réfère à la même hypothèse que l'art. 1793, qui parle d'*une construction élevée par l'ordre d'un propriétaire sur son terrain* : ce n'est donc pas autre chose que le droit, pour celui qui fait bâtir, d'arrêter les travaux ; on l'oblige à payer non seulement ce qui est fait, mais le bénéfice espéré par l'entrepreneur avec lequel il avait traité à forfait. Le texte, ainsi compris, est tout à fait naturel et conforme aux usages. Cette interprétation s'appuie, en outre, sur les passages de Pothier auxquels a été emprunté l'art. 1794 (*Louage*, n° 440) et où il est certain que Pothier a uniquement en vue les constructions. — La relation entre les deux articles est nettement visible dans le Code espagnol (art. 1593 et 1594).

Mais la doctrine décide depuis longtemps que l'art. 1794 a une portée générale et s'applique à toute espèce d'entreprise, pour tous travaux effectués à forfait (Aubry et Rau, t. IV, § 374, p. 528, texte et note 11 ; Guillouard, *Louage*, t. II, n° 805 ; Laurent, t. XXVI, n° 19). Et la jurisprudence a trouvé l'occasion d'appliquer cette solution à un marché passé pour la construction de machines à vapeur : elle a admis le droit de résiliation (Cass., 5 janv. 1897, D. 97. 1. 89, S. 97. 1. 73). Cette décision est de nature à causer une certaine surprise dans le monde des affaires où l'on considère ces marchés de fournitures comme des ventes et, à ce titre, comme des contrats fermes. Les Chambres de commerce se sont émues de la décision de la Cour de cassation et ont demandé une modification législative supprimant la faculté de résiliation. Le ministre a refusé de déférer à leur demande et s'est borné à recommander aux industriels d'insérer dans leurs contrats une disposition contraire à celle de l'art. 1794, qui n'est pas d'ordre public (circulaire du ministre du commerce, 10 août 1899. *Les lois nouvelles*, 15 mars 1900, p. 87).

1908. Effet de la mort des parties. — La mort de la personne qui a commandé le travail est indifférente ; elle ne met pas fin au contrat. Mais, comme ce contrat a été fait en considération des aptitudes personnelles de celui qui doit exécuter le travail, il se dissout par la mort de l'ouvrier, de l'architecte ou de l'entrepreneur (art. 1795).

Si l'ouvrage n'est pas terminé, mais déjà commencé, le maître n'est obligé de payer la valeur de l'ouvrage fait ou celle des matériaux préparés qu'autant que ce travail ou ces matériaux peuvent lui être utiles (art. 1796).

B. — Règles spéciales aux entreprises de constructions.

1° Action décennale contre les architectes et entrepreneurs.

*** 1909. Caractère exceptionnel de cette action.** — D'après les principes généraux, l'entrepreneur qui a construit une maison serait déchargé de toute responsabilité aussitôt que l'ouvrage est livré et *reçu*, c'est-à-dire examiné et vérifié. Mais cette règle, appliquée aux maisons et autres bâtiments, offrirait un danger particulier : les vices de construction n'apparaissent pas tout de suite ; c'est à la longue que la maison « travaille », que des tassements ou des fissures se produisent. L'œil le plus exercé peut s'y tromper et, alors qu'une cause d'accidents prochains existe, ne pas la voir.

De là la disposition particulière concernant les architectes et entrepreneurs de constructions que la loi déclare responsables de leur œuvre pendant dix ans (art. 1792 et 2270).

* **1910. Personnes responsables.** — La loi nomme les *architectes* et les *entrepreneurs*, c'est-à-dire des personnes qui élèvent des *édifices* (art. 1792) ; ce mot déjà assez large est encore étendu par l'expression « gros ouvrages » de l'art. 2270, qui peut s'appliquer à des travaux d'art, tels que ponts, digues, chaussées, murs de soutènement.

La responsabilité de l'architecte ou de l'entrepreneur existe dans tout contrat, quel que soit le mode de rétribution adopté, c'est-à-dire qu'il s'agisse d'un travail exécuté à forfait, ou sur devis, ou à raison de tant la mesure. L'art. 2270, placé au titre « De la prescription », et qui fixe la durée de la responsabilité, est en effet rédigé dans les termes les plus généraux et ne comporte aucune distinction ; la responsabilité dont il suppose ainsi le principe *existe donc toujours*. Et du reste personne ne doute de ce point, ni en jurisprudence, ni en doctrine ; mais on verra que la nature du contrat exerce au contraire une influence déterminante sur un autre point très grave, la *question de preuve* (ci-dessous n° 1915).

La responsabilité a lieu aussi bien pour les travaux de *réparations* que pour les constructions neuves (Cass., 10 févr. 1835, D. 35. 1. 130, S. 35. 1. 174).

1911. Vices donnant lieu à responsabilité. — Il n'y a aucune distinction à faire d'après la cause qui a amené le dommage, lorsque l'on peut constater une négligence imputable à l'architecte ou à l'entrepreneur. Ainsi l'art. 1792 les déclare responsables non seulement *des vices de construction*, mais même des *vices du sol*. Ils doivent donc vérifier si le terrain est suffisamment solide pour porter l'édifice qu'ils y élèvent (Cass., 6 févr. 1888, D. 88. 1. 201) ; ils répondent aussi de tout autre vice (Paris, 2 juillet 1828, D. 28. 2. 178 ; Bordeaux, 21 avril 1864, D. 65. 1. 39, S. 64. 2. 219).

Il n'y a pas lieu non plus de distinguer si le vice de construction entraîne la perte totale de l'édifice ou exige seulement une réfection partielle (Cass., 3 déc. 1834, D. 35. 1. 64, *alias* 130, S. 35. 1. 216).

1912. Distinction entre l'architecte et l'entrepreneur. — Lorsque le propriétaire a employé à la fois pour la même construction un architecte et un ou plusieurs entrepreneurs, la responsabilité se divise entre eux : l'architecte répond des vices du plan et l'entrepreneur des fautes ou malfaçons commises dans l'exécution du travail (Cass., *11 mai 1854, D. 54. 3. 61 ; Cass., 29 mai 1893, D. 93. 1. 289, S. 94. 1. 483*). Cette répartition de la responsabilité est toute indiquée dans l'art. 2270 qui, après avoir nommé l'architecte et l'entrepreneur, parle des travaux qu'ils ont *faits* ou *dirigés*. Ces deux mots doivent leur être appliqués distributivement.

La responsabilité de l'architecte à raison du plan qu'il a donné ne cesse pas par cela seul qu'il n'a pas été chargé de diriger les travaux (Cass., 20 nov. 1817, D. 10. 803, n° 2, S. chr. *5. 1. 386*), à moins que la faute soit imputable à l'entrepreneur qui ne s'est pas conformé au plan ou qui a commis des malfaçons (Cass., 5 févr. 1872, D. 72. 1. 246, *S. 72. 1. 127*).

Mais l'architecte répond même des fautes commises par l'entrepreneur, lorsqu'il dépendait de lui de les empêcher en exerçant une surveillance plus active (Cass., 25 mars *1874, D. 74. 1. 285, S. 74. 1. 220*). *Toutefois cette responsabilité n'existe qu'à l'égard* du propriétaire, et l'entrepreneur doit seul supporter, dans ses rapports avec l'architecte, les conséquences des fautes qu'il a commises (*Cons. d'État*, 12 juill. 1855, D. 56. 3. 6, S. 56. 2. 254 ; Lyon, 26 mai 1883, D. 84. 2. 132). Voyez aussi pour le cas où l'entrepreneur seul a traité à forfait, Cass., 12 nov. 1844, D. 45. 1. 8, S. 45. 1. 180.

* **1913. Durée de la responsabilité.** — La responsabilité exceptionnelle établie contre les architectes et entrepreneurs dure *dix ans*. Sur ce point il ne peut y avoir aucun doute. Donc, si aucun accident ne se produit dans les dix ans, l'architecte est entièrement déchargé.

Les dix ans courent du jour de la réception des travaux, ce que la loi a oublié de dire (Paris, 12 mai 1874, D. 74. 2. 172, S. 76. 2. 240; Bourges, 14 mai 1884, D. 84. 2. 216, S. 84. 2. 159).

***1914. Durée de l'action.** — Supposons qu'un accident survienne dans les dix ans; combien de temps va durer l'action ouverte au propriétaire contre son architecte ou entrepreneur ? A cette question, trois réponses étaient possibles :

1° Les deux art. 1792 et 2270 fixent le délai dans lequel doit se produire l'accident pour que l'architecte en soit responsable : c'est *un temps d'épreuve* pour la solidité de la maison, mais ils n'ont pas déterminé la durée de l'action en indemnité. Le droit commun doit donc s'appliquer et cette action durera *trente ans* (Aubry et Rau, § 374, note 30. — Cass., 5 août 1879, D. 80. 1. 17, S. 79. 1. 405).

2° Un autre système avait été proposé par M. Duvergier. Les deux art. 1792 et 2270 établiraient *deux délais de dix ans distincts et successifs*: l'art. 1792 fixerait uniquement (comme dans l'opinion précédente) le temps d'épreuve pendant lequel l'accident doit se produire pour qu'il y ait responsabilité; aussi cet article est-il placé au titre du louage de services. L'art. 2270, placé au titre de la prescription, réglerait *la durée de l'action en garantie*, en la fixant à dix ans, lesquels courraient du jour de l'accident ou de la découverte du vice, survenus l'un ou l'autre avant l'expiration du premier délai de dix ans. Système ingénieux, mais difficilement conciliable avec les textes. Voyez cependant Testoud, *Revue critique*, 1880, p. 257; Paris, 6 juin 1894, S. 95. 2. 7.

3° En pratique, le problème a reçu une solution différente infiniment plus rigoureuse pour le propriétaire. Les deux articles établissent *un délai unique* et ce délai enferme à la fois le laps de temps où il y a responsabilité des accidents et la durée de l'action. De la sorte, pour agir contre l'architecte ou l'entrepreneur, le propriétaire a un *délai variable* : ce qui reste des dix ans après l'accident, et ce temps utile pour l'action peut être très court ou même nul, si l'accident se produit le dernier jour du délai de responsabilité. C'est le système adopté par la jurisprudence, et il se fonde sur une longue et constante tradition (Cass., ch. réunies, 2 août 1882, D. 83. 1. 5, S. 83. 1. 5, note de M. Labbé; Bourges, 14 mai 1884, D. 84. 2. 216, S. 84. 2. 159).

Comme tempérament à cette sévérité, la jurisprudence admet que le propriétaire peut agir aussitôt qu'un vice se révèle et sans attendre que la ruine de l'édifice se produise (Cass., 16 juillet 1899, D. 90. 1. 488, S. 92. 1. 350; Cass., 3 déc. 1890, D. 91. 1. 151, S. 94. 1. 343).

* **1915. Preuve à fournir.** — C'est sur ce point que porte la plus sérieuse des difficultés qui naissent de la combinaison des deux art. 1792 et 2270. Le propriétaire est-il obligé de prouver la faute de l'architecte, ou

bien l'architecte est-il de plein droit responsable, sauf à lui à prouver le cas *fortuit* ? *La jurisprudence fait une distinction selon la nature du contrat.*

En général il n'existe *aucune présomption de faute* contre l'architecte : il est responsable dans les termes du droit commun, c'est-à-dire quand la cause de l'accident peut être déterminée et qu'il apparaît que l'homme de l'art qui a dirigé les travaux a été imprudent ou négligent (Cass., 24 nov. 1875, D. 77. 1. 30 ; Bordeaux, 25 nov. 1891, D. sous Cass., 93. 1. 289 ; Grenoble, 28 mars 1900, D. 1901. 2). A cette règle toutefois il y a une exception : *si le travail a été exécuté à forfait*, la loi (art. 1792) présume la faute de l'architecte et le propriétaire n'a rien à prouver (Cass., 16 juill. 1889, D. 90. 1. 488, S. 92. 1. 350)[1].

Cette distinction est déjà ancienne. Elle a été nettement établie par un arrêt de 1863 (Cass., 15 juin 1864, D. 63. 1. 421, S. 63. 1. 409). Les arrêts antérieurs sont beaucoup moins nets sur ce point[2], mais la théorie se trouve très clairement expliquée dans la note de M. Devilleneuve, du *Sirey*, sous l'arrêt précité.

1916. Cas de faute commune. — Il arrive parfois que le propriétaire et le constructeur sont tous deux en faute ; par exemple le propriétaire a imposé à son architecte ou entrepreneur des conditions qui détruisaient la solidité de l'ouvrage. En ce cas le constructeur ne peut pas se décharger de toute responsabilité en alléguant qu'il n'a fait que *suivre les plans et les instructions du propriétaire* : il devait l'éclairer et mettre à son service sa compétence technique (Cass., 23 oct. 1888, D. 89. 1. 190 et les renvois ; Cass., 16 juill. 1889, D. 90. 1. 488, S. 92. 1. 350). Cette jurisprudence est déjà ancienne et remonte au moins à 1835. Voyez les citations dans Dalloz, 89. 1. 190, note 1. Le seul effet de cette communauté de faute est d'amener parfois un partage de responsabilité entre le propriétaire et l'entrepreneur, celui-ci n'ayant alors à supporter qu'une partie des pertes, parfois même une part minime (Cass., 1er déc. 1868, D. 72. 1. 65, S. 69. 1. 97 ; Grenoble, 28 mars 1900, D. 1901. 2). Toutefois ce partage de responsabilité n'est pas admis d'une manière constante par les tribunaux (Cass., 16 juill. 1889 précité).

1917. Renvoi. — Les art. 1792 et 2270 donnent lieu dans la pratique à de nombreuses difficultés qui ne peuvent pas trouver place dans un traité élémentaire. Sur nombre de points, la jurisprudence est encore assez confuse : sur le rôle de l'architecte, qui varie beaucoup d'une espèce à l'autre ; sur la nature des vices dont il est responsable ; sur ce qu'il faut entendre par « gros ouvrages » dans l'art. 2270 ; etc. Voyez pour les

[1] Cette jurisprudence est contestée par quelques auteurs qui refusent de voir une présomption de faute dans l'article 1792. Il faut, dit le texte, que la ruine de l'édifice soit due soit à « un vice de construction », soit à « un vice du sol » ; c'est naturellement le propriétaire qui doit établir ce vice, et, si cette preuve lui est demandée, c'est qu'il n'y a pas de présomption de faute contre l'architecte. — Ce raisonnement séduit par sa logique, et il est bien clair que, si la maison a été détruite par un bombardement, un tremblement de terre ou une inondation, il ne pourra pas être question de poursuivre l'architecte en responsabilité ; il faut qu'il soit établi que la cause de la ruine est *un vice propre de l'édifice*, mais cela ne suffit pas pour qu'il y ait faute de l'architecte : l'examen des faits montre qu'il y a dans les édifices des causes d'accidents impossibles à prévoir. L'article 1792 contient donc réellement la présomption qu'en a tirée la jurisprudence : toute cause *inhérente à la construction* engage la responsabilité de l'architecte, à moins qu'il ne prouve l'absence de faute.

[2] Quoi qu'on ait pu dire pour concilier entre elles les diverses décisions de la jurisprudence avant cette époque, un arrêt de 1850 avait formellement assimilé, pour la responsabilité de l'architecte, les travaux sur devis aux travaux à prix fait (Cass., 12 févr. 1850, D. 50. 1. 311, S. 51. 1. 97).

détails les recueils d'arrêts et spécialement DALLOZ, *Suppl.*, v° Louage d'ouvrage, nos 106 à 125.

2° Modifications au cours de travaux à forfait.

1918. La règle et son motif. — Lorsque la construction d'un bâtiment a été entreprise à forfait par un architecte ou un entrepreneur, celui-ci ne peut réclamer *aucune augmentation de prix pour quelque raison que ce soit* (art. 1793). La loi interdit formellement de réclamer un supplément « pour augmentation de la main-d'œuvre ou des matériaux » : cela n'avait pas besoin d'être dit, l'effet naturel du forfait étant de mettre ces risques à la charge de celui qui entreprend le travail. Mais elle interdit en même temps toute réclamation de ce genre, fondée sur des « changements ou augmentations apportés au plan primitif ». Ceci était utile à dire, car, l'objet du contrat ayant été modifié, le forfait cessait d'être obligatoire. Si la loi a établi cette règle rigoureuse, c'est pour empêcher une surprise dont les propriétaires étaient fréquemment victimes : après avoir traité avec eux à forfait, on leur proposait des changements sans annoncer une élévation de la dépense, et, le travail terminé, on leur demandait une différence qui leur faisait perdre tout l'avantage du traité.

1919. L'exception. — Comme des modifications au plan primitif peuvent devenir nécessaires ou même simplement utiles, et être agréées des deux parties, la loi n'a pas pu les interdire absolument, mais elle prend une précaution pour éviter toute fraude : l'architecte ou l'entrepreneur ne pourra demander un supplément de prix qu'autant que ces modifications auront été *autorisées par écrit* et que *le prix en aura été convenu* avec le propriétaire (art. 1793).

3° Action directe des ouvriers contre le propriétaire.

*** 1920. Disposition de la loi.** — Prévoyant le cas où l'entrepreneur d'un bâtiment deviendrait *insolvable* et ne pourrait pas payer les ouvriers qu'il a employés à sa construction, l'art 1798 décide que ces ouvriers n'ont d'action contre le maître ou propriétaire, pour le compte duquel l'ouvrage a été fait, « que jusqu'à concurrence de ce dont il se trouve débiteur envers l'entrepreneur au moment où leur action est intentée ».

*** 1921. Son sens naturel.** — Quel est le sens de ce texte ? Il ne vient ni de Pothier ni de Domat. Il se trouve déjà dans le projet de l'an VIII tel qu'il figure actuellement dans le Code et on n'a pas fait sur lui la moindre observation au cours des discussions. On doit donc le prendre selon son sens le plus naturel et le plus simple, et il est visible, à sa seule lecture, qu'il a été écrit pour *limiter les obligations du maître et l'action des ouvriers contre lui* : c'est un texte restrictif qui ne confère aux ouvriers aucun avantage exceptionnel. On devrait en conclure que l'ouvrier exerce contre le tiers l'action appartenant à son patron et agit par la voie oblique de l'art. 1166.

**** 1922. Son interprétation par la jurisprudence.** — La jurisprudence a pourtant fait sortir de ce texte une institution extraordinaire, que le législateur n'y a certainement pas mise : l'existence d'une *action directe* au profit des ouvriers contre le tiers pour lequel le travail s'exécute. Ce tiers n'est débiteur direct que de l'entrepreneur avec lequel il a traité ; les sommes qu'il doit devraient donc être versées à la faillite de l'entrepreneur ; en reconnaissant aux ouvriers une action directe contre lui, la jurisprudence donne à ceux-ci l'*équivalent d'un privilège* [1]; elle leur permet de se faire payer directement leurs salaires, sans passer par la faillite de leur patron et sans subir le concours de ses autres créanciers. Cette jurisprudence est aujourd'hui inébranlable; elle a la valeur d'un droit coutumier. La plus ancienne décision en ce sens paraît être un arrêt de Douai, du 30 mars 1833, qui fonde l'action directe sur l'idée d'une *gestion d'affaires* (S. 33. 2. 536).

1923. Personnes bénéficiant de l'action directe. — La jurisprudence reconnaît le bénéfice de l'action directe à tous ceux qui ont *la qualité d'ouvriers*, même à ceux qui, sous les noms de maître ouvrier ou de tâcherons, ont sous-traité pour une partie de l'œuvre et se sont fait aider dans leur travail par d'autres ouvriers dirigés par eux (*Trib. com. Nantes, 9 janv. 1861*, et *Trib. Seine, 31 août 1866, D. 71. 5.* 249 et 252; Aix, 9 août 1877, D. 79. 5. 267).

Mais, par application du texte même qui parle seulement des ouvriers, on refuse l'action directe à ceux qui se sont bornés à *fournir des matériaux* (Cass., 12 févr. 1866, D. 66. 1. 57, S. 66. 1. 94; Cass., 28 janv. 1880, D. 80. 1. 254), ainsi qu'aux *sous-entrepreneurs*, qui spéculent sur l'exécution des travaux sans y travailler eux-mêmes en qualité d'ouvriers (Cass., 11 nov. 1867, D. 67. 1. 444, S. 67. 1. 429; Cass., 14 juill. *1868, D. 71. 5. 251*, S. *68. 1. 399*).

C. — Règles spéciales aux travaux mobiliers.

1924. Des risques. — Si on suppose que la chose sur laquelle s'exécutait le travail vienne à périr avant d'avoir été livrée et reçue, la question des risques s'élève alors, car il faut savoir si le maître, qui ne reçoit rien, est néanmoins tenu de payer le prix du travail. Pour résoudre la question, la loi fait une distinction : l'ouvrier a-t-il fourni la matière en même temps que son travail, ou seulement son travail?

Dans la première hypothèse, la convention est assimilée (au point de vue des risques) à une vente conditionnelle : c'est la *vente d'une chose à faire* (voyez ci-dessus, n° 1008). Par suite, l'ouvrier supporte les risques et n'a droit à aucun salaire, même quand la chose a péri par cas fortuit (art. 1788), à moins que le maître ne fût en demeure de la recevoir, auquel cas les risques sont pour lui et l'ouvrier n'est plus responsable que de sa faute (*Ibid.*).

Dans la seconde hypothèse, l'opération est traitée comme un louage, ce qui veut dire que les risques sont pour le propriétaire de la chose, qui devra payer le travail effectué, bien qu'il ait péri, et que l'ouvrier est seulement responsable au cas où il y aurait faute de sa part. Voyez les art. 1789 et 1790. — Il est permis d'être bref sur ces dispositions qui sont de peu d'application en pratique. Voyez cependant Cass., 19 mai 1886, D. 86. 1. 409, S. 86. 1. 284 et Cass. belge, *18 févr. 1892*, S. 92. 4. 31.

L'ouvrier qui allègue le cas fortuit pour se libérer de l'obligation de restituer l'objet reçu doit prouver le caractère fortuit de la cause de perte; par exemple, si c'est un incendie, *il doit établir qu'il ne provient pas d'une faute de sa part (arrêt du 19 mai 1886* précité).

1925. Réception de l'ouvrage. — La réception de l'ouvrage vaut *approbation* du travail par le maître qui l'agrée tel qu'il est fait. L'art. 1791 porte : « S'il s'agit

[1] Il faut rapprocher de cette action directe admise en jurisprudence *entre particuliers* le privilège établi au profit des ouvriers *en matière de travaux publics* par les lois du 26 pluviôse an II et du 25 juillet 1891. Mais l'action directe de l'art. 1798 n'est pas à proprement parler un privilège. La doctrine soutenue sur ce point par M. Labbé (*Revue critique*, 1876, p. 571) n'a pas été suivie. Voyez la discussion et les citations dans Dalloz, *Suppl.*, v° Louage d'ouvrage, n° 97; Fuzier-Herman et Darras, *Code civil annoté*, art. 1798, n° 40 et suiv.

d'un ouvrage à plusieurs pièces ou à la mesure, la vérification peut s'en faire par parties; elle est censée faite pour toutes les parties payées, si le maître paie l'ouvrier en proportion de l'ouvrage fait ».

§ 3. — *De la sous-entreprise et du marchandage.*

A. — Généralités.

1926. Définition. — Le contrat d'entreprise peut être fait en sous-ordre : souvent l'entrepreneur primitif traite pour un ensemble de travaux dépassant par leur variété ou par leur quantité ceux qu'il peut faire exécuter par ses propres moyens, et il en cède une partie à d'autres entrepreneurs qui se chargent envers lui d'exécuter certaines catégories de travaux (terrassements, menuiserie, plomberie, peinture, etc.) ou certains lots détachés de l'ensemble. Ceux-ci, n'ayant pas traité directement avec la personne pour le compte de laquelle se fait le travail, sont des *sous-entrepreneurs*.

1927. Distinction. — Il faut faire parmi eux la même distinction que pour les premiers : les uns fournissent en même temps les matériaux et le travail, et on leur réservé le nom d'entrepreneurs; ils ont en général la qualité de patrons; les autres sont de simples ouvriers qui ne fournissent que la main-d'œuvre et qui prennent un travail à la tâche. Comp. ci-dessus n° 1902. Il n'y a rien de spécial à dire sur les premiers; le marchandage seul demande quelques explications.

B. — Du marchandage.

1928. Bibliographie. — J.-A. Appleton, notes dans *Dalloz*, 97. 2. 401; 99. 2. 393. — Brodu, *Du marchandage*, thèse, Paris, 1898. — A. Roux, note dans *Sirey*, 99. 1. 249. — Raoul Jay, *Le marchandage et le décret du 2 mars 1848*, *Revue d'économie politique*, févr. 1900. — *Documents sur le marchandage*, publiés par l'Office du travail, 125 p., 1899. — Note L. S. dans *Dalloz*, 1901. 1. 169. — J.-A. Roux, notes dans *Sirey*, 1899. 1. 249; 2. 201; 1900. 1. 537.

1929. Définition. — Dans l'industrie du bâtiment, et principalement à Paris il existe un vieil usage qui consiste à charger un maître ouvrier de l'exécution d'un travail partiel pour lequel on lui fournit tous les matériaux nécessaires : par exemple, l'entrepreneur de la menuiserie d'une maison passe un traité avec un ouvrier pour la pose des parquets, dont il lui fournit les bois tout coupés d'avance. Ce maître ouvrier se charge de la pose, qu'il exécute lui-même avec le concours d'autres ouvriers payés par lui et commandés par lui. Le contrat s'appelle *marchandage* et l'ouvrier qui dirige le travail avec une équipe sous ses ordres s'appelle un *marchandeur* ou *tâcheron*.

1930. Décret de 1848. — Depuis longtemps les ouvriers parisiens ont pris cet usage en horreur. Ils se plaignent surtout que le marchandeur réalise un bénéfice qu'ils qualifient d'immoral parce qu'ils le jugent pris sur leurs salaires; ils se sentent surveillés de trop près par le tâcheron, qui exige d'eux un travail intensif; il leur est odieux d'être sous les ordres d'un des leurs, et ils obéiraient plus volontiers à un patron. En 1848, le gouvernement provisoire, issu d'une révolution faite par les ouvriers, s'empressa de leur donner satisfaction. Deux textes (Décr. 2 mars et Arrêté 21 mars 1848) interdirent le marchandage et prononcèrent même une peine qui en fit un délit (amende et, en cas de récidive, prison de 1 à 6 mois).

1931. Jurisprudence. — Ces décrets ne furent jamais observés sérieusement et ils étaient complètement oubliés dans la pratique [1], lorsqu'en 1880 on essaya de leur redonner la vie (Jugement du conseil des prud'hommes de Paris, section des Métaux, du

[1] On a essayé de soutenir que le décret de 1848 était abrogé : 1° par l'effet de la désuétude; 2° par la Constitution de 1848, qui proclamait la liberté du travail et de l'industrie (art. 13). Sur ce point, voyez Brodu, thèse, p. 97 et s. La jurisprudence a rejeté cette double objection et décidé que le décret de 1848 était toujours en vigueur. Voyez les décisions citées au texte. Avec l'interprétation restrictive qu'elle en donne sa décision n'a aucun inconvénient.

3 janv. 1881, annulant comme illicite un contrat passé avec un tâcheron). Heureusement la jurisprudence postérieure n'a pas persévéré dans cette voie. S'appuyant sur les termes mêmes du décret qui vise « *l'exploitation* de l'ouvrier par voie de marchandage », elle décide que ce qui est interdit c'est uniquement l'*abus*, l'exploitation de l'ouvrier, notamment par l'avilissement des salaires, constituant pour le tâcheron un profit déloyal et excessif, mais que l'emploi loyal du contrat reste permis et que le marchandage n'a pas été interdit d'une façon absolue (Prud'hommes de Paris, section des industries diverses, 16 févr. 1881, reproduit dans la thèse de M. Brodu, p. 120 ; Paris, 9 juill. 1897, D. 97. 1. 401 ; Cass., 4 févr. 1898, D. 98. 1. 369, S. 99. 1. 249 et la note).

Cette interprétation du décret a été contestée (voyez la thèse de M. Brodu, les notes de M. J. A. Appleton, D. 97. 1. 401 ; D. 97. 1. 369 et l'article de M. Jay), et la Cour d'Orléans a décidé que le marchandage est prohibé d'une façon absolue (Orléans, 11 juill. 1899, D. 99. 2. 393, S. 99. 2. 231) ; mais son arrêt a été cassé : Cass. crim., 16 févr. 1900, D. 1900. 1. 209, S. 1900. 1. 537).

La Cour de Bourges ayant statué dans le même sens que la Cour d'Orléans (Bourges, 20 juin 1900, D. 1900. 2. 485, S. 1900. 2. 300), il est intervenu un arrêt des Chambres réunies du 31 janv. 1901 qui a cassé l'arrêt de Bourges (D. 1901. 1. 169, S. non encore paru).

1932. Avantages du marchandage. — Malgré toutes les préventions des ouvriers, justifiées en partie par des abus dont ils ont pu être victimes, le marchandage est un procédé avantageux, dont il serait difficile de se passer dans la pratique. Il assure une exécution du travail meilleure et plus prompte ; il permet aux ouvriers les plus capables de s'élever progressivement au patronat ; on a même soutenu qu'il profite aux ouvriers eux-mêmes employés par le tâcheron. Voyez sur ce sujet M. Brodu, p. 22-30. En sens contraire, R. Jay, *op. cit.*

LA SOCIÉTÉ

CHAPITRE PREMIER

DES SOCIÉTÉS PROPREMENT DITES

1933. Avertissement. — Le contrat de société est régi à la fois par le Code civil (art. 1832 à 1873) et par les lois commerciales : le premier s'occupe des sociétés civiles ; les secondes, des sociétés de commerce ; le droit civil contient la théorie générale des sociétés, le droit commercial donne des règles spéciales. Mais il arrive que les sociétés civiles sont infiniment moins nombreuses que les sociétés commerciales ; celles même qui existent, du moins quand elles sont importantes, prennent volontiers les formes commerciales de la société en commandite ou de la société par actions, auquel cas elles sont soumises aux lois et usages du commerce (art. 68 C. com., modifié par la loi du 1er août 1893). Il résulte de là que la théorie des sociétés exposée uniquement d'après le Code civil est pour ainsi dire découronnée, bien qu'elle contienne les principes généraux : elle est privée de ses applications pratiques les plus importantes, et reste incomplète, faute d'être accompagnée de l'exposé des modifications profondes que les lois commerciales font subir aux lois civiles. Ajoutez à cela que les règles établies par le droit civil sont en grande partie archaïques et gênantes, tant au fond que dans la forme. Pour toutes ces raisons, et quelques autres encore, la matière des sociétés est généralement sacrifiée dans les cours et peu abordée dans les examens. Aussi l'expliquerai-je d'une manière aussi succincte que possible.

§ 1. — *Notions générales.*

* **1934. Définition.** — La société est un contrat par lequel *deux ou plusieurs personnes conviennent de former un fonds commun, au moyen de mises à fournir par chacune d'elles, dans la vue de partager les bénéfices qui pourront en résulter.* A quelques mots près, c'est la définition d'AUBRY et RAU. Comp. art. 1832.

Le simple fait qu'une personne prend part aux bénéfices d'une maison de commerce ne la constitue pas « associé ». Ainsi on a déjà vu (n° 1827) que le système de la *participation aux bénéfices* n'est qu'une forme perfectionnée du louage d'ouvrage, qui laisse aux employés leur qualité de salariés. Par suite ils sont sans droit pour discuter la direction donnée aux affaires ; ils ne sont pas tenus des dettes ; et ils peuvent être congédiés comme de simples employés. Autant de différences notables qui les séparent des associés.

* **1935. Sociétés de personnes et sociétés de capitaux.** — En principe le contrat de société se forme en considération des personnes : on consent à s'associer avec une personne déterminée et non avec le premier venu. Comme disaient les anciens, le contrat est fait « intuitu personæ ».

Mais, à côté de cette forme ancienne, les besoins du commerce en ont fait naître une autre, dans laquelle la société n'est qu'un moyen de réunir des capitaux ; la qualité des personnes est alors indifférente : on ne leur demande que leur argent. On a ainsi constitué *des sociétés de capitaux*, dont le type parfait est la ***société anonyme***, profondément différentes des *sociétés de personnes*, seules connues dans l'antiquité.

1936. Noms des parts d'associés. — Dans les sociétés de personnes, la part de chaque associé s'appelle *intérêt* ; dans les sociétés de capitaux, elle s'appelle *action*. La distinction de l'intérêt et de l'action présente des difficultés fort délicates qui ne peuvent être étudiées ici, car elles font partie du droit commercial. Voyez Lyon-Caen et Renault, *Traité*, t. II, nos 37, 100 et 617.

***1937. Prohibition du contrat de société entre époux.** — Un contrat de société peut-il s'établir entre époux ? Nulle part la loi n'a prévu la question ; cependant elle s'est présentée plusieurs fois dans la pratique. Les tribunaux ont pensé que l'existence d'une société entre les époux aurait pour effet : 1° d'établir entre eux une *égalité de droits* qui serait incompatible avec l'exercice de la *puissance maritale* ; 2° de *modifier les rapports d'intérêts* existant entre eux, ce qui serait contraire au principe de l'*immutabilité des conventions matrimoniales*. En conséquence, ils ont déclaré nulle la société formée entre mari et femme (Cass., 7 mars 1888, D. 88. 1. 349, S. 88. 1. 305 ; Cass., 8 déc. 1891, D. 92. 1. 117, S. 92. 1. 293 ; Cass., 27 juin 1893, D. 93. 1. 488, S. 94. 1. 25). Les auteurs sont partagés d'opinions (Pont, *Sociétés civiles*, nos 36 et suiv.; Alauzet, *Code de commerce*, 3e édit., t. II, n° 387 ; Massé, *Droit commercial*, 3e édit., t. II, n° 1267 ; Lyon-Caen et Renault, t. II, nos 78 et 326).

La jurisprudence a même considéré comme dissoute par le mariage une société contractée antérieurement entre les époux (Nîmes, 18 déc. 1886, D. 86. 1. 117, en note, S. sous Cass., 87. 1. 384).

A. — Distinction des sociétés civiles et des sociétés commerciales.

***1938. Intérêt de la distinction.** — Cet intérêt a beaucoup diminué : 1° quand la jurisprudence a reconnu la personnalité des sociétés purement civiles (ci-dessous n° 1956), car le défaut de personnalité des sociétés civiles était auparavant la principale utilité qu'il y avait à les distinguer des sociétés commerciales ; 2° quand on a soumis aux lois du commerce les sociétés civiles qui prennent la forme commerciale (ci-dessous, n° 1942).

Néanmoins l'intérêt de la distinction subsiste encore pour les sociétés civiles qui ne prennent pas les formes commerciales. D'une façon générale, on peut dire que cet intérêt est le même que celui qu'il y a à distinguer, entre personnes vivantes, les commerçants des non-commerçants. Ainsi la *compétence des tribunaux de commerce* et le *régime de la faillite* sont propres aux sociétés commerciales. De plus, il existe, pour les sociétés de commerce, des règles spéciales : 1° pour la *publicité* à donner au contrat qui les constitue ; 2° pour la *prescription* opposable par les associés aux créanciers sociaux.

***1939. Moyen de faire la distinction.** — Il n'y a point de criterium légal[1], mais il est admis qu'on doit *s'attacher à l'objet de la société* : est-elle fondée pour faire des opérations commerciales, telles que l'achat et la vente de denrées et autres marchandises ? Elle sera commerciale. Est-elle fondée pour des opérations non commerciales, telles que l'exploitation d'une mine, ou la spéculation sur des immeubles ? Elle sera civile. C'est de la même façon qu'on reconnaît si un particulier est commerçant ou non : sont commerçants ceux qui font habituellement des actes de commerce.

B. — Situation des sociétés civiles à forme commerciale.

***1940. But de leur institution.** — Depuis longtemps un grand nombre de sociétés purement civiles se fondent sous la forme de *sociétés par actions* (sociétés anonymes ou sociétés en commandite par actions). L'avantage qu'elles y trouvent est d'attirer certaines adhésions qu'elles n'obtiendraient pas en se créant sous la forme civile : ceux de leurs membres qui se bornent à souscrire une ou plusieurs actions (*actionnaires*) ne sont pas soumis à la responsabilité indéfinie du passif social ; ils n'en répondent que jusqu'à concurrence de leur mise : tout ce qu'ils risquent, c'est de perdre le montant de leurs actions. Or cette limitation des risques pour certains associés est inconnue du droit civil ; la société par actions est d'origine commerciale et jusqu'ici elle a été régie exclusivement par les lois du commerce. Il n'y a à cela *aucun motif rationnel* ; c'est un phénomène *purement historique*, mais c'est un fait. Il en résultait que les sociétés civiles montées par actions étaient des *sociétés civiles à forme commerciale*.

1941. État des choses avant 1893. — Dans quelle mesure cet emprunt d'une forme étrangère au droit civil modifiait-il la condition de ces sociétés ? Jusqu'en 1893, la doctrine et la jurisprudence admettaient, et très justement, que la forme seule était changée : commerciales dans leur forme, ces sociétés restaient au fond soumises au droit civil et à toutes ses règles, sauf, bien entendu, la limitation des risques pour les actionnaires, limitation qui est inhérente à la forme de l'action[2].

Cette solution n'allait pas sans inconvénients. Par exemple ces sociétés, bien que faisant appel au crédit et s'adressant au public, n'étaient pas astreintes à tenir leurs livres avec les formes spéciales usitées dans le commerce ; par exemple encore, leurs fondateurs et directeurs n'encouraient pas les pénalités correctionnelles établies par la loi du 24 juillet 1867, qui sont pour le public et pour les actionnaires des garanties d'honnêteté. Il y avait donc quelque chose à faire.

***1942. Loi du 1er août 1893.** — On aurait dû se borner à déclarer que la forme des sociétés par actions n'avait rien de spécial au commerce et à en introduire le principe dans le Code civil ; et à décider en même temps que l'emploi de cette forme, à raison des dangers particuliers qu'elle présente, entraînait certaines conséquences à titre de garantie, telles que la tenue régulière des livres et la responsabilité pénale des fondateurs et administrateurs. Avec la longue pratique qu'on avait déjà des sociétés par actions et de leurs abus et inconvénients, il était facile de faire un choix et d'énumérer les règles qui devaient devenir communes au droit civil et au droit commercial. Ce n'est pas ce qu'on a fait. Avec une légèreté qu'on ne saurait trop regretter, la loi du 1er août 1893 a décidé, en termes absolus, que les sociétés civiles à forme commerciale, « sont commerciales et soumises aux lois et usages du commerce ». Par suite, elles sont *justiciables des tribunaux de commerce* et elles *peuvent être mises en faillite*[3].

[1] Voyez, toutefois, ce qui est dit au n° suivant de l'emploi des formes commerciales.

[2] C'est de la même façon qu'une *donation* peut être *déguisée* sous les apparences d'une *vente* : dans la forme, on lui applique les règles de la vente ; pour le fond, celles des donations.

[3] Le législateur a oublié ici une fois de plus les limites naturelles qui bornent sa puissance. Quand il a dit que ces sociétés sont « commerciales » (cela est dit en toutes lettres dans la loi), il a affirmé une chose qui ne dépend pas de lui : il ne peut pas

Les conséquences pratiques de sa décision sont : 1° Que le régime de la faillite peut désormais être appliqué en France à des non-commerçants, ce qui est peut-être une bonne chose (voyez ce qui est dit ci-dessus, n° 214, du défaut d'organisation de la déconfiture, et comp. LYON-CAEN et RENAULT, *Précis*, n° 2561, note 2) ;

2° Que des non-commerçants, qui n'ont point fait d'actes de commerce, sont soustraits à la justice civile, ce qui est certainement une mauvaise chose[1].

Pour plus de détails sur le régime des sociétés civiles qui ont pris la forme commerciale, voyez LYON-CEN et RENAULT, *Traité*, t. II, n°s 1077 et 1090.

§ 2. — *De l'objet des sociétés.*

1943. But des sociétés. — D'après la jurisprudence et la doctrine actuelles, la société aurait nécessairement pour but la réalisation et le partage de *bénéfices*, et on se représente ces bénéfices sous la forme de *dividendes en argent*, distribués aux associés à la fin de chaque exercice, comme si cette forme pécuniaire du profit était nécessaire à la conception même de la société. Voyez, par exemple, Cass., 29 nov. 1897, D. 98. 1. 108.

Ce n'est pas ce que dit le Code, ni ce que nous enseigne la tradition. Pour Pothier, la société est le contrat par lequel deux ou plusieurs personnes mettent en commun, soit *leurs biens*, soit *leur industrie*, pour en retirer *le profit* en commun (*Coutume d'Orléans*, Introd. au tit. XI, n° 1). Or le profit qu'on peut retirer de certains biens communs n'est pas nécessairement un *bénéfice en argent*, un *enrichissement* annuel, analogue à celui des commerçants ; ce peut être aussi *le simple usage des choses*, consistant à retirer en commun, et en nature, l'utilité qu'elles peuvent donner. Les communautés de biens, comme les anciennes sociétés taisibles ou comme la communauté conjugale, sont des *sociétés*[2] ; on n'en saurait douter. Toute la tradition juridique nous en est garante. Nous n'avons jamais eu, en matière de sociétés, d'autre conception que celle qui nous vient du droit romain, et si nos auteurs et notre jurisprudence recherchent avec tant de rigueur dans toute société l'esprit de spéculation, c'est qu'ils sont, à leur insu, entraînés à voir les sociétés civiles à travers les sociétés commerciales, grâce à la prépondérance énorme que celles-ci ont prise dans les temps modernes[3] ; mais c'est là une innovation, et qui est con-

faire que ce qui n'est pas le commerce soit commercial et qu'un non-commerçant soit commerçant.

[1] La loi du 1er août 1893 a été provoquée par les scandales du Panama : lors de la déconfiture de la Compagnie du canal interocéanique, il fut impossible de lui appliquer les formes de la faillite ; on nomma un liquidateur. Cependant le caractère civil de la Compagnie avait été mis en doute et le tribunal de commerce s'était même déclaré compétent pour connaître des actions dirigées contre elle (18 février 1889), mais ce jugement fut infirmé par la Cour de Paris (8 mars 1889, D. 90. 2. 233, S. 89. 2. 223).

[2] Si Pothier considère les anciennes communautés taisibles comme des « sociétés improprement dites », c'est uniquement parce que la société est avant tout pour lui un *contrat* et que ces sociétés étaient établies d'office par la loi contre certaines personnes *sans convention*. — Il aurait dû dire plus simplement qu'il y a convention *tacite*.

[3] Je suis heureux de me rencontrer ici avec un de nos romanistes les plus éminents,

traire aux textes de nos lois : pour qu'elle fût justifiée, il faudrait effacer les art. 1837 à 1841, qui déterminent l'objet des sociétés, conformément aux idées de Pothier et aux traditions romaines. Voyez l'analyse de ces textes aux nos 1945 et 1948 ci-dessous.

1944. Division. — Au point de vue de leur objet les sociétés sont *universelles* ou *particulières* (art. 1835).

A. — Sociétés universelles.

1945. Leurs différentes espèces. — Il y en a de deux sortes :

1° SOCIÉTÉ UNIVERSELLE DE TOUS BIENS PRÉSENTS. — C'est celle par laquelle les associés mettent en commun tous leurs biens *actuels*, meubles et immeubles (art. 1837). En fait de *biens à venir*, il n'est permis de faire entrer dans une pareille société que ce que la loi appelle les *gains*, c'est-à-dire les profits réalisés dans l'exercice d'une profession ; mais on n'y peut pas comprendre les *biens acquis à titre gratuit* par succession, donation ou legs, lesquels n'y peuvent rentrer que pour la jouissance (*ibid.*). Il n'y a d'exception que pour la société entre époux appelée *communauté*, qui peut comprendre tous les biens à venir pour la pleine propriété.

2° SOCIÉTÉ UNIVERSELLE DE GAINS (art. 1838). — Malgré son nom, celle-ci comprend autre chose que les gains provenant de l'industrie des associés, savoir : *a*) leurs meubles présents ; *b*) la jouissance de leurs immeubles personnels.

1946. Dettes des associés. — La loi ne s'en est pas occupée. On admet, en général, que toutes les dettes présentes des associés grèvent le fonds social dans la première variété, tandis que la seconde (société de gains), ne recevant que leurs meubles, n'est tenue que de leurs dettes mobilières. Du moins, les choses se passent ainsi dans la société conjugale.

1947. Rareté des sociétés universelles. — Très pratiquées au moyen âge, sous le nom de *sociétés taisibles*, les sociétés universelles semblent avoir disparu de nos jours, à l'exception de la communauté entre époux.

B. — Sociétés particulières.

1948. Leurs variétés. — Les sociétés particulières peuvent avoir pour objet, d'après les art. 1841 et 1842 :

1° La *propriété de certaines choses déterminées* ;

2° La *jouissance* (fruits à percevoir) ou simplement l'*usage* d'une chose ;

3° Une *entreprise* à tenter en commun ;

4° L'*exercice d'un métier ou d'une profession*.

Les sociétés commerciales ont ordinairement pour objet une *entreprise* ou une *profession*, tandis que les sociétés purement civiles ont plutôt pour objet l'exploitation ou l'usage d'un *bien*.

1949. Sociétés à objet illicite. — Quel qu'il soit, l'objet d'une société doit être *licite* (art. 1833). Comme exemples de sociétés illicites on cite celles qui se forment quelquefois entre contrebandiers ou marchands pour frauder soit le Trésor public dans

qui commence ses explications sur le contrat de société par l'observation suivante : « D'abord il ne faut pas croire que toute société procède d'un esprit de spéculation. Sans doute c'est par cet esprit, très licite du reste et très fécond, que naissent et vivent celles qui ont pour but des opérations commerciales, mais, à coup sûr, on ne le rencontre ni dans les sociétés de tous biens ou de tous gains, ni même dans certaines sociétés à titre particulier, où les contractants se proposent seulement de diminuer, en s'unissant, les frais qu'entraînerait pour chacun une action isolée » (ACCARIAS, *Précis de droit romain*, t. II, n° 622).

la perception des droits de douane ou des droits de circulation sur les boissons, soit les caisses municipales dans la perception des taxes d'octroi (Cass., 8 novembre 1880, D. 81. 1, 115, S. 81. 1. 248). Serait encore illicite l'association formée pour l'exploitation d'une charge ou office, quand la loi n'en permet pas le partage (t. I, 1re édit., n° 1275 ; 2e édit., n° 1209).

La société illicite ne produit aucun effet et, par suite, chacun des associés est sans droit pour exiger le partage des bénéfices que l'un d'eux détient et refuse de distribuer. Mais d'un autre côté chacun d'eux a le droit de reprendre ses apports, qui n'ont pas cessé de lui appartenir, n'ayant pu devenir propriété sociale.

§ 3. — *De la formation des sociétés.*

1950. Moment de leur formation. — La société est un contrat consensuel ; sa formation est immédiate ; elle existe donc *dès le moment même où le contrat est conclu,* à moins qu'on n'en ait reporté le commencement à une autre époque (art. 1843). Dans la pratique on ne manque jamais de s'expliquer sur ce point et de fixer le jour où la société devra être considérée comme formée.

A. — Apports des associés.

1951. Nécessité des apports. — Il est de l'essence de toute société que chacun des associés contribue pour une part à la formation du fonds commun (art. 1832 et 1833). Cette contribution s'appelle *mise* ou *apport.* Celui qui ne ferait aucun apport ne pourrait donc pas être considéré comme associé ; ce qui lui serait alloué à titre de bénéfices ne serait en réalité qu'une donation ou un salaire.

1952. Nature variable des apports. — Il n'est pas nécessaire que les apports soient tous égaux ; il n'est même pas nécessaire qu'ils soient tous de même nature. Les choses les plus diverses peuvent faire l'objet d'un apport : le plus souvent, c'est de l'*argent* ; parfois des *biens en nature,* meubles ou immeubles, corporels ou incorporels (par exemple, un fonds de commerce déjà existant) ; parfois aussi l'*industrie* d'une personne, c'est-à-dire son travail personnel, constitue tout son apport[1] ; on admet même que le *crédit commercial* (facilité qu'une personne déjà connue et estimée peut avoir pour trouver des gens qui consentiront à lui prêter de l'argent ou à lui faire crédit) peut faire l'objet d'un apport[2], et c'est souvent l'un des plus fructueux pour les sociétés à leurs débuts.

1953. Réalisation des apports. — Chaque associé est naturellement tenu de réaliser son apport. L'art. 1845 dit qu'il en est « débiteur envers la société ». Si c'est un *apport en propriété,* le transfert s'en opère conformément au droit commun, c'est-à-dire par *simple convention* en principe,

[1] Ainsi dans la *commandite,* l'un des associés, appelé « bailleur de fonds » ou « commanditaire », fournit de l'argent ; l'autre, le « commandité », n'a souvent rien à offrir que son travail personnel et sa connaissance du métier.

[2] Mais non le *crédit politique,* chose néfaste, qui serait le trafic des fonctions et des intérêts publics.

sauf application des règles de la *transcription* à l'égard des tiers, quand cet apport a pour objet un immeuble. Si c'est un *apport en argent*, l'art. 1846 décide que l'associé en retard de verser son apport *doit de plein droit les intérêts de la somme promise* à compter du jour où il aurait dû la payer. C'est une des nombreuses dérogations apportées par la loi au principe de l'art. 1153, d'après lequel les intérêts moratoires ne courent que du jour de la mise en demeure par l'effet d'une sommation (L. 7 avril 1900).

1954. Garantie due à la société. — Chaque associé est garant de son apport envers la société dans les termes du droit commun. Ainsi, quand un apport devait se faire en propriété, si la société en est évincée, elle a contre l'associé un recours semblable à celui d'un acheteur contre son vendeur (art. 1845, al. 2).

B. — Preuves.

1955. Application du droit commun. — L'art. 1834, qui proscrit la preuve par témoins pour toute société dont l'objet vaut plus de 150 francs (ce qui arrive pour ainsi dire toujours), n'est que l'application des principes généraux. Comp. art. 1341 et ci-dessus. Si la loi a cru utile de s'expliquer spécialement sur ce point, c'est qu'elle a voulu proscrire le mode de formation des anciennes *sociétés taisibles*, qui s'établissaient sans écrit et même sans aucune convention expresse par le seul fait de la vie en commun pendant plus d'une année (an et jour). On n'en doit donc point conclure qu'elle a entendu écarter l'application des autres règles écrites au titre « De la preuve », et il faut admettre notamment la possibilité de compléter, par témoins ou par présomptions, un simple commencement de preuve résultant d'un écrit incomplet.

§ 4. — *De la personnalité des sociétés*[1].

***1956. Sociétés douées de personnalité.** — A une exception près[2], les sociétés commerciales sont reconnues comme personnes fictives depuis un temps immémorial (t. I, 1re édit., n° 704-1°; 2e édit., n° 2000-1°).

Pour les sociétés civiles, la personnalité est une nouveauté. Reconnue d'abord par la loi elle-même aux *sociétés minières*[3], elle a été étendue ensuite aux *sociétés civiles à forme commerciale*, ce qui ne peut plus faire doute depuis que la loi du 1er août 1893 a déclaré ces sociétés commerciales

[1] Sur la notion de la personnalité fictive en général, voir t. I, 1re édit., nos 670 et suiv.; 2e édit., nos 1953 et suiv. Rappelons sommairement qu'elle consiste moins à admettre l'*existence d'une personne fictive* que l'*existence d'une masse commune*, qui ne se confond point avec le patrimoine individuel des associés et est réputée n'en point faire partie.

[2] L'exception concerne les sociétés dites *en participation*, qui sont des associations occultes, n'intéressant que les associés et dépourvues de toute existence à l'égard des tiers (LYON-CAEN et RENAULT, *Précis*, n° 522, *Traité*, t. II, nos 1057 et 1058).

[3] L'art. 8 de la loi du 21 avril 1810 déclare meubles les droits des associés dans l'actif social. Or le caractère mobilier de la part d'un associé, quand la société possède des immeubles, ne peut s'expliquer que par la personnalité de la société (t. I, 1re édit., nos 875 et 876; 2e édit., n° 858). D'autre part, la loi refuse le caractère commercial à l'exploitation des mines (L. 21 avril 1810, art. 32). Sur la jurisprudence belge relative aux sociétés charbonnières, voyez LAURENT, t. XXVI, nos 419-431.

au fond (ci-dessus nº 1942). Enfin la jurisprudence a fini par reconnaître d'une manière générale la personnalité des sociétés civiles (Cass., 23 févr. 1891, D. 91. 1. 337, S. 92. 1. 73; Cass., 2 mars 1892, D. 93. 1. 169, S. 92. 1. 497; Cass., 2 janv. 1894, D. 94. 1. 81, S. 94. 1. 129). Ce progrès est un des exemples les plus remarquables des évolutions qui se produisent, sur certaines matières, dans la jurisprudence, sous le simple effort du changement des idées et indépendamment de toute intervention législative.

C'est vainement, croyons-nous, qu'une partie de la doctrine résiste encore à cette innovation de la jurisprudence [1]. La question n'est pas de savoir s'il y a dans nos lois des textes qui démontrent l'existence de la société comme patrimoine distinct, mais bien s'il y a des textes qui s'y opposent d'une manière absolue. On peut dire que la question ne se posait pas encore en 1803 ; elle a mûri depuis. Les sociétés ont pris un développement qui rend cette jurisprudence nécessaire, et les lois de 1810 et de 1893 précitées montrent que le législateur n'y répugne pas [2].

*** 1957. Conséquences de la personnalité.** — Voici, brièvement indiquées, les conséquences de la personnalité des sociétés :

1° *L'actif social n'est point indivis entre les associés* : il forme une masse distincte qui, dans l'opinion courante, est réputée un patrimoine ordinaire et est attribuée à l'être fictif appelé « société » (Comp. t. I, 1re édit., nos 672 et suiv. ; 2e édit., nº 2014). Il en résulte qu'il n'est pas grevé des hypothèques légales qui frappent le patrimoine personnel des associés. Voyez une application intéressante de cette règle dans Cass., 22 févr. 1898, D. 99. 1. 593.

2° *Le droit des associés est réputé mobilier, même quand la société possède des immeubles.* C'est la règle que l'art. 529 applique aux sociétés commerciales, et la loi de 1810 aux sociétés minières (t. I, 1re édit., nº 875; 2e édit., nº 857).

3° *Les créanciers de la société ont pour gage le fonds social, à l'exclusion des créanciers personnels des associés.* C'est la conséquence de cette idée que le fonds social est le patrimoine d'une personne dont les créanciers particuliers des associés ne sont point créanciers.

1 Voyez les citations dans D. 91. 1. 337, note 1. Comp. MEYNIAL, dans *Sirey*, 92. 1. 73.

2 La Cour de cassation a voulu se servir d'arguments de textes pour en arriver là et le seul qu'elle a trouvé est faible. Elle dit que les art. 1845 à 1848, 1850, 1852, 1855, 1859, 1867 « *personnifient* la société *d'une manière expresse*, en mettant toujours les associés en rapport avec *la société*... ». C'est de la même façon qu'on a cherché à soutenir que l'art. 205 (L. 9 mars 1891) a personnifié « la succession » du conjoint prédécédé pour la constituer « débitrice » d'aliments envers le conjoint survivant. La même observation pourrait s'appliquer à la communauté entre époux dont la loi parle tout le temps, comme si elle constituait une personne (Voyez les art. 1409 à 1420, qui parlent de ses créanciers et de ses dettes). La loi emploie dans tous ces cas un langage pratique et simplifié, mais qui n'a rien de technique. La vérité est que rien dans les textes ne révèle chez les rédacteurs du Code l'intention de considérer les sociétés civiles comme des personnes, mais nous croyons qu'*aucune solution positive de la loi* ne s'oppose à ce que cette personnalité soit reconnue. La disposition de l'art. 529 qui déclare meubles « les actions et intérêts dans les compagnies de finance, de commerce et d'industrie, encore que des immeubles appartiennent à ces compagnies », et la loi de 1810 qui applique la même règle aux sociétés minières, ne fournissent qu'un argument *a contrario*, ce qui n'est pas absolument décisif.

4° *Aucune compensation n'est possible entre ce qui est dû à la société par un tiers et ce qui est dû à ce tiers par un associé,* ou inversement. La compensation suppose que la créance et la dette existent entre deux personnes respectivement créancières et débitrices l'une de l'autre. Cette condition fait ici défaut, puisqu'il y a trois patrimoines en présence au lieu de deux, et le tiers n'est pas débiteur et créancier de la même personne.

A cette liste on ajoute ordinairement une cinquième conséquence : ce serait, en vertu de leur personnalité, que les sociétés pourraient être *valablement représentées en justice par leur gérant,* sans qu'il soit nécessaire de mettre en cause tous leurs membres. Mais on verra que la même facilité était accordée par la jurisprudence avant 1901 à toute association, même dépourvue de personnalité [1]. Comp. t. I, 1re édit., nos 740-741.

*** 1958. Nature des parts d'associés.** — Au temps où les sociétés civiles n'étaient point considérées comme des personnes, il ne pouvait y avoir aucun doute sur la nature du droit de chaque associé : l'actif social étant dans l'indivision entre eux, c'était *un droit de copropriété,* une part dans une masse indivise.

Dans les sociétés douées de personnalité (et aujourd'hui c'est la règle presque absolue), un doute s'élève : l'actif social forme le patrimoine d'une personne fictive, qui n'est pas l'associé, et celui-ci possède dans son patrimoine particulier *un titre représentatif de sa part sociale,* qui est pour lui un élément d'actif, dont il peut ordinairement disposer, qui sert de gage à ses créanciers et que ceux-ci peuvent saisir. Quelle est la nature de ce droit ? Dans quelle catégorie juridique peut-on le faire rentrer ? Longtemps on l'a considéré comme une *propriété d'un genre spécial,* comme une variété de ce qu'on appelle les « propriétés incorporelles ». Mais la jurisprudence actuelle le traite comme *un droit de créance* (Paris, 18 août 1881, S. 82. 2. 25, avec une note de M. Lyon-Caen). Il est certain qu'il y a entre l'associé et la société des rapports de créancier à débiteur ; l'associé peut exiger sa part dans les bénéfices annuels, il en est créancier ; il peut exercer certaines actions pour faire respecter ses droits. Est-ce à dire que son droit se borne à cela, et ces actions spéciales ne sont-elles pas celles d'un propriétaire qui réclame les fruits de son bien et qui cherche à le conserver ? Ne doit-on pas reconnaître à l'associé un droit éventuel, ou peut-être même un droit conditionnel de propriété, sur sa part dans la masse ? C'est une question qui est encore indécise.

[1] On a encore signalé, mais à tort, la disposition de l'art. 1860 comme une suite de la personnalité : il est défendu à un associé non administrateur d'aliéner, *même pour sa part,* les biens dépendant de l'actif social. Si la société est une personne civile, cela se comprend sans peine : l'associé ne peut pas disposer d'un bien qui est la propriété d'une autre personne; les gérants peuvent seuls le faire parce qu'ils ont reçu pouvoir à cet effet. Mais si la société n'est pas une personne, cela se comprend encore : l'associé ne peut pas empêcher ses associés, tant que la société dure, d'user du fonds social selon leur droit (art. 1859, 2°). La disposition de l'art. 1860 n'est qu'une suite de cette idée. Elle peut donc s'expliquer dans les deux systèmes.

§ 5. — *Fonctionnement des sociétés*[1].

A. — De la gestion.

1959. Gérants statutaires. — Souvent l'acte constitutif de la société, celui qui contient ses *statuts*, désigne un ou plusieurs gérants et en détermine les pouvoirs. Ces gérants, appelés « gérants statutaires », ont ceci de particulier qu'ils ne peuvent être révoqués que *pour des causes légitimes*, telles que des actes d'infidélité ou une incapacité notoire. Leur nomination, faisant partie du pacte fondamental de la société, emprunte à celui-ci un caractère obligatoire et permanent. Mais souvent les statuts, tout en désignant le gérant, ont la précaution de réserver à l'assemblée générale des associés ou au conseil de direction la faculté de révocation.

1960. Gérants ordinaires. — Quand le gérant a été nommé par un acte postérieur à la formation de la société, il n'est qu'un mandataire ordinaire, révocable à volonté (art. 1856).

Qui peut prononcer la révocation ? La loi n'a rien dit, et la question est controversée en doctrine. Trois solutions sont possibles : on peut exiger l'*unanimité* des autres associés, ou se contenter de la *majorité*, ou admettre la révocation *par la volonté d'un seul*. Ce dernier système se justifie aisément, malgré l'apparence : le maintien d'un mandat suppose la volonté de tous ceux qui l'ont donné. Mais la controverse est oiseuse ; généralement les statuts prévoient le cas.

1961. Gestion d'une société dépourvue de gérants. — La loi prévoit le cas assez extraordinaire où ni les statuts, ni aucun acte postérieur n'auraient pourvu à la gérance de la société : elle donne alors des pouvoirs égaux à tous les associés, qui sont censés s'être donné réciproquement le pouvoir d'administrer l'un pour l'autre (art. 1859). On réserve cependant à chacun le droit de s'opposer à l'affaire projetée par un autre avant qu'elle soit conclue (*Ibid.*).

1962. Pouvoirs des gérants. — Ils dépendent des statuts ou de l'acte qui les a nommés. Si rien n'a été précisé, ils doivent être considérés comme ayant reçu tous les pouvoirs utiles pour la gestion dont ils sont chargés, étant donnée la nature de la société et de son objet[2].

1963. Situation des associés non chargés de la gestion. — L'art. 1860 porte que « l'associé qui n'est point administrateur (c'est-à-dire qui n'a pas reçu de mandat des autres à cet effet) ne peut aliéner ni engager les choses *même mobilières* qui

[1] Pour abréger, je néglige un certain nombre de dispositions de la loi qui règlent des questions infiniment petites ou qui prévoient des hypothèses dépourvues d'utilité pratique. Voyez par exemple les art. 1848 et 1849, et l'art. 1859-2°. Ces textes paraissent des vieilleries qui traînent dans les ouvrages des jurisconsultes depuis l'époque romaine et que le Code a empruntées à Pothier. Pothier a écrit son traité de la société d'une manière théorique, par l'effort du raisonnement et de l'imagination, avec les textes romains pour base. Mais la vie s'est, pour ainsi dire, retirée de cette construction juridique abstraite et ce n'est point sous cette forme-là que les difficultés que provoquent les contrats de société se présentent dans la pratique.

[2] A signaler pour mémoire les dispositions des al. 3 et 4 de l'art. 1859 sur les réparations nécessaires et sur les transformations des immeubles appartenant à la société : les premières peuvent être exigées par chaque associé ; les secondes ne peuvent être faites que du consentement de tous les associés. Ordinairement les résolutions à prendre sur ces différents points sont confiées aux gérants par les statuts.

appartiennent à la société ». Article fort simple en lui-même, mais qui a été souvent mal compris.

La prohibition étant absolue, il en résulte que cet associé ne peut même pas disposer des biens sociaux *jusqu'à concurrence de sa part.* Sur ce point le Code innove : au temps de Pothier, on suivait encore la doctrine romaine, et chaque associé pouvait aliéner valablement sa part des biens communs, conséquence rigoureusement logique de cette idée qu'il en était personnellement propriétaire et que la société n'était qu'une indivision (POTHIER, *Société*, n° 89 ; *Digeste*, liv. XVII, tit. 2, fr. 68). Aussi cet article 1860 a-t-il fourni leur argument favori aux partisans de la personnalité des sociétés, quoiqu'il soit possible de l'expliquer dans les deux systèmes (ci-dessus, note 3, sous le n° 1957).

B. — Engagements envers les tiers.

1964. État des textes du Code. — Le Code ne contient guère sur ce sujet que des dispositions surannées. Il prévoit deux cas :

1° *Un engagement est pris envers un tiers par tous les associés agissant conjointement.* L'art. 1863 les déclare tous tenus par parts égales, à moins que l'acte n'ait spécialement restreint l'obligation de ceux qui ont dans la société une part inférieure à une part virile.

2° *L'engagement est pris, au nom de la société, par un seul des associés.* Cet engagement ne lie pas les autres, à moins qu'ils ne lui aient donné pouvoir à cet effet, ou que la chose n'ait tourné à leur avantage. Si l'associé contracte en son propre nom, il n'oblige jamais que lui-même.

1965. Forme moderne de la gestion des sociétés. — Ce n'est pas d'ordinaire sous cette forme que les sociétés contractent avec les tiers : elles ont des gérants, qui agissent en cette qualité, avec des pouvoirs spéciaux, et toutes les questions qui s'élèvent portent sur l'interprétation des statuts. Le Code civil n'a nullement prévu le mode de fonctionnement des sociétés modernes, qui sont pourvues, non seulement de *gérants*, mais souvent de *conseils d'administration* qui délibèrent et prennent des décisions, et souvent aussi d'un *service de contrôle*. Tout cela fait partie de l'organisation dite « commerciale » des sociétés, parce que ce sont les sociétés de commerce qui s'en sont munies les premières.

*** 1966. Absence de solidarité.** — Les associés ne sont pas tenus solidairement des dettes sociales (art. 1862). Celles-ci se divisent donc de plein droit entre eux, par parts viriles, sauf stipulation contraire.

Le droit commercial déroge à cette règle en établissant la solidarité des associés, dans beaucoup de cas, notamment dans les *sociétés en nom collectif* (forme très ordinaire pour l'exploitation des fonds de commerce et des petites entreprises industrielles).

***1967. Exonération personnelle des associés.** — La règle traditionnelle du contrat, qui remonte au temps où la société était dépourvue de toute personnalité, est que les dettes sociales grèvent personnellement les associés. Qui en serait débiteur, si ce n'est eux ? Par suite, les créanciers sociaux ont action contre eux, si l'actif social ne suffit pas à les désintéresser ; en d'autres termes, les associés sont tenus du passif *personnellement et au delà de leurs mises.*

Dans les temps modernes cette règle est devenue fort gênante : *on veut s'associer en limitant son risque au montant de sa mise.* On ne peut le faire qu'en entrant dans une société montée par actions : l'*actionnaire* n'est pas personnellement tenu des dettes sociales ; il ne risque que sa mise. Il arrive même dans un certain genre de sociétés (les sociétés anonymes) que tous les associés sont dans cette situation et qu'aucun d'eux n'est tenu personnellement des dettes sociales : les tiers qui traitent avec la société n'ont pour gage que l'actif social.

Naturellement on a cherché à procurer ce même bénéfice aux associés dans une société civile ordinaire, n'ayant pas divisé son capital en actions et ne s'étant pas astreinte à observer les règles et les précautions que la loi impose aux sociétés anonymes. La convention est nulle, ou tout au moins elle n'est pas opposable aux tiers. Ainsi a jugé la Chambre des requêtes (Cass., 21 févr. 1883, D. 83. 1. 217, S. 84. 1. 361), et elle a bien jugé. Les critiques qui accompagnent cet arrêt dans les recueils me paraissent tout à fait fausses et partir d'un système qui méconnaît entièrement la formation historique de la théorie des sociétés.

C. — Partage des bénéfices et des pertes.

*** 1968. Importance des règles légales.** — Sur ce point le droit civil prend en quelque sorte sa revanche et formule quelques-unes des règles fondamentales des sociétés, car c'est à ce partage des bénéfices que tout vient aboutir, le contrat n'ayant pas d'autre but.

*** 1969. Prohibition des sociétés léonines.** — Une règle essentielle *est que chaque associé ait droit à une part des gains. Il est donc défendu de* convenir que l'un *des associés prendra pour lui seul la totalité des bénéfices* (art. 1855, al. 1). *Ce serait une « société léonine »*, *par allusion à la fable* du lion qui, étant allé à la chasse avec d'autres animaux, s'empara seul de toute la proie (POTHIER, *Société*, n° 12). La qualification remonte à l'antiquité (*Digeste*, liv. XVII, tit. 2, fr. 29, § 2).

*** 1970. Clause affranchissant un associé des pertes.** — En sens inverse, il serait tout aussi contraire à l'esprit du contrat d'affranchir entièrement un associé de tout risque de perte ; celui-là serait associé pour les chances de gain et non pour les risques. Aussi pareille clause est-elle prohibée par la loi (art. 1855, al. 2).

Cette prohibition est une de celles qui gênent le plus les conventions dans la pratique. Beaucoup de gens consentiraient à entrer dans une société si on pouvait les assurer contre tout risque de perte, et les autres associés, pour se procurer leur concours, y consentiraient volontiers : l'art. 1855 les en empêche. On a inventé, pour le tourner, diverses combinaisons ingénieuses, notamment un système d'assurances contre ce risque. Voyez-en un exemple dans Cass., 9 juin 1890, D. 90. 1. 409.

*** 1971. Sanction.** — La double prohibition de l'art. 1855 est sanctionnée par la *nullité*. Cette nullité porte, en principe, seulement sur la cause prohibée par la loi ; mais l'ensemble de la convention peut être entraîné dans sa chute, s'il résulte des circonstances que cette stipulation a été la raison déterminante du contrat.

*** 1972. Conventions permises.** — Malgré ces prohibitions, les parties peuvent encore se mouvoir dans de larges limites. Ainsi il n'est nullement nécessaire que toutes les parts des associés soient égales, et la disproportion est souvent énorme en fait. Il n'est pas même nécessaire que la part d'un associé dans les pertes soit la même que celle qu'il prend dans les bénéfices.

***1973. Cas où la convention est muette.** — Si l'acte de société n'avait pas fixé la part de chacun dans les bénéfices ou dans les pertes, ces parts seraient *proportionnelles aux mises* (art. 1853, al. 1). A l'égard des associés qui font un apport en industrie et non en nature, la loi fixe leur part d'après celle de l'associé qui a le moins apporté (art. 1853, al. 2). Cette décision est purement arbitraire, car il est possible que le travail de cet associé ait une valeur bien supérieure à celle des apports en nature ou en argent des autres associés ; mais elle n'est pas gênante, car la première chose à laquelle pensent les associés c'est de fixer, par une clause spéciale, la part de chacun.

D. — Des cessions de parts.

1974. Droit de disposition appartenant à chaque associé. — Un associé a-t-il le droit de céder sa part à un tiers pour se retirer de la société ? Cela dépend des cas. Si la société a été contractée en considération de la personne, la cession de la part est impossible, à moins qu'elle n'ait été prévue et autorisée par les statuts. S'il s'agit d'une société de capitaux, où la considération des personnes est indifférente, la cession de la part est possible, sauf les restrictions conventionnelles qui peuvent être apportées à ce droit.

1975. Des croupiers. — La société, étant un contrat, ne peut exister qu'entre les personnes qui ont contracté ensemble pour l'établir. Il résulte de là qu'après la formation *d'une société l'un des associés ne peut y introduire un nouveau membre, sans le consentement de tous les autres*. L'art. 1861 lui refuse ce droit, même quand il est chargé de l'administration de la société. L'adjonction d'un nouvel associé n'est pas un acte de gestion de la société existante ; c'est une modification au pacte fondamental de la société, et qui équivaut à la formation d'une société nouvelle.

Mais la loi permet à chaque associé de s'adjoindre quelqu'un pour partager avec lui les risques et les bénéfices de sa part. Il se forme alors une petite société en sous-ordre entre cet associé et le tiers avec lequel il traite, sans que les autres associés puissent profiter ou souffrir de cette convention à laquelle ils sont restés étrangers (art. 1861). Le tiers ainsi associé en sous-ordre aux opérations de la société s'appelle un *croupier*[1].

§ 6. — *Dissolution des sociétés.*

A. — Causes de dissolution.

1976. Énumération. — La loi a énuméré dans l'art. 1865 les causes qui entraînent la dissolution d'une société, mais son énumération n'est pas complète.

1977. Expiration du temps convenu. — Les associés fixent ordinairement, par une convention spéciale, la durée de leur société. S'ils n'ont rien dit, la loi en borne d'office la durée à la vie des associés.

[1] L'emploi de ce mot dans les jeux de cartes ou de dés est très ancien. C'est une allusion à l'habitude qu'avaient jadis les gens qui voyageaient à cheval, quand les carrosses étaient rares et les chemins mauvais, de prendre quelqu'un en croupe pour lui rendre service.

Les associés peuvent empêcher la société de se dissoudre à l'arrivée du terme, en consentant une *prorogation*, dans les mêmes formes que le contrat primitif (art. 1866). Naturellement cette convention doit être faite avant l'échéance fixée ; plus tard, il ne pourrait plus être question que de la formation d'une nouvelle société, et non de la prorogation de l'ancienne.

1978. Perte totale du fonds social. — La société s'éteint alors *par la perte de la chose* ; elle périt faute d'objet. Comp. art. 1302. Quand il n'y a qu'une perte partielle, la société n'est pas nécessairement finie, mais sa dissolution peut être prononcée par le juge. Comp. art. 1871 et L. 24 juillet 1867, art. 37.

1979. Consommation de la négociation. — La société prend alors tout naturellement fin (art. 1865-2°). Comp. l'art. 1844, qui répète inutilement la même chose en fixant comme terme aux sociétés fondées pour une affaire à durée limitée, le temps que doit durer cette affaire.

1980. Mort de l'un des associés. — C'est la conséquence du caractère primitif qu'avaient les sociétés en droit romain : on s'associe avec une personne que l'on connaît et non avec ses héritiers, que l'on ne connaît pas ; la société se forme « intuitu personæ » ; elle se dissout donc quand l'un des associés meurt.

Mais cette règle n'a rien d'obligatoire et l'on peut convenir que la société continuera malgré la mort de l'un des associés et cela peut se faire de deux façons :

1° *On stipule que la société continuera entre les survivants.* En ce cas les héritiers de l'associé décédé n'ont droit qu'à la liquidation de sa part (art. 1868).

2° *On stipule que les héritiers du décédé le remplaceront dans la société.* S'il se trouve parmi eux un mineur, sa minorité ne fait pas obstacle à l'application de cette clause (Cass., 10 mars 1885, D. 85. 1. 441, S. 86. 1. 410).

1981. Interdiction d'un associé. — La société est dissoute, sans qu'il y ait à distinguer si l'interdiction est légale ou judiciaire. Mais on peut convenir que la société continuera malgré cette interdiction (Cass., 10 mars 1885 précité).

1982. Faillite ou déconfiture d'un associé. — La loi n'a parlé que de la déconfiture, mais la faillite produit le même effet (Cass., 4 août 1880, D. 81. 1. 464, S. 81. 1. 56) ainsi que la liquidation judiciaire (Poitiers, 26 déc. 1892, S. 94. 2. 297). Le tout, sauf convention contraire.

1983. Perte d'un apport. — La loi a prévu le cas où un des associés se trouverait dans l'impossibilité de réaliser son apport et décide que la société est dissoute si la perte survient *avant que l'apport soit effectué* (art. 1867). Cet article, assez mal rédigé d'ailleurs, est dépourvu d'utilité pratique : le transfert de la propriété de l'apport se trouvant consommé par le seul consentement, c'est-à-dire d'une manière immédiate par le contrat même, il est impossible de concevoir une perte fortuite survenant entre le contrat et la réalisation de l'apport. Une fois que le droit promis est devenu propriété sociale, la chose sur laquelle porte ce droit est naturellement *aux risques de la société*, et sa perte n'en amène point la dissolution si ce n'est dans les termes qui ont été indiqués plus haut (ci-dessus n° 1978). Voyez cependant LAURENT, t. XXVI, n° 268.

1984. Dissolution volontaire. — Les associés peuvent toujours mettre fin à leur société quand telle est leur volonté unanime. De plus, quand la durée de la société est *illimitée,* la loi accorde le droit d'y mettre fin à tout associé, même à un seul, *agissant individuellement,* au moyen d'une renonciation notifiée aux autres (art. 1869). Cette renonciation n'est pas une simple démission, qui laisserait la société subsister entre les autres, c'est une dissolution imposée à tous par la volonté d'un seul, et entraînant une liquidation générale. C'est là un gros péril pour les sociétés : elles sont nécessairement ou temporaires ou résolubles à tout moment par un caprice.

La disposition de la loi étant d'ordre public, parce qu'elle est destinée à protéger la liberté individuelle, aucune combinaison ne peut permettre d'y échapper [1].

D'autre part, la loi veut que cette renonciation ne soit faite *ni de mauvaise foi ni à contre-temps* : elle est de mauvaise foi, si l'associé se retire « pour s'approprier un profit que les associés s'étaient proposé de recueillir en commun » ; elle est faite à contre-temps, « lorsque les choses ne sont plus entières et qu'il importe à la société que sa dissolution soit différée » (art. 1870). Disposition bien vague, qui compromet singulièrement la liberté que la loi prétend assurer aux associés.

1985. Dissolution par justice. — Dans les sociétés dont la durée a été fixée par la convention, la loi (art. 1871) permet aux tribunaux de prononcer la dissolution *pour justes motifs,* dont la légitimité et la gravité sont laissées à l'arbitrage des juges.

La loi cite comme exemples le manquement d'un associé à ses engagements (analogie avec l'art. 1184) et une infirmité qui le rendrait inhabile aux affaires de la société. Comp. Cass., 15 mars 1881, D. 82. 1. 421, S. 81. 1. 221 ; Rennes, 7 déc. 1893, D. 94. 2. 87.

Dans tous les cas de ce genre, la dissolution de la société n'a pas lieu de plein droit ; elle résulte seulement du jugement qui la prononce.

B. — Effets de la dissolution.

1986. Du partage. — La société une fois dissoute, il faut la liquider et la partager. Pour ce partage, l'art. 1872 renvoie aux règles établies dans le Code à propos du *partage des successions.* Ce renvoi rend applicables au partage des sociétés les règles concernant : 1° les *formes de l'acte,* 2° la *composition des lots* (art. 826 et 832) ; 3° la *garantie en cas d'éviction* (art. 884 et suiv.) ; 4° la *rescision pour lésion* (art. 887 ; 5° le principe sur l'*effet déclaratif du partage* (art. 883) [2].

Cependant, malgré la forme absolue du renvoi contenu dans l'art. 1872, il y a des règles qui doivent être considérées comme spéciales au partage des successions, parce qu'elles tiennent non à l'*opération du partage,* envisagée en elle-même, mais *à la provenance et à la nature de la masse à partager.* Telles sont les règles du *retrait successoral* (art. 841) et la disposition de l'art. 856 (Cass., 24 févr. 1879, D. 79. 1. 103, S. 79. 1. 169). Voyez aussi pour l'art. 882, qui déroge aux règles ordinaires de l'action Paulienne, Cass., 23 mai 1895, S. 95. 1. 385.

[1] Cependant n'y arriverait-on pas en stipulant un terme plus long que la vie humaine ? L'art. 1869 est inapplicable aux sociétés dont la durée est limitée.

[2] On entend par là une fiction d'après laquelle les copartageants, au lieu d'être considérés comme ayant échangé entre eux des portions indivises pour se constituer des lots distincts, sont censés tenir leurs lots directement du défunt, de façon que chacun d'eux soit l'ayant cause immédiat du défunt et non pas l'ayant cause de ses copartageants.

CHAPITRE II

DES ASSOCIATIONS

1987. Bibliographie. — 1° GÉNÉRALITÉS. — G.-D. WEIL, *Le droit d'association et le droit de réunion devant les Chambres et les Tribunaux* (étude historique), Paris, 1893, in-12. — COMTE DE VAREILLES-SOMMIÈRES, *Du contrat d'association*, Paris, 1893 ; du même, *Les personnes morales*, Paris, 1902. — WORMS, *De la liberté d'association au point de vue du droit public*, 1887. — LAMY et autres, *Études, notes et rapports présentés au Congrès tenu à Paris les 25-27mai* (1899), Paris, 1899. — EUG. ROSTAND, *La loi sur les associations...* dans la *Revue politique et parlementaire*, 10 mai 1901, avec une réponse de M. Trouillot. — JEAN CLOS, RENÉ WORMS, etc., *Série d'études sur le droit d'association dans les législations étrangères*, Paris, Impr. nation., 1899. — VAN DEN HEUVEL, *De la situation des associations sans but lucratif en France et en Belgique*, Bruxelles et Paris, 2e édit., 1884. — Voyez aussi les ouvrages indiqués ci-dessus, n° 1965.

2° SPÉCIALITÉS. — Il existe de nombreuses études spéciales sur les différentes espèces d'associations, principalement pour les *syndicats professionnels*, les *syndicats agricoles*, les *associations syndicales* et les *communautés religieuses*. Voyez, entre autres, LAISNÉ-DESHAYES, *Du régime légal des communautés religieuses en France*, 2e édit., 1868. — SIMONNET, *Des congrégations religieuses non autorisées dans l'État*, 1891. — EDMOND ROUSSE, *Les Associations religieuses et les vœux monastiques*, 23 p. 8°, Paris, 1900 (sans date). — LEDRU et WORMS, *Commentaire de la loi sur les syndicats professionnels*, 1885. — GLOTIN, *Étude historique, juridique et économique sur les syndicats professionnels*, 1892. — HUBERT-VALLEROUX, *Les corporations d'arts et métiers et les syndicats professionnels en France et à l'étranger*, 1885. — GAIN, *Les syndicats professionnels agricoles*, 1891. — GAIN, *Traité théorique et pratique des associations syndicales*, 1884.

1988. Définition. — L'association est le contrat par lequel plusieurs personnes mettent en commun leur activité et, au besoin, des revenus ou des capitaux dans un but autre que de partager des bénéfices (L. 1er juillet 1901, art. 1er). Sa raison d'être est qu'elle permet d'atteindre un but ou d'exercer une influence que l'isolement des individus rendrait plus difficile ou même impossible.

L'association se distingue de la simple réunion par sa permanence. La *réunion* est une rencontre passagère de personnes qui n'ont entre elles aucun engagement [1]. Des personnes qui se réuniraient souvent, toujours les

[1] On a parfois cherché ailleurs la différence à faire entre la réunion et l'association, en disant : on se réunit pour discuter, on s'associe pour agir (*Grande encyclopédie*, t. IV, p. 291). La formule est saisissante, mais elle n'est pas vraie : nombre de sociétés savantes ou littéraires n'ont d'autre but que l'échange des idées ; d'autre part, la simple discussion publique est un *acte* : c'est la *propagande*. — Les simples réunions sont autorisées d'une façon très large depuis l'*Empire libéral* (L. 10 juin 1868), et leur régime a encore été amélioré par la loi du 30 juin 1881. Malheureusement les mœurs détruisent l'effet des lois ; établie dans les textes, la liberté de réunion n'existe pas toujours en fait, et toutes les fois qu'il s'agit d'un objet touchant à la politique, il faut tenir une *réunion privée* si on ne veut pas se faire assommer, et les réunions privées elles-mêmes sont fréquemment empêchées par la violence.

mêmes et pour le même but, finiraient par constituer une association. Comp. DUCROCQ, 6e édit., t. I, n° 748.

L'association se prête aux emplois les plus variés; toutes les formes de l'activité humaine sont susceptibles de s'exercer au moyen de l'action collective d'hommes associés. On ne peut donc pas définir l'association par son objet, qui varie indéfiniment, mais seulement par ses caractères intrinsèques.

§ 1. — *Distinction de l'association et de la société.*

* **1989. Intérêt de la distinction.** — Entre la société et l'association il y a une différence profonde de régime : la société a été de tout temps prévue et permise par le droit français, placée au nombre des contrats reconnus, et régie jadis par les coutumes et les ordonnances, de nos jours par la législation tant civile que commerciale ; au contraire, jusqu'en 1901, l'association est restée en dehors du droit positif et écrit, la loi civile l'ignorait, et elle n'était prévue que par la loi pénale qui en faisait un délit ; elle vivait en fait sous le bon plaisir de l'administration. Actuellement l'association fait l'objet d'une loi importante, promulguée le 1er juillet 1901 ; elle est donc permise, mais soumise à des règles toutes différentes de celles qui régissent les sociétés ordinaires.

* **1990. Distinction d'après le but du contrat.** — La société proprement dite est caractérisée par son *but lucratif* : qu'elle soit civile ou commerciale, les associés se sont entendus et ont agi en commun pour gagner de l'argent, pour se partager des bénéfices [1]. La véritable *association* est celle qui ne se propose pas pour but la poursuite et le partage de *gains*.

De là l'importance que cette circonstance prend dans la définition légale de l'association (L. 1er juillet 1901, art. 1er) : tout le régime qui lui est applicable dépend de là [2].

Ordinairement les associations (charitables, littéraires, artistiques, etc.) poursuivent *un but d'intérêt général* ; elles agissent dans l'intérêt d'autrui et non dans l'intérêt personnel de leurs membres, tandis que les sociétés ont un objet *essentiellement égoïste.*

Il arrive cependant qu'une association se forme dans l'intérêt personnel de ses membres : si l'avantage qu'elle leur procure ne se présente pas sous la forme d'un partage de béné-

[1] Cette formule, qui est celle de la loi de 1901, est un peu étroite : c'est plutôt *avantage pécuniaire* qu'il faudrait dire, car il peut y avoir *société sans partage de bénéfices* ; le Code civil reconnaît, en effet, que la société peut avoir pour objet le simple *usage* d'une chose déterminée (art. 1841). Ainsi deux amis qui achèteraient une maison de campagne pour en jouir en commun feraient un contrat de société, et non une association, et cependant ils n'en retireraient qu'une jouissance en nature et non des bénéfices en argent. Comp. ci-dessus n° 1943.

[2] Ainsi les *sociétés de courses* sont des associations et non des sociétés véritables (Cass., 2 janv. 1894, S. 94. 1. 129, note de M. Lyon-Caen). Ainsi encore il a été jugé que la *fondation d'écoles* ne peut pas faire l'objet d'une société civile, si cette société n'a pas pour but la réalisation des bénéfices (Cass., 29 nov. 1897, D. 98. 1. 108).

fices, cette *association* n'est pas une *société*. Exemples : une *communauté religieuse*, qui assure à ses membres la vie calme et contemplative du cloître ; un *cercle*, qui donne aux adhérents des facilités de réunion, des distractions, et un *syndicat*, qui sert et défend les intérêts professionnels d'une industrie ou d'un commerce, etc. [1], sont des associations et non des sociétés.

1991. Cas spéciaux. — Parfois la distinction devient plus délicate, mais se résout toujours d'après le même principe. Ainsi une *association coopérative de consommation* est une société ; une *compagnie d'assurances mutuelles* n'en est pas une. Dans les coopératives de consommation, les associés s'entendent pour acheter en commun, en grandes masses et directement chez le producteur, des produits que chacun d'eux paierait plus cher en s'adressant aux intermédiaires du commerce de détail. Chacun d'eux gagne une partie du prix d'achat ; il évite une dépense, et l'économie faite est l'équivalent d'une rentrée de fonds : les bénéfices réalisés par l'achat en commun se répartissent entre tous les associés proportionnellement à leur consommation particulière.

Au contraire, dans l'assurance mutuelle, chaque membre de l'association s'engage à supporter une quote-part dans les sinistres qui peuvent atteindre un ou quelques-uns des assurés ; il y a donc répartition d'une perte et non partage d'un bénéfice [2]. Comp. Cass., 27 juill. 1880, D. 81. 1. 165, S. 81. 1. 245.

§ 2. — *Histoire de la législation et de la jurisprudence.*

A. — Prohibition légale des associations.

1992. Origine de la prohibition. — La révolution détruisit tous les anciens *corps* ou groupements de personnes qui existaient jadis en France. Voyez notamment pour les *associations professionnelles* la loi du 14 juin 1791 [3] et pour les *congrégations religieuses* les lois du 13 février 1790 et du 18 août 1792.

Malgré cela, le droit nouveau laissait aux citoyens une grande liberté pour se réunir, et l'on ne distinguait pas alors, comme nous le faisons aujourd'hui, le *droit de réunion* et le *droit d'association* ; on sait quel rôle prépondérant les clubs ont joué pendant les années les plus critiques de la Révolution. La Constitution du 5 fructidor an III limita assez sérieusement ces deux droits confondus en un seul (art. 360 à 364).

Puis vint le Code pénal de 1810, dont les art. 291 et 292 ont régi la France jusqu'en 1901. D'après ces textes l'association, dès qu'elle comptait plus de vingt membres, était un *délit* ; elle devait être *dissoute*, et des amendes de 16 à 200 francs pouvaient être

[1] Les associations dites *tontines*, fort rares aujourd'hui, sont dans ce cas. Des personnes se réunissent, forment une masse au moyen de mises particulières et conviennent qu'à la mort de chacun d'eux sa part accroîtra aux autres, de façon que le dernier vivant soit propriétaire du total. Il y a bien un profit pécuniaire, mais il est aléatoire, et ne se partage pas entre les membres.

[2] Je suis ici l'opinion commune, mais j'avoue qu'un doute me reste ; je ne vois pas bien la différence entre ces deux espèces d'associations. Est-ce que l'assurance pratiquée en commun n'est pas une application de l'idée de coopération : un service obtenu à moins de frais par la suppression d'un intermédiaire coûteux ? Ceux qui s'assurent mutuellement sont des *consommateurs d'assurances*, qui ont besoin de ce contrat, comme d'autres ont besoin de bois et de charbon, et qui s'entendent pour l'avoir au meilleur compte possible.

[3] Voici les dispositions principales de cette loi : « L'anéantissement de toutes les espèces de corporations des citoyens du même état et profession étant une des bases fondamentales de la Constitution française, il est défendu de les rétablir en fait, sous quelque prétexte et quelque forme que ce soit » (art. 1er). « Les citoyens d'un même état ou profession ne pourront, lorsqu'ils se trouveront ensemble, se nommer ni présidents, ni secrétaires, ni syndics, tenir des registres, prendre des arrêtés ou délibérations, former des règlements *sur leurs prétendus intérêts communs*... » (art. 2). On sait que les anciennes *communautés de métiers*, appelées improprement de nos jours *corporations*, avaient été abolies par Turgot (édit de janvier 1776 sur les *maîtrises et jurandes*), et les nouveaux corps de métiers rétablis après sa chute, dès le mois d'août 1776, différaient sensiblement des anciens.

prononcées contre ses fondateurs et directeurs ainsi que contre les personnes qui lui fournissaient les locaux de ses réunions. C'était la prohibition complète, au moins en principe, de toute association.

Comme certaines associations cherchaient à échapper à la prohibition légale en se fractionnant en groupes de moins de vingt membres, et que les sociétés secrètes inquiétaient le gouvernement de Louis-Philippe, on fit une loi (10 avril 1834) qui déclarait le Code pénal applicable même aux associations ainsi subdivisées.

1993. Autorisation administrative. — La prohibition portée par le Code pénal n'était pas absolue. Il y était dit que les associations de plus de vingt membres pourraient se faire *autoriser par le gouvernement*. Aucune loi n'avait réglé la forme de cette autorisation; elle se donnait à Paris par le préfet de police; partout ailleurs par le préfet du département. Elle n'avait pas pour effet de conférer à l'association la *personnalité* (aptitude à posséder); elle n'avait d'autre but que de la rendre *licite*, d'en effacer le caractère délictueux. Comp. t. I, 1re édit., n° 705; 2e édit., n° 2001.

Cette autorisation administrative était essentiellement *révocable*. L'association vivait donc sous le régime du *bon plaisir* administratif. Mais, depuis 1870 surtout, l'administration se montrait de plus en plus tolérante, et même bienveillante, envers les associations privées. Un grand nombre se sont fondées et ont grandi avec l'appui ou la faveur des pouvoirs publics, et celles mêmes qui se fondaient sans autorisation aucune étaient tolérées tant qu'elles n'attiraient pas sur elles l'attention du gouvernement par une attitude hostile. En temps ordinaire, les associations vivaient tranquilles; dès qu'une crise éclatait et que les passions politiques s'échauffaient, le vice du système apparaissait, et les poursuites pleuvaient sur des citoyens qu'en d'autres temps le gouvernement lui-même aurait encouragés [1].

1994. Emploi des formes de la société civile. — En attendant un régime plus net, beaucoup d'associations s'étaient fondées et fonctionnaient en ayant simplement adopté la forme d'une société civile qui leur servait à posséder des biens en commun, sans les garder dans l'état incommode de l'indivision (Voyez t. I, 1re édit., n° 1223; 2e édit., n° 1150). Depuis que la jurisprudence a admis la personnalité des sociétés civiles (ci-dessus n° 2002), ce procédé paraissait offrir aux congrégations qui se proposent la vie en commun un terrain solide et un abri sûr, car l'art. 1841 admet qu'une société peut avoir pour objet simplement l'*usage* de certaines choses : l'habitation en commun dans une maison est évidemment un genre d'usage qui rentre dans la définition légale et qui suffit à constituer l'objet d'une société [2]. Le progrès des idées et des faits sur ce point était dû en grande partie aux publications de M. de Vareilles-Sommières (ci-dessus n° 1987) [3]. Comp. Bruxelles, 13 mai 1861 et Cass. belge 17 mai 1862, *Pasicrisie*, 1861, 2. 191 et 1862, 1. 274, analysés dans Laurent, t. XXVI, nos 197 et 198.

B. — Individualité des associations simplement autorisées.

1995. Difficulté des reconnaissances d'utilité publique. — Quand une association voulait se fonder et se développer, elle cherchait à obtenir sa *reconnaissance* comme *institution d'utilité publique*. Cette reconnaissance résulte d'un décret rendu après avis du Conseil d'État. Voyez t. I, 1re édit., n° 702, et 2e édit., n° 1998. Elle avait pour effet de conférer à l'association ce qu'on est convenu d'appeler la *personnalité*

[1] Principaux exemples : 1° poursuites exercées sous le second Empire contre les premiers syndicats d'ouvriers; 2° dissolution de certaines congrégations religieuses en vertu des décrets du 29 mars 1880, dont l'exécution stricte a soulevé tant de difficultés qu'on a fini par y renoncer; 3° poursuites exercées en 1899 contre la Ligue des patriotes et la Ligue de la patrie française.

[2] On vit surtout se constituer des sociétés civiles pour prendre à leur compte, en apparence tout au moins, la propriété des biens de la congrégation. Ces sociétés étaient composées indifféremment soit de membres de la congrégation, soit de personnes étrangères.

[3] Voyez cependant un décret de la S. Congrégation de la Propagande du 15 déc. 1840 cité dans Laurent, t. XXVI, n° 196, et les textes et auteurs cités par Laurent.

civile, qui lui permettait de posséder un patrimoine collectif, distinct des patrimoines individuels de ses membres. Sur cette forme de propriété, voyez t. I, 1re édit., nos 675 et suiv., 2e édit., nos 1953 et suiv.

Malheureusement ces reconnaissances d'utilité publique ont toujours été rares. C'est une faveur que le gouvernement concède arbitrairement et que certaines sociétés se gardaient bien de solliciter parce qu'elles savaient d'avance qu'elle leur serait systématiquement refusée. Même quand l'association n'avait pas de couleur politique et ne pouvait pas porter ombrage au gouvernement, le Conseil d'État exigeait avec raison certaines preuves : il fallait que l'association fût déjà organisée ; qu'elle eût démontré son utilité et sa vitalité par un certain temps d'existence, enfin qu'elle possédât déjà un capital assuré. On exigeait au moins 10 000 francs. Par suite toutes les sociétés qui se fondaient passaient par une première phase, qui était pour elles une sorte de *stage* ou de *temps d'épreuve*, et qui pour beaucoup se prolongeait indéfiniment. En beaucoup de cas, les associés estimaient inutile de solliciter cette reconnaissance.

1996. Création de la jurisprudence. — La jurisprudence eut à déterminer la condition juridique des associations qui se trouvaient dans cet état. Elle était arrivée à construire pour elles une organisation particulière qui formait *un étage intermédiaire* entre l'inexistence absolue de l'association méconnue par la loi et le régime de la personnalité pleine et entière, qui est pour les associations l'état parfait. Cette situation intermédiaire était restée inaperçue des auteurs qui ont écrit sur le droit civil, enfouie dans les recueils d'arrêts et elle n'avait pas même de nom, lorsque je l'ai signalée et qualifiée dans ma première édition (t. I, nos 738 et suiv.)[1]. Le nom d'*individualité* que je lui ai donné est emprunté aux arrêts de la Cour de cassation (Cass., 30 août 1859, D. 59. 1. 365, S. 60. 1. 359 ; Cass., 25 mai 1887, D. 87. 1. 289, P. 87. 1. 240, S. 88. 1. 161 ; Cass., 2 janv. 1894, D. 94. 1. 81, P. 94. 1. 175, S. 94. 1. 129, note de M. Lyon-Caen ; Besançon, 29 mars 1899, D. 1900. 2. 401 et la note).

1997. Associations douées d'individualité. — Ce régime profitait à celles qui avaient été simplement *approuvées* par les préfets, sans être régulièrement déclarées d'utilité publique par décret.

Les arrêts parlent en outre d'une *seconde condition* : il fallait que la société poursuivît *un but d'utilité générale* (motifs des arrêts de 1859, 1887 et 1894 précités). Par conséquent les sociétés d'études ou de plaisir, fondées pour l'intérêt de leurs membres, ne bénéficiaient pas de l'individualité. Toutefois certains arrêts paraissent bien avoir étendu le même bénéfice à des sociétés dont le but était entièrement égoïste (Cass., 26 juin 1866, D. 66. 1. 334, S. 66. 1. 358 ; Cass., 24 nov. 1875, D. 76. 1. 115, S. 76. 1. 166 ; 19 [et non 29] nov. 1879, D. 80. 1. 85, S. 80. 1. 56).

1998. Avantages attachés à l'individualité. — L'association douée d'individualité possédait un double avantage : l'un est relatif à *la forme des procédures* ; c'est le premier qui a été signalé et c'est lui qui a été la raison pratique de toute cette création ; l'autre avantage, qui n'est que la suite du premier, concerne la *conclusion des contrats*.

1° Procédures. — Il y avait dans la pratique un *obstacle insurmontable au fonctionnement* d'une foule d'institutions utiles. En cas de procès il fallait adresser l'*assignation* et toutes les *significations* nécessaires au cours de l'instance à des centaines et à des milliers de personnes ; c'était rendre toute procédure impraticable. C'est pour cela que la jurisprudence avait accordé aux associations une sorte de cohésion, qui leur permettait d'être représentées en justice par leurs administrateurs, c'est-à-dire par une ou plusieurs personnes, très peu nombreuses. La plupart des arrêts étaient, en effet, fondés sur cette considération et faisaient valoir l'avantage pratique qui en résultait pour la collectivité, de *pouvoir agir ou être actionnée en justice par ses représentants*, ce qui rendait la procédure simple et peu coûteuse. C'est sous cette forme que l'idée

[1] J'abrège ici l'exposé de cette jurisprudence, qui n'a plus qu'un intérêt rétrospectif. Elle se trouve plus longuement analysée dans la première édition.

nouvelle s'est d'abord fait jour dans la jurisprudence (arrêts du 20 février 1844, du 21 mai 1851, du 30 août 1859, et autres indiqués ci-dessus et ci-dessous). On commença par admettre que les administrateurs de l'association pourraient agir en justice en son nom *quand les statuts leur conféraient spécialement ce pouvoir* (Cass., 21 mai 1851, D. 51. 1. 124; Cass., 30 août 1859, D. 59. 1. 365). Puis on fit un pas de plus: on considéra que ce pouvoir rentrait naturellement dans leur fonction d'administrateurs, et il était admis depuis longtemps que la représentation juridique de la collectivité par ses syndics ou gérants, quel qu'en fût le titre, avait lieu *même si ce mandat n'était pas spécialement exprimé dans les statuts* (Cass., 25 mai 1887, D. 87. 1. 289, P. 87. 1. 240).

2° Contrats. — Là ne s'arrêtait pas l'avantage du système de la jurisprudence. Il fallait que ces associations pussent, en outre, *fonctionner*, c'est-à-dire agir à l'amiable en dehors de tout litige. On dut permettre, par suite, aux administrateurs de représenter la collectivité, non seulement pour plaider, mais même pour *passer des contrats*. Par exemple les représentants d'une société de courses pouvaient traiter avec des particuliers ou avec une ville pour signer un *contrat de location du terrain de courses*, passer des *marchés de travaux* ou *de fournitures*, etc. Ceci n'avait pas été décidé par les arrêts, mais M. le conseiller Cotelle l'avait reconnu dans le rapport à la suite duquel fut rendu l'arrêt de 1894 (D. 94. 1. 82, P. 94. 1. 175).

1999. Origine de la théorie. — Le système de l'individualité se trouve déjà consacré en termes très clairs dans un arrêt de 1859 [1]. Il faut remonter plus haut pour trouver sa source première ; elle paraît être dans un arrêt de 1844, qui a déclaré qu'une association approuvée par un préfet devait être considérée comme un « établissement public » ; que, par suite, on ne pouvait pas l'assimiler à une simple société civile [2] et qu'il fallait lui permettre d'agir collectivement par ses représentants (Cass., 20 févr. 1844, D. 44. 4, v° Action, n° 3 ; S. 44. 1. 302).

L'origine première de toute cette jurisprudence est donc une *erreur* sur la nature et le but de l'autorisation préfectorale. On a confondu cette autorisation avec la déclaration d'utilité publique. Les particuliers sollicitaient l'approbation du préfet uniquement pour se mettre en règle avec le Code pénal, lequel prohibait les associations de plus de 20 personnes (art. 291) ; quand le préfet approuvait les statuts, cela voulait dire simplement que l'association poursuivait un but *licite*, mais cela ne faisait pas que le contrat d'association eût désormais une valeur *en droit civil*. C'est donc à tort que la Cour de cassation a attribué des *effets juridiques* à l'autorisation préfectorale en déclarant que la société avait le caractère d'établissement public [3]. C'est pourtant en se référant à ces précédents d'une valeur scientifique plus que suspecte que la Cour de cassation a élaboré la doctrine de l'individualité par ses arrêts de 1859, 1864, 1887 et 1894.

C. — Progrès de la législation.

2000. Lois prohibitives de certaines associations. — Outre la loi du 10 avril 1834, déjà signalée, dirigée contre les *sociétés secrètes*, qui pullulaient sous le

[1] On y lit que « les grandes sociétés instituées avec le concours et l'approbation de l'autorité publique, dans un intérêt collectif et territorial qui touche à l'intérêt public,... tiennent de l'adhésion de l'autorité publique à leur institution une individualité véritable et que ce concours de l'autorité consacre leur existence, dans les termes et suivant les règles des statuts qui les régissent... ; qu'elles peuvent dès lors agir judiciairement et que l'on peut agir contre elles en la personne des administrateurs... qui ont le pouvoir de les représenter... » (D. 59. 1. 365).

[2] A cette époque le gérant d'une société civile n'était pas autorisé à agir collectivement au nom des associés, la jurisprudence exigeait encore qu'il eût reçu un mandat spécial de chacun d'eux. Les arrêts qui ont admis l'action collective en matière de société civile sont bien postérieurs (ci-dessus n° 1956).

[3] Ce qui explique l'erreur commise en 1844, c'est qu'à cette époque la théorie de la personnalité civile, la condition légale des établissements publics ou d'utilité publique, ainsi que la distinction à faire entre eux, étaient loin d'être étudiées et élucidées comme elles le sont aujourd'hui.

règne de Louis-Philippe, il faut noter la loi du 14 mars 1872, faite contre l'*Association internationale des travailleurs*, qui avait participé à l'insurrection parisienne de 1871 et contre toute autre association tendant comme elle à l'abolition de la famille, de la propriété et de la religion. Cette loi a été abrogée par la loi du 1er juillet 1901.

2001. Lois permissives de certaines associations. — Avant qu'une loi générale ait été faite sur la matière, plusieurs lois particulières avaient déjà autorisé et réglementé la formation de certaines associations. Dès 1850 un grand changement s'était opéré dans le cours général des idées, et ce qui paraissait dangereux au temps de Napoléon était devenu une chose bonne et utile. La première catégorie d'associations qui fut tirée du néant est la *société de secours mutuels* (L. 15-20 juillet 1850) ; puis vint l'*association syndicale entre propriétaires ruraux* (L. 21 juin 1865), étendue depuis aux propriétés urbaines (L. 22 décembre 1888) ; puis l'*association pour l'enseignement supérieur libre* (L. 12 juillet 1875, art. 10) ; puis, enfin, le *syndicat professionnel* (L. 21 mars 1884) et le *syndicat médical* (L. 30 novembre 1892, art. 13).

2002. Législation sur les clubs. — Les *clubs* sont des sociétés politiques qui se fondent pour faire de l'agitation autour de certaines idées. On sait quelle influence redoutable ils ont exercée en France, pendant les révolutions de 1789 et de 1848. Voyez le mot « Club » dans la *Grande Encyclopédie*. Ils étaient interdits par l'art. 7 de la loi du 30 juin 1881, mais cet article a été abrogé par la loi du 1er juillet 1901 ; et les clubs ne sont plus aujourd'hui que des associations comme les autres, soumises au droit commun.

2003. Projets de réforme et vote d'une loi générale. — Sous la pression de l'opinion publique, tous les ministères qui se sont succédé depuis près de trente ans ont solennellement promis à la France de lui donner une loi sur les associations[1]. Bien des projets ont été élaborés, mais il est probable que nous aurions attendu longtemps encore sans les événements politiques qui ont décidé le cabinet Waldeck-Rousseau à agir vigoureusement contre la compagnie de Jésus et à lui fermer les établissements d'enseignement de France. On voulait aussi se débarrasser de certaines congrégations très actives comme celles des Assomptionnistes. Pour en arriver là on jugea utile de faire une loi générale sur les associations, qui a été promulguée le 1er juillet 1901 (*Journal officiel* du 2 juillet). Sur l'histoire de cette loi et sur les discussions auxquelles elle a donné lieu, voyez le *supplément* du t. 1er, 2e édit.

Les *décrets réglementaires* qui complètent cette loi et qui étaient encore en préparation au moment de la publication du t. 1er, sont au nombre de deux et portent la date du 16 août 1901.

2004. Abrogation des lois antérieures. — L'art. 21 énumère les différents textes abrogés par la loi nouvelle, notamment les art. 291-294 C. pén., la loi du 10 avril 1834 et la loi du 14 mars 1872 sur l'*Internationale*. Puis le texte ajoute : « Il n'est en rien dérogé pour l'avenir aux lois spéciales relatives aux syndicats professionnels, aux sociétés de commerce et aux sociétés de secours mutuels. » La mention des *sociétés de commerce* dans une loi sur les *associations*, est inutile, étant donné surtout que cette loi débute par une définition de l'association qui est inapplicable aux sociétés tant civiles que commerciales ; d'autre part, on a oublié les *associations syndicales* régies par des lois spéciales de 1865 et de 1888, mais il est vraisemblable que cet oubli ne tire pas à conséquence, en vertu du principe : *Generalia specialibus non derogant*, d'autant plus que ces deux lois ne figurent pas parmi celles qu'on a énumérées pour les abroger.

[1] Voyez l'énumération de ces projets dans les Recueils de *lois annotées* de (Dalloz, Sirey et autres, ainsi que dans les *Etats des travaux législatifs* que publie périodiquement l'Office du travail dans ses *Bulletins*. Une liste complète se trouve en note sous le rapport de M. Trouillot du 8 juin 1900 (*Journal officiel*, Chambre, Documents, p. 1217). Le projet Waldeck-Rousseau était le 33e en date depuis 1871.

[2] Projet déposé par M. Waldeck-Rousseau, le 14 novembre 1899 (*Journal officiel*, Chambre des députés, Documents parlementaires, n° 1184, p. 123). Rapport de M. Trouillot, 8 juin 1900 (Chambre, Documents, n° 1692, *Journal officiel*, p. 1217).

2005. Économie générale de la loi actuelle. — La loi se divise en deux parties ; elle est fondée sur une sous-distinction entre les *associations ordinaires* et les *congrégations* ou communautés religieuses. Le régime appliqué aux premières représente le droit commun ; les congrégations sont soumises à des règles exceptionnelles.

§ 3. — *Régime des associations ordinaires.*

A. — Règles générales du contrat.

2006. Liberté de formation des associations. — La loi commence par une déclaration d'allure tout à fait libérale : « Les associations pourront se former librement sans autorisation ni déclaration préalable » (art. 2). Cette disposition équivaut à l'abrogation des art. 291 et suiv. C. pén., abrogés expressément d'ailleurs par l'art. 21. Il en résulte que le fait de former une association n'est jamais délictueux par lui-même, quel que soit le nombre de ses membres. Ce bénéfice n'appartenait antérieurement qu'aux associations ne comprenant pas plus de 20 personnes.

2007. Application du droit commun. — D'après l'art. 1er, le contrat d'association est « régi, *quant à sa validité*, par les principes généraux applicables aux contrats ». Formule vague, dont on ne voit guère l'utilité : quel est le contrat qui n'est pas soumis à ces principes généraux, en tant qu'ils ne sont pas contraires à sa nature ou à des dispositions particulières de la loi ? Les rédacteurs de la loi ont parlé là pour ne rien dire.

D'autre part, le rapporteur du Sénat a émis l'idée que le *silence* d'un père ou d'un mari valait *autorisation tacite* pour un incapable (un étudiant encore mineur, une femme mariée) et lui permettait d'entrer valablement dans une association. Jamais ni un arrêt ni un auteur n'ont vu dans *l'absence d'opposition* un cas d'autorisation tacite ; si les choses se passent ainsi en pratique, il y a une irrégularité, comme il s'en commet tous les jours des milliers.

2008. Rédaction des statuts. — En principe, les associations sont libres de rédiger leurs statuts comme bon leur semble, et cette liberté reste entière pour celles qui veulent vivre à l'état de sociétés simplement déclarées ; mais elle n'existe plus pour celles qui veulent obtenir la déclaration d'utilité publique : le Conseil d'État les oblige à modifier leurs statuts selon certaines formules-types adoptées par lui et en dehors desquelles la faveur qu'elles sollicitent leur est rigoureusement refusée. On comprend la raison de cette jurisprudence : on ne peut accorder la pleine personnalité à des associations dont les statuts pourraient donner lieu à des abus ; mais elle a aussi son danger, qui est d'obliger inutilement toutes les associations à se couler dans le même moule.

2009. Faculté de démissionner. — « Tout membre d'une association qui n'est pas formée pour un temps déterminé peut s'en retirer en tout temps, après paiement des cotisations échues et de l'année courante, nonobstant toute clause contraire » (art. 4). Cette disposition, qui est la sauvegarde nécessaire de la liberté individuelle, n'a soulevé aucune objection.

B. — Publicité des associations.

2010. Forme de la déclaration. — Si l'association veut se constituer régulièrement, ses fondateurs sont obligés de la rendre publique au moyen d'une *déclaration* faite à la préfecture ou à la sous-préfecture de l'arrondissement dans lequel l'association aura son siège social. Il en est donné récépissé (art. 5).

2011. Objet de la déclaration. — Cette déclaration a pour objet :

1° L'*objet* de l'association et le *titre* qu'elle porte ;

2° Le *siège* de ses établissements ;

3° Les noms, professions et domiciles de ses *administrateurs* ou directeurs ;

4° Les *statuts*, dont deux exemplaires doivent être joints à la déclaration.

2012. Publicité supplémentaire. — En cas de changement soit dans les statuts, soit dans le personnel dirigeant de l'administration, ces modifications doivent être *déclarées* de la même manière *dans les trois mois*, et en outre *inscrits* sur un registre spécial dont les autorités administratives ou judiciaires peuvent toujours obtenir communication (art. 5).

C. — Associations illicites.

2013. Nullité des associations illicites. — Comme les individus isolés, les personnes associées peuvent se proposer un objet illicite, et il était impossible d'accorder à l'œuvre collective ce qui est interdit aux actions individuelles. Mais la disposition qui prévoit les associations illicites est une des plus mal rédigés de la loi entière. Sont déclarées *nulles et de nul effet* par l'art. 3 :

1° Les associations *fondées sur une cause illicite*. C'est l'oubli des notions les plus élémentaires : les *contrats* n'ont pas de « cause » ; ce sont les *obligations* qui en ont. Voyez le langage du Code civil dans les art. 1108 et 1131. D'ailleurs la théorie de la cause est aujourd'hui universellement abandonnée et il valait mieux n'en pas parler. La mention qui en est faite ici restera inutile.

2° Les associations qui ont *un objet illicite*. Ici le texte parle un langage clair et correct. Si le but assigné à l'activité des associés est illicite, l'association sera nulle.

2014. Cas où l'objet est illicite. — Le texte énumère ce qui est « contraire aux lois, aux bonnes mœurs ». Il eût mieux valu dire, conformément à la formule consacrée : « Contraire aux lois *ou* aux bonnes mœurs » ; ce qui est *immoral* est assimilé, pour la nullité des contrats, à ce qui est *illégal*. Le sens de la loi n'est pas douteux ; cet article est même inutile : la disposition générale de l'art. 1er, qui renvoie au droit commun, suffisait pour rendre les art. 1131 à 1133 applicables aux associations.

Un amendement qui prononçait expressément la nullité des associations *contraires à l'ordre public* a été rejeté ; il était, du reste, inutile étant donné ce qui vient d'être dit.

Après avoir ainsi statué par voie de disposition générale, les auteurs de la loi ont jugé bon d'annuler spécialement les associations qui se formeraient pour « porter atteinte à l'intégrité du territoire français ou à la forme républicaine de gouvernement ». Cela valait-il la peine d'être dit : ces faits sont des *crimes* (art. 77 et 87 C. pén.). Pouvaient-ils faire l'objet d'un contrat valable ?

Un amendement présenté par M. Alf. Rambaud pour assimiler à ces faits les atteintes projetées « contre la propriété individuelle et contre la liberté du travail » a été rejeté (Sénat, séance du 15 juin 1901). Les preuves décisives du danger d'une grève générale, ou seulement d'une grève des chemins de fer survenant au moment d'une mobilisation, n'ont pu ébranler le Sénat.

D. — Fonctionnement des associations.

1° Associations non déclarées.

2015. Incapacité juridique complète. — Une association peut se fonder sans autorisation, mais elle ne peut vivre et fonctionner utilement qu'à la condition de se soumettre à la loi en se faisant connaître, au moyen de la *déclaration* dont il est parlé ci-dessus (n° 2010). Faute d'avoir fait cette déclaration, elle ne jouit d'*aucune capacité juridique* (art. 2). Par suite elle ne peut ni *ester en justice*, ni *acquérir*, même à titre onéreux, soit des meubles, soit des immeubles ; elle ne peut rien posséder. Elle est licite, voilà tout, et aucune poursuite pénale ne peut être dirigée contre elle à raison du seul fait de son existence.

Il semble cependant, puisqu'on lui permet de se fonder, qu'elle est autorisée à recueillir des *cotisations* et que, si elle est sagement gérée, il en pourra rester un reliquat en caisse, dont l'emploi pourra être fait conformément aux statuts. Mais si ces économies annuelles se transforment en capitaux, les sommes qui les composent se trouvent dans l'indivision entre les membres.

2° Associations simplement déclarées.

2016. Concession de la personnalité. — Quand elle est rendue publique conformément à l'art. 5, l'association possède de plein droit la *personnalité civile*, c'est-à-dire qu'elle peut *posséder un patrimoine collectif*, qui n'est pas dans l'indivision et qui ne se confond pas avec le patrimoine personnel de ses membres (art. 69). C'est un régime libéral déjà appliqué à diverses sortes d'associations par des lois spéciales, et notamment aux syndicats professionnels par la loi du 21 mars 1884.

2017. Restrictions de la capacité d'acquérir. — Une association simplement déclarée est fort loin de jouir de la plénitude de ses droits.

Limitation des sources d'enrichissement. — Tout d'abord on lui enlève l'espoir d'acquérir facilement un gros patrimoine par l'effet de libéralités : elle ne peut recevoir des simples particuliers *ni dons ni legs*. Toutefois elle peut obtenir des *subventions* de l'État, des départements ou des communes, et ces subventions ne sont au fond que des libéralités ; mais elles ne paraissent pas à redouter car elles se borneront toujours à des *subsides annuels*, c'est-à-dire à des revenus.

D'autre part, l'association peut s'enrichir par les cotisations de ses membres. Ici encore on a voulu réduire ses ressources, en limitant à 500 francs la somme qui pourra lui être versée pour le *rachat* des cotisations (art. 6). La somme est peut-être un peu faible : beaucoup d'associations se fondent en conférant le titre de *fondateur* ou de *donateur* aux personnes qui leur versent 1 000 francs ; elles en seront désormais empêchées. Peut-être aussi tourneront-elles la difficulté en se faisant verser pendant deux ans une cotisation de 500 francs, car il est à remarquer (et cela a été signalé dans les discussions du Sénat) que le maximum des cotisations n'a pas été fixé.

Limitation des possessions immobilières. — Si la société fait des économies et se constitue des capitaux, elle est libre d'en opérer le *placement*. Aucun chiffre ne lui est fixé quand il s'agit de valeurs mobilières. Pour les immeubles, on ne l'autorise à posséder que les locaux de ses réunions et les biens qui sont « nécessaires au but qu'elle se propose » (art. 6). Il lui est donc interdit d'acquérir à titre de placement des immeubles de rapport.

2018. Liberté de gestion. — Du reste aucun des actes de gestion ou même d'acquisition n'a besoin d'être *autorisé* ; l'association s'administre elle-même à sa guise ; mais elle ne peut acquérir que par achat ou échange ; les acquisitions gratuites lui sont impossibles.

2019. Actions en justice. — Enfin la loi lui permet, ce qui était bien la moindre des choses, d'*ester en justice*, toujours sans autorisation. C'est l'effet de la personnalité, et c'est un point acquis depuis longtemps pour les sociétés douées d'individualité. Voyez le n° suivant.

2020. Comparaison avec la jurisprudence antérieure. — La situation qui est faite par la loi nouvelle aux associations simplement déclarées rappelle singulièrement le régime institué par la jurisprudence pour les associations simplement approuvées par les préfets. Voyez ce qui est dit ci-dessus de l'*individualité* de ces associations (n°s 1995 à 1999). La différence principale est que le bénéfice de la personnalité appartient maintenant de plein droit aux associations, par l'effet de l'accomplissement d'une pure formalité, et ne dépend plus de la bienveillance préfectorale. Mais la loi actuelle restreint la capacité de posséder des immeubles qui n'était pas limitée auparavant.

3° Associations reconnues d'utilité publique.

2021. Forme de la reconnaissance. — On a maintenu l'ancien système de la déclaration d'utilité publique, au moyen d'un décret rendu après avis du Conseil d'État (art. 10). Cette disposition a été adoptée sans débats. Pour cette formalité, voyez ci-dessus n° 1995.

2022. Restrictions de l'aptitude à posséder. — Les résultats de la reconnaissance ont été réglementés d'une façon restrictive. C'est du reste la première fois qu'une loi s'occupe de la question.

1° *L'association, même reconnue, ne peut posséder que les immeubles nécessaires au but qu'elle se propose* (art. 11). Par suite, si une donation ou un legs lui est fait, contenant des immeubles inutiles à son fonctionnement, ces immeubles doivent être aliénés, et le prix en est versé à la caisse de l'association (même art.). — Cette disposition restrictive constitue une grosse différence entre les associations proprement dites et les sociétés civiles et commerciales, qui sont aptes à posséder des immeubles en nombre illimité. Beaucoup de belles constructions dites « de rapport », à Paris et en province, servent de placement aux capitaux des compagnies d'assurances : les associations ne pourront pas en faire autant. Toujours la crainte de l'extension de la mainmorte, même avec l'autorisation du Conseil d'État.

2° *Les valeurs appartenant à l'association doivent être mises sous la forme de titres nominatifs* (même art.). Autre mesure de défiance, destinée à empêcher la formation de capitaux occultes sous la forme de titres au porteur.

3° Il est interdit aux associations d'accepter des donations mobilières ou immobilières faites avec réserve d'usufruit au profit du donateur. Mesure destinée à réfréner la libéralité des particuliers.

2023. Tutelle administrative. — On maintient naturellement le système de l'autorisation administrative pour l'*acceptation des libéralités* (art. 910, C. civ.; L. 4 février 1901, art. 54). Mais, sauf ce cas, la gestion du patrimoine de l'association est libre ; tous les contrats et autres actes de la vie civile sont accomplis librement par elle, quand ils ne sont pas interdits par les statuts (art. 6).

2024. Nullité des actes frauduleux. — Sur la nullité prononcée par la loi pour les cas où une association chercherait à posséder des biens en dehors des conditions prévues par la loi, voyez t. I, 2e édit., *Suppl.*, nos 10 et 18.

E. — Dissolution des associations.

1° Dissolution volontaire.

2025. Absence de dispositions légales. — C'est aux statuts à régler les conditions de la dissolution ; dans le silence des statuts, une assemblée générale en décidera. La loi ne s'est pas occupée de la dissolution volontaire ; elle y fait seulement allusion dans l'art. 9.

2° Dissolution par autorité de justice.

2026. Compétence. — L'art. 7, qui s'occupe de la dissolution par autorité de justice, donne naturellement compétence au Tribunal civil. Il est sous-entendu que c'est celui dans le ressort duquel l'association a son siège principal.

2027. Personnes pourvues de l'action. — Comme il s'agit de matières qui intéressent directement l'ordre public, la loi ouvre l'action 1° à *tout intéressé*, 2° au *ministère public* (art. 7, al. 1 et 2).

2028. Causes de dissolution. — La loi a prévu deux cas différents :

1° Nullité du contrat. — Il est clair que si l'association est *nulle* parce que son objet est *illicite*, sa dissolution doit être prononcée. C'est ce que dit l'art. 7, al. 1er, et cela avait à peine besoin d'être dit : c'est l'effet de la nullité prononcée par l'art. 3. L'art. 7 n'a vraiment d'utilité propre qu'en ce qu'il ouvre l'action au ministère public.

2° Défaut de déclaration. — D'après l'al. 2 de l'art. 7, il y a également lieu à dissolution « en cas d'infraction aux dispositions de l'art. 5 ». Cet art. 5 est celui qui règle la déclaration et le dépôt des statuts à la préfecture. Il y a là une véritable incohérence : comment une mesure de publicité, qui est présentée par le texte et par toutes les discussions comme *essentiellement facultative*, peut-elle devenir, quand elle a été omise, une cause de dissolution ? Les associations ne sont pas *tenues* de faire cette déclaration et de déposer leurs statuts : il est dit, dans l'art. 1er, qu'elles peuvent se constituer « librement » et dans l'art. 5, la formalité d'une déclaration n'est présentée que comme *un moyen d'obtenir la capacité civile de l'art.* 6. Il résulte de là que celles qui n'éprouvent pas le besoin de bénéficier de ce régime, peuvent se passer de toute déclaration, et vivre à leurs risques, comme elles le pourront, dépourvues de toute personnalité. Sur quoi repose donc le droit de dissolution ? Il n'a plus de base : l'association n'a manqué à aucune loi ; on ne peut lui reprocher de n'avoir pas rempli une formalité que la loi ne lui imposait pas [1].

2029. Pouvoirs des juges. — Le texte de la loi fait une distinction : 1° Si la dissolution est demandée pour violation de l'art. 3, elle est *inévitable* ; elle SERA prononcée, dit le texte en termes impératifs. C'était bien évident, puisqu'il s'agit d'une *nullité absolue fondée sur l'ordre public* : les tribunaux ne pourraient pas en constatant le caractère *illicite* d'un contrat, association ou autre, ordonner néanmoins qu'il produira ses effets.

2° Si la dissolution est fondée sur une infraction à l'art. 5 (défaut de publicité), les juges ne sont plus forcés de la prononcer ; ils peuvent s'en abstenir : elle POURRA être prononcée, dit le texte. Le rapport du Sénat a fait valoir combien cette disposition était conciliante et tempérée ; mais ce qu'on voit moins bien, c'est comment les juges s'y prendraient pour motiver la dissolution. Leur jugement reviendrait à dire : « Attendu que l'association n'était pas tenue de remplir la formalité prévue par l'art. 5, nous la déclarons dissoute pour avoir omis de le faire. »

3° Dissolution par décret.

2030. Causes de dissolution. — On a prévu dans l'art. 12 la formation d'associations soumises à l'influence de l'étranger, soit parce qu'elles se composent en majeure partie de membres de nationalité étrangère, soit parce que leurs administrateurs ne sont pas Français, soit enfin parce que leur siège social est à l'étranger, et on en autorise la dissolution quand leurs agissements tendent à *fausser les conditions normales du marché des valeurs ou des marchandises*, ou à *menacer la sûreté intérieure ou extérieure de l'État*, dans les conditions prévues par les art. 75 à 101 C. pén.

2031. Formes de la dissolution. — La dissolution de ces associations prend le caractère d'une mesure gouvernementale : elle est ordonnée par un décret du président de la République rendu en Conseil des ministres (même art.).

4° Effets de la dissolution d'une association.

2032. Dévolution des biens. — Il faut d'abord régler le sort du patrimoine de l'association. C'est l'objet de l'art. 9. Dans son état actuel, ce texte décide uniquement que les biens de l'association dissoute sont dévolus conformément aux statuts, et, en l'absence de toute disposition statutaire sur ce sujet, il y est pourvu par une assemblée générale. L'association a donc pleine liberté à cet égard.

2033. Interdiction de se reconstituer. — Lorsque l'association est dissoute par un jugement ou par un décret, il lui est interdit de se reformer. Des peines correctionnelles sévères sont établies dans ce but : amendes de 16 à 5 000 francs et emprisonnement de 6 jours à un an (art. 8, al. 2). Ces peines peuvent être prononcées 1° contre les fondateurs, directeurs ou administrateurs de l'association illégalement *maintenue* ou *recons*-

[1] Peut-être l'idée des auteurs de la loi était-elle que l'association s'expose à être dissoute quand elle se constitue un patrimoine sans avoir rempli la formalité légale. Son crime serait alors de *posséder* et de *s'enrichir*. On n'a pas osé ou on n'a pas songé à le dire. Si donc une association se forme à l'état occulte, avec des biens plus ou moins importants, le seul effet de l'omission de toute déclaration sera de placer cet actif *dans l'état d'indivision*, état dangereux et précaire, mais non délictueux, surtout depuis qu'on a abrogé l'art. 291. Peut-être même la constitution d'une société civile à côté d'elle pourra-t-elle obvier à cet inconvénient, en lui constituant une sorte de caissier-dépositaire de son actif : il n'y aurait rien là d'*illicite*, puisque l'association n'est plus *défendue* et que sa formation est même déclarée *libre* par l'art. 1er de la loi nouvelle. Les combinaisons sont permises : entre deux formes légales, également valables, on peut évidemment choisir, ou la personnalité des sociétés civiles, ou celle des associations.

tituée [1]; 2° contre les personnes qui auraient favorisé sa réunion « en *consentant* [2] l'usage du local dont elles disposent ».

§ 4. — *Régime des congrégations religieuses.*

2034. Absence de définition légale. — Depuis longtemps les congrégations religieuses vivent sous un régime exceptionnel, sans avoir jamais été définies par la loi. On a fait de vains efforts pour en obtenir une définition dans la loi nouvelle; c'est donc une question de fait. Il semble que la vie en commun ne suffit pas pour constituer la congrégation religieuse, qui se caractérise en outre par l'acceptation d'une règle; la reconnaissance d'un supérieur, et généralement aussi par le port d'un costume spécial.

En tout cas, la *congrégation* doit être distinguée avec soin de la simple *association religieuse*, laquelle est permise par l'art. 2, en vertu d'un amendement introduit par le Sénat.

2035. Lois diverses sur les congrégations. — Les communautés religieuses reparurent en France après le Concordat, et Napoléon en autorisa quelques-unes par des décrets. Sous la Restauration elles se multiplièrent au point d'inquiéter le gouvernement lui-même. Une loi du 2 janvier 1817 vint permettre aux « établissements ecclésiastiques reconnus par la loi » d'accepter des dons avec l'autorisation du roi. On en a toujours conclu qu'une congrégation nouvelle ne peut se fonder régulièrement qu'*en vertu d'une loi*. Une autre loi, du 24 mai 1825, spéciale aux *congrégations religieuses de femmes*, vint décider que celles qui existaient avant le 1er janvier 1825 pourraient être autorisées par une simple *ordonnance* du roi (décret).

Mentionnons encore les lois relatives au *droit d'accroissement*, lois fiscales qui grèvent lourdement le patrimoine des congrégations et dans l'examen desquelles il ne m'appartient pas d'entrer (L. 28 déc. 1880, art. 4; L. 29 déc. 1884, art. 9; L. 16 avril 1895, art. 3 à 10). Cette dernière a converti le droit d'accroissement en une taxe annuelle.

2036. Renvoi [3]. — Je ne mentionne ici les congrégations que pour mémoire. Elles n'appartiennent au droit civil que par quelques côtés accessoires, principalement pour les *questions de propriété* qui se présentent après leur dissolution et qui font partie de la théorie de la propriété collective [4]. Voyez ce qui en a été dit dans le *Supplément*, à la suite des tables du t. 1er, 2e édit. Les décrets du 16 août 1901, qui ont été publiés après l'impression du t. 1er, ont aggravé plutôt qu'atténué la sévérité des dispositions de la loi contre les congrégations.

[1] Ceux qui auront fait partie d'une association dissoute auront évidemment le droit de fonder une nouvelle association. Comment reconnaîtra-t-on si c'est une association *nouvelle* ou si c'est l'*ancienne* qui se reconstitue ? Il suffira de changer le *titre*. Rappelons ce qui s'est passé sous l'Empire : Un journal satirique, *la Lune*, illustré par André Gill, ennuyait fort le gouvernement. On le supprima : quelques jours après paraissait un nouveau journal, *l'Eclipse*, portant en tête une vignette différente, toujours illustré par André Gill et toujours aussi railleur pour le pouvoir. Dans la guerre aux idées, la répression sera toujours impuissante.

[2] Les minorités de la Chambre et du Sénat ont beaucoup bataillé pour faire insérer le mot « sciemment » dans cette disposition, afin qu'elle ne pût être employée contre des tiers de bonne foi. Tous leurs efforts ont échoué devant le parti pris des majorités; mais il est bien certain que le *délit* suppose ici l'*intention* : on ne peut pas « favoriser » en « consentant », si on ne sait pas de quoi il s'agit. M. Vallé, rapporteur du Sénat, l'a reconnu expressément (*Journal officiel*, Débats du Sénat, 1901, p. 919).

[3] Les nos 2037 à 2046 se trouvent supprimés par suite du remaniement qu'a subi le volume. A partir du n° 2047 le numérotage de la première édition a été conservé.

[4] Au moment où j'écris (commencement d'octobre 1901), aucune mesure n'a encore été prise contre les congrégations qui n'ont pas demandé l'autorisation. Plusieurs se sont dispersées d'elles-mêmes, principalement les Jésuites, les Bénédictins et les Carmes.

LES CONTRATS DE PRÊT

CHAPITRE PREMIER

DU PRÊT PROPREMENT DIT

** **2047. Distinction.** — Il y a *deux espèces de prêt.* Dans l'un, la chose prêtée doit être rendue dans son individualité, l'emprunteur étant seulement autorisé à s'en servir pendant la durée du prêt, sans pouvoir ni l'aliéner, ni la détruire : c'est le *prêt à usage,* le *commodatum* des Romains. Dans l'autre l'emprunteur est autorisé à disposer des choses qu'on lui livre et est seulement tenu d'en rendre d'autres, en égale quantité et de même qualité : c'est le *prêt de consommation,* le *mutuum* des Romains. Comp. art. 1874.

* **2048. Caractère commun aux deux sortes de prêt.** — Sous ses deux formes, le prêt est un *contrat réel,* en ce sens qu'il n'existe comme tel que par la remise de la chose ; selon la formule romaine, il se forme « re »[1]. Mais, dans le prêt à usage, cette remise consiste dans *une simple livraison matérielle* de la chose, dont l'emprunteur devient seulement *détenteur,* et non *possesseur,* tandis que dans le prêt de consommation il en acquiert la *propriété ;* la remise qui lui en est faite est donc véritablement *translative* comme la tradition romaine dans l'ancien « mutuum » (art. 1893).

2049. Conséquences. — Il résulte de cette différence que, dans le prêt à usage, le prêteur reste propriétaire de la chose prêtée et peut la *revendiquer*, l'art. 2279 ne protégeant pas les simples détenteurs précaires, tandis que dans le prêt de consommation, il cesse d'être propriétaire et n'a pour tout droit qu'une simple *action personnelle* contre l'emprunteur.

2050. Durée du prêt. — Le prêt peut être fait pour un temps déterminé, auquel cas le prêteur est obligé de laisser la chose à l'emprunteur jusqu'à l'arrivée du jour convenu. Cette détermination du temps du prêt peut être *tacite* et résulter des circonstances ou de la nature de la chose prêtée. En cas de contestation entre les parties, c'est le juge qui fixera le temps de la restitution en accordant à l'emprunteur un délai « suivant les circonstances » (art. 1900). Même solution au cas où il a été convenu que l'emprunteur restituerait « quand il le pourrait ou quand il en aurait les moyens » (art. 1901).

[1] Ce caractère de contrat réel du prêt n'est pas spécial aux législations romaine et française; il est nécessairement reconnu partout : avant la livraison, il peut y avoir une *promesse de prêt,* obligatoire ou non ; il n'y a pas encore « prêt », car l'obligation qui naît du prêt est une obligation de restituer une chose *reçue.*

Le prêt peut aussi être fait sans durée fixe, auquel cas la restitution peut être demandée à tout moment, comme dans l'ancien « precarium » romain.

2051. Plan. — Les deux sortes de prêt vont faire l'objet chacune d'un paragraphe ; il sera traité ensuite de la *constitution de rente*, contrat voisin du prêt à intérêt. Enfin un paragraphe spécial sera consacré à l'*anatocisme*.

§ 1. — *Du prêt à usage.*

* **2052. Son objet.** — Le prêt à usage peut avoir pour objet tout ce qui est dans le commerce, un immeuble aussi bien qu'un meuble (art. 1878). Toutefois il est nécessaire que la chose prêtée soit de telle nature qu'elle puisse survivre à l'usage qu'on en veut faire ou, en d'autres termes, que l'usage en vue duquel elle est livrée n'implique pas sa consommation ou son aliénation, car le caractère spécifique du contrat est l'obligation de rendre en nature et *dans son individualité* la chose même qui a été prêtée (ci-dessus n° 2047). Ainsi le vin ou l'argent monnayé ne peuvent faire l'objet d'un prêt à usage, car on ne peut s'en servir qu'en buvant le vin ou en dépensant l'argent ; ce sont des choses qui font habituellement l'objet d'un prêt de consommation. On peut cependant concevoir que l'argent ou le vin soit prêté pour être simplement examiné ou montré, mais ce sera rare.

2053. Qui peut consentir le prêt. — Ordinairement c'est le propriétaire qui prête, mais ce peut être aussi un usufruitier ou même un locataire : un appartement peut être prêté à un ami ou à un parent par celui qui l'a pris à bail.

Quant au prêt de la chose d'autrui, il est valable comme contrat contre les parties, mais ne modifie en rien la situation du propriétaire de la chose, dans le cas où celui ci peut agir en revendication.

* **2054. Caractère spécifique du prêt à usage.** — Ce caractère est la *gratuité* : si un prix a été stipulé pour la concession temporaire accordée à l'emprunteur l'opération n'est plus un *prêt*, mais un *louage*. La gratuité est donc « de l'essence » du prêt, comme le dit l'art. 1876.

Si la contre-partie de la chose prêtée est une autre prestation en nature ou un fait, l'opération n'est ni un prêt ni un louage : c'est un contrat innommé.

* **2055. Obligations de l'emprunteur.** — L'emprunteur est tenu de trois obligations principales. Il doit :

1° *Veiller à la garde et à la conservation de la chose.* « En bon père de famille », dit l'art. 1880 ;

2° *Se borner à l'usage expressément ou tacitement convenu.* Comp. art. 1880. S'il l'emploie à un autre usage, il peut être obligé de payer des dommages et intérêts au prêteur au cas où il en est résulté quelque tort pour celui-ci ;

3° *Restituer la chose à l'expiration du prêt.* Cette obligation se prescrit par trente ans.

Notons, en passant, l'art. 1887 qui établit la solidarité entre coemprunteurs d'une même chose.

* **2056. Risques de la chose.** — L'emprunteur, étant *débiteur d'un corps certain*, se trouve libéré par la perte de la chose quand elle arrive pendant la durée du prêt et *sans sa faute*. Mais il peut se charger des risques par une convention particulière ; la loi présume cette convention quand la chose a été *estimée* au moment du prêt (art. 1883). La loi met en outre les risques à la charge de l'emprunteur, s'il abuse de la chose ou la retient au delà du temps convenu (art. 1881).

Voyez aussi l'art. 1882, qui vise un cas particulier, fort peu pratique, dans lequel la responsabilité de l'emprunteur est engagée, parce qu'il a préféré sauver sa propre chose et laisser périr celle qui lui avait été prêtée.

2057. Obligations du prêteur. — En principe, le prêteur n'est obligé à rien : avant la livraison, aucun contrat ne lie les parties[1] ; après la livraison, l'emprunteur n'a

[1] A moins qu'il n'y ait une *promesse ferme*, faite à l'emprunteur et susceptible d'être

plus rien à lui réclamer. Le prêt à usage est donc un contrat unilatéral. Cependant il est possible que le prêteur aussi soit tenu à quelque chose, mais *ces obligations du prêteur ne dérivent jamais du contrat*. Telles sont :

1° L'obligation de rembourser à l'emprunteur les dépenses que celui-ci a pu faire pour la conservation de la chose (art. 1890). Cette obligation naît d'une *gestion d'affaires* [2].

2° L'obligation d'indemniser l'emprunteur du dommage qu'ont pu lui causer les vices de la chose prêtée, lorsque le prêteur en connaissait l'existence (art. 1891). Cette obligation naît d'un *dol du prêteur*.

Enfin, on ne peut citer comme une obligation à la charge du prêteur la nécessité où il est d'attendre l'expiration du prêt : ceci tient tout simplement à ce que sa créance ou action en restitution est *à terme* et que le terme, qui est ici stipulé dans l'intérêt du débiteur (l'emprunteur) n'est pas encore échu.

2058. Possibilité de réclamer la restitution avant le terme. — L'art. 1889 permet au juge d'ordonner la restitution de la chose avant le jour convenu, « s'il survient au prêteur un besoin pressant et imprévu de sa chose ». — Cette faculté ne lui appartient pas dans le prêt de consommation, parce que l'emprunteur n'a plus la chose prêtée ; il l'a ordinairement aliénée ou détruite, tandis que l'emprunteur à usage doit toujours l'avoir sous la main.

2059. Explication de l'art. 1885. — Ce texte porte que « l'emprunteur ne peut retenir la chose *par compensation de ce que le prêteur lui doit* ». Disposition inutile (comme celle de l'art. 1293-2°, expliquée ci-dessus au n° 583, et dont elle n'est qu'une application), car la compensation est impossible entre une somme d'argent et une chose prêtée à usage, laquelle est un corps certain.

On a prétendu que l'art. 1885 avait été écrit pour refuser au commodataire le *droit de rétention*, quand il se trouve créancier du prêteur (ci-dessus n° 2058). Cette opinion doit être écartée : la tradition accordait à l'emprunteur le droit de rétention (POTHIER, *Prêt à usage*, n° 82) et il n'y a aucune raison pour le lui refuser (ci-dessous n° 2521-10°). D'ailleurs, la loi parle de « compensation » et non de rétention.

§ 2. — *Du prêt de consommation.*

A. — Règles générales.

****2060. Définition.** — Il y a prêt de consommation lorsque la propriété de la chose prêtée est transférée à l'emprunteur et que celui-ci, après l'avoir aliénée ou consommée, doit se libérer par la prestation d'une chose de même nature. Comp. art. 1892 et ci-dessus, n° 2047.

*** 2061. Choses pouvant faire l'objet du prêt.** — De la définition précédente il résulte que ce genre de prêt ne peut avoir pour objet que des choses qui sont tout à la fois *consomptibles par le premier usage* et *fongibles entre elles* (art. 1894). Sur la distinction de ces deux qualités, voyez t. I, 1re édit., n° 1005 ; 2e édit., n° 757.

Une chose consomptible, qui serait seule de son espèce, pourrait être échangée ou ven-

prouvée par écrit, ou par témoins, ou autrement selon les règles ordinaires. On a alors une *promesse de prêt*, qui est un *contrat unilatéral obligatoire*, mais qui n'est pas encore un prêt.

[2] L'emprunteur n'a pas le droit de répéter les dépenses qu'il a faites pour se servir de la chose pendant qu'elle était à sa disposition (par exemple, la nourriture d'un cheval qui lui a été prêté). Il fait ces dépenses dans son propre intérêt.

due : elle ne pourrait pas être prêtée, car l'acquéreur serait obligé de se libérer, en rendant des choses dissemblables ou de l'argent. — Dans la pratique le prêt de consommation a presque toujours pour objet de l'argent.

*** 2062. Possibilité de stipuler un intérêt.** — A la différence du prêt à usage, qui est nécessairement gratuit, le prêt de consommation peut être *fait à titre onéreux, sans changer de nature*. Il devient alors le *prêt à intérêt* ou prêt à usure.

Ce serait une question théorique à examiner que de savoir si le prétendu prêt à intérêt n'est pas plutôt une variété du louage qu'une variété du prêt. Rationnellement on devrait réserver le nom de « prêt » aux prestations gratuites et celui de « louage » aux prestations payées, de façon à établir entre ces deux contrats la même différence qu'entre la vente et la donation. Dans cette classification rationnelle, le prétendu prêt à intérêt serait reconnu pour être le louage des choses consomptibles. Mais tout ceci n'a qu'un intérêt théorique ; aucune solution particulière n'en dépend. Comp. ci-dessus, nº 1665.

2063. Renvoi. — Sur le prêt à intérêt, voyez ci-dessous nºs 2068 et suiv. Avant d'en parler, il y a lieu d'indiquer quelques règles générales du prêt de consommation, qu'il soit gratuit ou onéreux.

2064. Qui peut prêter. — Le prêteur doit être *propriétaire de la chose* qu'il livre, pour que l'emprunteur en devienne lui-même propriétaire « par l'effet du prêt », comme dit l'art. 1893. Néanmoins le *prêt de la chose d'autrui* devient valable et rend indirectement l'emprunteur propriétaire, s'il reçoit la chose de bonne foi et invoque à son profit la maxime : « En fait de meubles, possession vaut titre » (art. 2279). Il n'est pas nécessaire de supposer, comme le faisait Pothier, que l'emprunteur a effectivement consommé la chose (*Prêt de consomption*, nº 5). Mais, si l'emprunteur reçoit la chose de mauvaise foi ou refuse d'invoquer l'art. 2279, le prêt ne se forme pas : l'emprunteur reste tenu à restitution envers le véritable propriétaire de la chose, et n'est obligé à rien envers le prêteur qui ne lui a rien transmis.

Le prêteur, quand il est propriétaire, doit naturellement être *capable d'aliéner*. Il n'y a rien à dire de cette capacité qui a été déterminée en son lieu pour chaque espèce d'incapable.

2065. Qui peut emprunter. — L'emprunteur doit être *capable de s'obliger*, et, comme l'emprunt est une opération particulièrement dangereuse, la loi s'est montrée assez sévère pour les emprunts à faire par les différents incapables ou en leur nom. Voyez t. I, pour les mineurs, pour les interdits, et pour les personnes pourvues d'un conseil judiciaire ; pour les femmes séparées de biens, voyez t. III.

*** 2066. Obligations du prêteur.** — Pratiquement, il n'est tenu que d'une seule obligation : *transférer la propriété de la chose prêtée*, et c'est là une *condition de la formation du contrat* plutôt qu'une véritable obligation pour lui.

La loi lui impose, en outre, « la responsabilité établie par l'art. 1891 pour le prêt à usage » (art. 1898). Sur cette obligation, voyez ci-dessus nº 2057-2º.

Quant à l'obligation de ne pas redemander la chose avant l'arrivée du terme (art. 1899), on a déjà vu que c'était l'*effet suspensif du terme*, qui empêche le créancier d'agir, mais on ne peut dire qu'il y ait là une « obligation », car il y a loin entre la situation d'un créancier dont le droit n'est pas encore échu et celle d'un débiteur. Comp. ci-dessus nº 2057.

2067. Obligations de l'emprunteur. — L'emprunteur doit rendre, à l'échéance du prêt, des choses *de même espèce* que celles qu'il a reçues, *en même quantité et de même qualité* (art. 1902) [1].

[1] Cependant il arrive souvent, dans les emprunts des villes et des grandes Compagnies, que l'emprunteur s'oblige à rembourser un capital supérieur à celui qu'il a réellement reçu ; la différence constitue ce qu'on appelle la *prime de remboursement*. On y fait face, en faisant subir annuellement aux obligataires une petite retenue sur les intérêts qu'on pourrait leur payer sans cela.

On ne tient pas compte de la *différence de valeur* qui peut exister entre les choses reçues et les choses rendues. Dans l'intervalle, la valeur des choses a pu changer par l'effet des variations des cours commerciaux ; l'emprunteur se libérera néanmoins aux conditions sus-indiquées, quelle que soit la hausse ou la baisse survenue dans le prix de la chose entre les deux époques du prêt et du paiement. Il y a donc là une chance de gain ou de perte à courir pour les deux parties.

L'art. 1895 fait l'application de cette règle au prêt d'argent pour le cas où la valeur intrinsèque des espèces en cours aurait été modifiée pendant la durée du prêt. On ne doit tenir compte que de leur valeur nominale. Voyez les art. 1896-1897 pour le cas où le prêt a été fait en lingots.

Si, au jour de l'échéance, l'emprunteur se trouvait dans l'impossibilité de se procurer des choses en nature semblables à celles qu'il avait reçues, il se libérerait *en argent* (art. 1903) et cela par application des règles générales : toute obligation de donner ou de faire, qui ne peut s'exécuter en nature, se transforme en une obligation de dommages et intérêts qui s'exécute en argent.

L'art. 1904, prévoyant le retard de l'emprunteur, l'oblige à payer des intérêts moratoires, mais son texte a été modifié par la loi du 7 avril 1900 : à côté de la *demande en justice* comme point initial des intérêts, le texte actuel mentionne la *sommation*.

B. — Règles spéciales au prêt à intérêt.

* **2068. Son objet usuel.** — En fait, la stipulation d'intérêts ne s'applique qu'*aux prêts d'argent*. Pour toutes autres sortes de choses, les particuliers trouvent avantage à les *vendre à terme* au lieu de les *prêter* : l'opération se trouve simplifiée par l'intermédiaire de l'argent, comme moyen de libération pour l'emprunteur.

1° Histoire du prêt à intérêt.

* **2069. Prohibition canonique.** — La stipulation d'usure était permise à Rome, mais les exigences des prêteurs d'argent causaient des abus sans nombre. Ce fut le droit canonique qui prohiba, comme une sorte de péché, le fait de prêter son argent à intérêt. Le point de départ est une parole de Jésus-Christ : « Mutuum date, nihil inde sperantes » (St-Luc, ch. VI, 35)[1]. Cette prohibition commence à paraître dans la législation civile au temps de Charlemagne (Capitulaire de 789, art. 6, Boretius, t. I, p. 54) et elle s'y est maintenue jusqu'à la Révolution.

2070. Monopole juif. — Ce que les chrétiens ne pouvaient pas faire resta permis aux juifs. Ceux-ci, en grand nombre, se firent prêteurs sur gages et y gagnèrent, avec de grands profits, la haine populaire ; le nom de « juif » devint synonyme d' « usurier ». — Les ordonnances royales réglementèrent l'exercice de l'usure par les banquiers juifs. Une ordonnance du 13 mars 1360 v. st., 1361 n. st. (art. 10), leur permit de percevoir 4 deniers par semaine pour 1 livre ou 20 sols[2].

* **2071. Conséquences.** — La prohibition du prêt à intérêt était une de ces lois qui sont destinées à être violées parce qu'il est impossible de s'y conformer. Le monopole des juifs ne suffisait pas, car les chrétiens aussi voulaient prêter leurs capitaux en retirant de l'emprunteur une juste rétribution du service rendu. Pour tourner la loi, *on inventa des contrats spéciaux* qui fonctionnaient plus ou moins exactement comme l'aurait fait le prêt à intérêt, sans tomber comme lui sous la prohibition canonique.

[1] Les lois juives avaient déjà prescrit de ne point abuser de l'usure (*Lévitique*, XXV, 37-38 ; *Exode*, XXII, 25).

[2] Cette ordonnance, qui faisait du prêt à intérêt un privilège royal pour les juifs, leur avait vendu cette faveur, pour payer 3 millions d'écus d'or que le roi de France devait au roi d'Angleterre en vertu du traité de Brétigny (8 mai 1360).

Le principal de ces contrats est la *constitution de rente*, qui existe encore (Voyez ci-dessous nos 2089 et suiv.). D'autres étaient des espèces de vente déguisant un prêt : tels furent le *contrat pignoratif*[1], la *vente à réméré* (ci-dessus, nos 1571 et suiv.) et le *contrat mohatra*[2]. On se servit aussi du *mort-gage*, espèce de nantissement portant sur une chose frugifère : le créancier gagiste percevait, en guise d'intérêts, les fruits de la chose qu'on lui avait donnée en nantissement[3]. Comp. LÉOPOLD DELISLE, *Classes agricoles en Normandie*, p. 204.

2072. Abrogation de l'ancienne règle. — Dès le début de la Révolution, la Constituante déclara le prêt à intérêt permis (Décr. 3-12 oct. 1789), et cette liberté a toujours été conservée depuis (art. 1905), mais l'intérêt conventionnel a été réglé par la loi qui en a établi le *taux maximum* (L. 3 sept. 1807, art. 1er)[4]. Des lois spéciales ont été faites pour l'Algérie (n° 2082) et pour les matières commerciales (n° 2079).

2° Régime actuel.

*** 2073. Nécessité d'une stipulation d'intérêts.** — Le prêt d'argent n'emporte pas par lui-même l'obligation de payer un intérêt. Il s'en fait beaucoup qui sont gratuits. Le prêteur ne peut donc exiger un intérêt qu'autant qu'il l'a spécialement stipulé. La règle à cet égard n'a jamais changé depuis l'époque romaine, où le « mutuum » n'était productif d'aucune « usura » et obligeait seulement l'emprunteur à rendre exactement la somme reçue[5].

[1] Le contrat pignoratif est un prêt fait sous la forme d'une vente à réméré. Il diffère de la vente à réméré sérieuse, en ce que l'immeuble vendu (qui est en réalité le gage du prêteur d'argent) reste en la possession de son ancien propriétaire (qui est en réalité un emprunteur sur gage). La vente est donc entièrement simulée ; le prétendu vendeur continue à jouir de son immeuble en vertu d'un bail également fictif, à lui consenti par le prétendu acheteur : le loyer stipulé est égal aux intérêts de l'emprunt. Il en résulte que les choses se passent comme si l'acheteur, qui verse les fonds à titre de prix d'achat d'un immeuble, avait prêté cet argent en stipulant un intérêt qu'on lui paie sous le nom de « loyer » ; il a, de plus, l'immeuble comme garantie, puisqu'il en est propriétaire apparent. De là le nom de « contrat pignoratif » : c'est, en effet, une forme cachée d'impignoration. Voyez MERLIN, *Répertoire*, v° Contrat pignoratif; LAURIÈRE, *Coutume de Paris*, t. I, p. 273 et sur LOYSEL, n° 484.

[2] Le contrat mohatra, dont il est question dans les *Provinciales* de Blaise Pascal, était un *achat au comptant* accompagné d'une *revente à terme*, ce qui équivalait encore à une impignoration avec versement immédiat d'une somme d'argent restituable à terme. L'usure consistait à acheter à bas prix pour revendre très cher à terme à la même personne : la différence faisait le bénéfice de l'usurier ; il versait comme acheteur au comptant une somme inférieure à celle dont il était créancier comme vendeur à terme.

[3] Le mort-gage était ainsi appelé parce que les fruits et revenus que le créancier retirait de la chose, étant touchés par lui à titre d'intérêts, ne diminuaient pas le principal de la dette. D'où la maxime de Loysel : « Mort-gage, qui de rien ne s'acquitte » (n° 484). La chose engagée était comme perdue et morte pour le débiteur. Le mort-gage fut prohibé en France comme équivalant ouvertement à l'usure : « La tierce manière d'usure est en mort-gage » (*Anc. Cout. de Normandie*, ch. XX). Innocent III avait décidé que le créancier devrait rendre l'objet engagé dès que la somme des fruits perçus égalerait le capital prêté (*Décret. greg.*, III, XXI, ch. VI).

[4] Il est assez difficile de savoir si, pendant la Révolution, les parties étaient libres de fixer le taux de l'intérêt à un chiffre quelconque. La jurisprudence s'était prononcée pour l'affirmative en s'appuyant sur un texte très vague, l'art. 1er de la loi du 5 thermidor an V, ainsi conçu : « A dater de la publication de la présente loi, chaque citoyen sera libre de contracter comme bon lui semblera ; les obligations qu'il aura souscrites seront exécutées dans les termes et valeurs stipulés. »

[5] Toutefois, la loi semble considérer les intérêts comme une conséquence normale du prêt, car elle contient une disposition qui implique, à la charge de l'emprunteur, l'existence d'une *obligation naturelle* de payer l'intérêt de l'argent qu'on lui a prêté. En effet, l'art. 1906 lui interdit de répéter les intérêts ou, ce qui reviendrait au même, de les imputer sur le capital, quand il les a payés volontairement, alors qu'ils n'avaient pas été expressément stipulés.

Est-il nécessaire que la stipulation soit expresse? On l'admet en général, parce que la loi veut que les intérêts aient été « stipulés » (Voyez le relevé des opinions doctrinales dans DALLOZ, *Répert.*, v° Prêt à intérêt, n° 26; FUZIER-HERMAN et DARRAS, *Code civil annoté*, art. 1905, n° 6. — En sens contraire, LAURENT, t. XXVI, n° 54)[1].

2074. Présomption de paiement. — Quand le créancier, à qui il est dû des intérêts, donne quittance du capital sans en faire la réserve, la loi présume que ces intérêts ont été payés; par conséquent, le débiteur en est libéré (art. 1908). Cette présomption, étant de celles sur le fondement desquelles la loi refuse l'action en justice, ne souffre pas la preuve contraire (ci-dessus n° 45).

**** 2075. Limitation légale du taux de l'intérêt.** — Le *taux* ou chiffre de l'intérêt annuel[2] était fixé librement par les parties à l'époque où le Code civil fut rédigé, mais peu de temps après une loi du 3 septembre 1807 vint restreindre leur liberté sur ce point[3]. Il fut *défendu aux particuliers de stipuler un intérêt conventionnel supérieur à 5 pour 100 en matière civile, à 6 pour 100 en matière commerciale* (art. 1er). Le taux de l'*intérêt légal*[4] fut fixé aux mêmes chiffres (art. 2)[5]. Cette concordance a cessé depuis que le taux de l'intérêt légal a été abaissé par la loi du 7 avril 1900 (ci-dessus, n° 267) ; le chiffre maximum de l'intérêt conventionnel *civil* est maintenant *plus élevé d'une unité que l'intérêt légal*: 5 pour 100 au lieu de 4 pour 100. Pour les affaires commerciales, voyez ci-dessous, n° 2079.

On appelle *usure* l'intérêt stipulé au-dessus du chiffre permis.

*** 2076. Sanction de la prohibition légale.** — La restriction apportée en 1807 à la liberté des conventions a une *double sanction*, l'une civile, l'autre pénale.

1° SANCTION CIVILE. — L'intérêt excessif perçu par le créancier est imputé de plein droit sur les intérêts échus, s'il y en a encore d'impayés, et subsidiairement sur le capital. Tout ce qui a été perçu contrairement à la loi vient donc en déduction de la dette. Au cas où les sommes ainsi touchées excé-

[1] Cette règle s'applique aux *prêts commerciaux* aussi bien qu'aux prêts civils. Toutefois il y a exception au cas de *compte-courant* : toute somme inscrite dans le compte devient de plein droit productive d'intérêt au profit de la partie qui en est créancière.

[2] Le *taux* n'est pas, comme on le dit à tort, un rapport entre le capital et l'intérêt; « taux » est le masculin de « taxe » et signifie seulement « détermination, taxation ». Le rapport s'établit ensuite tout naturellement entre le capital et l'intérêt, tous deux étant exprimés par des chiffres. Ainsi le taux est *au denier 20* (c'est-à-dire le vingtième du capital) quand l'intérêt est de 5 pour 100. Si le taux était un « rapport », on ne parlerait pas comme on le fait du *taux des amendes* ou du *taux des rentes*.

[3] Cette loi, projetée déjà lors de la confection du Code, est annoncée par les derniers mots de l'art. 1907.

[4] Il existe un *taux légal de l'intérêt*, qui s'applique toutes les fois que des intérêts sont dus par le débiteur d'une somme d'argent sans avoir été stipulés et en vertu d'une disposition spéciale de la loi. En pareil cas, aucune stipulation n'ayant été faite entre les parties, il est évidemment nécessaire que la loi, qui fait courir les intérêts d'office, en fixe en même temps le taux pour qu'on sache quelle somme est due à ce titre. L'intérêt qui court en vertu de la loi, et sans avoir été stipulé, est en général un *intérêt moratoire*; cependant il y a quelques hypothèses où l'intérêt légal ne suppose pas la demeure du débiteur : voyez l'art. 1548, pour le cas de dot en argent non payée, quand il y a un terme suspensif pour son versement.

[5] Le texte ajoute « le tout sans retenue ». Allusion à une ancienne habitude : les débiteurs étaient autorisés à retenir sur les arrérages dus par eux les impôts établis sur les rentes. Le texte moderne autorise les créanciers à se faire payer l'intérêt à 5 ou 6 pour 100 net.

deraient tout ce qui est dû au créancier en intérêts légitimes et en capital et accessoires, l'excédent est sujet à répétition (L. 3 sept. 1807, art. 3; L. 19 déc. 1850, art. 1).

2° SANCTION PÉNALE. — La stipulation d'intérêts supérieurs au taux légal constitue un délit spécial sous le nom d'*usure*, puni d'une amende qui ne peut excéder la moitié des capitaux prêtés et d'un emprisonnement qui ne peut excéder six mois (L. 19 déc. 1850, art. 2 et 3). Toutefois c'est seulement l'*usure habituelle* qui est ainsi punie par la loi. Un contrat isolé, contenant stipulation d'intérêts usuraires, ne suffirait pas à constituer le délit. Les délits *d'habitude*, dont l'usure est le meilleur exemple, ont des caractères spéciaux et donnent lieu à des difficultés qui ne peuvent être expliquées ici.

2077. Preuve de l'usure. — Il est parfois difficile de reconnaître une convention usuraire; personne n'est plus ingénieux que l'usurier à cacher la vraie nature de ses opérations. Comme il s'agit de faits délictueux, tous les moyens de preuve sont admissibles, même les simples présomptions; mais malgré ces facilités, la preuve est presque toujours impossible en fait[1].

***2078. Contrats soumis à ce système.** — La limitation de l'intérêt établie par la loi de 1807 est spéciale au contrat de prêt. Cela n'est pas dit expressément dans son texte, mais la loi n'a été faite que pour réprimer les exigences des prêteurs d'argent, et l'art. 3 en révèle la portée restreinte, en disant, d'une façon incidente, « lorsqu'il sera prouvé que le *prêt* conventionnel.. ». Voyez cependant l'opinion contraire soutenue par M. Boistel, dans les notes ci-dessus au n° 1527.

Par conséquent, *dans tout contrat autre que le prêt, l'intérêt conventionnel peut excéder le taux légal*. Par exemple, un vendeur peut stipuler pour le *prix de vente*, tant qu'il restera dû, une somme supérieure à 5 pour 100 à titre d'intérêts; celui qui s'engage à verser une *dot en argent* peut promettre un intérêt quelconque jusqu'au jour de sa libération, etc.; tout ce qui dépasse le taux normal de l'intérêt à l'époque où pareille convention est faite doit être considéré comme un supplément du prix ou de la dot. — Par conséquent encore le délit d'usure n'est possible que dans un contrat de prêt (Paris, 20 janvier 1892, D. 93. 2. 305, S. 94. 2. 169).

Quant au prêt lui-même, il n'est soumis à ce régime qu'autant qu'il a pour objet de l'argent. Argument du titre de la loi: « Loi sur le taux *de l'intérêt de l'argent*. » Et encore la jurisprudence admet que lorsque le prêt d'argent présente un caractère aléatoire, il cesse lui-même d'être régi par la loi de 1807 (Cass., 6 déc. 1886, D. 87. 1. 312, S. 87. 1. 419).

Mais, bien entendu, la limitation s'applique aux contrats qui fonctionnent à la place du prêt d'argent, comme les *constitutions de rente* et les *ventes fictives* destinées à cacher un prêt usuraire.

***2079. Règle spéciale aux prêts commerciaux.** — De tout temps le commerce a joui en cette matière d'un régime de faveur. Déjà la loi de 1807 autorisait la perception d'un intérêt supérieur à celui du droit civil (6 pour 100 au lieu de 5 pour 100), et la pratique des banques ainsi que la jurisprudence augmentaient encore cette différence par plus d'un moyen. Aujourd'hui la faveur est plus complète encore: la loi du

[1] L'usurier a en effet un moyen infaillible pour se soustraire à toute vérification: c'est de se faire remettre un billet constatant qu'il a versé une somme supérieure à celle qu'on lui a demandée et qu'il a effectivement remise à l'emprunteur. Il est clair que l'intérêt devient tout de suite usuraire, bien qu'il soit en apparence de 5 pour 100 eu égard à la somme énoncée dans le billet. Le prêteur, qui n'a versé qu'une somme moindre, touche en réalité plus de 5 pour 100, sans compter que la différence entre les deux sommes constitue pour lui un profit supplémentaire. Mais comment prouver la vérité en pareil cas?

12 janvier 1886 a établi *la liberté de l'intérêt en matière commerciale*. Toute limite est par là supprimée[1].

2080. Distinction du prêt commercial et du prêt civil. — Comment savoir si le prêt est fait, ainsi que le dit la loi, « en matière commerciale », ou « en matière civile »? L'opinion et la jurisprudence ne sont pas absolument fixées sur ce point. On est bien d'accord pour dire qu'un prêt est commercial lorsque l'argent prêté doit être employé à une opération commerciale, quelle que soit la qualité des parties, mais il y a des doutes sur des prêts faits par des banquiers à des non commerçants. Comme ces questions intéressent moins le droit civil que le droit pénal (pour la répression de l'usure) et le droit commercial (pour le commerce de banque), nous nous bornerons à citer quelques arrêts (Cass., 9 nov. 1888, D. 89. 1. 272, S. 89. 1. 393; Lyon, 3 juin 1889, D. 90. 2. 41; Paris, 28 déc. 1893, D. 94. 2. 500, S. 95. 2. 75; Cass., 12 juin 1894, D. 94. 1. 473). Voir l'analyse de ces questions dans DALLOZ, *Suppl.*, v° Prêt à intérêt, n°s 126-132; FUZIER-HERMAN et DARRAS, *Code civil annoté*, art. 1907 n°s 110 et suiv.

2081. Discussions sur le principe de la limitation. — Il y a peu de lois aussi discutées que celle de 1807 sur le taux de l'intérêt. Déjà le commerce, dont les opérations étaient entravées par la crainte de poursuites criminelles et de restitutions civiles, a obtenu gain de cause et a été entièrement affranchi; mais la limitation subsiste en matière civile. Ce système restrictif de la liberté des conventions a encore de nombreux partisans, qui redoutent les usuriers comme un fléau, et font valoir la facilité avec laquelle les pauvres gens, qui sont soumis à de perpétuels besoins d'argent, se laissent entraîner à souscrire des obligations trop onéreuses. On peut leur répondre que les lois répressives de l'usure ne l'empêchent pas de se pratiquer : elles la forcent seulement à se cacher et, par suite, à se faire plus exigeante et plus dangereuse. A mesure que croissent les dangers attachés au métier de prêteur d'argent, l'usurier devient plus âpre au gain et se dédommage des risques qu'il court par l'énormité de ses profits. La protection légale se retourne ainsi contre ceux qu'on voulait protéger. Le remède à cette situation, qui a tout l'air d'un cercle vicieux, ne peut venir que d'une bonne organisation du crédit : plus il sera facile de se procurer de l'argent dans des maisons sérieuses, pratiquant le prêt honnêtement, plus le taux de l'usure baissera. Mais le danger ne disparaîtra jamais complètement pour les gens besogneux, qui n'ont point de garantie à offrir à leurs prêteurs.

2082. Régime de l'Algérie. — En Algérie, après la conquête, l'intérêt conventionnel a été d'abord exceptionnellement élevé, il a atteint jusqu'à 30 pour 100 dans les prêts hypothécaires; pour les prêts simples, il dépassait encore ce chiffre. Une ordonnance du 8 octobre 1835 fixa le taux légal à 10 pour 100; la loi du 27 août 1881 l'a ramené à 6 pour 100 en matière civile aussi bien qu'en matière commerciale. Ces deux textes ont laissé libre le taux de l'intérêt conventionnel.

2083. Législations étrangères. — La liberté de l'intérêt conventionnel existe dans la plupart des pays. En Italie (art. 1831 C. civ.), en Espagne (L. 14 mars 1856), en Belgique (L. 5 mai 1865), en Allemagne (L. fédérale, 14 nov. 1867), etc. Mais dans divers pays, notamment en Italie, on a pris quelques précautions dans l'intérêt des emprunteurs. En Suisse, la liberté n'existe pas partout; le Code fédéral des obligations de 1881 (art. 337) laisse ce point sous l'empire des législations cantonales. Pour plus de détails, voyez LYON-CAEN et RENAULT, *Précis*, t. I, p. 771, *Traité*, t. IV, n° 698 bis.

2084. Remboursement avant terme. — L'obligation de rembourser la somme prêtée est nécessairement une obligation à terme, et la plupart du temps ce terme est fort long ; il va parfois jusqu'à soixante et soixante-quinze ans dans les emprunts des États et des grandes sociétés.

Alors est née la question de savoir si le débiteur, qui a les moyens de se

1. Il y avait eu des précédents pour les matières spéciales ; L. 9 juin 1857, art. 8, pour la Banque de France ; L. 10 juillet 1885, sur l'hypothèque maritime, art. 38.

libérer, peut imposer au créancier le remboursement avant terme, quand il y trouve avantage, par exemple quand le *loyer de l'argent* a baissé et qu'il peut trouver à emprunter à meilleur compte. Cette question dépend du point de savoir si, dans le prêt à intérêt, le terme est stipulé en faveur du créancier en même temps que du débiteur, ou s'il est en faveur du débiteur seulement. Elle a déjà été examinée plus haut à propos de la controverse plus générale que soulève l'art. 1187 (ci-dessus n°s 360-361).

C. — Des prêts amortissables.

***2085. Inconvénients des prêts à échéance fixe.** — Sous sa forme antique du prêt remboursable à échéance fixe, ce contrat se prête mal aux besoins de la pratique. C'est une grosse somme qu'il faut retrouver à un jour donné pour se libérer; la plupart des emprunteurs n'y réussissent pas[1] et sont obligés ou d'obtenir un renouvellement du prêt ou de trouver un second emprunteur pour rembourser le premier. A chaque fois, la dette se grossit des frais qu'exige le nouveau contrat. On constate ainsi que le total de la dette hypothécaire augmente chaque année sans profit réel pour les propriétaires. Le sectionnement du capital en plusieurs fractions atténue cet inconvénient sans le faire disparaître.

2086. Système de l'amortissement. — Un genre de prêt infiniment plus commode pour la libération des emprunteurs a été inventé dans les temps modernes : c'est le système du *remboursement par annuités*. Chaque année l'emprunteur paie une somme fixe qui ne varie pas pendant toute la durée du prêt. Cette somme est calculée de telle façon que, dès la première année, l'emprunteur paie, outre l'intérêt, une petite fraction du capital. L'intérêt cessant de courir pour toute la portion du capital déjà remboursée ou *amortie*, la somme payée à titre de capital grossit sans cesse sans que l'annuité change : elle s'accroît à chaque versement de tout ce qui cesse d'être dû en intérêts, si bien qu'en un nombre déterminé d'années, quarante, cinquante, soixante-quinze ans, selon la convention, le prêt se trouve entièrement remboursé sans que le débiteur ait eu à aucun moment à faire un effort comparable à celui qu'exigerait le remboursement d'un prêt à échéance fixe.

Malheureusement ce genre de prêt ne peut être consenti que par des sociétés, telles que le Crédit foncier de France : par la longueur de sa durée, il est peu praticable entre particuliers. De plus, que ferait le créancier de ces petites sommes de capital qu'on lui rembourse tous les six mois et dont le chiffre varie d'un semestre à l'autre? Une grande société financière peut seule employer ce système. Qu'importe aux particuliers qui ont besoin d'argent, s'ils savent où trouver le moyen d'emprunter sous cette forme?

2087. Autre emploi des prêts amortissables. — Le système de l'amortissement est aussi employé dans la circonstance inverse quand c'est l'*emprunteur* qui est une grande société, ou une personne morale. Exemple : l'État, les départements, les villes, les compagnies de chemins de fer empruntent volontiers sous la forme de prêts amortissables. Pour en faciliter le placement, leurs emprunts sont fractionnés entre les mains des créanciers sous la forme d'*obligations*, titres indivisibles dont la valeur nominale est de 500 francs au plus, et qui sont remboursables (ordinairement en soixante-quinze ans) par voie de tirage au sort. L'amortissement de l'emprunt porte chaque année sur un nombre sans cesse croissant de ces obligations.

2088. Conversion des emprunts amortissables. — On appelle « conversion » l'opération qui consiste à rembourser un emprunt contracté à un intérêt donné, au moyen

[1] Cela est surtout vrai pour les prêts faits à l'agriculture. L'emprunteur a employé le fonds à des travaux d'amélioration qui ne deviennent productifs qu'à la longue ; il lui faut longtemps pour reconstituer le capital dépensé, et l'échéance arrive toujours trop vite.

de fonds provenant d'un nouvel emprunt contracté à un intérêt plus bas. Ordinairement l'ancien prêteur accepte les conditions nouvelles, et tout se borne à une diminution d'intérêts. Voyez ce qui est dit plus loin de la conversion des rentes.

C'est surtout pour les emprunts amortissables, qui sont des opérations à longue durée, que la question du remboursement avant terme s'est posée (voyez ci-dessus n° 361). On a vu établir en principe, dans une affaire intéressant la Compagnie de l'Est, que « tout ce qui est amortissable n'est pas convertible » (Cass., 21 avril 1896, D. 96. 1. 484, S. 97. 1. 481)[1].

Des difficultés spéciales se présentent quand il s'agit d'*obligations à prime*, remboursables moyennant un capital supérieur à la somme réellement prêtée Voyez Lyon, 13 mars 1900, D. 1900. 2. 329; Gand, 16 juin 1900 et Bruxelles, 26 déc. 1900, D. 1901. 2, et les renvois. Voyez aussi Lyon-Caen et Renault, *Traité*, 3e édit., t. II, n° 580.

CHAPITRE II

DE LA CONSTITUTION DE RENTE

** **2089. Définition.** — On appelle « constitution de rente » la convention par laquelle *une personne s'engage à servir une rente à une autre en échange d'un capital en argent dont le remboursement sera purement facultatif*. On sait déjà que ce contrat a été inventé pour tenir lieu du prêt à intérêt qui était jadis interdit (ci-dessus nos 2069 et suiv. [2]).

* **2090. Sa rareté.** — Ce genre de contrat n'est plus guère employé que dans les emprunts d'État; les particuliers ont à leur disposition la forme du prêt à intérêt qui leur est plus commode. Comp. t. I, 1re édit., n° 889; 2e édit., n° 853. Cette rareté du contrat nous dispensera d'insister longuement sur les règles qui lui sont applicables.

* **2091. Assimilation de la constitution de rente au prêt.** — Pour donner aux emprunts contractés sous la forme de constitutions de rente une apparence licite, on rapprochait jadis ce contrat de la vente [3].

[1] Cet arrêt atteint doublement l'État, qui ne pourra pas convertir son 3 pour 100 amortissable et qui sera obligé de payer aux compagnies, à titre de garantie d'intérêts, ce que celles-ci auront à supporter en trop pour le service de leurs emprunts. Plusieurs compagnies, notamment celles de Lyon et d'Orléans, ont pris leurs précautions à cet égard et se sont réservé, lors de l'émission de leurs emprunts, la faculté de les convertir.

[2] On sait déjà que la rente est une *prestation annuelle* (t. I, 1re édit., n° 885; 2e édit., n° 849). Sur la distinction des diverses sortes de rentes, voyez t. I, 1re édit., n° 1105; 2e édit., n° 852, et sur leur caractère mobilier, t. I, 1re édit., nos 890 et 200; 2e édit., nos 854 et 1949. Depuis un édit de Charles IX, de novembre 1565, on ne pouvait plus constituer à prix d'argent que des rentes en argent (Pothier, *Constitution de rente*, n° 28). Le Code n'a pas reproduit cette disposition; néanmoins il ne prévoit qu'un *intérêt* (en argent) stipulé comme objet de la rente constituée, et en fait on ne stipule pas autre chose, puisque ce contrat remplace le prêt à intérêt, dans lequel la prestation annuelle a toujours pour objet de l'argent.

[3] On considérait l'emprunteur (qui devenait le débirentier) comme *vendeur de la rente*: il était censé vendre à prix d'argent au capitaliste qui lui remettait les fonds le droit d'exiger de lui chaque année la rente convenue. Cependant on reconnaissait que la constitution de rente n'était pas de tous points comparable à la vente 1° parce qu'elle était un *contrat réel*, alors que la vente est consensuelle; 2° parce que l'ache-

Rédigé sous un régime qui reconnaissait la légitimité du prêt à intérêt, le Code a abandonné ce point de vue et rapproché au contraire la rente constituée du prêt véritable. L'art. 1909 confond même les deux contrats en disant : « On peut aussi stipuler un *intérêt* moyennant un capital que le *prêteur* s'interdit d'exiger. Dans ce cas, le *prêt* prend le nom de constitution de rente. » Malgré cette assimilation, il y a une différence fondamentale entre la constitution de rente et le prêt : c'est le défaut d'exigibilité du capital (ci-dessous n° 2093). La rente est constituée moyennant un capital que le prêteur s'interdit d'exiger (art. 1909).

2092. Conséquence. — Il résulte de cette assimilation que les lois qui ont restreint la liberté des conventions en matière d'intérêt s'appliquent à la constitution de rente comme au prêt, et qu'aujourd'hui encore le taux ne peut dépasser 5 pour 100 en matière civile. Il en est ainsi tout au moins pour le cas où la rente est, comme le dit l'art. 1910, « constituée en perpétuel ». Si la rente est viagère, comme cela est permis, son caractère aléatoire l'affranchit de toute limitation.

** **2093. Faculté perpétuelle de remboursement.** — Le capital que le prêteur a versé pour obtenir la rente ne doit jamais devenir *exigible* de sa part ; à aucune époque, sauf les exceptions indiquées plus loin (n° 2095), il n'en pourra demander le remboursement. Par là la rente s'oppose aux créances ordinaires, qui, même quand elles sont suspendues par un terme ou quand elles dépendent d'une condition, finissent toujours par devenir exigibles. Comp. t. I, 1re édit., n° 882 ; 2e édit., n° 846. Mais, si le capital versé n'est jamais exigible à la volonté du prêteur, il est toujours *remboursable* à la volonté de l'emprunteur. Celui-ci peut se libérer de l'obligation indéfinie qui pèse sur lui de payer tous les ans la rente, en restituant le capital qu'il avait reçu. C'est ce que le Code appelle le *rachat de la rente* (art. 1911 et 1912), expression qui remonte au temps où la constitution de rente était assimilée à la vente [1].

2094. Conventions relatives au remboursement des rentes. — Anciennement la rente constituée était toujours et essentiellement remboursable, ou, comme on disait alors et comme s'exprime encore le Code, rachetable. La loi moderne (art. 1911, al. 2) permet aux parties de supprimer cette faculté de rachat pendant un certain délai

teur de la rente ne contractait aucune obligation, ayant par hypothèse versé d'avance la somme convenue ; 3° parce que les deux parties se fournissaient réciproquement de l'argent, tandis que dans la vente l'acheteur seul doit de l'argent, le vendeur doit une chose en nature.

[1] Nous ne nous occupons ici que des rentes établies *par constitution*, c'est-à-dire à la suite d'un *emprunt*. Mais une rente perpétuelle peut aussi être *établie à titre gratuit*, par *donation* ou par *legs*. Quelle que soit son origine, la rente est toujours remboursable ou rachetable. Seulement, quand elle a été donnée ou léguée, le capital à rembourser n'est pas connu, puisqu'il n'en a point été versé. Quelle somme alors sera due, quand le débirentier voudra éteindre la rente ? Un arrêt a décidé que le rachat se ferait *au denier vingt*, c'est-à-dire en remboursant une somme vingt fois supérieure à la rente annuelle (Besançon, 23 déc. 1891, D. 92. 2. 303). C'est l'application de la loi des 18-29 déc. 1790, tit. III, art. 2. Le remboursement ainsi effectué correspond à une constitution de rente faite à 5 p. 100. Il faudrait aujourd'hui tenir compte de la loi du 7 avril 1900 et rembourser au denier vingt-cinq, qui correspond au taux de 4 p. 100.

qui ne peut excéder dix ans[1]. Stipulée pour un temps plus long, l'interdiction de rembourser serait réductible au délai légal.

2095. Cas où le capital de la rente devient exigible. — On appelle « capital de la rente » la somme qui a été versée à l'emprunteur, ou bien, dans les rentes établies à titre gratuit, la somme moyennant laquelle la rente pourrait être rachetée. Si ce capital n'est pas exigible en principe, il le devient par exception dans les cas suivants :

1° *Si le débiteur cesse de remplir ses obligations pendant deux années* (art. 1912), c'est-à-dire s'il se met en retard de façon à devoir deux années d'arriéré. Application particulière du principe général de l'art. 1184, sur la résolution des contrats synallagmatiques pour défaut d'exécution par l'une des parties[2].

2° *S'il manque à fournir les sûretés promises* (art. 1912), ou, ce qui revient au même, s'il diminue par son fait celles qu'il a données (arg. art. 1188).

3° *S'il tombe en faillite ou en déconfiture* (art. 1913). Même résultat s'il est mis en liquidation judiciaire.

CHAPITRE III

DE L'ANATOCISME

***2096. Définition.** — On appelle *anatocisme* la *capitalisation des intérêts*, qui les rend à leur tour productifs d'intérêts à la façon d'un capital, à mesure qu'ils arrivent à échéance. Le mot ἀνατοκισμός servait déjà en Grèce pour désigner l'intérêt des intérêts (τοκός = produit, intérêt).

2097. Dangers de l'anatocisme. — La capitalisation des intérêts est dangereuse parce qu'elle *augmente avec rapidité* le passif des débiteurs assez peu fortunés pour ne pas pouvoir faire face au paiement régulier des intérêts de leurs dettes. Supposons le taux de l'intérêt fixé à 4 pour 100 : si les intérêts ne sont pas payés, et s'ajoutent chaque année au capital, le capital dû se trouvera doublé en quatorze ans environ[3].

[1] Il existe à ce point de vue une différence remarquable entre le prêt à intérêt et la constitution de rente. Un prêt peut être fait pour une durée quelconque, bien supérieure à dix ans ; on voit des prêts amortissables de soixante-quinze ans ; il est même plus que douteux que la limite de quatre-vingt-dix-neuf ans, établie par l'article 1er de la loi des 18-29 déc. 1790 pour les baux et emphytéoses, soit applicable au prêt d'argent, malgré son affinité avec les locations de choses. D'un autre côté, la jurisprudence française reconnaît que le terme du prêt est stipulé dans l'intérêt du créancier, autant que dans l'intérêt du débiteur. Il en résulte qu'un emprunt fait sous forme de prêt lie le débiteur pour une durée de quatre-vingt-dix-neuf ans et peut-être même indéfinie, tandis que l'emprunteur par constitution de rente ne peut s'interdire la faculté de remboursement que pour dix ans au plus.

[2] On objecte que la constitution de rente est un contrat unilatéral et que l'art. 1184 est fait pour les contrats synallagmatiques. Mais les contrats réels ne sont unilatéraux que grâce à leur mode de formation ; en réalité, ils comportent des *prestations réciproques* comme les contrats synallagmatiques, et il y a même raison pour admettre le droit de résolution.

[3] Si on se bornait à additionner tous les ans les intérêts échus, sans les rendre eux-mêmes productifs d'intérêts, le chiffre de la dette mettrait vingt-cinq ans à doubler par l'accumulation des intérêts impayés, puisque l'intérêt est le vingt-cinquième du capital. Mais avec l'anatocisme, il faut tenir compte de l'augmentation que procurent chaque année les intérêts des années précédentes qui sont déjà capitalisés. Cette augmentation faible au début, devient de plus en plus forte. Ainsi, pour une somme de 20 000 francs prêtée à 5 pour 100 avec anatocisme, l'intérêt annuel est de 1 000 francs la première année, 1 050 la seconde, 1 102 fr. 50 la troisième, etc. et le capital se trouve être de 21 000 francs au bout d'un an, de 22 050 francs au bout de deux ans, de 23 152 fr. 50 au bout de trois ans, etc. Sans anatocisme, il n'y aurait encore que 23 000 francs de dus, 20 000 de capital et 3 000 d'intérêts.

2098. Prohibition de Justinien. — Déjà dans l'antiquité on avait éprouvé les dangers de l'anatocisme. Beaucoup d'usuriers abusaient de cette convention, qui semble à première vue favorable aux débiteurs en les dispensant de payer annuellement les intérêts, mais qui tend à les écraser rapidement sous le poids de leurs dettes. Justinien, renchérissant sur les restrictions établies par la législation antérieure, avait fini par interdire l'anatocisme d'une manière absolue (*Code de Justinien*, liv. IV, tit. 32, loi 28).

2099. Réglementation moderne. — Notre ancien droit avait conservé l'ancienne prohibition romaine, mais le Code civil ne l'a pas reproduite. En 1804 on s'est borné à *diminuer les dangers de l'anatocisme* en réduisant son emploi par *diverses restrictions*. Cette réglementation, contenue dans les art. 1154 et 1155, varie selon la nature des intérêts qu'il s'agit de capitaliser.

1° Intérêts de capitaux exigibles.

2100. Définition de ces intérêts. — L'anatocisme est surtout dangereux quand le créancier peut exiger un jour le capital et les intérêts accumulés; c'est cette charge qui est écrasante pour le débiteur. Or cela n'est à craindre que pour les créances dites « exigibles », c'est-à-dire celles qui comportent l'exigibilité plus ou moins proche du capital. Tels sont le *prix d'une vente*, le *montant d'un prêt*, etc. Cette catégorie comprend d'ailleurs la plus grande partie des créances; le régime qui lui est appliqué représente donc le droit commun.

2101. Restrictions établies pour leur capitalisation. — L'art. 1154 qui régit ces intérêts formule une double restriction ; la première est certaine, la seconde est controversée.

1° Il n'est permis de capitaliser l'intérêt qu'autant qu'il est *dû pour une année entière* (art. 1154); la loi défend donc d'ajouter au capital les intérêts d'un temps plus court, par semestre ou par trimestre[1]. — De même, en l'absence de convention d'anatocisme, la sommation (jadis la demande en justice) ne fait pas courir les intérêts de la somme réclamée si elle représente moins d'une année de revenu.

2° La convention d'anatocisme ne peut être faite que pour des intérêts *déjà échus* au moment où elle intervient. C'est ce qui résulte du texte : « Les intérêts *échus* des capitaux... » Le débiteur ne pourrait donc pas promettre d'avance à son créancier, qu'on capitalisera à l'avenir chaque année d'intérêts échue et non payée.

L'avantage qu'on trouve à rejeter la convention anticipée d'anatocisme est d'appeler chaque année l'attention du débiteur sur la rapidité avec laquelle s'accroît sa dette ; si on lui permettait de l'établir une fois pour toutes par la convention initiale, il serait à craindre qu'il ne l'acceptât trop facilement.

2102. Controverse sur la seconde condition. — Le sens de l'art. 1154 est très discuté dans la doctrine. Beaucoup d'auteurs pensent que la loi n'exige pas que l'échéance des intérêts précède la convention d'anatocisme (Aubry et Rau, § 308, texte et note 58; Dalloz, *Répert.*, v° Prêt à intérêt, n° 140). Mais cette opinion réduit à rien le sens du mot « échus » qui se trouve dans la loi : le texte signifierait simplement que les intérêts ne peuvent produire d'intérêts qu'à partir de leur échéance. Cela était de toute évidence et n'avait pas besoin d'être dit : comment une dette qui n'existe pas encore pourrait-elle produire des intérêts ? Il vaut mieux croire que la loi a entendu que

[1] On a fait observer, avec beaucoup de raison, qu'en édictant cette règle, qu'ils considéraient sans doute comme une protection très utile pour les débiteurs, les auteurs du Code ne se sont pas rendu compte de son peu d'efficacité. On a calculé qu'avec l'anatocisme annuel au taux de 5 p. 100 le capital met un peu plus de quatorze ans à doubler ; le chiffre exact qui exprime le temps nécessaire pour le doublement du capital est 14. 21, l'année étant prise comme unité. Avec une capitalisation faite tous les mois au même taux, la durée du doublement est représentée par le chiffre 13. 93. Si la capitalisation se faisait toutes les semaines, ce chiffre serait encore 13. 78. Cela valait-il la peine de restreindre la liberté des conventions ? Ce qu'on fait gagner au débiteur représente quelques semaines sur une durée de plus de quatorze ans.

les intérêts à capitaliser sont déjà échus au moment où intervient la convention d'anatocisme, d'autant plus que le texte met la convention sur la même ligne que la demande en justice; or celle-ci ne peut naturellement s'appliquer qu'à des intérêts déjà échus.

La jurisprudence n'est pas bien fixée, mais elle paraît tendre à condamner la convention anticipée d'anatocisme. Aux arrêts anciens, qui en admettaient la légalité (Cass., 10 août 1859, D. 59. 1. 441 ; Nancy, 10 avril 1878, D. 79. 2. 240, S. 79. 2. 132), on peut opposer un arrêt plus récent qui l'a annulée (Nancy, 16 déc. 1880, D. 82. 2. 140).

2° Autres revenus et intérêts.

2103. Indication des créances soumises à un régime de faveur. — La capitalisation du revenu offre beaucoup moins de dangers, toutes les fois que le capital de formation nouvelle ne s'ajoute pas à un capital ancien dont la restitution puisse être demandée un jour par le créancier. Par conséquent, il y avait lieu de se montrer moins sévère :

1° Pour les *arrérages* de rentes perpétuelles ou viagères. Le créancier d'une rente ne peut réclamer qu'un revenu annuel et non le capital de la rente, qui n'est pas exigible.

2° Pour les *fermages* des biens ruraux et les *loyers* des maisons. Le fermier et le locataire ne doivent jamais qu'un *revenu*, et non un capital.

L'art. 1155, qui lève au moins en partie les restrictions de l'art. 1154, vise en effet les arrérages des rentes, les loyers et les fermages dans son al. 1er. Mais dans l'al. 2 la loi soumet au même traitement deux autres espèces de créances qui ont une nature toute différente, savoir :

3° Les *restitutions de fruits*.

4° Les *intérêts payés par un tiers* en l'acquit du débiteur.

Les restitutions de fruits supposent la possession d'un immeuble par une personne sans droit, qui est évincée par le vrai propriétaire. La loi n'aurait pas dû en parler ici, car celui qui réclame les fruits se présente *comme propriétaire*, l'action qu'il exerce est une *action réelle*, et la restitution des fruits est pour lui un accessoire de la revendication. Or l'anatocisme est une convention qui suppose un *débiteur* tenu d'une *action personnelle*.

On peut dire à peu près la même chose, pour une autre raison, des intérêts payés par un tiers. Celui qui paye l'intérêt d'une dette en l'acquit du débiteur a certainement le droit de se faire rendre le montant de ses déboursés par celui qu'il a libéré à ses dépens. Mais la somme entière payée par lui est le *principal* de sa créance ; elle a donc, à son égard, le caractère d'un *capital*, et, si on la rend productive d'intérêts, il n'y a rien là qui ressemble à l'anatocisme. Quoi qu'il en soit, la loi a soumis ces quatre sortes de créances au même régime.

2104. Dispenses accordées aux créances sus-indiquées. — L'art. 1155 contient certainement, pour les créances qu'il énumère, un *régime de faveur* par comparaison avec l'art. 1154. C'est ce que prouve le mot « Néanmoins... », mis en tête de l'art. 1155, qui annonce une dérogation aux règles précédentes, mais la nature de cette dérogation n'est pas énoncée. La loi se borne à dire que ces revenus « produisent intérêt du jour de la demande ou de la convention » ; pour donner un sens précis au texte, il faut y ajouter : « *alors même qu'ils seraient dus pour moins d'une année* ». Sur ce point tout le monde est d'accord. La capitalisation est donc possible pour chaque terme échu, quelle qu'en soit la durée.

Là se borne, selon moi, la différence entre l'art. 1155 et le précédent; la loi exige encore qu'il s'agisse de revenus *échus*. Sur ce point, la rédaction des deux articles est identique. — Cependant certains auteurs sont d'avis contraire, et pensent que la capitalisation pourrait être convenue d'avance; selon eux, le mot « échus » n'a pas de raison d'être dans l'art. 1155 et il s'y est glissé par l'effet d'une inadvertance. Il me paraît difficile d'admettre une pareille correction à la loi ; la similitude des deux textes semble bien avoir été voulue. En tout cas, par la nature des choses, la convention anticipée d'anatocisme ne serait possible que pour les créances énumérées dans l'al. 1er de l'art. 1155; celles de l'al. 2 sont nécessairement échues au moment où on en connaît l'existence.

LES CONTRATS ALÉATOIRES

2105. Renvoi. — Pour la définition des contrats aléatoires, voyez ci-dessus n° 954. — La distinction des contrats aléatoires et des contrats commutatifs, commode à employer pour désigner tout un groupe de contrats, n'a point d'utilité pratique.

2106. Énumération. — Cette dénomination convient à cinq contrats différents : 1° le *jeu* ; 2° le *pari* ; 3° la *vente à rente viagère* ; 4° le *contrat d'assurance* ; 5° le *prêt à grosse aventure*.

D'après l'art. 1964, ces deux derniers seraient régis exclusivement par le droit maritime. Cela est vrai pour le prêt à grosse aventure qui intéresse uniquement le commerce maritime, mais non pour l'assurance : si l'assurance maritime est la plus anciennement connue, il y a longtemps qu'elle n'est plus la seule ; tout un groupe d'assurances, dites *terrestres*, se sont développées à côté d'elle et la théorie générale de ce contrat appartient incontestablement au droit civil. Quatre de ces contrats sur cinq rentrent donc dans notre programme.

CHAPITRE PREMIER

DU JEU ET DU PARI [1]

2107. Définition. — Le jeu et le pari sont des contrats par lesquels *deux personnes se promettent réciproquement et sous une condition semblable une somme déterminée ou une chose en nature*, de telle sorte qu'une seule d'entre elles sera finalement créancière de l'autre, sa propre promesse étant caduque. Celui à qui la somme est due est le *gagnant* ; l'autre est le *perdant*.

Le jeu diffère du pari en ce que la condition à remplir pour le gain du jeu est *un fait à exécuter par les parties*, tandis que le gain du pari dépend de la simple vérification d'un fait déjà accompli ou encore à l'état futur, mais qui, dans ce dernier cas, ne doit pas être l'œuvre des parties.

Une sous-distinction est nécessaire pour le jeu : si le fait à accomplir est l'œuvre d'une habileté particulière des parties, il y a *jeu d'adresse* ; s'il ne dépend pas de leur degré plus ou moins grand d'habileté, il y a *jeu de hasard*. Mais il y a bien peu de jeux qui soient exclusivement l'un ou l'autre ; en général, le gain dépend à la fois de l'adresse du joueur et des circonstances.

***2108. Refus de l'action en paiement.** — « La loi n'accorde aucune action pour dette de jeu ou pour le paiement d'un pari » (art. 1965). Ainsi donc le paiement d'une dette de jeu ou d'un pari est *purement volontaire* : le perdant n'y peut être con-

[1] Il y a avantage à réunir ces deux contrats, fort voisins l'un de l'autre.

traint par le gagnant ; à l'action exercée par celui-ci il opposerait ce qu'on appelle l'*exception de jeu*, c'est-à-dire le moyen de défense tiré de l'art. 1965[1].

2109. Refus de l'action en répétition. — Lorsque le perdant a volontairemen acquitté sa promesse, la loi lui refuse toute espèce d'action en répétition, à moins qu'il n'y ait eu de la part du gagnant dol, supercherie ou escroquerie (art. 1967)[2].

2110. Explication de la loi. — On en voit bien le motif : le législateur a considéré le jeu comme dangereux, parce qu'il est une cause de démoralisation ; la perspective de gains énormes et faciles, réalisés sur un coup de dés, détourne l'homme du travail, et l'habitude du jeu est une cause d'oisiveté et de ruine.

Cela étant, il ne devrait y avoir aucun doute sur la portée des dispositions légales : c'est un acte immoral que la loi ne veut pas consacrer, et si elle refuse l'action en répétition, après le paiement effectué, ce n'est pas pour donner quelque effet à une opération qu'elle réprouve, c'est par application de l'adage : « In turpi causa melior causa possidentis ». Les travaux préparatoires, et le ton sur lequel les orateurs ont parlé du jeu, le montrent clairement. Néanmoins un certain nombre d'auteurs veulent que le jeu fasse naître une *obligation naturelle* et que l'art. 1967 soit une application particulière de la règle générale écrite dans l'art. 1235, al. 2 : « La répétition n'est pas admise à l'égard des obligations naturelles qui ont été volontairement acquittées. » Cela pourrait être une conception applicable au jeu et au pari, mais ce n'est pas celle des hommes de 1803.

2111. Exception admise par la loi. — Par dérogation aux principes qui précèdent, la loi valide les conventions relatives aux *jeux qui tiennent à l'adresse et à l'exercice du corps*, tels que les armes, les courses, le jeu de paume, etc. (art. 1966). C'est comme un prodrome du goût actuel pour l'*éducation physique*[3]. Par conséquent, l'action en paiement serait ici recevable de la part du gagnant.

Toutefois l'al. 2 du même art. permet aux juges de rejeter la demande quand la somme leur paraît excessive ; on veut bien favoriser les exercices du corps et les encourager, mais non développer l'esprit de spéculation et de lucre.

2112. Législation spéciale aux jeux de Bourse. — La disposition du Code civil sur l'exception de jeu recevait sa principale application aux spéculations des gens de Bourse, dont les opérations, appelées *marchés à terme*, ne sont en réalité que des paris sur la hausse ou la baisse des effets publics. Avec bien des fluctuations, la jurisprudence leur appliquait assez souvent le principe du Code civil. Comme ses solutions gênaient des opérations sérieuses et étaient une cause d'affaiblissement pour le marché financier, la loi du 28 mars 1885 a déclaré « légaux », c'est-à-dire *civilement obligatoires*, « tous marchés à terme sur effets publics et autres et tous marchés à livrer sur denrées et marchandises ». Elle ajoute en termes formels que « nul ne peut, pour se soustraire aux obligations qui en résultent, se prévaloir de l'art. 1965 C. civ. lors même qu'ils se résoudraient par le paiement d'une simple *différence* ». C'est ce qu'on a appelé la *suppression de l'exception de jeu en matière d'opérations de Bourse*. Je me borne à signaler cette loi ; son explication détaillée fait partie des cours de droit commercial.

[1] De là le nom de *dettes d'honneur* qu'on donne aux dettes de jeu : celui qui a perdu sur sa parole ne peut être contraint à payer que par le respect de sa promesse.

[2] Cette seconde disposition permet dans la pratique de tourner la première au moyen d'un *paiement effectué d'avance* : les *enjeux* ou *mises* sont placés sur une table à la portée des deux joueurs, ou déposés en mains tierces, de façon que le perdant est réputé avoir payé volontairement ; tandis que le gagnant a le droit de retirer sa mise, le perdant commettrait un vol en retirant la sienne : elle est acquise au gagnant par le seul fait du gain de la partie ou du pari (Cass., 23 févr. 1892, D. 92. 1. 472, S. 92. 1. 601).

[3] D'après la formule employée par l'art. 1966, on doit restreindre l'exception aux jeux d'*adresse physique* ; par suite, restent dépourvus d'action les jeux qui ne supposent qu'une habileté d'ordre intellectuel, comme les échecs ou le whist. Comp. Aix, 25 mai 1892, S. 93. 2. 19.

2113. Législation spéciale aux courses de chevaux. — L'habitude de parier aux courses s'étant beaucoup répandue de nos jours, une loi est intervenue qui a tout à la fois : 1° érigé en délit le fait de servir d'intermédiaire aux parieurs[1] ; 2° concédé aux sociétés de courses régulièrement autorisées le droit d'organiser le *pari mutuel* sur leurs champs de courses, en vertu d'une autorisation spéciale, et toujours révocable, du ministre de l'agriculture, et moyennant un prélèvement fixe en faveur des œuvres locales de bienfaisance et de l'élevage[2] (L. 2 juin 1891).

CHAPITRE II

DES ALIÉNATIONS A FONDS PERDU

§ 1. — *Généralités.*

***2114. Définition.** — On appelle « aliénation à fonds perdu » une *aliénation à titre onéreux* dans laquelle l'aliénateur, au lieu d'obtenir un prix en capital ou en rente perpétuelle comme dans la vente, ou un bien en nature comme dans l'échange, stipule simplement une *rente annuelle et viagère*. On dit alors que celui qui a stipulé cette rente a *vendu son bien à fonds perdu*. Comp. art. 918. En effet, lors du décès de cette personne, ses héritiers ne trouveront aucun capital à la place du bien aliéné et n'auront plus droit à la rente.

C'est un procédé fort employé par des personnes peu aisées, qui n'ont point d'héritiers présomptifs ou qui désirent ne rien laisser à ceux qu'elles peuvent avoir : elles vendent leur bien à rente viagère, et se procurent ainsi, pour le restant de leur vie, des revenus bien supérieurs à ceux qu'elles avaient auparavant, surtout quand elles font cette opération étant déjà dans un âge un peu avancé.

***2115. Caractère aléatoire du contrat.** — Toute aliénation à rente viagère comporte des risques très grands et est par suite également dangereuse pour celui qui aliène et pour celui qui acquiert. C'est jouer parfois une fortune sur une seule carte[3]. Aussi ce genre d'opération ne peut-il être entrepris d'une manière sérieuse que par de grandes sociétés qui créent des rentes viagères au profit d'une clientèle nombreuse ; il s'établit alors une moyenne entre les vies trop longues et les décès prématurés, qui permet de

[1] Le pari aux courses est devenu ainsi non seulement un contrat *nul* d'après la loi civile, mais un acte *délictueux* d'après la loi pénale.

[2] Ce n'est pas un des moindres scandales des temps modernes que de voir l'Etat tirer une ressource fiscale d'une passion aussi démoralisante, qui est la cause première d'un grand nombre de vols, de détournements, de faillites et de suicides.

[3] Un exemple célèbre est celui de la collection d'antiquités américaines de M. de Waldeck. Son propriétaire en demandait 40 000 francs. L'Etat offrit de la lui acheter à rente viagère, ce qui fut accepté ; mais M. de Waldeck, qui avait alors plus de cinquante ans, ne mourut qu'à cent neuf ans passés, de sorte que l'Etat lui paya cinq ou six fois sa collection.

calculer d'avance à peu près à coup sûr les profits qu'on peut retirer d'un nombre donné d'achats de ce genre.

***2116. Distinction.** — La rente ou prestation annuelle est ordinairement *stipulée en argent,* auquel cas on a la *vente à rente viagère* ; elle peut aussi se présenter sous la forme d'une *prestation en nature,* auquel cas on a le *bail à nourriture.*

2117. Rentes constituées à prix d'argent. — On peut stipuler une rente viagère « moyennant une somme d'argent » (art. 1968), c'est-à-dire qu'au lieu d'aliéner un bien le créancier de la rente viagère verse un capital en argent. Ceci est beaucoup moins fréquent dans la pratique. La rente viagère ainsi établie n'est pas une simple variété du contrat de constitution de rente étudié ci-dessus (nos 2089 et suiv.), lequel est un emprunt remboursable à la volonté du débiteur : dans le cas de rente viagère, la faculté de remboursement fait défaut : le crédirentier n'est pas un *prêteur*, c'est un *vendeur* qui a aliéné définitivement la chose faisant l'objet de sa prestation (bien en nature ou capital en argent).

§ 2. — *Des ventes à rente viagère.*

2118. Observation. — Il n'y a pas, à proprement parler, de « contrat de rente viagère », bien que le Code se serve de cette expression dans l'intitulé des art. 1968 et suiv [1]. La rente est une créance d'un genre particulier, qui peut naître de sources diverses, un testament ou un contrat, et ce contrat peut être onéreux ou gratuit ; il y a donc des *legs de rente viagère*, des *donations de rente viagère* et des *ventes à rente viagère* dans lesquelles la rente joue le rôle de prix. On peut aussi concevoir que la rente viagère soit constituée *dans un partage à titre de soulte*, pour compenser l'inégalité de deux lots. La loi elle-même (art. 1969) prévoit la création de la rente par testament ou par donation.

***2119. Taux de la rente.** — « La rente viagère peut être constituée *au taux qu'il plaît aux parties contractantes de fixer* » (art. 1976). Il en résulte que, sous l'empire de la loi de 1807, qui limite encore le taux de l'intérêt en matière civile, on peut constituer une rente à un taux de beaucoup supérieur au taux légal [2]. Cela est de toute nécessité, car si l'aliénateur ne pouvait stipuler que le revenu normal de son capital, il ferait en réalité *donation de la nue propriété* (ci-dessus, n° 1381). La liberté dont les particuliers jouissent ici est la conséquence forcée du caractère aléatoire de l'opération [3].

2120. Donations indirectes dans les ventes à rente viagère. — Régulièrement, la rente viagère doit être calculée de telle sorte que, dans les conditions normales, le vendeur ait le temps de toucher avant sa mort, sous forme d'arrérages, la valeur du capital aliéné, en plus du revenu qu'il en tirait. On se sert pour cela de *tables de mortalité* qui permettent de prévoir la durée possible de la vie de chaque per-

[1] Plusieurs des règles établies dans les art. 1968 à 1983 sont générales et s'appliquent à toutes les rentes viagères, quelle qu'en soit la source, même à celles qui sont établies à titre gratuit ou par legs. Il en est ainsi notamment pour ce qui concerne la preuve de l'existence du crédirentier et la prescription des arrérages. D'autres règles, qui seront indiquées dans le t. III, tiennent à ce que la rente est constituée à titre gratuit.

[2] En réalité cette faveur ne profite qu'à celui qui stipule une rente viagère comme prix d'aliénation d'un *capital en argent*, car c'est en ce cas-là seulement que l'opération aurait pu être assimilée à la constitution de rente et soumise, à ce titre, à la loi de 1807. On a déjà vu que celui qui *aliène un bien* à rente viagère est un vendeur, et que l'intérêt d'un prix de vente n'est pas limité (ci-dessus, n° 2078).

[3] Cette liberté existait déjà dans l'ancien droit (POTHIER, *Rentes viagères*, n° 234). Les auteurs du Code avaient songé à établir une tarification des rentes viagères (FENET, t. II, p. 401-402) ; ils ont heureusement renoncé à cette idée.

sonne[1]. Ceci revient à dire que celui qui touche une rente viagère, comme prix des biens aliénés par lui, mange en réalité chaque année son fonds avec le revenu : le fonds est *perdu* pour lui ; il n'a plus qu'une rente qu'il consomme à mesure qu'il la touche.

Le taux des rentes viagères n'est pas fixe ; il est forcément très incertain, et dépend non seulement de l'âge, mais aussi des prévisions qu'on peut établir d'après l'état de santé du crédirentier. Dans ces conditions, on ne peut jamais être sûr que la rente stipulée soit la contre-partie exacte de la valeur fournie. Cependant il est possible que le taux en ait été *intentionnellement abaissé* afin de procurer un avantage indirect à l'acquéreur. Il est clair, par exemple, que le vendeur qui stipule comme prix une rente viagère égale ou à peine supérieure au revenu du bien qu'il aliène, fait en réalité *donation de la nue propriété* à l'acquéreur. En pareil cas l'acte doit être traité comme une donation et non comme une vente.

2121. Cas particuliers de nullité. — D'après les art. 1974 et 1975, toute création de rente viagère est « sans effet » lorsque la rente est créée sur la tête d'une personne *déjà morte* au jour du contrat, ou *qui meurt dans les vingt jours*, d'une maladie dont elle était *déjà atteinte au jour du contrat*. La loi ne distingue pas si les parties connaissaient ou non la mort de cette personne, ou son état de santé.

En général, on admet que ces articles ne s'appliqueraient pas au cas où, la rente étant constituée sur la tête de plusieurs personnes, il en reste une sur la tête de laquelle elle peut valablement reposer. Cette solution est tout à fait raisonnable : le débiteur de la rente a consenti à la payer tant que l'une de ces personnes serait vivante.

***2122. Rentes établies sur la tête d'un tiers.** — Régulièrement la rente est *constituée sur la tête de celui qui en jouit*, c'est-à-dire qu'elle doit lui être payée tant qu'il vivra, et qu'elle s'éteindra à sa mort. Mais la loi, copiant Pothier, permet de la constituer aussi *sur la tête d'un tiers* (art. 1971) ; c'est alors la vie de ce tiers, sur la tête duquel la rente repose, qui en détermine la durée. Pothier assure que cela se voyait quelquefois de son temps (*Rentes viagères*, n° 223) ; on n'en connaît, pour ainsi dire, pas d'exemple à l'époque actuelle et c'est, en effet, une combinaison fort peu pratique, la rente viagère étant destinée à faire vivre celui qui la touche[2].

***2123. Rentes établies sur la tête de plusieurs personnes[3].** — Ceci se voit, au contraire, fréquemment (art. 1972). Généralement l'intention des parties ou du créateur de la rente est de la rendre indivisible, de sorte que le dernier survivant du groupe des crédirentiers en perçoive encore la totalité ; sans cela on aurait, non plus *une* rente viagère reposant sur plusieurs têtes, mais *plusieurs* rentes viagères reposant chacune sur la tête de son crédirentier et s'éteignant avec sa vie. Cette combinaison est licite, et la rente est dite alors *réversible sur la tête du survivant*. Ces clauses de réversibilité ont donné lieu à des difficultés qui ne peuvent être étudiées ici quand la rente appartient à deux époux communs en biens (Voyez t. III).

2124. Impossibilité de rendre la rente insaisissable. — Lorsqu'une rente viagère est constituée à titre onéreux, il n'est pas permis de la déclarer insaisissable (art. 1981).

Il y aurait à cela un trop grave danger pour les créanciers : leur débiteur pourrait

[1] Les compagnies, qui font un grand nombre de contrats de ce genre, peuvent seules opérer avec certitude, parce que les chances bonnes ou mauvaises se contre-balancent ; elles éliminent le hasard en multipliant leurs opérations. Mais pour le particulier qui vend son bien à rente viagère, le risque existe dans son étendue.

[2] Voyez cependant une situation dans laquelle il a pu être avantageux de constituer une rente viagère *sur la tête de celui qui la devait* (*Revue critique*, 1886, p. 612 ; comp. Huc, t. XI, p. 10).

[3] Il s'agit naturellement de personnes déjà nées ou tout au moins conçues au moment de la constitution de la rente, et non pas de personnes appartenant à des générations successives, puisque les personnes *futures* ne peuvent pas acquérir de droits *actuels*.

aliéner une partie plus ou moins forte de sa fortune et soustraire à toutes poursuites la rente stipulée en échange et qui lui permettrait ensuite de vivre largement sans payer ses dettes. Pareille convention serait frauduleuse et n'est pas permise.

2125. Paiement des arrérages. — Le plus souvent les trimestres ou les semestres de la rente sont payables d'avance, au premier jour de chaque terme, la rente étant destinée à subvenir aux besoins de celui qui la touche. En l'absence de toute clause ou stipulation sur ce point, chaque terme ne serait exigible qu'à la fin du trimestre ou du semestre.

2126. Preuve de l'existence du crédirentier. — La rente ne peut être due qu'autant que le crédirentier est encore vivant. Il est donc nécessaire que la preuve de son existence soit fournie au débirentier, si celui-ci n'en a pas une connaissance personnelle (art. 1983). Le moyen usuel est la production d'un *certificat de vie*[1].

***2127. Remboursement de la rente.** — Le débiteur d'une rente viagère ne peut jamais s'en libérer en offrant au créancier le paiement du capital de la rente (art. 1979). La faculté de remboursement ou de *rachat*, qui existe dans toutes les rentes perpétuelles, est supprimée dans les rentes viagères. Quelque onéreux que soit pour le débiteur le service de la rente, il est tenu de le continuer jusqu'à la mort du créancier.

On s'explique aisément cette particularité dans les rentes viagères établies à titre onéreux : le caractère aléatoire de la convention s'oppose à ce qu'une des parties y mette fin à son gré, à un moment où les choses ne sont plus entières, une partie des risques ayant déjà couru. On la comprend beaucoup moins bien dans les rentes établies à titre gratuit.

La disposition de l'art. 1979 n'est pas d'ordre public, et une clause formelle de la convention ou du testament pourrait conférer au débirentier la faculté de rachat. Mais l'exercice de ce droit offrira lui-même un grand risque, car on ne pourra calculer que d'une manière aléatoire le chiffre de la somme nécessaire pour éteindre une rente dont la durée est incertaine.

2128. Extinction des rentes viagères. — La rente viagère s'éteint nécessairement à la mort de la personne sur la tête de laquelle elle est constituée. Pour le semestre ou le trimestre en cours à ce moment, la loi décide que les représentants du crédirentier ne peuvent exiger la rente que « dans la proportion du nombre de jours qu'il a vécu » (art. 1980).

Néanmoins, lorsque la rente est payable d'avance, le terme est acquis en entier par cela seul que le crédirentier vivait encore le jour où il a commencé (même art.).

2129. Prescription. — Les arrérages ou termes échus se prescrivent par cinq ans, comme toute créance périodique (art. 2277) ; mais le droit d'exiger à l'avenir le service de la rente ne se prescrit lui-même que par trente ans (art. 2262).

***2130. Causes de résolution du contrat.** — Pour quelles causes une aliénation à rente viagère peut-elle être résolue ? Le Code applique à ce contrat un système exceptionnel : il admet bien que la résolution pourra être prononcée, si celui qui doit la rente viagère *manque à fournir les*

[1] Les certificats de vie sont délivrés par les présidents des tribunaux civils ou par les maires (L. 6 mars 1791), ou encore par les notaires (Ord. 6 juin 1839). La signature du notaire doit être légalisée (Décr. 29 déc. 1885). Sur la légalisation, voyez t. I, 1re édit., n° 495 ; 2e édit., n° 512.

sûretés promises (art. 1977)[1], mais *non pas pour le cas où il cesse d'en payer les arrérages* (art. 1978). C'est là une dérogation remarquable à la règle générale de l'art. 1184, d'après laquelle la résolution d'un contrat peut être demandée quand l'une des parties n'exécute pas ses obligations.

Cette décision est contraire à la tradition : Pothier admettait la résolution du contrat, conformément au droit commun, sans distinction entre les rentes perpétuelles ou viagères. Rien dans les travaux préparatoires ne nous en fait connaître les motifs, et il est impossible d'en donner une explication rationnelle[2]. Les rédacteurs de la loi ont sans doute pensé qu'il était impossible, à raison du caractère aléatoire du contrat et des risques courus, de replacer les parties dans la même situation que si le contrat n'avait pas été fait. Mais si telle a été leur idée, ils se sont trompés. Voyez ci-dessous, n° 2132.

2131. Résolution conventionnelle. — Cambacérès avait demandé que l'art. 1978 ne s'imposât pas aux particuliers, et que ceux-ci restassent libres de convenir que le contrat pourrait être résolu pour défaut de paiement des arrérages (FENET, t. XIV, p. 525). Aucune correction n'a été faite en ce sens, ce qui laisse la question douteuse; elle a été tranchée dans le sens de la liberté. Trib. de Nancy, 12 août 1880, D. 81. 3. 86.

2132. Effet de la résolution. — La loi n'a rien déterminé. On doit donc appliquer le droit commun : chacune des parties rendra à l'autre tout ce qu'elle a reçu, la chose aliénée d'une part, les arrérages de l'autre (voyez cependant D. 88. 1. 357, note 4). En outre le crédirentier pourra demander des dommages et intérêts. On devra même considérer le seul fait d'avoir couru pendant plusieurs années le risque de perdre son capital par une mort prématurée comme un préjudice dont il y a lieu de l'indemniser. En tout cas, rien n'est plus facile que de tenir compte de tous ces éléments au moyen d'une indemnité en argent. Les parties se trouveront ainsi replacées dans l'état où elles se seraient trouvées si elles n'avaient pas contracté.

Dans leurs conventions, les parties stipulent assez souvent qu'en cas de résolution les arrérages déjà payés resteront acquis au crédirentier à titre d'indemnité. C'est une *fixation conventionnelle des dommages et intérêts*, qui est licite (Cass., 24 déc. 1884, D. 85. 1. 69, S. 85. 1. 415)[3].

2133. Transmission de l'action aux héritiers du vendeur. — La résolution n'a pas lieu de plein droit : elle doit être demandée en justice; c'est le droit commun (ci-dessus nos 1307 et suiv.). La résolution ne se produit que le jour où elle est prononcée par le tribunal. On en conclut que si le crédirentier meurt au cours de l'instance, ou avant d'avoir agi, la demande en résolution ne peut être ni formée ni continuée par ses héritiers parce que les juges ne peuvent pas, dit-on, « résoudre un contrat qui a cessé

[1] Il en serait de même s'il diminuait les sûretés promises, après les avoir fournies. Comp. ci-dessus, n° 2095-2°.

[2] Le caractère exceptionnel de cette disposition fait que l'art. 1978 est spécial aux *rentes viagères* proprement dites ; il est donc inapplicable au bail à nourriture dont il est parlé plus loin (nos 2135 et suiv.) et dont la résolution peut être librement demandée (Rennes, 21 mai 1883, cité au n° 2136 ci-dessous).

[3] Il a même été jugé, dans une affaire de faillite, que les arrérages d'une rente viagère sont des fruits civils qui ne sont pas sujets à restitution parce que le crédirentier les a perçus de bonne foi (Cass., 13 mars 1888, D. 88. 1. 357, S. 90. 1. 169), mais cette extension de l'art. 585 est fort contestable.

d'exister ». C'est une erreur : s'il reste des arrérages non payés, le crédirentier, qui est un vendeur, a le droit d'obtenir la résolution, car le prix ne lui a pas été entièrement soldé (ci-dessus nº 1558), et ce droit passe incontestablement à ses héritiers. Pothier, dont il faut bien saisir la pensée, supposait que les arrérages avaient été payés, et que le crédirentier se plaignait seulement du défaut des sûretés qu'on lui avait promises : lui mort, la rente cesse d'être due, et ses héritiers n'ont plus d'intérêt à l'exécution des clauses du contrat (*Rentes viagères*, nº 229).

***2134. Droit du créancier en cas de non-paiement de la rente.** — Lorsque le créancier ne s'est pas réservé le droit de faire résoudre le contrat, la loi ne le laisse pas désarmé contre un débiteur récalcitrant ou insolvable. Elle lui permet de faire saisir et vendre les biens du débirentier afin d'en tirer une somme suffisante pour assurer le service des arrérages (art. 1978). Cette somme est placée au nom du créancier pour la jouissance à titre viager, au nom du débiteur pour le capital.

Pour obtenir ce placement le crédirentier, qui par hypothèse est un vendeur, jouit du privilège du vendeur *sur la valeur des biens aliénés par lui à rente viagère*. Mais ordinairement ces biens ne produiront pas une somme suffisante pour que le revenu en soit égal à la rente qui avait été stipulée, de sorte que finalement le crédirentier pourra se trouver en perte par le concours des autres créanciers, à moins qu'il n'ait stipulé des sûretés particulières (gages, hypothèques ou cautionnements).

Touchés de cette situation, les tribunaux ont quelquefois autorisé le crédirentier à entamer le capital pour parfaire les arrérages à chaque échéance ; c'est un procédé que les besoins du crédirentier peuvent rendre nécessaire en équité, mais qui est extra-légal.

§ 3. — *Du bail à nourriture.*

2135. Notion générale. — Au lieu de vendre leur bien à rente viagère, on voit certaines personnes préférer qu'on prenne envers elles un autre engagement. Elles stipulent qu'elles seront logées, nourries, entretenues et défrayées de tout, leur vie durant, par celui avec qui elles traitent. Une pareille promesse constitue une *obligation de faire*, et la convention qui l'engendre porte ordinairement dans la pratique le nom de *bail à nourriture*.

2136. Nature et effets du contrat. — Dans le silence de la loi, nous avons à déterminer la nature et, par suite, les règles de ce genre de contrat. Il est évident qu'il ressemble à la vente à rente viagère, comme l'échange ressemble à la vente ordinaire. On devrait donc lui en appliquer les règles, sauf dans le cas où la différence qui les sépare (prestation en nature au lieu d'un prix en argent) rend cette extension impossible. Cependant il a été jugé que cette convention reste sous l'empire du droit commun (Rennes, 21 mai 1883, D. 84. 2. 130, S. 85. 2. 184). Mais depuis lors deux jugements ont déclaré applicable au bail à nourriture l'art. 1975, qui déclare le contrat caduc en cas de décès dans les vingt jours (Trib. de la Seine, 2 mars 1898, Trib. de Toulouse, 22 janvier 1900, D., 1901. 2. 145).

2137. Bibliographie. — H. Lalou, *Du bail à nourriture*, thèse, Paris, 1900.

§ 4. — *Rentes viagères établies à titre gratuit*[1].

2138. Application du droit commun. — Lorsqu'une rente viagère est établie

[1] A propos des aliénations à rente viagère, le Code formule incidemment quelques règles relatives aux rentes viagères établies à titre gratuit. Ces articles auraient dû être mis dans le titre des donations ou dans celui des legs ; ils ne sont pas ici à leur place. J'en dis néanmoins quelques mots pour me conformer au programme.

à titre gratuit, elle fait l'objet d'une *donation* ou d'un *legs*, et elle est comme telle soumise à toutes les règles du droit commun, soit pour sa *forme* (art. 1969)[1], soit pour la *réduction* au cas où elle excède la quotité disponible (art. 1970), soit pour l'*annulation* au cas où elle est faite à une personne incapable de recevoir à titre gratuit (art. 1970).

Ce sont les seuls points prévus par la loi; mais l'assimilation ne se borne pas là et s'étend à toutes les règles qui gouvernent les libéralités.

2139. Insaisissabilité. — Lorsqu'une rente viagère est constituée à titre gratuit, elle peut être déclarée insaisissable par le donateur ou testateur (art. 1981). Les créanciers du crédirentier n'ont rien à y perdre puisque cette rente entre dans le patrimoine de leur débiteur gratuitement.

La loi déclare même d'office la rente insaisissable lorsqu'elle est *constituée à titre d'aliments* (art. 581-4° C. proc. civ.). Comp. L. 20 juillet 1896, sur la caisse de retraites pour la vieillesse, art. 8, qui déclare les pensions de rente insaisissables jusqu'à 360 francs.

CHAPITRE III

DES ASSURANCES

2140. Bibliographie. — Alauzet, *Traité général des Assurances*, 2 vol. 1844. — Pouget, *Dictionnaire général des Assurances*, vol. 1855. — Agnel et de Corny, *Manuel général des Assurances*, 3e édit., 1889. — Badon-Pascal, *Répertoire général des Assurances*, 1874. — Chaufton, *Les Assurances, leur passé, leur présent, leur avenir*, 2 vol. 1884-1886. — Il existe plusieurs revues spéciales, le *Journal des Assurances*, la *Revue internationale des Assurances*, *etc.* — Bibliographie plus complète dans Fuzier-Herman, *Répertoire alphabétique*, t. V, p. 576-577.

2141. Division. — Sous le nom unique d'assurances, on confond deux sortes de contrats fort différentes, comme leur analyse va le montrer : les *assurances proprement dites* et les *assurances sur la vie*.

§ 1. — *Assurances proprement dites.*

A. — Notion générale.

***2142. Définition usuelle.** — L'assurance est un contrat par lequel *une personne, appelée « assureur », promet à une autre, appelée « assuré », de l'indemniser d'une perte éventuelle à laquelle celle-ci est exposée, moyennant une somme appelée «prime » payée par l'assuré à l'assureur.* — Le fait éventuel qui cause la perte s'appelle *sinistre*.

***2143. Mode de fonctionnement de l'assurance.** — D'après la définition courante de l'assurance, celle qui est universellement admise à l'heure qu'il est, ce contrat consiste en *une promesse d'indemnisation*.

[1] Rappelons, en passant, l'art. 1973, qui prévoit un cas où la libéralité qui a pour objet la rente viagère est faite à une tierce personne, dans un acte à titre onéreux fait entre les deux parties : par exemple, un vendeur d'immeuble charge l'acheteur de payer en son nom une rente viagère à un tiers (ci-dessus, n° 1266). L'art. 1973 décide que cette *donation de rente* est dispensée des formes des donations parce qu'elle est comprise à titre d'accessoire dans une convention onéreuse dont elle emprunte les formes.

L'assureur prend le risque à son compte et il se contente d'une prime minime. Telle est l'apparence, mais dans la réalité il n'en est rien. Ainsi compris ce contrat serait un marché de dupes et personne ne le ferait : l'assureur n'a aucune raison de courir le risque à la place d'autrui, et il ne le fait pas. Il n'est qu'un *intermédiaire* et il ne court aucun risque si ses opérations sont bien conduites. Pour que ce contrat fonctionne, il faut supposer non pas un assuré unique en présence d'un risque de réalisation très incertaine, mais *un grand nombre de personnes exposées au même risque* ; il faut supposer de plus que ce risque est *de réalisation fréquente*, et que les sinistres qu'il cause annuellement se produisent avec *une régularité à peu près constante*, présentant seulement certaines oscillations autour d'un chiffre moyen.

Dans ces conditions, toutes ces personnes ont un intérêt évident à s'entendre pour *répartir entre elles la perte totale résultant des sinistres annuels* : par ce moyen, chacune d'elles cesse d'être exposée à un risque énorme, susceptible de se réaliser de loin en loin, mais capable de la ruiner ou tout au moins de l'appauvrir gravement quand il se produira ; à la place de ce danger, chacun supporte d'une manière à peu près fixe (et dans la pratique on arrive à une fixité absolue) un léger sacrifice pécuniaire, presque insensible pour certains risques, mais qui suffit pour faire face aux pertes annuelles de l'ensemble du groupe. En d'autres termes les sinistres, au lieu d'être supportés *individuellement*, sont supportés *collectivement* par voie de *cotisation* ou d'*abonnement*, et la perte pécuniaire qu'ils causent, au lieu de se produire *accidentellement pour quelques-uns*, se produit *d'une manière continue pour tous* et *très atténuée*. Le *risque* ou *aléa* est ainsi supprimé et le contrat mérite bien son nom d'*assurance*. Mais on voit qu'au point de vue économique, sinon au point de vue juridique, l'assurance fonctionne entre tous les assurés sous la forme d'une garantie réciproque, plutôt que sous la forme d'opérations isolées entre la compagnie d'assurances et chaque assuré.

Un contrat isolé peut sans doute être fait dans les mêmes termes par deux personnes seulement, et il est valable ; mais il se réduit alors à une sorte de pari, à mise inégale, que le sinistre arrivera ou n'arrivera pas dans le délai fixé. On ne conçoit guère cette convention, qui consiste à déplacer un risque pour le faire passer d'une personne à une autre, que comme accessoire dans une convention principale : pour déterminer l'une des parties à traiter, l'autre consent à prendre à sa charge le risque qui l'effraie[1].

2144. Cas particulier. — S'il est vrai, dans l'état ordinaire des choses, que l'assurance suppose *un grand nombre de personnes* exposées au même risque, cela n'est pas toujours nécessaire ; on voit certaines personnes et certaines compagnies, possédant *un grand nombre de choses* exposées au même risque, une flotte commerciale, par exemple,

[1] L'exemple le plus caractéristique est le *prêt à la grosse* (art. 311-331 C. com.), qui est un prêt d'argent fait en vue d'opérations maritimes ; dans ce prêt, le prêteur se charge des risques, de telle sorte que la somme prêtée ne lui sera pas rendue si les effets sur lesquels elle a été empruntée sont perdus entièrement (art. 325).

être à elles-mêmes leur propre assureur et faire face aux sinistres qui se produisent plus ou moins chaque année avec leurs propres ressources. C'est ce que fait l'État pour ses palais et édifices de tout genre.

2145. Variété possible des assurances. — Tous les risques imaginables peuvent donner lieu à des assurances : les risques de mer (*assurances maritimes*) et la destruction de bâtiments ou de récoltes par le feu (*assurance contre l'incendie*) sont les plus anciens exemples, mais bien d'autres sont garantis par le même procédé : la perte de récoltes sur pied par la grêle ou d'autres fléaux, la mortalité des bestiaux, le bris des glaces de magasins, les accidents de chemin de fer, etc.

La loi du 9 avril 1898, qui a mis le risque professionnel à la charge des patrons, a donné d'un seul coup une importance énorme à l'*assurance contre les accidents,* qui se développait déjà beaucoup dans la pratique.

2146. Caractère des obligations des parties. — En principe le contrat est *consensuel,* et par suite, dès qu'il est formé, les deux parties sont respectivement tenues, l'une de payer la prime, l'autre l'indemnité au cas de sinistre. L'engagement de l'assuré qui doit la prime est *ferme,* c'est-à-dire pur et simple ; celui de l'assureur est *conditionnelle.*

Généralement le contrat est fait pour plusieurs années : parfois même pour une durée indéfinie, sauf faculté de résiliation. Dans ces deux cas la prime est divisée en plusieurs versements ; elle est *annuelle.*

2147. Assurances mutuelles et assurances à primes. — Il y a deux façons d'organiser l'assurance. On peut d'abord faire intervenir entre tous les assurés un tiers qui leur sert d'intermédiaire et les garantit tous contre le risque en prenant à sa charge les pertes des années trop chargées de sinistres, comme aussi en se réservant pour lui le bénéfice que les bonnes années pourront lui laisser. C'est l'*assurance à primes* et la compagnie qui s'en charge spécule aux dépens de ses assurés : l'étendue de ses bénéfices n'est limitée que par la concurrence que lui feraient des compagnies similaires, si le montant de ses primes était exagéré.

Dans d'autres hypothèses, les assurés s'entendent pour supporter en commun leurs risques ; il n'y a plus de primes, mais une simple répartition annuelle des sinistres entre les associés : c'est l'*assurance mutuelle.* Chaque membre est à la fois assureur des autres et assuré par eux. En fait, les assurances mutuelles se sont constitué des fonds de réserve avec lesquels elles font face à l'imprévu et ne demandent, en général, à leurs membres qu'une somme fixe chaque année, et l'écart qui sépare cette somme annuelle des primes que demandent les compagnies tend à s'affaiblir.

Les compagnies d'assurances à prime sont des sociétés commerciales ; les sociétés d'assurances mutuelles ont le caractère civil, et on se demande même si elles sont de véritables sociétés. Voyez ci-dessus n° 1991.

*** 2148. Caractère aléatoire du contrat.** — De l'avis de tout le monde, le contrat est aléatoire. Soit qu'on s'en tienne à la conception courante et qu'on voie seulement dans l'assurance un contrat entre la compagnie et l'assuré, soit qu'on pénètre au fond des choses pour y découvrir une sorte de mutualité établie en vue de la répartition annuelle des sinistres, le contrat garde toujours son caractère aléatoire : car chaque assuré est débiteur, d'*une manière ferme*, de la somme fixe appelée « prime », et créancier, d'*une manière conditionnelle*, du capital qui lui sera nécessaire pour réparer son sinistre [1].

2149. Plan. — Les *assurances maritimes* font partie de l'enseignement du *droit commercial*; les *assurances terrestres*, qui ont pour type l'*assurance contre l'incendie*, ne sont comprises dans aucun enseignement [2], bien qu'elles soulèvent un grand nombre de questions [3], dont quelques-unes sont fort importantes et délicates. Leur place pourrait se trouver aussi bien dans les cours de droit civil que dans les cours de droit commercial, car si l'entreprise d'assurance est un acte de commerce, la notion générale du contrat appartient certainement au droit civil et les assurances peuvent fonctionner par simple mutualité sans donner lieu à une entreprise [4].

B. — Assurance contre l'incendie.

(Notions sommaires).

2150. Bibliographie. — Philouze, *Manuel du contrat d'assurance*, 1879. — Delalande, *Traité théorique et pratique de l'assurance contre l'incendie*, 1886. — Bonneville de Marsangy, *Jurisprudence générale des assurances terrestres*, 1896.

2151. Importance pratique. — En 1880, il existait en France 44 compagnies et les capitaux assurés par elles dépassaient 100 milliards [5].

2152. Silence des lois françaises. — Nous n'avons eu en France aucune loi sur les assurances terrestres, si ce n'est la réglementation spéciale qu'a nécessitée l'établissement du risque professionnel (ci-dessus, n° 1873). En plusieurs pays il existe, au contraire, des lois spéciales sur les assurances terrestres. Voyez notamment la *loi belge* du 11 juin 1874, le *Code genevois* de 1857 (liv. II, tit. 10) et le *Code de commerce italien* de 1883 (liv. I, tit. 14).

2153. Vente de la chose assurée. — La vente de la chose dégage l'assuré de ses obligations et lui fait perdre tout droit à l'indemnité, car le sinistre ne peut plus se produire pour lui. Voyez cependant Bordeaux, 23 août 1876, D. 78. 2. 52. Quant à l'acquéreur de la chose, il n'est pas subrogé de plein droit au bénéfice du contrat ; mais les compagnies ne refusent jamais de l'agréer. Toutes les polices prévoient le fait et obligent l'acquéreur à prévenir l'assureur de la mutation de propriété.

2154. Assurance par les créanciers. — Les créanciers, même chirographaires, ont qualité pour faire assurer les biens de leur débiteur, et ils peuvent les assurer en leur nom personnel et non comme gérants d'affaires du propriétaire.

2155. Effet de la faute de l'assuré. — C'est un point qui a fait jadis difficulté que de savoir si le sinistre donne lieu à indemnité quand il a été provoqué par une faute de l'assuré. En matière maritime, il est de principe que l'assurance ne couvre que les sinistres fortuits (art. 352 C. com.). Mais, pour les assurances terrestres, il en est autrement : l'assuré est couvert contre les conséquences de ses propres fautes à moins qu'il

[1] Il est cependant singulier d'appeler « aléatoire » le contrat qui a pour but d'éliminer les risques des entreprises et exploitations. Loin de créer l'*aléa*, le contrat le supprime.

[2] Ceci tient tout simplement à ce qu'on a organisé l'enseignement du droit sous la forme d'un simple commentaire des textes, de sorte que les lacunes de la loi sont devenues celles de l'enseignement.

[3] Les grands répertoires du *Dalloz*, du *Sirey* et des *Pandectes* consacrent à ces assurances plusieurs centaines de numéros.

[4] En Belgique, la loi du 11 juin 1874 sur les assurances est destinée à former les titres X et XI du nouveau Code de commerce.

[5] Et cependant l'origine de l'assurance n'est pas ancienne. Les premiers essais en France ne remontent pas au delà du XVIIIe siècle et ce n'est guère que depuis 1816 qu'on a réussi à l'y développer. En Angleterre, elle a fonctionné dès 1654.

ne s'agisse d'une faute lourde, inexcusable (Paris, 16 janv. 1851, D. 51. 2. 99 ; Metz, 5 déc. 1871, D. 73. 1. 97 ; Cass., 18 avril 1882, D. 83. 1. 260).

2156. Accidents non couverts par la police. — Les incendies allumés par la *foudre* ont donné lieu à de nombreuses difficultés. En général les compagnies consentent à assurer contre ce risque ; mais elles s'exonèrent toutes des incendies ayant pour cause des *faits de guerre*. Après la guerre de 1870-1871, de nombreux procès ont surgi sur des questions de ce genre, qui ne peuvent être examinées ici. Voyez Dalloz, *Suppl.*, v° Assurances terrestres, n°s 84-89.

2157. Preuve du contrat. — Le contrat d'assurance terrestre n'est pas subordonné à la rédaction d'un écrit, qui n'est nécessaire que pour sa preuve (Grenoble, 19 août 1879, D. 79. 2. 202, S. 89. 2. 325). — Les clauses imprimées des polices sont obligatoires à l'égal des clauses manuscrites (Cass., 1er févr. 1853, D. 53. 1. 77).

2158. Réticences et fausses déclarations. — Au moment où l'assurance se contracte l'assuré est tenu de faire à l'assureur des déclarations exactes et complètes sur tout ce qui peut servir à déterminer la nature et l'étendue du risque. Une *déclaration inexacte* ou une *réticence* peut entraîner l'annulation du contrat. Toutefois, pour que cette annulation ait lieu, il faut que l'inexactitude commise par l'assuré soit *de nature à influer sur l'opinion du risque*. Cela se reconnaît, en général, à ce que la *prime demandée eût été plus forte*, si le fait caché avait été connu de l'assureur. Mais il n'y a là rien d'absolu et les juges du fond sont souverains pour apprécier si l'opinion du risque s'est trouvée modifiée par la réticence ou la fausse déclaration (Cass., 21 avril 1880, D. 80. 1. 410, S. 81. 1. 223).

Les exemples pratiques sont très variés et parfois fort délicats à apprécier. Voyez Aix, 25 août 1870, D. 72. 2. 19 ; Besançon, 4 mars 1882, D. 82. 2. 166, S. 83. 2. 60.

Il n'est pas nécessaire que la fausse déclaration soit frauduleuse ; la nullité est encourue même par l'assuré de bonne foi (Cass., 27 janv. 1845, D. 45. 1. 124, S. 45. 1. 201). Mais la circonstance que les lieux assurés ont été visités et examinés par un agent de l'assureur empêche souvent la compagnie d'opposer la déchéance à l'assuré (Riom, 20 mai 1886, D. 87. 2. 26 ; Cass., 25 juin 1889, D. 89. 1. 365, S. 90. 1. 24). Voyez cependant Cass., 8 juill. 1878, D. 80. 1. 62, S. 80. 1. 124.

2159. Paiement des primes. — La prime est due en entier, si courte qu'ait été la durée du risque : elle est due pour l'année entière, alors même que le contrat serait ensuite résolu. En général les polices portent que le contrat sera résolu de plein droit faute de paiement de la prime à son échéance ou dans un court délai, et les tribunaux ne peuvent se dispenser d'appliquer cette clause, qui est licite et obligatoire (Cass., 10 août 1874, D. 75. 1. 158, S. 75. 1. 26). Au lieu de stipuler la résiliation définitive du contrat, les polices portent parfois que l'assurance est *suspendue* jusqu'au paiement de la prime en retard : l'assurance reprend son cours pour l'avenir, mais l'assuré n'est pas couvert pour les sinistres survenus pendant la suspension.

La résiliation ou la suspension de l'assurance n'ont lieu qu'au cas où la prime arriérée était *portable*, c'est-à-dire qu'elle devait être payée par l'assuré au domicile de l'assureur ou de ses agents. D'ordinaire les compagnies stipulent que les primes seront portables ; mais comme elles ont l'habitude de faire encaisser les primes à domicile par leurs agents, pour être plus sûres de leurs rentrées, la jurisprudence décide que cette circonstance change la nature de la prime qui, de portable qu'elle était d'après la police, devient *quérable* (très nombreux arrêts depuis plus de cinquante ans : Cass., 21 août 1854, D. 54. 1. 366 ; S. 54. 1. 359 ; Cass., 31 janv. 1872, D. 73. 1. 86, S. 72. 1. 113).

Cette jurisprudence a été pendant longtemps très énergiquement combattue par les compagnies ; elle n'est plus discutée aujourd'hui. — La preuve que la compagnie avait l'habitude de faire encaisser les primes à domicile est à la charge de l'assuré et il doit établir qu'on en a usé ainsi spécialement à son égard (Nîmes, 16 mars 1881, *Jurispr. génér. des assurances terrestres*, t. II, p. 636).

2160. Changements au cours de l'assurance. — Tout changement qui peut avoir pour effet *d'aggraver le risque* doit être déclaré à l'assureur, à peine de déchéance,

L'application de cette règle donne lieu à de nombreuses difficultés de fait qui ne peuvent être examinées ici. Les compagnies élèvent quelquefois sur ce point des prétentions excessives. Voyez, par exemple, Limoges, 22 janv. 1883, sous Cass. D. 85. 1. 228, S. 86. 1. 148. — Quand l'innovation qui aggrave les risques est le fait volontaire de l'assuré, elle doit être dénoncée à l'assureur avant d'être réalisée ; quand elle a une autre cause, on donne en général un délai d'un mois à l'assuré pour en faire la déclaration.

Les polices imposent de plus à l'assuré l'obligation de leur dénoncer tous les *changements de propriété*, ainsi que les *nouvelles assurances* qui pourraient être contractées par l'assuré, et même sa *mise en faillite* quand il s'agit d'un commerçant, ou sa *liquidation* quand il s'agit d'une société.

2161. Obligations de l'assuré en cas de sinistre. — Il doit alors :

1° Faire en sorte de sauver le plus grand nombre possible d'objets assurés : s'il ne le faisait pas, il encourrait, selon les uns, la déchéance (Caen, 24 mars 1862, Dalloz, *Suppl.*, t. I, p. 600, note 2); selon d'autres, de simples dommages-intérêts (Besançon, 25 juill. 1850, *ibid.*, note 1);

2° Faire une déclaration du sinistre à la compagnie. La police lui fixe souvent un délai à peine de déchéance ; toute exagération calculée dans l'évaluation par lui faite du sinistre entraîne de même la déchéance.

2162. Fixation de l'indemnité. — Jamais l'assurance ne doit être une source de profits pour l'assuré. L'indemnité qui lui est payée n'est donc pas nécessairement égale à la somme portée dans la police, mais seulement à la valeur qu'avaient les objets assurés au jour du sinistre (Cass., 14 juin 1880, D. 81. 1. 367). Toutefois, quand les objets assurés sont entièrement détruits, l'indemnité due est la somme portée dans la police, sauf les cas d'erreur ou de mauvaise foi prouvée (Pau, 13 juin 1872, D. 73. 2. 5).

2163. Règle proportionnelle. — Souvent la police ne couvre pas le risque entier et n'assure qu'une somme inférieure à la valeur vraie des objets assurés. En pareil cas *l'assuré est réputé être son propre assureur pour tout ce qui excède le montant de sa police*. Il en résulte qu'au cas de sinistre partiel, la perte à subir se répartit entre lui et son assureur proportionnellement à la valeur couverte par l'assurance et à l'excédent non couvert. C'est seulement au cas de perte totale que l'assureur sera obligé de verser le total de la somme convenue. Cette règle de proportionnalité a soulevé pendant longtemps les plaintes les plus vives ; elle est inscrite dans toutes les polices et la jurisprudence en reconnaît la validité (Pau, 5 avril 1884, D. 86. 2. 1, S. 84. 2. 186)[1].

2164. Recours de l'assureur contre l'auteur du sinistre. — Lorsque le sinistre a pour cause une faute imputable à quelqu'un et que la personne responsable est connue et solvable, l'assuré possède contre elle un recours fondé sur le droit commun. En fait, ce recours lui est inutile puisque le sinistre est couvert par une assurance. Mais l'assureur qui éprouve une perte par la faute d'autrui possède de son côté *une action personnelle* contre l'auteur responsable du sinistre : cette action lui appartient *de son chef*, par application de l'art. 1382.

Est-il, en outre, *subrogé dans l'action qu'avait le propriétaire de la chose assurée* ? En principe la question n'a pas d'intérêt puisque l'étendue du dommage est toujours la même et que les deux actions sont chirographaires. Cependant la subrogation pourrait être utile à l'assureur pour lui permettre d'invoquer contre l'auteur du sinistre certaines présomptions légales établies au profit de celui qui en a souffert. Exemple : quand c'est une maison qui a été incendiée par le fait d'un locataire, l'assureur ne pourra

[1] La règle proportionnelle est souvent modifiée par les clauses des polices en ce qui touche le *risque locatif* qu'elles mettent entièrement à la charge de l'assureur, quand ce risque a été évalué à une somme représentant quinze fois le loyer de l'assuré. — De plus, on ne peut pas appliquer rigoureusement cette règle à l'assurance contre le recours des voisins, parce qu'il est impossible de savoir jusqu'où s'étendra l'incendie pour fixer d'avance le montant du risque.

en son propre nom recourir contre lui que s'il prouve une faute de sa part ; cette preuve ne lui serait pas demandée s'il pouvait exercer l'action que possède contre ses locataires le propriétaire de la maison incendiée (ci-dessus n° 1713). Le peut-il ? Il a été jugé, dès 1829, que l'assureur n'avait pas droit au bénéfice de la *subrogation légale* : en versant l'indemnité promise, il paie sa propre dette et non celle d'autrui, et cela ne rentre dans aucun des cas où la loi accorde de plein droit le bénéfice de la subrogation. La Cour de cassation ne s'est jamais démentie (Cass., 22 déc. 1852, D. 53. 1. 93, S. 53. 1. 109; Cass., 2 juill. 1878, D. 78. 1. 345, S. 78. 1. 413). Mais les compagnies d'assurances se font en général subroger conventionnellement dans les droits de l'assuré contre les tiers [1].

2165. Observation. — Les compagnies d'assurances contre l'incendie sont exposées à des fraudes dangereuses pour elles ; beaucoup de gens sans scrupules brûlent leur maison pour toucher l'indemnité. Dans certaines régions le fait était devenu si fréquent qu'elles se sont vues obligées de refuser de nouveaux contrats. D'autre part, elles ont mis tant d'âpreté à se défendre et créé de si nombreuses causes de déchéance contre des assurés même de bonne foi qu'elles risquent de décourager leur clientèle [2]. Elles se montrent coulantes pour les petits sinistres et résistent énergiquement contre les grands, au point qu'on a pu dire qu'en cas d'incendie il n'y avait guère qu'une chose d'*assurée*, à savoir un procès.

C. — Assurance contre les accidents.

2166. Renvoi. — L'assurance contre les accidents a pris une importance considérable à raison de la fréquence des accidents du travail et de la responsabilité des patrons (ci-dessus, nos 1851-1876). Comme assurance, elle est soumise aux règles ordinaires, et je n'en dirais rien ici si elle n'avait donné lieu à des difficultés particulières sous la forme dite *assurance collective*.

2167. Assurance collective. — L'ouvrier s'assurait rarement lui-même, étant par nature insouciant et imprévoyant ; mais le patron qui se savait exposé à des recours dangereux, au cas où sa responsabilité se trouvait engagée envers les victimes par quelque faute de sa part, prenait soin de s'assurer lui-même en assurant ses propres ouvriers contre les accidents, et en leur faisant subir dans ce but une légère retenue sur leurs salaires. C'était ce qu'on appelait l'assurance collective, parce que le contrat était passé par le patron seul avec la compagnie, celle-ci ne voulant pas avoir pour clients la foule mobile et souvent peu solvable du personnel ouvrier d'une grande usine.

Cette pratique a soulevé de graves questions devant la jurisprudence. On se demandait d'abord si l'ouvrier blessé avait *une action directe contre la compagnie*, ou s'il en était réduit à son recours contre le patron. Les premiers arrêts lui avaient refusé cette action directe parce qu'il n'avait pas traité avec la compagnie (Rouen, 25 juill. 1881, D. 82. 2. 63, S. 82. 2. 112 ; Cass., 23 juill. 1884, D. 85. 1. 168, S. 85. 1. 128) ; mais la Cour de cassation avait fini par reconnaître l'existence de cette action au profit de l'ouvrier, en la fondant sur l'idée d'une *gestion d'affaires* (Cass., 1er juill. 1885, D. 86. 1. 201, S. 85. 1. 409). Les cours d'appel avaient adopté la même solution (Rennes, 22 mars 1887, D. 88. 2. 224, S. 87. 2. 196 ; Dijon, 11 juillet 1890, D. 91. 2. 237). Quelques unes préféraient dire qu'il y avait *stipulation pour autrui* (Amiens, 6 janv. 1886, et Tou-

[1] J'estime que c'est là une *cession de créance* plutôt qu'une *subrogation* et, par conséquent, qu'elle pourrait être consentie à l'assureur même après qu'il a payé l'indemnité fixée par la police. En payant cette indemnité, l'assureur n'éteint pas la dette de l'auteur du sinistre, par la bonne raison qu'il acquitte la sienne propre et qu'il n'y a aucune solidarité ni aucun lien de droit entre lui et l'auteur du sinistre.

[2] Ainsi les changements qui amènent une aggravation du risque ne devraient être des causes de déchéance qu'autant qu'il serait prouvé que c'est ce changement qui a été la cause du sinistre, ou tout au moins la déchéance devrait être évitée quand il est prouvé que le sinistre a une autre cause. De quel dommage se plaint alors la compagnie ? D'un dommage *qui ne s'est pas réalisé*.

louse, 9 févr. 1886, D. 86. 2. 61 et 171), ce qui n'était qu'une variante de la formule (voyez ci-dessus, nos 1222-1225).

Un autre système s'était produit, qui considérait le patron comme tenu personnellement d'une obligation envers ses ouvriers (Nîmes, 2 juill. 1895, D. 96. 2. 72, S. 97. 2. 153). Cette action contre le patron était surtout nécessaire lorsque l'assurance en vue de laquelle les ouvriers avaient subi des retenues sur leurs salaires se trouvait nulle ou caduque par le fait du patron (Paris, 22 janv. 1895, D. 96. 2. 44, S. 97. 2. 229 ; Nîmes, 20 mars 1895, D. 96. 2. 73). On l'admettait même comme subsistant à côté de l'action directe que le contrat procurait aux ouvriers contre la compagnie (Rouen, 25 janv. 1892, et Paris, 4 nov. 1892, D. 93. 2. 121, S. 94. 2. 141).

2168. Application actuelle. — La loi du 9 avril 1898, qui a mis le risque professionnel à la charge du patron et généralisé le système des assurances, a rendu inutiles toutes ces solutions et déblayé le terrain des difficultés qui les avaient provoquées ; toutefois, comme la loi nouvelle ne s'applique pas à tous les salariés ni à tous les accidents industriels, la jurisprudence antérieure à 1898 pourrait encore recevoir son application dans quelques cas exceptionnels.

§ 2. — *Des assurances sur la vie.*

2169. Bibliographie. — De Courcy, *Précis de l'assurance sur la vie*, 3e édit. — Lefort, *Traité théorique et pratique du contrat d'assurance sur la vie*, 4 vol., 1893-1887. — Herbault, *Traité des assurances sur la vie*, 1877. — Couteau, *Traité des assurances sur la vie*, 2 vol., 1881. — Dupuich, *Traité pratique de l'assurance sur la vie*, 1900. — Chavegrin, *L'assurance sur la vie d'après les arrêts de la Cour de cassation*, dans le *Droit* du 4 nov. 1888. — H. Guillon, *De la transmission du bénéfice du contrat d'assurance sur la vie*, thèse, Paris, 1899. — Francez, *Étude sur la réserve des primes, la réduction et le rachat dans les contrats d'assurance sur la vie*, thèse, Paris, 1900. — Voir aussi dans le *Sirey* des notes nombreuses et remarquables de M. Labbé, indiquées dans les tables décennales du recueil. — Pour les questions d'enregistrement, voir Taupenot, *Des assurances sur la vie en droit fiscal*, thèse, Paris, 1899.

** **2170. Définition.** — L'assurance sur la vie est un contrat par lequel l'assureur, moyennant une prime annuelle ou unique, promet à l'assuré ou à ses ayants droit une somme d'argent sous certaines éventualités dépendant de la vie ou de la mort de l'assuré ou d'un tiers. La définition est nécessairement complexe parce que ce contrat se prête à diverses combinaisons.

La somme qui fait l'objet de l'assurance peut être due au gré des parties sous la forme d'un *capital* payable en une seule fois ou sous la forme d'une *rente viagère*. Cette différence n'influe en rien sur les règles du contrat.

2171. Preuve. — De même que l'assurance contre l'incendie ou autres risques, l'assurance sur la vie est *consensuelle* (Paris, 14 févr. 1890, D. 91. 2. 272). Elle se constate également au moyen d'une *police*, acte sous seings privés rédigé en double exemplaire.

2172. Historique. — L'assurance sur la vie a été longtemps prohibée, et Portalis considérait cette prohibition comme subsistante, même sous le Code civil, ce genre de contrats lui paraissait « contraire aux idées de la saine morale » [1]. Cependant l'opinion ne tarda pas à changer sur ce point. L'assurance sur la vie se développait rapidement en

[1] Sur la controverse, voyez Dalloz, *Répert.*, v° Assurances terrestres, n° 313 ; Fuzier-Herman, *Répertoire alphabétique*, v° Assurance sur la vie, nos 50 et suiv.

Angleterre, où elle produisait de bons effets, et le 28 mai 1818 un avis du Conseil d'État décida que ce genre d'assurances était licite en France[1]. Néanmoins ses progrès furent très lents et ce n'est guère que depuis 1860 que sa pratique est réellement entrée dans nos mœurs. Son importance est aujourd'hui considérable[2].

2173. Législation. — Il n'existe pas en France de réglementation légale de l'assurance sur la vie. Elle est régie, au point de vue fiscal seulement, par différents textes. Voyez notamment la loi du 21 juin 1875, art. 6, qui frappe du droit de mutation par décès les sommes dues par l'assureur à raison du décès de l'assuré. Voyez aussi les lois du 5 juin 1850, art. 37, et du 29 déc. 1884 sur le timbre des polices d'assurances.

Pour l'étranger, voyez la loi belge du 11 juin 1874, le Code de commerce italien, liv. I, tit. XIV, chap. III, art. 449 à 453 et le Code hongrois de 1875, 2e partie, t. VII, sect. III (art. 498 à 507).

A. — Variétés d'assurances sur la vie.

***2174. Assurance en cas de décès.** — La somme qui fait l'objet de l'assurance est payable *au décès de l'assuré,* c'est-à-dire qu'elle sera touchée par ses héritiers ou autres ayants droit.

Ce genre de contrat est utile à celui qui réalise des gains supérieurs à ses besoins, mais qui ne possède pas de capitaux. En s'imposant un sacrifice annuel et en capitalisant ses économies, il arriverait sans doute à se constituer un capital pour le laisser à sa veuve ou à ses enfants. Ce capital sera considérable s'il vit longtemps, mais s'il meurt de bonne heure, il n'aura eu le temps que de faire des économies insignifiantes. En traitant avec une compagnie d'assurance et en lui versant sous forme de prime ses économies annuelles, il s'assure un capital élevé, à quelque époque que son décès survienne.

***2175. Assurance en cas de vie.** — Souvent l'assuré tient à avoir le capital à sa disposition de son vivant, soit qu'il veuille s'assurer des ressources pour sa vieillesse, soit qu'il désire disposer à un jour donné d'un capital pour doter un enfant[3]. On convient donc que la somme sera payée, *si l'assuré atteint un âge déterminé,* ou *si son enfant atteint sa majorité.*

Ces combinaisons s'appellent, suivant l'objet de l'obligation de l'assureur, *assurances à capital différé* ou à *rentes différées,* car les compagnies promettent pour l'époque convenue aussi bien une rente qu'un capital.

2176. Assurance mixte. — Celle-ci est la combinaison des deux précédentes, la somme assurée étant payable soit à l'assuré, s'il vit encore à l'époque indiquée, soit à ses héritiers, s'il est déjà décédé. Ce n'est donc pas une variété distincte, c'est plutôt une alter-

[1] Il est juste de dire que ce qu'on prohibait autrefois n'est pas la même chose que ce qu'on permet aujourd'hui. Ainsi l'ordonnance de 1681 sur la marine défendait de faire aucune assurance sur la vie des personnes, mais il s'agissait là des assurances maritimes, et il pouvait sembler immoral de voir un armateur transformer en profit la mort d'un équipage. Mais l'assurance moderne, qui n'est qu'un perfectionnement de l'épargne, est toute différente.

[2] Des chiffres en donneront une idée. En quarante ans (1819-1859), le montant total des capitaux assurés en France n'avait pas atteint 354 millions ; dans la seule année 1880, il a dépassé 455 millions. — Pour plus de détails, voir les *Répertoires* de Dalloz, de Fuzier-Herman et des Pandectes françaises.

[3] Les compagnies d'assurance font aussi l'opération inverse qui consiste à servir *une rente viagère* à une personne moyennant le versement immédiat d'un capital.

native : au premier cas, il y aura assurance en cas de vie ; au second, assurance en cas de décès.

***2177. Assurance sur la vie d'un tiers.** — On rencontre fréquemment des contrats d'assurance sur la vie d'un tiers, c'est-à-dire que l'assuré doit toucher le capital convenu au décès d'une personne qu'il désigne. Beaucoup d'auteurs pensent qu'une pareille assurance n'est valable qu'à la condition que l'assuré justifie d'un intérêt personnel qu'il a à l'existence de cette personne et que l'assurance se comprend uniquement comme réparation du préjudice que ce décès va lui causer ; sinon la convention serait immorale et contraire à l'ordre public, comme susceptible de faire naître le *votum mortis*, qui a fait prohiber les pactes sur succession future. C'est l'opinion ancienne (DALLOZ, *Répert.*, v° Assurances terrestres, n°s 317 et suiv. ; ALAUZET, t. II, n° 551). La loi belge de 1874 (art. 41) annule cette assurance « s'il est établi que le contractant n'avait aucun intérêt à la vie du tiers[1] ». Mais une opinion contraire, plus large, se répand de plus en plus : il faut rejeter entièrement l'idée que l'assurance sur la vie est destinée à réparer un sinistre : c'est la constitution aléatoire d'un capital. Elle peut donc se conclure en prévision d'un événement quelconque. Quant aux craintes d'assassinat que ferait naître un pareil usage, elles sont vaines, car, si elles étaient sérieuses, il faudrait abolir notre droit successoral tout entier ainsi que la faculté de tester, qui ne font pas autre chose que de créer des espérances de gains énormes fondées sur la mort d'autrui. En ce sens, COUTEAU, t. II, n°s 279 et suiv. ; HERBAULT, n° 136. — Comp. Paris, 13 déc. 1850, D. 54. 1. 368.

B. — Nature de l'opération.

***2178. L'assurance sur la vie n'est pas une assurance comme les autres.** — Cette question, qui ne paraît pas avoir d'importance pratique, a été et est encore fort discutée en doctrine[2]. La convention contient réellement les éléments d'une assurance, mais jusqu'ici tous ceux qui lui attribuent ce caractère s'y prennent mal pour le démontrer. D'après eux le risque que le contrat a pour but de couvrir serait *le dommage résultant de la mort d'une personne*. Ainsi un père de famille, qui fait vivre les siens de son travail, contracte une assurance pour 100 000 francs payables à son décès, ou pour une rente viagère payable après son décès à sa veuve. Dans cette conception, l'assurance paraît bien avoir pour objet la perte provenant d'une mort prématurée, mais alors l'assuré véritable n'est pas le père de famille, preneur de l'assurance ; ce sont bien plutôt sa femme et ses enfants. Mais prenons l'assurance en cas de vie : quel est le risque que couvre l'assurance, et quel est le dommage qu'éprouve l'assuré quand il vit encore, et dont la somme touchée par lui aurait pour but de l'indemniser ? Il est visible qu'ici la conception première ne peut plus être maintenue.

***2179. L'assurance sur la vie est une capitalisation collective et aléatoire.** — Quel est le besoin auquel répond ce genre de conventions ? Une personne prévoyante veut se constituer un capital, pour le laisser à sa famille au jour de son décès. Si elle savait d'avance que sa vie aura une durée moyenne, elle n'aurait qu'à thésauriser en prélevant sur ses gains ou revenus annuels une somme suffisante pour constituer à la fin le capital qu'elle se propose de former. Mais elle n'est pas sûre de vivre assez longtemps pour pouvoir amasser ce capital ; une mort prématurée peut l'enlever alors que sa capitalisation sera à peine commencée. Supposons 1 000 personnes ayant le même désir, et supposons-les *du même âge* pour qu'elles soient exposées à un risque absolument égal : elles n'ont qu'à s'entendre et à faire le contrat suivant : Nous nous garantissons mutuellement,

[1] C'est par application de cette idée que le gouvernement français a toujours exigé, depuis un avis du Conseil d'État du 11 juillet 1888, que l'assurance sur la vie d'un tiers ne puisse pas être contractée sans le consentement de ce tiers. Il force les compagnies à insérer une disposition en ce sens dans leurs statuts.

[2] Voyez l'exposé de diverses opinions émises, notamment par M. Alauzet en 1844 et par M. Léveillé en 1871, dans DALLOZ, *Suppl.*, v° Assurances terrestres, n°s 300 à 302.

à quelque époque que le décès de chacun de nous survienne, l'existence d'un capital de 20 000 francs par tête. Dans ces conditions, il suffit de pouvoir prévoir combien d'individus de ce groupe viendront à mourir dans chacune des années qui suivront la conclusion de leur entente pour savoir ce qu'il faudra demander chaque année à chacun d'eux pour payer le capital promis aux représentants de ceux qui décéderont[1]. Or cette prévision peut être faite avec une quasi-certitude, dès qu'on opère sur un grand nombre de têtes, au moyen des *tables de mortalité*, qui donnent le nombre d'individus mourant en moyenne à chaque âge de la vie.

Les compagnies ne font pas autre chose. Où donc est le risque? Il consiste uniquement dans *un décès prématuré*, impossible à prévoir, qui empêcherait chacun des assurés d'avoir le temps de capitaliser la somme voulue par des économies annuelles. Où donc est l'assureur? Il n'est autre que *le groupe indéterminé de ceux qui vivront plus que la moyenne* : ceux-là subissent une perte, car ils continueront à payer les primes annuelles plus de temps qu'il n'en n'aurait fallu pour capitaliser la somme qui sera payable à leur mort. Ce sont eux qui font tous les frais de l'opération. La convention n'est avantageuse que pour ceux qui meurent prématurément. Quant à l'assuré dont l'existence a une durée moyenne, il ne gagne ni ne perd.

Il y a donc là un véritable système d'assurances, mais bien éloigné, dans son objet, des assurances ordinaires. Le risque n'est pas un *sinistre*, produisant un *appauvrissement*, un déficit dans le patrimoine : c'est *l'arrêt prématuré d'une thésaurisation en cours*, et la seule perte que l'assuré redoute est un *manque à gagner*, un obstacle à une augmentation future de son patrimoine. C'est ce qui me fait croire qu'il est indispensable de séparer l'assurance sur la vie des autres assurances : elle n'est pas un contrat mutuel d'*indemnisation* : elle est un *procédé d'enrichissement* d'où la mutualité réussit à éliminer l'aléa qui résulte de l'inégalité des existences humaines. J'en conclus qu'elle mérite le nom que je lui donne de *capitalisation collective et aléatoire*[2].

Quant à l'assurance en cas de vie, elle constitue bien toujours une capitalisation aléatoire, mais s'analyse d'une manière toute différente. La somme promise par l'assureur est payable à l'assuré sous la condition qu'il vivra encore à l'époque convenue. S'il meurt auparavant, les primes déjà versées par lui sont perdues pour sa succession. Dans ces conditions, la prime annuelle qu'il paie est inférieure à la somme qui serait nécessaire pour lui constituer ce capital au jour fixé. La compagnie ne l'assure donc contre aucun risque; elle lui procure seulement *une chance de gain* pour le cas où il serait au nombre des survivants parmi ceux qui auront fait avec elle ce même genre de contrat : le gain proviendra des primes versées inutilement par les assurés décédés dans l'intervalle[3].

2180. Conclusion. — On voit par cette rapide analyse combien est fausse la doctrine courante. Si l'assurance sur la vie était *l'indemnisation d'un dommage*, elle devrait

[1] Supposons que dans la première année qui suivra la formation de cette mutualité entre 10 000 individus du même âge, il en meure seulement 10 ; on aura à verser à leurs familles ou ayants droit 20 000 francs × 10 = 200 000 francs. Il suffira donc que chacun des coassurés de ce groupe, qu'on suppose encore au complet, verse 20 francs, car 200 000 francs répartis sur 10 000 têtes, donnent 20 francs par tête. Ainsi une modique cotisation de 20 francs suffirait dans ces conditions à assurer le capital promis (20 000 francs) à ceux qui décéderont. Cette cotisation augmentera évidemment d'année en année à mesure que les survivants diminueront en nombre et que le chiffre des décès augmentera.

[2] C'est par ce double caractère collectif et aléatoire que l'assurance sur la vie se distingue de la simple capitalisation isolée qui fonctionne dans les caisses d'épargne : là, chaque déposant a son *livret* ; ses dépôts forment un bloc qui lui appartient en propre et qui grossit par la capitalisation des intérêts ; lui seul y a droit, et il y a droit à tout événement. Mais avec ce système d'isolement l'accroissement du capital est aussi lent qu'il est sûr. Au lieu de tous ces dépôts, qui végètent en quelque sorte dans des compartiments fermés, l'assurance fait une masse collective, et en introduisant un risque de perte pour ceux qui vivront longtemps elle améliore la condition des autres.

[3] C'est le système des caisses de retraite : chaque employé ou fonctionnaire verse une petite somme annuelle, et ces retenues sont perdues pour ceux qui meurent avant l'âge de la retraite.

comme les autres *se mesurer sur l'étendue de ce dommage*. Or il n'en est rien. L'indemnité payée au décès d'une personne n'est à aucun degré et dans aucun cas la réparation du dommage causé à l'assuré par le décès de celui-ci. Elle est l'*acquisition d'un capital* que le défunt n'a pas eu le temps de former.

Cette conception de l'assurance a de plus l'avantage de supprimer toute difficulté touchant la légitimité de l'assurance contractée en vue du décès d'un tiers : peu importe que l'assuré éprouve ou non un dommage par la mort de cette personne, puisque le contrat n'a pas pour but de l'en indemniser. Le décès d'un tiers a été pris comme échéance incertaine de la constitution du capital à former, comme on aurait pu prendre tout autre événement incertain, l'apparition d'une comète ou une crise industrielle.

2181. Mode de fonctionnement des compagnies. — Chaque compagnie vit pour ainsi dire au jour le jour. Elle fait face chaque année au paiement des capitaux ou rentes dues à ses assurés au moyen des primes encaissées par elle dans cette même année. Comme ces primes sont toujours calculées de façon à former un total supérieur au montant des sommes qui peuvent devenir exigibles d'après les tables de mortalité, il faudrait pour la mettre en perte une mortalité exceptionnelle, par exemple à la suite d'une guerre ou d'une épidémie, et les compagnies y pourvoient à l'aide de *réserves* qu'elles créent et entretiennent dans ce but.

La faillite d'une société est donc chose rare ; le fait s'est cependant vu (faillite du *Crédit viager*, déclarée par le tribunal de commerce de la Seine le 16 septembre 1885).

C. — Règles diverses de l'assurance sur la vie.

2182. Caractère facultatif des primes. — D'après une habitude constante en France, la personne qui a signé une police d'assurance sur la vie n'est pas obligée de continuer le paiement des primes pendant toute sa vie ou jusqu'au terme convenu. Elle est toujours libre de se désister du contrat. Le paiement de chaque prime étant purement volontaire de sa part, on doit considérer le contrat comme conclu *pour une année seulement*, avec faculté de renouvellement pour chacune des années suivantes, par le seul fait du paiement de la prime [1].

Les compagnies ont été amenées à adopter ce système par nécessité pratique : l'opération étant à longue échéance, la situation de l'assuré peut changer dans l'intervalle ; peut-être son état de fortune s'est-il amélioré au point qu'il n'ait plus à se préoccuper de l'avenir ; peut-être, au contraire, se trouve-t-il assez appauvri pour que le service des primes lui soit devenu trop onéreux. On encourage les gens à s'assurer sur la vie en leur laissant toute liberté pour l'avenir.

2183. Risques exclus par les polices. — Les compagnies, ayant établi leurs prévisions d'après les conditions normales de la vie, ne garantissent pas les dangers exceptionnels auxquels une personne peut se trouver soumise [2]. Sont exclus les risques suivants :

[1] Il résulte de là que ceux qui ont la libre disposition de leurs revenus (mineurs émancipés, personnes pourvues d'un conseil judiciaire, femmes séparées de biens) peuvent contracter des assurances sur la vie, à moins qu'il ne s'agisse d'une somme unique à prélever sur leurs capitaux.

[2] La conclusion admise semble hors de proportion avec le fait prévu. Qu'a fait l'assuré qui s'est soumis à un risque exceptionnel ? Il a *hâté* sa mort. Que fait la compagnie ? Elle annule son engagement. Elle devrait n'être autorisée qu'à en *différer* l'exécution jusqu'à l'époque probable d'un décès qui serait infailliblement arrivé sans cela, et à réclamer la continuation des primes jusque-là. Et si l'assuré meurt d'*une cause naturelle et ordinaire* pendant le temps où il s'est trouvé exposé à ce risque exceptionnel *qui ne s'est point réalisé*, l'assurance est néanmoins nulle. C'est annuler un contrat *sans cause de nullité*, car la compagnie n'a souffert aucun dommage.

1° Risques de guerre. — Les militaires bénéficient de l'assurance sur la vie en temps de paix et sont même d'ordinaire garantis dans les cas d'émeute ou d'insurrection ; mais la police est résiliée de plein droit au moment d'une entrée en campagne. Elle peut cependant être maintenue par une convention spéciale et au moyen d'une *surprime*. Pour le détail des clauses habituelles, voyez Dalloz, *Suppl.*, v° Assurances terrestres, n° 343 ; Paul Allaert, *De l'assurance des risques de guerre*, thèse, Paris, 1900.

2° Voyages lointains. — Les risques auxquels on s'expose en voyageant hors d'Europe sont en général exclus par les polices. Cependant les compagnies françaises assimilent l'Algérie à la France.

3° Suicide. — Toute assurance sur la vie est nulle, si l'assuré se suicide ; toutes les polices excluent ce risque. Il y en a une raison d'ordre public : une personne qui songe au suicide contracterait une forte assurance au profit d'une autre et se tuerait ensuite[1]. Toutefois la clause d'exclusion ne s'applique qu'au suicide accompli en pleine liberté. Si le malade se tuait sous l'empire de la folie ou dans un accès de fièvre chaude, la police devrait recevoir son exécution parce que le suicide serait la suite de la maladie (Cass., 3 août 1876, D. 77. 2. 132, S. 77. 1. 25 ; Lyon, 17 févr. 1891, D. 92. 2. 46, S. 91. 2. 215).

La question de preuve a donné lieu à des difficultés. Il a été jugé que la compagnie d'assurances, qui se prétend libérée, doit prouver que l'assuré s'est tué possédant son libre arbitre ; mais on se montre facile pour la preuve qu'on lui demande (Paris, 16 juill. 1892, D. 93. 2. 233).

4° Duel. — Toutes les polices excluent également le cas de mort reçue en duel.

5° Condamnations judiciaires. — Même exclusion conventionnelle pour le cas de condamnation à mort.

2184. Réticences et fausses déclarations. — Cette question, déjà grave pour les assurances contre l'incendie, prend une acuité particulière pour les assurances sur la vie. On reproche aux compagnies de recevoir sans difficulté l'affirmation de l'assuré déclarant qu'il n'est atteint d'aucune maladie ou infirmité, et de se montrer ensuite extrêmement rigoureuses quand la mort survient, en recherchant dans sa vie passée les moindres traces du mal qui l'a emporté. Un grand nombre de contrats deviennent ainsi caducs, à la grande surprise des prétendus assurés ou de leurs familles, et leur situation est rendue encore plus dure par certaines décisions de la jurisprudence qui admet :

1° Que l'assurance est annulée même lorsque l'assuré a été *visité par le médecin de la compagnie*, et que ce médecin a émis un avis favorable sur son état de santé (Paris, 12 févr. 1878, D. 78. 2. 58, S. 80. 2. 225) ;

2° Que la nullité est encourue même lorsque l'assuré a été de bonne foi et qu'il ignorait la nature ou la gravité de son mal (Paris, 17 févr. 1881, S. 83. 2. 25. — Voyez cependant Paris, 30 janv. 1880, D. 81. 2. 236 ; Paris, 7 janv. 1881, Dalloz, *Suppl.*, t. I, p. 637, note 1) ;

3° Qu'il en est de même quand le décès prématuré de l'assuré n'a pas été la suite de l'affection qu'il avait dissimulée (Rouen, 21 janv. 1876, D. 77. 2. 126)[2].

[1] Il y a un autre danger également fort rare : c'est l'assassinat de l'assuré par le bénéficiaire de la police, impatient de toucher le capital de l'assurance. On en a vu un exemple dans un procès célèbre, l'*affaire Lapommeraye* (Cass. crim., 4 juin 1864, D. 64. 1. 497, S. 65. 1. 54).

[2] Toute cette jurisprudence est draconienne, et l'on se demande comment de pa-

Les compagnies stipulent aussi que l'assurance sera nulle si l'assuré ne leur déclare pas les autres assurances qu'il a pu contracter. La validité de cette clause n'est pas contestable, puisque les conventions sont libres, mais c'est encore une rigueur bien inutile. Si je veux me constituer un capital en faisant des versements à une caisse, pourquoi n'ai-je pas le droit de m'en constituer un autre ailleurs et de traiter avec autant de compagnies qu'il me plaira ? Les compagnies font, à elles seules, la loi du contrat, et elles en usent un peu avec le public comme les patrons avec leurs ouvriers.

2185. Caractère quérable des primes. — La situation est la même que pour les assurances contre l'incendie : la prime, stipulée *portable* dans la police, devient *quérable* par le fait des compagnies qui la font encaisser à domicile (Cass., 30 août 1880, D. 80. 1. 464, S. 81. 1. 125).

2186. Perte de la police. — Fréquemment les polices sont *transmissibles par voie d'endossement*. Fréquemment aussi elles s'égarent, et ne peuvent être représentées par l'assuré ou ses héritiers quand le capital est devenu exigible. Les compagnies refusent alors de payer, parce qu'elles ne sont pas sûres que le titre ait été réellement perdu ou détruit, et qu'elles ne se trouveront pas ensuite en face d'un tiers porteur régulier, qui les forcerait à payer à nouveau. On attend donc que la prescription, qui est de trente ans, soit achevée (Paris, 13 déc. 1851, D. 55. 5. 34). C'est reculer outre mesure l'effet d'une assurance qui n'a d'utilité qu'à la condition d'être exécutée sans retard. Divers moyens ont été proposés dans la pratique (Énumération dans Dalloz, *Suppl.*, v° Assurances terrestres, n° 386) ; aucun n'a été accepté. Le meilleur serait d'organiser un système analogue à celui que la loi du 15 juin 1872 a institué pour la perte des titres au porteur.

2187. Participation aux bénéfices. — Un grand nombre de polices admettent l'assuré à participer aux bénéfices de la compagnie[1]. Ces clauses ont donné lieu à des difficultés, les assurés élevant la prétention de contrôler la gestion de la société ainsi que son mode de calcul pour la répartition des bénéfices. Voyez sur ce point Caen, 6 avril 1869, D. 72. 2. 133, S. 70. 2. 82 ; Cass., 19 juillet 1881, D. 83. 1. 39, S. 83. 1. 405.

2188. Emprunt sur l'assurance. — L'assurance en cours ayant une certaine valeur (valeur de rachat, ci-dessous n° 2189), les compagnies consentent parfois des prêts à leurs propres assurés jusqu'à concurrence de cette valeur. Tant que le prêt n'est pas remboursé, le capital assuré se trouve diminué de son montant.

2189. Rachat de la police. — Le fonctionnement de l'assurance repose sur le principe suivant : sur 100 000 individus du même âge qui contractent à la même époque une assurance en cas de décès il va en mourir dans l'année un nombre évidemment variable mais dont la moyenne peut être déterminée à l'avance avec précision à l'aide des tables de mortalité. Il suffit donc que tous les individus de ce groupe paient cette année-là à eux tous une somme suffisante pour former les capitaux assurés à ceux d'entre eux qui viendront à mourir dans l'année, et le même raisonnement s'appliquera aux survivants pendant chacune des années suivantes, jusqu'à l'extinction complète du groupe. Le rôle de la compagnie se borne ainsi à gérer une sorte de mutualité établie annuellement entre chaque groupe d'assurés du même âge. Dans ces conditions on calcule que pour assurer

reilles décisions ont pu être rendues. Sans doute les compagnies ont à se plaindre de fraudes très réelles ; mais elles doivent aussi ménager le public et ne pas répandre cette impression que l'assurance sur la vie ne procure qu'une sécurité trompeuse. La situation s'aggrave encore par ce fait que le médecin de l'assuré, se retranchant derrière le secret professionnel, refuse de renseigner, et avec juste raison, sur un état pathologique que le malade ignore et dont nul ne peut prévoir la marche à venir.

[1] Ces bénéfices proviennent principalement de ce que les primes ont été calculées d'après des tables de mortalité déjà anciennes, établies à une époque où la vie moyenne était moins longue qu'aujourd'hui ; elles se trouvent donc trop fortes. Et cette différence augmente encore par ce fait que les tables de mortalité ont été calculées sur l'ensemble de la population, tandis que les compagnies choisissent leurs assurés et refusent ceux qui leur paraissent exposés à de trop grandes chances de mortalité. Il a paru à la fois habile et équitable de faire participer les assurés à ces bénéfices excessifs ; mais beaucoup de compagnies préfèrent consentir une réduction des primes.

une personne âgée de 30 ans en cas de décès dans l'année, il suffit de lui demander une cotisation de 1 fr. 55 pour 100 francs de capital assuré (COUTEAU, n° 111). Naturellement le taux de cette cotisation s'élève à mesure que l'âge avance, car le nombre des individus vivants du même groupe diminue tous les ans.

Il résulte de là que l'on devrait exiger des assurés une prime croissant d'année en année. Pour simplifier, on fixe une prime invariable à un taux moyen, ce qui fait que pendant les premières années, et jusqu'à ce qu'il ait atteint la moitié du temps qui lui reste à vivre d'après les tables de mortalité, l'assuré paie une prime trop élevée. Celui qui traite avec la compagnie à 30 ans ne devrait payer que 1 fr. 55 pour 100 francs ; on lui demande 2 fr. 49, soit 0 fr. 94 de trop. Cet excédent est mis en réserve au compte de l'assuré et servira à contre-balancer les déficits qui se produiront pendant la seconde moitié de sa vie. Si l'assuré se désiste à un moment où cette *réserve* n'est pas encore consommée, la compagnie lui en rembourse le montant, non pas entier, mais avec une certaine déduction. C'est cette somme qu'on appelle *valeur de rachat de la police*. Ce *rachat* (le nom est très impropre) n'est permis, en général, que pour les assurances ayant au moins trois ans de date.

Au lieu de toucher cette somme l'assuré peut la laisser dans la caisse de la compagnie où elle fera fonction de prime unique par une assurance dite *réduite*. Sur ces difficiles questions de rachat et de réduction, voyez la thèse de M. Francez signalée au n° 2169 ci-dessus.

D. — Transmission du bénéfice de l'assurance.

***2190. Cessibilité de la créance.** — Toutes les polices reconnaissent à l'assuré le droit de transférer à une autre personne le bénéfice du contrat. En principe, le droit de l'assuré, qui constitue une créance civile contre la compagnie, ne peut être cédé que selon les formes établies par le droit civil pour la cession de créance. Mais il est d'usage dans beaucoup de compagnies de délivrer des polices *à l'ordre de l'assuré*, ce qui les rend *transmissibles par un simple endossement*. Cette clause est valable, malgré la nature civile de la créance (Paris, 2 avril 1879, D. 79, 2. 130).

La transmission peut se faire à un titre quelconque, vente, donation, etc. Il y a eu des difficultés spéciales pour le cas d'assurance en cas de décès. Voyez le n° suivant.

***2191. Droit personnel de l'assuré.** — Dans un grand nombre de polices, le capital est stipulé payable *à la succession* de l'assuré, ou à ses *héritiers*, enfants ou autres. Cette stipulation est considérée comme valable parce que l'assuré est censé stipuler pour lui en même temps que pour ses héritiers (art. 1122). Il est donc réputé *avoir acquis lui-même contre la compagnie une créance payable à son décès*.

2192. Conséquences. — Par suite, l'assuré peut de son vivant disposer de cette créance d'après le droit commun (Cass., 6 mai 1891, D. 93. 1. 177), même par testament ; ses héritiers n'ont aucun droit distinct du sien.

Par suite encore, ses héritiers ne profitent de la police qu'autant que l'assuré meurt sans en avoir disposé et à la condition d'accepter l'hérédité ; c'est un droit qu'ils recueillent *dans sa succession*.

Enfin, ses *créanciers* peuvent saisir ce capital, au moyen d'une saisie-arrêt entre les mains des agents de la compagnie : *il fait partie de leur gage* (Cass., 7 mars 1893, D. 94. 1. 77, S. 94. 1. 161).

E. — Assurance au profit d'un tiers.

***2193. Pourquoi cette assurance est valable.** — Souvent l'assuré désigne lui-même, lors de la conclusion du contrat, la personne qui devra toucher le capital assuré. Il est admis que le tiers ainsi désigné par la police bénéficie d'une *stipulation pour autrui,* faite à son profit (art. 1121 et ci-dessus n°s 1265 et suiv.). Cette décision est aujourd'hui constante en jurisprudence (Cass., 15 déc. 1873, D. 74. 1. 113, S. 74. 1. 199 ; Cass., 16 janv. 1888, D. 88. 1. 77, S. 88. 1. 121 ; Cass., 22 juin 1891, D. 92. 1. 205, S. 92. 1. 177 ; Cass., 8 avril 1895, D. 95. 1. 441, S. 95. 2. 265.)[1].

***2194. Irrévocabilité du droit du tiers.** — Ainsi analysée, l'assurance confère au tiers un droit irrévocable *à partir du moment où il l'a acceptée.* Mais, tant que cette acceptation n'est pas intervenue, le signataire de la police en reste maître et peut en disposer au profit de qui il voudra (Rouen, 21 mars 1893, D. 94. 2. 171, S. 93. 2. 250 ; Grenoble, 11 déc. 1894, D. 96. 2. 97). Comp. ci-dessus n°s 1245 et suiv. Sur la question de savoir si la révocation peut être faite par ses héritiers du stipulant après son décès, voyez ci-dessus n° 1250.

2195. Condition d'efficacité de la stipulation au profit du tiers. — Cependant, pour reconnaître au tiers un droit direct et exclusif, né à son profit du contrat d'assurance et n'ayant jamais passé par le patrimoine de l'assuré, certaines Cours d'appel exigeaient une condition : il fallait que le stipulant ne se fût pas réservé par la police la faculté de disposer du bénéfice de l'assurance (Douai, 6 déc. 1886, D. 88. 2. 140, S. 88. 2. 97 ; Caen, 3 janv. 1888, D. 89. 2. 129, S. 88. 2. 97). Mais la Cour de cassation décide que les clauses de style qui permettent au contractant de céder sa police, de la racheter ou de la réduire n'empêchent pas le bénéfice d'en appartenir au tiers désigné et ne font pas tomber le capital assuré dans le patrimoine du stipulant ; elles règlent simplement la faculté de révocation consacrée par l'art. 1121 (Cass., 22 juin 1891, D. 92. 1. 205, S. 92. 1. 177 ; Cass., 8 avril 1895, D. 95. 1. 441, S. 95. 1. 265 ; Paris, 10 janv. 1900, D. 1900. 2. 489).

2196. Validité d'une acceptation tardive. — Très souvent l'acceptation du tiers n'intervient qu'*après la mort du signataire de la police.* Souvent même elle ne peut pas intervenir plus tôt, car dans beaucoup de cas le tiers bénéficiaire ignore la stipulation faite à son profit. Il est donc de toute nécessité que le bénéfice de l'assurance puisse encore être acquis au tiers par une déclaration faite après la mort du contractant ; la jurisprudence l'admet sans hésitation (Cass., 8 févr. 1888, D. 88. 1. 193, S. 88. 1. 121 ; Cass., 22 juin 1891, D. 92. 1. 205, S. 92. 1. 177).

Fort heureusement la jurisprudence ne s'est pas mise en peine d'une objection d'ap-

[1] Seulement la jurisprudence justifie mal la validité de cette stipulation pour autrui : elle y voit la condition d'une stipulation que l'assuré fait *pour lui-même dans un intérêt moral* (Paris, 10 janv. 1900, D. 1900. 2. 489). L'assuré ne stipule rien pour lui et la recherche d'un intérêt moral en sa personne est inutile ; la stipulation pour autrui trouve une base suffisante dans la *dation* des primes perçues par la compagnie (ci-dessus n° 1214).

parence sérieuse que faisait la doctrine. La plupart du temps, la stipulation de l'assurance au profit d'un tiers équivaut pour celui-ci à une *donation*, parce qu'il touche le capital sans avoir payé les primes (ci-dessous n° 2199). Or l'art. 932 veut que l'*offre d'une donation* soit acceptée du vivant du donateur ; sinon elle est caduque, les offres et pollicitations ne se transmettant pas aux héritiers comme les obligations déjà formées. — La réponse a été faite à propos de la théorie générale des stipulations pour autrui (ci-dessus n° 1260) : c'est qu'il s'agit non d'une offre de donation, mais de la création directe d'une action au profit d'autrui, au moyen d'un genre particulier de gestion d'affaires.

***2197. Action directe ouverte au tiers.** — En conséquence de cette interprétation, on doit admettre que le tiers bénéficiaire possède contre la compagnie une *action directe,* qui lui appartient *de son chef* et sans qu'il ait besoin d'accepter la succession du stipulant. Cette créance n'a jamais fait partie du patrimoine de ce dernier et n'est comprise ni dans sa succession ni dans sa faillite. Comp. ci-dessus nos 1260 et suiv. Voyez les arrêts au n° suivant.

2198. Conséquences. — Puisque l'action contre la compagnie naît directement dans le patrimoine du tiers et ne passe pas par le patrimoine du signataire de la police, il en résulte plusieurs conséquences importantes, à différents points de vue :

1° Faillite de l'assuré. — Si le signataire de la police tombe en faillite, le tiers n'a pas à craindre le concours de ses créanciers ; la créance contre la compagnie ne figure pas dans l'actif de la faillite, elle appartient au tiers (Cass., 16 janv. 1888, D. 88. 1. 77, S. 88. 1. 121 ; Paris, 10 mars 1896, D. 96. 2. 465, S. 98. 2. 245).

2° Attribution a un héritier renonçant. — Si le bénéficiaire de la police se trouve en même temps appelé à la succession du contractant, il peut refuser cette succession tout en acceptant la stipulation faite à son profit. Comp. Cass., 2 juill. 1884, D. 85. 1. 150, S. 85. 1. 5.

3° Transmission aux héritiers du tiers. — Lorsque le tiers meurt avant le signataire de la police, mais après en avoir accepté le bénéfice, son droit passe à ses héritiers (Cass., 8 févr. 1888, D. 88. 1. 193, S. 88. 1. 121). Il en serait toutefois autrement si l'assurance avait été faite sous condition de survie.

4° Perception des droits de mutation. — Le capital de l'assurance doit être compté pour la perception des droits de mutation par décès, *dans le patrimoine du tiers*, et non dans le patrimoine de l'assuré (Cass., 29 juin 1896, D. 97. 1. 73, S. 96. 1. 361). Comp. L. 21 juin 1875, art. 6.

2199. Nature du bénéfice reçu par le tiers. — Généralement le capital de l'assurance contractée au profit d'un tiers constitue pour ce tiers *un avantage gratuit*, c'est-à-dire une *donation*. Voyez ci-dessus, n° 1266. Cette donation est sujette à *rapport* et à *réduction* (*ibid.*). — Sur l'idée qu'une assurance sur la vie au profit d'un tiers peut constituer un *legs*, tout aussi bien qu'une donation, voyez Labbé, S. 85. 1. 5.

2200. Sommes sujettes à rapport ou à réduction. — Sur ce point la Cour de cassation a été récemment obligée de changer sa jurisprudence. Elle avait d'abord décidé que ce qui était rapportable ou réductible, c'était le *capital de l'assurance*, et non le montant total des primes (Cass., 8 févr. 1888, D. 88. 1. 193, S. 88. 1. 121. Comp. Agen, 25 mai 1894, D. 95. 2. 513 et la note). Cette solution ne pouvait être maintenue : elle était en contradiction avec le principe de l'acquisition directe de l'action contre la compagnie par le tiers ; si cette créance ne vient pas du patrimoine du stipulant, il est impossible qu'elle ait fait l'objet d'une donation. En réalité, il n'y a donation que pour les primes ; c'est de leur montant seul que le stipulant a fait cadeau au tiers. La Cour de cassation l'admettait déjà en matière de faillite, quand il s'agit d'obliger une femme à rapporter à la masse le bénéfice d'une assurance contractée à son profit par son mari ; les primes seules étaient rapportables, par application de l'art. 564, C. com. (Cass., 22 févr. 1888, D. 88. 1. 193, S. 88. 1. 121). Plusieurs Cours d'appel appliquaient une solution analogue en matière de rapport à succession ou de réduction (Nancy, 18 févr. 1888, D. 89. 2. 198, S. 90. 2. 27 ; Paris, 30 avril 1891, D. 92. 2. 153, S. 91. 2. 189), et la Cour de cassation a fini par se ranger à leur avis (Cass., 29 juin 1896, D. 97. 1. 73, S. 96. 1. 361). Voyez aussi Amiens, 18 mai 1897, D. 98. 1. 369.

F. — Assurance au profit du conjoint de l'assuré.

***2201. Nature du contrat.** — Entre époux, l'assurance au profit d'autrui se présente sous une forme spéciale : elle est souvent *réciproque* ; tous deux stipulent dans l'acte, et l'assurance est contractée *au profit du survivant*. Je ne crois pas que cette circonstance modifie la nature des rapports qui s'établissent entre eux : il y a *une double libéralité,* dont *une seule est destinée à produire effet*. En ce sens, Cass., 28 mars 1877, D. 77. 1. 241, S. 77. 1. 393. Mais la Cour de Rennes y a vu, au contraire, *une convention à titre onéreux* (Rennes, 9 févr. 1888, S. 89. 2. 121).

***2202. A qui appartient le capital assuré.** — Si les deux conjoints qui ont fait une pareille convention sont mariés sous le régime de la *communauté,* le capital assuré forme-t-il *une valeur commune,* qui doive se partager entre les deux époux ou leurs représentants, ou bien appartient-il en propre à celui des deux époux qui survivra? Il est certain que ce capital est un *conquêt,* puisqu'il est acquis à titre onéreux pendant le mariage (sur ces conquêts, voyez le t. III); il entre donc en principe dans la masse commune. Mais, d'autre part, il n'est pas interdit au mari de donner à sa femme par acte entre vifs un bien de communauté, et la femme, de son côté, peut faire donation de sa part d'un bien commun, avec l'autorisation du mari. On sous-entend, dans toute assurance réciproque, une double donation de ce genre. Il en résulte que le bénéfice de l'assurance se trouve appartenir en totalité à l'époux survivant, pour une moitié à raison de la part qu'il prend dans la communauté, et pour l'autre moitié à raison de la donation dont il a été gratifié par son conjoint [1] (Cass., 2 mars 1881, D. 81. 1. 400, S. 81. 1. 145 ; Cass., 9 mai 1881, D. 82. 1. 97, S. 81. 1. 337 ; Cass., 22 févr. 1893, S. 94. 1. 65, avec une note de M. Labbé ; Amiens, 18 mai 1897, D. 98. 2. 369 ; Douai, 16 janv. 1897. S. 1901. 2. 9). Ce procédé suffit pour donner satisfaction aux époux qui ont voulu réserver au survivant le bénéfice entier de l'assurance, et le dispenser d'en partager le montant avec les héritiers du prédécédé, qui recueillent la moitié de la communauté.

[1] Ici c'est bien réellement la moitié du capital assuré qui fait l'objet de la donation ; c'est donc de cette moitié qu'il faudra faire état pour la réduction en cas d'atteinte à la réserve. La Cour de cassation semble même admettre que la femme qui bénéficie de l'assurance contractée par son mari est *donataire de la totalité du capital assuré* (arrêt du 9 mai 1881 cité au texte). Il me paraît inutile et impossible d'aller jusque-là : en sa qualité de commune en biens avec son mari, la femme est déjà, de son propre chef, propriétaire de la moitié de ce capital ; elle ne peut donc en recevoir comme donataire que l'autre moitié.

Voyez les notes de M. Labbé dans le *Sirey*, sous les arrêts précités, où il explique comment la combinaison des art. 1121 et 1973 conduit à admettre la validité de cette donation quoiqu'elle ne soit entourée d'aucune solennité.

2203. Révocabilité de la donation. — Contrairement au droit commun, la stipulation conditionnelle que chaque époux a faite au profit de l'autre pour le cas où il lui survivrait est *essentiellement révocable*, même après avoir été acceptée : c'est que nous n'avons plus affaire à une stipulation pour autrui ordinaire, mais bien à une *donation entre époux*, et que la faculté de révocation y est permanente et essentielle (art. 1096). Voyez Cass., 22 févr. 1893, D. 93. 1. 401, S. 94. 1. 65 ; Paris, 10 mars 1896. D. 96. 2. 465, S. 98. 2. 245.

LE DÉPÔT

CHAPITRE UNIQUE

§ 1. — *Règles générales.*

*** 2204. Définition.** — Le dépôt est le contrat par lequel l'une des parties (le déposant) « *donne une chose à garder à l'autre (le dépositaire), qui s'en charge gratuitement et s'oblige de la rendre lorsqu'il en sera requis* » (Pothier). Comp. art. 1915.

*** 2205. Caractères du contrat.** — Le dépôt est un *contrat réel*[1] : comme le prêt, il ne se forme que par la remise de la chose, car le dépositaire ne peut être tenu de la rendre qu'autant qu'il l'a reçue. Cependant l'art. 1921 le présente comme se formant par le consentement réciproque des parties ; la loi a voulu opposer ici le dépôt ordinaire à certaines variétés dans lesquelles le choix du dépositaire n'est pas libre.

Le dépôt gratuit est un contrat *unilatéral*. Les obligations qui peuvent naître à la charge du déposant ont pour source des faits extrinsèques, indépendants du contrat (ci-dessus, n° 948). Si on admet l'existence du dépôt salarié, il est évidemment synallagmatique.

Le dépôt est traditionnellement considéré comme un *contrat essentiellement gratuit* (art. 1917). — Il n'y a à cela aucune raison. On dit bien : C'est un office d'ami, qui doit être gratuit ; mais du moment où le dépôt constitue un contrat spécial, ayant sa fonction propre, il peut se faire moyennant salaire ou gratuitement. En quoi le dépôt de cannes et de vêtements dans un vestiaire, moyennant un prix de garde, n'est-il pas un dépôt ? Sans doute celui qui fait métier de recevoir des dépôts payants ressemble à celui qui loue ses services, mais le contrat, à le bien examiner, se rapproche encore plus du dépôt que du louage. Du reste, la loi se contredit elle-même, en admettant dans l'art. 1928 qu'il peut être « stipulé un salaire pour la garde du dépôt ».

2206. Choses susceptibles d'un dépôt. — Le dépôt ne peut avoir pour objet que des *choses mobilières* (art. 1918) ; ajoutons : *corporelles*.

On s'était demandé, sous l'ancien droit, si un immeuble pourrait faire l'objet d'un dépôt, et Pothier, dont le Code a suivi l'opinion, s'était prononcé pour la négative. Ce n'est pas à dire qu'une personne ne puisse pas s'engager à surveiller un immeuble en l'absence du propriétaire pour lui en rendre la possession à son retour : ce contrat intervient fréquemment pour les propriétés sises au bord de la mer. S'il y a une rétribution stipulée, c'est un louage de services ; s'il n'y en a pas, c'est un contrat innommé, voisin du dépôt. Le séquestre, qui n'est qu'un dépôt, peut avoir pour objet un immeuble (art. 1959).

[1] L'art. 1919 porte que le dépôt n'est parfait que « *par la tradition réelle ou feinte* de la chose déposée ». Parler ici de tradition feinte est une erreur certaine puisqu'il s'agit de transférer l'élément matériel de la possession et non le droit abstrait de propriété. La loi vise le cas où la chose qui fait l'objet du contrat se trouve déjà à un autre titre entre les mains d'une personne et où il est convenu que cette personne la gardera désormais à titre de dépôt. C'est un cas de *tradition de brève main* (t. I, 1re édit., n° 1357 ; 2e édit., n° 1299), et non de tradition feinte.

2207. Preuve du dépôt. — Aucune règle spéciale n'a été établie. L'art. 1923, en exigeant un écrit en matière excédant 150 francs, ne fait que reproduire le principe général de l'art. 1341. Pour le cas où l'écrit manque, voyez l'art. 1924.

2208. Par qui peut être fait le dépôt. — La loi n'exige pas de capacité particulière ; il suffit d'être capable de contracter (art. 1925). Pour le cas où l'une des parties est incapable, voyez l'art. 1926.

Généralement le dépôt est fait par le propriétaire de la chose. Mais, quand il y a eu dépôt de la chose d'autrui, la chose déposée doit être restituée au déposant seul : le contrat n'a fait naître la créance en restitution qu'au profit du déposant (art. 1937).

Voyez aussi les art. 1938 à 1940 qui règlent la restitution du dépôt dans des cas particuliers, sans grand intérêt.

2209. Obligations du dépositaire. — Le dépositaire doit : 1° *veiller à la conservation de la chose* ; 2° la *restituer* au terme convenu, ou à première réquisition, quand aucun délai n'a été fixé.

Cette restitution doit avoir pour objet identiquement la chose même qui avait été déposée (art. 1932). Le dépositaire est libéré par la perte fortuite, et, en fait de détériorations, il ne répond que de celles qui sont survenues par son fait (art. 1933)[1]. Tout cela ne souffre aucune difficulté. Voyez l'art. 1935 pour le cas où l'héritier du dépositaire, ignorant le dépôt, aurait vendu de bonne foi la chose à un tiers : il est tenu seulement de *restituer le prix, s'il l'a déjà touché ; sinon de céder son action contre l'acheteur*. Voyez aussi les art. 1936 et 1938, et 1940 à 1946.

2210. A qui doit être restitué le dépôt. — En principe la chose déposée doit être restituée au déposant ou à la personne qui a été indiquée par le déposant pour la retirer (art. 1937). Toutefois, *après la mort du déposant, la chose ne peut plus être restituée qu'à son héritier* (art. 1939). Cette disposition rigoureuse a un motif tout spécial, on a craint que le dépôt ne serve à réaliser, par l'intermédiaire d'une personne sûre, des libéralités que la loi prohibe (FENET, t. XVI, p. 515). Aussi la plupart du temps, quand la question se présente, les dépôts de ce genre sont-ils annulés par les tribunaux (Cass., 29 avril 1846, D. 46. 1. 244, S. 46. 1. 689 ; Cass., 10 févr. 1879, D. 79. 1. 298). Voyez cependant Grenoble, 27 déc. 1898, D. 1900. 2. 19 et la note.

2211. Étendue de la responsabilité du dépositaire. — Partant de cette idée que le dépôt est un contrat gratuit, par lequel une personne rend un service à autrui sans se le faire payer, la loi atténue la responsabilité du dépositaire.

Au lieu de le déclarer tenu de toute faute, appréciée d'après le type abstrait du bon père de famille, l'article 1927 l'oblige seulement à « apporter, dans la garde de la chose déposée, *les mêmes soins qu'il apporte dans la garde des choses qui lui appartiennent* ». Selon la formule doctrinale, sa faute s'apprécie *in concreto*, d'après sa propre conduite. C'est donc au déposant, s'il veut être bien servi, à choisir un homme intelligent et soigneux.

Toutefois la règle générale reprend son empire, et le dépositaire est tenu de sa faute légère « in abstracto » dans les cas suivants : 1° s'il s'est offert lui-même pour recevoir le dépôt ; 2° s'il a stipulé un salaire ; 3° si le dépôt a été fait uniquement dans son intérêt ; 4° s'il a été convenu qu'il répondrait de toute espèce de faute. Voyez l'article 1928.

2212. De l'abus du dépôt. — Le dépositaire n'a pas le droit de se servir de la chose déposée (art. 1930) ; mais cette faculté peut lui avoir été accordée par la permission *expresse* ou *présumée* du déposant (même art.). Ce dernier mot ouvre la porte à

[1] S'il a reçu une somme à la place de la chose à lui enlevée par force majeure, il ne peut garder cet argent et doit le rendre au déposant (art. 1934). Voyez cependant Cass., 2 juin 1886, D. 87. 1. 30, S. 86. 1. 449, pour le cas où le dépositaire, agissant en son nom personnel, aurait fait assurer la chose contre l'incendie ; l'arrêt a déclaré l'assureur libéré sous prétexte que l'incendie ayant eu une cause fortuite, le dépositaire se trouvait lui-même dégagé de toute responsabilité contre le déposant.

bien des concessions, quoique Pothier conseille au dépositaire « de ne pas se flatter facilement que le déposant aurait consenti à l'usage qu'il fait des choses déposées, s'il lui en avait demandé la permission » (*Dépôt*, n° 36).

Quand le dépositaire abuse du dépôt, on le considérait jadis comme commettant un *vol d'usage*. Notre droit moderne ne connaît plus ce genre de vol. Il ne pourra donc y avoir lieu qu'à une condamnation à des dommages-intérêts, si l'usage irrégulier a causé quelque préjudice au déposant.

S'il y a eu plus qu'un usage fait de la chose et que le dépositaire en ait disposé, la *violation de dépôt* devient alors *un abus de confiance* prévu et puni par le Code pénal (art. 408).

Enfin, le dépositaire doit se montrer discret et ne point chercher à connaître la nature des choses déposées, quand elles sont renfermées dans un coffre ou sous enveloppe cachetée (art. 1931).

§ 2. — *Variétés spéciales de dépôts.*

A. — Dépôt irrégulier.

***2213. Définition.** — On appelle « dépôt irrégulier » celui dans lequel le déposant, *au lieu d'être tenu de restituer identiquement la chose qu'il a reçue, est tenu seulement de rendre des choses de même espèce en même quantité.* Il est donc débiteur d'un genre et non d'un corps certain, comme l'est le dépositaire ordinaire.

2214. Objet. — Pratiquement ce sont les *dépôts d'argent* qui se font sous cette forme, principalement dans les banques.

2215. Comparaison avec le prêt. — D'après ce qui vient d'être dit, le banquier, qui a reçu un dépôt de fonds, se trouve à peu près dans la même situation que s'il avait reçu un prêt d'argent. La ressemblance s'augmente encore par cette circonstance que le banquier sert à ses déposants un petit intérêt. La différence consiste en ce que le prêt comporte la stipulation d'un terme, avant lequel le remboursement ne peut être demandé, tandis que les dépôts sont ordinairement remboursables à première réquisition. Mais cette différence disparaît elle-même quand le dépôt, au lieu d'être remboursable à vue ou après un court délai de prévenance, s'accompagne d'un délai fixe, trois mois, six mois, ou un an, auxquels cas le banquier sert aux déposants un intérêt plus élevé.

B. — Dépôt nécessaire.

*** 2216. Définition.** — Le dépôt nécessaire est celui dans lequel le déposant n'a pas pu choisir librement la personne du dépositaire, parce qu'il a agi sous la crainte d'un fléau subit, incendie, inondation, pillage, etc., qui l'a forcé à confier les choses déposées entre les mains du premier venu et avec la plus grande précipitation.

2217. Règles spéciales. — En principe le dépôt nécessaire est soumis aux mêmes règles que le dépôt ordinaire (art. 1951). La loi n'y déroge que *pour la preuve* : en considération de la hâte avec laquelle le dépôt a été fait, elle admet la *preuve testimoniale*, même quand il s'agit d'une valeur de plus de 150 francs (art. 1950). L'écrit n'est donc nécessaire ni pour prouver le fait du dépôt, ni pour établir la consistance et la valeur des objets déposés.

C. — Dépôts chez les hôteliers.

1° Preuve.

2218. Assimilation au dépôt nécessaire. — Le dépôt que les voyageurs font de leurs effets dans les hôtels ou auberges est assimilé, au point de vue de la preuve, au dépôt nécessaire : un écrit n'est pas exigé, quelle que soit la valeur des effets déposés (art. 1952). Cette assimilation existait déjà dans l'Ordonnance d'avril 1667, tit. XX, art. 4.

2219. Pouvoir du juge. — Le Code, reproduisant ici le texte de l'Ordonnance de 1667, accorde au juge le droit de refuser la preuve testimoniale quand elle lui paraît suspecte : « le tout *suivant la qualité des personnes et les circonstances du fait* », portent également l'ancienne Ordonnance et l'art. 1348 actuel[1]. Pothier explique cette réserve par la crainte que des filous ne s'entendent pour exploiter les hôteliers, en prétendant avoir apporté chez eux des effets d'une grande valeur et en produisant des compères comme témoins (*Dépôt*, n° 80).

2° Responsabilité.

2220. Responsabilité des fautes pour les hôteliers et aubergistes. — En leur qualité de dépositaires, ils ne devraient être tenus, semble-t-il, que dans les termes de l'art. 1927, et seulement quand ils ont pris moins de soin des effets de leurs voyageurs que de leurs propres affaires. Mais il ne faut pas oublier que le dépôt qu'ils reçoivent n'est pas gratuit : ils sont payés pour le recevoir. Ils répondent donc de toute faute commise par eux, dans les termes du droit commun.

2221. Responsabilité du fait d'autrui. — La loi ne se borne pas à rendre les aubergistes et hôteliers responsables de leurs propres fautes ; elle les déclare aussi tenus du fait de deux sortes de personnes (art. 1953) :

1° *Fait de leurs domestiques et préposés.* — Pour ceux-ci la responsabilité de leur patron n'est que l'application du droit commun. Sur la responsabilité du commettant, voyez ci-dessus, n° 910-5°.

2° *Fait des étrangers allant et venant dans l'hôtel.* — Ici la loi ajoute au droit commun ; ces étrangers ne sont pas les préposés de l'hôtelier, et la loi ne distingue même pas si ce sont d'autres voyageurs logés dans l'hôtel ou des tiers qui s'y sont introduits en passant. L'hôtelier est donc indirectement tenu d'exercer une surveillance active dans sa maison.

La loi ne distingue pas non plus s'il y a eu un dommage, causé par dol ou par simple maladresse, ou un vol. Le texte vise expressément les deux cas (art. 1953). Mais l'aubergiste cesse d'être responsable quand il a subi une force majeure, par exemple quand il y a eu vol à main armée (art. 1953).

Sa responsabilité disparaît également si le voyageur a lui-même, et par une faute caractérisée, rendu possible le dommage ou le vol, par exemple s'il a laissé sa porte ouverte en sortant et sans prendre la précaution de renfermer ses effets sous clé.

2222. Limitation de la responsabilité des hôteliers. — Dans les temps modernes, avec le grand nombre des voyageurs qu'ils ont à loger et l'importance des objets que l'on transporte avec soi, principalement sous la forme de billets de banque et d'effets au porteur, les hôteliers se trouvaient soumis à des risques excessifs : la moindre négligence pouvait permettre la consommation d'un vol considérable, capable de ruiner d'un seul coup un malheureux hôtelier. La jurisprudence admettait en effet (et cela était conforme à la loi) que l'argent, les billets de banque et tous les titres au porteur se trouvaient compris dans le mot « effets » de l'art. 1953. Une loi du 18 avril 1889 a limité à la somme de 1 000 francs la responsabilité du vol, pour toutes les espèces monnayées et valeurs au porteur[2] non déposées réellement entre les mains de l'aubergiste (art. 1953, al. 2). Le voyageur qui est porteur de sommes plus considérables et qui veut se procurer une sécurité complète est donc obligé de les déposer au bureau de l'hôtel, et on ne peut lui refuser la réception de ce dépôt.

S'il les garde dans sa chambre, il en supporte les risques pour tout ce qui excède

[1] On remarque toutefois une différence entre le Code et l'ordonnance : celle-ci ne faisait cette réserve que pour le dépôt d'hôtellerie et non pour le dépôt nécessaire, dont elle s'occupait dans deux articles séparés, tandis que le Code les a réunis dans un même alinéa de l'art. 1348, de sorte que le juge a aujourd'hui un égal pouvoir dans les deux cas.

[2] Cette énumération est limitative : la responsabilité de l'hôtelier subsiste entière, conformément au texte du Code, pour toutes autres choses, notamment pour les bijoux (Aix, 26 oct. 1899, D. 1901. 2. 303).

1 000 francs, à moins qu'il ne réussisse à prouver, d'une manière spéciale, une faute commise par l'aubergiste ou par un des préposés : on lui a enlevé le bénéfice de la présomption de faute, qui résultait de l'art. 1953; on n'a pas exonéré l'aubergiste des conséquences d'une faute réelle et prouvée (Bordeaux, 20 mai 1892, D. 93. 2. 182, S. 93. 2. 51).

2223. Conventions particulières. — Toutes ces règles peuvent être modifiées par des conventions spéciales. Peut-on considérer comme suffisantes, les affiches que beaucoup d'hôteliers font poser dans les chambres pour avertir les voyageurs qu'ils déclinent la responsabilité légale? La doctrine incline en général pour l'affirmative (DALLOZ, *Suppl.*, v° Dépôt, n° 69); mais il a été jugé que l'abstention du voyageur, qui a omis de déposer ses bijoux au bureau, malgré l'avis imprimé qui l'y invitait, ne constituait pas une faute (Aix, 26 oct. 1899, D. 1901. 2. 303).

2224. Objets oubliés ou abandonnés dans les hôtels. — Un dépositaire ordinaire peut se défaire de la garde du dépôt, quand on reste trop longtemps sans le lui réclamer. Mais un hôtelier, dont le voyageur a disparu (souvent sans payer sa note) en laissant ses bagages, ne sait à qui s'adresser pour s'en défaire. Naguère encore il était obligé de les conserver indéfiniment, pour les rendre au cas où ils seraient réclamés, et les greniers des hôtels, surtout dans certaines villes d'eaux et de jeu, s'encombraient de malles et d'effets. Une loi du 31 mars 1896, sollicitée par les propriétaires d'hôtels, leur a donné un moyen commode et rapide pour s'en débarrasser. Mais son explication concerne plus encore les droits de l'hôtelier considéré comme *gagiste*, que ses obligations comme *dépositaire*. Nous aurons donc à y revenir à propos du gage (ci-dessous, n°s 2426 et 2521-1°).

2225. Personnes assimilées aux hôteliers. — Sous le nom d' « aubergistes ou hôteliers », il faut comprendre tous ceux qui font profession de loger les voyageurs et étrangers, même quand ils ne donnent pas à manger. Les règles de la loi s'appliquent donc à ceux qui tiennent des chambres garnies [1].

Au contraire, ne sont pas assimilés à ce point de vue aux hôteliers : 1° les cafetiers, cabaretiers et restaurateurs ; 2° les propriétaires de bains publics (Caen, 17 nov. 1875, S. 76. 2. 49) ; 3° les compagnies possédant des wagons-lits (Trib. Seine, 25 nov. 1892, D. 93. 2. 587, S. 93. 2. 107)[2].

D. — Du séquestre.

2226. Définition. — Le séquestre est le *dépôt d'une chose litigieuse entre les mains d'un tiers*, en attendant le règlement de la contestation entre ceux qui prétendent avoir des droits sur cette chose.

Le dépositaire de la chose litigieuse porte aussi le nom de séquestre.

A la différence du dépôt, le séquestre peut avoir pour objet un immeuble aussi bien qu'un meuble (art. 1959).

2227. Distinction. — Le séquestre peut être *conventionnel* ou *judiciaire*.

1° Séquestre conventionnel.

2228. Caractères spéciaux. — 1° Une chose litigieuse ne peut être confiée à un séquestre par convention que *du consentement de tous ceux qui prétendent y avoir droit*. Sinon, il y aurait dépôt ordinaire et non séquestre [3]. « Apud sequestrum non nisi plures deponere possunt » (*Digeste*, liv. XVI, tit. 3, fr. 17).

[1] Toutefois le logeur en garni n'est responsable que pour les voyageurs qui sont chez lui de passage, et non pour les locataires qui occupent une chambre d'une manière permanente (Trib. Lyon, 24 mai 1899, D. 99. 2. 443).

[2] Par une décision qui semble en contradiction avec les précédentes, le tribunal de la Seine a admis la responsabilité des directeurs de théâtre pour la perte des effets déposés dans les vestiaires (5 janv. 1888, S. 88. 2. 45). Mais l'assimilation avec le dépôt nécessaire était inutile ici ; la responsabilité dérivant du dépôt ordinaire suffisait.

[3] L'art. 1956 contient à cet égard une erreur de rédaction. On y lit que le séquestre

2° Le séquestre peut *stipuler un salaire sans que le contrat change de nature* (art. 1957).

3° La restitution de la chose ne peut être exigée que *par celui qui aura obtenu gain de cause et après le règlement du litige, tandis que le dépôt ordinaire est restituable à tout moment*[1].

4° Le séquestre a une durée obligatoire pour celui qui a accepté la garde de la chose : il ne peut la restituer avant la fin du litige, si ce n'est « pour une cause légitime » (art. 1960).

2° Du séquestre judiciaire.

2229. Sa nature. — Ce séquestre est ordonné par justice. Il oblige le gardien judiciaire (qui est salarié) à conserver les effets séquestrés avec les soins d'un bon père de famille. Voyez les art. 1962 et 1963.

2230. Cas où il a lieu. — L'art. 1961 énumère trois cas dans lesquels la justice peut ordonner le séquestre, mais la jurisprudence décide que cette énumération n'est pas limitative (Paris, 21 avril 1886, D. 87. 2. 52, S. 87. 2. 203).

est « le dépôt fait par UNE ou plusieurs personnes... ». Il fallait dire comme Pothier : « par DEUX ou plusieurs... » (*Dépôt*, n° 84). Les contestants peuvent n'être que deux, mais ils sont au moins deux.

[1] Il est bien évident que, si tous ceux qui ont consenti le séquestre s'entendaient pour retirer la chose, elle devrait leur être rendue, même avant la fin de leur contestation.

LE MANDAT ET LA GESTION D'AFFAIRES

CHAPITRE PREMIER

DU MANDAT

§ 1. — *Du mandat ostensible.*

** **2231. Définition.** — Le mandat est le contrat par lequel une personne, appelée « mandant », donne à une autre, appelée « mandataire », le pouvoir d'*accomplir en son nom un ou plusieurs actes juridiques.* Comp. art. 1984. Voyez aussi AUBRY et RAU, t. IV. p. 410.

L'écrit qui constate le mandat s'appelle *procuration*, mot que l'art. 1984 emploie à tort comme synonyme de « mandat ».

A. — Caractères généraux du contrat.

1° Nature de son objet.

* **2232. Distinction du mandat et du louage d'ouvrage.** — Le mandat pouvant être salarié (voyez le n° suivant) se rapproche singulièrement du louage de services : dans les deux cas, on voit une personne faire quelque chose pour une autre moyennant salaire. La différence est pourtant profonde entre ces deux contrats : le louage de services a pour objet des *faits d'ordre matériel* qui sont des *travaux* ; le mandat a pour objet propre des *actes juridiques* à accomplir pour le compte du mandant: c'est donc dans la nature de l'objet qu'il faut chercher la différence des deux contrats [1]. L'ouvrier ou l'employé travaille pour le compte et dans l'intérêt d'autrui ; le mandataire agit juridiquement : il fait des contrats, des paiements, des négociations pour son mandant [2].

[1] Le texte de l'art. 1984 ne précise pas d'une manière directe a nature des « choses » que le mandataire est chargé de faire, mais il révèle indirectement la pensée de la loi en supposant que le mandat consiste essentiellement dans la collation du *pouvoir* d'agir pour le compte du mandant. L'emploi du mot « pouvoir » implique qu'il s'agit d'actes juridiques.

[2] Il n'est peut-être pas exact de dire que le mandat a pour essence la *représentation juridique* du mandant par le mandataire : les Romains connaissaient le mandat aussi bien que nous, et ils ignoraient le principe de la représentation. Ce principe n'est qu'un procédé qui rend plus simple et plus rapide la réalisation du but que poursuivent les parties.

Il résulte de là que les *médecins*, et même les *avocats* et les *notaires*, ne sont point les mandataires de leurs clients : ils ne font pour eux aucun acte juridique, ils n'agissent pas au nom de ceux-ci ; ils exercent leur profession et agissent en leur propre nom, encore que leur travail profite à autrui : le contrat qu'ils font est un louage de travail ou une entreprise, selon la façon dont est calculée leur rétribution, au temps ou à forfait (Voyez ci-dessus n° 1898). Cependant la jurisprudence s'obstine à voir dans l'avocat un mandataire (Agen, 4 mars 1889, D. 90. 2. 281, et la note de M. Glasson).

Au contraire. l'*avoué* est un véritable mandataire, qui reçoit de son client le *pouvoir* de soutenir son action en justice.

On voit par là que la conception du mandat s'est un peu rétrécie depuis l'époque romaine. Les anciens s'en servaient pour les actes qui constituent, au sens large, l'administration d'un patrimoine. Sans doute ces actes sont ordinairement des actes juridiques, mais on peut en rencontrer qui ont un objet matériel : ces derniers, qui sont exclus du mandat moderne, faisaient valablement l'objet d'un mandat romain. Comp. Accarias, t. II, n° 639 ; Girard, 2e édit., p. 569-570. Voyez aussi Labbé, note dans *Sirey*, 93. 1. 497, col. 3.

2° Du mandat salarié.

***2233. Changement survenu depuis le droit romain.** — Dans les idées romaines, le mandat était *essentiellement gratuit*. Toute stipulation de salaire le faisait dégénérer en louage de services[1]. Le Code civil admet, au contraire, que le mandat peut être *salarié* (art. 1986).

Cependant il faut s'entendre. Quand un mandataire donne son temps ou une partie considérable de son temps pour l'exécution du contrat, et qu'il se fait payer en conséquence, en réalité ce qui est salarié n'est pas le mandat, mais le service rendu : on peut dire qu'ici le contrat, à cause du temps que prend son exécution matérielle et de l'habileté personnelle qu'il exige du mandataire, se double d'un contrat relatif au travail (louage ou entreprise), et que c'est ce dernier qui entraîne et justifie la stipulation d'un salaire.

***2234. Mandataires salariés.** — Il peut y avoir grand intérêt à constater que des gens qui font office de *mandataires* sont en même temps des *employés salariés* pour leurs services, par exemple certains agents des chemins de fer, chargés des relations des compagnies avec le public. Ceci est devenu important depuis que la loi du 27 décembre 1890 a établi le principe d'une indemnité pour les employés congédiés sans motifs sérieux : le mandat est révocable à volonté ; le louage de travail ne l'est pas (Cass., 18 juillet 1892, D. 92. 1. 585, S. 92. 1. 337).

2235. Présomption en faveur de certains mandataires. — La jurisprudence admet que le salaire peut être dû à un mandataire sans qu'il y ait eu convention expresse. Il en est ainsi pour *ceux qui font profession de s'occuper des affaires d'autrui*, comme les agents d'affaires (Cass., 15 juillet 1896, D. 96. 1. 561, S. 97. 1. 269). Il en est de même des avoués.

Toutefois cette présomption ne s'applique pas aux notaires, qui doivent établir l'existence d'une convention expresse ou tacite leur attribuant un salaire, quand ils ont rempli un mandat pour le compte d'un client (Cass., 1er déc. 1891, D. 92. 1. 209, S. 93. 1. 497).

2236. Décisions arbitraires sur la rétribution des mandataires. — Par

[1] Tel fut, du moins, le principe primitif, mais à l'époque classique on s'était déjà relâché de cette rigueur, et le mandataire pouvait stipuler un *salarium* ou un *honor*, qu'il réclamait par une *persecutio extra ordinem* (Accarias, n° 630-2°).

une exception aux principes que rien ne justifie, les tribunaux se reconnaissent le pouvoir de modifier les conventions faites par les parties et de réduire le salaire promis quand il leur paraît excessif (Cass., 13 mai 1884, D. 85. 1. 21, S. 85. 1. 345; Cass., 24 févr. 1891, D. 91. 5. 336. — Comp. Montpellier, 6 févr. 1893, D. 94. 2. 212, S. 94. 2. 208).

Cette jurisprudence, qui met les particuliers sous la tutelle des tribunaux dans un cas où la loi leur reconnaît cependant pleine liberté, n'est peut-être qu'une extension d'une autre décision parfaitement fondée, d'après laquelle les tribunaux ont qualité pour déterminer le salaire dû au mandataire quand la convention ne l'a pas fixé.

3° Mandats généraux et spéciaux.

* **2237. Étendue des mandats généraux.** — Les procurations données aux mandataires sont souvent mal rédigées et, dans la crainte de leur donner des pouvoirs insuffisants, on s'exprime volontiers en termes très généraux ; on les charge, par exemple, de faire « tout ce qui sera utile à l'intérêt du mandant », etc. De nombreuses difficultés s'élevaient jadis sur l'étendue de pareilles procurations. Le Code y a coupé court en décidant que *les mandats donnés en termes généraux ne comprennent que les actes d'administration*, et qu'un pouvoir spécial, donné en termes exprès, est nécessaire pour aliéner, hypothéquer ou faire un autre acte de disposition intéressant la propriété (art. 1988).

2238. Interprétation des mandats spéciaux. — Une procuration dans laquelle ces actes sont énumérés d'une manière incomplète s'interprète respectivement. Ainsi le pouvoir de *vendre* un bien n'emporte pas le pouvoir d'en *recevoir le prix,* qui doit être versé par l'acheteur au mandant. — De même le pouvoir de *transiger* n'emporte pas celui de *compromettre* (art. 1989).

Un acte non prévu dans la procuration peut cependant y être réputé compris, s'il est la *suite nécessaire* d'un pouvoir donné au mandataire. Ainsi celui qui peut toucher le capital d'une créance peut donner mainlevée de l'inscription hypothécaire qui la garantit.

B. — Capacité des parties.

* **2239. Capacité du mandant.** — Celui qui donne un mandat émet la volonté de faire l'acte qu'il charge son mandataire de faire à sa place ; il doit donc avoir la capacité nécessaire pour faire cet acte, de telle sorte qu'il n'y a pas à proprement parler de capacité particulière pour donner un mandat ; cette capacité dépend de la nature de l'acte qu'il s'agit de faire.

Toutefois le mandant doit avoir, à tout le moins, la capacité nécessaire pour s'obliger, quand le mandat comporte un salaire pour le mandataire, en vertu d'une convention expresse ou tacite.

* **2240. Capacité du mandataire.** — La capacité du mandataire est indifférente pour l'exécution du mandat. On peut donc choisir pour mandataire un incapable quelconque, une femme mariée non autorisée, un mineur

non émancipé, si on a confiance dans son honnêteté et son intelligence. Cela tient à ce que le mandataire ne s'oblige pas par les actes qu'il accomplit au nom de son mandant.

Cependant la responsabilité du mandataire incapable ne sera engagée envers le mandat que dans les limites où il aura pu s'obliger valablement (art. 1990). Il est tout naturel qu'une femme mariée, qui a accepté un mandat sans l'autorisation de son mari, oppose son incapacité à son mandant pour se soustraire aux obligations qu'elle a assumées. De même si le mandataire est mineur. Celui qui donne un mandat à un incapable le fait donc à ses risques et périls. Si le mandataire n'a pas la capacité de s'obliger lui-même, il ne sera responsable, à raison de l'exécution du mandat, qu'autant qu'il aura commis un dol ou réalisé un enrichissement[1].

2240 *bis*. Mandat entre époux. — Les exemples de mandats donnés par le mari à la femme ou inversement sont très fréquents dans la pratique. La femme reçoit un mandat tacite et général pour les achats utiles au ménage (voy. t. III) ; la femme d'un commerçant, qui aide son mari à détailler sa marchandise, joue le rôle d'un commis ou d'un mandataire ; etc. La loi a prévu quelques-uns de ces cas (art. 1577, pour l'administration des biens paraphernaux de la femme ; L. 9 avril 1881, sur la caisse d'épargne postale, pour les dépôts faits par des femmes mariées dans l'intérêt commun, art. 6). Comp. *Revue critique*, 1882, p. 42.

Ces mandats ne dérogent pas au régime établi par le contrat de mariage, ni aux pouvoirs que chacun des époux possède en vertu de ce contrat pour l'administration de ses biens, parce que c'est toujours celui des deux qui donne mandat à l'autre qui est réputé accomplir l'acte faisant l'objet du mandat, grâce à la fiction de la représentation dans les actes juridiques. De plus, il est toujours libre de révoquer le mandat qu'il a donné.

Sur les difficultés pratiques auxquelles ont donné lieu ces mandats entre époux, voyez ci-dessous n° 2247 *bis*.

C. — Formes du contrat.

*** 2241. Du mandat tacite.** — La loi française admet-elle l'existence d'un mandat tacite, c'est-à-dire résultant implicitement de la conduite du mandant, et n'exigeant de sa part aucune déclaration ni verbale ni écrite ? L'art. 1985 semble rendre impossible la formation d'un pareil mandat, par le rapprochement de ses deux alinéas : l'al. 2 admet bien que le mandat peut être *accepté tacitement* par le mandataire, mais l'al. 1er suppose que le mandant a manifesté sa volonté *d'une manière expresse*, soit par écrit, soit tout au moins verbalement. Néanmoins l'existence du mandat tacite n'est pas contestée : il était connu et admis dans notre ancien droit, et il n'y a aucune raison pour le rejeter aujourd'hui, le caractère consensuel du contrat étant compatible avec cette forme ; il suffit que la volonté du mandant ne soit pas douteuse.

Comme exemples de mandats tacites, on peut citer :

[1] C'est pour cela que l'art. 1990, à propos du mandat donné à un incapable, ne prévoit comme mandataire incapable qu'un mineur *émancipé* ; il n'est pas entré dans l'esprit des rédacteurs du Code qu'on pût confier un mandat à un mineur qui ne s'occupe pas encore de ses propres affaires, mais ce silence de la loi n'est pas une raison pour condamner ce genre de mandat : le mandant serait *valablement représenté*, dans ses rapports avec les tiers, mais le mandataire ne serait pas *valablement obligé* dans ses rapports avec lui.

1° *Le mandat donné par le mari à la femme pour les dépenses du ménage*;

2° *Le mandat donné par les maîtres à leurs domestiques, pour leurs menus achats*, par exemple à une cuisinière chargée d'acheter les provisions de bouche. Toutefois, dans ce dernier cas, on présume que la cuisinière a reçu seulement un mandat pour acheter au comptant, sa maîtresse lui donnant chaque matin l'argent nécessaire pour les dépenses de la journée. Si les fournisseurs lui livrent à crédit, c'est à leurs risques, et ils n'ont pas d'action pour se faire payer par les maîtres au cas où la domestique a détourné l'argent qu'on lui a confié. Le mandat pour *acheter à crédit* ne doit être admis qu'autant que son existence résulte des habitudes de la maison.

3° *Le mandat donné à l'huissier de toucher le montant des effets qu'on lui remet et d'en donner quittance*, si le débiteur se décide à payer au dernier moment.

On cite à tort, comme mandat tacite, la charge imposée aux notaires de s'assurer de la solidité d'une garantie hypothécaire, quand ils font un placement pour le compte de leurs clients : le notaire, chargé du placement, a reçu un mandat exprès, quoique souvent purement verbal, et l'obligation particulière de veiller aux intérêts de son client n'est qu'une suite de sa qualité de mandataire ; cela est compris implicitement dans le mandat qu'on lui a donné, mais celui-ci n'est pas tacite. Sur la responsabilité des notaires dans les placements hypothécaires, voyez ci-dessus nos 152-153 et ci-dessous no 2764.

2242. Règles sur la preuve. — Le mandat reste soumis au droit commun pour sa preuve. Par suite, pour toute affaire importante (dépassant 150 francs), la rédaction d'un écrit devient nécessaire, bien que le mandat puisse être donné verbalement (art. 1985). En l'absence d'écrit on pourrait éprouver une grave difficulté pour en établir l'existence.

2243. Des procurations[1]. — Les procurations données aux mandataires peuvent être rédigées *sous seings privés* (art. 1985), à moins que l'acte qu'il s'agit de passer ne doive lui-même être fait dans la forme authentique, auquel cas la procuration elle-même doit être *notariée* (art. 36, 66, 933, al. 2 ; L. 21 juin 1843, art. 2). La loi veut évidemment que le consentement de la personne, au nom de qui l'acte authentique va être dressé, soit lui-même donné dans la forme authentique : c'est le seul moyen de lui assurer les garanties d'indépendance et de sécurité que procure l'intervention d'un notaire. Par application de cette idée, la procuration donnée à l'effet de constituer une hypothèque ou pour représenter le futur époux dans son contrat de mariage doit être notariée, bien que les textes ne l'exigent pas.

Cependant la forme notariée cesse d'être nécessaire pour la procuration, lorsque l'authenticité de l'acte à faire est requise *dans l'intérêt des tiers* et non dans l'intérêt des parties : peu importe alors que le mandat soit donné sous seings privés. Il en est ainsi de la procuration donnée pour consentir une subrogation conventionnelle au nom du débiteur : la loi n'exige ici un acte notarié que pour éviter des fraudes contre les tiers et non pour protéger les parties elles-mêmes (Cass., 5 août 1891, D. 92. 1. 217, S. 92. 1. 57. Comp. Cass., 20 juill. 1892, D. 93. 1. 42, S 92. 1. 415).

Une procuration authentique est valablement délivrée en *brevet* (ci-dessus, no 141).

[1] La procuration n'est pas la preuve du contrat intervenu entre mandant et mandataire ; elle n'est pas destinée à servir de titre *entre les parties*, mais bien à prouver *aux tiers* le pouvoir de représentation reçu par le mandataire. Par conséquent, c'est un non-sens de se demander, comme on le fait souvent, si une procuration sous seings privés doit être rédigée en double original quand le mandat est salarié. En effet, la procuration ne reste jamais aux mains du mandant, et c'est pourtant lui seul qui devient créancier quand le mandat est gratuit.

D. — Obligations des parties.

1° Obligations du mandataire.

2244. Énumération. — Ces obligations sont au nombre de deux : le mandataire doit 1° exécuter son mandat ; 2° rendre compte de sa gestion.

2245. Exécution du mandat. — Le mandataire doit d'abord remplir exactement et complètement le mandat qui lui a été confié (art. 1991). Il répond de toute faute commise par lui dans sa gestion, mais le juge doit se montrer plus indulgent pour celui qui a accepté le mandat gratuitement que pour le mandataire salarié (art. 1992).

Les mandataires, quand il en existe plusieurs, ne sont pas solidaires entre eux (art. 1995). Cet article abandonne la tradition romaine, qui établissait la solidarité entre mandataires et que notre ancien droit avait conservée.

2246. Substitution de mandataire. — En principe le mandataire n'a pas le droit, après avoir accepté le mandat, de se substituer une autre personne pour son exécution. S'il le fait, c'est à ses risques et périls et il sera responsable du fait de son substitué comme du sien propre (art. 1994).

Toutefois la procuration peut lui conférer le pouvoir de « substituer », et c'est une clause qui est devenue de style dans les études de notaires. Quand le mandataire use de ce droit, il ne répond pas du fait de son substitué, « à moins qu'il n'ait fait choix d'une personne notoirement incapable ou insolvable » (art. 1994).

2247. Reddition de compte. — Tout mandataire doit rendre compte de sa gestion (art. 1993). La loi l'oblige à restituer au mandat tout ce qu'il a reçu en vertu de sa procuration, alors même que cela n'était point dû au mandant (*Ibid.*). Ces sommes ou objets ne peuvent pas rester dans ses mains, parce qu'il ne les a pas reçues pour lui, mais pour son mandant.

Quant aux *intérêts des sommes* qu'il a touchées, il n'en est comptable en principe que *du jour où il est mis en demeure* (art. 1996). Ce qui était naguère encore une dérogation au principe, puisqu'il fallait une demande en justice pour faire courir les intérêts (art. 1153), est devenu l'application du droit commun depuis la loi du 7 avril 1900. De plus, si le mandataire a employé l'argent à son usage, il en doit l'intérêt *du jour de l'emploi*, et sans mise en demeure (art. 1996).

2247 *bis*. Difficultés pour les mandats entre époux. — La jurisprudence s'est trouvée dans un assez grand embarras, relativement au mandat très général que la femme reçoit de son mari. Un arrêt ancien (Agen, 1833) avait assimilé la femme à un mandataire ordinaire, mais tous les arrêts postérieurs se sont montrés moins rigoureux. Les uns l'ont dispensée complètement de rendre compte (Bordeaux, 14 juin 1853, D. 54. 2. 39 ; Orléans, 20 janvier 1859, D. 59. 2. 17, S. 59. 2. 273) ; d'autres admettent en principe pour la femme l'obligation de rendre compte et la dispensent seulement de fournir un compte en règle et de se faire donner une décharge régulière (Paris, 26 mars 1885, S. 86. 2. 53). Voyez la note du *Sirey* sous l'arrêt de 1859.

Il n'y aurait pas lieu, selon moi, d'étendre cette solution au cas où il y aurait un mandat précis donné par le mari. Voyez cependant Cass., 25 nov. 1868, D. 69. 1. 149.

2° Obligations du mandant.

2248. Énumération. — Le mandant doit : 1° rendre son mandataire complète-

[1] La jurisprudence décide qu'un notaire qui fait l'avance des droits d'enregistrement pour ses clients n'est pas un mandataire et ne peut reclamer l'intérêt de ses avances par application de l'art. 2001. Je considère cette solution comme une erreur : en tant qu'il rédige l'acte, le notaire n'est pas un mandataire, mais, lorsqu'il le fait enregistrer, il agit certainement comme mandataire de ses clients. Peu importe que la loi du 22 frimaire an VII (art. 29) lui en fasse une obligation : c'est un cas où le mandat est légal au lieu d'être conventionnel. Un paiement fait au nom d'autrui ne peut pas être autre chose que l'exécution d'un mandat, quand ce n'est point l'acte spontané d'un gérant d'affaires.

ment indemne ; 2° lui payer le salaire promis ; 3° exécuter les obligations contractées en son nom.

2249. Indemnisation du mandataire. — L'exécution d'un mandat ne doit pas être onéreuse à celui qui s'en est chargé ; le mandataire a donc le droit de porter en compte à son mandant tout ce qu'il a déboursé pour l'exécution du mandat. Cette règle comprend non seulement les déboursés pour frais, mais les pertes que l'exécution du mandat a pu causer au mandataire (art. 1999 et 2000).

Le mandataire a droit à *l'intérêt de ses avances* à compter du jour où il a fait chacune d'elles, et cela *de plein droit* (art. 2001). Dérogation à l'art. 1153, qui exige aujourd'hui encore une sommation (L. 7 avril 1900)[1].

Le mandant ne peut pas faire réduire les sommes dues de ce chef en alléguant que la dépense aurait pu être moindre (art. 1999, al. 2).

2249 *bis*. Paiement du salaire. — Rien à dire de cette obligation qui dérive plutôt d'un louage de services mêlé au mandat que du mandat lui-même (art. 1999, al. 1).

Le mandant ne peut se dispenser de le payer, sous prétexte que l'affaire n'a pas réussi, à moins qu'il n'y ait une faute imputable au mandataire (art. 1999, al. 2).

Mais on a déjà vu que les tribunaux, usant d'un pouvoir arbitraire que la loi ne leur confère pas, réduisent les sommes dues au mandataire à titre de rétribution, quand elles leur paraissent exagérées (ci-dessus n° 2236).

***2250. Solidarité des mandants.** — Lorsqu'un mandat a été donné par plusieurs personnes pour une affaire qui leur est commune, la loi les déclare solidaires pour toutes les sommes qui peuvent être dues au mandataire (art. 2002). C'est un des cas exceptionnels où la solidarité a lieu de plein droit.

On admet que cette disposition est spéciale au mandat conventionnel (arg. du mot *constitué*). Par suite, des mineurs ayant des biens indivis administrés par un tuteur unique, ne sont pas débiteurs solidaires de ce tuteur, qui est leur mandataire légal.

2251. Exécution des engagements envers les tiers. — C'est par habitude qu'on signale ceci comme une obligation qui dérive du contrat de mandat, car il s'en faut qu'il en soit ainsi. Si le mandant est tenu d'accomplir tout ce qui a été fait et promis en son nom, c'est *l'effet de la représentation juridique* : il est bien réellement *tenu envers les tiers*, parce qu'il est réputé avoir contracté lui-même, mais il n'en résulte pour lui *aucune obligation dans ses rapports avec son mandataire*. Si le Code (art. 1998, al. 1), imitant Pothier, fait figurer ce résultat parmi les obligations qui naissent du mandat, c'est parce qu'ils reproduisent sans y réfléchir les règles romaines : à l'époque où la représentation juridique d'une personne par une autre n'était pas encore ouvertement admise, il fallait bien que le mandant exécutât consciencieusement les engagements pris par son mandataire, faute de quoi celui-ci aurait pu être recherché à ce sujet et poursuivi. Chez nous l'obligation du mandant existe bien ; c'est, si l'on veut, un *effet* du mandant, mais elle existe *envers les tiers* ; il n'y a point-là d'obligation du mandant envers le mandataire.

E. — Effet de l'exécution du mandat.

1° Cas où le mandataire n'a pas excédé ses pouvoirs.

***2252. Obligation du mandant envers les tiers.** — L'exécution du mandat oblige le mandant directement envers les tiers, comme s'il avait traité lui-même, sans employer d'intermédiaire. C'est l'effet de la *représen-*

tation dans les actes juridiques. Voyez t. I, 1re édit., nos 279 et suiv.; 2e édit., nos 298 et suiv.

***2253. Actes faits par le mandataire en son nom personnel.** — Il est possible que le mandataire, chargé de faire un acte avec un tiers, au lieu de se présenter comme fondé de pouvoirs pour autrui, ait traité en son nom personnel, comme si l'acte n'intéressait que lui. En ce cas il est personnellement tenu envers le tiers, qui a suivi sa foi et qui a voulu l'avoir pour débiteur (Cass., 3 mai 1893, D. 93. 1. 567). Néanmoins il garde sa qualité de mandataire dans ses rapports avec son mandant et est obligé de lui rendre compte de l'acte qu'il a fait et de lui en retransférer le profit. Le mandant a même le droit d'exiger la cession des actions que cet acte a pu faire naître.

2° Cas où le mandataire a dépassé ses pouvoirs.

***2254. Défaut de représentation.** — Lorsqu'un mandataire excède les pouvoirs qui lui ont été donnés, il agit en réalité sans mandat et, par suite, le mandant n'est pas tenu de ce qui a pu être fait au delà de la procuration donnée par lui : il n'a pas été représenté (art. 1998, al. 2)[1].

***2255. Effet de la ratification.** — Tout ce qui a été fait par le mandataire en dehors des termes de sa procuration peut cependant être ratifié pour le mandant, et alors la volonté de celui ci l'oblige lui-même envers les tiers comme s'il y avait eu mandat préalable : *Ratihabitio mandato æquiparatur*.

Cette ratification peut être expresse ou tacite (art. 1998, al. 2). Les faits qui valent confirmation tacite sont appréciés par les juges (Cass., 6 févr. 1893, D. 93. 1. 352).

2256. Responsabilité du mandataire. — Les personnes qui traitent avec le mandataire peuvent donc finalement avoir fait un contrat inutile, si l'acte n'était pas compris dans la procuration et si le mandant refuse de le ratifier. Peuvent-ils alors s'attaquer au mandataire et le rendre responsable du préjudice qu'ils éprouvent ? Cela dépend : si le mandataire leur a donné une *connaissance suffisante de ses pouvoirs*, ils ont traité avec lui à leurs risques et il n'y a pas eu de surprise pour eux ; si, au contraire, les pouvoirs du mandataire ne leur ont pas été suffisamment connus, celui-ci est en faute et il est personnellement garant de tout ce qu'il a pu faire au delà (art. 1997).

Enfin, il est bien évident que si le mandataire, agissant en dehors de sa procuration, s'est porté garant de l'exécution du contrat, il est tenu envers les tiers pour le cas où le mandant refuserait de le ratifier (art. 1997). C'est une simple application de la *clause de porte-fort* (ci-dessus, n° 1061).

F. — Causes mettant fin au mandat.

1° Révocation du mandat.

***2257. Faculté de révocation.** — En principe, le mandat est *révocable à tout moment*, par la seule volonté du mandant (art. 2004). Le mandataire révoqué doit restituer la procuration, de façon à ne plus pouvoir en faire usage.

Cette faculté de révocation est inhérente au mandat ; elle n'a pas besoin d'être stipulée, mais elle suppose que le mandat avait été donné *dans l'intérêt exclusif du mandant*. Dans les cas, fort rares d'ailleurs, où le mandat est donné à la fois dans l'intérêt commun du mandant et du mandataire, la révocation ne peut être l'œuvre du mandant seul (Amiens, 28 janv. 1892, D. 93. 2. 158; S. 94. 2. 177), si ce n'est quand il existe une cause légitime (Cass., 11 févr. 1891, D. 91. 1. 197, S. 91. 1. 121)[2].

[1] Le mandant serait cependant tenu personnellement envers les tiers si les termes de la procuration pouvaient leur faire croire que le mandataire avait qualité pour agir : le mandant est en faute pour avoir donné à sa procuration un sens ambigu, ou pour n'avoir pas surveillé son mandataire (Paris, 25 mars 1892, D. 92. 2. 263).

[2] L'irrévocabilité absolue du mandat se rencontre quelquefois, quand le mandat est

La révocation est toujours possible, même quand le mandataire possède en même temps la qualité d'agent salarié. Seulement, s'il est congédié comme employé en même temps que révoqué comme mandataire, il pourra avoir droit à ce titre à une indemnité (Paris, 27 déc. 1894, D. 95. 2. 493, Lyon, 6 avril 1895, D. 95. 2. 431). Comp. ci-dessus nos 1883 à 1895.

2258. Formes de la révocation. — La révocation peut être *expresse* ou *tacite*. Expresse, elle n'est soumise à aucune forme déterminée ; mais il est parfois prudent de la faire par acte d'huissier, afin de s'en ménager la preuve. Tacite, elle résultera de tout fait impliquant le changement de volonté chez le mandant. L'art. 2006 signale un de ces faits : la nomination d'un nouveau mandataire.

* **2259. Notification aux tiers.** — Il ne suffit pas toujours de révoquer le mandataire, et même de se faire remettre par lui la procuration dont il était porteur : les tiers, qui ont déjà eu affaire avec lui, pourraient continuer et traiter à nouveau, dans l'ignorance de la révocation de son mandat. En pareil cas, le mandant se trouve lié envers eux, à raison de leur bonne foi (art. 2005). Il aurait bien un recours contre le mandataire (article 2005) ; mais celui-ci pourrait se trouver insolvable ; le mandant, qui veut se mettre à l'abri de tout danger, doit donc prendre la précaution de notifier la révocation du mandat aux tiers qui étaient en relations d'affaires avec son mandataire.

2° Renonciation du mandataire.

2260. Cas où elle est possible. — Le mandataire n'est pas absolument tenu de continuer jusqu'au bout l'exécution de son mandat. La loi lui donne la faculté d'y renoncer par une notification adressée au mandant (art. 2007, al. 1).

Si cette renonciation cause un préjudice au mandant, celui-ci peut demander une indemnité, à moins que le mandataire ne justifie que la continuation du mandat lui causerait à lui-même un préjudice considérable (art. 2007, al. 2).

3° Mort de l'une des parties.

* **2261. La règle.** — C'est un principe traditionnel que le mandat est donné et reçu en considération de la personne, et que la mort du mandant, aussi bien que celle du mandataire, y met fin (art. 2003).

Cette règle se comprend fort bien en ce qui concerne le mandataire : on l'a choisi à cause de sa capacité ou de son honnêteté ; on n'est pas obligé d'avoir la même confiance dans ses héritiers. Elle se justifie beaucoup moins bien pour le mandant, surtout quand il s'agit d'un mandat salarié.

2262. Exceptions et restrictions. — Il est souvent convenu expressément que le contrat continuera à la mort du mandant, au profit de ses héritiers. De son côté la jurisprudence déroge fréquemment à l'art. 2003, pour des cas où la mission du mandataire n'est de nature à être accomplie qu'après la mort du mandant (Amiens, 16 nov. 1852, D. 54. 2. 255, S. 54. 2. 60 ; Cass., 22 mai 1860, D. 60. 1. 448, S. 60. 1. 721).

Enfin, la loi elle-même apporte quelques correctifs à sa règle : à la mort du mandataire, ses héritiers doivent « *pourvoir à ce que les circonstances exigent* », en attendant que le mandant, averti par eux, ait nommé un nouveau mandataire (art. 2010) ; à la mort du mandant, le mandataire doit « achever la chose commencée, *s'il y a péril en la demeure* » (art. 1991, al. 2).

4° Autres causes d'extinction.

2263. Énumération. — La loi cite encore l'*interdiction* et la *déconfiture* de l'une des parties (art. 2003) ; on y ajoute la *faillite*.

donné dans l'intérêt d'un tiers (Orléans, 31 juill. 1883, D. 85. 2. 20 ; Amiens, 28 janvier 1892, D. 93. 2. 159, S. 94. 2. 177), ou dans l'intérêt du mandataire (Bordeaux, 27 avril 1885, D. 86. 2. 263 ; Cass., 13 mai 1885, D. 85. 1. 350, S. 87. 1. 220) ou enfin s'il fait partie d'une convention synallagmatique (Pau, 26 nov. 1873, D. 74. 5. 327, S. 74. 2. 71). Sur le pouvoir des juges du fond, voyez Cass., 6 janv. 1873, D. 73. 1. 116, S. 73. 1. 24).

5° Effets de la cessation du mandat.

2264. Cas où le mandant est lié par un acte postérieur du mandataire. — Le mandat étant expiré ou révoqué, le mandataire n'a plus le pouvoir juridique de lier son mandant. Cela est d'évidence. Néanmoins la loi apporte à cette règle une *double exception*, fondée l'une sur la *bonne foi du mandataire*, qui a pu ignorer la révocation ou la cessation de son mandat; l'autre, sur *la bonne foi des tiers*, qui ont pu traiter avec lui, le croyant encore muni de ses pouvoirs: dans ces deux cas, l'acte est aussi valable que si le mandat existait toujours (art. 2008 et 2009). Dans le second cas, la bonne ou la mauvaise foi du mandataire est indifférente; ce sont les tiers que l'on protège.

§ 2. — *De la convention de prête-nom.*

2265. Bibliographie. — Lerebours-Pigeonnière, *Du prête-nom*, thèse, Caen, 1898. — Guillouard, *Traité des contrats aléatoires et du mandat*, 2e édit., 1894. Robert Beudant, Note dans *Dalloz*, 93. 1. 369. — Note signée T. P., dans D. 99. 1. 297. — Voyez aussi les ouvrages indiqués ci-dessus au n° 1185.

***2266. Définition.** — Le mandat est une convention ostensible, par laquelle la personne qui emploie un intermédiaire se fait connaître, de façon que l'acte soit fait en son nom. Mais il est possible que cette personne ne puisse pas ou ne veuille pas paraître en nom dans l'acte qu'elle fait faire par autrui: en ce cas *le nom de l'intermédiaire qu'elle emploie y figure seul*, comme si cet intermédiaire était le véritable intéressé. On dit alors qu'*il lui sert de prête-nom*. La convention de prête-nom est donc le contrat par lequel une personne en charge une autre de faire un acte à sa place, dans la même forme que si cette seconde personne était le véritable titulaire du droit à acquérir [1].

***2267. Comparaison avec le mandat.** — La convention de prête-nom ressemble au mandat en ce que tous deux tendent à faire accomplir un acte par un intermédiaire. Elle en diffère en ce que *le mandat implique la représentation*, tandis que *l'emploi d'un prête-nom l'exclut*: on pourrait presque dire que c'est un contrat de non-représentation: le mandant avoue l'emploi d'un intermédiaire; celui qui se sert d'un prête-nom a recours à une véritable *interposition de personne* qui masque complètement sa propre personnalité [2].

***2268. Utilité de cette convention.** — L'emploi d'un prête-nom peut avoir deux buts différents:

1° La personne qui s'en sert *veut se cacher elle-même à l'autre partie*, de façon à laisser ignorer à celle-ci le nom véritable de celui avec qui elle traite. Ce but ne peut être atteint que si l'interposition de personne réussit à tromper même l'autre contractant.

2° Le prête-nom peut être employé pour permettre à son commettant de faire *un acte qui ne lui serait pas permis s'il le faisait ostensiblement*. En ce cas l'intervention d'un prête-nom peut être connue de l'autre partie; ce n'est pas elle qu'on veut tromper; c'est une fraude à la loi que l'on combine, et qui a pour but d'éviter une nullité ou les réclamations d'un tiers.

L'emploi d'un prête-nom n'a rien d'illicite en lui-même (Cass., 21 juin 1897, D. 97. 1. 557, S. 99. 1. 308); mais il ne peut avoir pour effet de rendre valable une opération illicite, qui ne pourrait pas être faite directement par l'intéressé. D'autre part, celui qui

[1] Un acte régulier en apparence peut cacher l'emploi d'un prête-nom: ne voulant pas poursuivre moi-même le recouvrement d'une créance, je vous la cède. Vous aurez l'air d'agir en vertu d'une cession de créance, alors que vous ne serez que mon prête-nom. Comp. Cass., 5 avril 1880, D. 80. 1. 13.

[2] Il ne faut donc pas dire, comme on le fait souvent, que la convention de prête-nom est un *mandat simulé*: une donation déguisée sous la forme d'une vente est une *vente simulée*, parce qu'elle a l'air d'être une vente; mais dans le cas du prête-nom il faut dire, au contraire, que le mandat est *dissimulé*, puisqu'il est tenu secret.

emploie un prête-nom ne peut obtenir par l'intermédiaire de celui-ci un avantage que le prête-nom ne pourrait pas acquérir pour lui-même, s'il agissait pour son propre compte; par exemple la subrogation légale (Cass., 9 janv. 1899, D. 99. 1. 297, S. 99. 1. 309).

***2269. Différents usages du prête-nom.** — Le prête-nom peut être employé pour le simple accomplissement d'un ou plusieurs actes juridiques [1], dont le résultat doit être *retransféré au commettant* par une opération ultérieure, qui suivra la première à brève échéance. Par exemple, je vous charge d'acheter en votre nom une maison qu'on refuse de me vendre à moi-même, et il est convenu que vous me la céderez ensuite. Il y aura alors deux ventes successives, doubles frais, doubles droits; mais le commettant sera, *à bref délai*, en possession du même résultat que s'il avait accompli l'acte lui-même du premier coup; il a employé un détour coûteux pour atteindre son but, et c'est tout.

Mais le prête-nom peut être chargé d'un *office permanent*. Par exemple, une personne désire qu'on ne sache pas de quels biens elle est propriétaire, soit qu'elle veuille les soustraire à l'action de ses créanciers, soit pour toute autre raison: elle s'en défait en apparence, au moyen d'un acte d'aliénation, au profit d'un tiers qui lui servira de prête-nom et qui passera pour en être propriétaire. Il y a alors *aliénation simulée* accompagnée d'une *contre-lettre*. Sur les contre-lettres, voyez ci dessus nos 1186 et 1204.

Dans la première série d'hypothèses, l'opération suppose nécessairement l'intervention de trois personnes. Dans la seconde, il suffit d'être deux: le commettant et le prête-nom, qui devient propriétaire apparent de ses biens.

Le premier procédé peut aboutir au même résultat que le second: il suffit pour cela que le prête-nom, après avoir fait une acquisition sur l'ordre de son commettant, s'abstienne de lui en retransférer le bénéfice; dans ce cas le rôle du prête-nom consiste à la fois à *contracter* et à *posséder* pour autrui. La contre-lettre est alors remplacée par une déclaration que le prête-nom remet à son commettant.

***2270. Relations des parties entre elles.** — Quand une personne a servi de prête-nom à une autre, elle doit être traitée, dans ses rapports avec celle-ci, comme son mandataire et, au fond, elle n'est pas autre chose. Les règles du mandat s'appliqueront donc, et notamment le prête-nom ne pourra conserver pour lui les biens qu'il a pu acquérir et les sommes qu'il a pu toucher: il en est *comptable*, comme un mandataire.

***2271. Relations des parties avec les tiers.** — Les tiers ne connaissent, ou sont censés ne connaître que le prête-nom: c'est lui qui est leur créancier, lui qui est leur débiteur, lui qui est propriétaire des biens mis sous son nom. Ils ont donc le droit de le poursuivre et ils peuvent être poursuivis par lui; et, d'autre part, ils ne peuvent poursuivre que lui ou n'être poursuivis que par lui. La convention intervenue entre le prête-nom et son commettant est pour eux « res inter alios acta »; et l'acte doit être pris pour ce qu'il est en apparence, parce que les tiers sont sans droit pour le critiquer (Cass., 11 mars 1890, D. 93. 1. 369, S. 90. 1. 208; Cass., 25 avril 1894, S. 95. 1. 230; Caen, 7 mai 1895, D. 97. 2. 200) [2].

Mais ceci suppose que l'emploi du prête-nom est *licite* et ne cache ni une fraude à la loi ni une fraude aux droits des tiers. Si le prête-nom n'est intervenu que pour cacher une nullité ou un acte frauduleux, toute personne intéressée aura le droit de démasquer la fraude et, en faisant apparaître le nom du véritable intéressé, de se prévaloir des conséquences avantageuses que l'exacte application de la loi pourra avoir pour elle (Cass.,

[1] Ce n'est pas seulement pour *faire des contrats* que le prête-nom peut être utilisé: on peut aussi s'en servir pour *plaider*, et la jurisprudence admet que la maxime « Nul ne plaide par procureur » ne s'oppose pas à l'emploi du prête-nom, parce que celui-ci figure en son propre nom dans l'instance (Cass., 29 juill. 1874, D. 97. 2. 201, note, S. 75. 1. 78).

[2] Il résulte de là que le prête-nom, propriétaire apparent d'un bien, peut valablement en disposer. Il a cependant été jugé que le commettant pouvait exiger la restitution du bien franc et quitte de toutes charges provenant du prête-nom (Paris, 6 juin 1872, D. 73. 2. 124); mais cet arrêt est contraire aux principes ci-dessus exposés sur la simulation (nos 1196 et suiv.). — D'autre part, celui qui a acquis un immeuble comme prête-nom dans l'intérêt d'autrui ne peut opposer aux tiers le mandat secret qu'il a accepté, afin de se soustraire aux obligations qui lui incombent comme propriétaire (Cass., 11 mars 1890, D. 93. 1. 369, S. 90. 1. 208).

15 avril 1891, D. 92. 1. 238). Tous les moyens de preuve sont admis pour établir la fraude.

2272. Responsabilité personnelle du prête-nom. — Lorsque l'intervention du prête-nom est connue en fait des deux parties et n'a servi qu'à donner une apparence de vie à un acte qui ne pouvait se faire ouvertement, celui qui a rempli cet office n'est pas personnellement obligé et doit être mis hors de cause ; les choses se passent comme si les véritables intéressés avaient traité directement l'un avec l'autre.

Toutefois, comme il a participé à un acte illicite, d'où un préjudice a pu résulter pour d'autres personnes, sa responsabilité pourrait se trouver engagée envers celles-ci, et il ne serait plus admis, en pareil cas, à se soustraire aux conséquences du contrat en révélant le rôle qu'il y a joué (Toulouse, 3 déc. 1889, D. 90. 1. 185).

CHAPITRE II

DE LA GESTION D'AFFAIRES [1]

**** 2273. Définition.** — Il y a « gestion d'affaires » *toutes les fois qu'une personne accomplit un acte juridique dans l'intérêt d'autrui sans en avoir été chargée.*

La gestion d'affaires est un *quasi-contrat* (ci-dessus n° 813), qui diffère du mandat en ce qu'elle est entreprise *spontanément* par celui qui s'en charge, tandis que le mandat est une gestion d'affaires entreprise en vertu d'une convention ou en vertu de la loi.

Au cas où le maître connaît la gestion et ne s'y oppose pas, l'opération devient aisément un mandat, puisque celui-ci peut être tacite : en laissant faire son gérant, le maître est réputé lui donner tacitement mandat d'agir. Il peut cependant y avoir une simple gestion d'affaires, et non un mandat, bien que la gestion soit connue en fait et approuvée du maître : il suffit de supposer que celui-ci est incapable de donner un mandat.

***2274. Extension moderne de la gestion d'affaires.** — Sous sa forme primitive, la gestion d'affaires supposait que les biens ou les intérêts d'une personne absente se trouvaient en souffrance et qu'une autre personne, pour lui éviter un dommage, se chargeait d'y pourvoir, par exemple en faisant faire une réparation urgente. Il résultait de là que la gestion d'affaires intervenait à l'occasion d'*un bien* ou d'*un droit déjà acquis* à l'intéressé et figurant dans son patrimoine De là le nom de *maître* que l'on donne à celui dont l'affaire a été gérée : il est le « maître », c'est-à-dire le propriétaire du bien. Comp. art. 1373 et 1375. Telle est la conception première, celle que les Romains ont léguée à nos anciens auteurs.

Mais dans le droit moderne *la notion de la gestion d'affaires s'est élargie*, et on valide comme telle la convention faite dans l'intérêt d'autrui à l'effet de *lui faire acquérir un droit qui ne lui appartient pas encore.* Cette seconde application de la gestion d'affaires est, pour ainsi dire, cachée dans notre droit sous le nom de *stipulation pour autrui* (ci-dessus, n°s 1222-1225). Elle a été suffisamment étudiée plus haut; nous n'y reviendrons ici que pour signaler les différences qui la séparent de la gestion d'affaires considérée sous sa forme traditionnelle.

[1] Ordinairement on s'occupe de la gestion d'affaires au milieu de la théorie générale des sources des obligations, parce que c'est là que le Code en a parlé (art. 1372-1375). Il y a avantage à rapprocher la gestion d'affaires du mandat, avec lequel elle a une affinité évidente.

Enfin la jurisprudence a été amenée quelquefois à considérer comme des cas de gestion d'affaires, le simple fait d'avoir, *par des actes matériels*, procuré un avantage à autrui (Cass., 16 juill. 1890, D. 91. 1. 49). Il ne faut voir là que des cas *d'enrichissement sans cause*. Voyez la Note du *Dalloz* sous cet arrêt.

2275. Division. — La gestion d'affaires est une opération synallagmatique qui fait naître des obligations à la charge des deux parties : il y a donc lieu d'étudier séparément les obligations du gérant, et celles du maître.

A. — Obligations du gérant.

*** 2276. Comparaison avec le mandataire.** — Le gérant est tenu, en principe, des mêmes obligations qu'un mandataire : ainsi il doit apporter à la gestion qu'il a entreprise *tous les soins d'un bon père de famille* (art. 1374), sauf modération par le juge, selon les circonstances qui l'ont conduit à se charger de l'affaire (*Ibid.*). Ainsi encore il doit *rendre compte de sa gestion* (art. 1372, al. 2).

Mais le gérant est *traité plus rigoureusement que le mandataire* à un certain point de vue. Afin de décourager ceux qui se mêleraient à la légère des affaires d'autrui pour s'en abstenir le lendemain, la loi oblige le gérant à *continuer l'affaire commencée et à l'achever*, à moins que le propriétaire ne soit en état d'y pourvoir lui-même (art. 1372). Précaution indispensable pour empêcher que les intérêts d'un absent ne soient compromis par le zèle intermittent et le défaut de persévérance du premier venu.

Par une suite de la même idée, la loi oblige le gérant à se charger de toutes les dépendances de l'affaire principale (art. 1372) et à continuer sa gestion après la mort du maître, jusqu'à ce que l'héritier ait pu en prendre la direction (art. 1373); tandis que le mandataire n'est tenu d'agir en pareil cas qu'autant qu'il y a péril en la demeure (art. 1991).

2277. Gestion entreprise par erreur. — Il est possible que le gérant se trompe de plusieurs façons différentes : 1° *il se croit mandataire alors qu'il ne l'est pas*; en ce cas, les effets ordinaires de la gestion d'affaires se produisent; il n'y a pas mandat, comme le croyait à tort le gérant, mais toutes les autres conditions de la gestion sont réunies; 2° il croit gérer l'affaire de Pierre, et c'est Paul qui est le véritable intéressé : cette erreur sur la personne ne peut avoir pour effet de modifier les effets de la gestion [1]; 3° il croit gérer sa propre affaire alors qu'il fait celle d'autrui : ici l'intention caractéristique de la gestion d'affaires fait défaut, et on ne devrait pas le considérer comme tenu de continuer l'affaire commencée.

2278. Gestion entreprise par un incapable. — Le gérant contracte des obligations par un fait qui est volontaire de sa part. Il en résulte qu'un mineur ou tout autre incapable ne peut se constituer gérant d'affaires pour autrui de façon à se lier valablement : un acte volontaire ne peut pas plus l'engager sous la forme du quasi-contrat que sous la forme du contrat. Toutefois cet incapable pourrait se trouver obligé envers le maître de deux façons, soit *par un enrichissement* résultant pour lui de la gestion, soit *par un délit* commis par lui dans cette gestion. Dans ces deux cas une obligation valable peut prendre naissance même à la charge d'un incapable.

B. — Obligations du maître.

*** 2279. Condition d'existence de ses obligations.** — La *condition* d'où dépend l'obligation du tiers dont l'affaire a été gérée varie selon qu'on se trouve dans le cas de la gestion d'affaires proprement dite ou dans le cas de la stipulation pour autrui. Au premier cas cette condition est *l'utilité de*

[1] Toutefois ne pourrait-on pas admettre qu'il s'est constitué gérant d'affaires en considération d'une personne déterminée, et que cette erreur sur la personne vicie son engagement ? Il n'eût pas assumé les obligations qu'entraîne la qualité de gérant s'il avait su pour qui il s'entremettait réellement.

la gestion, condition que l'art. 1375 exprime en ces termes : « Le maître *dont l'affaire a été bien administrée*... ». Tout dépend donc de l'opportunité de l'intervention du tiers et de l'efficacité des actes accomplis par lui. Au second cas, la condition est la *ratification par le tiers* : la stipulation pour autrui produit son effet « quand le tiers a déclaré vouloir en profiter » (art. 1121), ou quand le mandant a « ratifié » ce que le mandataire a fait au delà de son mandat (art. 1998) [1].

Au reste, même quand la gestion entreprise sur des biens appartenant déjà au tiers (hypothèse ancienne de la gestion d'affaires) a été inutile, la ratification du maître survenant après coup suffit pour la valider. La gestion produit donc son effet dans deux cas : 1° quand elle a été *utile* ; 2° quand elle a été *ratifiée*. Il faut même observer que logiquement l'ordre de ces deux termes devrait être renversé : la ratification est la condition générale qui consacre la gestion d'affaires ; l'utilité procurée au maître n'est qu'une condition spéciale qui, dans un cas particulier, dispense de la ratification.

***2280. Appréciation de l'utilité de la gestion.** — Pour vérifier si la gestion a été utile ou non, il faut se placer au moment même où ont été accomplis les différents actes qui la composent. L'utilité de l'intervention du gérant peut disparaître par suite d'événements postérieurs ; cela n'en compromet pas les effets juridiques. Exemple classique : réparations faites à une maison qui est ensuite incendiée accidentellement.

***2281. Objet des obligations du maître.** — Le maître dont l'affaire a été utilement gérée, ou qui a ratifié la gestion, est tenu de deux obligations différentes :

1° Envers le gérant. — Il doit indemniser celui-ci de tous les frais et charges de la gestion, « de toutes les dépenses utiles ou nécessaires qu'il a faites », dit l'art. 1375. Il doit en outre, si le gérant a contracté personnellement quelques obligations envers les tiers, lui en procurer la décharge, « l'en indemniser », dit l'art. 1375.

2° Envers les tiers. — Le maître est tenu personnellement de remplir tous les engagements qui ont été pris pour lui par le gérant, comme s'il les avait pris lui-même ou comme s'il avait chargé le gérant de les prendre en son nom. La ratification *équivaut au mandat*, dit un ancien adage (comp. art. 1998), et l'utilité de la gestion équivaut à la ratification (art. 1375).

***2282. Gestion au profit d'un incapable.** — Un incapable peut-il se trouver valablement obligé par l'effet d'une gestion entreprise par un tiers ? Cela dépend : Si la gestion ne peut produire son effet qu'en vertu d'une ratification, l'incapable ne peut s'obliger de la sorte, pas plus qu'il ne pourrait le faire par un mandat préalable. Si, au contraire, la ratification est superflue parce qu'il y a eu gestion utile de biens appartenant déjà à l'incapable, celui-ci est tenu envers le mandant, parce que son obligation prend naissance sans aucun acte volontaire de sa part ; elle est indépendante de la capacité de l'obligé.

***2283. Comparaison avec les obligations d'un mandant.** — Le maître se trouve à peu près dans la situation d'un mandant. Il y a cependant deux différences :

1° Si plusieurs personnes sont intéressées à la gestion, il y a solidarité entre elles au cas de mandat (art. 2002); *cette solidarité fait défaut quand il y a simple gestion d'affaires*.

2° Si le gérant a fait des *avances*, l'*intérêt* ne lui en est pas dû de plein droit du jour de ses déboursés, comme cela a lieu pour le mandataire (art. 2001) ; il ne peut y avoir droit que du jour de la *sommation* (art. 1153 modifié par la loi du 7 avril 1900).

[1] Il est à remarquer que le mandataire qui excède ses pouvoirs n'est en réalité, pour tout ce qu'il a pu faire au delà, qu'un gérant d'affaires.

Ces différences n'ont aucune raison d'être : la gestion d'affaires ne devrait différer du mandat que par ses conditions, et non par ses effets, du moins en ce qui concerne les obligations du maître : du moment où celui-ci est lié, à raison de l'utilité de la gestion, il devrait être tenu de la même façon que s'il avait donné mandat. Au surplus ces différences s'évanouissent quand il y a ratification : l'assimilation avec le mandat est alors complète.

LA TRANSACTION

2284. Bibliographie. — Accarias, *De la transaction*, Paris, 1863. — Vaugeois, *De la preuve en matière de transaction*, 1868. — Voir aussi les traités de Marbeau, 1833, et Rigal, 1834.

*** 2285. Définition.** — D'après l'art. 2044, la transaction est une convention par laquelle *les parties terminent une contestation née ou préviennent une contestation à naître*. Définition insuffisante, car la loi indique ici seulement le *résultat* de la convention ; or ce résultat peut être atteint par deux autres opérations qui ne sont pas des transactions : le désistement, quand le demandeur renonce à poursuivre l'affaire ; l'acquiescement, quand le défendeur reconnaît sa prétention comme fondée. La loi a donc oublié le principal dans sa définition, qui était de nous dire par quel moyen les parties obtiennent ce résultat dans la transaction : c'est *au moyen de concessions réciproques*. C'est cette réciprocité qui caractérise la transaction et qui la distingue des deux autres procédés sus-indiqués.

Le mot « transaction » a donc en droit un sens fort différent de celui qu'on lui donne dans la langue des affaires et de l'économie politique, quand on dit, par exemple, que les transactions ont été fort actives à la Bourse. Ici, ce mot désigne les *achats et ventes*.

On remarquera qu'il n'est pas nécessaire que le procès soit déjà né pour qu'une transaction soit possible ; il suffit qu'il y ait désaccord entre les parties sur l'étendue de leurs droits respectifs.

Il n'est pas nécessaire que les sacrifices réciproques consentis par les parties soient d'égale importance ; il suffit que chacune cède quelque chose de ses prétentions.

2286. Faiblesse des dispositions légales. — Le Code civil a employé à cet objet 14 articles (2044-2057). C'est une des parties les plus mauvaises et les plus faibles[1]. La plupart de ses dispositions sont inutiles ; ce sont de simples applications du droit commun, ou des répétitions de solutions déjà données ailleurs, et quelques-unes (art. 2053 à 2057) sont rédigées en termes si obscurs qu'il a fallu un effort considérable pour les comprendre.

§ 1. — *Conditions de validité de la transaction.*

A. — Quelles personnes peuvent transiger.

2287. Capacité de transiger. — Peuvent seuls transiger ceux qui ont la capacité nécessaire pour disposer du droit ou, comme le dit l'art. 2045, des objets « compris dans

[1] La faiblesse de cette partie du Code s'explique par cette circonstance que la matière des transactions n'avait fait l'objet d'aucune étude doctrinale avant d'être mise en articles de loi. Ce qui prouve une fois de plus combien le concours de la doctrine est indispensable au législateur. Ce titre a été inséré dans le Code sur la demande de quelques tribunaux ; il ne figurait pas dans le projet de l'an VIII. Peut-être vaudrait-il autant ne rien dire des transactions et laisser s'appliquer en tout les principes généraux des obligations et des conventions. Ce qui le ferait croire, c'est que les lois étrangères qui ont réglementé la transaction depuis l'apparition du Code civil français ne contiennent pas de dispositions intéressantes à signaler.

la transaction ». Cela est évident puisque la transaction implique une renonciation partielle au droit contesté.

La question de savoir si les personnes frappées d'une demi-incapacité peuvent transiger a été étudiée pour chacune d'elles (Voyez t. Ier).

2288. Pouvoir de transiger[1]. — Peuvent seuls transiger les mandataires ou administrateurs du patrimoine d'autrui qui ont reçu un pouvoir spécial à cet effet. Pour le tuteur, voyez t. Ier.

B. — Choses susceptibles de transaction.

***2289. Principe.** — « Il n'y a que les choses qui sont dans le commerce qui puissent être l'objet des conventions », dit l'art. 1128. Cette règle s'applique à la transaction comme aux autres contrats. Par conséquent aucune transaction n'est possible ni sur l'*état des personnes*, ni sur les choses que la loi soustrait aux conventions privées parce qu'il s'y attache un intérêt d'*ordre public*[2]. Comp. art. 2046.

2290. Exemples. — Sont nulles les transactions portant : 1° sur la demande en nullité d'une libéralité faite, par interposition de personne, à un établissement incapable de recevoir (Cass., 5 févr. 1895, D. 95. 1. 199) ; 2° sur une obligation frappée d'une nullité d'ordre public, comme ayant une cause immorale, pour laquelle on remplace les premiers billets par des billets nouveaux signés à titre transactionnel (Cass., 18 déc. 1893, D. 94. 1. 64, S. 95. 1. 70) ; 3° sur l'exécution d'un traité secret passé pour la vente d'un office (Orléans, 13 févr. 1891, D. 92. 2. 93).

On rattache ordinairement à la même idée l'impossibilité de transiger sur les *délits*, en disant que l'ordre public s'oppose à toute transaction sur cette matière. Mais comme on reconnaît que cette interdiction empêche seulement de transiger sur la poursuite pénale, et que la partie lésée est toujours libre de transiger sur l'intérêt civil et de renoncer à son action en indemnité aux conditions qu'elle voudra, cela revient à dire que les particuliers ne peuvent pas, par leurs transactions, mettre obstacle à l'action du ministère public, ou, en d'autres termes, qu'une personne ne peut pas disposer d'une action qui ne lui appartient pas, car l'action publique, qui tend à la réparation du dommage social causé par le délit, appartient au ministère public et non à la victime. — Toutefois l'interdiction de transiger prend un sens en ce qui concerne le ministère public lui-même pour l'exercice de l'action publique : il peut y renoncer, mais non transiger, sauf quelques exceptions dans les matières fiscales (Garraud, *Précis*, n° 343).

C. — Formes de la transaction.

2291. Nécessité d'un écrit. — Aux termes de l'art. 2044, al. 2, « ce contrat doit être rédigé par écrit ». Cet article ne fait pas de la transaction un contrat solennel, pour l'existence duquel l'écrit serait une formalité essentielle. L'écrit n'est exigé que *comme moyen de preuve*.

***2292. Combinaison avec les règles ordinaires.** — L'art. 2044 déroge donc aux règles ordinaires de la preuve en ce qu'il exige un écrit, quelle que soit la valeur de la chose litigieuse ; il enlève ainsi aux parties la facilité que leur accorde le droit commun (art. 1341) *de prouver leur convention par témoins quand la valeur de son objet n'excède pas* 150 *francs. Mais là s'arrête la dérogation.* Il est admis que les parties peuvent employer la preuve testimoniale ou les présomptions, quand il existe un commencement de preuve par écrit : l'art. 2044 déroge à l'art. 1341, mais non à l'art. 1347. En d'autres termes, la transaction est traitée pour sa preuve, quel que soit l'intérêt en jeu, de la même façon qu'une convention dont l'objet dépasse 150 francs (Cass.,

[1] Le Code confond ici le *pouvoir* (puissance d'agir sur le patrimoine d'autrui) avec la *capacité* (aptitude à agir pour soi-même).

[2] Cette considération enlève aux transactions un nombre considérable de questions litigieuses.

28 nov. 1864, D. 65. 1. 105, S. 65. 1. 5 ; Cass., 8 janv. 1879, D. 79. 1. 128, S. 79. 1. 216)[1].

§ 2. — *Effets des transactions.*

2293. Fausse assimilation de la transaction et du jugement. — L'art. 2052 dit que « les transactions ont entre les parties l'*autorité de la chose jugée en dernier ressort* ». Cette assimilation est inexacte. Un jugement, même rendu en dernier ressort, peut faire l'objet d'une modification partielle par l'effet de la cassation ou de la requête civile ; une transaction forme *un tout indivisible*, si bien que dans les cas où elle peut être attaquée, elle est nécessairement annulée ou maintenue pour le tout (Cass., 3 déc. 1889, D. 91. 1. 7, S. 90. 1. 160). Enfin, il est à peine besoin d'ajouter que la transaction étant une convention privée, et non une décision de justice, n'emporte pas l'*hypothèque judiciaire*.

Tous les effets de la transaction peuvent s'expliquer simplement par sa force obligatoire et par la règle générale que les conventions font la loi des parties. Pour déterminer l'effet de la transaction il faut examiner séparément ses clauses : les unes contiennent une *renonciation partielle* aux prétentions des parties, les autres une *confirmation partielle* de ces mêmes prétentions.

2294. Effet extinctif de la transaction. — En tant que la transaction emporte pour chaque partie une renonciation partielle aux prétentions qu'elle avait tout d'abord formulées, la transaction fait naître au profit de l'autre partie une *exception péremptoire* qui empêche tout renouvellement de l'action sur ce point. Cette exception, que l'on pourrait appeler l'*exception de transaction*, ressemble à l'exception de chose jugée, et elle est soumise à des conditions identiques : l'exception ne peut être utilisée qu'autant que la nouvelle demande a le même objet, qu'elle s'élève entre les mêmes personnes et que celles-ci procèdent en la même qualité (arg. art. 1351)[2]. C'est ce que disent en somme les articles 2048 à 2051. Comp. Bordeaux, 23 mai 1892, D. 94. 2. 11.

***2295. Effet déclaratif de la transaction.** — La transaction n'a pas pour but de conférer aux parties des droits nouveaux, mais seulement de *reconnaître* ceux qu'elles ont ou prétendent avoir et de les consolider en les mettant à l'abri d'une contestation. Ce n'est donc pas un acte translatif de droits, mais *purement récognitif* ou *déclaratif* ; chacune des parties, en ce qui concerne les droits qui lui sont reconnus par l'acte, n'acquiert pas la chose de l'autre partie ; elle n'est pas son ayant cause, elle conserve seulement ce qu'elle prétendait lui appartenir déjà et obtient le désistement de son adversaire : elle évite un procès, elle ne réalise pas une acquisition[3].

[1] Cette solution, bien établie en jurisprudence, est contestée par beaucoup d'auteurs. Ils font remarquer que la raison qui a fait édicter l'art. 2044 s'élève avec la même force contre la preuve testimoniale, qu'elle soit appuyée ou non sur un commencement de preuve par écrit. Ce n'est pas, disent-ils, la crainte de la corruption des témoins qui les a fait écarter, mais bien la nature particulière de la convention qu'il s'agit de prouver : une transaction n'est pas, comme une vente ou un louage, un contrat dont l'objet soit défini d'avance et connu par son seul titre ; elle se compose d'arrangements variables indéfiniment au gré des parties, et souvent fort imprévus. Il ne suffit pas de savoir qu'une transaction a été faite, mais bien *à quelles conditions* elle a été faite, et cela ne peut être connu que par un écrit détaillé. L'écrit imparfait, qui rend seulement vraisemblable la formation de la convention, est donc tout à fait insuffisant pour remplir le vœu de la loi. — Il faut avouer que ces raisons ont une grande force et semblent plus convaincantes que l'argument de texte employé par la Cour de cassation.

[2] Il y a là une ressemblance évidente entre la transaction et le jugement, mais ce n'est pas à elle que l'art. 2052 fait allusion quand il parle de l'*autorité de la transaction* : il veut simplement déterminer le *degré de force* de la convention. Un rappel de l'art. 1134 suffisait : cet article dit que les conventions tiennent lieu de loi à ceux qui les ont faites. Et ce rappel même était inutile, l'art. 1134 étant général et s'appliquant à toute convention.

[3] On a quelquefois soutenu que l'effet déclaratif de la transaction était une *fiction* de la loi et qu'en l'examinant bien on peut y découvrir une véritable transmission

***2296. Conséquences.** — L'effet déclaratif reconnu aux transactions produit plusieurs conséquences importantes :

1° *Il n'y a pas lieu à transcription quand la contestation portait sur des droits immobiliers* (Orléans, 23 nov. 1893, D. 94. 2. 287, S. 95. 2. 9).

2° *La transaction ne peut pas servir de juste titre pour la prescription de dix à vingt ans.* Un juste titre doit toujours être un acte translatif de propriété (art. 550 et 2265).

3° *Les parties ne sont pas obligées à se garantir mutuellement les droits qu'elles se reconnaissent.* L'obligation de garantie ne peut prendre naissance qu'à la suite d'un transfert de droits.

2297. Clauses translatives contenues dans une transaction. — Malgré le principe formulé au n° 2295, une transaction peut contenir des conventions translatives. La distinction est bien simple à comprendre. Deux personnes se disputent la propriété d'un champ ; elles conviennent de le partager par moitié ; il n'y a aucun effet translatif de produit ; comme le dit M. Demante, « chacun conserve sur la chose une partie de son titre propre ». Mais la transaction ne se fait pas toujours par le *partage de l'objet litigieux.* Dans l'exemple précité, les parties peuvent convenir que le champ entier restera à l'une d'elles, *moyennant une chose ou une somme déterminée que l'autre lui paiera.* Cette chose ou cette somme qui n'est pas comprise dans l'objet litigieux sort du patrimoine de l'une des parties pour entrer dans celui de l'autre. Dans cette mesure la convention est *réellement translative*, et les conséquences qu'elle produit sont inverses de celles qui ont été énumérées plus haut : il y aura lieu à transcription si la chose ainsi cédée est un immeuble ; la transaction peut servir de juste titre (Orléans, 23 nov. 1893, D. 94. 2. 287, S. 94. 2. 9), et la garantie est due à l'acquéreur[1].

2298. La transaction en droit fiscal. — La législation fiscale, au moins dans l'interprétation que lui a donnée la jurisprudence, s'éloigne profondément des principes du droit civil. Le droit fiscal tarife les actes, mais ce n'est pas lui qui en détermine la nature ; il doit les analyser d'après les principes du droit civil. Or sur un acte qui n'est point translatif, *aucun droit proportionnel n'est dû* ; on doit seulement percevoir *un droit fixe*. La loi du 22 frimaire an VII (art. 68, § 1, n° 45 et art. 69, § 3, n° 3) applique ces principes à la transaction : les transactions ne donnent lieu qu'au droit fixe quand elles ne contiennent aucune stipulation de somme ou valeur, ni dispositions soumises à un droit proportionnel. Il en résulte que les transactions qui s'opèrent par le simple partage de l'objet litigieux ne devraient être frappées que d'un droit fixe. Mais ce n'est pas ainsi qu'on les traite en pratique, et l'administration perçoit le droit de mutation à titre onéreux sur toute la partie des biens abandonnée à celui des contractants qui n'en était pas en possession[2] (Chambres réunies, 12 déc. 1865, D. 65. 1. 457, S. 66. 1. 73). Pour la critique doctrinale de cet arrêt, qui réduit à néant les dispositions de la loi de brumaire, car il devient impossible de trouver une seule hypothèse dans laquelle la transaction soit passible d'un simple droit fixe, voyez G. DEMANTE, *Principes de l'enregistrement*, 4e édit., n° 323.

de biens ; chaque partie dirait à l'autre : « Non seulement je reconnais vos droits, mais je vous cède ceux que je puis avoir sur la chose » (ACCARIAS, *De la transaction*, n° 141). Une pareille convention n'est pas impossible, mais il y a alors tout ensemble transaction et cession d'actions. Par elle-même la transaction n'implique l'idée d'aucun transfert de droits, et toute fiction est inutile pour lui reconnaître l'effet déclaratif.

1 Notons que la translation a uniquement pour objet la chose ou la somme promise et non pas une partie correspondante de l'objet litigieux : celui-ci reste en entier à son possesseur en vertu du titre primitif qu'il invoquait avant la transaction, et la chose ou la somme qui a été stipulée doit être considérée comme le prix du désistement obtenu.

2 C'est l'application d'une règle anciennement appliquée pour la perception du droit du *centième denier* (BOSQUET, v° Transaction, n° 3) : le droit était perçu quand l'héritage *changeait de mains* par la transaction, c'est-à-dire quand la possession en était déplacée.

§ 3. — *Des nullités de la transaction.*

2299. Difficulté des textes. — La rédaction des art. 2053 à 2057 qui règlent cette matière est extrêmement obscure. Après bien des efforts, les interprètes ont reconnu que toutes ces règles n'étaient en définitive que des applications du droit commun, sauf ce qui est dit dans l'art. 2052, al. 2, sur l'erreur de droit. Comme les arrêts en ces matières sont relativement rares, nous passerons rapidement, sans nous attarder à l'explication en quelque sorte grammaticale qu'exigent les formules sibyllines de la loi.

2300. Règle exceptionnelle concernant l'erreur de droit. — D'après l'art. 2052, al. 2, *une transaction ne peut être attaquée pour erreur de droit.* D'ordinaire l'erreur de droit est une cause de nullité aussi bien que l'erreur de fait. La loi l'écarte ici, probablement parce qu'elle pense que les parties n'ont pas transigé sans avoir pris des renseignements ou vérifié par elles-mêmes les points de droit qui les divisaient et d'où dépendaient leurs prétentions respectives[1]. Sur cette base, elle considère l'erreur de droit comme improbable ; et l'action en nullité est alors refusée, en vertu d'une présomption qui ne souffre pas la preuve contraire. — Il n'y avait cependant pas de raison bien décisive pour déroger au droit commun.

L'art. 2052 décide que la transaction ne peut être attaquée pour cause de lésion, mais en cela il ne fait que reproduire la règle ordinaire (art. 1118).

2301. Applications diverses du droit commun. — L'erreur de droit et la lésion étant écartées, il reste comme causes de nullité le dol, la violence, l'erreur sur la personne ou sur l'objet de la transaction[2]. Quand une transaction est atteinte d'un de ces vices, elle doit être *annulée pour le tout.* C'est ce qui est dit dans l'art. 2055 : la transaction est « entièrement nulle » ; cela ne veut pas dire qu'elle est frappée d'une nullité absolue, mais bien que l'annulation n'en peut pas être partielle, la transaction étant une opération *indivisible*. Comp. ci-dessus n° 2293.

Les art. 2054 à 2057 contiennent diverses applications particulières de ces règles en signalant quelques occasions d'erreurs pour les parties :

1° *La transaction a été faite sur la production de pièces qui depuis* (c'est-à-dire à une époque postérieure à la transaction) *ont été reconnues fausses* (art. 2055) (Cass., 14 août 1877, D. 78. 1. 298). Si les deux parties se sont également trompées sur la sincérité de ces pièces, leur erreur, étant double, engendrera une double action en nullité.

2° *Les parties ont transigé en vertu d'un titre nul.* La transaction est annulable, à moins que les parties n'aient expressément transigé sur la nullité (art. 2054). Cet article a donné lieu à des controverses (Voyez l'exposé des systèmes dans Dalloz, *Suppl.*, v° Transaction, n° 102). Dans l'opinion qui prévaut la loi suppose que *les parties ont ignoré la nullité du titre* : elles ont transigé sur son exécution, parce qu'elles le croyaient valable[3]. De plus, pour respecter l'art. 2052, il faut que leur erreur soit une erreur de fait (Cass., 19 déc. 1865, D. 66. 1. 182, S. 66. 1. 301 ; Poitiers, 10 juin 1878, D. 79. 2. 69).

3° *Les parties ont transigé sur un procès qui était déjà, à leur insu, terminé par un jugement passé en force de chose jugée* (art. 2056). Si le jugement était susceptible d'appel, la transaction serait valable.

[1] Ceci explique les formalités exceptionnelles exigées par l'art. 467 pour les transactions faites au nom d'un mineur.

[2] La loi n'ayant établi pour ces deux sortes d'erreurs aucune dérogation au droit commun, on doit en conclure que la nullité peut être prononcée quand la considération de la personne a été *déterminante pour le contrat,* ou quand l'erreur sur l'objet est tombée sur une de ses *qualités substantielles.*

[3] Cette interprétation rend inutile la phrase finale de l'art. 2054, puisque la transaction sur un titre nul peut être valable sans que les parties aient « expressément traité sur la nullité », et par cela seul qu'elles l'auront connue.

4° *Les parties ont transigé dans l'ignorance de titres existant au profit de l'une d'elles* (art. 2057). La loi fait alors une distinction : la transaction est annulable si elle portait sur un *objet unique* et que les titres postérieurement découverts viennent démontrer que l'une d'elles n'avait aucun droit ; elle est au contraire maintenue, malgré cette découverte, si elle avait un objet général et portait sur toutes les affaires que les parties pouvaient avoir entre elles. Toutefois, même dans ce dernier cas, la demande en nullité serait recevable si les titres avaient été frauduleusement retenus par l'une des parties (même art.).

CONTRATS NON PRÉVUS PAR LE CODE CIVIL

2302. Énumération. — En outre des contrats particuliers, prévus et réglés par le Code civil, il en existe encore quelques autres, qui n'ont fait l'objet d'aucune réglementation légale, mais qui n'en ont pas moins leur existence distincte. De ce nombre sont le *contrat d'édition* et l'*assurance*. D'autres ont fait l'objet de lois spéciales : tels sont le *contrat d'apprentissage* et le *compromis*. D'autres encore sont, pour ainsi dire, cachés dans des textes plus généraux : telle est la *délation de serment*.

Enfin il existe deux contrats très importants réglés avec détail par le Code civil : l'un est le *contrat de partage*, placé à part dans la matière des successions, bien que les règles établies à son occasion s'appliquent à tout partage, quelle que soit l'origine de la masse indivise. L'autre est le *contrat de mariage*, régi par un titre spécial (art. 1387 à 1581).

L'assurance a déjà été étudiée parmi les contrats aléatoires (ci-dessus, nos 2140-2203); le partage et le contrat de mariage ont leur place dans le t. III. Il reste à dire quelques mots des autres.

2303. Contrat d'édition. — Dans un congrès tenu à Barcelone en 1893, l'Association littéraire et artistique internationale en a donné la définition suivante : C'est « la convention par laquelle l'auteur d'une œuvre intellectuelle s'engage à remettre cette œuvre à l'éditeur qui, de son côté, s'oblige à la publier, c'est-à-dire à la reproduire et à la répandre, à ses frais, risques et périls ». Il n'est pas nécessaire au contrat que l'auteur tire un profit pécuniaire de son œuvre, bien que sa rémunération, sous des formes variables, en soit une condition habituelle. Ce contrat peut se faire de deux façons différentes : tantôt l'éditeur s'engage simplement à éditer le livre dans des conditions fixées par la convention, la propriété de l'ouvrage, telle qu'elle est réglée par la loi, restant à l'auteur; tantôt au contraire la propriété de l'ouvrage passe à l'éditeur, l'auteur ne conservant plus qu'un tant pour cent sur la vente et restant lié à l'éditeur pour apporter son concours aux éditions suivantes qui pourraient devenir nécessaires. Dans le premier cas, le contrat se rapproche de l'*entreprise* (ci-dessus nos 1897 et suiv.); dans le second, il implique une cession définitive de la propriété de l'ouvrage et se rapproche de la *vente*; mais dans les deux cas il a des caractères propres et suppose une sorte de collaboration et d'association, à peu près comme celle qui distingue le métayage du bail à ferme[1].

Ce contrat doit, en général, être considéré comme fait *au profit de la maison de commerce* de l'éditeur, et passe par suite aux acheteurs de ce fonds et non à ses héritiers. Cependant il peut résulter des circonstances que le contrat a été fait en *considération de la personne*, auquel cas le bénéfice en est personnel à l'éditeur et ne passe pas à ses successeurs (Paris, 20 avril 1894, D. 94. 2. 241, S. 95. 2. 41; Paris, 16 janv. 1896, D. 96. 2. 326, S. 97. 2. 47).

[1] Je considère comme tout à fait fausse une tentative faite pour assimiler le contrat d'édition au louage de choses (Ern. Eisenmann, *Le contrat d'édition*, Paris, 1894, Mémoire lu à l'Académie des sciences morales). Ce qu'a écrit M. Pouillet reste toujours ce qu'il y a de plus exact sur la matière (Pouillet, *Traité de la propriété littéraire et artistique*, 2e édit., 1894, nos 287 à 357). Voyez aussi P. Rudelle, *Des rapports juridiques entre les auteurs et les éditeurs*, thèse, Paris, 1897. — Sur l'utilité qu'aurait en France une loi spéciale relative au contrat d'édition, voyez Harmand, dans le *Bulletin du Comité de travaux historiques* (section économique), 1894, pages 153 et suivantes.

On trouve une réglementation spéciale du contrat d'édition dans le *Code de commerce hongrois* (art. 515). Voyez aussi *Code fédéral suisse des obligations* (art. 372) et *Code civil autrichien* (art. 1164). Le Code civil allemand a laissé en vigueur les lois spéciales des différents États (Loi d'introduction, art. 76).

2304. Contrat d'apprentissage. — Ce contrat, qui a eu les honneurs d'une loi spéciale en 22 articles (L. 22 février 1851), n'est pour ainsi dire pas usité dans la pratique; du moins il ne donne lieu à aucune décision judiciaire. La loi le définit: « la convention par laquelle un fabricant, un chef d'atelier, ou un ouvrier s'oblige à enseigner la pratique de sa profession à une autre personne, qui s'oblige en retour à travailler pour lui, le tout à des conditions et pendant un temps convenu. »

Ce n'est pas sous cette forme que l'apprentissage se fait dans la pratique: on place le jeune apprenti dans un atelier comme ouvrier, mais pour un salaire moindre ou même sans salaire aucun. On fait donc un louage d'ouvrage, ou un contrat innommé quand le salaire est nul, mais les parties n'entendent pas assumer les obligations spéciales que la loi de 1851 attache au contrat d'apprentissage. Toute cette réglementation est donc restée vaine. Voyez Julien Fouqué, *La crise de l'apprentissage*, thèse, Paris, 1900.

On peut noter seulement que la loi avait donné compétence aux *greffiers de justice de paix*, concurremment avec les notaires, pour recevoir le contrat, qui d'ailleurs pouvait être fait sous seings privés ou même verbalement.

2305. Compromis. — Le compromis est une convention fort importante qui n'a pas été réglée par nos lois civiles; elle est seulement visée, d'une manière incidente, dans l'art. 1989 C. civ. et régie par quelques dispositions, très insuffisantes, du Code de procédure (art. 1005 à 1013). On peut le définir: la *convention par laquelle deux personnes qui ont entre elles un litige conviennent de s'en rapporter pour sa solution à l'appréciation d'un tiers*. Le tiers choisi par elles s'appelle *arbitre*. L'arbitrage est donc l'exécution par le tiers choisi de la convention de compromis faite entre les parties[1]. La *sentence arbitrale*, ou décision de l'arbitre, a par elle-même l'*autorité de la chose jugée*, et elle acquiert la *force exécutoire* au moyen d'une *ordonnance d'exequatur* rendue par le président du tribunal civil du ressort.

Ce contrat, qui sert à remplacer l'intervention d'un tribunal par un arbitre, appartient aux cours de procédure. Nous n'en dirons rien de plus, si ce n'est que le compromis peut être fait seulement pour un litige déjà né ou sur le point de naître; on ne peut pas d'avance convenir qu'on soumettra des litiges futurs à la décision d'un ou plusieurs arbitres; cette clause générale, appelée *clause compromissoire*, serait nulle parce qu'elle ne permet pas de préciser d'avance ni la chose qui fera l'objet de l'arbitrage ni le nom des arbitres qui seront chargés d'y procéder. Or l'art. 1006 C. proc. civ. exige cette double mention pour la validité du compromis (Cass., 7 mars 1888, D. 89. 1. 32, S. 88. 1. 296; Cass., 26 juill. 1893, D. 94. 1. 61, S. 94. 1. 215). Cependant la solution contraire a prévalu en Belgique (Cass. belge, 17 févr. 1888, D. 89. 2. 168).

2306. Délation de serment. — La délation de serment est une convention qui doit prendre rang parmi les contrats spéciaux: les deux plaideurs conviennent que si le serment déféré par l'un d'eux à l'autre est prêté, celui-là sera réputé avoir gagné son procès. Le résultat de cette convention est donc comparable à celui d'une transaction: *il met fin au litige*, mais ce n'est pas une transaction, puisqu'il n'y a pas de sacrifices réciproques consentis par les parties; celui qui prête le serment obtient gain de cause complètement; celui qui refuse de le prêter succombe complètement. L'opération se rapproche donc bien plus du désistement ou de l'acquiescement que de la transaction. Voyez cependant Huc, t. VIII, p. 465.

Sur les abus de la pratique du serment devant les juridictions inférieures, voyez Huc, *Code civil italien*, p. 255-256.

[1] On voit par là combien le sens réel du mot « compromis » est éloigné de celui que lui donnent beaucoup de gens; dans la pratique on dit qu'on fait un *petit compromis* quand on signe un acte sous seings privés et provisoire contenant les éléments essentiels d'une convention importante pour laquelle on se propose de rédiger ensuite un acte détaillé.

LES CONTRATS DE GARANTIE

2307. Observation. — Il s'agit ici, non de la garantie due par un vendeur à son acheteur; mais des garanties qu'un créancier peut se procurer pour se protéger contre les dangers qu'il court. Ces *garanties* s'appellent aussi des *sûretés* (ci-dessous, n° 2313). L'expression « contrats de garantie » est donc amphibologique ; mais elle est reçue dans l'usage ; la nature du risque contre lequel ils garantissent est sous-entendue.

CHAPITRE PREMIER

NOTIONS PRÉLIMINAIRES

§ 1. — *Utilité et variété des contrats de garantie.*

2308. Définition. — On appelle « contrats de garantie » ceux qui sont destinés à *protéger les créanciers contre l'insolvabilité de leurs débiteurs.* L'insolvabilité est l'état d'un débiteur dont le passif est supérieur à l'actif.

2309. Énumération. — Ces contrats sont au nombre de quatre : le *cautionnement*, le *gage*, l'*antichrèse* et la *constitution d'hypothèque*. Tous quatre ont pour effet de donner au créancier une *garantie* ou *sûreté*.

Pour comprendre leur utilité, il faut d'abord se rendre compte de la situation du créancier en l'absence de toute sûreté spéciale.

2310. Dangers qui menacent les créanciers. — On sait déjà que l'effet de l'obligation est de donner pour gage au créancier le patrimoine de son débiteur (art. 2092 et ci-dessus, n°s 179 et suiv.). Or le débiteur peut compromettre ce gage de quatre façons différentes :

1° *Par sa négligence.* Il peut laisser perdre des droits qui lui appartiennent ; par exemple en donnant à la prescription le droit de les éteindre. — La loi y a pourvu dans l'art. 1166, en donnant aux créanciers l'*action subrogatoire* ou *action oblique,* qui leur permet d'exercer son droit à sa place et de sauver ainsi leur gage (ci-dessus n°s 280 et suiv.);

2° *Par une fraude.* Il peut faire disparaître frauduleusement tout ou partie de son actif, soit en mettant son bien sous le nom d'un tiers, soit en aliénant par donation ou vente. La loi y a encore pourvu au moyen de l'*action Paulienne* (art. 1167 et ci-dessus, n°s 296 et suiv.);

3° *Par des aliénations non frauduleuses* ;

4° *Par la formation de nouvelles dettes.*

Contre ces deux derniers dangers, aucune mesure directe ne pouvait être prise par la loi : la conduite du débiteur est licite dans un cas comme dans l'autre. Quand la dissipation des biens est exempte de fraude, les aliénations consenties par le débiteur sont valables ; l'action Paulienne ne peut être exercée. L'acte est donc *opposable au créancier*. C'est ce qui fait dire que les créanciers sont les *ayants cause universels de leurs débiteurs*. Ils tiennent de lui un droit sur son patrimoine, mais un droit vague et général, qui ne les empêche pas de subir l'effet de tous les actes faits de bonne foi par leur débiteur ; toutes les variations qui changent la composition de son patrimoine se produisent en même temps pour eux et changent la composition de leur gage : *tout ce qui sort du patrimoine du débiteur sort du gage du créancier* ; c'est autant de perdu pour lui.

On peut tenir le même raisonnement pour la formation de nouvelles créances : tous les créanciers sont égaux et sont traités de même. Il en résulte qu'en cas d'insolvabilité, comme il n'y a pas de quoi payer tout le monde, chacun ne pourra recevoir qu'un *dividende*, un tant pour cent sur ce qui lui était dû. C'est l'effet de la grande *loi du concours*, qui est établie en ces termes dans l'art. 2093 : « Les biens du débiteur sont le gage commun de ses créanciers, et le prix s'en distribue entre eux *par contribution*... ». La procédure de *distribution par contribution* est le moyen d'arriver à cette répartition proportionnelle entre créanciers, lorsque tous les biens du débiteur ont été vendus et ne suffisent pas à payer tout le monde (ci-dessus n° 191). Pour les commerçants, cette liquidation générale du patrimoine du débiteur a reçu une organisation particulière sous le nom de *faillite* (ci-dessus n° 193). On dit alors qu'on paie les créanciers *au sol la livre* (expression ancienne), ou *au marc le franc* (expression qui se trouve dans l'art. 926 C. civ. et dans l'art. 191 C. com.).

Ce dernier danger est tout aussi grave que le précédent, et peut-être est-il plus fréquent dans la pratique : il y a plus de débiteurs qui arrivent à l'insolvabilité par l'augmentation démesurée de leur passif que par le gaspillage et l'anéantissement de leur actif.

** **2311. Protection contre le danger des aliénations.** — Deux moyens différents ont été employés :

1° Système du dessaisissement. — On enlève au débiteur un de ses biens qu'on remet au créancier pour que celui-ci le garde à titre de sûreté. C'est le système de l'ancienne *mancipation fiduciaire* des Romains, du *pignus* antique, *gage* ou *nantissement* chez les modernes. — Le créancier, possédant le bien de son débiteur, est sûr que ce bien ne sera pas aliéné sans son consentement ; mais cela entraîne un gros inconvénient : le débiteur, étant dépouillé de la possession de son bien, est paralysé dans son travail ; l'exploitation de la terre en souffre, etc.

2° SYSTÈME DE L'HYPOTHÈQUE. — On peut, sans dessaisir le débiteur, conférer au créancier *un droit réel sur le bien affecté à sa garantie.* Ce droit réel permet au créancier de suivre le bien en quelques mains qu'il passe : c'est ce qu'on appelle le *droit de suite.* Tel est le procédé employé dans l'hypothèque [1].

** **2312. Protection contre le concours des autres créanciers.** — Contre ce danger il y a trois manières de prémunir le créancier :

1° ADJONCTION D'UN SECOND DÉBITEUR GARANT DU PREMIER. — C'était un usage très répandu dans l'antiquité, beaucoup moins fréquent aujourd'hui (ci-dessous, nos 2314 et 2323). En prenant ainsi pour une même dette deux débiteurs au lieu d'un, on multiplie évidemment dans la même proportion les chances de paiement.

2° DISPENSE EXCEPTIONNELLE DE LA LOI DU CONCOURS. — Ceci résulte d'une disposition de la loi qui, par une faveur spéciale, permet au créancier de se faire payer avant les autres : il est ainsi soustrait à l'effet du concours signalé ci-dessus au n° 2310. C'est ce que les Romains appelaient *privilegium* ; nous disons plus volontiers *droit de préférence.* Nous avons encore un certain nombre de privilèges qui répondent absolument à la notion primitive : ce sont les *privilèges généraux.*

3° CRÉATION D'UN DROIT RÉEL AU PROFIT DU CRÉANCIER. — On peut enfin aboutir au même résultat, qui est d'assurer au créancier la préférence sur les autres, en lui donnant un droit réel sur un ou plusieurs biens du débiteur. Ce droit réel peut être indifféremment un *gage* ou une *hypothèque.* Par sa seule existence, ce droit réel soustrait le créancier à la loi du concours : un droit réel est opposable à tous, aussi bien aux autres créanciers qu'à des sous-acquéreurs. Ainsi le même droit de gage ou d'hypothèque, qui procure au créancier le droit de suite contre les acquéreurs, lui donne également un *droit de préférence* contre les autres créanciers [2].

[1] Les anciens avaient déjà réussi à rapprocher le système du « pignus » de l'hypothèque en restituant au débiteur la possession de sa chose au moyen d'une convention annexe de louage ou de précaire.

[2] Il y a toutefois une *différence profonde* entre ce droit de préférence, tenant à l'existence d'un droit réel, et celui dont il est question plus haut qui dérive de la création d'un privilège par une décision spéciale du législateur. Le créancier privilégié par la loi n'a pas cessé d'être réduit à une action personnelle ; il a ce que les Romains appelaient très exactement un *privilegium inter personales actiones*, il bénéficie donc d'une dérogation aux règles ordinaires. Celui qui exerce un droit de préférence parce qu'il possède un droit réel agit, au contraire, conformément au droit commun et ne se présente plus comme un simple créancier, mais comme muni d'une action réelle.

§ 2. — *Distinction des sûretés personnelles et des sûretés réelles.*

**** 2313. Définition.** — D'après ce qui vient d'être dit, on voit que la sûreté du créancier lui vient tantôt d'une *autre personne* qui s'oblige envers lui à payer aux lieu et place du débiteur, si celui-ci ne le fait pas lui-même; et tantôt des *biens du débiteur* affectés, soit en masse, soit isolément, à sa sûreté particulière et à l'exclusion des autres créanciers. On dit, dans le premier cas, que le créancier a une *sûreté personnelle*; dans le second, qu'il a une *sûreté réelle*.

A. — Sûretés personnelles.

2314. Leur antiquité. — Le système des sûretés personnelles est le plus anciennement connu. C'est celui que pratiquaient le plus les anciens Romains [1] et les peuples barbares. Il est tout naturellement en usage chez les populations pauvres, où les débiteurs ne peuvent que rarement offrir à leurs créanciers d'autres sûretés.

2315. Leur insuffisance. — L'emploi des sûretés personnelles augmente les chances de paiement du créancier en augmentant le nombre de ses débiteurs (ci-dessus, n° 2312-1°); mais il ne modifie en rien ses droits ni envers le débiteur, ni envers les autres créanciers, ni envers le tiers acquéreur de ses biens. Il reste, pour chacun d'eux, créancier chirographaire, de telle sorte que, si la malchance s'en mêle, un créancier peut fort bien n'être pas payé bien qu'ayant reçu plusieurs cautions.

L'expérience en est faite depuis longtemps. Aussi préfère-t-on dans la pratique les sûretés réelles [2].

*** 2316. Leur état actuel.** — Les sûretés personnelles ont été autrefois très variées dans la forme. Les Romains ont pratiqué la *sponsio*, la *fidepromissio*, la *fidejussio*, le *mandatum pecuniæ credendæ*; ces deux dernières ont seules survécu jusqu'à la fin. Dans notre ancien droit on a vu se former différentes variétés dont la principale était la *plévine*, obligation du *plège*. Dans notre droit moderne, toutes ces formes anciennes se sont fondues en une seule, le *cautionnement*.

Toutefois le cautionnement n'est pas la seule forme de sûreté personnelle que l'on puisse signaler aujourd'hui : la *solidarité* et, dans une moindre mesure, l'*indivisibilité* jouent le même rôle [3].

[1] Sur la préférence des Romains pour les sûretés personnelles et sur les causes de cette préférence, voyez GIRARD, 2e édit., p. 752, note 1.

[2] Les Romains disaient déjà : « Plus est cautionis in re quam in persona », et dans notre ancienne France : « Mieux vaut gage en arche [coffre] que pleige [caution] en place ». Comp. LOYSEL : « Pleige plaide, gage rend, et bailler caution est occasion de double procès » (n° 486), ou encore : « De foi [promesse], fi; de pleige, plaid; de gage, reconfort ; d'argent comptant, paix et accord » (n° 670).

[3] La solidarité n'est, au fond, qu'un *cautionnement mutuel*. Chacun des débiteurs solidaires fait office de caution pour la part des autres, encore que la loi ne les traite pas à tous égards comme cautions les uns des autres. La différence principale est que les codébiteurs solidaires sont tous *débiteurs principaux pour une part*, tandis que la caution n'est, pour le tout, qu'un débiteur accessoire. — Quant au rôle que l'indivisibilité conventionnelle peut jouer pour compléter les effets de la solidarité, voyez ci-dessus nos 789 et 803.

B. — Sûretés réelles.

***2317. Leur nombre.** — Depuis qu'on a abandonné le système des aliénations fiduciaires, les sûretés réelles sont réduites à deux : le *gage* et l'*hypothèque*.

****2318. Effet de ces sûretés.** — Dans ces deux systèmes le créancier, muni de sa sûreté, n'a plus à redouter l'effet des aliénations consenties par son débiteur, soit qu'il possède et détienne la chose (*créancier gagiste*), soit qu'il ait le droit de la suivre, c'est-à-dire de la saisir entre les mains des tiers, au cas où elle serait aliénée (*créancier hypothécaire*). — A ces deux sortes de créanciers pourvus de sûretés, on oppose les *créanciers chirographaires* (*créanciers cédulaires* ou *céduliers*, dans l'ancienne langue), qui sont porteurs d'un titre de créance ordinaire (*chirographum*), *cedula*). Ces derniers se distinguent nettement des autres : ils sont réduits à *une pure action personnelle* contre le débiteur, tandis que les deux premières catégories possèdent, outre cette action qui appartient à tout créancier [1], une *action réelle* (hypothécaire ou pignoratice).

***2319. Supériorité de l'hypothèque.** — De toutes les sûretés qu'on a imaginées en faveur des créanciers, la plus perfectionnée est certainement l'hypothèque. Voici l'énumération de ses avantages :

1° *Elle n'a pas, comme le gage, l'inconvénient de dessaisir le débiteur.* — Par l'hypothèque, le créancier n'acquiert ni la propriété, ni même la possession de la chose qui lui est donnée en garantie ; celle-ci reste entièrement, en fait et en droit, à la disposition du débiteur ; mais le créancier peut se la faire remettre, en exiger la restitution de toute personne, soit du débiteur, soit d'un tiers qui la détiendrait, fût-ce à titre de propriétaire, du jour où, sa dette étant échue, il veut se servir de son droit et se faire payer : ce jour venu, il prend la chose et la vend, comme si c'était son gage. Aussi a-t-on pu dire que l'hypothèque était un *gage différé*, la prise de possession par le créancier n'étant pas immédiate.

2° *Elle n'est pas, comme le privilège romain, réduite à un simple droit de préférence.* — Le droit de préférence qu'elle donne, résultant de sa *réalité*, s'accompagne du droit de suite.

3° *Elle a enfin, par rapport au cautionnement, toutes les supériorités des sûretés réelles sur les sûretés personnelles.*

2320. Pourquoi le gage a survécu. — Étant données toutes les qualités de l'hypothèque, on doit se demander pourquoi le gage n'a pas disparu, et pourquoi toutes les sûretés des créanciers ne se réduisent pas à deux formes : l'hypothèque, d'une part ; le cautionnement, de l'autre.

C'est que le gage a encore son utilité propre. L'hypothèque offre une *sûreté parfaite*,

[1] Autres toutefois que les créanciers dont le droit est une simple obligation naturelle, qui n'ont même pas cette action.

toutes les fois qu'on n'a pas à craindre la disparition matérielle, le recel de la chose ; par exemple, elle fonctionne à souhait pour les immeubles et les navires.

Mais pour les meubles corporels que le créancier peut cacher aisément ou faire passer en mains tierces, l'hypothèque est en défaut, et le créancier ne trouve de garantie sérieuse que dans le système du gage qui *dessaisit matériellement le débiteur*.

Voilà pourquoi le gage est encore pratiqué à côté de l'hypothèque.

2321. Spécialisation du gage et de l'hypothèque. — Primitivement, c'est-à-dire dans la législation romaine, le gage et l'hypothèque pouvaient s'employer *indifféremment à propos des mêmes objets*, des meubles aussi bien que des immeubles ; les Romains admettaient l'hypothèque mobilière, et leur « pignus » pouvait se constituer sur les maisons et sur les terres aussi bien que sur les meubles.

Aujourd'hui il en est autrement. L'*hypothèque* (sauf de rares exceptions) ne peut être établie que *sur les immeubles*, et le *gage* ne peut jamais l'être que sur les *meubles*. Les deux grandes formes de sûretés réelles pratiquées dans l'antiquité se sont donc spécialisées ; elles se sont adaptées aux situations diverses, selon leur nature propre, et se partagent le domaine qui autrefois leur était commun à toutes deux : le gage a pris la place de l'hypothèque partout où celle-ci s'est montrée insuffisante ; partout ailleurs il a disparu par l'effet d'une sélection naturelle. Mais ceci n'est vrai que pour la période moderne : le très ancien droit français a longtemps pratiqué l'engagement des immeubles. Voyez la thèse de M. Fréd. Peltier, *Du gage immobilier dans le très ancien droit français*, Paris, 1893.

2322. Renvoi. — L'hypothèque ne résulte pas toujours d'un contrat ; elle est fréquemment établie par la loi. Le régime hypothécaire comportant d'ailleurs de très longues explications, nous renvoyons à plus tard l'étude de la convention constitutive de l'hypothèque. Il ne nous reste donc à étudier pour le moment, en fait de contrats de garantie, que le *cautionnement*, le *gage* et l'*antichrèse*. Nous y joindrons le *droit de rétention*, espèce de sûreté ne dérivant pas d'un contrat, mais qui présente une grande affinité avec le gage ou nantissement.

CHAPITRE II

DU CAUTIONNEMENT

2323. Définition. — Le cautionnement est un contrat par lequel, étant donnés un créancier et un débiteur, un tiers, qui prend le nom de caution, s'engage envers le créancier à accomplir l'obligation si le débiteur n'y satisfait pas lui-même (comp. art. 2011) [1].

§ 1. — *Caractères du cautionnement.*

* **2324. Enumération.** — Le cautionnement présente les caractères suivants :

[1] Distinction de deux sortes de cautionnement. — Il ne faut pas confondre le cautionnement défini au texte, qui est un *engagement pris par une personne*, avec un autre emploi du mot qui désigne un *dépôt d'argent ou de valeurs* destiné à servir de garantie pour des créances éventuelles. Ainsi on dit que les notaires et divers fonctionnaires déposent un « cautionnement » ; on exigeait jadis un « cautionnement » des journaux ; dans certains emplois de banque ou de finances, l'employé dépose de même un « cautionnement » ; ces valeurs servent de garantie pour l'Etat, pour le patron ou pour les tiers en cas de faute professionnelle. Mais le cautionnement ainsi entendu n'est qu'une forme de nantissement (ci-dessous, n° 2391).

1° *Il est unilatéral.* — La caution seule s'oblige envers le créancier qui ne lui fournit rien en échange.

Par suite le cautionnement est *gratuit*. Mais il arrive parfois que la caution ne consent à s'engager que moyennant une somme plus ou moins forte, que lui donne le créancier. Le contrat se rapproche alors de l'*assurance* : la caution garantit le créancier contre un risque (l'insolvabilité du débiteur), et la somme qui lui est payée est une véritable *prime*. La convention est valable, mais elle change de nature. C'est ce qui arrive en matière commerciale pour les *commissionnaires du croire*.

2° *Il est un contrat accessoire.* — Il ne se comprend que par l'existence d'une obligation principale que garantit la caution.

3° *Il est consensuel.* — Pour ses *formes* et pour sa *preuve*, le cautionnement est régi par le droit commun. Étant unilatéral, il n'est pas soumis à la formalité du double écrit, exigé par l'art. 1325.

4° *Il doit être exprès.* — La loi n'admet pas le cautionnement tacite ; « il ne se présume point », dit l'art. 2015.

A raison de la gravité des engagements de la caution, on n'a pas voulu qu'une affirmation émise en termes vagues, pour engager quelqu'un à traiter avec une personne déterminée, pût être prise pour un cautionnement véritable. Toutefois il n'y a pas de formule sacramentelle ; il suffit que la volonté de se porter caution soit *exprimée*. Comp. Chambéry, 2 décembre 1878, S. 79. 2. 53 ; Toulouse, 1er févr. 1889, D. 90. 2. 53.

* **2325. Étendue du cautionnement.** — Il est manifeste que le cautionnement, contrat accessoire, ne peut avoir un *objet autre* ou *plus étendu* que celui de l'obligation principale. Il ne peut pas davantage être fait sous des *conditions plus onéreuses*, mais il peut être accompagné de garanties (gages ou hypothèques), qui lui sont propres et ne s'appliquent pas à l'obligation principale.

Un cautionnement exagéré n'est pas nul pour le tout ; il est simplement *réductible* (art. 2013, al. 2).

Enfin il est non moins évident que la caution peut s'engager soit pour une somme moindre, soit sous des conditions moins dures que l'obligé principal ; elle n'est pas tenue au delà de ce qu'elle a promis (art. 2015).

Un cautionnement donné en termes indéfinis s'étend à toutes les obligations même accessoires, comme le paiement des frais (art. 2016).

2326. Conventions voisines du cautionnement. — On doit éviter de confondre le cautionnement avec les conventions suivantes :

1° *La novation*. Celui qui s'engage par novation remplace l'ancien débiteur qui est libéré, tandis que le cautionnement coexiste à côté de la dette principale ;

2° *La convention de porte-fort*, qui donne naissance à un engagement principal. Le porte-fort ressemble à la caution, en ce qu'il n'est tenu que si le tiers ne satisfait pas le créancier ; mais il ne devient jamais débiteur accessoire d'autrui. En effet, tant que le tiers, pour lequel il s'est porté fort, ne s'est pas engagé, il est seul débiteur ; au moment où le tiers s'engage, le porte-fort est libéré, sa promesse étant réalisée [1].

2326 *bis*. Capacité de la femme mariée. — Un point très remarquable est la possibilité pour la femme mariée de cautionner son mari, par suite de la suppression du S. C. Velléien (t. I, 1re édit., nos 431 et 432 ; 2e édit., no 462 et 463). L'emploi de ce

[1] Il pourrait s'engager de façon à rester tenu même après ce moment, mais alors sa promesse de porte-fort est doublée d'un cautionnement.

contrat est permis par des textes formels : l'art. 1431 suppose que la femme s'oblige en même temps que son mari et pour lui servir de caution ; voyez aussi la loi du 23 mars 1855, art. 9, sur les conventions relatives à l'hypothèque légale des femmes mariées, et la loi du 13 février 1889 sur le même objet, qui parle de la femme s'engageant comme garante ou comme caution d'une vente faite par son mari.

§ 2. — *Quelles obligations peuvent être cautionnées.*

***2327. Applications usuelles.** — Le cautionnement peut s'appliquer *à toute obligation, quel qu'en soit l'objet*. Mais, en fait, il sert surtout à garantir le paiement des *dettes d'argent*. Pour les obligations de faire, la caution garantit les dommages-intérêts que pourra devoir le débiteur, en cas d'inexécution.

2328. Dettes futures. — Il n'est pas nécessaire que la dette à cautionner existe dès maintenant. De même qu'on peut promettre une chose future (art. 1130), de même on peut cautionner une dette future. A proprement parler, il n'y aura de cautionnement que le jour où l'obligation principale se formera ; mais, en attendant, la caution est liée et ne peut retirer sa promesse ; quand la dette prendra naissance, elle se trouvera tenue en qualité de caution.

2329. Obligations naturelles. — La question du cautionnement des obligations naturelles est longuement discutée dans Laurent (t. XXVIII, nos 141-149), mais peu pratique, étant donnée la rareté des obligations naturelles en droit français. Elle doit d'ailleurs se résoudre par l'affirmative, la loi elle-même supposant le cautionnement possible (art. 2012). Voyez le n° 2331.

2330. Obligations nulles. — Le cautionnement ne peut exister que sur une obligation valable (art. 2012, al. 1). Par suite le cautionnement d'une obligation frappée de nullité absolue ne produit aucun effet (Cass., 18 mars 1895, D. 95. 1. 346).

2331. Obligations annulables. — Pour celles-ci une distinction est nécessaire :

1° Si la cause de nullité est l'*incapacité de l'obligé*, l'annulation de l'obligation principale *n'entraîne pas la chute du cautionnement*[1]. Ceci résulte de l'art. 2012, al. 2, qui est assez obscur : « On peut néanmoins cautionner une obligation, encore qu'elle pût être annulée par une exception purement personnelle à l'obligé, par exemple dans le cas de minorité. » Le sens un peu divinatoire de cette disposition est éclairci par les travaux préparatoires : on présume que la caution est intervenue précisément pour couvrir le créancier contre le risque de restitution de l'incapable. La loi cite la minorité comme exemple, mais on est d'accord pour donner la même solution pour toutes les autres causes d'incapacité. Voyez, pour les personnes pourvues d'un conseil judiciaire, Paris, 16 nov. 1892, D. 93. 2. 227.

2° Si la cause de nullité est un *vice du consentement*, la solution n'est plus la même, et *l'exception cesse d'être personnelle à l'obligé principal* ; la caution en profite en même temps que lui. Cela résulte des travaux préparatoires et surtout du texte et de l'exemple qu'il donne : telle était du reste la tradition (Pothier, *Obligations*, n° 381).

2332. Explication de la survie du cautionnement. — *Comment se fait-il que le cautionnement subsiste après l'annulation de l'obligation principale?* La grande majorité des auteurs admet que le cautionnement se rattache alors à une *obligation naturelle*, persistant à la charge de l'incapable, et c'est en effet le moyen le plus simple de justifier la loi. Comp. ci-dessus, n° 340.

[1] Pourvu toutefois que la caution se soit obligée en connaissance de cause, sachant qu'elle garantissait l'obligation d'un incapable. Sinon, sa propre erreur ferait naître à son profit une action en nullité qui lui serait personnelle.

2333. Certificateurs de cautions. — L'engagement de la caution elle-même peut être cautionné par une autre personne qui prend le nom de « certificateur de caution » (art. 2014, al. 2, C. civ.; art. 135-5° C. proc. civ.).

§ 3. — *Qualités et caractères des cautions.*

***2334. Classification.** — On distingue : 1° les *cautions conventionnelles*, qui doivent être fournies en vertu d'un contrat ; 2° les *cautions légales*, quand c'est une disposition de loi qui oblige le débiteur à fournir caution (exemples : art. 601, 771, 807, 1613, etc.) ; 3° les *cautions judiciaires*, quand c'est le juge qui lui impose cette obligation.

2335. Intérêts de cette classification. — Entre la caution conventionnelle, d'une part, et la caution judiciaire ou légale, de l'autre, il y a une différence : celui qui est obligé par la loi ou par jugement à fournir caution peut, quand il n'en trouve pas qui réunisse les conditions voulues, se libérer en offrant une autre sûreté équivalente (nantissement ou hypothèque)[1] ; celui qui y est obligé par convention n'a pas la même facilité parce qu'il a promis une caution et que la convention est obligatoire pour lui : son créancier a le droit de refuser une autre garantie. L'art. 2041 n'est écrit que pour les cautions judiciaires ou légales.

La caution judiciaire diffère à son tour de la caution conventionnelle et de la caution légale en ce qu'elle ne jouit pas du bénéfice de discussion (art. 2042)[2]. Comp. art. 2043.

2336. Qualités exigées des cautions. — Les art. 2018 et 2019 énumèrent les qualités qu'une personne présentée comme caution doit remplir pour que le créancier soit forcé de l'accepter. Ces conditions sont au nombre de trois :

1° Domicile. — La caution doit être domiciliée *dans le ressort de la cour d'appel*, afin de ne pas obliger le créancier à aller la poursuivre au loin, ce qui lui serait onéreux, et de lui permettre d'en surveiller la solvabilité.

2° Capacité. — Il faut être capable de s'obliger valablement. Notons que l'*incapacité velléienne* a disparu en France (t. I, 1re édit., n° 432 ; 2e édit., n° 462). Une femme, dûment autorisée, est donc capable de servir de caution.

3° Solvabilité. — « La caution doit avoir un bien suffisant pour répondre de l'obligation. » La qualité essentielle d'une caution est de pouvoir payer. Pour apprécier cette solvabilité, la loi emploie un moyen simple : elle ne tient compte que des propriétés les plus apparentes, les *propriétés foncières*. Aujourd'hui, avec le développement de la richesse mobilière, on pourrait sans inconvénient se montrer plus large[3], mais le Code civil exige des immeubles, et encore ne se contente-t-il pas de tous : il faut que les biens de la caution ne soient *ni litigieux ni éloignés*. La loi n'ayant rien précisé, la question de savoir si un immeuble est litigieux ou trop éloigné est abandonnée à l'appréciation des juges.

Par exception la solvabilité de la caution s'apprécie moins rigoureusement : 1° quand la dette est modique, cas auquel il est inutile d'exiger une solvabilité exceptionnelle ; 2° en matière de commerce, parce que les commerçants sont souvent fort riches sans posséder d'immeubles.

2337. Cautions cessant de remplir les conditions légales. — Lorsqu'une caution, qui présentait les garanties voulues quand elle a été fournie, cesse d'être solvable, le créancier a le droit d'en obtenir une autre (art. 2020, al. 1), à moins que

[1] L'art. 2041 ne nomme expressément que le gage ou nantissement, mais il est admis qu'une hypothèque peut remplacer la caution tout aussi bien qu'un gage (Cass., 7 août 1882, D. 83. 1. 220, S. 82. 1. 457).

[2] Il y avait jadis une autre différence : la caution judiciaire devait être *contraignable par corps*. Cette différence a disparu (L. 22 juillet 1867).

[3] Il dépend évidemment du créancier d'accepter comme caution une personne solvable, bien qu'elle ne possède pas d'immeubles.

la caution n'ait été fournie par un débiteur qui n'y était pas obligé, ou que le créancier n'ait spécialement désigné lui-même la personne qu'il voulait avoir comme caution (art. 2020, al. 2).

Si la caution quitte le ressort (hypothèse non prévue par la loi), quelques auteurs admettent que le débiteur peut être obligé d'en fournir une autre ; mais il semble que c'est ajouter au texte de la loi, qui ne lui impose pas cette obligation.

§ 4. — *Rapports de la caution avec le créancier.*

A. — Droit de poursuite du créancier.

* **2338. Caractère pur et simple de l'engagement de la caution.** — La caution peut être poursuivie la première, avant le créancier. Quand la loi dit que la caution « s'oblige à payer *si le débiteur n'y satisfait pas lui-même* » (art. 2011), elle n'énonce pas une condition suspensive de son obligation, elle indique seulement le caractère accessoire de l'engagement de la caution. Cela doit s'entendre du fait du paiement, et non du droit de poursuite. La caution peut donc être actionnée sans que le débiteur ait même été mis en demeure [1].

2339. Effet du terme. — La poursuite n'est cependant possible qu'autant que l'obligation principale elle-même est exigible. Si cette obligation est à terme, la caution ne peut pas être inquiétée par le créancier avant que le terme soit échu.

Lorsque le débiteur perd, pour une raison quelconque, le bénéfice du terme, l'action est-elle immédiatement ouverte contre la caution ? La question a été discutée et résolue en sens divers par les auteurs (voyez notamment AUBRY et RAU, § 303, note 18, et DEMOLOMBE, t. II, n° 705). La jurisprudence maintient alors le bénéfice du terme à la caution (Rouen, 29 juin 1871, D. 73. 2. 206, S. 71. 2. 220), et c'est avec raison : l'obligation de la caution est distincte de celle du débiteur principal et ne peut s'aggraver par un fait qui lui est étranger.

B. — Bénéfices accordés à la caution.

** **2340. Énumération.** — La caution, poursuivie par le créancier, peut soit *écarter provisoirement l'action* (bénéfice de discussion), soit *la faire réduire* (bénéfice de division).

1° Bénéfice de discussion.

* **2341. En quoi il consiste.** — La caution peut demander que le créancier s'adresse d'abord au débiteur principal pour le discuter, c'est-à-dire pour saisir et vendre ses biens, de façon à en tirer tout ce qu'il est sposible, ce qui aura pour résultat de diminuer la somme à débourser par la caution et peut-être de l'exonérer entièrement. Comp. art. 2021.

* **2342. A quelles cautions il est accordé.** — On a déjà vu que la caution judiciaire est privée (ci-dessus, n° 2335). Il en est de même de son certificateur (art. 2043). Toute autre caution le possède, mais peut y

[1] La nécessité d'une mise en demeure du débiteur, avant toute poursuite contre la caution, a été quelquefois soutenue, parce que l'art. 2021 dit que la caution n'est obligée de payer qu'*à défaut du débiteur*. Mais il s'agit du bénéfice de discussion, qui est tout autre chose (ci-dessous, n° 2341).

renoncer par une convention particulière. Enfin il est naturellement perdu par la caution qui succède au débiteur principal.

***2343. Conditions.** — Trois conditions sont nécessaires :

1° *La caution doit opposer son bénéfice sur les premières poursuites dirigées contre elle* (art. 2022). — Ce bénéfice est une exception dilatoire qui doit être proposée avant toute défense au fond.

2° *La caution doit indiquer au créancier les biens du débiteur* (art. 2023). Le créancier pourrait en ignorer l'existence.

La caution ne peut d'ailleurs l'obliger à discuter que des biens d'une saisie facile et immédiate. Par suite ne devront pas être indiqués par elle les immeubles situés *hors du ressort de la cour*, ni les immeubles *litigieux*, ni les *immeubles hypothéqués passés à des tiers acquéreurs*, parce que ceux-ci jouissent également du bénéfice de discussion (art. 2023). — Mais il lui est permis de renvoyer le créancier à se pourvoir sur des meubles aussi bien que sur des immeubles, sans distinguer si ces biens sont suffisants pour le désintéresser entièrement : il en tirera ce qu'il pourra.

Cependant s'il était notoire que les biens indiqués par la caution sont grevés d'hypothèques de façon que le créancier est sûr de ne rien obtenir, la discussion devrait être considérée comme frustratoire et refusée à la caution (Paris, 5 févr. 1892, D. 92. 2. 497).

3° *La caution doit faire l'avance des frais de la discussion* (art. 2023, al. 1). — Le créancier ne peut pas être obligé à faire des déboursés qui resteront peut être inutiles.

***2344. Effets.** — Son effet direct est de *procurer un délai à la caution* : le créancier est obligé de suspendre les poursuites entamées contre elle pour se retourner contre le débiteur principal.

Il y a un second effet, qui est de *mettre l'insolvabilité future du débiteur à la charge du créancier*, c'est-à-dire que si la caution use de son bénéfice à un moment où le débiteur est encore solvable, et que le créancier, par ses lenteurs, se laisse surprendre par son insolvabilité, la caution est néanmoins libérée ; le créancier ne pourra s'en prendre qu'à lui-même (art. 2024)[1]. Mais l'utilité principale du bénéfice n'est pas là : elle est dans l'espérance qu'a la caution de n'être pas obligée de payer la dette, ou tout au moins de ne la payer qu'en partie ; *son obligation est diminuée de tout ce que le débiteur principal aura pu payer*. Seulement ceci n'est plus l'effet du bénéfice, à proprement parler ; c'est l'effet du paiement obtenu par le créancier.

2° Bénéfice de division.

****2345. Pourquoi il est nécessaire.** — Ce bénéfice suppose l'*existence de plusieurs cautions*. En pareil cas, chacune est tenue de toute la dette, comme si elle était seule (art. 2025). Dérogation remarquable au droit commun, d'après lequel une obligation contractée par plusieurs personnes se divise, en principe, entre les codébiteurs (art. 1220). Les cautions sont donc traitées *comme si elles étaient solidaires entre elles*[2], ce

[1] Ce point était controversé dans l'ancien droit. L'art. 2024 a été écrit pour trancher la difficulté. — On considère le créancier comme mandataire de la caution et responsable de ses retards. Sa responsabilité implique une faute ; elle disparaîtrait donc si l'insolvabilité du débiteur survenait avec une rapidité telle que le créancier n'ait pas le temps de le poursuivre.

[2] Je ne parle ici que du droit de poursuite du créancier pour le total, qui est l'effet principal de la solidarité. Les effets secondaires de la solidarité (art. 1205, 1206 et 1207) ne se produisent pas à l'égard des cautions.

qui ne peut s'expliquer que par les formes du cautionnement romain et par le maintien des anciennes traditions. Mais cette rigueur de la loi est tempérée par le bénéfice de division (art. 2026), qui permet aux cautions de se replacer, à leur volonté, sous l'empire de la règle commune, ou à peu de chose près.

2346. Quelles cautions en jouissent. — Seules les cautions qui ont cautionné le *même débiteur* et *pour la même dette* peuvent user du bénéfice. Aucune division n'est possible entre une caution et son certificateur : elles ont garanti la même dette, mais non le même débiteur. De même pour les cautions données séparément par deux codébiteurs solidaires.

2347. A quel moment il doit être opposé. — Ce bénéfice est une *exception* : la caution doit donc l'opposer au créancier ; le juge ne peut le faire d'office. De plus, la caution ne peut s'en servir qu'autant qu'elle est poursuivie ; elle ne peut prendre les devants et offrir un paiement divisé. Ce bénéfice n'est pas une exception dilatoire : il peut donc être opposé *en tout état de cause,* et non pas seulement sur les premières poursuites (arg. *a contrario*, art. 2022).

***2348. Effets.** — La dette doit être partagée entre toutes les cautions qui sont solvables au jour des poursuites, de telle sorte que la part des insolvables vient grossir la charge de ceux qui peuvent payer (art. 2026)[1]. — On tient compte des cautions solvables même quand leur engagement n'est qu'à terme ou sous condition, mais si elles devenaient insolvables avant l'arrivée du terme ou de la condition, le créancier aurait recours contre les autres.

Après la division, la caution n'est pas responsable des insolvabilités qui peuvent survenir ; elle n'est tenue que de celles qui existent déjà à ce moment (art. 2026). Le créancier est donc intéressé à agir rapidement contre les autres.

2349. Comment et à quel moment s'apprécie la solvabilité des cautions. — On ne suit pas les règles établies par l'art. 2019 pour apprécier la solvabilité au moment où la caution s'engage. On tient donc compte de tout son patrimoine, meubles et immeubles, et même de la solvabilité de son certificateur. Cette appréciation se fait *au moment où le juge prononce la division* (arg. art. 2026) et non au moment où la division est demandée.

2350. Division volontaire consentie par le créancier. — Le créancier n'est jamais recevable à revenir contre une pareille division ; tant pis pour lui s'il se trompe sur le nombre des cautions solvables (art. 2027).

[1] En droit romain, il y a eu deux bénéfices de division : l'un, établi par la loi Furia pour les *sponsores* et les *fidepromissores*, divisait la dette entre tous ceux qui existaient à l'échéance ; l'autre, établi par un rescrit d'Hadrien pour les fidéjusseurs, la divisait entre ceux qui étaient solvables. Lors de la rédaction du Code, on se demanda lequel des deux on choisirait. Ce fut le système d'Hadrien qui l'emporta, car il avait réalisé une amélioration en garantissant mieux le créancier.

C. — De la solidarité dans le cautionnement.

***2351. Fréquence du cautionnement solidaire.** — Les cautions ressemblent à des codébiteurs solidaires, soit dans leurs rapports avec le débiteur principal, soit dans leurs rapports entre elles : il ne se fait point de division entre elles, et chacune d'elle, peut être poursuivie avant le débiteur. Cependant ce n'est point une solidarité véritable, puisque la loi leur accorde le double bénéfice de division et de discussion, bénéfices qui sont la négation de la solidarité et qui sont refusés aux vrais codébiteurs solidaires.

Cette situation contradictoire s'explique par le développement historique du cautionnement. La fidéjussion romaine faisait primitivement de la caution un débiteur tenu aussi durement que l'obligé principal ; puis il y eut une réaction en faveur des débiteurs, et on institua divers bénéfices qui adoucirent provisoirement le sort des fidéjusseurs. Dans cette voie, on alla trop loin. A force de relâcher le lien de la caution, on a nui aux emprunteurs, on a détruit leur crédit. Les capitalistes demandent des garanties plus sérieuses ; sinon, ils ne prêtent pas ; et, en fait, bien que nos lois aient conservé les faveurs accumulées par le droit romain au profit des cautions, la pratique se gouverne autrement et s'en passe. Elle emploie un moyen bien simple : les cautions renoncent par une clause spéciale à tous leurs bénéfices, ce qui rétablit l'antique solidarité effacée par la législation romaine. De nos jours, le cautionnement simple tend à devenir de plus en plus rare ; presque toujours les cautions s'engagent *solidairement soit avec le débiteur principal, soit entre elles*. Les créanciers, qui veulent être sérieusement garantis, les font ainsi revenir à la rigueur primitive du droit.

*** 2352. Effet de la solidarité sur le cautionnement.** — La solidarité a pour effet direct de *priver la caution de son double bénéfice de division et de discussion* (art. 2021), car le propre de la solidarité est d'empêcher toute division de la dette (art. 1203). Est-ce à dire que la caution solidaire soit *assimilée de tout point à un codébiteur solidaire* ? Ce serait un codébiteur non intéressé dans la dette et ayant recours pour le tout. Cette assimilation est certainement dans la pensée des parties, et elle se trouve écrite deux fois dans le Code (art. 1216 et 2021)[1]. Il ne devrait donc pas y avoir de différence entre le codébiteur solidaire non intéressé et la caution solidaire. C'est bien la tendance de la jurisprudence (Cass., 7 juin 1882, D. 82. 1. 441, S. 82. 1. 321). Cependant, en fait, on a trouvé et admis une différence relative aux modes d'extinction (ci-dessous, n° 2384-1°).

§ 5. — *Rapports de la caution avec le débiteur principal.*

***2353. Division.** — La caution, s'étant engagée pour autrui, a nécessairement un recours contre le débiteur principal. En principe, ce recours ne lui est ouvert qu'après qu'elle a payé ; exceptionnellement, il peut avoir lieu par anticipation avant tout paiement.

[1] L'art. 1216 dit que si l'affaire pour laquelle a été contractée la dette solidaire ne concerne que quelques-uns des obligés, les autres sont « considérés comme leurs cautions ». L'art. 2021 dit que, si la caution s'oblige solidairement avec le débiteur, « l'effet de son engagement se règle par les principes établis pour la solidarité ». — On peut encore en rapprocher un troisième texte, l'art. 1431 : si la femme commune en biens s'oblige solidairement avec son mari pour les affaires du mari et de la communauté, elle est réputée sa caution.

A. — Recours ordinaire après paiement.

** **2354. Double action de la caution.** — Pour ce recours, la caution jouit d'une double action, l'une qui lui est *personnelle* et qui naît du cautionnement ; l'autre est l'*action du créancier payé,* qu'elle obtient par subrogation (art. 2029).

1° Action personnelle à la caution.

* **2355. Sa nature.** — La loi mentionne cette action dans l'art. 2028, sans la qualifier. Traditionnellement, on y voit une *action de mandat,* quand la caution s'engage sur l'ordre du débiteur (cas normal), ou de *gestion d'affaires,* quand elle s'est engagée spontanément (cas très exceptionnel). Ce recours n'est ouvert à la caution que contre les débiteurs qu'elle a cautionnés et non contre les autres (art. 2030).

* **2356. Objet du recours.** — La caution ne doit pas réaliser un bénéfice, mais elle ne doit rien perdre. L'art. 2028 lui permet de réclamer :

1° Le principal. — Ceci n'est pas le montant en capital de la dette payée ; c'est *tout ce que la caution a déboursé en l'acquit du débiteur,* capital, intérêts ou frais.

Ainsi les intérêts dus au créancier et payés par la caution sont considérés à son égard comme formant le principal de ses déboursés, d'où cette double conséquence qu'ils sont pour elle productifs d'intérêts sans qu'il y ait là un anatocisme prohibé par l'art. 1155, et qu'ils ne sont plus prescriptibles par cinq ans en vertu de l'art. 2277.

2° Les intérêts. — La caution a droit aux intérêts de ses déboursés à compter du jour du paiement (art. 2028). Ainsi si la caution a payé 20000 francs de capital, plus 3000 francs d'intérêts, au total 23000 francs, au bout d'un an le créancier lui devra 23920 francs (L. 7 avril 1900).

3° Les frais. — Ces frais sont les dépenses que la caution a pu faire pour répondre à la demande du créancier. Mais la loi l'oblige à dénoncer cette demande au débiteur, (art. 2028-2°), qui pourrait arrêter ces frais en payant le créancier. — Il faut comprendre dans les frais les *avances* faites par la caution quand elle a opposé le bénéfice de discussion.

4° Dommages et intérêts. — C'est un principe traditionnel que la caution doit être rendue complètement indemne. Donc, quoiqu'il s'agisse de sommes d'argent, elle a droit, outre les intérêts légaux, à la réparation de tout le dommage qu'elle a pu subir, par exemple, si, n'ayant pu payer ses propres dettes, elle a vu ses biens saisis par ses créanciers (art. 2028, al. 3).

2° Recours par la subrogation légale.

** **2357. Comparaison avec l'action personnelle.** — Ce recours n'est qu'une application de l'art. 1251-3°, la caution étant *tenue pour un autre.* Il est ordinairement plus avantageux que l'action propre à la caution, parce qu'il permet à celle-ci de faire valoir, comme subrogée, toutes les *garanties accessoires,* hypothèques et autres, qui appartenaient au créancier, tandis que l'action de mandat ou de gestion d'affaires est nue, purement chirographaire.

Cependant, dans trois cas, la caution peut avoir intérêt à exercer son action personnelle : 1° si la créance payée par elle n'était *pas productive d'intérêts*, parce que les intérêts de ses avances lui sont dus de plein droit (art. 2001 et 2028) ; 2° *si la prescription était sur le point de s'accomplir*, parce que son action est toujours plus récente que l'autre, étant née le jour du paiement ; 3° *s'il y a eu paiement partiel*, parce qu'on ne pourra pas lui opposer l'art. 1252 (ci-dessus, n° 518).

***2358. Objet du recours.** — Par l'action de la subrogation, la caution ne peut exiger que ce que le créancier aurait pu obtenir en capital, intérêts et frais. Pour les intérêts de ses déboursés et pour tous autres dommages-intérêts, la caution est réduite à son action personnelle.

2359. Étendue du recours. — Supposons qu'il y ait *plusieurs débiteurs principaux*. S'ils sont simples débiteurs conjoints, la caution sera obligée de diviser son recours contre eux ; s'ils sont solidaires, elle aura le droit de poursuivre chacun pour le total, en supposant qu'elle les *ait tous cautionnés* (art. 2030).

Si elle n'en a cautionné qu'un seul, il semble bien résulter de l'art. 2030 qu'elle n'a pas de recours contre les autres (AUBRY et RAU, t. IV, § 427, note 4). Cependant la jurisprudence l'autorise à recourir même contre ceux qu'elle n'a pas cautionnés, à la condition de diviser son recours, comme l'aurait fait le débiteur cautionné, s'il avait payé à la place de la caution (Cass., 10 juin 1861, D. 61. 1. 361, S. 61. 1. 577).

2360. Causes de déchéance. — La caution est privée de son recours : 1° si, après avoir payé, elle néglige d'avertir le débiteur et que celui-ci paie une seconde fois (art. 2031, al. 1) ; la caution n'a plus alors qu'une action en répétition de l'indu contre le créancier ; 2° si elle a payé sans avoir été poursuivie, alors que le débiteur avait des moyens de défense à faire valoir (art. 2031, al. 2).

B. — Recours avant paiement.

2361. Cas où il a lieu. — Ce recours a été admis, pour permettre à la caution d'échapper à certains risques, dans les cas suivants : 1° lorsqu'elle est poursuivie en justice pour le paiement ; 2° lorsque le débiteur est en faillite ou en déconfiture ; 3° lorsque le débiteur s'est obligé de lui rapporter sa décharge dans un certain temps ; 4° lorsque la dette est devenue exigible ; 5° lorsqu'il y a plus de dix ans que l'obligation a été contractée et qu'elle n'a point de terme fixe d'échéance (art. 2032).

2362. Objet du recours. — La caution ne peut pas se faire rembourser, puisqu'elle n'a encore rien payé. Elle fera donc consigner la somme, ou bien elle se fera donner des sûretés. Dans toutes les hypothèses prévues par l'art. 2032, la caution agit de son chef : elle n'est pas subrogée dans les droits du créancier, qui n'a pas été désintéressé par elle.

§ 6. — *Rapports entre coobligés accessoires.*

2363. Division. — Une caution peut se trouver en rapport, pour le recours qu'elle exerce, avec deux sortes de personnes : 1° d'*autres cautions comme elle*, 2° des *tiers tenus hypothécairement*.

A. — Recours entre cautions.

***2364. Origine.** — Quand il existe plusieurs cautions d'un même débiteur, la loi ouvre à celle qui paie un recours contre les autres. L'origine de ce recours est ancienne et se trouve dans les institutions romaines[1]. Mais

[1] Dans les formes primitives du cautionnement romain, la loi Apuleia avait établi

dans le système ancien, un fidéjusseur n'avait de recours contre les autres qu'à la condition de s'être fait céder l'action du créancier avant de le payer (bénéfice de cession d'actions). Cette condition parut trop dure à nos anciens auteurs qui, de très bonne heure, prirent l'habitude d'accorder le recours entre cautions indépendamment de toute subrogation (D'ARGENTRÉ, sur l'art. 213. *Anc. cout. de Bretagne* ; POTHIER, *Obligations*, n° 445) ; leur système a été conservé par l'art. 203.

2365. Nature. — Il est assez difficile de définir le caractère du recours donné entre cautions. Pothier le qualifiait *action utile de gestion d'affaires* (*Obligations*, n° 445) : la caution a fait l'affaire des autres en les libérant d'une dette qui leur était commune à toutes. Les auteurs modernes y voient plus volontiers une *extension de la subrogation légale* : la caution étant tenue avec d'autres, l'art. 1251-3° lui est applicable (PONT, t. II, n° 309. — Contra, LAURENT, t. XXVIII, n° 264). La subrogation légale permet d'acquérir une action déjà existante ; ce n'est pas *un principe d'action*, capable d'en créer une. Je crois qu'il faut en revenir au système de la loi Apuleia : il existe entre cautions d'une même personne une sorte de société tacite qui les expose à un même risque, ce qui implique l'idée d'une répartition de la perte subie.

** **2366. Limites du recours.** — Quel que soit son principe, ce recours est soumis à diverses règles restrictives :

1° *Il se divise toujours.* — Chaque caution ne peut être poursuivie que « pour sa part et portion » par celle qui a payé (art. 2033). Disposition analogue à l'art. 1214 pour les débiteurs solidaires. Par analogie encore, il convient d'appliquer l'al. 2 de l'art. 1214 au cas d'insolvabilité de l'une des cautions.

2° Le paiement doit avoir été fait *sur les poursuites du créancier* ou *après la faillite ou la déconfiture du débiteur* (art. 2033).

3° *Le paiement doit avoir été utile.* — Si la caution a payé une dette déjà éteinte, elle ne peut avoir de recours contre les autres, qui étaient déjà libérées.

Ajoutons que chaque caution n'a de recours contre les autres qu'autant qu'elle a payé *au delà de sa propre part.*

B. — Recours contre un tiers tenu hypothécairement.

2367. Conflit de la caution avec un tiers détenteur. — Subrogée dans les droits du créancier, la caution peut avoir acquis une hypothèque sur un immeuble passé aux mains d'un tiers acquéreur. Cette hypothèse fait naître une difficulté, parce que ce tiers acquéreur aurait droit lui-même au bénéfice de subrogation s'il avait été poursuivi par le créancier (art. 1251-3°), et il semble qu'il eût pu alors poursuivre la caution elle-même. Il y a donc conflit entre deux personnes qui paraissent réciproquement subrogées l'une contre l'autre. Faut-il sacrifier le tiers détenteur ou la caution ? ou partager la perte entre les deux ? Toutes ces opinions ont des partisans, et Pothier lui-même a jadis changé

une société entre *sponsores* ou *fidepromissores*, ce qui donnait à celui qui payait le créancier une action *pro socio*. Les fidéjusseurs, dont l'usage se répandit plus tard, n'avaient pas le même bénéfice et ne possédaient *de leur chef* aucun recours l'un contre l'autre, mais on créa pour eux l'*exceptio cedendarum actionum*, qui obligeait le créancier à céder ses actions en recevant son paiement. Le fidéjusseur qui avait payé pouvait alors poursuivre les autres en exerçant contre eux les actions du créancier.

d'avis sur la question (*Introd. à la Cout. d'Orléans*, tit. XX, n° 37; *Obligations*, n° 557). On ne doit cependant pas hésiter à sacrifier le tiers détenteur : si la caution a payé, elle aura un recours contre lui, et si c'est lui qui paie, il n'en aura aucun contre elle. Pourquoi cela ? Il y en a deux raisons : 1° quand la caution s'est obligée à l'époque où le bien hypothéqué appartenait encore au débiteur, elle a compté sur l'hypothèque pour se faire rembourser, à tel point que l'art. 2037 la déclare libérée quand cette hypothèque est perdue par la faute du créancier : l'aliénation du bien hypothéqué n'a pu avoir pour effet de lui enlever cette garantie ; 2° le tiers détenteur a commis une faute quand il a acquis cet immeuble et qu'il en a payé le prix sans employer la procédure de la purge, qui l'aurait libéré de toute poursuite hypothécaire ; la caution n'a commis aucune faute.

2368. Conflit de la caution personnelle avec la caution réelle. — On appelle « caution réelle » une personne qui, pour garantir la dette d'autrui, constitue une hypothèque sur son immeuble sans s'obliger elle-même personnellement ; le créancier acquiert donc l'action hypothécaire, mais il n'a aucune action personnelle contre cette caution ; de là lui est venu son nom.

En pareil cas la solution ne peut plus être la même que dans l'hypothèse précédente. D'abord, on ne peut pas reprocher à la caution réelle de n'avoir pas purgé son immeuble, car cela lui est interdit (ci-dessous, n° 3300). En outre, sa situation ressemble beaucoup à celle d'une caution : elle en a fait l'office en engageant son bien ; elle a mis sa solvabilité au service d'un autre. Il est donc impossible de la sacrifier à la caution personnelle ; il est non moins impossible de lui sacrifier celle-ci, quoique Troplong (n° 417) l'ait soutenu. Voyez la réfutation en règle de son opinion dans Mourlon, *Subrogation*, p. 426-433. Toutes deux ont garanti la même dette ; toutes deux sont cautions. Il ne reste qu'une solution équitable : les traiter de même et répartir la dette entre elles (arg. art. 2033).

Sur quelle base se fera cette répartition ? Si l'immeuble hypothéqué valait plus que le montant de la dette, comme le créancier aurait pu demander à chacun la totalité, on partagera la somme par moitié. Sinon il faudra estimer ce que risquait de perdre la caution réelle, dont l'obligation est limitée à la valeur de l'immeuble, et répartir la dette proportionnellement. Par exemple si la dette était de 20 000 francs et que l'immeuble en vaille seulement 10 000, la caution réelle qui risquait moitié moins que l'autre ne supportera qu'un tiers de la dette (Voyez Aubry et Rau, § 321, notes 86 et 87). — Laurent (t. XVIII, n° 126) trouve ce système équitable et logique, mais trop hardi en l'absence de textes.

§ 7. — *Extinction du cautionnement.*

2369. Division. — L'obligation de la caution peut s'éteindre de deux manières différentes : 1° *par voie de conséquence*, quand l'obligation principale s'éteint ; 2° *par voie principale*, le débiteur principal restant tenu pendant que la caution est libérée.

A. — Extinction par voie de conséquence.

*** 2370. Principe général.** — L'extinction du cautionnement par suite de l'extinction de la dette principale est l'*effet de son caractère accessoire*. L'art. 2036 porte que la caution peut opposer au créancier toutes les exceptions qui appartiennent au débiteur principal et qui sont *inhérentes à la dette*. Il est inutile de passer en revue toutes ces exceptions ; quelques observations sur des cas particuliers suffiront.

2371. Paiement. — La caution n'est pas toujours libérée quand le créancier est payé, car le paiement a pu être fait par un tiers non obligé à la dette et qui s'est fait subroger, auquel cas la caution reste tenue envers ce tiers.

En cas de *paiement partiel*, le cautionnement est éteint pour partie seulement, et, si le cautionnement lui-même a été partiel, la somme payée par le débiteur s'impute d'abord sur la partie de la dette non cautionnée (Cass., 12 janv. 1857, D. 57. 1. 278, S. 57. 1. 349).

2372. Dation en paiement. — Notons la disposition de l'art. 2038 : la caution est libérée définitivement, même si le créancier est ensuite évincé de la chose acceptée par lui. Comp. ci-dessous, n° 3391.

* **2373. Novation.** — La novation libère la caution, même malgré la volonté contraire du créancier, à moins que la caution ne consente à accéder à la nouvelle dette (art. 1281, al. 2).

2374. Remise de dette. — La remise accordée au débiteur principal libère la caution (art. 1287, al. 1).

2375. Compensation. — La caution peut opposer la compensation de ce que le créancier doit au débiteur principal (art. 1294, al. 1).

* **2376. Exceptions personnelles au débiteur.** — En principe, tout moyen de défense qui protège le débiteur principal profite à la caution: c'est ce que l'art. 2036 appelle les exceptions *inhérentes à la dette*. Mais ce même article ajoute que la caution ne peut opposer les *exceptions purement personnelles au débiteur*. Il existe donc pour celui-ci des moyens de défense dont la caution ne peut pas se servir, mais le texte ne nous les fait pas connaître. Nous les avons déjà rencontrés à propos de l'art. 2012 : ce sont les nullités fondées sur l'*incapacité de l'obligé* (ci-dessus, n° 2331).

Rappelons que l'incapacité seule crée une cause d'annulation propre à l'obligation principale; les vices du consentement n'ont pas le même caractère et constituent des exceptions inhérentes à la dette.

B. — Extinction par voie principale.

1° Causes empruntées au droit commun.

2377. Renvoi. — L'obligation de la caution peut s'éteindre par l'un quelconque des modes ordinaires d'extinction des obligations qui sont énumérés ci-dessus (n° 399). Il n'y aurait rien à en dire si la loi n'avait pas établi quelques règles particulières.

2378. Compensation. — Lorsque la caution devient, en son propre nom, créancière du créancier, il s'opère en sa faveur une compensation qui la libère, mais qui ne peut pas être opposée par le débiteur, si c'est lui qui est poursuivi le premier : permettre à celui-ci d'opposer la compensation du chef de sa caution, ce serait lui donner un moyen de forcer la caution à faire l'avance des fonds, la compensation étant l'équivalent d'un paiement (art. 1294).

Mais ceci suppose que le créancier attaque d'abord le débiteur. S'il s'en prend à la caution et que celle-ci lui oppose la compensation à laquelle elle a droit, le créancier sera considéré comme ayant été payé : la compensation, ayant alors produit tout son effet, pourra désormais lui être opposée par le débiteur principal à l'égal d'un paiement effectif. Il ne reste plus qu'un seul point à régler en pareil cas : c'est le recours de la caution contre le débiteur. Il a lieu, conformément à ce qui a été dit ci-dessus, n°s 2354 et suiv.

2379. Remise volontaire. — Si le créancier fait remise de la dette à la caution, le débiteur principal n'est pas libéré (art. 1287, al. 2). Le créancier est réputé avoir renoncé au cautionnement, mais non à sa créance.

La loi ajoute que la remise accordée *à l'une des cautions ne libère pas les autres* (art. 1287, al. 3). Les autres restent donc tenues; néanmoins la remise consentie par le créancier leur profite indirectement *pour la part de celle qui a été libérée*. Il est clair que le créancier ne peut pas par son fait modifier la situation des cautions dans leurs rapports entre elles. Il devra donc déduire la part de la caution libérée quand il poursuivra les autres (arg. art. 1285, al. 2, pour les cautions solidaires; arg. art. 2037, pour les cautions ordinaires).

Signalons enfin l'art. 1288 : ce que le créancier a reçu d'une caution pour la décharger du cautionnement doit être imputé sur la dette et tourner à la décharge du débiteur principal et des autres cautions. La loi ne veut donc pas qu'un créancier batte monnaie, en quelque sorte, avec les garanties qu'il s'était fait accorder, quand il ne croit plus en avoir besoin.

2380. Confusion. — Quand la confusion s'opère en la personne de la caution, c'est-à-dire quand elle succède au créancier ou que le créancier lui succède, il n'y a plus de cautionnement, mais le débiteur principal peut encore être poursuivi (art. 1301, al. 2). Au contraire, la confusion opérée en la personne du débiteur principal profite à ses cautions (art. 1301, al. 1), ce qui est tout simple puisque, le créancier et le débiteur ne faisant plus qu'une seule personne, la caution repousserait sa demande en lui opposant l'exception de garantie. Comp. art. 2035.

2381. Prescription. — La prescription ne peut jamais s'opérer isolément au profit de la caution sans s'opérer en même temps au profit du débiteur principal. En effet, l'art. 2250 décide que toute cause qui interrompt la prescription en la personne du débiteur l'interrompt également contre ses cautions. La caution subit ici la conséquence de sa qualité d'obligé accessoire.

2° Mode d'extinction propre au cautionnement.

** **2382. Disposition de la loi.** — Aux termes de l'art. 2037, la caution est déchargée *lorsque la subrogation aux droits et garanties du créancier ne peut plus s'opérer en sa faveur par le fait du créancier*.

Le créancier est donc tenu de conserver ses sûretés pour les transmettre à la caution, le jour où celle-ci le paiera, car la caution a compté sur elles pour obtenir son remboursement.

* **2383. Origine romaine.** — Le fidéjusseur romain était tenu par un contrat unilatéral et de droit strict, la *stipulation*; par suite le créancier n'était tenu à rien envers lui, et s'il renonçait à ses gages ou hypothèques, le fidéjusseur n'avait aucune exception à lui opposer et était tenu de le payer, quand même la perte des sûretés le privait de tout recours utile contre le débiteur. Mais, à côté de la fidéjussion, les anciens employaient le *mandatum pecuniæ credendæ*, contrat synallagmatique et de bonne foi, par lequel le créancier était tenu de conserver intactes toutes ses garanties pour pouvoir les céder, le jour venu, à son « mandator »; s'il les perdait par sa faute, il se voyait repoussé par l'exception « cedendarum actionum ». Cette solution plus favorable aux cautions était suivie dans notre ancien droit, les contrats étant tous de bonne foi (POTHIER, *Obligations*, n° 577).

* **2384. Personnes munies de l'exception.** — L'art. 2037 : « La

caution est déchargée... » Il faut donc être « caution » pour profiter de cette disposition. Par suite le bénéfice en est *refusé à toute personne qui n'est pas caution,* alors même qu'elle aurait pu obtenir par subrogation les sûretés du créancier, en les supposant conservées. Tels sont :

1° Les codébiteurs solidaires. — Outre l'argument de texte tiré de l'art. 2037, il y a une différence de situation qui justifie cette solution : le codébiteur solidaire est lui-même un débiteur principal, *intéressé dans l'affaire* et tenu pour son propre compte, tandis que la caution s'oblige pour autrui en considération du recours qui lui est ouvert. On comprend donc que le codébiteur solidaire ait consenti à courir les risques de l'opération d'une manière plus complète (Cass., 3 avril 1861. D. 61. 1. 153, S. 61. 1. 586. — Jurisprudence constante).

Ce qui est plus difficile à justifier, c'est qu'on refuse ce bénéfice même au *codébiteur non intéressé* qui n'est, au fond, qu'une caution.

2° Le tiers détenteur d'un immeuble hypothéqué. — Sa position n'a aucune analogie avec celle d'une caution. Il ne peut pas soutenir qu'il s'est obligé en considération d'un recours utile à exercer contre le débiteur, et il a commis une faute en ne purgeant pas (Cass., 18 déc. 1854, D. 55. 1. 34).

Pour ces deux catégories de personnes, le droit moderne abandonne les solutions suivies antérieurement. Comme le codébiteur solidaire et le tiers détenteur avaient droit à la subrogation, on en concluait qu'ils pouvaient repousser le créancier quand celui-ci avait rendu la subrogation impossible. La solution nouvelle est plus rigoureuse, mais plus juridique.

Ainsi les cautions seules sont protégées par l'art. 2037 ; mais elles le sont toutes également, même les *cautions réelles* (ci-dessus n° 2368), même les *cautions solidaires* (longue jurisprudence depuis 1822). L'opinion contraire a été jadis émise par Troplong (n° 557), qui pensait que la solidarité privait les cautions de ce bénéfice (voyez sa réfutation par MM. Aubry et Rau, § 429, note 19).

*** 2385. Sûretés à conserver.** — L'art. 2037 parle évidemment de *sûretés exceptionnelles,* telles que *gages, hypothèques, privilèges, droit de rétention,* etc. Pour que la perte d'une pareille sûreté autorise la caution à refuser de payer le créancier, il faut que sa constitution soit *antérieure au cautionnement* ou *tout au moins concomitante* : c'est sur celles-là seulement que la caution a pu compter en s'obligeant. Si le créancier se fait donner plus tard une sûreté nouvelle, il peut y renoncer sans danger pour lui (Cass., 10 déc. 1866, D. 66. 1. 425, S. 67. 1. 15).

A plus forte raison, le créancier n'encourrait-il aucune déchéance s'il avait simplement *négligé d'acquérir* une sûreté (Cass., 3 mai 1861, S. 61. 1. 682).

*** 2386. Actes dont le créancier est responsable.** — Il doit y avoir ou un *fait* ou une *négligence* qui lui soit *imputable* : par exemple, il laisse périmer une inscription hypothécaire, ou il en donne mainlevée. Il faut, de plus, que sa faute ait eu pour conséquence *la perte d'une sûreté* ; ainsi le créancier temporise, retarde ses poursuites, et le débiteur devient insolvable ;

la caution reste tenue. Cela vaut prorogation tacite du terme ; or, d'après l'art. 2039, la simple prorogation de terme ne décharge point la caution. Il en est de même si le créancier fait prononcer la faillite du débiteur, bien que par ces différents actes il ruine le recours de la caution.

Enfin on doit supposer que la caution n'a rien à se reprocher : si elle-même est en faute, elle ne peut demander sa décharge (Cass., 23 déc. 1845. D. 46. 1. 40, S. 46. 1. 107).

2387. Effets. — La libération de la caution ne se produit pas de plein droit ; la loi dit seulement qu'*elle peut demander sa décharge.*

La libération se produit seulement dans la mesure où la subrogation est devenue impossible : si de deux cautions le créancier en libère une, il peut pour encore poursuivre l'autre pour moitié.

Enfin la caution n'est en rien libérée lorsqu'il est démontré qu'elle ne subit aucun préjudice parce que la sûreté perdue ne lui aurait été en rien profitable, par exemple si le créancier a donné mainlevée d'une hypothèque qui était primée par d'autres et ne pouvait pas venir en rang utile (Cass., 19 janv. 1863, D. 63. 1. 86, S. 63. 1. 187).

CHAPITRE III

DU GAGE

** **2388. Définition.** — Le gage est un contrat par lequel *le débiteur lui-même, ou un tiers, remet au créancier un objet mobilier destiné à lui servir de sûreté.*

La gage est un contrat tout à la fois *productif d'obligations*, et *créateur de droit réels.*

* **2389. Dénomination.** — Le *gage*[1] est aussi appelé *nantissement*[2]. On dit qu'un créancier est *nanti* quand il possède une chose destinée à lui servir de sûreté. Comp. art. 2071. Ceci arrive non seulement dans le gage, mais dans le *droit de rétention* et aussi, quoique dans une moindre mesure, dans l'*antichrèse.*

§ 1. — *Choses pouvant être données en gage.*

** **2390. Exclusion des immeubles.** — A la différence de l'ancien *pi-*

[1] Mot d'origine germanique, qu'on trouve sous la forme latine *wadium* dans les lois barbares.

[2] *Nantir* est un très vieux mot, dérivé de *namps*, en bas latin *namium*, qui signifiait « gage, chose possédée ». Comp. l'allemand *nehmen*, prendre.

gnus romain, le gage français ne peut être établi que *sur des meubles* (art. 2072, al. 1). Sur les causes de ce changement, voyez ci-dessus, n° 2320. En revanche, *toutes sortes de meubles*, corporels ou incorporels, peuvent faire l'objet d'un gage sous la seule condition d'être *dans le commerce*, c'est-à-*cessibles*.

***2391. Gage en argent.** — Le *numéraire*, peut faire l'objet d'un gage. L'art. 832 C. proc. civ. parle d'un « nantissement en argent », et la jurisprudence reconnaît la légalité de ce procédé (Cass., 12 déc. 1890, D. 91. 1. 325).

Quand le gage est ainsi fourni en espèces, il prend plus spécialement le nom de *cautionnement*. On parle, par exemple, du cautionnement des notaires, des agents comptables, etc. C'est une sûreté réelle bien différente de la sûreté personnelle qui résulte de l'engagement d'une caution (voyez ci-dessus, n° 2323, en note). Le contrat s'éloigne même du nantissement véritable en ce que le créancier nanti est *débiteur d'une somme d'argent* et non pas *possesseur de la chose d'autrui*, d'où résulte pour lui l'impossibilité de commettre un *abus de confiance* tel que le définit le Code pénal (art. 408).

2392. Gage sur les créances. — Le gage sur une créance porte plus spécialement le nom de *nantissement*. Toute créance peut être donnée en gage, à la condition d'être cessible; mais une créance incessible, comme une pension de retraite inaliénable, ne peut pas être engagée. La loi du 27 décembre 1895 sur les caisses de retraite a créé un cas de gage légal qui est au fond un nantissement sur une créance.

2393. Gage en rentes sur l'État. — On a vu plus haut (n° 185) que, malgré le double arrêt rendu en 1894 par la Cour de cassation, des hésitations se produisent encore dans la jurisprudence sur la possibilité d'une mainmise des créanciers sur ces rentes. Mais ces difficultés ne se présentent que pour les actes équivalant à une *saisie*, et non pas pour le *gage volontairement constitué*: en les déclarant *insaisissables* (même en supposant maintenue l'ancienne doctrine de l'insaisissabilité absolue), la loi n'a pas empêché les rentes d'être *cessibles*; elles peuvent donc être données en gage (Paris, 20 nov. 1895, D. 96. 2. 444, P. 96. 2. 156). L'art. 832 C. proc. civ. en admet formellement la possibilité.

§ 2. — *Par qui le gage peut être demandé ou offert.*

A. — Demande du gage.

2394. Cas normal. — Ordinairement c'est le *créancier lui-même* ou son mandataire qui exige le gage.

2395. Cas exceptionnel. — Parfois cependant le gage est demandé d'avance par un tiers, qui se fait le gérant d'affaires de créanciers futurs, dont la créance n'est pas encore née. Ainsi l'État oblige un fonctionnaire à déposer un cautionnement pour répondre de ses *faits de charge*, c'est-à-dire des abus et prévarications que le fonctionnaire pourra commettre dans l'exercice de ces fonctions. Ce cautionnement servira plus tard de gage aux personnes encore inconnues qui seront victimes de ces faits. C'est de cette façon que doit s'expliquer le privilège accordé à ces personnes par l'art. 2102-7°[1].

[1] Sont astreints à déposer un cautionnement : 1° tous les comptables de deniers

B. — Offre du gage.

***2396. Gage fourni par un tiers.** — Ordinairement le gage est fourni *par le débiteur* ; mais il peut l'être aussi *par un tiers qui ne s'oblige pas personnellement à la dette* (art. 2077), et cela est assez fréquent dans la pratique. L'administration, dans les cas où elle exige un cautionnement, accepte les valeurs fournies par un tiers (LL. 25 nivôse et 6 ventôse an XIII (février 1805).

*** 2397. Conditions de validité.** — Quelle qu'elle soit, la personne qui constitue le gage doit être : 1° *propriétaire* de la chose engagée ; 2° *capable de l'aliéner*. L'incapacité exposerait le créancier gagiste à une action en nullité de la part de l'incapable ; le défaut de propriété, à une revendication de la part du propriétaire.

*** 2398. Possession de bonne foi d'un gage corporel.** — Cependant, quand il s'agit de meubles corporels, le gage constitué par un non-propriétaire peut produire effet grâce à la maxime : « En fait de meubles possession vaut titre », *si le gagiste a reçu la chose de bonne foi,* c'est-à-dire croyant traiter avec son vrai propriétaire. Le gagiste repoussera la revendication exercée contre lui, comme il la repousserait s'il était acheteur ou donataire de la chose. Avec une différence toutefois : acheteur ou donataire, il jouirait d'une *exception perpétuelle,* qui le couvrirait pour toujours ; simple gagiste, il n'a qu'une *exception temporaire,* qui durera autant que sa créance, et le jour où il sera payé, le véritable propriétaire pourra se présenter et réclamer utilement la chose qui n'a pas cessé de lui appartenir ; ce propriétaire ne perdra son bien qu'au cas où à défaut de paiement, le créancier ferait vendre le gage.

La bonne foi du gagiste se présume, comme celle de l'acquéreur (t. I, 1re édit., n° 1491 ; 2e édit., n° 1432).

***2399. Application au bailleur d'immeuble.** — Il y a un créancier gagiste pour lequel la question de bonne foi se pose assez souvent : c'est le *bailleur d'immeuble* qui a pour gage le mobilier de son locataire garnissant les lieux loués. Assez souvent les locataires apportent des objets qui ne leur appartiennent pas. Le fait est très fréquent dans les villes de garnison et de fonctionnaires ; beaucoup garnissent leur appartement de *meubles de location pris chez un tapissier.* Ces objets servent néanmoins de gage au bailleur, parce que celui-ci ne peut pas savoir si le locataire est réellement propriétaire de tout son mobilier. Il est *présumé de bonne foi.* Aussi les tapissiers qui louent des meubles agissent-ils prudemment en le faisant savoir aux propriétaires de leurs clients ;

publics (L. 5 sept. 1807, art. 3) ; 2° un certain nombre d'officiers publics ou ministériels (avocats à la cour de cassation, notaires, avoués, greffiers, huissiers, commissaires-priseurs, agents de change). — Leur cautionnement garantit les créances pour faits de charge, mais non les condamnations prononcées contre eux à raison de crimes ou de délits de droit commun (Cass., 26 juill. 1858, D. 58. 1. 409), et la loi ne donne en gage aux créanciers pour faits de charge que le cautionnement, et non le prix de l'office quand celui-ci est vénal (Bordeaux, 28 janv. 1864, S 64. 2. 229).

faute d'avoir reçu cette notification, le propriétaire serait en droit de faire vendre les meubles comme s'ils appartenaient réellement à son locataire.

Dans certains cas, on peut admettre, à raison des circonstances, que le bailleur a su, sans avertissement spécial, que son locataire apportait dans l'immeuble des choses qui ne lui appartenaient pas. Il y a des professions qui ne peuvent pas s'exercer autrement. Ainsi les *montres en réparation* chez un ouvrier horloger, le *linge à laver* chez un blanchisseur, les *voitures* qui se trouvent chez un peintre de voitures, etc., ne servent pas de gage au bailleur.

2400. Choses perdues ou volées. — Si la chose donnée en gage a été égarée ou volée, son propriétaire, qui pourrait la revendiquer même contre un acquéreur muni d'un titre translatif de propriété (art. 2279, al. 2), peut à plus forte raison l'enlever au gagiste, qui a acquis un droit réel moins étendu que la propriété.

§ 3. — *De la remise de la chose.*

A. — Sa nécessité.

** **2401. Nécessité d'une tradition du gage.** — Le gage est un *contrat réel*; il se forme « re », comme disaient les Romains, et cela est encore vrai chez nous. Tant qu'il n'y a pas eu remise de la chose, il peut y avoir une obligation conventionnelle ou légale de donner un gage, il n'y a pas encore gage. L'existence du gage *comme contrat* suppose donc la remise de la chose, et comme c'est le contrat qui fait naître le droit réel, l'*existence du droit réel de gage implique également cette remise*. Nous avons donc dans le gage *un droit réel qui ne se constitue pas par simple convention*, malgré la généralité du principe moderne sur le transfert de la propriété et la création des droits réels.

* **2402. Dépossession du propriétaire du gage.** — Par définition le gage consiste dans la mise de la chose en la possession du créancier, ce qui implique la *dépossession effective* de celui qui constitue le gage. L'une des deux choses ne peut se faire sans l'autre.

Il y a cependant un cas où il semble que le gagiste entre en possession du gage sans que son débiteur en soit dépossédé: c'est le *cas du bailleur d'immeubles*, mais ce n'est qu'une apparence. Le propriétaire n'acquiert sur son gage qu'une sorte de possession indirecte, et le locataire continue à posséder son mobilier et à s'en servir; ces deux choses sont conciliables: *dans la mesure où elle existe*, la possession du gage par le propriétaire détruit la possession qu'en a le locataire; celle-ci devient *moins libre*, puisque le propriétaire peut s'opposer à l'enlèvement des meubles et que le locataire n'en a plus la disposition absolue.

La jurisprudence moderne admet ouvertement que le bailleur *possède* le mobilier de son locataire en même temps que l'immeuble dont il lui a cédé la jouissance (Cass., 14 déc. 1892, D. 94. 1. 265, S. 93. 1. 169; Rouen, 9 déc. 1896, D. 99 2. 137).

* **2403. Possession du gage par l'intermédiaire d'un tiers.** — Il n'est pas nécessaire que ce soit le créancier lui-même qui reçoive le gage et le conserve. Ce peut être un tiers, qui sera *dépositaire du gage pour le compte du gagiste*. Tout ce que la loi veut, c'est que la chose engagée ne reste pas en la possession du débiteur.

Il se fait un grand emploi de cette combinaison dans le commerce, où les *Magasins généraux* renferment de grandes quantités de marchandises qui sont presque toujours affectées à des gagistes. L'avantage qu'on y trouve est d'abord que le créancier est déchargé de la surveillance du gage et de la responsabilité qu'elle entraîne; mais il y a plus encore : c'est *le seul procédé qui permette d'engager successivement la même chose à plusieurs*[1]. C'est donc une combinaison fort utile pour les choses de grande valeur qui peuvent suffire à désintéresser plusieurs créanciers.

* **2404. Nécessité d'une dépossession permanente.** — La dépossession du débiteur est pour lui fort gênante. Avant la mise en pratique de l'hypothèque on avait cherché, dans l'antiquité, à pallier cet inconvénient par une combinaison fort simple : le gagiste, après avoir reçu la chose, la restituait à son propriétaire au moyen d'un *bail fictif*, « nummo uno », ou d'une convention de *précaire*. De là un danger pour les tiers : la chose, restant aux mains du débiteur, lui procurait un crédit trompeur et pouvait être à nouveau, et bien inutilement, engagée par lui. Le droit actuel interdit cette pratique : la chose doit être mise en la possession du créancier et *y rester* (art. 2076).

* **2405. Prétendus gages établis sans dépossession.** — Le législateur moderne, qui n'a cure des principes scientifiques du droit, croit avoir établi, dans deux lois récentes, des gages régulièrement constitués sans dépossession du débiteur. Il s'est absolument trompé.

Le premier exemple s'en trouve dans la loi du 1er mars 1898, sur *le nantissement des fonds de commerce* : ce nantissement était auparavant fort difficile à établir, parce qu'on ne savait sous quelle forme mettre le créancier en possession de son gage. La loi nouvelle décide que le nantissement se fera au moyen d'une simple inscription sur un registre spécial.

Quelques mois plus tard, la loi du 18 juillet 1898 sur les *warrants agricoles* créait un second cas de gage sans dépossession, en permettant aux cultivateurs d'emprunter sur les produits de leur exploitation sans s'en dessaisir.

De telles innovations sont en elles-mêmes bonnes et utiles ; seulement, que le législateur se détrompe : ce ne sont point là des gages ; ce sont des *hypothèques mobilières* ne conférant que le droit de préférence. Il appartient au législateur de changer les conditions de validité d'un acte ; il ne lui appartient pas de méconnaître des définitions scientifiques qui dépendent du seul raisonnement. Voyez ci-dessous, nos 2709 et suiv.

B. — Formes de la remise du gage.

* **2406. Règle générale.** — On peut établir comme règle que la remise du gage s'effectue *par un procédé imité des modes de transfert de la propriété* : il s'agit de faire passer la chose ou le droit engagé *en la possession du créancier*; on s'y prend *comme si on voulait lui en transférer la*

[1] Sur l'ancienne maxime « Nantissement sur nantissement ne vaut », voyez Paris, 15 novembre 1850, D. 51. 2. 23, S. 50. 2. 266. Sur son abandon, voyez Trib. civ. Seine, 1er août 1889, 1. 90. 2. 31 et la note. — La loi du 28 mai 1858 sur les Magasins généraux n'avait prévu qu'un seul warrant ; c'est le décret du 12 mars 1869, art. 15, qui en a autorisé le fractionnement, ce qui permet la constitution de gages successifs sur un même lot de marchandises. Sur les *warrants* voyez ci-dessous, nos 2423-4°.

propriété, il n'y a de différence que dans l'intention; on veut *engager* et non *aliéner* la chose ou le droit.

Cette règle n'est écrite nulle part dans nos lois en termes formels[1]; mais elle résulte des formes primitives du gage et de son développement historique; elle est implicitement confirmée par les art. 2074 et 2075 qui l'appliquent l'un aux meubles corporels, l'autre aux créances ordinaires.

1° Meubles corporels.

* **2407. Tradition de la chose.** — Pour les choses corporelles, la remise se fait par une *simple tradition matérielle*. Ce n'est point la tradition translative de propriété; l'intention d'aliéner manque. C'est ce que les Romains appelaient « nuda traditio ».

2° Créances ordinaires.

* **2408. Emploi des formes de la cession.** — Pour les créances, aucune tradition matérielle n'est possible, et cela avait fait penser à Pothier que la mise en gage des créances était irréalisable (*Nantissement*, n° 6). Cependant la pratique de son temps l'admettait déjà, et il finit par s'y rallier (*Hypothèques*, n° 211). La tradition est ici remplacée par un autre procédé équivalent : l'emploi des *formes établies pour le transfert des créances* par l'art. 1690.

2409. Omission dans le texte. — Cependant l'art. 2075, al. 1, qui organise ce système, diffère de l'art. 1690, en ce qu'il indique seulement un procédé unique pour la constitution du gage : la *signification au débiteur de la créance*, tandis que l'art. 1690, pour la réalisation du transfert, en admet un second : *l'acceptation du débiteur donnée par acte authentique*. Il y a lieu d'admettre la même facilité pour le gage; les deux formalités sont équivalentes. Les arrêts qui ont annulé des constitutions de gage sur des créances, simplement acceptées par le débiteur, ne sont pas contraires à ce qui vient d'être dit, parce qu'en fait cette acceptation avait toujours été donnée par acte sous seings privés, ce qui est insuffisant d'après l'art. 1690 lui-même (Cass., 11 août 1869, D. 70. 1. 81, S. 69. 1. 397).

Dans la pratique, le débiteur qui engage une créance en remet le titre (écrit) au créancier, mais la loi n'exige pas cette remise. La jurisprudence l'estime cependant nécessaire (Cass. de Luxembourg, 23 déc. 1892, S. 93. 4. 15).

3° Créances transmissibles par des modes spéciaux.

* **2410. Titres au porteur.** — On doit, au point de vue de la mise en gage, assimiler ces titres aux objets corporels régis par l'art. 2074 et non aux créances régies par l'art. 2075. Par conséquent la mise en possession du gagiste s'effectuera *par la simple remise du titre*, sans signification.

En ce sens, arrêts nombreux de Cours d'appel (Paris, 30 mai 1857, D. 60. 1. 123; Lyon, 6 juill. 1889, D. 90. 2. 113, S. 92. 2. 37). Mais voyez en sens contraire Cass., 30 nov. 1864 (D. 65. 1. 55, S. 64. 1. 503), cassant un arrêt d'Alger et exigeant la signification parce qu'il s'agit de créances. Cette dernière solution me paraît une erreur certaine.

[1] Comp. C. civ. allemand : « La constitution de gage sur un droit se fait conformément aux dispositions qui règlent le transfert de ce droit » (art. 1274).

2411. Titres nominatifs. — Leur mode d'aliénation est le *transfert* (Voy. spécialement, pour les rentes sur l'État, L. 28 floréal an VII). Leur mise en gage s'effectue dans la même forme, au moyen d'un *transfert spécial*, dit *de garantie*. Hors de là, aucune formalité ne permet d'établir sur eux un nantissement valable (Paris, 4 déc. 1886, D. 88. 1. 146, S. 88. 1. 165).

2412. Titres à ordre. — A côté de l'endossement régulier, qui opère le transfert du titre, il existe *un endossement de garantie*, qui est pour le titre à ordre la forme constitutive du gage (art. 91, al. 2, C. com.). Comp. Cass., 12 mars 1879, D. 80. 1. 118, S. 80. 1. 113.

4° Propriétés incorporelles.

2413. Constitution du gage par simple remise de titre. — Quand il s'agit de valeurs ou de droits autres que des créances, il n'y a pas de débiteur à qui l'on puisse faire la signification ordonnée par l'art. 2075 ; par conséquent cette signification ne sera pas faite. Mais aucun texte de loi n'a prévu la question : en réalité la *forme de la mise en gage de pareils objets n'est pas réglée par la loi*. La jurisprudence n'a pu y pourvoir et elle a été forcée d'admettre que la mise en gage s'effectuerait par la simple remise du titre qui constate la propriété. Ainsi jugé pour les *brevets d'invention* (Paris, 29 août 1865, D. 65. 2. 231, S. 66. 2. 24).

Un arrêt avait appliqué le même système aux *actions des sociétés*, lesquelles représentent des *parts d'associés*, c'est-à-dire des droits de propriété (Alger, 9 juin 1862, D. 65. 1. 55, S. 62. 2. 385), mais un arrêt plus récent a jugé au contraire que les actions sont des droits de créance et que leur mise en gage ne peut s'effectuer sans une signification (Paris, 18 août 1881, S. 81. 2. 25). Comp. ci-dessus, n° 1958.

2414. Constitution par inscription. — Les lois du 1er mars 1898 sur le *nantissement des fonds de commerce*, et du 18 juillet 1898 sur les *warrants agricoles*, ont organisé un autre système : le gage s'inscrit sur des registres spéciaux ; mais, ainsi qu'on l'a déjà vu, ces deux lois ont en réalité établi des hypothèques mobilières (sans droit de suite), et non des gages. Voyez ci-dessus n° 2405.

§ 4. — *De la constatation du gage.*

A. — Règles du droit commun.

** **2415. Nécessité de la rédaction d'un écrit.** — Conformément à une tradition déjà longue, le Code civil veut que toute convention de nantissement soit constatée par écrit (art. 2074 et 2075).

2416. Origine et motif de cette disposition. — Son origine première se trouve dans un arrêt de règlement du 25 novembre 1599, qui a été confirmé par des ordonnances postérieures (Ordonnance de janvier 1629, dite *Code Michaud*, art. 148 ; d'avril 1667 sur la procédure et de 1673 sur le commerce). On a voulu prévenir des fraudes qui se commettaient fréquemment aux dépens des créanciers : un débiteur de mauvaise foi, qui se voyait menacé de poursuites ou de faillite, se servait de constitutions de gage frauduleuses soit pour soustraire à ses créanciers une partie de son actif, soit pour avantager l'un d'eux au détriment des autres. On a donc exigé que toute constitution de gage fût passée par-devant notaires et en minute, et que l'acte fît mention et de la somme due et de la nature des gages donnés. Faute d'avoir observé cette règle, le créancier gagiste était condamné à restituer les gages reçus, immédiatement et sans pouvoir prétendre sur eux aucun droit de préférence.

Ainsi l'écrit n'était pas exigé, comme cela se fait pour les autres contrats, afin de servir de preuve de la convention au profit de l'une des parties contre l'autre : entre les parties aucune dérogation n'était apportée au droit commun et la convention de gage pouvait produire effet, même sans écrit, si elle était reconnue ou prouvée d'une manière quelconque. La rédaction de l'écrit n'était qu'*une condition d'efficacité du gage contre les tiers*, auxquels le créancier gagiste voulait opposer son droit réel (JOUSSE, *Commentaire sur l'ordonnance du commerce*, tit. VI, art. 8 et 9 ; POTHIER, *Nantissement*, n° 17). Jousse expliquait fort bien que cette formalité servait seulement, en cas de faillite du débiteur, à assurer la date des nantissements. Créée pour la sécurité du commerce, elle avait été étendue par la jurisprudence aux affaires civiles.

C'est avec ce même caractère et cette même portée que la nécessité d'un écrit a été conservée par le Code ; il ne s'agit pas d'un mode de preuve, c'est une condition d'existence du *privilège*, c'est-à-dire du droit réel opposable aux tiers : « *ce privilège n'a lieu* », dit l'art. 2074. Par conséquent les tiers seuls, et non le débiteur, peuvent opposer au gagiste l'inobservation de la loi.

2417. Dans quels cas l'écrit est nécessaire. — Les deux articles qui parlent de l'écrit ne sont pas rédigés de la même façon : l'art. 2074, qui s'occupe du gage établi sur des objets corporels, n'exige l'écrit qu'en matière excédant 150 francs ; l'art. 2075, pour le gage sur des créances, ne fait pas la même distinction. Si on interprète ce dernier texte rigoureusement, on aboutit à une différence entre les deux espèces de gage, qui ne se justifie pas : l'écrit sera nécessaire pour le nantissement sur des créances, quel qu'en soit le chiffre[1].

2418. Appréciation de l'intérêt du litige. — Quand sera-t-on en matière excédant 150 francs? La loi prévoit un conflit entre le gagiste et d'autres créanciers : le montant du litige se détermine donc par *le montant de la créance dans la mesure où elle est garantie par le gage* ; l'écrit sera donc inutile si la créance ne dépasse pas 150 francs, quand même le gage vaudrait plus ; ou, à l'inverse, si le gage ne vaut pas plus de 150 francs, quand même la créance serait plus forte.

2419. Genre d'écrit nécessaire. — Les art. 2074 et 2075 autorisent l'emploi de l'*écrit sous seing privé* tout aussi bien que de l'*acte authentique* ; mais l'écrit privé doit être *enregistré,* pour avoir une date certaine opposable aux tiers. — C'est là une facilité accordée par le droit nouveau : les anciennes Ordonnances voulaient un acte notarié, par défiance des usuriers.

Un écrit non enregistré devrait être considéré comme suspect ; il ne remplit pas la condition voulue par la loi, qui désire que la date soit immédiatement rendue certaine pour éviter des fraudes. Cependant la jurisprudence admet que si la date de l'acte non enregistré est devenue certaine par un autre moyen, cela suffit (Cass., 11 févr. 1858, D. 58. 1. 125 ; Lyon, 6 juill. 1889, D. 90. 2. 113, S. 92. 2. 37).

2420. Énonciations à insérer dans l'écrit. — On ne doit pas se borner à constater la convention, on doit en outre indiquer : 1° la *désignation précise de la chose donnée en gage* (art. 2074) ; 2° le *montant de la somme due* (*Ibid.*).

Pour les créances indéterminées dans leur chiffre, on peut se borner à indiquer la *cause de la créance*, en ajoutant que son montant n'est pas liquidé. Toutefois certains auteurs exigent une *évaluation*, par analogie avec les hypothèques (arg. art. 2132). J'estime que c'est ajouter à la loi, ce texte ne concernant pas le gage.

B. — *Règles exceptionnelles.*

1° Matières commerciales.

2421. Suppression de l'écrit. — Pour faciliter les opérations commerciales, la

[1] Il semble bien que telle a été réellement la pensée des auteurs du Code. En praticiens consommés, ils se sont dit que, puisque le gage sur des créances se constituait au moyen d'une *signification au débiteur*, dont on devait lui *laisser copie* d'après l'art. 108 Cout. de Paris, il fallait bien que le nantissement fût toujours constaté par écrit.

loi du 23 mai 1863 (art. 91 C. com.) a permis de constater le gage, *même à l'égard des tiers*, par tous les moyens possibles, conformément à l'art. 109 C. com.

2422. Distinction du gage commercial et du gage civil. — Le gage est réputé commercial quand il est constitué pour une dette commerciale, quelle que soit la qualité des parties (art. 91 C. com.).

2° Systèmes propres à certains établissements.

2423. Énumération. — Des lois spéciales ont établi des formes exceptionnelles d'engagement, propres à certains établissements qui se livrent en grand aux opérations de prêts sur gage ou à l'emmagasinement des marchandises. Tels sont :

1° Les *Monts de piété*. Le gage se constate sur les registres tenus dans l'établissement.

2° et 3° La *Banque de France* et le *Crédit foncier de France*, qui font des prêts sur titres. L'engagement de l'emprunteur est souscrit dans une formule déterminée par l'ordonnance du 15 juin 1834 pour la Banque, et par la loi du 19 juillet 1857 pour le Crédit foncier.

4° Les *magasins généraux* (L. 28 mai 1858). Celui qui y dépose des marchandises reçoit un titre spécial appelé *warrant*, qu'il transmet par endossement pour donner ses marchandises en gage, et le gagiste fait transcrire cet acte sur le registre du magasin dépositaire.

C. — Déguisement du gage sous la forme d'une vente.

2424. Nullité de la combinaison. — On s'est souvent demandé si l'on pouvait déguiser le gage sous la forme d'une autre convention, par exemple sous celle d'une vente. La jurisprudence annule toute combinaison de ce genre (Cass., 9 juill. 1877, D. 77. 1. 417, S. 77. 1. 369 ; Cass., 11 mars 1879, D. 79. 1. 401, S. 80. 1. 53. — Comp. Paris, 18 avril 1889, D. 90. 2. 342), et elle doit être approuvée. On lui objecte que le déguisement n'est pas par lui-même une cause de nullité, et que la jurisprudence elle-même admet qu'on peut faire une donation sous la forme d'une vente. Il faut répondre qu'un contrat peut bien emprunter la forme d'un autre contrat quand *tous deux ont leur effet principal identique* : ainsi une vente peut cacher une donation parce que toutes deux tendent au transfert de la propriété. Mais pour le gage une combinaison de ce genre est impossible, car *le contrat tend à établir un droit particulier qui ne peut se constituer d'aucune autre manière*. — De plus la dissimulation du gage serait nécessairement frauduleuse, puisqu'elle aurait pour objet de priver les tiers des garanties que la loi a voulu leur assurer en exigeant une constatation régulière du contrat.

§ 5. — *Du gage tacite.*

***2425. Comment il peut se faire.** — En principe le nantissement suppose une *convention expresse*, par laquelle certains biens ou valeurs sont affectés à la garantie du créancier. Quelquefois cependant cette convention est *sous-entendue*, parce qu'elle résulte d'un usage tellement général que les parties n'ont pas besoin d'exprimer spécialement leurs intentions. On a alors ce qu'on appelle le *gage tacite*, qui existe en vertu d'une convention présumée.

***2426. Cas où il existe.** — A mon avis, il n'existe de véritable gage tacite que dans deux cas : 1° le *gage du bailleur d'immeuble* sur les meubles du locataire, et 2° le gage du *commissionnaire vendeur* sur les marchandises qu'il est chargé de vendre (art. 95 C. com.). Nous ne nous occuperons pas de ce dernier, qui appartient au droit commercial ; quant au gage tacite du bailleur, dont le Code a parlé dans l'article 2102-1° à propos des privilèges mobiliers, il fera plus loin l'objet d'un paragraphe spécial à raison des développements assez longs qu'il exige (ci-dessous, n°s 2465 à 2489).

On pourrait peut-être aussi considérer comme résultant d'une convention tacite de gage le privilège que la loi accorde : 1° aux *hôteliers et aubergistes* sur les effets des voyageurs (art. 2102-5°) et 2° aux *voituriers* sur les objets transportés par eux (art. 2102-6°). Mais il est possible d'expliquer ces dispositions d'une manière plus simple par l'existence du droit de rétention (ci-dessous, n° 2521).

Quant à l'hypothèse prévue par l'art. 2082 C. civ., qu'on cite constamment, et souvent seule, comme exemple de gage tacite, il faut très résolument en donner une autre explication (ci-dessous n° 2442).

2427. Condition du gage tacite. — Dans toutes les hypothèses où le gage est tacite, il existe pleinement sans qu'il soit nécessaire de donner un écrit, mais il suppose toujours le fait de la possession du gage par le créancier (art. 95 C. com.). Ceci montre l'intérêt qu'il y a à séparer nettement la remise du gage, créatrice du droit réel, de la rédaction d'un écrit, simple précaution contre les fraudes. On a donc tort de réunir ces deux choses, ainsi qu'on le fait presque toujours, sous le titre de « formalités constitutives du gage ».

§ 6. — *Du droit réel de gage.*

A. — Sa nature.

** **2428. Persistance du principe romain.** — Qu'il ait pour origine une convention expresse ou sous-entendue, *le gage est toujours un droit réel.* Cela était ainsi en droit romain, et cela n'a jamais cessé d'être vrai depuis lors.

* **2429. Nature particulière du droit réel de gage.** — Le gage est un droit *sui generis*, qui consiste à *pouvoir détenir la chose d'autrui* : c'est l'effet caractéristique et traditionnel du « pignus » romain et du nantissement moderne. Mais ce droit sur la chose d'autrui n'est pas donné au gagiste pour lui permettre d'utiliser la chose à son profit, comme pourrait le faire un propriétaire ou un usufruitier; son étendue est déterminée par le but de son institution. On veut *garantir le créancier* et lui permettre de *disposer de la chose pour en appliquer le prix à l'extinction de sa créance.* La *vente* du gage est donc le but final de l'institution; la *possession* du gage par le créancier n'est qu'un moyen de lui assurer la possibilité de vendre à l'échéance[1].

Telle est l'idée qu'il faut se faire de tout *droit réel de garantie* : ce n'est pas un démembrement de la propriété, donné pour la jouissance des choses, comme les droits d'usufruit, d'usage ou de servitude ; c'est un droit réel *du second degré,* si l'on peut ainsi parler, qui est établi sur le droit de propriété lui-même plutôt que sur la chose et qui autorise le créancier à aliéner pour son profit particulier la chose de son débiteur.

[1] Il est vrai qu'à l'origine le « pignus » romain ne conférait pas au gagiste le droit de vendre, mais cela prouve seulement que les institutions juridiques n'atteignent pas du premier coup leur organisation parfaite. Ce droit de vendre, le créancier romain l'avait dans l'aliénation fiduciaire, et il a fini par l'obtenir dans le simple gage, par l'effet de cette force intérieure qui pousse toute institution nouvelle à se développer dans le sens où elle pourra le mieux remplir sa fonction.

B. — Droits du gagiste avant la réalisation du gage.

***2430. Possession.** — Le gagiste n'a pas la possession véritable ; il n'est que *détenteur* ; il possède pour le compte d'autrui et ne peut pas prescrire.

***2431. Jouissance.** — Le gagiste n'a pas, en principe, la jouissance de la chose. Il ne peut ni s'en servir pour son usage personnel, ni en percevoir les fruits quand elle est frugifère. S'il le faisait, il commettrait ce que les anciens appelaient un « furtum usus », lequel d'ailleurs n'est pas puni par la loi pénale ni assimilé à un abus de confiance. Voyez art. 408 C. pén.

Sur ce sujet, la loi s'exprime assez mal en disant que le gage « n'est qu'un *dépôt* dans les mains du créancier » (art. 2079). C'est une comparaison dangereuse, qui ne vaut que par à peu près, le gage étant fort éloigné d'être un dépôt.

2432. Conventions particulières. — Quand la créance garantie par le gage est productive d'intérêts, une convention spéciale peut *autoriser le créancier à percevoir les fruits produits par le gage*. Par exemple, quand on lui donne en nantissement des titres de rente ou des obligations, on peut convenir qu'il en touchera les coupons, à la charge de les imputer sur les intérêts qui lui sont dus (art. 2081).

***2433. Remboursement des créances engagées.** — Lorsque le gage porte sur une créance, il peut arriver que la créance engagée vienne à échéance et soit remboursée par le tiers débiteur, avant que le créancier gagiste puisse lui-même exiger son paiement, sa propre créance n'étant pas encore échue. En principe, le gagiste n'a pas qualité pour recevoir seul le remboursement, parce qu'il lui est interdit de disposer du gage avant l'échéance ; mais une clause particulière peut lui conférer ce pouvoir. Selon les circonstances on pourra voir dans cette clause un *mandat révocable* à lui donné par la personne qui a constitué le nantissement, ou une *délégation* [1].

C. — Avantages du gagiste lors de la réalisation du gage.

****2434. Conséquences de la réalité du gage.** — De ce que le gage est un droit réel, il en résulte que le créancier peut l'opposer : 1° aux *autres créanciers* en conflit avec lui (*droit de préférence*) ; 2° aux *tiers détenteurs de la chose* (*droit de suite*).

1° Droit de préférence.

***2435. Sa cause.** — Dans l'art. 2102-1° et 2°, la loi appelle « privilège » le droit de préférence des gagistes. Comp. art. 2073. Ce n'est cependant pas un privilège, au sens propre de ce mot : il n'y a de vrais *privi-*

[1] Il y a ici une véritable lacune de la loi française. Le Code allemand (art. 1281) y a pourvu en décidant que le paiement doit être fait *conjointement* au créancier gagiste et au créancier de la créance engagée, et que chacun d'eux a le droit d'exiger que la somme soit consignée ou confiée à un séquestre, à leur profit commun.

lèges que ceux qui sont accordés par des dispositions particulières de la loi à des *créanciers chirographaires* (ci-dessous, nos 2542 et 2547) ; or un créancier gagiste n'est pas un chirographaire ; il a pourvu lui-même à sa sûreté, il est *muni d'une action réelle* et n'a que faire d'un privilège.

La préférence reconnue au gagiste est l'effet direct et nécessaire de son droit réel de gage, les droits réels n'étant pas soumis à la loi du concours. La loi n'avait donc pas à accorder de faveur à un créancier qui possède, en vertu d'une convention, la meilleure des sûretés.

***2436. Sur quoi il s'exerce.** — Le droit de préférence est un droit de priorité entre créanciers, qui ne peut s'exercer que *sur une somme d'argent*. Cette somme d'argent est ordinairement le *prix* de la chose qui avait été donnée en gage, quand elle a été vendue par le créancier dans les formes indiquées plus loin (nos 2446 et suiv.). Les *intérêts du prix* et les *revenus* (coupons, etc.) produits par le gage viennent grossir cette somme.

Accidentellement, le droit de préférence s'exerce sur *une somme autre que le prix*, qui sera *payée par un tiers à titre d'indemnité*, quand la chose aura péri dans certaines conditions. Cette substitution d'une indemnité au prix de la chose détruite, sera étudiée à propos des hypothèques, parce qu'elle se présente alors avec les mêmes caractères que pour le gage, et c'est là qu'elle acquiert toute son importance (ci-dessous, nos 3439 et suiv.). En traiter ici nous exposerait à des redites.

***2437. Concours de plusieurs gagistes.** — Nos lois n'ont pas prévu la mise en gage d'un même objet au profit de plusieurs créanciers pour déterminer leurs rangs respectifs, sauf dans un cas particulier (pour le gage sur des marchandises déposées dans les magasins généraux). Quelle règle suivre? Le gage est un *droit de même nature que l'hypothèque*; tous deux sont si voisins que les jurisconsultes anciens avaient l'habitude de dire : «Inter pignus et hypothecam nominis tantum sonus differt.» Il est donc tout naturel de soumettre le gage à la même règle que l'hypothèque, et de lui appliquer la maxime : *Prior tempore, potior jure*. C'est le système allemand : l'époque de la constitution du gage en règle le rang (art. 1209 C. civ. all.). On devra donc donner la préférence au créancier qui a reçu la chose en gage le premier ; puis au second, puis au troisième, et ainsi des autres.

Toutefois, pour les hypothèques elles-mêmes, la règle a changé par l'effet de la *publicité*, qui a été organisée dans les temps modernes : ce n'est plus l'ancienneté de l'hypothèque, c'est la *date de l'inscription* qui détermine le rang des créanciers hypothécaires. Il était tout naturel de suivre encore cette règle dans les cas exceptionnels où le gage est soumis à la publicité. C'est ce qu'a fait la loi du 28 mai 1858 sur les magasins généraux : le rang des différents gagistes est déterminé par *la date de la transcription de leurs warrants* sur les registres du magasin dépositaire.

On devra, par analogie, appliquer le même régime au nantissement des fonds de commerce et aux porteurs de warrants agricoles, qui sont également soumis à la publicité ;

d'ailleurs les lois du 1er mars 1898 et du 18 juillet 1898 ont établi plutôt des hypothèques mobilières que des gages.

2° Droit de suite.

** **2438. Sa restriction actuelle.** — Le créancier gagiste, étant pourvu d'un droit réel, a en principe le droit de réclamer son gage aux tiers qui peuvent le détenir : il a le droit d'en reprendre la possession quand il ne l'a plus. Le créancier romain avait à cet effet, outre les interdits, une *actio pigneratitia in rem*. — Cette action a survécu jusqu'à l'époque actuelle ; mais le droit français la paralyse souvent par sa maxime : « En fait de meubles possession vaut titre » (art. 2279), ou encore : « Meubles n'ont pas de suite par hypothèque » (art. 2119). Il en résulte qu'un créancier hypothécaire ou gagiste ne peut, pas plus qu'un propriétaire, réclamer le meuble passé aux mains d'un tiers.

Cependant le droit de suite du gagiste n'a pas été entièrement supprimé par la maxime française : la jurisprudence ancienne, puis le Code civil, en ont maintenu quelques applications.

2439. État des textes. — Aucun texte n'a prévu et réglé d'une manière générale le droit de suite du gagiste. Un seul cas particulier a été prévu et réglementé par la loi : c'est le *droit de suite du bailleur d'immeuble*. Nous nous en occuperons plus loin (nos 2478 et suiv.).

Hors ce cas, on applique les règles que le droit commun formule à propos de la propriété : le créancier gagiste peut invoquer l'art. 2279, pour la possession particulière qu'il a de son gage ; par suite, s'il y a eu perte ou soustraction du gage, il lui est possible d'en recouvrer la possession dans les mêmes conditions qu'un propriétaire pourrait le faire ; *son action durera trois ans,* comme celle du propriétaire, et on pourra lui opposer les mêmes exceptions qu'à la revendication du propriétaire : si la chose est aux mains d'*un tiers de bonne foi,* qui l'a achetée dans une foire ou d'un marchand vendant des choses pareilles, le gagiste ne pourra la reprendre qu'à la condition de rembourser le prix qu'elle aura coûté. Voyez cependant ce qui sera dit sur ce point à propos du bailleur et de son droit de revendication (ci-dessous, n° 2480).

§ 7. — *Obligations réciproques des parties.*

***2440. Obligations du gagiste.** — Le gage n'est pas seulement la constitution d'un droit réel, c'est aussi une *convention créatrice d'obligations*. Le gagiste seul en est tenu, le gage étant un contrat unilatéral. Ses obligations concernent :

1° *La restitution de la chose.* Le gagiste, ayant reçu la chose d'autrui, est personnellement obligé de la rendre quand le terme est arrivé et qu'il a été payé (art. 2082). Son obligation de restituer est donc *conditionnelle,* et il peut repousser la réclamation du propriétaire de la chose engagée, tant que cette condition du paiement n'est pas remplie. C'est ce qui constitue pour lui le *droit de rétention* (ci-dessous, n° 2515).

2° La *conservation de la chose* (art. 2080, al. 1). Il est tenu d'y veiller et de la garder en bon état. S'il y a abus de sa part, il peut être contraint à la *restitution anticipée du gage*.

* **2441. Principe de l'indivisibilité du gage.** — Le caractère conditionnel de la restitution du gage procure au gagiste le bénéfice de l'indivisibilité : il faut que la dette soit *payée*, pour que le débiteur ait le droit de reprendre le gage ; tant qu'elle n'est pas entièrement acquittée, on ne peut pas considérer la condition comme remplie, et le gagiste a le droit de garder la chose.

2442. Rétention après parfait paiement. — Par une disposition particulière, la loi (art. 2082, al. 2) permet au créancier de retenir le gage bien que la dette pour laquelle il lui a été remis soit entièrement acquittée. La loi suppose qu'*après la constitution du gage*, une *seconde créance* est née au profit du créancier contre le même débiteur, et qu'elle est *devenue exigible la première* : la loi autorise le créancier à retenir le gage tant que cette seconde dette n'aura pas été payée, alors même que l'autre serait éteinte. Cette solution est empruntée au droit romain (Const. de Gordien, Loi unique, *Etiam ob chirographariam pecuniam pignus retineri posse*, Code, VIII, 27). Il s'est élevé une controverse pour savoir si la loi donne au créancier un *simple droit de rétention* (Aubry et Rau, § 134, note 4 ; De Loynes, t. I, n° 110), ou un *véritable droit de gage* (Mourlon, Pont). Cette dernière opinion est généralement rejetée, car la loi autorise uniquement le créancier à *ne pas se dessaisir* du gage, ce qui lui donne une simple exception et nullement un droit réel de gage. Cette disposition est véritablement inique, et il eût mieux valu la laisser tomber dans l'oubli. Heureusement elle a fort peu d'applications pratiques ; il n'y a pas d'arrêts sur son sujet.

***2443. Prescription de l'action en restitution du gage.** — Cette action ne commence à se prescrire qu'à compter du paiement, puisque c'est seulement à partir de ce moment qu'elle peut être exercée. Elle dure trente ans (art. 2262).

2444. Créances éventuelles du gagiste. — Le propriétaire de la chose engagée est tenu de rembourser au créancier gagiste les dépenses utiles ou nécessaires qu'il a faites pour la conservation de la chose (art. 2080, al. 2). Le droit romain lui donnait pour cela une *actio pigneratitia contraria*, ce qui faisait attribuer au contrat un caractère *synallagmatique imparfait* (voyez ci-dessus, n° 950).

§ 8. — *De l'exécution du gage.*

* **2445. Origine historique du droit de vendre.** — Si le débiteur ne paie pas, le créancier a le droit de faire vendre le gage et d'obtenir son paiement sur le prix. Il semble que ce droit dérive pour lui, non de sa qualité de *gagiste*, mais de sa qualité de *créancier*, car tout créancier a le droit de vendre les biens de son débiteur. Cependant, historiquement, le droit de vendre du gagiste dérive pour lui du contrat de gage. Sous la législation romaine, les créanciers n'avaient aucun moyen de vendre séparément un des biens de leur débiteur ; les voies d'exécution portaient nécessairement

sur l'ensemble des biens. La constitution d'une chose en gage ne conférait pas par elle-même le droit de la vendre : au temps de Trajan, Javolenus admettait encore que le créancier qui vend la chose engagée commet un vol (*Dig.*, liv. XLVII, tit. 2, fr. 74 [73]) ; mais une convention expresse pouvait lui donner la faculté de vendre, à défaut de paiement à l'échéance. Cet usage se développa, et dès le temps des Sévère, Ulpien considérait cette clause comme sous-entendue (*Dig.*, liv. XIII, tit. 2, fr. 4). C'est de cette façon que le droit de vendre (*jus distrahendi*) s'est en quelque sorte annexé au droit de retenir le gage (*jus possidendi*), qui était primitivement le droit unique du créancier.

L'origine historique de ce droit de vendre dérivé du gage se révèle encore d'une double façon : par la *forme de la vente* et par la *possibilité de prendre le gage en paiement*.

A. — Formes de la vente.

2446. Ancien droit. — Anciennement le créancier pouvait vendre à son gré, *à l'amiable*. L'Ordonnance de 1667 l'obligea à faire d'abord un *commandement* au débiteur, puis à procéder à la vente, *par ministère d'huissier*, au même endroit et dans les mêmes formes que s'il s'agissait de *meubles saisis*. Mais le créancier conserva le droit de se faire dispenser de ces formalités par le constituant (Loyseau, *Déguerpissement*, liv. III, chap. vii, n° 2 ; Pothier, *Nantissement*, n°s 24 et 25 ; *Hypothèque*, n° 216).

*** 2447. Système du Code.** — Le Code s'est montré plus sévère. L'art. 2078, al. 1, *exige la vente aux enchères*, et en outre une formalité préalable : le créancier doit s'adresser au tribunal pour faire ordonner la vente et il doit faire mettre en cause le débiteur, qui a peut-être des moyens de défense à faire valoir [1].

Le détail des formes n'a pas été réglé par la loi. Je crois que le créancier gagiste n'est pas astreint à suivre la procédure de la *saisie-exécution* (saisie mobilière) : il est *dispensé de saisir*, étant *nanti* (Comp. De Loynes, t. I, n° 118). La procédure de la saisie a pour but de mettre les biens du débiteur sous la main de justice et d'empêcher le débiteur d'en disposer, toutes choses qui sont inutiles en matière de gage. Cependant la question est discutée (Pont, *Petits contrats*, t. II, n° 1149 ; Laurent, t. XXVIII, n° 512).

2448. Cas où le créancier a un titre exécutoire. — Le créancier porteur d'un titre exécutoire doit-il se conformer à l'art. 2078 et se faire autoriser par justice à vendre ? Non, disent les uns, car il peut saisir et faire vendre sans avoir besoin de prendre jugement (Laurent, t. XXVIII, n° 518) ; oui, disent les autres, avec plus de raison, car *la vente du gage n'est pas une saisie* ; l'art. 2078 a organisé une protection spéciale pour le débiteur, et tous les créanciers doivent s'y conformer (De Loynes, t. I, n° 132).

2449. Formes spéciales. — Dans deux cas, les formes à employer pour la réalisation du gage sont modifiées :

[1] Le Code allemand (art. 1228), toujours plus simple que le Code français, autorise le créancier à vendre sans autorisation de justice et même sans titre exécutoire, sous la seule condition que la vente se fasse aux enchères (art. 1235 et suiv.), et soit précédée d'une mise en demeure avec délai d'un mois.

1° Valeurs de bourse. — Quand il s'agit de valeurs qui ne peuvent être négociées que par l'intermédiaire d'un agent de change, la vente en Bourse remplace nécessairement la vente aux enchères. Elle est d'ailleurs au moins aussi avantageuse et fixe d'une manière sûre la valeur réelle du gage.

2° Matières commerciales (L. 23 mai 1863). — Cette même loi, qu'on a déjà vue faciliter le gage commercial pour sa *constitution*, en a également facilité la réalisation : la vente se fait par l'intermédiaire des courtiers avec une procédure abrégée (art. 93 C. com.).

2450. Prohibition de la clause de voie parée. — Les formes établies par la loi s'imposent aux parties : on ne peut convenir que le créancier pourra vendre à l'amiable ni qu'il sera dispensé de demander un jugement. Cette clause, jadis permise sous le nom de *voie parée*, est *nulle* (art. 2078, al. 2 ; art. 93 C. com. *in fine*).

2451. Acquisition du gage par le créancier. — Quand le gage est mis en vente, le créancier peut surenchérir lui-même et se le faire adjuger. En le vendant, il agit en son propre nom, et non pas comme représentant ou mandataire du débiteur, et on ne peut lui opposer l'art. 1596, qui interdit aux mandataires, sous peine de nullité, de se rendre adjudicataires des biens qu'ils sont chargés de vendre.

B. — Attribution du gage au créancier.

*** 2452. Dation en paiement par justice.** — Le créancier peut demander au tribunal que le gage lui soit attribué, *après estimation, jusqu'à concurrence de sa dette* (art. 2078, al. 1). Il conserve alors le gage en vertu d'une sorte de *dation en paiement*, et le jugement qui statue sur sa demande opère *un transfert de propriété*. Ce transfert de propriété est pur et simple et s'opère immédiatement.

2453. Option à faire. — Le gage pouvant se réaliser de deux façons différentes, il y a une option à exercer : qui choisira ? On ne peut prétendre que ce sera le *débiteur*, bien que cela ait été soutenu autrefois par Taulier. Quelques auteurs pensent que ce doit être le *tribunal* qui décidera, au mieux des intérêts des parties, si le gage sera vendu aux enchères ou s'il restera au créancier (Colmet de Santerre, t. VIII, n° 304 *bis*, §§ III et IV). C'est mal comprendre la situation : le créancier n'a en principe qu'un seul droit, qui est de vendre son gage. On lui permet en outre, lorsque le gage est à sa convenance, de se le faire attribuer sous le contrôle de la justice ; ceci est une *faculté* pour lui et lui seul doit être juge de son opportunité. Transporter ce droit à la justice serait contraire au texte qui porte formellement que c'est *au créancier* qu'il appartient de faire l'un ou l'autre.

2454. Règlement de la différence. — Il sera rare que le gage et la créance soient exactement de même valeur. Si le créancier n'est pas entièrement désintéressé, il reste créancier pour le surplus, et il n'y a rien à en dire. Si le gage vaut davantage, il devra payer la différence au moyen d'une *soulte*. Il se trouve ainsi, à son tour, débiteur de son ancien débiteur, à qui il est réputé avoir acheté la chose qui lui servait de gage. Par suite, cette créance de la soulte qui appartient à l'ex-débiteur est garantie : 1° par le *privilège du vendeur*, 2° par le *droit de résolution*. Les rôles respectifs des parties sont renversés.

*** 2455. Utilité du gage en numéraire.** — De toutes les observations présentées ci-dessus, il ressort une conclusion : c'est que, puisqu'il y a tant de difficultés à réaliser un gage, le procédé le meilleur est le gage en numéraire ou *dépôt d'un cautionnement,* qui est tout réalisé d'avance et peut être retenu par une simple compensation. Malheureusement, la plupart des débiteurs qui donnent des gages sont des gens besoigneux qui ont conservé quelques objets de valeur, mais qui sont à court d'argent. Le système de gage en numéraire n'est pratique que de la part des personnes solvables qui ont à fournir d'avance une garantie en vue de dettes futures.

C. — Des pactes commissoires.

* **2456. Définition.** — On appelle « pacte commissoire », en matière de gage, la clause qui autorise le créancier à conserver le gage en règlement de la dette, et lui en attribue d'avance la propriété pour le cas de non-paiement.

***2457. Prohibition.** — Déjà prohibé dans l'empire romain (*Code,* liv. VIII, tit. 35, loi 3) et dans notre ancien droit (POTHIER, *Nantissement,* n° 19), le pacte commissoire est encore défendu par nos lois (art. 2078, al. 2). Cette disposition s'étend même au gage commercial et a été maintenue par la loi du 23 mai 1863. La convention prohibée est annulée parce qu'elle est *dangereuse pour le débiteur* et qu'elle cache presque toujours un *prêt usuraire,* la valeur de l'objet donné en gage étant supérieure à la dette garantie (Cass., 4 juin 1894, D. 94. 1. 555).

2458. Comparaison avec les anciennes règles. — Le Code civil est, sur un point, plus sévère que l'ancien droit. Autrefois on autorisait les parties à convenir que le gage resterait au créancier, non pas d'après un prix fixé d'avance, mais d'après une *estimation à faire par experts après l'échéance.* Il semble bien que cette convention, bien qu'elle soit moins dangereuse pour le débiteur, est prohibée par le Code, qui ne fait aucune distinction et qui veut que l'attribution du gage au créancier soit toujours ordonnée par la justice.

En revanche la sévérité avec laquelle la loi réprouve et frappe les pactes commissoires est moindre qu'à l'époque romaine. Autrefois on annulait, avec la « lex commissoria », le contrat de gage lui-même et le créancier perdait sa sûreté (*Code,* liv. VIII, tit 35, loi 3. — POTHIER, *Nantissement,* n° 18). Sous l'empire du Code, *la clause commissoire est effacée,* mais la nullité ne va pas plus loin, et *le créancier conserve son gage.*

2459. Conventions postérieures à la constitution du gage. — La nullité n'atteint les conventions qui attribuent la propriété du gage au créancier qu'autant qu'elles sont *contemporaines de la constitution du gage* : « Toute *clause...* » dit l'art. 2078; cela suppose bien une convention insérée dans le contrat primitif. Il est donc admis, et depuis longtemps, que le gage peut être valablement vendu au créancier par une convention postérieure ; le débiteur, n'étant plus alors sous la dépendance du capitaliste dont il attend un prêt, peut mieux défendre ses intérêts. La Cour de cassation a admis cette solution dès 1855 (Cass., 21 mai 1855, D. 55. 1. 279, S. 56. 1. 45; Cass., 22 mai 1846, D. 56. 1. 171, S. 56. 1. 123). Il faut naturellement que la convention soit sérieuse et qu'elle ne soit pas la simple exécution d'un arrangement conclu dès le moment de la mise en gage. Peut-être conviendrait-il de n'autoriser cet arrangement qu'à partir du jour où le créancier a le droit de réaliser le gage, comme l'a fait le Code allemand (art. 1229).

2460. Fraudes au moyen des ventes à réméré. — Pour tourner la loi qui défend au créancier de s'approprier le gage sans autorisation de justice, on a recours à la vente à réméré. La vente à réméré (art. 1659) est une *opération licite*. Elle transfère immédiatement la propriété à l'acheteur, seulement le vendeur se réserve le droit de la reprendre dans un certain délai en remboursant à l'acheteur le prix et les frais; faute par lui d'user de son droit de rachat dans le délai convenu, la chose vendue demeure acquise à l'acheteur d'une manière définitive. L'acheteur devient donc propriétaire, mais avec une condition résolutoire (l'exercice du rachat) susceptible de défaillir.

Il est facile de comprendre que cette convention peut remplacer un prêt sur gage avec pacte commissoire : une personne qui a besoin de quelque argent pendant quelques années, possède un tableau de maître ou un diamant de grand prix ; au lieu de donner cet objet en gage en empruntant l'argent dont elle a besoin, elle vend son tableau ou son diamant avec faculté de rachat pendant cinq ans (c'est le terme le plus long autorisé pour le réméré). Elle en touche immédiatement le prix et, si elle n'a pas remboursé cette somme dans le délai convenu, cet objet est définitivement perdu pour elle, comme le serait un gage dans le cas de pacte commissoire.

Théoriquement les deux opérations sont différentes: *l'emprunteur sur gage est un débiteur*; on peut le poursuivre, lui réclamer le paiement; d'autre part, il reste provisoirement *propriétaire de la chose* qu'il a donnée en gage; au contraire, *le vendeur à réméré ne doit rien* ; il n'est pas devenu le débiteur de son acheteur, et de plus il a *cessé d'être propriétaire* de la chose vendue. Mais pratiquement les deux opérations se confondent et peuvent rendre les mêmes services. Une seule différence se montre visible : dans le prêt sur gage l'emprunteur doit payer un intérêt annuel depuis le jour du prêt jusqu'à son remboursement; dans la vente à réméré, il n'y a pas d'intérêts à courir pendant la durée du délai : l'acheteur a versé son prix; on le lui rendra en exerçant le rachat, sans intérêts pour l'intervalle. Mais les naïfs seuls s'y tromperont : en prenant livraison de l'objet, le capitaliste se fait donner une quittance pour un chiffre supérieur à la somme qu'il verse : s'il donne 2 000 francs, il sera constaté qu'il en a donné 2 600, et cette majoration lui tiendra lieu d'intérêts, car on sera obligé de lui rendre toute la somme portée dans la quittance.

Le meilleur moyen de s'y reconnaître et de faire la différence est la *qualité d'usurier* chez le prêteur : s'il a l'habitude de se livrer à ce genre d'opérations, on peut être sûr que la prétendue vente à réméré n'est qu'un *contrat pignoratif* (Sur ce contrat, voyez ci-dessus n° 2071). Nos anciens auteurs avaient établi une présomption de fraude fondée sur trois signes : la faculté de rachat, la vileté du prix et la relocation immédiate de la chose au vendeur, qui leur permettaient de découvrir les contrats pignoratifs. Cette habitude a été conservée par la jurisprudence moderne (Limoges, 18 juin 1888, D. 89. 2. 240; Grenoble, 13 nov. 1891, D. 92. 2. 310).

§ 9. — *De l'extinction du gage.*

2461. Énumération. — Le droit de gage s'éteint toutes les fois que la créance elle-même est *éteinte*, mais il faut tenir compte de l'imprescriptibilité indiquée au n° suivant. En outre, le gage peut se perdre par des causes qui lui sont propres, la créance subsistant encore. Ces modes sont : 1° la *remise volontaire*, consentie par le créancier qui restitue le gage ; 2° la *déchéance en cas d'abus* (ci-dessus, n° 2431) ; 3° *la perte de la chose*. Quelques observations suffiront sur cette matière.

2462. Imprescriptibilité dérivant du nantissement. — Tant que le gage demeure aux mains du créancier, sa créance est imprescriptible. On considère que le débiteur qui lui laisse le gage reconnaît, d'une manière permanente, l'existence de la dette (GUILLOUARD, n° 144). S'il en était autrement, on arriverait à ce résultat inadmissible que le débiteur, après la prescription de la dette, pourrait réclamer la restitution de son gage sans offrir de payer ce qu'il devait, alors que le créancier n'a temporisé que pour le ménager.

* **2463. Indivisibilité.** — L'indivisibilité du gage, dont la cause a été indiquée ci dessus (nº 2441), permet au créancier de retenir *en entier* le gage tant qu'il n'est pas *entièrement payé*. Par suite, un paiement partiel n'autorise pas le débiteur ou le tiers qui a fourni le gage à le retirer pour partie des mains du créancier, quand l'objet engagé est divisible (art. 2083, al. 1). Il faut pour cela le consentement du créancier. Chaque partie du gage répond donc de la totalité de la dette, et chaque partie de la dette est garantie par la totalité du gage.

Ces paiements partiels et ce fractionnement de la dette ont lieu surtout quand le créancier ou le débiteur meurt laissant plusieurs héritiers, entre lesquels la créance ou la dette se partage, hypothèse prévue par l'art. 2083, al. 2 et 3.

2464. Effet de la perte de la chose. — Quand la perte est due à une faute du gagiste, il en est responsable. Quand elle est fortuite (ce qui comprend le cas où elle est imputable à un tiers, dont le gagiste n'est point responsable), son gage est perdu. Cependant, il est possible que *le droit de préférence* survive et soit reporté sur certaines *indemnités qui remplacent la chose*. Ce dernier point demande quelques explications ; mais nous retrouverons la question dans les mêmes termes à propos des hypothèques, et c'est là qu'elle sera étudiée (ci-dessous, nos 3439 et suiv.).

§ 10. — *Gage tacite du bailleur d'immeuble.*

** **2465. Origine.** — Une coutume, qui remonte au droit romain, veut que tous les objets apportés par un locataire dans les lieux loués servent de gage au bailleur, et garantissent le paiement des loyers, sans convention particulière. Primitivement, le bailleur d'un « prædium rusticum » se faisait donner pour gage les « invecta et illata » de son « colonus » : « Pignori sunto », portait la formule de ces engagements que Caton nous a conservée dans son *De re rustica* (Maynz, t. I, p. 875). C'est de cet antique usage, généralisé, que dérive l'institution actuelle, réglée par l'art. 2102-1°.

** **2466. Caractère exceptionnel du droit du bailleur.** — Ce n'est pas seulement parce qu'il s'établit *tacitement*, par le seul fait de l'en-

[1] Le bailleur de meubles n'a aucun privilège (Trib. com. Seine, 20 août 1871, D. 73. 3. 40), mais il reste propriétaire des objets qu'il a donnés en location et peut les revendiquer.

trée en possession du preneur, que le gage du bailleur déroge au droit commun : il s'éloigne du gage ordinaire d'une autre façon encore, et bien plus frappante : *il n'exige pas la dépossession du débiteur*. Le locataire ou le fermier conserve entre ses mains les choses qu'il est censé avoir données en gage à son créancier, et le plus souvent il est seul à les surveiller et à les posséder. Voyez ce qui est dit à cet égard au n° 2402 ci-dessus.

Ce caractère exceptionnel du gage tacite du bailleur n'avait pas échappé à nos anciens auteurs : Laurière disait que si les meubles des locataires et fermiers deviennent le gage des propriétaires, c'est qu' « ils sont *en quelque façon réputés* en leur possession » (*Coutume de Paris*, sous l'art. 171).

A. — Personnes possédant ce droit de gage.

* **2467. Différentes sortes de bailleurs.** — La loi accorde le privilège « au bailleur ». En général le bailleur est le *propriétaire* de l'immeuble ; mais ce peut être aussi un *usufruitier,* un *mari* ayant la jouissance des biens de sa femme, un *locataire principal* qui fait une sous-location[1].

Ainsi *quiconque donne à bail pour son propre compte* acquiert le privilège du bailleur : c'est l'effet du contrat ; ce n'est pas la conséquence du droit de propriété.

B. — Objets compris dans le gage.

***2468. Objets garnissant les lieux loués.** — La loi accorde le privilège, c'est-à-dire reconnaît l'existence du gage tacite « sur ce qui garnit » les lieux loués ; elle ajoute : « et sur tout ce qui sert à l'exploitation de la ferme » (art. 2102-1°), ce qui était inutile à dire, car le matériel agricole « garnit » à sa façon les lieux loués.

La loi n'a donné aucune indication sur le sens qu'elle donne au mot « garnir » et il est assez difficile de savoir où s'arrêter ; le mot est vague. La Coutume de Paris était encore plus large : elle donnait privilège au propriétaire d'une maison baillée à loyer « sur les biens étans en icelle » (art. 161). Il y a, en effet, des objets qui se trouvent dans les lieux loués, sans contribuer à les « garnir ». Mais le texte de la Coutume recevait à peu près la même interprétation que celui du Code (Ferrière, *Coutume de Paris*, édit. de 1770, t. I, p. 357). Pothier employait indifféremment les mots « être dans la maison » et « garnir la maison ». Comp. art. 819 C. proc. civ.

On considère comme garnissant la maison ou la ferme tout ce qui sert à son *exploitation*, à sa *commodité* ou à son *agrément* : *meubles meublants* proprement dits, y compris les objets de luxe, comme *tableaux*, *livres*, *collections* de toutes sortes, *argenterie* ; le *linge* et les *vêtements*, ainsi que les *objets servant à l'exercice d'une profession*, à l'exception toutefois des choses insaisissables (art. 592 C. proc. civ.). Ainsi le

[1] Il n'en était pas de même dans l'ancien droit : la Coutume de Paris ne mentionnait que les *propriétaires* (art. 161), et l'on refusait en principe au principal locataire, en cas de sous-location, le droit de saisir-gager. Voyez les explications de Ferrière sous l'art. précité, dans son édition de la Coutume. Le Code de procédure s'est montré plus large et nomme expressément les principaux locataires (art. 819) pour leur permettre la *saisie-gagerie*, qui n'est que le mode d'exercice du droit de gage reconnu aux bailleurs.

matériel agricole du fermier sert de gage au propriétaire. Tous ces objets ont un rapport avec l'habitation.

Au contraire ne sont pas compris dans le gage du bailleur l'*argent comptant*, ni, à plus forte raison, les *titres de créances et valeurs de toutes sortes* qui sont de simples *preuves* sans valeur intrinsèque, tandis que les *droits* constatés par ces titres sont incorporels, et n'occupant aucun lieu dans l'espace, ne peuvent garnir une maison.

Il y a doute pour les *bijoux et pierreries*. Beaucoup d'auteurs ne les croient pas compris dans le gage du propriétaire, mais l'opinion contraire me semble préférable : le Code a suivi la tradition, et Pothier ne faisait d'exception que pour l'argent comptant et les créances (Comp. Dalloz, *Suppl.*, v° Privilèges et hypothèques, n°s 85-86).

2469. Cas où les lieux loués ne contiennent pas de bâtiments. — Bien que le texte suppose qu'il existe des constructions sur la propriété, puisqu'il parle d'une *maison* ou d'une *ferme*, il n'y a pas de raison pour refuser le privilège de l'art. 2102-1° au bailleur d'une *prairie* : il aura pour gage le matériel ou les animaux placés à demeure par le fermier pour l'exploitation des herbages (Cass., 22 mars 1893, D. 94. 1. 129, S. 93. 1. 353) ; mais ce même privilège ne porterait pas sur des animaux qui y seraient introduits accidentellement (même arrêt).

** **2470. Choses n'appartenant pas au locataire.** — Le gage du bailleur est *général* et porte sur tout ce qui est introduit par son locataire dans les lieux loués, à la condition toutefois que ces objets appartiennent à celui-ci. Comme tel est le cas normal, le propriétaire doit croire que son locataire est propriétaire de son mobilier, et s'il se trouve parmi ce mobilier des choses louées, prêtées ou confiées au locataire par des tiers, le propriétaire n'en a pas moins sur elles son droit de gage comme sur le reste : c'est l'effet de sa *bonne foi* et de sa *possession* ; on lui applique, pour la constitution de son droit réel de gage, la même maxime que s'il s'agissait pour lui d'acquérir la propriété : « En fait de meubles, possession vaut titre. » Comp. ci-dessus, n° 2398.

Les tiers n'ont qu'un moyen d'empêcher le gage tacite du bailleur de frapper ces biens qui leur appartiennent : c'est de dénoncer le fait au bailleur, *avant l'entrée desdits objets dans les lieux loués,* car la bonne foi du propriétaire n'est requise qu'au début, au moment où il s'agit pour lui d'acquérir le droit réel ; une fois ce droit établi, il en conserverait le bénéfice, quand bien même il apprendrait la vérité plus tard.

Toutefois il y a des cas où le bailleur est censé connaître d'avance l'existence du droit des tiers et savoir que les objets introduits chez lui ne sont pas à son locataire. Voyez ce qui est dit au n° 2399. Dans ces cas-là les objets apartenant à des tiers sont soustraits au gage du bailleur.

Pour le cas où il s'agirait de choses perdues ou volées, voyez n° 2400.

La bonne foi du bailleur se présume, et c'est à celui qui revendique comme siens des objets déposés dans l'immeuble loué à prouver que le bailleur n'ignorait pas qu'il en était propriétaire (Alger, 31 janv. 1891, S. 91. 2. 136).

2471. Hypothèse d'une sous-location. — Lorsque le locataire principal a fait une sous-location, les meubles du sous-locataire se trouvent doublement grevés du privilège ou gage tacite établi par la loi, sans que la charge en soit pour cela augmentée :

1° Comme débiteur direct du locataire qui lui a sous-baillé une partie des lieux loués, il voit ses meubles grevés du privilège que la loi attribue à tout bailleur (ci-dessus n° 2467);

2° Comme habitant les lieux loués par le bailleur primitif, il peut être atteint par lui pour tout ce dont il se trouve redevable au moment des poursuites envers le sous-bailleur (art. 1753 et ci-dessus n° 1809). Dans la mesure où le bailleur possède une action directe contre le sous-locataire, il vient également comme privilégié à titre de gagiste sur les biens apportés par lui dans l'immeuble. Le Code civil n'en parle pas, mais l'art. 820 C. proc. civ. autorise expressément la saisie-gagerie sur les effets du sous-fermier ou du sous-locataire.

***2472. Privilège du bailleur d'un fonds rural sur la récolte de l'année.** — Outre les objets qui garnissent la ferme, la loi affecte à la garantie du bailleur la récolte de l'année, même quand elle a été engrangée au dehors (art. 2102-1°). Mais ici *ce n'est plus d'un droit de gage qu'il s'agit*; le privilège du bailleur sur la récolte a une autre nature et une autre source (ci-dessous, n° 2621).

***2473. Restriction du gage sur les produits agricoles.** — La loi du 18 juillet 1898 sur les warrants agricoles a apporté une restriction grave aux droits du bailleur considéré comme gagiste.

L'agriculteur peut dans certains cas lui soustraire tout ce qui est *produit du sol* pour l'affecter comme garantie à un autre créancier, et le propriétaire n'a pas toujours le moyen de s'y opposer. Il en résulte que les propriétaires, dont le gage traditionnel devient ainsi fragile, pourront être amenés à exiger de leurs fermiers d'autres garanties et que la loi, qui a voulu favoriser le crédit de l'exploitant pourra l'empêcher de louer la terre aussi facilement qu'auparavant.

C. — Protection du gage.

1° Conservation de la possession.

***2474. Danger d'une soustraction frauduleuse.** — Le bailleur est un gagiste, mais qui ne possède son gage que d'une manière très imparfaite; en réalité son débiteur est resté en possession du gage, et peut facilement le lui soustraire. Dans les villes, où les maisons ont ordinairement un concierge, le propriétaire a sur les lieux mêmes un représentant qui peut lui maintenir la possession effective du gage en s'opposant à l'enlèvement du mobilier; mais dans les maisons qui n'ont pas de concierge, dans celles qui sont louées en entier à un locataire unique, et surtout dans les fermes et autres propriétés rurales, le propriétaire court un réel danger : rien n'est plus facile que de partir sans le prévenir et sans payer. Un nombre plus grand qu'on ne croit de personnes malhonnêtes vivent ainsi aux dépens des propriétaires et sans jamais payer de loyers : ce sont les *professionnels du déménagement à la cloche de bois*, contre lesquels les syndicats de propriétaires essaient vainement de prémunir leurs adhérents.

2475. Saisie-gagerie. — Le propriétaire a à son service une saisie spéciale, appelée *saisie-gagerie* (art. 819 à 825 C. proc. civ.). Cette saisie est ancienne dans notre droit (*Coutume de Paris*, art. 161). Elle se fait d'une manière assez rapide : *un jour après le commandement* et sans permission du juge; il est même possible de se faire autoriser sur requête, par le président du tribunal, à « faire saisir-gager à l'instant » (art. 819 C. proc. civ.).

2476. Insuffisance de protection légale. — La loi n'a organisé aucun autre moyen de garantir la créance de loyers. Or la saisie n'est possible qu'autant qu'il y a des loyers échus. Quand le dernier terme est encore courant, et que le fermier ou locataire veut déménager, le propriétaire est désarmé. Jadis à Paris et dans quelques villes, les commissaires et agents de police pouvaient être requis pour s'opposer au déménagement d'un locataire qui partait sans payer; mais un ministre, jugeant que c'était mettre abusivement la force publique au service des particuliers, invita ses subordonnés à cesser cet usage. Aujourd'hui les agents n'interviennent plus qu'autant qu'il y a rixe entre le concierge et le locataire ; tout moyen légal de protection immédiate fait défaut contre un acte qui est un véritable vol de gage[1]. La saisie-gagerie échoue souvent devant l'habileté du locataire qui réussit à cacher les objets qu'il a détournés. Voyez comme exemple Cass., 28 janv. 1895, S. 95. 1. 188. Pour se couvrir contre l'insuffisance des garanties légales qui leur sont accordées, les propriétaires n'ont encore rien trouvé de mieux que de se faire payer d'avance un ou deux termes de loyer.

* **2477. Faculté d'enlèvement.** — Le locataire a cependant droit d'enlever une partie des objets apportés par lui pour garnir les lieux loués ; il a le droit de le faire tant qu'il reste une quantité suffisante de choses saisissables pour garantir le propriétaire. Comp. n° 2480-2°.

Dans certains cas cette faculté lui est nécessairement reconnue par le bail : c'est lorsqu'il s'agit de locaux loués à un commerçant. Les *marchandises* emmagasinées par lui sont destinées à être vendues et par suite emportées ou expédiées ; mais cette faculté suppose que les marchandises sorties seront remplacées par d'autres. Quand le locataire *liquide*, c'est-à-dire vend tout ce qu'il possède sans faire d'achats nouveaux, le propriétaire a le droit de réclamer d'autres garanties. On lui permet notamment de faire nommer un *séquestre* qui encaissera à son profit les recettes jusqu'à concurrence du montant des loyers (Paris, 15 avril 1885, D. 86. 2. 127, S. 87. 2. 183 ; Paris, 21 avril 1886, D. 87. 2. 52, D. 87. 2. 203).

2° Revendication des meubles enlevés.

* **2478. Fondement du droit de suite reconnu au bailleur.** — Le bailleur est le seul gagiste dont la loi se soit occupée pour régler son droit de suite. Voici comment elle l'a fait. Il est permis au bailleur de reprendre *entre les mains des tiers, même de bonne foi*, des meubles compris dans son gage, et qui auraient été *enlevés sans son consentement* (art. 2102-1°, al. 5). La loi dit que le bailleur peut les « revendiquer » ; ce qu'elle entend par là c'est *l'action réelle du gage* qui s'exerce alors sous une forme particulière, la *saisie-revendication* (art. 826 C. proc. civ.). Comp. Coutume de Paris, art. 171 : « Les propriétaires peuvent *suivre* les biens de leurs locatifs ou fermiers exécutez, encore qu'ils soient transportez... ». Cette revendication du gage est l'équivalent de ce qu'est la véritable revendication pour le propriétaire.

* **2479. Durée de l'action.** — Le droit du bailleur est borné dans un temps beaucoup plus court que celui du propriétaire ; la loi qui donne trois ans au propriétaire dans les cas où la revendication lui est ouverte (art. 2279), n'accorde au bailleur que 15 ou 40 jours, selon qu'il s'agit d'un *bien urbain* ou d'un *bien rural* ; le délai est plus long dans ce dernier cas parce que le propriétaire est supposé n'être pas sur les lieux, ce qui rend pour lui la surveillance plus difficile. La loi n'a pas dit quel serait le point de départ du délai ; elle a sous-entendu que ce serait le jour de l'enlèvement. Si

[1] S'il est difficile d'organiser une protection sérieuse pour les propriétaires désarmés en fait, on pourrait faire intervenir la loi pénale : la soustraction frauduleuse de gage pourrait être assimilée à l'abus de confiance et soumise aux peines de l'art. 408 C. pén. C'est ce qu'a fait la loi du 18 juillet 1898, art. 13, pour les produits agricoles engagés à un porteur de warrants.

on avait voulu le faire courir seulement du jour où le propriétaire a connaissance du fait, il n'y avait pas de raisons pour établir deux délais de durée différente.

2480. Exceptions opposables au bailleur. — Le bailleur qui exerce son droit de suite ne peut pas être arrêté par une exception tirée simplement de la *bonne foi* du tiers possesseur. On considère en effet le preneur qui enlève certains objets des lieux loués à l'insu du bailleur comme se rendant coupable d'un *vol de gage*, et traditionnellement on accorde l'action au bailleur dépossédé même contre des tiers de bonne foi, à raison du caractère de la chose qui devient *furtive*.

Cependant, si le bailleur se trouve en présence d'un tiers de bonne foi qui a acheté la chose enlevée sur un *marché* ou dans une *foire* ou *chez un marchand vendant des choses pareilles*, on l'oblige *à indemniser ce tiers en lui remboursant le prix d'achat*, quand il veut reprendre la chose (L. 11 juillet 1892, ajoutant un alinéa à l'art. 2180)[1].

En outre le bailleur peut être arrêté par deux exceptions qui lui sont spéciales :

1° On peut le considérer comme ayant tacitement consenti à l'enlèvement de certaines choses ; par exemple, les marchandises d'un commerçant, qui sont destinées à être vendues.

2° S'il reste dans les lieux loués assez de meubles pour le garantir, le bailleur devra être considéré comme n'ayant pas d'intérêt à poursuivre les choses enlevées (arg. art. 1752). En ce sens Lyon, 28 mai 1891, D. 93. 2. 210 ; Besançon, 21 mai 1897, D. 98. 2. 127.

D. — Créances garanties par le gage.

* **2481. Énumération.** — Le gage ne garantit pas seulement le *paiement des loyers,* mais aussi tout ce qui pourra être dû au propriétaire en vertu du bail, ou, comme le dit la loi, « tout ce qui concerne l'exécution du bail » (art. 2102-1°, al. 3) ; elle nomme spécialement les *réparations locatives*. Il en est de même de tous dommages et intérêts que le bailleur peut avoir à réclamer à son locataire, soit à raison de dégâts causés dans les lieux loués, soit à raison d'un défaut de restitution (Paris, 2 août 1897, D. 98. 2. 141 ; Toulouse, 27 mai 1890, D. 93. 1. 54, S. 90. 2. 173).

Mais le privilège ne garantit pas les créances que le bailleur peut avoir contre le preneur comme provenant d'une cause autre que le bail, par exemple les prêts d'argent qu'il lui aurait faits. Toutefois un prêt pourrait se trouver garanti par le privilège, s'il se rattachait directement à la convention de bail, par exemple s'il s'agissait d'avances faites au fermier pour le mettre à même d'exécuter certains travaux d'améliorations que le contrat met à sa charge (Poitiers, 18 déc. 1890, D. 92. 2. 377, S. 91. 2. 101).

E. — Nombre d'années de loyer garanties par le gage.

** **2482. Situation du bailleur d'après le droit commun.** — Le

[1] Avant 1892, il y avait controverse sur ce point. Il semblait naturel d'appliquer au bailleur par analogie l'art. 2280 qui impose cette obligation au propriétaire d'un meuble perdu ou volé. Cependant la jurisprudence se prononçait en sens contraire (Cass., 10 juill. 1889, D. 90. 1. 392, S. 89. 1. 424). Cette jurisprudence rendait fort difficiles sur les marchés les ventes de bestiaux appartenant à des fermiers : les acheteurs craignaient la revendication du bailleur. Une loi du 11 juillet 1892 a ajouté un alinéa à l'art. 2280 pour imposer au bailleur, qui revendique la chose, la condition de remboursement du prix. — On eût bien fait de le décider en termes généraux pour tout gagiste, quel qu'il soit.

bailleur a le droit d'exiger non seulement tous les termes de loyers ou de fermage *échus et non payés,* mais aussi *tous les termes à échoir* : son débiteur devenu insolvable est en effet déchu du bénéfice du terme qui lui avait été accordé (art. 1188). Or le bailleur, muni de son privilège, est un créancier très redoutable pour les autres, car c'est lui qui a, ou peu s'en faut, le premier rang entre tous (ci-dessous nos 2625-2626). Si on lui permet de réclamer ainsi, *par préférence et sans délai,* tout ce qui peut lui être dû dans le passé et dans l'avenir, pour toute la durée du bail, très souvent il absorbera tout l'actif mobilier à lui seul : il peut y avoir 5 années d'arriéré non prescrites (art. 2277), et 10, 20, 30 années de bail à courir. Cette accumulation des loyers échus et à échoir peut former une créance considérable.

***2483. Dangers de fraudes.** — Des collusions sont en outre à craindre entre le bailleur et son locataire au détriment des autres créanciers. Le moyen de fraude consiste à remplacer le bail primitif par un autre bail, frauduleux et fictif, destiné à grossir la créance du bailleur. On peut y arriver de plusieurs façons.

1° *En reculant dans le passé la date de l'entrée en jouissance.* — Fraude en elle-même peu dangereuse, car l'arriéré non prescrit ne peut pas dépasser cinq ans, et la date vraie de l'entrée en jouissance est relativement facile à prouver, par les témoignages des voisins ou par diverses circonstances.

2° *En élevant le chiffre des loyers.* — Mais il ne faut pas que cette élévation soit trop forte ; elle trahirait la fraude.

3° *En prolongeant dans l'avenir la durée du bail.* — Cette fraude est la plus à craindre, car elle permet une extension indéfinie de la somme due et il est à peu près impossible aux tiers de la surprendre et de la prouver.

4° *En supprimant les quittances des loyers déjà payés,* ce qui permet au bailleur de se faire payer une seconde fois.

***2484. Système du Code civil.** — Qu'avait fait le Code civil pour parer à ces dangers ? Il avait simplement exigé que le bail eût *date certaine avant la faillite ou la déconfiture du locataire* (art. 2102-1°) et distingué en conséquence deux hypothèses :

1° Le bail a date certaine. — La loi le considère alors comme sérieux et permet au bailleur d'exercer ses droits dans toute leur étendue ; il a son privilège pour toutes les années échues, et pour toutes les années à échoir.

2° Le bail n'a pas date certaine. — Alors il est suspect ; on peut craindre qu'il n'ait été fabriqué pour frustrer les autres créanciers, et, en conséquence, *le Code restreint le privilège* : le bailleur ne peut plus réclamer par privilège au delà de l'année courante, qu'une seule année dans l'avenir[1]. L'*année courante* n'est pas l'année du calendrier, c'est l'*année du bail* dans laquelle se place la faillite ou la déconfiture : on compte ces années à partir de l'entrée en jouissance.

* **2485. Insuffisance des dispositions de la loi.** — Le Code a été trop généreux pour le bailleur : 1° en lui laissant toujours son privilège pour cinq années d'arriéré ; 2° en lui permettant de réclamer tous les loyers à échoir, par cela seul que son bail a date certaine, ce qui arrive presque toujours, tous les baux importants étant enregistrés. La hausse des loyers dans les grandes villes, la pratique assez fréquente des baux de longue durée, montrèrent la réalité du danger. Un exemple entre cent : la Cie *du Factage parisien* avait loué un immeuble pour trente ans moyennant 55 000 francs de loyer ; trois ans après, elle fit faillite, et le propriétaire réclama 1 650 000 francs de loyers.

La disposition du Code est d'autant plus étrange que sous la coutume de Paris, il était « bien établi dans l'usage » que le propriétaire ne pouvait réclamer que *trois termes ou quartiers* (Laurière, *Coutume de Paris*, sous l'art. 163, t. II, p. 131).

2486. Restrictions tentées en pratique. — On proposa divers moyens pour réduire les droits du bailleur. La plupart étaient inadmissibles. Voyez notamment Rouen, 23 déc. 1864, D. 65. 2. 162, S. 65. 1. 201. Un seul procédé était exact : c'était de considérer la créance du bailleur pour les loyers futurs, non comme une créance à terme, mais comme une *créance conditionnelle* ; ces loyers lui seront dus *s'il procure* au locataire la jouissance des lieux loués, et seulement à cette condition, qui peut fort bien ne pas se réaliser, par exemple au cas d'incendie ou d'expropriation. En effet, si l'art. 1188 établit une déchéance du terme contre le débiteur déconfit, cette exigibilité immédiate ne s'applique pas aux créances conditionnelles. Mais la Cour de cassation rejeta cette idée (16 févr. 1870, D. 70. 1. 261, S. 70. 1. 318). Le bailleur fut ainsi maintenu en possession du droit d'exiger immédiatement un nombre indéfini d'années de loyer, sans avoir même à déduire l'*interusurium*.

***2487. Réforme de 1872.** — Un projet avait été préparé dès 1867 ; il est devenu la loi du 20 février 1872 modifiant les art. 450 et 550 C. com. Loi très compliquée, et une des plus difficiles à expliquer que nous ait imposées le législateur moderne[2]. Je n'en donnerai pas le commentaire complet, qui appartient au droit commercial ; mais il importe de voir dans quelle mesure elle a corrigé le Code civil, parce que *son système a été étendu aux baux ruraux* par la loi du 19 février 1889.

[1] La rédaction de l'art. 2102-1° a fait naître à cet égard quelque doute : la loi restreint le privilège pour l'avenir sans rien dire du passé. On en a quelquefois conclu que le bailleur n'était pas privilégié pour les années échues (Valette, n° 63). Mais si le silence du Code était suffisant pour supprimer le privilège dans le passé, il faudrait le refuser au bailleur même pour l'année courante ; car le texte ne parle que de l'année à venir. Ce serait une absurdité : les termes de loyers ne seraient privilégiés qu'autant qu'ils ne seraient pas échus. Voici la véritable explication : la phrase finale de l'art. 2102-1° est un *texte limitatif* qui, pour les baux n'ayant pas date certaine, réduit le privilège concédé en termes généraux aux « loyers et fermages » par le commencement du texte, de sorte que le privilège est implicitement maintenu pour tout le passé, par cela seul que la loi ne l'a pas limité de ce côté.

[2] La loi de 1872 n'est applicable qu'*aux commerçants en faillite*, et *aux locaux affectés au commerce* ; elle ne s'étend pas à *l'habitation personnelle* du failli, quand celle-ci fait l'objet d'un *bail distinct*.

Il faut savoir d'abord que la distinction des baux à date certaine ou sans date certaine était inapplicable aux commerçants à cause de l'art. 109. C. com., qui autorise la preuve des contrats même par témoins : on peut par ce moyen en prouver la date aussi bien que l'existence. C'est ce qui rendait une réforme plus nécessaire pour le commerce puisque le bailleur avait toujours droit au plus favorable des deux régimes établis par le Code, comme si son bail avait toujours date certaine.

Voici maintenant quel est le système établi pour la faillite des commerçants : *il n'y a plus à distinguer* si le bail est authentique ou non, s'il est enregistré ou non ; le privilège ne peut jamais être exercé que pour *quatre années au plus* savoir deux années d'arriéré, l'année en cours au moment de la faillite, et une année dans l'avenir[1]. Au moment où l'année en cours s'achève, elle compte comme année d'arriéré et la plus ancienne des deux autres cesse d'être privilégiée, le nombre des années échues ne pouvant jamais dépasser deux.

*** 2488. Réforme de 1889.** — Le système du Code civil, qui avait déjà subi une restriction importante en 1872, quand on lui a soustrait presque tous les locaux loués à des commerçants tombés en faillite, a reçu une atteinte beaucoup plus grave par le fait de la loi du 19 février 1889, qui régit actuellement *toutes les locations de biens ruraux*. Cette loi est le résidu d'un projet considérable, qui tendait à l'organisation du crédit agricole mobilier : pour donner plus de crédit aux fermiers, on a réduit le privilège du bailleur, et le système qu'on a employé est très simple ; c'est une nouvelle application des règles établies en 1872 pour le cas de faillite : le bailleur d'un fonds rural n'a plus privilège que pour deux années échues, l'année courante et une année à venir.

Ainsi le Code civil ne s'applique plus qu'aux locations de *maisons d'habitation* sises dans les villes, ou même à la campagne[2] quand il ne s'agit pas *d'exploitations agricoles*, et encore faut-il que cette location soit faite à un non-commerçant ou, si le locataire est commerçant, que le bail de son habitation soit distinct du bail des locaux affectés à son commerce.

F. — Cessation du gage.

2489. Effet de l'aliénation de l'immeuble. — Le bailleur est un gagiste, qui possède indirectement le mobilier de son locataire parce qu'il

[1] Et encore le propriétaire est-il privé du droit d'exiger immédiatement les loyers non échus lorsque le bail n'est pas résilié et que les locaux restent suffisamment garnis pour le garantir (art. 550 C. com.).

[2] Qu'est-ce au juste qu'un *fonds rural* ? La loi du 19 février 1889 le mentionne sans le définir. Il ne paraît pas qu'il se soit élevé jusqu'ici de difficultés sur ce sujet. J'estime que c'est l'*exploitation agricole* qui le caractérise, et non *la situation dans une commune rurale*. Ainsi un château, une maison bourgeoise, ou même une maisonnette louée à un ouvrier ou artisan, resteraient soumis au régime du Code civil, quand bien même ils seraient situés en pleine campagne.

possède son propre immeuble, dans lequel ce mobilier est contenu. Il suit de là que, lorsqu'il aliène sa propriété, il cesse d'être privilégié pour les loyers en retard qui peuvent lui être dus, parce qu'il a cessé de posséder son gage (Cass., 14 déc. 1892, D. 94. 1. 265, S. 93. 1. 169).

La même règle s'appliquerait à un locataire principal dans ses rapports avec les sous-locataires, lorsque le bail principal est expiré ou résilié.

Sur la possibilité pour le propriétaire qui aliène son immeuble de se réserver son droit de gage par une clause expresse, le nouveau propriétaire devant dès lors le détenir pour son compte, voyez Thézard, n° 336.

CHAPITRE IV

DE L'ANTICHRÈSE

§ 1. — *Antichrèse proprement dite.*

*** 2490. Définition.** — L'antichrèse est un contrat par lequel *un débiteur transfère à son créancier la possession de son immeuble, pour qu'il en perçoive les fruits ou revenus, à la charge de les imputer sur ce qui lui est dû, jusqu'à parfait paiement.*

Ce contrat reçoit actuellement fort peu d'emplois pratiques ; aussi serons-nous bref à son égard.

A. — Histoire.

2491. Son origine. — L'antichrèse est un contrat d'origine grecque, analogue au gage. Il est rarement mentionné dans les textes anciens [1].

2492. Sa prohibition par le droit canonique. — Dans notre ancien droit, l'antichrèse fonctionnait sous le nom de *mort-gage* (Laurière, *Coutume de Paris*, t. I, p. 272). Elle était condamnée comme usuraire par les canonistes, parce qu'elle permettait au prêteur d'argent de percevoir des intérêts sous forme de fruits. Les créanciers, intimidés par les censures de l'Église, n'osaient plus la pratiquer, et quand ils se faisaient donner des terres en gage, on convenait que les fruits seraient imputés sur le capital [2]. On eut ainsi le *vif-gage*, qui s'acquittait lui-même par ses fruits ou *issues*, puisque le capital dû diminuait chaque année. Dans les deux derniers siècles de l'ancien droit, le mort-gage n'était permis que dans un petit nombre de cas, par exemple dans les constitutions de dot, mais sévèrement prohibé dans le prêt d'argent, où il eût remplacé l'usure.

[1] Marcien : « Si ἀντίχρησις facta sit, et in fundum aut in ædes aliquis inducatur, eo usque retinet possessionem pignoris loco donec illi pecunia solvatur, cum in usuras fructus percipiat... » (*Dig.*, liv. XX, tit. 1, fr. 11, § 1). — L'étymologie est *χρῆσις, usage ; ἀντί, à la place de.*

[2] La disparition du gage immobilier en France doit être attribuée à l'influence canonique, qui y a été très puissante, tandis qu'elle a été plus faible en Allemagne où le gage immobilier s'est conservé. Dès l'an 829, un concile tenu à Paris le défendit, mais sa défense ne fut pas observée. L'acte décisif fut une décrétale d'Alexandre III (pape de 1159 à 1181), qui interdit le mort-gage. Au début du XIIIe siècle on voit que cette prohibition était connue : un acte de Saint-Victor de Marseille porte

2493. Son rôle au XVIIIe siècle. — Devenue rare, l'antichrèse cessa d'être comprise ; au dire de Loysel, au XVIIe siècle, on s'y perdait tout à fait [1]. Au XVIIIe siècle, l'étude des lois romaines avait ramené la lumière. On comprenait l'antichrèse comme une *simple convention relative aux revenus*, et on la distinguait nettement du nantissement. Pour Pothier, elle a « quelque affinité » avec le nantissement, parce qu'elle suppose la possession de la chose et le droit de la retenir ; mais elle en diffère en ce que le créancier antichrésiste n'a pas le droit de vendre et n'a aucun privilège sur le prix (*Hypothèque*, n°s 231 et 232).

Alors la situation était très claire, il y avait deux formes de sûretés réelles : le gage pour les meubles, l'hypothèque pour les immeubles. Quant à l'antichrèse, elle servait seulement à assurer le service des intérêts de la dette dans les cas où un créancier de somme d'argent pouvait en toucher sans commettre le délit d'usure ; mais il n'en résultait aucun privilège sur le prix de l'immeuble [2].

2494. Son maintien en 1804. — Arrive le Code ; le projet ne parlait pas de l'antichrèse, qui paraissait peu utile ; on la maintint cependant sur les réclamations de quelques tribunaux d'appel du Midi, Bordeaux, Aix, Nîmes, Grenoble, Lyon.

B. — Réglementation actuelle.

2495. Objet de l'antichrèse. — L'antichrèse ne peut porter que sur les *immeubles*, mais la propriété n'est pas le seul droit qui permette de l'établir ; l'*emphytéose* le permet également (Cass., 29 août 1865, D. 65. 1. 331, S. 65. 1. 433).

L'antichrèse n'est pas un gage immobilier ; ou du moins elle n'est que la *mise en gage des revenus*. La façon dont la loi (art. 2071 et 2072) présente l'antichrèse comme une sûreté semblable au gage et n'en différant que par la nature immobilière de son objet est donc peu exacte.

2496. Garantie indirecte du capital. — Toutefois, si l'immeuble donné en antichrèse n'est pas affecté au paiement du principal de la dette, le créancier a un moyen indirect de se le faire payer : c'est le *droit de rétention*. Il peut refuser de restituer l'immeuble tant qu'il n'est pas payé, et ce droit de rétention est *indivisible* comme celui du gagiste, car l'art. 2087 porte : « le débiteur ne peut, *avant l'entier acquittement de la dette*, réclamer la jouissance de l'immeuble... » Adde art. 2090. Le créancier possède ainsi un moyen de contrainte très énergique.

***2497. Formes de l'antichrèse.** — Ce contrat « ne s'établit que par écrit » (art. 2085, al. 1). L'antichrèse n'est cependant pas un contrat solennel ; la loi n'exige l'écrit qu'à titre de preuve. On a surtout voulu exclure la preuve testimoniale au-dessous de 150 francs (Fenet, t. XV, p. 211). L'antichrèse pourrait donc se prouver par l'aveu et le serment.

La rédaction d'un écrit est devenue doublement nécessaire, depuis que la loi du 23 mars 1855 a soumis l'antichrèse à la *transcription* : on ne peut transcrire une convention verbale.

De plus l'antichrèse, étant une variété du *nantissement*, suppose la *remise de la chose* comme élément essentiel de son existence. Il n'y a pas antichrèse si le débiteur se réserve de toucher lui-même les revenus pour les remettre au créancier (Rouen, 29 nov. 1893, *Recueil de Rouen*, 1894, 98).

***2498. Droit du créancier sur les revenus.** — L'antichrèse est un *échange de revenus* : à la place des intérêts du capital qu'il a fourni, l'antichrésiste se fait céder

renonciation à la décrétale ; plus tard les officialités la firent observer, et Beaumanoir considère le mort-gage comme usuraire. Comp. Peltier, thèse, Paris, 1893, p. 195-201.

[1] « Nos praticiens regardent les morts et les vifs-gages comme des antiquailles... et, négligeant les premiers principes, ils font des fautes inexcusables » (*Institutes coutumières*, n° 484).

[2] « Ce qui ne s'étend pas [la préférence du gagiste] aux immeubles, *dont la possession ne donne pas de préférence* aux autres créanciers, si on ne l'a d'ailleurs » (Domat, *Loix civiles*, liv. III, tit. I, sect. 5, principium).

les produits de l'immeuble[1]. Anciennement cette délégation des revenus se faisait *à forfait*, et le Code (art. 2089) avait conservé la possibilité de ce forfait ; mais la loi du 3 septembre 1807 l'a supprimée en matière de prêt : l'intérêt de l'argent prêté étant limité par la loi, le créancier antichrésiste est comptable des revenus, qu'il doit imputer sur les intérêts de la créance et subsidiairement sur le capital, afin de ne pas toucher un intérêt usuraire. Sur les cas où l'intérêt peut dépasser le taux légal, voyez ci-dessus, nos 2078 et 2079.

L'antichrésiste n'est pas obligé de conserver la jouissance en nature ; il a le droit de louer l'immeuble. Sur les impôts et autres charges qu'il doit supporter, voyez l'art. 2086.

2499. Droit de vendre. — L'art. 2088 reconnaît au créancier antichrésiste le droit de vendre[2]. Il est d'ailleurs obligé de suivre « les voies légales », c'est-à-dire les formalités de la saisie immobilière, et toute clause qui tendrait à l'en dispenser par *voie parée* serait nulle (art. 2088 et L. 2 juin 1841. — Aubry et Rau, § 438, notes 6 et 7). Cet article ne confère donc aucun avantage particulier au créancier antichrésiste ; ce n'est qu'une application du droit commun.

Le créancier n'a pas même le droit [qui appartient au gagiste] de faire ordonner par justice que l'immeuble lui demeurera en paiement jusqu'à due concurrence : l'art. 2078 n'est pas applicable à l'antichrèse. L'opinion contraire, soutenue par Malleville (t. IV, p. 172), est unanimement condamnée.

2500. Droit de préférence sur le prix. — D'après la doctrine, le créancier antichrésiste n'aurait aucun droit de préférence sur le prix ; tout son droit se borne à *retenir* l'immeuble. Telle est la *tradition certaine de notre droit* (voyez les citations de Domat et de Pothier, rapportées plus haut n° 2493). Cependant plusieurs arrêts ont admis l'existence du droit de préférence (voyez notamment Cass., 29 août 1865, D. 65. 1. 329, S. 65. 1. 433. Comp. Paris, 2 août 1871 et Cass., 24 janv. 1872, cités ci-dessous, n° 2502). Cette jurisprudence manque absolument de base. Elle équivaut à la résurrection du gage immobilier, contrairement à tous nos textes.

2501. Effet contre les tiers. — Le droit de l'antichrésiste est certainement *opposable aux tiers*, et notamment aux autres créanciers du débiteur. La preuve s'en tire de l'art. 446 C. com. qui annule dans certains cas les constitutions d'antichrèse qui pourraient nuire aux autres créanciers du failli, et de la loi du 23 mars 1855 qui soumet l'antichrèse à la transcription dans l'intérêt des tiers. Il faut aller plus loin et reconnaître franchement à l'antichrèse le caractère de *droit réel*. C'est la tradition[3], et beaucoup d'auteurs modernes l'admettent (Guillouard, *Nantissement*, nos 242-243, et les arrêts et autorités cités par lui p. 246, note 2). Cependant la question est encore controversée ; controverse dépourvue d'intérêt pratique, toutes les solutions de détail étant les mêmes dans les deux systèmes.

2502. Conflit de l'antichrèse avec les hypothèques. — Quand il existe des hypothèques sur l'immeuble donné en antichrèse, la préférence entre les divers créanciers se règle *d'après les dates d'inscription ou de transcription*. Si une hypothèque prend rang à une date antérieure à la transcription de l'antichrèse, le créancier hypothécaire pourra faire vendre l'immeuble comme franc, l'antichrèse ne lui étant pas opposable

[1] D'après l'article 2085, qui donne la définition de l'antichrèse, ce serait là tout le bénéfice du contrat : « Le créancier *n'acquiert* par ce contrat *que* la faculté de percevoir les fruits de l'immeuble... ». Mais on verra que la jurisprudence moderne lui octroie un avantage beaucoup plus considérable : le droit de préférence (ci-dessous, n° 2500).

[2] Selon la doctrine, le créancier aurait tout à perdre à user de cette permission ; s'il est vrai qu'il n'a que le droit de retenir l'immeuble sans avoir de préférence à exercer sur le prix, il doit s'abstenir de vendre, car le jour où il met l'immeuble en vente, il s'engage à le livrer. La vente ne pourrait donc être utilement poursuivie que par le créancier qui aurait le droit de préférence à un autre titre, comme créancier privilégié ou hypothécaire.

[3] Pothier : « Ce droit est *un droit dans la chose*, aussi bien que le droit d'hypothèque » (*Hypothèque*, n° 231). « Il naît de ce droit *une action réelle* qu'a le créancier qui aurait perdu la possession pour se la faire remettre » (*Ibid.*, n° 236).

(Paris, 2 août 1871, D. 71. 2. 193; Cass., 24 janv. 1872, D. 73. 1. 353, S. 72. 1. 21; Paris, 12 janv. 1895, D. 96. 2. 57, S. 98. 2. 283). Si l'hypothèque est postérieure, le créancier hypothécaire ne peut faire vendre l'immeuble qu'à la condition d'acquitter intégralement la dette pour laquelle l'antichrèse a été constituée (Cass., 31 mars 1851, Dalloz, *Répert.*, v° Nantissement, n° 241. S. 51. 1. 305).

Sur le cas où il y a à la fois des hypothèques antérieures et des hypothèques postérieures en rang, voyez Camouilly, *Revue critique*, 1851, t. I, p. 316 et thèse Lobut, Paris, 1897, p. 224-225.

2503. Conflit avec un tiers acquéreur. — L'antichrèse ne met pas obstacle à la vente volontaire ou judiciaire de l'immeuble, mais l'acquéreur ne peut entrer en possession qu'à la condition de désintéresser intégralement le créancier antichrésiste. Par suite, les créanciers qui veulent faire vendre l'immeuble sont obligés d'insérer dans le cahier des charges une clause particulière, l'adjudication n'étant possible qu'autant que le prix sera suffisant pour éteindre la dette ainsi garantie.

Mais si on suppose l'aliénation faite et *transcrite* avant la transcription de l'antichrèse, l'antichrésiste n'a aucun droit à faire valoir contre l'acquéreur.

2504. Imprescriptibilité de la créance. — Comme le gage, l'antichrèse rend imprescriptible la créance qu'elle garantit. Ce point est cependant contesté (Colmet de Santerre, t. VIII, n° 321, § II), mais la jurisprudence l'admet. Il y en a un exemple célèbre en Piémont : des revenus seigneuriaux avaient été cédés en antichrèse en 1613, comme garantie d'une dot qui ne fut jamais payée ; après la suppression des droits féodaux, les descendants du créancier réclamèrent le paiement de la dot et leur réclamation fut admise (Cass., 27 mai 1812, S. 13. 1. 85, S. chr. 2. 2. 157, D. 11. 255).

2505. Inconvénients de l'antichrèse. — L'antichrèse est une garantie énergique pour le créancier, mais qui a le tort d'entraîner la *dépossession du débiteur*. Cette condition la rend impossible quand il s'agit d'un fonds rural que le débiteur exploite par lui-même. Ce qui a fait dire à quelques auteurs que « l'antichrèse n'est pas un contrat de peuple civilisé » (Pougeard, *Explication sur le projet de réforme hypothécaire* ; Troplong, *Nantissement*, préface).

Elle a encore un autre inconvénient : *elle gêne la circulation des biens*. En effet, c'est un *droit réel de jouissance* analogue à l'usufruit, et non une sûreté ordinaire comparable à une hypothèque. Par suite, *elle n'est pas susceptible d'être purgée*. Quand l'immeuble est vendu, l'acquéreur est obligé de subir l'exercice de l'antichrèse, aussi bien que l'ancien propriétaire du fonds. La mutation de propriété ne modifie pas la situation de l'antichrésiste, tandis que, s'il s'agissait d'une hypothèque, l'acquéreur pourrait affranchir son immeuble au moyen de la purge. Pour éteindre l'antichrèse, il faut : 1° *rembourser intégralement le créancier*, 2° *attendre que le terme soit échu*, quand il a été stipulé dans l'intérêt du créancier. Double avantage pour lui, et si considérable qu'on s'explique difficilement pourquoi les créanciers hypothécaires ne se font pas en même temps consentir une antichrèse pour se mettre à l'abri de la purge, qui brise leurs hypothèques avant terme et ne leur procure souvent qu'un paiement partiel (ci-dessus, n° 3275).

2506. Emploi actuel de l'antichrèse. — L'antichrèse est rare ; les notaires ne la conseillent guère ; mais il paraît que, dans les environs de Paris, ce contrat qu'on croyait mort a reçu des applications nombreuses et souvent frauduleuses. De petits entrepreneurs qui ne veulent pas s'adresser au Crédit foncier, et qui n'ont pas assez d'argent pour achever leurs constructions, se font consentir un prêt par un banquier ou un agent d'affaires, avec antichrèse sur les maisons qu'ils bâtissent. On s'en sert aussi pour frauder les autres créanciers : quand un débiteur qui possède un immeuble *non hypothéqué* se voit menacé d'une saisie, il s'entend avec un ami ; on simule une dette, on constitue une antichrèse, on transcrit, et le débiteur, quoique ruiné, conserve le moyen de vivre de ses rentes devant ses vrais créanciers impuissants à démontrer la fraude (Renseignements personnels de M. Lobut, thèse, Paris, 1897).

§ 2. — *Cession de loyers ou de fermages.*

***2507. Sa nature.** — Si l'antichrèse, telle que l'a connue l'ancien droit, est aujourd'hui peu pratiquée, il existe une autre convention, très différente en apparence, mais qui rend le même service : c'est la *cession anticipée de loyers*. Elle n'a jamais été réglée par la loi ; elle est seulement mentionnée dans la loi du 23 mars 1855, qui la soumet à la *transcription* quand elle porte sur *trois années* ou davantage.

Cette opération n'est pas autre chose qu'une *cession de créances*. Elle est cependant l'équivalent des sûretés réelles, parce que celles-ci ne servent, au fond, qu'à donner à un créancier, dont le débiteur est peu solvable, *le moyen de se faire payer par une personne solvable* (l'acquéreur du bien hypothéqué ou engagé) : on obtient le même résultat en cédant au créancier le droit de se faire payer *par les locataires* à la place de son débiteur.

***2508. Son emploi.** — De plus en plus, on s'en sert volontiers à la place de l'antichrèse, dont elle n'a pas l'inconvénient principal, parce qu'elle ne dépossède pas le débiteur. Très souvent il se fait, dans la pratique, des cessions de loyers auxquelles on donne le nom d'*antichrèse*.

Comparée avec l'antichrèse, la cession de loyers offre un avantage : elle simplifie les rapports entre les deux parties ; elle les rend nuls ou peu s'en faut ; le créancier cessionnaire de loyers ou de fermages n'a de rapports qu'avec les locataires ou fermiers qui deviennent ses débiteurs.

2509. Origine. — Ce n'est pas une création nouvelle. Elle était déjà connue dans l'ancien droit, mais on la voyait alors avec défaveur ; c'était un moyen de fraude contre les tiers et une cause de ruine pour le débiteur. Pothier cherchait à la restreindre, en soutenant que le cessionnaire de loyers ne pouvait être réputé saisi de la créance à l'égard des tiers que par une signification *faite après l'échéance* et non avant (*Procéd. civile*, n° 514. — Comp. SALVIAT, *Jurispr. du Parlement de Bordeaux*, v° Bail). Pleins de ce préjugé, les auteurs du Code de procédure songèrent à l'interdire en principe, en la permettant seulement pour une année de loyers (LOCRÉ, t. XXII, p. 452); ils y renoncèrent au dernier moment.

2510. Danger de fraude. — Cette convention fut ainsi reconnue comme licite, mais pendant longtemps la jurisprudence la traita comme suspecte et l'annula volontiers (Douai, 26 févr. 1850, D. 52. 2. 78; Colmar, 6 août 1851, D 55. 2. 258, S. 54. 2. 429). La cession de loyers ou de fermages non échus présente, en effet, un danger spécial que n'a pas l'antichrèse. Supposons une hypothèque *préexistante* et *inscrite* : le débiteur ne peut pas porter atteinte aux droits du créancier hypothécaire en constituant une antichrèse (ci-dessus, n° 2502); il peut, au contraire, disposer de sa créance de loyers, et le créancier hypothécaire est obligé de subir l'effet de cette cession, à moins qu'il ne réussisse à démontrer la fraude en exerçant l'action Paulienne. Voyez la note de M. WAHL, *Sirey*, 97. 2. 1.

***2511. Transcription.** — Dans l'enquête de 1841, plusieurs Facultés et Cours d'appel proposèrent de passer ces conventions sous silence : à quoi bon les faire transcrire? disait-on ; presque toujours elles sont annulées comme frauduleuses. — En Belgique, en 1851, on ne les a même pas nommées dans la loi du 16 décembre, parce qu'on n'a pas voulu donner la consécration législative à des actes de mauvaise foi. Quand la loi française de 1855 les a mentionnées pour les soumettre à la publicité, elle les a donc en quelque sorte réhabilitées.

La transcription n'est exigée que pour les cessions portant *sur trois années de loyers ou de fermages*[1].

[1] La nécessité de transcrire n'a pas fait disparaître les formalités exigées par l'article 1690 (signification ou acceptation de la cession). D'autre part, les formalités de l'article 1690 ne suffisent pas pour rendre la cession opposable aux tiers que

Restriction regrettable; il eût été prudent d'exiger la transcription, sinon toujours, du moins quand le revenu cédé dépasse une année.

*** 2512. Sanction.** — Une cession supérieure à trois ans et non transcrite n'est pas opposable aux tiers protégés par la loi de 1855 : à leur égard, elle est *totalement privée d'effets*; on ne peut donc pas la leur opposer jusqu'à concurrence de trois années, limite des cessions dispensées de transcription. On suit ici une règle contraire à celle que le droit romain appliquait aux donations non insinuées, qui valaient jusqu'à un certain taux (*modus*)[1]. (Caen, 6 juin 1893, D. 94. 2. 289; Trib. civ. Seine, 28 mai 1895, *Gaz. Trib.*, 13 juillet 1895). Toutefois la jurisprudence n'est pas bien fixée; voyez en sens contraire un arrêt de Bordeaux (27 mars 1895, D. 95. 2. 391 et 1900. 1. 579, S. 1897. 2. 1), qui réduit arbitrairement la cession non transcrite à une durée de trois ans moins un jour et la déclare dans cette mesure opposable aux créanciers hypothécaires.

2513. Effet de la dispense de transcription. — Une cession inférieure à trois années est *dispensée de la transcription*. De là est née une difficulté. Supposons-la enregistrée et signifiée au locataire (art. 1328 et 1690). Sera-t-elle *opposable aux créanciers hypothécaires*? Sans doute, les créanciers hypothécaires *postérieurs à la cession* en subiront l'effet, alors même qu'ils en auront ignoré l'existence, car la cession, étant dispensée de publicité, est par elle-même *opposable à tous*. Mais pour les créanciers *antérieurs*, il y a doute. Un créancier hypothécaire a sur l'immeuble un droit acquis, auquel le débiteur ne peut pas porter atteinte en constituant de nouveaux droits réels; or la cession de loyers diminue la valeur vénale du gage hypothécaire dans la même proportion que pourrait le faire un droit réel d'antichrèse; de plus, elle prive le créancier hypothécaire de son droit sur les revenus qui sont immobilisés à partir de la transcription de la saisie (art. 685 C. proc. civ.) : n'étant plus dans le patrimoine du débiteur, les loyers cédés d'avance ne peuvent pas être atteints par la saisie. Pour cette double raison, beaucoup d'auteurs déclarent la cession non opposable aux créanciers hypothécaires antérieurs, mais la jurisprudence tend à se fixer en sens contraire (Paris, 24 déc. 1894 et Bordeaux, 27 mai 1895, D. 95. 2. 385 avec une note de M. De Loynes qui combat ces décisions, S. 97. 2. 1; Trib. Châteauroux, 18 avril 1894, D. 95. 2. 193 et note conforme de M. Glasson). Voyez cependant Wahl, dans *Sirey*, 97. 2. 1.

CHAPITRE V

DU DROIT DE RÉTENTION

2514. Bibliographie. — Cabrye, *Du droit de rétention*. — Glasson, *Du droit de rétention*, thèse, 1862. — Pret, *Du droit de rétention dans les législations françaises et étrangères*, Paris, 1880. — Guillouard, *Traité du droit de rétention*, Paris, 1895.

**** 2515. Définition.** — Il y a des cas où un créancier, *qui détient*

protège l'article 3 de la loi du 23 mars 1855, par exemple aux créanciers hypothécaires : ceux-ci auraient le droit de méconnaître une cession non transcrite, même signifiée.

[1] Il est à remarquer que le système romain (validité partielle jusqu'à la limite légale) est appliqué par la loi de 1855 elle-même aux *baux de plus de dix-huit ans non transcrits* : ils peuvent être opposés aux tiers pour une durée de dix-huit ans (art. 3, al. 2). Mais il n'existe aucun texte semblable pour les cessions de loyers ou de fermages supérieures à trois années.

une chose appartenant à son débiteur, peut refuser de la rendre tant qu'il n'est pas payé, bien que cette chose ne lui ait pas été donnée en nantissement : on dit alors que ce créancier a le *droit de rétention*.

Le droit de rétention est presque l'équivalent d'un nantissement. Dans le gage et dans l'antichrèse, le créancier a bien le droit de retenir la chose, mais ce droit est pour lui *conventionnel* ; quand on parle du droit de rétention proprement dit, on suppose l'*absence de tout nantissement, exprès ou tacite*, et on parle d'une faculté appartenant au créancier de plein droit, en vertu d'un texte ou d'un principe général : l'espèce de nantissement qui en résulte est donc *purement légale*.

* **2516. Cas où il a lieu.** — Le droit de rétention, ainsi défini, existe dans deux séries de cas :

1° *Dans les contrats synallagmatiques*, où il est fondé sur l'inexécution de la convention par l'une des parties ;

2° *Dans les actions en revendication*, où il sert à procurer au défendeur le remboursement de ses impenses sur la chose [1].

§ 1. — *Le droit de rétention avant le Code civil.*

***2517. Son mode de fonctionnement en droit romain.** — Le droit romain connaissait le droit de rétention dans les deux hypothèses susindiquées (n° 2516), et dans les deux cas ce droit s'exerçait au moyen de l'*exceptio doli*[2]. Contre la revendication, cette exception était la seule voie que le détenteur eût à sa disposition : pour répéter ses impenses, il n'avait point d'*action*, ni la « condictio indebiti », ni l' « actio negotiorum gestorum ». — Les Romains n'ont jamais considéré le droit de rétention abstraction faite de sa forme, et comme constituant une institution juridique distincte ; ce n'était pour eux qu'*un emploi de l'exception de dol*.

2518. Ancien droit. — Notre ancien droit n'a jamais eu sur ce point de théorie propre. On a continué à appliquer les textes romains parce qu'ils paraissaient conformes à l'équité.

On leur trouva, en outre, quelques applications nouvelles, dans des institutions inconnues de l'antiquité : ainsi, dans le *retrait lignager*, où le retrayé avait le droit de réten-

[1] Quelques auteurs, considérant que les principales applications du droit de rétention se rencontrent dans les contrats, où il crée un refus légitime d'exécution, ont pensé que sa place logique était dans la théorie générale des obligations (Huc, t. VII, n°s 167 et suiv.). Comp. Lebret, *Revue critique*, 1896, p. 131. — Seulement cette combinaison ne permet d'étudier que le droit de rétention dans les contrats synallagmatiques, et non celui qui fonctionne pour les impenses dans la revendication.

[2] C'est ce qui explique que ce droit particulier n'ait pris que plus tard le nom de « droit de rétention », quand le souvenir de l'exception de dol se fut perdu. Le mot « retentio » s'employait déjà dans les textes anciens : « Unde retinere possim... ; poterat retentionem facere... ; per retentionem impensas servare » (*Dig.*, liv. X, tit. 3, fr. 14, § 1 ; liv. XII, tit. 6, fr. 33).

tion (*Cout. d'Orléans*, art. 372); dans le *rapport* imposé aux héritiers gratifiés d'un avancement d'hoirie (*Cout. de Paris*, art. 305; d'*Orléans*, art. 306).

On en faisait si grand usage qu'il y eut des abus : beaucoup de détenteurs du bien d'autrui, condamnés à restituer, alléguaient leurs « méliorations » et réclamaient des indemnités, dont le règlement, compliqué à dessein, retardait indéfiniment l'exécution du jugement ordonnant la restitution. L'ordonnance de Villers-Cotterets (août 1539, art. 97) permit d'abord aux juges de *fixer un délai* pour le règlement des impenses, au bout duquel la restitution devait être faite. Cela ne parut pas suffisant, car en 1566 l'ordonnance de Moulins autorisa le réclamant à prendre *possession immédiate* de son bien, sans attendre le règlement de la contestation, à la condition de donner caution pour garantir le paiement des impenses (art. 52). Enfin l'ordonnance de 1667 (tit. 27, art. 9) combina ces deux dispositions : tout en maintenant théoriquement le droit de rétention du possesseur, elle ordonna au juge de fixer un délai pour le règlement et autorisa le réclamant à prendre possession en baillant caution.

Au surplus, le droit coutumier était conforme aux traditions romaines. En dehors de l'exception *non adimpleti contractus*, dont le champ d'application est bien déterminé, il ne donnait la rétention que pour une seule espèce de créance, les impenses faites sur une chose à restituer à la suite d'une action réelle. C'est ce que Garsias (auteur du XVe siècle) appelait *causas retinendi cohærentes ipsi rei* (*De expensis et meliorationibus*, cap. I, n° 16, édit. de 1614, p. 9-10), ce que les auteurs modernes appellent le *debitum cum re junctum*.

§ 2. — *Le droit de rétention sous le Code civil.*

* **2519. Lacune de la loi.** — Aucun auteur ancien n'ayant jamais songé à construire sur ce sujet une théorie d'ensemble, le Code civil n'a point réglementé le droit de rétention comme formant une matière distincte et homogène. Il le mentionne seulement dans quelques textes, pour en constater l'existence sans aucune explication (art. 867, pour le cohéritier soumis au rapport; art. 1612 et 1613, pour le vendeur; art. 1673, pour l'acheteur à réméré; art. 1749, pour les fermiers ou locataires; art. 1948, pour le dépositaire). — Ce laconisme du Code a fait naître beaucoup de difficultés, et peu de sujets ont fait autant disserter que celui-ci.

A. — Hypothèses où a lieu le droit de rétention[1].

1° Rapports obligatoires synallagmatiques.

* **2520. Principe de la rétention.** — Tout rapport de droit (contrat ou quasi-contrat) d'où dérivent des obligations réciproques pour les deux parties doit, en principe, être *exécuté simultanément par les deux obligés*. Voyez ce qui a été dit ci-dessus (n° 949-2°) de l'exécution simultanée ou trait pour trait et de l'exception *non adimpleti contractûs*. C'est sur ce principe que sont fondés à la fois et *le droit de résolution* de l'art. 1184 et le *droit de rétention* : si l'une des parties a le droit de faire résoudre le contrat pour répéter ce qu'elle a livré, elle a, par plus forte raison, le droit de refuser provisoirement l'exécution.

* **2521. Applications.** — Quelles sont les personnes qui se trouvent

[1] Je rappelle pour mémoire, comme ne rentrant dans aucune catégorie, le droit de rétention tout exceptionnel, créé arbitrairement par la loi dans l'art. 2082, al. 2 (ci-dessus, n° 2442).

dans ce cas ? En voici une liste aussi complète que possible, mais qui n'est certainement pas close.

1° Aubergiste ou hôtelier. — Le voyageur qui entre dans un hôtel, pour s'y faire nourrir et héberger, fait un double contrat :

a) D'une part, il confie à l'hôtelier ses bagages et tout ce qu'il apporte avec lui ; c'est un véritable *dépôt* que la loi protège en le classant parmi les dépôts nécessaires (ci-dessus nos 2218 et suiv.). L'hôtelier est obligé de rendre les effets du voyageur à sa première réquisition.

b) En même temps, il y a *fourniture de denrées et de services*, à raison de laquelle le voyageur devient débiteur de l'hôtelier. Ces deux opérations sont indivisibles et résultent d'un fait unique : l'entrée du voyageur dans l'hôtel. Il en résulte que si le voyageur n'exécute pas sa propre obligation, qui est de payer sa note, il ne peut exiger que l'hôtelier remplisse la sienne, qui est de rendre les bagages. Le droit qu'a l'hôtelier de conserver les effets apportés chez lui par ses clients s'explique donc de la façon la plus simple, par les principes généraux qui régissent les contrats synallagmatiques. Cependant le Code français voit ici, au lieu du droit de rétention (*exceptio doli*), un *privilège* et il le classe comme tel dans l'art. 2102-5°. Ce prétendu privilège n'en peut pas être un, car on admet que l'hôtelier perd tout droit sur les bagages du voyageur, dès qu'il les laisse sortir de l'hôtel ; ce n'est donc pas autre chose que l'exception *non adimpleti contractus*, c'est-à-dire le droit de rétention[1].

2° Voiturier. — On comprend sous ce nom toute personne qui entreprend de transporter quelque chose, quel que soit le mode de transport, par terre ou par eau, même sous les formes les plus modernes, telles que les chemins de fer.

Le voiturier ne peut être forcé de se dessaisir de la chose transportée avant qu'il soit payé. L'explication est la même que pour l'aubergiste. La loi appelle aussi la même observation, car elle considère le voiturier comme un créancier *privilégié* (art. 2102-6°)[2].

Comme pour l'aubergiste le droit du voiturier est perdu dès qu'il se dessaisit volontairement de la chose, sauf une disposition exceptionnelle (art. 307 C. com.) pour le fret dû à l'armateur d'un navire marchand.

3° Vendeur. — Quand le prix n'est pas payé, le vendeur a le droit de retenir la chose sous certaines conditions et distinctions déjà étudiées (art. 1612 et 1613, et ci-dessus, nos 1535 et suiv.). Comparez le droit romain :

[1] On pourrait chercher à expliquer autrement le droit de l'hôtelier et admettre ici l'existence d'un gage tacite. On y trouverait un double avantage pour l'hôtelier qui, s'il était considéré comme gagiste, pourrait : 1° retenir les objets appartenant à un tiers quand il a cru que le voyageur en était propriétaire ; 2° revendiquer ceux qui auraient été enlevés sans son consentement. Ce dernier point est cependant vivement contesté (Aubry et Rau, § 261, note 78). Si je n'ai pas admis l'existence d'un gage tacite, c'est que, *historiquement*, le droit de l'hôtelier n'a pas pour origine une convention de dation en gage, qui aurait fini par être sous-entendue, comme cela est arrivé dans les rapports du bailleur et du locataire ou fermier.

[2] Ceux qui croient à l'existence d'un véritable privilège dans ce cas sont assez embarrassés pour l'expliquer. Ils sont obligés de dire que le voiturier a *amélioré* la chose, qu'il en a *augmenté la valeur* en la transportant ; cela est vrai quelquefois, pour des marchandises qu'on apporte de leur lieu de production sur le marché où elles sont demandées ; mais cela n'est pas toujours vrai. D'autres croient à un *nantissement tacite*, hypothèse toute gratuite, et que rend inutile l'analyse du contrat et le fonctionnement de l'exception *non adimpleti contractûs*.

« Venditor, quasi pignus, retinere potest rem quam vendidit » (*Dig.*, liv. XIX, tit. 1, fr.-13, § 8).

4° Propriétaire exproprié. — Le propriétaire, dont l'immeuble est exproprié, ne peut être obligé de l'abandonner qu'après avoir touché l'indemnité qui lui est due.

Ici le droit de rétention apparaît comme une garantie de la propriété ; il s'applique néanmoins à une créance, car le propriétaire exproprié n'est plus qu'un créancier, il a perdu sa propriété par l'effet du jugement d'expropriation. On traite donc le propriétaire comme s'il avait vendu son bien.

Les textes sont les suivants : L. 22 nov.-1er déc. 1790, art. 25, pour les détenteurs de biens domaniaux sujets à rachat ; L. 28 sept.-6 oct. 1791, art. 1er, sur l'expropriation pour cause d'utilité publique ; C. civ., art. 545 ; L. 3 mai 1841, art. 53.

5° Domanier congédié (L. 7 juin-6 août 1791, sur le domaine congéable, art. 21). — Quand le foncier exerce son droit de congément, le domanier a le droit de rétention sur les édifices pour lesquels une indemnité lui est due. Il est alors comparable à un propriétaire qui subit une expropriation. — Le même droit ne lui appartient pas, d'après la loi du 8 février 1897, quand il fait volontairement *exponse* : le propriétaire du fonds jouit alors d'un délai de six mois à compter de sa rentrée en jouissance (art. 5), ce qui suppose que le domanier quitte la tenue sans être payé. Son droit de rétention est alors remplacé par une autre garantie : un privilège sur le fonds (même art.).

6° Acheteur sous condition résolutoire. — La loi n'a prévu que le cas de l'*acheteur à réméré.* Quand le vendeur à réméré exerce son droit de rachat, l'acheteur a le droit de retenir la chose, si le vendeur ne remplit pas les conditions du contrat, en lui offrant son remboursement intégral (art. 1673). Mais *on peut généraliser* : tout acheteur, subissant l'effet d'une condition résolutoire, est obligé de restituer la chose tout en ayant droit au remboursement du prix (Trib. Saint-Denis de la Réunion, 22 mars 1866, sous Cass. D. 76. 1. 121) ; sa créance est garantie par le droit de rétention.

7° Locataire expulsé par le nouveau propriétaire. — L'acquéreur d'un immeuble a, dans certains cas, le droit d'en expulser les locataires, à charge de leur payer certains dommages-intérêts ; mais ceux-ci peuvent rester en possession tant qu'il ne leur paie pas cette indemnité (art. 1749).

8° Dépositaire. — Créancier de dépenses ou d'indemnités à raison de la chose (art. 1948), le dépositaire peut refuser de la restituer (art. 1948).

C'est le *dernier cas pour lequel il existe un texte* ; ceux qui suivent résultent des principes généraux.

9° Mandataire ou gérant d'affaires. — Lorsqu'il a été amené à faire des dépenses dont le remboursement lui est dû, il peut refuser, jusqu'à parfait paiement, la restitution des objets qu'il détient. Les art. 1993 et 2000 mentionnent les obligations respectives des parties, mais sans parler du droit de rétention. Ce silence de la loi ne peut jeter aucun doute sur son existence puisqu'il découle du principe général de l'art. 1184 (Orléans, 23 juin 1898, D. 99. 2. 63). Applications intéressantes aux officiers ministériels, détenteurs de pièces et papiers appartenant à leurs clients (Cass., 10 août 1870, D. 71. 1. 40. Voyez aussi Cass., 17 janv. 1866, D. 66. 1. 76). Mais voyez en sens contraire à propos d'un banquier qui réclamait une commission, Paris, 13 avril 1892, D. 92. 2. 228.

10° COMMODATAIRE. — Il peut, tout aussi bien que le dépositaire, avoir fait des frais dont le remboursement lui est dû (art. 1890 et 1891) ; il a de même le droit de rétention.

11° OUVRIER OU FABRICANT CHARGÉ D'UN TRAVAIL. — On lui a remis la matière première d'un objet à fabriquer, ou un objet à réparer. Il est créancier du prix de son travail et peut refuser de livrer, si on ne le lui paie pas (Cass., 13 mai 1861, D. 61. 1. 328, S. 61. 1. 865).

2° Actions réelles.

* **2522. Principe de la rétention.** — En dehors des contrats et quasi-contrats synallagmatiques, le droit de rétention se retrouve encore dans les actions réelles, par lesquelles une personne réclame la restitution d'une chose à quelqu'un qui a droit au remboursement total ou partiel de certaines impenses faites sur cette chose ; pour faciliter au possesseur le remboursement auquel il a droit, on l'autorise à refuser la restitution de la chose. C'est l'office de l'ancienne *exceptio doli* opposée à la revendication.

2523. Silence des textes. — Il n'existe en droit français aucun texte général qui fasse allusion à la persistance de cette exception ; la loi en a seulement parlé dans un cas particulier (art. 867). Mais ici encore le silence de la loi n'est d'aucune conséquence, puisque nous pouvons nous appuyer à la fois sur la tradition et sur les principes généraux. Il ne faut pas se lasser de répéter que les anciennes théories prétoriennes de l'action de dol et de l'exception de dol dominent encore les législations d'origine latine comme la nôtre ; on peut dire qu'en France *toutes les actions sont de bonne foi.* Par conséquent, l'exception de dol subsiste encore dans la revendication avec son ancien effet, et quiconque a le droit de reprendre son bien aux mains d'autrui ne peut l'obtenir qu'à la condition de payer ce qu'il doit à raison de ce même bien.

2524. Applications. — Passons en revue les diverses hypothèses dans lesquelles une personne se voit enlever un bien par l'action réelle.

1° COHÉRITIER SOUMIS AU RAPPORT. — Seul cas prévu par la loi (art. 867).

2° ACQUÉREUR DONT LE TITRE EST ANNULÉ. — Il doit être considéré comme n'ayant jamais eu la propriété du bien et l'action réelle est ouverte contre lui.

3° USUFRUITIER. — Il n'a pas droit au remboursement de toutes ses impenses indistinctement, à cause de l'art. 599.

4° MARI. — Relativement aux biens dotaux, sur lesquels il a pu faire des impenses, et qu'il est tenu de restituer après la dissolution du mariage ou la séparation de biens.

5° POSSESSEUR DE BONNE OU DE MAUVAISE FOI. — Quand il est évincé par la revendication du propriétaire, parce qu'il possède sans titre ou qu'il a acquis d'un non-propriétaire, la restitution de ses impenses lui est due en tout ou en partie ; hypothèse de l'art. 555.

6° HÉRITIER APPARENT. — On le suppose évincé par la pétition d'hérédité.

7° TIERS DÉTENTEUR D'UN IMMEUBLE HYPOTHÉQUÉ. — Il est évincé par les créanciers hypothécaires (art. 2175). Sur ce dernier cas, voir l'état de la jurisprudence exposée à la matière des hypothèques (ci-dessous, n° 3262).

3° Controverse traditionnelle sur le droit de rétention.

*** 2525. Son inutilité.** — Les explications présentées ci-dessus, sur le droit de rétention et sur les principes généraux auxquels il se rattache, rendent vaine une controverse pourtant très ardente, qui porte *sur la détermination des cas où il est possible de l'admettre.* La loi n'ayant point formulé la règle générale, et n'ayant donné pour ses applications que des solutions incomplètes, une controverse est née, qui a donné lieu à *trois opinions différentes.*

*** 2526. Première opinion.** — On dit : le droit de rétention est un *privilège* ; or la loi seule crée les privilèges ; donc il faut se contenter d'accorder *le droit de rétention dans les cas où la loi en a parlé et le refuser dans tous les autres.* Cette opinion restrictive, jadis soutenue par Merlin (*Répert.*, v° Droit de rétention, n° 231), était complètement abandonnée quand elle a été reprise avec vigueur par Laurent (t. XXXIX), qui a entraîné quelques adhésions. L'opinion de Merlin se heurte à tout un ensemble de traditions indiscutables, et son principe est faux : la possibilité d'étendre le droit de rétention résulte des principes généraux, parce qu'il n'est pas un privilège.

*** 2527. Seconde et troisième opinions.** — Toutes les deux admettent une interprétation extensive des textes, et elles emploient la même méthode : étant donnés les articles qui accordent le droit de rétention, il faut *les étudier pour en dégager les conditions générales* auxquelles ce droit est soumis ; on saura par là quand on peut l'accorder dans le silence des textes. Par ce moyen on arrive à établir une règle, qui avait été déjà formulée dans l'ancien droit (ci-dessus, n° 2518) : il doit y avoir *corrélation entre la chose retenue et la créance réclamée.* Cette sorte de lien existe, par exemple, quand il s'agit d'impenses faites sur l'immeuble revendiqué ; c'est à lui qu'on fait allusion en parlant de *debitum cum re junctum.* — Beaucoup d'auteurs s'en tiennent là, et c'est ce que fait la *jurisprudence* (ci-dessous, n° 2528).

Mais d'autres sont plus exigeants et veulent, en outre, que *la possession de la chose par le rétenteur s'explique par l'existence antérieure d'un rapport contractuel ou quasi-contractuel entre les parties,* parce qu'ils ont remarqué l'existence d'un rapport de ce genre dans les hypothèses où la loi concède le droit de rétention. Il est clair que ceux qui adoptent cette troisième opinion sont moins généreux, pour accorder le droit de rétention, que ceux qui se contentent du *debitum cum re junctum,* puisqu'ils exigent une condition de plus, qui peut manquer dans certains cas. L'hypothèse principale sur laquelle les deux opinions diffèrent est celle du *constructeur sur le terrain d'autrui* (cas de l'art. 555) : il y a bien corrélation entre les impenses et l'immeuble, mais aucun rapport obligatoire antérieur entre le possesseur et le revendiquant ; les uns accorderont le droit de rétention, les autres le refuseront. C'est ce que font MM. Aubry et Rau (§ 219, texte et note 40), tout en reconnaissant au juge le pouvoir de concéder le droit de rétention, ce qui est une solution mixte, difficile à justifier[1].

** **2528. Jurisprudence.** — Le droit de rétention est accordé assez largement. On n'exige pas qu'il y ait un texte en faveur du rétenteur (voyez les arrêts rapportés ci-dessus, n° 2521, 9° et 11°, qui accordent le droit de rétention au *mandataire* et à *l'ouvrier chargé d'un travail*) ; on n'exige même pas qu'il existe entre les parties un rapport contractuel, et on se contente de la condition traditionnelle appelée le *debitum cum re junctum*. Ainsi on l'accorde *au possesseur évincé par la revendication* (Rouen, 18 déc. 1856, D. 57. 2. 109, S. 57, 2. 558. Comp. Douai, 12 janv. 1891, D. 91. 2. 223)[2]. Toutefois, la jurisprudence, introduisant en cette matière une distinction que ne lui imposaient ni la tradition ni les principes, *refuse le droit de rétention au possesseur de mauvaise foi* et ne l'accorde qu'à celui qui ignorait les vices de son titre (Bastia, 9 juillet 1856, D. 58. 2. 262, S. 56. 2. 404 ; Grenoble, 10 juill. 1860, D. 62. 2. 40, S. 61. 2. 21). Cette jurisprudence paraît remonter à un arrêt de Pau, du 9 août 1837, D. 38. 2. 183, S. 38. 2. 350. Elle semble tellement en contradiction avec les idées qui ont cours aujourd'hui qu'il serait peut-être possible d'obtenir une décision contraire, supprimant toute distinction entre les possesseurs[3].

B. — Effet du droit de rétention.

* **2529. A quoi cet effet se borne.** — Le droit de rétention n'est pas autre chose qu'un *refus légitime de restitution* : le rétenteur n'est pas obligé de se dessaisir, sur l'action personnelle ou réelle intentée contre lui. Tout son droit se borne là.

* **2530. Absence du droit de suite.** — Si le rétenteur perd la possession, il n'a *aucun moyen de reprendre la chose.*

[1] MM. Aubry et Rau ont très nettement formulé le principe du droit de rétention dans toute la série de ses applications qui concernent les contrats synallagmatiques. Ils le font découler de l'al. 3 de l'art. 1134, qui veut que les conventions soient exécutées de bonne foi : « Il suit de ce principe, disent-ils, que celui qui réclame l'exécution d'une convention ne peut le faire qu'à la condition de remplir, de son côté, les obligations qu'il a contractées » (§ 256 *bis*, note 5). Leur seul tort a été de ne pas distinguer les deux séries d'application de l'exception de dol et d'exiger *cumulativement* la connexité (debitum cum re junctum) et le rapport synallagmatique. La condition de connexité entre la chose retenue et la créance réclamée n'a de raison d'être que là où n'existe pas le lien obligatoire synallagmatique, c'est-à-dire dans les actions réelles.

[2] C'est en général sur cette hypothèse, prise comme espèce type, qu'on raisonne à l'examen pour voir si le candidat se rend compte de la nature de la difficulté de principe que soulève le droit de rétention.

[3] Cependant cette distinction a été consacrée par le *Code italien* (art. 706) et par le *Code néerlandais* (art. 630). En Roumanie, la jurisprudence est incertaine ; la Cour de Jassy l'a refusé à un possesseur de mauvaise foi (Alexandresco, p. 212).

On cite trois cas exceptionnels où ce droit existe : pour le bailleur, le gagiste et le vendeur ; mais les deux premiers ont bien plus qu'un droit de rétention : ils ont un *droit réel de gage* (ci-dessus, n° 2428) ; quant au vendeur, son droit de revendication s'explique par son origine historique ; il provient d'une autre source. *Dans aucun cas le droit de suite ne dérive du droit de rétention.* Il y en a une bonne raison : c'est que le droit de rétention résulte d'une *exception*, simple moyen de défense, et que le droit de suite suppose l'existence d'une *action*. En ce sens DE LOYNES, *Privilèges et hypothèques*, 2e édit., nos 228 et 245.

* **2531. Absence de privilège sur le prix.** — Le droit de préférence ne peut résulter que d'un *droit réel de garantie,* comme le gage ou l'hypothèque, ou d'un *privilège* (tour de faveur) établi par la loi. Ici rien de pareil: le rétenteur n'a qu'un droit : refuser de se dessaisir ; mais si la chose vient à être vendue par lui ou par d'autres, il ne peut pas demander sa *collocation par priorité,* comme le ferait un véritable créancier privilégié. Il ne peut être colloqué qu'à titre de créancier chirographaire.

Le nouveau Code de commerce allemand, de 1897, complète le droit de rétention par l'existence d'un véritable droit de préférence contre les tiers (art. 371).

2532. Conséquence. — Le droit de rétention n'étant pas un véritable privilège, le rétenteur ne peut être admis au bénéfice de la loi du 19 février 1889, qui parle seulement des créanciers privilégiés et hypothécaires (ci-dessous, nos 3439 et suiv.). Cependant il pourrait avoir droit à une indemnité fondée sur le principe de l'art. 1382.

** **2533. Équivalence finale de la rétention et du privilège.** — Malgré ce qui vient d'être dit, *le rétenteur obtiendra son paiement avant les autres,* comme s'il avait un privilège. En effet, les créanciers du propriétaire de la chose retenue sont dans la même situation que ce dernier : ils ne peuvent obtenir le dessaisissement du rétenteur qu'à la condition de lui offrir son paiement. Ils ont le droit de faire vendre, mais l'acquéreur ne pourra entrer en possession qu'à la condition de désintéresser le créancier pourvu du droit de rétention ; faute de quoi, celui-ci restera nanti. Ceci n'est pas une nouveauté ; l'*exceptio doli* produisait déjà le même effet en droit romain ; elle repoussait toutes les actions exercées du chef de celui à qui elle était opposable[1]. Ainsi la simple exception de dol, vulgairement appelée « droit de rétention », produit le même avantage pratique qu'un droit de préférence résultant d'un droit réel de gage ou d'un privilège.

2534. Indivisibilité du droit de rétention. — Le droit de rétention est indivisible, et *pour la même raison que le gage* (ci-dessus n° 2463) : tant que le paiement n'est pas entièrement effectué, la *condition* de laquelle dépend la restitution ne peut pas être considérée comme remplie.

C. — Nature du droit de rétention.

* **2535. Intérêt de la question.** — On demande si le droit de réten-

[1] Presque toujours on formule cette règle d'une manière inexacte en disant que le droit de rétention est opposable aux *tiers* : les autres créanciers du propriétaire de la chose, auxquels le rétenteur oppose son droit, ne sont pas de véritables tiers ; ce sont les ayants cause de l'une des parties.

tion est un *droit réel* ? Ce n'est pas une question de mots. Quelques auteurs ont été entraînés à accorder au rétenteur un droit de suite, à raison de la réalité de son droit (GUILLOUARD, nos 117 et 118).

***2536. Opinion favorable à la réalité du droit.** — Il est très fréquent d'entendre dire en France que le droit de rétention est un droit réel. On en a donné plusieurs raisons :

1° LA TRADITION. — Dumoulin et quelques autres l'ont dit en termes formels. — Je réponds que, si la tradition a un certain poids quand il s'agit d'établir l'existence ancienne d'une règle positive du droit, elle n'en a aucun pour une conception doctrinale sur laquelle les anciens ont pu se tromper aussi bien que nous.

2° LES TRAVAUX PRÉPARATOIRES. — A propos de l'art. 1948, Réal et Favard ont fait des déclarations qui prouvent que dans leur pensée le droit de rétention est réel : l'un a dit que le dépôt sert de *gage* aux créances dont il est la cause (FENET, t. XIV, p. 507) ; l'autre, que le dépositaire a un véritable *privilège* (*Ibid.*, p. 517). Cela prouve simplement que les législateurs ne sont pas infaillibles, car il n'y a dans le droit de rétention ni *gage* ni *privilège*.

3° LES TEXTES DU CODE. — Le droit de rétention qui dérive de l'antichrèse est un droit réel opposable aux tiers, et l'art. 446 C. com. le traite comme tel en l'assimilant au gage. La réponse est que les effets qui se produisent ici doivent être attribués, non au droit de rétention, mais à l'*antichrèse* elle-même qui est un droit réel particulier.

Tous ces arguments étant écartés, que reste-t-il pour prouver la réalité du droit de rétention ? Uniquement *les effets qu'il produit* : le droit de rétention n'est pas une exception *purement personnelle*, opposable uniquement au débiteur de la créance garantie ; il est également opposable [et c'est sa principale utilité] : 1° aux *autres créanciers* de ce débiteur ; 2° aux *acquéreurs* de la propriété de la chose ou de droits réels sur cette chose. Ainsi la Cour de cassation a jugé qu'un ouvrier qui a reçu un objet pour le réparer, et qui n'est pas payé, peut opposer son droit de rétention, non seulement à l'*entrepreneur* qui lui a confié ce travail, mais aussi au *maître de la chose*, pour le compte de qui l'ouvrage a été fait (Cass., 13 mai 1861, D. 61. 1. 328).

Tous ces effets peuvent cependant s'expliquer sans l'existence d'aucun droit réel. Dans l'hypothèse de l'arrêt de 1861, le maître lui-même était *débiteur personnel* de l'ouvrier qui avait contre lui une action directe (art. 1798) ; il est donc tout simple que l'exception *non adimpleti contractûs* lui ait été opposée. Il en est de même dans tous les cas de rétention pour impenses : le possesseur a naturellement pour débiteur celui qui s'enrichirait à ses dépens en reprenant la chose sans l'indemniser ; il est donc tout simple encore que le droit de rétention soit opposé à quiconque exercera une action réelle contre le rétenteur. En toute autre hypothèse le droit de rétention est opposable, ainsi qu'on l'a vu plus haut, non pas aux *tiers*, à proprement parler, mais aux *ayants cause* du débiteur[1]. M. de Loynes (*op. et loc. cit.*) conclut, lui aussi, que le droit de rétention n'est pas un droit réel.

§ 3. — *Le droit de rétention dans les pays étrangers.*

2537. Utilité d'une comparaison. — Les idées qui ont cours en France sur ce sujet sont si confuses qu'une excursion hors de nos frontières s'impose, d'autant plus que certains codes étrangers contiennent des dispositions intéressantes.

2538. Législation autrichienne (1810). — L'art. 471 C. civ. est la *négation de tout droit de rétention légal* : la chose d'autrui ne peut être retenue qu'en vertu d'un gage ou d'une autre convention, et seulement pendant sa durée.

2539. Législation allemande. — En Allemagne, il y a deux systèmes différents :

1° Le plus ancien est spécial aux commerçants (Code de commerce de 1861, art. 313 et 314). Il est permis à un commerçant, créancier d'un autre commerçant, d'exercer le droit de rétention sur tous objets et effets mobiliers appartenant à son débiteur et venus en sa possession par un acte licite, alors même qu'il n'y aurait *aucune connexité* entre la chose retenue et la somme réclamée. C'est l'extension illimitée du droit de rétention. Comp. Code de commerce de 1897, art. 369-371.

2° Le Code civil allemand n'a pas admis ce système large comme règle de droit commun pour les matières civiles. Il n'a pas voulu faire de la simple possession de la chose d'autrui une garantie appliquée sans discernement à toutes sortes de créances, et il en est revenu au système de la connexité (art. 273). Sa rédaction est même remarquable, car elle distingue très nettement les deux hypothèses fondamentales du droit de rétention. L'al. 1er vise l'hypothèse d'un rapport synallagmatique : « Le débiteur, qui a un droit échu contre le créancier, *en vertu du rapport juridique sur lequel repose sa propre obligation*, peut refuser la prestation qu'il doit jusqu'à ce que celle qui lui est due soit exécutée. » C'est l'*exceptio non adimpleti contractûs*, sur lequel le Code revient plus loin (art. 320-322). — L'al. 2 vise au contraire l'exception opposée à une revendication ou à toute autre action en restitution, si le possesseur a une créance à faire valoir, soit à raison d'impenses, soit à raison d'un dommage à lui causé par l'objet réclamé : c'est le *debitum cum re junctum*.

2540. Code fédéral suisse des obligations (1883). — Intermédiaire par sa date entre les deux Codes allemands, il a adopté le même *dualisme* qu'eux (art. 224-228). — En matière civile, il exige la connexité de la créance et de la chose (art. 224, al. 1 *in fine*). Mais ce texte ne prévoit que la rétention pour impenses ; aucun texte gé-

[1] Un rapprochement avec le droit romain fera bien comprendre la situation : il s'agit de l'exception *rei venditæ et traditæ*. L'acheteur a le droit de n'être pas troublé par son vendeur ; si le vendeur exerçait une action contre lui pour lui reprendre la chose vendue, l'acheteur lui opposerait l'exception « rei venditæ et traditæ ». C'est l'effet de la garantie qui lui est due, et on exprime ce résultat par la maxime : « Quem de evictione tenet actio, eumdem agentem repellit exceptio ». Or cette exception protège l'acheteur non seulement *contre le vendeur lui-même*, mais même *contre tous ceux qui ont acquis de lui, depuis la vente, un droit sur la chose* : « Pari ratione venditoris etiam successoribus nocebit [ea exceptio], sive in universum jus, *sive in eam duntaxat rem successerint* » (*Dig.*, liv. XXI, tit. 3, fr. 3, § 1). On pouvait donc dire que l'acheteur avait un droit opposable aux tiers de la même façon que notre droit de rétention. Il n'y avait cependant là aucun droit réel, mais une simple exception tirée des obligations que la vente avait imposées au vendeur : celui-ci n'avait pu donner à ses ayants cause le droit de troubler l'acheteur, droit qu'il n'avait pas lui-même. — Comp. SALEILLES, *Obligation*, page 19 ; THALLER, *La faillite en droit comparé*, t. II, page 29. — Tous deux expliquent le droit de rétention sans en faire un droit réel.

néral n'a consacré l'exception « non adimpleti contractûs » ; on ne trouve dans le Code suisse, comme dans le nôtre, que le principe du droit de résolution (art. 122, analogue à notre art. 1184).

2541. Code japonais (1891). — Les art. 92 à 96 règlent en détail le droit de rétention, mais seulement à raison d'impenses ou de dommages. Ils exigent la *connexité* (art. 92), établissent l'*indivisibilité* (art. 93) et *refusent positivement tout droit de préférence* (art. 94).

2541 *bis*. **Roumanie.** — Sur l'état de la question en Roumanie, voyez l'ouvrage de M. Alexandresco, *Le droit ancien et moderne de la Roumanie*. L'idée que ce droit est un droit réel a été admise par la Cour de Jassy (Alexandresco, p. 226).

QUATRIÈME PARTIE

LES PRIVILÈGES ET HYPOTHÈQUES

LES PRIVILÈGES

CHAPITRE PREMIER

OBSERVATIONS SUR LA NOTION GÉNÉRALE DES PRIVILÈGES

** **2542. Trois sortes de privilèges.** — Les privilèges, qui s'analysent tous en un droit de préférence accordé à certains créanciers, sont ou des *privilèges généraux* portant sur la totalité des biens, ou des *privilèges spéciaux* portant seulement sur certains biens. Parmi ces derniers les uns sont *mobiliers*, les autres *immobiliers*, selon la nature de leur objet.

2543. Renvoi. — Dans la suite de ces explications, nous laisserons provisoirement de côté les privilèges immobiliers spéciaux qui sont de *véritables hypothèques* et que nous retrouverons plus loin à ce titre (ci-dessous, n°s 2886 et suiv.) Il ne sera donc question désormais que des privilèges généraux et des privilèges mobiliers spéciaux.

** **2544. Idée première du privilège.** — A proprement parler, le privilège est une *disposition de loi qui favorise un créancier*. S'agit-il d'un créancier soumis à la loi du concours ? Au cas d'insolvabilité du débiteur, on le fait payer, non pas au marc le franc, mais *par préférence aux autres*, c'est-à-dire en entier avant eux. S'agit-il d'un créancier ayant déjà un droit de préférence comme gagiste ou hypothécaire ? On lui donne *un tour de faveur* en le faisant passer avant ceux qui ont un droit plus ancien que le sien. Il en résulte qu'un privilège *ne peut être établi que par la loi*. C'est l'idée qu'exprime encore très énergiquement le mot de « privilège » : *loi* *faite dans un intérêt privé*. Par suite les privilèges sont d'interprétation stricte et ne peuvent pas être reconnus sans un texte qui les accorde expressément.

2545. État confus des privilèges actuels. — Autant la notion du privilège était simple en droit romain, autant elle est devenue incertaine et confuse dans le droit moderne ; on a réuni sous ce som unique des choses fort diverses, si bien qu'il est impossible aujourd'hui de donner du privilège une théorie qui se tienne et qui ait de l'unité[1], si on ne procède pas par voie d'analyse, si on ne fait pas le triage de cet écheveau embrouillé, qui est le produit de multiples transformations.

En réalité il n'y a que les *privilèges généraux* qui aient conservé la nature du privilège antique ; les *privilèges spéciaux sur les immeubles* sont de véritables hypothèques qui sont privilégiées en ce sens qu'elles bénéficient d'un tour de faveur. Quant aux *privilèges mobiliers spéciaux*, ce sont des droits d'origine variée qui sont venus se confondre sous ce nom de privilèges parce qu'ils donnent tous à un créancier un droit de préférence.

** **2546. Définition courante.** — La loi a défini le privilège « un droit que la *qualité de la créance* donne à un créancier d'être *préféré aux autres créanciers, même hypothécaires* » (art. 2095).

Pour compléter la notion du privilège, la loi détermine dans les deux articles suivants la façon dont les créanciers privilégiés exercent entre eux leur droit de préférence :

1° Y a-t-il *conflit entre plusieurs privilèges différents* ? « La préférence se règle *par les différentes qualités des privilèges* » (art. 2096), c'est-à-dire d'après le degré de faveur que la loi accorde à chacun d'eux.

2° Y a-t-il *conflit entre plusieurs créanciers munis du même privilège* ? Ces créanciers qui sont « dans le même rang », comme le dit l'art. 2097, sont « payés *par concurrence* » (*Ibid.*). Chacun d'eux ne recevra donc qu'un dividende proportionnel à sa créance, s'il n'y a pas de quoi les payer tous.

* **2547. Critique de cette définition.** — Cette sorte de description du privilège que donne le Code civil est empruntée au droit romain par l'intermédiaire de Domat (*Loix civiles*, liv. III, tit. I, sect. 5, nos 1 et 2)[2]. Elle était parfaitement exacte pour les privilèges, *tels qu'ils existaient à l'époque romaine*, alors qu'ils étaient des droits de préférence accordés à certains chi-

[1] Cette difficulté est si grande que beaucoup de professeurs expérimentés ont renoncé à interroger à l'examen sur la nature du privilège et sur ses caractères.

[2] Le texte romain, où Domat a puisé sa définition, est ainsi conçu : « Privilegia non ex tempore æstimantur, sed ex causa, et si ejusdem tituli fuerunt, concurrunt, licet diversitates temporis in his fuerint » (*Digeste*, liv. XLII, tit. 5, fr. 32). — Pothier n'a rien dit de général sur la nature et les caractères des privilèges ; il s'est contenté de les énumérer en indiquant leurs rangs (t. I, p. 675 ; t. X, p. 225).

rographaires, « privilegia inter personales actiones »[1]; elle ne l'est plus à beaucoup près pour cet entassement de droits disparates que notre Code a énumérés pêle-mêle dans les art. 2101, 2102 et 2103.

L'idée que la qualité de la créance en détermine le rang (non ex tempore æstimantur, sed ex causa) n'est plus vraie que pour les privilèges généraux de l'art. 2101 ; pour les privilèges spéciaux des art. 2102 et 2103, le rang est au contraire une *question de date* ou une *question de possession,* comme on le verra plus loin.

Ainsi, à cette question : « Quels sont les caractères généraux des privilèges ? » on peut répondre hardiment : *Il n'y en a pas,* à moins qu'on ne réduise l'examen aux privilèges généraux de l'art. 2101, qui répondent seuls à la définition traditionnelle conservée par les art. 2095-2097.

*** 2548. Les privilèges véritables ne sont pas des droits réels.** — Le système de la loi a un autre inconvénient : bien qu'elle ne le dise pas expressément, le rapprochement qu'elle fait entre les privilèges et les hypothèques fait naître l'idée que les privilèges sont des droits réels comme les hypothèques. Cela est vrai pour les *privilèges spéciaux immobiliers*, qui sont de véritables hypothèques privilégiées (ci-dessous, n°s 2886 et suiv.); cela est vrai encore pour le *gagiste,* qui a le droit réel de gage et dont le droit de préférence n'est nullement de la nature des privilèges (ci-dessus, n° 2435). Mais *pour tous les autres créanciers privilégiés, il n'existe point de droit réel.* Il n'y a de droits réels que ceux qui permettent à une personne de faire sur une chose des actes de maître. Tels sont la propriété, l'usufruit, les servitudes, l'emphytéose ; tel est aussi le gage ; telle est encore l'hypothèque, parce qu'elle tend à faire délaisser la chose au créancier et qu'elle autorise celui-ci à en transférer la propriété à autrui. Dans le privilège, rien de semblable : c'est un simple *droit de priorité entre créanciers,* un tour de faveur dans la répartition du prix, et c'est bien ainsi que la loi l'envisage en le définissant « un droit qu'a le créancier d'être *préféré* aux autres » (art. 209).

CHAPITRE II

DES PRIVILÈGES GÉNÉRAUX

***2549. Distinction.** — D'après leur origine et leur but, les privilèges généraux

[1] On remarquera toutefois une double différence : 1° les anciens disaient que les « privilegia » étaient accordés « personæ vel causæ » ; Domat, et le Code après lui, disent seulement que c'est la cause [ou qualité] de la créance qui donne le privilège. Il n'y a donc pas de privilèges accordés à une personne, pour toutes ses créances indistinctement ; 2° les anciens faisaient passer les privilèges après les hypothèques, nous les faisons passer avant, pour des motifs qui seront expliqués plus loin, mais ce n'est là qu'une question de classement.

sont de deux sortes : les uns sont *établis par les lois civiles au profit des particuliers* ; les autres ont été créés *par des lois administratives ou fiscales, au profit du Trésor.*

** **2550. Sur quoi ils portent.** — En principe, les privilèges généraux portent sur tous les biens du débiteur, meubles et immeubles, et il y en a une bonne raison : ce sont des *actions chirographaires qui sont déclarées privilégiées* ; le créancier peut donc exercer son droit sur l'ensemble du patrimoine qui était son gage. Cette règle s'applique à tous les privilèges généraux du droit civil énumérés ci-dessous, nos 2551 à 2575. Toutefois les différents privilèges du Trésor public indiqués aux nos 2577 à 2582 ne portent que sur les *meubles,* non pas que le Trésor ait renoncé à posséder une garantie sur les immeubles de ses débiteurs, quand ils en ont, mais parce qu'alors le Trésor s'est fait donner une *hypothèque* au lieu d'un simple privilège général.

§ 1. — *Privilèges du droit civil.*

2551. Leur provenance. — La plupart dérivent du Code civil. Il en est cependant quelques-uns qui ont été institués depuis 1804 par des lois spéciales. Dans la liste qui suit, ils portent les nos 4, 6 et 8.

1° Frais de justice.

* **2552. Principe.** — Lorsque des frais ont été faits pour *réaliser* (c'est-à-dire pour transformer en argent) les biens du débiteur, ces frais doivent être prélevés sur les sommes ainsi obtenues ; la loi les déclare privilégiés (art. 2101-1°).

Ces dépenses ne sont pas toujours faites *en justice* ; elles comprennent aussi un certain nombre de dépenses *extra judiciaires*, comme les *frais de scellés et d'inventaire.*

D'autre part, sont privilégiés à ce titre non seulement les frais faits pour *liquider* les biens du débiteur et pour en *distribuer* le prix à ses créanciers ; mais aussi ceux qui seraient faits pour *conserver* ou *recouvrer* certains biens dans l'intérêt des créanciers : tels seraient les frais d'une action Paulienne (art. 1167) ou ceux d'une revendication exercée contre un tiers du chef du débiteur (art. 1166).

Rien de tout cela n'est exprimé par le Code ; mais la tradition, qui a été implicitement maintenue par lui, est en ce sens.

2553. Restriction. — Si les frais de justice sont privilégiés, c'est parce qu'ils sont *utiles aux créanciers*. Ce motif amène une restriction du privilège dans certains cas : s'il existe un créancier pour lequel les frais réclamés n'aient pas été utiles, ils ne seront pas privilégiés contre lui. Cela arrive pour le bailleur dans la procédure de distribution par contribution ; le bailleur a le droit de faire statuer sur son privilège *par voie de référé*, sans attendre l'achèvement de cette procédure (art. 661 C. proc. civ.) ; les frais de la distribution ne sont donc pas faits dans son intérêt, et sa créance ne sera pas primée par eux : ces frais sont payés, dit la loi, avant toute créance « autre que celle pour loyers dus au propriétaire » (art. 662 C. proc. civ.).

Ceci doit s'entendre non seulement des frais de distribution (dont parle la loi), mais à plus forte raison des frais de faillite ou de liquidation judiciaire faits dans l'intérêt de la masse des créanciers (Alger, 23 févr. 1893, D. 94. 2. 542, S. 93. 2. 175). Le bailleur subit seulement le prélèvement des frais qui lui ont été utiles, tels que ceux de scellés et d'inventaire (Paris, 27 mars 1824, Dalloz, *Répert.*, v° Privilège et hypothèques, n° 169, S. 25. 2, 193. — Comp. Riom, 24 août 1863, D. 63. 2. 161).

2° Frais funéraires.

***2554. Motifs du privilège.** — Il est fondé sur un motif de décence et de salubrité publique, et il tend à assurer le prompt ensevelissement des morts.

2555. Son origine. — Il était déjà admis en droit romain. MARCIANUS : « Impensa funeris semper ex hereditate deducitur, quæ etiam omne creditum solet præcedere, cum bona solvendo non sint » (*Dig.*, liv. XI, tit. 7, fr. 45).

***2556. Créances privilégiées.** — La loi n'ayant rien précisé, tout a été controversé. On s'est posé deux questions principales :

1° *Que faut-il admettre comme frais funéraires ?* — La jurisprudence se montrait jadis assez large ; elle faisait même profiter du privilège les frais du *deuil de la veuve et des domestiques* (Caen, 15 juill. 1836, S. 37. 2. 229) ; cette solution est généralement condamnée par les auteurs modernes (AUBRY et RAU, § 260, note 11).

Il y a même une tendance à n'admettre comme privilégiés que les *frais strictement nécessaires à l'inhumation* (transport du corps et ensevelissement), à l'exclusion des frais de la cérémonie religieuse (LAURENT, t. XXIX, n°s 357 et suiv. — Trib. Seine, 16 janv. 1885, D. 87. 2. 119 ; 15 nov. 1889, S. 90. 2. 47). Mais en général on considère les *frais de la cérémonie religieuse* comme compris dans les frais funéraires, pourvu toutefois qu'ils soient en rapport avec la condition sociale et la fortune apparente du défunt (Paris, 9 févr. 1887, D. 87. 2. 119, S. 87. 2. 40)[1].

En tout cas le privilège des frais funéraires ne s'étend pas à la construction d'un monument funèbre, si modeste qu'il soit (Trib. Seine, 6 mai 1873, D. 75. 3. 8), ni à l'achat d'une concession dans le cimetière.

2° *De quelles personnes la loi prévoit-elle le décès ?* — Il est généralement admis que le privilège des frais funéraires a lieu, non seulement quand c'est le *débiteur lui-même* qui est décédé, mais *même de son vivant,* quand il s'agit d'enterrer *une personne vivant à sa charge et sans fortune personnelle,* comme le sont ses enfants. Le motif en est que ces frais doivent être supportés par le débiteur.

C'est à tort que Laurent (t. XXIX, n° 329) restreint le privilège à la personne même du débiteur ; c'est à tort également que d'autres auteurs l'étendent à des personnes qui ne vivaient pas à la charge du débiteur.

3° Frais de dernière maladie.

2557. Origine du privilège. — Ce privilège n'existait pas en droit romain. Il est né d'une fausse interprétation donnée par les commentateurs à deux lois romaines (*Code*, liv. III, tit. 31, loi 4 ; tit. 44, loi 3), qui accordent non pas un privilège, mais simplement une action en répétition à l'héritier quand c'est lui qui a payé de ses deniers les frais de la maladie du défunt. Domat ne parle pas de ce privilège ; Pothier le considère comme une simple application du privilège des frais funéraires (*Procédure civile*, n° 481). On voit, par cette origine, quelle valeur il faut accorder aux affirmations des auteurs modernes qui déclarent que ce privilège a été institué par *une idée d'humanité*, comme

[1] Tandis que le Tribunal de la Seine n'alloue de ce chef que 99 fr. 75, la Cour de Paris (arrêt de 1887) a accordé 214 francs (montant d'un convoi de cinquième classe), le surplus étant considéré comme dette personnelle des héritiers.

si l'humanité ne commandait pas de privilégier les soins donnés dans toutes les maladies, même autres que la dernière.

* **2558. Définition de la dernière maladie.** — Sous l'empire du Code on se demandait ce qu'il fallait entendre par « dernière maladie » : était-ce la *dernière en date, la plus récente,* celle qui avait précédé la faillite ou la déconfiture, ou bien la *dernière de la vie,* celle qui a précédé la mort ? D'après la tradition et l'ensemble des textes, cette dernière solution n'était pas douteuse : la dernière maladie pour laquelle le privilège était accordé est celle dont le débiteur est mort (Cass., 21 nov. 1864, D. 64. 1. 457, S. 65. 1 25 ; Cass., 27 juin 1892, D. 92. 1. 376, S. 92. 1. 360). Mais cela ne faisait pas l'affaire des médecins qui auraient bien voulu jouir du même privilège quand leur débiteur, encore vivant, devenait insolvable, et ils attaquaient la loi par la raillerie : « N'est-il pas ridicule, disaient-ils, que le médecin maladroit, qui perd son malade, soit privilégié, alors que le praticien habile, qui lui sauve la vie, en est récompensé par la suppression du privilège ? » Les médecins ont réussi à obtenir des Chambres une loi qui, tout en réglementant leur profession dans l'intérêt général, leur a concédé toute une série de faveurs. Cette loi (30 nov. 1892) a, par son art. 12, modifié l'art. 2101-3°, en y ajoutant aux mots « frais de la dernière maladie », ceux-ci : « *quelle qu'en ait été la terminaison* », ce qui a tranché la question dans un sens contraire à la jurisprudence antérieure. Depuis 1892, le privilège garantit donc les frais de la dernière maladie qu'a eue le débiteur soit avant sa mort, soit avant sa faillite ou sa déconfiture.

2559. Étendue du privilège. — Il y a deux questions que la loi n'a pas tranchées :

1° *Dans quelle mesure a lieu le privilège pour les maladies chroniques ?* — Les uns ne l'accordent que pour la dernière période de la maladie, celle pendant laquelle elle a pris un caractère particulier de gravité (En ce sens, Trib. Montdidier, 27 nov. 1884, Dalloz, *Suppl.*, t. XIV, p. 19, note 1) ; d'autres n'admettent aucune limite au privilège, si ce n'est la prescription de la créance du médecin qui est de deux ans d'après la loi du 30 novembre 1892, art. 11. Cette dernière opinion paraît être la plus sûre : le privilège est accordé pour la dernière maladie, il se prolonge donc autant qu'elle, tant qu'on en peut suivre l'unité[1].

La loi eût mieux fait de supprimer le mot « dernière » et de donner le privilège pour les frais de maladie faits dans la dernière année.

2° *Pour quelles personnes est-il accordé ?* — Certains auteurs n'accordent le privilège que pour la maladie du débiteur et non pour les soins donnés aux membres de sa famille (Aubry et Rau, § 260, texte et note 15). Cette opinion me semble trop rigoureuse. Le privilège devrait être reconnu pour toutes les maladies qui ont dû être soignées aux frais du débiteur (En ce sens, Colmet de Santerre, t. IX, n° 17 bis, II).

2560. Personnes privilégiées. — Les frais de maladie ne sont pas dus seulement aux *médecins* qui ont soigné le malade ; ils comprennent, en outre, tout ce qui peut être dû au *pharmacien* pour des fournitures de

[1] Les tribunaux se reconnaissent le droit de réduire la note du médecin (Trib. Seine, juin 1891, Dalloz, *Suppl.*, t. XIV, p. 10, note 1).

médicaments, à des *gardes-malades* pour leur salaire, à des *établissements de santé* qui ont reçu le malade, à des *établissements d'hydrothérapie* qui lui ont envoyé des bains, etc. La loi, en effet, accorde le privilège pour les frais « *quelconques* » de la dernière maladie.

Toutes ces personnes concourent entre elles (art. 2101-3°).

4° Frais de nourrice.

2561. Création du privilège. — La loi du 23 décembre 1874, sur la protection des enfants du premier âge (art. 14), étendue à l'Algérie (Décr. 8 février 1876), a créé un privilège au profit des nourrices, pour leurs salaires. Cette loi profite aux nourrices qui n'habitent pas chez les parents de l'enfant élevé par elles ; les nourrices sur lieux, celles qui vivent dans la maison des parents, étaient de tout temps privilégiées en vertu de l'art. 2101-4° (ci-dessous, n° 2563).

5° Salaires des gens de service.

2562. Origine. — Ce privilège est de création moderne. Il était inconnu des Romains dont la domesticité était fondée sur l'esclavage, et semble avoir été introduit par la jurisprudence du Châtelet de Paris (acte de notoriété du 4 août 1692 ; POTHIER, *Procéd. civile*, nos 481 et 492). Pothier ne l'avait vu pratiquer qu'à Paris et pour les domestiques de ville. La loi du 11 brumaire an VII l'admit pour les domestiques, d'une manière générale. — Ce privilège est fondé sur l'intérêt qu'inspirent des gens ordinairement peu fortunés et qui vivent de leur travail.

***2563. Créanciers garantis.** — La loi de brumaire disait : « les gages des *domestiques* » ; le Code dit : « les salaires des *gens de service* » (art. 2101-4°).

Grenier a expliqué dans son rapport au Tribunat qu'on avait voulu simplement adopter une désignation plus conforme à la réalité, sans accorder pour cela le privilège à des personnes auxquelles la loi de brumaire le refusait ; on a changé la formule et non la portée de la loi.

Sont privilégiés à titre de gens de service tous ceux qui *servent un maître* en se plaçant dans cet état de *dépendance personnelle et durable* qu'est la *domesticité*, qu'il s'agisse d'un service à la ville (domestiques proprement dits, valets et femmes de chambre, cuisiniers et cuisinières, portiers, etc.), ou à la campagne (garçons et filles de ferme, charretiers, pâtres, etc.) (Cass., 5 juill. 1886, D. 86. 1. 463, P. 87. 1. 309).

Au contraire *ce privilège est refusé* : 1° à ceux qui ont le caractère d'*ouvriers* ou de *journaliers*, venant travailler du dehors, à la journée, quand bien même on aurait l'habitude de les employer ; ils ne vivent pas dans l'état de domesticité ; 2° à diverses personnes qui, bien que vivant dans la maison d'autrui et recevant un salaire, ne sont pas placées personnellement sous la dépendance de la personne chez laquelle ils habitent, tels que *précepteurs, secrétaires, bibliothécaires*, etc.

***2564. Étendue du privilège.** — Le privilège est donné pour *l'année courante et une année échue*. Les années se comptent du jour de l'entrée en service. Le créancier n'aura donc jamais droit à deux années entières, l'année au cours de laquelle survient la mort ou la faillite étant, par définition même, encore inachevée.

La quotité garantie par le privilège ne concorde avec la portion de gages non prescrite que *si le domestique se loue à l'année* (art. 2272). Pour les gens de service qui sont payés au mois ou à la journée, la loi ne leur permet de réclamer que six mois de gages ; le surplus est prescrit (art. 2271) ; le privilège ne leur servira donc au delà que s'ils usent avec succès de la faculté que la loi leur accorde de déférer le serment à leur débiteur (art. 2275).

6° Salaires des commis et ouvriers.

* **2565. Extension du privilège des gens de service.** — Après la publication du Code on se demanda si l'expression « gens de service » de l'art. 2101-4° ne pourrait pas s'appliquer à *tous ceux qui louent leurs services* (art. 1780 et suiv.). On aurait voulu pouvoir en faire profiter tous les *employés, ouvriers* et *commis* du commerce et de l'industrie.

La jurisprudence rejeta cette interprétation ; elle reconnut que les auteurs du Code n'avaient pas eu l'intention d'élargir le privilège et que les « gens de service » n'étaient autre chose que les « domestiques » de la loi de brumaire. Elle refusait donc le privilège aux ouvriers (Cass., 10 févr. 1829, S. 29. 1. 101 ; Paris, 1er août 1834, S. 34. 2. 619), tout en l'accordant parfois aux commis (Paris, 15 févr. 1836, D. 36. 2. 79, S. 36. 2. 133). La loi du 28 mai 1838 sur la faillite (nouv. art. 549 C. com.) leur donna à tous un privilège *classé au même rang que celui des domestiques*. Ce n'est pas une loi interprétative ; c'est la création d'un privilège au profit de créanciers qui n'en avaient pas. Elle n'a donc pas rétroagi.

Une loi du 6 février 1895 a modifié à nouveau l'al. final de l'art. 549 C. com. pour trancher certaines difficultés de détail relatives aux *commis-voyageurs*.

2566. Lacunes subsistantes. — Malgré l'extension croissante de ce privilège, les gens qui vivent de leur salaire sont encore loin d'être tous privilégiés. Ainsi on le refuse aux *clercs des notaires* et des autres officiers ministériels (Cass., 15 janv. 1855, D. 55. 1. 5), parce qu'ils ne sont ni des domestiques ou gens de service, ni des ouvriers ou employés. Pour la même raison, on le refuse encore aux *artistes dramatiques ou lyriques* et aux *musiciens de l'orchestre des théâtres* (Cass., 24 févr. 1864, D. 64. 1. 135, S. 64. 1. 59; Trib. de Tunis, 27 janv. 1898, D. 99. 2. 134). Cependant la question est discutée pour ces derniers, et il y a eu un arrêt en leur faveur (Montpellier, 25 mars 1862, D. 62. 5. 260, S. 63. 2. 270).

2567. Cas d'application. — On a profité en 1838 d'une revision de la loi des faillites pour accorder un privilège aux ouvriers, mais on n'a pas pris garde qu'en inscrivant ce privilège dans une loi exceptionnelle, comme l'est le Code de commerce, au lieu de le placer dans la loi de droit commun qui est le Code civil, on lui donnait une portée restreinte. En effet, peuvent seuls en profiter les ouvriers employés à une *exploitation commerciale* susceptible d'entraîner la faillite de son chef. Il en résulte que ceux qui sont employés à une *exploitation rurale*, qui a le *caractère civil*, n'en bénéficient pas (Cass., 9 juin 1873, D. 73. 1. 338, S. 73. 1. 271), à moins qu'ils ne se soient engagés dans des conditions telles qu'on puisse les considérer comme vivant en domesticité, ce qui leur rend applicable la disposition de l'art. 2101-4° sur les gens de service (Cass., 26 juin 1878, D. 78. 1. 343, S. 79. 1. 460).

La loi du 1er août 1893, qui a soumis aux lois et usages du commerce les sociétés civiles constituées dans les formes commerciales, a indirectement étendu ce privilège aux ouvriers d'un certain nombre de sociétés civiles, à ceux des mines, par exemple. Mais la loi du 4 mars 1889, qui a déclaré ce privilège applicable au cas de liquidation judiciaire, n'en a fait bénéficier aucune catégorie nouvelle de salariés, la liquidation étant simplement une forme atténuée de la faillite dans l'intérêt du patron.

2568. Étendue du privilège. — Les personnes ayant la qualité de *commis* sont, depuis 1838, privilégiées pour *six mois de gages*. Aux ouvriers, qui sont ordinairement payés à la quinzaine, on avait d'abord donné privilège pour *un mois de salaires seulement*; la loi du 4 mars 1889, sur la liquidation judiciaire, leur a donné droit à *trois mois* (art. 22, modifiant l'art. 549 C. com.).

2569. Nature des créances garanties. — Le texte du Code ne donne le privilège que pour le paiement des *salaires* ou *gages*. La loi du 27 décembre 1895, sur les *caisses de retraite et de secours*, a étendu ce privilège aux *restitutions des retenues* effectuées sur les salaires pour être versées à une institution de prévoyance et non encore employées (art. 4).

7° Fournitures de subsistances.

*** 2570. Motifs du privilège.** — Ce privilège, qui paraît avoir été introduit par le Code, car Pothier n'en parle pas, est établi moins dans l'intérêt du créancier que dans celui du débiteur, à qui on veut assurer du crédit chez les fournisseurs auxquels il s'adresse pour se procurer les choses indispensables à l'existence. En privilégiant le créancier, on facilite l'approvisionnement du débiteur.

2571. Fournisseurs privilégiés. — Encore un point que la loi a eu bien tort de ne pas régler en détail, car on ne sait ce qu'il faut entendre au juste par « subsistances ». Les auteurs sont loin d'être d'accord. Les uns comprennent dans les subsistances tout ce qui est nécessaire à la vie, même l'éclairage, le chauffage et le vêtement (Colmet de Santerre, t. III, n° 9 *bis* 1). D'autres, en tête desquels se place Laurent, t. XXIX, n° 371), restreignent le privilège aux fournitures d'aliments proprement dits. Il n'y a aucune raison pour entendre ici le mot « subsistances » dans un sens plus étroit que celui qu'on donne au mot « aliments », dans la dette alimentaire[1].

Il n'y a pas de jurisprudence sur la question. Il a cependant été jugé que le privilège devait être restreint aux fournitures de choses nécessaires à la vie, et ne pas être accordé pour des consommations de luxe, comme celle de l'eau-de-vie (Cass., 1er févr. 1893, D. 93. 1. 184, P. 94. 1. 292). Exagérant cette idée, Laurent traitait le vin comme un objet de luxe et refusait le privilège à celui qui en avait vendu ; il est vrai qu'il écrivait dans un pays où il n'y a pas de vignobles.

2572. Subsistances comprises dans le privilège. — Quant aux *personnes qui ont consommé les subsistances*, la loi s'explique clairement et donne le privilège pour les fournitures faites *au débiteur et à sa famille* (art. 2101-5°). Les difficultés que l'on rencontre pour les privilèges des frais funéraires et des frais de dernière maladie ne s'élèvent donc pas ici. La « famille » du débiteur s'entend dans le sens latin de *familia* = *maison*: ce sont les *personnes qui vivent à sa charge*, parentes ou non, et entre autres les domestiques. Mais le privilège ne s'étend pas à des fournitures faites pour des travailleurs vivant hors de la maison du maître, par exemple à des immigrants dans une colonie, logés et nourris par l'exploitant d'un domaine, mais non chez lui (Cass., 22 mars 1892, D. 92. 1. 247, S. 92. 1. 229).

2573. Étendue du privilège. — Pour déterminer la quantité de fournitures qui

[1] Certains auteurs disent que *subsistances* est moins large qu'*aliments*. C'est une erreur. Aliments et subsistances (au pluriel) ont le même sens : les subsistances sont les fournitures nécessaires à l'alimentation. Tel est le sens dans la langue usuelle (Littré), mais en droit, les deux mots prennent un sens plus large.

pourra être payée par privilège, la loi fait une distinction selon la façon dont les fournitures ont été faites : si c'est *en gros, l'arriéré d'un an* pourra être réclamé ; si c'est *en détail*, le privilège n'a plus lieu que pour les fournitures des *six derniers mois* (art. 2101-5°). L'année ou les six mois garantis par le privilège se comptent en remontant dans le passé à partir de la faillite ou de la déconfiture. — Je crois que pour appliquer cette distinction on doit s'attacher à la nature des fournitures, plutôt qu'à la qualité des marchands, bien que le texte distingue entre les « marchands en gros » et les « marchands en détail ». Par conséquent une maison de gros qui aura fait des fournitures au détail ne pourra réclamer par privilège que celles des six derniers mois (Cass., 1er févr. 1893, D. 93. 1. 184, P. 94. 1. 292). Toutefois la question est controversée.

La prescription étant d'un an pour toutes les fournitures (art. 2272), son délai concorde avec celui du privilège pour les fournitures en gros ; mais non pour les fournitures en détail : pour celles-ci six mois seulement sont privilégiés ; les six autres mois non prescrits restent à l'état de créance chirographaire.

2574. Des maîtres de pension. — La loi assimile les *maîtres de pension* aux fournisseurs de subsistances. La pratique moderne applique ce mot aux *maîtres de maisons d'éducation*, qui nourrissent des élèves internes ou demi-pensionnaires, et on décide qu'ils n'ont privilège que pour les fournitures d'aliments, et non pour les fournitures de classe (papiers, livres, cahiers, etc.).

Les maîtres de pension sont assimilés aux fournisseurs en gros et privilégiés pour une année entière.

8° Indemnités d'accidents industriels.

***2575. Création du privilège.** — La loi du 9 avril 1898, qui a organisé ce qu'on appelle le *risque professionnel* et accordé des indemnités aux ouvriers victimes d'accidents même fortuits, a établi en même temps diverses garanties pour le paiement de ces indemnités. Spécialement, elle a institué (art. 23) un privilège qui prend rang après ceux de l'art. 2101[1].

2576. Créances garanties. — Ce nouveau privilège garantit : 1° les *frais médicaux et pharmaceutiques*, en toute hypothèse ; 2° les *frais funéraires*, quand la victime a succombé ; 3° l'*indemnité* due à l'ouvrier *au cas d'incapacité temporaire* de travail ; celle qui lui est due au cas d'incapacité permanente est garantie autrement.

§ 2. — *Privilèges du fisc.*

2577. Contributions directes. — Ce privilège porte seulement *sur les meubles* et non sur les immeubles. Il est établi pour toutes les contributions directes, *autres que l'impôt foncier*, lequel est garanti d'une autre manière. Il garantit le paiement de l'année courante et d'une année échue (L. 12 novembre 1808, art. 1er).

2578. Impôt du timbre. — Le privilège des contributions directes a été étendu au recouvrement des droits de timbre (L. 28 avril 1816, art. 76, al. 2).

2579. Contributions indirectes. — Le privilège qui les garantit porte seulement *sur tous les meubles*, comme les deux précédents (Décr. 1er germinal an XIII).

2580. Débets des comptables. — Le Trésor a un privilège général sur les meubles des comptables pour leurs débets (L. 5 septembre 1807, art. 2).

2581. Droits de douanes. — Pour l'acquittement de ces droits, la régie est privi-

[1] Remarquez le procédé du législateur. Il dit : « La créance de la victime... est garantie par le privilège de l'article 2101 C. civ. et *y sera inscrite* sous le n° 6. » Mais inscrite par qui ? Puisque le législateur ne l'a pas fait lui-même, voilà les éditeurs autorisés à rédiger à leur guise un alinéa additionnel pour le Code civil ! Heureusement qu'ils s'en sont abstenus, se bornant à signaler en note l'existence de ce privilège nouveau.

légiée sur les meubles des redevables (L. 6-22 août 1791, tit. XIII, art. 22; L. 4 germinal an II; L. 28 avril 1816, art. 58).

2582. Frais en matière pénale. — Une loi du 5 septembre 1807, distincte de celle mentionnée au nº 2580 ci-dessus, a accordé un privilège général au Trésor pour le remboursement des frais qui lui sont dus à raison d'une condamnation criminelle, correctionnelle ou de police.

CHAPITRE III

DES PRIVILÈGES SPÉCIAUX SUR CERTAINS MEUBLES

§ 1. — *Leur origine et leur nature.*

****2583. Définition.** — Un privilège est *spécial* lorsqu'il donne le *droit de préférence sur un ou plusieurs biens déterminés*; si ces biens sont des meubles, le privilège est mobilier.

*** 2584. Origine.** — Les privilèges spéciaux sur les meubles étaient inconnus en droit romain; c'est le droit français qui les a inventés peu à peu; ils se sont formés lentement sous l'influence de changements opérés sur d'autres institutions. Le premier de ces changements a été la *séparation des voies d'exécution*, qui devinrent profondément distinctes selon qu'elles portaient sur les meubles ou sur les immeubles; les meubles furent saisis à part et discutés avant les immeubles, ce qui n'avait jamais eu lieu en droit romain. Leur sort étant désormais indépendant, on comprend qu'il se soit formé pour eux des habitudes et des conceptions nouvelles et que la notion du privilège spécial mobilier ait pu naître : elle trouvait un terrain tout préparé pour son éclosion. Sa naissance a eu pour cause la *suppression du droit de suite qui résultait de l'hypothèque mobilière*, suppression qui fut la conséquence des idées germaniques sur la saisine et la revendication des meubles. Quand ce double changement fut accompli, on ne rencontrait plus, dans l'exécution des meubles, que de *simples droits de préférence* : les sûretés réelles elles-mêmes ne donnaient plus le droit de suite. Dès lors, par un abus de langage facile à comprendre chez des praticiens, on en arriva à appeler indifféremment « privilèges » toutes les causes de préférence sur les meubles, quelle qu'en fût au fond la nature. Cette confusion est complète dans Pothier, mais elle est beaucoup plus ancienne.

Nos anciens auteurs employaient le mot « privilège » avec le sens large que nous donnons à l'expression « droit de préférence ». Cette synonymie est très sensible chez Domat, dans les passages où il parle du gage, de l'hypothèque et des privilèges.

*** 2585. Développement postérieur.**— Une fois qu'on eut ainsi créé la notion d'un *privilège spécialisé,* c'est-à-dire d'un simple droit de préférence limité à certains biens, comme cette conception nouvelle était en elle-même compréhensible et utile, on se mit à en créer de nouveaux cas. Après avoir vécu longtemps sur les anciennes traditions, qu'on se contentait d'altérer et de transformer, le droit entra dans une *phase productive* ; un certain nombre de privilèges d'institution récente ont été *créés sous la forme de privilèges mobiliers spéciaux,* et n'ont jamais été autre chose. Le plus ancien exemple d'une création de ce genre est le privilège introduit en 1580 dans la coutume de Paris au profit du vendeur à terme (ci-dessous n° 2606).

En outre, il existe un *ancien privilège général* du droit romain qui a été maintenu en droit moderne, mais *à l'état de privilège spécial* : c'est le privilège donné pour les frais de conservation de la chose.

Nous allons étudier les privilèges spéciaux en les distinguant ainsi selon leur provenance.

§ 2. — *Énumération.*

A. — Privilèges dérivés d'anciennes causes de préférence.

2586. Observation générale. — Les anciennes causes de préférence que la loi moderne range parmi les privilèges spéciaux, alors qu'elles avaient originairement une autre nature, *ont conservé en grande partie leurs règles propres,* qui sont fort différentes de celles des privilèges véritables. Ces prétendus « privilèges », quoiqu'ils en portent le nom dans la pratique, n'en sont pas en réalité, puisqu'ils *n'en présentent pas les caractères spécifiques,* tels qu'ils sont définis par le Code civil lui-même.

***2587. Privilèges dérivant du gage.** — Ceux-là nous sont déjà connus. Je les énumère ici pour mémoire :

1° Privilège du créancier gagiste (art. 2102-2°). Voyez ci-dessus, n°s 2435 et suiv.

2° Privilège du bailleur (art. 2102-1°). — On sait déjà que le bailleur est un gagiste, son droit naissant d'une affectation sous-entendue. Sur ce privilège, voyez ci-dessus n°s 2465 et suiv.

3° Privilège pour faits de charge. — Il porte sur le cautionnement des fonctionnaires et officiers ministériels (art. 2102-7°) et s'explique également par une idée de nantissement. Voyez ci-dessus n° 2395.

Rappelons que ces prétendus privilèges ne sont pas autre chose que la *préférence résultant du droit réel de gage* (ci-dessus n° 2435)[1].

[1] Domat avait parfaitement vu que le droit de préférence du gagiste n'est pas un privilège : « On ne met pas au nombre des privilèges la préférence qu'a le créancier sur les meubles qui lui ont été donnés en gage..., car cette préférence n'est pas fondée sur la qualité de la créance, mais sur la sûreté que le créancier a prise, se saisissant du gage » (*Loix civiles,* liv. III, tit. 1, sect. 5).

* **2588. Privilèges dérivant du droit de rétention.** — On a vu ci-dessus (nos 2532 et 2535) que le droit de rétention, simple exception de dol opposable à un demandeur qui se trouve en même temps débiteur, ou à ses ayants cause, n'est ni un droit réel ni un droit de préférence, et que cependant il aboutit dans la pratique à procurer au créancier son paiement intégral, sans que les autres soient désintéressés, ce qui lui est aussi avantageux qu'un droit de préférence véritable. C'est pour cela que la loi met au nombre des créanciers privilégiés l'*aubergiste* et le *voiturier* (art. 2102-5° et 6°), bien qu'ils n'aient pas, à proprement parler, un privilège, tout leur droit se bornant à ne pas se dessaisir de la chose (ci-dessus, n° 2521).

Le Code civil suit ici la classification de Domat (*Loix civiles*, liv. III, tit. 1, sect. 5, n° 11), qui toutefois rattache le privilège du voiturier à l'idée d'une conservation de la chose : « Hujus enim pecunia salvam fecit totius pignoris causam. »

* **2589. Privilège du vendeur de meubles.** — L'histoire de la formation de ce privilège exige de longues explications, qui seront données dans le paragraphe 3 ci-dessous (nos 2604 et suiv.).

B. — Privilège général devenu privilége spécial.

* **2590. Origine.** — Le droit romain donnait un privilège à ceux qui avaient fait des avances pour *réparer*, *conserver* ou *reconstruire*, soit une *maison*, soit un *navire* (*Dig.*, liv. XLII, tit. 5, fr. 24, § 1, fr. 26).

2591. Transformations. — Depuis l'époque romaine ce privilège a subi un double changement : 1° au lieu d'être général et de porter sur tous les biens, comme les anciens « privilegia exigendi », il s'est *spécialisé* et porte exclusivement *sur la chose améliorée ou conservée* ; 2° au lieu de s'appliquer seulement aux maisons et aux navires, il est accordé pour les *dépenses de conservation d'une chose quelconque* ; l'art. 2102-3° parle en termes aussi généraux que possibles de « la conservation de la chose ». — Amoindri d'un côté, il s'est donc étendu de l'autre.

Ce privilège est susceptible de recevoir les emplois les plus variés. Citons seulement les *frais faits pour le recouvrement d'une créance*.

2592. Cas spéciaux. — Outre cette institution générale de l'art. 2102-3°, ce privilège reçoit deux applications particulières :

1° Dans le 1° du même article, pour les *frais de récolte*, c'est-à-dire pour les salaires des ouvriers qui ont fait la récolte et qui sont privilégiés sur les produits du sol ainsi conservés par leur travail.

2° La loi n'a pas accordé de privilège au vétérinaire comme elle en a donné un au médecin et au pharmacien. Mais la jurisprudence applique le privilège institué par l'art. 2102-3° pour les frais de conservation de la chose (Cass., 10 mai 1887, D. 87. 1. 397, S. 87. 1. 200; Cass., 14 févr. 1900, D. 1900. 1. 175).

C. — Privilèges spéciaux de création moderne.

* **2593-2595. Privilège en matière de travaux publics.** — Sa création première. — En matière de travaux publics, les *sommes dues aux entrepreneurs* chargés de l'exécution du travail sont *grevées d'un privilège au profit des ouvriers et fournisseurs*, créanciers de ces entrepreneurs. Ce privilège a été créé par le décret du 26 pluviose an II (art. 1, 3 et 4 combinés) d'une

façon détournée et sans que le nom de « privilège » soit prononcé par la loi[1].

PREMIÈRE EXTENSION EN 1891. — Le privilège n'existait d'abord que dans le cas spécial où les travaux sont faits *pour le compte de l'État* : le décret de pluviôse avait été rendu pour assurer la prompte exécution des grands travaux nationaux. Une loi du 25 juillet 1891 l'a étendu à tous travaux ayant le caractère *public*, notamment aux travaux exécutés pour les *communes* et *départements*[1]. Mais le privilège ne s'étend pas aux travaux faits pour le compte d'une compagnie de chemins de fer (Paris, 26 févr. 1896, D. 1900. 2. 145.)

NOUVELLE EXTENSION EN 1892. — Un privilège tout à fait semblable au précédent a été créé par la loi du 29 décembre 1892 sur les dommages causés aux propriétés privées par l'exécution des travaux publics, en vue de ce qu'on appelle l'*occupation temporaire*. Il s'agit du droit qu'ont les entrepreneurs, sous certaines conditions, d'établir temporairement leurs chantiers sur les terrains voisins du point où s'exécute le travail. Les propriétaires des terrains ainsi occupés ont droit à une indemnité, et la loi de 1892 les déclare privilégiés sur les sommes dues aux entrepreneurs par l'administration et déposées à cet effet dans les caisses publiques (art. 18). C'est l'adjonction d'une nouvelle catégorie de privilégiés aux deux premières (ouvriers et fournisseurs) dont s'étaient occupées les lois de l'an II et de 1891.

2596. Privilège pour les fournitures de la guerre. — Institué par le décret dit *de Posen* (12 décembre 1806), il garantit les *fournitures faites au ministère de la guerre par des sous-traitants* (d'où le nom qu'on lui donne quelquefois de *privilège des sous-traitants*), et il porte sur les sommes dues aux traitants par l'État. C'est l'analogue du privilège établi en l'an II pour les fournitures de matériaux aux travaux publics.

2597. Privilèges pour l'alimentation de Paris. — Il y a deux privilèges destinés à assurer les arrivages et la vente des denrées à Paris : l'un est accordé *à la Ville elle-même* pour *crédits faits aux bouchers* (Décr. 6 févr. 1811 ; Décr. 15 mai 1813) ; l'autre est établi pour les *facteurs de la Halle* (Décr. 27 févr. 1811).

2598. Privilège du Crédit foncier. — Le Crédit foncier a un privilège *sur les loyers ou récoltes* des immeubles qui lui sont hypothéqués, pour le paiement des annuités en retard (Décr. 28 févr. 1852, art. 30) ; mais ce privilège n'existe que quand la société a été *mise en possession* à titre de séquestre, à la suite du retard du débiteur.

[1] Voici comment la combinaison des textes aboutit à donner un privilège aux ouvriers et fournisseurs : la loi commence par interdire aux créanciers de l'entrepreneur de pratiquer des saisies-arrêts sur les fonds destinés au paiement des travaux exécutés pour le compte de l'Etat ; puis on fait exception au profit des créances pour salaires d'ouvriers et prix de fournitures (art. 3). Il en résulte que la masse des créanciers de l'entrepreneur est obligée de laisser celui-ci toucher librement les sommes qui lui sont dues par le Trésor et qui, en entrant dans sa caisse, deviennent le gage commun de la masse, tandis que les ouvriers et fournisseurs pouvant faire opposition sont payés directement par le Trésor et obtiennent ainsi leur paiement intégral à l'exclusion de tous autres. — Sur diverses conditions d'existence du privilège, voyez neuf jugements et arrêts rapportés dans D. 1900. 2. 145.

[2] Il y a une grande *différence entre les motifs de ces deux lois* : le décret de pluviôse a été inspiré par une *pensée égoïste* de la part du gouvernement : en pleine révolution, il était difficile de trouver des ouvriers et des fournisseurs ; en leur assurant leur paiement, on facilitait l'adjudication des travaux. — La loi de 1891 est une des nombreuses mesures votées par le Parlement depuis 1880 dans le désir de *favoriser le plus possible les ouvriers*. Cette intention du législateur s'accuse surtout par un détail : quand il n'y a pas de quoi payer tout le monde, ouvriers et fournisseurs concouraient d'après le décret de pluviôse; d'après la loi actuelle, les ouvriers sont payés avant les fournisseurs.

2599. Privilège des bailleurs de fonds. — Il s'agit des personnes qui ont fourni les fonds du *cautionnement d'un fonctionnaire ou agent comptable*. Ces personnes ont droit au remboursement des valeurs qu'elles ont données, et la loi leur reconnaît sur le cautionnement un privilège qui empêche les autres créanciers de concourir avec eux. Toutefois le bailleur de fonds est *primé par les créanciers d'indemnités pour faits de charge*, ce qui est le but même du dépôt du cautionnement. De là le nom de *privilège de second ordre* appliqué au privilège des bailleurs de fonds (LL. 25 nivôse et 6 ventôse an XIII ; Décr. 28 août 1808 ; Décr. 22 décembre 1812).

2600. Privilèges du Code de commerce. — L'art. 191 C. com. énumère *onze* privilèges spéciaux sur les navires. On y remarque au n° 6 les gages ou salaires du capitaine et de l'équipage. — Voyez aussi art. 271 C. com.

D. — Tentative doctrinale relative aux privilèges sur les créances.

2601. Son principe. — Une tentative intéressante a été faite dans la doctrine pour accorder à certains créanciers un privilège, malgré le silence des textes, ou tout au moins l'équivalent d'un privilège (Labbé, *Revue critique*, 1876, p. 571 et 665 ; Balleydier, *Ibid.*, 1886, p. 415, 523 et 568 ; Tarbouriech et Darras, *Annales de Droit commercial*, 1889, n° 6). M. Labbé, étudiant les différents cas où « de pressantes considérations d'équité » rendent nécessaire l'existence d'un privilège, signalait un grand nombre d'hypothèses, se rattachant presque toutes à deux idées principales :

1° *Celui qui fournit, volontairement et à ses dépens, les éléments d'un contrat d'où est sortie au profit de l'autre partie une créance contre un tiers*, doit avoir privilège sur cette créance. Application principale : l'acheteur d'une chose la revend à un tiers ; le vendeur primitif doit avoir privilège sur la créance du prix de revente, que possède son acheteur contre le sous-acquéreur. M. Labbé recherchait dans la loi des exemples analogues et s'appuyait sur l'art. 1753, qui donne action au bailleur primitif contre le sous-locataire ; sur l'art. 1798 qui donne action aux ouvriers d'un entrepreneur contre le maître, au compte duquel l'ouvrage a été fait ; sur le décret du 26 pluviôse an II, analysé ci-dessus, n° 2593.

2° *Celui qui en exerçant une action contre une personne qui est son obligé fait naître au profit de cette personne une action contre un tiers doit avoir privilège sur le produit de cette dernière action.* — Exemples : *a*) Une même chose est l'objet de plusieurs ventes successives ; le dernier acheteur subit une éviction : chaque acheteur a une créance d'indemnité contre son vendeur, mais le plus récent est préféré aux autres dans ces recours successifs. — *b*) Un propriétaire se fait assurer contre le recours des voisins, pour le cas où son immeuble communiquerait le feu aux maisons qui le touchent : les voisins, victimes de l'incendie, doivent être préférés à tous autres sur la somme que versera à ce propriétaire la Compagnie qui l'avait assuré contre le *recours des voisins*. — *c*) Même raisonnement pour le cas où un locataire, responsable de l'incendie envers le propriétaire, se fait assurer pour le *risque locatif* : le propriétaire doit être préféré à tous autres sur cette indemnité. Dans ces différents cas la personne poursuivie par le créancier n'a de recours contre son garant ou assureur, que parce qu'elle est elle-même actionnée : c'est donc l'action dirigée contre elle qui est la *condition d'existence* de son recours contre un tiers. Il est naturel que celui qui fait naître ce recours soit appelé à en profiter à l'exclusion de tous autres.

2602. Son échec. — Cette théorie ingénieuse a trouvé peu d'échos dans la doctrine, et je ne crois pas qu'elle ait entraîné aucune décision judiciaire. Elle est cependant profondément juridique : du moment où la condition d'existence du droit que va acquérir mon débiteur contre un tiers est l'action que je vais exercer contre lui, c'est comme si je mettais moi-même, et à mes dépens, cette valeur dans son patrimoine ; je devrais être privilégié à l'égal d'un vendeur.

2603. Son adoption partielle par le législateur. — Cependant si la tentative de M. Labbé a échoué dans la doctrine et la jurisprudence, on doit certainement y rattacher une création législative nouvelle. La loi du 19 février 1889 a appliqué le principe de cette théorie à deux de ses hypothèses principales : l'*assurance du recours du voisin* et l'*assurance du risque locatif*. Aux termes de l'art. 3 de cette loi, l'assuré ne peut toucher l'indemnité qui lui a été promise par la Compagnie qu'autant qu'il rapporte la preuve que le propriétaire de l'immeuble (au cas d'assurance du risque locatif) ou les propriétaires des immeubles voisins (au cas d'assurance du recours des voisins) ont été *entièrement désintéressés* par lui. La loi fait ainsi du paiement intégral de la victime du sinistre la *condition d'ouverture* du recours de l'assuré contre l'assureur ; par suite cette personne (propriétaire de l'immeuble loué ou propriétaire d'une maison contiguë endommagée par la communication de l'incendie) obtient son paiement entier, à l'exclusion de tous autres créanciers : les choses se passent donc, ainsi que le voulait M. Labbé, *comme si ce créancier avait un privilège sur la créance appartenant à son débiteur* (l'assuré) *contre un tiers* (la Cie d'assurances).

§ 3. — *Privilège du vendeur de meubles.*

A. — Ses origines et son développement.

* **2604. Protection du vendeur en droit romain.** — Le privilège du vendeur a sa première origine dans le droit romain, bien que la législation antique n'ait jamais songé à attribuer au vendeur un privilège. A vrai dire, il n'en avait pas besoin, et il était mieux protégé encore, quoique d'une autre façon. En principe, tant que le prix n'était pas payé, *le vendeur restait propriétaire de la chose vendue* : « Venditæ vero res et traditæ non aliter emptori acquiruntur quam si is pretium solverit » (*Institutes*, liv. II, tit. 1, n° 41) ; il pouvait donc la revendiquer et la reprendre.

Par exception, *la propriété passait à l'acheteur*, bien que le prix ne fût pas encore payé : 1° quand le vendeur avait reçu une garantie, telle qu'un fidéjusseur ; 2° quand il avait *suivi la foi de l'acheteur*, en lui faisant crédit et en lui donnant un *terme* pour le paiement. On disait alors « res abiit in creditum », et le vendeur, dépouillé de sa propriété, n'était plus qu'un créancier ordinaire.

C'est de l'action en revendication romaine qu'est dérivé le privilège moderne du vendeur.

* **2605. État primitif du droit français.** — Pendant longtemps on s'en tint en France aux solutions anciennes, réservant au vendeur la revendication dans la vente sans terme, le réduisant à l'action personnelle dans la vente à terme [1]. Dumoulin et tous les autres expliquaient ce droit du vendeur par l'application pure et simple des lois romaines : s'il pouvait revendiquer, c'est qu'il restait propriétaire.

* **2606. Changement survenu au XVIe siècle.** — Si le droit français n'avait rien fait de plus, le privilège du vendeur n'aurait pas pris naissance et nous en serions encore aux solutions primitives. Mais, au XVIe siècle, un usage nouveau s'introduisit : le vendeur à terme, qui n'était pas

[1] Voyez les textes de Jean Desmarès († 1383) et des *Coutumes notoires*, rapportés ci-dessus n° 1544, et l'article de la Coutume de Paris : « Qui vend aucune chose mobiliaire, sans jour et sans terme..., il peut sa chose poursuivre, pour estre payé du prix » (rédaction de 1510, art. 194 ; rédaction de 1580, art. 176).

protégé par le droit commun, prenait ses précautions ; il livrait la chose à titre de précaire ou de bail fictif, *de façon à faire une tradition qui ne fût pas translative de propriété*. Il se plaçait ainsi dans la même situation que s'il n'eût pas accordé de terme à l'acheteur. Cet usage devint si général que l'ancienne distinction romaine, qui faisait dépendre la protection du vendeur de l'existence ou de l'absence d'un terme, fut considérée comme une « subtilité » (Laurière, *Coutume de Paris*, t. II, p. 148) et, pour donner satisfaction à la pratique, on ajouta à la Coutume un nouvel article (art. 177), lors de la réformation de 1580. D'après cet article, « encore qu'il [le vendeur] eût donné terme, si la chose se trouve saisie sur le débiteur par un autre créancier, il peut *empescher la vente* et est *préféré sur la chose* aux autres créanciers[1]. »

Remarquez le langage du nouveau texte ; il donne au vendeur à terme un double droit. Le second est tout simple : c'est un *droit de préférence* sur la chose vendue, ce qu'on commençait déjà à appeler un *privilège*. Quant au premier, c'est un droit d'une nature spéciale : empêcher la vente, c'est la possibilité de *reprendre son bien en nature*, s'il y trouve avantage, au lieu d'en réclamer le prix ; on lui accordait donc, comme à un vendeur au comptant, le droit de revendiquer sa chose, seulement c'était une revendication imparfaite, moins complète, car elle ne lui donnait *aucun droit de suite contre les tiers acquéreurs de bonne foi* et lui permettait simplement de reprendre la chose à l'encontre des autres créanciers, quand elle se trouvait encore *en la possession* de l'acheteur. Cela fut jugé par un arrêt du Parlement de Paris, du 10 mars 1587 (Louet, Lettre P, sommaire 19, n° 2, et les renvois). Voyez aussi les auteurs cités par Laurière, sur l'art. 177.

Cette organisation du privilège du vendeur au XVIe siècle était alors une conception toute nouvelle, contraire aux traditions, et qu'il faut considérer comme la *première apparition d'un véritable privilège spécial dans notre droit*[1].

Quant à la désignation de ce droit, le langage n'était pas bien fixé. Pothier l'appelle tour à tour une *hypothèque* (*Cout. d'Orléans*, sur l'art. 458, t. 1, p. 686), et un *privilège* (*Procéd. civile*, n° 488, t. X, p. 140). Domat reconnaît l'existence d'un privilège et ne parle pas de la revendication (*Loix civiles*, liv. III, tit. 1, sect. 5) ; Claude de Ferrière parle comme Pothier, tantôt de *privilège* et tantôt d'*hypothèque* (*Coutume de Paris*, petite édition, t. I, p. 386).

** **2607. Système du Code.** — Le Code confirme les résultats obtenus en droit coutumier, en ce sens qu'il assure au vendeur une égale protection, *dans la vente à terme comme dans la vente sans terme*. L'art. 2102-4°, al. 1er, le dit expressément. Le Code a néanmoins opéré un *double changement* dans les droits du vendeur sans terme :

1° Suppression du droit de suite. — Le vendeur au comptant n'a plus, comme autrefois, le droit de « poursuivre » sa chose ; il n'a de garantie

[1] Les deux art. 176-177 de la Coutume de Paris furent reproduits littéralement en 1583 dans la Coutume d'Orléans (art. 458).

qu'autant qu'elle est encore « en la possession du débiteur » (art. 2102-4°, al. 1er).

2° CONCESSION D'UN PRIVILÈGE AU VENDEUR SANS TERME. — La protection que l'ancien droit accordait au vendeur, dans la vente sans terme, était très nette : ce n'était pas un privilège, c'était le maintien du droit de propriété en sa personne (POTHIER, *Vente*, n° 322). Le vendeur non payé *revendiquait*, et, si l'acheteur ou les créanciers de l'acheteur voulaient obtenir la chose, ils étaient obligés d'en payer le prix ; sa revendication n'était donc qu'un moyen d'obtenir son paiement, et le procédé est très visible dans la coutume de Paris : « Il peut sa chose poursuivre *pour être payé du prix* .» Le Code a bien conservé la revendication, dont il parle dans l'al. 2 de l'art. 2102-4°, mais il a, *en outre,* donné un privilège au vendeur sans terme (art. 2102-4° al. 1er).

Il résulte de cette double modification qu'il y a aujourd'hui une similitude absolue entre les deux catégories de vendeurs [1] : l'un comme l'autre ont un *privilège* ; l'un comme l'autre ont une *revendication*, mais une revendication imparfaite, privée de tout droit de suite [2].

B. — Justification théorique du privilège.

* **2608. Motif.** — Tant que le prix n'est pas payé, la vente augmente le patrimoine de l'acheteur aux dépens du vendeur : celui-ci s'est appauvri, il a aliéné son bien et n'a encore rien reçu en échange. Le vendeur a donc augmenté à ses dépens le gage des créanciers de l'acheteur : si ceux-ci pouvaient être payés sur le bien vendu sans que le vendeur soit désintéressé, ils s'enrichiraient à ses dépens, ce qui serait injuste. Le bien nouveau ne peut donc être considéré comme devenu propriété de l'acheteur que par le paiement du prix ; dans une législation comme la nôtre qui admet le transfert immédiat de la propriété, le privilège est nécessaire pour prévenir une iniquité (COLMET DE SANTERRE, t. IX, n° 31 bis-I).

** **2609. Formule.** — Ce raisonnement s'exprime en général à l'aide d'une formule abrégée : le vendeur est privilégié *parce qu'il a mis la chose dans le patrimoine du vendeur.*

C. — Ventes donnant lieu au privilège.

* **2610. Termes généraux de la loi.** — Le privilège est accordé de la manière la plus large *au vendeur d'effets mobiliers.* D'après l'art. 535 l'expression « effets mobiliers comprend *tout ce qui n'est pas immeuble* ».

[1] Sauf ce qui a été dit ci-dessus (nos 1535 et suiv.) à propos du *droit de rétention*; l'assimilation dont il est parlé au texte n'a trait qu'à la revendication et au privilège.

[2] Sur les difficultés qu'a fait naître le maintien de cette revendication en droit moderne, voyez ci-dessus nos 1516 et suiv.

On a cependant soutenu (MOURLON, TROPLONG) que le privilège n'avait lieu que sur les objets corporels et que, par conséquent, le *vendeur d'une créance* n'y avait pas droit. Il n'y a réellement aucun motif de distinguer et le vendeur d'une créance doit être protégé par le privilège comme tout autre vendeur (Paris, 11 juin 1862, S. 62. 2. 164).

2611. Difficulté pour les offices. — Il y a eu quelques doutes pour les offices ministériels, parce que le défaut de paiement du prix ne peut pas donner lieu à *la résolution de la vente* : l'office lui-même n'est pas dans le commerce, mais seulement le droit de présentation ; le vendeur ne peut pas l'enlever à son successeur. On pouvait donc penser qu'une pareille vente ne comportait pas non plus de privilège ; mais il faut se dire que ces deux droits sont distincts et ne se gouvernent pas par les mêmes règles. Le privilège peut donc être accordé sur le prix, sans compromettre les droits du nouveau titulaire de l'office (Bordeaux, 10 févr. 1891, D. 92. 2. 17, S. 92. 2. 121).

D. — Causes d'extinction du privilège.

1° Perte de la chose.

* **2612. Survie possible du droit de préférence.** — Le privilège est naturellement perdu lorsque la chose a péri. Sur quoi s'exercerait-il ? On verra cependant (ci-dessous, nos 3439 et suiv.) que la loi transporte assez souvent le droit de préférence d'un créancier sur une *indemnité* qui est payée à son débiteur par un tiers, à raison de la perte de la chose. Pour le privilège du vendeur de meubles, cette règle fonctionne sauf une exception qui lui est propre, et dans laquelle cette subrogation n'a pas lieu. Voyez le n° suivant.

2613. Cas particulier. — Quand un officier *public* ou *ministériel* a vendu sa charge et que *son successeur est destitué*, celui-ci perd le droit de présentation ; il ne peut plus se donner un successeur de son choix ; c'est le gouvernement qui nomme d'office le nouveau titulaire. Or cette nomination a lieu à la charge de verser une somme d'argent déterminée au titulaire destitué, comme s'il y avait eu vente volontaire. Rationnellement, on devrait considérer cette indemnité comme le prix de l'office et reconnaître au précédent vendeur, qu'on suppose encore non payé, son privilège ordinaire. Mais ce n'est pas ce que fait la jurisprudence : en pratique, la somme payée par le nouveau titulaire n'est pas traitée comme représentant la valeur vénale de l'office, et elle entre dans le patrimoine de l'officier destitué pour profiter à la masse de ses créanciers sans droit de préférence pour le vendeur de l'office (Cass., 30 mai 1877, D. 79. 1. 295, S. 77. 1. 421. Voyez cependant Limoges, 6 août 1888, D. 89. 1. 149, S. 90. 2. 219). Cela paraît bien injuste ; pourtant une proposition contraire faite au Sénat par M. Thézard a été rejetée.

2° Transformation matérielle.

* **2614. La règle.** — L'acheteur fait subir une transformation à la chose : par exemple, avec du houblon il fait de la bière, du bois il fait du charbon. Le privilège subsiste-t-il sur la chose nouvelle ? On distingue : le vendeur conserve son droit de préférence, *tant que la chose vendue est encore reconnaissable*, par exemple si le charbon de bois est encore sur la place où la coupe a eu lieu ; au contraire, le privilège est perdu, quand on peut dire que la chose vendue n'existe plus, par exemple quand le houblon a été transformé en bière.

Cette distinction, qui est purement doctrinale (car on ne signale point de jurisprudence à son sujet), est contraire à la tradition. Dans l'ancien droit, on considérait le privilège comme perdu quand la chose changeait de forme (FERRIÈRE, *Compilation*, sur l'art. 176 nos 19 et 20), et le Code lui-même exige encore que la chose vendue soit *dans le même état* pour permettre au vendeur de la revendiquer (art. 2102-4°, al. 2). C'est de son silence sur ce point, quand il s'agit du privilège (*ibid.*, al. 1), qu'on s'autorise pour l'accorder tant que l'identité de la chose peut être suivie à travers ses transformations.

2615. L'exception. — Il est de tradition que le privilège du vendeur survive à la transformation de la chose dans un cas particulier : quand il s'agit de *semences* qui ont été *transformées en récoltes* (POTHIER, *Coutume d'Orléans*, introd. au tit. XX, n° 120). Dans le Code civil, cette exception a été maintenue par une phrase incidente dans le 1° de l'art. 2102, à propos du privilège du bailleur (al. 4).

3° Immobilisation de la chose.

*** 2616. Distinction.** — Le meuble vendu peut avoir perdu son caractère mobilier pour devenir immeuble. Quel est l'effet de cette immobilisation ? Ici encore on distingue :

1° IMMOBILISATION RÉELLE. — Si le meuble a été matériellement incorporé à un immeuble, dans le sol ou dans un bâtiment, il a perdu son individualité et le privilège n'existe plus.

2° IMMOBILISATION FICTIVE. — Si le meuble n'est devenu immeuble que *par destination*, il a conservé en fait sa nature et son individualité, et la jurisprudence admet la conservation du privilège. Le vendeur sera donc préféré aux *créanciers chirographaires* de l'acheteur.

Une complication surgit lorsque l'immeuble auquel le meuble vendu se trouve rattaché est lui-même grevé d'hypothèques. Dans ce cas les *créanciers hypothécaires* sont préférés au vendeur du meuble (Cass., 11 janv. 1887, D. 87. 1. 394, S. 87. 1. 154). Sur cette question qu'il serait trop long d'examiner ici, voyez DE LOYNES, t. I, nos 503-504.

4° Déconfiture et faillite de l'acheteur.

2617. Différence entre le droit commercial et le droit civil. — La déconfiture n'apporte aucun changement aux droits du vendeur. Cela résulte suffisamment de ce fait, qu'elle n'a été nullement organisée par les lois modernes et que l'ancien droit était bien fixé sur ce point. Au contraire, la faillite de l'acheteur, quand il est commerçant, fait perdre au vendeur son privilège (art. 550 C. com., al. 6). Il en est de même de la liquidation judiciaire. Le vendeur est alors réduit à l'état de créancier chirographaire. Voyez cependant pour la vente d'un navire l'art. 191-8° C. com.

5° Aliénation de la chose par l'acheteur.

***2618. Formule du Code.** — Le droit moderne a réduit le privilège du vendeur à *un simple droit de préférence,* le droit de suite ayant été entièrement supprimé. C'est ce qu'a voulu exprimer l'art. 2102-4° en disant : « tant qu'ils [les effets mobiliers vendus] sont *encore en la possession du débiteur* ». Quel est le sens de cette formule? Elle est empruntée à nos anciens auteurs, pour lesquels « être en la possession de l'acheteur » signifiait « n'avoir pas été aliéné par lui »[1]. Ce n'est donc pas le fait de la *possession*,

[1] « La chose se trouvant en la possession d'un tiers acquéreur de bonne foy, le vendeur ne peut plus la vendiquer » (LOUET, Lettre P, sommaire 19, n° 2).

mais le fait de l'*aliénation* qu'il faudra considérer. Cette observation permet de résoudre quelques difficultés qui se présentent.

2619. Difficultés. — Deux cas sont à distinguer :

1° L'ACHETEUR EST ENCORE PROPRIÉTAIRE. — La chose a pu passer matériellement aux mains d'un tiers, sans que l'acheteur en ait perdu ni la propriété ni la possession ; par exemple, elle a été *prêtée, déposée, donnée en gage*, etc. En pareil cas, il n'est pas douteux que le privilège du vendeur subsiste, puisque l'acheteur est encore possesseur de la chose par l'intermédiaire d'autrui. Cependant, d'après des règles qui seront indiquées plus loin, le vendeur pourra être obligé de subir la priorité du privilège d'un gigaste.

2° L'ACHETEUR N'EST PLUS PROPRIÉTAIRE DE LA CHOSE. — Dans ce cas, s'il l'a déjà livrée après l'avoir revendue, tout est consommé ; le privilège est éteint. Mais tant que le sous-acquéreur n'est pas encore entré en possession, on peut se demander ce qu'est devenu le privilège du vendeur primitif. La plupart des auteurs pensent que le privilège subsiste intact, parce que la chose est encore « en la possession de l'acheteur ». Je considère cette opinion comme une erreur : la condition de la loi n'est pas remplie ; l'acheteur, devenu vendeur à son tour, a perdu la *possession* et n'est plus qu'un *détenteur pour le compte d'autrui*. On dit bien que le second acheteur, n'ayant pas été réellement mis en possession, ne peut pas se retrancher derrière la maxime : « En fait de meubles possession vaut titre. » Cela est vrai, mais cet acheteur n'en a pas besoin : il a mieux que la possession matérielle, il a la *propriété* en vertu de l'achat qu'il a fait, et il peut revendiquer la chose comme sienne, contre les créanciers de son vendeur. Quant au vendeur primitif, il n'a plus aucun droit sur ce meuble revendu à un tiers, parce qu'il a cessé de faire partie du patrimoine de son débiteur et, par suite, de son gage ; pour le saisir encore, malgré l'aliénation dont il a été l'objet, il lui faudrait un droit de suite que la loi ne lui reconnaît pas.

2620. Ressource laissée au vendeur. — Le vendeur, privé de son privilège par la revente, a parfois un moyen de se faire payer : si le sous-acquéreur n'a pas encore versé son prix, *qu'il fasse saisie-arrêt entre ses mains* ; il se fera payer sur ce prix par préférence aux autres créanciers. Tout privilège, en effet, se résout en un droit de préférence sur le prix d'un bien ; le vendeur non payé trouve donc encore en ce cas une occasion d'exercer le sien. Il n'y a pas de raison pour laisser les autres créanciers venir en concours avec le vendeur sur le prix de la chose qui vient de son patrimoine. C'est l'opinion commune (AUBRY et RAU, § 261, note 63)[1].

[1] M. Valette l'a jadis combattue (*Privil. et hypoth.*, n° 86), en disant qu'un privilège ne peut s'exercer que sur un prix déterminé d'une manière exacte par une vente aux enchères et non pas sur un prix fixé par une vente amiable, à cause du danger des reventes à vil prix. — Ce danger est le même pour le vendeur que pour les autres créanciers, et peu importe la façon dont le prix a été fixé, pourvu que la provenance des deniers soit connue.

E. — Extension du privilège du vendeur.

***2621. Privilège du bailleur sur les récoltes de l'année.** — Outre le privilège qu'il a *comme gagiste* sur les meubles qui garnissent les lieux loués, le bailleur en a un autre qui ne peut être fondé sur la même idée. Ce second privilège n'appartient, du reste, qu'au *bailleur d'un fonds rural*, et il porte *sur les fruits et récoltes de l'année*. Si ces produits ont été engrangés dans les lieux loués, le bailleur les a en gage, et c'est alors le droit commun qui s'applique ; mais cela n'arrive pas toujours, et il y a ceci de particulier pour eux, qu'ils sont grevés du privilège du bailleur en quelque endroit qu'ils aient été déposés hors des lieux loués, soit dans un autre immeuble appartenant au fermier, soit chez un tiers (Besançon, 11 déc. 1845, DALLOZ, *Suppl.*, t. XIV, p. 23, note 1). Dans de pareilles circonstances, le bailleur ne peut plus être considéré comme un gagiste ; il est *comparable à un vendeur* : il est privilégié parce qu'il *a mis la chose dans le patrimoine de son débiteur* (comp. ci-dessus, n° 2608).

Sur les récoltes des années antérieures, le bailleur n'a de privilège qu'en qualité de gagiste, quand elles ont été déposées dans les lieux loués.

CHAPITRE IV

CLASSEMENT DES PRIVILÈGES

***2622. Silence du Code.** — Le classement des privilèges passe pour être une des matières les plus difficiles du droit français ; mais l'analyse de leurs origines, telle qu'elle a été faite plus haut, rend en quelque sorte visible la nature de leurs diverses variétés et facilite beaucoup cette tâche. On reproche souvent au législateur de n'avoir pas lui-même procédé à ce classement, et de s'en être tenu à quelques indications de détail, tout à fait insuffisantes. Il semble avoir passé à côté de la difficulté sans l'apercevoir ; son silence a eu cependant une conséquence favorable : il a laissé le temps à la doctrine d'étudier cette matière et d'arriver à des solutions scientifiques.

A. — Prélèvement constant des frais de justice.

*** 2623. Généralité de la règle.** — Toutes les fois que des frais ont été nécessaires pour transformer en argent l'actif du débiteur, le montant en doit être prélevé tout d'abord sur le prix obtenu, avant qu'aucun créancier obtienne son paiement, quelle que puisse être sa qualité, privilégié ou hypothécaire.

*** 2624. Caractère de ce prélèvement.** — Tout le monde reconnait cette priorité des frais de justice ; mais, ce qu'on ne voit pas d'ordinaire, c'est que *ce prélèvement n'est pas l'effet d'un privilège*. Quand on parle de privilège, on parle nécessairement d'un *conflit entre créanciers d'un même débiteur* ; or les frais de justice ne sont pas une dette de la personne dont les biens ont été vendus : *ils sont dus par les créanciers poursuivants*. Ce sont les créanciers qui ont fait ces frais et qui en sont débiteurs ; le prélèvement qu'ils consentent à subir n'est qu'un moyen de les régler commodément ; mais si les frais dépassaient le chiffre obtenu par les poursuites, ils en seraient personnellement redevables.

Les jurisconsultes romains ne s'y étaient pas trompés, et jamais ils n'ont rangé les frais de justice parmi les créances privilégiées, bien que ces frais fussent certainement acquittés tout d'abord. Il a fallu la disparition du sens juridique au moyen âge pour que les praticiens aient pu voir dans ce prélèvement un droit de priorité de même nature que les privilèges[1].

2625. Conséquences. — C'est précisément parce que les frais de justice sont une charge de la poursuite et qu'ils sont dus par les créanciers eux-mêmes, qu'ils obtiennent toujours le premier rang avant tous autres privilèges, quels qu'ils soient, généraux ou spéciaux.

Pour la même raison, les frais de vente du mobilier ne peuvent être prélevés que sur le prix provenant de la vente des meubles ; et, de même, les frais de vente des immeubles sont prélevés exclusivement sur le prix d'adjudication des biens immobiliers.

Aussi faut-il apporter une correction à l'art. 2104 : en disant que « les privilèges qui s'étendent sur les meubles et les immeubles sont ceux énoncés en l'art. 2101 », ce texte semble dire que les frais de justice peuvent être pris sur toute somme mise en distribution, quelle qu'ait été l'occasion de ces frais, et que, par suite, les frais de vente du mobilier pourraient être prélevés sur les immeubles. C'est une conséquence que personne n'admet. Il faut sous-entendre, dans l'art. 2104, ces mots : *à l'exception toutefois des frais de justice*, lesquels font toujours l'objet d'un prélèvement spécial sur les biens à l'occasion desquels ils ont été faits.

2626. Priorité de l'officier ministériel. — En principe tous les frais de justice sont payés par concurrence et au marc le franc, quand il n'y a pas de quoi les rembourser tous, parce qu'ils sont tous privilégiés au même titre (ci-dessus, n° 2546). Cependant on fait exception pour l'officier ministériel qui a procédé à la vente : il est autorisé à *déduire ses frais*, d'après la taxe faite par le juge (art. 657 C. proc. civ.), il est ainsi payé avant tous autres.

2627. Observation. — La façon dont vient d'être expliqué le prélèvement des frais de justice permet de comprendre un fait qui, dans la théorie commune, se présente comme une bizarrerie. On verra plus loin (n° 2634) que, sur les meubles, les privilèges spéciaux passent avant les privilèges généraux. Mais après avoir établi cette règle, qu'on proclame à bon droit comme fondamentale, on y apporte tout aussitôt une exception en faveur des frais de justice, de sorte que *toute la série des privilèges spéciaux s'intercale entre le 1° et le 2° de l'art.* 2101, rompant ainsi le classement adopté et lui donnant une apparence incohérente. Si on reconnaît que les frais de justice sont dus par les créanciers eux-mêmes, on voit tout aussitôt que la véritable énumération des privilèges généraux commence en réalité, dans l'art. 2101, avec le 2° seulement, et dès lors la simplicité se rétablit dans l'ordre respectif des deux sortes de privilèges.

B. — Conflit sur les immeubles entre les privilèges généraux et les hypothèques.

**** 2628. Préférence donnée aux privilèges généraux.** — L'art. 2105 veut que les créanciers munis d'un privilège général soient

[1] Pothier a entrevu la vérité, mais sans s'y arrêter : « Ces frais, dit-il, forment la créance la plus privilégiée, car ils sont faits *pour la cause commune de tous les créanciers* » (*Procédure civile*, n° 481). S'il était allé jusqu'au bout de son idée, il aurait dit qu'étant *faits pour eux* ils sont *dus par eux*.

payés sur le produit des immeubles *avant les créanciers qui ont des hypothèques ordinaires ou privilégiées*. Ceci est une innovation.

2629. Règle ancienne. — Notre ancien droit avait conservé la règle romaine : les créanciers à privilège général n'étaient payés qu'après les créanciers hypothécaires. Cette règle primitive se comprenait : le créancier privilégié n'était, au fond, qu'un *créancier chirographaire* qu'on dispensait de concourir avec les autres ; mais on n'allait pas plus loin, et il restait primé par tous ceux qui possédaient une sûreté spéciale comme une hypothèque.

* **2630. Motif du changement.** — La raison qui a inspiré ce changement est que les créanciers à privilège général sont ordinairement de *petits créanciers*, à qui il est dû de faibles sommes qui ne surchargeront pas beaucoup le passif hypothécaire : c'est un domestique qui réclame ses gages ; c'est la note du boulanger ou du pharmacien, etc. Si on attendait pour les payer que les gros créanciers hypothécaires fussent désintéressés, le plus souvent ils ne toucheraient rien ; l'actif immobilier d'une personne insolvable est ordinairement absorbé en entier par des hypothèques. C'est donc pour ces créanciers une question capitale. D'autre part, en leur donnant la priorité sur les grosses créances garanties par des hypothèques, on ne diminue pas beaucoup les sommes à distribuer aux créanciers hypothécaires.

2631. Critique. — La considération sur laquelle est fondée l'art. 2105 est loin d'être indiscutable. En tout cas, en *Belgique*, elle a été écartée et la loi du 16 décembre 1851 est revenue à l'ancien système : les privilèges généraux ne sont colloqués sur les immeubles qu'après les privilèges spéciaux et les hypothèques, c'est-à-dire qu'ils n'ont plus qu'un simple droit de préférence contre la masse chirographaire. C'est un retour complet à l'idée romaine du « privilegium inter personales actiones ». Il en est de même en *Roumanie* : sur les immeubles, les privilèges généraux passent après les hypothèques (art. 1729 C. civ. roumain reproduisant l'art. 19 de la loi belge).

De plus, même dans le système français, il y a des cas où l'art. 2105 ne produira pas tout l'effet qu'on en attend : qu'on suppose que le créancier hypothécaire primé par les privilèges généraux soit *un vendeur d'immeuble*, si la priorité qui est accordée sur lui à tout un groupe de créanciers l'empêche d'obtenir son paiement intégral, il demandera la *résolution de la vente*, et enlèvera à tous autres, en reprenant son bien, la valeur sur laquelle on lui refusait la priorité qui lui est raisonnablement due.

* **2632. Discussion préalable du mobilier.** — Du reste, pour alléger la surcharge que les créanciers hypothécaires ont à supporter, la loi veut que les privilèges généraux s'exercent *d'abord sur le mobilier* ; le classement en première ligne qui leur est accordé sur les immeubles par l'art. 2105 n'est que *subsidiaire*. En fait, ce prélèvement n'a presque jamais lieu, le mobilier suffisant presque toujours à désintéresser la plupart des créanciers privilégiés.

Qu'arriverait-il si les immeubles étaient saisis et vendus avant le mobilier? Dans ce cas, qui se présente rarement, on accorde aux créanciers à privilèges généraux une *collocation provisoire*, dont ils ne toucheront le montant qu'autant que le mobilier ne suffirait pas à les payer. Enfin, si le prix des immeubles était lui-même distribué avant les sommes provenant de la vente des meubles, les créanciers à privilèges généraux toucheraient le montant de leur collocation dans l'ordre ; mais on reconnaît alors aux créanciers hypothécaires la subrogation aux droits des créanciers privilégiés pour leur permettre de se faire payer à leur place sur le mobilier, de façon à recouvrer la somme dont ils ont été obligés de subir le prélèvement. — Dans la pratique on simplifie souvent cette combinaison en fixant aux créanciers à privilèges généraux un délai dans lequel ils sont obligés de vendre les meubles, afin que le prix en soit connu et que les droits de tous puissent être définitivement établis.

2633. Situation des créanciers retardataires. — Il est possible qu'un créancier privilégié, qui aurait pu obtenir en tout ou en partie son paiement sur le prix du mobilier, se présente en retard et demande à être colloqué sur les immeubles. *Sa négligence ne doit pas nuire aux autres créanciers*, et, par suite, il ne pourra pas être payé avant eux pour toute la portion de sa créance qu'il a omis de recouvrer sur le mobilier; il n'obtiendra de collocation au rang que lui donne l'art. 2105 que *pour la somme qui serait restée impayée*, s'il s'était présenté en temps utile pour concourir avec les autres sur le mobilier. Telle est, du moins, l'opinion générale, contestée par quelques-uns.

Mais, s'il reste quelque chose *après le paiement des créanciers hypothécaires*, ce créancier retardataire pourra obtenir son paiement *sur le reliquat de la vente des immeubles* par préférence à la masse des créanciers chirographaires. Ceux-ci, en effet, ne peuvent lui imputer à faute de s'être fait payer sur certains biens plutôt que sur certains autres, le total des créances privilégiées qui leur sont préférables n'ayant pas changé pour cela.

C. — Conflit sur les meubles entre privilèges généraux et privilèges spéciaux.

** **2634. Priorité des privilèges spéciaux.** — Quand c'est le prix du mobilier qui est en distribution, le Code n'a pas réglé, comme il l'a fait pour le prix des immeubles, le conflit entre les privilèges généraux et les privilèges spéciaux. Lesquels doivent passer les premiers ? On a quelquefois voulu donner la priorité aux privilèges généraux, en tirant argument de l'art. 2105, qui leur donne le premier rang sur les immeubles ; mais on a déjà vu que ce texte est une innovation, et qu'il a par conséquent un caractère exceptionnel, qui ne permet pas d'en étendre la solution. On a dit aussi que la loi montrait sa préférence pour certains créanciers en leur accordant un privilège sur tous les biens au lieu de le restreindre à un seul bien : cette raison n'en est pas une, car les privilèges spéciaux ont pour origine des sûretés réelles qui s'établissaient nécessairement sur un bien déterminé, tandis que pour les privilèges généraux il n'existait pas de motif pour faire porter le droit du créancier sur un objet plutôt que sur un autre. Il n'y a là aucune marque d'une faveur exceptionnelle de la loi.

Le système qui a prévalu fait donc passer, sur les meubles, *les privilèges spéciaux avant les privilèges généraux*. A mes yeux, il y en a une raison historique décisive : c'est que les privilèges spéciaux dérivent de sûretés réelles (nantissements, hypothèques mobilières, réserve de propriété), ou du droit de rétention, qui est opposable aux créanciers du débiteur. A ce titre, ils ont nécessairement la priorité sur les privilèges généraux, qui n'ont jamais été que des *privilegia inter personales actiones*, c'est-à-dire des *actions chirographaires* dotées d'un rang de faveur. Ainsi la solution ancienne se trouve maintenue par le droit moderne en tant qu'il s'agit de meubles ; l'ordre des créanciers n'a été interverti que sur les immeubles.

2635. Ancien droit. — L'ordre adopté aujourd'hui est d'ailleurs conforme aux traditions. Un acte de notoriété du 4 août 1692, après avoir donné la priorité aux frais de justice, fait passer ensuite les privilèges spéciaux (POTHIER, *Procédure civile*, n° 481).

Voyez cependant ce que dit Pothier (*Ibid.*) sur le privilège des frais funéraires (privilège général) qu'il place avant celui du *seigneur d'hôtel* (bailleur), qui est un privilège spécial fondé sur un nantissement.

D. — Classement des privilèges spéciaux entre eux.

2636. Erreur du Code. — Si l'on en croyait l'art. 2095, l'ordre des privilèges spéciaux se déterminerait, comme pour les privilèges généraux, *par la qualité de la créance*. C'est la formule qu'employait Domat, en traduisant la loi romaine : « Privilegia non ex tempore æstimantur, sed ex causa. » Mais cette règle, absolument vraie en droit romain, où l'on ne connaissait que des privilèges généraux, c'est-à-dire des actions chirographaires privilégiées, vraie encore de nos jours pour les privilèges généraux, a cessé de l'être pour nos privilèges spéciaux. Pour ceux-ci, au contraire, la nature de la créance ou la qualité du créancier sont également indifférentes : ce qui joue le rôle principal, c'est tantôt le *fait de la possession*, et tantôt la *date de la créance*.

** **2637. Triple principe des privilèges spéciaux.** — Tous les privilèges spéciaux peuvent se ramener à trois catégories principales :

1° NANTISSEMENT. — Certains créanciers sont privilégiés parce qu'ils sont *nantis* d'une chose qui leur sert de sûreté ; c'est ce qui arrive pour les privilèges dérivant du gage ou du droit de rétention.

2° MISE DE LA CHOSE DANS LE PATRIMOINE DU DÉBITEUR. — Certains créanciers sont privilégiés parce qu'ils ont augmenté à leurs dépens la masse active du débiteur commun et n'ont pas reçu l'équivalent qui leur est dû. Comp. ci-dessus, n° 2608. Le principal exemple de cette catégorie de privilèges est celui du *vendeur*, et, pour abréger, nous appellerons ici tous ces privilèges « privilège de vendeur » ; ils lui sont tous assimilés pour leur classement.

3° CONSERVATION DE LA CHOSE. — Enfin la loi déclare privilégiés divers créanciers qui ont, à leurs dépens, conservé le gage commun. Nous les appellerons tous « conservateur de la chose ».

* **2638. Conflit d'un créancier nanti et d'un vendeur.** — En principe, on doit donner la préférence au créancier nanti. Le possesseur a le droit de repousser toutes actions dirigées contre lui, quand sa possession est appuyée sur la bonne foi. De même que la revendication, tous les droits de préférence sont paralysés dans son intérêt. Le Code lui-même nous en donne un exemple dans l'art. 2102-4°, al. 3 : celui qui a vendu des objets au locataire d'une maison ou d'une ferme n'exerce son privilège qu'*après le bailleur*. Voilà donc un créancier nanti préféré à celui qui a mis la chose dans le patrimoine du débiteur.

Par exception, le gagiste ou le bailleur seraient primés par le vendeur, s'ils avaient été de *mauvaise foi* en recevant la chose en gage, c'est-à-dire s'ils avaient su à ce moment que le prix en était encore dû. L'art. 2279, dont les règles sur la possession du gage ne sont qu'une extension, ne protège que les possesseurs de bonne foi (t. I, 1re édit., n° 1193; 2e édit., n° 1124-2°).

Enfin, la loi présume dans deux cas la mauvaise foi du bailleur : elle fait passer avant lui le privilège du *vendeur de semences* et celui du *vendeur d'ustensiles*[1] (art. 2101-1°, al. 4).

*2639. **Conflit du conservateur de la chose avec un gagiste ou un vendeur.** — Le rang devient alors une *question de date* : si les dépenses conservatoires sont *antérieures au nantissement ou à la vente*, le créancier qui les a faites sera primé par le gagiste ou le vendeur. Si elles sont *postérieures*, c'est lui au contraire qui aura la priorité parce qu'en faisant ces dépenses *il a conservé le gage de l'autre créancier*. Il est donc naturel que celui-ci, qui eût perdu sans cela toute sa sûreté, subisse le prélèvement des frais qui la lui ont conservée, tandis que, dans les cas où la vente ou le nantissement sont plus récents, on ne peut pas tenir le même langage : si la chose n'avait pas été conservée, le vendeur n'aurait rien vendu et le gagiste se serait fait donner un autre gage.

** 2640. **Conflits entre privilégiés de même titre.** — Enfin, si nous supposons un conflit entre deux gagistes, entre deux vendeurs, ou entre deux conservateurs de la chose, ce sera encore pour eux une *question de date* comme pour les précédents, mais la priorité se déterminera de manière diverse selon les cas :

1° Entre vendeurs successifs. — C'est *le plus ancien* qui l'emporte, parce qu'il est lui-même créancier du second pour le prix, et celui-ci du troisième, etc.

2° Entre gagistes successifs. — C'est encore *le plus ancien* qui sera préféré aux autres parce que le gage est un droit de même nature que l'hypothèque et qu'on lui fait encore l'application de la règle « Prior tempore, potior jure ». Comp. ci-dessus n° 2437.

3° Entre conservateurs de la chose. — C'est *le plus récent* qui sera préféré, pour la même raison qui lui donne la priorité contre un gagiste ou un vendeur antérieur : il a conservé le gage des autres.

*2641. **Priorité exceptionnelle de quelques privilèges.** — Il est de règle que les privilèges de même titre concourent entre eux, mais la loi y a quelquefois dérogé en faveur d'une catégorie particulière de créanciers qu'elle a voulu favoriser. Ainsi la loi du 25 juillet 1891 a donné la priorité aux *ouvriers* sur les *fournisseurs* en matière de travaux publics (ci-dessus, n° 2594), bien que les uns comme les autres fussent compa-

[1] Bien que la loi ne précise rien, on admet que l'art. 2101 parle seulement des ventes d'ustensiles *aratoires*, et non pas des fournitures d'*ustensiles de ménage*.

rables à un vendeur ayant fourni à l'entrepreneur une valeur, sous forme de travail ou de fournitures, dont ils ne sont pas encore payés. Comp. l'article de l'ordonnance de 1681 rapporté en note dans les codes Tripier, sous l'art. 191 C. com.

E. — Classement des privilèges généraux entre eux.

** **2642. Privilèges du droit civil et commercial.** — Leur classement est des plus simples et a été entièrement réglé par la loi. Le Code commence par décider que les privilèges généraux établis par lui « s'exerceront dans l'ordre suivant » (art. 2101, al. 1er). *L'ordre d'énumération est donc l'ordre de classement.* Les lois de 1838, de 1874, de 1895 et de 1898, qui ont créé de nouvelles catégories de créanciers privilégiés, en ont de même déterminé le rang en disant à quelle place ces privilèges nouveaux s'intercaleraient parmi les autres. En les réunissant tous, l'ordre est le suivant :

PREMIER RANG : frais funéraires ;

DEUXIÈME RANG : frais de la dernière maladie ;

TROISIÈME RANG : mois de nourrice des enfants élevés hors de la maison (L. 23 décembre 1874) ;

QUATRIÈME RANG : salaires[1] des gens de service (art. 2101-4°) et des ouvriers, employés et commis (art. 549 C. com.; L. 28 mai 1838), tous concurremment entre eux, « au même rang », dit le Code de commerce ;

CINQUIÈME RANG : fournitures de subsistances (art. 2101-5°) ;

SIXIÈME RANG : indemnités d'accidents industriels (L. 9 avril 1898).

2643. Privilèges du fisc. — Ceux-ci sont classés différemment : les *contributions directes*, le *timbre* et les *contributions indirectes*, priment tous les autres créanciers, *excepté le bailleur et le gagiste dont les droits ont une date antérieure*[2]. Toutefois ces trois privilèges fiscaux subissent naturellement comme tous autres le prélèvement des frais de justice.

Les autres privilèges établis sur les meubles des comptables, des redevables en matière de douanes et des condamnés en matière pénale passent après les privilèges de l'art. 2101.

En somme, les privilèges du fisc se divisent en deux groupes, dont l'un prime les privilèges du droit civil, et l'autre ne vient qu'à leur suite.

[1] Il faut assimiler aux salaires la restitution des retenues ordonnée par une loi du 27 décembre 1895 (ci-dessus n° 2569).

[2] Contre les contributions indirectes la loi n'autorise le prélèvement en faveur du bailleur que de six mois de loyers au plus.

LES HYPOTHÈQUES

CHAPITRE PREMIER

NOTIONS GÉNÉRALES

2644. Bibliographie. — ANDRÉ, *Traité pratique du régime hypothécaire*, 2e édit., 1898. — DE LOYNES (BAUDRY-LACANTINERIE, et), *Du nantissement, des privilèges et hypothèques*, 2e édit., 1899, 3 vol. — GUILLOUARD, *Traité des privilèges et hypothèques*, 4 vol., 1896-1899. — THÉZARD, *Du nantissement, des privilèges et hypothèques*, 1880. — Voyez aussi ci-dessous, nos 2669, 2692, 2700, 2848, 2873, 2941, 3057 et 3453.

§ 1. — *Définition et caractères de l'hypothèque.*

** **2645. Définition.** — L'hypothèque est *une sûreté réelle qui, sans déposséder actuellement le propriétaire du bien hypothéqué, permet au créancier de s'en emparer à l'échéance pour le faire vendre, en quelques mains qu'il se trouve, et se faire payer sur le prix par préférence aux autres créanciers.*

** **2646. Énumération de ses caractères.** — L'hypothèque est un *droit réel*, ordinairement *immobilier*, toujours *accessoire* et généralement *indivisible*. Comp. art. 2114.

1° Réalité de l'hypothèque.

* **2647. Renvoi.** — Ce point a été suffisamment expliqué plus haut (nos 2317 à 2319) pour qu'il soit inutile d'y revenir ici. Rappelons seulement que c'est parce que l'hypothèque est un droit réel qu'elle donne au créancier son double droit de préférence et de suite.

2° Nature immobilière de l'hypothèque.

** **2648. Solution traditionnelle.** — Pendant plus de trois siècles (du XVIe au milieu du XIXe) l'hypothèque mobilière s'est trouvée supprimée en France (ci-dessous, nos 2703 et 2707). Actuellement encore, malgré la création de diverses hypothèques portant sur des meubles, le gage d'un créancier hypothécaire est généralement *un immeuble*. En ce cas l'hypothèque est elle-même un *droit immobilier*.

2649. Réfutation d'une opinion particulière. — Ce caractère a cependant été contesté. On a prétendu que l'hypothèque s'absorbe dans la créance au point de lui emprunter sa nature mobilière (DEMOLOMBE, t. IX, nos 471-472). Il est certain que, si le créancier hypothécaire est marié sous le régime de la communauté et que sa créance entre en communauté à titre de meuble, l'hypothèque y entre en même temps qu'elle ; il est certain encore que si le créancier hypothécaire meurt, laissant un légataire de tout son mobilier, ce légataire recueillera l'hypothèque en même temps que la créance. Mais tous ces résultats peuvent s'expliquer sans mettre en doute le caractère immobilier de l'hypothèque : ils sont la conséquence de son caractère de garantie accessoire d'une créance ; l'hypothèque suit la créance, qui est le droit principal.

3° Caractère accessoire de l'hypothèque.

*** 2650. Système français actuel.** — L'hypothèque étant la simple garantie d'un droit de créance suit le sort de celle-ci et ne peut exister sans elle. L'hypothèque ne peut ni prendre naissance avant la créance, ni lui survivre ; l'existence d'une hypothèque implique l'existence d'un créancier, qu'elle sert à garantir. Tel est le système actuellement admis, et conforme à nos traditions.

2651. Les cédules hypothécaires de l'an III. — Une loi du 9 messidor an III a essayé d'introduire en France un système tout nouveau (art. 36 à 83). On permettait à tout propriétaire de biens susceptibles d'hypothèques de *prendre hypothèque sur lui-même* [1] pour une période *qui ne pouvait excéder dix années*, jusqu'à concurrence *des trois quarts de la valeur de ses biens.*

L'hypothèque ainsi créée, sans être encore attachée à aucune dette, était représentée par une *cédule hypothécaire* délivrée par le conservateur des hypothèques. Voyez le modèle de ces cédules en note dans les codes Tripier sous l'art. 2124. Le propriétaire mettait ensuite ces cédules en circulation par un simple endossement, comme une lettre de change : il les *vendait* et en touchait la valeur. Ce système, qui devait assurer au crédit hypothécaire une circulation aussi facile que celle des effets de commerce, n'a jamais été sérieusement pratiqué [2]. Il était atteint de différents vices qui en ont empêché le fonctionnement ; pour donner sécurité aux porteurs des cédules on avait rendu le conservateur des hypothèques responsable à la fois de la valeur du bien hypothéqué et du montant des hypothèques antérieures. On a dû reculer devant cette responsabilité intolérable, mais la valeur intrinsèque des cédules s'évanouissait du même coup.

On verra que dans certaines parties de l'Allemagne, on admet des hypothèques existant ainsi sans créance principale, qui rappellent par certains côtés les cédules hypothécaires de l'an III. Sur les hypothèques dites « volantes », admises autrefois en Roumanie, voyez Alexandresco, p. 465.

2652. Séparation possible de l'hypothèque et de la créance. — Malgré son caractère accessoire, l'hypothèque peut être détachée de la créance, soit *avant* la création de celle-ci, soit *pendant* sa durée, soit *après* son extinction.

1° Constitution d'hypothèque en vue d'une créance future. — L'hypothèque peut naturellement être donnée pour une *créance suspendue par une condition*, puisque la créance conditionnelle forme déjà un droit immédiatement transmissible ; l'hypothèque est alors conditionnelle comme la créance. Une hypothèque peut même être établie *pour un droit purement éventuel*, et on peut en citer deux exemples, dont l'un est pris dans les hypothèques légales, l'autre dans les hypothèques conventionnelles : *a*) Les hypothèques légales du mineur et de l'interdit, et même (sauf quelques dérogations) celle de la femme mariée, prennent rang à compter du jour où commence la responsabilité du tuteur ou du mari (ouverture de la tutelle ou célébration du mariage), et elles garantissent, *en prenant rang à cette date*, des créances que l'interdit, la femme et le

[1] Le chap. II de la loi, consacré à cette organisation, est intitulé : « De l'hypothèque sur soi-même ». La cédule hypothécaire n'est que le titre constatant cette hypothèque.

[2] Sur les quelques applications qui en furent faites, voyez G. Rondel, *La mobilisation du sol*, p. 150 et suiv.

mineur acquerront longtemps après peut-être, par l'effet d'actes de gestion qui peuvent très bien ne jamais s'accomplir. *b*) Les *ouvertures de crédit* que consentent les banquiers à leurs clients, par exemple à des entrepreneurs de construction, sont fréquemment garanties par des hypothèques. Or les emprunts que fera le client, à mesure qu'il en aura besoin, ne seront réalisés que plus tard ; l'hypothèque, immédiatement constituée et inscrite, n'en prend pas moins rang au profit du banquier *à compter de son inscription*, c'est-à-dire à un moment où il n'est pas encore devenu créancier de l'entrepreneur, et non pas seulement à dater du jour où chaque versement de fonds sera effectué. La jurisprudence admet cette solution depuis longtemps (Cass., 10 août 1831, S. 31. 1. 371 ; Cass., 8 mars 1853, D. 54. 1. 341, S. 55. 1. 214). — Il est donc reconnu qu'*une hypothèque peut prendre naissance avant le droit qu'elle est appelée à garantir*, et que cette hypothèque acquiert ainsi et conserve un rang antérieur à la date de la créance ; mais, bien entendu, cette hypothèque ne pourra produire d'effet que si la créance est ensuite créée ; elle est donc elle-même *conditionnelle* et dépend de la formation ultérieure d'un droit principal auquel elle puisse se rattacher.

La loi elle-même en a fait l'application dans un cas particulier. L'hypothèque du *Crédit foncier* prend rang *avant la réalisation du prêt*, à la date de l'acte conditionnel de prêt (L. 10 juin 1853, art. 4). Or à cette date le Crédit foncier n'est pas encore créancier de l'emprunteur puisque le prêt est un contrat réel, qui se forme seulement par le versement des fonds.

2° Séparation de l'action hypothécaire et de l'action personnelle. — Pendant que l'obligation existe, l'hypothèque et la créance sont nécessairement réunies dans les mêmes mains : nul autre que le créancier ne peut avoir l'hypothèque. Voyez cependant ce qui sera dit (nos 3454 et suiv.) des *subrogations à l'hypothèque légale des femmes mariées*, au moyen desquelles un tiers est substitué à la femme pour exercer à sa place son hypothèque légale. Mais hors ce cas tout spécial, créance et hypothèque, envisagées *au point de vue actif*, se trouvent ensemble *dans le même patrimoine*. Il n'en est pas de même au point de vue passif. Il est très fréquent de voir l'*action personnelle* et l'*action hypothécaire grever séparément deux patrimoines différents*; il suffit de supposer pour cela que le bien hypothéqué n'appartient pas au débiteur tenu personnellement. Or ceci peut se réaliser dans deux sortes de cas : d'abord *lorsque le débiteur a aliéné le bien hypothéqué*, le créancier conservant son action hypothécaire contre le tiers acquéreur ; ensuite, *lorsqu'une personne hypothèque son bien à la dette d'autrui*, sans s'obliger elle-même personnellement (Hypothèse de la caution réelle. Voyez ci-dessus, n° 2368).

2° Survie de l'hypothèque a la créance. — Quand la créance s'éteint par *novation*, l'hypothèque qui la garantissait peut être *conservée avec sa date ancienne* et rattachée à la nouvelle créance (art. 1278 et ci-dessus, n° 550-3°).

4° Indivisibilité de l'hypothèque.

* **2653. Sa nature au cas de partage de l'immeuble.** — L'indivisibilité des hypothèques n'est pas de même nature que celle des servitudes. Pour les servitudes, l'indivisibilité se manifeste lorsqu'il s'agit d'un *immeuble dans l'indivision* : il est alors impossible soit d'établir une servitude nouvelle sur une part indivise, soit d'éteindre pour une des parts indivises une servitude déjà existante (art. 710. — T. I, 1re édit., n° 1824 ; 2e édit., nos 1762 et 1922). Pour les hypothèques, il n'y a rien de pareil ; on peut fort bien hypothéquer une part indivise d'immeuble, sans en grever les parts des autres copropriétaires ; et l'indivisibilité de l'hypothèque apparait, non pas pendant l'indivision, mais *après le partage* : supposons qu'un fonds soit hypothéqué quand il est encore entier et qu'il

vienne ensuite à être divisé, par exemple entre les héritiers du débiteur, *chaque héritier sera tenu hypothécairement pour le tout* (art. 873 et 2114), c'est-à-dire que bien qu'il ne doive personnellement qu'une partie de la dette, la part d'immeuble qui lui est échue ne sera affranchie de l'hypothèque que par l'entière extinction de la dette : *chaque partie de l'immeuble répond donc de la totalité de la dette.*

* **2654. Son effet après la division de la créance.** — L'hypothèque seule est indivisible ; elle ne rend pas indivisible la créance elle-même l'action personnelle. A la mort du créancier comme à la mort du débiteur, l'obligation se partage donc, activement et passivement, d'après le droit commun. C'est l'*action réelle hypothécaire* qui ne se partage pas. Il en résulte que chaque héritier du créancier, bien qu'il ne soit lui-même créancier que pour partie, peut saisir la totalité de l'immeuble et que cet immeuble reste grevé de l'hypothèque tant qu'il reste une portion de la dette non acquittée. De là cette formule, qui complète celle qui a été donnée au numéro précédent : *chaque partie de la dette est garantie par la totalité de l'immeuble.*

2655. Conventions contraires. — L'indivisibilité est considérée comme étant *de la nature* de l'hypothèque, et non *de son essence*. On pourrait donc convenir que l'hypothèque se divisera soit entre les héritiers du créancier, soit entre les héritiers du débiteur.

§ 2. — *Le régime hypothécaire au point de vue économique.*

A. — Son importance.

* **2656. Importance de l'hypothèque.** — L'hypothèque est la plus intéressante des sûretés réelles, par l'énormité de la masse des capitaux qu'elle garantit et par la valeur considérable des propriétés foncières qu'elle grève [1].

On peut donc dire que la bonne organisation du régime hypothécaire est une question économique et sociale de premier ordre.

* **2657. Intérêts divers en présence.** — Pour se rendre compte des intérêts multiples que cette organisation met en jeu, il faut distinguer : 1° les *capitalistes*, qui obtiennent une hypothèque comme sûreté de leurs créances ; 2° les *débiteurs*, qui empruntent ou obtiennent crédit en donnant une hypothèque ; 3° les *acquéreurs d'immeubles*, qui se trouvent grevés par les hypothèques existant sur les biens acquis par eux ; 4° le *public* enfin, qui se ressent indirectement, en bien ou en mal, des qualités ou des défauts du système.

* **2658. Sécurité des capitalistes.** — Il n'y a pas à distinguer entre les prêteurs d'argent et ceux qui deviennent créanciers à un autre titre. Leur intérêt se révèle à deux moments différents :

1° Avant le contrat. — Le capitaliste doit pouvoir se rendre compte de deux cho-

[1] En 1840, on évaluait déjà le passif hypothécaire à 12 milliards et demi. En 1876 une évaluation fut faite par les conservateurs des hypothèques, en vue du projet de déduction des dettes dans les successions : au 31 décembre 1876, le total montait à 19 milliards 279 millions. Il fallait en déduire environ 5 milliards 742 millions d'inscriptions non rayées, mais représentant des créances remboursées. Il restait net 13 milliards 537 millions, plus 832 millions dus au Crédit foncier ; soit *au total* 14 milliards 369 millions. Je ne crois pas qu'il ait été fait d'évaluations plus récentes.

ses : 1° *La personne qui lui offre une garantie hypothécaire est-elle réellement propriétaire?* 2° *A-t-elle déjà épuisé son crédit par des constitutions antérieures d'hypothèques?* Sur le premier point le capitaliste sera renseigné par la *transcription*, qui rend publiques les mutations de propriété immobilières, non pas toutes malheureusement. Voyez t. I, nos 1430-1431. Sur le second point, il sera fixé par les *inscriptions hypothécaires* existant sur l'immeuble. Toutefois ces inscriptions ne rempliront exactement et utilement leur office qu'à une double condition : 1° la publicité des hypothèques doit être *générale* et aucune hypothèque ne doit y échapper (ceci n'a pas lieu actuellement en France, où nous possédons encore des *hypothèques occultes*) ; 2° l'hypothèque doit être *spéciale*, c'est-à-dire limitée à la fois quant aux immeubles qu'elle grève et, surtout, quant aux sommes qu'elle garantit. Nous sommes malheureusement fort éloignés d'en être arrivés là, de sorte que la loi française répond très mal à ce besoin essentiel du crédit hypothécaire.

2° Après le contrat. — Le créancier doit trouver dans son hypothèque : 1° *toute la sécurité désirable*; il l'obtient par le double droit de préférence et de suite; 2° toutes les *facilités nécessaires* pour *réaliser* son gage (le transformer en argent), et surtout pour en *tirer le plus haut prix possible*. On cherche à atteindre ce dernier résultat par le système des *surenchères*, qui permettent au créancier de faire élever le prix de l'immeuble après une vente amiable, en l'offrant au public dans une vente par adjudication.

* **2659. Intérêt du débiteur.** — Le débiteur trouve déjà de grands avantages dans les règles qui dérivent de la nature même de l'hypothèque, puisqu'il conserve la possession et la jouissance de son bien, et garde même le libre exercice de ses droits de propriétaire, pouvant encore disposer de la chose, l'aliéner, concéder des droits réels, l'hypothéquer à nouveau. Mais cela ne suffit pas. Il est, en outre, possible (et si cela est possible, le législateur doit s'efforcer de le faire) de lui procurer un double avantage :

1° Libération facile et progressive. — On l'obtient au moyen de l'*amortissement*. Sur le système des prêts amortissables, voyez ci-dessus nos 2085 et suiv. Or ces prêts ne sont pas à la portée de tout le monde, mais seulement de grands établissements financiers, comme le Crédit foncier, qu'il dépend des pouvoirs publics de créer et de maintenir.

2° Crédit proportionné aux ressources réelles. — Les hypothèques déjà existantes doivent laisser *libre* et *visible* la portion d'actif qu'elles n'absorbent pas. Tout cet excédent doit rester disponible pour gager de nouveaux emprunts ou de nouvelles dettes. Sur ce point l'intérêt du débiteur coïncide avec celui du créancier, car on le satisfera par les mêmes moyens : les droits des premiers créanciers hypothécaires doivent être *limités* par la *spécialité* de l'hypothèque et *connus des tiers* par la *publicité*.

* **2660. Sécurité des acquéreurs d'immeubles.** — Ceux-ci ont droit à une double protection. Ils doivent :

1° *Connaître exactement les charges de l'immeuble.* — Ils y arrivent, eux aussi, au moyen de la *publicité* et de la *spécialité* des hypothèques.

2° *Avoir un moyen de libérer facilement l'immeuble.* — Ce moyen est la *purge des hypothèques*, qui permet à l'acquéreur d'affranchir le bien grevé d'hypothèques en remboursant aux créanciers non pas tout ce qui leur est dû, mais seulement la *valeur vraie de l'immeuble*, puisqu'ils ne peuvent raisonnablement espérer en tirer davantage.

2661. Intérêt du crédit public. — Ceux-là même qui ne sont ni créanciers ni débiteurs, ni propriétaires d'immeubles hypothéqués, sont indirectement intéressés à la bonne organisation du régime hypothécaire. Car un bon système d'hypothèques *amène la baisse de l'intérêt, diminue l'usure* et procure une *valeur plus grande à la propriété foncière*, par la sécurité qu'elle lui donne et par une circulation plus facile et plus rapide. On s'en rendait déjà compte lors de la confection du Code, car Grenier a exprimé ces idées dans son rapport au Tribunat.

B. — De la spécialité des hypothèques.

** **2662. Distinction et terminologie.** — Il y a deux façons pour une hypothèque d'être *spéciale* : 1° elle peut être *constituée pour une créance déterminée et limitée* ; 2° elle peut être *établie sur un immeuble déterminé*.

Une hypothèque peut garantir plusieurs créances ou grever plusieurs immeubles sans cesser pour cela d'être spéciale, si chacune de ces créances ou chacun de ces biens fait l'objet d'une désignation particulière.

Toute hypothèque qui n'est pas spéciale porte dans la pratique le nom d'*hypothèque générale*, ce qui est un langage défectueux : il faudrait réserver ce nom d' « hypothèques générales » à *celles qui portent sur la totalité des biens du débiteur*, et appeler *hypothèques indéterminées* celles qui garantissent des dettes dont le chiffre est susceptible de grossir et ne peut être fixé d'avance. Il faut remarquer, en effet, bien qu'on ne s'en rende généralement pas compte, que ce qui est spécialisé, c'est *tantôt la créance* garantie par l'hypothèque, et tantôt *l'hypothèque elle-même*.

Pour exprimer cette différence, on parle ordinairement de la « spécialité quant aux créances », et de la « spécialité quant aux biens » ; on s'exprimerait tout aussi clairement en disant *spécialité des créances hypothécaires* et *spécialité du gage hypothécaire* [1].

1° Spécialité des créances garanties.

*** 2663. Son importance.** — La limitation des créances garanties par le moyen d'une hypothèque est la condition première d'un bon fonctionnement de tout le régime hypothécaire : elle est essentielle, aussi bien dans l'intérêt des tiers, futurs créanciers ou acquéreurs, que dans celui du débiteur. En effet, dès qu'il existe sur les biens d'une personne une hypothèque garantissant une créance indéterminée, le crédit de cette personne est ruiné : alors même qu'elle posséderait des immeubles d'une grande valeur, et que le montant actuel de la créance ne s'élèverait qu'à quelques milliers de francs, un créancier nouveau n'acceptera jamais sans appréhension le second rang ; il aura toujours à craindre de voir grossir inopinément la dette garantie par l'hypothèque qui lui est préférable. *Les hypothèques à cause indéterminée empêchent de connaître exactement le passif hypothécaire du débiteur à un moment quelconque.* Il ne peut pas y avoir de vice plus grave dans l'organisation des hypothèques.

2664. Créances hypothécaires indéterminées. — Ordinairement les créances garanties par une hypothèque sont connues et limitées. Les principales hypothèques indéterminées sont les trois hypothèques légales instituées par l'art. 2121 et surtout celles des *mineurs et interdits* : toutes les créances que les personnes en tutelle peuvent acquérir contre leur tuteur, administrateur de leurs biens, sont garanties par l'hypothèque légale qui leur est donnée. Le total forme un compte unique, de sorte qu'on ne peut jamais savoir d'avance ce qui sera dû ; il faut attendre que le compte de tutelle soit apuré.

Il en est à peu près de même, quoique dans une moindre mesure, pour l'hypothèque

[1] M. Huc a parfaitement montré que ces deux sortes de spécialités étaient restées entièrement confondues dans la pensée des rédacteurs du Code (*Le Code civil italien*, t. I, p. 337).

légale des *femmes mariées* : la créance de la femme peut grossir ou diminuer pendant le mariage ; peut-être ne sera-t-elle pas créancière de son mari ; peut-être lui sera-t-il dû beaucoup, on ne le sait qu'après la liquidation de ses droits.

*** 2665. La spécialité dans les hypothèques conventionnelles.** — Le législateur ayant organisé à son gré les hypothèques légales ne s'est pas astreint à observer lui-même le principe de spécialité. Il n'en a fait une *règle* que pour les hypothèques conventionnelles. Les particuliers qui constituent une hypothèque sur leurs biens ne peuvent le faire que *pour des créances spéciales et limitées* (art. 2132).

Cet article est d'ailleurs mal rédigé ; pour le comprendre il faut savoir que la détermination de la créance doit avoir lieu à un double moment : 1° *dans l'acte constitutif de l'hypothèque*, qui est un acte notarié ; 2° *dans l'inscription* prise au bureau des hypothèques. Les dispositions de la loi à cet égard seront expliquées plus loin, soit à propos des constitutions d'hypothèques conventionnelles, soit à propos de leur inscription.

2° Spécialité du gage hypothécaire.

*** 2666. Nouveauté du principe.** — La spécialisation de l'hypothèque relativement aux immeubles qu'elle grève est un progrès de date récente. D'après le droit romain, et en France même jusqu'à la Révolution, il a été *permis d'établir à volonté des hypothèques générales,* frappant tous les biens présents du débiteur et tous ceux qu'il pouvait acquérir dans la suite. Cette généralité était même *la forme habituelle des hypothèques* : un créancier se gardait bien de limiter sa sûreté quand il pouvait l'obtenir sans limites.

Le principe de spécialité est une des innovations de la Révolution : c'est la loi du 11 brumaire an VII qui l'a introduit dans notre droit.

*** 2667. Exagération de son importance.** — En général, les auteurs modernes considèrent la spécialité du gage hypothécaire comme plus importante encore que la spécialité des créances garanties. Si ce n'est pas tout à fait une erreur, c'est tout au moins l'exagération d'une idée vraie. Que reproche-t-on aux hypothèques générales ? Uniquement ceci : le débiteur qui est grevé d'une première hypothèque ne peut plus ensuite donner le premier rang à un nouveau créancier, sur aucun de ses immeubles. Mais on oublie que ce qui nuit à un créancier, ce n'est pas d'être primé par quelqu'un, mais bien de ne pas trouver un gage suffisant encore pour le désintéresser. Si une personne a deux immeubles valant chacun 100 000 francs et qu'elle fasse deux emprunts successifs de 50 000 francs chacun, qu'importe au second créancier de venir en seconde ligne sur chaque immeuble au lieu d'être en première sur l'un d'eux ? Le véritable danger vient donc non pas de *la généralité du gage hypothécaire donné aux créanciers antérieurs,* mais de *l'importance relative de leurs créances.* Cela est d'autant plus vrai que, toutes les fois que la créance est un peu forte, le créancier se fait donner une hypothèque sur tous les immeubles actuellement possédés par son débiteur : si celui-ci n'en acquiert aucun dans la suite, l'hypothèque spéciale se comporte en fait comme si elle était générale[1].

[1] M. Huc a même soutenu que la défectuosité du système français vient non pas des hypothèques générales, mais bien *de la présence d'hypothèques spéciales* : si toutes les hypothèques étaient générales, il n'y aurait jamais de difficulté pour savoir si telle ou telle parcelle de terre est hypothéquée ou ne l'est pas. Ce qui fait naître le doute, c'est que certaines hypothèques ne s'étendent pas indistinctement à tous

** **2668. État du système français.** — Notre droit a conservé un certain nombre d'hypothèques générales, qui sont :

1° L'*hypothèque judiciaire,* qui n'est au fond qu'une hypothèque légale.

2° Les *trois hypothèques légales de l'art.* 2121 : celle des mineurs et interdits, celle des femmes mariées, et celle de l'État, des communes et des établissements publics. L'hypothèque judiciaire est générale quant aux biens et spéciale quant aux droits qu'elle garantit ; les autres sont générales sous les deux aspects.

3° Enfin l'*hypothèque conventionnelle* elle-même se transforme fréquemment en hypothèque générale et grève même les biens à venir (voyez ci-dessous, n° 2792).

* **2669. Projets de réforme.** — L'existence des hypothèques générales passe pour avoir de si gros inconvénients que leur spécialisation est demandée avec une insistance de jour en jour croissante. Il est probable qu'elles disparaîtront un jour. Cependant on rencontre, pour faire cette réforme, des difficultés assez grandes, qui tiennent à l'état de nos mœurs, et qui viennent de la nécessité d'assurer aux incapables une protection sérieuse[1]. Cette réforme a déjà été réalisée en Belgique, où l'on a supprimé l'hypothèque judiciaire et spécialisé les autres : le contrat de mariage pour la femme mariée, le conseil de famille pour les mineurs et les interdits, doivent désigner les immeubles sur lesquels l'hypothèque portera, et elle ne s'étend pas aux autres (LAURENT, t. XXX, nos 255 à 258). Enfin un projet de loi, qui établit d'une manière absolue la spécialité et la publicité des hypothèques, a été déposé au Sénat le 27 octobre 1896, par M. Darlan, garde des sceaux[2].

C. — La mobilisation du crédit foncier.

2670. Définition. — Tout propriétaire d'immeuble peut trouver du crédit en offrant son bien comme gage à un capitaliste. Mais les règles protectrices du droit civil, qui attache un grand prix à la sécurité des capitaux engagés dans ce genre de propriétés, font de l'hypothèque un instrument de crédit un peu lourd et difficile à manier : le créancier et le débiteur sont liés l'un à l'autre par un contrat de prêt, dont le terme est ordinairement éloigné et toujours immuable ; *le capitaliste ne peut pas rentrer à volonté dans les fonds qu'il a prêtés.* Depuis une cinquantaine d'années on a cherché à donner aux prêteurs sur hypothèque un genre de titres plus maniables, *d'une circulation plus facile,* et on a appelé « mobilisation du crédit foncier » la réforme souhaitée dans ce but : *crédit foncier* n'est pas ici un nom propre, comme celui de la société financière dont il est question au n° 2693, c'est le nom du genre de crédit que peut procurer la propriété foncière; *mobiliser* signifie *représenter la créance hypothécaire par des titres négociables, circulant comme des effets de commerce ou comme des valeurs de Bourse.*

les biens du débiteur. Par conséquent, si la spécialité des créances garanties hypothécairement avait été établie d'une manière absolue, il serait à peu près inutile de spécialiser le gage hypothécaire : le passif antérieur à chaque hypothèque nouvelle restant immuable, le créancier nouveau obtiendrait sûrement pour gage l'excédent de valeur disponible (*Le Code civil italien,* t. I, p. 328-345). L'idée de M. Huc a tout l'air d'un paradoxe ; elle contient pourtant une grande part de vérité ; mais, ainsi qu'il le constate lui-même, le préjugé des bienfaits de la spécialité quant aux immeubles est si fortement enraciné qu'on l'accepte comme un dogme, sans discussion.

[1] Voyez VALETTE, *Mélanges,* t. II, p. 583 (discours du 12 février 1851); BUFNOIR, exposé relatif aux hypothèques légales, Travaux de la Commission du cadastre, t. I, p. 282 et suiv.

[2] Sur ce projet, qui est sorti des travaux de la sous-commission juridique du cadastre, voyez la thèse de M. DUFOUSSAT, Paris, 1898.

Sous cette forme, on espère que le gage immobilier ferait l'objet de transactions nombreuses, et que le sol rivaliserait dans les échanges avec la richesse mobilière. Voyez sur ces questions RONDEL, *Mobilisation du sol*, thèse, Paris, 1888.

2670 *bis*. Vœux de réforme. — On a plus d'une fois demandé le rétablissement de l'*hypothèque sur soi-même*, « née d'un trait de génie du législateur de la Révolution », quoique mal organisée par lui. On a proposé de délivrer au propriétaire des lettres de gage sur son immeuble, analogues aux *warrants* des magasins généraux, en empruntant quelques détails aux lois allemandes (CHALLAMEL, *Bulletin Soc. législ. comp.*, avril 1886). Le problème qui consiste à faciliter la transmission du gage hypothécaire sans nuire à sa solidité n'est certainement pas insoluble ; on va même voir que notre droit l'a déjà résolu sous deux formes différentes.

***2671. Emploi de titres à ordre.** — La loi permet qu'un titre de créance contenant constitution d'hypothèque soit *rédigé en brevet*, c'est-à-dire que l'original peut être remis au créancier (ci-dessous, n° 2762). Or la jurisprudence a admis que ce titre peut être *accompagné de la clause à ordre*, c'est-à-dire transmissible par endossement comme un effet de commerce, et que l'endossement transfère l'hypothèque en même temps que la créance (Alger, 7 mai 1870, D. 71. 2. 1, S. 71. 2. 105).

En fractionnant la créance, quand elle est considérable, et en la représentant par des titres d'une valeur uniforme, on se procurerait presque tous les avantages des anciennes cédules hypothécaires. Il faut croire que la jurisprudence est bien mal connue dans la pratique, car on se sert fort peu de ce moyen, ou bien la réforme que quelques personnes réclament ne répond à aucun besoin sérieux. A ce propos, on a fait très sagement observer que le vrai problème ne consiste pas à créer un mouvement factice qui ne profiterait en rien aux détenteurs du sol, mais bien à attirer les capitaux vers la propriété foncière, soit pour des constructions, soit pour des travaux agricoles (CAUWÈS, *Cours*, t. II, n° 680).

2672. Les lettres de gage du Crédit foncier. — Les opérations financières du Crédit foncier de France réalisent exactement la réforme demandée. Cette société se borne à servir d'intermédiaire entre les propriétaires qui veulent emprunter et les capitalistes qui placent leurs fonds sur hypothèque ; les prêts qu'elle consent ne sont donc pas faits avec ses propres capitaux, qui seraient *nécessairement limités* : ils sont *faits avec l'argent de tout le monde* ; la société emprunte d'une main et prête de l'autre. Or les personnes qui lui apportent leur argent ne sont pas en rapport direct avec les emprunteurs, et elles n'ont pas en mains le titre qui constate le prêt. Ce titre reste chez le notaire, et les prêteurs d'argent reçoivent des obligations dites *obligations foncières* ou *lettres de gage* (expression du décret de 1852), de 500 francs chacune, qui sont émises par le Crédit foncier et qui peuvent se vendre à la Bourse comme les obligations des emprunts des villes ou des chemins de fer. L'opération totale du placement sur hypothèque est ainsi dédoublée : un titre constate la créance du prêteur, c'est l'*obligation foncière* ; un autre titre constate la dette de l'emprunteur, c'est l'*acte de prêt*.

Ceux qui achètent à la Bourse des obligations foncières sont donc en réalité des *créanciers hypothécaires*. Seulement leur hypothèque ne porte pas sur tel ou tel immeuble déterminé ; *ils ont pour gage la masse des biens sur lesquels la Société a prêté de l'argent*. Ces titres circulent donc avec la garantie hypothécaire qui leur est indirectement, mais très efficacement attachée. C'est bien là *le procédé le plus parfait de mobilisation du crédit foncier*[1] : si toute la dette hypothécaire de France était centralisée dans des sociétés de ce genre, elle serait entièrement *fractionnée en petits titres indépendants les uns des autres et faciles à négocier*. Ajoutons que l'organisation est telle que le total des obligations en circulation doit toujours être égal au montant des

[1] Le seul point faible est que la loi refuse toute action directe aux porteurs des lettres de gage contre les emprunteurs ; ils n'ont d'action que contre la société (Décr. 28 février 1852, art. 17). De plus, une part assez forte des intérêts payés par les emprunteurs reste aux mains de l'intermédiaire et ne profite pas aux capitalistes qui fournissent les fonds.

capitaux dus par les emprunteurs. Pour exprimer cet état de choses, on a pu dire que les obligations foncières étaient *la monnaie de l'acte de prêt.*

§ 3. — *Histoire du régime hypothécaire français.*

***2673. Rappel des principes romains.** — Les traits caractéristiques du système romain étaient les suivants :

1° *L'hypothèque s'établissait par simple consentement.* Dérogation remarquable au principe antique d'après lequel les droits réels avaient leurs modes spéciaux de constitution et ne s'établissaient pas « solo consensu ».

2° *L'hypothèque pouvait s'établir aussi bien sur les meubles que sur les immeubles,* et l'hypothèque mobilière donnait le droit de suite au créancier.

3° *Les hypothèques étaient occultes.* Aucune publicité n'avertissait les tiers de leur existence.

4° *Les hypothèques générales étaient permises.*

A. — Période du très ancien droit français.

2674. Absence primitive de l'hypothèque. — Le régime hypothécaire, tel que nous le montrent les compilations de Justinien, n'a pas été pratiqué en Gaule pendant la domination romaine. Les *Sentences* de Paul, qui avaient une grande vogue dans nos régions, ne nomment pas l'*hypotheca*, mais seulement le *pignus*. Nos plus anciennes chartes, ainsi que les formulaires des époques mérovingienne et carolingienne l'ignorent entièrement : on n'y trouve que des constitutions de gage. L'hypothèque de l'antiquité est une institution purement orientale.

2675. Pratique du gage immobilier. — Une multitude d'actes anciens nous montre sous quelle forme on a pendant de longs siècles utilisé chez nous les immeubles comme moyen de crédit : ç'a été par des *constitutions de gages*. Les cartulaires de Redon et de Cluny en contiennent des exemples intéressants, le premier pour le IXe siècle, le second pour le Xe. Mais il est impossible de distinguer parmi ces actes la *vente à réméré* de l'*impignoratio*: les deux procédés paraissent équivalents (Chartes 34 de Redon et 908 de Cluny). Exemples analogues dans les *formulæ Andegavenses* et *Turonenses*, et dans Marculf. Comp. Fréd. Peltier, Thèse, p. 132-147.

2676. Disparition du gage en propriété. — Une transformation remarquable s'est produite plus tard. Divers auteurs du XIIIe et du XIVe siècle ne connaissent plus le gage en pleine propriété, donnant au créancier le droit de vendre. Pour eux le gage sur un immeuble est ce que nous appelons aujourd'hui l'antichrèse : c'est une simple mise en gage des revenus ou *issues* ; le débiteur reste propriétaire de son bien et le gagiste n'a pas le droit d'en disposer. Ainsi, pour Beaumanoir, l'engagement d'un immeuble est une *vente de ses « despuelles »* (fruits) *pour un nombre déterminé d'années* (XLIV, 52), ce qui équivaut à la constitution d'un usufruit à titre onéreux. Boutillier considérait comme un « usufructuaire » celui qui tenait un bien en gage (liv. I, tit. 56). Les coutumes de Bourgogne (dans Giraud, *Essais sur le droit français*, t. II, art. 33) et d'Anjou (dans Beautemps-Beaupré, t. II, n° 632) règlent la mise en gage comme une vente temporaire des fruits. On continuait cependant à pratiquer la vente à réméré qui avait pour objet la propriété même du bien. Voyez un arrêt de 1301 dans les *Olim* (t. III, p. 107-108).

Sur la différence entre le vif-gage et le mort-gage, et sur la disparition de ce dernier, voyez ce qui est dit ci-dessus, n° 2321 et n° 2492.

B. — Réapparition de l'hypothèque[1].

2677. L' « obligatio bonorum ». — L'introduction de l'hypothèque dans notre

[1] Lire sur ce sujet Esmein, *Les contrats dans le très ancien droit français,* dont je suis en grande partie les idées.

droit n'a pas été l'effet d'un emprunt direct, fait d'un seul coup, au droit romain. On la voit d'abord se produire au XIIIe siècle sous le nom d'*obligatio bonorum*. A cette époque, le créancier n'avait à sa disposition pour exécuter les biens de son débiteur que des procédures longues et difficiles ; dans certaines régions, en Picardie, par exemple, on ne lui permettait même de saisir que les meubles et les fruits des immeubles. Alors, par une convention spéciale, le débiteur déclarait *obliger tous ses biens* [1] à la garantie de la dette et permettait au créancier de les vendre pour se payer [2].

C'est cette « obligation des biens », qui a pris au XVIe siècle le nom romain d'hypothèque [3] et elle en était réellement l'équivalent.

***2678. Formes primitives de la constitution d'hypothèque.** — Primitivement l' « obligatio bonorum » pouvait être établie aussi bien par acte privé que par acte public [4]. Il y en a été ainsi jusqu'au XVe siècle [5]. Mais cette égalité primitive ne se maintint pas : l'infériorité de l'acte privé est déjà constatée au XVIe siècle par Rebuffe (mort en 1557) et par Dumoulin [6]. Depuis lors l'*acte public* ou *notarié* peut seul constituer une *obligation* [7] *hypothécaire*.

C. — Le régime hypothécaire pendant les XVIIe et XVIIIe siècles.

***2679. Ses caractères propres.** — Le régime hypothécaire français avait abandonné sur deux points importants les principes romains :

1° *L'hypothèque mobilière avait disparu.* — « Meubles n'ont pas de suite par hypothèque », disait un adage dont nous aurons plus loin à déterminer le sens (ci-dessous, nos 2703 à 2705), à propos de l'art. 2119 qui en reproduit la formule.

2° *L'hypothèque ne pouvait plus résulter d'une simple convention privée.* — Il fallait un acte public notarié ou judiciaire (ci-dessus, n° 2678).

****2680. Ses vices principaux.** — Sur deux autres points, au contraire, les principes romains avaient été conservés :

1° *L'hypothèque pouvait être générale* et porter sur tous les biens du débiteur.

2° *L'hypothèque était occulte* : aucun moyen de publicité n'avait été organisé.

Ces deux règles étaient les deux inconvénients les plus graves du système ; mais les auteurs anciens, non plus que les praticiens, ne paraissent pas en avoir bien vivement ressenti le poids. La généralité de l'hypothèque surtout leur semblait un bienfait ; ils estimaient, comme le disait Loyseau, qu'il était « raisonnable » de faire le débiteur « bon

1 Tel était déjà le langage des textes romains à propos de l'hypothèque : on disait que la chose hypothéquée était *obligata* (*Digeste*, liv. XX, tit. 4, fr. 12, princ.).

2 D'après la formule primitive qu'en a donnée l'évêque Guillaume Durand, dans son *Speculum juris*, cette clause était une constitution de gage, accompagnée d'une convention de précaire qui permettait au débiteur de garder la possession de ses biens (Lib. III, part. III, édit. de Francfort, 1592, p. 340). Comp. BEAUMANOIR, édit. Beugnot, XXXV, 20, édit. Salmon, 1094.

3 Déjà en 1384 un arrêt l'appelle « obligatio *hypothecaria* » (à la suite du *Stylus Parlamenti*, édit. Aufrerius).

4 On peut même dire qu'au début la différence que nous faisons entre ces deux sortes d'actes était inconnue. Les actes du moyen âge n'étaient pas *signés*, ils étaient *scellés*, et toute personne pouvait avoir un sceau, les marchands aussi bien que les gentilshommes. Quand l'usage des signatures se répandit et que le sceau disparut, l'acte signé obtint le même crédit que l'acte scellé.

5 M. Esmein (p. 210-211) a réuni les textes suivants qui en donnent la preuve : BEAUMANOIR, XXXV, nos 17 à 22, et spécialement n° 20, où l'obligation des biens a lieu en vertu de simples chirographes ou actes privés ; BOUTILLIER, *Somme rurale*, édit. de 1486, f° 39, col. 1 ; *Coutume de la ville et septène de Bourges*, dans BOURDOT de RICHEBOURG, t. III, p. 878 ; Arrêt du XIVe siècle, à la suite du *Stilus parlamenti* ; *Ancien coutumier de Picardie* (MARNIER, p. 25, 90, 91).

6 Voir les citations dans ESMEIN, p. 213-214.

7 Il est remarquable que le sens particulier du mot « *obligation* » désignant la garantie hypothécaire donnée sur un immeuble, sens qui remonte au XIIIe siècle, se soit maintenu jusqu'à nos jours dans le langage des études de notaires, où une *obligation* signifie *emprunt avec constitution d'hypothèque*.

paieur par tous moiens » (*Déguerpissement*, liv. III, chap. 5, n° 16). Quant au défaut de publicité, Loyseau, dans ce même passage, s'apitoie sur le sort de l'acquéreur d'immeubles, qui se voit ruiné, bien qu'ayant traité avec le véritable propriétaire, par la découverte d'hypothèques secrètes, dont rien n'a pu l'avertir, mais ses plaintes paraissent avoir eu peu d'écho. Voyez ci-dessous (n° 2681) les résistances que rencontra Colbert quand il voulut établir la publicité, et l'opinion rétrograde du chancelier d'Aguesseau.

***2681. Tentatives de réforme.** — On ne fit rien, à aucune époque, pour restreindre la généralité de l'hypothèque ; on n'y songeait pas encore. Au contraire il y eut plusieurs tentatives sous l'ancien régime pour établir la *publicité*. Citons pour mémoire divers édits (en 1553, en 1581 et en 1606) qui n'avaient nullement pour but de prémunir les tiers contre les dangers des hypothèques occultes ; c'étaient de pures mesures fiscales, qui furent vite révoquées et n'eurent aucun effet [1]. La seule tentative sérieuse fut celle de *Colbert* (édit de mars 1673), qui créait dans chaque présidial et dans les principaux bailliages un *greffe* où les créanciers devaient se faire connaître par des *oppositions* : les opposants étaient préférés aux non-opposants. D'Aguesseau, parlant plus tard de cette loi, disait que ses dispositions avaient été « méditées avec un soin qui faisait voir que ses auteurs croyaient travailler pour l'éternité ». Mais l'édit rencontra des *résistances invincibles* : beaucoup de grandes familles de la noblesse étaient dès lors fortement endettées et tenaient à cacher leur situation ; l'édit fut rapporté dès le mois d'avril 1674. Au siècle suivant d'Aguesseau disait encore : « On a toujours cru qu'il était contraire au bien et à l'avantage des familles de trop faire connaître l'état et la situation de fortune des particuliers. »

***2682. Les lettres de ratification.** — Il faut encore signaler l'édit de juin 1771, texte important qui est l'origine de notre *procédure de purge* : cet édit créa les « lettres de ratification », qui dispensèrent les particuliers de recourir aux *décrets volontaires* dont on avait usé jusqu'alors. Voyez ci-dessous, n°s 3274 et suiv.

***2683. L'hypothèque générale des actes notariés.** — Un des résultats les plus originaux de l'ancien droit français a été la création d'une *hypothèque générale et tacite*, attachée de plein droit à tout acte notarié, *alors même qu'il n'aurait pas été question d'hypothèque dans l'acte* : l'acte, même muet sur les garanties du créancier, lui donnait cette hypothèque. Cette institution est très ancienne ; elle est déjà bien établie au commencement du XIVe siècle, dans la *Très Ancienne Coutume de Bretagne* [2] et n'a jamais varié jusqu'à la Révolution. Les auteurs du XVIIe siècle, qui la signalent comme une particularité remarquable de notre droit, l'expliquaient par l'idée d'une convention sous-entendue [3].

Mais cela ne suffit pas pour en comprendre la véritable origine ; il faut tenir compte de cette circonstance que les notaires étaient jadis des *officiers d'une juridiction* et que les actes faits par eux avaient *la forme d'un jugement* (*Lettres de baillie* ou *contrats*

[1] La France a failli adopter le système de la publicité dès le commencement du XVe siècle, grâce à la domination anglaise. Henri VI, « roi de France et d'Angleterre », rendit une ordonnance le 27 mai 1424, spéciale à la prévôté et vicomté de Paris (ISAMBERT, t. VIII, p. 693, art. 6). Le préambule constate que les hypothèques occultes sont dangereuses et veut que « ung chacun puisse avoir certaineté et vraie connoissance des charges et hypothèques ». On créait dans ce but une formalité particulière appelée *nantissement*. — Si cet édit avait survécu à la domination passagère de Henri VI, il eût pu devenir le droit commun de la France, grâce à la prépondérance de l'influence parisienne.

[2] Cette coutume va même beaucoup plus loin en ce qu'elle confond entièrement l'obligation personnelle avec l'obligation hypothécaire, et admet que toute convention, même verbale, emporte hypothèque.

[3] LOYSEAU : « Et encore en France on a passé bien plus outre, car pour ce qu'en tous les contrats, par un style ordinaire, on s'est accoustumé d'insérer la clause d'obligation de tous les biens, on a enfin tenu pour règle que tous les contrats portoient hypothèque sur tous les biens, comme cette clause estant sous-entendue si elle avoit esté obmise » (*Déguerpissement*, liv. III, ch. I, n° 5). — Basnage dit que telle est l'origine et le sens de la maxime « Qui s'oblige oblige le sien » (*Traité des Hypothèques*, p. 30).

en la cour). On en arriva à confondre l'acte contractuel avec le véritable jugement, parce que le *contrat* prenait les formes et les procédés de la *sentence*[1].

L'existence de cette hypothèque tacite fut d'ailleurs longtemps combattue. Le président Favre (+ 1624), père de Vaugelas, magistrat en Savoie, et qui s'était donné pour tâche de combattre les fausses opinions (errores pragmaticorum) signale justement en première ligne (error primus) l'effet attribué à l'acte notarié de produire par lui-même une hypothèque générale sans convention expresse. B. d'Argentré considérait également cette pratique comme une erreur[2]. Néanmoins la tradition finit par l'emporter et après le XVIe siècle personne ne la contesta plus.

2684. Régime exceptionnel de quelques provinces. — Deux régions différentes possédaient déjà sous l'ancien régime la publicité des hypothèques.

1° Pays de nantissement. — Sur l'étendue géographique de cette région et sur son système de publicité, voyez t. I, 1re édit., n° 1378, 2e édit., n° 1321. Les formalités *de vest et devest*, qui n'avaient point été établies pour assurer la publicité des actes relatifs à la propriété foncière, mais pour permettre aux seigneurs de percevoir plus facilement leurs profits féodaux, avaient cependant amené un système de publicité pour les hypothèques. Aussi, quand on envoya de Paris au Parlement de Flandres l'édit de 1771 (ci-dessus, n° 2682), qui apportait ce pendant une grande amélioration, ce Parlement refusa de l'enregistrer, le considérant comme contraire aux coutumes de nantissement, et disant « qu'il fallait considérer la publicité de l'hypothèque comme le chef-d'œuvre de la sagesse humaine, comme un droit fondamental dont l'usage avait produit dans tous les temps les plus heureux effets, et avait établi autant de confiance que de facilité dans les affaires que les peuples belges traitaient entre eux... » (D'après Challamel thèse, p. 21). L'éloge est un peu trop pompeux, car le nantissement avait lui-même ses défauts et, dans plus d'un endroit, les formalités en étaient trop compliquées.

2° Bretagne. — A l'autre extrémité de la France, la Bretagne pratiquait également la publicité depuis un édit d'août 1626, texte peu connu et difficile à trouver parce qu'il ne figure pas dans les ouvrages courants[3]. Cet édit avait modifié d'une manière très heureuse l'ancienne procédure des *appropriances par bannies* et créé des *greffes d'insinuation*, tout à fait comparables à nos bureaux d'hypothèques. Il était exactement observé dans la pratique.

D. — Période révolutionnaire.

***2685. Loi de messidor.** — La Révolution nous a laissé deux lois célèbres ; la première porte la date du 9 messidor an III (27 juin 1795). C'était un véritable code comptant 279 articles. Cette loi organisa la publicité, mais *sous une forme défec-*

[1] L'acte notarié ancien, après avoir relaté les conventions des parties, se terminait par une triple formule : 1° une *confessio in jure*, par laquelle les parties reconnaissent comme vraies les énonciations contenues dans l'acte ; 2° une *obligatio*, c'est-à-dire une constitution d'hypothèque générale sur tous les biens présents et à venir ; 3° une *condemnatio*, par laquelle le notaire, agissant comme délégué du juge, condamne les parties à exécuter leurs conventions sous la garantie de l'hypothèque.

Exemple. — A la fin d'une vente consentie par deux époux on lit : « Omnibus bonis mobilibus et immobilibus dictorum conjugum, ubicumque et sub quocumque dominio existentibus... specialiter obligatis... » (voilà l'*obligatio*, l'hypothèque générale garantissant spécialement la vente). « Et nos dictos conjuges presentes et in hoc consentientes et premissa omnia et singula vera esse confitentes » (voilà la *confessio*); « condempnamus » (voilà la *condemnatio*) (Acte de 1293, dans le cartulaire inédit de Saint-Melaine, à Rennes). C'est par milliers qu'on pourrait compter dans nos archives les actes de cette sorte.

[2] « Qui error (la confusion de l'*obligatio personalis* et de l'*obligatio hypothecaria*) causa fuit veteribus pragmaticis ut agnoscerent omni obligationi, etiam personali, inesse consuetudinarias hypothecas, *quod est falsissimum* » (Sur l'art. 194 A. C., glose 1, n° 8).

[3] Il est dans Girard et Joly, *Trois livres des offices de France*, t. I, additions, p. CCXIJ.

tueuse : un registre dans chaque commune, ce qui était trop et éparpillait inutilement les recherches.

C'est cette même loi qui contenait l'institution originale de l'*hypothèque sur soi-même* au moyen des *cédules hypothécaires*, dont il a été parlé plus haut (n° 2651).

Cette loi n'a jamais été rendue obligatoire ; on en vit tout de suite les vices. Elle fit l'objet de *prorogations successives* : la dernière en date, du 28 vendémiaire an V, avait une durée indéfinie (Sirey, *Lois annotées*, t. I, p. 329, note 1). Cependant dans certaines régions, les conservateurs des hypothèques s'y conformèrent et un assez grand nombre d'inscriptions furent prises selon les règles nouvelles. Ce fait fut démontré en 1888 par M. Rondel, dans sa thèse sur *La Mobilisation du sol*, p. 150 et suiv. Quelques années après, M. Flour de Saint-Genis retrouva dans l'un des bureaux de Paris vingt registres tenus en conformité de la loi de messidor (*Annales de l'Enregistrement*, 1893). Voyez aussi Ferron, *Étude sur la publicité des droits réels*, p. 113-114.

** **2686. Loi de brumaire.** — Celle-ci, qui est du 11 brumaire an VII (1er nov. 1798), est l'œuvre du Directoire. Elle abandonna l'idée des cédules hypothécaires, qui paraissait peu pratique ; elle maintint la *publicité* et la fortifia même par un principe tout nouveau, celui de la *spécialité* : on ne pouvait plus créer d'hypothèques générales sur tous les biens, ni pour des sommes indéfinies ; il fallait préciser tout à la fois les immeubles grevés et les sommes garanties.

La loi de l'an VII établit, en outre, un *mode de purge* bien préférable à celui de l'édit de 1771. Enfin, elle ordonna la *transcription des aliénations d'immeubles*, mesure excellente, qui complétait de la manière la plus heureuse la publicité des hypothèques.

E. — Les hypothèques sous le Code civil.

2687. État d'esprit des auteurs du Code. — Lorsque le projet de Code fut soumis aux tribunaux, les magistrats de l'ancien régime, qui s'y trouvaient encore en majorité, se prononcèrent contre le système nouveau de la loi de brumaire ; neuf tribunaux d'appel seulement en demandèrent le maintien (Fenet, t. XV, p. 271 ; Locré, t. XVI, p. 158). Au Conseil d'État aussi la majorité paraissait favorable au régime traditionnel. La section de législation s'étant partagée, il y eut *deux rapports en sens contraire*, l'un de Bigot du Préameneu en faveur de l'hypothèque occulte, l'autre de Réal en faveur de la publicité (Fenet, t. XV, p. 223 et 280 ; Locré, t. VIII, p. 146 et 170).

Les partisans de l'hypothèque occulte faisaient valoir l'extrême simplicité de l'ancien droit ; la loi de brumaire leur paraissait contraire au crédit et à la liberté des conventions ; les coutumes de nantissement et les édits royaux étaient combattus par eux comme entachés de féodalité. Cependant le principe de publicité l'emporta.

Son succès semble dû principalement aux efforts que le tribunal de cassation fit pour le défendre ; ce tribunal rejeta en grande partie le projet de la commission et rédigea à l'appui de ses propres idées un rapport remarquable publié par Fenet (t. II, p. 607-649).

* **2688. Vices du régime moderne.** — Le régime hypothécaire du Code Napoléon avait *deux grands défauts* :

1° *L'abandon partiel du double principe de la spécialité et de la publicité*, en faveur des *femmes mariées*, des *mineurs* et des *interdits*, auxquels il a accordé des *hypothèques légales* qui sont tout à la fois *générales* et *occultes*. — Ce premier vice subsiste encore, légèrement atténué par la loi du 23 mars 1855 ;

2° *L'abandon du système de la publicité des aliénations immobilières*. — Celui qui se faisait donner une hypothèque ne pouvait pas vérifier si l'emprunteur était vraiment propriétaire. Ce vice capital a été effacé par la loi du 23 mars 1855 qui a rétabli la transcription (t. I, 1re édit., nos 1385 à 1414 ; 2e édit., nos 1313 et suiv.

2689. Réforme de 1807. — On ne paraît pas avoir senti tout de suite les inconvénients d'un pareil système. Une réforme fut bien opérée par le Code de procédure, promulgué deux ans après le Code civil (avril-mai 1806) ; on modifia le délai donné aux créanciers hypothécaires pour s'inscrire en cas d'aliénation de l'immeuble par leur débiteur (art. 834-835 C. proc. civ.), mais ce changement fut provoqué par un simple intérêt fiscal (ci-dessous, nos 3189-3°).

***2690. Projet de réforme de 1841 et loi de 1855.** — En 1826, un banquier, Casimir Périer, qui était alors chef de l'opposition, avait institué un concours sur la *Réforme hypothécaire*. En 1841, par une circulaire du 7 mai, le ministre de la justice, M. Martin (du Nord), ouvrit une enquête, demandant l'avis de la Cour de cassation, des Cours d'appel et des Facultés de droit. Cette vaste enquête dura 7 ans, et il en sortit un mince projet ne contenant aucune réforme importante et modifiant seulement 21 articles du Code. Le rapport fut publié le 9 février 1848 ; quelques jours après, une révolution remettait tout en question, et ce fut seulement le second Empire qui réussit à faire voter la loi du 23 mars 1855.

2691. Réformes diverses. — Depuis 1855, un assez grand nombre de lois ont remanié sur des points plus ou moins importants notre régime hypothécaire : L. 21 mars 1858, sur la *procédure d'ordre* ; L. 10 décembre 1874, sur l'*hypothèque maritime* ; L. 10 juillet 1885, remplaçant la précédente ; L. 13 février 1889, sur les *renonciations à l'hypothèque des femmes mariées* ; L. 19 février 1889, sur l'*attribution des indemnités d'assurances* ; L. 17 juin 1893, sur les *intérêts des créances privilégiées* ; L. 1er mars 1898, sur le *nantissement* (hypothèque) des fonds de commerce ; L. 18 juillet 1898, sur les *warrants agricoles*.

2692. Projets modernes. — Signalons enfin le *projet Darlan* (ci-dessus, no 2669). Voyez aussi M. Raveton sur la *Réforme hypothécaire*, rapport présenté en 1897 au troisième congrès annuel de la propriété bâtie. — Besson, *Les livres fonciers et la réforme hypothécaire*, 1891. — Asse, *Simples réflexions d'un conservateur des hypothèques sur la réforme hypothécaire*, 1892. — *La Réforme hypothécaire*, articles anonymes parus dans la *Loi*, en novembre et décembre 1898.

***2693. Création du Crédit foncier.** — Un autre grand fait, qui ne modifia qu'incidemment les règles juridiques des hypothèques, a cependant exercé une grande influence sur le fonctionnement du crédit hypothécaire en France : c'est la création du Crédit foncier au commencement du second Empire. Son établissement se rattache aux *grands travaux du baron Hausmann* ; il a surtout servi à construire un grand nombre de maisons à Paris et dans quelques grandes villes, alors que, théoriquement, le but de son institution était surtout de *favoriser la propriété rurale*, en lui permettant d'emprunter à un taux moins lourd par le *système de l'amortissement* (voyez ce qui est dit des prêts amortissables ci-dessus, no 2086). Les progrès du Crédit foncier dans les campagnes ont été longtemps retardés par les notaires : ceux-ci craignaient de perdre les honoraires que leur procuraient le renouvellement fréquent des prêts à court terme, ainsi que les quittances et subrogations qui se faisaient dans leurs études. Pour vaincre leur résistance il a fallu les intéresser au placement des obligations du Crédit foncier. La France n'a fait, du reste, qu'imiter des institutions analogues déjà créées en Allemagne.

Depuis sa fondation jusqu'en 1890, cette société a fait environ 75 000 prêts s'élevant à près de 3 milliards 400 millions. — Sur le Crédit foncier, voir Josseau, *Traité du crédit foncier*, 2 vol., 1884, et la *Grande Encyclopédie*, vo Crédit foncier.

Le Crédit foncier ne peut prêter que *sur première hypothèque* et seulement *jusqu'à concurrence de la moitié de la valeur de l'immeuble* (Décr. 28 février 1852, art. 6 et 7).

§ 4. — *Notions sommaires sur quelques législations étrangères.*

2694. Loi hypothécaire belge. — Le titre XVIII du livre III du Code Napoléon a été remplacé en Belgique par une loi sur les hypothèques, du 16 décembre 1851, qui a opéré des réformes importantes. La principale est l'application de la double règle de *spécialité* et de *publicité* aux *hypothèques légales* de la femme, du mineur et de l'interdit, qui chez nous sont encore générales et occultes.

2695. Codes italien et roumain. — En Italie, le Code de 1865 a fait des changements analogues, mais sous une forme un peu différente. Les hypothèques peuvent être constituées à l'état d'*hypothèques générales* ; mais toutes, sans exception, doivent être *inscrites*, et l'inscription doit toujours être *spéciale*. Quant au régime hypothécaire roumain, c'est le système hypothécaire français modifié d'après la loi belge (Alexandresco, p. 464).

2696. Système allemand. — C'est le plus intéressant à étudier.

1° Ancien droit. — Quand le droit romain se répandit en Allemagne, il y étouffa presque entièrement les traditions nationales, et la clandestinité des hypothèques y fut pratiquée comme en France [1] : cependant la publicité s'y établit d'une façon plus générale et plus rapide que chez nous. Tandis que l'édit de Colbert de 1673 subissait un échec, un édit municipal, du 28 septembre 1693, organisait la publicité dans les principales villes prussiennes, telles que Berlin et Cologne ; puis vint une loi générale (4 février 1722), étendue à la Silésie (4 août 1750). Sous le règne du Grand Frédéric, il y eut une nouvelle loi générale sur les hypothèques, du 20 décembre 1783. Enfin parut le Code prussien en 1794.

2° Période contemporaine. — Le régime actuel date de la loi du 5 mai 1872, propre au royaume de Prusse, étendue aux pays rhénans en 1888 (*Ann. étr.*, t. XVIII, p. 319. Voyez aussi t. XV, p. 129 ; t. XVII, p. 331). Son système a été modifié et généralisé par le Code civil allemand (art. 1113 et suiv.). Aucun droit réel ne peut être reconnu s'il n'est inscrit sur le livre foncier (*Grundbuch*). Une différence fondamentale est à noter entre nos registres et ceux de l'Allemagne. Les nôtres sont tenus par *noms de personnes* : on inscrit chaque hypothèque au nom du propriétaire du chef duquel elle est née ; et les tables ne sont que la liste des noms ainsi inscrits. Quand on demande un relevé des inscriptions existant sur un immeuble, on ne peut l'obtenir qu'en donnant le nom du propriétaire actuel et ceux des précédents propriétaires. En Allemagne les registres sont tenus *par parcelles* ; c'est sur tel ou tel immeuble qu'on demande à être renseigné ; chaque immeuble a ainsi son casier civil, où tout ce qui le concerne se trouve réuni. Cependant, à cause du morcellement de la propriété féodale en Prusse, on a dû autoriser la tenue *par noms de propriétaires*, selon le système français, en laissant le choix au conservateur qui se règle sur les circonstances.

Les registres allemands ne sont pas tenus par de simples fonctionnaires de l'ordre administratif comme nos conservateurs des hypothèques ; le conservateur (Grundbuchrichter) est un *juge*, qui peut contrôler les déclarations qui lui sont faites et les pièces qui sont produites, sauf appel devant la Cour (*Ann. étr.*, t. II, p. 211-212 ; p. 263, note 1).

L'hypothèque allemande se dédouble en *hypothèque ordinaire* et *hypothèque de sûreté*. La première donne lieu habituellement à la délivrance d'une *lettre* ou *cédule hypothécaire*, *Hypothekenbrief* (art. 1116-1117), sans laquelle le droit de la *Briefhypothek* ne peut pas être exercé (art. 1160 à 1162), mais la délivrance de la cédule hypothécaire peut être exclue par une convention spéciale, auquel cas on a une *Buchhypothek*. L'hypothèque de sûreté, *Sicherunghypothek*, ne donne jamais lieu à la délivrance d'une cédule et dépend de la créance d'une manière absolue (art. 1184-1190).

2697. La dette foncière (Grundschuld). — Une particularité notable du droit allemand est l'existence, à côté de l'hypothèque, d'un autre droit analogue, la *dette foncière*, *Grundschuld* (C. civ. all., art. 1191-1198). Un créancier hypothécaire, en Allemagne comme en France, a deux droits : 1° sa créance personnelle, grevant tout le pa-

[1] Quelques villes possédaient cependant un système de publicité qu'elles conservèrent, et qui rappelle nos coutumes de nantissement. Hambourg possède des registres d'hypothèques qui remontent jusqu'à 1248 ; ceux de Lubeck vont jusqu'en 1309.

trimoine du débiteur et transmissible, au point de vue passif, uniquement aux successeurs universels du débiteur ; 2° son hypothèque, qui lui donne une action réelle suivant l'immeuble en toutes mains. Dans la dette foncière, la créance personnelle disparaît ; il ne reste qu'un droit réel de même nature que l'hypothèque. Le créancier est réduit à l'action hypothécaire, sans avoir d'action personnelle sur l'ensemble du patrimoine : *la personne n'est pas tenue, l'immeuble seul répond de la dette.*

La dette foncière est inscrite sur le registre et donne lieu à la délivrance d'un titre spécial, appelé *Grundschuldbrief, lettre foncière* ou *bon foncier*, qui est négociable comme une lettre de change. Le propriétaire peut se le faire délivrer à son nom (art. 1196), comme dans notre loi de messidor, ou même le faire établir au porteur (art. 1195).

2698. Alsace-Lorraine. — La loi du 24 juillet 1889, modifiant le régime hypothécaire de l'Alsace-Lorraine (*Ann. étr.*, t. XIX, p. 305), a été remplacée par le nouveau Code civil.

2699. Ville de Brême. — La ville de Brême possédait une institution originale, qui ne ressemblait ni à l'hypothèque française, ni à la dette foncière prussienne : c'était la *Handfeste* (*manus firma*), espèce de promesse solennelle qui opérait un fractionnement de la propriété de l'immeuble en titres particuliers (Voyez CHALLAMEL, thèse citée au n° suiv.). Le nouveau Code civil paraît avoir mis fin à ce régime (Loi d'introduction, art. 192-195, et loi d'exécution du Code civil pour Brême, art. 40).

2700. Bibliographie. — Pour l'Allemagne, voir P. GIDE, *Notice* sur la loi prussienne de 1872 (*Ann. étr.*, t. II, p. 204-215) ; ERN. LEHR, *Droit civil germanique*, p. 137 et suiv. ; CHALLAMEL, *Cession des créances hypothécaires*, thèse, Paris, 1878 ; MEULENAERE, *Code civil allemand*, 1897, notes, p. 297, 305, 308, etc.

Pour l'Autriche, voir *Ann. étr.*, t. IV, p. 232, *Bull. Soc. lég. comp.*, 1879, p. 468 et suiv.

Comp. sur le droit suédois, *Ann. étr.*, t. V, p. 805 ; sur le droit russe, *Ann. étr.*, t. XI, p. 685 et suiv. Sur le droit anglais, très éloigné du nôtre et qui en est resté à la pratique de la vente à réméré et du mort-gage, voir GLASSON, *Institutions de l'Angleterre*, principalement t. IV ; P. FOURNIER, *La question agraire en Irlande*, chap. VIII ; E. LEHR, *Droit civil anglais*. — Voir aussi, quoique vieux, ANTH. DE SAINT-JOSEPH, *Concordance entre les lois hypothécaires étrangères et françaises*, 1847.

CHAPITRE II

DES BIENS SUSCEPTIBLES D'HYPOTHÈQUE

* **2701. Observations préliminaires.** — A proprement parler, on n'hypothèque pas les biens ; l'hypothèque ne permet pas au créancier d'agir matériellement sur la chose, comme il le ferait en vertu des droits réels ordinaires de propriété, de servitude ou d'usufruit. Ce qui est soumis à l'action du créancier, ce qui lui est hypothéqué et pourra être vendu par lui, c'est *le droit que le débiteur a sur la chose.* L'hypothèque est donc un droit réel établi, pour ainsi dire, *au second degré* et qui porte sur un autre droit réel. Tout droit réel de garantie se présente de la même manière ; comparez ce qui a été dit ci-dessus du gage considéré comme droit réel (n° 2429).

L'hypothèque n'est donc pas un *démembrement de la propriété* ; c'est une sorte de mise en gage du droit de propriété ; il n'y a pas partage des attributs et des avantages de ce droit ; il y a seulement pour le propriétaire une menace d'expropriation, parce qu'il a transmis à son créancier le *jus distrahendi*, qui auparavant n'appartenait qu'à lui-même.

Par suite, il faut examiner deux questions successives : 1° *sur quelles choses* peut-on constituer une hypothèque ? 2° *quel droit sur la chose* faut-il avoir pour constituer l'hypothèque ? La première question se dédouble et doit être étudiée séparément pour les *meubles* et pour les *immeubles*.

§ 1. — *Hypothèque des meubles.*

** **2702. Distinction.** — En principe, la loi française ne permet pas d'hypothéquer les meubles ; c'est par exception, et en vertu de lois bien postérieures au Code, que quelques hypothèques mobilières ont été organisées.

A. — De la défense d'hypothéquer les meubles.

* **2703. Origine de la prohibition.** — Quand on a constitué en France une garantie réelle analogue à l'hypothèque romaine, on n'a pas pu lui donner un champ d'application aussi large. Avant le XVIe siècle la revendication mobilière n'existait pas ; possession et propriété étaient confondues (t. I, 1re édit., n°s 1175 et suiv. ; 2e édit., n°s 1106 et suiv.). On tenait pour maxime : « Meuble n'a point de suite, mesmement quand il est tenu à juste titre et de bonne foi » (*Coutumes notoires*, décision 23 ; JEAN DESMARÈS, décision 165). Par suite l'*obligatio bonorum*, même conçue dans les termes les plus généraux, ne permettait pas aux créanciers d'exercer le droit de suite sur les meubles de leur débiteur : sur cette sorte de biens, leur hypothèque était *incomplète* et ne leur conférait qu'*un droit de préférence*.

Quand la revendication mobilière fut admise, aux XVe et XVIe siècles (t. I, 1re édit., n°s 1178 à 1180 ; 2e édit., n°s 1109 à 1111), on ne modifia pas pour cela les règles de l'hypothèque ; le *propriétaire* avait recouvré le droit de suivre son meuble ; le *créancier hypothécaire* n'obtint pas le droit de suite. La maxime eut alors besoin d'être corrigée et on lui ajouta deux mots : « Meubles n'ont pas de suite *par hypothèque* », de façon à réserver la revendication du propriétaire. C'est sous cette forme nouvelle qu'elle fut insérée dans la Coutume de Paris (art. 77 et 168 anc., art. 170 nouv.).

* **2704. Les deux sens de la maxime.** — La règle : « Meubles n'ont pas de suite par hypothèque » a eu dans notre droit deux sens successifs. Anciennement elle signifiait simplement ce qui vient d'être expliqué au n° précédent, à savoir que le créancier hypothécaire n'avait pas de droit de suite sur les meubles, et elle conserva toujours cette portée restreinte dans les pays de droit écrit et dans les Coutumes de l'Ouest (Bretagne, Anjou, Maine, Normandie). Mais dans les Coutumes de Paris, d'Orléans et quelques autres,

la maxime prit un sens nouveau, plus rigoureux : on rejeta entièrement l'hypothèque mobilière, *en refusant aux créanciers le droit de préférence aussi bien que le droit de suite.* « Meubles n'ont pas de suite par hypothèque » signifiait donc « Meubles ne sont pas susceptibles d'hypothèque » (Ferrière, sous l'art. 170 Cout. de Paris, et surtout Brodeau, sous le même article. — Comp. Pothier, t. I, p. 682). La Coutume d'Orléans (art. 447) s'en expliquait en termes formels. Avec ce second sens, la règle devient le droit commun du royaume.

*** 2705. Langage des lois modernes.** — Le Code civil a conservé la maxime ancienne, avec sa formule du XVIe siècle : son art. 2119 est la reproduction de l'art. 170 de la Coutume de Paris. Pareille formule est assurément critiquable, puisqu'elle a un sens vrai plus fort que son sens apparent. On pourrait même se demander lequel de ses deux sens historiques le législateur moderne lui a attribué, si nous n'avions que l'art. 2119. Heureusement l'art. 2118 est là pour le compléter en nous disant : « Sont *seuls* susceptibles d'hypothèques les biens immobiliers... » De la sorte l'art. 2119 est inutile et pourrait parfaitement être retranché[1].

La loi hypothécaire belge de 1851 reproduit encore la formule des Coutumes (art. 46), mais le Code italien l'a supprimée.

*** 2706. Nouveau motif de prohibition.** — L'ancien droit avait supprimé l'hypothèque mobilière, parce que la sûreté réelle établie sur les meubles sans dépossession du débiteur ne lui paraissait pas constituer une garantie sérieuse, et qu'il était impossible de maintenir le droit de suite au créancier contre les tiers. Ces raisons subsistent toujours, mais il en a surgi une nouvelle, plus décisive encore, et que l'ancien droit n'avait pas soupçonnée : *l'impossibilité d'organiser la publicité pour l'hypothèque des meubles.* La publicité est devenue une nécessité dans les temps modernes. Or les meubles n'ont pas de situation fixe. Où seraient tenus les registres ? Au domicile du débiteur ? mais ce domicile lui-même est variable.

B. — Les hypothèques mobilières modernes.

*** 2707. Motifs de ces exceptions.** — La question des hypothèques mobilières s'est beaucoup modifiée pendant le XIXe siècle, et, quoique les motifs qui ont fait proscrire l'hypothèque mobilière aient augmenté en nom-

[1] On a parfois voulu lui donner un sens particulier en l'appliquant à certaines choses de nature mobilière, qui se trouvent frappées par l'hypothèque, à titre d'*accessoires de l'immeuble*, tant qu'elles restent aux mains du débiteur, mais que le créancier hypothécaire ne peut poursuivre aux mains d'un tiers. Tels sont les *fruits pendants par branches et par racines* et les *immeubles par destination.* Mais il est peu probable que les auteurs du Code aient pensé à une application de la maxime dont on ne s'était point préoccupé auparavant, et d'ailleurs les choses dont on parle ainsi sont des *immeubles* et non des meubles. Pour les droits que possède le créancier hypothécaire sur les immeubles par destination et sur les fruits, voyez ci-dessous, n°s 2736-2737 et n° 2746.

bre, diverses exceptions ont paru possibles et ont été admises. Dans toutes, il s'agit de meubles importants, pour lesquels on a pu trouver un point fixe, servant de centre à la publicité de l'hypothèque.

1° Hypothèque maritime.

2708. Règles principales. — Les navires ont un *port d'attache*, lieu qui est pour eux quelque chose comme le domicile des personnes; ils y sont inscrits sur des registres tenus par l'administration des douanes. D'autre part, il existe pour eux un procédé spécial de transmission : la *mutation en douane*. Grâce à ces deux circonstances, il a été facile d'organiser pour eux un système d'hypothèques (L. 10 décembre 1874; L. 10 juillet 1885). Les bâtiments de mer peuvent seuls être hypothéqués (d'où le nom *Hypothèque maritime*), et encore faut-il qu'ils jaugent plus de 20 tonneaux (L. 1885, art. 36). Mais un projet en préparation permet d'hypothéquer les bâtiments de rivière; la batellerie emploie un matériel de plus en plus important qui peut, tout aussi bien que les bâtiments de mer, servir à gager des emprunts.

Les registres de l'hypothèque des navires sont tenus par les *receveurs des douanes* dans la circonscription desquels le navire est en construction, s'il est hypothéqué avant d'être terminé, ou immatriculé, s'il est déjà à l'eau.

2° Nantissement des fonds de commerce.

2709. Sa véritable nature. — Une loi du 1er mars 1898 a permis d'hypothéquer des fonds de commerce, seulement elle a, par une erreur certaine, appelé cette hypothèque un « nantissement ». En effet, ce qui distingue le gage de l'hypothèque, c'est le *dessaisissement du débiteur* qui perd la possession de l'objet donné en gage, dont le créancier est désormais *nanti*. Or le prétendu nantissement des fonds de commerce se fait *sans dessaisissement*, et la loi a organisé pour lui, au moyen de *registres spéciaux* tenus *au greffe du tribunal de commerce*, un système de publicité tout à fait comparable à celui des hypothèques. Il est assez étrange de voir le législateur créer une hypothèque nouvelle sous un faux nom et ne pas s'en apercevoir.

Pour mettre le comble à l'étrangeté de cette institution, on a placé le texte (d'ailleurs très laconique) qui la consacre, dans le Code civil (art. 2075, al. 2), alors qu'elle intéresse exclusivement le Droit commercial, et qu'il y a dans le Code de commerce des articles spéciaux sur le gage commercial où la disposition nouvelle aurait été au moins aussi bien placée que dans l'art. 2075.

3° Warrants agricoles.

2710. Origine et but de leur institution. — Depuis bien longtemps on cherchait à organiser, au profit des cultivateurs, ce qu'on appelait le *crédit agricole mobilier*, c'est-à-dire un moyen de crédit convenable pour des gens qui, sans avoir des biens fonds ou terres à eux, possèdent souvent, sous la forme de récoltes, des valeurs considérables. Jusqu'en 1898, pour se procurer de l'argent, les cultivateurs étaient réduits à vendre leurs récoltes, et souvent à bas prix, dans un moment défavorable. La loi du 18 juillet 1898 leur permet d'emprunter sur les principaux produits de leur exploitation, sans s'en dessaisir, ou, pour employer le langage nouveau, de les *warranter à domicile*. Cette loi a donc constitué une troisième hypothèque mobilière, sans lui en donner le nom; elle appelle *gage*[1] le droit du créancier et *warrant* le titre qui le constate.

L'exploitation agricole étant exclusivement régie par le droit civil, nous devons décrire au moins sommairement cette organisation.

[1] Il n'y a pas ici une impropriété d'expression aussi complète que celle qu'on relève dans la loi du 1er mars 1898; le mot « gage » a un sens vague, qui lui permet d'être employé incidemment à propos de l'hypothèque : ainsi on appelle « gage hypothécaire » les immeubles grevés d'hypothèque; « lettres de gage » les obligations émises par le Crédit foncier.

2711. Matières susceptibles d'être hypothéquées. — La loi en a donné l'énumération dans l'art. 1er. Ce sont les *principaux produits agricoles* : céréales, légumes, graines, boissons, bois, fromages, huiles, sel marin, etc. Cette énumération doit être considérée comme limitative. — On en a exclu le matériel et les animaux.

2712. Rôle du warrant. — L'emprunt est constaté par un titre spécial appelé *warrant*, à l'imitation de ce qui se fait pour les marchandises déposées dans un magasin général.

Le warrant est un titre transmissible par endossement, qui circule comme un effet de commerce, et les établissements publics de crédit sont même autorisés à le recevoir dans des conditions particulièrement favorables, c'est-à-dire avec une signature de moins que les effets ordinaires (art. 6).

2713. Publicité. — Tout emprunt fait en exécution de cette loi est rendu public au moyen d'un registre spécial, tenu *au chef-lieu de canton* par le *greffier de la justice de paix* dans le ressort duquel se trouve le domicile de l'emprunteur. La loi ne détermine pas expressément la compétence à cet égard dans son art. 3 ; cela résulte seulement, et d'une manière indirecte, de ce qu'elle dit à un autre point de vue dans l'art. 2.

2714. Garanties du créancier. — Le créancier porteur d'un warrant agricole est un créancier gagiste qui ne possède pas son gage, c'est-à-dire un créancier hypothécaire. A raison de la nature spéciale des produits warrantés, il peut toujours craindre une fraude du débiteur : *le cultivateur n'a qu'à vendre ses récoltes*, à les faire disparaître, le *créancier n'aura plus de gage*, car il était impossible de lui reconnaître ici un droit de suite analogue à celui qui existe certainement sur les navires et sur les fonds de commerce : les produits agricoles sont des meubles corporels qui circulent de mains en mains par simple tradition, et la nouvelle hypothèque mobilière créée sur eux ne peut être qu'incomplète : *elle donne le droit de préférence, elle ne donne pas le droit de suite*. La maxime de l'art. 2119 a repris pour elle son sens primitif (ci-dessus, n° 2704).

Pour protéger le créancier contre le danger exceptionnel qu'il court et pour donner aux nouveaux warrants le crédit qui leur est indispensable pour circuler, on a été réduit à établir une *pénalité* sévère contre le débiteur : s'il détourne, détruit ou dissipe le gage de son créancier, on lui applique les *peines de l'abus de confiance* (art. 408 C. pén.) : emprisonnement de deux ans au plus, amende égale au quart du préjudice causé[1].

2715. Droits du cultivateur. — Celui qui a engagé au moyen d'un warrant ses produits agricoles conserve le droit d'en disposer, mais *à la condition de les libérer*. Il doit donc rembourser le montant du warrant, et pour cela il lui faut *retrouver le porteur actuel* de ce titre, qui a pu circuler depuis sa création en de nombreuses mains. Dans ce but, la loi veut que tout escompteur ou réescompteur, c'est-à-dire tout nouveau preneur du warrant, en donne immédiatement avis au juge de paix par lettre recommandée. On veut par là permettre à l'emprunteur de se libérer à tout moment ; mais aucune sanction n'a été établie, et la loi risque fort de se trouver ici en défaut.

2716. Réalisation du gage. — La loi a simplifié à l'extrême la procédure à suivre pour réaliser les produits warrantés. A défaut de paiement à l'échéance, le créancier adresse un *avis préalable* à l'emprunteur, *par lettre recommandée avec avis de réception*. Huit jours après, il peut procéder à la vente, *sans aucune formalité de*

[1] Le rapporteur de la Chambre a dit que c'était l'application du droit commun (D. 98. 4. 91, note 3). C'est une erreur : l'abus de confiance est un délit qui est commis *aux dépens d'un propriétaire* par quelqu'un qui est *simple possesseur ou détenteur de la chose* à titre de dépôt, de mandat, de gage, etc. Si l'art. 408 nomme à côté du propriétaire, comme victime possible du délit, un simple possesseur ou détenteur, c'est qu'on a voulu prévoir le cas où le dépositaire infidèle aurait reçu la chose de quelqu'un qui n'en était pas propriétaire. — Mais punir un *propriétaire* qui dispose de son bien *au préjudice de son créancier*, ce n'est pas lui faire l'application pure et simple de l'art. 408 C. pén. : c'est *créer un nouveau cas d'abus de confiance à côté de ceux qui existent.*

justice, à la seule condition d'employer un *officier ministériel* (que la loi ne désigne pas) et de remplir les *formes de publicité* prévues par les art. 617 et suiv. C. proc. civ. — C'est un système calqué sur celui que la loi du 23 mai 1863 (art. 92 C. com.) a appliqué au gage commercial. Le warrant n'est pas pour cela assimilé aux *titres exécutoires* (voyez ci-dessus, n° 2448).

2717. Conflit avec le privilège du bailleur. — Toute l'organisation des warrants agricoles n'a pu se faire qu'à la condition de sacrifier le privilège du bailleur : ces récoltes que le cultivateur hypothèque pour emprunter, sont le gage du bailleur en vertu de l'art. 2102-1°. Il fallait donc supprimer cet antique privilège pour ouvrir la porte à un nouveau moyen de crédit. Le rapporteur de la Chambre a dit qu'en lui laissant les animaux destinés à la vente ou employés à la culture, le mobilier et le matériel du fermier, on lui laissait un gage suffisant. Plus d'un propriétaire pensera sans doute autrement et demandera à son fermier d'autres garanties.

D'ailleurs on n'a pas pu supprimer totalement et sans distinction le privilège du bailleur. Quand le cultivateur, qui tient à bail son exploitation, veut réaliser un emprunt, il est tenu d'en *avertir son bailleur* en lui faisant connaître la nature, la valeur et la quantité des marchandises qui doivent servir de gage à l'emprunt, ainsi que le montant des sommes à emprunter. Après cet avertissement le bailleur a un *délai de douze jours pour s'opposer à l'emprunt* ; mais il ne peut user de ce moyen *qu'au cas où il lui est dû des termes échus*. Le bailleur n'a donc aucun moyen de se réserver son gage pour l'avenir, quand il n'y a pas d'arriéré. Pour le détail des formes à suivre, voyez L. 18 juillet 1898, art. 2.

§ 2. — *Hypothèque des immeubles.*

2718. Propriétés foncières susceptibles d'hypothèques. — Les choses immobilières qui peuvent faire l'objet d'une hypothèque sont les *biens en nature ou biens-fonds* (terres et maisons), les « biens territoriaux », comme disait la loi de brumaire (art. 6).

Ce ne sont pas seulement les propriétés ordinaires qui peuvent être hypothéquées : les *mines*, qui constituent des immeubles par nature distincts des propriétés de la surface, le peuvent être également (L. 21 avril 1810, art. 8, 19, 21) ; et il en est de même de la *superficie*, c'est-à-dire des bâtiments possédés par quelqu'un qui n'est pas propriétaire du terrain qui les porte (t. I, 1re édit, nos 1249-1256 ; 2e édit., nos 1182 à 1189).

Ce sont ces diverses catégories d'immeubles que la loi désigne en disant, dans l'art. 2118 : « Sont susceptibles d'hypothèques... les *biens immobiliers* qui sont dans le commerce... » L'expression « biens immobiliers » n'est pas ici synonyme d' « immeubles » et ne s'étend pas à tout ce qui est réputé immeuble par les art. 518 à 526.

Quant aux accessoires des biens immobiliers, qui sont compris dans l'hypothèque du fonds, il en est parlé dans un paragraphe spécial (ci-dessous, nos 2735 et suiv.).

2719. Actions de la Banque. — En dehors des biens-fonds, il existe encore une catégorie de choses immobilières susceptibles d'hypothèques : ce sont les actions de la Banque de France. En principe, ces actions sont meubles (t. I, 1re édit., n° 875 ; 2e édit., n° 857), mais il est permis à leurs propriétaires de les *immobiliser* par une simple déclaration faite dans une forme déterminée (Décr. 16 janvier 1808, en note sous l'art. 529. — T. I, 1re édit., n° 853-1° ; 2e édit., n° 824-1°). Rendues ainsi immeubles les actions sont susceptibles d'être hypothéquées. On avait voulu par là attirer la faveur du public sur cette valeur, en permettant de s'en servir comme d'une maison ou d'une terre pour trouver de l'argent sans aliéner ; mais dans la pratique on use fort peu de ce procédé ; les formes modernes du crédit ont mis à la disposition des porteurs de valeurs mobilières un moyen plus commode, l'*avance sur titres*, que pratiquent tous les grands établissements financiers.

2720. Autres exemples anciens. — Aux actions de la Banque il fallait jadis ajouter les actions des *Canaux d'Orléans et du Loing*, qui jouissaient de la même faveur (Décr. 16 mars 1810), mais le rachat de ces valeurs a été ordonné par une loi du 1er avril 1860.

Plus anciennement encore l'hypothèque pouvait porter sur un certain nombre de biens réputés immeubles : les *offices*, les *rentes foncières*, les *rentes constituées*, qui sont aujourd'hui classés parmi les meubles et qu'on ne peut plus par suite hypothéquer.

§ 3. — *Droits réels susceptibles d'hypothèque.*

** **2721. Formule générale.** — Étant donnée une chose qui est, par sa nature, susceptible d'hypothèque, quel droit faut-il avoir sur elle pour constituer l'hypothèque ? Nous savons déjà que ce qu'une personne hypothèque, c'est moins la chose elle-même que *le droit qu'elle a sur cette chose*, droit qui lui sera enlevé par le créancier hypothécaire, si l'on arrive à l'exécution du gage.

Dans l'état actuel de notre droit on peut dire que *tous les droits réels* (la propriété et ses divers démembrements) *sont, à une exception près, susceptibles d'être donnés en hypothèque* ; cette formule a l'air d'être contraire à l'art. 2118 qui n'autorise l'hypothèque que de la part d'un propriétaire ou d'un usufruitier ; on va voir cependant qu'elle est l'exacte expression de la vérité.

A. — Hypothèque sur la propriété.

* **2722. Explication du langage usuel.** — En principe *c'est le propriétaire de l'immeuble qui hypothèque*. Le fait est si normal que la loi ne l'a pas exprimé formellement ; quand elle dit dans l'art. 2118-1° : « Sont seuls susceptibles d'hypothèque... les biens immobiliers qui sont dans le commerce », elle sous-entend que c'est le propriétaire qui constitue l'hypothèque, ou plus exactement (car il faut prévoir l'existence d'hypothèques légales qui prennent naissance sans convention) que l'hypothèque grève le *droit de propriété* qu'une personne possède sur l'immeuble. C'est donc bien le droit de propriété qui se trouve hypothéqué dans les cas ordinaires quand on dit qu'une hypothèque existe sur telle maison ou sur telle terre.

* **2723. Propriété démembrée.** — La propriété peut être démembrée. S'il existe sur l'immeuble un droit d'usufruit, auquel cas le propriétaire est réduit à la *nue propriété*, l'hypothèque née de son chef ne grève naturellement son droit que dans l'état où il l'a. Par suite l'*hypothèque sur la nue propriété laisse intact le droit de l'usufruitier*. — Il en est de même, à plus forte raison, lorsqu'il existe des *servitudes passives* sur l'immeuble : l'hypothèque ne grève qu'un fonds asservi.

Les créanciers hypothécaires sont donc obligés de respecter les *droits réels acquis à autrui*, à la condition bien entendu que ces droits leur soient *opposables*, c'est-à-dire que le titre d'acquisition en ait été transcrit avant l'inscription ou la naissance de leur hypothèque, dans les cas où ce titre était sujet à transcription.

2724. Propriétés inaliénables. — Il arrive parfois qu'un bien ne peut pas être aliéné à raison de sa nature particulière et d'une certaine destination qui lui est donnée, quoique son propriétaire soit personnellement capable de disposer de ses biens. Tels sont les biens frappés de *substitution*[1] et ceux qui sont compris dans un *majorat*[2], ou encore les biens dotaux d'une femme mariée sous le régime dotal. On dit que de pareils biens sont *retirés du commerce*, parce que leur propriétaire n'a pas le droit d'en disposer. Pour qu'un bien puisse être *hypothéqué*, il faut naturellement qu'il soit *aliénable*, puisque l'hypothèque n'est pas autre chose que la concession du droit d'aliéner (*jus distrahendi*), conféré au créancier par le propriétaire du bien. C'est pour cela que la loi suppose que les biens frappés d'hypothèque « sont dans le commerce » (art. 2118-1°) ; la loi de brumaire disait « transmissibles », ce qui avait le même sens.

Cette *condition d'aliénabilité* est *générale* ; elle s'applique aussi bien aux hypothèques qui naissent sans la volonté du propriétaire (hypothèques légales et judiciaires) qu'à celles qu'il établit lui-même volontairement (hypothèques conventionnelles).

B. — Hypothèque sur l'usufruit.

* **2725. Usufruit proprement dit.** — Un usufruitier peut hypothéquer son droit, quand l'usufruit est établi sur des choses susceptibles d'hypothèque. Le Code civil le dit en propres termes pour l'usufruit *des immeubles*.

Il y aurait lieu de le décider de même pour les autres biens susceptibles à la fois d'hypothèque et d'usufruit, c'est-à-dire les *navires* et les *fonds de commerce*. L'art. 3 de la loi du 10 juillet 1885 dit bien qu'un navire ne peut être hypothéqué que par son propriétaire, ou par son fondé de pouvoirs porteur d'un mandat spécial, mais on a voulu exclure par là la constitution d'hypothèques en cours de route par le capitaine du navire[3]. Pour les fonds de commerce, la loi n'a rien dit. Mais cette solution découle des principes généraux : l'usufruit et la nue propriété naissent du partage des droits qui constituent la pleine propriété ; à eux deux ils doivent conférer la faculter d'hypothéquer aussi pleinement la chose que s'ils étaient réunis aux mains d'une personne unique.

L'hypothèque établie sur un usufruit est assez peu pratique, car elle ne donne au créancier qu'une sûreté fragile et temporaire. Aussi voit-on peu d'hypothèques conventionnelles porter sur des usufruits ; il est fréquent au contraire de voir les hypothèques légales grever des usufruits : il suffit de supposer une hypothèque générale frappant les biens de quelqu'un qui possède un usufruit sur une chose susceptible d'hypothèque.

2726. Usufruits inaliénables. — En général celui qui a un droit d'usufruit peut le céder. Cependant il existe des usufruits incessibles, qui sont attachés à la personne parce

[1] Il y a substitution quand des biens sont transmis à un héritier, légataire ou donataire, à la condition qu'il les conservera sans en disposer pendant sa vie entière pour les transmettre lui-même à sa mort à ses propres héritiers. Le *grevé de substitution* est donc *propriétaire de biens inaliénables*.

[2] Les majorats étaient des biens inaliénables affectés comme dotation à certains titres et charges. C'était une fondation de Napoléon Ier que des lois postérieures ont à peu près supprimée.

[3] Le doute aurait pu naître parce que le capitaine est réputé avoir mandat du propriétaire à l'effet d'emprunter à la grosse au cours du voyage, en engageant le navire à la garantie du prêt (LYON-CAEN et RENAULT, *Droit commercial*, t. VI, n° 1554). On a voulu qu'il en fût autrement pour l'hypothèque.

qu'ils sont fondés sur des relations de famille : tels sont l'*usufruit légal* des père et mère (art. 384), et l'*usufruit du mari* sur les biens dotaux de sa femme. Il est évident que de tels usufruits ne peuvent pas plus être hypothéqués que vendus, et qu'ils ne sont pas atteints par les hypothèques qui naissent sans la volonté de leur titulaire.

2727. Remarque. — L'usufruitier, dont le droit est hypothéqué, ne peut rien faire qui nuise à son créancier hypothécaire. Par suite s'il renonce à son usufruit au profit du nu propriétaire, cette *renonciation* ne sera pas opposable au créancier, et à l'égard de celui-ci l'usufruit sera réputé existant et continuera fictivement jusqu'à son terme naturel. Il en est de même au cas de *consolidation* : l'usufruit est réputé éteint à l'égard du propriétaire ; il subsiste à l'égard du créancier hypothécaire. Dans ces deux cas on voit se réaliser une situation anormale : *une personne a la pleine propriété d'un immeuble dont l'usufruit seul est hypothéqué.* L'étude du droit habitue l'esprit à des distinctions de ce genre qui, pour des personnes non initiées, paraissent de pures subtilités.

2728. Usage et habitation. — Les droits d'usage et d'habitation sont de même nature que l'usufruit, dont ils ne sont que des diminutifs. Ils devraient donc être, comme lui, susceptibles d'hypothèques ; mais ce sont des droits *incessibles* (art. 631 et 634) et qui ne peuvent pas être *vendus aux enchères* (art. 2204). C'est la seule exception[1] à la règle générale énoncée plus haut : tout démembrement de la propriété peut être hypothéqué aussi bien qu'elle-même.

C. — Hypothèque sur les servitudes.

2729. Comment les servitudes actives peuvent être hypothéquées. — On dit communément que les servitudes ne peuvent pas être hypothéquées; cela est vrai : une constitution d'hypothèque, portant principalement et isolément sur un droit de servitude, n'est pas possible; l'art. 2118 ne nomme pas les servitudes comme biens susceptibles d'hypothèques. Mais c'est que la servitude est un droit accessoire, qui ne peut jamais se rencontrer à l'état isolé; elle est inséparable du fonds auquel elle profite, et c'est dans cet état d'annexion absolue au fonds dominant qu'il faut l'envisager. Or, à ce point de vue, elle est parfaitement capable d'être hypothéquée et même elle est *nécessairement comprise dans l'hypothèque du fonds dominant,* dont elle est inséparable. Elle est hypothéquée en même temps que lui et vendue en même temps.

D. — Hypothèque sur l'emphytéose.

* **2730. Solution de la jurisprudence.** — On a vu que les lois modernes, et le Code civil entre autres, sont absolument muettes sur l'emphytéose, et que la jurisprudence en a cependant admis le maintien à l'état de droit réel (t. I, n° 1992). Ce qui est plus extraordinaire encore, c'est que la jurisprudence permet à l'emphytéote d'hypothéquer son droit (Cass., 26 janv. 1864, D. 64. 1. 83, S. 64. 1. 94 ; Grenoble, 4 janv. 1860, D. 60. 2. 190, S. 61. 2. 126). Cette jurisprudence est consacrée par le projet de Code rural.

Comme interprétation du Code, une telle décision est assez hardie. L'art. 2118 n'indi-

[1] Cette exception est réellement unique, car ce que nous appelons « habitation » n'est autre chose que le droit d'usage appliqué à une maison (t. I, 1re édit., n° 1807 ; 2e édit., n° 1745); les deux droits n'en font qu'un.

que comme susceptibles d'hypothèque que la *propriété* des immeubles et *l'usufruit* des mêmes biens, et son silence sur l'emphythéose est d'autant plus significatif que les rédacteurs de la loi avaient sous les yeux le texte de la loi de brumaire qui la mentionne expressément (art. 6, en note dans TRIPIER, sous l'art. 2118). La jurisprudence s'est tirée d'affaire en déclarant que l'emphytéote acquiert un véritable droit de propriété (voyez les deux arrêts précités). On a vu dans le t. I (1re édit., n° 1993 ; 2e édit., n° 1933) ce qu'il faut penser d'une pareille affirmation.

E. — Questions diverses.

2731. Hypothèque d'une hypothèque. — Un créancier hypothécaire ne peut pas constituer une hypothèque sur celle qui lui appartient. Dans notre ancien droit cela lui était au contraire permis (POTHIER, *Hypothèque*, n° 39) ; on suivait les règles romaines sur le *pignus pignori datum*.

L'effet de cette hypothèque était le suivant : lorsque la première hypothèque produisait son effet et que le créancier était *colloqué* pour la somme qui lui revenait dans la *procédure d'ordre*, il ne pouvait pas toucher lui-même le montant de sa collocation. Cette somme devait être *distribuée à ceux de ses créanciers qui avaient hypothèque sur son hypothèque*. On y arrivait au moyen d'une seconde procédure d'ordre qu'on appelait le *sous-ordre*, parce qu'elle se greffait sur la première et portait seulement sur la collocation accordée dans celle-ci à un créancier déterminé (POTHIER, *Procédure civile*, nos 656 et 657).

L'hypothèque de l'hypothèque, avec le sous-ordre qu'elle entraînait, a disparu dans le droit moderne. En effet, l'art. 2118 ne mentionne pas l'hypothèque dans son énumération et l'art. 775 C. proc. civ. ordonne de distribuer « *comme chose mobilière* », c'est-à-dire au marc le franc, les sommes pour lesquelles une personne a été colloquée dans un ordre, alors même que ses créanciers auraient pris inscription de son chef, en vertu de l'art. 1166. — Cet article est la condamnation formelle des sous-ordres : tous les créanciers concourront sur la collocation obtenue dans l'ordre par leur débiteur, sans aucune préférence entre eux. La procédure du sous-ordre a été écartée comme étant une complication et une cause de frais et de lenteurs.

Toutefois *une créance hypothécaire peut être donnée en gage*, et le créancier gagiste exercera à son profit, en réalisant son gage, les droits hypothécaires de son débiteur.

D'autre part, la pratique a admis, pour l'*hypothèque légale des femmes mariées*, certaines conventions appelées *cessions* ou *subrogations*, qui ressemblent fort à une hypothèque établie sur une hypothèque, mais qui, par une combinaison nouvelle, ne donnent pas lieu à la procédure du sous-ordre condamnée par le Code de procédure (ci-dessous, nos 3453 et suiv.).

2732. Hypothèque sur les actions réelles immobilières. — On demande quelquefois si les actions réelles peuvent être hypothéquées, quand elles sont immobilières. C'est une question mal posée. L'action en justice n'est pas un droit par elle-même ; c'est une contestation sur un droit. Celui qui a une action réelle à faire valoir prétend avoir un droit sur une chose ; c'est donc cette chose qu'il pourra hypothéquer, si sa nature s'y prête, ou le droit d'emphytéose ou d'usufruit qu'il prétend avoir sur cette chose. L'hypothèque sera valable, s'il triomphe dans son action ; elle sera nulle, s'il échoue ; mais ce sera toujours la propriété ou la jouissance de la chose, et non l'action, qui sera hypothéquée.

§ 4. — *Assiette des hypothèques.*

* **2733. Définition.** — On appelle « assiette d'une hypothèque », *les biens sur lesquels elle est établie*, c'est-à-dire l'ensemble des choses qui

la supportent, pour ainsi dire, parce que la propriété en est engagée au créancier.

La détermination exacte de l'assiette d'une hypothèque a une grande importance pratique, parce qu'il est nécessaire de savoir au juste jusqu'où s'étend le droit du créancier hypothécaire, et il y a souvent des difficultés à en tracer la limite. Nous supposerons d'abord que l'hypothèque porte sur *un seul immeuble*, pour chercher *quelles choses* sont atteintes par l'hypothèque comme *faisant partie de l'immeuble* ou comme en *formant une dépendance* ; nous rechercherons ensuite *sur quels immeubles s'étend une hypothèque générale*.

A. — Étendue de l'hypothèque portant sur un seul fonds.

2734. Division. — Il faut voir d'abord quelles choses, déjà existantes au moment où s'établit l'hypothèque, se trouvent grevées par elle en qualité d'*accessoires* de l'immeuble, et ensuite quelles nouvelles choses peuvent se trouver plus tard atteintes par l'hypothèque à titre d'*améliorations* de l'immeuble.

1° Accessoires de l'immeuble.

***2735. Énumération.** — Quand un bien-fonds est hypothéqué, l'hypothèque qui frappe la chose principale atteint en même temps toutes celles qui sont réputées en être l'accessoire. L'art. 2118 le dit : « Sont susceptibles d'hypothèque les biens immobiliers... et leurs accessoires réputés immeubles ». La loi de brumaire disait de même : « Les biens territoriaux... ensemble leurs accessoires inhérents » (art. 6). Cette règle s'étend : 1° aux *immeubles par destination* ; 2° aux *fruits ;* 3° à la *redevance des mines* ; 4° aux *servitudes actives*.

2736. Immeubles par destination. — Ces choses, mobilières par leur nature, sont considérées comme immeubles parce qu'elles sont attachées à un fonds. Elles se trouvent comprises dans l'hypothèque du fonds, bien qu'elles ne puissent pas être hypothéquées séparément. C'est d'elles que parle l'art. 2118 en disant qu'on peut hypothéquer en même temps que le fonds « ses accessoires *réputés immeubles* ». Le texte eût mieux fait de dire que ces choses sont implicitement comprises dans l'hypothèque du fonds, comme l'a fait la loi belge du 16 décembre 1851 : « L'hypothèque acquise s'étend aux accessoires réputés immeubles » (art. 45).

2737. Fruits pendants par branches et par racines. — C'est là surtout ce que la loi de brumaire (art. 6) appelait les « accessoires inhérents » aux fonds. — Ils restent grevés de l'hypothèque, tant qu'ils sont adhérents au fonds; leur séparation, qui a pour effet de les rendre mobiliers, les soustrait à l'action hypothécaire, sauf le cas de fraude (voyez ci-dessous, n° 3083).

2738. Redevance des mines. — Cette redevance qui est un tribut payé par l'exploitant de la mine aux propriétaires du sol est attachée à la propriété de la surface, dont elle forme un accessoire et dont elle augmente la valeur (Voyez t. I). L'hypothèque établie sur la surface s'étend donc tout naturellement à la redevance, et c'est ce que décide en termes formels l'art. 18 de la loi du 21 avril 1810.

2739. Servitudes actives. — La loi n'en a pas parlé, mais la solution s'impose : une servitude n'est pas un droit séparable du fonds, elle est nécessairement comprise dans l'hypothèque qui le grève.

2740. Observation. — Tous ces accessoires du bien principal, quoique compris nécessairement dans l'hypothèque du fonds, ne pourraient pas être hypothéqués séparément, sauf l'emploi du système des warrants agricoles pour les fruits du sol dont la loi du 18 juillet 1898 a donné l'énumération (ci-dessus, n° 2711).

3° Améliorations.

***2741. Notion générale.** — Quand un immeuble est hypothéqué, l'hypothèque établie sur lui s'étend tout naturellement, et d'une manière inévitable à toutes les améliorations qu'il reçoit (art. 2133)[1].

Il ne s'agit pas ici d'une simple augmentation dans la valeur vénale de l'immeuble résultant d'une hausse des loyers ou des fermages ; il est tout naturel que le créancier profite de cette augmentation purement *économique,* de même qu'il subirait l'effet d'une diminution de valeur. La loi a eu en vue, dans l'art. 2133, les *augmentations matérielles,* résultant de *constructions* ou autres travaux[2], ou d'un phénomène naturel comme l'*alluvion*. Nous allons examiner successivement les différentes hypothèses.

*** 2742. Constructions élevées par le débiteur.** — Lorsque le débiteur construit sur un terrain hypothéqué, ou augmente les constructions existantes, les constructions nouvelles sont grevées des mêmes hypothèques que le terrain, auquel elles sont incorporées par l'effet de l'*accession* (t. I, n°s 1578-1579).

Quelques arrêts anciens de 1834 et 1835 avaient refusé d'étendre l'hypothèque à des constructions élevées sur un terrain nu, mais la jurisprudence actuelle admet sans difficulté cette application, parce que la construction ne forme pas une propriété distincte du sol (Aix, 26 mars 1885, D. 89. 1. 102, S. 89. 1. 49).

Mais l'hypothèque peut se trouver alors *primée par le privilège de l'architecte ou de l'entrepreneur* (art. 2103-4° et ci-dessous, n°s 2913 et suiv.). — La restriction que l'hypothèque légale de la femme subit par l'effet de la faillite (art. 563 C. com.) peut avoir pour effet de soustraire à son hypothèque des constructions élevées par le mari pendant le mariage sur un terrain qu'il possédait auparavant et dont le sol seul se trouve ainsi grevé de l'hypothèque de la femme (Grenoble, 8 mars 1892, D. 92. 2. 205).

[1] On a trouvé, non sans raison, que cet article, qui a une portée générale, était mal placé dans un endroit du Code où il est traité d'une seule espèce d'hypothèque, l'hypothèque conventionnelle (De Loynes, n° 1935). — Cependant les auteurs du Code ont une excuse : ils trouvaient là une bonne occasion de s'en expliquer, afin de dire que la *spécialité obligatoire de l'hypothèque conventionnelle* ne l'empêchait pas de s'étendre hors de son assiette primitive, par l'effet des améliorations survenues ensuite à l'immeuble.

[2] Voyez une hypothèse exceptionnelle et curieuse (dérivation d'une source, amenée d'un fonds sur un autre), Cass., 30 mars 1892, D. 92. 1. 389, S. 92. 1. 500.

*** 2743. Constructions élevées par un tiers acquéreur.** — La règle s'applique encore aux constructions élevées par un tiers acquéreur, mais elle reçoit alors une restriction considérable, à tel point que l'effet pratique en est supprimé. Théoriquement, la construction nouvelle est grevée de l'hypothèque, mais pour que les créanciers hypothécaires ne s'enrichissent pas injustement aux dépens du tiers qui a construit, et qui ne leur devait rien, la loi les oblige à lui tenir compte de la plus-value produite par les dépenses (art. 2175). De la sorte le tiers acquéreur est bien dépouillé de sa propriété totale, constructions et terrains, mais il est indemnisé de la perte de ses constructions jusqu'à concurrence de leur valeur actuelle, et les créanciers n'en profitent pas gratuitement.

2744. Alluvions. — L'art. 2133 s'applique encore aux augmentations de valeur que le fonds peut recevoir par des phénomènes naturels dus à l'action des cours d'eau, tels que l'*atterrissement*, l'*alluvion*, etc. Cependant, il s'agit alors d'une *augmentation de surface*, plutôt que d'une simple *amélioration* du fonds.

Il y a, du reste, controverse entre les auteurs lorsque l'accroissement que le fonds reçoit ainsi, par la formation d'îles ou par le déplacement d'un cours d'eau, est assez considérable pour former un fonds nouveau; sur ces difficultés, dont l'intérêt pratique est très faible, voyez De Loynes, nos 1938 et 1939.

*** 2745. Adjonction d'acquisitions nouvelles.** — On se gardera de confondre avec les améliorations du fonds primitif l'hypothèse d'une *adjonction* qui suppose l'acquisition faite par le propriétaire du fonds hypothéqué d'un terrain nouveau qu'il annexe au premier. En pareil cas *chacun des deux immeubles ainsi réunis garde son individualité au point de vue hypothécaire*, c'est-à-dire que chacun d'eux reste chargé uniquement des hypothèques qui le grevaient avant la réunion ; il n'y aura d'hypothèques communes que celles qui prendront naissance postérieurement sur l'ensemble ainsi formé.

Cette règle s'applique sans distinction à toutes les hypothèses, non seulement au cas où il s'agit de *parcelles de terre*, matériellement distinctes et réunies seulement dans une exploitation commune, comme cela arrive pour la plupart de nos fermes et métairies ; mais même au cas où il s'agit de *terrains contigus* qui ont été *clos et renfermés dans la même enceinte* (Poitiers, 1er juin 1875, D. 77. 2. 232).

Une règle contraire existe pour les legs (art. 1019 *in fine*) : le légataire du fonds primitif a droit aux pièces de terre annexées lorsqu'elles ont été enfermées dans l'enclos par un agrandissement de l'enceinte. Mais cette solution s'explique par des considérations spéciales à la matière des testaments.

*** 2746. Adjonction d'accessoires nouveaux.** — On doit considérer comme améliorations l'adjonction d'*accessoires nouveaux*, rentrant dans l'une ou l'autre des catégories indiquées ci-dessus (nos 2736 et suiv.). Notamment l'hypothèque s'étend aux *immeubles par destination* ajoutés à l'immeuble depuis la constitution de l'hypothèque, ainsi qu'aux *servitudes actives* acquises depuis ce même jour, sans distinguer si c'est le propriétaire primitif ou un nouvel acquéreur de l'immeuble qui est l'auteur de ces annexions, sauf, en ce dernier cas, l'application du principe établi par l'art. 2175 pour les constructions nouvelles (ci-dessus, n° 2743). Voyez à cet égard Cass., 2 août 1886, D. 87. 1. 293, S. 86. 1. 417.

B. — Hypothèques générales.

1° Leur extension aux biens à venir.

* **2747. Règle.** — Quand une hypothèque est générale, elle s'étend à tous les biens du débiteur, non seulement à ceux qu'il possède au moment où il s'oblige (*biens présents*), mais même à tous ceux qu'il pourra acquérir dans la suite (*biens à venir*). Chacun de ces biens nouveaux se trouve grevé de l'hypothèque au moment même où il entre dans son patrimoine.

2748. Difficulté pour quelques hypothèques. — Les seules qui aient soulevé sur ce point quelque doute sont les trois hypothèques légales de l'art. 2121, qui sont établies sur les biens des *maris*, des *tuteurs* et des *comptables de deniers publics*. Le texte les déclare tenus de l'hypothèque en ces diverses qualités. Cela a fait croire à quelques auteurs que l'hypothèque ne pouvait pas s'étendre *aux biens que le débiteur acquiert après avoir cessé d'être mari, tuteur ou comptable*, c'est-à-dire après la dissolution du mariage, après la cessation de la tutelle, après la sortie de charge. Il n'y a plus de mari, il n'y a plus de tuteur, il n'y a plus de comptable, dont les biens puissent désormais être grevés d'hypothèques en vertu de la loi. — A cela il faut répondre que l'art. 2122, qui a pour but de déterminer l'assiette de ces trois hypothèques, dit qu'elles portent sur tous les biens que le débiteur pourra acquérir « dans la suite », sans distinguer s'il a encore ou non la qualité qui l'a rendu débiteur. Du reste, c'est le propre des hypothèques générales : elles s'établissent à un moment déterminé et possèdent d'avance la force d'atteindre les biens futurs du débiteur. L'opinion est maintenant unanime en ce sens.

* **2749. Arrêt de l'hypothèque à la mort du débiteur.** — Si générale qu'elle soit, une hypothèque ne peut jamais porter que sur des biens ayant appartenu à la personne grevée ; son effet s'arrête donc à la mort de cette personne, et les biens de ses héritiers, même quand ils lui ont succédé purement et simplement, ne sont pas atteints par l'hypothèque. C'est une règle traditionnelle que « *générale hypothèque de tous biens comprend les présents et à venir, mais non ceux des hoirs* » (Loysel, n° 503).

2° Leur effet sur les biens indivis.

2750. Possibilité de l'hypothèque sur une part indivise. — On a déjà vu que l'indivisibilité de l'hypothèque ne s'oppose pas à son établissement sur une part indivise (ci-dessus, n° 2653). Lorsque le débiteur grevé d'une hypothèque générale est propriétaire d'immeubles par indivis avec d'autres personnes, l'hypothèque qui le grève s'établit donc sur sa part dans les immeubles indivis, comme sur ses autres biens, mais le sort de cette hypothèque dépend des résultats du partage.

2751. Effet du partage. — D'après le droit français, chaque copartageant est censé avoir été seul propriétaire, depuis le commencement de l'indivision, de tous les biens mis dans son lot, et n'avoir jamais eu de droits sur les biens mis dans le lot des autres (art. 883). C'est ce qu'on appelle *l'effet déclaratif* ou *rétroactif* du partage. Il en résulte que l'hypothèque disparaîtra sur les biens qui ne seront pas mis dans le lot de celui des coindivisaires en la personne duquel elle est née, et qu'elle sera maintenue, au contraire, sur les biens mis dans son lot.

§ 5. — *Hypothèques établies sur des droits résolubles.*

* **2752. Le principe.** — Aux termes de l'art. 2125, celui qui n'a sur un immeuble qu'un droit *suspendu par une condition*, ou *résoluble* dans certains cas, ou *sujet à rescision*, ne peut consentir qu'une hypothèque soumise aux mêmes conditions ou à la même rescision.

Cet article est mal à propos placé dans le Code dans la section consacrée aux hypothèques conventionnelles, car la règle qu'il formule est générale et s'applique même aux hypothèques qui prennent naissance de plein droit et sans la volonté du propriétaire : toute hypothèque est nécessairement affectée des mêmes causes de résolution, d'extinction ou d'annulation que le droit sur lequel elle porte, propriété, usufruit ou emphytéose.

2753. Sa condition. — La résolution de l'hypothèque n'a lieu qu'autant que l'anéantissement de la propriété se produit *rétroactivement*, ce qui est du reste le cas ordinaire. Cependant il y a des résolutions non rétroactives : ainsi *la révocation d'une donation pour ingratitude* est une sorte de peine infligée au donataire ingrat : on lui enlève le bien donné, mais seulement pour l'avenir, et de façon à ne point faire réfléchir cette révocation contre les tiers, innocents des fautes qu'il a commises. Les hypothèques constituées par le donataire avant la révocation ou nées de son chef, sont donc maintenues. L'art. 958 le dit en termes formels.

2754. Exceptions. — 1° Cas anciens. — Par dérogation au principe, les art. 952 (relatif au droit de retour *conventionnel*) et 1054 (relatif aux substitutions permises) font survivre l'hypothèque légale de la femme malgré la résolution du droit de propriété de son mari, mais sous certaines conditions et restrictions qui ne peuvent être expliquées ici.

2° Cas nouveau. — Jadis on faisait l'application du principe aux hypothèques constituées par les *domaniers* sur leurs édifices et superfices : ces hypothèques s'évanouissaient en même temps que la propriété du domanier, en cas de congément ou d'exponse (P. Henry. *Une vieille coutume bretonne*, p. 108). La loi du 8 février 1897, art. 11, a conservé le droit des créanciers hypothécaires pour le transporter sur l'indemnité que reçoit le domanier.

CHAPITRE III

DES DIVERSES VARIÉTÉS D'HYPOTHÈQUES

** **2755. Énumération.** — Les hypothèques se distinguent les unes des autres d'*après leur source*. A ce point de vue elles sont toutes ou *conventionnelles* ou *légales*, selon qu'elles naissent par la volonté du propriétaire ou par la volonté de la loi.

Les hypothèques établies par la loi se subdivisent à leur tour en trois catégories : 1° la première comprend toutes celles qu'on n'a aucune raison de faire rentrer dans les deux autres catégories et qui portent simplement le nom d'*hypothèques légales* ; 2° la seconde ne comprend que l'*hypothèque judiciaire,* qui est au fond une véritable hypothèque légale, mais qu'on a l'habitude de mettre à part à raison de son origine historique ; 3° enfin il existe quelques hypothèques spécialement favorisées par la loi, qui portent le nom de *privilèges immobiliers,* mais qui sont de *véritables hypothèques,* privilégiées seulement pour leur mode de classement.

§ 1. — *Hypothèques conventionnelles.*

2756. Observation. — C'est par elles qu'il faut commencer, parce que la constitution d'une hypothèque a d'abord été l'œuvre des conventions privées ; l'hypothèque légale n'en est qu'une dérivation.

2757. Conditions générales de validité. — Ces conditions appartiennent à trois ordres d'idées différents : les unes concernent la *forme de l'acte constitutif* ; les autres *la capacité ou le pouvoir du constituant* : d'autres enfin ont trait aux *caractères intrinsèques de l'hypothèque.*

En général on exige une quatrième espèce de conditions en disant qu'il faut que le constituant soit *propriétaire du bien* qu'il hypothèque ; ce sont les auteurs qui disent cela, mais la loi n'en parle pas, et elle a bien raison, car ce n'est pas une règle spéciale à l'hypothèque conventionnelle ; on pourrait dire la même chose des hypothèques légales : l'hypothèque implique que le droit hypothéqué appartient à la personne du chef de laquelle elle prend naissance ; cela résulte de sa définition même, et cela pourrait être répété pour n'importe quelle charge réelle : *Nemo dat quod non habet.* De plus, si on jugeait utile d'énoncer, à propos du contrat hypothécaire, cette condition universelle de validité, il faudrait en modifier la formule et dire que le constituant doit *posséder réellement* le droit qu'il hypothèque, que ce soit la propriété même du bien, ou seulement l'usufruit ou l'emphytéose.

A. — Formes de la convention.

1° Nécessité d'un acte notarié.

**** 2758. Caractère solennel de la convention.** — L'acte constitutif d'hypothèque doit être passé *par-devant notaire* (art. 2127). Cette convention est en effet un des rares *contrats solennels* qui existent en droit français (t. I, 1re édit., n° 266 ; 2e édit., n° 285 et ci-dessus, n° 993). L'hypothèque conventionnelle dépend donc, non seulement de la convention, mais aussi, comme le dit l'art. 2117, *de la forme extérieure des actes.*

Il n'y a pas de raison bien décisive pour qu'il en soit ainsi. Je puis *vendre* ma maison, la *grever de servitudes,* même la *donner* (au moyen d'une vente simulée portant quittance du prix), tout cela *par actes sous seings privés,* et pour l'hypothéquer, j'ai besoin du notaire ! On objecte bien que la création d'une hypothèque soulève des questions de droit sur lesquelles les parties ont besoin d'être renseignées ; mais il en est de même pour tous les autres actes précités. C'est plutôt l'effet d'une vieille tradition que d'une nécessité pratique [1].

[1] En Roumanie, comme il n'existe pas de notaires, les inscriptions hypothécaires

2759. Origines de la règle. — Les notaires ont eu depuis longtemps ce monopole. Dans quelques provinces on avait bien gardé l'ancienne règle, qui ne faisait point de distinction entre l'acte public et l'acte privé (ci-dessus, n° 2678). Mais c'était l'exception, et aux États de 1614 le Tiers demanda que l'hypothèque ne pût être désormais constituée que par acte authentique (VIOLLET, *Précis*, p. 742). Ce vœu ne fut exaucé que par la loi du 9 messidor an III (art. 17).

*** 2760. Garantie du monopole des notaires.** — L'acte notarié ne peut être remplacé par aucun autre acte authentique ; le monopole des notaires est absolu.

C'est pour le faire respecter que l'art. 54 C. proc. civ. porte que les conventions insérées dans le *procès-verbal de conciliation* dressé par le greffier du juge de paix ont « *force d'obligation privée* »[1]. Ce procès-verbal est pourtant un acte authentique, puisqu'il est rédigé par un officier public ayant compétence à cet effet ; mais les conventions qu'il contient n'ont pas la force nécessaire pour créer l'hypothèque, cette force étant réservée à l'acte notarié. Sans cette précaution, les notaires auraient pu subir une concurrence redoutable : deux personnes qui s'entendent pour créer une hypothèque auraient pu feindre un désaccord ; l'une aurait cité l'autre en conciliation devant le juge de paix ; là on se serait arrangé et l'hypothèque aurait été établie à moins de frais que chez un notaire.

2761. Comparaison avec l'ancien droit. — Le notariat a donc conservé la prérogative qu'il avait jadis ; néanmoins l'acte notarié a perdu une partie de sa force : il ne crée plus, comme autrefois, l'hypothèque par lui-même et *indépendamment de toute stipulation*. L'hypothèque n'existe que *par l'effet d'une convention formelle*, et n'est plus attachée de plein droit à l'acte.

*** 2762. Forme de l'acte.** — L'acte constitutif d'hypothèque peut être passé *en brevet*. L'art. 2148 mentionne expressément « l'original en brevet ». Comp. Alger, 7 mai 1870, D. 71. 2. 1.

La *présence* réelle du second notaire ou des témoins qui le remplacent *n'est pas nécessaire* : l'art. 2 de la loi du 21 juin 1843, qui exige cette formalité pour certains actes, n'énumère pas la constitution d'hypothèque.

*** 2763. Actes privés déposés chez un notaire.** — Malgré la rédaction absolue de l'art. 2127, qui exige que l'acte constitutif d'hypothèque soit « passé en la forme authentique devant deux notaires... », la jurisprudence a maintenu une *solution traditionnelle*, d'après laquelle *une hypothèque est valablement constituée par un acte sous seings privés, lorsque cet acte a été déposé chez un notaire* soit par les deux parties, soit même par le constituant seul. Dans ce cas, l'hypothèque est réputée exister du jour de l'acte de dépôt (Cass., 25 févr. 1824, S. chr. 8. 1. 403 ; Cass., 15 févr. 1832, S. 32. 1. 792 ; DALLOZ, *Répert.*, v° Privil. et hypoth., n°s 1244 et suiv.). Cette jurisprudence, généralement approuvée (AUBRY et RAU, § 266, note 43), est très ancienne : au XVIIIe siècle, il était admis que le dépôt chez un notaire confère aux écritures privées la même force et la même autorité qu'ont les actes notariés (Pothier, *Hypothèque*, n° 19).

2° Responsabilité du notaire.

2764. Responsabilité. — Les contrats hypothécaires sont ceux qui engagent le

sont prises en vertu d'une ordonnance du Président du Tribunal, qui se fait présenter l'acte constitutif (C. civ. roumain, art. 1782, ALEXANDRESCO, p. 461).

plus souvent la responsabilité des notaires. Quand un particulier cherche à faire un placement sur hypothèque, il s'en remet souvent à son notaire du soin de trouver l'emprunteur et de vérifier les conditions du placement. Le notaire est alors responsable s'il s'est mal acquitté de sa mission et si son client en souffre préjudice. Exemples :

1° Si le notaire accepte, sans en vérifier l'exactitude, la déclaration de l'emprunteur affirmant que l'immeuble offert en garantie est *libre*, alors qu'il est déjà *surchargé d'hypothèques* (Cass., 28 mai 1888, D. 89. 1. 187, S. 89. 1. 78) ;

2° Si le notaire omet de s'assurer que l'emprunteur est *propriétaire* de l'immeuble et *capable d'hypothéquer* (Cass., 6 juin 1894, S. 95. 1. 395);

3° Si le notaire ne s'est pas assuré que les immeubles donnés en garantie ont une *valeur suffisante* pour répondre de la dette (Cass., 21 juin 1893, D. 94. 1. 191) ; il ne peut être déchargé de cette responsabilité qu'en rapportant la preuve que les biens étaient suffisants au moment du prêt et ont subi depuis lors une *dépréciation* (même arrêt);

4° Si le notaire accepte comme garantie pour son client des immeubles qui sont exposés à être plus tard grevés de droits préférables à l'hypothèque, comme le sont des *immeubles indivis* sur lesquels le partage va faire naître un *privilège de copartageant* (Bordeaux, 12 févr. 1890, D. 90. 2. 198);

5° Si la propriété des biens donnés en garantie est exposée à une cause de *résolution rétroactive* qui fera plus tard tomber l'hypothèque par voie de conséquence, comme le *retrait d'indivision* accordé à la femme de l'emprunteur (Agen, 28 janvier 1891, D. 92. 2. 79). Comp. Cass., 19 mars 1894, D. 95. 1. 70;

6° Lorsque le prêt a été consenti à une *femme mariée* et qu'un doute existait sur l'interprétation de son contrat de mariage, d'après lequel les immeubles hypothéqués pouvaient avoir le *caractère dotal*, ce qui entraînait la nullité de l'hypothèque (Grenoble, 2 avril 1895, D. 96. 2. 66).

2765. Cause et limite de cette responsabilité. — La plupart des décisions de ce genre sont fondées sur l'idée d'un *mandat* accepté par le notaire (voyez notamment Cass., 28 mai 1888 et 21 juin 1893 précités) ; mais ce mandat peut être tacite, et résulter de ce fait, que le notaire a traité seul avec l'emprunteur sans le mettre en relation avec le prêteur (Bordeaux, 12 févr. 1890 et Agen, 28 janv. 1891 précités). A plus forte raison en est-il ainsi si le notaire s'est entremis spontanément et a été l'instigateur du prêt (Rouen, 30 nov. 1891, D. 92. 2. 85 ; Paris, 5 févr. 1892, D. 92. 2. 497, Cass., 2 mai 1892, D. 93. 1. 316, S. 92. 1. 304 ; Orléans, 22 juill. et 9 déc. 1892, D. 94. 2. 452, S. 95. 2. 102), ou s'il a sollicité le prêt dans l'intérêt d'un de ses clients (Cass., 19 juill. 1892, D. 93. 1. 151).

En l'absence même de tout mandat et de toute gestion d'affaires, le notaire est responsable s'il a commis une *faute lourde*, ayant un *caractère professionnel* (Agen, 28 janv. 1891, D. 92. 2. 79).

Toutefois la responsabilité du notaire peut se trouver dégagée lorsque son client a traité en pleine connaissance de cause, étant lui-même versé en affaires et en relations personnelles avec l'emprunteur (Cass., 20 oct. 1891, deux arrêts, D. 93. 1. 170, S. 92. 1. 585). Mais il a été jugé que le simple exposé de la véritable situation hypothécaire, inséré dans l'acte de prêt, n'exonère point le notaire de sa responsabilité s'il ne signale pas spécialement au prêteur les dangers qu'il court (Agen, 23 déc. 1889, D. 90. 2. 202).

3° Actes passés à l'étranger[1].

2766. Leur inefficacité. — D'après la loi française, un acte passé à l'étranger, même dans la forme authentique et dans des pays où le notariat est organisé comme chez nous (en Belgique, par exemple) ne peut pas emporter hypothèque sur des biens situés en France (art. 2128). On n'a pas, pour l'acte notarié, la ressource qui existe pour les jugements, de le faire déclarer exécutoire en France. Les notaires français ont donc

[1] Encore une matière qui devrait être retirée par les programmes de l'enseignement du droit civil, car elle appartient évidemment au cours de droit international privé.

un second monopole contre leurs confrères étrangers : le propriétaire français ou étranger d'un bien situé en France peut le vendre, le donner, le grever de servitudes, par un acte passé en pays étranger, et il ne lui est pas permis de l'hypothéquer. Cette décision du Code est inexplicable rationnellement. C'est un souvenir de l'ancien droit qui vient du temps où l'on confondait la force hypothécaire avec la force exécutoire d'un acte. Son abrogation a été souvent demandée, et des modifications y ont été apportées en Belgique par la loi du 16 décembre 1851 (art. 77), qui permet de donner effet en Belgique aux actes reçus à l'étranger au moyen d'un simple visa donné par le président du tribunal (LAURENT, t. XXX, nos 456-460). L'art. 2128 prévoit lui-même que des dérogations pourraient y être apportées soit par des lois françaises, soit par des traités. Le premier cas était inutile à prévoir, une loi ordinaire pouvant toujours modifier le Code civil ; aucune loi de ce genre n'a jamais été faite ; mais des traités assez nombreux ont écarté l'application de l'art. 2128 pour certains États étrangers [1].

4° Hypothèques dispensées de la forme notariée.

2767. Hypothèques maritimes. — L'hypothèque maritime peut s'établir par acte sous seings privés (L. 10 juillet 1885, art. 2). Le motif est la célérité nécessaire aux affaires et l'habitude du commerce de se passer des formes ordinaires du droit civil.

2768. Hypothèques mobilières. — Pour le *nantissement des fonds de commerce*, que le législateur a traité comme s'il était un gage (L. 1er mars 1898), un acte sous seings privés suffit par application de l'art. 2074 ; il n'a même pas besoin d'être enregistré, par application de l'art. 91 C. com., al. 1 (L. 23 mai 1863).

Quant aux *warrants agricoles*, tout se passe devant le greffier du juge du paix qui fait ici le double office de *notaire*, rédigeant l'acte constitutif de l'hypothèque, et de *conservateur des hypothèques* chargé de la tenue des registres (L. 18 juillet 1898, art. 3 et 5). Le *warrant*, qui est remis au créancier et qui équivaut à la constitution d'une hypothèque par acte en brevet, est la partie détachée d'un *registre à souches*.

2769. Actes administratifs. — Il y a, de nos jours encore, un créancier qui peut se passer du ministère des notaires pour se faire donner une hypothèque : ce créancier est l'*État*. D'après une loi des 28 oct.-5 nov. 1790 (tit. II, art. 13 et 14), les *actes passés en la forme administrative*, et notamment les *baux* de biens de l'État « emportent hypothèque ». Je crois, avec quelques auteurs, que cette disposition s'est trouvée abrogée par la loi du 11 brumaire an VII (art. 56) et par l'art. 2093, qui a supprimé l'hypothèque générale des actes notariés. Comp. PONT, t. II, n° 663 ; LAURENT, t. XXX, n° 46. Mais beaucoup d'autres pensent que si les actes administratifs ont cessé d'emporter hypothèque de plein droit, à la façon des anciens actes notariés, ils peuvent encore contenir une stipulation expresse d'hypothèque au profit de l'État parce que la loi des 28 oct.-5 nov. 1790 permet de faire par acte nominatif ce qu'on peut faire par acte notarié (AUBRY et RAU, § 266, note 55 ; DUCROCQ, t. II, n° 1036 ; SIMONET, n° 523 ; DE LOYNES, n° 1418 ; BERTHÉLEMY. 2e édit., p. 94).

B. — Personnes pouvant hypothéquer.

1° Questions de capacité.

***2770. Capacité nécessaire.** — Pour constituer valablement une

[1] Les traités ont apporté à la loi deux sortes de dérogations : 1° les uns ont accordé aux chanceliers de nos consulats à l'étranger le droit de recevoir des constitutions d'hypothèques sur des biens situés en France. Nos chanceliers peuvent le faire de plein droit quand l'acte n'intéresse que des Français (Ord. sur la marine, de 1681 ; Ord. 23-26 oct. 1833) ; des traités leur ont conféré le même pouvoir quand l'acte intéresse soit des Français et des étrangers, soit des étrangers uniquement (Convention consulaire franco-russe du 1er avril 1874, art. 9. Traités semblables avec l'Espagne, l'Italie, le Portugal, la Grèce, et plusieurs républiques américaines). — 2° D'autres ont établi un *régime spécial pour l'Italie et la Suisse* : le traité franco-sarde de 1760, art. 22, est interprété par la jurisprudence française comme dérogeant entièrement à l'art. 2128. Par suite un notaire italien peut recevoir une constitution d'hypothèque sur des biens situés en France. Même situation en vertu des traités franco-suisses (Cass., 10 mai 1831, S. 31. 1. 195). Comp. WEISS, *Précis*, p. 620-621.

hypothèque, il faut avoir la *capacité d'aliéner* (art. 2124). Cela est indispensable, parce que la constitution d'hypothèque confère essentiellement au créancier le *pouvoir d'aliéner,* d'enlever la propriété au débiteur pour la transférer à un tiers : c'était ce que les anciens appelaient le *jus distrahendi.*

CONSÉQUENCES. — Il y a des personnes (femmes mariées et mineurs émancipés) qui ont, plus ou moins largement, la capacité nécessaire pour *contracter des obligations valables,* mais qui *ne peuvent pas aliéner leurs immeubles.* Ces personnes ne peuvent pas constituer d'hypothèques, même pour les obligations qu'elles sont capables de contracter seules ; en s'obligeant elles donnent indirectement à leur créancier le droit de *saisir* leurs biens ; mais, n'étant point capables d'aliéner, elles ne peuvent pas lui conférer ce *droit spécial de vendre,* qui fait l'essence de l'hypothèque. On peut néanmoins hypothéquer valablement leurs biens en suivant les formes établies par la loi pour les protéger en cas d'aliénation (art. 2126).

*** 2771. Exception unique.** — Le *mineur régulièrement autorisé à faire le commerce,* conformément à l'art. 2 C. com., peut hypothéquer ses biens pour les besoins de son commerce, quoiqu'il n'ait pas le droit de les aliéner sans observer les formalités de la tutelle (art. 6 C. com.).

2772. Capacité des femmes commerçantes. — La femme, qui est autorisée à faire le commerce, a la capacité nécessaire pour disposer de ses immeubles et les aliéner pour les besoins de son commerce (art. 7 C. com.). Il est donc tout simple que ce même texte lui donne également la faculté d'hypothéquer. Ce n'est qu'une application du principe général. — Le tout, sauf l'effet de l'inaliénabilité spéciale au régime dotal, qui empêche l'hypothèque des biens dotaux, tout aussi bien que leur aliénation.

2773. Sort des hypothèques consenties par des incapables. — L'incapacité du constituant rend l'hypothèque *annulable.* La prescription de l'action en nullité est de dix ans, conformément à l'art. 1304 ; mais la nullité peut se couvrir auparavant par une *confirmation,* sous réserve des droits des tiers (ci-dessus, n° 1301).

2774. Effet du dessaisissement du failli. — A la suite du jugement déclaratif de faillite, le failli est *dessaisi* de l'administration de ses biens : il ne peut plus en disposer au préjudice de la masse de ses créanciers. Ce n'est pas à dire qu'il soit devenu par là *incapable* à la façon d'un interdit : l'hypothèque consentie par lui, après son dessaisissement, est valable et pourra produire effet, dans certaines circonstances ; seulement elle n'est pas *opposable à la masse* (art. 443 C. com. ; L. 4 mars 1889, art. 5). C'est une situation particulière qu'il ne faut pas confondre avec la nullité.

2° Questions de pouvoir.

*** 2775. Principe.** — Le mandataire, gérant, ou administrateur du bien d'autrui, quel que soit son titre, ne peut consentir une hypothèque sur le bien d'autrui qu'autant qu'il en a reçu le pouvoir spécial, soit par sa procuration, soit de la loi.

*** 2776. Forme de la procuration.** — De même que l'acte constitutif, la procuration donnée pour le consentir doit être *notariée,* parce que le consentement du constituant doit être constaté dans cette forme. Mais on applique à cette procuration le même tempérament qu'à l'acte lui-même, et elle est valable quand, après avoir été donnée sous seings privés, elle a fait ensuite l'objet d'un acte de dépôt chez un notaire (Cass., 3 déc. 1889, D. 90. 1. 105, S. 91. 1. 525). — Comp. Cass., 23 déc. 1886, D. 86. 1. 97, S. 86. 1. 145, et la note de M. Labbé; Cass., 29 janv. 1895, D. 95. 1. 430).

2777. Exception. — La loi du 1er août 1893, sur les sociétés, a apporté aux principes une dérogation directe en décidant que, *dans toute société commerciale,* l'acte de formation de la société ou une délibération ultérieure, *même sous seings privés,* pouvait conférer au gérant le pouvoir d'hypothéquer les immeubles de la société.

2778. Biens des absents. — Tant que dure l'envoi en possession provisoire (t. I, 1re édit., n° 652; 2e édit., n° 693), les héritiers présomptifs de l'absent, envoyés en possession de ses biens, ne peuvent pas les hypothéquer ni les aliéner: l'art. 128 le dit formellement. Néanmoins, si cela devenait nécessaire, ils pourraient s'y faire autoriser par la justice; l'art. 2126 dit, en effet, que « les biens... des absents... peuvent être hypothéqués... *en vertu de jugements* »[1].

2779. Immeubles ameublis par contrat de mariage. — Une femme mariée, en adoptant le régime de la communauté, peut *ameublir* tout ou partie de ses immeubles, c'est-à-dire les faire entrer en communauté. Il arrive parfois que cette clause a un effet restreint: l'immeuble ameubli ne devient point la propriété de la communauté, de sorte que le mari, qui gouverne les biens communs avec des pouvoirs presque absolus, *n'acquiert pas le droit de l'aliéner : il peut néanmoins l'hypothéquer* (art. 1508, in fine). Il y a ici, pour une question de *pouvoirs,* une anomalie semblable à celle qui existe, en matière de *capacité,* pour le mineur commerçant (ci-dessus, n° 2771): l'immeuble peut être grevé d'hypothèque par quelqu'un qui ne peut pas le vendre.

C. — Biens susceptibles d'être hypothéqués par convention.

*** 2780. Le principe.** — Quels biens chaque personne peut-elle hypothéquer en supposant qu'elle soit capable de le faire? A cette question, la réponse à faire est fort simple : chacun de nous peut hypothéquer *tous ses biens,* sauf l'exception déjà signalée pour les biens *inaliénables* (ci-dessus, n° 2724) ; en revanche chacun de nous ne peut hypothéquer que *ce qui est à lui,* en qualité de propriétaire, d'usufruitier ou d'emphytéote. Il en résulte que l'hypothèque ne peut pas être établie sur une chose qui n'appartient pas au constituant.

2780 *bis*. Conséquence. — Chacun ne pouvant hypothéquer que les choses qui lui appartiennent en qualité de propriétaire, d'usufruitier ou d'emphytéote, la conséquence naturelle devrait être la nécessité d'indiquer

[1] Tous les auteurs font remarquer que l'art. 2126 est obscur, parce qu'il mêle dans la même phrase ce qui concerne l'hypothèque à établir sur les biens des mineurs et interdits, d'une part, et l'hypothèque des biens des absents, d'autre part. Les mots « en vertu de jugements », qui le terminent, ne s'appliquent qu'aux absents. Il suffit de scinder le texte pour le rendre clair, ainsi qu'on l'avait fait en 1851 dans les discussions sur la réforme hypothécaire : « Les biens des mineurs et des interdits ne peuvent être hypothéqués que pour les causes et dans les formes établies par la loi. Ceux des absents, tant que la possession n'en est déférée que provisoirement, ne peuvent l'être qu'avec l'autorisation de justice. »

dans l'acte la nature du droit en vertu duquel la chose est hypothéquée, car il est évident que la nature du gage hypothécaire donné au créancier est fort différente dans ces trois cas. Cependant ni la loi ni la jurisprudence n'exigent cette énonciation. Ainsi il a été jugé que si la constitution porte, sans exception, sur tous les immeubles que le constituant possède dans tel canton, l'hypothèque est valable, comme hypothèque d'usufruit, si le constituant, au lieu d'être propriétaire de ces immeubles ou de l'un d'eux, n'en est qu'usufruitier (Chambéry, 3 juin 1889, D. 91. 2. 307).

Voyez aussi pour un cas où le constituant venait de donner la nue propriété, et hypothéquait ensuite l'usufruit, avant que l'acte de donation fût transcrit et sans en prévenir clairement le créancier, Cass., 12 mars 1867, D. 67. 1. 347, S. 67. 1. 221.

Pour étudier les conséquences et la portée du principe, il importe de distinguer l'hypothèque constituée *d'une manière générale* sur les biens que le constituant pourra acquérir dans la suite et celle qui serait établie *d'une manière spéciale* sur un bien ne lui appartenant pas encore : au premier cas, il y a *hypothèque des biens à venir*; au second, il y a *hypothèque de la chose d'autrui*.

1° Hypothèque des biens à venir.

****2781. Interdiction d'hypothéquer les biens à venir.** — Sauf les exceptions qui sont signalées plus loin, la loi interdit, d'une manière générale, d'hypothéquer les biens à venir : la constitution d'hypothèque ne peut porter que sur les *biens présents*, c'est-à-dire sur ceux qui sont déjà actuellement la propriété du constituant. Tel est le sens de l'art. 2129 : son premier alinéa permet d'hypothéquer les biens présents ; le second défend d'hypothéquer les biens à venir. On verra, du reste, que les exceptions admises par la loi réduisent considérablement la portée de ce principe, surtout par la façon dont elles sont appliquées dans la pratique.

***2782. Définition des biens à venir.** — Les biens à venir que la loi interdit en principe d'hypothéquer par convention sont les biens sur lesquels le constituant ne possède *actuellement aucun droit* ou, ce qui revient au même, sur lesquels son droit est encore *à l'état éventuel*. La première formule comprend les biens que le constituant pourra acquérir à titre onéreux ou par la libéralité imprévue d'un tiers ; la seconde s'applique aux biens qui pourront lui arriver par l'ouverture de successions futures, au décès des personnes dont il est l'héritier présomptif au jour de la constitution d'hypothèque. Mais on ne doit pas considérer comme biens à venir ceux sur lesquels il a actuellement un *droit conditionnel*, c'est-à-dire ceux dont il est propriétaire sous condition suspensive. Ces biens-là peuvent être hypothéqués par lui par application des principes généraux (ci-dessous, n° 2796).

* **2783. Motifs de la prohibition.** — Les auteurs du Code ont accueilli en cette matière les idées du Tribunal de cassation, de sorte que nous avons, exposés tout au long dans les *Observations* de ce tribunal,

les motifs qui ont fait interdire l'hypothèque des biens à venir. Cette prohibition a été l'*effet du principe de la spécialité* : après avoir exposé ce qu'il appelle « l'objet essentiel de la publicité des hypothèques et ses bienfaits », le tribunal démontre que cette publicité est « inconciliable avec le droit de prendre une inscription hypothécaire sur les biens futurs » du débiteur : il s'efforce d'établir la « liaison réelle » entre la publicité et la spécialité, d'une part ; entre la spécialité et l'impossibilité d'hypothéquer les biens à venir, de l'autre (Fenet, t. II, p. 615 et suiv.). Il a donc semblé aux magistrats qui furent les véritables auteurs de cette partie du Code que l'hypothèque des biens à venir ne pourrait pas satisfaire à la règle de la spécialité, parce qu'il serait impossible au constituant de désigner et de décrire les biens qu'il pourra acquérir dans la suite. Voilà pourquoi la prohibition de l'hypothèque des biens à venir est contenue dans le même texte (l'art. 2129) qui établit le principe de la spécialité pour les hypothèques conventionnelles.

Ce motif ne fut d'ailleurs pas le seul ; il parut en outre impossible d'admettre qu'on puisse hypothéquer un bien dont on n'est pas propriétaire alors qu'on ne pourrait le grever ni de servitudes ni d'usufruit ; cela parut même dangereux : « il est contraire à tout principe qu'un homme puisse disposer d'une propriété qu'il n'a pas et n'aura peut-être jamais, outre que cela est même immoral s'il s'agit de l'espérance d'une succession à échoir ; outre que la facilité de consommer par anticipation ses espérances, souvent vaines et illusoires, est un principe de désordre dans l'âge des passions, de désespoir dans l'âge mûr écrasé par les folies de la jeunesse, toutes raisons qui suffisaient pour proscrire à jamais ce système » (Fenet, t. II, p. 619-620).

**** 2784. Cas où les biens à venir peuvent être hypothéqués.** — Le Code a permis de les hypothéquer dans deux cas différents :

1° *Lorsque les biens présents et libres ne suffisent pas pour la garantie de la créance* (art. 2130).

2° *Lorsque les immeubles hypothéqués, suffisants à l'origine, ont péri ou sont dépréciés au point de ne plus garantir le créancier* (art. 2131).

a. — *Première exception.*

2785. Conditions de validité. — L'hypothèque des biens à venir n'est autorisée qu'à *titre subsidiaire* : elle suppose : 1° *que les biens présents ont été hypothéqués* ; 2° que ces biens sont *insuffisants*. Elle est donc impossible si le débiteur possède actuellement des biens *libres d'hypothèques* d'une valeur suffisante pour garantir le créancier.

De plus la loi exige une *déclaration des parties* : il faut que l'insuffisance des biens présents soit *exprimée dans le contrat* (art. 2130).

2786. Insuffisance de ces conditions. — Les précautions prises par la loi paraissent devoir restreindre l'hypothèque des biens à venir dans un cercle étroit ; en réalité la loi lui ouvre la porte dans tous les cas où elle est utile, de sorte que son système peut se traduire ainsi : art. 1er, l'hypothèque des biens à venir est défendue ; art. 2, elle est permise toutes les fois que le créancier en a besoin.

En effet, les immeubles n'ont pas une valeur fixe ; ils ne sont pas cotés comme les valeurs de Bourse; leur prix de vente dépend de circonstances indéfiniment variées, dont la plupart ne peuvent pas être prévues. Rien n'empêche donc les parties, toutes les fois que le gage hypothécaire n'est pas hors de proportion avec la dette, de déclarer qu'il est insuffisant et de constituer une hypothèque sur les biens à venir du débiteur. Personne n'a qualité pour contrôler leur assertion, et personne n'a les moyens de le faire.

2787. Appréciation critique. — La facilité que donne ainsi la loi d'hypothéquer les biens à venir est très discutée. En 1850, dans les discussions sur la réforme hypothécaire, M. de Vatimesnil disait que la disposition de l'art. 2130 était de peu d'usage et que l'emploi qui s'en faisait était peu recommandable. Quelles sont, disait-il, les personnes qui peuvent offrir des biens à venir comme garantie à leurs créanciers, sinon des *fils de famille qui escomptent la succession de leurs parents*? Et quels sont les créanciers disposés à se contenter d'un pareil gage, sinon des *usuriers*? Cependant ce point est encore vivement débattu. En 1840, les Cours d'appel se prononcèrent en majorité pour le maintien de l'art. 2130, et depuis lors ses applications se sont multipliées. La pratique a compris le parti qu'elle en pouvait tirer et la clause est devenue de style dans beaucoup d'études de notaires, ce qui a contribué encore à rapprocher notre régime hypothécaire moderne du régime de l'ancien droit qui admettait les hypothèques générales[1]. Il faut reconnaître, d'ailleurs, que si la loi donne carrière à des spéculations véreuses, elle rend souvent service à un débiteur honnête et dans l'embarras.

En Belgique et en Italie on a cependant supprimé la disposition de l'art. 2130.

2788. Vice de l'hypothèque des biens à venir. — L'hypothèque conventionnelle des biens à venir, dans les cas où elle est permise, ne procure au créancier qu'une sûreté de qualité inférieure, et qui souvent n'en sera pas une. En voici la raison : il est reconnu par la majorité de la doctrine et par la jurisprudence que cette hypothèque, *générale quant au titre* qui l'a constituée, *reste soumise à la spécialité pour son inscription*. Ainsi le créancier qui l'a obtenue doit d'abord prendre une inscription immédiate sur les biens présents; puis, à la suite de chaque acquisition nouvelle réalisée par le débiteur, prendre une inscription spéciale sur l'immeuble qui lui arrive (Cass., 27 avril 1846, D. 46. 1. 224, S. 46. 1. 369; Grenoble, 17 févr. 1847, D. 48. 2. 52, S. 48. 2. 55). Cette jurisprudence peut se justifier de la façon suivante : l'art. 2148-5°, exige dans toute inscription l'indication de l'espèce et de la situation des biens hypothéqués, ce qui ne peut pas se faire d'avance pour les biens à venir ; puis, le texte fait une *exception pour les hypothèques générales*, mais *qui ne profite qu'aux hypothèques légales ou judiciaires* : la loi est formelle. — Je suis convaincu que c'est le résultat d'un oubli ; on avait perdu de vue, en écrivant cette disposition, que l'hypothèque conventionnelle peut, elle aussi, être à l'occasion une hypothèque générale. En tout cas, on a fait par là aux créanciers qui ont obtenu une hypothèque sur les biens à venir, en vertu des art. 2130 à 2131, une situation si désavantageuse qu'elle leur fait perdre parfois tout le bénéfice qu'on a voulu leur accorder. En effet, si l'on suppose qu'une *hypothèque judiciaire* est née au profit d'un tiers et a été inscrite après la convention qui a donné à un créancier une hypothèque générale sur les biens à venir, quelque diligence que fasse celui-ci pour aller s'inscrire à chaque acquisition nouvelle que fera son débiteur, il se verra primé sur le bien nouveau par l'hypothèque judiciaire garantie par une inscription unique, nécessairement antérieure à la sienne, tandis que l'inscription spéciale qu'il prend ne lui donnera rang qu'à sa date ! Et, au lieu d'un créancier hypothécaire inscrit de la sorte, il peut en voir passer avant lui un nombre indéterminé. Ce résultat est si choquant qu'on est naturellement tenté de soutenir l'opinion contraire à celle qui a prévalu, et cela a été fait (Voyez notamment ROLLAND DE VILLARGUES, *Répert. du notariat*, v° Hypothèque, n° 282 ; Angers, 14 juill. 1842, S. 42. 2. 469). — Le remède est bien simple : il consiste pour le créancier

[1] Il y a cependant une grave différence ; si l'hypothèque conventionnelle est devenue générale par son mode de constitution, elle reste *soumise pour son inscription à la règle de la spécialité* (voyez le n° 2788).

à acquérir une hypothèque générale judiciaire, ce que la loi lui permet à peu de frais. Voyez ci-dessous n°s 2882 et suiv.

Le danger qui vient d'être signalé pour le créancier qui a obtenu une hypothèque conventionnelle sur les biens à venir est le même à l'égard des *hypothèques légales* qui naissent à la charge de son débiteur après la sienne : elles grèvent les biens à venir de la même manière que l'hypothèque judiciaire, et sont préférables à la sienne sur les biens nouveaux.

2789. Question. — On s'est demandé si *le débiteur qui n'a pas de biens présents* pourrait hypothéquer ses biens à venir. L'équité et le bon sens répondent affirmativement, et cela semble bien résulter, à plus forte raison, du texte de la loi : si celui *qui n'a pas assez de biens* mérite cette concession, celui *qui n'en a pas du tout* la mérite plus encore. Néanmoins l'opinion générale se prononce en sens contraire, parce que l'hypothèque des biens à venir n'est autorisée qu'*à titre subsidiaire*, comme *complément d'une hypothèque réellement établie sur certains immeubles.* L'art. 2130 n'est qu'un tempérament des principes, et il faut l'interpréter restrictivement ; sinon l'exception détruirait entièrement la règle. La jurisprudence est en ce sens (Cass., 30 janv. 1872, D. 74. 1. 99 ; Cass., 11 mars 1895, D. 95. 1. 305).

Si cette opinion était fondée, il faudrait refuser la faculté d'hypothéquer les biens à venir, non seulement à *celui qui n'a pas de biens présents*, mais même *à celui qui, ayant des biens, les a entièrement grevés d'hypothèques.* En effet, la loi énonce dans une seule et même phrase la double condition que « les biens *présents et libres* soient insuffisants ». Donc les deux choses sont mises sur la même ligne. Cependant c'est une conséquence que personne n'admet. Enfin, on a depuis longtemps fait observer que la prohibition de la loi est facile à éluder dans la pratique : il ne manque pas d'immeubles sans valeur dont le débiteur pourra acquérir un mètre carré ou deux pour une somme insignifiante, et cet immeuble dérisoire suffira pour lui permettre d'hypothéquer les biens à venir, car le voilà propriétaire foncier, digne dès lors des faveurs de la loi.

b. — *Seconde exception.*

2790. Hypothèse prévue. — Les biens présents ont seuls été hypothéqués au début, parce que leur valeur était suffisante ; puis *les immeubles ont péri* en totalité ou en partie, et le créancier n'est plus garanti. La loi autorise alors le débiteur à lui hypothéquer ses *biens à venir* (art. 2131). Dans ce cas encore, comme dans le premier, l'hypothèque des biens à venir se présente comme *subsidiaire* et s'ajoute à une hypothèque grevant les biens présents.

Il est à remarquer que l'art. 2131 suppose que les immeubles hypothéqués ont subi des « pertes » ou des « dégradations » ; il prévoit donc des *détériorations matérielles.* Par conséquent il est inapplicable lorsque les immeubles ont subi simplement une *dépréciation* ou diminution de valeur due à des causes externes, à une crise économique ou à des circonstances locales qui ont fait baisser sur un point le prix des propriétés.

Le texte suppose enfin que ces « dégradations » ont un caractère irrégulier et apportent une atteinte imprévue à la sécurité du créancier. Par conséquent, celui-ci n'aurait pas le droit de se plaindre, ni pour exiger un supplément d'hypothèque, ni pour demander son remboursement avant terme, si le propriétaire de l'immeuble n'avait fait qu'user du droit d'administration et de jouissance qui lui est laissé, malgré l'existence de l'hypothèque ; par exemple, s'il avait vendu et fait enlever une coupe de bois, sans anticiper sur son époque régulière (Dijon, 6 juill. 1883, S. 84. 2. 44).

2791. Option laissée aux parties. — La loi dit que le créancier dont les sûretés sont devenues insuffisantes peut ou *poursuivre dès à présent son remboursement*, ou *obtenir un supplément d'hypothèque* : elle semble par là lui donner le choix ; en réalité c'est au débiteur que le choix appartient. En effet, s'il offre une hypothèque qui soit une garantie suffisante, le créancier perd le motif même qui autorisait son action. Comp. art. 1190. Mais il faudra que cette garantie soit sérieuse, et on ne devra pas considérer comme telle une constitution d'hypothèque sur les biens à venir, si on ne voit pas dès maintenant d'où ces biens nouveaux pourraient advenir au débiteur.

2792. Combinaison des articles 1188 et 2131. — La disposition de l'art. 2131 se trouve écartée lorsque la perte des sûretés est due *au fait du débiteur*, et qu'elle porte sur des *sûretés conventionnelles* (données par le contrat). C'est alors l'art. 1188 qui s'applique ; or cet article prononce purement et simplement la *déchéance du terme* : le débiteur en faute ne jouit donc pas de la faculté que lui accorde l'art. 2131 d'arrêter l'action du créancier par un supplément d'hypothèque.

2° Hypothèque de la chose d'autrui.

** **2793. Nullité.** — Lorsque le débiteur hypothèque spécialement un bien déterminé qui ne lui appartient pas, l'hypothèque est *nulle*, parce qu'on ne peut pas disposer du bien d'autrui.

* **2794. Cas où le constituant acquiert la propriété.** — Qu'arrive-t-il lorsque plus tard le constituant devient propriétaire de l'immeuble, ou, ce qui revient au même, lorsque le propriétaire lui succède ? Les deux qualités de constituant et de propriétaire étant désormais réunies, il semble que rien ne s'oppose plus à la validité de l'hypothèque : l'obstacle qui l'avait empêchée de naître a disparu (en ce sens Colmet de Santerre, t. IX, n° 92 *bis*, IV). Mais cette opinion équitable n'a pas prévalu, et on considère cette confusion des deux qualités comme sans influence sur l'hypothèque, qui reste nulle (Aubry et Rau, § 266, note 3 ; De Loynes, n° 1306). Des arrêts déjà anciens ont statué dans ce sens (Bordeaux, 24 janv. 1833, S. 33. 2. 569 ; Dijon, 25 avril 1855, S. 55. 2. 403), et la jurisprudence n'a pas varié (Cass., 24 mai 1892, D. 92. 1. 327, S. 92. 1. 289 ; Montpellier, 10 févr. 1896, S. 96. 2. 128).

Le principale raison de cette jurisprudence se trouve dans les art. 2129 et 2130, qui ne permettent pas à un débiteur d'hypothéquer ses biens à venir, c'est-à-dire ceux dont il n'est pas encore propriétaire.

* **2795. Effet de la nullité.** — La nullité de l'hypothèque établie sur la chose d'autrui est une nullité *radicale*. Toute personne intéressée a le droit de l'opposer au créancier, et elle ne peut être couverte par une confirmation qui, en la supposant possible, devrait émaner du véritable propriétaire de la chose et consister en une approbation donnée par lui à la constitution, de l'hypothèque. Toutefois cette approbation pourrait être considérée comme valant elle-même constitution de l'hypothèque, si elle était donnée par acte authentique ; mais elle vaudrait alors comme acte nouveau et non comme confirmation rétroactive d'un acte antérieur.

2796. Cas où le constituant est propriétaire sous condition suspensive. — On ne doit pas confondre avec l'hypothèque de la chose d'autrui le cas où un bien est hypothéqué par celui qui en est *propriétaire sous condition suspensive*, soit par l'effet d'une convention ou d'un testament, soit par l'effet de la loi qui ouvre à son profit une action en nullité ou en rescision contre le propriétaire actuel de l'immeuble. Pareille hypothèque est valable parce que, la condition venant à se réaliser ou l'action à être exercée avec succès, la propriété est réputée rétroactivement avoir appartenu au constituant au jour où il établissait l'hypothèque. Grâce à la *fiction de rétroactivité*, il a donc *hypothéqué son propre bien.* La jurisprudence a fait l'application de cette idée au vendeur à réméré (voyez le n° suivant).

2797. Hypothèque d'un bien vendu à réméré. — Doit-on considérer comme une hypothèque portant sur la chose d'autrui celle qui a été constituée par le vendeur à réméré d'un immeuble, *dans l'intervalle entre l'aliénation qu'il avait faite et le rachat qu'il a ensuite opéré*[1] ? Le réméré produit l'effet d'une condition résolutoire de la vente, et l'immeuble racheté revient au vendeur libre de tous droits et charges nés du chef de l'acheteur. L'hypothèque constituée par le vendeur à réméré, au moment où il était provisoirement dessaisi de sa chose, doit donc être rétroactivement validée par l'exercice du réméré. C'est l'opinion presque unanime des auteurs modernes (voyez notamment Thézard, n° 51, et Labbé, S. 71. 2. 193), et c'est la solution des arrêts les plus récents (Bordeaux, 13 août 1872, D. 73. 2. 209, S. 72. 2. 277 ; Alger, 2 nov. 1885, Dalloz, *Suppl.*, t. XIV, p. 143, note 1, S. 86. 2. 132). Mais voyez en sens contraire, Paris, 12 août 1871, D. 73. 2. 133, S. 71. 2. 193, et Cass., 23 août 1871, D. 73. 1. 321, S. 71. 1. 118.

2798. Hypothèque de biens indivis. — On a déjà vu que l'hypothèque peut être établie sur une part indivise, mais que son maintien dépend des résultats du partage (ci-dessus, n° 2750). Appliquée à l'hypothèque conventionnelle, cette règle peut avoir pour effet de valider une hypothèque établie sur la chose d'autrui. En effet, *celui qui n'a qu'une part de propriété* dans un immeuble indivis peut *l'hypothéquer en entier* ; il hypothèque donc ce qui ne lui appartient pas ; néanmoins cette hypothèque sera *rétroactivement validée par l'effet déclaratif du partage*, si l'immeuble est mis en entier dans le lot de celui qui l'a hypothéqué ou s'il lui est adjugé sur licitation (art. 883).

2799. Propriétaires sous condition résolutoire. — A l'inverse des cas précédents, on peut supposer que l'hypothèque est constituée par quelqu'un qui est actuellement propriétaire de l'immeuble, mais dont le titre est sujet à résolution, à annulation ou à rescision. On sait déjà que l'hypothèque est valable, mais qu'elle est affectée de la même condition que le droit du constituant (art. 2125 et ci-dessus, n° 2752). Elle disparaîtra donc si le titre de propriété est ensuite résolu, annulé ou rescindé, sauf les exceptions signalées (*ibid.*) pour quelques cas particuliers.

D. — De la spécialité du gage dans les hypothèques conventionnelles.

2800. Rappel de la règle. — On a vu plus haut (n°s 2666-2667) l'importance, peut-être exagérée, que la loi attache à la désignation des immeubles hypothéqués, tout au moins lorsqu'il s'agit de l'hypothèque conventionnelle. Il nous faut voir maintenant de quelle manière ce système s'applique.

2801. Observation. — La spécialité dont il est ici question concerne uniquement l'*acte constitutif de l'hypothèque*; elle est entièrement indépendante de *la spécialité de l'inscription*. Cette dernière peut facilement se concevoir sans l'autre, et tel était le système de l'édit de 1673 : la constitution de l'hypothèque pouvait être générale et porter sur tous les biens ; la publicité seule était spéciale. C'est aussi le système que le Code italien applique aux hypothèques générales qu'il a conservées, l'hypothèque judiciaire, celle des personnes en tutelle et celle des femmes mariées : l'hypothèque est générale par

[1] La question ne se pose qu'après que le vendeur a exercé utilement son droit de rachat ; s'il n'en use pas la faculté de réméré disparaît, la vente est réputée pure et simple et l'hypothèque porte réellement sur la chose d'autrui.

son titre et spéciale par son inscription (art. 292 et 293, art. 1969, art. 1986, C. civ. ital.).

**** 2802. Système du texte.** — D'après l'art. 2129, il n'y a d'hypothèque conventionnelle valable qu'autant qu'on a *déclaré spécialement la nature et la situation de chacun des immeubles hypothéqués.* On lit encore dans le même texte que chacun des biens présents peut être *nominativement* soumis à l'hypothèque.

Pour répondre exactement au vœu de la loi, il faudrait donc désigner dans l'acte la *nature* (maison, usine, vigne, bois, etc.) et la *situation* des immeubles hypothéqués, et pour cela il faudrait donner les indications permettant, d'une manière sûre, d'*individualiser* l'immeuble dont on parle ; le *numéro* d'une maison de ville, le *nom* d'une propriété rurale, qui en portent un presque toutes, ou, à défaut de ces modes de désignation, préciser les *tenants et aboutissants.* Les auteurs, dominés par le préjugé de la spécialité, sont très rigoureux sur ce point.

**** 2803. Système de la jurisprudence.** — Mais (et ceci est un point trop peu remarqué et trop peu connu) *ce n'est pas ainsi que notre système hypothécaire fonctionne dans la pratique.* La jurisprudence s'est de tout temps montrée très large dans l'application de l'art. 2129. Ainsi elle admet qu'une constitution d'hypothèque est *suffisamment spéciale,* et comme telle valable, lorsqu'elle *porte sur tous les immeubles qu'une personne possède dans telle commune ou même dans tel arrondissement hypothécaire, à la condition que la nature de ces immeubles soit indiquée d'une façon sommaire* (Cass., 12 mars 1867, D. 67. 1. 347, S. 67. 1. 221 ; Cass., 12 nov. 1890, D. 91. 5. 306, S. 91. 1. 199 ; Cass., 27 nov. 1893, D. 94. 1. 566, S. 94. 1. 349). Ainsi on se contente d'une énumération vague comme celle qui est de style dans le formulaire notarial, « tous les biens, terres, bois, prés, vignes, étangs, etc. », et cela pour un arrondissement entier ! Voilà ce qu'est la spécialité du gage hypothécaire dans la pratique.

Il est vrai qu'on interprète restrictivement l'énumération donnée et qu'ainsi une hypothèque constituée sur des immeubles en nature de *maisons, bâtiments* et *terres,* ne s'étend pas à une *fonderie* ou *usine* possédée par le débiteur dans le même arrondissement (Cass., 12 juil. 1881, D. 83. 1. 30, S. 82. 1. 222). Il est vrai encore qu'on tient la main à ce que la *nature* des biens hypothéqués soit indiquée au moins d'une façon sommaire et qu'on annule une constitution d'hypothèque faite sur « tous » les immeubles du débiteur dans telle commune, sans dire en quoi consistent ses immeubles (Cass., 26 avril 1852, D. 52. 1. 131, S. 53. 1. 513). On n'en est pas moins fort éloigné du système de spécialité absolue exprimé dans l'art. 2129 : alors que la loi de brumaire se contentait de l'indication de la nature et de la situation des biens hypothéqués, le Code veut que cela soit fait pour *chacun d'eux nominativement.*

Le système de la jurisprudence, plus souple, répond mieux aux besoins de la pratique, étant donné le *morcellement extrême de la propriété rurale.* Par conséquent, lorsqu'on établit une hypothèque sur une ferme ou un domaine déterminé, il est inutile d'énumérer toutes les parcelles dont cette propriété se compose.

* **2804. Sanction du principe.** — Lorsqu'une constitution d'hypothèque est nulle, comme ne satisfaisant pas suffisamment au principe de spécialité, son irrégularité ne se trouverait pas couverte par une désignation spéciale des immeubles hypothéqués faite dans l'inscription prise par le créancier. En effet, la spécialité n'est pas exigée seulement *dans l'inscription*; elle est nécessaire en premier lieu et surtout *dans le titre constitutif de l'hypothèque* ; c'est pour ce titre que l'art. 2129 l'exige en termes absolus : Il n'y a d'hypothèque conventionnelle valable que celle qui, « *soit dans le titre constitutif de la créance, soit dans un acte authentique postérieur*... ». Ce titre étant nul comme contraire aux dispositions de la loi, *aucune inscription valable ne peut être prise* en exécution de ses clauses. Il n'y a donc *pas de confirmation possible.*

S'il en était autrement, on aboutirait à un régime hypothécaire tout différent de celui qu'a voulu la loi : l'hypothèque conventionnelle pourrait être constituée à l'état d'hypothèque générale ; il n'y aurait de soumis à la règle de la spécialité que son inscription.

* **2805. Limite du principe.** — Du reste, la loi ne met aucun empêchement à ce qu'une personne hypothèque spécialement à son créancier *tous ses biens présents.* L'art. 2129 s'en explique formellement : « Chacun des biens présents peut être soumis à l'hypothèque. » Il en résulte que si le débiteur n'acquiert pas de nouveaux biens dans la suite, le créancier qui s'est fait donner une hypothèque conventionnelle sur tous ses biens présents se trouve dans la même situation que s'il avait obtenu une hypothèque générale; et c'est un cas très fréquent.

Le tribunal de cassation considérait cette pratique comme permise, mais comme funeste ; il aurait voulu voir les créanciers hypothécaires se contenter d'un seul bien comme gage quand il serait suffisant pour les garantir, afin que le reste du patrimoine du débiteur restât libre pour gager de nouvelles créances (Fenet, t. II, p. 615-617). Les créanciers n'ont pas suivi ces conseils désintéressés et se font généralement accorder le plus de garanties possible.

E. — Des créances garanties par l'hypothèque.

(Application du principe de spécialité.)

* **2806. Désignation de la créance.** — On voit parfois la loi donner

hypothèque à un créancier pour toutes les créances qu'il pourra acquérir contre son débiteur : elle le fait notamment au profit des personnes en tutelle et au profit des femmes mariées, mais ce procédé est interdit aux particuliers. En fait d'hypothèques conventionnelles, un créancier ne peut obtenir de sûreté que *pour une créance déterminée.*

La loi (art. 2132) n'exprime pas clairement cette première condition ; elle la suppose plutôt et la sous-entend.

La *détermination de la créance* doit se faire en principe *en indiquant sa cause* : c'est un prêt, un prix de vente, l'indemnité d'un préjudice causé, etc. Si on se bornait à en indiquer le chiffre, on ne saurait à quelle créance appliquer l'hypothèque, quand le même créancier en possède plusieurs contre le débiteur, et l'hypothèque risquerait ainsi de servir pour une créance en vue de laquelle elle n'a pas été consentie.

*** 2807. Indication du chiffre de la créance.** — Il ne suffit pas toujours de déterminer la créance ; il faut encore en *indiquer le montant.* Ceci est dit dans l'art. 2133 : *la somme* pour laquelle l'hypothèque est consentie doit être *certaine et déterminée par l'acte.* Le mot « certaine » signifie ici « connue d'une manière précise » ; c'est le sens du latin « certa pecunia », car il est évident qu'on peut donner une hypothèque pour garantir une créance dont l'existence n'est pas certaine, parce qu'elle est *affectée d'une condition* : le texte lui-même le dit.

Si la créance a pour objet une somme déterminée, on devra donc en indiquer le chiffre dans l'acte constitutif. Mais si la créance est, comme dit l'art. 2132, « *indéterminée dans sa valeur* », il ne sera *pas nécessaire d'en faire l'évaluation dans l'acte constitutif* : cela résulte du texte même de cet article, qui n'exige cette évaluation que *dans l'inscription* de l'hypothèque. La spécialité est ainsi exigée d'une manière plus rigoureuse dans l'inscription que dans l'acte constitutif, et cela se conçoit, car ce sont surtout les tiers qui ont besoin de connaître le chiffre du passif hypothécaire établi sur l'immeuble.

2808. Indication des modalités. — On prend généralement soin d'indiquer dans l'acte les modalités (terme ou condition) qui peuvent affecter la créance, mais la loi n'en exige point la mention, et on ne voit pas dans quel but on critiquerait leur omission : les parties doivent les connaître, et il n'y a aucune raison pour empêcher ces modalités de produire leur effet sur l'hypothèque, qui s'en trouve tout naturellement affectée. Leur mention n'est utile que dans l'inscription, pour en prévenir les tiers.

*** 2809. Sanction.** — La détermination de la créance garantie par l'hypothèque et, s'il y a lieu, l'indication de son montant sont exigées par la loi *à peine de nullité* de l'acte constitutif : « L'hypothèque conventionnelle n'est *valable,* dit l'art. 2132, qu'autant que la somme pour laquelle elle est consentie est certaine... »

§ 2. — *Hypothèques légales.*

A. — Énumération et caractères généraux.

** **2810. Définition.** — L'hypothèque légale est *celle que le créancier possède de plein droit,* sans avoir besoin de se la faire donner par une convention expresse. Jadis on disait *hypothèque tacite.*

* **2811. Énumération.** — Les hypothèques légales sont nombreuses. L'énumération que l'art. 2121 en donne est très incomplète : ce texte n'en indique que *trois*; en réalité il y en a au moins *sept,* et si, comme on le reconnaît généralement aujourd'hui, les privilèges immobiliers sont de véritables hypothèques, on peut dire que les hypothèques légales sont bien *au nombre d'une quinzaine,* savoir :

1° L'*hypothèque de la femme mariée* sur les biens de son mari (art. 2121) ;

2° L'*hypothèque des personnes en tutelle* (mineurs et interdits) sur les biens de leur tuteur (art. 2121) ;

3° L'*hypothèque de l'État, des communes et des établissements publics* sur les biens des comptables (art. 2121) ;

4° L'*hypothèque judiciaire* (art. 2123) ;

5° L'*hypothèque des légataires* sur les biens de la succession (art. 1017);

6° L'*hypothèque de la masse des créanciers* sur les biens du débiteur en état de faillite (art. 490 et 517 C. com.) ou de liquidation judiciaire (L. 4 mars 1889, art. 4) ;

7° L'*hypothèque de la régie des douanes* sur les biens des redevables (L. 6-22 août 1791, tit. XIII, art. 23) ;

8° Les *privilèges immobiliers* qui sont, au fond, des droits de même nature que l'hypothèque : ce sont des *hypothèques privilégiées,* et presque toutes dégénèrent facilement en *hypothèques ordinaires.* Tous ces privilèges sont établis par la loi, au nombre de six ou sept (il y a doute pour l'un d'eux) ; les textes qui les créent seront indiqués plus loin (n°s 2889 à 2939).

2812. Renvois divers. — L'*hypothèque judiciaire* fera l'objet d'un paragraphe spécial (ci-dessous, n°s 2848 et suiv.), ainsi que les *privilèges immobiliers.* Nous laisserons de côté l'*hypothèque des douanes et celle de la faillite,* qui n'appartiennent pas au droit civil. L'*hypothèque des légataires* sera étudiée dans le t. III, à l'occasion de l'art. 1017. Restent donc seulement, pour former la matière du présent paragraphe, les trois premières hypothèques énumérées ci-dessus, qui sont justement les seules qu'indique l'art. 2121.

Pour ces trois hypothèques, nous laisserons provisoirement de côté tout ce qui est relatif à leur *rang* : nous nous en occuperons à propos du classement général des hypothèques.

** **2813. Caractères généraux.** — Les trois hypothèques légales de l'art. 2121 sont des *hypothèques générales,* portant même sur les biens à venir du débiteur (art. 2122) ; mais elles ne sont pas seules à avoir ce caractère : l'hypothèque judiciaire est, elle aussi, une hypothèque générale. Les autres hypothèques légales sont le plus souvent spéciales, et frappent seulement une catégorie déterminée d'immeubles.

En outre, les deux premières hypothèques de l'art. 2121 (celle des femmes mariées et celle des personnes en tutelle) sont *dispensées d'inscription.* Elles sont d'ailleurs les seules *hypothèques occultes* que nous ayons dans notre droit.

Les hypothèques légales, même générales, *ne frappent jamais les navires* : l'hypothèque maritime a été instituée pour être un moyen de crédit en faveur du commerce ; elle ne peut être que *conventionnelle* (L. 10 déc. 1874, art. 1er ; L. 10 juill. 1885, art. 1er).

B. — Hypothèque de la femme mariée.

1° Généralités.

2814. Son origine. — Cette hypothèque a été créée par Justinien. Avant lui la femme avait seulement un « privilegium inter personales actiones » (*Dig.,* liv. XXIII, tit. 3, fr. 74). Justinien lui donna une hypothèque, ce qui valait mieux pour elle (*Code,* liv. V, tit. 13, loi unique); puis, jugeant qu'il n'avait pas encore fait assez, il déclara cette hypothèque *privilégiée* pour permettre à la femme de primer même les créanciers antérieurs du mari. Ce fut l'objet de la célèbre loi *Assiduis* (*Code,* liv. VIII, tit. 18, loi 12).

L'ancien droit français conserva l'hypothèque de la femme, avec le rang que Justinien lui avait donné [1].

2815. Observation. — Dans un grand nombre de familles, la femme n'avait pas besoin de cette hypothèque d'origine romaine, parce qu'elle en avait une autre, datant du jour du contrat et dérivant de l'acte notarié ; c'était seulement la femme mariée sans contrat qui profitait de la création de Justinien ; son hypothèque datait du jour de son mariage.

2816. État de l'ancien droit. — Il existe fort peu de documents anciens sur cette hypothèque. Les Coutumes qui en ont parlé sont rares (Nivernais, chap. 23, art. 18 ; Bourbonnais, art. 248 ; Laon, art. 111) [2]. Pour les XVIIe et XVIIIe siècles, les renseigne-

[1] Il est donc tout à fait remarquable qu'on ait cessé de considérer cette hypothèque comme privilégiée. Je ne puis m'expliquer ce fait que de la façon que voici : les gens qui se marient font ordinairement un contrat de mariage ; or ce contrat avait, par lui-même, la force de donner hypothèque à la femme *dès le jour où il était fait,* c'est-à-dire avant le mariage et *à une époque antérieure à celle que Justinien avait assignée à l'hypothèque privilégiée créée par lui.* Et cela était l'application du droit commun (ci-dessus n° 2683). Il était dès lors tout simple de considérer comme une hypothèque ordinaire celle qui prenait rang à dater du mariage, quand il n'avait point été fait de contrat.

[2] Il y avait des dissidences. En Bretagne on n'admettait pas l'existence de l'hypothèque tacite de la femme (D'ARGENTRÉ, sous l'art. 410, anc. cout., glose 3). L'art. 439 nouv. cout. donnait à la femme une hypothèque spéciale pour la restitution du prix de ses propres aliénés, à compter du jour de l'aliénation.

ments deviennent au contraire abondants. Voyez les tables des œuvres de Pothier, Lebrun et autres. On la considérait en général comme conventionnelle et dérivant du contrat de mariage.

Supprimée par la loi de messidor (qui ne fut jamais mise en vigueur), l'hypothèque légale de la femme a été rétablie par la loi de brumaire.

** **2817. Justification.** — L'hypothèque légale est accordée à la femme comme garantie, parce que le mari possède sur sa fortune des droits très étendus qui peuvent la compromettre. Il a notamment le maniement des deniers, de sorte qu'il se trouve souvent *débiteur de sa femme* pour des *capitaux* qu'il a reçus en son nom et qui s'élèvent à des sommes considérables. La femme a donc besoin d'une garantie, et la loi la lui donne de plein droit, pour la dispenser de la demander, prévoyant qu'elle omettrait souvent de le faire.

* **2818. Insuffisance de garantie.** — Cette nécessité étant admise, la loi n'a rempli que la moitié de sa tâche : la garantie donnée à la femme *suppose que le mari a des immeubles* ; s'il n'en a pas, la femme n'est pas garantie, car la loi ne lui a pas donné de *privilège sur les meubles* pour compléter sa sûreté. Il suit de là que *l'existence d'une sûreté pour la femme dépend de la composition de la fortune de son mari.* C'est un résultat absurde et injustifiable, qui tient simplement à la disparition de l'hypothèque mobilière. En droit romain, cette inconséquence n'avait pas lieu, parce que l'hypothèque portait sur les meubles aussi bien que sur les immeubles.

2° Créances garanties par l'hypothèque.

** **2819. Généralité du texte.** — Le texte est très large : « Les *droits et créances* auxquels l'hypothèque légale est attachée sont : 1° *ceux* des femmes mariées... » (art. 2121). — Cette généralité d'expression est à noter, parce que, dans un autre texte (art. 2135), la loi énumère certaines créances de la femme contre le mari, sans en donner une liste complète ; mais ce n'est pas l'art. 2135 qui *crée* l'hypothèque ; il a seulement pour but d'en déterminer le rang. Par suite son silence sur une catégorie de créances peut bien faire douter du rang de la créance omise, mais non de l'existence même de l'hypothèque, puisque l'art. 2121, qui l'institue, est conçu en termes généraux (Cass., 25 févr. 1891, D. 91. 1. 201, S. 91. 1. 157).

* **2820. Applications.** — Toute créance de la femme contre son mari se trouve, en principe, garantie par l'hypothèque, quelle que soit la source de l'obligation du mari, contractuelle, délictuelle ou légale (Cass., 1er mai 1893. D. 94. 1. 57, S. 94. 1. 281), et quelle que soit la chose due, liquide ou non, exigible ou non (Cass., 25 févr. 1891 précité).

L'hypothèque légale de la femme a donc une très grande généralité ; elle lui est accordée pour toutes ses *reprises, restitutions* et *indemnités* de toute nature. Le détail en sera indiqué pour déterminer le rang de l'hypothèque dans chaque cas (ci-dessous, nos 3120 et suiv.).

2821. Cas exceptés. — Si général que soit le texte, il a cependant une limite, car il renferme une condition sous-entendue : il faut que la femme soit devenue créancière de son mari *à raison de sa qualité de femme mariée* et par l'effet du mariage. Par suite, il n'y aurait pas d'hypothèque légale, si le mari se rendait coupable envers sa femme d'un délit de droit commun, étranger au mariage et à l'administration des biens. Il en serait de même d'une créance de la femme, qui serait antérieure au mariage; toutefois la plupart du temps cette créance fera partie de la dot apportée au mari et elle se trouvera ainsi garantie par l'hypothèque.

2822. Cas douteux. — Il y a eu, en outre, des doutes dans la doctrine pour deux créances particulières : 1° *les aliments* que le mari peut devoir à sa femme en vertu de l'art. 212 ; 2° *les frais d'une instance en divorce ou en séparation de corps*, dans laquelle la femme aurait triomphé. Quelques auteurs ont pensé que l'hypothèque ne devait pas être ici accordée à la femme parce qu'elle est destinée à la *prémunir contre la mauvaise administration de sa fortune*, et que ces deux créances sont étrangères à la gestion des biens. Cette opinion a été quelquefois accueillie par les tribunaux (Caen, 21 août 1883, S. 84. 2. 30 ; Besançon, 21 déc. 1894, D. 95. 2. 230, S. 95. 2. 28); mais la majorité de la jurisprudence rejette toute distinction. La femme qui réclame des aliments ou qui plaide en divorce ou en séparation agit en qualité de femme mariée, et l'art. 2121 n'exige pas autre chose (Dijon, 16 juin 1893, D. 94. 2. 25 et la note de M. de Loynes, P. 94. 2. 33, S. 95. 2. 25 : Dijon, 4 juin 1894, D. 94. 2. 334, P. 95. 2. 78, S. 95. 2. 25 ; Cass., 25 juin 1894, P. 96. 1. 174, S. 95. 1. 348).

2823. Réduction au cas de faillite. — Avec son hypothèque, la femme est un créancier très dangereux pour les autres. Aussi la loi des faillites apporte-t-elle des restrictions considérables à ses droits : *on limite le nombre de ses créances garanties par l'hypothèque*, par exemple on la lui retire pour les avantages gratuits à elle conférés par son mari ; *on lui demande des preuves plus rigoureuses*, des actes ayant date certaine (art. 563-564 C. com.). — D'ailleurs ces articles ne s'appliquent qu'au cas où le mari était commerçant au moment du mariage, ou l'est devenu dans l'année de la célébration, n'ayant pas encore de profession à ce moment.

3° Biens grevés de l'hypothèque.

2824. Observation. — L'hypothèque de la femme est générale et s'étend à tous les biens du mari ; mais cette observation ne suffit pas. Des difficultés se présentent dans quelques cas. Tantôt c'est sous le régime normal : on se demande si l'hypothèque atteint telle ou telle catégorie de biens ; tantôt c'est l'effet d'un régime exceptionnel, qui réduit l'étendue de l'hypothèque.

a. — *Régime normal.*

*** 2824 *bis*. Biens acquis après la dissolution du mariage.** — Un léger doute pourrait naître de l'art. 2121 : il donne hypothèque à la femme « sur les biens de son mari ». Or, quand le mariage est dissous, il n'y a plus de *mari* ; il semble donc que les biens acquis par le mari après la dissolution du mariage ne sont pas grevés de l'hypothèque. Mais ce doute est levé par l'art. 2122, qui dit que les hypothèques légales s'étendent à tous les biens à venir du débiteur, sans distinguer à quelle époque il les a acquis. En ce sens Cass., 17 juill. 1844, S. 44. 1. 641. Comp. ci-dessus, nos 2747 et 2748.

2825. Biens soumis à une condition résolutoire. — Rappelons pour mémoire les deux art. 952 et 1054, déjà signalés (n° 2754), qui maintiennent l'hypothèque de la femme, à titre subsidiaire, sur des biens dont le mari a cessé rétroactivement d'être propriétaire.

** **2826. Conquêts de communauté.** — L'art. 2121 établit l'hypothèque *sur les biens du mari*. Porte-t-elle également *sur les biens de la communauté*? La communauté est une masse de biens communs au mari et à la femme et indivis entre eux par moitiés ; les immeubles qui en font partie portent le nom de *conquêts* ; ils peuvent être librement aliénés par le mari. L'existence de l'hypothèque sur les conquêts a été autrefois contestée; mais aujourd'hui personne n'en doute plus ; elle était déjà admise dans notre ancien droit et rien n'autorise à croire que les auteurs du Code aient voulu l'abandonner.

Néanmoins l'hypothèque sur les conquêts fait naître quelques difficultés et, pour les résoudre, il est nécessaire de faire une *distinction*, suivie, dans chacune de ses branches, d'une *sous-distinction*. La distinction principale se fait *d'après le parti que la femme prend sur la communauté* ; elle a, en effet, après sa dissolution, le droit de *l'accepter* ou de *la répudier*, à peu près comme s'il s'agissait d'une succession.

1° La femme renonce a la communauté. — En ce cas la communauté entière reste au mari ; la femme n'y prend aucune part, de sorte que les biens qui la composaient ne se distinguent plus des biens propres du mari. La femme a donc hypothèque sur les immeubles qui ont appartenu à la communauté, comme sur le reste du patrimoine de son mari. Tout le monde admet cette solution pour les conquêts *conservés par le mari*, c'est-à-dire pour ceux qui existent encore dans la masse commune au jour où elle se dissout.

Il y a au contraire des doutes assez sérieux pour les *conquêts aliénés par le mari avant la dissolution de la communauté*. Quelques auteurs de grand mérite, Delvincourt, Valette, Labbé (S. 76. 1. 241), ont soutenu que la femme ne pouvait pas avoir hypothèque sur les conquêts aliénés, parce que l'on ne peut faire abstraction ni de la communauté qui a existé en réalité, ni des pouvoirs qu'a eus le mari sur elle : il avait le droit d'aliéner, il faut respecter les aliénations consenties par lui. Ces auteurs ajoutent que ce serait ruiner le crédit des époux, avec qui les tiers refuseraient de traiter pour acquérir les biens compris dans la communauté parce qu'ils se sentiraient perpétuellement menacés par la présence de l'hypothèque de la femme sur le bien acquis par eux. Cependant cette opinion n'a pas prévalu. La jurisprudence décide, avec la grande majorité des auteurs, que *la femme renonçante peut exercer son droit de suite contre les tiers acquéreurs des conquêts aliénés par son mari*.

Le premier arrêt de Cassation remonte à 1813 et la jurisprudence n'a jamais varié (Cass., 26 janv. 1876, D. 76. 1. 62, S. 76. 1. 241). C'était déjà la solution admise par les anciens auteurs (Lebrun, *Communauté*, liv. III, chap. 3, sect. 2, dist. 5, nos 85 et suiv.; Bourjon, *Droit commun de la France*, Communauté, chap. II, sect. 10, n° 136; Pothier, *Communauté*, n° 568). L'intérêt des tiers n'est pas sacrifié, car ils ont un moyen de se libérer aisément de l'hypothèque de la femme: c'est d'obtenir d'elle une *renonciation à son hypothèque* (ci-dessous, n° 3466). Toutefois ce procédé n'est pas possible lorsque la femme est mariée sous le régime dotal et que l'hypothèque garantit ses reprises dotales.

Ainsi, quand la femme renonce, elle a hypothèque *sur tous les conquêts, aliénés ou conservés.*

On remarquera que l'effet de la renonciation de la femme est de *doubler l'étendue de l'hypothèque* existant sur les conquêts, tant aliénés que conservés. En effet, tant que l'indivision durait entre mari et femme, la femme ne pouvait être considérée comme ayant hypothèque que sur *une moitié indivise* des conquêts, celle qui représente la part du mari dans la communauté; quant à l'autre moitié indivise, comme elle forme en réalité la part de la femme dans les biens communs, elle n'est pas grevée de l'hypothèque, car un créancier n'a pas d'hypothèque sur ses propres biens. Par suite de la renonciation, la communauté entière se trouve hypothéquée à la femme; l'assiette de l'hypothèque sur cette catégorie de biens a donc doublé d'étendue. — C'est l'effet de la fiction traditionnelle d'après laquelle *la femme renonçante est réputée n'avoir jamais été commune*. Le sort de la communauté reste en suspens jusqu'à sa dissolution: appartient-elle aux deux époux par indivis ou au mari seul? On ne le sait pas; cela dépendra du parti que prendra la femme.

2° La femme accepte la communauté. — En ce cas, les conquêts *conservés* vont être *partagés* par moitié entre le mari et la femme, ou leurs représentants. L'existence de l'hypothèque dépend alors de l'effet du partage: sur les conquêts qui seront *mis dans son lot, la femme n'a pas d'hypothèque*, car elle est réputée en avoir toujours été seule propriétaire, et il ne lui servirait à rien d'avoir, pour garantie de ses créances, une hypothèque sur ses propres biens. Au contraire, *elle a hypothèque sur les conquêts mis au lot de son mari*, car celui-ci en est réputé seul propriétaire.

Quant aux conquêts aliénés, il y a plus de difficultés. D'après la solution admise par la jurisprudence et la majorité de la doctrine, *la femme acceptante n'a pas d'hypothèque sur les conquêts aliénés* (Cass., 16 févr. 1841. D. 41. 1. 126, S. 41. 1. 550; Paris, 6 juin 1882, Dalloz, *Suppl.*, t. X, p. 459, note 2, S. 85. 2. 116). On justifie cette solution par deux raisons: 1° par son acceptation, la femme *confirme* et *ratifie* les actes de gestion faits par son mari; 2° elle se trouve *tenue*, en qualité de commune en biens, de l'*obligation de garantie*, qui l'empêche d'évincer l'acquéreur. La seconde raison a seule de la valeur, et elle suffit parfaitement à justifier la solution; mais la première ne vaut rien, car la femme n'a pas à « ratifier » des actes que le mari a accomplis en vertu des pouvoirs que la loi lui donne et qui sont définitifs sans le consentement de la femme: il ne lui est pas permis de les attaquer; elle n'a donc pas à les ratifier.

Au contraire, l'obligation de garantie tombée en communauté oblige la femme acceptante, aussi bien que le mari, et comme cette obligation est indivisible d'après la jurisprudence, elle fait obstacle *pour le tout* à l'action hypothécaire de la femme, bien que celle-ci ne puisse être considérée comme garante que *pour moitié* en sa qualité de commune [1].

b. — *Situations exceptionnelles.*

2827. Restriction de l'hypothèque au cas de faillite. — Pour la raison déjà indiquée (ci-dessus, n° 2823), la loi commerciale s'est montrée sévère pour la femme, et, non contente de réduire le nombre des créances garanties par l'hypothèque, *elle a réduit aussi le nombre des immeubles qui en sont grevés.* D'après l'art. 563 C. com., sont seuls soumis à l'hypothèque de la femme *les immeubles que le mari possédait avant le mariage, et ceux qu'il a acquis depuis à titre gratuit.* Ceux qui ont été achetés ou acquis autrement à titre onéreux sont présumés payés avec l'argent des créanciers, et la loi ne permet pas à la femme d'exercer sur eux son hypothèque.

***2828. Réduction conventionnelle de l'hypothèque.** — La généralité de l'hypothèque, très protectrice pour la femme, est ruineuse pour le crédit du mari. Il se peut que cette généralité soit inutile si la femme est pauvre, alors que le mari possède des immeubles considérables. Aussi la loi a-t-elle permis aux futurs époux de réduire l'hypothèque *par contrat de mariage* pour dégrever une partie des biens du mari et restreindre la garantie de la femme dans des limites raisonnables.

C'est l'art. 2140 qui règle cette réduction conventionnelle de l'hypothèque. Il la soumet aux règles suivantes :

1° *On ne peut pas supprimer entièrement l'hypothèque.* Après avoir permis la réduction, la loi ajoute : « Il ne pourra pas être convenu qu'il ne sera pris aucune inscription. » Toute convention qui priverait totalement la femme de son hypothèque serait nulle.

2° *La femme doit être majeure pour consentir cette réduction* [2]. C'est une dérogation au principe général de l'art. 1398, d'après lequel le futur époux, qui est encore mineur, peut consentir dans son contrat de mariage toutes les conventions permises à un majeur, sous la seule condition d'être régulièrement assisté par qui de droit. Il n'y a pas de raison bien décisive pour justifier cette exception ; tout ce qu'on peut dire, c'est que la réduction de l'hypothèque a paru au législateur particulièrement dangereuse.

Sous cette double condition, la réduction de l'hypothèque peut avoir lieu quel que soi le régime adopté par les époux, *même sous le régime dotal et même pour les reprises dotales.*

Les époux ont d'ailleurs le choix entre deux procédés différents : 1° ils peuvent *affran-*

[1] Difficultés particulières relatives au régime dotal. — Sous ce régime, les biens dotaux sont inaliénables et la femme ne peut pas, par ses actes, compromettre la reprise de sa dot, ni l'hypothèque qui la lui garantit. D'autre part il est permis, et c'est très fréquent, d'y adjoindre une communauté réduite aux acquêts. Dès lors il peut arriver que la femme ait des reprises d'un caractère dotal à exercer sur les conquêts de communauté. Dans quelle mesure la garantie de l'hypothèque légale lui est-elle alors assurée sur les conquêts aliénés par le mari ? Les auteurs qui expliquent la disparition de l'hypothèque sur les conquêts aliénés par l'idée d'une ratification de l'aliénation, donnée implicitement par la femme quand elle accepte la communauté, sont conduits à faire une distinction : 1° si le mariage s'est dissous en même temps que la communauté, la femme, qui a recouvré alors sa capacité entière, est libre de renoncer à son hypothèque et par conséquent elle la perd en acceptant ; 2° si la communauté s'est dissoute pendant le mariage par l'effet d'une séparation de corps ou de biens, la femme, étant encore protégée par l'inaliénabilité dotale, ne peut pas se dépouiller de son hypothèque, et par conséquent elle la conserve malgré son acceptation. — Mais si l'on considère que ce motif est faux, on décidera que l'hypothèque inaliénable de la femme dotale survit toujours sur les conquêts aliénés, quelle que soit l'époque de la dissolution de la communauté. C'est la seule solution conforme aux principes du régime dotal, qui n'a pu faire dépendre d'un hasard la protection de la femme (Comp. Cass., 28 juin 1847, D. 48. 1. 229, S. 47. 1. 493).

[2] C'est par erreur que le texte exige la majorité des deux époux : « les parties majeures... », dit-il. Il est, en effet, inutile que le mari soit majeur puisque c'est en sa faveur que la réduction se fait. Il suffit que la femme soit majeure.

chir certains biens de l'hypothèque, auquel cas les biens désignés par eux sont libres, mais tous les autres restent hypothéqués et *l'hypothèque conserve son caractère de généralité*; 2° ils peuvent *réduire l'hypothèque à un ou plusieurs biens*, auquel cas *l'hypothèque devient spéciale*, et tous les autres biens présents ou futurs en sont exempts.

2829. Réduction judiciaire au cours du mariage. — Lorsque les parties ont omis de réduire l'hypothèque par leur contrat de mariage, sa réduction est encore possible, mais alors elle ne peut plus être que *judiciaire* (art. 2144 et 2145). Cette réduction suppose la réunion des conditions suivantes :

1° *Aucune réduction de l'hypothèque n'a été faite par le contrat de mariage* (art. 2143 et 2144 combinés). S'il en avait été fait une, il faudrait s'en tenir là.

2° *La femme est majeure et consentante.* L'art. 2144 énonce la condition du consentement de la femme; celle de sa majorité se tire, *a fortiori*, de l'art. 2140.

3° *Un avis de parents.* La loi (art. 2144) veut que les quatre plus proches parents de la femme, réunis en assemblée de famille, soient appelés à donner leur avis sur le projet de réduction. — On applique par analogie l'art. 407 déterminant la zone dans laquelle les parents doivent être choisis (Agen, 28 déc. 1887, Dalloz, *Suppl.*, t. XIV, p. 265, note 1, S. 89. 2. 194).

4° *La grande valeur des immeubles du mari.* Il faut que leur valeur soit notoirement plus considérable que celle de la fortune actuelle de la femme et des successions qui peuvent lui advenir.

La demande est *dirigée contre le procureur de la République*, puisqu'on suppose la femme consentante, et le procureur a le droit de former appel du jugement. Il est donc ici *partie principale*, tandis qu'il est seulement *partie jointe* quand la demande en réduction concerne l'hypothèque d'un mineur.

Le *régime dotal* n'empêche pas la femme de consentir valablement la réduction de son hypothèque (Bordeaux, 4 août 1891, sous Cass., D. 94. 1. 113, S. 94. 1. 335).

2830. Cas de nullité. — La réduction prononcée par la justice peut se trouver nulle, soit par l'omission des formalités exigées par la loi, soit parce qu'elle équivaut à une suppression complète de l'hypothèque, ce que la loi défend de faire. Or le jugement qui l'a prononcée est un *acte de juridiction gracieuse*, car il n'y a aucun litige entre les époux ; la réduction judiciaire n'est possible que *du consentement de la femme* (art. 2144)[1]. Par suite il ne peut être question d'attaquer cette décision par les voies de recours habituelles, telles que l'appel et le pourvoi en cassation : ce jugement doit être attaqué au moyen d'une *action en nullité*, comme s'il s'agissait d'une convention, et l'action est ouverte à tout intéressé (Cass., 9 mars 1886, D. 86. 1. 353, S. 88. 1. 241 ; Nîmes, 4 mai 1888, D. 89. 1. 195, S. 89. 2. 238).

C. — Hypothèque des personnes en tutelle.

(Mineurs et interdits.)

2831. Son histoire. — Dans notre ancien droit, les *mineurs* en tutelle jouissaient déjà d'une hypothèque tacite, dont l'origine remonte à une constitution de Constantin (*Code*, liv. V, tit. 37, loi 20). Cette hypothèque avait paru si favorable qu'elle avait été admise même dans les pays de nantissement. Cependant les auteurs de la loi de messidor l'avaient supprimée. La loi du 11 brumaire an VII la rétablit, et même elle l'étendit aux *absents*. Cette dernière application fut éphémère. Les auteurs du Code civil ont pensé que les absents étaient suffisamment protégés par l'intervention de la justice et par différentes mesures, comme celle des art. 112, 120, 128, et surtout par la caution qu'on exige des administrateurs provisoires des biens de l'absent (art. 123).

**** 2832. Justification.** — L'hypothèque des mineurs et interdits se jus-

[1] Il ne faut pas dire que c'est un *jugement convenu* : le jugement convenu est tout autre chose, il emprunte tous les caractères et tous les effets de la juridiction contentieuse.

tifie par des raisons analogues à celles qu'on donne pour l'hypothèque des femmes mariées, et même plus fortes, car il est manifestement impossible à un enfant ou à un fou de stipuler des sûretés en sa faveur.

1° Personnes garanties par l'hypothèque.

** **2833. Formule de la loi.** — L'art. 2121 accorde l'hypothèque aux *mineurs* et aux *interdits*. Il eût mieux valu dire : aux *personnes en tutelle*, car cette hypothèque est donnée comme *garantie de la gestion d'un tuteur*, ainsi que la fin du texte le fait voir.

* **2834. Mineurs.** — Peuvent seuls avoir l'hypothèque les mineurs qui sont *en tutelle*. Par conséquent n'y ont aucun droit :

1° Les *mineurs émancipés*, qui sont, non pas en tutelle, mais en *curatelle*, et dont le curateur n'administre pas les biens ;

2° Les *mineurs soumis à l'administration légale*, qui sont des enfants légitimes, ayant encore leur père et leur mère, et dont la tutelle n'est pas encore ouverte (Bordeaux, 19 mars 1875, D. 77. 2. 25).

Ainsi la loi s'est mal exprimée en nommant les « mineurs » d'une manière générale ; l'expression juste eût été « pupilles ».

En revanche, *tout mineur en tutelle* est pourvu de l'hypothèque légale, car la loi ne fait aucune distinction. Cette hypothèque existe donc même dans *la tutelle officieuse*, et même, en principe, dans les tutelles organisées par des lois postérieures au Code.

Toutefois la loi du 24 juillet 1889, sur les *enfants maltraités ou moralement abandonnés, a supprimé l'hypothèque légale générale* de l'art. 2121 pour les *tuteurs nommés en exécution de ses dispositions*, à la suite de la déchéance des père et mère (art 10, al. 2). Elle a pourvu autrement à la protection de l'incapable (ci-dessous, n° 2843).

** **2835. Interdits.** — L'hypothèque est donnée par le texte aux « interdits », d'une manière générale. Or il y a deux sortes d'interdiction : l'*interdiction judiciaire*, organisée par le Code civil, qui est une mesure de protection pour les aliénés, et l'*interdiction légale*, organisée par le Code pénal qui est une sorte de peine supplémentaire appliquée aux condamnés à des peines criminelles, pendant la durée de leur incarcération ; il n'est pas douteux que l'art. 2121 profite aux deux catégories d'interdits et que le condamné lui-même ait une hypothèque légale sur les biens de son tuteur[1].

Mais les interdits seuls peuvent y avoir droit, parce qu'ils sont seuls en tutelle. Ainsi l'*hypothèque légale est refusée* :

1° Au *prodigue* ou au *faible d'esprit*, pourvu d'un *conseil judiciaire* qui n'est point chargé d'administrer ;

[1] Il y a eu jadis quelques doutes sur ce point, parce que le texte primitif du Code pénal (anc. art. 29) donnait à l'interdit légal un *curateur* et que l'hypothèque légale de l'interdit est établie par l'art. 2121 sur les biens de son *tuteur*. Le doute a été levé par la revision du Code pénal en 1832 : on a remplacé le mot « curateur » par le mot « tuteur » dans l'art. 29 C. pén.

2° A l'*aliéné défendeur en interdiction*, tant que son interdiction n'est pas encore prononcée ; il peut cependant être pourvu d'un *administrateur provisoire*, nommé en vertu de l'art. 497, mais cet administrateur n'est pas un tuteur et n'en a pas les pouvoirs ;

3° A l'*aliéné non interdit*, interné dans un établissement public ou privé (L. 30 juin 1838). Voyez t. I, 1re édit., nos 2875 et suiv. ; 2e édit., nos 2614 et suiv.

2° Personnes grevées par l'hypothèque.

***2836. Tuteurs réguliers.** — D'après l'art. 2121, l'hypothèque des mineurs et des interdits porte « sur les biens de leur *tuteur* ». Quelles personnes en seront grevées à ce titre ? Passons en revue tous les cas possibles :

1° Tuteur proprement dit. — Il en est tenu quelle que soit la nature de sa tutelle, légale, testamentaire ou dative, et quel que soit son âge, alors même qu'il serait lui-même mineur, ce qui peut arriver pour le père ou la mère (art. 442-1°).

2° Protuteur. — C'est un véritable tuteur, qui gère les biens éloignés.

3° Cotuteur (second mari de la mère devenue veuve, remariée et maintenue dans la tutelle). — Il est tuteur aussi bien que la mère.

4° Tuteur officieux. — Il a accepté volontairement la tutelle avec toutes ses charges.

En somme, toute personne ayant *légalement* la qualité de tuteur est frappée pas l'hypothèque. Il n'y a d'exception que pour les tuteurs nommés en exécution de la loi du 24 juillet 1889, cas déjà signalé (ci-dessus, n° 2834).

2837. Personnes gérant sans titre. — Il y a des difficultés pour quelques catégories de personnes qui gèrent, en fait, la tutelle sans avoir légalement le titre de tuteur. En voici l'énumération :

1° Tuteur déchu. — Exemple : la mère, tutrice légale, qui s'est remariée sans avoir fait réunir le conseil de famille pour faire décider si la tutelle lui serait maintenue (art. 395). On reconnaît en général que, malgré la déchéance qui la frappe, la mère a conservé en fait la tutelle avec toutes ses charges et que l'hypothèque continue à garantir le mineur (Cass., 27 juin 1877, D. 78. 1. 412, S. 79. 1. 55). Ainsi la *déchéance* n'est pas l'*exonération* du tuteur : elle ne produit point d'effets qui lui soient favorables.

2° Second mari de la mère déchue. — Il y a eu à son égard des doutes plus sérieux que pour la mère, car il n'a jamais eu la tutelle régulière. Néanmoins l'existence de l'hypothèque sur ses biens est généralement reconnue aujourd'hui : il se trouve associé à la gestion de la mère, qui est une véritable tutelle. De plus, si la loi avait été observée, il serait cotuteur et grevé de l'hypothèque : il ne peut pas, par sa faute, ni améliorer sa propre situation ni diminuer les sûretés des enfants du premier lit (Cass., 27 juin 1877 précité).

3° Tuteur putatif. — C'est celui qui se croit appelé à la tutelle comme ascendant alors qu'il existe un testament du père ou de la mère désignant un autre tuteur. Il est considéré comme tel jusqu'à la découverte de l'erreur, et *tenu de l'hypothèque* : « Error communis facit jus. »

4° Tuteur de fait. — Celui-ci est un intrus qui a géré la tutelle, sans aucun titre. A son égard les avis sont partagés. Dans l'ancien droit on protégeait le mineur en lui accordant, même dans ce cas, une hypothèque tacite, et je ferai volontiers de même. Il n'y a pas de jurisprudence sur la question.

Mais il ne faudrait pas étendre l'hypothèque aux biens d'un *simple gérant d'affaires*, qui se serait occupé des intérêts d'un mineur sans prendre la qualité de tuteur.

* **2838. Subrogé-tuteur.** — Celui-ci *n'est pas tenu de l'hypothèque légale*. Le texte du projet du Code le nommait à côté du tuteur, mais cette mention du subrogé-tuteur fut supprimée sur la demande du Tribunat, qui fit observer qu'il n'était pas chargé de l'administration.

De là est née une question : lorsque le subrogé-tuteur remplace le tuteur parce qu'il y a opposition entre les intérêts du tuteur et ceux du pupille, ses biens sont-ils grevés de l'hypothèque? En général on écarte alors l'application de l'art. 2121 parce que, même en ce cas, le subrogé-tuteur n'a pas la qualité de tuteur.

2839. Gérants provisoires de la tutelle. — Dans certains cas une personne est chargée provisoirement de remplacer le tuteur sans en avoir le titre : *la mère survivante* qui décline la tutelle (art. 394), *les héritiers majeurs du tuteur décédé* (art. 419), *le tuteur qui a fait admettre une excuse* (art. 440). Ces personnes remplissent un office tout temporaire qui, bien que forcé pour eux, n'a pas les caractères de la tutelle ; ils ne sont pas tuteurs, ils ne sont donc *pas grevés de l'hypothèque*.

3° Créances garanties.

2840. Généralité de l'hypothèque. — Le pupille ou l'interdit a hypothèque, d'une manière générale, pour *toutes les créances* qu'il pourra avoir contre son tuteur *à raison de la tutelle*. La loi ne fait aucune distinction (art. 2121). Comp. ci-dessus, n° 2819.

Quant aux créances que l'incapable peut avoir d'une autre source, elles ne sont pas, en principe, garanties par l'hypothèque. Toutefois, si elles viennent à échéance au cours de la tutelle, le tuteur étant chargé d'en opérer le recouvrement au profit de l'incapable, aussi bien que s'il s'agissait d'une créance contre un tiers, il en est désormais responsable hypothécairement en qualité de tuteur. C'est une solution traditionnelle, déjà admise en droit romain : « A semetipso exigere debuit. » Si la dette n'est pas encore échue quand le tuteur sort de charge, ce motif manque ; il n'en a jamais été tenu en qualité de tuteur.

Au reste, toutes ces créances viennent se fondre en une seule, qui est l'*action en paiement du reliquat du compte de tutelle*. Toutes doivent, en effet, figurer dans le compte que rend le tuteur et qui se règle par la balance de ce qu'il doit à son pupille et de ce qui est dû à celui-ci. Le reliquat seul, quand il existe à la charge du tuteur, est garanti par l'hypothèque.

4° Biens grevés de l'hypothèque.

** **2841. Généralité de l'hypothèque.** — L'hypothèque, étant générale, porte sur *tous les biens présents et à venir* du tuteur (art., 2122)

* **2842. Réduction possible.** — De même que pour l'hypothèque de la femme, la loi a prévu que l'hypothèque sur les biens des tuteurs pourrait être excessive et en

partie inutile. Elle a donc permis de la réduire, soit en affranchissant certains biens, soit en restreignant l'hypothèque à un ou plusieurs immeubles. Comp. ci-dessus, n° 2828.

Cette réduction est possible à deux époques différentes :

1° Réduction lors de la nomination du tuteur (art. 2141). — Il résulte de la combinaison des art. 2141 et 2143 que la réduction n'est possible que *par le conseil de famille* et seulement *quand c'est lui qui nomme le tuteur*. Par suite, s'il s'agit d'un tuteur légitime ou d'un tuteur testamentaire, l'hypothèque ne peut pas être réduite : ni le testateur ni le conseil de famille lui-même n'ont alors ce pouvoir.

2° Réduction au cours de la tutelle (art. 2143). — Quand le conseil de famille n'a pas réduit l'hypothèque « par l'acte de nomination du tuteur », la réduction ne peut plus avoir lieu qu'*en vertu d'un jugement*. La demande est formée par le tuteur qui doit prouver que « ses immeubles excèdent notoirement les sûretés suffisantes pour sa gestion ». La demande est formée contre le subrogé-tuteur et doit être précédée d'un avis du conseil de famille (art. 2143). Le ministère public doit être entendu (art. 2145).

5° Hypothèques judiciaires remplaçant l'hypothèque légale.

2843. Cas où ont lieu ces hypothèques. — Dans deux cas, tout en écartant l'hypothèque légale de l'art. 2121, la loi a pourvu à la protection de l'incapable par la constitution d'une hypothèque, créée par le tribunal, et ayant d'autres caractères. Ces cas sont les suivants :

1° Administration des biens d'un aliéné interné sans être interdit (L. 30 juin 1838, art. 32). — Cette administration est organisée d'une manière très différente de la tutelle ; l'art. 2121 lui est donc inapplicable. Mais la loi (art. 34, al. 2) permet au tribunal, qui nomme l'administrateur provisoire, de constituer sur ses biens une hypothèque pour garantir l'incapable.

2° Tutelle organisée après la déchéance des père et mère (L. 24 juillet 1889). — Le tuteur, qui accepte de se charger de l'enfant abandonné, aurait vu ses biens grevés de l'hypothèque légale de l'art. 2121 si la loi (art. 10, al. 2) n'avait déclaré formellement qu'ils en seraient exempts. Mais, pour remplacer cette hypothèque légale, on a imité le procédé déjà suivi en 1838 pour les aliénés, et autorisé la *constitution par justice d'une hypothèque*, au cas où l'enfant posséderait ou serait appelé à recueillir des biens.

Si l'on voulait trouver dans notre droit de *véritables hypothèques judiciaires*, c'est celles-là qu'il faudrait citer.

2844. Leurs caractères. — Au reste, ces deux hypothèques ont des caractères tout à fait différents de ceux de l'hypothèque légale qu'elles remplacent :

1° *Elles peuvent être spéciales*, si le tribunal juge que cela est suffisant. Sans doute l'hypothèque légale d'un mineur peut aussi être réduite et devenir spéciale (ci-dessus n° 2842); mais ici c'est le tribunal qui a l'initiative de cette réduction et il peut la faire *d'office*, tandis que pour les tuteurs ordinaires il faut qu'elle soit *consentie par le conseil de famille* (art. 2141).

2° *Elles ne garantissent l'incapable que jusqu'à concurrence d'une somme déterminée*. Les deux lois de 1838 et de 1889 le disent formellement. Cette somme est fixée par le tribunal.

3° *Elles ne sont pas dispensées d'inscription*. La loi de 1838 s'est seule exprimée sur ce point en termes formels (art. 34); mais cela résulte, pour la loi de 1889, de ce qu'elle n'a pas établi une dérogation formelle à l'art. 2134, qui soumet toutes les hypothèques à l'inscription, à moins qu'elles n'en soient spécialement dispensées. La loi de 1838 a chargé le ministère public de prendre l'inscription ; la loi de 1889 (art. 10) n'en a chargé personne.

D. — Hypothèque de l'État, des communes et des établissements publics.

2845. Personnes morales garanties. — Les personnes morales auxquelles profite cette hypothèque sont :

1° *L'État*, auquel il faut ajouter les *départements*, qui ne sont que des subdivisions géographiques de l'État, non nommées dans le Code civil parce qu'elles n'avaient encore ni biens à elles, ni comptables ;

2° Les *communes*, auxquelles il faut ajouter les *sections de commune*, qui ont de même des biens à gérer ;

3° Les *établissements publics*. On sait déjà ce qu'il faut entendre par là : ce sont des institutions de l'État, du département ou de la commune, des *organes de l'administration générale*. Il faut y joindre les *établissements publics de l'ordre religieux* (menses, chapitres, consistoires, etc.)[1].

Mais aucune hypothèque n'est accordée par la loi aux *établissements d'utilité publique* (t. I, n°s 701-703), qui sont des fondations dues à l'initiative privée, telles que les caisses d'épargne privées, les sociétés de secours mutuels, et les associations de tout genre reconnues d'utilité publique (Cass., 8 juill. 1856, D. 56. 1. 121, S. 56. 1. 878).

2846. Débiteurs grevés d'hypothèque. — L'hypothèque est établie sur les biens des *receveurs et administrateurs comptables*, ceux qui ont le maniement des deniers publics (trésoriers, receveurs municipaux et autres, etc.).

Pour les trésoriers des fabriques, un règlement du Conseil d'État (Décr. 27 mars 1893, art. 19) ordonne de n'inscrire l'hypothèque qu'avec l'autorisation du juge des comptes et seulement après irrégularité constatée. On a voulu par là tenir compte des susceptibilités qu'avait éveillées la loi du 26 janvier 1892, art. 78, citée à la note. Comp. Décr. 18 juin 1898. — Les mêmes règles sont applicables aux comptables des conseils presbytéraux et des communautés israélites et consistoires (Décr. 27 mars 1893, art. 25 et 26).

Une importante question s'est élevée au cas de *comptabilité occulte* ou de *gestion occulte*, c'est-à-dire pour les personnes qui s'ingèrent sans aucun titre dans la gestion des deniers publics. C'est une question analogue à celle qui a déjà été examinée à propos des tuteurs de fait (ci-dessus, n° 2837-4°). En général on la tranche en faveur de l'administration et l'*hypothèque est admise sur les biens des comptables de fait* (LÉON SAY, *Diction. des finances*, v° Comptabilité occulte, t. I, p. 1132 ; BÉQUET, *Répert. de droit administratif*, v° Comptabilité de fait, n° 401. — Bordeaux, 1er juill. 1890, S. 92. 2. 33). Cette solution s'appuie sur l'art. 26 du décret du 30 mai 1862, qui déclare que « toute personne qui s'ingère dans le maniement des deniers publics est par ce seul fait constituée comptable ».

Beaucoup de fonctionnaires administratifs, dont les fonctions se rattachent aux finances publiques, échappent à l'hypothèque légale parce qu'ils ne sont pas comptables : tels sont les contrôleurs, vérificateurs et inspecteurs des finances et de l'enregistrement. De même pour les *comptables en matières*, qui ont la garde d'objets en nature, et non de deniers. Enfin les *percepteurs*, qui n'ont pas de compte direct avec l'État et sont de simples employés ou agents du receveur, ne sont pas grevés de l'hypothèque légale. Voyez cependant en sens contraire. Nancy, 8 mars 1884, D. 86. 2. 9, S. 84. 2. 59.

2847. Privilège du Trésor. — Postérieurement au Code, l'hypothèque légale de l'art. 2121 a été en partie transformée en *privilège immobilier* par la loi du 5 sept. 1807 (ci-dessous, n° 2939).

§ 3. — *Hypothèque judiciaire.*

***2848. Bibliographie.** — VAREILLES-SOMMIÈRES, *L'hypothèque judiciaire*, Paris, 1871.

****2849. Définition.** — L'hypothèque judiciaire est *une hypothèque générale que la loi attache à tout jugement qui condamne un débiteur à exécuter son obligation* (art. 2123).

[1] Il y a eu pour les *fabriques*, quelques difficultés dans le détail desquelles je ne puis entrer ici ; elles paraissent tranchées par la loi du 26 janvier 1892 (art. 78), qui soumet les fabriques aux règles de comptabilité des autres établissements publics.

La même hypothèque est attachée à *toute reconnaissance ou vérification en justice d'un écrit sous seings privés* (art. 2123).

Il y a lieu d'examiner séparément ces deux applications de l'hypothèque judiciaire.

A. — Hypothèque attachée aux jugements de condamnation.

1° Origine.

** **2850. Opinion commune.** — Pour la plupart des auteurs, l'hypothèque judiciaire serait plus récente que l'hypothèque des actes notariés et son introduction ne remonterait pas au-delà du XVIe siècle. Les écrivains du XVIIIe siècle l'attribuaient à l'ordonnance de Moulins, de 1566, dont l'art. 53 est ainsi conçu : « Dès lors et à l'instant de la condamnation donnée en dernier ressort... sera acquis à la partie droit d'hypothèque sur les biens du condamné pour l'effet et exécution du jugement ou arrêt sur lui obtenu. » A partir de cette ordonnance, l'hypothèque judiciaire est fondée sur un texte, mais ce n'est pas là son origine : le droit de préférence accordé au créancier qui a obtenu un jugement est beaucoup plus ancien.

* **2851. Antiquité de l'hypothèque judiciaire.** — On pourrait presque dire qu'elle a existé de tout temps ; elle dérive de l'ancien « pignus ex causa judicati captum » des Romains, que nos auteurs appelaient « pignus judiciale », et on la trouve déjà à la fin du XIIIe siècle dans Beaumanoir [1] et au commencement du XIVe dans la Très ancienne coutume de Bretagne [2]. Pendant longtemps le droit de préférence reconnu au créancier n'avait pas de point de départ bien fixe : dans certains endroits il prenait rang seulement *le jour de l'exécution du jugement* ; dans beaucoup d'autres, c'était un peu plus tôt, au *jour du commandement* qui précède l'exécution. L'ordonnance de 1566 se borna à reporter *au jour même de la sentence* la date de l'hypothèque : elle en *changea le rang* ; elle ne la *créa* pas. Lu avec cette idée, le texte devient très clair : on voit qu'*il ne tranche qu'une question de rang.* C'est tout ce que veulent dire nos anciens auteurs, Davot, D'Argentré, Brodeau (cités par ESMEIN, *Contrats*, p. 227), quand ils disent que « dans l'ancienne pratique (avant 1566) les jugements n'emportaient pas hypothèque » [3] ; cela signifiait pour eux que l'hypothèque naissait alors d'un fait postérieur au jugement.

2° Motifs et caractères.

** **2852. Motifs.** — La raison d'être de cette hypothèque est la nécessité d'assurer, le plus efficacement possible, l'exécution des décisions de la justice. Son utilité ressortira surtout des explications données plus loin à propos des projets de suppression dont elle est l'objet.

** **2853. Caractères.** — Cette hypothèque a lieu *de plein droit,* et aucun acte aucune protestation du débiteur ne peut l'empêcher de naître.

[1] Beaumanoir (XXXIV, 2) parle d'un homme qui habitait Creil et qui voulait « vider le pays » ; il avait des créanciers, et l'un d'eux lui fit commandement après s'être plaint à la justice. D'autres firent ensuite « arester ses biens et requirent à estre paiés au sol la livre ». Il fut jugé que celui qui avait fait commandement serait payé entièrement et que les autres le seraient, « s'il y avoit remanant ».

[2] « Les autres obligacions et jugiez (jugements) doivent estre executez et paiez, chescun selon la obligacion ou jugié qui fust du premier temps, quar le premier temps doit estre le premier executé et paié » (T. A. C., chap. 306).

[3] Faisant allusion à l'ordonnance de 1566, publiée quelques années avant le moment où il écrivait, D'Argentré dit : « Ante, judiciale pignus non ante contrahebatur quam ex sententia victor missus esset in possessionem » (sur l'art. 188 Anc. Cout.). S'il est vrai que de son temps l'hypothèque ne prenait rang que du jour de l'emploi des voies d'exécution, ce devait être une innovation due à l'influence française en Bretagne, car la Très ancienne coutume suppose toujours que c'est le *jugié* (jugement) qui emporte par lui-même hypothèque.

Il ne dépend pas non plus des juges de la refuser : ce qui fait qu'elle est véritablement une *hypothèque légale* ; son nom de « judiciaire » est tout simplement une façon de la distinguer des autres, en rappelant qu'elle est attachée au fait d'un jugement, comme d'autres dépendent du mariage ou de la tutelle ou d'un legs.

Elle est *générale quant aux biens* (art. 2123, al. 2).

Elle est *spéciale quant à la créance garantie* et ne peut servir que pour les obligations qui ont fait l'objet du jugement.

Elle n'est pas dispensée d'inscription.

2854. Possibilité d'y renoncer. — La partie qui obtient gain de cause peut renoncer à l'hypothèque que la loi lui donne. On en a douté autrefois, parce qu'il a paru que ce serait porter atteinte à une institution d'ordre public, destinée à assurer l'exécution des décisions judiciaires (Bruxelles, 9 janv. 1807). Mais depuis lors on a reconnu que le créancier pourrait très bien convenir que l'inscription ne serait prise qu'après un certain délai, pour lequel la loi n'a pas fixé de limites : ce peut être trente ans et plus, autant y renoncer. D'ailleurs il dépend du créancier de renoncer *même à faire exécuter le jugement*. On ne doute donc plus de la possibilité pour le créancier de renoncer définitivement à inscrire l'hypothèque, et le débiteur pourrait se faire donner acte par le jugement lui-même de cette renonciation (comp. Cass., 20 juin 1854, D. 54. 1. 231, S. 54. 1. 601).

2855. Laconisme du Code. — On remarquera que le Code civil est très bref sur l'hypothèque judiciaire : on peut dire qu'il a agi pour elle comme pour l'action Paulienne, se bornant à en consacrer vaguement l'existence et laissant à la jurisprudence, guidée par la tradition, le soin d'en préciser les règles. C'est ainsi qu'il n'a ni énuméré les juridictions et les jugements donnant lieu à cette hypothèque, ni énoncé ses conditions ; on n'y trouve pas même cette idée essentielle que le jugement doit contenir une condamnation à quelque chose.

3° Décisions emportant hypothèque.

* **2856. Énumération.** — L'hypothèque dite « judiciaire » n'est pas attachée seulement aux *jugements* proprement dits, c'est-à-dire aux décisions de l'autorité judiciaire ; elle résulte aussi des *sentences arbitrales* et des *contraintes administratives*. Nous nous occuperons d'abord des jugements ; les deux autres cas demandent beaucoup moins d'explications.

** **2857. Nécessité d'une condamnation.** — L'hypothèque ne se comprendrait pas, s'il n'y avait pas une *créance à garantir*. Elle n'est donc attachée qu'aux jugements emportant condamnation pour un débiteur d'avoir à exécuter son obligation. D'ailleurs cette obligation peut être une *dette de somme d'argent* ou une *obligation de faire*. Dans ce dernier cas l'hypothèque garantit les dommages-intérêts qui seront dus au cas d'inexécution.

Sur des cas divers où l'hypothèque judiciaire a été refusée parce qu'il n'y avait eu aucune condamnation, voyez Cass., 6 mai 1868, D. 68. 1. 316, S. 68. 1. 391 ; Cass., 4 août 1879, D. 81. 1. 174 ; Riom, 22 déc. 1886, D. 87. 2. 230.

2858. Jugement condamnant à rendre compte. — Quand un associé, un gérant, un mandataire est condamné à rendre compte, quelle est la créance qui se trouvera garantie par l'hypothèque ? Il est bien certain que l'obligation de rendre compte est en elle-même une *obligation de faire*, susceptible d'être garantie hypothécairement, pour le cas où elle ne serait pas exécutée (Cass., 23 mars 1867, D. 60. 1. 423). Mais si le compte est rendu et fait ressortir *un reliquat à la charge du comptable*, le paiement de ce reliquat sera-t-il assuré lui-même par l'hypothèque ?

La jurisprudence l'admet (Cass., 19 août 1878, D. 79. 1. 264, S. 79. 1. 29).

Mais on a fait observer avec raison que l'obligation de payer le reliquat est distincte de l'obligation de rendre compte ; ce n'est pas elle qui fait l'objet du jugement, et si l'oyant compte veut saisir les biens du débiteur pour obtenir le paiement de ce reliquat, il lui faudra obtenir un nouveau jugement. Donc le premier ne comporte pas la condamnation à payer le reliquat. Il est d'ailleurs étrange de voir l'hypothèque utilisée par le créancier après qu'il a reçu pleine satisfaction par l'exécution entière de ce jugement qui n'avait condamné le débiteur qu'à rendre compte. Enfin, si on admettait que le jugement qui condamne à rendre compte implique condamnation à en payer le reliquat, il faudrait admettre que l'hypothèque existera, en vertu de ce jugement, *sur les biens de l'une quelconque des deux parties*, à savoir celle qui se trouvera débitrice du reliquat, et ce peut être l'oyant compte. Ce résultat serait contraire à l'art. 2123 qui ne concède l'hypothèque qu'à celui qui a obtenu le jugement [1].

2859. Variétés de jugements garantis par l'hypothèque. — Quand un jugement contient condamnation, *peu importe son caractère particulier*. Ainsi l'hypothèque est attachée aux jugements suivants :

1° Jugements provisoires. — On les oppose aux jugements *définitifs* qui terminent le procès devant la juridiction saisie. Voyez ci-dessous, n° 2860-2°.

2° Jugements par défaut. — Ils emportent hypothèque, aussi bien que les *jugements contradictoires*. Un jugement est contradictoire quand les deux adversaires ont *comparu* (comparaître, c'est se faire représenter par un avoué) et *conclu* (c'est-à-dire suivi l'affaire jusqu'au bout en déposant des *conclusions* contenant l'énoncé de leurs prétentions respectives).

3° Jugements susceptibles d'être réformés. — Un jugement qui peut tomber *par l'effet d'une voie de recours* donne hypothèque aussi bien qu'un *jugement devenu irrévocable*, et contre lequel aucune voie de recours n'est plus possible.[2] Les principales voies de recours sont l'*opposition*, pour les jugements rendus par défaut, l'*appel* pour les jugements rendus en premier ressort, le *pourvoi en cassation* pour les jugements rendus en dernier ressort.

Quelques observations sont nécessaires pour cette catégorie de jugements. L'hypothèque judiciaire peut être inscrite immédiatement, même quand la voie de recours est *suspensive de l'exécution*, comme cela a lieu pour l'opposition et pour l'appel, parce que l'inscription d'une hypothèque, simple mesure conservatoire, *n'est pas un acte d'exécution*. Mais quand le recours exercé fait tomber le jugement, qui est rapporté sur opposition, réformé sur appel ou cassé par la Cour suprême, *l'inscription qui avait été prise tombe avec lui*. Cette conséquence peut produire un résultat important lorsqu'une première décision a été *cassée* : la juridiction de renvoi (seconde cour ou second tribunal chargé de juger l'affaire au fond) peut juger dans le même sens que le premier (t. I,

[1] La jurisprudence sur ce point est en contradiction avec une autre solution indiquée plus loin (ci-dessous, n° 2860-4) : elle décide que le jugement qui renvoie les parties devant un arbitre pour un apurement de comptes n'emporte pas hypothèque « parce qu'il n'établit pas le principe de l'obligation de payer le reliquat dont l'une des parties serait reconnue débitrice » (Riom, 22 déc. 1886, D. 87. 2. 230). Qu'importe que le compte soit rendu à l'amiable ou devant un arbitre ?

[2] Dès que les voies de recours ordinaires (appel et opposition) ne sont plus possibles, on dit que le jugement est *passé en force de chose jugée*, quoiqu'il soit encore susceptible d'être réformé à la suite d'une voie extraordinaire de recours (pourvoi en cassation et requête civile).

1re édit., n° 186, 2e édit., n° 205). Si l'affaire en reste là ou si le second pourvoi est rejeté par les Chambres réunies, l'hypothèque judiciaire pourra être *inscrite de nouveau*, mais ne prendra rang que *du jour de la seconde inscription*; la première n'est pas rétablie : le jugement qui lui avait donné lieu a été cassé et reste en l'état.

Le même résultat peut se produire par l'effet de la *requête civile*, si le premier jugement est annulé, et que l'affaire reçoive par le second jugement une solution identique à la première.

4° Jugements convenus ou d'expédient. — On appelle ainsi des jugements rendus sur une affaire dans laquelle les deux parties sont d'accord au fond, et déposent des *conclusions conformes*. Ce procédé sert à donner à une convention la force et la valeur d'un jugement. Opinion unanime (Dalloz, *Suppl.*, v° Privilèges, n° 752). Pas de jurisprudence.

Il peut paraître singulier que l'hypothèque *judiciaire* soit attachée à des actes qui sont au fond des *contrats* et non des *litiges*. Mais il faut réfléchir que les jugements ont la même autorité, quelque minime que soit la différence de prétentions qui sépare les parties, et que le juge est obligé de statuer sur les conclusions de chacune des parties et de les lui adjuger si elles lui paraissent justes et bien vérifiées. Il en résulte que le *total d'une convention* peut ainsi passer dans le jugement et recevoir l'autorité de la chose jugée. Si on contestait la possibilité de passer un contrat sous la forme d'une procédure suivie d'un jugement, il suffirait aux parties de simuler une contestation sur un point secondaire pour prendre jugement sur l'ensemble. Du reste depuis l'époque romaine, où on faisait grand usage des procès fictifs (*in jure cessio*, etc.) jusque dans notre ancien droit (*Décrets volontaires* employés comme moyen de purge), cette faculté a toujours été admise.

5° Jugements homologuant un partage. — On appelle « homologation » le jugement qui approuve un partage ; il entraîne hypothèque judiciaire, alors même qu'il n'y aurait eu aucune contestation : il oblige les parties à exécuter les engagements pris par elles et les obligations découlant naturellement du partage (Paris, 20 nov. 1862, D. 62. 1. 203) [1]. L'hypothèque judiciaire ainsi obtenue est *plus avantageuse que le privilège des copartageants* (ci-dessous, nos 2905 et suiv.) en ce qu'elle est générale, tandis que le privilège porte seulement sur les immeubles compris dans le partage.

* **2860. Jugements n'emportant pas hypothèque.** — Ne confèrent aucune hypothèque les jugements et actes qui suivent, parce qu'ils ne contiennent aucune condamnation.

1° Jugements rejetant la demande. — Toutefois un pareil jugement peut contenir une *condamnation aux dépens*, pour laquelle l'hypothèque judiciaire aura lieu.

2° Jugements avant dire droit (jugements au cours d'une affaire, antérieurs au *jugement définitif* qui dessaisira le tribunal). — Les jugements avant dire droit se subdivisent en *provisoires*, *préparatoires* et *interlocutoires*. Ces jugements ordonnent des mesures diverses, par exemple une *enquête*, qui

[1] J'avoue que je ne vois pas comment on peut concilier cette jurisprudence, qui fait naître l'hypothèque judiciaire d'un *partage opéré en justice*, avec celle qui refuse cette même hypothèque aux *ventes faites devant la justice* (ci-dessous, n° 2860-5°).

est un moyen d'instruction : ils ne condamnent pas encore une des deux parties envers l'autre. Cependant les jugements provisoires peuvent parfois contenir une condamnation : par exemple, le jugement qui condamne un mari à fournir une *provision* à sa femme pendant une instance en divorce ou en séparation de corps est un jugement provisoire; il emporte hypothèque. Aussi les jugements provisoires sont-ils nommés, dans l'art. 2123, à côté des jugements définitifs.

3° Jugements de réception de caution. — Un débiteur est obligé par la loi ou par un jugement à fournir une caution ; celle-ci doit remplir certaines conditions (art. 2040). Si le créancier refuse d'accepter celle qui lui est présentée et que le tribunal la déclare recevable, le jugement qui reçoit la caution n'emporte point hypothèque judiciaire : en effet, la partie perdante est ici le créancier, qui n'est condamné à rien qu'à recevoir la caution, réception qui se trouve réalisée par le seul fait du jugement : il n'y a donc aucune condamnation que l'hypothèque puisse garantir. — Quant à l'obligation de la caution, elle résulte non du jugement, mais de l'engagement qu'elle prend envers le créancier. En sens contraire, Dalloz, *Répert.*, v° Privilèges, n° 1129.

4° Jugements de renvoi devant un arbitre. — Quand un tribunal renvoie les parties (par exemple, des associés) devant un arbitre chargé d'établir et de régler les comptes qu'elles se doivent mutuellement, aucune inscription ne peut être prise en vertu de ce jugement, qui ne contient aucun principe d'obligation ou de condamnation (Cass., 6 mai 1868, D. 68. 1. 316, S. 68. 1. 391 ; Riom, 22 déc. 1886, D. 87. 2. 230).

5° Actes de juridiction gracieuse. — Ces actes portent souvent le nom de jugements ; ils n'en ont que la forme, et sont au fond des actes d'*autorité* et non de *juridiction* : il n'y a ni litige ni condamnation. Tels sont les *jugements d'adjudication*, pour les ventes faites devant le tribunal à l'audience des criées[1] ; les jugements *d'envoi en possession* des biens d'un absent; les *nominations* de conseil judiciaire, d'administrateur provisoire[2], de syndic, de curateur à succession vacante, etc.

6° Procès-verbaux de conciliation. — Ces procès-verbaux, qui émanent des juges de paix, constatent fréquemment des obligations et des promesses entre les parties, mais ils sont de simples *contrats*, et non des *jugements*.

Cette solution n'est pas contraire à celle qui a été donnée plus haut pour les jugements convenus; les jugements convenus sont *l'œuvre de l'autorité judiciaire*, siégeant pour rendre la justice même quand le différend qui sépare les parties est réduit à son minimum, tandis que le procès-verbal qui constate une conciliation n'est pas *l'œuvre d'un juge* : par l'esprit même de son institution, le juge de paix siège alors avec un autre caractère; il est *conciliateur* et n'a aucun pouvoir de juridiction sur les parties.

[1] On ne pourrait même pas convenir, par une clause insérée dans le cahier des charges, que le poursuivant sera autorisé à prendre inscription sur les biens de l'adjudicataire pour sûreté du prix et des charges (Limoges, 3 mars 1854, D. 55. 2. 29).

[2] Il y a eu des doutes pour les jugements nommant un administrateur comptable : on a cru que ces jugements contenaient un principe de condamnation, l'administrateur étant tenu de rendre compte, et on leur a parfois attribué l'hypothèque judiciaire (Dalloz, *Répert.*, v° Privilèges, n° 1124). Mais cette opinion n'a pas prévalu. L'obligation de rendre compte résulte non du jugement, mais des faits de gestion qui lui sont postérieurs, et, en cas de contestation, elle devra être constatée par un jugement spécial. Du reste, les travaux préparatoires indiquent la pensée de la loi : le texte proposé accordait l'hypothèque judiciaire pour tous jugements établissant des *gardiens* et des *séquestres*, et ce passage a été supprimé (Aubry et Rau, § 265, note 15). De plus, les lois de 1838 et de 1889, qui permettent aux juges d'établir des hypothèques particulières sur les biens de certains administrateurs du patrimoine d'autrui (ci-dessus, n° 2843) montrent bien que dans le système de la loi ces nominations peuvent donner lieu à l'hypothèque légale de l'art. 2121, mais non à celle de l'article 2123, car ces deux lois ont voulu dispenser la personne choisie de toute hypothèque légale, et c'est la première qu'elles écartent, et non la seconde.

2861. Juridictions dont les décisions emportent hypothèque. — A ce point de vue encore la loi est très large : toutes les juridictions sont comprises dans la disposition de l'art. 2123 :

1° Tribunaux civils. — Juges de paix, tribunaux d'arrondissement, cours d'appel.

2° Juridictions commerciales. — Tribunaux de commerce, conseils de prud'hommes.

3° Juridictions répressives. — Tribunaux de simple police, tribunaux correctionnels, cours d'assises.

4° Juridictions administratives. — Conseils de préfecture (L. 22 juillet 1889, art. 49), Conseil d'État, Ministres, Cour des comptes.

5° Consuls français a l'étranger. — Ils sont investis du pouvoir judiciaire sur nos compatriotes.

2862. Jugements étrangers[1]. — Un jugement rendu par un tribunal étranger emporte-t-il hypothèque en France? L'art. 2123, al. 4, répond : Non, en principe. Un jugement étranger n'est pas exécutoire en France; le pouvoir de rendre la justice est considéré comme une délégation de la puissance souveraine et ne peut être exercé sur notre territoire par une puissance étrangère. Mais il peut *recevoir cette force exécutoire, par une décision du tribunal français* (art. 2123, al. 4; comp. 546 C. proc. civ.). C'est ce qu'on appelle l'*exequatur*, le jugement étranger étant désormais assimilé à un jugement français[2].

Comme pour les actes notariés reçus à l'étranger (art. 2128 et ci-dessus, n° 2766), l'art. 2123 prévoit des *dérogations* apportées soit par des *lois politiques françaises* (il n'en a jamais été fait), soit par des *traités internationaux*. Un certain nombre de traités accordant aux jugements étrangers la force de produire hypothèque en France de plein droit et sans *exequatur* ont été signés par la France. Exemples: Italie, 24 mars 1760 et 11 sept. 1860; Russie, 31 déc. 1786-11 janv. 1787; Bade, 16 avril 1846, étendu à l'Alsace-Lorraine en 1871; Suisse, 15 juin 1869, etc.

*** 2863. Sentences arbitrales.** — La sentence d'un arbitre, œuvre d'un simple particulier, n'est pas un *jugement*, bien que le Code de procédure (art. 1020) lui en donne le nom ; elle n'a pas par elle-même la *force exécutoire*, à laquelle la loi française rattache la force d'entraîner hypothèque, mais cette force lui est très facilement donnée, à l'aide d'une simple formalité : une *ordonnance d'exécution*, rendue par le président du tribunal (art. 1020 C. proc. civ.). A la différence de l'*exequatur* donné aux jugements étrangers, cette formalité ne comporte aucun pouvoir de revision : la sentence arbitrale doit être *déclarée exécutoire telle qu'elle a été rendue*.

2864. Contraintes administratives. — On appelle ainsi les *mandements décernés contre les redevables* par les préposés des diverses administrations financières (Simonet, n° 569). Un avis du Conseil d'Etat du 25 thermidor an XII (Tripier, en note sous 2123) a décidé, *dans les termes les plus généraux*, que ces contraintes emportaient

[1] Cette matière, qui suppose des lois nationales différentes et un conflit entre deux puissances souveraines, rentre évidemment dans l'enseignement du droit international. C'est par une sorte d'erreur que les programmes officiels l'ont implicitement laissée dans l'enseignement du droit civil.

[2] Une difficulté sérieuse s'est élevée sur le rôle du tribunal français appelé à donner l'*exequatur* à un jugement étranger ; doit-il se borner à vérifier l'authenticité matérielle du jugement, ou a-t-il le droit d'en reviser les dispositions? En d'autres termes, le jugement étranger qui manque en France de la *force exécutoire* (laquelle implique la *force hypothécaire*), manque-t-il également de l'*autorité de chose jugée*, de façon que le débat puisse être rouvert au fond devant nos tribunaux? Cette question rentre dans les cours de droit international privé. Nous en indiquerons seulement la solution actuelle : la jurisprudence reconnaît au tribunal français le droit de reviser le jugement étranger (Cass., 9 février 1892, D. 92. 1. 609, S. 92. 1 201).

hypothèque de la même manière et aux mêmes conditions que les jugements. Deux autres avis (29 oct. 1811 ; 24 mars 1812) en ont fait l'application à des cas spéciaux. Cependant la jurisprudence la plus récente de la Cour de cassation tend à restreindre à quelques administrations le droit de prendre hypothèque en vertu des contraintes qu'elles décernent. Son système consiste à introduire une distinction entre les contraintes qui ont le caractère d'*actes de juridiction*, et celles qui ont le caractère d'*actes de commandement*. Ce dernier seul peut être reconnu à celles que délivre l'administration des contributions indirectes, parce qu'elles laissent toujours ouvert le recours à l'autorité judiciaire (Cass., 9 nov. 1880, D. 81. 1. 249, S. 81. 1. 304).

4° Assiette de l'hypothèque.

* **2865. Sa généralité.**— L'hypothèque judiciaire, étant générale, porte même sur les *biens à venir* (art. 2123, al. 2). Elle est cependant *réductible* conformément à l'art. 2161.

2866. Exception pour les navires. — Pas plus que les autres hypothèques légales, l'hypothèque judiciaire ne s'établit jamais sur les navires, qui ne peuvent être grevés que d'*hypothèques conventionnelles* (L. 10 juillet 1885, art. 1er).

2867. Son application aux conquêts. — De quelle manière et sous quelles conditions l'hypothèque judiciaire résultant des jugements prononcés contre le mari frappe-t-elle les *conquêts*, c'est-à-dire les immeubles dépendant de la communauté conjugale ? (Sur la communauté et les conquêts, voyez ci-dessus, n° 2826). Dans notre ancien droit la question avait déjà été examinée, et Pothier (*Communauté*, nos 752-753) la résolvait par une distinction qui est généralement admise aujourd'hui.

1° Condamnations prononcées au cours de la communauté. — L'hypothèque judiciaire frappe d'une manière définitive tous les conquêts, présents et futurs, et les suit, après le partage, même dans le lot de la femme ou de ses héritiers : l'effet rétroactif du partage ne peut pas prévaloir contre les dispositions de loi qui déterminent les pouvoirs du mari et règlent les effets de ses actes d'une manière absolue (Lyon, 16 juillet 1881, D. 82. 2. 175, S. 82. 2. 237). Pothier expliquait ce résultat en disant que la femme considérée comme commune en biens avec son mari est censée avoir fait elle-même tout ce que son mari fait comme chef de la communauté.

2° Condamnations prononcées avant le mariage. — La condamnation peut être poursuivie hypothécairement sur les conquêts *pendant la durée de la communauté*, parce que toute dette du mari oblige la communauté ; mais on décide qu'*après le partage* la femme cesse d'être tenue de l'hypothèque pour les conquêts mis dans son lot, parce que la condamnation a été prononcée contre le mari à un moment où il n'avait point encore le pouvoir de disposer des biens de la communauté : « Le mari n'a pu leur hypothéquer (à ses créanciers) la part de sa femme, n'y ayant que la qualité de chef de la communauté qu'il n'avait point encore, qui eût pu lui donner le droit de la leur hypothéquer » (Pothier, *loc. cit.*).

Cette solution a cependant été contestée par Pont, t. II, n° 593, qui maintient dans tous les cas l'hypothèque judiciaire sur les conquêts qu'elle a une fois frappés. Cette dernière opinion paraît seule logique. Dans le système de Pothier, si l'on se piquait d'être conséquent avec soi-même, il ne faudrait jamais donner d'hypothèque, à raison d'un jugement antérieur au mariage, que sur la moitié indivise appartenant au mari dans les biens communs. Comment comprendre que l'hypothèque existe, *même durant la communauté*, sur la part de la femme, en vertu d'un acte que le mari a fait à une époque où il ne pouvait encore grever d'hypothèque son propre patrimoine[1]?

2868. Application aux immeubles dotaux. — Le créancier d'une femme mariée sous le régime dotal, qui a obtenu contre elle un jugement de condamnation, ne pourra pas inscrire son hypothèque sur ses biens dotaux, à moins que, par la nature même de sa créance (par exemple quand la femme se trouve obligée envers lui par un délit du droit pénal), il n'ait déjà action sur la dot inaliénable. Ceci tient à ce que le *jugement ne peut pas avoir pour effet d'étendre le gage d'un créancier*, mais seulement de lui donner sur les biens de son débiteur, *dans la mesure où ils lui servent de gage*, un titre exécutoire garanti par une sûreté hypothécaire.

*** 2869. Application aux biens des incapables.** — On a vu déjà que l'hypothèque, même judiciaire ou légale, ne peut pas frapper les biens inaliénables qui se trouvent dans le patrimoine d'une personne (ci-dessus, n°s 2724 et 2726). Mais ceci suppose qu'il s'agit d'une *inaliénabilité* spéciale tenant *à la nature du bien*, et on ne doit point étendre cette idée aux *biens ordinaires* qui se trouvent dans le patrimoine d'une personne *incapable*. Si celle-ci ne peut pas, *à elle seule*, disposer de ses biens, ces biens sont néanmoins parfaitement aliénables et susceptibles d'hypothèques. Il en résulte qu'un jugement régulièrement rendu contre un incapable, contre un *mineur*, par exemple, qui a été valablement représenté en justice par son tuteur, grève ses biens de l'hypothèque judiciaire, tout autant que s'il était majeur. L'incapable a été, en effet, *habilité à plaider*.

2870. Application aux biens des communes. — Les biens du domaine privé des communes (t. I, n° 2046) ne sont pas inaliénables; si la commune n'en peut pas disposer sans l'autorisation de l'administration, c'est l'effet de la tutelle que le pouvoir central exerce sur les autorités locales; mais les biens des communes ne sont pas pour cela retirés du commerce, et il est reconnu qu'ils peuvent être hypothéqués par convention. Il en résulte que, si la commune succombe dans un procès, l'hypothèque judiciaire peut être inscrite sur les biens de son domaine privé (Agen, 18 juill. 1892, S. 94. 2. 1; Cass., 18 déc. 1893, D. 94. 1. 96 et le rapport de M. Marignan, S. 94. 1. 456). Voyez en

[1] L'opinion de Pothier qui donne hypothèque aux créanciers sur tous les biens de la communauté, tant qu'elle dure, en vertu d'un jugement pris contre le mari avant le mariage, repose sur une idée qui n'est plus admise aujourd'hui. Voici son motif: « L'hypothèque ne peut avoir plus d'étendue que n'en a le droit de propriété de celui qui l'a constituée, et d'où elle dérive. Or le *droit de propriété* que celui qui a constitué cette hypothèque avait acquis, *de tous les conquêts de sa communauté*, était *un droit qui était de nature à se restreindre*, par l'acceptation de la communauté, à ceux qui lui écherraient par les partages » (*Communauté*, n° 753). Cela veut dire que, pour Pothier, *la femme n'est point copropriétaire de la communauté*, pendant que cette communauté dure; le mari seul a tous les droits, le mari seul en est seigneur et maître; le droit de la femme est un droit « informe » qui se réduit au droit de participer un jour au bénéfice de la communauté et à son partage. C'est la vieille idée de Dumoulin « Proprie non est socia, sed speratur fore », qui a dominé toute notre ancienne jurisprudence, mais qui n'est plus de mise aujourd'hui. Tout le monde reconnaît maintenant que la femme est réellement copropriétaire de la communauté, même pendant le mariage. Dès lors il conviendrait de restreindre l'hypothèque résultant des jugements antérieurs au mariage à la part indivise du mari dans la communauté.

sens contraire *Journal des conservateurs des hypothèques*, 1892, art. 4312, p. 375; Trib. civ. de la Seine, 7 févr. 1895, *Revue d'Administration*, 1895, t. II, p. 329. Comp. SEIGNOURET, même *Revue*, 1893, t. I. p. 257.

5° Appréciation critique.

***2871. Critiques.** — L'hypothèque judiciaire est une des institutions les plus discutées de notre droit civil. On lui a reproché plusieurs choses :

1° *Elle exagère les pouvoirs du juge et dénature son rôle.* Le juge doit se borner à *déclarer* le droit des parties; il ne doit rien y ajouter.

2° *Elle est injuste.* Elle permet à un créancier d'obtenir une hypothèque générale sur les biens de son débiteur, alors que celui-ci lui a refusé même une hypothèque spéciale.

3° *Elle est fatale au débiteur.* L'exemple du premier créancier qui obtient cette hypothèque détermine souvent les autres à agir pour en obtenir de semblables, et il en résulte une débâcle qui ne serait point arrivée si aucun droit de préférence n'avait été accordé au premier poursuivant.

4° *Elle est dangereuse pour les créanciers eux-mêmes*, car elle modifie à l'improviste leur situation respective, en faisant naître au profit de l'un d'eux une cause de préférence sur tous les immeubles. La certitude du paiement dépend ainsi du hasard, et non de la liberté des conventions ou des règles prévoyantes de la loi : elle est le prix de la course[1].

Enfin les juges chargés du règlement des ordres se plaignent que les hypothèques judiciaires encombrent les procédures. C'est, à mes yeux, un bien minime inconvénient.

2872. Projets de suppression. — Ces critiques ont été si souvent formulées qu'elles ont fait impression sur l'esprit public et que la suppression de l'hypothèque judiciaire a été souvent demandée. Elle avait été projetée en 1850 par l'Assemblée législative. Elle est prononcée par le projet Darlan (ci-dessus, n° 2692), de 1896, art. 29.

***2873. Défense de l'hypothèque judiciaire.** — Malgré les condamnations répétées dont elle est l'objet, l'hypothèque judiciaire a trouvé des défenseurs souvent trop timides (COLMET DE SANTERRE, t. IX, 86 bis-11). Voyez aussi les observations de MM. Coste, Fravaton et Liotard-Vogt à la commission du cadastre, *Procès-verbaux*, 3e fasc., p. 46, 56 et 62. Voyez aussi (*Ibid.*, p. 74) ce qu'a dit M. Faye.

Beaucoup de créanciers se contentent d'un titre chirographaire, parce qu'ils savent qu'ils obtiendront l'hypothèque judiciaire quand ils voudront, et, quand ils l'ont obtenue, beaucoup s'en tiennent là et ne poussent pas jusqu'à la saisie[2]. Supprimez l'hypothèque judiciaire : les créanciers exigeront plus souvent des hypothèques conventionnelles et les débiteurs seront plus fréquemment exécutés. — De plus, quand un débiteur se sent à la veille d'être saisi et exécuté, il fait disparaître ses immeubles et l'hypothèque judiciaire

[1] « Parmi plusieurs créanciers d'un même débiteur, lequel obtiendra le premier un jugement? Ce sera le plus rapproché, le mieux informé, le plus inquiet, le mieux servi par son huissier et son avoué. Ce ne sont pas là des causes légitimes de préférence » (POUJARD, *De l'amélioration du régime hypothécaire*, p. 30. — Comp. VALETTE, discours du 28 décembre 1850). La loi a si bien senti ces inconvénients de l'hypothèque judiciaire qu'elle l'empêche de produire ses effets dans les deux cas les plus importants: la faillite du débiteur et la liquidation d'une succession bénéficiaire (art. 2146).

[2] Le procédé n'est pas si mauvais, car la jurisprudence belge le remplace par un équivalent, depuis que la loi ne permet plus d'y recourir. Les tribunaux belges ordonnent à la partie condamnée de constituer une hypothèque dans un délai donné, sous peine de dommages-intérêts en cas de retard : c'est une hypothèque conventionnelle, mais qui donne la même sécurité au créancier (Bruxelles, 22 décembre 1859, *Pasicrisie*, 60. 2. 131; comp. Bruxelles, 5 févr. 1879, *Pasicrisie*, 80. 2. 380). On admet même que si le débiteur refuse de signer l'acte constitutif de cette hypothèque, *le jugement tiendra lieu de convention* et vaudra titre pour s'inscrire (BELTJENS, *Encyclopédie du Droit civil belge*, 1893, Code civil, t. IV, sur l'article 43 de la loi hypothécaire. — Comp. LAURENT, t. XXX, n° 191). — L'hypothèque judiciaire, qui ne passe pourtant pas pour un phénix, renaît ainsi de ses cendres.

protège souvent le créancier contre ces actes de mauvaise foi : il n'a pas besoin de prouver la fraude et d'exercer l'action Paulienne pour faire tomber ces aliénations ; l'hypothèque lui donne un droit de suite qui le protège efficacement.

Il y aurait donc un véritable danger à supprimer purement et simplement l'hypothèque judiciaire : on l'a bien vu en Belgique, où dès 1854 il a fallu organiser autre chose pour la remplacer. Cependant, comme si l'expérience législative ne servait à rien, le projet Darlan la supprime purement et simplement. Il est possible que l'hypothèque, sous sa forme actuelle, soit mal adaptée au service qu'on lui demande ; mais il faut l'améliorer et non la faire disparaître.

2874. Mesures protectrices des créanciers. — Le danger est l'aliénation frauduleuse des immeubles par un débiteur de mauvaise foi qui se voit poursuivi, ou la constitution d'hypothèques au profit d'un prête-nom ; l'action Paulienne est une garantie insuffisante à cause de la difficulté qu'il y a à prouver la fraude. Quant au moyen à employer, les opinions sont fort partagées.

En 1850, on avait songé à organiser un système d'*oppositions*, inscrites au bureau des hypothèques. Ces oppositions ne devaient conférer aucun droit de préférence aux opposants ; elles empêchaient seulement le débiteur de grever son bien de nouvelles hypothèques à leur préjudice, ou de toucher le prix de vente de ses immeubles. Elles pouvaient, du reste, être faites aussi bien par les porteurs d'actes notariés que par les porteurs de jugements de condamnation.

La commission du cadastre a étudié la possibilité d'un autre système : le créancier porteur d'un titre exécutoire aurait fait *inscrire son commandement* au bureau des hypothèques et l'effet de cette inscription, qui devait se prolonger pendant deux ans, aurait été d'empêcher le débiteur de disposer de son immeuble ou de le grever d'hypothèques ; mais les observations échangées firent voir les difficultés que ce système rencontrerait pour son application (Commission du cadastre, *Procès-verbaux*, 3e fasc., p. 66 à 81)[1].

D'autres proposent tout simplement d'organiser la déconfiture ou d'étendre le système de la faillite aux non-commerçants. C'était l'avis de M. Valette.

En résumé, on n'a encore découvert aucun système qui vaille mieux que l'hypothèque judiciaire, malgré tous ses défauts ; comme on reconnaît qu'il y a quelque chose à faire, le plus sage serait peut-être de conserver ce qui est, en l'améliorant ; mais c'est à quoi on se résigne difficilement en France.

2875. Législations étrangères. — Dans quelques pays, l'hypothèque judiciaire a été maintenue (*Code civil italien*, art. 1970) ; dans d'autres on l'a supprimée purement et simplement, notamment à Genève (L. 6 janvier 1851), en Roumanie (Alexandresco, p. 456) et en Portugal (C. civ. de 1867). Mais les pays les plus intéressants à étudier sont ceux qui ont cherché à remplacer l'hypothèque judiciaire par quelque chose. Je me bornerai à des indications sommaires sur trois de ces pays : la Belgique, la Prusse et l'Espagne.

[1] Ces difficultés paraissent provenir toutes d'une *inconséquence* : on part de ce principe qu'*un créancier chirographaire doit rester créancier chirographaire* et qu'il est contraire au respect des conventions de lui donner une hypothèque que son débiteur n'a point consentie (*Procès-verbaux*, 3e fasc., p. 79, observation de M. Challamel). Après quoi, comme on sait fort bien que ce créancier est exposé à des fraudes redoutables et qu'on juge inutile et dangereux de le forcer à exécuter immédiatement son débiteur, on cherche à lui procurer tous les avantages d'une hypothèque *sans la lui donner*, et on ne s'aperçoit pas que le moyen le plus simple, pour ne pas dire le seul, de le protéger est de lui reconnaître la qualité de créancier hypothécaire : on lui donne le *droit de suite*, en lui permettant de surenchérir (*Ibid.*, p. 67) et le *droit de préférence*, tout au moins contre les créanciers hypothécaires postérieurs (*Ibid.*, p. 69). Il n'y a donc que deux opinions logiques : ou la suppression pure et simple de l'hypothèque judiciaire, ou son maintien. Or il est avoué de tous que la première solution serait dangereuse.

Système belge. — En Belgique, la loi du 16 décembre 1851 a supprimé l'hypothèque judiciaire. Mais cette suppression était à peine opérée qu'on s'est aperçu qu'elle avait de graves inconvénients, et on s'est empressé d'y remédier dans la mesure du possible. La loi belge du 15 août 1854, sur l'*expropriation forcée*, remplaçant les titres du Code civil et du Code de procédure sur le même objet, contient, dans ses art. 25 et 27, les dispositions suivantes : le créancier qui a obtenu un jugement passe alors aux voies d'exécution et commence par faire un *commandement* à son débiteur. Ce commandement est, comme chez nous, le préliminaire obligé de la saisie. Le créancier fait *transcrire ce commandement*, et à partir de ce moment *le débiteur ne peut plus disposer de son immeuble au préjudice du créancier poursuivant*. Mais cette indisponibilité ne dure que trente jours (délai à attendre pour la saisie) et la transcription ne peut pas être renouvelée (Wykevens, *Code alphabétique des lois... en vigueur en Belgique*, 1876). — Ce système est imité de la loi française elle-même, des art. 684 et 686 de notre Code de procédure civile, avec cette différence que l'indisponibilité du bien saisi ne commence en France qu'*au jour de la transcription du procès-verbal de saisie*. La loi belge protège donc plus efficacement le créancier contre la fraude, en faisant commencer l'indisponibilité trente jours plus tôt. Mais elle n'a même pas le mérite de l'invention de ce système dont la priorité appartient à la France, où il était appliqué déjà depuis plus de deux ans aux Sociétés de crédit foncier : « A compter du jour de la transcription du commandement le débiteur ne peut aliéner, au préjudice de la société, les immeubles hypothéqués, ni les grever d'aucun droit réel » (Décr. 28 février 1852, art. 34).

Système prussien. — Le créancier n'est pas obligé de procéder immédiatement à la saisie : il peut aussi se borner à prendre *inscription sur les livres fonciers*, comme créancier hypothécaire (L. 13 juillet 1883, art. 6), et il peut réclamer une *inscription générale et indivisible* (Korreal-Hypothek) sur tous les biens du débiteur, sauf faculté de réduction, à la demande du débiteur, au cas où la sûreté ainsi obtenue serait excessive (*Ann. étr.*, 1884, p. 184 et suiv.). On est ainsi tout près du système français d'après lequel les créanciers ont l'option : ou bien procéder tout de suite à la saisie, ou bien s'en tenir à l'inscription d'une hypothèque générale, réductible à l'occasion. Il faut croire que ce système n'est pas si mauvais, puisqu'on nous l'emprunte.

Système espagnol. — La loi hypothécaire du 21 décembre 1869, maintenue en vigueur par le Code civil (art. 1880), a supprimé l'hypothèque judiciaire en la remplaçant par un système particulier de *prénotations* ou *annotations préventives*, qui du reste ne sont pas particulières aux créanciers saisissants, mais sont employées dans bien d'autres cas. Ce sont des mesures purement conservatoires, qui n'ont pas pour effet de convertir en droits réels les simples créances, ni de donner au créancier une action hypothécaire : elles lui conservent seulement son droit tel qu'il l'a. Elles sont ordonnées par la justice pour assurer l'effet de ses décisions, et n'ont qu'un caractère temporaire ; mais du jour où le droit à exercer est inscrit définitivement, cette inscription régulière rétroagit au jour de l'annotation préventive (Lehr, *Droit civil espagnol*, nos 516, 521, 532, etc.).

B. — Hypothèque des actes privés reconnus en justice.

2876. Observation. — On appelle généralement cette hypothèque « hypothèque des *actes judiciaires* », et ce langage est emprunté à la loi elle-même qui définit l'hypothèque judiciaire, dans l'art. 2117, al. 2 : « celle qui résulte des jugements ou *actes judiciaires* ». Il n'en est pas moins *doublement inexact* : d'abord, il ferait croire que les actes judiciaires, autres que les jugements emportent hypothèque *d'une manière générale*, ce qui est faux ; en principe l'hypothèque est refusée aux actes judiciaires qui n'appartiennent pas à la juridiction contentieuse[1]. En second lieu, dans le cas unique où cette

[1] Du reste la conclusion erronée, qu'on pourrait tirer de la rédaction trop vague de

hypothèque a lieu, c'est bien plus la *convention privée* que l'*acte judiciaire*, qui la fait naître, ainsi qu'on va le voir en étudiant l'origine de cette variété particulière d'hypothèque.

1° Origine.

2877. Le point de départ. — Au XIVe siècle, un *chirographe* (acte sous signature privée) pouvait contenir une *obligation* (nom ancien de l'hypothèque)[1]. Mais cet état de choses ne tarda pas à changer : les actes privés furent dépréciés à cause des fraudes qu'ils permettaient, et perdirent en même temps la *foi* qui leur était accordée et la *force obligatoire ou hypothécaire* (ci-dessus nos 2678 et 2759). Mais on admit un tempérament : on imagina un moyen de leur communiquer la force qui leur manquait, c'était de les faire *vérifier en justice*. Cette vérification leur conférait l'*authenticité* et avec elle la *force hypothécaire*[2].

2878. Textes anciens. — Cette assimilation avec l'acte authentique fut reconnue législativement dans la *coutume de Paris*, rédaction de 1510, art. 78 : « Cédule privée, qui porte promesse de payer, emporte hypothèque du jour de la confession d'icelle en jugement ».

L'*ordonnance de Villers-Cotterets* (1539) emprunta la décision de la Coutume de Paris et en fit une *loi générale pour toute la France* ; en même temps, elle ajouta quelque chose à la disposition primitive : la Coutume n'avait prévu que le cas de *reconnaissance volontaire* (confession) ; l'ordonnance donna la même solution pour le cas de *vérification* : si le débiteur nie sa dette et que son écriture soit vérifiée malgré ses dénégations, l'acte emportera hypothèque comme s'il avait été reconnu volontairement (art. 92 et 93).

Enfin la seconde rédaction de la Coutume de Paris (1580) fondit en une seule ces deux dispositions : « Cédule privée, qui porte promesse de payer, emporte hypothèque du jour de la confession ou reconnaissance d'icelle en jugement ou par-devant notaires... ou du jour de la dénégation, en cas que par après elle soit vérifiée » (art. 107).

***2879. Méprise à éviter.** — Presque toujours ces trois textes, relatifs à l'hypothèque des cédules privées, sont présentés comme ayant contribué à la création de la véritable hypothèque judiciaire (celle qui garantit l'exécution des jugements)[3]; c'est une méprise. L'hypothèque des cédules privées vérifiées en justice, loin de se rattacher à l'hypothèque judiciaire, se rattache à l'hypothèque générale des actes notariés : c'est la suite de l'authenticité conférée à l'acte par sa vérification, et la preuve c'est qu'au cas de contestation l'hypothèque date, non pas du jour de la sentence, mais *du jour de la dénégation*, c'est-à dire du jour où le débiteur aurait avoué son écriture, s'il avait été de bonne foi.

***2880. Conclusion.** — Une double conclusion est à tirer de là :

1° L'alinéa consacré à cette hypothèque n'est pas à sa place dans l'art 2123 ; il aurait dû être rattaché à l'art. 2127, qui traite de l'*hypothèque consentie par acte notarié*.

2° Le Code a été illogique en supprimant l'hypothèque générale tacite que l'ancien droit attachait aux actes notariés, à raison de leur forme, et en maintenant cette même

l'art. 2117, est corrigée par l'art. 2123 qui est beaucoup plus précis et ne parle que d'un cas unique. De plus, ce n'est pas l'art. 2117 qui établit cette hypothèque ; il se borne à l'annoncer et à la qualifier ; c'est l'art. 2123, seul, qui l'institue.

[1] « Li dis Thumas s'obligea par chyrographe envers Pierre et Gaytonne, en une somme d'argent et obliga par especial une sienne maison » (ANCIEN COUTUMIER DE PICARDIE, édit. Marnier, p. 91. Comp. *ibid.*, p. 25 et 90). — Autres exemples dans BOUTILLIER, *Somme rurale*, I, 25, édit. Charondas, p. 136; et dans la *Très ancienne coutume de Bretagne*, ch. 306. — Comp. ESMEIN, *Contrats*, p. 211. Voyez aussi ci-dessus, n° 2677.

[2] Comparez ce qui a été dit (ci-dessus, nos 1150 et 2763) de l'authenticité conférée aux actes privés par leur *simple dépôt chez un notaire* et la force hypothécaire qui leur est reconnue par une vérification en justice.

[3] Voyez par exemple VAREILLES-SOMMIÈRES, *De l'hypothèque judiciaire*, mémoire couronné par l'Académie de Toulouse.

hypothèque au profit des actes privés vérifiés en justice : cette dernière hypothèque n'était qu'un cas particulier du principe général qu'on abandonnait.

2° Régime actuel.

*** 2881. De la demande en vérification d'écriture.** — Une signature contenue dans un acte privé peut toujours être *déniée* par celui à qui on l'oppose : comme elle ne fait pas foi par elle-même de son authenticité, elle a besoin d'être *démontrée sincère*. Or le porteur d'un acte sous seings privés, qui craint une contestation de ce genre, n'est pas obligé d'attendre que son droit soit exigible pour agir ; il peut prendre les devants afin d'éviter le *dépérissement des preuves* : peut-être lui sera-t-il facile de faire reconnaître aujourd'hui la sincérité de l'acte, alors que plus tard cette preuve serait pour lui fort difficile ou impossible.

On a donc organisé à cet effet une procédure spéciale, appelée « vérification d'écriture » (art. 193 et suiv. C. proc. civ.). Si l'écriture est avouée par son signataire, on dit qu'elle est *reconnue* ; si elle est contestée, elle sera *vérifiée* ; ainsi s'explique la double expression dont se sert l'art. 2123.

2882. Effet de la reconnaissance ou vérification. — Le Code a maintenu l'ancienne règle : le jugement qui donne acte de la reconnaissance volontaire ou qui déclare l'écriture sincère quand elle a été contestée, fait naître sur les biens du débiteur, *présents et à venir*, une *hypothèque générale*, soumise aux mêmes règles que l'hypothèque judiciaire proprement dite.

*** 2883. Danger du système du Code.** — Supposez un prêt constaté par un simple billet sous seing privé, pour lequel le débiteur a refusé d'hypothéquer son bien. Le lendemain, le créancier assigne son débiteur en vérification d'écriture ; le débiteur, qui est de bonne foi, reconnait dès le premier moment sa signature : voilà son créancier pourvu, malgré lui et sans motif sérieux, d'une hypothèque générale sur tous ses biens, présents et à venir, alors que son débiteur lui avait refusé quelques jours auparavant toute espèce de garantie de ce genre[1].

Dans l'ancien droit ce résultat n'avait rien de choquant puisqu'il dépendait de tout créancier, en faisant les frais d'un acte notarié, de se procurer une hypothèque générale ; c'était le droit commun. Mais sous l'empire du Code, il y avait là une inégalité bizarre : le titre sous seings privés était mieux traité que l'acte authentique, puisque celui-ci ne peut procurer (au moins théoriquement) qu'une hypothèque spéciale.

*** 2884. Réforme de 1807.** — Cette bizarrerie a été non pas supprimée

[1] Ce danger pourrait être facilement évité puisque le créancier a le droit de renoncer à l'hypothèque judiciaire (ci-dessus, n° 2854). Le débiteur n'a qu'à obtenir de lui une renonciation formelle, portant que jamais aucune inscription ne pourra être prise en garantie de la créance.

mais atténuée, par une loi du 3 septembre 1807 (en note sous l'art. 2123) : on fit défense au créancier porteur d'un acte sous seings privés, dont il a fait vérifier l'écriture en justice, *de prendre inscription avant l'échéance de sa créance*. Il est obligé d'attendre qu'elle soit échue. Les choses se passent donc, à peu près, comme si le créancier avait alors seulement poursuivi son débiteur en paiement de la dette et pris jugement contre lui ; il y gagne cependant de pouvoir s'inscrire dès le lendemain de l'échéance : son jugement est tout prêt d'avance ; il n'a pas besoin de subir les délais d'une procédure engagée après l'arrivée du terme.

A ce point de vue encore, il est mieux traité que le créancier porteur d'un acte notarié, qui ne peut entamer de poursuites contre son débiteur qu'après que la dette est échue, car son titre étant authentique ne peut donner lieu à une vérification d'écriture ; entre deux créanciers, dont le droit vient à échéance à peu près à la même époque, celui qui n'a qu'un acte sous seings privés a donc l'avance sur l'autre ; en ayant soin de faire vérifier la signature avant l'échéance du terme, il pourra se ménager la préférence sur son concurrent par une inscription prise dès le lendemain du terme, tandis que l'autre est obligé de prendre jugement avant de pouvoirs inscrire son hypothèque judiciaire[1].

2885. Nécessité d'une suppression complète. — On peut différer d'avis sur l'utilité qu'il y aurait à maintenir ou à supprimer la vraie hypothèque judiciaire, attachée aux jugements de condamnation. Mais il n'y a qu'une voix sur l'opportunité de la suppression complète de cette prétendue hypothèque judiciaire que l'art. 2123 attache aux actes privés reconnus ou vérifiés en justice : simple extension de l'hypothèque générale tacite des actes notariés, elle aurait dû disparaître en même temps que celle d'où elle dérivait.

§ 4. — *Hypothèques privilégiées.*

(Privilèges spéciaux sur les immeubles.)

*** 2886. Leur origine.** — Le type de l'hypothèque privilégiée a été créé sous Justinien. Voici en quoi consista l'innovation : étant donnée une hypothèque, on la soustrait à la règle commune qui détermine le rang par l'ordre des dates, et on la fait passer avant celles qui lui sont antérieures. Ce qui fut fait alors pour la première fois au profit de la femme mariée a été conservé depuis au profit de différents créanciers, avec des changements sensibles.

[1] Je dis que le créancier porteur d'un acte notarié peut prendre jugement contre son débiteur : il semble que cela lui soit inutile puisque, quand les créanciers poursuivent leurs débiteurs en justice, c'est pour obtenir contre eux un titre exécutoire leur permettant de saisir ; or l'acte notarié est exécutoire par lui-même à l'égal des jugements. Mais le jugement de condamnation a une autre utilité qui est le droit de préférence général résultant de l'hypothèque judiciaire ; et le créancier qui a un acte authentique, a intérêt à faire condamner son débiteur en justice précisément pour obtenir cette hypothèque générale : c'est un intérêt légitime qui justifie suffisamment son action.

** **2887. Leur nature.** — Ainsi que cela a déjà été dit (ci-dessus, n° 2545), les privilèges spéciaux sur les immeubles n'ont rien de commun avec les vrais privilèges ; ce sont de *véritables hypothèques*, qui jouissent seulement d'un classement de faveur.

* **2888. Énumération.** — L'art. 2103, qui énumère les privilèges spéciaux sur les immeubles, a l'air d'en indiquer cinq puisqu'il contient cinq numéros. En réalité, il n'en indique que trois : ceux du *vendeur*, du *copartageant*, de l'*architecte* ; les n°s 2 et 5 de l'art. 2103 sont des cas de *subrogation*, dans lesquels une personne, autre que celle au profit de laquelle le privilège est créé, le possède néanmoins comme subrogée. Ces dispositions ne sont que des applications spéciales du principe général de la subrogation, établi par l'art. 1250 (ci-dessus, n°s 479 et suiv.). Il n'y a rien de particulier à en dire et nous ne nous en occuperons pas. En Belgique on a supprimé ces deux alinéas.

Mais d'autres hypothèques privilégiées ont été constituées par des *lois spéciales*, et la *jurisprudence* en a fait admettre une de plus, en interprétant d'une façon nouvelle un article du Code (ci-dessous, n° 2930).

Section 1. — Privilège du vendeur d'immeuble.

2889. Origine. — Dans notre droit moderne ce privilège correspond à celui que nous avons déjà étudié à propos du vendeur d'effets mobiliers, mais son histoire n'est pas du tout la même. Il est de formation beaucoup plus récente. Les textes du XVIe siècle, notamment les deux rédactions de la Coutume de Paris, n'en parlaient pas encore : on ne s'était occupé de protéger que le vendeur de meubles.

Par suite, la jurisprudence parisienne décidait encore, au commencement du XVIIe siècle, que le vendeur d'un *héritage* (immeuble) n'avait *aucun privilège pour le paiement du prix, quand il avait accordé un terme à l'acheteur* : il était alors réduit à l'hypothèque générale tacite que lui donnait son contrat de vente, fait dans la forme notariée, mais comme presque tous les créanciers à cette époque possédaient des hypothèques semblables, le vendeur ne venait qu'à son rang. Ainsi l'avaient jugé des arrêts de 1608 et de 1621 (Brodeau sur Louet, lettre H, n° 21). Quant au vendeur sans terme, il restait propriétaire, selon la règle romaine, et n'avait rien à craindre.

Le vendeur à terme *suppléait au défaut de protection légale par une clause expresse* ; il stipulait que l'immeuble vendu n'entrerait dans le patrimoine de l'acheteur que grevé d'une hypothèque spéciale à son profit, qui lui assurait la préférence sur les autres créanciers[1]. Cet usage étant devenu très général, la jurisprudence changea en 1628 : deux arrêts du Parlement de Paris, du 30 avril et du 8 septembre, décidèrent que, *même sans convention*, le vendeur avait une hypothèque spéciale et privilégiée sur l'héritage vendu à terme pour le paiement du prix (Ferrière, *Compilation*, t. II, col. 1331). Quelques auteurs proposaient d'insérer un nouvel article dans la Coutume, au cas où on procéderait à sa réformation (Ferrière, *ibid.*, col. 1345, n° 5) ; mais la jurisprudence n'a plus jamais hésité à admettre, malgré l'absence de texte, le privilège du vendeur d'immeuble (Basnage, *Hypothèques*, ch. XIV ; Argou, *Institution au droit françois*, t. II, p. 407, etc.). C'est donc le double arrêt de 1628 qui a admis dans le

[1] Dans le Midi on employait à cet effet la convention de précaire qui empêchait la tradition d'être translative de propriété. Comp. Simon d'Olive, *Questions notables*, liv. II, chap. XVII.

droit français le privilège du vendeur à l'état d'*hypothèque légale*; jusqu'alors il était *conventionnel*.

A. — A qui appartient le privilège.

1° Créanciers auxquels on l'accorde.

***2890. Vendeur.** — La loi donne le privilège au *vendeur d'immeuble*; donc, quiconque a vendu un bien immobilier jouit de cette sûreté pour le paiement du prix qui lui est dû ; même quand la vente a été faite sous seings privés, car la loi ne distingue pas. Mais le vendeur proprement dit n'est pas seul à en profiter.

*** 2891. Échangiste.** — Lorsqu'un échange d'immeubles s'accomplit *avec soulte,* le coéchangiste qui est créancier de l'autre a, sur l'immeuble qu'il a cédé, un privilège de vendeur pour garantie du paiement de la soulte. L'échange avec soulte est en effet un *contrat mixte,* qui est en partie une vente ; il est donc juste que, dans cette mesure, le privilège du vendeur appartienne à l'échangiste. Ce n'est pas étendre l'art. 2103 hors de son texte, c'est en faire l'application directe, conformément à l'art. 1707. La jurisprudence est fixée en ce sens depuis longtemps (Cass., 11 mai 1863, D. 64. 1. 191, S. 64. 1. 357).

Il n'y a pas à distinguer si la soulte est importante ou minime; son caractère ne dépend point de son chiffre. L'opinion de Mourlon qui ne donnait le privilège que pour les soultes considérables, est abandonnée, et ne repose réellement sur rien.

L'échangiste n'est privilégié que pour la soulte, et non pour les autres créances qu'il peut avoir contre l'autre partie : ainsi, s'il vient à être *évincé* de l'immeuble qu'il avait reçu, il a droit *à une indemnité,* mais on ne peut assimiler cette créance à un prix de vente : ce qu'il réclame n'est pas le prix de l'immeuble qu'il avait *cédé,* c'est *la valeur de celui qu'il avait reçu* : il est donc comparable à un acheteur évincé qui agit en garantie, lequel n'a point de privilège (Cass., 26 juill. 1852, D. 52. 1, 196, S. 52. 1. 693).

*** 2892. Débiteur libéré par dation en paiement.** — Comme l'échange, la dation en paiement s'accompagne d'une soulte, lorsque la chose remise au créancier vaut plus que la somme qui lui était due : le débiteur qui se libère par ce moyen est réputé vendeur pour le montant de la soulte. Si donc la chose cédée est un immeuble, il aura sur lui le privilège accordé par l'art. 2103. — Sur l'assimilation de la dation en paiement et de la vente, voyez l'art. 1595 et ci-dessus, n°s 527 et 528.

2° Créanciers auxquels on le refuse.

2893. Donateur. — Une donation n'est pas toujours gratuite; elle peut être accompagnée de *charges* imposées au donataire. Si cette charge consiste dans le paiement d'une somme d'argent, le donateur sera-t-il créancier privilégié sur l'immeuble donné par lui ? Quelques auteurs l'ont admis (COLMET DE SANTERRE, t. IX, n° 51 bis-VI), mais la jurisprudence française est fixée en sens contraire (Douai, 18 nov. 1846, D. 46. 2. 22; Paris, 11 mai 1886, S. 88. 2. 110).

On aurait cependant pu raisonner pour la donation comme pour l'échange et reconnaître (ce qui est manifestement vrai) que la donation avec charges est un *contrat mixte*, mi-parti de donation et de vente ou de donation et d'échange. La jurisprudence française est ici incohérente. En Belgique, la loi du 16 décembre 1851, art. 27, attribue au donateur le même privilège qu'au vendeur.

Du reste, même en France, le donateur n'est pas privé de toute protection : à défaut de privilège, il lui reste l'*action résolutoire*, fondée sur le principe général de l'art. 1184, et que l'art. 954 prévoit spécialement pour la donation. Comme les charges imposées dans une donation sont généralement modiques, en comparaison de la valeur des biens donnés, le donateur obtiendra facilement son paiement, en menaçant les autres créanciers de faire résoudre la donation : ceux-ci auraient beaucoup à perdre en ne consentant pas à sa demande. Il arrivera donc à se faire payer avant les autres par un moyen détourné.

2894. Acheteur à réméré. — Quand le vendeur use de la faculté de rachat, l'acheteur, obligé de lui restituer son immeuble contre remboursement du prix, ressemble à un vendeur : il cède un bien moyennant argent. Néanmoins on lui refuse le privilège de l'art. 2103, parce qu'il *n'est pas vendeur* ; il n'y a pas une vente nouvelle, mais bien *résolution d'une vente antérieure*. — L'acheteur à réméré n'est pas sacrifié pour cela : il a le *droit de rétention* (art. 1673 et ci-dessus, n° 2521-6°), qui est aussi énergique qu'un privilège.

B. — Sur quels biens porte le privilège.

1° Biens dont la vente donne lieu au privilège.

2895. Biens-fonds. — Aucune difficulté pour le cas où la vente a pour objet une terre, une maison, ou un terrain à bâtir, ou tout autre immeuble.

2896. Servitudes. — Un propriétaire d'immeuble consent, moyennant une somme d'argent, une servitude sur son bien au profit d'un voisin : il y a *vente* de servitude. D'après l'avis unanime de nos auteurs, *ce vendeur n'a pas de privilège* (DALLOZ, *Suppl.*, v° Privilèges, n° 201). Pourquoi cela ? C'est, dit-on, parce que la servitude *ne peut pas être vendue aux enchères* (art. 2204). Le privilège du vendeur est une hypothèque ; or l'hypothèque doit se réaliser par une vente aux enchères ; l'établissement du privilège est donc impossible ici. — Ce raisonnement est vicieux : on a vu que la servitude, considérée comme accessoire d'un immeuble, est parfaitement susceptible d'hypothèque (ci-dessus, n° 2729) ; il n'y a donc aucune impossibilité à concevoir pour elle l'établissement d'un privilège, d'autant plus que les privilèges immobiliers, à la différence des hypothèques ordinaires, s'établissent souvent sur des portions d'immeubles qu'il n'est pas d'usage d'hypothéquer conventionnellement. Voyez le n° suivant et le privilège du constructeur (n°s 2913 et suiv.). Quant à l'impossibilité pour une servitude d'être vendue aux enchères, il en résultera seulement que le créancier ne pourra pas la faire *saisir et vendre séparément* ; mais il saisira et fera vendre l'ensemble de l'immeuble, en sa qualité de créancier, et il aura, en qualité de vendeur, son droit de préférence (qu'il n'y a aucune raison de lui refuser) sur la portion du prix qui représente l'augmentation de valeur due à la présence de la servitude active consentie par lui. Il est d'ailleurs fréquent de voir un créancier hypothécaire réduit au droit de préférence.

2897. Mitoyenneté d'un mur. — Le propriétaire, dont le terrain est clos par un mur, et qui cède la mitoyenneté de ce mur à son voisin, a le privilège du vendeur, et il exerce ce privilège sur la partie du prix qui représente la mitoyenneté vendue (Trib. civ. Seine, 8 févr. 1880, D. 80. 3. 119, S. 81. 2. 23. Comp. Cass., 10 avril 1889, D. 89. 1. 321 et la note, S. 89. 1. 401).

2° Assiette du privilège.

2898. Améliorations. — En principe le privilège porte sur la chose vendue, et sur elle seule. S'étend-il aux améliorations que cette chose peut recevoir ? D'après l'art. 2133, l'hypothèque acquise s'étend à toutes les améliorations de la chose, mêmes à des constructions nouvelles élevées sur le terrain. Après quelques hésitations, la jurisprudence a admis que ce texte s'appliquait aux privilèges aussi bien qu'aux hypothèques (Cass., 15 juill. 1867, D. 68. 1. 269, S. 68. 1. 9; Bordeaux, 28 avril 1873, D. 74. 2. 57, S. 73. 2. 195).

Cette jurisprudence n'est pas à l'abri de toute critique : sur les améliorations que la chose reçoit dans le patrimoine de l'acheteur et aux dépens de celui-ci, le privilège n'a pas de raison d'être ; le vendeur n'a pas mis cette valeur dans le patrimoine de son débiteur. Il serait équitable de déduire du prix total obtenu sur les poursuites des créanciers le montant de la plus-value procurée à l'immeuble par les travaux de l'acheteur, car ces travaux ont probablement été payés avec l'argent des autres créanciers. L'art. 2175 fournit en ce sens un puissant argument d'analogie.

C. — Quelles créances sont privilégiées.

* **2899. Créance du prix.** — La loi donne privilège au vendeur « pour le paiement du prix ». C'est donc la créance du prix qui est tout d'abord garantie.

D'après l'art. 2108, on suppose pour la conservation du privilège que la totalité ou partie du prix est encore due. Le privilège n'existe donc jamais que pour *ce qui reste dû sur le prix,* d'après l'acte de vente. Par conséquent, si l'acte de vente porte *quittance totale du prix,* le vendeur n'a *aucun privilège* [1], alors même que le prix lui serait encore réellement dû et que ce fait serait *constaté par une contre-lettre.* A l'égard des tiers, l'acte ostensible fait seul foi de la situation des parties ; la contre-lettre ne leur est pas opposable (ci-dessus, n° 1197).

Pour la même raison, lorsque le prix vrai est plus élevé que le prix porté au contrat, le vendeur n'a point de privilège pour le *supplément de prix,* qui ne lui est dû qu'en vertu d'une contre-lettre non opposable aux tiers.

* **2900. Effet du règlement en billets.** — Souvent l'acheteur, en

[1] On suppose, bien entendu, que cette quittance du prix est *libératoire*: si elle a été donnée par une personne *incapable,* le prix doit être considéré comme étant encore dû (Trib. Caen, 16 avril 1883, D. 85. 2. 23).

signant la vente, remet à son vendeur des billets à échéances diverses, représentant le prix ou la portion du prix non encore payée. Quel est l'effet de cette remise ? On pourrait croire qu'il y a là une *novation* et que le vendeur a cessé d'être créancier en vertu de la vente pour le devenir en vertu d'un prêt ; par conséquent, qu'il a perdu son privilège. Mais la jurisprudence, interprétant d'une manière plus exacte et plus équitable les intentions des parties, écarte ici l'idée de novation et décide que la remise des billets est une simple promesse de payer la dette, c'est un *moyen de règlement*, qui laisse subsister la créance primitive avec son caractère et son privilège (Toulouse, 8 mai 1888, D. 89. 2. 208).

Mais ceci suppose que l'acte de vente avertit les tiers que le prix n'a pas été effectivement payé en espèces : s'il porte quittance du prix sans faire mention de la signature des billets, le prix doit être considéré comme ayant cessé d'être dû à l'égard des tiers (Cass., 22 juin 1841, DALLOZ, *Suppl.*, v° Obligation, n° 2505-1°).

2901. Conversion du prix en rente. — Le prix, stipulé d'abord sous la forme d'un capital en argent, est ensuite converti en une rente, viagère ou perpétuelle. Le privilège, qui aurait garanti le paiement du capital, subsiste-t-il pour garantir le service de la rente ? On distingue : le vendeur conservera son privilège, si la conversion en rente a été faite dans le contrat même de vente, parce que sa fixation primitive n'est qu'un procédé de calcul pour déterminer la base sur laquelle doit être établie la rente, et *c'est l'acte de vente lui-même qui contient stipulation d'une rente comme prix*. Mais si la conversion en rente a été faite par acte postérieur, cet acte vaut *novation* pour la créance du prix et, par conséquent, le privilège est *éteint* (art. 1278), à moins qu'il n'ait été *expressément réservé*.

2902. Accessoires du prix. — Le privilège garantit non seulement le prix en principal et intérêts, mais même les accessoires du prix, c'est-à-dire les prestations supplémentaires, nommées *épingles* et *pots-de-vin*. Il garantit même les *frais et loyaux coûts du contrat*. En principe ces frais sont acquittés par l'acheteur, et par conséquent le vendeur n'a rien à lui réclamer de ce chef. Il se peut cependant que le vendeur en ait fait l'avance, sauf à les recouvrer contre lui : soit qu'il ait voulu l'obliger en payant à sa place, soit qu'il ait voulu transcrire au plus tôt pour conserver son privilège. En ce cas, la jurisprudence reconnaît au vendeur le droit de réclamer ces frais par privilège, aussi bien que le prix principal (Cass., 1er avril 1863, D. 63. 1. 184, S. 63. 1. 239 ; Cass., 1er déc. 1863, D. 63. 1. 450, S. 64. 1. 46). Ces frais sont privilégiés parce que les arrêts les considèrent comme faisant partie du prix, qui en eût été accru au profit du vendeur si l'acheteur n'avait pas eu à les payer. La raison est assez faible : le vendeur n'en est pas créancier à raison de la vente, mais bien d'un acte postérieur, dont il eût pu se dispenser. Aussi la controverse finie en pratique après les deux arrêts de cassation précités, continue dans la doctrine (LAURENT, t. XXX, nos 11 et suiv.).

2903. Dommages-intérêts. — Le privilège ne garantit pas le paiement des dommages-intérêts qui peuvent être dus au vendeur *pour résolution de la vente*, quand il reprend son bien : n'ayant rien mis dans le patrimoine de l'acheteur, puisque la vente est résolue, il ne peut être privilégié. L'indemnité qui lui est due n'est qu'une créance ordinaire qu'il n'y a nulle raison de garantir d'une façon exceptionnelle.

D — Conservation du privilège.

2904. Renvoi. — Pour tout ce qui concerne la conservation du privilège, au moyen de la publicité ordonnée par la loi, voyez ci-dessous nos 3007 à 3014.

SECTION II. — Privilège du copartageant.

2905. Sa nécessité. — Le partage est une simple division de propriété, la répartition en lots matériellement distincts d'une propriété jusque-là indivise ; cette opération semblerait devoir se faire sans créer entre les parties des rapports d'obligations. Néanmoins le partage est une source d'obligations diverses, pour lesquelles la loi donne un privilège à celui des copartageants qui est devenu créancier des autres.

Ce privilège est fondé sur le désir de maintenir *l'égalité dans le partage* : il arrive parfois que l'un des copartageants reçoit des objets provenant de la masse indivise et dont le total *dépasse sa part vraie* : il en doit payer aux autres l'excédent de valeur au moyen d'une soulte, mais l'égalité qu'on a voulu observer dans la formation des parts serait rompue, si ceux qui sont ainsi devenus ses créanciers n'avaient pas la certitude d'être payés par lui. La loi veut donc que cet excédent de valeur n'entre dans son patrimoine que grevé d'un privilège au profit des autres : à vrai dire, cela ne lui appartient pas ; si on ne peut l'empêcher d'en acquérir la *propriété*, tout au moins on contrebalance cet effet par la création d'un privilège qui en fait rentrer la *valeur* dans le patrimoine des autres [1].

Au fond, le privilège du copartageant est donc fondé sur la même idée que celui du vendeur : la mise d'une chose dans le patrimoine d'autrui, et cela bien que notre droit considère le partage comme *purement déclaratif de droits,* et non comme translatif; le privilège des copartageants suppose toujours que l'un d'eux a reçu plus qu'il ne lui revenait.

Ces motifs sont tels qu'on ne voit pas pourquoi la loi n'accorde pas un *privilège mobilier* au copartageant, lorsque le partage n'a compris que des meubles, ou lorsque les immeubles sont insuffisants : on donne un privilège au vendeur de meubles, aussi bien qu'au vendeur d'immeubles ; pourquoi agir autrement en matière de partage ? Cela paraît être une véritable lacune.

A. — A qui il est accordé.

* **2906. Formule incomplète de la loi.** — L'art. 2103 semble l'accorder uniquement pour les *partages de successions,* car il ne parle que des *cohéritiers* [2] ; mais l'art. 2109 corrige ce que cette rédaction a d'incomplet en nommant le *copartageant* d'une manière générale. Ce privilège a lieu en effet *dans tout partage,* quelle que soit la cause de l'indivision qui l'a rendu nécessaire : société, communauté, succession, achat en commun, etc.

[1] Cependant la loi du 11 brumaire an VII avait supprimé ce privilège par simple prétérition.

[2] C'est l'effet du procédé vicieux employé par le Code qui considère le partage comme un simple incident de la matière des successions, au lieu d'en faire un *contrat* voisin de la vente et de l'échange, et d'en traiter d'une manière générale, abstraction faite de l'origine de l'indivision.

Il existe même dans le *partage d'ascendants*, bien qu'alors les parts soient faites par l'ascendant et que ses enfants aient en réalité le caractère de « copartagés » plutôt que de copartageants (Cass., 4 juin 1849, D. 49. 1. 307, S. 49. 1. 487).

B. — Créances garanties.

* **2907. Combinaison des textes.** — Pour savoir quelles créances sont privilégiées, il faut réunir les deux art. 2103 et 2109 et les compléter l'un par l'autre, car ils ne prévoient pas les mêmes cas et ne sont complets ni l'un ni l'autre. En rapprochant ces deux textes on voit que le privilège existe pour *trois créances différentes* : la soulte, le prix de licitation, le recours en garantie.

* **2908. Soultes.** — Le paiement d'une soulte est la seule créance dont il soit question à la fois dans les deux textes. On suppose qu'à raison de la nature des biens on a été obligé de former des lots inégaux, et que le copartageant qui a reçu un lot trop fort est tenu de payer à l'autre une *différence en argent* appelée « soulte » ou « retour de lot ». Le paiement de la soulte est garanti par le privilège.

* **2909. Prix de licitation.** — Quand il se trouve parmi les biens à partager un immeuble difficile à diviser, ou que les coïndivisaires désirent, pour une raison quelconque, en faire fixer la valeur par une adjudication publique, cet immeuble est *licité* (sur le sens de ce mot, voyez ci-dessus, n° 1598). En ce cas si c'est l'un des coïndivisaires qui se porte adjudicataire, il devient débiteur envers les autres du prix d'adjudication, sous déduction de sa propre part dans l'immeuble. On sait, de plus, que la licitation est, en pareil cas, traitée comme un partage et non comme une vente (ci-dessus n° 1602). Voilà donc une créance des copartageants contre l'un d'eux qui sera garantie par le *privilège du copartageant*; mais l'art. 2103 est muet à son égard, et elle n'est mentionnée comme privilégiée que dans l'art. 2109.

Si l'adjudication avait été prononcée au profit d'un tiers, elle vaudrait vente, et les coïndivisaires, vendeurs en commun, posséderaient sur l'immeuble le *privilège du vendeur*. Ainsi, une opération unique, la licitation d'un bien indivis, donne naissance à deux privilèges différents, selon la qualité de la personne qui achète, et ceci est important à constater, car on verra que les deux privilèges du copartageant et du vendeur ne sont pas soumis au même régime pour leur conservation et leur publicité.

* **2910. Recours en garantie.** — Enfin, même quand il n'y a eu ni soulte, ni licitation, le partage peut éventuellement donner naissance à une créance : c'est le *recours* qui appartient au *copartageant évincé*, quand on avait compris dans son lot un bien qui ne faisait pas réellement partie de la masse indivise, et qui lui a été ensuite enlevé par son véritable propriétaire. Son action en garantie aboutit à une condamnation à des dommages-intérêts contre les autres, et le paiement de cette indemnité est encore garanti par le

privilège. Ce dernier cas d'application du privilège est mentionné dans l'art. 2103 et non dans l'art. 2109.

On considère également comme une action en garantie donnant lieu au privilège, le recours exercé contre un copartageant, qui s'était engagé à payer certaines dettes à lui seul, si les autres ont été obligés de les acquitter à son défaut (Paris, 2 févr. 1884, D. 85. 2. 39).

C. — Assiette du privilège.

* **2911. Cas certains.** — Sur quels biens porte le privilège du copartageant ? Dans deux cas seulement la réponse est sûre : pour le *prix de licitation,* le privilège porte seulement *sur l'immeuble licité* ; l'art. 2109 est formel, et eût-il gardé le silence qu'aucun doute ne se serait élevé. De même pour l'*action en garantie* : le privilège porte, d'une manière générale, « sur les immeubles de la succession », dit l'art. 2109, c'est-à-dire sur tous ceux qui appartiennent aux garants de l'évincé. Il faut toutefois tenir compte de la *division du recours* : aux termes de l'art. 885, al. 1, le recours se divise entre tous ceux qui sont garants, chacun d'eux n'est tenu que *pour sa part* ; par suite le privilège garantit *une créance qui naît divisée,* et le copartageant évincé ne pourra pas se prévaloir de l'indivisibilité naturelle aux hypothèques pour demander à l'un de ses garants son paiement total.

S'il y a des insolvables, leur part se répartit entre tous les intéressés, y compris le garanti (art. 885, al. 2), ce qui a pour effet de grossir la part de chacun des responsables.

* **2912. Cas controversé.** — Il y a doute pour le troisième cas, le *paiement d'une soulte,* qui est justement le seul qui ait été prévu à la fois par les deux art. 2103 et 2109, et le doute vient de la rédaction même de la loi. L'art. 2103 semble donner le privilège pour la soulte *sur tous les biens de la succession,* de sorte que tous les immeubles indistinctement paraissent grevés du privilège ; au contraire, l'art. 2109 ne parle plus que des *biens de chaque lot* en tant qu'ils sont *grevés de soulte,* ce qui paraît restreindre le privilège pour la soulte aux biens attribués à celui des copartageants qui en est débiteur. Cette dernière solution est *seule raisonnable,* attendu que la soulte est la restitution, par équivalent, d'une valeur reçue en trop ; elle ressemble donc à un prix de licitation, et n'est due que par celui qui en est chargé. Comment le privilège porterait-il sur les lots de ceux qui ne sont point débiteurs de la soulte ? Néanmoins beaucoup d'auteurs estiment que c'est l'art. 2103 qui établit le privilège et qu'il le fait dans les termes les plus généraux. La formule restrictive de l'art. 2109 leur paraît sans force parce qu'elle est contenue, d'une manière *purement énonciative,* dans un texte qui ne s'occupe que de la conservation du privilège.

La différence entre les deux opinions est moins grande qu'elle le paraît, car si la soulte n'est pas payée, c'est que le copartageant qui en était chargé s'est trouvé insolvable, et le copartageant qui en était créancier subit ainsi une espèce d'éviction pour une cause antérieure au partage, qui lui permet de recourir contre les autres : ceux-ci se trouveront donc garants envers lui du paiement, et les immeubles mis dans leur lot seront grevés du privilège attaché à l'action en garantie. C'est donc seulement pour le cas où le copartageant débiteur n'est *devenu insolvable que depuis le partage* que les deux opinions se trouveront en désaccord : l'idée de garantie étant écartée, l'une ne donnera le privilège que sur les biens mis dans le lot du débiteur de la soulte, conformément à l'art. 2109, l'autre l'étendra à tous les lots, conformément à l'art. 2103.

Section III. — **Privilège des architectes et entrepreneurs.**

2913. Origine. — Ce privilège existait déjà dans notre ancien droit, où on l'avait admis par imitation des lois romaines qui donnaient un privilège général à ceux qui avaient reconstruit un bâtiment ; on avait seulement transformé ce privilège en hypothèque (Basnage, *Hypothèque*, chap. xiv, p. 63 ; Brodeau sur Louet, lettre H, somm. 21, n° 13).

2914. Motifs. — L'architecte ou l'entrepreneur ressemble à un vendeur : il a mis quelque chose dans le patrimoine d'autrui. Comp. ci-dessus, n° 2639-2°.

A. — Personnes auxquelles il est accordé.

2915. Énumération de la loi. — L'art. 2103-1° énumère les *architectes, entrepreneurs, maçons* et *autres ouvriers*. Le texte est donc très général ; pour abréger on s'arrête aux deux premiers mots de l'énumération, « architectes et entrepreneurs », qui suffisent parfaitement pour qualifier le privilège.

2916. Condition à remplir. — Malgré la généralité apparente de son énumération, l'art. 2103-4° ne concède le privilège que sous une condition rigoureuse, qui en restreint singulièrement l'application : il faut *avoir traité directement avec le propriétaire*, pour le compte duquel les travaux ont été faits. Cette règle dérive plutôt de la tradition que du texte actuel qui est assez confus ; on voit cependant que la règle ancienne a été maintenue, car le texte s'occupe des « ouvrages que le propriétaire *déclarera avoir dessein de faire* », ce qui suppose qu'il est en relation directe, par un contrat, avec la personne qui devient son créancier privilégié.

2917. Conséquence. — Cette condition empêche de reconnaître le privilège :

1° *Aux sous-entrepreneurs et ouvriers employés aux travaux*, qui ne sont que les créanciers de l'entrepreneur principal.

2° *Aux possesseurs du terrain*, qui ont fait les constructions pour leur propre compte et non pas en exécution d'un contrat passé avec le propriétaire.

Les premiers sont réduits au bénéfice de l'art. 1798 (ci-dessus, nos 1920 et suiv.).

Les seconds ont le droit de rétention (ci-dessus, n° 2524-5°).

B. — Travaux donnant lieu au privilège.

2918. Nature des travaux. — La loi donne le privilège pour les travaux qui consistent à *édifier*, *reconstruire* ou *réparer*. Il n'y a donc pas lieu de distinguer s'il s'agit de travaux neufs ou de simples réparations.

2919. Objet des travaux. — A cet égard, il y a, au contraire, une distinction à faire, bien que le texte paraisse conçu en termes très généraux. La loi vise les *bâtiments*, *canaux* ou *autres ouvrages quelconques*. Les deux premiers mots sont très clairs ; le troisième comprend toutes les *constructions* autres que les deux premières catégories, telles que les *murs* de clôture ou de soutènement, les *digues*, les *ponts*, les *chaussées*, etc. Mais la formule de la loi, si large qu'elle soit, *ne s'étend pas aux travaux agricoles*, qui portent sur le sol lui-même et n'éveillent pas l'idée d'une construction. Des lois spéciales ont, depuis le Code, établi des privilèges pour les cas les plus intéressants (ci-dessous, n°s 2935-2937).

Le privilège ne s'étend pas davantage aux travaux de recherche, d'établissement ou d'exploitation des *carrières* (Metz, 7 févr. 1866, D. 66. 2. 31, S. 66. 2. 210).

C. — Assiette du privilège.

2920. Son étendue. — Le privilège établi par l'art. 2103-4° porte sur l'immeuble entier, et non pas seulement sur la portion, peut-être très limitée, qui a fait l'objet des travaux.

D. — Créance garantie.

2921. Limitation légale. — L'architecte ou l'entrepreneur qui a fait les travaux n'est pas privilégié sur l'immeuble pour la totalité des sommes qui lui sont dues, mais *seulement pour la plus-value que ses travaux ont procurée à l'immeuble*. C'est ce qu'énonce vers la fin le 4° de l'art. 2103 : « le montant du privilège .. se réduit à la plus-value ». Lisez : le montant des sommes garanties par le privilège. La raison de cette restriction est que c'est seulement cette plus-value que les travaux ont mise dans le patrimoine du débiteur ; et il n'y a aucune raison de déclarer l'entrepreneur privilégié pour une somme plus forte [1].

2922. Moment de fixation de la plus-value. — A quelle époque faut-il se placer pour apprécier cette plus-value ? On pourrait croire que c'est au moment où les travaux viennent d'être achevés, et que le montant de la créance privilégiée se fixe alors pour ne plus varier : ce serait une erreur. La loi est formelle : le privilège « se réduit à la plus-value existante *à l'époque de l'aliénation de l'immeuble* », c'est-à-dire au moment où a lieu sa transformation en argent et où les divers créanciers exercent leurs droits de préférence sur le prix. Or cette époque peut être assez éloignée de l'achèvement des travaux et dans l'intervalle la plus-value qui en était résultée a pu s'affaiblir ou même disparaître entièrement : si elle est *devenue nulle*, par exemple si le bâtiment élevé sur une terre a été détruit par un incendie, son constructeur n'a *plus de privilège du tout*.

E. — Conditions d'existence du privilège.

2923. Rigueur de la loi. — Le Code civil a subordonné l'acquisition du privilège du constructeur à des conditions qui sont difficilement réalisables dans la pratique, presque jamais l'architecte ou l'entrepreneur ne les remplit, et le privilège qui lui est nominalement accordé dans l'art. 2103 reste lettre morte.

2924. Nécessité d'une double expertise. — La loi veut qu'il soit dressé un *double procès-verbal*, l'un pour constater *l'état des lieux avant les travaux* ; l'autre pour constater leur état *après l'achèvement des travaux*. La comparaison entre ces deux procès-verbaux permettra de connaître la *plus-value initiale*, celle qui existait au lendemain du travail, qui en était la suite directe et qui forme une *limite* que le privilège ne peut jamais dépasser : « le montant du privilège ne peut excéder les valeurs constatées par le second procès-verbal. »

Ces deux procès-verbaux d'expertise sont faits, non point par les parties elles-mêmes, le propriétaire et l'architecte, ni même par un expert choisi par elles : la loi veut que l'expert soit *nommé d'office par le tribunal civil*, dans le ressort duquel se trouve

[1] Bien que cela n'apparaisse pas à première vue, l'entrepreneur est traité de la même manière que le vendeur : le vendeur lui aussi n'est privilégié que jusqu'à concurrence de la plus-value qu'il a procurée au patrimoine de l'acheteur, cette plus-value étant représentée par la *valeur vénale actuelle* de la chose vendue. Si la vente a eu lieu pour un prix plus élevé, l'excédent de prix n'est garanti par aucun privilège.

l'immeuble. C'est une précaution prise dans l'intérêt des créanciers, pour que le chiffre vrai de la plus-value ne soit pas grossi à leurs dépens.

2925. Époque de la rédaction des procès-verbaux. — Le premier procès-verbal doit être rédigé *avant le commencement des travaux*, « préalablement », dit la loi. Le texte est formel, et la jurisprudence exige qu'on ne commence même pas à démolir ce qui existait déjà. Un procès-verbal rédigé au cours des travaux serait donc insuffisant pour assurer le privilège du constructeur (Cass., 1er mars 1853, D. 53. 1. 216, S. 53. 1. 363; Lyon, 11 févr. 1869, Dalloz, *Suppl.*, t. XIV, p. 52, note 1, S. 69. 2. 40); à plus forte raison, s'il était rédigé après leur achèvement (Cass., 11 juillet 1855, D. 56. 1. 9). Cependant on a quelquefois admis que le procès-verbal pouvait être rédigé après le commencement des travaux, si l'état primitif des lieux était encore reconnaissable (Paris, 20 août 1867, D. 67. 2. 88).

Le second procès-verbal doit être dressé *dans les six mois* qui suivent l'*achèvement du travail* (art. 2103-4°). Cependant, au cas de résiliation du marché, il a été jugé que le délai de six mois était suspendu pendant l'instance et courait, non du jour de la cessation effective des travaux, mais du jour du jugement qui en règle le solde (Cass., 18 nov. 1868, D. 69. 1. 89, S. 70. 1. 241).

2926. Inefficacité de tout usage contraire. — Un usage local ne peut pas déroger à la loi. Par suite, l'architecte n'est pas dispensé de la rédaction des deux procès-verbaux par ce seul fait que l'usage général de la région est de s'en abstenir (Paris, 15 nov. 1875, D. 77. 2. 99). C'est là ce qui rend difficile pour les constructeurs l'acquisition du privilège : ils n'osent pas procéder à une formalité qui est un acte de suspicion contre le propriétaire qui vient leur demander des travaux.

Section IV. — Séparation des patrimoines.

** **2927. Notion sommaire.** — Lorsqu'une personne meurt en laissant un héritier insolvable, ses créanciers risquent de n'être pas payés, car les biens que possédait leur débiteur, confondus désormais avec les biens de l'héritier, vont servir à désintéresser deux masses de créanciers, ceux du défunt et ceux de son héritier. Par suite, les créanciers du défunt, qui auraient peut-être été payés intégralement si leur débiteur avait vécu, vont se voir réduits à un dividende par le concours des créanciers de l'héritier, lequel a, par hypothèse, plus de dettes que de biens. Afin de les protéger et de leur conserver la situation qu'ils avaient du vivant de leur débiteur, la loi leur permet de demander la *séparation des patrimoines*, bénéfice particulier, qui *empêche les créanciers de l'héritier de concourir avec eux sur les biens de la succession* (art. 878 et suiv.).

2928. Question à résoudre. — Le bénéfice de la séparation des patrimoines se résume donc dans le droit, pour une des deux masses de créanciers, d'être payée sur les biens de la succession par préférence aux créanciers de l'autre masse. On s'est demandé *si ce droit de préférence constituait un privilège*?

Anciennement, cette question n'aurait pas pu se poser : dans la théorie romaine, le résultat qu'on voulait atteindre (empêcher le concours des deux masses de créanciers) était obtenu à l'aide d'une *fiction* : on supposait que le défunt était encore vivant et c'était sous son nom que les biens qu'il avait laissés étaient vendus : « Recesserunt a persona heredis,... et quasi defuncti bona vendiderunt » (PAUL, *Dig.*, liv. XLII, tit. 6, fr. 5). Les deux masses de créanciers étaient donc traitées comme n'ayant pas le même débiteur, et dans ces conditions aucun rapprochement n'était possible avec les privilèges, qui supposent *un conflit entre les créanciers d'un même débiteur.*

Chez les auteurs modernes le souvenir de la fiction romaine s'est peu à peu effacé ; par son acceptation, l'héritier est devenu le débiteur unique des deux masses de créanciers, et il y a bien réellement préférence de l'une des deux masses contre l'autre. Dans ces conditions on s'est posé la question de savoir si ce droit de préférence n'était pas devenu un véritable privilège. Il faut bien comprendre la portée de la question en ce qui concerne les immeubles de la succession : s'il y a un privilège, ce sera une *hypothèque* privilégiée avec toutes ses conséquences, si bien que le créancier séparatiste pourra saisir les immeubles provenant de la succession, même après qu'ils auront été aliénés par l'héritier, c'est-à-dire exercer un *droit de suite,* alors qu'il n'était qu'un *créancier chirographaire* du vivant de son débiteur.

* **2929. Examen de la question.** — Il est facile de se convaincre que le Code n'avait rien changé aux solutions anciennement admises. Ses dispositions (art. 878-881) sont la reproduction de la tradition, et Treilhard en les présentant au Corps législatif, faisait observer qu'il était inutile de développer longuement des règles conformes à ce qui s'était pratiqué jusqu'alors (FENET, t. XII, p. 158). Or que disaient nos anciens auteurs ? Tous étaient d'accord pour admettre le droit de préférence, mais *sans le moindre droit de suite* ; Pothier suppose toujours que les créanciers séparatistes sont en conflit avec les créanciers personnels de l'héritier, et que les biens de la succession sont encore entre ses mains (*Successions,* chap. V, édit. Bugnet, t. VIII, p. 220). Au surplus, nous avons dans le code lui-même un texte, l'art. 880, aux termes duquel la séparation peut être demandée relativement aux immeubles. « *tant qu'ils existent dans la main de l'héritier* » : c'est la condamnation formelle du droit de suite.

On reconnaît bien tout cela, mais on prétend qu'après avoir ainsi reproduit le système ancien dans les art. 878-881, placés au titre « Des successions », les rédacteurs du Code l'ont ensuite abandonné et qu'ils ont innové pour faire de la séparation un véritable privilège. Sur quoi fonde-t-on cette assertion ? Sur un simple mot placé dans l'art. 2111. Par cet article, la loi oblige les créanciers et légataires qui demandent la séparation, *à prendre une inscription* dans les mêmes formes que s'ils étaient créanciers hypothécaires, et le texte porte que, par ce moyen, les créanciers et légataires conserveront leur « privilège ».

Il est facile de répondre à cet argument : on comprend très bien que la publicité ait été ordonnée pour un droit de préférence, sans que ce droit soit une hypothèque, de même que, dans la loi du 23 mars 1855, on a soumis à la transcription de simples *baux,* qui ne confèrent aucun droit réel, et même de simples *quittances* : ces actes sont *opposables aux tiers* : cela suffit pour qu'il soit juste de prévenir les tiers de leur existence par voie de publicité. Enfin il n'est pas étonnant que les auteurs de la loi aient appelé « privilège » ce droit de préférence, étant donné le sens vague que ce mot a pris peu à peu dans notre langue, où il a servi à désigner les droits de préférence de toute nature (ci-dessus nos 2584 et suiv.). Il faut bien plutôt s'étonner de ne pas le trouver déjà sous la plume de Pothier.

On a employé encore un autre argument. D'après l'art. 2113, les créances privilégiées qui devaient être inscrites dans un délai déterminé et qui ne l'ont pas été, « ne cessent pas néanmoins d'être hypothécaires », ce qu'on traduit en disant que le privilège inscrit tardivement *dégénère en hypothèque*. Or, dit-on, si leur droit est une hypothèque quand il est dégénéré, à plus forte raison les créanciers et légataires ont-ils bien une véritable hypothèque privilégiée, quand ils se sont inscrits dans le délai de la loi. Ici encore la réponse est facile : l'art. 2113 signifie simplement que le créancier privilégié qui s'inscrit en retard sera primé par les créanciers hypothécaires inscrits avant lui, tandis qu'il aurait primé même les inscriptions antérieures à la sienne, s'il avait été diligent. Rien n'est plus facile que d'appliquer cette règle, qui est *un simple procédé de classement*, à la séparation des patrimoines sans faire de ce bénéfice, contrairement à toutes les traditions, une véritable hypothèque comportant le droit de suite.

On doit enfin remarquer que l'art. 2111, auquel on attribue une vertu si énergique relativement au droit de suite, est placé dans une section où la loi ne s'occupe nullement du droit de suite, mais *uniquement du droit de préférence*.

** **2930. Jurisprudence.** — Les tribunaux ont pourtant réalisé ce changement que la loi n'avait pas fait. Ils se sont laissé convaincre par des arguments superficiels, et des arrêts répétés ont admis la séparation des patrimoines parmi les véritables hypothèques. Il y a des arrêts de cours d'appel depuis 1828 (Pau, 10 janv. 1887, D. 87. 2. 173; Aix, 4 déc. 1893, D. 95. 2. 273, S. 96. 2. 17; voir les renvois dans D. 63. 1. 273), et un seul arrêt de la Chambre des requêtes (Cass., 27 juill. 1870, D. 71. 1. 352, S. 72. 1. 153). Les protestations répétées et à peu près unanimes de la doctrine semblent cependant trouver quelque écho dans la jurisprudence (Voyez Trib. civil d'Aix, 18 mars 1873, d'Espalion, 21 janv. 1886, et surtout Trib. civ. Seine, 21 janv. 1887, *Gaz. Palais*, 87. 1. 35).

2931. Assiette de ce privilège. — Le privilège des créanciers et légataires séparatistes porte sur les biens ayant appartenu au défunt et composant sa succession. Il s'établit par suite sur les biens dépendant de la communauté ayant existé entre le défunt et son conjoint, pour toute la part qui revient à la succession. Mais les créanciers et légataires excèdent leur droit quand ils inscrivent leur privilège à la fois sur les héritiers du défunt et sur sa veuve, comme si tous les biens de la communauté (y compris la part revenant à la veuve) faisaient partie de la succession (Cass., 15 juill. 1891, D. 93. 1. 465, S. 91. 1. 409).

* **2932. Division du privilège.** — Si l'on se place dans le système de la jurisprudence et qu'on reconnaisse à la séparation la nature d'un véritable privilège, au moins n'en faut-il pas exagérer l'étendue : ce privilège ne rend nullement la créance *indivisible* au cas où le défunt laisse plusieurs héritiers. Précisons à l'aide d'un exemple. Il y a trois héritiers, et chacun d'eux reçoit dans son lot un immeuble de la succession. Par l'effet de la mort du débiteur, suivie de la division de son hérédité entre trois personnes, la

créance qui existait contre lui se partage ; chacun de ses héritiers n'en est tenu que pour un tiers. Dès lors on pourrait croire que, par l'effet de l'indivisibilité de l'hypothèque (ou du privilège immobilier, ce qui est la même chose), le créancier séparatiste va pouvoir *demander le total de la dette à chacun des héritiers*, tenu hypothécairement envers lui. Il n'en est rien pourtant : on doit observer que le privilège n'existait pas au temps où la créance avait son unité primitive ; il est né seulement *dans le patrimoine des héritiers* et par conséquent *il est né divisé*. Il y a non pas un privilège unique, mais trois privilèges distincts, garantissant séparément les trois portions de la dette. En effet, la séparation des patrimoines doit être demandée séparément contre chacun des héritiers. Ainsi, quand la loi accorde un privilège, elle ne l'établit jamais que dans la mesure où la créance existe ; il serait irrationnel de lui donner plus d'étendue qu'à la créance[1]. Par conséquent la division légale des dettes, qui s'opère entre les héritiers d'une personne décédée (art. 1220), est opposable aux créanciers séparatistes (Cass., 10 juill. 1893, D. 94 1. 5). Sur une conséquence possible de cette règle, quand l'un des héritiers effectue un rapport en moins prenant, voyez l'arrêt précité et la note de M. de Loynes.

2933. Origine de l'art. 2111. — L'art. 2111 n'est pas une invention des rédacteurs du Code : il leur a été proposé, presque dans les termes qu'ils ont adoptés, par le tribunal de Cassation (FENET, t. II, p. 650, art. 8, 1°), et les motifs qui l'ont rendu nécessaire ont été fort clairement exposés par ce même tribunal (*Ibid.*, p. 640, 1re observ.). On y voit qu'en donnant au bénéfice de la séparation des patrimoines le nom de « privilège », les magistrats n'entendaient nullement en changer la nature, mais seulement le soumettre à la publicité pour compléter utilement le système établi par la loi de brumaire, qui leur paraissait présenter sur ce point une lacune.

2934. Solution belge. — Les arguments développés par la doctrine contre la jurisprudence sont tellement convaincants qu'en Belgique la loi du 16 décembre 1851 a évité

[1] C'est pourtant ce que la loi a fait dans une autre hypothèse, *au profit des légataires*, auxquels elle donne une hypothèque légale (art. 1017). Grâce à cette hypothèque, le légataire peut poursuivre l'exécution de son legs tout entier contre chacun des héritiers du testateur, bien que chacun d'eux n'en soit débiteur que pour partie. Sur ce point l'art. 1017 est formel ; les débiteurs du legs sont tenus *personnellement pour leur part et hypothécairement pour le tout*. Mais c'est là une dérogation extraordinaire au droit commun, et il est impossible de l'étendre à un cas pour lequel la loi n'a rien dit de semblable. Il y a donc, à ce point de vue, une différence considérable entre le privilège de la séparation du patrimoine et l'hypothèque légale des légataires, mais cette différence s'explique par une raison particulière : la séparation des patrimoines, même avec la division du privilège expliquée au texte, suffit parfaitement à atteindre le but que la loi se propose, qui est de conserver aux créanciers la situation qu'ils avaient du vivant de leur débiteur, et de leur assurer leur paiement dans la mesure où ils l'auraient obtenu à l'aide des biens qui leur servaient de gage ; au contraire la loi a jugé utile d'accorder une garantie exceptionnelle aux légataires, à la fois parce qu'ils n'ont pas pu se procurer à eux-mêmes des sûretés particulières, n'ayant pas traité avec le défunt, et parce qu'ils ont à redouter des fraudes nombreuses de la part des héritiers, qui se jugent toujours dépouillés outre mesure par les legs que le défunt a pu faire. — Du reste la différence que nous signalons ici entre la séparation des patrimoines et l'hypothèque légale est traditionnelle ; elle était déjà admise dans notre ancien droit, et on avait établi l'indivisibilité de l'hypothèque, justement pour donner une garantie supplémentaire aux légataires, que la séparation des patrimoines, étant essentiellement divisible, ne protégeait pas suffisamment.

de reproduire le mot « privilège » à propos de la séparation des patrimoines, de façon à restituer à ce bénéfice le caractère qu'il avait toujours eu dans l'ancien droit.

Section V. — **Privilèges établis par des lois spéciales.**

2935. Desséchement de marais. — La loi du 16 septembre 1807, art. 23, relative au desséchement des marais, a créé un privilège particulier pour l'indemnité due à l'État ou au concessionnaire des travaux par les propriétaires dont les terrains ont été desséchés et améliorés. Ce privilège ressemble à celui des architectes ; comme lui, il a pour limite *la plus-value produite par les travaux* et donne lieu à une *double expertise*, l'une avant le commencement des travaux, l'autre après leur achèvement, pour apprécier le résultat obtenu.

2936. Travaux d'établissement des mines. — L'art. 20 de la loi du 21 avril 1810, sur les mines, les affecte par privilège à ceux qui auront fourni des fonds pour leur recherche, ou fait des travaux pour leur mise en exploitation, à la charge de se conformer à l'art. 2103, c'est-à-dire de dresser le double procès-verbal d'expertise, avant et après les travaux. C'est une seconde extension du privilège de l'entrepreneur et de son bailleur de fonds.

2937. Travaux de drainage. — La loi du 17 juillet 1856, relative au drainage, a établi un privilège sur les terrains drainés et sur leurs revenus ou récoltes, pour remboursement des sommes avancées par l'État, par des syndicats, ou par des particuliers, ainsi que pour le prix des travaux dus à des entrepreneurs. Comme les précédents, ce privilège suppose la rédaction de *deux procès-verbaux d'expertise*, destinée à dégager *la plus-value* qui en fixera la limite, et il ne peut dépasser la plus-value existante à l'époque de la réalisation des terrains (art. 3, 4 et 5). Pour les détails, voyez les textes, qui contiennent des règles détaillées sur les formes de l'expertise.

2938. Privilège du domanier. — La loi du 8 février 1897, art. 5, a créé un nouveau privilège au profit du domanier pour le remboursement de la plus-value procurée à l'immeuble par ses édifices et superfices (art. 2). Ce privilège porte sur les édifices et superfices et, en cas d'insuffisance, sur le fonds. Mais, par une bizarrerie due évidemment à un oubli, ce privilège lui est accordé au *cas d'exponse* (départ volontaire) et non au *cas de congément*.

2939. Privilèges du Trésor. — Le Trésor possède toute une série de privilèges immobiliers.

1° *Sur les biens des comptables*. Le Code civil avait grevé les biens des comptables d'une simple hypothèque (art. 2121 et ci-dessus n°s 2845 et suiv.). Une loi du 5 septembre 1807 a transformé cette hypothèque ordinaire en *hypothèque privilégiée*, mais seulement *au profit de l'État*. Pour les comptables des communes et des établissements publics le droit ancien subsiste De plus, même pour l'État, ce privilège ne porte pas indistinctement sur tous les biens des comptables, mais seulement sur ceux qu'ils *ont acquis à titre onéreux, eux ou leurs femmes, depuis leur nomination*. L'État se met par là en garde contre des détournements.

2° *Sur les biens des particuliers*. Le Trésor possède un privilège sur les biens des condamnés pour les *frais dus en matière criminelle* (L. 5 septembre 1807) ; un privilège sur les revenus des immeubles pour la *contribution foncière* (L. 12 novembre 1808, art. 1er) ; un autre encore sur les revenus des immeubles compris dans une succession pour le paiement des *droits de mutation* (L. 22 frimaire an VII, art. 22)[1].

[1] La jurisprudence attribuait d'abord à l'enregistrement un privilège portant sur les biens eux-mêmes, mais elle a fini par reconnaître qu'il portait seulement sur les revenus (quatre arrêts de cassation du 23 juin 1857 et un autre de rejet du 24, D. 57. 1. 242).

CHAPITRE IV

DE LA PUBLICITÉ DES HYPOTHÈQUES

2940. Observation. — Il ne sera question dans ce chapitre que de la *publicité des hypothèques immobilières* qui est régie par le Code civil. Pour les navires, pour les fonds de commerce et pour les produits agricoles, il existe des formes spéciales qui ont déjà été indiquées (ci-dessus, nos 2708, 2709 et 2713).

2941. Bibliographie. — *Journal des conservateurs des hypothèques*, depuis 1845. — Emion, *Répertoire du journal des conservateurs*, de 1845 à 1880. — De France de Tersant, *Traité des droits d'hypothèques et des salaires*, 1894. — Landouzy, *Traité de la responsabilité des conservateurs des hypothèques*, 1863. — Raclot, *Formulaire raisonné de réquisitions d'états hypothécaires*, Châteauroux, 1891.

§ 1. — *Formes de la publicité.*

A. — Bureaux et registres.

2942. Notion générale. — La publicité des hypothèques s'obtient au moyen de *registres,* tenus par des fonctionnaires spéciaux et ouverts à toute personne. Non que le requérant ait le droit de se faire communiquer les registres pour les lire, mais il se fait délivrer, sous le nom d'*état d'inscriptions,* la liste des hypothèques inscrites (art. 2196). C'est donc le même système de publicité que pour l'état civil.

Outre les textes du Code civil, les bureaux d'hypothèques sont régis par la loi du 21 ventôse an VII (11 mars 1799).

* **2943. Des conservateurs des hypothèques.** — Les fonctionnaires chargés de tenir ces registres s'appellent « conservateurs des hypothèques ». Ils ont été institués par l'édit de juin 1771 et n'ont pas changé de nom depuis lors. Établis d'abord *dans chaque bailliage,* ils ont existé longtemps à raison *d'un par arrondissement* (L. 21 ventôse an VII, art. 2). Un décret du 27 novembre 1900, rendu en exécution de la loi de finances du 30 mai 1899, art. 18, a subdivisé les circonscriptions des bureaux d'hypothèques de la Seine et des principaux bureaux de province, afin de limiter les bénéfices des conservateurs qui paraissaient excessifs[1]. Les conservateurs des hypothèques résident dans la ville où siège le tribunal civil, qui n'est pas toujours la sous-préfecture.

* **2944. Ressort des conservations d'hypothèques.** — La *compétence* de chaque conservateur est *territoriale.* Il faut donc prendre

[1] Le 2e bureau de la Seine rapportait brut 269 000 francs et net 167 000 francs ; le 3e rapportait brut 208 000 francs et net 110 000 francs. Actuellement les salaires bruts des conservateurs ne doivent pas dépasser, à Paris, 70 000 francs et dans les départements 50 000 francs. Voyez *Le Temps,* 28 novembre 1900, et D. 99. 4. 80.

inscription (ou vérifier l'état des inscriptions existantes) dans plusieurs bureaux, lorsque le débiteur possède des biens dans plusieurs arrondissements : chaque conservateur ne peut inscrire ou répondre que pour le sien. — Cette précaution est surtout bonne à observer pour les hypothèques générales.

Le Code n'avait eu à se préoccuper que des biens-fonds. Quand on a rendu les *actions de la Banque de France* susceptibles d'être *immobilisées* et *hypothéquées*, on a donné compétence au bureau de Paris (1er Bureau de la Seine actuellement) pour recevoir les inscriptions parce que c'est dans son ressort que se trouve le siège de la société et que les actions y sont réputées situées (Décr. 16 janvier 1808, art. 7 ; L. 17 mai 1834, art. 5).

2945. Des registres. — On distingue les *registres de formalités*, sur lesquels se font les écritures ordonnées par la loi, et les *registres d'ordre*, qui sont tenus pour le service intérieur du bureau et servent seulement à faciliter les recherches. Parmi les registres de formalités, se trouve un registre consacré spécialement aux inscriptions. Pour plus de détails, voyez les traités spéciaux et DALLOZ, *Suppl.*, v° Privilèges, nos 1744 et suiv. Une loi du 5 janvier 1875, modifiant l'art. 2200, a prescrit de tenir en double l'un des registres de formalités, dit registre de dépôt. — Voir aussi L. 21 ventôse an VII (11 mars 1799).

*** 2946. Mode de tenue des registres.** — Les registres sont tenus *par noms de personnes* (comp. ci-dessus, n° 2696-2°). On demande au conservateur : Existe-t-il des inscriptions sur M. X...? Il répond en délivrant un *état* contenant toutes les inscriptions existant à ce nom, ou un *certificat* constatant qu'il n'en existe aucune (art. 2196). On a déjà vu les vices d'un pareil système (t. I, 1re édit., n° 1432 ; 2e édit., n° 1371). Il faut connaître les noms de *tous les propriétaires successifs* de l'immeuble ; si on en ignore ou si on en oublie un seul, une surprise est possible. C'est une base bien fragile pour le crédit hypothécaire, surtout à l'époque moderne, où les propriétés ne restent pas aussi longtemps qu'autrefois dans les mêmes familles ; les mutations sont fréquentes.

Sur les projets de *publicité réelle*, par parcelles, qui entraîneraient la réfection complète du cadastre, voyez t. I, 1re édit., n° 1433 ; 2e édit., n° 1372.

B. — Inscriptions.

1° Comment elles sont prises.

2947. Par qui l'inscription peut être requise. — Une inscription peut être requise soit par le *créancier* lui-même, soit par le *mandataire* du créancier, soit même, dans certains cas, par les *parents* et *amis* d'un créancier incapable (art. 2139).

L'inscription d'une hypothèque est considérée comme un *acte conservatoire*, et comme telle elle peut être requise même *par un incapable*, un mineur ou une femme mariée non autorisée (art. 2139).

Quant au *conservateur des hypothèques*, il est seulement chargé d'opérer les inscriptions qui lui sont demandées; il n'est point tenu d'inscrire lui-même les hypothèques dont il connaît l'existence, si ce n'est dans *un cas unique* : au profit du vendeur d'immeuble (ci-dessous, n° 3007).

2948. Sur qui les inscriptions sont prises. — L'inscription doit être prise sur le nom de la personne qui était propriétaire de l'immeuble au moment où l'hypothèque est née. Cette personne est ordinairement le débiteur tenu personnellement de la dette ; ce peut être aussi une *caution réelle* (ci-dessus, n° 2368), qui n'est pas personnellement obligée.

Quand une inscription est prise sur un bien déjà aliéné par le débiteur, elle doit néanmoins être mise au nom de ce débiteur ; elle serait nulle, si elle était inscrite au nom du tiers détenteur et il n'est même pas nécessaire d'indiquer le nom de ce tiers (Cass., 5 avril 1892, D. 92. 1. 283, S. 92. 1. 489).

2949. Titres permettant de s'inscrire. — La loi suppose, ce qui est le cas ordinaire, que le créancier qui prend inscription est muni d'un *titre authentique*, un jugement, si c'est une hypothèque judiciaire, un acte notarié, si c'est une hypothèque conventionnelle, et qu'il en présente au conservateur soit une *expédition*, soit (au second cas) l'*original en brevet*. — Mais un créancier peut parfaitement requérir une inscription en vertu d'un *acte sous seings privés* ; il en est ainsi pour les privilèges du vendeur et du copartageant, la vente et le partage pouvant se faire sous signatures privées. Il peut même parfois le faire *sans aucun titre écrit* : si c'est un créancier qui demande la séparation des patrimoines, et dont la créance est née d'un délit ou d'une faute du débiteur ou d'un contrat susceptible de se prouver par témoins (Agen, 18 juill. 1894, D. 95. 2. 217. S. 95. 2. 177).

2950. Bordereaux d'inscription. — Toutes les indications que doit contenir une inscription sont *fournies au conservateur par le créancier qui s'inscrit*. A cet effet, *deux bordereaux* doivent être remis par lui au bureau (art. 2148-2°). Ces deux bordereaux sont la reproduction littérale l'un de l'autre.

Pourquoi deux, au lieu d'un seul? C'est afin qu'on puisse savoir plus tard à qui est la faute, *si l'inscription se trouve incomplète ou erronée* : c'est peut-être le créancier qui s'est trompé en rédigeant lui-même ses bordereaux ; c'est peut-être le conservateur qui en a reproduit inexactement le contenu. On le verra en comparant le bordereau, qui a servi de modèle, et l'inscription qui en est la copie, et pour que le possesseur du bordereau qui se sentira en faute ne fasse pas disparaître la pièce accusatrice, la loi veut qu'il en soit rédigé deux : le conservateur en garde un, pour faire sa preuve, le cas échéant ; il remet l'autre au créancier après avoir certifié, au pied, qu'il a opéré une inscription conforme (art. 2150).

Ces deux bordereaux doivent être sur papier timbré, sous peine d'amende.

Ordinairement le conservateur se borne à en reproduire littéralement le contenu sur son registre ; il se conforme ainsi à l'art. 2150 qui l'oblige à « faire mention... » du contenu aux bordereaux. D'ailleurs, il a intérêt à n'y rien changer, afin de mettre sa responsabilité à couvert.

2950 *bis*. Responsabilité du notaire. — Il était jadis admis que les notaires ne sont pas obligés par leurs fonctions à remplir les formalités dites « extrinsèques », qui deviennent nécessaires à la suite des actes reçus par eux, telles que la *transcription* et l'*inscription d'une hypothèque* (Cass., 18 janv. 1892, D. 92. 1. 454, P. 93. 1. 93, S. 92. 1. 255 ; Cass., 18 nov. 1895, D. 96. 1. 16, S. 96. 1. 500 et les renvois). Ils ne peuvent le devenir que par l'effet d'un mandat spécial reçu de leur client, mandat qui, à la vérité, peut être tacite et résulter des circonstances souverainement appréciées par les juges du fait (Cass., 28 mai 1888, S. 89. 1. 78 ; Pau, 26 mars 1890, D. 91. 2. 110 ; Montpellier, 30 juin 1890, D. 91.2. 181). Sur les difficultés de preuve relatives à l'existence de ce mandat tacite, voyez Pau, 4 juill. 1892, D. 93. 2. 222 ; Montpellier, 1er juin 1891, S. 92. 2. 103. Voyez aussi Cass., 29 déc. 1875, D. 76. 1. 149 et la note du *Dalloz*, 77. 1. 150, note 2, S. 76. 1. 401. — Mais la jurisprudence la plus récente traite les notaires d'une façon plus rigoureuse. Des arrêts ont admis le mandat tacite par cela seul que le client était illettré et incapable de veiller à ses intérêts (Lyon, 20 mars 1900, D. 1901. 2. 201. Comp. Rennes, 21 févr. 1893, D. 94. 2. 442, S. 95. 2. 103). Certains ont même décidé, d'une façon générale, que le notaire était tenu de remplir ces formalités en l'absence de tout mandat (Rennes, précité; Nancy, 9 févr. 1894, D. 95. 2. 393).

2° Énonciations nécessaires dans les inscriptions.

2951. Énumération. — L'art. 2148 énumère les énonciations que doit contenir en principe toute inscription; puis cet article lui-même, ainsi que l'art. 2153, indique des exceptions concernant les hypothèques générales, soit judiciaires, soit légales. L'hypothèque judiciaire est dispensée de la dernière (ci-dessous, 8°); les trois hypothèques légales de l'art. 2121 (celles des personnes mariées, des femmes en tutelle, de l'État, des communes et des établissements publics) sont dispensées, d'une manière plus ou moins complète de celles qui portent dans la liste ci-dessous les nos 6, 7 et 8.

Les énonciations à insérer dans l'inscription sont les suivantes:

1° La *désignation du créancier*;
2° Une *élection de domicile*, à faire par le créancier;
3° La *désignation du débiteur*;
4° La désignation du *titre du créancier*;
5° Le *montant de la créance*;
6° et 7° L'indication des *modalités* qui l'affectent (terme et condition);
8° Les *biens grevés d'hypothèque*.

2952. Désignation du créancier. — On indique ses noms et prénoms, son domicile, et sa profession, quand il en a une. L'indication du domicile sert surtout comme moyen d'identifier le créancier, de le distinguer de ses homonymes, car ce n'est pas à ce domicile réel qu'on ira le chercher, quand on aura besoin de s'adresser à lui (voyez ci-dessous no 2953, ce qui est dit de l'élection de domicile que doit contenir l'inscription). Toutefois l'indication du domicile réel pourra être utile dans quelques cas: elle peut parfois remplacer l'indication du domicile élu, quand l'élection exigée par la loi n'a pas été faite (ci-dessous, no 2976).

2953. Élection de domicile. — Tout créancier qui s'inscrit doit prendre un domicile d'élection dans l'arrondissement du bureau, afin qu'on ne soit pas obligé d'aller chercher au loin. Cette élection de domicile est nécessaire, *alors même que le créancier aurait son véritable domicile dans l'arrondissement*, parce que le domicile réel peut être déplacé; le domicile élu subsistera. Le domicile élu sert pour les diverses notifications qu'on peut avoir à faire à un créancier inscrit, soit pour purger ou pour saisir l'immeuble, soit pour faire réduire ou rayer son inscription.

Il est permis au créancier de *changer le domicile élu*, à la charge d'en indiquer un autre dans le même arrondissement (art. 2152). Les *cessionnaires de la créance* peuvent également opérer ce changement, si le domicile élu choisi par le créancier primitif ne leur convient pas, mais cette faculté n'est concédée qu'à ceux qui ont obtenu une cession par acte authentique (art. 2152): un acte sous seings privés ne suffirait pas, parce qu'il permettrait trop facilement de commettre des fraudes: une personne qui voudrait nuire au créancier ou faciliter la libération de l'immeuble, changerait à son insu le domicile élu par lui, après avoir présenté au conservateur un faux acte de cession, et le créancier ignorerait les significations qui lui seraient envoyées à ce faux domicile et qui seraient régulières en la forme.

2954. Désignation du débiteur. — Autant que possible le créancier doit donner les noms, prénoms, profession et domicile du débiteur; mais il est possible qu'il les ignore. Alors il s'y prendra comme il pourra pour fournir une *désignation individuelle* capable de le faire reconnaître. Ainsi, si le nom véritable est inconnu, on le désignera par le sobriquet qu'il porte ou par toute autre particularité.

Dans certains endroits des campagnes, quelques noms sont très répandus ; un petit nombre de familles se sont multipliées ; Morin dans le Nord, Lehuédé dans l'Ouest, et bien d'autres noms, sont portés par des centaines de personnes qui vivent dans la même région et affectionnent les mêmes prénoms, de sorte qu'il est à peu près impossible de les distinguer les uns des autres et de savoir sur quel individu porte une inscription prise au nom de Morin ou de Lehuédé[1]. Le seul moyen de s'y reconnaître serait l'indication de la date et du lieu de naissance, qui serait un procédé à peu près infaillible.

Lorsque l'hypothèque est constituée par un tiers non obligé à la dette (caution réelle), on doit indiquer à la fois le nom du débiteur et le nom du propriétaire du bien hypothéqué.

Lorsque l'inscription doit être prise sur les biens d'une personne décédée, elle peut l'être au nom du défunt, parce que le créancier qui s'inscrit ignore souvent la qualité et le nom des héritiers (art. 2149).

2955. Titre du créancier. — On doit indiquer la *date* et la *nature* du titre qui a donné naissance à l'hypothèque ou au privilège faisant l'objet de l'inscription. Cette indication est nécessaire pour les hypothèques conventionnelles, afin qu'on sache si l'hypothèque a été consentie à une époque où elle pouvait l'être ; pour les hypothèques légales, afin qu'on sache si réellement la créance est de celles auxquelles la loi attache une sûreté hypothécaire. Ainsi ces mots de l'art. 2153, « la nature des droits à conserver », correspondent au 3° de l'art. 2148 qui parle de « la nature du titre ». En conséquence, le créancier d'une succession ou le légataire qui s'inscrit pour conserver le bénéfice de la séparation des patrimoines doit indiquer en quelle qualité il le fait, faute de quoi on ne saurait pas quel est le privilège que son inscription conserve.

***2956. Montant de la créance.** — Cette indication est nécessaire en principe dans toute inscription, même dans les hypothèques judiciaires (car l'art. 2148 ne les en dispense pas), même dans les hypothèques légales (car l'art. 2153 ne les en dispense que dans un cas). Ainsi une hypothèque a beau être générale, elle ne peut être inscrite que *pour une somme déterminée*. Il en résulte que le créancier qui s'inscrit doit faire lui-même *l'évaluation de sa créance*, quand elle n'est pas encore liquide, telle qu'une indemnité d'assurance pour laquelle inscription est prise avant l'expertise, ou quand elle a pour objet des rentes ou autres prestations annuelles. Voyez l'art. 2148-4°.

L'évaluation doit comprendre le montant de la créance en *principal* et *accessoires*. Parmi les accessoires, figurent les *frais de l'inscription*, les *frais faits pour obtenir le titre* et le faire enregistrer ; les *dépens du procès*, quand il y en a eu un, et surtout les *intérêts*, quand il y en a d'échus au moment de l'inscription.

2957. Dispense d'évaluation pour les hypothèques légales. — Ainsi un créancier ne peut jamais être colloqué pour une somme supérieure à celle qui est portée dans son inscription. Il n'y a d'exception à cette règle qui rend l'évaluation nécessaire que pour les trois hypothèques légales de l'art. 2121 (celles des femmes mariées, celle des personnes en tutelle, et celle de l'État, des communes et des établissements publics), et encore la dispense n'est-elle pas complète, car l'art. 2153 exige que l'inscription mentionne « le montant de leur valeur *quant aux objets déterminés* ». Ainsi quand il

[1] Sur divers cas de nullité pour désignation insuffisante du débiteur, voir Toulouse, 24 août 1883, Dalloz, *Suppl.*, t. XIV, p. 180, note 1, S. 84. 2. 4 ; Bordeaux, 20 mai 1892, D. 92. 2. 416.

existe, au profit d'un de ces incapables, une créance dont le montant est connu, son chiffre doit être *exprimé dans l'inscription*, et la jurisprudence applique cette règle à la rigueur : elle annule les inscriptions d'hypothèques légales qui n'énoncent pas cette valeur (Aix, 20 nov. 1891, D. 92. 2. 585, S. 92. 2. 17 ; Cass., 27 juin 1899, D. 1900. 1. 194). L'exception se réduit donc, pour ces trois hypothèques, à une *dispense d'évaluation des droits indéterminés*.

2958. Époque d'exigibilité. — Cette énonciation est utile pour savoir si la créance peut être remboursée, et surtout pour savoir si elle a déjà pu produire des intérêts qui en grossiront le chiffre. — Cette énonciation n'est pas requise par l'art. 2153 pour les trois hypothèques légales dont il s'occupe : il est en effet impossible de prévoir à quel moment le mariage se dissoudra, quand la séparation de biens interviendra, quand la tutelle prendra fin, etc.

2959. Condition. — La condition qui affecte la créance doit être indiquée quand celle-ci est conditionnelle. Ici les rédacteurs du Code se sont totalement mépris sur ce qu'il convenait de faire pour les inscriptions de droits conditionnels : il leur a paru qu'il y avait lieu de faire une *évaluation* de la créance ; ils l'ont exigée en principe (art. 2148) et en ont dispensé les hypothèques légales de l'art. 2121 (art. 2153). Or, il n'y a rien à évaluer quand une créance est conditionnelle ; c'est tout ou rien pour le créancier, selon que la condition se réalise ou vient à défaillir. Il suffit donc d'indiquer dans l'inscription l'*existence de la condition* et la *nature du fait* d'où dépend la créance. Quant à l'évaluation, elle peut être nécessaire si l'objet de la créance n'est pas une somme déterminée, mais ceci n'est nullement l'effet de la condition.

Nous ferons la même observation pour les *droits éventuels* que la loi assimile aux droits conditionnels dans les art. 2148 et 2153. Quand ils donnent lieu à une évaluation, c'est parce que leur objet est indéterminé, ce qui leur arrivera presque toujours.

** **2960. Indication des biens grevés d'hypothèque.** — Cette indication est requise dans toute inscription, sauf pour les hypothèques judiciaires et pour les trois hypothèques légales de l'art. 2121. C'est la *spécialité de l'hypothèque* qui devient par là *visible dans l'inscription*. Toutefois la loi est fort mal observée sur ce point. Si elle était strictement appliquée, il y aurait une grande différence entre les inscriptions d'hypothèques spéciales, comme l'est l'hypothèque conventionnelle, et les inscriptions d'hypothèques générales, comme l'hypothèque des mineurs ou l'hypothèque judiciaire. Les premières devraient indiquer d'une manière précise les immeubles grevés ; pour les secondes, *une seule inscription par bureau* suffit pour grever *tous les immeubles possédés par le débiteur dans l'arrondissement* : les rédacteurs de la loi s'attendaient certainement à ce qu'il en fût ainsi, car ils font allusion à cette différence à la fin de l'art. 2148. Mais ils avaient compté sans la jurisprudence, qui par une tolérance peut-être plus grande que ne l'exigeaient les besoins de la pratique, a presque effacé le principe de la spécialité des hypothèques. Les tribunaux admettent qu'une désignation sommaire de la nature des biens suffit[1], avec l'indication de la commune ou de l'arrondissement[2] où ils sont situés (Cass., 12 nov. 1890, D. 91.

[1] Voici une formule qui a été jugée suffisante par l'arrêt de 1893 cité au texte : le débiteur hypothèque tous ses biens, consistant en « maisons d'habitation, bâtiments, servitudes et dépendances, jardins, terres labourables, ouches, prés, marais et *autres natures de propriété sans aucune exception ni réserve* ». Que serait-ce si la loi avait permis de constituer des hypothèques générales ?

[2] En fait, les parties indiquent souvent la situation des immeubles par le nom de la

5. 306, S. 91. 1. 199 ; Paris, 11 avril 1892, D. 94. 2. 79, S. 94. 2. 131 ; Cass., 27 nov. 1893, D. 94. 1. 566, S. 94. 1. 349.)

Pour défendre son système, la jurisprudence dit que le principe de la *publicité* est respecté : les créanciers sont avertis que tous les biens du débiteur dans telle commune sont hypothéqués et cela suffit. — Il n'est pas bien sûr que cela suffise, car le principe de spécialité a été inventé précisément pour être un *utile auxiliaire de la publicité*. Avec une formule générale comme celle qui est rapportée en note, on peut croire que tous les biens *actuels* du débiteur sont hypothéqués ; or il n'a pu grever d'hypothèques conventionnelles que ceux qu'il possédait *lors du contrat*, et il a pu en acquérir de nouveaux depuis lors ; il faudra donc que les tiers, mal éclairés par une inscription aussi vague, recherchent *la date d'acquisition de chaque parcelle !* Autant dire que le système de publicité organisé par la loi manque son but.

* **2961. Jurisprudence spéciale à la séparation des patrimoines.** — Par une singularité tout à fait remarquable, les tribunaux se montrent plus sévères que pour tout autre, pour les créanciers et légataires séparatistes qui inscrivent leur privilège conformément à l'art. 2111. Ils exigent que *leur inscription mentionne spécialement les différents biens sur lesquels elle porte* et, *faute de cette indication, ils en prononcent la nullité* (Cass., 30 juill. 1878, D. 79. 1. 366, S. 79. 1. 154 ; Caen. 7 févr. 1888, S. 88. 2. 136).

La raison de cette sévérité est que, lorsque l'inscription est prise d'une manière générale, « sur tous les immeubles délaissés par le défunt dans telle ou telle commune », cette désignation peut devenir insuffisante si l'héritier possède dans la même commune d'autres immeubles à lui personnels : il est alors impossible aux tiers de discerner, par le seul effet de l'inscription, les biens libres des biens grevés. Comme argument de texte, les tribunaux se fondent sur l'art. 2111, aux termes duquel les créanciers et légataires ne conservent leur privilège sur les immeubles de la succession que par des inscriptions faites « sur *chacun* de ces biens ». — On pourrait bien objecter aux tribunaux que l'art. 2129 est au moins aussi explicite quand il énonce le principe de la spécialité relativement aux hypothèques conventionnelles et que la jurisprudence se montre beaucoup plus large dans son interprétation : mais *la raison de fait* indiquée plus haut *suffit à justifier la différence* admise pour l'application de ces deux textes. Il faut en effet tenir compte de cette circonstance qu'on a ici affaire à un débiteur qui possède *deux patrimoines distincts* et que le privilège inscrit ne porte que sur l'un d'eux.

3° Conservation des intérêts.

* **2962. Position de la question.** — Quand une créance soumise à la formalité de l'inscription a été inscrite, de quelle manière et à quelles conditions le créancier pourra-t-il obtenir son paiement pour les intérêts qui pourront lui être dus ? Il n'y a pas de difficulté pour les *intérêts déjà échus*

commune, mais la jurisprudence se contente de l'indication de l'arrondissement (arrêt du 12 nov. 1890, cité au texte).

au moment où le créancier s'inscrit : ceux-là doivent être *énoncés dans l'inscription*, à titre d'accessoires du capital (ci-dessus n° 2956) et ils sont *colloqués au même rang que ce capital*. Mais pour les intérêts qui viendront à échéance dans l'avenir et qui pourront rester impayés, il y avait plusieurs systèmes possibles. On pouvait d'abord les considérer comme formant autant de petites créances distinctes et comme soumises isolément à la règle de la publicité : chaque fois qu'un trimestre ou un semestre serait venu à échéance, le créancier eût été obligé de prendre *une inscription spéciale*, qui ne lui aurait donné rang qu'à sa date. En sens inverse, on aurait pu admettre que l'inscription du capital, sous la seule condition d'indiquer la production des intérêts et leur taux, conserverait de plein droit, et au même rang, tous ceux qui se trouveraient dus au jour de la distribution du prix. Ce système présentait un danger, l'*accumulation des intérêts*, qui pourraient grossir inopinément la dette, et d'une manière excessive, si le créancier a été négligent. Les autres créanciers doivent croire que les intérêts ont été payés d'une manière à peu près régulière. On s'est donc arrêté à un *système mixte* (ci-dessous, n° 2964).

2963. Ancien droit. — Avant la Révolution, alors que toutes les hypothèques étaient occultes, cette difficulté ne se présentait pas : un créancier pouvait toujours obtenir collocation pour tous les intérêts qui lui étaient dus, au même rang que pour le principal. Mais dans le droit moderne où l'on tient à ce que les tiers soient avertis, autant que possible, du chiffre des créances qui grèvent l'immeuble, il a fallu prévoir et régler la question.

*** 2964. Système de la loi actuelle.** — La disposition primitive du Code (art. 2151) a été remaniée par une loi du 17 juin 1893. Actuellement un créancier inscrit a le droit de se faire colloquer, *au même rang que pour le capital, pour trois années d'intérêts*. S'il y a plus de trois années échues et non payées, il doit prendre une inscription particulière pour l'excédent, et cette inscription ne lui donne rang qu'à sa date.

*** 2965. But de la loi de 1893.** — Cette loi a eu principalement pour but de faire cesser des controverses sur l'application de l'art. 2151. Comme ce texte ne parlait que des *hypothèques*, on se demandait quelle règle il fallait suivre pour les *privilèges* ; la loi nouvelle a mentionné expressément ces derniers. Elle a, en outre, fixé à trois années, *d'une manière invariable*, le montant total des intérêts qui peuvent être colloqués en vertu de l'inscription principale, tandis que le texte ancien donnait deux années et l'année courante, ce qui pouvait faire beaucoup moins [1].

2966. Disposition transitoire. — Afin de ne pas enlever aux créanciers privi-

[1] CONTROVERSE RELATIVE AUX PRIVILÈGES. — Il est peut-être utile de dire quelques mots des difficultés qu'avait soulevées le texte primitif du Code. D'après l'opinion qui dominait en doctrine et qui avait été consacrée par la Cour de cassation, l'art. 2151 ne s'appliquait qu'aux hypothèques et non aux privilèges dont il ne faisait pas mention. La conséquence était que le créancier privilégié obtenait *collocation pour tous les intérêts non prescrits au même rang que le capital* (Cass., 4 août 1873, D. 74. 1. 25, S. 74. 1. 15). Cette jurisprudence était très contestable : elle s'appuyait sur quelques mots qui figurent dans l'art. 2151 d'une manière incidente (hypothèque..., rang à leur date...) ; elle méconnaissait le principe de la publicité : elle créait une différence injustifiée entre l'hypothèque et le privilège immobilier, qui sont au fond des droits de même nature.

légiés le droit qu'ils avaient jusque-là d'obtenir collocation pour tous les intérêts à eux dus, la loi de 1893 leur a donné un délai de six mois à compter de sa promulgation pour les faire inscrire en les conservant au même rang que le principal ; faute d'avoir pris cette inscription spéciale dans ce délai, le créancier privilégié subit l'effet de la loi nouvelle et ne peut être colloqué au rang de sa créance principale que pour trois années d'intérêts[1].

2967. Années d'intérêts garanties par l'inscription. — Les années d'intérêts dont parle l'art. 2151, ne sont pas celles qui ont suivi l'époque de l'inscription, mais bien *celles qui précèdent le moment où on règle les créanciers*; l'arriéré alors conservé par l'inscription comprend donc *les années les plus récentes*. Il y a cependant controverse sur ce point (Dalloz, *Suppl.*, v° Privilèges, n° 1479).

2968. Point d'arrêt des trois années. — Quel est le moment à partir duquel on comptera ces trois années en remontant dans le passé ? Cette question s'est trouvée toute résolue d'avance par la jurisprudence antérieure[2]. Il vient, en effet, un moment où l'on dit que *l'hypothèque a produit son effet légal*, c'est-à-dire à partir duquel il n'est plus nécessaire de la renouveler, parce que le droit des créanciers se trouve transporté de la chose sur le prix. Ce moment est, dans le cas de vente sur saisie, celui de l'adjudication (Cass., 7 avril 1880, D. 80. 1. 109), ou plus exactement le jour de la transcription du jugement d'adjudication (Thézard, n° 148) et, dans le cas d'aliénation volontaire, le jour de la notification à fin de purge (Caen, 16 mars 1880, Dalloz, *Suppl.*, t. XIV, p. 254, note 1).

2969. Intérêts courus postérieurement. — A partir du moment où son inscription est réputée avoir produit son effet légal, le créancier n'a plus à s'occuper de son inscription ni de la conservation des intérêts ; tous ceux qui auront couru *pendant la procédure, jusqu'à la clôture de l'ordre*, doivent lui être alloués en même temps que le principal ; son droit de collocation n'est pas limité à leur égard (arg. art. 765, al. 2 et 768 C. proc. civ.). — Comp. Cass., 12 juin 1876, D. 77. 1. 352, S. 76. 1. 376 ; Trib. de Rennes, 5 avril 1897, D. 99. 2. 281.

Enfin, *après la clôture de l'ordre*, les intérêts de son argent lui sont dus par l'acquéreur sur lequel il est colloqué.

2970. Application aux rentes. — La disposition de l'art. 2151 ne s'applique pas seulement aux *intérêts* des créances ordinaires ; elle régit aussi les *arrérages des rentes*. Il est bien vrai que le texte suppose que le créancier est inscrit pour un « capital » et que dans les rentes il n'y a point de capital exigible. Mais on s'est arrêté au mot « arrérages » qui figure aussi dans le texte : « pour un capital produisant intérêts ou *arrérages* ». On a pensé que ce mot désignait, d'une manière technique, les revenus des rentiers : c'est une erreur : « arrérage » n'a pas d'autre sens qu'*arriéré exigible*. Quoi qu'il en soit, cette interprétation du mot a fixé la jurisprudence en ce sens (Poitiers, 7 déc. 1885, D. 87. 2. 60, S. 86. 2. 81). Et il faut reconnaître que cette jurisprudence est justifiée en fait, car il y a identité de motifs pour limiter le droit du créancier aussi bien pour un arriéré de rentes que pour un arriéré d'intérêts.

2971. Application aux hypothèques légales. — Il s'agit des hypothèques légales appartenant aux femmes mariées, aux mineurs et aux interdits et qui sont dis-

[1] On peut observer qu'en fixant d'une manière uniforme à trois années le montant des intérêts à colloquer avec la créance, la loi de 1893 a amélioré la condition des créanciers hypothécaires ordinaires, qui n'avaient jamais droit à trois années entières, et empiré celle des créanciers privilégiés qui avaient droit à cinq ans au moins (art. 2277).

[2] Les arrêts signalés au texte résolvaient une question un peu différente. Le texte ancien parlait de l'*année courante*, c'est-à-dire de l'année au cours de laquelle un événement s'accomplit, et il avait fallu déterminer l'événement que la loi avait eu en vue en parlant ainsi. Cet événement, qui autrefois servait à reconnaître l'année courante, sert maintenant à calculer, en comptant à rebours, les trois années d'intérêts dont parle le texte actuel.

pensées d'inscription (ci-dessous, nos 2987 et suiv.). Tant que dure cette dispense, les intérêts se trouvent tout naturellement garantis, quel que soit leur chiffre, de la même façon que le capital ; mais le jour où ces hypothèques se trouvent soumises à la publicité, en vertu de l'art. 8 de la loi du 23 mars 1855 (ci-dessous, n° 2998), le droit commun leur devient applicable, c'est-à-dire que *les intérêts courus au profit du créancier à partir de ce même moment ne sont plus garantis que conformément à l'art.* 2151.

4° Frais des inscriptions.

2972. La règle. — Aux termes de l'art. 2155, les frais nécessités par l'inscription sont *à la charge du débiteur*. C'est l'effet d'une interprétation de volonté, l'usage ordinaire étant de faire payer au débiteur (emprunteur, acheteur, etc.) les frais de l'acte qui constate les droits du créancier contre lui.

2973. Les exceptions. — Une convention spéciale peut déroger à la règle et mettre les frais à la charge du créancier; la loi elle-même le prévoit, en disant : « s'il n'y a *stipulation contraire*. »

On admet l'existence d'une autre exception de plein droit *au profit du tuteur*; l'art. 471 l'autorise à faire figurer dans son compte toutes les dépenses utiles faites par lui dans l'intérêt de l'incapable ; l'inscription de l'hypothèque légale, si le tuteur l'a fait opérer, figure évidemment parmi ces dépenses utiles.

Mais la même exception ne profite pas au mari qui aurait fait inscrire sur lui-même l'hypothèque de sa femme : le mari a la jouissance des revenus du ménage et n'en est point comptable; il ne peut pas se faire rembourser par sa femme les frais d'une inscription que la loi l'oblige personnellement à prendre.

2974. Avance des frais par l'inscrivant. — Souvent, en pratique, le débiteur ne s'acquitte pas des frais entre les mains de son créancier. Celui-ci est donc obligé d'en faire l'avance en s'inscrivant, et c'est encore ce que prévoit l'art. 2155. Mais il aura le droit de les récupérer plus tard, et il en fait mention dans son inscription à titre d'accessoires de la dette.

Par exception, cette avance n'est pas exigée des personnes qui ont la faculté de faire faire l'inscription des hypothèques légales des femmes mariées, des mineurs et des interdits : elles peuvent les prendre gratuitement et le conservateur en fait supporter les frais à l'incapable, contre lequel la loi lui ouvre une action à cet effet (art. 2155). Sans cette précaution on était sûr que jamais personne ne se serait entremis pour faire inscrire l'hypothèque légale d'un incapable, mais la loi n'a pas atteint son but et son effet pratique est resté bien faible.

5° Nullité des inscriptions.

2975. Silence du Code. — Qu'arrive-t-il, lorsque l'une des mentions requises par la loi a été omise? Le Code n'a pas prévu ces omissions et n'a rien dit des nullités qui peuvent atteindre les inscriptions. L'art. 2134 exige seulement d'une manière vague, que l'inscription soit faite « dans la forme et de la manière prescrites par la loi », ce qui ne nous apprend pas dans quels cas cette inscription sera nulle.

2976. Jurisprudence. — La jurisprudence a suppléé au silence de la loi. Elle distingue entre les *mentions substantielles* et les *mentions accessoires*, qui sont purement réglementaires. *Seule, l'omission des premières entraîne nullité.*

Cette distinction est en elle-même très raisonnable, car il est évident que toutes les mentions exigées par la loi n'ont pas la même valeur et ne sauraient avoir la même sanction. La difficulté n'en a pas moins été considérable, parce qu'il a fallu faire le triage entre les diverses énonciations des inscriptions, selon leur importance.

Voici sur ce point quelques indications sommaires. Sont considérées comme *substantielles* les désignations :

1° De la *personne du débiteur* (Bordeaux, 20 mai 1892, D. 92. 2. 416);

2° De la *date* et de la *nature du titre* (Cass., 9 janv. 1888, D. 88. 1. 176, S. 88. 1. 101);

3° Du *montant de la créance* (Cass., 11 nov. 1811, Dalloz, *Répert.*, v° Privilèges et hypothèques, n° 1026, S. 12. 1. 132, S. chr. 3. 1. 421);

4° De *son époque d'exigibilité* (Cass., 26 mars 1872, D. 72. 1. 425; Bordeaux, 12 janv. 1887, D. 87. 2. 191, S. 88. 2. 108). Cette jurisprudence très ancienne a été confirmée par une loi spéciale du 4 septembre 1807 (Sirey, *Lois annotées*, t. I, p. 754).

5° Des *biens hypothéqués* (Cass., 1er mai 1860, D. 60. 1. 510, S. 61. 1. 267; Cass., 12 nov. 1890, D. 91. 5. 306, S. 91. 1. 199), sauf dans les cas où le créancier est dispensé de donner cette indication. Voyez aussi ce qui est dit au n° 2960 de la jurisprudence relative à la spécialité des hypothèques.

Il est évident que la *désignation du créancier* doit aussi être considérée comme substantielle, car une inscription qui serait anonyme ne servirait à personne. Mais la jurisprudence se montre très indulgente pour les erreurs relatives à cette désignation. Voyez es arrêts anciens cités par Dalloz, *Répert.*, v° Privilèges et hypothèques, n°s 1476 et suiv. *Adde* Cass., 9 févr. 1891, D. 92. 1. 11, S. 92. 1. 113. Une circulaire ministérielle du 12 mai 1882 (D. 83. 5. 292) a recommandé aux notaires d'apporter le plus grand soin dans l'énonciation des noms et prénoms tant du créancier que du débiteur.

Quant à l'*élection de domicile du créancier*, la jurisprudence a varié; elle a été fixée en 1863 par un arrêt des chambres réunies (Cass., 14 janv. 1863, D. 63. 1. 101, S. 63. 1. 73), d'après lequel l'élection de domicile n'est nécessaire que si le créancier n'a pas son domicile réel dans l'arrondissement, parce que l'indication de ce domicile suffit pour remplir le vœu de la loi (Douai, 27 déc. 1892, D. 93. 2. 525); mais l'inscription est nulle, faute d'élection de domicile, si le domicile réel est en dehors de l'arrondissement (Agen, 23 mars 1892, D. 93. 2. 406, S. 93. 2. 243).

L'indication du domicile du débiteur n'est qu'un moyen de le faire connaître; la nullité ne serait donc encourue, en cas d'omission, que s'il en pouvait résulter une confusion entre ce débiteur et quelque autre personne (Trib. Orange, 12 juill. 1870, D. 73. 2. 276. Comp. Chambéry, 22 mars 1872, D. 74. 3. 198).

Sur tous ces points les auteurs sont très divisés d'opinions. Voyez l'analyse succincte de quelques systèmes dans Dalloz, *Suppl.*, v° Privilèges et hypothèques, n° 1005.

2977. Condition de la nullité. — La question de savoir s'il est nécessaire que l'erreur ou l'omission ait causé préjudice à un tiers pour que l'inscription soit nulle, n'est pas encore élucidée. Voyez le rapport de M. le conseiller Denis sous Cass., 9 févr. 1891, D. 92. 1. 11.

2978. Responsabilité du notaire. — Sur les conditions de cette responsabilité, voyez Cass., 27 juin 1899, D. 1900. 1. 194.

C. — Sanction du principe de publicité.

** **2979. Effet du défaut d'inscription.** — Depuis que la loi a organisé la publicité des hypothèques, toute hypothèque qui n'a pas été rendue publique, alors qu'elle n'était pas dispensée d'inscription, ne peut pas produire d'effets. Tel est le principe. L'inscription seule vivifie le droit d'hypothèque et permet au créancier qui le possède de l'utiliser.

** **2980. Personnes admises à opposer le défaut d'inscription.** — Il va sans dire que ce droit appartient aux autres *créanciers hypothécaires* et *aux tiers détenteurs de l'immeuble*. Il appartient également aux *simples créanciers chirographaires* qui sont intéressés au premier chef à avoir devant eux le moins possible de personnes pourvues d'un droit de préférence. On en a pourtant douté, dans les premiers temps du Code civil, mais deux arrêts de la Cour de cassation ont promptement mis fin à la controverse (19 déc. 1809, S. 10. 1. 101 ; 11 juin 1817, S. 18. 1. 41). L'art. 2134 ne permet aucune distinction quand il dit que l'hypothèque n'a de rang « entre les créanciers », qu'autant qu'elle a été inscrite.

Pour comprendre l'intérêt que les créanciers chirographaires peuvent avoir à opposer le défaut d'inscription d'une hypothèque, on doit supposer que le cours des inscriptions se trouve arrêté par la faillite ou la liquidation judiciaire du débiteur ou par l'acceptation bénéficiaire de sa succession. Autrement, si le registre est encore ouvert, le créancier hypothécaire en sera quitte pour prendre inscription et rendre ainsi son droit opposable à la masse chirographaire.

*** 2981. Inutilité de l'inscription entre les parties.** — Mais si l'inscription est nécessaire *à l'égard des tiers*, quels qu'ils soient, elle ne l'est point *entre les parties*. On en conclut notamment que le débiteur n'a point qualité pour demander la nullité d'une inscription vicieuse ou incomplète, et que le créancier peut demander *le total de la dette* à l'un quelconque des héritiers du débiteur, détenteur de l'immeuble hypothéqué, alors même que l'inscription serait périmée ou n'aurait jamais été prise.

D. — Responsabilité du conservateur.

2982. Principe général. — Le conservateur est en faute quand il a *mal transcrit* ou quand il a *omis de transcrire* une inscription. Et il peut commettre ces deux genres de faute à *deux moments différents* : 1° dans les *écritures faites sur ses registres*, au moment où le créancier est venu requérir son inscription ; 2° dans les *états ou certificats* délivrés aux tiers qui sont venus prendre des renseignements (art. 2197).

2983. Applications. — En pratique, les cas de responsabilité sont relativement rares; cependant il s'en présente parfois, et c'est une lourde charge pour les conservateurs, car la moindre négligence peut se traduire par une omission grave, qui engage leur responsabilité pour une somme considérable.

Ainsi, des conservateurs ont été rendus responsables des conséquences dommageables de l'*omission de la date du titre* en vertu duquel l'inscription était prise (Agen, 16 févr. 1887, D. 87. 2. 220, S. 87. 2. 239); de l'*omission d'une inscription* dans l'état délivré à un acquéreur de l'immeuble (Angers, 27 mars 1878, D. 78. 2. 164, S. 78. 2. 185 ; Alger, 11 déc. 1897, D. 99. 2. 39), alors même que le propriétaire grevé de l'hypothèque était désigné dans l'inscription sous un prénom inexact, si les autres indications suffisaient pour reconnaître son identité (Nancy, 15 déc. 1891, D. 92. 2. 511); d'une erreur dans l'indication de la date d'une inscription existante, si cette inexactitude a empêché le notaire du créancier de la faire renouveler en temps utile (Trib. Tulle, 5 avril 1892, Dalloz, *Suppl.*, t. XIV, p. 304, note 1).

Il est même responsable du dommage qu'il peut causer en indiquant comme existant sur une personne une obligation qui existe en réalité sur une autre (Cass., 30 janv. 1867, D. 67. 1. 302, S. 67. 1. 174. Comp. Chambéry, 27 avril 1875, D. 78. 2. 11).

Mais quand une erreur de nom, commise dans une inscription par la faute du rédacteur du bordereau, empêche plus tard le conservateur de reconnaître l'identité de la personne, aucune faute ne peut lui être imputée s'il a omis de signaler cette inscription dans l'état qui lui a été demandé sur le nom exact du débiteur (Cass., 7 déc. 1892, D. 93. 1. 207). Voyez aussi pour les cas où l'erreur, imputable au conservateur, n'est pas de nature à entraîner préjudice pour quelqu'un (Caen, 26 mai 1874, D. 75. 2. 102, S. 74. 2. 300).

Il a même été jugé que le conservateur ne commet aucune faute lorsqu'il néglige d'avertir le créancier d'une erreur par lui commise dans le bordereau, bien que le conservateur s'en soit aperçu (Paris, 26 janv. 1872, D. 72. 2. 121, S. 72. 2. 19; Cass., 25 nov. 1872, D. 73. 1. 134, S. 73. 1. 65)[1].

2984. Prescription. — Tant que le conservateur conserve ses fonctions, la seule prescription qui puisse le couvrir contre la responsabilité de ses fautes est celle de 30 ans. Mais après sa mort, sa mise à la retraite ou sa démission ou révocation, l'action en responsabilité existant contre lui ou ses héritiers s'éteint par 10 ans (L. 21 ventôse an VII, art. 8). On ne le considère pas comme ayant cessé ses fonctions quand il a passé d'un bureau à un autre.

2985. Compétence. — Les conservateurs sont considérés comme ayant leur domicile dans le bureau où ils exercent leurs fonctions (L. 21 ventôse an VII, art. 9), et ce domicile est réputé subsister indéfiniment pour les actions en responsabilité dirigées contre eux ou contre leurs ayants cause après qu'ils ont cessé leurs fonctions ou après leur mort (*Ibid.*, al. 2).

§ 2. — *Dispenses d'inscription.*

2986. Distinction. — Ces dispenses sont de deux sortes. L'une est une véritable *dispense de publicité,* qui donne à l'hypothèque un caractère *occulte* et la laisse cependant *opposable aux tiers,* sans que ceux-ci soient avertis de son existence ; cette dispense complète profite : 1° à la *femme mariée* et aux *personnes en tutelle* ; 2° aux créanciers munis des *privilèges généraux* de l'art. 2101 qui peuvent, à l'occasion, se présenter dans l'ordre ouvert pour la distribution du prix des immeubles.

L'autre est une simple *dispense d'inscription,* qui n'empêche pas le droit du créancier hypothécaire de devenir *public* par un autre moyen et d'être connu des tiers. C'est un système spécial qui ne s'applique qu'au privilège du *vendeur d'immeuble.*

A. — Femmes mariées et personnes en tutelle.

1° Dispense qui leur est accordée.

**** 2987. Système du Code.** — Le Code civil avait accordé aux femmes mariées, aux mineurs en tutelle ou aux interdits une dispense *générale et absolue* : « L'hypothèque existe, *indépendamment de toute inscription...* », dit l'art. 2135[2]. On verra que cette dispense a été sensiblement réduite en 1855.

La disposition finale de l'art. 2135, qui réserve les droits acquis à des tiers avant la publication du titre « Des hypothèques », s'explique par l'existence de la loi de brumaire

[1] On comprend qu'on ne puisse pas faire du conservateur une sorte de notaire chargé de conseiller et de guider les parties, mais au point d'expérience où l'on en est arrivé, il ne serait vraiment pas difficile à l'administration de rédiger une sorte de formule indiquant les énonciations indispensables à toute inscription et appelant l'attention des particuliers sur les causes les plus fréquentes d'erreur. On doit se convaincre que les administrations publiques sont établies dans l'intérêt général et non pas pour fournir des occasions de procès.

[2] Quand la Savoie a été annexée à la France, les hypothèques légales des femmes mariées, dont le *Code sarde* (art. 2215) ordonnait l'inscription dans certaines circonstances, se sont trouvées dispensées d'inscription par la mise en vigueur de la loi française, mais elles ont pris rang seulement au jour de l'annexion, 12 juin 1860 (Grenoble, 6 juill. 1882, D. 83. 2. 89, S. 84. 2. 209).

an VII, qui avait soumis toutes les hypothèques, sans exception, au régime de la publicité. Il en résultait que beaucoup de créanciers hypothécaires avaient pu acquérir, par une inscription, des droits préférables à ceux des femmes mariées, des mineurs et des interdits : il convenait de n'y point porter atteinte.

** **2988. Motifs.** — La loi juge utile d'accorder une garantie hypothécaire à des incapables, une femme mariée, un mineur, un fou. Elle devait dès lors tenir compte de l'impossibilité morale, et souvent aussi matérielle, où se trouvent ces incapables de faire inscrire leur hypothèque. On a donc jugé nécessaire de leur accorder la dispense d'inscription, sans quoi leur sûreté risquait de devenir illusoire : la femme aurait pu renoncer à s'inscrire, de peur de froisser son mari ; le mineur et le fou n'y auraient même pas songé.

2989. Critiques et projets de réformes. — La dispense complète de publicité, accordée à deux catégories importantes d'incapables, est un des points les plus critiqués du Code civil. Avec son esprit absolu, Laurent dit : « C'est apporter une exception à un système qui n'en comporte point » (t. XXX, p. 235). Si l'intérêt des incapables est respectable, l'intérêt général mérite aussi d'être pris en considération. On s'est tellement habitué, au cours du XIXe siècle, à la sécurité qu'introduit dans les affaires le régime de la publicité, qu'on s'irrite de rencontrer encore des droits occultes aussi dangereux que les reprises de la femme ou les comptes de tutelle. La difficulté est de concilier tous les intérêts en présence. Elle n'est peut-être pas insoluble. Déjà en Belgique, en Italie et en Roumanie, on a soumis ces deux hypothèques légales au droit commun ; elles sont devenues *publiques* et ont besoin d'être inscrites (Laurent, t. XXX, nos 297 et suiv. et nos 373 et suiv. — Huc, *Le Code civil italien*, p. 327 ; C. civ. roumain, art. 1754 et 1762 ; Alexandresco, p. 49 et 95).

En France même, le projet Darlan (1896) supprime complètement la dispense d'inscription pour les femmes mariées, les mineurs en tutelle et les interdits, et organise un système spécial de protection pour éviter que cette réforme n'aboutisse à la suppression complète de leur hypothèque[1]. Il sera temps d'étudier ce projet quand il sera devenu la loi.

2° Mesures de publicité ordonnées par la loi.

* **2990. Inutilité des précautions prises par le Code.** — Si les hypothèques occultes sont devenues aussi gênantes dans la pratique, ce n'est pas uniquement la faute de la loi ; cela vient aussi un peu de la façon dont on l'applique, ou plutôt dont on s'abstient de l'observer. Les auteurs du Code Napoléon n'avaient pas prévu que les deux hypothèques légales qu'ils dispensaient d'inscription resteraient, *en fait, à l'état occulte* et ils avaient pris quelques *mesures pour faire inscrire ces hypothèques*. Malheureusement ces mesures ont été prescrites uniquement *dans l'intérêt des tiers*, et non *dans l'intérêt des incapables*, qui peuvent néanmoins se prévaloir de leur hypothèque, bien qu'elle n'ait pas été inscrite ; d'autre

[1] Peut-être serait-il possible de maintenir en principe la dispense d'inscription au profit des incapables, en donnant aux tiers qui traitent avec le mari ou le tuteur le moyen de faire apparaître cette hypothèque par une sorte de sommation, individuelle ou collective, faite aux incapables ou à leurs représentants, d'avoir à s'inscrire dans un délai déterminé, faute de quoi leur hypothèque cesserait d'être opposable à ceux qui les auraient ainsi mis en demeure de se faire connaître. Ce serait une simple extension du système spécial de purge organisé au profit du Crédit foncier.

part, les personnes chargées de prendre inscription au nom de l'incapable ne s'exposent pas à un risque sérieux en négligeant cette formalité ; la loi manque de *sanction suffisante*. Il en est résulté une abstention universelle et un état de fait beaucoup plus fâcheux pour l'intérêt général que ne l'avait prévu le législateur.

2991. Personnes tenues de prendre inscription. — Dans le système du Code certaines personnes sont *obligées* de faire inscrire l'hypothèque de l'incapable, savoir :

1° Les maris et tuteurs. — La loi les charge de requérir eux-mêmes inscription sur les biens leur appartenant et sur ceux qui pourront leur arriver par la suite ; et ce, *sans délai* (art. 2136, al. 1).

2° Les subrogés-tuteurs. — La loi les charge de veiller à ce que les inscriptions soient prises sans délai, et au besoin de les prendre eux-mêmes (art. 2137).

3° Le ministère public. — Il est tenu de les prendre à défaut des personnes précédentes (art. 2138). Cette obligation exceptionnelle montre à quel point les auteurs du Code tenaient à ce que ces hypothèques fussent réellement rendues publiques.

2992. Absence de sanction pour le ministère public. — Il n'existe *aucune sanction* pour l'obligation imposée au *ministère public* ; on peut donc dire que, pour lui, l'obligation n'existe pas, et en fait il n'en est jamais tenu compte.

2993. Responsabilité du subrogé-tuteur. — La loi le déclare tenu *sous sa responsabilité personnelle et sous peine de tous dommages-intérêts*. Si cette responsabilité, en elle-même très sérieuse, avait été utilisée comme elle pouvait l'être, on peut affirmer que dans la pratique, les subrogés-tuteurs se seraient montrés très zélés pour faire inscrire l'hypothèque du pupille qu'ils sont censés protéger : le danger une fois signalé par quelques affaires retentissantes, on se serait vite habitué à se mettre en règle avec la loi. Mais les cas où les tiers ont songé à se servir de l'action que leur ouvre l'art. 2137 sont extrêmement rares ; on commence cependant à les voir se produire, et nous sommes peut-être à la veille d'un changement dans les habitudes qui s'opérerait sans réforme législative.

Il a été jugé que la responsabilité du subrogé-tuteur est établie sans restriction par la loi, et qu'elle existe aussi bien *envers les tiers* lésés par l'absence d'inscription qu'*envers le mineur*, qui peut lui-même en souffrir dans certains cas (Angers, 19 janv. 1892, D. 92. 2. 212 ; Cass., 15 nov. 1892, D. 93. 1. 37, S. 93. 1. 145 ; Cass., 12 déc. 1898, D. 99. 1. 305, S. 99. 1. 333). Cette responsabilité du subrogé-tuteur peut être atténuée si le créancier hypothécaire a lui-même été imprudent ou négligent (Grenoble, 14 mai 1895, D. 95. 2. 303, S. 96. 2. 111). Enfin elle n'est engagée qu'autant que le subrogé-tuteur savait que le tuteur possédait des immeubles et dans quel arrondissement ces immeubles étaient situés, et c'est au demandeur en dommages-intérêts à faire la preuve de cette circonstance (Cass., 23 déc. 1895, D. 96. 1. 481, S. 96. 1. 181). Mais il n'y a pas lieu de distinguer s'il s'agit d'une inscription à prendre sur les biens d'un tuteur encore en exercice au moment où la tutelle prend fin, ou sur ceux d'un premier tuteur décédé antérieurement (Nancy, 28 févr. 1880, D. 81. 2. 221, S. 82. 2. 38).

2994. Responsabilité du tuteur et du mari. — Les tuteurs et maris semblent encore plus sévèrement tenus que le subrogé-tuteur : la loi les déclare *stellionataires* quand ils laissent un créancier hypothécaire ou privilégié s'inscrire sur leurs immeubles sans le prévenir de l'existence de l'hypothèque légale (art. 2136, al. 2). Le stellionat est un *délit civil* dont la nature a été indiquée ci-dessus (n° 939). Jusqu'en 1867 il rendait *contraignable par corps* celui qui l'avait commis. De droit commun on est stellionataire quand on fait une *fausse déclaration* (art. 2059) ; ici la loi *répute* stellionataire *celui qui garde le silence*[1]. La loi du 22 juillet 1867 a supprimé la contrainte par corps, et enlevé sa sanction à l'art. 2136.

[1] La sanction attachée au stellionat ayant disparu (voyez cependant ci-dessus n°

Est-ce à dire que le tuteur n'encourt plus aucune responsabilité en omettant de se conformer à la loi ? Il semble que sa négligence pourrait donner lieu contre lui à une *action en dommages-intérêts*, semblable à celle qui s'exerce contre le subrogé-tuteur : en effet il est tenu d'une *obligation légale*, à lui imposée par l'art. 2136 ; s'il manque à s'en acquitter et si ce fait cause un préjudice à autrui, il a commis une *faute* dont il est responsable dans les termes de l'art. 1382 (voyez ci-dessus, nos 864 et suiv.).

Mais dans les cas où la responsabilité du tuteur se trouvera ainsi engagée envers les tiers c'est parce qu'il ne pourra pas payer tout ce qu'il doit ; il est insolvable, et le recours ouvert contre lui sera stérile. Il ne reste donc, en fait, d'ouvert aux tiers que leur recours contre le subrogé-tuteur.

* **2995. Usage suivi en pratique.** — En fait, un tuteur ou un mari qui a omis d'inscrire l'hypothèque qui grève ses propres biens a *un moyen sûr de se mettre en règle avec la loi* : il ne peut être responsable que si sa négligence a causé un préjudice à ses créanciers ou aux acquéreurs de ses biens ; il dépend donc de lui de leur éviter ce préjudice au moyen d'une simple *déclaration les avertissant de l'existence de l'hypothèque*. Et c'est pour cela que les notaires ne manquent jamais d'inscrire à la fin des actes de vente ou de constitution d'hypothèque, une clause qui est devenue de style et qui renseigne les tiers sur les hypothèques occultes : on leur fait connaître si le débiteur ou vendeur est marié, et sous quel régime, pour qu'ils sachent si sa femme peut renoncer à son hypothèque ; on leur fait connaître s'il a exercé une ou plusieurs tutelles, et si le compte a été rendu et soldé, ou bien on déclare qu'il n'a jamais été ni marié ni tuteur.

Cet usage suffirait à faire fonctionner le système hypothécaire français à peu près sans danger pour les tiers, malgré l'existence des hypothèques occultes, si le mari ou le tuteur qui vend son bien ou qui l'hypothèque, pouvait répondre de ses prédécesseurs aussi bien que de lui-même, mais il faut tenir compte des *hypothèques légales existant du chef des précédents propriétaires*, dont le propriétaire actuel ne peut garantir l'absence.

2996. Personnes autorisées à requérir l'inscription. — Pour plus de précaution, le Code *autorise* en outre certaines personnes à requérir l'inscription, sans toutefois leur en faire une obligation ; c'est une *simple faculté* qu'il leur donne. Ces personnes sont, pour les femmes mariées, leurs parents ou ceux du mari, et pour les mineurs et interdits, leurs parents ou amis (art. 2139). Ces personnes mettent encore moins de soin que les autres à s'acquitter de cette mission.

3° Restriction de la dispense en 1855.

** **2997. Perpétuité primitive.** — Dans le système du Code Napoléon, la dispense accordée aux incapables par l'art. 2135 était *perpétuelle* ; elle durait autant que leurs créances, et par conséquent elle se prolongeait encore, *même après que leur incapacité avait cessé*, ou même après leur mort, quand ils étaient remplacés par des héritiers parfaitement capables. C'était *illogique* et *inutile*, puisque la raison d'être de la dispense avait alors pris fin ; elle était maintenue sans cause.

** **2998. Réforme de 1855.** — La loi du 23 mars 1855, sur la transcription, a corrigé ce défaut par trop choquant. Depuis le 1er janvier 1856, *la dispense cesse quand l'incapacité prend fin* ; l'hypothèque légale est alors soumise au droit commun et doit être inscrite (art. 8).

Toutefois la loi accorde au créancier (la veuve, le mineur devenu majeur, l'aliéné revenu à la santé, ou leurs héritiers) *un délai d'un an* pour

941), il n'est plus guère besoin d'expliquer la rédaction de l'art. 2136, qui parle du mari ou du tuteur ayant « consenti ou laissé prendre des privilèges ou des hypothèques ». On consent une hypothèque ; on laisse prendre inscription pour un privilège.

prendre inscription. Ce délai court, selon les cas, du jour de la dissolution du mariage, du jour de la majorité, du jour de la mainlevée de l'interdiction, ou du jour du décès de l'incapable. Dès lors, il arrivera de deux choses l'une :

1° L'INSCRIPTION A ÉTÉ PRISE DANS LE DÉLAI LÉGAL. — Alors le rang primitif qu'avait l'hypothèque, au temps où elle était dispensée d'inscription, est conservé.

2° L'INSCRIPTION A ÉTÉ PRISE APRÈS L'EXPIRATION DU DÉLAI. — En ce cas, l'hypothèque ne prend plus rang qu'*à la date de l'inscription,* ce qui fait que l'incapable, qui primait peut-être de nombreux créanciers, se trouve désormais primé par eux.

2999. Extension de la loi au cas de divorce. — La formule générale qui a été donnée (ci-dessus n° 2998) pour exprimer la réforme opérée en 1855, ne se trouve pas dans la loi ; elle en traduit cependant exactement le système. Le texte a procédé par énumération : il a prévu *la mort du mari* qui rend la femme *veuve*, la *majorité* qui rend le mineur capable, la *mainlevée de l'interdiction* qui a le même effet pour l'aliéné, enfin la *mort de l'incapable,* qui a pour effet de transmettre ses droits à ses *héritiers.* Cette énumération était complète quand elle a été faite en 1855 (voyez cependant ce qui est dit ci-dessous n° 3001 sur une interprétation restrictive qui créait dans la loi une lacune) ; en tout cas, elle a cessé de l'être depuis le rétablissement du divorce en 1884. Il n'y a cependant nul doute à concevoir sur la nécessité de l'inscription pour la femme *divorcée.* On peut dire que la formule générale, donnée plus haut, se trouve virtuellement contenue dans la loi et que l'énumération faite par le texte en est l'équivalent. C'est la seule façon de rendre la loi applicable au cas de divorce, qu'elle n'a pas littéralement prévu (Trib. Bordeaux, 15 janv. 1894, D. 94. 2. 577, S. 94. 2. 256). Le point de départ du délai d'un an est alors le jour de la *transcription du jugement de divorce.*

3000. Difficulté pour les cas de séparation de corps. — En 1893 (L. 6 février) on a rendu à la femme séparée decorps sa pleine capacite civile : elle est désormais aussi capable que si elle était veuve ou divorcée. Est-ce à dire que la dispense d'inscription cesse pour elle comme à la suite du divorce ? Il y aurait évidemment même raison pour lui étendre la règle, d'autant plus que la femme séparée de corps se trouve en même temps séparée de biens et procède à la liquidation générale de ses droits et reprises, ce qui l'amène à exercer son hypothèque à l'encontre des autres créanciers. Aucune jurisprudence sur la question, mais voyez DE LOYNES, D. 94. 2. 577.

3001. Question relative aux héritiers des incapables. — L'application de la loi de 1855 a soulevé une difficulté qui était bien peu sérieuse : on a cru que cette loi n'avait pas prévu, dans son art. 8, le cas où les incapables viendraient à mourir en état d'incapacité, bien que le texte nomme formellement « leurs héritiers » parmi les personnes qu'il oblige à prendre inscription ; on a prétendu qu'il s'agissait là des héritiers ayant succédé soit à une femme déjà veuve, soit à un mineur devenu majeur, soit à un interdit relevé de l'interdiction, et non pas à ceux qui succèdent à la femme décédée en état de mariage, au mineur ou à l'interdit décédé sans être sorti de tutelle. C'était vouloir épiloguer à plaisir sur le texte de la loi, et la Cour de cassation a décidé avec raison que la loi avait voulu imposer l'obligation de s'inscrire, soit à l'ex-incapable lui-même encore vivant et devenu capable, soit à ses héritiers, à quelque moment que la mort fût survenue (Cass., 2 juillet 1877, D. 78. 1. 408, S. 77. 1. 415).

*** 3002. Minorité des héritiers de la femme.** — Il arrive assez souvent que les héritiers qui succèdent à la femme mariée sont *ses enfants* *encore mineurs*. Cette minorité a-t-elle pour effet de les dispenser de l'obligation d'inscrire l'hypothèque légale de leur mère ? Nullement. C'est alors *à leur tuteur* qu'incombe le soin de prendre l'inscription, et si cette formalité est omise, il pourra en résulter pour les mineurs le même préjudice que pour des majeurs : ils n'auront plus, comme représentants de leur mère, qu'un rang hypothécaire inférieur à celui que leur mère avait de son vivant; le tout, bien entendu, sauf la responsabilité du tuteur en faute et leur recours contre lui (Angers, 19 janv. 1892, D. 92. 2. 212, S. sous Cass., 93. 1. 145 ; Cass., 27 juin 1899, D. 1900. 1. 194, S. 1900. 1. 229).

Il importe donc de distinguer en la personne de ces enfants leur double qualité *de mineurs en tutelle* qui possèdent à ce titre une hypothèque légale dispensée d'inscription, et d'*héritiers de leur mère,* possédant à ce titre une autre hypothèque légale pour laquelle la dispense a cessé.

Cette règle s'appliquerait-elle encore au cas très fréquent où le tuteur n'est autre que le mari survivant, père des mineurs et grevé lui-même de l'hypothèque légale qu'il s'agit d'inscrire ? Il y aurait en pareil cas des motifs très puissants pour proroger la dispense au profit des enfants, car ces enfants sont, comme l'était leur mère, des créanciers soumis à la puissance de leur propre débiteur, et il est à craindre que leur père ne mette aucune bonne volonté à inscrire une hypothèque qui existe contre lui-même. En ce sens, Riom, 3 août 1863, D. 63. 2. 133 ; Lyon, 11 janv. 1876, Dalloz, *Suppl.*, t. XIV, p. 200, note 2, S. 76. 2. 203. Cependant cette solution n'a pas triomphé, et les arrêts en sens contraire sont les plus nombreux (voyez entre autres, Cass., 22 août 1876, D. 78. 1. 212, S. 76. 1. 471). Les enfants se trouvent donc réduits à leur recours en indemnité contre leur père, en sa qualité de tuteur, recours garanti lui aussi par une hypothèque légale dispensée d'inscription, mais dont le rang est beaucoup moins bon que celui qui appartenait à l'hypothèque de la femme, car celle-ci remontait au commencement du mariage et l'autre date seulement de sa dissolution.

3003. Disposition transitoire. — La loi de 1855 s'est appliquée à toutes les personnes qui se trouvaient déjà antérieurement dans l'une des situations prévues par elle. On leur a donné pour s'inscrire un délai d'un an à compter du 1er janvier 1856 (art. 11, al. 5).

B. — Privilèges généraux.

**** 3004. Dispense accordée par la loi.** — L'art. 2107, placé dans la section qui détermine les formes de la publicité des privilèges, accorde une *dispense générale d'inscription* à toutes « les créances énoncées en l'art. 2101 ». Ce dernier article est celui qui établit les privilèges généraux.

Cette dispense profite non seulement aux créances énumérées d'une manière spéciale dans l'art. 2101, mais aussi à toutes celles qui ont été pourvues depuis lors d'un semblable privilège, comme celui des commis créé en 1838 et celui des nourrices créé en 1874 : la dispense d'inscription est un trait commun à tout privilège général, en tant qu'il porte sur les immeubles.

*** 3005. Motifs.** — Les créances garanties par ces privilèges sont, en général, minimes ; les frais d'une inscription seraient hors de proportion avec leur importance. D'un autre côté, les gros créanciers hypothécaires qui auront à subir la préférence de ces petits créanciers privilégiés n'en souffriront pas beaucoup, et ils doivent s'attendre à l'existence de ces créances; c'est un genre de passif qui existe presque toujours.

** **3006. Portée de la dispense.** — L'art. 2107 est conçu en termes aussi généraux que possible ; cependant la dispense qu'il établit n'est pas absolue. Il est écrit dans une section où la loi ne s'occupe que du *droit de préférence* et suppose que les créanciers privilégiés veulent exercer leur droit sur des immeubles appartenant encore à leur débiteur et sont en conflit avec ses autres créanciers.

On en conclut que la *dispense n'existe que pour le droit de préférence* et que si les créanciers pourvus d'un privilège général veulent exercer *un droit de suite* contre l'acquéreur d'un immeuble, ils doivent se conformer à la règle générale et avoir pris inscription en temps utile. En effet, l'art. 2166, qui règle les conditions d'exercice du droit de suite, s'exprime en termes absolus et exige l'inscription du privilège sans faire d'exception pour les privilèges généraux : « Les créanciers ayant privilège ou hypothèque inscrite... »[1].

C. — Vendeur d'immeuble.

1° Mode de conservation de son privilège.

** **3007. Forme exceptionnelle de publicité.** — Par une disposition tout à fait exceptionnelle, le vendeur n'est pas astreint par la loi à publier lui-même son privilège par voie d'inscription ; tout au moins, il peut s'abstenir de le faire dans la plupart des cas : son privilège se trouve rendu public et conservé, sans qu'il ait rien à faire. Voici comment. La loi estime que *les tiers sont suffisamment prévenus de l'existence du privilège par la transcription du contrat* : l'acte de vente énonce que le prix est encore dû en tout ou en partie ; comme la transcription en reproduit la teneur entière, cela suffit pour avertir le public. Or, dans l'état actuel des choses, la transcription est faite par les soins de l'acheteur et à bref délai. S'il n'y a pas pour le vendeur une véritable dispense de publicité, comme pour certaines hypothèques légales, il y a *remplacement d'une forme de publicité par une autre* ; c'est la *transcription* et non *l'inscription* qui rend public le privilège et qui le conserve (art. 2108).

3008. Origine. — Cette disposition a été empruntée à la loi du 11 brumaire an VII. Elle se comprenait parfaitement dans le système de cette loi, qui faisait de la transcription une condition nécessaire pour que l'acheteur d'un immeuble en devînt propriétaire à l'égard des tiers : on devait prévoir que l'acheteur s'empresserait de transcrire et

[1] Cette interprétation de la loi lui prête un système extrêmement bizarre : il n'y a point de bonne raison pour qu'un domestique ou un fournisseur, dispensé d'inscription à l'égard des créanciers, n'en soit pas dispensé à l'égard d'un acquéreur. Pour moi, j'interpréterais la loi d'une autre manière, et je croirais volontiers que, dans le système du droit français, les privilèges généraux se réduisent à *un droit de préférence sans droit de suite*. Pothier ne les connaissait que comme tels, et cela explique très bien pourquoi le Code, après s'être occupé d'eux dans l'art. 2101, les a passés sous silence à propos du droit de suite.

rendrait par là publique la créance existant contre lui au profit de son vendeur, mais cette même disposition se comprenait beaucoup moins dans le système du Code, qui avait abandonné le principe de la transcription. Aussi a-t-on soutenu, dans les premiers temps du Code, que l'art. 2108 était devenu sans objet par l'effet de ce changement de régime, et que le vendeur devait se trouver soumis au droit commun pour la publicité de son privilège ; mais la jurisprudence n'a jamais admis cette conséquence, et depuis que la loi du 23 mars 1855 a rétabli la transcription, l'harmonie existe de nouveau entre les diverses dispositions de la loi et l'art. 2108 ne peut plus soulever d'objections de ce genre.

3009. Système belge. — La loi belge a conservé la règle de l'art. 2108 et même l'a *étendue à tous les privilèges qui naissent d'un transfert de propriété* : ceux qu'elle donne au vendeur, au donateur, au coéchangiste, au copartageant (le partage est soumis par elle à la transcription) ; tous ces privilèges se conservent par la transcription ; l'inscription n'est pas nécessaire.

* **3010. Possibilité de prendre inscription.** — La loi fait une faveur au vendeur, mais il peut n'en pas user, et si l'acheteur tarde à transcrire, il peut prendre inscription sur lui.

* **3011. Effet relatif de chaque transcription.** — Lorsque le même immeuble est vendu plusieurs fois de suite et que la dernière vente a seule été transcrite, cette transcription unique ne conserve que le privilège du dernier vendeur et non celui des vendeurs antérieurs. En effet, aux termes de l'art. 2108, « le vendeur conserve son privilège *par la transcription du titre qui a transféré la propriété de l'acquéreur* » ; cette formule ne profite évidemment qu'au vendeur qui est l'auteur du titre transcrit, et non à celui dont lui-même tenait l'immeuble, ni aux propriétaires plus anciens encore. Le privilège des anciens vendeurs, qui n'a pas été rendu public, se trouve donc perdu s'il n'est pas spécialement conservé par une transcription ou inscription le concernant (Cass., 29 avril 1845, D. 45. 1. 300, S. 45. 1. 535 ; Paris, 30 nov. 1860, D. 61. 2. 75, S. 61. 2. 29).

2° De l'inscription d'office.

** **3012. Définition.** — Bien que le vendeur soit en règle par le seul effet de la transcription, la loi veut néanmoins que le privilège du vendeur soit inscrit *sur le registre des inscriptions,* et *elle charge le conservateur de procéder à cette formalité en même temps qu'il transcrit l'acte de vente* qu'on lui présente : il doit le faire alors même qu'il n'en serait pas prié ; aussi donne-t-on à cette inscription le nom d'« inscription d'office » (art. 2108).

* **3013. Utilité.** — A quoi bon cette inscription d'office, puisqu'elle suppose que la vente est transcrite, et partant le privilège conservé ? C'est pour *rendre les recherches plus faciles*, pour faire apparaître plus nettement le privilège du vendeur : on n'aura pas besoin de vérifier dans deux registres différents, celui des inscriptions et celui des transcriptions.

Mais l'inscription d'office *n'intéresse en rien le privilège du vendeur* : si elle a été omise, et que les tiers aient par ce fait ignoré l'existence du privilège, ce privilège ne leur en sera pas moins opposable, car il était *con-*

servé par la seule transcription, et les tiers ainsi trompés par le défaut d'inscription d'office en seront *réduits à leur recours contre le conservateur* qui leur paiera des dommages-intérêts : le texte est formel.

3014. Cas particulier. — On doit prévoir le cas où le vendeur se serait *déjà inscrit avant que l'acheteur n'eût fait opérer la transcription de son contrat,* et se demander alors si le conservateur doit néanmoins faire l'inscription d'office, au profit du vendeur, au moment où l'acheteur fera transcrire son titre. Il semble que cette seconde inscription fasse double emploi avec la première et soit inutile. Cependant le conservateur agira prudemment en s'acquittant de cette obligation, car l'inscription d'office, étant plus récente que l'autre, se périmera moins vite ; il y aura donc, au bout de 10 ans, une période plus ou moins longue pendant laquelle sa responsabilité pourra se trouver engagée envers les tiers, faute d'avoir pris l'inscription d'office.

§ 3. — *Arrêt du cours des inscriptions.*

** **3015. État normal.** — En principe, les créanciers hypothécaires ou privilégiés s'inscrivent quand ils veulent, sauf à eux à souffrir de leur retard, quand leur rang dépend de la date de leur inscription : ils peuvent être primés par des créanciers plus diligents qui auront pris inscription avant eux. Mais pour être moins bonne au point de vue du classement, une inscription tardive, prise même longtemps après le moment où elle aurait pu l'être, n'en est pas moins valable et régulière ; elle produira même autant d'effet que si elle avait été prise sans retard, lorsqu'aucun autre créancier ne se sera inscrit dans l'intervalle.

** **3016. Obstacles exceptionnels.** — Il y a cependant certains événements qui, lorsqu'ils se produisent, *arrêtent le cours des inscriptions* sur un débiteur déterminé, c'est-à-dire qu'*aucune inscription nouvelle ne peut plus être prise par personne* ; le registre est, pour ainsi dire, *clos* relativement au débiteur qu'intéresse l'événement survenu.

Aux termes de l'art. 2146, ces événements sont au nombre de deux : la *faillite du débiteur* ; *sa mort*, suivie d'une *acceptation de sa succession sous bénéfice d'inventaire.*

La loi du 4 mars 1889 en a ajouté un troisième : la mise du débiteur en état de *liquidation judiciaire.*

Il y a un quatrième fait qui produit un résultat analogue : c'est *l'aliénation d'un immeuble* par le débiteur : quand le bien grevé d'hypothèque est sorti du patrimoine du débiteur par une aliénation opposable aux créanciers. aucune inscription ne peut plus être prise sur lui. Mais cet événement n'est pas du même ordre que les deux précédents : d'une part, *il intéresse surtout le droit de suite* ; de l'autre, il ne produit qu'un *effet restreint, spécial au bien aliéné,* les créanciers conservent le droit de s'inscrire sur tous les autres biens conservés par leur débiteur, tandis que les autres faits sus-indiqués produisent un *effet général,* concernant tout le patrimoine du débiteur.

A. — Événements qui arrêtent les inscriptions.

1° Faillite.

3017. État des textes. — La disposition de l'art. 2146 a été modifiée par le Code de commerce (art. 443 anc.), remanié lui-même en 1838 (art. 448 nouv.).

* **3018. Deux périodes à distinguer.** — 1° Après le jugement déclaratif de faillite. — Lorsqu'une faillite a été déclarée par un jugement du tribunal de commerce, aucune inscription ne peut plus être prise sur le failli. Elle serait *nulle de plein droit*. C'est l'effet du dessaisissement général qui résulte de la faillite : rien n'est plus possible, ni la constitution d'une hypothèque nouvelle, ni l'inscription d'une hypothèque préexistante. Cette nullité atteint les inscriptions prises le jour même où la faillite a été déclarée (art. 448 C. com.).

2° Avant le jugement déclaratif de faillite. — Ici se place une période plus ou moins longue, dont le point de départ est fixé par le tribunal (*report d'ouverture de la faillite*). Cette période est celle de la *cessation des paiements*, où la faillite existe déjà en fait sans être encore déclarée. Elle est *fortement suspecte*, à raison des fraudes que le débiteur a pu être tenté de commettre en voyant approcher la catastrophe. Toute inscription prise dans cette période *peut être annulée*, s'il s'est écoulé *plus de quinze jours entre la naissance de l'hypothèque et son inscription*.

La même nullité a lieu pour les inscriptions prises *dans les dix jours qui ont précédé la cessation des paiements* (art. 448, al. 2, C. com.), sur lesquels plane le même soupçon de fraude et qui sont annexés à la période suspecte.

3019. Comparaison avec le Code civil. — Les dispositions actuelles relatives à la période qui précède la faillite diffèrent sur deux points de l'art. 2146 :

1° La *nullité est facultative* : « pourront être déclarées nulles... » (art. 448 C. com.), tandis que le Code civil la prononçait de plein droit : « Les inscriptions *ne produisent aucun effet...* ».

2° *La période de temps à laquelle la nullité est applicable a été allongée* : le Code civil ne parlait pas des dix jours précédant la cessation des paiements.

3020. Renvoi. — Ces dispositions soulèvent diverses difficultés qui concernent le droit commercial, et dont, pour cette raison, nous ne nous occuperons pas.

3021. Fraude prévue par la loi. — L'annulation des inscriptions tardives, prises pendant la période suspecte et les dix jours qui la précèdent est fondée sur le motif suivant. Un commerçant, qui voit venir sa faillite, peut s'assurer la complicité d'un créancier, vrai ou fictif, au profit duquel il constitue une hypothèque, mais en le priant de ne pas l'inscrire tout de suite, afin de ne pas donner l'éveil, et en lui disant : « Je vous préviendrai quand il sera temps. Puis, alors que la catastrophe est toute proche, sur un avis du débiteur, le créancier s'inscrit et par son inscription absorbe à lui seul le plus clair de l'actif, pour le partager avec le débiteur ou même pour le lui restituer plus tard en entier. Afin de déjouer ce calcul frauduleux qui se faisait jadis, paraît-il, la loi commerciale permet d'annuler toute inscription qui n'a pas été prise dans un bref délai, dans la quinzaine qui a suivi la naissance de l'hypothèque.

2° Liquidation judiciaire.

3022. Son effet. — La liquidation judiciaire a été organisée pour procéder au règlement du passif d'un commerçant, tout en lui évitant les effets fâcheux de la faillite. Elle produit *un dessaisissement du débiteur* analogue à celui de la faillite. Aux termes de l'art. 5, al. 2, de la loi du 4 mars 1889, aucune inscription ne peut plus être prise après le jugement qui déclare ouverte la liquidation judiciaire ; mais il n'y a pas de période suspecte, antérieure à la mise en liquidation.

3° Acceptation bénéficiaire de la succession du débiteur.

** **3023. Motifs.** — Pourquoi la circonstance que le débiteur est mort et que sa succession a été acceptée sous bénéfice d'inventaire empêche-t-elle les créanciers de s'inscrire ? Le législateur a évidemment pensé que le défunt était *mort insolvable* : l'acceptation bénéficiaire fait présumer cette insolvabilité ; si la succession avait été bonne, les héritiers l'auraient acceptée purement et simplement. C'est bien là la pensée de la loi : le rapprochement fait, dans l'art. 2146, entre la faillite et l'acceptation bénéficiaire en est la preuve.

Cela étant, voici quel est le danger que le législateur a voulu prévenir : au premier bruit de cette mort et de la façon dont la succession a été acceptée, les créanciers les plus voisins, ou les mieux informés, s'empresseraient de s'inscrire au détriment des autres. Afin de ménager la situation de tous, on arrête le cours des inscriptions et on liquide le patrimoine du défunt dans la situation où il se trouvait au moment de sa mort.

3024. Observations critiques. — Cette explication de l'art. 2146 est bien exacte, mais le système de la loi est matière à critique.

1° *La déconfiture du débiteur, si elle était survenue de son vivant, n'aurait pas arrêté le cours des inscriptions.* Pourquoi produit-elle cet effet après sa mort? Ceci tient à une inégalité du Code français; après la mort du débiteur, la déconfiture reçoit une organisation très imparfaite, sous la forme du régime particulier appliqué aux successions bénéficiaires; du vivant du débiteur, il n'y a pas ombre d'organisation pareille.

2° *L'acceptation bénéficiaire ne suppose pas toujours l'insolvabilité de la succession.* Dans deux cas, en effet, la loi veut qu'une succession, *si riche qu'elle soit,* soit acceptée sous bénéfice d'inventaire. Ceci arrive pour les successions échues à un mineur (art. 461) et pour les successions échues à quelqu'un qui est mort avant d'avoir accepté, au cas de désaccord entre ses héritiers (art. 782). C'est alors une erreur de présumer l'insolvabilité. Aussi s'est-on demandé s'il convenait d'appliquer l'art. 2146 à de pareilles successions, qui ont été obligatoirement acceptées sous bénéfice d'inventaire, et qui sont le plus souvent solvables. Mais il n'y a pas moyen de faire une distinction en présence d'un texte impératif, comme l'art. 2146 qui est conçu dans les termes les plus absolus. D'ailleurs, que craint-on? Si la succession est insolvable, c'est le cas d'appliquer la disposition de la loi; si elle est bonne, tout le monde sera payé, et dès lors qu'importe aux créanciers que leurs inscriptions soient nulles?

3025. Autre explication. — L'art. 2146 soulève de telles critiques qu'on lui a cherché une autre explication. L'inscription, a-t-on dit, a un *effet confirmatif* qui fait naître le droit de préférence d'une façon effective. Or cette confirmation n'est plus possible après l'acceptation bénéficiaire, parce que l'héritier ne pourrait plus à ce moment constituer de nouvelles hypothèques sans perdre sa qualité (COLMET DE SANTERRE, t. IX, n° 119 *bis*-1). C'est établir une corrélation aussi fausse qu'inutile entre la possibilité de constituer des hypothèques et la possibilité de s'inscrire; l'inscription étant indépendante du consentement du débiteur, peu importe la capacité ou le pouvoir de l'héritier, quand l'hypothèque a été régulièrement acquise du chef du défunt.

*** 3026. Moment où se produit l'arrêt des inscriptions.** — En réalité, c'est l'acceptation bénéficiaire qui joue ici le rôle de la faillite ou de la liquidation judiciaire ; c'est elle qui est l'événement dont se préoccupe la loi. Mais on y attache une sorte d'effet rétroactif : le cours des inscriptions est arrêté *dès le jour de la mort du débiteur.* Voyez le texte : l'inscription est nulle, si elle a été faite « depuis l'ouverture de la succession... » (art. 2146, al. 2).

*** 3027. Inconvénients du système de la loi.** — L'arrêt subit du cours des inscriptions, au jour de la mort du débiteur, n'est pas sans inconvénients : un créancier peut être surpris par cet événement, sans qu'il y ait aucun retard fautif à lui reprocher. De plus, quand une inscription est prise après le décès du débiteur, l'art. 2146 en remet le sort à la discrétion de l'héritier qui peut la faire tomber en acceptant bénéficiairement.

3028. Système belge. — La disposition de l'art. 2146 a déjà été supprimée en Belgique (Loi hypothécaire du 16 décembre 1851) : la loi belge donne un *délai* aux créanciers pour s'inscrire après la mort du débiteur, et elle fixe ce délai à *trois mois*, afin de ne pas retarder trop longtemps le règlement de la succession. En France, elle avait été condamnée dans les projets préparés pour la réforme hypothécaire sous la République de 1848.

3029. Cas non prévu par la loi. — La loi suppose que la succession est insolvable *parce que les héritiers l'ont acceptée bénéficiairement*; elle aurait dû s'attacher à cette insolvabilité elle-même plutôt qu'à un signe extérieur, aussi trompeur que l'acceptation bénéficiaire. Il en est résulté une double lacune. Les inscriptions prises par des créanciers depuis la mort du débiteur restent valables dans deux cas, bien que le motif de leur annulation existe en fait :

1° Lorsque, l'héritier étant lui-même insolvable et ayant accepté purement et simplement, les créanciers demandent la séparation des patrimoines.

2° Lorsque l'héritier, après avoir accepté sous bénéfice d'inventaire, y renonce ensuite ou s'en trouve déchu. Sa renonciation ou sa déchéance replace la succession sous le régime normal de l'acceptation pure et simple et rend l'art. 2146 inapplicable. Tel est du moins l'avis général de la doctrine (Dalloz, *Suppl.*, v° Privilèges et hypothèques, n° 974). Mais la jurisprudence paraît disposée à maintenir l'application de l'art. 2146, toutes les fois que le régime bénéficiaire a existé, même après qu'il a cessé (Grenoble, 26 déc. 1891, D. 92. 2. 279, S. 93. 2. 33).

*** 3030. Cas où il y a plusieurs héritiers.** — Jusqu'ici nous avons supposé que la succession tout entière était échue à un seul héritier, ou, s'il y en avait plusieurs, que tous l'acceptaient bénéficiairement. Mais, au cas où il y a plusieurs héritiers, si *les uns acceptent purement et simplement* et *les autres sous bénéfice d'inventaire*, quel va être l'effet d'une inscription prise depuis l'ouverture de la succession ? Trois systèmes différents ont été proposés :

1° Arrêt du cours des inscriptions a l'égard de tous. — Il suffit qu'un seul des héritiers accepte bénéficiairement, pour que l'art. 2146 s'applique à tout le monde et profite même aux héritiers purs et simples. (Pont, *Hypothèque*, n° 919.) — C'est la conséquence d'une théorie, que nous ne pouvons discuter ici, mais qui est généralement rejetée, et d'après laquelle l'acceptation bénéficiaire entraîne une séparation de patrimoines, qui se produit d'une façon indivisible pour tous les héritiers.

2° Distinction a faire selon les époques. — Pendant l'indivision, le régime créé par l'acceptation bénéficiaire de l'un des héritiers est bien réellement indivisible et s'étend à toute la succession, mais cet état de choses ne dure que jusqu'au partage. Après le partage, les inscriptions prises depuis le décès du défunt produiront tout leur effet sur les immeubles mis au lot des héritiers purs et simples (Cass., 25 août 1858, D. 58. 1. 356, S. 59. 1. 65).

Elles ne seront frappées d'une inefficacité complète que si les immeubles sont vendus pendant l'indivision, soit à la requête d'un créancier, soit par tous les héritiers agissant en commun (Cass., 18 nov. 1833, D. 33. 1. 353, S. 33. 1. 817).

3° DISTINCTION ÉTABLIE DÈS LE DÉBUT SELON LA QUALITÉ DES HÉRITIERS. — L'art. 2146 est un texte exceptionnel, qui n'arrête le cours des inscriptions qu'à l'égard des héritiers bénéficiaires. Il n'y a aucune raison de solidariser les héritiers, même pendant l'indivision, l'hypothèque pouvant parfaitement prendre naissance d'une manière valable sur une part indivise (COLMET DE SANTERRE, IX, n° 119 bis-IV). C'est aussi le système qui semble avoir les préférences personnelles de M. de Loynes (n° 1578 *in-fine*).

3031. Successions vacantes. — La loi n'a établi sa règle d'une manière expresse que pour les *successions bénéficiaires*; on en a conclu parfois qu'elle ne s'applique pas aux *successions vacantes*, c'est-à-dire aux successions abandonnées dont personne ne veut, parce qu'on les juge trop mauvaises. Il y a cependant une raison encore plus forte pour leur étendre la disposition de l'art. 2146, et la jurisprudence les considère comme *soumises au régime des successions bénéficiaires*, ce qui leur rend l'art. 2146 applicable (Orléans, 26 août 1869, D. 69. 2. 185, S. 70. 2. 113).

3032. Effet de la renonciation de l'héritier. — Tant que des renonciations successives n'ont pas abouti à rendre la succession vacante, on ne doit attacher aucun effet à la renonciation d'un héritier, ou même de plusieurs. Cette renonciation peut être due à d'autres causes que la crainte de l'insolvabilité de la succession; par exemple au désir d'avantager des parents plus éloignés en leur permettant de recueillir la succession. Du reste, une acceptation est toujours possible; elle peut se faire d'un jour à l'autre, même de la part de l'un de ceux qui ont déjà renoncé (art. 790). Il faut donc attendre que cette acceptation se produise pour savoir quel sera le régime de la succession, si elle sera pure et simple ou bénéficiaire.

B. — Inscriptions dont le cours est arrêté.

***3033. Limite de la prohibition.** — L'art. 2146 n'a pas pour but d'empêcher absolument toute inscription hypothécaire : on veut seulement empêcher qu'une inscription ne soit prise pour donner effet à une hypothèque qui sans elle serait inefficace : la loi défend donc aux créanciers d'*améliorer* leur situation en s'inscrivant; elle ne leur défend point de prendre une inscription *à l'effet de conserver un droit déjà acquis*. Nous allons appliquer cette distinction aux divers créanciers hypothécaires ou privilégiés pour lesquels il y a des observations à présenter.

*** 3034. Inscriptions en renouvellement.** — Les inscriptions ont besoin d'être renouvelées de dix ans en dix ans pour conserver leur vigueur (ci-dessous, n° 3042). Quand l'inscription nouvelle est *prise à temps*, c'est-à-dire avant l'expiration du délai donné par la loi, elle a pour effet de conserver le rang ancien; elle peut donc être prise malgré la survenance d'un des événements prévus par l'art. 2146; c'est la simple conservation d'un état de choses existant. Mais si elle était prise en retard, c'est-à-dire *après la péremption de l'ancienne*, elle serait à considérer comme première inscription, l'autre n'existant plus ; c'est d'elle que dépendrait le rang du créancier : elle serait nulle par conséquent, par application de l'art. 2146.

*** 3035. Inscriptions d'hypothèques légales.** — On a déjà vu que les deux hypothèques légales des femmes mariées et des personnes en tutelle, dispensées en principe de toute publicité, doivent être inscrites après la dissolution du mariage ou la cessation de la tutelle, en vertu de l'art. 8 de la loi du 23 mars 1855 (ci-dessus, n° 2998). La loi donne à cet effet un délai d'un an. Si l'inscription est prise dans ce délai, elle conserve le rang qu'avait l'hypothèque au temps où elle était dispensée de publicité ; si elle est prise en retard, elle est traitée comme une inscription ordinaire et ne donne rang qu'à sa date. Pour l'application de l'art. 2146, leur situation est donc tout à fait comparable à celle des inscriptions prises en renouvellement d'une inscription antérieure : elles sont valables, malgré la faillite ou l'acceptation bénéficiaire, quand elles conservent le rang ancien, étant prises avant l'expiration du délai ; elles sont nulles, quand elles sont prises en retard, et à un moment où le cours des inscriptions est déjà arrêté (Cass., 2 juill. 1877, D. 78. 1. 408, S. 77. 1. 415).

3036. Inscriptions d'intérêts. — Quand les intérêts arriérés dépassent trois années, le créancier est obligé de prendre des inscriptions particulières pour l'excédent (art. 2151 et ci-dessus, n° 2964). Ces inscriptions ne lui donnent rang qu'à leur date ; néanmoins elles tendent à lui conserver la qualité de créancier hypothécaire pour des sommes qui étaient précédemment garanties par l'hypothèque. A ce titre, elles ont droit au même bénéfice que les précédentes ; il serait injuste d'empêcher le créancier de les prendre, après l'un des événements prévus par la loi, parce qu'il ne dépendait pas de lui de le faire plus tôt ; quand elle a limité le droit du créancier de réclamer ses intérêts en vertu de son inscription primitive, la loi lui a implicitement réservé le droit de s'inscrire, quels que pussent être les événements ultérieurs (Poitiers, 30 janv. 1878. D. 78. 2. 70, S. 78. 2. 176 ; Poitiers, 7 déc. 1885, D. 87. 2. 60, S. 86. 2. 81).

Ce raisonnement ne s'applique toutefois qu'aux échéances d'intérêts devenus exigibles depuis que le cours des inscriptions est arrêté, et il faudrait annuler, comme inscriptions prises en retard, celles qui garantiraient des termes échus antérieurement et pour lesquelles le créancier pourrait être considéré comme négligent.

3037. Séparation des patrimoines. — On sait ce que c'est que ce bénéfice, et à quelle publicité il est soumis (ci-dessus, n° 2928 et suiv.). L'inscription exigée par l'art. 2111 peut certainement être prise malgré la faillite ou l'acceptation bénéficiaire. En effet, la séparation des patrimoines a été admise précisément pour garantir les créanciers du défunt contre l'insolvabilité de l'héritier, leur nouveau débiteur : il serait contradictoire de leur ôter alors le moyen de la faire valoir (Bordeaux, 19 févr. 1895, D. 96. 2. 276, S. 96. 2. 27).

On peut même remarquer que le texte de la loi n'est pas littéralement applicable à la séparation des patrimoines. Le texte porte que l'inscription ne produit aucun effet « *entre les créanciers d'une succession* ». Or la séparation des patrimoines ne modifie pas les relations des créanciers de la succession entre eux ; elle les garantit contre les créanciers de l'héritier. Enfin on a fait observer avec beaucoup de raison que, si l'on voulait appliquer l'art. 2146 à l'inscription de la séparation des patrimoines, *il n'y aurait pas un seul jour où cette inscription pourrait être valablement requise*, car le droit des créanciers s'ouvre précisément au jour de la mort de leur débiteur et c'est ce même jour que l'art. 2146 choisit pour arrêter le cours des inscriptions. Ce serait une absurdité.

* **3038. Privilège du vendeur.** — L'art. 2146 s'applique au vendeur, de sorte que s'il laisse périmer l'inscription d'office qui le garantissait, il ne peut plus prendre une inscription nouvelle pour conserver son privilège après la faillite de son débiteur ou sa mort suivie d'acceptation bénéficiaire. Ainsi jugé pour le cas de faillite (Cass., 2 déc. 1863, D. 64. 1. 105, S. 64. 1. 57) et pour le cas de mort (Cass., 27 mars 1861, D. 61. 1. 102, S. 61. 1. 758). Toutefois la jurisprudence éprouve encore quelques hésitations. Voyez notamment Besançon, 14 déc. 1861, D. 62. 2. 104, S. 62, 2. 129, et Toulouse, 8 mai 1888, D. 89. 2. 108.

Cette jurisprudence est très rigoureuse pour le vendeur parce qu'il n'a consenti à se dessaisir de son bien que sous réserve du paiement du prix. De plus, il est possible qu'il n'ait commis aucune négligence et que l'événement qui a arrêté le cours des inscriptions soit survenu tout aussitôt après la vente et d'une manière imprévue. Même exempt de faute, le vendeur subit l'application de la loi.

Sur la question de savoir si le vendeur, qui a perdu son privilège, peut encore exercer son action en résolution, voyez ci-dessus, nº 1627.

Sur la nécessité d'accorder un délai au vendeur, voir ci-dessous, nº 3041.

3039. Privilège de l'architecte. — C'est le premier des deux procès-verbaux exigés par la loi (ci-dessus, nº 2924) qui assure la conservation du privilège. La jurisprudence et la majorité de la doctrine décident que ce procès-verbal doit être transcrit avant la survenance de l'un ou de l'autre des événements prévus par l'art. 2146, faute de quoi le privilège se trouve perdu (Limoges, 1er mars 1847, D. 47. 2. 147, S. 47. 2. 637).

Relativement au second procès-verbal, il y a plus de difficultés : l'opinion la plus répandue est que ce procès-verbal peut encore être inscrit après l'acceptation bénéficiaire ou la faillite, parce qu'il n'exerce point d'influence sur le rang du créancier. Voyez cependant Aubry et Rau (§ 278, note 41), qui exigent que l'on soit encore dans le délai de six mois après l'achèvement des travaux, parce qu'ils estiment que ce délai est donné par l'art. 2103-4º, aussi bien pour *inscrire* que pour *dresser* le procès-verbal.

* **3040. Controverse pour le privilège du copartageant**[1]. — Pour ce privilège, il existe, ainsi qu'on le verra plus loin, *un délai donné au créancier pour conserver son privilège*, délai qui est de 60 jours à compter du partage. Passé ce délai, le copartageant peut encore s'inscrire, mais son hypothèque privilégiée n'est plus qu'une hypothèque ordinaire. Quelques auteurs pensent que, tant que les 60 jours ne sont pas encore écoulés, l'inscription peut toujours être prise malgré la faillite ou l'acceptation bénéficiaire, parce que cette inscription est *rétroactive* : prise dans le délai,

[1] La controverse examinée ici pour le privilège du copartageant pourrait être généralisée et s'étendre à tous les privilèges pour lesquels la loi a établi un délai d'inscription (ci-dessous, nos 3153 et suiv.).

elle donne le même rang que si elle avait été prise le premier jour (De Loynes, n° 1597).

Cette opinion paraît inadmissible en l'état actuel des textes. Avant de savoir si l'inscription *donnera rang* rétroactivement avant des créanciers précédemment inscrits, il faut savoir *si elle peut encore être prise* ; or cela est impossible, l'art. 2146 s'y oppose. En effet, il ne s'agit pas de *conserver* à un créancier un rang déjà acquis, puisque son privilège non inscrit n'aurait jamais servi à rien ; les privilèges ne sont pas dispensés d'inscription, comme le sont les hypothèques légales de la femme et du mineur. Là est l'erreur du système contraire, quand il rapproche le délai donné pour l'inscription des privilèges de celui qui est donné par la loi de 1855 pour les hypothèques légales : le rang de la femme lui était acquis avant son inscription ; le rang du créancier privilégié ne l'était pas ; l'un conserve son rang, l'autre l'acquiert.

Deux observations achèveront de démontrer l'inexactitude de cette assimilation.

1° On refuse au vendeur le droit de s'inscrire après l'un des événements de l'art. 2146. Or le vendeur est mieux traité par la loi que le copartageant, pour lequel il existe un délai, car la loi ne lui en fixe aucun : *à quelque époque qu'il s'inscrive, il est toujours considéré comme privilégié* ; son privilège prend rang au jour de la vente et lui fait primer toutes les hypothèques qui se placent dans l'intervalle. C'est donc *manquer de logique*, et on aurait dû, à plus forte raison, le faire bénéficier de la même faveur puisque son inscription sera toujours réputée faite en temps utile pour valoir comme inscription de privilège. Du moment où l'art. 2146 est reconnu applicable au vendeur, il doit, et à meilleur titre encore, s'appliquer au copartageant, moins favorisé que lui.

2° L'opinion que je combats part de cette idée que l'inscription prise dans le délai légal par le copartageant est *rétroactive*, et on va jusqu'à dire qu'elle est *réputée prise le premier jour du délai*. Mais c'est la doctrine qui dit cela ; la loi ne l'a jamais dit. Son texte porte seulement : 1° que le privilège attaché à la créance donne rang *du jour du partage* ; 2° que ce privilège est « conservé » (art. 2109) par une inscription prise dans les soixante jours ; 3° qu'en s'inscrivant après le délai le copartageant n'a plus qu'une hypothèque prenant rang du jour de l'inscription. En parlant ainsi, elle suppose nécessairement que l'inscription a pu être *valablement prise* ; lorsque cette inscription n'est plus permise, celle qui serait prise en fait ne peut assurer au copartageant ni la conservation de son rang privilégié, ni le rang d'un créancier hypothécaire.

3041. Nécessité d'un délai pour le vendeur et le copartageant. — Tout en condamnant cette opinion, comme contraire aux textes, il faut reconnaître que le système de la loi est ici très dur, mais c'est une critique qui s'adresse au législateur. Un copartageant ou un vendeur peut se trouver parfois en présence d'un insolvable sans avoir commis la moindre négligence : il y a des cas où le partage est forcé, et d'ailleurs l'indivision peut s'établir fortuitement, par l'effet des successions, entre personnes dont les unes sont solvables et les autres ne le sont pas ; la vente, poursuivie aux enchères ou même à l'amiable, peut être faite au profit d'un acheteur insolvable : que la faillite ou le décès survienne le jour même de la vente ou du partage, ou le lendemain, vendeur et copartageant se trouveront dépouillés de leur privilège, réduits au rôle de créanciers chirographaires. Il y a là une lacune évidente : il eût fallu donner au vendeur et au copartageant un délai pour prendre inscription, quelle que pût être la situation de leur débiteur ; on verra que la loi de 1855 a établi pour eux un délai de ce genre, quand il s'agit de conserver leur droit de suite contre un tiers acquéreur (ci-dessous, n° 3191). On aurait dû établir quelque délai semblable pour la conservation du droit de préférence ; mais ce que le législateur n'a pas fait, l'interprète ne peut pas le faire.

§ 4. — *Péremption et renouvellement des inscriptions.*

** **3042. Motifs de la péremption.** — Avec le procédé employé pour la tenue de nos registres hypothécaires, d'après lequel un compte est ouvert à chaque propriétaire, les inscriptions relatives au même immeuble se trouvent réparties dans des registres différents, selon l'époque à laquelle chacune d'elles a été prise. Il en résulte que si on avait attribué aux inscriptions une vigueur indéfinie, le conservateur eût été astreint à rechercher dans un grand nombre de registres anciens celles qui se réfèrent à chaque immeuble et que les particuliers auraient été obligés de connaître les noms des propriétaires successifs de cet immeuble pendant un grand nombre d'années. On n'aurait même jamais su à quelle limite s'arrêter, parce que la prescription, qui est en général de trente ans, a pu être suspendue à plusieurs reprises et pendant longtemps au profit d'incapables. Pour simplifier, la loi oblige les créanciers hypothécaires à renouveler leurs inscriptions tous les dix ans, de façon que le requérant, non plus que le conservateur, n'a jamais à s'inquiéter d'une plus longue période : *toute inscription ayant plus de dix ans de date est périmée* (art. 2154) [1].

* **3043. Avantages de la péremption.** — Le système adopté par les auteurs du Code a plusieurs avantages :

1° *Il rend le crédit hypothécaire plus sûr.* — Puisqu'il y a moins de registres à consulter, les chances d'erreur sont diminuées, et le public peut avoir une plus grande confiance dans les états et certificats qui lui sont remis.

2° *Il allège la responsabilité du conservateur.* — Les recherches à faire étant plus faciles, ses risques sont diminués, dans la même proportion que la sécurité du public est augmentée.

2° *Il rend inutiles beaucoup de radiations.* — Quand une inscription est devenue inutile, soit parce que la dette est éteinte, soit parce que le créancier a renoncé à son hypothèque, on devrait la faire disparaître par une *radiation* (ci-dessous, n°s 3057 et suiv.), mais on peut souvent économiser les frais d'une radiation, en laissant se périmer l'inscription dont les causes ont disparu.

* **3044. Du renouvellement de l'inscription.** — Pour éviter qu'une inscription ne se périme et que « son effet cesse », comme dit l'art. 2154, on doit donc *en entretenir l'effet* en ayant soin de la *renouveler* avant l'ex-

[1] Le même principe est admis en beaucoup de pays, mais le délai varie. En *Suède*, il est de 10 ans, comme en France (L. 12 mars 1886). En *Belgique*, il est de 15 ans (L. 16 décembre 1851, art. 90), ainsi qu'en *Roumanie* (art. 1786). En *Italie* on l'a porté à 30 ans (art. 2001). En *Hollande*, le principe n'a pas été admis ; les inscriptions n'ont jamais besoin d'être renouvelées (art. 1236). Voyez toutefois la loi hollandaise du 5 juin 1878.

piration du délai de dix ans donné par la loi. C'est ce qu'on appelle le *renouvellement décennal des inscriptions.*

A. — Règles du droit commun.

*** 3045. Généralité de la règle.** — Dans les premières années du Code on s'était demandé si l'art. 2154 avait une portée absolue et s'appliquait indistinctement à toutes les espèces d'hypothèques. Un avis du Conseil d'État, du 22 janvier 1808 (en note sous l'art. 2154), reconnut au texte une portée très générale et décida notamment que le renouvellement était nécessaire même pour les *inscriptions d'hypothèques légales,* prises au profit des incapables, et que les personnes qui sont chargées de prendre ces inscriptions sous certaines peines, sont tenues, sous les mêmes peines, de les renouveler. Ainsi, toutes les fois que l'inscription est nécessaire pour faire valoir l'hypothèque, le renouvellement est nécessaire pour sa conservation (même Avis). Cette règle s'applique notamment, depuis le 1er janvier 1856, aux tiers subrogés dans l'hypothèque légale d'une femme mariée, qui ne bénéficient plus de la dispense d'inscription accordée à la femme (ci-dessous, n° 3481).

*** 3046. Difficultés pour le privilège du vendeur.** — La question du renouvellement des inscriptions a soulevé une double difficulté relative au vendeur.

1° Absence d'obligation pour le conservateur. — L'inscription que le conservateur est obligé de prendre au moment où il opère la transcription de l'acte de vente, ou *inscription d'office* (ci-dessus, n° 3012), se périme comme les inscriptions ordinaires. On s'est donc demandé si le conservateur était *obligé de la renouveler,* également d'office, avant le moment de sa péremption. C'eût été imposer aux conservateurs une besogne considérable, et souvent inutile, car la plupart du temps le prix des ventes immobilières est entièrement soldé bien avant la péremption de l'inscription. Aussi l'Avis précité du Conseil d'État, du 22 janvier 1808, décida que la loi n'a pas imposé cette obligation au conservateur et que c'est *le vendeur* qui doit renouveler son inscription, *quand il y a intérêt.*

2° Intérêt du vendeur. — Le rôle du conservateur étant ainsi réglé, on a dû se demander si le vendeur avait intérêt à renouveler son inscription. On aurait pu décider que non, puisque ce n'était pas l'inscription d'office qui lui permettait de faire valoir son privilège, mais bien la *transcription,* formalité qui ne se périme pas et qui est faite une fois pour toutes. Si cette formalité a suffi, pendant les dix premières années, à conserver le privilège du vendeur, pourquoi ne suffirait-elle pas encore, après la péremption de l'inscription d'office, puisque son effet dure toujours? Cette opinion a été acceptée par quelques auteurs, qui ont pensé que le mode spécial de publicité adopté pour le privilège du vendeur avait une *vigueur perpétuelle*. Cependant cette opinion n'a pas triomphé. En fait, c'est par l'inscription d'office que les tiers sont prévenus ; quand cette inscription disparaît par l'effet de la péremption, la vérité est que le privilège du vendeur devient occulte, car il faudrait remonter indéfiniment dans les registres de transcription pour savoir s'il y a eu des ventes faites à crédit, et encore il faudrait vérifier si le prix n'a pas été payé depuis lors. On a donc cherché un moyen d'obliger le vendeur à renouveler son inscription et voici celui qu'on a trouvé. L'art. 2108 porte que « la transcription faite par l'acquéreur vaudra inscription pour le vendeur ». Dès lors, dit-on, si la transcription *vaut* inscription, à l'effet de conserver le privilège du vendeur, elle ne vaut pas plus : son effet dure autant que celui des inscriptions, c'est-à-dire qu'il dure dix ans. Au bout de dix ans la transcription produit encore son effet, entant qu'il s'agit de faire connaître au public le transfert de propriété qui s'est opéré ; elle ne vaut plus rien comme mode de publicité de l'hypothèque privilégiée du vendeur : sa durée, comme son rôle, se trouve ainsi dédoublée. — Il n'est pas bien sûr qu'en écrivant ces mots dans l'art. 2108 les auteurs du Code aient conçu le système qu'on leur prête, et il faut probablement voir là un procédé employé après coup en jurisprudence pour obtenir un résultat qui paraissait désirable.

3047. Forme du renouvellement. — On doit avoir soin d'indiquer, dans l'inscription nouvelle, qu'elle est prise *en renouvellement d'une inscription antérieure*. Sans cela, les tiers pourraient s'y tromper et croire qu'elle est la première inscription prise dans l'intérêt du créancier, ce qui donnerait à celui-ci un rang inférieur en apparence de dix ans à celui qu'il a en réalité. L'absence de cette indication empêcherait donc la nouvelle inscription de valoir renouvellement de l'ancienne.

Par contre, il n'est pas nécessaire que l'inscription nouvelle contienne toutes les indications que la loi exige pour la première inscription ; il suffit qu'elle se réfère à celle-ci d'une manière précise ; on se servira alors des indications contenues dans la première (Cass., 23 avril 1894, D. 94. 1. 535, S. 94. 1. 224).

Enfin, il n'est pas nécessaire que le créancier représente à nouveau au conservateur le titre en vertu duquel la première inscription a été prise.

3048. Calcul du délai. — La règle à suivre est simple ; *le dernier jour utile pour renouveler l'inscription est le dixième anniversaire du jour où elle a été prise*. Ainsi, une inscription prise le 7 mars 1896 devra être renouvelée, au plus tard, le 7 mars 1906, *même si ce jour est un jour férié*. L'expiration du délai n'est pas, comme pour certains délais de procédure (art. 1033 C. proc. civ.), reportée en ce cas au lendemain : on a eu suffisamment le temps de prendre ses mesures pendant dix ans (Trib. de Troyes, 9 mars 1892, S. 92. 2. 295).

Dans la pratique, les notaires tiennent habituellement un registre spécial des inscriptions prises pour le compte de leurs clients, et avertissent les intéressés, en leur demandant s'il faut renouveler.

3049. Suspensions exceptionnelles de la péremption. — Des dispositions spéciales avaient été prises pendant la guerre franco-allemande pour proroger le délai de la péremption. Voyez Décr. 9 septembre et 3 octobre 1870 ; L. 26 mai 1871. — Elles ont été rapportées par la loi du 20 décembre 1879.

** **3050. Effet du renouvellement.** — Quand il est fait en temps utile, *le renouvellement assure le maintien du rang primitif de l'hypothèque.* Avec des inscriptions prises de dix ans en dix ans, ce sera comme si l'inscription première avait une durée indéfinie.

** **3051. Effet du défaut de renouvellement.** — Supposons que l'inscription nouvelle soit prise trop tard pour valoir comme renouvellement de l'ancienne : que va-t-il arriver ? Ici une distinction est nécessaire.

Effet normal. — En principe la péremption de l'inscription laisse intact le droit hypothécaire : *il n'y a de perdu que le rang.* La première inscription, étant périmée, est réputée n'avoir jamais été prise, et la nouvelle, étant considérée comme première inscription, prend rang après toutes celles qui ont été prises dans l'intervalle. Si le rang du créancier dépend de la date de son inscription, il se trouve primé par tous ceux qu'il primait auparavant.

Le rang lui-même n'est pas toujours perdu : s'il s'agit d'une hypothèque occulte, pour laquelle la dispense de publicité dure encore, ou d'un privilège de vendeur, la nouvelle inscription aura même effet que l'ancienne, la loi n'ayant point fixé de délai pour inscrire ce privilège (Pau, 24 juin 1891, D. 92. 2. 349).

Effet accidentel. — Dans certains cas, le défaut de renouvellement pourra avoir pour le créancier un effet plus grave et lui faire perdre son hypothèque elle-même. Ceci arrivera d'abord *par combinaison de l'art.* 2154 *avec l'art.* 2146 : quand il sera survenu une faillite ou une mise en liquidation judiciaire du débiteur ou une acceptation bénéficiaire de sa succession, l'inscription nouvelle se trouve privée d'effets, et *l'hypothèque ne peut plus être opposée aux tiers.* Comp. ci-dessus, n° 3034.

Le même résultat pourra se produire encore *au cas d'aliénation* : si l'acquéreur de l'immeuble transcrit son titre avant que le renouvellement de l'inscription soit opéré, le créancier hypothécaire, ne pouvant plus s'inscrire sur un bien qui a cessé d'appartenir à son débiteur, se trouve dans la même situation que s'il avait perdu son hypothèque elle-même. Voyez ci-dessous, nos 3161 et suiv.

* **3052. Quand cesse la nécessité du renouvellement.** — Il vient un moment où l'inscription n'a plus besoin d'être renouvelée. Pour indiquer ce moment, on a coutume de dire que c'est celui où *l'hypothèque a produit son effet légal* ; elle devient alors inutile, parce qu'elle n'a plus d'effets à produire. Seulement on ne s'entend pas sur la détermination précise du fait ainsi défini.

Aussi longtemps que l'immeuble reste aux mains du débiteur, sans que le créancier soit payé, l'inscription est utile à conserver ; le jour du paiement l'hypothèque s'éteint, mais ce jour-là seulement, car la faillite ne dispense pas le créancier de renouveler son inscription (Cass., 24 mars 1891, D. 91. 1. 145, S. 91. 1. 209).

C'est seulement lorsqu'a lieu *la réalisation du gage* (sa transformation en argent), que la question se pose : à ce moment on va avoir de l'argent pour payer les créanciers ; leurs droits vont être *transférés de l'immeuble sur le prix* ; l'immeuble étant ainsi affranchi de l'hypothèque, la conservation de l'inscription devient inutile, l'hypothèque a produit tout son effet légal, et le créancier n'a plus qu'une action personnelle contre celui qui doit le payer à la place de son débiteur.

3053. Applications à faire. — Pour l'application de ce principe, des distinctions deviennent nécessaires.

1° Ventes sur saisie. — La doctrine avait d'abord proposé d'attendre la fin de la procédure d'ordre, et d'obliger les créanciers à renouveler leurs inscriptions jusqu'au jour où leur sont délivrés les bordereaux de collocation sur l'acquéreur, en vertu desquels ils se font payer par lui. Mais la jurisprudence n'a pas admis ce système et elle a fixé l'effet légal de l'inscription *au jour où l'immeuble sort du patrimoine du débiteur*. C'est à ce moment que le droit des créanciers hypothécaires cesse de le frapper et qu'ils acquièrent à la place un droit à collocation sur le prix d'adjudication. Avant les lois du 23 mars 1855 et du 21 mai 1858, ce résultat était attaché au *jugement d'adjudication*, qui opérait alors le déplacement de la propriété à l'égard de tous; depuis le rétablissement de la transcription comme condition du transfert à l'égard des tiers, c'est seulement *le jour où le jugement est transcrit* que l'effet légal de l'inscription se produit (Cass., 4 mai 1891, D. 92. 1. 9, S. 91. 1. 373. — Comp. Thézard, n° 152; de Loynes, n° 1791). Cette solution est nécessaire, parce que des inscriptions peuvent être prises, du chef du saisi, jusqu'à la transcription du jugement, et que l'état du passif hypothécaire ne se fixe définitivement qu'à ce moment-là. Cependant, avant l'arrêt de cassation précité, il y avait eu dissentiment parmi les Cours d'appel et quelques-unes avaient maintenu le système ancien (Toulouse, 1er mars 1889, D. 90. 2. 70, S. 90. 2. 129).

L'effet produit par le jugement d'adjudication n'est pas détruit, s'il y a ensuite soit une *surenchère du sixième*, qui doit être suivie d'une nouvelle adjudication, soit une *revente sur folle enchère* : dans ces deux cas, il y a seulement substitution d'un nouvel adjudicataire au premier. La péremption de l'inscription, survenant après la première adjudication, n'empêche donc pas le créancier de poursuivre sa collocation dans l'ordre ouvert et son paiement (Chambéry, 12 mai 1869, D. 69. 2. 164, S. 71. 2. 249).

2° Expropriation. — Pour le cas d'expropriation pour cause d'utilité publique, le moment où cesse la nécessité du renouvellement est encore mal déterminé. Un arrêt de la Cour de cassation a admis la même solution que pour le cas de saisie : ce serait le *jour où est transcrit soit le jugement d'expropriation, soit l'acte de cession amiable consenti par le propriétaire* (Cass., 30 janvier 1865, D. 65. 1. 75, S. 65. 1. 141).

Cette solution est fort contestable, car les créanciers qui ont hypothèque sur l'immeuble exproprié conservent la faculté de s'inscrire pendant les quinze jours qui suivent la transcription (L. 3 mai 1841, art. 17). Il est impossible de refuser à ceux qui s'inscrivent dans ce délai supplémentaire le droit d'opposer le défaut d'inscription à ceux qui auraient laissé périmer la leur depuis la transcription. Par conséquent, les créanciers antérieurement inscrits feront bien de veiller au renouvellement de leurs inscriptions jusqu'à l'expiration du délai de quinzaine.

3° Aliénations volontaires. — C'est alors la procédure de la purge qui fait produire leur effet légal aux inscriptions existantes. L'acquéreur, qui veut libérer son immeuble, fait des *offres à fin de purge* aux créanciers inscrits : il leur demande la mainlevée de leurs hypothèques, moyennant la somme qui représente la valeur de l'immeuble. *Ces offres établissent un lien de droit entre l'acquéreur et les créanciers*, et quand elles sont acceptées, les créanciers ont une créance personnelle contre l'acquéreur à la place de leur hypothèque, qui se trouve ainsi convertie en argent et a, par suite, produit tout son effet légal (Cass., 21 mars 1848, D. 48. 1. 117, S. 48. 1. 273 ; Cass., 22 nov. 1893, D. 94. 1. 153, S. 94. 1. 337). C'est le jour de la notification contenant l'offre de l'acquéreur qui fixe cette date, il n'est pas nécessaire que cette offre ait été acceptée. Il en est ainsi même au cas où l'un des créanciers fait surenchère du dixième et requiert la mise aux enchères de l'immeuble, comme il en a le droit (Cass., 19 juillet 1858, D. 58. 1. 345, S. 59. 1. 23).

On voit par là que, dans le cas d'aliénation volontaire, les créanciers restent obligés d'entretenir leurs inscriptions *même après la transcription de l'acte d'aliénation*. On ne donne donc pas la même solution que dans les deux cas précédents. La raison en est que, si les créanciers inscrits conservent leurs hypothèques et sont sûrs désormais qu'il ne pourra plus être pris de nouvelles inscriptions du chef du vendeur, ils n'ont pas encore acquis un droit sur le prix, qui est dû au vendeur et non pas à eux-mêmes ; leur hypothèque n'est pas encore *transformée en argent* ; cette transformation n'a lieu qu'en vertu de l'offre à eux faite par l'acquéreur.

3054. Règle prudente à suivre en pratique. — Tels sont, d'après la jurisprudence, les événements qui rendent inutile le renouvellement des inscriptions. Mais, en pratique, il faut tout prévoir et on agira prudemment en renouvelant l'inscription tant que le prix ne sera pas payé. En effet, au cas d'adjudication, il peut arriver que le jugement soit *annulé*, auquel cas il n'aura produit aucun effet, et surtout *on doit craindre que l'acquéreur n'aliène à son tour* et ne transmette l'immeuble à un tiers contre lequel il faudra recommencer peut-être la procédure, si le prix n'est pas intégralement payé aux créanciers. Voyez l'arrêt de 1848 précité.

B. — Règles exceptionnelles.

3055. Inscriptions exemptes de péremption. — La règle de l'art. 2154 a *beau être générale*, elle ne s'applique pas indistinctement à toutes les inscriptions d'hypothèques ; il en est *deux* qui échappent à la règle, en vertu de textes postérieurs au Code, savoir :

1° Privilège pour desséchement de marais (L. 16 septembre 1807, art. 23). — Ce privilège n'est pas soumis à la péremption décennale (Cass., 28 mars 1854, D. 54. 1. 181, S. 54. 1. 334).

2° Hypothèques du Crédit foncier (Décr. 28 février 1852, art. 47). — Elles sont dispensées de renouvellement pendant toute la durée du prêt. Par conséquent, quand elles ont plus de dix ans de date, les conservateurs ne les indiquent pas dans les états qu'ils délivrent. C'est là un danger considérable pour les particuliers, surtout maintenant que les opérations du Crédit foncier, longtemps confinées dans la ville de Paris et sa banlieue, s'étendent à toute la France. Il faut toujours avoir soin d'aller vérifier, au siège de cette Société ou dans ses bureaux régionaux, s'il n'y a pas eu un prêt effectué et s'il n'est pas complètement amorti. Ceux qui s'en tiennent aux indications du conservateur risquent de ne pas connaître le véritable état hypothécaire de l'immeuble qui les intéresse. Comp. L. roumaine 6 avril 1873, art. 87.

Il a été jugé : 1° que la dispense de renouvellement subsiste après l'aliénation de l'immeuble par l'emprunteur (Toulouse, 1er mars 1889, D. 90. 2. 70, S. 90. 2. 129) ; 2° qu'elle n'est pas personnelle à la Société du Crédit foncier et profite aux cessionnaires de sa créance (même arrêt). Cette dernière décision rappelle celle dont il est parlé au n° 3473 ci-dessous.

3056. Délais exceptionnels. — La loi du 10 décembre 1874 avait réduit à *trois* *années* la durée des inscriptions d'hypothèques maritimes; mais la loi du 10 juillet 1885 a adopté le délai de *dix ans*, comme en droit civil.

Un décret du 25 janvier 1895, art. 27, a porté à *trente ans* la durée de certaines inscriptions prises dans les colonies pénitentiaires au profit de l'État.

§ 5. — *Radiation des inscriptions.*

3057. Bibliographie. — Générrier, *Étude théorique et pratique sur la radiation hypothécaire*, 1876. — Boulanger, *Traité des radiations hypothécaires*, 3e édit., 1886. — Primot, *Traité des radiations hypothécaires*, 2e édit., 1889.

* **3058. Définition.** — Quand une inscription n'a plus d'objet, il faut, en principe, la faire disparaître afin d'avertir les tiers que l'immeuble en est affranchi. Cette opération est la *radiation*. On ne raye pas matériellement l'inscription; on la laisse intacte sur le registre. La radiation n'est qu'*une mention mise en marge*, indiquant que l'inscription n'existe plus.

Ce procédé était nécessaire parce qu'il peut arriver que la radiation soit plus tard annulée ou qu'elle soit anéantie par une cause quelconque : l'inscription sur laquelle elle portait reprend alors toute sa force, sans aucun autre changement qu'une nouvelle mention indiquant que la radiation en a été opérée à tort.

3059. Distinction. — La radiation d'une inscription est *volontaire* ou *judiciaire*.

A. — Radiation volontaire.

3060. Définition. — Cette première espèce de radiation se fait à la suite d'une *renonciation du créancier*, qui est de sa part un acte purement volontaire : de même qu'il pourrait renoncer à sa créance, le créancier peut renoncer simplement à l'hypothèque qui la garantit. L'acte de renonciation du créancier, en vertu duquel s'opérera la radiation, s'appelle *mainlevée*.

* **3061. Condition de forme.** — La mainlevée doit être consentie *par acte notarié* (art. 2158).

C'est une précaution utile, car, si le conservateur était tenu d'opérer la radiation sur la simple présentation d'un acte sous seings privés, les fraudes seraient trop à craindre : il serait facile au débiteur de fabriquer lui-même un acte de mainlevée et faire rayer à volonté l'inscription de son créancier.

Du reste, la mainlevée peut être *rédigée en brevet*, puisque la loi n'exige pas la rédaction en minute pour l'acte constitutif de l'hypothèque; on ne peut l'exiger pour la mainlevée.

Il résulte de l'art. 2158 que le conservateur n'est pas obligé d'opérer la radiation quand le créancier se présente devant lui *en personne* pour y donner son consentement : la personne du créancier peut lui être inconnue, et l'intervention du notaire, qui connaît ses clients ou qui se fait certifier leur *identité* par des témoins spéciaux, est une garantie contre les fraudes.

3062. Effet d'une mainlevée sous seing privé. — Un acte privé contenant mainlevée d'une hypothèque ne suffit donc pas pour faire opérer une radiation. Ce n'est pas à dire qu'il soit nul : il oblige celui qui l'a signé, et le débiteur, armé de cet acte, peut contraindre son créancier à lui donner une mainlevée en règle.

3063. Condition de capacité. — La loi veut que le créancier qui donne mainlevée ait « capacité à cet effet » (art. 2157), mais elle n'indique pas quelle est la capacité nécessaire. On a suppléé à son silence par le raisonnement.

En principe, tout créancier, *capable de recevoir le paiement de la créance* et de donner décharge au débiteur, peut consentir, *après paiement*, la radiation de l'hypothèque. Ainsi, un mineur non émancipé, une femme mariée non séparée de biens ni de corps, un interdit, ne peuvent jamais donner mainlevée d'une hypothèque ; ainsi encore, un mineur émancipé ne peut pas donner mainlevée de l'hypothèque qui garantit ses capitaux, qu'il ne peut recevoir seul (art. 482). Mais un mineur émancipé, pouvant toucher ses revenus, peut donner mainlevée de l'hypothèque qui les garantit ; un tuteur donne valablement mainlevée de l'hypothèque du mineur, parce qu'il peut recevoir les capitaux et en donner quittance (Bordeaux, 22 janv, 1892, D. 92. 2. 128). Il est, en effet, tout simple que celui qui a qualité pour éteindre l'hypothèque en recevant le paiement, puisse faire disparaître l'inscription ; la radiation n'est plus alors qu'une formalité que la justice pourrait ordonner au besoin (art. 2160).

Mais, au *cas exceptionnel* où il s'agirait de donner *mainlevée de l'hypothèque avant tout paiement*, et sans que le créancier soit désintéressé d'une manière quelconque, on doit se montrer plus exigeant. Il s'agit alors de donner une mainlevée gratuite qui peut quelquefois empêcher le créancier de recevoir son paiement en lui faisant perdre son rang hypothécaire. Elle équivaut à une renonciation à l'hypothèque ; par suite celui qui la consent doit avoir la *capacité nécessaire pour disposer d'un droit réel immobilier* (Cass., 11 juill. 1889, D. 89. 1. 393, S. 90. 1. 97). C'est un des rares cas où il y a lieu d'observer le caractère immobilier de l'hypothèque, parce qu'elle est alors envisagée en elle-même et indépendamment de la créance ; presque toujours on la considère comme un simple accessoire de la créance et, à ce titre, elle subit le sort des choses mobilières.

B. — Radiation judiciaire.

3064. Définition. — La radiation judiciaire ou *radiation forcée* est celle qui est ordonnée par le tribunal.

3065. Cas où elle a lieu. — La justice peut ordonner la radiation d'une inscription dans certains cas énumérés par la loi (art. 2160) et qui sont au nombre de cinq :

1° *Lorsque l'inscription a été prise sans titre*, c'est-à-dire sans que ni un texte de loi ni une convention notariée ait donné d'hypothèque au créancier. Il en serait de même si l'hypothèque, bien que réellement existante, avait été inscrite plus tôt que la loi ne le permettait (L. 3 septembre 1807 et ci-dessus, n° 2884).

2° *Lorsque le titre constitutif de l'hypothèque a été annulé ou anéanti* par une cause quelconque. Par exemple, c'est une hypothèque judiciaire, et le jugement en vertu duquel l'inscription a été prise a été depuis réformé et mis à néant.

3° *Lorsque la créance est éteinte.* Le créancier a été payé, ou a perdu son droit d'une manière quelconque, à la suite d'une novation, par exemple, N'étant plus créancier, il n'a plus besoin d'hypothèque, et son inscription doit être rayée.

4° *Lorsque l'hypothèque est perdue, la créance existant encore.* L'hypothèque peut s'éteindre par des modes qui lui sont propres (une renonciation volontaire, la purge, une prescription spéciale, etc.), qui laissent subsister la créance.

5° *Lorsque l'inscription est nulle.* Elle peut être nulle pour un vice de forme qui n'atteint qu'elle (ci-dessus, n° 2976).

A ces cinq cas, ajoutez les hypothèses prévues par le Code de procédure civile (art. 751, 759, 769, 771 et 777), d'après lequel les inscriptions sont rayées, pour des raisons diverses, sur l'ordonnance du juge-commissaire, chargé de la procédure d'ordre.

3066. Tribunal compétent. — La demande en radiation doit être portée devant *le tribunal dans le ressort duquel l'inscription a été prise* ; c'est, du reste, le tribunal *de la situation de l'immeuble* (art. 2159). L'exploit d'ajournement est envoyé soit au domicile réel du créancier, soit à son dernier domicile élu sur le registre (art. 2156).

A cette règle il faut faire diverses exceptions.

1° Une *convention contraire* pourrait intervenir entre le créancier et le débiteur pour *attribuer compétence à un autre tribunal.* La loi le prévoit (art. 2159, al. 2), mais cela est bien peu pratique, et d'ailleurs cette convention n'est obligatoire que pour le débiteur, et non pour les autres intéressés. Aussi le texte dit-il qu'elle recevra son exécution *entre eux*, entre le créancier et le débiteur (art. 2159).

2° Si la question de radiation est l'*accessoire d'une demande personnelle* formée contre le créancier au lieu de son domicile, et tendant à faire constater la nullité ou l'extinction de sa créance, ce serait *devant le tribunal saisi de la question principale* que la demande en radiation devrait être portée, par application des règles ordinaires sur la compétence.

3° Une troisième exception, formellement établie par l'art. 2159, al. 1er, dérive du principe *qu'un tribunal ne peut pas connaître de l'exécution d'un jugement rendu par un autre tribunal.* La loi a songé au cas où une *hypothèque judiciaire* aurait été inscrite pour garantir *une condamnation éventuelle ou indéterminée,* par exemple, à payer des dommages-intérêts à fixer par état. Si le débiteur demande la radiation de cette inscription, il devra porter son action devant le tribunal qui a rendu le jugement, et non devant celui dans le ressort duquel l'inscription a été prise, afin de réserver aux juges qui ont rendu cette décision le droit de connaître de son exécution. — Le motif de cette compétence particulière est tel que le renvoi de l'affaire devrait au besoin être ordonné d'office par le tribunal du lieu de la situation, si les parties l'avaient saisi de leur demande. On remarquera de plus que cette dernière exception peut avoir pour effet de faire juger une question de radiation d'hypothèque par un tribunal d'exception, comme un tribunal de commerce ou un juge de paix.

3067. Personnes pouvant agir. — L'action est ouverte à tout intéressé. En principe, c'est le *propriétaire de l'immeuble* qui a intérêt à faire disparaître une inscription qui ruine son crédit. Les *créanciers hypothécaires* auraient certainement le droit d'agir, mais ils n'y ont guère d'intérêt et il leur suffit de contester le droit du créancier nommé dans l'inscription, en démontrant ou que sa créance est éteinte, ou qu'il n'a pas d'hypothèque, ou que son inscription est nulle.

Toutefois, lorsque le propriétaire actuel de l'immeuble se trouve être en même temps le débiteur de la dette, on reconnaît en général qu'il n'aurait pas le droit de faire rayer l'inscription en se fondant sur une *simple irrégularité de forme*, parce que les diverses mentions qui sont requises par la loi sont exigées dans l'intérêt des tiers et non dans l'intérêt du débiteur.

3068. Jugements permettant la radiation. — En vertu de quels jugements une radiation peut-elle être opérée? La radiation est un acte d'exécution qui peut avoir les plus graves conséquences; aussi n'est-elle pas toujours possible dès que le jugement a été rendu. Il faut que ce jugement *ne soit pas susceptible d'être réformé par l'une des voies de recours ordinaires* (opposition ou appel). Par conséquent, si le jugement a été rendu en *premier ressort seulement*, comme il est susceptible d'appel, il faudra attendre l'expiration du délai d'appel; si la décision est *en dernier ressort*, comme un arrêt de la Cour d'appel, l'inscription pourra être rayée tout de suite, à moins que l'arrêt n'ait été *rendu par défaut*, auquel cas il faudra attendre l'expiration du délai donné pour faire opposition. C'est ce qu'exprime l'art. 2157 en exigeant « un jugement en dernier ressort ou passé en force de chose jugée ». On dit qu'une décision est *passée en force de chose jugée* lorsque les délais qui étaient donnés pour l'attaquer par la voie de l'appel ou de l'opposition sont expirés sans que ces voies de recours aient été exercées. — En somme, par dérogation aux règles ordinaires, la loi attache ici un *effet suspensif* aux simples délais d'appel ou d'opposition, tandis que, de droit commun, ces délais ne sont point suspensifs par eux-mêmes; c'est seulement l'appel ou l'opposition qui, une fois formés, empêchent l'exécution du jugement. La raison de cette dérogation est que la radiation de l'inscription pourrait causer au créancier un préjudice irréparable. Comp. art. 548 C. proc. civ.

Mais *les voies de recours extraordinaires* (recours en cassation, requête civile), *ne sont pas suspensives de l'exécution des jugements.* L'exécution n'est même pas suspendue par l'exercice de l'une de ces voies de recours ; elle ne cesse qu'après que le jugement a été cassé ou rétracté. Il en résulte qu'une radiation d'inscription peut avoir été opérée en vertu d'un jugement ou arrêt qui a été ensuite mis à néant, et le conservateur, quand il en est régulièrement requis, ne peut même pas s'y refuser en alléguant la demande en cassation ou en requête civile déjà formée et non encore jugée. Qu'arrive-t-il alors si la décision attaquée est ensuite cassée ou rétractée ? L'inscription rayée va-t-elle revivre ? Ou bien le créancier sera-t-il réduit à en prendre une nouvelle ? C'est un cas particulier d'une question plus générale, qui va être examinée dans son ensemble.

C. — Effets de l'annulation d'une radiation.

3069. Cas d'annulation. — Il arrive assez souvent qu'une radiation qui a été régulièrement opérée par le conservateur, se trouve ensuite annulée, résolue ou effacée pour des raisons diverses. Cela peut arriver d'abord pour la *radiation judiciaire*, quand le jugement en vertu duquel elle a été faite est anéanti à la suite d'une voie extraordinaire de recours. Cela peut arriver aussi pour une *radiation volontaire* dans les cas suivants :

1° Lorsque *l'acte de mainlevée était faux.*

2° Lorsqu'il a été *obtenu par dol ou violence* ou consenti *par erreur.*

3° Lorsque le créancier était *incapable* d'y consentir.

4° Lorsque le créancier qui a donné mainlevée subit ensuite la *résolution rétroactive de son titre.*

3070. Question à résoudre. — La première inscription ayant été *rayée à tort*, le créancier est autorisé à en prendre une nouvelle. *Celle-ci vaudra-t-elle comme restauration de la première ?* ou ne donnera-t-elle rang au créancier qu'à sa date ? La question est complexe, et doit être examinée en même temps pour les *créanciers hypothécaires* inscrits sur l'immeuble, et pour les *tiers acquéreurs*, qui en ont acquis la propriété ou qui ont obtenu un droit réel démembré de la propriété. Pour les uns et pour les autres, il y a lieu de distinguer *deux catégories* :

1° *Ceux dont les droits sont antérieurs à la radiation*, et qui, ayant inscrit ou transcrit leur titre à un moment où l'inscription n'était pas encore rayée, ont connu l'existence de l'hypothèque.

2° *Ceux dont les droits sont postérieurs*, et qui ont pu compter que l'hypothèque rayée n'existait plus, parce qu'ils se sont inscrits ou ont transcrit après la radiation.

3071. Opinion doctrinale et jurisprudence. — L'opinion générale des auteurs français est que *l'annulation de la radiation fera revivre l'hypothèque au détriment des tiers de la première catégorie, mais ne la rendra pas opposable aux seconds.* Par cette résurrection de l'inscription qui avait été rayée à tort, la situation des premiers ne se trouvera pas modifiée ; mais on ne peut pas opposer à ceux qui ont transcrit ou inscrit après la radiation une hypothèque qu'ils n'ont pas connue et que rien ne leur a annoncée au moment où eux-mêmes se sont conformés à la loi. Ce serait contraire au principe de publicité, qui est la base de tout notre système hypothécaire [1].

C'est dans le même sens que s'est fixée la jurisprudence. Voyez les arrêts cités au n° suivant.

[1] Cependant Laurent a soutenu l'opinion contraire (t. XXXI, n° 234). D'après lui, la nullité doit produire ici son effet ordinaire et l'emporter sur le principe de la publicité des hypothèques. La radiation, étant réputée nulle, n'a pu produire d'effet pour personne ; l'inscription doit être réputée subsistante à l'égard de tout le monde. Sans doute, des tiers en souffriront, mais leur intérêt n'est pas plus respectable que celui du créancier dont l'inscription a été indûment rayée, et il leur reste un recours contre les personnes responsables. — Cette opinion de Laurent est fort raisonnable, et le vrai remède consisterait peut-être à obliger les conservateurs à faire figurer dans leurs états les inscriptions rayées avec mention de la radiation.

3072. Applications. — Voici à quelles conséquences on arrive dans ce système.

1° Une personne achète un immeuble grevé d'une inscription garantissant l'hypothèque légale d'un mineur, et elle transcrit son titre. Peu après, cette inscription est rayée; mais cette radiation est plus tard annulée comme étant le fruit d'un dol du tuteur. L'inscription rétablie sera opposable à l'acquéreur (Rouen, 10 mai 1875, Dalloz, *Suppl.*, t. XIV, p. 280, note 1, S. 77. 2. 117. Comp. Cass., 11 juill. 1889, D. 89. 1. 393).

2° Le vendeur d'un immeuble inscrit son privilège. Son acheteur étant tombé en faillite, le syndic prend inscription au profit de la masse, en vertu de l'art. 490 C. com. Puis l'inscription du vendeur est rayée et ensuite rétablie. Il a été jugé que le privilège redevenait opposable à la masse de la faillite, parce que l'hypothèque de celle-ci avait été inscrite avant la radiation du privilège (Paris, 9 juillet 1892, D. 93. 2. 569, S. 95. 2. 137).

3° Une inscription est rayée. Il est reconnu plus tard que la radiation a été obtenue par surprise *à l'aide de pièces fausses*, et l'inscription est rétablie. Elle se trouve néanmoins primée par toutes celles qui ont été prises depuis sa radiation (Cass., 9 déc. 1846, D. 47. 1. 298, S. 47. 1. 827).

§ 6. — *Réduction des inscriptions.*

3073. Division. — La réduction peut porter *soit sur le nombre des immeubles* indiqués comme grevés de l'hypothèque, *soit sur les sommes* pour lesquelles l'inscription a été prise.

A. — Réduction relative aux immeubles.

3074. Observation critique. — Ce que la loi nous présente ici comme une simple *réduction de l'inscription* est en réalité une *réduction de l'hypothèque*. C'est un moyen de réduire les hypothèques générales, lorsque leur généralité confère au créancier une protection excessive. Par conséquent, il ne s'agit pas d'une pure question de publicité, mais bien d'une règle de fond, tout à fait semblable à celle qui a déjà été étudiée pour deux hypothèques légales générales (ci-dessus n°s 2828 et 2842).

3075. Hypothèques susceptibles de réduction. — L'art. 2161 n'est fait que pour les hypothèques portant « *sur les biens présents et à venir du débiteur* ». C'est donc un correctif du système d'hypothèques générales adopté par la loi. Par suite, *aucune réduction n'est possible quand il s'agit d'une hypothèque spéciale.*

Même parmi les hypothèques générales il en est qui lui échappent :

1° *Les hypothèques conventionnelles* qui peuvent exceptionnellement porter sur les biens à venir (ci-dessus n° 2792). La convention fait la loi des parties et il n'est pas possible de la modifier. Aussi l'art. 2161 suppose-t-il que c'est « en vertu de la loi » que le créancier a le droit de s'inscrire sur tous les immeubles du débiteur.

2° *Les hypothèques légales des femmes mariées et des personnes en tutelle*, pour lesquelles il existe un système spécial de réduction (art. 2140 et suiv. et ci-dessus, n°s 2828 et 2842).

L'art. 2161 ne peut donc s'appliquer qu'aux hypothèques légales autres que celles-là, et surtout aux *hypothèques judiciaires*. Il n'y a jamais eu de doutes pour ces dernières; il y en a eu au contraire pour l'hypothèque de l'État, des communes et des établissements publics sur les biens de leurs comptables; mais l'opinion qui admet la réduction triomphe aujourd'hui (Dalloz, *Suppl.*, v° Privilèges et hypothèques, n° 1588). Elle est d'ailleurs indirectement consacrée par l'art. 15 de la loi du 16 septembre 1807, qui charge la Cour des comptes de statuer sur les demandes en réduction. Quant à l'hypothèque légale des légataires, la réduction en est également admise (Rennes, 21 mai 1875, sous Cass., D. 79. 1. 121).

3076. Formes de la réduction. — La réduction peut d'abord être consentie par le créancier capable de disposer de la créance; mais de celle-là, qui est une mainlevée partielle et volontaire, la loi n'avait pas à s'occuper. Elle traite uniquement de la *réduc-*

tion demandée en justice (art. 2161). Cette demande est régie en principe, et notamment pour les questions de compétence, par les dispositions de l'art. 2159, relatif aux demandes en radiation.

3077. Conditions de la réduction. — La réduction n'est possible qu'à une *double condition*. Il faut :

1° *Que l'hypothèque générale n'ait pas déjà fait l'objet d'une réduction conventionnelle*. L'art. 2161 parle d'une hypothèque existant « sans limitation convenue ». Voyez cependant Rennes, 21 mai 1875, précité.

2° *Que la valeur des propriétés hypothéquées excède de plus d'un tiers le montant des créances* (art. 2161 et 2162). Pour apprécier s'il y a excès d'un tiers, on suit les règles exposées dans l'art. 2165. Une expertise n'est pas nécessaire ; on prend le revenu de l'immeuble constaté par la matrice du rôle de la contribution foncière ou indiqué par la cote de contribution sur le rôle, et on multiplie ce revenu par 15 si l'immeuble n'est pas sujet à dépérissement, et par 10 s'il y est sujet. Comme le résultat ainsi obtenu est généralement inférieur à la vérité, car une maison rapportant 10 000 francs se vendrait plus de 100 000 francs, la loi permet aux juges de s'aider en outre, pour estimer le revenu, de pièces diverses, telles que des baux non suspects ou des procès-verbaux d'évaluation (art. 2165). La loi veut qu'on prenne *la moyenne entre les divers résultats ainsi obtenus*. Les tribunaux ne peuvent pas adopter un autre mode d'évaluation (Cass., 16 avril 1889, D. 90. 1. 113, S. 89. 1. 270).

B. — Réduction relative aux sommes.

3078. Cas où elle a lieu. — On se rappelle que la loi impose au créancier, qui s'inscrit en vertu d'une hypothèque conventionnelle, l'obligation d'évaluer lui-même le montant de sa créance quand il est indéterminé. Une évaluation analogue peut aussi se rencontrer parfois dans des inscriptions d'hypothèques légales ou d'hypothèques judiciaires. Or il est à craindre que le créancier, qui tient avant tout à ne pas subir une perte, n'évalue ses droits à un taux excessif. Aussi la loi réserve-t-elle au débiteur le droit de faire réduire à un chiffre raisonnable l'inscription ainsi prise (art. 2163 et 2164).

3079. Modifications ultérieures. — Si le créancier établit que sa créance a été portée par des événements survenus depuis à un chiffre supérieur à l'évaluation faite, il peut prendre une inscription nouvelle, mais qui ne lui donne rang qu'à sa date (art. 2164).

CHAPITRE V

EFFETS DE L'HYPOTHÈQUE A L'ÉGARD DU DÉBITEUR

*** 3080. Divers points de vue à examiner.** — Pour bien comprendre les effets de l'hypothèque, il ne suffit pas de les étudier : 1° dans les rapports du créancier hypothécaire avec les autres créanciers du propriétaire de l'immeuble (*droit de préférence*) et 2° dans les rapports du créancier avec les tiers acquéreurs (*droit de suite*). Il faut encore se rendre compte des effets que produit l'hypothèque *dans les rapports du créancier et du débiteur*, indépendamment de toute aliénation. C'est même par là que l'on devrait logiquement commencer, les questions relatives au droit de préférence et au droit de suite ne venant que plus tard, quand l'hypothèque est exercée. Bien d'autres questions se posent auparavant. Si on ne les étudie pas dans les cours de droit civil, c'est uniquement parce que la plupart se rattachent à la *saisie de l'immeuble*, qui est une voie d'exécution réglée par le Code de procédure. Il est cependant indispensable d'en avoir une idée sommaire, pour se rendre compte des relations que l'hypothèque établit entre le créancier et le propriétaire de l'immeuble hypothéqué.

3081. Division. — L'effet de l'hypothèque, dans les relations du créancier hypothécaire et du propriétaire de l'immeuble, doit être examiné à un double moment : on doit se demander d'abord *dans quelle mesure le droit du propriétaire sur son bien est modifié et entravé*, tant que le créancier s'abstient d'exercer son droit d'hypothèque ; ensuite il faut savoir *comment le créancier procède à la réalisation de son gage.*

A. — Administration et jouissance intérimaires de l'immeuble.

* **3082. Baux.** — Le propriétaire d'un immeuble hypothéqué conserve le droit de l'administrer. Par conséquent il peut consentir des baux, même depuis la constitution de l'hypothèque, et ces baux sont opposables aux créanciers hypothécaires.

Toutefois le droit du propriétaire a subi sur ce point une *restriction grave,* établie dans l'intérêt des créanciers par la loi du 23 mars 1855. Tout *bail d'une durée de plus de dix-huit ans* ne peut être obligatoire pour le créancier hypothécaire qu'autant qu'il a été transcrit *avant l'inscription de son hypothèque.* Faute de cette transcription, le créancier n'est tenu de respecter le bail que jusqu'à concurrence d'une durée de dix-huit ans (L. 23 mars 1855, art. 3, al. 2), quelle qu'en soit la date, alors même que le bail aurait été fait et aurait acquis date certaine avant la naissance de l'hypothèque ou avant son inscription quand cette hypothèque est soumise à publicité. Seuls les baux de plus de dix-huit ans ont été assimilés à des actes de disposition et ont paru de nature à diminuer la valeur de l'immeuble.

3083. Perception des fruits en nature. — On a déjà vu (nº 2748) que l'hypothèque s'étend aux fruits de l'immeuble tant qu'ils restent pendants par branches et par racines. Cette extension de l'hypothèque aux fruits ne gêne nullement l'exploitation du sol, parce qu'elle n'entrave pas la liberté du propriétaire d'en disposer. C'est même là un des avantages de cette forme de sûreté réelle qui a déjà été signalé. Le propriétaire du bien hypothéqué a donc le droit de consommer ou d'aliéner les récoltes, de même qu'il a le droit d'aliéner le fonds lui-même. Il y a d'ailleurs cette différence que l'aliénation du fonds laisse intact le droit du créancier hypothécaire, qui suit l'immeuble entre les mains de son nouveau propriétaire, tandis que l'aliénation des fruits les lui enlève entièrement : les fruits détachés du sol deviennent *meubles* et ne sont plus grevés de l'hypothèque, alors même que le propriétaire du fonds les aurait conservés en sa possession et en nature.

Cette règle s'applique même aux produits de la plus grande valeur, comme les *coupes de bois* : le créancier hypothécaire ne peut pas, en cette seule qualité, se faire attribuer le prix de la vente (Dijon, 6 juill. 1883, Dalloz, *Suppl.*, t. XIV, p. 78, note 1, S. 82. 2. 44); il ne pourrait y parvenir qu'*au cas de fraude*, en exerçant l'*action Paulienne*.

* **3084. Revenus en argent.** — Si le propriétaire du fonds hypothéqué a le droit d'en détacher les fruits en nature bien que ces choses soient considérées comme comprises elles-mêmes dans l'hypothèque, à plus forte

raison a-t-il le droit de toucher les fruits en argent, par exemple les *loyers d'une maison*, qui font l'objet d'une créance à lui personnelle et ne sont pas considérés comme des accessoires matériels de l'immeuble.

3085. Cession de loyers et fermages non échus. — Le droit du propriétaire de l'immeuble de toucher ses revenus est entier jusqu'à la saisie, tant qu'il ne s'agit pour lui que de toucher des loyers ou des fermages *échus*. En est-il de même quand il s'agit de loyers ou de fermages *à échoir*? La question est controversée. On a soutenu que l'hypothèque confère au créancier un droit, non seulement sur l'immeuble lui-même, mais aussi sur les fruits à titre d'accessoires du fonds : le droit du créancier *ne se réalise que par la saisie*, mais auparavant *il existe déjà en puissance*. Le créancier hypothécaire a la faculté d'immobiliser les fruits de l'immeuble le jour où il jugera utile de le saisir, et le propriétaire ne peut rien faire qui porte atteinte à ce droit ; il ne peut donc pas disposer d'avance de son revenu, de façon à empêcher le créancier hypothécaire de l'immobiliser par une saisie (De Loynes, D. 95. 2. 385).

Mais à cela on peut répondre que l'immobilisation des fruits est *une conséquence de la procédure de la saisie*, et non un effet du droit réel d'hypothèque ; elle se produit *même quand le créancier saisissant est un créancier chirographaire* (Trib. Châteauroux, 16 avril 1894, D. 95. 2. 193). Cette règle, établie par le Code de procédure, laisse donc subsister les principes établis par la loi civile relativement à l'administration de l'immeuble hypothéqué. Or cette administration reste au propriétaire ; il peut consentir la cession d'avance de ses loyers, sous la seule condition d'agir sans fraude. Le droit civil n'apporte à sa liberté qu'une restriction qui résulte de la loi du 23 mars 1855 : une cession de loyers doit être transcrite, pour être opposable aux créanciers hypothécaires dès qu'elle équivaut à *trois années de revenus* (ci-dessus, n° 2511 et suiv.). On a déjà vu que la loi française s'était peut-être montrée trop large en fixant à trois années la quotité de loyers dont elle autorise la cession anticipée ; mais il n'en est pas moins certain qu'elle n'a pas entendu limiter davantage la liberté du propriétaire. Les créanciers hypothécaires sont donc obligés de subir l'effet de toute cession de loyers, même consentie depuis leur inscription, lorsqu'elle n'atteint pas trois ans [1]. — C'est en ce sens que la jurisprudence s'est prononcée (Paris, 24 déc. 1894, D. 95. 2. 385 ; Bordeaux, 27 mars 1895, D. 95. 2. 385, S. 97. 2. 1 ; Trib. Châteauroux, 16 avril 1894, D. 95. 2. 193 et la note de M. Glasson ; Dijon, 3 août 1896, S. 97. 2. 1).

3086. Réception de loyers et de fermages non échus. — Au lieu de céder ses revenus à un tiers, qui les touchera à sa place quand ils viendront à échéance, le propriétaire peut *se les faire payer à lui-même et par anticipation*. La question que soulèvent ces réceptions anticipées de loyers à échoir est la même que celle qui a été examinée au n° précédent pour les cessions, et elle se résout de la même manière. Les quittances de loyers non échus sont soumises à la transcription, comme les cessions, dès qu'elles atteignent un total de trois années de revenu.

3087. Séparation des immeubles par destination. — Malgré l'hypothèque, le propriétaire conserve le droit de détacher de son immeuble pour les aliéner, les meubles

[1] M. de Loynes a cherché à démontrer que les auteurs de la loi de 1855, lorsqu'ils ont exigé la transcription des cessions de loyers ou de fermages, n'avaient songé à protéger les créanciers hypothécaires que contre des *actes antérieurs* à la naissance de leurs droits (Voyez sa note dans Dalloz, *loc. cit.*) : on a voulu leur permettre de connaître la situation de l'immeuble au jour où ils le reçoivent comme gage. Cela est certain, mais il en est de même pour tous les droits soumis à transcription : en déclarant non opposables au créancier hypothécaire les *actes antérieurs* non transcrits, on applique nécessairement la même règle aux *actes postérieurs* en date, sans que cela implique pour ceux-ci un traitement plus rigoureux que pour les premiers. Tout acte qui aurait dû être transcrit avant l'inscription du créancier, si sa confection avait été antérieure, ne lui sera pas opposable s'il est consenti plus tard, et nous appliquerons cette règle aux cessions de loyers supérieures à trois années ; mais, à l'inverse, tout acte qui aurait été dispensé de la transcription, s'il avait été antérieur à l'hypothèque, sera par lui-même opposable au créancier hypothécaire quoiqu'il ait été consenti depuis l'inscription de l'hypothèque.

qui y étaient attachés en qualité d'immeubles par destination, bétail, matériel agricole, etc.[1]. Il ne reste au créancier d'autre ressource que l'action Paulienne au cas de fraude, ou la faculté de demander son remboursement immédiat, pour diminution de sa sûreté (art. 2131), si le débiteur ne lui consent pas un supplément d'hypothèque.

Le droit du propriétaire de séparer de son fonds les meubles immobilisés par leur destination, pour les vendre ou pour en disposer d'une manière quelconque, a été reconnu par la jurisprudence (Douai, 16 déc. 1886, D. 88. 2. 43, S. 88. 2. 115 ; Cass., 21 nov. 1894, D. 95. 1. 277, S. 96. 1. 230).

Cette séparation pourrait même résulter d'un acte du créancier lui-même, au cas où il saisirait mobilièrement les animaux et ustensiles aratoires et les laisserait enlever sans faire aucune protestation ni réserve de son droit : il se trouverait par là privé de tout droit de préférence sur le prix d'une vente d'objets mobiliers (arrêt précité du 16 déc. 1886).

B. — Exercice du droit du créancier.

3088. Système romain. — En droit romain, lorsque le *jus distrahendi* fut reconnu au créancier gagiste ou hypothécaire, la vente était *faite par lui-même sous la forme qu'il lui plaisait de choisir*, aux enchères ou à l'amiable. On voit toutefois qu'il était déjà d'usage d'annoncer la vente par des affiches (*Code*, liv. VIII, tit. 27 ou 28, loi 4), sans que l'omission de cette formalité pût influer sur la validité de l'acte.

** **3089. Mode actuel d'exercice de l'hypothèque.** — Il s'est produit dans notre droit un *changement considérable* dans la façon dont le créancier hypothécaire exerce son droit contre son débiteur. Actuellement le créancier qui renonce à obtenir son paiement n'a qu'une ressource : *pratiquer une saisie,* dans la forme réglée par le Code de procédure civile (art. 673 et suiv.). Il fera donc un commandement de payer, suivi d'un délai d'attente de trente jours, et remplira ensuite toutes les formalités de la saisie *de la même manière que s'il était créancier chirographaire*. Voyez ces formes ci-dessus, n°s 202 et suiv.

Cette situation n'est pas nouvelle : déjà dans l'ancien droit le créancier hypothécaire était astreint à « faire saisir et vendre par décret », même quand il avait obtenu le délaissement de l'immeuble par son propriétaire (*Hypothèque,* n°s 66 et 119). Je ne saurais dire quand ni comment cette pratique s'est introduite ; en tout cas, elle ne s'autorise pas des textes romains. Domat en constate l'existence, en la justifiant par des motifs théoriques, mais sans nous en faire connaître l'origine, qu'il ignorait probablement (*Loix civiles,* liv. III, tit. I, sect. 3, n° 9).

* **3090. Du délaissement.** — Une conséquence tout à fait remarquable de ce changement de forme dans la vente faite par le créancier a été l'*inutilité du délaissement* dans les rapports entre créancier et débiteur.

[1] Deux arrêts ont jugé que les immeubles par destination ne pouvaient pas être séparés du fonds au préjudice des créanciers hypothécaires (Cass., 4 févr. 1817 ; Dalloz, *Répert.*, v° Biens, n° 92, S. 17. 1. 359 ; S. chr. 5. 1. 278 ; Caen, 21 juill. 1874, D. 76. 5. 57). Mais ces arrêts ne sont pas contraires à la proposition énoncée au texte parce qu'ils s'occupent du cas où les biens du débiteur sont vendus après sa faillite ou après son décès : ils décident que la valeur provenant des immeubles par destination doit être réservée aux créanciers hypothécaires, même quand ils ont été en fait vendus séparément. C'est une jurisprudence relative à la préférence entre créanciers au cas de réalisation du gage, et elle ne touche en rien à la liberté du propriétaire agissant sur ses biens.

Dans le système romain, ce délaissement était le *but principal et direct de l'action hypothécaire,* qui était une action réelle de même nature que la revendication, une *vindicatio pignoris,* par laquelle le créancier hypothécaire réclamait la possession *(possessionem persequitur).* L'action était arbitraire et le défendeur était absous quand il livrait la chose au créancier ; la formule portait : « Condemna, nisi restituat. »

Nos anciens auteurs remarquaient encore que le « délais » de l'immeuble hypothéqué était, selon les loi romaines, « la vraye fin et conclusion de l'action hypothecquaire » (LOYSEAU, *Déguerpissement,* liv. I, chap. 2, n° 12). C'était, en effet, pour le créancier le meilleur moyen de vendre commodément la chose ; il devait tout d'abord l'avoir en sa possession. La pratique française, qui obligeait le créancier à employer, pour arriver à la vente, la même procédure que s'il n'avait pas eu d'hypothèque, se passait naturellement du délaissement, si bien que Domat et Pothier n'en parlent même pas quand la chose est saisie sur le débiteur.

*** 3091. Immobilisation des fruits.** — Le droit de libre gestion, qui permet au propriétaire d'un immeuble, quand il a des créanciers et même des créanciers hypothécaires, de continuer à en percevoir les fruits et revenus, cesse lorsque l'immeuble est saisi. D'une manière plus précise, il prend fin le jour où les créanciers font *transcrire le procès-verbal de saisie* (art. 682 C. proc. civ.). Le Code de procédure dit que les fruits sont *immobilisés,* c'est-à-dire qu'ils sont mis en réserve pour être distribués en même temps que le prix principal et de la même manière.

Cette immobilisation *dure jusqu'à l'adjudication* : elle prend fin à ce moment, parce que l'immeuble entre alors dans le patrimoine de l'adjudicataire, qui le reçoit *libre d'hypothèques* ; il est *purgé,* et les créanciers hypothécaires n'ont plus de droits que sur le prix et la portion de revenus échus et perçus pendant la durée de l'immobilisation (Cass., 30 juin 1890, D. 90. 1. 327, S. 91. 1. 499).

CHAPITRE VI

DU DROIT DE PRÉFÉRENCE

GÉNÉRALITÉS

**** 3092. Objet du droit de préférence.** — La question du droit de préférence est celle de savoir dans quel ordre doivent être payés les créanciers ayant hypothèque sur un immeuble. Elle s'élève, après que l'immeuble a été *transformé en argent,* lorsqu'il s'agit de distribuer cet argent aux créanciers. Le *droit de préférence* suppose donc un *conflit entre les créan-*

ciers du débiteur, et il s'exerce *sur le prix de l'immeuble*. Nous verrons toutefois (ci-dessous, nos 3439 et suiv.) que le droit de préférence s'exerce parfois sur des sommes qui sont payées par diverses personnes à *un autre titre que comme prix d'achat* du bien hypothéqué.

* **3093. Procédure d'ordre.** — Le règlement de la préférence entre créanciers hypothécaires ou privilégiés sur les immeubles se fait au moyen d'une procédure particulière, la *procédure d'ordre* (art. 749-779 C. proc. civ.). Les règles de cette procédure ont été considérablement améliorées par la loi du 21 mai 1858.

Lorsqu'il n'y a sur un immeuble ni privilège ni hypothèque, le prix en est distribué entre les créanciers chirographaires au moyen d'une autre procédure, la *distribution par contribution*, comme s'il s'agissait du prix d'effets mobiliers.

La procédure d'ordre est *une véritable instance*, dans laquelle le ministère des avoués est indispensable ; mais le règlement ne s'en fait point à l'audience et par le tribunal entier. Un très ancien usage confie le règlement des ordres à un *juge commissaire* spécial, et cet usage a été confirmé et élargi par le décret du 19 mars 1852 et la loi du 21 mai 1858, au moins dans tous les sièges où les besoins du service l'exigent.

Les créanciers se font payer par l'acquéreur, quand l'ordre est terminé, au moyen de *bordereaux de collocation* que leur délivre le juge-commissaire dans l'ordre de leurs inscriptions vérifié par lui, jusqu'à ce que les fonds manquent.

* **3094. Ordre amiable.** — Depuis 1858, les créanciers ont la faculté d'éviter les frais et les lenteurs de la procédure d'ordre en procédant entre eux, *d'un consentement unanime*, au règlement amiable de leurs droits. Aucun texte formel ne le déclare, mais la validité de cette convention a été expressément reconnue dans la séance du 13 avril 1858 (*Moniteur* du 15 avril, p. 458).

3095. Division. — Pour déterminer le rang de préférence de chaque créancier, il y a lieu d'examiner séparément trois catégories d'hypothèques ; 1° les *hypothèques ordinaires* non dispensées d'inscription ; 2° les *hypothèques légales*, dispensées de cette formalité ; 3° les *hypothèques privilégiées*.

§ 1. — *Hypothèques ordinaires.*

A. — Le principe.

** **3096. Règle actuelle.** — Dans le classement des hypothèques ordinaires, on suit encore une vieille règle empruntée au droit romain, d'après laquelle les créanciers hypothécaires se rangent *par ordre d'ancienneté*, ce qu'on exprime par la maxime : « Prior tempore potior jure » ; mais l'ordre d'ancienneté *ne se détermine plus de la même manière qu'autrefois*.

Au temps où les hypothèques étaient occultes, c'était *la date de leur constitution* qui fixait le rang. Cette date était souvent *la date même de la créance*, pour toutes les hypothèques légales et pour l'hypothèque tacite dérivant des actes notariés ; dans les autres cas, l'hypothèque prenait rang du jour où elle était concédée au créancier muni d'un titre antérieur, par exemple, le jour de la sentence pour l'hypothèque judiciaire.

Actuellement *la date de la naissance de l'hypothèque est indifférente* : avec le système de publicité établi pendant la Révolution, c'est le *jour de l'inscription* qui donne le rang au créancier. Le système ancien ne s'applique plus qu'aux hypothèques légales dispensées d'inscription, et aussi, quoique dans une moindre mesure, aux hypothèques privilégiées.

3097. Ses inconvénients. — Le système moderne a bien quelque danger : un créancier qui acquiert une hypothèque ne peut pas l'inscrire instantanément ; il n'est pas toujours dans la commune où se trouve le bureau des hypothèques ; il a quelques formalités à remplir pour se faire délivrer son titre, etc. Il s'écoule donc forcément un temps plus ou moins long entre la naissance de l'hypothèque et son inscription, et cet intervalle est souvent fatal au créancier : encore bien qu'il ait pris soin de vérifier l'état hypothécaire de son débiteur avant le contrat, il peut se trouver primé par un ou par plusieurs créanciers inscrits avant lui, depuis la date de l'état qui lui a été délivré.

Il serait facile de remédier à cet inconvénient en accordant un court délai, une quinzaine par exemple, aux créanciers pour prendre leurs inscriptions et en rendant celles-ci rétroactives à la date du contrat, quand elles seraient prises dans le délai. Avec ce système, un créancier un peu éloigné du bureau des hypothèques, ou retardé par un obstacle fortuit, ne risquerait plus de perdre le rang sur lequel il avait compté.

Colbert avait déjà imaginé quelque chose de semblable ; seulement, il donnait un délai trop long : quatre mois en principe, et six mois pour les créanciers domiciliés hors de France (Édit de mars 1673, art. 23). La loi de messidor avait conservé ce système, en réduisant le délai à un mois (art. 22).

B. — Applications.

3098. Absence ordinaire de difficultés. — Dans la plupart des cas l'application du principe ne souffre aucune difficulté : il suffit de rapprocher les dates des diverses inscriptions pour en connaître le rang. Mais il y a quelques cas douteux ou utiles à prévoir d'une manière spéciale.

1° Conflit entre hypothèques inscrites le même jour.

*** 3099. Concours des créanciers de même date.** — Le cas a été réglé par un texte formel : les deux créanciers inscrits le même jour exercent leur droit hypothécaire *en concurrence l'un avec l'autre*, « sans distinction entre l'hypothèque du matin et celle du soir, quand même cette différence serait marquée par le conservateur » (art. 2147).

C'est une disposition difficile à expliquer, car il y a nécessairement un des deux créanciers qui s'est inscrit avant l'autre. La loi a voulu sans doute empêcher le conservateur de favoriser l'un d'eux au détriment de l'autre, en inscrivant en premier lieu l'hypothèque du créancier arrivé le second à son bureau. Il y avait un moyen bien simple d'éviter cette fraude : c'était d'obliger le conservateur à respecter l'ordre du dépôt des pièces à son bureau. La loi tient compte des différences d'heures, et même de minutes, dans bien d'autres matières : transcriptions, saisies, brevets d'invention, etc.

2° Conflit entre hypothèques générales.

* **3100. Hypothèques judiciaires.** — Aucun doute ne s'élève *quant aux biens présents* : en supposant deux inscriptions prises à des dates différentes, la plus ancienne prime l'autre. Mais voilà que le débiteur acquiert *un bien nouveau* : ce bien va se trouver atteint *le même jour*, c'est-à-dire le jour de son entrée dans le patrimoine du débiteur, par les deux hypothèques judiciaires inscrites précédemment; il semble donc que, sur ce bien, les deux créanciers devraient concourir et que leurs droits sont égaux. Il n'en est rien cependant et, même sur les biens nouveaux, ces deux créanciers seront *classés dans l'ordre de leurs inscriptions*. S'il est vrai de dire que leurs deux hypothèques ont frappé le nouvel immeuble au même moment, il est non moins vrai qu'*elles ne l'ont pas frappé avec la même force*; elles ont conservé leurs rangs respectifs parce que le créancier inscrit le second n'a pas pu se donner sur les biens futurs du débiteur des droits préférables à ceux que d'autres avaient déjà acquis virtuellement sur ces mêmes biens.

3101. Hypothèques conventionnelles. — La même règle devrait s'appliquer aux hypothèques conventionnelles dans les cas où elles peuvent s'étendre aux biens à venir ; mais on a déjà vu (n° 2788) que, par une combinaison de textes probablement irréfléchie, la loi astreint le créancier qui a obtenu cette hypothèque générale sur les biens à venir à prendre sur chacun d'eux une inscription spéciale qui ne lui donne rang qu'à sa date. Il est donc possible que le rang respectif de ces créanciers ne soit pas le même sur les différents biens du débiteur, selon que leur acquisition est antérieure ou postérieure à la date de leur première inscription.

3° Conflit entre hypothèques générales et spéciales.

3102. Hypothèse. — Supposons deux immeubles, A et B, valant chacun 50 000 francs. Une première hypothèque générale a été inscrite sur ces deux immeubles au profit de Primus, à qui il est dû 50 000 francs. Puis deux autres créanciers, Secundus et Tertius, n'ayant chacun qu'une hypothèque spéciale, s'inscrivent séparément, Secundus sur A et Tertius sur B. Le sort de Secundus et de Tertius dépend de la façon dont Primus exercera son droit hypothécaire. Son hypothèque étant indivisible, il peut se faire colloquer à son choix sur A ou sur B *pour le total*. Cette option est un droit absolu pour le créancier; on ne peut le forcer à répartir son hypothèque par moitié entre les deux immeubles, de façon que chacun de ceux qui le suivent obtienne la moitié de son dû.

Par exemple, si un seul des deux immeubles a été vendu, Primus se fera colloquer pour le tout sur celui-là, de telle sorte que l'un des créanciers postérieurs sera entièrement sacrifié, tandis que l'autre sera sûr désormais d'obtenir son paiement intégral. Même résultat si les deux immeubles sont situés dans deux arrondissements différents : deux ordres distincts seront ouverts, et Primus choisira. Tout cela est fort arbitraire et fort regrettable.

L'inconvénient semble grandir encore quand l'un des deux immeubles est libre : s'il n'y a d'inscription postérieure que sur A, Primus pourrait se faire payer sur B sans nuire à personne, et Secundus serait entièrement payé sur A.

3103. Remède possible. — Le créancier postérieur, menacé par le choix du créancier qui le précède, a une ressource : qu'il désintéresse celui qui lui est préférable ; il sera *subrogé à ses droits*, et libre alors de faire porter ses deux hypothèques sur les deux immeubles, ou sur l'un d'eux, selon son intérêt (art. 1251-1°).

3104. Cas où un ordre unique est ouvert. — Dans un cas pourtant, il devient possible d'aboutir à une solution logique et équitable sans aller chercher de remède dans d'autres institutions juridiques : c'est lorsque les deux immeubles sont *situés dans le même arrondissement* et ont été *vendus à la même époque* ; une seule procédure d'ordre servira à la distribution de leurs prix réunis. On peut alors considérer l'hypothèque générale comme une charge commune aux deux immeubles et qui les grève également. On ne porte pas atteinte à l'indivisibilité de l'hypothèque, car le créancier obtiendra son paiement en une seule fois, bien qu'avec l'argent provenant de deux immeubles différents. La division ne se voit que dans les écritures.

3105. Base de répartition. — Mais alors une difficulté s'élève : *sur quelle base répartir l'hypothèque générale entre les deux immeubles* ? Le procédé le plus simple paraîtrait être de faire cette répartition *proportionnellement à la valeur des immeubles* : les créanciers postérieurs en date subiraient tous une perte partielle, mais aucun d'eux ne serait sacrifié aux autres. Ce n'est pas ce système qui a prévalu devant la jurisprudence : la répartition se fait *d'après l'ancienneté relative des hypothèques postérieures en date*. Ainsi dans l'hypothèse indiquée au n° 3102, si Secundus s'est inscrit sur A avant Tertius sur B, le créancier à hypothèque générale sera colloqué en entier sur B ; Secundus sera entièrement payé, et Tertius ne touchera rien.

Ce résultat est logique en apparence, parce qu'il est conforme à un principe posé par la loi : entre créanciers hypothécaires la préférence se détermine d'après la date des inscriptions (Grenoble, 14 avril 1848, D. 51. 2. 227, S. 52. 2. 21 ; Lyon, 24 mai 1850, D. 55. 2. 177. — Voyez cependant Cass., 26 déc. 1853, S. 54. 1. 86). — On a objecté à la jurisprudence que ce principe avait été fait pour les hypothèques *établies sur le même immeuble*, et non pas pour régler les droits respectifs de créanciers ayant hypothèque sur des immeubles différents, comme le sont par hypothèse Secundus et Tertius. Mais on peut répondre que s'il n'y a pas application directe de la loi, il y a tout au moins extension par analogie, ce qui suffit à fonder la solution. Voyez cependant Pont, t. I, n° 345.

3106. Exceptions admises par la jurisprudence. — Les tribunaux apportent eux-mêmes des tempéraments à leur règle. Toutes les fois que le créancier à hypothèque générale a un intérêt plausible à se faire colloquer sur un immeuble plutôt que sur un autre, on doit se conformer à ses indications. Par exemple, lorsque l'adjudicataire de l'un des immeubles lui paraît plus solvable que les autres (Cass., 24 déc. 1844, D. 45. 1. 53). Autres exemples : Bourges, 18 janv. 1854, D. 55. 2. 59, S. 54. 2. 97 ; Caen, 31 août 1863, D. 64. 2. 138.

3107. Droits du subrogé. — Lorsque les créanciers primés par l'hypothèque générale sont nombreux, il arrive parfois que l'un des derniers inscrits, ayant hypothèque sur un seul des deux immeubles, désintéresse entièrement Primus de ses deniers. Alors, subrogé dans tous les droits de celui-ci, il veut faire retomber tout le poids de l'hypothèque générale sur l'immeuble qui ne lui est pas spécialement hypothéqué, de façon à faire venir en rang utile son hypothèque sur l'autre. Les tribunaux lui refusent cette faculté parce que, disent-ils, ce serait rendre son hypothèque spéciale meilleure que d'autres hypothèques inscrites avant elle, et par conséquent préférables, portant sur l'autre immeuble (Grenoble, 14 avril 1848, D. 51. 2. 227, S. 52. 2. 21 ; Cass., 5 déc. 1854, D. 55. 1. 72, S. 55. 1. 282). Ces arrêts sont en contradiction avec d'autres décisions beaucoup plus nombreuses qui autorisent cette combinaison de la part du créancier à hypothèque générale, quand il a lui-même une autre hypothèque spéciale à faire valoir : le désir de rendre cette dernière utile est un des intérêts légitimes qu'on lui reconnaît à demander sa collocation sur un immeuble plutôt que sur un autre (Cass., 16 août 1847, D. 47. 1. 304, S. 47. 1. 832 ; Bourges, 18 janv. 1854, D. 55. 2. 59). Il y a même raison pour l'admettre également au profit de son subrogé ou pour le refuser à tous deux.

3108. Cas où l'un des immeubles a été aliéné. — Cette circonstance, toute fortuite, modifie encore la situation des créanciers hypothécaires dans leurs rapports entre eux, alors qu'elle devrait rester sans influence sur le règlement du droit de préférence. En effet, le tiers détenteur, acquéreur de l'immeuble A, par exemple, va opposer à Primus le *bénéfice de discussion* que la loi lui accorde contre les créanciers pourvus d'hypothèques générales. Il va donc forcer Primus à se faire payer sur B, de sorte que son immeuble A va se trouver dégagé au profit des créanciers ayant hypothèque spéciale sur cet immeuble.

3109. Observation. — Les questions que soulève le conflit d'une hypothèque générale avec les hypothèques spéciales postérieures sont nombreuses (nous ne les avons pas épuisées), et elles sont difficiles. On ne les ferait pas disparaître en supprimant les hypothèques générales, car elles seraient les mêmes en supposant que la première hypothèque est une *hypothèque conventionnelle multiple*, portant sur plusieurs immeubles à la fois.

§ 2. — *Hypothèques dispensées d'inscription.*

3110. Division. — Ces hypothèques sont au nombre de deux seulement, et toutes deux sont des hypothèques légales : celle des femmes mariées et celle des personnes en tutelle. Il existe nécessairement pour elles *un système spécial de classement puisque leur rang ne dépend pas de l'inscription* ; c'est l'objet de l'art. 2135. Le Code ne les a pas soumises aux mêmes règles. Nous prendrons d'abord l'hypothèque des personnes en tutelle, parce que c'est pour elle que le système de classement est le plus simple.

A. — Hypothèque des mineurs et interdits.

** **3111. Unité du rang de classement.** — Toutes les créances qu'un mineur en tutelle ou un interdit peut avoir contre son tuteur sont garanties par *une hypothèque unique*, qui prend rang à l'ouverture de la tutelle. Ainsi un tuteur reçoit, plusieurs années après son entrée en fonctions, une somme considérable qu'il détourne ou dissipe : pour le remboursement de cette somme le mineur sera colloqué à une date bien antérieure à celle du détournement. N'est-ce pas accorder une hypothèque prépostère, c'est-à-dire garantissant un créancier à une époque où sa créance n'existe pas encore ? Nullement, parce que l'incapable n'est pas créancier de son tuteur pour des faits distincts ; il n'a contre lui qu'une action unique, pour le paiement du reliquat du compte de tutelle. Le compte a absorbé toutes les créances spéciales qui y ont été inscrites, et le tuteur est dès le jour de sa nomination tenu de cette obligation de rendre compte.

* **3112. Fixation de la date de l'hypothèque.** — Il y a un peu d'incertitude, non pas dans la solution, mais dans la rédaction des textes sur ce point. L'art. 2135 parle du *jour de l'acceptation de la tutelle,* et l'art. 2194 du *jour de l'entrée en gestion du tuteur.* En général, le tuteur n'a pas à « accepter » la tutelle, qui est pour lui une charge forcée ; d'autre part, le jour où le tuteur a, de fait, pris en main la gestion des biens importe peu. Aucune des deux formules employées par la loi n'est littéralement exacte, mais sa pensée n'est pas douteuse, et on est d'accord pour l'exprimer par la formule suivante : le rang de l'hypothèque est déterminé par *le jour où a commencé pour le tuteur l'obligation légale de gérer la tutelle.* C'est de ce jour qu'il est responsable envers l'incapable.

B. — Hypothèque de la femme mariée.

1° Changement introduit par le Code.

***3113. Ancien droit.** — Avant le Code civil, la femme était *traitée comme le mineur*. Toutes les créances qu'elle pouvait avoir contre son mari étaient garanties par une hypothèque ayant un rang unique, et ce rang était déterminé par *le jour du contrat de mariage*, quand il en avait été fait un (ci-dessus, n° 2815); par *le jour du mariage*, à défaut de contrat. Telle était la jurisprudence du Parlement de Paris. Mais Pothier avait formulé quelques critiques à ce sujet : il eût voulu distinguer entre le tuteur et le mari ; le tuteur est obligé, dès le jour de son entrée en fonctions, de gérer la tutelle et il ne peut se soustraire aux actes qu'il accomplit en cette qualité ; le mari, au contraire, est maître de ne pas contracter d'obligations envers sa femme ; il convenait par suite de reculer, pour la femme, la date de l'hypothèque jusqu'à la naissance des diverses dettes de son mari envers elle (*Communauté*, n° 763).

3114. Observations du Tribunat. — Aux critiques purement doctrinales de Pothier le Tribunat ajouta une observation pratique des plus sérieuses. Il fit ressortir les dangers d'une hypothèque unique prenant rang au jour du mariage : « Il n'est pas juste, disait-il en substance, que la femme puisse, en contractant une obligation avec son mari ou en aliénant un de ses biens au cours du mariage, se procurer une hypothèque de date ancienne avec laquelle elle primera les créanciers ou évincera les acquéreurs. C'est une source de fraudes qu'il faut faire disparaître » (Fenet, t. XV, p. 414). La section de législation adopta cette idée par crainte des fraudes, pour empêcher la femme de primer les créanciers hypothécaires du mari en accomplissant un acte purement volontaire de sa part ou même peut-être entièrement simulé.

****3115. Innovation du Code.** — En conséquence, au lieu de laisser à l'hypothèque de la femme un rang unique comme autrefois, le Code lui donne des *rangs variables*, tantôt au jour du mariage, tantôt à une époque beaucoup plus récente (art. 2135). Mais l'interprétation de ce texte donne lieu à des difficultés considérables. La jurisprudence l'entend tout autrement que la doctrine, et ni d'un côté ni de l'autre on ne paraît arrivé à une interprétation bien exacte.

3116. Langage de la loi. — Il est resté une trace de l'ancien système dans les art. 2194 et 2195 où les auteurs du Code ont eu à nouveau l'occasion de parler du rang hypothécaire de la femme à propos de la procédure de la purge. On lit, dans ces articles, que si la femme s'inscrit alors dans le délai qui lui est donné, son inscription aura « le même rang que si elle avait été prise le jour *du contrat de mariage* ». Il est facile de reconnaître ici le langage usité sous l'ancien droit, et qui était bien familier aux rédacteurs du Code ; il date du temps où le contrat de mariage donnait à la femme l'hypothèque tacite de l'acte notarié. C'est donc une pure inadvertance de l'avoir conservé. D'ailleurs, ce n'est pas l'art. 2194 qui a pour objet de déterminer le rang de l'hypothèque de la femme ; c'est l'art. 2135 qui le fait, et c'est à son texte qu'il faut s'en tenir (Cass., 22 janv. 1878, D. 78. 1. 154. — Comp. De Loynes, n° 1464 et suiv.). Cependant la Cour de Grenoble a résolu la question en sens contraire sans la discuter (8 févr. 1879. D. 80. 2. 119, S. 80. 2. 69).

2° Difficulté sur la question de principe.

****3117. Système de la doctrine.** — Il y a dans la doctrine, non pas une, mais plusieurs façons d'expliquer l'art. 2135 ; mais nous négligerons les nuances et les opinions individuelles pour nous en tenir à l'idée essentielle.

La doctrine s'inspire surtout des observations présentées par le Tribunat, qui craignait des fraudes de la part des époux. Pour les éviter, on propose donc d'*abaisser le rang hypothécaire de la femme à une époque postérieure au mariage*, toutes les fois que *sa créance naît d'un acte volontaire d'elle ou de son mari*. On évite ainsi toute fraude combinée pour dépouiller les créanciers antérieurs en date au moyen de la rétroactivité de l'hypothèque de la femme. Tel est le principe qui permet de discerner les cas dans lesquels la femme aura hypothèque au jour du mariage de ceux où son hypothèque datera d'une époque postérieure. Reste à préciser le rang de l'hypothèque pour ces derniers. Les uns se guident alors *par voie d'analogie* en se réglant sur trois dispositions spéciales contenues dans l'art. 2135. Les autres se servent d'une formule, qui leur paraît traduire exactement la pensée des auteurs de la loi : *l'hypothèque légale ne peut pas prendre rang à une date antérieure à celle du fait qui a rendu la femme créancière* (Comp. COLMET DE SANTERRE, t. IX, n° 105 *bis*-IX ; AUBRY et RAU, § 264 *ter*).

** **3118. Jurisprudence.** — La jurisprudence comprend l'art. 2132 d'une autre façon. Pour elle, cette disposition se compose de *deux parties*. Elle comprend d'abord une *disposition générale* donnant hypothèque à la femme du jour du mariage « pour sa dot et ses conventions matrimoniales », expressions très larges qui comprennent en principe toutes les créances de la femme, et la loi aurait pu s'arrêter là, si elle n'avait pas voulu y apporter des exceptions. Viennent ensuite deux alinéas *rédigés sous une forme restrictive* : « La femme *n'a* hypothèque *que* du jour... » et visant spécialement trois sortes de créances pour lesquelles l'hypothèque de la femme est fixée à un rang inférieur. Ces exceptions sont naturellement d'*interprétation stricte*, de sorte que la femme conserve son rang ancien pour toute hypothèse non prévue par la loi.

La Cour de cassation a formulé son opinion *en termes généraux*, en cassant un arrêt de la cour de Douai, qui avait refusé de faire remonter au jour du mariage l'hypothèque garantissant la pension alimentaire due à la femme : « En dehors des cas prévus par les deuxième et troisième alinéas de l'art. 2135-2°, l'hypothèque légale ne peut avoir d'autre date que le jour de la célébration du mariage fixée par l'alinéa premier du même texte pour toutes les créances nées du mariage » (Cass., 25 juin 1895, D. 97. 1. 553, S. 95. 1. 348).

* **3119. Démonstration.** — Dans ce conflit sur la question de principe, c'est certainement la jurisprudence qui a raison. Il n'y a qu'à lire l'art. 2135 pour se convaincre qu'elle en respecte bien la forme et l'esprit. De plus, les travaux préparatoires nous montrent comment le texte a pris sa forme actuelle. Le projet définitif, soumis au conseil d'État, portait simplement : « L'hypothèque existe... 2° au profit des femmes, pour raison de leurs dot et conventions matrimoniales » (FENET, t. XV, p. 336). Cette disposition était certainement écrite pour donner *un rang unique* à la femme, conformément à l'ancien droit ; on n'en saurait douter quand on la rapproche de la disposition

correspondante du projet de l'an VIII (FENET, t. II, p. 216), dont elle est le résumé et qui était très explicite sur ce point, donnant hypothèque à la femme du jour du mariage, « même pour le remploi de ses propres aliénés et pour l'indemnité des dettes auxquelles elle s'est obligée avec son mari ». — Puis, sur les observations du Tribunat, tout en maintenant le principe (puisqu'on n'a pas modifié la rédaction de cet alinéa), on ajoute deux alinéas nouveaux contenant des dispositions exceptionnelles. La doctrine a donc tort de lire l'art. 2135 comme s'il énonçait une disposition de principe contraire à la règle traditionnelle : il y a eu limitation, et non pas abandon du principe antérieur.

De son côté, la jurisprudence interprète peut-être d'une manière trop restrictive les dispositions des alinéas 2 et 3 de l'art. 2135-2°. Elle pourrait les appliquer dans plus d'un cas, par analogie, à des créances qui rentreraient facilement dans la formule du texte.

3° Applications[1].

3120. Marche à suivre. — Nous allons suivre, en prenant l'un après l'autre les créances principales de la femme, les concordances et les différences des deux systèmes opposés que nous venons d'analyser.

a. — *Restitution de la dot.*

***3121. Ce que c'est que la dot.** — La dot comprend *les biens apportés par la femme à son mari* « pour l'aider à supporter les charges du mariage », dit l'art. 1549. Les biens dotaux sont donc ceux sur lesquels le mari acquiert soit *le droit de propriété*, soit tout au moins *un droit de jouissance*, qui lui permet d'en percevoir les revenus.

Un bien reçu par le mari au cours du mariage peut être dotal, tout aussi bien que ceux qui ont formé l'apport primitif de la femme au jour où elle s'est mariée.

La dot existe ou peut exister sous tous les régimes, même autres que celui qu'on appelle spécialement le « régime dotal ». Mais les biens d'une femme mariée ne sont pas tous dotaux : elle a souvent des biens dont elle s'est réservé l'administration et la jouissance et qui, par suite, ne sont pas compris dans sa dot.

***3122. Comment la femme peut être créancière à raison de sa dot.** — Pour que la femme ait hypothèque « à raison de sa dot », il faut qu'elle soit *devenue de ce chef créancière du mari*. Il faut donc d'abord que la dot apportée par la femme soit *sujette à restitution*, sans quoi le mari n'en est pas débiteur. Or il y a des cas où les apports dotaux de la femme ne donnent pas lieu à une *reprise* à son profit : il en est ainsi pour ses apports en communauté ; la femme commune en biens a le droit de partager la communauté, mais non de reprendre ce qu'elle y a mis. L'obligation de restituer ne suffit même pas toujours pour comprendre comment la femme peut être « créancière » de sa dot. Afin de s'en rendre compte, il faut examiner les diverses natures possibles de la dot.

1° DOT EN ARGENT. — Le mari, ayant encaissé l'argent, en est tout naturellement devenu débiteur.

2° DOT EN OBJETS MOBILIERS. — En principe la propriété de ces meubles reste à la femme ; au jour de la dissolution du mariage, elle se trouve donc « propriétaire » de sa dot, et non « créancière » de son mari, qui n'a à lui faire qu'une restitution de fait. L'apport d'une dot en nature peut cependant donner à la femme une créance, dans deux cas : *a*) lorsque le mari en est *devenu propriétaire*, ce qui arrive pour différentes raisons ; la femme est alors créancière de la valeur de sa dot ; *b*) lorsque le mari, sans en être devenu

[1] Avec le nouveau programme, les détails qui suivent sur le rang attribué à chacune des créances de la femme contre son mari, sont difficiles à comprendre pour des étudiants de seconde année qui n'ont pas encore vu la théorie du contrat de mariage. Il y aurait lieu, je crois, d'en renvoyer l'explication au cours de troisième année où ces détails trouveraient leur place logique à propos des reprises de la femme, et la question de principe resterait seule placée dans la matière des hypothèques.

propriétaire, a *aliéné les meubles dotaux* de sa femme, comme la jurisprudence lui en reconnaît le pouvoir : il doit la restitution du prix qu'il a touché.

3° Dot en immeubles. — Les immeubles dotaux de la femme restent sa propriété; elle les reprend donc en nature et n'a pas pour cela d'hypothèque. Elle peut cependant se trouver créancière de leur valeur lorsqu'ils ont été vendus au cours du mariage et que le mari en a touché le prix sans en faire le remploi au profit de sa femme; mais c'est alors une autre hypothèse qui fait l'objet d'une disposition spéciale (ci-dessous n° 3124).

***3123. Rang de l'hypothèque de la femme.** — Pour la restitution de la dot et principalement des sommes d'argent que le mari a touchées à ce titre, la loi fait *une distinction* afin de déterminer le rang hypothécaire de la femme :

1° Apport primitif de la femme. — Quand il s'agit des sommes ou effets mobiliers que le mari a touchés au moment du mariage, c'est-à-dire de ce qu'on appelle vulgairement la dot de sa femme, la loi fixe le rang de l'hypothèque *au jour même du mariage*. Cette hypothèse rentre directement dans la formule générale employée par l'art. 2135 : « au profit des femmes, pour raison de leur dot ».

2° Sommes dotales recueillies au cours du mariage. — Il s'agit des sommes liquides ou des denrées et autres effets mobiliers que la femme recueille *par succession, par donation ou par legs*, et sur lesquelles son mari acquiert le droit de jouissance qui est la caractéristique de la dot. Le mari devient immédiatement propriétaire de ces sommes et denrées, sauf restitution de leur valeur. La femme se trouve donc encore ici créancière des sommes dotales, mais à raison d'un fait postérieur au mariage. — Ce cas est justement l'un de ceux que la loi a prévus dans une des dispositions exceptionnelles dont il a été parlé ci-dessus (n° 3118), et d'après les termes formels de l'al. 2 de l'art. 2135-2°, la femme n'a hypothèque que *du jour de l'ouverture de la succession*, pour les sommes qu'elle a recueillies par succession ou par legs, et, pour celles qui lui ont été données, *du jour que la donation a eu son effet*. C'est de ce jour-là seulement que le mari s'est trouvé responsable desdites sommes envers sa femme, à raison de sa qualité d'administrateur de la dot.

La loi emploie à dessein une expression vague à propos des donations parce que la donation peut se décomposer en une offre suivie d'une acceptation faite après coup et que cette acceptation doit être signifiée au donateur pour que le contrat devienne parfait (art. 932). De plus, l'effet de la donation peut encore être retardé par une condition suspensive.

b. — *Restitution du prix d'un bien aliéné.*

***3124. Le texte.** — La loi a prévu le cas où un bien de la femme vient à être vendu au cours du mariage, et où le prix en est touché par le mari, sans qu'il en soit fait remploi au profit de la femme (art. 2135-2°, al. 3). La femme est alors créancière de son mari pour la restitution du prix, et la loi lui donne hypothèque *du jour de l'aliénation*.

3125. Opinion de la doctrine. — D'après la grande majorité de la doctrine, ce texte devrait s'appliquer *sous tous les régimes*, qu'il y ait communauté entre les époux, ou séparation de biens, ou régime dotal. Ici devrait toujours intervenir l'idée de Pothier et de Domat, parce que l'aliénation n'est jamais possible que du consentement de la femme et qu'une fraude contre les tiers est toujours à craindre. — Que l'art. 2135 ait sur ce point une portée générale, c'est ce qui résulte des transformations qu'il a subies; le projet de l'an VIII contenait deux dispositions séparées : l'une, pour la femme commune, contenait la même énumération que le texte actuel et nommait spécialement l'aliénation des propres; l'autre, pour la femme séparée de biens, donnait à celle-ci les mêmes hypothèques qu'à la première. Plus tard on a réuni les deux alinéas en un seul, en supprimant toute allusion aux diversités de régime, mais en lui conservant par cela même sa portée générale (Fenet, t. II, p. 216).

***3126. Jurisprudence.** — La jurisprudence fait cependant *une distinction* : elle applique l'art. 2135-2°, al. 3, lorsque la femme est mariée *sous le régime de la com-*

munauté; elle *refuse de l'appliquer au régime dotal*, et la conséquence est une protection exorbitante accordée à la femme dotale; au cas d'aliénation d'un bien dotal, son hypothèque remonte *au jour du mariage*, à vingt ou trente ans peut-être avant l'aliénation! (Arrêts nombreux en ce sens. Voyez notamment Cass., 10 févr. 1892, D. 92. 1. 118, S. 92. 1. 181; Pau, 31 mai 1893, D. 95. 2. 10).

La raison de la jurisprudence est que la loi n'a parlé que de l'aliénation d'un « propre », ce qui suppose qu'elle se préoccupait uniquement du régime de communauté. Donc le cas du régime dotal n'est pas entré dans ses prévisions, et par suite il reste régi par la disposition générale de l'alinéa 1er de l'art. 2135-2°, qui donne hypothèque à la femme « à raison de sa *dot* » du jour du mariage.

Ce point est celui sur lequel la dissidence de la jurisprudence et de la doctrine a le plus de gravité. Et je crois qu'ici la jurisprudence a tort, et que l'art. 2135 était destiné à régir toutes les actions des femmes mariées nées de l'aliénation d'un de leurs biens. Voyez la raison indiquée au n° précédent.

3127. Date certaine. — Comme il s'agit pour la femme d'opposer aux tiers l'acte d'aliénation afin de fixer le rang de son hypothèque, cet acte doit avoir date certaine pour être opposable aux tiers, mais il n'est pas nécessaire que les quittances données par le mari lors de la réception du prix aient été enregistrées (Cass., 22 nov. 1886, D. 87. 1. 113, S. 89. 1. 465).

c. — *Indemnité des dettes contractées avec le mari.*

3128. Recours ouvert à la femme. — La femme s'engage souvent envers les tiers avec son mari et dans l'intérêt de celui-ci. En pareil cas elle est réputée *caution du mari* et, par suite, si elle paie le créancier, elle doit être *indemnisée*.

3129. Rang de l'hypothèque. — Pour garantir ce recours, la loi donne l'hypothèque à la femme, mais *seulement du jour où la femme s'est engagée*. La loi ne dit pas: « à compter du jour où la femme aura *payé* le créancier », parce que le danger d'être obligée de payer à la place du mari naît pour elle dès le jour où elle s'engage.

3130. Date certaine. — L'acte constatant l'obligation de la femme doit avoir date certaine pour pouvoir être opposé aux tiers (Cass., 15 mars 1859, D. 59. 1. 105, S. 59. 1. 195; Bordeaux, 1er mars 1887, D. 88. 2. 96, S. 89. 2. 131). Sans cela, il suffirait d'inscrire une fausse date sur un acte sous seing privé pour faire rétroagir autant qu'on voudrait l'hypothèque de la femme et lui faire frauduleusement primer les autres créanciers.

d. — *Avantages matrimoniaux.*

3131. Notion sommaire. — On appelle ainsi certains avantages faits à la femme mariée, tantôt par le contrat de mariage et tantôt par la loi. Les uns sont des *libéralités* à elle faites par son mari, et on les appelle souvent des *gains de survie*; les autres sont des prestations qui sont dues à la veuve (deuil, loyer, nourriture), en vertu des art. 1481 et 1570.

Les avantages matrimoniaux peuvent donner lieu à l'hypothèque légale, mais à la condition qu'il en résulte une créance *exécutoire sur les biens du mari*, condition qui pourra manquer quelquefois. Ainsi, dans le régime de communauté, le gain de survie qu'on appelle « préciput », consiste souvent dans le simple droit d'opérer un prélèvement sur la masse commune avant de la partager. Il n'y a là qu'une opération du partage, et point de créance contre le mari; partant, point d'hypothèque.

3132. Rang de l'hypothèque. — On admet en général que les avantages matrimoniaux de toute nature, ceux qui sont légaux aussi bien que ceux qui sont conventionnels, sont garantis par une hypothèque prenant rang au jour du mariage. On considère les avantages conventionnels comme étant désignés expressément dans la loi par ces mots « conventions matrimoniales » qui figurent dans l'al. 1er de l'art. 2135-2° (Agen, 10 juin 1859, DALLOZ, *Suppl.*, t. XIV, p. 91 note 1, S. 59. 2. 341). C'est une interprétation tout à fait arbitraire; comme le montre l'histoire de ce texte (ci-dessus, nº 3119); ces mots désignent d'une manière générale les créances de la femme contre son mari. — Pour les avantages légaux, le texte manque, mais la jurisprudence et la doctrine se trouvent d'accord ici pour donner hypothèque à la femme du jour du mariage : la jurisprudence, en vertu de son principe général tiré de l'al. 1er; la doctrine, par analogie avec les avantages conventionnels.

e. — *Causes diverses de créances.*

3133. Restitution de valeurs extra-dotales. — En principe les biens non dotaux restent en la possession de la femme et sont administrés par elle : son mari ne lui doit donc rien de ce chef. Il est possible cependant qu'en fait il en ait eu la disposition ou la jouissance et qu'il en soit comptable envers sa femme. Par exemple un bien *paraphernal* (extra-dotal) étant aliéné, c'est le mari qui en touche le prix et qui le conserve; il en est évidemment débiteur. — La doctrine admet en général que l'hypothèque prend rang au jour où le mari reçoit mandat de sa femme à l'effet de recevoir ou d'administrer ses valeurs, ou du jour où sans en avoir reçu le mandat il s'est immiscé dans cette gestion. On ne signale point d'arrêts sur cette difficulté, sauf une décision qui a fait remonter l'hypothèque au jour du mariage, parce que le mandat avait été donné au mari par le contrat de mariage (Cass., 4 févr. 1868, D. 68. 1. 57, S. 68. 1. 113).

3134. Détérioration des biens de la femme. — Le mari est évidemment responsable des dégradations qu'il a causées par sa faute ou par sa négligence aux biens personnels de sa femme. L'hypothèque remonte au jour où le mari a été chargé de la gestion, par exemple, au jour où la femme a recueilli la succession dont fait partie le bien détérioré (Comp. Caen, 18 août 1871, D. 73. 2. 228; Nancy, 20 juill. 1889 ; Dalloz, *Suppl.*, t. XIV, p. 92, note 1, S. 90. 2. 155. — Voyez aussi Cass., 16 mai 1865, D. 65. 1. 265, S. 65. 1. 345).

3135. Créance d'aliments. — La loi n'a rien dit non plus pour l'obligation alimentaire, que garantit cependant l'hypothèque légale, au moins dans l'opinion qui a triomphé en jurisprudence (Cass., 25 juin 1895, D. 97. 1. 553, S. 97. 1. 348). On ne s'accorde pas sur le rang à donner à l'hypothèque. La tendance est de la faire remonter au jour du mariage (Arrêt de 1895 précité. *Adde* Montpellier, 16 nov. 1889, D. 90. 2. 171, S. 91. 1. 146). Voyez cependant Trib. de la Seine, 28 nov. 1881, qui la fait dater du jugement, et Dalloz, *Suppl.*, vº Privilèges et hypothèques, qui la fait dater du jour de la demande.

3136. Frais de séparation de biens et de liquidation. — En général on considère ces frais comme les *accessoires des reprises* de la femme et, par suite, on les traite comme garantis par l'hypothèque *à la même date que les reprises*. Il en résulte que si la femme a plusieurs créances distinctes, pour lesquelles elle est colloquée à des dates diverses, ces frais seront distribués entre les diverses collocations de la femme, proportionnellement au chiffre de ces créances (Cass., 4 févr. 1868, D. 68. 1. 57, S. 68. 1. 113 ; Grenoble, 6 juill. 1882, D. 83. 2. 89, S. 84. 2. 209).

3137. Frais des instances en séparation de corps et en divorce. — La jurisprudence applique la même règle à ces frais qu'à ceux de la séparation de biens et de la liquidation des reprises (Bordeaux, 22 mars 1889, D. 89. 2. 280, S. 90. 2. 52). Mais c'est sans grande raison, car ces frais sont d'une tout autre nature. On devrait faire remonter l'hypothèque au jour du mariage, car c'est de ce jour-là que datent pour le mari ses devoirs envers sa femme (Paris, 28 juill. 1853, D. 55. 2. 64, S. 54. 2. 303. Comp. Montpellier, 16 nov. 1889, D. 90. 2. 171).

§ 3. — *Privilèges immobiliers.*

3138. Renvoi. — Nous n'avons pas à revenir sur les *privilèges généraux* ; on sait déjà que la loi les fait passer les premiers, *avant toutes les hypothèques*, et qu'ils sont classés entre eux *dans leur ordre d'énumération* (ci-dessus, nos 2634 et 2641).

Il reste seulement à régler la question pour les *privilèges spéciaux*, tant pour ceux du Code civil, privilège du vendeur, du copartageant, de l'architecte, etc., que pour ceux du Trésor.

A. — Priorité des privilèges sur les hypothèques.

** **3139. Question de principe.** — Est-il vrai, comme le disent les textes, que le privilège passe nécessairement, par sa seule nature, *avant toutes les hypothèques* établies sur le même immeuble, *quoique plus anciennes que lui* ? C'est ce que dit l'art. 2095 : « Le privilège est le droit... d'être préféré aux autres créanciers, *même hypothécaires.* » Comparez la loi de brumaire : « Le privilège sur les immeubles est le droit d'être préféré aux autres créanciers, quoique *antérieurs en hypothèque* » (art. 1er). — Cette formule est empruntée à POTHIER (*Hypothèque*, n° 6). Elle est exacte, mais il importe de savoir dans quelle mesure elle l'est. Un rapide examen des divers privilèges devient ainsi nécessaire.

1° Privilèges du vendeur et du copartageant.

* **3140. Équivalence du privilège et de l'hypothèque.** — Le vendeur et le copartageant acquièrent un droit de préférence qui prend rang, dans la série des créanciers hypothécaires, *à la date de l'acte de vente ou de partage d'où leur créance est née.* Aucun doute ne peut s'élever, sur ce point : il est clair que celui qui vend un immeuble, ou qui le partage avec ses copropriétaires, ne peut pas acquérir sur ce bien une hypothèque préférable à celles qui existent déjà, de son propre chef ou du chef de ses auteurs : le débiteur qui vend son bien est nécessairement primé par ses propres créanciers, qui toucheront le prix à sa place. Un vendeur ou un copartageant ne peut donc primer que les créanciers qui acquerront hypothèque sur l'immeuble *du chef de son débiteur,* par exemple, du chef de l'acheteur.

Suffirait-il de donner sur l'immeuble une *hypothèque légale prenant rang au jour de la vente et du partage* : cette hypothèque primerait nécessairement toutes celles qui vont grever l'immeuble du chef de l'acquéreur. Cette question doit être examinée séparément pour le vendeur et pour le copartageant.

* **3141. Situation du vendeur.** — Le vendeur, créancier du prix, va se trouver en conflit, non seulement avec les créanciers de l'acheteur qui obtiendront à l'avenir des hypothèques, mais avec des créanciers ayant des *hypothèques générales préexistantes :* sa femme, un pupille, des créanciers munis d'hypothèques judiciaires. Ceux-là vont avoir *hypothèque sur l'immeuble au jour même de l'achat.* Sur le bien vendu leur droit hypothécaire sera donc *de même date* que le droit du vendeur. Sans doute, il y aura au profit du vendeur une antériorité théorique, au point qu'on a pu soutenir que le privilège du vendeur était « un droit retenu par lui dans l'immeuble ».

Mais on sait déjà que le droit français fait concourir entre elles les hypothèques de même date (ci-dessus, n° 3099).

Le vendeur obtient donc ici la préférence sur certains créanciers plus anciens que lui. On en conclut qu'il est « privilégié ». Tel est déjà le langage de Pothier : « Entre les créanciers du saisi, celui qui lui a vendu l'héritage est *privilégié* aux autres pour le prix qui lui en est dû » (*Coutume d'Orléans,* tit. XXI, n° 133). Mais ce même Pothier, dans un autre passag, nous donne la *vraie explication* de cette priorité du vendeur, explication qui rend inutile l'idée de privilège : « Entre les créanciers d'un même propriétaire, celui qui lui a vendu l'héritage doit être préféré à tous ces autres créanciers, car ce propriétaire n'ayant acquis l'héritage qu'*à la charge de l'hypothèque que son vendeur s'était réservée dessus en l'aliénant,* il n'a pu l'hypothéquer à ses autres créanciers qu'à la charge de cette hypothèque, *n'ayant pu leur transférer plus de droit qu'il n'en avait lui-même* » (*Hypothèque,* n° 145). Il est clair qu'avec cette idée le privilège devient indifférent, car on pourrait tenir le même raisonnement même sous une législation qui ne connaîtrait pas les véritables hypothèques privilégiées et qui donnerait au vendeur une hypothèque ordinaire.

3142. Situation du copartageant. — Le copartageant est dans une situation comparable à celle du vendeur, et Pothier lui-même rapproche du cas de vente le cas où l'héritage est échu au saisi par partage (*Coutume d'Orléans,* tit. XXI, n° 133). L'explication est donc la même.

Cependant, pour les copartageants, il faut tenir compte de la *période d'indivision* qui a précédé le partage : le copartageant, qui est créancier de l'autre, acquiert une hypothèque légale qui date du partage, mais l'autre, son débiteur, qui possède le lot grevé du privilège, a pu lui-même hypothéquer sa part pendant l'indivision ; cela lui est permis et, grâce à l'effet déclaratif du partage, les hypothèques consenties par lui grèvent sa part entière, en tant qu'elle consiste en immeubles. Il est donc nécessaire de considérer le copartageant créancier comme privilégié pour lui permettre de primer ces créanciers hypothécaires de son débiteur, dont le droit est né sur le même lot que sa propre hypothèque et à une époque antérieure au partage [1].

*** 3143. Conclusion.** — Quand un bien nouveau entre dans un patrimoine, il y rencontre des hypothèques générales beaucoup plus anciennes que l'acte d'acquisition ; il serait évidemment injuste de préférer ces créanciers de l'acquéreur à celui qui lui a transmis le bien à titre onéreux. Pour empêcher ce résultat, il suffit d'admettre, comme le faisait Pothier, que tout bien nouvellement acquis arrive à son nouveau maître *avec ses charges,* et que les créanciers de l'acquéreur, *même ayant depuis longtemps des hypo-*

[1] Peut-être pourrait-on expliquer la priorité du privilège du copartageant sur les hypothèques constituées pendant l'indivision, en attribuant au partage un *effet rétroactif* pour les créances qui en résultent aussi bien que pour les attributions de propriété qu'il contient. Les copartageants seraient censés avoir partagé le jour même où l'indivision a commencé, et l'hypothèque qui garantit le partage se trouverait fictivement antérieure à toutes celles qui ont pu être constituées pendant l'indivision.

thèques générales sur ses biens à venir, ne peuvent acquérir de droits sur la nouvelle acquisition que *déduction faite des charges qui la grèvent à son entrée dans le patrimoine qui leur sert de gage.*

Avec ce raisonnement, on assure la priorité nécessaire du vendeur, et, ce qui prouve bien qu'il n'y a pas ici l'ombre d'un privilège, c'est que *la même priorité appartient à un simple créancier hypothécaire du vendeur,* qui aurait inscrit une hypothèque conventionnelle quelques jours avant la vente : lui aussi primera les hypothèques générales existant sur le patrimoine de l'acheteur. Le déclarera-t-on pour cela « privilégié » ? Personne n'y songe. Alors pourquoi donner ce titre au vendeur ?

2° Privilège des architectes.

3144. Distinction nécessaire. — Si le travail de l'architecte a été une *simple amélioration* d'un bien qui n'était point en péril, par exemple une construction élevée sur un terrain nu, une aile nouvelle ajoutée à un bâtiment, le constructeur peut être comparé à un vendeur : il *met une valeur nouvelle* dans le patrimoine du débiteur et, comme il est privilégié sur la plus-value produite par ses travaux, on isole, pour ainsi dire, cette plus-value du reste de l'immeuble, et on la lui réserve à l'exclusion des autres créanciers, comme s'il s'agissait d'un bien distinct et nouveau. Tout ce qui a été dit pour le vendeur et le copartageant lui devient donc applicable et la préférence qui lui est accordée pourrait s'expliquer sans faire intervenir l'idée d'un privilège.

Mais si les travaux ont eu pour effet de conserver un immeuble menacé de destruction, si c'est, par exemple, la construction d'une digue ou d'un mur de soutènement qui a empêché un champ d'être envahi par les eaux ou une maison de s'écrouler, alors la valeur grevée du privilège du constructeur ne se distingue pas de celle qui était antérieurement grevée d'hypothèques ; comme le disait Pothier, c'est « le total », qui a été sauvé, et c'est sur le total que porte le privilège du constructeur. En pareil cas, la préférence qui lui est donnée ne peut vraiment s'expliquer que par l'idée d'un privilège, primant, *en vertu de sa qualité propre*, des *hypothèques plus anciennes en date*. Voilà le premier privilège que nous trouvions sur notre route, qui mérite exactement la définition successivement donnée par Pothier, par la loi de brumaire et par le Code civil (ci-dessus, n° 2546)[1].

3° Privilèges du Trésor.

3145. Disposition de l'art. 2098. — Aux termes de cet article : « Le Trésor ne peut obtenir de privilèges *au préjudice de droits antérieurement acquis à des tiers.* » Quel est le sens de cette disposition ? Les opinions doctrinales ne sont pas fixées sur ce point et la jurisprudence ne l'est guère plus.

[1] Ce privilège n'est pas le seul, et si je ne craignais de bouleverser trop vivement les idées reçues, je réclamerais hardiment le nom de « privilèges » pour deux *hypothèques légales* qui me paraissent le mériter si bien qu'elles sont, à mes yeux, les deux meilleurs exemples qu'on puisse trouver dans tout notre droit du véritable privilège. Je veux parler de l'hypothèque des *femmes mariées* et de celle des *personnes en tutelle.* On les fait remonter toutes deux à une époque bien antérieure aux faits qui leur donnent naissance : un tuteur ou un mari devient débiteur par l'effet d'un encaissement, d'une faute, etc., et l'hypothèque qui garantit la créance de l'incapable remonte à dix ou vingt ans plus tôt, *primant toutes les hypothèques établies dans l'intervalle !* Il est d'autant plus extraordinaire qu'on ne voie pas ici une véritable *hypothèque privilégiée,* que c'est justement pour l'une d'elles (celle de la femme) que cette variété d'hypothèques a été inventée et que *le rang rétroactif,* que Justinien lui avait ainsi accordé en la fixant au jour du mariage, *n'a jamais été modifié.* Comp. la note sous le n° 2814 ci-dessus.

3146. Véritable explication. — Les privilèges du Trésor s'établissent sur les biens qui sont acquis à titre onéreux par le comptable pendant sa gestion (L. 5 sept. 1807, art. 4). Au moment où ils lui arrivent, ces biens sont ordinairement *grevés déjà d'hypothèques ou de privilèges*. Il eût été injuste de donner au Trésor un rang de privilège qui l'eût rendu préférable aux particuliers auxquels l'immeuble était déjà affecté comme gage. Les auteurs du Code s'en rendaient parfaitement compte, comme le montre la discussion très claire qui s'engagea sur ce point. Cambacérès fit observer que, si le Trésor doit avoir ses sûretés, il ne fallait point les lui donner aux dépens des tiers, et qu'il était nécessaire de dire que les privilèges du Trésor « ne pourront détruire ceux qui existeraient antérieurement à la gestion du comptable » (Fenet, t. XV, p. 357). Ce fut à la suite de cette observation que l'art. 2098 fut inséré dans le Code. On peut donc considérer le sens de cet article comme certain : il signifie que le privilège du Trésor s'interpose dans la série des hypothèques entre celles qui dérivent des précédents propriétaires et celles qui viendront frapper l'immeuble du chef du comptable : l'État se laisse primer par les premières ; il se contente de primer les autres, quelles que soient leur date et leur nature (Comp. De Loynes, n° 648)[1].

3147. Fausse explication. — Cette explication de l'art. 2098, qui est au-dessus de la controverse, a cependant été rejetée par quelques auteurs (Troplong, Pont, Laurent), qui ont imaginé de dire que cet article était une simple *allusion à la non-rétroactivité des lois*. Il signifierait que les lois, *lorsqu'elles créent un privilège nouveau au profit du Trésor*, ne le lui font point acquérir au préjudice des droits antérieurement acquis à des tiers. Si tel était le sens de l'art. 2098, il serait doublement inutile : 1° parce qu'il répéterait ce que dit déjà l'art. 2 ; 2° parce qu'il n'aurait pas la force de lier le législateur futur, qui est parfaitement libre de faire rétroagir ses décisions comme il est libre de modifier n'importe quelle décision du Code civil.

Cette explication a, cependant, été adoptée par un arrêt de la Cour de cassation, mais seulement *dans ses motifs* (Cass., 2 déc. 1862, D. 62. 1. 513, S. 63. 1. 97). Mais voyez, dans le sens de la première explication, Cass., 7 mai 1816, S. chr. 5. 1. 187 ; Amiens, 18 nov. 1854, D. 57. 5. 142, S. 55. 2. 47.

B. — Rôle de l'inscription pour la conservation des privilèges.

1° Aperçu général du système de la loi.

** **3148. Nécessité de l'inscription.** — D'après ce qui précède, le privilège immobilier spécial doit être considéré comme une *hypothèque légale qui prend rang de plein droit au jour où naît la créance qu'elle garantit, et qui quelquefois même primera des hypothèques antérieures*. Mais, à la différence des privilèges généraux pour lesquels une inscription n'est pas nécessaire, les privilèges spéciaux sont soumis au régime de la publicité : *ils doivent être inscrits* et la loi désire même qu'ils le soient.

[1] Toute l'histoire de la législation relative aux sûretés hypothécaires du Trésor sur les immeubles des comptables est fort mal connue des auteurs modernes. Elle est pourtant bien simplement exposée dans le passage de Fenet cité au texte et dans une petite note de Sirey, *Lois annotées*, t. I, p. 751, note 3. Le projet de code donnait au Trésor en termes trop généraux un privilège sur les immeubles des comptables (Fenet, t. XV, p. 330, art. 13, 2°). Le texte définitivement voté ne parlait plus de *privilège*, mais seulement *d'hypothèque*. Aussi, bien que le Code portât expressément que les privilèges du Trésor « sont réglés par les lois qui les concernent », les tribunaux doutaient du maintien des lois antérieures. Une circulaire ministérielle du 26 février 1807 montre qu'on s'était ému de cette jurisprudence, et la loi du 5 septembre 1807 fut faite, non pas pour donner à nouveau un privilège au Trésor, mais pour maintenir celui qui lui avait appartenu de tout temps et dont les auteurs du Code eux-mêmes reconnaissaient l'existence. Voyez l'observation de Tronchet dans Fenet, t. XV, p. 357.

rapidement ; pour presque tous (à une exception près), elle a *fixé un délai dans lequel l'inscription doit être prise.*

** **3149. Rôle du délai.** — Il importe de bien comprendre tout de suite la nature et l'effet de ce délai donné aux créanciers privilégiés pour prendre inscription. *Son expiration n'empêche nullement le créancier de s'inscrire.* Un privilège peut encore être inscrit quand le délai est fini, *mais son rang est moins bon* : le rang qui lui appartient, dans la série des créanciers pourvus d'un droit de préférence, *cesse d'être réglé par la loi ; il dépend de la date de son inscription.*

Ainsi de deux choses l'une :

1° L'INSCRIPTION A ÉTÉ PRISE DANS LE DÉLAI. — Fût-ce le dernier jour, sa date est alors *sans influence sur le rang du créancier,* qui est classé au rang que la loi lui assigne en sa qualité de privilégié. Son privilège est *conservé.*

2° L'INSCRIPTION A ÉTÉ PRISE APRÈS L'EXPIRATION DU DÉLAI. — Comme elle est *tardive,* le rang privilégié qu'avait donné la loi est perdu et le créancier n'a plus qu'un rang variable qui dépend de la date du jour où il s'est inscrit. Son privilège est *perdu* comme tel et il n'a plus qu'une *hypothèque ordinaire.*

On voit par là que le délai fixé par la loi est donné au créancier non pas *pour s'inscrire comme créancier hypothécaire, mais pour conserver son rang privilégié.*

** **3150. Formule de l'art. 2113.** — Ce système de la loi est très clairement exprimé dans l'art. 2113, ainsi conçu : « Toutes créances privilégiées, soumises à la formalité de l'inscription, à l'égard desquelles les conditions ci-dessus prescrites *pour conserver le privilège* n'ont pas été remplies, *ne cessent pas néanmoins d'être hypothécaires,* mais l'hypothèque ne date, à l'égard des tiers, que de l'époque des inscriptions. »

On résume d'ordinaire cette disposition en disant que *les privilèges dégénèrent en hypothèques,* faute d'avoir été inscrits dans les délais légaux. La loi, en effet, n'exige pas d'autres « conditions » pour la conservation des privilèges que l'inscription dans un certain délai.

** **3151. Conflit entre privilèges dégénérés en hypothèques.** — Lorsque plusieurs créanciers pourvus du même privilège (par exemple, des copartageants) laissent leur privilège dégénérer en hypothèque et prennent ensuite, l'un après l'autre, des inscriptions tardives, il faut les traiter en tout comme de simples créanciers hypothécaires. Par conséquent, l'art. 2098, aux termes duquel les créanciers qui ont le même privilège viennent en concurrence, cesse de leur être applicable, et celui d'entre eux qui s'est inscrit le premier prime les autres (Rouen, 24 déc. 1866, D. 67. 1. 211, S. 67. 1. 122).

3152. Explication de l'art. 2106. — Le système de la loi sur les privilèges et sur leur conservation est donc très simple et très clairement énoncé dans les textes. Aussi n'éprouve-t-on plus actuellement aucune difficulté à expliquer l'art. 2106, qui a fait le désespoir de certains commentateurs. On lit dans cet article : « Les privilèges ne produisent d'effet... qu'autant qu'ils sont rendus publics et *à compter de la date de l'inscription*, sous les seules exceptions qui suivent. » On s'est mis l'esprit à la torture pour comprendre comment un privilège qui, d'après les art. 2095 et 2096, est classé *selon la qualité de la créance*, ne peut produire son effet qu'*à la date de l'inscription*. N'est-ce pas le renversement du système de la loi ? N'est-ce pas effacer toute la différence qui sépare le privilège de l'hypothèque ?

Il est fort inutile de connaître tout ce qui a été écrit sur cet article, et tout à fait à côté de la question. Rien n'est plus simple que cette disposition : l'art. 2106 commence par reproduire l'art. 2 de la loi du 11 brumaire an VII, qui disait simplement : « Les privilèges sur les immeubles n'ont d'effet que par leur inscription, » ce qui est très clair, car cela signifie : si vous avez un privilège et si vous voulez vous en servir, inscrivez-le. A cette formule brève, les rédacteurs du Code ont ajouté les mots : « et à compter de la date de l'inscription », afin de mieux marquer que l'effet du privilège ne pouvait pas être invoqué par un créancier non encore inscrit. Mais il est évident que ce texte a pour but de déterminer les *conditions d'efficacité du privilège*, et non pas de revenir sur la *question de rang* que les auteurs de la loi croyaient suffisamment réglée par les art. 2095 à 2097. L'intitulé de la section dont fait partie l'art. 2106 le prouve : il s'agit seulement de savoir « comment se conservent les privilèges », et non pas quel rang ils donnent.

2° Privilèges pour lesquels il existe un délai.

*** 3153. Copartageant.** — D'après l'art. 2109, le copartageant doit inscrire son privilège *dans les soixante jours à compter du partage*, ou de l'adjudication sur licitation. Cette règle s'applique à toutes les créances que le copartageant peut vouloir garantir par son privilège, même à *son recours en garantie*. Par conséquent, il peut requérir inscription de ce chef aussitôt après le partage et bien qu'il ne prévoie encore aucune cause d'éviction (Toulouse, 20 mai 1881, Dalloz, *Suppl.*, t. XIV, p. 70. note 1, S. 83. 2. 81).

Le délai établi par la loi court contre toute personne, *même contre les mineurs*. Il s'applique à tout partage, même aux *partages d'ascendants faits par testament*, auquel cas il court du jour du décès.

3154. Séparation des patrimoines. — La séparation des patrimoines doit être inscrite dans les *six mois* qui suivent l'ouverture de la succession (art. 2111). Après ce délai, le créancier séparatiste n'a plus rang qu'à la date de son inscription et est primé par les créanciers de l'héritier inscrits avant lui (comp. ci-dessus, n° 2929).

3155. Travaux de drainage. — Le délai pour inscrire le privilège est de *deux mois* (L. 17 juillet 1856, art. 7).

3156. Privilèges du Trésor. — Le délai est également de *deux mois* (L. 5 septembre 1807, art. 5).

3157. Frais en matière criminelle. — Même délai de deux mois (Autre loi du même jour, 5 septembre 1807).

3° Privilèges pour lesquels aucun délai n'est fixé.

** **3158. Vendeur d'immeuble.** — L'art. 2108 est muet sur la question de délai. Cependant, en fait, le privilège du vendeur est rendu public *presque immédiatement après la vente,* par la transcription que l'acheteur s'empresse généralement de faire opérer et qui suffit à conserver par elle-même le privilège du vendeur tout en donnant lieu à l'inscription d'office que prend le conservateur. Ordinairement c'est le notaire rédacteur de l'acte qui se charge de faire opérer cette formalité.

Supposons une vente d'immeuble *non transcrite,* ce qui peut arriver quand aucun notaire n'est intervenu. Les parties se sont contentées de rédiger un acte sous seings privés, et, par négligence ou ignorance, ne l'ont pas fait transcrire. En pareil cas, le vendeur pourra toujours prendre inscription, *à quelque époque que ce soit* : son privilège *ne dégénère jamais* en hypothèque, quelque retard qu'il mette à l'inscrire parce que la loi ne lui a fixé aucun délai.

Cette remarque s'applique également au cas où la vente a été transcrite et où le vendeur a négligé de renouveler l'inscription d'office (comp. ci-dessus, n° 3051).

Toutefois le vendeur fera sagement de ne pas user du délai indéfini que la loi lui laisse, car il peut se trouver *forclos* par un des événements qui arrêtent le cours des inscriptions. Alors il perdrait non seulement son rang de privilégié, mais toute espèce de droit de préférence et tomberait au rang des créanciers chirographaires (ci-dessus, n° 3016).

3159. Architectes et entrepreneurs. — La question de savoir à quelle époque doit être opérée l'inscription des deux procès-verbaux nécessaires pour la conservation de ce privilège (ci-dessus, n° 2924) a été vivement controversée, faute d'indications suffisamment claires dans la loi. La jurisprudence est à peu près muette sur la question, ce qui permet de croire qu'elle n'a pas une grande importance pratique. Aussi serai-je très bref.

Un système très simple avait été proposé jadis par MM. Aubry et Rau (t. III, § 278, texte et notes 34 et 38). Il consistait à appliquer à l'inscription des procès-verbaux les délais mentionnés dans l'art. 2103 ; on devrait inscrire le premier avant le commencement des travaux, et le second dans les six mois de leur réception. Mais ces délais sont établis dans l'art. 2103 pour la *rédaction* des procès-verbaux, et non pour leur *inscription* ; il n'en est plus question dans l'art. 2110 qui s'occupe seul de la *publicité* à donner au privilège, dont l'art. 2103 règle les *conditions d'existence.*

Dans l'opinion générale, l'art. 2110 doit s'interpréter à l'aide de la loi de brumaire, dont il a conservé le système, mais qui était plus explicite. Le second procès-verbal ne sert pas à déterminer le rang du privilège ; il n'est utile que pour fixer le montant de la créance garantie. La loi de brumaire le disait en propres termes : « Le procès-verbal de réception des travaux doit être également inscrit à l'effet de déterminer le maximum de la créance privilégiée » (art. 13, al. 2). Sa date d'inscription est donc indifférente, et l'art. 2110 le dit encore implicitement, en disant que la double inscription des deux procès-verbaux conserve le privilège « à la date de l'inscription du premier procès-verbal » (Chambres réunies, 31 janv. 1898, D. 98. 1. 233, S. 98. 1. 257).

Ainsi c'est de l'inscription du premier procès-verbal que dépend le rang du créancier.

S'il a été inscrit *avant le commencement des travaux*, le privilège est conservé comme tel, et l'entrepreneur prime, sur la plus-value créée par ses travaux, même les créanciers ayant une hypothèque antérieure. Cela était très clairement expliqué dans la loi de brumaire : « Le procès-verbal qui constate les ouvrages à faire doit être inscrit avant le commencement des travaux, et le privilège n'a d'effet que par cette inscription » (art. 13). Si le procès-verbal était inscrit en retard, après le commencement des travaux, il vaudrait, comme inscription d'hypothèque, *à sa date*.

En résumé, bien que la loi n'ait établi *aucun délai préfix*, il y a cependant une époque à partir de laquelle le créancier se trouve dans la même situation que s'il avait eu un délai légal et s'il l'avait laissé passer sans s'inscrire.

3160. Privilège pour dessèchement de marais. — Ce privilège ressemble beaucoup à celui des entrepreneurs ; comme lui, il porte sur une plus-value produite par des travaux utiles. Il se conserve *par la transcription de l'acte de concession* (L. 16 septembre 1807, art. 23). Ce texte n'a fixé aucun délai : on en a conclu quelquefois que l'inscription vaudrait toujours comme inscription de privilège, et qu'elle serait rétroactive quand elle serait prise tardivement (Aubry et Rau, t. III, § 278, p. 331). Cette opinion a été réfutée par M. de Loynes (n° 882). La loi suppose l'inscription faite *avant le commencement des travaux*. Plus tard elle ne vaudrait qu'à sa date, comme une inscription d'hypothèque.

CHAPITRE VII

DU DROIT DE SUITE

** **3161. Notion générale.** — D'après le droit commun, le droit de gage général, qui appartient aux créanciers sur les biens de leur débiteur, est *anéanti par l'effet d'une aliénation* ; ce qui sort du patrimoine du débiteur sort du gage des créanciers, sauf l'effet de l'action Paulienne en cas de fraude. — L'hypothèque met le créancier à l'abri de ce danger : le débiteur aura beau aliéner son bien ; le créancier hypothécaire *suivra* l'immeuble en toutes mains et *il le saisira*, même quand il aura cessé d'appartenir à son débiteur et qu'il sera devenu la propriété de quelqu'un qui ne lui doit rien. Comp. ci-dessus, n° 2311.

Comme le droit de préférence, le droit de suite est, pour le créancier, l'*effet du caractère de droit réel*, opposable à tous, reconnu à l'hypothèque.

* **3162. But du droit de suite.** — Le droit de suite n'est donc pas un droit distinct, une sorte d'accessoire ou d'annexe de l'hypothèque. C'est l'hypothèque elle-même exercée contre un sous-acquéreur, sous la forme d'une action réelle ; quand il exerce son droit de suite, le créancier ne demande pas autre chose que ce qu'il obtient quand il exerce son hypothèque contre son débiteur primitif : à savoir *son paiement par préférence à tous autres*. Ceci est dit très exactement dans l'art. 2166, qui formule le principe du droit de suite en ces termes : « Les créanciers ayant privilège

ou hypothèque inscrite sur un immeuble le suivent en quelques mains qu'il passe *pour être colloqués ou payés suivant l'ordre de leurs créances ou inscriptions.* »

§ 1. — *Créanciers possédant le droit de suite.*

** **3163. Créances hypothécaires.** — Tout créancier hypothécaire peut faire saisir l'immeuble entre les mains du tiers acquéreur, en exerçant séparément son droit de suite. L'art. 2169 porte en effet : « *Chaque* créancier hypothécaire a droit de faire vendre sur lui l'immeuble... »

Cela était utile à dire pour rappeler une différence existant entre le droit romain et le droit français : selon le système romain, le plus ancien créancier avait seul la plénitude du droit hypothécaire et seul pouvait vendre ; les autres ne pouvaient y arriver qu'en le désintéressant et en prenant sa place (jus offerendæ pecuniæ). Chez nous, tous les créanciers hypothécaires ont des droits égaux, et le dernier en rang, qui n'a aucune chance d'être payé, peut évincer l'acheteur et faire vendre l'immeuble.

** **3164. Créanciers privilégiés.** — Les créanciers pourvus d'un privilège immobilier spécial, comme le vendeur et le copartageant, ont nécessairement le droit de suite, puisque leur droit est une hypothèque privilégiée. D'ailleurs l'art. 2166, en formulant le principe du droit de suite, mentionne expressément le privilège à côté de l'hypothèque.

** **3165. Séparation des patrimoines.** — Rappelons pour mémoire la difficulté déjà signalée et étudiée plus haut : ce bénéfice constitue-t-il un simple *privilège,* dans le sens qu'on donnait jadis à ce mot (droit de préférence), ou bien est-il devenu une *véritable hypothèque,* douée du droit de suite ? Je ne reviens pas sur la question (Voyez ci-dessus, n°s 2928-2930). Je rappelle seulement la solution qu'elle aurait dû recevoir : en soumettant cette cause de préférence à la publicité, le Code n'a pas voulu en changer la nature et les effets. Je n'y reviens que pour ajouter une observation qui est spéciale au droit de suite : étant donné le but de la séparation des patrimoines, il était inutile de concéder un droit de suite aux créanciers ; ce bénéfice n'a pas été inventé pour les protéger contre toute espèce de péril, mais seulement pour maintenir leur situation antérieure au décès de leur débiteur. Il suffirait donc d'écarter les créanciers de l'héritier en empêchant la confusion des patrimoines ; il n'est pas nécessaire de protéger les créanciers chirographaires du défunt contre les aliénations puisque le débiteur antérieur possédait le droit d'aliéner à leur détriment.

* **3166. Privilèges généraux.** — On discute pour savoir si la loi a entendu leur accorder le droit de suite. La négative me paraît la solution la plus probable. Dans l'ancien droit le droit de suite n'existait pas pour eux, et le Code, n'ayant rien dit, doit être présumé avoir maintenu la tradition. En ce sens Thézard, n° 387. — L'opinion contraire est cependant soutenue par de bons auteurs (De Loynes, n° 2085), qui se fondent prin-

cipalement sur ce que la loi leur donne le nom de « privilèges ». Mais on sait ce que signifiait ce mot dans la langue du XVIIIe siècle ; il s'appliquait à toutes les causes de préférence. Il n'y a pas de jurisprudence sur la question.

§ 2. — *Aliénations donnant lieu au droit de suite.*

*** 3167. Division.** — Par définition, le droit de suite suppose une *aliénation,* mais toute aliénation ne lui donne pas indistinctement ouverture. Cela dépend *de la nature de ce qui a été aliéné.*

1° Si c'est *la propriété même* ou *un droit de jouissance* susceptible d'être vendu aux enchères, le droit de suite sera *exercé sous sa forme normale,* qui est la saisie et la vente par adjudication, pratiquées contre l'acquéreur ;

2° Si c'est un droit réel immobilier ne pouvant pas faire l'objet d'une procédure d'expropriation forcée, comme une *servitude,* le droit de suite sera *exercé sous une autre forme,* équivalente pour le créancier : l'acte ne lui sera *pas opposable* ;

3° Enfin, si l'objet de l'aliénation a un *caractère mobilier,* le droit de suite est *perdu.*

A. — Aliénations donnant lieu au droit de suite.

*** 3168. Aliénations portant sur l'immeuble entier.** — Il n'y a pas à distinguer si l'aliénation est faite en *pleine propriété,* en *nue propriété,* ou en *usufruit,* ou si elle a eu pour objet un *droit d'emphytéose.* Le droit acquis par le tiers acquéreur pourra être exproprié sur lui. A plus forte raison, est-il indifférent qu'il l'ait acquis à titre onéreux ou à titre gratuit, et par quelque contrat ou titre que ce soit, vente ou échange, donation ou legs.

3169. Doublement possible du gage hypothécaire. — L'existence du droit de suite amène un résultat remarquable pour les créanciers à hypothèque générale ; ils conservent leur hypothèque sur l'immeuble aliéné par leur débiteur, et ils en obtiennent une seconde sur l'immeuble nouveau acquis par lui en remplacement du premier. Ce résultat, qui se rencontre au cas où le prix de vente est employé à l'achat d'un nouvel immeuble, est encore plus sensible et plus étrange au cas d'*échange* : il y a doublement immédiat du gage hypothécaire (Toulouse, 13 févr. 1858, D. 58. 2. 156, S. sous Cass., 61. 1. 67). Mais l'échangiste évincé par le créancier hypothécaire peut demander la résolution de l'échange et reprendre son bien (Cass., 28 août 1860, D. 60. 1. 354. S. 61. 1. 67).

*** 3170. Aliénation d'une partie de l'immeuble.** — Le droit de suite s'exerce encore sous sa forme normale lorsque le propriétaire se défait seulement de ses droits sur une partie de la chose, pourvu que ce soit une part *divise* (distincte matériellement).

Lorsque l'immeuble est ainsi divisé, le créancier hypothécaire est obligé de produire dans plusieurs procédures d'ordre. Peut-il alors invoquer l'art. 1188 et agir avant l'arrivée du terme en disant que son gage a été diminué? D'anciens arrêts de la Cour de cassation, de 1810 et 1812, l'ont décidé ainsi, et leur solution est approuvée par MM. Aubry et Rau (t. III, § 286, note 14). Cela me semble excessif, l'hypothèque n'entravant pas la faculté d'aliénation qui appartient au débiteur et donnant simplement le droit de suite au créancier : la sûreté est *divisée*, elle n'est pas *diminuée*.

3171. Aliénation d'une part indivise. — Si le débiteur a aliéné une partie indivise de l'immeuble, cette portion, non plus que celle qui reste au débiteur, ne peut pas faire l'objet d'une saisie séparée (arg. art. 2205). Le créancier sera donc obligé de faire une saisie unique du total, à la condition de remplir à l'égard du tiers acquéreur les formalités spéciales auxquelles l'oblige l'art. 2169 (Lyon, 7 août 1850, D. 54. 5. 676, S. 52. 2. 403).

** **3172. Ouverture du droit de suite.** — Jusqu'à ce que l'aliénation soit consommée, le créancier n'a pas à exercer son droit de suite : il a toujours en face de lui son propre débiteur, contre lequel il peut employer les voies d'exécution comme le ferait un créancier ordinaire. Par suite, quand l'acte d'aliénation est sujet à transcription par sa nature, le créancier n'a pas à observer les règles spéciales du droit de suite, ni pour le fond ni pour la forme, tant que la transcription n'a pas été faite. A son égard, l'immeuble aliéné n'est pas encore sorti du patrimoine de son débiteur. C'est sur ce débiteur que la saisie doit être opérée, sans qu'il soit nécessaire de rien notifier à l'acquéreur, dont le titre n'est pas opposable au créancier hypothécaire. Le créancier doit donc toujours vérifier les registres de la transcription avant de pratiquer la saisie.

3173. Difficulté au cas de legs particulier. — Dès le jour du décès du testateur, le légataire a « un droit à la chose léguée » (art. 1014). Cependant il ne peut pas se mettre lui-même en possession ; il n'a pas la *saisine*, il est obligé de demander la *délivrance* de son legs à l'héritier, seul saisi des biens laissés par le défunt. On s'est par suite demandé si le légataire particulier d'un immeuble, qui n'en a pas encore reçu la délivrance, possède déjà la qualité de *tiers détenteur* et s'il peut être poursuivi par les créanciers hypothécaires inscrits sur l'immeuble. A cette question on ne peut faire qu'une réponse négative : *le légataire non saisi n'a pas l'exercice des actions relatives à l'immeuble*; il ne peut donc pas répondre à celles qui seraient dirigées contre lui. Provisoirement, l'action doit être intentée contre l'héritier saisi ; sauf à lui à faire immédiatement la délivrance du legs pour se débarrasser des poursuites du créancier (Thézard, n° 167 ; De Loynes, nos 2113-2114 ; Cass., 11 janv. 1882, D. 82. 1. 364, S. 84. 1. 317).

B. — Aliénations non opposables au créancier.

* **3174. Énumération.** — Dans certains cas l'aliénation, tout en laissant subsister le droit d'hypothèque sur la chose aliénée, ne peut pas donner lieu à l'exercice du droit de suite sous sa forme ordinaire, parce que *la chose aliénée ne peut pas faire l'objet d'une vente aux enchères*. Tels sont tous les cas dans lesquels le propriétaire de l'immeuble hypothéqué a constitué sur lui soit une *servitude prédiale*, soit un *droit d'usage ou d'habitation*. Un droit d'usufruit peut être vendu aux enchères ; un droit d'usage,

une servitude ne le peuvent pas (art. 2204). Il faut joindre aux cas précédents celui où l'aliénation a porté sur la *mitoyenneté d'un mur*.

***3175. Forme exceptionnelle du droit de suite.** — Dans tous les cas de ce genre la saisie de la chose aliénée est impossible, mais cela ne l'empêche pas pourtant d'être saisie et vendue par l'effet du droit de suite. Voici comment : le débiteur n'a pu porter atteinte aux droits de son créancier; il n'a rien pu faire qui diminue la valeur du gage, au préjudice des hypothèques antérieurement inscrites. Les actes qu'il a faits ne sont donc *opposables aux créanciers*, et ceux-ci auront le droit de demander que le bien soit *vendu comme libre et franc de ces charges*. En d'autres termes, ne pouvant pas faire vendre sur le tiers acquéreur ce qui lui a été transmis, ils le feront vendre *comme appartenant encore à leur débiteur*. En apparence, ils n'usent pas du droit de suite ; au fond, c'est une manière détournée de l'exercer, puisque cela aboutit toujours à considérer comme étant encore dans le patrimoine du débiteur une valeur qui en est réellement sortie.

Dans la pratique, quand il se rencontre une aliénation de ce genre, on fait insérer dans le cahier des charges une clause spéciale, indiquant la suppression de la charge. On voit le danger qu'il y a pour les tiers à se faire concéder des charges réelles sur des immeubles déjà hypothéqués : ils risquent de les voir disparaître le jour où les créanciers exerceront leur hypothèque.

*** 3176. Cas où le prix de la charge n'est pas encore payé.** — Lorsque l'acquéreur de la charge réelle, servitude ou autre, n'en a pas encore payé le prix au moment où les créanciers agissent, ceux-ci peuvent demander que cet argent leur soit attribué d'une manière exclusive, comme s'il s'agissait d'une partie de l'immeuble qui aurait été vendue. C'est, en effet, une partie de sa valeur qui est ainsi payée, à la suite d'un démembrement de propriété.

3177. Complication possible. — On vient de voir que le démembrement de propriété, constitué après l'hypothèque, ne nuit pas au créancier hypothécaire et que l'immeuble doit être vendu comme libre. Il atteindra donc une plus haute valeur, le jour de l'adjudication. Or une complication peut se présenter, s'il y a d'*autres créanciers hypothécaires*, dont les hypothèques sont nées depuis l'établissement de la servitude, et que le prix d'adjudication dépasse le chiffre nécessaire pour désintéresser les créanciers antérieurement inscrits. Il est alors impossible de faire bénéficier les créanciers postérieurs de la plus-value produite par l'anéantissement de la charge réelle établie sur l'immeuble : ils s'étaient inscrits sur un bien dont la valeur était déjà amoindrie et ils ont connu cette charge. On devra donc, après le paiement des créanciers auxquels la servitude n'était pas opposable, prélever la somme qui représente la valeur de la charge réelle et attribuer cette somme au tiers qui avait acquis la servitude ou tout autre droit méconnu par les premiers créanciers. Ce qui reste représente la valeur revenant régulièrement aux créanciers qui se sont inscrits après l'établissement de la charge ou servitude.

C. — Aliénations opposables aux créanciers.

*** 3178. Leur objet.** — Ces aliénations sont celles qui portent sur des *choses mobilières détachées de l'immeuble*. Exemples : des matériaux de démolition ; des immeubles par destination, bestiaux, ustensiles, séparés du fonds et vendus ; des fruits et récoltes ; des coupes de bois.

3179. Point à régler. — Ces aliénations ne peuvent pas donner lieu à un droit de suite. Ici s'applique la maxime : « Meubles n'ont pas de suite par hypothèque » (art. 2119 et ci-dessus, nos 2703 et suiv.). Mais cette observation ne suffit pas pour régler la situation des créanciers hypothécaires. Il y a des difficultés pour déterminer le moment précis où ils perdent le droit de saisir une chose qui jusque-là était adhérente ou annexée à l'immeuble et pouvait être saisie par eux comme accessoire du fonds.

3180. Cas où le meuble est déjà livré. — Il est bien certain, quand l'objet matériel détaché de l'immeuble a déjà été livré au tiers acquéreur, que le créancier a perdu son droit de suite : le tiers, qui possède cette chose, n'est pas personnellement débiteur du créancier ; il ne pourrait être atteint que par une action réelle ; or il se défendra contre cette action, comme tout possesseur, en invoquant la maxime « En fait de meubles possession vaut titre », ou mieux encore l'absence de droit de suite en matière mobilière (Cass., 5 juillet 1880, D. 80. 1. 321, S. 81. 1. 105 ; Alger, 19 mars 1884, D. 85. 2. 134).

Mais le créancier hypothécaire conserve son *droit de préférence sur le prix*, si le tiers acheteur ne l'a pas encore payé (Cass., 31 janv. 1870, D. 70. 1. 117). Comp. n° 3087 ci-dessus.

3181. Cas où la chose vendue n'est pas encore livrée. — Lorsque les objets vendus sont encore sur le fonds et adhérents au sol, comme des récoltes qui ont été vendues sur pied ou une coupe de bois à faire, les opinions sont divisées sur le droit du créancier : les uns lui permettent encore de saisir, les autres le lui refusent. Le doute vient surtout de ce que la vente est translative de propriété : la chose vendue n'appartient plus au débiteur ; de plus, la vente des récoltes sur pied est un acte fréquent, qui est souvent de bonne administration. Cependant le droit du créancier doit être maintenu pour la raison suivante, qui semble décisive : ces choses sont encore en fait et réellement des immeubles ; c'est par l'effet d'un contrat de vente, passé entre le débiteur et un tiers, qu'elles ont pris la qualité de meubles ; or il est de principe que les contrats ne produisent d'effet qu'entre les parties contractantes, et ne sont pas opposables aux tiers, surtout à ceux qui ont des droits réels, comme les créanciers hypothécaires ; par suite, à l'égard de ces créanciers, la chose vendue conserve son caractère de partie intégrante d'un bien hypothéqué, tant que la séparation matérielle n'a pas eu lieu (Paris, 22 mai 1868, D. 69. 2. 72, S. 68. 2. 253).

Cette séparation survenant, d'autres questions se poseraient : s'il y a fraude, on recourra à l'action Paulienne ; qu'il y ait fraude ou non, on pourra songer à la déchéance du terme pour diminution de la sûreté ; mais ce n'est pas ici le lieu d'examiner ces différents points.

§ 3. — *Conditions d'exercice du droit de suite.*

A. — Exigibilité de la créance.

3182. Pourquoi cette condition est nécessaire. — Bien que le tiers acquéreur de l'immeuble soit atteint uniquement par une action réelle, il ne peut être poursuivi qu'après que la créance est échue. L'hypothèque, en effet, est un droit accessoire, qui subit l'effet des modalités qui affectent la créance. L'exercice du droit de suite contre un tiers acquéreur suppose donc *l'exigibilité de la dette*. Aussi l'art. 2167 *in fine* dit-il que le tiers détenteur « jouit des termes et délais accordés au débiteur originaire ».

B. — Condition de publicité.

1° Étendue de la règle.

** **3183. Application aux privilèges.** — Pour le droit de suite, comme pour le droit de préférence, et à plus forte raison encore, l'hypothèque est *soumise à la publicité* : le créancier ne peut en user qu'autant qu'il a pris inscription, et cela est vrai pour les privilèges aussi bien que pour les hypothèques.

L'art. 2166 est rédigé de façon que la condition de publicité semble exigée uniquement pour les hypothèques : « Les créanciers ayant privilège ou hypothèque *inscrite* sur un immeuble le suivent... ». Ce n'était qu'un accident grammatical, car il est bien certain que le Code soumet les privilèges comme les hypothèques à la publicité (art. 2106 et suiv.). Ce léger doute a d'ailleurs été levé par l'art. 6 de la loi du 23 mars 1855 qui détermine le moment à partir duquel les créanciers privilégiés ou hypothécaires ne peuvent plus s'inscrire pour conserver leur privilège. — En Belgique, la loi du 16 décembre 1851 porte « *inscrits* », au pluriel.

** **3184. Situation des privilèges généraux.** — En mentionnant les privilèges comme soumis à la condition générale d'une inscription, l'art. 2166 ne fait aucune allusion à la possibilité d'une exception, comme le fait l'art. 2106 qui exige l'inscription pour l'exercice du droit de préférence ; et aucun autre texte ne contient dispense d'inscription pour aucune espèce de privilèges. Il en résulte que les privilèges généraux de l'art. 2101, et ceux qui ont été depuis le Code créés par des lois spéciales, sont *soumis comme les autres à la condition d'une inscription,* si les créanciers qui en sont pourvus veulent atteindre un sous-acquéreur, tandis qu'on a déjà vu que l'art. 2107 les exempte de cette formalité tant qu'il ne s'agit pour eux que de faire valoir leur droit de préférence (ci-dessus, n° 3004.)

Telle est du moins l'opinion générale. J'interpréterais volontiers le Code d'une autre manière. Si les auteurs n'ont pas reproduit ici la même dispense de publicité qu'ils avaient accordée à ces créanciers dans l'art. 2107, c'est qu'à leurs yeux il s'agissait de simples créanciers chirographaires, n'ayant ni droit réel sur les immeubles ni droit de suite contre les tiers. Comp. ci-dessus, p. 903, note 1

** **3185. Hypothèques légales.** — Une seule exception existe : c'est celle qui concerne les deux hypothèques légales des femmes mariées et des personnes en tutelle. Celles-là sont dispensées de publicité aussi bien pour le droit de suite contre les tiers acquéreurs que pour le droit de préférence contre les autres créanciers. A la vérité cela n'est pas dit expressément dans la loi : l'art. 2135 qui déclare que ces hypothèques existent « indépendamment de toute inscription », est écrit uniquement au point de vue du droit de préférence, et *aucun texte ne répète cette dispense* dans le chapitre consacré au droit de suite (art. 2166-2179). La dispense est *néanmoins certaine,* comme le prouve l'ensemble des dispositions de la loi, et notamment l'existence d'une procédure spéciale nécessaire aux acquéreurs pour purger leurs immeubles des hypothèques occultes qui les grèvent (art. 2193 et suiv.).

Une femme mariée aura donc le droit de suite sur un immeuble aliéné par son mari, quoique son hypothèque ne soit pas inscrite, mais à une condition : il faudra qu'elle prouve que l'immeuble figurait encore dans le patrimoine de son mari à un moment où elle avait déjà une créance garantie par l'hypothèque légale ; faute de quoi, son hypothèque ne se serait pas assise sur cet immeuble qui serait entré libre dans le patrimoine de l'acquéreur. Et en supposant qu'elle ait des créances de date diverse, elle ne pourra faire valoir sur l'immeuble aliéné que *celles qui sont antérieures à la transcription de l'aliénation.*

3186. Lacune dans la loi de 1855. — On remarque une lacune dans l'art. 6 de la loi du 23 mars 1855. Parlant des créanciers qui sont obligés d'inscrire leurs hypothèques ce texte renvoie aux art. 2123, 2127 et 2128, qui s'occupent des hypothèques judiciaires et des hypothèques conventionnelles ; on a omis de renvoyer à l'art. 2121, relatif aux hypothèques légales, et on l'a fait volontairement, parce que cet article en établit deux qui sont dispensées d'inscription. On a oublié que ce même article en établit une troisième, celle de l'État, des communes, etc., qui est soumise à publicité. On aurait donc dû, soit renvoyer spécialement à cet article, soit plutôt employer une formule générale, visant les hypothèques légales aussi bien que les hypothèques judiciaires ou conventionnelles, sauf à faire une exception expresse pour les hypothèques dispensées de publicité par des textes spéciaux. Cette rédaction incomplète du renvoi contenu dans la loi de 1855 ne jette du reste aucun doute sur la généralité de son application : sa disposition est faite pour toutes les hypothèques soumises au régime de la publicité. Comp. Cass., 13 juill. 1891, D. 92. 1. 483, S. 92. 1. 257. La même lacune se remarquait déjà dans l'art. 834 C. proc. civ.

2° A quel moment l'inscription n'est plus possible.

*** 3187. Recherche du point d'arrêt.** — L'aliénation arrête le cours des inscriptions pour le droit de suite, comme la faillite, la liquidation judiciaire ou la mort suivie d'acceptation bénéficiaire l'arrêtent pour le droit de préférence. Mais il faut déterminer avec précision le moment à partir duquel le créancier ne peut plus s'inscrire de façon à ce que son inscription soit *utile* et produise effet contre le tiers détenteur. Ce moment varie selon la nature de l'aliénation.

*** 3188. Mutations par décès.** — Il faut distinguer selon que la transmission s'est opérée à titre universel ou à titre particulier.

1° Transmissions a titre universel. — Héritier ou légataire, tout successeur universel représente le défunt. C'est comme si le débiteur vivait encore ; le créancier a affaire à son *débiteur*, et non pas à un *tiers* détenteur ; le cours des inscriptions n'est donc pas arrêté.

2° Transmissions a titre particulier. — Si la transmission s'est faite au moyen d'un *legs particulier*, le légataire, n'étant pas tenu des obligations du défunt, est véritablement un *tiers* détenteur, et comme les transmissions par décès n'ont jamais été soumises à la transcription, le cours des inscriptions s'arrête immédiatement au jour où se produit le transfert de propriété en vertu du testament, c'est-à-dire *au jour du décès du testateur.*

**** 3189. Mutations entre vifs.** — Des variations considérables se sont produites sur la détermination du moment à partir duquel les créanciers ne peuvent plus s'inscrire.

1° Système de la loi de brumaire. — La loi du 11 brumaire an VII avait déjà établi le même système qui fonctionne aujourd'hui : l'inscription restait possible, malgré l'aliénation, tant que celle-ci n'avait pas été transcrite. C'était seulement la *transcription* qui mettait l'acquéreur à l'abri en empêchant les créanciers de l'aliénateur de s'inscrire sur lui.

2° Système du code civil. — D'après les art. 711, 1138 et 1583, le transfert de la propriété s'opère, même à l'égard des tiers, par le simple consentement. Dès que le contrat était devenu opposable au tiers en acquérant *date certaine*, par l'enregistrement par exemple, aucune inscription ne pouvait plus être prise du chef de l'aliénateur. C'était donc *la vente*, et non plus la transcription, qui arrêtait le cours des inscriptions au point de vue du droit de suite.

A ce système nouveau, *une seule exception* avait été apportée. En permettant à « toutes personnes ayant intérêt », même à un créancier chirographaire, de méconnaître une *donation non transcrite*, lorsqu'elle avait pour objet des immeubles susceptibles d'hypothèques, l'art. 941 autorisait nécessairement les créanciers hypothécaires à s'inscrire même après la donation, tant que la transcription n'en avait pas été faite.

3° Système du code de procédure. — Le système du Code civil avait un danger : l'aliénation était *clandestine* et elle arrêtait néanmoins le cours des inscriptions ; un créancier qui se faisait donner une hypothèque n'était donc jamais sûr d'avoir le temps de l'inscrire utilement. Néanmoins ce n'est pas cette considération qui en amena la modification peu d'années après son établissement. Les particuliers, ne sentant plus la nécessité de la transcription, s'abstenaient de remplir cette formalité, nécessairement coûteuse, qui donnait lieu à la perception d'un droit de 1,50 pour cent. De là une perte pour le Trésor ; l'administration des finances réclama un changement de législation, et pour décider les acquéreurs à transcrire, on leur créa un intérêt à le faire : on autorisa les créanciers du précédent propriétaire à s'inscrire encore, tant que la transcription n'aurait pas été faite, et même on leur donna un *délai de quinze jours après la transcription* pour remplir cette formalité [1]. On profita de la rédaction du Code de procédure, qui se préparait en ce moment, pour faire cette réforme qui fit l'objet des art. 834 et 835 C. proc. civ.

Ces articles étaient *applicables seulement aux aliénations volontaires*. Ils se trouvent, en effet, placés dans le titre « De la surenchère sur aliénation volontaire », ils ne régissaient donc point les *aliénations forcées* (saisies immobilières) ; pour celles-ci le système du Code civil était conservé et le jugement d'adjudication arrêtait par lui seul le cours des inscriptions, sans qu'il fût nécessaire de le transcrire.

De même, les deux art. 834-835 C. proc. civ. restaient inapplicables au cas *d'expropriation pour cause d'utilité publique*. Le jugement d'expropriation suffisait pour arrêter le cours des inscriptions. Mais la loi du 7 juillet 1833, art. 17, et plus tard celle du 3 mai 1841 (loi actuelle), art. 16 et 17, introduisirent en cette matière un régime analogue à celui du Code de procédure (transcription, suivie d'un délai de quinzaine). — Depuis 1833, il ne restait donc plus que les saisies qui fussent soumises au régime du Code civil [2].

4° Système actuel. — Ce système a été établi par la loi du 23 mars 1855

[1] Dans tous les actes de vente remontant à cette époque, on trouve comme pièces annexes, des certificats de transcription constatant que le délai de quinzaine s'est écoulé sans qu'il ait été pris de nouvelles inscriptions du chef du vendeur.

[2] Il importe de comprendre en quoi le régime inauguré par le Code de procédure différait du système antérieur de la loi de brumaire. Ce n'était pas seulement par l'institution du délai de quinzaine venant prolonger le temps laissé aux créanciers pour s'inscrire. Il y avait une différence plus profonde ; la transcription n'était pas nécessaire pour opérer le transfert de la propriété ; les principes du Code civil n'étaient pas modifiés sur ce point et, par suite, *le vendeur n'aurait pas pu établir de nouvelles hypothèques après la vente*. La transcription servait seulement à mettre fin, en faisant courir contre eux un *délai fatal*, au droit que l'on reconnaissait aux créanciers *antérieurs à la vente* de prendre encore inscription sur le nouveau propriétaire de l'immeuble.

sur la transcription et il fonctionne depuis le 1er janvier 1856. On a repris le principe de la loi de brumaire : *jusqu'à la transcription* (dans les cas où elle est exigée par la loi), l'aliénateur reste, à l'égard des tiers, propriétaire de l'immeuble aliéné; il peut encore consentir de nouvelles hypothèques; et, à plus forte raison, ceux de ses créanciers qui en ont obtenu avant la vente peuvent encore les inscrire. *Après la transcription,* tout est consommé : aucune hypothèque ne peut plus être ni constituée par l'aliénateur ni inscrite par ses créanciers (art. 6). Ce même article abroge les art. 834-835 C. proc. civ.

De là la règle suivante : *pour pouvoir exercer le droit de suite, un créancier hypothécaire ou privilégié doit avoir pris inscription avant la transcription de l'aliénation.*

La loi de 1855 a donc modifié la règle à la fois pour les *aliénations forcées* et pour les *aliénations volontaires* : pour les premières, elle a *prolongé* le temps pendant lequel les créanciers des propriétaires antérieurs peuvent s'inscrire, en reculant la limite jusqu'à la transcription; pour les secondes, elle l'a *abrégé,* en supprimant le délai de quinzaine établi par le Code de procédure.

3190. Exception à la règle. — La loi de 1855 a opéré une simplification; elle n'a pas cependant ramené, d'une manière absolue, le droit français à l'unité. En effet, le régime de l'*expropriation pour cause d'utilité publique* n'a pas été touché par elle; la loi du 3 mai 1841 régit toujours cette matière et le *délai de quinzaine* subsiste encore dans une de ses applications. On admet que cette loi, qui est d'ordre administratif, forme une disposition indépendante et n'était pas une simple application des art. 834-835 C. proc. civ.; elle n'a donc pas été comprise dans leur abrogation.

3° Règles spéciales au vendeur et au copartageant.

** **3191. Concession d'un délai de faveur.** — Les créanciers hypothécaires ordinaires ont grand intérêt à s'inscrire le plus tôt possible, dès que leur hypothèque leur en donne le droit : ils ont à craindre une aliénation qui peut se produire d'un jour à l'autre et qui, une fois transcrite, leur enlèverait tous leurs droits sur l'immeuble. Aucune mesure n'est prise par la loi pour les protéger contre ce péril; c'est à eux d'être diligents.

Toutefois on a cru nécessaire, en 1855, de déroger à la règle en faveur de deux créanciers spéciaux, le vendeur et le copartageant, qui se dessaisissent de leur propriété par le titre même qui fait naître à leur profit un privilège. Tous deux peuvent être surpris par une aliénation brusque, consentie immédiatement par leur débiteur, qui ferait passer l'immeuble aux mains d'un tiers en leur faisant perdre leur privilège. La loi leur accorde donc un *délai de quarante-cinq jours, à compter de la vente ou du partage,* pour prendre utilement inscription, *alors même qu'une revente aurait été consentie à un tiers par l'acheteur ou par le copartageant débiteur, et qu'elle serait déjà transcrite* (L. 23 mars 1855, art. 6, al. 2).

Le vendeur et le copartageant sont actuellement les seuls qui puissent ainsi s'inscrire à l'effet de conserver leur droit de suite, nonobstant une transcription déjà effectuée par un sous-acquéreur.

3192. Conséquence. — Celui qui achète un immeuble à quelqu'un qui vient d'en acquérir la propriété par un acte de vente ou de partage n'ayant pas encore quarante-cinq jours de date ne peut compter sur la sécurité complète qu'à l'expiration de ce délai. Cela est surtout vrai pour le cas de partage : il est relativement facile de s'assurer si le précédent vendeur a été entièrement payé et si son privilège subsiste encore, mais de la part d'un copartageant, même lorsqu'il n'y a ni soulte ni prix de licitation, on peut toujours craindre une inscription prise pour le recours en garantie d'éviction.

Il est à remarquer, du reste, que le délai de quarante-cinq jours court du jour de la vente ou du partage qui a fait naître le privilège à inscrire, et non du jour de la sous-aliénation consentie à un tiers par le débiteur.

***3193. Application au vendeur.** — Le délai de 45 jours établi en 1855 servira rarement au vendeur. En effet les rédacteurs de cette loi ont supposé que le vendeur avait besoin d' « inscrire » son privilège pour le conserver. Or un vendeur ne s'inscrit pas ; c'est son acheteur qui conserve le privilège en transcrivant, et celui-ci a un intérêt urgent et considérable à transcrire : s'il ne le fait pas, le bien acheté par lui reste dans le patrimoine du vendeur, qui peut le vendre à nouveau ou l'hypothéquer ; il s'empressera donc de transcrire, et le privilège du vendeur se trouvera conservé avant la revente. C'est donc seulement pour le copartageant que l'art. 6 de la loi de 1855 est réellement utile ; parce que le partage n'est pas assujetti à la transcription et que le privilège auquel il donne lieu ne se conserve que par une inscription prise par les soins du créancier lui-même.

***3194. Difficulté relative au copartageant.** — L'existence de ce délai de 45 jours établi en 1855 a fait naître une question par sa combinaison avec un autre délai de 60 jours établi pour le copartageant par le Code civil (art. 2109). Cette difficulté est spéciale au copartageant parce qu'il n'existe pas pour le vendeur un second délai semblable. Voici donc la question qui se pose :

Quel est l'effet d'une inscription prise sur le sous-acquéreur, après le 45e jour, mais avant l'expiration du 60e ? Cette inscription ne peut certainement pas servir pour la conservation du droit de suite ; la loi de 1855 s'y oppose ; mais n'est-elle pas valable encore pour la conservation du droit de préférence ? C'est une question que nous retrouverons plus loin, quand nous nous occuperons de la survie du droit de préférence au droit de suite (ci-dessous, n° 3421 et suiv.).

4° Questions diverses.

***3195. Cas d'une acquisition non encore transcrite.** — Tant qu'une acquisition n'est pas encore transcrite, des inscriptions peuvent être prises à la fois par les créanciers de l'acquéreur et par les créanciers de l'aliénateur. Comment réglera-t-on ce conflit ? Depuis le 1er janvier 1856, l'aliénation non transcrite n'est pas opposable aux créanciers hypothécaires de l'aliénateur ; donc aucun droit réel, hypothèque ou autre, n'a pu s'établir sur l'immeuble à leur préjudice du chef de l'acquéreur. Les créanciers de l'ancien propriétaire peuvent continuer à s'inscrire jusqu'à la transcription, sans avoir à redouter le concours des créanciers du nouveau propriétaire : bien qu'inscrits avant eux, ceux-ci ne passeront qu'après (Cass., 1er juill. 1891, D. 92. 1. 483, S. 92. 1. 257).

Avant 1856, tous concouraient par ordre d'inscription, le délai de quinzaine n'était qu'une faveur donnée aux créanciers de l'aliénateur pour s'inscrire encore, mais concurremment avec les autres et sans préférence contre les créanciers de celui qui était désormais propriétaire de l'immeuble.

***3196. Série de ventes non transcrites.** — Si nous supposons que plusieurs ventes successives aient été faites sans avoir été suivies de transcription, suffira-t-il au propriétaire actuel de faire transcrire son titre pour se protéger contre les créanciers de tous les propriétaires antérieurs ? Non. *La transcription n'arrête le cours des inscriptions que pour les créanciers du dernier vendeur.* Pour qu'un immeuble sorte du patrimoine de son propriétaire à l'égard de ses créanciers hypothécaires, il faut que l'acte qui l'en fait sortir soit transcrit ; sinon, cet acte est non avenu pour les créanciers, et ceux-ci conservent le droit de s'inscrire, comme si le bien appartenait toujours à leur débiteur.

En conséquence, un acheteur doit toujours s'assurer que toutes les transmissions antérieures ont été transcrites, si elles étaient sujettes à cette formalité. Si dans la série une seule transcription a été omise, il s'expose à voir surgir de nouvelles inscriptions du chef de l'auteur de l'acte non transcrit, à moins qu'il ne fasse lui-même opérer cette transcription en retard.

Sous l'empire des art. 834-835 C. proc. civ., il en était autrement : la transcription ne servait pas à opérer le transfert de la propriété, qui se faisait par le contrat lui-même ; elle valait seulement *mise en demeure* aux créanciers hypothécaires d'avoir à s'inscrire pour conserver leurs droits, et cette mise en demeure était considérée comme générale et s'adressant à tous les créanciers des propriétaires antérieurs.

*** 3197. Inscription prise le jour de la transcription.** — Il est possible qu'un créancier de l'aliénateur vienne s'inscrire sur lui le jour même où l'acquéreur fait transcrire son titre. C'est un conflit que la loi n'a pas prévu et qui se présente de temps en temps. La question a paru tout d'abord fort difficile ; quelques-uns même l'ont déclarée insoluble. Elle a cependant été résolue par la jurisprudence de la façon la plus simple : il n'y a qu'à rechercher *laquelle des deux formalités a été remplie la première* : si c'est l'inscription, elle sera opposable à l'acquéreur ; si c'est la transcription, l'inscription est nulle. Seule *la question de preuve* fait difficulté, parce que ces deux formalités sont remplies sur des registres différents, où rien n'indique leur ordre relatif ; les registres donnent la date du jour, et non l'heure de la formalité. Mais il y a un autre registre tenu par le conservateur, qui donne cette indication : c'est le *registre des dépôts*. La jurisprudence admet qu'on peut s'en servir pour établir l'antériorité de l'une des deux formalités sur l'autre (Nancy, 16 mai 1894, D. 96. 2. 305).

Toutefois ce registre n'est qu'un registre intérieur du bureau, un registre d'ordre (ci-dessus, n° 2945), et qui n'a pas contre les tiers la même force probante que les registres officiels et publics, sur lesquels s'opèrent les inscriptions et transcriptions. De là résulte pour les juges un certain pouvoir d'appréciation ; le registre des dépôts ne fait pas preuve parfaite et peut être combattu par tous les moyens possibles (Bastia, 12 déc. 1881, D. 82. 2. 194, S. 83. 2. 9). La loi du 5 janvier 1875 a indirectement confirmé la force probante reconnue par la jurisprudence au registre des dépôts, en modifiant l'art. 2200 pour ordonner que ce registre sera tenu en double et servirait à reconstituer les autres en cas de perte.

Comparez dans le même sens, pour le cas où une transcription de saisie se trouve en conflit avec la transcription d'une aliénation opérée le même jour, Cass., 18 déc. 1888, D. 89. 1. 185, S. 89. 1. 64.

§ 4. — *Mode d'exercice du droit de suite.*

3198. Son ancien mode. — Dans la théorie romaine, le créancier hypothécaire agissait contre les tiers détenteurs dans le but d'obtenir d'eux l'abandon de l'immeuble, dont le créancier s'emparait pour le vendre. L'hypothèque était un *gage différé*, et le créancier demandait à être mis en possession comme un gagiste. On lui donnait à cet effet une action réelle de la famille des *vindicationes*, par laquelle il tenait en substance au détenteur le langage suivant : « cede aut solve ». L'objet direct de sa poursuite était la *cession*, l'abandon ou délaissement du bien, et le paiement de la dette n'était qu'une simple *faculté* pour le détenteur, un moyen d'échapper à la condamnation, à cause du caractère arbitraire de l'action hypothécaire.

Au temps de Pothier, on était encore fidèle à la tradition romaine : « L'effet de cette action est de faire condamner le détenteur à délaisser l'immeuble hypothéqué » (POTHIER, *Hypothèque*, n° 106).

*** 3199. Droit actuel du créancier.** — Les choses ne se passent plus de même dans le droit moderne. Le délaissement a été, en quelque sorte, relégué au second plan ; il a cessé d'être l'objet direct et principal de la poursuite (comp. ci-dessus, n° 3090). On a déjà vu que ce résultat avait été la conséquence d'un autre changement : le droit de vendre du créancier a été réglementé ; il ne vend plus à l'amiable et à sa guise ; il vend *aux enchères*, et sa poursuite se fait sous la forme d'une *saisie* (comp. ci-dessus, n° 3089). Or cette saisie peut s'opérer sans que le détenteur abandonne la possession du bien, sans qu'il *déguerpisse*. Cet acquéreur a même avantage à ne pas délaisser, afin de suivre de près la procédure et de surveiller ses intérêts, tandis que le créancier ne gagnerait rien à obtenir le délaissement : cela ne l'avance à rien que l'immeuble soit vacant et abandonné. On a donc enlevé au créancier le droit d'*exiger* le délaissement ; son droit se borne à saisir. Ainsi c'est la *saisie* pratiquée contre l'acquéreur qui est devenue la véritable forme du droit de suite, c'est-à-dire de l'hypothèque exercée contre un tiers.

3200. Langage inexact de la loi. — Cela étant, on voit que la loi s'exprime d'une manière qui n'est pas littéralement exacte en disant que le tiers détenteur est « tenu de payer ou de délaisser » (art. 2168). Le tiers détenteur n'est pas *tenu* de payer, puisqu'il n'est pas personnellement débiteur ; il n'est pas non plus « tenu » de délaisser, puisque le délaissement est pour lui facultatif. Il n'est réellement tenu que d'une seule chose, qui est de *subir la saisie*. Si l'on peut dire qu'il est « tenu » de payer ou de délaisser, cela signifie seulement que, s'il ne prend pas l'un ou l'autre de ces partis, il sera exproprié par le créancier poursuivant.

La même impropriété d'expressions se retrouve dans l'art. 2169 qui parle des « obligations » du détenteur. Et c'est encore parce qu'elle considère le tiers détenteur comme un nouveau « débiteur » de la dette, que la loi parle, dans le même texte, du « débiteur *originaire* », expression qui a été justement critiquée.

Cette incorrection de langage n'est pas le fait des auteurs du Code ; Pothier la signalait déjà comme très fréquente de son temps[1].

3201. Préliminaire de la saisie. — La procédure débute par un acte double ; il faut adresser : 1° *un commandement au débiteur* personnellement tenu de la dette ; 2° *une sommation au tiers détenteur* (art. 2169).

Pourquoi cela ? D'après l'art. 673 C. proc. civ., une saisie immobilière ne peut avoir lieu que trente jours après un commandement fait au débiteur, à personne ou à domicile. Or le commandement ne peut être fait qu'en vertu d'un titre exécutoire constatant une obligation, et naturellement il ne peut être adressé qu'au débiteur contre lequel ce titre existe. Le créancier poursuivant est donc obligé de faire un commandement au débiteur.

[1] « Observez que le paiement de la dette hypothécaire n'est, de la part du détenteur de l'héritage hypothéqué, que *in facultate solutionis*, pour éviter le délai : il n'est pas *in obligatione*, car le tiers détenteur n'est pas débiteur de cette dette ; il ne l'a point contractée, ni succédé ou participé aux obligations personnelles de ceux qui l'ont contractée. On ne laisse pas néanmoins de conclure assez souvent contre le tiers détenteur qu'*il soit tenu de payer la dette hypothécaire, si mieux il n'aime délaisser*, et de rendre des sentences conformes à ces conclusions ; mais ces conclusions et ces prononciations ne sont pas exactes dans l'élocution : c'est *mettre la charrue devant les bœufs* » (*Hypothèque*, n° 110).

Le commandement au débiteur ne suffirait pas. Il faut, en outre, prévenir le tiers détenteur que la saisie va avoir lieu, puisque c'est sur lui que l'immeuble sera saisi. Ne pouvant lui adresser de commandement, le poursuivant se borne à lui faire une *sommation*. Cet acte se fait *dans la forme ordinaire des exploits d'huissier*, sans qu'il soit besoin d'un titre exécutoire contre la personne sommée ; la sommation n'a pas non plus besoin de contenir tout ce qui doit être inséré dans le commandement d'après l'art. 673 C. proc. civ.

3202. Objet de la sommation. — Si l'on fait une sommation au tiers détenteur, c'est pour le mettre en demeure d'user de la faculté que la loi lui laisse de payer quand il veut éviter l'expropriation, ou de délaisser quand il veut que la saisie ne se poursuive pas contre lui. Ainsi s'expliquent les termes de l'art. 2169, qui parle d'une *sommation de payer ou de délaisser*, bien que le détenteur ne soit tenu ni de l'un ni de l'autre. On le met en demeure d'user de son droit ; après quoi le créancier usera du sien. Ces termes peuvent d'ailleurs s'expliquer par une réminiscence de l'ancien droit : on a vu plus haut (n° 3198) que le tiers détenteur était jadis réellement tenu de délaisser l'immeuble.

3203. Ordre à observer. — On admet, en général, que le commandement au débiteur doit précéder la sommation au détenteur. C'est, en effet, un ordre logique ; le commandement peut être suivi d'effet : voyant que son créancier passe aux voies d'exécution, le débiteur se décidera peut-être à le payer ; il fera un dernier effort pour se procurer l'argent nécessaire, auquel cas il devient inutile de faire d'autres frais. C'est aussi l'ordre que suit l'art. 2169 en énonçant ces deux formalités préalables de la saisie. On admet, en outre, que cet ordre est prescrit à peine de nullité, et que la procédure serait nulle si la sommation avait été envoyée la première [1] (Cass., 17 mars 1886, D. 86. 1. 340, S. 86. 1. 207 ; Cass., 7 mars 1893, D. 93. 1. 156, S. 96. 1. 348). Voyez cependant, Bourges, 1er mars 1893, D. 93. 2. 520. Comp. Cass., 6 avril 1886, D. 87. 1. 68. Ce dernier arrêt, tout en admettant la nullité, décide qu'elle est de pure forme et se trouve couverte par la défense au fond.

3204. Point de départ du délai. — L'intervalle qui doit séparer la saisie des actes qui la précèdent court évidemment *du jour où a été fait le dernier en date*, quel qu'il soit. La loi suppose, en effet, dans l'art. 2169 que tous les deux ont été accomplis pour faire courir le délai.

3205. Durée du délai. — L'art. 2169 le fixe à *trente jours*, l'art. 2183 parle d'*un mois*. Les deux formules ne sont plus synonymes, mais elles l'étaient au moment où le Code civil a été voté : le calendrier alors en vigueur était le *calendrier républicain*, dans lequel tous les mois avaient uniformément trente jours. Le rétablissement du calendrier grégorien (1er janvier 1806) n'a pu avoir pour effet de modifier le sens d'un texte voté auparavant.

C'est, du reste, à trente jours que cet intervalle est fixé par le Code de procédure d'une manière générale (art. 674 C. proc. civ.).

3206. Procédure de la saisie. — A partir de ce moment la saisie peut être faite sur le tiers détenteur conformément aux règles générales. Il n'existe pas pour elle de règles particulières : les formes sont les mêmes que si l'immeuble était saisi sur le débiteur lui-même, sauf toutefois à tenir compte de l'effet du délaissement dans la mesure indiquée plus loin (n° 3230) au cas où le tiers détenteur se décide à délaisser.

3207. Péremption. — Bien que la sommation conserve son effet propre pendant trois ans (art. 2176), elle se trouve périmée par voie de conséquence si le créancier laisse écouler le délai de quatre-vingt-dix jours que la loi lui donne pour saisir (Cass., 17 mars 1886, D. 86. 1. 340, S. 86. 1. 207). Sur ce délai, voyez ci-dessus, n° 204.

[1] Sur les motifs de cette nullité, voir Dalloz, *Suppl.*, v° Privilèges et hypothèques, n° 1190.

§ 5. — *Exceptions opposables au créancier.*

3208. Énumération. — Lorsque le tiers détenteur est touché par la sommation de payer ou de délaisser, il peut d'abord opposer au créancier certaines exceptions qui empêcheront l'action de suivre son cours. Il en a deux à son service : 1° l'exception de *garantie* ; 2° l'exception ou *bénéfice de discussion.*

L'ancien droit lui en donnait davantage : on trouvait en ce genre l'exception de *priorité d'hypothèque* ; l'exception de *cession d'actions* et l'exception à *raison d'impense.* Nous dirons quelques mots de ces deux dernières seulement.

1° Exception de garantie.

* **3209. Son effet.** — Cette première exception suppose que le créancier hypothécaire a une autre qualité qui le rendrait *lui-même garant* de l'éviction si elle se produisait. Quand le tiers débiteur se trouve dans le cas d'opposer cette exception au créancier, l'action hypothécaire est *définitivement empêchée* et l'acquéreur est à l'abri de toute poursuite ultérieure. C'est l'effet de la règle : « Quem de evictione tenet actio, eumdem agentem repellit exceptio. »

2° Bénéfice de discussion.

* **3210. Utilité du bénéfice.** — Il a été inventé pour obliger le créancier à se faire payer autant que possible par le débiteur lui-même, et non pas par des tiers détenteurs qui, une fois poursuivis par le créancier, auraient un recours contre le débiteur pour rentrer dans leurs fonds. C'est une simplification évidente que de faire payer directement le créancier par le débiteur, en évitant un circuit d'actions qui ne peut être qu'une complication et une source de frais inutiles. Le tiers détenteur poursuivi peut donc obliger le créancier à s'attaquer d'abord à son débiteur, à le *discuter* (art. 2170). Seulement en organisant ce bénéfice, il a fallu tenir compte des intérêts légitimes du créancier et limiter la portée et l'usage de l'exception de discussion.

3211. Analogie avec le cautionnement. — Le bénéfice institué par l'art. 2170 au profit du tiers détenteur rappelle celui qui est accordé à la caution. C'est à peu près *la même idée et le même but* ; mais la nature des actions auxquelles ces deux bénéfices sont opposés n'étant pas la même, cela entraîne des *différences nombreuses dans leur organisation.*

3212. Créanciers auxquels l'exception est opposable. — Ce bénéfice n'a qu'une portée restreinte : La loi ne permet pas au détenteur de l'opposer *aux créanciers privilégiés, ni aux créanciers à hypothèque spéciale* (art. 2171). L'exception ne peut donc lui servir que contre un créancier muni d'une *hypothèque générale,* comme les hypothèques judiciaires et certaines hypothèques légales, et encore faut-il que cette hypothèque générale n'ait pas été spécialisée par l'effet d'une réduction.

On doit considérer comme générale, au sens de l'art. 2171, l'hypothèque conventionnelle elle-même lorsqu'elle porte sur les biens à venir; elle a beau être soumise à la nécessité d'inscriptions spéciales sur chaque acquisition nouvelle du débiteur; elle n'en est pas moins devenue générale par son titre constitutif.

*** 3213. Détenteurs ayant droit au bénéfice.** — Ceux-là seuls peuvent opposer le bénéfice qui sont « personnellement étrangers à la dette » (art. 2170), c'est-à-dire que le bénéfice est fait uniquement pour les véritables *tiers* détenteurs, et non pour les personnes qui sont elles-mêmes tenues de l'obligation.

Par suite, sont seuls admis à opposer l'exception de discussion :

1° L'*acquéreur à titre particulier* de l'immeuble; c'est lui qui est le tiers détenteur proprement dit, nullement tenu de la dette, n'étant ni le débiteur, ni le coobligé, ni l'héritier du débiteur.

2° La *caution réelle*, qui a hypothéqué son immeuble sans s'obliger personnellement et n'est tenue que « propter rem ».

3° Le *cohéritier* ou *héritier partiaire, qui a payé sa part dans la dette*. On suppose que le créancier a volontairement accepté le paiement partiel de la dette, car il n'y pouvait être forcé par ce cohéritier qui, ayant dans son lot un immeuble hypothéqué par le défunt, était « tenu hypothécairement pour le tout », à cause de l'indivisibilité de l'hypothèque. Mais lorsque le paiement partiel a été accepté pour toute la part dont ce cohéritier était tenu comme représentant du défunt, *son obligation personnelle est éteinte*, et il passe au rang des tiers détenteurs, car il se trouve désormais dans la même situation que la caution réelle.

3214. Critique de la loi. — Ainsi le bénéfice de discussion est réservé aux véritables *tiers* détenteurs et refusé à toutes les personnes tenues de l'obligation. Cela paraît fort raisonnable, mais voici le résultat auquel on arrive : si celui qui a cautionné une dette achète au débiteur l'immeuble hypothéqué, il se trouve tout à la fois *détenteur tenu hypothécairement* et *débiteur personnel comme caution* : il ne pourra donc pas opposer au créancier l'exception de discussion, parce qu'il n'est pas « personnellement étranger à la dette »: C'est un résultat étrange et choquant, que la réunion des *deux qualités* de caution et de tiers détenteur *qui séparées donnent chacune le bénéfice de discussion* et qui *réunies ont pour effet d'en priver celui qui les possède.* Il semble qu'il devrait alors pouvoir opposer l'un ou l'autre, selon la nature de l'action dirigée contre lui.

3215. Biens à discuter. — Les seuls biens que le créancier puisse être obligé de discuter avant de continuer les poursuites contre le tiers détenteur sont *ceux qui lui sont également hypothéqués et qui sont restés en la possession des principaux obligés* (art. 2170). Le créancier ne peut donc être contraint de saisir ni les meubles de son débiteur, ni les immeubles sur lesquels il n'a pas pris d'hypothèque, ni même les immeubles hypothéqués, lorsqu'ils sont aux mains d'une autre personne non tenue de l'obligation.

Les mots « principaux obligés » désignent ici les débiteurs principaux *par opposition aux cautions* : ainsi le tiers détenteur ne pourrait pas renvoyer le créancier à saisir l'immeuble possédé par une caution, qui jouit de son côté de l'exception de discussion.

3216. Forme du bénéfice. — La loi n'en a rien dit et renvoie au titre « Du cautionnement » (art. 2170). Le créancier devra donc faire l'avance des frais, indiquer les biens à discuter et opposer l'exception avant tout autre moyen de défense. Voyez ci dessus, n° 2343.

3217. Effet du bénéfice. — Ce n'est qu'une *exception dilatoire* qui fera *surseoir à la saisie,* pour la discussion des biens indiqués par le tiers détenteur. Mais cela ne l'empêche pas d'être obligé de payer, si le créancier n'est pas entièrement désintéressé; et s'il est finalement déchargé en tout ou en partie de la somme à payer, ce sera l'effet du paiement obtenu par le créancier sur les biens discutés, et non pas l'effet de son bénéfice.

3218. Critique de cette institution. — Tout réduit qu'il est dans sa portée, ce bénéfice est fortement critiqué par certains auteurs ; peut-être à l'excès, car il a bien pour lui quelque raison (ci-dessus, n° 3210).

En Belgique, il a entièrement disparu, et sa suppression a été la conséquence de la suppression des hypothèques générales.

3° Exception de cession d'actions.

3219. Position de la question. — Nous avons déjà rencontré cette exception à propos du cautionnement (art. 2037 et ci-dessus, n°s 2382 à 2387). Elle permet à la caution de refuser de payer le créancier, lorsque celui-ci a, par son fait, rendu impossible la subrogation dans certaines sûretés sur lesquelles la caution comptait pour obtenir son remboursement au cas où elle serait obligée de payer la dette. Pareille exception appartient-elle au tiers détenteur, lorsque le créancier a perdu des sûretés dont le tiers aurait pu se servir, par exemple une hypothèque sur d'autres biens restés aux mains du débiteur? On comprend cette question : si la sûreté perdue avait été conservée par le créancier, le tiers détenteur qui est obligé de le payer en aurait profité, car il l'aurait obtenue par la subrogation légale, étant tenu de payer « pour un autre » (art. 1251-3°). Il est tout naturel qu'il se plaigne d'être privé de ce bénéfice; aussi notre ancien droit lui accordait-il l'exception de cession d'actions, comme à la caution (POTHIER, *Hypothèque,* n°s 101-105). Mais le Code civil, qui s'est expliqué sur ce bénéfice à propos de la caution (art. 2037), n'en a rien dit pour le tiers détenteur.

3220. Jurisprudence. — La question de savoir si l'art. 2037 pouvait être étendu au tiers détenteur a été longtemps controversée ; la Cour de cassation a jugé jadis (23 janv. 1815) que le tiers détenteur en jouissait aussi bien que la caution, et quelques arrêts de Cour d'appel ont donné la même solution jusqu'en 1847. Mais aujourd'hui la solution contraire est constante. Le créancier peut laisser perdre son hypothèque sur certains immeubles ou y renoncer; il conserve néanmoins son action contre le tiers détenteur, alors même que celui-ci aurait acquis l'immeuble qu'il détient avant que le créancier n'eût renoncé à son hypothèque sur les autres (Cass., 22 déc. 1846, D. 47. 1. 5; Cass., 17 mars 1852, D. 52. 1. 97, S. 52. 1. 427), à moins qu'il n'y ait mauvaise foi prouvée de la part du créancier (Cass., 22 avril 1856, D. 56. 1. 326, S. 58. 1. 392).

4° Exception à raison d'impenses.

3221. Son ancienne fonction. — Au temps où l'action hypothécaire tendait à obtenir ce que Pothier appelait « le *délais* de l'héritage » par le tiers détenteur, il était tout naturel que le tiers détenteur opposât au créancier poursuivant, *sous la forme d'une exception,* son droit d'obtenir une indemnité pour les améliorations apportées par lui à l'immeuble. Et c'est aussi sous cette forme que Pothier nous présente cette institution (*Hypothèque,* n°s 90 à 95): « Le tiers détenteur ne peut être contraint à délaisser, qu'il ne soit remboursé des impenses, ou tout au moins que le créancier ne lui donne caution de faire monter l'héritage à si haut prix, qu'il en soit remboursé sur le prix. »

3222. Sa transformation moderne. — L'action hypothécaire ayant changé d'objet depuis Pothier et ne tendant plus à obtenir le délaissement, *ce n'est plus au créancier poursuivant que le détenteur oppose son exception.* Il laisse la saisie suivre son cours, et possède seulement le *droit de rétention,* qui l'autorise à refuser de livrer l'immeuble saisi à l'adjudicataire, si les créanciers ne consentent à le désintéresser par un prélèvement sur le prix (ci-dessous, n° 3261). L'exception à raison d'impenses de l'ancien droit est donc devenue le droit de rétention du droit moderne.

Signalons toutefois que quelques auteurs refusent le droit de rétention au tiers détenteur, mais ce n'est pas ici le lieu de discuter cette question qui a été examinée à sa place. Pour ces auteurs, l'exception dont parlait Pothier n'a pas été seulement *transformée,* elle a été *supprimée.* C'est Pothier lui-même qui se charge de les réfuter : « Cette exception, dit-il, est fondée sur cette règle de l'équité naturelle que nul ne doit s'enrichir aux dépens d'autrui » (*Hypothèque,* n° 90). Serions-nous moins « équitables » au XXe siècle qu'au temps de Louis XV?

§ 6. — *Option laissée au tiers détenteur.*

**** 3223. Objet de cette option.** — Nous supposons maintenant que le tiers détenteur n'a aucune exception à son service, ou qu'il y renonce ou qu'il les a vainement opposées : *l'action hypothécaire est alors ouverte contre lui.* Néanmoins il peut encore choisir entre différents partis. Il peut: 1° *payer,* 2° *purger,* 3° *se laisser saisir,* 4° *délaisser.*

S'il prend le premier parti, toute la procédure contre lui est finie, le créancier étant désintéressé ; il ne reste plus qu'à régler le *recours du tiers détenteur* contre qui de droit.

S'il prend le second, la procédure de la saisie est *remplacée par celle de la purge.*

S'il prend enfin l'un des deux derniers, *la procédure de la saisie suivra son cours,* avec plus ou moins de complications et de retards.

3224. Renvois. — Nous retrouverons plus loin la procédure de la purge, qui fait l'objet d'un chapitre spécial ; nous n'avons pas à nous occuper de la procédure de la saisie, qui rentre dans le cours de procédure. Il nous reste donc uniquement, pour former la matière de ce paragraphe, le paiement et le délaissement.

A. — Du paiement.

*** 3225. Cas où il est utile.** — Le paiement de la dette hypothécaire est évidemment le meilleur parti à prendre quand les deux conditions suivantes sont réunies : 1° Le détenteur est un acheteur qui n'a pas encore versé son prix d'acquisition ; 2° Il a en mains une somme suffisante pour payer les créanciers. En payant les créanciers hypothécaires l'acheteur se libère d'autant envers son vendeur.

Hors de là, c'est-à-dire lorsque le prix a déjà été versé au vendeur, ou lorsque le montant des sommes dues aux créanciers hypothécaires est supérieur au prix, ce peut encore être une décision utile pour un tiers détenteur qui tient à conserver l'immeuble, surtout si le détenteur prévoit qu'il pourra rentrer dans ses fonds par l'effet de la subrogation, parce qu'il existe d'autres immeubles hypothéqués aux mêmes créanciers et sur lesquels il obtiendra son remboursement en principal, intérêts et frais.

* **3226. Ce qui doit être payé.** — Pour se mettre entièrement à l'abri de toute poursuite, le détenteur doit payer tout ce qui pourrait lui être réclamé hypothécairement, c'est-à-dire *le total des sommes inscrites, avec les intérêts* que ces inscriptions garantissent, à quelque somme que ce total puisse monter (art. 2168)[1]. Ainsi que le dit la loi, « il demeure par l'effet seul des inscriptions, *obligé comme détenteur* à toutes les dettes hypothécaires » (art. 2167). Il faut bien entendre ce langage : il ne signifie pas que le « tiers détenteur » soit « débiteur », cela n'aurait pas de sens, puisqu'il n'existe contre lui qu'une *action réelle*, l'action hypothécaire ; mais s'il ne paie pas, il sera exproprié. C'est ce qu'on appelle être *tenu hypothécairement* (art. 873, 1009, 1012, 1017).

3227. Effet d'un paiement partiel. — Si le tiers détenteur ne paie qu'en partie les dettes auxquelles son immeuble est hypothéqué, il reste naturellement exposé au droit de poursuite des créanciers plus éloignés qu'il n'a pas désintéressés et peut être *exproprié* par eux ; mais il est *subrogé* aux droits de ceux qu'il a payés (art. 1251-3° et ci-dessus n° 528). Cette subrogation le garantit suffisamment, car si les créanciers restants se décident à le poursuivre, il sera colloqué avant eux et au premier rang, et il rentrera ainsi dans ses déboursés, car on doit supposer qu'il aura employé son argent à payer les premiers créanciers inscrits, par ordre de préférence, jusqu'à ce que les fonds lui aient manqué. Cette perspective suffit ordinairement pour arrêter les autres créanciers hypothécaires, qui hésiteront à intenter une poursuite inutile. En effet, il sera rare qu'en faisant vendre l'immeuble ils puissent obtenir un prix assez élevé pour qu'il leur revienne encore quelque chose, après le prélèvement de tout ce qui est dû au tiers détenteur et des frais causés par leur poursuite et par la nouvelle vente.

B. — Du délaissement.

1° Généralités.

** **3228. Définition.** — Le délaissement est un simple *abandon de la possession,* à la suite duquel il est nommé un *curateur à l'immeuble délaissé,* contre qui la procédure de saisie est poursuivie.

3229. Transformation subie par le délaissement. — Le délaissement était jadis l'objet direct de l'action hypothécaire et il était par suite strictement dû au créancier, qui enlevait la chose à son détenteur comme aurait pu le faire un propriétaire la revendiquant : « C'est le délais qui est considéré comme l'objet des conclusions ; le paiement de la dette n'est qu'une faculté accordée au détenteur pour éviter le délais » (Pothier, *Hypothèque*, n° 110). Depuis le Code civil, le délaissement lui-même n'est plus considéré que comme une *facultas solutionis* analogue au paiement, et le détenteur n'est plus tenu que d'une seule chose, à savoir de subir l'expropriation.

[1] Le créancier hypothécaire ne peut réclamer au tiers détenteur les intérêts non garantis par l'inscription principale, et qui n'ont pas fait l'objet d'inscriptions particulières. Les créances d'intérêts non inscrits tombent dans la masse chirographaire (Pau, 19 janv. 1892, D. 92. 2. 566, S. 92. 2. 140).

Il est impossible d'apercevoir d'où est résulté ce changement : les textes du Code sont rédigés dans le style de la pratique du temps ; ils sont conformes aux passages de Pothier, sur lesquels ils ont été copiés, et nulle part il n'a été dit que l'on changerait quelque chose à l'objet et à la nature de l'action hypothécaire.

La seule explication vraisemblable est que, le créancier n'ayant aucun intérêt à obtenir le délaissement, l'abandon de l'immeuble et la nomination d'un curateur ont paru être un *incident inutile de la saisie*, qui n'en pouvait pas moins suivre son cours directement contre l'acquéreur de l'immeuble. Cette simplification est certainement antérieure au Code civil, car l'art. 2178 suppose que le détenteur a pu « subir l'expropriation » sans avoir délaissé, et l'art. 2177 dit de même que l'adjudication a pu être « faite sur lui ». Mais elle était encore inconnue de Pothier qui n'y fait pas la moindre allusion : pour lui le « délais » de l'immeuble est le préliminaire obligé de la saisie poursuivie contre le tiers détenteur.

*** 3230. Utilité actuelle.** — De notre temps, le délaissement n'a plus qu'un intérêt *extrêmement faible* : les auteurs le présentent comme une « faveur » faite par la loi au tiers détenteur qui, n'étant pas personnellement tenu des sommes dues aux créanciers hypothécaires, verrait son *crédit atteint* par la vente de son immeuble et serait sans doute fort ennuyé de voir se poursuivre contre lui *une saisie dont les causes ne lui sont pas imputables*. Il s'en débarrasse en délaissant : la saisie étant poursuivie contre un curateur, son nom ne figurera plus dans les affiches, et sa susceptibilité sera satisfaite. On a remarqué, en outre, que le délaissant se décharge de l'administration de l'immeuble, de la perception des fruits et revenus, et de la responsabilité que cette gestion peut entraîner pour lui, car ces fruits et revenus sont dus aux créanciers et immobilisés à partir de la sommation qui précède la saisie.

C'est un bien mince résultat, et on n'aurait sans doute pas inventé pour l'obtenir une machine aussi lourde que le délaissement. La vérité est que le délaissement a une autre origine, et qu'on a voulu lui trouver après coup une utilité pour expliquer sa survivance. Mais, si faible que soit en tout ceci l'intérêt du détenteur, il n'en n'est pas moins remarquable que ce « délais », qui était jadis un droit pour le créancier poursuivant, en soit devenu un pour le tiers poursuivi par lui.

2° Personnes pouvant délaisser.

*** 3231. Conditions requises.** — Aux termes de l'art. 2172, *deux conditions* sont nécessaires pour pouvoir délaisser. Il faut : 1° *ne pas être personnellement obligé à la dette* ; 2° avoir la *capacité d'aliéner*.

*** 3232. Absence d'obligation personnelle.** — Pothier ne parle pas de cette condition, mais il l'admettait déjà, et elle résulte de l'ensemble de ses explications, puisque le délaissement n'avait plus lieu de son temps, quand l'immeuble était saisi sur le débiteur lui-même (ci-dessus, n° 3229). Le délaissement n'était plus demandé qu'à ceux qui n'étaient pas personnellement débiteurs, et la raison en est simple : en délaissant, ils se « déchargeaient de toute poursuite », comme le disait le projet de l'an VIII (Fenet, t. II, p. 221, art. 58), et le créancier n'avait plus rien à leur demander ; tandis que, s'il y avait eu de leur part « obligation personnelle autre que celle de tiers détenteur » (*ibid.*), le délaissement paraissait être sans utilité, parce que l'ensemble de leur patrimoine restait encore exposé aux poursuites du créancier.

3233. Concordance avec le bénéfice de discussion. — Ceux qui ne sont pas personnellement obligés à la dette peuvent donc également opposer le bénéfice de discussion, d'après l'art. 2170, ou délaisser, d'après l'art. 2172. Ce sont *les mêmes personnes* qui peuvent ou qui ne peuvent pas user de l'un et de l'autre de ces bénéfices.

Ainsi, *ne peuvent pas délaisser*, parce qu'ils sont *débiteurs personnels* ;

1° La *caution*, qui a acheté l'immeuble hypothéqué par le débiteur ;

2° Le *codébiteur, solidaire ou non*, lorsqu'il doit encore tout ou partie de la dette, et qu'il a acheté un immeuble hypothéqué par son codébiteur.

Au contraire, sont admis à délaisser comme n'étant pas personnellement obligés :

1° L'*acquéreur particulier* de l'immeuble ;

2° La *caution réelle* ;

3° L'*héritier partiaire* qui a acquitté sa part personnelle dans l'obligation.

*** 3234. Tiers détenteurs privés du droit de délaisser.** — C'est aux tiers seuls que le délaissement est permis, mais ils peuvent s'en trouver accidentellement privés.

Ainsi le tiers détenteur n'est pas admis à délaisser lorsque c'est *un acheteur qui doit encore sur son prix une somme suffisante pour désintéresser les créanciers* ; il a un moyen bien plus simple que le délaissement pour éviter la saisie : c'est de payer, et il y aurait mauvaise foi de sa part à ne pas le faire, car en délaissant il s'ouvrira à lui-même un recours en garantie contre son vendeur dont il pourra se dispenser en payant. Aussi le vendeur a-t-il alors le droit de s'opposer au délaissement et de contraindre son acheteur à payer (Cass., 1er juillet 1850, D. 50. 1. 177, S. 53. 1. 303).

D'ailleurs, en pareil cas, les créanciers eux-mêmes peuvent mettre l'acheteur dans l'impossibilité de délaisser : comme il doit encore tout ou partie de son prix, ils n'ont qu'à agir contre lui, du chef de leur débiteur, en lui réclamant ce prix au moyen de l'action oblique de l'art. 1166 ; étant poursuivi alors par une action personnelle, le tiers acquéreur ne pourra faire le délaissement, car il se verrait encore exposé le lendemain aux mêmes poursuites (Cass., 12 février 1867, S. 67. 1. 111 ; Cass., 28 avril 1874, D. 74. 1. 287).

Ce détour n'est même pas toujours nécessaire. Il arrive souvent que le tiers détenteur se trouve *personnellement obligé envers les créanciers hypothécaires* et tenu de verser son prix entre leurs mains. Cette obligation peut résulter pour lui de deux sources différentes : 1° il a pris cet engagement *dans son contrat d'achat*, quand par une clause spéciale, qui est très fréquente, son vendeur l'a *délégué* aux créanciers, en le priant de les payer lui-même ; 2° à défaut de cette clause, il a pu prendre le même engagement plus tard et de lui-même, en faisant aux créanciers ses *offres à fin de purge*[1].

3235. Effet de la reconnaissance de l'obligation. — On lit dans l'art. 2173 que le délaissement peut être fait, « même après que le tiers détenteur a reconnu l'obligation ou subi condamnation en cette qualité seulement ». C'est une allusion aux *actions en déclaration d'hypothèque*, qui s'intentaient fréquemment dans notre ancien droit contre les tiers détenteurs afin de les empêcher de prescrire (Pothier, *Hypothèque*, n° 129 et 130). Bien qu'elles aient conservé la même utilité qu'autrefois (ci-dessous, n° 3409), elles ne sont plus guère en usage[2], et l'art. 2173 n'aura que bien rarement l'occasion de s'appliquer.

Le cas échéant, il signifie que la reconnaissance de l'hypothèque par le tiers détenteur ne le constitue pas débiteur personnel et ne l'empêche pas de délaisser.

3236. Capacité d'aliéner. — Pourquoi la loi exige-t-elle que celui qui veut délaisser un immeuble soit capable d'aliéner ? Cela n'apparaît pas nettement. Le délaissement n'est qu'un simple abandon de la possession et ne dépouille pas celui qui le fait de son droit de propriété. On dit bien que cet abandon est le préliminaire d'une saisie, qui se terminera par l'expropriation du tiers détenteur ; mais le délaissement ne facilite en rien la saisie, qui aurait tout aussi bien lieu sans lui. Il est vrai aussi que par le délaissement, le détenteur se met hors d'état de surveiller la procédure et de conserver ses droits dans toutes les opérations de la saisie ; mais il n'aurait jamais que de très faibles chances d'éviter le résultat final. Le délaissement qu'il fait ne lui nuit donc pas, et, loin de faciliter la saisie, il en retarde plutôt la marche en rendant nécessaire la nomination d'un curateur, ce qui crée un incident et une suspension de la procédure.

Quoi qu'il en soit de la valeur des motifs, la loi est formelle : ceux-là seuls peuvent délaisser qui ont la capacité d'aliéner. Par suite, quand il s'agira de faire le délaissement au nom d'un mineur, le tuteur devra être autorisé par le conseil de famille et faire homologuer cette autorisation par le tribunal, comme pour aliéner l'immeuble. La femme mariée aura besoin de l'autorisation de son mari pour délaisser, toutes les fois qu'elle ne sera pas séparée de corps ; mais le mari pourra délaisser, sans le consentement de sa femme, les immeubles dépendant de la communauté puisqu'il peut les aliéner. Le prodigue devra requérir l'assistance de son conseil.

3° Comment se fait le délaissement.

3237. Époque où il est possible. — Le moment à partir duquel le délaissement cesse d'être possible n'a pas été fixé par la loi. Il semble bien que dans la pensée des auteurs du Code, conforme en cela à la théorie ancienne, le délaissement devait être fait dans le délai de trente jours qui s'écoule entre la sommation faite au tiers détenteur et la saisie. Mais la jurisprudence moderne permet au détenteur de délaisser même après que la saisie a été pratiquée contre lui et jusqu'à l'adjudication (Angers, 14 juill. 1855, D. 56. 2. 52 ; Lyon, 4 déc. 1860, S. 61. 2. 515).

***3238. Forme.** — Le délaissement se fait au moyen d'une déclaration *au greffe du tribunal* de la situation des biens (art. 2174). On le signifie au créancier poursuivant et au vendeur, avec sommation de venir à l'audience pour qu'il en soit *donné acte* au délaissant.

4° Effet du délaissement.

*** 3239. Nomination du curateur.** — En même temps qu'il reçoit

[1] Sur l'engagement de l'acheteur d'un immeuble de payer les créanciers hypothécaires, voyez Saleilles, *Théorie de l'obligation*, n° 110. — En Prusse, la loi hypothécaire du 5 mai 1872 libérait l'ancien détenteur quand le nouveau propriétaire de l'immeuble acceptait de payer la dette hypothécaire. Voyez l'art. 416 C. civ. all., qui règle à nouveau l'hypothèse.

[2] Voyez-en cependant un exemple. Trib. Lille, 3 mai 1897, D. 1900. 2. 259.

le délaissement, le tribunal nomme un curateur à l'immeuble délaissé, contre lequel la saisie doit être poursuivie (art. 2174, al. 2).

*** 3240. Abandon de la possession.** — C'est un principe certain que le tiers détenteur qui délaisse un immeuble n'en abandonne pas la propriété aux créanciers : « Le détenteur qui fait le délais demeure *propriétaire jusqu'à l'adjudication* » (Pothier, *Hypothèque,* n° 119). A proprement parler, ce n'est même que la *détention matérielle* que le tiers abandonne, et non la *possession juridique*. Telle est, du moins, la façon dont Loyseau analysait jadis la nature du délaissement proprement dit [1].

*** 3241. Conséquences.** — De ce que le détenteur qui délaisse conserve la propriété de l'immeuble on tire les conséquences suivantes :

1° Au point de vue fiscal. — Il n'est pas dû de *droit de mutation,* qui serait proportionnel à la valeur de l'immeuble, mais un simple *droit fixe* (L. 22 frimaire an VII, art. 68, § 4).

2° Au point de vue des risques. — Si l'immeuble vient à périr par cas fortuit avant l'adjudication, la perte est supportée par le tiers détenteur qui reste tenu de payer son prix d'acquisition, s'il en est encore débiteur.

3° Au point de vue des actes de disposition. — Jusqu'à l'adjudication, le détenteur resté propriétaire conserve le droit d'établir sur l'immeuble des charges réelles, hypothèques ou servitudes, et les hypothèques générales, judiciaires ou légales, qui prennent naissance sur son patrimoine, grèvent cet immeuble comme le reste de ses biens.

Cela n'est pas dit dans la loi, mais on doit l'admettre comme une conséquence de son droit de propriété, tout en observant que ces droits nouveaux ne sont pas de nature à nuire aux créanciers hypothécaires qui poursuivent la saisie, puisque leurs hypothèques sont supposées provenir d'un précédent propriétaire et être, par conséquent, bien antérieures en date.

A plus forte raison, les hypothèques précédemment établies par l'acquéreur subsistent-elles ; elles ne sont point résolues par le délaissement. Comp. ci-dessous, n° 3246.

*** 3242. Possibilité de reprendre l'immeuble.** — De tout temps on a admis le détenteur à revenir sur sa décision et à reprendre l'immeuble qu'il avait d'abord délaissé (Pothier, *Hypothèque,* n° 119). C'est ce que dit encore l'art. 2173, al. 2. Mais si le détenteur veut user de cette faculté, il doit offrir aux créanciers non seulement *tout ce qui leur est dû à eux-mêmes,* mais aussi *tous les frais* déjà faits par eux.

3243. Continuation de la prescription. — Enfin, de ce que le délaissement ne porte que sur la détention matérielle de l'immeuble on conclut que, si le délaissant était

[1] On distinguait jadis le *déguerpissement,* par lequel le propriétaire d'un immeuble chargé d'une rente foncière s'affranchissait du service de la rente, et le *délaissement par hypothèque,* qu'un créancier obtenait pour faire vendre l'héritage qui lui était hypothéqué. Sur cette distinction, voyez Pothier, *Hypothèque,* n° 114 ; Loyseau, *Du déguerpissement,* liv. IV, chap. III, n° 1, et liv. V, chap. I et XIV.

en train de prescrire, *la prescription ne se trouve pas interrompue* ; le curateur qui gère l'immeuble le possède pour qui de droit et *la jonction des possessions* pourra s'accomplir au profit du nouvel acquéreur.

§ 6. — *Effets du jugement d'adjudication sur saisie.*

** **3244. Similitude d'effets dans tous les cas.** — Que le tiers détenteur ait *délaissé* ou qu'il ait *subi lui-même la saisie,* l'effet du jugement d'adjudication ne varie pas. Le changement qui résulte du délaissement est de pure forme : il ne modifie même pas la procédure de la saisie, et substitue seulement la personne du curateur à celle du détenteur. Cet incident de la procédure est donc sans influence sur le résultat final, et les *effets de l'adjudication sont toujours les mêmes.*

A. — Absence de résolution.

** **3245. Expropriation sans effet rétroactif.** — Le jugement d'adjudication *enlève au tiers détenteur la propriété du bien hypothéqué,* de la même façon qu'une saisie pratiquée contre le débiteur lui-même aurait dépouillé celui-ci de sa propriété. Il se produit alors une *translation de propriété,* opérée par l'autorité de la justice, mais qui se fait pour l'avenir seulement et *sans effet rétroactif.* C'est-à-dire que l'adjudicataire devient propriétaire à compter du jugement d'adjudication et qu'il se trouve l'ayant cause du tiers détenteur exproprié et non pas l'ayant cause direct du débiteur qui avait hypothéqué l'immeuble. En d'autres termes, le tiers détenteur est exproprié, mais il *ne subit pas la résolution de son titre.*

Cette règle n'est pas énoncée expressément dans la loi, mais elle y est implicitement admise, car l'une de ses principales conséquences se trouve consacrée en termes formels dans l'art. 2077, al. 2.

* **3246. Conséquences.** — De ce que le titre du détenteur n'est pas résolu, on tire les conséquences suivantes :

1° *Les servitudes établies par lui sont valables.* — Toutefois, au cas où les créanciers craindraient que l'immeuble fût déprécié par ces servitudes et n'atteignît pas un prix suffisant pour les désintéresser tous, ils peuvent demander que l'immeuble soit vendu comme libre (ci-dessus, n° 3175). C'est l'effet naturel de l'hypothèque, et cela n'implique en rien que le tiers acquéreur ait eu sur l'immeuble un droit moins étendu ou moins solide que celui du précédent propriétaire.

2° *Même solution pour les hypothèques.* — Les créanciers hypothécaires du tiers détenteur, qu'ils tiennent leur hypothèque d'une convention ou de la loi, conservent leurs droits sur l'immeuble et sur son prix et peuvent les exercer à la suite des créanciers ayant hypothèque du chef des précédents propriétaires, mais comme leurs hypothèques sont nécessairement postérieures aux autres, elles passent après. C'est ce que dit l'al. 2 de l'art. 2177 ainsi conçu :

« Ses créanciers personnels (ceux du détenteur), après tous ceux qui sont inscrits sur les précédents propriétaires, exercent leur hypothèque à leur rang sur le bien délaissé ou adjugé. »

3° *Le reliquat du prix d'adjudication appartient au détenteur exproprié.* — Lorsque l'immeuble est poussé par les enchérisseurs à un prix assez élevé pour couvrir, et au delà, les sommes dues aux créanciers et les frais de la vente, ce qui reste du prix doit revenir au tiers détenteur, car c'est lui qui est réputé vendeur, et il n'y a personne, en dehors de lui, qui puisse élever des prétentions sur cette somme.

B. — Réapparition des servitudes éteintes par confusion.

* **3247. Contradiction apparente de la loi.** — Toutes les conséquences qui viennent d'être indiquées dérivent de ce principe que l'adjudication n'a pas opéré la résolution du titre du détenteur, et ce point est bien certain. Pourtant l'al. 1er de l'art. 2177 contient une disposition qui semble *en contradiction avec le principe* que nous avons admis. En effet, après l'adjudication, la loi fait revivre les servitudes et autres droits réels, que le tiers détenteur avait, avant sa possession, sur l'immeuble saisi sur lui ou délaissé par lui. Ce texte suppose que le tiers détenteur possède un autre immeuble auquel était attachée une *servitude active* portant sur l'immeuble exproprié, qui jouait le rôle de fonds servant. Cette servitude s'est *éteinte par confusion* lorsque le tiers détenteur a acheté le fonds servant (art. 705) ; c'est l'effet de la règle : « Nemini res sua servit ». Après le délaissement, la servitude renaît (art. 2177, al. 1).

Dans les cas ordinaires l'effet de la confusion est définitif, et les servitudes éteintes par elle ne revivent pas lorsque le propriétaire, qui avait réuni entre ses mains les deux fonds, en aliène un tout en gardant l'autre. Pourquoi en est-il autrement ici ? Est-ce que la cause qui a produit la confusion, c'est-à-dire l'acquisition du fonds servant par le tiers détenteur qui avait sur lui une servitude, se trouverait à son tour *rétroactivement effacée* ? Cela ne pourrait s'expliquer que par la *résolution* du titre de l'acquéreur. S'il en était ainsi, les deux moitiés de l'art. 2177 seraient en contradiction l'une avec l'autre : l'al. 1er supposerait la résolution rétroactive d'un titre d'acquisition dont l'al. 2 suppose, au contraire, le maintien, en maintenant les droits conférés aux ayants cause du détenteur ; mais cette contradiction n'est qu'apparente, et il est facile d'expliquer autrement la première disposition de l'art. 2177.

* **3248. Explication.** — On verra que le détenteur a droit à une *indemnité* de la part des créanciers hypothécaires toutes les fois que l'immeuble a été amélioré par lui, afin que ceux-ci ne s'enrichissent pas à ses dépens. Or l'extinction d'une servitude que le tiers détenteur possédait sur

l'immeuble avant de l'acquérir est certainement une *amélioration*. l'immeuble affranchi de cette charge se vendra plus cher que s'il en était encore grevé. Les créanciers hypothécaires ne doivent donc pas profiter de la confusion qui s'est opérée. Mais le meilleur moyen de les empêcher d'en tirer profit, et en même temps la meilleure manière d'*indemniser* l'acquéreur, n'est-ce pas tout simplement de *rétablir l'état de choses antérieur* en faisant revivre la servitude ? Et cela est d'autant plus facile qu'on sait que la confusion est moins une cause d'extinction des droits qu'un obstacle extérieur apporté à leur exercice. La réapparition des servitudes, dont il est question dans l'art. 2177, ne provient donc pas d'une résolution rétroactive du titre de l'acquéreur : c'est une simple application du principe, qu'on ne doit point s'enrichir aux dépens d'autrui. Comp. art. 2175 et ci-dessous, n° 3258.

3249. Moment de la réapparition. — Rigoureusement la servitude éteinte par confusion ne renaît qu'*au moment de l'adjudication* : jusque-là le tiers détenteur reste propriétaire, et c'est seulement quand il est dépouillé de la propriété par l'effet de l'adjudication qu'il peut reconquérir une servitude sur cet immeuble qui n'est plus à lui. C'est bien ce que suppose le texte pour le cas où le tiers détenteur a subi l'expropriation sans délaisser : il est dit dans le texte que les servitudes « renaissent après l'adjudication faite sur lui » (art. 2177, al. 1er).

Mais pour le cas où il a délaissé l'immeuble, la loi lui rend l'exercice de sa servitude aussitôt « *après le délaissement* » (*Ibid.*). C'est anticiper un peu sur les événements, car le délaissement ne fait pas perdre au détenteur sa qualité de propriétaire (ci-dessus, n° 3240), et il va ainsi avoir *une servitude sur sa propre chose,* ce qui est contraire aux principes et ne peut être que l'effet d'une fiction. On comprend cependant le système de la loi : elle n'a pas voulu que le délaissant, qui abandonne l'immeuble et renonce à exercer sur lui ses droits de propriétaire, fût *privé de l'usage de la servitude pendant la durée de la procédure*; elle lui permet de l'exercer immédiatement, par dérogation aux principes, comme s'il avait déjà cessé d'être propriétaire du fonds servant. Mais en réalité, pendant cet intervalle, le délaissant agit plutôt *jure dominii* que *jure servitutis*.

*** 3250. Réciprocité pour les servitudes passives.** — Le Code a supposé que le tiers détenteur possédait une *servitude active* sur le fonds hypothéqué acquis par lui ; mais l'inverse est possible, et la servitude éteinte par confusion pouvait être une servitude passive grevant un fonds personnel à l'acquéreur au profit du fonds hypothéqué. En ce cas, c'est le fonds personnel à l'acquéreur qui s'est trouvé amélioré, et le fonds hypothéqué a perdu une servitude active ; il se trouverait *diminué de valeur* au préjudice des créanciers hypothécaires, si on n'admettait pas le rétablissement de cette servitude, malgré le silence du texte. Tout le monde reconnaît que l'art. 2177 doit être complété à ce point de vue, et que les servitudes, tant actives que passives, qui existaient avant l'acquisition faite par le tiers revivent également. Cette réciprocité est tout à fait équitable, et on a d'autant moins lieu d'en douter qu'elle est imposée par les principes généraux. En effet, les servitudes actives qui étaient attachées à l'immeuble hypothéqué se sont éteintes par l'effet d'une aliénation postérieure à l'établissement des hypothèques, aliénation qui n'a pu nuire aux créanciers hypothécaires. Par suite la confusion elle-même ne leur est pas opposable, à tel point qu'on peut presque dire que la disposition inverse, écrite dans l'al. 1er de l'art. 2177, n'est elle-même que la conséquence et la réciproque de cette règle.

3251. Extension aux autres charges réelles. — Ce que l'art. 2177, al. 1er, dit des servitudes doit-il être étendu aux autres charges réelles? Il faut distinguer.

1° HYPOTHÈQUES. — Pour elles, nulle difficulté : celui qui achète un immeuble sur lequel il a déjà une hypothèque a très souvent intérêt à conserver cette hypothèque pour pouvoir s'en servir si l'immeuble lui était enlevé par d'autres créanciers hypothécaires. C'est une situation fréquente que de voir ainsi un propriétaire ayant hypothèque sur sa propre chose ; on n'a donc pas besoin de faire revivre l'hypothèque qui appartenait précédemment à l'acquéreur : *il ne l'a jamais perdue.*

2° SERVITUDES PERSONNELLES. — Si on suppose que l'acquéreur de l'immeuble avait sur lui un droit d'usufruit, la situation est tout aussi simple : l'acquisition faite par lui, qui dans les circonstances ordinaires aurait éteint l'usufruit par *consolidation*, ne l'a pas éteint ; les créanciers hypothécaires qui avaient hypothèque sur la *nue propriété* seulement, n'ont encore hypothèque que sur cette nue propriété, et doivent respecter l'usufruit appartenant à un autre titre au tiers acquéreur, et pour lequel il ne s'est encore produit aucune cause véritable d'extinction. Le tiers détenteur se verra donc enlever la nue propriété qu'il a acquise, et conservera son usufruit.

§ 8. — *Comptes à régler entre le tiers et les créanciers.*

3252. Division. — Le tiers détenteur et les créanciers peuvent avoir à se rendre mutuellement des comptes portant sur trois ordres de faits : 1° les *détériorations* causées à l'immeuble ; 2° les *améliorations* reçues par lui ; 3° les *perceptions de fruits* faites par l'acquéreur.

A. — Détériorations.

* **3253. Principe applicable.** — Il n'existe aucun lien d'obligation personnelle entre le détenteur et les créanciers, mais ce détenteur a entre les mains un bien qui est grevé de droits réels au profit de ceux-ci : quoique propriétaire de ce bien, il est obligé de respecter le droit d'autrui établi sur sa chose. S'il y porte atteinte, il en est responsable et doit payer une indemnité. Ce principe est formulé dans l'art. 2175 : « Les détériorations qui procèdent du fait ou de la négligence du tiers détenteur... donnent lieu contre lui à une *action en indemnité.* »

3254. Changement survenu depuis l'ancien droit. — A ce point de vue la situation du débiteur d'un immeuble hypothéqué n'est plus la même qu'autrefois. Jadis le détenteur n'était responsable que des détériorations *postérieures à l'action en déclaration d'hypothèque.* Le tiers détenteur « a pu user et disposer à son plaisir et volonté d'un héritage qui estoit sien et qu'il avoit loyalement acquis sans sçavoir qu'un autre y prétendist droit. Qui rem quasi suam neglexit, nulli querelæ subjectus est. Ce que j'estime estre vray, supposé mesme qu'il sceust bien que l'héritage estoit hypothéqué » (LOYSEAU, *Déguerpissement*, liv. V, chap. 14, n° 7. — POTHIER, *Hypothèque*, n° 110).

Cette ancienne solution tenait au *système d'hypothèques occultes* alors en vigueur : il n'y avait pas de responsabilité possible pour les tiers acquéreurs d'immeubles hypothéqués, parce qu'ils étaient censés ignorer l'existence des hypothèques. Mais de notre temps, *avec le régime de la publicité*, nul ne peut plus prétendre une pareille ignorance : tout acquéreur sait ou doit savoir par l'inscription que sa propriété est grevée d'hypothèque. Aussi la règle a-t-elle changé, pour se maintenir en harmonie avec le système général de la loi, et l'acquéreur est de plein droit responsable de toutes les dégradations dont il est l'auteur.

3255. Détériorations imputables au détenteur. — Les seules détériorations dont il puisse être rendu responsable sont celles qui proviennent de sa « négligence » ou, tout au moins, de son « fait » (art. 2175). Celles qui ont une cause fortuite, ne lui étant pas imputables, sont supportées par les créanciers.

3256. Créanciers munis de l'action. — La loi ouvre l'action en indemnité à tous les créanciers inscrits sans distinction ; mais, par la force même des choses, cette action ne profitera qu'à ceux sur lesquels les fonds auront manqué. Eux seuls auront intérêt à réclamer, car sans la détérioration qu'il a subie l'immeuble se serait vendu à un prix plus élevé, et ils en auraient profité.

3257. Recours du détenteur. — Obligé de verser une indemnité aux créanciers, le tiers détenteur pourra se retourner contre son vendeur : à son égard, il était devenu propriétaire et devait pouvoir user de son bien sans s'exposer aux réclamations d'un tiers ; il a donc droit à garantie (arg. art. 1630 et 1631).

B. — Améliorations.

*** 3258. Principe applicable.** — Par réciprocité, et par équité, le détenteur a droit à une indemnité, lorsqu'il a *amélioré* l'immeuble. Les créanciers chirographaires s'enrichiraient à ses dépens s'ils pouvaient profiter, sans lui en tenir compte, de la plus-value qu'il a procurée à l'immeuble par des travaux. Il est juste de leur réserver, par le moyen du droit de suite, la valeur qui est sortie du patrimoine de leur débiteur ; il serait injuste de leur permettre de s'emparer d'une valeur provenant du patrimoine de détenteur, qui ne leur doit rien. Cependant le Code roumain a rejeté l'art. 2175 français et n'accorde aucune indemnité au tiers détenteur.

*** 3259. Montant de l'indemnité.** — Dans quelle limite les créanciers se trouvent-ils de ce chef débiteur du tiers exproprié par eux ? Sur ce point la loi est très claire : le détenteur ne peut que *répéter ses impenses*, et jamais plus, et encore ce droit ne lui est-il ouvert que *jusqu'à concurrence de la plus-value* (art. 2175). Il en résulte que sa créance est soumise à un double maximum et ne peut jamais dépasser le plus bas des deux. En général, la plus-value produite sera inférieure à la dépense faite, et le tiers détenteur ne sera pas intégralement indemnisé. Au cas extraordinaire où la plus-value serait supérieure à la dépense, les créanciers s'enrichiraient, mais non à ses dépens, puisqu'ils lui restitueraient tous ses déboursés.

3260. Moment de son évaluation. — A quel moment doit-on se placer pour estimer la plus-value qui sera due à l'acquéreur ? La réponse est bien simple : c'est *au* *jour de l'adjudication*, parce que c'est à ce moment-là qu'elle se fixe au profit des créanciers hypothécaires.

3261. Mode de remboursement. — Qui est *débiteur de l'indemnité* ? Le texte ne le dit pas formellement, mais il est facile de le deviner : ce sont les *créanciers hypothécaires* ; c'est d'eux qu'il s'agit et de leurs rapports avec le tiers détenteur. De quelle manière la dette sera-t-elle acquittée ? Le moyen le plus simple est le suivant : le détenteur demande, pendant la procédure d'ordre, que l'on prélève sur le prix une somme égale au montant de l'indemnité qui lui est due et qu'on la lui attribue (Bourges, 3 févr. 1851, D. 55. 2. 16, S. 52. 2. 425).

***3262. Absence de garanties spéciales.** — Il est bien certain, tout d'abord, que le tiers ne peut prétendre *aucun privilège* pour son remboursement. L'art. 2103 accorde bien un privilège à certains constructeurs, mais c'est au profit d'architectes et d'entrepreneurs qui ont travaillé en vertu d'un contrat pour le compte du propriétaire. Il n'y a rien de pareil ici.

Le détenteur n'a-t-il pas tout au moins le *droit de rétention* ? D'après les principes théoriques qui régissent cette matière et qui ont été exposés ci-dessus (nos 2522 et suiv.), on n'en saurait douter, et c'est le rôle naturel de l'exception de dol opposée à raison d'impenses en matière de revendication. Pothier affirmait l'existence de ce droit de la manière la plus nette : « Le tiers détenteur peut *opposer par exception* contre l'action hypothécaire, qu'il a fait des impenses nécessaires (Pothier comprend sous ce nom même les simples impenses utiles) à l'héritage hypothéqué et qu'*il ne peut être contraint à le délaisser qu'il ne soit remboursé des d. impenses* » (*Hypothèque*, n° 90). Il est invraisemblable que le Code ait entendu abandonner ce système tout à la fois conforme à l'équité et aux plus vieilles traditions.

Cependant la jurisprudence moderne paraît tendre à refuser en pareille hypothèse le droit de rétention (Cass., 14 nov. 1881, D. 82. 1. 168, S. 82. 1. 257) ; mais comme la cour admet en même temps que le tiers détenteur a droit d'obtenir la déduction de ses impenses sur le prix d'adjudication, on ne peut pas dire que la jurisprudence actuelle lui refuse la garantie dont il jouissait sous l'ancien droit, car Pothier lui-même admettait que les créanciers pouvaient obtenir le délaissement en donnant au détenteur toute sécurité pour son remboursement : il parlait de *caution* (*Hypothèque*, n° 90) ; on parle aujourd'hui de *prélèvement sur le prix d'adjudication*, ce qui est une garantie encore meilleure qu'un cautionnement.

3263. Cas où les impenses étaient nécessaires. — En parlant de plus-value la loi suppose évidemment qu'il s'agit de simples impenses utiles. Qu'arriverait-il au cas de dépenses nécessaires faites par le tiers *pour la conservation de l'immeuble* ? Beaucoup d'auteurs lui refusent alors toute indemnité parce que, d'une part, il n'a pas « amélioré » l'immeuble, et, de l'autre, il n'a pas agi en qualité de gérant d'affaires des créanciers. Mais on a fort justement répondu qu'il y a réellement une plus-value produite en pareil cas et qu'elle est *égale à la valeur du bâtiment ou de la portion du bâtiment qui aurait péri*, si la dépense n'avait pas été faite.

3264. Situation de l'acquéreur qui a omis de transcrire. — Un titre non transcrit n'est pas opposable aux créanciers hypothécaires. On en a conclu, peut-être avec trop de rigueur, que le droit de réclamer une indemnité à raison d'impenses n'appartient pas au détenteur qui a négligé de faire transcrire son titre (Bruxelles, 3 juin 1885, D. 86. 2. 174). L'arrêt a appliqué alors l'art. 2133 : les améliorations survenues à l'immeuble hypothéqué profitent aux créanciers hypothécaires qui n'en doivent compte à personne. C'est du formalisme pur : notre droit, si fier de ses progrès, revient aux rigueurs inutiles du vieux droit romain archaïque qui faisait perdre un procès pour un mot employé à tort. Il y a des principes supérieurs même aux règles de la transcription, et celui sur lequel est fondé l'art. 2175 est du nombre de ceux-là.

C. — Perceptions de fruits.

3265. Immobilisation des fruits. — Malgré l'existence de l'hypothèque, le tiers acquéreur de l'immeuble gagne les fruits ; il les perçoit en sa qualité de propriétaire et il n'est soumis à aucune restitution tant qu'il n'est pas poursuivi par les créanciers, mais du jour où il est atteint par la sommation de payer ou de délaisser, dont parle l'art. 2169 (ci dessus, n° 3202), il devient *comptable des fruits*. A partir de ce jour, les fruits sont *immobilisés* (art. 2176). Ces fruits sont vendus, quand il s'agit de récoltes en nature ; ils sont mis en réserve s'il s'agit de fruits civils (loyers ou fermages), et l'argent en provenant est *distribué par ordre d'hypothèque*, comme le prix principal et en même temps que lui. Le mot « immobiliser » qui ne se trouve pas dans le Code civil, se lit au contraire dans l'art. 682 C. proc. civ.

3266. Péremption de la sommation. — D'après l'art. 2176, si les poursuites commencées sont interrompues pendant trois années, la sommation adressée au tiers détenteur est périmée de plein droit, et il n'est plus comptable des fruits qu'à compter de la nouvelle sommation qui doit lui être faite.

3267. Point de départ de l'immobilisation. — Dans l'art. 2176, il est dit que les fruits sont dus par le tiers détenteur, « *à compter de la sommation* de payer ou de délaisser ». Quand plus tard on a réglé les formes de la saisie dans le Code de procédure, il a été dit, d'une manière générale, que les fruits de l'immeuble seraient immobilisés seulement *à compter de la transcription du procès-verbal de saisie* (art. 682 C. proc. civ.), ce qui fait une différence de plus de trente jours. On aurait dû, je crois, considérer la règle du Code civil comme modifiée implicitement par un texte plus récent. Néanmoins on a maintenu concurremment les deux solutions, en appliquant chacune d'elles à des hypothèses distinctes : le Code civil, a-t-on dit, s'occupe du cas où l'immeuble est possédé par un tiers détenteur ; le Code de procédure règle celui où il est saisi sur le débiteur lui-même. On a même essayé de justifier la différence qu'on fait ainsi entre les deux hypothèses, en disant que les fruits de l'immeuble sont le gage de tous les créanciers du débiteur, même les chirographaires, et qu'ils ne peuvent être réservés aux créanciers hypothécaires qu'à partir du jour où l'immeuble a été saisi par eux, tandis que les chirographaires n'y ont plus aucun droit quand l'immeuble est passé aux mains d'un tiers détenteur, et on peut dès lors les attribuer aux créanciers hypothécaires dès le moment de la sommation (THÉZARD, n° 184). — Cette explication pèche par une double cause : 1° la saisie dirigée contre un tiers détenteur est nécessairement régie par le Code de procédure, dont les dispositions ont une portée générale et s'appliquent dans tous les cas où un immeuble est saisi ; 2° si les créanciers chirographaires du *vendeur* n'ont plus de droit sur les fruits de l'immeuble aliéné, ceux de l'*acquéreur* y ont droit à leur place et la raison qu'on donne pour justifier le report de l'immobilisation des fruits jusqu'à la transcription de la saisie milite avec une égale force en leur faveur.

§ 9. — *Recours du tiers détenteur.*

*** 3268. Distinction d'un double recours.** — Quand le tiers détenteur d'un immeuble hypothéqué en a été exproprié, il possède un *double recours* : l'un lui est donné *contre le précédent propriétaire*, de qui il tenait l'immeuble ; l'autre, *contre le débiteur* de la dette qui a motivé la poursuite.

Souvent ce sera la même personne qui réunira ces deux qualités ; par exemple, ce sera le débiteur lui-même qui, après avoir constitué l'hypothèque, aura vendu son immeuble. Mais le contraire peut arriver : le précédent propriétaire peut être une caution réelle ou avoir été lui-même un simple tiers détenteur.

Que ce soit une seule personne ou deux personnes différentes qui sont tenues de ces recours, il y a lieu de les distinguer.

1° RECOURS EN GARANTIE. — Contre la personne qui lui a transmis l'immeuble hypothéqué, le tiers détenteur peut avoir un recours en garantie *pour éviction*. Ce recours lui est ouvert, s'il a acheté l'immeuble ; il n'en jouira pas, en principe, s'il l'a reçu par donation, le donateur n'étant pas garant, à moins qu'il ne s'y soit spécialement obligé, ou que la donation n'ait été faite à titre de dot.

2° ACTION EN REMBOURSEMENT CONTRE LE DÉBITEUR. — Ce recours est toujours ouvert à celui qui a payé la dette d'autrui, même sans y être contraint, à moins que le paiement n'ait été fait avec l'intention de faire une libéralité au débiteur, en le libérant gratuitement envers son créancier.

* **3269. Objet différent des deux recours.** — Ces deux actions n'obéissent pas aux mêmes règles et ne donnent pas le même résultat. Par l'action en garantie, le détenteur exproprié peut demander *tout le dommage subi*, même si ce dommage atteignait un chiffre supérieur au total des sommes perçues par les créanciers hypothécaires.

Par le recours contre le débiteur, le tiers détenteur ne peut réclamer que *ce qu'il a effectivement payé* ; mais pour ce recours il jouit du bénéfice de la subrogation légale (art. 1251-3°).

Le Code civil a donc eu tort de confondre en une seule les deux actions qui appartiennent au détenteur, en disant qu'il a « son recours en garantie, tel que de droit, contre le débiteur principal ». La loi n'a pensé qu'au cas où les deux recours s'exercent contre la même personne ; mais la confusion qu'elle a commise n'est d'aucune conséquence puisqu'elle dit que ce recours existe « tel que de droit ». Il faut donc se reporter aux principes de la vente, de la donation, etc., et à ceux du paiement fait pour autrui pour savoir dans quels cas et dans quelle mesure ces recours existent.

3270. Recours entre tiers détenteurs. — Supposons que le créancier qui a poursuivi la saisie avait des hypothèques sur d'autres immeubles passés aux mains de diverses personnes. Voilà le tiers détenteur subrogé dans ces hypothèques. Va-t-il poursuivre ces personnes ou l'une d'elles pour le tout et faire retomber sur d'autres tout le poids de la dette? Non. Tout serait alors réglé par le hasard ; chacun des tiers détenteurs aurait intérêt à être poursuivi le premier pour recourir contre les autres. Ce serait un système aléatoire, irrationnel et injustifiable. La solution doit être cherchée dans une autre voie : on se trouve en présence de plusieurs personnes, toutes exposées à un égal danger. Si le débiteur principal est insolvable, *la perte doit être répartie entre tous les tiers détenteurs*, en prenant pour base de cette répartition la valeur respective des immeubles qu'ils détiennent. Si tous les immeubles ont une valeur supérieure au montant de la dette, la perte se divisera entre eux par portions égales ; s'il en est qui ont une valeur moindre, la quote-part de leurs possesseurs sera diminuée en proportion. Celui des tiers détenteurs, qui aura été obligé de payer le total sur la poursuite des créanciers ou qui aura subi l'expropriation, n'aura donc contre les autres qu'un *recours partiel et divisé*, d'après le principe qui vient d'être indiqué.

3271. Conflit entre tiers détenteur et caution. — Nous avons supposé, dans le n° précédent, que le conflit s'élevait entre plusieurs personnes *tenues de la même manière*, c'est-à-dire hypothécairement, en leur qualité de détenteurs d'immeubles hypothéqués à la même dette. Mais il peut arriver que le tiers détenteur, subrogé aux droits du créancier, se trouve en présence d'une *caution* : sera-t-il subrogé contre elle? C'est une question qui a déjà été examinée à propos du cautionnement (ci-dessus, n° 2367), et on a vu que c'est la caution qui serait, le cas échéant, subrogée contre le tiers détenteur, et non le tiers détenteur contre la caution.

§ 10. — *Comparaison de la caution réelle avec le tiers détenteur.*

3272. Analogie des deux situations. — Plusieurs fois déjà nous avons rencontré la caution réelle : nous avons eu à la comparer avec la *caution personnelle,* car elle remplit un office du même genre en garantissant la dette d'autrui avec son propre patrimoine (ci-dessus, n° 2368). Mais, d'autre part, cette caution *ressemble à un tiers détenteur,* puisqu'elle est propriétaire d'un immeuble hypothéqué à une dette dont elle n'est pas personnellement débitrice ; elle est tenue *hypothécairement,* comme un tiers détenteur.

3273. Différences. — La caution réelle diffère cependant du tiers détenteur sur deux points :

1° *Elle ne peut pas purger.* Voyez ci-dessous, n° 3300.

2° *Elle est considérée comme la caution du débiteur,* et à ce titre elle jouit d'un double avantage qui est refusé au tiers détenteur.

a) *Elle peut invoquer la disposition de l'art.* 2037, pour repousser l'action du créancier quand la subrogation aux autres sûretés de la dette est devenue impossible par le fait de celui-ci (voyez ci-dessus, n° 2384-2°). Le tiers détenteur, au contraire, n'est pas admis à se prévaloir contre le créancier de l'exception *cedendarum actionum* (voyez ci-dessus, n° 3220).

b) *Elle est subrogée utilement contre les tiers détenteurs,* tandis que le tiers détenteur qui a payé la dette n'est pas subrogé contre la caution réelle (ci-dessus, n° 2368).

CHAPITRE VIII

DE LA PURGE DES HYPOTHÈQUES

§ 1. — *Notions générales et historiques.*

** **3274. Définition.** — Il faut distinguer deux choses, le *fond* et la *forme.*

Au fond, la *faculté de purger* est un *bénéfice légal,* accordé au détenteur d'un immeuble hypothéqué, qui lui permet d'*affranchir son immeuble de tous privilèges et hypothèques, en offrant et en payant aux créanciers la somme qui représente la valeur vraie de l'immeuble.*

Dans la forme, la purge est *la procédure organisée par la loi pour arriver à la fixation du prix de l'immeuble et du passif hypothécaire qui le grève,* ce qui est la double condition nécessaire pour en réaliser la libération.

A. — Rôle économique de la purge.

*** 3275. Situation primitive des acquéreurs d'immeubles.** — Quand on veut comprendre à quoi sert la purge, il faut se rendre compte de ce que serait la situation de l'acquéreur d'immeuble si la purge n'existait pas. Il se trouverait réduit à l'alternative suivante :

1° *Veut-il garder l'immeuble?* Il devrait *payer la totalité des créances hypothécaires qui le grèvent,* à quelque somme qu'elles pussent monter (art. 2168). Or un immeuble peut être surchargé d'hypothèques pour des sommes plusieurs fois supérieures à sa valeur.

2° *Refuse-t-il de désintéresser entièrement les créanciers* ? Alors, qu'il se laisse exproprier, sauf dans les cas assez rares où il lui sera permis d'opposer au créancier poursuivant le bénéfice de discussion (ci-dessus, nos 3210 et suiv.).

Tout payer (ce qui peut être énorme) ou *perdre son bien* : des deux côtés gros inconvénients, tel est le choix que laissent aux acquéreurs les principes naturels de l'hypothèque.

Un régime hypothécaire qui s'en tiendrait là serait atteint d'un vice capital ; il y aurait en lui une sorte de *contradiction* : il consoliderait les droits des créanciers, de façon à augmenter le crédit de la propriété foncière, et en même temps il nuirait à cette même propriété, en empêchant l'aliénation des immeubles de pouvoir se faire avec pleine sécurité pour les acquéreurs. — Cette contradiction était insoluble en apparence ; la purge a cependant permis d'en sortir.

**** 3276. Avantages de la purge.** — Ces avantages sont doubles :

1° Pour le tiers acquéreur. — Celui-ci y gagne beaucoup, et cela est tout naturel puisque c'est pour lui que la purge a été inventée. Mais il faut bien se rendre compte de la nature de l'avantage qui lui est ainsi assuré : il consiste dans la possibilité de garder l'immeuble *sans payer la totalité des créances* : il en obtient la *libération complète* pour une *somme inférieure au passif hypothécaire,* et qui n'a rien d'excessif pour lui, puisqu'elle ne dépasse pas la valeur de l'immeuble.

2° Pour le débiteur. — Celui-ci y gagne une *facilité plus grande pour aliéner,* quand il veut se défaire de son immeuble : il trouvera plus facilement un acquéreur, si ce dernier est sûr de posséder un immeuble libre d'hypothèques.

*** 3277. Situation des créanciers hypothécaires.** — Tous ces avantages n'ont pu s'obtenir sans demander quelque sacrifice aux créanciers hypothécaires, mais on doit reconnaître qu'ils ne subissent pourtant *aucune perte,* à proprement parler. Comme la purge ne s'opère jamais que par le paiement d'une somme égale à la valeur de l'immeuble, les créanciers hypothécaires en retirent *tout ce que leur gage pouvait leur fournir* ; ils ne pouvaient raisonnablement espérer que l'immeuble se vendrait un jour plus qu'il ne vaut. Ils ne sont donc pas sacrifiés ; souvent même ils seront heureux de retrouver leur argent.

Cependant la purge leur porte préjudice *sur un point et dans un cas*. Ce préjudice a lieu lorsque l'opération faite par eux était un *placement sur hypothèque à longue échéance,* ce qui est un genre d'emploi très recherché pour les capitaux dans certaines parties de la France. Leur placement avait peut-être été fait dans de bonnes conditions, et on leur en enlève le bénéfice puisqu'*on les rembourse avant terme,* et qu'ils seront obligés de chercher un autre placement équivalent, qu'ils ne trouveront peut-être pas. De ce chef on a souvent fait grief à la purge, en disant qu'elle était la violation du principe écrit dans l'art. 545 C. civ., aux termes duquel nul ne peut être dépouillé de sa propriété que moyennant une indemnité ; or l'hypothèque est un droit de même nature que la propriété.

On a fait encore un autre reproche à la purge : elle oblige les créanciers à former une *surenchère*, qui peut être onéreuse pour eux, et même à *donner caution* (Acollas, *Manuel de droit civil*, t. III, p. 817 ; Sevin, *Revue critique*, 1863, t. II, p. 271 ; Comp. Labbé, même revue, 1873-1874, p. 338).

3278. Réfutation de ces critiques. — Si la purge n'était pas possible, les immeubles hypothéqués se vendraient toujours dans de mauvaises conditions ; ils se trouveraient presque frappés d'indisponibilité. Or il faut réfléchir qu'avec les hypothèques légales il n'est presque pas d'immeubles qui ne se trouvent grevés. D'ailleurs, si tant est que les créanciers hypothécaires subissent, comme on le dit, une *expropriation*, on doit se dire qu'elle est justifiée par une *considération d'intérêt général* : l'utilité économique qu'il y a à assurer une bonne et libre circulation à la propriété foncière.

B. — Histoire de la purge.

*** 3279. Son origine coutumière.** — Ce n'est pas au législateur que revient l'honneur de cette invention : *c'est la pratique qui l'a imaginée*, et son introduction est due à nos anciens jurisconsultes. Le point de départ est une constitution de Dioclétien, qui forme la loi 6, au Code, *de remissione pignoris* (liv. VIII, tit. 26), et qui est ainsi conçue : « Si eo tempore quo prædium distrahebatur, programmate admoniti creditores, quum præsentes essent, jus suum exsecuti non sunt, possunt videri obligationem pignoris amisisse. » Ce texte voyait donc un cas de *renonciation tacite*, « remissio pignoris », dans l'abstention du créancier, qui connaît la saisie par les affiches, « programmate admonitus » et qui n'exerce pas son action hypothécaire : le rescrit impérial le déclare forclos.

On se conformait à cette règle dans notre ancien droit, et on admettait que *l'adjudication sur saisie*, qu'on appelait alors le « décret de justice », *éteignait toutes les hypothèques que les créanciers n'avaient pas fait valoir dans les délais de la procédure*. Faute par eux d'avoir fait *opposition* pour sauvegarder leurs droits, l'acquéreur était à l'abri et pouvait sans crainte payer son prix au vendeur. « Un décret nettoie toutes hypothèques et droits, fors les censuels et feudaux » (Loysel, n° 904).

Ce résultat se produisait à la suite du « décret », c'est-à-dire d'une *expropriation forcée* poursuivie par les créanciers. C'était bien déjà la purge, si l'on veut, mais une purge que l'on n'obtenait pas quand on voulait : *les aliénations volontaires laissaient subsister les hypothèques.* On ne sait qui imagina d'*employer la procédure du décret sans cause réelle,* sans autre but que d'arriver à l'extinction des hypothèques ;

on ne sait même pas au juste à quelle époque ce procédé commença à être en usage. Un créancier complaisant entamait la procédure contre l'acquéreur ; au besoin on créait un *titre fictif*, qu'annulait une *contre-lettre*, et le décret obtenu de la sorte produisait son effet ordinaire, qui était la libération de l'immeuble. On eut ainsi, à côté des *décrets forcés*, résultant de véritables saisies faites par des créanciers sérieux, les *décrets volontaires*, qui étaient un *simulacre de poursuites*, c'est-à-dire une pure formalité.

*** 3280. Inconvénients du système primitif.** — L'emploi des décrets volontaires était devenu dans les deux derniers siècles de la monarchie une pratique régulière. La purge, telle que nous la comprenons, se trouvait ainsi inventée : l'acquéreur d'un immeuble avait un moyen de le nettoyer d'hypothèques.

Seulement ce procédé avait l'inconvénient d'entraîner de trop gros frais. « L'immeuble passait net à l'acquéreur, mais le prix demeurait aux mains des gens de justice » (POUGEARD, *Explication à l'appui du projet de loi sur la réforme hypothécaire*, p. 9).

*** 3281. Création des lettres de ratification.** — Un édit du mois de juin 1771 supprima les *décrets volontaires* et les remplaça par un autre procédé plus simple : les *lettres de ratification*. Celles-ci étaient déjà en usage depuis longtemps pour les *rentes sur l'Hôtel de ville de Paris*. Ces rentes, qui étaient immobilières, pouvaient être hypothéquées, saisies et vendues aux enchères comme des biens fonds ; elles étaient alors purgées par l'effet du décret comme l'aurait été un immeuble. Mais, au cas d'aliénation volontaire, on n'avait pas besoin de recourir aux formes du décret : un édit de Colbert, du mois de mars 1673, contemporain mais distinct de son célèbre édit sur les hypothèques, avait établi un système beaucoup plus simple et moins coûteux. Ferrière l'analyse ainsi : « Par cet édit, au lieu de faire un décret volontaire, on prend *au grand sceau* [c'est-à-dire dans les chancelleries des parlements] des lettres de ratification, lesquelles purgent les hypothèques » (*Coutume de Paris*, sous l'art. 347). C'est ce système que Maupeou eut l'idée heureuse de généraliser pour l'étendre à toutes les acquisitions immobilières.

3282. Analyse de la procédure. — En voici la substance : l'acquéreur déposait son contrat au greffe du bailliage ou de la sénéchaussée dans le ressort de laquelle était situé le bien vendu ; le greffier exposait un extrait de ce contrat dans un tableau spécial placé dans l'*auditoire* du tribunal ; cette publicité durait deux mois. Ces deux mois finis, si aucun créancier hypothécaire ne s'était fait connaître par une opposition, l'immeuble était considéré comme libre et on délivrait à l'acquéreur des « lettres de ratification », qui le confirmaient dans sa possession.

Quand il survenait des *opposants*, l'acquéreur leur faisait des *offres*, et si les créanciers trouvaient ces offres trop faibles, ils avaient le droit de *requérir la mise aux enchères de l'immeuble*, à la condition de former eux-mêmes une *surenchère du dixième*.

*** 3283. Système actuel.** — Notre procédure actuelle de la purge n'est pas autre chose ; l'édit de 1771 a été reproduit dans ses grandes lignes. — La loi de messidor et la loi de brumaire avaient conservé l'institution de la purge, et le Code civil l'a définitivement maintenue.

3284. Effets spéciaux des ventes sur saisie. — Pendant que la purge se développait de son côté à la suite des aliénations volontaires, la vente sur saisie (ancien *décret forcé*) conservait son effet général de purge. Disons tout de suite, parce que nous n'aurons plus l'occasion d'y revenir, que l'adjudication sur saisie produit un double effet extinctif, autre que la purge des hypothèques :

1° Elle éteint l'*action en résolution* d'un précédent vendeur non encore payé (art. 717 C. proc. civ.). Sur ce point voyez t. II, 1re édit., n° 1626, 2e édit., n° 1568.

2° Elle entraîne la *déchéance de tous moyens de nullité* ; entre autres elle enlève à la femme l'action en nullité qu'elle pourrait avoir à raison de la dotalité, si le bien saisi était dotal (art. 728 C. proc. civ.). Sur ce point voyez t. III, nos 1592 et 1594.

§ 2. — *Biens susceptibles de purge.*

** **3285. Condition générale.** — Pour qu'un droit grevé d'hypothèques puisse être purgé, il faut qu'il soit *susceptible d'être vendu aux enchères,* parce que la purge comporte nécessairement la possibilité d'une mise aux enchères sur la requête des créanciers (ci-dessous, n° 3326).

3286. Propriété. — La purge est faite pour nettoyer d'hypothèques les immeubles qui en sont grevés ; il faut donc placer en tête, parmi les acquisitions susceptibles d'être purgées, celles qui ont pour objet *la pleine propriété d'un immeuble.* C'est le cas normal de la purge, mais ce n'est pas le seul.

3287. Nue propriété et usufruit. — Si l'aliénation a porté divisément sur l'usufruit seulement, ou sur la nue propriété, la purge pourra se faire pour le droit aliéné, et celui des deux qui restera au propriétaire continuera à être grevé d'hypothèques. Par conséquent, si c'est l'usufruit qui a été aliéné et purgé, les créanciers hypothécaires se trouveront momentanément réduits à la nue propriété, et leurs hypothèques frapperont à nouveau la jouissance de l'immeuble lorsque l'usufruit s'éteindra et que la jouissance fera retour au nu propriétaire. Il semble qu'alors ils exerceront deux fois de suite leurs droits hypothécaires sur le même objet, mais il n'y a pas moyen d'empêcher ce résultat, qui n'est d'ailleurs qu'une apparence.

3288. Parts divises. — Si l'immeuble hypothéqué a été divisé matériellement et qu'une partie seulement ait été aliénée, cette partie désormais distincte pourra être purgée et l'un des créanciers ne recevra qu'un paiement partiel ; mais c'est le résultat d'un fait matériel inévitable, la division de l'immeuble, qui laisse subsister en droit l'indivisibilité de l'hypothèque sur chacune de ses parties ; et si le créancier sur lequel les fonds manquent n'obtient qu'un paiement partiel, c'est le risque auquel se trouve exposé tout créancier hypothécaire.

* **3289. Parts indivises.** — Celui qui acquiert une part indivise dans la propriété ou dans l'usufruit d'un immeuble devrait avoir le droit de purger. Il l'a théoriquement, mais il rencontre un obstacle pratique dans *l'état d'indivision* : une part indivise ne peut pas être vendue aux enchères, tant qu'elle est dans cet état (art. 2205). La purge, qui tend à mettre les créanciers en demeure de surenchérir, est donc provisoirement impossible. Elle se fera seulement après qu'un partage en nature aura assigné à chaque copropriétaire des parts distinctes.

3290. Mitoyenneté. — Pour la même raison aucune purge n'est possible au profit de celui qui acquiert la mitoyenneté d'un mur faisant partie d'un bâtiment ou servant de clôture à un terrain hypothéqué. C'est là une situation très fâcheuse, parce que l'existence d'hypothèques est un fait très général. Il serait facile d'y remédier en permettant d'affranchir la mitoyenneté à l'aide d'une expertise et en versant le prix d'achat au premier créancier inscrit.

3291. Charges réelles. — A plus forte raison, les droits d'usage et d'habitation qui sont incessibles, les servitudes prédiales qui ne se vendent pas aux enchères, ne peuvent pas être purgés.

§ 3. — *Qui peut purger.*

3292. Énumération. — Trois conditions sont nécessaires pour être admis à purger. Il faut :

1° Être *acquéreur* de l'immeuble hypothéqué ;
2° Être *étranger à la dette* ;
3° N'être pas garant de l'hypothèque.

A. — Première condition.

**** 3293. Concession exclusive du bénéfice aux acquéreurs.** — Pratiquement la purge n'a été introduite qu'au profit des acquéreurs. L'édit de 1771, prenant cette pratique pour objet, n'a de même organisé les lettres de ratification que pour les *contrats translatifs de propriété* (art. 1 et 6), et c'est encore ce que fait le Code civil : « Les contrats translatifs de la propriété d'immeubles ou droits réels immobiliers que les tiers détenteurs voudront purger... » (art. 2181).

Par conséquent, tout autre qu'un *acquéreur* ne peut pas être admis à user de ce bénéfice : ainsi un *créancier,* qui veut prêter de l'argent au débiteur et obtenir la première hypothèque sur son immeuble, ne peut pas le nettoyer préalablement par la procédure de la purge. Les motifs de l'institution font, du reste, ici défaut : aucun intérêt général n'exige que ce soit tel créancier plutôt que tel autre qui ait le premier rang.

3294. Exception au profit du Crédit foncier. — Simple prêteur d'argent, cette société n'aurait pas eu le droit de purger les immeubles qui lui sont offerts en garantie, et cependant le décret qui l'autorise à se former ne lui permet de prêter que *sur première hypothèque.* On a donc dû, pour assurer le développement de ses opérations dans l'intérêt général du crédit, déroger pour elle au droit commun et lui permettre de purger.

Après avoir été pour elle *obligatoire* (Décr. 28 février 1852), l'emploi de la purge n'est plus à présent que *facultatif* (L. 10 juin 1853).

Un paragraphe sera consacré à cette purge spéciale du Crédit foncier, qui diffère beaucoup de la purge ordinaire (ci-dessous, nos 3381 et suiv.).

**** 3295. Contrats donnant lieu à la purge.** — *Tous les contrats translatifs de la propriété ou de droits réels immobiliers* peuvent être suivis de purge. L'art. 2181 ne fait aucune distinction, non plus que les textes antérieurs. Par suite, un *acquéreur à titre gratuit* a le droit de purger aussi bien qu'un *acheteur.* Les art. 2184 et 2189 mentionnent le *donataire.* On doit même reconnaître ce droit au *légataire*, comme au donataire, bien que le texte ne parle que de *contrats* : il suffit que cet acquéreur soit exposé au droit de suite, à la saisie, pour qu'il puisse purger (Comp. Cass., 6 févr. 1889, D. 89. 1. 299, S. 89. 1. 385).

Mais il faut tout au moins que le titre de l'acquéreur soit *translatif,* c'est-à-dire qu'il y ait déjà, au moment où la purge va être employée, un transfert de propriété réalisé. Partout dans les textes la loi suppose que celui qui purge est déjà propriétaire : « Le *nouveau propriétaire...* » (art. 2183, 2185 et 2192). Un *acquéreur sous condition suspensive,* qui n'est pas encore un propriétaire *actuel,* ne peut donc pas purger.

3296. Acquisitions résolubles. — Quand la transmission a eu lieu sous condition résolutoire, au profit d'un *acheteur à réméré* par exemple, la purge peut se faire, parce que le droit de propriété, quoique résoluble, appartient actuellement à l'acheteur. Il n'y aura point de difficulté si l'acquisition devient définitive par la défaillance de la condition, par exemple si le vendeur n'use pas de sa faculté de rachat dans le délai convenu. Au contraire, une *grave controverse* s'était élevée au cas où, *après la purge faite, le droit de l'acquéreur qui y a procédé se résout par la réalisation de la condition.* Voilà l'immeuble revenu à son propriétaire primitif : la purge faite par l'acquéreur va-t-elle subsister ? Question fort embarrassante ; diverses opinions, ingénieuses et compliquées, avaient été présentées dans la doctrine pour la résoudre (Larombière, *Obligations,* t. III, art. 1183, nos 21 et suiv. — Labbé, *Revue critique,* 1856, p. 220 et suiv. ; *ibid.,* nouv. série, 1871-1872, t. I, p. 497 ; *Sirey,* 71. 2. 193 ; — Colmet de Santerre, t. IX, no 169 bis, nos XXVII et suiv.). Toutes ces opinions consistent à faire des distinctions, soit d'après l'issue de la purge et de la surenchère des créanciers, soit d'après d'autres considérations. Voyez-en l'analyse dans De Loynes, nos 2341 à 2343, ou dans Dalloz, *Suppl.,* vo Privilèges et hypothèques, nos 1280 à 1285. Mais aucune d'elles n'a été acceptée par la jurisprudence. Les tribunaux admettent que *la purge n'est pas atteinte par la rétroactivité de la condition et que ses résultats subsistent* (Cass., 14 avril 1847, D. 47. 1. 217, S. 47. 1. 341 ; Cass., 23 août 1871, D. 73. 1. 321, S. 71. 1. 118).

C'est une solution avantageuse en pratique parce qu'elle empêche l'anéantissement d'une procédure coûteuse et simplifie une situation compliquée. Mais il faut reconnaître qu'ici la jurisprudence a réellement refait la loi et modifié les principes généraux du droit : le principe certain, qui était ici applicable, était la *rétroactivité des conditions résolutoires* ; la purge entreprise par l'acquéreur ne peut avoir plus de solidité que son propre droit ; si une adjudication a eu lieu au profit d'un tiers à la suite d'une surenchère des créanciers, ce tiers est substitué à l'acquéreur et n'a comme lui qu'un droit résoluble. Quant aux textes du Code civil et du Code de procédure, qui supposent que la purge produit un *effet définitif,* ils se placent dans l'hypothèse ordinaire, celle d'un acquéreur dont le droit est *pur et simple.* On ne trouve de base solide que dans le fait du règlement des créanciers ; mais pour soustraire ce réglement à l'effet rétroactif de la condition accomplie, qui est un principe général, il eût fallu un texte spécial, dont la jurisprudence s'est passée.

3297. Controverse pour l'héritier bénéficiaire. — Une succession échoit à une personne qui l'accepte sous bénéfice d'inventaire. Un immeuble dépendant de cette succession est vendu aux enchères, et c'est l'héritier bénéficiaire qui l'achète. Peut-il purger ? Une jurisprudence constante (longue série d'arrêts dont le premier remonte à 1823) et une doctrine à peu près unanime le lui permettent (Aubry et Rau, t. III, no 293 bis, note 27 ; Demolombe, t. XV, nos 191-191 bis ; Pont, no 1274 bis ; Thézard, no 199 ; de Loynes, no 2355).

Toutefois, en 1872, une controverse s'éleva à propos d'une affaire qui avait été jugée par le tribunal de la Seine. M. Valette entreprit de prouver que l'héritier bénéficiaire n'a ni le besoin ni le moyen de purger. L'intérêt du débat était *purement fiscal* : on se demandait si l'adjudication au profit de l'héritier était passible du droit proportionnel de transcription qui est de 1,50 pour 100 (L. 21 ventôse an VII, art. 25). L'argument qu'on a fait valoir pour dispenser l'héritier bénéficiaire de cette charge était que l'adjudication prononcée à son profit n'était *pas translative de propriété* : s'il y a plusieurs cohéritiers, l'acte est une *licitation qui équivaut à partage* ; s'il est seul, il n'y a pas davantage de transmission parce qu'il est *impossible de découvrir un propriétaire intermédiaire entre lui et le défunt*. Donc, soit en vertu de l'effet déclaratif du partage (art. 883), soit grâce à l'identité de personnes entre celui qui achète et celui qui vend, la transmission fait défaut, et l'acte n'est pas « de nature à être transcrit », car la transcription n'est nécessaire que pour les actes translatifs de propriété (VALETTE, D. 73. 1. 197, D. 74. 1. 361, *Mélanges*, t. I, p. 491 ; COLMET DE SANTERRE, t. IX, n° 169 *bis*-X).

M. Labbé réfuta l'argumentation de M. Valette (*Revue critique*, 1873-1875, p. 348). Sans doute, l'adjudication prononcée à son profit n'a pas rendu l'héritier propriétaire, il l'était déjà ; mais l'héritier a acquis le droit de purger, parce qu'il a, en vertu de son bénéfice, un *double patrimoine*, et que la loi lui réserve *comme à un tiers* l'exercice de tous ses droits personnels. Quand il se porte adjudicataire, il a le même intérêt qu'un tiers à consolider son acquisition par la purge, et il le peut, puisqu'il n'est pas tenu des obligations du défunt sur son patrimoine propre. Il y a eu *novation dans son titre de propriété* : il possède désormais l'immeuble, non plus comme héritier, mais comme acquéreur à titre particulier, et il peut purger.

Le système de M. Valette avait été admis par le tribunal de la Seine en 1870, dans deux affaires ; mais les jugements furent cassés en 1872 (Cass., 12 et 27 nov. 1872, D. 73. 1. 197, S. 73. 1. 86), et le tribunal de Melun, juridiction de renvoi, ayant jugé comme le tribunal de la Seine, il intervint un *arrêt des chambres réunies* qui cassa sa décision (12 janv. 1876, D. 76. 1. 52, S. 76. 1. 81). Depuis lors, la question est considérée comme vidée, et l'héritier peut purger les immeubles achetés par lui sur licitation.

B. — Seconde condition.

**** 3298. Acquéreurs tenus personnellement de la dette.** — L'acquéreur ne peut pas toujours purger : s'il est tenu personnellement de la dette envers le créancier, à un titre quelconque, la purge lui est interdite. C'est que la purge peut aboutir soit à un *paiement partiel* si l'immeuble est hypothéqué au delà de sa valeur, soit à un *paiement anticipé* si la créance est encore à terme. Or le débiteur ne peut pas forcer le créancier à recevoir son paiement dans ces conditions ; la purge se trouve alors empêchée par l'application des principes généraux. Cette atteinte aux droits du créancier est d'autant plus inutile que la purge ne servirait à rien au tiers détenteur qui est personnellement débiteur, car, le lendemain de cette procédure, il se trouverait encore tenu sur tous les biens, *y compris l'immeuble dégrevé par la purge*, tant qu'il resterait quelque chose de dû au créancier.

Sont donc *privés de la faculté de purger* tous les acquéreurs qui ont la qualité *d'obligés personnels*, savoir les *codébiteurs* et les *cautions*.

On a déjà vu que ces mêmes personnes ne peuvent ni *délaisser* ni opposer l'*exception de discussion* (ci-dessus, n°s 3213 et 3233).

A plus forte raison le bénéfice de la purge est-il refusé au débiteur lui-même. On a appliqué cette règle à l'acheteur d'un immeuble, demeuré débiteur du prix, et qui, après avoir revendu l'immeuble, l'avait ensuite racheté : il ne lui est pas permis de purger le privilège appartenant à son vendeur (Paris, 9 juillet 1892, D. 93. 2. 569).

C. — Troisième condition.

*** 3299. Effet de la garantie.** — Seules les personnes qui sont restées *étrangères à la constitution de l'hypothèque* peuvent purger. En effet, si l'acquéreur est, soit par lui-même, soit par ses auteurs, tenu des obligations nées du contrat qui a créé l'hypothèque, il en est *garant* ; il est tenu de respecter cette sûreté et de la laisser subsister tant que le créancier n'est pas désintéressé ; il ne peut donc pas la lui enlever par la purge [1].

*** 3300. Propriétaires garants de l'hypothèque.** — Deux catégories de personnes se trouvent pour cette raison privées de la faculté de purger, bien qu'elles soient tout à la fois propriétaires de l'immeuble et personnellement étrangères à la dette. Ces personnes sont les suivantes :

1° Caution réelle. — (Ci-dessus, n° 2368). C'est cette personne qui a elle-même constitué l'hypothèque ; il serait contraire à la convention qu'elle libérât son immeuble *avant le terme*.

Ne pourrait-elle pas tout au moins, quand le terme est échu, demander au créancier la mainlevée de l'hypothèque moyennant la somme qui représente la valeur de l'immeuble ? Il n'y a plus alors de raison pour le lui refuser.

2° Cohéritier ou héritier partiaire. — Celui des cohéritiers qui a dans son lot l'immeuble hypothéqué peut avoir payé sa part dans la dette. Libéré par ce moyen de son obligation *personnelle*, il n'est plus tenu qu'*hypothécairement*. Mais, l'hypothèque étant *indivisible*, les obligations nées du contrat le sont également, et chacun des héritiers du débiteur est tenu pour le tout de la garantie de l'hypothèque. Cette indivisibilité de la garantie l'empêche de purger.

Toutefois ce raisonnement ne paraît applicable qu'au cas où l'hypothèque a été constituée par convention.

*** 3301. Comparaison avec le délaissement.** — La caution réelle et l'héritier partiaire, qui ne sont tenus de la dette que comme détenteurs d'un immeuble hypothéqué, peuvent délaisser (ci-dessus, n° 3233) ; ils ne peuvent pas purger. D'où vient cette différence ? Elle résulte de la nature même des deux institutions et des principes qui régissent la purge et le délaissement. *Le délaissement laisse subsister intacts les droits du créancier hypothécaire* et n'empêche pas la saisie, tandis que *la purge résout le contrat hypothécaire* et enlève au créancier son hypothèque, contre son gré et avant même qu'il puisse l'exercer.

§ 4. — *A quel moment la purge est possible.*

A. — Du temps où la purge doit être faite.

*** 3302. Absence de délai.** — Il n'existe pas de délai particulier dans lequel l'acquéreur soit tenu de purger. Du moins, aucun délai de ce genre n'a été établi d'une manière générale. Mais, en pratique, celui qui purge est ordinairement un acheteur, et, comme il est tenu de payer son prix peu de temps après la vente, il a intérêt à procéder à la purge avant de verser l'argent afin de ne pas s'exposer à payer deux fois ou à subir une éviction après avoir payé l'immeuble. L'habitude est donc de faire la purge

[1] Ceci a cependant été contesté. Voyez Labbé, *Revue critique*, 1856, t. VIII, p. 210.

aussitôt après l'achat et avant le paiement du prix. Dans les ventes importantes, on laisse ordinairement un délai de trois ou quatre mois à l'acheteur pour l'accomplissement des formalités.

***3303. Forclusion en cas de poursuite des créanciers.** — Le tiers acquéreur se trouve néanmoins obligé d'entamer la procédure de purge dans un délai particulier, lorsque les créanciers prennent les devants et lui adressent la sommation qui précède la saisie[1]. Quand les créanciers exercent ainsi leur droit de suite, l'acquéreur doit s'empresser de purger s'il ne veut pas en perdre le droit. La loi veut, en effet, qu'il prenne parti dans le délai de trente jours qui lui est alors accordé pour payer les créanciers ou délaisser l'immeuble (art. 2183). Le même délai sert donc à la fois pour les différents partis auxquels le détenteur peut se résoudre ; c'est à lui de faire son choix.

L'art. 2183 dit que l'acquéreur doit commencer la purge « dans le mois » ; l'art. 2169 lui donne « trente jours » pour payer ou délaisser. Les deux formules sont synonymes parce que tous les mois étaient régulièrement de 30 jours à l'époque où le Code a été composé. S'il y a plusieurs sommations faites par différents créanciers, le délai court à compter de la première (art. 2183). Comp. ci-dessus, n° 3205.

Ainsi, tant qu'il n'est pas poursuivi, l'acquéreur peut attendre et choisir son temps pour purger ; le jour où les créanciers agissent contre lui, il n'a plus qu'un délai de trente jours.

B. — Condition préalable à la purge.

***3304. Transcription du titre d'acquisition.** — L'acquéreur qui veut purger doit commencer par *transcrire son titre* (art. 2181).

Aujourd'hui cette obligation se comprend fort bien : depuis le vote des art. 834-835 C. proc. civ., de même que depuis la loi du 23 mars 1855, la transcription est absolument nécessaire pour procéder à la purge parce que, si elle n'était pas faite, *de nouvelles inscriptions pourraient toujours survenir de la part du précédent propriétaire*, et la purge serait à recommencer ; son but serait manqué. — Mais avant 1807 cet article était inexplicable, puisque d'après les textes primitifs du Code l'aliénation était par elle-même opposable aux créanciers hypothécaires de l'aliénateur, sans avoir besoin d'être transcrite, et que le cours des inscriptions se trouvait immédiatement arrêté. On paraît l'avoir copié dans la loi de brumaire (art. 26) et l'avoir laissé subsister dans le Code par inadvertance, malgré l'abandon du système de la transcription.

***3305. Actes dont la transcription est nécessaire.** — On a donné à cet article 2181 une interprétation vraiment léonine. On a admis que *tout titre d'acquisition, qui peut être suivi de purge, doit être transcrit*, alors même que par sa nature propre la transcription serait inutile pour le transfert de la propriété. Ainsi il a été jugé que l'adjudication prononcée au profit d'un héritier bénéficiaire est « de nature à être trans-

[1] Quelques auteurs ont cru à tort que l'art. 2183 parlait d'une sommation spéciale, qui serait une sommation de purger, dont on ne trouve aucune trace dans la loi. C'est tout simplement la sommation de payer ou de délaisser prévue par l'art. 2169, dont il est question ici.

crite » en vertu de l'art. 2181, bien qu'elle ne soit pas translative de propriété et que la loi de 1855 ne l'assujettisse pas à la transcription comme telle (Voyez les arrêts cités au n° 3297). Même solution pour le cas où une adjudication est prononcée au profit d'un légataire particulier, qui ne possédait, en vertu du testament, qu'une part indivise dans cet immeuble (Cass., 6 février 1889, D. 89. 1. 299, S. 89. 1. 385). On a ainsi créé une seconde catégorie d'actes sujets à transcription, non pas pour le transfert de la propriété, mais pour la purge ; et ce qu'il y a de plus remarquable, c'est que ces actes s'y trouvent soumis en vertu d'une loi (le Code civil) qui avait abandonné le système de transcription en vigueur au moment de sa confection !

Il ne faut voir dans ces solutions extraordinaires qu'une marque de l'esprit de fiscalité à outrance qui anime trop souvent l'administration de l'enregistrement. On a faussé le sens de l'art. 2181 en faisant de la transcription une condition préalable pour la purge, *sans utilité propre*, et *sans autre but que d'obliger les particuliers à remplir une formalité onéreuse pour eux et profitable au fisc*. On a ajouté arbitrairement au texte de la loi, car lorsqu'il a exigé la transcription de l'acquéreur qui veut purger, ce texte a supposé évidemment que cet acquéreur était soumis à cette formalité *par la nature de son titre*. Il suffit, pour s'en convaincre, de rapprocher le texte du Code de la loi de brumaire, à laquelle l'art. 2181 a été emprunté [1]. On sait que, dans cette loi, la transcription avait été introduite d'une manière incidente, pour donner toute garantie aux créanciers hypothécaires, en leur permettant de méconnaître les aliénations consenties par leur débiteur et non encore rendues publiques. La transcription n'a donc de raison d'être, dans la procédure de la purge, que pour arrêter le cours des inscriptions du chef du précédent propriétaire en rendant le titre de l'acquéreur opposable à ceux des créanciers qui ne se seraient pas encore inscrits. D'où il suit que, toutes les fois qu'un titre d'acquisition arrête par lui-même le cours des inscriptions, il devrait être inutile de le transcrire avant de purger. — Néanmoins l'idée que la transcription est une condition fondamentale, absolument nécessaire, dans toutes les applications possibles de la purge est si bien entrée dans les esprits qu'en pratique les *légataires particuliers* eux-mêmes *font transcrire le testament* quand ils veulent purger ! Exemple remarquable des solutions injustifiables auxquelles on arrive avec une interprétation trop étroite des lois [2].

3306. Conséquence au point de vue fiscal. — Puisque la transcription a acquis dans notre droit, par une fausse interprétation de l'art. 2181, une valeur propre en matière de purge, indépendamment de toute utilité au point de vue du transfert de la propriété, il en résulte une grave conséquence au point de vue fiscal : *tout titre d'acqui-*

[1] *Loi du 11 brumaire an VII, art. 26* : « Les actes translatifs de biens et droits susceptibles d'hypothèques doivent être transcrits sur les registres du bureau de la conservation des hypothèques dans l'arrondissement duquel les biens sont situés. Jusque-là ils ne peuvent être opposés aux tiers qui auraient contracté avec le vendeur et qui se seraient conformés aux dispositions de la présente. »
Code civil, art. 2181 : « Les contrats translatifs de la propriété d'immeubles ou droits réels immobiliers que les tiers détenteurs voudront purger de privilèges et hypothèques seront transcrits en entier par le conservateur des hypothèques dans l'arrondissement duquel les biens sont situés, cette transcription se fera sur un registre à ce destiné et le conservateur sera tenu d'en donner reconnaissance au requérant. »

[2] On devrait d'autant plus s'apercevoir de l'erreur, qu'on outrepasse visiblement le texte : même si on l'entend comme exigeant la transcription en vue de la purge, quoique le titre soit par lui-même opposable aux créanciers non inscrits, il ne l'exige du moins que pour les *contrats*, et on l'applique aux testaments !

sition qui permet de purger donne lieu à la perception du droit proportionnel de transcription (1.50 pour 100, L. 21 ventôse an VII, art. 25). C'est justement cette solution qu'on a appliquée à l'héritier bénéficiaire et au légataire adjudicataire de l'immeuble indivis, dont il est parlé au nº précédent.

La loi du 28 avril 1816 a décidé que le droit proportionnel de transcription (1,50 pour 100) doit être perçu en même temps que le droit de mutation (4 pour 100), alors même que l'acte n'est pas présenté à la transcription, « toutes les fois qu'il est *de nature à être transcrit* » (sur cette loi, voyez t. I, 1re édit., nº 1384 ; 2e édit., nº 1327) Je suis convaincu qu'en s'exprimant ainsi les rédacteurs de la loi de 1816 pensaient aux actes dont la transcription est nécessaire pour mettre l'acquéreur à l'abri des créanciers hypothécaires du précédent propriétaire : on se rappelle que le Code de procédure, afin d'obliger indirectement les acquéreurs à transcrire, permettait aux créanciers de l'aliénateur de prendre encore inscription même après l'aliénation (art. 834-835 C. proc. civ.). Un acte « de nature à être transcrit » est un acte qui n'est pas par lui-même opposable aux créanciers hypothécaires.

Si la thèse de la régie était exacte, c'est-à-dire si un acte devait être transcrit au moment de la purge, alors même que la transcription ne servirait à rien, le testament lui-même, par un renversement invraisemblable des principes de notre droit, devrait être considéré comme étant « de nature à être transcrit », puisque le légataire particulier peut purger. Le droit de transcription pourrait donc être exigé même des légataires particuliers ! En poussant un système à développer toutes ses conséquences, on en démontre parfois la fausseté par l'absurde.

***3307. Rôle de la transcription.** — La *transcription*, dont parle l'art. 2181, ne doit pas être considérée comme étant l'une des formalités de la purge ; elle joue seulement le rôle d'une *condition préalable*. C'est après qu'elle est faite que la procédure de purge commence véritablement.

***3308. Effet de la transcription.** — L'art. 2182, pour prévenir toute méprise, détermine les effets de la transcription : « La simple transcription des titres translatifs de propriété sur les registres du conservateur ne purge pas les privilèges et les hypothèques établis sur l'immeuble. Le vendeur ne transmet à l'acquéreur que la propriété et les droits qu'il avait lui-même sur la chose vendue : il les transmet sous l'affectation des mêmes privilèges et hypothèques dont il était chargé [1]. » — Cela revient à dire que la transcription n'est par elle-même qu'une mesure de publicité, à laquelle la loi n'attache aucun effet de purge, et que la transmission de l'immeuble s'opère avec toutes ses charges, conformément à la maxime : *Nemo plus juris in alium transferre potest quam ipse habet* ; un vendeur ne peut pas transmettre à son acheteur plus de droits qu'il n'en a lui-même.

[1] Ces dispositions paraissent aux auteurs modernes être des «naïvetés ». Leur appréciation est trop sévère ; l'art. 2182 n'est que la paraphrase de l'art. 28 de la loi de brumaire, et à cette époque il pouvait être fort utile de s'expliquer clairement sur les effets d'une formalité nouvelle, à propos de laquelle bien des méprises auraient pu se commettre. Cela était d'autant plus utile à dire qu'on avait alors sous les yeux une institution analogue à notre purge, l'*appropriance par bannies* du droit breton, dans laquelle une simple formalité équivalente à la transcription, l'*insinuation*, suivie de trois bannies, purgeait tous les droits réels pour la conservation desquels une opposition n'avait pas été faite dans le court délai des bannies (Edit d'août 1626). Voyez SAUVAGEAU, *Coutume de Bretagne*, 1710, t. I, p. 71.

§ 5. — *Procédure de la purge.*

**** 3309. Division.** — Les formalités qui constituent la procédure de la purge varient selon le caractère des hypothèques qu'il s'agit de purger, de sorte qu'il existe *deux procédures de purge*, l'une pour les *hypothèques inscrites* (art. 2181-2192), l'autre pour les *hypothèques non inscrites et dispensées d'inscription* (art. 2193-2195).

Quant aux hypothèques non inscrites et non dispensées d'inscription, il n'est pas besoin de purge pour elles : elles ne sont pas opposables à l'acquéreur qui a déjà transcrit son contrat ou dont le titre est dispensé de transcription.

Section I. — Purge des hypothèques inscrites.

*** 3310. Notion sommaire.** — La marche de cette purge est très simple. Elle se résume en deux actes :

1° Une *offre* de l'acquéreur qui purge ;

2° Une *option* exercée par les créanciers à la suite de cette offre.

A. — Offre de l'acquéreur.

*** 3311. But de l'offre.** — L'acquéreur qui veut purger doit offrir aux créanciers la somme qui, selon lui, représente la *valeur de l'immeuble*. Ordinairement cette somme n'est autre que le *prix d'achat*, parce que celui qui purge est un acheteur ; dans les autres cas, si c'est un échangiste, un donataire, un légataire, etc., cette somme sera le résultat d'une *évaluation* de l'immeuble faite par l'acquéreur (art. 2183-1°).

Cette proposition de l'acquéreur est une sorte de *marché* offert aux créanciers, qui peut s'analyser de la façon suivante : « Donnez-moi mainlevée de vos hypothèques, je vous donnerai telle somme, qui est la valeur de l'immeuble. » C'est toute la substance de la purge : *libérer l'immeuble en échange de l'argent qu'il vaut.*

1° Règles de l'offre proprement dite.

3312. Caractère de l'offre. — Cet engagement de l'acquéreur doit *être pur et simple*. Quelles que soient les conditions de son achat, et alors même qu'il aurait un terme pour le paiement du prix, il doit offrir de payer aux créanciers « sur-le-champ » (art. 2184) la somme qu'il leur propose. La purge implique donc la renonciation au bénéfice du terme accordé par le vendeur, et cela se conçoit puisqu'elle suppose un engagement propre envers les créanciers, et nécessaire même de la part d'un acquéreur à titre gratuit.

3313. En quels termes l'offre doit être faite. — Tous les créanciers hypothécaires doivent recevoir une offre de paiement immédiat, *sans distinction* entre ceux dont la créance est *exigible* et les autres. Tous doivent être remboursés, selon leur rang, même ceux dont les droits ne sont pas encore échus, même ceux dont la créance était une simple rente ne provenant pas d'un capital exigible. Là est le *caractère exceptionnel de la purge* : elle peut amener un paiement anticipé contre le gré du créancier (ci-dessus, n° 3277).

Il n'en était pas de même dans la loi de brumaire : l'acquéreur devait attendre pour payer les créanciers que leurs droits fussent arrivés à échéance[1]. C'était une cause de retards, que le Code a supprimée, en établissant un système plus pratique, mais cette amélioration n'a pu être obtenue qu'au prix d'une atteinte aux principes, qui retombe souvent sur le vendeur lui-même ; il était débiteur à terme envers son créancier hypothécaire, et le bénéfice du terme se trouve perdu pour lui quand l'acquéreur purge, le créancier recevant immédiatement son remboursement.

3314. A qui l'offre doit être faite. — Chaque créancier doit recevoir individuellement l'offre de l'acquéreur. Si l'un d'eux avait été oublié, la purge ne serait pas réputée faite à son égard, parce qu'il n'aurait pas été mis en demeure d'exercer son droit (Cass., 25 avril 1888, D. 89. 1. 102, S. 89. 1. 49) ; mais la purge serait valable à l'égard des autres.

3315. Lieu où l'offre doit être faite. — Elle peut être adressée au domicile élu par le créancier dans son inscription ; mais ce n'est qu'une facilité accordée à l'acquéreur qui peut, s'il le préfère, adresser son offre au domicile réel du créancier (Cass., 26 nov. 1884, D. 85. 1. 115, S. 86. 1. 63).

*** 3316. Effet de l'offre.** — L'offre à fin de purge a une valeur exceptionnelle : *elle lie l'acquéreur même avant d'être acceptée.* Ce n'est pas l'effet d'une offre ordinaire : la simple pollicitation peut être retirée, tant que l'acceptation n'est pas intervenue.

Cet effet exceptionnel de l'offre à fin de purge n'est pas écrit dans la loi ; l'art. 2185 n'en parle pas. Il est cependant universellement admis aujourd'hui ; on considère que, pour donner à la purge une plus grande facilité, la loi oblige l'acquéreur qui se décide à purger, à maintenir son offre pendant le délai d'option accordé aux créanciers. Comp. Aubry et Rau, t. III. § 294, note 34.

2° Notification accompagnant l'offre.

*** 3317. Utilité de cette notification.** — En même temps qu'il leur fait son offre à fin de purge, l'acquéreur doit faire aux créanciers une *notification,* c'est-à-dire leur communiquer les *documents* qui peuvent les renseigner et les mettre à même d'exercer leur option en pleine connaissance de cause[2].

Cette notification doit être faite en même temps que l'offre : « par le même acte », dit l'art. 2184.

[1] D'après l'art. 30-3° de la loi de brumaire l'acquéreur s'engageait à payer les dettes à échoir « dans les mêmes termes et de la même manière qu'elles ont été constituées ».

[2] Dans la plupart des commentaires les notifications, qui ne sont qu'un *envoi de pièces,* prennent le pas sur l'offre, qui est une *promesse* et qui forme la partie principale de la purge de la part de l'acquéreur. Ceci tient sans doute à l'ordre suivi par la loi qui parle des notifications (art. 2183) avant de parler de l'offre (art. 2184). C'est renverser l'ordre logique des choses et en détruire l'importance relative.

3318. Son objet. — Elle comprend trois choses :

1° Un *extrait du titre d'acquisition* indiquant la date et la nature de l'acte, la désignation de l'aliénateur et de l'acquéreur, la nature et la situation de l'immeuble acquis; enfin le prix de l'acquisition et ses charges, si c'est une vente.

L'acquéreur doit indiquer les *charges faisant partie du prix*, c'est-à-dire tout ce qu'il doit payer soit au vendeur lui-même, soit à un tiers en l'acquit du vendeur, par exemple une rente viagère dont l'acheteur prend le service à sa charge, ou encore les frais que la loi met à la charge du vendeur, comme ceux de purge. Au contraire, les droits de mutation et d'enregistrement, ainsi que les frais d'acte, qui sont régulièrement à la charge de l'acheteur, ne doivent pas être considérés comme charges du prix : le vendeur n'en profite pas.

Lorsque l'acquisition porte sur plusieurs immeubles, dont quelques-uns seulement sont hypothéqués, ou lorsqu'elle a pour objet à la fois des meubles et des immeubles, le tout pour *un seul et même prix*, l'art. 2192 veut que l'acquéreur fasse une *ventilation*, c'est-à-dire qu'il sépare dans sa notification la partie du prix qui représente les choses hypothéquées, et, si les divers immeubles sont frappés d'inscriptions différentes, il faut que son prix particulier soit de même indiqué d'une façon distincte, afin que chaque créancier sache pour quel prix a été acquise la chose qui lui est hypothéquée, et voie par là quelle est la somme qu'on lui offre[1]; il n'a pas besoin de savoir le prix du reste;

2° *Un certificat de transcription.* La loi appelle à tort cette pièce un « extrait » de la transcription (art. 2183-2°) : un extrait ne ferait que reproduire les renseignements déjà contenus dans la pièce précédente, qui leur donne l'analyse de l'acte, puisque tout ce qui se trouve sur les registres est la reproduction du contrat. Ce que les créanciers ont besoin de savoir, c'est que la transcription a été opérée, pour être sûrs qu'il ne surviendra pas d'inscriptions nouvelles qui pourraient leur être préférables, comme inscriptions de privilèges ou d'hypothèques légales : à cet égard un certificat suffit, et c'est ce qui se fait dans la pratique;

3° Un *tableau sur trois colonnes*, dont la première donne la date des hypothèques et celle des inscriptions; la seconde, le nom des créanciers; la troisième, le montant des créances garanties. En comparant ces trois ordres de renseignements, chaque créancier peut facilement voir s'il a des chances d'être intégralement payé avec le prix qu'on lui offre, ou s'il a au contraire intérêt à requérir la mise du bien aux enchères pour faire pousser le prix plus haut et tâcher d'obtenir pour lui-même un paiement plus complet.

3° Règles communes.

3319. Forme des offres et notifications. — Offre et notification doivent être contenues dans le même acte, dit l'article 2184. Cet acte est un *exploit d'huissier*. Il doit contenir *constitution d'avoué* (art. 832 C. proc. civ.).

Remarquez que ces offres directes faites aux créanciers sont possibles seulement depuis la loi de brumaire, qui les a obligés à s'inscrire et à élire domicile : autrefois, les créanciers étant inconnus, il fallait procéder autrement à leur égard. De là la différence fondamentale que l'on trouve dans la procédure de la purge moderne comparée à celles des lettres de ratification. Voyez ci-dessus, n° 3282.

3320. Frais de la purge. — Lorsque l'aliénation suivie de purge a été faite à titre de vente, c'est le vendeur qui doit en principe supporter les frais de purge (arg. art. 474 C. proc. civ.); il était, en effet, tenu de délivrer la chose à l'acheteur, et de lui en assurer la paisible possession, libre de toutes charges. Mais les conventions mettent ordinairement ces frais à la charge de l'acheteur, et la loi elle-même en dispose autrement lorsqu'il y a eu une surenchère (ci-dessous, n° 3364-2°).

[1] Sur la façon dont doit se faire cette ventilation, lorsqu'il y a eu plusieurs adjudications partielles, suivies d'une adjudication totale après réunion des lots, voy. Trib. civ. Lesparre, 8 juin 1898, D. 99. 2. 1, S.

B. — Option des créanciers.

** **3321. Alternative qui leur est laissée.** — Sur les offres qui leur sont faites les créanciers ont à choisir entre deux partis : ils peuvent ou *accepter la somme offerte* ou *demander la mise aux enchères*.

1° Acceptation des offres.

* **3322. Conditions et formes.** — Si la somme offerte suffit pour désintéresser tout le monde ou même sans cela, si les créanciers jugent qu'elle représente la valeur exacte de l'immeuble et qu'ils n'ont aucune chance d'obtenir davantage, l'intérêt des créanciers est d'accepter l'offre de l'acquéreur.

L'acceptation pourrait être *expresse* ; les créanciers pourraient notifier leur volonté à l'acquéreur, mais en pratique ils s'en dispensent ; ils attendent jusqu'au dernier jour du délai et le laissent s'écouler sans donner de réponse : leur silence vaut *acceptation tacite* (art. 2186). Ce délai est celui que la loi leur donne pour surenchérir (ci-dessous, n° 3331).

* **3323. Effets.** — L'offre étant acceptée, *le prix de l'immeuble se trouve définitivement fixé* à l'égard des créanciers (art. 2186), sauf le cas de fraude ou de dissimulation, où tout serait remis en question. La *procédure* de la purge est ainsi terminée ; mais la *purge*, c'est-à-dire l'extinction des hypothèques et la libération de l'immeuble, n'est *pas encore accomplie* : elle le sera seulement par le *paiement réel* ou par la *consignation* de la somme convenue ; c'est ce fait seul qui déchargera l'immeuble des hypothèques dont il est grevé, même de celles qui ne venaient pas en rang utile. Voyez la fin de l'art. 2186, reproduisant presque littéralement l'art. 32 de la loi du 11 brumaire an VII.

* **3324. Obligation de l'acquéreur.** — Par l'acceptation de son offre, le tiers détenteur se trouve désormais *tenu personnellement* envers les créanciers ; il doit leur payer la somme offerte et il peut être poursuivi par eux sur tous ses biens (Trib. civ. Seine, 16 mai 1893, D. 93. 2. 553). Il est, en effet, intervenu entre eux une *convention*[1] ; mais cette convention *n'a pas entraîné novation*. L'acquéreur s'oblige seulement *en sa qualité* de *tiers détenteur* ; il conserve donc le droit de discuter les hypothèques prétendues par les créanciers et de leur opposer la prescription, s'il y a lieu.

3325. Cours des intérêts. — Le tiers détenteur est-il débiteur des intérêts de son prix envers les créanciers directement, de façon que ceux-ci y aient un droit exclusif ? Cette question a été fort discutée. On a commencé par admettre que les intérêts étaient

[1] Le jugement du tribunal de la Seine de 1893, cité au texte, dit que la convention qui intervient ainsi entre l'acquéreur et les créanciers est un *contrat judiciaire*. Cette appellation semble peu exacte, puisque tout se résume dans l'envoi d'un acte *extrajudiciaire* et dans l'expiration d'un délai déterminé par la loi. *Contrat tacite* serait certainement plus juste. Sur les contrats judiciaires, voyez ci-dessus n°s 1144 et 1163.

dus aux créanciers *à titre d'accessoires du prix*, et par suite que l'acquéreur les leur devait depuis le jour de l'achat fait par lui, de sorte que les paiements préalablement faits au vendeur n'étaient pas opposables aux créanciers, pas plus pour les intérêts que pour le capital (Cass., 21 févr. 1826; Paris, 10 juin 1833, DALLOZ, v° Privilèges et hypothèques, n° 2180-1°). — Mais cette solution n'a pu se maintenir. Ce qui représente l'immeuble, c'est le *prix*; or le prix est un *capital*, et les intérêts représentent seulement la jouissance de l'immeuble, à laquelle les créanciers n'ont aucun droit. Donc les intérêts ne doivent pas être payés aux créanciers hypothécaires à titre d'accessoires du prix. Cependant il vient un moment où le prix leur est dû à eux-mêmes et où les intérêts commencent à courir à leur profit. Ce moment varie :

1° Si la purge a été entreprise *spontanément* par l'acquéreur, les intérêts courent au profit des créanciers *à compter du jour de l'offre*, car de ce jour l'acquéreur est lié envers eux.

2° Si l'acquéreur ne s'est décidé à purger que *sur la poursuite des créanciers*, les intérêts courront à leur profit *dès le jour de la sommation* qu'ils lui ont adressée, car de ce jour ils ont droit aux fruits (art. 2169 et 2176). Comp. Rouen, 16 juill. 1844, D. 45. 2. 114; Paris, 24 avril 1845, D. 45. 2. 113.

2° Rejet des offres.

** **3326. Réquisition de mise aux enchères.** — Si un créancier, en comparant la liste des créances et la somme offerte par l'acquéreur, voit qu'il ne sera pas payé ou ne le sera qu'en partie, et s'il pense en même temps que l'immeuble pourrait se vendre à plus haut prix, il peut *rejeter l'offre* faite par l'acquéreur et *demander que l'immeuble soit vendu aux enchères*. C'est la *réquisition de mise aux enchères,* qui est le corollaire de la faculté de purger accordée à l'acquéreur : on ne pouvait pas laisser les créanciers à la merci d'un tiers ; il fallait bien leur donner le moyen d'obtenir de leur gage sa valeur réelle. Si l'acquéreur trouve que l'immeuble monte à un prix trop élevé, il le laissera aller ; il aura simplement manqué une acquisition. Il en résulte que l'acquisition d'un immeuble hypothéqué ne devient jamais définitive qu'avec l'agrément des créanciers.

* **3327. Surenchère exigée des créanciers.** — Du reste la faculté de requérir la mise aux enchères n'est pas accordée purement et simplement aux créanciers ; on n'a pas voulu mettre l'acquéreur à leur merci. Celui qui veut user de ce droit est tenu de *former lui-même une surenchère,* c'est-à-dire de s'engager à prendre l'immeuble pour une somme plus forte que celle qui est offerte, au cas où personne autre ne se présenterait pour l'acheter le jour de l'adjudication, et la surenchère qu'on demande ainsi au créancier hypothécaire qui veut rejeter les offres de l'acquéreur doit être d'un dixième en sus. De là son nom de *surenchère du dixième*. De la sorte on est sûr à la fois que les créanciers hypothécaires ne demanderont pas à la légère la vente aux enchères et que cette vente, si elle est tentée, aura un résultat utile, puisqu'on a d'avance un adjudicataire tout trouvé. Sans cela les créanciers, ne risquant rien, auraient demandé à toutes les fois la revente de l'immeuble en adjudication publique.

Beaucoup d'auteurs trouvent le taux d'un dixième un peu élevé pour la surenchère ; la loi du 11 brumaire an VII se contentait du vingtième, et c'est aussi ce que fait la loi belge du 16 décembre 1851. Il faut tenir compte, en effet, des frais qu'entraîne avec elle une vente publique et qui viendront naturellement en déduction du prix qu'offriront les surenchérisseurs.

3328. Rôle vrai de la surenchère. — Des explications qui précèdent, il résulte que la surenchère n'est pas un *droit* pour le créancier hypothécaire, mais bien plutôt une *obligation* pour lui : son « droit » consiste à *demander la vente aux enchères* et il ne peut l'exercer qu'*à la condition de se présenter lui-même comme surenchérisseur.* Néanmoins, pour abréger, l'usage est de dire que les créanciers, peuvent « surenchérir » : cela désigne à la fois l'acte double qui vient d'être analysé, la réquisition accompagnée de surenchère ; et nous emploierons désormais le langage général, sous le bénéfice de la présente observation.

3329. Qui peut surenchérir. — Tout créancier a le droit de surenchérir, quel que soit son rang, même le dernier inscrit, et quoiqu'il soit certain d'avance qu'il n'obtiendra rien, même au cas où les enchères donneraient un bon résultat.

3330. Capacité nécessaire. — Pour surenchérir valablement un créancier doit être *capable de s'obliger*. C'est tout simple, puisque le créancier se trouve engagé d'avance à acheter l'immeuble ; si personne ne couvre sa surenchère, il sera déclaré adjudicataire pour le prix primitif augmenté d'un dixième.

Cependant divers arrêts anciens ont admis qu'un *tuteur* pouvait surenchérir sans autorisation du conseil de famille ; mais voyez, en sens contraire, Riom, 6 déc. 1865 (D. 66. 5. 455, S. 66. 2. 325), qui exige l'autorisation. Comp. Toulouse, 26 mai 1883 (D. 84. 2. 65, S. 84. 2. 97), pour la surenchère faite par un mineur agissant seul.

Pour la femme mariée une difficulté particulière se présente lorsque l'immeuble sur lequel elle veut surenchérir est un immeuble aliéné par son mari et grevé de son hypothèque. La loi défend à la femme d'acheter les biens de son mari (art. 1595) ; mais la jurisprudence admet que cette défense est inapplicable ici, parce qu'il faut bien que la femme puisse user des droits qui lui appartiennent comme créancière hypothécaire (Rouen, 7 mars 1892, D. 93. 2. 24, S. 93. 2. 78).

*** 3331. Délai.** — La loi donne aux créanciers, pour former leur surenchère, quarante jours à compter de la notification qui leur est faite (art. 2185). S'ils n'usent pas de leur droit dans ce délai, ils sont forclos, et on les considère comme ayant accepté l'offre de l'acquéreur.

Le délai court séparément pour chaque créancier ; il s'augmente à raison des distances, lorsque le domicile réel du créancier est éloigné du lieu où se trouve le domicile élu, et où l'acquéreur a fait parvenir ses offre et notification. D'après le Code civil cette augmentation se calculait à raison de deux jours par cinq myriamètres (art. 2185) ; elle a été réduite de moitié (1 jour par cinq myriamètres) par la loi du 3 mai 1862, modifiant l'art. 1033 C. proc. civ. Cette augmentation représente le temps nécessaire pour faire parvenir les offres de l'acquéreur aux créanciers, de façon que le délai que la loi leur donne pour délibérer reste entier.

Quand le délai s'achève un jour férié, il est prorogé au lendemain.

*** 3332. Contenu de l'acte de surenchère.** — La réquisition de mise aux enchères doit contenir :

1° *L'engagement de faire porter le prix à un dixième au moins en sus de la somme offerte* (art. 2185). C'est la *surenchère* exigée du créancier ;

2° *L'offre de donner caution (Ibid.)*. Le créancier doit indiquer la personne qu'il offre comme caution. Cette caution étant légale peut être remplacée par une sûreté réelle, telle qu'un nantissement. Son engagement est destiné à protéger l'acquéreur contre l'insolvabilité possible du créancier surenchérisseur : celui-ci ne pourrait donc pas être écarté à raison de l'état douteux de ses affaires. Comp. Rouen, 3 juill. 1889, D. 92. 1. 238.

3333. Signature. — La loi veut que l'acte contenant la surenchère soit signé, tant sur l'original que sur les copies, par le créancier requérant ou par son fondé de procuration expresse, lequel est en ce cas tenu de donner copie de sa procuration (art. 2185-4°). — Cette formalité insolite n'est qu'une *précaution contre les avoués*, qui auraient pu entamer trop facilement, aux risques de leurs clients, une procédure très fructueuse pour eux-mêmes.

3334. Signification. — La surenchère doit être signifiée naturellement à *l'acquéreur* dont les offres sont rejetées ; faute de quoi il serait fondé à croire qu'elles ont été acceptées. La loi veut, en outre, que la même signification soit faite dans le même délai *au précédent propriétaire, débiteur principal* (art. 2185-3°). Ce texte suppose que ces deux personnes n'en font qu'une, et ce sera le cas ordinaire ; mais elles peuvent être distinctes, auquel cas la signification doit être faite à chacune d'elles. L'un et l'autre ont, en effet, le plus grand intérêt à en être avertis, car ils pourront prendre les mesures nécessaires pour désintéresser le créancier et se soustraire par là aux recours en garantie que l'éviction subie par l'acquéreur lui ouvrirait contre eux. Pour rendre le texte correct et complet il suffit d'intercaler la préposition « et » à la place de la virgule ; c'est ce qu'a fait la loi belge du 16 décembre 1851, qui porte : « au précédent propriétaire et au débiteur principal ».

3335. Sanction. — Toutes ces conditions de forme, de signature et de significations, exigées par l'art. 2185, sont requises *à peine de nullité* (*Ibid.*).

3336. Dispense de caution pour l'État. — En exigeant une caution, le Code n'avait fait aucune distinction. La règle s'appliquait donc à l'État comme aux particuliers, et en 1826 une surenchère formée au nom de l'État fut annulée pour omission de la caution (Cass., 9 août 1826). Aussitôt intervint une loi (21 février 1827) qui dispensa expressément l'État de cette obligation.

3337. Rareté des surenchères. — En fait, les surenchères sont relativement rares, soit que les acquéreurs d'immeubles, redoutant l'éviction qui les menace, soient amenés à faire des offres suffisantes, soit plutôt que les créanciers soient détournés d'user de leur droit quand ils s'aperçoivent que la somme offerte est un peu faible, par les incertitudes des enchères et l'énormité des frais qu'elles entraînent : il faut que l'écart entre la valeur vraie de l'immeuble et la somme offerte soit au moins de 20 ou 25 pour 100 pour que la surenchère se présente avec des chances raisonnables de profit.

SECTION II. — Purge des hypothèques dispensées d'inscription et non inscrites[1].

A. — Formalités.

3338. Nécessité d'une procédure spéciale. — Lorsque ces hypothèques sont *inscrites* en fait, on procède pour elles *dans les formes ordinaires* : tous les créanciers inscrits, quelle que soit la qualité de leur hypothèque, reçoivent également les offres et les notifications de l'acquéreur. Mais si elles ne sont pas inscrites, cette procédure devient impossible parce que l'*acquéreur ne saurait ni à qui ni où faire ses offres,* et cependant ces hypothèques inconnues lui sont néanmoins opposables. Il a donc fallu organiser pour elles une autre procédure. On procède alors comme on faisait

[1] Dans la pratique, on appelle cette procédure « purge des hypothèques légales ». C'est plus commode et plus bref que la formule dont je me sers, mais c'est beaucoup moins exact, car il y a des hypothèques légales qui ne sont pas dispensées d'inscription et pour lesquelles cette purge est inutile.

jadis, au temps où toutes les hypothèques étaient occultes : l'acquéreur publie son contrat et on donne aux créanciers un délai de deux mois pour se faire connaître ; c'est le système de l'édit de 1771.

3339. Forme de publicité. — La publicité donnée au contrat se fait encore comme autrefois : l'acquéreur dépose *au greffe* du tribunal civil une *copie* dûment collationnée du titre d'acquisition ; un *extrait* de cet acte est *affiché dans l'auditoire* du tribunal et y demeure pendant deux mois (art. 2194). Comp. ci-dessus, n° 3282.

Mais d'autres mesures, plus effectives comme publicité, ont été organisées :

Si l'incapable qui a hypothèque sur l'immeuble est *connu*, on lui notifie le dépôt fait au greffe, à lui ou à ses représentants. Cette notification est adressée à la *femme* de l'aliénateur, au *subrogé-tuteur* du pupille ou de l'interdit, et en outre, ce qui paraît bien inutile, au *ministère public*. — Si l'incapable est inconnu, un avis du Conseil d'État des 1er mai-9 juin 1807 a réglé les formes de la publicité : l'acquéreur fait insérer dans les journaux chargés des annonces judiciaires les notifications qu'il serait obligé de leur faire personnellement, s'il les connaissait.

*** 3340. Délai donné aux créanciers.** — Toute cette publicité n'est qu'une sorte de *mise en demeure* adressée aux créanciers à hypothèque occulte, jusque-là dispensés de se faire connaître ; c'est un appel qui leur est adressé pour faire apparaître leurs hypothèques par l'inscription.

Deux mois leur sont donnés à cet effet (art. 2194-2195), et ces deux mois courent *du jour de l'affiche* pour les créanciers connus, *du jour de l'insertion dans les journaux* pour les autres.

B. — Effets.

3341. Division. — Deux hypothèses sont à examiner selon que les deux mois se sont écoulés sans qu'aucune inscription ait été prise ou qu'il en a été pris une ou plusieurs.

1° Cas où aucune inscription n'a été prise.

*** 3342. Purge de l'immeuble.** — L'immeuble se trouve définitivement affranchi de toute hypothèque occulte (art. 2195, al. 1er). Il est donc *libre*; mais la femme ou l'incapable en tutelle a un recours contre son mari ou contre son tuteur, qui a négligé de faire inscrire l'hypothèque, comme il l'aurait dû.

3343. Survie du droit de préférence. — Toutefois l'extinction de l'hypothèque non inscrite n'est pas entière : le droit de suite est bien perdu; aucune saisie, aucune surenchère, ne pourra plus être faite contre l'acquéreur qui a purgé, mais *le droit de préférence subsiste*. La femme, le pupille ou l'interdit peut encore intervenir dans la procédure d'ordre pour se faire colloquer à son rang au préjudice des autres créanciers. Nous reviendrons sur ce point en exposant d'une manière générale la survie du droit de préférence au droit de suite.

Le cas de survivance dont nous parlons ici a été longtemps contesté. La Cour de cassation jugeait que l'hypothèque non inscrite était totalement perdue ; les cours d'appel et la doctrine, en majorité, conservaient le droit de préférence. C'est seulement la loi du 21 mai 1858 qui a consacré législativement la théorie de la survivance dans l'art. 772 C. proc. civ.

2° Cas où une inscription a été prise.

* **3344. Maintien de l'hypothèque.** — Le créancier qui s'est inscrit conserve alors son hypothèque en entier, droit de suite et droit de préférence. C'est ce qui résulte de l'art. 2195; mais ce texte n'est ni complet, ni bien rédigé. Il y a deux points sur lesquels la loi ne s'est pas expliquée : 1° *le créancier peut il requérir la mise aux enchères*, ou doit-il se contenter du prix offert ? 2° s'il peut surenchérir, *dans quel délai doit-il le faire ?*

* **3345. Faculté de surenchérir.** — Longtemps on a contesté le droit de surenchérir. On disait : la surenchère est un droit exceptionnel, qui ne peut appartenir à quelqu'un quand la loi ne l'accorde pas expressément. D'ailleurs, comment le créancier ferait-il pour surenchérir, puisqu'on ne lui fait pas d'offres ? On publie bien le contrat ; mais si c'est une donation ou un échange, il n'y a aucune somme qui puisse servir de base à la surenchère. — Réfutation : La surenchère n'a rien d'exceptionnel ; c'est l'essence même de l'hypothèque ; elle n'est, ainsi qu'on l'a vu, qu'une des formes du droit de suite[1]. Le droit d'exiger la mise aux enchères est si naturel à l'hypothèque que la loi n'avait pas à le concéder. Quant à la somme qui servira de base à la surenchère, ce sera le prix, s'il y en a un ; sinon, une somme quelconque estimée par le créancier ; l'arbitraire de ce procédé ne peut pas être une raison pour paralyser son droit. En ce sens, Rouen, 7 mars 1892, D. 93. 2. 24, S. 93. 2. 78.

3346. Question du délai. — On a quelquefois prétendu qu'une fois l'inscription prise, l'acquéreur était obligé de procéder à la purge dans la forme réglée par les art. 2183 et suiv. pour les hypothèques inscrites ; il faudrait donc faire aux créanciers qui se sont inscrits des offres et notifications, puis attendre pendant 40 jours leur décision, et ce serait ce nouveau délai de 40 jours qui leur serait donné pour surenchérir. Ce système se comprendrait, mais il ne semble pas être celui de la loi : l'intitulé du chapitre IX (art. 2193-2195) dit que les formalités instituées par lui sont « *le mode de purger* les hypothèques, quand il n'existe pas d'inscription ». C'est donc que ces formalités suffisent et qu'il n'est point besoin d'autres. Par conséquent, à défaut de délai spécial, la surenchère doit être formée dans le seul délai qui soit fixé par la loi, celui de deux mois. *Un seul et même délai est ainsi donné aux créanciers pour s'inscrire et pour surenchérir.*

C. — Règlement des droits de l'incapable.

1° Difficultés pratiques.

3347. Cas où elles se présentent. — Il arrivera de deux choses l'une :
1° Si l'incapable se trouve primé par d'autres créanciers hypothécaires, qui l'empê-

[1] D'ailleurs c'est non de *surenchère* qu'il faudrait parler, mais de *réquisition de mise aux enchères*. Voyez ci-dessus. n° 3326 et 3328.

chent de venir en ordre utile, il n'y aura pas de difficultés : son inscription sera rayée, et le prix sera versé aux autres créanciers (art. 2195, al. 2) ;

2° Si la femme ou le mineur se trouve en bon rang, l'acquéreur ne peut faire aucun paiement à son préjudice (art. 2195, *in fine*) ; mais ici des difficultés sérieuses se présentent

3348. Leur cause et leur nature. — Supposons que le créancier qui s'inscrit soit une femme mariée. Elle a peut-être dès maintenant des créances certaines contre son mari, et qui sont déjà exigibles : c'est, par exemple, le *prix d'un propre aliéné* qui lui est dû, ou une *dette du mari qui a été payée par elle* ; alors elle obtiendra non seulement sa collocation, mais son paiement immédiat.

Mais pour ses autres créances et reprises (et ce sera le cas le plus général), on ne sait pas d'avance s'il lui sera dû quelque chose, ni combien ce sera, et tout cela est *reculé jusqu'à une époque indéterminée*, celle de la dissolution du mariage ou de la communauté.

Il en est de même pour toutes les créances du mineur et de l'interdit, qui ne deviennent exigibles qu'après la fin de la tutelle, et dont le chiffre dépend toujours des résultats du compte qui lui sera alors rendu.

Il semble, dès lors, que tout doive rester en suspens jusqu'au jour peut-être très éloigné où les droits de l'incapable seront fixés et liquidés, mais cela créerait pour l'acquéreur et pour les autres créanciers une situation intolérable.

2° Solutions admises.

3349. Inscriptions de mineurs ou d'interdits. — En pratique on se tire de difficulté par des moyens différents selon les cas. Supposons d'abord que ce soit un *mineur* ou un *interdit* qui prime les autres créanciers. *On autorise ceux-ci à toucher immédiatement ce qui leur revient*, sauf à donner une garantie hypothécaire[1] pour assurer la restitution de ces sommes à l'incapable, s'il y a lieu plus tard, et l'*incapable n'est alors colloqué que pour mémoire* (Pothier, *Introd. à la Coutume d'Orléans*, tit. XXI, n° 139 ; Cass., 9 janv. 1855, D. 55. 1. 28, S. 55. 1. 125).

Si les autres créanciers ne veulent ou ne peuvent fournir la garantie qu'on leur demande, le règlement définitif de l'ordre est ajourné à la fin de la tutelle.

3350. Inscriptions de femmes mariées. — Si c'est une *femme mariée*, on distingue :

1° Créances actuelles. — Une *collocation immédiate et définitive* est accordée à la femme pour toutes ses créances actuelles, lorsqu'elles ne dépendent d'aucune condition et pourraient donner lieu à un remboursement immédiat par le mari, comme dans les cas signalés plus haut (Cass., 19 nov. 1872, D. 73. 1. 38, S. 73. 1. 193). On est donc obligé de les liquider tout de suite si elles ne sont pas liquides (Agen, 17 déc. 1866, D. 67. 2. 56).

2° Créances conditionnelles. — Comme la femme n'est pas sûre de pouvoir un jour en exiger le montant (par exemple, si elle a cautionné son mari et que celui-ci soit solvable, de façon qu'on puisse prévoir qu'il paiera lui-même son créancier), *on procédera comme pour le mineur* : on déterminera le montant de la créance de la femme et on attendra la réalisation de la condition qui la tient en suspens ; provisoirement les créanciers postérieurs toucheront à sa place, en lui donnant des garanties en vue d'une restitution éventuelle. Faute par eux de fournir une garantie suffisante, l'acquéreur n'est pas obligé de conserver les fonds entre ses mains ; il les verse à la Caisse des dépôts et consignations, d'où ils seront retirés plus tard par la femme, si elle y a droit, sinon, par les autres créanciers. L'art. 2195 défend à l'acquéreur de faire « aucun paiement du prix au préjudice des femmes, mineurs et interdits », mais par la consignation ou par la da-

[1] Beaucoup d'auteurs se contentent ici d'une caution, ce qui me paraît une garantie insuffisante, étant donnée la longueur du temps à attendre : solvable au jour où elle s'engage, la caution peut ne plus l'être quelques années plus tard.

tion d'une nouvelle hypothèque les droits de tous sont réservés. Comp. Bastia, 25 janv. 1862, D. 68. 2. 147, S. 62. 2. 458 ; Metz, 31 déc. 1867, D. 68. 2. 145, S. 69. 2. 5; Pau, 23 juin 1884, D. 85. 2. 253.

3351. Radiation des inscriptions postérieures. — La loi dit que les inscriptions qui se trouvent primées par celles des incapables doivent être *rayées* (art. 2195, *in fine*). Cependant on ne peut procéder à leur radiation que *si on est sûr qu'elles ne viennent pas en ordre utile*. Par conséquent, dans tous les cas où l'incapable n'obtient qu'une collocation provisoire, il faudra les maintenir, parce qu'il est possible qu'une partie des fonds disponibles revienne plus tard à des créanciers du rang postérieur.

3° Critiques diverses.

3352. Leurs objets principaux. — Toute cette organisation de la purge des hypothèques occultes est l'objet de bien des critiques. Les unes portent sur l'organisation même de la purge; les autres, sur des vices inhérents à l'existence d'hypothèques générales et occultes.

3353. Vices de forme. — Il paraît que les formalités prescrites n'atteignent pas leur but ; les notifications faites par l'acquéreur parviennent d'ordinaire au mari ou au tuteur, qui naturellement se garde bien de rien faire inscrire. Elles sont donc une cause inutile de frais et de lenteurs. En 1851, dans le projet de réforme hypothécaire qui n'a pas abouti, on avait modifié ces formalités, et on les a changées un peu plus tard au profit du Crédit foncier. Voyez ci-dessous, nos 3381 et suiv.

Un autre reproche encore a été fait à notre système de purge, mais celui-là ne s'adresse pas aux rédacteurs du Code. Le texte primitif supposait que le tiers acquéreur connaît les personnes pourvues d'hypothèques légales sur son immeuble ou, s'il ne les connaît pas, qu'il fait les démarches nécessaires pour les découvrir afin de leur envoyer les notifications individuelles prévues par l'art. 2194. En organisant des notifications générales par la voie de la presse, l'avis du Conseil d'État des 9 mai-1er juin 1807 a donné aux acquéreurs un moyen de se dispenser de toutes recherches : ils se bornent à déclarer, dans la notification envoyée au ministère public, que les créanciers à hypothèque occulte ne leur sont pas connus ; ils font faire les insertions dans les journaux, et l'immeuble se trouve purgé. Mais qui lit les annonces judiciaires, qui ne paraissent à Paris que dans des journaux spéciaux, et qui dans les départements sont imprimées à la quatrième page des journaux ? On peut dire que la grande majorité des hypothèques légales sont purgées sans que ceux qui les possèdent, ni leurs représentants, aient eu connaissance de la purge.

La jurisprudence corrige de son mieux ce défaut pratique de la loi. Elle considère la purge comme irrégulière quand les créanciers à hypothèque occulte, auxquels on a omis de notifier individuellement le dépôt du contrat au greffe, étaient connus de l'acquéreur ou pouvaient facilement être connus de lui (Pau, 23 juin 1884, D. 85. 2. 253). — La simple circonstance que le mineur n'est pas pourvu d'un subrogé-tuteur ne dispense pas l'acquéreur de lui notifier son contrat : il doit faire nommer un subrogé-tuteur pour lui faire la signification prescrite par l'art. 2194 (Nîmes, 25 mai 1857, DALLOZ, *Suppl.*, t. XIV, p. 241, note 1, S. 57. 2. 609).

3354. Vices de fond. — La présence d'hypothèques garantissant des droits qui sont souvent conditionnels, ou indéterminés dans leur montant, retarde presque toujours pour de longues années le règlement définitif de l'ordre : l'acquéreur conserve indéfiniment les fonds ou les consigne, en attendant l'événement; ou bien les créanciers qui touchent provisoirement à la place de l'incapable ne sont pas sûrs de conserver définitivement ce qu'ils ont reçu. Une *incertitude prolongée* continue à planer sur de nombreux droits que la loi cherche vainement à régler tout de suite par la purge.

Ce n'est pas tout. Quand la femme obtient une collocation définitive, *elle ne peut pas en toucher tout de suite le montant*, à moins qu'elle ne soit séparée de biens, auquel cas elle recevra elle-même l'argent et le placera. Mais sous tous les autres régimes, *ce serait son mari qui toucherait à sa place*, de sorte que *l'exercice de l'hypothèque légale aboutirait à retirer à la femme toute garantie*, ce qui serait un non-sens. Aussi décide-t-on que l'acquéreur, qui veut se libérer tout de suite (il l'a prouvé en procédant à la purge), devra consigner les fonds. Mais voici le résultat : une portion, peut-être considérable, de la fortune du mari est inutilisée jusqu'à la liquidation des droits de la femme. La purge, qui est destinée à faciliter la circulation des biens, devient pour le patrimoine du mari une cause d'immobilisation et de stérilité. Pourquoi n'obligerait-on pas le mari à recevoir l'argent avec obligation d'en faire emploi au profit de la femme, sous la surveillance et la responsabilité de l'acquéreur qui a purgé ?

§ 6. — *Vente de l'immeuble après surenchère.*

A. — Comment elle se fait.

*** 3355. Forme de la vente.** — Quand elle a été valablement formée, la réquisition du créancier est suivie de la mise aux enchères de l'immeuble. Cette vente a lieu *dans les formes établies pour les expropriations forcées* (art. 2187), c'est-à-dire pour les saisies. Ces formes sont déterminées par les art. 836 et suiv. C. proc. civ.; elles ont été réglées à nouveau par les lois du 2 juin 1841 et du 3 mai 1858, qui ont remanié cette partie du Code de procédure.

3356. Poursuite de la procédure. — En principe, la vente est poursuivie sur les diligences du créancier qui a fait la surenchère, mais ce créancier n'a pas le droit de renoncer à la poursuivre. Dès que sa surenchère a été formée, le bénéfice en est devenu commun à tous les autres : ceux-ci allaient peut-être agir eux-mêmes, et ils ne se sont décidés à s'abstenir que parce qu'ils ont vu une surenchère déjà signifiée ; il ne faut pas qu'ils soient paralysés par l'abandon des poursuites sur le succès desquelles ils étaient en droit de compter, d'autant plus que cet abandon se produirait presque infailliblement à une époque où le délai des quarante jours serait expiré et où ils ne pourraient plus former eux-mêmes une nouvelle surenchère. Aussi le surenchérisseur n'est-il *pas admis à se désister, même en offrant de payer le montant de sa surenchère*, c'est-à-dire le prix augmenté d'un dixième. Il faut que la vente ait lieu parce qu'on obtiendra peut-être un prix plus élevé. Ainsi le profit de la surenchère est acquis à ceux qui ne l'ont pas formée, et le surenchérisseur ne peut s'en désister qu'*avec le consentement de tous les autres* (art. 2190); pour éviter toute contestation, la loi veut que ce consentement soit *exprès*.

Comme conséquence et comme sanction de cette règle, l'art. 833 C. proc. civ. permet à chacun des créanciers de se faire *subroger à la poursuite*, si le surenchérisseur ne donne pas suite à l'action dans le mois de la surenchère, ou s'il s'arrête plus tard au cours de la procédure.

Le droit de poursuivre la vente appartient également à l'*acquéreur surenchéri* (art. 2187), le « nouveau propriétaire » de l'immeuble, comme l'appelle la loi. Il a, en effet, intérêt à sortir le plus tôt possible de la situation incertaine dans laquelle l'a placé la surenchère.

3357. Mise à prix. — Pour l'adjudication, on prend comme point de départ le prix stipulé dans le contrat augmenté du montant de la surenchère (art. 2187, al. 2).

B. — Effet de l'adjudication.

*** 3358. Distinction.** — Quels sont les effets de l'adjudication sur surenchère du dixième? C'est là surtout ce qu'il est important de connaître en cette matière. Deux hypothèses sont à prévoir : l'adjudication peut être prononcée : 1° *au profit de l'acquéreur surenchéri*; 2° *au profit d'un tiers.*

1° Adjudication au profit de l'acquéreur.

*** 3359. Conservation de la propriété.** — Un effet très simple se produit alors : l'acquéreur surenchéri conserve l'immeuble qu'il était menacé de perdre. L'adjudication prononcée à son profit ne le rend pas propriétaire, puisqu'il l'était déjà ; elle consolide seulement sa propriété. C'est ce qui explique la disposition de l'art. 2189 : l'acquéreur qui demeure adjudicataire n'est pas tenu de faire transcrire le jugement d'adjudication [1].

A peu près inexplicable au temps où la transcription n'était requise pour aucun acte translatif de propriété, cet article a, au contraire, tout son sens depuis que l'obligation de transcrire a été rétablie par la loi du 23 mars 1855. Cette loi a soumis à la transcription les actes *translatifs* de propriété ; il est tout naturel qu'un acte qui n'opère aucune translation soit dispensé de cette formalité. Cela revient à dire que l'acquéreur demeure propriétaire en vertu de son titre primitif.

*** 3360. Recours de l'acquéreur.** — Tout n'est pas fini par l'adjudication : pour conserver son immeuble, l'acquéreur a été obligé de faire un nouveau sacrifice ; il a dû surenchérir et couvrir la surenchère du créancier poursuivant ; en outre, il aura à supporter des frais supplémentaires, qui sont très élevés. Aussi ce fait lui ouvre un *recours* contre qui de droit ; mais pour déterminer contre qui existe ce recours et dans quelle mesure il est ouvert, *des distinctions sont nécessaires.*

Tout d'abord il y a un recours dont la loi ne parle pas, mais qui est le seul qui existe en toute hypothèse : c'est l'*action de gestion d'affaires* contre le véritable débiteur des créanciers ; ce que le détenteur a payé était bien dû par quelqu'un, et ce débiteur, quel qu'il soit, doit rembourser au détenteur ce que celui-ci a été obligé de payer à sa place. Malheureusement, la plupart du temps, ce recours est inutile parce que le véritable débiteur est insolvable, et c'est son insolvabilité même qui a forcé les créanciers à poursuivre un tiers détenteur.

En second lieu le détenteur peut recourir *par l'action en garantie* contre son auteur (art. 2191). Ce recours lui est certainement ouvert au cas de *vente* [2] et au cas d'*échange* ; mais il ne l'a pas, du moins en général, quand l'immeuble lui avait été transmis par une *donation*, le donateur n'étant pas garant de l'éviction qui ne provient pas de son fait. Cependant la donation entraîne garantie comme la vente, quand elle est faite à titre de dot ou quand le donateur s'y est expressément obligé.

Ces deux recours n'ont pas le même objet : par l'action en garantie, le

[1] Cet article est un de ceux sur lesquels on s'était appuyé pour soutenir que la transcription avait été conservée par le Code, et il fournissait en effet un argument assez fort aux partisans de cette opinion, car on ne peut être dispensé d'une obligation qu'autant que cette obligation existe en principe.

[2] Voyez cependant Grenoble, 19 janvier 1900, D. 1900. 2. 319.

détenteur peut réclamer *tout ce qu'il a été obligé de débourser*, en principal, intérêt et frais, et même, s'il y a lieu, des *dommages-intérêts supplémentaires*. — Par l'action de gestion d'affaires, il n'obtient que le remboursement des *sommes directement payées aux créanciers en l'acquit du débiteur*.

3361. Attribution de l'excédent du prix. — Si le prix d'adjudication est monté assez haut pour qu'il reste quelque chose après le paiement des créanciers et des frais, cet excédent doit revenir à l'acquéreur surenchéri qui en fait confusion sur lui-même, car personne n'y a droit.

2° Adjudication prononcée au profit d'un tiers.

***3362. Question principale.** — Ce tiers peut être soit le créancier surenchérisseur, soit une autre personne quelconque, cela est sans importance pour résoudre les questions qui se présentent. L'acquéreur, qui avait entrepris la purge pour conserver son immeuble, s'en trouve au contraire évincé et dépouillé : l'immeuble est *passé en mains tierces*. On se demande alors si cette translation de propriété se produit *avec effet rétroactif*, c'est-à-dire si le titre de l'acquéreur est *résolu* ?

3363. Intérêt de la question. — C'est une grosse question, et il importe d'en bien saisir l'intérêt. S'il y a résolution du titre de l'acquéreur surenchéri, on devra admettre les conséquences suivantes :

1° Hypothèques. — Les hypothèques concédées par l'*acquéreur* ou nées de son chef sur l'immeuble pendant qu'il lui a appartenu devront disparaître. — Les charges réelles établies par l'*aliénateur* jusqu'au jugement d'adjudication seront maintenues.

2° Garantie. — L'adjudicataire aura pour garant le vendeur primitif et non l'acquéreur surenchéri.

3° Fruits. — L'acquéreur surenchéri restituera les fruits perçus par lui.

4° Excédent du prix. — S'il reste un reliquat sur le prix d'adjudication, tous frais payés et les créanciers remboursés, l'acquéreur surenchéri n'y aura aucun droit ; cet argent doit revenir au vendeur primitif et à ses créanciers chirographaires.

Tels sont les points sur lesquels porte l'intérêt du débat, et telles seraient les *conséquences logiques* de l'idée de résolution si on l'appliquait rigoureusement ; mais on verra que la *jurisprudence* a adopté un système composite, dont les éléments sont fort éloignés du tableau qui vient d'être présenté.

***3364. Solution de la jurisprudence.** — Pour la jurisprudence, *il y a résolution du titre de l'acquéreur surenchéri* quand l'adjudication est prononcée au profit d'un tiers (Cass., 10 avril 1848, D. 48. 1. 160, S. 48. 1. 357 ; Cass., 15 déc. 1862, D. 63. 1. 161, S. 63. 1. 57; Cass., 13 déc.

1887, D. 88. 1. 337, S. 89. 1. 473; Cass., 26 juill. 1894, D. 96. 1. 261). Comp. MOURLON, *Transcription*, n° 85.

Les motifs que donnent les arrêts sont au nombre de deux :

1° Ordinairement la surenchère résout la première acquisition qu'elle couvre et qu'elle efface. Il en est ainsi pour la surenchère du droit commun, celle du sixième: la première adjudication disparaît. — Il doit en être de même pour la surenchère du dixième.

2° L'art. 2188 contient une décision qui ne peut s'expliquer que par la résolution du titre de l'acquéreur surenchéri. Aux termes de cet article, le tiers adjudicataire doit rembourser à l'acquéreur dépossédé les frais et loyaux coûts de son contrat, ceux de la transcription, des notifications faites par lui, et de la revente aux enchères. C'est là une *charge fort lourde*, qu'il ne faut jamais perdre de vue quand on se porte adjudicataire dans une vente sur surenchère du dixième, car elle en grossit considérablement les frais; elle les double. Ce remboursement, qui a pour but de rendre l'acquéreur complètement indemne, ne peut se justifier que si son titre est résolu et si on le considère comme désormais étranger à la propriété qui lui avait été transférée.

*** 3365. Critique de la jurisprudence.** — Les arrêts établissent une différence singulière dans les effets de l'adjudication, selon l'attitude de l'acquéreur : quand il se laisse *exproprier* par les créanciers, même en délaissant l'immeuble, son titre n'est pas résolu (voir ce qui a été dit sur ce sujet à propos de l'art. 2177, ci-dessus, n° 3245); tandis que la résolution se produit, si c'est lui qui prend les devants et fait aux créanciers des offres à fin de purge. Cela paraît peu raisonnable.

La jurisprudence a cependant cherché à justifier ses solutions. Quand les créanciers poursuivent l'acquéreur et saisissent le bien entre ses mains, ils respectent son contrat, sa qualité de propriétaire; ils se contentent d'exercer une saisie sur lui, comme ils auraient pu le faire sur leur débiteur. Au contraire, disent les arrêts, quand ils surenchérissent, « loin de reconnaître sa propriété, ils attaquent directement le titre d'où elle dérive; leur action a pour but de faire tomber ce titre et de lui substituer un nouveau contrat qui fera passer la propriété à un autre » (Arrêt précité du 15 déc. 1862). Dire, comme le fait la Cour de cassation, que les créanciers « attaquent » le titre de l'acquéreur, qu'ils « protestent » contre ce titre, cela a bien l'air d'une *pétition de principe*: les créanciers ne contestent nullement l'aliénation; ils ne cherchent pas à faire rentrer l'immeuble aux mains de leur débiteur; ils refusent simplement d'accepter les offres de l'acquéreur, c'est-à-dire de donner mainlevée de leur hypothèque moyennant la somme proposée, et ils usent du droit qu'ils ont de faire vendre l'immeuble aux enchères, quel que soit son propriétaire actuel.

*** 3366. Opinion de la doctrine.** — Dans le système le plus généralement adopté par les auteurs, il ne devrait y avoir *aucune résolution* : l'acquéreur subit *une éviction qui s'opère sans rétroactivité*; il reste vrai qu'il a été propriétaire, et c'est de lui que la propriété passe à l'adjudicataire. On ne devrait donc faire aucune différence à ce point de vue entre l'*adjudication sur saisie* et l'*adjudication sur surenchère*; et de fait il n'existe aucun motif rationnel d'en faire une.

La doctrine a parfaitement montré la *solution rationnelle* de la question; il est beaucoup moins sûr que ce soit la *solution légale*. En effet, il reste toujours l'art. 2188, dont la jurisprudence donne une explication beaucoup plus solide et plus simple que celle des auteurs. Ceux-ci disent bien que l'art. 2188 est fondé sur le désir d'assurer le remboursement effectif de l'acquéreur : il possède un recours contre son vendeur; mais ce recours sera presque toujours illusoire, à cause de l'insolvabilité du vendeur; en mettant les frais à la charge de l'adjudicataire définitif, on en assure le remboursement, et par là on encourage les acquéreurs d'immeubles à employer la purge. Il ne faut donc voir dans ce texte qu'une *faveur* faite à l'acquéreur, et non une suite de la résolution de son titre. — Cette explication est ingénieuse, mais est-elle bien sûre?

*** 3367. Inconséquence de la jurisprudence.** — Quoi qu'il en soit de la question de principe, la jurisprudence s'est montrée bien peu logique, car au lieu d'admettre toutes les conséquences qui découlent de l'idée de résolution, elle en donne qui appartiennent aux deux systèmes; elle est donc *contradictoire*.

Ainsi la jurisprudence n'admet pas que les *hypothèques nées du chef de l'aliénateur* aient pu encore frapper l'immeuble à partir du jour où le droit de l'acquéreur surenchéri est devenu opposable aux tiers (Cass., 26 juill. 1894, précité)[1].

L'acquéreur n'est pas tenu de *restituer les fruits* (Cass., 19 avril 1865, D. 65. 1. 209, S. 65. 1. 280).

Au point de vue fiscal, il est dû *deux droits de mutation*; mais tous les deux sont supportés par l'adjudicataire, conformément à l'art. 2188.

L'acquéreur surenchéri a un recours en garantie contre son vendeur (Cass., 28 mars 1843; Montpellier, 21 nov. 1864, S. 65. 2. 30).

« Nous renonçons, dit M. de Loynes, à expliquer d'où peut naître ce recours », si la vente est résolue par la surenchère (t. III, p. 684, note 1). Comp. la note de M. de Loynes (D. 96. 1. 261), où sont fort bien exposées les incohérences de la jurisprudence.

Dès lors on peut se demander quel intérêt il peut y avoir à décider, comme le font les arrêts, que le titre de l'acquéreur surenchéri est résolu. *Cet intérêt se réduit à deux points*:

1° Les hypothèques et autres droits réels provenant de l'acquéreur disparaissent.

2° L'acquéreur n'a pas droit à l'excédent du prix.

C'est par là seulement que la jurisprudence se sépare des solutions auxquelles elle arriverait en adoptant le principe contraire préconisé par la doctrine.

§ 7. — *Cas où la purge n'est pas nécessaire.*

* **3368. Pourquoi la purge est parfois inutile.** — Il y a des cas où la procédure de la purge n'est pas nécessaire, et dans lesquels, suivant la formule usitée, *le mode d'aliénation vaut purge*.

A quoi sert la purge? *Elle fixe d'une manière définitive à l'égard des créanciers la valeur vraie de l'immeuble*. Ce résultat est obtenu soit par une acceptation volontaire de l'offre, soit par une vente aux enchères requise par les créanciers et surveillée par eux, de façon qu'elle leur soit opposable.

Or cette fixation définitive peut, dans certains cas, être considérée comme

[1] Cependant on ne considère pas l'adjudicataire comme substitué rétroactivement à l'acquéreur surenchéri; il est réputé devenir propriétaire seulement à compter de l'adjudication prononcée à son profit, et c'est seulement de ce jour qu'il doit les intérêts de son prix (Amiens, 27 juin 1899, D. 1900. 2. 185).

acquise par le seul effet de la vente, ce qui rend inutile la procédure de la purge. Les causes qui produisent ce résultat sont au nombre de deux :

Tantôt *les créanciers hypothécaires participent eux-mêmes à la vente* et sont mis à même de faire monter l'immeuble à son plus haut prix possible.

Tantôt *l'immeuble a déjà été offert au public dans des conditions telles qu'il n'y a pas d'espérance raisonnable d'obtenir davantage par une nouvelle vente.*

3369. Énumération. — Trois cas seulement présentent cette particularité savoir :
1° L'*adjudication sur saisie* ;
2° L'*adjudication après faillite* ;
3° L'*adjudication sur surenchère*.
Mais il faut y ajouter un quatrième cas, l'*expropriation pour cause d'utilité publique*, dans lequel la faculté de purger est supprimée pour d'autres raisons. — Nous dirons ensuite quelques mots des *reventes sur folle enchère*, quoiqu'elles ne vaillent pas purge.

A. — Adjudication sur saisie.

*** 3370. Inutilité des offres à fin de purge.** — Quand un immeuble est vendu sur la poursuite des créanciers, quels qu'ils soient, hypothécaires ou chirographaires, l'acquéreur n'a pas besoin de purger : il n'a pas d'*offres* à faire aux créanciers hypothécaires, parce que ceux-ci ne pourraient pas les rejeter pour requérir une nouvelle adjudication publique ; ils ne pourraient pas surenchérir.

*** 3371. Motifs de l'exception.** — Les deux raisons ci-dessus indiquées pour expliquer ce résultat concourent ici pour justifier la suppression de la faculté de surenchérir :

1° Tout a été fait pour faire monter le plus haut possible le prix de l'immeuble.

2° Les créanciers hypothécaires sont *liés à la saisie,* c'est-à-dire qu'ils sont *parties* dans la procédure. On les y appelle par différents moyens, soit par des notifications individuelles, soit par des notifications générales par la voie de la presse (art. 692 et 696 C. proc. civ.). Ils peuvent donc surveiller la marche de la procédure et agir pour sauvegarder leurs intérêts. On comprend donc que le résultat ainsi obtenu leur soit *opposable* : le prix est définitivement fixé à leur égard, et ils ne peuvent pas surenchérir.

3372. Controverse tranchée en 1858. — Ceci est admis *à l'égard de tous les créanciers sans exception* depuis la loi du 21 mai 1858, modifiant les art. 692, 696 et 717 C. civ. proc. Auparavant il y avait eu quelques difficultés.

3373. Difficulté pour les conversions de saisie. — Les majeurs n'ont pas le droit de faire vendre leurs biens aux enchères devant la justice (art. 743, al. 1er, C. proc. civ.). Toutefois, lorsqu'un immeuble appartenant à un majeur a été saisi par ses créanciers, et que la saisie a été transcrite, le débiteur peut consentir à la *conversion de la saisie en vente volontaire* (même art., al. 2). Cette conversion, permise par la loi pour faciliter la vente et la rendre moins onéreuse, manque souvent son but et coûte plus cher que la saisie [1]. Néanmoins elle se fait parfois, et l'on s'est demandé si après ces *ventes par conversion* les hypothèques se trouvaient purgées de plein droit? Convient-il de les traiter comme des ventes volontaires ou comme des ventes sur saisie? La question a été résolue par une distinction, qui s'inspire de l'al. 3 de l'art. 743 C. proc. civ. Si les sommations prescrites par les art. 692 et 696 C. proc. civ. ont déjà été faites au moment où s'opère la conversion, les créanciers sont déjà liés à la procédure, et leurs hypothèques sont purgées comme si la saisie avait suivi son cours jusqu'au bout. Si la conversion intervient plus tôt, la vente ne produit que les effets d'une vente volontaire, et l'acquéreur doit procéder à la purge.

B. — Adjudication après faillite.

3374. Exposé sommaire. — Quand un commerçant tombé en faillite n'obtient pas son *concordat*, ses immeubles, s'il en a, sont vendus au profit des créanciers. Cette vente se fait, *non pas dans la forme des saisies*, mais dans la forme des *ventes de biens de mineurs* (art. 953-965 C. proc. civ.). Or ces ventes sont des *ventes volontaires*, qui n'entraînent aucunement les effets de la vente sur saisie, qui n'en ont ni les formes ni les caractères, et à la suite desquelles l'adjudicataire, s'il veut purger son immeuble, est tenu d'employer la procédure de purge réglée par le Code civil.

Néanmoins, *pour le cas spécial de la faillite*, la Cour de cassation juge que *cette forme de vente fixe irrévocablement le prix de l'immeuble à l'égard des créanciers* et que ceux-ci sont par suite *privés du droit de surenchérir*; autrement dit, l'adjudication vaut purge (Cass., 19 mars 1851, D. 51. 1. 292, S. 51. 1. 270; Cass., 3 août 1864, D. 64. 1. 329, S. 64. 1. 381). — Nous ne pouvons examiner ici cette question qui appartient au cours de droit commercial. La difficulté porte sur l'art. 573 C. com., qui dit que la surenchère après adjudication des immeubles du failli n'aura lieu que sous les formes et conditions qu'il détermine; ce qui semble exclure toute autre surenchère, et notamment celle des créanciers hypothécaires.

C. — Adjudication sur surenchère.

**** 3375. Définition des surenchères.** — D'une manière générale, une surenchère est l'*offre d'un prix plus élevé pour une chose déjà vendue une première fois*. Tel est le sens du mot « sur-enchérir ». La surenchère entraîne toujours la *mise en vente aux enchères publiques*, avec une *mise à prix* qui est le prix primitif augmenté du montant de la surenchère. Le surenchérisseur n'est donc pas sûr d'acquérir la chose pour laquelle il offre un prix, car d'autres peuvent la pousser plus haut le jour des enchères. Si personne ne se présente ce jour-là, le surenchérisseur est déclaré adjudicataire.

*** 3376. Variétés de surenchères.** — Il y a dans notre droit trois sortes de surenchères.

1° LA SURENCHÈRE DES CRÉANCIERS HYPOTHÉCAIRES. (Ci-dessus, n° 3327.) — On sait déjà que son taux est du dixième. Celle-ci est à part dans le groupe des surenchères, parce qu'elle est l'exercice d'un droit particulier, l'hypothèque. Elle ne peut donc pas appartenir à tout le monde. Elle n'est qu'une des formes du droit de suite (comp. ci-dessus, n° 3277).

Elle a, en outre, ceci de particulier qu'elle porte sur une *acquisition amiable* : il n'en est pas de même des deux autres. De là le nom de *surenchère sur aliénation volontaire*, que la loi lui donne (art. 832 C. proc. civ.).

[1] Voyez OLLIVIER. *De la vente sur conversion de saisie*, thèse, Paris, 1898.

2° LA SURENCHÈRE DU DROIT COMMUN (SURENCHÈRE DU SIXIÈME). — Son taux était du *quart* avant la loi du 2 juin 1841.

Celle-ci n'est possible qu'*à la suite d'une vente aux enchères*. Il importe peu que la vente ait le caractère d'une *vente volontaire* (ventes de biens de mineurs, de biens dotaux, etc., art. 965, 973, 988 C. proc. civ.) ou d'une *vente forcée* (vente sur saisie, art. 798 C. proc. civ.). Mais elle n'est pas, comme la précédente, l'exercice d'un droit spécial, réservé à une catégorie de personnes ; elle est *ouverte à tous* et peut être faite par le premier venu. Ce n'est qu'une enchère tardive, reçue dans un délai supplémentaire.

Le délai pour la former est de *huit jours*.

3° LA SURENCHÈRE DE LA FAILLITE (art. 573 C. com.). — Celle-ci n'est qu'une variété de la précédente, soumise à des règles exceptionnelles en vue d'un cas particulier. Elle est rendue plus facile au moyen des deux règles suivantes : *a*) par l'*abaissement du taux de la surenchère*, qui est du *dixième* au lieu du sixième ; *b*) par *la prolongation du délai*, qui est de *quinze jours* au lieu de huit.

***3377. Motifs de la suppression de la purge.** — Une vente sur surenchère n'a jamais besoin d'être suivie de purge ; le prix est toujours définitivement fixé à l'égard des créanciers. Pourquoi cela ? Dans un premier cas, l'explication est fort simple : *si la première surenchère est celle d'un créancier hypothécaire, la purge est faite,* et il n'y a pas lieu de la recommencer ; une fois suffit. La loi du 2 juin 1841, ajoutant un alinéa à l'art. 838 C. proc. civ., a consacré cette solution déjà admise auparavant.

Dans deux autres cas encore, il est facile d'expliquer l'inutilité de la purge : lorsque la surenchère frappe une *adjudication sur saisie ou après faillite,* l'adjudication primitive entraînait purge par elle-même (ci-dessus, n°s 3370 et 3374) ; l'adjudication sur surenchère qui la remplace entraîne nécessairement le même effet.

Mais il reste tous les autres cas, dans lesquels l'adjudication frappée de surenchère est une *vente volontaire n'entraînant pas purge par elle-même*. Ces ventes sont nombreuses (ventes de biens de mineurs, de biens dotaux, de biens dépendant d'une succession bénéficiaire ou d'une succession vacante, etc.). Pourquoi donc, quand ces ventes sont suivies d'une surenchère, la loi décide-t-elle que le prix de l'immeuble est définitivement fixé par la seconde adjudication et que l'adjudicataire n'a pas à faire d'offres aux créanciers ? C'est que l'on a voulu *mettre un terme à cette série de ventes publiques*. L'immeuble a déjà vu deux fois le feu des enchères ; une troisième adjudication ne le ferait probablement pas monter plus haut, et causerait des frais inutiles (Rapport de M. Persil sur la loi du 2 juin 1841). Les créanciers ne peuvent donc pas surenchérir, bien qu'ils ne soient nullement liés à la procédure dans ces sortes de ventes.

Tel est le sens de la maxime : *surenchère sur surenchère ne vaut,* maxime qui est devenue absolue depuis que la loi de 1841 l'a étendue aux ventes volontaires, suivies d'une surenchère du sixième.

D. — Expropriation pour cause d'utilité publique.

3378. Suppression de la faculté de surenchérir. — Quand un immeuble est exproprié pour cause d'utilité publique, les créanciers hypothécaires eux-mêmes sont expropriés de leur droit d'hypothèque. Ils ne peuvent pas l'utiliser en réclamant la vente aux enchères du bien qui leur était hypothéqué, parce qu'*il n'y a pas d'autre acquéreur possible que l'autorité expropriante* (État, commune, etc.). C'est là une raison d'ordre supérieur qui rend vaine la faculté de surenchérir : l'immeuble ne pouvant pas être offert au public, la purge se trouve être incompatible avec le but de l'opération. Les droits des créanciers hypothécaires sont donc transférés de l'immeuble sur le prix, c'est-à-dire sur l'indemnité payée à l'exproprié.

Les créanciers hypothécaires sont néanmoins protégés par la loi : ils peuvent demander que l'indemnité soit *déterminée par le jury*, au lieu d'être fixée de gré à gré par une convention entre le propriétaire et l'administration, au moyen d'une cession amiable (L. 3 mai 1841, art. 17, al. 3).

Ceci suppose d'ailleurs que les créanciers sont régulièrement inscrits avant l'expiration du délai qui leur est donné à cet effet : *quinze jours* à compter de la transcription du jugement d'expropriation (L. 3 mai 1841, art. 17, al. 1er). A défaut d'inscription dans ce délai, l'immeuble est définitivement purgé de tous privilèges et hypothèques, de quelque nature qu'ils soient (*Ibid.*, al. 2).

E. — Ventes sur folle enchère.

3379. Question à résoudre. — Quand un adjudicataire ne peut pas payer son prix, parce qu'il s'est laissé aller à s'engager pour une somme trop forte, on l'appelle *fol enchérisseur*, et l'immeuble est revendu à ses risques de telle sorte que, si la seconde adjudication se fait à un prix moins élevé que la première, le fol enchérisseur reste tenu de la différence envers les créanciers. Pareille adjudication vaut-elle purge ? On suppose, bien entendu, que la première adjudication n'avait pas opéré la purge par elle-même.

3380. Solution. — Sans entrer dans l'examen détaillé de la question, en voici sommairement la solution. On admet universellement aujourd'hui que la surenchère du droit commun (celle du sixième) ne peut pas être faite après une revente sur folle enchère[1]. Mais on a maintenu aux créanciers hypothécaires la faculté de surenchérir, parce qu'ils possèdent un droit spécial, dont la surenchère n'est que le mode d'exercice, et qu'il faudrait un texte formel pour le leur enlever. D'ailleurs il y a ici une raison particulière pour le leur maintenir : c'est que l'immeuble qui leur est hypothéqué se trouve déprécié par la folle enchère, car l'on doit croire que si le premier adjudicataire n'a pas pu en payer le prix, c'est que ce prix était exagéré ; on ne trouvera donc d'acheteur que pour un prix plus bas (Cass., 6 juill. 1864, D. 64. 1. 279, S. 64. 1. 377 ; Comp. Rouen, 4 juill. 1884, S. 84. 2. 182). Voyez les notes sous les arrêts précités. M. Pont, qui avait d'abord soutenu l'opinion contraire, s'est rallié à la jurisprudence dans sa dernière édition (n° 1350).

§ 8. — *Purge spéciale du Crédit foncier.*

***3381. Son caractère propre.** — Cette purge, qui a été organisée par le décret-loi du 28 février 1852 et par la loi du 10 juin 1853, est une institution spéciale (Voyez ci-des-

[1] Jurisprudence constante (Cass., 24 juill. 1882, D. 83. 1. 256, S. 83. 1. 56 ; Cass., 31 mars 1884, D. 84. 1. 404, S. 85. 1. 167). Le motif est que l'art. 739 C. proc. civ., qui règle les formes de la revente sur folle enchère par voie de renvoi aux articles qui gouvernent la saisie immobilière, ne renvoie pas aux art. 708 à 710 qui instituent la surenchère du sixième. Cette suppression est sans inconvénient, puisque le public a déjà eu la faculté de surenchérir après la première adjudication et qu'il ne s'en est pas servi.

sus, n° 3294). A proprement parler, on ne permet pas aux sociétés de Crédit foncier de *purger*, c'est-à-dire de rembourser malgré eux les créanciers et de leur enlever leurs hypothèques. *L'utilité de la purge qui leur est permise est toute différente* ; c'est ce qui va résulter d'un rapide examen fait séparément pour les hypothèques inscrites et pour les hypothèques occultes.

A. — Cas d'application.

3382. Hypothèques inscrites. — Quand il existe déjà des inscriptions sur l'immeuble offert en garantie au Crédit foncier, le prêt n'est possible qu'à une double condition. Il faut :

1° Que les créances inscrites soient *échues*, de façon qu'on puisse imposer aux créanciers leur remboursement, ou tout au moins *qu'ils consentent à le recevoir par anticipation*, si l'échéance n'est pas encore arrivée ;

2° Que la somme prêtée par le Crédit foncier soit *suffisante pour désintéresser tous les créanciers inscrits*.

Alors le prêt est possible, parce que, toutes les hypothèques étant éteintes, le Crédit foncier est sûr d'avoir le premier rang. Mais s'il reste un seul créancier qu'on ne puisse pas payer ou qui ne veuille pas se laisser rembourser, le prêt n'a pas lieu parce qu'il ne serait pas fait sur première hypothèque[1].

3383. Hypothèques occultes. — Il n'existe donc pas pour le Crédit foncier, simple prêteur d'argent, de moyen quelconque de purge contre les hypothèques *inscrites*. Mais, comme on veut qu'il soit sûr d'obtenir le premier rang, il a bien fallu lui donner *un moyen de faire apparaître les hypothèques occultes*, qui, étant dispensées d'inscription, pourraient se révéler un jour et primer la sienne. Il existe donc en sa faveur une purge particulière pour les hypothèques légales dispensées d'inscription ; mais, cette purge n'est pas celle du droit commun : elle est destinée simplement à faire apparaître une hypothèque inconnue en fait. On comprend donc qu'elle diffère de celle qui est réglée par les art. 2193-2195, à la fois *dans sa forme*, qui est *plus simple*, et *dans ses effets*, qui sont *moins énergiques*.

B. — Procédure.

3384. Notifications. — Si, en fait, les créanciers à hypothèques occultes sont connus, le dépôt au greffe et l'affiche sont supprimés ; quant aux offres et notifications, elles sont faites à la fois au subrogé-tuteur et au tuteur ; au mineur émancipé et à son curateur ; au mari et à la femme, et la loi du 10 juin 1853, art. 21, veut que la notification faite à la femme soit remise à sa personne, avec avertissement spécial l'invitant à s'inscrire dans les délais légaux, et la prévenant qu'à défaut d'inscription son droit d'hypothèque sera éteint.

Si les créanciers sont inconnus, des insertions sont faites dans les journaux de l'arrondissement où se trouvent situés les biens, et on les notifie au ministère public du lieu de la situation et du lieu du domicile de l'emprunteur.

3385. Délais. — Les délais ont été considérablement abrégés.

Quand les hypothèques sont connues, la loi donne seulement *quinze jours* aux créanciers pour surenchérir, s'il s'agit de femmes mariées (Décr. 28 février 1852, art. 20). Pour le mineur, la règle est un peu plus compliquée : il y a deux délais de quinze jours successifs. Le premier, qui court à compter de la notification, est donné au conseil de famille pour se réunir ; et s'il décide que l'inscription doit être prise, un second délai de quinze jours est donné au tuteur pour l'inscrire à compter de la délibération du conseil (L. 10 juin 1853, art. 20).

Pour les hypothèques inconnues, le délai est de quarante jours à compter de l'insertion dans les journaux.

[1] Il arrive cependant, malgré toutes les précautions, que le Crédit foncier se trouve primé par un autre créancier hypothécaire, bien qu'ayant cru obtenir lui-même le premier rang (Cass., 11 juill. 1889, D. 89. 1. 393, S. 90. 1. 97).

C. — Effets de cette purge.

3386. Leur portée limitée. — Ainsi qu'on l'a déjà vu, cette purge a simplement pour but de faire apparaître les hypothèques occultes. Cette considération en détermine l'effet. Supposons qu'une inscription soit prise : on se trouve dans la même situation que s'il s'agissait d'une inscription d'hypothèque ordinaire, c'est-à-dire que le prêt n'est possible qu'à condition qu'on puisse rembourser intégralement ce créancier avec la somme qui doit faire l'objet du prêt.

Au cas contraire, si aucune inscription n'a été prise, *la purge produit son effet*, c'est-à-dire que l'immeuble est affranchi de l'hypothèque légale à l'égard de la société qui consent le prêt *l'hypothèque non inscrite ne lui est pas opposable*. Mais (et ceci est tout à fait remarquable) cette purge n'a qu'un *effet relatif* : elle ne profite qu'à la société qui fait le prêt : c'est un privilège introduit dans son intérêt exclusif. Par suite l'hypothèque légale pourra être exercée après celle du Crédit foncier et opposée aux autres créanciers ; elle pourra même quelque jour reconquérir le premier rang si le prêt se trouve amorti ou remboursé.

CHAPITRE IX

EXTINCTION DES HYPOTHÈQUES

§ 1. — *Les causes d'extinction.*

****3387. Division.** — Les privilèges et hypothèques, étant des droits accessoires, s'éteignent de deux façons : 1° *par voie de conséquence*, quand la créance s'éteint ; 2° *par voie principale*, quand la cause d'extinction agit sur l'hypothèque en laissant la créance intacte.

A. — Extinction par voie de conséquence.

1° Le principe.

***3388. Condition de l'extinction de l'hypothèque.** — Toutes les fois que la créance est éteinte, l'hypothèque disparaît. Ainsi tous les faits énumérés ci-dessus (n° 423) comme éteignant les obligations produisent en même temps l'extinction de l'hypothèque : paiement, novation, compensation, confusion, remise de la dette, etc.

Toutefois l'hypothèque ne s'éteint qu'autant que l'extinction de la créance a été *totale* : s'il n'y a eu qu'une *extinction partielle*, à la suite d'un paiement à titre d'acompte, par exemple, l'hypothèque, qui est indivisible, subsiste tout entière pour garantir le surplus de la créance.

3389. Surprises à craindre. — L'extinction de l'hypothèque par voie de conséquence se produit parfois sans que les parties s'y attendent et s'en aperçoivent. C'est l'*effet d'une novation* résultant de la nature de l'acte accompli par elles. Ainsi, quand une femme meurt léguant à son mari l'usufruit de tous ses biens, ses héritiers peuvent perdre, sans le vouloir, l'hypothèque légale attachée aux reprises de la femme, rien qu'en exécutant son testament. Voici comment : on liquide les droits qui appartenaient à la testatrice, et quand leur total est connu, les héritiers de la femme en laissent le montant au mari légataire pour qu'il en jouisse à titre d'usufruitier. Ils n'ont rien touché : ils sont toujours créanciers pour la même somme ; mais ils n'ont plus d'hypothèque légale, parce qu'il y a eu *novation dans le titre de leur créance* : le mari est leur débiteur non plus en qualité de mari redevable envers sa femme, mais en qualité d'usufruitier soumis à restitution. Cette novation par changement de cause a éteint l'hypothèque (Cass., 27 juin 1876, D. 77. 1. 121, S. 77. 1. 241). Le même résultat peut se produire pour le privilège du copartageant (Cass., 15 nov. 1886, D. 87. 1. 499 ; Cass., 9 déc. 1891, D. 92. 1. 68). A ce danger il y a un remède, qui est la réserve expresse de l'hypothèque ou du privilège (Voyez ci-dessous, n° 3393).

D'ailleurs l'extinction de l'hypothèque ou du privilège n'a lieu en pareil cas qu'autant qu'il est intervenu un acte spécial liquidant les reprises de la femme et faisant remise au mari des biens et valeurs soumis à son usufruit. Les héritiers de la femme conservent donc leur hypothèque légale, quand le mari continue simplement la possession qu'il avait avant le décès de sa femme (Trib. civ. d'Orange, 12 juill. 1890, D. 93. 2. 277 ; Agen, 22 janv. 1900, D. 1900. 2. 351).

Il est à remarquer que dans la théorie allemande sur la *transmission de la dette*, bien qu'on accepte un principe différent de l'idée de novation, on considère néanmoins l'hypothèque comme éteinte en principe (ci-dessus, n° 494).

*** 3390. Extinction par l'effet de la prescription.** — Quand la créance est prescrite, l'hypothèque s'éteint. Cela est dit spécialement dans l'art. 2180-4°, où la mention qui en est faite paraît peu utile, puisque le 1° du même article a déjà décidé d'une manière générale que « les privilèges et hypothèques s'éteignent par l'extinction de l'obligation principale ». Il importe peu évidemment que la cause qui met fin à la créance soit la prescription ou tout autre mode d'extinction. Dès lors à quoi bon nommer spécialement la prescription, quand on passe tous les autres modes sous silence ? Il y avait à cela une raison : c'est que le Code a voulu *déterminer la durée de la prescription de l'hypothèque* d'une manière nouvelle, en abrogeant une règle admise dans l'ancien droit. Voyez ci-dessous n° 3395.

3391. Cas où l'extinction n'est pas définitive. — Il peut arriver que la créance ne se soit pas éteinte d'une manière définitive, et qu'elle vienne à revivre un jour : l'hypothèque, qui s'était éteinte en même temps que la créance, doit-elle être alors rendue au créancier ? Cette question se pose soit à la suite d'une *dation en paiement*, soit à la suite d'une *compensation*.

1° Dation en paiement. — On suppose qu'un créancier hypothécaire, à qui il était dû une somme d'argent, accepte à la place un objet en nature, un immeuble par exemple, dont il est ensuite évincé. Redevenu créancier de la somme qui lui était due, va-t-il pouvoir encore exercer son hypothèque ? Anciennement on n'hésitait pas à le lui permettre : « Si le paiement, ou ce qui devoit en tenir lieu, n'avoit point d'effet... l'hypothèque revivroit avec la créance, car ces sortes de paiement renferment la condition tacite qu'ils subsisteront » (Domat, *Loix civiles*, liv. III, tit. I, sect. 7 n° 6. — Comp. Pothier, *Vente*, n° 604). Toute la question est de savoir si le Code a changé la solution ancienne. La loi moderne a statué sur un point : elle déclare que la caution est définitivement libérée par l'acceptation que fait le créancier de la chose qu'on lui offre en paiement, « encore que le créancier vienne à en être évincé » (art. 2038). On ne doit pas prendre cette décision comme l'indice d'un changement de principe ; elle a bien plutôt le caractère d'une *mesure de faveur*, destinée à assurer la sécurité de la caution qui s'est crue définitivement libérée et qui a cessé de surveiller le débiteur. Mais on ne doit point appliquer la même règle aux hypothèques, car il est bien certain que le créancier n'a entendu libérer son débiteur qu'autant que la chose qu'on lui remet en paiement deviendra réellement sa propriété : cette condition est nécessairement sous-entendue dans la dation en paiement. Les jurisconsultes romains en faisaient déjà la remarque : « Harum enim rerum solutio non potest, nisi ex eventu, liberare, scilicet quo casu certum erit remanere eas » (Paul, au *Digeste, De solutionibus*, liv. XLVI, tit. 3, fr. 98, princ. — Comp. Bugnet sur Pothier, t. III, p. 240, note 1). La dation en paiement n'a pas été libératoire ; l'hypothèque n'a été éteinte qu'en apparence.

Cependant beaucoup d'auteurs modernes décident au contraire que l'hypothèque est définitivement éteinte et ne revit pas après l'éviction de la chose donnée en paiement, parce que l'opération implique une *novation tacite par changement d'objet*, qui a éteint l'hypothèque, de telle sorte que celle-ci n'aurait pu être conservée que par une convention expresse, conformément à l'art. 1278. Cette idée, plus récente que le Code civil, a déjà été réfutée (ci-dessus, nº 523). Même en l'admettant, ne pourrait-on pas décider que la réserve de l'hypothèque, en vue d'une éviction éventuelle, suffit à maintenir l'hypothèque ? Au reste la question ne paraît avoir qu'un intérêt doctrinal, et ne s'être jamais présentée dans la pratique.

2º Compensation. — Plaçons-nous dans une hypothèse où la compensation est possible, deux personnes étant respectivement débitrices l'une de l'autre : l'une d'elles, ignorant la créance qui existe à son profit contre l'autre, paye ce qu'elle doit. Sa dette se trouvait déjà éteinte avant le paiement par l'effet de la compensation, qui d'après la loi française s'opère de plein droit (art. 1290). Le résultat est qu'elle a *payé l'indu* : elle a donc une action en répétition pour réclamer ce qu'elle a payé, mais cette action est *purement chirographaire*. Quant à sa créance primitive, qui était peut-être garantie par une hypothèque ou un privilège, elle n'existe plus, s'étant trouvée éteinte en même temps que sa dette par la compensation. Tels sont, du moins, les effets qui résulteraient de l'application stricte des principes ; mais la loi y déroge par une disposition particulière : elle permet d'*exercer encore les privilèges ou hypothèques attachés à l'ancienne créance*, pourvu que celui qui a payé l'indu ait eu une *juste cause d'ignorer la compensation* (art. 1299). Ce texte doit être considéré comme établissant une véritable *restitution en entier* fondée sur l'erreur commise ; il permet, en effet, à celui qui a payé sa dette par erreur d'exercer « son ancienne créance » avec ses garanties. En d'autres termes, la compensation est traitée comme non avenue, et on efface l'extinction de la créance hypothécaire qui en avait été la conséquence.

2º Les exceptions.

3392. Comment elles sont possibles. — Y a-t-il des cas où, par dérogation au principe, une hypothèque puisse survivre à la dette qu'elle garantissait ? Il est bien évident que cette survie de l'hypothèque ne peut se produire qu'autant qu'il reste encore un débiteur et un créancier ; sans cela, à quoi pourrait-elle servir ? Nous ne trouverons donc d'exception à la règle que dans les cas où la créance a été remplacée par une autre, ou transmise à autrui, c'est-à-dire au cas de *novation* et au cas de *subrogation*.

3393. Novation. — La novation éteint l'hypothèque, comme toutes les sûretés qui garantissaient l'ancienne créance, et la nouvelle naît *nue* (art. 1278). Mais la loi permet de réserver ces garanties, l'hypothèque aussi bien que les autres, pour les rattacher à la nouvelle créance (même art.). La conservation de l'hypothèque dépend donc de la volonté des parties, qui doit se manifester sur ce point *d'une manière expresse* (même art.). En pareil cas, l'hypothèque survit bien réellement à la créance, mais ne se trouve pas un seul instant *isolée* : elle passe d'une créance à l'autre, en conservant son rang primitif.

3394. Paiement avec subrogation. — Le paiement éteint la créance, et cependant, quand il est accompagné de subrogation, l'hypothèque subsiste et peut être exercée par le tiers qui a payé à la place du débiteur pour garantir le *recours* qui lui est ouvert contre ce dernier. Il semble donc que dans ce cas encore, comme à la suite d'une novation, l'hypothèque survive à la créance. Mais il faut se rappeler que le paiement avec subrogation est moins un paiement qu'une transmission de la créance ; l'opération est donc *translative* plutôt qu'*extinctive*, et il est tout naturel que l'hypothèque soit transmise en même temps que la créance ; ce qui serait étonnant au contraire, ce serait qu'elle s'éteignît.

3395. Abolition d'une ancienne exception. — Il y avait dans notre ancien droit un cas beaucoup plus remarquable de survie de l'hypothèque : c'était la *prescription*. Quand l'immeuble hypothéqué restait aux mains du débiteur, la prescription de trente ans, qui éteignait la créance, ne suffisait pas pour enlever au créancier son hypothèque : celle-ci *survivait encore pendant dix ans*, en vertu de la loi *Cum notissimi* (Code, *De præscriptione triginta vel quadraginta annorum*, liv. VII, tit. 39, loi 7). Cette solution avait été admise dans notre ancien droit, et l'on considérait l'hypothèque, pendant ces dix années, comme garantissant une obligation naturelle qui survivait à l'obligation civile. Le Code a supprimé cette prescription de quarante ans spéciale à l'hypothèque ; celle-ci s'éteint donc *immédiatement* quand la créance est prescrite, ce qui arrive ordinairement au bout de trente ans (art. 2262), mais ce qui peut aussi se produire beaucoup plus tôt, après dix ans, cinq ans, ou deux ans, et quelquefois moins encore.

B. — Extinction par voie principale.

*** 3396. Énumération incomplète du Code.** — On trouve bien dans la loi une énumération des cas dans lesquels l'hypothèque s'éteint par des causes qui lui sont propres, la créance subsistant encore (art. 2180, 2° à 4°), mais cette énumération est fort incomplète. Elle comprend seulement la renonciation du créancier, la purge et la prescription. Nous aurons plus loin à signaler d'autres causes.

1° Renonciation du créancier.

3397. Capacité. — La loi n'a rien réglé. On applique donc les principes généraux : celui qui peut disposer de la créance devrait pouvoir de même disposer de l'hypothèque et y renoncer, car elle n'en est que l'accessoire et la garantie, cependant on exige la capacité de disposer d'un immeuble, parce que l'hypothèque est un droit immobilier. Voyez ci-dessus n° 3063.

3398. Objet. — En parlant de renonciation éteignant l'hypothèque nous supposons une renonciation portant *sur le droit d'hypothèque lui-même*, et *non simplement sur l'inscription* : on pourrait concevoir une mainlevée de l'inscription, laissant au créancier le droit de s'inscrire à nouveau plus tard. Cette convention est permise et doit être distinguée de la renonciation proprement dite à l'hypothèque.

3399. Formes. — La renonciation peut être *expresse* ou *tacite*.

1° Renonciation expresse. — Aucune forme n'est exigée ; la renonciation se ferait donc valablement par un simple *acte sous seings privés* ; mais la *radiation* de l'inscription ne pourra pas être obtenue du conservateur, qui ne doit y procéder que sur la présentation d'une *mainlevée authentique* (ci-dessus, n° 3061).

2° Renonciation tacite. — Celle-ci peut s'induire de tout acte qui implique l'intention du créancier de libérer l'immeuble à lui hypothéqué. C'est là une question de fait que les juges du fond apprécient souverainement. Pothier citait comme exemple le cas du créancier hypothécaire qui concourt à la vente de l'immeuble par le débiteur : comme celui-ci n'a que faire de son consentement pour aliéner, la présence du créancier ne peut s'expliquer que par l'intention de renoncer à son hypothèque au profit de l'acquéreur en garantissant la vente (Pothier, *Hypothèques*, nos 194 et 195). Il en serait cependant autrement, et l'idée d'une renonciation devrait être écartée, si le créancier avait eu une raison particulière d'intervenir à l'acte, par exemple en qualité de témoin.

Un autre exemple de renonciation tacite, qui a presque le caractère d'une déchéance, résulte de l'art. 508 C. com.: les créanciers qui prennent part au *vote du concordat*, quand le débiteur est tombé en faillite, perdent de plein droit leurs hypothèques ou privilèges.

3400. Caractère unilatéral de la renonciation. — Un droit réel peut se perdre par l'effet d'une simple renonciation de la part de son titulaire. Voyez ce qui a été dit de la renonciation à l'usufruit (ci-dessus, nº 2727). Cette règle a été très régulièrement appliquée à l'hypothèque par la jurisprudence. Par suite, l'acceptation de la renonciation par ceux qui doivent en profiter n'est pas requise (Orléans, 29 nov. 1889, D. 90. 2. 153, S. 91. 2. 35). Le créancier ne peut donc pas se rétracter, même avant tout acte d'adhésion des intéressés : sa renonciation est irrévocable aussitôt qu'elle est faite.

Quelques auteurs ont critiqué cette jurisprudence qui leur paraît contraire à la volonté du créancier, du moins dans quelques cas. Il est bien certain qu'à la place d'une renonciation spontanée et unilatérale le créancier pourrait éteindre son hypothèque par un acte conventionnel sous forme de remise, et que cet acte pour devenir parfait exige le consentement de l'autre partie. Mais cela empêche-t-il que le créancier puisse *de sa seule volonté* perdre son hypothèque en exprimant d'une manière ferme son intention d'y renoncer? Nullement, suivant nous.

2° Purge.

3401. Renvoi. — La purge est pour les hypothèques un mode spécial d'extinction dont les règles ont déjà été exposées. Voyez ci-dessus, nºs 3274 à 3386.

3° Prescription.

*** 3402. Hypothèse à prévoir.** — Il n'est pas question ici du cas où la prescription atteint indirectement l'hypothèque comme un effet de son accomplissement contre l'action principale, parce qu'alors il y a extinction de l'hypothèque *par voie de conséquence*. Nous supposons une *prescription atteignant l'hypothèque sans atteindre la créance*; or ceci n'est possible que pour la *prescription acquisitive* ou usucapion se produisant au profit d'un tiers détenteur. Nous devons donc supposer que l'immeuble est *sorti des mains du débiteur*, et que son nouveau propriétaire en prescrit la libération. C'est dans cette hypothèse seulement que l'on peut voir la prescription agir comme cause d'extinction propre à l'hypothèque. La loi en parle dans l'al. 2. de l'art. 2180-4° : « Quant aux biens qui sont dans la main d'un tiers détenteur... », après avoir parlé dans l'al. 1er de la prescription acquise au débiteur principal : « Quant aux biens qui sont dans ses mains. » Voyez ci-dessus, nº 3390. De la sorte la loi nous présente dans une même disposition le tableau complet des règles relatives à la prescription de l'hypothèque, en marquant nettement la différence entre les deux cas.

*** 3403. Durée de la prescription.** — Aux termes de l'art. 2180-4°, al. 2, la prescription de l'hypothèque par le tiers détenteur « lui est acquise *par le temps réglé pour la prescription de la propriété à son profit* ». Ce sont donc les règles de la prescription acquisitive ou *usucapion* que la loi déclare ici applicables à l'hypothèque. On se rappelle quelles sont ces règles : la prescription s'accomplit par *dix à vingt ans* au profit de l'acquéreur qui a juste titre et bonne foi (art. 2265-2270) ; elle exige *trente* *ans* pour celui qui n'a pas de titre ou qui ayant un titre a été de mauvaise foi en acquérant l'immeuble (art. 2262). Telle sera, selon les cas, la durée de la prescription de l'hypothèque.

***3404. Point de départ.** — Sur ce point la loi a établi une règle particulière : pour la propriété, la prescription abrégée de dix à vingt ans court, tout aussi bien que l'autre, dès le jour de l'entrée en possession ; pour l'hypothèque, la loi ne la fait courir que *du jour où le titre a été transcrit* (art. 2180-4°, al. 2, *in fine*). Cette disposition s'explique à merveille depuis que la loi du 23 mars 1855 a rétabli la transcription ; elle était injustifiable sous l'empire d'une législation qui déclarait cette transcription inutile. Aussi l'art. 2180-4° était-il un de ceux sur lesquels on s'appuyait avec le plus de vraisemblance pour soutenir que le Code n'avait pas abandonné le système de transcription organisé par la loi de brumaire.

De plus, l'art. 2180-4° fournit un argument redoutable contre la jurisprudence qui n'exige pas la transcription du titre pour la prescription de la propriété (t. I, 1re édit., n° 1488 ; 2e édit., n° 1429).

*** 3405. Indépendance des deux prescriptions.** — La formule de la loi a besoin d'être bien comprise : elle ne signifie pas que l'acquéreur prescrira *en même temps* la propriété et l'hypothèque, et qu'il n'y aura qu'*une prescription unique* pour les deux droits. En effet, il est possible tout d'abord que le tiers détenteur n'ait pas besoin de prescrire la propriété, parce qu'il tient l'immeuble de son véritable propriétaire : en ce cas une seule prescription aura lieu, celle de l'hypothèque. Et quand même l'acquéreur aurait besoin de prescrire à la fois pour la propriété et pour l'hypothèque, ces deux prescriptions s'accompliraient séparément. La loi a simplement voulu dire qu'elles seraient *soumises aux mêmes règles*, ce qui ne les empêche pas d'être *indépendantes l'une de l'autre*. Elles peuvent fort bien ne pas s'accomplir en même temps : le détenteur peut prescrire la propriété avant d'avoir prescrit l'hypothèque ou inversement.

3406. Applications. — Nous allons en donner la preuve en passant en revue les différents cas qui peuvent se présenter :

1° On peut supposer que le possesseur a été *de bonne foi* quant à la propriété parce qu'il a cru traiter avec le véritable propriétaire, tandis qu'il a été *de mauvaise foi* quant à l'hypothèque parce qu'il en a connu l'existence : il aura droit à la prescription de dix à vingt ans pour la propriété ; il lui faudra trente ans pour prescrire contre le créancier hypothécaire. — Renversez l'hypothèse : le contraire aura lieu, et l'hypothèque se prescrira par dix à vingt ans, la propriété par trente ans seulement.

2° On peut supposer que le propriétaire est *présent*, c'est-à-dire résidant dans le ressort de la Cour d'appel, tandis que le créancier hypothécaire, résidant en dehors de ce ressort, sera considéré comme *absent* : dix ans suffiront au possesseur pour prescrire contre le propriétaire ; il lui en faudra vingt pour prescrire contre le créancier. On aura le résultat inverse, si c'est le propriétaire qui est absent et le créancier qui est présent.

3° Si on suppose que les deux prescriptions sont toutes deux de même durée parce que le détenteur a été de bonne foi pour l'hypothèque et pour la propriété, et que le créancier hypothécaire et le propriétaire sont tous deux présents ou tous deux absents, auxquels cas les deux prescriptions seront également soit de dix ans, soit de vingt ans, il y a encore une cause de différence possible : c'est la *condition de transcription* que la loi exige expressément pour la prescription de l'hypothèque et qui n'est pas nécessaire, dans l'opinion la plus générale, pour la prescription de la propriété. Par suite, lorsque la prise de possession aura eu lieu avant la transcription du titre, *les deux prescriptions auront des points de départ différents*, et la propriété aura commencé à se prescrire avant l'hypothèque. Toutefois cela sera rare, car il n'est guère d'usage de fixer l'entrée en jouissance à un jour antérieur à la régularisation du titre de l'acquéreur.

4° Enfin il peut arriver que l'une des deux prescriptions soit *suspendue* pendant que l'autre continue à courir, par exemple si le créancier hypothécaire ou le propriétaire est *mineur*, quand l'autre est majeur.

On voit que, pour être soumises aux mêmes règles, les deux prescriptions peuvent très bien ne pas marcher de front et s'accomplir à des moments fort éloignés l'un de l'autre. Elles courent en effet *contre deux personnes différentes*, à l'égard desquelles les conditions de fait peuvent n'être pas les mêmes.

***3407. De la bonne foi du possesseur.** — Pour l'acquisition de la propriété, la bonne foi consiste à croire qu'on reçoit la chose de son vrai propriétaire; *pour l'hypothèque*, la bonne foi consistera à *ignorer son existence*. Cette ignorance de l'acquéreur se comprenait à merveille sous l'ancien droit, alors que toutes les hypothèques étaient occultes : l'acquéreur d'un immeuble ne pouvait pas savoir s'il était grevé d'hypothèques.

Aujourd'hui que la publicité a été organisée et qu'elle fonctionne d'une manière presque complète, il est beaucoup plus difficile de savoir quand le possesseur sera de bonne foi à l'égard des charges hypothécaires établies sur son immeuble. *L'existence d'une inscription sur les registres suffira-t-elle pour le constituer en état de mauvaise foi?* On devrait le décider ainsi parce que, lorsque la loi organise un système de publicité pour porter un droit à la connaissance des tiers, on doit présumer que les tiers connaissent les droits qui ont été effectivement rendus publics dans la forme voulue par la loi. Cependant ce n'est pas l'opinion qui a prévalu : on admet en général que le tiers acquéreur doit être considéré comme étant de bonne foi, relativement aux hypothèques, tant qu'il n'est pas prouvé qu'il en a eu en fait connaissance; il a pu négliger d'aller au bureau du conservateur vérifier l'état de la propriété qu'il achetait : « Nulle loi ne l'y oblige », dit-on. — Raisonnement sans valeur, qui ne peut s'expliquer que par la force des habitudes : il n'était pas d'usage de s'inquiéter de l'état hypothécaire des immeubles, alors qu'on n'avait pas de moyen de vérification ; on a continué à agir de même, après que la loi en a organisé la publicité, sans s'apercevoir que ce système nouveau contenait en lui l'*obligation implicite* pour les tiers d'user des moyens d'information mis à leur disposition avant d'acquérir un immeuble.

La bonne foi se présume toujours; mais le créancier hypothécaire peut prouver *par tous les moyens*, y compris les simples présomptions, que le tiers détenteur a connu l'existence de l'hypothèque au moment de la vente, et que par conséquent il ne peut prescrire contre lui que par vingt ans.

***3408. Nature de la prescription de l'hypothèque.** — Avons-nous affaire à une *prescription extinctive* ou à une *prescription acquisitive*? Cette question est volontiers discutée par les auteurs, qui penchent en général pour reconnaître à la prescription de l'hypothèque le caractère d'une prescription acquisitive (AUBRY et RAU, t. II, § 213, notes 17 et 24; t. III, § 293, p. 493). Il est de fait que cette prescription ressemble beaucoup à une usucapion; elle est fondée sur la possession, et quelquefois aussi sur un juste titre; elle suit les règles de l'usucapion pour sa durée. Cependant si l'on réfléchit que le tiers détenteur qui prescrit contre l'hypothèque n'acquiert en réalité aucun droit nouveau et échappe seulement à une menace d'éviction, on se convaincra que la prescription qui éteint l'hypothèque est *purement libératoire* : ce ne sont pas seulement les *conditions* d'une prescription qu'il faut examiner pour en déterminer la nature, c'est aussi et surtout son *résultat*.

La question est purement théorique. On dit bien qu'il s'agit de savoir si la prescription courra au profit du détenteur, même quand le droit du créancier sera encore suspendu par un terme ou par une condition, ou si au contraire on lui fera l'application de l'art. 2257 qui suspend la prescription jusqu'à l'arrivée du terme ou de la condition; et il est vrai que la doctrine est presque unanime à écarter ici cette cause de suspension parce qu'il s'agit d'une prescription acquisitive fondée sur la possession, et que l'art. 2257 parle uniquement de la prescription extinctive des « créances ». Mais la jurisprudence décide d'une manière constante que la disposition de cet article est absolue et que le créancier doit en bénéficier en toute hypothèse, sans distinguer si l'immeuble hypothéqué appartient encore au débiteur ou s'il est passé aux mains d'un tiers détenteur (Cass., 4 mai 1846, D. 46. 1. 255, S. 46. 1. 182; Cass., 16 nov. 1857, D. 58. 1. 54, S. 58. 1. 397; Cass., 30 déc. 1879, D. 80. 1. 338; Paris, 30 déc. 1892, *Journal des conserv. des hypoth.*, 1891, art. 4208, p. 397; Cass., 8 janv. 1901, P. 1901. 1. 145). Cette jurisprudence est tellement bien établie que l'opinion doctrinale n'a aucune chance de l'ébranler. M. Thézard (n° 252) a proposé de résoudre la question par une distinction; voyez la réfutation de ce système dans Dalloz, *Suppl.*, v° Privilèges et hypothèques, n° 1537. Comp. Carré de Malberg, note dans P. 1901. 1. 145.

3409. Action en déclaration d'hypothèque. — Il y avait dans notre ancien droit une action particulière, l'action en déclaration d'hypothèque, qui était utile alors à cause de la *clandestinité des hypothèques* (Pothier, *Hypothèques*, n°s 129-130). Par cette action, que Pothier appelle « action d'interruption », le créancier hypothécaire cherchait seulement à *interrompre la prescription* qui courait contre lui. Aucune exception ne pouvait lui être opposée et elle pouvait être exercée même avant l'arrivée du terme ou de la condition. Elle tendait à obtenir du tiers détenteur une *reconnaissance ou déclaration d'hypothèque*, avec *promesse de payer à l'échéance*, après discussion des obligés personnels. C'est à cette action aboutissant à l'engagement du détenteur que l'art. 2173 fait allusion en parlant d'un « tiers détenteur qui a reconnu l'obligation ou subi condamnation en cette qualité seulement ». Les auteurs de la loi pensaient donc que ces actions continueraient à être intentées. Cependant elles ne sont plus en usage. La publicité de l'hypothèque a rendu inutile le titre qu'on exigeait du nouveau détenteur, à toutes mutations, contenant « la description détaillée de tous les héritages hypothéqués à la dette avec leurs nouveaux tenants ou aboutissants » : l'inscription suffit pour maintenir l'hypothèque malgré l'aliénation ou le morcellement du fonds.

Ceci n'aurait pas suffi pourtant pour que l'action en déclaration d'hypothèque perdît toute son utilité. Quand le fonds vient à être aliéné par le débiteur, le créancier hypothécaire est menacé d'une prescription rapide, surtout avec l'opinion dominante qui maintient au possesseur le bénéfice de la bonne foi, malgré la présence d'une inscription sur les registres (ci-dessus, n°s 3403 et 3407). On comprendrait donc parfaitement qu'un créancier hypothécaire exerçât cette action contre le tiers détenteur, à l'effet d'interrompre la prescription. Rien dans les lois actuelles ne s'y oppose, et on peut même dire que l'allusion très claire contenue dans l'art. 2173 équivaut au maintien implicite de cette action, dans la mesure où elle peut encore être utile. Mais il est plus simple pour le créancier d'exercer immédiatement des poursuites à fin de paiement. En suspendant la prescription jusqu'à l'arrivée du terme ou de la condition, la jurisprudence a enlevé à l'action en déclaration d'hypothèque la seule utilité réelle qu'elle pût avoir, celle d'interrompre la prescription à un moment où l'exercice de l'action n'est pas encore possible (ci-dessus, n° 3182).

3410. Interruption de la prescription. — L'accomplissement de la prescription au profit du tiers détenteur peut être empêché soit par des *actes de poursuite dirigés contre lui* (art. 2244), soit par une *reconnaissance volontaire* obtenue du détenteur (art. 2248).

En cas de poursuite, l'acte interruptif sera ici une *simple sommation*. Il est vrai qu'en règle générale une sommation est insuffisante pour interrompre la prescription, et qu'il faut un *commandement* (art. 2244); mais on sait qu'à l'égard du tiers détenteur la sommation de payer ou de délaisser remplace le commandement, qui est envoyé au débiteur personnel (ci-dessus, n° 3201).

Mais les actes de poursuite dirigés contre le débiteur n'interrompent pas la prescription à l'égard du tiers détenteur : le créancier a devant lui deux personnes qui prescrivent séparément et qui ne sont pas solidaires l'une de l'autre.

Notons enfin que les inscriptions prises par le créancier n'interrompent pas la prescription, ni contre le débiteur, ni contre le tiers détenteur (art. 2180) ; ceci avait à peine besoin d'être dit.

3411. Difficulté. — La reconnaissance volontaire a provoqué une controverse. On s'est demandé si l'accomplissement des formalités de la purge et notamment les offres faites par l'acquéreur aux créanciers valaient reconnaissance des hypothèques. L'affirmative a été soutenue en doctrine (Voyez notamment Thézard, n° 204) et admise par un arrêt (Riom, 2 janv. 1858, D. 58. 2. 136, S. 58. 2. 188). Mais l'opinion contraire paraît préférable. En offrant son prix, l'acquéreur ne reconnaît pas nécessairement que ceux auxquels il l'offre y ont droit ; son intention n'est pas de reconnaître l'existence d'hypothèques qu'il n'a pas eu le temps ni les moyens de vérifier. Comme le dit fort bien M. De Loynes : « son offre est *conditionnelle* et subordonnée à la vérification de l'existence et de la conservation de la créance et de l'hypothèque, vérification qui se fera dans la procédure d'ordre » (De Loynes, n° 2304). Comp. Aubry et Rau, § 294, note 40.

3412. Effet de la purge. — La nature et la durée de la prescription à laquelle sont exposés les créanciers hypothécaires se trouvent changées par la purge : leur droit devient un droit sur le prix, l'immeuble est affranchi de leurs poursuites et leur action devient une action personnelle *prescriptible par trente ans seulement* : c'est ce qui a été décidé pour un cas où l'adjudicataire sur saisie, après avoir transcrit son contrat, avait consigné le prix (Cass., 25 avril 1888, D. 89. 1. 102, S. 89. 1. 49).

4° Causes diverses d'extinction non prévues par la loi.

3413. Perte de la chose. — Quand la chose grevée de privilège ou d'hypothèque vient à périr, le créancier hypothécaire perd naturellement le droit qu'il avait sur elle. Mais ce fait soulève deux ordres de questions.

A. — Quand l'hypothèque était *conventionnelle*, le créancier a le droit de réclamer soit un *paiement immédiat*, soit une *garantie nouvelle* (art. 2131). Ceci n'est que la suite de l'exécution de la convention : pour faire crédit, le créancier avait exigé une garantie hypothécaire ; il ne l'a plus ; le terme qu'il avait accordé disparaît, à moins qu'on ne le replace dans une situation équivalente par la création d'une nouvelle sûreté. — Son droit serait du reste le même, si au lieu d'une perte il n'était survenu qu'une simple détérioration, pourvu toutefois que la détérioration fût tellement considérable qu'elle rendît les immeubles « insuffisants pour la sûreté du créancier » (art. 2131).

L'art. 2131 suppose que la perte est *fortuite*. Si elle était due à une faute du débiteur, ce serait l'art. 1188 qu'il faudrait appliquer : or ce dernier article prononce d'une manière ferme la *déchéance du terme* contre le débiteur qui a par son fait diminué la sûreté du créancier ; le débiteur en faute ne serait donc pas admis à se soustraire aux poursuites en offrant une nouvelle hypothèque.

B. — L'immeuble détruit peut se trouver remplacé par une *indemnité en argent*, et on se demande alors si le droit des créanciers est transporté sur cette indemnité comme s'il s'agissait du prix de vente de l'immeuble, et dans quels cas cela leur est permis. Seulement ce transfert du droit des créanciers sur l'indemnité fait aujourd'hui l'objet de toute une théorie, à laquelle il convient de consacrer un paragraphe à part. Voyez ci-dessous, n°s 3439 et suiv.

3414. Extinction du droit hypothéqué. — En parlant de « perte de la chose », la loi a en vue la *destruction matérielle de la chose*, sur laquelle est établi le droit hypothéqué, propriété, usufruit ou emphytéose. Mais si ce droit lui-même est sujet à une cause particulière d'extinction, l'hypothèque disparaît également, car on a vu qu'elle est établie plutôt sur le droit réel que sur la chose elle-même. Cette observation est surtout intéressante pour l'usufruit, à cause des modes d'extinction assez variés auxquels il est soumis : quand l'usufruit s'éteint, l'hypothèque est anéantie. Toutefois il est un mode d'extinction de l'usufruit *qui n'est pas opposable aux créanciers hypothécaires*, c'est la *renonciation volontaire* faite par l'usufruitier. Cette renonciation a bien, en principe, pour effet de reconstituer la propriété dans son entier en supprimant son démembrement ; mais comme le débiteur ne pouvait rien faire qui portât atteinte aux droits de ses créanciers, l'usufruit continuera à subsister fictivement entre les mains du propriétaire, et restera affecté à la garantie des créanciers jusqu'à ce qu'il survienne une autre cause d'extinction. Voyez sur ce point DE LOYNES, nos 925 et 926 et no 1941.

3415. Résolution du droit du constituant. — La durée de l'hypothèque dépend nécessairement de celle du droit sur lequel elle est établie. D'où il suit que celui qui n'a sur une chose qu'un droit résoluble ne peut conférer qu'une hypothèque résoluble (art. 2125 et ci-dessus, nos 2752 et 2788). La résolution de l'hypothèque n'est, du reste, qu'un cas particulier du mode d'extinction précédent.

3416. Annulation de l'acte constitutif de l'hypothèque. — Cette cause d'extinction est évidemment spéciale à l'hypothèque conventionnelle. On peut se demander alors si le créancier ne conserve pas le droit d'exiger une nouvelle hypothèque ou de demander son paiement immédiat par application des art. 1188 et 2131. Je crois que cette question ne comporte pas de réponse absolue, et qu'il faut tenir compte à la fois des motifs de l'annulation et des circonstances dans lesquelles les parties ont traité. Le fait d'avoir signé une constitution d'hypothèque implique bien la promesse de donner une garantie de ce genre et la nullité de l'hypothèque n'empêche pas cette promesse de subsister, à la condition toutefois que le promettant ait été capable de s'obliger et capable aussi d'hypothéquer.

Rappelons à ce sujet les *causes particulières de nullité* qui se rencontrent pour les hypothèques *en matière de faillite*. Il y a *nullité de plein droit* lorsque l'hypothèque a été constituée pour la garantie d'une dette *antérieurement contractée* (art. 446 C. com.), et, *possibilité d'annuler* les hypothèques dont la constitution est *contemporaine de la création de l'obligation* (art. 447 C. com.). Comp. L. 4 mars 1889, sur la liquidation judiciaire, art. 5 et 19.

3417. Consolidation. — La consolidation est la réunion dans les mêmes mains du droit d'hypothèque et de la propriété du bien hypothéqué. L'hypothèque s'éteint alors, parce que le propriétaire ne peut avoir comme gage son propre bien. Il en est ainsi du moins en principe, car l'hypothèque se trouve quelquefois maintenue : s'il y a d'autres créanciers inscrits sur le même immeuble, celui qui l'a acquis conservera son hypothèque afin que ses droits ne soient pas sacrifiés. Il a alors *hypothèque sur sa propre chose*. Sa situation est comparable à celle d'un *acheteur* qui emploie son prix à désintéresser les premiers créanciers inscrits sur l'immeuble ; lui aussi est subrogé à leurs droits, afin de pouvoir rentrer dans ses fonds par droit de priorité contre les autres, si ceux-ci se décidaient à l'évincer en exerçant contre lui leur action hypothécaire.

3418. Défaut d'inscription avant la transcription. — On sait déjà que l'hypothèque est alors perdue (ci-dessus, no 3189) et que l'immeuble passe franc et quitte à l'acquéreur. On exprime volontiers ce résultat en disant que *la transcription vaut purge* à l'égard des hypothèques non inscrites et non dispensées d'inscription. Formule vicieuse, car il n'y a lieu de « purger » que les hypothèques *opposables à l'acquéreur*, et l'hypothèque non inscrite n'a jamais eu ce caractère.

3419. Omission dans l'état délivré par le conservateur. — Sur cette cause d'extinction, voyez ci-dessous, no 3426.

3420. Défaut de production dans l'ordre. — Voyez ci-dessous, nos 3432-3433. On peut, du reste, observer que cette dernière cause d'extinction n'est en réalité qu'un effet de la procédure de la purge.

§ 2. — *Effets postérieurs à l'extinction de l'hypothèque.*

***3421. Division.** — Une hypothèque éteinte ne se trouve pas toujours entièrement dénuée d'effets : *il est possible qu'elle survive en partie et que le créancier obtienne son paiement,* par préférence à d'autres, quoique l'immeuble soit à ce moment *affranchi de l'hypothèque*. Il faut même remarquer que c'est toujours ainsi que les choses se passent : l'hypothèque est éteinte comme droit réel, par l'effet de la purge, au moment où le créancier reçoit ce qui lui est dû des mains de l'acquéreur de l'immeuble. Il est donc facile de concevoir que l'on trouve encore le moyen de payer le créancier dans des cas où son hypothèque a déjà cessé de grever l'immeuble. Nous avons aujourd'hui deux séries de cas de ce genre : *la survie du droit de préférence au droit de suite* et *l'attribution aux créanciers hypothécaires d'une indemnité représentant l'immeuble détruit.*

A. — Survie du droit de préférence au droit de suite.

***3422. Comment cette survie est possible.** — Le droit de préférence et le droit de suite ne sont pas, à vrai dire, deux droits spéciaux et indépendants l'un de l'autre, accordés au créancier hypothécaire. C'est commettre un véritable abus des mots que d'en parler comme de deux choses distinctes : l'un et l'autre sont de *simples conséquences* du caractère qu'a l'hypothèque d'être un *droit réel opposable à tous.* Il en résulte que, lorsqu'une hypothèque s'éteint, les deux avantages qu'elle procurait au créancier devraient être perdus pour lui et qu'il devrait les perdre en même temps.

Cependant il se produit assez souvent un phénomène remarquable : c'est l'*extinction purement relative de l'hypothèque,* qui est réputée *éteinte à l'égard du tiers acquéreur,* en ce sens que le créancier hypothécaire ne peut plus l'inquiéter par une saisie et n'a plus le droit de surenchérir, tandis que cette même hypothèque est réputée *encore existante à l'égard des autres créanciers,* ce qui fait que le créancier peut encore se faire colloquer par préférence à eux. On explique ce double effet en disant que « le droit de préférence *survit* au droit de suite », et sa possibilité tient à ce que les deux effets de l'hypothèque se produisent à l'égard de personnes différentes, auxquelles on applique des traitements différents.

3423. Question. — On peut se poser la question inverse : *est-il possible que le droit de suite survive de son côté au droit de préférence?* Si cela se peut, le créancier ne pourra plus s'inscrire, pour s'assurer un droit de préférence contre les autres, mais il pourra encore le faire pour se donner un droit de suite contre un tiers acquéreur. La question n'a été soulevée que dans un seul cas, que voici : un des événements de l'art. 2146, qui arrêtent le cours des inscriptions, vient à se produire ; par exemple, le débiteur meurt et sa succession est acceptée sous bénéfice d'inventaire ; puis un créancier hypothécaire prend inscription sur l'un des biens du défunt. Il est certain qu'il n'acquiert par là aucun droit de préférence contre les autres créanciers ; mais n'a-t-il pas tout au moins le droit de surenchérir quand cet immeuble aura été vendu et que l'acquéreur fera ses offres à fin de purge? Un jugement du tribunal civil de Bayonne, du 25 mars 1879, l'a admis sous prétexte que l'art. 2146 ne prive l'inscription d'effets qu' « entre les créanciers de la succession ». Mais cette solution est justement condamnée (LARNAUDE, *Revue critique*, 1880, p. 193). L'art. 2146 est général ; il s'occupe de la publicité à tous égards : c'est dans le chap. III que la loi s'occupe du droit de préférence ;

or l'art. 2146 est dans le chap. IV. On peut ajouter cette considération que l'exercice du droit de suite ouvrirait à l'acquéreur un recours en garantie contre la succession, ce qui retirerait indirectement aux autres créanciers la plus-value que le poursuivant obtiendrait par l'effet de la surenchère.

Ainsi, à l'inverse de ce qui se passe pour le droit de préférence, le droit de suite ne peut jamais exister seul,

3424. Durée du droit de préférence. — Dans les cas où la loi le fait survivre au droit de suite, le droit de préférence peut s'éteindre à son tour. D'abord la loi fixe parfois des *délais* pour l'exercer, et même quand il n'y a pas de délais, il peut arriver que le créancier se trouve *forclos* et privé du droit de se faire payer à la suite de certains événements. Ces événements sont :

1° La *clôture de l'ordre,* quand il en a été ouvert un pour la distribution du prix ; ce prix ne peut plus être touché que par les créanciers colloqués ;

2° Le *paiement du prix,* lorsque la somme sur laquelle le créancier aurait pu exercer son droit de préférence a été versée au vendeur : elle n'existe plus et le droit de préférence n'a plus d'objet ;

3° La *cession de la créance,* quand elle a été cédée ou déléguée : cette valeur est sortie du patrimoine du débiteur et aucun droit de préférence ne peut plus s'exercer sur elle.

Toutefois, dans un cas particulier (le 6e de l'énumération qui suit), le droit de préférence montre une vitalité beaucoup plus grande et ne s'éteint pas par l'effet d'un simple paiement fait au préjudice du créancier. Voyez ci-dessous, n° 3435.

3425. Origine historique. — Cette situation mixte, caractérisée par la conservation incomplète des droits du créancier, est un produit du droit nouveau ; elle ne se présentait ni dans le droit romain, ni dans notre ancien droit, et il est facile d'expliquer pourquoi : dans la plupart des cas où ce résultat se produit, il a pour cause un *défaut de publicité,* une publicité incomplète ou trop tardive donnée à l'hypothèque. Par suite on n'a pu l'inventer que *depuis l'organisation de la publicité.* Dans deux cas seulement (nos 3 et 6) ce fait a une autre raison, mais qui se rattache encore à des institutions toutes modernes.

Nous allons examiner ces différents cas en les prenant dans leur ordre chronologique.

1° Omission d'une inscription dans l'état délivré par le conservateur.

*** 3426. Faute du conservateur.** — Après avoir transcrit son contrat, l'acquéreur d'un immeuble demande un état d'inscriptions au conservateur et celui-ci, par une erreur qui lui est imputable, omet d'y faire figurer une inscription réellement existante sur les registres. Ce cas, le plus ancien de tous, était déjà prévu et réglé par la loi du 11 brumaire an VII, art. 53.

Il fallait choisir entre deux personnes, le créancier et l'acquéreur, qui toutes deux ont fait tout ce qu'elles avaient à faire. Le Code, reproduisant sur ce point la disposition de la loi de brumaire, *sacrifie le créancier* : tout le système de la publicité manquerait son but, si l'acquéreur devait subir l'effet d'une hypothèque qu'*il n'a pas pu connaître.*

Le créancier n'aura donc *pas de droit de suite* : il ne pourra ni saisir l'immeuble, ni *surenchérir*, si l'acquéreur procède à la purge, et le tiers acquéreur n'aura pas besoin de lui faire ses *offres à fin de purge* et de lui notifier son contrat [1]. A l'égard du tiers acquéreur, l'hypothèque est donc entièrement éteinte.

Mais *le droit de préférence est conservé* : le créancier omis a le droit de produire dans l'ordre ouvert pour la distribution du prix et de s'y faire colloquer à son rang, et ce droit lui est accordé tant que le prix n'a pas été payé par l'acquéreur, ou tant que l'ordre fait entre les créanciers n'a pas été homologué (art. 2198).

L'affranchissement de l'immeuble et la perte du droit de suite étant la conséquence d'une faute du conservateur, sa responsabilité se trouve naturellement engagée envers le créancier quand celui-ci en éprouve un dommage, et c'est aussi ce que dit l'art. 2198.

3427. Faute du créancier. — En considérant le conservateur comme responsable la loi suppose nécessairement que l'omission lui est imputable; elle peut cependant provenir d'une faute du créancier : lorsque celui-ci a requis son inscription, il a pu désigner d'une manière inexacte ou insuffisante soit la personne du débiteur, soit l'immeuble sur lequel il s'inscrivait, de façon que le conservateur n'ait pas pu reconnaître que l'inscription portait sur l'immeuble dont l'état lui était demandé. Le résultat est alors le même pour l'acquéreur dont le bien se trouve également affranchi de l'hypothèque; mais non pour le créancier et pour le conservateur, puisque ce dernier est exempt de faute et n'est pas tenu d'indemniser le créancier. C'est donc celui-ci qui supporte sans recours contre personne le préjudice qu'il éprouve.

3428. Faute de l'acquéreur. — Enfin il est possible que la faute vienne de l'acquéreur qui, en demandant l'état d'inscriptions, a mal désigné l'immeuble acquis par lui ou mal dénommé son vendeur. Dans ce cas l'art. 2198 est inapplicable : l'acquéreur ne peut s'en prendre qu'à lui, et l'hypothèque produit tout son effet et subsiste, bien qu'elle ait été omise dans l'état délivré par le conservateur.

2° Privilèges généraux non inscrits.

3429. Hypothèse discutable. — On peut soutenir que les privilèges généraux de l'art. 2101 se réduisent comme autrefois à un simple droit de préférence et ne confèrent aucun droit de suite, et que c'est pour cela que le Code n'y fait plus aucune allusion à partir de l'art. 2166. C'est l'opinion qui me paraît la plus vraisemblable. Voyez ci-dessus, nos 3006 et 3166. Mais si on admet que ces anciens privilèges ont été *transformés* en véritables hypothèques privilégiées, *avec droit de suite*, on doit décider que la loi ne les a pas dispensés de la publicité à cet égard, car la dispense écrite dans l'art. 2107 ne concerne que le *classement*, c'est-à-dire le droit de préférence, et l'art. 2166 exige la publicité d'une façon générale. De la combinaison de ces idées, on doit conclure que les créanciers pourvus de ces privilèges peuvent encore exercer leur droit de préférence sur le prix bien qu'ils n'aient plus aucun droit de suite sur l'immeuble, faute d'avoir pris inscription en temps utile.

3° Expropriation pour cause d'utilité publique.

3430. Survie du droit de préférence pour toutes les hypothèques. — Ce qu'on appelle *indemnité d'expropriation* est véritablement un *prix d'achat* de l'immeuble ; le propriétaire subit une vente forcée. Il est donc tout naturel que les créanciers

[1] Notons en passant que la loi belge du 16 décembre 1851, art. 129, autorise en pareil cas le créancier omis à surenchérir.

conservent *leur droit de préférence sur le prix*, c'est-à-dire sur l'indemnité. Mais, ainsi que l'on a déjà vu (ci-dessus, n° 3378), le maintien du droit de suite est ici *incompatible avec le but de l'opération*. Les créanciers hypothécaires ne peuvent donc troubler d'aucune manière l'autorité expropriante ; ils ne peuvent ni saisir l'immeuble ni surenchérir, tout leur droit se borne à exiger que l'indemnité soit fixée par le jury (L. 3 mai 1841, art. 17, *in fine*). Il y a bien réellement ici survie du droit de préférence au droit de suite, et le fait se produit *pour tous les créanciers hypothécaires*.

Cependant cette hypothèse ne s'est nettement dégagée que dans la loi du 7 juillet 1833 ; la loi du 8 mars 1810, art. 25, se bornait à dire que lorsqu'il y a des hypothèques sur les fonds expropriés, les indemnités seraient consignées et distribuées selon le droit commun.

4° Survie des hypothèques occultes en cas de saisie immobilière.

3431. Origine. — Ce troisième cas a été introduit par la loi du 21 mai 1858, modifiant l'art. 717 C. proc. civ.

3432. Conditions et effets. — L'adjudication sur saisie vaut purge, ce qui signifie que le droit des créanciers est transporté de l'immeuble sur le prix. Quant aux hypothèques qui n'étaient pas inscrites, l'immeuble s'en trouve affranchi par la transcription du jugement d'adjudication, quelle qu'en soit la nature. Toutefois *la loi réserve le droit de préférence au profit des incapables dispensés d'inscription*. Ceux-ci peuvent encore produire dans la procédure d'ordre, bien que non inscrits, et obtenir collocation, sous la seule condition de se présenter avant l'expiration de certains délais (art. 717 C. proc. civ., al. final)[1].

5° Survie des hypothèques occultes au cas de purge.

3433. Conditions. — Ce cinquième cas, prévu par l'art. 772 C. proc. civ., est encore une création de la loi du 21 mai 1858. — Quand l'acquéreur d'un immeuble procède à la purge, les femmes, les mineurs et les interdits ayant hypothèque sur cet immeuble sont mis en demeure de se faire connaître. S'ils ne prennent aucune inscription, la loi leur enlève leur droit de suite ; l'immeuble est affranchi de leurs hypothèques ; toutefois ils conservent leur droit de préférence, *pourvu qu'un ordre soit ouvert dans les trois mois* qui suivent l'expiration du délai de deux mois établi par l'art. 2195 C. civ.; ils doivent d'ailleurs produire à cet ordre dans les conditions réglées pour le cas précédent par l'art. 717 C. proc. civ.

6° Renonciation de la femme à son hypothèque légale.

*** 3434. Origine et explication.** — Ce dernier cas, qui est d'une nature toute différente des précédents, a été ajouté par la loi du 13 février 1889. La loi suppose qu'une femme mariée renonce à son hypothèque légale en faveur de l'acquéreur d'un immeuble du mari : elle veut tranquilliser cet

[1] Ces délais sont déterminés par l'art. 754, au cas où l'ordre se règle judiciairement ; si l'ordre se règle amiablement, les créanciers à hypothèque légale doivent faire valoir leurs droits avant sa clôture.

acquéreur en renonçant à son droit de suite contre lui. Mais la loi réserve à la femme son droit de préférence sur le prix, parce que la question de savoir si la femme touchera cet argent à la place des autres créanciers du mari, ou si ce sera l'inverse, est indifférente à l'acquéreur. Ici ce n'est donc plus un défaut de publicité qui empêche partiellement l'hypothèque de produire son effet : si le droit de suite est perdu, c'est que le créancier y a renoncé ; si le droit de préférence est conservé, c'est qu'il peut être maintenu tout en respectant la convention et par application du principe que les renonciations s'interprètent restrictivement.

***3435. Mode d'extinction du droit de préférence.** — Le droit de préférence qui subsiste au profit de la femme après sa renonciation est beaucoup plus solide que dans les cas précédents. Il est maintenu *sans condition de durée* et *sans condition d'inscription*; la femme n'a même pas besoin de se présenter pour le réclamer, comme dans les hypothèses établies par la loi de 1858 : l'acquéreur est mis, en effet, par la loi dans cette situation qu'*il ne peut faire aucun paiement au préjudice de la femme*. D'après la loi du 13 février 1889, l'acquéreur est obligé d'obtenir le *consentement de la femme* lorsqu'il veut se libérer valablement à son égard; un paiement non autorisé par la femme ne lui serait donc pas opposable. La loi de 1889 a tranché par là des difficultés anciennes.

7° Cas à écarter.

3436. Portée de la question. — Les six cas précédents sont les seuls, je crois, dans lesquels on puisse admettre avec certitude la survie du droit de préférence au droit de suite ; mais la grande majorité des auteurs propose d'en ajouter un septième *au profit des copartageants*. C'est du moins à leur propos qu'on discute ordinairement la question, à cause du délai de soixante jours que la loi leur donne (ci-dessus n° 3153) ; quelquefois on leur assimile les *privilèges du Trésor* pour lesquels il existe aussi un délai de deux mois ; mais la question doit être généralisée et étendue à *tous les privilèges dont l'inscription est soumise à un délai*, notamment à celui qui est donné pour les travaux de *drainage*. — Nous allons discuter la question en supposant, comme on le fait d'habitude, qu'il s'agit d'un privilège de copartageant.

3437. Comment elle se pose. — On suppose que l'inscription a été prise après une aliénation consentie par le copartageant grevé du privilège, et qu'elle est faite sur le tiers acquéreur, alors que son titre d'acquisition est déjà transcrit : cette inscription est impuissante à conserver le droit de suite quand il y a déjà plus de quarante-cinq jours d'écoulés à compter du partage (L. 23 mars 1855, art. 6, al. 2) ; mais on prétend qu'elle peut encore être utile pour conserver le droit de préférence, s'il n'y a pas encore soixante jours que le partage a été fait.

3438. Discussion. — Je considère cette opinion comme une erreur certaine. Avant de rechercher si cette inscription vaut quelque chose et peut produire un effet quelconque, on doit se demander si elle peut encore être prise. Or c'est ce qui est impossible puisqu'il est survenu un événement qui empêche absolument les créanciers de s'inscrire. Un créancier ne peut pas prendre d'inscription sur un bien qui n'appartient plus à son débiteur, qui est désormais le bien d'un tiers. D'après le Code civil, cette impossibilité survenait pour lui dès le moment de l'aliénation ; elle est reportée aujourd'hui au jour de la transcription ; mais elle est toujours restée la même. Il faudrait un texte spécial comme il en existe pour le mineur, l'interdit et la femme mariée (art. 2195 C. civ.; art. 717 C. proc.

civ.) qui permette expressément de s'inscrire encore, après la transcription d'une sous-aliénation, pour conserver le droit de préférence sur le prix quoique le droit de suite soit perdu. Les textes de ce genre sont exceptionnels, car le créancier s'inscrit alors en réalité *sur un meuble*, sur la créance du prix, seule chose qui reste dans le patrimoine du débiteur. — On prétend bien trouver un texte de ce genre dans l'art. 2109 qui donne au copartageant un délai de soixante jours, pendant lequel, dit-on, son inscription sera *rétroactive* et réputée prise le premier jour du délai. Cette opinion a déjà été réfutée (ci-dessus, n° 3040); c'est une méprise sur le sens du délai de l'art. 2109, qui n'est pas du tout un délai donné au créancier pour s'inscrire *malgré tout événement*, mais simplement un délai pour conserver le rang que la loi lui assigne; une fois ce temps fini, il peut encore s'inscrire, mais son rang dépend alors de la date de son inscription. On attribue à l'inscription une rétroactivité qui n'est pas dans la loi et qui est tout à fait inutile pour expliquer son effet : en déclarant le privilège conservé avec son rang légal par une inscription prise dans le délai, la loi suppose évidemment que le registre des inscriptions est encore ouvert ; par suite les faits qui empêchent d'inscrire les hypothèques empêchent également d'inscrire les privilèges, par cela seul que la loi n'a pas dérogé au droit commun pour ces derniers.

D'ailleurs, si les auteurs qui acceptent cette solution étaient logiques, ils autoriseraient également le vendeur à s'inscrire après les quarante-cinq jours de la loi de 1855, et cela indéfiniment puisque la loi ne lui impose aucun délai, et qu'il est *toujours à temps pour s'inscrire comme privilégié* : son inscription devrait donc *toujours être réputée rétroactive*, et c'est cependant ce que personne n'admet. Et voilà le copartageant, qui pour être limité dans un court espace de soixante jours, c'est-à-dire beaucoup moins bien traité qu'un vendeur, obtient une faveur exorbitante, qu'on refuse au vendeur, le droit de s'inscrire encore pour conserver son droit de préférence, à un moment où un vendeur ne le peut plus !

L'opinion que je viens de combattre me paraît une erreur certaine. Néanmoins, comme elle est exposée et enseignée presque partout, elle a fini par inspirer un arrêt (Pau, 15 déc. 1890, D. 92. 2. 120)[1].

B. — Attribution des indemnités payées à raison de la perte de la chose.

***3349. Prétention des créanciers.** — Quand le bien hypothéqué a péri, il arrive assez souvent qu'il est remplacé dans le patrimoine de son propriétaire par une indemnité en argent, laquelle lui est payée à des titres et pour des motifs divers. Presque toujours les créanciers élèvent la prétention de se faire payer sur cette indemnité, comme ils auraient pu le faire sur un prix d'adjudication, si la chose était *vendue au lieu de périe*.

Cette question ne se pose pas seulement pour les hypothèques ; on la rencontre aussi pour les choses données en gage. Elle a été signalée en son lieu (ci-dessus nos 2464 et 2612) et renvoyée jusqu'ici pour y être étudiée dans son ensemble. La difficulté vient de ce que les indemnités dont il s'agit sont payées par quelqu'un *qui n'a pas acquis l'immeuble* : elles n'équivalent donc pas à un prix d'achat. Nous avons déjà vu qu'il faut au contraire considérer comme prix de la chose l'indemnité d'expropriation qui correspond à l'acquisition du bien par l'autorité expropriante (ci-dessus n° 3378).

[1] Cet arrêt est le seul, à ma connaissance, qui ait trait à la question : c'est par erreur que quelques autres (Orléans, 18 janv. 1879, D. 79. 2. 243 ; Riom, 17 janv. 1889, D. 91. 1. 313 ; Agen, 11 juin 1894, D. 94. 2. 336, S. 94. 2. 280) sont parfois cités comme l'ayant tranchée également ; ils appliquent simplement la règle de l'art. 2113 à des privilèges de copartageants dégénérés en hypothèques.

*** 3440. Diverses sortes d'indemnités.** — Les indemnités pour lesquelles la question doit être examinée se répartissent en *trois catégories*.

1° Indemnités de responsabilité. — Celles-ci sont payées *par l'auteur responsable de la perte de l'immeuble*. Cette responsabilité peut être fondée sur le principe général de l'art. 1382, ou sur des cas spéciaux de faute, comme celui des locataires responsables de l'incendie en vertu de l'art. 1733, ou celui des architectes et entrepreneurs responsables en vertu de l'art. 1792.

2° Indemnités d'assurances. — D'autres fois l'indemnité est payée par quelqu'un qui, n'étant pas responsable de la perte, *a pris le risque à sa charge* : c'est par exemple une compagnie d'assurance qui avait assuré la chose contre l'incendie, contre la grêle, contre la mortalité des bestiaux, etc.

3° Indemnités gracieuses. — Enfin l'indemnité peut être payée par *quelqu'un qui n'est en aucune manière tenu de réparer les conséquences de l'accident*, qui n'en est responsable ni d'après les principes de la théorie des fautes ni par contrat, mais qui le fait bénévolement.

Exemples : Après 1870 des indemnités furent payées par l'État aux victimes d'incendies et de bombardements ; aux propriétaires de maisons démolies par le génie dans la zone des fortifications de Paris ; aux déposants de marchandises brûlées dans les magasins généraux incendiés par la Commune (L. 7 avril 1873). Lorsque des attentats anarchistes vinrent à plusieurs reprises épouvanter Paris par des explosions de bombes, des secours et indemnités furent accordés aux victimes, sans que cela pût servir de précédent pour engager à l'avenir la responsabilité de l'État (L. 8 août 1893).

3441. Solution primitive. — Le créancier hypothécaire ou le créancier gagiste a-t-il un droit de préférence sur ces différentes sommes ? Sous l'empire du Code civil, la question était *tranchée uniformément par la négative*. Ces sommes d'argent ne sont pas le prix de la chose ; traditionnellement le gage et l'hypothèque ne confèrent de droit de préférence que sur le prix ; par conséquent, l'indemnité devrait être distribuée au marc le franc entre tous les créanciers, sans qu'aucun pût prétendre un droit de priorité sur elle (Cass., 31 déc. 1862, D. 63. 1. 423, S. 63. 1. 531 ; Cass , 12 mars 1877, D. 77. 1. 97 ; Paris, 8 déc. 1879, D. 81. 2. 23, S. 80. 2. 234).

3442. Solutions actuelles. — Il est impossible de réunir les trois ordres d'hypothèses, qui comportent des solutions différentes.

1° Indemnités de responsabilité.

***3443. État des textes.** — Pour cette première catégorie, il existe actuellement un texte *spécial*, l'art. 3, al. 1er, de la loi du 19 février 1889, mais qui est *incomplet* : ce texte vise seulement les indemnités dues *par les locataires* en vertu de l'art. 1733 et par *les voisins* en vertu de l'art. 1382, à la suite de l'incendie d'un bâtiment. La loi laisse encore en dehors de ses prévisions toutes les autres applications de l'idée de faute, par exemple quand l'incendie est allumé accidentellement par un passant, ou par la main criminelle d'un incendiaire, ou enfin quand il s'agit d'une autre cause de ruine que l'incendie, par exemple l'écroulement d'un bâtiment (art. 1792). — La question qu'on pouvait discuter avant 1889 pour tous les cas de faute reste donc ouverte pour la plupart d'entre eux, puisque la loi n'en a prévu que deux qui sont, à vrai dire, les plus fréquents.

***3444. Discussion.** — L'indemnité payée à titre de réparation du dommage par celui qui en est responsable devrait toujours être considérée comme *subrogée* à l'immeuble ou à l'objet détruit, *même à l'égard des créanciers hypothécaires ou gagistes*. Et en voici la raison. La faute que son auteur répare ainsi, au moyen d'une indemnité en argent, a porté préjudice non seulement au propriétaire de la chose, mais *à tous ceux qui avaient sur cette chose des droits particuliers*. On doit donc considérer l'auteur du dommage comme *engagé personnellement par sa faute envers les créanciers eux-mêmes*. Dans cette idée, il faudrait admettre, même dans le silence des textes, une solution semblable à celle qui est donnée pour deux cas particuliers par la loi de 1889, car cette loi est plutôt conforme que contraire aux principes généraux.

2° Indemnités d'assurance.

***3445. Condition primitive de ces indemnités.** — Pour elles le raisonnement ne peut plus être le même que pour les précédentes. A vrai dire ce ne sont pas des « indemnités » ; elles ne sont pas la *représentation de la chose*. L'assurance n'est qu'un *procédé de capitalisation par l'association* : en prévision d'un sinistre possible, le propriétaire cherche à se procurer un *capital de réserve* à l'aide duquel il pourra construire ou acquérir un nouveau bien ou un nouvel objet à la place de celui qu'il aura perdu; mais, au lieu de constituer lui-même ce capital par des *économies* accumulées, il se le procure *par voie d'abonnement* en s'entendant soit directement, soit par l'intermédiaire d'une compagnie, avec d'autres personnes exposées aux mêmes risques que lui. La somme qu'il touche en cas de sinistre est donc la *contre-partie aléatoire des primes versées par lui*. Par conséquent, il n'y avait aucune raison juridique pour substituer cette somme à l'immeuble détruit et pour la soumettre aux droits des créanciers hypothécaires : ceux-ci n'ont pas plus de titre pour se l'approprier, à l'exclusion des autres créanciers, que s'il s'agissait d'économies faites par le débiteur sur ses revenus en prévision du sinistre.

3446. Changement progressif de législation. — L'état du droit a changé peu à peu. D'abord le créancier se faisait souvent céder d'avance, par une clause expresse, l'indemnité éventuelle due par l'assureur. C'était une *délégation conditionnelle* de l'indemnité, et cette clause paraissait si avantageuse qu'elle était devenue de style dans les constitutions d'hypothèques, sous le nom de « subrogation à l'indemnité d'assurance ». Il ne restait plus qu'à sous-entendre et à généraliser cette clause.

Le mouvement commença vers 1850. La réforme hypothécaire, qu'on préparait à cette époque, contenait une disposition générale qu'on aurait ajoutée dans ce but à l'art. 2094. On sait que ce projet n'aboutit pas (ci-dessus, n° 2690). Mais la loi belge du 16 décembre 1851 opéra cette réforme par son art. 10.

Peu d'années après, l'idée fut appliquée en France pour un cas particulier. La loi du 28 mai 1858 sur les *magasins généraux* décida qu'en cas de sinistre les *porteurs de warrants* (qui sont des gagistes) exerceraient leur droit de préférence sur les indemnités payées par les assureurs.

Puis vint la loi du 10 décembre 1874 sur l'*hypothèque maritime*. Cette loi décida qu'en cas de perte du navire les droits des créanciers ayant hypothèque sur lui seraient reportés de plein droit sur les sommes dues par les assureurs. Cette disposition mécontenta les compagnies d'assurances, parce que les paiements qu'elles avaient à faire aux assurés se trouvaient entravés, la seule inscription de l'hypothèque valant opposition au paiement ; et ce fut une des causes principales qui amenèrent l'échec relatif de cette loi, dont on avait espéré un grand secours pour le relèvement de notre marine marchande : les compagnies inséraient dans la police une défense d'hypothéquer le navire sans leur consentement. Aussi la loi du 10 juillet 1885 supprima l'innovation de 1874, pour favoriser l'extension des prêts hypothécaires sur navires en donnant satisfaction aux compagnies. Le triomphe de celles-ci ne fut pas de longue durée.

Enfin parut une loi générale, celle du 19 février 1889, qui a d'un seul coup achevé toute cette évolution. Cette loi est générale, en ce sens qu'elle profite d'une part à *tous les créanciers gagistes, privilégiés ou hypothécaires*, et qu'elle vise d'autre part *tous les genres d'assurance* (incendie, grêle, mortalité des bestiaux et autres risques).

* **3447. Règles actuelles.** — La loi du 19 février 1889 contient deux dispositions :

1° Par son art. 2, elle conserve à tous les créanciers leur droit de préférence sur la somme payée par l'assureur, qui se trouve ainsi *subrogée à la chose détruite*, tout au moins à l'égard des créanciers.

2° Elle décide, en outre, que les paiements faits *de bonne foi* par l'assureur *avant toute opposition* sont valables ; c'est-à-dire que, l'indemnité étant dès lors confondue avec les autres biens de l'assuré, le droit spécial que certains créanciers avaient sur elle s'évanouit. S'ils sont avertis du sinistre, les créanciers devront donc s'empresser de faire opposition pour empêcher l'assureur de se libérer à leur préjudice.

3448. Question relative à l'hypothèque maritime. — On s'est demandé si la loi de 1889 avait modifié implicitement la loi de 1885 sur l'hypothèque maritime, et rétabli la subrogation au profit des créanciers hypothécaires, comme l'avait fait d'abord la loi de 1874 ? Je le crois, la loi étant générale, et c'est maintenant l'avis à peu près unanime de la doctrine. On en a donné la démonstration suivante : la loi de 1885 ne contient rien sur l'attribution de l'indemnité d'assurance ; elle s'est bornée, en abrogeant la loi de 1874, à faire disparaître une disposition particulière qui se trouvait dans cette loi et qui était alors contraire au droit commun. Aujourd'hui le droit commun a changé par l'effet de la loi de 1889 : l'hypothèque maritime, n'étant soumise à aucune règle exceptionnelle, se trouve nécessairement régie par le principe nouveau (Darras et Tarbouriech, *De l'attribution des indemnités d'assurance*, dans les *Annales de Droit commercial*, 1889-1890).

3° Indemnités gracieuses données par l'État.

3449. Critique de la jurisprudence. — Les textes spéciaux qui existent en cette matière ne se sont pas expliqués sur la question (Voyez L. 7 avril 1873). On devrait considérer que le but de ces indemnités est de réparer le dommage causé par la guerre, par un crime, etc. L'argent devrait donc aller à ceux qui ont réellement souffert du sinistre. Or quand un bâtiment hypothéqué a été détruit, ce n'est pas la masse des créanciers, ni même le propriétaire, qui subit la perte, ce sont les créanciers hypothécaires inscrits sur cet immeuble. Je crois donc qu'on a mal jugé quand on a distribué entre tous les créanciers au marc le franc les sommes payées à raison de la démolition de bâtiments situés dans la zone militaire des fortifications de Paris (Cass., 12 mars 1877, D. 77. 1. 97, S. 77. 1. 206), ou encore quand on a refusé d'attribuer exclusivement à des porteurs de warrants l'indemnité payée pour les marchandises brûlées dans les magasins généraux pendant la Commune (Cass., 2 août 1880, D. 81. 1. 227, S. 81. 1. 246).

* **3450. Indemnités de responsabilité.** — Quand l'indemnité est la *réparation d'une faute*, j'estime que les créanciers gagistes ou hypothécaires agissent en vertu d'un droit propre, parce qu'ils sont eux-mêmes victimes de la faute commise. Ils touchent donc l'indemnité *de leur chef,* et le tiers responsable est leur *débiteur personnel* en vertu de l'art. 1382 ou des autres textes similaires.

* **3451. Indemnités d'assurance.** — Cette indemnité est due *en vertu d'un contrat*; l'action que ce contrat a fait naître appartient à l'assuré, et n'appartient qu'à lui : elle figure dans son patrimoine. Le créancier gagiste ou hypothécaire ne peut donc l'obtenir qu'*en vertu d'une délégation*. Cette délégation était jadis expresse ; depuis la loi de 1889, elle est tacite et a lieu de plein droit. Cela est si bien le système de la loi, que son art. 2 attribue l'indemnité aux créanciers « sans qu'il soit besoin de délégation expresse » ; cela revient à dire que la délégation est maintenant *sous-entendue*. Telle est aussi l'explication que présentait M. Lacombe au Sénat dans la séance du 6 mars 1888.

Cependant quelques auteurs rejettent cette opinion et prétendent qu'il y a eu *assimilation de l'indemnité à un prix de vente*. Cela a été dit, en effet, par M. Labiche au Sénat dans la séance du 2 février 1888. Comp. De Loynes, n° 286. Mais cette formule peut *exprimer* le résultat ; elle ne l'*explique* pas : il ne suffit pas de dire qu'on « assimile » l'indemnité d'assurances à un prix de vente, car il ne dépend pas du législateur d'effacer les dissemblances naturelles des choses : l'indemnité d'assurances n'est pas le prix d'un achat et, par conséquent, elle ne peut pas être attribuée aux créanciers privilégiés ou hypothécaires pour la même raison que le prix.

3452. Indemnités gracieuses. — On devrait leur appliquer le même raisonnement qu'aux indemnités de responsabilité : elles ont pour créanciers ceux qui ont souffert du dommage ; mais ce n'est pas ce qu'a admis la jurisprudence.

CHAPITRE X

CONVENTIONS RELATIVES A L'HYPOTHÈQUE LÉGALE DES FEMMES MARIÉES

3453. Bibliographie. — Bertauld, *Traité théorique et pratique de la subrogation à l'hypothèque légale des femmes mariées*, 2e édit., 1864. — Mérignhac, *Traité de la subrogation à l'hypothèque légale de la femme mariée*, Paris, 1882. — Commentaires divers de la loi du 13 février 1889, publiés par MM. Defrénois, 1890 ; Tissier, 1890 ; De Lagrevol, 1891 ; Jouitou, 1892 ; Wable, 1892 ; etc.

* **3454. Origine.** — L'hypothèque légale des femmes mariées fait l'objet d'un grand nombre de conventions que le Code n'avait ni prévues ni régle-

mentées, et qui se sont multipliées seulement depuis sa promulgation. Le premier texte qui en ait reconnu l'existence est le décret du 28 février 1852, sur les sociétés de Crédit foncier (art. 8 et 20). Elles ont été réglées par l'art. 9 de la loi du 23 mars 1855, et par une loi du 13 février 1889, qui a déclaré « ajouter » six alinéas nouveaux à cet article, ce qui est loin de faciliter les citations.

Ces conventions ne sont, du reste, que l'application de principes généraux dont nous aurons à dire quelques mots, mais autant elles sont de peu d'usage pour les hypothèques ordinaires, autant elles sont utiles et fréquentes pour l'hypothèque des femmes mariées.

* **3455. Résultat pratique.** — En se développant comme elle l'a fait sur ce point, la pratique a profondément modifié l'effet naturel de l'hypothèque légale. De par la loi, l'hypothèque légale de la femme est une *source de dangers pour les tiers,* créanciers du mari ou acquéreurs de ses biens: *pour le mari,* elle est une entrave, *elle ruine son crédit.* Par l'emploi de ces conventions, tous ces inconvénients sont supprimés, et, ce qui est plus remarquable encore, la situation se trouve renversée: cette malencontreuse hypothèque, qui gêne les opérations du mari, est *transformée en une source incomparable de crédit,* parce qu'elle lui permet d'offrir *à un créancier tout récent,* au dernier en date, *un rang excellent,* celui de sa femme, qui prime ordinairement tous les autres. Mais ce résultat est obtenu aux dépens de la femme qui se prive, par une simple signature, de la protection exceptionnelle que la loi lui avait accordée.

§ 1. — *Règles du droit commun sur les cessions d'hypothèques.*

* **3456. Cessibilité de l'hypothèque.** — L'hypothèque est *cessible.* Elle peut d'abord être transmise *en même temps que la créance*: l'acquisition de la créance fait obtenir du même coup les sûretés réelles qui y sont attachées, dans tous les cas où il y a transmission d'une personne à une autre, soit par l'effet d'une vente ou cession, soit par l'effet d'un paiement avec subrogation, soit par l'effet d'un lotissement dans un partage.

Mais l'hypothèque peut en outre, et ceci est beaucoup plus intéressant à observer, être *détachée de la créance* et transmise à un autre créancier qui l'exercera à la place du créancier cédant. C'est ce qu'on appelle la *cession de l'hypothèque* ou *subrogation à l'hypothèque.*

* **3457. Convention d'antériorité.** — Au lieu d'une *subrogation,* qui vaut transfert de l'hypothèque au profit d'un autre créancier, on peut prévoir une simple *cession de rang* ou *convention d'antériorité,* qui produit simplement une interversion de rang entre deux hypothèques, celle qui était la première devant désormais passer la seconde. Cette dernière convention sup-

pose nécessairement que les deux créanciers entre lesquels elle intervient ont chacun une hypothèque sur le même immeuble, tandis que la subrogation peut faire acquérir l'hypothèque du subrogeant à un créancier qui n'en a personnellement aucune.

3458. Condition de validité. — Dans les circonstances ordinaires, ces conventions sont extrêmement rares; chaque créancier tient à garder sa sûreté pour en tirer parti lui-même. Il se présente cependant des circonstances où une convention de ce genre est possible. Supposons deux immeubles, le fonds A et le fonds B. Il y a deux créanciers à hypothèque générale, *Primus* et *Secundus*, inscrits sur ces deux fonds. En outre, sur le fonds A, se trouve un troisième créancier, *Tertius*, qui n'a point d'hypothèque sur B. On peut concevoir que Primus cède son rang à Tertius sur le fonds A, de façon à lui permettre de se faire payer sur cet immeuble par préférence à Secundus. Cette convention est valable, mais elle ne doit pas porter atteinte aux droits des créanciers intermédiaires comme l'est Secundus dans l'espèce. Si on suppose que le total des sommes dues à Secundus et à Primus équivaut à la valeur totale des deux immeubles, Secundus était sûr d'être payé, tout en laissant passer Primus devant lui. S'il devait maintenant subir, en outre, le prélèvement des sommes dues à Tertius, subrogé dans l'hypothèque de Primus sur A, pendant que Primus lui-même se ferait payer en entier sur le fonds B, Secundus subirait une perte et ne toucherait peut-être rien du tout. Par conséquent, tout ce que Tertius prendra en exécution de la convention dont il a bénéficié, viendra en déduction des sommes dues à Primus. C'est ce qu'a décidé la Cour de cassation (31 janv. 1883, D. 83. 1. 316, S. 84. 1. 321). Cette décision est très juste, mais elle rend à peu près impraticables les combinaisons de ce genre.

§ 2. — *Conventions faites par les femmes mariées.*

A. — Leur nature et leur classification.

*** 3459. Anciennes incertitudes.** — La nature exacte de ces conventions est restée longtemps dans l'incertitude, et rien n'était moins précis et moins fixé que les termes dans lesquels elles étaient rédigées. Souvent on les considérait comme *portant sur la créance elle-même,* en même temps que sur l'hypothèque. C'était une cause d'erreur, qui les faisait assimiler tantôt à une *cession* de créance, tantôt à une *subrogation,* tantôt à une *délégation* ou à un *nantissement.* Sans doute, il est permis aux parties de faire l'une quelconque de ces conventions sur les droits et actions de la femme ; mais alors il faut se référer aux règles propres à ces différents contrats, et nous n'avons rien de particulier à en dire ici ; mais les conventions de ce genre se font de plus en plus rares, et peu à peu *une autre notion s'est dégagée :* on a reconnu qu'il y avait là *une convention d'un genre particulier, ayant uniquement pour objet l'hypothèque de la femme.* Et c'est là un point qu'on ne doit jamais perdre de vue dans toute cette étude : la femme dispose de son droit hypothécaire et se réserve sa créance.

*** 3460. Classification.** — On peut distinguer trois sortes de conventions possibles :

1° La simple renonciation. — C'est une convention purement *extinctive* ou *abdicative,* qui consiste en une promesse d'abstention : la femme se prive de son hypothèque sans en transférer le profit à autrui, et les choses se passent à l'égard de la personne qui a obtenu cette convention comme si la femme n'avait pas d'hypothèque.

2° L'INTERVERSION DE RANG. — C'est une *cession de priorité,* en tout semblable à celle que nous avons déjà rencontrée : la femme consent à être primée par un autre créancier de son mari, qui ne vient qu'après elle.

3° LA SUBROGATION A L'HYPOTHÈQUE. — Celle-ci est une convention *translative,* qui transporte au tiers subrogé les droits hypothécaires de la femme, de façon que ce tiers puisse les exercer à sa place.

C'est pour cette dernière surtout qu'il y a eu des doutes sur sa nature et sur ses effets. Elle n'a de commun que le nom avec la subrogation des art. 1249 et suiv. Le paiement avec subrogation suppose que le créancier est payé par le subrogé, et la subrogation a pour but de permettre au subrogé de rentrer dans ses fonds. Ici rien de tel ne se rencontre : la femme qui subroge n'a pas été payée par le tiers qui bénéficie de la subrogation, et de plus la convention ne fait acquérir à ce tiers que l'hypothèque et non la créance même de la femme.

*** 3461. Règle d'interprétation.** — Pendant longtemps ces conventions, dont la nature était encore mal définie et peu connue, se sont présentées sous des noms extrêmement variés. On les appelait : « cession d'hypothèque, promesse d'abstention, cession de rang, convention d'antériorité, renonciation, subrogation », etc. Il en est résulté beaucoup d'incertitudes, d'autant plus que les notaires et les parties employaient ces diverses qualifications un peu au hasard et par routine. Pour mettre un terme à ces difficultés et aux fluctuations de la jurisprudence, on avait demandé, dans les enquêtes sur les projets de réforme hypothécaire, que ces conventions fussent ramenées à un type unique. C'eût été violer la liberté des conventions. Peu à peu la confusion s'est dissipée. On reconnut que toutes les conventions faites par la femme sont les unes translatives ou subrogatives, les autres extinctives ou abdicatives. Le tiers est-il autorisé à exercer l'hypothèque de la femme à sa place ? C'est toujours à cela que se ramène toute la question.

Enfin on admit, comme une règle d'interprétation, que la convention serait *réputée translative au profit du tiers qui l'a obtenue, toutes les fois qu'il y aurait intérêt, quels que fussent les termes employés par les parties* (Cass., 8 août 1854, D. 55. 1. 337, S. 54. 1. 521 ; Cass., 25 févr. 1862, D. 62. 1. 240, S. 62. 1. 356).

3462. Anciennes contestations sur leur validité. — Au début, la validité de ces conventions a été fort discutée. Elles semblaient être quelque chose d'inouï, d'inconnu du législateur. On se disait qu'il était impossible de permettre à une femme mariée de renoncer elle-même à la protection que la loi lui donne, et on tirait argument de l'art. 2140, qui défend à la femme de renoncer à son hypothèque. Mais l'art. 2140 prohibe seulement la renonciation qui a pour effet de priver définitivement la femme de son hypothèque, en affranchissant l'immeuble du mari. Or les conventions dont nous parlons ne libèrent pas l'immeuble, et n'empêchent pas l'hypothèque d'être exercée; elles changent seulement le bénéficiaire de la collocation et donnent à la femme un rang plus éloigné. Ce n'est donc pas là ce que la loi a défendu dans l'art. 2140. D'autre part, comme la femme est en général capable de s'obliger envers les tiers et d'aliéner ses droits à leur profit, quand son mari l'y autorise, il n'y a rien dans nos lois qui l'empêche de céder son hypothèque plutôt que tout autre droit lui appartenant.

Du reste, depuis 1850 environ, ces conventions ne sont plus mises en doute, et elles sont devenues de plus en plus fréquentes. Elles ont reçu à diverses reprises la *consécration législative*. Voyez les textes cités au n° 3454, qui en ont réglé les applications, les conditions et les formes.

3463. Inconséquence de la loi. — Il n'en est pas moins vrai qu'il y a dans le système de protection appliqué à la femme une véritable inconséquence. On traite la femme mariée comme une *incapable* : on la protège non seulement contre son mari, mais contre elle-même ; on lui donne une hypothèque (art. 2121) ; on la dispense de s'inscrire (art. 2135); on lui défend d'y renoncer (2140); on ne lui permet de la réduire qu'avec toutes sortes de garanties et de précautions (art. 2144). Et voilà qu'une simple signature, donnée avec l'autorisation du mari, fait écrouler tout cet échafaudage de textes par un moyen détourné! La femme, qui a subrogé un tiers dans son hypothèque, ne profite plus du rang excellent que la loi lui donnait ; elle conserve bien à la place une autre hypothèque pour elle-même, mais à un rang postérieur, si éloigné que souvent elle n'obtient rien : ce n'est pas tout que d'avoir une hypothèque, il faut encore venir en rang utile.

Cette situation était encore plus étrange avant la loi du 23 mars 1855, parce qu'alors la jurisprudence admettait qu'aucune formalité n'était nécessaire pour la validité de ces traités sur l'hypothèque légale ; il n'y avait pour eux ni forme ni publicité : une simple signature dans un acte sous seings privés suffisait, et la renonciation pouvait même y être tacite. La situation a bien changé depuis par l'effet des lois de 1855 et de 1889. Néanmoins ces conventions sont pleines de danger pour la femme ; comme le disait M. Bufnoir à la sous-commission juridique du cadastre : « Pour toute femme qui n'est pas mariée sous le régime dotal, le résultat le plus clair de l'hypothèque légale est que la femme est ruinée toutes les fois que le mari se ruine » (*Procès-verbaux*, fasc. I, p. 258).

B. — Au profit de quelles personnes se font ces conventions.

***3464. Bénéficiaires habituels.** — L'emploi de ces conventions varie selon les personnes qui traitent avec la femme. Ces personnes sont ordinairement : 1° l'*acquéreur* d'un bien du mari ou d'un conquêt (bien commun au mari et à la femme); 2° un *créancier* du mari.

***3465. Créanciers de la femme.** — On peut aussi concevoir que la femme cède son hypothèque à un de ses propres créanciers ; mais, outre que cette convention est beaucoup plus rare, elle n'a pas du tout la même utilité ni la même portée que celles qui interviennent en faveur d'un ayant cause du mari. Quand la femme permet à un de ses créanciers d'exercer ses droits à sa place, c'est absolument comme si elle les exerçait elle-même, pour en transmettre ensuite le profit à son créancier. En payant celui-ci, le mari se libère donc du même coup envers sa femme. Il n'en est pas de même, on le comprend, quand la femme permet à un ayant cause du mari de prendre sa place sans rien recevoir elle-même. Désormais nous laisserons de côté les conventions faites au profit d'un créancier de la femme, qui ne présentent rien de particulier, pour nous occuper uniquement des cas où le bénéficiaire de la convention est un tiers ayant traité avec le mari.

***3466. Acquéreurs d'immeubles.** — S'agit-il d'un tiers ayant acquis un immeuble du mari, d'un *acheteur,* par exemple ? L'hypothèque de la femme le gêne, parce qu'il redoute son droit de suite : il a peur d'être exproprié par elle ; il hésiterait à acheter un immeuble grevé de cette hypothèque ; la renonciation de la femme l'en débarrasse. Il a donc intérêt à obtenir une *renonciation* : en principe, une convention purement abdicative lui suffit, parce que la seule chose qui lui importe est de rester en possession paisible.

Parfois, cependant, il peut avoir intérêt à obtenir une convention *translative*, à être *subrogé* aux droits de la femme. Il suffit, pour le comprendre, de supposer qu'il y a une ou plusieurs hypothèques inscrites à la suite de celle de la femme : fût-il débarrassé de l'hypothèque légale, il aurait encore à craindre ces dernières, tandis que s'il est subrogé aux droits de la femme, il primera les autres créanciers et rentrera au moins dans son prix d'achat, s'il est évincé par eux.

* **3467. Créanciers du mari.** — A ceux-ci la simple renonciation de la femme ne procurerait qu'un avantage peu appréciable : ils n'auraient plus à craindre d'être primés par elle ; mais ils pourraient encore l'être par d'autres, qui auraient hypothèque sur les immeubles du mari. Aussi ne se contentent-ils jamais d'une pareille renonciation, et ils demandent une convention translative, une *subrogation,* ou tout au moins une *cession du droit de priorité* : le créancier ne veut pas seulement écarter une hypothèque qui le primerait ; il veut avoir lui-même le premier rang.

C. — Capacité requise.

* **3468. Droit commun.** — La femme, étant incapable par l'effet du mariage, ne peut ni renoncer à son hypothèque légale, ni y subroger personne : elle est incapable d'*aliéner* (art. 217). Il lui faut l'*autorisation de son mari,* ou, à défaut de cette autorisation, celle de la justice. Tel est le droit commun, mais cela ne suffit pas toujours.

** **3469. Effet du régime dotal.** — Une des conséquences de l'*inaliénabilité des biens dotaux,* qui est propre à ce régime, est que la femme ne peut pas se priver de son hypothèque légale, ni en disposer au profit d'un tiers : la créance qu'elle a contre son mari pour la restitution de sa dot, pour ses *reprises dotales,* est *inaliénable* entre ses mains ; aucune convention faite par elle ne peut avoir pour résultat de la compromettre.

D'après les textes du Code, l'inaliénabilité ne frappe que les *immeubles dotaux* (art. 1554) ; mais la jurisprudence a étendu cette inaliénabilité, dans la mesure du possible, même à la *dot mobilière,* de sorte que la femme dotale ne peut pas faire de conventions sur son hypothèque légale, même quand elle garantit des reprises ayant un caractère *mobilier*.

Cette conséquence de l'inaliénabilité dotale n'est pas exprimée dans le Code civil, qui n'a nulle part prévu les conventions sur l'hypothèque légale. Mais elle se trouve énoncée en termes formels dans l'art. 20 du décret du 28 février 1852 : « La femme peut, *si elle n'est pas mariée sous le régime dotal,* renoncer à son hypothèque...» (Comp. art. 9 même décret). La loi du 23 mars 1855 y a fait de même allusion, mais d'une manière vague, de façon à ne pas se prononcer sur la question : « Dans les cas où les femmes peuvent céder leur hypothèque... » (art. 9). La loi n'a pas dit quels sont ces cas, afin de laisser à la jurisprudence toute liberté pour statuer sur la question de l'inaliénabilité de la dot mobilière, qui était alors discutée.

***3470. Effet d'une clause usuelle.** — Les époux qui se marient sous le régime dotal conviennent souvent, afin de rendre ce régime moins dur et moins gênant pour eux, que les biens dotaux pourront être *aliénés à charge de remploi,* c'est-à-dire vendus pour en employer le prix à l'acquisition d'un nouveau bien qui remplacera le premier. Voyez l'art. 1557, qui prévoit ces clauses. L'immeuble dotal est alors *aliénable.* En résulte-t-il que la femme puisse subroger à son hypothèque ou y renoncer ? Non, car *cette clause s'interprète restrictivement* : elle déroge à ce qui est le principe ordinaire du régime dotal, le droit commun de la dot sous ce régime, à savoir l'inaliénabilité ; elle fait donc l'office d'une exception en lutte contre un principe. Les époux se sont réservé le droit d'aliéner, mais cela ne rend pas à la femme la liberté de disposer de son action en reprise. Pour la lui rendre, il faudrait une clause spéciale qui ne se trouve pas ordinairement dans les contrats de mariage un peu anciens. Voyez en ce sens Cass., 4 juin 1866, D. 66. 1. 321, S. 66. 1. 281 ; Cass., 7 avril 1868, S. 68. 1. 270.

On commence cependant à la voir se produire dans les contrats de mariage : la femme se réserve le droit de donner mainlevée de son hypothèque légale en faveur des tiers qui traiteraient avec son mari. C'est une précaution utile qui rend au mari la libre disposition de ses biens, en lui permettant de les débarrasser aisément d'une hypothèque qui sans cela est indestructible ; mais la jurisprudence applique à cette clause le même système d'interprétation restrictive qu'à toutes celles qui modifient l'inaliénabilité dotale (Cass., 19 nov. 1888, D. 90. 1. 55, S. 89. 1. 153). Comp. Lyon, 3 févr. 1883, D. 83. 2. 142, S. 85. 2. 154.

***3471. Conséquences de l'inaliénabilité.** — Quand la femme est incapable, à cause de son régime matrimonial, de disposer de son hypothèque, la cession ou subrogation faite par elle est nulle, c'est-à-dire que ce sera elle-même, et non son cessionnaire ou subrogé, qui exercera son hypothèque.

Cependant une femme mariée sous le régime dotal peut avoir, en même temps que ses reprises dotales inaliénables, d'autres créances contre son mari, n'ayant pas le même caractère, des *reprises paraphernales,* qui restent à sa libre disposition. Dans cette mesure la subrogation produira son effet, et le tiers exercera le droit de la femme pour tout ce qui aura le caractère paraphernal (Montpellier, 4 août 1890, D. 91.2. 234).

D. — Formalités.

3472. Division. — Il existe actuellement pour ces conventions deux formalités particulières à observer : l'une est l'*authenticité* de l'acte ; l'autre, la *publicité* de la convention. Mais leur institution est bien postérieure au Code, et pendant longtemps il n'y eut aucune forme spécialement exigée par la loi.

1° Authenticité.

3473. Jurisprudence primitive. — Au début, les tribunaux considéraient ces conventions comme une simple *restriction* de l'hypothèque légale, à laquelle s'appliquaient les art. 2144 et 2145 ; il en résultait qu'il fallait l'avis des quatre plus proches parents de la femme et l'autorisation du tribunal, donnée sur les conclusions du ministère public (Cass., 9 janv. 1820, S. 23. 1. 148). Mais, dix ans plus tard, la jurisprudence avait changé et les subrogations étaient considérées comme valables quand elles avaient eu lieu avec la simple autorisation du mari (Lyon, 13 avril 1832, S. 32. 2. 492). On n'est jamais revenu sur cette solution, ni dans la jurisprudence, ni dans la législation[1].

A partir de ce moment il n'y eut plus pour ces conventions aucune forme particulière ; elles pouvaient se faire d'une manière quelconque et se trouver contenues *même dans un acte sous seings privés.*

***3474. Réforme de 1855.** — La loi du 23 mars 1855 sur la transcription régla la forme des renonciations et subrogations à l'hypothèque légale des femmes mariées. Dans son art. 9 elle exige un *acte authentique*. Remarquez que la loi ne dit pas « acte notarié ». Par conséquent, cette convention pourrait se faire devant la justice, au moyen d'un *contrat judiciaire* (voyez ci-dessus, n° 1163); mais en fait c'est toujours le notaire qui intervient pour dresser l'acte. Sur un cas particulier, voyez Besançon, 17 nov. 1897, D. 99. 2. 76.

3475. Sanction. — L'authenticité est exigée *dans l'intérêt de la femme,* c'est le but avoué de la réforme : on n'a pas voulu la laisser consentir seule une convention dont elle ne comprendrait pas la portée. Mais cette considération n'est pas la seule et on a songé aussi à *l'intérêt des tiers,* et il n'est pas douteux que les subrogés postérieurs, qui seraient porteurs d'un acte en bonne forme, pourraient attaquer une subrogation antérieure à la leur et irrégulière en la forme, faute d'authenticité. En d'autres termes, les conventions faites par les femmes mariées sur leurs hypothèques sont devenues des actes solennels, comme les constitutions et les mainlevées d'hypothèques (Poitiers, 4 déc. 1899, D. 1900. 2. 171).

Le droit pour la femme d'agir en nullité pour défaut d'authenticité a été reconnu par la Cour de cassation (Cass., 22 nov. 1880, D. 81. 1. 58, S. 81. 1. 473), et il n'est guère douteux. Cependant il est contesté par quelques auteurs qui pensent que l'authenticité est exigée dans l'intérêt des tiers (THÉZARD, n° 112) et il paraît avoir été méconnu par la cour de Nancy, le 4 mars 1886, dont l'arrêt a été cassé pour un autre motif (Cass., 11 juin 1890, D. 91. 1. 35).

Toutefois la femme n'a pas d'intérêt à agir en nullité quand elle s'est personnellement engagée envers le tiers, car, si la subrogation est annulée, son obligation personnelle subsistera et elle ne retirera aucun profit de son action. Mais il peut se faire qu'elle ait cédé son hypothèque ou consenti une renonciation sans s'obliger personnellement, et alors son action lui est librement ouverte.

*** 3476. Controverses nouvelles.** — De graves incertitudes troublèrent la pratique pour l'application de la loi de 1855. On se demandait si l'authenticité était exigée pour toutes les conventions sans exception. Selon une opinion très répandue, l'art. 9 de cette loi avait visé uniquement les *cessions consenties à un créancier,* et *les renonciations purement extinc-*

[1] Dans l'enquête de 1841 la Faculté de droit de Paris avait proposé d'exiger l'autorisation de justice, mais la loi du 23 mars 1855 suppose évidemment la validité de la subrogation simplement autorisée par le mari.

tives consenties *au profit d'un acquéreur* n'y étaient pas soumises : cet article exige en effet une *inscription,* ce qui ne se comprend que de la part d'un créancier qui veut utiliser à son profit l'hypothèque de la femme (Mourlon, *Transcription,* t. II, nos 970 et 1105 ; Thézard, n° 114). L'opinion contraire avait aussi ses partisans, qui soutenaient que le texte ne faisait aucune distinction et traitait de même les *renonciations* et les *cessions,* nommées toutes les deux et mises sur la même ligne (Aubry et Rau, t. III, § 288 *bis,* p. 466 ; Labbé, *Revue critique,* 1881, p. 339). Dans la pratique beaucoup de renonciations se faisaient par le simple concours de la femme dans un acte de vente sous seings privés. Un arrêt (Cass., 22 nov. 1880, D. 81. 1. 58, S. 81. 1. 473) ayant exigé l'authenticité à peine de nullité, les notaires s'émurent et demandèrent qu'on mît fin aux incertitudes de la pratique, en renouvelant en 1882 une pétition qu'ils avaient déjà faite en 1866. C'est de là qu'est sortie la loi du 13 février 1889.

***3477. Rédaction nouvelle en 1889.** — La loi nouvelle a tranché la question en disant que la renonciation n'est valable que si elle est « *dans tous les cas...* contenue dans un acte authentique ». Ces mots « dans tous les cas », venant après un alinéa où la loi règle spécialement la renonciation consentie au profit d'un acquéreur d'immeuble, ne laissent plus aucune place au doute. — Cette loi est généralement considérée comme ayant simplement *interprété* le texte antérieur. Voyez cependant Orléans, 21 mars 1894, D. 94. 1. 529, qui a décidé que l'authenticité n'était pas nécessaire sous l'empire de la loi de 1855.

3478. Critiques. — Cette disposition impérative a été vivement combattue au Sénat par M. Clément. Il se fait en France chaque année un très grand nombre de ventes d'immeubles de peu de valeur (environ 80 000 ventes de 200 francs et au-dessous). Les frais de l'acte notarié s'élèvent à 20 francs au moins, 40 francs souvent. Beaucoup de paysans aimeraient mieux s'exposer à un risque fort éloigné et dont souvent ils ne se doutent même pas, plutôt que de débourser cette somme. Ils se mettent ainsi dans le cas d'être évincés, alors que leur position serait inattaquable si la loi n'exigeait pas l'authenticité.

2° Publicité.

***3479. Jurisprudence primitive.** — Avant 1856, les tribunaux jugeaient que le cessionnaire ou subrogé jouissait de la même *dispense d'inscription* que la femme elle-même (Cass., 24 janv. 1838, S. 38. 1. 97 ; Cass., 13 nov. 1854, D. 55. 1. 113, S. 55. 1. 193). Il en résultait que les conventions faites par les femmes mariées sur leurs hypothèques n'étaient entourées d'*aucune publicité.* Lorsqu'une femme faisait successivement plusieurs conventions de ce genre, son dernier subrogé n'avait aucun moyen de connaître les subrogations antérieures quand on voulait les lui cacher, et, comme la préférence entre subrogés se réglait par la date des subrogations successives, toutes les fraudes, toutes les surprises étaient possibles.

3480. Critique. — Cette jurisprudence était peu raisonnable. La dispense d'inscription a des motifs spéciaux, qui ne concernent que la femme, et qui auraient dû faire considérer ce bénéfice comme lui étant personnel. En faire profiter ses subrogés était une faveur gratuite, tout à fait imméritée, et qui créait pour les tiers des dangers considérables. La femme pouvait subroger vingt personnes, et en tromper dix-neuf. Cette jurisprudence était donc *mauvaise dans ses résultats pratiques* et *fausse dans ses motifs théoriques*.

3481. Réforme de 1855. — La loi sur la transcription a fait cesser cet état de choses : le cessionnaire de l'hypothèque de la femme est astreint à la publicité, comme un créancier ordinaire ; l'hypothèque de la femme, qui lui a été transmise par la subrogation, conserve entre ses mains tous ses avantages, son étendue, son rang, mais elle n'est plus dispensée d'inscription : *le subrogé doit s'inscrire*; c'est à cette condition-là seulement qu'il est, selon l'expression de la loi, « saisi à l'égard des tiers » de l'hypothèque de la femme (L. 23 mars 1855, art. 9).

3482. Forme de la publicité. — Cette publicité se fait *par voie d'inscription*. Ordinairement l'hypothèque de la femme n'est pas encore inscrite ; le tiers subrogé fera alors inscrire cette hypothèque, en faisant mentionner dans l'inscription la subrogation qu'il a obtenue. Au cas où l'hypothèque serait déjà inscrite, une *mention en marge* suffirait.

Inscription et mention sont également soumises au *renouvellement décennal* (ci-dessus, nos 3042 et suiv.).

Si le créancier a obtenu en outre une hypothèque conventionnelle, il doit l'inscrire à part ; une seule et même inscription ne suffirait pas pour les deux hypothèques, qui sont distinctes et peuvent avoir des sorts différents.

3483. Effet de la publicité. — C'est la mention de la subrogation sur les registres des hypothèques qui rend les droits du subrogé *opposables aux tiers*. Depuis le 1er janvier 1856, l'*ordre de préférence* entre subrogés successifs se détermine *par la date des inscriptions ou mentions*. On applique donc aux subrogés la même règle qu'aux créanciers hypothécaires qui inscrivent une hypothèque leur appartenant de leur chef.

3484. Sanction. — La condition de publicité n'a pas la même sanction que l'authenticité. La publicité est requise exclusivement *dans l'intérêt des tiers* ; son omission n'empêche pas la convention d'être *valable entre les parties*, si elle a été faite par acte authentique. La femme qui a renoncé valablement à son hypothèque ne pourrait donc pas poursuivre le tiers acquéreur à défaut de transcription.

3485. Effet relatif à la femme. — Le subrogé a fait inscrire l'hypothèque légale de la femme. Un jour vient, soit en cas de purge, soit après la dissolution du mariage, où la femme à son tour a besoin de prendre inscription. Celle qui existe déjà sur les registres et qui a été prise par son subrogé lui profite-t-elle, de façon qu'elle puisse s'abstenir d'en requérir une autre ? On ne peut répondre que par une distinction :

a) Si le subrogé a pris inscription *en son nom personnel et pour la seule conservation de ses droits*, la femme ne peut s'en prévaloir et doit s'inscrire en son propre nom, au cas de purge ou dans l'année qui suit la dissolution du mariage (Cass., 21 juill. 1863, D. 63. 1. 339, S. 63. 1. 493. — Comp. Orléans, 9 juin 1874, S. 74. 2. 302). Cela est d'autant plus vrai que le chiffre de l'inscription du subrogé sera souvent inférieur au montant des reprises de la femme.

b) Si le subrogé a pris une *inscription cumulative*, à la fois en son propre nom et au nom de la femme, celle-ci en profitera aussi bien que lui (Cass., 9 déc. 1872, D. 73. 1. 339, S. 73. 1. 146. — Comp. Cass., 3 juill. 1866, D. 66. 1. 290, S. 66. 1. 345).

3486. Cas où l'inscription n'est pas nécessaire. — Il peut arriver que la femme subroge un tiers dans ses droits à un moment où son hypothèque est déjà réduite au droit de préférence (ci-dessus, n°s 3431-3433). Le subrogé doit-il alors s'inscrire ? Non. Dans de telles circonstances, la subrogation ne porte plus, à proprement parler, sur une hypothèque ; l'hypothèque de la femme est éteinte : *elle ne peut plus être inscrite*, et tout son droit se trouve reporté de l'immeuble sur le prix et réduit à une créance préférable aux autres. Il y a donc plutôt *cession de créance* que *cession d'hypothèque* ; c'est l'art. 1690 qu'il faut appliquer, et non la loi de 1855 (Cass., 6 juin 1887, D. 88. 1. 33, S. 89. 1. 17).

3487. Difficultés nouvelles. — Comme pour la question d'authenticité, les difficultés provoquées par la loi de 1855 portèrent uniquement sur les renonciations consenties *au profit des acquéreurs d'immeubles*. Pour les créanciers subrogés, aucun doute n'était possible : ils doivent prendre inscription en leur nom, si la femme n'est pas déjà inscrite, et, si une inscription existe, faire mentionner leur subrogation en marge de cette inscription.

Mais on se demandait *quelle forme de publicité* était requise quand la convention avait été obtenue par l'acquéreur d'un immeuble. Fallait-il qu'il prît inscription, comme un créancier ? Ou bien la transcription de son contrat suffisait-elle pour porter la renonciation de la femme à la connaissance des tiers ? Certains arrêts exigeaient l'inscription en appliquant à la lettre la disposition de l'art. 9 qui est générale (Cass., 29 août 1866, D. 67. 1. 49, S. 67. 1. 9). Mais d'autres se contentaient de la transcription de l'acte d'aliénation (Douai, 22 févr. 1887, S. 88. 2. 78 ; Lyon, 6 févr. 1889, S. 89. 2. 78. — Comp. Cass, 5 mai 1890, D. 90. 1. 467, S. 90. 1. 392).

La pétition des notaires, signalée au n° 3476, demanda également qu'il fût statué législativement sur ce point.

*** 3488. Système de la loi de 1889.** — Depuis la loi du 13 février 1889 la controverse a cessé : le texte porte que *la transcription suffit* pour donner tout son effet à la convention. Le tiers acquéreur fait transcrire l'acte qui contient la renonciation de la femme ; ordinairement cet acte sera le contrat d'acquisition ; mais la renonciation peut se trouver dans un acte postérieur, auquel cas cet acte spécial doit être également transcrit. A partir de cette transcription, l'acquéreur n'a plus à redouter de voir un tiers subrogé par la femme s'inscrire utilement sur son immeuble [1].

Cette forme de publicité doit être considérée comme *suffisante dans tous les cas*, même lorsque l'acquéreur est subrogé aux droits de la femme jusqu'à concurrence du prix payé par lui et qu'il invoque cette subrogation pour tenir en respect les créanciers postérieurs. Il n'a pas besoin alors de s'inscrire pour la leur opposer.

3489. Disposition finale de la loi de 1889. — Cette loi se termine par un alinéa ainsi conçu : « Cette subrogation (obtenue par l'acquéreur) ne pourra préjudicier aux tiers qui deviendraient cessionnaires de l'hypothèque légale de la femme sur d'autres immeubles du mari, à moins que l'acquéreur ne se soit conformé aux prescriptions du paragraphe 1er du présent article », c'est-à-dire à l'al. 1er de l'art. 9 de la loi du 23 mars 1855, dont les nouvelles dispositions sont censées faire partie. Il résulte bien de là que

[1] Voyez cependant la note sous le n° 3491 ci-dessous.

l'acquéreur doit non seulement faire *transcrire* son contrat, comme l'y oblige la loi de 1889, mais en outre *prendre inscription*, comme l'exigeait la loi de 1855, toutes les fois qu'il voudra se gérer comme subrogé à l'hypothèque pour l'opposer aux personnes dont parle la loi. Mais voici la difficulté : la loi suppose que les personnes en conflit avec l'acquéreur sont des tiers subrogés *sur d'autres immeubles* que celui qui lui a été vendu. La loi a prévu par là un *conflit irréalisable*. Cinq ou six explications de ce texte ont été proposées ; aucune n'est acceptable. Et malheureusement on ne peut pas espérer que les auteurs de la loi nous expliquent eux-mêmes ce dont ils ont voulu parler. Ce texte restera donc inutile, comme bien d'autres qu'on n'a jamais eu l'occasion d'appliquer.

3490. Conflit entre subrogé et tiers détenteur. — Un conflit peut s'élever entre l'acquéreur d'un immeuble, qui n'a pas obtenu la renonciation de la femme, mais qui a transcrit son titre, et un créancier subrogé qui prend inscription sur cet immeuble.

Cette inscription est-elle valable contre le tiers détenteur ? Les uns disent *non* : le droit du subrogé est soumis à la publicité ; l'art. 6 de la loi de 1855 lui est donc applicable : il lui est devenu impossible de prendre inscription contre un tiers qui se trouve protégé contre lui par la transcription (BUFNOIR, S. 81. 1. 473). D'autres disent *oui* : il s'agit d'une hypothèque légale dispensée d'inscription ; la femme peut encore agir contre le tiers détenteur qui possède un immeuble toujours grevé de l'hypothèque ; son subrogé doit donc pouvoir s'inscrire utilement (DE LOYNES, n° 1096).

Cette dernière opinion est la vraie, *avec une réserve* toutefois ; c'est qu'il s'agira d'une *subrogation consentie par la femme depuis l'aliénation de l'immeuble*. On ne peut refuser à la femme le droit de subroger quelqu'un dans une hypothèque qu'elle a conservée, et il est impossible d'empêcher que l'effet de cette subrogation, régulièrement acquise, soit régulièrement assuré par une inscription. Mais s'il s'agit d'une subrogation antérieure à l'aliénation, le conflit s'élève entre deux personnes dont aucune n'est dispensée de publicité et l'art. 6 doit s'appliquer : l'acquéreur ayant transcrit avant que la subrogation soit inscrite est à l'abri. Mais voyez le résultat : le subrogé en sera quitte pour obtenir (s'il le peut) une nouvelle subrogation, conformément à ce qui vient d'être dit ; cela est bien peu rationnel.

E. — Effets de la convention et de son exécution.

1° Conventions extinctives.

*** 3491. Extinction de l'hypothèque.** — Quand il y a renonciation pure et simple, son effet est facile à déterminer, au moins en principe. A l'égard de la personne qui a obtenu cette renonciation, ce sera comme si la femme n'avait pas d'hypothèque : ainsi *l'acquéreur de l'immeuble en est entièrement affranchi*.

La loi du 13 février 1889 exprime ce résultat en ces termes : « La renonciation à l'hypothèque en emporte l'extinction et *vaut purge*... ». *En emporte l'extinction* suffisait : l'allusion à la purge est ici hors de propos, car la purge est un mode d'extinction des hypothèques tout particulier, qui a ses conditions et ses effets propres, et ne ressemble en rien à celui qui résulte d'une renonciation volontaire. Si on en a parlé, c'est qu'autrefois beaucoup d'acquéreurs, pour se mettre plus sûrement à couvert, procédaient à la purge ; ils en sont aujourd'hui dispensés [1].

[1] La Cour de cassation a cependant rendu un arrêt assez inquiétant pour la pratique. L'acquéreur d'un immeuble obtient la renonciation à l'hypothèque légale et

*** 3492. Conservation du droit de préférence.** — Avant 1889 on se demandait dans quelle mesure l'hypothèque était éteinte. Comme il s'agissait d'une *renonciation*, on était en général d'avis qu'il fallait l'interpréter le plus étroitement possible ; la femme intervenait *en faveur de l'acquéreur* ; pour garantir celui-ci, il suffisait d'enlever à la femme son droit de suite ; point n'était besoin d'en faire profiter les créanciers du mari, en lui retirant également son droit de préférence ; c'était donner à la convention une portée qui dépassait l'intention des parties. — Contestée autrefois, la survie du droit de préférence a été mise hors de doute par la loi du 13 février 1889. Comp. ci-dessus, n° 3434.

2° Conventions translatives.

3493. Difficulté de la matière. — Quand la convention est translative, il faut savoir comment s'exécutera le traité, c'est-à-dire comment le créancier subrogé exercera les droits de la femme, et quel sera l'effet de leur exercice par lui. Sur ce point je ne puis tout dire; il me faudrait beaucoup trop de place pour exposer les très nombreuses difficultés qui se présentent : M. de Loynes leur a consacré près de soixante numéros. Je me bornerai donc à indiquer les points principaux.

*** 3494. Sur quoi porte le droit du créancier.** — Un premier point est à noter : *la convention ne transporte pas au créancier la créance de la femme contre le mari*. On trouve bien dans les actes notariés une clause usuelle, aux termes de laquelle la femme a cédé « ses reprises ». C'est une habitude du notariat qui s'explique par les difficultés primitives de la matière : on a longtemps douté de la possibilité de céder l'hypothèque sans céder en même temps l'action ; voilà pourquoi on faisait dire à la femme qu'elle cédait « ses reprises ».

Aujourd'hui il est reconnu que *la femme conserve son action en reprise* : c'est elle qui reste créancière du mari, et *le tiers qu'elle a subrogé n'a acquis de droits que sur son hypothèque*.

3495. Conséquences. — Du principe ainsi formulé, on déduit que le

transcrit son contrat ; aucune clause du régime matrimonial des vendeurs ne restreignait la capacité de la femme ; il se croit donc bien à l'abri, mais il se trompe : postérieurement à son acquisition, la femme de son vendeur subroge un créancier de son mari dans son hypothèque, sans que ni elle ni le subrogé ait le moins du monde la prétention de troubler l'acquéreur du bien précédemment vendu. Tout le monde pensera qu'il ne doit plus être question de l'hypothèque légale sur le bien ainsi purgé, très régulièrement et de bonne foi. Néanmoins la Cour de cassation décide que le conservateur est obligé de mentionner, dans les états qui lui seront demandés relativement à l'immeuble vendu, l'existence de cette hypothèque *qui n'existe plus et qui n'a jamais été inscrite*, pour ce motif que la renonciation consentie par la femme figure sur le registre des *transcriptions* et qu'aucune écriture ne la mentionne sur le registre des *inscriptions*, où se trouve l'inscription requise par le subrogé postérieurement à la vente. (Cass., 15 mai 1901, S. 1901. 1. 313). Le conservateur a ainsi le droit d'ignorer la moitié des registres qu'il est chargé de tenir ; c'est à se demander s'il les tient pour renseigner le public. La Cour dit que la loi du 13 février 1889, qui a organisé un nouveau mode de publicité (par voie de transcription) pour les renonciations à l'hypothèque légale, *n'a pas modifié la mission des conservateurs*. Avec ce raisonnement, on pourrait faire toutes les réformes qu'on voudra, sans troubler les habitudes des bureaux ; les conservateurs doivent être satisfaits, mais l'équité et le public le sont moins.

subrogé ne peut exercer l'hypothèque de la femme qu'aux *trois conditions* suivantes :

1° *Qu'il ait lui-même, de son propre chef, une créance contre le mari.* — L'hypothèque ne peut être utilisée que par quelqu'un qui est créancier.

2° *Que la femme soit réellement créancière de son mari le jour des poursuites.* — Le subrogé ne peut faire qu'une seule chose : exercer l'hypothèque de la femme ; cela suppose que celle-ci en a une ; or elle n'en a point quand elle n'est pas créancière de son mari.

3° *Qu'il y ait un immeuble grevé de l'hypothèque.* — Si les époux n'en ont jamais possédé aucun, ou si celui qu'ils avaient s'est trouvé purgé, la convention de subrogation est sans objet.

Cette dernière condition peut rendre parfois inutile la subrogation, d'une manière imprévue, alors que la liquidation de ses reprises montre que la femme possède réellement une créance contre son mari ; supposez que le seul immeuble grevé de l'hypothèque légale soit un *conquêt de communauté* (bien commun entre le mari et la femme) et que lors du partage cet immeuble soit mis dans le lot de la femme ou de ses héritiers : par l'effet déclaratif du partage, l'hypothèque disparaît, parce que la femme est réputée en avoir toujours été seule propriétaire et qu'elle a hypothèque sur les biens de son mari (son débiteur) et non sur les siens propres.

*** 3496. Effet de la collocation du subrogé.** — Supposons une subrogation efficace : un tiers va exercer les droits hypothécaire de la femme et obtenir collocation à sa place. Quel effet ce paiement du créancier subrogé va-t-il produire sur les relations du mari et de la femme ?

En fait, ce n'est pas la femme qui a touché ; c'est un tiers à sa place. Qu'est devenue sa créance ? Nous devons distinguer selon que le bénéficiaire a été *un des créanciers personnels de la femme ou un créancier du mari.*

Premier cas. — Ce cas est le plus simple des deux. Quand la subrogation a été faite au profit d'un créancier de la femme, le résultat est *la libération du mari envers sa femme, dans la mesure du paiement effectué.* Les reprises de la femme sont diminuées d'autant : c'est comme si elle avait touché elle-même le montant de la collocation pour en transmettre le bénéfice à son créancier. Un seul paiement a fait l'office de deux ; le créancier de la femme a touché ce qui lui était dû par celle-ci, et la femme est réputée avoir touché ce qui lui était dû par son mari.

Second cas. — Au contraire, si la subrogation a été consentie, comme cela se fait le plus souvent, au profit d'un créancier du mari, le paiement reçu par le subrogé a bien diminué d'autant les dettes du mari envers les tiers, mais il a *laissé entières les reprises de la femme* : son mari continue à lui devoir tout autant que la veille de ce paiement. La femme, restée créancière de son mari, ne peut cependant pas exercer son hypothèque légale à côté du subrogé et au même rang que lui : la même hypothèque ne peut pas donner lieu à deux collocations cumulées, l'une au profit du subrogé, l'autre au profit de la femme ; ce double emploi serait contraire au droit des créanciers hypothécaires qui suivent. Dans la mesure où le tiers a été colloqué, *la femme est réputée avoir exercé son hypothèque* : c'est comme si elle avait touché elle-même le montant de sa collocation *pour l'employer à désintéresser un créancier du mari.*

* **3497. Recours de la femme contre le mari.** — Une double conséquence se produit alors, au profit de la femme qui a éteint à ses dépens la dette du mari :

1° *La femme acquiert une nouvelle action, garantie par une nouvelle hypothèque, à la date de son engagement envers le tiers.* — Ceci n'est que l'application de principes déjà connus (voyez ci-dessus, n° 3129). La femme trouve dans son engagement un nouveau principe d'action contre son mari, et l'hypothèque qui lui est donnée pour la garantir prend rang du jour même où elle s'est obligée, et non pas seulement du jour où elle a libéré son mari à ses dépens. La femme est ainsi colloquée pour son propre compte, mais *à un rang bien inférieur à son rang primitif,* et là est le danger de ces opérations.

2° *La femme est subrogée légalement dans tous les droits du créancier* (art. 1251-3°). — Le créancier a été payé avec des fonds qui devaient revenir à la femme et celle-ci a payé pour un autre. Si le tiers subrogé dans ses droits avait une hypothèque conventionnelle sur d'autres biens du mari ou sur les biens d'un tiers, la femme pourra en profiter (Lyon, 4 août 1853 et 11 août 1855, D. 57. 2. 127, S. 55. 2. 30 et 687).

F. — Subrogations et renonciations tacites.

1° Conventions au profit d'un créancier du mari.

* **3498. Fondement de la convention tacite.** — Lorsque la femme intervient dans un acte par lequel son mari, en s'obligeant envers un créancier, hypothèque un de ses immeubles ou un bien de communauté, *son concours à l'acte* vaut *subrogation tacite* au profit du créancier. La raison est que le mari n'a pas besoin de son consentement pour s'obliger et pour hypothéquer ses biens propres ou les biens communs, de sorte que l'intervention de la femme ne peut s'expliquer que par le désir d'être utile au prêteur, et elle ne peut l'être qu'en renonçant pour lui à son hypothèque légale ou en l'y subrogeant (Nombreux arrêts depuis 1813, entre autres : Cass., 26 juin 1855, D. 55. 1. 273, S. 55. 1. 670 ; Cass., 25 févr. 1862, D. 62. 1. 240, S. 62. 1. 356).

* **3499. Ses conditions.** — Il n'est pas nécessaire que la femme participe elle-même à la constitution de l'hypothèque ; il suffit qu'elle s'oblige solidairement ou conjointement avec son mari ; la communauté d'obligation

empêche la femme d'exercer son hypothèque à l'encontre du créancier du mari (Caen, 3 mai 1852, D. 54. 2. 20, S. 53. 2. 79).

Mais il faut tout au moins deux choses :

1° *Qu'une hypothèque soit constituée au profit du créancier.* — La subrogation tacite ne se produirait donc pas si les deux époux s'étaient engagés ensemble envers un simple créancier chirographaire (Cass., 14 mars 1865, D. 65. 1. 129).

2° *Que l'intervention de la femme ne puisse s'expliquer par aucune raison particulière.* — S'il y avait quelque motif qui expliquât sa présence à l'acte l'idée de subrogation tacite serait écartée parce que les renonciations ne se présument pas (Cass., 30 juin 1856, D. 57. 1. 93).

2° Conventions au profit d'un acquéreur.

3500. Jurisprudence antérieure à 1889. — Le mari aliène un de ses biens propres ou un bien de la communauté; il n'a pas besoin, pour aliéner, du concours de sa femme. Donc, si celle-ci intervient à l'acte sans que sa présence s'explique par quelque motif spécial, on devra décider, comme dans l'hypothèse précédente, qu'elle a entendu renoncer à son hypothèque au profit de l'acquéreur (Cass., 26 août 1862, D. 62. 1. 344, S. 62. 1. 920).

La jurisprudence appliquait donc à cette hypothèse le même raisonnement et les mêmes solutions qu'à l'hypothèse précédente. Mais voici en quoi les conséquences en étaient fort éloignées : au profit d'un créancier du mari, la renonciation tacite supposait toujours *la rédaction d'un acte notarié*, puisqu'elle exigeait comme condition la constitution d'une hypothèque, et cette constitution ne peut se faire que devant notaires ; au contraire *l'aliénation d'un immeuble est possible par acte sous seings privés* ; et la femme pouvait se dépouiller de son hypothèque tout à fait sans le vouloir, sans l'avoir prévu, sans que personne fût là pour l'avertir des dangers de l'opération. C'est ce qui a amené, en 1889, l'établissement de règles spéciales sur ce point.

* **3501. Système de la loi de 1889.** — Cette loi a circonscrit dans des limites étroites ce cas de subrogation tacite. Avant sa promulgation, la jurisprudence induisait la renonciation de *tout concours de la femme dans l'acte,* avec la même liberté et la même facilité qu'elle le fait encore pour la subrogation consentie à un créancier, et elle faisait produire à ce seul fait tout l'effet utile qu'en attendait l'acquéreur, simple extinction de l'hypothèque ou subrogation, selon son intérêt. Le législateur a déterminé d'une manière précise les faits valant subrogation.

De plus, la loi de 1889 a dédoublé l'effet de la renonciation tacite en plaçant à *deux moments différents* son effet *extinctif* et son effet *translatif.*

3502. Actes emportant extinction de l'hypothèque. — Sous l'empire de la loi actuelle, cet effet ne peut plus être attaché qu'à deux sortes d'actes :

1° La femme a stipulé comme *covenderesse* en même temps que le mari.

2° Elle s'est engagée à côté de lui en qualité de *garante* ou de *caution* (al. 3 de la loi nouvelle).

Aucun autre acte de la femme ne peut plus être considéré comme emportant de sa part renonciation tacite à son hypothèque. Par exemple, si elle s'est bornée à *signer* la vente, sans rien stipuler ni promettre, ou si elle l'a *approuvée.* — Avant 1889 la jurisprudence voyait dans ces deux faits des cas de renonciation tacite (Comp. D. 89. 4. 29, note 2).

La loi nouvelle a donc *limité* le nombre des actes qui peuvent valoir renonciation tacite. Mais, malgré son caractère limitatif, il faut admettre que la femme renonce tacitement à son hypothèque si elle agit comme *coauteur de l'aliénation* faite par son mari *à un autre titre que la vente*. La jurisprudence le décidait ainsi avant 1889. Voyez pour le cas de *donation*, Cass., 9 févr. 1859 (D. 59. 1. 460), et pour le cas d'apport dans une société, Nancy, 10 août 1875 (Dalloz, *Suppl.*, t. XIV, p. 102, note 1, S. 76. 2. 245). Ces solutions doivent être maintenues sous l'empire de la loi actuelle.

3503. Acte emportant subrogation au profit de l'acquéreur. — Tranquillisé par la renonciation de la femme qui ne peut plus rien contre lui, l'acquéreur ne possède pas encore le droit de préférence qui résulterait d'une translation de l'hypothèque opérée à son profit. Cet effet se produit uniquement lorsque l'acquéreur, payant son prix en totalité ou en partie, obtiendra une *quittance* du mari, et à la condition seulement *que la femme ait concouru ou consenti à ce versement*[1]. Ainsi le tiers n'est réputé subrogé à l'hypothèque qu'*autant qu'il a payé* : avant la loi de 1889, il en était déjà de même, car c'est seulement quand il a fait des déboursés que le tiers a besoin d'une garantie hypothécaire pour en obtenir le remboursement. Ce qu'il y a de particulier dans la loi de 1889, c'est que le paiement, pour entraîner subrogation au profit du tiers, doit être fait du consentement de la femme.

3504. Étendue des renonciations tacites. — A la différence des cessions et renonciations expresses, qui peuvent être *générales*, les conventions tacites sont *nécessairement spéciales*, et ne produisent d'effet que pour l'immeuble hypothéqué ou aliéné par la convention à laquelle la femme a concouru. Pour tous les autres, elles n'ont pas de raison d'être.

[1] Le texte qui établit cette règle nouvelle est ainsi conçu : « Le concours ou le consentement donné par la femme soit à un acte d'aliénation contenant quittance totale ou partielle du prix, soit à l'acte ultérieur de quittance totale ou partielle, emporte même à due concurrence subrogation à l'hypothèque... »

ADDITIONS

1.

137. Statistique du notariat. — D'après le dernier rapport du Garde des Sceaux sur l'administration de la justice, il y avait en France 8 666 notaires en exercice, qui ont dressé 2 739 386 actes en 1899 (*Journal officiel*, 13 décembre 1901, p. 7710).

2.

219-220. Homestead. — Aux ouvrages cités, ajoutez : SOUCHON, *La propriété paysanne*, Paris, 1899, in-8° ; BUREAU, *Le Homestead ou l'insaisissabilité de la petite propriété foncière*, Paris, 1895 ; SATURNIN VIDAL, *Recueil de l'Académie de législation de Toulouse*, 1887-1888, p. 63 ; DE LA BOUILLERIE, dans *le Correspondant*, 1896, t. I, p. 979 et suiv. Voyez aussi *Réforme sociale*, 1892, I, p. 450, 613, 698, II, p. 703 ; *Revue critique*, 1895, p. 140 et 351.

M. Souchon observe fort justement que cette institution n'aurait peut-être pas en France l'importance capitale qu'on lui attribue, car les saisies immobilières de biens ruraux sont peu nombreuses. De 13 288 en 1890, le chiffre total des saisies (biens urbains et ruraux compris) est tombé à 7 856 en 1899. Voyez les observations du Garde des Sceaux dans son rapport sur l'année 1899 (*Journal officiel*, 13 décembre 1901).

3.

760. Représentation mutuelle des codébiteurs solidaires. — Ajoutez :

3° La *cassation* obtenue sur le pourvoi formé par l'un des codébiteurs solidaires, profite aux autres (Cass., 4 juin 1883, D. 83. 1. 385, S. 84. 1. 113 ; 23 juillet 1889, D. 91. 1. 342).

Cependant le développement des conséquences possibles de l'idée de représentation mutuelle semble subir un recul dans la jurisprudence. A l'arrêt du 16 décembre 1891, cité ci-dessus, p. 232, note 1, il faut ajouter Cass., 1er mai 1901, D. 1901. 1. 443, P. 1901. 1. 449. Ce dernier arrêt vise le cas où tous les codébiteurs ont été *compris dans la même poursuite* et dans le *même jugement* de condamnation ; il décide qu'alors chacun est « individuellement mis en demeure de se défendre », et par suite que l'opposition formée par un seul d'entre eux contre une décision rendue par défaut ne profite pas aux autres, de sorte que le jugement peut acquérir force de chose jugée contre ces derniers. Avec de pareilles décisions, on ne sait plus où s'arrête la série des conséquences que la Cour accepte et quel est son principe directeur. Comp. la note de M. PAUL HENRY, dans les *Pandectes françaises*, 1901. 1. 449.

4.

923. Responsabilité à raison des choses. — La doctrine traditionnelle, d'après laquelle il n'y a pas de responsabilité sans faute, domine la plupart des textes du Code. Ainsi l'art. 1891, relatif au *dépôt*, prouve que le propriétaire n'est pas responsable de plein droit des vices de sa chose ; il faut qu'il y ait eu *mauvaise foi* de sa part.

5.

943. La volonté dans la formation des contrats. — La notion de contrat et la façon dont se forme les conventions a fait l'objet de nouvelles études. A lire spécialement sur ce sujet : SALEILLES, *La déclaration de volonté*, étude de l'acte juridique dans le Code civil allemand, Paris, 1901 ; GEORGES DEREUX, *Étude des diverses conceptions actuelles du contrat. Revue critique*, novembre 1901, t. XXX, p. 513 et suiv. Peut-être trouvera-t-on que la science allemande s'est livrée en cette matière à un labeur peu fécond. Le paysan le plus borné sait fort bien ce que signifient ces mots : « marché conclu ». Un contrat ne consiste pas uniquement dans l'existence abstraite de deux volontés concordantes, existant sans se connaître et sans se joindre ; c'est essentiellement un *pacte*, c'est-à-dire un *échange de déclarations* faisant savoir à chacune des parties que l'accord est définitivement consenti. Sans doute encore, si celui qui s'engage n'est pas un homme d'affaires très expert, il devra s'en rapporter pour les suites du contrat à l'ensemble des règles adoptées dans le pays où il vit, mais ce n'en est pas moins sa *volonté* qui fait le contrat, au moyen du *pacte* ou déclaration de la conclusion finale, encore qu'il ne s'en représente pas absolument à l'esprit toutes les conséquences.

6.

1002. Condition potestative dans les contrats. — Sur le rôle de la condition potestative, réservant à l'une des parties une faculté de résiliation unilatérale, voyez une note intéressante de M. WAHL, dans *Sirey*, 1901. 2. 217.

7.

1039-1°. Cause illicite. — Comme exemple de cause illicite, se ramenant en réalité à un objet illicite, on peut citer le cas où une personne s'engage à faire obtenir à une autre une *commutation de peine*, moyennant une rétribution en argent (Trib. Sedan, 23 mai 1900, D. 1901. 2. 203).

8.

1666. Bibliographie du Louage. — GUILLOUARD, *Traité du louage*, 3e édit., 1891, 2 vol. in-8°. — BAUDRY-LACANTINERIE et WAHL, *Du contrat de louage*, 2 vol. in-8°, 1898. — AGNEL et PABON, *Code-Manuel des propriétaires et locataires...*, 9e édit., 1900. — LE PELLETIER, *Code pratique des usages de Paris...*, 2e édit., 1891. in-18.

9.

1995 et 2021. Reconnaissance d'utilité publique. — Imitant le langage habituellement employé, et qui est parfois celui de la loi elle-même (L. 15 juillet 1850, sur les Sociétés de secours mutuels), je me suis servi à l'occasion du mot *déclaration* pour désigner l'acte qui confère à un établissement privé le caractère d'utilité publique. Ce terme, autrefois toléré, ne peut plus l'être, depuis que la loi du 1er juillet 1901 a organisé une institution nouvelle, la *déclaration* à la préfecture, simple formalité accomplie par l'association elle-même et qui lui donne l'existence légale et la personnalité juridique ; il est devenu nécessaire d'avoir deux termes distincts pour désigner deux situations aussi différentes que celles des associations simplement *déclarées* et des associations *reconnues d'utilité publique*. On devra donc réserver avec soin à ces dernières les mots « reconnaissance, reconnue », qui serviront à indiquer une catégorie d'associations privilégiées. On doit remarquer d'ailleurs que le Conseil d'État évitait, même avant 1901, d'employer l'expression « déclaration d'utilité publique » pour se servir exclusivement du mot « reconnaissance ». Voyez aussi le décret du 16 août 1901, relatif aux associations.

10.

2008. Statuts des associations. — La formule obligatoire pour les statuts des associations qui sollicitent leur reconnaissance comme établissements d'utilité publique, a été publiée par l'Administration (*Bulletin du Ministère de l'Intérieur*, 1887, p. 252) et reproduite dans divers recueils (Maurice Block, *Dictionnaire de l'Administration*, vº Établissements d'utilité publique ; Dalloz, *Code des lois politiques et administratives*, t. II, p. 1239, en note).

11.

2693. Prêts du Crédit foncier. — D'après le dernier volume de l'*Annuaire statistique*, publié par l'Office du travail (t. XX, 1900), les prêts réalisés depuis l'origine jusqu'au 31 décembre 1899 s'élevaient au nombre de 106 678, représentant plus de 4 milliards 424 millions (non compris l'Alsace-Lorraine). En Algérie il y a eu 7 042 prêts, pour 123 928 879 francs. — Le département de la Seine figure dans ces chiffres pour 42 876 prêts et 2 720 905 283 francs, soit un peu moins des deux cinquièmes des prêts et plus des trois cinquièmes des sommes.

12.

2859-4º. Jugements d'expédient. — Voyez la thèse de M. Paul Gelers, sur les *jugements d'expédient*, Paris, novembre 1901.

TABLE ALPHABÉTIQUE DES MATIÈRES

CONTENUES DANS LE DEUXIÈME VOLUME

Les chiffres qui ne sont précédés d'aucune indication renvoient aux *numéros*; les renvois aux *pages* sont indiqués par la lettre p. Le signe — tient lieu du mot principal de chaque article de la table. La lettre s. à la suite d'un numéro signifie *et suivants*.

TABLE DES TEXTES

CODE CIVIL

CODE DE PROCÉDURE CIVILE

CODE DE COMMERCE

CODE PÉNAL

Articles	N°s du volume	Articles	N°s du volume	Articles	N°s du volume
55.	738-8°, 900, s.	407.	63.	448-468. .	84.
291-292. .	1992.	414 415. .	872.		

CODE FORESTIER

Article	N° du volume
185.	645.

TEXTES DIVERS

(Les textes dont la nature n'est pas indiquée sont jusqu'à 1789 des ordonnances et depuis cette époque des lois.)

Dates	Nature et objet	Numéros
1510. (v. st.) Mars. .	Coutume de Paris. Art. 78.	2878.
	Art. 194.	1544 ; p. 784, note 1.
1539. Août.	Ord. de Villers-Cotterets. Art. 92-93. . . .	2878.
	Art. 97.	2518.
	Art. 133.	1240.
1565. Novembre. . .	(Ed.) Rentes constituées.	P. 643, note 2.
1566. Février. . . .	Ord. de Moulins. Art. 52.	2518.
	Art. 53.	2850.
	Art. 54.	1105, s.
1580. Mars.	Coutume de Paris. Art. 107.	2878.
	Art. 108.	1612.
	Art. 161.	P. 743, note 1 ; 2475.
	Art. 170.	2703, s.
	Art. 171.	2466, 2478.
	Art. 176.	1544 ; p. 784, note.
	Art. 177.	2606.
1626. Août.	(Ed.) Hypothèques.	2684-2°.
1629. Janvier. . . .	(Code Michaud). Art. 17.	P. 46, note 2.
	Art. 211.	P. 22, note 2.
1667. Avril.	Procédure civile. Tit. 27, art. 9.	2518.
1673. Mars.	(Ed.) Hypothèques.	2681.
Mars.	(Ed.) Rentes sur l'Hôtel de Ville.	3281.
1684. Décembre. . .	(Ed.) Vérification d'écriture.	68.
1692. 4 août.	(Acte de notoriété). Frais de justice.	2635.
1730. 30 juillet. . .	(Décl.) Formalité du « bon pour ».	1156.
1731. Février. . . .	Donation. Art. 5.	1240.
1737. Juillet. . . .	Inscription de faux.	86.
1771. Juin.	(Ed.) Lettres de ratification.	2682, 3281.
1790. 28 oct.-5 nov.	Actes administratifs.	2769.
18-29 déc. . .	Locations perpétuelles. Art. 1er.	1669.
1791. 6 mars. . . .	Certificats de vie.	P. 653, note 1.
7 juin-6 août.	Domaine congéable.	1804, s.
	Art. 3.	774.
	Art. 14.	993.
	Art. 21.	2521-5°.
14 juin.	Associations professionnelles.	1992.
28 octobre. . .	Délits ruraux.	646.
An II. 26 pluviôse. .	(Décr.) Saisie-arrêt.	2593.
2 thermidor	Actes notariés.	144.
An III. 6 messidor.	Blés en vert.	1373-3°.
9 messidor.	Cédules hypothécaires.	2651.
	Publicité des hypothèques.	2685.
An VI. 8 nivôse. .	Rentes sur l'État. Art. 4.	184-185.
An VII. 11 brum. .	Hypothèques.	2686.

CHARTRES. — IMPRIMERIE DURAND, RUE FULBERT.

CHARTRES. — IMPRIMERIE DURAND, RUE FULBERT

www.ingramcontent.com/pod-product-compliance
Lightning Source LLC
LaVergne TN
LVHW020950300926
849160LV00007B/107
* 9 7 8 2 0 1 1 3 4 7 6 9 5 *